PANTHÉON LITTÉRAIRE.

LITTÉRATURE FRANÇAISE.

HISTOIRE.

LES CHRONIQUES

DE

SIRE JEAN FROISSART.

TOME I.

IMPRIMERIE ET FONDERIE DE RIGNOUX ET Cᵉ, RUE DES FRANCS-BOURGEOIS-S.-MICHEL, 8.

LES CHRONIQUES

DE

SIRE JEAN FROISSART

QUI TRAITENT

DES MERVEILLEUSES EMPRISES, NOBLES AVENTURES ET FAITS D'ARMES
ADVENUS EN SON TEMPS

EN FRANCE, ANGLETERRE, BRETAIGNE, BOURGOGNE, ESCOSSE, ESPAIGNE
PORTINGAL ET ÈS AUTRES PARTIES

NOUVELLEMENT REVUES ET AUGMENTÉES D'APRÈS LES MANUSCRITS

AVEC NOTES, ÉCLAIRCISSEMENS, TABLES ET GLOSSAIRE

PAR J. A. C. BUCHON.

Nec minùs oblector Francorum Annalia regum
Scripta legens ullo sine fuco prorsùs et arte,
Quam quæ magnificè græcis conscripta leguntur
Historiis ægrè speciem retinentia veri.
(*Michel de L'Hospital*, L. I., Ep. XII.)

TOME PREMIER.

PARIS

A DESREZ, LIBRAIRE-ÉDITEUR,
RUE SAINT-GEORGES, 11

M DCCC XXXV.

A MESSIEURS

DAUNOU,
AUGUSTIN THIERRY,
FAURIEL.

HOMMAGE

A LEUR PROFONDE ÉRUDITION, TOUJOURS RÉGLÉE PAR LE GOUT LE PLUS PUR ;
A LEURS SERVICES RENDUS A L'HISTOIRE ET A LA LITTÉRATURE DE LEUR PAYS ;
A LEUR CARACTÈRE HONORABLE ;
A LEUR AMOUR INVARIABLE DE L'HUMANITÉ ET DE LA LIBERTÉ.

GLOSSAIRE

DES MOTS FRANÇAIS DU QUATORZIEME SIÈCLE DEVENUS HORS D'USAGE AU DIX-NEUVIÈME,
AVEC DES EXEMPLES TIRÉS UNIQUEMENT DES CHRONIQUES DE J. FROISSART.

A

A, Atout (avec).
Abaubir (déconcerter). — Et la regardoit le roi si ardemment qu'elle en devenoit toute honteuse et abaubie.
Able (habile).
Ablement (habilement). — Combattant moult ablement.
Abrocher (éperonner fréquemment). — Les chevaucheurs chrétiens vinrent abrochant jusques à là.
Absol (absous). — Le roi de France les a absol de leurs mesfaits.
Absoldre (absoudre).
Abus (confus). — Adonc furent les inquisiteurs et le conseil tout abus. — Si fut tout abus.
Abusion (tourment, persécution). — Tant de mérancolies et d'abusions le prirent et aherdirent de tous lez qu'il entra en une frénésie.
Abusquer [s'] (se heurter).
Acarger (charger). — Et apporter et acarger sur les fossés.
Acater (acheter).
Accointer et *Accointoier* (se faire cointe, élégant, beau). — Et pour eux ajoliver et accointoier.
Accoler (embrasser; d'où *accolade*).
Accommencer (commencer).
Accordable (qui peut être accordé).
Accoucher [se] (se coucher). — Le roi se accoucha malade. — Une maladie prit au connétable de laquelle il accoucha au lit.
Accouter (prêter attention). — A quoi ils accoutoient moult peu.
Accuse (accusation). — Et tout par accuse et par envie.
Acertener (assurer). — Ils furent informés et ahérdirent de vrai accrtonés de la mise.
Acertes (sérieux, sérieusement).
Acesmé (paré). — Il n'y avoit en toute Gascogne écuyers si jolis, si beaux, si acesmés comme ils étoient.
Acesmement (parure, ornement). — Au voir dire c'étoit grand'beauté de voir leur contenement et acesmement.
Achapt (achat).
Achapter (acheter). — Afin qu'ils fussent achaptés bien et cher.
Acharier (transporter).

Achater (acheter)
Achevement (exploit).
Achiévement (exploit).
Achoison (occasion, cause). — A petite achoison il a saisi ses châteaux. — Je pris voie et achoison raisonnable d'aller devers, etc.
Achopper (trébucher). — N'a pas métier, s'il se trouve en bataille à l'encontre de nous, que son cheval achoppe, car s'il étoit pris, sa rançon ne seroit payée.
Acointer (devenir ami).
Acomminger (communier). — Et se acomingèrent les trois parts de l'ost.
Acomparager (comparer).
Acompter (songer).
Aconsuir (poursuivre, atteindre).
Aconvenancer (promettre, engager). — Le maronnier se aconvenança à lui.
Aconvoyer (accompagner).
Acoster (approcher). — Oncques charnellement messire Édouard n'acosta à li.
Acoursé (d'un cours réglé). — Si le voyage y étoit acoursé, les chrétiens y viendroient communément.
Acquerre (acquérir).
Acreu (obtenu à crédit; d'*accroire*, confier). — Si ses gens avoient rien acreu, on seroit payé.
Adestrer (accompagner, être sur la droite). — Les seigneurs qui les litières de la roine et des dames devoient adestrer.
Adextrer (accompagner). — Le roi adextré de ses maréchaux.
Adhers (accusé). — Avant que Betisac fût néant adhers ni demandé. — Les amisses dont il est maintenant adhers et encoulpé.
Admirault (amiral). — Si fit dire à l'admirault et au connétable que ils, etc.
Adolé (attristé; de *dolere*).
Adoubé (revêtu de toutes armes, offensives et défensives). — Trente compagnons bien armés et adoubés.
Adoulé (attristé; de *dolere*).
Adresse (direction, redressement). — En eux vous trouverez toute adresse. — Il savoit toutes les adresses et les torses voies.
Adresser (redresser; et prendre la droite; le même qu'*adextrer*). — adressèrent la dite dame, messire

Eustache d'Aubrecicourt et messire Jean d'Évreux.
Aduré (endurci à la fatigue). — Un moult aduré écuyer, vaillant homme aux armes.
Advenist (advint). — Il convenoit que ce advenist.
Advoer (avouer, approuver) — Voire! dit le maire, qui jà étoit advoé du roi. — Tous lui eurent en convenant de l'advoer.
Advoeson (bail donné à un avoué).
Aelle (aile). — Et supportoit dessus ses aëlles ceux de Paris.
Aerdre [s'] (s'allier).
Affaité (rempli plus qu'au faîte). — Le roi et la roine d'honneur et de largesse étoient si pleins et si affaités.
Affaité (informé, mis au fait). — Donc envoya par messages secrets et affaités de ce faire.
Affellonnir (s'irriter). — Si lui engrossa le cœur au ventre et affellonit grandement.
Affermer (conclure, signer; d'où *firm* en anglais).
Afféroit [il] (il convenoit; d'*afférir*). — Trop bien savoit prendre où il appartenoit et remettre où il afféroit. — Il affiert. — Tant penser n'affiert pas à vous.
Affier [s'] (se fier). — Il s'affioit tant en sa puissance.
Affiner (finir). — Et auroit tôt cette guerre affinée.
Affoler et *Affouler* (estropier, maltraiter). Il en tua douze tous morts, sans ceux qu'il meshaigna et affola. — Et en y eut pour ce parti plusieurs morts et affolés.
Affourager (approvisionner de fourrages). — Et se pourroit-on émerveiller où l'on prenoit les fourrages pour affourager les chevaux.
Affrener (mettre un frein, retenir).
Affuir (fuir).
Agar (exclamation, pour: Voyez un peu! On dit encore: *Aga!*) — Agar! comme les Hainuyers nous réveillent!
Agré (gré). — Il vous vint en agré que vous partites.
Ahanier (laboureur, homme de peine, de *ahan* fatigue). — Si mon oient

GLOSSAIRE

des chevaux des ahaniers qu'ils trouvoient sur les champs.

Ahatie (querelle, rencontre, fait d'armes).—Il fut informé par les hérauts de cette ahatie. — Et se devoit faire l'emprise et ahatie de cinq lances à cheval, etc.—Et fut la bataille prise par ahatie.

Ahatir [s'] et *s'ahaiter* (s'engager de querelle). — Les quels mineurs s'étoient ahatis qu'ils leur rendroient la ville dans quinze jours.—Par plusieurs fois nous sommes nous ahatis.

Aherdre (lier, attacher, tenir ensemble, retenir). — Messire Hue et les autres s'aherdirent aux câbles et aux mâts. — Les chevaux ne se peuvent aherdre. — Il n'y demeura guères longuement, que fièvres et maladies l'aherdirent. — Tous leurs ahers et alliés. — Et tous ceux qui s'étoient ahers et conjoints avec moi.

Ahéritance (héritage).—Et veux que ils scellent et accordent avecques moi cette ahéritance que je vous donne.

Ahériter (rendre héritier). — Pape Clément l'avoit revêtu du royaume et ahérité de Sicile. — Et avoit intention le comte de Foix de ahériter ses deux fils bâtards de la graigneur partie de la terre de Béarn.

Aidable (dont on peut s'aider). — Ceux que vous nommez sont bien aidables et méritent d'avoir une partie du gouvernement de la ville de Gand.—Deux cents compagnons aidables.

Aigue (eau). — La nef fesoit aigue. — Et là entrèrent en attendant l'aigue.

Aimablement (d'une manière aimable).

Ainçois (plutôt).

Ains (avant).

Ains-né (né avant, aîné).

Air (courroux). — Tant prièrent et supplièrent ces douze bourgeois de Gand que le comte se refréna grandement en son air. — Brisez un petit la porte de votre air.—Ce pape qui étoit tout enflé d'air et de maltalent.

Airé (courroucé).

Airement. — Aussi noire que airement pour la fumée des tourbes qui s'y ardoient.

Aireux (emporté).

Aisé (disposé à, qui a la facilité de). — Le comte leur répondit qu'il n'étoit point aisé de venir à Tournay quant à Londres.—Les bonnes gens de Londres étoient bien aisés de ce faire.

Aisement (convenance).—Si y eut en chacune des batailles sa droite portion de gens d'armes et d'archers, selon leur aisement.

Aiser [s'] et *s'aisir* (se mettre à l'aise).

Aissielle (échelle).

Aist [*qu'il*] (qu'il aide). — Si Dieu m'aist!

Ajoliver (rendre joli et gai). — Et pour eux ajoliver, ils avoient mis en ce leur entente depuis qu'ils vinrent d'Angleterre.

Ajour (jour fixé). — Il dit qu'il vint droit à son ajour.

Ajournement (jour fixé, espace d'un jour, point du jour). — Par vespres et ajournement. — Droit à l'ajournement.

Ajourner (faire jour). — Et pour ce qu'il ajournoit, nous ordonnâmes cent lances des nôtres à demeurer derrière.

Alan (chien de chasse, nommé en Espagne *alan*, et originaire d'Albanie). — Et envoya par lui au duc d'Anjou quatre levriers et deux alans d'Espagne, si beaux et si bons que merveilles.

Alayne (baleine). — Il l'avoit poussé jusqu'à la grosse alaine.

Alemelle (lame). — Et tenoit l'alemelle de son couteau par la pointe.

Alener (fatiguer).—Et alenoiroit à demeurer là.

Aliter (continuer à rester au lit ; *A*, devant les verbes, signifie continuation d'action).—Il le convint aliter et mourir.

Allé (été ; d'aller). — Ils avoient partout allé.

Alloier (lier). — Ils alloièrent leurs prisonniers deux et deux. — Leurs chevaux tout alloiés ensemble.

Allouer (gâter, aliéner). — Il ne vouloit pas allouer son artillerie sans raison.—Ils avoient vendu et alloué leur héritage. — Ils ne vouloient faire blesser leurs gens ni allouer leur artillerie.

Allumelle (lame). — Et ont Irlandois couteaux aigus à large allumelle à deux taillans, à la manière de fers de dards.

Aloe (allouette). — Entre prime et tierce se commença le jour à réchauffer, et le soleil à luire et à monter, et les aloes à chanter. — Comme l'aloe fait devant l'épervier.

Aloer (altérer, risquer, compromettre). — C'est un mal chevalier qui ne veut autre chose que ses aises de boire et de manger, et de aloer le sien follement.—Le grand argent qui avoit été cueilli étoit tout passé et aloé.

Aloier (attacher, lier). — Ils aloièrent la corde au plançon. — Il obligeoit et aloioit son royaume.

Alosé (loué, célèbre). — Un écuyer alosé et usé d'armes. — Il eut toutes les meilleures gens d'armes et les plus alosés. — Et moult étoit alosé au royaume de Castille pour ses prouesses.

Alouer (gâter). — L'artillerie qu'ils avoient, ils alouèrent si nettement que ils n'avoient mais rien que traire.

Aloyer (allier).—Par mariage il se y veut aloyer.

Amanandé (habité). — Auquel hôtel, pour quoi qu'il soit grand assez et bien amanandé.

Amati abattu, de l'espagnol *matar*, tuer ; d'où échec et *mat*). — Si en étoient tout amatis.

Ambarde et *Aubarde* (terrain planté d'aubiers).—Vous véez les dix mille francs tout appareillés sur cette ambarde.

Ambassaderie et *Ambaxaderie* (ambassade).—Il valoit trop mieux que le sénéchal demeurât en Bordeaux que il allât en ambaxaderie au royaume d'Arragon. — Là vint l'évêque de Baussères en ambaxaderie.

Amblant (allant l'amble). — Un petit palefroi amblant.

Ambler (enlever).

Amenrir et *Amendrir* (diminuer).— En amenriant la somme.

Amer (aimer).

Amesuré (mesuré).—Je vous croyois plus attrempé et mieux amesuré que vous n'êtes.

Amettre (accuser). — S'il étoit nul corps de chevalier qui le voulût amettre de trahison, il le feroit combattre jusqu'à outrance.

Amis (accusé).—Lequel étoit amis de leur même fait et inculpé.—De tels viles choses sa fille étoit amise.

Amise et *Amisse* (faute).—Les félonies et amises qui pour ce temps étoient en Angleterre.—Telles avenues et telles amises avenoient adoncques au royaume de France. — Et par espécial de ces amises et malveillances en étoient plus demandés messire Thomas Trivet et messire Guillaume Helmen.—Grandement il se fut excusé des amises dont il est maintenant encoulpé.

Amministrer (administrer).

Ammonestement (avis).

Ammonester (admonester).

Amollir (adoucir). — Ce lui amollia grandement le courage.

Amont (en haut).

Amourer (rendre amoureux). — Il l'en amoura si (du voyage de la Terre-Sainte), que si le roi de France et le roi d'Angleterre y fussent allés, etc.

Amoyenner (se porter comme médiateur, arranger). — Si commencèrent à traiter de un répit avoir, pour mieux amoyenner leurs besognes.

Amplier (augmenter). — Il ne vous

DU QUATORZIEME SIECLE.

veut pas ôter, mais accroître et amplier tous les jours.
Anal (anneau).—Et leur donnoit anals d'or.
Anavier (conduire par eau). — Le roi entra en un batel et se fit anavier jusques à l'hôtel Saint-Pol.
Ancesseur (ancêtre). — On a de mes ancesseurs peu trouvé qui soient morts en chambre ni en lit. — Et de nos ancesseurs ils furent là tous morts et déconfits.
Ancesterie (tige d'ancêtres).—Les plus honorables de corps, de chevance et d'ancesterie de la ville de Calais.
Ancrer (être à l'ancre).
Angel (ange). — Ils n'étoient ni angels ni esprits, mais hommes.
Anglesche (anglais; il se conforme à la prononciation).
Anglet (petit angle, coin). — Adonc me tira-t-il à une part, en un anglet de la chapelle du châtel.
Angoisseusement (douloureusement, avec angoisses).
Angoisseux (rempli d'angoisses).
Anientir (anéantir, réduire à néant).
Annihiler (détruire). — Et annihileront leurs pourvéances.
Annoi (ennui).—Quelqu'annoi et déplaisance qu'il eût du roi Richard son frère. — Car de vos annois les Bruxellois ont grand'compassion.
Anoier (fâcher). — Pensez-vous qu'il ne lui dût pas bien anoier. — La dame qui véoit son châtel pris, dont moult li anoioit.
Ante (tante). — Les héritières d'Espagne et de Castille ses belles antes. — Et étoit la roine d'Angleterre son ante.
Anten (auparavant). — Bien savons que le Mongat fut anten à Toulouse.
Anuit (ce soir). — Il aura réponse anuit pour retourner le matin. — Nous y serons anuit au gîte.
Anuiter (faire nuit).—Environ l'anuiter, ce jeudi au soir.
Aourer (adorer).—On aoure saint Aquaire.—Nous aourerons les Anglois des lèvres, mais les cœurs ne s'en mouveront jà.
Aourné (orné). — Et avoient toutes les litières si richement aournées que rien n'y failloit.
Aouver (adorer). — Quand sire Eustache de Saint-Pierre eut dit cette parole, chacun l'alla aouser.
Août (moisson).—Le pays est si chaud que, à l'entour du mois de juin, l'août y est passé.
Aparler (entretenir, continuer à parler).—Quand messire Guillaume de Namur fut premièrement aparlé de cette matière.—Les seigneurs qui de ce l'aparloient.

Apléger (servir de caution, de *plége*, caution).
Apleuvoir (continuer à pleuvoir). — On n'épargnoit non plus or ni argent que donc que il apleuist des nues, ou que on le puisât en la mer.
Apoier (appuyer). — Apoiez vous ici de lez moi.
Apovri (apauvri).
Appacti (mis à composition). — S'ils n'étoient bien aconvenancés et appactis.
Apparant (apparence).—Il n'en étoit nul apparant.
Appareillé (prêt).
Appareillement (avec appareil).
Apparoir (paraître).—Oncques meschefs ne furent si grands comme ils apparent pour le présent. — Il ne leur apparoit aucun confort de nul côté.
Appasser (passer).
Appaticer (faire pâtir).—Quand ainsi les vouloient mener et appaticer.
Appeaulx (pluriel d'*appel*, dont le singulier est aussi *appeau*). — Le roi qui souffert avoit ces appeaulx en gage de bataille.
Appendance (dépendance). — Il recouvreroit Lille et Douay et les appendances.
Appendre (dépendre de). — Et y appendun beau château.
Appenser (penser).
Appenti (sorte d'appui extérieur des maisons, comme il en existe encore dans une des rues de Genève. On les démolit en ce moment, de même qu'on les a démolis partout). — Il fit abattre tous les appentis de Paris pour chevaucher plus aisément parmi les rues.
Appert (expert).
Appertement (d'une manière experte).
Apperteté (habileté). — Là pussiezvous voir entre ces nouveaux chevaliers toute apperteté.
Appertise (exploit).
Appéter (désirer, manquer). — Vivres leur appétissoient.
Applouvoir (tomber abondamment, comme une pluie). — Et toujours applouvoient gens de tous lez.
Appoier (appuyer). — Adonc furent ordonnées échelles et appoiées contre le mur.
Appresser (presser).
Approvender, s'approuvender (approvisionner; de *provende*, provision). — Combien qu'ils eussent été bien approuvendés de foins, d'avoine et d'aigue douce. — Et les approuvenda bien et largement.
Appuigner (empoigner). — Et appuignèrent et appointèrent leurs lances.

Aquasser (devenir calme, en parlant de l'eau). — Le temps cessa et la mer s'aquassa.
Aquoiser (devenir coi, tranquille).
Araser (raser d'une manière continue).
Arateler (haleter). — Et ouïrent les chevaux arateler.
Arché (courbé en arc). — Et étoit la dite couronne archée en croix.
Archegaie (javelot).
Archonner et *arçonner* (faire l'arc, se courber). — Les lances point ne se brisèrent, mais archonnèrent.
Ardaier (aiguillonner). — Ainsi hériant et ardaiant l'un l'autre, advint que...
Ardoir et *ardre* (brûler, d'où *ars* brûlé, *arsure*, *arsion* et *arsin*, action de brûler). — Depuis la destruction et arsion de la ville de Gand.
Argu (subtilité, finesse). — Si Aymerigot eût tourné ses usages et ses argus en bonnes vertus.
Arguer (tourmenter, accuser). — Et arguoit durement le duc de Normandie.
Ariêmes (nous) (nous aurions, et *il aroit*, pour *il auroit*, d'avoir. Les pluriels en *ièmes* au lieu de *ions* sont encore normands et picards).— Nous n'y ariêmes jamais nulle bonne aventure. — Si aroie plus cher à être mort que il en advint ainsi. — Ils pensoient qu'il y aroit escarmouche.
Ariole (devin). — Les aucuns de ces arioles affirmoient que le roi étoit damné par sorts.
Armeret (vaillant). — Les plus preux et les plus armerets de toute Turquie. — Le gentil duc Wincelant qui fut en son temps noble, joli, frisque, sage, armeret et amoureux.
Armoié (orné d'armoiries).
Armoier (armurier). — Les meilleurs ouvriers, armoiers qui fussent en Lombardie.
Aroié (mis en rang). — Aussi bien aroiés, appareillés et armés de toutes pièces que nuls gens d'armes pourroient être.
Arondeau (hirondelle).—Ni en avoir pitié non plus que d'arondeaux ou d'alouettes qu'on prend en la saison pour manger.
Arouter (mettre en troupe; de *route*, troupe).
Arréé et *arré* (orné). — Il étoit bien appareillé et arréé de ce que à lui appartenoit. — Aussi bien arrés et appareillés de toutes pièces comme nul chevalier pourroit être.
Arréement (en arroi, en bon ordre). — Ils chevauchèrent moult arréement.
Arrenter (donner des rentes).

Arrestéement et *arrestement* (décidément). — Ce que arrestéement il en feroit. — Et ne savoient pas encore arrestement entre eux quel part ils se trairoient ni où ils prendroient terre.

Arriérance (retard). — Ils nous porteroient plus d'arriérance que d'avantage ni de profit.

Arrifler (raser). — Si vint le duc de Lancastre tout arriflant et côtoyant la nef du prince.

Arroi (rang, ordre). — Sans arroi et sans ordonnance.

Arroier (ranger, mettre en arroi). — Si descendit le roi au palais qui étoit ordonné et arroié pour lui.

Arrouter (assembler, mettre en route, troupe). — Ils arroutèrent tous leurs chariots.

Artétique (arthritique, d'un mot grec).

Artillerie (toute espèce de machine à lancer traits).

Assai (essai). — Je me mis en cet assai pour l'avoir.

Assault [il] (d'assaillir). — Si on les assault.

Asségur, asséur et *assur* (assuré). — Piètre Dubois qui ne se sentit mie asséur de sa vie.

Asségurance (assurance).

Asségurer (assurer).

Assembler (attaquer).

Assencer et *accenser* (affermer). — Et occirent tous ceux qui avoient assencé ces gabelles. — Et tous impositeurs et gabelleurs qui les avoient accensés.

Assener et *assiner* (assigner; on dit encore *assené* en parlant d'un coup porté juste). — Autant de beaux coups rués et aussi bien assenés que je fis onques en toute ma vie. — Ils assinèrent de prendre le châtel.

Assent (senteur, signe et consentement). — Par les assents qu'ils avoient vus.

Assentir (consentir; d'où assentiment). — Le conseil du roi s'assentoit bien à tout ce.

Asseoir (placer). — Qui lui asséoit sur son poing un faucon pèlerin moult gent et moult bel.

Asseulé (isolé, resté seul). — Cette maison étoit toute asseulée hors des autres. — Ils faisoient doute que les Escots ne les murdrissent en leurs lits quand ils seroient asseulés. — Si étoit là asseulée entre ses gens.

Assis (assiégé). — Cent mille Flamands qui ont là assis grand' foison de gentils hommes.

Assotter (rendre sot, prendre d'affection). — Il étoit tout assotté sur messire Hue le Despensier.

Assoufir (donner suffisance; d'où assouvir). — On ne les en pouvoit assoufir.

Assurement (assurance). — Sur assurement.

Astronomien (astronome ou plutôt astrologue). — J'ai eu long-temps un maître astronomien.

Atant (alors). — Atant se départit le conseil. — Ils ne cessèrent mie atant.

Atarger et *Attargier* (continuer à tarder). — Il avoit atargié leur paiement.

Aterrer et *Atterrer* (jeter à terre). — Et fut pris et aterré. — Ils en atterrèrent et blessèrent plusieurs. — Peu échappèrent qu'ils ne fussent morts et atterrés.

Atine, Atis, Atys et *Atye* (débat, querelle, indices; même mot que ahatie et bâtie). — Les Anglois pourroient tenir cette chose à atine d'orgueil et de présomption. — L'atine qui fut faite entre le roi et le duc de Touraine son frère, pour plutôt venir de Montpellier à Paris.

Atis (atisé, provoqué) — Au cas que il s'est atis de la jouste à moi, demandez-lui si il lui suffit.

Atournement (préparatif). — Les Anglois ordonnèrent manteaux et atournemens d'assaut.

Atourner (parer et retourner sens dessus dessous). — Si richement vêtues et atournées que chacum s'en émerveilloit. — Et atournât tel le pays que jamais ne fut recouvré.

Atrever, attrever, attriever, attrieuver (faire trèves). — Ils verroient volontiers que le roi de France s'accordât ou s'atrevât aux Anglois. — Les bonnes gens ne pouvoient aller hors labourer leurs vignes ni terres s'ils n'étoient attrevés à eux. — Qui auroient pleine puissance de paix faire, ou de attrieuver les royaumes et pays dessus nommés.

Attemprance (modération).

Attempré et *Attrempé* (modéré, doux). — Le temps étoit moiste et attempré.

Attemprement (avec modération).

Attrainer (entraîner). — Grand pillage qu'ils y ont assemblé et attrainé du pays et d'environ.

Attremper (ajuster). — Il attrempe bien et à point le dit engin.

Aubarde (lieu planté d'aubiers).

Aucques et *Auques* (aussi).

Auder (entendre dire). — Ils audoient que le roi d'Angleterre dût mettre le siège devant leur ville.

Aulnoy (aulnaie, lieu planté d'aulnes).

Auqueton (hoqueton).

Austère (dur). — Le châtel fut trahi et vendu à un Breton, le plus cruel et austère de tous les autres.

Autel et *otel* (semblable et semblablement). — Ceux de Dinant firent autel. — Je vous ferai apporter deux harnois tous égaux, autels les uns comme les autres. — En autelle manière. — Ils fesoient autel.

Aval (en bas; opposé de *amont*).

Avaler (descendre). — Quand le duc le vit avaler de si grand' volonté.

Ave (ancêtre). — Le ave du duc de Guerles se maria à la fille de Berthaud de Malines.

Avecques (avec).

Avéer (avouer). — Les quelles je n'avée pas que de ma bouche soit issue parole nulle.

Avenir (advenir).

Aver (avare). — Et fut en son temps le plus aver que on sçut.

Averions [nous] (nous aurions, d'avoir). — Nous n'averions jamais fait.

Avesprée (soirée).

Avesprir (faire nuit). — Et plus venoit et plus avesprissoit.

Avironnément (alentour). — Arrêtés avironnément sur les fossés.

Avitailler (garnir de vitailles, vivres. Les Anglois ont conservé le mot *victuals* qu'ils prononcent à peu près comme notre mot vitailles.) Les biens et les vitailles que il convenoit pour avitailler un tel ost.

Avoier (conduire; mettre sur la voie). — Pour avoier le roi d'Angleterre à ce qu'il y voulût descendre.

Avolé (étranger, réfugié).

Aye (aide).

Ayr (colère). — Si le roi de France l'eût tenu en son ayr, il l'eût fait décoler.

Ayré (courroucé).

B

Bachelureusement (vaillamment).

Bachelcreux (vaillant).

Bachelrie (chevalerie, vaillance). — Envoyez votre bachelerie devant Alexandrie.

Bachelier (chevalier).

Bacon (jambon). — Douze bacons et de la poulaille grand' foison.

Bacque (bac). — Si nous avions deux ou trois bacques et les fissions lancer en la rivière du Lys.

Badellaire et *Baselaire* (coutelas). — A ces mots il trait un grand badellaire que il portoit.

Bahut (coffre).

Bail (gouverneur). — Robert Canolle étoit demeuré bail de Bretagne quand le duc s'en partit.

Baille (porte). — Puis fit recommencer une escarmouche aux bailles. — Et étoient les bailles faites de bon bois. — Et s'en vinrent aux bailles de Bruges, et les trouvèrent fermées et bien gardées.

Baillieux (bailli).—Baillieux, je obéirai.

Balenier, Ballengnier, Balinghier et *Balinghière* (grand bateau).— Et feroit le duc de Bretagne venir et amener par la rivière de Loire, barges et baleniers à plenté pour mieux contraindre par la rivière ceux de Nantes. — Plenté de naves, de galées, de vaisseaux, de ballengniers et de coques pour passer le roi de France en Angleterre. — Et leur avoit-on donné une nef balinghière qui s'étoit emblée en Normandie.

Baloier (voltiger).—Quand ils apperçurent les bannières et les pennons ventiler et baloier.

Ban-cloche (cloche du beffroi, du ban).

Bande (côte).—Les bandes de Normandie.

Bandeler (attacher avec bandes).— Et lui bandelèrent et appareillèrent ses plaies.

Banlèvre (tour de la bouche).

Banlier (flotter au vent).

Baraterie (tromperie).—Nous disons que c'est baraterie que il fait.

Baratière (rusé). — L'archiprêtre est si baratière, qu'en nous contant jangles et bourdes, il aviseroit notre force et nos gens.

Bargaingner, Bargener, Barguigner (marchander. Les Anglais disent encore : *to bargain*. On dit encore, en françois bourguignon : Ne barguignez pas tant). — Nous le bargenons et une autre fois nous l'acaterons.—On ne peut pas bargaingner et achapter tout sur un jour.

Barge (bateau. Ce mot est encore anglais).

Baronnesse (femme d'un baron).

Bascle et *Bascon* (bâtard).

Bassinet et *Bacinet* (chapeau de fer en forme de bassine).

Bastide et *Bastille* (fort).—Ils avoient fait charpenter une bastide de gros merrien à manière d'une recueillette.

Dastiller (fortifier).—Et vit foison de naves bien bastillées.

Bataille (corps d'armée; c'est l'ordre dans lequel sont rangées les troupes). — Ranger les batailles. — Chacune bataille avoit deux ailes.

Batel (bateau).

Baudement (hardiment). — Il vint baudement au duc d'Anjou et lui dit :

Baudequin (drap de fils d'or et de soie). — Vêtus de gonnes de baudequin vert et vermeil.

Baulx (même que *Bail*, administrateur). — Il institua son oncle à être baulx du Hainaut.

Béer (attendre; on dit encore : béer aux corneilles).

Beffroi (cloche; c'est aussi une tour sur laquelle on plaçait une cloche). —Et fit charpenter deux beffrois à trois étages.

Behour (choc de lances). — Fête de joutes et de behours.

Belourde et *Velourde* (fagot).

Bequer (becqueter). — Mais les béquoit cil oiseau et poignoit et contrarioit.

Bersail (but auquel on vise).—Quand ceux de l'ost virent que leurs gens étoient en bersail (c'est-à-dire exposés aux traits des ennemis).

Berser (lancer des traits ; en Piémont les archers s'appellent bersaglier).

Bestiail, Bestial (bétail ; d'où bestiaux).—Reservés tous vivres, bestial et autres choses que on trouveroit sur les champs.—A leur retour ils levèrent ès prairies grand bestial.

Bestourner (culbuter).—Fortune qui oncques ne séjourne, mais tourne et bestourne.

Beuvrai [je] (je boirai; on disait *beuvrage* au lieu de breuvage. Les Anglais disent encore *beverage*). — Jamais je ne beuvrai ni ne mangerai, si sera ce amendé.

Bidau (soldat de troupes légères, armé de dards, d'une lance et d'un poignard).

Bienfait (action bien faite). — Plusieurs autres barons et chevaliers pleins d'honneur et de prouesses desquels je ne puis mie de tous parler, ni leurs bienfaits ramentevoir).

Bièvre (castor ; en anglais : *Beaver*). — Et avoit sur sa tête un noir chapelet de bièvre qui bien lui séoit. — En ôtant jus de son chef un chapelet de bièvre qu'il portoit.

Blanc (sorte de monnaie ; on dit encore six blancs).—Il auroit un blanc de France.

Blandir (flatter). — On ne dira mie que je le blandisse trop.—Il le vous faut blandir tant que le mariage soit passé.

Bobant et *Boubant* (pompe et vanité).—Il entra en la cité en grand bobant. — Selon le grand bobant que fait ils avoient.

Bocailles (petit bois).

Boce et *Bosse* (tertre, grosseur ; se prend quelquefois pour le bouton de la peste). — La boce de la Breth (c'est-à-dire le château d'Albret situé sur une colline).—Et en y mourut de boce et de mal de corps plus de vingt mille personnes. — Tant courut le coursier que cette boce lui effondra au corps.

Bombarde (espèce de canon).

Bonde, même que *Bande*, (frontière ; en anglais *Boundaries*). — Cette armée se mettoit sus à l'encontre des bondes de Normandie. — Le pays gissant entre les mettes et bondes qui s'en suivent.

Bondissement (retentissement). — Ils oyoient clairement le bondissement des Navarrois.

Bonnier (mesure de terre équivalente à trois arpents. Ce mot est encore usité en Flandres).—Un grand bonnier de terre.

Boquetel et *Bosquetel* (petit bois, bosquet). — Et entrèrent à la couverte en un petit boquetel. — Et s'en vinrent loger de haute heure en un petit bosquetel.

Bord (mettre à bord, jeter par-dessus bord dans la mer). — Si furent eux tous mis à bord sans nullui prendre à mercy.

Boschet (bosquet, petit bois).

Boudine (nombril). — Etre en l'eau jusques à la boudine.

Bouge (sac, cuisine). — Et trouvèrent en bouges la somme de trois mille francs. — Et n'y avoit en cette maison fors le bouge devant.

Bohourd, Behourd (échaffaud).

Bohourder, Behourder (faire un tournoi).

Boulgre (hérétique, manichéen; cette doctrine avait passé de la Grèce en Bulgarie, d'où vient le mot *boulgre* ou *boulgare*, et de là dans le reste de l'Europe). — Betisac avoit dit et confessé, de sa volonté et sans contrainte, que il étoit hérite, et avoit tenu un long temps l'opinion des boulgres, et le roi avoit dit qu'il fût pendu et ars.

Boulu (bouilli ; le cri des rues est encore : marrons boulus).—Tous couverts de cuir boulu.

Bourde (plaisanterie, moquerie ; on dit encore : Tu nous contes de belles bourdes).

Bourder (moquer et charger). — Ainsi que on bourde ensemble. — Les quels se départirent moult bourdés et moult troussés.

Bourdeur (qui dit des bourdes). — Va! tu n'es qu'un bourdeur.

Bourdon (bâton de pèlerin). — Ce sera un bourdon pour lui appuyer.

Bourg (bâtard).

Bourle (moquerie ; en italien *Burla*). — Si ne guerroyons pas courtoisement, fors à la bourle.

Bourlet (massue).

Bourrel (bourreau). — Prenez un bourrel, et lui faites trancher la tête.

GLOSSAIRE

Boursette et *Bourselette* (petite bourse). — Le roi lui donna une moult belle boursette.
Bouter (mettre; d'où *boute-roue* dans certains dialectes pour la borne contre la quelle frotte une roue.)
Boutis (action de bouter). — Là eut fort boutis de glaives. — Il y eut dur encontre et fort boutis.
Braie (haut de chausses et enceinte de murs). — Les Irlandois ne portent nulles braies. — Et le fit courir tout nud en ses braies parmi la ville. — Une très grosse tour où il a braies tout environ.
Brandeler (chanceler). — Reconforter les batailles qui brandeloient.
Branle (commotion). — Tout le pays étoit en branle.
Bretesche (créneau, défenses).
Bretescher, *Breteskier* (garnir de bretesches). — Et avoient amont les mâts châteaux breteskiés. — Treize nefs bien pourvues et bien bretechées ainsi que nefs d'Espagne sont. — Et là fit faire ce châtel si fort et si bien breteschié.
Bricole et *Brigoles* (fronde en cuir qui servoit à jeter des balles de plomb et des pierres). — Et nous logerons hors du trait de leurs bricoles. — Brigoles et arcs à tour, et grand'foison d'atournemens d'assaut.
Brigand (soldat à pied qui avait pour arme défensive une espèce de cotte de mailles appelée *brigandine*).
Brocher (piquer de l'éperon). — Adonc brochèrent des éperons cette part. — Et commencèrent à brocher chevaux des éperons.
Brouillis (bruit). — Il menoit un tel brouillis que il sembloit que tous les diables d'enfer dussent tout emporter.
Brouir et *Bruir* (brûler). — Ce qui issoit hors de terre ne fructifioit rien, car le grand'chaleur de terre l'avoit tôt bruit.
Brouisse et *Broussis* (broussaille). — Aussi serrés comme une brouisse.
Brousse (troupe). — Sitôt qu'ils nous verront chevaucher en brousse.
Brucqueux (couvert de bruyères). — Ord pays et brucqueux et mal logeable.
Bruge - maistre, *Burghemaistre* (bourgue-maistre).
Bruine (brouillard, trouble au figuré). — Si ne vouloient pas laisser cette bruine de Bretagne qu'elle ne fût abattue.
Bucher (frapper). — Quand ils ouirent l'effroi et le bucher.
Buffe (soufflet; au figuré, contrariété). — Pour une buffe que je recevrai j'en donnerai six. — Et leur convint porter et souffrir cette buffe, car ils en avoient donné une autre aux Escots.
Buire (cruche). — Au dehors de la ville a une très belle fontaine, où, par usage, tous les matins les femmes de la ville venoient atout buires et autres vaisseaux, et là puisoient. — En habit de femmes et buires en nos mains, réunis en une prairie. — Chacun de nous prit sa buire et les emplimes.
Buisine (sorte de trompette). — En sonnant buisines et trompettes.
Buissar (petit bateau).
Bullé (rédigé; de *bulle*). — Chartes bullées et scellées.
Buquer (frapper). — Le comte vint jusques à la porte et fit buquer à grands coups.
Burions [*nous*] (nous boirions).
Busner (rêver). — Il commença moult fort à penser et à busner sur ces nouvelles.

C

Cacier, *cacher* (chasser). — Le roi se tenoit en la sauvage Escosse et là cachoit.
Calange, *challenge*, *chalange* (défi, réclamation; conservé en anglais). — Et montra quel droit le roi d'Angleterre avoit en la chalange de France.
Calenger, *challenger* (défier, réclamer, contester). — S'ils nous veulent calenger aucun droit.
Cambre (chambre).
Camocas (étoffe fine faite de poil de chameau ou de chèvre sauvage.).
Campane (cloche). — On sonna au matin la campane du consistoire, et fut faite la convocation de tous les cardinaux.
Canceler (effacer). — Et ce qui à canceler seroit, il seroit cancelé. — Et si rien avoit de contraire, ils le feroient en leur présence canceler et amender. — Il leur fut dit que ils le fissent écrire et jeter en une feuille de papier, car le roi et son conseil le vouloient voir et collationner, et si rien avoit d'outrageux en la dite emprise, on le cancelleroit et amenderoit.
Cancelerie (chancellerie).
Cançon (chanson).
Canter (chanter).
Candouaille (chandelle). — Si se pourvurent trop grandement de candouaille.
Canonnerie (canonicat, place de chanoine).
Capitol (capitoul, conseiller municipal). — Et montèrent tous les capitols de Rome sur chevaux couverts, et amenèrent le pape à grand triomphe à Rome.
Captivoison (captivité). — Ils seront contournés en captivoison.
Caraque (grand bateau). — Et entra en une caraque grande et forte assez pour aller par mer par tout le monde.
Carger (charger). — Ils dirent que ils avoient cargé pour mener en Flandres.
Carme (charme). — Le roi étoit dominé par sorts et par carmes.
Carnet (visière). — Et avalèrent les carnets de leurs bassinets.
Carole (danse).
Caroler (danser).
Carrel, *carreau* (flèche triangulaire; on dit encore : les carreaux de la foudre).
Caste (chaste). — Encore étoit-il caste, et n'avoit eu onques compagnie charnellement de femme.
Catir [*se*] et *quatir* (se poser de manière à tenir peu de place). — Et se mucèrent et catirent.
Cauchie (chaussée).
Cauteler (agir avec cautelle). — Rien ne se passoit de l'un côté ni de l'autre qu'il ne fût bien espécifié et justement cautelé. — Je ne die mie que nous cautelions nulle incidence par quoi nous soyons mal de monseigneur de Flandres.
Cautelle (ruse; d'où cauteleux). — Aucuns disoient que les cardinaux l'avoient là envoyé à cautelle pour eux exaulser.
Cavaillon (cheval; du mot portugais). — Dès que l'on eut dit : Aux cavailhons! Aux cavailhons! qui veut dire en langue française : Aux chevaux! Aux chevaux!
Caver (creuser). — Et commencèrent à piocher, et à caver et à ôter pierres.
Cavillation (ruse; les Anglais disent encore : *To cavil*). — Et ressoignoit les cavillations et déceptions des paroles colorées des François.
Cay (quai). — Si passa-t-il la rivière, et arriva sur le cay à Bordeaux.
Celéement, *clément* (d'une manière célée, cachée). — Les inquisiteurs fesoient celéement et secrètement enquête sur lui.
Cendal (étoffe fort estimée). — Le grand pont était couvert tout au long de vert et de blanc cendal. — Quand le roi eut tendu son pavillon de vermeil cendal.
Cep (lien, fer, chaîne). — Si furent mis en un cep et les autres en une fosse. — Et mettent en fers et en ceps. — Ils ne les mirent point en prison, en fers, ni en ceps, ainsi que Allemands font leurs prisonniers.
Cercher (chercher). — Vous m'avez

fait huy beaucoup de peine à chercher autour de Bruges.
Certaineté (certitude).
Cerurgien (chirurgien).
Cervoise (bière; en espagnol *cerveza*). —A grand peine pouvoient-ils avoir de la petite cervoise et du pain d'orge ou d'avoine.
Cestui (celui-ci). — Maint passage plus périlleux que cestui n'est.
Chaière (chaise). — Qu'il s'en voise reposer un petit en sa chaière. — L'écuyer françois, qui se sentoit féru à mort, s'en alla jusques à la chaière, et là s'assit. — Et là furent assis, chacun à sa chaière.
Chaille [*qu'il*] (de chaloir). — Ne vous chaille si les Anglois tiennent maintenant les champs.
Chaingle (enceinte d'un mur). — Une grosse tour des chaingles du donjon.
Chalan (bateau; mot encore employé dans le dialecte populaire).
Chalemie et *chalumelle* (chalumeau, instrument de musique). — Et autres menestrels faire leur métier de pipes et de chalumelles.
Chaloir (soigner).—Depuis, eut tant à faire qu'il n'en chalut ses deux enfans.
Chambrelan (chambellan, serviteur de chambre). — Mais si ses chambrelans et ses valets, qui dorment en sa chambre.
Champagne (plaine; on dit encore, un pays de champagne, pour dire un pays de plaine).
Chapel (chapeau). — Et avoit sur son chef un chapel de Montauban fin, clair et net, tout d'acier.
Chapelet (petit chapeau, couronne de fleurs).
Chaperon (chapeau).
Charée (charge d'un char). — Si envoyèrent en l'ost six charées de pain.
Charriau (charrette). — Ils avoient abbayes et belles maisons rançonnées à vins qu'ils avoient mis sur leurs charriaux.
Charreton (chartier).—Quatre charretons vêtus de grises cottes.
Chas (machine de guerre, de *Catus*; c'était une machine en forme de galerie couverte, pour approcher d'une ville assiégée).
Chausses à housser (bas longs; en anglais, *hose* signifie caleçon, bas).
Chef [*au*] (au bout).
Cheminaux (chenets).—Et renversa la buche et l'âne his pieds dessus en la cheminée sur les cheminaux.
Cher, char (char, viande).
Chercus (cercueil). — En ce propre jour fut apporté d'Orthez et mis en un chercus.

Chet [*il*] et *chiet* (il tombe; de cheoir).
— Quand il chet à point. — Ci ne chiet nulle rançon.
Chevaleresse (femme d'un chevalier).
Chevalet (petit cheval).
Chevance (bien, propriété).
Chevestre (corde). — Et leur fit ôter les chevestres d'entour leur cou.
Chevetain, *cheftain* (capitaine; les Anglais disent encore *chieftain*).
Chevir (venir à bout de, aider. Encore usité).—Il fut longuement parlementé comment on se pourroit chevir. — Si eurent conseil ensemble comment ils se pourroient chevir.
Chière, chère (semblant, accueil).
Chieux (chez). — Pierre Du Bois s'en vint un soir chieux ce Philippe.
Chrétienner (faire chrétien).
Chu (de cheoir).
Cil (celui-ci).
Circonstant (entourant; d'où circonstance). — Plusieurs chevaliers et écuyers qui là étoient circonstans.
Cirurgien (chirurgien).
Civeu (cheveu). — De vos conquêtes nous ne donnerions quatre civeux.
Clamer, claimer (réclamer; en anglais *to claim*; et aussi appeler).—Sur un lieu et un pas qu'on clame Neuf-fossé. — Une ville que on clame Long en Ponthieu.
Claret (vin de liqueur; on dit aussi vin *clairet*; les Anglais ont conservé ce mot pour désigner le vin de Bordeaux).
Claronceau (petit clairon). — On sonna trompettes et claronceaux.
Closement (de près, d'une manière retirée). — Ils pouvoient voir les Anglois tout closement.—Il se tenoit simplement et closement à Rome.
Clergie (savoir, science). — Un saint homme tout pourvu de prudence et de clergie. — Le quel clerc étoit en clergie très grandement et bien fondé.
Clorre (fermer). — Ils clooient.
Cloyes (claies). — Un pont de nefs et de cloyes.
Cogne (bateau).
Coi (tranquille; les Anglais ont conservé le mot *coyness* pour signifier modestie, timidité).
Coiment (tranquillement).
Cointe (élégant, riche).
Coite (hâte). — Nous nous en irons à coite d'éperons à Gand. — Il eut si grand coite, et si frétilleusement monta à cheval, que...
Coité (pressé, hâtif). — Il fut si coité qu'il ne put repasser le pont.
Coiter (serrer, presser).—Vous nous coitez de moult près.
Coiteusement (hâtivement). — Ils

furent coiteusement remandés du roi de France.
Collation (entretien).—Si veuil avoir conseil et collation avecques vous, comment je me pourrai maintenir.
— Ils avoient été en conseil et en collation, à savoir comment ils se maintiendroient.
Colloquer (convenir en paroles). — Et jà plusieurs étoient promises et colloquées.
Com (comme). — Com durement que ce fut.
Comble (colline). — Et se logèrent tous les gens d'armes en la comble de Pampelune.
Combliau (faîte). — Et les autres chevauchèrent par les combliaux des montagnes.
Comme (quelque).—Comme grand'-foison que ils fussent.
Commun (peuple, communes). — Seigneurs, vous allez en grand péril, car il y a mauvais commun en cette ville.
Communaument (généralement).— Si s'armèrent partout communaument.
Communité (habitans d'une commune). — La communité de Paris.
Compagner (tenir compagnie). — Ils s'étoient autrefois vus et compagnés l'un l'autre en Grenade et en Prusse.
Compain (compagnon). — Avec qui il avoit été compain en Grenade et en Prusse.
Comparer (payer). — Si ne veuil pas comparer la guerre de Castille.—Si leur feroit cher comparer, si il les pouvoit mettre à merci.
Compéter (intéresser, regarder; d'où compétent). —Cette guerre ne vous compéte en rien.
Condempner (condamner).—Lequel étoit par sentence condempné en prison que on dit l'Oubliette.—Leur loi est plus foible et plus légère à détruire et à condempner.
Conduiseur (conducteur). — Quand ils eurent pourvu chevaux pour eux et pour leurs gens, et conduiseurs aussi qui les meneroient vers Londres.
Conduit [*le*] (la conduite).
Confés (confessé). — Et là mourons confès et repentans.
Confort (conservé en anglais).
Conforter (fortifier).
Confroisser (froisser).
Congé (permission; cette acception s'est conservée dans *congé d'élire*).
Conjoindre (joindre).
Conjouir (accueillir).
Connestable (capitaine). — Les archers génois dirent à leurs connestables.

GLOSSAIRE

Connestablie (compagnie). — Et chevauchèrent par connestablie.
Connil (lapin). — Grand'foison de lièvres, de connils et d'oisillons.
Connoissable (qui se fait connaître). — Le sire de Fitz-Walter se fit connoissable au seigneur de Brebières. — Il étoit connoissable et accointable à toutes gens.
Conquérismes [nous] (de conquérir). — Et y conquérismes, nous et les nôtres, grand'finance.
Conquerre, Conquester (conquérir).
Conquest [le] (la conquête).
Conroi (ordre). Et séjournèrent là trois jours pour mieux ordonner leur conroi. — Depuis ne tinrent les François guère de conroi. — Et dirent que le voyage ne tourneroit jà à bon conroi.
Consaulx (conseillers). — Les consaulx des bonnes villes.
Consuir, Consuivre (atteindre). — Et tout ce qu'il consuivoit à plein coup il ruoit par terre.
Contempt, Content (mépris, débat; d'où, contemptueusement). Pour faire discord et contempt au dit pays. — En ce temps se émut un content entre ces gens.
Contenement (action de se tenir). — Si furent envoyés leurs coureurs aviser le contenement des ennemis.
Contraindoient [ils] (de contraindre).
Contrestant (malgré, contre-étant).
Contrester (résister, s'opposer). — Il envoya grand'foison de bons chevaliers pour contrester aux Anglois.
Contreval (en descendant, le long). — Contreval l'Escaut.
Contrevenger [se] (se venger).
Convenant, Convent, Convine, Convinément (ordre, engagement). — Ils s'avançoient en bon convenant. — Pour savoir quel convent cils de Londres à leur retour feroient. — Et tant firent par leurs espies qu'ils surent tout le convinement l'un de l'autre.
Convenist [il] (de convenir). — Quand il lui couvenist.
Converser (se diriger vers). — La plupart des Anglois conversoient celle part.
Convoier (accompagner; d'où convoi). — Et le fit convoyer tout hors de l'ost.
Convoiteux (avide; d'où convoitise).
Coponé (terme de blason).
Coque (petit vaisseau).
Cordel, Cordelle (intrigue, volonté). — Le duc de Bretagne avoit fait et brassé tout ce cordel. — Le prévôt des marchands avoit attrait toutes manières de gens à sa cordelle. — Si les tourneroit tous à sa cordelle.
Cornée et *Coron* (côté, coin). — Et vinrent sur l'autre cornée où étoient les François. — Au coron de celle haie sont leurs gens d'armes. — Il en pourroit bien prendre un mauvais coron.
Corner (jouer du cor).
Costier (côtoyer). — Si combattoit vaillamment à deux Anglois qui le costioient de moult près.
Cotelle (petite cotte ou robe). — Et les mettoient en une pauvre cotelle.
Côtière, Coustière (côté). — D'autre lez sur côtière. — Ils pouvoient voir les Anglois passer sur la coustière de eux.
Cou (ce). — Qu'est-çou à dire?
Coulettier (culottier, faiseur de culottes).
Coulon (pigeon; d'où colombe). — Comme éperviers se boutent entre coulons. — Il vit un blanc coulon voler.
Coulpe (faute). — Ils n'avoient nulle coulpe.
Coupier (redresser). Et se coupioient sur leurs chevaux et se démenoient frisquement et joliettement.
Courage (cœur, inclination). — Il sentoit assez le courage de ceux de Poitiers (qui vouloient se rendre au roi de France). — Et a toujours eu le courage plus anglois que françois. — Et bien savoit que plusieurs seigneurs en France l'avoient grandement contre courage. — Et s'en vinrent sur les champs à deux lieues près de là pour savoir parfaitement le courage et la volonté de lui. — Il ne sonnoit mot, car il ne vouloit pas montrer courage d'homme ébahi. Il étoit pur Anglois de courage. — Ce lui recueillit et adoucit grandement son courage. — Et se répentoit grandement en courage. — Tel avoit eu contre courage le roi Charles mort, qui viendroit grandement en l'amour du jeune roi son fils.
Courcé (courroucé).
Courge (verge; d'où le mot anglais *courge*, fléau).
Courir (parcourir en ravageant).
Couris (course). — En cette chasse eut bon couris.
Coursable (ayant cours). — Une monnoie coursable.
Courtil, Cortil (jardin).
Courtine (rideau).
Coust, Coustage (frais). — A son coust. — Vous irez à vos cousts à ce voyage.
Couste (couverture de lit). — Une pauvre couste de vieille toile enfumée. — Ils le trouvèrent couché sur une couste.
Coustille (grand couteau, sabre à deux tranchans).
Coustiller (soldat armé d'une coustille).
Couvert (discret). — Malement le pouvons-nous savoir, car Anglois sont couverts.
Couvertement (secrètement).
Couvre-chef (mouchoir. Les Allemands en ont pris le mot *kerchief*). — Nos visages enveloppés de couvre-chefs.
Couvretour (couverture). — Tous les murs étoient couverts et parés de couvretours de lit.
Couvrir cacher un secret). — Le comte de Foix entra lors en grand'imagination et se couvrit jusques à l'heure du dîner.
Cram, cran, cren, et *escran* (dommage, ôtage). — Et étoit leur enteute de faire en France un si grand cran qu'il y parût vingt ans après. — Et fut-ce pris aux Sarrazins cran et otages, et aussi livré, ce fut raison. — Et feroient un si grand escran en Angleterre que jamais ne seroit recouvré.
Cranequinier (soldat armé d'un cranequin). — Et grand nombre d'arbalétriers et cranequiniers.
Créable (croyable).
Créois [je] (de croire). — Bel, ouit, nous vous créons, c'est raison. — Ils disoient que jà ne adoreroient ni créroient en Dieu.
Créance, Créant (promesse, confiance). — Et envoyèrent douze de leurs bourgeois en nom de créant, (c'est à dire pour avoir créance).
Créanter promettre, recevoir avec confiance).
Cremer, Cremir (craindre). — Et les crément plus et doutent les Sarrazins que nuls autres. — Et se fesoit cremir si fort de ses gens, que nuls ne l'osoient courroucer.
Cremeur (crainte). — Et répondoient les barons bretons que ce avoit été pour donner cremeur au roi de France et à son conseil.
Crésist [il] (de croître). — Ce jeune duc crésist en bonneur, en force et en sens.
Crevacer (faire des crevaces). — La moitié de la tour s'ouvrit et crevaça.
Croire (confier). — Vous portez peu d'honneur à mon seigneur mon frère, quand vous ne lui voulez croire soixante mille francs.
Croiserie, croisière (croisade). — Les prélats commencèrent à prêcher ce voyage par manière de croisière.
Croisette petite croix).
Croix (creux). — Un demi-pied de croix d'ouverture.
Croler (remuer). — Si crola la tête

DU QUATORZIÈME SIECLE.

Crolière, Crolis, Crouillière (tourbière). — Irlande est un pays formé étrangement et sauvagement de hautes forêts, de grosses eaux, de crolières et de lieux inhabitables. — Ils trouveroient tant de crouillières et de mauvais pas, qu'ils ne se pourroient tenir ensemble.

Croniser (raconter). — Mais pour croniser justement toutes les notables avenues qui en ce temps avinrent au monde.

Croute (mine). — Il fit une croute en terre qui vidoit hors aux champs. — Donc, y a dedans une croute, si comme aux autres.

Crouté (creusé). — Et lui fut demandé si il y avoit une voie dedans terre croutée.

Cru (cruel, rude). — Avecques tout ce étoit le temps si cru et si pluvieux.

Crueulx (cruel).

Cueillette (réunion). — Il se mit en la compagnie et en la cueillette de plusieurs chevaliers. — Il fit une cueillette et un amas de gens d'armes.

Cueillier (cuillère). — On ne perdroit pas céans une cueillier d'or ou d'argent, ni rien qui soit, qu'il ne le sçût tantôt.

Cuer (cœur).

Cuert [il] et *queurt* (de *courir*). — Commune renommée cuert.

Cui (à qui ?. — Cui Dieu pardoint ! — Notre roi, cui Dieu pardoint à l'âme !

Cuidançon, Cuisançon (inquiétude). — Ils furent toute la nuit en grand' cuidançon.

Cuider (pensée). — Le roi qui étoit jeune et plein de ses cuiders et volontés. — Et demeurera plus de vos cuiders à accomplir qu'il ne s'en achèvera.

Cuider (croire).

Cuingnie, cuingnée, coingnée (coguée). — Les haches que avoient les Frisons étoient à manière de cuingnies d'abattre bois.

Cuiré (couvert de cuir).

Cuirie (objet en cuir). — Et s'arment le plus de cuiries.

Cuisançon (inquiétude). — Ils furent toute la nuit en grand' cuisançon de ce que la dame ni nul des compagnons ne revenoit.

Cuisseau, Cuissine (armure des cuisses). — Et lui perça les cuisseaulx.

Cure (soin, souci).

Curer (soigner). — Faire curer et médiciner ses plaies. — Il fut povrement curé de ses plaies.

Custode (étui destiné à la conservation d'un objet). — Si mit tantôt le bassinet en sa custode, qu'il ne lui fût pris ou happé.

Cuvelette (petite cuve). — La cuvelette où on l'avoit d'enfance baigné.

D

Da-lez, De-lez (à côté).

Damage, Damaige (dommage; conservé en anglais).

Danger (pouvoir, difficulté). — Veuilliez ou non, vous retournerez en notre danger. — Le roi d'Escosse faisoit danger de soi traire avant. — Se mettre en son dangier. — Longuement fut le jeune comte au danger de ceux de Flandres.

Darde (javelot). — De toutes les armes que ceux de votre pays savent faire ; celle de jeter la darde me plaît le mieux. — Couteaux aigus à deux taillans à la manière de fers de darde.

Darrain, Derrain, Derrainier, Derrenier (dernier; opposé à *primerain*). — Ce fut la darraine chevauchée où le gentil chevalier fut. — Et au derrain jour que le roi de France trépassa de ce siècle. — C'est la derraine ville, à ce lez, de toute Angleterre.

De (que ; locution italienne). — Il n'auroit pas plus grand ennemi de moi. — On y avoit fait le plus beau logis et le plus grand de jamais.

Débite (redevance, dette). — Leurs terres et seigneuries étoient franches de toutes débites.

Débriser (briser entièrement). — Et avoit si débrisé la ville par ses engins.

Debteur (débiteur). — Et disoient à leurs debteurs : taisez-vous.

Decevement (déception ; de *décevoir*).

Déchasser (chasser complètement).

Déchaus (déchaussé).

Décoler (décapiter).

Découcher (lever). — Et vinrent au seigneur de Corasse à l'heure qu'il fut découché.

Déduire (s'amuser).

Déduit (amusement).

Défaillir (manquer.) — Ni pour mort ni pour vie jà vous jamais n'en défauldrez.

Défaute, Deffaute (faute, manquement au moment du besoin, défaillance). — La comtesse de Montfort pria à ces seigneurs qu'ils ne fissent nulle défaute. — Les chevaliers le prirent et le portèrent sur un lit entre leurs bras, moult doucement, et le couchèrent et couvrirent, et cuidèrent qu'il y eût eu tant seulement une défaute. — Mais avoient pour lors grand'deffaute de vivres.

Deffiner (terminer). — Sur ces paroles deffina leur parlement.

Défiance (défi).

Deforainement (en dehors ; opposé au mot *Deventrainement*, en dedans). — Or montra-t-il deforainement ce qu'il avoit au cœur deventrainement. — Il ne montre rien deforainement que le cœur et la bonne affection n'y soit.

Deffoucquer [se] (se disperser). — Et point ne se déffoucquèrent, mais attendoient courtoisement l'un l'autre.

Défouir (déterrer : d'où enfouir). — Si fut défoui et porté en la cité de Séville.

Defremer (ouvrir). — Les valets défremèrent le lieu où les chiens étoient.

Défronter (rompre en front). — Si se trairent tous en une bataille rangée, sans eux défronter.

Dehaité, Deshaité (malade ; de *haité*, bien portant). — Mais pensoit chacun qu'il fût dehaité en son hôtel.

Déjeun, Desjeun (déjeuner ; repas par lequel on rompt le jeûne).

Déjeuner, Desjeuner (sortir de jeûne).

Délayer (délaisser, départir). — Et se délayèrent le roi et son conseil de leur primeraine volonté.

Délit (délice, plaisir). — Et en prennent le cœur, et le mangent à grand délit.

Délivrance (suite, livrée, gens dont un seigneur paie les dépenses, paiement). — Si lui fesoit ses délivrances et ses finances à sa volonté.

Délivrément (promptement). — Et se hâtoient les Anglois de passer délivrément celle Beausse.

Délivrer (dépêcher). — Dites à mon oncle de Bourgogne, pour Dieu ! que on s'en délivre.

Demeurant (reste ; on dit encore : au demeurant).

Dénuer, Desnuer (dégarnir). — On feroit un grand outrage si on dénuoit le royaume d'Angleterre de deux mille hommes d'armes et quatre mille archers pour envoyer si loin comme au royaume de Portugal.

Département (partage). — Ces deux frères eurent guerre ensemble pour le département des terres.

Départie (séparation).

Départir (séparer).

Dépendre (dépenser). — Combien qu'ils y eussent grands frais mis et dépendus.

Déplais (déplaisance). — Et desiroit grandement à soi contrevenger pour les contraires et deplais que on lui avoit fait en Angleterre.

Déport (délai).

Déporter (différer, se désister, dispenser). — Je ne serois jà rebelle ni

GLOSSAIRE

honteux de m'en déporter. — Et déportoient les povres des tailles.
Derverie (folie, possession par l'esprit malin). — Les verges de frénésie et de derverie sont moult crueuses. — En tous lieux où on savoit corps saints ou corps de saintes qui eussent grâce et mérite, par la vertu Dieu, à guérir de frénésie et de derverie, on y envoyoit l'offrande du roi. — Or regardez la grande derverie!
Desbareté (affligé, découragé). — Il retourna tout desbareté. — Si furent tout déconfits et desbaretés. — Les soudoyers furent moult desbaretés. — Comme un chevalier desbareté et déconfit. — Ceux de Gand furent moult courroucés et trop grandement desbaretés.
Descirer, Dessirer (déchirer). — Et la bannière du comte toute descirée.
Descliquer (décharger, faire jouer les canons). — Ils descliquèrent les canons. — Sitôt qu'ils ouirent les canons descliquer.
Desclorre (ouvrir). — Hue de Cavrelée venoit à cet endroit et il véoit ses gens branler ni desclorre.
Desclos (non fermés, exposés). — Les hommes d'Avignon qui avoient leurs héritages au desclos. — Un grand village sur la mer tout desclos.
Descogneu, Desconnu (inconnu). — Si monta sur un soir à cheval tout desconnu.
Descognuement, Desconnument (secrètement).
Descoulper (disculper).
Desçu [au] (à l'insu). — Au desçu du roi d'Espaigne.
Descuevrir (découvrir). — A heure qu'on lui avoit ôtés et sans desserte qu'on primes que les embûches se descuèvrent. — Garde bien que tu ne te descuèvres à nul homme du monde de ce que tu auras dit.
Desdaing (déplaisir).
Désemparer (démolir les fortifications). — Ils abattirent et désemparèrent le châtel de Trigalet.
Desfoucquer (disperser). — Mais se desfoucquèrent et tournèrent les dos.
Deshaité (malade; de *haité*, sain).
Desheaulmer, Desheaumer (priver de son heaulme ni casque). — Le comte fut desheaulmé. — Et fut encore messire Regnaut desheaumé.
Desisse [que je] (que je disse). — Je fus chargé que je vous desisse et remontrasse.
Desjeun (déjeuner). — Tantôt après le desjeun qui fut moult bref. — Quand ce desjeun, dont ils faisoient dîner, fut passé.
Desloyaucer [se] (cesser d'être loyal).

Desnouller (défaire un nœud). — Le comte ouvrit lors son sein et desnoulla son gipon.
Desnuer (dégarnir, dénuer). — On ne vouloit pas que le royaume de France fût trop desnué de chevaliers et d'écuyers.
Despaissir (éclaircir). — La bataille qui étoit grande et épaisse fut tantôt éclaircie et despaissie.
Despendre (dépenser). — Tenez-vous tout aises; buvez et mangez, et ne vous effrayez de chose que vous despendiez.
Despert (difficile, inexpert). — Les entrées et issues sont fortes et dispertes.
Despiécer (dépecer, mettre en pièces). — Et là fut despiécée pièce à pièce.
Desréer, Desroyer, Déroier (sortir du rang, d'arroi). — Ainsi que enfans et pages qui en chevauchant se desroient. — Sans eux desréer ni effrayer.
Desrieuler (sortir de règle, de *rieule* règle; en anglais, *rule*).
Desriser (moquer). — Et ne se font que gaber et desriser des papes qui sont l'un à Rome, l'autre à Avignon.
Desroi (trouble).
Desroiement (dérangement). — Cette première jouste ils faillirent, par le desroiement de leurs chevaux.
Desrompre (rompre).
Desroute (rompue; de *rupta*). — Leurs armures qui desroutes étoient.
Desrouter (disputer; du mot *route*, troupe). — Il fut poursuivi sur une desroute chaussée.
Dessaindre (déceindre). — L'archevêque de Cantorbie dessaindy ladite épée.
Desserte (mérite). — Les chevaliers qu'on lui avoit ôtés et sans desserte fait mourir.
Dessévrer (séparer; on dit encore *sevrer* en parlant d'un enfant qu'on sépare de sa nourrice. En anglais *to-sever*, et *several*, plusieurs, divisé en parts.
Desservir (mériter). — Le roi ne l'a voit pas desserv.
Dessiéger (lever le siége).
Dessure, Deseure (sur). — Il avoit le regard et l'administration dessure ses frères. — Ils passèrent au pont deseure la rivière de Yonne.
Destouiller (débarrasser). — La vie est si entouillée que on ne la sait par quel coron destouiller.
Destourber (troubler). — Je n'ai nulle puissance de faire autre mal que de toi resveiller et destourber.
Destourbier, Destourbe (trouble). — Il avoit fait moult de dommages et de destourbiers.
Destroit (difficile, formel). — Et leur

étoient vivres et fourrages si destroits que à peine en pouvoient-ils recouvrer. — Et y laissa son neveu que moult aimoit, dont il étoit à cœur moult destroit et courroucé. — Sans trop destroit commandement, il ne se fut avisé de dire et faire ce que il disoit et fesoit.
Destroit [au] (enfin).
Destroitement (formellement). — Et leur mande le roi destroitement et sur la tête, que ils ne laissent nullui entrer en leurs lieux.
Desvéer, Déveer (refuser). — Mais le capitaine de la cité lui desvée. — Les pas d'Arragon étoient desvéés et clos. — Ils ne trouvèrent nullui qui leur dévéât.
Desvier, Desvoyer, Dévoier (égarer). — Oncques en nul suspecion ni trahison ne la desvièrent. — La grâce du Saint-Esprit qui renlumine les cœurs desvoiés. — Nous voulons avoir compte du grand trésor de France que vous avez dévoié.
Desvoiement (action de desvoier).
Desvoir (voir désavantageusement).
Déterminément (définitivement).
Détri (délai). — Tant de seigneurs que un détri seroit au nommer.
Détriance (délai). — Quel détriance que il y eut ni que on leur fit.
Détrier (différer).
Détriment (délai).
Deult [il s'en] (de *douloir*; d'où douleur et deuil). — Il s'en deult grandement.
Devaler (descendre).
Devenroit [il] (de *devenir*). — Si devenroit-il bon François.
Dévier (mourir, sortir de vie). — En cette même saison dévia ce noble et gentil comte de Foix. — Le comte de Douglas qui jà étoit dévié. — Et dévia là sur la place.
Devise (projet, conversation). — Les chevaliers qui avoient été à ces devises.
Deviser (parler, reconnaître). — Mets si étranges, qu'on ne les sçauroit deviser.
Devissierre (qui devise, qui imagine, comme on dit *emperière*, empereur).
Dextre (droite).
Dextrier (cheval qui prend la droite). — Le roi trouva en dehors de l'église, sur le dextrier, le duc de Lancastre.
Di (jour; d'où *loudis* et *puissedi*).
Dicque, Dicke (digue). — Deux autres villes plus avant, en allant sur la marine et sur les dicques.
Dicter (poétiser, mettre en vers). — Les quelles choses, par l'imagination que j'avois eu de dicter et ordonner

DU QUATORZIEME SIECLE.

le livre, le comte de Foix ouït moult volontiers.
Dient [*ils*], ils disissent, ils distrent (de *dire*). — Si distrent : c'est bon que nous avisons et regardons aux ordonnances des batailles.
Diffame (déshonneur ; d'où *diffamer*). — Il n'avoit eu, devant ce, aucun reproche de diffame.
Dilation (délai).
Dîmage (possession de dîmes). — Et se fit mettre, par la vertu des bulles du pape, en possession du dîmage.
Dispensation (dispense).
Dispersement, Despersement (çà et là).
Divin (devin). — Donc il est divin, dis-je ? ou il a des messagers qui chevauchent de nuit avec le vent.
Dobst [*il*] (de *devoir*).—Cette dure et périlleuse aventure lui devoit et dobst être toute sa vie un grand mirouer.
Doiez [*vous*] (de *devoir*).—Pourquoi vous doiez venir sur nous.
Doint [*qu'il*] (de *donner*).
Doler, Doloir, Douler (plaindre).— Les tailles étoient si grands que les plus riches s'en doloient et les povres s'enfuioient.—Les tailles étoient si grands que toutes gens s'en douloient.
Dommageable (portant dommage).
Dondaine (machine à lancer de grosses pierres). —Vez ci venir le trait d'une dondaine que ceux de l'ost laissèrent aller.
Donroit [*il*] (de *donner*).
Doublet (chemise). — J'étois en pur mon doublet sur le parement.
Douer (donner en douaire). — L'argent est vôtre, car le comte de Foix vous en doit douer.
Doulouser (s'attrister). — Qui les vit demener et doulouser n'en eût eu pitié. — Tout le peuple s'en doulousoit amèrement.
Doutance, Doute (crainte). — Pour la doutance de ces gens-là.
Douter (craindre; d'où *redouter*).
Doy (deux). — Et là furent appelés Chandos et Aquitaine, doy rois d'armes.—Et tant que cils doy forts seront miens.
Doye [*qu'il*] (de *devoir*). — Vous n'êtes mie en arroy que le roi doye maintenant parler à vous. — Je n'ai fait chose dont me doye jà repentir.
Drap (habit). — Vétus d'uns draps tout pareils. — (Etre des draps de quelqu'un, c'est être de sa suite, habillé à ses dépens).
Droiture (droit).
Dru (gai, épais). — Et dru semées sont les tours.

Druqueman (drogman et truchement).—Tels paroles, et plus grands assez, avoit-il ouï dire les latiniers et druquemans, qui transportèrent le langage de l'un à l'autre.
Du (avec le). — Il contraindit ses ennemis du leur même.
Ducoise (duchesse).
Dueille [*qu'il se*] (de *douloir*). — Cette chose ne peut longuement durer ainsi, que le pays ne s'en perçoive et dueille.
Duire (conduire, élever). — Si il l'a jeune, il la duira et ordonnera à sa volonté.
Duit (élevé, habitué à). — Et tantôt, comme bien duit, s'en vint asseoir sur le poing du roi.—Les deux chevaliers étoient très bien appris et duits de tels besognes.
Durement (beaucoup).—Le chevalier qu'ils aimoient durement.

E

Ébattement (plaisir).
Ébattre [*s'*] (s'égayer).
Ébaudissement (joie). — Et eut eu grand ébaudissement entre eux et un grand ébahissement entre leurs ennemis.
Ébaudir [*s'*] (s'égayer).
Écheller (prendre d'assaut à l'aide d'échelles).
Écluser (fermer comme par des écluses). — En plus de quarante lieues elle était éclusée des morts qui y étoient versés et couchés.
Écrions [*nous*] (d'*écrire*). — Si écrions à Gand.
Écueillir [*s'*] (se préparer à, réunir ses forces pour). — Et étoient adonc en volonté et tous écueillis de venir. — Et s'écueillit, et saillit outre par dedans les barrières. — Le quel coursier s'écueillit à courir et emporta le chevalier malgré lui.
Écuyerie (classe des écuyers). — Chevalerie et écuyerie.
Effréamment (avec effroi). — Et criant effréamment moult haut.
Effondrer (engloutir, ruiner). — Et ceux qui le plus effondroient son trésor.
Efforcément (avec effort).
Efforcer (faire effort, renforcer). — Et se sont efforcés et efforcent du roi de France.
Effoudre (ouragan). — Une effoudre et un orage si grand descendit du ciel.
Effréer (effrayer).
Effroi (bruit). — Il sentit l'effroi des chevaux qui venoient derrière lui.
Éhidé, eshidé (épouvanté; de *hideur*, crainte).

Élargir [*s'*] (devenir prodigue, large, plein de largesses). — Et s'élargit le roi, pour l'amour de ses frères, de quant qu'il put faire.
Èle, elle, esle (aile, largeur). — Les archers sur èle et les gens d'armes au front. — Quatorze lieues de long et autre-tant d'èle. — Si gagnerions volontiers aucune chose sur les beaux oiseaux qui s'envolent sur elles et qui vont voler leurs bannières.
Éliseur, elliseur (électeur).—Les éliseurs de l'empire d'Allemagne.
Ellisirent [*ils*] (d'élir). — Ceux de Lussebonne qui ellisirent le maître de Vis à roi.
Elm (ancien gentilhomme et comte en Angleterre; du mot *elder*, d'où *elderman* et *earl*).
Éloigne (éloignement, retard). — Nennil, nennil, n'y quérez nulles éloignes.
Élonger, eslonger, esloingner (éloigner). — Il partit de nuit sur fleur de coursier et esloigna les Escots.
Embarrer (enfoncer). — Il lui embarra son coutel au corps.
Embasmer (embaumer).
Embatailler (ranger en bataille).
Embattre (rencontrer, tomber). — Ils s'embattirent au milieu de ces deux embuches.
Emblaiement, emblavement (obstacle). — Afin que nul emblaiement ou empêchement de guerre ne se remît en Écosse.
Emblaver (emballer). — Ce fut un trop grand emblavement, et trop sans raison.
Embler (enlever, échapper). — Deux cents archers, les quels s'étoient emblés de leur garnison de Calais.
Embrider (brider).
Embucher, embuscher (faire des embuches).
Embuschement (embuscade).
Émouvement, esmouvement (excitation). — S'avisèrent aucuns chevaliers, par l'esmouvement du seigneur de Werchin.
Empainte, empeinte (attaque). — Et ardirent en une empainte plus de soixante villages. — Et se tinrent cette seconde empeinte moult vassalement.
Emparlé (qui parle aisément). — Le sire de Mauny qui sagement étoit emparlé.
Empenner (mettre en plumes). — Quand cil bel oiseau fut tout empenné.
Empérière (empereur et impératrice). — Charlemaine qui fut empérière de Rome. — Elle avoit été nourrie à l'hôtel de l'empérière de Constantinoble.

GLOSSAIRE

Empoindre (frapper en piquant). — Et l'empoindit de telle manière qu'il le porta tout jus oultre la croupe de son cheval.
Emprès (près).
Empunaiser (rendre puant, punais). — Et leur jetoient par leurs engins chevaux morts et bêtes mortes et puants pour eux empunaiser.
En (on). — En lui répondit.
Enamourer (rendre amoureux).— Il s'enamoura du chevalier.
Enchartré (enfermé; on dit encore: tenir en chartre privée). — Il eut enchartré ou fait mourir son frère.
Enchas (combat, rencontre). — Là eut cette journée grand enchas et dur.
Enchu (de encheoir, tomber).
Enclorre (renfermé). — Ils enclorrent, etc.
Encombre, encombrer, encombrier (embarras). — La duchesse Valentine faisoit tout cet encombrier pour parvenir à la couronne de France. — Si par sa faute ils eussent reçu dommage ni encombrier. — La roine qui vouloit garder son pays de tous encombriers.
Encombrer (embarrasser). — Leur péché leur encombre.
Encontre (rencontre).
Encontrer (rencontrer).
Enconvenancer (promettre).
Encoste (à côté). — Il a bien d'encoste lui le fils de celui qui s'appelle Jean de Béarn.
Encoudre (enfoncer, cacher). — Et s'encousit l'épée tout parmi les cuisses jusqu'aux hanches. — Et lui encousirent la lettre en ses draps (habits). — Chevaux étoient tout encousus de sagettes.
Encoulper (inculper). — Pas n'en encoulpons leurs maitres.
Encourtiné (enveloppé de courtines, rideaux). — Le dit eschaffault encourtiné à manière d'une chambre.
Excuser (accuser).
Endemêntres, endementiers (pendant). — Endemêntres que leurs maitres séoient à table.
Enditter (informer). — Et les endittèrent de tout ce que vous avez ouï. — Ils furent tout endittés de ce qu'ils devoient faire. — Et furent endittés et ordonnés pour aller en messagerie devers le comte.
En droit (à l'égard de; opposé de *envers*). — En droit soi s'apercevra bien que.
Enfannonner (garnir d'un fannon, drapeau). — Un page du roi portoit une lance toute enfannonnée de soie.

Enfantosmé (épouvanté par des phantômes).
Enfardeler (empaqueter, mettre en fardelle ; d'où fardeau). — Et firent trousser et enfardeler draps, robes, etc.
Enfelonner, enfélonnir (irriter). — Cette parole enfelonnit le cœur du prince.
Enferré (enchaîné). — Et fut enferré de trois paires de fers.
Enfès (enfant). — L'enfès étoit encore jeune assez. — Le roi vueil-je bien déporter, car c'est un enfès.
Enflamber (enflammer). — Si furent tout enflambés de ire.
Enfondre (écraser).
Enforcer, enforcier, enfortier (fortifier, prendre par violence). — Et pour ce qu'il avoit toujours douté que le comte de Montfort n'enforçât le droit de sa jeune nièce. — Il emmenoit avec lui tous ceux qui se pouvoient aider pour enfortier son armée.
Enfraindre (enfreindre). — Si nous savions aucun des nôtres qui l'enfrainsit ou violât.
Enfrener (brider, mettre un frein).
Engigneur (ingénieur, faiseur d'engins, machines). — Un maitre engigneur d'appertises et de la nation de Genève. (Il s'agit ici d'un sauteur de corde).
Engin (machine, ruse).
Engorger (écouter en murmurant sourdement dans la gorge). — A ce record étoit messire Jean de Ghistelle qui engorgeoit toutes les paroles du chevalier.
Engrigner, engrignir (courroucer). — Ce fut une chose qui moult engrignit et enflamma ceux de Gand.
Enhardissement (audace). — Par le fait et enhardissement seulement de quatre cités.
Enhidé (épouvanté). — Et chéoient l'un sur l'autre, tant étoient-ils fort enhidés.
Enlangagé (qui parle aisément). — Le sire de Mauny qui sagement étoit enlangagé. — Et fut sire de grand avis et bien enlangagé.
En-my, emmy (au milieu de).
Ennort, ennortement (conseil). — Par l'ennort de l'ennemi qui oncques ne dort.
Ennorter, enorter (exhorter). — Et s'ils avoient été mal enortés, tout ce leur pardonnoit-il bonnement.
Ennoi (ennui). — Je ne veux pas réjouir mes ennemis de mon ennoi.
Ennuis et plutôt *enuis* et *envis* (d'*invitus*; malgré soi, avec peine). — Hommes de la ville, nous vous aurons encore ennuis.
Ennuit et *anuit* (cette nuit).—Grand'

foison de Gantois gissent ennuit moult près de cy. — Or pensez ennuit comment vous leur pourrez faire relation demain.
Enpenné (emplumé, garni de plumes). — Qui traioient grand carreaux enpennés de fer et les faisoient voler outre le pont.
Enrugni (rouillé).—Les autres étoient armés de haubergeons tout enrugnis.
Ensegever (orner).
Enseigne (indice, preuve).—Si mandement n'en avoit et enseignes de son seigneur.
Enseller (seller).
Enséputurer (ensevelir). — Et fut le corps de l'enfant porté aux frères mineurs et là enséputuré.
Enserrer (enfermer).
Ensommeler (placer sur des bêtes de somme).—Et firent charger, trousser et ensommeler tous leurs harnois.—Quand ils eurent tout troussé et ensommelé leurs chevaux.
Ensongne, Ensoigne, Ensoingne, Essoigne (soin, embarras).
Ensonnier, Ensoigner, Ensoingner, Essonnier (embarrasser, prendre soin).— Ils ensonnoient les Anglois — Faites arbalétriers traire avant, pour ensonnier les Flamands.
Entalenté (disposé à).—Quand on fut avisé et entalenté de le mander. — Et étoient si entalentés du mal faire que on ne pouvoit résister à l'encontre d'eux. — Endementres que vos gens sont entalentés de bien faire.
Entandis (pendant).— Entandis que les Anglois chevauchoient, il demanda.
Entérinement (entièrement). — Si comme vous nous jurâtes à tenir entérinement et franchement.
Entoiller, Entouiller (embarrasser; de *touiller*, embarras). — Et si avoient jà les nouveaux chevaliers d'Angleterre commencé l'escarmouche, par quoi on étoit ainsi entoillé. — Et pour ce qu'il sentoit le pays entouillé. — Il n'étoit pas encore heure, tant que la chose fut mieux entouillé. — Tant étoient fort entouillés l'un en l'autre.
Entouller (garnir de toile).
Entrecoler (embrasser).
Entrementiers, Entreus, Entrues, Entrementres (pendant; en italien *mentre*). — Ils se mucèrent entrementiers que les autres se combattoient. — Entrues que nous entendions aux défenses. — Entrementres qu'on étoit en ce parlement.
Entretant (pendant). — Entretant qu'ils dormiroient.
Envaye, Envahie (attaque).

Envéoit [il] (d'envoyer).—Pas n'y venoit, ni apparoit, ni envéoit.
Envieillir (vieillir). — C'est dommage que un tel prince envieillist ni muert.
Environnément (autour, à l'environ). —Ils mirent le siége environnément.
Envis (malgré soi, *invitus*).
Envoisent et *Voisent* [qu'ils] (qu'ils aillent).—Que à lendemain au matin leur conseil envoisent sur la Tamise.
Épandre, Épardre (disperser).—La bataille étoit tout épandue. — Le conseil s'épardit.
Épautrer (écraser). — Boniface reversa de sa tête contre les carreaux de la chaussée et eut toute la tête épautrée.
Époron, Esporon (éperon).
Erraument (promptement)..
Errer (se hâter).—Ils ne cessèrent de chevaucher et d'errer tant qu'ils vinrent.
Esbanoïer (égayer).—Et quand ils se furent esbanoïés ils s'en retournèrent à leurs hôtels.
Esacher, Escacier, Eschacier (chasser, poursuivre, bannir).—Il y avoit là le plus des eschacés de Grantmont.
Eschandel (scandale).—Dont grand eschandel couroit parmi le royaume.
Eschandeliser (scandaliser, divulguer).—Telles aventures sont tantôt eschandelisées et sçues.
Escharcement (peu).—Il y avoit assez escharcement de vivres.
Escharfaut (échaffaud).—Sur la rue avoit un escharfaut et sur l'escharfaut un châtel. — Et avoit sur l'un de lez des lices fait grands escharfauts pour les seigneurs voir la bataille des champions.
Escharguète, Eschauguète (poste).
Escharguetor, Eschauguéter (environner de sentinelles).
Eschars (économe). — Et fut en son temps le plus eschars que on sçut.
Eschellement (escalade).
Escheoir (tomber). — Ils eschéirent. — Si tu eschiés ès mains de tes ennemis.
Eschever, Eschiver, Eskiever (esquiver).—Pour eschever les périls. — Il n'eskievoit nul homme.
Esclamasse (clameur).—Le roi vous hait pour l'esclamasse du peuple dont vous êtes trop fort accueilli.
Esclarcir (éclaircir). — L'écuyer du Portingal qui est ici a esclarci moult clèrement.
Escliper (embarquer). — Et esclipèrent en mer et singlèrent à pouvoir.
Esclisser (glisser).—Le fer du glaive esclissa à mont en coulant.
Esclistre (éclair).
Esclos (traces). Et suivit au pas les esclos de messire Pierre de Craon.

— Jamais ils n'eussent suivi les esclos des Anglois. — Il suivit radement les esclos des Anglois.
Escondire (refuser). — Ce Bénédict n'escondissoit nulle grâce.
Escondit, Escondite (refus). — Nul escondit ne m'en pourroit ôter. Pour escondite que la dame en put et sçut faire.
Esconser (coucher). A soleil esconsant. — Ils étoient esconsés entre arbres, où on ne les pouvoit voir pour les feuilles.
Esconvenue (défaite, déconvenue). — Lors commença à parler de la défaite et esconvenue de Juberot.
Escouir (agiter, secouer).—Et escouy son épée et la laissa aller.
Escourcir (couper, raccourcir). — Mais on leur escourcit leur chemin.
Escourgiée (verge, le même que *Courge*). Et le fit battre d'escourgiées.
Escran (ravage, le même que *Cran*). — Et feroient un si grand escran en Angleterre que jamais ne seroit recouvré.
Escrier (avertir).
Escripre (écrire). — Or s'escrisent tous ceux qui aller y voudront. — Tantôt s'escrisirent chevaliers et écuyers. — Il escripvi. — Il escripvist.—Il escrisoit.
Escrutiner (examiner). — Qui veut bien escrutiner votre lignage, vous êtes du droit estoc de St. Édouard.
Escueillir (disposer, agiter). Les chrétiens sont escueillis à faire un grand fait. — L'un des piquenaires escuelt sa pique. — Ce comte Derby étoit bien escueilli de bouter un grand trouble en Angleterre.
Eshanché (estropié). — Dessous qui son cheval étoit eshanché.
Eshider (effrayer). — Si fut tout eshidé et à bonne cause. — Si en eut cette nuit grand'foison de noyés en l'Escaut, qui s'eshidoient et qui sauver se vouloient.
Eslai (élan).—Si s'élancèrent de plein eslai. — Et se boutèrent en eux de plein eslai.—Si se férirent en l'eau de plein eslai.
Esle, Ele, Elle, Hèle (aile).—Si eurent nos gens conseil de faire deux esles de bataille.
Esliescer (réjouir, mettre en liesce).
Esmay (effroi, émoi). — La bonne dame fut en grand esmay.
Esmayer [s'] et s'*Esméer* (s'effrayer).
Esmouver (exciter).
Espain (privé).—De toutes douceurs propices à leurs complexions, les François étoient tous espains.
Espaissement (d'une manière épaisse) —Les archers tiroient si ouniement et si espaissement.

Espardir, Espardre (disperser).
Esparse (peu peuplée, en parlant d'une ville).—Poitiers qui est moult esparse.
Esparsement (d'une manière éparse, confusément). — Et se logèrent les seigneurs esparsement.
Esparsin (confusion, dégât). — Ils espéroient faire grand esparsin. — Et firent un grand esparsin.
Espartir (répandre, partager).— Ces nouvelles s'espartirent.
Espès, Espesse (épais). — Je ferai par enchantement l'air si espès.
Espessement (d'une manière épaisse, pressée).
Espécial (spécial).
Espécialté, Espécialité, Espéciauté (particularité).
Espéciaument (spécialement).
Espie (espion).
Espoentable (épouvantable). — Une pestillence de mortalité très grande et très espoentable.
Espoir (peut-être).—Le roi de France espoir que vous n'avez pas bien en grâce, ni il vous, est mort.—Espoir accompagné de soixante chevaux. —Espoir n'y pourrez-vous retourner.
Espoire [je] (d'espérer).—Si comme je l'espoire. — J'espoire que demain nous aurons besogne.
Esponde (bord).—Et s'assied sur l'esponde de son lit.
Esprier (épervier). — Ils avoient fait venir chiens et oiseaux pour leurs déduits et espriers pour les dames.
Espringale (machine à lancer des pierres).
Esprohon (épervier). — Ainsi comme esprohons se boutent entre oisels gentils.
Espronner (éperonner).
Esquiffer (monter sur un esquif). — Quand ils furent esquiffés en la mer, le vent changea.
Esracher (arracher).
Esramie (envie). — Donc, ainsi que par esramie, tous ces seigneurs s'étoient cueillis en un grand désir de là venir.
Essanner (mettre hors de sens). — Il étoit tout essanné.
Essart (ravage). Le capital eût fait un grand essart en France.
Esseuler (être seul, isoler). — Comment le comte de Flandres se esseula.
Essielle, Esselle (échelle).
Essoinne (affaire, embarras). — Toutes paroles et essoinnes mises arrière.
Essaingner (perdre son sang).
Establer (mettre en étable, écuries, d'où connétables). — On ne savoit où chevaux establer.—Il ne demeura

GLOSSAIRE

oncques pour establer ni loger un cheval.

Estache (pieu, pilotis). — Encore étoient les estaches du pont en l'eau. — Dessous les fourches avoit un estache et une grand'chaîne de fer.

Estaindre (éteindre). — Le grand désir que l'on a aux choses estaind le sens.

Estal (place, demeure).—Et là rendirent estal les chevaliers, tout combattants.

Estamper (marcher, errer). — Ils ont tous estampé en ces marais.

Estançon (étai, pieu). — Sur six ou huit estançons ils auroient fait tantôt nouvelles maisons.

Estant (debout; de *stando*).— Si j'en étois cru, il ne demeureroit en estant forte maison de gentilhomme. — Et furent le roi et les seigneurs en estant sur leurs pieds, en chambre de parement, près de deux heures, en oyant ménestrels de bas métier. — Il ne se put tenir en estant. — Et dit qu'il n'y lairoit ni châtel ni forte maison en estant.

Estaple (étape, du mot anglois *staple*, lieu d'entrepôt et d'examen). — Le maître de l'estaple des laines de toute Angleterre.

Estatut, Statut (loi, statut).

Estekis, Estequis (combat d'estoc).— Là eut bon estequis des uns aux autres.

Estellé (étoilé).—A la première porte Saint-Denis y avoit un ciel estellé.

Ester (se tenir debout, rester). — Si vit devant lui ester messire Bertrand de Glaikin. — Adonc rendit le comte en autres paroles et laissa certes ester. — Et laissa ester monseigneur Geoffroy.

Esteuf (éteuf, balle de jeu de paume).

Estiquer, Estoquer (combattre d'estoc, enfoncer). — Si estiquèrent devant eux un gros planchon. — Et commencèrent à estoquer sur ces chevaux.

Estoch, Estoc, Estocq (race). — Ces Bourgeois qui d'estoch et d'extraction avoient demeuré en la ville de Calais.—Vous êtes du droit estoc et génération de saint Édouard. — Laquelle venoit du droit estocq de Bretagne.

Estoffément (avec pompe).

Estoffer (fournir, approvisionner). — Quelque bonne prise dont nous estoffions nos superfluités et joliétés.

Estorber (troubler).—Il veut estorber ce royaume d'Angleterre.—Quand, sans loi et justice faire, il estorbe son royaume.

Estordre (arracher; d'où extorsion).

Estorer (établir). — Notre loi est dès le commencement du monde faite et estorée. — Là où fut estorée la noble Table-Ronde.

Estouiller (débrouiller).—Jean Lyon qui ne tendoit qu'à entouiller tellement la ville de Gand envers le seigneur que on ne la pût estouiller.

Estour (combat). — Là eut un grand estour et dur. — Là, de petit de gens, eût fait bon estour.

Estourmie (mêlée). — Et ne se fut point la chose ainsi départie qu'il n'y eut autres estourmies, après les lances faillies.

Estourmir (attaquer, assembler en foule; de *turma*). — Et chevauchèrent en la ville, et l'estourmirent grandement.

Estrain (paille; de *stramen*).

Estraingne, Estraigne (étranger).— On lui dit que ce avoit été par la coulpe des chevaliers estraignes. — Trop volontiers il jangle et bourde à tous chevaliers estraingnes.

Estraindre (embarrasser, serrer). — La chose leur estraindoit.—Sitôt que Aymerigot tint la main du châtelain, il la tira à lui et l'estraindit moult fort.

Estraine, Estrine, Étrainne; d'où Étrenne). — Je vous donne en bonne étrainne ce faucon.

Estranière (drapeau). — Si avoient dessus leurs mâts grands estranières à manière de pennons, armoyés des armes de Castille. — On feroit estranières de cendal si belles que merveilles seroit à penser.

Estrasse (extraction).— Or je vous ai dit l'estrasse de messire Bertrand du Glay-Aquin.

Estremir (jouer de l'épée). — Il trait le coutel et commença à estremir.

Estrif, Estrivée (lutte; *à l'estrif*, à l'envi). — Ils montoient sus à l'estrivée.

Estriver (lutter). — Nous ne sommes mie assez forts pour estriver contre la puissance du roi de France. — Il veut estriver contre l'aiguillon.

Estuart (intendant; du mot anglois *stewart*). — Ce gentil chevalier avoit été un grand temps souverain estuart de l'hôtel du roi; c'est-à-dire en françois, maître et sénéchal.

Estuper (étouffer). — Une couste de vieille toile enfumée pour estuper le feu.

Esvigourer (donner de la vigueur).— Ils travailloient moult à esvigourer leurs gens.

Esvoiturer (persuader, amener à persuasion). — Car dur sera à l'esvoiturer aux notonniers.

Esvoyé (sorti de voie, égaré). — Il est tout esvoyé et mal conseillé.

Étancher (soigner, sécher).—Et faites diligence qu'il soit étanché de ses plaies.

Étançonner, Estançonner (broncher). — Et férirent sur les targes si grands horions, que les chevaux étançonnèrent.

Étrange (étranger).

Eur (bonheur; on dit encore: il n'y a qu'heur et malheur). — Ils eurent l'eur de passer oultre.

Evvous (voici). — Evvous le roi de Castille! — Evvous venir chevauchant monseigneur Guichard de Beaujeu. — Evvous venir mon sire Guy de Gauville, monté sur fleur de coursier, la targe au col, le glaive au poing.

Exaulcer (élever). — Pour exaulcer notre foi.—Car toujours on exaulce les victorieux et abaisse-t-on les déconfits.

Excommuniement (excommunication).

Excusance (excuse).

Excusement (excuse).

Exemplier (donner exemple). — Ce fut une plaie envoyée de Dieu pour aviser et exemplier le clergé des grandes superfluités que ils tenoient.

Exil, Essil (destruction).— Et en mit encore grand'foison à exil. — Tout le pays fut allé en exil et à perdition.

Exiller, Exillier, Essiller (ravager).

Exurper (usurper). — Ils voient exurpé les grands profits du royaume de France.

F

Fagoter (faire des fagots). — On alla aux bois lointains et prochains et commença-t-on à fagoter à grand'plenté.

Faigny [*il se*] et *Faindy* (il s'épargna; de *faindre*). Et il même à l'assaut ne se faigny mie.

Falloir, Faillir (manquer). — Il failloit.—Il faloit.—Il fauldra. — Il sauroit ce peuple quelle chose il leur failloit.

Faim (désir).—A peine pouvoit le roi dormir, pour faim de voir celle qui puis fut sa femme.

Faing (foin).

Faindre, Feindre (dissimuler, se sentir faible, cacher son intention). — Cils qui nullement pour leur honneur ne se fussent faints.

Faint (faible). — Je ne vous le dis pas de faint courage.

Faintise (faiblesse). — Par lâcheté ou par faintise de cœur.

Fais, Faix (quantité monceau).

DU QUATORZIEME SIÈCLE

s'efforcèrent de jeter grosses pierres à fais.
Fait [à] (à mesure). — Et à fait qu'ils étoient outre, se mettoient en un aulnoy. — Après venoient ceux de l'ost courant, à fait qu'ils étoient armés.
Faitis (joli, élégant). — Actéon fut un appert, faitis et joli chevalier.
Fallace (fourberie). — Cette ribaudaille qui sème tous les jours tels jangles et fallaces.
Faiticement (agréablement).
Falourder (tomber).
Falourdeur (orgueilleux, présomptueux).
Fame (bruit). Selon la fame qui couroit. — Voix et fame coururent un temps en Angleterre.
Familleux (affamé). — Ils sont familleux.
Fardage (fardeau). — Marchands de Montpellier sont là dehors et leurs fardages.
Fautre (fourreau; en allemand *foderal*). — Et mit l'épée en fautre.
Fautrer (engainer).
Féal (loyal).
Féalement (loyalement).
Féauté (loyauté).
Feint (faible). — Nous répondions à leur langage à feinte voix.
Feintise (faiblesse, ruse).
Fel (cruel). — Et regarda que sa guerre en seroit plus felle et plus dure. — Il n'est si felle guerre que de voisins et amis.
Fellement (durement). — Et répondit en regardant moult fellement.
Félon, Félonneux, Félonnesse (cruel, dur). — Là eut grande bataille et félonnesse. — Là eut reproches moult félonnesses entre eux.
Félonner [se] (s'irriter). — Philippe d'Artois se félonna de ce que on ne lui avoit demandé premièrement l'avis de sa réponse. — Adonc se félonna le roi.
Félonnie (colère). — Donc dit messire Jean de Hollande qui étoit encore en sa félonnie. — Si lui mua le sang en félonnie et en courroux, et dit, en tirant hors une dague.
Fener (faire les foins). — On avait fené et fauché les prés.
Fermail (agrafe).
Fermeté (fermeture, barrière). — Hors de la ville et fermeté de Calais.
Férir (frapper). — Et la eut bonne escarmouche et dure, et lancé trait et féru. — Il férit.
Fesist [il] (de faire). — Le roi d'Angleterre ne vouloit mais qu'aucun bobant s'en fesist.
Festier, Festoyer (fêter). — Et ses oncles avoient festié la fête de saint Georges.

Feurre (paille, paillasse). — Et se bouta entre la couste et la feurre de ce povre litteron.
Feurre (fourreau). — En tirant son épée hors du feurre.
Fiable (auquel on peut se fier).
Fiablement (avec confiance). — Le roi se découvrit à lui fiablement de ses besognes.
Fiance (confiance).
Fiens (foin). — Couvert d'estrain et de fiens.
Fierte, Fiertre (châsse). — Et là git, en fierte moult riche, le corps du bénoit saint. — La fiertre de saint Thomas, qui tant est digne et riche, n'étoit pas sûrement à Cantorbie.
Figurer (comparer). — Ils se figuroient au peuple d'Israël que le roi Pharaon d'Égypte tint long-temps en servitude. — Et figuroit son voyage à l'emprise et voyage de son cousin le duc d'Anjou.
Finer (trouver). — Telle compagnie qu'il pourroit finer.
Flael, Flagel, Flaiaus, Flaiel (fléau d'une porte, et fléau, fouet, verge, peste). — Et trouvèrent la clef du grand flael qui clooit. — De bonnes coignées que ils avoient ils coupèrent le flaiel de la porte.
Flaireur (odeur; d'où flairer). — La flaireur de la mer leur grieve.
Flambe (flamme). — Et l'ardirent et fut en flambe.
Flaschier, Flaschis (étang). — Et avoient au devant d'eux un grand flaschier plein d'eau dormante. — Entre la bataille et les gens de Rasse de Harselles avoit un grand flaschis tout plein d'eau.
Flassarse (couverture). — Leurs vêtures étoient de gros boureaux et gros draps, ainsi que on fait les flassarses des chevaux.
Flote (troupe, foule). — Chevauchent-ils tous en flote? — Et bien étoient en flote environ trois cents.
Flotternel (pourpoint, casaque). — Le duc se désarma de toutes pièces et se mit en pur son flotternel, et donna ses armes à l'image. — Le fer lui perça ses plattes et sa cotte-demailles et un flotternel empli de soie retorse.
Flun (flux, et fleuve; de *flumen*). — Il y avoit entre eux un flun de mer et une rivière. — Le flun de la mer.
Foisonnable (fourni à foison). — Vous demeurez en contrée assez foisonnable de peuple.
Fol (démesurément). — Ils sentoient le duc de Berry fol large; c'est-à-dire trop prodigue.
Folier (faire une folie). — Si nous

avons abusé ou folié, à eux en est la coulpe et non à nous.
Fonde (fronde, machine propre à lancer de grosses pierres).
Fondre (morfondre).
Forain (étranger; à *forain*, en dehors, hors des limites, des cordes de la lice). — C'est pour gens d'armes forains un povre pays. — Et le roi joûta comme les autres à forain pour conquerre le prix par armes.
Foraineusement (d'une manière étrangère). — Cette aventure lui étoit foraineusement venue et par beau fait d'armes.
For-bourg (faubourg).
For-celer (cacher; d'où receler). — Il fut ordonné que nul hôtelain en son hôtel ne for-celât arcs ni sagettes qui fussent aux Anglois.
Forcennerie (fureur; d'où forcené). — Ce est une cruelle forcennerie quand on détruit sainte chrétienté
Forcener (devenir fou). — Si cuida bien forcener d'anoi.
For-clos (enfermé par dehors).
For-conseiller (mal conseiller). — Et les amit (accusa) qu'ils for-conseilloient le roi.
Forère (bord pris en dehors). — Et prirent la forère du bois.
For-faire (mal traiter, se compromettre). — Sans rien forfaire ni à corps ni à biens. — Si nous descendons ores sur eux pour combattre, nous nous forferons trop grandement.
Forfait (violation des lois). — Et se pouvoient armer les chevaliers et écuyers de cette terre sans forfait.
For-hâter (trop hâter).
For-mener (vexer). — Leurs gens avoient été for-menés.
Forment (fortement). — Ils l'honorèrent forment.
Formeur (celui qui forme). — Dieu, sire du ciel et de la terre, et formeur et ordonneur de toutes choses.
For-passer (passer hors).
Fors (au dehors).
Fortuneux (fortuit). — Et par espécial des incidences fortuneuses qui advinrent de son temps.
Fosse (terme de blason).
Fosse (cachot). — Après commanda le comte qu'il fût mis dans la fosse, et il le fut, et il mourut.
Fosser (creuser). — Ils firent fosser grands fossés parfonds. — Et eut là en convenant de remplir ce que fossé avoient.
Fosseur (seur de fossés, fossoyeur).
Fossoyer (entourer de fossés).
Fouage (taxe sur chaque feu).
Foui [il] (de fuir). — L'autre écuyer s'en foui.
Fouir (creuser; d'où enfouir). — Ils

GLOSSAIRE

firent fontaines et fouirent au sablon dont ils eurent eau douce. — Là fouirent et houèrent et piquèrent tant que la moitié de la tour s'ouvrit.

Fouler (maltraiter, opprimer, blesser). — Ce foula durement la ville.

Fourbir (raccommoder, nettoyer, panser). — Et fourbirent leurs plaies.

Fourfaire, Forfaire (vexer, opprimer). — Que nul ne fourfesist à l'abbaye, ni de veu ni d'autre chose.

Fournier (boulanger). — Il versa jus de son cheval droit à l'encontre de l'huis d'un fournier. — Et quand les fourniers avoient cuit.

Fourreur, Fourrier (qui fourrage).

Frai, Frais, Froi, Froie (trace, bruit; d'où frayer). — Si se mirent au froi des Anglois. — Ils sentirent le froi des chevaux derrière eux. — Et entrèrent au froie des chevaux. — Et avoient proprement en leurs chevaux le vent et la fleur et le froie des leurs. — Et tenoit chacun son chemin, sans point sortir des frois.

Frayer (dépenser, faire des frais). — Et moult ont frayé les traiteurs qui ont été par delà la mer traiter. — Vous l'avez tenu ici où il a grandement fraié. — Il n'avoit rien fait, fors que frayé et dépendu grandement et grossement.

Frainte, Freinte, Friente (bruit). — Ils entrèrent ens sans faire frainte. — Les gardes commencèrent à faire friente et à corner.

Franc (homme libre, par opposition à vilain). — Et vinrent plus de douze mille hommes, que francs, que vilains.

Fremaillet (petit fermail, agrafe, boucle). — Et leur donnoit fremaillets à chacune, selon qu'il considéroit qu'elle le valoit.

Frès (frais). — S'il eût fait frès et pluvieux.

Freschière, Fresquière (fraîcheur). — Puis sur le soir, à la freschière, nous chevauchâmes vers Orthez. — On ot conseil que, une heure devant soleil couchant, et à la fresquière, on assaudroit.

Fretable (coûteux). — Cette guerre est trop frétable pour vous.

Frète (passage, détroit, escarpement). — Ils trouvèrent en tournant une frète et passèrent outre. — Abattre frêtes, remplir vallées.

Frische (élégant).

Frischeté, Frisqueté (élégance, vivacité). — Là pussiez voir entre ces nouveaux chevaliers toute frisqueté, jolivèté et apperteté.

Frisque (gai, nouveau). — La frisque dame. — Gens d'armes frisques croissoient toudis.

Frisquement (vivement). — Que frisquement et vassalement se défendit.

Frongnier (s'agiter). — Le cheval de messire Jacques qui sentit ces chevaux des Anglois, se commença à hennir, et à frongnier et à frapper du pied en terre.

Fronter, Frontier (parcourir en suivant la frontière.) — Et toujours à quarante ou cinquante lances frontoitil les frontières du Limousin. — Et s'en vinrent chevauchant tout frontiant le pays. — Ils les suivoient frontians Angleterre.

Fuer (usage, loi, impôt). — On les pairoit parmi un certain fuer que il fut ordonné. — Selon li fuer commun de la ville. — Parmi un certain fuer que il y fit mettre. — Fesons loger nos gens au fuer que ils viennent.

Fuer [au] (à fur).

Fuere (paille, fourrage).

Fumeux (violent). — Ce pape étoit trop fumeux et trop mérancolieux.

Fumière (fumée).

Fuster (piller). — Après la prise de la ville et que les Anglois l'eussent toute fustée. — Et pillèrent et fustèrent la chambre de l'archevêque. — Quand ils eurent le lundi fusté et pillé l'abbaye de Saint-Thomas de Cantorbie. — A leur département ils fustèrent et robèrent toute la ville. — Ils iroient ébattre et fuster les maisons des chevaliers.

Fusterie (chantier, dépôt de bois). — Il vint en Avignon et se logea en la grand'fusterie.

G

Gabe (moquerie).

Gabeleur (percepteur des gabelles).

Gaber (moquer, railler). — Et se gaboient les Espaignols de lui. — Et on n'en fesoit que rire et gaber.

Gabois (raillerie).

Gailles (plaisanterie). — Et là dit le duc de Bourbon plusieurs paroles et gailles pour faire rire les rois.

Gaires (guère).

Gait (guet). — Et firent la nuit deux gaits, chacun fait de la moitié de l'ost.

Gaiter, Gueter (guéter).

Galée, gallée (bateau, vaisseau). — Quatre galées de Sarrasins.

Galer (s'amuser). — Il avait usage de galer et de solacier après dîner.

Gallo (galop). — Et venoient plus que les gallos.

Gambier (promener). — En gambiant lui et moi ès allées, à l'issue de la chambre du roi à Eltham.

Gangler (causer familièrement). — Et ganglent à ses gens.

Garant [à] (en sûreté). — Il ne savoit où se traire à garant ni à conseil.

Garite (guerite). — Ceux qui se tenoient en leurs garites.

Garnache [la] (le vin de Grenache). — Et buvoient la garnache et la malvoisie chez Lombards, et rien n'en payoient.

Gars (garçon).

Gary (guéri). — Et se tint tant qu'il fut gary, au palais de l'évêque.

Gave (nom des rivières en patois).

Geline (poule). — Il n'y avoit ni chien, ni chat, ni coq, ni geline. — Plus de deux mille chefs de poulailles, chapons et gelines.

Genestes (genêt, plante). — Grand foison de ronces et de genestes et d'autres menus bois.

Genet (petit cheval d'Espagne).

Geniteur (cavalier monté sur un genet).

Gerfaut (faucon, oiseau de proie). — Le seigneur de Milan m'envoye gerfauts et faucons. — Et aussi blancs faucons qui se nomment gerfauts.

Gertier (jarretière). — L'ordre du bleu gertier.

Gésine (couche). — En cette gésine n'étoit pas bien haitiée.

Gésir, et geu au participe (coucher). — Ils gésissent. — Combien que ils gésissent là moult honorablement. — Ils avoient geu aux champs et ès forêts. — Il en avoit geu en prison.

Ginestre (genêt, arbuste). — Et ne trouvoient que ginestres et broussis.

Ginet (petit cheval espagnol). — Il étoit mouté sur un ginet léger et bien courant.

Gipon (jupon). — Il voit les pendans de la boursette au gipon de son fils.

Gippon (bottines).

Gistes, gites (jetées). — Tellement croisé de grand merrien et d'estaches parmi les gistes du pont.

Gogues (goguettes). — Un jour que le prince de Galles étoit en gogues.

Gonfanon (étendard).

Gonfanonnier (qui porte le gonfanon). — Comme gonfanonnier de pape Urbain.

Gonne (robe; en anglais *gown*). — Quant Aymerigot fut revêtu de nouvelle gonne et apparreillé. — A ces paroles se leva moult tôt et affubla une gonne. — Douze cents bourgeois de Paris tous à cheval et vêtus tous de gonnes de baudequin vert et vermeil. — La duchesse de Berry le bouta sous sa gonne et le couvrit pour eschiver le feu.

Godailler et goudailler (homme qui fait débauche; de deux mots anglais, *good-ale*, bonne bière, homme qui boit beaucoup de goodale; de là le verbe godailler et le mot populaire godailleur). — Et

DU QUATORZIÈME SIÈCLE.

l'avoient les vilains Londriens go daillers accueilli en grand'haine.
Goudale (bonne bière ; de deux mots flamands, *gut*, bon, *ale*, espèce de bière).
Gracier (remercier).
Gramment (grandement).
Grand (grandeur). — Ils se vêtoient de cottes et d'habits ensemble, car ils étoient aucques d'un grand et d'un âge.
Grave (grapin). — Pourvus d'échelles cordées, à graves de fer pour jeter sur les murs et attacher aux guérites.
Graves (lieux situés sur le bord des rivières et couverts de sables mouvans ; d'où gravier). — Il y a très mauvais pays à chevaucher pour les graves.
Greigneur (majeur). — Si se sauvèrent la greigneur partie.
Grésillon (chaîne). — Allemands contraignent les gentils hommes en double prison de ceps, de fer, de bois, de grésillons, etc.
Grever (faire du mal).
Grèves (guêtres). — Mes chausses et mes grèves sont jà toutes emplies de sang.
Grief (douleur).—De ce mal de dents avoit-il si grand grief que merveilles étoit.
Griefté, grièveté (malheur, choses graves). — Le peuple de Calais qui a souffert moult de griefiés.
Griéver (faire mal). — Autant bien leur griève l'odeur de la mer comme elle fait aux gens.
Grigne (mécontentement). — Il fut informé des grignes qui étoient entre le prince et lui. — Ainsi étoient en grignes le prince et les seigneurs de Gascogne.
Grigner (grincer). — A ce point grigna le roi les dents.
Grigneur Greigneur, Gringnour (plus grand)
Grigneux (affligé, colère). — De ces réponses fut le comte tout grigneux.
Gris (petit gris). — Ils sont fourrés de gris.
Gros (monnoie). — Le vin n'y valoit que deux gros.—Un viès gros.
Guerdon, Guerredon (récompense).
Guerdonner (récompenser).
Guériter (garder).
Guerpir (quitter. Le composé *déguerpir* s'est conservé). — Voulez-vous ainsi laisser et guerpir la bonne cité de Paris ? — Ni oncques les chevaliers les étriers n'en guerpirent.— Ils eurent conseil emble qu'ils guerpiroient leur pays. — Pourquoi me voulez-vous guerpir et trahir.
Guerrier (guerroyer).

Guet, Gait, Gaite, Guay (guet).
Guiclier (homme à pied mal armé).
Guidement (conduite). — Ils chevauchoient au guidement de.
Guignée, Guignie (coignée, coup de coignée). — Lors commencèrent ils à férir de grandes guignées.—Tous tenants haches et guignies pour couper les bois.
Guisarme (pique armée d'une hache à deux tranchants). — Férus de grandes coustilles et guisarmes.

H

Haatie (le même mot que *atine*, débat, querelle).— Haatie fut là prise entre le roi et le duc, pour cinq mille francs à gagner sur celui qui dernier seroit venu à Paris. — En cette haatie ni entreprise je n'y vois nulle raison.
Hâble (port).—Ils furent dedans cinq jours au hâble du Port de Portingal.
Hahay (tumulte, confusion).— Ils se boutèrent au hahay.
Haible (port, havre). — Il entra sauvement et sans péril au haible de Lisbonne.—Encore conquit-il quatre vaisseaux sur eux et les amena en sa compagnie au haible.
Haier (faire des haies, mettre en haie).— Chevaliers, écuyers et gens d'armes se haièrent tout autour du roi.
Haitié (sain, bien portant, en bonne santé, calme, en parlant de la mer). — Et entendirent les haitiés à remettre à point les navrés. — Ainsi s'en vinrent parmi cette mer qui lors étoit haitiée et montroit qu'elle eût grand'plaisance d'eux porter.
Hamelet (petit hameau).
Han (poignée). — Et empoigna son épée par les hans.
Hanap (grande coupe.)—Et tenoient en leurs mains hanaps d'or.
Hanste (manche de lance, bois de lance). — Il rompit la hanste de lez le fer. — Les glaives rompirent environ un pied en la hanste.
Hantable (qui hante). — Et pour ce qu'il étoit hantable de la ville de Gand.
Hante et *hamp* (bois de lance). — Et adonc prit-il la bannière par la hante.
Hantise (fréquentation). — La hantise fait l'amour.
Hardelée (trousseau, monceau). — Ils trouvèrent une grande hardelée de clefs qui là étoient.
Hardement, hardiment (hardiesse). — Tous et toutes se merveilloient du hardement du chevalier.
Hardoier (aiguillonner).
Harier, hérier (fatiguer).

Haro (bruit). — Le haro commença à monter.
Hart (gibet). — Sur la hart.
Haste, hanste (broche, bois d'une lance ; de *hasta*).—Et lui rendirent la bannière par le hanste.
Hastéement (promptement). — Il savoit que hastéement auroit autres nouvelles de lui.
Hasterel, haterel (cou). — Il fut saigné au hasterel, ainsi comme ils ont d'usage à faire leurs saignées en Lombardie, quand ils veulent à un homme avancer sa fin.
Hâtement (en hâte).
Hâter (poursuivre). — Ils étoient là si près hâtés, qu'ils n'osoient ouvrir leur barrière.
Haterel (cou, nuque du col). — Et lui fut mis le dit collier de fer au haterel.—Là fut consuivi d'un coup de glaive au haterel.
Hatie et *ahatie* (querelle). — Vous devriez mieux aimer la généralité de votre royaume, dont vous vivez, que les paroles, baties et présomptions de deux chevaliers.
Hâtiveté (précipitation). — Non par bobant ni par hâtiveté, mais par avis et par humilité.
Haulmier (faiseur de baulmes, armurier). — Et fesoient ouvrer les Parisiens nuit et jour ces haulmiers.
Haustre (hautain). — Tant savoient crueux et haustres les Londriens. — Les Londriens sont crueux et haustres.
Haustrement (hautainement). — Le comte maréchal a trop dur parti, car on lui a baillé haustrement sa peine.
Hautaineté (hauteur, fierté). — Il le sentoit de grand'hautaineté.
Hauteresse, hasterèsse (hauteur). — Et le prince de Galles les perdit par sa hauteresse.
Hauticreté, hastiereté (hauteur).— Le roi Philippe de France et le roi Jean, son fils, les avoient perdus par hastiereté ; aussi fit le prince.
Havelle, havène, havre (havre, port).—La greigneur partie étoien envoyés des ports et des havènes d'Angleterre.
Haver (creuser).—Et commencèrent à haver et à piquer de pics et de hoyaux.
Havet (crochets).—Ils avoient grands crocs et havets de fer tenant à chaines.
Hayé (rangé en haie). — Et étoient ces 800 chevaliers hayés et rangés d'une part et d'autre.
Héent [ils] (ils haïssent). — Ceux de Bruges mous héent.
Héoit, hayoit [il] (il haïssoit). — Tel hayoit le père qui servira le fils.

GLOSSAIRE

Herbergage (logement, auberge). — A ces tours avoit bon herbergage.
Herberge (gîte; mot resté en allemand, pour désigner les auberges où descendent les ouvriers).
Herberger (donner asile).
Héréditablement (en héritage).
Hérier (hériter). — Le duc de Guerles hérioit sa tante la duchesse de Brabant et son pays.
Hérier, harier (maltraiter). — Monseigneur le roi me hérie et me veut hérier.
Hérite (hérétique). — Vous répondrez que vous êtes hérite; et tenez bien cette opinion.
Herle (volée de cloches). — Sonner leurs cloches à herle.
Herlos (marant). — Et tu, herlos, en veux-tu parler?
Hermi [mois de] (août; les Allemands disent *hey-monath*, mois de la fenaison pour le mois de juillet. Il est probable que Froissart se sera servi du mot allemand ou plutôt du mot flamand francisé). — L'air au dehors étoit malement chaud, ainsi comme il est au mois de hermi. (Le comte de Foix mourut en effet le 12 août.) — Il étoit en plein le mois de hermi que le soleil par droiture étoit en sa greigneur force.
Heut [il] (il eut).
Hideur (crainte; d'où hideux, qui fait hideur, qui fait peur). — Il entra en hideur et aima plus à être occis que ars.
Ho (arrêt). — Il n'y a entre eux nul ho.
Hocher (remuer). — Et quand il le trouvoit dormant, il lui hochoit son oreiller.
Hoder (fatiguer). — La guerre à ses gens le bodoit, ni oncques ne s'en chargea volontiers. — Les Anglois en étoient tout hodés et lassés. — Il même étoit si hodé et si pesant.
Hogue (port, havre).
Hoir (héritier).
Hokeco, hoquebot, hokebot (bateau). — Sans les barges et les hokecos.
Hom (homme). — Es-tu gentil hom? Et le bâtard dit: Oïl.
Houchié (couvert de housse). — Il avoit coursiers parés et armoyés et houchiés des anciennes armes de Coucy, et aussi de celles que il porte pour le présent.
Honnir (faire du mal, vexer, maltraiter). — Il les honniroit s'il pouvoit. — Le roi de Navarre honnissoit tout le pays. — Le roi avoit honni son royaume.
Hoppelande (houpelande). — Vêtu d'une povre et simple hoppelande.
Hoqueton (vêtement mis par-dessus l'armure).
Host (armée; de *hostis*).
Hostagerie (otages, fonction d'otage). — Il envoya trois cents des plus notables à Lille et à Douay en hostagerie.
Hostagier (otage).
Hosteler (loger en hôtel). — Après qu'ils furent là venus et hostelés.
Hostoier (guerroyer, faire la guerre). — Car les montagnes de Navarre sont trop froides en hiver pour hostoier.
Hôtelaire (maître d'hôtel). — Il fut ordonné que nul hôtelaire en son hôtel ne mit hors de voie, par manière de convoitise, arcs ni sagettes.
Houer (se servir du hoyau).
Houète (pic). — Ceux du Franc de Bruges étoient armés la greigneur partie de maillets, de houètes et de chapeaux de fer.
Houille (houe).
Houilleur (ouvrier qui se sert de la houille ou houe).
Hour (échafaud). — Là étoit l'appareil ordonné très grand de loges et de hours, ouvrés et charpentés pour la roine et les dames.
Hourdé (escorté). — Lui bien hourdé de cent lances et de bonnes gens d'armes.
Housé (chaussé). — Et se mettoient-ils plusieurs au retour mal montés, mal housés et tous descirés.
Houssé (pantalon; les Anglais ont conservé *hose*, caleçon et bas).
Houssé (botté, couvert de housse). — Il se mit en chemin tout de pied, houssé et éperonné. — Ainsi étoient-ils vêtus et houssés dessus leurs armures et tout parés de leurs pleines armes.
Houssement (housse). — Parés de leurs armes dont les houssements alloient jusques à terre.
Housseaulx (guêtres; de *housse*, bas).
Hoyer (creuser avec le hoyau).
Hu (bruit). — Le cri et le hu en vint jusqu'à l'ost.
Huche (coffre).
Hucher (appeler). — Il hucha un huissier; on ouvrit l'huis de la chambre.
Huée, huyée (bruit, réputation, cri). — Sur tous en avoit la huée le gentil chevalier messire Gautier de Mauny. — Là eut grand'huyée des Anglois.
Huer, huier (crier). — Je me repens de ce que j'ai huié et fait huier mes chiens sur lui. — Cil méchant peuple huoit si haut que il sembloit que tous les diables d'enfer fussent entre eux.
Huis (porte). — Si brisèrent les huis.
Huiseuse (oisiveté). — Il convenoit qu'il se retrait de ses jeunes huiseuses.
Hunes (bord). — Si étoit la hune trop roide.
Huron (paysan). — Grand foison de hurons qu'on disoit mineurs.
Hus (bateau).
Hutin (bruit).
Hutiner (faire du bruit).
Huy (aujourd'hui).
Huyée (cri; de *huer*, crier). — Là eut grande huyée des Anglois.

I

Iaue, iaulve, iawe (eau).
Idoine (propre à).
Illuec, illec (là).
Impétrer (obtenir). — Pour impétrer qu'on les pût combattre.
Impositeur (percepteur de l'impôt).
Incrédible (incrédule). — Pour venger les souffrances Notre Seigneur et détruire les incrédibles.
Incoulper, inculper (accuser).
Inditté (informé). — Quand il eut bien inditté et instruit son varlet.
Infortunité (infortune).
Inobédience (désobéissance).
Inquisité (recherché). — La chose fut examinée et inquisitée.
Ire, ireur (colère).
Iré (courroucé). — Pour laquelle chose il étoit moult iré.
Ireusement (avec colère, en colère). — Il prit une épée et s'en vint ireusement assaillir ce dit ours. — Quand elle fut venue, elle le nomma par son nom, et lui dit moult ireusement.
Ireux (emporté).
Issir, istre (sortir).
Isnelle (léger).
Isnellement (rapidement).
Issue (sortie, race). — Si fesoient souvent des issues sur les gens du comte d'Armagnac. — Ceux étoient de son issue et de son conseil.
Ist (sort; de *issir*). — Ne vous ébahissez pas si grand peuple ist de Bruges contre vous.
Istiez [que vous] (sortiez). — S'il convient que vous en istiez en trouble, vous y entrerez en joie.
Istreroit [il] (il sortiroit; d'*issir*). — Et eut le roi conseil que il istreroit pour parler à eux.

J

Ja (déjà).
Ja-soit-ce-que, jassoit-ce-que, jassoit-que (quoique).
Jake (jaquette).
Jaque (casaque mise sur la cuirasse,

justaucorps). — Et avoit vêtu un noir jaque de velours qui mouit l'échauffoit.

Jangle (conversation). — Atant rentrèrent-ils en autres jangles.

Jangler (plaisanter).

Jengle (plaisanteries). — Garçons montés par leurs jengles et par leurs bobans en honneurs.

Jeuer (jouer). — Ainsi que enfans jeuent et s'ébattent.

Jeu parti (jeu bien partagé). — Et quand ils se voyoient à jeu parti au plus fort de leurs ennemis.

Jeuwiaux (joyaux). — Et l'avoit le duc enrichi en bons jeuwiaux en or et en argent.

Joiel (joyau). — Si se douta à perdre si riche joiel que le bassinet du roi, qui étoit estimé à tant de florins.

Joignant, joindant (près de). — Et leur convenoit passer assez près de Clermont, joignant des fossés et des murs.

Joïr (jouir). — Vous ne pouvez paisiblement joïr de la couronne fors par bataille.

Joli (joyeux, gai). — Il en fut toujours plus lie, plus gai et plus joli. — Et sachez bien qu'il n'y avoit si preux, si riche, ni si joli, qu'il ne fût en grand effroi de lui-même.

Jolier (rendre joli). — Tous s'efforcèrent à jolier leurs vaisseaux.

Jolier [se] (s'orner). — Lors s'armèrent et se jolièrent plus de vingt mille Parisiens.

Jolieté (gaîté). — Quelque bonne prise, dont nous étoffions nos joliétés.

Joliettement (élégamment). — Et se demenoient joliettement sur leurs chevaux.

Joliveté (gaîté). — Si pussiez voir entre ces nouveaux chevaliers toute joliveté et apperteté.

Jou (je). — Ainsi fui-jou informé.

Jone (jeune). — Le jone roi de France étoit au gouvernement de ses oncles.

Jouée (soufflet sur la joue). — Il lui donna une jouée.

Jouel (joyau).

Journée (voyage). — Ni aller à Lille à leur journée.

Josne, jovene (jeune).

Juponnier (feseur de jupons).

Jupper (appeler). — On n'oyoit mais ni crier, ni jupper, ni renommer aucunes enseignes ni aucun seigneur.

Jus (à bas). — Toutes autres choses mises jus.

Justicier (condamner).

Jut [il] (de gésir); il resta.

K

Kai (quai).
Kas (machine de guerre).
Kieute (tapis).

L

Labouré (travaillé). — Nous avons tant fait et labouré envers ceux de nos métiers.

Lai (legs). — Il y pensa et fit ses lais. — Après tous ces lais ordonnés et laissés.

Laier (laisser).

Laigne (bois). — Autant que on apporteroit de fagots de laigne on auroit de blancs.

Laira [il] (il laissera).

Lairay [je] (je laisserai).

Lairoient [ils] (ils laisseroient). — Ils eurent conseil qu'ils n'en lairoient nuls entiers.

Lairoit [il] (il laisseroit).

Lame (cercueil). — La cause a été pour embellir sa lame et sépulture.

Lancer (attaquer avec la lance).

Landevère (digue; des deux mots allemands, *land wehr*, défense du pays. On l'applique à une levée d'hommes armés). — Nous avons plusieurs bonnes landevères, ce sont bons fossés ou digues. — En tournant et en environnant cette landevère ils trouvèrent une frète (passage).

Langager (parler, pérorer). — Le prince parloit et langageoit pour lui. — Ainsi que on langage d'armes ensemble.

Langagier (parleur). — Un sage et vaillant homme et beau langagier.

Langour (langueur). — Quand il fut chu en maladie et en langour.

Langue-fride [le] (mot traduit de l'allemand, *land fried*, paix du pays; c'est une sorte de garde nationale).

Large (généreux).

Largesse (espace large, libre). — Nous prendrons la largesse des champs aussi bien que nos ennemis ont fait.

Larrecin (larcin).

Larrecineusement (furtivement).

Lascheté, lasqueté (lassitude, lâcheté). — Les autres par lascheté traînoient leurs épées. — On y avoit vu et trouvé tant de lasqueté que on avoit petite fiance en eux.

Latinier (interprète). — Et furent bien examinés des latiniers du roi. — Par le moyen d'un latinier qui remontroit les paroles de l'un à l'autre.

Léans, laiens (là-dedans).

Legaulx (légats). — Or vous parlerons des légaux de Béarn et de Foix.

Légier [de] (aisément). — De légier ils recouvreroient la ville.

Légit [il] (il lut). — Il reçut les lettres et les légit.

Légy [on] (on lut). — Depuis on légy tous ses forfaits pour lesquels il recevoit mort.

Letton (fer; on dit encore fil de laiton). — En son vivant en beau letton il le fit former et tailler.

Lez (côté).

Li (les, à lui, à elle). — Li uns comme li autres.

Lie (joyeux).

Liement (joyeusement).

Liesce (joie).

Lige (lié par une obligation féodale).

Ligement (en hommage lige).

Lignage (famille). — Les grands bourgeois de Rennes qui étoient tous d'un lignage.

Ligner (aligner). — Comme s'ils l'eussent ligné à la cordelle.

Lin (vaisseau de ligne). — Et se boutèrent en un lin en mer. — Si fit appareiller un vaissel, qu'on appelle lin, qui va par mer de tous vents et sans périls.

Linceu (drap de lin). — Flambe ardente se bouta en ce lit, entre les linceux.

Liné (fait d'étoffe de lin). — Les chemises linées et poyées étoient joignant à la chair.

Linfar (mot traduit de l'allemand, *leichtfertig*, méchant, prêt à tout).

Lique (espèce de bâton).

Lisirent [ils] (ils lurent; de *lire*).

Lisit [il] (il lut). — Le chanoine lisit ces lettres. — On lisit ces lettres.

Litteron (petit lit). — En ce solier avoit un povre litteron, où les enfans de la povre femme gissoient.

Livré (soigné, nourri). — Et étoient leurs chevaux mal logés et mal livrés.

Lobe (moquerie, tromperie, ruse). — Mais lui fesoient très bonne chère et le tenoient de gengles et de lobes. — Et le menaçoit tant par lobes que.

Lober (railler). — Je ne le dis mie pour vous lober.

Loer, louer (conseiller, louer). — Je loe donc que nous chevauchons. — Le royaume vous loué-je vider. — Je me loe des Bretons.

Logette (petite cabanne).

Loi [la] (la magistrature). — Quand il eut renouvelé la loi, et de tous pris la féauté et hommage.

Loien (lien). — Quelques traités ni quelques loïens de paix ni d'accord qu'il y eut.

Loier (attacher, lier). — Sa nef étoit forte et bien loïée. — Si son cousin

GLOSSAIRE

prenoit sa fille il se loieroit avec lui de toute sa puissance.

Loier (récompense).

Loiré (de *loirre*, terme de fauconnerie). — Un de ses faucons étoit loiré, pour les aigles.

Loirre (leurre, terme de fauconnerie). — Et n'ai loirre de qui je le puisse réclamer.

Loirrer (leurrer, terme de chasse).

Los (louange). — Acquérir honneur, los et prix.

Losengier (flatteur).—Comment haineux et losengiers s'avancent de parler outrageusement et sans cause.

Loyer (récompense). — Mais pour ses vaillances il en eut en la fin ce loyer.

Loyer (lier). — Et loyèrent le comte Guy de Blois si avant en paroles, en lettres et en scellés comme faire le pussent et sçussent.

Loudier (mangnt, paysan). — Un fort loudier qui l'avoit vu passer.

Louer (conseiller).

Lubriquement (légèrement). — Ce duc de Bretagne s'acquitta lubriquement et faussement envers le comte et nos gens. — Le roi de Portugal s'étoit lubriquement porté envers eux.

M

Mahomet (mécréant). — Et n'avoit oncques nul mahomet d'encoste lui.

Maieur, mayeur (maire; on dit encore *lord Mayor* en anglais). — Si dirent au maieur de la Rochelle. — En la ville de Londres avecques le maieur à douze échevins. — Il demande le mayeur de Londres.

Maimbourg, mainbourg, mambourg (tuteur, gouverneur).

Maimbournie (tutelle). — Le roi de France, leur oncle, en devoit avoir, au nom des enfans, la mainbournie.

Mainner (mener). — Ce conseil le mainne ainsi qu'il veut.

Mains-né (puîné).

Mairain, merrain, merrien, meirein (bois de charpente).

Mais (jamais plus). — Ils ne pourront mais aller plus avant.

Mais que (pourvu que).

Maisonnelle (petite maison, maisonnette). — Une pauvre maisonnelle enfumée.

Maisnie, maisgnie, maisgniée, mesnie, menée (suite).—A privée maisnie; c'est-à-dire avec peu de suite.

Maitre, mire (médecin).

Maistrier (dominer, maîtriser).— Pour maistrier ceux de Paris s'il besognoit.

Maladieux (maladif).

Malandrin (enchanteur, mauvais homme). — Or regardez la nature des malandrins de ce pays.

Mal-dit (maudit).

Male (méchant, mauvais, mauvaise). — Il vouloit les males gens combattre.—Males gens, vous me priez l'épée en la main. — La journée fut grande assez et male, car elle coûta depuis deux cent mille vies.

Malement (beaucoup). — Ces murs étoient hauts malement.

Malle (mauvaise). — Il n'y vouloit mie nourrir toute la haine et malle amour que il pourroit bien.

Malivolance (malveillance). — Encore se sentoit-il en la malivolance et haine du roi de France.

Maltalent, mautalent (mauvaise intention, mauvaise volonté). — Il leur pardonneroit son mautalent.

Maltoulte (maltôte, d'où maltôtier; de *tollir*, enlever: chose mal à propos, injustement enlevée).

Malvoise (vin de Malvoisie). — Vins du Rhin, de Poitou, de France, Garnaches, Malvoises, etc.

Manant (habitant, qui demeure). — Huit mille ou neuf mille manants, que bourgeois, que gens de métier. — Les hommes manants ès cités et bonnes villes ne sont pas usés ni accoutumés de guerroyer.

Mandement (commandement).

Manerier (connaître la manière).

Mangonneau (machine à jeter des pierres, et pierre lancée par cette machine).

Mansion (demeure, habitation; à Londres le palais du lord-mayor s'appelle encore *mansion-house*). — Et établirent mansions et logis pour eux et leurs chevaux. — Puis retournèrent à Lourdes leur principale mansion.

Manteau (machine de siège pour mettre les soldats à couvert).

Marchander (commercer).—Les cités et bonnes villes avoient bien dit au duc de vivre et marchander les convenoit.

Marche (frontière). — Si rapporta un sauf-conduit pour durer tant comme ils seroient sur la marche.

Marchir (borner). — Northonbrelande et Galles qui marchissent assez près de là.

Marchissant (limitrophe).

Marès (marais). — Ens uns grands marès qui là sont.

Marescaux (maréchal).

Mareschaussée (prison près de Londres, Marshalsea).

Marine (rivage de la mer). — En suivant la marine. — De la marine de Gravelines jusqu'à l'Écluse.

Marle (marne, pierre).

Marmouserie (folie). — Et entre en une telle marmouserie que le plus du temps il alloit tout seul parmi la ville de Gand.

Marmouset (fou, favori). — Je n'ai vu nul haut seigneur qui n'eût son marmouset.—Pointez bien la chose avant pour donner crémeur au roi et à ses marmousets aussi. — Trop avoit cru au conseil de ses marmousets, parquoi son royaume avoit été en grand branle.

Maronnier (matelot). — Et exploita tant le maronnier, à l'aide de Dieu et du vent, qu'ils vinrent à Douvre. — Et disoient les Gascons à leurs maronniers.

Martinet (machine à lancer des pierres).

Martirer (martyriser).—Le roi fesoit ses gens navrer et martirer sans raison.

Mas (maison des champs).

Masuyer (fermier, qui habite un mas).

Mat, Mate (mort, faible, abattu; de l'espagnol *matar*, tuer. On dit encore échec et mat). — Si ne pouvoient aller avant, car ils étoient si mates et si foibles.

Maucréer, Maucrier (croire le mal; on dit encore *maugréer*, maudire). — Les Escots étoient maucriés.

Maufait (méfait). — Plusieurs larcins et maufaits.

Mautalent (mécontentement).

Mautalentif (mécontent). — Et se retrairent vers les logis tout mautalentifs.

Mauvaisté, Mauvaisetié (malice).

Médicin, Mire, Maitre (médecin). — En ce temps avoit au royaume de France un très savant et sage médicin.

Mediciner (donner des médecines).

Mêismes (même).

Mélancolie, Merancolie, Merencolie, Merincolie (tristesse, chagrin). — Si en eut grand'merencolie.

Mélancolier, Merencolier (méditer avec tristesse, se fâcher). — Adonc musa-t-il sur ses besognes un petit, et quand il eut merencolié un espace. — Les Anglois se commencèrent à merencolier sur le duc qui point ne venoit.

Melancolieux, Merancolieux, Merencolieux, Merincolieux (triste, froid, chagrin). — Monté sur un coursier trop melancolieux. — De quoi messire Hervey fut durement merencolieux.

Mençongier (menteur). — Nous voulons être tenu pour mençongier et déloyal si, etc.

Menestrandie, Menestandrie (musique de ménestrels).—Et entra le

DU QUATORZIEME SIÈCLE.

jeune roi en la cité de Reims bien accompagné de menestrandies. — Grand'noise de trompes et de nacaires, tabours, cornets, et de toutes manières de menestrandies.

Ménestrieux (pluriel de ménestrel). — Il y eut là foison de ménestrieux.

Menre, Mendre, Maindre (moindre). — Trois cents autres hommes de menre état. — La cité de Toulouse n'étoit mie pour ce temps grandement menre que la cité de Paris.

Mentre (pendant que; conservé en italien).

Mérir (mériter, payer, rendre suivant les mérites, rendre ce qu'on mérite). — Dieu vous puisse rendre et mérir le bien et honneur que vous me voulez faire. — Dieu le puisse mérir au roi et à son noble conseil. — Dieu le vous puisse mérir. — Dieu le vous puisse mérir au corps et à l'âme.

Merveiller [se] (s'émerveiller). — Tous et toutes se merveillôient de la grandeur de la bête.

Més-aise (malaise).
Mes-avenir.
Mes-aventure.
Mes-chéance (mésaventure).
Mes-chéoir (arriver mal).
Meschef (malheur; les Anglais ont conservé ce mot dans *mischief*).
Meschied. — A celui qui meschied on lui mésoffre.
Meschine (fille, domestique). — Il n'y avoit dedans fors menus gens, meschines et varlets.
Mesellerie (lèpre). — Il étoit si malade de mesellerie que il tomboit tout par pièces.
Meseau (lépreux).
Mes-fiance (méfiance).
Meshaigner, méhaigner (maltraiter, blesser). — Moult de morts, de meshaingniés et d'abattus.
Meshaing (mal, destruction). — Ils le couvroient de fiens, afin que on ne vit point le meshaing.
Mes-huy (aujourd'hui, à présent). — Je vous défends à non partir meshuy. — Qu'ils ne m'envoyent meshuy requerre. — Tenez-vous mes-huy et demain tout pourvus de vos armures.
Mesissent [ils] (missent). — Il ordonna que tous se mesissent en dévotion.
Més-offrir (offrir mal).
Mesprendre (errer). — Et si mespris avoit envers lui, il lui amenderoit.
Mesquerdi (mercredi).
Message (messager).
Messenaire, Miessenaire (mercenaire).
Messonner (moissonner). — Et a tout messoné et cueilli durant lui.
Mestier (besoin, en espagnol *menester*). — Si mestier étoit. — Une chose

qui est en fleur, a greigneur mestier qu'elle soit près gardée que quand elle est contournée en fruit.

Mestrier (se rendre maître). — Pour ce que les Espaignols vouloient cette nef mestrier et l'avoir.
Mesuser (mal user). — Le roi Édouard en mesusoit.
Mesvenir (mésavenir).
Mète, Mette (limites). — Sur les mettes de Flandres.
Métiers (les quatre) de Bruges, qui étoient, selon Froissart : coulettiers (culottiers), verriers, bouchers, poissonniers.
Meurdre (tuer). — Toutes ses gens meurdre en leur lit.
Mie (pas).
Mirouer (miroir).
Mistrent [ils] (ils mirent; de *mettre*). — Ces trois barons se mistrent au chemin. — Ils se mistrent en ordonnance.
Mitre (monnoie). — Un pain n'y valoit que quatre mitres.
Moie, Moye (mien). — Je serai toujours appareillé de vous servir à votre honneur et à la moie. — Pour votre honneur et pour la moie.
Moie (monceau). — Adonc apportèrent-ils fagots devant la tente du roi, et en fit-on là une très grande moie. — Et là faire moies.
Moillier (épouse; de *mulier*). — Et fit mourir sa moillier.
Moiste (humide).
Moleste (injure). — Et se doutoient qu'il en fît aucuns griefs et molestes à son pays.
Monadich (petit moine). — Un jeune écuyer breton moult bel enfant que on nommoit le monadich.
Monstre, Montre (revue de troupes). — Et tout ainsi comme venoient les gens d'armes ils faisoient leur monstre.
Montéplier (multiplier). — Les blancs chaperons étoient jà si montépliés.
Morel, Moreau (noir). — Monté sur un cheval morel.
Moresque (monnaie espagnole égale à un florin). — Et nous vous donnerons vingt moresques. Quand le hérault ouït promettre vingt florins.
Morille (peste). — Tous mourrons de cette povre morille et sans coup férir.
Morsel (morceau). — Sitôt que le chien eut mangé le premier morsel.
Motion (sédition).
Motte (monticule). — Et sied cette église en une motte avironnée de grands arbres, de haies et de buissons.
Moullier (femme; de *mulier*). — Quand sa moullier fut couronnée à

Reims. — Si votre moullier est d'Angleterre, quoi de ce?
Moult (beaucoup).
Moustyson (saison du moust, vin doux). — Et moult souvent par trop boire, car c'étoit au moustyson, ils avoient la foire.
Moyenne (milieu, moitié). — Et attendirent à la moyenne de mars avant qu'ils entrassent en mer. — De l'entrée de mai jusqu'en la moyenne de janvier.
Moyenneté (médiation). — Pour parler au roi d'Angleterre à cause de moyenneté.
Moyeux (jaune d'œuf). — Pourvéances de biscuits, de farines, de moyeux d'œufs battus en tonneaux.
Mucer, Mucier, Mussier (cacher) — Maintenant me faut mussier.
Muer (changer). — Les temps ont bien mué de mal en pis. — Or sont depuis les choses muées fortement. — Et demeuroit chacun en sa teneur sans muer ni rendre forteresse.
Muir (si je) muire (je meurs; de *mourir*). — Vive Henry et muire damp Piétre! — Nous ne voulons pas que Gaston muire.
Muisteur (tempérament froid). — Il tient trop de la muisteur de la mère.
Murdre (meurtre). — Ils firent grands murdres. — Plusieurs autres murdres, larcins et maufaits. — Ce vilain fait et murdre les Génois l'avoient fait faire.
Murdrir (tuer). — Et tu me veux maintenant murdrir!
Murmuration (murmure).
Murtrir (tuer). — Il fit occir et murtrir de nuit son frère.
Muse (musette, instrument de musique).
Muser (méditer). — Le roi qui pensoit et musoit fortement.
My (mes). — Le roi leur dit: my enfants.
My [en] (au milieu).

N

Nacaire (timballe).
Nager (naviguer). — Et il se fit nager outre l'eau. — Et les autres nageoient sur huis et sur claies.
Nave, nef (vaisseau). — Ils ont toujours cinquante unes galées que grosses naves. — Il demeura sur mer en naves.
Navée, navie (flotte).
Naviage (office de navieur). — Il avoit acheté l'office des rivières et du naviage.
Navier (naviguer). — Et navièrent à rive pour venir outre la Tamise.
Navieur (marin).

GLOSSAIRE

Navire (commerce par eau). — Il avoit bouté le navire en une nouvelle dette.
Navrure (blessure). — De laquelle navrure il mourut.
Négromantien (nécromancien).
Nenni, nennil, nennin (non).
Nequedent (néanmoins, nullement).
Nequetant (pas même). — Ils étoient tous introduits que point ne parlassent du roi Richard, sur la vie, nequetant l'un ni l'autre.
Nice (ignorant). — Les plus nices et les pis armés.
Nient (pas; d'où *niente* en italien).
Nient-mains, nient-moins (néanmoins).
Nieps (neveu). — Beau nieps, puisque vous êtes si à puissance de gens d'armes.
Nigromance (nécromancie). — Voirement faut-il qu'il le sache par aucune voie de nigromance. — Ce chatel de l'Œuf ne fait mie à prendre ni à conquerre, si ce n'est par nigromance ou par l'art du diable.
Noer (nager, passer à la nage). — Et passèrent la rivière de Lesse au noer. — Si fuirent les anciens en la rivière qui la cuidoient noer.
Noige, nege (neige).
Noise (bruit).
Notent (rien). — Le séjourner ici ne nous vaut noient.
Non-caloir (négligence, nonchalence). — Il mit ce en non-caloir.
Noncier (annoncer). — Ils vinrent noncier au seigneur de Coucy tout ce que ils avoient vu. — Il en envoya tantôt noncier les nouvelles au duc de Lancastre.
Noncierre (messager; comme *emperière* emperière).
Nonne (midi).
North (nord). — Grand foison de chevaliers et écuyers du north.
Notonnier (nautonnier).
Nourrisson (nourriture, éducation). — Et de telle nourrisson ils paissoient leurs chevaux un grand temps. — La jeune fille que le comte de Foix avoit en garde et nourrisson.
Nouvelleté (nouveauté).
Nuittie (nuitée). — Ainsi se porta cette nuittie.
Nulli, nullui (personne).

O

O (avec). — Et puis chevaucha o le demeurant de ses gens.
Occir (tuer).
Occision (meurtre).
Ocqueniseux (accablant, tuant; d'*occir*). — La saison qui est si chaloureuse et si très oqueniseuse du soleil.
Oez [vous] (vous entendez; d'*ouïr*).
Oir (ouïr). — Ils orront.
Oiseux (oisif). — Les gens y sont tous oiseux et n'y font point de labour.
Oliettes (olivettes, petites olives).
Ombroier (se mettre à l'ombre). — Et s'en vinrent ombroier du long d'une haie.
Omniement (tous ensemble). — Ceux archers tiroient si omniement.
Opposite [à l'] (vis-à-vis).
Orains (à l'instant).
Ord, orde, ort (sale, gâté; d'où *ordure*). — La terre étoit froide et orde. — Et leur remontra comment les Espagnols sont ors et pouilleux. — Par si ort temps, si froid et si pluvieux.
Ordenance (ordonnance).
Ordène (ordre, sacrement). — Il étoit religieux sans ordène.
Ordonnément (avec ordre).
Orent [ils] (ils eurent).
Oriflambe (oriflamme).
Oroloige (horloge). — Un oroloige qui sonnoit les heures vingt-quatre entre jour et nuit.
Os [je] (j'eus). — De la mort au fils du comte de Foix, os-je à mon cœur grand pitié.
Ose (audace). — Il mit ose et hardiment ensemble.
Ost (armée).
Ostagerie (fonctions d'otage).
Ostagier (otage).
Ostil (outil). — Ostils de cuisine.
Ostillée (maison). — Moult fut toute l'ostillée du roi réjouie de la venue des dames.
Ostoier (guerroyer).
Ostour (autour, oiseau de proie). — Le seigneur de Milan m'envoya ostours et faucons.
Ostruce (autruche).
Ot (eut). — Et on ot autre conseil.
Ot [il] (il eut).
Ot [on] (on entend). — Ainsi que nuit on ot moult clair.
Otel (semblable).
Oterièmes (les pluriels en *ièmes* sont encore picards et normands). — Nous lui oterièmes aussi bien que donné lui avons; et metterièmes hors Jean de Bretagne son adversaire.
Otretant (autant). — Otretant bien a robeurs en mer, et plus, que par terre — Confortez-vous sur ce, otretant que pour le présent.
Ottrier (octroyer).
Ou (dans). — Ens ou chastel.
Oultre-avolés (réfugiés).
Oultre-cuidé (téméraire, qui a de l'outre-cuidance). — Et sentoient le jeune sénéchal si oultre cuidé.

Ouniement (tout à la fois). — Ils contraignoient si ouniement le pays.
Outrageux (violent).
Outréement (d'une manière outrée). — Ils vouloient outréement que le duc vînt à Gand.
Ouvrer (travailler).
Oyseuseté (oisiveté, futilité). — Il n'entend que à toutes oyseusetés et ses plaisances accomplir.

P

Pacti (composition). — Ils se mirent en pactis à eux. — La somme de trois mille francs que Louis Rambaud avoit reçue pour pactis des villages de là environ.
Paisson (pieu). — Et avoit envoyé ficher les paissons en terre.
Pal (pieu). — Et convient ce jeune enfant chevalier jouter de déliées lances encontre un écu que on aura mis en un pal en un pré.
Paleter (combattre aux palissades).
Paletis (combat aux palissades).
Palis (palissade). — Leur ville n'étoit fermée que de palis.
Palut (étang, marais). — Ils ne les pouvoient conforter, pour un grand palut d'eau et des marais qui étoient entre eux et les combattans.
Panneret (petit panier). — La finance étoit en pannerets sur deux forts chevaux de somme.
Paour (peur; de *pavor*). — Pour la paour de ceux de Gand. — L'enfant devint tout blanc de paour.
Papalité (papauté).
Par-accomplir (accomplir entièrement).
Par-achever (achever complètement).
Par-ardoir (brûler complètement).
Par-arse (brûlée complètement).
Paraulx (pluriel de *pareil*). — Deux faucons pèlerins si bons que on ne savoit point les paraulx.
Par-avant (auparavant).
Parchon (partage). — Et firent toutes leurs parchons et leurs livrées, ainsi que à faire assaut appartenoit.
Parclos (terminé complètement, conclusion). — Il disoient bien au parclos.
Parçon, Parchon, Pareçon (partage, portion, dot, proposition, arrangement). — Et puis fait échanges et parçons. — Et commença ledit cardinal à mettre parçons avant.
Parçonner, Parchonner (partager).
Parderrain (dernier des derniers). — Au parderrain, c'est-à-dire, enfin.
Pardoint (pardonne).
Parement (parade, parure). — Donc se départirent-ils de la chambre des parements. — Et parées d'un parement semblable.

Parfaire (faire complétement; d'où perfection et parfait).
Par-fin (fin).
Par-finir (finir complétement).
Parfon, Parfond, Parfont (profond).
Par-fournir (fournir complétement).
Par-honnir (maltraiter, détruire). — Si avoit plus cher à tout par-honnir que de être en péril ni en aventure de mort tous les jours.
Parlure (langage, parlement, conférence). — Pourvu de sens, d'honneur, et de belle parlure et de grand'largesse. — Le françois du quel les clercs de droit en les traités et parlures usoient.
Par-maintenir (maintenir complétement).—Il les pria qu'ils lui voulsissent aider à par-maintenir sa guerre.
Parmi (sous condition de). — Le roi accorda trèves parmi ce que le duc se mit, etc. — Parmi tant qu'ils envoyèrent.
Par-occire (tuer complétement).
Par-occis (tué complétement).
Par-occision (meurtre complet).
Paroi (muraille, mur). — L'huissier fit le commandement que toutes torches se missent en sus en long, près des parois.
Paroir (paraître).
Paroler (parler). — Je parole pour lui. — Vous oyez comment amiablement et loyaument le roi en parole.
Parperdre (perdre entièrement).
Parroche (paroisse). — Et je envoyerai les connétables des parroches.
Parrocheaux (paroissiens). — De belles églises parrocheaux et autres.
Parroit [il] (il paraîtrait). — Que il y parroit quarante ans à venir.
Parsieuvir (suivre). L'intention du duc étoit telle, que hâtivement il parsieuvist son neveu et seroit en Avignon de-lez lui.
Par-soigner (soigner attentivement). — Si fut la dite ville de Béthune si bien défendue et parsoignée, que les Flamands n'y conquérèrent rien.
Parti (séparé; de *partir*, diviser en parts). — Et se mettroient en parti pour savoir si sur leur avantage ils pourroient rien conquéter.
Partir (partager, prendre part). — Ils s'étoient tous partis par connétablies. — Ils se partirent en trois connétablies. — Vous partirez à notre butin. — Ils partiront à nos absolutions.
Par-tuer (tuer complétement). — Si il fut chu par les rues l'eussions partué et defoulé de nos chevaux.
Par-vestir (vêtir complétement).

Pas (passage). Si furent tous les pas clos en Angleterre. — Et eût volontiers vu que les pas de Flandre lui eussent été ouverts.
Pâturer (paître). — Où les bêtes pâturoient.
Paumée (soufflet avec la paume de la main). — Et lui donna une. paumée. — Si très tôt que j'entendis la parole, il me donna deux paumées.
Paumoyer (lancer avec la paume de la main.)
Pavais (bouclier).
Pavaisé, Pavaissié, Paveschié, Pavesié (couvert de pavois).
Pavement (pavé). — Sur le pavement de Bergerac.
Pavescheur (soldat couvert de pavois, bouclier).
Paveschier (mettre sur le pavois).
Pavois (bouclier). — Deux cents gros varlets à lances et à pavois.
Pelu (couvert de poils).
Pénéant (pénitent, fesant penance).
Penne (drap, velours). — Draps, robes, pennes et toutes autres choses dont ils pensoient à avoir profit. — Qui menoient or, argent, draps, pennes et toutes richesses prises et levées à Bruges.
Penniau (panneau de la selle, coussin qui se met à chacun des côtés de la selle, de *pannum*, drap).
Pennon (étendard).
Pennonceau (petit étendard).
Pennoncier (qui porte pennon).— Tous ces bannerets et pennonciers étoient de front.
Pensieu, Pensieuf, Pensieux, (pensif).—Les ambassadeurs furent tout pensieux. — L'amiral de ces nouvelles fut moult pensieuf.
Perderiesmes [*nous*] (nous perdrions.) — Nous perderiesmes nos corps et le nôtre.
Perdesist [il] (il perdit).—Il ne vouloit mie être nommé par quoi il perdesist son fait.
Perpétrer (commettre). — Pas n'en encoulpons leurs maîtres, fors ceux qui les ont faits et perpétrés.
Pertuis (trou, ouverture). — Mais leur feroit-on faire un pertuis au mur.
Pertuiser (percer, d'où *pertuisane*). — Quand ils eurent pertuisé le fort. — On pertuisoit les murs.
Pétaux (paysans enrégimentés).
Petit (peu). — Petit admirent-ils votre puissance.
Pic (instrument pour creuser un trou).
Picot (piquet).—Ces ribaudeaux sont brouettes à longs picots de fer.
Picquenaire (soldat armé de pique). — Grand nombre d'arbalétriers, picquenaires et gens d'armes. — Ils

avoient fait une embûche de plus de cent compagnons tous piquenaires.
Pieds [entre] (embarrassé; *inter pedes* ou *sub pedibus*; expression proverbiale pour désigner un danger imminent).
Piétaille (piétons). — Neuf mille archers, sans la piétaille.
Pieur (pire). — Et élurent le pieur des mauvais pour roi. — Les François en eurent le pieur. — Si nous fussions Sarrasins ou pieurs, si ne nous pouvoient-ils pis faire. — Les plus outrageux et pieurs de leur compagnie.
Pigne (peigne).
Pigner (peigner).
Piloter (garnir de pilotis).
Pilotis (pilotis).
Piment (vin de liqueur aromatisé).
Piqueter (piquer).
Pitable (plein de pitié). — Ils sentoient bien le comte si noble et si pitable.
Plaid (procès; en anglais, *court of common-plaids*.
Plain (plat). — Ce beau plain pays d'Ostreyant.
Plain [le] (la plaine).—En ces beaux plains devers Ostrevant.
Plaindre (épargner). — Rien ne les plaignit.
Plaint (plainte). — Messire Tristan eut grands plaints de tous ses amis.
Plaisèrent (plurent). — Toutes ces choses plaisèrent grandement au duc de Bourgogne.
Plaisié, plasié (plu, charmé, de *plaire*).—Dont il n'étoit mie plasié.
Plait (procès, querelle; d'où *plaider*). — A peu de plait. — Il avoit eu plait en Avignon devant le pape pour les dîmes de l'église de sa ville. —Adonc fut Piètre du Bois accueilli de plait et sur le point d'être occis.
Planchon (pieu). — Et puis loièrent la corde à ce planchon.
Plançon (bois de lance, épieu, petit plant d'arbres).
Plate (métal, armure de métal). — Un coutel de plate. — Restreindre ses plates.—Le coup perça la targe, les plates et le hoqueton.
Plège (caution).
Pléger (cautionner, donner plège).— Le roi de Navarre plégeale seigneur de Labrette.
Pleige (caution).—Tu as pleige assez.
Pleinier, plenier (complet). — Et y fut le siège mis grand et pleinier.— Cour plénière.
Plenté, planté (abondance; en anglais, *plenty*).
Plentureux, planureux (abondant).
Plentureusement (abondamment)
Pleuve (pluie). — Les pleuves et le

GLOSSAIRE

froid temps guerroieroient pour moi.
Plommée (massue de plomb). — Là furent férus de haches et de plommées.
Plorer (pleurer). — La dame à genoux et en plorant lui dit.
Plus (la plupart). — Le plus des compaignons.
Pluviner (pleuvoir d'une manière fine). — Et tant pluvina jusques à prime.
Poesté (puissance). — De toutes les bonnes villes et des tenures, poestés et ressort de Flandre.
Poièmes [*nous*] (nous pûmes; pluriel normand). — Nous les approchâmes de si près que bien poièmes parler à eux, et eux à nous.
Poiez [*vous*] (pouviez). — Si par puissance vous les poiez tenir aux champs.
Poignamment (d'une manière poignante). — Durement et poignamment il avoit écrit aux commissaires du roi de France.
Poingneis, Poignis (combat; du mot *poing*).
Poindre (piquer). — Il poignit son coursier des éperons.
Poindit [*il*] (piqua). — Si le poindit de l'éperon un petit avant.
Poindy [*il*] (il piqua). — Et poindy le cheval hâtivement. — Quand il vit qu'il poindy le cheval.
Point (moment). — Quand il vit qu'il étoit point de retourner.
Poiser (peser; le *poids*: de là vient le nom de la rue Quinquempoix ou Qui-qu'en poise). — Il me poise. — Ce sont choses, quoique je les aie soutenues, qui moult me grèvent et poisent.
Polz (pouces). — Une grosse planche de chêne, épaisse de quatre polz.
Ponent (occident). — Les princes de la marche de ponent. — Il se fit chef de tous les François et des nations nommées le ponent.
Popelésie, popolésie (apoplexie). — Et commença fort à entrer en foiblesse de popelésie. — En disant que un défaut de maladie de popolésie, étoit prise au duc de Glocestre.
Porent [*ils*] (ils purent).
Posnée (orgueil). — Vous connoissez encore petitement la posnée des Gascons.
Possesser (posséder).
Postil (barrière, petite porte des villes). — Et il n'y avoit ouverts tant seulement que les postils.
Pot [*il*] (il put). — Il cuida retourner, mais il ne pot.
Pou (peu).
Poulaille (volaille).
Pouldrerie (poussière). Par l'effort de leurs chevaux ils feroient si grand pouldrerie sur vous et sur vos gens.
Pouldrière (tourbillon de poussière). — Et chevauchâmes tant que nous vînmes devant nous les pouldrières de nos ennemis.
Pour (à cause de).
Pourchas (intrigue).
Pourchasser (tenter).
Pourmener (poursuivre). — Tant fut cet assaut continué et pourmené.
Pourparler (préméditer).
Pourpenser (penser, méditer).
Pourpointier (faiseur de pourpoints).
Pourpos (propos, plan). — Pour rompre le pourpos du duc de Lancastre.
Pourpris (enceinte, dépendance). — Il vouloit jouir de l'héritage et des pourpris d'Espagne.
Pourrièmes [*nous*] (nous pourrions, pluriel normand). — Pour toute notre puissance à présent n'en pourrièmes tant mettre ensemble.
Poursièvre, Poursuir, Poursuivir (poursuivre). — Je ne vouloir mie séjourner de poursièvre ma matière.
Pourtraire, Pourtroyer (ressembler trait pour trait; d'où portrait). — Trop bel écuyer étoit, et si pourtraioit de tous membres grandement au père. — Un clerc qui bien pourtroyoit au roi Richard de forme et de figure.
Pourvéance (provision, précaution). — Car il avoit de pourvéance les selles mises.
Pourvéy [*il*] (de *pourvoir*).
Pourvuement (complètement). — Et l'endittèrent sagement et pourvuement.
Pouvissent [*ils*] (ils pussent). — Et étoit son intention qu'ils se délivrassent de prendre Évreux le plus tôt qu'ils pouvissent.
Pouvoir [*à*] (à force). — Et toujours ces bacques passoient gens d'armes à pouvoir.
Poyé (enduit de poix). — Les chemises linées et poyées.
Prêchement (exhortation). — Ils mirent plusieurs devises et prêchements avant.
Prée (prairie). — Et sied en une belle prée où les gens vont ébattre en été. — Il suivit la chasse tant qu'il vint en une prée enclose de forts arbres.
Préfix (fixé). — Et furent tous en la cité de Chartres au jour qui préfix y étoit.
Preigne [*qu'il*] (il prenne). — Ne peut être que, sur le jour, ne les preigne et abatte.
Prélation (prélature). — Pour les nobles églises et les autres prélations qui y sont.
Premerain (premier; comme *derrain*, dernier). — Choses qui sont si grandes ne se font pas aux premeraines requêtes.
Premier (d'abord). — Et si ce n'est premier fait.
Prendoient [*ils*] (de *prendre*).
Prensist [*il*] (il prit; de *prendre*). — Que nul ne pillât ni efforçât maison ni prensist rien de l'autrui s'il ne le payoit. — Et louoit que on prensist la forteresse.
Presbiterien (prêtre). — Je, Jean Froissart, presbiterien et chapelain à mon très cher seigneur dessus nommé.
Présompcieux, Présumpcieux (présomptueux).
Preu et Prou (suffisance, assez; on dit encore: peu ou prou). — Dieu vous en laisse votre preu faire. — Messire Thomas, Dieu vous laist faire votre preu, cy et autre part.
Preudom (prud'homme).
Prime (première heure du jour).
Primes (avant). — Ci parle primes de la noble fête.
Princauté (principauté).
Princepce, Princepse (princesse).
Princeps (prince).
Principaument (principalement).
Prindrent [*ils*] (ils prirent). — Si prindrent congé de leurs gens. — Le bâtard et ses gens en prindrent quatre.
Privément, Priveement (en particulier).
Proesme, Proïsme (parent le plus proche; de *proximus*). — Car ses amis et proïsmes lui éloignoient.
Proïsmeté (proximité, parenté).
Promouvement (excitation, conseil).
Prouvande, Prouvende (prébende). — Six vingts à pleine prouvande.
Prudom (prud'homme).
Puent [*ils*] (ils peuvent). — Marchandises doivent et puent par raison aller en tous pays.
Puepple (peuple).
Puissedi (depuis; de *puis-ce di*, ce jour). — Puissedi furent eux tous payés de ce que les chevaux montoient.
Punaisie (puanteur). — Mais vouloit que tout fût ars et non pas la cité en punaisie.
Pust [*il*] (de *pouvoir*). — Et lui eût montré de fait volontiers si il pust.

Q

Quafe (coiffe). — Et demeura messire Regnauld tout nud, horsmis de quafe.
Quan, Quant (autant que, combien; mot déclinable). — Il les honora quant qu'il put. — Ne sais quants jours. — Le roi fut ne sais quants jours à Creil.
Quarrel (carreau, trait).

Quarreau (carreau, javelot).—Il enterra dessus et y mit les quarriaux.

Quatir [*se*] (se reposer). — Toutes leurs blanches bêtes qui là se quatissoient. — Ils étoient quatis et arrêtés en vieilles maisons.

Quel (de qui). — Les seigneurs par quel conseil ils étoient là venus.

Quérir (chercher).

Queu (cuisinier).—Ils vouloient avoir leurs queux qui leur administroient après leurs goûts et leur appétit.

Queure [*que il*] (de *courir*). — Vous vous mettez en aventure que le peuple de ce pays vous queure sus.

Queurt [*il*] (court; de *courir*). — Sur cette belle rivière qui queurt à Hosque.— La rivière d'Orne qui queurt à Caen.

Quingnie (cognée).—Ceux qui étoient pourvus de haches et de quingnies.

Quis (cherché).—Ce Philippe fut tant quis. — Si fut quis et la lettre fut trouvée sur lui.

Quist [*il*] (il chercha). — Et quist un moyen en Angleterre pour adresser les besognes.

Quistrent [*ils*] (ils cherchèrent).

Quittement (tout-à-fait quitte). — Ils se rendirent quittement et purement.

Quitter (tenir quitte).

Quoi (tranquille).

Quoiement (tranquillement).

Quointoyer (parer, faire cointe). — Tous s'efforçoient à jolier et quointoyer leurs nefs.

R

Rachapter (racheter). — Point ne se vouloient rachapter ni rançonner.

Racointer (rapprocher). — Vous en irez par delà et vous racointerez de vos gens et de votre pays.

Raconsuir (atteindre, poursuivre).

Raconvoyer (accompagner).

Radant (rasant avec vitesse). — Et s'en venoit radant le pays.

Radement (en rasant).

Radrecier (redresser)

Rajoindre (rejoindre).

Raller (aller de nouveau, ou en arrière).

Ralliance (autour duquel on se rallie). — Il étoit des Escots le confort et la ralliance.

Ramender (amender).

Ramentevoir (rappeler). — Il n'y eut fait nul exploit qui fasse à ramentevoir. — Et je le vous ramenteverai quand nous serons venus jusques à là.

Ramposner (défier par des bravades). — Le comte l'avoit ramposné. — Et dit encore en ramposnant plus avant.

Randon (impétuosité).—Ils s'entrencontrèrent de grand randon et rompirent leurs lances. — Puis coururent de grand randon jusqu'aux tentes. — Il férirent chevaux tous d'un randon, c'est-à-dire avec la même impétuosité.

Randonner (aller impétueusement). — Férant chevaux des éperons quant qu'ils pouvoient randonner.

Raplegier, repleger (servir de plège, de caution).

Rapoyer (appuyer, soutenir). — Les navrés rapporter ou rapoyer.

Rasouer (rasoir). — Je vous baillerai à Jausselin qui vous fera vos barbes sans rasouer.

Rate (portion; en anglais *rate : at the rate of*). — Chacun pour sa rate.

Ratel (herse placée aux portes).—Ils laissèrent avaler le grand ratel.

Ratenrir (rattendrir).

Ravaler (redescendre). — Et ce cerf ravaloit par dessus les bois.

Ravigorer, revigorer, resvigourer (fortifier).

Ravine (rapidité).—Ces archers d'Angleterre traioient de tel ravine que grand hideur étoit à regarder. —Si s'encontrèrent de telle ravine.

Ravoir (avoir de nouveau, reprendre). — Votre messager vous le ravez. — Ils ne se pouvoient ravoir.

Ray (rayon).

Rayant (rayonnant). — Ce soleil d'or rayant étoit la devise du roi.

Rayer (briller). — Et le soleil rayoit sur les bassinets bel et clair.

Rebellement (rébellion). — En ces jours que ces aventures avinrent et ces rebellements du peuple en Angleterre.

Rebeller (révolter).

Rebombe (rebond). — Et du rebombe qu'ils firent.

Rebouter (repousser).

Reboutis (action de rebouter).

Rebracié (relevé, retroussé, prêt à agir). — Chacun étoit appareillé et rebracié pour faire ce que bon étoit. — Le roi Robert d'Écosse étoit un grand bon homme, à uns rouges yeux rebraciés qui sembloient fourrés de sendal.

Recepter (accueillir; d'où réceptacle).

Reconvoyer (accompagner).

Record (récit). — Que vous ferois-je long record?

Recordance (mémoire).

Recorder (raconter, rappeler).

Recouvrer [*se*] (réparer).

Recouvrier, recueuvre, recouvrer, recouvre, recouvrée, recouvrance (remède, dédommagement). — Je n'y vois point de recouvrer. — Si n'en eurent oncques restitution ni recouvre du roi de France. — Des quels dommages ils vouloient avoir recouvrée.

Recrandesist [*il se*] (il se rendit, de guerre lasse, s'affaiblit). — Et si un cheval des leurs recrandesist ils ne l'attendoient point.

Recréamment (mollement). — Oncques gens ne furent, qui plus lâchement et recréamment se maintinrent.

Recréance (soumission, reddition).

Recréant (caution). — Il est demeuré à Burse sur recréant du sire de Metelin.

Recréant (fatigué, las). — Par quoi on ne dit pas que les François fussent froids ni recréants de faire ce voyage.

Recréer (délivrer). — Je vous recréerai sur votre foi.

Recreu (affaibli, mis en liberté sur parole).—Ceux du Châtel ne furent oncques si recreus, combien qu'ils fussent travaillés outre mesure. — Comme lasches et recreus.

Recueillette (lieu où on peut se retirer, se mettre à l'abri, lieu où on se réunit, réception). — Mettonsnous à recueillette et sauveté au châtel de Plancy. — Après ces recueillettes qui furent moult honorables.

Recueillir (accueillir).

Recueuvrer (renouveler ses forces). — Et puis recueuvre et le fiert au chef.

Reculer (faire reculer). — Il et ses gens reculèrent tantôt les compagnies.

Recullis (retraite). — En ce recullis fut delivré messire Eustache.

Redonder (affluer, retomber). — Le royaume de France où tous les biens de ce monde redondent. — A mal nous redonderont les haines de Jean Lyon et de Gisebrest Mathieu.

Réfection (réparation; d'où réfectoire). — Sage homme pour entendre à la réfection de la ville et du châtel. — Je laisse à la chapelle Saint-George, pour les réfections.

Refraindre (retenir). — Pour ce ne se refraignirent-ils pas de assaillir.

Refroider (refroidir). — Ne nous refroidons pas de faire la guerre.—Ils regardèrent que cet assaut ne refroidoit point.

Refuite (refuge).—Il savoit les adresses et les refuites du pays.

Regard (gardien). — Le roi envoya le sire de Beaujeu pour être regard.— Il fut ordonné à être regard de toute la terre de Northoubrelande.

Regard [*au*] (en comparaison de).

Régime (gouvernement). — Qu'on lui baille le régime du royaume d'Angleterre.

GLOSSAIRE

Règlement (avec règle). — Non pas si règlement comme ils étoient avalés.

Regracier (remercier). — En le regraciant du secours que fait lui avoit

Regrigner (s'impatienter). — Les François regrignoient moult de ce que tant duroient les dits Anglois.

Relater (raconter ; en anglais, *to relate* ; en français, *relation*). — Ils lui relatèrent la besogne. — Et relata son message bien et duement.

Relaxer (remettre ; conservé en jurisprudence). — Si fut cette journée relaxée jusques à une autre fois.

Relevée (heure du soir). — Et vint à une relevée à l'hôtel d'Artois à Paris.

Religion (ordre religieux ; la même acception s'est conservée en portugais). — Toutes les religions vinrent à processions de la cité.

Relinquir, relenquir (abandonner). — Et remontra grand mautalent à aucuns bourgeois de ce que sitôt l'avoient relinqui. — Voulez-vous que je relinquisse mon naturel seigneur pour telle merdaille que vous êtes ?

Remaindre (rester sans être terminé, être délaissé).—De ce que fol pense, assez remaint.

Remanoir (rester). — Il ne peut remanoir qu'il n'y ait besogne.

Remariage (deuxième mariage).

Remembrance (souvenir). — Et pour ce qu'il fut remembrance de la bataille on fit là une croix de pierre ; velà la.

Remenant, remanant (reste).

Remérir (récompenser, mériter). — Et vous seront bien reméris les bienfaits que faits aurez. — Si s'en suivoit bien qu'il ne remérist le guerdon.

Remiré (pansé ; de *mire*, médecin). — Si fut Gauvain Micaille désarmé et remiré.

Remirer (regarder avec grande attention à plusieurs reprises).

Remontée, remontière [la] (heure de remontée, après midi). — Sur la remontée ils retournèrent en leurs logis.

Renchut [il] (il retomba ; de *cheoir, enchoir, r'encheoir*). — Il eut plusieurs maladies qui lui sourdirent et où il renchut.

Rendage (reddition). — Après le rendage de Saint-Valery.

Renié (renégat).—A plusieurs grands pillards françois reniés ils firent trancher les têtes.

Renoif (neuf renouvelé ; dans le Berry au 1er mai les enfans vont encore criant : le-gui-an-neuf !) — Si se delogèrent à lendemain de l'an renoif.

Reparer, repairer (s'approcher, s'avancer, aller ; les Anglais l'ont conservé : *to repair*, se rendre vers). — Plusieurs chevaliers et écuyers repairoient entour le roi et entour la cour, ainsi que gens d'état repairent volontiers entour leur seigneur. — Ils reparoient dessus les murs.—

Repons (placé : *repositus*). — Si vous n'y avez mis ni repons nulle embûche.

Repos (berceau). — La femme s'ensoigna entour le feu à un autre petit enfant qui gissoit en un repos. — Et trouvèrent le repos où le comte avoit été mis d'enfance, et le dépecèrent pièce à pièce.

Repost (secret, caché). — En appert et en repost nous ne ferons ni ne dirons. — Jean Balle et Jacques Strau furent trouvés reposts en une vieille masure.

Reprochement (reproche).

Reprouvender (approvisionner). — Vous faites grand'aumône quand vous reprouvendez et reconfortez le pauvre et affamé peuple de Gand.

Repus (caché, retiré).—Messire Waflart qui s'étoit bouté et repus entre marais et roseaux.

Requérir (attaquer).—Puis requirent les François vivement.

Requoi, requoy (secret). — Si en parlèrent entre eux en plusieurs manières, non en public, mais en requoi.—Ainsi disoient les plusieurs en requoi l'un à l'autre. — Si furent plaints en requoi. — Et bien disoit en son requoi et en son conseil.

Rère (raser). — Lors fit-il venir son barbier et se fit rère tout jus.

Resacher (retirer).

Resané (guéri ; de *sanus*, sain).

Resbaudir (réjouir).

Rescous (de *rescoudre* délivrer). — Et les rescouue si vous voulez ou pouvez.

Rescouser [se] (se réunir). — Le jour de la Notre-Dame a une foire en cette ville où tout le pays se rescouse.

Rescouirent [ils] (ils delivrèrent).

Rescripsit [il] (il recrivit).

Rèse (levée, querelle, voyage, expédition ; en anglais *to risc*, s'élever). — Et eurent adonc les chrestiens rèse.—Il avoit eu son menton coupé en une rèse où il avoit un peu par avant été, et lui avoit-on fait un menton d'argent. — Une grand'rèse qui fut faite sur les ennemis de Dieu.

Réservation (réserve). — Dites-vous que il convient réservation sur moi.

Resleescié (réjoui, remis en liesse).

Reslet (rosée).—Il fesoit ce matin un petit reslet.

Resongner (redouter). — Si resongnoit ce péril.

Respit, Repit (délai).

Respiter (épargner).—Et respita la ville d'ardoir et de piller. — Ni oncques il n'en respita homme.

Respous (caché, placé ; de *repositus*). — Et les autres disoient que encore étoit-il à Bruges et respous quelque part où on le pourroit trouver.—Et comment il s'étoit respous et quatis entre leurs ribaudeaulx.

Ressoigner (craindre).— Car tant ressoignoit les grands pertes et dommages que les nobles de son royaume avoient eu et reçu du temps passé par les victoires des Anglois.

Ressoigneusement (avec crainte).— Ils cheminoient tout ressoigneusement.

Ressort (autorité à laquelle ressortissent les hommes ou les choses).—Le roi d'Angleterre, comme ressort, les devoit appaiser.

Ressuite (poursuite). — Ils payèrent tout courtoisement et sans ressuite.

Restorer (rétablir). — Le jour où les maillets furent restorés.

Restorier (vengeur, celui qui restaure).—Véez ci mon petit enfant qui sera, si Dieu plaît, le restorier de son père.

Restraindre (resserrer).

Resveillement (trouble).

Retargier (retarder).

Retentive (moyen de retenir). — Il n'est si juste retentive que c'est d'écriture.

Retorroit, Retolroit, Retoldroit (de *retollir, retordre*, reprendre).

Retraier (copier).—Les Escots retraient par nature sur la condition des Anglois.

Retrait, Retret (cabinet de travail, rebut du bled).—Si lui demande en son retrait : Sire, que dites-vous de cette jeune dame ? — Sitôt que le roi fut rentré en son secret retrait. — Quand il issoit hors de son retrait. —Nous avons de le seigle, le retrait, la paille, et buvons de l'eau.

Retrahiez-vous (retirez-vous).

Reuser (jeter).—Et tout reuser ens ès fossés.

Revel (fête, gaîté ; au pluriel *reviaulx, reviaux*.)

Reveler (faire des revels).—Et quand ils eurent assez revelé et joué.

Revenrai [*je*] (je reviendrai).

Revenue (retour). — Vous tiendrez bien le châtel jusqu'à ma revenue. — Ceux de la ville qui savoient sa revenue.

Révéramment, Révéremment (avec respect ; de *révérer*).

Revoist [s'en] (retourne). — Et s'en revoist chacun en son lieu.

Rez (ras ; on dit encore rez-de-chaussée, au niveau du chemin).—Quand

DU QUATORZIÈME SIÈCLE.

nous aurons abattu rez à rez le châtel.
Reze (expédition, voyage).—Ainsi se porta la reze d'Écosse. — Délivrons-nous de faire notre reze, et chevauchons sur Angleterre.
Rèze (rasé). — Et lui et les moines avoient couronnes rèzes.
Ribaudaille (troupe de ribauds).
Ribaudeau (machine de guerre, charriots portant des canons).
Ribaut (soldat à pied, mauvais soldat).
Rieu, *Ruis*, *Ru* (ruisseau). — Des dix lances qui avoient passé le ruis.
Rieuler, *Rieuller* (régler). — Si se voudroit le royaume de France rieuler aussi bien ou mieux que par son conseil. — Ne pensez pas que nous doions rieuller par notre peuple.
Rieulle (règle).
Riffle (pillage). — Ains gagnèrent ces compagnons qui se trouvoient en la première riffle en Castille.
Riffler (piller, raser). — Mais tout le plat pays étoit rifflé.—Ainsi comme en rifflant il entre, sans arrêter.
Riflis (mêlée, confusion). — Là eut grand riflis et grand touillis.
Rigoler (railler).
Riote (désordre, mêlée, combat; en anglais, *riot*).— Adonc dit Tuillier, qui ne demandoit que la riote.— Ces débats et cette riote recommençoient tous les jours.
Rioter (faire riote).
Rioteux (feseur de riotes, querelles). — Encore avons-nous avancé notre paiement pour être un petit rioteux.
Rober (voler; d'où dérober).
Robeur (voleur).—Ce a été pour la coulpe des robeurs et pillards bretons.
Roe (roue).—Un grand engin de bois sur roes. — Et le fit mettre sur une roe comme traître.
Roie (voie).—Il entendoit bien que on donneroit au seigneur de Clisson toutes ses roies.
Roix (rets, filet).—Et furent mieux pris qu'à la roix.
Roncin (grand cheval ; en allemand, *ross*; en espagnol, *roncino*).
Roulée (étable à cochons).
Roulleis, *Roullis* (espèce de fortification faite avec de gros rouleaux d'arbres.
Route (rompue; de *rupta*).—Si fut sur cette fortune cette armée route.
Roy (roide).—Ces Flamands venoient roys et durs.
Royaux [*les*] (les princes de la famille royale).—Le comte de Flandre leur prince qui avoit été nourri parmi les royaux de France.
Roytiault (roitelet).—Par où cuide cil roytiaulx de France entrer en Flandre?

Rudement (roidement).
Ruin (méchant, mauvais ; d'où ruine). — Tout ce qu'il y peut avoir à présent de ruin, vos oncles l'y ont mis et bouté.
Ruine (querelle).—Et étoient les frontières en ruine ; mais point ne couroient encore l'un sur l'autre.
Ruire (crier). — Quand ils ouirent ces archers ruire.
Ruse (intimité). — Et maintint bien cette ruse cinq à six ans.
Ruser (causer familièrement). — Si comme il avoit usage de ruser après diner.

S

Sablon, *sabelon* (sable).—Ils mirent leurs chevaux sur le sablon.
Sachée, *Sachiée* (sac plein). — On épandit cette sachée de grains de millet devant eux.—Et furent les sachiées à pain données et départies par connétablies.
Sacher (tirer). — Les cordes étoient sachées à mont.—Ils se desancroient et sachoient les voiles amont.— Nul ne sache argent de sa bourse, tant comme il le peut amender.
Saette, *Sagette* (flèche).
Saillie (sortie).
Sainti (sanctifié). — Son corps étoit sainti en la cité d'Avignon et faisoit merveilles de miracles.
Saintisme (saintissime). — La couronne dont Dieu fut couronné à son saintisme travail.
Saints (sonner les saints : c'est-à-dire sonner les cloches comme pour la fête des saints).
Saisine (possession féodale; mot encore usité en Écosse).
Salvement (salut). — Et rescripsirent grands salvements et grands amitiés au roi de Portingal.
Sambuc (harnois).—Et étoient les seigneurs montés sur chevaux couverts de leurs sambucs et parés de leurs armes dont les housssements alloient jusques à terre.
Samis (étoffe de soie). — Et fit tendre un pavillon de vermeil samis. — Le quel pont étoit couvert d'un côté de vert et vermeil samis.
Sanguine (étoffe rouge).—Et se vêtoit de sanguine et d'écarlattes.
Sanson (échanson). — Un écuyer de Picardie maître des sansons.
Sarcueil, *Sarcueus*, *Sarcus* (cercueil). Le comte étoit mis en un sarcueus et chargé sur un char. — Les os pris et lavés et embaumés et mis en un sarcus.
Sauldra [*il*] (de saillir). — Savoir si nul sauldra hors contre nous.

Sauldrois [*je*] (de *saillir*).—Vos gens lors sauldroient.
Saulx (solde). — Toutes manières de gens d'armes y seroient reçus à saulx et à gages.—Grand'foison de gens, aux saulx et gages des Romains.
Sauvement (salut, en sûreté).—Ils quéroient leur sauvement.—Ils s'en pourroient aller sauvement.—Leur fit le roi la grâce de passer parmi son ost sauvement.
Sauveté (sûreté). — Ils mirent leur prise à sauveté.
Scel (sceau).
Scet [*il*] (il sait).—Qui mieux y scet si le die.
Scèvent [*ils*] (ils savent).
Scisme (schisme). — Pour le temps que ce scisme vint en l'Église.
Secoury [*il*] (secourut). — Le roi de Castille ne le secoury ni conforta en rien.
Secret (confident).—Il fut moult ami et secret à monseigneur Jean de Haynaut.
Ségur (sûr).—Aussi ségur en son châtel, sans garde et sans guet, que dont qu'il fut à Londres.
Ségurement (en sécurité).
Ségurté (sécurité). — Ils demeurèrent en ségurté.
Seigneurier (dominer).—Pour mieux aisément à toute heure châtier et seigneurier les Parisiens. — Là où le peuple mauvais seigneurit, justice ni raison n'ont point de lieu.
Seignourer (dominer).—Tant laissèrent ces folles gens convenir que ils furent seignourés par eux.
Selon (en suivant). — Selon le soleil. — Selon la rivière.
Sémilles (semences, inventions).—Le roi étoit moult cruel et plein de merveilleuses sémilles.
Semon (appelé; de *semondre*). — Quand ils entendirent qu'ils étoient semons des François à faire fait d'armes.
Semoncer, *Semondre* (convoquer). Si les semonnoit le comte.
Semonni [*il*] (de *semondre*).
Sendail (sendal, étoffe écarlate).
Senechauldie (sénéchaussée). — La sénéchauldie de Narbonne.
Senestre (gauche).
Sépulturer (mettre dans la sépulture). —Si fit-on son obsèque en l'abbaye Saint-Denis où elle fut sépulturée moult solennellement.
Sercher (chercher). — Et seront tous lieux serchés haut et bas pour savoir que vous n'y avez mis nulle embûche).
Sereur, *Suer* (sœur).
Seri, *Serie* (serein). — La mer qui étoit belle coie et serie. — Le temps

GLOSSAIRE

est bel et seri. — Il fesoit ce jour si quoi et si seri que la mer étoit toute paisible.
Serour (sœur). — Mais sa serour germaine...
Serourge (beau-frère; de *sororius*).
Serve (féminin de *serf*).
Seulent [ils] (ils ont coutume). — Ils seulent par usage muer avec eux.
Sevrer (séparer; encore usité en parlant des enfans qu'on sépare de leur nourrice; en anglais, *to sever*, et *several* plusieurs). — Je ne saurois sevrer les uns des autres. — Ils se sevrèrent des gens du roi et se tinrent tous ensemble.
Si (tellement). — Il attrairoit si le roi de France, que.
Sieute (sentence; *suit* en anglais). — par droite sieute.
Sieu, Siev (suif). — Chandelles de sieu.
Sieutte (secte, parti). — Tous d'une opinion et d'une sieute.
Sieute (suite). — Ils répondirent tous d'une sieute.
Single (simple). — Et avoit sur son chef un single chaperon de vermeille écarlate.
Single, (voile) — Tournez votre single vers. — Et tournèrent leurs singles. — Si se désancrèrent et levèrent leurs singles et se mirent aval vent.
Singler (faire voiles).
Singulière (seule, isolée). — Et ne voit que de sa puissance singulière il le puisse recouvrer.
Sirurgien (chirurgien).
Soier (scier). — Tant que il la convint soier et bouter outre.
Solacier (prendre des solas; de *solatio*).
Solas (plaisir).
Solier (grenier). — Et pardessus cette maisonnette un pauvre solier auquel on montoit par une échelle de sept échelons.
Sollacieux (plein de solas). — Elle avoit perdu bonne compagnie et sollacieuse.
Sommade (la charge d'un sommier). — On leur envoya vingt-quatre sommades de bon vin.
Sommage (bête de somme, fardeau porté sur sommiers). — Et arroutèrent leurs sommages et leurs chariages.
Sommier (bête de somme; en italien *sommaro*).
Sons [nous] (nous sommes).
Sorour (sœur). — Ils avoient été enfans de sa sorour.
Sortir (prédire par le sort). — Et disoit et sortissoit bien tout ce qui avint. — Et avoient les Juifs sorti, bien cent ans auparavant.
Sotereau (petit sot). — Tais-toi, sotereau.

Soubhayder (souhaiter). — Et se soubhaydoit lui et toute sa puissance en la ville de Commines.
Soubpris (surpris). — Et envoyèrent gardes, à la fin qu'ils ne fussent soubpris.
Soubs (sous).
Soubsterine (souterrain). — Ils allumèrent fallots et entrèrent en cette soubsterine qui étoit belle et nette.
Soubtieux (subtil). — Si il y avoit dans l'ost des Anglois des gens soubticux de la guerre.
Soubtivement (avec subtilité).
Soubtiver, Soubtiller. — Et toujours avisoient et soubtilloient comment ils les pourroient mieux grever.
Soudée, Soulde, Souldée (solde). — Les uns par amour et les autres par soudée. — Tous les archers et arbalétriers qui vouloient recevoir leurs souldées.
Soudoié, Soudoyer (soldat).
Souef (doux; de *suavis*). — Ils chevauchèrent tout souef. — Souef étoit comme au temps de juin. — Souef et coiement, pours ouevement et coiement (locution portugaise).
Souffrance (trève). — Si la souffrance ne fut entre les nôtres et les vôtres.
Souffrant (patient).
Souffreté (privation). — Ils avoient eu grand souffreté de pourvéances.
Souffrir (patienter).
Souhaidier (souhaiter).
Soulas (plaisir, divertissement, fêtes, festins, consolations). — Et les tint en soulas et en paroles amoureuses jusques à la nuit. — Et y furent en grand soulas.
Souldre (payer; de *solvere*; on dit encore *soulte*). — Encore avoit le comte assez à souldre à ceux de Gand, se disoient-ils.
Soulleil (soleil). — Il étoit haute remontée et le soulleil s'en alloit tout jus.
Souloir, Souler (avoir coutume).
Souloient [ils] (ils avoient coutume de). — Ceux qui le souloient servir et incliner le fuioient.
Soult, Suelt (a coutume). — La rivière de Tuide qui anciennement suelt départir Escossé d'Angleterre.
Sourdre (sortir, s'élever, naître). — Si autres besognes ne sourdent. — grand'murmuration sourdit.
Souspeçon, Soupeçon, Soupçon (soupçon).
Soupeçonner (soupçonner).
Souspeçonneusement (avec soupçon).
Sous-prendre (surprendre).
Sous-pris (surpris).
Soussides (subsides). — On les vouloit presser en soussides et en aides.
Soustenance (soutenance).

Souticux, Soutif, Soutil (subtil). — Soutif et appert homme d'armes étoit.
Soutivement (subtilement).
Soyer (scier, couper). — Ils avoient faucilles et soyoient les bleds.
Spécialité (secret). — Il me fut dit en grande spécialité.
Subgiet (sujet). — Nous sommes subgiets à la couronne de France.
Substancieux (pluriel de *substanciel*). — Courtois vins et substancieux pour gens d'armes nourrir.
Subtilité, Soubtilleté, Soubtiveté (subtilité).
Suer (sœur). — Ainsi fit son ains-née suer du premier mariage.
Suffisit [il] (de *suffire*). — Ce suffisit bien au-dessus dits.
Suir, Suivir (suivre). — Il ne pouvoit suivir son oiseau. — Il pensoit que toutes les batailles le suissent. — Et vous pourra votre navie suivir jusques bien près de Caen.
Suite (procès, délibération; le mot *suit* est encore usité en anglais).
Suppéditer (fouler aux pieds; de *sub pedes*).
Sur-attendre (attendre davantage). On sur-attendit encore un petit à parlementer.
Surcot (vêtement qu'on met par-dessus).
Surcroître (arriver). — Si rien surcroît à monseigneur, tantôt il le vous signifiera.
Surgien, Syrurgien (chirurgien). — Or tôt, dit le roi, aux médecins et surgiens. — Ni surgien ni médecin n'y purent oncques remédier.
Surquérir (attaquer). — Je veuil que tu ne fasses point de guerre si ils ne te surquèrent ou efforcent.
Suspeccion, Suspection, Suspicion, Souspection (soupçon). — Si par nulle suspection Jean Boursier l'eût scu. — Si étoient ces osts en grand'imagination et suspection comment ils passeroient. — Point ne vouloient que les François y eussent nulle suspection de mal. — Pour mettre les François hors de toutes suspicions, ils répondirent. — Les chevaliers entrèrent en plus grand'souspection.
Sust (sud). — Il a tant venté ce vent du sust qui nous est tout contraire.

T

Tabar (cotte d'armes).
Tabellionner (faire rédiger par un tabellion ou notaire). — Et mit avant une lettre, tabellionnée et scellée du grand scel d'Angleterre.
Tabour, Tabourin (tambour).
Tacher (blesser). — Les chevaux furent tachés sur le dos.
Tailloir (morceau de pain servant

DU QUATORZIÈME SIÈCLE.

d'assiette. — Il prit de la poudre et en mit sur un tailloir.

Taint (pâle). — Douze mille soudoyés et gens qui n'avoient de quoi vivre et qui étoient jà tout tains et pelus de famine.

Tairerez [*vous*] (de *taire*). — Vous ne vous en tairerez pas.

Talent (volonté). — Quand il vit que le duc de Normandie n'avoit talent de déloger. — Cette chose les effréa si qu'ils n'eurent talent de y aller. — Les François qui ne se véoient pas à jeu parti n'eurent talent d'attendre.

Tamaint (plusieurs).

Taner, tanner (fatiguer; conservé par les écoliers). — Ils étoient si tanés que plus ne pouvoient. — Les Espagnols se commençoient tous à tanner.

Tanison (fatigue; de *tanner*, fatiguer). — Grand'tanison seroit à recorder. — Ceux de l'hôtel par tanison allèrent coucher.

Tantet (un peu; on dit encore *tantinet*). — Allons combattre ce tantet d'Anglois. — A passer ce tantet d'eau.

Targe (petit bouclier). — La targe au cou, le glaive au poing.

Targier (mettre sous la targe et tarder).

Tarouer (terroir). — Pour et au nom d'icelui tarouer.

Tas (monceau). — Il féroit à tas, c'est-à-dire à coups redoublés.

Taye (tante, aïeule). — Les héritages qui furent à leur taye madame Blanche de Lancastre.

Tayon (aïeul, oncle). — J'ai servi au roi Philippe et au roi Jean son tayon.

Tempêtis (bruit). — Les corbeaux avoient mené le plus grand tempêtis du monde.

Tempre (tôt). — Tard et tempre. — Mais ce fut un peu tempre.

Temprement (bientôt).

Temprer (modérer). — Ils trouvoient peu de bonnes eaux et de fraîches pour temprer leur vin.

Temptation (tentation).

Tenant [*en un*] (sans discontinuer). — Ils vinrent onques tant venter en un tenant qu'ils a fait depuis deux mois. — Ni onques les Gascons trente ans d'un tenant ne furent fermement à un seigneur.

Tençon (dispute). — Par quoi tençon ni estrif pussent mouvoir.

Tendis (temps). — Et se tint avec sa mère un tendis, puis prit congé.

Teneur, tenure (ce qu'on tient). — Et demeura chacun en sa teneur; c'est-à-dire que chacun continua à posséder ce qu'il tenoit.

Tenist [*il*] (tint). — Et le maire contremandé qu'il se tenist tout quoi.

Tenroient [*ils*] (ils tiendroient).

Tenroit [*il*] (de *tenir*). — Pour savoir à laquelle élection de ces deux papes il se tenroit.

Tenurier (affaiblir). — La mer s'y commence à tenurier.

Termine (terme, époque). — En ce propre termine que l'armée d'Angleterre fut à Marault.

Terribouris (tapage). — Quand il se relevoit, et nulles armures il ne trouvoit, il menoit un tel terribouris et tel brouillis que il sembloit que tous les diables d'enfer dussent tout emporter et fussent là dedans avecques lui.

Tétée (de *tête*). — Le comte douta que l'écuyer ne fît sa tétée, c'est-à-dire, n'en fît à sa tête, ne fît un coup de tête.

Tierce (troisième heure).

Tinel (cour, état de maison, cour plénière). — Le duc et la duchesse se logèrent à l'abbaye et y firent leur tinel. — Et fut là logé son corps et son tinel, et ses gens se logèrent au plus près de lui qu'ils purent. — Sa cour et son tinel tenir.

Tirois, tireis, tiris (action de tirer, comme boutis, poussis, estoquis, touillis).

Toilier, telier (tisserand, faiseur de toiles).

Tollent [*ils*] (ils enlèvent; de *tollir*, enlever). — Qui nous tollent et empêchent le passage. — Son héritage que vilains lui tollent.

Tollir (enlever).

Toldroit, touldroit [*il*] (il enlèveroit) — Les François nous toldront le pont.

Tollu, tolli (pris). — Et disoient qu'il n'étoit mie bien courtois quand il leur avoit tollu leur prisonnier.

Tolt [*il*] (prend). — Qui lui tolt son héritage.

Tombel (tombeau).

Tonnieu, tonlieu (droit sur certaines marchandises).

Torfait (dommage). — Je serois le premier à recouvrer les torfaits lesquels on nous a faits et fait encore tous les jours.

Torse (tortueux, détourné, voie détournée; de *tordre*). — Les torses voies. — Tu connois bien les torses et les adresses. — Il l'amena par voies torses et obliques et par chemins perdus.

Tortis (matériaux pour des torches). — Allumer grands feux et tortis.

Touaille (serviette; en anglais *towel*). — Pâtés de saumons, de truites et d'aiguilles enveloppés de petites blanches touailles. — Et portoit son bras en écharpe en une touaille.

Touaillement (trouble). — En ce touaillement et en la chalenge de le duché de Guerles, mourut le gentil comte. — Ce roi Charles eut après sa création plusieurs touaillements.

Toudis (toujours).

Touiller (troubler). — Le duc de Glocestre rendoit grand'peine à tout touiller.

Touldroit (de *tollir*, enlever). — Le chevalier leur promit qu'il leur touldroit les têtes si...

Touldront (enlèveront; de *toldre*).

Toullis, touillis, touillement (embarras).

Tourment (tourmente).

Tourtel (tourtre).

Toutes voies (toutefois).

Trahistre (traître). — L'héritage du roi d'Angleterre il ne pouvoit vendre, donner ni aliéner qu'il ne fût trahistre, laquelle chose il ne vouloit pas être.

Traictierre (traiteur; comme on dit *empérière*, empereur).

Traierie (action de traire, de lancer). — Là eut grand'traierie des uns aux autres.

Traire (retirer).

Traiteur (qui traite). — Les traiteurs qui ont été pardelà la mer traiter.

Traiteur, traitour, trahitour (traître). — Oncques délit ne fut si cher amendé sur les traiteurs comme il sera. — Nous occirons tous les rebelles et traitours envers le roi d'Angleterre.

Tramis (envoyé, transmis). — Pour ce suis-je tramis en Angleterre pardevers vous. — Ils demandèrent de par qui ils étoient là tramis.

Translater (traduire, transférer). — Si fut le roi de Navarre translaté en Cambrésis.

Trau (gage, caution). — En nom de trau il avoit envoyé deux de ses fils en Angleterre.

Travaillant (voyageant). — Et monta sur haquenées travaillant très bien.

Travailler (fatiguer, voyager; en anglais *to travel*). — Ce royaume d'Espagne n'est pas douce terre ni amiable à chevaucher, ni à travailler, si comme le royaume de France est.

Travailleux (fatigant). — Nous passâmes le mont de Cosse, qui est moult travailleux et mal aisé à monter.

Traveller, Travailler (voyager; les Anglais ont conservé le mot *to travel*). — Le roi s'inclinoit assez à ce voyage car il travelloit volontiers et véoit nouvelles choses. — On fait le roi traveller quand il n'est pas en état de chevaucher. — Je me trouve

GLOSSAIRE

assez en meilleur point en chevauchant et travaillant que en séjournant.
Trébus (trébuchets, machines de guerre). — Engins, canons, trébus, espringoles, brigoles en arcs à tour.
Tref, Trez (pavillon). — Il fit faire le plus bel et le plus grand appareil de tentes, de trefs, de pavillons.
Trempoir (vase à mettre de l'eau.) — Quatre pots d'or, quatre trempoirs d'or et six plats d'or, et pesoient cent cinquante marcs d'or.
Trenchées, Trenchis (tranchées).
Trépassement (trépas). — La femme du roi alla de vie à trépassement.
Trés (dès). — Mieux vaulsist que très la première fois il eût été condamné à toujours en prison, ou fait mourir.
Tresche (danse). — Ceux de la Trémouille qui pour le temps menoient la tresche.
Trespas (droit de passage). — Les gens de Tournay avoient tous le trespas de ceux de Lourdes et de ceux de Mauvoisin.
Trespercer (percer à travers). — Il tresperça les mailles et la poitrine d'acier et tout ce qui étoit dessous, et trait sang de sa chair. — Et étoient si trespercés de joie que ils ne savoient auquel entendre.
Tres-tous (presque tous). — Ce sont tres-tous hauts bois et fortes forêts.
Tres-tout (tout-à-fait, tout complet). — Si s'espartit tres-tout l'ost en celui pays.
Treu (ravage, mal, désastre, tribut). Il feront un grand treu en Angleterre. — Nous ferions un si grand treu en Angleterre que. — Sans payer si grand treu que tous en seroient émerveillés. — Et ne vivent les Grecs fors que par treus. — Car partout vont Génois et Vénitiens marchander, parmi les treus qu'ils paient.
Treuve [il] (il rencontre; de *treuver*). — Lafontaine a dit encore de son temps :

Sans en chercher la preuve,
Dans les citrouilles je la treuve.

— De la treuve d'icelui furent les Sarrazins moult réjouis.
Trevage (trêve). — Il n'avoit pu passer fors par trevage.
Tribouil (désordre, tribulation). — Quand on étoit si en tribouil en Angleterre.
Tribouler (tourmenter, faire des tribulations).
Triboulis, Triboulement (trouble, tribulation).
Trieuve (trêve). — Quand les trieuves furent faillies.
Tromper (sonner de la trompette). — Il fit tromper les trompettes.

Tronche (tronc d'arbre). — Il s'en venoit devant le châtel seoir sur une tronche qui là avoit été de temps passé amenée pour ouvrer au châtel. — Aymerigot regarda et vit que le portier séoit sur une tronche de bois au dehors du châtel.
Trousser (dépouiller). — Entrementes que ces Flamands entendoient à ces chevaliers désarmer et à trousser.
Truchement, Druchement, Drugement (interprète, drogman). — Ils prirent un drugement qui bien et bel le génois parler savoit.
Truffer (moquer). — Comment! se truffe l'évêque de nous. — Et ne s'en fesoient les Turcs que gaber et truffer. — Il semble que ces gens de France se truffent de moi.
Truie (machine de guerre).
Tuffe (homme à pied mal armé).
Tymbre (timbale). — Grand'foison de tymbres et de tabours.
Tymbre (casque, terme conservé dans le blason).

U

Uiseux (oisif). — Il ne se sçait où employer et est envis uiseux.
Uist [il] (il eut). — Plus grand'quantité de hauts seigneurs que oncques en uist.

V

Vague (désert; on dit encore : un pays vain et vague). — Une vague abbaye.
Vaillantise (acte de valeur). — Et aimoit messire Jean Chandos le dit comte de Foix pour ses vaillantises.
Vaille (valeur). — Et ce que fait en avoient étoit de nulle vaille.
Vair (fourrure de couleur gris-blanc, couleur bleue, hermine). — Fourré de vair. — Draps fourrés de vair. — Les yeux vairs et amoureux là où il plaisoit son regard asseoir.
Vaissials (vaisseaux).
Valler (rendre valide). — Et seront vallés par serment. — Supposé qu'elles fussent fermées et vallées.
Vanteux (qui se vante). — Ces François sont trop vanteux et hautains.
Variement (dissension, changement). — Le roi voyoit les variemens entre ceux de Paris et le duc de Normandie. — Mieux vaudroit que Jean de Montfort demeurât duc de Bretagne que la chose fût en plus grand péril ni variement.
Varleton (petit varlet). — Le varleton convoita l'argent et le prit.
Vassalement, Vassaument (bravement).
Vasselage (bravoure).
Vaulsist [il] (il valut).
Véant (voyant, spectateur). — Et tous les véans demeurèrent sur leurs chevaux.
Véer (défendre). — Oncques ne trouvèrent homme qui leur véât le passage. — Nous ne voulons pas véer que vous ne la voyez. — On ne leur véoit rien.
Vefve (veuf). — Si demeura le roi Charles de France vefve d'elle.
Vegille (garde). — Le seigneur de La Rivière n'attendoit autre chose que les végilles.
Velourde et Belourde (fagot).
Velous (velours).
Velvel, Velviel (velours; d'où l'anglois *velvet*). — Un surcot tout ouvert de vermeil velvel, fourré d'hermine.
Vendage (vente). — Vendage de villes et de châteaux. — Encore y dut avoir fait un autre vendage de toutes les terres de Haynaut.
Venismes [nous] (nous vînmes).
Venissiez [vous] (vous vinssiez). — Je cuidois que vous venissiez.
Ventilant (flottant au vent). — Bannières et pennons ventilans.
Ventile (ébruité). — La matière étoit telle et si grand qu'elle demandoit à être ventilée en plusieurs manières.
Verge (ligne à pêcher, bâton, fléau). — Pêcher à la verge aux poissons.
Vergette (petite lance). — Quiconque voudra jouter vienne ou envoie toucher d'une vergette la targe de guerre ou la targe de paix.
Vergogner, Vergonder (avoir honte). — On vous accuse pour vous plus blâmer et vergonder. — Si le roi de France ne le veut, elle sera vergondée à toujours mais, tant qu'elle vivra.
Vergogneux (honteux). — Les Anglois étoient moult vergongneux de ce que.
Vermaux (pluriel de *vermeil*). — Ils envoyèrent tendre trois vermaulx pavillons, moult beaux et moult riches.
Verrière (fenêtres à verres). — Et convint une verrière rompre qui étoit derrière là pour avoir vent et air.
Vespre, Vesprée (soir).
Vesqu [il] (il vécut). — La grand'prospérité de paix où ils avoient vesqu.
Vesquesist [que il] (qu'il vécût). — Donc dirent-ils que ils vouloient que il vesquesist. — S'il vesquesist il n'osât penser et mettre hors ces paroles.
Vesqui [il], *il vesquist* (il vécut). — Qu'elle vesquist tant qu'elle pust.
Vêture (vêtement).
Veve (veuf). — Si furent le père et le fils veves de leurs deux femmes.
Vez-ci, Véez-ci, Veci (voici).
Viage (temps de vie). — Vous lui prierez que il vous laisse parfaire votre

viage.—La dame qui assignée de six mille francs tout son viage étoit sus.
— Sa fille et le fils du roi devoient tenir le viage du roi son père, tout ce pays de Galice.

Viaire (visage).—A viaire découvert. — Là fut occis messire Charles de Blois, le viaire contre ses ennemis.

Vicinage (voisinage).

Victorier (triompher, vaincre). — La couronne de laurier au chef, si comme anciennement souloient les rois faire, quand ils victorioient et vainquoient ou desconfisoient un roi en bataille.

Vidant [*en*] (en s'écartant). — A la seconde empeinte, ils se consuivirent, mais ce fut en vuidant.

Viès (vieux). — Un pain qui, n'avoit pas trois semaines, y valoit uns viès gros, n'y valoit que quatre mitres. — Cent mille viès écus.

Vigille (veille; employé encore en langage d'église). — La vigille de Noël.

Vilener, Villener (maltraiter, faire honte).—Et en blâma et vilena ceux de Paris. — Mais villena les messagers du saint père. — Et l'avoit l'écuyer villené.

Vinage (droit sur le vin).

Vindication (vengeance).—La vindication étoit jetée sur Bruges.

Vireton (flèche, javelot).—Il fut trait d'un vireton et percé tout outre le bassinet parmi la tête.

Virrier (vitrier).

Visage [*faire*] (faire face).

Vissièmes [*nous*] (nous vissions, pluriel normand).—Et fut nonne avant que nous vissièmes les batailles.

Vitaille (vivres; les Anglais prononcent de la même manière leur mot *victuals*).

Vitailler (vivandier). — Fors aucuns povres vitaillers qui suivoient l'ost.

Vitupération (blâme).—A très grand vitupération viendroit à la ville de Gand.

Vitupère (honte, blâme).—A la confusion et vitupère du roi. — A trop grand vitupère leur tourneroit.

Vitupérer (faire honte). — Le duc de Lancastre s'étoit forfait et vitupéré quand il avoit épousé sa concubine.

Vitupéreusement (honteusement).— —Or sera la roine d'Angleterre recueillie vitupéreusement.

Vocable (proverbe). — Ainsi advint, et que le vocable soit voir, que on dit que, etc.

Voir, Voire (vrai, même).

Voirement (vraiment).

Vois [*je*] (je vais). — Sans prendre congé ni dire : je m'en vois.

Voise [*qu'il*] (qu'il aille). — Qu'il s'en voise un petit reposer. — Il me plait bien que cette ordonnance voise ainsi.

Voldrent [*ils*], *Vouldrent, Volrent* (ils voulurent). — Le quel corps ils ne vouldrent oncques rendre.

Voler (chasser au vol).

Volsissent [*qu'ils*] (qu'ils voulussent).

Voulenturieux (qui veut faire sa volonté). — Messire Jean, évêque de Nordvich, qui étoit jeune et voulenturieux.

Voulentiers (volontiers).

Voulroi [*je*] (je voudrois).—Je ne le voulroie mie faire autrement.

Vueil [*je*] (je veux).

Vuis, Vuit (vide).—Le pays étoit tout vuis de gens d'armes.

Vuiseuse (futilité, distraction, chose oiseuse et vicieuse).—Oncques il n'voulu que le repos et séjour, les vuiseuses et les ébattements des dames. — Ainsi se tenoient-ils tous cois et entendoient à se loger, à boire ou à manger ou à faire autres vuyseuses. — Et retournoient tous ces profits et vuiseuses, en danses et fêtes, en boire et en manger.

Vuys (vide).—Le royaume de France n'est pas si vuys de chevalerie que vous ne trouviez bien à qui faire armes.

W

Warenne (garenne où on réunit les lapins et le gibier).—Et fesoient de la ville d'Auffrique leur warenne, et la font encore.

Wason (gason).—Les chevaux mangeoient terre pour le wason; c'est-à-dire au lieu de gason.

Waucrer (errer çà et là). — Si waucroient parmi les champs. — Le roi et sa grosse navie waucrèrent et furent sur la mer le terme de neuf semaines. — Mais commencèrent à waucrer le barge aval et amont sur la rivière.

Y

Yauve, Yaue, Yeaue (eau). — Ils avoient basse yeaue.

Yéve (eau). — Les yèves et le froid temps.

Yre (colère).

Yré (courroucé).

Yreux (en colère).

FIN DU GLOSSAIRE DU QUATORZIÈME SIÈCLE.

TABLE

DES NOMS D'HOMMES FRANÇAIS ET ÉTRANGERS MENTIONNÉS DANS LES QUATRE LIVRES DES CHRONIQUES DE SIRE J. FROISSART, AVEC LEUR RECTIFICATION.

A

Abreton (Thomas). *Abington.*
Abyde (sire d'). *Abidos.*
Acques-Suffort (comte d'), Acques-Sufforch. *Oxford.*
Acreman (François). *Ackermann.*
Adremens (Mark). *Malcolm Drummond.*
Acy (Jean-la-Personne, vicomte d').
Adult-Illes (sire d'). *Athol ou de Insulis.*
Affaselée (Jean). *Fallesley.*
Agace (Gobin).
Agevenne (Ange Salvasse d'). Portugais.
Agimont (Louis d').
Agousse (sire d'), Angous, Anguses, Agorisses. *Angus.*
Aigles (Barthélemy des), pape, sous le nom d'Urbain VI.
Aigre (sire de l').
Aigresnel (cardinal d').
Ailly (Pierre d'), évêque de Cambray.
Aineval (sire d').
— (Percevaulx d').
Aire (Jean d'), un des six bourgeois de Calais.
Alasacée (sire d'). *Ashley ou Apsley.*
Alasels (sire d'). *Lascels.*
Albaton (Mansion d').
Albenes (Alve Gresie d'). *Alvaro Garcias de Albornoz.*
Albregon (Guichard).
Albrest. *Albrecht,* écuyer allemand
Alebrest (sire d'). *Albret.*
Alchart (messire), capitaine allemand de la Gueldre.
Alckemade (Floris d').
Alençon (comte d'), frère de Philippe de Valois.
— (Jean d').
— (Philippe d').
— (Robert, comte de Perche et d').
— (Pierre, comte d').
Alery (Jacques). *Alestry.*
— (Guillaume).
— (Thomas).
Alfons. *Alphonse,* roi de Castille, fils de Léonore de Gusman, surnommée la Riche-Donne ; ses quatre enfans sont : Pierre-le-Justicier, Henry, Tilles, Sanche.
Aldiel (Guillaume). *Lundie.*
— (Jean).

Aliénor, sœur d'Édouard III, mariée à Regnaut, comte de Gueldres.
Alisbasaach. *Ali Bajazet.*
Allebreth (Charles d'). *Albret.*
Alphel (Aymond). *Raymond de Laval.*
Alphons (Damp). *Don Alphonse,* marquis de Villena et comte de Denia et de Ribargoza.
Alsala, d une sarrasine
Amboise (Engorget d').
— (Hue d').
Amdère (Jean Fernaud). *Amdeiro.*
Amé, comte de Savoie.
Amorat-Baquin. *Amurat Ier* ; *Mourad-Beg,* fils d'Orkhan.
Amston (Jean). *Armstrong.*
Amposte (châtelain d'). *Amposta.*
Ancenis (Guillaume d'), Anchenis.
— (baron d').
Anch in (sire d'), de Bigorre.
— (Pierre d'), son frère.
Andère (Jean Ferraud). *Amdeiro.*
Andrach (Andrieu).
Andregnies (Jean d').
— (Ferraut d'). son frère.
Andrehen (Arnoul d'), Audrehen.
Audeneham, maréchal de France.
Andresel (sire d').
Angle (Guichart d'), créé comte de Huntingdon en Angleterre.
— (Guillaume d'), son neveu.
— (Jean d').
Anglois (le Bourg ou Bâtard).
Angluse (Thomas d').
Angoullevent (Berthelot d').
Angourne (Thomas d'), Angorne, Agour. *Agworth.*
Angouse (comte d'). *Agoa* en Portugal ou *Acosta.*
Angousses (sire d'). *Airgus.*
Annekin (l'Esclave d').
Ansiel (Alexandre), Ansel. *Hussey.*
Antoing (Henry d').
— (Hue et Hugues d').
Antrin (Lionnel d'). *Antrim.*
Anviller (Pierre d').
Apchier (sire d').
Apchon (Louis d').
Appert (Jean).
Aprissidi (Yvonnet).
Aquin, roi de Bugie et de Barbarie.
Aquitaine, roi d'armes.
Arainnes (Lyonnel d').
Archiac (Foulques d').

Arcy (vicomte d').
Ardembourch (Jacques de). *Ardembourg.*
Areneperch (Pierre d'). *Arenberg.*
Arenton (Blondelet d').
Argenton (sire d'), en Poitou.
— (Geoffroy d').
Arleston (Jean d').
Armesen (le Bourg ou Bâtard d').
Armignac (comte d'), Erminac. *Armagnac.*
— (Jean d').
— (Bernard d'), frère du comte
— (Béraud d').
Armoies (Philippe des).
— (Charles des).
Arondel (Jean d'). *Arundel.*
— (Richard d').
— (comte d'). *Edmund fitz Allan,* comte d'Arundel.
— (Guillaume d').
Arragon (Raymond d').
Arraines (Lyonnel, et Lionel d').
Arroy (vicomte d').
Arsco (sire d'). *Aerschot.*
Arteberi (Jannequin d'). *James Hartlebury.*
Artevelle (Jacques, Jacquemart d'). *Artveld.*
— (Philippe d'), son fils.
Artois (Robert, comte d'). Ses quatre fils sont : Jean, Charles, Jacques, Robert.
— (Philippe d').
Artus. *Le roi Arthur de la Table Ronde.*
Artus (Thomas). *Arthur,* archer anglais.
Arcot (Conrar d'). *Aerschot.*
Aseleghie (Jean). *Ashley.*
Asevede (le Podich d'). *Lopo Dias de Azevedo.*
Asneton (Robert). *Seton ou Swinton.*
— (Jean).
— (Guillaume).
Aspres (sire d').
Asque (Robert d').
Asque-Suffort (comte d'), Asque-Sufforch. *Oxford.*
— (Aubery d'), père du comte d'Oxford.
Asseleghie (Jean d'), Asselegier. *Ashley.*
Assy (vicomte d').
Asteberi (Étienne). *Hartbury.*
Astrederne (comte d'). *Strathern.*

TABLE DES NOMS D'HOMMES FRANÇAIS ET ÉTRANGERS.

Astrepoule (sire d'). *Stackpool.*
Asvede (le Podich d'). *Lopo Dias de Azevedo.*
Athènes (Gauthier de Brienne, duc d'), connétable de France.
Atilles (Jean d'). *Athol.* Thomas Otterburne l'appelle *Athetill.*
Aubert. *Albert,* duc de Brabant.
Aubeterre (sire d').
Aubière (Louis d').
Aubigny (Charles d'Évreux, sire d').
Aubin (sire de Saint-).
— (Louis de Saint-).
— (Thomas de Saint-).
Aubinton (Thomas). *Abington.*
Aubourg (Jean). *Aubrey.*
Aubrecicourt (Jean d'), Aubercicourt, Obercicourt. *Aubrecicourt.*
— (Nicolas d').
— (Colart d'), fils de Nicolas.
Aubriot (Hugues).
Aucerre (comte d'), Aucoirre. *Auxerre.*
Audelée (Pierre d'). *Audley.*
— (Jacques d'). —
Audenay (Guillaume d').
Auffemont (sire d'). *Offemont.*
Augier (messire).
Augustin (Jean). *Austin.*
Aulnoy (le Gallois d'). *Aunoy.*
Aumale (comtesse d'). *Catherine d'Artois,* sœur de Robert d'Artois et femme de Jean de Ponthieu, comte d'Aumale.
Aunay (vicomte d'). *Ausnay.*
— (Guillaume d').
Aunoy (Jean de l').
Aunoy (vicomte d').
Aures (Damp Dighe), Avres. *Diego Alvarez.*
Auroy (le bâtard d').
Ausalle (Jean), Portugais.
Ausisse (sire de Saint-). *Saint-Assise.*
Ausonne (Guillaume d'), évêque de Cambray.
Aussy (sire d').
— (Florimont d').
Auterme (Roger d').
— (Olivier d').
Autry (Guillaume d'). *Aultry.*
Auvergne (Dauphin d').
Avaines (Houseaux d').
Avaugour (sire d').
Avoir (sire d').
Axel (Floris d'). *Axelles.*
— (Philippe d').
Aymery (Jean).
Azay (Guy d').

B

Baasach. *Bajazet.*
Bacon, nom d'un soldat à pied fort connu par son audace.
Bacon (Guillaume).
Bagel (Raymond de). *Baghes.*
Bageran (Naudon de). *Bagerent.*
Babuchet (Pierre). *Behuchet,* un des commandans de la flotte française.
Bailleul (Édouard de). *Baliol,* compétiteur de David Bruce au trône d'Écosse.
Bailleul (Pierre de).
— (Gauvain de).
— (Hector de).
— (Robert de).
— (Guillaume de), frère de Robert.
Baiton (Richard). *Boynton.*
Bakehen (Arnoul de). *Blankenheim.*
Balastre (sire de). *Walter de Zelles.*
Balesque (Pierre). *Velasco.*
Balestre (Thomas), Banastre, Banestre. *Banister.*
Balle (Jean). *John Wall.*
Balliol (Édouard de), roi d'Écosse.
Bar (Jean), Gantois.
Bar (duc de).
Bar (Pierre de).
— (comte de).
— (Henry de).
— (Pierre de).
Barbe (Olin), routier.
Barbançon (Jean de). *Barbençon,* dit l'Ardennois.
Barbasan (Mennault de, Monnault de). *Barbesen,* du Bigorre.
Barbanère, Barbenère, Barbenaire. *Barbanera,* un des commandans de la flotte française.
Barde (Jean).
Barde (sire de la).
Bare (Michel de la). *Barre.*
— (Tiercelet de la).
Barège (Bertrand de). *Baruge.*
Barnabo, de la famille des Visconti, duc de Milan.
Barqueston (Philippe de). *Bradeston.*
Barre (sire de la), en Languedoc.
Barrès (le Barrois des).
Barret (Jaquemart, Jacques).
Bascle (Pierre le), c'est-à-dire le Bâtard.
Basèle (le moine de). *Le Moine de Bâle.*
Baselle (Jean Caleusin de).
Basentin (Hugues de).
Baseton (sire de). *Bradeston.*
Basile (Arnault de Saint-).
— (le Mongal de Saint-).
Basquenay (Guillaume), Anglais.
Basset (sire de).
Batefol (Hugues de).
— (Séguin de).
— (Ernauton ou Ernaudon de).
— (Bernardet de).
Bath (évêque de), en Angleterre.
Batillier, routier.
Baucestre (Thomas de). *Worcester.*
— (Olivier de).
Baucien (sire de). *Bauséant.*
Baudas (Calipse et Garifet de). *Baudes. Calife de Bagdad.*
Baudresen (sire de), Bautersehen, Bautersen, Flamand. *Bautersen.*
Baudresen, Anglais. *Battersea.*
Baulx (Aghos des). *Agoult des Baux.*
Baume (le Gallois de la).
Baussères (évêque de). *Bausseren.* évêque de *Waradin* en Hongrie.
Bautresen (Henry de), sire de Berghes.
Baveux (Guy le), chevalier de Beauce.
Bavière (Frédéric de), duc de Bavière.
— (Étienne de).
— (Louis de), empereur d'Allemagne.
Beaucestre (Hobequen de). *Worcester.*
Beauchamp (Guillaume de).
— (Jean de).
— (Édouard de), fils de Jean.
— (Roger de), et Sebille, sa femme.
— (Louis de).
— (Guillaume de).
Beauclerc (sire de).
Beaufort (Baudoin de).
Beaufort (Jean de), fils bâtard du duc de Lancastre.
— (Roger de).
Beaujeu (sire de).
— (Édouard de), maréchal de France.
— (Guichart de), fils d'Édouard.
— (Louis de).
— (Robert de).
— (Antoine de), fils d'Édouard.
Beaumanoir (Robert de).
Beaumont (Jean de), fils aîné du vicomte de Beaumont en Angleterre.
Beaumont (sire de). *Jean de Hainaut.*
— (Henry de), son fils.
— (Alain de).
Beauneveu (André).
Beaupré (Ancel de).
Beaurieu (Florent de).
Beausault (sire de). *Jean de Montmorency.*
Beauvais (évêque de).
— (le châtelain de).
Beauvert (Philippe de).
Beauvoir (le châtelain de).
Behaigne (Jean, roi de). *Behaingne. Jean de Luxembourg,* roi de Bohême.
Bel (Jean le), li Beauz, chanoine de Saint-Lambert de Liége, dont les Mémoires ont servi de guide à Froissart.
— (Henry), son frère.
Belle (Nicolle).
— (Jean).
— (François).
— (Georges).
Bellebourne (Beaudoin de). *Belleborne.*
Bellefourière (sire de Bailleul et de)
Bellefrin (sire de).
Belleperche (Herbault de).
Belluis, Sarrasin.
Benac (sire de). *Benach.*
— (Raymond de).
— (Guillaume de).
Bénédict, pape; avant son intronisa-

tion connu sous le nom de cardinal de la Lune.
Berault (comte), dauphin d'Auvergne, et Robert, son oncle.
Bercamont (Jean de).
Bercler (sire de), Berkelé. *Berkeley.*
Berghes (Renart de).
Berguettes (Jean des).
Berlaumont (sire de). *Berlaimont.*
— (Jean de).
Berlière (vicomte de la).
Bernage (Jean).
Bernard, écuyer breton.
Bernardon, capitaine gascon.
Berne (Pierre, Perrot de), Bierne. *Pierre de Béarn*, fils bâtard du comte Gaston-Phébus de Foix.
— (Jean de), frère de Pierre.
— (Pierre Ernaut de), cousin du comte de Foix.
— (Jean Ernaut de), son frère.
— (Ernault de).
Berneke (sire de). *Bernèque.*
Bernier (Thomas). *Berners.*
— (Jean).
Bersis (Thomas). *Brascy.*
Berthaut, bourgeois de Malines, qui maria sa fille au duc de Gueldres.
Bertrand (Robert), *de Briquebec*, maréchal de France.
Besach (sire de).
Betancourt (sire de). *Bethencourt.*
— (Robert de).
Béthune (Lus de).
— (Robert de), vicomte de Meaux.
— (Jean de), son frère.
Betisac, serviteur du duc de Berry.
Bette (Symon).
Beuil (Jean de).
— (Pierre de).
Biétrès, Biatrice. *Béatrice da Cunha*, fille du roi de Portugal.
Biez (Gérard de).
Biset (Thomas).
Bissette (Ernauton).
Bisset (Jean).
Blainville (Mouton de), maréchal de France.
Blamont (Martin, duc de). *L'infant D. Martin*, duc de *Mont-Blanc*, fils du roi Pierre d'Aragon.
Blanc (le cardinal). *Albano.*
Blanche, fille de Mahaut, comtesse d'Artois, qui épousa Charles-le-Bel avant qu'il fût roi.
Blanquebourch (marquis de), *margrave de Brandebourg.*
Blanchart (Jean).
Blanquestein, (sire de). *Blankestein.*
Blaquet, écuyer anglais.
Blasy (Jean de).
Blaton (Louis de).
Blaus (Pierre).
Bleville (Collinet de). *Nicolas Doublet.*
Bloc (sire du).
Blois (Charles de), fils puîné du comte Guy de Blois et de Marguerite, sœur de Philippe de Valois, roi de France. Il épousa Jeanne, fille de Guy de Bretagne, deuxième fils d'Arthur II.
— (Louis, comte de).
— (Louis de), son fils.
— (Jean de), deuxième fils.
— (Guy de), troisième fils.
— (Thibaud de) *Thibaut IV*, comte de Blois au douzième siècle, fondateur de l'abbaye dite l'Aumône ou le Petit-Cisteaux.
Blondeau (Jean).
Blonberis, écuyer.
Bochet, chevalier.
Bochon (Pierre).
Bodin (Guillaume).
Boier (Jean le).
Boi-l'Ewe (Guillaume). *Boileau.*
Bois (Tristan du).
— (Pons du).
— (Piétre du).
— (Henry du).
Bois-Ruffin (Pierre du).
Bois-Verdun (Chiquart du).
Bolleton (Jean). *Bolton.*
Bommeraye (Chrétien de).
Bond (Nicolas).
Bon-Enfant (Jean).
Boniface, anti-pape.
Bonne, duchesse de Normandie, fille de Jean de Luxembourg, roi de Bohême.
Bonnelance (Jean).
Bonnemare (Guillaume de).
Bonneval (Hugues de).
Borde (sire de la). *Lord Botreux.*
— (Rasse de la).
Bordes (sire des).
— (Jean des).
— (Guillaume des).
Borgneval (sire de), *Bornival.*
Borne (baron de), sire de Ravenstein.
— (Walerant de).
Bors (Louis de).
Borsel (Floris de).
— (Clais de).
Boskem (comte de), Bosken. *Buchan.*
Boskentin (comte de). *Bosquentin.*
— (vicomte de).
Bouberk (sire de).
Boucicaut (sire de), Boucingault, Boucigaut. *Jean-le-Meingre*, sire de Boucicaut, maréchal de France.
— père du maréchal.
Boucquingen (Thomas, comte de), Bouquinghet. *Buckingham*, Thomas, fils du roi Édouard III et oncle de Richard II.
Bouillon (Godefroy de).
— (le châtelain de).
Boulan (Hue de).
Boullant (Regnault de).
Boule (Jean).
Boulogne (comte de).
— (Jean de), son fils.
— (Godefroy de) oncle de Jean.
— (Robinet de).
Boulonne (Jacques).
Boulouffre (Jean). *Walworth.*
Bouquehourst (sire de). *Bouquehorst.*
Bouquenègre. *Ambroise Bocanegra.*
Bouqueselle (Alain de). *Boxhall.*
Bourbon (duc de).
— (Jean de), comte de la Marche.
— (Jacques et Jakèrnes de).
— (Blanche de), femme de Pierre-le-Justicier.
— (Gérard de).
— (Guillaume de).
— (Jacques de).
— (Pierre de), fils de Jacques.
Bourbonne (Gérart de).
Bourch (Alain). *Burck.*
Bourchier (sire de), Anglais.
Bourcher (Jean le), *Boursier.*
— (Perron le).
— (Barthélemy).
Bourcg (Aymemon du). *Bourg.*
— (Jean du).
Bourgneval (sire de). *Bornival.*
Bourgogne (Eudes, duc de).
Bourgrave (Jean de).
Bournisel (Pierre de).
Bours (sire de).
Bourtonne (Guillaume de). *Burton.*
Bousies (sire de).
Boussoy (Sance de).
Boussu (sire de).
Bouteille (Robins). *Butler.*
Bruteiller (Willebels le), Boutillier. *Butler.*
— (Jean le).
— (Guillaume le).
Bouteville (sire de).
Bouve (sire de la).
Bove (Raoul de).
Boves (Jean des).
Bradelay (Thomas), Bradelée, Brudelée. *Bradley.*
Bracque (Nicolas). *Braque.*
Bracquemont (Bracques de).
— (Jacques de).
— (Robert de).
Brahadin, Sarrasin.
Braines (comte de). *Brienne.*
Brambre (Nicolas). *Bramber.*
Brandebourch. *Brambrough*, un des trente combattans en Bretagne.
Brasine (Jean). *Bravine.*
Brasseton (sire de). *Bradeston.*
Bray (Raoul de).
— (Jacques de).
Brayne (comte de), Bresne. *Brienne.*
Brebières (sire de).
Brederode (sire de).
— (Waleran de), son frère.
— (Thierry de).
Brumelles (Hutin de).
Brest (Gillon de).
Breston (sire de). *Preston.*

FRANÇAIS ET ÉTRANGERS.

Bresvich (Othon de). *Othon de Brunswick.*
Breteuil (le Bourg ou bâtard de).
Breth (Bernard de la). *Albret.*
— (Perducas de la).
— (Perducet de la), cousin de Perducas.
Breton (Thomas le). *Emerton* ou *Aberton.*
Brian (Guy), Brianne. *Bryan.*
— (Guillaume).
Briençon (sire de).
Briffeuil (sire de).
— (Alard de).
Brimeu (sire de).
Bringoles (sire de).
Brionne (Hugues).
Briouse (vicomte de), Bruese. *Brioude en Auvergne, le sire de Chauvigny.*
Briquebec (Bertrand de), maréchal de France.
Briquet (Robert), routier.
Bristo (Jean de). *Bristol.*
Brocas (sire Bernard), Anglais.
Broce (Hue ou Hugues). *Brooks*, neveu de Robert Knowles.
— (Renier), son frère.
Brouère (Jacob de).
Brubbes (Berthemieu), Brues, Bruhes, Breuves, Burgevesh. *Barthélemy Burghersh.*
Bruce (Robert), roi d'Écosse.
— (David), son fils.
Bruel (Guillaume de).
Bruille (Colebret de).
Brulledent (Simon).
Brumel (Hue). *Bradenel.*
Brunemote (Bernier de).
Brunikel (comte de). *Bruniquiel.*
— (Jean de), son frère.
— (vicomte de).
Bruvellé (Jean de). *Beverley.*
Bruyère (Buchon de la), *de la Wiere et de le Were.*
Bryan (Guy de).
Bu (Guillaume de).
Buch (captal de), Bus, Beuch, Buef. *Jean de Grailly.*
Buchon de la Bruyère, *de la Wiere, ou la Were.*
Buck (Jean). *Buyck.*
— (comte de). *Buckingham.*
Bucy (Damas de). *Bussy.*
— (Simon de).
Bude (Alain), routier.
— (Sévestre), routier.
Buef (Albret de). *Bude.*
Bueil (Jean de). *De Beuil.*
— (Pierre de).
Buffiel (Girauldon).
Bure (Henry de), sire de Dixmude et d'Aure.
Burgues (l'évêque de). *Burgos.*
Burlé (Simon). *Burleigh.*
— (Jean).

— (Richard), neveu de Simon et son héritier.
Buvrelé (Jean de). *Beverley.*

C

Cabescon (Gomme de). *Gomes Cabeça.*
Cabestain (Pierre de).
Cabroles (Robert de).
Caillour (Jacques).
Cakem (le). Le Cakem des Tartares, c'est-à-dire *le Khakan des Tartares.*
Calay (Aliot, Allious et Elliot de), *Calais.*
— (Boniface de).
Calestraves (le grand-maître de), Caletraves. Pedro Alvarez Pereira, grand-maître de *Calatravra.*
Calevace, capitaine génois.
Callenbourg (sire de).
Callenne (Blanchart de), Calloune.
— (Bridoulx de).
Calus (Robert de).
Calverte (Guy de la).
Cambernart, écuyer.
Cambry (Philippe).
Cameulx (sire de). *Camois*, Anglais.
Camin (Guérard).
Camois (Thomas).
— (Raoul).
Campane (le Bourg ou Bâtard de).
Campighen (Roger de).
Campremy (sire de). *Champremy.*
Camus (le Bourg ou Bâtard de).
Candelier (Jean). *Chandler.*
Candevich (Jean de). *Cavendish.*
Candoeler, frère de Bavin de Warvesies.
Canolle (Robert), Canolles. *Knowles.*
Cantain (sire de).
Cantemerle (Taupin de).
Cany (sire de).
Caples (Guy de).
Caquelan (Jean).
Carbestoune (sire de).
Carcassonne (sénéchal de). *Hugues de La Roche.*
Caremiel (Geoffroy de).
Carlat (le Bourg ou Bâtard de).
Carlez (sire de Gernoz et de), Gascon.
Carlenton (sire de). *Charleston.*
Carlouet, Carauloet, Kerauloet. *Ker-Loet*, Breton.
Carmaing (comte de).
— (vicomte de).
Carnefelle (Nicole), Anglais.
Carnillac (le Bourg ou Bâtard de).
Carrouge (Jean de).
Carsuelle (Nicole de), capitaine de routiers.
Casèle (Adyontale de). *Adelantado de Caçorla.*
Casselies (Bertrand de).

Castegnas (Jean Radigos de). *Joam Rodriguez de Castanheda.*
Castelbon (sire de).
Castelus (Ploustrart de). *Chastellux.*
Castres (Ferrand de). *Castro*, frère d'Inès.
Castron (Oudard de).
Catenas (Jean).
Catherine, fille de Charles V et de Jeanne de Bourbon.
Cator (Jovelin).
Cauchitan (Jean).
Cauderler (Jean de). *Coderers.*
Caudron (Guillaume).
Caumont (sire de). *Chaumont.*
— (Alexandre de).
— (Antoine de), son frère.
Cauny (Jean de).
— (Flourens de), son fils.
Cautiron (Jean de).
Cauton (Richard). *Cotton.*
Cavenchy (Gérard de).
Cavrelée (Hue de). *Sir Hugh Calverly.*
— (Huguelin de). Bâtard de Hugue.
Cayeux (sire de).
Cederières (sire de). *Coderers.*
Cendrine (Guillaume), Anglais.
Ceny (Robert). *Cheney.*
Cervolle (Regnault de), dit *l'Archiprêtre.*
César (Julius).
Chalençon (sire de)
Châlons (sire de)
— (Louis de).
— (Hugues de).
— (Jean de).
Chambly (le Haze de). *Le Lièvre de Chambly.*
— (Grimouton de).
Chambo (Jean).
Chameux (sire de). *Chymuvell.*
Chamois (Guillaume). *Camois.*
Champagne (le Bourg ou Bâtard de).
— (Jean de).
— (Alain de).
Champenois (Janekins). *Champeney*, Écossais.
Champ-Remy (sire de).
Chandos (Jean).
— roi d'armes anglais.
Chapelle (sire de la).
— (Godefroy de la).
— (Rofroy de la).
Chaponval (Caponnel de).
Chargny (Geoffroy, Godefroy, Jeffroy de). *Charny.*
— (Jean de).
Charlemainue. *Charlemagne.*
Charles, fils de Charles V.
Charruel (Ivain).
Chartres (Guillaume de)
Chaslons (Hue de).
Chastel (Garsiot, Garcis du).
Chastel-Bon (vicomtesse de). *Castelbon.*
— (vicomtesse de)

TABLE DES NOMS D'HOMMES

Chasteler (Jean de).
Chastellier (Geoffroy).
Chastel-Morant (Jean de).
Chastel-Neuf (sire du). *Castelnau.*
— (Jean du).
— (Raymond du).
— (cardinal de).
Chasteaulerault (vicomte de). *Châtellerault.*
Chasteau-Neuf (Jean de). *New-Castle.*
— (sire de).
Chastel-Bon (vicomte de). *Castelbon.*
Chastillon (sire de). *Châtillon-sur-Marne.*
— (Hue de), maître des arbalétriers de France.
— (Jacques de), fils de Hugues.
— (Gautier de), connétable de France.
— (Charles de).
Château-Bon (vicomte de). *Castelbon.*
Château-Neuf (sire de).
Château-Vilain (sire de).
Châtel (Tanguy du).
Châtel-Neuf (Jean de).
Chatillon (Guy de), comte de Blois, seigneur d'Avesnes, de Beaumont, de Scoonhorst et de la Goude.
Chaucier (Jeffroy). *Geoffrey Chaucer.*
Chauderon (Jean). *Chaudrier*, chevalier breton.
Chaufour (Jean de). *Chauffour.*
— (Thibaut de).
Chaumont (sire de).
— (Guillaume de).
— (Jean de).
— (Alexandre de), son frère.
— (l'Ermite de).
Chautrin (sire de).
Chauvigny (sire de), vicomte de Bruèse, c'est-à-dire *Brioude.*
Chavency (sire de).
Cheny (Thomas de). *Cheney.*
Chepoy (sire de).
Chiffrenal, écuyer.
Chim (sire de). *Chin.*
Chuperoies (Wivains de).
Cidelée (Jean). *Sydney.*
Ciriel (Hugues). *Tirrel.*
Claiquin (Bertrand de), Claikin, Claiakin. *Du Guesclin*, connétable de France.
Clair (Jean de Saint-).
— (Gautier de Saint-).
Claiton (Guillaume de). *Clayton.*
Clanbo (Louis). *Clanborough.*
Clar (Gautier de Saint-).
— (Jean de Saint-).
Clarance (Léon, duc de), Clarence. *Lionnel*, duc de Clarence.
Clarens (le Bâtard de), écuyer de la Savoie.
Clary (sire de).
— (Lancelot de).
Claudon (Jean), Anglais.

Clauvon (Jean). *Clanvowe*, chambellan du roi d'Angleterre.
— (Guillaume).
Clément VI, pape.
Clerc (Arnoul le). *Clercq.*
— (Janekins ou Jacques, dit). *Clark*, Anglais.
Clère (sire de).
Clermont (cardinal de).
— (Jean de), maréchal de France.
— (Robert de).
— (Louis de).
Clervaux (Eustache de).
Clifford (sire de).
— (Louis de).
— (Édouard de).
— (Nicolas de).
Clinton (Pierre de), Clineton. *Clynton.*
— (Nicole de).
— (Guillaume de).
Clique (Roland de la).
— (Guillaume de la).
Cliquètfel (Jean).
Clisqueton (Jean). *Clifton.*
Clisson (sire de). *Cliçon.*
— (Amaury, Almaury de).
— (Olivier de).
— (Garnier de).
Cliton (sire de), Cliveton. *Clifton.*
Cliveton (Robert), Cliton. *Clifton.*
— (Guillaume).
— (Nicole).
Cobehen (Raoul de). *Cobham.*
— (Regnault de).
Codun (Antoine de).
Cogne (le Pouvasse de), Congne, Coigne, Coingne. *Lopo Vasques da Cunha.*
— (Vasse Martin de). *Vasco Martins da Cunha*, qui avait pour fils : Gil Vasques, Lopo Vasques, Vasco Martins.
— (Jean Lorens de). *Joam Lourenço da Cunha.*
Cohen (sire de).
Coille (Egheas). *Egas Coelho.*
Cok (Thomas). *Cook.*
Col (Pierre le).
Colé (Jean). *Cowley.*
Coleine (Robert), Coleime, Colenne. Peut-être *Campbell.*
Colet (sire de).
Collebrucq (Tomelin de). *Colebrook.*
Colleville (Jean). *Calvill*, Anglais.
Cologne (Roger de), Coulongne, Couloingue. *Cologne.*
— (Parcevaux de).
— (Jourdain de).
— (Albrecht de).
Colombe (Ernaudon de Sainte-).
Colpedich (Jean). *Copland.*
Combourg (sire de).
Combourne (vicomte de).
Comminges (comte de).
— Aliénor de), comtesse de Boulogne.
Comoans (sire de). *Copane.*

— (le Bourg ou bâtard de). Il s'appelait Ernauton.
— (Raymonnet de).
Compellant (Jean de). *Copland.*
Condom (sire de).
Conflant (sire de). *Conflans* en Champagne.
— (Raoul de).
Conhur. *O'Connor*, Irlandais.
Conrad (le comte), capitaine allemand.
Conrart (messire), allemand.
Constance, fille de Pierre le-Justicier.
Conversant (comte de).
Copelant (Jean). *Copland.*
Coq (Jean le). *Cook.*
— (Thomas).
Corasse (Raymon de)
— (la dame de).
Corbadas, Turc mentionné dans l'expédition de Jacques de Bourbon. Ses trois frères sont cités aussi sous les noms de Maladins, Balachins, Ruffin.
Corbet (Thomas). *Cobbett.*
Corbie (Regnault de).
Cordes (Pierre des), fils du Turc Brahin, nom défiguré.
— (Amustant des), nom défiguré
Corne-de-Cerf (Janequin).
Cornillac (le Bourg ou bâtard de)
Cornille (Bénédic de la).
Cornouaille (comte de).
— (Jean de).
Cortien (Philippe de).
Casterec (Brēn). *Bryan.*
Couchet (Jean).
Coucy (sire de).
— (Enguerrand de).
— (Guillaume de).
— (Raoul de).
Coudinb (Ambroise). *Coutinho.*
— (Périn), son frère.
Coulogne (Roland de), Coulougne. *Cologne.*
— (Parcevaux de).
Coulon (Jean).
Courant (Bernart), capitaine de Carvilac.
Courbet (Foulques). *Cobbett.*
Courcy (sire de), Courgy. *Coursy*
Courson (Jean).
Courtenay (Hue de).
— (Philippe de).
— (Pierre de).
Courton (sire de).
— (Thomas de).
— (Pierre de).
Cousances (sire de).
Cousant (Louis de), chevalier du Berry.
Cousay (Amé de).
Cousenton (Estievenes de). *Stephen Cosington.*
Coussac (Charles).
Cousserans (vicomte de).
Coustre (Lambrequin de la).
Coutaut (sire de).

FRANÇAIS ET ETRANGERS.

Covet (Jean).
Covineau (Jean).
Cramal (sire de). *Cramailles*.
Crame (Jean de).
Crane (sire de).
Cranehen (Louis de).
Craon (sire de).
— (Pierre de).
— (Jean de), archevêque de Reims.
— (Guillaume de).
Crécy (Louis de), comte de Flandre.
Credon (Richard), chevalier anglais.
Cremont (Baudoin).
Créqui (sire de).
Crésèkes (sire de), Cresques. *Cresèques*.
Crespins (abbé de).
Cresuelle (Jean). *Tresnell*.
Cristède (Henry). *Cristall*.
Croise (Louis de la).
Croix (Waflart de la).
Cronenbourg (Willaume de).
— Jean de), son fils.
— (Henry de), son second fils.
Croquard, nom d'un soldat à pied.
Croquel (Guillaume).
Crupelant (sire de).
Crupignac (sire de).
Crusances (sire de).
Curton (Petiton de). *Courton*.
Cuvilier (Baudoin de).

D

Dacy (Regnaut).
Daimer (sire de), Daymart. *Damer*.
— (Thomas de). *Idem*.
Damiette (La Garde de), nom défiguré d'un dignitaire turc.
Damp-Martin (comte de).
Dauphin. *Berault*, comte de Clermont et dauphin d'Auvergne.
— (le comte).
— (Robert).
— (Hue ou Hugues), frère de Berault.
— (Guichard, maître des arbalétriers.
Dautels (Laurent).
Dauville (Jean).
David, roi d'Écosse, fils de Robert-Bruce.
David (évêque de Saint-).
Delle (Jean).
Denis (Thomas).
Denmore (sire de).
Dennekins (Baudoin). *Zonnekin*.
— (Colin).
Derby (comte). *Henry*, fils du duc Henry de Lancastre, surnommé *Wry-Neck*, et en français *au Tors-Col*, dont les quatre fils furent : Henry, Jean, Offrey (Humphrey), Thomas.
Derby (Jean), receveur de Lincoln.
Despenser (Huc-le-), *Despensier*. *Spenser*.
— (Hue le), son fils.

Despenser (Édouard-le-).
Deurient (Yves).
Deverues (Jean). *Devereux*.
— (Gautier).
Digarie, ou plutôt Dig-Arie. *Diégo Alvarés*, frère de D. Pédro Alvarez Pereira, prieur de l'hôpital Saint-Jean.
Digaras (Damp Dighe). *D. Diégo Alvarez*.
Dignant (Jean de).
Dinant (Charles de).
Disquemme (Thierry de). *Dixmude*.
Distre (Jacques de).
Dizier (sire de).
— (Jean de Saint-), chevalier; c'est celui qui fut ensuite comte de Flandre.
— (Geoffroy de).
Dockercq (feu de). *Le Dukère de Hallewin*.
Dodale (Simekins). *Simpkins Dugdale*.
Domesson (Augerot de).
Domme (sire de).
— (Robert de).
Donzielles (la dame de).
Dorent (Yves). *Deurient*.
Dorie (Othon, Othes, Aithon). *Antonio Doria*.
Dormans (Guillaume de), chancelier de France.
— (Miles de), évêque de Beauvais.
Douglas (comte de).
— (James de).
— (Pierre de).
— (Guillaume de).
— (Thomas de).
— (Arcenbaut, Arcibal, Arcebaux de).
— (Jean de).
Doumart (sire de).
Dourquenay (comte de). *Comte des îles Orkney*.
Doustenne (Walleran de), Doustienne. *Toustayne*.
— (Albert de).
Dousteneve (sire de).
— (l'Ardennois de).
Douville (Thomas).
Draiton (Jean). *Drayton*, capitaine de Guines.
— (Guillaume), son frère.
Dreux (comte de). *Louis*, vicomte de Thouars.
Drongle (Jean de).
Dubois (Tristan).
Duffle (sire de).
— (Henry de).
Dunbar (Patrisse de). *Patrik Dunbar*.
Duras (sire de).
— (Jean de).
— (Marguerite de), femme de Charles de Duras, son cousin, roi de Naples et compétiteur de Louis, duc d'Anjou.
— (Robert de).
Dury (Radigho de). *Rabigcois de Derry*, Irlandais.

Duse (Thierry de). *Dixmude*.
Dusquemmes (Jean de).
Duvesière (comte de), Devensière. *Devonshire*.
Duvort (sire de). *Duvenvort*.
Duze (Daniel).
Dymoch. *Dymock*, chevalier anglais le champion d'office du roi d'Angleterre à la cérémonie du couronnement.
Dynant (Charles de).
Dyon (Philippe de).
— (Ernoul ou Arnoul de).

E

Édouard. *Les trois Édouards*, rois d'Angleterre.
Egheas Coille. *Egas Coelho*.
Ellènes (Jean d').
Elman (Jean d'). *Elmham*.
Elme (Raoul).
Eltem (Richard d'). *Eltham*.
— (Jean d'), frère d'Édouard III.
Ély (évêque d').
Emonston (Jean). *Edmondstone*.
Enghien (sire d').
— (Gauthier d').
— (Le Bâtard d'), frère de Gauthier, sire d'Enghien.
— (Watier d').
Engle (Guichart d'). *D'Angle* créé comte de Huntingdon en Angleterre.
Englemoustier (Pierre d').
Englure (sire d').
Ennekins (Baudoin d'). *Zonnekin*.
Enzach (Raymond d').
Éperon, valet du chanoine de Robersart.
Erbans (sire d').
Erby (d'). *De Derby*.
Erck (Jacques d').
Ercle (Arnould d'), évêque de Liége.
Ermignac (comte d'). *Armagnac*.
— (Jean d').
— (Bernard d').
Ermite (Robert l'), écuyer français.
Ernault (Piétre), du pays de Béarn, cousin du comte de Foix.
— (Jean), son frère.
Ernauçon, bourg ou bâtard d'Espagne.
Escale (Yvain de l'), Échelle, fils bâtard du comte de Foix.
Escalez (comte d').
Escalle (Nicolle de l').
— (comte d'). *Egas Coelho*.
Escandeuvre (sire d').
Escarmaing (vicomte d').
— (Sandras d').
Escaufines (Othe d').
— (Girard d'), son frère.
Escaufours (Fouques d').
— (Gautier d').

TABLE DES NOMS D'HOMMES

Escequi (Robert Ave). *Robert Erskine d'Ava.*
Escle (sire d').
Esconnevort (sire d'). *Scoonevort.*
— (Regnaut d').
Escornay (sire d').
— (le Bâtard d').
— (la dame d').
Escot (Robert l').
— (Martin l').
Escun (sire de l').
Esglivèle (Louis de l').
Eskesufforch (comte d'). *Oxford.*
Esne (Mansart d').
— (Robert d').
Esnel (Hue d').
Espaigne (Roger d'), cousin du comte de Foix.
— (le bourg ou bâtard). Il s'appelait *Ernauçon*.
— (Espagnolet d'), fils de Roger.
Espaigne (Louis d').
— (Alphonse d'), neveu de Louis.
— (Martin d').
Espaignolet, capitaine basque.
Espargny (sire d').
Espalt (Bertrand d').
Esparre (sire de l').
— (le Bourg ou Bâtard de l').
Espée (Raymonnet de l').
Esperons, écuyer.
Espière (Roger de l').
— (Jean de l').
Espinace (Philibert de l').
Espinette (Hubert de l'). *Spinelli,* Génois.
Espiote, capitaine de routiers.
Esprès (Jean de l').
Essars (Pepin des).
Essines (Montfranc). *Montferrand.*
Estades (sire d').
Estamly (Raoul d'). *Stanley.*
Estampes (comte d').
Estanford (Richard d'). *Stafford.*
Estas (Godefroy d'). *Eustace.*
Estennehus (Piètre ou Pierre d'). *Estenbus.*
Esterach (comte d'). *Astarac.*
Estourmel (sire d').
Estouteville (sire d').
Estrade (le souldich de l'). Dignité correspondante à comte.
Estrange (Roger l'). *Strange.*
— (Pierre l').
Estrief (Gille de l').
Esturge (évêque d'). *Astorga.*
Eu (Raoul de Brienne, comte d'), connétable de France.
Eudin (Enguerrand d').
Eurnoin (Roger).
Eurient (marquis de Misse et d'). *Margrave de Misnie et d'Osterland.*
Evrart (Guillaume).
Évreux Louis, comte d').
— (Philippe d')
— (Jean d'), devenu roi de Navarre par son mariage avec une fille de Louis-le-Hutin.
Evrues (Jean d'), Evreus. *Devereux,* Anglais.
— (Gautier).

F

Fagnoelles (sire de), Faignole. *Fagnoelles.*
— (Benedict de la).
Fallesque (Pierre Ferrant de). *Pero Ferrandez de Velasco.*
Farrineton (Guillaume de). *Farington.*
Faubre (Guillaume). *Forbes.*
Faucille (Jean de la).
Faucon, roi d'armes.
Fauquemont (Waleran de).
Fay (Godemar du).
— (Jacques du).
Felleton (sire de). *Felton.*
— (Thomas de).
— (Guillaume ou Guille de).
— (Jean de).
Fère (sire de la).
Fermiton (Guillaume), Ferniton. *Farrington.*
Fernandon (Jean), Ferrandon. *Fernando*, écuyer du roi de Navarre.
Ferrant (Damp), de Séville.
— (Damp), roi de Portugal, fils aîné de D. Pédro 1er.
— (Martin).
— (Jean). *Joham Fernandez d'Amdeiro.*
Ferrières (sire de). *Ferrers,* Anglais.
— (Henry de), son fils bâtard.
Ferrières (sire de), Français.
Fi (comte de), Fie, Fy. *Fife.*
Fiennes (Morel ou Moreau de), connétable de France.
Fierabras, bâtard du sire de Vertaing.
Fierenton (Guillaume de). *Farrington.*
Figière (Marc de la).
Finefroide (Normand de).
— (Alain de).
Fit-Raoul (Guillaume). *Fitz-Raoul.*
Fit-Varen (Guillaume), Varine. *Fitz-Waren.*
— (Yon). *Evan Fitz-Waren.*
Fit-Varich (Guillaume). *Fitz-Warwick.*
Fit-Vatier (sire de). *Fitz-Walter.*
Flamand (Nicolas le).
— (Richard le). *Malcolm Fleming de Cummirnod.*
Flandres (Louis, comte de).
— (Henry de).
Flemin (David). *Fleming.*
Florence (la comtesse), femme de Pierre de Béarn, fils du comte de Biscaye et cousin de Pierre-le-Cruel.
Florentin (Raymond de Saint-).
Florigny (Robin de).
Florimont, capitaine de routiers.
Floyon (sire de).
— (Jean de), son frère.

Foix (comte de). *Gaston Phœbus,* né en 1331, mort le 12 août 1391, à 60 ans.
— (Ernault Guillaume de), son frère bâtard.
— (Pierre de Béarn), autre frère bâtard.
— (Yvain de), son fils bâtard.
— (Gratien de), autre fils bâtard.
Foix (Guillaume de Sainte-).
Folie (Raulin de la).
Fontaine (sire de).
— (Maubert).
Forez (comte de).
— (Renault de), son frère.
Forges (Bernard des).
Fort (Thomas du).
Fosseux (Jean de).
— (Gérard de).
Fouace (Pierre).
Foubert (Jean de).
Foucaut (Guillaume).
Fouchaut (Maurice).
Foudrigais (messire), Foudrighay.
— (Guillaume).
Fougace (Laurentien). *Joham Lourenço Fogaça.*
Fouques (Matthieu), Fourques. *Faulkes.*
— (Thomas).
Fourvies (Jacques de).
Foy (Guillonnet de Sainte-).
Fraisel (Simon), Fresiel. *Fraser,* Écossais.
Franc (Guillaume).
— (Bertrand du).
François (Adam).
Frankelin (Richard), Franquelin. *Franklin.*
Franqueboth, écuyer.
Fransures (sire de), Fransières.
Franville (Baudoin de).
Frasier (Simon), Fraisiel. *Fraser.*
Fréauville (sire de).
Frédéric. *Louis,* roi de Hongrie.
— duc de Bavière.
Frelais (Jean de).
Frenay (Hubert de), Fresnay.
— (Matthieu de).
Fresiel (Étienne), Fresier. *Fraser.*
— (Geoffroy).
Fresinghes (Jean de).
Fresvel (Pierre). *Frisevelle.*
Frète (sire de la).
Fretin (Sanset de).
Friant (Thoumelin).
Frichans (Frichet de). *Friquet de Friquamps.*
Friese (Louis de).
— (le Borgne de Montquel de), son frère.
Froideville (Hugues de), sénéchal de Toulouse.
Froissart (Jean), l'auteur des Chroniques.
— (sans nom de baptême), moine de Mortagne.

FRANÇAIS ET ÉTRANGERS.

Frolant (Robert de).
Furon (Geoffroy).
— (Olivier).
— Jean).
Fy (comte de). *Fife.*

G

Gaberth (Nicole de).
Gacelli (Guillaume de).
Gaille (Tristan de la), Galle.
Galéas, de la famille Visconti.
Galeran, Waleran, fils du comte de Saint-Pol.
Garde (Guichart de la).
— (Hector de la).
Gardonces (sire de).
Garencières (sire de).
Garennes (comtesse de), Warennes. Jeanne de Bar, qui épousa Jean de Garennes.
Gargoulé (sire de), Gargoulay, Guergorlay. *Ker-Gorlay.*
Gariz (Gomez). *Carillo.*
Garrowède (Rustan de).
Gasebeke (sire de). *Gaesbeck.*
Gasselin (Werry). *Alberic Gosselin.*
Gaston, comte de Foix et de Béarn.
Gaston VII, de Béarn, de la maison de Moncade, qui régna de 1232 à 1290.
Gaures (sire de).
Gauvaert (Guillaume de).
Gauville (Guillaume). *Guérarville.*
— (Guy de), son fils.
Gabriel (Ernaut).
Gemsberghe (Guevraud de).
Genève (comte de, frère du pape Clément.
— (Robert de), anti-pape.
— (Hugues de), sire d'Anthon.
— (Ange Salvace de). *Alphonse Gomez da Silva.*
Geniel (Jean), Geviel.
Gensbeke (Jean de).
Georges (Richard de Saint-).
Germain (sire de).
Germillon (Jean de).
Gernoz (sire de Carlez et de).
Ghesme (sire de).
Ghines (comte de). *Guines*, fils du comte Raoul d'Eu, connétable de France.
— (Tassart de).
Ghisengnem (Thomas de). *Ghisighen.*
Ghistelle (sire de), Guistelles.
— (Guy de).
— (Oulphart de).
— (Jean, sire de Ham et de).
Giac (Pierre de).
— (Loys de).
Gifford (Philippe).
Gignicourt (Jean de).
Gignos (Thibaut), abbé de Crespy.
Gilbatar (Le Postel de), nom de dignité d'un Sarrasin, défiguré.

Gilles (Richard).
Gironde (sire de), Geronde. *Bernardet d'Albret.*
Glay-Aquin (Bertrand de). *Du Guesclin*, connétable de France.
— (Olivier de).
Glennes (Robert de), Gleines.
Gléon (sire de).
Glisvelle (Louis de la).
Glocestre (comte de). *Gloucester.*
— (duc de).
Glondinin (Adam de). *Glendining.*
Gobehen (sire de). *Cobham.*
Goch (sire de).
Gombry (Jean de).
Gomignies (sire de), Gommenies.
— (Jean de).
Gouffer (Guion), écuyer du duc de Bourgogne.
Goulouffre (Pierre). *Walworth.*
Goulout (le), routier.
Goumet (Jean).
Gourdinois, écuyer du pays d'Auvergne.
Gournay (Mathieu de).
Gousart (sire de).
Goussaut (sire de).
— (Louis de).
Gousenton (Guillaume de). *Cosington.*
Gousès (Piétre). *Pero Gonzalés.*
— (Jean), son frère.
— (Barthélemy), autre frère.
Goy (Guy de la).
Grailly (Jean de), Graily, captal de Buch.
— (Jean de), fils bâtard du captal, et capitaine de Bouteville.
— (Gasconnet de).
— (Archembaut de).
Grandço (sire de), Grandçon, Grantson. *Grandison.*
— (Jean de).
— (Othes de).
— (Thomas de).
Grant-Court (sire de).
Grancy (Philippert de). *Grancey.*
— (Eudes de).
Grant-Mont (sire de).
Grant-Pré (sire de).
Gransleighe (Jean sire de).
Grascope (sire de), Grastoch, Graistoch. *Graystoke.*
Gration, fils bâtard du comte de Foix.
Grave (Jean de).
Grauvort (Nicole de). *Dagworth.*
Graville (Jean, sire de). *Guérarville.*
Gréa (Jean de). *Grey.*
Grée (Thomas). *Id.*
Grégoire XI, pape.
Grésille (Pierre de la).
Grez (Rasse de).
— (Jean de).
Grimaut (Charles). *Grimaldi.*
Griose (Ferrant de la). *Fernando de los Rios.*
Gris (Jacques le).
Griscop (baron de). *Graystoke.*

Groslée (sire de). *Grosley.*
Grousselt (Jean de).
Grutte (Gisebrest de), Gruthe.
Grutus (sire de la), Grutuse, Grutheuse. *Gruthuse.*
— (Gilles de la).
Gruyères (comte de), de Savoie.
— (Raoul de).
— (Jean de).
Guertes (Regnault, comte de), Guelres. *Gueldres.*
Guesclin (Bertrand du), appelé *Graiskin, Glay-Aquin, Claiquin, Clasquin*, etc.
— (Olivier de), son frère.
Guiche (Robert de).
Guies (Jean).
Guiffart (Gillebert), Guiffort. *Gilbert Gifford.*
Guillaume (Ernaut).
Guingamp (châtelain de), Guingant.
— (Regnault de), son fils.
Guiret (Guillaume de).
Guisay (Hugonin de), Normand.
Guissy (Olivier de).
Guite (Robin de).
Guyon (Etienne).

H

Haccoude (Jean), Haconde, célèbre routier anglais, *Hawkwood.* Les Italiens ont traduit son nom en *Falcone in bosco.*
Haez (sire de).
Hagre, Écossais.
Haie (Bertrand de la).
Hainaut (Jean de), seigneur de Beaumont.
— (Guillaume comte de). Il eut pour filles Marguerite, Jeanne, Philippe et Isabelle; Philippe devint reine d'Angleterre en épousant Édouard III.
— (Guillaume de), son frère.
Hallay (Guillaume de).
Halles (Étienne de). *Hall.*
Halle (Jean de).
— (Franke ou Franque de).
Halphreton (Jean de). *Haliburton.*
Halton (Thomas). *Halltown.*
— (le baron de). *Idem.*
Hallewyn (sire de).
— (Jean de), son frère.
— (Daniel de), *idem.*
— (Josse de), *idem.*
— (Dutres ou le Duckere de).
— (Morelet de).
Ham (comte de).
Hamberge (sire de).
Hambue (sire de la).
Hambuie (Jean de).
Hamède (sire de la).
— (Thierry de la).
— (Michel de la).
Hamel (Jean).
Handesac (Andrieu).

TABLE DES NOMS D'HOMMES

Hanges (sire de), Hangest. *Hangest.*
— (Aubert de).
— (Robert de).
Hangiers (sire de).
— (Robert de), son cousin.
— (Charles de).
Hannekin (François), Hennekins. *Hawkins.*
Harecourt (Jean, comte de), Harcourt. *Jean IV*, pour qui la baronnie fut érigée en comté.
— (Jean de), son fils.
— (Godefroy de), son frère, sire de Saint-Sauveur-le-Vicomte, celui qui amena les Anglais en France.
Hardemont (Godefroy de).
— (Jean de), son fils.
Harens (Martin). *Martin Yanez de Barbuda.*
Harlebecke (sire de).
Harleston (Jean de). *Arlington.*
— (Eustache de).
Harnes (Guillaume de).
Harpedane (Jean de), Harpedainne. *Harpedon*, sénéchal de Bordeaux.
Harpinghen (Thomas). *Harpedon.*
Harselli (Guillaume de), médecin.
Harselle (Rasse de), Herselle, Hartecelle, Hartecile. *Hartsel.*
Hartevelle (Jean de). *Sir John Dartwell.*
Hartford (l'évêque de). *Hereford.*
Hase (le), Haze, Hazele, Hazle. Le bâtard de Flandre et de Brabant. Froissart traduit parfois ce mot et dit le *Lièvre de Brabant.*
Hasquenay (Guillaume).
Hastingue (sire de). *Hastings.*
— (Hue de).
— (Raoul ou Ralph de).
Haston (Robert de).
Hauglenardin, écuyer.
Hautepenne (Gautier de).
Hauternelle (Henry de).
Havefane (Pierre de).
Haverech (sire de).
— (Jacques, bâtard de).
Havesquerque (François de), Haveskierque.
Hay (Hopekins).
— (Hugues de).
Haye (Henry de la).
Hebedon (Richard de). *Haydon.*
Heinsberge (Thierry de), comte de Los.
Helme (Richard de), Holmes.
Helmçon (sire de).
Helmen (Guillaume). *Elmham*, sénéchal des Landes.
Helly (Jacques de), Hely, Picard.
Henin (sire d').
Henry (Damp), comte de Transtamare, devenu roi de Castille.
Hepborne (Patris de). *Helpburn.*
— (Jean de), son fils.
— (Patrice de), autre fils.
— (Milles de), autre fils.

Herbannes (sire de).
Herde (Girard de la).
Herennes (Clinquant de).
Here-Hance. *Herr Hans*, c'est-à-dire sire Jean, de Bohême.
Herfort (comte de). *Hereford.*
Hermiez (Willem Guillaume de), Hermez, Hermoies. *Des Hermoies.*
— (Pinchard de), son fils.
Hers (Gilbert de).
Herselède (Jean).
Hert (Aubert). *Hart.*
Hertbery. *Cherbury*, gentilhomme du duc de Lancastre.
Heule (Jean de), Heulles.
— (Florent de).
Heuse (Baudrains de la), Heuze.
Hexborne (Patrice). *Helpburn.*
Hezebethe (la dame d').
Hilaire (Bouchard de Saint-).
Hillebecque (sire de).
Hoils (Damp Jean Radigo de). *Joam Ruy Dias.*
Holegrave (David), Hollegrave.
Hollande (Thomas de). *Holland.*
Hollebecque (sire de).
Holmes (Richard), Helmes.
Honcourt (Guy de).
Hongrie (Marguerite de).
Hornes (Guillaume de).
Hortingas, routier navarrais.
Hostidonne (comte de). *Huntingdon.*
Hoteberge (Gautier de).
Houardiere (Houard de la), Houarderie.
Houlegrave (David), Hollgrave.
Hounel (David).
Hourdaing (Willem de).
Housagre (Simon). *Whittaker.*
Housbergue (sire de).
Houssaie (Eustache, Hustasse de la) Houssoie.
— (Alain de la), son frère.
Huch (Jean).
Hueckelent (sire de).
Huet (Gautier). *Walter Hewett.*
Huffelise (Henry de), Huspbalise.
Hulat (sire de).
Hullat (sire de Villiers et d').
Humières (Mathieu de).
Huniquet (Huguequin).
Huz (sire de).

I

Ile (Guillaume de l').
Iles (Bernard des), Isles.
— (Bernardon des).
— (Jean des).
— (Henry des), frère de Jean.
Innocent VI, pape.
Irlande (duc d'), *le comte d'Oxford*, qui fut créé duc d'Irlande.
Isabel, fille de Pierre-le-Cruel.
Isabelle, fille de Philippe-le-Bel, mariée à Édouard Ier.
Istre (sire d').

Istre (Jean d'), son frère.
Ivery (baron d'), Ivry.
— (le Bègue d').
Ivonnet, écuyer breton.

J

Jacques, écuyer du comte de Blois.
Jacques (le grand-maître de Saint-). *Don Ruy Gonsalès de Mejia*, successeur, dans cette dignité, de *Pero Ferrandez Cabeça de Vaca.*
Jagousès (Piétre). *Pero Gonsalès.*
James, roi de Majorque.
Jaucourt (Philippe de).
Jausselin, tranche-tête de l'armée d'Olivier de Clisson, devenu un nom général pour désigner le bourreau.
Jean XXII, pape.
Jean, fils bâtard de Pedro de Portugal et de Thérèse Lourenço, et frère du roi Fernand, grand-maître d'Avis, puis roi de Portugal.
Jean, fils bâtard de Jean de Hainaut.
Jean, le prêtre Jean.
Jean, fils du comte de Cambridge et d'Isabel de Castille, fille de don Pedro.
Jean, évêque de Cambray.
Jeune (Philippe le).
Jeviet (Jean). *Jouet.*
Joie (comte de). *Joigny.*
Joinville (comte de).
Jonneston (Thomas). *Johnston.*
Joucre (Yves), de la Frise.
Joy (Pierre de), de la Beauce.
Julien (Louis de Saint-).
Juliers (marquis, puis duc de).
— (Guillaume de)
Jumont (Jean de).
Junieppe (Rasse de).
Juppelai (Louis de).

K

Kaermel (Geffroy de), Kaermiel, Karmel.
Kakeren (Henry de).
Kare (Martin de la). *Cara.*
Kator (Jovelin).
Kenfort (comte de). *Hereford.*
Kent (Edmond, comte de), frère d'Édouard II.
Kent (comte de), frère de Richard II.
— (Thomas de), fils du comte.
Ker (Pierre de).
— (Guillaume de).
Kerauloet, Breton.
Kerrich (Jean de). *Keriec*, Breton.
Kevillart (Henry de), *Quevillard.*
Kieret (Hector).
— (Hue), commandant de la flotte française.
Kocke (Jean le), écuyer navarrais.
Kodun (Antoine de).
Kok (Thomas). *Cook.*

Kouk, écuyer de la reine de France.
Kreseques (sire de). *Creseques.*
Kuńck (sire de), *Kuck.*

L

Laconnet (Alain de), *Lakonnet.*
— (Yon ou Yvain de).
Lacy (Hue de).
Ladurant (Geronnet de).
Laige (Jean). *John Legy.*
Laille (comte de), comte de Lille-Jourdain.
Laindehale (Louis de), *Leynondale.*
— (Jean de). *Landehall.*
Lalaing (sire de).
— (Simon de).
Lam (Roger). *Lamb.*
Lambel (Henry du).
Lambequin (le Maréchal).
Lambes (Jacques). *Lamb.*
Lambres (Tristan de).
— (Lambert de), son frère.
— (Louis de).
Lamit, capitaine de routiers.
Lamougies (Augerot de).
Lanay (Jean de).
Lancastre (duc de). *Jean de Gand*, frère du Prince Noir, tige du rameau de Lancastre, connu par les querelles de la rose rouge et de la rose blanche : depuis *Henri IV.*
— (Blanche, duchesse de).
— (Philippe de), sa fille.
Lancastre, écuyer.
Lancegrave (la), la Landegravine, nom d'une dame de la reine d'Angleterre.
Landas (Jean de).
Lande (Jean de la).
— (Berars de la).
Landerniau (Galeran ou Walcran de).
Landes (sénéchal des).
— (Raymond des), châtelain de Mauvoisin.
— (Augelot des), son frère.
Landon (sire de).
Landuras (sire de).
Landury (sire de).
Lane (Ramonnet).
Lane (sire de la).
Lane-Plane (sire de la).
Langley (Aymond). *Edmund Langley*, comte de Cambridge, fils d'Édouard III.
Langres (Simon de).
— (Guillaume, bâtard de).
Langueran (sire de), Langheren, Langoyran, Langurant. *Langoyran.*
Lantonne (Jean de). *Langtown.*
Lanut, capitaine de routiers.
Laon (évêque de).
Laquighay (Jean de), Languigay, Laquingay. *Lackinghay.*
La Selle (sire de) *Lascels*).
La Sellée (Guillaume de), *Leslie.*
Latimer (sire de).

Laudre Robert), *Lauder.*
Laurent (Jean), *Louremço.*
Lautrec (vicomte de).
Laval (sire de).
— (Braimon de).
Lay (Hustin du).
— (Yreux du).
Lebret (Jean de), Lebreth, Labreth. *Albret.*
— (Bernardet de), sire de Gironde.
— (Perduccas de).
Léger (sire de Saint-).
— (Ricart de Saint-).
Lemballe (Henry de), maréchal de Hongrie.
Lens (sire de).
Lensenich (Conrart de), Leusermich, Lensemach.
Léon(Diantale de),Adelantado de Léon.
Léon, Léonel, Lyonnel, duc de Clarence, qui épousa, le lundi après la Trinité de l'année 1368, la fille de Galéas Visconti.
Léon (évêque de).
— (Guy de).
— (Hervey, Hervieu, et Hervé de).
Le Roy (Pierre). *Pierre de Coning.*
Lesque (sire de).
Lestier. *Lyster* et *Littester.*
Lestines (Moreau de).
Lévis (Jean de), maréchal de Mirepoix.
Leyde (bourgrave de la).
— (Thierry de la), son frère.
Libery (Étienne de), Anglais.
Libyne (Jean de).
Liége (Foucaut de).
Lierbon (Jean de), *Lilburn.*
Lieureghien (sire de). Luirenghien.
— (Gillebert et Gyselbert de).
Lièvre (le), le Haze de Brabant et le Haze de Flandres. Froissart a traduit en français le mot *Haze.*
Lignac (sire de), Lignach, Lingnac.
— (Guillaume de).
— (Hélion de).
— (Jean de).
Ligne (sire de).
— (Nicole de).
— (Michel de).
Ligny (Guy de), comte de Saint-Pol.
— (Jean de).
Lille (comte de), Lisle, Bertrand de Lille-Jourdain.
— (Raymond de).
— (Jean de.)
Limosin, capitaine de routiers.
Limosin (Richard de), *Lymosin.*
— (Gautier de), son frère.
— (Regnault), maréchal de Castille; son nom était *Regnault de Solier.*
— (Regnault), son fils.
— (Henry), autre fils.
Limossalon (Jean de).
Lin (Louis), Anglais.
Linchevalle (Jean de).
Lindesée (Guillaume de). *Lindsay.*
— (Alexandre de).

— (Jacques de).
Liniers (Maubuin de), Linières.
Lintre (sire de).
Liques (sire de).
Listier (Jean). *Lyster* et *Littester.*
Listrenale (Jacques de).
Livon VI, roi d'Arménie, de la famille des Lusignan, dépossédé par le soudan d'Égypte et réfugié à Paris, où il est mort.
Loheac (sire de).
— (Guy de).
Lomblé (Raoul de). *Ralph Langley*, sénéchal d'York.
Lommel (Raoul de).
Lompré (Guyot de).
Longueval (sire de).
— (Jean de).
Longueville (comte de), connétable d'Espagne.
Longval (Guillaume de).
Longvilliers (Jean de), Longvilliers.
Longvy (sire de).
Lonin (Guérard de).
Lopin (Sanses).
Lore (sire de).
Lori (Jean de). *Lorry.*
— (Gérard de).
Lornich (Neel), Lourich. *Nesle Loring.*
Lorraine (duc de)
— (Ferry de), son fils.
Lorris (Lancelot de).
— (Robert de).
Los (comte de).
Louis, roi de Navarre.
Louis-le-Hutin, roi de France.
Louis, fils de Charles V, roi de France.
Louis (Jean).
Loutres (Alart de).
Louvaing (Nicolas de).
Louvart (sire le), chevalier; peut-être *Lever.*
Loys (le chevalier).
Lume (Hugues de).
Lune (vicomte de). *Luna.*
— (comte de la).
Lusignan (Hugues de), Luzignen, roi de Chypre, de Jérusalem et d'Arménie. *Hugues IV.*
— (Pierre de). *Pierre Ier*, son fils.
— (Jacques de), frère de Pierre.
— (Léon de). *Livon VI.*
Lusseborne (Jean de), Anglais.
Lusy (sire de), Luscy, Lucy, Lussy. *Lucy.*
— (baron de).
— (Étienne de).
Luxembourg (Henry de), empereur.
— (Jean de), roi de Bohême.
— (Marie de), sœur de Jean, épouse de l'empereur Charles IV.
Lyon (Richard). Hyons.
— (Jean).
— (Aymon).
— (Espaing du).

M

Magdelain, clerc anglais.
Maggelais (sire). *Marclois*, Anglais.
Maigneiers (Tristan de).
Maillart (Jean).
Maillechat (Lucas de).
Maillogres (roi de). *Jayme II, roi de Majorque*.
Mailly (Yvain de).
— (la dame de).
— (Louis de).
Mainefort (Henry de). *Montfort*.
Maire (Arnoult le).
Maisières (Pierre de).
Maksvel (Jean). *Maxwell*.
Maldaiges, nom d'un Sarrasin que je ne puis reconnaître.
Malepene (Louis de).
Malestroit (Geffroy de).
— (Jean de), son fils.
— (Henry de), autre fils.
Maleval (Louis de).
Malin (Louis de).
Malmont (Robert de).
Malval (sire de), Maleval.
Mamines (Philippe de), sire d'Esk.
— (le Gallois de).
— (le Bâtard de).
— (Pierre de).
Manne (sire de), de l'île de Man.
Mannier (sire de). *Mannières*.
Mansel (Philippot).
Mansion de Mekke (le duc), nom défiguré d'un dignitaire sarrasin.
Mansion (messire), de Lombardie.
Maquemaire (Artus). *Mac-Morrough*.
Marant, nom d'un matelot qui approvisionnait Calais.
Marbais (sire de).
— (Louis de).
Marc (Antoine), Génois.
Marcel (Étienne), prévôt des marchands de Paris.
— (Gilles ou Guillaume).
— (Aymerigot).
— (cardinal de Saint-).
Marchant (Guillaume), Gascon.
Marche (comte de la). *Jean, comte de March*, connétable d'Angleterre.
— (comte de Dombar et de la). *Dunbar et March*.
— (Georges de Dombar et de la). —
— (Guillaume comte de). *Marr*.
Marcille (Jean de Saint-).
Marck (Aoulz de la). *Adolphe de la Marck*, évêque de Liége.
Marcy (sire de).
Marc (comte de la). *Marr*.
Maréchal (Robert), Mareschaux, Mareschaut.
— (Jean).
Maréchal (comte), Marescaux. Le comte de Nottingham, maréchal d'Angleterre. — Et aussi Thomas,
comte de Norfolk, frère d'Édouard et maréchal d'Angleterre.
Maresque (Guiot).
Marets (Jean des).
Marguerite, comtesse de Hainaut, femme de l'empereur Louis de Bavière.
— fille d'Édouard III et de Philippe de Hainaut, née à Calais et mariée à lord John Hastings.
Marigny (Jean de), évêque de Beauvais.
Mariniau (Robert de).
Marions (comte de). Le comte de *Moron*, fils du roi Henry, ou le comte de *Norona*.
Marke (sire de).
Marke, roi d'armes anglais.
Marquesuel (Jean). *Maxwell*.
Marquilles (Gérard et Gérars de), Marqueillis, Marquelies.
Marsan (Raymonnet de Saint-).
Marse (Aymard de).
Marsen (sire de).
— (Raymont de).
Marteberry. *Morbury*, écuyer anglais.
Martel (Guillaume).
Marten (sire de).
Martin (Guillaume de Saint-).
— (Jacques de Saint-).
Martin-l'Escot, l'*Écossais*.
Marueil (Raymond de), Maruel.
— (Le Bascon ou Bascles de), le *Bâtard de Mareuil*.
Mascon (Josserand).
Mase (Jean).
Maselle (Pierre).
Masquelée (Guillaume). *Mascley*.
Massères (l'évêque de).
Mastain (Jean de).
— (Gérard de).
Matefelon (sire de).
Matelin (sire de), Mathelin. *Metclin*, ancienne Lesbos.
Mathieu (Gisebrest).
— (Estiennart), son frère.
— (Jean), leur père.
Maubué (messire).
Maubuisson (sire de), Normand.
Mauffez (messire), Maulfe. *Matteo Visconti*.
Maugin. *Maugis*, cousin de Regnault de Montauban.
Maulain (Gérard de).
Mauléon (le Bascot de), le *Bâtard de Mauléon*.
— (Ernauton de), son cousin, capitaine de Carlac en Auvergne.
Maulévrier (sire de).
Mauny (le Borgne de).
— (Gautier et Wautier de), son fils.
— (Courageux de), son neveu.
— (Olivier de).
— (Hervé de).
— (Eon ou Yon ou Yvon de).
— (Henry de).
Mauvinet (Maurice).
Mauvoisin (sire de).
Medine (comte de). *Medina en Espagne*.
— (Pierre Ferrant de).
Meke (l'Amiral de), l'Émir de la Mekke.
Melun (Hue de).
— (Guillaume de), fils du comte de Tancarville.
Mendrich (Da Gomes). *Diego Gomes de Manrique*.
Mendouch (Da Ghomes et Da Ghêmes de), Mendut. *Diego Gomes de Mendoza*.
Menet (Jean). *Mainiel*.
Mennot (Robert le).
Menstreourde (Jean de), Montrourde. *Mensterworth*.
Mercier (Jean le).
— (Nicolas le).
Mercœur (sire de), Mercueil, Merauciel. *Mercœur*.
Merenton (Guillon de).
Mères (Dan Dighe). *Don Diego de Merlo*.
Merle (Guillaume de).
— (Jean de).
Merle (Vasse Martin de). *Vasco Martins de Merlo*.
— (Gonsalve de). *Gonsalo Eanes de Merlo*.
— (Ferrant Martin de).
Merse (Tiecq de).
Merval (Louis de).
Merwède (sire de).
Meschin (le Petit), surnom de *Perrin de Sasine*.
Mespin (Pierre).
Messiden (Thomelin), Anglais.
Mestriel, nom d'un matelot oui approvisionnait Calais.
Meulier (Froissart).
Micaille (Gauvain).
Milan (Valentine de), duchesse de Touraine.
Mille (messire), de Lorraine
Milli (le Borgne de).
Miltonne (sire de). *Milton*.
Mirande (comte de).
Miranda.
Miraude (Servais de). *Mérode*.
Mirepois (sire de). *Jean de Levis, sire de Mirepoix*.
Misse (marquis d'Eurient et de), margrave de Misnie et d'Osterland.
Miton (Robert). *Milton*.
Modifer, nom défiguré d'un Sarrasin.
Moine (Jean le).
— (Guillaume le).
Moine (le) de Basele, de la famille *Le Moine* de la ville de Bâle en Suisse.
Mollebin (Simon).
Monchiaux (sire de). *Monceaux*.
— (Rasse de).
Mondesque (Pierre Goussart de). *Pero Gonsalo Alvarez de Mendoza*.

FRANÇAIS ET ÉTRANGERS.

Mondorf (Jean de).
Mongombre (sire de). *Montgommery*
Monnestier (Pierre de), cardinal d'Arras et d'Ostie.
Monnoie (Nicolas de la).
Mons (comte des), *de Berg*. C'est la traduction du mot allemand.
— (Din de).
Montagu, conseiller du roi de France.
— (Griffon de).
— (Jean de), héritier de Salisbury.
— (Guillaume de), *Gilles Ascelin*.
Mont-Albin (Louis de).
Mont-Allier (le Borgne de).
Mont-Auban (Regnault de).
Mont-Berry (Pierre de).
Mont-Béliart (comte de), Mont-Bilier.
Mont-Brandon (sire de).
Mont-Buchier (sire de).
Mout-Bucy (sire de).
Mont-Carel (sire de), Mont-Caurel.
Mont-Cenart (Philippe de).
Mont-Clau (sire de).
Mont-Contour (Guillaume de).
Mont-Digeon (Bertran de), Mont-dège.
Mont-Digy (Guillaume de).
Mont-Merle (Jacques de), Poitevin.
Montendre (sire de).
— (Guillaume de).
Monteroie (sire de).
Montesquieu (Bertran de).
Mont-Faulcon (sire de).
— (Pierre de).
Mont-Ferrand (sire de).
— (Guillaume de).
Mont-Ferrat (marquis de).
Mont-Fort (comte de), Jean, fils d'Arthur II, duc de Bretagne, et d'Ioland de Dreux. Il avait épousé une sœur du comte Louis de Flandre.
— (Jacques de).
— Héraut du duc de Bretagne.
Mont-Gent (sire de).
Montiel (Adhémar de), évêque de Metz
Montigny (sire de), en Ostrevant.
— (Tiercelet de).
— (Jean de).
— (Race et Rasse de).
— (Brideaulx de).
— (Guillaume de).
— (Robert de).
Mont-Jardin (Baudoin de).
Mont-Limer (sire de). *Montélimar.*
Mont-Martin (Jean de).
— (Jaquèmes de).
Mont-More (Jaquèmes et Jacques de), Mont-Mor.
— (Morelet de), son frère.
Mont-Morency (sire de), maréchal de France.
— (Charles de).
Mont-Morillon (Thibaut de).
Mont-Paon (Guillaume de).
Mont-Pensier (sire de Ventadour et de).
Mont-Quel (le Borgne de).
Mont-Raulin (sire de)

Montrès (Étienne, comte de). *Menteith.*
Mont-Rivet (Bertrand de).
Mont-Roire (sire de), en Périgord.
Mont-Sault (sire de).
Morabaquin (le). *Mourad-Bey, Amurat II.*
More (sire de Sainte-).
Morfonace, écuyer breton.
Morbek (Herman de), Mortbeque.
— (Denis de).
Moreaulx (Thomas). *Morell*, Anglais.
Mores (Digo). *Diego Moniz*, frère du grand-maître de Calatrava.
Moret (comte de). *Moray*, Thomas-Randolphe, comte de Moray et sire de Man.
Moreuil (sire de), Morreuil, Moreil.
— (Raymond de).
— Thibaut de).
Moriane (sire de), Moriannes.
— (la dame de).
Moriaumez (Robert de).
Morich (damp Pierre de). *Don Pedro de Manrique.*
Morillac (Jean).
— (Roger de).
Morine (comte de). *Manrique.*
Morinot, valet du duc de Berry.
Morlans (Jean de).
Morlay (sire de).
Morles (Guillaume).
Mornay (sire de).
— Pierre de).
Mortaing (Jean de), Mortain.
— (la dame de).
Mortimer (Roger de).
Mote (sire de la), Motte.
— Remond de la).
— Richard de la).
— (Jean de la).
— (Gaillart de la).
— (Aubert de la).
— Guy de la).
— Geffroy de la).
Moubray (sire de), Moutbray. *Mowbray.*
Mouchy (Henry de).
Mouleraie (Guichard de la).
— (Tristan de la), son frère.
Moulin (Guillaume du).
— (Jean du).
Mourasse (Adam de).
Mouresque (Cosme de la).
Mouret (Jean, comte de). *Moray.*
Mournay (sire de). *Mornay.*
Mours (comte de), Allemand, sire de Goch, Berck et Meggen.
Mousegrave (Thomas). *Musgrave.*
Moutin (Odille de).
Mouton (Jean). *Newton.*
Moylais (sire de). *Manley*
Mucident (sire de), Mucidan.
Muelle (Gossuins de la). *La Moere.*
Muley-Mohammad, roi de Grenade.
Multon (Jean de), Mulleton, Milleton.

Milton, mayeur ou maire de Bordeaux.
Mur (Christophe et Cristoff de).
Murendon (vicomte de).

N

Naire (Josse de la). *La Moer.*
— (Thierry de la).
Namur (Robert de), seigneur de Beaufort.
— (Guillaume de).
Nantouillet (sire de).
Narbonne (Aymeri, comte de).
Nasco (comte de). *Jean*, comte de *Nassau.*
Navaret (Ouges). *Hugues.*
Navarre (Pierre de).
— (Louis de).
— (Martin de).
Nazara (comte de). *Lazare*, despote de Servie.
Nebosem (Bernard de).
Neelle (sire de), Nielle. *De Nesle.*
— (Guy et Guillaume de), sire d'Auffremont.
Nègre (Antoine le).
Nence (sire de).
Neufville (Jean de). *Nevill.*
— (Raoul de), son fils.
Nicle, chevalier de Bohême.
Nido (comte de). *Nidau.*
Nièpe (Pierre de la).
Norbervic (Guillaume de). *Northwick.*
Nordvich (évêque de). *Norwich.*
Norenton (comte de), Norhantonne. *North-Hampton.*
Norbrey. *North-Bury*, écuyer anglais.
Nortinghen (comte de), Notinghen. *Le sire de Mowbray, comte de Nottingham.*
Nortonbrelande (comte de). *Henry Percy*, comte de North-Humberland.
Norvich (Jean de). *Norwich.*
Novare (comte de), Novaire. *Nuno Alvarez Pereira*, connétable de Portugal.
Novalles (Mennaut de), Nouvailles.
— (Nouvaus de).
— (Pierre Mennaut de).
Noyèle (Godefroy de).
Noyers (sire de).
Nuitre (Pictre de). *Pierre de Winter.*

O

Obiaulx (sire des).
Obies (sire d').
— (Jean d').
— (Gérard d').
Obstrate (Vautre). *Walter van Straten.*
Odes, Ode, Eudes, duc de Bourgogne.

TABLE DES NOMS D'HOMMES

Offemont (sire d'). *Guy de Nelle*, sire d'Auffremont en Vermandois.
Offrey *Humphrey*, fils du comte de Derby.
Ogemont (sire d').
— (Thierry d'), son frère.
Ogle (Robert Av.). *Robert of Ogle*, Anglais.
Olbaing (Thierry d').
Oliferne (Agadinquor d'), nom estropié d'un Sarrazin.
Opem (Jean), Open.
Ophemont (Jean d').
Orange (prince d').
Orchay (Foucauld d').
Orgesi (Michel d'). *D'Orgessin*.
— (Légier d').
Orkenai (sire d'), Orquenai. *Des îles Orkney*.
Ormont (Thomas, comte d'). *Ormond*.
Orsi (sire d').
Orsuich (Gauthier), Ourswich. *Urswick*.
Ortinge (Aymemon d'), Ortingues. *Amanieu d'Artiges*.
— (Thomas d').
Oske-Sufforch (comte de). *Oxford*.
Oste (Berengier), bourgeois de Toulouse.
Ostes (messire).
Ostie (cardinal d').
Ostrevant (comte d'). *Guillaume de Hainaut*.
Osturem (comte d'). *Astorga*.
Othe. *Othon de Brunswick*.
Othes, frère du duc d'Autriche ; c'est *Léopold* qu'il faut lire.
Oultre (Jean d'), Oustiennes, Ousteines. *Van Oulten*.
— (Allard d'),
Ourghem (Thomas), Irlandais.
Ourry (Albrest), Allemand.
Ourselée (Geoffroy). Oursellé. *Worsley*.
Ousteines (Alard d'). *Van Oulten*.
Ouzach (Raimond d'), Ouzac.

P

Padille (Disgenez de). *Diego Yanez de Padilla*.
Pado (Jonathas de), Irlandais.
— (Jean de), son cousin.
Pagny (sire de). *Jacques de Vienne*.
Païen (Geffroy).
Paillier (Raymond du).
Painel (Nicolas).
Paintièvre (comte de). *Penthièvre*.
Pairigny (Jean de). *Périgny*.
Paix (Charles de la). *Charles de Duras*, qui prit le nom de Charles III à Naples.
Palatin (Perrot), de Berne. *De Béarn*.
Palice (sire de la).
Pathais (comte de).
— (Roger de), son frère.
Pammiers (l'Espérat de).

Pan (Guillaume de), Pans. *Guillaume de Penne*.
— (Ernauton du). *Arnauld de Penne*.
— (Guillonnet du).
Paonnier (Simon-le-).
Paperat (Espagnolet de).
Parc (Guillaume du).
Parcek (Jean Ferrant), Parcek, Parceck. *Pacheco*.
Paris (Jean de).
Parthenay (sire de), Partenay.
— (Geoffroy de).
Pascal (maître), clerc du roi de Navarre.
Passelle (Daniel).
Passe (Jean Radigo de), un des Portugais envoyés à Londres.
Passac (Gautier et Gauthier de), Passach.
Patris (comte). *Patrick Dunbar*.
Paule (Henry de la). *De la Pole*.
— (Gautier).
— (Thomas de la).
— (Jean de la).
Paul (Fortifiet de Saint-).
Paulé (Guillaume), Pauls. *Paulet*.
Pavie (Aymeri de), Lombard.
Pel (Lambert du).
Pellagrue (Petiton de).
Pennebroch (comte de), Pennebruich. *Pembroke*.
Pennebrug (Richard de), Pennebruges. *Pembridge*.
Pennefort (Henry de). *Spinefort*.
— (Olivier de).
— (Richard de).
— (le Bâtard de).
Penthièvre (comtesse de), Pentièvre, femme de Charles de Blois.
— (comte de).
Pérade (Durandon de la).
Percek (Diègue Lopes). *Diego Lopes Pacheco*.
— (Jean Ferrant), son fils.
— (Agalop). *Guadalupe*.
— (Ferrant).
— (Dieu Galop). *Diego Guadalupe*.
Perche (comte du).
Percy (Henry de), Persy, évêque de Norwich.
— (comte de).
— (Raoul de).
— (Richard de).
— (Thomas de).
Père (Robert de Saint-).
Perle (sire de).
Perne (Lambert de).
Perrier (Jean).
Perrière (Guillaume). *William Perreer*.
— (Chiquart de).
— (Jean Radigo). *Joam Rodriguez Pereira*.
— (Alve). *Alvaro Pereira*, maréchal de Portugal.
Perrot-le-Biernois. *Le Béarnais*, capitaine de Caluset.

Personne (Jean-la-), vicomte d'Acy.
— (Lancelot-la-).
Peschin (Ymbaut du).
Petit (le), sénéchal d'Eu.
Philippe-le-Long, roi de France.
— le-Bel, *idem*.
Philippe du Rouvre, duc de Bourgogne.
Picard (Jean).
Piccourde (Philippe), Pigourde. *Pegworth*.
— (Philippart).
— (Thomas).
Pierre du Bois. *Peter van den Bossche*.
Pierre (Eustache de Saint-).
Pierre-Buffière (sire de).
Pierre (sire de la).
— (Gérard de la).
— (Guillaume de la), Anglais.
Pierregort (le Bourg ou Bâtard de).
— (comte de).
— (Roger de), son oncle.
— (le cardinal Taleyrand de).
Piet (Jean).
Piètre (Damp). *Pedro-le-Justicier*, roi de Castille, père de Constance, mariée au duc de Lancastre, et d'Isabelle, mariée au comte de Cambridge.
Pietreson (Jean).
Piilister (Jean).
Pin (Guyot du).
Pincornet (sire de).
Pinon (sire de).
Pion Ferrant de).
Pipempois (Guillaume de).
Pipes (James de). *Lord James Pipe*.
— (Raoul de).
— (Jacques de).
Piquegny (sire de). *Pecquigny*.
Plainmartain (la dame de), femme de Guichard d'Angle, comte de Huntingdon.
Plaisac (Mouret de), Plessac.
— (Heliot de).
— (Jean de).
Planchin (Jaquèmes).
Pobières (Jean de).
Poelgheest (Guy de).
Poiane (sire de).
Poillevilain (Jean).
Poinins (sire de). *Poynings*.
— (la dame de).
Poiret (Jean).
Poises (sire de).
Poitiers (Louis de), comte de Valentinois.
— (Aymart ou Aymery de), son frère.
— (Guillaume de), Bâtard de Laugres.
— (Charles de).
Poix (sire de).
Pol (comte de Saint-).
Pol (Guy, comte de Saint-).
— (Waleran de Saint-), son fils.
— (Alain de Saint-).

FRANÇAIS ET ÉTRANGERS.

Pole (Gautier). *De la Pole.*
Polignac (vicomte de).
Pommiers (sire de).
— (Jean de).
— (Hélie de), son frère.
— (Aymon de), son frère.
Ponnignes (sire de). *Poynings.*
Pons (sire de).
Pont (Thibaut du).
— (Regnaut du).
— (Bacon du).
Pontarlier (Guy de), maréchal de Bourgogne.
— (Jean de), son frère.
Pontchardon (Richard de).
Pontelarche (Gautier de). *Pont-de-l'Arche.*
Ponthieu (comte de).
Pont-Saint-Martin (Perducas de).
Popelan (Jean Salle de), Portugais.
Poperan (Espagnolet de).
Porcien (comte de), Portien.
— (Hugues de), son frère.
Portebeuf (Pierre).
Pot (Regnier).
Potelles (sire de).
Poule (Richard de la), Poulle. *De la Pole.*
— (Michel de la).
— (Damaux de la).
— (Guy de la), son frère.
Poullain, trésorier du duc de Touraine.
Poullegrève (Betremien), Génois.
Pounins (sire de). *Poynings.*
Poursuivant-d'Amour, nom d'un chevalier qui était capitaine de Beaufort.
Poussart (Jacques).
Préaux (sire de).
Pressach (Pierre de).
Prez (Bertrand des).
Priam, roi des Troyens.
Prie (sire de).
Prieur, Pruiars. *Prior,* Anglais.
— (Andrien).
Pruniaux (Jean). *Bruneel.*
Puisances (sire de). *Regnaut de Thouars,* Poitevin.
Puy (Ernauton du).
Py (sire de Saint-). *Sempy.*

Q

Quaderebbe (sire de). *Cotterebbe.*
Quadillac (Geoffroy de). *Cadillac.*
Quadudale (Guillaume). *Cadoudal.*
— (Garnier).
Quannebourg (sire de).
Quantonne (Robert de). *Oxendon.*
Quarremuel (Geoffroy de). *Kerimel.*
Quatenton (Alain de). *Waterton* ou *Wharton.*
Quensignich (Garnier de).
Quent (comte de). *Thomas Holland, comte de Kent.*
Quentin (Thomas de Saint-).
Quer (sire de).

Quer (Pierre de).
Quermain (vicomte de). *Carmaing.*
Quermes (vicomte de).
Quesnoy (sire du).
Quevillard (Henry dit), Kevillard.
Quieret (Hue).
Quingay (Jean le). *Lackingay.*
Quinghen (Jean de).
— (Gérart de).
— (Huart de).
Quintin (sire de), Quintenin. *Quentin.*
— (Guillaume de).
Quinebergh (Thomas) *Queensbury.*
Quoyquem (Olivier de).

R

Rademen (Mathieu), Rademain. *Redman.*
— (Jean).
Radhigo (Jean). *Joam Ruy Dias.*
— (Ferrant).
Radigois de Derry, Rabigois, Irlandais.
— (Mandich). *Mendez Rodriguez,* fils de Gonçalo Mendez de Vasconcellos.
Raimbaut (Louis).
Raincevaus (Hue de). *Roncevaux.*
Raineval (Walerant de), Reneval, l'un en Auvergne et l'autre en Normandie.
— (Raoul de).
Raix (sire de), Rais, Royc. *Roie.*
Rambures (sire de).
Ramcsay (Alexandre), Ramesée. *Ramsay.*
— (Jean), son frère.
Ramesen (Pierre de).
Ramseflies (sire de).
Rassenghien (sire de).
— (Gérard de), sire de Basserode.
Raymond (Bertrand).
Raymond, neveu du pape Clément VI.
Recombes (Louis de).
Reduen (Guillaume de) *Rothwen.*
Regnault (Jean).
Rely (Jean).
Réné (sire de).
Responde (Din de).
Revel (sire de).
— (Fleton de), son fils.
Ribedé (comte de), Ribedée. *Ribadeo.* Le Bègue de Vilaines, créé comte de Ribadeo en Espagne.
Ribaumont (Galehaut de), Ribeumont, Ribemont.
— (Eustache de).
Richard (Jean), Anglais.
Richard Cœur-de-Lion, roi d'Angleterre.
Richard II, — fils du prince Noir.
Richemont (comte de). *Robert d'Artois,* que Froissart suppose avoir été créé comte de Richmond.
Ricon (Geoffroy).
Rie (Jean de).
Rieux (sire de).
Rifflart (messire).

Rilly (Arangay de).
Rin (Simon).
Riom (Guillaume de).
Rivery (sire de).
Rivière (sire de la).
— (Bureau de la).
— (Beraut de la).
Riville (sire de).
Robersart (chanoine de), Robertsart.
— (Louis de), son frère.
— (Jean de).
Robert. *Robert Stuart,* roi d'Écosse.
— son fils.
— roi de Naples et comte de Provence.
— écuyer.
— Dauphin d'Auvergne.
Robinet (Thomas).
Rocelaer (sire de). *Rotselaer.*
Rocestre (Louis de). *Rochester.*
Roche (Andrieu de la).
— (Pierre de la).
Rochechouart (Aymery de).
— (vicomte de).
— (Guillaume de).
Roche-Derien (sire de).
Rochefort (Gérard de).
— (sire de).
— (Simon de).
Rochefoucault (sire de).
Rochestre (comte de). *Rochester.*
Rochetaillade (frère Jean de la).
Roche-Tesson (sire de la).
Rocliève (Richard de). *Radcliffe.*
Rocques (Floridas de).
Rodais (Jean de).
Rodenbourch (sire de).
Rodes (chevalier de). *Rhodes.*
Rodes (Thomas de), capitaine des Allemands.
Rodès (comte de), Rodais. *Rhodez.*
— (vicomte de).
Roe (Philippe de).
Rogny (Hugues de).
Rohale (Richard). *Rowhall*
Rohan (vicomte de).
Roie (Regnaut de).
Roisin (sire de).
Role (le comte Jean-Alphonse). *Alfonso Tello,* amiral de Portugal et comte de Majorque et de Barcellos.
Roleghen (sire de).
Rollans (Jacques), Rollant
— (Jean).
Roque (Hugues de la), sénéchal de Carcassonne.
Roquebertin (vicomte de), Rocheberlin. *Rocaberti.*
Ros (sire de), Rose. *Roos.*
— Aymond de).
Roselart (sire de). *Rotselaer.*
Roselée (Thomas). *Roselie.*
Roselles (Radigo de). *Ruy Diego.*
Rosem (Pierre de), Rosen.
— (sire de).
Rosenghien (Girard de)
Rostelant (comte de). *Rutland,* fils du duc d'York

TABLE DES NOMS D'HOMMES

Rostem (Ernaudon et Ernanton de).
Rosoy (Jean du).
— (Gilles du).
Robais (sire de).
Rouge (le), écuyer.
Rougemont (sire de).
Rous (Radigo le) Roux. *Ruy Dias de Rojas.*
Rous (sire de), Roux, Rouse. *Roos.*
— (Robert de).
Roussel (Jean), Roussiau *Russell.*
Roussillon (Geoffroy de), sire de Villars et de Roussillon.
Roussy (Hue de).
Rouvroy (Le Borgne de).
Roux (Alain).
— (Pierre), son frère. Ils étaient neveux de Geoffroy Tête-Noire.
Roy (Jean de), Roye. *Roie.*
— (Tristan de).
— (Mathieu de).
— (Flamens de), son cousin.
— (la dame de).
— (Regnault de).
Ruane (Martin de).
Rue (Jacques de).
Rues (Fatres des). *Walter.*
Ruet (Le Borgne de).
— (Catherine Paon du), fille d'un chevalier de Hainaut ; elle épousa le duc de Lancastre ; son vrai nom était Catherine de Swinford.
Ruffin. *Griffith*, Anglais.
Ruville (sire de). *Riville.*
Rye (sire de).
— (Jean de).

S

Sains (sire de).
— (l'Aigle de).
Saint-Albin (Louis de).
— (Gossiaux de).
Saint-Aubin (sire de).
Sainte-Croix (sire de).
Saint Martin (Willem de).
Saint-Py (sire de). *Sempy.*
Saintré (Jean de), sénéchal d'Anjou.
Sakenville (Pierre de). *Saquenville.*
Salebrin (Alis, comtesse de), comtesse de *Salisbury.*
— (comte de). *Guillaume de Montagu, comte de Salisbury.*
Salebruch (comte de). *Sarabrück.*
Salemagne (Jean).
Salenges (Guillonnet de).
Salengis (Monnaut de).
Salbadin, roi des Sarrasins, suivant Froissart.
Salich (Pierre de). *Scales.*
Salins (Anceaux de), grand chancelier de Bourgogne.
Salle (Robert), Anglais.
Salle (Bernard de la).
— (Hortingo de la).
— (Wallerant de la).
Salilebery (comte de). *Salisbury.*
Sallière (Guirart de).

Salsberi (Jean de). *Salisbury.*
Saluces (marquis de).
Salves (Jean Gome, Gemme et James de). *Joam Gomez da Silva*, fils de Gonçalo Gomez da Silva.
Samarie (Aphalonge de), nom défiguré d'un Sarrasin.
Sancelles (Henry de), Sanzelles.
Sancerre (sire de), Sançoirre, Sansoirre, maréchal de France.
— (Jean de), son fils.
— (Louis de), autre fils.
— (Robert de), autre fils.
Sances (damp), Sanses. *Don Sanche*, fils de Pierre-le-Cruel.
Sandelans (Jean de). *Sandilands.*
Sandvich (Jean). *Sandwich.*
Sappleman (Jean).
Saquenville (Pierre de).
Sar (Jean Rodrigho de). *Jean Rodriguez de Sà.*
— (Jean Jeume de). *Joam Gomez.*
— (Goudes Radighes). *Gonsales Dias.*
Sarebière (Étienne de), Sarrabières, Salabière, Sarembière.
— (Pierre de).
Sarement (Mennant de), Sarment.
Sarisbis (comte de), Salsebrin. *Salisbury.*
Sars (Jean Rodigo de). *Joam Rodriguez de Sà.*
Sars (Jacques et Jakèmes de), Sart, Français.
— (Anceaux de).
Sassegnies (Gérart de).
Saucourt (Guy de).
Saucoye (Guillaume de la).
Sauf-Lieu (sire de Saint-).
Saumes (comte de), en Saumois, comte de *Salm-Salm.*
Sausalle (Jean). *Gonsalez de Souza.*
Saussy (Thielman de).
Sauvage (Gossuin le).
Sauvaige (Jean).
Saux (Jean de).
Saverdun (Richard de).
Savoie (Louis, comte de).
Savoie (Amé, comte de), son fils.
— (Perrot de).
Savoisis (Philippe de), Savoisy.
Say (Jean de).
Scalet (Lyon).
Scambourg (sire de).
Sconnevort (Regnaut de).
Scorborne (Robin). *Sherburn.*
— (Thomas).
Scot (Jean).
— (Robert).
Scotilaire (Jean).
Scrop (Guillaume). *Scrope.*
— (Jaquemin).
— (Jeunin).
Seclor (Jean).
Segbin (Apton), Seguin.
— (Naudon).
Ségur (Jean de), Ségure. *Sègre.*
Seimart (Guillaume) Semourt. *Sey-

mour*, cousin du comte de Huntingdon (Guichart d'Angle).
— Jean).
Sel (Guyot du), oncle d'Aymerigot Marcel.
Semeries (Perceval de).
Sempy (sire de).
Sens (Regnault de).
— (Guillaume de).
Senseilles (Thierry de), Senselles, Senzelles. *Senzelles.*
Sequaqueton. *Swinnerton*, Anglais.
Serains (Thierry de).
Seregnach (sire de. *Sérignac.*
Sermaise (Pierre de).
Serment (Digo Par et Per). *Diego Perez Sarmiento.*
— (Pietre de Re). *Pero Ruy Sarmiento.*
Servoles (Regnault de). *Cervoles*, dit *l'Archiprêtre.*
Seton (sire de).
Sévère (sire de Sainte-).
Séverin (comte de). *Sanseverino.*
Seville (Pierre Goussart de). *Pero Gonsalez de Sandoval.*
Sièple (Pierre de la).
— (Jean de la), son neveu.
Sierment (Pierre Ru). *Pero Ruiz Sarmiento.*
Silve (Jean Gome de). *Joam Gomes da Silva.*
Simou (Thomas). *Seymour.*
Sirehonde (Alain de).
Sobier (messire). *Zegher.*
Sobier, valet de chambre du comte de Blois.
Solenare (Augiers).
Solerant (Thomelin).
Solette (sire de).
Solier (Arnoul), de Limousin.
— (Regnaut de), dit *le Limousin*, maréchal de Castille.
Sollereil (sire de).
— (le bâtard de), son frère.
Sommaing (Thierry de), Soumaing, écuyer du Hainaut.
— (Gilles et Guillaume de).
— (Ostelart de),
Sorce (Jean de).
Sorel (sire de).
Sorge (Hainge de).
Sorin (Alphonse de).
Sorles (Gilles).
Sors (Raymond de).
Sothom (sire de). *Swinton.*
Soubrenon (sire de). *Sombernont.*
Soudrée (Jean). *Sounder*, frère bâtard de Richard II, roi d'Angleterre, et fils du prince Noir.
Sourbarsach. *Suleïdm Bayazie.*
Soustres (Jean), Soustrée, Soustrey. *Sounder*, frère bâtard de Jean Holland.
Spargne (Martin de).
Speingreniel (Raoul de), Spigremel. *Spyrgurnel.*

FRANÇAIS ET ETRANGERS. xlvij

Spontin (sire de).
Sporequin (Jean).
Stafort (sire de). *Stafford.*
Stambourne (Nicolas de). *Tamworth.*
Stamvore (Nicole). *Tamworth.*
Standvich (Jean). *Standish* ou plutôt *Sandwich.*
Stanfort (Richard de). *Stafford.*
— (le baron de).
Stapelle (Guillaume de).
Stappleton (Beraud).
Stelle, maître-d'hôtel du roi d'Angleterre.
Sternaille (Gérard de).
Stincelée (Janekin). *James Finchley.*
Stinquelée (Jean). *Stingulie.*
— (Nicolas).
Stockelaire (Jean).
Stone (Nicolas).
Strand (Jean).
Strappleton (Bryan). *Bryan Stappleton.*
Straten (Guillaume de).
Strau (Jacques). *Straw.*
Stuart (Guillaume).
Stuelpe (duc de). *Stolpen.*
Stury (Richard), chevalier anglais, lié avec Froissart.
Sueten (Clais de).
Suffolch (comte de). *Suffolk.*
Sully (sire de).
— (Henry de).
Surgières (Jacques ou Jaquèmes de).
Surie (Jean de). *Surill.*
Surlant (Jean, comte de). *Sutherland.*
Susbery (Simon de). *Sudbury.*
Symou (Thomas). *Seymour.*
— (Adam).

T

Tacque (Thibaut), valet du duc de Berri.
Taillard (bourg ou bâtard de).
Taillardon (écuyer), du pays de Foix.
Taillebot (sire de), Taillebourg. *Talbot.*
— (Guillaume de).
Taillepié (Pierre), de Beauce.
Taintiniac (Yvonnet de).
Talat (vicomte de).
Talbot (sire de).
Talebard Talebardon, capitaine de routiers.
Taleran (de Périgord, cardinal), Taillerand, Talleiran.
Talleboth (sire de). *Talbot.*
Talus (sire de).
Tamvore (Nicolas de). *Tamworth.*
Tamburin. *Tamerlan.*
Tancarville (Jean, comte de), vicomte de Melun.
Tande (Bertrand de), Tende.
Tanneguy (Guillaume de).
— (le bâtard de).
Tauton (Richard). *Taunton.*
Tarente (prince de).

Taride (sire de). *Terrides.*
— (Bernard de).
Tarste (Aymeri et Aymon de), Tarse.
Tasson (duc de). *Pzzemislas*, duc de Saxe-Teschen.
Tavilhac (marquis de).
Tem (Robert), Thein.
Teriel (Hugues), Tiriel. *Tyrrel.*
Terride (sire de).
Tertre (Pierre du).
Tête-d'Or (Jean), chevalier allemand.
— (Jean), chevalier portugais.
Tête-Noire (Geffroy).
Teukes (Robert de), de Picardie.
Thalebard (messire), chevalier de l'Ile de Rhodes.
Thians (Bridoul de).
— (Jaquelin de).
Thibaut (Tacque), valet favori du duc de Berry.
Thibaut (messire), chevalier du pays de Foix.
Thomas, homme du peuple, du comté de Kent.
Thomond (Brin de). *Bryan.*
Thores (Dyocenises de). *Diego Eannes de Tavora.*
Thouars (vicomte de).
— (Regnaut de), sire de Puisances, Poitevin.
Thoulète (Adyontal de). *L'Adelantado de Tolède.*
— (Pierre Souase de). *Pedro Soarez de Toledo.*
Ticle (Jean).
Tille. *Tello*, frère de Pierre-le-Justicier.
Tienbourne (Nicolas de). *Tamworth.*
Tenfort (Robert de).
— (Thomas de).
— (Nicolas de).
Tirel (Philippe), Tiriel. *Tyrrell.*
— (Jacques).
Tomar (Ferrant Sanse). *Fernand Sancho de Tomar.*
Tonay-Bouton (sire de), Tonnai-Bouton.
Tonnerre (comte de).
Toraise (Guillaume de).
Torcy (sire de).
Tornby (Étienne de). *Thornby.*
Tors (sire de).
Toucet (Guillaume), Touchet. *Touchet.*
— (Jean).
Touillart (Aymeri de). *Thouars.*
Tour (sire de la), d'Auvergne.
— (Geoffroy et Godefroi de la).
Tournemine (sire de).
Tourneul (sire de).
Tournon (sire de).
— (Louis de).
Toursiaulx (Guillaume de). *Touceaux.*
Tourson (Jean).
Tousenay (Amé de).
Tracilien (Robert). *Tresilian.*
Tracy (sire de).

Trainnel (sire de).
Traiton (Guillaume). *Drayton.*
— (Thomas).
Trasegnies (sire de), Trasignies, Trassegnies.
— (Ancel ou Anceau de).
Trelay (Guy de).
Trémoille (Guy de la).
Tréseguidy (Morice de).
— (Yvain de).
Trie (Jean, bâtard de).
Triason (Nicole). *Tresham*
Tris-Chastel (sire de).
Trisson (Jullien de).
— (Gilles de).
Tristemare (Henry, bâtard de), frère de D. Pedro, et roi de Castille. *Transtamare.*
— (Jean de), roi de Castille sous le nom de Jean Ier, fils de Henry le bâtard, roi de Castille.
Trivet (Thomas). *Covet*, Anglais.
— (Jean).
Troussiaulx (Guillaume). *Touceaux.*
Trute (Gisebrest). *Gilbert, Grutère.*
Truttes (Bernard de).
Trye (Mathieu de), maréchal de France.
— (Jean de).
Tuilier (Vautre). *Walter Tyler*, et par abréviation *Wat Tyler.*
Tupigny (sire de).
Turotte (sire de la). *Tourotte.*
Turton (Louis). *Thornton.*
Tury (le cardinal de).

U

Urbain V, pape.
Urgel (comte d').
— (Nicolas, évêque d').
Urswich (Gautier d').
Urton (sire d').
Uzès (vicomte d').

V

Vacquerie (Henry de la).
Vager (Douminghe). *Domingo Vargas.*
Vake (Cabesse de). *Cabeza de Vaca*, Espagnol.
Vakier. *Walker.*
Valcoussiaulx (Rodighes de). *Rodriguez de Vasconcellos.*
— (Roy et Res Mendighes de). *Ruy Mendez de Vasconcellos.*
— (Mondesse Radrigho de). *Mem Rodriguez.*
— (Vas de). *Vasco.*
Valecque (Ferrant de). *Velasco.*
Valence (comte de), Valentin. *Louis de Poitiers, comte de Valentinois.*
Valenchin (sire de), Valencin, Valentin.
— (Étienne de).
— (Pierre de).

TABLE DES NOMS D'HOMMES

Valentine de Milan, de la famille Visconti.
Valentinois (comte de). *Louis de Poitiers.*
Valesque (Pierre). *Velasco.*
— (Pierre Ferrant de). *Pedro Fernandez.*
Valleune (Enguerrant de).
Valnove (Floridas de).
Valois (Philippe de), roi de France.
Van den Kin (Jean). *Van den Kindt.*
Vandeuil (sire de).
Varennes (Jean de).
Vassy (Jean de).
Vaucestre (Thomas). *Worcester.*
Vaude (Pierre de).
Vaulx (Jean de), Vauls.
— (Charles de).
— (Henry de).
— (Louis de).
Venant (sire de Saint-), maréchal de France.
— (l'Allemand de Saint-).
Vendelle, capitaine de routiers.
Vendôme (sire de).
Ventadour (comte de).
Verart (Jean du).
Verchin (Jean de).
Vercy (Thomas de).
Vère (Jean Radigs de). *Joam Rodriguez Pereira.*
Vergy (sire de).
— (Jacques de).
Verme (Jacques de la). *Jacobo del Verme.*
Vermelles (Hutin de). *Vermeilles.*
Vernet (Ploustrart de).
Versaulx (Manrich et Marich de). *Manrique de Averso.*
— (Lazare de).
Versy (sire de). *Vescy*, Écossais.
— (Robert de).
Vert (Jean de).
Vertaing (Eustache, sire de).
— (Jacques et Jakème), sénéchal de Hainaut.
— (Fierabras de), son frère bâtard.
— (Louis de), son cousin.
— (Pierre de), frère bâtard.
Vertus (comte de).
Vescy (Robert de), Écossais.
Viane (Guillaume de). *De Vienne*, archevêque de Rouen.
— (Hugues de).
Viannais (le châtelain de).
Viausse (le borgne de).
Vicol (Robert de). *Wilton* ou plutôt *Wigtown.*
Vidal (Guillaume de Saint-).
— (Pierre de Saint-).
Vienne (Jean de), amiral de France.
— (Jacques de Jakèmes de), sire d'Espagny.
— (Hugues de).
— (Gautier de).
— (sire de Sainte-Croix et de).
— (Guillaume de).

Viéville (sire de la), Vieuville.
Viezin (sire de).
Vigiers (Guillard et Gaillard de) Vighier.
— (Guyot).
Vilain (Jean), Villains, *sire de Saint-Jean-de-Steene*, traduit par Froissart en français par Saint-Jean-à-la-Pierre.
— (Hector).
— (Guyot).
Villaines (Pierre de).
— (Le bègue de).
— (Pierre de, son fils).
Villars (sire de Roussillon et de).
Villebois (Ferrant Galope de). *Fernand Guadalupe de Vilha-Boim.*
Villejaque (Guionnet de).
Villemur (vicomte de).
— (Jean de).
Villenove (sire de).
Villeneuve-le-Bas (sire de).
Villerague (Amblardon de).
Villers (sire de), Villiers.
— (Floridas de).
— (Pierre de).
— (Antoine de).
— (Le Bègue de).
— (Archambault de).
— (sire de Hullut et de).
— (Sauvage de).
Vindescoc (sire de). *Woodstock.*
Vindesore (Guillaume de). *Windsor.*
Violette (Kacart de la).
Virelion, écuyer.
Vis (maître de). Jean, bâtard de Portugal, grand-maltre de l'ordre d'Avis, devenu roi.
Vissart (Jacques de), un des bourgeois qui se dévouèrent pour Calais.
— (Pierre de), son frère, autre bourgeois qui se dévoua.
Vismède (Georges de), chevalier suédois.
Vivonne (sire de), Vivones.
— (Hugues de).
Vodenay (sire de), Voudenay.
— (Thibaut de).
Volte (sire de la).
Vondrewaire (Martin). *Van der Werff.*
Vorselar (sire de). *Vorselaer.*
Voure Rasse de).
Voz (Louis de).
Vretat (Alphonse). *Alfonso Furtado.*

W

Wage (Thomas), Wager. *Wager.*
Waldeck (Henry de). *Weldeck.*
Wallecok (Jean).
Wallecourt (Thierry de), maréchal de Hainaut.
Walourde (Jean), Boulouffre. *Walworth*
Walran (messire), Lorrain.

Walsinchon (Guillaume). *Walsingham.*
Waltem (Thomas). *Waltham.*
Walting (Thuy de).
Walton (Jean de).
Wanselart (Pierre). *Vanselaer.*
Warchin (sire de). *Werchin.*
Ware (sire de la).
Warguy (sire de). *Warignies.*
— (Robert de).
Warincourt (Aymon de).
Warlau (Guillaume de). *Wardlew.*
Warneton, écuyer.
Warrières (Gérart de).
Warvesies (Bastien de).
Warwich (Jean de). *Warwick.*
— (comte de).
Wasiers (sire de), Wasières. *Wazières.*
Waudemont (comte de Joinville et de).
Waurin (sire de), Wauvrin.
Weldure (le Gallois de).
— (le bâtard de).
Welles (sire de), *Willis.*
Wencelin. *Wenceslas*, duc de Brabant.
Wenkefaire (Thomas de), Wakefaire. *Walkefare.*
Werchin (Jacques ou Jakèmes de), sénéchal de Hainaut.
— (Gérard de), son père, aussi sénéchal de Hajnaut.
Were (Pépin de la), Werre, Wière.
— (Buchon de la).
West (Thomas).
— (Jean de), doyen de l'église de Tournay.
Westmeland (comte de). *West-Moreland.*
We........ (Roger de), Wittewalle. W........all.
Wick (Jhomelin).
Widecoq (Thomas), Widestock. *Thomas Woodstock*, duc de Gloucester, fils puîné du roi Édouard III.
Widescoc (sire de). *Woodstock.*
Wikam (Guillaume). *Wikeham.*
Wille (Richard). *Willis.*
Wileby (sire de), Willeby, Willebile. *Willoughby.*
— (Édouard de).
Willedène (Baudoin de), père du sire d'Yssenghien.
Wincelin, Wincelant. *Wenceslas*, roi de Bohême.
Windesore (Guillaume de). *Windsor.*
— (Milles de).
Wingle (Jacquemart de)
Winselin (Wertin de).
Wissebare, Allemand, capitaine du fort de Marant.
Wist (Bernard et Bernardet de)
Witefelle (Thomas de). *Wakefield.*
Witem (sire de). *Withem*
Witevalle (Thomas). *Whitewall.*
Wutre (Pierre ou Piètre de). *Winter.*

X

Xancerre (Louis de). Sançoirre, maréchal de France.

Y

Yague (grand-maître de Saint-). *Iago.*
Yollent. *Yolande d'Arragon,* fille du duc de Bar.
Ypre (Jean d').
Ysenghien (Rollaut d').
— (sire d'), fils de Baudoin de Villedenne.
Ysore (Jean). *Sir John Shore.*
Yvain. *Evan de Galles.*

Z

Zegher-le-Courtrésien. En français, *Sohier.*
Zeldequien (Philippe de).
Zelles (Wautier de), sire de Belortie.
Zendequin (Enguerrant de), Zennequin. *D'Hnnekins.*
— (Colas et Colin).
Zenenberghe (sire de).
Zouche (Hue de la).
— (Jean de la).

FIN DE LA TABLE DES NOMS D'HOMMES FRANÇAIS ET ÉTRANGERS.

TABLE

DES NOMS DE VILLES, DE PROVINCES, DE RIVIÈRES, ETC., MENTIONNÉS DANS LES QUATRE LIVRES DES CHRONIQUES DE SIRE J. FROISSART, AVEC LEUR RECTIFICATION.

(*N. B.* V indique les villes, F les forts, P les provinces et pays, R les rivières.)

A

Abbeville, v.
Aberdane, v. *Aberdeen* en Écosse.
Abyde, v. *Abidos.*
Acabasse (l'), v. *L'Alcobaza.*
Acquegny, v. *Acquigny.*
Adelph, v. *Marasch*, autrefois *Germaniki* et *Kermany.*
Agen, v.
Agénois, p.
Aghem, f.
Agillare, v., en Galice.
Agillon, f.
Aigle (l'), f., en Angoumois.
Aigue-Perse, v., en Auvergne.
Aigues-Mortes, v.
Aiguillon, v.
Airaines, v.
Aire, v., évêché en Béarn, sur les frontières du Bordelais.
Aire, v., près de Calais.
Ais, Aix, v. *Aix-la-Chapelle.*
Alban (Saint-), Albon (Saint-), abbaye et v. *Saint-Alban* en Angleterre.
Albe (île d'). *Elbe.*
Albenas, v., en Provence.
Albigeois, p., pays d'Alby.
Alequine (l'), p. *Alquines.*
Alexandrie, v., en Égypte.
— v., en Piémont.
Ain, r.
Aine, Esne, r.
Allier, r.
Aloise, Aloyse, Aloze. *Alise* en Auvergne, à une lieue de Saint-Flour.
Alost, v.
Alpharo, v. *Alfaro* en Navarre.
Amand (Saint-), v.
Amboise, v.
Ambillart, f.
Amiens, v.
Anchenis, v. *Ancenis.*
Ancône (Marche d'), p.
Ander (Sant-), v.
Andreghien, Andrehen, v. *Audeneham*, château des comtes de Flandre, près Gand.
Andrieu (Sant-), v. *Saint-Ander* en Biscaye.
— (Saint-), v. *Saint-Andrews* en Écosse.
Anfroidpré, v.
Angelier (Saint-Jean-l'), v., *Saint-Jean-d'Angely.*

Angers, v.
Angiers, v. *Angers.*
Anglée (l'). *Langley*, manoir du roi d'Angleterre.
Angoulême, v.
Angoulémois, p. *Angoumois.*
Aniche, v.
Anières, v., près Pontoise.
Anjou, p.
Antequère, v.
Antioche, v.
Anveau, v., près de Chartres.
Anvers, v.
Anvich, v. *Alnwick* en Écosse.
Aost, v., en Piémont.
Aoust, r. *Oust*, rivière en Bretagne.
Aquitaine, p.
Arcafourne, v., en Hongrie (inconnue).
Archiac, f., en Poitou.
Arcis-sur-Aube, v.
Ardenbourch, v. *Ardembourg.*
Ardennes, forêt.
Ardre, Arde, v. *Ardres.*
Argentan, v.
Argenteuil, château.
Argentré, v.
Argesille, v. *Algésiras* en Espagne.
Argies, v. *Dargies.*
Arles, v.
Arleux-en-Pailluel, v.
Armançon, r.
Arnoul (Saint-), v.
Arondel, v. *Arundel.*
Arques, v., en Navarre.
— v., près Saint-Omer.
Arraguis, v. *Raguse.*
Arras, v.
Arse, province irlandaise ; je ne puis retrouver le nom auquel ce mot correspond.
Arsy, p.
Artevelle, v., près de Gand.
Artonet, v.
Artre, v.
Asc, v. *Dax.*
Ascons, v.
Aspre, v., en Hainaut.
Asque-Suffort, v. *Oxford.*
Asti, v. en Piémont.
Astures (comté d'), p. *Asturies* et ailleurs *Astorga.*
Ath, v. de Flandre.
Athegny, v. *Attigny.*
Aube, r.

Aubenceuil. *Aubencheul-aux-Bois*, près Fontenay.
Aubenton, v.
Auberoche, v.
Aubies, v., près Mortagne.
Aubregicourt, v. *Aubrecicourt.*
Aude, r.
Audenarde, v. *Oudenarde.*
Audoin (Saint-), bourg. *Saint-Ouen.*
Auffrèque, Affrique. Froissart donne ce nom à une ville d'Afrique.
Auffriquans (les). *Africains.*
Aulnoy, v.
Aunvich. *Alnwick.*
Auray, f., en Bretagne.
Aurench, v. *Orense* en Portugal.
Auri (Chasteau-Neuf d'). *Castel-Nau d'Ary.*
Auron, évêché en Béarn.
Ausay, Aussay, p. *Alsace.*
Ause et Eause, v., sur la Saône.
Ausnay, v., en Poitou.
Ausne, v., en Vendômois.
Ausoirre, v. *Auxerre.*
Aust, f., en Bigorre.
Austerice. *Autriche.*
Austrehem, v. *Estreham.*
Aux, v. *Auch.*
Avesnes, v.
Avesni-le-Comte, v.
Avignolet, v.
Avignon, v.
Avignonnet, v., dans le Toulousain.
Axele, v. de Flandre.
Aymon (Saint-), v. *Edmundsburgh* en Suffolk.
Ayne, r.
Ayre, v.
Ays-la-Chapelle, v. *Aix-la-Chapelle.*

B

Babylone, v.
Bacelles, f., dans le comté de Comminges.
Badeloce, Badelocque, v. *Badajoz.*
Bagnères, v. sur la Lisse.
Bagnolles, Baignols, v., en Provence.
Bailleul, v., en Flandre.
Bain, v., en Bretagne.
Baiveur, r.
Bâle (Saint-), près de Reims.
Balinghehen, v.
Bapaumes, Bapeaumes, v.
Bar, v.
Bar-le-Duc, v.

TABLE DES NOMS DE VILLES, ETC.

Bar, v. *Bari*, dans le royaume des Deux-Siciles.
Barbarie, p.
Barbesque. *Briviesca*.
Barbou, v., en Bourgogne.
Barcelone, v.
Barfleur, v.
Barkesière, p. *Berkshire*, comté anglais.
Barnard-Saint-Simple, village près de Troyes.
Baruth, Barut. *Béruth*.
Bas (le), v. *Elvas* en Portugal.
Bascle, Baséke. *Pays basque*. Une marche qu'on appelle *Bascle* entre les montagnes.
Bascles (les). *Les Basques. Et entrèrent en la terre des Basques*.
Basclois (les). *Les Basques. Les Basclois où bien sont quatre-vingts villes à clochers*.
Basile (Sainte-), Bazile, f. *Saint-Bazeille*, en Bazadois.
Bastoigne, v., en Flandre.
Baterie (le), v., en Velay.
Bauce, Beauce, Beausse, p. *Beauce*.
Baudeloc (montagne de). *Badajoz*.
Baudeloce, v. *Badajoz*.
Baussée, Basée, Boussée, f. *Barsoins* dans le Pardiac.
Bavay, v.
Bavelinghehen, v. *Bavelinghen*.
Bavières (les), p. *La Bavière*.
Bay (le), v., en Bretagne.
Bayeux, évêché de Normandie.
Bayonne, v., en France.
Bayonne, Mayole (la), *Bayona* en Galice à trois lieues de Vigo.
Béat (Saint-), f., dans l'Arriège.
Beaucaire, v.
Beaufort, forteresse, en Champagne.
Beaufort-en-Vallée, f., en Touraine.
Beaugency, v.
Beaumes, village, en Cambrésis.
Beaumont, v., en Lillois.
Beaumont-sur-Selle, v., sur *Serre*.
Beaune, v. en Gâtinais.
— v., en Mâconnais.
Beauquesne, v.
Beausse (la), p. *Beauce*.
Beauté, château dans le bois de Vincennes.
Beauvoir, f.
Beauvoisin, p. *Beauvoisis*.
Beerne, p. *Béarn*.
Behaingne, Behaigne, royaume. *Bohême*.
Behaignon, habitant de la Bohême.
Bellay (le), p. *Velay*.
Bellemare, Bellemarine, p. *Benamari* en Afrique.
Bellemote, f.
Belleperche, f.
Bellepuic, v. *Belpech*, la première ville fermée du comté de Foix, au nord.
Belleville, v., en Beaujolais.
Benac, f., dans l'Arriège.

Benon, f.
Berelle (le), v.
Beret, v. *Brecht*, ville qui dépendait de l'évêque d'Utrecht.
Bergerac, Bergerach, v. et f. *Bergerac*.
Berghues, Berghes, v. en Flandre.
Bergues, v. *Berg Saint-Winnox*.
Berkamestade, v. *Berkhamstead*.
Bermerain, v.
Bernin, v., en Flandre.
Berquamestade, v. *Berkhamstead*.
Berri, p.
Bervich, v. *Berwick*.
Bésac, f.
Besançon, v.
Betances, v. *Betanzos*.
Bétancourt, v.
Beteford, Betheford, v. *Bedford*.
Béthune, v.
Beverlies, v. en Flandre.
Béziers, v.
Bié d'Allier (le), v. *Le Bec d'Allier*, près de La Charité.
Biern, p. *Béarn*.
Biernois. *Béarnais*.
Bigaure, Bigorre, p.
Binch, f.
Bisquaie, p. *Biscaye*.
Biterne, v., en Flandre.
Blaim (le), v. *Lamballe*.
Blanc (le), v., en Berri.
Blanchetache, lieu du passage de l'armée anglaise.
Blangis. *Blangy*.
Blankenberghe, Blanqueberg. *Blankenberg*
Blaquehede, v. *Blackheath*.
Blaquie (la), p. *Valachie*.
Blayes, v. et f., en Guyenne.
Blère, v., en Auvergne.
Blois, v.
Bockehort, v. *Boukehorst*.
Bode, v. *Bude*, en Hongrie.
Boesme, Behaingne, p. *Bohême*.
Behaignon. *Bohémien*.
Bohain, bourg près Saint-Quentin.
Boheries, v.
Bois-Gency-sur-Loire, v. *Beaugency*.
Bois-le-Duc, v.
Bonnet (Saint-), v.
Bonneval, v.
Borduelle, f.
Bouchain, v.
Bougie, p. *Bugia* en Afrique.
Bougerie (la), p. *Bulgarie*.
Boulogne-sur-Mer, v.
Boulogne, bourg, près Paris.
Bourbonnois, p.
Bourbourch, Bourbourg, v. *Bourbourg*, en Flandre.
Bourdeilles, Bourdille, f. *Bourdeilles*.
Bourg, f.
Bourg-Saint-André, v. *Bourg-Saint-Andéol* près d'Avignon.
Bourg-la-Roine, bourg, près Paris.
Bourg-la-Reine, v. *Puente-la-Reyna*.
Bourges, v. *Burgos*.

Bourges, en Berri.
Bourget (le), village.
Bouscan (île de), dans le golfe de Gênes.
Bouteville, f.
Bovines, bourg.
Bragues, v. *Braga*, en Portugal.
Braist, Brest, v.
Brandomme, v. *Brantôme* en Périgord.
Branfort, v. *Brentford*.
Branspes, v. *Brancepeth*, à quatre milles de Durham.
Bray-sur-Somme, v.
Bréda. v.
Breges, v.
Brehappe, f. Château en Turquie. Il m'est inconnu.
Brehat (île de), en Bretagne.
Brehoude, v. *Brentwood*.
Brenoliet, v. en Zélande.
Bresvich, p. *Brunswick*.
Bretagne, p.
Bretagne - Bretonnante, Bretagne-Douce, deux divisions de la Bretagne.
Breteuil, f.
Bretice (la), f. dans le comté de Cominges.
Bretigny, village, près Chartres.
Brie, p.
Brielle (la), v. *Labrille* en Zélande.
Brieuc (Saint-) des-Vaulx, v.
Briffeul, v. *Briffeuil*.
Brinais, Brinay, v. *Brignais*.
Briode, v. *Brioude*.
Bristo, Bristol, v. *Bristol*.
Broel, f. en Northumberland.
Broye (le), f.
Bruais, v. en Flandre près Bussières.
Brude (le), v. *Brioude* en Auvergne.
Bruges, f.
Bruguelin. *Brugeois*.
Bruyères, v., près Laon.
Buch, v. *Buck* en Brabant.
Bugie, p. *Bugie* en Afrique.
Buignicourt, f.
Buir (comté de). *Buren*.
Buironfosse, f.
Burghes, Burgues, v. *Burgos*.
Burlesquans, v. *Burlescamp*.
Burse, v. *Brousse* en Bythinie.
Burvelle (Saint-Jean-de-), v. *Beverley*.
Bussières, v., en Flandre.
Buvrelé, v. *Beverley*.

C

Cabasse (la), v. *Alcobaça*.
Cabestain, f.
Cadillac, Cadilhac, f., v.
Cadsand (île de). Il l'appelle *Gagant*.
Caen, v.
Cahors, Cahours, Caours, v.
Caoursin, p. Quersin, *Quercy*.
Caire (le), v.
Calabre, p.
Calais (Saint-), v. en Vendômois.
Calaume, v. *Callonne*.

TABLE DES NOMS DE VILLES,

Calerwille (Saint-Jean-de-), v. *Clerkenwell.*
Calestraves, p. *Calatrava.*
Calonge (le), Calongue (la). *Coruña.*
Caluset, Calvisiet, f. *Caluset.*
Cambrésis, p.
Cambruge, Cantebruge. *Cambridge.*
Camerolles, f.
Camp (pays de), p. *Medina del Campo.*
Camper-Corentin, v. *Quimpercorentin.*
Camperlé, v. *Kimperlé.*
Campine (la), p. près Bois-le-Duc.
Candie (l'île de).
Cantorbie, v. *Canterbury.*
Caours, v. *Cahors.*
Capdenac, v.
Capelle (la), f. en Thiérache.
Cappadoce, p.
Capsée, v., *Chepsea* en Cornwall.
Carcassonne, Carsaude, v.
Carcassonnois, pays de Carcassonne.
Cardueil, Carduel, Carlion, v. *Carlisle.*
Carelach, Carlac, f.
Carence, v. *Zara.*
Carentan, Carenten, v.
Carenten, *Charente*, r.
Carlac, f. en Auvergne.
Carlat, château du comté de Foix.
Carons, Carros, abbaye en Limousin.
Carpentras, v.
Carquefourne, v. *Carquefou*, près de Nantes.
Cartasée, Cartesée, v. *Chertsey.*
Carvilac, v.
Case-Dieu, abbaye. *Chaise-Dieu.*
Cassel, v. en Flandre.
Cassères, v. dans l'Arriège.
Cassuelles, v. *Kelso* en Écosse.
Castain, Castan, v. en Navarre.
Castel-en-Cambrésis, v. *Château-Cambresis.*
Castellain, Casteloing. *Castillan.*
Castelle, p. *Castille.*
Castelloigne, Castellongne, Castelongne, Cathelongne, p. *Catalogne.*
Castexories, v. *Castroxeris.*
Castille, p.
Catherine (Sainte-), pèlerinage sur le mont Sinai.
Cauberghe (la), à Bruxelles.
Caudrot, f.
Caulx, Caux, pays de Caux en Normandie.
Cecile (la), p. *Sicile.*
Celle (la), f.
Cenes, Chenes, Chiennes. *Sheen*, aujourd'hui *Richmond.*
Cep (le), rue de Londres. *Cheapside.*
Cepée (l'île de). *Shepey.*
Cestres, p., comté de *Chester.*
Cerisy, v.
Châlons, v., en Champagne.
Chalusset, Chalucet, f., en Limousin.
Chambery, v.

Chamores, v. *Zamora.*
Champagne, p.
Champdole, Campdole. *Capitole.*
Charenton-sur-Marne, bourg.
Charenton, bourg, sur la Seine, près Paris.
Charité (la) sur Loire, v.
Charlieu, v., en Mâconnais.
Charny-en-Dormois, v. *Cernay.*
Chartesay, Chertesée. *Chertsey.*
Chartres, v.
Chasillon, v., en Bretagne.
Chasteaulerault, Chastellerault, v. Châtelleraut.
Chastel-Achard, village sur la rivière de Clouère.
Chastel-Bourg, v., en Bretagne.
Chastel-Brouch, f. *Châtel-Brou.*
Chastel-Briant, v., en Bretagne.
Chasteldun, v.
Chastel-Josselin, f.
Chastellains. *Castillans.*
Chastel (Neuf) d'Ary, v. *Castel-Naud'Ari.*
Chastel-Tone, f.
Chastillon-sur-Seine, v.
Chastillon, v. et f., en Bordelais.
Chastonsceauls, Chatonsceaux. *Chantonsceaux.*
Chastres (mont de), près de Valenciennes.
Chastres, bourg, aujourd'hui Arpajon.
Châteaudun, v.
Château-Landon, f.
Châtel, f. sur la Charente.
Châtel-Endorte, f.
Chatel-Reynaud, f., qui appartenait au comte de Blois.
Châtel-Sarrazin, f.
Chaumont, v., en Gascogne.
Chaumont, f
Chauvigny, v.
Chenevières, bourg, sur la Seine.
Chennes, Chienes. *Sheen*, aujourd'hui Ricemond.
Chenur, p. *Connaught*, en Irlande.
Chierebourc, Chierbourch, v. *Cherbourg.*
Chierne, v., en Hainaut.
Chifolignie. *Céphalonie.*
Chillac, v., en Auvergne.
Chimay, f.
Chinon, v.
Cypre, île.
Chisech. *Chisey*, bourg sur la rivière de Boutonne.
Chiutiat(la), Civitat (la), v. *La Ciotat.*
Chispre, île.
Cisteaux, abbaye en Blaisois, *Petit-Citeaux.*
Claiquin, Claikin, v., en Bretagne.
Clamecy, v.
Clarembaut, p. *Caremban*, en Flandre.
Clary-sur-Somme, v,
Clément (Saint-), v,
Clermont, f.

Clermont, v., en Auvergne.
Clermont, v., en Beauvaisis.
Çliçon, v. *Clisson.*
Clois, v. *Claies.*
Cloud (Saint-), bourg.
Clugny, abbaye.
Cocelar, v. *Coxie*, en Hollande.
Cognac, Congnac, v.
Colebruc, Colebruch, v. *Colebrook.*
Colombier (le), v. *Coulommiers.*
Colongne (la), Couloigne (la), v. *Coruña. La Corogne.*
Combourg, v., en Bretagne.
Combourne, f., en Limosin.
Comète (la), v., en Turquie, qui m'est inconnue
Commines, v.
Compiègne, v.
Compostelle, v., en Gallice.
Conces, Conches, v. *Conches,*
Concques, Conquest, v. *Conquet*, en Bretagne.
Conquet, f., en Bretagne.
Condé-sur-Marne, v.
Condon, v. *Condom.*
Conflans, v.
Connay, v. *Conneray.*
Connimbres, v. *Coïmbre.*
Connisbergue, v. *Königsberg.*
Constantinoble, v. *Constantinople.*
Convalence, v. *Coblentz.*
Coppegny-L'Esquissé, bourg près d'Amiens.
Coventré, v. *Coventry.*
Corasse, château, à sept lieues d'Orthez.
Corbie, abbaye.
Corbiois, p. de Corbie.
Corduan, Cordouan, p. de Cordoue.
Corelle, v. *Corela* en Navarre.
Corfol, île. *Corfou.*
Cormissv, v. *Cormicy*, près de Reims.
Cornet, Cornuaille. Peut-être *Cornwal.* Froissart en a fait aussi un château et ville.
Cortiel, f. *Cortijo.*
Cosse, (mont de), près Pammiers.
Cossé, v.
Costentin, Cotentin, p.
Cou, port. *Coulange.*
Coucherel, Cocherel, bourg.
Couloingne, Coulongue, v., *Cologne.*
Coumières (île). *Gomera.*
Courch, v. *Gorhigos* en Cilicie.
Courmicy, château.
Courtoise (la), v. *Cortijo.*
Courtray, v.
Coustances, Coutances, v. *Coutances*
Craail, Creel, v. *Creil.*
Craais, v. *Carhaix* en Bretagne.
Craonne, Craule, v. *Craonne.*
Crasignies, v.
Cray, château, sur l'Oise.
Crecy, bourg.
Crémale, f
Crespy, abbaye.

DE PROVINCES, DE RIVIÈRES, ETC.

Cressy-sur-Selle, v. *Crécy-sur-Serre.*
Creuse, r.
Crèvecœur, f. et bourg.
Crotoi (le), Crotoy (le), v.
Crousage, village près de Saint-Amand.
Cundren, v. *Kuguder* en Frise.
Curgies, v.

D

Dagènes, f.
Dalquest, Dalquette, Dalquise, v. *Dalkeith* en Écosse.
Damas, v.
Damassen, v. *Damazan* en Bazadais.
Damery, v.
Damiette, v.
Dampnemarche, Danemarche, p. *Dannemarck.*
Dan (le), v. *Damme* en Flandre.
Dardeforde, Dardefort, Dardeforte. *Dartford.*
Dargies, seigneurie.
Dartemoude. *Dartmouth.*
Dasc, Dax, v. *Dax.*
David (Saint-), v., en Écosse.
Delph (le), v. *Delft.*
Deluc, v.
Denain, v.
Denis (Saint-), bourg.
Derval, Derviel, v.
Devonsière, p. *Devonshire*, comté en Angleterre.
Diennée, v. *Dienne*, près Mortemar en Poitou.
Dieppe, v.
Diguant, v. *Dinant.*
Dijon, v.
Dion, v.
Dole, v., en Bretagne.
Dombart, v. *Dunbar* en Écosse.
Domfremelin, v. *Dunfermline.*
Dominghe (Saint), Dominique (Saint-), v. *San Domingo* en Castille.
Dondie, v. *Dundee* en Écosse.
Donquerque, v. *Dunkerque.*
Donsenac, f., près de Tulle.
Dordrecht, Dourdrech, v. *Dordrecht.*
Dormois, p.
Domme, château.
Dos-Julien (le), f.
Dos (le), v. *Leeds.*
Douay, v.
Douchery, f.
Dourlens, v.
Dourdogne, Dourdonne (la), r. *Dordogne.*
Doure, Deure, r. *Duero* en Portugal.
Douse, v. *Deinze* en Flandre.
Douvres, v.
Doye, p., près de Calais.
Dranforde, v. *Dartford.*
Drichehan, f., en Flandre.
Dreues, v. *Dreux.*
Dulcen, château dans le Narbonnais.
Dun, v., en Blaisois.

Dunoe (la), r. *Donau*, Danube.
Duras, v.
Durem, Duremmes, Duram, Durames, Duresme, v. *Durham.*
Durviel, Durivel, v. en Agénois.
Duvelin, v. *Dublin.*

E

Eause, Ause, v., sur la Saône.
Ebruich, v. *Yorck.*
Échelle (l'), v.
Échelles (les) v., entre Saint-Omer et Thérouenne.
Écrette, v. *Agreda.*
Éloy (Mont-St.-), abbaye près d'Arras.
Eltam, v. *Eltham.*
Elves, v. *Elvas.*
Ely, évêché en Angleterre.
Emer, r. *Èbre.*
Encre, v., en Artois.
Encuse, v. *Enchuysen* en Hollande.
Épernay, Espernay, v., en Champagne.
Erciel, f.
Ercies, f., en Arriège.
Erclo, v., en Flandre.
Erion, f., à deux lieues d'Orthez.
Ermine (Saint-), château, en Bretagne.
Erpe, province irlandaise; je ne puis trouver le mot auquel cela correspond.
Erre, v.
Escaillon, r.
Escale, Eskale, v., dans le comté de Foix.
Escandain, v.
Escandœuvre, v.
Escarpe, r. *Scarpe.*
Escault, r. *Escaut.*
Escaupons, v. *Escaut-Pont.*
Escie (île d'). *Ile de Scio.*
Escluse (l'), v.
Esconehove, v. *Scoonhove.*
Escosse, Escoce, p. *Écosse.*
Escot, Escoçois. *Écossais.*
Esne, r. *Aisne.*
Esplechin, chapelle.
Espinette (mont de l'), en Galice.
Espringhe, Espringhes. *Ospringe*, en Angleterre; et ailleurs *Epping.*
Esprolecque, Esprelecque, v., *Esperleck* en Flandre.
Espuque, f.
Esquevahln, f.
Estadeforde, Estanfort. *Stafford.*
Estampes, Étampes, v. *Étampes.*
Estanes, bourg. *Staines* près Richmond.
Estaples, v.
Estelle, v., en Flandre.
Estelles, v. *Estela.*
Estoille (l'), f. *Estrela.*
Estremouze, v., en Portugal. *Estremoz* dans l'Alem-Téjo.
Estresac, v.
Estrumelin Esturmelin, v. *Stirling*

Esturges (comté d'), p. *Astorga* et quelquefois les *Asturies.*
Eure, r.
Eurient. *Osterland.*
Everues, Evrues, Evereux, Évreux, v. *Évreux.*
Evre, Evres. *Évora.*
Exain, v. *Exham* en Flandre.
Excestre (comté d'), Excexes, Exestres. Exsexes, Exsexs, Exsexses. *Essex.*

F

Fallemont, f.
Famagouse, Famagoste, v. *Famagouste.*
Famars, v.
Faouet, f., en Bretagne.
Farvagues, v. *Fervaques.*
Fauquemont, p.
Faukenberg, p. *Falkenberg.*
Fémy (abbaye de).
Fenace (ville basse de la), v., en Galice.
Fère (la), v.
Férol (le), v. en Galice.
Ferté-Milon (la), v.
Fiervaques, *Flervaques*, abbaye
Fielainne, v. *Fierlaines.*
Fieret (comté de), p. *Ferrette.*
Fiesnes, v.
Figeac, v.
Fighières (la), v. *La Higuera* en Espagne.
Flamengerie (la), f.
Flavigny, f.
Flinch, château. *Flinth.*
Floberghes, v. *Flobeck* en Flandre.
Floreberg, v. *Florenberg* dans l'évêché de Fulde.
Florentin (Saint-), v.
Florentin, habitant de Florence.
Flour (Saint-), v.
Foars, v. *Fons* en Quercy.
Foix (Sainte-), f.
Foissois, sujets et partisans du comte de Foix.
Fondes, v. *Fondi.*
Fonsomme, village, à deux lieues de Saint-Quentin.
Fontaine-sur-Somme, bourg.
Fontenay-le-Comte, v.
Fontenelle (abbaye de).
Forez (le), p.
— Foretz, v., en Hainaut.
Forget (Saint-), v.
Forsath, f. *Tossat.*
Fougens, f., en Languedoc.
Fougans, f., en Bigorre.
Fougaux, f., près Carcassonne.
Foy (Sainte-), v., en Bordelais.
Fraité (Ville-Noefve-la-), v. *Ville-Neuve-la-Ferté* en Blaisois.
Franc (le), quartier et faubourg de Bruges.
— (le). La banlieue de Bruges, qui formait une commune à part.

TABLE DES NOMS DE VILLES,

France, p.
Fraouet, v.
Fretin, château, près de Calais.
Frise, p., en Hollande.
Frolant, r.
— f.
Fronsac, f.
Furnes, v., en Flandre.

G

Gagant (île de). *Cadsand.*
Gaiete, Gayette, v. *Gaëte.*
Galice, Gallice, p.
Galardon, f.
Galles, p. *Galloway.*
Ganap, v., *Gannat* en Nivernais.
Gand, v.
Gap, v.
Gard, abbaye à Amiens.
Garde (la), f. *La Guardia.*
Garlande, v. *Guerrande.*
Garnac, f., en Limosin.
Garonne, r.
Garre (île de).
Gascoigne, Gascoingne, Gascongne, p. *Gascogne.*
Gâtinois, Gastinois, p.
Gath (Saint-), v. *Sangates.*
Gaudens (Saint-), v.
Gaugelet, v. *Goch* en Brabant.
Gaure, p.
Gaures, f., sur l'Escaut.
Gaurres, canton de Gascogne.
Gaurs (terre des), p. de Gap.
Gauvre, Gauvres, Gavre, Gavres, Gaures, v. *Gauray* en Flandre.
Gedeours, Gedours, forêt. *Jedart* et *Gedworth.*
Genève, Geneves, Gennes, v. *Gênes.*
Genevois. *Génois.*
Genicuve (comté de). *Gênes.*
Gensay, village près de Poitiers. *Gençay.*
Genville-sur-Marne, v. *Joinville.*
George (Bras Saint-). *Le Bosphore.*
Germain (Saint-) en-Laye, v.
Gernemine, v. *Chesterfield*, et *Jerningham.*
Gervensie. *Gravesend.*
Géronde, r. *Gironde.*
Gersé. *Jersey.*
Gertrude (Sainte-), v. *Gertruydenberg.*
Gevaldan, Givauldan, Gevaudan, p. *Gévaudan.*
Gibaltar. *Gibraltar.*
Gille (Saint-), montagne près de Melrose en Écosse.
Gilleforde, Gilleforde, v. *Gilford.*
Gironde, fort et rivière.
Gisors, v.
Givery, f. *Givry.*
Glay (le), château du roi africain *Aquiou Ackin*, d'où *Glay-Aquin*, prononcé depuis *Guesclin.*

Gobain (Saint-), v.
Gode (la), v.
Goguel, v.
Gomegnies, v.
Gontier (châtel de), v. *Château-Gontier.*
Gorge, Gorgue, v., en Flandre.
Gorgone (île de). *Gorgona* devant Gênes.
Gorre, f., dans l'Arriège.
Gors, v., en Bretagne.
Goulet (le), f., près Vernon.
Gourcq, Gourches, v. *Gorhigos* en Arménie.
Goussens (Saint-), v. *Saint-Gaudens.*
Goy-la-Forêt, château, en Bretagne.
Gramatte, v.
Gramette, v.
Gramelle, nom d'une forêt, en Bretagne.
Granido, v., en Piémont.
Grand-Pré, Grant-Pré, v., en Champagne.
Grand-Mont, Grant-Mont, v., en Flandre.
Grand-Villiers, v.
Grave, v., en Brabant. *Gavres.*
Gravelines, v., en Flandre.
Grecerche, Grigerche. *Grace-Church,* quartier de Londres.
Gredo, village. *Coredon*, sur le bord d'une petite anse, à l'ouest de Saint-Pol-de-Léon.
Grenade, v., en Espagne.
Grenesée. *Ile de Guernesey.*
Grieu (les). *Les Grecs.*
Groin (le), v. *Lo Groño.*
Guerles, Guelres, p. *Gueldres.*
Guerrande, Garlande, v., en Bretagne.
Guihalle (le). *Guild-Hall*, chambre du conseil de la cité de Londres.
Guillons-sur-Sellettes, v. *Guillon-sur-Serin.*
Guynes, v.
Guiors, abbaye près de Tarbes.
Guise, v.
Guyenne, p.
Gyé-sur-Seine, v.

H

Hadelée, v. *Hadleigh.*
Haie (la), v., en Touraine.
— v., en Hollande.
Hainaut, p.
Haindebourch, v. *Edinburgh.*
Hainebon, Hanibont, Henbont, v. *Hennebont.*
Hainne, r. *Aisne.*
Hames, Hans, Han, f. *Ham.*
Hantonne. v. *South-Hamp-Town* et *Southampton.*
Hamet, v.
Hardelot, v.
Harefleu, Harfleu, Harrefleu, v. *Harfleur.*

Harfort, v. *Hereford* et ailleurs *Haverford-West*, dans le comté de Pembroke, en Galles.
Harlebecque, v.
Harlem, v.
Hartiel, Hareciel, v. *Erciel*, dans le comté de Foix, à deux lieues d'Orthez.
Hasbaie, Hasbain, Hesbaie, p. *Hasbaie.*
Hesbaignon, habitant de la Hasbaie.
Hasnon, abbaye d'hommes sur la Scarpe.
Haspre, v.
Hausse, v.
Haute-Loge, v., en Grèce. Elle m'est inconnue. Il paraît être question dans le texte d'une ville dont l'emplacement répond à celui de *Lupadi*, appelés par les Turcs *Vlufat.*
Havringes-le-Bourc, v. *Havering at the bower.*
Han, f. *Ham.*
Herbigny, village, près de Reims.
Herde (la), v., en Bretagne.
Hereciel, v. *Erciel* dans le comté de Foix.
Herfaut, village. *Helfant.*
— nom d'une montagne.
Herlem, v. *Harlem.*
Herminages (les). Les gens du parti d'*Armagnac*, appelé *Ermignach.*
Hermonville, v., en Laonnais.
Herpelipin, v., en Irlande. Je ne puis retrouver le véritable nom.
Herques v. *Herck.*
Herre, v.
Hesdaredem (le), f.
Hesdin, v.
Hesleberghe, v. *Heidelberg.*
Heulée, v. *Caer-Philly*, dans le Glamorgan-Shire.
Hiérusalem, Iérusalem, v. *Jérusalem.*
Hogue (la) Saint-Wast, v. *La Hogue.*
Hollande, p.
Hollandois, habitant de la Hollande.
Hombre (le), r. *Humber.*
Hondebray, v.
Hondecourt, château.
Hongre, Honguerien, Hongrès, habitant de la Hongrie.
Honguerie, p. *Hongrie.*
Honnecourt, v.
Horgues (les), couvent en Espagne. *Las Huelgas.*
Hosbourc, v. *Oost-Brook.*
Hoske, v. *Oske.*
— r. *Oske.*
Hospital (l'), près Salvatierra.
— (l') de Rochefort, v.
Houlle, château.
Hubert (Saint-), village, entre Montpellier et Béziers.
Huy, v., sur la Meuse.

DE PROVINCES, DE RIVIERES, ETC.

I

Ilion, v., en Phrygie.
Inde, p.
Inghelbert (Saint-), v., près de Calais.
Iorch, v. *York.*
Ippre, v. *Ypres.*
Irlande, p.
Isje (île d'). *Ischia,* près de Naples.
Issoire, v., en Auvergne.
Issoldun, *Issoudun,* v., en Berri.
Iveline (l'), r.
Ivry, v.

J

Jacques (Saint-), v. *San-Iago-de-Compostela.*
Jaffon, v. *Caffa* sur la mer Noire.
Jaffre, v. *Zafra,* près de Séville.
Japha, v. *Jaffa.*
Jean (Saint-)-de-Nemours, village.
— village, à deux lieues de Vannes
— de-Rivière, v., dans le pays de Foix.
— du-Pied-des-Ports, v. *Saint-Jean-Pied-de-Port.*
— l'Angelier, v. *Saint-Jean-d'Angely.*
— et Saint-Jeanston, v. *Saint-Johnston,* aujourd'hui *Perth* en Écosse.
— de Buverlé, v. *Beverley.*
Jennes, v. *Gênes.*
Jennevois. *Génois.*
Jenon, village, à une lieue de Sens.
Jérusalem, Ihérusalem, v. *Jérusalem.*
Jocelin (châtel), Josselin, f.
Jonneston (Saint-), v. *Saint-Johnston,* aujourd'hui *Perth.*
Jorre, v. *Gorre* dans l'Arriège.
Josse (Saint-), v.
Juberot, v. *Aljubarrota* en Portugal.
Jugon, v., en Bretagne.
Julien (Saint-), v, en Velay.

K

Kaen, v. *Caen.*
Kaire (le), f. *Le Ker,* château du vicomte de Rohan en Bretagne.
— (le), v. *Le Caire* en Égypte.
Kalculi, montagne près de Serins.
Kaliopoli, v. *Gallipoli.*
Kaouke, v. *Concarneau* en Bretagne.
Karentan, v. *Carentan.*
Karlion, v. *Carlisle.*
Kem, Ken, v. *Caen.*
Kemper-Corentin, v. *Quimper-Corentin.*
Kemper-lé, v. *Quimperlé.*
Kent (comté de), p., en Angleterre.
Keyne, r. *La Quienne* en Beauce.
Kinkestone, v. *Kingston.*
Kokesie, v. *Coxie.*
Kou, v. *Coulanges.*

L

La Breth (La Boce de), f. *Le Château ou la Motte d'Albret,* du mot *boce,* tertre.
Labrissiens, gens du parti d'Albret.
Lac (le), château.
Ladre (Saint-), village, près de Paris.
Laillois, p.
Lamballe, v.
Lamesen, château. *Lanemezan* dans l'Arriège.
Lamougis, v. *Lamouzie.*
Landas, v.
Landes-Bourg, Landes-de-Bourg, p., dans les Landes.
Landrecies, v.
Landuras, v.
Langon, f. et v.
Langres, v.
Languendendon, château, en Biscaye.
Langurant, f. *Langoyran.*
Laon, v.
Laonnois, p. *Pays de Laon.*
Larchant, v.
Lare (le), passage en Bigorre.
— forêt près d'Audenarde.
Laslic, v.
Lattes, v.
Laudriguier, Lautriguier. *Tréguier* en Bretagne.
Laval, v., près de Toulouse.
Laventhie, v. *Laventhis* en Flandres.
Lecto (royaume de), p. *Lithuanie* ou *Létonie.*
Lectuaires, habitant de la Létonie.
Ledes, Ledos, v. *Leeds.*
Legode, v. *Leyden.*
Leire, v. *Leiria* en Portugal.
Lemmas, f.
Lens, v., en Artois.
Léon, v., en Bretagne.
— (royaume de), p., en Espagne.
— (Saint-), v., *Saint-Lô* en Cotentin.
Lerie, v. *Leiria* en Portugal.
Lèse (la), r., dans l'Arriège.
Lessines, v., en Flandre.
Leuve, v. *Louvain.*
Li, évêché. *Ely* en Angleterre.
Liborne, Libourne, v. *Libourne.*
Licestre, v. *Leicester.*
Licques, v., près d'Ardres.
Lié (Saint-), village, près de Rheims.
Liège (la), r. *L'Arriège.*
Llève (le), r. *Laveze* pres de Gand.
Ligne, r., en Flandre.
Likes, abbaye, près de Boulogne.
Lille, Laille, Lisle, v. *Laille* en Laillois.
Lille, Lisle, v. de l'ancienne Flandre.
Lille-Jourdain, v., en Languedoc.
Limoges, v.
Limosin, Limozin, Limousin, habitant du pays de Limoges.
Limoux, v.
Lincestre, v. *Leicester.*

Lincol, Lincolle, Line, Lin, v. *Lincoln.*
Linde (la), v., près de Bergerac.
Linquighant, f. Château du vicomte de Rohan en Bretagne.
Linghen (la), village. *Lolinghen.*
Linstre, v. *Linster.*
— province de l'Irlande.
Lion, v. *Léon* en Espagne.
Lis (le), r. *Lys.*
Lisborne, Lieborne, v. *Libourne.*
Lisle, l'Isle, Lille, v. *Lille* en Flandre.
Lisse, r. *Lique,* qui passe à Bagnères; il la confond avec l'*Adour,* qui coule à Tarbes.
Lissebonne, Lussebonne, v. *Lisbonne.*
Lô (Saint-), v., dans le département de la Manche.
Loches, v.
Loëve (la), r.
Loheac, v., en Bretagne.
Loire, r.
Lolinghen, village près de Wissant.
Lombardie, p.
Londres, v.
Londrien, habitant de Londres.
Long, v., en Ponthieu.
Long-Pré, v.
Loring, v. *Lerins* en Espagne.
Los, Loz, abbaye, près de Lille.
Lose (la), r. *La Lesse* dans l'Arriège.
Loudunois, p. de Londun.
Lou-Piat, village, près d'Agde.
Lourdes, v., près de Bagnères.
Louvain, v.
Louviers, v.
Louvre, v., en Parisis.
Lucembourch, v. *Luxembourg.*
Lucemboursin, habitant du Luxembourg.
Luceu, Luchieu, Lucheu, v. *Lucheul* en Artois.
Lucien (Saint-), abbaye, près Beauvais.
Lunel, v., près Montpellier.
Lusebonne, v. *Lisbonne.*
Lusignan, Luziguan, Luzignan, v. *Lusignan.*
Lusse, v., en Vendômois.
Lussy, v.
Luxembourg, p.
Luzac, v., sur la Vienne.
Lyaus, v. *Lewes.*
Lymous, v. *Linoux.*
Lyon (le), v. *Léon* en Espagne.
Lyon (Gouffre du). *Golfe du Lion.*
Lys (le), r.

M

Macaire (Saint-), v.
Mâcon, v.
Madrigar, v. *Madrigal* en Castille.
Mahé (Saint-), Mahieu-de-Fine-Poterne, v. *Saint-Mathieu-Fin-de-Terre,* au cap occidental de la Bretagne.

TABLE DES NOMS DE VILLES,

Maillière-le-Vicomte, v., près de Sens en Bourgogne.
Maillogres. *Majorque.*
Maine (le), p.
Maing, v.
Maire, v. du Tournésis.
Maisière (la), v., en Bretagne.
Maixent (Saint-), v.
Male, v., en Flandre.
Male-Maison, f.
Malines, v.
Malo (Saint-), v.
— de-l'Ile, v.
Mandé, v.
Maneholt (Sainte-), v. *Sainte-Menehould.*
Mans (le), v.
Manseaulx. *Manceaux*, habitans du Mans.
Mantes, v.
Mantiel, Mantueil, v. *Montiel* en Castille.
Maquaire (Saint-), f. et v. *Saint-Macaire.*
Marault, Maraut, v., près La Rochelle.
Marcent, f.
Marceranville, f.
Marcheaumoy, Marchiaumoy, v. *Marchenoir* dans le Blaisois.
Marcheras, f., dans l'Arriège.
Marchiennes, v.
Marcilly-les-Nonnains, v.
Mardique (la), v. *Moerdick.*
Mardre, v., en Bretagne.
Marenq, v., en Gascogne.
Maresch, v.
Margasse, v. *Melgaço* en Espagne.
Marie (Port-Sainte-), v., sur la Garonne.
Marle, v.
Marne, r.
Maroc, v.
Marquettes, abbaye, en Flandre.
Marquigue, v. *Marquinghen.*
Marquise, v., en Artois.
Marseille, v.
Martin (mont Saint-), abbaye.
Martin-le-Troussac, v., dans l'Arriège.
Maseras, Massères, v. *Mazères* en Languedoc.
Matelin, Mathelin. *Metelin*, l'ancienne Lesbos.
Maubège, Maubègue, Maubeuge. *Maubeuge.*
Maubert (Saint-), v.
— (Fontaine-), v.
Mauconseil, v.
Maugate. *Newgate*, prison à Londres.
Mauléon, f.
Maupertuis, f.
Maur (Saint-), Mor, bourg, près Paris.
Maurens, v. *Guimaraens* en Portugal.
Maurès, Maurois, v. *Melrose* en Écosse.
Mauron, f. *Castel Moron* en Espagne.

Mauvoisin, Mauvesin, f., près de Lourdes.
Maximin (Saint-), v. *Saint-Maixent.*
Mayenne, r.
Mayne (le), p. *Maine.*
Mayolle (la), v., en Gallice.
Mayogres. *Majorque.*
Meauros, v. et abbaye. *Melrose* en Écosse.
Meaux, v.
Mecmelic, v., en Frise.
Mède, p. *Médie.*
Médoch, v. *Médoc.*
Mehun et Mehun-sur-Yèvre, v., dans le Berry.
Melch, Melk, v. *Melk* en Artois.
Mélinde, village. *Miles-end*, près de Londres.
Melles-de-Bourch, v. *Middelbourg* en Zélande.
Melun-sur-Seine, v.
Mende, v.
Menehould (Sainte-), v., en Perthois.
Menin, v.
Merck, v., en Saintonge.
Mercuer, Mercuel, Merquel, f. *Mercueur*, château appartenant au comte Dauphin.
Mergate, v. *Margate* en Angleterre.
Mergue, Merk, r. *Merks.*
Merlines, v.
Mespin, f., en Angoumois.
Merville, v.
Méry-sur-Seine, v.
Mesnil (le), f.
Messines, v., en Flandre.
Mète, r., en Turquie. Je ne puis retrouver le nom véritable.
Metz, v.
Meullent, Meulant, v. *Meulan.*
Meun-sur-Yèvre, v. *Mehun* en Berry.
Meureville, v., en Flandre.
Meuse, r.
Mézières, v.
Miaurès, abbaye et v. *Melrose.*
Midlebourg, v. *Middelbourg* en Zélande.
Milan, v., (en Lombardie).
Milau, v. *Milhaud* en Rouergue.
Mildebourch, v. *Middelbourg* en Zélande.
Mille, v. *Meyen* en Brabant.
Millau (la), Millauch, f. et v. *Milhaud* eu Rouergue.
Millé, v., en Poitou.
Million (Saint-), f. *Saint-Émilion.*
Milly, f.
Mirabel, f. *Mirabeau* en Mirebalais.
Mirande, v.
Miremont, Miraumont, v. et f.
Mirepois, p. *Mirepoix.*
Molcabie, p. *La Moldavie.*
Monastier, v., en Auvergne, à trois lieues du Puy.
Monciaux, Monchiaus, Monceaus, v. *Monceaux.*
Moncuq, f.

Mondurant, f. *Maduran.*
Monestral, f., en Véley.
Mons, v.
Monçon, v. *Monçao* en Portugal.
Monstroz, v. *Montrose* en Écosse.
Monstrueil, v. *Montreuil.*
Montagrié, f. *Montagrier.*
Montagu, f.
Montais, f., près Montpellier.
Montalban, v. *Montauban.*
Montargis, v.
Montaut. f., dans l'Arriège.
Montay, v.
Montbourg, v.
Mont-Buli, f.
Mont-Caveu. *Moncaio.* Montagne qui sépare la Navarre de la Castille.
Mont-Clar, château du comte de Foix.
Mont-Contour, f.
Mont-de-Marsen, Mont-de-Morsen, v. *Mont-de-Marsan.*
Mont-Didier, v.
Mont-d'Or, montagne près de Rosebecque.
Montebourg, f.
Montenay, v. *Maintenai.*
Montespain, f. *Montespan* dans l'Arriège.
Montesquieu, v., en Languedoc.
Mont-Faucon, v., en Vélay.
Mont-Ferrand, v., en Auvergne.
Mont-Gaillard, f., près de Lourdes.
Mont-Gerbiel, v., dans l'Arriège.
Mont-Giscard, Mont-Giscar, v., près Carcassonne.
Mont-Houet, f.
Montiel, v., en Espagne.
Montigny, v.
Montis (les), f., dans le Blaisois.
Mont-Joie (le), f., près de Joyenval.
Mont-le-Herne, f., en Touraine.
Mont-le-Héry, v., près Paris.
Mont-Leu, f., en Limousin.
Mont-Marsan, v. *Mont-de-Marsan.*
Mont-Martre, bourg, près Paris.
Mont-Million, v., *Mont-Mélian.*
Mont-Mirail, f., château du comte de Foix.
Mont-Mor, f.
Montoire (le), f., près d'Ardres.
Mont-Paon, f.
Mont-Pelier, Mont-Pellier, v.
Mont-Pensier, f.
Mont-Pezat, f., château du comte d'Armagnac.
Mont-Pin, f. *Montespan* dans l'Arriège.
Montreau-faut-Yonne, v. *Montreau-sur-Yonne.*
Montremal, f.
Montreuil-Bonnin, f., en Poitou.
Montreuil, v. *Montreuil-sur-Mer.*
Mont-Roial-de-Rivière, f. et v. *Mont-Ral* dans l'Arriège.
Montrose, v,, en Écosse.
Montsac, v. *Moissac.*
Mont-Saint-Denis, v.

DE PROVINCES, DE RIVIERES, ETC.

Mont Saint-Éloy, montagne près d'Arras.
Mont-Sainte-Gertrude, v., traduction de *Gertruydenberg.*
Mont-Saimt-Michel, v., en Bretagne.
Mont-Saugon, v. *Mont-Saugeon.*
Mont-Ségur, v.
Mor (Saint-) sur-Loire, v.
— abbaye. *Saint-Maur.*
Morlane (la). *Morchenslawe* ou *Morhane*, en Écosse, sur la Merse. Jolenes l'appelle *Lambirlaes.*
Morlans, Morlens, v. *Morlas*, dans l'Arriège, à cinq lieues de Tarbes.
Moron, v. *Mauron* en Bretagne.
Morsay, v., en Flandre.
Mortaigne-sur-Mer, Mortagne, v.
Mortain, v.
Mortemer, f. *Mortemar.*
Motte (la), f.
Moudon, v. *Modon* en Morée.
Mougis (la), v. *La Mouzie.*
Moulineaux, f.
Moulins, v., en Bourbonnais.
Mourepas, v. *Morpeth.*
Mourmail, forêt. *Moruel.*
Mouson, v. *Monçao* en Portugal.
Moutiers-Villiers, v.
Moysach, *Moissac.*
Murdegues, v. *Moerdick.*

N

Nadres, Nazre, Najarre, Nazare. *Najara* en Espagne.
Namur, v.
Nantes, v.
Narbonne, v.
Navaret, Nazaret, f., sur les frontières du Bigorre.
Navarre, p.
Navarrete, v.
Nave, v.
Nazan, f., près Gand.
Néapolien. *Napolitain.*
Nebosem (le), Nebosen, p., *Nebosan.*
Negrete, village, en Navarre.
Nemours, v.
Neutilleux (le), f., dans l'Arriège.
Neuf-Châtel, v.!, dans les Ardennes.
Neuf-Châtel-sur-Loire, près Orléans.
Neuf-Châtel-sur-Thine, Neuf-Chastel. v. *Newcastel-sur-la-Tyne* en Angleterre.
Neuf-Fossé, village près d'Aire.
Neuf-Port (le), v. *Neuport.*
Nevers, v.
Nivernois, p.
Niccolai, f.
Nicopoli, v.
Nicosie, v.
Nidèque, Nideske, v. en Brabant.
Nielle, v.
Nieppe, v. . en Flandre.
Nieule, v., en Flandre.
Nieuport, v.
Nimaiges, v. *Nimègues.*
Niort, v.
Nismes, v. *Nimes.*
Nivelle, v.
Nogent, v.
Noielle, v.
Noirmont, f.
Nonnay, v.
Nonnette (la), v. et château en Auvergne.
Norduick, v. *Norwich.*
Northonbrelande, Nortonbrelande, p. *North-Humber-Land*, pays au nord de l'Humber.
Norvége, p.
Noske, r. *Nord-Auske.*
Nossay, f., en Bretagne.
Notre-Dame-d'Aunote, v., en Flandre.
Notre-Dame-d'Orcival, v., en Auvergne.
Nouvinon (le), seigneurie.
Nouvion, v.
Nouvion (Pont-de-), v., Laounois.
Noves, v., près d'Avignon.
Noye, v. *Noia* en Portugal.
Noyers, v.
Noyon, v. et évêché.
Noyon-sur-Sarthe, v.

O

Obies, v.
Obrécicourt, v. *Aubrécicourt.*
Octebourg, village. *Otterbourn.*
Oise.
Oisemont, v.
Oisy, f. en Cambrésis.
Olivence, v. *Olivenza* sur la Guadiana.
Olivet, v. près d'Orléans.
Omer (Saint-), v.
Orange, v.
Orbest, f.
Orchies, v.
Ordreich. *Ardwick.*
Origny-Sainte-Benoîte, v. et abbaye de Dames au diocèse de Laon.
Orléans, Orliens, v. *Orléans.*
Ormeh, f. *Ourem* en Portugal.
Orne, rivière.
Orneillie, v. *Horndon.*
Oron, v.
Orquans, abbaye. *Ourcamp.*
Orsenval, v. *Orsainval.*
Ortais, v. *Orthez* en Béarn.
Ortingas, v. *Ortigas* en Languedoc.
Oruelle, Orvelle, v. *Orwell* près Norwich.
Oske, rivière. *Auske.*
Osterice, Osterich, p. *Autriche.*
Ostrevant, p.
Otrisien. *Autrichien.*
Oubies, f. près Mortagne.
Oudable, v. en Auvergne.
Ourches, v. *Ourch.*
Ourmes, v.
Ourmoy, v. en Beauce.
Ourse.
Ourt, v. *Ourique* en Portugal.
Oustiennes, v. *Oulten*, en Hainaut.
Ouzac, v. *Fonzac.*
Oye, v. près Calais.

P

Pacy, v. près Vermont.
Padron. *Villa-de-Pero*, en Gallice.
Pailluel, p.
Paillier. *Pailhés*, château, en Languedoc.
Palatie (la), pays qui m'est inconnu.
Palamininch, v. *Palamini*, en Languedoc.
Palence, v. *Palença*
Pallotte, v. près Troyes.
Pammiers, v. en Languedoc.
Pampelune, v.
Parense. *Parenzo*, en Istrie.
Paris, v.
Parisis, p.
Parpegnan, Perpaignant, v. *Perpignan.*
Pascy, Passy (sur-Eure), v. *Pacy-sur-Eure.*
Pas de la Garde, passage.
Patrimoine de Saint-Pierre, p.
Patris (trou Saint-), trou de *Saint-Patrick* en Irlande.
Pau, v.
Pavie, v.
Paviers, v. près Lo Grouo.
Pellagrue, v.
Penne, château en Albigeois.
Pequigny, f.
Perche (le), p.
Père, v. *Péra*, faub. de Constantinople.
Père (Saint-), Perre (Saint-)-le-Moustier, v. *Saint-Pierre-le-Moutier.*
Pernes, château en Picardie.
Péronne, v.
Perrade (la), château, en Portugal.
Perse, p.
Pertois (le), p.
Péruse, v. *Perugia.*
Pérusin, habitant de Pérugia.
Pesant (Saint-), f.
Pesk, v. *Pool.*
Peuilly, v. *Pouilly* près la Charité.
Peunenel, v.
Peviers, Pitiviers, v. *Pithiviers* en Gâtinois.
Pezénas, v.
Phagon (Saint-), v. *Sahagun.*
Picardie, p.
Piémont, p.
Pierre (Saint-) d'Arne-Ville, v., en Anjou.
Pierre-Férade, v.
Pierregord, Pierreguis, p. *Périgueux.*
Pierrepont, v.
Pignerol, v.
Pin (le), village, près d'Aix et de Marseille.

TABLE DES NOMS DE VILLES,

Pinach, v.
Pisan, habitant de Pise.
Pistudaire, v.
Place-Ferrade, ville de Galice.
Plaissy, château du duc de Glocester, peut-être Plaistow en Essex.
Planche (la), f.
Plancy-sur-Aube, v.
Plaremiel, Plauremiel, Ployermel, v. *Ploermel.*
Plausti, v. *Plesby* en Essex.
Pleumoude, v. *Plymouth.*
Poil, v.
Poilly, v. en Anjou.
Poissy, v.
Poitiers, v.
Poitou, p.
Poix, v. et château.
Polly, v., en Turquie; elle m'est inconnue. Le nom d'un grand nombre de villes finit par la désinence grecque *Paoli.*
Ponçon (le) sur la Seine, village.
Pons, v. en Poitou.
Pont, v. sur la Charente.
Pont-à-Raisse, v.
Pont-à-Remy, v.
Pont-à-Vaire, v. près Laon.
Pont-à-Volain, v. en Vendômois.
Pont-Audamer, v.
Pont-de-Corvet, v. *Pontecorvo,*
Pont-de-l'Arche, v.
Pont-de-More, v. *Ponte-Mor.*
Pont-de-Sé, v. *Pont-de-Cé.*
Pont-Deseure-Sens, v. *Pont-sur-Sens.*
Pontevrède, v. *Pontevedras.*
Pont-Ferrant, v. *Ponte-Ferrade* en Galice.
Ponthieu, p.
Pont-la-Roine, Pont-la-Royne, v. *Puente la Reyna.*
Pontlan, v. *Portland* près Newcastle.
Pont l'Évêque, v. près Noyon.
Pontoise, v.
Pontorson, v.
Pont-Saint-Esprit, v.
Poperinghe, v. *Poperinghen.*
Port (le), v. *Oporto* en Portugal.
Portefin, v., port, dans le midi de la France.
Portevances, v. *Porto-Venere* en Italie.
Portingal, v. *Portugal.*
Portingalois, Portugalois. *Portugais.*
Port-Sainte-Marie, v., dans l'Agénois.
Port-Vendre, v, dans le midi de la France.
Pouillac, p. et f.
Pourperinghes, Pourperingue, Pourpringhe, v. *Poperinghen.*
Poursaint (Saint-), v.
Prague, v., en Bohême.
Prechiel, v. *Preseau.*
Prestot, village, en Normandie.
Preus, v. *Preux-au-Sart.*
Prilly, v.

Prouvins, Provins, v. *Provins.*
Prouvy, v.
Prudaire, f.
Prusce, Prusse, p. *Prusse.*
Puèle (le), p.
Puille (la), p. *Pouille.*
Puiset (le), village en Beauce.
Pulpuron, f.
Puy (le), v. en Auvergne.
Puyrenon, f.

Q

Quaire (le), v. Ce n'est pas du Caire en Égypte qu'il est question ici, mais d'une ville de Turquie qui m'est inconnue.
Quarentan, v. *Carentan.*
Quartesie, v. *Chertsey* en Angleterre.
Quatre-Métiers. On appelait ainsi les villes du plat pays : *Bouchotte, Assenède, Axèle* et *Hulst.*
Quamper-Corentin, Quemper, v. *Kemper-Corentin.*
Quamperlé, Quemperlé, v. *Kemperlé.*
Quent, p. *Kent.*
Quentin (Saint-), v.
Quercin, Caoursin, p. *Quercy.*
Querse, p. *Corse.*
Quesnoy (le), v.
Quessy, f., en Auvergne.
Quienne (la), r., en Beauce, qu'il appelle aussi *le Keyne.*
Quineffery, v. *Queen's-Ferry* en Écosse.
Quinetonne, v. *Kensington.*

R

Rabestans, v., en Languedoc.
Rainchevaux, Roncevanx. Le passage de *Roncevalle* ou *Roncevaux.*
Rains, v. *Reims.*
Rambert (Saint-), f., en Forez.
Randon (Château-Neuf-de-), f., près Mende.
Raquebertin, château. *Rocaberti.*
Raspaille (la), forêt en Flandre.
Rasse, p. *Rassie* et *Servie.*
Ravanne, Ravenne, Ravennes, v. *Ravenne.*
Ravensberghes, v., près de Berghes.
Ravestain, v.
Rayenes, v.
Realville, f. *Royauville.*
Redinghes, Redingues, v. *Reding.*
Redon, v., en Bretagne.
Regnay, v., *Renay* en Flandre.
Rem (le), v. *Durem* en Portugal.
Remougue, v., en Gueldre.
Remy (Pont-de-), village, sur la Somme.
Rennes, v.
Retel, Rethel, v. *Rethel.*
Rethelois, p. de Rethel.
Raynaud (Châtel-), f., près Tours.
Rhin, r.
Ribadave, v. *Ricadavia* en Portugal.

Ribeaumont, Ribemont, Ribeumont, v. *Ribemont* en Picardie.
Ribesor, v.
Rideride (le), palais. *Rotherheath*, appartenant au roi d'Angleterre.
Riolle (la), v. et f. *La Réole* en Bordelais.
Riom, v.
Riout, f.
Riplemonde, v. *Ruppel-Mund.*
Riquier (Saint-), v., en Ponthieu.
Robée, p., *Bessarabie.*
Rocestre, Rochestre, v. *Rochester.*
Roche (la) Bernard, v., en Bretagne.
Roche (la) de-Derrien, f.
Roche (la) de-Vendais, f.
Rochefort, village, près Bordeaux.
Roche (la) Millon, f.
Roche (la) de-Posoy, f.
Roche (la) Périou, f., en Bretagne.
Roche (la) sur-Yon., f.
Roche (la) Taillade, f.
Roche(la) Tesson, f.
Roche (la) Vau-Clerc, f., ou *Waucler* seulement.
Rochelle (la), v.
Rodais, v. *Rhodez.*
Rodes (ile de). *Rhodes.*
Rodez (comté de), f. *Rhodez.*
Rogny, v., en Flandre.
Roies, f.
Rolleboise, v.
Romanie (la), Roumenie, p. *La Romagne.*
Rome, v.
Romorentin, v.
Roquemadour, Rochemadour, v.
Roquemore, v. et château, près Avignon.
Rosandel, v. *Rosendale*
Rosebecque, village. *Roosebek*, près Ypres.
Rosebourch, v., *Roxburgh* en Ecosse.
Rosne (Pont-de-), v.
Rosne, r. *Rhône.*
Rouais, Rouay, v.
Rouanes (Chastel Vieil-de-), f., près Barcelonne.
Rouen, v.
Rouergue, p.
Roulers, Roullers, v. *Reusselaer* en Flandre.
Roussy, château.
Roussy (comté de), p.
Rouvegny, v.
Rouvroy, château, près Abbeville.
Roy, évêché, sur les frontières du Bordelais.
Rue, v.
Ruelles, v. *Roales* en Espagne, à sept lieues de Saint-Jacques-de-Compostelle.
Ruet, f.
Rye, v., en Angleterre.
Ryolle (la), palais près de Londres. *Tower-Ryal,* ou la garderobe de la reine. *Queen's-Wardrobe.*

DE PROVINCES, DE RIVIÈRES, ETC.

Sablé, v. et château, en Anjou.
Saine, r. *Seine*.
Sainteron, v., en Flandre.
Saintonge, p.
Saintongiers, habitans de la Saintonge.
Salas (le), r., dans l'Arriège.
Salebruce, Salebrucke, Sarrebrucke, v. *Saarbruck*.
Salenges, f., en Arriège.
Salsiberich, Sallebry, Salebrin, f. *Salisbury*.
Saluces, p.
Saint (Salvin), f. *Saint-Savin*.
San (le), f., en Limousin.
Sancerre, Sançoirre, v.
Sanchières, v., en Flandre.
Sangates, v.
Saône, r.
Saponay, v.
Saptalie, *Satalie*, v., dans l'ancienne Pamphylie.
Sardane, Sardine, p. *Sardaigne*.
Sardes, v., Auvergne.
Sarrazins.
Sartre (la), r. *La Sarthe*.
Sassoigne, p. *Saxe*.
Sauflieu, v.
Sault, château.
Saumois, p. de *Salm*.
Saumur, v.
Sauredun, Sauvedun, f. *Saverdun* dans l'Arriège.
Sautin, *Saultain*.
Sauveterre, *Salvatierra*.
Sauvetout, f., en Bretagne.
Sauveur (Saint-)-le-Vicomte, v., en Normandie.
Saverne, r. *Severn*, qui sépare le pays de Galles du pays de Cornouailles.
Savin (Saint-), f.
Savoie, p.
Savoisien, habitant de la Savoie.
Scenes, v. *Sheen*, aujourd'hui Richmond.
Scie. *Scio*, île de l'Archipel.
Schonnehave, Schonnehove, Sconehove, v. *Schoenhoven*.
Sconvort, v. *Scoonvort*.
Seghense, v. *Siguenza*.
Sebillac, f.
Secille (la), Sezille, île de *Sicile*.
Segny-le-Grand, Segny-le-Petit, villages près Rethel.
Segrat, f. *Castel-Sacrat*.
Seguevie, v. *Ségovie*.
Seine, r.
Selchin, v. *Seclin*.
Selle (la), r. *La Serre*.
Selles, r. *Saal*.
Selles, v., en Berri.
Sellettes, r. *Serin*.
Semeri. *Sepmeries*.
Semetefille, Semitefille, Simesfille, *Smithfield*, champ près de la cité de Londres, aujourd'hui place publique de Londres.
Senlieches, v. *Saliches*.

Senlis, v.
Sens, v.
Serain, r. *Sorrus*.
Serpe, Serpes, v. *Serpa* en Portugal.
Serès, Seris, v. *Xerez de los Caballeros* en Espagne.
Séver (Saint-).
Sévère (Sainte-), v.
Séville, v.
Sicile, île.
Silvier (Saint-), v. *Saint-Séver*.
Sissonne, v., en Laonnois.
Sivrage, f., en Poitou.
Soire, Sorie, v. *Soria*.
Soissons, v.
Somaing, v.
Somme, r.
Sone, Sonne (la), *Saône*.
Sorgue (la), rivière, d'où sort la fontaine de Vaucluse.
Sorie, v. *Soria*, donné à du Guesclin en Espagne.
Soubise, v.
Souède, p. *Suède*.
Soupery (Saint-), f., en Auvergne.
Sousestre, v. *Cirencester*.
Soussexes, Souxsexses, p. *Sussex*.
Souterrain (le), f., dans la Marche.
Stafort, Stanford, v. *Stafford*.
Stenay, v.
Strasbourgh, v. *Strasbourg*.
Straullen, v. *Straelen* en Gueldres.
Sturmelin, v. *Stirling*.
Supplis (Saint-), f. *Saint-Sulpice* en Bretagne.
Sur, p. *Syrie*.
Surs. *Syriens*.
Surré, p. *Surrey*, comté anglais.
Surgères, Surgières, v.
Susenion, Suseniot, v. *Sucinio*, dans la presqu'île de Ruys en Bretagne.
Syrie, p.

T

Taillebourch, v. *Taillebourg* sur la Charente.
Taillidon, f., en Portugal.
Tamise, v.
Tarascon, Tarrascon, v.
Tarbe, Tarbes, Tharbe, v.
Tarse, pays qui m'est inconnu en Asie. Froissart mentionne aussi le roi de Tarse.
Tartarie, p.
Tarte, habitant de la Tartarie.
Tassegnon, f.
Taye, r. *Tay* en Écosse.
Tenre, r.
Tenremonde, v. *Tenre-Mund*, ville placée à l'embouchure du Tenre.
Terrace (la), v.
Térouenne, Térouaune. *Thérouenne*.
Térouennais, p. de Thérouenne.
Terrière, v., en Languedoc.
Tèse (le), r. *Tage*.
Tesel (île de). *Texel*.
Tesin, r.

Tharbes, v. *Tarbes*.
Théruenois, p. de Thérouenne.
Thessale, p *Thessalie*.
Thibaut (Saint-), v., sur la Garonne.
— village, près de Sancerre en Berri.
Thyn, Thyne, r. *Tyne* en Écosse.
Thiérasche, p.
Thiers, v., en Auvergne.
Thierry (Châtel),v.*Château-Thierry*.
— (Saint-), abbaye, près de Reims.
Thiois. *Allemand*.
Thomond, p., en Irlande.
Thonneins, v. *Tonneins*.
Thori, v., en Beauce.
Thorigny, v.
Thuid, r. *Tweed*.
Thun, évêché. *Autun*.
Thun-l'Évêque, v., en Cambrésis.
Thunes, v. *Tunis*.
Thury, f., dans le pays d'Alby.
Tillath, v. *Thiezac* près Saint-Flour.
Tilley, v., en Bretagne.
Tieulles, v. *Tivoli*.
Tollette, Toulette, v. *Toledo* en Espagne.
Tonneins, f.
Tonnerre, v.
Tosquane, p. *Toscane*.
Touars, v. *Thouars*.
Toul, v.
Toulette, v. *Toledo*.
Toulousain, p. de Toulouse.
Toulouse, v.
Tour (la), f., en Limousin.
— de Labreth, f. La tour d'Albret.
Tourhout, v.
Tournay, f., sur la Liques, près de Lourdes.
— v., en Tournésis.
Tournehen, v.
Tourne-Hourgues, v. *Turnhout*.
Tourniquiens, Tournisiens, habitans de *Tournay*.
Tourout, v. *Tourhout*.
Tours, v.
Touvars, f. *Thouars*.
Tramessainnes, Tresmessaines, Tramessaines, p. *Trémecen* en Afrique.
Trèbes, f.
Trec, v. *Utrecht*.
Trelon, f.
Tremue, f., près de l'Écluse.
Trencouse, v. *Trancoso* en Portugal.
Tressen, r.
Tret-sur-Meuse, v. *Maes-Tricht*.
Trèves, r.
Trigalet, f., dans l'Arriège.
Trit, v. *Trith*.
Trochy, v.
Troyes, Troie, v., en Phrygie.
— v., en Champagne.
Tronchette (la), f., en Poitou.
Tudelle, Toudelle, v. *Tudela* en Navarre.
Tuid, r. *Tweed*.
Tuillier (Château-), f., sur la frontière du pays de Toulouse.

TABLE DES NOMS DE VILLES, DE PROVINCES, DE RIVIERES, ETC.

Turc, Turck, habitant de la Turquie.
Turquie, p.
Tuye, v. *Tuy*, en Espagne.
Tyois. *Allemand*. Il énumère ainsi ceux qui avaient pris part à une opération militaire : Beruyers, François, Bourguignons, Flamands, Artésiens, Tyois et Hainuyers.

U

Ulnestre, p. *Ulster* en Irlande.
Umbre, r. *Humber*.
Urgel, v.
Utrec, Utret, v. *Utrecht*.
Uzès, v. *Usson* en Auvergne, puis *Uzès*.

V

Val-d'Olif, v. *Valladolid*.
Val-de-Sorie, v. *Val de Soria*.
Val-de-Yosse, v. *Badajoz*.
Valant, Volant-sur-Seine, v. près de Troyes.
Valence, v. en Espagne *Valencia*.
— v. en Portugal. *Valença*.
— v. en France.
Valenciennes, v.
Valery (Saint-), v.
Valle, Walle, v. *Waal*.
Valogne, Valongne, v.
Valois, p.
Valon. f., en Auvergne.
Valverde, v. en Portugal.
Vandables, v.
Vascles (les). *Les Basques*.
Vast (Saint-), abbaye.
Vaucelles, abbaye, diocèse de Cambray.
Vaulclerc, abbaye près de Luxembourg, où est enterré Wenceslas de Brabant.
Vaulx, Vaux, v. près de Laon.
Vaulx-la-Comtesse, v., en Brie.
Vegho, v. *Vigo* en Gallice.
Veguecin, p. *Vexin*.
Velle, r.
Velly, v. sur l'Aisne.
Venant (Saint-), v. en Flandre.
Vence (comté de), p., comté venaissin.
Vendagies-aux-bois. *Vandegis*.
— sur Escaillon. *Id.*
Vendosme, v. *Vendôme*.
Venesse (le) p. *Le Venaissin*.
Venise, v.
Venitien, habitant de Venise.
Vennes, v. *Vannes*.
Ventadour, f. en Auvergne.
Ventie (la), v. *Laventhis* en Flandre.
Verain (Saint-), v. près d'Avignon.
Verdun, v.
Vergy, f.
Vermand, p. *Le Vermandois*.
Vermandisien, habitant du Vermandois.

Verneuil, v.
Vernon, v.
Vertain, v.
Vertigneul, v. *Vertigneuil*.
Vertus, v.
Vervins, v.
Vescle, p., pays des *Basques*. *Un appert homme d'armes de Vescle*, dit Froissart.
Vespins, f., dans l'Arriège.
Veuguecin, p. *Vexin*.
Vevay, v.
Vexin, Veyguecin, p. *Vexin*.
Vezelai, v.
Viane, v. *Vienne*, en Dauphiné.
— v. *Viana*, en Espagne.
Vic, v. *Vich*, en Espagne.
Vicogne, abbaye près de Valenciennes.
Vienne, f. près Grantmont.
— f. *Wien*, capitale de l'Autriche.
Vierzon, v. dans le département de l'Indre, ancien Berri.
Villay, p. *Le Velay*.
Ville-Alpent, Ville-Arpent, v. *Vilhalpandos* en Portugal.
Ville-d'Adam, v., à trois lieues d'Orthez.
Ville-en-Brulles, v., en Galice.
Villefranche, v.
Ville-Lope, Ville-Lopez. *Vilha-Lobos* en Portugal.
Ville-Neuve-sur-Allier, v.
Villeneuve, v., en Agénois.
— lez-Avignon, v.
Ville-Sainte, v., en Galice.
Ville-Vesiouse, v. *Vilha-Viçosa* dans l'Alem-Tejo, en Portugal.
Villevort, Vilvort, v. *Vilvorde*.
Villiers-en-la-Cauchie, v. *Villiers-la-Chaussée*.
Vimeu, p.
Vincent (Saint-), v.
Vinchaines, v. *Vincennes*.
Vindesore, v. *Windsor*.
Vire, v.
Vireton, v., dans les Ardennes.
Vismeu, p. *Vimeu*.
Visque (île de). *Wight*, sur les côtes d'Angleterre, près de South-Hampton.
Vitel, v.
Vitré, v. en Bretagne.
Vittore, v. *Victoria* en Espagne.
Viviers, v. sur le Rhône.
Volain (pont), v. *Pont-Valain*.
Volte (la), f., château.
Vressièl, v. *Vercelli* en Piémont.

W

Ware, v. près de Hereford.
Wargni-le-Grand, v. *Wargnies*.

Wargni-le-Petit v.
Warlain, Warling, v., en Flandre.
Warneston, v.
— (le-Pont), v.
Warvich, v. *Warwick*.
Waubain, v. *Waben*.
Wauclère, f. *La Roche-Vau-Cler*.
Waudes. *Les Vaudois*.
Wenin (Pont-à-), v., sur le Lys.
Werk, f. *Wark*, en Northumberland.
Werny, v., en Flandre.
Weselant, p. *Westc-More-Land*.
Wesinsé, v. *Winchelsea*.
Westmoustier. *West-Minster*.
Westphale, p. *Westphalie*.
Wincel, p. *Vitel*.
Wincelsée, Wincenesée, v. *Winchelsea*.
Wincestre, château. *Bicêtre* près de Paris, ainsi appelé parce qu'il avait été bâti par un évêque de Winchester.
Wincestre, évêché et ville. *Winchester*.
Windesore, v. *Windsor*.
Wiske, Wisque, île de Wight.
Wissan, Wissant, v., dans le Pas-de-Calais.

X

Xaintes, v. *Saintes*.
Xaintonge, p. *Saintonge*.

Y

Yamoude, Yarnemunde, v. *Yarmouth*.
Yauville, v., en Beauce.
Yèvres, r.
Ymet, village. *Émet* ou *Aymet* entre la Réole et Bergerac.
Yonne, r.
Yorch, v. *Yorck*.
Ypre, Yppre, v. *Ypres*.
Yrain (Saint-), v. *Santarem*, en Portugal.
Yrier (Saint-), v., près de Limoges.
Yrlande, p. *Irlande*.
Yrois, Yrlois. *Irlandais*.
Yssoire, v. *Issoire* près Clermont.
Yssoldun, v. *Issoudun*, en Berri.
Yton. r.
Ywis, v.

Z

Zanduich, Zandvich, Zanduiche, v. *Sandwich*.
Zélande, p.
Zereceil, v. *Over-Yssel*
Zoden, Zodon, abbaye. *Yetholm*, en Écosse.

FIN DE LA TABLE DES NOMS DE VILLES, DE PROVINCES, DE RIVIÈRES, ETC.

LES CHRONIQUES

DE

SIRE JEAN FROISSART.

> Je sçavois bien que, encore au temps avenir et quand je serai mort, sera cette noble et haute histoire en grand cours, et y prendront tous nobles hommes plaisance et exemple de bien faire.
> (*Froissart*, liv. III, chap. I.)

PROLOGUE.

Ci commencent les Chroniques que fit messire Jean Froissart, qui parlent des nouvelles guerres de France et d'Angleterre, de Bretagne, d'Escosse et d'Espagne, lesquelles sont divisées en quatre parties.

Afin que honorables emprises et nobles aventures et faits d'armes, lesquelles sont avenues par les guerres de France et d'Angleterre, soient notablement régistrées et mises en mémoire perpétuelle, par quoi les preux aient exemple d'eux encourager en bien faisant, je veux traiter et recorder histoire et matière de grand'louange.

Mais ains que je la commence, je requiers au Sauveur de tout le monde, qui de néant créa toutes choses, qu'il veuille créer et mettre en moi sens et entendement si vertueux que, ce livre que j'ai commencé, je le puisse continuer et persévérer en telle manière que toux ceux et celles qui le liront, verront et orront y puissent prendre ébatement et plaisance, et je encheoir en leur grâce.

On dit, et voir est, que tout édifice est ouvré et maçonné l'une pierre après l'autre, et toutes grosses rivières sont faites et rassemblées de plusieurs ruisseaux et fontaines : aussi les sciences sont extraites et compilées de plusieurs clercs, et ce que l'un sait, l'autre ne sait mie ; non pour quant rien n'est qui ne soit sçu ou loin ou près. Donc ainsi, pour atteindre et venir à la matière que j'ai emprise de commencer, premièrement par la grâce de Dieu et de la bénoîte Vierge Marie dont tout confort et avancement viennent, je me veux fonder et ordonner sur les vraies chroniques jadis faites et rassemblées par vénérable homme et discret seigneur monseigneur Jean le Bel, chanoine de Saint-Lambert de Liége, qui grand'cure et toute bonne diligence mit en cette matière, et la continua tout son vivant au plus justement qu'il pût, et moult lui couta à acquerre et à l'avoir. Mais, quelques frais qu'il y eut ni fit, rien ne les plaignit ; car il étoit riche et puissant, si les pouvoit bien porter ; et de soi même étoit large, honorable et courtois, et qui volontiers voyoit le sien dépendre. Aussi, il fut en son vivant moult ami et secret à très noble et douté seigneur monseigneur Jean de Hainaut[1] qui bien est ramentu, et de raison, en ce livre ; car de plusieurs et belles avenues il en fut chef et cause, et des rois moult prochain ; par quoi le dessus dit messire Jean le Bel put de-lez lui voir et connoître plusieurs besognes lesquelles sont contenues en suivant.

Voir est que je, qui ai empris ce livre à ordonner, ai, par plaisance qui toudis m'a à ce incliné, fréquenté plusieurs nobles et grands seigneurs, tant en France comme en Angleterre,

---

[1] Jean était frère cadet de Guillaume Ier, dit le Bon, comte de Hainaut, et avait eu en partage les seigneuries de Beaumont, de Valenciennes et de Condé. Il mourut le 11 mars 1356.

en Escosse, en Bretagne et en autres pays, et ai eu la connoissance d'eux; si ai toujours à mon pouvoir enquis et demandé du fait des guerres justement et des aventures qui en sont avenues, et par espécial depuis la grosse bataille de Poitiers, où le noble roi Jean de France fut pris, car devant ce j'étois encore moult jeune de sens et d'âge; et ce nonobstant, si empris-je assez hardiment, moi issu de l'école, à rimer et à dicter les guerres dessus dites, et pour porter le livre en Angleterre tout compilé, si comme je fis; et le présentai adonc à très haute et très noble dame madame Philippe de Hainaut[1] roine d'Angleterre, qui liement et doucement le reçut de moi et m'en fit grand profit.

[1] Fille de Guillaume Ier, comte de Hainaut, et nièce de Jean.

Or peut-être que ce livre n'est mie examiné ni ordonné si justement que telle chose le requiert; car faits d'armes, qui si chèrement sont comparés, doivent être donnés et loyalement départis à ceux qui par prouesse y travaillent. Donc, pour moi acquitter envers tous, ainsi que droit est, j'ai emprise cette histoire à poursuir sur l'ordonnance et fondation devant dits, à la prière et requête d'un mien cher seigneur et maître, monseigneur Robert de Namur, seigneur de Beaufort[1], à qui je veux devoir amour et obéissance; et Dieu me laist faire chose qui lui puisse plaire!

[1] Issu des comtes de Flandre de la maison de Dampierre, et seigneur de Beaufort sur Meuse et de Renais. Il mourut le 18 août 1392.

LIVRE PREMIER.

PARTIE PREMIÈRE.

CHAPITRE PREMIER.

Ci s'ensuivent les noms des preux de cette histoire.

Pour tous nobles cœurs encourager et eux montrer exemple en matière d'honneur, je, Jean Froissart, commence à parler, après la relation de monseigneur Jean le Bel, jadis chanoine de Saint-Lambert de Liége, et dis ainsi : que plusieurs gens nobles et in-nobles ont parlé par maintes fois des guerres de France et d'Angleterre qui pas justement n'en savoient ou sauroient à dire, si requis et examinés en étoient, comment, ni pourquoi, ni par quelle raison elles vinrent; mais en voici la droite vraie fondation de la matière. Et pour ce que je n'y veux mettre ni ôter, oublier ni corrompre, ni abréger histoire en rien par défaut de langage, mais la veux multiplier et accroître ce que je pourrai, vous veux de point en point parler et montrer toutes les aventures, depuis la nativité du noble roi Édouard d'Angleterre[1] qui si puissamment a régné. Et tant y sont avenues d'aventures notables et périlleuses, et tant de batailles adressées, et d'autres faits d'armes et de grands prouesses, puis l'an de grâce MCCCXXVI que le gentil roi fut couronné en Angleterre[2], que il, et tous ceux qui ont été avec lui en ces batailles et heureuses aventures, ou avec ses gens là où il n'a mie été en propre personne, si comme vous pourrez ouïr ci-après, doivent bien être tenus et réputés pour preux, combien qu'il y en ait grand'foison d'iceux qui doivent et peuvent bien être tenus pour souverains preux entre les autres et devant tous autres, si comme le propre corps du gentil roi dessus dit, le prince de Galles son fils[3], le duc de Lancastre[4], messire Regnault de Cobham, messire Gautier de Mauny en Hainaut, messire Jean Chandos, messire Franke de Halle, et plusieurs autres qui se ramentevront, pour le bien et la prouesse d'eux, dedans ce livre : car par toutes les batailles où ils ont été, ils ont eu renommée des mieux faisans par terre et par mer, et s'y sont montrés si vaillamment qu'on les doit bien tenir pour souverains preux. Mais pour ce n'en doivent mie les autres, qui avec eux ont été, pis valoir.

Aussi en France, a été trouvée bonne chevalerie, roide, forte, apperte et grand'foison; car le royaume de France ne fut onques si déconfit qu'on n'y trouvât bien toujours à qui combattre; et fut le noble roi Philippe de Valois[1] très hardi et bachelereux chevalier, et le roi Jean son fils[2], Charles roi de Behaigne[3], le comte d'Alençon[4], le comte de Foix[5], messire Jean de Saintré[6], messire Arnoul d'Audrehen[7] messire Boucicaut[8], messire Guichart d'Angles, monseigneur de Beaujeu le père et le fils[9], et plusieurs autres que je ne puis mie maintenant tous nommer et qui bien seront en temps et lieu ramentus ; car, pour vérité dire et soutenir, on doit bien tenir pour assez preux tous ceux qui en si crueuses batailles et si périlleuses ont été vus et sont demeurés jusques à la déconfiture, suffisamment faisant leur devoir.

---

[1] Édouard III naquit le 15 novembre 1313. Il était de la famille des Plantagenet d'Anjou
[2] C'est-à-dire 1327, en commençant l'année en janvier et non à Pâques.
[3] Surnommé le *Prince noir*.
[4] Jean de Gand, comte de Richmont, duc de Lancastre, troisième fils du Prince noir, tige du rameau de Lancastre si fameux dans l'histoire d'Angleterre sous le nom de *Rose rouge*. Son fils, Henri IV, obtint la couronne aux dépens de Richard II, fils du *Prince noir*.
[1] Philippe VI.
[2] Jean dit *le Bon*, qui mourut prisonnier en Angleterre.
[3] On appelait ainsi autrefois la Bohême. Le prince dont il s'agit se nommait *Jean* et non *Charles*. C'est le fameux comte Jean de Luxembourg, roi de Bohême, tué à la bataille de Crécy.
[4] Charles, comte d'Alençon frère du roi Philippe de Valois.
[5] On ignore si Froissart veut parler de Gaston II, ou de son fils Gaston Phœbus, si célèbre par sa magnificence, qui vivaient tous les deux à cette époque.
[6] Sénéchal d'Anjou et du Maine, et lieutenant du sire de Craon sous lequel il commandait trente hommes d'armes.
[7] Maréchal de France.
[8] Jean le Meingre, dit Boucicaut, maréchal de France.
[9] Édouard, sire de Beaujeu et de Dombes, maréchal de France, et Guichard, son fils, issus des comtes de Forez.

CHAPITRE II.

Ci commence à parler du roi Édouard d'Angleterre et de l'opinion des Anglois.

Premièrement, pour mieux entrer en la matière de honorable et plaisante histoire du noble roi Édouard d'Angleterre qui fut couronné à Londres l'an de grâce mcccxxvi, le jour de Noël, au vivant du roi son père et de la roine sa mère, certaine chose est : que l'opinion des Anglois communément est telle, et on l'a souvent vu avenir en Angleterre puis le temps du gentil roi Artus[1], que, entre deux vaillans rois d'An-

gleterre, a toudis eu un moins suffisant de sens et de prouesse; et assez apparent est par le roi Édouard dont je parlois maintenant. Car voir est que son tayon, qu'on appela le bon roi Édouard[1], fut moult vaillant, sage et hardi prud'homme, et entreprenant, et bien fortuné en fait de guerre; et eut moult à faire contre les Escots[2], et les conquit trois fois ou quatre; et ne purent oncques les Escots avoir victoire ni durée contre lui. Et quand il fut trépassé, son fils[3] de son premier mariage, qui fut père au gentil roi Édouard[4], fut couronné après lui, qui point ne le ressembla de sens ni de prouesse; ainçois gouverna et maintint son royaume moult sauvagement par le conseil d'autrui; dont puis il lui meschéy moult laidement, si comme vous pourrez ouïr ci-après, s'il vous plaît. Car assez tôt après ce qu'il fut couronné, le roi Robert Bruce[5], qui étoit roi d'Escosse, qui avoit tant et si souvent donné à faire au bon roi Édouard dessus dit qu'on tenoit pour moult preux, reconquit toute Escosse, et la bonne cité de Bervich avec[6], et ardit et gâta grand' partie du royaume d'Angleterre quatre journées ou cinq dedans le pays par deux fois, et déconfit celui roi et tous les barons d'Angleterre en un lieu en Escosse qu'on dit Esturmelin[7] par bataille rangée et arrêtée; et dura la chasse de cette déconfiture par deux jours et par deux nuits; et s'en affuit le roi d'Angleterre, à moult peu de ses gens, jusques à Londres; mais pour ce que ce n'est mie de notre matière, je m'en tairai atant.

---

[1] Le fameux Arthur de la table ronde, si célébré par les romanciers. Geoffroy de Montmouth a complétement défiguré la vie de ce petit souverain dans sa fabuleuse histoire. Les triades galloises le montrent ce qu'il était véritablement. Arthur, fils d'Uthur suivant les uns, de Meirig ap Tewdrig suivant les autres, vivait à la fin du cinquième et au commencement du sixième siècle. Il devint, en 510, souverain d'une des trente petites républiques substituées aux trente cités romaines dans la Grande-Bretagne. Ses possessions se trouvaient sur la côte méridionale de l'Angleterre, dans l'ancienne province des *Silures*, et à l'époque de l'invasion des Saxons, il paraît que, comme son père, il fut nommé, en 517, Pen-Teyrn (premier chef), dignité qui lui donnait une espèce de suprématie sur tous les autres chefs alliés. D'après Myrddhin, Taliesin, Llywarch-Hên et les autres bardes gallois, il fut toujours en guerre avec quelques chefs bretons d'un côté, et les envahisseurs saxons d'un autre. Après avoir été forcé de permettre au Saxon *Cerdic*, qui était débarqué d'abord en 495, de former enfin, en 530, un établissement fixe dans les comtés de Southampton et de Sommerset, qui composèrent depuis le royaume de Wessex (Saxe occidentale), Arthur périt obscurément, en 542, dans une guerre domestique contre son neveu Médrawd qui avait séduit sa femme Gwenhyfar. Blessé à mort dans une bataille qu'il livra contre Médrawd, à Caerleon, sur la côte de Cornouailles, il fut transporté par les soins de Morgan sa parente dans l'île de Glastonbury, dont elle était propriétaire. Sa mort resta longtemps secrète, par suite de l'état de division dans lequel se trouvait la Grande-Bretagne entière. Il fut aisé de faire croire au peuple opprimé par les Saxons, qu'Arthur n'avait été éloigné du monde que par un art magique, et que tôt ou tard il reviendrait pour faire triompher les Cymry (Gallois). Cette opinion, qui flattait l'orgueil d'une nation malheureuse, se soutint pendant plusieurs siècles, malgré la haine qu'Arthur paraît avoir inspirée par sa cruauté pendant sa vie. En 1189, époque où les romans avaient agrandi sa renommée, on fit dans l'abbaye de Glastonbury, des recherches pour découvrir son corps, et on trouva en effet ses restes dans un cercueil de chêne creusé, avec cette inscription, dont les caractères paraissaient être du temps d'Arthur : «*Hic jacet sepultus inclytus rex Arthurus, in insulâ Avalonia.*»

[1] Édouard Ier, de la maison d'Anjou-Plantagenet, surnommé *aux longues jambes* fils d'Henri III et petit-fils de Jean-sans-Terre.

[2] Les Écossais.

[3] Édouard II, surnommé de *Caernarvon*.

[4] Édouard III.

[5] Roi d'Écosse sous le titre de Robert Ier. Il était fils de Robert Bruce, comte d'Anandale, et de Cleveland, et compétiteur de J. Baliol.

[6] La ville de Berwick conquise par Édouard Ier, dont les forces s'étaient réunies à celles du comte d'Anandale, père de Robert Ier, fut reprise plus tard par Robert Bruce, roi d'Écosse, son fils. Il y a dans le texte de Froissart inversion dans l'ordre des dates; la prise de Berwick fut postérieure à celle de Stirling.

[7] Stirling. C'est près de cette ville que se livra, le 25 juin 1314, la bataille sanglante et décisive connue sous le nom de bataille de Bannock-Burn, du nom du ruisseau (*Burn* en écossais) qui coule en cet endroit. Cette bataille fut, comme je viens de le dire, antérieure à la reprise de Berwick.

CHAPITRE III

Comment le père au roi Édouard fut marié à la fille du beau roi Philippe de France.

Ce roi, qui fut père à ce gentil roi Edouard, avoit deux frères de remariage [1] desquels l'un étoit appelé le comte Marescaux et était de moult sauvage et diverse manière; l'autre avoit nom messire Aymes et étoit comte de Kent : moult étoit celui prud'homme, doux et débonnaire, et bien aimé des bonnes gens. Ce roi étoit marié à la fille du beau roi Philippe de France [2], qui était une des plus belles dames du monde. Il eut de cette dame deux fils et deux filles; desquels fils, le premier est le gentil et le preux roi Édouard d'Angleterre de qui cette histoire est commencée; l'autre eut nom Jean d'Elthem et mourut assez jeune. L'ainée fille eut nom Isabelle [3], et fut mariée au jeune roi David, roi d'Escosse [4] fils au roi Robert Bruce; et lui fut donnée en mariage en jeunesse par l'accord des deux royaumes d'Angleterre et d'Escosse et par paix faisant. L'autre fille [5] fut mariée au comte Regnault de Guerles, qui puis fut appelé duc de Guerles, et eut de cette dame deux fils, Regnault et Édouard, qui puis régnèrent en grand' puissance contre leurs ennemis.

CHAPITRE IV.

Pour quelle achoison la guerre mut entre le roi de France et le roi d'Angleterre.

Or, dit le conte que le beau roi Philippe de France eut trois fils avec cette belle fille Isa-

---
[1] Édouard II était fils d'Édouard Ier et d'Éléonore de Castille. Ses deux frères de *remariage*, c'est-à-dire du second lit, étaient fils du même Édouard Ier et de Marguerite de France. L'aîné, appelé Thomas, fut comte de Norfolk et grand maréchal d'Angleterre, d'où lui vint le nom de *comte Marescaux* ou *comte Maréchal* que lui donne Froissart; le second, nommé Aymes ou plutôt Edme ou Edmund, fut comte de Kent.
[2] Philippe IV dit *le Bel*.
[3] Tous les historiens et les généalogistes anglais la nomment *Jeanne*.
David II, qui fut gardé prisonnier par Édouard III, son beau-frère, pendant dix ans à la Tour de Londres, et, après la mort d'Isabelle, épousa plus tard, lorsqu'il fut remonté sur le trône, la fille d'un chevalier écossais. David II mourut en 1370, laissant sa succession à Robert Stuart son neveu. Il existe encore des descendants de David, dont le chef est lord Elgin actuel.
[5] Elle se nommait Aliénor.

belle [1] qui fut mariée en Angleterre au roi Édouard dont j'ai parlé ci-dessus; et furent ces trois fils moult beaux; desquels l'aîné eut nom Louis, qui fut au vivant de son père, roi de Navarre, et l'appeloit-on le roi Hutin. Le second né eut nom Philippe le Long; et le tiers eut nom Charles; et furent tous trois rois de France après la mort du roi Philippe leur père, par droite succession, l'un après l'autre, sans avoir hoir mâle de leur corps engendré par voie de mariage. Si que, après la mort du dernier roi Charles, les douze pairs et les barons de France ne donnèrent point le royaume à la sœur qui étoit roine d'Angleterre, pourtant qu'ils vouloient dire et maintenir, et encore veulent, que le royaume de France est bien si noble qu'il ne doit mie aller à femelle, ni par conséquent au roi d'Angleterre son ains-né fils. Car, ainsi comme ils veulent dire, le fils de la femme ne peut avoir droit ni succession de par sa mère, là où sa mère n'y a point de droit : si que, par ces raisons, les douze pairs et les barons de France donnèrent, de leur commun accord, le royaume de France à monseigneur Philippe, fils jadis à monseigneur Charles de Valois, frère jadis de ce beau roi Philippe dessus dit, et en ôtèrent la roine d'Angleterre et son fils qui étoit hoir mâle et fils de la sœur du dernier roi Charles.

Ainsi alla le dit royaume hors de la droite ligne, ce semble à moult de gens; parquoi grands guerres en sont nées et venues, et grand'destruction de gens et de pays au royaume de France et ailleurs, si comme vous pourrez ouïr ci-après; car c'est la vraie fondation de cette histoire pour raconter les grands entreprises et les grands faits d'armes qui avenus en sont : car, puis le temps du bon roi Charlemagne qui fut empereur d'Allemagne et roi de France, n'avinrent si grands aventures de guerre au royaume de France qu'elles sont avenues pour ce fait-ci, ainsi que vous orrez au livre, mais que j'aie temps et loisir du faire et vous du lire. Or me veux retraire à la droite matière commencée, et taire de cette, tant que temps et lieu venront que j'en devrai parler.

---
[1] Isabelle, mère d'Édouard III, était fille de Philippe IV, et Philippe de Valois était petit-fils de Philippe, par Charles de Valois, frère de Philippe IV. Louis X avait laissé une fille nommée Jeanne, qui vivait encore à l'époque de la mort de Charles VI, en 1328.

CHAPITRE V.

Comment grand'dissension mut entre les barons d'Angleterre et messire Huon le Despensier.

Or, raconte l'histoire que ce roi d'Angleterre, père à ce gentil roi Édouard sur qui notre matière est fondée, gouverna moult diversement son royaume, et fit moult de diverses merveilles en son pays, par le conseil et l'ennort d'un mauvais chevalier monseigneur Huon que on dit le Despensier[1] qui avoit été nourri avec lui d'enfance. Et avoit tant fait celui messire Hue que il et messire Hue son père étoient les plus grands barons d'Angleterre comme de richesse, et étoient toujours les plus grands maîtres du conseil du roi et vouloient maistrier et surmonter tous les autres hauts barons d'Angleterre; par envie de quoi et pourquoi avinrent, puis ce di, au pays et à eux mêmes moult de maux et de tourmens. Car après la grand' déconfiture d'Esturmelin où le roi Robert Bruce, roi d'Escosse, déconfit ce roi d'Angleterre et tous ses barons, si comme vous avez ouï ci devant, grand envie et grand murmure monteplia au pays d'Angleterre entre les nobles barons et le conseil du roi, mêmement encontre Hue le Despensier; et lui mettoient sus que, par son conseil, ils avoient été déconfits, et que, pourtant que il étoit favorable au roi d'Escosse, il avoit tant conseillé et tenu le roi d'Angleterre en négligence, que les Escots avoient reconquis la bonne cité de Bervich et ars quatre journées ou cinq par deux fois dedans leur pays, et au dernier eux tous détruits et déconfits. Et sur ce, les dits barons eurent ensemble plusieurs fois parlement pour aviser qu'ils en pourroient faire, desquels le comte Thomas de Lancastre, qui étoit oncle du roi[2], étoit le plus grand et le principal. Or, aperçut messire Hue le Despensier de cette œuvre, et que on murmuroit sur lui et sur son affaire. Si se douta trop fort que mal ne l'en prit; si y pourvey tantôt de remède moult félonneux.

[1] Hugh Spenser, qui avait succédé à Pierre Gaveston dans la faveur d'Édouard.
[2] Thomas de Lancastre n'était point fils de Henri III, mais son petit-fils, par Edmond, frère d'Édouard I*er*. Il n'était donc que cousin germain d'Édouard II.

CHAPITRE VI.

Comment plusieurs barons d'Angleterre furent décolés et comment la roine et son fils s'en affuirent en France.

Il, qui étoit si bien du roi et si prochain comme il vouloit, et plus cru tout seul que tout le monde, s'en vint au roi et lui dit : que ces seigneurs avoient fait alliance encontre lui et qu'ils le mettroient hors de son royaume s'il ne s'en gardoit; et tant fit par son ennortement et son subtil malice et engin que le roi fit à un jour prendre tous ces seigneurs à un parlement où ils étoient assemblés[1] et en fit décoler, sans délai et sans connoissance de cause, jusques à vingt-deux des plus grands barons, et tout premier le comte Thomas de Lancastre, qui moult étoit bon homme et saint et fit depuis assez de beaux miracles au lieu où il fut décolé. Pour lequel fait le dit messire Hue acquit grand'haine de tout le pays et espécialement de la roine d'Angleterre et du comte de Kent, qui étoit frère du roi d'Angleterre.

Encore ne cessa point atant le dit messire Hue d'ennorter le roi de mal faire : car quand il aperçut qu'il étoit mal de la roine et du comte de Kent, il mit si grand discord entre le roi et la roine, par son malice, que le roi ne vouloit point voir la roine, ni venir en lieu où elle fut, et dura ce discord assez longuement. Et adonc fut que on dit à la roine et au comte de Kent tout secrètement, pour les périls éloigner où ils étoient, qu'il leur pourroit bien mésavenir prochainement, s'ils ne se gardoient; car le dit messire Hue leur pourchassoit grand destourbier.

Adonc quand la roine et le dit comte de Kent ouïrent ces nouvelles, si se doutèrent, car ils sentoient le roi hâtif et de diverse manière et mauvaise condition, et leur ennemi si bien de lui comme il vouloit. Si s'avisa la dame qu'elle se partiroit tout coyement et vuideroit le royaume d'Angleterre, et s'en viendroit en France voir le roi Charles son frère, qui encore vivoit, et lui conteroit ses mésaises, et emmèneroit son jeune fils Édouard avec li voir le roi son oncle[2].

[1] Le comte de Lancastre fut arrêté non dans un parlement, mais les armes à la main. Il fut pris, et trente-cinq seigneurs avec lui, le 16 mars 1322, à Burgh, et conduit au château de Pomfret, où il fut jugé par une cour martiale, et eut la tête tranchée le 23 mars de la même année. Plusieurs de ses coaccusés furent mis à mort en divers lieux.
[2] Isabelle passa en France, du consentement de son

Ainsi la dame se pourvey sagement, et prit voie de venir en pèlerinage à Saint-Thomas de Cantorbie, et elle s'en vint à Vincelsée, et là, de nuit, entra en une nef appareillée pour li et son fils et le comte Aymon de Kent, et messire Roger de Mortimer; et en une autre nef mirent leurs pourvéances, et eurent vent à souhait, et furent lendemain, devant prime[1], au hâvre de Boulogne.

Quand la roine Isabelle fut arrivée à Boulogne[2], ainsi comme vous oïez, et son fils, et le comte de Kent son serourge, le capitaine de la ville et l'abbé et les bourgeois vinrent contre li, et la recueillirent moult liement, et la menèrent en la ville, et la logèrent en l'abbaye, et toute sa route; et y fut deux jours. Au tiers jour elle s'en partit et se mit à voie; et tant chemina par ses journées que elle s'en vint à Paris. Le roi Charles son frère, qui étoit informé de sa venue, envoya contre li des plus grands de son royaume qui adonc étoient de-lez lui : monseigneur Robert d'Artois, monseigneur de Coucy[1], monseigneur de Sully[2] et le seigneur de Roye[3] et plusieurs autres, qui honorablement l'amenèrent en la cité de Paris et devers le roi de France.

CHAPITRE VII.

Comment le roi de France reçut honorablement sa sœur la roine d'Angleterre ; et comment elle lui conta la cause de sa venue.

Quand le roi vit sa sœur, que grand temps n'avoit vue, et elle dut entrer en sa chambre, il vint contre elle, et la prinst par la main, et la baisa, et dit : « Bien venez, ma belle-sœur et mon beau neveu[4] ». Lors les prit tous deux et les mena avant. La dame qui pas n'avoit trop grand'joie, fors de ce qu'elle se trouvoit de-lez le roi son frère, s'étoit jà voulu agenouiller par trois ou par quatre fois au pied du roi son frère ; mais le roi ne lui souffroit, et la tenoit toujours par la main droite, et lui demandoit moult doucement de son état et de son affaire ; et la dame lui en répondoit très sagement. Et tant furent les paroles menées qu'elle lui dit : « Monseigneur, ce nous va, moi et mon fils, votre beau neveu, assez petitement ; car le roi d'Angleterre mon mari m'a prise en trop grand'haine, et si ne sais pourquoi, et tout par l'ennortement d'un chevalier qui s'appelle Hue le Despensier. Ce chevalier a tellement attrait monseigneur à soi et à sa volonté, que tout ce qu'il veut dire et faire, il est ; et jà ont comparé plusieurs hauts barons d'Angleterre et seigneurs sa mauvaiseté[5], car il en fit sur un jour prendre, et par le commandement du roi, sans droit et sans cause, décoler jusques à vingt deux, et par espécial le bon comte Thomas de Lancastre ; de quoi, monseigneur, ce fut trop grand dommage, car il étoit prud'homme et loyal et plein de bon conseil ; et n'est nul en Angleterre,

---

mari, pour négocier la paix entre les deux royaumes; elle n'emmena point avec elle le jeune Édouard son fils, et négocia si heureusement en France qu'elle fit conclure un traité, en date du 31 mai 1325, par lequel Édouard devait venir rendre hommage à Charles-le-Bel dans un terme très court. Mais Spenser l'ayant détourné de faire le voyage, il céda à son fils le comté de Ponthieu et la Guyenne, et le fit partir le 12 septembre de la même année, pour porter au roi de France l'hommage de ces seigneuries. Elle ne fut point accompagnée par le comte de Kent et par Roger de Mortimer : le premier était en France dès le commencement de l'année 1324, le second s'était échappé de la Tour de Londres, où il était détenu prisonnier, vers la fin de juillet ou les premiers jours d'août 1323, et avait quitté l'Angleterre pour passer en France, au plus tard, le 14 novembre de la même année.

[1] Froissart a généralement adopté pour la désignation des heures de la journée, la méthode de division ecclésiastique de *prime, tierce, none et vêpres*. *Prime* répond à la sixième heure du matin ; c'est la première de la journée. *Tierce* paraît marquer le temps intermédiaire entre le matin et l'heure de midi, qu'il exprime ou par le mot *midi* ou par celui de *none*. Ensuite vient *vêpres* ou *la vêprée*, après laquelle il compte encore le minuit. Quelquefois il ajoute à ces diverses divisions les épithètes de *basse* ou de *haute*. Il dit encore à *l'aube crevant* pour signifier que l'aube du jour ne fait que commencer à poindre ; *au soleil resconsant* ou *esconsant*, pour exprimer le coucher du soleil ; *à la relevée*, pour le temps qui suit l'heure de midi ; *à la remontée*, qui semble synonyme de *la vêprée* pour le soir, le temps auquel le jour approche de son déclin.

[2] L'église de Notre-Dame de Boulogne, après avoir été long-temps gouvernée par un évêque, fut réunie dans le septième siècle, à l'évêché de Thérouenne. Au commencement du douzième, Eustache III, frère de Godefroy de Bouillon à son retour de la Terre-Sainte, fit embrasser la règle de saint Augustin aux chanoines de cette église qui devint alors abbatiale. Enfin, après la destruction de Thérouenne, elle fut élevée de nouveau à la dignité de ville épiscopale : ce changement arriva l'an 1566.

[1] On ignore s'il veut désigner Guillaume de Coucy ou Enguerrand VI son fils, qui vivaient tous les deux alors : ces seigneurs de Coucy descendaient des comtes de Guines.

[2] Henri IV, sire de Sully, issu de la maison des comtes de Champagne.

[3] Jean II du nom.

[4] Isabelle n'avait point amené son fils ainsi qu'on l'a remarqué ci-dessus.

[5] On avait employé pour prouver au roi le mécontentement public un moyen fort singulier, et qui représenta

tant soit noble ni de grand'affaire, qui l'ose courroucer ni dédire de tout ce qu'il veut faire. Avec tout ce, il me fut dit en grande espécialité d'un homme qui cuide assez savoir des conseils et traités du roi mon mari et du dit Hue le Despensier, que on avoit grand'envie sur moi, et que si je demeurois au pays guères de temps, le roi, par mauvaise et fausse information, me feroit mourir ou languir à honte. Si ne l'ai-je mie desservi, ni ne le voudrois faire nullement; car oncques envers lui je ne pensai ni ne fis chose qui fût à reprendre. Et quand je ouïs ces dures nouvelles et si périlleuses sur moi, et sans raison, je m'avisai pour le mieux que je partirois d'Angleterre, et vous viendrois voir et montrer féalement, comme à mon seigneur et beau frère, l'aventure et le péril où j'ai été. Aussi le comte de Kent, que là voyez, qui est frère du roi mon mari, est en autel[1] parti de haine comme je suis, et tout par l'émouvement et ennortement faux de ce Hue le Despensier. Si m'en suis ci enfuie, comme femme égarée et déconseillée, devers vous pour avoir conseil et confort de ces besognes; car si Dieu premièrement et vous n'y remédiez, je ne me sais vers qui traire[2]. »

CHAPITRE VIII.

Comment le noble roi Charles conforta sa sœur, et comment elle acquit l'amitié de plusieurs grands seigneurs qui lui promirent à la ramener en Angleterre.

Quand le noble roi Charles de France eut ouï sa sœur ainsi lamenter, et qui de cœur et en plorant lui montroit sa besogne, et pourquoi elle étoit venue en France, si en eut grand'pitié, et lui dit : « Ma belle sœur, appaisez vous et vous confortez, car, foi que je dois à Dieu et à monseigneur saint Denis, j'y pourvoirai de remède. » Adonc la dame s'agenouilla, voulut ou non le roi, tout bas à terre et lui dit : « Mon très cher seigneur et beau frère, Dieu vous en veuille ouïr ! » Lors la prit le roi entre ses bras et la mena en une autre chambre plus avant, qui étoit toute parée et ordonnée pour li et pour le jeune Édouard son fils, et là la laissa

Ainsi fut la noble roine d'Angleterre reçue et bien venue à ce premier jour du roi Charles de France son frère; et lui fit délivrer le roi, par la Chambre aux Deniers, tout ce qui à la roine étoit nécessaire pour li et son état.

Depuis ne demeura guères que, sur cet état que vous avez ouï, Charles le roi de France assembla plusieurs grands seigneurs et barons du royaume de France, pour avoir conseil et bon avis comment on ordonneroit de la besogne de la roine sa sœur, à qui il avait promis confort et aide, et tenir lui vouloit. Dont fut ainsi conseillé au roi, et pour le mieux, que il laissât madame sa sœur acquérir et pourchasser amis et confortans au royaume de France, et se feignît de cette emprise; car d'émouvoir guerre au roi d'Angleterre, et de mettre en haine les deux royaumes qui étoient en paix, ce n'étoit pas chose qui fût appartenante; mais couvertement et secrettement l'aidât et confortât, tant d'or que d'argent, car c'est le métal par quoi on acquiert l'amour des gentils hommes et des povres bacheliers. A ce conseil et avis s'accorda le roi, et le fit dire ainsi tout coyement à la roine d'Angleterre sa sœur par monseigneur Robert d'Artois, qui lors étoit l'un des plus grands de France.

Sur ce, la bonne roine toute réjouie et confortée persévéra et se pourvéy d'acquérir amis parmi le royaume de France. Les aucuns prioit; aux autres promettoit ou donnoit or, argent ou joyaux; et tant, qu'il y eut moult de grands seigneurs et de jeunes chevaliers et écuyers qui tous lui accordèrent confort et aide et alliance pour la remener en Angleterre, et de force, mal gré tous ses ennemis, pour l'honneur du roi leur seigneur.

---

assez bien l'époque. Un jour qu'il était à dîner dans la salle de Westminster, une femme pénètre à cheval dans la salle du festin : elle était vêtue comme les ménestrels, et après avoir fait, à leur manière, le tour de la table, elle présenta une lettre au roi, tourna bride et partit. On blâma les concierges de l'avoir admise, mais ils alléguèrent que le roi n'était pas habitué à refuser aux ménestrels l'entrée de ses fêtes; on alla à sa poursuite et on l'attrapa. Elle avoua qu'elle avait été envoyée par un chevalier. Ce chevalier, questionné, déclara qu'il avait employé ce moyen pour démontrer au roi qu'il négligeait les chevaliers qui avaient servi lui et son père avec tant de fidélité, tandis qu'il comblait de ses dons ceux qui n'avaient essuyé aucune fatigue pour lui. Ce que les chroniques du temps reprochent surtout à Édouard, c'est de trop négliger ses nobles pour s'occuper des agriculteurs et des moines.

[1] Semblable.
[2] Il est assez vraisemblable qu'Isabelle se plaignit des Spensers au roi son frère; mais elle ne put lui dire qu'elle s'était enfuie d'Angleterre, puisque Charles-le-Bel ne pouvait ignorer qu'elle était partie du consentement d'Édouard et munie de pouvoirs pour traiter de la paix.

CHAPITRE IX.

Comment les barons d'Angleterre mandèrent secrètement à la reine qu'elle s'en retournât, elle et son fils, en Angleterre atout mille hommes d'armes.

Or nous parlerons de ce messire Hue un petit, et assez tôt retournerons et reviendrons à la roine. Quand cil messire Hue vit qu'il avoit grand'partie fait de ses volontés, et mis à destruction les plus grands barons d'Angleterre, la roine et son ains-né fils déchassé hors d'Angleterre, et qu'il avoit le roi si attrait à sa volonté que le roi ne lui contredisoit nulle chose qu'il voulût dire ni faire, il, qui persévéroit en sa grand'mauvaiseté, fit depuis tant de bonnes gens justicier, et mettre tant de gens à mort sans loi et sans jugement, pourtant qu'il les tenoit pour suspects encontre lui, et fit tant de merveilles par son orgueil, que les barons qui demeurés étoient, et le remenant du pays, ne le purent plus porter ; ains accordèrent ses ennemis entre eux paisiblement, et firent secrètement savoir à la roine leur dame dessus dite, qui avoit sa demeure à Paris par l'espace de trois ans [1], comme enchassée et bannie du royaume d'Angleterre, si comme vous avez ouï : si elle pouvoit trouver voie ou sens parquoi elle pût avoir aucune compagnie de gens d'armes, de mille armures de fer ou là environ, et elle voulût ramener son fils au royaume d'Angleterre, ils se trairoient tantôt vers li et obéiroient à li comme à leur dame, et à son fils comme à leur seigneur : car ils ne pouvoient plus porter les desrois et les faits que le roi faisoit au pays par le conseil dudit messire Hue.

Ces lettres et ces nouvelles secrètes envoyées d'Angleterre montra la roine au roi Charles son frère, lequel lui répondit adonc tout joyeusement : « Ma belle sœur, Dieu y ait part ! de tant valent vos besognes mieux. Or l'emprenez hardiment, et priez de mes hommes jusques à la somme que vos aidans d'Angleterre vous ont signifiée ; je consentirai ce voyage et leur ferai faire délivrance d'or et d'argent, tant que ils vous serviront volontiers. »

[1] Isabelle ne fit pas un si long séjour en France. Elle y était arrivée au mois de mars 1325 ; et elle était retournée en Angleterre avant le 27 septembre de l'année suivante 1326, date des lettres d'Édouard II, dans lesquelles il annonce à ses sujets l'arrivée de la reine et de son fils, qui, avec Mortimer et autres bannis et ennemis de l'Angleterre, étaient descendus dans son royaume pour l'en chasser.

CHAPITRE X.

Comment messire Hue le Despensier corrompit le roi de France et tout son conseil par dons, afin qu'il ne renvoyât la roine en Angleterre.

Sur ce la bonne dame avoit jà prié moult de chevaliers bacheliers et aventureux, qui lui promettoient que très volontiers ils iroient ; et ordonnoit la dame tout secrètement son affaire et ses pourvéances : mais oncques si secrètement ne le put faire ni écrire aux barons d'Angleterre, que messire Hue le Despensier ne le sût. Lors se douta-t-il que par force le roi de France la renvoyât en Angleterre. Si s'avisa que par dons il attrairoit si le roi de France et son conseil qu'il n'auroit aucune volonté de la dame aider ni de lui porter contraire. Adonc, envoya par messages secrets et affaitiés de ce faire, grand plenté d'or et d'argent et joyaux riches, et espécialement devers le roi et son plus privé conseil ; et fit tant en bref terme que le roi et tout son conseil furent aussi froids d'aider à la dame comme ils en avoient été en grand désir ; et brisa le roi tout ce voyage, et défendit, sur peine de perdre le royaume, qu'il ne fut nul qui avec la roine d'Angleterre se mît à voie pour li aider à remettre en Angleterre à main armée. Dont plusieurs chevaliers et bacheliers du dit royaume en furent moult courroucés ; et s'émerveillèrent entre eux pourquoi si soudainement le roi avoit fait cette défense ; et en murmuroient les aucuns ; et dirent bien que or et argent y étoient efforcément accourus d'Angleterre et que François sont trop convoiteux.

CHAPITRE XI.

Comment le roi de France fit dire à sa sœur qu'elle vuidât hors de son royaume.

Encore vous dirai-je, si j'ai loisir, de quoi ce messire Hue le Despensier s'avisa. Quand il vit qu'il n'auroit garde du roi de France ni de ce côté, pour embellir et fleurir sa mauvaiseté, et retraire la roine en Angleterre, et remettre en son danger et du roi son mari, il fit le roi d'Angleterre écrire au Saint-Père [1], en suppliant assez affectueusement qu'il voulût écrire et mander au roi Charles de France qu'il lui voulût renvoyer sa femme, car il s'en vouloit acquitter

[1] Jean XXII occupait alors le Saint-Siége. Édouard II lui écrivit le 5 décembre de cette année 1325, ainsi qu'à plusieurs cardinaux, concernant cette affaire.

à Dieu et au monde, et que ce n'étoit pas sa coulpe qu'elle étoit partie de lui, car il ne lui vouloit que tout amour et bonne loyauté, telle qu'on doit tenir en mariage. Avec ces lettres, que le dit messire Hue fit écrire par le roi d'Angleterre au pape et aux cardinaux, en lui escripvant ainsi comme vous avez ouï, et encore par plusieurs subtiles voies qui ci ne peuvent mie être toutes décrites, il envoya grand or et grand argent à plusieurs cardinaux et prélats, les plus secrets et les plus prochains du pape, et aussi messagers sages et avisés et bien idoines et taillés de faire ce message ; et mena tellement le pape par ses dons et par ses fallaces qu'ils contournèrent du tout la roine d'Angleterre et condamnèrent en son tort, et mirent le roi d'Angleterre et son conseil à son droit ; et escripst le pape, par le conseil d'aucuns cardinaux qui étoient de l'accord du dessus dit Despensier, au roi Charles de France, que, sur peine d'excommuniement, il renvoyât sa sœur la reine Isabelle en Angleterre devers son mari le roi.

Ces lettres vues et apportées devers le roi de France et par si espécial messager que par l'évêque de Xaintes en Poitou[1] que le pape y envoyoit en légation, le roi fut durement ému sur sa sœur, et dit qu'il ne la vouloit plus soutenir à l'encontre de l'église ; et fit dire à sa sœur, car jà de grand temps ne parloit-il point à li, qu'elle vuidât tôt et hâtivement son royaume, ou il l'en feroit vuider à honte.

CHAPITRE XII.

Comment la roine d'Angleterre se partit de nuit secrètement de Paris, elle et sa route, pour peur qu'elle ne fût prise de son frère et renvoyée en Angleterre ; et s'en alla en l'Empire.

Quand la roine ouït ces nouvelles, si fut plus déconfortée et ébahie que devant, car elle se voyoit entre pieds, et toute arrière du confort et aide qu'elle cuidoit avoir du roi Charles son frère. Si ne sut que dire ni quel conseil prendre, car jà l'éloignoient ceux de France par le commandement du roi, et n'avoit à aucuns conseil ni recours, fors à son cher cousin messire Robert d'Artois tant seulement. Mais cil secrètement la

[1] Thibaud de Châtillon occupait alors ce siége. Pour parler exactement, Froissart auroit dû dire, *Saintes en Saintonge* ; mais il lui arrive quelquefois d'agrandir une province aux dépens des provinces voisines : on en trouvera plusieurs exemples dans le cours de son histoire.

conseilloit et confortoit de ce qu'il pouvoit, et non à vue, car autrement ne l'osoit faire, pour le roi qui défense y avoit mise et en quel haine et malivolence la roine étoit enchue, dont moult lui ennuyoit ; et savoit bien que, par mal et par envie, elle étoit ainsi déchassée. Si étoit ce messire Robert d'Artois si bien du roi qu'il vouloit ; mais il ne lui en osoit parler, car il avoit ouï dire au roi et jurer que, à celui qui lui en parleroit, quelqu'il fût, il lui ôteroit sa terre et le banniroit de son royaume. Si entendit-il secrètement que le roi étoit en volonté de faire prendre sa sœur, son fils, le comte de Kent et messire Roger de Mortimer et de eux remettre ès mains du roi d'Angleterre et du dit Despensier ; et ainsi le vint-il dire de nuit à la roine d'Angleterre, et l'avisa du péril où elle étoit.

Adonc fut la dame moult ébahie, et requit tout en pleurant conseil à monseigneur Robert d'Artois quelle chose elle en pourroit faire, ni où se traire à garant ni à conseil. « En nom Dieu, dit messire Robert, le royaume vous loué-je bien vuider, et traire devers l'Empire : là il y a plusieurs grands seigneurs qui bien aider vous pourroient, et par espécial, le comte Guillaume de Hainaut et messire Jean de Hainaut son frère. Ces deux sont grands seigneurs, prud'hommes et loyaux, craints et redoutés de leurs ennemis, aimés de leurs amis, et pourvus de grand sens et de parfaite honneur ; et crois bien que en eux vous trouverez toute adresse de bon conseil ; car autrement ils ne le voudroient ni sauroient faire. »

La dame s'arrêta sur cet avis, et se reconforta un petit à la parole et prière monseigneur Robert d'Artois ; et fit appareiller toutes ses besognes, et payer et délivrer aux hôtes, le plus coyement et bellement qu'elle put ; et partit de Paris, et son jeune fils avec elle, et le comte de Kent et leur suite, et s'acheminèrent devers Hainaut. Et fit tant la roine d'Angleterre par ses journées qu'elle vint en Cambrésis. Quand elle se trouva en l'Empire, si fut un peu plus assurée que devant ; et passa parmi Cambrésis, et entra en Ostrevant et en Hainaut, et vint loger à Buignicourt[1] en l'hôtel d'un chevalier qui s'appeloit le sire d'Aubrecicourt[2] ; et le reçut adonc le cheva-

[1] Village voisin d'Arleux, à l'est de cette ville.
[2] Les seigneurs d'Aubrecicourt, que l'on trouve nommés *Aubrecicourt*, *Aubregicourt*, *Aubrechicourt*,

lier et sa femme moult liemment; et la tint toute aise selon son état, et tant que la roine d'Angleterre et son fils en aima depuis le chevalier et la dame à toujours et les enfans qui d'eux naquirent, et les avança en plusieurs manières.

CHAPITRE XIII.
Comment messire de Hainaut vint à Luignicourt à l'encontre de la roine d'Angleterre.

La venue de la roine d'Angleterre, qui descendoit en Hainaut, étoit bien sçue en l'hôtel du bon comte Guillaume de Hainaut, qui lors se tenoit à Valenciennes, et messire Jean de Hainaut son frère; et sçut le dit messire Jean l'heure qu'elle vint en l'hôtel monseigneur d'Aubrecicourt. Il, qui étoit moult honorable, jeune et désirant d'acquérir honneur et prix, monta erraument à cheval, et se partit à privée menée de Valenciennes, et vint ce soir à Buignicourt; et fit à la roine d'Angleterre toute l'honneur et révérence qu'il pût, car bien le savoit faire.

La dame, qui étoit moult triste et moult égarée, lui commença à conter en pleurant moult piteusement ses douleurs et ses mésavenues: comment elle étoit déchassée d'Angleterre, et son fils, et venue en France sur l'espoir et fiance de son frère le roi; et comment elle cuidoit être pourvue de gens d'armes de France, par la bonne volonté et conseil de son frère, pour aller plus puissamment et emmener son fils en son royaume, si comme ses amis d'Angleterre lui avoient mandé; et comment son frère fut tellement conseillé depuis, comme vous avez ouï; et lui conta comment et à quel meschef elle étoit là affuie atout son fils, comme celle qui ne savoit à qui ni en quel pays trouver confort ni soutenance.

CHAPITRE XIV.
Comment messire Jean de Hainaut promit à la roine d'Angleterre qu'il ne lui fauldra jusques à mourir.

Et quand le gentil chevalier, messire Jean de Hainaut, eut ouï complaindre la roine si tendrement, et que toute fondoit en larmes et en pleurs, si en eut grand'pitié; et commença à larmoyer,

---

Obrecicourt, Auberchicourt, etc., paraissent avoir pris leur nom du village d'Aubercicourt au comté d'Ostrevant, à une lieue de Bouchain: c'est même dans ce village que les imprimés et plusieurs manuscrits font arriver la reine d'Angleterre. Le sire d'Aubercicourt dont il est ici question s'appelait Eustache.

et dit ainsi à la dame: « Certes, dame, voyez ci votre chevalier qui ne vous fauldroit pour mourir, si tout le monde vous failloit; ains ferai tout mon pouvoir de vous et de monseigneur votre fils conduire, et de vous et lui remettre en votre état en Angleterre, à l'aide de vos amis qui delà la mer sont, ainsi que vous dites; et je, et tous ceux que je pourrai prier, y mettrons les vies; et aurons gens d'armes assez, s'il plaît à Dieu, sans le danger du roi de France. »

Et quand la dame l'eut ouï parler une si haute parole et si reconfortant ses besognes, elle qui séoit, et messire Jean devant elle, se dressa en estant, et se voulut agenouiller, de la grand'joie qu'elle avoit, pour l'amour et grand'grâce que le vaillant chevalier lui offroit. Mais le gentil sire de Beaumont ne l'eut jamais souffert; ains se leva moult appertement, et prit la noble dame entre ses bras, et dit: « Ne plaise jà à Dieu que la roine d'Angleterre fasse ce, ni ait empensé de faire; mais, dame, confortez-vous, et votre gentil fils aussi, car je vous tiendrai ma promesse. Vous viendrez voir monseigneur mon frère et madame la comtesse de Hainaut et leurs beaux enfans qui vous recevront à grand'joie, car je leur en ai jà ouï parler. » Et la dame lui octroie et dit: « Sire, je trouve en vous plus de confort et d'amour qu'en tout le monde. Et de ce que vous me dites et offrez, cinq cent mille mercis. Si vous me voulez faire ce que vous me promettez par votre courtoisie, je demeurerai votre serve, et mon fils votre serf à toujours, et mettrons tout le royaume à votre abandon, et à bon droit. »

Lors répondit le gentil chevalier messire Jean de Hainaut, qui étoit en la fleur de son âge: « Certes, ma très chère dame, si je ne le voulois faire, je ne le vous promettrois mie; mais je le vous ai promis, si ne vous en fauldrai mie pour rien qui puisse avenir; mieux aimerois à mourir. »

Après ce parlement, quand ainsi fut accordé, messire Jean de Hainaut prit congé pour ce soir à la roine et à son fils, et aux autres seigneurs d'Angleterre qui là étoient, et s'en revint à Denain. Là se herbergea en l'abbaye cette nuit, et lendemain, après messe et boire, monta à cheval et s'en revint devers la roine qui à grand'joie le reçut; et jà avoit dîné, et jà l'avoit désiré; et étoit toute appareillée de monter quand messire Jean de Hainaut vint.

CHAPITRE XV.

Comment la roine d'Angleterre se partit de Buignicourt et s'en alla à Valenciennes où elle fut honorablement reçue du comte et de la comtesse de Hainaut.

Lors se partit la roine d'Angleterre du châtel de Buignicourt, et prit congé au chevalier et à la dame, et leur dit, en eux remerciant; que de la bonne chère et liée que laiens on lui avoit faite, un temps viendroit que grandement lui en souviendroit et à son fils aussi [1].

Ainsi se partit la reine en la compagnie du gentil seigneur de Beaumont, qui liement et révéremment la mena à Valenciennes. Et contre li vinrent moult de bourgeois de la ville bien parés et ordonnés pour la honorablement recevoir. Ainsi fut-elle amenée de monseigneur Jean de Hainaut devers le comte Guillaume de Hainaut qui la reçut à grand'joie; et aussi fit la comtesse [2]; et la fêtèrent de ce qu'ils purent, car bien le savoient faire.

Adonc avoit le comte Guillaume quatre filles, Marguerite, Philippe, Jeanne et Isabelle, de quoi le jeune Édouard, qui fut puis roi d'Angleterre, s'adonnoit le plus et s'inclinoit de regard et d'amour sur Philippe que sur les autres; et aussi la jeune fille le connoissoit plus, et lui tenoit plus grand'compagnie que nulles de ses sœurs. Ainsi l'ai-je depuis ouï recorder à la bonne dame qui fut [3] roine d'Angleterre et de-lez qui je demeurai et servis; mais ce fut trop tard pour moi : si me fit elle tant de bien que j'en suis tenu de prier à toujours mais pour elle.

CHAPITRE XVI.

Comment messire Jean de Hainaut fit sa semonce de gens d'armes pour la roine d'Angleterre remener en son royaume.

Ainsi Madame d'Angleterre, la roine Isabelle de France, trouva reconfort en monseigneur Jean de Hainaut, quand tout le monde lui faillit; et demeura à Valenciennes par l'espace de huit jours de-lez le bon comte et madame la comtesse Jeanne de Valois; et endementres fit appareiller son œuvre et ses besognes. Et le dit messire Jean de Hainaut fit écrire lettres moult affectueusement aux chevaliers et aux compagnons de qui il se fioit le plus en Hainaut, en Brabant, et en Hasbain [1], et leur prioit si acertes qu'il pouvoit à chacun, sur toutes amitiés, qu'ils vinssent avec lui en cette entreprise. Si en y eut grand plenté d'un pays et d'autres qui y allèrent pour l'amour de lui, et grand plenté qui n'y allèrent mie combien qu'ils en fussent priés. Et mêmement le dit messire Jean de Hainaut en fut durement repris de son propre frère et de son propre conseil, pourtant qu'il leur sembloit que l'emprise étoit si haute et si périlleuse, selon le discord et les grands haines qui étoient adonc entre les hauts barons et les communes d'Angleterre, et selon ce que les Anglois sont communément envieux sur toutes étranges gens, quand ils sont à leur dessus, espécialement quand ils sont en leur pays, que chacun avoit peur et doutance que le dit messire Jean de Hainaut, ni nul de ses compagnons, pût jamais revenir. Mais, quoiqu'on lui blamât ni déconseillât, le gentil chevalier ne s'en voulut oncques delaier; ainçois dit : « Qu'il n'avoit qu'une mort à souffrir, qui étoit en la volonté Notre Seigneur, mais il avoit promis à celle gentille dame de la conduire jusques en son royaume; si ne lui en fauldroit pour mourir; et aussi cher avoit-il prendre la mort avec celle noble dame, qui déchassée et déboutée étoit hors de son pays, si mourir y devoit, comme autre part ; car tous chevaliers doivent aider à leur loyal pouvoir toutes dames et pucelles déchassées et déconfortées, à leur besoin, mêmement quand ils en sont requis. »

CHAPITRE XVII.

Comment messire Jean de Hainaut prit congé de son frère et se mit sur mer pour amener la roine et son fils en Angleterre.

Ainsi étoit mû et encouragé messire Jean de Hainaut, et faisoit sa semonce et prière des Hainuyers être à Halle [2], et les Brabançons à être à Breda [3], et les Hasbaignons au mont Sainte Gertrude; les Hollandois, dont il eut aucuns, à être à Dourdrech. Lors prit congé la roine d'An-

---

[1] Eustache, sire d'Aubrecicourt, qui avait accueilli la reine d'Angleterre et son fils dans son château à Buignicourt, fut fait chevalier de la jarretière lors de l'institution de cet ordre par Édouard III.

[2] Jeanne de Valois, sœur de Philippe de Valois.

[3] Cette dernière phrase prouve que cette histoire n'a été écrite qu'après la mort de la reine Philippe de Hainaut.

---

[1] Cette province, connue sous le nom de Hasbanie et plus récemment d'Hesbaie, comprenait le pays situé sur la rive gauche de la Meuse et borné par le Démer, la Dyle et la Mehaigne.

[2] Petite ville du Hainaut sur la rivière de Senne.

[3] Ville du Brabant Hollandois, située sur la Merck.

gleterre au comte de Hainaut et à la comtesse, et les remercia grandement et doucement de l'honneur et de la fête et de la bonne chère et belle recueillie qu'ils lui avoient faite, et le baisa au partir, et la comtesse, et leurs beaux enfans.

Ainsi se partit la dame et son fils, et toute leur route, accompagnés de messire Jean de Hainaut, qui à grand deuil et moult ennuis avoit eu congé de monseigneur son frère, quoiqu'il se fût des premiers accordé et consenti à ce voyage; mais finalement lui donna de bonne volonté. Et lui dit ainsi messire Jean par trop beau langage : « Monseigneur, je suis jeune et encore à faire; si crois que Dieu m'ait pourvu de cette emprise pour mon avancement; et, si Dieu m'aist, le courage m'en sied trop bien que nous en viendrons à notre dessus; car je cuide et crois de vérité que par péché, à tort et par envie, on a cette roine déchassée, et son fils, hors d'Angleterre. Si est aumône et gloire à Dieu et au monde de adresser et reconforter les déconfortés et déconseillés, espécialement si noble et si haute dame comme celle-ci est, qui fut fille de roi[1], et est descendue de royal lignée, et sommes de son sang et elle du nôtre. J'aurois plus cher à renoncer à tout ce que j'ai vaillant, et aller servir Dieu outre mer sans jamais retourner en ce pays, que la bonne dame fût partie de nous sans confort et aide. Si me laissez aller et donnez congé de bonne volonté; si ferez bien, et vous en saurai gré, et s'en exploiteront mieux mes besognes, au plaisir de Dieu qui tout ce me veuille octroyer. »

Quand le bon comte de Hainaut eut ouï son frère, et aperçu le grand désir qu'il avoit de faire ce voyage, qui à très haute honneur lui pouvoit tourner et à ses hoirs à toujours mais, et connut bien qu'il disoit vérité, si en eut grand'joie et lui dit : « Beau frère, jà à Dieu ne plaise que votre bon propos je vous brise ni ôte; et je vous donne congé au nom de Dieu. » Lors le baisa et lui estraingnit la main, en signe de très grand amour.

Ainsi se partit messire Jean de Hainaut, et s'en vint ce jour gésir à Mons en Hainaut, et aussi la roine d'Angleterre. Que vous élongerois-je la matière? Ils firent tant par leurs journées qu'ils vinrent à Dourdrech en Hollande, où l'espécial mandement étoit fait. Là en droit se pourvurent de nefs, de vaisseaux grands et petits, ainsi qu'ils les purent trouver, et mirent dedans leurs chevaux, leurs harnois et leurs pourvéances, puis se commandèrent en la garde Notre Seigneur, et se mirent en chemin par mer. Là étoient de chevaliers Hainuyers avec monseigneur Jean de Hainaut : messire Henry d'Antoing, messire Michel de Ligne, le sire de Gommegnies, messire Perceval de Semeries, messire Robert Baillœil, messire Sance de Boussoy, le sire de Vertaing, le sire de Potelles, le sire de Villiers, le sire de Hénin, le sire de Sars, le sire de Bousies, le sire d'Aubrecicourt, le sire d'Esturmel, messire Oulfart de Ghistelles et plusieurs autres chevaliers et écuyers, tous en grand désir de servir leur maître.

CHAPITRE XVIII.

Comment la roine d'Angleterre et messire Jean de Hainaut et leurs gens après grand'tempête arrivèrent en Angleterre.

Quand ils furent départis du hâvre de Dourdrech, moult étoit bel le navie selon leur quantité, et bien ordonné, et le temps bel et seri et assez moiste et attrempé; et gîrent à l'anere cette première marée devant les digues de Hollande sur le département de la terre. Lendemain, ils se désancrèrent, et sachèrent leurs singles à mont, et se mirent à chemin en côtoyant Zélande; et avoient entente de prendre terre à un port qu'ils avoient avisé; mais ils ne purent, car un grand tourment les prit en mer qui les mit si hors de leur chemin, qu'ils ne surent, dedans deux jours, là où ils étoient. De quoi Dieu leur fit grand'grâce et leur envoya belle aventure; car s'ils se fussent embattus en icelui port qu'ils avoient choisi, ou auccques près, ils étoient perdus davantage et chus ès mains de leurs ennemis, qui bien savoient leur venue et les attendoient là en droit pour eux mettre à mort, et le jeune Édouard, et la roine; mais Dieu ne le voulut mie consentir, et les fit, ainsi comme par droit miracle, détourner comme vous avez ouï.

Or avint que, au chef de deux jours, ce tourment cessa, et aperçurent les mariniers terre en Angleterre. Si se trairent cette part moult joyeux, et prirent terre sur le sablon et sur le droit rivage de la mer, sans hâvre et sans droit port[1].

---

[1] Elle était fille de Philippe-le-Bel.

[1] Robert d'Avesbury, garde des registres de la cour de Canterbury, qui a écrit l'histoire d'Édouard III, dont il paraît avoir été contemporain, fixe ainsi la date et le

Si demeurèrent sur ce sablon par trois jours, à peu de pourvéance de vivres, en déchargeant leurs chevaux et leurs harnois; et si ne savoient en quel endroit d'Angleterre ils étoient arrivés, ou en pouvoir d'amis, ou en pouvoir d'ennemis. Au quatrième jour, ils se mirent à voie, à l'aventure de Dieu et de saint George, comme ceux qui avoient eu toutes mésaises de faim et de froid par nuit, avec les grands peurs qu'ils avoient eu et avoient encore. Si chevauchèrent tant, à mont et à val, d'une part et d'autre, qu'ils trouvèrent aucuns hamelets, et puis après si trouvèrent une grand'abbaye de noirs moines que on clame saint Aymon[1]; et s'y herbergèrent et rafraichirent par trois jours.

CHAPITRE XIX.

Comment les barons d'Angleterre allèrent à l'encontre de la reine et eurent conseil qu'ils iroient assiéger le roi et les Despensiers qui étoient dedans Bristo.

Adonc s'épandirent nouvelles par le pays, tant qu'elles vinrent à ceux à quel sureté et mandement la dite dame étoit repassée. Si s'appareillèrent le plutôt qu'ils purent de venir vers son fils qu'ils vouloient avoir à seigneur. Et le premier qui vint encontre lui, et plus grand confort donna à ceux qui étoient venus avec li, ce fut le comte Henry de Lancastre au-tort-Col, qui fut frère au comte Thomas de Lancastre qui fut décolé, si comme vous avez ouï dessus, et fut père au duc de Lancastre qui fut si bon chevalier et si recommandé, si comme vous pourrez ouïr en cette histoire, ainçois que vous venez à la conclusion. Ce comte Henry de Lancastre dessus dit vint à grand'compagnie de gens d'armes. Après, vinrent tant d'uns et d'autres, comtes, barons, chevaliers et écuyers[2] atout gens d'armes, qu'il leur sembla bien qu'ils étoient hors de tous périls; et tous les jours leur croissoient gens d'armes ainsi qu'ils alloient avant. Si eurent conseil entre eux madame la reine et les barons, chevaliers et écuyers qui venus étoient encontre li, qu'ils iroient droit à Bristo[1] atout leur pouvoir, là où le roi se tenoit adonc[2] et, les Despensiers qui étoit bonne ville, grosse et riche et fortement fermée, séant sur un bon port de mer; et si y a un châtel trop durement fort, séant sur mer qui flotte tout entour. Là endroit se tenoit le roi, messire Hue le Despensier le père, qui étoit près de l'âge de quatre vingt et dix ans, messire Hue le Despensier le fils, maître conseiller du roi, qui tous les mauvais faits lui conseilloit, le comte d'Arondel[3], qui avoit à femme la fille messire Hue le Despensier le jeune, et aussi plusieurs chevaliers et écuyers, qui repairoient entour le roi et entour la cour, ainsi que gens d'état repairent volontiers entour leur seigneur. Si se mit madame la roine et toute sa compagnie, messire Jean de Hainaut, ces comtes, ces barons d'Angleterre et leurs routes, au droit chemin pour aller celle part; et par toutes les villes où ils entroient on leur faisoit fête et honneur; et toujours leur venoient gens à dextre et à senestre de tous côtés; et tant firent par leurs journées qu'ils vinrent devant la dite ville de Bristo, et l'assiégèrent à droit siége fait.

CHAPITRE XX.

Comment ceux de Bristo se rendirent à la roine, et comment messire Hue le Despensier le vieux et le comte d'Arondel furent amenés devant la roine.

Le roi et messire Hue le Despensier le fils se tenoient volontiers au château; le vieux messire Hue le père et le comte d'Arondel se tenoient en la ville de Bristo, et plusieurs autres qui étoient

---

lieu du débarquement de la reine Isabelle : *Die Veneris proximâ ante festum sancti Michaelis anno Domini 1326, apud Orewelle in portu de Herewich, navigio veniens Angliam intravit.* Le jour de Saint-Michel fut cette année le lundi 29 septembre; ainsi le vendredi dont il s'agit fut le 26.

[1] Saint-Edmundsbury, dans la province de Suffolk.

[2] Le comte de Norfolk, grand maréchal d'Angleterre, le comte de Leicester les évêques d'Ely, de Lincoln, d'Hereford, de Dublin, furent des premiers à embrasser le parti de la reine.

[1] Avant de se présenter devant Bristol, la reine publia un manifeste dans lequel elle exposait son unique but était de délivrer l'église et l'état du mauvais gouvernement d'Édouard II et de la tyrannie des Spensers. Ce manifeste est daté de Wallingford le 15 octobre 1326.

[2] Le roi n'était point dans Bristol lorsque cette ville fut assiégée. Ne se sentant pas en état de résister à la reine, il s'était embarqué avec le jeune Spenser et le chancelier Baldock pour se rendre à Chepstow dans le pays de Galles, espérant pouvoir atteindre aisément l'île de Couday sur la Saverne, qui était parfaitement approvisionnée de tout et où on eût pu faire une heureuse défense à cause de sa situation imprenable; mais les vents contraires les empêchèrent d'aborder, et ayant été jetés par la tempête sur les côtes du comté de Glamorgan, ils se réfugièrent dans l'abbaye de Neath.

[3] Il s'appelait Edmon Fitz-Allan, et descendait d'une fille de la maison des Saint-Albin, comtes d'Arundel. Son fils Richard Fitz-Allan, et non pas lui, avait épousé Isabelle, fille de Hugh Spenser, qu'il répudia par la suite.

de leur accord. Quand ces autres et ceux de la ville virent le pouvoir de la dame si grand et si efforcé, et presque toute Angleterre étoit de leur accord, et voyoient le péril et le dommage si apparent[1], ils eurent conseil qu'ils se rendroient, et la ville avec, sauves leurs vies, leurs membres et leur avoir. Si envoyèrent traiter et parlementer devers la roine et son conseil, qui ne s'y voulurent mie accorder ainsi, si elle ne pouvoit faire du dit messire Hue et du comte d'Arondel sa volonté ; car pour eux détruire étoit-elle là venue.

Quand ceux de la ville de Bristo virent qu'autrement ils ne pouvoient venir à paix ni sauver leurs biens ni leurs vies, au détroit ils s'y accordèrent et ouvrirent les portes ; si que madame la roine, messire Jean de Hainaut, et tous les barons, chevaliers et écuyers entrèrent dedans, et prirent leurs hôtels dedans la ville de Bristo ; et ceux qui ne s'y purent loger si se herbergèrent dehors. Là furent pris le dit messire Hue le père et le comte d'Arondel, et amenés par devant la roine pour faire d'eux sa pure volonté. Et aussi lui furent amenés les siens autres enfans jeunes, Jean son fils et ses deux fillettes[2], qui furent là trouvées en la garde messire Hue. De quoi la dame eut grand'joie, quand elle vit ses enfans que vus n'avoit de grand temps ; et aussi eurent tous ceux de son côté qui point n'aimoient les Despensiers ; et si avoient grand'joie entre eux, selon ce que pouvoient avoir grand deuil le roi et messire Hue le Despensier le fils, qui étoient en ce fort château enclos et qui voyoient le meschef si grand qui leur couroit sus si apparement, et voyoient tout le pays tourner avec la roine et son ainé-né fils, et dresser et émouvoir contre eux ; dont ils eurent douleur et peur, et assez à penser, ce ne fait pas à demander.

CHAPITRE XXI.
Comment messire Hue le Despensier le vieux et le comte d'Arondel furent mis à mort.

Quand la roine et tous les barons et autres furent herbergés à leur aise, ils assiégèrent le château au plus près qu'ils purent ; et puis fit la roine ramener messire Hue le Despensier le vieux et le comte d'Arondel devant son ainé-né fils et devant tous les barons qui là étoient, et leur dit que elle et son fils leur feroient droit, loi et bon jugement, selon leurs œuvres. Adonc répondit messire Hue et dit : « Ha ! madame, Dieu nous doint bon juge et bon jugement ! et si nous ne le pouvons avoir en ce siècle, si le nous doint en l'autre ! » Adonc se leva messire Thomas Wage[1], bon chevalier, sage et courtois, qui étoit maréchal de l'ost ; et leur raconta tous leurs faits par écrit, et tourna en droit sur un vieux chevalier qui là étoit, afin qu'il rapportât, sur sa féauté, ce que à faire avoit de telles personnes par jugement et de tels faits. Le chevalier se conseilla aux autres barons et chevaliers, et rapporta par pleine suite qu'ils avoient bien mort desservie, pour plusieurs horribles faits qu'ils avoient là en droit ouï raconter ; et les tenoient pour vrais et tous clairs hérités ; et avoient desservi, par la diversité de leurs faits, à être justiciés en trois manières ; c'est à savoir : premier être traînés, après décolés, après pendus à un gibet. Tout en telle manière qu'ils furent jugés, furent-ils tantôt justiciés devant le château de Bristo, voyant le roi et le dit messire Hue le fils[2], et tous ceux de laiens qui grand dépit en eurent ; et put chacun savoir qu'ils étoient à grand meschef de cœur. Cette justice fut faite l'an de grâce M CCC et XXVI, le jour saint Denis en octobre[3].

CHAPITRE XXII.
Comment le roi d'Angleterre et messire Hue le jeune furent pris et amenés devant la roine.

Après ce que cette justice fut faite, si comme vous avez ouï, le roi et messire Hue le Despensier, qui se voyoient assiégés en telle angoisse et à tel meschef, et ne savoient nul confort qui

---

[1] On avait répandu le bruit que le pape avait délié les sujets anglais du serment de fidélité et excommunié ceux qui s'opposeraient à la reine. On disait même que deux cardinaux accompagnaient la reine pour faire valoir les décrets du pape.
[2] Jean, surnommé d'Eltham ; Jeanne, qui fut mariée à David Bruce, roi d'Écosse ; et Aliénor, qui épousa Regnault, duc de Gueldres.

[1] Il est nommé Thomas Wake dans Rymer. Johnes dans sa traduction anglaise l'appelle sir Thomas Wager.
[2] On a remarqué précédemment qu'ils n'étaient plus à Bristol.
[3] Cette date n'est pas exacte : la fête de saint Denis est le 9 octobre, et le 15 du même mois Isabelle n'était point encore partie de Wallingford pour aller à Bristol ; mais elle était en possession de cette ville le 26 octobre au plus tard, jour où les seigneurs de son parti élurent le jeune Édouard gardien ou régent du royaume ; et il paraît qu'alors le vieux Spenser et le comte d'Arundel avaient été exécutés. On peut donc placer leur mort entre le 15 et le 26 octobre.

leur pût là en droit venir d'aucune part, se mirent en une matinée entre eux deux, à peu de menée, en un petit bateau en mer par derrière le château, pour aller au royaume de Galles [1], s'ils pussent, comme ceux qui volontiers se fussent sauvés : mais Dieu ne le vouloit mie souffrir, car leur péché leur encombra. Si leur avint grande merveille, car ils furent onze jours tous pleins en ce batelet; et s'efforçoient de nager tant qu'ils pouvoient; mais ils ne pouvoient si loin nager que tous les jours le vent qui leur étoit contraire, par la volonté de Dieu, les ramenoit chacun jour une fois ou deux à moins de la quarte partie d'une lieue du dit château dont ils étoient partis. Au dernier, avint que messire Henry de Beaumont, fils au vicomte de Beaumont en Angleterre, entra en une barge, et aussi avec lui aucuns compagnons, et se fit nager devers eux; et nagèrent tant et si fort que oncques les mariniers du roi ne purent tant fuir devant que finalement ils ne fussent atteints et pris atout leur batel, et ramenés en la ville de Bristo, et livrés à madame la roine et à son fils [2], comme prisonniers, qui moult en eurent grand'joie; et aussi eurent tous les autres, et à bonne cause, car ils avoient accompli et achevé leur désir à l'aide de Dieu, tout à leur plaisir.

Ainsi reconquit la dite roine le royaume d'Angleterre pour son ains-né fils, sous le confort et conduit de monseigneur Jean de Hainaut et de sa compagnie; parquoi il, et ses compagnons qui en ce voyage furent avec lui, furent tenus pour preux, pour raison de la haute entreprise que faite avoient; car ils ne furent, tous comptés quand ils entrèrent en mer à Dourdrech, si comme vous avez ouï, que trois cents armures de fer, qui firent si hardie entreprise, pour l'amour de la dite roine, comme d'entrer en nef

[1] On vient de voir qu'ils étaient sortis de Bristol avant que cette ville tombât au pouvoir de la reine. Jean le Bel et Froissart paraissent avoir eu de mauvais mémoires sur cette partie de l'histoire d'Angleterre : ils altèrent souvent l'ordre des faits, ou les racontent autrement que les historiens anglais, qui à cet égard sont beaucoup plus dignes de foi.

[2] Le roi fut arrêté par le comte Henri de Lancastre, dans le pays de Galles, dans l'abbaye de Neath, le 16 des calendes de décembre (le 16 novembre). Avec lui furent pris le jeune Spenser, le chancelier Baldock et Simon Reading qui furent menés à la reine. Le roi ne subit point cette humiliation, comme le dit Froissart ; le comte de Lancastre le conduisit directement au château de Kenilworth qui lui appartenait.

et passer la mer à si peu de gens, pour conquérir tel royaume, comme est Angleterre, malgré le propre roi et tous ses aidans.

CHAPITRE XXIII.

Comment le roi fut mené en prison à Bercler et baillé en garde au seigneur de Bercler.

Ainsi, comme vous avez ouï, fut cette haute et hardie emprise achevée; et reconquit madame la roine Isabelle tout son état, par le confort et conduit de ce gentil chevalier monseigneur Jean de Hainaut et de ses compagnons; et mit à destruction ses ennemis ; et fut pris le roi même, par telle meschéance comme vous pouvez entendre; dont tous le pays communément eut grand'joie, hors mis aucuns qui étoient de la faveur du dit messire Hue le Despensier.

Quand le roi et le dit messire Hue le Despensier furent amenés à Bristo par le dessus dit messire Henry de Beaumont, le roi fut envoyé, par le conseil de tous les barons et chevaliers, au château de Bercler [1], séant sur la grosse rivière de Saverne; et fut recommandé au seigneur de Bercler qu'il en fît bonne garde; et il dit que si feroit-il; et fut ordonné à lui servir et garder bien et honnêtement, et gens d'état entour lui

[1] Froissart intervertit l'ordre des faits et en supprime une grande partie. Ce ne fut qu'après un assez long séjour au château de Kenilworth et après le couronnement d'Édouard III, qu'Édouard II fut transféré par deux chevaliers, Maltravers et Gurnay, au château de Corff et de là à Bristol mais les citoyens ayant paru vouloir le délivrer, ses deux gardiens le transportèrent secrètement, pendant la nuit, au château de Berkley, dans le comté de Gloucester. Ils le mirent sous la garde de Thomas, baron de Berkley, mais restèrent près d'Édouard pour l'accabler des plus honteux traitemens. Voyant qu'Édouard supportait tous ces affronts sans que cela pût hâter sa mort, l'évêque d'Hereford, d'intelligence avec la reine, envoya aux deux chevaliers un ordre qu'ils pouvaient interpréter comme bon leur semblerait. Voici cet ordre tel qu'il est rapporté par Moor, page 620 : *Edwardum occidere nolite timere bonum est;* ce qui, suivant la ponctuation, signifie : *Ne craignez pas de tuer Édouard, c'est une bonne chose;* ou bien, *ne tuez pas Édouard, il est bon que vous craigniez de le faire.* Les deux chevaliers interprétèrent les désirs de ceux qui les employaient ; ils surprirent Édouard dans son lit, l'étouffèrent sous des oreillers, et pendant ce temps, l'un d'eux lui passa un fer rouge dans l'anus à travers un tuyau de corne. Les deux meurtriers se sauvèrent sur le continent ; l'un fut arrêté à Marseille et pendu pour s'assurer de son silence; l'autre, qui s'était réfugié en Allemagne, obtint quelque temps après la permission de revenir.

qui bien savoient que on devoit faire; mais point ne le devoient laisser partir du pourpris. Ainsi fut-il enjoint et commandé; et ledit messire Hue fut tantôt livré à messire Thomas Wage, maréchal de l'ost. Après ce, se partit la roine et tout son ost pour venir droit à Londres qui est le chef d'Angleterre, et se mit en chemin. Le dit messire Thomas fit bien et fort lier messire Hue le Despensier sur le plus petit, maigre et chétif cheval qu'il put trouver, et lui fit faire et vêtir un tabar, et vêtir par dessus son habit le dit tabar semé de telles armes comme il souloit porter; et le faisoit ainsi mener par dérision après la route et le convoi de la roine, par toutes les villes où il devoit passer, à trompes et à trompettes, pour lui faire plus grand dépit, tant qu'ils vinrent à Herford, une bonne cité. Là fut la roine moult révéremment reçue et à grand'solennité, et toute la compagnie aussi; et tint la fête de la Toussaint moult grande et bien étoffée, pour l'amour de son fils et des seigneurs étranges qui étoient avec lui [1].

CHAPITRE XXIV.
Comment messire Hue le Despensier le jeune eut la tête tranchée et fut mis en quatre quartiers.

Quand la fête fut passée, le dit messire Hue, qui point n'étoit aimé là en droit, fut amené par devant la roine et tous les barons et chevaliers qui là étoient assemblés. Là lui furent recordés tous ses faits par écrit, qu'oncques ne dit rien à l'encontre; si que là en droit fut jugé, par pleine suite des barons et chevaliers, à justicier, en telle manière comme vous orrez. Premièrement il fut traîné sur un bahut à trompes et à trompettes, par toute la ville de Herford, de rue en rue, et puis fut amené en une grand'place en la ville, là où tout le peuple étoit assemblé : là en droit il fut lié sur une eschelle haut, si que chacun, petit et grand, le pouvoit voir; et avoit-on fait en la dite place un grand feu. Quand il fut ainsi lié, on lui coupa tout premier le.... et les..... pour ce qu'il étoit hérite et sodomite, ainsi que on disoit mêmement du roi, et pour ce avoit le roi déchassé la roine de lui et par son ennort. Quand le.... et les..... lui furent coupés, on les jeta au feu pour ardoir; et après lui fut le cœur tiré hors du ventre, et jeté au feu [1], par tant qu'il étoit faux de cœur et traître, et par son traître conseil et ennort le roi avoit honni son royaume et mis à meschef, et avoit fait décoler les plus grands barons d'Angleterre par lesquels le royaume devoit être soutenu et défendu; et après, il avoit si ennorté le roi qu'il ne pouvoit ni vouloit voir la roine sa femme ni son ains-né fils qui devoit être leur sire, ains les avoit déchassés, pour doute de leurs corps, hors du royaume d'Angleterre. Après, quand le dit messire Hue fut ainsi atourné comme dit est, on lui coupa la tête, et fut envoyée en la cité de Londres; et puis fut découpé en quatre quartiers, et furent tantôt envoyés ès quatre meilleures cités d'Angleterre après Londres.

CHAPITRE XXV.
Comment la roine d'Angleterre fut honorablement reçue à Londres, et comment les compagnons messire Jean de Hainaut s'en retournèrent en leur pays.

Après cette justice faite, si comme vous avez ouï, la roine et tous les seigneurs, et grand'foison des communes du pays, se mirent au chemin vers Londres; et firent tant par leurs petites journées qu'ils y vinrent à grand'compagnie; et issirent contre la roine et son ains-né fils, qui devoit être leur droit sire, communément tous ceux de Londres, grands et petits; et leur firent grand'fête et grand'révérence, et à toute leur compagnie aussi; et donnèrent ceux de Londres grands dons à la dite roine et à ceux de sa suite où il leur sembloit mieux employé. Quand ils furent ainsi reçus et si grandement fêtés comme dit est, et ils eurent là séjourné environ quinze jours, les compagnons qui passés étoient avec monseigneur Jean de Hainaut eurent grand talent de retourner chacun en sa contrée, car il leur sembloit qu'ils avoient bien fait la besogne et acquis grand honneur, si comme ils avoient. Si prirent congé à madame la roine et aux seigneurs du pays. Madame la roine et les seigneurs leur prièrent assez de demeurer encore un petit de temps, pour voir qu'on voudroit faire du roi, qui en prison étoit ainsi que ouï avez, mais ils avoient si grand désir de retourner chacun en sa maison que prière n'y valut rien.

Quand la roine et son conseil virent ce, ils priè-

---

[1] Froissart suppose à tort que Hugh Spenser était au pouvoir de la reine avant la Toussaint, puisqu'il ne fut pris que vers le milieu de novembre.

[1] C'est encore le supplice usité en Angleterre pour le crime de haute trahison.

rent de rechef à monseigneur Jean de Hainaut qu'il voulût encore demeurer jusques après Noël, et qu'il détînt ses compagnons avec lui le plus qu'il en pourroit détenir. Le gentil chevalier ne voulut mie laisser à parfaire son service, et octroya courtoisement le demeurer jusques à la volonté de madame la roine : si détînt de ses compagnons ce qu'il en put détenir; mais petit fut, car les autres ne voulurent aucunement demeurer, dont il fut moult courroucé. Toutefois, quand la roine et son conseil virent que ses compagnons ne vouloient demeurer pour nulle prière, ils leur firent toute l'honneur et la révérence qu'ils purent; et leur fit la roine donner grand argent pour leurs frais et pour leur service, et grands joyaux, et chacun selon son état, si grandement que tous s'en tinrent pour contents; et avec ce, elle leur fit rendre l'estimation de leurs chevaux qu'ils voulurent laisser, si haut que chacun vouloit estimer les siens, sans dire ni trop ni peu et sans débat; et tous furent payés en deniers appareillés. Si demeura le dit monseigneur Jean de Hainaut à la prière de la roine, à petite compagnie de ses gens, entre les Anglois qui lui faisoient toujours toute l'honneur et compagnie qu'ils pouvoient. Aussi faisoient les dames du pays dont il y avoit grand'foison, comtesses et autres grands et gentils dames et pucelles, qui venues étoient accompagner madame la roine et venoient de jour en jour; car il leur sembloit que le gentil chevalier l'eût bien desservi, comme il avoit.

CHAPITRE XXVI.

Comment il fut ordonné en plein conseil que le roi qui étoit prisonnier n'étoit point digne de porter la couronne.

Après ce que le plus des compagnons de Hainaut s'en furent partis et le sire de Beaumont demeuré, la roine d'Angleterre donna congé aux gens de son pays que chacun rallât en sa maison et en leurs besognes, exceptés aucuns barons et chevaliers qu'elle détint pour la conseiller; et leur commanda que tous vinssent à Londres le jour de Noël[1], à une grand'cour qu'elle vouloit tenir; et tous ceux qui se partirent lui enconvenancèrent, et encore plusieurs autres à qui la fête fut mandée.

[1] La reine célébra la fête de Noël à Wallingford et ne vint à Londres que peu avant l'Épiphanie 1327. Ce fut alors seulement que le parlement s'assembla, déclara Édouard II incapable de régner, et proclama roi son fils Édouard III.

Quand ce vint à Noël elle tint une grand'cour, ainsi qu'elle l'avoit dit, et y vinrent tous les comtes, barons, chevaliers et nobles d'Angleterre, les prélats et conseil des bonnes villes. A cette fête et à cette assemblée fut ordonné, pourtant que le pays ne pouvoit longuement demeurer sans seigneur, que on mettroit en écrit tous les faits et les œuvres que le roi, qui en prison étoit, avoit faits par mauvais conseil, et tous ses usages et ses mauvais maintiens, et comment il avoit gouverné son pays, par quoi on le pût lire en plein palais devant tout le peuple, et que les sages du pays pussent sur ce prendre bon avis et accord comment et par qui le pays seroit gouverné de là en avant. Ainsi que ordonné fut, il fut fait; et quand tous les cas et les faits que le roi avoit faits et consenti à faire, et tout son maintien et son usage, furent lus et bien entendus, les barons et chevaliers et tout le conseil du pays se traîrent ensemble à conseil; et s'accorda la plus saine partie, et mêmement les grands barons et nobles avec le conseil des bonnes villes, selon ce qu'ils avoient là ouï lire et qu'ils savoient la plus grand'partie de ses faits et de ses maintiens de certain et par pure vérité; et dirent que tel homme n'étoit mie digne de jamais porter couronne ni avoir nom de roi : mais ils s'accordèrent à ce que son aîns-né fils, qui là étoit présent et étoit son droit hoir, fût tantôt couronné au lieu du père, mais que il prît bon conseil et sage entour lui et féal, par quoi le royaume et le pays fût de là en avant mieux gouverné que été n'avoit[1], et que le père fût bien gardé et honnêtement tenu, tant que vivre pourroit, selon son état.

CHAPITRE XXVII.

Comment le roi Édouard fut couronné, et comment il donna à messire Jean de Hainaut quatre cents marcs d'esterlins de revenu.

Ainsi que accordé fut par les plus hauts barons et par les conseils des bonnes villes, fut-il fait; et fut adonc couronné de couronne royale, dedans le palais de Westmoustier[2] de-lez Londres, le jeune roi Édouard qui tant a été heureux et fortuné en armes. Ce fut l'an de grâce Notre Sei-

[1] On nomma un conseil de régence composé de douze personnes. La reine en eut la présidence; Mortimer gouverna sous sa direction; et ce fut le règne d'un favori substitué à celui d'un autre.

[2] Westminster.

gneur MCCCXXVI, le jour de Noël[1], et pouvoit avoir adonc environ seize ans[2] : il les eut à la Conversion saint Paul après. Et fut là très grandement honoré et servi le gentil chevalier, messire Jean de Hainaut, de tous les princes et de tous les nobles et non nobles du pays; et là furent donnés grands joyaux et très riches à tous les compagnons qui demeurés étoient de-lez lui; et demeura depuis, il et ses compagnons, en grands fêtes et en grands soulas des seigneurs et des dames qui là étoient, jusques au jour des Trois Rois[3] qu'il ouït dire que le roi de Behaigne, le comte de Hainaut son frère et grand'plenté de seigneurs de France se ordonnoient pour être à Condé sur Escaut à un tournoi qui là étoit crié. Adonc ne voulut messire Jean de Hainaut plus demeurer, pour prière que on lui sçut faire, pour le grand désir qu'il avoit de venir à ce tournoi et de voir son gentil frère le comte et les autres seigneurs qui là devoient être, et espécialement le plus noble et le plus gentil roi en largesse qui régnât en ce temps, le gentil roi Charles[4] de Behaigne. Quand le jeune roi Édouard, madame la roine sa mère et les barons qui là étoient virent qu'il ne vouloit plus demeurer et que prière n'y pouvoit valoir, ils lui donnèrent congé moult ennuis. Si lui donna le jeune roi, par le conseil de madame sa mère, quatre cents marcs d'esterlins[5], un esterlin pour un denier, de rente héritablement, à tenir de lui en fief, et à payer chacun an en la ville de Bruges; et donna encore à Philippe de Chasteaux, son maître-écuyer et son souverain conseiller, cent marcs d'esterlins de rente, et ainsi à payer comme dit est; et lui fit avec ce délivrer grand'somme d'esterlins pour payer les frais de lui et de toute sa compagnie pour retourner en leur pays; et le fit conduire à grand'compagnie de chevaliers jusques à Douvres; et lui fit appareiller et délivrer tout son passage; et les dames, même la comtesse[1] de Garennes qui étoit sœur au comte de Bar, et aucunes autres dames, lui donnèrent grand'foison de joyaux beaux et riches au départir.

Quand le dit messire Jean de Hainaut et sa compagnie furent venus à Douvres, ils montèrent tantôt en nefs pour passer outre, pour le désir qu'ils avoient de venir à temps et à point à ce tournoi qui devoit être à Condé : et emmena avec lui quinze jeunes et preux chevaliers d'Angleterre, pour être à ce tournoi avec lui et pour eux accointer des seigneurs et des chevaliers qui là devoient être. Si leur fit toute l'honneur et compagnie qu'il put; et tournoyèrent deux fois celle saison à Condé.

Or me veux-je taire de monseigneur Jean de Hainaut jusques à tant que point sera, et reviendrai au jeune roi Édouard d'Angleterre.

CHAPITRE XXVIII.
Comment le roi d'Escosse défia le jeune roi Édouard d'Angleterre.

Après ce que messire Jean de Hainaut se fut parti du jeune roi et de madame la roine sa mère, le dit roi et la roine gouvernèrent le pays par le conseil du comte de Kent, oncle du dit roi, et par le conseil de messire Roger de Mortimer qui tenoit grand'terre en Angleterre, bien sept mille livres de revenue, un esterlin pour un denier; et avoient tous deux été bannis et enchassés hors d'Angleterre avec la roine et le dit roi, si comme vous avez ouï; et usèrent aussi assez par le conseil messire Thomas de Wage, et par le conseil de plusieurs autres qu'on tenoit les plus sages du royaume, combien que aucuns autres en eussent envie : car on dit que oncques envie ne fut morte en Angleterre; aussi règne-t-elle et voit-on régner en plusieurs autres pays. Ainsi passa l'hiver et le carême jusques à Pâques; et furent le roi, madame sa mère et le pays tous en paix ce terme.

---

[1] Édouard fut couronné le dimanche, 1ᵉʳ février 1327.

[2] Il était né le 20 novembre 1312, suivant Walsingham, page 77; au commencement d'octobre 1313, suivant Rapin Thoiras : ainsi, il était tout au plus dans sa quinzième année.

[3] Jean de Hainaut ayant assisté au couronnement du roi, qui se fit le 1ᵉʳ février, il est évident que cette date est fausse.

[4] Il s'appelait Jean et non pas Charles.

[5] L'esterlin valait 4 deniers tournois, et les tournois étaient de 220 au marc : ainsi chaque tournois valait environ 4 sous 9 deniers de notre monnaie, et l'esterlin 19 sous. Au reste, Édouard témoigna sa reconnaissance à Jean de Hainaut, plus magnifiquement que ne le dit Froissart; il lui donna, non quatre cents marcs d'esterlins, mais mille marcs de rente à prendre sur le produit de l'impôt sur les laines et les cuirs dans le port de Londres, jusqu'à ce qu'il pût lui assigner, dans ses états, le même revenu en terre, pour en jouir à perpétuité lui et ses héritiers. Cette concession est datée du 7 février 1327.

[1] Jeanne de Bar, sœur d'Édouard Iᵉʳ, comte de Bar : elle avait épousé Jean de *Garennes* ou *Warennes*, petit-fils de Jean de Warennes comte de Surrey et de Sussex.

Or avint que le roi Robert d'Escosse qui avoit été moult preux et qui moult avoit souffert contre les Anglois, et moult de fois avoit été déchassé et déconfit au temps le bon roi Édouard, taion à ce jeune roi Édouard, étoit devenu moult vieux et malade de la grosse maladie[1]; et disoit-on qu'il en mourroit, car nulle guérison trouver il n'en pouvoit. Quand il sçut les aventures d'Angleterre, comment le roi avoit été pris et déposé de sa couronne, et son conseil justicié et mis à destruction, si comme vous avez ouï, il se pourpensa qu'il défieroit ce jeune roi. Car, pourtant qu'il étoit jeune et que les barons du royaume n'étoient mie bien d'accord, si comme il cuidoit et que on lui avoit fait entendant, par aventure, de par aucuns des amis du lignage des Despensiers, il pourroit bien faire sa besogne et conquérir partie d'Angleterre. Ainsi qu'il le pensa, il le fit; et environ Pâques[2], l'an MCCCXXVII, fit-il defier le jeune roi Édouard et tous le pays, et leur manda qu'il entreroit dedans le pays, et gâteroit et ardroit aussi avant qu'il avoit fait autrefois, du temps que la déconfiture fut au château d'Esturmelin[3], où les Anglois reçurent si grand dommage.

CHAPITRE XXIX.

Comment le roi Édouard fit sa semonce à tous les nobles et non nobles d'Angleterre, et espécialement à messire Jean de Hainaut pour aller contre les Escots.

Quand le jeune roi se sentit ainsi défié, et son conseil aussi, ils le firent savoir par tout le royaume, et commander que tous, nobles et non nobles, fussent appareillés chacun selon son état[4]. Et vint chacun, à tout son pouvoir, au jour de l'Ascension[5] après en suivant à Ébruich[6], une bonne cité qui siéd au nord, et envoya devant grand'foison de gens d'armes pour garder les frontières par devers Escosse; et puis envoya grands messages par devers messire Jean de Hainaut, en le priant moult affectueusement qu'il le voulût venir secourir et tenir compagnie à ce besoin, et qu'il voulût venir et être devers lui à Ébruich, atout telle compagnie qu'il pourroit finer de gens d'armes, au jour de l'Ascension. Quand le sire de Beaumont ouït ce mandement, il envoya ses lettres et ses messages partout où il cuidoit recouvrer de bons compagnons, en Flandre, en Hainaut, en Brabant, en Hasbain; et leur prioit si acertes qu'il pouvoit que chacun le voulût suivre, au mieux monté et appareillé qu'il pourroit, devers Wissan[1], pour passer outre en Angleterre. Chacun le suivit volontiers selon son pouvoir, ceux qui furent mandés et moult d'autres qui ne furent point mandés, pourtant que chacun cuidoit rapporter autant d'argent que les autres en avoient rapporté qui avoient été en l'autre chevauchée en Angleterre avec lui : si que, avant que le sire de Beaumont vînt à Wissan, il eut assez plus de gens qu'il n'en cuidoit avoir; mais tous les reçut liement et leur fit grand'chère.

Quand il et sa compagnie furent venus à Wissan, ils trouvèrent les nefs et les vaisseaux tous prêts que on leur avoit amenés d'Angleterre; et mirent dedans le plus tôt qu'ils purent chevaux et harnois, passèrent outre, et vinrent à Douvres, ni ne cessèrent de chevaucher et d'errer de jour en jour, tant qu'ils vinrent, à trois jours près de la Pentecôte[2], en la bonne cité de Ébruich, là où le roi et madame sa mère étoient, et grand'plenté de grands barons, pour le jeune roi conseiller et accompagner; et attendoient là en droit la venue de monseigneur Jean de Hainaut et de

---

[1] Il veut sans doute parler de la lèpre, qui était encore très commune en Europe dans le quatorzième siècle, et de laquelle Robert Bruce mourut.

[2] Pâques tombait cette année au 12 avril.

[3] Stirling.

[4] Le mandement du roi, pour assembler son armée, est daté du 5 avril.

[5] Le jour de l'Ascension étoit, cette année, le 14 mai. Le rendez-vous de l'armée ne fut indiqué ni à ce jour, ni à Ébruich ou Yorck, comme le dit Froissart. Elle eut ordre de s'assembler le lundi avant l'Ascension, c'est-à-dire le 11 mai, à Newcastle sur la Tyne, dans la province de Northumberland.

[6] Quelques manuscrits portent Euruich et d'autres Eruich, en prononçant toujours ich comme ick, ainsi qu'on le faisait alors. Euruich est aujourd'hui Yorck. Il paraît que du temps de Froissart le nom de cette ville ne s'était pas encore contracté en une seule syllabe. Les Anglo-Saxons orthographiaient Eofor-wic, et prononçoient probablement Eferic ou Everic, en latin Eboracum.

[1] Wissan est une petite ville dans le département du Pas-de-Calais. Cambden croit que c'était autrefois le Portus Iccius des Morini, d'où César s'embarqua pour l'Angleterre. Le port est comblé depuis le deuxième siècle.

[2] Cette date n'est pas tout-à-fait exacte. La Pentecôte était le 24 mai, et il est sûr que Jean de Hainaut n'était pas encore à Yorck le 29 de ce mois, par des lettres d'Édouard, portant ordre de pourvoir, à ses dépens, à tout ce qui était nécessaire pour la maison et les troupes dudit Jean de Hainaut, qui était sur le point d'arriver, *qui ad nos est venturus.*

sa compagnie; et aussi attendoient-ils que tous les gens d'armes, les archers et les communes gens des bonnes villes et des villages fussent passés outre. Et ainsi qu'ils venoient par grands routes on les faisoit loger ès villages, à deux lieues près ou à trois de Ébruich, et là environ sur le plat pays, et les faisoit-on outre passer par devers les frontières.

CHAPITRE XXX.

Comment messire Jean de Hainaut vint à belle compagnie pour secourir le roi Édouard, et quels seigneurs vinrent avec lui.

Droit à ce point vint à Ébruich messire Jean de Hainaut dessus dit et sa compagnie : si furent bien reçus et grandement fêtés du jeune roi, de madame sa mère et de tous les barons; et leur fit-on livrer le plus beau faubourg de la cité pour eux herberger entièrement sans nul entre-deux; et fut délivrée à monseigneur Jean de Hainaut une abbaye de blancs moines pour son corps et son tinel tenir. En la compagnie du duc de Hainaut vinrent du pays de Hainaut le sire d'Enghien qui étoit appelé messire Gautier, le sire d'Antoing, messire Henry, le sire de Fagnoelles[1], messire Fastres des Rues, messire Robert de Bailleul et messire Guillaume de Bailleul son frère, le sire de Haverech châtelain de Mons, messire Alart de Brifeuil, messire Michel de Ligne, messire Jean de Montigny le jeune et son frère; messire Sanses de Boussoy, le sire de Gomignies, messire Perceval de Semeries, le sire de Beaurieu et le sire de Floyon. Du pays de Flandre y vinrent messire Hector Villain, messire Jean de Rodes, messire Waflart de Ghistelle, messire Guillaume de Strates, messire Gossuins de la Muelle[2] et plusieurs autres. Du pays de Brabant y vinrent : le sire de Duffle, messire Thierry de Wallecourt, messire Rasses de Grez, messire Jean de Gaesbeke, messire Jean Pilistre, messire Gille de Coterebbe[3]; messire Gautier de Hoteberge, les trois frères de Harlebeke et plusieurs autres. Des Hasbaignons y vinrent : messire Jean le Beauz[4] et messire Henry son frère, messire Godefroy de la Chapelle, messire Hugues de Hay, messire Jean de Libyne, messire Lambert du Pel, messire Gilbert de Hers. Et si y vinrent aucuns chevaliers de Cambresis et d'Artois, de leur volonté, pour leurs corps avancer; tant que le dit messire Jean de Hainaut eut bien en sa compagnie cinq cents armures de fer bien étoffées et richement montées. Après eux, ès fêtes de la Pentecôte, vinrent messire Guillaume de Juliers[1], qui fut depuis duc de Juliers, après le décès de son père, et messire Thierry de Heinsberg[2], qui puis fut comte de Los, qui puis fut connétable de l'ost, à belle route, et tout pour faire compagnie au dit chevalier.

CHAPITRE XXXI.

Comment grand'dissention mut entre les Hainuyers et les archers d'Angleterre, dont grand meschef en vint.

Le jeune roi d'Angleterre, pour mieux fêter ces seigneurs et toute leur compagnie, tint une grand'cour le jour de la Trinité, en la maison des Frères Mineurs, là où il et madame sa mère étoient herbergés; et tenoient leur tinel chacun par lui, c'est à savoir, le roi de ses chevaliers, et la roine de ses dames dont elle avoit grand'foison avec li.

A cette cour eut bien le roi cinq cents chevaliers, et en fit quinze nouveaux; et madame la roine tint sa cour et sa fête au dortoir, et eut bien, séant à table, soixante dames qu'elle avoit priées et mandées pour mieux fêter le dit messire Jean de Hainaut et ces autres seigneurs. Là put-on voir grand'noblesse de bien servir de grand'plenté de mets et d'entremets, si étranges et si dé-

---

[1] On trouve dans plusieurs manuscrits et dans les imprimés français et anglais, Seignoles.
[2] Il est nommé Gossuin de la Moere dans les *Trophées du Brabant*, par Butkens.
[3] Quelques manuscrits donnent de Courcelles et de Courcerelles; les *Trophées du Brabant* disent Jean de Quaderebbe.
[4] Ce Jean le Beauz ou le Bel est indubitablement le chanoine de Saint-Lambert de Liége, sur les mémoires duquel Froissart a composé cette histoire. Son pays, son nom, celui de son frère, ne permettent pas de le méconnaître. Comme il a été témoin oculaire de ce qui s'est passé dans l'expédition d'Écosse dont on va lire l'histoire, son récit doit être du plus grand poids. Ce récit est d'ailleurs intéressant en ce qu'il fournit des détails que les historiens anglais contemporains ont négligés ou dont ils n'ont pas été à portée d'être instruits. Le nom de Jean le Bel est si défiguré dans les éditions de Froissart et même dans plusieurs manuscrits, que jusqu'ici on n'avait pas pu faire cette observation et attribuer à ce morceau d'histoire le degré d'autorité qu'il doit avoir.

[1] Guillaume VI du nom, premier duc de Juliers.
[2] Il était fils de Godefroy II du nom, seigneur de Heinsberg, et de Mectilde de Los. Il devint comte de Los à la mort de Louis IV son oncle, seigneur de Los et de Chiny, qui l'institua son héritier universel en 1335.

guisés qu'on ne les pourroit deviser. Là put-on voir dames noblement parées et richement atournées, qui eut loisir : mais adonc ne put-on avoir loisir de danser ni de plus fêter, car, tantôt après dîner, un grand hutin commença entre les garçons[1] des Hainuyers et les archers d'Angleterre qui entre eux étoient herbergés pour occasion d'un jeu de dés ; de quoi grand mal vint, si comme vous orrez ; car, ainsi que ces garçons se combattoient à aucuns de ces Anglois, tous les autres archers qui étoient en la ville, et ceux qui étoient herbergés en cestui faubourg, furent tantôt ensemble atout leurs arcs appareillés, et se boutèrent au hahay, et navrèrent de commencement tout plein des garçons des Hainuyers : si les convint retraire en leurs hôtels. Le plus des chevaliers et de leurs maîtres étoient encore à la cour qui de ce ne savoient rien ; et tantôt qu'ils ouïrent nouvelles de ce hutin, ils se trairent au plus tôt qu'ils purent chacun vers son hôtel qui put entrer dedans ; et qui n'y put entrer il le convint demeurer dehors en grand péril ; car ces archers, qui étoient bien deux mille, avoient le diable au corps et traioient dispersément pour tout tuer, seigneurs et varlets. Et veut-on dire et supposer que c'étoit fait tout avisé et pourparlé d'aucuns des amis des Despensiers et du comte d'Arondel qui avoient été mis à fin par messire Jean de Hainaut, si comme vous avez ouï raconter ci-dessus. Si s'en vouloient contrevenger aux Hainuyers, et mêmement à monsieur Jean de Hainaut s'ils eussent pu ; et bien s'en mirent en peine, si comme vous orrez ; car encore les Anglois et les Anglesches de qui les hôtels étoient, clooient leurs huis et leurs fenêtres au devant des Hainuyers, et ne les laissoient dedans entrer. Toutes fois il en y eut aucuns qui entrèrent par derrière en leurs hôtels et s'armèrent moult vitement. Quand ils furent armés, ils n'osèrent issir hors par devant, pour les sagettes ; mais issirent hors par derrière par les courtils, et rompirent les clôtures et postils ; et attendirent l'un l'autre en une place qui là étoit, tant qu'ils furent bien cent ou plus, tous armés,

et bien autant tous désarmés, qui ne pouvoient entrer en leurs hôtels.

Quand ceux armés furent ainsi assemblés, ils se hâtèrent pour secourir les autres compagnons qui défendoient leurs hôtels en la grand'rue, au mieux qu'ils pouvoient ; et passèrent ceux armés parmi l'hôtel du seigneur d'Enghien, qui avoit grands portes derrière et devant, en la grand'-rue, et se férirent appertement en ces archers[1].

Du trait y eut foison des Hainuyers navrés et blessés. Et là furent bons chevaliers : messire Fastres des Rues, messire Perceval de Semeries, et messire Sanses de Boussoy ; car ces trois chevaliers ne purent oncques entrer en leurs hôtels pour eux armer, mais ils firent autant d'armes que tels qui étoient armés ; et tenoient grands, longs et gros leviers de chêne qu'ils avoient pris en la maison d'un charron, et donnoient les horions si grands que nul ne les osoit approcher ; et en abattirent ce jour, si comme on dit, plus de soixante ; car ils étoient grands et forts chevaliers durement. Finalement, les archers qui là étoient furent déconfits et mis en chasse ; et en y eut bien morts, que en la place que aux champs, trois cents ou environ, qui tous étoient de l'évêché de Lincolle. Si crois que Dieu n'envoya oncques si grand'fortune à aucunes gens qu'il fit à messire Jean de Hainaut et à sa compagnie ; car ces gens ne tendoient fors toujours qu'à eux murdrir et dérober, combien qu'ils fussent là venus pour la besogne du roi : ni oncques ne furent ni ne demeurèrent en si grand péril, ni en telle angoisse ni peur de mort, qu'ils furent le terme qu'ils séjournèrent à Ébruich. Et encore ne furent-ils oncques bien assur, jusques à tant qu'ils se trouvèrent à Wissan ; car ils enchérirent en si grand'haine et malivolence de tout le remenant

---

[1] Ce mot, qui signifie ordinairement *valet* ou *goujat*, paraît désigner ici ces soldats subalternes que les gens d'armes menaient à leur suite, soit pour porter leurs armes, soit pour les seconder dans certaines occasions. Si ces *garçons* eussent été des valets proprement dits, ils auraient été logés chez leurs maîtres, et n'auraient pas eu leur quartier avec les archers anglais.

[1] On trouve dans le *Collectanea* de Leland une relation différente de cet événement. T. 1, part. 2, p. 307. « Anno Domini 1328, Hunaldi apud Eboracum combusserunt de suburbio civitatis ferè unam parochiam, quæ vocatur S. Nicholai in Ousegate, propter contumeliam motam inter burgenses et illos, quia ceperunt uxores burgensium, et filias, et ancillas, per vim in suburbio civitatis. Burgenses vero suburbii, indignati de tali facinore, congressi sunt cum Hunaldis more bellico : et ex utraque parte bene armati, unâ die martis, in septembri ante solis ortum, in *Watelingate*, dormiente totâ civitate, summo manè, ibi ceciderunt de Hunaldis 527, præter eos qui letaliter vulnerati sunt et obierunt in 3 die et in 4 sequenti. De Anglis ceciderunt 242. Submersi in *Ouse* flumine de Hunaldis inventi sunt 136. »

des archers qu'ils les haioient plus assez que les Escots qui tous les jours leur ardoient leurs pays. Et disoient bien les aucuns chevaliers et barons d'Angleterre aux seigneurs de Hainaut, qui point ne les haoient, pour eux aviser et mieux garder : que ces archers et autres communes d'Angleterre étoient recueillis et alliés plus de six mille ensemble, et menaçoient les Hainuyers d'eux venir tous ardoir et tuer en leurs hôtels, de nuit et de jour, et ne trouveroient personne de par le roi ni des barons qui les osât aider ni secourir. Donc, s'ils étoient en grand'-mésaise de cœur et en grand'hideur quand ils oyoient ces nouvelles, ce ne fait point à demander ; ni ils ne savoient quelque chose penser ni aviser qu'ils pussent faire selon ces nouvelles ; ni ils n'avoient espérance de retourner en leur pays, ni de jamais voir ni parler à nuls de leurs amis ; ni ils n'osoient éloigner le roi ni les hauts barons ; et si ne pouvoient sentir nul confort pour eux aider ni garantir. Si n'avoient autre entente fors que d'eux bien vendre, et leurs corps défendre chacun, et aider l'un l'autre jusqu'à la mort.

Si firent les chevaliers de Hainaut et leur conseil plusieurs bonnes ordonnances, par grand avis, pour eux mieux garder et défendre, par lesquelles il convenoit toujours gésir par nuit armés, et par jour tenir en leurs hôtels, et les harnois avoir appareillés, et les chevaux tous ensellés ; et les convenoit toujours, par nuit et par jour, guéter par connétablies, les champs et les chemins d'entour la ville, et envoyer aucunes écoutes demie lieue loin de la ville, pour écouter si gens viendroient, ainsi que informés étoient et qu'on leur rapportoit et leur disoient chacun jour gens créables, chevaliers et écuyers, qui bien le cuidoient savoir. Par quoi, si ces écoutes ouïssent gens émouvoir pour venir devers la ville, ils se devoient retraire vers ceux qui gardoient les champs, pour eux maintenir et aviser, afin qu'ils fussent plutôt montés et appareillés et venus ensemble, chacun à sa bannière, en une place qui pour ce étoit avisée et ordonnée.

CHAPITRE XXXII.

Comment les Hainuyers furent en grand meschef et peine par l'espace de quatre semaines, pour la crainte des Anglois.

En cette tribulation demeurèrent eux en ce faubourg, par l'espace de quatre semaines, que tous les jours on leur rapportoit telles nouvelles ou pires assez, et telles fois pires un jour que l'autre ; et en virent plusieurs apparences, qui durement les ébahissoit. Car au voir dire, ils n'étoient qu'une poignée de gens dedans, au regard de la communauté du royaume d'Angleterre qui là étoit assemblée, ni ils n'osoient éloigner leurs hôtels, ni leurs armures, ni entrer en la cité, excepté les seigneurs qui alloient voir le roi et la roine et leur conseil, pour festier et pour apprendre des nouvelles ; ni ne savoient combien longuement on les tiendroit en telle angoisse. Et si le meschef de la mésaventure et le péril n'eût été, ils séjournoient assez aise ; car la cité et le pays d'entour eux étoit si plentureux que, en plus de six semaines que le roi et tous les seigneurs d'Angleterre et les étrangers, et leurs gens, dont il y avoit plus de soixante mille hommes, séjournèrent là, ne renchérirent les vivres qu'on n'eût la denrée pour un denier, aussi bien qu'on avoit par avant qu'ils vinssent ; bons vins de Gascogne, d'Ausay[1] et de Rhin à très bon marché, poulaille et toutes manières d'autres vivres aussi ; et leur amenoit-on devant leurs hôtels le foin, l'avoine et la litière, dont ils étoient bien servis et à bon marché.

CHAPITRE XXXIII.

Comment le roi d'Angleterre se partit de la cité de Ébruich atout son ost pour aller vers Escosse, et comment les Escots entrèrent en Angleterre.

Quand ils eurent là séjourné par l'espace de quatre semaines après la bataille, on leur fit à savoir, de par le roi et les maréchaux, que chacun se pourvût dedans cette autre semaine, de charrettes et de tentes, pour gésir aux champs, et tous autres outils nécessaires pour aller par devers Escosse, car le roi ne pouvoit là plus séjourner.

Adonc se pourvut chacun au mieux qu'il put,

---

[1] Quelques manuscrits disent *Ausoies*, d'autres *Aussy*: lord Berners dit *Angiew*, *Anjou*. La ressemblance du nom cité dans les manuscrits français avec celui d'*Auxois*, canton de Bourgogne qui produit beaucoup de vins, aurait pu faire croire qu'il s'agissait ici de ce canton : mais on ne saurait douter que le mot *Ausay* ne désigne l'Alsace, qu'on trouve souvent appelée de ce nom dans les historiens des quatorzième et quinzième siècles. On sait d'ailleurs qu'à cette époque les vins de Bourgogne ne sortaient guère de la province, tandis que ceux d'Alsace étaient depuis long-temps recherchés de toute l'Europe.

selon son état. Quand on fut appareillé, le roi et tous ses barons se traîrent hors et allèrent loger six lieues loin de la dite cité : et messire Jean de Hainaut et sa compagnie furent logés au plus près du roi pour honneur, et pourtant aussi qu'on ne vouloit mie que les archers qui tant les haïoient eussent aucun avantage sur eux. Si séjournèrent le roi et ses premières routes deux jours, pour attendre les derniers et pour mieux aviser chacun si il lui failloit rien.

Au tiers jour après, l'ost qui étoit là se délogea et se trait avant de jour en jour, tant qu'on vint outre la cité de Duremmes[1] une grande journée, à l'entrée d'un pays qu'on appelle Northonbrelande, qui est sauvage pays plein de déserts et de grandes montagnes, et durement pauvre de toutes choses fors que de bêtes ; et court parmi une rivière pleine de cailloux et de grosses pierres que on nomme Tyne. Sur cette rivière siéd en un mont la ville et le châtel qu'on appelle Cardueil[2] en Galles, qui fut jadis au roi Artus, et où il se tenoit moult volontiers, et à val est la bonne ville que on appelle le Neuf-Chastel[1] sur Tyne. Là étoit le maréchal d'Angleterre atout grands gens d'armes, pour garder le pays contre les Escots qui gissoient aux champs pour entrer en Angleterre. Et à Cardeuil aussi gissoit grand'foison de Gallois, dont le sire de Moubray et le comte de Herford étoient conduiseurs et gouverneurs, et pour défendre le passage de la rivière[2] ; car les Escots ne pouvoient entrer en Angleterre sans passer outre la dite rivière[3]. Et ne purent savoir les Anglois certainement nouvelles des Escots jusques à ce qu'ils vinrent à l'entrée d'icelui pays : mais adonc purent voir apparement les fumières des hamelets et des villages qu'ils ardoient en vallées d'icelui pays ; et avoient passé cette rivière si paisiblement qu'oncques ceux de Cardueil ni ceux de

---

[1] Durham.

[2] Carlisle, dans le comté de Cumberland. Froissart aura entendu d'une manière peu correcte la prononciation de cette ville et aura substitué un *d* à un *l*. Quant au son *isle* qui se prononce à peu près *aïl*, et qu'il écrit *ueil*, il lui était difficile de le représenter bien exactement en français. Lord Berners écrivait ce mot *Carlyel*. Froissart met cette ville en Galles, c'est-à-dire Galloway, et il n'y a là qu'une légère erreur ; les limites de la province de Galloway, qui ne comprend aujourd'hui que le Wigtonshire et le Kirkudbright-shire, n'étaient pas alors fort exactement tracées, et comme les Écossais et les Anglais étaient toujours en guerre sur ces provinces limitrophes, tantôt les provinces méridionales de l'Écosse s'agrandissaient aux dépens des provinces septentrionales de l'Angleterre, tantôt ces dernières s'agrandissaient aux dépens des autres. La véritable erreur géographique consiste à placer Carlisle sur la Tyne, tandis qu'elle est placée sur l'Éden. Lord Berners et Johnes ont corrigé cette erreur dans leurs traductions, et modifient à peu près ainsi le texte de Froissart. « Sur cette rivière siéd la ville de New-Castle. Là était le maréchal d'Angleterre pour garder le pays. A Carlisle se trouvait un corps considérable de Gallois sous le commandement du sire de Mowbray et du comte de Hereford. » Froissart commet de plus ici une erreur historique en parlant de *Cardueil en Galles qui fut*, dit-il, *jadis au roi Artus*. Le fait est que les possessions d'Arthur ne se trouvaient pas de ce côté. Elles étaient placées dans la province de Galles méridionale, dans la partie appelée aujourd'hui Glamorgan-shire. Froissart aura confondu le pays de Galles, où s'étaient réfugiés les restes des anciens Bretons, avec la province écossaise de Galloway. Dans ce siècle de chevalerie, il n'est pas étonnant que le petit chef Arthur, battu par le Saxon Cerdic qui fonda l'état de Vessex (West-Saexna) dans la première moitié du sixième siècle, se soit grandi à un tel point dans l'imagination superstitieuse des Bretons humiliés. Ce qui aura pu contribuer à induire Froissart en erreur, c'est qu'il y avait en effet un Caer-leon dans le Montmouth-shire contigu au Glamorgan-shire, et que cette ville fut peut-être le siège de la résidence d'Arthur. Dans tous les romans de chevalerie, ce Caer-leon était appelé Cardueil, comme Froissart l'écrit. Le château de Carlisle est devenu plus tard la prison de Marie Stuart.

Au reste, Froissart n'a fait que partager l'erreur commune à tous les habitants de ce qu'on appelle les *Borders* (marches) de l'Écosse. En parcourant moi-même ce pays, il y a plusieurs années, je l'ai trouvé encore tout rempli du souvenir d'Arthur. Ainsi par exemple, entre Carlisle et Penrith, j'ai trouvé un lieu appelé *la Table Ronde d'Arthur*. Une montagne contiguë au palais d'Holyrood à Édimbourg, s'appelle Arthur's seat. Dumbarton, à quelques lieues du lac Lomond, est mentionnée dans le roman d'Arthur sous le nom d'Aldud, à cause de son nom erse d'Alcluyd. Bamborough-Castle est le *châtel Orgueilleux*. A Berwick on vous indique le *château de la Joyeuse-Garde*, habitation favorite de Lancelot du Lac. La forêt d'Ettrick était le lieu chéri de l'enchanteur Merlin, enterré, dit-on, à Drummelziar. Cette forêt était dans le domaine d'Urien et d'Ywain. Le comté de Galloway était le patrimoine de Gauvain. A Stowe, dans la vallée de Gala (*Wedale ou Vallis-Sancta de Nennius*), quelques milles au-dessus de Melrose, était l'église de Sainte-Marie où Arthur déposa un morceau de la vraie croix. Enfin à Meigle, dans le comté d'Angus, entre Coupar et Forfar, on vous montre encore la tombe de *dame Ganore*, la belle Gwenhyfar ou Genèvre de nos romanciers. On voit donc que Froissart s'est contenté d'accueillir les traditions du pays sans songer à examiner si elles étaient fondées ou non.

[1] New-Castle.

[2] L'Éden.

[3] Lisez comme les traducteurs anglais : *l'une de ces deux rivières*.

Neuf-Chastel sur Tyne n'en surent nouvelles, ce disoient; car entre Cardueil et Neuf-Chastel peut bien avoir environ vingt quatre lieues anglesches. Mais pour mieux savoir la manière des Escots, je me tairai un petit des Anglois, et deviserai aucune chose de la manière des Escots et comment ils scevent guerroyer.

CHAPITRE XXXIV.

Comment les Escots se gouvernent et maintiennent quand ils sont en guerre.

Les Escots sont durs et hardis et fort travaillans en armes et en guerre; et à ce temps là ils aimoient et prisoient assez peu les Anglois, et encore font-ils à présent; et quand ils veulent entrer au royaume d'Angleterre ils mènent bien leur ost vingt ou vingt quatre lieues loin, que de jour que de nuit, de quoi moult de gens se pourroient émerveiller, qui ne sauroient leur coutume.

Certain est que, quand ils veulent entrer en Angleterre, ils sont tous à cheval les uns et les autres, excepté la ribaudaille[1] qui les suit à pied; c'est à savoir, sont les chevaliers et écuyers bien montés sur bons gros roncins, et les autres communes gens du pays sur petites haquenées[2]. Et si ne mènent point de charroi, pour les diverses montagnes qu'ils ont à passer parmi ce pays dessus dit, qu'on appelle Northonbrelande : et si ne mènent nulles pourvéances de pain ni de vin; car leur usage est tel en guerre et leur sobriété qu'ils se passent bien assez longuement de chair cuite à moitié, sans pain, et de boire yaue de rivière, sans vin; et si n'ont que faire de chaudières ni de chaudrons, car ils cuisent bien leur chair au cuir des bêtes mêmes, quand ils les ont écorchées; et ils savent bien qu'ils trouveront bêtes à grand'foison au pays là où ils veulent aller : par quoi ils n'emportent autre pourvéance, fors que chacun emporte entre la selle et le panneau une grande plate pierre, et trousse derrière lui une besace pleine de farine, en cette entente que : quand ils ont tant mangé de chairs malcuites que leur estomac leur semble être vuit et affoibli, ils jettent cette pierre au feu et détrempent un peu de leur farine et d'eau; et quand leur pierre est échauffée, ils jettent de cette claire pâte sur cette chaude pierre, et en font un petit tourtel, en manière d'une oublie de béguine, et le mangent pour reconforter leur estomac. Par quoi ce n'est point de merveille s'ils font plus grands journées que autres gens, quand tous sont à cheval hormis la ribaudaille, et si ne mènent point de charroi ni autres pourvéances, fors ce que vous avez ouï.

En tel point étoient eux entrés en celui pays dessusdit. Si le gâtoient et ardoient; et trouvoient tant de bêtes qu'ils n'en savoient que faire; et avoient bien trois mille armures de fer, chevaliers et écuyers, montés sur bons roncins et bons coursiers, et vingt mille hommes armés à leur guise, apperts et hardis, montés sur petites haquenées qui ne sont ni liées ni étrillées; mais les envoie-t-on tantôt paître qu'on est descendu en prés, en terre et en bruyères. Et si avoient deux très bons capitaines, car le roi Robert d'Escosse, qui étoit moult preux, étoit adonc vieux et chargé de la grosse maladie[1] : si leur avoit donné à capitaine un moult gentil prince et vaillant en armes, c'est à savoir, le comte de Moret qui portoit un écu d'argent à trois oreillers de gueules, et messire Guillaume[2] de Douglas qu'on tenoit pour le plus hardi et le plus entreprenant de tous les deux pays; et portoit un écu d'azur à un chef d'argent et trois étoiles de gueule en l'argent. Et étoient ces deux seigneurs les plus hauts barons et les plus puissans de tout le royaume d'Escosse, et les plus renommés en beaux faits d'armes et en grands prouesses. Or veux-je revenir à notre matière.

CHAPITRE XXXV.

Comment les Anglois se mirent en trois batailles pour cuider combattre les Escots qui tout ardoient ; mais ils ne les purent aconsuir.

Quand le roi anglois et tout son ost eurent vu les fumières des Escots, si comme dit est devant, ils sçurent bien que c'étoit les Escots qui entrés étoient en leur pays. Si

---

[1] On appelait *ribaudaille* ou *ribaux* les troupes légères, les *enfans perdus*, les goujats ou valets d'armée : ces mots furent ensuite employés pour désigner les fainéans, les libertins et les mauvais sujets de toute espèce.

[2] Ces sortes de petits chevaux ont conservé le nom de *Galloways* du pays qui les produit.

[1] La lèpre.

[2] Froissart se trompe sur le nom de ce capitaine : les historiens anglais l'appellent, avec raison, *Jacques de Douglas*. On ne trouve à cette époque, dans la maison de Douglas, aucun individu du nom de *Guillaume* en état de porter les armes.

firent tantôt crier alarme, et commander que chacun se délogeât et suivît les bannières. Ainsi fut-il fait. Et se trairent chacun armés sur les champs comme pour tantôt combattre. Là en droit furent ordonnées trois batailles grosses à pied, et chacune bataille avoit deux ailes de cinq cents armures qui devoient demeurer à cheval. Et sachez qu'on disoit qu'il y avoit bien là huit mille armures de fer, chevaliers et écuyers, et trente mille hommes armés, la moitié montés sur petites haquenées, et l'autre moitié sergens à pied et coustilliers[1], envoyés par l'élection des bonnes villes, à leurs gages, chacune bonne ville pour sa rate; et si y avoit bien vingt quatre mille archers à pied sans la ribaudaille.

Tout ainsi que les batailles furent ordonnées, on chevaucha tout rangé après les Escots, à l'assent et enseignement des fumières, jusques à basses vespres[2]. Adonc se logea l'ost en un bois sur une petite rivière, pour eux aiser et pour attendre le charroi et les pourvéances. Et tout le jour avoient ars les Escots à cinq lieues près de leur ost; et ne les pouvoient aconsuir. Lendemain, au point du jour, chacun fut armé, et trairent les bannières aux champs, chacun à sa bataille et dessous sa bannière, si comme ordonné étoit. Si chevauchèrent les batailles ainsi rangées tout le jour, sans dérouter, par montagnes et par vallées; ni oncques ne purent approcher les Escots qui ardoient devant eux, tant y avoit de bois, de marais et de déserts sauvages et mauvaises montagnes et vallées; et si n'étoit nul qui osât, sur la tête à couper, forpasser ni chevaucher devant les bannières, excepté les maréchaux et leurs gens.

CHAPITRE XXXVI.

Comment les Anglois se logèrent, tous armés, en un bois jusques à mie-nuit, moult travaillés de poursuir les Escots.

Quand ce vint après nonne sur le vespre, gens, chevaux et charroi, et mêmement gens à pied étoient si travaillés qu'ils ne pouvoient mais aller avant; et les seigneurs se perçurent et virent clairement qu'ils se travailloient en cette manière pour néant; et fut encore ainsi que[3] les Escots les voulussent attendre, si se

[1] Soldats armés d'une espèce de sabre appelé *coustille*.
[2] Vers le soir.
[3] C'est-à-dire, au cas où les Écossais les voudraient attendre.

mettroient si bien sur tel avantage, sur telle montagne, ou sur tel pays, qu'ils ne se pourroient à eux combattre sans trop grand meschef. Si fut commandé, de par le roi et les maréchaux, qu'on se logeât là en droit, chacun ainsi qu'il étoit, jusques à lendemain, pour avoir conseil comment on se maintiendroit. Ainsi fut l'ost logé toute nuit en un bois, sur une petite rivière; et le roi fut logé en une pauvre cour d'abbaye de moines noirs qui là étoit. Ses gens d'armes, uns et autres, chevaux, charroi et l'ost en suivant, furent logés moult loin, travaillés outre mesure. Quand chacun eut pris pièce de terre pour loger, les seigneurs se trairent ensemble pour avoir conseil comment ils se pourroient combattre aux Escots, selon le pays où ils étoient; et leur sembla, selon ce qu'ils voyoient, que les Escots s'en r'alloient leur voie en leur pays, tout ardant, et que nullement ils ne se pourroient combattre à eux entre ces montagnes, fors que à grand meschef, et si ne les pouvoient aconsuir; mais passer leur convenoit cette rivière de Tyne. Si fut là dit en grand conseil que, si on se vouloit lever devant mie-nuit, et lendemain un petit hâter, on leur touldroit le passage de la rivière, et conviendroit qu'ils se combattissent à leur meschef, ou ils demeureroient tous coys en Angleterre pris à la trappe.

CHAPITRE XXXVII.

Comment les Anglois chevauchèrent tous les jours par montagnes et par déserts, cuidant trouver les Escots, jusques à la rivière de Tyne.

A cette entente que dit vous ai, fut adonc ordonné et accordé que chacun se trait à sa loge pour souper et boire ce qu'il pourroit avoir; et dit chacun à ses compagnons que, sitôt qu'on orroit la trompette tromper, chacun mît ses selles et appareillât ses chevaux; et quand on l'orroit la seconde fois, que chacun s'armât, et à la tierce fois que chacun montât sans targer, et se retrait à sa bannière, et que chacun prît sans plus un pain, et le troussât derrière lui, en guise de braconnier; et aussi que chacun laissât là en droit tous harnois, tout charroi et toutes autres pourvéances; car on se combattroit lendemain, à quelque meschef que ce fut.

Ainsi que ordonné fut, fut-il fait; et fut chacun armé et monté à la droite mie-nuit: peu en y eut de ceux qui dormirent, combien qu'on eût moult travaillé le jour. Ainçois que les batailles fussent ordonnées et assemblées à leur droit, commença le jour à paroir : lors commencèrent à chevaucher moult dispersement par bruyères, par montagnes, par vallées et par bocailles malaisés, sans point de plein pays. Et pardessus les montagnes, et au plein des vallées étoient crolières [1] et grands marais, et si divers passages que merveilles étoit que chacun n'y demeuroit ; car chacun chevauchoit toujours avant, sans attendre seigneur ni compagnon. Et sachez que, qui fût encrolé en ces crolières il eût trouvé à malaise qui lui aidât. Et si y demeurèrent grand'foison de bannières atout les chevaux en plusieurs lieux, et grand'foison de sommiers et de chevaux, qui oncques puis n'en issirent. Et cria-t-on moult ce jour : alarme ! et disoit-on que les premiers se combattoient aux ennemis ; si que chacun, cuidant que ce fût voir, se hâtoit quant qu'il pouvoit, parmi marais, parmi pierres et cailloux ; parmi vallées et montagnes, le heaume appareillé, l'écu au col, le glaive ou l'épée au poing, sans attendre père, ni frère, ni compagnon. Et quand on avoit ainsi couru demie lieue ou plus, et on venoit au lieu dont ce hutin ou cri naissoit, on se trouvoit déçu ; car ce avoient été cerfs ou biches, ou autres bêtes sauvages, de quoi il avoit grand'foison en ce bois et en ces bruyères et en ce sauvage pays, qui s'émouvoient et fuyoient devant ces bannières et ces gens à cheval qui ainsi chevauchoient, ce que oncques n'avoient vu : adonc huoit chacun après ces bêtes, et on cuidoit que ce fût autre chose.

CHAPITRE XXXVIII.

Comment les Anglois se logèrent sur la rivière de Tyne où ils souffrirent grand'mésaise.

Ainsi chevaucha le jeune roi anglois celui jour, et tout son ost, parmi ces montagnes et ces déserts, sans chemin tenir, sans voie, sans sentier et sans ville trouver, fors que par avis, selon le soleil. Et quand ce vint à basses vespres [2] que on fut venu sur cette rivière de Tyne [1] que les Escots avoient passée, et leur convenoit repasser, ce disoient et cuidoient les Anglois, et ils furent là venus si travaillés et si fort menés que chacun peut penser, ils passèrent, outre la rivière à gué, moult à mal aise, pour les grands pierres qui dedans gissoient. Et quand ils furent passés, chacun s'alla loger selon cette rivière, ainsi qu'il put prendre terre. Mais ainçois qu'ils eurent pris pièce de terre pour eux loger, le soleil commença à esconser. Et si y avoit peu d'eux qui eussent haches, ni coingnées, ferrements ni instruments pour loger, ni pour couper bois. Et si y en avoit plusieurs qui avoient perdu leurs compagnons et ne savoient qu'ils étoient devenus : s'ils étoient à mésaise, ce n'étoit point de merveille. Et mêmement les gens de pied étoient demeurés derrière ; et si ne savoient en quel lieu ni à qui demander leur chemin ; dont ils étoient tous fort à mal aise. Et disoient ceux qui mieux cuidoient connoître le pays, qu'ils avoient cheminé ce jour vingt huit lieues anglesches [2], ainsi courant comme vous avez ouï sans arrêter, fors que pour pisser, ou son cheval ressangler. Ainsi travaillés, hommes et chevaux, leur convint la nuit gésir sur cette rivière tous armés, chacun son cheval en sa main par le frein ; car ils ne les savoient à quoi lier, par défaut de leur charroi qu'ils ne pussent avoir mené parmi ce pays que devisé vous ai. Ainsi ne mangèrent leurs chevaux toute la nuit, ni le jour devant, d'avoine ni de fourrage ; et eux-mêmes ne goûtèrent tout le jour ni la nuit que chacun son pain qu'il avoit derrière lui troussé, ainsi que dit vous ai, qui étoit de la sueur des chevaux tout souillé et ort ; ni ils ne burent autre breuvage que de la rivière qui là couroit, exceptés aucuns seigneurs qui avoient bouteilles pleines de vin, qui leur portèrent grand confort : et n'eurent toute la nuit ni feu ni lumière, et ne le savoient de quoi faire, hors mis aucuns seigneurs qui avoient tortis allumés, qu'ils avoient apportés sur leurs sommiers.

Ainsi que vous oyez, à tel meschef passèrent

---

[1] Terrains dont le fond est mouvant. Il en existe encore beaucoup en Irlande et en Écosse. Le philanthrope lord Kames a montré sur ses terres comment, à force de persévérance et d'industrie, on pouvait rendre ce sol à l'agriculture.

[2] Vers le soir

[1] La rivière de ce nom se compose de deux branches, North-Tyne et South-Tyne : la première au nord du mur d'Adrien, la seconde au sud, qui se joignent toutes deux à Hexham, situé au sud du même mur romain.

[2] Froissart écrivait, en général, comme il entendait : il dit *anglesches* au lieu d'*angloises*, parce qu'il avait entendu *english*.

ils la nuit, sans ôter les selles à leurs chevaux, ni eux désarmer; et quand le jour fut venu, en quoi ils espéroient avoir aucun confort et aucune adresse' pour eux et leur chevaux aiser pour manger et pour loger, ou pour combattre aux Escots qu'ils désiroient moult à trouver, pour le désir que ils avoient d'issir hors de cette mésaise et pauvreté là où ils étoient, adonc commença à pleuvoir toute la journée si omniment et si fort, que ainçois nonne passée, la rivière sur laquelle ils étoient logés de nuit fut si grand' que nul ne la put passer : par quoi nul ne put envoyer pour voir ni savoir où ils étoient chus, ni où ils pourroient recouvrer de fourrage ni de litière pour leurs chevaux, ni pain, ni vin, ni autre chose pour eux aiser et soutenir. Si les convint jeuner tout le jour ainsi que la nuit, et les chevaux manger terre pour la wason[1], ou bruyères, ou la mousse de la terre, ou feuilles d'arbres, et couper plançons de bois à leurs épées et leurs badelaires, tous ployans pour leurs chevaux lier, et verges pour faire des logettes pour eux mucer[2].

Entour nonne, aucuns povres du pays furent trouvés : si leur fut demandé où ils étoient chus et embatus. Cils répondirent qu'ils étoient à quatorze lieues près de Neuf-Chastel sur Tyne, et à onze lieues près de Carduel en Galles[3]; et si n'avoit aucune ville plus près de là, où l'on pût rien trouver pour eux aiser.

Tout ce fut noncé au roi et aux seigneurs; et envoya chacun ses messages tantôt celle part, et ses petits chevaux et ses sommiers pour apporter pourveances; et on fit savoir, de par le roi, à la ville de Neuf-Chastel : que, qui voudroit gagner, si amenât pain, vin, avoine, poulailles, fromages, œufs et autres denrées, on lui payeroit tout sec, et le feroit-on conduire à sauf conduit jusques à l'ost; et leur fit-on savoir qu'on ne se partiroit de là entour, jusques à tant que on sauroit que les Escots étoient devenus.

CHAPITRE XXXIX.

Comment les Anglois souffrirent grand'famine, eux et leurs chevaux, tant qu'ils furent outre la rivière de Tyne.

Lendemain, entour heure de nonne, revinrent les messages que les seigneurs et les autres compagnons avoient envoyés aux pourvéances, et en rapportèrent ce qu'ils purent pour eux et leurs menées; grandement ne fut-ce mie; et avec eux vinrent gens pour gagner, qui amenèrent sur petits chevalets et sur petites mules, pain malcuit en paniers, povre vin en grands barils et autres denrées à vendre, dont moult de gens et grand'partie de l'ost furent durement appaisés; et ainsi de jour en jour, tant qu'ils séjournèrent là entour huit jours sur cette rivière, entre ces montagnes, en attendant chacun jour la survenue des Escots, qui aussi ne savoient que les Anglois étoient devenus, non plus que les Anglois savoient d'eux. Ainsi furent-ils trois jours et trois nuits sans pain, sans vin, sans chandelles, sans avoine et sans fourrage, ni autre pourvéance, et après, par l'espace de quatre jours, qu'il leur convenoit acheter un pain mal cuit six esterlins[1], qui ne dût valoir qu'un parisis[2], et un galon[3] de vin vingt quatre esterlins, qui n'en dût valoir que six. Encore y avoit-on si grand'rage de famine que l'un le tolloit hors des mains de l'autre, dont plusieurs hutins et grands débats vinrent des compagnons les uns aux autres. Encore, avec tous ces meschefs, il ne cessa point de pleuvoir toute cette semaine, parquoi leur selles, panneaux et contresangles furent tous pourris, et tous les chevaux, ou la plus grand'partie, tachés sur le dos; et ne savoient de quoi ferrer ceux qui étoient déferrés, ni de quoi couvrir, fors que de leurs tuniques d'armes : et aussi n'avoit la plus grand'partie que vêtir, ni de quoi soi couvrir pour la pluie, ni pour le froid, fors que de leurs hoquetons et de leurs armures; et n'avoient de quoi faire feu, fors de verte buche, qui ne peut durer contre la pluie.

CHAPITRE XL.

Comment les Anglois repassèrent la rivière de Tyne, et comment un écuyer apporta nouvelles au roi où les Escots étoient.

A tel meschef et povreté demeurèrent-ils entre ces deux montagnes et la dite rivière, toute celle semaine, sans ouïr ni savoir nouvelles des Escots, qu'ils cuidoient qu'ils dussent par là, ou assez près, repasser pour retourner en leur pays.

---

[1] Au lieu de gazon.
[2] Coucher, abriter.
[3] Galloway.

[1] L'esterlin valait 4 deniers tournois de 220 au marc actuels.
[2] Le parisis valait 25 sous.
[3] Mesure contenant deux pots.

De quoi grand'murmuration sourdit entre les Anglois; car aucuns vouloient mettre sus aux autres qu'ils avoient donné ce conseil de là venir en tel point qu'ils avoient fait, pour trahir le roi et toutes ses gens : si que, fut ordonné pour ce entre les seigneurs, qu'on se mueroit de là, et repasseroit-on la dite rivière, sept lieues par-dessus, là où elle étoit plus aisée à passer. Et fit-on crier que, chacun s'appareillât pour déloger lendemain, et suivît les bannières : et si fit-on adonc crier que, qui se voudroit tant travailler qu'il pût rapporter certaines nouvelles au roi là où l'on pourroit trouver les Escots, le premier qui ce lui rapporteroit il auroit cent livrées[1] de terre à héritage, à l'esterlin, et le feroit le roi chevalier.

Quand ces nouvelles furent épandues par l'ost, toutes gens en eurent grand'joie. Adonc se départirent de l'ost aucuns chevaliers et écuyers anglois jusques à quinze ou seize, pour la convoitise de gagner celle promesse ; et passèrent les rivières en grand péril, et montèrent les montagnes, et puis se départirent l'un çà, l'autre là, et se mit chacun à l'aventure à part lui.

Lendemain tout l'ost se délogea ; et chevauchèrent assez bellement, car leurs chevaux étoient foulés et mal livrés, mal ferrés, tachés ès sangles et sur le dos ; et firent tant qu'ils repassèrent la dite rivière en grand'malaise, car elle étoit grosse pour la pluie ; pourquoi il en y eut assez de baignés et des Anglois noyés. Quand tous furent repassés, ils se logèrent là en droit, car ils trouvèrent fourrages ès prés et ès champs pour passer la nuit de-lez un petit village que les Escots avoient ars à leur passer. Si leur sembla droitement qu'ils fussent chus en paradis. Lendemain ils se départirent, et chevauchèrent par montagnes et par vallées toute jour jusques près de nonne, que on trouva aucuns hamelets ars, et aucunes champagnes où il avoit blés et prés ; si que tout l'ost se logea là en droit cette nuit, et le tiers jour chevauchèrent-ils en autel[2] manière. Si ne savoient le plus ou l'on les menoit, ni nouvelles des Escots ; et le quart jour en tel manière, jusques à heure de tierce.

Adonc vint un écuyer fort chevauchant par devers le roi, et lui dit : « Sire, je vous apporte nouvelles. Les Escots sont à trois lieues près de ci logés sur une montagne, et vous attendent là ; et y ont bien été jà huit jours ; et ne savoient nouvelles de vous non plus que vous saviez nouvelles d'eux. Ce vous fais-je ferme et vrai, car je me embattis si près d'eux que je fus pris et mené en leur ost devant les seigneurs, prisonnier : si leur dis nouvelles de vous et comment vous les quériez pour combattre à eux. Et tantôt les seigneurs me quittèrent ma prison, que je leur dis que vous donnez cent livrées de terre à l'esterlin héritables à celui qui premier vous rapporteroit nouvelles certaines d'eux, par telle condition que je leur créantai que je n'aurois repos jusques à tant que je vous aurois dit ces nouvelles. Et disent, ce sachiez, que aussi grand désir ont-ils de combattre à vous que vous avez à eux ; et les trouverez là en droit sans faute. »

CHAPITRE XLI.

Comment le roi d'Angleterre fit ordonner ses batailles pour aller contre les Escots ; et comment il fit l'écuyer chevalier et lui donna cent livrées de terre.

Tantôt que le roi entendit ces nouvelles, il fit tout l'ost là en droit arrêter en uns blés, pour leurs chevaux paître et ressangler, d'encoste une abbaye blanche qui étoit toute arse, qu'on appeloit du temps le roi Artus, la Lande Blanche. Là en droit se confessa et adressa chacun à son loyal pouvoir ; et fit là en droit le roi dire grand'foison de messes pour accommunier ceux qui dévotion en auroient ; et assigna tantôt bien et suffisamment à l'écuyer les cent livrées de terre que promises avoit, et le fit là chevalier par devant tous[1]. Après, quand on fut un peu reposé et déjeuné, on sonna la trompette. Chacun alla monter à cheval, et fit on les bannières chevaucher, ainsi que ce nouveau chevalier les conduisoit ; et toujours chacune bataille à part lui, sans dérouter, par montagnes, ni par vallées ; mais toujours rangés, ainsi qu'on pouvoit et que ordonné étoit. Et tant chevauchèrent en cette amnière qu'ils vinrent entour midi si près des Escots

---

[1] On appelait *livre* ou *livrée* une portion de terre qui produisait une livre de revenu : ainsi elle ne formait point une mesure déterminée ; elle était plus ou moins étendue selon que le sol était plus ou moins fertile.

[2] Semblable.

[1] Ce chevalier se nommait Thomas de Rokesby. Le roi n'effectua pas tout-à-fait aussitôt que le dit Froissart le reste de sa promesse : ce fut au retour de l'expédition contre les Écossais, qu'il assigna audit Thomas de Rokesby, par ses lettres datées de Lincoln, le 28 septembre 1327, cent livres de pension sur l'échiquier, en attendant qu'il pût lui donner le même revenu en fond de terre.

qu'ils les virent clairement, et les Escots aussi eux[1].

Sitôt que les Escots les virent, ils issirent de leurs logis tous à pied, et ordonnèrent trois bonnes batailles franchement, sur le dévaler de la montagne où ils étoient logés. Pardessous cette montagne couroit une rivière forte et roide, pleine de cailloux et de grosses pierres, si qu'on ne la pût bonnement en hâte passer sans grand meschef malgré eux ; et encore plus avant si les Anglois eussent la rivière passée, si n'avoit-il point de place entre la rivière et la montagne où ils pussent avoir rangé leurs batailles. Et si avoient les Escots leurs deux premières batailles établies sur les deux croupes de montagnes, que l'on entend de la Roche, là où l'on ne peut bonnement monter, ni ramper, pour eux assaillir : mais étoient au parti, comme pour les assaillans tous confroisser et lapider de pierres, s'ils fussent passés outre la rivière ; et n'eussent pu les Anglois aucunement retourner.

Quand les seigneurs d'Angleterre virent le convenant des Escots, ils firent toutes leurs gens traire à pied et ôter leurs éperons, et ranger les trois batailles, ainsi que ordonné étoit par avant. Là en droit devinrent moult de nouveaux chevaliers. Quand ces batailles furent rangées et ordonnées, aucuns des seigneurs d'Angleterre amenèrent le jeune roi à cheval pardevant toutes les batailles, pour les gens d'armes plus resbaudir[2] ; et prioit moult gracieusement que chacun se penât de bien faire la besogne et garder son bonheur ; et faisoit commander, sur la tête, que nul ne se mît devant les bannières des maréchaux, et ne se mussent jusques à tant que on leur commanderoit. Un petit après, on commanda que les batailles allassent avant pardevers les ennemis tout bellement le pas. Ainsi fut-il fait. Si alla bien chacune bataille en cel état un grand bonnier de[3] terre avant, jusques au dévaler de la montagne sur laquelle ils étoient. Ce fut fait et ordonné pour voir si les ennemis se dérouteroient point, et pour voir comment ils se maintiendroient : mais on ne put apercevoir qu'ils se mussent de rien ; et étoient si près les uns des autres qu'ils reconnoissoient partie de leur armoierie. Adonc fit-on arrêter l'ost tout coi, pour avoir autre conseil ; et si fit-on aucuns compagnons monter sur coursiers pour escarmoucher à eux, et pour aviser le passage de la rivière, et pour voir leur convenant de plus près ; et leur fit-on savoir par hérauts que, s'ils vouloient passer outre la rivière et venir combattre au plain, on se retraitoit arrière et leur livreroit-on bonne place pour la bataille ranger, tantôt ou lendemain au matin ; et si ce ne leur plaisoit, qu'ils voulussent faire le cas pareil.

Quand ils ouïrent ce traité, ils eurent conseil entre eux ; et eux conseillés, tantôt ils répondirent aux hérauts là envoyés : qu'ils ne feroient ni l'un ni l'autre ; mais que le roi et tous ses barons voyoient bien qu'ils étoient en son royaume, et lui avoient ars et gâté ; et s'il leur ennuyoit, si le vinssent amender : car ils demeureroient là tant qu'il leur plairoit.

CHAPITRE XLII.

Comment les Anglois et les Escots furent vingt-deux jours[1] les uns devant les autres sans point combattre fors qu'en escarmouchant.

Quand le conseil du roi d'Angleterre vit qu'ils n'en auroient autre chose, ils firent crier et commander que chacun se logeât là endroit où il étoit, sans reculer. Ainsi se logèrent eux cette nuit moult à mésaise, sur dure terre et pierres sauvages, et toujours armés ; et à grand meschef les garçons recouvroient de pieux et de verges pour lier leurs chevaux ; et n'avoient fourrage ni litière pour eux aiser, ni buche pour faire feu. Et quand les Escots aperçurent que les Anglois se logeoient en telle manière, ils firent demeurer aucuns de leurs gens sur les places où ils avoient établi leurs batailles, puis se retrairent en leurs logis, et firent tantôt tant de feux que merveilles étoit à regarder ; et firent entre nuit et jour si grand bruit de corner de leurs grands cors, tout à une fois, et de huer après, tout à une voix, qu'il sembloit proprement que tous les diables d'enfer fussent là venus pour eux étrangler et emporter. Ainsi furent-ils logés celle nuit, qui fut la nuit saint Pierre à l'entrée d'août[2],

---

[1] Les Écossais étaient campés dans le parc de Stanhope, sur une colline au pied de laquelle coule la rivière de Were, près de la Tyne méridionale.
[2] Ranimer.
[3] Le *bonnier* est une mesure de terre équivalant à trois arpens. Ce mot est encore usité en Flandres.

[1] Il faut compter ces vingt-deux jours, de celui où les deux armées se trouvèrent en présence pour la première fois.
[2] Saint Pierre aux Liens, le 1er août.

l'an mil trois cent vingt sept, jusques à lendemain que les seigneurs ouïrent messe.

Quand ce vint le jour saint Pierre que la messe fut dite, on fit chacun armer, et les batailles ranger aussi bien sur leur pièce de terre comme le jour devant ; et demeurèrent les deux osts tout le jour ainsi rangés, jusques après midi, que oncques les Escots ne firent semblant de venir vers les Anglois et aussi les Anglois d'aller vers eux ; car ils ne les pouvoient bonnement approcher sans trop grand meschef. Plusieurs compagnons anglois, qui avoient chevaux dont ils se pouvoient aider, passèrent la rivière[2], et aucuns à pied, pour escarmoucher à eux, et aussi se déroutèrent aucuns Escots qui couroient et racouroient tout escarmouchant l'un l'autre, tant qu'il y en eut de morts et de navrés et de prisonniers des uns et des autres. Ainsi comme après midi, les seigneurs d'Angleterre firent à savoir que chacun se traisist à sa loge, car leur sembloit qu'ils étoient là pour néant.

En cet état furent-ils par trois jours, et les Escots d'autre part sur leur montagne, sans partir. Toutefois y avoit-il tous les jours gens escarmouchans d'une part et d'autre, et souvent des morts et des pris ; et toutes les vesprées les Escots, à la nuit, faisoient par coutume si grands feux, et tant faisoient si grand bruit de corner et de huer, tous à une voix, qu'il sembloit proprement aux Anglois que ce fût un droit enfer, et que tous les diables fussent là assemblés, par droit avis. L'intention des seigneurs d'Angleterre étoit de tenir ces Escots là en droit assiégés, puisqu'ils ne se pouvoient bonnement à eux combattre, et les cuidoient bien affamer en leur pays ; et si savoient bien les Anglois, par les prisonniers qui pris étoient, que les Escots n'avoient nulle pourvéance de pain, de vin, ni de sel. Des bêtes avoient-ils grand'foison qu'ils avoient prises dedans le pays ; si en pouvoient manger en pot et en rôt à leur plaisir, sans pain, à quoi ils acomptoient moult peu, mais qu'ils eussent un peu de farine dont ils usent, ainsi que dit vous ai pardessus ; et aussi en usent bien aucuns Anglois, quand ils sont en leurs chevauchées et il leur touche.

Or avint que, le quatrième jour au matin que les Anglois avoient été logés là, ils regardèrent pardevers la montagne aux Escots ; si ne virent nullui, dont ils furent moult durement ébahis ; car ils s'en étoient partis à la mie-nuit. Si en eurent les seigneurs d'Angleterre grand'merveille, et ne pouvoient penser qu'ils étoient devenus : si envoyèrent tantôt gens à cheval et à pied par ces montagnes, qui les trouvèrent à heure de prime sur une montagne plus forte que celle de devant n'étoit, sur celle rivière même ; et étoient logés en un bois, pour être plus à repos et pour plus secrètement aller et venir quand ils voudroient.

Sitôt comme ils furent trouvés, on fit les Anglois déloger et traire celle part tout ordonnément, et loger sur une autre montagne, droit à l'encontre d'eux ; et fit-on les batailles ranger et faire semblant d'aller vers eux ; mais sitôt qu'ils virent l'ordonnance des Anglois et eux approcher, ils issirent hors de leurs logis et se vinrent ranger faiticement assez près de la rivière contre eux : mais oncques ne voulurent descendre, ni venir vers les Anglois ; et les Anglois ne pouvoient aller jusques à eux, qu'ils ne fussent tous morts et tous perdus d'avantage, ou pris à grand meschef. Si se logèrent là endroit contre eux, et demeurèrent huit jours[1] tous pleins sur cette seconde montagne, et tous les jours rangés contre eux. Si envoyoient les seigneurs d'Angleterre bien souvent leurs hérauts pardevers eux parlementer qu'ils voulussent livrer place et pièce de terre, ou on leur livreroit ; mais oncques à nul de ces traités ne se voulurent accorder. Si vous dis que en vérité l'un ost et l'autre en ces séjours eurent moult de mésaises.

CHAPITRE XLIII.

Comment messire Guillaume de Douglas se férit entour mienuit atout deux cents hommes en l'ost des Anglois et en tua bien trois cents.

La première nuit que les Anglois furent logés sur celle seconde montagne à l'encontre des Escots, messire Guillaume[2] de Douglas, qui

---

[1] La rivière de Were.

[1] Plusieurs manuscrits et les imprimés portent 18 *jours*. Cette leçon ne sauroit être adoptée, puisqu'il est certain qu'Édouard était de retour à Yorck, au plus tard le 15 d'août.
[2] Il a déjà été dit que son nom était Jacques de Douglas et non Guillaume.

étoit moult preux, entreprenant et hardi chevalier, prit entour mie-nuit environ deux cents armures de fer, et passa celle rivière[1] bien loin de leur ost, parquoi on ne s'en aperçut. Si se férit en l'ost des Anglois moult vassalement en criant : « Douglas! Douglas! vous y mourrez tous seigneurs larrons anglois. » Et en tua lui et sa compagnie, ains qu'ils cessassent, plus de trois cents; et férit des éperons jusques proprement devant la tente du roi, toujours criant et huant : Douglas! Douglas! et coupa deux ou trois des cordes de la tente du roi, puis s'en partit atant. Bien peut être qu'il perdit aucuns de ses gens à se retraire, mais ce ne fut mie grandement; et retourna arrière devers ses compagnons en la montagne. Depuis n'y eut-il rien fait; mais toutes les nuits les Anglois faisoient grands guets et forts, car ils se doutoient du réveillement des Escots; et avoient mis gardes et écoutes en certains lieux, parquoi, si ceux sentissent ni ouïssent rien, ils le signifiassent en l'ost; et gissoient presque tous les seigneurs en leurs armures; et tous les jours y avoit des escarmouches; et escarmouchoit qui escarmoucher vouloit. Si en y avoit souvent de morts et de pris, de navrés, de blessés et de mésaisés des uns et des autres.

CHAPITRE XLIV.

Comment les Escots s'enfuirent par nuit, sans le sçu des Anglois, et comment les Anglois s'en retournèrent en leur pays; et comment messire Jean de Hainaut prit congé du roi et s'en retourna en son pays.

Le dernier jour des vingt deux fut pris un chevalier d'Escosse à l'escarmouche, qui moult ennuis[2] vouloit dire aux seigneurs d'Angleterre le convenant des leurs. Si fut tant enquis et examiné qu'il leur dit, que leurs souverains avoient entre eux accordé le matin que chacun fût armé en la vêpre, et que chacun suist la bannière messire Guillaume de Douglas, quel part qu'il voulsist aller; et que chacun le tînt en secret. Mais le chevalier ne savoit de certain qu'ils avoient empensé. Sur ce eurent les seigneurs d'Angleterre conseil ensemble, et avisèrent que, selon ces paroles, les Escots pourroient bien par nuit venir briser et assaillir leur ost à deux côtés, pour eux mettre à l'aventure de vivre ou de mourir, car plus ne pouvoient souffrir ni endurer leur famine. Si ordonnèrent les Anglois entre eux trois batailles, et se rangèrent en trois pièces de terre devant leurs logis, et firent grand foison de feux pour voir plus clair entour eux, et firent demeurer tous les garçons en leurs logis pour garder les chevaux. Si se tinrent ainsi cette nuit tous armés, chacun dessous sa bannière ou son penonceau[1], si comme il étoit ordonné, pour attendre l'aventure; car ils espéroient assez bien, selon les paroles du chevalier, que les Escots les réveilleroient : mais ils n'en avoient nul talent, ainçois firent par autre ordonnance bien et sagement.

Quand ce vint sur le point du jour, deux trompeurs d'Escosse s'embattirent sur l'un des guets qui guettoit aux champs : si furent pris et menés devant les seigneurs du conseil du roi d'Angleterre et dirent : « Seigneurs, que guettez-vous cy? Vous perdez le temps; car, sur l'abandon de nos têtes, les Escots s'en sont allés très devant mie-nuit, et sont jà quatre ou cinq lieues loin; et nous emmenèrent avec eux bien une lieue loin, pour doute que nous ne le vous notifions trop tôt, et puis nous donnèrent congé de le vous venir dire. » Et quand les Anglois entendirent ce, ils eurent conseil, et virent bien qu'ils étoient déçus en leurs cuiders; et dirent que le chasser après les Escots ne leur pourroit rien valoir, car on ne les eût pu aconsuir; et encore, pour doute de decevement, les seigneurs détinrent les deux trompeurs tous cois, et les firent demeurer de-lez eux, et ne rompirent point leurs ordonnances ni l'établissement de leurs batailles jusques après prime. Et quand ils virent que c'étoit vérité et que les Escots étoient partis, ils donnèrent congé à tout homme de retraire à sa loge et de soi aiser; et les seigneurs allèrent à conseil pour regarder que on feroit.

Entrementes aucuns des compagnons anglois montèrent sur leurs chevaux et passèrent la dite rivière en grand péril, et vinrent dessus la montagne dont les Escots étoient la nuit partis, et trouvèrent plus de cinq cents grosses bêtes grasses, toutes mortes, que les Escots avoient tuées, pour ce qu'elles étoient pesantes et ne les eussent pu suir, et si ne les vouloient mie laisser vives aux Anglois. Et si trouvèrent

---

[1] La Were.
[2] Avec peine, difficilement.

[1] Le penonceau désignait plus particulièrement l'étendard des bacheliers et quelquefois celui des écuyers.

plus de quatre cents chaudières faites de cuir, atout le poil, penducs sur le feu, pleines de chairs et d'yaue, pour faire bouillir, et plus de mille hastes[1] pleines de pièces de chair pour rôtir, et plus de cinq mille vieux souliers usés, faits de cuir tout cru, atout le poil, que les Escots avoient là laissés. Et trouvèrent cinq povres prisonniers anglois que les Escots avoient liés tous nuds aux arbres, par dépit, et deux qui avoient les jambes brisées : si les délièrent et laissèrent aller, et puis revinrent en l'ost, si à point que chacun se délogeoit et ordonnoit pour raller en Angleterre, par l'accord du roi et de tout son conseil[2].

Si furent tout ce jour les bannières des maréchaux toutes déployées; et vinrent loger de haute heure en un beau pré où ils trouvèrent assez à fourrager pour leurs chevaux, qui leur vint bien à point, car ils étoient si foibles et si fondus et si affamés qu'à peine pouvoient-ils aller avant. Lendemain, ils se délogèrent et chevauchèrent encore plus avant, et s'en vinrent loger de grand'heure de-lez une grand'cour d'abbaye, à deux lieues près de la cité de Duremmes[3]. Si se logea le roi la nuit en cette cour, et l'ost contre val les prés. Si trouvèrent assez fourrage, qui leur vint bien à point, herbes, vesce et blés. Lendemain, se reposa l'ost là en droit tout coi, et le roi et les seigneurs allèrent vers l'église de Duremmes, et adonc fit le roi féauté à l'église et à l'évêque de Duremmes et aussi aux bourgeois, car faite ne l'avoit encore. En celle cité trouvèrent-ils leurs charrettes et leurs charretiers et tous leurs harnois qu'ils avoient laissés, vingt sept jours[4] devant, en un bois à mie-nuit, si comme il est contenu ci-dessus; et les avoient les bourgeois de la cité de Duremmes, qui trouvés les avoient dedans le bois, amenés dedans leur ville à leur coust et fait mettre en granges vuides, chacune charrette atout son penonceau pour les reconnoître. Si furent moult liés tous seigneurs, quand ils eurent trouvé leurs charrettes et leurs harnois; et reposèrent deux jours dedans la dite cité et l'ost tout autour; car mie ne se put être logé tout en la dite cité; et firent leurs chevaux ferrer, et puis se mirent à voie devers Ebruich[1].

Si exploitèrent tant, le roi et tout son ost, que dedans trois jours ils y vinrent; et là trouva le roi madame sa mère qui le reçut à grand'joie; et aussi firent toutes ses dames et les bourgeois de la ville. Là donna le roi congé à toutes manières de gens de raller chacun en son lieu; et remercia grandement les comtes, les barons et les chevaliers, du service qu'ils lui avoient fait; et retint encore de-lez lui monseigneur Jean de Hainaut et toute sa route qui furent grandement fêtés de madame la roine et de toutes les dames; et délivrèrent les Hainuyers leurs chevaux, qui tous étoient enfondus et affoulés, au conseil du roi, et fit chacun somme pour lui de ses chevaux morts et vifs et de ses frais. Si en fit le roi sa dette envers monseigneur Jean de Hainaut[2], et le dit messire Jean s'en obligea envers tous les compagnons; car le roi et son conseil ne purent sitôt recouvrer de tant d'argent que les chevaux montoient; mais on leur en délivra assez par raison pour payer leurs menus frais, et pour retourner au pays[3]; et puissedi,

---

[1] Broches.
[2] Le départ de l'armée anglaise ne peut être antérieur au 8 août; car le roi était encore ce jour-là à Stanhope.
[3] Durham.
[4] Édouard partit de Durham le 17 juillet au plus tôt I.

pour aller chercher les Écossais, et il était revenu au plus tard le 15 d'août à Yorck.

[1] Yorck.
[2] Édouard donna ordre à son trésorier et à ses chambellans, par ses lettres datées d'Yorck, le 20 août, de payer à Jean de Hainaut, dès qu'il serait arrivé à Londres, quatorze mille livres, tant pour ses gages et ceux des Hainuyers, que pour le prix de leurs chevaux. Ce que dit ensuite Froissart, qu'on ne put ramasser assez d'argent pour payer à Jean de Hainaut tout ce qui lui était dû, peut être vrai à la rigueur; cependant Édouard avait tant à cœur d'acquitter cette dette qu'il ordonna, par les mêmes lettres, que si l'argent manquait, on mît en gage de ses joyaux jusqu'à la concurrence de quatre mille livres qu'il s'était engagé à payer.
[3] On trouve dans Rymer un ordre du roi Édouard à son trésorier, pour qu'il eût à payer sept mille livres sterling à compte, sur les quatorze mille auxquelles montait le subside convenu pour lui et ses compagnons. Cet ordre est daté d'Yorck, 28 juin 1327.

La même année, le 4 juillet, William d'Irland reçoit l'ordre de préparer des voitures pour sire Jean de Hainaut et sa suite. Cet ordre devait être valable jusqu'à la Saint-Michel suivante.

On trouve un autre ordre au trésorier, daté d'Yorck, 20 août 1327, pour payer à sire Jean de Hainaut, à son arrivée à Londres, quatre mille livres sterling, comme indemnité de la perte de ses chevaux, et pour mettre même en gage les joyaux de la couronne, s'il n'y a pas assez d'argent dans le trésor.

Plus un passe-port de la même date ordonnant à chacun de ne faire aucune insulte à sire Jean de Hainaut.

dedans l'année, furent eux tous payés de ce que les chevaux montoient.

Quand les Hainuyers eurent délivré leurs chevaux, ils achetèrent chacun de petites haquenées pour chevaucher mieux à leur aise, et renvoyèrent leurs garçons, leurs harnois, sommes, malles, et habits par mer, et mirent tout en deux nefs que le roi leur fit délivrer. Si arrivèrent ces besognes à l'Escluse en Flandre[1]; et ils prirent congé au roi, à madame la roine sa mère, au comte de Kent, au comte Henry de Lancastre et aux barons, qui grandement les honorèrent; et les fit le roi accompagner de douze[2] chevaliers et deux cents armures de fer, pour la doute des archers dont ils n'étoient mie assurés; car il les convenoit passer parmi le pays de l'évêché de Lincolle. Si se partirent messire Jean de Hainaut et sa route toute au conduit dessusdit, et chevauchèrent tant par leurs journées qu'ils vinrent à Douvres. Là montèrent-ils en mer, en nefs et en vaisseaux qu'ils trouvèrent appareillés, et les Anglois se partirent d'eux, qui convoyés les avoient; et retourna chacun en son lieu; et les Hainuyers vinrent à Wissant. Là séjournèrent-ils deux jours, en mettant hors leurs chevaux et le demeurant de leurs harnois. Endementres vinrent messire Jean de Hainaut et aucuns chevaliers en pèlerinage à Notre Dame de Boulogne, et depuis s'en retournèrent-ils en Hainaut; et se départit l'un de l'autre, et se retrait chacun sur son lieu : mais messire Jean s'en vint devers le comte son frère, qui se tenoit à Valenciennes, qui le reçut liement et volontiers; car moult l'aimoit : et adonc lui recorda le sire de Beaumont toutes nouvelles, si avant qu'il les put savoir, comme celui qui vu les avoit.

Plus enfin un ordre signé par le roi, à Eversham, le 28 juin 1328, pour payer sept mille livres, comme partie des quatorze mille livres qui lui sont dues.

[1] L'Écluse, ou Sluis en langue du pays, est à une dizaine de lieues de Bruges.

[2] Dans les lettres d'Édouard, datées d'Yorck le 20 août, par lesquelles il enjoint aux vicomtes, baillis, etc., de faire fournir à Jean de Hainaut et à sa troupe les voitures et les choses dont ils auront besoin sur la route, il nomme seulement Jean de l'Isle, comme devant l'accompagner et commander l'escorte : mais cette pièce ne contredit point le récit de Froissart; car il est possible que, dans le nombre des deux cents armures qui composaient l'escorte, il y eût douze chevaliers, quoique le roi ne nomme dans ses lettres que le commandant en chef.

CHAPITRE XLV.

Comment les barons et les seigneurs d'Angleterre envoyèrent légats en Hainaut pour parler du mariage de la fille du comte et du roi Édouard.

Ainsi fut cette grande et dure chevauchée départie que le roi Édouard, le premier an de sa création, fit contre les Escots. Ne demeura mie grammont de temps après que ce roi, madame sa mère, le comte de Kent son oncle, le comte Henry de Lancastre, messire Roger de Mortimer, et les autres barons d'Angleterre, qui étoient demeurés du conseil du roi pour lui aider à conseiller et gouverner, eurent avis et conseil de le marier. Si envoyèrent un évêque[1], deux chevaliers bannerets[2], et deux bons clercs à monseigneur Jean de Hainaut, pour lui prier qu'il y voulût bon moyen être, et mettre bon conseil à ce que le jeune roi leur sire fût marié; parquoi monsieur son frère le comte de Hainaut et de Hollande lui voulût envoyer une de ses filles; car il l'auroit plus chère que nulle autre, pour l'amour de lui. Le sire de Beaumont fêta et honora ces messages et commissaires du roi anglois quant qu'il put, car bien le savoit faire. Quand bien fêtés les eut, il les mena à Valenciennes pardevers son frère, qui moult honorablement les reçut aussi, et fêta si souverainement bien que longue chose seroit à raconter.

Quand assez fêtés furent, ils firent leurs messages sagement et à point, ainsi que chargé leur étoit. Le comte leur répondit moult courtoisement, par le conseil de monseigneur Jean son frère et de madame la comtesse mère à la demoiselle, et leur dit : que moult grands mercis à monseigneur le roi et à madame la roine et aux seigneurs par quel conseil ils étoient là venus, quand tant leur étoit que de lui faire tel honneur que, pour telle chose, ils avoient si suffisans gens à lui envoyés; et que moult volontiers s'accorderoit à leur requête, si notre saint père le Pape et sainte église s'y accordoient. Cette réponse leur suffit assez grande-

[1] Le docteur Roger Northborough, évêque de Litchfield et de Coventry.

[2] Les chevaliers bannerets étaient autrefois des gentilshommes puissans par leurs possessions territoriales et le nombre de leurs vassaux dont ils formaient des compagnies en temps de guerre. On les appelait *bannerets*, parce qu'ils avaient droit de porter une bannière. Ils subsistèrent jusqu'à la création des compagnies d'ordonnance par Charles VII.

ment; puis envoyèrent deux de leurs chevaliers et deux clercs en droit pardevers le saint père à Avignon[1], pour impétrer dispensation de celui mariage accorder[2]; car sans le congé du saint père, faire ne se pouvoit, pour le lignage de France dont ils étoient moult prochains, si comme en tiers degré; car leurs deux mères étoient cousines germaines issues de deux frères[3]. Assez tôt après ce qu'ils furent venus en Avignon, ils eurent faite leur besogne; car le saint père et le collége s'y consentirent assez bénignement, pour la haute noblesse dont tous deux étoient issus.

CHAPITRE XLVI.

Comment madame Philippe de Hainaut fut mariée au roi d'Angleterre, et comment elle fut honorablement reçue à Londres.

Quand ces messages furent revenus d'Avignon à Valenciennes, à toutes leurs bulles, ce mariage fut tantôt octroyé et affermé d'une part et d'autre. Si fit-on la devise pourvoir et appareiller de tout ce qu'il falloit, si honorablement comme à telle damoiselle qui devoit être roine d'Angleterre afféroit. Quand appareillé fut, comme dit est, elle fut épousée par vertu d'une procuration apparent suffisamment, qui là fut apportée de par le roi d'Angleterre[4]; et puis fut mise en voie pour emmener en Angleterre pardevers son mari qui l'attendoit à Londres, là où l'on la devoit couronner. Et monta en mer la dite damoiselle Philippe de Hainaut à Wissant, et arriva, et toute sa compagnie, à Douvres[5]; et la conduisit jusques à Londres ce gentil chevalier messire Jean de Hainaut, son oncle, qui grandement fut reçu, honoré et fêté du roi et de madame la roine sa mère, des autres dames, des barons et des chevaliers d'Angleterre. Si eut adonc à Londres grand'fête et grand'noblesse des seigneurs, comtes, barons, chevaliers, de hautes dames et de nobles pucelles, de riches atours et de riches paremens, de jouter et de bouhourder pour l'amour d'elles, de danser, de caroler, de grands et beaux mangers chacun jour donner; et durèrent ces fêtes par l'espace de trois semaines.

Au chef de ces jours, messire Jean de Hainaut prit congé et s'en partit à toute sa compagnie de Hainaut, bien fournis de beaux joyaux et riches qu'on leur avoit donnés d'un côté et d'autre en plusieurs lieux; et demeura la jeune roine Philippe à petite compagnie de son pays, hormis un jeune damoisel[1] qu'on appeloit Watelet de Mauny[2], qui y demeura pour la servir et tailler devant elle[3]; lequel acquit depuis si grand'grâce du roi et de tous les chevaliers et seigneurs du pays qu'il fut du secret et du plus grand conseil du roi, au gré de tous les nobles du pays; et fit depuis si grands prouesses de son corps, en tant de lieux, qu'on n'en pourroit savoir le nombre, si comme vous orrez avant en l'histoire, s'il est qui le vous die.

Or nous tairons-nous de parler de lui tant qu'à présent et des Anglois, et retournerons aux Escots.

CHAPITRE XLVII.

Comment le bon roi Robert d'Escosse, lui étant au lit de la mort, manda tous ses barons et leur recommanda son fils et son royaume, et enchargea à monseigneur Guillaume de Douglas qu'il portât son cœur au saint sépulchre.

Après que les Escots se partirent de la montagne par nuit, là où le jeune roi Édouard et

---

[1] Les papes y résidaient depuis 1309.
[2] Édouard avait déjà écrit au pape pour obtenir cette dispense : ses lettres, datées d'Yorck, le 15 d'août, supposent même qu'il lui avait précédemment écrit pour le même sujet. Aussi les chevaliers trouvèrent-ils la bulle de dispense toute dressée : elle est datée du 3 des calendes de septembre, c'est-à-dire du 30 août, jour auquel ils ne pouvaient pas encore être arrivés à Avignon.
[3] Isabelle de France, mère d'Édouard, était fille de Philippe-le-Bel : Jeanne de Valois, mère de Philippe de Hainaut, était fille de Charles de Valois, frère du même Philippe-le-Bel.
[4] Cette procuration était adressée à l'évêque de Coventry et de Litchfield, et datée de Nottingham, le 8 octobre.
[5] Elle n'y était point encore arrivée le 28 novembre, date des lettres de sauf-conduit données par Édouard pour elle, pour son père et pour leur suite, dans lesquelles il est parlé d'eux comme devant bientôt arriver, *qui intra regnum nostrum proximò sunt venturi*, dit le prince. Au reste, il ne parait pas que le comte de Hainaut ait fait usage de ce sauf-conduit. S'il eût été en An-

gleterre avec sa fille, Jean-le-Bel, qui était attaché à la maison de Hainaut, et qui était peut-être de la suite de la princesse, n'aurait pas omis de le nommer conjointement avec Jean de Hainaut.

[1] *Damoiseau*, titre qu'on donnait aux fils des seigneurs qui n'étaient point encore armés chevaliers.
[2] C'est le même qui devint dans la suite si célèbre sous le nom de Gautier ou Wautier de Mauny.
[3] C'est-à-dire, pour couper les viandes à la table de la reine. On appelait *écuyers tranchants* ceux qui étaient chargés de cette fonction. Les jeunes gens de la plus haute naissance n'en étaient pas dispensés, et les enfans des rois exerçaient souvent cet office à la table de leurs pères.

les seigneurs d'Angleterre les avoient assiégés, si comme vous avez ouï, ils allèrent vingt deux lieues de celui sauvage pays, sans arrêter; et passèrent cette rivière de Tyne assez près de Cardueil en Galles, chacun à ses pieds; et lendemain ils revinrent en leur pays, et se départirent par l'ordonnance des seigneurs; et ralla chacun en sa maison. Assez tôt après les seigneurs et aucuns bons prud'hommes pourchassèrent tant entre le roi d'Angleterre et le roi d'Escosse que une trêve fut accordée entre eux à durer par l'espace de trois ans [1].

Dedans cette trêve advint que le roi Robert d'Escosse, qui moult preux avoit été, étoit devenu vieux et foible et si chargé de la grosse maladie, ce disoit-on, que mourir le convint [2].

Quand il sentit et connut que mourir lui convenoit, il manda tous les barons de son royaume ès quels il se fioit le plus par devant lui. Si leur pria moult affectueusement et leur chargea, sur leur féauté, qu'ils gardassent féalement son royaume en aide de David son fils, et quand il seroit venu en âge, qu'ils obéissent à lui et le couronnassent à roi, et le mariassent en lieu si suffisant que à lui appartenoit. En après il appela le gentil chevalier messire Guillaume [3] de Douglas et lui dit devant tous les autres : « Monseigneur Guillaume, cher ami, vous savez que j'ai eu moult à faire et à souffrir en mon temps que j'ai vécu, pour soutenir les droits de cestui royaume; et, quand j'eus le plus à faire, je fis un vœu que je n'ai point accompli, dont moult me pèse. Je vouai que, s'il étoit ainsi que je pusse tant faire que je visse ma guerre achevée, par quoi je pusse cestui royaume gouverner en paix, j'irois aider à guerroyer les ennemis Notre Seigneur et les contraires de la foi chrétienne, à mon loyal pouvoir. A ce point a toujours mon cœur tendu; mais Notre Seigneur ne l'a mie voulu consentir; si m'a donné tant à faire en mon temps, et au dernier suis entrepris si gravement de si grand'maladie qu'il me convient mourir, si comme vous voyez. Et puisqu'il est ainsi que le corps de moi n'y peut aller, ni achever ce que le cœur a tant désiré, j'y veuil envoyer mon cœur en lieu du corps, pour mon vœu achever. Et pour ce que je ne sçais en mon royaume nul chevalier plus preux de votre corps, ni mieux taillé pour mon vœu accomplir en lieu de moi, je vous prie, très cher et espécial ami, tant comme je puis, que ce voyage veuilliez entreprendre pour l'amour de moi, et mon âme acquitter envers Notre Seigneur; car je tiens tant de vous et de votre noblesse et de votre loyauté, que si vous l'entreprenez vous n'en faudrez aucunement, et si en mourrai plus aise; mais que ce soit par telle manière que je vous dirai. Je vueil, sitôt que je serai trépassé, que vous prenez le cœur de mon corps et le faites bien embaumer; et prendrez tant de mon trésor qu'il vous semblera que assez en ayez pour parfournir tout le voyage, pour vous et pour tous ceux que vous voudrez mener avec vous; et emporterez mon cœur avec, pour présenter au saint sépulcre, là où Notre Seigneur fut enseveli, puisque le corps n'y peut aller. Et le faites si grandement, et vous pourvoyez si suffisamment de telle compagnie et de toutes autres choses que à votre état appartient, et que partout là où vous viendrez que on sache que vous emportez outre mer le cœur du roi Robert d'Escosse, et de son commandement, puisque ainsi est que le corps n'y peut aller. »

Tous ceux qui là étoient commencèrent à pleurer moult tendrement; et quand le dit messire Guillaume put parler, il répondit et dit ainsi: « Gentil et noble sire, cent mille mercis de la grand'honneur que vous me faites, que vous de si noble et si grand'chose et tel trésor me chargez et me recommandez; et je ferai volontiers, et de clair cœur, votre commandement, à mon loyal pouvoir. Jamais n'en doutez; combien que je ne suis mie digne ni suffisant pour tel chose achever. » — « Ah! gentil chevalier, dit adonc le roi, grands mercis, mais que vous le me créantez, comme bon chevalier et loyal. » — « Certes,

---

[1] On conclut d'abord une trêve qui devait durer jusqu'au dimanche de la mi-carême de l'année 1328, et qui fut suivie d'une paix humiliante pour le roi d'Angleterre. Édouard se désista de ses prétentions de suzeraineté sur l'Écosse et rendit à Robert Bruce tous les titres qui leur servaient de fondement. Cette pièce est datée d'Yorck le 1er mars 1328.

[2] Tout ce qui suit concernant la dernière maladie et la mort du roi Robert Bruce, doit être attribué à l'année 1329, ainsi qu'on le verra à la fin du chapitre. Mais comme Froissart, faute d'être instruit de la date de la mort de ce prince, la place avant celle de Charles-le-Bel arrivée en 1328, et avant d'autres événements qui appartiennent certainement à la même année, je continuerai de compter 1328, en marquant en note la véritable date des faits postérieurs à cette année.

[3] Le vrai nom est *Jacques*.

sire, moult volontiers, » dit le chevalier. Lors lui créanta comme loyal chevalier. Adonc dit le roi : « Or soit Dieu gracié; car je mourrai plus à paix dorénavant, quand je sçais que le plus suffisant et le plus preux de mon royaume achèvera pour moi ce que je ne puis oncques achever. »

Assez tôt après trépassa de ce siècle le preux Robert de Bruce roi d'Escosse; et fut enseveli si honorablement que à lui appartenoit, selon l'usage du pays; et fut le cœur ôté et embaumé, ainsi que commandé l'avoit. Si gît le dessusdit roi en l'abbaye de Donfremelin[1], en Escosse, très révéremment; et trépassa de ce siècle l'an de grâce mil trois cent vingt sept, le septième jour de novembre[2].

En ce temps là assez tôt trépassa aussi le vaillant comte de Moret[3] qui étoit le plus gentil et le plus puissant prince d'Escosse, et s'armoit d'argent à trois oreillers de gueules.

CHAPITRE XLVIII.

Comment messire Guillaume de Douglas, en allant outre mer fut tué en Espagne mal fortunément, et comment le jeune roi d'Escosse fut marié à la sœur du roi d'Angleterre.

Quand le printemps vint, et la bonne saison pour mouvoir qui vouloit passer outre mer, messire Guillaume de Douglas se pourvut ainsi qu'il lui appartenoit[4], selon ce que commandé lui étoit. Il monta sur mer au port de Monrois[5] en Escosse, et s'en vint en Flandre droit à l'Escluse, pour ouïr nouvelles, et savoir si aucun de par deçà la mer s'appareilloit pour aller devers la sainte terre de Jérusalem, afin qu'il pût avoir meilleure compagnie. Si séjourna bien à l'Escluse par l'espace de douze jours, ainçois qu'il s'en partît; mais oncques ne voulut là en droit mettre pied à terre tout le terme des douze jours; mais demeura toujours sur sa nef, et tenoit son tinel honorablement à trompes et à nacaires, comme si ce fût le roi d'Escosse. Et avoit en sa compagnie un chevalier banneret et six autres chevaliers des plus preux de son pays, sans l'autre menée; et avoit toute vaisselle d'or et d'argent, pots, bassins, écuelles, hanaps, bouteilles, barils et autres si faites choses; et avoit jusques à vingt huit écuyers jeunes gentilshommes des plus suffisans d'Escosse, dont il étoit servi. Et devez savoir que tous ceux qui le vouloient aller voir étoient bien fêtés de toutes manières de vins et de toutes manières d'épices, mais que ce fussent gens d'état. Au dernier, quand il eut séjourné là en droit à l'Escluse par l'espace de douze jours, il entendit que le roi Alphonse d'Espaigne[1] guerroyoit au roi de Grenade[2] qui étoit Sarrasin : si s'avisa qu'il se trairoit cette part, pour mieux employer son voyage, et quand il auroit là fait sa besogne, il iroit outre pour parfaire et achever ce que chargé et commandé lui étoit. Si se partit ainsi de l'Escluse, et s'en alla pardevers Espaigne, et arriva premier au port de Valence la grande, et puis s'en alla droit vers le roi d'Espaigne, qui étoit en ost contre le roi de Grenade[3], et étoient assez près l'un de l'autre, sur les frontières de leurs pays. Avint, assez tôt après que le dit messire Guillaume de Douglas fut là venu, le roi d'Espaigne issit hors aux champs pour plus approcher ses ennemis : le roi de Grenade issit hors aussi d'autre part; si que l'un voyoit l'autre à toutes ses bannières; et commencèrent à ranger leurs batailles l'un contre l'autre. Le dit messire Guillaume de Douglas se trait à l'un des côtés pour mieux faire sa besogne à toute sa route et pour mieux montrer son effort. Quand il vit toutes les batailles rangées d'une part et d'autre, et vit la bataille du roi un petit esmouver, il cuida

---

[1] *Dunfermline*, ville du comté de Fife.

[2] Cette date est inexacte. Il paraît certain que Robert Bruce mourut peu après le 7 juin 1329. On trouve dans Rymer des pièces qui le supposent vivant vers cette date, et une lettre qui prouve qu'était mort avant la fin de ce mois. Walsingham place mal à propos la mort de ce prince au 7 juin 1328.

[3] Thomas Randolphe, premier comte de Moray, se distingua par sa valeur sous le règne de Robert Bruce qui lui accorda le comté de Moray avec la seigneurie de l'île de Man, en fief, ainsi que plusieurs autres vastes possessions en Écosse, vers l'année 1315. Cette même année, le comte de Moray fut nommé gouverneur d'Écosse, à cause de la minorité du roi futur, et il entra dans cet emploi aussitôt après la mort de Robert Bruce. Il mourut de la pierre, le 21 juillet 1332.

[4] Le passe-port que Jacques de Douglas obtint du roi d'Angleterre est daté du 1ᵉʳ septembre 1329; mais peut-être différa-t-il son voyage jusqu'au printemps de l'année suivante.

[5] Montrose

---

[1] Il s'agit ici d'Alphonse XI, roi de Castille et de Léon, couronné en 1311, mort en 1350.

[2] Muley Muhamad IV, souverain de Grenade, qui monta sur le trône en 1325 et mourut en 1333.

[3] Muhamad venait de s'emparer de Gébaltaric (Gibraltar), et Alphonse faisait le siége de cette ville par terre et par mer. Mais l'approche de Muhamad le força de lever le siége.

qu'elle allât assembler. Il, qui mieux vouloit être des premiers que des derniers, férit des éperons, et toute sa compagnie avec lui, jusques à la bataille du roi de Grenade, et alla aux ennemis assembler; et pensoit ainsi, que le roi d'Espaigne et toutes ses batailles le suissent; mais non firent, dont il fut laidement déçu, car oncques celui jour ne s'en esmurent. Là fut le gentil chevalier messire Guillaume de Douglas enclos, et toute sa route, des ennemis; et y firent merveilles d'armes; mais finalement ils n'y purent durer, ni oncques pied n'en échappa, que tous ne fussent occis à grand meschef[1] : de quoi ce fut pitié et dommage et grand'lâcheté pour les Espagnols; et moult en furent blâmés de tous ceux qui en ouïrent parler, car bien eussent rescous le chevalier et une partie des siens, s'ils eussent voulu. Ainsi alla de cette aventure et du voyage messire Guillaume de Douglas.

Ne demeura mie grandement de temps, après ce que le dit chevalier se fut parti d'Escosse pour aller en son pèlerinage, si comme vous avez ouï, que aucuns seigneurs et prud'hommes, qui désiroient la paix entre les Anglois et les Escots, traitèrent tant que mariage fut fait du jeune roi d'Escosse et de la sœur au jeune roi Édouard d'Angleterre. Si fut ce mariage accordé; et épousa la dame le dessusdit roi à Bervich[2] en Escosse; et là y eut grands fêtes d'une partie et d'autre[3].

Or me veux-je taire un petit des Escots et des Anglois, et me retrairai au roi Charles de France et aux ordonnances d'icelui pays.

CHAPITRE XLIX.

Comment le roi Charles de France mourut sans hoir mâle, et comment les douze pairs et les barons élurent à roi monseigneur Philippe de Valois; et comment il déconfit les Flamands qui s'étoient rebellés contre leur seigneur.

Le roi Charles de France, fils au beau roi Philippe, fut trois fois marié, et si mourut sans hoir mâle de son corps, dont ce fut grand dommage pour le royaume, si comme vous orrez ci-après. La première de ses femmes fut l'une des plus belles dames du monde; et fut fille de la comtesse d'Artois[1]. Celle garda mal son mariage et se forfit, parquoi elle en demeura longtemps au Châtel Gaillard en prison et à grand meschef, ainçois que son mari fût roi. Quand le royaume lui fut échu et il fut couronné, les douze pairs et les barons de France ne voulurent mie, s'ils eussent pu, que le royaume demeurât sans hoir mâle. Si quistrent sens et avis par quoi le roi fût remarié; et le fut à la fille de l'empereur Henry de Lucembourc[2] et sœur au gentil roi de Behaigne[3]; et parquoi le premier mariage fut défait et annulé de cette dame qui en prison étoit, et tout par la déclaration du Pape, notre saint père, qui adonc étoit. De cette seconde dame de Lucembourc, qui étoit moult humble et prude femme, eut le roi un fils qui mourut moult jeune, assez tôt la mère après, à Yssoldun en Berry[4]; et moururent tous deux moult soupçonneusement, de quoi aucunes gens furent inculpés en derrière couvertement. Après, ce roi Charles fut remarié tierce fois à la fille de son oncle de remariage[5], la fille de monseigneur Louis comte d'Évreux, la reine Jeanne et sœur au roi de Navarre qui adonc étoit[6]. Puis avint

---

[1] Au milieu de la mêlée, Jacques de Douglas prit la boîte qui renfermait le cœur de Robert Bruce et la jeta au milieu des rangs ennemis en s'écriant : « Marche en avant, comme tu le faisais pendant ta vie, et Douglas va te suivre ou périr. » Les compagnons de Douglas se précipitèrent avec lui dans la mêlée et presque tous y périrent. Ceux de ses compagnons qui lui survécurent trouvèrent son cadavre au milieu des morts, ainsi que la boîte qui renfermait le cœur de Robert Bruce, et firent transporter l'un et l'autre en Écosse. Douglas fut enterré dans le tombeau de ses pères dans l'église de Douglas. Le cœur de Robert Bruce fut déposé à Melrose.

[2] Berwick est à l'embouchure de la Tweed, limitrophe entre l'Écosse et l'Angleterre.

[3] Ce mariage fut conclu au printemps de l'année 1328, plus d'un an avant la mort de Robert Bruce, et par conséquent long-temps avant le départ de Jacques de Douglas.

[1] Blanche de Bourgogne, fille d'Othon IV, palatin de Bourgogne, et de Mahaud, comtesse d'Artois, qui fut enfermée au Château-Gaillard d'Andelys, comme le dit Froissart.

[2] Marie de Luxembourg, fille de l'empereur Henri VII et de Marguerite de Brabant. Le mariage se fit à Provins le 12 septembre 1322.

[3] Jean de Luxembourg.

[4] Cette princesse mourut à Issoudun le 21 mars 1323 (1324).

[5] Froissart veut apparemment faire entendre, par l'expression *son oncle de remariage*, que Louis comte d'Évreux, frère du roi Philippe-le-Bel, était issu du second mariage de Philippe-le-Hardi, leur père commun, avec Marie de Brabant.

[6] Le mariage de Charles-le-Bel et de Jeanne d'Évreux, se fit en l'année 1325. Elle étoit sœur de Philippe d'Évreux, qui devint roi de Navarre par son mariage

que cette dame fut enceinte, et le roi son mari s'accoucha malade au lit de la mort.

Quand il aperçut que mourir le convenoit, il devisa que, s'il avenoit que la roine s'accouchât d'un fils, il vouloit que messire Philippe de Valois, son cousin germain, en fût mainbour, et régent du royaume, jusques adonc que son fils seroit en âge d'être roi ; et s'il avenoit que ce fût une fille, que les douze pairs et les hauts barons de France eussent conseil et avis entre eux d'en ordonner, et donnassent le royaume à celui qui avoir le devroit. Sur ce, le roi Charles alla mourir environ la Chandeleur, l'an de grâce mil trois cent vingt sept [1].

Ne demeura mie grandement après ce que la reine Jeanne accoucha d'une fille [2], de quoi le plus du royaume en furent durement troublés et courroucés.

Quand les douze pairs et les hauts barons de France surent ce, ils s'assemblèrent à Paris le plutôt qu'ils purent, et donnèrent le royaume, de commun accord, à monseigneur Philippe de Valois, fils jadis au comte de Valois, et en ôtèrent la roine d'Angleterre et le roi son fils, qui étoit demeurée, sœur germaine du roi Charles dernier trépassé ; pour raison de ce qu'ils dient que le royaume de France est de si grand noblesse qu'il ne doit mie par succession aller à fémelle, ni parconséquent à fils de fémelle, ainsi que vous avez ouï ça devant au commencement de ce livre. Et firent celui monseigneur Philippe couronner à Rains l'an de grâce mil trois cent vingt huit, le jour de la Trinité [3], dont puisce-di grand'guerre et grand'désolation avint au royaume de France et en plusieurs pays, si comme vous pourrez ouïr en cette histoire.

Assez tôt après ce que le roi Philippe fut couronné à Rains, il manda ses princes, ses barons et toutes ses gens d'armes, et alla atout son pouvoir loger en la ville [4] de Cassel pour guerroyer les Flamands, qui étoient rebelles à leur seigneur [1], mêmement ceux de Bruges, d'Ypre et ceux du Franc [2] ; et ne vouloient obéir au dit comte de Flandre, mais l'avoient enchassé ; et ne pouvoit adonc nulle part demeurer en son pays, fors tant seulement à Gand, et encore assez escharsement. Si déconfit adonc le roi Philippe bien seize mille Flamands, qui avoient fait un capitaine qui s'appeloit Colin Dennekins [3], hardi homme et outrageux durement ; et avoient les dessusdits Flamands fait leur garnison de Cassel, au commandement et aux gages des villes de Flandre, pour garder ces frontières là en droit. Et vous dirai comment ces Flamands furent déconfits, et tout par leur outrage.

Ils se partirent un jour, sur l'heure de souper, du mont de Cassel [4], en intention de déconfire le roi et tout son ost, et s'envinrent tout paisiblement, sans point de noise, ordonnés en trois batailles, desquelles l'une alla droit aux tentes du roi, et eurent près souspris le roi qui séoit à souper et toutes ses gens. L'autre bataille s'en alla droit aux tentes du roi de Behaigne, et le trouvèrent près en tel point ; et la tierce bataille s'en alla droit aux tentes du comte de Hainaut, et l'eurent aussi près souspris, et le hâtèrent si que à grand'peine purent ses gens être armés, ni les gens monseigneur de Beaumont son frère. Et vinrent tantôt ces trois batailles si paisiblement jusques aux tentes, que, à grand meschef, furent les seigneurs armés et leurs gens assemblés. Et eussent tous les seigneurs et leurs gens été morts, si Dieu ne les eût, ainsi comme par droit miracle, secourus et

---

avec Jeanne de France, fille unique de Louis X, dit le Hutin.

[1] Charles-le-Bel mourut à Vincennes, dans la nuit du 31 janvier au 1er février 1327, en commençant l'année à Pâques suivant l'usage d'alors, et 1328, suivant notre manière actuelle de la commencer au 1er janvier.

[2] Cette fille, nommée Blanche, vint au monde le 1er avril 1328.

[3] Le dimanche de la Trinité était cette année le 29 mai.

[4] C'est-à-dire, sans doute, *auprès de Cassel ;* car les Flamands étaient maîtres de la ville, comme Froissart le dira plus bas.

[1] Le comte Louis dit de Crécy.

[2] Le Franc, *Franconatus, terra franca.* C'est une partie de la Flandre française qui fut cédée à la France par la paix des Pyrénées. Elle comprend les bailliages de Bourbourg, Bergue Saint-Winox et Furnes, et outre les chefs-lieux de ces bailliages, les villes de Dunkerque et de Gravelines.

[3] Les historiens flamands le nomment Nicolas Zonnekins.

[4] Ils s'étaient retranchés sur une éminence à la vue de Cassel dont ils étaient en possession et qui leur servoit comme de place forte. Ils firent arborer sur les murs des tours de Cassel une espèce d'étendard sur lequel ils avaient fait peindre un coq avec ces mots :

Quand ce coq ici chantera,
Le *roi trouvé* ci entrera.

Ils appelaient Philippe le *roi trouvé,* parce qu'il n'avait pas dû espérer d'être roi. Après la victoire, Philippe fit mettre Cassel à feu et à sang.

aidés; mais, par la grâce et volonté de Dieu, chacun de ces seigneurs déconfit sa bataille si entièrement, et tous à une heure et à un point, qu'oncques de ces seize mille Flamands nul n'en échappa; et fut leur capitaine tué [1]. Et si ne sut oncques nul de ces seigneurs nouvelles l'un de l'autre, jusques adonc qu'ils eurent tout fait; et oncques des seize mille Flamands qui morts y demeurèrent n'en recula un seul, que tous ne fussent morts et tués en trois monceaux l'un sur l'autre, sans issir de la place là où chacune bataille commença, qui fut l'an de grâce mil trois cent vingt huit, le jour de la Saint Barthélemy [2]. Adonc, après cette déconfiture, vinrent les François à Cassel et y mirent les bannières de France, et se rendit la ville au roi; et puis Poperingue, et après Ypre, et tous ceux de la châtellenie de Bergues, et ceux de Bruges en suivant; et reçurent le comte Louis leur seigneur amiablement adonc et paisiblement, et lui jurèrent foi et loyauté à toujours mais.

Quand le roi Philippe de France eut remis le comte de Flandre en son pays, et que tous lui eurent juré féauté et hommage, il départit ses gens, et retourna chacun en son lieu [3]; et il même s'en vint en France et séjourner à Paris et là environ. Si fut durement prisé et honoré de cette emprise qu'il avoit faite sur les Flamands, et aussi du beau service qu'il avoit fait au comte Louis son cousin. Si demeura en grand'honneur, et accrut grandement l'état royal, et n'y avoit oncques mais eu en France roi, si comme on disoit, qui eût tenu l'état pareil au roi Philippe; et faisoit faire tournois, joutes et ébatements moult et à grand plenté.

Or nous tairons-nous un petit de lui et parlerons des ordonnances d'Angleterre et du gouvernement du roi.

[1] N. Zonnekins, qui avait dirigé toutes les opérations de cette journée, périt après avoir fait des actes incroyables de bravoure.
[2] Suivant la *Chron. de Flandre*, la bataille de Cassel se donna la veille de la Saint-Barthélemy.
[3] Avant de quitter la Flandre, Philippe fit venir le comte Louis de Crécy : « Beau cousin, lui dit-il, je suis venu ici sur les prières que vous m'en avez faites. Peut-être avez-vous donné occasion à la révolte par votre négligence à rendre la justice que vous devez à vos peuples : c'est ce que je ne veux point examiner pour le présent. Il m'a fallu faire de grandes dépenses pour une pareille expédition ; j'aurois droit de prétendre à quelque dédommagement ; mais je vous tiens quitte de tout, et je vous

CHAPITRE L.

Comment le roi d'Angleterre, par le faux ennortement de messire Roger de Mortimer, fit décoler le comte de Kent son oncle ; et comment ledit messire Roger mourut vilainement après [1].

Le jeune roi d'Angleterre se gouverna un grand tems, si comme vous avez ouï ci dessus raconter, par le conseil de madame sa mère, du comte de Kent son oncle, et de monseigneur Roger de Mortimer. Au dernier, envie qui oncques ne mourut, commença à naître entre le comte de Kent dessus dit et le seigneur de Mortimer, et monta puis l'envie si haut que le sire de Mortimer informa et ennorta tant le jeune roi, par le consentement de madame sa mère, et lui firent entendant que ledit comte de Kent le vouloit empoisonner, et le feroit mourir temprement, s'il ne s'en gardoit, pour avoir son royaume, comme le plus prochain après lui par succession ; car le jeune frère du roi qu'on appeloit monseigneur Jean de Eltem, étoit nouvellement trépassé [2]. Le jeune roi qui croyoit légèrement ce dont on l'informoit, ainsi que jeunes seigneurs, tels a-t-on vu souvent, croient légèrement ce dont ceux qui les doivent conseiller les informent, et plutôt en mal qu'en bien, fit, assez tôt après ce, son dit oncle le comte de Kent prendre et le fit décoler publiquement [3], que oncques il n'en put venir à ex-

rends vos états soumis et pacifiés. Gardez-vous bien de nous faire retourner une seconde fois pour un pareil sujet. Si votre mauvaise administration m'obligeoit de revenir, ce seroit moins pour vos intérêts que pour les miens. »

[1] Froissart traite fort succinctement cette partie de l'histoire particulière d'Angleterre, afin d'arriver à la grande querelle de Philippe de Valois et d'Édouard, et c'est, sans doute, pour ne pas interrompre le fil des événemens qui concernent les deux royaumes, qu'il rapporte ici le supplice du comte de Kent et de Roger de Mortimer, dont la date est postérieure à celle des faits qu'il racontera dans quelques-uns des chapitres suivans. Les détails que Froissart omet sont suppléés par Knighton, Walsingham, Avesbury et Jos. Barnès dans son histoire d'Édouard III, etc.
[2] Froissart se trompe : Jean d'Eltham survécut plus de six ans au comte de Kent. Outre son frère aîné, Thomas de Brotherton, comte de Norfolk, et les deux sœurs du roi, Jeanne et Éléonore, vivaient aussi.
[3] Le comte de Kent fut décapité à Winchester le 19 mars 1330. On peut voir les motifs de sa condamnation dans une lettre d'Édouard au pape en date du 24 mars de la même année.

cusance. De quoi tous ceux du pays, grands et petits, nobles et non nobles, furent durement troublés et courroucés, et eurent depuis ce durement contre cœur le seigneur de Mortimer; et bien pensoient que, par son conseil et par son pourchas et par fausse induction, avoit ainsi été mené et traité le gentil comte de Kent que ils tenoient tous pour prud'homme et pour loyal; ni oncques après ce le sire de Mortimer ne fut tant aimé comme il avoit été paravant. Ne demeura mie depuis guères que grand'fame issit hors sur la mère du roi d'Angleterre, ne sais mie si voir étoit, qu'elle étoit enceinte; et en encoulpoit-on plus de ce fait le seigneur de Mortimer que nul autre. Si commença fortement cette esclandre à multiplier, tant que le jeune roi en fut informé suffisamment. Et avec tout ce, il fut informé que, par fausse induction et par envie du seigneur de Mortimer, faite plus par trahison que par raison, il avoit fait mettre à mort son oncle le comte de Kent, que tous ceux du pays tenoient et avoient toujours tenu pour prud'homme et pour loyal. Donc si le jeune roi fut triste et courroucé, ne fait mie à demander. Si fit tantôt prendre le seigneur de Mortimer[1] et le fit mener à Londres, pardevant grand'foison des barons et des nobles de son royaume; et fit conter par un sien chevalier tous les faits du seigneur de Mortimer, ainsi que escripre et enregistrer les avoit fait; et quand ils furent tous dits et contés, le dit roi d'Angleterre demanda à tous, par manière de conseil et de jugement, quelle chose en étoit bon de faire. Le jugement en fut assez tôt rendu; car chacun en étoit jà, par renommée et par juste information, tout avisé et informé. Si en répondirent au roi, et dirent qu'il devoit mourir en telle manière comme messire Hue le Despensier avoit fait et été justicié. A ce jugement n'eut aucune dilation de souffrance ni de merci. Si fut tantôt traîné par la cité de Londres sur un bahut[2], puis lié sur une esselle

emmy la place[1], et puis eut le... coupé et toutes les..., et jetées en un feu qui là étoit; et puis fut le ventre ouvert, et le cœur trait hors, pour ce qu'il en avoit fait et pensé la trahison, et jeté au dit feu, et aussi toutes ses entrailles, et puis fut écartelé et envoyé ès quatre maîtres cités d'Angleterre, et la tête demeura à Londres[2]. Ainsi finit ledit messire Roger de Mortimer. Dieu lui pardoint tous ses forfaits!

Tantôt après cette justice faite, le roi d'Angleterre, par le conseil de ses hommes, fit madame sa mère enfermer en un beau châteaux[3]; et lui bailla dames et damoiselles et chambrières et gens assez pour la garder, servir et tenir compagnie, et chevaliers et écuyers d'honneur, ainsi comme à si haute dame qu'elle étoit appartenoit; et lui assigna et délivra grand'terre et grand'revenue, pour elle suffisamment gouverner, selon son noble état, tout le cours de sa vie; et la dite revenue au plus près de celui châtel qu'il put par raison; mais il ne voulut mie souffrir ni consentir qu'elle allât hors, ni se montrât nulle part, fors en aucuns lieux ébatants et moult plaisans qui étoient devant la porte du châtel, et qui répondoient à la maison. Si usa ladite dame sa vie là assez bellement, et la venoit voir deux ou trois fois l'an le jeune roi Édouard, son fils. Nous nous souffrirons à parler de la dame, et parlerons du roi son fils, et comment il persévéra en sa seigneurie.

Après ce que ce roi Édouard, qui étoit en son jeune âge[4], eut fait faire ces deux grands justices, si comme vous avez ouï ci dessus conter, il prit nouveau conseil des plus sages et des mieux crus de tout son royaume, et se gouverna moult bellement; et maintint son royaume

---

[1] Le parlement étant alors assemblé à Nottingham, Mortimer et la reine résidaient dans le château, bien gardés par leurs amis. Mais le roi ayant séduit le gouverneur, y pénétra secrètement par un passage souterrain pendant la nuit et accompagné de quelques-uns de ses amis les plus déterminés. Mortimer fut arrêté dans sa chambre à coucher, après avoir tué le premier qui était entré.

[2] Espèce de coffre ou tombereau

[1] Suivant Robert d'Avesbury l'exécution se fit à Elmes. «*A Turre Londoniensi usque ad furcas apud Elmes, per unam leucam extra civitatem Londoniensem erectas, et caudas equorum tractus fuit et suspensus ibidem.*»

[2] Le récit de Froissart n'est pas exact. Le corps de Mortimer, après avoir été exposé sur un gibet d'après l'ordre spécial du roi, pendant deux jours et deux nuits, fut accordé aux frères mineurs de Londres qui l'ensevelirent dans leur église, appelée aujourd'hui église du Christ. C'est de là que, long-temps après, il fut transporté à Wigmore.

[3] Elle fut confinée au château de Riding, près de Londres.

[4] Il venait d'atteindre sa dix-huitième année.

en paix, par le bon conseil qu'il avoit de-lez lui.

CHAPITRE LI.

Comment le roi de France envoya légats en Angleterre pour sommer le roi d'Angleterre qu'il lui venist faire hommage et quelle chose le dit roi répondit aux dessusdits légats.

Or avint que, environ un an après ce que le roi Philippe de Valois eut été couronné à roi de France, et que tous les barons et les tenans du dit royaume lui eurent fait féauté et hommage, excepté le jeune roi Édouard d'Angleterre qui encore ne s'étoit trait avant, et aussi il n'avoit point été mandé, si fut le roi de France conseillé et informé qu'il mandât le dit roi d'Angleterre à venir faire hommage et féauté, ainsi comme il appartenoit. Adonc en furent priés d'aller en Angleterre faire ce message et sommer ledit roi[1], le sire d'Aubigny[2] et le sire de Beausault[3], et deux clercs en droit, maîtres en parlement à Paris, que on appeloit pour ce tems maître Simon d'Orliens et maître Pierre de Maisières. Ces quatre, du commandement et ordonnance du roi, se partirent de Paris bien étoffément, et cheminèrent tant par leurs journées qu'ils vinrent à Wissant : là montèrent-ils en mer et furent tantôt outre; et arrivèrent à Douvres, et séjournèrent là un jour, pour attendre leurs chevaux et leurs harnois qu'on mit hors des vaissiaulx. Quand ils furent tous prêts, ils montèrent sur leurs chevaux et exploitèrent tant par leurs journées qu'ils vinrent à Windesore, où le roi d'Angleterre et la jeune roine sa femme se tenoient.

Les quatre dessus nommés firent à savoir au roi pourquoi ils étoient là venus, et aussi de qui ils se rendoient. Le roi d'Angleterre, pour l'honneur de son cousin le roi de France, les fit venir avant et les reçut moult honorablement, et aussi fit madame la roine sa femme, ainsi que bien le savoient faire. En après ils contèrent leurs messages et furent volontiers ouïs. Et répondit adonc le roi qu'il n'avoit mie son conseil devers lui, mais il le manderoit; si se retraissent en la cité de Londres, et là il leur seroit répondu tellement que bien devroit suffire. Sur cette parole, quand ils eurent dîné en la chambre du roi et de la roine moult aise, ils s'en partirent, et vinrent ce soir gésir à Colebruch[1] et lendemain à Londres. Ne demeura guères depuis que le roi d'Angleterre vint à Londres, en son palais à Westmoustier, et là, en un jour qu'il y ordonna, eut son conseil assemblé, et furent les messagers du roi Philippe de France appelés; et là remontrèrent eux pourquoi ils étoient venus et les lettres qui leur avoient été baillées du roi leur seigneur. Quand ils eurent parlé bien et à point, ils vuidèrent hors de la chambre; et lors demanda le dit roi à avoir conseil sur cette requête. Il me semble que le roi fut adonc conseillé de répondre que voirement, par l'ordonnance faite et scellée de ses prédécesseurs rois d'Angleterre et ducs d'Aquitaine, il en devoit foi, hommage et loyauté faire au roi de France, ni du contraire on ne l'oseroit ni voudroit l'on point conseiller. Ce propos et conseil fut arrêté, et les messagers de France appelés. Si vinrent de rechef en la chambre de conseil. Là parla l'évêque de Londres[2] pour le roi et dit :

« Seigneurs, qui êtes ci envoyés de par le roi de France, vous soyez les bien venus ! Nous avons ouï vos paroles et lu vos lettres, et bien examinées à notre pouvoir et conseillées; si vous disons que nous conseillons à monseigneur qui ci est, qu'il voist en France voir le dit roi son cousin, qui moult amiablement le mande, et du surplus de foi et d'hommage il s'acquitte et fasse son devoir, car voirement y est-il tenu. Si vous retrairez en France, et direz au roi votre seigneur que notre seigneur le roi d'Angleterre passera par delà temprement et fera tout ce qu'il doit faire, sans nul estrif. »

Cette réponse plut grandement bien aux dits messagers de France; et prirent congé au roi et à tout son conseil; mais ainçois il leur convint dîner dedans le palais de Westmoustier; et les

---

[1] Il paraît que c'était pour la seconde fois que Philippe faisait sommer Édouard; car il lui avait envoyé précédemment à cet effet Pierre Roger, abbé de Fécamp, qui fut depuis pape sous le nom de Clément.

[2] Les imprimés français et anglais disent à tort d'Ancenis. Si ce sire d'Aubigny est, comme on n'en peut guère douter, Charles d'Évreux, à qui son père, Louis de France, comte d'Évreux, avait donné en partage, outre le comté d'Étampes et les seigneuries de Dourdan et de Gien, celle d'Aubigny, il est singulier que Froissart ne le désigne pas plutôt par le titre de comte d'Étampes, titre beaucoup plus honorable, puisque le roi avoit érigé pour lui, en 1327, le comté d'Étampes en pairie.

[3] Jean de Montmorency Ier du nom, seigneur de Beausault, de Breteuil, etc.

---

[1] Colebrook.
[2] Le docteur Stephen Gravesend.

fêta le dit roi moult grandement, et leur donna au départir, pour l'honneur et amour du roi de France son cousin, grands dons et beaux joyaux. Depuis ce fait ils ne séjournèrent guères de temps à Londres et s'en partirent; et exploitèrent tant par leurs journées qu'ils revinrent en France et droitement à Paris, où ils trouvèrent le roi Philippe, à qui ils contèrent toutes les nouvelles et comment ils avoient exploité, et en quel état ils étoient partis du roi d'Angleterre, et aussi comment grandement et honorablement il les avoit reçus, et à leur département et congé prendre, donné de ses biens. De toutes ces choses et exploits se contenta grandement le roi Philippe; et dit que moult volontiers verroit le roi Édouard d'Angleterre, son cousin, car oncques ne l'avoit vu.

Ces nouvelles s'épartirent parmi le royaume de France, que le roi d'Angleterre devoit venir en France et faire hommage au dit roi. Si se ordonnèrent et appareillèrent moult richement et très puissamment ducs et comtes de son sang qui le désiroient à voir; et proprement le roi de France en escripvit au roi de Behaigne et au roi de Navarre, et leur signifia le certain jour que le roi d'Angleterre devoit être devers lui, et leur pria qu'ils y voulsissent être. Ces deux rois, puisque priés en étoient, ne l'eussent jamais laissé; et s'ordonnèrent au plutôt qu'ils purent, et vinrent en France en grand arroi devers le roi de France. Si fut adonc conseillé qu'il recueilleroit le dit roi d'Angleterre son cousin en la bonne cité d'Amiens. Si fit là faire ses pourvéances grandes et grosses, et administrer salles, chambres, hôtels et maisons pour recevoir lui et toutes ses gens, où il se comptoit parmi le roi de Behaigne et le roi de Navarre, qui étoient de sa délivrance[1], le duc de Lorraine, le duc de Bourgogne, le duc de Bourbon et messire Robert d'Artois, à plus de trois mille chevaux, et le roi d'Angleterre qui y devoit venir à six cents chevaux. Il avoit adonc et a encore à Amiens bien cité pour recevoir aisément autant de princes et leurs gens, et plus encore.

Or parlerons du roi d'Angleterre, et comment il passa la mer et vint cette année, l'an mil trois cent vingt neuf, en France.

[1] C'est-à-dire auxquels il faisait délivrer à ses dépens tout ce qui leur était nécessaire.

CHAPITRE LII.

Comment le roi d'Angleterre vint à Amiens, où il fut honorablement reçu du roi de France et lui fit hommage, mais non mie tout entièrement comme il devoit.

Le jeune roi d'Angleterre ne mit mie en oubli le voyage qu'il devoit faire au royaume de France, et s'appareilla bien et suffisamment, ainsi que à lui appartenoit et à son état. Si se partit d'Angleterre quand jour fut du partir[1]. En sa compagnie avoit deux évêques, celui de Londres[2] et celui de Lincolle, et quatre comtes, monseigneur Henry comte de Derby, son cousin germain, fils messire Thomas de Lancastre au-tort-Col; son oncle, le comte de Salebrin[3], le comte de Warvich et le comte de Herfort; six barons, monseigneur Regnaut de Cobeham, monseigneur Thomas Wage, maréchal d'Angleterre, monseigneur Richard de Stanford, le seigneur de Percy, le seigneur de Manne[4], et le seigneur de Moutbray, et plus de quarante autres chevaliers.

Si étoient en la route et à la délivrance du roi d'Angleterre plus de mille chevaux; et mirent deux jours à passer entre Douvres et Wissant. Quand ils furent outre, et leurs chevaux traits hors des nefs et des vaissiaulx, le roi monta à cheval, accompagné ainsi que je vous ai dit, et chevaucha tant qu'il vint à Boulogne; et là fut-il un jour. Tantôt nouvelles vinrent au roi Philippe de France et aux seigneurs de France, qui jà étoient à Amiens, que le roi d'Angleterre étoit arrivé et venu à Boulogne. De ces nouvelles eut le roi Philippe grand'joie, et envoya tantôt son connétable[5] et grand'foison de chevaliers devers le roi d'Angleterre, qu'ils trouvèrent à Mous-

[1] Edouard s'embarqua à Douvres, le vendredi 26 mai 1329, vers midi.
[2] Les deux traductions anglaises de lord Berners et de Johnes disent : *avec deux évêques, sans compter l'évêque de Londres*. Ces deux autres évêques étaient le docteur John Stratford, évêque de Winchester, et le docteur Henry Burwash, évêque de Lincoln.
[3] Guillaume de Montagu ne fut fait comte de Salisbury qu'en 1337, suivant Imhoff, Tab. 56. Froissart a donné, par anticipation, ce titre à Montagu, qui le possédait quand il a écrit son histoire.
[4] Man.
[5] Comme la date précise de la mort de Gaucher de Chatillon, connétable de France, arrivée dans le cours de cette année 1329, n'est pas connue, on ignore si c'est de lui, qu'il s'agit ici, ainsi que l'a pensé du Chesne, ou de Raoul de Brienne, comte d'Eu, qui lui succéda dans la dignité de connétable.

treuil sur la mer; et eut grands reconnaissances et approchemens d'amour. Depuis, chevaucha le jeune roi d'Angleterre en la compagnie du connétable de France; et fit tant avec sa route qu'il vint en la cité d'Amiens, où le roi Philippe étoit tout appareillé et pourvu de le recevoir, le roi de Behaigne, le roi de Navarre et le roi de Maillogres[1] de-lez lui, et si grand'foison de ducs, de comtes et de barons que merveilles seroit à penser : car là étoient tous les douze pairs de France pour le roi d'Angleterre fêter, et aussi pour être personnellement et faire témoin à son hommage.

Si le roi Philippe de France reçut honorablement et grandement le jeune roi d'Angleterre, ce ne fait mie à demander; et aussi firent tous les rois, les ducs et les comtes qui là étoient; et furent tous iceux seigneurs adonc en la cité d'Amiens, jusqu'à quinze jours. Là eut maintes paroles et ordonnances faites et devisées; et me semble que le roi Édouard fit adonc hommage de bouche et de parole tant seulement, sans les mains mettre entre les mains du roi de France, ou aucun prince ou prélat de par lui député[2]; et n'en voulut adonc le dit roi d'Angleterre, par le conseil qu'il eut, dudit hommage plus avant procéder, si seroit retourné en Angleterre et auroit vu, lu et examiné les priviléges de jadis, qui devoient éclaircir le dit hommage, et montrer comment et de quoi le roi d'Angleterre devoit être homme du roi de France. Le roi de France fit protestation qu'il ne vous entendoit à recevoir à son hommage. »

Et le dit évesque de Lincolne dit et protesta pour le dit roy d'Angleterre, que, pour chose que le roy d'Angleterre, ou autre pour lui, dist ou fist, il n'entendoit à renoncer à nul droit qu'il eust, ou dust avoir, en la duché de Guyenne et ses appartenances; et que aucuns droits nouveaux y fussent, pour ce, acquis au dit roy de France.

Et, ainsi protesté, le dit évesque bailla à noble homme le vicomte de Melun, chambellan de France, un cédule sur le dit hommage dont la teneur est ci-dessous écrite.

Et lors dit le dit chambellan au roy d'Angleterre ainsi : « Sire, vous devenez homme du roy de France, monseigneur, de la duché de Guyenne, et de ses appartenances, que vous reconnoissez à tenir de lui, comme duc de Guyenne et pair de France, selon la forme des paix faites entre ses devanciers, roys de France, et les vostres, selon ce que vous et vos ancestres, roys d'Angleterre, et ducs de Guyenne, avez fait par le même duché à ses devanciers, roys de France ; »

Et lors le roy d'Angleterre dit : *Voire.*

Et le dit chambellan dit après, ainsi : « Et le roy de France, nostre sire, vous reçoit, sauves ses protestations, et les retenues dessus dites; »

Et le roi de France dit : *Voire.*

Et lors, *les mains du dit roy d'Angleterre, mises entre les mains du dit roy de France,* baisa en la bouche le dit roy d'Angleterre.

La teneur de la cédule, que bailla le dit évesque pour le roy d'Angleterre, s'ensuit :

« Je deviens vostre homme de la duché de Guyenne et de ses appartenances, que je clame tenir de vous, comme duc de Guyenne et pair de France, selon la forme de paix faite entre vos devanciers et les nostres, selon ce que nous et nos ancestres, roys d'Angleterre et ducs de Guyenne, avons fait, pour la même duché, à vos devanciers, roys de France. »

Ce fut fait à Amiens, chœur de la grande église, l'an de grâce mil trois cent vingt neuf, le sixième jour de juin, indiction douze, treize de régime de notre très saint père le Pape Jean XXII, présents et à ce appelés témoins, révérends pères en Dieu les évesques de Beauvais, de Laon et de Senlis, et haut prince, monseigneur Charles, comte d'Alençon, monseigneur Eudes, duc de Bourgogne, monseigneur Louis, duc de Bourbon, monseigneur Louis, comte de Flandre, monseigneur Robert d'Artois, comte de Beaumont, et le comte d'Armagnac ; les abbés de Clugny et de Corbie ; le seigneur de Beaujeu, et Bernard sieur d'Albret ; Math. de Trye, et Robert Bertrand, maréchaux de France ; *Item*, révérend père l'évesque St. Davy, Henry, seigneur de Percy, Robert Uffort, Robert de Wastevill, Robert de Mesville, Guillaume de Montague, Gilbert Talbot, Jean Maltravers, sénéschal du roy d'Angleterre ; Geoffroy de Scropt, et plusieurs autres témoins, à ce appelés et requis.

---

[1] Dom Jayme II, de la maison d'Aragon, roi de Majorque et seigneur de Montpellier.

[2] Édouard ne refusa pas de mettre ses mains dans celles du roi de France; le contraire est dit formellement dans l'acte d'hommage que Rymer nous a conservé et que j'ai cru devoir rapporter ici, afin qu'on puisse le comparer, tant avec le récit de Froissart qu'avec les lettres patentes qui sont l'interprétation de cet acte et qu'on trouvera ci-après.

Instrumentum homagii per Eduardum III, Ambianis facti.

Au nom de Dieu, amen.

Sçachent tous, par la teneure de ce public instrument, que, présens nous, notaires et tabellions publics, et les témoins ci-dessous nommés, vint en la présence de très haut, très excellent prince, notre très cher sire, Philippe, par la grâce de Dieu, roi de France, et comparut, en sa personne, haut et noble prince, monseigneur Édouard, roi d'Angleterre, et avec lui, révérend père l'évesque de Lincolne, et grande foison de ses autres gens et conscillers, pour faire son hommage de la duché de Guyenne et de la pairie de France, au dit roy de France.

Et lors, noble homme monseigneur Mille de Noyers, qui estoit de costé le dit roy de France, dit, de par le roy de France, au dit roy d'Angleterre en ceste manière :

« Sire, le roy ne vous entend point à recevoir ainsi, comme li a été dit à vostre conseil, des choses qu'il tient et doit tenir, en Gascogne et en Agenois, lesquelles tenait et devait tenir le roi Charles et de quoi le dit roi Charles

[1329] LIVRE I. — PARTIE I.

qui véoit le roi d'Angleterre, son cousin, jeune, entendit bien toutes ces paroles, et ne le voult adonc de rien presser; car il savoit assez que bien y recouvreroit quand il voudroit, et lui dit : « Mon cousin, nous ne vous voulons pas decevoir, et nous plaît bien ce que vous en avez fait à présent, jusques à tant que vous soyez retourné en votre pays et vu, par les scellés de vos prédécesseurs, quelle chose vous en devez faire. » Le roi d'Angleterre et son conseil répondirent : « Cher sire, grands mercis. »

Depuis se joua, ébatit, et demeura le roi d'Angleterre avec le roi de France en la cité d'Amiens : et quand tant y eut été que bien dût suffire par raison, il prit congé et se partit du roi moult amiablement et de tous les autres princes qui là étoient, et se mit au retour pour revenir en Angleterre, et repassa la mer [1]; et fit tant par ses journées qu'il vint à Windesore où il trouva la reine Philippe sa femme, qui le reçut liement, et lui demanda nouvelles du roi Philippe son oncle, et de son grand lignage de France. Le roi son mari lui en recorda assez, et du grand état qu'il avoit trouvé, et comment on l'avoit recueilli et festoyé grandement, et des honneurs qui étoient en France, auxquelles faire ni de les entreprendre à faire, nul autre pays ne s'accomparage.

CHAPITRE LIII.

Comment le roi de France envoya en Angleterre de son plus espécial conseil, pour savoir par les registres d'Angleterre comment le dit hommage se devoit faire ; et comment le roi d'Angleterre lui envoya unes lettres, contenant le dit hommage.

Ne demeura gueres de temps depuis, que le roi de France envoya en Angleterre, de son plus spécial conseil, l'évêque de Chartres [2] et l'évêque de Beauvais [3], et aussi monseigneur Louis de Clermont, duc de Bourbon [4], le comte de Harcourt [1] et le comte de Tancarville [2], et des autres chevaliers et clercs en droit [3], pour être ès conseils du roi d'Angleterre qui se tenoient à Londres sur l'état que vous avez ouï, ainsi que le roi d'Angleterre, lui revenu en son pays, devoit regarder comment anciennement ses prédécesseurs, de ce qu'ils tenoient en Aquitaine et dont ils s'étoient appelés ducs en avoient fait hommage; car jà murmuroient les plusieurs en Angleterre que leur sire étoit plus prochain de l'héritage de France que le roi Philippe. Néanmoins le roi d'Angleterre et son conseil ignoroient toutes ces choses; mais grands parlemens et assemblées sur le dit hommage furent en celle saison en Angleterre ; et y séjournèrent les dessus dits envoyés de par le roi de France, tout l'hiver jusques au mois de mars ensuivant, qu'ils ne pouvoient avoir aucune définitive réponse. Toutes-voies le roi d'Angleterre, par l'avis de ses priviléges auxquels il ajoutoit grand'foi, fut obligé d'escripre ainsi lettres patentes scellées de son grand scel, en reconnaissant l'hommage tel qu'il le doit et devoit adonc faire au roi de France. La teneur de laquelle lettre s'ensuit.

« Édouard, par la grâce de Dieu roi d'Angleterre, seigneur d'Irlande, duc d'Aquitaine, à tous ceux qui ces présentes lettres verront ou orront, salut. Savoir faisons : Comme nous faisions à Amiens hommage à excellent prince, notre seigneur et cousin Philippe roi de France, lors nous fut dit et requis de par lui que nous reconnussions le dit hommage être lige, et que en faisant le dit hommage nous lui promissions foi et loyauté porter; laquelle chose nous ne fîmes pas lors, pour ce que nous étions informés que point ne se devoit ainsi faire ; et fîmes lors au dit roi de France hommage par paroles générales, en disant que nous entrions en son hommage, par ainsi comme nos prédécesseurs ducs d'Aqui-

---

[1] Il était de retour à Douvres le 11 juin, après une absence de quinze jours en tout; ainsi il ne demeura point quinze jours à Amiens, comme Froissart l'a dit précédemment.
[2] Jean du Plessis-Pasté, transféré en 1328 de l'évêché d'Arras à celui de Chartres.
[3] Jean de Marigni, frère du malheureux Enguerrand de Marigni, qui avait été pendu sous le règne de Louis-le-Hutin.
[4] C'est pour ce prince que Charles-le-Bel érigea en 1327 la baronnie de Bourbon en duché-pairie.

[1] Jean IV du nom, en faveur de qui la baronnie de Harcourt fut érigée en comté, au mois de mars 1338.
[2] Jean Ier du nom, vicomte de Melun, seigneur de Tancarville, etc., chambellan de France et de Normandie.
[3] Il est probable que ces ambassadeurs partirent avant la fin de l'année 1330. Froissart paraît avoir ignoré les autres événemens de cette année, tels que les mouvemens en Guyenne, qui donnèrent lieu à quelques hostilités et firent craindre une rupture entière, les négociations qui la prévinrent, et autres faits de moindre importance. Son silence est suppléé par les Chroniques de Saint-Denis, le continuateur de Nangis, et surtout par les actes qu'on trouve dans Rymer.

taine étoient jadis entrés en hommage des rois de France qui avoient été pour le temps. Et depuis en çà nous soyons bien informés et acertenés de la vérité, reconnaissons par ces présentes lettres, que le dit hommage que nous fîmes à Amiens au roi de France par paroles générales, fut, est, et doit être entendu lige, et que nous lui devons foi et loyauté porter, comme duc d'Aquitaine et pair de France, et comte de Ponthieu et de Monstreuil; et lui promettons d'ores-en-avant foi et loyauté porter. Et pour ce que au temps à venir de ce ne soit jamais discord ni question à faire le dit hommage, nous promettons en bonne foi, pour nous et nos successeurs ducs d'Aquitaine qui seront pour le temps que, toutes fois que nous et nos successeurs ducs de Guyenne entrerons en l'hommage du roi de France et de ses successeurs qui seront pour le temps, le dit hommage se fera en cette manière : Le roi d'Angleterre duc de Guyenne, tiendra ses mains entre les mains du roi de France, et celui qui adressera les paroles au roi d'Angleterre duc de Guyenne, et qui parlera pour le roi de France, dira ainsi : Vous devenez homme lige au roi de France, monseigneur qui ci est, comme duc de Guyenne et pair de France, et lui promettez foi et loyauté porter; dites : voire ! Et le dit roi d'Angleterre, duc de Guyenne, et ses successeurs diront, voire ! Et lors le roi de France recevra le dit roi d'Angleterre et duc de Guyenne au dit hommage lige à la foi et à la bouche, sauf son droit et l'autrui. De rechef, quand le dit roi d'Angleterre et duc de Guyenne entrera en hommage du dit roi de France et de ses successeurs rois de France, pour la comté de Ponthieu et de Monstreuil, il mettra ses mains entre les mains du roi de France, et celui qui parlera pour le roi de France adressera ses paroles au dit roi et duc et dira ainsi : Vous devenez homme lige au roi de France, monseigneur qui ci est, comme comte de Ponthieu et de Monstreuil, et lui promettez foi et loyauté porter; dites, voire ! Et le dit roi et duc, comte de Ponthieu et de Monstreuil, dira, voire ! Et lors le dit roi de France recevra le dit roi et comte au dit hommage à la foi et à la bouche, fors son droit et l'autrui. Et ainsi sera fait et renouvelé toutefois que l'hommage se fera. Et de ce baillerons nous, et nos successeurs ducs de Guyenne, faits les dits hommages, lettres patentes scellées de nos grands sceaux, si le roi de France le requiert; et avec ce nous promettons en bonne foi tenir et garder affectueusement les paix et accords faits entre les rois de France et les dits rois d'Angleterre ducs de Guyenne et leurs prédécesseurs rois de France et ducs de Guyenne. En cette manière sera fait et seront renouvelées les dites lettres pour les dits rois et ducs et leurs successeurs ducs de Guyenne et comtes de Ponthieu et de Monstreuil, toutes les fois que le roi d'Angleterre duc de Guyenne, et ses successeurs ducs de Guyenne et comtes de Ponthieu et de Monstreuil qui seront pour le temps entreront en l'hommage du roi de France et de ses successeurs rois de France. En témoin desquelles choses, à ces nôtres lettres ouvertes avons fait mettre notre grand scel. Données à Eltem le trentième jour du mois de mars, l'an de grâce mil trois cent et trente[1]. »

Ces lettres rapportèrent en France les dessus nommés seigneurs, quand ils se partirent d'Angleterre et ils eurent congé du roi; et les baillèrent au roi de France, qui tantôt les fit porter en sa chancellerie et mettre en garde avec ses plus espéciales choses à la cautelle du temps avenir.

Nous nous souffrirons à parler du roi d'Angleterre un petit, et parlerons d'aucunes aventures qui avinrent en France.

CHAPITRE LIV.

Comment le roi de France prit en haine messire Robert d'Artois, dont il lui convint s'enfuir hors du royaume ; et comment il fit mettre sa femme et ses enfans en prison qui onc ques puis n'en issirent.

L'homme du monde qui plus aida le roi Philippe à parvenir à la couronne de France et à l'hé-

[1] On lit dans Rymer : *mil trois cent trente et primer* (1331), *et de notre règne quint*. Cette différence dans les dates n'est qu'apparente : elle vient de ce que la chancellerie d'Angleterre commençait l'année au 25 mars, et que Froissart la commence à Pâques; or Pâques arriva cette année le 31 mars; ainsi le 30 de ce mois appartenait encore à l'année 1330, suivant sa manière de compter.
On trouve encore dans Rymer plusieurs pièces relatives à l'affaire de l'hommage, ou qui en sont la suite, et qui annoncent le désir qu'avaient alors les deux rois de vivre en paix, en terminant amiablement toutes leurs contestations. Ils étaient à cette époque de si bonne intelligence qu'Édouard ne craignit pas de partir de Douvres le 4 avril de cette même année 1331, et de venir en France très peu accompagné, traiter directement avec Philippe. Il y fit expédier le 13 de ce mois les pièces dont on vient de parler, et repassa en Angleterre le 20.

ritage, ce fut messire Robert d'Artois, qui étoit l'un des plus hauts barons de France et le mieux enlignagé, et trait des royaux[1]; et avoit à femme la sœur germaine du roi Philippe[2], et avoit été toudis son plus espécial compagnon et ami en tous états; et fut bien l'espace de trois ans que en France tout étoit fait par lui, et sans lui n'étoit rien fait. Après advint que le roi Philippe emprit et acueillit ce messire Robert en si grand'haine, pour occasion d'un plaid qui ému étoit devant lui, dont le comte d'Artois étoit cause, que le dit messire Robert vouloit avoir gagné, par vertu d'une lettre que messire Robert mit avant, qui n'étoit mie bien vraie[3], si comme on disoit, que si le roi l'eût tenu en son ire[4] il l'eût fait mourir sans nul remède. Et combien que le dit messire Robert fut le plus prochain du lignage à tous les hauts barons de France, et serourge[5] au dit roi, si lui convint-il vider France[6] et venir à Namur devers le jeune comte Jean, son neveu et ses frères qui étoient enfans de sa sœur[7].

Quand il fut parti de France et le roi vit qu'il ne le pourroit tenir, pour mieux montrer que la besogne lui touchoit, il fit prendre sa sœur, qui étoit femme au dit messire Robert, et ses deux fils et neveux, Jean et Charles[8], et les fit mettre en prison bien étroitement, et jura que jamais n'en issiroient tant qu'il vivroit; et bien tint son serment, car oncques depuis, pour personne qui en parlât, ils n'en vidèrent; dont il en fut depuis moult blâmé en derrière.

Quand le dit roi de France sçut de certain et fut informé que le dit messire Robert étoit arrêté de-lez sa sœur et ses neveux, il en fut moult courroucé; et envoya chaudement devers l'évêque Aoul[1] de Liége, en priant qu'il défiât et guerroyât le comte de Namur, s'il ne mettoit messire Robert d'Artois hors de sa compagnie. Cet évêque, qui moult aimoit le roi de France et qui petit aimoit ses voisins, manda au jeune comte de Namur qu'il mît son oncle messire Robert d'Artois hors de son pays et de sa terre, autrement il lui feroit guerre. Le comte de Namur fut si conseillé qu'il mit hors de sa terre son oncle; ce fut moult ennuis, mais faire lui convenoit ou pis attendre.

Quand messire Robert se vit en ce parti, si fut moult angoisseux de cœur, et s'avisa qu'il iroit en Brabant[2], pourtant que le duc son cousin étoit si puissant que bien le soutiendroit. Si vint devers le duc, son cousin, qui le reçut moult liement, et le reconforta assez de ses détourbiers. Le roi le sçut; si envoya tantôt messages au dit duc, et lui manda que, s'il le soutenoit ou souffroit demeurer ou repairer en sa terre, il n'auroit pire ennemi de lui, et le grèveroit en toutes les guises qu'il pourroit. Le duc ne le voulut ou n'osa plus tenir ouvertement en son pays, pour doute d'acquérir la haine du dit roi de France; ains l'envoya couvertement tenir en Argenteau[3] jusques à tant que on verroit comment le roi se maintiendroit. Le roi le sçut, qui partout avoit ses espies; si en eut grand dépit; si pourchassa tant et en moult bref temps après, par son or et par son argent, que le roi de Behaigne qui étoit cousin germain au dit roi,

---

[1] Cette expression signifie qu'il était issu du sang royal; il descendait en effet du roi Louis VIII, au 4e degré.
[2] Il avait épousé Jeanne de Valois, sœur du roi.
[3] Froissart veut parler des pièces fausses fabriquées par la demoiselle de Divion.
[4] Colère.
[5] Beau frère.
[6] Il paraît, par les dépositions des témoins, qu'il se retira d'abord à Bruxelles vers la fin d'août ou le commencement de septembre 1331, environ six mois avant l'arrêt par lequel il fut condamné au bannissement. Cet arrêt fut rendu le 8 avril 1331 (1332) et ne fut publié que le 19 mai suivant (*Mém. de Lancelot*, t. 8 du Recueil de l'Académie des Inscriptions, p. 617 et 621).
[7] Ils étaient fils de Marie d'Artois, sœur de Robert.
[8] Froissart se trompe: on n'attenta point à la liberté de *Jean* et de *Charles d'Artois*, mais leurs frères, nommés *Jacques* et *Robert*, furent arrêtés en 1334 et enfermés au château de Nemours, puis au Château-Gaillard d'Audelys, où ils étaient encore le 1er mai 1347, sous la garde de Gauthier du Ru, écuyer, qui fournit à cette époque un compte de leur dépense et de celle de vingt personnes attachées à leur service.

[1] *Aoul*, ou plutôt *Adolphe de La Marck* était alors évêque de Liége. C'est par erreur que quelques manuscrits et les imprimés le nomment *Raoul*.
[2] Le récit de Froissart concernant Robert d'Artois est en général assez exact quant aux faits, mais il en intervertit l'ordre. Il est constant, par les dépositions des témoins entendus au procès, que ce prince se retira d'abord en Brabant, qu'il y demeura depuis le traité de mariage fait à Crèvecœur en Brie, le 8 juillet 1332, entre Jean, fils du duc de Brabant, et Marie, fille de Philippe de Valois, quoiqu'il fût stipulé dans ce traité que le duc de Brabant le ferait sortir de ses états; et qu'il ne se réfugia qu'après cette époque chez le comte de Namur, où il était encore aux fêtes de Noël de l'année suivante 1333.
[3] Château situé sur la Meuse, entre Liége et Viset.

l'évêque de Liége, l'archevêque de Coulogne[1], le duc de Guerles, le marquis de Juliers, le comte de Bar, le comte de Los, le sire de Fauquemont et plusieurs autres seigneurs furent alliés en contre le dit duc, et le défièrent tous, au pourchas et requête du dessus dit roi. Et entrèrent tantôt en son pays parmi Hesbaing, et allèrent droit à Hanut[2], et ardirent tout à leur volonté par deux fois, eux demeurans au pays, tant que bon leur sembla. Et envoya avec eux le comte d'Eu son connétable, atout grand'compagnie de gens d'armes, pour mieux montrer que la besogne étoit sienne, et faite à son pourchas; et tout ardoient son pays. Si en convint le comte Guillaume de Hainaut ensonnier; et envoya madame sa femme, sœur du roi Philippe, et le seigneur de Beaumont, son frère, en France pardevers le dit roi, pour impétrer une souffrance et une trêve de lui d'une part, et du duc de Brabant d'autre. Trop ennuis et à dureté y descendit le roi de France, tant avoit-il pris la chose en grand dépit. Toutefois, à la prière du comte de Hainaut son serourge, le roi s'humilia, et donna et accorda trèves au duc de Brabant[3], parmi ce que le duc se mit du tout au dit et en l'ordonnance du propre roi de France et de son conseil, de tout ce qu'il avoit à faire au roi et à chacun de ces seigneurs qui défié l'avoient; et devoit mettre, dedans un certain jour qui nommé y étoit, monseigneur Robert d'Artois hors de sa terre et de son pouvoir, si comme il fit moult ennuis; mais faire lui convint, ou autrement il eût eu trop forte guerre de tous côtés, si comme il étoit apparant. Si que, entrementes que ce toullement et ces besognes se portoient, ainsi que vous oyez recorder, le roi anglois eut nouveau conseil de guerroyer le roi d'Escosse son serourge : je vous dirai à quel titre.

[1] Comme ces hostilités durent avoir lieu vers la fin de l'année 1331, et cessèrent avant le 8 juillet de l'année suivante, date du traité dont j'ai parlé ci-dessus, il est difficile de déterminer si l'archevêque de Cologne dont il s'agit ici est *Henri de Virneburg* ou *Virnaborch*, qui mourut durant cet intervalle ou *Valrame de Juliers* qui lui succéda.
[2] Hannut ou Hannuye, petite ville située sur la Ghète, dans le district de Louvain.
[3] Froissart veut probablement désigner le traité conclu le 8 juillet 1332, dont on vient de parler; ainsi on peut commencer à compter ici cette année.

CHAPITRE LV.

Comment la guerre recommença entre le roi d'Angleterre et le roi d'Escosse et sur quel titre ; et comment messire Robert d'Artois vint en Angleterre.

Vous avez ouï bien recorder ci-dessus de la guerre du roi Robert d'Escosse et du roi d'Angleterre, et comment unes trèves furent prises à durer trois ans, et là dedans ce roi Robert mourut, et en après du mariage qui fut fait de la sœur au roi d'Angleterre et du fils ce roi Robert, qui fut roi d'Escosse après la mort de son père, et l'appeloit-on le roi David[1]. Le temps que ces trèves durèrent, et encore un an après ou environ, furent les Escots et les Anglois bien à paix; ce que on n'avoit point vu par avant, passé avoit deux cents ans, qu'ils ne se fussent guerroyés et hariés. Or avint que le jeune roi d'Angleterre fut informé que le roi d'Escosse son serourge étoit saisi de Bervich qui devoit être de son royaume, et que le roi Édouard son ayeul l'avoit toujours tenue paisiblement et franchement, et son père après, un grand temps; et fut informé que le royaume d'Escosse mouvoit de lui en fief, et que le jeune roi d'Escosse son serourge ne l'avoit encore relevé, ni fait son hommage[2]. Il en eut indignation, et envoya

[1] Ce morceau, concernant la guerre d'Écosse, est très incomplet : Froissart omet les événements les plus importans et ne raconte que ceux auxquels Édouard prit part ouvertement. Il ne parle point de l'expédition qu'Édouard Balliol, fils de Jean, détrôné trente-huit ans auparavant par Édouard 1er, fit contre David Bruce, à l'instigation d'Édouard III, qui vouloit anéantir le traité conclu avec l'Écosse la première année de son règne. Il nous laisse ignorer les différentes victoires que Balliol, aidé secrètement par Édouard III, remporta sur David Bruce qui fut enfin obligé d'aller avec sa femme chercher un asile en France. Il ne parle point non plus du couronnement du même Balliol à Scone, au mois de septembre 1332, ni de l'hommage que ce prince rendit au roi d'Angleterre pour le royaume d'Écosse, ni de la cession qu'il lui fit de Berwick, le 23 novembre de cette même année 1332, ni de plusieurs autres faits qui méritaient bien d'être racontés. Froissart, ou plutôt Jean-le-Bel, les ignoroit sans doute, puisqu'il passe subitement, sans même les indiquer, à la rupture ouverte entre l'Angleterre et l'Écosse, rupture qui ne fut déclarée que le 30 mars 1333; mais cette omission est suppléée par les historiens anglais tant anciens que modernes, par le continuateur de Nangis, etc.
[2] Cette phrase prouve que Froissart n'avait aucune connaissance du traité conclu le 1er mars 1328 entre Édouard III et Robert Bruce, par lequel Édouard renonça à toutes ses prétentions de suzeraineté sur l'Écosse, et qu'il ignorait entièrement les causes de la guerre dont il va raconter quelques événements.

assez tôt après grands messages et suffisans au jeune roi d'Escosse son serourge et à son conseil, et lui fit requérir qu'il voulût ôter sa main de la bonne cité de Bervich, et lui ressaisir; car c'étoit son héritage, et avoit été de ses devanciers rois d'Angleterre; et qu'il vînt à lui pour faire hommage du royaume d'Escosse, qu'il devoit tenir de lui en fief [1].

Le jeune roi David se conseilla à ses barons et à ceux de son pays, par grand'délibération; et quand il fut assez conseillé sur ces requêtes, il répondit aux messages et dit : « Seigneurs, nous et tous nos barons nous merveillons durement de ce que vous nous requérez de par le roi votre seigneur, car nous ne trouvons mie en nos anciens registres ni tenons que le royaume d'Escosse soit de rien sujet, ni doit être, au roi d'Angleterre, ni par hommage ni autrement; ni oncques messire le roi notre père, de bonne mémoire, ne voulut faire hommage à ses devanciers rois d'Angleterre, pour guerre qu'on lui en fît; aussi n'ai-je point conseil ni volonté du faire. En après, notre père le roi Robert conquit la cité de Bervich [2], par droite guerre, sur le roi d'Angleterre son père, et la tint tout le cours de sa vie, comme son bon héritage ; aussi le pensé-je bien à tenir, et en ferai mon pouvoir. Si vous requiers que vous veuillez prier au roi, de qui la sœur nous avons, qu'il nous veuille laisser en cette franchise que nos devanciers ont été, et jouir de ce que le roi notre père conquit et maintint toute sa vie paisiblement, et que encontre ne veuille croire nul mauvais conseil; car si un autre nous vouloit faire tort, si nous devroit-il aider à défendre, pour l'amour de sa sœur que nous avons à femme. »

[1] Les historiens anglais ne disent point, comme Froissart, qu'Édouard fit sommer David Bruce de lui livrer Berwick et de reconnaître sa suzeraineté sur le royaume d'Écosse; mais leur silence ne paraît pas suffisant pour faire rejeter son récit. Il est possible qu'Édouard, avant de se déclarer ouvertement pour Balliol, ait tenté d'obtenir de David et de la régence d'Écosse la réformation d'un traité humiliant pour lui, et les mêmes conditions que Balliol lui offrait : il est même très probable qu'Édouard, à ce prix, eût mieux aimé voir la couronne d'Écosse sur la tête de son beau-frère, trop jeune encore pour gouverner par lui-même, que sur celle d'un prince dans la vigueur de l'âge, et qui annonçait du courage et des talens.

[2] Robert Bruce conquit en effet Berwick sur Édouard II, en 1319.

Les messages répondirent : « Sire, nous avons bien entendu votre réponse; si la rapporterons à notre sire le roi, en telle manière que dit l'avez. » Puis prindrent congé et revindrent arrière à leur seigneur le roi d'Angleterre et à son conseil. Si recordèrent toutes les paroles que le jeune roi d'Escosse avoit répondu à leur requête. Lequel rapport ne plut mie bien au roi Édouard ni à son conseil ; ainçois fit mander à Londres à un jour de parlement tous ses barons, chevaliers et conseils des bonnes villes de son royaume, pour avoir sur ce conseil et mûre délibération.

Ce terme pendant vint messire Robert d'Artois de Brabant en Angleterre [1], en guise de marchand, qui étoit déchassé du roi Philippe de France, si comme vous avez ouï; et lui avoit le duc de Brabant conseillé qu'il se traist cette part, au cas qu'il ne pourroit nulle part demeurer paisiblement en France ni en l'Empire. Si le reçut le jeune roi anglois liement, et le retint volontiers de-lez lui et de son conseil; et lui assigna le comté de Richemont [2] qui avoit été à ses devanciers.

[1] Froissart a été mal informé de la date de la retraite de Robert d'Artois en Angleterre : on ne peut la placer avant le commencement de l'année 1334, puisqu'il est certain que ce prince était encore malade à Namur aux fêtes de Noël de l'année 1333.

[2] Il n'est point fait mention de Robert d'Artois dans la généalogie des comtes de Richmond, insérée dans le 1er volume du *Monasticon Anglicanum*. A Jean de Bretagne, comte de Richmond, mort le 17 janvier 1333, succède immédiatement Jean, duc de Bretagne, son neveu, qui posséda ce comté jusqu'au mois d'avril 1341, date de sa mort. Alors Édouard mit le comté de Richmond sous sa main et en affecta les revenus à l'entretien de Leonnel, de Jean, de Jeanne et d'Isabelle ses enfans. Ces actes, publiés par Rymer, sont datés, l'un du 16, l'autre du 19 mai 1341. Ainsi Froissart se trompe quand il dit qu'Édouard donna le comté de Richmond à Robert d'Artois.

Dugdale est aussi opposé ici à Froissart. « Dans la première année du règne d'Édouard III, dit-il (*Baronage*, vol. 1, p. 46), Jean, duc de Bretagne, obtint la permission de céder le comté de Richmond, avec le château de Richmond et le château de Bowes à Arthur, son frère et héritier : à la mort de Jean de Bretagne, Jean de Dreux, fils d'Arthur, rendit hommage, pour ce comté de Richmond. Il mourut le 16 mai dans la quinzième année du règne d'Édouard III. Jean, duc de Bretagne et comte de Montfort, rendit bientôt hommage pour ce comté, qui continua dans cette famille jusqu'à Jean dit le Vaillant. Celui-ci s'étant uni au roi de France, et ayant ainsi manqué à son allégeance, ce comté lui fut confisqué dans la seconde année du règne de Richard II. »

Or reviendrai aux dessus dits parlements qui furent à Londres sur l'état du royaume d'Escosse.

CHAPITRE LVI.

Comment tout le conseil et le commun d'Angleterre conseillèrent le roi Édouard qu'il allât soumettre le roi d'Escosse, et qu'ils étoient tous désirans d'aller avec lui.

Quand le jour de parlement approcha que le roi Anglois avoit établi, et tout le pays fut assemblé au mandement du roi à Londres, le roi leur fit démontrer comment il avoit requis au roi d'Escosse son serourge qu'il voulût ôter sa main de Bervich qu'il détenoit, et qu'il voulût venir faire hommage à lui de son royaume d'Escosse, ainsi qu'il devoit, et comment le roi d'Escosse avoit répondu à ses messagers. Si pria à tous que chacun le voulût sur ce si conseiller que son honneur y fût gardée. Tous les barons, les chevaliers et les conseils des cités et des bonnes villes, et tout le commun pays, se conseillèrent et rapportèrent leur conseil tous d'un commun accord; lequel conseil fut tel : que il leur sembloit que le roi ne pouvoit plus porter par honneur les torts que le roi d'Escosse lui faisoit. Ainçois conseillèrent que le roi se pourvût si efforcément qu'il pût ravoir la bonne cité de Bervich, et qu'il pût entrer au royaume d'Escosse si puissamment, qu'il pût si contraindre le roi d'Escosse qu'il fût tout joyeux quand il pourroit venir à son hommage et à satisfaction. Et dirent qu'ils étoient tous désirans d'aller avec lui à son commandement.

Le roi Édouard fut moult joyeux de cette réponse, car il voyoit la bonne volonté de ses gens : si les en regracia moult grandement, et leur pria que chacun fût appareillé selon son état; et fussent à un jour, qui adonc fut nommé, droit à Neuf-Châtel sur Tyne, pour aller reconquérir les droitures appartenans à son royaume d'Angleterre. Chacun s'abaudonna à cette requête et en ralla en son lieu pour lui pourvoir, selon son état; et le roi se fit pourvoir et appareiller si suffisamment que à telle besogne appartenoit. Si envoya encore autres messages à son dit serourge pour le suffisamment sommer, et après pour défier, s'il étoit autrement conseillé.

CHAPITRE LVII.

Comment le roi anglois entra en Escosse où il ardit et gâta grand'partie d'Escosse et prit plusieurs châteaux et villes qu'il retint pour lui.

Le jour qui dénommé étoit approcha, et vint le roi Édouard atout son ost au Neuf-Châtel [1]. Si attendit par trois jours ses gens qui venoient en suivant l'ost. Au quart jour il s'en partit et s'en alla atout son ost pardevers Escosse, et passa la terre du seigneur de Percy et de celui de Nuefville [2], qui sont deux grands barons en Northonbrelande, et marchissent aux Escots; et aussi font le sire de Ros, le sire de Lucy et le sire de Moutbray. Si se traist le roi anglois, et tout son ost, pardevers la cité de Bervich; car autrement n'avoit voulu le roi d'Escosse répondre aux seconds messages qu'il avoit fait aux premiers [3] : si étoit sommé et défié. Tant exploita le roi anglois atout son grand ost qu'il entra en Escosse, et passa la rivière qui départ Escosse et Angleterre [4]; et n'eut mie conseil de s'arrêter adonc devant Bervich, mais de chevaucher avant et ardoir et exiller le pays, si comme son ayeul avoit fait jadis. Si exploita tant en cette chevauchée qu'il foula grandement toute la plaine d'Escosse, et ardit et exilla moult de villes fermées de fossés et de palis, et prit le fort châtel de Hedaimbourch, et y mit gens et gardiens de par lui, et passa la seconde rivière d'Escosse [5] dessous Eturmelin; et coururent ses gens tout le pays de là environ, jusques à Saint-Jehanstone [6] et jusques en Abredane [7]; et ardirent et exillèrent la bonne ville de Dunfremeline : mais ils ne firent nul mal à l'abbaye, car le roi la défendit; et conquirent tout le pays jusques à Dondie et jusques à Donbreton, un très fort château sur la marche de la sauvage Escosse [8] où le roi étoit retrait et la roine sa femme [9]. Ni nul n'alloit audevant des Anglois; mais s'étoient mis et retraits tous dedans les forêts de

---

[1] Édouard dut arriver à Newcastle vers le milieu d'avril 1333. — [2] Nevill.

[3] Ce que Froissart dit du roi d'Écosse, doit s'entendre du régent; car David Bruce s'était retiré en France dès l'année précédente. — [4] La Tweed.

[5] Le Forth, sur lequel Stirling est situé.

[6] Aujourd'hui Perth. Les traducteurs anglais substituent Scone, ancien palais des rois d'Écosse près de Perth.

[7] Aberdeen.

[8] C'est-à-dire limitrophe des Highlands.

[9] Le roi et la reine étaient alors en France comme on vient de le remarquer.

Gedours[1], qui sont inhabitables pour ceux qui ne connoissent le pays; et avoient là retrait tout le leur et mis à sauveté, et ne faisoient compte du demeurant.

Ce n'étoit mie merveille s'ils étoient ébahis et fuyoient devant les Anglois; car ils n'avoient nul bon capitaine ni sage gouverneur, si comme ils avoient eu au temps passé. Premièrement le roi David étoit jeune en l'âge de quinze ou seize ans; le comte de Moray encore plus jeune, et un damoisel qui s'appeloit Guillaume de Douglas, neveu à celui qui étoit demeuré en Espagne, de tel âge[2] : si que le pays et le royaume d'Escosse étoit tout dépourvu de bon conseil pour aller ni résister contre les Anglois, qui adonc étoient entrés si puissamment en Escosse. Parquoi la plaine Escosse fut toute courue, arse et gâtée, et plusieurs bons châteaux pris et conquis et que le roi anglois retint pour lui; et se avisa que par ceux il guerroieroit le remenant, et contraindroit ses ennemis du leur même.

CHAPITRE LVIII.

Comment le roi d'Angleterre mit le siége devant Bervich et comment ceux de la cité se rendirent à lui.

Quand le roi anglois eut été et séjourné, couru et chevauché la plaine Escosse, et arrêté au pays l'espace de six mois et plus, et[3] il vit que nul ne venoit contre lui pour voir son emprise, il se retraist tout bellement pardevers Bervich. Mais à son retour il conquit et gagna le châtel de Dalquise[1], qui est de l'héritage du comte de Douglas, et sied à cinq lieues de Hedaimbourg, et y ordonna châtellain et bonnes gardes pour le garder, et puis chevaucha à petites journées, et fit tant qu'il s'en vint devant la bonne et forte cité de Bervich, qui est à l'entrée d'Escosse et à l'issue du royaume de Northonbrelande. Si l'assiégea et environna le roi de tous points, et dit que jamais n'en partiroit, si l'auroit à sa volonté, non si le roi d'Escosse ne le venoit combattre et lever par force.

Si se tint le roi grand temps devant Bervich, ainçois qu'il la pût avoir; car la cité est durement forte et bien fermée, et environnée d'un côté d'un bras de mer, et si avoit dedans bonnes gens en garnison de par le roi d'Escosse, pour la garder et défendre et conseiller les bourgeois de la cité[2].

Si vous dis qu'il y eut pardevant Bervich, pendant le terme que le roi y sist, maint assaut et maint hutin, maintes dures escarmouches et presque tous les jours, et mainte appertise d'armes faite; car ceux de dedans ne se vouloient mie rendre simplement, et cuidoient toujours être confortés; mais nul apparant n'en fut. Bien est vérité que aucuns preux chevaliers et bache-

---

[1] Il s'agit ici de la forêt de Jedworth, dans le comté de Roxborough. On sait qu'autrefois toute la Marche (Borders) de l'Écosse étoit garnie de forêts très épaisses dans lesquelles se retiroient les bandes accoutumées à faire de temps à autres des excursions sur le sol anglais. Ces forêts s'étendaient sur les bords de la Jed, de la Tiviot, de l'Etterick, et pouvaient fort bien aller rejoindre celles du comté d'Ayr. Cette Marche est le pays classique des ballades historiques écossaises. Dans une charte accordée par Guillaume-le-Lion, roi d'Écosse, dans l'année 1165, à l'abbé et aux moines de Jedburgh, on emploie indistinctement les noms de Jedworth et de Jedburgh; le nom de Jedburgh a seul prévalu par la suite. Le nom s'écrit quelquefois par un G et dérive, dit-on, de *Gaderic*, ancienne tribu qui habitait tout le pays qui s'étend entre le Northumberland et la Tiviot : c'étoit peut-être le chef-lieu de cette tribu, et cela lui aura fait prendre le nom de Gadburgh ou Jedburgh (sir J. Sainclair, *Statistical account of Scotland*, p. 1, number 1). La paroisse de Jedburgh est renfermée dans le comté de Roxburgh ou Tiviot-dale.

[2] Jacques Douglas, mentionné dans les premiers chapitres.

[3] Tout ce récit de Froissart est fort inexact; voici ce qu'en dit lord Hailes dans ses annales : « Édouard paraît avoir passé le 7 mai à Belfort dans sa marche vers le nord. Il est donc probable qu'un ou deux jours après il a pu aller à Berwick. Froissart raconte qu'Édouard laissa Balliol avec ses troupes devant Berwick pour envahir l'Écosse, ravager le pays, pénétrer jusqu'à Dundee, et que de là il traversa le pays pour se rendre à Dunbarton; qu'il prit les châteaux d'Édimbourg et de Dalkeith, y mit garnison, et qu'après avoir employé six mois à cette expédition, il alla reprendre le siége de Berwick. Ce récit a été copié par plusieurs historiens qui n'ont pas su distinguer quand Froissart était bien ou mal informé. Le fait est que Froissart a placé en 1333 des événements qui, pour la plupart, n'eurent lieu que plus tard. Cette époque de six mois est une chose tout-à-fait impossible, car Édouard ne se rendit au siége de Berwick qu'au mois de mai, et la place se rendit le 20 juillet. Il paraît de plus par les *Fædera*, qu'Édouard se trouvait dans les environs de Berwick le 27 et 30 mai, les 2, 4, 5, 6, 8, 26 juin et les 2, 6 et 15 juillet, de manière qu'il n'a pu être absent même trois semaines, et il n'est pas même probable qu'il ait jamais quitté le siége. Une invasion de l'Écosse à ce moment n'aurait pu être utile pour la conquête de ce pays, et en divisant l'armée, elle eût pu avoir de funestes conséquences. »

[1] Dalkeith.

[2] Patrick Dunbar, comte de la Marche, et Guillaume Keith commandaient dans Berwick.

liers d'Escosse chevauchoient à la fois et venoient par vesprées et par ajournements[1] réveiller l'ost des anglois; mais petit y faisoit, car l'ost du roi Anglois étoit si suffisamment bien gardé et eschaugueté, et par si bonne manière, et par si grand avis, que les Escots n'y pouvoient entrer, fors à leur dommage, et y perdoient souvent de leurs gens.

Quand ceux de Bervich virent qu'ils ne seroient secourus ni confortés de nul côté, et aussi que le roi anglois ne partiroit point de là si en auroit eu sa volonté, et que vivres leur appétiçoient, et leur étoient clos les pas de la mer et de terre, parquoi nul ne leur en pouvoit venir, si se commencèrent à aviser, et envoyèrent traiter pardevers le roi anglois qu'il leur voulût donner et accorder une trève à durer un mois; et si dedans ce mois le roi David leur sire, ou autre pour lui, ne venoit là si fort qu'il levât le siége, ils rendroient la cité, sauf leurs corps et leurs biens, et que les soudoyers qui dedans étoient s'en pussent aller s'ils vouloient en leur pays d'Escosse, sans recevoir point de dommage.

Le roi anglois et son conseil entendirent à ce traité; et ne fut mie sitôt accordé, car le roi anglois les vouloit avoir simplement, pour faire des aucuns sa volonté, pourtant qu'ils s'étoient tant tenus contre lui; mais finalement il s'accorda à ce, par le bon avis et conseil qu'il eut de ses hommes; et aussi messire Robert d'Artois y rendit grand'peine, qui avoit été en ces chevauchées toujours avec lui[2], et qui lui avoit jà dit et montré par plusieurs claires voies combien prochain il étoit de la couronne de France, dont il se devoit tenir héritier par la succession du roi Charles son oncle dernièrement trépassé. Si eût vu volontiers le dit messire Robert que le roi anglois mût guerre aux François, pour lui contrevenger des dépits que on lui avoit faits, et que le roi se fût parti d'Escosse, à quelque meschef que ce fût, et retrait vers Londres. Si que ces paroles et plusieurs autres inclinèrent le roi à ce que ce traité de Bervich se passât. Et furent les trèves accordées de ceux de dehors à ceux de dedans, le mois tout accompli[3]; et le

signifièrent ceux de Bervich à ceux de leur côté bien et à point, au roi d'Escosse leur seigneur et à son conseil, qui ne purent voir ni imaginer voie ni tour qu'ils fussent forts pour combattre le roi anglois ni lever le siége. Si demeura la chose en cet état, et fut la cité de Bervich rendue au chef d'un mois au roi anglois, et aussi le châtel qui moult est bel et moult fort au dehors de la cité; et en prit le maréchal de l'ost la saisine et la possession de par le roi anglois; et vinrent les bourgeois de la cité en l'ost faire hommage et féauté au dit roi, et jurèrent et reconnurent à tenir la cité de Bervich de lui. Après y entra le roi à grand'solennité de trompes et de nacaires, cornemuses, claronceaux et tambourins; et y séjourna depuis douze jours; et y établit un chevalier à gardien et à souverain, qui s'appeloit messire Édouard de Bailleul[1]; et quand il se partit de Bervich, il laissa avec le dit chevalier plusieurs jeunes chevaliers et écuyers, pour aider à garder la terre conquise sur les Escots et les frontières d'icelui pays. Si s'en retourna le roi vers Londres et donna à toutes manières de gens congé, et s'en ralla chacun en son lieu; et lui-même s'en revint à Windsore, où le plus volontiers se tenoit, et messire Robert d'Artois de-lez lui, qui ne cessoit nuit ni jour de lui remontrer quel droit il avoit à la couronne de France, et le roi y entendoit volontiers.

CHAPITRE LIX.

Comment messire Guillaume de Montagu et messire Gautier de Mauny se portèrent vaillamment contre les Escots, dont ils furent grandement en la grâce du roi Édouard.

Ainsi alla en ce temps de la chevauchée du roi anglois sur les Escots : il gâta et exilla la

---

[1] C'est-à-dire le soir et le matin à la pointe du jour.
[2] Robert d'Artois était encore en France quand Édouard fit le siége de Berwick : il ne passa en Angleterre que vers le commencement de l'année suivante 1334.
[3] La trève, ou plutôt la suspension d'armes arrêtée entre le roi d'Angleterre, Patrick Dunbar, comte de la Marche, et Guillaume Keith, fut signée les 15 et 16 juillet, pour durer jusqu'au 20 du même mois, jour de sainte Marguerite, au lever du soleil. Ainsi la suspension dura environ 5 jours, et non pas un mois, comme le dit Froissart. Il fut stipulé dans le traité que si, durant cet intervalle, les Écossais ne venaient pas assez en force pour faire lever le siége, la ville et le château se rendraient, sauf la vie et les biens des habitans et de la garnison. L'armée écossaise s'avança le 19 juillet jusqu'à Halidon-Hill pour secourir Berwick; mais elle fut mise en déroute avec une perte considérable, et Berwick ouvrit ses portes à Édouard.

[1] Balliol, dont Froissart parle ici comme d'un simple chevalier, était dès lors reconnu pour roi d'Écosse par une partie de la nation et par Édouard III.

plus grand'partie de leur pays, et y prit plusieurs forts châteaux que ses gens obtinrent sur les Escots depuis un grand temps, et principalement la bonne cité de Bervich. Et étoient demeurés de par le roi anglois, pour tenir les frontières, plusieurs apperts chevaliers, bacheliers et écuyers, entre lesquels messire Guillaume de Montagu et messire Gautier de Mauny sont bien à ramentevoir; car de la partie des Anglois ces deux en avoient toute la huée; et faisoient souvent sur les Escots des hardies entreprises de belles chevauchées, de mêlées et de hutins; et par usage le plus ils gagnoient sur eux; dont ils acquirent grand'grâce devers le roi et les barons d'Angleterre. Et pour mieux avoir leur entrée et leur issue en Escosse et maîtriser le pays, messire Guillaume de Montagu qui fut appert, hardi et entreprenant chevalier durement, fortifia la bastide[1] de Rochebourch sur la marche d'Escosse, et en fit un bon châtel pour tenir contre tout homme; de quoi le roi anglois lui en sut grand gré, et acquit si grand'renommée et si grand'grâce en ces entreprises du roi Édouard, que le roi le fit comte de Salebery, et le maria moult hautement et noblement. Aussi fit messire Gautier de Mauny, qui devint en ces chevauchées chevalier, et fut retenu du plus grand conseil du roi et moult avancé en sa cour. Et fit depuis le dit messire Gautier tant de belles appertises et de grands faits d'armes, si comme vous orrez avant en l'histoire, que ce livre est moult renluminé de ses prouesses.

Bien est vrai que aucuns chevaliers d'Escosse faisoient souvent ennui aux Anglois, et se tenoient toujours pardevers le sauvage pays d'Escosse, entre grands marais et grands forêts; et là nul ne les pouvoit suir; et suivoient aucune fois les Anglois de si près que tous les jours y avoit poingnis ou hutin. Et toujours messire Guillaume de Montagu et messire Gautier de Mauny, adonc nouvel chevalier, y étoient renommés pour les mieux faisans et les plus aventureux; et y perdit à ces hutins et poingnis le dit messire Guillaume de Montagu, qui étoit hardi et dur chevalier merveilleusement, un œil pour ses hardies entreprises.

En ces grands marais et ces grands forêts là où ces seigneurs d'Escosse se tenoient, s'étoit jadis le preux roi Robert d'Escosse tenu par plusieurs fois, quand le roi Édouard, ayeul à celui dont nous parlons présentement, l'avoit déconfit, et conquis tout le royaume d'Escosse. Et plusieurs fois fut-il si mené et si déchassé que il ne trouvoit aucun en son royaume qui l'osât herberger, ni soutenir en châtel, ni en forteresse, pour doute de ce roi Édouard, qui avoit si nettement conquis toute Escosse qu'il n'y avoit ville, ni châtel, ni forteresse qui n'obéît à lui. Et quand ce roi Édouard étoit arrière revenu en Angleterre, ce preux roi Robert rassembloit gens, quelque part qu'il les pouvoit trouver, et reconquéroit ses châteaux, forteresses et ses bonnes villes, jusques à Bervich, les unes par force et bataille, les autres par beau parler et par amour. Et quand le roi Édouard le savoit, il en avoit grand dépit, et faisoit semondre son ost, et ne cessoit jusques à tant qu'il avoit de rechef déconfit et reconquis le royaume d'Escosse comme devant.

Ainsi avint entre ces deux rois, si comme j'ai ouï recorder, que ce roi Robert reconquit son royaume par cinq fois. Et ainsi se maintinrent ces deux rois, que on tenoit en leur temps pour les deux plus preux du monde, tant que le bon roi Édouard fût trépassé. Et trépassa en la bonne cité de Bervich[1] : et avant qu'il mourût il fit appeler son aîns-né fils, qui fut roi après lui, pardevant tous ses hommes, et lui fit jurer sur saints que, sitôt qu'il seroit trépassé, il le feroit bouillir en une chaudière, tant que la chair se partiroit des os, et feroit la chair mettre en terre et garderoit les os; et toutes fois que les Escots rebelleroient contre lui, il semonceroit ses gens et assembleroit, et porteroit avec lui les os de son père : car il tenoit fermement que, tant qu'il auroit ses os avec lui, les Escots n'auroient point victoire contre lui[2]. Lequel n'accomplit mie ce qu'il avoit juré; ains fit son père rapporter à Londres, et là ensevelir contre son serment; de quoi il lui meschey depuis en plusieurs ma-

---

[1] On appeloit ainsi une ville nouvellement bâtie. Ce mot signifie dans le midi une maison de campagne.

[1] Édouard 1er mourut à Burgh-on-the-sands le 7 juillet 1307, à l'âge de 68 ans.
[2] Dans le onzième siècle le Cid avait exprimé un vœu à peu près semblable. Il commanda par son testament qu'on le plaçât revêtu de ses armes sur son bon cheval Babieca. (*Romancero del Cid.*)

nières, si comme vous avez ouï ; et premièrement à la bataille d'Esturmelin où les Escots eurent victoire contre lui.

CHAPITRE LX.

Comment le roi de France alla voir le pape en Avignon, et comment, à la prédication du pape, il prit la croix pour aller outre mer; et aussi fit le roi de Behaigne, le roi de Navarre et le roi d'Arragon.

Après que le jeune roi d'Angleterre eut fait hommage au roi Philippe de France de la comté de Ponthieu et de tout ce qui lui appartenoit à faire, eut le roi Philippe grâce et dévotion de venir voir le saint père, pape Benedict[1], qui pour le temps régnoit et se tenoit en Avignon, et de visiter une partie de son royaume, pour lui déduire et ébattre, et pour apprendre à connoître ses cités, ses villes et ses châteaux, et les nobles de son royaume[2]. Si fit faire en cette instance ses pourvéances grandes et grosses, et se partit de Paris, en très grand arroi, le roi de Behaigne et le roi de Navarre en sa compagnie, et aussi grand'foison de ducs et de comtes et de seigneurs ; car il tenoit grand état et étoffé, et faisoit grands livrées et grands dépens. Si chevaucha le roi ainsi parmi Bourgogne ; et fit tant par ses journées qu'il vint en Avignon, où il fut moult solennellement reçu du saint père et de tout le collége ; et l'honorèrent le plus qu'ils purent ; et fut depuis grand terme là environ avec le pape et les cardinaux ; et se logeoit à Ville Neufve près d'Avignon. Si vint le roi d'Arragon[3] en ce même temps aussi en cour de Rome, pour le voir et fêter, et y eut grands fêtes et grands solennités à leurs approchemens et à leurs assemblées ; et furent là tout le carême ensuivant. Dont il avint que certaines nouvelles vinrent en cour de Rome, que les ennemis de Dieu étoient trop fort rebellés contre la sainte terre, et avoient presque tout reconquis le royaume de Rasse[1], et pris le roi[2] qui s'étoit de son temps chrétienné, et fait mourir à grand meschef ; et menaçoient encore les incrédules grandement sainte chrétienté. De ces nouvelles fut le pape bien courroucé : ce fut raison, car il étoit chef de l'église, à qui tout bon chrétien se doit rallier.

Si prêcha le jour du saint vendredi[3], présens les rois dessus nommés, la digne souffrance de Notre Seigneur, et enmorta et remontra grandement la croix à prendre, pour aller contre les ennemis de Dieu ; et si humblement et si doucement forma la prédication, que le roi de France, mu de grand'pitié, prit la croix[4], et requit au saint père qu'il lui voulût accorder. Adonc pape Benedict, qui vit la bonne volonté du roi de France, lui accorda bénignement et la confirma, par condition que il absolvoit de peine et de coulpe, vrais confès et vrais repentans, le roi de France premièrement, et tous ceux qui iroient avec lui en ce saint voyage. Adonc par grand' dévotion, et pour l'amour du roi et lui tenir compagnie en ce pèlerinage, le roi Jean de Behaigne et le roi de Navarre[5] et le roi Pierre[6] d'Arragon la prirent, et grand'foison de ducs, de comtes et de chevaliers qui là étoient, et aussi quatre cardinaux, le cardinal de Naples[7], le cardinal de Pierregort[8], le cardinal Blanc[9] et le cardinal d'Ostie[10]. Si fut tantôt prêchée et

---

[1] Jacques Fournier, né dans le comté de Foix, pape sous le nom de Benoît XII.

[2] Les chroniques de France et le continuateur de Nangis fournissent des détails intéressans sur le voyage de Philippe de Valois, qu'ils placent avec raison sous l'année 1836 ; car il est certain que ce prince était à Avignon le 14 mars de cette année et qu'il était de retour à Paris le 22 mai suivant.

[3] D. Pèdre IV, qui venait de succéder à son père Alphonse IV, mort au mois de janvier.

[1] *Rasse* ou plutôt *Rascie*, en latin *Rascia*, ancien nom de la Servie, province de la Turquie d'Europe.

[2] Le roi dont il s'agit ici est probablement Étienne Vrosc, que son fils Étienne Duscian fit étrangler.

[3] Le 29 mars. Pâques était cette année le 31 de ce mois.

[4] Il voulut sans doute recevoir de nouveau la croix des mains du pape ; car il l'avait prise dès l'année 1333 à Paris, le vendredi 1er octobre, et avait ordonné qu'on prêchât la croisade dans tout son royaume.

[5] Philippe, comte d'Évreux, dit *le Bon* et *le Sage*, couronné à Pampelune le 5 mai 1328, et marié à Jeanne II, reine de Navarre, fille de Louis-le-Hutin et de Marguerite de Bourgogne.

[6] Pierre IV dit *le Cérémonieux*.

[7] Annibal Ceccano, archevêque de Naples, créé cardinal par Jean XXII en 1327.

[8] Talleyrand de Périgord, évêque d'Auxerre, créé cardinal par le même pape en 1321.

[9] Il paraît que Froissart traduit *Albano* par le mot françois *Blanc*, et qu'il veut parler de Gaucelin d'Eusa, évêque d'Albano, neveu de Jean XXII, qui le créa cardinal en 1316. Quelques manuscrits autorisent cette conjecture en désignant ce même cardinal que Froissart appelle le cardinal *Blanc*, par le nom de *Cardinal d'Albanne*.

[10] Bertrand Poyet, évêque d'Ostie, créé cardinal par le même pape et la même année que le précédent.

publiée par le monde; et venoit à tous seigneurs à grand'plaisance, et espécialement à ceux qui vouloient le temps employer en armes, et qui adonc ne le savoient bien raisonnablement où employer.

Quand le roi de France et les rois dessus nommés eurent été un grand temps de-lez le pape, et ils eurent jeté, avisé et confirmé la plus grand'partie de leurs besognes, ils se partirent de cour de Rome et prirent congé au saint père. Si s'en ralla le roi d'Arragon en son pays, et le roi de France et sa compagnie s'en vinrent à Montpelier; et là furent-ils grand temps; et fit adonc le roi Philippe une paix qui se mouvoit entre le roi d'Arragon et le roi de Mayogres[1]. Après cette paix faite, il retourna en France à petites journées et à grands dépens, visitant ses cités, ses villes, ses châteaux et ses forteresses, dont il avoit grand nombre, et repassa parmi Auvergne, parmi Berry, Beauce et parmi le Gastinois, et revint à Paris, où il fut reçu à grand'fête. Adonc étoit le royaume de France gras, plein et dru, et les gens riches et puissans de grand avoir ni on n'y savoit parler de nulle guerre.

CHAPITRE LXI.

Comment le roi de France fit faire son appareil et ses pourvéances pour aller outre mer contre les ennemis de Dieu.

Sur l'ordonnance de la croix, pour aller outre mer, que le roi de France avoit emprise et enchargée, et dont il se faisoit chef, s'avisèrent plusieurs seigneurs par le monde, et l'emprirent par grand'dévotion les aucuns; car le pape absolvoit tous ceux de peine et de coulpe qui en ce saint voyage iroient. Si fut la dite croix manifestée et prêchée par le monde, et venoit à plusieurs chevaliers bien à point, qui se désiroient à avancer. Si fit le roi Philippe, comme chef de cette emprise le plus grand et le plus bel appareil qui oncques eût été fait pour aller outre mer, ni du temps de Godefroy de Bouillon, ni d'autre; et avoit retenu et mis en certains ports, c'est à savoir, de Marseilles, d'Aiguemortes, de Lattes[1]. de Narbonne et d'environ Montpelier, telle quantité de vaisseaux, de nefs, de carakes, de hus, de cognes, de buissars, de galées[2] et de barges, comme pour passer et porter soixante mille hommes d'armes et leurs pourvénances; et les fit tout le temps pourvoir de biscuit, de vins, de douce yaue, de chairs salées, et de toutes autres choses nécessaires pour gens d'armes, et pour vivre, et si grand'plenté, comme pour durer trois ans, s'il étoit besoin. Et envoya encore le dit roi de France grands messages par devers le roi de Honguerie[3], qui étoit moult vaillant homme, en lui priant qu'il fût appareillé et ses pays ouverts pour recevoir les pélerins de Dieu. Ce roi de Honguerie y entendit volontiers, et dit qu'il étoit tout pourvu, et ses pays aussi, pour recevoir son cousin le roi de France et tous ceux qui avec lui iroient. Tout en telle manière le signifia le roi de France au roi de Chippre, monseigneur Hugues de Lusignan[4], un vaillant roi durement, et au roi de Sicile[5], qui volontiers y entendirent; et se pourvurent selon ce bien et suffisamment, à la prière et requête du roi de France. Encore envoya le dit roi devers les Vénitiens, en priant et réquérant que leurs mètes fussent ouvertes, gardées et pourvues. Cils obéirent volontiers au roi de France et accomplirent son mandement. Aussi firent les Gennevois[6] et tous ceux dessus la rivière de Gennes. Et fit le roi de France passer outre en l'île de Rhodes le grand prieur de France[7], pour aminister vivres et pourvéances sur leur mètes: et firent ceux de saint Jean[8], par accord avec les Vénitiens, pourvoir moult suffisamment l'île de Crète, qui est de leur seigneurie. Briévement chacun étoit appareillé et rebracié pour faire tout ce que bon étoit et sembloit, pour recueillir les pélerins de Dieu; et prirent plus de trois cent mille personnes la croix, pour aller outre mer en ce saint voyage.

---

[1] Jayme II, roi en 1324. Voici à quel propos cette paix s'était rompue. Pierre IV, roi d'Arragon, avait reçu l'hommage de Jayme II, pour son royaume de Majorque, et était allé rendre hommage du sien au pape, alors à Avignon. Pendant la cérémonie de l'entrée solennelle de ce prince, l'écuyer du roi Don Jayme donna, d'un air de mépris, un coup de fouet sur le cheval du roi d'Arragon; ce prince entra en fureur, mit l'épée à la main et voulait absolument tuer l'écuyer. On parvint à l'apaiser; mais il ne pardonna ni à l'écuyer ni à son maître, et finit par enlever les états de ce dernier.

[1] Latte, village du Bas-Languedoc, à une demi-lieue de Montpellier, sur un étang qui communique à la mer.
[2] Ce sont autant de noms de petits bâtimens de transport usités à cette époque. — [3] Charles Robert.
[4] Hugues IV de Lusignan.
[5] Pierre II, roi d'Arragon et de Sicile. —
[7] Florus de Fougerolles.
[8] Chevaliers de Saint-Jean-de-Jérusalem.

CHAPITRE LXII.

Comment le roi d'Angleterre envoya ses messages au comte de Hainaut pour avoir son conseil qu'il feroit du droit qu'il se disoit avoir en France.

En ce temps que cette croix étoit en si grand'fleur de renommée, et que on ne parloit ni devisoit-on d'autre chose, se tenoit messire Robert d'Artois en Angleterre, enchassé de France, delez le jeune roi Édouard, et avoit été avec lui au conquêt de Bervich et en plusieurs chevauchées d'Escosse. Si étoient nouvellement retournés en Angleterre; et ennortoit et conseilloit le dit messire Robert tempre et tard le roi qu'il voulût défier le roi de France qui tenoit son héritage à grand tort. Dont le roi eut plusieurs fois conseil par grand'délibération, à ceux qui étoient ses plus secrets et espéciaux conseillers, comment il se pourroit maintenir du tort qu'on lui avoit fait du royaume de France en sa jeunesse, qui par droite succession de proismeté devoit être sien par raison, ainsi que messire Robert d'Artois l'en avoit informé; et l'avoient les douze pairs et les barons de France donné à messire Philippe de Valois d'accord et ainsi comme par jugement, sans appeler ni ajourner partie adverse. Si n'en savoit le dit roi que penser; car ennuis ainsi le lairoit, si amender le pouvoit; et si il le challengeoit et le débat en émouvoit, et on lui denioit, si comme bien faire on pourroit, il s'en tint tout coi et point ne l'amendoit, ou son pouvoir n'en faisoit, plus que devant blâmé en seroit.

Et d'autre part il voyoit bien que, par lui ni par la puissance de son royaume, il ne pourroit mauvaisement mettre au dessous le grand royaume de France, s'il n'acquéroit des seigneurs puissans en l'Empire et d'autre part, par son or et par son argent. Si requéroit souvent à ses espéciaux conseillers qu'ils lui voulussent sur ce donner conseil et bon avis, car sans grand conseil il n'en vouloit plus avant entreprendre.

A la parfin, ses conseillers lui répondirent d'accord et lui dirent : « Cher sire, la besogne est de si haute entreprise que nous ne nous en oserions charger ni finalement conseiller; mais, cher sire, nous vous conseillerions, s'il vous plaisoit, que vous envoyassiez suffisans messages, bien informés de votre intention, à ce gentil comte de Hainaut de qui avez la fille, et à monseigneur Jean, son frère, qui si vaillamment vous a servi, en priant en amitié que sur ce ils vous veuillent conseiller; car mieux savent que à telle affaire affiert que nous ne savons; et si sont bien tenus de votre raison garder, pour l'amour de la dame que vous avez; et s'il est ainsi qu'ils s'accordent à votre entente, ils vous sauront bien conseiller de quels seigneurs vous vous pourrez bien aider, et lesquels, et comment vous les pourrez mieux acquérir. » — « A ce conseil, dit le roi, nous accordons-nous bien; car il me semble être bel et bon; et ainsi que conseillé m'avez sera fait. »

Adonc pria le roi à ce prélat, l'évêque de Lincolle, qu'il voulût entreprendre ce voyage à faire pour l'amour de lui, et à deux banderets[1] qui là étoient, et à deux clercs en droit aussi, qu'ils voulussent faire compagnie à l'évêque en ce voyage. Les dessus dits évêque, chevaliers banerets et clercs ne voulurent mie refuser la requête du roi, ains lui octroyèrent volontiers. Si s'appareillèrent le plutôt qu'ils purent, et partirent du roi et montèrent en mer. Adonc arrivèrent à Dunquerque : si reposèrent là tant que leurs chevaux fussent mis hors des vaisseaux, et puis se mirent en chemin et chevauchèrent parmi Flandre, et exploitèrent tant qu'ils vinrent à Valenciennes. Là trouvèrent-ils le comte Guillaume de Hainaut qui gissoit si malade de goutes artétiques[2] et de gravelle qu'il ne se pouvoit mouvoir; et trouvèrent aussi monseigneur Jean de Hainaut, son frère. S'ils furent grandement fêtés, ce ne fait point à demander. Quand ils furent si bien fêtés comme à eux appartenoit, ils contèrent au dit comte de Hainaut et à son frère leur entente, et pourquoi ils étoient à eux envoyés; et leur exprimèrent toutes les raisons et les doutes que le roi même avoit mises avant pardevant son conseil, si comme vous avez ouï recorder ci-desus.

CHAPITRE LXIII.

Quelle chose le comte de Hainaut conseilla aux messages du roi d'Angleterre; et comment ils s'en retournèrent en Angleterre et dirent au roi ce que le comte leur avoit conseillé.

Quand le comte de Hainaut eut ouï ce pourquoi ils étoient là envoyés, et il eut ouï les rai-

[1] Les deux banerets qui accompagnèrent Henri, évêque de Lincoln, furent Guillaume de Montagu, comte de Salisbury, et Guillaume de Clinton, comte de Huntingdon.
[2] Du mot grec Ἀρθρῖτις; *goutte, maladie dans les articulations.*

sons et les doutes que le roi anglois avoit mises avant à son conseil, il ne les ouït mie ennuis; ains dit que le roi n'étoit mie sans sens, quand il avoit ces raisons et ces doutes si bien considérés; car quand on veut entreprendre une grosse besogne, on doit aviser et considérer comment on la pourroit achever, et au plus près peser où l'on pourroit venir. Et dit ainsi le gentil comte : « Si le roi y peut parvenir, si m'aist Dieu! j'en aurois grand'joie; et peut-on bien penser que je l'aurois plus cher pour lui qui a ma fille, que je n'aurois pour le roi Philippe, qui ne m'a néant fait tout à point, combien que j'aie sa sœur épousée : car il m'a détourné couvertement le mariage du jeune duc de Brabant, qui devoit avoir épousé Isabelle ma fille, et l'a retenue pour une sienne autre fille; par quoi je ne faudrai mie à mon cher et amé fils le roi d'Angleterre, s'il trouve en son conseil qu'il le veuille entreprendre; ains lui aiderai-je de conseil et d'aide à mon loyal pouvoir. Aussi fera Jean mon frère qui là siéd, qui autrefois l'a servi. Mais sachez qu'il lui faudroit bien autre aide avoir plus forte que la nôtre; car Hainaut est un petit pays au regard du royaume de France, et Angleterre en gît trop loin pour nous secourir. » — « Certes vous nous donnez très bon conseil et nous montrez grand amour et grand'volonté, dont nous vous regracions, de par notre seigneur le roi, » ce dit l'évêque de Lincolle pour tous les autres. Et dit encore : « Cher sire, or nous conseillez desquels seigneurs notre sire se pourroit mieux aider et ès quels il se pourroit mieux fier, parquoi nous lui puissions rapporter votre conseil. » — « Sur l'âme de moi, répondit le comte, je ne saurois aviser seigneur si puissant pour lui aider en ces besognes comme seroit le duc de Brabant, qui est son cousin germain, aussi l'évêque de Liége, le duc de Guerles, qui a sa sœur à femme [1], l'archevêque de Cologne [2], le marquis de Juliers, messire Arnoul de Bakehen [3], et le sire de Fauquemont. Ce sont ceux qui auroient plus grand'foison de gens d'armes en bref temps, que seigneurs que je sache en nul pays du monde, et si sont très bons guerriers, et finiront bien, si ils veulent, de huit ou de dix mille armures de fer, mais que on leur donne de l'argent à l'avenant; et si sont seigneurs et gens qui gagnent volontiers. S'il étoit ainsi que le roi mon fils et votre sire eût acquis ces seigneurs que je dis, et il fût par deçà la mer, il pourroit bien aller requérir le roi Philippe outre la rivière d'Oise et combattre à lui. »

Ce conseil plut grandement à ces seigneurs d'Angleterre; puis prirent congé au comte de Hainaut et à monseigneur Jean son frère. Si s'en rallèrent vers Angleterre porter au roi le conseil qu'ils avoient trouvé au dessus dit comte et à son frère. Quand ils furent venus à Londres, le roi leur fit grand'fête, et ils lui racontèrent tout ce qu'ils avoient trouvé en conseil, et l'avis du gentil comte et de monseigneur son frère; dont le roi eut grand'joie et en fut grandement renforcé, quand il eut entendu ce que son sire lui eut mandé et conseillé.

Or vinrent ces nouvelles en France et monteplièrent petit à petit : que le roi anglois supposoit et entendoit avoir grand droit à la couronne de France; et fut le roi Philippe informé et avisé de ses plus espéciaux amis que, s'il alloit au voyage d'outre mer qu'il avoit empris, il mettroit son royaume en très grand'aventure, et qu'il ne pouvoit faire ni exploiter meilleur point que de garder ses gens et ce qui sien étoit, dont il tenoit la possession, et qui devoit retourner à ses enfans. Si se reffroida grandement de cette croix emprise et prêchée, et contremanda ses officiers qui ses pourvéances faisoient si grandes et si grosses que c'étoit merveilles, jusques à tant qu'il auroit vu de quel pied le roi anglois voudroit aller avant, qui mie ne se refroidoit de lui pourvoir et appareiller, selon le conseil que ses hommes lui avoient rapporté du comte de Hainaut. Et fit, assez tôt après ce qu'ils furent revenus en Angleterre, ordonner et appareiller dix chevaliers bannerets et quarante autres chevaliers, jeunes bacheliers, et les envoya à grands frais par deçà la mer, droit à Valenciennes, et l'évêque de Lincolle [1] qui fut moult vaillant

---

[1] Éléonore, sœur d'Édouard III, avait épousé Renault, duc de Gueldres. — [2] Valrame ou Valmare de Juliers.

[3] Il est nommé *Arnou de Blankenheym* dans les *Troph. de Brabant*, p. 426. Cette leçon paraît d'autant meilleure que l'individu nommé par Froissart *Arnoul de Bakehen* sera qualifié ci-après, chapitre 79, frère de Valrame de Juliers, archevêque de Cologne, et qu'il est certain que le comté de *Blankenheym* dans l'Eyffel appartenait à la maison de Juliers, à laquelle je ne crois pas qu'on connaisse aucune seigneurie nommée *Bakehen*.

[1] L'évêque de Lincoln avait deux adjoints particuliers qui stipulèrent avec lui dans les négociations, Guillaume

homme avec ceux, en cause que pour traiter à ces seigneurs de l'Empire que le comte de Hainaut leur avoit dénommés, et pour faire tout ce que il et messire Jean son frère en conseilleroient.

Quand ils furent venus à Valenciennes, chacun les regardoit à grand'merveille, pour le bel et grand état qu'ils maintenoient, sans rien épargner, néant plus que si le roi propre d'Angleterre y fût en propre personne; dont ils acquéroient grand'grâce et grand'renommée. Et si y avoit entr'eux plusieurs bacheliers qui avoient chacun un œil couvert de drap vermeil, pourquoi il n'en put voir; et disoit-on que ceux avoient voué entre dames de leur pays, que jamais ne verroient que d'un œil jusqu'à ce qu'ils auroient fait aucunes prouesses de leurs corps au royaume de France[1]; lesquels ils ne vouloient mie connoître à ceux qui leur en demandoient : si en avoit chacun grand'merveille.

Quand ils furent assez fêtés et honorés à Valenciennes, du comte de Hainaut, de monseigneur Jean son frère et des seigneurs et chevaliers du pays et aussi des bourgeois et des dames de Valenciennes, le dit évêque de Lincolle et la plus grand'partie de eux se trairent pardevers le duc de Brabant, par le conseil du comte dessusdit. Si les fêta le duc assez suffisamment, car bien le savoit faire; et puis s'accordèrent si bellement au duc que il leur enconvenança de soutenir le roi son cousin et toutes ses gens en son pays[2]; car faire

de Montagu, comte de Salisbury, et Guillaume Clinton, comte de Huntingdon. Les autres chevaliers qui l'accompagnaient n'étaient sans doute destinés qu'à donner plus d'éclat à l'ambassade; car on ne les trouve nommés dans aucun des traités. Les ambassadeurs et leur cortége arrivèrent vraisemblablement à Valenciennes dans les premiers jours de mai : il est du moins certain qu'ils y étaient le 12 de ce mois.

[1] Avant les entreprises périlleuses, les chevaliers s'engageaient assez ordinairement, par des vœux dont rien ne pouvait les dispenser, à faire quelque action d'éclat, souvent même de témérité; et comme les plus braves se piquaient d'enchérir les uns sur les autres, la valeur leur dictait quelquefois des vœux singuliers tels que celui dont il s'agit ici, et d'autres encore plus bizarres. On en trouvera un grand nombre d'exemples dans les *Mémoires sur l'ancienne chevalerie*, par M. de la Curne de Sainte-Palaye.

[2] On ne trouve point dans Rymer le traité fait alors entre le duc de Brabant et les ambassadeurs d'Angleterre; mais on y voit plusieurs actes qui le supposent conclu; entre autres, une promesse d'Édouard, datée du 8 juin de cette année, de payer audit duc de Brabant la somme de dix mille livres sterling, pour des raisons

le devoit et étoit son cousin germain : si pouvoit venir, aller et demeurer, armé et désarmé, toutes fois qu'il lui plairoit. Et avec ce il leur enconvenança par tout son conseil, et parmi une certaine somme de florins, que si le roi anglois son cousin vouloit le roi de France défier suffisamment et entrer à force en son royaume, et s'il pouvoit avoir l'accord et l'aide de ces seigneurs d'Allemagne dessus nommés, il le défieroit aussi et iroit avec lui atout mille armures de fer. Ainsi leur eut-il en convent par sa créance, de quoi il chancela et détria puis assez, si comme vous orrez avant en l'histoire.

CHAPITRE LXIV.

Comment les seigneurs d'Angleterre firent alliance avec le duc de Guelres, le marquis de Juliers, l'archevêque de Cologne et le sire de Fauquemont.

Adonc furent ces seigneurs d'Angleterre moult aises; car il leur sembla qu'ils avoient moult bien besogné, tant comme au duc. Si s'en retournèrent à Valenciennes, et firent par messages, et par l'or et l'argent de leur seigneur, tant que le duc de Guerles, se rourge du di troi, le marquis de Juliers, pour lui et pour l'archevêque de Cologne Walerant son frère, et le sire de Fauquemont vinrent à Valenciennes parler à eux, pardevant le comte de Hainaut, qui ne pouvoit mais chevaucher ni aller, et pardevant monseigneur Jean son frère. Et exploitèrent si bien devers eux, parmi grands sommes de florins que chacun devoit avoir pour lui et pour ses gens, qu'ils leur enconvenancèrent de défier le roi de France avec le roi anglois quand il lui plairoit, et que chacun d'eux le serviroit à un certain nombre de gens d'armes à heaumes couronnés[1]. En ce temps parloit-on de heaumes couronnés; et ne faisoient les seigneurs nul compte d'autres gens d'armes, s'ils n'étoient à heaumes et à tymbres couronnés. Or est cet état tout devenu autre maintenant que on parle de bassinets, de lances ou de glaives, de haches et de jaques[2]; et vous

qu'on ne spécifie point; et une obligation, en date du 1er juillet suivant, de lui payer soixante mille livres sterling à certains termes; enfin, des lettres par lesquelles il s'engage à prendre à sa solde, dès qu'il sera arrivé sur les frontières d'Allemagne, douze cents hommes d'armes que lui fournira le duc de Brabant.

[1] Ces différens traités, rapportés par Rymer, sont datés des 24 et 27 mai et du 1er juin 1337.

[2] Espèce de casaque contrepointée qu'on mettait pardessus la cuirasse.

dis que ces seigneurs dessus nommés enconvenancèrent aux gens du roi anglois qu'ils se aherdroient à d'autres seigneurs d'outre le Rhin, qui bien avoient pouvoir d'amener grand'foison de gens d'armes, mais qu'ils eussent le pourquoi : puis prirent congé les dessus dits seigneurs et Allemands et s'en rallèrent en leur pays, et les seigneurs d'Angleterre demeurèrent encore à Valenciennes et en Hainaut, delez le comte, par lequel conseil ils ouvroient le plus.

Si prirent et envoyèrent encore suffisans messages devers l'évêque de Liége, monseigneur Aoul, et l'eussent volontiers attrait de leur partie; mais le dit évêque n'y voulut oncques entendre, ni rien faire contre la France[1], de qui il étoit devenu homme et entré en sa féauté. Le roi Charles de Behaingne n'y fut point prié ni mandé, car on savoit bien qu'il étoit si conjoint au roi de France, par le mariage de leurs deux enfans, du duc de Normandie Jean, qui avoit à femme madame Bonne fille, au dessus dit roi, que pour cette cause il ne feroit rien contre le roi de France.

Or me tairai un petit d'eux, et parlerai d'une autre matière qui à cette se rajoindra.

CHAPITRE LXV.

Comment Jaquemart d'Artevelle échut si en la grâce des Flamands que tout quant que il faisoit, nul ne lui contredisoit.

En ce temps dont j'ai parlé avoit grand'dissention entre le comte Louis de Flandre et les Flamands[2]; car ils ne vouloient point obéir à lui, ni à peine s'osoit-il tenir en Flandre, fors à grand péril. Et avoit adonc à Gand un homme qui avoit été brasseur de miel; celui étoit entré en si grand'fortune et en si grand'grâce à tous les Flamands, que c'étoit tout fait et bien fait quant qu'il vouloit deviser et commander par tout Flandre, de l'un des côtés jusques à l'autre; et n'y avoit aucun, comme grand qu'il fût, qui de rien osât trépasser son commandement, ni contredire. Il avoit toujours après lui, allant aval la ville de Gand, soixante ou quatre vingts varlets armés, entre lesquels il en y avoit deux ou trois qui savoient aucuns de ses secrets; et quand il encontroit un homme qu'il héoit ou qu'il avoit en soupçon, il étoit tantôt tué; car il avoit commandé à ses secrets varlets et dit : « Sitôt que j'encontrerai un homme, et je vous fais un tel signe, si le tuez sans deport, comme grand, ni comme haut qu'il soit, sans attendre autre parole. » Ainsi avenoit souvent; et en fit en cette manière plusieurs grands maîtres tuer : par quoi il étoit si douté que nul n'osoit parler contre chose qu'il voulût faire, ni à peine penser de le contredire. Et tantôt que ces soixante varlets l'avoient reconduit en son hôtel, chacun alloit dîner en sa maison; et sitôt après dîner ils revenoient devant son hôtel, et béoient en la rue, jusques adonc qu'il vouloit aller aval la rue, jouer et ébattre parmi la ville; et ainsi le conduisoient jusques au souper. Et sachez que chacun de ces soudoyés avoit chacun jour quatre compagnons ou gros de Flandre pour ses frais et pour ses gages; et les faisoit bien payer de semaine en semaine. Et aussi avoit-il, par toutes les villes de Flandre et les châtelleries, sergens et soudoyés à ses gages, pour faire tous ses commandemens, et épier s'il avoit nulle part personne qui fût rebelle à lui, ni qui dît ou informât aucun contre ses volontés. Et sitôt qu'il en savoit aucun en une ville, il ne cessoit jamais tant qu'il l'eût banni ou fait tuer sans deport; jà cil ne s'en pût garder. Et mêmement tous les plus puissans de Flandre, chevaliers, écuyers et les bourgeois des bonnes villes, qu'il pensoit qui fussent favorables au comte de Flandre en aucune manière, il les bannissoit de Flandre, et levoit la moitié de leurs revenues, et laissoit l'autre moitié pour le douaire et le gouvernement de leurs femmes et de leurs enfans. Et ceux qui étoient ainsi bannis, desquels il étoit grand'foison, se tenoient à Saint-Omer le plus, et les appeloit-on les avolés et les outre-avolés. Briévement à parler, il n'eut oncques en Flandre ni en autre pays, duc, comte, prince ni

---

[1] Adolphe de La Marck, évêque de Liége, loin de prendre parti pour le roi d'Angleterre, s'arma en 1339 pour Philippe de Valois et lui fournit cinq cents hommes d'armes, moyennant soixante mille florins que le roi lui assigna.

[2] Louis de Cressy, comte de Flandre, fut en guerre continuelle avec ses sujets. A cette époque, il se tenait ordinairement en France et venait rarement en son pays de Flandre, à cause de ses querelles avec les Flamands et parce que les trois villes de Gand, Bruges et Ypre *gouvernaient le pays à leur plaisir* (D'Oudegherst, *Annales de Flandre*, t. 2, p. 429). Louis s'était brouillé avec ses sujets pour s'être dirigé uniquement par les conseils d'un abbé de Vezelai qui n'entendait rien à l'administration et ne cherchait qu'à s'enrichir.

autre, qui pût avoir un pays si à sa volonté comme cil l'eut longuement; et étoit appelé Jaquemart Artevelle [1]. Il faisoit lever les rentes, les tonnieux [2], les vinages, les droitures et toutes les revenues que le comte devoit avoir et qui à lui appartenoient, quelque part que ce fût parmi Flandre, et toutes les maletôtes : si les dépendoit à sa volonté et en donnoit sans rendre aucun compte; et quand il vouloit dire que argent lui falloit, on l'en croyoit; et croire l'en convenoit, car nul n'osoit dire encontre, pour doute de perdre la vie : et quand il en vouloit emprunter de aucuns bourgeois sur son payement, il n'étoit nul qui lui osât escondire à prêter.

Or veuillé-je raconter et retourner aux messages d'Angleterre.

CHAPITRE LXV [1].

Comment les seigneurs d'Angleterre firent alliance avec les Flamands par donner et par promettre, et espécialement avec Jaquemart d'Artevelle.

Ces seigneurs d'Angleterre qui étoient encore pardeçà la mer et étoient si honorablement à Valenciennes comme vous avez ouï, se pensèrent entre eux que ce seroit grand confort pour leur seigneur le roi, selon ce qu'ils vouloient entreprendre, s'ils pouvoient avoir l'accord des Flamands, qui adonc étoient mal du roi de France et du comte leur seigneur. Si s'en conseillèrent au comte de Hainaut qui leur dit que voirement seroit-ce le plus grand confort qu'ils pussent avoir, mais il ne pouvoit voir qu'ils y pussent profiter si peu non, si ils n'avoient premièrement acquis la grâce et la faveur de ce Jaquemart d'Artevelle. Ils dirent que ils en feroient leur pouvoir temprement.

Assez tôt après ce ils partirent de Valenciennes, et s'en allèrent vers Flandre, et se partirent, ne sais en trois ou en quatre routes, et s'en allèrent partie à Bruges, partie à Ypre et la plus grande partie à Gand, et tous dépensant si largement qu'il sembloit que argent leur plût des nues. Et quéroient accord par tout, et promettoient aux uns et aux autres là où on les conseilloit, et où ils cuidoient mieux employer, pour parvenir à leur entente. Toute-voie l'évêque de Lincolle et sa compagnie qui allèrent à Gand, firent tant, par beau parler et autrement, qu'ils eurent l'accord et l'amitié de Jaquemart d'Artevelle, et grand'grâce en la ville, et mêmement d'un vaillant chevalier ancien qui demeuroit à Gand et y étoit durement amé, et l'appeloit-on monseigneur le Courtrisien [1]; et étoit chevalier banneret, et le tenoit-on pour le plus preux chevalier de Flandre pour le temps et le plus vaillant homme, et qui le plus hardiment avoit desservi ses seigneurs. Ce sire Courtrisien compagnoit et honoroit durement ces seigneurs d'Angleterre, ainsi comme vaillants hommes doivent toujours honorer étranges chevaliers à leur pouvoir; mais il en eut au dernier mauvais loyer; car il fut accusé de cet honneur qu'il faisoit aux Anglois contre l'honneur du roi de France : si que le roi commanda très étroitement au comte de Flandre qu'il fît tant, comment qu'il fût, qu'il eût le dessus dit chevalier, et que, si cher qu'il l'aimoit, lui fît couper la tête. Le comte qui n'osoit trépasser le commandement du roi, fit tant, je ne sais comment ce fut, que le sire Courtrisien vint là où le comte le manda. Si fut tantôt pris et tantôt décolé [2]; de quoi moult de gens furent grandement dolens de pitié, car il étoit moult bien aimé et honoré au pays; et en surent au comte moult mal gré.

Tant exploitèrent ces seigneurs d'Angleterre en Flandre, que ce Jaquemart d'Artevelle mit plusieurs fois le conseil des bonnes villes ensemble, pour parler de la besogne que ces seigneurs d'Angleterre quéroient, et des franchises et amitiés qu'ils leur offroient de par le roi d'Angleterre leur seigneur, sans qui terre et ac-

---

[1] Il s'agit ici de Jacob von Artaveld : il est nommé Jacques de Hartevelde par l'auteur anonyme de la Chronique de Flandre, qui dit qu'il avait accompagné le comte de Valois, père de Philippe, à l'île de Rhodes, qu'il avait été ensuite valet *de la fruiterie de messire Louis de France*, depuis *Louis-le-Hutin*, et qu'enfin, de retour à Gand, où il était né, il avait épousé *une brasseresse de miel*.

[2] *Tonnieu* ou *tonlieu*, droit que quelques seigneurs levaient sur certaines marchandises, dans l'étendue de leur seigneurie.

Le *vinage* était pareillement un droit ou un impôt qui se levait sur le vin.

[1] Il est nommé Zegher dans D'Oudegherst. Son surnom de Courtrésien ou Courtorisin (*Curtrasensis*) lui vient de ce qu'il était de Courtray. Il tenait aux meilleures familles du pays.

[2] Il fut exécuté à Bruges suivant Meyer, à Rupelmonde suivant quelques autres.

cord ils ne se peuvent bonnement ni longuement chevir. Et tant parlementèrent ensemble qu'ils furent d'accord, en telle manière qu'il plaisoit bien à tout le conseil de Flandre que le roi anglois et toutes ses gens pouvoient bien venir et aller, à gens d'armes et autrement, par toute Flandre, ainsi qu'il lui plairoit : mais ils étoient si forment obligés envers le roi de France qu'ils ne le pourroient grever, ni entrer en son royaume, qu'ils ne fussent atteints d'une si grand'somme de florins que à grand'malaise en pourroient-ils finer ; et leur prièrent que ce leur voulût suffire jusques à une autre fois. Ces réponses et ces exploits suffirent adonc assez à ces seigneurs ; puis s'en revinrent arrière à Valenciennes à grand'joie. Souvent envoyoient leurs messages devers leur seigneur et lui signifioient ce qu'ils avoient besogné ; et le roi leur envoyoit grand or et grand argent pour payer leurs frais et départir à ces seigneurs d'Allemagne qui ne convoitoient autre chose.

En ce temps trépassa le gentil comte de Hainaut sept jours au mois de juin, l'an de grâce mil trois cent trente sept[1]. Si fut enseveli aux Cordeliers à Valenciennes ; et là fit-on son obsèque et chanta la messe l'évêque Guillaume de Cambray[2], et y eut grand'foison de ducs, de comtes, de barons, et de chevaliers : ce fut bien raison, car il étoit grandement aimé et renommé de tous. Après sa mort se trait à la comté de Hainaut, de Hollande et de Zélande, messire Guillaume son fils, qui eut à femme la fille au duc Jean de Brabant ; et fut cette dame, qui s'appeloit Jeanne, douée de la terre de Binch[3], qui est bien moult bel héritage et profitable ; et madame Jeanne de Valois sa mère s'en vint demeurer à Fontenelles[4] sur Escaut ; et elle usa le demeurant de sa vie, comme bonne dame et dévote, en la dite abbaye, et y fit moult de biens en l'honneur de Dieu.

[1] Quelques manuscrits portent treize cent trente-huit. Cette leçon ne peut être admise : il est certain que Guillaume, comte de Hainaut, mourut le 7 juin 1337.
[2] Il s'appelait Guillaume d'Auxonne.
[3] Petite ville du Hainaut.
[4] Ancienne abbaye de filles de l'ordre de Cîteaux située à peu près à une lieue de Valenciennes.

CHAPITRE LXVII.
Comment aucuns chevaliers et écuyers flamands étoient en l'île de Gagant qui gardoient couvertement le passage contre les Anglois.

De toutes ces devises et ordonnances, ainsi comme elles se portoient et étendoient, et des conforts et des alliances que le roi anglois acquéroit par deçà la mer, tant en l'Empire comme ailleurs, étoit le roi Philippe tout informé ; et eût volontiers vu que le comte de Flandre se fût tenu en son pays, et eût attrait ses gens à son accord : mais ce Jaquemart d'Artevelle avoit jà si surmonté toutes manières de gens en Flandre, que nul n'osoit contredire à son opinion. Mêmement le comte leur sire ne s'osoit clairement tenir en Flandre son pays ; et avoit envoyé madame sa femme[1] et Louis son fils en France, pour doute des Flamands. Avec ce se tenoient en l'île de Gagant[2] aucuns chevaliers et écuyers de Flandre en garnison, dont messire Ducres de Hallewyn[3], et messire Jean de Rhodes et les enfans de l'Estrief étoient capitaines et souverains ; et là gardoient le passage contre les Anglois, et faisoient guerre couvertement : dont les chevaliers d'Angleterre, qui se tenoient en Hainaut, étoient tous informés que, si ils s'en ralloient par là en leur pays, ils seroient rencontrés ; parquoi ils n'étoient mie bien assur. Nonobstant ce, chevauchoient eux et alloient à leur volonté parmi le pays de Flandre et par les bonnes villes ; mais c'étoit sur le confort de Jaquemart d'Artevelle, qui les portoit et honoroit en toutes manières, ce qu'il pouvoit. Or retournerons un petit au duc de Brabant.

CHAPITRE LXVIII.
Comment le duc de Brabant envoya ses messages par devers le roi de France pour lui excuser de l'alliance qu'il avoit faite avec les Anglois ; et comment les seigneurs d'Angleterre s'en retournèrent.

Quand le duc de Brabant eut fait ses convenances à ces seigneurs d'Angleterre, si comme vous avez ouï, il s'avisa que le roi de France autrefois lui avoit été contraire. Si se douta qu'il

[1] Il avait épousé Marguerite de France, deuxième fille du roi Philippe-le-Long, de laquelle il eut Louis, surnommé de Male du lieu de sa naissance.
[2] Cadsand, île située entre la ville de L'Écluse et l'île de Walcheren en Zélande.
[3] Les annales de Flandre disent mieux le *Duckerc* (seigneur) de Hallewyn.

ne fût durement informé contre lui, pour occasion des Anglois, et que s'il avenoit que l'emprise du roi d'Angleterre ne vînt à son chef, que le roi de France ne le voulût guerroyer, et lui fit comparer ce que les autres avoient accordé. Si envoya de son conseil au roi de France monseigneur Louis de Cranelien[1], sage chevalier durement, et plusieurs autres de son conseil, pour le excuser, et prier au roi qu'il ne voulût croire nulle mauvaise information contre lui; car moult ennuis il feroit aucune alliance ou convenance contre lui : mais le roi d'Angleterre étoit son cousin germain, si ne lui pouvoit bonnement escondire sa venue dedans son pays ni de ses gens, leurs frais payans; mais plus avant il n'en feroit rien qui dût être au déplaisir du roi. Le roi le crut cette fois; si s'en apaisa atant. Et toutefois le duc ne laissa mie pour ce qu'il ne retint des gens d'armes en Brabant et ailleurs là où il les pouvoit et pensoit avoir, jusques à la somme que enconvenancé avoit au roi d'Angleterre.

Quand les dessusdits seigneurs d'Angleterre eurent fait en partie ce pourquoi ils avoient passé la mer, ils se partirent de Valenciennes où ils tenoient leur souverain séjour, premièrement l'évêque de Lincolle, messire Regnault de Cobham, et les autres; et vuidèrent Hainaut et vinrent à Dourdrech en Hollande, et montèrent là en mer, pour eschever le passage de Gagant, où les dessusdits chevaliers de Flandre se tenoient en garnison de par le roi de France et le comte de Flandre, si comme on disoit; et s'en vinrent, au mieux qu'ils purent et au plus couvertement, arrière en leur pays, devers le roi anglois, leur seigneur, qui les reçut à grand'joie. Si lui recordèrent tout l'état des seigneurs de par deçà, premièrement du duc de Brabant, du comte de Juliers, du duc de Guerles, de l'archevêque de Coulongne, de messire Jean de Hainaut, du seigneur de Fauquemont, et des alliés; et sur quel point ils s'étoient accordés à lui; et à quelle quantité de gens d'armes chacun le devoit servir; et aussi quelle chose chacun devoit avoir. A ces paroles entendit le roi Anglois volontiers, et dit que ses gens avoient bien exploité; mais trop durement plaignit la mort du comte de Hainaut de qui il avoit la fille, et disoit qu'il avoit perdu en lui un très grand confort; si lui convenoit-il porter et faire à l'avenant. Encore racontèrent les dits seigneurs au roi le convenant de ceux qui se tenoient en la garnison de Gagant et qui hérioient ses gens tous les jours; et comment, pour doute d'eux, ils étoient revenus par Hollande, et avoient élongé grandement leur chemin; dont dit le roi qu'il y pourverroit temprement de remède. Si ordonna assez tôt après le comte de Derby son cousin et messire Gautier de Mauny, qui jà avoit fait tant de belles bacheleries en Escosse qu'il en étoit durement alosé, et aussi aucuns autres chevaliers et écuyers anglois, qu'ils se voulussent traire devers Gagant et combattre ceux qui là se tenoient. Les dessusdits obéirent au commandement du roi leur seigneur et firent leurs pourvéances et leur amas de gens d'armes et d'archers à Londres, et chargèrent leurs vaisseaux en la Tamise. Quand ils furent venus et appareillés, ils étoient environ cinq cents armures de fer et deux mille archers. Si entrèrent en leur navie qui étoit toute prête, et puis se désancrèrent, et vinrent de cette marée la première nuit gésir devant Gravesainde. A lendemain ils désancrèrent et vinrent devant Mergate. A la tierce marée ils tirèrent les voiles à mont et prirent le parfont; et nagèrent tant par mer qu'ils virent Flandre : si arroutèrent leurs vaisseaux et mirent en bon convenant : si vinrent assez près de Gagant à heure de nonne. Ce fut la veille saint Martin en hiver, l'an de grâce mil trois cent trente sept.

CHAPITRE LXIX.

Comment les Anglois prirent terre sur les Flamands qui gardoient le passage de Gagant et vinrent combattre main à main.

Quand les Anglois virent la ville de Gagant, où ils tendoient à venir et combattre à ceux qui dedans se tenoient, si s'avisèrent qu'ils avoient le vent et la marée pour eux et que au nom de Dieu et Saint George ils approcheroient. Adonc firent-ils sonner leurs trompettes, et s'armèrent et appareillèrent vîtement, et ordonnèrent les vaisseaux, et mirent les archers devant, et singlèrent fort vers la ville. Moult bien avoient les gaites et les gardes, qui en Gagant se tenoient vu approcher cette grosse armée : si supposoient assez que c'étoient Anglois; parquoi ils s'étoient jà tous armés et rangés sur les dikes et sur le sablon, et mis leurs pennons par ordonnance

---

[1] Butkens nomme ce chevalier *Léon de Crainhem*, et le qualifie *sire de Grobbendonck*.

devant eux, et fait entre eux des nouveaux chevaliers jusques à seize; et pouvoient bien être environ cinq mille tous comptés, bien apperts bacheliers et compagnons, hardis et légers ainsi qu'ils le montrèrent.

Et là étoit messire Guy de Flandre, frère au comte Louis de Flandre, un bon et sûr chevalier, mais bâtard étoit, qui admonestoit et prioit tous les compagnons de bien faire. Et là étoient messire Ducres de Hallewyn, messire Jean de Rodais, messire Gille de l'Estrief, qui fut là fait chevalier, messire Simon et messire Jean de Brukedent, qui y furent faits chevaliers aussi, et Pierre d'Englemoustier, et maints compagnons bacheliers et écuyers et apperts hommes d'armes, ainsi qu'ils le montrèrent, et qui moult désiroient la bataille aux Anglois. Et étoient tous ceux ordonnés et rangés à l'encontre des Anglois; et n'y eut rien parlementé ni devisé, car les Anglois qui étoient désirans de les assaillir, et ceux de défendre, crièrent leur cri, et firent traire leurs archers moult fort et moult roide, et tant que ceux qui le hâvre gardoient et défendoient en furent si essonniés, que, ils voulussent ou non, il les en convint reculer. Et en y eut du trait à ce premier coup moult de mehaignés; et prirent terre les barons et chevaliers d'Angleterre, et s'en vinrent combattre à haches, à épées et à glaives l'un à l'autre. Et là y eut plusieurs belles bacheleries et appertises d'armes faites; et moult vaillamment se combattirent les Flamands : aussi moult bachelereusement les requirent les Anglois. Et là fut moult bon chevalier le comte de Derby : et s'avança des premiers si avant, qu'il fut, en lançant de glaives, mis par terre; et lui fut là messire Gautier de Mauny bon confort, car par appertises d'armes il le releva et ôta de tous périls, en écriant : « Lancastre, au comte de Derby! » Et adonc ils approchèrent de tous côtés, et y eut plusieurs mehaignés, et par espécial plus des Flamands que des Anglois; car les archers d'Angleterre qui continuellement traioient, leur portèrent très grand dommage.

CHAPITRE LXX.

Comment les Anglois déconfirent ceux de Gagant; et y fut pris le frère bâtard du comte de Flandre, qui puis se rendit Anglois.

A prendre terre au hâvre de Gagant fut la bataille dure et fière, car les Flamands, qui là étoient et qui la ville et le hâvre gardoient et défendoient, étoient très bonnes gens et de grand'appertise pleins; car par élection le comte de Flandre les y avoit mis et établis pour garder ce passage contre les Anglois : si s'en vouloient acquitter bachelereusement et faire leur devoir en tous états, ainsi qu'ils firent. Là étoient des barons et chevaliers d'Angleterre, premièrement, le comte Derby, fils au comte Henry de Lancastre au-tort-Col, le comte de Sufforch, messire Regnault de Cobham, messire Louis de Beauchamp, messire Guillaume Fitz-Warvich[1], le sire de Beauclerc, messire Gautier de Mauny et plusieurs autres chevaliers et bacheliers, qui très vassaument se portoient et assailloient les Flamands. Là eut dure bataille et fort combattue, car ils étoient main à main; et là firent les plusieurs moult de belles appertises d'armes et d'un côté et d'autre; mais finalement les Anglois obtinrent la place, et furent les Flamands déconfits et mis en chasse; et en y eut plus de quatre mille morts, que sur le hâvre, que sur les rues, que dedans les maisons. Et là fut pris messire Guy bâtard de Flandre, et morts messire Ducres de Hallewyn, messire Jean de Rodais, les deux frères de Brukedent, et messire Gille de l'Estrief, et plusieurs autres; environ vingt six chevaliers et écuyers y furent morts en bon convenant. Et fut la ville prise, pillée et robée, et tout l'avoir apporté et mis ès vaisseaux avec les prisonniers, et fut la dite ville toute arse sans deport; et retournèrent arrière les Anglois sans dommage en Angleterre, et recordèrent au roi leur aventure, lequel fut moult joyeux quand il vit et sçut comment ils avoient exploité. Si fit à messire Guy de Flandre créanter sa foi et obliger prison; lequel se tourna Anglois en cette même année et devint homme du roi d'Angleterre de foi et d'hommage; de quoi le comte de Flandre son frère fut moult courroucé.

CHAPITRE LXXI.

Comment le roi d'Angleterre vint par deçà la mer, et comment il montra à ses alliés ses grands frais et qu'ils voulussent tenir ce que promis lui avoient; et quelle chose ils lui répondirent.

Après la déconfiture de Gagant ces nouvelles s'épandirent en plusieurs lieux : si en furent

---

[1] Les imprimés français et anglais disent : *Messire Guillaume, fils au comte de Warwick.* Fitz-Warwich signifie : fils naturel du comte de Warwick.

ceux de la partie du comte de Flandre courroucés, et ceux de la partie du roi d'Angleterre tous joyeux. Et disoient bien ceux de Flandre que sans raison hors de leur conseil et volonté le comte les avoit là mis. Si se passa ainsi cette chose; qui plus y mit plus y perdit, fors tant que Artevelle, qui avoit surmonté ceux de Flandre et avoit pris le gouvernement, n'eût voulu aucunement que la besogne se fût autrement portée. Si envoya tantôt ses messages en Angleterre devers le roi Édouard, en soi recommandant de cœur et de foi; et lui signifia que en avant il lui conseilloit qu'il passât la mer et vînt en Anviers, par quoi il s'acquittât des Flamands, qui moult le désiroient à voir; et supposoit assez que, s'il étoit par deçà la mer, ses besognes en seroient plus claires et y prendroit grand profit.

Le roi anglois à ces paroles entendit volontiers, et fit faire ses pourvéances grandes et grosses; et tantôt que cet hiver fut passé, en l'été en suivant il monta en mer bien accompagné de comtes, de barons, et d'autre bachelerie; et passa la mer, et arriva en la ville de Anviers[1], qui adonc se tenoit pour le duc de Brabant. Sitôt que on sçut qu'il étoit descendu en Anviers, gens vinrent de tous côtés pour le voir, et considérer le grand état qu'il maintenoit. Quand il eut été assez honoré et fêté, il eut avis qu'il parleroit volontiers au duc de Brabant son cousin, au duc de Guerles son serourge, au marquis de Juliers et à messire Jean de Hainaut, au seigneur de Fauquemont et à ceux dont il espéroit être conforté et qui étoient à lui enconvenancés, pour avoir leur conseil comment et quand ils pourroient commencer ce qu'ils avoient empris. Ainsi le fit; et vinrent tous à son commandement à Anviers, entre la Pentecôte et la Saint-Jean. Là furent ces seigneurs fêtés grandement à la manière d'Angleterre[1]. Après les traist à conseil le roi, et leur démontra moult humblement sa besogne, et voulut savoir d'eux la certaineté et intention; et leur pria qu'ils le voulussent délivrer temprement, car pour ce étoit-il là venu, et avoit ses gens tous appareillés, et lui tourneroit à grand dommage s'ils ne l'en délivroient appertement.

Ces seigneurs eurent grand conseil ensemble et long, car la chose leur estraindoit; et si n'étoient point d'accord; et toujours regardoient sur le duc de Brabant qui n'en faisoit point bonne chère par semblant. Quand ils furent bien conseillés et longuement, ils répondirent au roi Édouard et dirent : « Cher sire, quand nous venîmes ci, nous y venîmes plus pour vous voir que pour autre chose, et n'étions mie pourvus ni avisés de vous répondre sur ce que requis nous avez. Si nous retrairons arrière vers nos gens, chacun vers les siens, et reviendrons à vous à un certain jour, quand il vous plaira, et vous répondrons adonc si pleinement que la coulpe n'en demeurera point sur nous. » Le roi vit bien qu'il n'en auroit autre chose à cette fois, et s'en passa atant ; et s'accordèrent d'une journée être ensemble pour répondre par meilleur avis, à trois semaines après la Saint-Jean[2]. Mais bien leur démontra le roi les grands frais et les grands dommages qu'il soutenoit chacun jour pour attente; car il pensoit qu'ils fussent tous pourvus de lui répondre quand il vint là, si comme il étoit : et leur dit qu'il ne s'en retourneroit jamais en Angleterre jusques adonc qu'il sauroit leur intention tout pleinement. Sur ce ces seigneurs se départirent : le roi demeura tout coi en l'abbaye Saint-Bernard jusques après la journée. Les aucuns des seigneurs et des chevaliers d'Angleterre demeurèrent en Anviers pour lui faire compagnie; les autres alloient ébatant parmi le pays à grands frais, là où ils étoient bien venus durement et bien fêtés. Le duc de Brabant s'en alla à La Leuvre[3], et se tint là un

---

[1] Édouard s'embarqua le dimanche 12 juillet 1338, suivant le *Memorandum* conservé par Rymer, et dut arriver à Anvers peu de jours après. Il y était certainement le 22 de ce mois, jour de la révocation des pouvoirs qu'il avait donnés à l'archevêque de Canterbury et à l'évêque de Durham pour traiter de la paix entre lui et Philippe de Valois *qui se porte*, dit Édouard, *pour roi de France, pro rege Franciæ se gerentem*. C'est sous ce titre qu'il désignait depuis quelque temps Philippe de Valois, ou sous celui de son *cousin de France, consanguineus noster Franciæ*, sans ajouter le titre de *roi*. Walsingham s'est trompé en plaçant, sous l'année 1336, le passage du roi d'Angleterre sur le continent.

[1] On vient de voir qu'Édouard ne partit d'Angleterre pour venir à Anvers que le 12 juillet; ainsi cette date ne saurait être exacte.
[2] Cette erreur est une suite de celle qu'on vient de relever.
[3] Vraisemblablement, *Lewes, Lewen* ou *Leuwes*, petite ville du Brabant sur les frontières du pays de Liége. Les imprimés français et anglais portent *Louvain* : la leçon du texte paraît préférable, étant autorisée par tous les manuscrits.

CHAPITRE LXXII.

Comment les seigneurs de l'Empire mandèrent au roi d'Angleterre qu'ils étoient prêts, ainsi que convent étoit, mais que le duc de Brabant le fut.

Le jour approcha et vint que le roi anglois attendoit la réponse de ces seigneurs, mais ils se firent suffisamment excuser; et mandèrent au roi qu'ils étoient tous prêts et appareillés eux et leurs gens, ainsi que convent étoit, mais que il fît tant au duc qu'il s'appareillât, qui étoit le plus prochain, et qui le plus froidement, ce leur sembloit, s'appareilloit, et que, aussitôt qu'ils sauroient de certain que le duc seroit appareillé, ils se mouveroient et seroient au commencement de la besogne où le duc de Brabant seroit. Sur ces réponses le roi d'Angleterre fit tant qu'il parla au duc de Brabant son cousin, et lui montra le mandement que ces seigneurs lui avoient envoyé. Si le pria en amitié et requit par lignage[1] qu'il se voulût sur ce aviser, par quoi aucune deffaute ne fût trouvée en lui; car endroit soi s'appercevoit bien qu'il s'appareilloit froidement; et s'il n'en faisoit autre chose, il doutoit qu'il ne perdît l'aide et confort de ces seigneurs d'Allemagne, par faute de lui.

Quand le duc ouït ce, il en fut tout confus, et dit qu'il s'en conseilleroit. Quand il fut longuement conseillé, il répondit au roi : qu'il seroit assez tôt prêt et appareillé quand besoin en seroit, mais il auroit ainçois parlé à tous ces seigneurs. Adonc le roi apperçut bien qu'il n'en auroit autre chose, et que le courroucer ne lui pouvoit rien valoir : si accorda au duc son propos, et dit qu'il enverroit encore à ces seigneurs certains messages de par lui, qu'ils fussent à une certaine journée encontre lui, là où il leur plairoit le mieux. Ainsi se départirent le roi et le duc d'ensemble; et furent devers les seigneurs de l'Empire messages envoyés, et certain jour assigné qu'ils venroient. Ce fut à la Notre Dame mi-août; et fut mis et assis ce parlement par tous communs accords à Halle[2], pour cause du jeune comte de Hainaut, qui y devoit être avec messire Jean de Hainaut son oncle.

CHAPITRE LXXIII.

Comment les seigneurs de l'Empire dirent au roi qu'ils n'avoient point de cause de défier le roi de France sans le congé de l'empereur; et qu'il veuille tant faire qu'il ait son accord.

Quand ces seigneurs de l'Empire furent assemblés, comme dessus est dit, en la ville de Halle, ils eurent grand parlement et long conseil; car la besogne leur estraindoit durement. Ennuis poursuivoient leurs convenances, et ennuis en deffailloient pour leur honneur. Quand ils furent très longuement conseillés, ils répondirent d'un commun accord au roi anglois, et dirent ainsi : « Cher sire, nous nous sommes longuement conseillés, car votre besogne nous est assez pesante; car nous ne voyons mie que, tout considéré, nous ayons point de cause de défier le roi de France à votre occasion, si vous ne pourchassez que vous ayez l'accord de l'empereur[1] et qu'il nous commande que nous défions le roi de France de par lui, car il aura bien droite occasion et vraie, par raison, si comme nous vous dirons; et dont en avant ne demeurera nulle faute en nous que nous ne soyons appareillés de faire ce que promis vous avons, sans nulle excusation. La cause que l'empereur peut avoir de défier le roi de France est telle : il est certain que enconvenancé a été de long temps, scellé et juré, que le roi de France, quelconque soit, ne peut, ni ne doit tenir ni acquérir rien sur l'Empire; et ce roi Philippe, qui à présent règne, a fait le contraire, contre son serment; car il a acquis le châtel de Crevecœur en Cambrésis et le châtel de[2] Arleux en Pailluel, et plusieurs autres héritages en la comté de Cambrésis[3], qui est terre de l'Empire

---

[1] En considération de leur parenté.
[2] Petite ville du Hainaut sur les confins du Brabant.

[1] Louis V, duc de Bavière.
[2] Plusieurs manuscrits et les imprimés disent mal Alues. Le véritable nom est Arleux, ancienne ville du Cambrésis, située sur le Senset, dans le canton appelé Pailluel, Puele, ou Peule, du mot latin pabula, à cause de ses pâturages, selon quelques étymologistes; du mot populetum suivant d'autres, à cause des peupliers qu'on y trouvait en abondance.
[3] Philippe de Valois ne se borna pas à ces premières acquisitions; il acquit encore en 1340, de Béatrix de Saint-Paul, la châtellenie de Cambrai, et se rendit maître de la ville : mais après la mort du roi Jean, les rois de France n'en furent plus que les protecteurs et se réservèrent seulement la châtellenie, dont ils investissaient leur fils aîné.

et haut fief, et relève de l'empereur; et l'a attribué au royaume de France : parquoi le dit empereur a bien cause de le défier par nous qui sommes ses sujets. Si que nous vous prions et conseillons que vous y veuilliez mettre peine et pourchasser son accord pour notre paix et honneur; et nous y mettrons peine avec vous à notre loyal pouvoir. »

Le roi anglois fut tout confus quand il ouït ce rapport, et bien lui sembla que ce fut un détriement; et bien pensa que ce venoit de l'avis du duc de Brabant, son cousin, plus que des autres. Toutes voies il considéra assez qu'il n'en auroit autre chose et que le courroucer ne lui pouvoit rien valoir : si en fit le meilleur semblant comme il put, par emprunt, et leur dit : « Certes, seigneurs, quand je vins ci je n'étois mie avisé de ce point; et plutôt m'en fusse avisé, j'en eusse volontiers usé par votre conseil[1], et encore vueil faire. Si m'en aidez à conseiller, selon ce que je suis deçà la mer en étrange pays appassé; et si y ai longuement séjourné et à grands frais, si m'en veuilliez donner bon conseil pour votre honneur et pour la moye[2]; car sachez que, si je ai en ce cas aucun blâme, vous n'y pouvez avoir honneur. »

CHAPITRE LXXIV.

Comment le roi d'Angleterre envoya le marquis de Juliers par devers l'empereur pour avoir son accord; et comment il fit le roi d'Angleterre son vicaire par tout l'Empire.

Longue chose seroit à raconter tous leurs conseils et toutes leurs paroles. Accordé fut entre eux à la parfin que le marquis de Juliers iroit parler à l'empereur; et iroient des chevaliers et des clercs le roi avec lui, et du conseil du duc de Guerles aussi, et feroient la besogne à la meilleure foi qu'ils pourroient. Mais le duc de Brabant n'y voulut point envoyer; mais il prêta le châtel de Louvaing au roi, pour demeurer s'il lui plaisoit jusques à l'été; car le roi leur avoit bien dit que nullement ne s'en retourneroit en Angleterre; car honte et vergogne lui seroit, s'il retournoit sans avoir fait partie de son emprise, de quoi si grand'fame étoit, si la défaute n'en demeuroit en eux. Et leur dit le jeune roi qu'il manderoit sa femme, et tiendroient leur hôtel

[1] Il y avait déjà long-temps qu'Édouard avait commencé à traiter avec l'empereur. — [2] La mienne.

dedans le dit châtel de Louvain, puisque le duc son cousin lui avoit offert. Ainsi se départit ce parlement; et créantèrent les uns en la présence des autres tous ces seigneurs, que jamais ils ne querroient nulle excusation ni détriement; que, de la fête Saint Jean-Baptiste qui seroit l'an mil trois cent trente neuf en avant, ils seroient ennemis du roi de France, et seroit chacun appareillé ainsi que promis avoit. Chacun en ralla en son lieu : le marquis de Juliers se mut à toute sa compagnie pour aller devers l'empereur; si le trouva à Florinberg[1].

Pourquoi ferois-je long compte de leurs paroles, ni de leurs requêtes? Je ne les saurois raconter tout entièrement, car je n'y fus mie; mais le dit marquis de Juliers parla si gracieusement à monseigneur Louis de Bavière, empereur de Rome pour le temps, qu'ils firent toutes leurs besognes et ce pourquoi ils étoient là allés; et y rendit madame Marguerite de Hainaut sa femme, moult grand'peine. Et fut adonc fait marquis de Juliers, qui paravant étoit comte de Juliers, et le duc de Guerles qui étoit comte fait duc de Guerles[2]; et impétrèrent ces augmentations de noms, ces gens qui là étoient. Et aussi l'empereur donna commission à quatre chevaliers et à deux clercs de droit, qui étoient de son conseil, et pouvoir de faire le roi d'Angleterre Édouard son vicaire par tout l'Empire[3]; et lui donna grâce

[1] Florinberg, *Mons S. Floræ*, dans l'ancien évêché de Fulde : ce lieu, considérable alors, n'est plus aujourd'hui qu'un village.

[2] Il est inutile d'observer que ce fait n'est pas exact. Tous les monuments déposent que Guillaume VII, qui étoit comte de Juliers, fut fait alors marquis ou margrave, titre qu'il conserva jusqu'en 1356 que l'empereur Charles IV le fit duc.

[3] Froissart paraît avoir été mal informé de la manière dont le vicariat de l'Empire fut conféré à Édouard. La plupart des historiens s'accordent à dire que l'empereur présida lui-même à cette cérémonie; mais ils diffèrent sur le lieu où elle se fit : ce fut à Francfort, suivant Meyer et l'auteur anonyme de la Chronique de Flandre, qui en donne un long détail; à Cologne, selon Walsingham, qui a été suivi par Jos. Barnes, Rapin Thoiras, et la plupart des historiens anglais. Mais Lewoldus à Northolf, Edmundus Dinterus, et plusieurs autres placent la scène à Coblentz, *apud Confluenciam*, et la fixent au mois de septembre 1338. Leur récit est confirmé par deux chartes émanées d'Édouard en sa qualité de vicaire de l'Empire, qui ont été découvertes par l'auteur d'une thèse soutenue à Strasbourg en 1778, ayant pour titre *de vicariis imperii Romani Germ., specialim de vicariatu German. inferior. Eduardo III commisso*, etc. Dans l'une

parquoi il put faire monnoie d'or et d'argent, de par lui et au nom de lui; et commandement que chacun de ses sujets obéît à lui comme à son vicaire et comme à lui-même. Et de ce prirent les dessus dits, instrumens publics conformes et scellés suffisamment de l'empereur. Quand le dit marquis de Juliers eut fait toutes ses besognes, il et sa compagnie se mirent au retour.

CHAPITRE LXXV.

Comment le roi David d'Escosse avec la roine sa femme vinrent à Paris au roi de France; et comment il et tous les barons d'Escosse lui promirent et jurèrent qu'ils ne feroient point paix aux Anglois sans son conseil.

En ce temps le jeune roi David d'Escosse, qui avoit perdu grand'partie de son royaume et ne le pouvoit recouvrer, pour l'effort du roi d'An-

de ces chartes, datée d'Anvers le 20 novembre 1338, Édouard dit formellement que l'empereur l'a établi son vicaire, dans une assemblée solennelle tenue à cet effet à Coblentz; l'autre, qui est datée de Malines, le 18 septembre de la même année, prouve qu'à cette époque Édouard était déjà revenu de Coblentz, et qu'ainsi la cérémonie en question avait dû se faire plusieurs jours auparavant. Rymer, quoiqu'on ne trouve dans son recueil aucun acte relatif au vicariat d'Édouard, nous fournit néanmoins des dates propres à confirmer l'authenticité des pièces dont on vient de parler. On y voit que ce prince avait constamment demeuré en Brabant depuis son débarquement, et qu'il était encore à Herentals le 20 août; qu'il était à Coblentz le 6 septembre, et qu'il était revenu à Malines le 18 du même mois. C'est donc dans cet intervalle, c'est-à-dire vers les derniers jours d'août ou le commencement de septembre, qu'Édouard se rendit à Coblentz auprès de l'empereur et fut pourvu par lui personnellement du vicariat de l'Empire. Ainsi la plupart des historiens se sont trompés sur le lieu de l'entrevue; et Froissart s'est trompé plus matériellement encore en supposant qu'il n'y en eut point et que l'empereur se contenta d'envoyer à Édouard la patente par laquelle il le créait son vicaire. Mais si Froissart a erré sur ce point, ce n'est pas une raison pour rejeter le reste de son récit, d'autant plus qu'il peut être ici bien se concilier, à cette circonstance près, avec celui d'Edmundus Dinterus et des autres historiens, et qu'il donne des détails assez vraisemblables. Il paraît en effet très naturel qu'Édouard, avant de se rendre auprès de l'empereur, se soit fait précéder par le marquis de Juliers et par quelques seigneurs anglais pour terminer les négociations commencées, convenir du lieu de l'entrevue, régler le cérémonial, etc. On peut supposer aussi, sans blesser la vraisemblance, qu'Édouard, pressé de retourner en Brabant, soit qu'il y fût rappelé par ses affaires, soit qu'il ne voulût pas faire un long séjour dans un lieu où il n'était que le second, partit sans avoir le diplôme, et que l'empereur le lui envoya par des chevaliers et des gens de loi, chargés de le publier solennellement dans une assemblée des seigneurs d'en deçà du Rhin, ainsi que Froissart le dira au chap. 76.

gleterre son serourge, se partit d'Escosse privément à petite menée, avec la roine sa femme; et se mirent en mer. Si arrivèrent à Boulogne, et puis firent tant qu'ils vinrent en France[1], et droitement à Paris où le roi Philippe se tenoit pour le temps, attendant tous les jours que défiances lui vinssent du roi anglois et des seigneurs de l'Empire, selon ce qu'il étoit informé. De la venue du roi d'Escosse fut le roi de France moult réjoui, et le fêta grandement, pourtant qu'il en entendoit à avoir grand confort; car bien véoit le roi de France et oyoit dire tous les jours que le roi d'Angleterre s'appareilloit tant qu'il pouvoit pour lui faire guerre: si que, quand le roi d'Escosse lui eut montré sa besogne et sa nécessité, et en quelle instance il étoit là venu, il fut tantôt tout acquitté de lui; car moult bien se savoit acquitter de ceux dont il espéroit à avoir profit, ainsi que plusieurs grands seigneurs savent faire. Si lui présenta ses châteaux pour séjourner à sa volonté, et de son avoir pour dépendre, mais qu'il ne voulut faire aucune paix ni accord au roi d'Angleterre, fors par son conseil. Le jeune roi d'Escosse reçut en grand gré ce que le roi de France lui offrit, et lui créanta tout ce qu'il lui requit. Si sembla donc au roi de France que c'étoit grand confort pour lui et grand contraire pour le roi d'Angleterre, s'il pouvoit tant faire que les seigneurs et les barons qui étoient demeurés en Escosse voulussent et pussent si ensonnier les Anglois qu'il n'en pût venir, si petit non, de deçà la mer pour lui grever, ou qu'il convînt le roi d'Angleterre repasser pour garder son royaume. Pour ce et en telle intention il retint le jeune roi d'Escosse et la roine sa femme de-lez lui, et les soutint par longtemps, et leur fit délivrer quant qu'il leur besognoit: car d'Escosse leur venoit-il assez peu pour leur état maintenir. Et envoia le dit roi de France grands messages en Escosse à ces seigneurs et barons qui là guerroioient contre les garnisons du roi d'Angleterre, et leur fit offrir grand'aide et grand confort, mais qu'ils ne voulussent faire paix ni donner nulles trèves aux Anglois, si ce n'étoit par sa volonté et par son conseil, et par la volonté et le conseil de leur seigneur le roi d'Escosse, qui tout ce lui avoit promis et juré à tenir.

[1] David Bruce s'était retiré en France dès l'année 1332.

Sur les lettres et requêtes du roi de France, les barons d'Escosse se conseillèrent. Quand ils furent bien conseillés, et ils eurent bien considéré parfaitement toutes leurs besognes et la dure guerre que ils avoient aux Anglois, ils s'accordèrent liement, et le jurèrent et scellèrent avec le roi leur seigneur. Ainsi furent les alliances de ce temps faites entre le roi Philippe de France et le roi David d'Escosse, qui se tinrent fermes et estables un long temps. Et envoya le dit roi de France gens d'armes en Escosse pour guerroyer les Anglois. Et par espécial, messire Arnoul d'Audrehen, qui depuis fut maréchal de France, et le sire de Garencières avec plusieurs chevaliers et écuyers y furent envoyés; et y firent maintes belles appertises d'armes si comme vous orrez avant en l'histoire. Or me tairai à présent de cette matière, et me retrairai à notre matière de devant.

CHAPITRE LXXVI.

Comment le roi Édouard manda à la roine sa femme qu'elle appassât la mer; et comment le marquis de Juliers et sa compagnie, qui étoient allés devers l'empereur, s'en retournèrent.

Quand le roi Édouard et les autres seigneurs à lui alliés se furent partis du parlement, si comme vous avez ouï, le roi se traist à Louvaing[1] et fit appareiller le château pour demeurer; et manda à la roine Philippe sa femme, si elle vouloit venir par deçà la mer, il lui plairoit bien, car il ne pouvoit de là repasser toute celle année; et renvoya grand'foison de ses chevaliers outre, pour garder son pays, mêmement sur la marche d'Escosse. La roine dessusdite prit en grand'plaisance ces nouvelles du roi son seigneur, et s'appareilla au mieux et au plutôt qu'elle put, pour passer la mer.

Entrementes que ces besognes se détrioient, les autres chevaliers anglois qui étoient en Brabant de-lez le roi, s'épandirent à val le pays de Flandre et de Hainaut, en tenant grand état et en faisant grands frais; et n'épargnoient ni or ni argent, non plus que s'il leur plût des nues; et donnoient grands joyaux aux seigneurs et dames et damoiselles, pour acquérir la louange de ceux et de celles entre qui ils conversoient; et tant faisoient qu'ils l'avoient, et étoient prisés de tous et de toutes, et mêmement du commun peuple à qui ils ne donnoient rien, pour le bel état qu'ils menoient. Or revinrent de l'empereur monseigneur Louis de Bavière, environ la Toussaint[1], le marquis de Juliers et sa compagnie. Si signifia et escripsit par certains messages chevaliers, au roi Édouard sa revenue, et manda aussi que, Dieu merci! il avoit très bien exploité. De ces nouvelles fut le roi anglois joyeux; et rescripsit au dit marquis que à la fête Saint-Martin il fut devers lui, et que à ce jour tous les autres seigneurs y seroient. Avec tout ce le roi anglois se conseilla au duc de Brabant son cousin, et demanda où il vouloit que ce parlement se tînt. Le duc fut avisé de répondre, et ne voulut mie adonc qu'il se tînt en son pays; et si ne voulut mie aller jusques à Tret où la journée eût été bien séant, pour cause des seigneurs de l'Empire; ains ordonna et voulut qu'elle fût assise à Herques, qui sied près de son pays, en la comté de Los. Le roi Anglois, sachez, avoit si grand désir de sa besogne avancer qu'il lui convenoit poursuivre et attendre tous les dangers et les volontés du duc son cousin, puisqu'il s'y étoit embatu; et s'accorda à ce que la journée fût assignée à Herques : si la fit savoir à tous ses alliés, qui tous y vinrent à son mandement, au jour de la Saint-Martin.

Quand tous furent là venus, sachez que la ville fut grandement pleine de seigneurs, de chevaliers, d'écuyers et de toutes autres manières de gens; et fut la halle de la ville où l'on vendoit pain et chair, qui guères ne valoit, encourtinée de beaux draps comme la chambre du roi; et fut le roi anglois assis, la couronne

---

[1] On ne trouve dans Rymer, sous cette année, aucun acte daté de Louvain; la plupart furent expédiés à Anvers. Il paraît donc que Froissart s'est trompé sur le lieu de la résidence d'Édouard, à moins qu'on ne suppose, ce qui n'est guère vraisemblable, que ce prince, en fixant son séjour à Louvain, avait laissé sa chancellerie à Anvers.

[1] Le marquis de Juliers retourna certainement beaucoup plus tôt auprès d'Édouard; car l'assemblée de Hercques dont Froissart va parler, et qu'il fixe à la Saint-Martin, dut se tenir peu après la fête de saint Denis. On trouve en effet dans la *Chron. du Brabant d'Edmundus Dinterus*, l'ordre adressé au duc de Brabant de se rendre à cette assemblée le lundi après la fête de saint Denis, *die lunæ proximè post tunc instans festum S. Dyonisii*, c'est-à-dire le lundi 12 octobre, un mois avant la fête de saint Martin. L'erreur de Froissart vient probablement de ce qu'il a confondu l'assemblée de Hercques avec une autre qui se tint à Malines peu après la Toussaint, suivant le même Dinterus.

d'or moult riche et moult noble sur son chef, plus haut cinq pieds que nul des autres, sur un banc d'un boucher, là où il tailloit et vendoit sa chair. Oncques telle halle ne fut à si grand honneur. Là endroit, pardevant tout le peuple qui là étoit, et pardevant tous les seigneurs, furent lues les lettres de l'empereur, par lesquelles il constituoit le roi Édouard d'Angleterre son vicaire et son lieutenant pour lui, et lui donnoit pouvoir de faire droit et loi à chacun, au nom de lui, et de faire monnoie d'or et d'argent, aussi au nom de lui, et commandoit par ses lettres, à tous les princes de son empire et à tous autres à lui sujets, qu'ils obéissent à son vicaire comme à lui-même, et fissent féauté et hommage comme au vicaire de l'empereur. Quand ces lettres eurent été lues, chacun des seigneurs fit hommage, féauté et serment au roi anglois, comme au vicaire de l'empereur; et tantôt là endroit fut clamé et répondu entre partie [1] comme devant l'empereur, et jugé droit, à la semonce de lui; et fut là endroit renouvelé et affermé un jugement et estatut qui avoit été fait en la cour de l'empereur au temps passé, qui tel étoit : que qui vouloit aucun grever ou porter dommage, il le devoit défier suffisamment trois jours devant son fait, et qui autrement le feroit, il devoit être atteint comme de mauvais et vilain fait. Cet estatut sembla être bien raisonnable à chacun; mais je ne crois mie que depuis il ait été partout bien gardé. Quand tout ce fut fait [2], les seigneurs se départirent et créante-

[1] C'est-à-dire une cause fut plaidée devant lui.
[2] D'autres historiens racontent autrement la prise de possession du vicariat de l'Empire par Édouard III. Suivant eux, il y eut une entrevue solennelle à ce sujet entre Édouard et Louis de Bavière à Cologne. On avait, disent-ils, dressé dans la grande place de Cologne deux trônes élevés pour ces deux princes. L'empereur s'assit le premier et le roi s'assit auprès de lui; quatre grands ducs, trois archevêques, trente-sept comtes, une multitude innombrable de barons, bannerets, chevaliers et écuyers assistaient à cette cérémonie. L'empereur tenait son sceptre de la main droite, ayant la gauche appuyée sur un globe. Un chevalier allemand lui tenoit sur la tête une épée nue. Dans cette attitude, il déclara publiquement la *déloyauté, la perfidie et la lâcheté du roi de France:* sur quoi il le défia et prononça qu'il avait forfait et perdu la protection de l'Empire. Il établit en même temps Édouard vicaire général de l'Empire et lui délivra la charte impériale à la vue des assistans. Pour couronner la pompe de cette cérémonie, l'empereur prétendit obliger Édouard à se prosterner devant lui et à lui baiser les pieds. Édouard indigné de cette proposition la rejeta avec hauteur. L'empereur choqué de ce refus insista

rent l'un à l'autre d'être appareillés sans délai à toutes leurs gens, ainsi que enconvenancé étoit, trois semaines après la Saint-Jean, pour aller devant Cambray, qui doit être de l'Empire, et étoit tourné pardevers le roi de France

CHAPITRE LXXVII.

Comment le duc de Brabant envoya monseigneur Louis de Cranehen par devers le roi de France pour lui excuser qu'il ne voulût croire nulle mauvaise information contre lui.

Ainsi se départirent ces seigneurs : chacun en ralla en son lieu, et le roi Édouard, vicaire de l'Empire, s'en revint à Louvain, de-lez madame la roine sa femme, qui nouvellement étoit là venue à grand'noblesse et bien accompagnée de dames et de damoiselles d'Angleterre [1]. Si tinrent à Louvaing leur tinel moult honorablement tout cet hiver, et fit faire monnoie d'or et d'argent à Anvers, à grand'foison; mais pour ce ne laissa le duc de Brabant de renvoyer soigneusement devers le roi de France monseigneur Louis de Cranehen son plus espécial chevalier et conseiller, pour lui excuser; mais en la fin il le fit demeurer tout coi devers le roi, et lui chargea et enjoignit expressément que toujours il le excusât devers le roi, et contredit toutes les accusations qui pouvoient venir au dit roi à l'encontre de lui. Le dit messire Louis n'osa escondire le commandement du duc son seigneur, ains en fit toujours bien son devoir à son pouvoir; mais au dernier il en eut pauvre guerdon; car il en mourut en France de deuil, quand on vit apparemment le contraire de ce dont il excusoit le duc si certainement; et en devint si confus qu'il ne voulut oncques puis retourner en Brabant. Si demeura tout coi en France pour soi ôter de soupçon tant qu'il vécut : ce ne fut mie longuement, si comme vous orrez en avant recorder en l'histoire.

CHAPITRE LXXVIII.

Comment le roi d'Angleterre fit ses pourvéances en Angleterre pour passer la mer, et manda à ses alliés qu'ils vinssent à lui sans délai, sur la foi que promis lui avoient.

Or passa cet hiver, puis revint l'été, et la fête de monseigneur Saint Jean approcha. Adonc ces

mais Édouard lui déclara nettement qu'il n'en ferait rien. Louis de Bavière, quoique à regret, fut contraint de dissimuler et de dispenser le monarque anglais de cette cérémonie.

[1] On ignore la date précise de l'arrivée de la reine

seigneurs d'Allemagne s'appareillèrent moult étoffément, chacun selon son état, ainsi que enconvenancé l'avoient au roi d'Angleterre, comme vicaire de l'Empire, pour parfaire et accomplir leur entreprise. Le roi de France se pourvut à l'encontre; car il savoit partie de leur entente, combien qu'il n'en fût point encore défié. Le roi anglois fit faire ses pourvéances en Angleterre, et ses gens d'armes appareiller et passer par deçà la mer, sitôt que la Saint-Jean fut passée, et se alla tenir lui-même à Vilvort[1]; et faisoit ses gens, ainsi comme ils passoient et qu'ils venoient, prendre hôtel en la ville de Vilvort; et quand la ville fut pleine, il les faisoit loger contre val les prés, selon la rivière, en tente et en trés. Et là se logèrent et demeurèrent de la Magdeleine jusques à la Notre-Dame en septembre, en attendant de semaine en semaine la venue des autres seigneurs, et par espécial celle du duc de Brabant, après qui tous les autres s'attendoient.

Quand le roi anglois vit que ces seigneurs ne venoient point, ni appareillés n'étoient, il envoya certains messages vers chacun, et les fit semondre sur leur créant, sans aucun délai, qu'ils vinssent, ainsi que créanté avoient, ou ils vinssent le jour Saint Gille[2] pour parler à lui en la ville de Malignes, et lui dire pourquoi ils targeoient tant. Le roi Édouard séjournoit à Vilvort à grands frais, ce pouvoit chacun savoir, et perdoit son temps, dont il lui ennuyoit moult, et ne le pouvoit amender. Il soutenoit tous les jours soubs ses frais bien seize cents armures de fer, toute fleur de bonnes gens d'armes, tous venus d'outre mer, et dix mille archers, sans les autres poursuivans à ce appartenans. Ce lui pouvoit bien peser, avec le grand trésor qu'il avoit donné à ces seigneurs, qui ainsi le détrioient par paroles, ce lui pouvoit bien sembler, et avec ce les grandes armées qu'il avoit établies sur mer contre Gennevois, Normands, Bretons, Picards, Espaignols que le roi Philippe faisoit gésir et nager sur mer, à ses gages, pour les Anglois gréver, dont messire Hue Kieret[3],

messire Pierre Bahucet[1] et Barbevoire étoient amiraux et conduiseurs, pour garder les détroits et les passages contre les Anglois, qu'ils ne passassent d'Angleterre par deçà la mer pour venir en France. Et n'attendoient ces dessusdits écumeurs de mer autre chose que les nouvelles leur vinssent que la guerre fut ouverte, et que le roi anglois, avecque ses alliés d'Allemagne, si comme on supposoit, eût défié le roi de France, qu'ils entreroient en Angleterre, où que ce fût : ils avoient jà avisé où et comment, pour porter au pays grand dommage, ainsi qu'ils firent.

CHAPITRE LXXIX.

Comment le roi d'Angleterre et ses alliés envoyèrent défier le roi de France; et comment messire Gautier de Maurny cuida prendre Mortaigne, et comment il prit le châtel de Thun en Cambrésis.

Ces seigneurs d'Allemagne, à la semonce du roi anglois, le duc de Brabant et messire Jean de Hainaut vinrent à Malignes, et s'accordèrent communément, après tout plein de paroles, que le roi anglois pouvoit bien mouvoir à la quinzaine après ou environ, et seroient adonc tous appareillés. Et pour tant que leur guerre fût plus belle ce que bien appartenoit à faire puis qu'ils vouloient guerroyer le roi de France, ils s'accordèrent à envoyer les défiances au roi Philippe : premièrement le roi Édouard d'Angleterre qui se fit chef de tous et de ceux du royaume, ce fut raison; aussi le duc de Guerles, le marquis de Juliers, messire Robert d'Artois[2], messire Jean de Hainaut le marquis

d'Angleterre en Brabant; on sait seulement qu'au commencement de septembre elle se disposoit à passer la mer.
[1] Ville située sur la Senne à environ deux lieues de Bruxelles, entre cette dernière ville et Malines.
[2] Le premier septembre.
[3] *Hugues Queret* était amiral de France.

[1] Peu de noms ont été plus altérés que celui-ci; on le trouve écrit de vingt façons différentes, *Bahucet*, *Bahuchet*, *Buchet*, etc. M. Lancelot, d'après des titres authentiques, l'appelle *Nicolas Behuchet*. Il était trésorier et conseiller du roi. Il fut un des commissaires nommés pour entendre les dépositions des témoins dans le procès de Robert d'Artois, et associé à Hugues Quieret dans le commandement des vaisseaux normands et picards qui croisaient contre les Anglois. *Barbevaire* commandait les Génois.
[2] M. Lancelot a prétendu que Robert d'Artois n'était point alors auprès d'Édouard : il en donne pour preuve que ce prince était certainement en Angleterre le 7 janvier 1339, et qu'on l'y voit encore le 8 novembre de la même année. Mais comme le trajet entre la Flandre et l'Angleterre est peu considérable, et que Robert d'Artois eût pu le faire plusieurs fois durant cet intervalle, la raison alléguée par M. Lancelot ne paraît pas suffisante pour rejeter le récit de Froissart ou plutôt de Jean-le-Bel attaché à Jean de Hainaut, et qui était peut-être alors avec lui à la cour d'Édouard.

de Misse ¹ et d'Eurient, le marquis de Blanquebourch², le sire de Fauquemont, messire Arnoul de Blakehen, l'archevêque de Cologne, messire Galeran son frère, et tous les seigneurs de l'Empire qui chefs se faisoient avec le roi anglois. Si furent ces défiances faites, écrites et scellées de chacun, excepté du duc Jean de Brabant, qui encore s'excusa et ne se voulut mie adonc conjoindre en ces défiances, et dit qu'il feroit son fait à part lui à temps et à point. De ces défiances porter en France fut prié et chargé l'evêque de Lincolle, qui bien s'en acquitta; car il les porta à Paris, et fit son message bien et à point, tant qu'il ne fut de nullui repris ni blâmé; et lui fut délivré un sauf-conduit pour retourner arrière devers le roi son seigneur, qui se tenoit à Malignes.

Or veux-je parler de deux grands entreprises d'armes que messire Gautier de Mauny fit, la propre semaine que le roi de France fut défié. Sitôt qu'il put sentir et percevoir que le roi de France devoit ou pouvoit être défié, il pria et cueillit environ quarante lances de bons compagnons sûrs et hardis, et se partit de Brabant, et chevaucha tant, que de nuit que de jour, qu'ils vinrent en Hainaut, et se boutèrent dedans le bois de Blaton, et encore ne savoit nul quelle chose il vouloit faire : mais il s'en découvrit là à aucuns de ses plus secrets; et leur dit qu'il avoit promis et voué en Angleterre, présens dames et seigneurs, que il seroit le premier qui entreroit en France et prendroit châtel ou forte ville, et y feroit aucune appertise d'armes. Si étoit son entente de chevaucher jusques à Mortaigne³ et de sousprendre la ville qui se tient du royaume. Ceux à qui il s'en découvrit lui accordèrent liement. Adonc ressanglèrent-ils leurs chevaux et restreignirent leurs armures, et chevauchèrent tous serrés, et passèrent le bois de Blaton et de Briffœil. Droit à un ajournement, et un petit devant soleil levant arrivèrent à Mortaigne. Si trouvèrent d'aventure le guichet ouvert. Adonc descendirent-ils, messire Gautier de Mauny tout premier, et aucuns de ses compagnons, et entrèrent en la porte tout coiment; et établirent aucuns des leurs pour garder la porte, par quoi ils ne fussent souspris; et puis s'en vinrent tout contre val la rue, messire Gautier de Mauny et son pennon devant, devers la grosse tour et les chaingles ¹. Si la cuidoient trouver aussi mal gardée; mais ils faillirent en leur entente, car les portes et le guichet étoient fermés bien et étroitement : aussi la guète du châtel ouït la frainte et aperçut de sa garde : si fut tout ébahi, et commença à sonner et à corner en sa buisine : « Trahis! trahis! » Si s'éveillèrent toutes gens et les soudoyés du châtel; mais ne vuidèrent de leur fort. Quand messire Gautier de Mauny sentit les gens de Mortaigne émouvoir, il se retrait tout bellement devers la porte, mais il fit bouter le feu en la rue encontre le château, qui tantôt s'emprit et alluma; et furent bien à cette matinée soixante maisons arses, et les gens de Mortaigne moult effrayés, car ils cuidoient être tous pris. Mais le sire de Mauny et ses gens se partirent de la ville et chevauchèrent arrière devers Condé, et passèrent là l'Escaut et la rivière de Haines; et puis chevauchèrent le chemin de Valenciennes, et le côtièrent à la droite main, et vinrent à Denain, et rafraîchirent en l'abbaye, et puis passèrent outre Bouchain, et firent tant au châtelain de Bouchain que les portes leur furent ouvertes; et passèrent là une rivière qui y queurt ², qui se fiert en l'Escaut, et vient d'amont devers Arleux en Pailluele. Après ce, quand ils furent tout outre Bouchain et la rivière, ils s'envinrent à un fort châtel qui se tenoit de l'évêque de Cambray et de Cambrésis, et l'appele-t-on Thun-l'Évêque, et sied sur la rivière d'Escaut.

En ce château n'avoit adonc aucune garde suffisant, car le pays ne cuidoit point être en guerre. Si furent ceux de Thun soudainement surpris, et le châtel pris et conquis, et le châtelain et sa femme dedans; et en fit le sire de Mauny une bonne garnison, et y ordonna à demeurer un sien frère chevalier qui s'appeloit messire

---

¹ Marquis de Meissen, appelé communément marquis ou margrave de Misnie. Ce margrave possédait, outre la Misnie, un autre pays assez considérable qui s'étendait jusqu'à la Saale, et qu'on appelait alors *Oriens*, ou *Provincia Orientalis*, *Osterland* en langue du pays, *Eurient* ou *Orient* en françois. De là vient le double titre de marquis de Misse et d'Eurient, c'est-à-dire marquis de Misnie et d'Orient, ou d'Osterland, que lui donne Froissart.

² Le marquis de Brandebourg (car c'est ainsi qu'il faut lire) était Louis de Bavière que l'empereur son père investit du margraviat de Brandebourg à la mort du dernier possesseur, qui n'avait point laissé de postérité.

³ Petite ville du Tournésis, à l'embouchure de la Scarpe, dans l'Escaut.

---

¹ Murs d'enceinte. — ² Cette rivière s'appelle le Senset.

Gille de Mauny que on dit Grignart, lequel fit depuis à ceux de Cambrésis et à la cité de Cambray plusieurs détourbiers; et faisoit ses courses trois ou quatre fois la semaine jusques devant la bonne cité de Cambray; et venoit escarmoucher jusqu'aux barrières, où il faisoit moult grandes et belles appertises d'armes, car le dit château de Thun siéd à une lieue près de la dite cité de Cambray.

Quand monseigneur Gautier de Mauny eut fait ses entreprises, ainsi comme je vous ai conté ci-devant, il s'en retourna atout grand profit, avec une partie de ses compagnons, car il en avoit laissé une partie avec monseigneur Grignart son frère, pour lui aider à garder Thun-l'Évêque, et fit tant qu'il vint en Brabant par devers le roi Édouard d'Angleterre, son seigneur, qu'il trouva à Malignes, qui le reçut et conjouit moult grandement, et lui recorda une grande partie de ses chevauchées, et comment il avoit pris Thun-l'Évêque, et illuec mis et laissé son frère en garnison contre ceux de Cambray; dont le roi anglois fut moult durement réjoui quand il l'eut ainsi ouï parler, et le tint à moult grand vasselage et grand prouesse, comme vrai étoit.

CHAPITRE LXXX.

Comment le roi de France se pourvut bien et grandement de gens d'armes et envoya grands garnisons au pays de Cambrésis ; et comment les Normands prirent Hantonne.

Vous avez bien ci-dessus ouï recorder sur quel état les seigneurs de l'Empire se départirent du roi anglois, et du parlement qui fut à Malignes, et comment ils envoyèrent défier le roi de France. Sitôt que le roi Philippe se sentit défié du roi anglois et de tous ses alliés, il vit bien que c'étoit acertes, et qu'il auroit la guerre. Si se pourvut selon ce bien et grossement, et retint gens d'armes et soudoyers à tous côtés, et envoya grands garnisons en Cambrésis; car il pensoit bien que de ce côté il auroit premièrement assaut. Et envoya messire le Galois de la Baume[1], un bon chevalier de Savoye, devers Cambray, et le fit capitaine, avec messire Thibaut de Morœuil et le seigneur de Roye; et étoient bien, que Savoisiens que François, deux cents lances ; et envoya encore le dit roi Philippe saisir le comté de Ponthieu

[1] Étienne de La Baume, dit *le Galois*, grand-maître des arbalétriers de France.

que le roi d'Angleterre avoit tenu par avant de par madame sa mère, et manda et pria aucuns seigneurs de l'Empire, tels comme le comte de Hainaut, le duc de Lorraine, le comte de Bar, l'évêque de Metz[1], l'évêque de Liége monseigneur Aoul de la Marche, que ils ne fissent nul mauvais pourchas contre lui ni à son royaume. Le plus de ces seigneurs lui mandèrent que ainsi ne feroient-ils. Et adonc le comte de Hainaut lui rescripvit moult courtoisement et lui signifia qu'il seroit appareillé à lui et à son royaume aider à défendre et garder contre tout homme ; mais si le roi anglois vouloit guerroyer en l'Empire, comme vicaire et lieutenant de l'empereur, il ne lui pouvoit refuser son pays ni son confort, car il tenoit en partie sa terre de l'empereur : si lui doit, ou à son vicaire, toute obéissance. De cette rescription se contenta le roi de France assez bien, et laissa passer légèrement, et n'en fit nul grand compte, car il se tenoit fort assez pour résister contre ses ennemis.

Si très tôt que messire Hue Kieret et ses compagnons qui se tenoient sur mer entendirent que les défiances étoient et la guerre ouverte entre France et Angleterre, ils vinrent un dimanche au matin au hâvre de Hantonne[2], entremetes que les gens étoient à messe ; et entrèrent les dits Normands et Gennevois en la ville, et la prirent, et la pillèrent, et robèrent tout entièrement, et y tuèrent moult de gens, et violèrent plusieurs femmes et pucelles, dont ce fut dommage, et chargèrent leurs nefs et leurs vaisseaux de grand pillage qu'ils trouvèrent en la ville, qui étoit pleine, drue et bien garnie, et puis rentrèrent en leurs nefs[3]. Et

[1] Ademare de Monteil. — [2] Southampton.
[3] Ce n'était là qu'un léger témoignage du zèle qui animait alors les Normands. Ils désiraient avec tant d'ardeur porter la guerre en Angleterre, qu'ils envoyèrent, au commencement de cette année, proposer au roi d'en faire la conquête à leurs frais, s'il voulait mettre à leur tête leur duc son fils aîné. Leurs députés furent admis à l'audience du roi au bois de Vincennes, le 23 mars 1338 (1339), et leurs offres furent acceptées. Il fut convenu qu'ils fourniraient pour cette expédition quatre mille hommes d'armes et vingt mille hommes de pied, dont cinq mille arbalétriers, tous pris dans la province, excepté mille hommes d'armes que le duc pourrait choisir ailleurs et qui seraient néanmoins stipendiés par les Normands. Ils s'obligeaient à entretenir ces troupes à leurs dépens pendant dix semaines, et même quinze jours en

quand le flux de la mer fut revenu, ils se désancrèrent et cinglèrent à l'exploit du vent devers Normandie, et s'en vinrent rafraîchir à Dieppe; et là départirent leur butin et leur pillage. Or nous retournerons au roi anglois qui se tenoit à Malignes et s'appareilloit fort pour venir devant la cité de Cambray.

CHAPITRE LXXXI.

Comment le roi d'Angleterre se partit de Malignes et s'en vint à Bruxelles parler au duc de Brabant et pour savoir quelle étoit son intention.

Le roi anglois se partit de Malignes, où il avoit longuement séjourné à grands frais et

sus, si lorsque le duc serait passé en Angleterre son conseil jugeait cette prolongation nécessaire; mais ces douze semaines passées, si le duc ne licenciait point les troupes, elles devaient être à ses gages. Le roi s'obligeait de son côté à tenir sur mer une flotte assez considérable pour la sûreté du passage et du retour de l'armée, ainsi que du transport des vivres. Si l'expédition était différée à une autre année, le roi devait le leur notifier trois mois avant l'embarquement et déduire sur leur service de l'année les frais qu'auraient occasionés les préparatifs du passage. Les Normands s'obligeaient encore, en cas que le royaume fût attaqué par les ennemis, à marcher à sa défense avec le nombre de troupes susdit, pendant l'espace de huit semaines seulement, à condition toutefois que le roi ou leur duc serait à l'armée, et que durant l'année où la province ferait cette aide elle serait exempte de l'arrière-ban. «Si l'Angleterre est conquise, comme on l'espère, la couronne appartiendra dès lors au duc de Normandie et après lui à ses héritiers rois de France à perpétuité. Les terres et droits des Anglois nobles et roturiers séculiers appartiendront aux églises, barons, nobles et bonnes villes de Normandie; et la portion des dites églises sera amortie par le roi jusqu'à vingt mille livres sterling de rente. Les biens appartenant au pape, à l'église de Rome et à celle d'Angleterre demeureront dans leur entier et ne seront point compris dans la conquête. Et comme le roi veut toujours agir de bonne foi avec ses amis et alliés, on restituera au roi d'Écosse et à ses sujets tout ce qui aura été usurpé sur eux par les Anglais. Si la paix se fait avant l'expédition en Angleterre, la Normandie conservera les priviléges qui lui ont été octroyés pour récompenser son zèle, à condition qu'elle fournira au roi, dans la première guerre qu'il aura à soutenir, deux mille hommes d'armes soudoyés pour douze semaines, déduction faite, comme ci-dessus, des frais qu'auraient pu causer les préparatifs de l'expédition, ou après que les troupes normandes auront servi un mois le roi par terre contre ses ennemis, la province ne sera plus tenue à fournir les dits deux mille hommes d'armes.» On peut voir sur cet accord le *Recueil des traités entre les rois de France et d'Angleterre* par Du Tillet et Robert d'Avesbury qui le rapporte tout entier d'après une copie qui fut trouvée à Caen, lorsque le roi d'Angleterre s'empara de cette ville en 1364.

dépens, en attendant de jour en jour ces grands seigneurs d'Allemagne qui point ne venoient, ainsi que promis lui avoient, dont moult lui ennuyoit, mais passer il lui en convenoit. Si s'en vint à Bruxelles pour parler au duc de Brabant son cousin, et toutes ses gens passèrent au dehors. Adonc s'avalèrent Allemands efforcément, le duc de Guerles, le marquis de Juliers, le marquis de Brankebourch, le marquis de Misse et d'Eurient, le comte de Mons[1], le comte de Saulmes, le sire de Fauquemont, messire Arnoul de Blakehen et tous les seigneurs de l'Empire alliés au roi anglois; et étoient bien vingt mille hommes d'armes. D'autre part étoit messire Jean de Hainaut qui se pourvéoit grossement pour être en cette chevauchée; mais il se tenoit devers le comte de Hainaut son neveu.

Quand le roi anglois et messire Robert d'Artois furent venus à Bruxelles, et ils eurent parlé au duc de Brabant assez et de plusieurs choses, ils demandèrent au dit duc quelle étoit son intention, de venir devant Cambray ou du laisser. Le duc à cette parole répondit et dit que: sitôt comme il pourroit savoir qu'il auroit assiégé Cambray, il se trairoit de cette part à douze cents lances bien étoffées de bonnes gens d'armes. Ces réponses suffirent bien au roi anglois adonc et à son conseil. Si se partit le dit roi de Bruxelles et passa parmi la ville de Nivelle, et là gésit une nuit. Lendemain il vint à Mons en Hainaut, et là trouva le jeune comte son serourge et messire Jean de Hainaut son oncle qui le reçurent moult liement, et messire Robert d'Artois qui étoit toujours de-lez le roi et de son plus secret conseil, et environ quinze ou vingt grands barons et chevaliers d'Angleterre, que le dit roi menoit avec lui pour son honneur et son état, et pour le conseiller. Et si y étoit l'évêque de Lincolle, qui moult étoit renommé en cette chevauchée de grand sens et de prouesse.

Si se reposa le roi anglois deux jours à Mons

[1] La terre de *Mons* ou *des Monts* (en latin, *Mons* ou *Montes*; en allemand, *Bergen*) est située en Westphalie, à l'orient septentrional du Rhin. Elle a été possédée à titre de comté par la maison de La Marck. Marguerite de La Marck, héritière de cette terre, la porta en dot, dans le treizième siècle, à Henri IV, duc de Limbourg. Adolphe VII, son petit-fils, la possédait à l'époque dont il s'agit ici.

en Hainaut, et y fut grandement fêté dudit comte et des chevaliers du pays. Et toujours passoient ses gens et se logeoient sur le plein pays, ainsi qu'ils venoient, et trouvoient tous vivres appareillés pour leurs déniers : les aucuns payoient et les autres non. Ainsi s'approchèrent les besognes du roi anglois; et s'envint à Valenciennes, et y entra tant seulement lui douzième de chevaliers; et jà étoient venus le comte de Hainaut et messire Jean de Hainaut son oncle, le sire d'Enghien, le sire de Fagnoelles, le sire de Werchin, le sire de Haverech, et plusieurs autres qui se tenoient de-lez le comte leur seigneur, et reçurent le roi moult liement; et l'emmena le dit comte par la main jusques en la salle, qui étoit arrée et appareillée pour le recevoir. Dont il advint, en montant les degrés de la salle, que l'évêque de Lincolle, qui là étoit présent, leva sa voix et dit : « Guillaume d'Auxonne, évêque de Cambray, je vous amoneste, comme procureur du roi d'Angleterre, vicaire de l'empereur de Rome, que vous veuillez ouvrir la cité de Cambray; autrement vous vous forfaites, et y entrerons par force. » Nul ne répondit à cette parole, car l'évêque n'étoit point là présent. Encore parla le dit évêque de Lincolle et dit : « Comte de Hainaut, nous vous amonestons, de par l'empereur de Rome, que vous veniez servir le roi d'Angleterre son vicaire devant la cité de Cambray, à ce que vous devez de gens. » Le comte qui là étoit répondit et dit : « Volontiers. » A ces paroles ils entrèrent en la salle et menèrent le roi anglois en sa chambre. Assez tôt après fut le souper appareillé, qui fut grand, bel, et bien ordonné. Lendemain au matin se partit le roi anglois de Valenciennes[1], et s'en vint à Haspre, et là se logea et reposa deux jours, attendant ses gens, qui venoient; dont il en y avoit grand'foison tant d'Angleterre comme d'Allemagne.

Salutz. La cause de notre long demeore en Brabancz si vous avoms souvent foitz fait assavoir avaunt cez heures et bien est conuz à ascun de vous. Mais pour ceo q'a darrain gaires d'aide nous ne vient hors de notre Roialme, et la demeore nous estoit si grevouse et noz gentz à si graunt meschief, et noz alliés trop peisauntz à la busoigne, noz messagiers auxint qu'avoient taunt de temps demourrez vers lez cardinals et le Consail de Fraunce, pour tretir de pees, ne nous porteront unqes aultres offres, forque nous n'averoms une palme de terre et roialme de Fraunce, et unqore notre cosyn Phelippe de Valoys avoit toutz jours juré, à ceo qe nous avoioms novelx, qe nous ne ferioms jammès demeore un jour, od notre host, en Fraunce qu'il ne nous dunroit bataille : nous, toutz jours affiauntz en Dieux et notre droit, si feismes venir devant nous noz alliés et lez feismes certeinement monstrer qe par chose nulle nous ne vorrioms pluis attendre, einz irioms avaount sour la pursieute de notre droit, pranaunt la grâce que Dieux nous donroit. Eaux véauntz le dishonnour qe lour enst avenuz s'ilz eussent demourez derère nous, s'assentirent pour nous pursieure. Journé fust pris d'estre toutz en la marche dedeinz Fraunce à certain jour, as queux jour et lieu nous y fusmes tuz prestz; et nos Alliés viendrent après selonc ceo q'ils poient. Le lundy[1], en la veille saint Matheu, si passâmes hors de Valenciens, et mesme le jour commença home à ardoir en Cambresyn et arderount tut la semaigne suaunt illeosques, issint qe celle pais est moult nettement destruit come de blées et de bestaille et d'aultres biens. Le samady suaunt[2] venismes à Markeyngne[3] q'est entre Cambré et Fraunce, et commencea home d'ardoir dedeinz Fraunce mesme le jour. Et nous avons enteuduz que le dist seir Phelip se trait devers nous à Perroun en venaunt à Noyoun; si tenismes toutz jours notre chemyn avaunt, nos gentz ardauntz et destruiantz communément en large de douze leukes ou quatorze de pays. Le samady proschein devant la feste seint Luke[4] si passâmes le cawe d'Eise et loggames et demourasmes illeosques le dismenge, quelle jour nous avoioms noz alliés devaunt nous qui nous monstrerent qe lours vitailles estoient pours despendury, et que l'yver estoit durement aprosehaunt q'ils ne pooient demourrer, einz y coviendroit retrere sour la marche à retourner. Quant lours vitailles furent des-

[1] Une lettre d'Édouard conservée par Robert d'Avesbury dans laquelle il rend compte de l'incursion qu'il avait faite en France, nous apprend qu'il sortit de Valenciennes le lundi 20 septembre, veille de la fête de saint Mathieu. Cette pièce fournit encore quelques autres dates qui peuvent servir à éclaircir, quelquefois même à rectifier le récit de Froissart. Comme l'ouvrage de Robert d'Avesbury n'est pas commun même en Angleterre, il ne sera pas inutile de transcrire ici cette lettre.

Lettre d'Édouard.

« Edward, etc. A notre cher filtz et as honourables Pieres en Dieux J. par mesme la grâce Erchevesque de Cauntirbirs, R. évesque de Londres, W. de la Zouche notre Tresorer et as autres de notre Consail en Angleterre,

[1] Le 20 septembre.
[2] Le 25 septembre.
[3] La ressemblance de ce nom avec celui de *Marchiennes* pourrait faire croire qu'il s'agit ici de ce lieu. Thoiras n'a pas balancé de dire que le 26 septembre Édouard était à *Marchiennes* entre Saint-Amand et Douay. Mais Marchiennes, situé sur la Scarpe, paraît être beaucoup trop éloigné de la route qu'Édouard dit lui-même avoir tenue : il est plus vraisemblable que ce prince veut parler de *Markoin* ou *Marcoing*, village distant de Cambray d'environ deux lieues du côté de l'Artois. Plusieurs pièces publiées par Rymer, datées du 26 septembre, *apud villam de Markoin infra Marchiam Franciæ*, changent cette conjecture en preuve.
[4] Le jour de saint Luc était cette année le lundi 18 octobre; le samedi précédent était donc le 16

CHAPITRE LXXXII.

Comment le roi d'Angleterre se partit de Haspre et s'en vint mettre le siége devant Cambray; et comment le duc de Brabant y vint.

Quand le roi d'Angleterre eut été deux jours à Haspre et que jà moult de ses gens étoient penduz verraiment, ilz fusrent le pluis briefment vitaillez, par cause q'ilz entenderont que notre dit cosyn nous eust doné hastive bataille. Le lundi [1] matin si viendrent lettres à mons. Hughe Tenene, de part le meistre d'Arblastiers de Fraunce, fesauntz mencion q'il voleit dire à roy d'Engleterre q'il voilleit prendre place qu'elle ne fust afforcie par boys, mareis ne par eawe, et q'il lui dunroit bataille dedeinz le jeofdy [2] proschein suaunt. Lendemain, pour feare tut jour la destruccion qe nous pouvioms, si remuasmes. Le meskerdy [3] après vient une messagier al dit mons. Hughe et luy porta lettres del roy de Beaume et del duke de Lorreigne od lors seals pendantz, fesauntz mention de qe quaut qe le dit maistre des Arblastiers avoit envoiez de part le roy de Fraunce touchaunt la bataille, il tiendra convenaunt. Nous regardantz lez dits lettres meintenaunt, lendemain [4] nous treiasmes vers Flemyngerye où nous demurasmes le vendredy tut la jour. Al vespre estoient prises trois espies, et furent examinez chescun par sei, et accordèrent toutz qe le dit Phelip nous dunroit bataille, le samadye, et q'il estoit à une leuke et demie de nous. Le samady [5] nous esteiasmes ès champs bien un quarter devaunt le jour et preismes notre place en lieu covenable pour nous et luy à combattre. Bien matin fusrent prises de ses descoverours qe nous disoient que s'avaunt garde estoit avaunt ces champs de bataille et lès, en issaunt devers nous. Les novelx venuz à notre host covient qe nos alliés se porteront devant mult peisantement : devers nous seurement ilz estoient de si lene convie qe unqes gentz estoient de si bone volonté à combattre. En le mesme temps se estoient ascuns de noz descoverours, une chevalier d'Almaygne pris, q'avoit vieu tut notre array et le monstré en aventure à noz ennemys, issint maintenaunt q'il fist retrere s'avaunt garde et coumunda de loggier ; et fisrent fossés entour eaux, et couperent les groses arbres pour nous tollier la venue à eaux. Nous demurrasmes tut le jour enbataillez à piés tanqe devers le vespre q'il sembloit à noz Alliés qe nous avoms assetz demeorez; et al vespre, si nous mountasmes noz chivalx et alasmes pours d'Avenies à un leqe et demie del dist notre cosyn, et luy feismes savoir qe nous luy vorroioms attendre illeosqes tut la dismenge ; et ensi feismes. Et aultre novels ne envoyoms de luy, forsqe le samady, à l'heure quaunt nous moustames noz chivalx al departir de notre place, il quida qe nous eussioms venuz devers luy; et tiel haste avoit-il pour prendre plus forte place que mil chevalers à une foitz fusrent enfoundrés en la mareis à son passage issint venist chescun sour aultre. La dismenge [6] fust le sire de Fa-

passés et venus à Nave et là environ, il s'en partit et s'envint devers Cambray, et se logea à Yvuis, et assiégea la cité de Cambray de tous points; et toujours lui croissoient gens. Là lui vint le jeune comte de Hainaut à très grand arroy, et messire Jean de Hainaut son oncle; et se logèrent assez près du roi; après, le duc de Guerles et ses gens, le marquis de Juliers et sa route, le marquis de Brankebourch et ses gens, le marquis de Mise et d'Eurient, le comte de Mons, le comte de Saumes, le sire de Fauquemont, messire Arnoul de Blakehen, et ainsi tous les autres; et toujours leur croissoient gens.

Au sixième jour que le roi anglois et tous ces seigneurs se furent logés devant Cambray, vint le duc de Brabant en l'ost, moult étoffément et en grand arroy; et avoit bien neuf cents lances, sans les autres armures de fer, dont il y avoit grand'foison, et se logea devers Ostrevant sur l'Escaut; et fit-on un pont sur la rivière pour aller de l'un ost à l'autre.

Lorsque le duc de Brabant fut venu, il envoya défier le roi de France qui se tenoit à Compiègne, de quoi messire Louis de Cranehen, qui toujours l'avoit excusé, en fut si confus qu'il en mourut de deuil, dont ce fut dommage pour ses amis. Ce siége durant devant Cambray, il y eut plusieurs assauts, escarmouches et paletis [1]. Et chevauchoient, par usage, messire Jean de Hainaut et le sire de Fauquemont ensemble, dont ils ardirent et foulèrent durement le pays de Cambrésis; et vinrent ces seigneurs, à leurs routes où il avoit bien cinq cents lances et mille autres combattans, un jour, devant le châtel d'Oisy en Cambrésis, et y livrèrent un très grand assaut; et si ne fussent les chevaliers et écuyers qui dedans étoient, ils l'eussent pris par force : mais si bien le défendirent ceux qui dedans étoient, de par le seigneur de Coucy, qu'ils n'y eurent point de dommage; et retournèrent les dessusdits seigneurs et leurs routes en leurs logis.

niels pris par nos gentz. Le lundy matin si avoms novels que le dit Sr Phelip et toutz ses Alliés fusrent desparpillés et retretz à graunt haste. Et sour ceo q'eut est outtre affeare si avoms une consail ovesqe eaux à Andwerp lendemayn seint Martyn. Et d'illeosqes entre vous...... hastiment ceo qest entre fait. Doné soutz notre privé seal à Brissel le primer jour de novembre. »

[1] Combats, surtout ceux qui se donnaient aux palissades de villes.

---

[1] Jour de saint Luc, 18 octobre.
[2] 21 octobre.
[3] 20 octobre.
[4] Le jeudi 21.
[5] 23 octobre.
[6] 24 octobre.

CHAPITRE LXXXIII.

Comment le comte Guillaume de Hainaut vint à Cambray durant le siége et y livra un dur assaut contre ceux de la ville.

Encore ce siége durant devant Cambray, vint par un samedi le comte Guillaume de Hainaut, qui étoit moult bachelereux, atout ceux de son pays, dont il y avoit très bonne gent, devant la cité de Cambray, à la porte saint Quentin, et y livra grand assaut. Et là fut Jean Chandos, qui adonc étoit écuyer très appert et bon bachelier; et se jeta entre les barrières et la porte, outre au long d'une lance, et là se combattit moult vaillamment à un écuyer de Vermandois qui s'appeloit Jean de Saint-Dizier [1]; et là firent l'un sur l'autre plusieurs belles appertises d'armes, et conquirent par force les Hainuyers la barrière. Et là étoit le comte de Hainaut, en très bon convenant; aussi étoient ses maréchaux appelés messire Girard de Werchin et messire Henri d'Antoing et tous les autres qui s'avançoient et aventuroient hardiment pour leur honneur. A une porte, que on dit la porte Robert, étoient le sire de Beaumont, le sire de Fauquemont, le sire d'Enghien, et messire Gautier de Mauny et leurs gens; et y firent un très fort et dur assaut. Mais s'ils assailloient fortement et durement, ceux de Cambray, et les soudoyers que le roi de France y avoit aussi envoyés, se défendoient vassalement et par grand advis; et firent tant que les dessus dits assaillans n'y conquirent rien; mais retournèrent bien lassés et bien battus à leurs logis. Si se désarmèrent et pensèrent du reposer. Et vint le jeune comte Guillaume de Namur servir le comte de Hainaut, sans prière qui lui en eût été faite, mais seulement par le grand amour qu'il avoit à lui, disant qu'il se tenroit de leur partie tant qu'ils seroient sur l'Empire; mais si très tôt qu'ils entreroient sur le royaume de France, il s'en iroit devers le roi Philippe qui l'avoit retenu. Aussi c'étoit l'intention du comte de Hainaut; et commandoit étroitement à ses gens que nul, sur la hart, ne forfît rien au royaume de France.

[1] Les seigneurs de Saint-Dizier étaient issus des comtes de Flandre de la maison de Dampierre. Ce Jean de Saint-Dizier, écuyer, était frère du comte de Flandre et devint comte à son tour.

CHAPITRE LXXXIV.

Comment le roi d'Angleterre défit son siége de Cambray et s'en vint vers le mont Saint-Martin pour entrer au royaume de France.

Entrementes que le roi d'Angleterre séoit devant la cité de Cambray à bien quarante mille hommes, et que moult la contraignoit d'assauts et de plusieurs faits d'armes, faisoit le roi Philippe son mandement à Péronne en Vermandois et là environ; car il avoit intention de chevaucher contre les Anglois qu'il sentoit moult efforcément en Cambrésis. Dont les nouvelles en vinrent en l'ost d'Angleterre, que le roi de France faisoit un grand amas des nobles de son royaume. Si regarda le roi anglois et considéra plusieurs choses, et se conseilla principalement à ceux de son pays et à messire Robert d'Artois, en qui il avoit moult grand'fiance; et leur demanda lequel étoit meilleur à faire, ou d'entrer au royaume de France et venir contre le roi Philippe son adversaire, ou de lui tenir devant Cambray, tant que par force il l'eût conquise. Les seigneurs d'Angleterre et son étroit conseil imaginèrent plusieurs choses, et regardèrent que la cité de Cambray étoit malement forte et bien pourvue de gens d'armes et d'artillerie, et aussi de tous vivres, selon leur espoir, et que longue chose seroit de là tant séjourner et être que ils l'eussent conquise; duquel conquêt il n'étoit pas encore bien certain; et si approchoit l'hiver, et si ils n'avoient encore fait nul fait d'armes, ni apparent n'étoit du faire, et séjournoient là à grands frais. Si lui conseillèrent que, tout considéré, il délogeât et chevauchât avant au royaume; là trouveroient-ils largement à vivre et mieux à fourager.

Ce conseil fut cru et tenu : donc s'ordonnèrent tous les seigneurs à déloger; et firent trousser tentes et trez et toutes manières de harnois, et se délogèrent tout communément; et se mirent à voie, et chevauchèrent devers le mont Saint-Martin [1], qui à ce côté est l'entrée de France. Et chevauchoient ordonnément et par connétablies, chacun sire entre ses gens; et étoient maréchaux de l'ost d'Angleterre le comte de Northantonne et de Colchestre et le comte de

[1] Ancienne abbaye de Prémontrés du diocèse de Cambray, sur les frontières de la Picardie.

Suffolc, et connétable d'Angleterre le comte de Warwich; et passèrent assez près du mont Saint-Martin les Anglois, les Allemands et les Brabançons, la rivière d'Escaut, tout à leur aise, car elle n'est mie là endroit trop large.

CHAPITRE LXXXV.

Comment le comte de Hainaut prit congé du roi d'Angleterre aussitôt qu'il entra au royaume de France; et comment le roi de France envoya son connétable à Saint-Quentin pour garder la ville et la frontière.

Quand le comte de Hainaut eut conduit et accompagné le roi d'Angleterre jusques au département de l'Empire, et qu'il devoit passer l'Escaut et entrer au royaume, il prit congé de lui et lui dit que, tant qu'à cette fois, il ne chevaucheroit plus avec lui; et qu'il étoit prié et mandé du roi de France son oncle, à qui il ne vouloit point de haine; mais l'iroit servir au royaume, en telle manière comme il l'avoit servi en l'Empire. Et le roi lui dit : « Dieu y ait part! » Donc se partit le comte de Hainaut du roi d'Angleterre à toutes ses routes, et le comte de Namur avec lui, et s'en renvinrent arrière au Quesnoy; et donna le comte congé à la plus grand'partie de ses gens : mais il leur dit et pria qu'ils fussent tous pourvus, car il vouloit aller dedans brief jour devers le roi son oncle; et ils lui répondirent que ainsi seroient-ils. Or parlerons du roi d'Angleterre et de tous ses alliés comment ils persévérèrent.

Si très tôt que le roi d'Angleterre eut passé la rivière de l'Escaut, et il fut entré au royaume de France, il appela Henri de Flandre [1], qui adonc étoit jeune écuyer, et le fit là chevalier; et lui donna deux cents livres de rente à l'esterlin chacun an, et les lui assigna bien et suffisamment en Angleterre. Depuis vint le roi loger en l'abbaye du mont Saint-Martin [2]; et là se tint par deux jours; et toutes ses gens étoient épars sur le pays environ lui, et étoit le duc de Brabant logé en l'abbaye de Vaucelles [3]. Quand le roi de France qui se tenoit à Compiègne entendit ces nouvelles, que le roi anglois approchoit Saint-Quentin et étoit logé sur le royaume, si renforça son mandement partout, et envoya son connétable le comte Raoul d'Eu et de Ghines, à toutes grands gens d'armes, à Saint-Quentin, pour garder la ville et la frontière sur les ennemis; et envoya le seigneur de Coucy en sa terre, et le seigneur de Ham [1] en la sienne; et envoya encore grands gens d'armes en Guise et en Ribemont et à Bohaing et ès forteresses voisines, sur l'entrée du royaume, pour les garder des ennemis; et descendit devers Péronne en Vermandois, à grand'foison de gens d'armes, de ducs, de comtes et de barons avec lui; et li croissoient toujours gens de tous côtés, et se logeoient sur cette belle rivière de Somme, entre Saint-Quentin et Péronne.

CHAPITRE LXXXVI.

Comment messire Jean de Hainaut et plusieurs autres grands seigneurs cuidèrent prendre Honnecourt; et comment l'abbé et ceux de la ville s'y portèrent très vaillamment.

Entrementes que le roi anglois se tenoit en l'abbaye du mont Saint-Martin, ses gens couroient tout le pays de là environ jusques à Bapaumes et bien près de Péronne et de Saint-Quentin. Si trouvoient le pays plein et gras, et pourvu de tous biens, car ils n'avoient oncques mais eu point de guerre. Or avint ainsi que messire Henri de Flandre, en sa nouvelle chevalerie, et pour son corps avancer et accroître son honneur, se mit un jour en la compagnie et cueillette de plusieurs chevaliers, desquels messire Jean de Hainaut étoit chef, et là étoient le sire de Fauquemont, le sire de Berghes, le sire de Baudresen [2], le sire de Kuck et plusieurs autres, tant qu'ils étoient bien cinq cents combattans; et avoient avisé une ville assez près de là, que on appeloit Honnecourt, où la plus grand'partie du pays étoit, sur la fiance de la forteresse, et y avoient mis tous leurs biens. Et jà y avoient été messire Arnoul de Blakehen et messire Guillaume de Duvort [3] et leurs routes; mais rien n'y avoient fait : donc, ainsi que par

---

[1] C'est vraisemblablement Henri II du nom, comte de Lodi, au duché de Milan, seigneur de Nienhove, etc., issu d'une branche cadette des comtes de Flandre de la maison de Dampierre.
[2] Il y était certainement le 13 octobre, suivant la date d'une pièce rapportée par Rymer.
[3] Abbaye d'hommes de l'ordre de Cîteaux, sur la droite de l'Escaut, à deux lieues environ de Cambray.

[1] Il était issu des comtes de Vermandois.
[2] Vraisemblablement, *Bautershem*.
[3] Peut-être, *Duvenvorde*. On trouve dans les *Troph. du Brab.* un *Willaume de Duvenvorde*, chambellan du comte de Hainaut.

esramie, tous ces seigneurs s'étaient cueillis en grand désir de là venir, et faire leur pouvoir de la conquérir. Adonc avoit dedans Honnecourt un abbé [1] de grand sens et de hardie entreprise, et étoit moult hardi et vaillant homme en armes; et bien y apparut, car il fit au dehors de la porte de Honnecourt faire et charpenter en grand'hâte une barrière, et mettre et asseoir au travers de la rue; et y pouvoit avoir, entre l'un banc et l'autre, environ demi-pied de creux d'ouverture; et puis fit armer tous ses gens et chacun aller ès guérites, pourvu de pierres, de chaux, et de telle artillerie qu'il appartient pour la défendre. Et si très tôt que ces seigneurs vinrent à Honnecourt, ordonnés par bataille, et en grosse route et épaisse de gens d'armes durement, il se mit entre les barrières et la porte de la dite ville, en bon convenant, et fit la porte de la ville ouvrir toute arrière, et montra et fit bien chère et manière de défense.

Là vinrent messire Jean de Hainaut, messire Henri de Flandre, le sire de Fauquemont, le sire de Berghes et les autres, qui se mirent tout à pied et approchèrent ces barrières, qui étoient fortes durement, chacun son glaive en son poing; et commencèrent à lancer et à jeter grands coups à ceux de dedans; et ceux de Honnecourt à eux défendre vassalment. Là étoit damp abbé, qui point ne s'épargnoit, mais se tenoit tout devant en très bon convenant, et recueilloit les horions moult vaillamment, et lançoit aucune fois aussi grands horions et grands coups moult appertement. Là eut fait mainte belle appertise d'armes; et jetoient ceux des guérites contre val, pierres et bancs, et pots pleins de chaux, pour plus essonnier les assaillans. Là étoient les chevaliers et les barons devant les barrières, qui y faisoient merveilles d'armes; et avint que, ainsi que messire Henri de Flandre, qui se tenoit tout devant, son glaive empoigné, et lançoit les horions grands et périlleux, damp abbé, qui étoit fort et hardi, empoigna le glaive du dit messire Henri, et tout paumoiant et en tirant vers lui, il fit tant que parmi les fentes des barrières il vint jusques au bras dudit messire Henri, qui ne vouloit mie son glaive laisser aller pour son honneur. Adonc quand l'abbé tint le bras du chevalier, il le tira si fort à lui qu'il l'encousit dedans les barrières jusques aux épaules, et le tint là à grand meschef, et l'eût sans faute saché dedans, si les barrières eussent été ouvertes assez. Si vous dis que le dit messire Henri ne fut à son aise tandis que l'abbé le tint, car il étoit fort et dur, et le tiroit sans épargner. D'autre part les chevaliers tiroient contre lui pour rescourre messire Henri; et dura cette lutte et ce tiroi moult longuement, et tant que messire Henri fut durement grevé. Toutes fois par force il fut rescous; mais son glaive demeura par grand'prouesse devers l'abbé, qui le garda depuis moult d'années, et encore est-il, je crois, en la salle de Honnecourt. Toutes voies il y étoit quand j'écrivis ce livre; et me fut montré un jour que je passai par là, et m'en fut recordée la vérité et la manière de l'assaut comment il fut fait, et le gardoient encore les moines en parement.

CHAPITRE LXXXVII.

Comment messire Jean de Hainaut et ses compagnons se retrairent en leurs logis; et comment le roi d'Angleterre ardit et exilla le pays de Thierasche.

Ce jour eut à Honnecourt moult fier assaut, et dura jusques aux vespres, et y eut plusieurs des assaillans morts et blessés; et par espécial, messire Jean de Hainaut y perdit un chevalier de Hollande qui s'appeloit messire Hermant, et s'armoit d'or à une fosse coponée de gueules, à trois fermaux d'azur au chef de son écu. Quand Hainuyers, Anglois, Flamands et Allemands, qui là étoient assaillans, virent la bonne volonté de ceux de dedans, et qu'ils n'y pouvoient rien conquester, ains étoient battus et navrés et moult foulés, si se retrairent arrière, sur le soir, et emportèrent au logis les blessés. Et lendemain au matin se partit le roi anglois du mont Saint-Martin et commanda, sur la hart, que nul ne fit mal à l'abbaye. Son commandement fut tenu. Et puis entrèrent en Vermandois, et vinrent ce jour loger de haute heure droit sur le mont Saint-Quentin; et là furent en bonne ordonnance de bataille; et les pouvoient bien voir ceux de Saint-Quentin s'ils vouloient. Mais ils n'avoient talent d'issir hors de la ville. Si vinrent les coureurs d'Angleterre courir jusques aux barrières de Saint-Quentin et escarmoucher à ceux qui là se tenoient. Le con-

---

[1] La liste des abbés de Hainecourt est incomplète : on n'y trouve point le nom de celui-ci.

nétable de France et messire Charles de Blois firent tantôt leurs gens ordonner devant les barrières et mettre en bon convenant. Et quand les Anglois qui là se tenoient, le comte de Suffolc, le comte de Northantonne, messire Regnault de Cobham, messire Gautier de Mauny et plusieurs autres en vinrent la manière et que rien ils n'y pouvoient gagner, si se retrairent arrière devers l'ost du roi, qui se tenoit sur le mont Saint-Quentin[1], et furent là logés jusques lendemain à prime. Si eurent les seigneurs conseil ensemble quelle chose ils feroient, si ils se trairoient avant au royaume, ou si ils se retrairoient en la Thierasche. Si fut conseillé et regardé pour le meilleur, par l'avis du duc de Brabant, qu'ils se trairoient en Thierasche, côtoyant Hainaut, dont les pourvéances leur venoient tous les jours ; et si le roi Philippe les suivoit à ost, ainsi qu'ils supposoient qu'il le feroit, ils l'attendroient en pleins champs, et se combattroient à lui sans faute.

Adonc se partit le roi anglois du mont Saint-Quentin; et s'arroutèrent toutes ses gens, et chevauchoient en trois batailles moult ordonnément : les maréchaux et les Allemands avoient la première bataille, le roi anglois la moyenne, et le duc de Brabant la tierce. Si chevauchoient ainsi, ardant et exillant le pays, et n'alloient plus de trois ou quatre lieues le jour, et se logeoient de haute heure. Et passa une route d'Anglois et d'Allemands la rivière de Somme, dessus l'abbaye de Vermand[2], et entrèrent en ce plein pays de Vermandois : si l'ardirent et exillèrent moult durement, et y firent moult grand dommage.

Une autre route, dont messire Jean de Hainaut, le sire de Fauquemont et messire Arnoul de Blakehen étoient chefs et meneurs, chevauchoient un autre chemin, et vinrent à Origni-Sainte-Benoîte, une ville assez bonne ; mais elle étoit foiblement fermée. Si fut tantôt prise par assaut, pillée et robée, et une bonne abbaye de dames qui là étoit et est encore, violée, dont ce fut pitié et dommage, et la ville toute arse. Et puis s'en partirent les Allemands et chevauchèrent le chemin devers Guise et vers Ribemont. Si s'en vint le roi anglois loger à Behories[1], et là se tint un jour tout entier ; et ses gens couroient et ardoient le pays de là environ.

Si vinrent nouvelles au roi anglois et aux seigneurs qui avec lui étoient, que le roi de France étoit parti de Péronne en Vermandois et les approchoit à plus de cent mille hommes. Adonc se partit le roi anglois de Behories, et prit le chemin de la Flamengerie[2] pour venir vers l'Échelle[3] en Thierasche ; et les maréchaux et l'évêque de Lincolle passèrent, à plus de cinq cents lances, la rivière d'Oise à gué, et entrèrent en Laonnois et vers la terre du seigneur de Coucy, et ardirent La Fère, Saint Goubin et la ville de Marle ; et s'en vinrent un soir loger à Vaulx dessous Laon. Lendemain ils se retrairent devers leur ost ; car ils surent de certain, par aucuns prisonniers qu'ils prirent, que le roi de France étoit venu à Saint-Quentin, et que là passeroit-il la rivière de Somme. Si se doutèrent qu'ils ne fussent rencontrés ; non pourquant à leur retour ardirent-ils une bonne ville qu'on dit Crecy sur Sele[4], qui point n'étoit fermée, et grand'foison de villes et de hameaux là environ, et à grand'foison de pillage s'en retournèrent-ils en l'ost.

CHAPITRE LXXXVIII.

Comment la ville de Guise fut toute arse ; et comment ceux de Nouvion furent déconfits et tout leur avoir perdu.

Or vous parlerons de la route messire Jean de Hainaut, où il avoit bien cinq cents combattans. Si s'en vint à Guise, et entra en la ville et la fit toute ardoir et abattre les moulins. Dedans la forteresse étoit madame Jeanne sa fille, femme au comte Louis de Blois, qui fut moult effrayée de l'arsure et du convenant monseigneur son père, et lui fit prier que pour Dieu il se voulût déporter et retraire, et qu'il étoit trop dur conseillé contre lui, quand il ardoit l'héritage de son fils le comte de Blois. Nonobstant ce, le sire

---

[1] Il faut plutôt lire sans doute mont Saint-Martin, à trois lieues au nord de Saint-Quentin, lieu aux sources de l'Escaut, où était placée l'abbaye.

[2] Vermand, ancienne abbaye de Prémontrés, à trois lieues de Saint-Quentin, est à la même distance à peu près de la rivière de la Somme. Ainsi quand Froissart dit qu'une troupe d'Anglais et d'Allemands passèrent cette rivière *dessous l'abbaye de Vermand*, il faut entendre seulement, ou que cette troupe passa la Somme à la hauteur de Vermand, ou bien au-dessous vers Péronne.

[1] *Bohéries*, ancienne abbaye de l'ordre de Cîteaux, au diocèse de Laon.

[2] *La Flamengerie*, ou *la Flamangrie*, village peu éloigné de la Capelle.

[3] *L'Échelle*, village au sud de Nouvion.

[4] *Crécy sur Serre*, petite ville du diocèse de Laon.

de Beaumont ne s'en voulut oncques déporter ni délaisser, si eut faite son entreprise; et puis s'en retourna devers l'ost du roi qui étoit logé en l'abbaye de Farvaques[1]. Endementres que ces gens d'armes couroient ainsi tout le pays, vinrent bien six vingts lances d'Allemands, dont le sire de Fauquemont étoit chef, jusques à Nouvion en Thierasche, une bonne grosse plate ville. Si étoient communément les gens de Nouvion retraits et boutés dedans les bois; et y avoient mis et porté le leur à sauveté, et s'étoient fortifiés de roullis et de bois coupé et abattu environ eux. Si chevauchèrent les Allemands cette part; et y survint monseigneur Arnoul de Blakehen et sa route; et assaillirent ceux de Nouvion, qui dedans les bois s'étoient boutés; lesquels se défendirent tant qu'ils purent : mais ce ne fut mie grandement, car ils ne tinrent point de conroi et ne purent durer à la longue contre tant de bonnes gens d'armes. Si furent ouverts et leur fort conquis, et mis en chasse; et en y eut bien, que morts que navrés, bien quarante, et perdirent tout ce que apporté là avoient. Et ainsi étoit, et fut ce pays de Thierasche couru et pillé sans déport; et en faisoient les Anglois leur volonté. Si se partit le roi Édouard de Farvaques où il étoit logé, et s'en vint à Montreuil; et là se logea un soir; et lendemain il vint et tout son ost, loger à la Flamengerie; et fit toutes ses gens loger environ lui, où il avoit plus de quarante quatre mille hommes : et eut conseil et intention qu'il attendroit là le roi Philippe et son pouvoir, et se combattroit à lui comment qu'il fût.

CHAPITRE LXXXIX.

Comment le roi de France fit ses gens loger à Buironfosse pour là attendre le roi d'Angleterre; et comment le comte de Hainaut s'en vint le servir.

Le roi de France étoit parti de Saint-Quentin atout son plus grand effort; et toujours lui croissoient gens, et venoient de tous pays. Si exploita tant ledit roi et tout son ost qu'ils vinrent à Buironfosse; et là s'arrêta le dit roi, et commanda à toutes ses gens loger et arrêter; et dit qu'il n'iroit plus avant, tant qu'il eut combattu le roi anglois et tous ses alliés, puisqu'il étoit à deux lieues près.

Si très tôt que le comte Guillaume de Hainaut, qui se tenoit au Quesnoy, tout pourvu de gens d'armes, put savoir que le roi de France étoit logé et arrêté à Buironfosse, en espoir de combattre les Anglois, il se partit du Quesnoy à plus de cinq cents lances, et chevaucha tant qu'il vint en l'ost du roi de France, et se représenta au dit roi son oncle, qui ne lui fit mie si liée chère que le comte voulut, pour cause de ce qu'il avoit été devant Cambray avec son adversaire le roi anglois et fortement apovri et couru Cambrésis. Nonpourquant le comte s'en porta assez bellement, et s'excusa si sagement au roi son oncle, que le roi et tout son conseil pour cette fois s'en contentèrent assez bien; et fut ordonné des maréchaux, le maréchal Bertrand[1] et le maréchal de Trie[2], à soi loger au plus près des Anglois.

CHAPITRE XC.

Comment la journée fut prise et assignée entre les deux rois pour eux combattre.

Or sont ces deux rois de France et d'Angleterre logés entre Buironfosse et la Flamengerie, en plein pays, sans nul avantage, et ont grand désir, si comme ils montrent, d'eux combattre. Si vous dis pour certain qu'on ne vit oncques si belle assemblée de grands seigneurs qu'il y eut là; car le roi de France y étoit lui quatrième de rois : premièrement avec lui étoient le roi Jean de Behaigne, le roi de Navarre, le roi d'Escosse; aussi de ducs, de comtes et de barons tant que sans nombre; et toujours lui croissoient gens de tous les pays du monde.

Quand le roi anglois fut arrêté à la Capelle en Thierasche, ainsi que vous avez ouï, et il sçut de vérité que le roi Philippe son adversaire étoit à deux petites lieues de lui, et en grand' volonté de combattre, si mit les seigneurs de son ost ensemble; premièrement le duc de Brabant son cousin, le duc de Guerles, le marquis de Juliers, le marquis de Blankebourch, le comte de Mons, messire Jean de Hainaut, messire Robert d'Artois, et tous les prélats et barons d'An-

---

[1] Fervaques, ancienne abbaye de l'ordre de Cîteaux, dans le diocèse de Noyon, qui est maintenant détruite.

[1] Robert Bertrand, seigneur de Briquebec, fait maréchal de France en l'année 1328.

[2] Mathieu de Trie créé maréchal de France en 1318.

gleterre, qui avec lui étoient, et à qui il touchoit bien de la besogne; et leur demanda comment à son honneur ils se pourroient maintenir; car c'étoit son intention de combattre, puisqu'il sentoit ses ennemis si près de lui. Adonc regardèrent les seigneurs l'un l'autre, et prièrent au duc de Brabant qu'il en voulût dire son entente. Et le duc répondit que c'étoit bien son accord que de combattre, car autrement à leur honneur ils ne s'en pourroient partir; et conseilla adonc qu'on envoyât hérauts par devers le roi de France, pour demander et accepter la journée de la bataille. Adonc en fut chargé un héraut qui là étoit au duc de Guerles, et qui bien savoit françois, et informé quelle chose il devoit dire et quelle chose faire. Si partit le dit héraut de ses seigneurs, et chevaucha tant qu'il vint en l'ost des François, et se traist devers le roi de France et son conseil, et fit son message bien et à point; et dit au roi de France comment le roi anglois étoit arrêté sur les champs, et lui requéroit à avoir bataille, pouvoir contre pouvoir. A la requête le roi de France entendit volontiers et accepta le jour. Si me semble que ce dut être le vendredi [1] en suivant, dont il étoit mercredi. Si s'en retourna le héraut devers ses seigneurs, bien revêtu de bons manteaux fourrés, que le roi de France et les seigneurs lui donnèrent, pour les riches nouvelles qu'il avoit apportées; et recorda la bonne chère que le roi lui avoit faite, et tous les seigneurs de France.

CHAPITRE XCI.

Comment le sire de Fagnoelles et le sire de Tupegny, Hainuyers, costioient l'ost des Anglois; et comment le sire de Fagnoelles fut pris.

Ainsi, et sur cet état, fut la journée accordée de combattre, et fut signifiée à tous les compagnons d'un ost et de l'autre. Si se habillèrent et ordonnèrent chacun selon ce qu'il besognoit. Le jeudi au matin avint ainsi, que deux chevaliers au comte de Hainaut et de sa délivrance, le sire de Fagnoelles et le sire de Tupegny, montèrent sur leur coursiers roides, forts et bien courans, et se partirent de leur ost, entre eux deux, pour aller voir l'ost aux Anglois et regarder. Si chevauchèrent bien un grand temps à la couverte, toudis en costiant l'ost aux Anglois. Or eschéi que le sire de Fagnoelles étoit monté sur un coursier trop melancolieux et mal enfréné : si s'effraya en chevauchant, et prit son mors aux dens, par telle manière qu'il s'escueillit et se demena tant qu'il fut maître du seigneur qui le chevauchoit, et l'emporta, voulut ou non, droit en-my le logis des Anglois; et chéy d'aventure entre mains d'Allemands, qui tantôt connurent qu'il n'étoit mie de leurs gens. Si l'enclorrent de toutes parts et le prirent [1], et le cheval aussi; et demeura prisonnier, ne sais, à cinq ou à six hommes gentils Allemands, qui tantôt le rançonnèrent et lui demandèrent dont il étoit; et il répondit : « De Hainaut. » Adonc lui demandèrent-ils si il connoissoit messire Jean de Hainaut; et il dit : « Oui. » Et requit par amour que on le menât devers lui; car il étoit tout sûr qu'il l'applégeroit de sa rançon s'ils vouloient. De ces paroles furent les Allemands tous joyeux, et l'amenèrent devers le seigneur de Beaumont, qui tantôt avoit ouï messe, et fut moult émerveillé quand il vit le seigneur de Fagnoelles. Si lui recorda cil son aventure, si comme vous avez ci-dessus ouï, et aussi de combien il étoit rançonné. Adonc demeura le sire de Beaumont pour le dit chevalier devers ses maîtres, et l'applégca de sa rançon. Si se partit sur ce le sire de Fagnoelles et revint arrière en l'ost de Hainaut, devers le comte et les seigneurs, qui étoient tous courroucés de lui, par la relation que le sire de Tupegny en avoit faite; mais ils furent moult joyeux quand ils le virent revenu. Si remercia grandement le comte de Hainaut messire Jean de Hainaut son oncle qui l'avoit applégé et renvoyé sans péril et sans dommage, fors de sa rançon seulement; car son coursier lui fut rendu et restitué, à la prière et ordonnance dudit messire Jean de Hainaut. Ainsi se porta cette journée et n'y eut rien fait, non chose qui fasse à recorder.

CHAPITRE XCII.

Comment le roi d'Angleterre se traist sur les champs et ordonna ses batailles bien et faiticement; et quels seigneurs il avoit en sa compagnie.

Quand ce vint le vendredi matin, les deux osts s'appareillèrent et ouïrent messe, chacun sire

---

[1] Ce vendredi devait être le 22 octobre, suivant les dates que nous fournit la lettre d'Édouard; mais s'il en faut croire la même lettre, le jour de la bataille fut d'abord fixé au jeudi 21 et remis ensuite au samedi 23.

[1] Suivant la même lettre d'Édouard, le sire de Fagnoelles fut pris non le jeudi 21, mais le dimanche 24.

entre ses gens et en son logis, et se accommunièrent et confessèrent les plusieurs, et se mirent en bon état, ainsi que pour tantôt combattre et mourir, si besoin étoit. Nous parlerons premièrement de l'ordonnance des Anglois, qui se trairent sur les champs, et ordonnèrent trois batailles bien et faiticement, et toutes trois à pied, et mirent leurs chevaux et leurs harnois en un petit bois, qui étoit derrière eux, et arroutèrent tous leurs charrois par derrière eux et s'en fortifièrent. Si orent le duc de Guerles, le comte de Juliers, le marquis de Blankebourch, messire Jean de Hainaut, le marquis de Mises, le comte de Mons, le comte de Saulmes, le sire de Fauquemont, messire Guillaume de Duvort, messire Arnoul de Blakehen et les Allemands la première bataille; et avoit en cette première route vingt-deux bannières et soixante pennons, et étoient bien huit mille hommes de bonne étoffe.

La seconde bataille avoit le duc de Brabant: si étoient avec lui tous les barons et chevaliers de son pays; premièrement le sire de Kuck, le sire de Berghes, le sire de Bredas, le sire de Roselar, le sire de Vauselar, le sire de Baudresen, le sire de Bourgnival, le sire de Sconnevort, le sire de Witem, le sire d'Arskot, le sire de Boukehort, le sire de Gasebeke, le sire de Duffle, messire Thierry de Walecourt, Messire Rasse de Grès, messire Jean de Gasebeke, messire Jean Pilystre, messire Gille de Cotterebbe, messire Gautier de Hotteberghe, les trois frères de Harlebeke et messire Henry de Flandre, qui fait bien à ramentevoir, car il y étoit en grand'étoffe, et plusieurs autres chevaliers et barons; et aucuns de Flandre, qui s'étoient mis dessous la bannière du duc de Brabant, tels que le sire de Hallevin, messire Hector Villain, messire Jean Rodais, le sire de Gruthuse, messire Waflart de Ghistelle, messire Guillaume de Strates, messire Gossuin de la Muelle et plusieurs autres; si avoit le duc de Brabant jusques à vingt-quatre bannières et quatre-vingts pennons : si étoient bien sept mille combattans toutes gens de bonne étoffe.

La tierce bataille, et la plus grosse, avoit le roi d'Angleterre, et grand'foison de bonnes gens de son pays de-lez lui; et premièrement son cousin le comte Henry de Derby, fils de messire Henry de Lancastre au-tort-Col, l'évêque de Lincolle, l'évêque de Duremmes, le comte de Salébrin, le comte de Northantonne et de Glocestre, le comte de Suffolch, le comte de Kenford, messire Robert d'Artois, qui s'appeloit comte de Richemont en Angleterre, car voirement le lui avoit le roi anglois donné, messire Regnault de Cobehen, le sire de Percy, le sire de Ros, le sire de Moubray, messire Louis et messire Jean de Beauchamp, le sire de la Ware, le sire de Hantonne, le sire de Basset, le sire de Fitz-Watier, messire Gautier de Mauny, messire Hue de Hastinghe, messire Jean de Lisle, et plusieurs autres que je ne puis mie tous nommer. Et fit là le roi anglois plusieurs nouveaux chevaliers, entre lesquels il fit messire Jean Chandos, qui depuis, de prouesse et de chevalerie fut plus recommandé que nul chevalier de son temps, si comme vous orrez avant en cette histoire. Si avoit le roi anglois vingt huit bannières et environ quatre-vingt et dix pennons, et pouvoient être en sa bataille environ six mille hommes d'armes et six mille archers. Et avoient mis une autre bataille sur aile, dont le comte de Warvich et le comte de Pennberoch, le sire de Berkeler, le sire de Milleton et plusieurs autres bons chevaliers étoient chefs; et se tenoient cils à cheval pour reconforter les batailles, qui branderoient; et étoient encette arrière garde environ quatre mille hommes d'armes et deux mille archers.

CHAPITRE XCIII.

Comment le roi d'Angleterre confortoit doucement ses gens, et comment le roi de France ordonna ses batailles, et comment la journée se passa sans bataille.

Quand les Anglois, les Allemands, les Brabançons et tous leurs alliés furent ordonnés, ainsi que vous avez ouï, et chacun sire mis et arrêté dessous sa bannière, ainsi que commandé fut de par les maréchaux, adonc monta le roi anglois sur un petit palefroi moult bien amblant, acompagné tant seulement de messire Robert d'Artois, de messire Regnault de Cobehen et de messire Gautier de Mauny; et chevaucha devant toutes les batailles, et prioit moult doucement aux seigneurs et aux compagnons qu'ils lui voulussent aider à garder son honneur; et chacun lui enconvenançoit. Après ce il s'en revint en sa bataille et se mit en ordonnance, ainsi qu'il appartenoit, et fit commander que nul n'allât ni se mît devant les bannières des maréchaux.

Or vous recorderons l'ordonnance du roi de France et de ses batailles, qui furent grandes et bien étoffées, et vous en parlerons aussi bien que nous avons fait de celle des Anglois.

Il est bien vérité que le roi de France avoit si grand peuple et tant de nobles et de chevalerie que ce seroit merveilles à recorder : car, ainsi que j'ai ouï dire à ceux qui y furent et qui les avisèrent tous armés et ordonnés sur les champs, il y eut onze vingt et sept bannières, cinq cent et soixante pennons, quatre rois et six ducs, et trente six comtes, et plus de quatre mille chevaliers, et de communes de France plus de soixante mille. Les rois qui étoient avec le roi de France étoient : le roi de Behaingne, le roi de Navarre, et le roi David d'Escosse; les ducs : le duc de Normandie, le duc de Bourgogne, le duc de Bretagne, le duc de Bourbon, le duc de Lorraine, le duc d'Athènes; les comtes : le comte d'Alençon frère au roi de France, le comte de Flandre, le comte de Hainaut, le comte de Blois, le comte de Bar, le comte de Forez, le comte de Foix, le comte d'Armaignac, le comte Dauphin d'Auvergne, le comte de Joinville, le comte d'Estampes, le comte de Vendosme, le comte de Harcourt, le comte de Saint-Pol, le comte de Ghines, le comte de Boulogne, le comte de Roussy, le comte de Dampmartin, le comte de Valentinois, le comte d'Aucerre, le comte de Sancerre le comte de Joigny, le comte de Genève, le comte de Dreux ; et de celle Gascogne et de Languedoc tant de comtes, de vicomtes et de sénéchaux que ce seroit un detri à recorder.

Certes c'étoit très grand'beauté que de voir sur les champs bannières et pennons ventiler, chevaux couverts de draps à leurs armes, chevaliers et écuyers armés si très nettement que rien n'y avoit à ramender. Et ordonnèrent les François trois grosses batailles, et mirent en chacune quinze mille hommes d'armes et vingt mille hommes à pied. Si se peut et doit-on grandement émerveiller comment si belles gens d'armes se purent partir sans bataille. Mais les François n'étoient point d'accord, ainçois en disoit chacun son opinion ; et disoient, par estrif, que ce seroit grand'honte et grand défaut si le roi ne se combattoit, quand il savoit que ses ennemis étoient si près de lui en son pays rangés et en pleins champs, et les avoit suivis en intention de combattre à eux. Les aucuns des autres disoient à l'encontre, que ce seroit grand'folie s'il se combattoit, car il ne savoit que chacun pensoit, ni si point trahison y avoit : car si fortune lui étoit contraire, il mettoit son royaume en aventure de perdre, et si il déconfisoit ses ennemis, pour ce n'auroit-il mie le royaume d'Angleterre, ni les terres des seigneurs de l'Empire, qui avec le roi anglois étoient alliés.

Ainsi estrivant et débattant sur ces diverses opinions le jour passa jusques à grand midi. Environ petite nonne, un lièvre s'en vint trépassant parmi les champs, et se bouta entre les François, dont ceux qui le virent commencèrent à crier et à huier et à faire grand haro ; de quoi ceux qui étoient derrière cuidoient que ceux de devant se combattissent ; et les plusieurs, qui se tenoient en leurs batailles rangés, fesoient autel : si mirent les plusieurs leurs bassinets en leurs têtes et prirent leurs glaives. Là y fut fait plusieurs nouveaux chevaliers ; et par espécial le comte de Hainaut en fit quatorze, qu'on nomma depuis les Chevaliers du Lièvre.

En cet état se tinrent les batailles ce vendredi tout le jour, et sans eux émouvoir, fors par la manière que j'ai dit. Avec tout ce, et les estrifs qui étoient au conseil du roi de France, furent apportées en l'ost lettres et recommandations au roi de France et à son conseil de par le roi Robert de Sicile[1], lequel roi Robert, si comme on disoit, étoit un grand astronomien et plein de grand'prudence. Si avoit par plusieurs fois jeté ses sorts sur l'état et aventures du roi de France et du roi d'Angleterre, et avoit trouvé en l'astrologie et par expérience que si le roi de France se combattoit au roi d'Angleterre, il convenoit qu'il fût déconfit. Donc, il, comme roi plein de grand'connoissance, et qui doutoit ce péril et le dommage du roi de France son cousin, avoit envoyé jà de long temps moult soigneusement lettres et épitres au roi Philippe et à son conseil, que nullement ils ne se combattissent contre les Anglois là où le corps d'Édouard fût présent : pour quoi cette doute et les descriptions que le roi de Sicile en faisoit, detrioit grandement plusieurs seigneurs du dit royaume; et mêmement le roi Philippe en étoit tout informé.

---

[1] Robert comte de Provence et roi de Naples.

Mais nonobstant ce que on lui dit et montra par belles raisons, et les défenses et les doutes du roi Robert de Sicile son cher cousin, si étoit-il en grand'volonté et en bon désir de combattre ses ennemis : mais il fut tant detrié que la journée passa sans bataille, et se retraist chacun en son logis [1].

Quand le comte de Hainaut vit qu'on ne se combattroit point, il se partit, et toutes ses gens, et s'en vint ce soir arrière au Quesnoy. Et le roi anglois, le duc de Brabant et les autres seigneurs se mirent au retour, et firent charger et trousser tous leurs harnois, et vinrent gésir ce vendredi [2] près d'Avesnes en Hainaut et là environ; et lendemain ils prirent tous congé l'un à l'autre; et se départirent les Allemands et les Brabançons, et s'en ralla chacun en son lieu. Si revint le roi anglois en Brabant [3] avec le duc de Brabant son cousin. Or vous parlerons du roi de France comment il persévéra.

CHAPITRE XCIV.

Comment le roi de France donna congé à ses gens d'armes, et comment il envoya gens d'armes à Tournay en garnison et ès villes marchissans à l'Empire.

Ce vendredi que les François et les Anglois furent ainsi ordonnés pour batailler à Buironfosse, quand ce vint après nonne, le roi Philippe retourna en son logis tout courroucé, pourtant que la bataille n'étoit point adressée; mais ceux de son conseil le rapaisèrent et lui dirent ainsi, que noblement et vassalment il s'y étoit porté; car il avoit hardiment poursuivi ses ennemis, et tant fait qu'il les avoit boutés hors du royaume, et que il convenoit le roi anglois faire moult de telles chevauchées ainçois qu'il eût conquis le royaume. Le samedi [4] au matin donna le roi congé à toutes manières de gens d'armes, à comtes, ducs, barons, chevaliers; et remercia les chefs des seigneurs moult courtoisement, quand si appareillement ils l'étoient venus servir. Ainsi se défit et rompit cette grosse chevauchée. Si se retraist chacun en son lieu : le roi de France s'en revint à Saint-Quentin; et là ordonna-t-il une grand'-partie de ses besognes, et envoya gens d'armes par ses garnisons, espécialement à Tournay, à Lille, à Douay et à toutes les villes marchissans sur l'Empire, et envoya dedans Tournay messire Godemar du Fay, souverain capitaine et garde de tout le pays d'environ, et messire Édouard de Beaujeu dedans Mortaigne. Et quand il eut ordonné une partie de ses besognes à son entente et à sa plaisance, il se retraist devers Paris.

CHAPITRE XCV.

Comment le roi d'Angleterre tint un grand parlement à Bruxelles; et de la requête qu'il y fit aux Flamands.

Or parlerons-nous un petit du roi anglois, et comment il persévéra en avant. Depuis qu'il fut parti de la Flamengerie et revenu en Brabant

p. 148, le roi de France franchit ce samedi avec son armée un passage difficile qui le séparait du roi d'Angleterre, alla occuper le camp que ce prince avait abandonné, y demeura deux jours entiers, et retourna ensuite à Saint-Quentin où il licencia son armée. Ce récit s'accorde très bien avec ce que dit Édouard dans sa lettre, qu'aussitôt qu'il fut sorti de son camp, Philippe voulant se poster plus avantageusement traversa un marais d'où un grand nombre de ses chevaliers eurent beaucoup de peine à se dégager. Le passage du chroniqueur est en même temps un très bon commentaire pour cet article de la lettre d'Édouard qui n'a pas voulu dire que ce marais le mettait à couvert de toute attaque de la part de Philippe, parce qu'il lui était impossible de le passer à la vue d'une armée ennemie, et que le poste avantageux que ce prince voulait occuper était le camp même que l'armée anglaise venait de quitter. Il est très probable que la position qu'Édouard avait su prendre fut la principale cause qui empêcha Philippe de le combattre. Malgré les efforts que fait le prince anglais pour dissimuler dans sa lettre le peu de désir qu'il avait d'en venir aux mains avec son ennemi, cette intention perce partout : sa marche, depuis l'approche des Français, n'est à proprement parler qu'une retraite dirigée par la prudence. Mais le préjugé du temps n'admettait pas, en fait de guerre, cette supériorité; il fallait pour acquérir de la gloire se montrer plus hardi, plus téméraire que son ennemi : voilà pourquoi Édouard met toujours en avant, dans cette lettre et dans plusieurs autres du même genre, le désir qu'il avait de combattre et le refus de son adversaire, et ne veut pas convenir qu'il s'était posté de manière qu'on ne pouvait l'attaquer sans s'exposer à une défaite certaine

---

[1] Les Chroniques de France nous apprennent quelles furent, outre les lettres du roi de Sicile, les raisons qui empêchèrent de combattre; elles en spécifient quatre : « la première cause, pour ce qu'il étoit vendredi; la seconde étoit, car lui ni ses chevaux n'avoient bu ni « mangé; la tierce cause, car lui et son ost avoient chevauché cinq lieues sans boire ni manger; la quarte « cause, pour la difficulté d'un pas qui étoit entre lui et « ses ennemis.» (*Chron. de France*, chap. 17.) Le récit du continuateur de Nangis est parfaitement semblable à celui des Chroniques.

[2] Le roi d'Angleterre dit positivement dans sa lettre qu'il ne se retira vers Avesnes que le samedi, après être resté une partie du jour en bataille.

[3] Édouard était de retour à Bruxelles le 1er novembre.

[4] Suivant l'auteur anonyme de la chronique de Flandre,

il s'en vint droit à Bruxelles : là le reconvoyèrent le duc de Guerles, le marquis de Juliers, le marquis de Brankebourch, le comte de Mons, messire Jean de Hainaut, le sire de Fauquemont et tous les barons de l'Empire, qui s'étoient alliés à lui; car ils vouloient aviser l'un contre l'autre comment ils se maintiendroient de cette guerre où ils s'étoient boutés. Et pour avoir certaine expédition, ils ordonnèrent un grand parlement à être en la dite ville de Bruxelles; et y fut prié et mandé Jacques d'Artevelle, lequel y vint liement et en grand arroy, et amena avec lui tous les conseils des villes de Flandre. A ce parlement qui fut à Bruxelles [1] eut plusieurs paroles dites et devisées; et me semble, à ce qui m'en fut recordé, que le roi anglois fut si conseillé de ses amis de l'Empire qu'il fit une requête à ceux de Flandre, qu'ils lui voulussent aider à parmaintenir sa guerre, et défier le roi de France, et aller avec lui partout où il les voudroit mener; et si ils vouloient il leur aideroit à recouvrer Lille, Douay, et Béthune. Cette parole entendirent les Flamands volontiers; mais de la requête que le roi leur faisoit demandèrent-ils à avoir conseil entre eux tant seulement, et tantôt répondre. Le roi leur accorda. Si se conseillèrent à grand loisir; et quand ils se furent conseillés, ils répondirent et dirent : « Cher sire, autrefois nous avez-vous fait telles requêtes, et sachez voirement que, si nous le pouvions nullement faire, par notre honneur et notre foi garder, nous le ferions; mais nous sommes obligés, par foi et serment et sur deux millions de florins à la chambre du pape, que nous ne pouvons émouvoir guerre au roi de France, quiconque le soit, sans être encourus en cette somme, et écheoir en sentence d'excommuniement; mais si vous voulez faire une chose que nous vous dirons, vous y pourverriez bien de remède et de conseil; c'est que vous veuilliez encharger les armes de France et écarteler d'Angleterre, et vous appeler roi de France, et nous vous tiendrons pour droit roi de France, et obéirons à vous comme au roi de France, et vous demanderons quittance de notre foi; et vous la nous donnerez comme roi de France : par ainsi serons-nous absous et dispensés, et irons partout là où voudrez et ordonnerez. »

CHAPITRE XCVI.

Comment le roi d'Angleterre enchargea les armes et le nom de roi de France par l'ennortement des Flamands.

Quand le roi anglois eut ouï ce point et la requête des Flamands, il eut besoin d'avoir bon conseil et sûr avis, car pesant lui étoit de prendre le nom et les armes de ce dont il n'avoit encore rien conquis; et ne savoit quelle chose l'en aviendroit, ni si conquerre le pourroit. Et d'autre part il refusoit ennuis le confort et aide des Flamands, qui plus le pouvoient aider à sa besogne que tout le remanant du siècle. Si se conseilla ledit roi au duc de Brabant, au duc de Guerles, au marquis de Juliers, à messire Jean de Hainaut, à messire Robert d'Artois et à ses plus secrets et espéciaux amis : si que finalement tout pesé, le bien contre le mal, il répondit aux Flamands, par l'information des seigneurs dessus dits : que si ils lui vouloient jurer et sceller qu'ils lui aideroient à parmaintenir sa guerre, il emprendroit tout ce de bonne volonté, et aussi il leur aideroit à ravoir Lille, Douay et Béthune. Et ils répondirent : « Oïl [1]. » Donc fut pris et assigné un certain jour à être à Gand. Lequel jour se tint; et y fut le roi d'Angleterre et la plus grand' partie des seigneurs de l'Empire dessus nommés alliés avec lui; et là furent tous les conseils de Flandre généralement et espécialement. Là furent toutes les paroles au devant dites relatées et proposées, entendues, accordées, écrites et scellées ; et enchargea le roi d'Angleterre les

[1] On a vu ci-dessus, à la fin de la lettre d'Édouard, que tous ses alliés devaient s'assembler à Anvers le lendemain de la Saint-Martin. Peut-être que le lieu de l'assemblée fut changé, ou bien qu'on s'assembla d'abord à Bruxelles et ensuite à Anvers.

[1] Ceci dut se passer au commencement de janvier 1340. Le pouvoir donné par Édouard à Guillaume de Montagu, comte de Salisbury, à Henri de Ferrers son chambellan et à Geoffroi de Scrop, chevalier, pour conclure en son nom un traité d'alliance avec les Flamands, à condition qu'ils le reconnaîtraient pour roi de France, est daté du 4 du même mois de janvier. Il en prit bientôt le titre dans les actes publics : on en trouve un du 26 de ce mois, qui est daté de la première année de son règne en France. Le 8 février suivant, il notifia à tous les Français le droit qu'il prétendait avoir à la couronne de France, les invitant à le reconnaître pour leur souverain, à l'exemple des Flamands; et il publia en même temps un manifeste dans lequel il essaye de justifier les motifs qui l'ont déterminé à prendre le titre de roi de France et à revendiquer le royaume sur Philippe de Valois.

armes de France et les équartela d'Angleterre; et en prit en avant le nom de roi de France; et l'obtint, tant qu'il le laissa par certaine composition, ainsi que vous orrez en avant recorder en cette histoire.

CHAPITRE XCVII.

Comment le roi Édouard s'en retourna en Angleterre et laissa pour garder Flandre le comte de Sallebrin et le comte de Suffolch.

A ce parlement qui fut à Gand, eut plusieurs paroles dites et retournées. Et conseillèrent adonc les seigneurs que, sur l'été qui reviendroit, ils feroient très grand'guerre en France; et proposèrent et enconvenancèrent ensemble qu'ils assiégeroient la cité de Tournay. De ce furent les Flamands réjouis, car il leur sembla qu'ils seroient forts et puissans assez pour la conquerre; et si elle étoit conquise et en la seigneurie du roi anglois, de léger ils conquerroient et recouvreroient Lille, Douay et Béthune et toutes les appartenances qui doivent être tenues de la comté de Flandre. Encore fut là proposé et regardé entre ces seigneurs et les conseils des bonnes ville de Flandre et de Brabant, qu'il leur viendroit trop grandement à point que le pays et le comte de Hainaut voulussent être à ce parlement. Mais le comte s'excusa si bellement et si sagement que le roi d'Angleterre et tous les seigneurs s'en tinrent pour contens. Ainsi demeura la chose sur cet état; et s'en départirent les seigneurs, et s'en retournèrent chacun en son pays. Et le roi anglois prit congé de son cousin le duc de Brabant, et s'en revint à Anvers. Madame la roine sa femme demeura à Gand, et tout son hôtel, qui souvent étoit visité et conforté d'Artevelle, des seigneurs, des dames et des damoiselles de Gand. Assez tôt après fut la navie du roi anglois appareillée sur le hâvre d'Anvers : si monta là en mer, et la plus grand'partie de ses gens, en espérance de retourner en Angleterre et de visiter le pays. Mais il laissa au pays de Flandre deux comtes, sages chevaliers et vaillans durement, pour tenir à amour les Flamands, et pour mieux montrer que leurs besognes étoient siennes. Ce furent messire Guillaume de Montagu comte de Salebrin, et le comte de Suffolch[1]. Cils s'en vinrent en la ville d'Ypres et tinrent là leur garnison, et guerroyèrent tout l'hiver moult forment deux de Lille et de là environ. Et le roi anglois nagea tant par mer qu'il arriva à Londres, environ la Saint André [1], où il fut moult conjoui de ceux de son pays qui désiroient sa venue; car il n'y avoit été de long temps. Si vinrent à lui les plaintes de la destruction que les Normands et les Picards avoient faite de la bonne ville de Hantonne. Si fut le roi anglois moult courroucé de la désolation de ses gens; ce fut bien raison; mais il les rappaisa au plus bel qu'il pût, et leur dit que s'il venoit à tour [1], qu'il leur feroit cher comparer, ainsi qu'il fit en cette année mêmement, si comme vous orrez recorder avant en l'histoire.

CHAPITRE XCVIII.

Comment messire Hue Kieret et ses compagnons conquirent grand avoir en Angleterre et la grand'nef qui s'appeloit Christophe; et comment le roi commanda courir et ardoir la terre de messire Jean de Hainaut.

Or vous conterons du roi Philippe de France qui étoit retrait vers Paris, et avoit donné congé à tout son grand ost, et fit durement renforcer sa grosse navie qu'il tenoit sur mer, dont messire Hue Kieret, Bahuchet et Barbevoire étoient capitaines et souverains. Et tenoient ces trois maîtres écumeurs grand'foison de soudoyers Gennevois, Normands, Picards et Bretons, et firent en cet hiver plusieurs dommages aux Anglois; et venoient souvent courir jusques à Douvres et à Zandvich, à Wincesée, à Rie et là environ sur les côtes d'Angleterre; et les ressoingnoient durement les Anglois, car cils étoient si forts sur mer que plus de quarante mille soudoyers étoient en leur compagnie; et ne pouvoit nul issir, ni partir d'Angleterre, qu'il ne fût vu et sçu, et puis pillé et robé; et tout mettoient à mort. Si conquirent ces dits ma-

---
[1] Ce récit n'est pas tout-à-fait exact. Édouard, pour faire consentir le duc de Brabant à son passage en Angleterre, s'engagea par des lettres datées d'Anvers le 4 décembre 1339, à revenir en Flandre à la fête de saint Jean-Baptiste de l'année suivante 1340, et à laisser pour otages de son retour Henri de Lancastre, comte de Derby, et Guillaume de Montagu, comte de Salisbury. Il promit de plus qu'au dimanche de la mi-carême de la même année les comtes de Northampton et de Suffolk viendraient se joindre aux deux autres otages.

[1] Cette date est fausse : suivant le *Memorandum* rapporté par Rymer, Édouard débarqua en Angleterre le 21 février 1340, et se rendit le même jour à Westminster.

[2] Cela veut dire : si son tour venait.

riniers au roi de France en cet hiver maint grand pillage; et par espécial ils conquirent la belle grosse nef qui s'appeloit Christophe[1], toute chargée d'avoir et de laines que les Anglois amenoient en Flandre, laquelle nef avoit coûté moult d'avoir au roi anglois à faire faire : mais ses gens la perdirent sur ces Normands, et furent tous mis à mort; et en firent depuis les François maint parlement, comme ceux qui furent grandement réjouis de ce conquêt.

Encore subtilloit et imaginoit le roi de France nuit et jour comment il se pourroit venger de ses ennemis, et par espécial de messire Jean de Hainaut qui lui avoit fait, si comme il étoit informé, plusieurs dépits, comme amener le roi anglois en Cambrésis et en Thierasche et ars tout le pays. Si escripsit et manda le roi à messire Jean de Beaumont seigneur de Vervins[2], au vidame de Châlons[3], à messire Jean de Bove[4], à messire Jean et à messire Girard de Loré que ils missent une chevauchée et armée de compagnons sus, et entrassent en la terre de messire Jean de Hainaut, et l'ardissent sans déport.

Les dessus dits obéirent au mandement du roi; de ce fut raison; et se cueillirent secrétement, tant qu'ils furent bien cinq cents armures de fer, et vinrent une matinée devant la ville de Chimay, et cueillirent toute la proie, dont ils y en trouvèrent grand'foison; car les gens du pays ne s'en donnoient garde, et ne cuidassent que les François dussent passer si avant, ni chevaucher outre les bois de Thiérasche. Mais si firent, et ardirent tous les faubourgs de Chimay, et grand'foison de villages là environ, et presque toute la terre de Chimay, excepté les forteresses; et puis se retrairent en Aubenton en Thiérasche, et là départirent-ils leur pillage et leur butin.

Ces nouvelles et ces complaintes en vinrent à messire Jean de Hainaut, qui se tenoit adonc à Mons en Hainaut, de-lez le comte son neveu; si en fut durement courroucé; ce fut bien raison; et aussi fut le comte son neveu, car son oncle tenoit cette lettre de lui : néanmoins ils s'en souffrirent tant qu'à présent, et n'en montrèrent nul semblant de contrevenger au royaume de France.

Avec ces dépits il avint que les soudoyers qui se tenoient en la cité de Cambray issirent hors de Cambray, et vinrent à une petite forte maison dehors Cambray, qui s'appeloit Relengues, laquelle étoit à messire Jean de Hainaut; et la gardoit un sien fils bâtard qu'on appeloit messire Jean le Bâtard; et pouvoient être avec lui environ vingt cinq compagnons. Si furent assaillis un jour tout le jour; mais trop bien se défendirent : au soir ceux de Cambray se retrairent en leur cité, qui menacèrent à leur département grandement ceux de Relengues; et dirent bien que jamais n'entendroient à autre chose, si les auroient conquis et la maison abattue. Sur ces paroles les compagnons de Relengues s'avisèrent, et regardèrent la nuit qu'ils n'étoient mie assez forts pour eux tenir contre ceux de Cambray, puisqu'ils les vouloient ainsi accueillir; car avec tout ce, qui bien les ébahissoit, il avoit si fort gelé qu'on pouvoit bien venir jusques aux murs sur les fossés tous engelés. Si eurent conseil qu'ils se partiroient, ainsi qu'ils firent; et troussèrent tout ce qui étoit leur, et vuidèrent environ minuit, et boutèrent le feu dedans Relengues. A lendemain au matin ceux de Cambray la vinrent parardoir et abattre; et messire Jean le Bâtard et ses compagnons s'en vinrent à Valenciennes et puis ils se départirent et s'en ralla chacun en son lieu. Et ainsi alla-t-il de la maison monseigneur Jean de Hainaut qui en fut durement courroucé.

CHAPITRE XCIX.

Comment ceux de Cambray et ceux de Thun-l'Évêque se combattirent durement, et furent ceux de Thun l'Évêque déconfits, et leur capitaine navré à mort.

Vous avez ci-dessus bien ouï recorder comment messire Gautier de Mauny prit, par prouesse et par fait d'armes, le châtel de Thun-l'Évêque, et y mit dedans en garnison un sien frère que moult aimoit, qu'on appeloit messire Gille dit Grignard de Mauny, et un certain nombre de compagnons aventureux avec lui. Cil fai-

---

[1] Les Chroniques et le continuateur de Nangis placent cet événement sous l'année 1338. Suivant leur récit, les Français prirent deux *nefs* ou grandes barques appartenant à Édouard, nommées l'une *Édouarde*, l'autre *Christophe*. Le combat dura près d'un jour entier et coûta la vie à plus de mille Anglais; la perte des Français fut beaucoup moins considérable.

[2] Froissart veut probablement parler de Jean de Coucy, dit de Vervins, seigneur de Boomont ou Bolmont.

[3] La vidamie de Châlons appartenait à la maison de Châtillon.

[4] Ce Jean de Bove paraît être de la première maison de Coucy, dont le nom originaire était *Boves*.

soit mainte saillie et mainte envaie sur ceux de Cambray, et leur portoit plusieurs détourbiers, et couroit presque tous les jours devant leurs barrières. En cet état et cette doute les tint-il un grand temps, et tant que il avint que un jour, moult matin, il étoit parti de sa garnison de Thun, environ six vingt armures de fer en sa compagnie, et s'en vinrent courir devant Cambray, et jusques aux barrières. La noise et le haro monta, et tant que plusieurs gens en furent effrayés; et s'arma chacun qui mieux mieux, et montèrent à cheval ceux qui avoient chevaux, et vinrent à la porte où l'escarmouche étoit et où messire Gille de Mauny avoit rebouté ceux de Cambray. Si issit chacun qui mieux mieux contre les ennemis. Entre les Cambrésiens avoit un jeune châtelain, appert homme d'armes durement, et étoit Gascon, et s'appeloit Guillaume Marchant : si se mit hors aux champs monté sur un bon coursier, la targe [1] au col, le glaive au poing, et armé de toutes pièces. Si éperonna tout devant de grand courage; et messire Gille de Mauny le vit venant vers lui, qui ne désiroit autre chose que la joute : si en fut tout joyeux, et éperonna aussi moult roidement vers lui. Si se consuirent de leurs glaives sans épargner l'un l'autre nullement; donc ainsi chéy à messire Guillaume Marchant qu'il atteignit messire Gille de Mauny si roidement, qu'il lui perça la targe de son glaive et toutes ses armures, et lui mit le glaive de-lez le cœur, et lui fit passer le fer de l'autre côté, et l'abattit jus de son cheval, navré à mort. De cette joute furent ses compagnons moult ébahis, et ceux de Cambray trop réjouis. Si se recueillirent tous ensemble : là eut, je vous dis, de première venue, très bons poingnis et forts, et plusieurs des uns et des autres renversés par terre, et maintes appertises d'armes faites. Finalement ceux de Cambray obtinrent la place et reboutèrent leurs ennemis, et en navrèrent et meshaignèrent aucuns, et les chassèrent bien avant, et retinrent messire Grignard de Mauny, ainsi navré qu'il étoit, et l'emportèrent en Cambray, à grand'joie, et le firent tantôt désarmer et regarder à sa plaie et bien mettre à point; et eussent volontiers vu qu'il fût réchappé de ce péril; mais il ne put, ainçois mourut dedans le second jour après.

[1] Espèce de bouclier ainsi nommé parce qu'il était recouvert de cuir bouilli, *tergum*.

Quand il fut mort, ils regardèrent qu'il en étoit bon à faire : si eurent conseil que le corps ils renverroient devers ses deux frères Jean et Thierry, qui se tenoient adonc en la garnison de Bouchain en Ostrevant. Car combien que le pays de Hainaut ne fût point en guerre, si se tenoient les frontières de France toutes closes et sur leur garde. Si ordonnèrent adonc un sarcueil assez honorable, et le mirent dedans, et le recommandèrent à deux Frères Mineurs, et envoyèrent le corps messire Grignard de Mauny à ses deux frères Jean et Thierry, qui le reçurent à grand'douleur. Depuis ils le firent porter aux Cordeliers à Valenciennes, et là fut-il enseveli.

Après ces ordonnances, les deux frères de Mauny s'en vinrent loger au châtel de Thun-l'Évêque, que leur frère avoit un grand temps tenu, et firent forte guerre à ceux de la cité de Cambray, en contrevengeant la mort de leur frère

CHAPITRE C.

Comment le roi de France donna congé à ceux de Cambray de faire guerre au comte de Hainaut et comment ils prirent la ville de Haspre et l'ardirent toute et pillèrent.

Vous devez savoir qu'en ce temps, de par le roi Philippe de France, étoit messire Godemar du Fay tout capitaine de la cité de Tournay et de Tournésis et des forteresses environ. Et adonc aussi étoit le sire de Beaujeu dedans Mortaigne sur Escaut, le sénéchal de Carcassonne [1] en la ville de Saint-Amand, messire Aimery de Poitiers en Douay, messire le Gallois de la Beaume, le sire de Villiers, le maréchal de Mirepoix [2], le sire de Moreuil en la cité de Cambray; et ne désiroient ces chevaliers et ces soudoyers, de par le roi de France, autre chose, fors que ils pussent courir en Hainaut, pour piller et gagner, et pour le pays mettre en guerre. Aussi l'évêque de Cambray, messire Guillaume d'Ausonne, y rendoit grand'peine, et étoit tout coi à Paris de-lez le roi de France, et se complaignoit à lui, quand il chéoit à point, trop amèrement des

[1] Hugues de la Roque était sénéchal de Carcassonne en cette année.

[2] Jean de Levis II du nom, appelé maréchal de Mirepoix, ou maréchal de la Foi, titre devenu héréditaire aux aînés de sa maison depuis Guy Ier, qui fut maréchal de l'armée des Croisés contre les Albigeois, sous le comte de Montfort, et devint possesseur de la terre de Mirepoix en Languedoc.

Hainuyers; et disoit que les Hainuyers lui avoient fait plus de contraire et de dommages, ars, couru et pillé son pays, que nul autre. Si se portèrent adonc tellement les besognes, et fut le roi si dur conseillé sur son neveu le comte de Hainaut et sur ses gens, que les soudoyers de Cambrésis eurent congé et accord d'entrer en Hainaut, et d'y faire aucune envaye ou chevauchée, au dommage du pays.

Quand ces nouvelles furent venues à ceux qui dedans les garnisons de Cambrésis se tenoient, si en furent moult joyeux, et mirent sus une chevauchée de six cents armures de fer. Et se partirent un samedi, après jour faillant, de Cambray, ceux qui ordonnés y étoient; et aussi à cette heure, ceux du Castel en Cambrésis et ceux de la Malemaison; et se trouvèrent tous sur les champs; et vinrent en la ville de Haspre, qui lors étoit une bonne ville et grosse et bien fossoyée, mais point n'étoit fermée; et si n'étoient les gens en aucune doute, car on ne les avoit point avisés ni escriés de nulle guerre. Si entrèrent les François dedans, et trouvèrent les gens, hommes et femmes, en leurs hôtels : si les prirent à leur volonté, et tout le leur, or et argent, draps et joyaux, et leurs bêtes; et puis boutèrent le feu en la ville et l'ardirent si nettement que rien n'y demeura, fors les parois.

Dedans Haspre a une prévôté de moines noirs, et grands édifices avec le moûtier, qui se tient de Saint Vast d'Arras, que pillèrent les François et robèrent; et puis boutèrent le feu dedans et l'ardirent moult vilainement. Quand ils eurent fait leur volonté, ils chargèrent tout leur pillage, et chassèrent devant eux, et s'en retournèrent à Cambray. Ces nouvelles furent tantôt sçues à Valenciennes; et proprement elles vinrent jusques au comte Guillaume de Hainaut, qui se dormoit en son hôtel, que on dit la Salle. Si se leva, vêtit et arma moult appertement, et fit réveiller toutes ses gens, dont il n'avoit mie grand'foison de-lez lui, fors tant seulement son sénéchal, messire Girard de Werchin, messire Henry d'Antoing, messire Henry de Huffalise, messire Thierry de Wallecourt, le seigneur de Potelles, le seigneur de Floyon, et aucuns chevaliers qui se tenoient de-lez lui, ainsi que tous gentils hommes se tiennent volontiers de-lez leurs seigneurs; mais ils étoient tous couchés en leurs hôtels. Si ne furent mie sitôt appareillés, armés, montés à cheval, que le comte fut; car il n'attendit nullui, ainçois s'envint au marché de Valenciennes, et fit sonner les cloches du beffroy à volée. Si s'estourmirent toutes gens, s'armèrent et suirent leur seigneur à effort, qui s'étoit jà mis hors la ville, et chevauchoit roidement devers Haspre, en grand'volonté de trouver ses ennemis.

Quand il eut chevauché environ une heure, nouvelles lui vinrent qu'il se travailloit en vain, et que les François étoient retraits. Adonc se retrait le comte en l'abbaye de Fontenelles, qui étoit assez près de là, où madame sa mère demeuroit, qui fut toute ensoignée de le rappaiser, tant étoit échauffé et airé; et disoit bien que cette arsure de Haspre, il feroit temprement cher comparer au royaume de France. Sa dame de mère lui accordoit tout ce qu'il disoit, combien qu'elle eût volontiers de cette méprise excusé son frère le roi de France; mais néant, car le comte n'y vouloit entendre, et disoit : « Il me faut regarder comme hâtivement je me puisse venger de ce dépit que l'on m'a fait, et autant ou plus ardoir en France. »

Quand le comte de Hainaut eut été une espace à Fontenelles de-lez madame sa mère, il prit congé, puis s'en partit et retourna à Valenciennes; et fit tantôt lettres écrire partout aux prélats de son pays, pour avoir conseil comment il se pouvoit chevir de cette aventure; et mandoit par ses lettres que tous fussent à Mons en Hainaut au certain jour qui assigné y étoit. Ces nouvelles s'espandirent parmi le pays; et les sçut moult tôt messire Jean de Hainaut, qui se tenoit à Beaumont, pensant et imaginant comment il pourroit aussi l'arsure de sa terre de Chimay contrevenger. Si ne fut mie courroucé quand il ouït dire et recorder le grand déplaisir que on avoit fait à son neveu le comte, et aussi en quel desdaing il l'avoit pris; et ne le sentoit mie si souffrant qu'il voulsist longuement souffrir cette vilenie. Si monta à cheval et vint au plutôt qu'il put à Valenciennes, où il trouva le dit comte à la Salle : si se traist vers lui, ainsi que raison étoit.

CHAPITRE CI.

Comment le comte de Hainaut assembla son parlement en la ville de Mons et comment il envoya défier le roi de France.

Sitôt que le comte de Hainaut vit son oncle venu, il vint contre li et lui dit : « Bel oncle, votre guerre aux François est grandement embellie. » — « Sire, ce répondit le sire de Beaumont, Dieu en soit loué! De votre ennui et dommage serois-je tout courroucé; mais ceci me vient assez à plaisance; or avez-vous ceci de l'amour et du service des François que vous avez tout temps portés. Or nous faut faire une chevauchée sur France; regardez de quel côté. » Dit le comte : « Vous dites voir, et si sera bien brièvement. »

Si se tinrent depuis, ne sais quans jours, à Valenciennes; et quand le jour du parlement, qui étoit assigné à Mons, fut venu, ils y furent : là fut tout le conseil du pays et aussi de Hollande et de Zélande. A ce parlement, qui fut en la ville de Mons en Hainaut, eut plusieurs paroles proposées et remontrées; et vouloient les aucuns des barons du pays que on envoyât suffisans hommes devers le roi de France, à savoir si il avoit accordé ni consenti à ardoir en Hainaut, et envoyé les soudoyers de Cambrésis en la terre du comte, ni à quels titres cils l'avoient fait, pourtant qu'on n'avoit point défié le comte ni le pays. Et les autres chevaliers qui proposoient à l'encontre vouloient tout le contraire, mais que on se contrevengeât en telle manière comme les François avoient encommencé.

Entre ces paroles des uns aux autres eut plusieurs détris, estrifs et débats : mais finalement il fut regardé, tout considéré et imaginé, que le comte de Hainaut et le pays ne pouvoient nullement issir de cette besogne, sans faire guerre au royaume de France, tant pour l'arsure de la terre de Chimay comme pour celle de Haspre. Si fut là ordonné que on défieroit le roi de France, et puis entreroit-on au royaume à effort. Et de porter ces défiances fut prié et chargé l'abbé de Crespy, qui pour le temps s'appeloit Thibaut [1]. Si furent les lettres de défiance écrites et scellées du comte et de tous les barons et chevaliers du pays. En après le dit comte remercia très grandement tous ses hommes pour la bonne volonté dont il les vit ; car ils lui promirent confort et service en tous états.

Je n'ai que faire de demener cette matière trop longuement. L'abbé de Crespy se partit, et vint en France apporter au roi Philippe les défiances, qui n'en fit pas trop grand compte ; et dit que son neveu étoit un fol outrageux, et qu'il marchandoit bien de faire ardre tout son pays. L'abbé retourna arrière devers le comte et son conseil; il leur conta comment il avoit exploité, et les réponses que le roi en avoit faites. Assez tôt après, le comte se pourvéy de gens d'armes, et manda tous chevaliers et écuyers parmi son pays, et aussi en Brabant et Flandre ; et fit tant qu'il eut dix mille armures de fer de bonne étoffe, tous à cheval. Si se partirent de Mons en Hainaut, et de là environ, et chevauchèrent vers la terre de Chimay : car l'intention du comte et de son oncle le seigneur de Beaumont étoit telle qu'ils iroient ardoir et essilier la terre du seigneur de Vervins, et aussi Aubenton en Thiérasche.

CHAPITRE CII.

Comment le comte de Hainaut s'en vint atout son ost devant Aubenton où il eut moult dur assaut, et comment les Hainuyers gagnèrent les barrières.

Bien se doutoient ceux de la ville d'Aubenton du comte de Hainaut et de son oncle : si le signifièrent au grand bailly de Vermandois, qu'il leur voulsist envoyer gens pour eux aider à tenir et défendre contre les Hainuyers, qui leur étoient trop prochains voisins : et bien leur convenoit qu'ils eussent avec eux bonnes gens d'armes; car leur ville n'étoit fermée que de palis. Dont le dit bailly y envoya bons chevaliers de là environ, premièrement le vidame de Châlons, messire Jean de Beaumont, messire Jean de la Bove, le seigneur de Loré et plusieurs autres. Si étoient les dessusdits chevaliers et leurs routes, où bien avoit trois cens armures de fer, mis dedans Aubenton, et la pensoient bien tenir contre les Hainuyers, et la réparèrent et fortifièrent encore en aucuns lieux où ils sentirent et virent qu'elle étoit la plus foible ; et étoient tous confortés et pourvus d'attendre les Hainuyers, qui ne firent pas long séjour, depuis qu'ils furent assemblés à Mons

---

[1] Thibaud Gignos.

en Hainaut : mais se partirent vitement et en grand arroi, si comme ci-dessus est dit, et s'acheminèrent vers Chimay, et passèrent par un vendredi les bois que on dit de Thiérasche, et exploitèrent tant qu'ils vinrent à Aubenton, qui étoit une grosse ville et bonne et pleine de draperie. Les Hainuyers se logèrent ce vendredi assez près, et avisèrent et considérèrent auquel lez elle étoit plus prenable. Lendemain ils vinrent, tous ordonnés, pardevant pour l'assaillir, leurs bannières tout faiticement tout devant, et les arbalétriers aussi; et se partirent en trois connétablies, et se traist chacun à sa bannière, dont le comte de Hainaut eut la première bataille, avec lui grand'foison de bons chevaliers et écuyers de son pays : le sire de Beaumont son oncle eut la seconde livrée, aussi atout grand'foison de bonnes gens d'armes; et le sire de Fauquemont avec grand'foison d'Allemands une autre. Et se traist chacun sire à sa bannière et entre ses gens celle part où ils furent ordonnés et envoyés pour assaillir. Si commença l'assaut grand et fort durement, et s'employèrent arbalétriers de dedans et dehors à traire moult vigoureusement; par lequel trait il y en eut moult de blessés des assaillans et des défendans. Le comte de Hainaut et sa route, où moult avoit d'apperts chevaliers et écuyers, vinrent jusques aux barrières de l'une des portes. Là eut grand assaut et forte escarmouche. Là étoit le vidame de Châlons, un appert chevalier, qui y fit merveilles d'armes, et qui moult vassalement se combattit et défendit; et fit à la porte mêmement trois de ses fils chevaliers, qui aussi se acquittèrent moult bien en leur nouvelle chevalerie; et y firent plusieurs appertises d'armes, mais ils furent si fort requis et assaillis du comte de Hainaut qu'il les convint retraire à la porte, car ils perdirent leurs barrières. Là eut un moult grand et dur assaut. Sur le pont mêmement, à la porte vers Chimay, étoient messire Jean de Beaumont[1] et messire Jean de la Bove. Là eut très grand assaut et forte escarmouche, et convint les François retraire dedans la porte; car ils perdirent leurs barrières, et les conquirent les Hainuyers et le pont aussi. Là eut dure escarmouche forte, et grand assaut et félonneux, car ceux qui étoient montés sur la porte jetoient bois et mairain contre val, et pots pleins de chaux, et grand'foison de pierres et de cailloux, dont ils navroient et mes-haignoient gens, s'ils n'étoient fort armés. Et là fut atteint, du jet d'une grosse pierre et vilaine, un bon écuyer de Hainaut, qui se tenoit tout devant pour son corps avancer, Baudouin de Beaufort, et reçut un si dur horion sur sa targe, que on lui écartela et fendit en deux moitiés, et eut le bras rompu dont il la portoit; le convint retraire pour le vilain horion, et porter au logis, ainsi que celui qui ne se put depuis aider ni armer de grand temps, jusques à tant qu'il fût sané et guéri. Si sachez qu'il ne faisoit mie bon approcher, si on n'étoit fort armé et bien pavoisé.

CHAPITRE CIII

Comment la ville d'Aubenton fut prise et conquise par force et toute pillée et robée et arse, et tous ceux qui dedans étoient morts et pris.

Ce samedi au matin fut l'assaut moult grand et très fier à la ville d'Aubenton en Thiérasche, et se mettoient les assaillans en grand'peine et en grand péril pour conquérir la ville. Aussi les chevaliers et écuyers qui étoient dedans rendoient grand'entente de eux défendre, et bien le convenoit; et sachez que, si ne fussent les gentils hommes qui dedans Aubenton étoient et qui la gardoient, elle eût été tôt prise et d'assaut, car elle étoit fort et dur assaillie de tous côtés et de grand'foison de bonnes gens d'armes. Si y convenoit de tant plus grand avis et plus grand hardiment pour la défendre; et en firent les chevaliers de dedans, au voir dire, bien leur devoir. Mais finalement elle fut conquise par force d'armes; et les guérites, qui n'étoient que de palis, rompues et brisées; et entra dedans la ville, tout premièrement, messire Jean de Hainaut et

---

[1] Le continuateur de Nangis et l'auteur des *Chroniques* racontent en peu de mots la prise d'Aubenton, et disent formellement que le seigneur de Vervins n'y était point. Suivant leur récit, Jean de Hainaut avait trouvé le moyen de l'en faire sortir, ainsi que la plupart des chevaliers, en leur proposant de se trouver le jour du jeudi saint 1339 (1340) dans un lieu indiqué, pour lui faire raison du pillage de Chimay et de l'incendie de Haspre. Le seigneur de Vervins fut exact au rendez-vous; mais Jean de Hainaut qui avait voulu le tromper, ne s'y trouva point et investit ce jour-là même Aubenton dont il s'empara. Quoique ce récit ne porte aucun caractère évident de fausseté, celui de Froissart, beaucoup plus détaillé et composé sur les mémoires de Jean-le-Bel qui vivait presque habituellement à la cour de Hainaut, paraît mériter la préférence.

sa bannière, en grand'huée et en grand'foule de gens et de chevaux; et adonc se recueillirent en la place, devant le moûtier, le vidame de Châlons et aucuns chevaliers et écuyers, et levèrent là leurs bannières et leurs penons, et montrèrent de fait bien semblant et courage d'eux combattre et tenir, tant que par honneur ils pourroient durer. Mais le sire de Vervins se partit, et sa bannière, sans arroi et sans ordonnance, et n'osa demeurer; car bien savoit messire Jean de Hainaut si airé sur lui qu'il ne l'eût pris à nulle rançon. Si monta au plutôt qu'il put sur fleur de coursier et prit les champs.

Ces nouvelles vinrent à messire Jean de Hainaut que son grand ennemi, qui tant avoit porté de dommage en sa terre de Chimay, étoit parti et s'en alloit vers Vervins. Adonc le sire de Beaumont monta sur un coursier et fit chevaucher sa bannière et vuida Aubenton, en intention de raconsuir son ennemi. Ses gens le suirent qui mieux mieux, et les autres demeurèrent en la ville. Le comte de Hainaut et sa bataille se combattirent âprement et fièrement à ceux qui s'étoient arrêtés devant le moûtier. Là eut dur hutin et fier, et maint homme renversé et mis par terre; et là furent très bons chevaliers le vidame de Châlons et ses trois fils, et y firent maintes belles appertises d'armes.

Entrementes que cils se combattoient, messire Jean de Hainaut et ses gens chassoient le seigneur de Vervins, auquel il avint si bien qu'il trouva les portes de sa ville toutes ouvertes, et entra dedans à grand'hâte; et jusques là le poursuit sur son coursier, l'épée en sa main, messire Jean de Hainaut. Quand il vit qu'il étoit échappé et rentré en sa forteresse, si en fut durement courroucé, et retourna arrière vitement, tout le grand chemin d'Aubenton. Si encontrèrent ses gens les gens du seigneur de Vervins qui le suioient à leur pouvoir. Si en occirent et mirent par terre grand'foison et puis retournèrent dedans Aubenton. Si trouvèrent leurs gens qui jà avoient délivré la place de leurs ennemis; et étoit pris le vidame de Châlons et durement navré, et morts deux de ses fils, ce jour faits chevaliers, et aussi plusieurs autres : ni onques chevaliers ni écuyers n'en échappa, fors ceux qui se sauvèrent avec le sire de Vervins, qu'ils ne fussent tous morts ou pris, et bien deux cents hommes de la ville; et fut toute pillée et robée, et tous les grands avoirs et profits qui dedans étoient chargés sur chars et charrettes et envoyés à Chimay. Avec tout ce la ville d'Aubenton fut toute arse; et se logèrent ce soir les Hainuyers sur la rivière, et lendemain ils chevauchèrent devers Maubert-Fontaines [1].

CHAPITRE CIV.

Comment le comte de Hainaut donna congé à ses gens, et comment il monta sur mer pour aller en Angleterre.

Après la destruction d'Aubenton, ainsi que vous avez ouï, s'acheminèrent les Hainuyers et leur route devers Maubert-Fontaines. Sitôt qu'ils y parvinrent, ils la conquirent, car il n'y avoit point de défense; et la pillèrent et robèrent, et depuis l'ardirent : après, la ville d'Aubercueil, et Segny le grand [2] et Segny le petit, et tous les hameaux et villages de là environ, dont il en y eut plus de quarante. Ainsi se contrevengèrent à ce commencement les Hainuyers des dommages que on leur avoit faits, tant en la terre de Chimay, comme à Haspre. Mais depuis les François leur firent cher comparer, si comme vous orrez avant en l'histoire; mais que vous le veuilliez lire ou écouter.

Depuis cette chevauchée faite, le comte de Hainaut se traist devers la ville de Mons et donna congé à toutes manières de gens d'armes, et les remercia grandement et bellement chacun de son bon service; et fit tant que chacun se partit bien content de lui et s'en ralla chacun en son lieu.

Assez tôt après il vint en volonté et propos audit comte d'aller ébattre en Angleterre et faire certaines alliances au roi d'Angleterre son serourge, pour être plus fort en sa guerre; car bien pensoit et disoit que ainsi la chose ne pouvoit demeurer, que le roi son oncle ne fît aucune armée contre lui; et pour être plus fort, bon lui sembloit et à son conseil aussi, qu'il eût l'amour et l'alliance des Anglois, des Flamands et des Brabançons. Si manda ledit comte tout son conseil à Mons en Hainaut, et leur remontra son entente; et ordonna et institua là son oncle à être baulx et gouverneur de Hainaut, de Hol-

---

[1] Bourg à trois lieues d'Aubenton.
[2] Signy-le-Grand est vraisemblablement le village construit autour de l'ancienne abbaye de ce nom, entre Rethel et Rocroy. Signy-le-Petit est au sud-ouest de cette dernière ville, à une très petite distance.

lande et Zélande; et se partit depuis assez tôt, à petite menée, et vint à Dourdrech en Hollande; et là monta en mer, pour arriver en Angleterre.

Or nous tairons-nous à parler du comte de Hainaut, et parlerons des besognes de son pays, et des avenues qui y avinrent tandis qu'il fut hors.

CHAPITRE CV.

Comment messire Jean de Hainaut mit bonnes garnisons de gens d'armes par toutes les forteresses de Hainaut marchissans au royaume de France.

Vous avez bien ouï recorder comment messire Jean de Hainaut demeura baulx et gouverneur de trois pays, par l'ordonnance du comte. Si obéirent en avant tous les barons et les chevaliers et les hommes des dessus dits pays à lui comme à leur seigneur, jusques à son retour. Si se tint ledit messire Jean de Hainaut en la ville de Mons, et pourvéy le pays, et garnit bien et suffisamment de toutes bonnes gens d'armes, espécialement sur les frontières de France; et envoya quatre chevaliers en la ville de Valenciennes pour aider à garder et conseiller la ville, les bourgeois et la communauté. Ce furent le sire d'Antoing, le sire de Wargny, le sire de Gomignies, et messire Henry de Husphalise; et envoya le sénéchal de Hainaut messire Girard de Werchin, atout cent lances de bonnes gens d'armes, en la ville de Maubeuge, et mit le maréchal de Hainaut messire Thierry de Wallecourt en la ville du Quesnoy et le seigneur de Potelles en la ville de Landrecies. Après, il mit en la ville de Bouchain trois chevaliers allemands, qui tous trois se nommoient messire Conrart, et envoya à Escandeuvre messire Girard de Sassegnies, et aussi en la ville d'Avesnes le seigneur de Fauquemont, et aussi par toutes les forteresses de Hainaut, voire sur les frontières du royaume; et pria et enjoignit à chacun de ces capitaines qu'ils fussent soigneux pour leur honneur d'entendre à ce qui leur étoit enchargé; et chacun lui enconvenança. Si se traist chacun sire et capitaine avec ses gens en sa garnison, et entendirent de mettre en point, garnir et pourvoir ce dont ils étoient gardes. Or reviendrons-nous au roi de France, et recorderons comment il envoya une grand'chevauchée de gens d'armes en Hainaut pour ardoir et exiller le pays, et en fit le duc de Normandie son fils chef.

CHAPITRE CVI.

Comment le roi Philippe commanda au duc de Normandie son fils qu'il allât détruire le pays de Hainaut, et envoya le comte de Lisle en Gascogne son lieutenant.

Quand le roi de France eut ouï recorder comment les Hainuyers avoient ars au pays de Thiérasche, pris et occis ses chevaliers et écuyers, et détruit sa bonne ville d'Aubenton, sachez qu'il ne prit mie cette chose en gré, mais commanda à son fils le duc de Normandie, qu'il mît une grosse chevauchée sus, et s'en venist en Hainaut, et sans déport atournast tel le pays que jamais ne fut recouvré; et le duc répondit qu'il le feroit volontiers. Encore ordonna le roi de France le comte de Lisle [1], Gascon, qui se tenoit adonc à Paris de-lez lui, et que moult aimoit, que il mît une grosse chevauchée de gens d'armes sus, et s'en allât en Gascogne, et y chevauchât comme lieutenant du roi de France, et guerroyât durement et roidement Bordeaux et Bordelois, et toutes les forteresses qui là se tenoient pour le roi d'Angleterre.

Le comte dessusdit obéit au commandement du roi, et se partit de Paris, et fit son mandement à Toulouse à être à Pâques closes [2]; lequel mandement fut tenu, ainsi que vous orrez ci-après quand lieu et temps sera. Encore renforça grandement le roi de France l'armée qu'il tenoit sur mer, et la grosse armée des écumeurs, et manda à messire Hue Kieret, à Barbevoire et aux autres capitaines qu'ils fussent soigneux d'eux tenir sur les mettes de Flandre, et que nullement ils ne laissassent le roi d'Angleterre repasser, ni prendre port en Flandre; et si par leur coulpe en demeuroit, il les feroit tous mourir de male mort.

Avec tout ce vous avez bien ouï recorder comment de nouveau les Flamands étoient alliés et conjoints par scel avec le roi d'Angleterre, et lui avoient juré à lui aider à poursuir sa guerre, et lui avoient fait encharger les armes de France; et cil roi les avoit absous et clamés quittes d'une grand'somme de florins dont ils étoient de jadis obligés et liés au roi de France. Dont il avint que, quand le roi Philippe ouït ces nouvelles, si ne lui plurent mie bien, tant pour ce qu'ils

---

[1] Il s'agit de Bertrand, comte de Lille-Jourdain.
[2] On appelait *Pâques closes* le dimanche de l'octave de Pâques, nommé aujourd'hui *Quasimodo*.

avoient fait hommage à son adversaire, comme pour ce que le roi anglois, comme roi de France, les avoit quittés de la somme et de l'obligation, ce que nullement il ne pouvoit faire. De quoi encore, pour eux retraire, il leur manda par un prélat, sous l'ombre du pape, qu'ils tinssent ferme et estable leur serment, autrement il jetteroit sentence contre eux; mais nonobstant ce et la petite et foible information qu'ils avoient eue, si ils se vouloient reconnoître et retourner à lui et à la couronne de France, et relenquir ce roi d'Angleterre qui enchantés les avoit, il leur pardonneroit tous mau-talens et leur quitteroit la dite somme, et leur donneroit et scelleroit plusieurs belles franchises en son royaume. Les Flamands n'eurent mie adonc conseil ni accord de ce faire; et répondirent qu'ils se tenoient bien pour absous et pour quittes de tout ce où obligés étoient tant comme au roi de France. Et quand le roi de France ouït et sçut qu'il n'en auroit autre chose, il s'en complaignit au pape Clément VI[1] qui régnoit pour le temps, lequel pape jeta une sentence et un excommuniement en Flandre si grand et si horrible, qu'il n'étoit prêtre qui y osât célébrer ni faire le divin service. De quoi les Flamands furent moult courroucés, et envoyèrent complaintes grands et grosses au roi anglois; lequel, pour eux appaiser, leur manda que de ce ils ne fussent néant effrayés, car la première fois qu'il repasseroit la mer, il leur mèneroit des prêtres de son pays, qui leur chanteroient des messes, voulût le pape ou non, car il est bien privilégié de ce faire. Parmi ce s'appaisèrent les Flamands.

CHAPITRE CVII.

Comment ceux de Tournay, de Lille et de Douay coururent jusques devant Courtray où ils prirent grand'proie de bêtes et tuèrent plusieurs hommes.

Quand le roi vit que par nulle voie ni pourchas qu'il sçut faire ni montrer il ne pourroit retraire les Flamands ni ôter de leur opinion, si commanda à ceux qu'il tenoit en garnison à Tournay, à Lille, à Douay, à Béthune et aux châteaux voisins, qu'ils fissent guerre aux Flamands et courussent leur pays sans déport. Dont il avint que messire Mathieu de Roye, qui pour le temps se tenoit dedans Tournay, et messire Mathieu de Trye, maréchal de France, avec messire Godemar du Fay et plusieurs autres, mirent sus une chevauchée de mille armures de fer, tous bien montés, et trois cents arbalétriers, tant de Tournay, de Lille que de Douay, et se partirent de la cité de Tournay un soir après souper, et chevauchèrent tant que, sur le point du jour, ils vinrent devant Courtray, et accueillirent entour soleil levant toute la proie de là environ. Et coururent les coureurs jusques aux portes, et occirent et mes-haignèrent aucuns hommes qu'ils trouvèrent dedans les faubourgs; et puis s'en retournèrent arrière et sans dommage; et prirent ces gens d'armes leur retour devers la rivière du Lis et devers Warneston, en accueillant et emmenant devant eux toute la proie qu'ils trouvèrent et encontrèrent. Et amenèrent ce jour là en la cité de Tournay plus de dix mille blanches bêtes et bien autant, que porcs, que bœufs, que vaches; et en fut la dite cité bien pourvue et rafraîchie un grand temps et largement avitaillée.

Ces nouvelles, qui ne furent mie trop plaisantes pour les Flamands, s'espartirent parmi Flandre. Si en fut le pays durement ému et troublé, et en vinrent les complaintes à Jaquemart d'Artevelle qui se tenoit à Gand : pourquoi le dit Artevelle fut durement courroucé, et dit et jura que cette forfaiture seroit vengée au pays de Tournesis. Si fit son mandement partout, et commanda, par toutes les bonnes villes de Flandre, que tous vuidassent et fussent, à un certain jour qu'il leur assigna, avec lui devant la cité de Tournay; et escripvit au comte de Sallebrin et au comte de Suffolch, qui se tenoient en la ville d'Ypres, qu'ils se traissent celle part. Et encore pour mieux montrer que la besogne étoit sienne et qu'elle lui touchoit, il se partit de Gand moult étoffément, et s'en vint entre la ville d'Audenarde et la cité de Tournay, sur un certain pas que on dit le Pont de fer; et se logea là, attendant les dessusdits comtes d'Angleterre et aussi ceux du Franc de Bruges.

CHAPITRE CVIII.

Comment les comtes de Sallebrin et de Suffolch, qui alloient au secours des Flamands, furent pris de ceux de Lille et envoyés au roi de France.

Quand les deux comtes d'Angleterre entendirent ces nouvelles, ils ne voulurent mie pour leur honneur délaier, ains envoyèrent tantôt parde-

---

[1] Froissart se trompe sur le nom de ce pape. Benoît XII vivait encore et ne mourut qu'en 1342. Son successeur Clément VI fut élu le 7 mai de cette année.

vers Artevelle en disant qu'ils seroient là au jour qui assigné y étoit. Sur ce ils partirent assez brièvement de la ville d'Ypres environ cinquante lances et quarante arbalétriers, et se mirent au chemin pour venir là où Artevelle les attendoit [1]. Ainsi qu'ils chevauchoient et qu'il leur convenoit passer au dehors de Lille, leur venue et chevauchée fut sçue en la dite ville; dont s'armèrent secrètement ceux de Lille, et partirent de leur ville bien quinze cents à pied et à cheval, et se mirent et établirent en trois aguets, afin que cils ne leur pussent mie échapper; et vinrent les plusieurs et les plus certains sur un pas entre haies et buissons, et là s'embuchèrent.

Or chevauchoient adonc ces deux comtes anglois et leur route, au guidement de messire Waflart de la Croix, qui un grand temps avoit guerroyé ceux de Lille, et encore guerroyoit quand il pouvoit, et s'étoit tenu à Ypres celle saison pour mieux guerroyer; et se faisoit fort d'eux mener sans péril, car il savoit toutes les adresses et torses voies; et encore y fut-il bien venu à chef, si ceux de Lille n'eussent fait au dehors de leur ville une grand'tranchée nouvellement, qui n'y étoit mie accoutumé d'être. Et quand messire Waflart les eut amenés jusques là, et il vit qu'on leur avoit coupé la voie, si fut tout ébahi et dit aux comtes d'Angleterre : « Messeigneurs, nous ne pouvons nullement passer le chemin que nous allons, sans nous mettre en grand danger et péril de ceux de Lille ; pourquoi je conseille que nous retournions et prenions ailleurs notre chemin. » Adonc répondirent les barons d'Angleterre : « Messire Waflart, il n'aviendra jà que nous issions de notre chemin pour ceux de Lille. Chevauchez toujours avant, car nous avons accordé à Artevelle que nous serons ce jour, à quelle heure que ce soit, là où il est. » Lors chevauchèrent les Anglois sans esmai nul. Et quand messire Waflart vit que c'étoit acertes, et qu'il ne pouvoit être cru ni ouï, si fit son marché tout avant œuvre, et dit : « Beaux seigneurs, voir est que pour guide et conduiseur en ce voyage vous m'avez pris, et que tout cet hiver je me suis tenu avec vous en Ypres, et me loue de vous et de votre compagnie grandement ; mais toutefois, s'il avient que ceux de Lille saillent ni issent contre nous ni sur nous, n'ayez nulle fiance que je les doive attendre ; mais me sauverai au plutôt que je pourrai, car si je étois pris ou arrêté, par aucun cas de fortune, ce seroit sur ma tête, que j'ai plus chère que votre compagnie. » Adonc commencèrent à rire les chevaliers, et dirent à messire Waflart qu'ils le tenoient pour excusé. Tout ainsi comme il imagina il avint, car ils ne se donnèrent garde ; si se boutèrent en l'embûche qui étoit grande et forte et bien pourvue de gens d'armes et d'arbalétriers, eèrent tantôt. qui les écrit « Avant ! avant ! par cy ne pouvez vous passer sans notre congé ! » Lors commencèrent-ils à traire et à lancer sur les Anglois et leur route. Et sitôt comme messire Waflart en vit la manière, il n'eut cure de chevaucher plus avant, mais retourna le plus tôt qu'il put, et se bouta hors de la presse et se sauva, et ne fut mie pris cette fois. Et les deux seigneurs d'Angleterre messire Guillaume de Montagu, comte de Salebrin, et le comte de Suffolch eschéirent dedans les mains de leurs ennemis et furent mieux pris qu'à la roix [1]; car ils furent embuchés en un chemin étroit entre haies et épines et fossés à tous lez, si fort et par telle manière qu'ils ne se pouvoient ravoir, ni retourner, ni monter, ni prendre les champs. Toute fois quand ils virent la mesaventure, ils descendirent tous à pied et se défendirent ce qu'ils purent, et en navrèrent et mes-haignèrent assez de ceux de la ville ; mais finalement leur défense ne valut néant, car gensu d'armes frisques et nouveaux croissoient toudis sur eux : là furent-ils pris et retenus par force, et un écuyer jeune et frisque de Limousin, neveu du pape Clément [2], qui s'appeloit Raimond : mais depuis qu'il fut créanté prisonnier fut-il occis, pour la convoitise de ses belles armures ; dont moult de gens en furent courroucés [3].

[1] Froissart passe sous silence un fait rapporté par les autres historiens, savoir, la prise et la destruction d'Armentières par le comte de Salisbury ; mais en revanche ceux-ci ne parlent point du projet de réunion du comte avec Artevelle pour assiéger Tournay, et disent seulement qu'en allant d'Armentières à Marquettes, il fut surpris par un détachement de la garnison de Lille et fait prisonnier.

[1] Au filet.
[2] Clément VI s'appelait Pierre Roger. Si Raymond était son neveu du côté paternel, il devait porter le même nom. Au reste, Pierre Roger n'était point encore pape : il ne fut élu qu'en 1342.
[3] Selon Dugdale ce ne serait pas le comte de Suffolk

Ainsi furent pris et retenus les deux comtes d'Angleterre, et mis en la halle de Lille en prison, et depuis envoyés en France devers le roi Philippe qui en eut grand'joie, et en sçut grand gré à ceux de Lille; et dit adonc le roi et promit à ceux de la ville de Lille qu'il leur seroit guerdonné grandement, car ils avoient fait un beau service. Et quand Jacquemart d'Artevelle, qui se tenoit au Pont de fer, en sçut les nouvelles, il en fut durement courroucé, et brisa pour cette avenue son propos et son emprise, et donna à ses Flamands congé, et s'en retourna en la ville de Gand.

CHAPITRE CIX.

Comment le duc de Normandie fit très grand'assemblée de gens d'armes pour aller détruire tout le pays de Hainaut.

Nous retourperons, car la matière le requiert, aux guerres de Hainaut et à la contrevengeance que le roi Philippe y fit prendre par le dit duc de Normandie son ains-né fils. Le duc, au commandement et ordonnance du roi son père, fit son espécial mandement à être à Saint-Quentin et là environ, et se partit de Paris environ Pâques[1] l'an mil trois cent quarante, et vint à Saint-Quentin. Et là étoit avec lui le duc d'Athènes, le comte de Flandre, le comte d'Aucerre, le comte de Sancerre, le comte Raoul d'Eu, connétable de France, le comte de Porcien, le comte de Roussy, le comte de Braine, le comte de Grandpré, le sire de Coucy, le sire de Craon, et grand'foison de noble chevalerie de Normandie et des Basses Marches.

Quand ils furent tous assemblés à Saint-Quentin et là environ, le connétable, le comte de Ghines, et les maréchaux de France, messire Robert Bertrand et messire Mathieu de Trye, regardèrent quel nombre de gens ils pouvoient être. Si trouvèrent qu'ils étoient bien six mille armures de fer, et huit mille, que brigands, que bidaux, que autres poursuivans l'ost. C'étoit assez, si comme ils disoient, pour combattre le comte de Hainaut et toute sa puissance. Si se mirent aux champs, par l'ordonnance des maréchaux, et se partirent de Saint-Quentin, et s'arroutèrent devers le Chastel en Cambrésis, et

lui-même, mais son fils Robert de Ufford-le-Fitz qui aurait été fait prisonnier à cet endroit.

[2] Pâques était cette année le 19 avril.

passèrent dehors Bohaing[1] et chevauchèrent tant qu'ils passèrent le Chastel en Cambrésis, et s'en vinrent loger le duc de Normandie et son ost en la ville de Montay sur la rivière de Selles. Or vous dirai-je une grand'appertise d'armes que messire Girard de Werchin, sénéchal de Hainaut pour le temps, fit et entreprit, laquelle doit bien être recordée et tenue en grand'-prouesse.

CHAPITRE CX.

Comment le sénéchal de Hainaut fit une apperte escarmouche en l'ost du duc de Normandie, et comment les coureurs du duc ardirent plusieurs villes en Hainaut.

Le sénéchal de Hainaut dessus nommé sçut bien par des espies que le duc de Normandie étoit logé à Saint-Quentin, et que ses gens menaçoient durement le pays de Hainaut. Avec tout ce il sçut l'heure et la venue du dit duc, qui étoit arrêté à Montay, dehors la forteresse du Chastel en Cambrésis. Si s'avisa en soi-même, comme preux chevalier et entreprenant, qu'il iroit le duc escarmoucher et réveiller. Si pria aucuns chevaliers et écuyers, ce qu'il en put trouver delez lui, que ils voulsissent aller où il les mèneroit, et ils lui enconvenancèrent. Si se partit de son châtel de Werchin, environ soixante lances en sa compagnie tant seulement, et chevauchèrent depuis soleil esconsant; et firent tant qu'ils vinrent à Forès, à l'issue de Hainaut, et à une petite lieue de Montay, et pouvoit être environ jour failli. Si très tôt qu'ils furent venus en la ville de Forès, il fit toutes ses gens arrêter en-my un champ, et leur fit restraindre leurs armures et ressangler leurs chevaux, et puis leur dit sa pensée et ce qu'il vouloit faire; et ils en furent tous joyeux, et lui dirent qu'ils s'aventureroient volontiers avec lui, et ne lui fauldroient jusques au mourir, et il leur dit : « Grands mercis. »

Avec lui étoient de chevaliers, messire Jacques du Sart, messire Henry de Husphalise, messire Oulphart de Ghistelle, messire Jean de Chasteler, le sire de Vertain, le sire de Wargny; et des écuyers, Gille et Thierry de Sommain, Baudouin de Beaufort, Colebret de Bruille, Moreau de Lestines, Sandras d'Escarmaing, Jean de Robersart, Bridoul de Thians, et plusieurs autres. Puis chevauchèrent tout coiement, et vinrent à Montay, et se boutèrent en la ville, et

[1] Bourg à quatre ou cinq lieues de Saint-Quentin.

ne faisoient les François point de guet. Et descendirent premièrement le sénéchal de Hainaut et tous les compagnons devant un grand hôtel où ils cuidoient certainement que le duc de Normandie fût; mais il étoit en un autre hôtel avant; et léans étoient logés deux grands seigneurs de Normandie, le sire de Bailleul et le sire de Briançon. Si furent assaillis vitement, et la porte de leur hôtel boutée tout outre.

Quand les dits chevaliers se virent ainsi surpris et ouïrent crier : « Hainaut! au sénéchal! » si furent moult ébahis : néanmoins ils se mirent à défense ce qu'ils purent; mais finalement le sire de Bailleul fut là occis, dont ce fut dommage, et le sire de Briançon prisonnier du dit sénéchal; et enconvenança sur sa loyauté de venir dedans trois jours tenir prison à Valenciennes. Adonc se commencèrent François à émouvoir, et vuidèrent leurs hôtels, et à allumer grands feux et tortis, et réveiller l'un l'autre : mêmement on réveilla le duc de Normandie, et le fit-on armer en grand'hâte, et apporter sa bannière devant son hôtel, et la développer : là se traioient toutes gens d'armes de tous côtés. Quand les Hainuyers aperçurent les François ainsi émouvoir, si ne voulurent plus demeurer; mais se retrairent bellement et sagement devers leurs chevaux, et montèrent et se partirent, quand ils furent remis ensemble, et emmenèrent dix ou douze bons prisonniers; et retournèrent sans dommage, car point ne furent poursuis, pour ce qu'il faisoit brun et tard; et vinrent environ l'aube du jour au Quesnoy : là se reposèrent eux et rafraîchirent, et puis vinrent à Valenciennes.

Or parlerons du duc de Normandie, qui moult courroucé étoit du dépit que les Hainuyers lui avoient fait. Si commanda au matin à déloger et à entrer en Hainaut pour tout ardoir sans déport. Donc s'arroutèrent les charrois et chevauchèrent les coureurs premiers, qui étoient bien deux cents lances; et en étoient capitaines messire Thibaut de Moreuil, le Gallois de la Baume, le sire de Hambuye, le sire de Mirepoix, le sire de Raineval, le sire de Sempy, messire Jean de Landas, le sire de Hangès et le sire de Cramel. Après chevauchoient les deux maréchaux en grand'route; messire Robert Bertran et messire Mathieu de Trye; et étoient bien cinq cents lances; et depuis, le duc de Normandie avec grand'foison de comtes, barons et de tous autres chevaliers. Si entrèrent lesdits coureurs en Hainaut, et ardirent Forêts, Vertain, Vertigneul, Esquarmain, Vendegies au bois, Vendegies sur Escaillon, Bermerain, Calaume, Senlèches et les faubourgs du Quesnoy; et se logèrent sur la rivière du Vitel [1]. Lendemain ils passèrent outre et ardirent Orsainval, Villiers en la cauchie [2], Gomégnies, Maresche, Pois, Preschiel, Amfroipré, Preus, Franoit, Obies et la bonne ville de Bavay, et tout le pays jusqu'à la rivière de Hounnel [3]. Et eut ce jour grand assaut et escarmouche au châtel de Werchin, de la bataille des maréchaux; mais néant n'y firent, car ils furent bien recueillis et le châtel bien défendu et gardé : et s'envint le duc de Normandie loger sur la rivière de Selles entre Haussi et Saussoir.

Or vous parlerons du seigneur de Fauquemont, qui fut un roi de chevalier, d'une grande appertise d'armes qu'il fit.

CHAPITRE CXI.

Comment le sire de Fauquemont atout cent lances se bouta en l'ost des François et en tua et prit plusieurs à prisonniers; et comment quatre cents lances de François ardirent plusieurs villes et prirent la ville de Trith.

Messire Waleran, sire de Fauquemont, étoit gardien et capitaine de la ville de Maubeuge, et bien cent lances d'Allemands et de Hainuyers avec lui. Quand il sçut que les François chevauchoient, qui ardoient le pays, et ouït les povres gens pleurer, crier et plaindre le leur, si en eut grand'pitié. Si s'arma et fit ses gens armer, et recommanda la ville de Maubeuge au seigneur de Beaujeu et au seigneur de Montegny, et dit à ses gens qu'il avoit très grand désir de trouver les François. Si chevaucha ce jour toudis côtoyant les bois et la forêt de Mourmail. Quand ce vint sur le soir, il entendit et sçut que le duc de Normandie et tout son ost étoient logés sur la rivière de Selles, assez près de Haussi, dont il fut tout joyeux; et dit brièvement qu'il les iroit réveiller. Si chevaucha cette vesprée tout sagement : environ mie-nuit il passa la dite rivière à gué, et toute sa route. Quand ils furent outre, ils ressanglèrent leurs chevaux et se mi-

---

[1] Quelques manuscrits disent *Vicel*; d'autres *Nitel*, *Cinel*, *Wincel* et *Vitel*. Tous ces noms paroissent altérés : la position que Froissart assigne à cette rivière convient assez bien à la Ronelle qui prend sa source dans la forêt de Mormal, traverse Valenciennes et se perd dans l'Escaut.

[2] Chaussée. — [3] Honneau qui a sa source près Bavay.

rent à point, et puis chevauchèrent tout souef jusques adonc qu'ils vinrent au logis du duc. Quand ils durent approcher, ils férirent chevaux des éperons tous d'un randon et se plantèrent en l'ost du duc, en écriant : « Fauquemont ! Fauquemont ! » et commencèrent à couper cordes, à ruer et abattre tentes et pavillons par terre, et à occire et découper gens, et d'eux mettre en grand meschef. L'ost se commença à émouvoir, et toutes gens à armer et à traire celle part où la noise et le butin étoit. Quand le sire de Fauquemont vit que point étoit, il se retrait arrière en retraiant ses gens tout sagement ; et adonc fut mort, des François, le sire de Péquegny, Picard, et fiancé prisonnier le vicomte de Quesnes et le Borgne de Rouvroy, et durement blessé messire Antoine de Kodun.

Quand le sire de Fauquemont eut faite son emprise, et il vit que le temps fut et que l'ost s'émouvoit, il se partit, et toutes ses gens, et repassèrent la rivière de Selles, sans dommage, car point ne furent poursuis ; et chevauchèrent depuis tout bellement ; et vinrent environ soleil levant au Quesnoy, où le maréchal de Hainaut se tenoit, messire Thierry de Walecourt, qui leur ouvrit la porte et les reçut liement. Et d'autre part, le duc de Normandie fut moult courroucé de ses gens que on avoit occis et blessés et fiancés prisonniers ; et dit : « Agar [1] ! comment ces Hainuyers nous réveillent. »

A lendemain, au point du jour, fit tromper les trompettes en l'ost le duc de Normandie : si s'armèrent et ordonnèrent toutes manières de gens, et mirent à pied et à cheval, et arroutèrent le charroi, et passèrent la dite rivière de Selles, et entrèrent de rechef en Hainaut, car le duc vouloit venir devers Valenciennes et aviser comment il la pourroit assiéger. Ceux qui chevauchoient devant, c'est à savoir, le maréchal de Mirepoix, le sire de Noyers, le Gallois de la Baume et messire Thibaut de Moreuil à bien quatre cents lances, sans les bidaux, s'envinrent devant le Quesnoy, et approchèrent la ville jusques aux barrières, et firent semblant de l'assaillir ; mais elle étoit si bien pourvue de bonnes gens d'armes et de grand'artillerie [2] qu'ils y eussent perdu leur peine. Toutes voies, ils escarmouchèrent un petit devant les barrières, mais on les fit retraire ; car ceux du Quesnoy descliquèrent canons et bombardes qui jetoient grands carreaux [1]. Si se doutèrent les François de leurs chevaux, et se retrairent pardevers Wargni ; et ardirent Wargni le grand et Wargni le petit, Fielainnes, Fumars, Semeries, Artre, Artenel, Sautin, Curgies, Estreu et Aunoi ; et en voloient les flamèches et les tisons en la ville de Valenciennes. Et puis vinrent les coureurs vers Valenciennes, endementres que les François ordonnoient leurs batailles sur le mont de Chastres, près de Valenciennes ; et se tenoient là en grand'étoffe, et moult richement. Dont il avint que environ deux cents lances des leurs, dont le sire de Craon, le sire de Maulevrier, le sire de Matefelon et le sire d'Avoir étoient conduiseurs, s'avalèrent devers Maing, et vinrent assaillir une forte tour quarrée, qui pour le temps étoit à Jean Bernier de Valenciennes : depuis fut-elle à Jean de Neufville. Là eut grand assaut, dur et fort, et dura presque tout le jour, ni on n'en pouvoit les François faire partir. Si y en eut-il morts cinq ou six ; et si bien se tinrent et défendirent ceux qui la gardoient qu'ils n'y eurent point de dommage. Si s'en vinrent le plus de ces François à Trith, et cuidèrent de première venue là passer l'Escaut ; mais ceux de la ville avoient défait le pont et défendoient le passage roidement et fièrement ; et jamais à cet endroit ne l'eussent les François conquis, mais il en y eut entr'eux de ceux qui connoissoient le passage, la rivière et le pays. Si

---

[1] *Agar* ou *Aga*, mot usité encore dans plusieurs provinces, pour signifier, *vois ! regarde !*

[2] Quoique les canons ne fussent pas encore d'un usage ordinaire, ils étaient connus en France avant cette époque. On s'en servait pour l'attaque et la défense des places dès l'année 1338, comme nous l'apprenons d'un registre de la chambre des comptes de Paris. Barthélemy de Drach, trésorier des guerres, porte sur ses comptes de cette année, une somme d'argent donnée à *Henry de Famechon, pour avoir poudre et autres choses nécessaires aux canons qui étaient devant Puy-Guillaume*. Mais on convient assez généralement qu'avant la journée de Crécy on ne s'en servait point dans les batailles. On pourrait même douter, à la rigueur, si on en fit usage à Crécy, puisque aucun des historiens contemporains ne fait mention d'un fait aussi remarquable, excepté Villani, étranger, éloigné du théâtre de la guerre, et de qui, par conséquent, le silence des historiens français et anglais, témoins, pour ainsi dire, des faits qu'ils racontent, affaiblit singulièrement le témoignage.

[1] Espèce de flèche dont la pointe était triangulaire. On donnait aussi ce nom à de gros traits d'arbalétriers. Les éclats de la foudre ont reçu depuis le nom de carreaux, parce qu'ils sont comme un trait rapide.

emmenèrent bien deux cents de pied passer à planches à Prouvy. Quand cils furent outre, ils vinrent tantôt baudement sur ceux de Trith qui n'étoient qu'un peu de gens dedans, au regard de eux, et ne purent durer : si tournèrent en fuite, et en y eut de morts et de navrés plusieurs.

Ce même jour étoit parti de Valenciennes le sénéchal de Hainaut à cent armures de fer, et issit de la ville par la porte d'Anzaing; et pensoit bien que ceux de Trith auroient à faire : si les vouloit secourir. Dont il avint que dessus Saint Vast il trouva de rencontre vingt cinq coureurs françois, que trois chevaliers de Poitou menoient : messire Boucicaut l'un, le sire de Surgères l'autre, et messire Guillaume Blondeau le tiers; et avoient passé l'Escaut assez près de Valenciennes au pont que on dit la Tournelle, et avoient couru par droite bachelerie dessus Saint-Vast. Si très tôt que le sénéchal les perçut, si fut moult lie, car bien connut que c'étoient ses ennemis; et férit après eux, et toute sa route aussi. Là eut bon estequis des uns aux autres; et me semble aussi que le sénéchal de Hainaut porta jus de coup de lance messire Boucicaut, qui adonc étoit moult appert chevalier, et fut plus encore depuis et maréchal de France, si comme vous orrez avant en l'histoire, et le fit là fiancer prison, et l'envoya à Valenciennes. Mais je ne sçais comment ce peut être, car le sire de Surgères échappa et se sauva, et ne fut point pris; mais messire Guillaume Blondeau fut pris, et fiança prison à messire Henry de Husphalise; et furent presque tous les autres morts ou pris.

Ce rencontre détria grandement le sénéchal de Hainaut qu'il ne put venir à temps au pont de Trith; mais l'avoient jà conquis les François quand il y vint, et mettoient grand'peine à abattre les moulins, et un petit châtelet qui là étoit. Mais si très tôt que le sénéchal vint en la ville, ils n'eurent point de loisir, car ils furent reboutés et reculés vilainement, occis et découpés et mis en chasse; et les fit-on saillir en la rivière d'Escaut, dont il en y eut d'aucuns noyés, et en fut la ville de Trith adonc toute délivrée. Et vint le sénéchal de Hainaut passer l'Escaut à Denain, et puis chevaucha, et toute sa route, vers son châtel de Werchin et se bouta dedans pour le garder et défendre, si mestier étoit. Et encore se tenoit le duc de Normandie sur le mont de Castres, et se tint en bonne ordonnance la plus grand'partie du jour; car il cuidoit que ceux de Valenciennes dussent vuider et là venir combattre. Aussi l'eussent-ils très volontiers fait; mais messire Henry d'Antoing, qui la ville avoit à garder, leur dénéoit et défendoit; et étoit à la porte Cambrésienne moult ensoigné et en grand'peine d'eux détourner de non vuider; et le prévôt de la ville pour le temps avec lui, Jean de Vassi, qui les affrénoit ce qu'il pouvoit; et leur montra adonc tant de belles raisons qu'ils s'en souffrirent.

CHAPITRE CXII.

Comment le duc de Normandie se partit de Castres et ardit plusieurs villes entre Cambray et Valenciennes et prit le château d'Escandeuvre.

Quand le duc de Normandie et ses batailles, qui très belles étoient à regarder, ainsi que ci-dessus est devisé, se furent tenus une grand'pièce sur le mont de Castres et ils virent que nul ne viendroit ni istroit hors de Valenciennes pour eux combattre, adonc furent envoyés le duc d'Athènes et les deux maréchaux de France, et le comte d'Aucerre et le sire de Chastillon, à bien trois cents lances de gens bien montés, pour courir jusques à Valenciennes. Cils chevauchèrent en très bonne ordonnance et vinrent au lez devers la tourelle à Goguel, et chevauchèrent moult arréement jusques aux barrières de la ville, mais ils n'y demeurèrent mie planté; car ils redoutèrent le trait pour leurs chevaux; et toute fois le sire de Chastillon chevaucha si avant que son cheval fut féru et chey desous lui, et le convint monter sur un autre.

Cette chevauchée prit son tour devers les tentes, et les ardirent, et abattirent tous les moulins qui là étoient sur la rivière de Wincel; et puis prirent leur tour par derrière les chartreux et revinrent à leur bataille. Or vous dis qu'ils étoient demeurés aucuns compagnons François derrière en la ville des Marlis pour mieux fourrer à leur aise. Dont il avint que ceux qui gardoient une tour qui là est aux hoirs de Hainaut, et fut jadis à messire Robert de Namur, de par madame Isabelle de Hainaut, sa femme, perçurent ces François qui là étoient, et si virent bien que la grosse chevauchée étoit retraite. Si issirent baudement hors, et assaillirent de grand courage, et les menèrent tellement qu'ils en tuèrent bien la moitié et leur ôtèrent tout le pillage; et puis rentrèrent en leur tour. Encore se tenoient les batailles sur le mont de Castres, et tinrent tout le jour jusques après nonne que les coureurs revinrent de tous côtés. Dont eurent conseil là entr'eux moult grand; et disoient les seigneurs que, tout considéré, ils n'étoient mie assez gens pour assiéger une si grand'ville que Valenciennes est. Si eurent finalement conseil de partir d'illec et d'eux retraire devers Cambray. Si s'en vinrent ce soir loger à Maing et à Fontenelles; et là furent toute nuit et firent bon guet et grand. Lendemain ils s'en partirent, mais il ardirent Maing et Fontenelles, et toute l'abbaye qui étoit à madame de Valois, tante au dit duc et sœur germaine du roi son père. De quoi le duc fut trop courroucé; et fit pendre ceux qui le feu y avoient mis et bouté. A ce département fut pararse la ville de Trith, le châtel et le moulin abattu, et Prouvy, Rouvegny, Thians, Monceaux, et tout le plat pays entre Cambray et Valenciennes.

Ce jour chevaucha tant le duc de Normandie[1] qu'il vint devant Escandeuvre, un bon châtel et fort du comte de Hainaut, séant sur la rivière d'Escaut, et qui moult grévoit ceux de Cambray avec ceux de la garnison de Thun-l'Évêque : duquel châtel d'Escandeuvre étoit capitaine et souverain messire Girard de Sassegnies, qui devant ce n'avoit eu aucune reproche de diffame, Or ne sçai-je que ce fut, ni qui l'enchanta, mais le duc n'eut mie sis devant la forteresse six jours quand elle lui fut rendue saine et entière, dont tout le pays fut émerveillé; et en furent soupçonnés de trahison messire Girard de Sassegnies et un sien écuyer qui s'appeloit Robert de Marmaux. Ces deux en furent pris et encoulpés, et en moururent vilainement à Mons en Hainaut; et ceux de Cambray abattirent le châtel d'Escandeuvre et emportèrent toute la pierre en Cambray, et en firent réparer et fortifier leur ville.

CHAPITRE CXIII.

Comment ceux de Douay et ceux de Lille issirent de leurs forteresses et ardirent tout le plat pays d'Ostrevant.

Après la prise et la destruction d'Escandeuvre, se retraist le duc Jean de Normandie en la cité de Cambray, et donna à une partie de ses gens d'armes congé; et les autres envoya ès garnisons de Lille, de Douay et des autres forteresses voisines. Et avint, en cette même semaine que Escandeuvre fut prise, que les François qui dedans Douay se tenoient, issirent hors et les François avec eux; et pouvoient être environ trois cents lances, et les conduisoit messire Louis de Savoye et messire Aymery de Poitiers, le comte de Gennève, le sire de Villers et le Gallois de la Baume avec le seigneur de Wauvrin et le sire de Wasiers; et vinrent en celle chevauchée ardoir en Hainaut ce beau plein pays d'Ostrevant, et n'y demeura rien dehors les forteresses : dont ceux de Bouchaing furent moult courroucés, car ils véoient les feux et les fumières entour eux; et si n'y pouvoient remède mettre. Si envoyèrent à Valenciennes en disant que, si de nuit ils vouloient issir environ cinq ou six cents armures de fer, ils porteroient grand dommage aux François qui étoient encore tous cois et logés au plein pays. Mais ceux de Valenciennes n'eurent point conseil de partir ni vuider leur ville : par ainsi n'eurent les François point d'encontre. Si ardirent-ils Anich et la moitié d'Ascons, Escaudain, Here, Somain, Denaing, Montegny, Warlin, Wargni, Aubregicourt, Saulz, Ruet, Neufville, le lieu Saint-Amand, et tous les villages qui en ce pays étoient; et emmenèrent grand'pillage et grand'proie en leurs garnisons.

Et quand ceux de Douay furent retraits, les soudoyers de Bouchaing issirent hors et chevauchèrent et ardirent l'autre partie de la ville d'Ascon, qui se tenoit françoise, et tous les villages françois jusques aux portes de Douay, et la ville d'Esquerchin.

Ainsi que je vous ai ci-dessus devisé, les garnisons des frontières étoient pourvues et garnies de gens d'armes; et souvent y avoit des chevauchées, des rencontres et des faits d'armes des uns aux autres, ainsi qu'en tels besognes appartient. Si avint en cette même saison que soudoyers allemands, qui se tenoient de par l'évêque de Cambray en la Malmaison, à deux lieues du Castel en Cambrésis, et marchissant d'autre part plus près de Landrecies dont le sire

---

[1] La plupart des chroniques disent que Philippe de Valois était en personne au siège d'Escandeuvre et le font durer beaucoup plus long-temps que Froissart. Suivant eux, ce château était assiégé depuis environ quinze jours quand le roi y arriva; et il ne se rendit que plusieurs semaines après son arrivée.

de Potelles, un appert chevalier, étoit capitaine et gardien, car le comte de Blois, quoiqu'il en fût sire, l'avoit rendu au comte de Hainaut, pourtant qu'il étoit françois, et le comte le tenoit en sa main et le faisoit garder pour les François, si avoient souvent le hutin ceux de la Malmaison et ceux de Landrecies ensemble: dont un jour saillirent hors de la Malmaison les dessus dits Allemands bien montés et bien armés, et vinrent courir devant la ville de Landrecies et accueillirent la proie, et l'emmenoient devant eux, quand les nouvelles et le haro en vinrent à Landrecies entre les Hainuyers qui là se tenoient. Adonc s'arma le sire de Potelles et fit armer ses compagnons, et montèrent à cheval et se partirent pour rescourre aux Allemands leur proie qu'ils emmenoient. Si étoit adonc le sire de Potelles tout devant, et le suivoient chacun qui mieux mieux. Il, qui étoit de grand'volonté et plein de hardiment, abaissa son glaive et écria aux François qu'ils retournassent, car c'étoit honte de fuir. Là avoit un écuyer allemand qu'on appeloit Albrecht de Cologne, appert homme d'armes durement, qui fut tout honteux quand il se vit ainsi chasser. Si retourna franchement et baissa son glaive, et férit cheval des éperons, et s'adressa sur le seigneur de Potelles, et le chevalier sur lui, tellement qu'il le férit sur la targe un si grand horion que le glaive vola en pièces; et l'Allemand le consuivit par telle manière de son glaive roide et enfumé [1] que oncques ne brisa ni ploya, mais perça la targe, les plates et l'auqueton, et lui entra dedans le corps et le poignit droit au cœur, et l'abattit jus de dessus son cheval navré à mort. Dont vinrent les compagnons Hainuyers, le sire de Bousies, Girard de Mastain, Jean de Mastain, et les autres qui de près le suivoient, qui s'arrêtèrent sur lui quand en ce parti le virent, et le regrettèrent durement; et puis requirent les François fièrement et aspremenț en contrevengeant le seigneur de Potelles qui là gissoit navré à mort. Et combattirent et assaillirent si dur Albrecht et sa route qu'ils furent déconfits, morts et pris, ou peu en échappèrent; et la proie rescousse et ramenée, et les prisonniers aussi, en Landrecies, et le sire de Potelles mort, dont tous les compagnons en furent courroucés durement.

[1] On durcissait quelquefois le bois

CHAPITRE CXIV.

Comment François et Hainuyers s'entrecouroient sus les uns aux autres, et comment le pays de Hainaut étoit en grand' tribulation.

Après la mort du seigneur de Potelles, le sire de Floyon fut un grand temps gardien de la ville et du châtel de Landrecies; et couroit souvent sur ceux de Bouchaing, de la Malmaison et du Castel en Cambrésis et des forteresses voisines, qui ennemies leur étoient. Ainsi couroient un jour les Hainuyers, un autre les François. Si y avoit souvent des rencontres, des escarmouches et des rués par terre des uns et des autres; car au voir dire, tels besognes le requièrent. Si étoit le pays de Hainaut en grand'tribulation et en grand esmay; car une partie de leur pays étoit arse et exillée; et si sentoient encore le duc de Normandie sur les frontières, et ne savoient qu'il avoit empensé; et si n'avoient aucunes nouvelles de leur seigneur le comte. Bien est voir qu'il avoit été en Angleterre où le roi et les barons l'avoient honoré et fêté; et avoit fait et juré grands alliances au roi anglois; et s'en étoit parti et allé en Allemagne devers l'empereur Louis de Bavière: c'étoit la cause pourquoi il séjournoit là tant. D'autre part messire Jean de Hainaut étoit allé en Brabant et en Flandre, et avoit montré au dit duc de Brabant et à Jaquemart d'Artevelle la désolation du pays de Hainaut, et comment les Hainuyers leur prioient qu'ils y voulsissent entendre et pourvoir de conseil. Les dessus dits lui avoient répondu que le comte ne pouvoit longuement demeurer, et lui revenu, ils étoient tous appareillés d'aller à tout leur pouvoir là où il les voudroit mener.

Or reviendrons-nous au duc de Normandie, et recorderons comme il assiégea ceux de Thun-l'Évêque.

CHAPITRE CXV.

Comment le duc de Normandie assiégea le châtel de Thun-l'Évêque, et comment ceux de dedans eurent trèves de quinze jours à lui rendre le châtel ou à lui combattre.

Entrementes que le duc de Normandie se tenoit en la cité de Cambray, le dessus dit évêque et les bourgeois du lieu lui remontroient comment les Hainuyers avoient pris et emblé le fort châtel de Thun; et que par amour, et pour son honneur garder, et le profit du commun pays, il voulsist mettre conseil et entente au r'avoir;

car ceux de la garnison contraignoient durement le pays de là environ. Le duc y entendit volontiers, et fit de rechef semondre son ost, et mit ensemble grand'foison de seigneurs et de gens d'armes, qui se tenoient en Artois et en Vermandois, lesquels il avoit eu en sa première chevauchée. Si se partit de Cambray et s'en vint à toutes ses gens loger devant Thun, sur la rivière d'Escaut, en ces beaux plains au lez devers Ostrevant; et fit le duc là amener et charger six grands engins de Cambray et de Douay, et les fit dresser et asseoir fortement devant la forteresse. Ces engins jetoient nuit et jour pierres et mangonneaux à grand'foison, qui enfondroient et abattoient les combles des tours, des chambres et des salles, et contraignirent par ce dit assaut durement ceux du châtel; et n'osoient les compagnons qui le gardoient demeurer en chambre et en salle qu'ils eussent, fors en caves et en celliers. Oncques gens d'armes ne souffrirent pour leur honneur en forteresse autant de peine ni de meschef que cils faisoient. Desquels étoit souverain capitaine un chevalier anglois qui s'appeloit messire Richard de Limosin, et aussi deux écuyers de Hainaut, frères au seigneur de Mauny, Jean et Thierry. Ces trois, dessus tous les autres, en avoient la charge, la peine et le faix, et tenoient les autres compagnons en vertu et en force, et leur disoient : « Beaux seigneurs, le gentil comte de Hainaut viendra un de ces jours à si grand ost contre les François, qu'il nous délivrera à toute honneur de ce péril et nous saura grand gré de ce que si franchement nous serons tenus. » Ainsi reconfortoient les trois dessus dits les compagnons qui n'étoient mie à leur aise; car pour eux plus grever et plutôt amener à mercy, ceux de l'ost leur jetoient et envoyoient par leurs engins chevaux morts et bêtes mortes et puans pour eux empunaiser; dont ils étoient là dedans en grand'détresse, car l'air étoit fort et chaud, ainsi qu'en plein été; et furent contraints par cet état, plus que par autre chose. Finalement ils regardèrent et considérèrent entre eux que cette mésaise ils ne pouvoient longuement souffrir ni porter, tant leur étoit la punaisie abominable. Si eurent conseil et avis de traiter une trève à durer quinze jours, et là en dedans signifier leur povreté à messire Jean de Hainaut, qui étoit régent et gardien de tout le pays, afin qu'ils en fussent confortés; et s'ils ne l'étoient, ils rendroient la forteresse au dit duc de Normandie.

Ce traité fut entamé et mis avant : le duc leur accorda, et mit en souffrance tous assauts, et leur donna trèves quinze jours, qui firent moult de bien aux compagnons du dit fort; car autrement ils eussent été tous morts et empunaisés sans mercy, tant leur envoyoit-on de charognes pourries et d'autres ordures par les engins. Si firent tantôt partir Ostelart de Somaing pour le traité deviser, qui s'en vint à Mons en Hainaut, et trouva le seigneur de Beaumont qui avoit ouï nouvelles de son neveu le comte de Hainaut, qui revenoit en son pays, et avoit été devers l'empereur et fait grands alliances avec lui, aussi aux seigneurs de l'Empire, le duc de Guerles, le marquis de Juliers, le marquis de Blankebourch et tous les autres. Si informa le sire de Beaumont le dit écuyer Ostelart de Somaing, et lui dit bien que ceux de Thun-l'Évêque seroient bientôt confortés, mais que son neveu fût revenu au pays.

CHAPITRE CXVI.

Comment le comte de Hainaut fit son mandement à tous ses alliés pour aller secourir ceux de Thun-l'Évêque.

La trève durant qui fut prise entre le duc de Normandie et les soudoyers de Thun, si comme vous avez ouï, revint le comte de Hainaut en son pays, dont toutes manières de gens furent réjouis, car moult l'avoient désiré. Si lui recorda le sire de Beaumont son oncle comment les choses étoient allées depuis son département, et à quelle puissance le duc de Normandie étoit entré et séjourné dans son pays, et ars et détruit tout par-delà Valenciennes, exceptées les forteresses. Si répondit le comte qu'il seroit bien amendé, et que le royaume de France étoit assez grand pour en avoir satisfaction de toutes ces forfaitures; mais briévement il vouloit aller devant Thun-l'Évêque et conforter ses bonnes gens qui gissoient là si honorablement, et qui si loyalement étoient tenus et défendus.

Si fit le comte son mandement et ses prières en Brabant, en Guerles, en Juliers et en Allemagne, et aussi en Flandre devers son bon ami Artevelle; et s'en vint le dit comte à Valenciennes, à grand'foison de gens d'armes, chevaliers et écuyers de son pays, et des pays dessus nommés; et toudis lui croissoient gens.

Et se partit de Valenciennes en grand arroy de gens d'armes, de charrois, de tentes, de trefs, de pavillons et de toutes autres pourvéances, et s'en vint loger à Nave sur ces beaux plains et ces beaux prés, tout contre val la rivière d'Escaut. Là étoient les seigneurs de Hainaut avec le dit comte et en bon arroy : premièrement messire Jean de Hainaut son oncle, le sire d'Enghien, le sire de Werchin sénéchal de Hainaut, le sire d'Antoing, le sire de Ligne, le sire de Barbençon, le sire de Lens, messire Guillaume de Bailleul, le sire de Haverech, châtelain de Mons, le sire de Montegny, le sire de Marbais, messire Thierry de Wallecourt, maréchal de Hainaut, le sire de la Hamède, le sire de Gomegnies, le sire de Roisin, le sire de Trasegnies, le sire de Brifeul, le sire de Lalain, le sire de Mastain, le sire de Sars, le sire de Wargni, le sire de Beaurieu et plusieurs autres chevaliers et écuyers, qui tous se logèrent de-lez leur seigneur. Assez tôt après y revint le jeune comte Guillaume de Namur moult étoffément à deux cents lances, et se logea aussi sur la rivière d'Escaut en l'ost du comte; et après revinrent le duc de Brabant à bien six cents lances, le duc de Guerles, le comte de Mons, le sire de Fauquemont, messire Arnoul de Blakehen et grand'foison d'autres seigneurs et gens d'armes d'Allemagne et de Westphale. Si se logèrent tous, les uns après les autres, sur la rivière d'Escaut, à l'encontre de l'ost françois; et étoient plentureusement pourvus de tous vivres qui leur venoient tous les jours de Valenciennes et du pays de Hainaut voisin à eux.

CHAPITRE CXVII.

Comment le roi Philippe envoya douze cents lances en l'ost de son fils, et assez tôt après y vint lui-même comme soudoyer.

Quand ces seigneurs se furent logés, ainsi que vous avez entendu, sur la rivière d'Escaut, et mis entre Nave et Ywis, le duc Jean de Normandie qui étoit d'autre part de la rivière, avecques lui moult belle gent d'armes, vit que l'ost du comte de Hainaut croissoit durement. Si signifia tout l'état au roi de France son père, qui se tenoit à Péronne en Vermandois, et étoit tenu plus de six semaines à grands gens. Lors fit le roi de rechef une semonce très espéciale, et envoya jusques à douze cents lances de bonnes gens d'armes en l'ost son fils ; et assez tôt après il y vint comme soudoyer du duc son fils[1] ; car il ne pouvoit nullement venir à main armée sur l'Empire, si il vouloit tenir son serment, ainsi qu'il fit[2] ; pourquoi le duc son fils fut toudis chef et souverain de cette entreprise, mais il s'ordonnoit par le conseil du roi son père. Quand ceux de Thun-l'Évêque virent leur seigneur le comte de Hainaut venir si puissamment, si en furent moult joyeux ; et fut bien raison, car moult l'avoient désiré, et bien pensoient à en être délivrés.

Le quatrième jour après qu'ils furent là venus et hôtelés à ost, vinrent ceux de Valenciennes en grand arroy, desquels Jean de Vassy qui prévôt étoit pour le temps, se faisoit maître et gouverneur. Si très tôt que ceux de Valenciennes furent venus, on les envoya escarmoucher aux François sur la rivière de l'Escaut, pour ensonnier ceux de l'ost, et pour faire à ceux de la garnison de Thun voie. Là eut grand'escarmouche des uns aux autres et plusieurs carreaux traits et lancés, et maints hommes navrés et blessés. Entrementes qu'ils entendoient à paleter, les compagnons de Thun-l'Évêque, messire Richard de Limousin et les autres se partirent du châtel[3] et se mirent en l'Escaut ; et leur appareilla-t-on bateaux et nacelles, en quoi on les alla quérir d'autre part le rivage. Si furent amenés en l'ost et devers le comte de Hainaut, qui liement et doucement les reçut et les honora moult du bon service qu'ils lui avoient fait, quand si longuement et à tel meschef ils s'étoient tenus en Thun-l'Évêque.

CHAPITRE CXVIII.

Comment Jaquemart d'Artevelle vint au secours du comte de Hainaut à plus de soixante mille Flamands ; et comment le dit comte envoya ses hérauts demander bataille au duc de Normandie.

Entrementes que ces deux osts étoient ainsi assemblés pour le fait de Thun-l'Évêque, et logés

[1] Il s'était rendu à l'armée plus d'un mois auparavant, selon les autres historiens ; mais Jean-le-Bel était plus à portée qu'eux d'être instruit de ce qui se passait en Cambrésis, surtout quand les événemens intéressaient la maison de Hainaut, à laquelle il était attaché.
[2] On voit qu'on avait dans ce siècle une étrange idée de la manière de tenir un serment : l'extérieur était tout.
[3] La plupart des chroniqueurs ajoutent qu'ils mirent le feu au château avant d'en sortir.

sur la rivière d'Escaut, les François devers France et les Hainuyers sur leur pays, couroient les fourreurs fourrer partout où trouver en pourroient d'un côté et d'autre : mais point ne s'entr'encontroient ni trouvoient, car la rivière d'Escaut étoit entre deux. Mais les François parardirent et coururent tout le pays d'Ostrevant, ce qui demeuré y étoit, et les Hainuyers tout le pays de Cambrésis.

Et là vint en l'aide du comte de Hainaut, et à sa prière, Jaquemart d'Artevelle à plus de soixante mille Flamands, tous bien armés, et se logèrent puissamment à l'encontre des François. Quand ils furent venus, moult en fut le comte de Hainaut lie, car son ost étoit grandement renforcé. Si manda par ses hérauts au duc de Normandie son cousin, que bataille se pût faire entre eux, et que ce seroit blâme pour toutes les parties, si grands gens d'armes qui là étoient se départoient sans bataille.

Le duc de Normandie répondit à la première fois qu'il en auroit avis. Cet avis et conseil fut si long que les hérauts adonc s'en partirent sans réponse certaine; dont il avint que le tiers jour après, le comte de rechef y envoya, pour mieux savoir l'intention du dit duc et des François. Le duc répondit qu'il n'en étoit encore pas conseillé de combattre ni de y mettre journée; et dit encore ainsi que le comte étoit trop hâtif. Quand le comte ouït ces paroles, si lui semblèrent un détriement : si manda tous les plus grands barons de son ost, et premièrement le duc de Brabant son grand seigneur[1] et tous les autres en suivant; et puis leur montra son intention et les réponses du duc de Normandie; si en demanda à avoir conseil. Adonc regardèrent-ils chacun l'un l'autre et ne voulut nul répondre premier. Toute fois le duc de Brabant parla, pourtant que c'étoit le plus grand de l'ost et tenu le plus sage : si dit que, de faire un pont, ni de combattre aux François, il n'étoit mie d'accord; car il savoit de certain que le roi anglois devoit prochainement passer la mer et venir assiéger la cité de Tournay : « Et lui avons, ce dit le duc, promis et juré foi, amour et aide de nous et des nôtres. Donc si nous combattions maintenant, et fortune fut contre nous, il perdroit son voyage, ni nul confort il n'auroit de nous; et si la journée étoit pour nous, il ne nous en sauroit gré, car c'est son intention que jà sans lui, qui est chef de cette guerre, nous ne nous combattions au pouvoir de France. Mais quand nous serons devant Tournay, et il avec nous, et nous avec lui, et le roi de France sera d'autre part, ennuis se départiront si grands gens sans combattre. Si vous conseille, beau fils, que vous departez de ci, car vous y séjournez à grands frais; et donnez congé à toutes manières de gens d'armes, et s'en revoist chacun en son lieu; car dedans dix jours vous orrez nouvelles du roi d'Angleterre. »

A ce conseil se tint la plus grand'partie des seigneurs qui là étoient, mais il ne plut mie encore très bien au comte de Hainaut; et pria aux seigneurs et aux barons tous en général qui là étoient qu'ils ne voulsissent pas encore départir : car ce seroit trop grandement, ce lui sembloit, contre son honneur, si les François n'étoient combattus; et lui eurent tous en convent. A ces paroles issirent-ils de parlement et se retrait chacun en son logis. Trop volontiers se fussent partis ceux de Bruxelles et de Louvaing, car ils étoient si tanés que plus ne pouvoient; et en parlèrent plusieurs fois au duc leur seigneur, et lui montrèrent qu'ils gissoient là à grands frais et rien n'y faisoient.

CHAPITRE CXIX.

Comment le comte de Hainaut envoya de rechef messire Jean de Hainaut au dit duc pour lui requérir bataille, et quelle réponse il eut.

Quand le comte de Hainaut vit son conseil varier, et qu'ils n'étoient mie bien d'accord de passer la rivière d'Escaut et de combattre les François, si en fut durement courroucé. Si appela un jour son oncle messire Jean de Hainaut, et lui dit : « Bel oncle, vous monterez à cheval et chevaucherez selon cette rivière, et appellerez qui que ce soit homme d'honneur en l'ost françois; et direz, de par moi, que je leur livrerai pont pour passer, mais que nous ayons trois jours de répit ensemble tant seulement pour le faire, et que je les vueil combattre, comment que ce soit. » Le sire de Beaumont, qui véoit son neveu en grand désir de combattre ses ennemis, lui accorda volontiers, et dit qu'il iroit et feroit le mes-

---

[1] Cette expression ne peut s'entendre de la suzeraineté, puisque le Hainaut ne relevait point du Brabant : Froissart a voulu seulement désigner par là l'espèce de supériorité que les liens du sang donnaient au duc de Brabant sur le comte de Hainaut qui avait épousé sa fille.

sage. Si vint à son logis et s'appareilla bien et faiticement, lui troisième de chevaliers tant seulement, le sire de Fagnoelles et messire Flourent de Beaurieu, et un autre chevalier qui portoit son pennon devant lui, montés sur bons coursiers, et chevauchèrent ainsi sur le rivage d'Escaut.

Et avint que de l'autre part le sire de Beaumont aperçut un chevalier de Normandie qu'il connut par ses paremens; si l'appela et dit : « Sire de Maubuisson, sire de Maubuisson, parlez à moi. » Le chevalier, qui se ouït nommer et qui aussi connut messire Jean de Hainaut, par le pennon de ses armes qui étoit devant lui, s'arrêta et dit : « Sire, que plait vous? » — « Je vous prie, dit le sire de Beaumont, que vous veuilliez aller devers le roi de France, le duc de Normandie et leur conseil, et leur dites que le comte de Hainaut m'envoie ici pour prendre une trêve, tant seulement que un pont soit fait sur cette rivière, par quoi vos gens ou les nôtres la puissent passer pour nous combattre : et ce que le roi ou le duc de Normandie répondra, si le me venez dire; car, je vous attendrai tant que vous serez revenu. » — « Par ma foi, dit le chevalier, volontiers. »

Atant se départit le sire de Maubuisson et férit cheval des éperons, et vint à la tente du roi de France, où le duc de Normandie étoit adonc personnellement, et grand'foison d'autres seigneurs. Le sire de Maubuisson salua le roi, le duc et tous les seigneurs, et relata son message bien et duement, ainsi qu'il appartenoit, et que chargé lui étoit. Quand il fut ouï et entendu, on lui répondit moult brièvement et lui dit-on : « Sire de Maubuisson, vous direz, de par nous, à celui qui ci vous envoie que, en tel état comme nous avons tenu le comte de Hainaut jusques à maintenant nous le tiendrons en avant, et lui ferons engager sa terre : ainsi sera-t-il guerroyé de deux côtés; et quand bon nous semblera, nous entrerons en Hainaut si à point que nous parardrons tout son pays. »

Ces paroles, ni plus ni moins, rapporta le sire de Maubuisson à messire Jean de Hainaut qui là l'attendoit sur le rivage. Et quand la relation lui en fut faite, il dit au chevalier : « Grands mercis ! » Lors se partit et s'en revint arrière à leur logis, et trouva le comte de Hainaut son neveu qui jouoit aux échecs au comte de Namur.

Le comte se leva sitôt qu'il vit son oncle, et lui demanda nouvelles. « Sire, dit messire Jean de Hainaut, à ce que je puis voir et considérer, le roi de France et son conseil prennent grand'plaisance en ce que vous séjournez ci à grands frais, et disent ainsi, qu'ils vous feront dépendre et engager toute votre terre; et quand bon leur semblera, ils vous combattront, non à votre aise ni volonté, mais à la leur. » De ces réponses fut le comte de Hainaut tout grigneux, et dit qu'il n'iroit pas ainsi.

CHAPITRE CXX.

Comment le roi d'Angleterre monta sur mer pour venir en Flandre; et comment il trouva les Normands qui lui gardoient le passage, et comment il ordonna ses batailles.

Nous nous tairons un petit à parler du duc de Normandie et du comte de Hainaut, et parlerons du roi d'Angleterre, qui s'étoit mis sur mer pour venir et arriver selon son intention en Flandre, et puis venir en Hainaut aider à guerroyer le comte de Hainaut son serourge contre les François. Ce fut le jour devant la veille Saint Jean-Baptiste [1], l'an mil trois cent quarante, qu'il nageoit par mer, à grand'et belle charge de nefs et de vaisseaux; et étoit toute sa navie partie du hâvre de Tamise, et s'en venoit droitement à l'Escluse. Et adonc se tenoient entre Blankeberghe et l'Escluse et sur la mer messire Hue Kieret et messire Pierre Bahuchet et Barbevoire, à plus de sept vingt gros vaisseaux sans les hokebos; et étoient bien, Normands, bidaux, Gennevois et Picards, quarante mille; et étoient là ancrés et arrêtés, au commandement du roi de France, pour attendre la revenue du roi d'Angleterre, car bien savoient qu'il devoit par là passer. Si lui vouloient déneer et défendre le passage, ainsi qu'ils firent bien et hardiment, tant comme ils purent, si comme vous orrez recorder.

Le roi d'Angleterre et les siens, qui s'en venoient singlant, regardèrent et virent devers l'Escluse si grand'quantité de vaisseaux que des mâts ce sembloit droitement un bois : si en fut fortement émerveillé, et demanda au patron de sa navie quels gens ce pouvoient être : il répondit qu'il cuidoit bien que ce fût l'armée des

---

[1] Ce fut en effet le 22 juin, avant-veille de la fête de saint Jean-Baptiste, qu'Édouard s'embarqua; et le combat dont Froissart va faire le récit se donna le jour même de la fête.

Normands que le roi de France tenoit sur mer, et qui plusieurs fois lui avoient fait grand dommage, et tant que ars et robé la bonne ville de Hantonne et conquis Cristofle, son grand vaisseau, et occis ceux qui le gardoient et conduisoient. Donc répondit le roi anglois : « J'ai de long-temps désiré que je les puisse combattre ; si les combattrons, s'il plaît à Dieu et à Saint George ; car voirement m'ont-ils fait tant de contraires, que j'en veuil prendre la vengeance, si je y puis avenir. » Lors fit le roi ordonner tous ses vaisseaux et mettre les plus forts devant, et fit frontière à tous côtés de ses archers ; et entre deux nefs d'archers en y avoit une de gens d'armes ; et encore fit-il une bataille de côtière, toute pure d'archers, pour recouvrer si mestier étoit, les plus lassés. Là il y avoit grand foison de dames d'Angleterre, de comtesses, baronnesses, chevaleresses et bourgeoises de Londres ; qui venoient voir la reine d'Angleterre à Gand, que vue n'avoient un grand temps, et ces dames fit le roi anglois bien garder et soigneusement, à trois cents hommes d'armes ; et puis pria le roi à tous qu'ils voulsissent penser de bien faire et garder son honneur ; et chacun lui enconvenança.

CHAPITRE CXXI.

Comment le roi d'Angleterre et les Normands et autres se combattirent durement ; et comment Cristofle le grand vaisseau fut reconquis des Anglois.

Quand le roi d'Angleterre et son maréchal eurent ordonné les batailles et leurs navies bien et sagement, ils firent tendre et traire les voiles contre mont, et vinrent au vent, de quartier, sur destre, pour avoir l'avantage du soleil, qui en venant leur étoit au visage. Si s'avisèrent et regardèrent que ce leur pouvoit trop nuire, et détrièrent un petit, et tournoyèrent tant qu'ils eurent vent à volonté. Les Normands qui les véoient tournoyer s'émerveilloient trop pourquoi ils le faisoient, et disoient : « Ils ressoignent et reculent, car ils ne sont pas gens pour combattre à nous. » Bien véoient entre eux les Normands, par les bannières, que le roi d'Angleterre y étoit personnellement : si en étoient moult joyeux, car trop le désiroient à combattre. Si mirent leurs vaisseaux en bon état, car ils étoient sages de mer et bon combattans ; et ordonnèrent Cristofle, le grand vaisseau que conquis avoient sur les Anglois en cette même année, tout devant, et grand'foison d'arbalétriers gennevois dedans pour le garder et traire et escarmoucher aux Anglois, et puis s'arroutèrent grand'foison de trompes et de trompettes et de plusieurs autres instrumens, et s'en vinrent requerre leurs ennemis. Là se commença bataille dure et forte de tous côtés, et archers et arbalétriers à traire et à lancer l'un contre l'autre diversement et roidement, et gens d'armes à approcher et à combattre main à main aprement et hardiment ; et parquoi ils pussent mieux avenir l'un à l'autre, ils avoient grands crocs et havets de fer tenans à chaînes ; si les jetoient dedans les nefs de l'un à l'autre et les accrochoient ensemble, afin qu'ils pussent mieux attendre et plus fièrement combattre. Là eut une très dure et forte bataille et maintes appertises d'armes faites, mainte lutte, mainte prise, mainte rescousse. Là fut Cristofle le grand vaisseau auques de commencement reconquis des Anglois, et tous ceux morts et pris qui le gardoient et défendoient. Et adonc y eut grand'huée et grand'noise, et approchèrent durement les Anglois, et repourvurent incontinent Cristofle ce bel et grand vaisseau de purs archers qu'ils firent passer tout devant et combattre aux Gennevois.

CHAPITRE CXXII.

Comment les Anglois déconfirent les Normands qu'oncques n'en échappa pied que tous ne fussent mis à mort.

Cette bataille dont je vous parle fut félonneuse et très horrible ; car bataille et assaut sur mer sont plus durs et plus forts que sur terre : car là ne peut-on reculer ni fuir ; mais se faut vendre et combattre et attendre l'aventure, et chacun en droit soi montrer sa hardiesse et sa prouesse. Bien est voir que messire Hue Kieret étoit bon chevalier et hardi, et aussi messire Pierre Bahuchet et Barbevoire, qui au temps passé avoient fait maint meschef sur mer, et mis à fin maint Anglois. Si dura la bataille et la pestillence de l'heure de prime[1] jusques à haute nonne. Si pouvez bien croire que ce terme durant il y eut maintes appertises d'armes faites ; et convint là les Anglois souffrir et endurer grand'peine, car leurs ennemis étoient quatre contre un et toutes gens

[1] Depuis six heures du matin jusqu'après midi.

de fait et de mer [1] ; de quoi les Anglois, pour ce qu'il le convenoit, se pénoient moult de bien faire. Là fut le roi d'Angleterre de sa main très bon chevalier, car il étoit adonc en la fleur de sa jeunesse ; et aussi furent le comte Derby, le comte de Penbroche, le comte de Herfort, le comte de Hostidonne, le comte de Northantonne et de Glocestre, messire Regnault de Cobeham, messire Richard Stanford, le sire de Persy, messire Gautier de Mauny, messire Henry de Flandre, messire Jean de Beauchamp, le sire de Felleton, le sire de Brasseton, messire Jean Chandos, le sire de la Ware, le sire de Multon, et messire Robert d'Artois, qui s'appeloit comte de Richemont [2], et étoit de-lez le roi en grand arroy et en bonne étoffe, et plusieurs autres barons et chevaliers pleins d'honneur et de prouesse, desquels je ne puis mie de tous parler, ni leurs bienfaits ramentevoir. Mais ils s'éprouvèrent si bien et si vassalement, parmi un secours de Bruges et du pays voisin qui leur vint, qu'ils obtinrent la place et l'eau, et furent les Normands et tous ceux qui là étoient encontre eux, morts et déconfits, péris et noyés, ni oncques pied n'en échappa que tous ne fussent mis à mort [3]. Cette avenue

[1] Les Grandes chroniques de France blâment Barbevaire de ce dont Froissart le loue ici, d'avoir choisi des gens de mer au lieu de chevaliers qui demandaient de forts salaires et n'étaient pas bons à ce genre de service. Les Grandes chroniques prétendent que Barbevaire fut défait parce qu'il avait pris des poissonniers et des mariniers pour servir sur mer et non pas des gentilshommes. Quant à Bahuchet, qui commandait avec Barbevaire, les grandes chroniques disent qu'*il se savait mieux mêler d'un compte à faire que de guerroyer en mer* : il était trésorier de la couronne.

[2] Il ne paraît pas que Robert d'Artois ait jamais possédé ce comté.

[3] Les historiens attribuent unanimement la défaite des Français à la division des chefs et au peu de talent de Bahuchet. Barbevaire voulait que la flotte quittât la côte et allât à la rencontre des Anglais ; mais les amiraux français s'obstinèrent à rester près de la terre, resserrés dans une anse. Par cette mauvaise disposition, ils rendirent inutile la supériorité de leurs forces ; elle leur devint même nuisible, parce que les vaisseaux, n'ayant pas assez d'espace pour manœuvrer, s'embarrassaient les uns les autres et ne pouvaient se prêter de secours. Barbevaire, qui avait gagné le large avec sa division, eut seul le bonheur d'échapper ; les deux amiraux français furent battus et perdirent la vie. Hugues Quieret fut assassiné de sang-froid, après avoir été fait prisonnier, et Bahuchet fut pendu au mât de son vaisseau. On évalue la perte totale à 30,000 hommes, dont plus des trois quarts étaient Fran-

fut moult tôt sçue parmi Flandre et puis en Hainaut ; et en vinrent les certaines nouvelles dedans les deux osts devant Thun-l'Évêque. Si en furent Hainuyers, Flamands et Brabançois moult réjouis et les François tout courroucés. Or vous conterons du roi anglois comment il persévéra après la bataille faite.

CHAPITRE CXXIII.

Comment le comte de Hainaut, quand il sçut la venue du roi d'Angleterre, se partit de devant Thun-l'Évêque et s'en alla à Valenciennes ; et comment Jaquemart d'Artevelle prêcha et montra devant tous les seigneurs le droit que le roi anglois avoit en France.

Quand cette victoire, ainsi que dessus est dit, fut avenue au roi anglois, il demeura toute celle nuit, qui fut la veille de Saint Jean-Baptiste [1], sur mer en ses naves devant l'Escluse, en grand bruit et grand noise de trompes et de nacaires, tabours, cornets et de toutes manières de menestrandies, tellement qu'on n'y ouït pas Dieu tonnant ; et là le vinrent voir ceux de Flandre qui étoient informés de sa venue. Si demanda le dit roi nouvelles aux bourgeois de Bruges de Jaquemart d'Artevelle ; et cils répondirent qu'il étoit à une semonce du comte de Hainaut contre le duc de Normandie à plus de soixante mille Flamands. Quand ce vint à lendemain, le jour de Saint Jean, le roi et toutes ses gens prirent port et terre, et se mit le roi tout à pied, et grand-foison de sa chevalerie, et s'en vinrent en tel état en pèlerinage à Notre-Dame d'Ardenbourch. Là, ouït messe le roi et dîna, et puis monta à cheval et vint celui jour à Gand, où madame la roine sa femme étoit, qui le reçut à grand'joie ; et toutes les gens du roi et tout leur harnois vinrent cette part depuis petit à petit.

Le roi d'Angleterre avoit écrit et signifié sa venue aux seigneurs qui encore étoient à Thun-l'Évêque, devant les François. Si très tôt qu'ils surent qu'il étoit arrivé, et qu'il avoit déconfit les Normands, ils se délogèrent ; et donna le dit comte de Hainaut, à quel prière et mandement ils étoient venus, à toutes manières de gens congé, excepté les corps des seigneurs :

çais. Le roi d'Angleterre fut légèrement blessé à la cuisse.

[1] En suivant les Chroniques de France, Édouard remporta cette victoire le lendemain de la fête de saint Jean-Baptiste ; mais cette date n'est pas plus exacte que celle de Froissart : il est certain que la bataille se donna le jour même de la fête.

mais ceux amena-t-il à Valenciennes ; et les fêta et honora grandement, par espécial, le duc de Brabant et Jaquemart d'Artevelle. Et là prêcha le dit d'Artevelle, emmy le marché, devant tous les seigneurs et ceux qui le purent ouïr, et montra de quel droit le roi d'Angleterre avoit eu la chalange de France, et aussi quelle puissance les trois pays avoient, c'est à savoir, Flandre, Hainaut et Brabant, quand ils étoient d'un accord et d'une alliance ensemble ; et fit tant adonc par ses paroles et son grand sens, que toutes manières de gens qui l'ouïrent et entendirent dire qu'il avoit grandement bien parlé et par grand'expérience ; et en fut de tous moult loué et prisé ; et dirent qu'il étoit bien digne de gouverner et exercer la comté de Flandre.

Après ces choses faites et devisées, les seigneurs se partirent là l'un de l'autre, et prirent un bref jour d'être ensemble à Gand de-lez le roi d'Angleterre : ce fut le huitième jour après. Et vinrent vers le roi anglois, qui les reçut à grand'-chère, et les fêta moult liement, et aussi fit la roîne d'Angleterre, Philippe de Hainaut, qui nouvellement étoit relevée d'un fils qui s'appeloit Jean, et fut depuis duc de Lancastre, de par madame Blanche sa femme, fille au duc de Lancastre, si comme vous orrez recorder avant en l'histoire. Adonc fut pris et assigné certain jour de parlement à être à Vilvort tous les seigneurs et leurs conseils et les conseils des bonnes villes de leurs pays. Si se partirent du roi d'Angleterre et s'en r'alla chacun en son lieu, attendant que le terme devoit venir pour être à Vilvort, si comme dessus est dit. Or vous conterons du roi de France et d'aucunes de ses ordonnances qu'il fit, depuis qu'il sçut que le roi anglois étoit arrivé en Flandre.

CHAPITRE CXXIV.

Comment le roi Philippe, quand il sçut l'arrivée du roi anglois, se partit de Thun-l'Évêque et envoya bonnes gens d'armes en garnison sur les frontières de Flandre.

Quand le roi Philippe de France sçut la vérité de son armée sur mer, comment ils avoient été déconfits, et que le roi anglois son adversaire étoit arrivé paisiblement en Flandre, si en fut durement courroucé, mais amender ne le put : si se délogea et se retraist vers Arras, et donna à une partie de ses gens congé, jusques à tant qu'il orroit autres nouvelles. Mais il envoya messire Godemar du Fay à Tournay pour là aviser des besognes, et penser que la cité fût bien pourvue ; car il se doutoit plus des Flamands que d'autrui ; et mit le seigneur de Beaujeu en Mortaigne pour faire frontières contre les Hainuyers ; et envoya grand'foison de gens d'armes à Saint-Omer, et à Aire, et à Saint-Venant, et pourvéy suffisamment tout le pays sur les frontières de Flandre.

En ce temps régnoit un roi de Sicile qui s'appeloit Robert[1], et avoit la fame et la renommée d'être très grand astronomien, et défendoit tant comme il pouvoit au roi de France et à son conseil que point ne se combattît au roi anglois, car le dit roi anglois devoit être trop fortuné en toutes besognes ; et eût le dit roi Robert vu volontiers qu'on eût les dessus dits rois mis à accord et à fin de leur guerre ; car il aimoit tant la couronne de France que ennuis eût vu sa désolation. Si étoit le dit roi venu en Avignon devers le pape Clément[2] et le collége, et leur avoit montré les périls qui pouvoient être en France, par le fait des guerres des deux rois ; et encore avec ce les avoit priés et requis qu'ils se voulsissent ensonnier d'eux appaiser, pourtant qu'il les véoit si émus en grand'guerre où nul n'alloit au devant. De quoi le pape Clément VI et les cardinaux lui en répondirent tout à point, et dirent qu'ils y entendroient volontiers, mais que les rois les en voulsissent ouïr.

[1] Robert dit *le Bon*, roi de Naples et comte de Provence, petit-fils de Charles d'Anjou qui perdit la Sicile par suite des *Vêpres siciliennes*. C'est à tort que Froissart appelle Robert roi de Sicile, puisqu'il ne posséda jamais cette île. Quoiqu'il ne fût que le troisième fils de Charles II dit *le Boiteux*, il parvint à éliminer son neveu de la succession de ses États de Naples et de Provence, qu'il se fit conférer par le pape Clément VI. Il fut longtemps le chef du parti Guelfe en Italie ; et après une vie très agitée, il mourut en 1343 dans son royaume de Naples, quelque temps après être revenu d'un voyage qu'il avait fait dès l'année 1338 en Provence, comme le dit justement Froissart, pour empêcher, s'il était possible, la guerre déclarée entre l'Angleterre et la France et intéresser en sa faveur le pape Benoît XII contre Pierre fils de Frédéric, qui avait pris le titre de roi de Sicile. Robert avait beaucoup d'amour pour les lettres, et c'était à son érudition pédantesque, exaltée par les gens de lettres comblés de ses bienfaits, bien plus qu'à la prospérité de son pays et à la gloire de ses armes, qu'il dut sa réputation d'être le roi le plus sage de la chrétienté. Pétrarque, en 1341, fit choix de Robert pour lui faire subir son examen avant son couronnement.

[2] Benoît XII vivait encore et ne mourut qu'en 1342.

CHAPITRE CXXV.

Comment le roi d'Angleterre tint son parlement à Vilvort où ceux de Flandre, de Hainaut, et de Brabant jurèrent en la main dudit roi à eux entr'aider à jamais contre qui que ce fût.

Or retournerons au parlement qui fut à Vilvort, si comme dessus est dit. A ce parlement qui fut à Vilvort furent tous ces seigneurs ci-après nommés : premièrement le roi Édouard d'Angleterre, le duc Jean de Brabant, le comte de Hainaut, messire Jean de Hainaut son oncle, le duc de Guerles, le marquis de Juliers, le marquis de Blankebourch, le marquis de Misse et d'Eurient, le comte de Mons, messire Robert d'Artois, le sire de Fauquemont, messire Guillaume de Duvort, le comte de Namur, Jaquemart d'Artevelle, et grand'foison d'autres seigneurs, et de toutes les bonnes villes de Flandre, de Brabant et de Hainaut, trois ou quatre vaillans bourgeois de chacune par manière de conseil. Là furent parlementés et conseillés plusieurs avis et statuts entre les seigneurs et leurs pays; et accordèrent et scellèrent les trois pays, c'est à savoir, Flandre, Hainaut et Brabant, qu'ils seroient de ce jour en avant aidans et confortans l'un l'autre en tous cas et en tous affaires; et s'allièrent par certaines convenances, que, si l'un des trois pays avoit à faire tre qui que ce fût, les deux autres le devoient aider, et s'il avenoit qu'ils fussent en discord ni en guerre au temps à venir les deux ensemble, le tiers y devoit mettre bon accord, et s'il n'étoit fort pour ce faire, il s'en devoit retraire au roi d'Angleterre, en qui main[1] ces convenances et alliances étoient dites et jurées à tenir fermes et estables, qui comme ressort les devoit apaiser; et furent plusieurs statuts là jurés, écrits et scellés, qui depuis se tinrent trop mal. Mais toutes fois, par confirmation d'amour et d'unité, ils ordonnèrent à faire forger une monnoie coursable dedans les dits trois pays, que on appeloit *compagnons* ou *alliés*.

Sur la fin du parlement, il fut dit et arrêté et regardé pour le meilleur que, environ la Magdelaine, le roi anglois s'émouveroit et viendroit mettre le siége devant la cité de Tournay, et là y devoient être tous les seigneurs dessus nommés, avec leur mandement de chevaliers et d'écuyers, et le pouvoir des bonnes villes. Si se partirent sur cet état pour eux retraire en leur pays et appareiller suffisamment, selon ce qu'il appartenoit, pour être mieux pourvus quand le jour et le terme viendroit qu'ils devroient être devant Tournay.

CHAPITRE CXXVI.

Comment le roi Philippe envoya très notable chevalerie en la cité de Tournay pour la garder et garnir de pourvéances, pour ce que le roi anglois la devoit assiéger.

Or sçut le roi Philippe, assez tôt après le département de ces seigneurs qui à Vilvort avoient été, la plus grand'partie de l'ordonnance de ce parlement, et tout l'état et comment le roi anglois devoit venir assiéger la cité de Tournay. Si s'avisa qu'il la conforteroit tellement et y envoieroit si bonne chevalerie que la cité seroit toute sûre et bien conseillée. Si y envoya droitement fleur de chevalerie, le comte Raoul d'Eu, connétable de France, et le jeune comte de Ghines son fils, le comte de Foix et ses frères, le comte Aymeri de Narbonne, messire Aymart de Poitiers, messire Geoffroy de Chargny, messire Girard de Montfaucon, ses deux maréchaux messire Robert Bertrand et messire Mathieu de Trie, le seigneur de Cayeux, le sénéchal de Poitou, le seigneur de Chastillon et messire Jean de Landas. Cils avoient avec eux chevaliers et écuyers preux en armes et très bonnes gens. Si leur pria le dit roi chèrement qu'ils voulsissent si bien penser et soigner de Tournay que nul dommage ne s'en prit, et ils lui enconvenancèrent.

Adonc se partirent-ils d'Arras et du roi de France, et chevauchèrent tant par leurs journées, qu'ils vinrent à Tournay. Si y trouvèrent messire Godemar du Fay, qui par avant y avoit été envoyé, qui les reçut liement; et aussi firent tous les hommes de la ville. Assez tôt après qu'ils furent venus, ils regardèrent et firent regarder aux pourvéances de la cité, tant en vivres comme en artillerie, et en ordonnèrent bien et à point, selon ce qu'il convenoit; et y firent amener et charrier du pays voisin grand'foison de blés et d'avoines et de toutes autres pourvéances, tant que la cité fut en bon état, pour la tenir un grand temps. Or retournons au roi d'Angleterre qui se tenoit à Gand, de-lez la roine sa femme, et entendoit à ordonner ses besognes.

---

[1] C'est-à-dire *en la main de qui*. Froissart se sert souvent de cette tournure et emploie *quel* et *qui* dans le sens du *cujus* des Latins.

CHAPITRE CXXVII.

Comment le roi d'Angleterre se partit de Gand et alla mettre le siége devant la cité de Tournay.

Quand le terme dut approcher que les seigneurs dessus nommés se devoient trouver devant Tournay, et que les blés commençoient à mûrir, le roi anglois se partit de Gand à moult belles gens d'armes de son pays, sept comtes, deux prélats, vingt-huit bannerets, et bien deux cents chevaliers; et étoient Anglois quatre mille hommes d'armes et neuf mille archers, sans la piétaille[1]. Si s'en vint et passa, et tout son ost, parmi la ville d'Audenarde, et puis passa la rivière de l'Escaut, et s'en vint loger devant Tournay[2] à la porte que on dit de Saint-Martin, au chemin de Lille et de Douay. Assez tôt après, vint son cousin le duc de Brabant, à plus de vingt mille hommes, chevaliers et écuyers, et les communes de ses bonnes villes; et se logea le dit duc devant Tournay; et comprenoit son ost grand'quantité de terre; et étoient les Brabançons logés au Pont à Rièse contre val l'Escaut, mouvant de l'abbaye Saint-Nicholas, revenans vers les prés et la porte Valenciennoise. Après étoit le comte Guillaume de Hainaut avec la belle chevalerie de son pays; et avoit grand'foison de Hollandois et de Zélandois qui le gardoient de près, et servoient ainsi que leur seigneur; et étoit le comte de Hainaut logé entre le duc de Brabant et le roi d'Angleterre. Après étoit Jaquemart d'Artevelle à plus de soixante mille

---

[1] Quelques manuscrits disent : *sans les pétaulx, tuffes et guieliers*. Les pétaulx étaient des paysans enrégimentés, les tuffes et les guieliers des masses d'hommes à pied mal armés et mal habillés, et uniquement destinés à faire nombre et à opposer un corps de résistance.

[2] Édouard établit son quartier à Chin-lez-Tournay, le dimanche, 23 juillet, le lendemain de la fête de la Madeleine. Le 27 du même mois il écrivit à Philippe de Valois la lettre suivante :

Philip de Valeys, par lonc temps avoms pursui par devers vous, par messages, et toutes autres voyes, que nous savissoms resonables, au fyn que vous nous voulsissiez avoir rendu nostre droit heritage de Fraunce, lequel vous nous avez lonc temps détenu et à grand tort occupé. Et par ce que nous véoms bien que vous estes en entent de persévérer en vostre injuriouse détenue, sans nous faire rayson de nostre demande, sumus nous entrez en la terre de Flandres, come seigneur soverayn de ycele, et passé parmi le pays.

Et vous signifions que, pris ovesque nous le eyde de nostre seigneur Jehu-Christ, et nostre droit, ovesque le poer du dit pays, et ovesque nos gentz et alliez, regardant le droit que nous avons à l'heritage, que nous détenez à vostre tort, nous nous treoms vers vous, por mettre droit fin sur notre droiture chalaunge, si vous voillez approcher. Et pur ce que si grand poer de gentz assemblez, qui veignent de nostre part, et que bien quidoms que vous averriez de vostre part, ne se purront mie longement tenir ensemble, sans faire gref destruction au people et au pays, la quelle chose chascuns bons christiens doit eschuer, et especialement prince, et autres qui se tignent gouverneurs des gentz ; si desiroms mout, que brief point se prist pour eschuer mortalité des Christiens, ensi comme, la querelle est apparaunt à vous et à nous, que la discussion de nostre chalaunge se sist entre nos deux corps, à la quelle chose nus nous ofroms, par les causes dessus dites, coment que nous pensoms bien le graunt noblesse de vostre corps, de vostre sens, auxi et avisement.

En ce cas que vous ne vourriez celle voye, que adonques fut mis nostre chalaunge, pour affiner ycele par bataille de corps de cent personnes des plus suffisaunts de vostre part, et nous autres taluns de nos gentz liges.

Et si vous ne voillez l'une voye ne l'autre, que vous nous assignez certaine journeé devant la cité de Tourney, pur combatire, poer contre poer, devant ces dix jours proscheins après la date de ces lettres.

Et nos offres dessus dites voloms par tout le mount est reconnues, ja que ce est notre désyr, ne mye par orgul, ne surqui dance, mais par les causes dessus dites, au fyn que la volunté notre seigneur Jehu-Christ montre entre nous, repos puisse estre de plus en plus entre Christiens, et que por ceo les ennemis Dieu fussent resistéz, et chrystienté en saufeté. Et la voye sur ce que eslire voilles des offres dessus dites, nous voillez signefier par le porteour de ces dites lettres et par les vostres, en lui fesaunt hastive délivéraunce.

Donée de souz nostre Privée seal, à Chyn, sur les champs de leez Tourney, le 26 de jour du mojs de Juille, l'an de nostre règne de Fraunce primer, et d'Angleterre quatorze.

Réponse de Philippe.

Philip, par la grâce de Dieux, roi de France, à Édouart roi d'Angleterre.

Nous avoms veu vos lettres apportées à nostre court, de par vous à Phelip de Valeis, en quelles lettres estaient contenuts ascunes requestes, que vous feistes al dit Phelip de Valeis.

Et pur ceo que les ditz lettres ne venaient pas à nous, come et que les ditz requestes ne estaient pas faites à nous, apert cleirement par le tenor des lettres, nos ne vos feisons nul réponse, nient mye, pur ceo que nos avoms entenduz par les dits lettres, et autrement, que vos estes entrez en nostre roialme, et à nostre people, mes de volenté, sauntz nul rezon, et noun regardant ceo que homme lige doit garder à son seigneur, car vous estes entrez encontre vostre hommage lige, en nous reconnissant, si come rezon est, roy de Fraunce et promis obéissance fiel, come lon doit promettre à son seigneur lige, si com appert plus clerement par vos lettres patentz, seales de vostre graunt seale lesqueles nos avoms de

Flamands, sans ceux d'Ypres, de Popringhe, de Cassel et de la châtellenie de Berghe, qui étoient envoyés d'autre part, ainsi que vous orrez ci-après; et étoit logé Jaquemart d'Artevelle à la porte Sainte-Fontaine, d'une part de l'Escaut et d'autre; et avoient les Flamands fait un pont de nefs sur l'Escaut, pour aller et venir à leur aise. Le duc de Guerles, le marquis de Juliers, le marquis de Blankebourch, le marquis de Misse et d'Eurient, le comte de Mons, le comte de Saulmes, le sire de Fauquemont, messire Arnoul de Blankehen et tous les Allemands étoient logés d'autre part devers Hainaut, et pouvoient aller de l'un ost en l'autre. Ainsi étoit la cité de Tournay assiégée et environnée de tous lez et de tous côtés, ni nul n'en pouvoit partir, entrer ni aller, que ce ne fût par congé, et qu'il ne fût vu et aperçu de ceux de l'ost, de quelque côté que ce fût.

CHAPITRE CXXVIII.

Comment le comte de Hainaut se partit du siége de Tournay atout cinq cents lances et ardit plusieurs villages; et comment les Flamands assaillirent ceux de Tournay.

Ce siége fait et arrêté devant la cité de Tournay, si comme vous avez ouï, dura longuement; et étoit l'ost de ceux de dehors bien pourvu et avitaillé de tous vivres et à bon marché, car ils leur venoient de tous les côtés par terre et par yaue. Si y eut, le siége durant là environ, plu-

pardevers nos, ét de queles vous devetz avoir à taunt devers vous. Nostre entent si est, quant bon nous sembler, de voz gester hors de nostre roialme, et en profit de nostre people, et à ceo faire avoms ferme esperaunce in Jhesus-Christ, dount tout puissance nous vient.

Que par vostre entreprise, qu'este de volonte, et nom résonnables d'estre empeschez la saint voiage d'outre meer, et graunt quantité de gentz christiens mis à mort, le service divine apetisez et sainte église ne meindre reverence. Et de ceo qu'escript avoiez que vous entendez avoir l'ost des Flemings, nous quidoms estre certins que les bones gentz et les comunes du pays se porteront par tiel manere, par devers nostre cosin le count de Flaundres lor seigneur sauntz meine, et nos, lor seigneur soveraign, qu'ils garderont lor honure et lor loialte.

Et que ceo qu'ils ont mespris jusques à cy, ceo ad a est par malvais conseil des gents, que ne regardans pas au profit commune, ne honure de pays, meas au profit de eaux taunt seulement.

Donne sous les Campes, près de la priorie St. Andreu, soutz le seal de nostre secret en l'absence du Graunt, le 30 jour de juyl l'an de grace 1340. (*Rymer et Robert d'Avesbury*.)

sieurs belles appertises d'armes, car le comte de Hainaut, qui étoit hardi et entreprenant, avoit si pris en cœur cette guerre, combien que de premier il en fut moult froid, que c'étoit celui par qui se mettoient sus toutes les envayes et les chevauchées; et se partit de l'ost à une matinée, à bien cinq cents lances, et s'en vint passer dessous Lille, et ardit la bonne ville de Seclin et grand foison de villages là environ; et coururent ces coureurs jusques dedans les faubourgs de Lens en Artois. Tout ce fut recordé au roi Philippe son oncle, qui se tenoit à Arras; si en fut moult courroucé, mais amender ne le put tant qu'à cette fois.

Encore après cette chevauchée en remit le dit comte une sus, et chevaucha adonc devers la bonne ville d'Orchies. Si fut prise et arse, car elle n'étoit point fermée, et Landas et La Celle[1] et plusieurs autres villages qui sont là en ce contour; et coururent tout le pays où ils eurent très grand pillage, et puis s'en revinrent arrière au siége de Tournay

D'autre part les Flamands assailloient souvent ceux de Tournay, et avoient fait en nefs sur l'Escaut beffrois[2] et atournemens d'assauts; et venoient heurter et escarmoucher presque tous les jours à ceux de Tournay Si en y avoit de navrés des uns et des autres, et se mettoient à grand'peine les Flamands de conquérir et dommager Tournay, tant avoient pris la guerre en cœur. Et on dit, et voir est, qu'il n'est si felle guerre que de voisins et d'amis.

Entre les assauts que les Flamands firent, il y en eut un qui dura un jour tout entier. Là eut mainte appertise d'armes faite; car tous les seigneurs et les chevaliers qui en Tournay étoient furent à cet assaut; et étoit le dit assaut en nefs et en vaisseaux à ce appareillés de long temps, pour ouvrir et rompre les barrières de la poterne de l'arche; mais elles furent si bien défendues que les Flamands n'y conquirent rien; ainçois perdirent une nef toute chargée de gens, dont il en eut plus de six vingts noyés, et retournèrent au soir tous lassés et travaillés.

---

[1] Ce lieu est situé, ainsi que Landas, entre Orchies et Condé.

[2] Tours de bois sur lesquelles on plaçait des cloches appelées aussi beffrois.

CHAPITRE CXXIX.

Comment les soudoyers de Saint-Amand ardirent la ville de Hanon et violèrent l'abbaye; et comment ils cuidèrent prendre l'abbaye de Vicogne; et comment l'abbé y pourvéy de bon remède.

Le siége durant et tenant devant Tournay, issirent hors une matinée les soudoyers de Saint-Amand, dont il y en avoit grand'foison, et vinrent à Hanon[1] qui se tient de Hainaut, et ardirent la ville et violèrent l'abbaye et détruisirent le moûtier et emmenèrent et emportèrent devant eux tout ce que mener et emporter en purent, et puis retournèrent à Saint-Amand. Assez tôt après se partirent les soudoyers dessus dits, et passèrent le bois de Saint-Amand, et vinrent jusques à l'abbaye de Vicogne[2] pour l'ardoir et exiller; et en fussent venus à leur entente, car ils avoient fait un grand feu contre la porte, pour l'ardoir et abattre à force; mais un gentil abbé, qui laiens étoit pour le temps, y pourvéy de remède grand; car quand il eut considéré le péril, il monta à cheval et partit par derrière, et chevaucha tous les bois à la couverte, et fit tant que moult hâtivement il vint à Valenciennes. Si réquit au prévôt de la ville et aux jurés, qu'on voulût prêter les arbalétriers de la ville pour aider à défendre sa maison; et ils lui accordèrent volontiers. Si les emmena damp[3] abbé avec lui, et passèrent derrière Raymes[4] et les mit dedans ce bois qui regarde devers Pourcelet et sur la chaussée. Là commencèrent-ils à traire et à verser sur ces bidaux et Gennevois qui étoient devant la porte de Vicogne. Sitôt qu'ils sentirent ces sagettes qui leur venoient de dedans ce bois, si furent tous effrayés et se mirent au retour, chacun qui mieux mieux : ainsi fut l'abbaye de Vicogne sauvée.

En ce temps étoit le comte de Lisle en Gascogne, de par le roi de France, qui y faisoit la guerre et avoit jà pris et reconquis tout le pays d'Aquitaine; et y tenoit les champs à plus de six mille chevaux, et avoit assiégé Bordeaux par terre et par eau. Si étoit avec ledit comte toute la fleur de chevalerie des Marches de Gascogne, le comte de Pierregort, le comte de Cominges, le comte de Carmaing, le vicomte de Villemur, le vicomte de Bruñiquel, le sire de la Barde et plusieurs autres barons et chevaliers; et n'étoit nul, de par le roi anglois, qui leur devéât leurs chevauchées, fors tant que les forteresses anglesches se tenoient et défendoient à leur pouvoir. Et là dedans ce pays avinrent moult de beaux faits d'armes, desquels nous vous parlerons ci-après, quand temps et lieu sera. Mais nous retournerons encore un petit aux besognes qui avinrent en Escosse, le siége durant devant Tournay.

CHAPITRE CXXX.

Comment les seigneurs qui étoient demeurés en Escosse capitaines, par le commandement du roi de France, recouvrèrent plusieurs forteresses en Escosse et coururent en Angleterre trois journées loin.

Vous devez savoir que messire Guillaume de Douglas, fils du frère à messire Jacques de Douglas qui demeura en Espagne, si comme dit est ci-dessus, le jeune comte de Moret, le comte de Patris, le comte de Surlant, messire Robert de Versy[1], messire Simon Fraisel et Alexandre de Ramesay, étaient demeurés capitaines du remenant d'Escosse, et se tenoient et tinrent longuement en ces forêts de Ghedours, par hyver temps et par été, par l'espace de sept ans et plus, comme très vaillans gens; et guerroyoient toujours les villes et les forteresses où le roi Édouard avoit mis ses gens et ses garnisons; et souvent leur avenoient de belles aventures et périlleuses, desquelles ils se partoient à leur honneur : par quoi on les doit bien compter entre les preux; et aussi fait-on.

Si advint, en ce temps que le roi anglois étoit par deçà et guerroyoit le royaume de France, et séoit devant Tournay, que le roi Philippe envoya gens en Escosse, qui arrivèrent en la ville de Saint-Jehan; et prioit adonc le roi de France à ces dessus nommés d'Escosse qu'ils lussent émouvoir et faire guerre si grande sur le royaume d'Angleterre, qu'il convint que le roi anglois s'en r'allât outre, et défit son siége de

---

[1] Ancienne abbaye d'hommes, de l'ordre de Saint-Benoît, sur la Scarpe, entre Marchiennes et Saint-Amand.
[2] Abbaye de Prémontrés entre Saint-Amand et Valenciennes. L'abbé dont il va être question s'appelait Godefroy de Bavay.
[3] *Damp* est un diminutif de *Dominus*. C'était un titre qui se donnait à quelques prélats et à certains ordres religieux. Ils le prenaient pour se mettre, disaient-ils, au-dessous de Dieu à qui seul appartient le titre de *Dominus*.
[4] Raismes, entre Valenciennes et l'abbaye de Vicogne.

[1] Les imprimés anglais disent Robert Keith.

devant Tournay, et leur promit aider de puissance de gens et d'avoir. Si que, en ce temps que le siége fut devant Tournay, ces seigneurs d'Escosse se pourvurent, à la requête du roi de France, pour une grand'chevauchée sur les Anglois. Quand ils furent bien pourvus de grands gens ainsi qu'il leur falloit, ils se partirent de la forêt de Gedeours, et allèrent par toute Escosse reconquérir des forteresses celles qu'ils purent ravoir, et passèrent outre la bonne cité de Bervich et la rivière de Thyne, et entrèrent au pays de Northonbrelande qui jadis fut royaume. Là trouvèrent bêtes grasses en grand' foison : si gâtèrent tout le pays, et ardirent jusques à la cité de Duremme, et assez outre ; puis s'en retournèrent par un autre chemin, gâtant et ardant le pays, tant qu'ils detruisirent bien en cette chevauchée trois journées loin du pays d'Angleterre, et puis rentrèrent dedans le pays d'Escosse, et reconquirent toutes les forteresses que les Anglois tenoient, hormis la bonne cité de Bervich et trois autres forts châteaux, qui leur faisoient trop grand ennui et souvent, par les vaillans gens qui les gardoient et le pays d'entour aussi. Et sont encore ces trois châteaux si forts, que à peine pourroit-on trouver si forts en nul pays ; et appelle-t-on l'un Sturmeling, l'autre Rosebourch et le tiers et le souverain d'Escosse Haindebourch. Le châtel d'Haindebourch sied sur une haute roche, par quoi on voit tout le pays d'environ ; et est la montagne si roide que à peine y peut un homme monter, sans reposer deux fois ou trois, et aussi un cheval à demie charge ; et étoit celui adonc qui faisoit plus de contraires à ces seigneurs d'Escosse et à leurs gens ; et en étoit châtelain et gardien pour le temps un vaillant chevalier anglois qui s'appeloit messire Gautier de Limosin, frère germain de messire Richard de Limosin qui si vaillamment se tint et défendit à Thun-l'Évêque contre les François.

CHAPITRE CXXXI.

Comment messire Guillaume de Douglas prit le fort château de Haindebourch par grand engin et par grand'soubtiveté.

Or avint, en ce temps que le siége se tenoit devant Tournay, et que ces seigneurs d'Escosse, si comme dessus est dit, chevauchoient parmi le pays d'Escosse, reconquérant les forteresses à leur loyal pouvoir, que messire Guillaume de Douglas s'avisa d'un grand fait et périlleux et d'une grand'soubtiveté, et la découvrit à aucuns de ses compagnons, au comte Patris, à messire Simon Fresel, qui avoit été maître et gardien du roi David d'Escosse, et à Alexandre de Ramesay, qui tous s'y accordèrent et se mirent en cette périlleuse aventure avec le bon chevalier dessus dit ; et prirent bien deux cents compagnons de ces Escots sauvages, pour faire une embûche, ainsi que vous orrez. Ces quatre seigneurs et gouverneurs de tous les Escots, qui savoient la pensée l'un de l'autre, entrèrent en mer à toute leur compagnie, et firent pourvéance d'avoine, de blanche farine, de charbon et de feures ; puis arrivèrent paisiblement à un port qui étoit à trois lieues près de ce fort châtel de Haindebourch, qui les contraignoit plus et grévoit que tous les autres. Quand ils furent arrivés, ils issirent hors par nuit, et prirent dix ou douze des compagnons ès quels ils se confioient le plus, et se vêtirent de povres cotes déchirées et de povres chapeaux, en guise de povres marchands, et chargèrent douze petits chevalets[1] de douze sacs, les uns remplis d'avoine, les autres de farine, et les autres de charbon et de feures, et envoyèrent leurs autres compagnons embûcher en une vague abbaye et gâtée, là où nul ne demeuroit, et étoit assez près du pied de la montagne sur quoi le châtel séoit. Quand jour fut, ces marchands, qui étoient couvertement armés, s'émurent et mirent à chemin vers le châtel atout les chevalets chargés, ainsi que vous avez ouï. Quand ils vinrent au milieu de la montagne, qui étoit si roide comme vous oyez, le dit messire Guillaume et messire Simon Fresel allèrent devant, et firent tant qu'ils vinrent jusqu'au portier, et lui dirent qu'ils avoient amené en grand'paour[2] bled, avoine et charbon, et s'ils en avoient mestier ils leur vendroient volontiers et à bon marché. Le portier répondit que voirement en auroient-ils bon mestier en la forteresse, mais il étoit si matin qu'il n'oseroit éveiller le seigneur de la forteresse ni le maître d'hôtel, mais qu'ils les fissent venir avant et il leur ouvriroit la première porte.

[1] Les chevaliers se piquaient d'avoir de grands et forts chevaux et laissaient les petits chevaux aux marchands. Les jumens étaient surtout dédaignées : on regardait une jument comme une monture avilissante pour des chevaliers.

[2] En grande peur.

Et cils l'ouïrent volontiers, et firent passer avant tout bellement les autres avec leur charge, et entrèrent tous en la porte des barrières qui leur fut ouverte. Messire Guillaume de Douglas avoit bien vu que le portier avoit toutes les clefs de la grand'porte du châtel ; et avoit couvertement demandé au portier laquelle défermoit la grand'porte et laquelle le guichet. Quand la porte des barrières fut ouverte, si comme vous avez ouï, ils mirent dedans les chevalets, et en déchargèrent deux, qui portoient le charbon, droitement sur le seuil de la porte, afin que on ne la pût reclorre ; puis prirent le portier et le tuèrent si paisiblement qu'oncques ne dit mot, et prirent les chefs et deffermèrent les portes du château : puis corna le dit messire Guillaume de Douglas un cor, et jetèrent lui et ses douze compagnons leurs cotes déchirées jus, et renversèrent les autres sacs de charbon au travers de la porte, parquoi on ne la put clorre. Quand les autres compagnons, qui étoient embûchés assez près de là, ouïrent le cor, ils saillirent hors de l'embûchement et coururent contre mont la voie du châtel, tant qu'ils purent.

La guette du châtel, qui dormoit adonc, s'éveilla au son du cor, et vit gens monter hâtivement contre mont le châtel tous armés : si commença à corner et à crier tant qu'il put : « Trahi ! trahi ! seigneurs, trahi ! armez-vous tôt et appareillez, car vez-ci gens d'armes qui approchent cette forteresse. » Adonc s'éveilla le châtelain et tous ceux de laiens, qui s'armèrent sitôt qu'ils purent, et vinrent tous accourans à la porte pour la refermer, mais on leur devéa ; car messire Guillaume et ses douze compagnons leur défendirent.

Adonc monteplia grand hutin entre eux ; car ceux du châtel eussent volontiers la porte refermée pour leurs vies sauver : car ils apercevoient bien qu'ils étoient trahis, et ceux qui avoient bien accompli leur emprise et leur désir se penoient tant qu'ils pouvoient du tenir ; et tant firent par leur prouesse qu'ils tinrent l'entrée, tant que ceux de l'embûche furent parvenus à eux. Lors se commencèrent à ébahir ceux du châtel, car ils virent bien qu'ils étoient surpris : si s'efforcèrent de défendre le châtel et de leurs ennemis remettre hors s'ils eussent pu, et firent tant d'armes que merveilles étoit à regarder, et par espécial messire Gautier de Limosin qui bien y besognoit, car il étoit mestier. Mais au dernier leur défense ne les put sauver, combien qu'ils tuèrent et navrèrent aucuns de ceux de dehors, que le dit messire Guillaume de Douglas et ses compagnons ne gagnassent le fort château par force, et occirent le plus de ceux qui le gardoient, excepté le châtelain et six écuyers qu'ils prirent à mercy. Si demeurèrent laiens tout le jour ; puis y établirent châtelain un gentilhomme du pays bon écuyer qui s'appeloit Simon de Wileby et avec lui grand'foison de bons compagnons, tous hommes de fief du roi d'Escosse. Ainsi fut repris le fort châtel de Haindebourch en Escosse ; et en vinrent les certaines nouvelles au roi anglois, tandis qu'il séoit devant Tournay : auquel siége nous retournerons, car il est heure.

CHAPITRE CXXXII.

Comment ceux de Tournay mirent hors de la cité toutes povres gens ; et comment le roi de France fit son mandement pour les secourir.

Vous avez ci-dessus bien ouï recorder comment le roi d'Angleterre avoit assiégé la bonne cité de Tournay, et moult la contraignoit ; car il avoit en son ost plus de six vingt mil hommes d'armes, parmi les Flamands, qui s'acquittoient bien de l'assaillir ; et l'avoient les assiégeurs tellement environnée de tous côtés, que rien ne leur pouvoit venir, entrer, ni issir, qu'il ne fût tantôt hapé et aperçu. Et pour ce que les pourvéances de la cité commencèrent à amenrir, les seigneurs de France qui là étoient firent vuider toutes manières de povres gens, qui pourvus n'étoient pour attendre l'aventure, et les mirent hors à plein jour, hommes et femmes, et passèrent parmi l'ost du duc de Brabant, qui leur fit grâce ; car il les fit conduire sauvement tout outre l'ost.

Le roi anglois entendit par ceux et par autres que la cité étoit durement étreinte : il en fut joyeux, et pensa bien qu'il la conquerroit, combien longuement ni quels frais il y mît.

D'autre part le roi de France qui se tenoit à Arras, et fut toute la saison, entendit que ceux de Tournay étoient moult contraints, et qu'ils avoient grand mestier d'être confortés. Si s'ordonna à ce qu'il les conforteroit, à quel meschef que ce fût ; car il ne vouloit mie perdre une telle cité que Tournay étoit. Si fit un très grand mandement par tout son royaume, et aussi une grand'partie dedans l'Empire, tant qu'il eut le roi Jean de Behaigne, le duc de Lorraine, le comte de Bar, l'évêque de Metz, l'évêque de Verdun, le comte de Montbéliar, messire Jean de Châlons, le comte de Genève, et aussi le comte de Savoye et messire Louis de Savoye son frère. Tous ces seigneurs vinrent servir le roi de France, à ce qu'ils purent avoir de gens. D'autre part revinrent le duc de Bretagne, le duc de Bourgogne, le duc de Bourbon, le comte d'Alençon, le comte de Forez, le comte d'Armagnac, le comte de Flandre, le comte de Blois, messire Charles de Blois, le comte de Harcourt, le comte de Dampmartin, le sire de Coucy, et si grand'foison de barons et de seigneurs que les nommer par nom et par surnom seroit un grand détriement. Après revint le roi de Navarre, à grand'foison de gens d'armes de Navarre et de la terre qu'il tenoit en France, dont il étoit homme du roi ; et si y étoit le roi David d'Escosse, à la délivrance du roi de France, à belle route de gens d'armes.

CHAPITRE CXXXIII.

Comment le roi de France se logea au Pont à Bovines à trois lieues de Tournay ; et comment ceux de Bouchaing rescouirent la proie que ceux de Mortaigne emmenoient.

Quand tous ces seigneurs dessus nommés et plus encore furent venus à Arras devers le roi, il eut conseil de chevaucher et de traire par devers ses ennemis. Si s'émut, et chacun le suivit, ainsi que ordonné étoit ; et firent tant par leurs petites journées qu'ils vinrent jusques à une petite rivière[1] qui est à trois lieues près de Tournay, laquelle est moult parfonde, et environnée de si grands marais, que on ne la pouvoit passer que parmi un petit pont si étroit que un seul homme à cheval seroit assez ensommé de passer outre; deux hommes ne s'y pourroient combiner. Et logea tout l'ost sur les champs, sans passer la rivière, car ils ne purent. Lendemain l'ost demeura tout coi. Les seigneurs qui étoient delez le roi, eurent conseil comment ils pourroient faire pont pour passer cette rivière et les crolières plus aise et plus sûrement. Si furent envoyés aucuns chevaliers et ouvriers pour regarder le passage. Mais quand ils eurent tout considéré et avisé, ils regardèrent qu'ils perdoient leur temps. Si rapportèrent au roi qu'il n'y avoit point de passage, fors par le pont à Tressin tant seulement. Si demeura la chose en cet état, et se logèrent les seigneurs, chacun sire par lui et entre ses gens. Les nouvelles s'épandirent partout que le roi de France étoit logé au pont à Tressin et emprès le pont de Bouvines, en intention de combattre ses ennemis : si que toutes manières de gens d'honneur qui se désiroient à avancer et acquérir grâce par fait d'armes, se traioient cette part, tant d'un lez comme de l'autre.

Or avint que trois chevaliers allemands, qui se tenoient en la garnison de Bouchaing, furent informés que les deux rois s'approchoient durement, et que on supposoit qu'ils se combattroient ; de quoi les deux prièrent tant à leur compagnon, qu'il s'accorda qu'il demeureroit, et les autres iroient querir les aventures devant Tournay, et il garderoit la forteresse bien et soigneusement jusques à leur retour. Si se partirent les deux chevaliers, dont on appeloit l'un messire Conrad d'Arsko et l'autre messire Conrad de Lensemach ; et chevauchèrent tant qu'ils vinrent vers Escaus-Pons dessus Valenciennes ; car ils vouloient passer l'Escaut à Condé. Si ouïrent entre Fresnes et Escaus-Pons grand effroi de gens, et en virent plusieurs fuyans. Adonc brochèrent eux des éperons cette part, et leur route ; et pouvoient être environ vingt cinq lances. Si encontrèrent les premiers qui fuyoient, et leur demandèrent ce qu'il leur failloit ni étoit avenu. « En nom de Dieu, seigneurs, ce répondirent les fuyans, les soudoyers de Mortaigne sont issus et ont accueilli grand'proie ci entour, et l'emmènent devers leur forteresse, et avec ce plusieurs prisonniers de ce pays. » Donc répondirent les deux chevaliers allemands : « Et nous sauriez-vous mener cette part où ils vont ? » — « En nom de Dieu, seigneurs, oïl. »

Adonc se sont mis les Allemands en chasse après les François de Mortaigne, et ont suivi les bons hommes qui les avoièrent parmi les bois ; et avancèrent les dessusdits assez près de Notre[1]

---

[1] Sans doute la rivière de Marque.

[1] Chapelle et hameau à l'est de Saint-Amand. On trouve à très peu de distance un autre hameau appelé *la Croisette*, qui pourrait bien être le *Crousage* du texte.

Dame au Bois et du Crousage ; et étoient bien les François six vingt soudoyers, et emmenoient devant eux deux cents grosses bêtes, et aucuns prisonniers paysans du pays. Adonc étoit leur capitaine, de par le seigneur de Beaujeu, un chevalier de Bourgogne qui s'appeloit messire Jean de Frelai. Sitôt que les Allemands les virent, ils les écrièrent fièrement et se boutèrent de grand randon entre eux ; et là eut bon hutin et dur ; car le chevalier bourguignon se mit à défense hardiment, et les aucuns de sa route ; non pas tous, car il en y eut plusieurs bidaux qui fuirent ; mais ils furent de si près enchassés des Allemands et des vilains du pays, qui les suivoient, à plançons et à bourlets, que peu en échappèrent qu'ils ne fussent morts et aterrés. Et y fut messire Jean de Frelai pris, et toute la proie rescousse et rendue aux hommes du pays, qui grand gré en sçurent aux Allemands. Depuis cette avenue s'en vinrent les chevaliers devant Tournay, où ils furent les bien venus.

CHAPITRE CXXXIV.

Comment aucuns Hainuyers, par l'ennortement de messire Waflart de la Croix, s'en allèrent escarmoucher en l'ost du roi de France, qui furent déconfits ; et comment le dit messire Waflart fut mort.

Assez tôt après ce que le roi de France s'en fut venu loger à ost au pont à Bovines, se mit une compagnie de Hainuyers sus, par l'ennort messire Waflart de la Croix, qui leur dit qu'il savoit tout le pays et connoissoit, et qu'il les meneroit en tel lieu sur l'ost de France où ils gagneroient. Si se partirent à son ennort, et pour faire aucun beau fait d'armes, une journée, environ six vingt compagnons chevaliers et écuyers, tout pour l'amour l'un de l'autre, et chevauchèrent devant le pont à Tressin ; et firent de messire Guillaume de Bailleul leur chef, et à sa bannière se devoient tous rallier. Cette même matinée chevauchoient les Liégeois, dont messire Robert de Bailleul, frère germain du dit messire Guillaume, étoit chef, de par les Liégeois ; car adonc il étoit, et faire le devoit, avec l'évêque de Liége. Si avoient les Liégeois passé le pont à Tressin et étoient épars en ces beaux plains entre Tressin et Baisieu [1], et étoient en fourrage pour leurs chevaux, et pour voir aussi s'ils trouveroient aucune aventure où ils pussent profiter. Les Hainuyers chevauchèrent cette matinée qu'ils ne trouvèrent aucun de rencontre, car il faisoit si grand'bruine qu'on ne pouvoit voir un demi bonnier [1] de terre loin, et passèrent le pont baudement et sans encontre, et messire Waflart de la Croix devant qui les menoit. Quand ils furent tout outre, ils ordonnèrent que Guillaume de Bailleul et sa bannière demeureroient au pont, et messire Waflart de la Croix, et messire Rasses de Monceaux, et messire Jean de Sorce et messire Jean de Wargni courroient devant. Si se départirent les coureurs, et chevauchèrent si avant qu'ils s'embatirent en l'ost du roi de Behaingne et de l'évêque de Liége, qui assez près du pont étoient. Et avoit la nuit fait le guet en l'ost du roi de Behaingne le sire de Rodemach ; et jà étoit sur son département, quand les coureurs hainuyers vinrent. Si leur saillirent au-devant hardiment quand ils les virent venir ; et aussi les Liégeois s'estourmirent et reboutèrent ces coureurs moult âprement ; et y eut là adonc moult bon poingnis, car Hainuyers vassalement s'éprouvèrent. Toutefois, pour revenir à leur bannière, ils se mirent devers le pont ; lors vissiez Liégeois et Lucemboursins après eux venir au pont. Là y eut grand'bataille ; et fut conseillé à messire Guillaume de Bailleul qu'il repassât le pont et sa bannière, car ils avoient encore de leurs compagnons outre. Si repassèrent Hainuyers au mieux qu'ils purent ; et y eut au passer mainte belle appertise d'armes faite, mainte prise, mainte rescousse. Et avint que messire Waflart de la Croix fut si coité [2] qu'il ne put repasser le pont. Si douta le péril et qu'il ne fût pris. Si s'avisa qu'il se sauveroit, et issit hors de la presse le mieux qu'il put, et prit un chemin qu'il connoissoit assez, et se vint bouter dedans un marais entre roseaux et crolières ; et se tint là un grand temps. Et les autres toujours se combattoient ; lesquels Liégeois et Lucemboursins avoient jà rué jus et abattu la bannière messire Guillaume de Bailleul. A ce coup vinrent ceux de la route messire Robert de Bailleul qui venoient de courir, et entendirent le hutin : si chevauchèrent cette part ; et fit passer messire

---

[1] Ces lieux, ainsi que Bouvines, sont situés entre Lille et Tournay.

[1] Mesure de terre encore usitée aujourd'hui dans toute la Flandre.

[2] Serré de près, hâté.

Robert de Bailleul sa bannière devant, que un sien écuyer portoit qui s'appeloit Jacques de Fourvies, en écriant : « Moriaumez ! » Les Hainuyers qui jà étoient échauffés aperçurent la bannière de Moriaumez qui étoit toute droite : si cuidèrent que ce fût la leur où ils se devoient radresser ; car moult petite différence y avoit de l'une à l'autre, car les armes de Moriaumez sont barrées, contrebarrées à deux chevrons de gueules et sur le chevron messire Robert portoit une petite croisette d'or. Si ne l'avisèrent mie bien, et pour ce en furent déçus, et s'en vinrent de fait bouter dessous la bannière messire Robert ; et furent les Hainuyers fièrement reboutés et tous déconfits ; et y furent morts trois bons chevaliers de leur côté, messire Jean de Wargni, messire Gauthier de Pontelarche, messire Guillaume de Pipempois et plusieurs autres bons écuyers et hommes d'armes, dont ce fut dommage, et pris messire Jean de Sorce, messire Daniel de Saint-Blaise, messire Rasses de Monceaux, messire Louis de Juppaleu et plusieurs autres ; et retourna au mieux qu'il put messire Guillaume de Bailleul qui se sauva, quoiqu'il en perdît assez de ses gens.

D'autre part messire Waflart de la Croix qui s'étoit bouté et repu entre marais et roseaux, et se cuidoit là tenir jusques à la nuit, fut aperçu d'aucuns compagnons qui chevauchoient parmi ces marais et voloient de leurs oiseaux ; et étoient au seigneur de Saint-Venant. Si firent si grand'noise et si grand bruit que messire Waflart issit hors tout déconfit et se vint rendre à eux, qui le prirent et l'amenèrent en l'ost, et le délivrèrent à leur maître, qui le tint un jour tout entier en son logis ; et l'eut volontiers sauvé s'il l'eût pu, pour cause de pitié, car bien savoit qu'il étoit pris sur la tête. Mais il fut encusé ; car les nouvelles vinrent au roi de France de la besogne comment elle étoit allée, et de messire Waflart qui avoit été pris, où et comment : pourquoi le roi en voulut avoir la connoissance. Si lui fut rendu le dit messire Waflart, qui eut moult mal exploité et mal finé ; car le dit roi, pour complaire à ceux de Lille, pourtant qu'ils lui avoient rendu le comte de Salebrin et le comte de Suffolch, leur rendit messire Waflart de la Croix, qui grand temps les avoit guerroyés ; dont ceux de la ville furent moult joyeux, pourtant qu'il leur avoit été grand ennemi ; et le firent mourir en leur ville, ni oncques n'en voulurent prendre aucune rançon. Ainsi finit honteusement monseigneur Waflart de la Croix.

CHAPITRE CXXXV.

Comment le comte de Hainaut se partit du siége de Tournay et alla assiéger Mortaigne et commanda à ceux de Valenciennes qu'ils y vinssent.

De l'advenue messire Robert de Bailleul et des Liégeois, qui avoient rué jus les Hainuyers, fut le roi Philippe tout joyeux, et en loua grandement ceux qui y avoient été. D'autre part le comte de Hainaut et ceux qui leurs amis avoient perdus en furent moult courroucés ; ce fut bien raison. Or avint, assez tôt après que cette chevauchée fut avenue, le comte de Hainaut, messire Jean de Hainaut son oncle, messire Girard de Werchin, sénéchal de Hainaut, et bien six cent lances de Hainuyers et Allemands, se partirent du siége de Tournay et s'en vinrent devant Mortaigne ; et manda le dit comte de Hainaut à ceux de Valenciennes qu'ils vinssent d'autre part et se missent entre l'Escarp et l'Escaut pour assaillir la ville : lesquels y vinrent en grand arroi, et firent charrier et amener grands engins pour jeter à la ville. Or vous dis que le sire de Beaujeu, qui étoit dedans, capitaine de Mortaigne et un moult sage guerroyeur, s'étoit bien douté de ces assauts, pourtant que Mortaigne siéd si près de l'Escaut et de Hainaut de tous côtés. Si avoit fait piloter la dite rivière de l'Escaut, afin que on y pût nager ; et y pouvoit avoir par droit compte plus de douze cents pilotis. Pour ce ne demeura mie que le comte de Hainaut et les Hainuyers n'y vinssent de l'un des côtés et ceux de Valenciennes de l'autre. Si se ordonnèrent et appareillèrent et sans délai pour assaillir ; et firent les Valenciennois tous leurs arbalétriers traire avant et approcher les barrières : mais il y avoit si grand tranchis de fossés qu'ils n'y pouvoient avenir. Lors s'avisèrent les aucuns qu'ils passeroient outre l'Escarp, comment qu'il fût, au dessous du Château l'Abbaye[1], et viendroient de côté devers Saint-Amand, et feroient assaut à la porte qui ouvre devers Mandé. Si passèrent aucuns compagnons volonteux aux armes, et firent tant qu'ils pas-

---

[1] Abbaye au sud de Mortagne, entre la Scarpe et l'Escaut.

sèrent outre la dite rivière, ainsi que proposé l'avoient, bien quatre cents tous habiles et légers, et en grand'volonté de bien faire la besogne.

Ainsi fut Mortaigne environnée à trois portes, des Hainuyers, et tous prêts d'assaillir. Mais le plus foible des côtés, c'étoit celui devers Mandé ; et si y faisoit-il fort assez. Toutefois le sire de Beaujeu vint cette part très bien pourvu de défendre, car bien savoit qu'il n'avoit que faire d'autre part ; et tenoit un glaive roide et fort à un long fer bien acéré ; et dessous ce fer avoit un havet aigu et prenant, si que, quand il avoit lancé et il pouvoit sacher en fichant le havet en plates[1] ou en haubergeon[2] dont on étoit armé, il convenoit que on s'en venist ou que on fût renversé en l'eau. Par cette manière en attrapat-il et noya ce jour plus d'une douzaine ; et fut à cette porte l'assaut plus grand que autre part. Et rien n'en savoit le comte de Hainaut qui étoit du côté devers Briffeuil tout rangé sur le rivage de l'Escaut. Et avisèrent là les seigneurs entre eux voie et engin comment on pourroit tous les pilotis, dont on avoit piloté l'Escaut, ôter et traire hors par force ou par soubtilleté, par quoi on pût nager jusques aux murs. Si ordonnèrent et avisèrent à faire une grosse nef ou engin, qui tous les pût attraire hors par force, l'un après l'autre. Adonc furent charpentiers mandés et mis en œuvre, et le dit engin fait en une nef.

Aussi ce même jour levèrent ceux de Valenciennes un très bel engin et bien jetant, qui portoit les grosses pierres jusques dedans la ville et au château, et travailloit durement ceux de Mortaigne. Ainsi passèrent ce premier jour et la nuit ensuivant, en assaillant, avisant et devisant comment ils pourroient grever Mortaigne. Et lendemain se trairent à l'assaut de tous côtés. Encore n'étoit point le second jour fait l'engin qui devoit traire les pilots hors : mais l'engin de Valenciennes jetoit ouniement à ceux de Mortaigne.

---

[1] Armure faite de lames de fer.
[2] Le haubergeon était une cotte de mailles qui couvrait la poitrine jusqu'au défaut des côtes et descendait jusqu'aux genoux. Les nobles et les chevaliers avaient seuls le droit de la porter. Elle se mettait sur le gambeson.

CHAPITRE CXXXVI.

Comment ceux de Mortaigne rompirent l'engin de ceux de Valenciennes, qui moult les grevoit, par un autre engin qu'ils firent.

Le tiers jour fut la nef toute ordonnée et avalée, et l'engin dedans assis et appareillé pour traire hors les pilotis ; lors commencèrent à aller ceux qui s'en mêloient au dessus dit pilotis, et commencèrent à ouvrer, si comme commandé leur fut. Si s'affichèrent à ôter les pilots, dont il en y avoit en l'Escaut semé grand'foison. Mais tant de peine et de labeur eurent, ainçois qu'ils en pussent avoir un, que merveilles fut à penser. Si regardèrent et considérèrent les seigneurs que jamais ils n'auroient fait : si commencèrent à cesser cet ouvrage. D'autre part il y avoit dedans Mortaigne un maître engigneur qui avisa et considéra l'engin de ceux de Valenciennes, et comment il grevoit leur forteresse ; si en leva un au châtel, qui n'étoit mie trop grand, et l'attrempa bien et à point, et ne le fit jeter que trois fois, dont la première pierre chey tomba à douze pas de l'engin de Valenciennes, la seconde au pied de la huche, et la tierce pierre fut si bien appointée qu'elle férit l'engin parmi la flèche et la rompit en deux moitiés. Adonc fut grand' la huée des soudoyers de Mortaigne contre ceux de Valenciennes pour leur engin qui étoit rompu au milieu et l'allèrent regarder à grand'merveille.

CHAPITRE CXXXVII.

Comment le comte de Hainaut se partit du siége de Mortaigne et s'en retourna au siége de Tournay ; et comment il prit la forteresse de Saint-Amand.

Ainsi furent les Hainuyers devant Mortaigne deux nuits et trois jours que rien n'y conquirent. Si eurent le comte de Hainaut et messire Jean de Hainaut son oncle avis et volonté de eux retraire au siége de Tournay, et donnèrent congé à ceux de Valenciennes ; et le comte et ses chevaliers revinrent en l'ost devant Tournay, et se tinrent là environ trois jours. Et puis fit le dit comte une prière aux compagnons pour les amener devant Saint-Amand, car les plaintes étoient venues à lui que les soudoyers de Saint-Amand avoient arse l'abbaye de Hanon, et s'étoient mis en peine d'ardoir Vicogne, et avoient fait plusieurs dépits aux frontières de Hainaut ; par quoi le dit comte vouloit ces forfaitures contrevenger. Si se partit du dit siége de Tournay à bien trois mille combattans, et s'en vint à Saint-Amand qui adonc n'étoit fermée que de palis. Bien avoient les soudoyers qui étoient dedans entendu que le comte de Hainaut les viendroit voir; mais ils s'étoient si glorifiés en leur orgueil, qu'ils n'en faisoient compte. Adonc étoit gardien et capitaine de Saint-Amand un bon chevalier de Languedoc et sénéchal de Carcassonne[1], lequel avoit bien imaginé et considéré la force de la ville. Si en avoit dit son avis aux moines et à ceux qui étoient demeurés pour garder la ville et l'abbaye; et disoit bien que ce n'étoit pas forteresse tenable contre un ost; non mie qu'il s'en voulût partir, mais vouloit demeurer et garder en son loyal pouvoir : mais il le disoit par manière de conseil. La parole du chevalier ne fut mie ouïe ni crue bien à point, dont il leur mésavint, si comme vous orrez ci après. Toute fois il avoit fait par son ennort dès long-temps les plus riches joyaux de l'abbaye et de la ville vuider et porter à Mortaigne à sauveté, et là fait aller l'abbé et les moines, qui n'étoient taillés d'eux défendre.

Ceux de Valenciennes, qui avoient été mandés du comte leur seigneur qu'ils fussent à un certain jour devant Saint-Amand et il seroit à l'autre côté, vinrent, ainsi que commandé leur fut, en très bon convenant; et étoient bien douze mille combattans. Sitôt qu'ils furent venus devant Saint-Amand, ils se logèrent et mirent en bonne ordonnance, et puis eurent conseil d'aller assaillir. Si firent armer tous leurs arbalétriers et puis traire vers le pont de l'Escarp. Là commença l'assaut dur et fier et périlleux durement, et en y eut plusieurs blessés et navrés d'un côté et d'autre. Et dura cet assaut tout le jour, que oncques ceux de Valenciennes n'y purent rien forfaire; mais en y eut des morts et des navrés grand'foison des leurs; et leur disoient les bidaux par manière de reproche : « Allez boire votre goud-ale[2], allez. »

Quand ce vint au soir, ceux de Valenciennes se retrairent tous lassés, et furent moult émerveillés qu'ils n'avoient ouï nulles nouvelles du comte leur seigneur. Si eurent avis qu'ils délogeroient et retourneroient vers Valenciennes :

[1] Il s'appelait Hugue de la Roque.
[2] L'ale est une espèce de bière. Goud-ale est un mot composé de deux mots flamands, *gut* bonne, et *ale* bière, d'où *godailler*.

si firent tout trousser et se retrairent ce même soir vers leur ville. Lendemain au matin que ceux de Valenciennes se furent retraits, le comte de Hainaut se partit du siége de Tournay, si comme dit est, à grand'compagnie de gens d'armes, de bannières et de pennons, et s'en vint devant Saint-Amand, du côté devers Mortaigne. Sitôt qu'ils furent venus, ils se trairent à l'assaut; et là eut moult grand assaut et dur; et gagnèrent les Hainuyers, de venue, les premières barrières, et vinrent jusques à la porte qui ouvre devers Mortaigne. Là étoient tous premiers à l'assaut le comte de Hainaut et le sire de Beaumont son oncle, et assailloient de grand courage sans eux épargner; de quoi près fut qu'il ne leur mesvint; car ils furent tous deux si dur rencontrés de deux pierres jetées d'amont, qu'ils en eurent leurs bassinets effondrés et les têtes toutes étonnées. Adonc fut là qui dit : « Sire, sire, à cet endroit-ci ne les aurions jamais; car la porte est forte et la voie étroite, si coûteroit trop des vôtres à conquérir : mais faites apporter de grands mairains ouvrés en manière de pilot, et heurter aux murs de l'abbaye; nous vous certifions que par force on la pertuisera en plusieurs lieux; et si nous sommes à l'abbaye, la ville est nôtre; car il n'y a point d'entre deux entre la ville et l'abbaye. »

Adonc commanda le dit comte que on fît ainsi comme pour le mieux on lui conseilloit, et pour la tôt prendre. Si quist-on grands bois de chênes; et puis furent tantôt ouvrés et aiguisés devant; et si s'accompagnoient à un pilot vingt ou trente, et s'écueilloient, et puis boutoient de grand randon contre le mur; et tant boutèrent de grand randon, et si vertueusement, qu'ils pertuisèrent le mur de l'abbaye, et rompirent en plusieurs lieux, et entrèrent dedans abondamment, et passèrent une petite rivière qui là étoit, et s'en vinrent sans contredit jusques à une place qui étoit devant le moûtier, où le marché de plusieurs choses est; et là étoit le dit sénéchal de Carcassonne en bon convenant, sa bannière devant lui, qui étoit de gueules à un chef d'argent et à deux demi chevrons au chef, et étoit à une bordure d'azur endentée. Là, de-lez lui s'étoient recueillis plusieurs compagnons de son pays, qui assez hardiment reçurent les Hainuyers et se combattirent vaillamment, tant qu'ils purent : mais leur défense ne leur valut néant, car Hainuyers y survinrent à trop grand'-foison. Et vous dis encore, pour tout ramentevoir, à l'entrer des premiers dedans l'abbaye, il y avoit un moine qu'on appeloit damp Froissart qui fit merveille, et en occit que mes-haigna, au devant d'un pertuis où il se tenoit, plus de dix-huit, et n'osoit nul entrer par le lieu qu'il gardoit. Mais finalement il le convint partir; car il vit que Hainuyers entroient en l'abbaye et avoient pertuisé le mur en plusieurs lieux : si se sauva le dit moine, au mieux qu'il put, et fit tant, qu'il vint à Mortaigne.

CHAPITRE CXXXVIII.

Comment le comte de Hainaut détruisit et ardit la ville et l'abbaye de Saint-Amand ; et puis après ardit et détruisit l'abbaye de Marchiennes.

Quand le comte de Hainaut et messire Jean de Hainaut son oncle et la chevalerie de Hainaut furent entrés en l'abbaye de Saint-Amand, ainsi que vous avez ouï, si commanda le dit comte qu'on mît tout à l'épée, sans nullui prendre à mercy, tant étoit-il courroucé sur ceux de Saint-Amand, pour les dépits qu'ils avoient faits à son pays. Si fut la dite ville moult tôt emplie de gens d'armes; et bidaux et Gennevois qui là étoient furent enchassés et quis de rue en rue et d'hôtel en hôtel. Peu en échappèrent qu'ils ne fussent tous morts et occis, car nul n'étoit pris à mercy. Mêmement le sénéchal de Carcassonne y fut occis dessous sa bannière, et plus de deux cents hommes d'armes, que environ lui que assez près. Ainsi fut Saint-Amand détruit; et retourna le comte, ce propre soir, devant Tournay. Et le lendemain les gens d'armes et la communauté de Valenciennes vinrent à Saint-Amand, et parardirent la ville, et toute l'abbaye, et le grand moûtier; et brisèrent toutes les cloches; dont ce fut dommage, car il y en avoit de moult bonnes et mélodieuses; et si ne leur vint à nul profit qui à compter fasse.

Après la destruction de Saint-Amand, le comte de Hainaut, qui trop durement avoit pris cette guerre en cœur, et qui étoit plus aigre que nul des autres, se départit encore du siége de Tournay, qui avoit en sa route environ six cents armures de fer, et s'en vint ardoir Orchies, Landas et La Celle, et grand'foison de villages là environ, et puis passa, et toute sa route, la rivière de l'Escarp, au dessous de Hanon, et entrèrent en France, et vinrent à Marchiennes, une grosse et riche abbaye, dont messire Aymes de Warinaut étoit capitaine, et avoit avec lui une partie des arbalétriers de Douay. Là eut grand assaut, car le dit chevalier avoit durement garni la première porte de l'abbaye, qui étoit toute enclose et environnée de grands fossés et parfons; et se défendirent les François et les moines qui dedans étoient moult vassalment. Mais finalement ils ne purent durer contre tant de gens d'armes; car ils quirent et firent tant, qu'ils eurent des bateaux et les mirent dans l'eau, et entrèrent en l'abbaye. Mais il y eut mort et noyé un chevalier allemand, compagnon au seigneur de Fauquemont, qui s'appeloit messire Buchon de le Wiere[1], dont le dit sire de Fauquemont fut moult courroucé, mais amender ne le put.

A l'assaut de la porte où messire Aymes de Warinaut se tenoit, furent moult bons chevaliers le comte de Hainaut, le sire de Beaumont son oncle et le sénéchal de Hainaut, et firent tant finalement que la porte fut conquise et le chevalier qui la gardoit pris, et morts et occis la plus grand'partie des autres ; et furent pris plusieurs des moines qui laiens furent trouvés, et toute l'abbaye robée et pillée, et puis arse et détruite, et la ville aussi. Et quand ils eurent fait leur emprise, le comte et tous ses gens d'armes, qui furent à la destruction de Marchiennes et en cette chevauchée, s'en retournèrent au siége de Tournay.

CHAPITRE CXXXIX.

Comment les Allemands se partirent du siége de Tournay et vinrent escarmoucher en l'ost du roi de France; et comment le sire de Montmorency les suivit jusques au pont de Tressin.

Le siége qui fut devant Tournay fut grand et long et bien tenu, et moult y eut le roi anglois grand'foison de bonnes gens d'armes; et s'y tenoit le dit dit roi volontiers, car bien la pensoit conquérir, pourtant qu'il pensoit qu'il y avoit grand'foison de gens d'armes et assez escharsement de vivres : pourquoi il les pensoit plutôt avoir par affamer que par assaut. Mais les aucuns disent qu'ils trouvèrent moult de courtoisies en ceux de Brabant, et qu'ils souffrirent par plusieurs fois laisser passer parmi

---

[1] D'autres manuscrits disent : Buchon de La Bruyère.

leur ost vivres assez largement pour mener dedans Tournay, dont ils furent bien confortés. Avec tout ce, ceux de Bruxelles et ceux de Louvaing, qui étoient tous tanés de là tant seoir et demeurer, firent une requête au maréchal de l'ost qu'ils se pussent partir et retraire en Brabant, car trop avoient là demeuré à peu de fait. Le maréchal, qui vit bien que la requête n'étoit mie honorable ni raisonnable, leur répondit que c'étoit bien son gré que ils s'en partissent quand il leur plairoit; mais leur convenoit de mettre jus leurs armures. Les dessus dits furent tous honteux; si se souffrirent atant et n'en parlèrent oncques depuis.

Or vous recorderons d'une chevauchée des Allemands, qui fut faite devant Tournay, à ce même pont de Tressin où messire Robert de Bailleul et les Liégeois avoient déconfit les Hainuyers. Le sire de Randeroden et messire Jean de Randeroden son fils adonc écuyer, et messire Jean de Rodenbourch aussi adonc écuyer et maître du fils au seigneur de Randeroden, messire Arnoul de Blakehen, messire Regnault de Sconevort, messire Conrard de Lensemach, messire Conrard d'Arsco, messire Bastien de Warvasies et Candolier son frère, et messire Stramen de Beurne, et plusieurs autres de la duché de Juliers et de Guerles avoient pris en grand'vergogne ce que les Hainuyers avoient été ainsi rencontrés. Si parlementèrent ensemble à un soir, et s'accordèrent de chevaucher le matin au point du jour, et passer ce pont que on dit de Tressin. Si se armèrent et ordonnèrent dès la nuit bien et faiticement, et partirent sur le jour: et aussi se mirent avec eux aucuns bacheliers de Hainaut qui point n'avoient été à la chevauchée dessus dite; si comme messire Florent de Beaurieu, messire Bertrand de la Haye, maréchal de l'ost, messire Jean de Hainaut, messire Oulphart de Ghistelles, messire Robert de Glennes de la comté de Los, adonc écuyer et du corps messire Jean de Hainaut, et plusieurs autres. Si chevauchèrent ces chevaliers et ces compagnons dessus nommés bellement et sagement; et étoient bien trois cent ou plus, toutes bonnes armures de fer; et vinrent au pont de Tressin droit au point du jour; et le passèrent outre sans dommage. Et quand ils furent par delà, ils s'avisèrent et conseillèrent ensemble comment ils s'ordonneroient, pour le mieux et à leur honneur réveiller et escarmoucher l'ost de France. Là furent ordonnés le sire de Randeroden et Arnoul son fils, messire Henry de Kakeren un chevalier mercenaire, messire Thielemans de Saussy, messire Oulphart de Ghistelles, messire l'Alemant, bâtard de Hainaut, messire Robert de Glennes et Jaquelot de Thians à être coureurs et chevaucher jusques aux tentes et logis des François; et tous les autres chevaliers et écuyers, qui bien étoient trois cent, devoient demeurer au pont et garder le passage, pour le défendre aux aventures des survenans.

Ainsi et sur cet état se partirent les coureurs, qui pouvoient être environ quarante lances, et très bien montés sur fleur de roncins et de gros coursiers; et chevauchèrent de premier tout bellement tant qu'ils vinrent en l'ost du roi de France. Donc se boutèrent eux dedans de plein eslai, et commencèrent à découper cordes et paissons, et à abattre et renverser tentes et trefs, et à faire un très grand desroi, et François à eux estourmir. Cette nuit avoient fait le guet deux grands barons de France, le sire de Montmorency et le sire de Saint Sauf-lieu; et étoient encore, à cette heure que les Allemands vinrent, à leur garde. Quand ils ouïrent la noise et entendirent l'effroi, si tournèrent cette part leurs bannières et leurs gens, et chevauchèrent fort et roide sur les coureurs qui leur ost avoient estourmi. Et quand le sire de Randeroden les vit venir, il tourna son frein tout sagement et fit chevaucher son pennon et ses compagnons, pour revenir au pont à leur grosse route, et les François après. En cette chasse là eut bon couris, car les Allemands se hâtoient pour revenir au pont, et les François aussi pour eux retenir. En cette chasse fut pris et retenu des François messire Oulphart de Ghistelles, qui ne se sçut ni put garder à point, car le chevalier avoit courte vue. Si fut enclos de ses ennemis par trop demeurer derrière, et fiança prison, et aussi deux écuyers, dont on nommoit l'un Jean de Mondorp et l'autre Jaquelot de Thians. Les François et leur route chevauchoient d'un côté, et les coureurs Allemands d'autre, et étoient environ demi bonnier[1] près l'un de l'autre, et tant qu'ils se pouvoient bien reconnoître

---

[1] Nom d'une mesure de terre. On s'en sert encore en Flandres. Un bonnier équivaut à trois arpens.

et entendre de leurs langages; et disoient les François aux Allemands : « Ha! ha! seigneurs, vous n'en irez pas ainsi ; » et se hâtoient pour prendre le pont; et pas ne savoient la grosse embûche qui étoit au pont, de messire Regnault de Sconnevort et des autres. Si que il fut dit au seigneur de Randeroden : « Sire, sire, avisez-vous; car il nous semble que ces François nous toldront le pont. » Adonc répondit le sire de Randeroden et dit : « Si ils sèvent un chemin, j'en sçais bien un autre. » Adonc, se retourna sur destre et sa route, et prirent un chemin assez frayé, qui les mena droit à cette petite rivière dessus dite, qui est si noire et si parfonde et si environnée de grands marais. Et quand ils furent là venus, si ne purent passer, mais les convint retourner devers le pont. Et toudis chevauchoient les François les grands galops devers le pont, qui cuidoient ces Allemands coureurs enclore et prendre, ainsi qu'ils avoient jà pris de leurs compagnons; et par espécial moult y mettoit le sire de Montmorency grand'entente.

CHAPITRE CXL.

Comment le sire de Montmorency fut pris des Allemands, et bien quatre vingt gentils hommes qui étoient sous sa bannière.

Quand les François eurent tant chevauché qu'ils furent près du pont, et ils virent la grosse embûche qui étoit au devant du pont toute armée et ordonnée, et qui les attendoit en très bon convenant, si furent moult émerveillés; et dirent entr'eux les aucuns qui regardèrent la manière : « Nous chassons trop follement et de léger; si pourrons-nous plus perdre que gagner ». Donc retournèrent les plusieurs, et par espécial la bannière du seigneur de Saint Sauf-lieu, et le sire aussi; et messire Charles de Montmorency et sa bannière chevaucha toudis avant, et ne voulut onques reculer; mais s'en vint de grand courage assembler aux Allemands, et les Allemands à lui et à ses gens. Là y eut de première venue durs rencontres et fortes joutes, et maint homme renversé d'un côté et d'autre. Ainsi qu'ils assembloient, les coureurs dessus nommés qui costiés les avoient s'en vinrent férir sur eux, et se boutèrent dedans, de plein eslai et de grand'volonté; et aussi les François les reçurent moult bien.

Or vous dirai une grande appertise d'armes et un grand avis dont messire Regnault de Sconnevort usa à l'assembler, et que on doit bien tenir et recommander à sage fait d'armes. Il, qui étoit adonc en la fleur de sa jeunesse, fort chevalier et roide durement, bien armé et bien monté pour la journée, s'en vint assembler à la bannière du sire de Montmorency qu'il reconnut assez bien; et s'avisa qu'il se viendroit éprouver à celui qui étoit plus prochain de sa bannière, car il pensoit bien que c'étoit le sire. Ainsi qu'il jeta son avis, il le fit, et férit son cheval des éperons, et passa par force la route, et s'en vint au seigneur de Montmorency, qui étoit dessous sa bannière, bien monté sur un bon coursier; et le trouva en bon convenant, l'épée au poing, et combattant à tous lez, car il étoit aussi fort chevalier et grand durement; et lui vint le sire de Sconnevort sur destre, et bouta son bras senestre au frein de son coursier, et puis férit le sien des éperons, en le tirant hors de la bataille, comme vite et fort chevalier. Le sire de Montmorency, qui bien se donna de garde de ce tour, se prit à défendre vassalment comme fort et hardi chevalier, pour soi délivrer de ce péril et des mains du seigneur de Sconnevort; et féroit à tas de son épée sur le bassinet et sur le dos du seigneur de Sconnevort. Mais le sire de Sconnevort, qui bien étoit armé et monté, brisoit les coups à la fois et les recevoit moult vassalment. Et tant fit par son effort, voulût ou non le sire de Montmorency, qu'il le créanta prisonnier. Et les autres se combattoient; et là furent bons chevaliers messire Arnoul de Randenroden, messire Henry de Kakeren, messire Thielemans de Saussy, messire Bastien de Warvasies et Candoelier son frère et messire Robert de Glennes qui prit un homme d'armes en bon convenant, qui s'armoit de gueules à trois faulx d'or. Et firent adonc tant les Allemands et leur route qu'ils obtinrent la place, et prirent bien quatre vingt prisonniers, tous gentils-hommes, dessous la bannière messire Charles de Montmorency; et repassèrent le pont sans dommage, et vinrent en l'ost devant Tournay, et ralla chacun à sa partie; et se désarmèrent, et puis allèrent voir les seigneurs, dont ils furent bien fêtés, le comte de Hainaut et messire Jean de Hainaut son oncle, et plusieurs autres grands seigneurs qui là étoient.

CHAPITRE CXLI.

Comment ceux de la garnison de Saint-Omer déconfirent trois mille Flamands qui étoient venus courre devant Saint-Omer.

De la prise messire Charles de Montmorency furent les François moult courroucés, mais amender ne le purent tant comme adoncques. Cette chose passa; le siége se tint; les prisonniers se rançonnèrent le plutôt qu'ils purent. Or vous recorderons d'une aventure qui avint aux Flamands que messire Robert d'Artois et messire Henry de Flandre gouvernoient, dont il en y avoit plus de soixante mille de la ville d'Ypres, de Popringhe, de Messines, de Cassel et de la châtellenie de Berg; et se tenoient tous ces Flamands, dont les dessus dits étoient chefs, au val de Cassel logés en tentes et en trefs à grand arroi, pour contrester contre les garnisons françoises que le roi Philippe avoit envoyées à Saint-Omer, à Aire, à Saint-Venant et ès villes et forteresses voisines. Et se tenoient dedans Saint-Omer, de par le roi de France, le comte Dauphin d'Auvergne, le sire de Mercœur, le sire de Chalençon, le sire de Montagu, le sire de Rochefort, le vicomte de Thouars et plusieurs autres chevaliers d'Auvergne et de Limosin [1]. Et dedans Aire et dedans Saint-Venant aussi en avoit grand'foison; et issoient souvent hors et venoient escarmoucher aux Flamands : si gagnoient aucune fois, et aucune fois y perdoient.

Or avint un jour à ces Flamands qu'ils s'en vinrent, environ trois mille, tous légers et habiles compagnons, et s'avalèrent et issirent hors de leurs logis pour venir hutiner devant Saint-Omer; et se boutèrent dedans les faubourgs, et brisèrent plusieurs maisons, et entendirent tellement au pillage qu'ils dérobèrent tout ce qu'ils trouvèrent. La noise et l'effroi monta en la ville de Saint-Omer : adonc s'armèrent les seigneurs qui laiens étoient, et aussi firent toutes leurs gens, et se partirent par une autre porte que par celle devant qui les Flamands étoient

[1] Les autres historiens français entrent dans beaucoup plus de détails sur le siége de Saint-Omer par Robert d'Artois, et font honneur de la défense de cette ville au duc de Bourgogne, au comte d'Armagnac et à d'autres chevaliers qui y étaient en garnison sous les ordres du duc, sans faire aucune mention de ceux dont parle Froissart; mais on ne peut, ce semble, conclure autre chose de cette différence, sinon que Froissart et les autres historiens ont omis respectivement de nommer une partie de ceux qui contribuèrent à la défense de Saint-Omer.

venus; et pouvoient être entour six bannières et deux cent bassinets [1], et environ cinq cent bidaux tous à pied; et chevauchèrent tout autour de Saint-Omer, ainsi qu'ils avoient guides qui bien les savoient mener, et vinrent tout à temps à ces Flamands, qui se ensonnioient de piller et rober tout ce qu'ils trouvoient en la ville d'Arques, qui est assez près de Saint-Omer, et étoient dedans épars, sans capitaine et sans arroi. Et voilà les François soudainement venus sur eux, lances abaissées, bannières déployées, et en bon convenant de bataille, et en écriant : « Clermont! Clermont! au Dauphin d'Auvergne! » Lors entrèrent en ces Flamands, qui furent tous ébahis quand si près ils les virent d'eux, et ne tinrent ordonnance ni conroy; mais fuit chacun, qui mieux mieux, et jetèrent tout jus ce que chargé avoient, et prirent les champs, et François après eux, tuans et abattans par monceaux et par troupeaux; et dura cette chasse bien deux lieues [2]. Et en y eut bien morts, des trois mille, dix-huit cents, et retenus quatre cents, qui furent amenés prisonniers à Saint-Omer [3].

[1] Simples soldats la tête couverte de bassinets.
[2] Cet événement arriva le 26 juillet.
[3] On peut reprocher ici à Froissart une erreur assez considérable : il suppose que les Flamands attaquèrent, sans chef et sans ordre, les faubourgs de Saint-Omer, tandis que les autres historiens disent unanimement que Robert d'Artois les soutenait en personne avec le reste de son armée et qu'il y fut complétement battu et mis en déroute par le duc de Bourgogne qui lui tua 4,000 hommes, suivant les uns, et 3,000 seulement, suivant les autres. Froissart a-t-il ignoré les circonstances de cet événement, ou les a-t-il omises à dessein? Le ton de vérité et même de complaisance avec lequel il raconte en mille autres endroits les succès des Français, ne permet guère de le soupçonner dans celui-ci de partialité pour leurs ennemis : il paraît plus naturel de croire qu'il a ignoré ce qu'il n'a pas dit. C'est probablement aussi pour cette raison qu'il n'a point parlé du défi envoyé par Édouard au roi Philippe de Valois le 26 juillet, jour de la défaite de Robert d'Artois devant Saint-Omer, et de la réponse du roi de France en date du 30 de ce mois : pièces qui se trouvent dans tous les historiens cités et dans Rymer. De ce que Froissart ne dit rien de ce défi et parle d'un autre qui eut lieu, selon lui, l'année précédente, M. Lancelot conclut qu'il a confondu les temps et placé mal à propos sous l'année 1339 un fait qui appartient à l'année 1340. Cette critique, quoiqu'elle paraisse assez juste au premier coup d'œil, pourrait cependant n'être pas fondée; car on n'a point de preuves qu'Édouard n'ait point défié Philippe de Valois dès l'année 1339; et dans les mœurs de ce siècle, il ne serait pas étonnant que le monarque anglais eût répété cette bravade : ainsi rien ne peut empêcher de croire que les deux cartels sont véritables.

CHAPITRE CXLII.

Comment une soudaine peur prit les Flamands environ minuit, tant que tous s'enfuirent chacun vers sa maison en grand'-hâte.

Quand le demeurant qui échapper purent, furent venus en l'ost devers leurs compagnons, si contèrent leurs aventures aux uns et aux autres; et vinrent les nouvelles à messire Robert d'Artois et à messire Henry de Flandre, qui peu les en plaignirent, mais dirent que c'étoit bien employé, car sans conseil et sans commandement ils y étoient allés. Or avint cette même nuit à tout leur ost généralement une merveilleuse aventure, ni oncques on n'ouït, je crois, parler ni recorder de si sauvage; car, environ heure de minuit que ces Flamands gissoient en leurs tentes et dormoient, un si grand effroi et telle peur et hideur les prit généralement en dormant, que tous se levèrent en si grand'hâte et en telle peine qu'ils ne cuidoient jamais à temps être délogés ; et abattirent tentes et pavillons; et troussèrent tout sur leurs charriots, en si grand'hâte que l'un n'attendoit point l'autre, et fuirent tous sans tenir voie, ni sentier, ni conroy. Et fut ainsi dit à messire Robert d'Artois et messire Henry de Flandre qui dormoient en leur logis : « Chers seigneurs, levez-vous bientôt et hâtivement et vous appareillez; car vos gens s'enfuient, et nul ne les chasse, et ne sèvent à dire quelle chose ils ont, ni qui les meut à fuir. » Adonc se levèrent les deux seigneurs en grand'hâte, et firent allumer feux et grands tortis, et montèrent sur leurs chevaux, et s'en vinrent au devant d'eux, et leur dirent : « Beaux seigneurs, dites-nous quelle chose il vous faut qui ainsi fuyez : n'êtes-vous mie bien assur? retournez, retournez, au nom de Dieu: vous avez grand tort quand ainsi fuyez, et nul ne vous chasse. » Mais quoiqu'ils fussent ainsi priés ni requis d'arrêter et de retourner, ils n'en firent compte, mais toujours fuirent; et prit chacun le chemin vers sa maison, au plus droit qu'il put. Et quand messire Robert d'Artois et messire Henry de Flandre virent qu'ils n'en auroient autre chose, si firent trousser tout leur harnois et mettre à voiture, et s'en vinrent au siége devant Tournay; et recordèrent aux seigneurs l'aventure des Flamands, dont on fut durement émerveillé; et dirent les plusieurs qu'ils avoient été enfantosmés.

CHAPITRE CXLIII.

Comment à la requête et prière de madame Jeanne de Valois, sœur du roi de France et mère du comte de Hainaut, les deux rois firent traité de paix.

Ce siége de devant la cité de Tournay dura assez longuement, onze semaines trois jours moins : si pouvez bien croire et savoir qu'il y eut fait plusieurs escarmouches et paletis, tant à assaillir la cité comme ès chevauchées des compagnons bacheleureux l'un sur l'autre. Mais dedans la cité de Tournay avoit très bonne et sage chevalerie, envoyée en garnison de par le roi de France, si comme dessus est dit, qui tellement ensoignèrent et pensèrent que nul dommage ne s'y prit. Or n'est rien, si comme on dit, qui ne prenne fin.

On doit savoir que ce siége pendant, madame Jeanne de Valois, sœur au roi de France et mère au comte Guillaume de Hainaut, travailloit durement d'un ost en l'autre, afin que paix ou répit fût entre ces parties, par quoi on se départît sans bataille. Car la bonne dame véoit là de deux côtés toute la fleur et l'honneur de la chevalerie du monde : si eût vu trop ennuis, pour les grands périls qui en pouvoient venir, que bataille fut adressée entre eux. Et par plusieurs fois la bonne dame étoit chue aux pieds du roi de France son frère, en lui priant que répit ou traité d'accord fût pris entre lui et le roi anglois. Et quand la bonne dame avoit travaillé à ceux de France, elle s'en venoit à ceux de l'Empire, espécialement au duc de Brabant et au marquis de Juliers son fils qui avoit eu sa fille[1], et à messire Jean de Hainaut, et leur prioit que pour Dieu et pour pitié, ils voulsissent entendre à aucun traité d'accord, et avoier le roi d'Angleterre à ce qu'il y voulsit descendre.

Tant alla et tant procura la bonne dame entre ces seigneurs, avec l'aide et le conseil d'un gentil chevalier et sage, qui étoit moult bien de toutes les parties, qui s'appeloit messire Louis d'Angimont, que une journée de traiter fût accordée à lendemain, là où chacune des parties devoit envoyer quatre personnes suffisans pour traiter toutes bonnes voies pour accorder les dites parties, s'il plaisoit à Dieu, et souffrance

---

[1] Le marquis de Juliers avait épousé Jeanne de Hainaut, fille de la comtesse, laquelle Jeanne était morte en 1337.

de trois jours que l'un ne pouvoit ni devoit forfaire sur l'autre; et se devoient assembler ces traiteurs en une chapelle séant en my les champs, qu'on appelle Esplechin. Lendemain, après messe et après boire, les traiteurs vinrent ensemble en la dite chapelle, et la dessus dite bonne dame avec eux. De la partie du roi de France y furent envoyés Jean le roi de Behaigne, Charles le comte d'Alençon, frère du roi, l'évêque de Liége, le comte de Flandre et le comte d'Armagnac [1].

De la partie du roi d'Angleterre y furent envoyés le duc de Brabant, l'évêque de Lincolle, le duc de Guerles, le marquis de Juliers et messire Jean de Hainaut.

CHAPITRE CXLIV.
Comment les deux rois firent trèves jusques à un an ; et comment le siége se départit de devant Tournay.

Quand ils furent venus à la dite chapelle, ils se saluèrent moult aimablement et fêtèrent grandement; et après ils entrèrent en leur traitement. Toute cette première journée ces traiteurs traitèrent par plusieurs voies d'accord ; et toudis étoit la bonne dame, madame Jeanne de Valois, en my eux, qui moult humblement et de grand cœur leur prioit que chacune partie se voulût près prendre d'accorder. Toutefois cette première journée passa sans aucun certain accord : chacun s'en ralla en son lieu, sur convenant de revenir. Lendemain ils revinrent tous à la dite chapelle en tel point, et commencèrent à traiter comme devant, et chéirent sur aucunes voies assez accordables ; mais ce fut si tard que on ne les put escripre de jour. Si se partit le parlement adonc et créanta chacun de revenir là endroit, pour parfaire et accorder le remenant. Au tiers jour ces seigneurs revinrent à grand conseil. Là fut accordée une trève à durer un an entièrement [2] ; et devoit entrer tantôt entre ces seigneurs et ces gens qui là étoient d'une part et d'autre ; et entre ceux qui guerroyoient en Escosse et en Gascogne, en Poitou et en Saintonge,

elle ne devoit entrer jusqu'à quarante jours; dedans lesquels quarante jours chacune des parties le devoit faire savoir [1] aux siens, sans nul engin. S'ils les vouloient tenir, si les tinssent, et si tenir ne les vouloient, si guerroyassent assez l'un l'autre. Mais France, Picardie, Bourgogne, Bretagne et Normandie la tenoient sans nulle exception. Et devoient les deux rois dessus nommés, chacun pour lui et au nom de lui, envoyer quatre ou cinq personnes notables, et le pape deux cardinaux en légation en la cité d'Arras; et ce que ces parties ordonneroient, les deux rois le tiendroient et confirmeroient sans nul moyen. Et fut encore cette trève présentée et accordée, sur cette condition que chacun devoit tenir paisiblement ce dont il étoit saisi.

Quand cette trève fut accordée sur cette condition que dit est d'une part et d'autre, chacun s'en retourna en son ost : si le firent tantôt crier par tout l'ost d'une part et d'autre, dont les Brabançons eurent grand'joie, car ils avoient là logé et été un grand temps moult ennuis. Qui lendemain, sitôt que jour fut, eut vu tentes abattre, charriots charger, gens for-hâter, emblaver et entouiller, bien put dire : «Je vois un nouveau siècle. »

CHAPITRE CXLV.
Comment le roi anglois se partit ennuis de devant Tournay, et comment chacune des parties se dit avoir l'honneur de cette départie.

Ainsi, comme vous avez ouï, se départirent ces deux osts, par le travail et pourchas de cette bonne dame, que Dieu fasse pardon ! qui y rendit grand'peine ; et demeura la bonne cité de Tournay franche et entière, qui avoit été en très grand péril, car toutes leurs pourvéances failloient et n'en avoient mie pour trois jours ou pour quatre à vivre. Les Brabançons se mirent à raller hâtivement, car grand désir en

---

[1] Dans la charte de cette trève rapportée par Rymer, on trouve nommés parmi les plénipotentiaires français, au lieu du comte de Flandre, Raoul, duc de Lorraine, et Ayme, comte de Savoie ; et parmi les plénipotentiaires du roi d'Angleterre, il n'est point fait mention de l'évêque de Lincoln.

[2] Cette trève fut signée le 25 septembre 1340 et devait durer jusqu'au 25 juin, lendemain de la saint Jean-Baptiste de l'année suivante.

[1] Chacun des deux rois devait faire publier la trève en Gascogne et en Aquitaine dans vingt jours, à compter de la date du traité ; et le roi d'Angleterre devait la faire notifier en Angleterre et en Écosse dans vingt-cinq jours, à compter de la même date. Il n'est point fait explicitement mention des articles suivans dans la charte, excepté de celui où il est dit que chacune des deux parties tiendra paisiblement, durant la trève, les places dont elle est saisie : mais en revanche on y trouve plusieurs clauses omises par Froissart et les autres historiens contemporains, et de plus la liste des états ou des particuliers qui, outre les deux rois et leurs principaux alliés, furent compris dans la trève.

avoient. Le roi anglois s'en partit moult ennuis, s'il eût pu amender et à sa volonté en fût; mais il lui convenoit suir partie de la volonté des autres seigneurs et croire leur conseil. Le jeune comte de Hainaut et aussi messire Jean son oncle se fussent aussi bien ennuis accordés à cette partie, si ils eussent aussi bien sçu le convenant de ceux qui étoient dedans Tournay, comme le roi de France faisoit, et si ne fut ce que le duc de Brabant leur avoit dit en secret qu'il détenoit à grand'mésaise ses Brabançons, et, comment que fut, il ne les pouvoit tenir qu'ils ne dussent partir le jour ou lendemain, si accord ne faisoit.

Le roi de France et tout son ost se départit assez liement, car bonnement ils ne pouvoient plus demeurer là endroit, pour la punaisie des bêtes que on tuoit si près de leur logis, et pour le chaud qu'il faisoit; et si pensoient en leur part avoir l'honneur de cette départie, si comme ils disoient, pour raison de ce qu'ils avoient rescousse et gardée d'être perdue la bonne cité de Tournay, et avoient fait départir cette grand'-assemblée qui assiégée l'avoit, et rien n'y avoient fait, combien qu'ils y eussent grands frais mis et dépendus. Les autres seigneurs et ceux de leur partie pensoient aussi bien à avoir l'honneur de cette départie, pour raison de ce qu'ils avoient si longuement demeuré dedans le royaume et assiégé une des bonnes cités que le roi eût, et ars et gâté son pays chacun jour, lui sachant et voyant; et point ne l'avoit secouru de temps ni d'heure, ainsi qu'il dut; et au dernier il avoit accordé une trêve, ses ennemis séans devant sa cité, et ardans et gâtans son pays. Ainsi s'en vouloit chacune partie attribuer l'honneur : si en pouvez déterminer entre vous, qui avez ouï les faits et qui les sentez, ce qu'il vous en semble; car de moi je n'en pense à nul lui donner l'honneur plus à l'un que à l'autre, ni en faire partie : car je ne me connois mie en si grands affaires comme en faits et en manicmens d'armes [1].

[1] Si cette phrase et plusieurs autres du même genre, qui se trouvent dans tous les manuscrits, n'avaient pas été omises dans les imprimés, elles auraient vraisemblablement épargné à Froissart le reproche de partialité envers l'Angleterre, qui lui a été fait trop gratuitement, et qu'on a répété tant de fois depuis sans examen.

CHAPITRE CXLVI.

Comment le roi Édouard s'en alla en Angleterre, et comment au parlement d'Arras les trèves furent alongées deux ans entre les deux rois.

Or se départirent les seigneurs du siége de Tournay et s'en ralla chacun en son lieu. Le roi anglois s'en revint à Gand devers sa femme, et assez tôt après il repassa la mer [1] et toutes ses gens, excepté ceux qu'il laissa pour être au parlement à Arras. Le comte de Hainaut s'en ralla en son pays. Et eut adonc une moult noble fête à Mons en Hainaut et joutes de chevaliers, à laquelle messire Girard de Werchin, sénéchal de Hainaut, fut et jouta; et y fut tellement blessé qu'il en mourut, dont ce fut dommage.

Le roi de France donna à toutes ses gens congé, et puis s'en vint jouer et rafraîchir en la ville de Lille; et là le vinrent voir ceux de Tournay, lesquels le roi reçut moult liement et vit très volontiers, et leur fit grâce, pourtant que si bel et si vaillamment ils s'étoient tenus et défendus contre leurs ennemis et que rien on n'avoit pris ni conquêté sur eux. La grâce qu'il leur fit fut telle qu'il leur rendit franchement leur loi que perdue avoient de long temps, dont ils furent moult joyeux; car messire Godemar du Fay et plusieurs autres chevaliers étrangers, devant lui, en avoient été gouverneurs : si firent entre eux prévôt et jurés, selon leur usage ancien.

Quand le roi eut ordonné à son plaisir une partie de ses besognes, il se partit de Lille et se mit au chemin devers France pour revenir à Paris [2] Or vint la saison que le parlement or-

[1] Édouard arriva en Angleterre le dernier novembre de cette année 1340, suivant le *Memorandum* rapporté par Rymer.

[2] On peut commencer à compter ici l'année 1341. Tous les pouvoirs donnés par Édouard à ses plénipotentiaires pour conclure une paix finale, ou du moins pour prolonger les trèves, sont datés de cette année : le premier est du 10 avril 1341, le second du 24 mai. On trouve à la même page un sauf-conduit, en date du 20 mai, accordé par Édouard à Charles de Montmorency et à Mathieu son frère, qui allaient en Angleterre sans doute pour traiter directement avec lui. On voit encore une lettre de ce prince adressée aux Flamands, en date du 18 juin, par laquelle on apprend que la trève, qui devait expirer le lendemain de la fête de saint Jean-Baptiste, fut prorogée jusqu'au 1er août, jour de la fête de saint Pierre-aux-Liens. On trouve ensuite un troisième pouvoir pour traiter avec la France, daté du 14 juillet; puis une lettre, en date du

donné et institué en la cité d'Arras approcha : si y envoya le pape Clément VI en légation deux cardinaux, cestui de Naples et cestui de Clermont[1], qui de premier vinrent à Paris, où ils furent moult honorés du roi de France et des François; et puis s'avalèrent devers Artois et jusques en la cité d'Arras.

A ce parlement, de par le roi de France, furent le comte d'Alençon, le duc de Bourbon, le comte de Flandre, le comte de Blois, et des prélats, l'archevêque de Sens, l'évêque de Beauvais, l'évêque d'Aucerre. De par le roi d'Angleterre, l'évêque de Lincolles, l'évêque de Duremmes, le comte de Varvich, qui étoit moult sage homme, messire Robert d'Artois, messire Jean de Hainaut et messire Henry de Flandre. Auquel parlement eut plusieurs traités et langages mis avant, et parlementèrent plus de quinze jours : mais rien n'y fut accordé ni affiné, car les Anglois demandoient et les François ne vouloient rien donner, fors tant seulement rendre la comté de Ponthieu, qui fut donnée à la roine Isabelle en mariage avec le roi d'Angleterre. Cette chose ne vouloient accorder les Anglois ni accepter. Si se départirent ces seigneurs de ce parlement, sans rien faire, fors tant que la trève fût ralongée de deux ans. Ce fut tout ce que les cardinaux purent impétrer. Après ce, chacun s'en ralla isnellement en son lieu, et revinrent adonc les deux cardinaux parmi Hainaut, à la prière du comte, qui grandement les fêta en la ville de Valenciennes.

Or nous déporterons-nous de parler de la matière des deux rois tant que les trèves dureront, qui furent assez bien tenues, exceptées les marches lointaines[1]; et entrerons en la grand' matière et histoire de Bretagne, qui grandement renlumine ce livre pour les beaux faits d'armes et grands aventures qui y sont ramentues, si comme vous pourrez en suivant ouïr. Et pour ce que vous sachiez véritablement le commencement et la racine de cette guerre et dont elle se meut, je le vous dirai et déclarerai de point en point. Si en direz votre entente, et quelle cause et droit messire Charles de Blois eut au grand héritage de Bretagne et d'autre part le comte de Montfort qui en fit fait et partie contre lui, dont tant de rencontres, de batailles et d'autres grands faits d'armes sont avenus en la dite duché de Bretagne et ès marches voisines.

CHAPITRE CXLVII.

Comment le duc de Bretagne mourut sans hoir male, et comment le comte de Montfort fut reçu à Nantes à duc et à seigneur.

A savoir est que, quand les trèves furent accordées et scellées devant la cité de Tournay, tous les seigneurs et toutes manières de gens se délogèrent d'une part et d'autre. Si s'en ralla chacun en sa contrée. Le duc de Bretagne qui avoit été en l'ost, droit là devant Tournay, avec le roi de France, plus grossement et plus étoffément que nul des autres princes, s'en retourna vers son pays en intention d'y revenir : mais il ne put, car une maladie le prit sur le chemin, dont il le convint aliter et mourir[2], dont ce fut dommage; car grands guerres et grands destructions de villes et de châteaux en avinrent entre les gens nobles et non nobles de son pays. Et pour chacun mieux informer pourquoi tous ces maux avinrent, j'en conterai aucune partie, ainsi que je sais, et que j'en ai enquis au pays mêmement, où j'ai été et conversé pour en mieux savoir la vérité, et à ceux aussi qui ont là été où je n'ai mie été, et qui ont vu et sçu ce que je n'ai mie pu voir et concevoir.

---

2 septembre, par laquelle Édouard annonce aux habitans de Bayonne que la trève est prolongée jusqu'à la Pentecôte de l'année 1342; enfin un ordre adressé au comte de Kent, daté du 27 du même mois, par lequel il lui enjoint de faire publier dans l'étendue de son comté, que la trève entre la France et l'Angleterre doit durer jusqu'au jour de saint Jean-Baptiste 1342.

[1] Froissart avance mal à propos d'un an la légation des deux cardinaux, puisque Clément VI, par qui ils étaient envoyés, ne fut élu pape que le 7 mai de cette année, douze jours après la mort de Benoît XII. Il se trompe aussi sur le nom d'un des deux légats : des historiens plus dignes de foi à cet égard nomment, à la vérité, comme lui, Annibal Ceccano, archevêque de Naples; mais selon eux, au lieu d'Étienne Aubert, cardinal évêque de Clermont, le pape joignit à Ceccano, Pierre des Prez, archevêque d'Aix, cardinal évêque de Preneste.

[1] Dans beaucoup de manuscrits de Froissart, le premier livre est divisé en quatre parties, et c'est ici qu'ils terminent tous la première partie. Il serait possible que Froissart n'eût en effet présenté que cette partie à la reine Philippe de Hainaut; car celle qui suit contient des détails sur la passion malheureuse d'Édouard pour la comtesse de Salisbury, détails que Froissart n'aurait sans doute pas cru convenable de présenter à la reine épouse d'Édouard.

[2] Jean III dit le Bon, mourut le 30 avril 1341, à Caen, d'où son corps fut transporté aux Carmes de Ploermel.

Ce duc de Bretagne, quand il trépassa de ce siècle, n'avoit nuls enfans, ni n'eut oncques de la duchesse sa femme, ni n'avoit en espérance d'en avoir. Si avoit un frère par son père qui avoit été, que on appeloit le comte de Montfort[1], qui vivoit adonc, et avoit cil à femme la sœur du comte Louis de Flandre. Ce duc de Bretagne avoit eu un autre frère germain de père et de mère, qui trépassé étoit[2]. Si en étoit demeurée une jeune fille, laquelle le dit duc son oncle avoit mariée à messire Charles de Blois, mains-né fils du comte Guy de Blois et de la sœur du roi Philippe de France, qui adonc régnoit; et lui avoit promis en mariage la duché de Bretagne après son décès, pourtant qu'il se doutoit que le comte de Montfort son frère ne voulsist clamer droit par proismeté après son décès, combien qu'il ne fût mie son frère germain. Et sembloit au dit duc que la fille de son germain frère devoit être par raison plus prochaine d'avoir la duché de Bretagne après son décès, que le comte de Montfort son frère de père. Et pourtant qu'il avoit toujours douté que le comte de Montfort n'enforçât après son décès le droit de sa jeune nièce par sa puissance, la maria-t-il au dit messire Charles de Blois, à cette intention que le roi Philippe, qui étoit son oncle, lui aidât mieux et plus volontiers à garder son droit encontre le dit comte de Montfort, s'il le vouloit entreprendre.

Si avint tout ce que le dit duc avoit toudis douté; car si tôt que le comte de Montfort put savoir que le dit duc son frère fut trépassé sur le chemin de Bretagne, il se traist tantôt à Nantes, qui est le chef et la souveraine cité de Bretagne, et fit tant aux bourgeois et à ceux du pays environ, qu'il fut reçu comme seigneur et comme le plus prochain du duc son frère qui trépassé étoit; et lui firent tous féauté et hommage, comme à duc de Bretagne et à seigneur.

Quand il eut pris la féauté des bourgeois de Nantes et du pays d'entour Nantes, il et la comtesse sa femme, qui bien avoit cœur d'homme et de lion, eurent conseil ensemble qu'ils tiendroient une grand'cour et fête solennelle à Nantes, et manderoient tous les barons et nobles de Bretagne et les conseils des bonnes villes et de toutes les cités, qu'ils voulsissent être et venir à cette cour, pour faire féauté à lui, comme à leur droit seigneur. Quand ce conseil fut accordé, ils envoyèrent grands messages par tous les seigneurs, les cités et les bonnes villes du pays.

CHAPITRE CXLVIII.
Comment ceux de Limoges reçurent le comte de Montfort comme droit seigneur; et comment les barons de Bretagne ne voulurent venir à son mandement.

Cependant, et la fête attendant, il se partit de Nantes à grand'foison de gens d'armes, et s'en alla vers la bonne cité de Limoges; car il savoit et étoit informé que le grand trésor que le duc son frère avoit amassé de long temps étoit là enfermé. Quand il vint là, il entra en la cité en grand bobant; et fut noblement reçu des bourgeois, de tout le clergé et de la communauté de la cité; et lui firent tous féauté, comme à leur droit seigneur; et lui fut tout ce grand trésor délivré par le grand accord qu'il acquit aux bourgeois de la cité, par grands dons et promesses qu'il leur fit. Et quand il eut là tant fêté et séjourné qu'il lui plut, il s'en partit atout le grand trésor, et s'en revint droit à Nantes, là où madame sa femme étoit, qui eut grand'joie du grand trésor que son sire avoit trouvé. Si demeurèrent à Nantes tous cois, grand'fête demenans, jusques au jour que la fête devoit être et la grand'cour tenue; et faisoient grands pourvéances pour cette grand'fête parfournir.

Quand le jour de cette fête fut venu, et nul n'y venoit, pour mandement que fait lui fut, fors un seul chevalier qu'on appeloit messire Hervey de Léon, noble homme et puissant, le comte de Montfort et la comtesse sa femme en furent durement courroucés et ébahis. Si firent leur fête par trois jours des bourgeois de Nantes et des bonnes gens de là entour, au mieux qu'ils purent; et eurent grand dépit des autres qui n'eurent daigné venir à leur mandement. Et eurent conseil entre eux de retenir soudoyers à cheval et à pied, tous ceux qui venir voudroient, et de départir ce grand trésor que trouvé avoient, pour mieux venir le dit comte à son propos de la

---

[1] Jean, comte de Montfort, était fils d'Artur II, duc de Bretagne, et d'Ioland de Dreux sa seconde femme.

[2] Guy de Bretagne, comte de Penthièvre, mort en 1331, était fils, ainsi que Jean III, d'Artur II et de Marie, fille de Guy, vicomte de Limoges. Il avait épousé Jeanne d'Avaugour de laquelle il laissa une fille unique nommée Jeanne qui épousa Charles de Blois, fils puîné de Guy, comte de Blois, et de Marguerite, sœur de Philippe de Valois.

dite duché de Bretagne, et pour contraindre tous rebelles de venir à sa merci. A ce conseil se tinrent tous ceux qui là furent, chevaliers, clercs et bourgeois; et furent retenus soudoyers venans de tous côtés, et largement payés; tant qu'ils en eurent grand'plenté et à cheval et à pied, nobles et non nobles, de plusieurs pays.

CHAPITRE CXLIX.

Comment le comte de Montfort alla à grand'foison de gens d'armes pour prendre Brest, et comment ceux de la ville se rendirent à lui.

Quand le comte de Montfort perçut qu'il avoit gens à plenté, il eut conseil d'aller conquérir par force ou par amour tout le pays, et détruire tous rebelles à son pouvoir. Puis issit hors de la cité de Nantes à grand ost : si se retraist pardevers un moult fort châtel qui siéd d'un côté sur mer, qu'on appelle Brest; et en étoit gardien et châtelain un gentil chevalier que on appeloit messire Garnier de Clisson[1], cousin au duc qui mort étoit, et cousin à messire Olivier de Clisson, un noble chevalier et un des plus hauts barons de Bretagne. Ainçois que le dit comte venist à Brest, il avoit si contraint tous ceux du commun pays, fors des forteresses, que chacun le suivoit à cheval ou à pied, que nul ne l'osoit laisser; si que il avoit si grand ost que merveilles étoit. Quand il fut parvenu devant le châtel de Brest atout son ost, il fit appeler le chevalier, messire Garnier de Clisson dessus dit, par messire Hervey de Léon, qui là étoit venu avec lui, et requit au dit messire Garnier qu'il voulsist obéir à lui et rendre la ville et le châtel comme au duc de Bretagne et à son seigneur. Le chevalier répondit qu'il n'étoit point conseillé de ce faire, ni rien n'en feroit, ni ne le tiendroit à seigneur, si mandement n'en avoit et enseignes du seigneur à qui il devoit être par droit. Adonc se retraist le dit comte arrière, et défia le dit chevalier et ceux du châtel et de la ville.

Lendemain, quand il eut ouï messe, il commanda que tous fussent armés, et fit assaillir le château, qui moult étoit fort et bien pourvu et appareillé pour lui défendre; et messire Garnier de Clisson, qui preux étoit, sage et hardi, fit aussi toutes ses gens armer, qui bien étoient trois cents armures de fer et bons combattans, et fit chacun aller à sa défense, là où il les avoit ordonnés et établis, et en prit environ quarante des plus hardis, et s'en vint hors du château jusques aux barrières pour les défendre s'il put, quand il vit les assaillans venir tous embataillés. A ce premier assaut eut très grand hutin et très durement trait et lancé, et tout plein de morts et de navrés de ceux de dehors; et y fit le dit chevalier tant de beaux faits d'armes que on le devoit bien tenir pour preux. Mais au dernier, il y survint si grand'foison des assaillans, et si les semonnoit le comte si âprement, que chacun s'efforçoit et pénoit d'assaillir, et mettoit en aventure. Si que, au dernier, les barrières furent gagnées, et convint les derniers retraire vers la forteresse à grand meschef, car les assaillans se férirent entre eux et en tuèrent aucuns; et le chevalier, qui y faisoit merveilles d'armes, les rescouoit ce qu'il pouvoit, et les mettoit à sauveté dedans la maître porte.

Quand ceux qui étoient sur la porte virent le grand meschef, ils eurent paour de perdre le château; si laissèrent avaler le grand rastel, et encloirent le chevalier dehors, et aucuns de ses compagnons qui se combattoient fort à ceux de dehors. Là fut le bon chevalier à grand meschef et durement navré en plusieurs lieux, et ses compagnons, qui hors étoient forclos, presque tous morts; ni oncques ne se voulut rendre prisonnier pour requête que on lui fit. Quand ceux du châtel virent le grand meschef là où le chevalier étoit, et comment il se défendoit, si s'efforcèrent de traire et de jeter de grosses pierres à faix, tant qu'ils firent les assaillans traire arrière, et resachèrent sus un peu le rastel, par quoi le chevalier entra dedans la porte durement blessé et navré en plusieurs lieux, et aucuns de ses compagnons, qui demeurés avec lui étoient, tous navrés aussi; et les assaillans se retrairent arrière à leur logis, durement travaillés, et les aucuns blessés et navrés, et le comte de Montfort durement courroucé de ce que le chevalier lui étoit échappé.

Lendemain il fit faire et appareiller instrumens et engins pour plus fort assaillir le châtel, et bien dit qu'il ne s'en partiroit pour bien ni pour mal, s'il l'auroit à sa volonté. Au tiers jour après il entendit, par une espie, que le

---

[1] Il est nommé Gauthier de Clisson dans *l'Histoire de Bretagne*.

bon chevalier messire Garnier de Clisson étoit trépassé des plaies et des blessures qu'il avoit reçues en soi défendant, si comme voir étoit, dont ce fut pitié et dommage : si commanda tantôt que chacun s'armât pour recommencer l'assaut. Chacun à son commandement s'appareilla, au mieux qu'il put, et allèrent recommencer l'assaut moult vigoureusement. Et adonc le comte fit traire avant aucuns instrumens qui faits étoient, et grands merrains pour jeter outre les fossés pour venir au mur du châtel. Ceux de dedans se défendirent très durement de traire et jeter pierres, feu et pots pleins de chaux, jusques environ midi. Adonc les fit requérir le comte qu'ils se voulsissent rendre et le tenir à seigneur, et il leur pardonneroit son mautalent. Ils eurent conseil longuement, tant que le comte fit cesser l'assaut : au dernier, quand ils se furent longuement conseillés, ils se rendirent de plein accord au dit comte, sauf leurs corps, leurs membres et leur avoir. Si entra ledit comte dedans le châtel de Brest à peu de gens, et reçut la féauté de tous les hommes de la châtellenie, et y établit un chevalier pour châtelain en qui moult se fioit ; puis revint à ses tentes tout joyeux.

CHAPITRE CL.

Comment le comte de Montfort se partit de Brest et s'en vint devant la cité de Rennes, et comment ceux de la cité se rendirent à lui et lui firent féauté et hommage.

Quand le comte de Montfort fut revenu entre ses gens et il eut établi ses gardes au châtel de Brest, il eut conseil qu'il se trairoit devers la cité de Rennes, qui étoit assez près de là. Si fit déloger ses gens et traire devers le chemin de Rennes ; et partout où il venoit il faisoit rendre toute manière de gens et faire féauté à lui comme à leur droit seigneur, et emmenoit tous ceux qui se pouvoient aider avec lui, pour enfortier son ost, et ils ne l'osoient refuser ni delaier, pour doute de leurs corps ; et alla tant ainsi qu'il vint devant la cité de Rennes. Si fit tendre ses tentes, et ses gens loger entour la ville et entour les faubourgs.

Quand ceux de la cité de Rennes virent cet ost loger entour leur ville et entour les faubourgs, ils firent grand semblant d'eux défendre ; et avoient avec eux un gentilhomme chevalier, preux et hardi durement, qui demeuroit assez près de là, et l'aimoient entre eux trop fort pour la loyauté de lui, et l'avoient élu et pris pour leur gouverneur et capitaine, et avoit nom messire Henry de Pennefort. Si avint un jour qu'il eut volonté de destourber les gens de l'ost ; si pourchassa tant qu'il eut deux cents hommes de bonne volonté, et issit hors à l'aube du jour, et se férit en l'un des côtés de l'ost à toute sa compagnie : si abattit tentes et logis, et en tua aucuns, par quoi le cri et le hahay monta tantôt en l'ost ; et cria chacun alarme, et se commencèrent à défendre. Droit à ce point se repairoit un chevalier qui avoit fait le guet cette nuit pardevers l'ost à toute sa compagnie ; si ouït le cri et le hahay, et se traist cette part au férir des éperons, et encontra le chevalier et toute sa compagnie qui s'en retournoient vers la cité : si leur coururent sus vigoureusement, et eurent bon poignis et fort. Après eux venoient ceux de l'ost courant, à fait qu'ils étoient armés.

Quand ceux de la cité virent le faix qui leur croissoit, ils se déconfirent et s'enfuirent vers la cité tant qu'ils purent ; mais il en demeura grand foison de morts et de pris ; et si fut pris le chevalier que tant aimoient, messire Henry de Pennefort, et amené devant le comte qui le vit volontiers.

Quand tous furent retournés à leur ost, le comte eut conseil qu'il enverroit le chevalier prisonnier par devant la cité, et feroit requérir les bourgeois qu'ils lui voulsissent rendre la cité et lui faire féauté, comme à leur seigneur, ou il feroit pendre le chevalier devant la porte, pour ce qu'il avoit entendu que le chevalier étoit trop fort aimé de toute la communauté de Rennes. Ainsi fut fait que conseillé fut. Quand ceux de la cité virent cette requête, et virent le chevalier qu'ils aimoient tant à tel meschef, si en eurent grand pitié, et se trairent en la cité pour eux conseiller sur cette requête qu'on leur avoit faite : si se conseillèrent moult longuement, car grand'dissention étoit entr'eux ; car le commun avoit grand pitié du chevalier qu'ils aimoient durement, et avoient peu de pourvéances pour le siége longuement soutenir. Si s'accordèrent finalement tous à la paix ; et les grands bourgeois qui étoient bien pourvus ne s'y vouloient accorder : si montepliâ la dissention si dure que les grands bourgeois, qui étoient tous d'un lignage, se trairent tous d'une part et dirent tout en haut que ceux qui étoient de leur accord se traissent d'une part avec eux. Il s'en traist tant de ceux qui étoient de leur lignage, qu'ils furent bien deux mille tous d'un accord. Quand l'autre commun vit ce, il se commença à émouvoir et à crier durement sur les grands bourgeois, disant sur eux laides paroles et vilaines; et au dernier leur coururent sus et en tuèrent grand foison. Quand les grands bourgeois se virent à tel meschef, ils crièrent merci, et dirent qu'ils s'accorderoient à la volonté du commun et du pays. Adonc cessa le hutin, et coururent ceux du commun ouvrir les portes, et rendirent la dite cité au comte de Montfort, et lui firent féauté et hommage, grands et petits, et le reconnurent à seigneur : aussi fit le chevalier messire Henry de Pennefort, et fut retenu de son conseil.

CHAPITRE CLI.

Comment ceux de Hainnebon, de Vennes, d'Auroy, de Goyla-Forêt et ceux de Craais se rendirent au comte de Montfort.

Adonc entra le comte de Montfort en la cité de Rennes à grand'fête; et fit son ost tout coi loger aux champs; et fit la paix et l'accord entre les grands bourgeois et le commun; et puis établit baillis, prévôt, échevins, sergens, et tous autres officiers; et séjourna en la cité trois jours, pour reposer, et tout son ost aussi, et pour avoir avis qu'il feroit de là en avant. Le quart jour il fit son ost déloger, et eut conseil de soi retraire vers un des forts châteaux et forte ville, sans comparaison, de toute Bretagne, que on appeloit Hainnebon; et siéd droitement sur un bon port de mer, et en va le fleuve tout autour par grands fossés.

Quand messire Henry de Pennefort, qui étoit rendu au comte et avoit juré son conseil, vit que le comte se trairoit pardevers Hainnebon, dont Olivier de Pennefort son frère avoit été gouverneur un grand temps, et encore étoit, il eut peur qu'il ne mes-chut à son frère par aucune aventure : si traist le comte d'une part à conseil et lui dit : « Sire, je suis de votre conseil, si vous dois féauté; je vois que vous voulez traire devers Hainnebon; sachez que le châtel et la ville sont si forts qu'ils ne sont mie à gagner, si comme vous pourriez penser : vous y pourriez seoir et perdre le temps d'un an, aincois que vous les pussiez avoir par force; mais je vous dirai, si croire me voulez, comment vous les pourrez avoir. Il fait bon ouvrer par engin, quand on ne peut avant aller par force. Vous me baillerez, s'il vous plaît, jusques à six cents hommes d'armes à faire ma volonté, et je les mènerai devant votre ost par l'espace de quatre lieues, et porterai la bannière de Bretagne devant moi. J'ai un frère dedans qui est gouverneur du châtel et de la ville : tantôt qu'il verra la bannière de Bretagne et il me connoîtra, il me fera ouvrir les portes; et je entrerai dedans à toutes mes gens, et me saisirai de la ville et des portes, et prendrai mon frère, et vous le rendrai pris et à votre volonté si tôt il n'obéit à moi, mais que vous me promettez que du corps mal ne lui ferez. » — « Par mon chef, dit le comte, nennil; et vous êtes bien avisé, et vous aimerai mieux que devant à toujours mais, si ainsi faites que je sois seigneur de Hainnebon, de la ville et du châtel. »

Adonc se partit messire Henry de Pennefort de la route du comte de Montfort, en sa compagnie bien six cents armures de fer, et chevaucha un jour tout le jour, et sur le soir il vint à Hainnebon. Quand Olivier Pennefort son frère sçut que messire Henry venoit là, il en eut grand'joie, et cuida tout certainement que ce fut pour lui aider à garder la ville. Si le laissa entrer dedans et ses gens d'armes, et vint contre lui sur la rue. Si tôt que messire Henry le vit, il s'approcha de lui, et lui dit : « Olivier, vous êtes mon prisonnier. » — « Comment, ce répondit Olivier, messire Henry, je me suis confié en vous et cuidois que vous venissiez ci pour me aider à garder cette ville et ce châtel ? » — « Beau frère, dit messire Henry, il ne va point ainsi; je m'en mets en saisine et possession, de par le comte de Montfort, qui présentement est duc de Bretagne, et à qui j'ai fait féauté et hommage, et toute la plus grand'partie du pays : si lui obéirez aussi, et encore vaut mieux que ce soit par amour que par force; et vous en saura monseigneur meilleur gré. »

Tant fut Olivier de Pennefort pressé et amonnesté de messire Henry son frère, qu'il s'accorda à lui, et au comte de Montfort aussi qui entra dedans Hainnebon à grand'joie, et fut plus lie de la prise et saisine de Hainnebon que de tels quarante châteaux qui sont en Bretagne; car il y a bonne ville et grosse, et bon port de mer.

Si se saisit de la ville tantôt et du fort châtel, et mit ses gens dedans et ses garnisons; et puis se traist à tout son ost par devant la cité de Vennes, et fit tant parler et traiter aux bourgeois et à ceux de Vennes, qu'ils se rendirent à lui et lui firent féauté et hommage comme à leur seigneur. Si établit en la cité toutes manières d'officiers et y séjourna deux jours. Le tiers jour il se partit et alla assiéger un très fort châtel que on appelle la Roche-Periou. Si en étoit châtelain un chevalier et moult gentil homme que on appelle messire Olivier de Clisson, cousin germain au seigneur de Clisson; et séjourna devant, à siége fait, plus de dix jours que oncques ne put trouver voie par quoi on pût le château gagner, si fort étoit-il; et si ne pouvoit trouver accord au gentil chevalier par quoi il voulsist obéir à lui, ni par promesses, ni par menaces qu'il lui put faire. Si s'en partit atant le comte, et laissa le siége jusques à tant que plus grand pouvoir lui venroit, et alla assiéger un autre châtel à dix lieues près de là, que on appeloit château d'Auroy; et en étoit châtelain un moult gentil chevalier que on appeloit messire Geffroy de Malestroit, et avoit à compagnon messire Yvon de Treseguidy. Le dit comte fit assaillir deux fois celui châtel; mais il vit qu'il y pouvoit plus perdre que gagner; si s'accorda à une trêve et à jour de parlement, par le pourchas de messire Hervey de Léon, qui adonc étoit avec lui. Le parlement se porta si bien que au dernier ils furent bons amis, et firent les deux chevaliers féauté et hommage au dit comte, et demeurèrent gardiens du dit châtel et de celui pays de par ledit comte.

Atant se partit le comte de là, et mena son ost par devant un autre château assez près de là que on appelle Goy-la-Forêt. Celui qui en étoit châtelain véoît que le comte avoit grand ost et que tout le pays se rendoit à lui; si que, par l'ennort et conseil messire Hervey de Léon, avec qui il avoit été grand compain en Grenade et en Prusse[1] et en autres étranges contrées, il s'accorda audit comte, et lui fit féauté; et demeura gardien du dit châtel de par le comte.

Tantôt après, le comte se partit de là et s'en alla pardevers Craais, bonne ville et fort châtel, et avoit dadans un évêque qui sire en étoit[1]. Cet évêque étoit oncle au dit messire Hervey de Léon; si que, par le conseil et l'amour dudit messire Hervey, il s'accorda au dit comte, et le reconnut à seigneur, jusques à ce que autre viendroit avant, qui plus grand droit montreroit pour avoir la duché de Bretagne. Car toujours le dit évêque faisoit protestation que toute la manière du traité et de l'accord fait entre lui et mon seigneur Hervey de Léon son neveu seroient nuls, au cas qu'il viendroit aucun hoir plus prochain du comte de Montfort, et qui pourroit montrer avoir meilleur droit en la duché de Bretagne; et que à celui-ci il feroit féauté et hommage et se rendroit à lui avec toutes ses forteresses et tout son pays. Et toutes ces choses fit-il ennuis; ni jamais ne s'y fût accordé bonnement, si n'eût été par l'admonestement et sermon du dit monseigneur Hervey de Léon son neveu, qui sur ce lui montra tant de belles raisons que au dernier il s'accorda au dit monseigneur le comte de Montfort et lui fit féauté et hommage, ainsi que vous avez ci-devant ouï recorder. Après ces choses ainsi accordées et faites, le dit évêque de Craais fit tantôt ouvrir les portes de la bonne ville, et du châtel de Craais avec, qui siéd sur la mer; et puis entra dedans le comte de Montfort, monseigneur Hervey de Léon, monseigneur Henry de Pennefort et plusieurs autres bons chevaliers et écuyers. Et l'ost demeura entour la ville, et se logea chacun au mieux qu'il put, et fourragèrent sur le plat pays, ni rien ne

---

[1] Les habitans de la Prusse, qui étaient presque tous païens, ayant défait dans une bataille, Conrad, duc de Mazovie, il implora contre eux le secours du pape et de l'empereur. Frédéric II proposa aux chevaliers de l'ordre Teutonique, qui avaient été obligés d'abandonner la Palestine, de tenter la conquête de la Prusse, et engagea le duc de Mazovie à leur céder Culm et Dobrzin. Ils s'y établirent vers l'année 1226, et ne cessèrent depuis cette époque de faire la guerre aux Prussiens jusqu'à leur entière soumission à l'ordre Teutonique et leur conversion au christianisme. Les chevaliers des différentes nations de l'Europe, avides de gloire, surtout de celle qui s'acquérait en combattant contre les infidèles, s'empressaient d'aller servir sous les étendards du grand-maître des chevaliers teutons, et de satisfaire ainsi leur passion pour la guerre, en même temps qu'ils gagnaient les pardons et les indulgences que les papes accordaient à tous ceux qui prenaient les armes contre les ennemis de la foi. L'ardeur des chevaliers français pour les expéditions de Prusse est attestée par tous nos historiens.

[1] Alain le Gal, évêque de Quimper.

demeuroit devant eux, si il n'étoit trop chaud ou trop pesant. Le comte et ses plus privés, monseigneur Hervey de Léon et les autres seigneurs étoient en la ville, où ils furent moult grandement fêtés du dit évêque, car bien y avoit de quoi. Et lendemain s'en partit le dit comte et tout son ost.

CHAPITRE CLII.

Comment le comte de Montfort s'en alla en Angleterre et fit hommage au roi d'Angleterre de la duché de Bretagne.

Pourquoi vous ferois-je long conte ? En telle manière conquit le dit comte de Montfort tout ce pays que vous avez ouï, et se fit partout appeler duc de Bretagne; puis s'en alla à un port de mer que on appelle Gredo [1], et départit toutes ses gens, et les envoya en ses cités et forteresses pour elles aider à garder; puis se mit en mer atout vingt chevaliers, et nagea tant qu'il vint en Cornuaille et arriva à un port que on dit Cepsée [2]. Si enquit là du roi anglois où il le trouveroit ; et lui fut dit que le plus de temps il se tenoit à Windesore. Adonc chevaucha-t-il cette part et toute sa route; et fit tant par ses journées qu'il vint à Windesore, où il fut reçu à grand joie du roi, de madame la roine, et de tous les barons qui là étoient; et fut grandement fêté et honoré, quand on sçut pourquoi il étoit là venu.

Premièrement il montra au roi anglois, à messire Robert d'Artois et à tout le conseil du roi ses besognes, et dit comment il s'étoit mis en saisine et possession de la duché de Bretagne, qui échue lui étoit par la possession du duc son frère, dernièrement trépassé. Or faisoit-il doute que messire Charles de Blois ne l'empêchât, et le roi de France ne lui voulsist r'ôter par puissance; par quoi il s'étoit là trait pour relever la dite duché et tenir en foi et hommage du roi d'Angleterre à toujours, mais qu'il l'en fît sûr contre le roi de France et contre tous autres qui empêcher le voudroient.

Quand le roi anglois eut ouï ces paroles, il y entendit volontiers, car il regarda et imagina que sa guerre du roi de France en seroit embellie, et qu'il ne pouvoit avoir plus belle entrée au royaume ni plus profitable que par

[1] *Coredon*, village sur le bord d'une petite anse, à l'ouest de Saint-Pol-de-Léon. — [2] *Chertsey*

Bretagne; et que tant qu'il avoit guerroyé par les Allemands et les Flamands et les Brabançons, il n'avoit rien fait, fors que frayé et dépendu grandement et grossement; et l'avoient mené et demené les seigneurs de l'Empire, qui avoient pris son or et son argent, ainsi qu'ils avoient voulu, et rien n'avoit fait [1]. Si descendit à la requête du comte de Montfort liement et légèrement, et prit hommage de la dite duché [2], par la main du comte de Montfort, qui se tenoit et appeloit duc; et là lui convenança le roi anglois, présens les barons et les chevaliers d'Angleterre et ceux qu'il avoit amenés avec lui de Bretagne, qu'il l'aideroit et défendroit et garderoit comme son homme, contre tout homme, fût le roi de France ou autres, selon son loyal pouvoir.

De ces paroles et de cet hommage furent écrites et lues lettres et scellées, dont chacune des parties eut les copies. Avec tout ce le roi et la roine donnèrent au comte de Monfort et à ses gens grands dons et beaux joyaux, car bien le savoient faire, et tant qu'ils en furent tous contens, et qu'ils dirent que c'étoit un noble roi et vaillant, et une noble roine, et qu'ils étoient bien taillés de régner encore en grand'prospérité. Après

[1] Édouard devait être d'autant plus empressé à secourir le comte de Montfort, pour se ménager une entrée en France par la Bretagne, que les Flamands paraissaient se repentir de s'être déclarés pour lui contre Philippe de Valois, et que l'empereur et la plupart des princes de l'Empire avaient abandonné son alliance, ou du moins étaient sur le point d'y renoncer. Les lettres par lesquelles Louis de Bavière révoque le titre de vicaire de l'Empire, qu'il lui avait conféré, et lui offro d'être le médiateur de la paix entre Philippe et lui, sont datées du 25 juin de cette année 1341.

[2] Il serait possible que Froissart eût confondu cet hommage avec celui que le comte de Montfort fit au roi d'Angleterre pour le comté de Richmond, qui était échu au roi par la mort du comte Jean. La procuration pour traiter avec le duc de Bretagne et les pouvoirs pour recevoir son hommage pour les terres du comté de Richmond furent donnés à l'archevêque de Canterbury et à sir Walter Scroop, tous deux en date du 13 mars 1331. On ne trouve à cette époque aucune trace de l'hommage du duché de Bretagne ni dans Rymer, ni dans les preuves de l'histoire de Bretagne. Peut-être le comte de Montfort se borna-t-il alors à la promesse de faire cet hommage, dans le cas où Philippe de Valois, refusant de l'investir du duché, Édouard l'aideroit à s'en mettre en possession et à s'y maintenir. Quoi qu'il en soit, il porta certainement à ce prince l'hommage de la Bretagne, en 1346, après s'être enfui de la tour du Louvre, où il avait été détenu prisonnier pendant plusieurs années : l'acte est daté du 20 mai de cette année.

toutes ces choses faites et accomplies, le comte de Montfort prit congé et se partit d'eux et passa Angleterre, et entra en mer en ce même port où il étoit arrivé ; et nagea tant qu'il vint à Gredo, en la Basse-Bretagne ; et puis s'en vint en la cité de Nantes, où il trouva la comtesse sa femme, à qui il recorda comment il avoit exploité. De ce fut-elle toute joyeuse, et lui dit qu'il avoit très bien ouvré et par bon conseil. Si me tairai un petit d'eux et parlerai de messire Charles, qui devoit avoir la duché de Bretagne de par sa femme, ainsi que vous avez ouï déterminer ci-devant.

CHAPITRE CLIII.

Comment, par le conseil des douze pairs de France, le comte de Montfort fut ajourné à Paris, et comment il y vint et puis s'en partit sans le congé du roi.

Quand messire Charles de Blois qui se tenoit, à cause de sa femme, être droit hoir de Bretagne, entendit que le comte de Montfort conquéroit ainsi par force le pays et les forteresses qui être devoient siennes par droit et par raison, il s'en vint à Paris complaindre au roi Philippe son oncle. Le roi Philippe eut conseil à ses douze pairs quelle chose il en feroit. Ses douze pairs lui conseillèrent qu'il appartenoit bien que le dit comte fût mandé et ajourné par suffisans messages à être un certain jour à Paris, pour ouïr ce qu'il en voudroit répondre. Ainsi fut fait : le dit comte fut mandé et ajourné suffisamment ; et fut trouvé en la cité de Nantes grand'fête démenant. Il fit grand'chère et grand'fête aux messages ; mais il eut plusieurs diverses pensées ainçois qu'il ottriât la voie d'aller au mandement du roi à Paris. Toutes voies au dernier, il répondit qu'il vouloit être obéissant au roi et qu'il iroit volontiers à son mandement. Si s'ordonna et appareilla moult grandement et richement, et se partit en grand arroy et bien accompagné de chevaliers et d'écuyers, et fit tant par ses journées qu'il entra à Paris avec plus de quatre cent chevaux, et se traist en son hôtel moult ordonnément, et fut là tout le jour et la nuit aussi. Lendemain, à heure de tierce [1], il monta à cheval, et grand'foison de chevaliers et écuyers avec lui, et chevaucha vers le palais, et fit tant qu'il y vint. Là l'attendoit le roi Philippe et tous les douze pairs et grand'plenté des barons de France avec messire Charles de Blois.

Quand le comte de Montfort sçut quelle part il trouveroit le roi et les barons, il se traist vers eux en une chambre où ils étoient tous assemblés. Si fut moult durement regardé et salué de tous les barons ; puis s'en vint incliner devant le roi moult humblement, et dit : « Sire, je suis ci venu à votre mandement et à votre plaisir. » Le roi lui répondit et dit : « Comte de Monfort, de ce vous sais-je bon gré ; mais je m'émerveille durement pourquoi ni comment vous avez osé entreprendre de votre volonté la duché de Bretagne, où vous n'avez aucun droit ; car il y a plus prochain de vous que vous en voulez déshériter ; et pour vous mieux efforcer, vous êtes allé à mon adversaire d'Angleterre, et l'avez de lui relevée, ainsi comme on le m'a conté. » Le comte répondit et dit : « Ha ! cher sire, ne le croyez pas, car vraiment vous êtes de ce mal informé ; je le ferois moult ennuis ; mais la prochaineté dont vous me parlez, m'est avis, sire, sauve la grâce de vous, que vous en méprenez ; car je ne sçais nul si prochain du duc mon frère dernièrement mort comme moi ; et si jugé et déclaré étoit par droit que autre fût plus prochain de moi, je ne serois jà rebelle ni honteux de m'en déporter. »

Quand le roi entendit ce, il répondit et dit : « Sire comte, vous en dites assez, mais je vous commande, sur quant que vous tenez de moi et que tenir en devez, que vous ne vous partez de la cité de Paris jusques à quinze jours que les barons et les douze pairs jugeront de cette prochaineté : si saurez adonc quel droit vous y avez ; et si vous le faites autrement, sachez que vous me courroucerez. » Le comte répondit et dit : « Sire, à votre volonté. » Si se partit adonc du roi et vint à son hôtel pour dîner.

Quand il fut en son hôtel venu, il entra en sa chambre et se commença à aviser et penser que, s'il attendoit le jugement des barons et des pairs de France, le jugement pourroit bien tourner contre lui ; car bien lui sembloit que le roi seroit plus volontiers partie pour messire Charles de Blois, son neveu, que pour lui ; et véoit bien que s'il avoit jugement contre lui, que le roi le feroit arrêter jusques à ce qu'il auroit tout rendu, cités, villes et châteaux, dont

---

[1] Avant midi.

[1341]

lors il tenoit la saisine et possession ; et avec tout ce tout le grand trésor qu'il avoit trouvé et dépendu. Si lui fut avis, pour le moins mauvais, qu'il lui valoit mieux qu'il courrouçât le roi et s'en rallât paisiblement devers Bretagne, que il demeurât à Paris en danger et en si périlleuse aventure. Ainsi qu'il pensa ainsi fut fait : si monta à cheval paisiblement et ouvertement, et se partit, à si peu de compagnie, qu'il fut ainçois en Bretagne revenu que le roi ni autres, fors ceux de son conseil, sçussent rien de son département ; mais pensoit chacun qu'il fût dehaité en son hôtel.

Quand il fut revenu de-lez la comtesse sa femme, qui étoit à Nantes, il lui conta son aventure ; puis s'en alla, par le conseil de sa femme, qui avoit bien cœur de lion et d'homme, par toutes les cités, châteaux et bonnes villes qui étoient à lui rendues, et établit partout bons capitaines, et si grand' plenté de soudoyers à pied et à cheval, qu'il y convenoit, et grands pourvéances de vivres à l'avenant ; et paya si bien tous soudoyers à pied et à cheval que chacun le servoit volontiers. Quand il eut tout ordonné, ainsi qu'il appartenoit, il s'en revint à Nantes de-lez sa femme et de-lez les bourgeois de la cité, qui durement l'aimoient, par semblant, pour les grands courtoisies qu'il leur faisoit. Or me tairai un petit de lui et retournerai au roi de France et à son neveu messire Charles de Blois.

CHAPITRE CLIV.

Comment les douze pairs et les barons de France jugèrent que messire Charles de Blois devoit être duc de Bretagne ; et comment ledit messire Charles les prie qu'ils lui veuillent aider.

Chacun doit savoir que le roi de France fut durement courroucé, aussi fut messire Charles de Blois, quand ils sçurent que le comte de Montfort leur fût ainsi échappé, et s'en étoit allé, ainsi que vous avez ouï. Toutes voies ils attendirent jusques à la quinzaine que les pairs et les barons de France devoient rendre leur jugement de la duché de Bretagne. Si l'adjugèrent à messire Charles de Blois, et en ôtèrent le comte de Montfort par deux raisons ; l'une pourtant que la femme de messire Charles de Blois, qui étoit fille du frère germain du duc qui mort étoit, de par le père dont la duché venoit, étoit plus prochaine que n'étoit le comte de Montfort, qui étoit d'un autre père, qui oncques n'avoit été duc de Bretagne : l'autre raison si étoit que, s'il fût ainsi que le comte de Montfort y eût aucun droit, si l'avoit-il forfait par deux raisons ; l'une pourtant qu'il l'avoit relevée d'autre seigneur que du roi de France, de qui on la devoit tenir en fief ; l'autre raison pour ce qu'il avoit trépassé le commandement de son seigneur le roi et brisé son arrêt et sa prison, et s'en étoit parti sans congé.

Quand ce jugement fut rendu par pleine sentence de tous les barons, le roi appela messire Charles de Blois et lui dit : « Beau neveu, vous avez jugement pour vous de bel héritage et grand ; or vous hâtez et pénez de le reconquérir sur celui qui le tient à tort ; et priez tous vos amis qu'ils vous veuillent aider à ce besoin ; et je ne vous y faudrai mie : ains vous prêterai or et argent, et dirai à mon fils le duc de Normandie qu'il se fasse chef avec vous ; et vous prie et commande que vous vous hâtiez, car si le roi anglois notre adversaire, de qui le comte de Montfort a relevé la duché de Bretagne, y venoit, il nous pourroit porter grand dommage, et ne pourroit avoir plus belle entrée pour venir par deçà, mêmement quand il auroit le pays et les forteresses de Bretagne de son accord. »

Adonc messire Charles de Blois s'inclina devant son oncle, en le remerciant durement de ce qu'il disoit et promettoit. Si pria tantôt le duc de Normandie son cousin, le comte d'Alençon son oncle, le duc de Bourgogne, le comte de Blois son frère, le duc de Bourbon, messire Louis d'Espaigne, messire Jacques de Bourbon, le comte d'Eu, connétable de France, et le comte de Ghines son fils, le vicomte de Rohan, et en après, tous les comtes et les princes et les barons qui là étoient, qui tous lui convenancèrent qu'ils iroient volontiers avec lui et avec leur seigneur de Normandie, chacun à tant de gens et de compagnie qu'il pourroit avoir. Puis se partirent tous les princes et les barons de deçà et de partout, pour eux appareiller et pour faire leurs pourvéances, ainsi qu'il leur besognoit, pour aller en si lointain pays et en si diverses marches ; et bien pensoient qu'ils ne pourroient avenir à leur entente sans grand contraire.

CHAPITRE CLV.

Comment les seigneurs de France se partirent de Paris pour aller en Bretagne, et comment ceux de Chastonceaux se rendirent à eux.

Quand tous ces seigneurs, le duc de Normandie, le comte d'Alençon, le duc de Bourgogne, le duc de Bourbon et les autres seigneurs, barons et chevaliers qui devoient aller avec messire Charles de Blois pour lui aider à reconquérir la duché de Bretagne, ainsi que vous avez ouï, furent prêts et leurs gens appareillés, ils se partirent de Paris les aucuns, et les autres de leurs lieux, et s'en allèrent les uns après les autres, et s'assemblèrent en la cité d'Angiers; puis s'en allèrent jusques à Ancenis, qui est la fin du royaume à ce côté de là; et séjournèrent là endroit trois jours pour mieux ordonner leur conroy et leur charroi. Quand ils eurent ce fait, ils issirent hors pour entrer au pays de Bretagne. Quand ils furent aux champs, ils considérèrent leur pouvoir et estimèrent leur ost à cinq mille armures de fer, sans les Gennevois, qui étoient là trois mille, si comme j'ai ouï recorder; et les conduisoient deux chevaliers de Gennes; si avoit nom l'un messire Othes Dorie[1] et l'autre messire Charles Grimaut; et si y avoit grand'plenté de bidaux et d'arbalétriers que conduisoit messire Le Gallois de la Baume. Quand toutes ses gens furent issus d'Ancenis, ils se trairent par devant un très fort châtel séant haut sur une montagne par dessus une rivière[2], et l'appelle-t-on Chastonceaux, et est la clef et l'entrée de Bretagne; et étoit bien garni et bien fourni de gens d'armes, auquel avoit deux vaillans chevaliers qui en étoient capitaines, dont l'un avoit nom messire Mille et l'autre messire Walran; et étoient de Lorraine.

Quand le duc de Normandie et les autres seigneurs que vous avez ouï nommer, virent le châtel si fort, ils eurent conseil qu'ils l'assiégeroient; car, s'ils passoient avant et ils laissoient une telle garnison derrière eux, ce leur pourroit tourner à grand dommage et à ennui. Si l'assiégèrent tout autour, et y firent plusieurs assauts, mêmement les Gennevois qui s'abandonnèrent durement et follement pour eux mieux montrer à ce commencement. Si y perdirent de leurs compagnons par plusieurs fois, car ceux du châtel se défendirent durement et sagement; si que les seigneurs demeurèrent grand'pièce devant, aincois qu'ils le pussent avoir. Mais au dernier ils firent grand attrait de merriens et de velourdes, et les firent mener par force de gens jusques aux fossés du châtel, et puis firent assaillir trop fortement; si que, tout en assaillant, ils firent emplir ces fossés de ces merriens, tant que on pouvoit bien, qui vouloit et qui étoit couvert, aller jusques aux murs du châtel, combien que ceux du châtel se défendissent si bien et si vassalement que on ne pourroit mieux deviser, comme de traire, de jeter pierres, chaux, et feu ardent à grand'foison; et ceux de dehors avoient fait chas[1] et instrumens parquoi on piquoit les murs, tout à couvert. Que vous en ferois-je long conte? Ceux du châtel virent bien qu'ils n'auroient point de secours et qu'ils ne se pourroient longuement tenir, puisque on pertuisoit les murs; et si savoient bien qu'ils n'auroient point de merci, s'ils étoient pris par force. Si eurent conseil ensemble qu'ils se rendroient, sauves leurs vies et leurs membres, ainsi qu'ils firent, et les prirent les seigneurs à merci. Ainsi fut gagné par ces seigneurs françois ce premier châtel que on appelle Chastonceaux, dont ils eurent moult grand'joie, car il leur sembla que ce fût bon commencement de leur entreprise.

CHAPITRE CLVI.

Comment les seigneurs de France assiégèrent Nantes où le comte Montfort étoit; et là eut maintes escarmouches le siège durant.

Quand le duc de Normandie et les autres seigneurs eurent conquis Chastonceaux, si comme vous avez ouï, le duc de Normandie, qui étoit souverain de tous, le livra tantôt à messire Charles de Blois, comme sien; et y mit dedans bon châtelain et grand'foison de gens d'armes pour garder l'entrée du pays et pour conduire ceux qui viendroient après eux. Puis se délogèrent

---

[1] Son nom est Antonio Doria. Il était un des chefs des Gibelins de Gênes, tandis que Charles Grimaldi était du parti des Guelfes. Philippe de Valois avait pris en 1338 à son service vingt galères armées par les Gibelins de Gênes et vingt autres armées par les Guelfes de Monaco. Antonio Doria commandait les quarante galères. Il fut créé amiral de France en 1339.

[2] La Loire.

[1] Espèce de galerie couverte faite de pièces de bois, sous laquelle on approchait, sans danger, des murs d'une place assiégée.

les seigneurs et vinrent pardevers Nantes, là où ils tenoient que le comte de Montfort leur ennemi étoit. Si leur avint que les maréchaux de l'ost et les coureurs trouvèrent entre voies une bonne ville et grosse et bien fermée de fossés et de palis : si l'assaillirent fortement. Ceux de dedans étoient peu de gens et petitement armés : si ne se purent défendre contre les assaillans, mêmement contre les arbalétriers gennevois. Si fut tantôt la ville gagnée, toute robée, et bien la moitié arse, et toutes les gens mis à l'épée ; et appelle-t-on la ville Quarquefoue ; et siéd à quatre ou à cinq lieues près de Nantes. Les seigneurs se logèrent cette nuit-là entour. Lendemain ils se délogèrent et se trairent vers la cité de Nantes. Si l'assiégèrent tout autour et firent tendre tentes et pavillons si bellement et si ordonnément que vous savez que François sèvent faire. Et ceux qui étoient dedans pour la garder, dont il y avoit grand'foison de gens d'armes avec les bourgeois, si s'allèrent tous armer, et se maintinrent ce jour moult bellement, chacun à sa défense, ainsi qu'il étoit ordonné. Celui jour entendirent ceux de l'ost à eux loger et aller fourrager ; et aucuns bidaux et Gennevois allèrent près des barrières pour escarmoucher et paleter : et aucuns des soudoyers et des jeunes bourgeois issirent hors encontre eux : si que il y eut trait et lancé, et des morts et des navrés d'un côté et d'autre, si comme il y a souvent en telles besognes.

Ainsi eut là des escarmouches par deux ou par trois fois, tant comme l'ost demeura là. Au dernier il y avint une aventure assez sauvage, ainsi que j'ai ouï recorder à ceux qui y furent ; car aucuns des soudoyers de la cité et des bourgeois issirent hors une matinée, à l'aventure, et trouvèrent jusques à quinze chars chargés de vivres et de pourvéances qui s'en alloient vers l'ost ; et gens qui les conduisoient jusques à soixante, et ceux de la cité étoient bien deux cent : si leur coururent sus et les déconfirent, et en tuèrent les aucuns et firent les chars charrier pardevers la cité. Le cri et le hu en vint jusques en l'ost : si s'alla chacun armer le plutôt qu'il put, et courut chacun après les chars pour rescourre la proie ; et les aconsuirent assez près des barrières de la cité. Là multiplia le hutin très durement ; car ceux de l'ost y vinrent à si grand'foison que les soudoyers en eurent trop grand faix. Toutes voies ils firent dételer les chevaux et les chassèrent dedans la porte, afin que, s'il avenoit que ceux de l'ost obtinssent la place, qu'ils ne pussent r'enmener les chars et les pourvéances si légèrement. Quand les autres soudoyers de la cité virent le hutin et que leurs compagnons avoient trop grand faix, aucuns issirent dehors pour eux aider : aussi firent des autres bourgeois pour aider leurs parens. Ainsi multiplia très durement le hutin ; et en y eut tout plein de morts et de navrés d'un côté et d'autre, et grand'foison de bien défendans et assaillans. Et dura ce hutin moult longuement, car toudis croissoit la force de ceux de l'ost et survenoient toudis nouvelles gens. Tant avint que au dernier messire Hervey de Léon, qui étoit l'un des maîtres conseillers du comte de Montfort et aussi de toute la cité, et qui moult bien s'étoit maintenu et moult avoit réconforté ses gens, quand il vit qu'il étoit point de retraire et qu'ils pouvoient plus perdre à demeurer que gagner, il fit ses gens retraire au mieux qu'il put ; et les défendoit en retraiant et garantissoit le mieux qu'il pouvoit. Si leur avint qu'ils furent si près suivis au retraire, qu'il en y eut grand'foison de morts, et pris bien deux cents et plus des bourgeois de la cité, dont leurs pères, leurs mères et leurs amis furent durement courroucés et dolens. Aussi fut le comte de Montfort, qui en blâma durement messire Hervey, par courroux de ce qu'il les avoit fait sitôt retraire ; et lui sembloit que par le retraire ses gens étoient perdus : de quoi messire Hervey fut durement merencolieux, et ne voulut oncques depuis venir au conseil du comte, si petit non. Si s'émerveilloient durement les gens pour quoi il le faisoit.

CHAPITRE CLVII.

Comment les bourgeois de Nantes livrèrent la cité aux seigneurs de France ; et comment le comte de Montfort y fut pris et amené à Paris et comment il y mourut.

Or avint, si comme j'ai ouï recorder, que aucuns des bourgeois de la cité qui véoient leurs biens détruire dedans la cité et dehors, et avoient leurs enfans et amis en prison, et doutoient encore pis avenir, s'avisèrent et parlèrent ensemble tant qu'ils eurent entr'eux accord de traiter à ces seigneurs de France couvertement, parquoi ils pussent venir à paix et r'avoir leurs enfans et leurs amis quittes et délivrés, qui étoient en prison[1]. Si traitèrent si paisiblement et couvertement, que accordé fut : qu'ils n'auroient les prisonniers tous quittes, et ils devoient livrer une des portes ouverte, pour les seigneurs entrer en la cité, et aller prendre le comte de Montfort dedans le châtel, sans rien forfaire ailleurs en la cité ni à corps ni à biens. Ainsi que accordé et traité fut, fut fait; et entrèrent les seigneurs et ceux qu'ils voulurent avec eux, en une matinée, en la cité de Nantes, par l'accord des bourgeois; et allèrent droit au châtel ou palais. Si brisèrent les huis et prirent le comte de Montfort, et l'enmenèrent hors de la cité à leurs tentes, si paisiblement qu'ils ne forfirent rien aux corps ni aux biens de la cité. Et voulurent bien dire aucunes gens que ce fut fait assez de l'accord et pourchas ou consentement de messire Hervey de Léon, pourtant que le comte l'avoit ramposné, si comme vous avez ouï. Or ne sais-je pas, combien qu'il en fût soupçonné d'aucunes gens, si ce fut voir, ou non ; mais bien apparut en ce que, après ce fait, il fut toujours de l'accord et conseil de messire Charles. Ainsi que vous avez ouï et que j'ai ouï recorder, fut pris le comte de Montfort en la cité de Nantes, l'an de grâce mil trois cent quarante-un, entour la Toussaint.

Tantôt après ce que le comte de Montfort fut pris et mené ès tentes, les seigneurs de France entrèrent en la cité tous désarmés, à moult grand'fête; et firent les bourgeois et tous ceux du pays d'entour féauté et hommage à messire Charles de Blois, comme à leur droit seigneur. Si demeurèrent les dits seigneurs par l'espace de trois jours en la cité, à grand'fête, pour eux aiser et pour avoir conseil entr'eux qu'ils pourroient faire de là en avant. Si s'accordèrent à ce pour le meilleur, qu'ils s'en retourneroient pardevers France et pardevers le roi, et lui livreroient le comte de Montfort prisonnier; car ils avoient moult grandement bien exploité, ce leur sembloit. Et pourtant aussi qu'ils ne pouvoient bonnement plus avant hostoyer, ni guerroyer, pour l'hiver temps qui entré étoit, fors par garnisons et forteresses, ce leur sembloit, si conseillèrent à messire Charles de Blois qu'il se tînt en la cité de Nantes et là entour, jusques au nouvel temps d'été, et fît ce qu'il pourroit par ses soudoyers et par ses forteresses qu'il avoit reconquises ; puis se partirent tous les seigneurs sur ce propos, et firent tant par leurs journées qu'ils vinrent à Paris là où le roi étoit ; et lui livrèrent le comte de Montfort pour prisonnier. Le roi le reçut à grand'joie, et le fit emprisonner en la tour du Louvre à Paris, où il demeura longuement ; et au dernier y mourut[1], ainsi que j'ai oy recorder la verité.

CHAPITRE CLVIII.

Comment la comtesse de Montfort conforte ses soudoyers, et comment elle mit bonnes garnisons par toutes ses forteresses.

Or veux-je retourner à la comtesse de Montfort, qui bien avoit courage d'homme et cœur de lion, et étoit en la cité de Rennes quand elle entendit que son sire étoit pris, en la manière que vous avez ouï. Si elle en fut dolente et courroucée, ce peut chacun et doit savoir et penser ; car elle pensa mieux que on dût mettre son seigneur à mort que en prison. Et combien qu'elle eût grand deuil au cœur, si ne fit-elle mie comme femme déconfortée, mais comme homme fier et hardi, en reconfortant vaillamment ses amis et ses soudoyers; et leur montroit un petit fils qu'elle avoit, qu'on appeloit Jean, ainsi que le père, et leur disoit : « Ha ! seigneurs, ne vous déconfortez mie, ni ébahissez pour monseigneur que nous avons perdu ; ce n'étoit qu'un seul homme : véez ci mon petit enfant qui sera, si Dieu plaît, son restorier, et qui vous fera des

---

[1] Il paraît que le comte de Montfort, voyant qu'il ne pouvait compter sur la fidélité des Nantais, traita lui-même avec le duc de Normandie auquel il se rendit, sauve la vie. Guillaume de Saint-André, auteur contemporain, prétend que le traité fut beaucoup moins désavantageux pour le comte de Montfort; qu'il ne rendit Nantes au duc de Normandie oue comme un dépôt que celui-ci devait lui remettre dans l'état où il l'avait reçu; mais qu'il fut trompé par le duc et retenu prisonnier, malgré les saufs-conduits en bonne forme dont il était muni de sa part.

[1] Le comte de Montfort ne mourut point en prison. Dès le 1er septembre 1343, le parlement avait ordonné qu'il fût élargi à certaines conditions, ainsi que le rapporte du Tillet. Cet arrêt ne fut point mis à exécution : mais le comte de Montfort trouva moyen de s'évader vers la fin d'avril ou le commencement de mai 1345, déguisé en marchand. Il passa aussitôt en Angleterre où il fit hommage à Édouard, pour le duché de Bretagne, le 20 mai, comme on l'a remarqué ci-dessus, et toujours poursuivi par la mauvaise fortune, il revint mourir au château de Hennebont en Bretagne, le 26 septembre de la même année.

biens assez. Et j'ai de l'avoir en plenté : si vous en donnerai assez, et vous pourchasserai tel capitaine et tel mainbour par qui vous serez tous bien reconfortés. »

Quand la dessus dite comtesse eut ainsi reconforté ses amis et ses soudoyers qui étoient à Rennes, elle alla par toutes ses bonnes villes et forteresses, et menoit son jeune fils avec elle, et les sermonnoit et reconfortoit, en telle manière que elle avoit fait de ceux de Rennes; et renforçoit les garnisons de gens et de quant que il leur falloit; et paya largement partout, et donna assez abondamment partout où elle pensoit qu'il étoit bien employé. Puis s'en vint en Hainnebon sur la mer, qui étoit forte ville et grosse et fort châtel; et là se tint, et son fils avec li, tout cet hiver. Souvent envoyoit visiter ses garnisons et reconforter ses gens, et payoit moult largement leurs gages. Si me tairai atant de cette matière, et retournerai au roi Édouard d'Angleterre; et conterai quels choses lui avinrent après le département du siége de Tournay.

CHAPITRE CLIX.

Comment le roi Édouard fit son mandement pour aller lever le siége des Escots de devant Sturmelin ; et comment ceux dudit châtel se rendirent aux Escots ; et comment il eut trêves entre les Anglois et les Escots.

Vous avez ouï ci-dessus recorder[1] comment, le siége durant devant Tournay, les seigneurs d'Escosse avoient repris plusieurs villes et forteresses sur les Anglois, qu'ils tenoient au royaume d'Escosse, et par especial Haindebourch, qui plus leur avoit héri et courroucé que nul des autres, par l'avis et soubtilleté de messire Guillaume de Douglas ; et encore étoient Sturmelin qui siéd à vingt lieues de Haindebourch, la cité de Bervich et Rosebourch, Anglois; et plus n'en y avoit demeuré que tous ne fussent reconquis; et y séoient les dits Escots à siége fait, et aucuns seigneurs de France avec eux, que le roi Philippe de France y avoit envoyés pour parfaire leur guerre devant le dit châtel de Sturmelin. Et l'avoient tellement étreint et contraint, que les Anglois qui dedans étoient et qui le gardoient ne le pouvoient longuement tenir. Dont il avint que, quand le roi anglois se fut parti du siége de devant Tournay, et retourné en son pays, il fut pleinement et véritablement informé des Escots, comment ils avoient chevauché et reconquis les villes et les châteaux d'Escosse, qui jadis lui avoient tant coûté à prendre; et séoient encore les dits Escots devant Sturmelin. Si eut le roi anglois en volonté de chevaucher vers Escosse, si comme il fit; et se mit au chemin entre la Saint-Michel et la Toussaint, et fit un très grand mandement et très fort, que toutes gens d'armes et archers le suissent et vinssent à lui vers Bervich, car là s'en alloit-il, et y faisoit son assemblée[1]. Donc s'émurent toutes manières de gens d'armes parmi Angleterre, et s'en vinrent cette part là où ils étoient semons et mandés; et mêmement le roi tout devant s'en vint à Bervich, et là s'arrêta, en attendant ses gens qui venoient à grand effort l'un après l'autre.

Les seigneurs d'Escosse qui furent informés de la venue du roi anglois qui venoit sur eux, et qui le dit châtel de Sturmelin avoient assiégé, se hâtèrent tellement et contraignirent ceux de la dite garnison, par assauts d'engins et de canons, que par force les convint rendre aux Escots; et leur delivrèrent la forteresse, par telle manière qu'ils s'en partiroient sauf leurs corps et leurs membres, mais rien du leur n'emporteroient.

Ainsi recouvrèrent les Escots le châtel de Sturmelin. Ces nouvelles vinrent au roi anglois, qui encore se tenoit à Bervich ; si ne lui furent mie trop plaisans; et se partit de la dite cité et se trait par devers Duremmes, et passa outre et vint à Neuf-Châtel sur Tyne, et se logèrent ses gens en la dite ville et ès villages d'environ ; et là séjournèrent plus d'un mois, en attendant leurs pourvéances qu'on avoit mises sur mer et qui leur devoient venir. Mais peu leur en vinrent, car leurs vaisseaux eurent si grand' fortune sur mer, entre la Toussaint et la Saint-André, que plusieurs de leurs nefs furent péries et allèrent arriver, par vent contraire, voulussent ou non, en Hollande et en Frise. Dont les Anglois, qui se tenoient à Neuf-Châtel et là entour, eurent moult de disette et de cher temps; et ne pouvoient aller avant; car s'ils fussent passés, ils n'eussent sçu où fourrer ni recouvrer de vivres; car l'hiver étoit entré, et

[1] Le mandement du roi pour faire assembler les troupes le 24 janvier 1342, non à Berwick, comme le dit Froissart, mais à Newcastle sur la Tyne, est daté de ce dernier lieu le 4 novembre 1341.

[1] Chapitre 130.

si avoient les Escots tous leurs biens, blés et avoines, mis et boutés ès forteresses; si avoit le roi anglois avec lui bien six mille hommes à cheval et quarante mille hommes de pied[1] : si leur falloit grands pourvéances.

Les seigneurs d'Escosse, qui s'étoient retraits devers la forêt de Gedours après la prise de Sturmelin, entendirent bien que le roi d'Angleterre séjournoit à Neuf-Châtel sur Tyne à grands gens, encouragés durement d'ardoir et exiller leur pays, ainsi qu'il avoit fait autrefois. Si eurent conseil entr'eux et avis, par grand'délibération, quelle chose ils pourroient faire, et comment ils se maintiendroient; car ils étoient peu de gens, et avoient guerroyé par l'espace de sept ans et plus, sans seigneurs, et geu aux champs et ès forêts, à grand'mésaise, et encore n'avoient-ils point le roi leur seigneur; si en étoient tous ennuiés et amatis. Si s'accordèrent qu'ils envoieroient devers le roi anglois un évêque et un abbé pour requérir aucunes trèves. Lesquels messages se partirent des Escots; et chevauchèrent tant qu'il vinrent en la ville du Neuf-Châtel sur Tyne, et trouvèrent là le roi anglois et grand'foison de baronnie de-lez lui. Ces deux prélats d'Escosse, qui là avoient été envoyés sur sauf conduit, se trairent devers le roi anglois et son conseil, et montrèrent leur besogne si bellement et si sagement que une trève fut accordée à durer quatre mois tant seulement; par cette condition, que les Escots devoient envoyer en France, devers le roi David d'Escosse, messagers suffisans, et lui signifieroient que, s'il ne venoit dedans le premier jour de mai en suivant, si puissamment comme pour résister aux Anglois et défendre son pays, ils se rendroient au roi anglois, ni jamais ne le tiendroient à seigneur.

Ainsi furent les trèves accordées et affermées; et retournèrent les messages devers leurs gens en Escosse, et recordèrent comment ils avoient exploité, qui plut moult bien aux Escots; et ordonnèrent tantôt gens pour envoyer en France, messire Robert de Versi et messire Simon Fresel et deux autres chevaliers, qui s'en devoient aller en France pardevers le roi leur seigneur, et lui conter ces nouvelles.

[1] Le rendez-vous général de l'armée anglaise étant fixé au 24 janvier 1342, comme on l'a vu dans la note précédente, on peut commencer à compter ici cette année.

Et le dit roi anglois, qui à Neuf-Châtel séjournoit à grand'mésaise, et aussi toutes ses gens, par défaut de pourvéances et de vivres, et pour ce s'étoit-il plus près pris d'accorder à la trève, si se partit de là, et s'envint arrière en Angleterre[1], et donna congé à toutes ses gens : si s'en ralla chacun en son lieu. Or avint ainsi que quand ces trèves furent accordées et les messagers d'Escosse, qui furent envoyés en France, devers le roi David, eurent passé à Douvres la mer, le roi David, qui par le terme de sept ans et plus avoit demeuré en France, et savoit que son pays étoit si foible et si gâté comme vous avez ouï, et savoit ses gens à grand meschef, pour les Anglois, eut conseil qu'il prendroit congé du roi Philippe de France, et s'en reviendroit en son royaume, pour ses gens visiter et reconforter. Si le fit, et se mit à voie entre lui et madame la roine sa femme, ainçois que les messages d'Escosse, qui à lui étoient envoyés, parvinssent à lui. Et s'étoit mis en mer en un autre port, au gouvernement d'un marinier qu'on appeloit messire Richard le Flamand[2]; et arriva au port de Maurois en Escosse[3], ainçois que les seigneurs d'Escosse le sçussent. Et quand ils le sçurent, ils en eurent grand'joie : si s'émurent tous et vinrent à

[1] Édouard était de retour à Londres le 14 février 1342, après avoir demeuré sur les frontières de l'Écosse depuis le commencement de novembre de l'année précédente. Mais Froissart paraît se tromper quand il place le retour de ce prince en Angleterre avant le récit des événemens qui font la matière des dix chapitres suivans; ce qui l'oblige de supposer qu'Édouard assembla une nouvelle armée dans le cours de l'année 1342, et marcha une seconde fois vers l'Écosse pour s'opposer aux invasions de David Bruce. Il est beaucoup plus probable que tout ce qu'on va lire concernant les démêlés entre les Anglais et les Écossais se passa antérieurement au 14 février, date du retour d'Édouard à Londres. Cette conjecture deviendra presque une certitude si l'on considère, 1° que parmi les actes recueillis par Rymer il ne s'en trouve aucun durant cette année où il soit fait mention d'une nouvelle expédition contre l'Écosse; 2° que par la date des pièces qu'il rapporte et qui sont toutes expédiées ou de Londres ou de lieux encore plus éloignés de l'Écosse, il est presque physiquement impossible de trouver un intervalle assez long pour qu'Édouard ait pu s'avancer avec une armée jusqu'à la rivière de Tyne, chasser les Écossais du château de Werk qu'ils avaient assiégé, les poursuivre jusques dans leur pays et les forcer de demander une trève.

[2] Malcolm Fleming de Cummirnald.

[3] David II, accompagné de Jeanne d'Angleterre son épouse, débarqua à Inverbervie dans le comté de Kincardine, le 4 mai 1341.

grand'fête là où il étoit, et l'amenèrent par grand'-solennité en une cité qu'on appelle Saint-Jean[1] en Escosse, où l'on prend le bon saumon et grand'foison.

CHAPITRE CLX.

Comment le roi d'Escosse fit son mandement pour aller détruire le royaume d'Angleterre; et comment le comte de Moret fut pris de ceux de Neuf-Châtel.

Quand le jeune roi David d'Escosse et madame la roine furent venus en la cité dessus dite, on le sçut tantôt parmi le pays : si vinrent là gens de toutes parts pour le voir et fêter; car on ne l'avoit vu, grand temps avoit : chacun doit savoir que on lui fit grand'fête. Quand toutes ces fêtes et ces bien venues furent passées, chacun lui alla montrer et complaindre ses dommages et ses meschéances, au mieux qu'il put, et toute la destruction que le roi Édouard et les Anglois avoient fait en son pays. Le jeune roi David d'Escosse eut grand deuil et grand'pitié quand il vit ainsi son pays détruit et ses gens ainsi complaindre, aussi madame la roine sa femme qui en pleura assez. Quand le roi eut toutes ouïes les complaintes des uns et des autres, il les reconforta au mieux qu'il put; et dit qu'il s'en vengeroit, ou perdroit le remenant, ou il mourroit en la peine. Puis eut conseil tel qu'il envoya messages devers tous amis loin et près, en priant et requérant humblement que chacun fût appareillé pour lui aider à ce besoin.

A ce mandement vint le comte d'Orkenay, un grand prince et puissant, et avoit à femme la sœur du roi. Cil y vint à grand'puissance de gens d'armes, et plusieurs autres barons et chevaliers de Souède, de Norvège et de Danemarche, les uns par amour, les autres par soudées. Tant en y vint d'un côté et d'un autre qu'ils furent bien en nombre, quand tous furent venus entour la cité de Saint-Jean en Escosse, au jour que le roi les avoit mandés, soixante mille hommes à pied et sur haquenées, et bien trois mille armures de fer, chevaliers et écuyers, parmi les seigneurs et ceux du pays d'Escosse. Quand tous furent assemblés et appareillés, ils s'émurent pour aller exiller ce qu'ils pourroient du royaume d'Angleterre; car la trève étoit expirée et les quatre mois accomplis et plus[2]; et

bien disoient qu'ils se combattroient au roi qui tant d'ennuis et de dommages leur avoit fait. Si se partirent de la ville de Saint-Jean en Escosse moult ordonnément, et vinrent ce premier jour gésir à Donfremelin; et puis passèrent lendemain un petit bras de mer emprès Donfremelin[1]. Quand ils furent tout outre, ils cheminèrent à grand exploit, et passèrent dessous Haindebourch, et puis toute l'Escosse, et par de-lez le fort châtel de Rosebourch qui se tenoit Anglois; mais point ne l'assaillirent, car ils ne vouloient mie faire blesser leurs gens ni alouer leur artillerie; car ils ne savoient quel besoin ils en auroient, pourtant qu'ils espéroient un grand fait à faire ains leur retour. Après passèrent-ils assez près de la cité de Bervich, dont messire Édouard de Bailleul[2] étoit capitaine et souverain, et puis cheminèrent outre sans point assaillir, et entrèrent au royaume de Northonbrelande, et vinrent sur la rivière de Tyne, ardant et exillant le pays; et firent tant par leurs journées qu'ils vinrent devant Neuf-Châtel qui siéd sur la rivière de Tyne. Là se logea le roi David et tout son ost cette nuit, pour savoir et voir s'il y pourroit de rien exploiter. Quand ce vint au matin, au point du jour, aucuns compagnons gentils hommes de là environ, qui étoient dedans la ville, se partirent par une porte paisiblement pour émouvoir l'ost; et étoient bien deux cents et plus, hardis et entreprenans, puis se férirent à l'un des côtés de l'ost, droitement au logis du comte de Moret, qui s'armoit d'argent à trois oreillers de gueules; et le trouvèrent en son lit. Si le prirent, et tuèrent grand'plenté de ses gens, ainçois que l'ost fût éveillé ni estourmi, et gagnèrent grand'plenté d'avoir; puis s'en retournèrent en la ville baudement et à grand'joie, et livrèrent le comte de Moret au châtelain, messire Jean de Neufville, qui en fit grand'fête[3].

semblablement que très peu de jours qu'elle était conclue quand David Bruce arriva; mais elle était ainsi annulée de droit par son retour, à moins qu'il ne la confirmât.

[1] C'est sans doute à l'endroit qu'on appelle Queensferry.
[2] C'est celui que le roi d'Angleterre reconnaissait pour roi d'Écosse.
[3] Il fut ensuite échangé pour le comte de Salisbury, fait prisonnier par les Français près de Lille. Les Français ne voulurent relâcher Salisbury qu'à condition qu'il ferait serment de ne jamais porter les armes contre la France, et Édouard III consentit le 20 mai 1342 à cette stipulation extraordinaire pour l'époque.

[1] Saint-Johnston, aujourd'hui Perth.
[2] La trève n'était point expirée, et il n'y avait vrai-

Quand ceux de l'ost furent estourmis et armés, et sçurent l'aventure, ils coururent comme tous forcenés jusques aux barrières de la ville, et firent un grand assaut, qui dura moult longuement; mais peu leur valut : ainçois perdirent assez de leurs gens; car en la ville avoit grand'foison de bonnes gens d'armes, qui bien et sagement se défendirent; par quoi il convint les assaillans retourner, à leur grand'perte.

CHAPITRE CLXI.

Comment le roi d'Escosse prit la cité de Duremmes et fut toute arse, et hommes et femmes et petits enfans tous mis à mort.

Quand le roi David et son conseil virent que le demeurer là endroit ne leur pouvoit porter point de profit ni d'honneur, ils se partirent de là et entrèrent au pays de l'évêché de Duremmes : si l'ardirent et gâtèrent tout. Puis se trairent devant la cité de Duremmes et l'assiégèrent; et y firent plusieurs beaux assauts, comme gens forcenés, pourtant qu'ils avoient perdu le comte de Moret; et ils savoient bien qu'il avoit en la cité grand avoir assemblé; car tout le pays d'entour y étoit affui. Si se pénoient d'assaillir chacun jour plus aigrement; et faisoit le dit roi d'Escosse faire instrumens et engins pour venir assaillir jusques aux murs. Quand ils furent départis de devant le Neuf-Châtel, messire Jean de Neufville, châtelain pour le temps et souverain de Neuf-Châtel, se partit de nuit, monté sur fleur de coursier, et éloigna les Escots; car il savoit les adresses et les refuites du pays, pour ce qu'il en étoit; et fit tant que dedans cinq jours il vint à Chartesée [1], où le roi anglois se tenoit adonc, et lui conta et montra comment le roi d'Escosse, à grand'puissance, étoit entré en son pays, et ardoit et exilloit tout devant lui, et l'avoit laissé devant la cité de Duremmes.

De ces nouvelles fut le roi anglois tout courroucé. Si mit tantôt messages en œuvre, et les envoya partout; et manda à toutes ses gens, chevaliers et écuyers, et autres gens dont il se pouvoit aider, dessus l'âge de quinze ans et par-dessous l'âge de soixante ans, que nul ne s'excusât, ains vinssent, ses lettres vues et son mandement ouï, tantôt devers lui sur les marches du Northonbrelande, pour le aider à défendre son royaume que les Escots détruisoient. Adonc s'avancèrent comtes, barons, chevaliers et écuyers et communes des bonnes villes, et se hâtèrent durement pour obéir au mandement du roi leur seigneur; et se mirent à voie de grande volonté par devers Bervich; et mêmement le roi se partit tout premièrement et n'attendit nullui, tant avoit grand'hâte : mais toujours lui croissoient gens de tous côtés. Entrementes que ce roi se traitoit vers la cité de Bervich, et que chacun le suivoit qui mieux pouvoit, le roi d'Escosse fit si durement assaillir la cité de Duremmes, par instrumens et engins qu'il avoit faits, que ceux de la cité ne la purent garantir ni défendre qu'elle ne fût prise par force, et toute robée et arse, et toutes manières de gens mis à mort sans mercy. Hommes et femmes, prêtres et moines, et chanoines, et petits enfans, qui étoient fuis à la grand'église, furent tous ars et péris dedans l'église; car le feu y fut bouté. De quoi ce fut horrible pitié; car en la cité de Duremmes ne demeura adonc ni homme, ni femme, ni petits enfans, maison ni église, que tous ne fussent mis à destruction : dont ce fut grande pitié et cruelle forcennerie et est quand on détruit ainsi sainte chrétienté et les églises où Dieu est servi et honoré.

CHAPITRE CLXII.

Comment et pour quelle achoison le roi d'Escosse assiégea le fort châtel de Salebrin auquel la gentille comtesse de Salebrin étoit.

Quand ce fut avenu, le roi David eut conseil qu'il se retrairoit arrière selon la rivière de Tyne [1], et se trairoit pardevers la ville de Cardueil, qui est à l'entrée de Galles. Ainsi qu'il alloit celle part, il se logea une nuit, et toute son ost, assez près d'un moult fort châtel qu'on appelle Salebrin [2], qui étoit au comte de Salebrin, qui fut pris avec le comte de Suffolch ès marches de Picardie devant Lille en Flandre; et étoit adonc encore en prison dedans le Châtelet à Paris.

En ce fort châtel séjournoit adonc la noble comtesse de Salebrin, que on tenoit pour la plus belle et plus noble d'Angleterre; et étoit ce fort châtel bien garni de gens d'armes. Si en

---

[1] Chertsey, dans le comté de Surrey, près de la Tamise, à dix ou douze lieues au-dessus de Londres.

[1] Ce doit être la Tweed au lieu de la Tyne. Le château de Wark, dont il va être question dans ce chapitre, est situé sur la Tweed.

[2] C'est le château de Wark.

étoit gardien et souverain un gentil chevalier, preux et hardi, fils de la sœur [1] le comte de Salebrin, et avoit nom messire Guillaume de Montagu, après son oncle qui ainsi eut nom; car quand le roi le maria, il lui donna la comté de Salebrin pour sa prouesse et pour le bon service qu'il avoit toujours en lui trouvé. Quand cette nuit fut passée, l'ost du roi d'Escosse se délogea pour traire avant devers Cardueil, ainsi que proposé étoit; et passèrent les Escots par routes assez près de ce fort château, fortement chargés d'avoir qu'ils avoient gagné à Duremmes et au pays d'entour Duremmes. Quand le bachelier [2] messire Guillaume de Montagu vit du châtel qu'ils étoient tous passés et qu'ils n'arrêtoient point au châtel, il issit hors du châtel, tout armé, atout quarante compagnons d'armes, et suivit couvertement le dernier train, où avoit chevaux si chargés d'avoir qu'à grand'mésaise pouvoient-ils aller avant; si les aconsuit à l'entrée d'un bois; et leur coururent sus, et en tuèrent et blessèrent, lui et ses compagnons, plus de deux cents, et prirent bien six-vingts chevaux chargés de joyaux et d'avoir, et les amenèrent pardevers le châtel.

Le cri et le hu et les fuyans s'en vinrent jusques à messire Guillaume de Douglas, qui faisoit l'arrière-garde et avoit jà passé le bois; et après en vinrent les nouvelles en l'ost. Qui donc vit les Escots retourner à course de chevaux parmi les champs, par montagnes et par vallées, messire Guillaume de Douglas tout devant, il en put avoir grand'hideur. Tant coururent qui mieux mieux, qu'ils vinrent au pied du châtel et montèrent la montagne en grand'hâte. Mais ainçois qu'ils parvinssent aux barrières, ceux de dedans les avoient jà fermées, et la proie et l'avoir mis

[1] Il paraît que Froissart se trompe sur cette parenté; puisque le neveu du comte de Salisbury portait comme lui le nom de Montagu, il était probablement fils du frère et non de la sœur du comte. D'ailleurs cette phrase est très louche; pour la rendre claire, il faut la construire à peu près ainsi : « Si en étoit gardien et souverain, après son « oncle, un gentil chevalier preux et hardi qui avoit nom « messire Guillaume de Montagu, et étoit fils de la sœur « du comte de Salisbury qui ainsi eut nom, car quand le « roi le maria, il lui donna la comté de Salisbury, etc. »

[2] On appelait bachelier le chevalier qui ne possédait pas quatre bachelles, étendue de terre qui constituait le droit de déployer bannière. La bachelle contenait dix mas, chacun desquels devait être composé d'assez de terre pour fournir au travail de deux bœufs pendant l'année.

dedans à sauveté : de quoi les Escots eurent grand deuil. Si commencèrent à assaillir moult fortement, et ceux de dedans à défendre, à lancer et à descliquer, à traire et à jeter tant qu'on pouvoit, d'une part et d'autre. Là s'efforçoient durement les deux Guillaumes de grever l'un l'autre; et tant dura cet assaut que tout l'ost des Escots y fut venu et le roi même. Quand le roi et son conseil eurent vu les gens morts gissans sur les champs, et virent les assaillans blessés et navrés à cet assaut, sans rien conquêter, ils en furent durement courroucés. Si commanda le roi que on laissât l'assaillir et que chacun s'allât loger, car il n'iroit plus avant et ne se partiroit de là, si auroit vu comment on pourroit ses gens venger. Qui adonc vit frémir gens et appeler l'un l'autre, et quérir pièce de terre pour mieux loger, les assaillans retraire, les navrés rapporter ou rapoier, les morts atraîner et assembler, voir put grand triboulement. Cette nuit fut l'ost des Escots logé dessous le châtel; et la frisque dame comtesse de Salebrin fêta très grandement et conforta tous les compagnons de laiens, tant comme elle put, à liée chère.

CHAPITRE CLXIII.

Comment messire Guillaume de Montagu issit par nuit du châtel de Salebrin pour aller querre secours au roi d'Angleterre contre le roi d'Escosse.

Lendemain le roi d'Escosse, qui durement étoit courroucé, commanda que chacun s'appareillât pour assaillir, car il feroit ses engins et ses instrumens traire à mont pour savoir s'ils pourroient de rien entamer le fort châtel. Chacun s'appareilla et monta contremont pour assaillir, et ceux de dedans pour eux défendre. Là eut un fort assaut et périlleux, et moult de bien faisans d'un côté et d'autre. Là étoit la comtesse de Salebrin qui très durement les reconfortoit : et par le regard d'une telle dame et son doux amonnestement, un homme doit valoir deux au besoin. Cet assaut dura moult longuement, et y perdirent les Escots moult de leurs gens; car ils s'abandonnoient durement, et portoient arbres et merriens à grand'foison pour emplir les fossés et pour amener les instrumens jusques aux murs s'ils pussent; mais ceux du châtel se défendoient si vaillamment que les assaillans y perdirent grand'foison de leurs gens. Si les convint retraire arrière. Le roi commanda que les instrumens fussent bien gardés pour renforcer l'assaut lendemain. Ainsi se départit l'assaut et s'en alla chacun en son lieu, exceptés ceux qui devoient les instrumens garder. Les uns pleuroient les morts, les autres reconfortoient les navrés. Ceux du châtel, qui durement étoient travaillés et y en avoit grand'foison de blessés, virent bien que le faix leur étoit grand, et si le roi David maintenoit son propos, ils auroient fort temps. Si eurent conseil entr'eux qu'ils enverroient pardevers le roi Édouard qui étoit à Bervich jà venu, ce savoient-ils de vérité par les prisonniers d'Escosse qu'ils avoient pris. Si regardèrent qui feroit cette besogne ; mais ils ne purent trouver qui voulût laisser le châtel à défendre, ni la belle dame aussi, pour porter ce message : Si eut entr'eux grand estrif. Quand le gentil bachelier messire Guillaume de Montagu vit la bonne volonté de ses compagnons, et vit d'autre part le meschef qui leur pourroit avenir, si ils n'étoient secourus, si leur dit : « Seigneurs, je vois bien votre loyauté et votre bonne volonté ; si que, pour l'amour de ma dame et de vous, je mettrai en aventure mon corps pour faire ce message ; car j'ai telle fiance en vous selon ce que j'ai vu, que vous tiendrez bien le châtel jusques à ma revenue, et ai d'autre part si grand'espérance au noble roi notre seigneur que je vous amènerai temprement si grand secours que vous en aurez joie, et vous seront bien reméris les bienfaits que faits aurez. » De cette parole furent madame la comtesse et tous les compagnons tous joyeux. Quand la nuit fut venue, le dit messire Guillaume s'appareilla le mieux qu'il put, pour plus paisiblement issir hors de laiens qu'il ne fût aperçu de ceux de l'ost. Si lui advint si bien qu'il plut toute la nuit si fort que nul des Escots n'osoit issir de sa loge ; si passa à mie nuit tout parmi l'ost, que oncques ne fut perçu. Quand il fut passé il fut grand jour. Si chevaucha avant, tant qu'il rencontra deux hommes d'Escosse à demie lieue près de l'ost, qui emmenoient deux bœufs et une vache pardevers l'ost. Messire Guillaume connut qu'ils étoient Escots ; si les blessa tous deux durement, et tua les bêtes ; afin que les Escots et ceux de l'ost n'en eussent aise. Puis dit aux deux navrés : « Allez ; si dites à votre roi que Guillaume de Montagu vous a mis en tel point, en dépit de lui, et que je vois querre le roi Édouard, qui lui fera brièvement vider la place malgré lui. » Cils lui promirent qu'ils feroient volontiers ce message, mais qu'il les laissât atant en paix. Lors se partit le dit messire Guillaume d'eux, et s'en alla tant qu'il put pardevers le roi son seigneur, qui étoit à Bervich à grand'foison de gens d'armes, et encore en attendoit plus. Si fit le dit messire Guillaume son salut de par madame la comtesse de Salebrin, et lui conta le meschef où elle et ses gens étoient. Le roi répondit appertement et liement qu'il ne laisseroit nullement qu'il ne secourût la dame et ses gens ; et si plutôt eût sçu où les Escots étoient et le meschef du châtel et de la dame, plutôt fût allé cette part. Si commanda tantôt le dit roi que chacun fût prêt à mouvoir lendemain, et que on fît toudis les venans aller après son ost qu'il avoit grand.

CHAPITRE CLXIV.

Comment le roi d'Escosse, quand il sçut la venue du roi d'Angleterre, se partit de devant Salebrin et s'en retourna en Escosse.

Le roi anglois se partit lendemain de la cité de Bervich moult liement, pour les nouvelles que messire Guillaume lui avoit apportées ; et avoit bien avec lui six mille armures de fer, dix mille archers et bien quatre-vingt mille hommes de pied, qui tous le suivoient ; et toujours lui venoient gens. Quand les barons d'Escosse et les maîtres du conseil du roi sçurent que le dit messire Guillaume de Montagu avoit ainsi passé parmi leur ost, et qu'il s'en alloit quérir secours au roi anglois, et savoient bien que le roi anglois étoit à grand'gent, et le tenoient de si grand courage et de si gentil qu'il ne laisseroit aucunement qu'il ne vînt sur eux pour secourir la dame et ceux du châtel, ils parlèrent ensemble, entrementes que le roi faisoit souvent et ardemment assaillir ; et virent bien que le roi faisoit ses gens navrer et martirer sans raison ; et véoient bien que le roi anglois viendroit bien combattre à eux, ainçois que le roi pût avoir conquis ce châtel, ainsi qu'il cuidoit. Si parlèrent tous ensemble au roi David d'un accord ; et lui dirent que demeurer là n'étoit point son profit, ni son honneur, car il leur étoit moult honorablement avenu de leur emprise, et avoient fait grand dépit aux Anglois, quand ils avoient geu en leur pays par douze jours, et ars et exillié tout autour, et pris par force la cité de Duremmes, et mis tout à grand'destruction. Si que, tout considéré, c'étoit bon qu'il se partît et se retraît vers son royaume, et y menassent à sauveté ce que conquis avoient ; et que une autre fois il retourneroit en Angleterre quand il lui plairoit. Le roi, qui ne voulut pas issir hors du conseil de ses hommes, s'y accorda, combien qu'il le fît moult ennuis ; car volontiers eût attendu à bataille le roi d'Angleterre, si on ne lui eût conseillé le contraire. Toutes fois il se délogea le matin, et tout son ost aussi ; et s'en allèrent les dits Escots droit pardevers la grande forêt de Gédours, où les sauvages Escots se tiennent, tout bellement à leur aise ; car ils vouloient savoir que le roi anglois feroit en avant, ou s'il se retrairoit arrière, ou s'il iroit avant et trairoit en leur pays.

CHAPITRE CLXV.

Comment le roi d'Angleterre vint à tout son ost devant Salebrin cuidant trouver le roi d'Escosse ; et comment le dit roi fut surpris de l'amour à la comtesse de Salebrin.

Ce jour même que le roi David et les Escots se départirent au matin de devant le châtel de Salebrin, vint le roi Édouard à tout son ost, à heure de midi, en la place où le roi d'Escosse avoit logé ; si fut moult courroucé quand il ne le trouva, car bien volontiers se fût combattu à lui.

Il étoit venu en si grand'hâte que ses gens et ses chevaux étoient durement travaillés. Si commanda que chacun se logeât là endroit, car il vouloit aller voir le châtel et la gentil dame qui laiens étoit ; car il ne l'avoit vue puis les noces dont elle étoit mariée. Ainsi fut fait que commandé fut : chacun s'alla loger ainsi qu'il put et reposer qui voulut. Sitôt comme le roi Édouard fut désarmé, il prit jusques à dix ou douze chevaliers, et s'en alla vers le châtel pour saluer la comtesse de Salebrin, et pour voir la manière des assauts que les Escots avoient faits, et des défenses que ceux du châtel avoient faites à l'encontre. Sitôt que la dame de Salebrin sçut le roi venant, elle fit ouvrir toutes les portes, et vint hors si richement vêtue et atournée, que chacun s'en émerveilloit, et ne se pouvoit tenir de la regarder et de remirer à la grand noblesse de la dame, avec la grand'beauté et le gracieux maintien qu'elle avoit. Quand elle fut venue jusques au roi, elle s'inclina jusques à terre contre lui, en le regraciant de la grâce et du secours que fait lui avoit ; et l'emmena au châtel pour le fêter et honorer, comme celle qui très bien le savoit faire. Chacun la regardoit à merveille, et le roi même ne se put tenir de la regarder ; et bien lui étoit avis qu'oncques n'avoit vue si noble, si frique ni si belle de li. Si le férit tantôt une étincelle de fine amour au cœur que madame Vénus lui envoya par Cupido le Dieu d'amour, et qui lui dura par long temps, car bien lui sembloit que au monde n'avoit dame qui tant fît à aimer comme elle. Si entrèrent au châtel main à main ; et le mena la dame premier en la salle, et puis en sa chambre, qui étoit si noblement parée comme à lui afféroit. Et toudis regardoit le roi la gentil dame, si ardemment qu'elle en devenoit toute honteuse et abaubie. Quand il l'eut grand'pièce regardée, il alla à une fenêtre pour s'appuyer, et commença fortement à penser. La dame, qui à ce point ne pensoit, alla les autres seigneurs et chevaliers fêter et saluer moult grandement et à point, ainsi qu'elle savoit bien faire, chacun selon son état ; et puis commanda à appareiller le dîner, et, quand temps seroit, mettre les tables, et la salle parer et ordonner.

CHAPITRE CLXVI.

Comment le roi Édouard dit à la comtesse qu'il convenoit qu'il fût d'elle aimé, dont elle fut fortement ébahie.

Quand la dame eut devisé et commandé à ses gens tout ce que bon lui sembla, elle s'en revint, à chère liée, devers le roi, qui encore pensoit et musoit fortement ; et lui dit : « Cher sire, pourquoi pensez-vous si fort ? Tant penser n'affiert pas à vous, ce m'est avis, sauve votre grâce : ains dussiez faire fête et joie et bonne chère, quand vous avez enchassé vos ennemis, qui ne vous ont osé attendre, et dussiez les autres laisser penser du remenant. » Le roi répondit et dit : « Ha ! chère dame, sachez que depuis que j'entrai céans m'est un songe survenu, de quoi je ne me prenois pas garde : si m'y convient penser ; et ne sais qu'avenir m'en pourra : mais je n'en puis mon cœur ôter. » — « Cher sire, ce dit la dame, vous dussiez toujours faire bonne chère pour vos gens conforter, et laisser le penser et le muser. Dieu vous a si bien aidé, jusques à maintenant dans toutes vos besognes, et donné si grand'grâce que vous êtes le plus douté et honoré prince des chrétiens; et si le roi d'Escosse vous a fait dépit et dommage, vous le pourrez bien amender quand vous voudrez, ainsi que autrefois avez fait. Si laissez le muser et venez en la salle, s'il vous plaît, de-lez vos chevaliers : tantôt sera prêt pour dîner. » — «Ha! ma chère dame, dit le roi, autre chose me touche et gît en mon cœur que vous ne pensez; car certainement, le doux maintien, le parfait sens, la grand'noblesse, la grâce et la fine beauté que j'ai vue et trouvée en vous m'ont si surpris et entrepris, qu'il convient que je sois de vous aimé; car nul escondit ne m'en pourroit ôter. »

La gentil dame fut adonc durement ébahie, et dit : «Ha! très cher sire, ne me veuillez moquer, essayer, ni tenter : je ne pourrois cuider ni penser que ce fût acertes que vous dites, ni que si noble, ni si gentil prince que vous êtes, dût quérir tour ni penser pour déshonorer moi et mon mari, qui est si vaillant chevalier, et qui tant vous a servi que vous savez, et encore est pour vous emprisonné. Certes, vous seriez de tel cas peu prisé et amendé : certes, telle pensée oncques ne me vint en cœur, ni jà n'y viendra, si Dieu plaît, pour homme qui soit né; et si je le fesois, vous m'en devriez blâmer, non pas blâmer seulement, mais mon corps justicier et démembrer, pour donner l'exemple aux autres d'être loyales à leurs maris. »

CHAPITRE CLXVII.
Comment le roi d'Angleterre s'assit au dîner tout pensif dont ses gens étoient fortement émerveillés.

Adonc se partit la gentil dame, et laissa le roi durement ébahi; et s'en revint en la salle pour hâter le dîner, et puis s'en retourna au roi, et emmena de ses chevaliers et lui dit : « Sire, venez en la salle, les chevaliers vous attendent pour laver; car ils ont trop jeûné; aussi avez-vous. » Le roi se partit de la chambre et s'en alla en la salle à ce mot et lava, et puis s'assit entre ses chevaliers au dîner, et la dame aussi. Mais le roi y dîna petit, car autre chose lui touchoit que boire et manger; et ne fit oncques à ce dîner fors que penser; et à la fois, quand il osoit la dame et son maintien regarder, il jetoit ses yeux cette part. De quoi toutes gens avoient grand'merveille, car il n'en étoit point accoutumé, ni oncques en tel point ne l'avoient vu : alas cuidoient-les aucuns que ce fût pour les Escots qui lui étoient échappés. Mais autre chose lui touchoit, et lui étoit si fermement et en telle forme entrée au cœur, que oncques n'en put issir de grand temps, pour escondite que la dame en put et sçut faire. Mais en fut toujours depuis plus lie, plus gai et plus joli; et en fit plusieurs belles fêtes, grands assemblées de seigneurs, de dames et de damoiselles, tout pour l'amour de la dite comtesse de Salebrin, si comme vous orrez ci-après.

CHAPITRE CLXVIII.
Comment le roi d'Angleterre prit congé de la comtesse de Salebrin et s'en alla après les Escots; et des paroles qui furent entre elle et le dit roi.

Toutes voies, le roi anglois demeura tout celui jour au châtel, en grands pensées et à grand'mésaise de cœur, car il ne savoit que faire. Aucune fois se ravisoit; car Honneur et Loyauté lui défendoit de mettre son cœur en tel fausseté, pour déshonorer si vaillant dame et si loyal chevalier comme son mari étoit, qui loyalement l'avoit toudis servi. D'autre part, Amour le contraignoit si fort que elle vainquoit et surmontoit Honneur et Loyauté. Ainsi se débatit en lui le roi tout le jour et toute la nuit. Au matin se leva, et fit tout son ost déloger et aller après les Escots, pour eux suivre et chasser hors de son royaume : puis prit congé à la dame, en disant : « Ma chère dame, à Dieu vous recommande jusques au revenir : si vous prie que vous vous veuillez aviser et autrement être conseillée que vous ne m'avez dit. » — « Cher sire, répondit la dame, le Père Glorieux vous veuille conduire et ôter de mauvaise et vilaine pensée et déshonorable; car je suis et serai toujours appareillée à vous servir à votre honneur et à la moye. »

Adonc se partit le roi tout confus et abaubi. Si s'en alla à tout son ost après les Escots, et les suivit jusques outre la bonne cité de Bervich, et se logea à quatre lieues près de la forêt de Gédours, là où le roi David et toutes ses gens étoient entrés, pour les grands forteresses qu'il y a. Là endroit demeura le dit roi anglois par l'espace de trois jours pour savoir si les Escots voudroient issir hors pour combattre à lui. Et sachez que tous les trois jours y eut tant d'escarmouches et de paletis entre les deux osts, que chacun étoit ennuyé de les regarder ; et en y avoit souvent des morts et des pris d'une part et d'autre. Et sur tous les autres y étoit plus souvent vu en bon convenant messire Guillaume de Douglas, qui s'arme d'azur à comble d'argent, et dedans le comble trois étoiles de gueules [1] ; et étoit celui qui y faisoit plus de beaux faits, de belles rescousses et de hauts emprises ; et fit en l'ost des Anglois moult de destourbiers.

CHAPITRE CLXIX.

Comment il eut trève entre les Anglois et les Escots jusques à deux ans, par lesquelles trèves le comte de Salebrin et le comte de Moret furent délivrés l'un pour l'autre.

Tous ces trois jours parlementèrent aucuns prud'hommes de trève et d'accord entre ces deux rois ; et tant traitèrent que une trève fut accordée à durer deux ans, voire si le roi Philippe de France s'y consentoit, car le roi d'Escosse étoit si fort allié à lui qu'il ne pouvoit donner trève ni faire paix sans lui ; et si le roi Philippe ne s'y vouloit accorder, si devoient les trèves durer entre Angleterre et Escosse jusques au premier jour d'août [2]. Et devoit être quitte le comte de Moret de sa prison, si le roi d'Escosse pouvoit tant pourchasser devers le roi de France que le comte de Salebrin fût quitte aussi de sa prison ; laquelle chose devoit être pourchassée dedans la Saint-Jean-Baptiste. Le roi d'Angleterre s'accorda à cette trève plus légèrement, pourtant que cil fait à grand sens qui a trois guerres ou quatre, s'il en peut atréver ou apaiser les deux ou les trois qu'il le fasse. Et ce roi avoit bien à penser sur telles choses :

---

[1] Le trait distinctif des armoiries de la famille Douglas, telles qu'elle les porte aujourd'hui, est un cœur qui fut ajouté à ses armes, en conséquence de l'honneur qui lui fut conféré par Robert Bruce sur son lit de mort.

[2] Il paraît que cette trève ne fut si tôt conclue, et que les deux rois se contentèrent alors de confirmer celle dont on a parlé précédemment et qui devait durer jusqu'au 1er mai ; peut-être même qu'il n'y eut aucun traité entre eux, et que la rigueur seule de la saison les obligea de cesser les hostilités et de se retirer chacun dans son pays. Quoi qu'il en soit, les pouvoirs donnés par Édouard, en date des 20 mars et 3 avril de cette année 1342, pour traiter avec les ambassadeurs de David Bruce, soit de la paix, soit seulement d'une trève, prouvent qu'à cette époque il n'y avait point de trève entre eux, ou qu'elle était près d'expirer.

car il avoit guerre en France, en Gascogne, en Poitou, en Xaintonge et en Bretagne ; et partout ses gens et ses soudoyers. Cette trève aux Escots fut ainsi affermée et accordée que vous avez ouï. Si départit le roi d'Escosse ses gens, et s'en ralla chacun en sa contrée. Puis envoya grands messages au roi Philippe de France, pour accorder ce que traité étoit, s'il lui plaisoit. Il plut assez bien au roi de France, pour mieux complaire au roi d'Escosse ; et ne dédit de rien le traité, mais renvoya le comte de Salebrin en Angleterre [1]. Dont sitôt qu'il y fut revenu, le roi anglois renvoya arrière le comte de Moret d'Escosse, devers le roi David, qui en eut grand'joie. Ainsi fut fait cet échange de ces deux seigneurs, si comme vous avez ouï ; et se départirent ces deux grosses chevauchées sans plus rien faire, et se retrait chacun en son lieu. Or retournerons-nous à parler des aventures et des guerres de Bretagne.

CHAPITRE CLXX.

Comment les seigneurs de France retournèrent en Bretagne par devers monseigneur Charles de Blois et comment ils assiégèrent la cité de Rennes que la comtesse de Montfort avoit bien garnie.

Vous devez savoir que quand le duc de Normandie, le duc de Bourgogne, le comte d'Alençon, le duc de Bourbon, le comte de Blois, le connétable de France, le comte de Ghines son fils, messire Jacques de Bourbon, messire Louis d'Espagne, et les comtes et barons de France se furent partis de Bretagne, qu'ils eurent conquis le fort châtel de Chastonceaulx, et puis après la cité de Nantes, et pris le comte de Montfort, et livré au roi Philippe de France, et il l'eut fait mettre en prison au Louvre à Paris, ainsi comme vous avez ouï, et comment messire Charles de Blois étoit demeuré tout coi en la cité de Nantes et au pays d'entour, qui obéissoit à lui, pour attendre la saison d'été, en laquelle il fait meilleur guerroyer qu'il ne fait en la saison d'hiver, et cette douce saison fut revenue, tous ces seigneurs dessus nommés, et grand'foison de gens avec eux, s'en rallèrent devers Bretagne à grand'puissance, pour aider à messire Charles de Blois à conquérir le remenant de la duché de Bretagne,

---

[1] Le comte de Salisbury retourna vraisemblablement en Angleterre vers le commencement du mois de juin.

dont avinrent de grands et merveilleux faits d'armes, ainsi comme vous pourrez ouïr. Quand ils furent venus à Nantes, où ils trouvèrent messire Charles de Blois, ils eurent conseil qu'ils assiégeroient la cité de Rennes. Si issirent de Nantes et allèrent assiéger Rennes tout autour.

La comtesse de Montfort par avant l'avoit si fort garnie et rafraîchie de gens d'armes et de tout ce qu'il afféroit, que rien n'y failloit; et y avoit établi un vaillant chevalier et hardi pour capitaine, qu'on appeloit messire Guillaume Quadudal, gentilhomme durement, du pays de Bretagne. Aussi avoit la dite comtesse mis grands garnisons par toutes les autres cités, châteaux et bonnes villes qui à li obéissoient; et partout bons capitaines, des gentilshommes du pays, qui à li se tenoient et obéissoient, lesquels avoit tous acquis par beau parler, par promettre et par donner; car elle n'y vouloit rien épargner. Desquels l'évêque de Léon, messire Almaury de Cliçon, messire Yvain de Treseguidi, le sire de Landernaux, le châtelain de Guingamp, messire Henry et messire Olivier de Pennefort, messire Geffroy de Malestroit, messire Guillaume de Quadudal, les deux frères de Quintin, messire Geoffroi de Maillechat, messire Robert de Guiche, messire Jean de Kerriec y étoient, et plusieurs autres chevaliers et écuyers que je ne sais mie tous nommer. Aussi en y avoit de l'accord messire Charles Blois grand'foison, qui à lui se tenoient, avec messire Hervey de Léon, qui fut de premier de l'accord du comte de Montfort et maître de son conseil, jusques à tant que la cité de Nantes fut rendue, et le comte de Montfort pris, ainsi que vous avez ouï. De quoi le dit messire Hervey fut durement blâmé; car, on vouloit dire qu'il avoit trait les bourgeois à ce et pourchassé la prise du comte de Montfort. Ce apparoit à ce que, depuis ce fait, ce fut celui qui plus se pénoit de grever la comtesse de Montfort et ses aidans.

CHAPITRE CLXXI.

Comment les seigneurs de France firent plusieurs assauts devant Rennes; et comment la comtesse de Montfort envoya au roi d'Angleterre querre secours; et sur quelle condition ce fut.

Messire Charles de Blois et les seigneurs dessus nommés sirent assez longuement devant la cité de Rennes et y firent grands dommages et plusieurs assauts par les Espaignols et par les Genevois; et ceux de dedans se défendirent aussi fortement et vaillamment, par le conseil du seigneur de Quadudal, et si sagement que ceux du dehors y perdirent plus souvent qu'ils n'y gagnèrent. En icelui temps, sitôt que la dite comtesse sçut que ces seigneurs de France étoient venus en Bretagne à si grand'puissance, elle envoya messire Almaury de Cliçon en Angleterre parler au roi Édouard, et pour prier et requérir secours et aide, par telle condition que le jeune enfant, fils du comte de Monfort et de la dite comtesse, prendroit à femme l'une des jeunes filles du roi d'Angleterre, et s'appelleroit duchesse de Bretagne. Le roi Édouard étoit adonc à Londres, et fêtoit tant qu'il pouvoit le comte de Salebrin, qui tantôt étoit revenu de sa prison. Si fit moult grand'fête et honneur à messire Almaury de Cliçon, quand il fut à lui venu; car il étoit moult gentil homme; et lui octroya toute sa requête assez brièvement, car il y véoit son avantage en deux manières. Car il lui fut avis que c'étoit grand'chose et noble de la duché de Bretagne, s'il la pouvoit conquérir; et si étoit la plus belle entrée qu'il pouvoit avoir pour conquérir le royaume de France, à quoi il tendoit. Si commanda à messire Gautier de Mauny qu'il aimoit moult, car moult l'avoit bien servi et loyalement en plusieurs besognes périlleuses, qu'il prît tant de gens d'armes que le dit messire Almaury deviseroit, et qu'il lui suffiroit, et s'appareillât le plutôt qu'il pourroit pour aller aider à la comtesse de Montfort; et prit jusques à trois ou quatre mille archers des meilleurs d'Angleterre. Le dit messire Gautier fit moult volontiers le commandement son seigneur : si s'appareilla le plutôt qu'il put, et se mit en mer avec le dit messire Almaury. Avec lui allèrent les deux frères de Leyndehale, messire Louis et messire Jean, le Haze de Brabant, messire Hubert de Frenay, messire Alain de Sirehonde et plusieurs autres que je ne sais mie nommer, et avec eux six mille archers. Mais un grand tourment et vent contraire les prit en mer, parquoi il les convint demeurer sur la mer par le terme de soixante jours, ainçois qu'ils pussent venir à Hainebon, où la comtesse de Montfort les attendoit de jour en jour, à grand'mésaise de cœur, pour le grand meschef qu'elle savoit que ses gens soutenoient, qui étoient dedans la cité de Rennes, où vaillamment ils se tenoient.

[1342]

CHAPITRE CLXXII.

Comment les bourgeois de Rennes rendirent la cité à monseigneur de Blois.

Or est à savoir que messire Charles de Blois et ces seigneurs de France sirent longuement devant la cité de Rennes, et tant qu'ils y firent très grand dommage, parquoi les bourgeois en furent durement ennuyés; et volontiers se fussent accordés à rendre la cité, s'ils eussent osé; mais messire Guillaume de Quadudal ne s'y vouloit accorder nullement. Quand les bourgeois et le commun de la cité eurent assez souffert, et qu'ils ne véoient aucun secours de nulle part venir, ils se voulurent rendre; mais le dit messire Guillaume ne s'y voulut accorder. Au dernier, ils prirent le dit messire Guillaume et le mirent en prison; et puis eurent en convenant à messire Charles qu'ils se rendroient lendemain, par telle condition que tous ceux de la partie de la comtesse de Montfort s'en pouvoient aller sauvement quel part qu'ils voudroient. Le dit messire Charles de Blois leur accorda. Ainsi fut la cité de Rennes rendue à messire Charles de Blois, l'an de grâce mil trois cent quarante deux, à l'entrée de mai. Et messire Guillaume de Quadudal ne voulut point demeurer de l'accord messire Charles de Blois; ains s'en alla tantôt devers Hainebon où la comtesse de Montfort étoit, qui fut moult dolente quand elle sçut que la cité de Rennes étoit rendue. Et si n'oyoit aucune nouvelle de messire Almaury de Cliçon, ni de sa compagnie.

CHAPITRE CLXXIII.

Comment les seigneurs de France se partirent de Rennes et allèrent assiéger Hainebon où la comtesse de Montfort étoit.

Quand la cité de Rennes fut rendue, ainsi que vous avez ouï, et les bourgeois eurent fait féauté à messire Charles de Blois, messire Charles eut conseil quel part il pourroit aller atout son ost, pour mieux avant exploiter de conquérir le remenant. Le conseil se tourna à ce que il se traist pardevers Hainebon, où la comtesse étoit; car puisque le sire étoit en prison, s'il pouvoit prendre la ville, le châtel, la comtesse et son fils, il auroit tôt sa guerre affinée. Ainsi fut fait: si se trairent tous vers Hainebon et assiégèrent la ville et le châtel tout autour tant qu'ils purent, par terre. La comtesse étoit si bien pourvue de bons chevaliers et d'autres suffisans gens d'armes qu'il convenoit pour défendre la ville et le châtel; et toudis étoit en grand soupçon du secours d'Angleterre qu'elle attendoit; et si n'en oyoit aucunes nouvelles: mais avoit doute que grand meschef ne leur fût avenu, ou par fortune de mer, ou par rencontre d'ennemis.

Avec elle étoit en Hainebon l'évêque de Léon en Bretagne, dont messire Hervey de Léon étoit neveu, qui étoit de la partie messire Charles; et si y étoit messire Yves de Treseguidy, le sire de Landernaux, le châtelain de Guinganp, les deux frères de Kerriec, messire Henry et messire Olivier de Pennefort et plusieurs autres. Quand la comtesse et ces chevaliers entendirent que ces seigneurs de France venoient pour eux assiéger, et qu'ils étoient assez près de là, ils firent commander que on sonnât la ban-cloche, et que chacun s'allât armer et allât à sa défense, ainsi que ordonné étoit. Ainsi fut fait, sans contredit. Quand messire Charles de Blois et les seigneurs de France furent approchés de la ville de Hainebon, et ils la virent forte, ils firent leurs gens loger ainsi que pour faire siége. Aucuns jeunes compagnons gennevois, espaignols et françois allèrent jusques aux barrières pour paleter et escarmoucher; et aucuns de ceux de dedans issirent encontre eux, ainsi que on fait souvent en tels besognes. Là eut plusieurs hutins; et perdirent plus les Gennevois qu'ils n'y gagnèrent, ainsi qu'il avient souvent en soi trop follement abandonnant. Quand le vespre approcha, chacun se retraist à sa loge. Lendemain, les seigneurs eurent conseil qu'ils feroient assaillir les barrières fortement, pour voir la contenance de ceux de dedans, et pour voir s'ils y pourroient rien conquêter, ainsi qu'ils firent; car au tiers jour y assaillirent au matin entour heure de prime aux barrières très fort; et ceux de dedans issirent hors, les aucuns les plus suffisans, et se défendirent si vaillamment que ils firent l'assaut durer jusques à heure de nonne que les assaillans se retrairent un petit arrière, et ils laissèrent foison de morts, et en ramenèrent planté de blessés. Quand les seigneurs virent leurs gens retraire, ils en furent durement courroucés; si firent recommencer l'assaut plus fort que devant; et aussi ceux de Hainebon s'efforcèrent d'eux très bien défendre; et la comtesse qui étoit armée de corps, et étoit montée sur un bon coursier, chevauchoit de rue en rue par la ville, et sémonnoit ses gens de bien défendre, et faisoit les femmes, dames, damoiselles et autres, défaire les chaussées et porter les pierres aux créneaux pour jeter aux ennemis, et faisoit apporter bombardes et pots pleins de chaux vive pour jeter sur les assaillans.

CHAPITRE CLXXIV.

Comment la comtesse de Montfort ardit les tentes des seigneurs de France tandis qu'ils se combattoient aux barrières.

Encore fit cette comtesse de Montfort une très hardie emprise, qui ne fait mie à oublier, et que on doit bien recorder à hardi et outrageux fait d'armes. La dite comtesse montoit aucune fois en une tour tout haut pour voir mieux comment ses gens se maintenoient. Si regarda et vit que tous ceux de l'ost, seigneurs et autres, avoient laissé leurs logis et étoient presque tous allés voir l'assaut. Elle s'avisa d'un grand fait, et remonta sur son coursier, ainsi armée comme elle étoit, et fit monter environ trois cents hommes d'armes avec elle à cheval, qui gardoient une porte que on n'assailloit point. Si issit de cette porte à toute sa compagnie, et se férit très vassalement en ces tentes et en ces logis des seigneurs de France, qui tantôt furent toutes arses, tentes et loges, qui n'étoient gardées fors de garçons et de varlets, qui s'enfuirent sitôt qu'ils virent bouter le feu, et la comtesse et ses gens entrer. Quand ces seigneurs virent leur logis ardoir et ouïrent le hu et le cri qui en venoit, ils furent tous ébahis et coururent tous vers leurs logis, criant : « Trahis ! trahis ! » Et ne demeura adonc nul à l'assaut. Quand la comtesse vit l'ost émouvoir, et gens courir de toutes parts, elle rassembla toutes ses gens et vit bien qu'elle ne pourroit rentrer en la ville sans trop grand dommage : si s'en alla un autre chemin, droit pardevers le châtel de Brest qui sied à trois lieues près de là [1].

Quand messire Louis d'Espaigne, qui étoit maréchal de tout l'ost, fut venu aux logis qui ardoient, et vit la comtesse et ses gens qui s'en alloient tant qu'ils pouvoient, il se mit à aller après pour les raconsuir s'il eût pu, et grand'foison de gens d'armes avec lui ; si les enchassa, et fit tant qu'il en tua et meshaigna aucuns, qui étoient mal montés et qui ne pouvoient suivre les bien montés. Toutes voies la dite comtesse chevaucha tant et si bien, qu'elle et la plus grand'partie de ses gens vinrent assez à point au bon châtel de Brest, où elle fut reçue et fêtée à grand'joie, de ceux de la ville et du châtel très grandement. Quand messire Louis d'Espaigne sçut par les prisonniers qu'il avoit pris que c'étoit la comtesse qui tel fait avoit fait et qui échappée lui étoit, il s'en retourna en l'ost, et conta son aventure aux seigneurs et aux autres, qui grand'merveille en eurent. Aussi eurent ceux qui étoient dedans Hainebon ; et ne pouvoient penser ni imaginer comment leur dame avoit ce imaginé, ni osé entreprendre ; mais ils furent toute la nuit en grand'cuisançon de ce que la dame ni nul des compagnons ne revenoit. Si n'en savoient que penser ni que aviser ; et ce n'étoit pas grand'merveille.

CHAPITRE CLXXV.

Comment les François assaillirent Hainebon moult aspremeut ; et comment messire Charles de Blois alla assiéger Auroy.

Lendemain les seigneurs de France, qui avoient perdu leurs tentes et leurs pourvéances, eurent conseil qu'ils se logeroient d'arbres et de feuilles plus près de la ville, et qu'ils se maintiendroient plus sagement. Si s'allèrent loger à grand'peine plus près de la ville, et disoient souvent à ceux de la ville ainsi : « Allez, seigneurs, allez querre votre comtesse ; certes elle est perdue ; vous ne la trouverez mie de pié-çà. » Quand ceux de la ville, gens d'armes et autres, ouïrent telles paroles, ils furent ébahis et eurent grand'peur que ce grand meschef ne fût avenu à leur dame ; si n'en savoient que croire, pourtant qu'elle ne revenoit point, et n'en oyoient nulles nouvelles. Si demeurèrent en tel peur par l'espace de cinq jours. Et la comtesse qui bien pensoit que ses gens étoient en grand meschef pour li, et en grand'doutance, se pourchassa tant qu'elle eut bien cinq cents compagnons armés et bien montés ; puis se partit de Brest entour mie-nuit, et s'en vint, à soleil levant, et chevauchant, droit à l'un des

---

[1] Brest est beaucoup plus éloigné de Hennebont : aussi, suivant les historiens de Bretagne, ce fut dans le château d'Auray et non dans celui de Brest que la comtesse de Montfort se réfugia.

côtés de l'ost, et fit ouvrir la porte du châtel de Hainebon, et entra dedans à grand'joie et à grand son de trompettes et de nacaires; de quoi l'ost des François fut durement estourmi. Si se firent tous armer et coururent devers la ville pour assaillir; et ceux dedans aux fenêtres pour défendre. Là commença grand assaut et fort, qui dura jusques à haute nonne [1]; et plus y perdirent les assaillans que les défendans. Environ heure de nonne les seigneurs firent cesser l'assaut, car leurs gens se faisoient tuer et navrer sans raison; et retrairent à leur logis. Si eurent conseil et accord que messire Charles de Blois iroit assiéger le châtel d'Auroy que le roi Artus fit faire et fermer; et iroient avec lui le duc de Bourbon, le comte de Blois son frère, le maréchal de France messire Robert Bertrand, et messire Hervey de Léon, et partie des Gennevois; et messire Louis d'Espaigne, le vicomte de Rohan, et tout le remenant des Gennevois et Espaignols demeureroient devant Hainebon, et manderoient douze grands engins qu'ils avoient laissés à Rennes pour jeter à la ville et au châtel de Hainebon; car ils véoient bien qu'ils ne pouvoient gagner ni rien profiter à l'assaillir. Si que ils firent deux osts; si en demeura l'un devant Hainebon, et l'autre alla assiéger le châtel d'Auroy, qui étoit assez près de là: duquel nous parlerons, et nous souffrirons un petit des autres.

CHAPITRE CLXXVI.

Comment messire Charles de Blois se logea devant Auroy; et comment messire Amaury de Cliçon amena à la comtesse grand secours d'Angleterre.

Messire Charles de Blois se mit devant le châtel d'Auroy à toute sa compagnie, et se logea, et tout son ost environ; et y fit assaillir et escarmoucher; car ceux du châtel étoient bien pourvus et bien garnis de bonnes gens d'armes pour tel siége soutenir. Si ne se voulurent rendre, ni laisser le service de la comtesse, qui grands biens leur avoit faits, pour obéir au dit messire Charles, pour promesses. Dedans la forteresse avoit deux cents compagnons aidables, uns et autres, desquels étoient maîtres et capitaines deux chevaliers du pays, vaillans hommes et hardis durement, messire Henry de Pennefort et Olivier son frère. A quatre lieues près de ce château sied la bonne cité de Vennes, qui fermement se tenoit à la comtesse; et en étoit messire Geoffroi de Malestroit, capitaine, gentilhomme et vaillant durement. D'autre part siéd la bonne ville de Dignant [1] en Bretagne, qui adonc n'étoit fermée, fors de fossés et de palis: si en étoit capitaine, de par la comtesse, un durement vaillant homme que on appeloit le châtelain de Guinganp: mais il étoit adonc dedans Hainebon avec la comtesse; mais il avoit laissé à Dignant en son hôtel sa femme et ses filles; et avoit laissé capitaine, en lieu de lui, messire Regnault son fils, vaillant chevalier et hardi durement.

Entre ces deux bonnes villes siéd un fort-châtel qui se tenoit adonc à messire Charles de Blois, et l'avoit garni de gens d'armes et de soudoyers qui tous étoient Bourguignons. Si en étoit souverain et maître un bon écuyer assez jeune que on appeloit Girard de Maulain; et avoit avec lui un hardi chevalier qu'on appeloit messire Pierre Portebœuf. Ces deux avec leurs compagnons, honnissoient et gâtoient tout le pays de là entour, et contraignoient si ouniment la cité de Vennes et la bonne ville de Dignant que nulles pourvéances ni marchandises ne pouvoient entrer ni venir, fors en grand péril et en grand'aventure; car ils chevauchoient l'un jour pardevers Vennes, l'autre jour pardevers Dignant.

Tant chevauchèrent ainsi les dessus dits Bourguignons et leurs routes, que le jeune bachelier, messire Regnault de Guinganp, prit, à un embuchement qu'il avoit établi, le dit Girart de Maulain à toute sa compagnie, qui étoient eux vingt cinq compagnons, et rescouit jusques à quinze marchands à tout leur avoir qu'ils avoient pris, et les emmenoient pardevers leurs garnisons qu'on appelle Roche-Périou. Mais le jeune bachelier, messire Regnault de Guinganp, les con-

[1] Jusques après midi.

[1] La manière dont Froissart parle de ce lieu et la situation qu'il lui assigne ne peuvent convenir ni à la ville de Dinant dans le diocèse de Saint-Malo ni à celle de Guingamp dans le diocèse de Tréguier, que quelques manuscrits et les imprimés nomment au lieu de Dinant : l'une et l'autre sont trop éloignées de Vannes et d'Auray. Peut-être faudrait-il changer le *d* en *b*, et lire Bignant au lieu de Dignant. Bignant est un gros village ou bourg assez près de Vannes et d'Auray, et très bien placé pour être le théâtre des faits que Froissart va raconter. Peut-être aussi l'historien connaissait-il mal la géographie de la Bretagne et s'est-il trompé sur la position de Dinant.

quit tous par son sens et par sa prouesse, et les emmena à Dignant tous en prison, dont tout le pays d'entour eut grand'joie; et en fut grandement ledit messire Regnault loué et prisé.

Si me tairai un petit à parler des gens de Vennes, de Dignant et de Roche-Périou, et reviendrai à la comtesse de Montfort, qui étoit dedans Hainebon, et à messire Louis d'Espaigne, qui tenoit le siége devant, et avoit si débrisée et si froissée la ville par les engins, que ceux de dedans se commencèrent à ébahir et avoir volonté de faire accord; car ils ne véoient nul secours venir, ni n'en oïoient nouvelles. Dont il avint que l'évêque, messire Guy de Léon, qui étoit oncle de messire Hervey de Léon, par qui pourchas et conseil le comte de Montfort avoit été pris, si comme on disoit, dedans la cité de Nantes, parla un jour audit messire Hervey son neveu, sur assurément, par long-temps ensemble d'une chose et d'autres; et tant que le dit évêque devoit pourchasser accord à ses compagnons, pourquoi la ville de Hainebon seroit rendue à messire Charles de Blois; et ledit messire Hervey devoit pourchasser d'autre part que ceux de dedans seroient apaisés envers messire Charles, quittes et délivrés, et ne perdroient rien de leur avoir. Ainsi se départit ce parlement. Le dit évêque entra en la ville pour parler aux autres seigneurs. La comtesse se douta tantôt de mauvais pourchas : si pria à ces seigneurs de Bretagne, pour l'amour de Dieu, qu'ils ne fissent nul défaute et que elle auroit grand secours dedans trois jours. Mais le dit évêque parla tant et montra tant de raisons à ces seigneurs qu'il les mit en grand effroi cette nuit. Lendemain il recommença, et leur dit tant de raisons d'unes et d'autres qu'ils étoient tous de son accord ou assez près. Et jà étoit le dit messire Hervey venu assez près de la ville pour la prendre de leur accord, quand la comtesse qui regardoit aval la mer, par une fenêtre du châtel, commença à crier et à faire grand'joie; et disoit tant comme elle pouvoit : « Je vois venir le secours que j'ai tant désiré. » Deux fois le dit : chacun de la ville courut tantôt, qui mieux mieux, aux fenêtres et aux créneaux des murs pour voir que c'étoit; et virent grand foison de naves, petites et grands, bien bastillées, venir pardevers Hainebon : dont chacun fut durement reconforté, car bien tenoient que c'étoit messire Almaury de Cliçon qui amenoit ce secours d'Angleterre dont vous avez par deçà devant ouï parler, qui par soixante jours avoient eu vent contraire sur mer.

CHAPITRE CLXXVII.

Comment l'évêque de Léon se tourna de la partie messire Charles de Blois : et comment messire Gautier de Mauny et ceux de Hainebon abattirent les engins des François qui moult les grévoient.

Quand le châtelain de Guinganp, messire Yves de Treseguidy, messire Galeran de Landerneaux et les autres chevaliers virent ce secours venir, ils dirent à l'évêque qu'il pouvoit bien contremander son parlement; car point n'étoient conseillés de faire ce qu'il leur ennortoit. L'évêque, messire Guy de Léon, en fut durement courroucé et dit : « Seigneurs, donc départira notre compagnie, car vous demeurerez deçà vers madame, et je m'en irai par delà pardevers celui qui plus grand droit y a, ce me semble. » Lors se partit l'évêque de Hainebon, et défia la dame et tous ses aidans, et s'en alla dénoncer audit messire Hervey et dire la besogne, ainsi comme elle se portoit. Ledit messire Hervey fut durement courroucé : si fit tantôt dresser les plus grands engins qu'ils avoient, au plus près du châtel qu'on put, et commanda que on ne cessât de jeter par jour et par nuit; puis se partit de là. Si emmena son oncle, le dit évêque, à messire Louis d'Espaigne qui le reçut à bon gré et liement; et aussi fit messire Charles de Blois quand il fut à lui venu. La comtesse fit à liée chère appareiller salles et chambres et hôtels pour herberger aisément ces seigneurs d'Angleterre qui là venoient, et envoya contre eux moult noblement. Quand ils furent venus et descendus, elle-même vint contre eux à grand'-révérence; et si elle les fêta et gracia grandement ce n'est pas de merveilles, car elle avoit bien mestier de leur venue, si comme vous avez ouï.

Si en fit adone, et depuis aussi, tant comme elle en put faire; et les emmena adone tous, chevaliers et écuyers, au châtel herberger et en la ville à leur aise; et leur donna lendemain à dîner moult grandement. Toute la nuit ne cessèrent les engins de jeter, ni lendemain aussi. Quand ce vint après dîner que la dame eut fêté ces seigneurs, messire Gautier de Mauny, qui étoit maître et souverain des Anglois demanda de l'état de ceux de la ville et de leur convenant, et de ceux de l'ost aussi ; puis regarda et dit qu'il avoit grand'volonté d'aller abattre ce grand engin, qui si près leur étoit assis et qui si grand ennui leur faisoit ; mais que on le voulût suivre. Messire Yves de Treseguidy dit qu'il ne lui en faudroit mie à cette première envaye. Aussi dit le sire de Landerneaux. Adonc s'alla tantôt armer le gentil chevalier messire Gautier de Mauny ; aussi firent tous ses compagnons quand ils le sçurent ; et aussi firent tous les chevaliers bretons et écuyers qui laiens étoient : puis issirent hors paisiblement par la porte, et firent aller avec eux trois cents archers. Tant allèrent traiant les archers qu'il firent fuir ceux qui gardoient le dit engin ; et les gens d'armes qui venoient après les archers en occirent aucuns, et abattirent ce grand engin, et le détaillèrent tout par pièces. Puis coururent de randon jusques aux tentes et aux logis, et boutèrent le feu dedans. Si tuèrent et navrèrent plusieurs de leurs ennemis, ainçois que l'ost fût estourmi ; et puis se retrairent bellement arrière. Quand l'ost fut estourmi et armé, ils vinrent accourant après eux comme gens tous forcenés ; et quand messire Gautier vit ses gens accourir et estourmir en démenant grands hus et grands cris, il dit tout haut : « Jamais ne sois-je salué de ma chère amie, si je rentre en châtel ni en forteresse jusques à ce que j'aurai l'un de ces venans versé à terre, ou je y serai versé. » Lors se retourna-t-il le glaive au poing, devers ses ennemis : aussi firent les deux frères de Laindehalle, le Haze de Brabant, messire Yves de Treseguidy, messire Galeran de Landerneaux, et plusieurs autres compagnons, et brochèrent aux premiers venans. Si en firent plusieurs verser, les jambes contre mont ; aussi en y eut des leurs versés. Là commença un très fort hutin ; car toujours venoient avant ceux de l'ost. Si montéplioit leur effort ; par quoi il convenoit les Anglois et les Bretons retraire tout bellement devers leur forteresse. Là put-on voir d'une part et d'autre belles envayes, belles rescousses, beaux faits d'armes et belles prouesses, grand'foison. Sur tous les autres le faisoit bien et en avoit la huée le gentil chevalier messire Gautier de Mauny ; et aussi moult vaillamment s'y maintinrent ses compagnons et s'y combattirent très bien. Quand ils virent que temps fut de retraire, ils se retrairent bellement et sagement jusques à leurs fossés ; et là rendirent estal tous les chevaliers, combattant jusques à tant que leurs gens furent entrés à sauveté. Mais sachez que les autres archers, qui point n'avoient été à abattre les engins, étoient issus de la ville et rangés sur les fossés, et traioient si fortement qu'ils firent tous ceux de l'ost reculer, qui eurent grand'foison d'hommes et de chevaux morts et navrés. Quand ceux de l'ost virent que leurs gens étoient en bersail, et qu'ils perdoient sans rien conquérir, ils firent leurs gens retraire à leurs logis ; et quand ils furent tous retraits, ceux de la ville se retrairent aussi chacun en son hôtel. Qui adonc vit la comtesse descendre du châtel à grand'chère, et baiser messire Gautier de Mauny et ses compagnons les uns après les autres deux ou trois fois, bien put dire que c'étoit une vaillant dame.

CHAPITRE CLXXVIII.

Comment messire Louis d'Espaigne se délogea de devant Hainebon ; et comment messire Charles de Blois l'envoya à Dignant ; et comment il prit le châtel de Conquest.

A lendemain, messire Louis d'Espaigne appela le vicomte de Rohan, l'évêque de Léon, messire Hervey de Léon, et le maître des Gennevois, pour avoir avis et conseil qu'ils feroient et comment ils se maintiendroient ; car ils véoient la ville de Hainebon forte, et le secours qui venu y étoit ; mêmement les archers qui tous les déconfisoient ; parquoi ils perdoient le temps pour néant, et alenoient à demeurer là, et ne véoient tour ni voie par quoi ils pussent rien conquérir. Si se accordèrent tous à ce qu'ils se délogeroient lendemain et se trairoient vers le châtel d'Auroy, là où messire Charles de Blois étoit à siège fait, et les autres seigneurs de France. Lendemain bien matin ils défirent leurs logis et se trairent celle part, si comme ordonné étoit. Ceux de la ville firent grand huy après eux, quand ils les virent déloger ; et aucuns issirent après eux pour aventure trouver : mais ils furent rechassés arrière, et perdirent de leurs compagnons, ainçois qu'ils pussent être retraits à la ville.

Quand messire Louis d'Espaigne et toute sa charge de gens d'armes furent venus en l'ost messire Charles de Blois, il lui conta la raison pourquoi ils avoient laissé le siége de devant Hainebon. Adonc ordonnèrent-ils entr'eux par grand'délibération de conseil, que le dit messire Louis et ceux qui étoient venus avec lui iroient assiéger la bonne ville de Dignant, qui n'étoit fermée fors d'eau et de palis. Ainsi demeura la ville de Hainebon en paix une grand'pièce; et fut renforcée et rafraîchie moult grandement. Le dit messire Louis s'en alla atout son ost assiéger Dignant. Ainsi qu'il s'en alloit, il passa assez près d'un vieux châtel qu'on appeloit Conquest[1]; et en étoit châtelain, de par la comtesse, un chevalier de Lombardie, bon guerroyeur et hardi, qui s'appeloit messire Mansion, et avoit plusieurs soudoyers avec lui. Quand le dit messire Louis entendit que le châtel étoit de l'accord de la comtesse, si fit traire son ost cette part et assaillir fortement. Ceux de dedans se défendirent si bien que l'assaut dura jusques à la nuit; et se logea l'ost là endroit. Lendemain il fit l'assaut recommencer: les assaillans approchèrent si près des murs qu'ils y firent un grand trou, car les fossés n'étoient mie moult parfons. Si entrèrent dedans par force, et mirent à mort tous ceux du châtel, excepté le chevalier qu'ils prirent prisonnier; et y établirent un autre châtelain bon et sûr, et soixante compagnons avec lui pour garder le châtel. Puis se partit le dit messire Louis et s'en alla assiéger la bonne ville de Dignant.

La comtesse de Montfort et messire Gautier de Mauny entendirent ces nouvelles, que messire Louis d'Espaigne et son ost étoient arrêtés devant le châtel de Conquest; si appela le dit messire Gautier tous les compagnons soudoyers, et leur dit que ce seroit trop noble aventure pour eux tous, si ils pouvoient dessiéger le dit châtel et déconfire le dit messire Louis et tout son ost; et que oncques si grand honneur n'avint à gens d'armes qu'il leur aviendroit. Tous s'y accordèrent, et partirent lendemain au matin de Hainebon, et s'en allèrent celle part de si grand'volonté que peu en demeura en la ville. Tant chevauchèrent qu'ils vinrent environ nonne au châtel de Conquest; et trouvèrent qu'il avoit été conquis le jour devant, et ceux de dedans tous occis, excepté le chevalier messire Mansion qui le gardoit; et l'avoient les dits François pourvu et rafraîchi de tous points et de nouvelles gens. Quand messire Gautier de Mauny entendit ce, et que messire Louis étoit allé assiéger la ville de Dignant, il en eut grand deuil, pourtant qu'il ne se pouvoit combattre à lui. Si dit à ses compagnons qu'il ne partiroit de là, si sauroit quels gens il avoit au dit châtel, et comment il avoit été perdu. Si s'appareillèrent lui et ses compagnons pour assaillir le châtel, et montèrent tous chargés contre mont. Quand les Espaignols qui dedans étoient les virent en telle manière venir, ils se défendirent tant qu'ils purent; et ceux de dehors les assaillirent si fortement et tinrent si près de traire qu'ils approchèrent les murs, malgré ceux du châtel, et trouvèrent le trou du mur parquoi ils avoient le jour devant gagné le châtel. Si entrèrent dedans par ce trou même, et tuèrent tous les Espaignols, excepté dix que aucuns chevaliers prirent à mercy. Puis se retrairent les Anglois et les Bretons pardevers Hainebon; car ils ne l'osoient mie grandement éloigner; et laissèrent le châtel de Conquest tout seul et sans garde, car ils virent bien qu'il n'étoit mie à tenir.

CHAPITRE CLXXIX.

Comment ceux de Dignant se rendirent à messire Louis d'Espaigne, et comment il prit la ville de Guerrande; et comment il entra en mer avec partie de ses gens pour aller à l'aventure.

Or, reviendrai-je à messire Louis d'Espaigne, qui fit loger son ost hâtivement tout autour de la ville de Dignant en Bretagne, et fit tantôt faire petits bateaux et nacelles pour assaillir la ville de toutes parts, par terre et par yaue. Quand les bourgeois de la ville virent ce, et bien savoient que leur ville n'étoit fermée que de palis, ils eurent peur, grands et petits, de perdre corps et avoir: si s'accordèrent communément qu'ils se rendroient, sauf leur corps et leur avoir; ce

---

[1] Il n'est guère possible que Louis d'Espaigne ait rencontré sur sa route, en allant d'Auray, soit à Bignan qui est au nord de cette place, soit à Dinant qui est à l'orient, à une assez grande distance, le château de Conquet, situé à la pointe occidentale de la Bretagne. Il n'est guère plus possible que Gautier de Mauny se soit transporté avec une troupe nombreuse, en une matinée, de Hennebont au Conquêt de Brest, c'est-à-dire à plus de 30 lieues. L'historien ignoroit donc la position des lieux dont il a parlé, à moins qu'on ne suppose, ce qui n'est pas très vraisemblable, qu'il existait un autre château de Conquêt que celui que nous connaissons.

qu'ils firent le quart jour que l'ost fut venu là, malgré leur capitaine, messire Regnault de Guingant; et le tuèrent en my le marché, pourtant qu'il ne s'y vouloit accorder. Quand messire Louis d'Espaigne eut été en la ville de Dignant par deux jours, et eut pris la féauté des bourgeois, il leur donna pour capitaine celui Girard de Maulain, écuyer, qu'il trouva laiens prisonnier, et messire Pierre Porteboeuf avec lui : puis s'en alla atout son ost devers une moult grosse ville séant sur la mer que on appeloit Guerrande, et l'assiégea par terre; et trouva assez près grand'foison de naves et vaisseaux pleins de vins que marchands y avoient là menés de Poitou et de la Rochelle pour vendre. Si eurent tantôt vendu les marchands leurs vins, et furent mal payés. Et puis fit le dit messire Louis prendre toutes les naves, et monter gens d'armes dedans, et partie des Espaignols et des Gennevois, et puis fit lendemain assaillir la ville par terre et par mer, qui ne se put longuement défendre : ains fut assez tôt gagnée par force, et tantôt robée; et mis à l'épée, sans merci, hommes et femmes et enfants; et cinq églises arses et violées, dont messire Louis fut durement courroucé. Si fit tantôt pour ce pendre vingt-quatre de ceux qui ce avoient fait. Là fut gagné grand trésor, si que chacun en eut tant qu'il put porter; car la ville étoit grande, riche et marchande.

Quand cette grosse ville, qui Guerrande étoit appelée, fut ainsi gagnée, robée et exilliée, ils ne sçurent plus avant où aller pour gagner. Si se mit le dit messire Louis en ces vaisseaux qu'il avoit trouvés sur mer en la compagnie de messire Othon Dorie d'aucuns Gennevois et Espaignols pour aller aucune part, pour aventurer sur la marine; et le vicomte de Rohan, l'évêque de Léon, messire Hervey son neveu, et tous les autres s'en revinrent en l'ost messire Charles de Blois, qui encore séoit devant le châtel d'Auroy. Si trouvèrent grand'foison de seigneurs et de chevaliers de France, qui nouvellement étoient là venus; tels que messire Louis de Poitiers comte de Valentine, le comte d'Aucerre, le comte de Porcien, le comte de Joigny, le comte de Boulogne, et plusieurs autres que le roi Philippe y avoit envoyés pour reconforter son neveu; et aucuns y étoient venus de leur volonté, pour venir voir et servir messire Charles de Blois. Et encore n'étoit le fort châtel d'Auroy gagné; mais ceux de dedans étoient si près menés et si oppressés de famine, qu'ils avoient mangé par huit jours tous leurs chevaux; et ne les voulut-on prendre à mercy s'ils ne se rendoient simplement. Quand ils virent que mourir les convenoit, ils issirent hors couvertement par nuit et se mirent en la volonté de Dieu, et passèrent tout parmi l'ost, à l'un des côtés, dont aucuns furent aperçus et tués. Messire Henry de Penefort et messire Olivier son frère et plusieurs autres se sauvèrent et échappèrent par un boschet qui là étoit, et s'en allèrent droit à Hainebon devers la comtesse et les compagnons chevaliers anglois et bretons qui les reçurent liement.

CHAPITRE CLXXX.

Comment, après la prise d'Auroy, messire Charles de Blois alla assiéger Vennes, laquelle se rendit à lui.

Ainsi reconquit messire Charles de Blois le fort châtel d'Auroy, par affamer ceux qui le gardoient, où il avoit sis par l'espace de dix semaines et plus. Si le fit refaire et rappareiller, et bien garnir de gens d'armes et de toutes pourvéances, et puis s'en partit et alla à tout son ost assiéger la cité de Vennes, dont messire Geffroy de Malestroit étoit capitaine, et se logea tout autour. Lendemain, aucuns compagnons bretons et soudoyers qui gissoient en une ville qu'on appelle Ployermel, issirent hors et se mirent en aventure pour gagner : si vinrent assaillir l'ost messire Charles, et se férirent en l'un des côtés secrètement, mais ils furent enclos, quand l'ost fut estourmi, et perdirent de leurs gens grossement : les autres s'enfuirent, et furent suivis jusques assez près de Ployermel, qui étoit assez près de Vennes. Quand ceux de l'ost qui étoient armés furent revenus de la chasse, ils allèrent, de ce retour même, assaillir la ville de Vennes fortement et roidement, et gagnèrent par force les barrières jusques à la porte de la cité.

Là eut très fort assaut, et plusieurs morts et navrés d'une part et d'autre, et dura jusques à la nuit. Adonc fut accordé un répit qui devoit durer lendemain tout le jour, pour les bourgeois conseiller, s'ils se voudroient rendre ou non. Lendemain ils furent si conseillés qu'ils se rendirent, mau-gré messire Geoffroy de Malestroit leur capitaine; et quand il vit ce, il se mit hors de la cité déscongruement, entrementes qu'on parlementoit, et s'en alla devers Hainebon. Et le parlement se fit ainsi, que messire Charles de Blois et tous les seigneurs de France entrèrent en la cité et prirent la féauté des bourgeois, et se reposèrent en la cité par cinq jours; puis s'en partirent et allèrent assiéger une autre forte cité que on appelle Craais. Or lairay à parler un petit d'eux, et retournerai à messire Louis d'Espaigne.

CHAPITRE CLXXXI.

Comment messire Gautier de Mauny et messire Almaury de Cliçon déconfirent messire Louis d'Espaigne et sa route, et gagnèrent tout l'avoir qu'il avoit conquis; et comment il échappa.

Sachez que quand messire Louis d'Espaigne fut monté au port de Guerrande-sur-Mer, il et sa compagnie allèrent tant nageant par mer qu'ils arrivèrent en la Bretagne-Bretonnant[1], au port de Kemperlé, et assez près de Kempercorantin et de Saint-Mathieu-de-Fine-Poterne[2]; et issirent des naves et allèrent ardoir et rober tout le pays; et trouvèrent si grand avoir que merveilles seroit à raconter. Si l'apportoient tout en leurs naves et puis ralloient d'autre part rober; et ne trouvoient nullui qui leur défendît. Quand messire Gautier de Mauny et messire Almaury de Cliçon surent les nouvelles de messire Louis d'Espaigne et de ses compagnons, ils eurent conseil qu'ils iroient celle part: puis le découvrirent à messire Yvon de Treseguidy, au châtelain de Guinganp, au seigneur de Landernaux, à messire Guillaume de Quadoudal, aux deux frères de Penefort, et à tous les chevaliers qui là étoient dedans Hainebon, qui tous s'y accordèrent de bonne volonté. Lors se mirent tous en leurs vaisseaux, et prirent trois mille archers avec eux, et ne cessèrent de nager jusques à tant qu'ils vinrent droit au port où les naves messire Louis étoient ancrées. Si entrèrent dedans et tuèrent tous ceux qui les naves gardoient; et trouvèrent dedans si grand avoir qu'ils s'en émerveillèrent durement, que les Espaignols avoient là dedans apporté: puis

se mirent à terre et se mirent en plusieurs lieux à maisons ardoir et villes. Si se partirent en trois batailles, par grand sens, pour plus tôt trouver leurs ennemis, et laissèrent trois cents archers pour garder leur navie et l'avoir qu'ils avoient gagné, puis se mirent à la voye par plusieurs chemins.

Ces nouvelles vinrent à messire Louis d'Espaigne que les Anglois étoient arrivés efforcément et le quéroient: si rassembla toutes ses gens et se mit au retour devers ses naves, pour entrer dedans. Ainsi qu'il s'en revenoit, tous ceux du pays le poursuivoient, hommes et femmes, qui avoient perdu leur avoir; et il se hâtoit tant qu'il pouvoit. Si encontra l'une des trois batailles, et vit bien que combattre le convenoit: si se mit en bon convenant; car il étoit hardi chevalier et conforté durement; et fit là aucuns chevaliers nouveaux, espécialement un sien neveu que on appeloit Alphonse. Si se férirent en cette première bataille si roidement qu'ils en ruèrent maint par terre; et eût été tantôt toute déconfite et sans remède, si n'eussent été les deux autres batailles qui y survinrent, par le cri et par le hu qu'ils avoient ouï des gens du pays. Lors commença le hutin à renforcer et les archers si fort à traire que Gennevois et Espaignols furent déconfits et presque tous morts et tués à grand meschef; car ceux du pays, qui les suivoient à bourlets et à piques, y survinrent, qui les partuèrent tous, et rescouoient ce qu'ils pouvoient de leur perte. Si que à grand meschef le dit messire Louis se partit de la bataille, durement navré en plusieurs lieux, et s'en affuit pardevers ses naves tout déconfit, et ne remmena, de bien sept mille hommes qu'il avoit avec lui, plus haut de trois cents, et y laissa mort son neveu que moult aimoit, messire Alphonse d'Espaigne; dont il étoit en cœur, et fut depuis ce moult destroit et courroucé, mais amender ne le put.

CHAPITRE CLXXXII.

Comment messire Gautier de Mauny poursuivit messire Louis d'Espaigne jusques bien près de Rennes, et comment il assaillit La Roche-Périou.

Quand il fut revenu à ses naves, il cuida entrer dedans; mais il les trouva si bien gardées qu'il ne put entrer dedans; si se mit dans un vaisseau qu'on appelle lique, à grand meschef et en grand'hâte, atout ce de gens qu'il avoit

---

[1] On appelait ainsi la Basse-Bretagne; la Haute se nommait Bretagne-Galot.

[2] Saint-Mathieu-Fin-de-Terre, cap situé à la pointe occidentale de la Bretagne, près du Conquêt.

échappés, et se mit fortement à nager. Quand ces chevaliers d'Angleterre et de Bretagne dessus nommés eurent déconfit leurs ennemis, et ils aperçurent que le dit messire Louis s'en étoit parti et allé devers les vaisseaux, ils se mirent tous à aller après lui, tant qu'ils purent, et laissèrent les gens du pays convenir du remanent et eux venger, et reprendre partie de ce qu'on leur avoit robé. Quand ils furent venus à leurs vaisseaux, ils trouvèrent que le dit messire Louis étoit entré en une lique qu'il avoit trouvée, et s'en alloit fuyant tant qu'il pouvoit.

Ils entrèrent tantôt ès plus appareillés vaisseaux qu'ils trouvèrent là, et dressèrent leurs voiles, et nagèrent tant qu'ils purent après le dit messire Louis; car il leur étoit avis qu'ils n'avoient rien fait, si le dit messire Louis leur échappoit. Ils eurent bon vent à souhait, et le véoient toudis nager si fortement qu'ils ne le pouvoient raconsuir. Tant nagèrent à force de bras les marroniers messire Louis, qu'ils vinrent à un port qu'on appelle Redon. Là descendit le dit messire Louis et ceux qui échappés étoient avec lui; et entrèrent en la ville de Redon. Ils ne furent mie grandement arrêtés en la dite ville quand ils ouïrent dire que les Anglois étoient arrivés, et qu'ils descendoient pour eux combattre. Adonc se hâta le dit messire Louis, qui ne se vit mie pareil contre eux; et monta sur petits chevaux qu'il emprunta en la ville; et s'en alla droit vers la cité de Rennes qui est assez près de là ; et montèrent aussi ses gens qui purent recouvrer de chevaux; et qui ne purent, se partirent tout à pied, suivant leur maître. Si en y eut plusieurs de laissés et mal montés r'atteints, qui eurent mal finé quand ils chéirent ès mains de leurs ennemis. Toute fois le dit messire Louis se sauva; et ne le purent les Anglois aconsuir; et s'en vint à petite menée en la cité de Rennes; et les Anglois et les Bretons s'en retournèrent et vinrent à Redon; et là se reposèrent cette nuit.

Lendemain ils se remirent à chemin par mer, pour venir à Hainebon par devers la comtesse leur dame, mais ils eurent vent contraire; si leur convint prendre port trois lieues près de Dignant; puis se mirent à chemin par terre, ainsi qu'ils purent, et gâtèrent le pays d'entour Dignant; et prenoient chevaux tels que chacun pouvoit trouver, l'un à selle, l'autre sans selle, et allèrent tant qu'ils vinrent une nuit assez près de Roche-Périou. Quand ils furent là venus, messire Gautier de Mauny dit à ses compagnons : « Certainement, seigneurs, je irois volontiers assaillir ce fort châtel, si j'avois compagnie, comme travaillé que je sois, pour essayer si nous y pourrions rien conquêter. » Les autres chevaliers répondirent tous : « Sire, allez-y hardiment, nous vous suivrons jusques à la mort. »

Adonc se mirent tous à monter contre mont la montagne, tous prêts et appareillés d'assaillir. A ce point étoit cel écuyer qu'on appeloit Girard de Maulain, comme châtelain, qui avoit été prisonnier à Dignant, si comme vous avez ouï; lequel fit armer appertement toutes ses gens et aller aux guérites et défenses; et ne se mit point derrière, mais vint à toutes ses gens pour défendre le châtel. Là eut un fort assaut, dur et périlleux, et y eut plusieurs chevaliers et écuyers navrés entre lesquels messire Jean le Bouteiller et messire Mathieu de Fresnay furent durement blessés; et tant qu'il les convint rapporter à val, et mettre gésir ès prés avec les autres navrés.

CHAPITRE CLXXXIII.

Comment ceux de Hainebon se partirent de la Roche-Périou et allèrent devant Faouet, un autre fort châtel, pour l'assaillir.

Cil Girard de Maulain avoit un frère, hardi écuyer et conforté durement, que on clamoit Régnier de Maulain, et étoit châtelain d'un autre petit fort que on appeloit Faouet, qui siéd à moins d'une lieue près de Roche-Périou. Quand ce Régnier entendit que Bretons et Anglois assailloient son frère, il fit armer de ses compagnons jusques à quarante; si issit hors, et chevaucha par devers Roche-Périou pour aventures, et pour voir s'il pourroit en aucune manière à son frère valoir ni aider. Si lui avint si bien qu'il survint sur ces chevaliers et écuyers navrés et sur leur menée, qui gissoient dessous le châtel en un pré : si leur coururent sus, et prirent les deux chevaliers et les écuyers navrés; et les fit porter et emmener par devers Faouet en prison, ainsi blessés qu'ils étoient. Aucuns de leur menée s'en affuirent à messire Gautier de Mauny et les autres chevaliers, qui étoient grandement intentifs d'assaillir, et leur dirent l'aventure comment on emmenoit ces chevaliers et écuyers par devers Faouet en prison, et comment ils avoient été pris. Quand les chevaliers entendirent ces nouvelles, ils furent trop durement courroucés, et firent cesser l'assaut, et se mirent à aller tant qu'ils purent, qui mieux mieux, devers Faouet, pour raconsuir s'ils pussent ceux qui emmenoient ces prisonniers; mais ils ne se purent tant hâter que le dit Régnier de Maulain ne fût jà rentré en son châtel atout ses prisonniers, avant qu'ils fussent venus là. Quand ils furent là venus, l'un devant, l'autre après, ils commencèrent à assaillir, ainsi travaillés qu'ils étoient; mais petit y firent adonc; car le dit Régnier et ses compagnons se défendirent vassalment. Et jà étoit tard, et tous étoient travaillés durement; si eurent conseil qu'ils se logeroient et reposeroient celle nuit pour assaillir lendemain.

CHAPITRE CLXXXIV.

Comment ceux de Hainebon se partirent de Faouet sans rien faire; et comment ils prirent Goy-la-Forêt et tuèrent tous ceux qui dedans étoient.

Girard de Maulain sçut, tantôt que ces seigneurs se furent partis de là, le beau fait que son frère Régnier avoit fait pour lui secourir; si en eut grand'joie. Et sçut que ces seigneurs étoient, pour ce, traits devant Faouet, et le conquerroient s'ils pouvoient. Si se appensa qu'il feroit aussi beau service à son frère, s'il pouvoit, comme son frère lui avoit fait : si monta par nuit sur son cheval, et vint un petit devant le jour à Dignant; et fit tant qu'il parla tantôt à messire Pierre Portebeuf son bon compagnon, qui étoit capitaine et souverain de Dignant avec lui, si comme vous avez ouï; et lui conta l'aventure, et pourquoi il étoit là venu. Si eurent conseil que, sitôt que jour seroit, il assembleroit tous les bourgeois de la ville, et leur démontreroit la besogne, et les feroit armer s'il pouvoit pour aller désassiéger le châtel de Faouet.

Quand grand jour fut et tous les bourgeois furent assemblés en la halle de la ville, Girard de Maulain leur démontra la besogne si bellement que les bourgeois et les soudoyers furent d'accord d'eux armer, et de partir tantôt, et d'aller où l'on les voudroit mener; et firent sonner le ban-cloche, et s'armèrent toutes gens : puis issirent hors, et se mirent en voie tant qu'ils purent pardevers Faouet; et étoient bien six mille hommes, que uns que autres. Messire Gautier de Mauny et les autres seigneurs le sçurent tantôt par une espie. Si eurent conseil ensemble pour regarder et aviser quelle chose leur seroit bonne à faire; si que, tout considéré, le bien et le mal, ils s'accordèrent à ce qu'ils se partiroient ainsi qu'ils pourroient pardevers Hainebon, car grand meschef leur pourroit avenir s'ils demeuroient longuement là; car si ceux de Dignant leur venoient d'une part, et l'ost messire Charles de Blois et des seigneurs de France d'autre part, ils seroient enclos et tous pris et morts, à la volonté de leurs ennemis. Si s'accordèrent à ce que le meilleur point étoit de laisser leurs compagnons en prison que tout perdre, jusques adonc qu'ils le pourroient amender. Lors se partirent de là et se mirent à voie pour revenir à Hainebon. Ainsi qu'ils revenoient vers Hainebon, ils vinrent passant pardevant un châtel que on appeloit Goy-la-Forêt, qui quinze jours devant étoit rendu à messire Charles de Blois; et l'avoit le dit messire Charles livré à garder à messire Hervey de Léon et à messire Guy de Goy, qui paravant le tenoit; lesquels deux chevaliers n'étoient point laiens quand ces seigneurs bretons et anglois vinrent là passant, mais étoient en l'ost messire Charles, avec les seigneurs de France devant la ville de Craais qu'ils avoient assiégée. Quand messire Gautier de Mauny vit le château de Goy-la-Forêt qui étoit merveilleusement fort, il dit à ces seigneurs et chevaliers de Bretagne qui étoient avec lui qu'il n'iroit plus avant et ne se partiroit de là, comme travaillé qu'il fût, si auroit assailli ce fort châtel, et vu le convenant de ceux de dedans. Si commanda tantôt aux archers que chacun le suist, et à ses compagnons aussi; puis prit sa targe à son col et monta contre mont jusques aux barrières et aux fossés du châtel; et tous les autres Bretons et Anglois le suirent. Lors commencèrent fort à assaillir, et ceux de dedans fortement à eux défendre, combien qu'ils n'eussent pas leur capitaine. Là eut très fort assaut et grand'foison de bien faisans dedans et dehors; et dura jusques à basses vespres; et ce bon chevalier, messire Gautier de Mauny, semonnoit fortement les assaillans, et se mettoit toujours au devant des autres au plus grand péril; et les archers traioient si ouniement que ceux du châtel ne s'osoient montrer, si petit non.

Si firent tant le dit messire Gautier et ses compagnons, que les fossés furent emplis de l'un des côtés d'estrain et de bois, parquoi ils vinrent jusques aux murs et piquèrent tant de grands mails et pics de fer et de marteaux, que le mur fut troué une toise de large : si entrèrent les dits Anglois et Bretons dedans ce châtel par force, et tuèrent tous ceux qu'ils y trouvèrent, et se logèrent là endroit. Lendemain ils se mirent à chemin et allèrent par telle manière qu'ils vinrent à Hainebon. Et d'autre part Girart de Maulain qui étoit à Dignant venu quérir le secours, et qui l'emmenoit devers Faouet exploita tant, avec ceux qu'il emmenoit, qu'ils vinrent à Faouet, et trouvèrent que les Anglois et les Bretons s'en étoient partis. Si issit Régnier de Maulain contre eux et les reçut liement, puis après dîner s'en retournèrent à Dignant.

CHAPITRE CLXXXV.

Comment la comtesse de Montfort reçut liement messire Gautier de Mauny et ses compagnons ; et comment la ville de Craais se rendit à messire Charles de Blois.

Quand la comtesse de Montfort sçut les nouvelles de la revenue des dessus dits Anglois et Bretons, elle en fut grandement réjouie ; si alla contre eux et les fêta liement et baisa et accola chacun de grand cœur ; et avoit fait appareiller au châtel pour mieux eux fêter, et donna à dîner moult noblement à tous les chevaliers et écuyers de renom, et leur demanda moult intentivement de leurs aventures, combien qu'elle en sçût jà grand'partie. Chacun lui conta ce qu'il en savoit, et des biens faisans ce que chacun en avoit vu. Là endroit furent ramentues maintes prouesses et plusieurs travaux, maint grand fait d'armes et périlleux, et maintes hardies entreprises faites par ceux qui là furent ; ce peut et doit savoir chacun qui a été souvent en armes, et les doit-on tenir et réputer pour preux : mais sur tous emportoit la huée et le chapelet[1] messire Gautier de Mauny.

A ce point que ces seigneurs anglois et bretons furent revenus à Hainebon, messire Charles de Blois avoit conquis la bonne cité de Vennes, et avoit asiégé la ville que on appelle Craais. La comtesse de Montfort et messire Gautier de Mauny envoyèrent tantôt grands messages au roi Édouard pour lui signifier comment messire Charles de Blois et les autres seigneurs de France et leurs aidans avoient reconquis les cités de Rennes, Vennes et les autres bonnes villes et châteaux de Bretagne ; et qu'ils conquerroient tout le remenant, s'il ne les venoit secourir brièvement. Ces messages se partirent de Hainebon et s'en allèrent en Angleterre tant qu'ils purent, et arrivèrent en Cornuaille, et enquirent et demandèrent là du roi où ils le trouveroient. Si leur fut dit qu'il étoit à Windesore. Si chevauchèrent celle part à grand exploit.

Or nous souffrirons-nous un petit de ces messagers à parler, et retournerons à messire Charles de Blois et à ceux de son côté, qui avoit assiégé la ville de Craais ; et tant l'estraignirent et contraignirent par assauts et par engins, qu'ils ne se purent plus tenir et se rendirent à messire Charles de Blois, sauf leurs corps et leur avoir : lequel messire Charles les prit à mercy ; et ceux de Craais lui jurèrent féauté et hommage et le reconnurent à seigneur. Si y mit le dit messire Charles nouveaux officiers et un bon chevalier à capitaine ; et séjournèrent là les dits seigneurs, pour eux et leurs gens rafraîchir, bien quinze jours. Là en dedans eurent conseil et avis qu'ils se trairoient devant Hainebon.

CHAPITRE CLXXXVI.

Comment messire Charles de Blois se partit de Craais et vint mettre le siège devant Hainebon ; et comment messire Louis d'Espaigne y vint.

Adonc se partirent les dessus dits seigneurs et chevaliers de France de Craais, et se trairent moult arréement devant la forte ville de Hainebon, qui grandement étoit rafraîchie et renforcée, ravitaillée et pourvue de toute artillerie. Si l'assiégèrent tout autour si avant comme assiéger la purent. Le quatrième jour après que ces seigneurs se furent mis et traits à siége, y vint messire Louis d'Espaigne qui s'étoit tenu en la cité de Rennes bien six semaines, et là fait curer et médeciner ses plaies. Si le virent tous les seigneurs moult volontiers et le reçurent à grand' joie ; car il étoit moult honoré et aimé entre eux, et tenu pour très bon homme d'armes et vaillant chevalier ; et tel étoit-il vraiment ; et aussi il avoit bien cause qu'ils le fêtassent, car ils ne l'avoient

---

[1] En avait la principale gloire et le chapeau, ou la couronne.

vu puis la bataille dessus dite. La compagnie des seigneurs de France étoit grandement multipliée, et accroissoit tous les jours; car grand'foison de seigneurs de France revenoient de jour en jour du roi d'Espaigne[1] qui faisoit guerre adonc au roi de Grenade[2] et aux Sarrasins : si que, quand ils passoient par Poitou, et ils oyoient nouvelles des guerres qui étoient en Bretagne, ils s'en alloient celle part. Le dit messire Charles avoit fait dresser quinze ou seize engins qui jetoient ouniement aux murs de Hainebon et à la ville : mais ceux de dedans n'y accomptoient mie grandement, car ils étoient fort pavaissés et guérités à l'encontre; et venoient aucunes fois aux murs et aux créneaux et les frottoient et passoient de leurs chaperons par dépit, et puis crioient tant qu'ils pouvoient en disant : « Allez, allez requerre et rapporter vos compagnons qui se reposent au champ de Kemperlé. » De quoi messire Louis d'Espaigne et les Gennevois eurent grand yreur et grand dépit.

CHAPITRE CLXXXVII.

Comment messire Louis d'Espaigne requit à messire Charles de Blois qu'il lui donnât messire Jean le Bouteiller et messire Hubert du Fresnay pour en faire sa volonté : lequel les lui donna moult ennuis.

Un jour vint le dit messire Louis d'Espaigne en la tente messire Charles de Blois et lui demanda un don, présens grand'foison de grands seigneurs de France qui là étoient, en guerdon de tous les services que faits lui avoit. Le dit messire Charles ne savoit mie quel don il vouloit demander; car si il l'eût sçu, jamais ne lui eût accordé; si lui octroya légèrement, pourtant qu'il se sentoit moult tenu à lui. Quand le don lui fut octroyé, messire Louis dit : « Monseigneur, grands mercis. Je vous prie donc et requiers que vous fassiez cy venir tantôt les deux chevaliers qui sont en votre prison à Faouet, dedans le châtel, messire Jean le Bouteiller et messire Hubert de Fresnay, et les me donnez pour faire ma volonté; c'est le don que je vous demande. Ils m'ont chassé, déconfit et navré, et tué messire Alphonse mon neveu que je tant aimois : si ne m'en sais autrement venger que je leur ferai couper les têtes, pardevant leurs compagnons qui laiens sont enfermés.

[1] Alphonse XI, roi de Castille.
[2] Muley Muhammad.

Le dit messire Charles fut tout ébahi quand il ouït messire Louis ainsi parler; si lui dit moult courtoisement : « Certes, sire, les prisonniers vous donnerai-je volontiers, puisque demandés les avez, mais ce seroit grand'cruauté et peu d'honneur à vous, et grand blâme pour nous tous, si vous faisiez de deux si vaillans hommes comme ce sont, ainsi comme vous avez dit; et nous seroit ce toujours reproché, et auroient nos ennemis bien cause des nôtres faire ainsi, quand tenir les pourroient; et nous ne savons que avenir nous est de jour en jour : pourquoi, cher sire et beau cousin, vous veuillez mieux aviser. » Messire Louis d'Espaigne répondit et dit brièvement qu'il n'en seroit autrement, si tous les seigneurs du monde l'en prioient : « Et si vous ne me tenez convent, sachez que je me partirai, et ne vous servirai ni aimerai jamais tant que je vive. »

Messire Charles vit bien et aperçut que c'étoit acertes; si n'osa courroucer plus avant le dit messire Louis, ains envoya tantôt certains messages au châtelain de Faouet, pour les dessus dits chevaliers amener en son ost. Ainsi que commandé fut, ainsi fut fait : les deux chevaliers furent amenés un jour assez matin en la tente messire Charles de Blois. Quand messire Louis d'Espaigne les sçut venus, il les alla tantôt voir; aussi firent plusieurs des seigneurs et chevaliers de France qui les sçurent venus. Quand le dit messire Louis les vit, il dit : « Ha ! seigneurs chevaliers, vous m'avez blessé du corps et ôté de vie mon cher neveu que je tant aimois; si convient que votre vie vous soit ôtée aussi; de ce ne vous peut nul garantir. Si, vous pouvez confesser s'il vous plaît et prier mercy à Notre Seigneur, car votre dernier jour est venu. » Les deux chevaliers furent durement ébahis, ce fut bien raison, et dirent qu'ils ne pouvoient croire que vaillans hommes ni gens d'armes dussent faire ni consentir telle cruauté que de mettre à mort chevaliers pris en faits d'armes, pour guerres de seigneurs; et si fait étoit par outrage, autres gens plusieurs, chevaliers et écuyers, le pourroient bien comparer en semblable cas. Les autres seigneurs qui là étoient et oyoient ces paroles en eurent grand'pitié, mais pour prières ni pour plusieurs bonnes raisons qu'ils pussent faire ni montrer au dit messire Louis, ils ne le purent ôter de son propos qu'il ne convînt que les dits deux chevaliers ne fussent décolés après dîner : tant étoit le dit messire Louis courroucé et ayré sur eux.

CHAPITRE CLXXXVIII.

Comment messire Gautier de Mauny et messire Almaury de Cliçon rescouirent les deux dessus dits chevaliers et les emmenèrent à Hainebon.

Toutes les paroles, demandes et réponses qui premiers furent dites entre messire Charles et messire Louis, pour occasion de ces deux chevaliers, sçurent tantôt messire Gautier de Mauny et messire Almaury de Cliçon par espies qui toujours alloient couvertement d'un ost en l'autre ; et aussi sçurent toutes ces paroles dernièrement dites, quand les deux chevaliers furent amenés en la tente messire Charles. Et quand messire Gautier et messire Almaury de Cliçon ouïrent ces nouvelles et entendirent que c'étoit acertes, ils en eurent grand'pitié : si appellèrent aucuns de leurs compagnons et leur montrèrent le meschef des deux chevaliers leurs compagnons, pour avoir conseil comment ils se maintiendroient et quelle chose ils pourroient faire : puis commencèrent à penser, l'un çà, l'autre là, et n'en savoient qu'aviser. Au dernier commença à parler le preux chevalier messire Gautier de Mauny et dit : « Seigneurs compagnons, ce seroit grand honneur pour nous, si nous pouvions ces deux chevaliers sauver ; et si nous en mettons en peine et en aventure et nous faillissons, si nous en sauroit le roi Édouard notre sire gré : aussi feroient tous prud'hommes qui au temps à venir en pourroient ouïr parler, puisque nous en aurions fait notre pouvoir. Si vous en dirai mon avis, si vous avez volonté de l'entreprendre ; car il me semble que on doit bien le corps aventurer, pour les vies de deux si vaillans chevaliers sauver. J'ai avisé, s'il vous plaît, que nous nous armerons et partirons en deux parts, dont l'une des parts istra maintenant que on dînera, par cette porte, et s'en iront les compagnons ranger et montrer sur ces fossés, pour émouvoir l'ost et pour escarmoucher ; bien crois que tous ceux de l'ost accourront cette part tantôt : vous, messire Almaury, en serez capitaine, s'il vous plaît, et aurez avec vous mille bons archers pour les survenans détrier et faire reculer ; et je prendrai cent de mes compagnons et cinq cents archers, et istrons par celle poterne couvertement, et viendrons par derrière férir en leurs logis que nous trouverons vuis. J'ai bien avec moi tel gent qui savent bien la voie aux tentes messire Charles où les deux chevaliers sont ; si me trairai celle part ; et je vous promets que je et mes compagnons ferons notre pouvoir d'eux délivrer, et les amènerons à sauveté, s'il plaît à Dieu. »

Ce conseil et avis plut bien à tous ; et s'en allèrent armer et appareiller incontinent. Et se partit droit sur l'heure du dîner, messire Almaury de Cliçon à trois cents armures de fer et mille archers, et fit ouvrir la maître porte de la ville de Hainebon, dont le chemin alloit droit en l'ost. Si coururent les Anglois et les Bretons qui à cheval étoient jusques en l'ost, en demenant grands cris et grands hus ; et commencèrent à abattre et renverser tentes et trefs, et à tuer et découper gens où ils les trouvoient. L'ost qui fut tout effrayé se commença à émouvoir, et s'armèrent toutes manières de gens le plus tôt qu'ils purent, et se trairent devers les Anglois et Bretons qui les recueilloient vitement. Là eut dure escarmouche et forte, et maint homme reversé d'un côté et d'autre. Quand messire Almaury de Cliçon vit que l'ost s'émouvoit et que près étoient tous armés et traits sur les champs, il retrait ses gens tout bellement en combattant, jusques devers les barrières de la ville. Adonc s'arrêtèrent-ils là tous cois ; et les archers étoient tous rangés sur le chemin d'un côté et d'autre qui traioient sagettes à pouvoir ; et Gennevois retraioient aussi efforcément contre eux. Là commença le hutin grand et fort, et y accoururent tous ceux de l'ost que onques nul ne demeura, fors les varlets. Entrementes messire Gautier de Mauny et sa route issirent par une poterne couvertement, et vinrent par derrière l'ost ès tentes et logis des seigneurs de France. Onques ne trouvèrent homme qui leur véast, car tous étoient à l'escarmouche devant les fossés ; et s'en vint le dit messire Gautier de Mauny tout droit, car bien avoit qui le menoit, en la tente messire Charles de Blois, et trouva les deux chevaliers, messire Hubert de Fresnay et messire Jean le Bouteillier, qui n'étoient mie à leur aise : mais ils le furent sitôt qu'ils virent messire Gautier et sa route : ce fut bien raison. Si furent tantôt montés sur bons coursiers qu'on leur avoit amenés : si se partirent et furent ainsi rescous ; et rentrèrent dedans Hainebon par la poterne même par où ils étoient issus ; et vint la comtesse de Montfort contre eux, qui les reçut à grand'joie.

CHAPITRE CLXXXIX.

Comment le sire de Landernaux et le châtelain de Guinganp furent pris à l'assaut de Hainebon, qui puis se tournèrent de la partie messire Charles de Blois.

Encore se combattirent les Anglois et les Bretons qui étoient devant les barrières et ensonnioient de fait avisé ceux de l'ost, tant que les deux chevaliers fussent rescous, qui jà l'étoient, quand les nouvelles en vinrent aux seigneurs de France qui se tenoient à l'escarmouche, et leur fut dit : « Seigneurs, seigneurs, vous gardez mal vos prisonniers ; jà les ont rescous ceux de Hainebon et remis en leur forteresse. »

Quand messire Louis d'Espaigne, qui là étoit à l'assaut, entendit ce, si fut durement courroucé et se tint ainsi que pour déçu, et demanda quel part les Anglois et les Bretons étoient qui rescous les avoient. On lui répondit qu'ils étoient jà presque retraits en leur forteresse et en leur garnison. Dont se retrait messire Louis d'Espagne vers les logis tout mautalentif, et laissa la bataille, si comme par ennui. Aussi se commencèrent à retraire toutes manières de gens. En ce retrait furent pris deux chevaliers bretons de la partie de la comtesse, qui trop s'avancèrent ; ce fut le sire de Landernaux et le châtelain de Guinganp, dont messire Charles de Blois eut grand'joie. Depuis que ceux de Hainebon furent retraits, et ceux de l'ost aussi, menèrent grand joie les Anglois et grand revel de leurs deux chevaliers qu'ils avoient, et en louèrent grandement messire Gautier de Mauny, et dirent bien que par son sens et sa hardie entreprise ils avoient été rescous. Ainsi se portèrent eux d'une part et d'autre. Celle même nuit furent en la tente messire Charles de Blois tant prêchés et si bien les deux chevaliers bretons prisonniers, qu'ils se tournèrent de la partie messire Charles de Blois, et lui firent féauté et hommage, et relenquirent la comtesse, qui maint bien leur avoit fait et plusieurs dons donnés : de quoi on parla moult et murmura sur leur affaire dedans la ville de Hainebon.

Trois jours après cette avenue, tous ces seigneurs de France qui là étoient devant Hainebon s'assemblèrent devant la tente messire Charles de Blois pour avoir conseil qu'ils feroient ; car ils véoient bien que la ville et le châtel de Hainebon étoient si forts qu'ils n'étoient mie à gagner, tant avoit dedans bonnes gens d'armes qui moult petit les doutoient, ainsi qu'il étoit apparu ; et leur venoient tous les jours pourvéances et vitailles par la mer. D'autre part, le pays d'entour étoit si gâté qu'ils ne savoient mais où aller fourrer ; et si leur étoit l'hiver prochain, pourquoi ils ne pouvoient là longuement demeurer : si que, tous ces points considérés, ils s'accordèrent qu'ils se partiroient de là, et conseillèrent en bonne foi à messire Charles de Blois qu'il mît par toutes les cités, les bonnes villes et les forteresses qu'il avoit conquises, bonnes garnisons et fortes, et si vaillans capitaines qu'il se pût fier en leur garde ; par quoi ses ennemis ne les pussent reconquérir ; et aussi, si aucun vaillant homme se vouloit entremettre de prendre et donner trêve jusques à la Pentecôte, qu'il s'y accordât légèrement.

CHAPITRE CXC.

Comment messire Charles se partit de Hainebon et s'en vint à Craais ; et comment il prit la ville de Jugon ; et comment il eut trêves entre lui et la comtesse ; et comment elle s'en alla en Angleterre.

A ce conseil se tinrent tous ceux qui là étoient ; car c'étoit entre la Saint-Remy et la Toussaint, l'an de grâce MCCCXLII, que l'hiver approchoit [1]. Si se partirent tous ces seigneurs de l'ost et autres, et s'en ralla chacun en sa contrée ; et le dit messire Charles s'en alla droit

---

[1] Le récit des événemens de la guerre de Bretagne est en général assez exact ; il s'accorde si bien avec les chartes et autres pièces originales, que les historiens de la province l'adoptent presque sans restriction. Mais il n'en est pas de même de la chronologie ; les faits ne sont pas toujours placés dans l'ordre, ni sous les dates qui leur conviennent, comme nous le remarquerons à mesure que l'occasion s'en présentera. Ici, par exemple, Froissart suppose l'année 1342 près de finir, de sorte qu'en suivant son calcul, l'arrivée de Robert d'Artois en Bretagne, celle du roi d'Angleterre et la plupart des autres faits qu'il va raconter, se seraient passés dans le cours de l'année 1343 : tandis qu'il est constant, par le récit des autres historiens et par les actes publiés dans le recueil de Rymer et dans le vol. des *Preuves de l'Histoire de Bretagne*, que ces événemens appartiennent à l'année 1342.

vers Craais atout ses barons et nobles seigneurs de Bretagne qu'il avoit là de sa partie. Si retint avec lui plusieurs seigneurs et chevaliers de France pour lui aider à conseiller. Quand il fut revenu à Craais, entrementes qu'il entendoit à ordonner de ses besognes et de ses garnisons, il avint que un riche bourgeois et grand marchand, qui étoit de la ville que on appelle Jugon, fut encontré de son maréchal messire Robert de Beaumanoir, et fut pris et amené à Craais devant messire Charles de Blois. Ce bourgeois faisoit toutes les pourvéances de madame la comtesse de Montfort à Jugon et autre part, et étoit moult aimé et cru en la ville de Jugon, qui est moult fortement fermée et sied très noblement. Aussi fait le châtel qui est bel et fort; et étoit de la partie de la comtesse dessus dite; et en étoit châtelain adonc, de par la comtesse, un chevalier moult gentilhomme que on appeloit messire Girard de Rochefort. Ce bourgeois qui ainsi fut pris eut moult grand'paour de mourir; si pria que on le laissât aller par rançon. Messire Charles, brièvement à parler, le fit tant examiner et enquérir d'une chose et d'autre, qu'il enconvenança à rendre et à trahir la forte ville de Jugon; et se fit fort qu'il livreroit l'une des portes par nuit, à certaine heure, car il étoit tant cru en la ville qu'il en gardoit les clefs; et pour ce mieux assurer, il en mit son fils en otage. Et ledit messire Charles lui en devoit et avoit promis à donner cinq cents livres de terre héréditablement. Ce jour vint; les portes furent ouvertes à minuit; messire Charles de Blois et ses gens entrèrent en la ville de Jugon à cette heure, à grand'puissance. La guette du châtel s'en aperçut : si commença à crier : « Alarme, alarme! trahi, trahi! » Les bourgeois, qui de ce ne se donnoient garde, se commencèrent à émouvoir; et quand ils virent leur ville perdue, ils se mirent à fuir derrière le châtel par troupeaux; et le bourgeois qui trahis les avoit se mit à fuir par couverture [1] avec eux.

Quand le jour fut venu, messire Charles et ses gens entrèrent ès maisons des bourgeois pour eux herberger, et prirent tout ce qu'ils trouvèrent; et quand messire Charles vit le châtel si fort et si empli de bourgeois, il dit qu'il ne se partiroit de là jusques adonc qu'il auroit le châtel à sa volonté. Le châtelain et les bourgeois aperçurent tantôt que ce bourgeois les avoit trahis : si le prirent et le pendirent tantôt aux créneaux et aux murs du château. Et pour ce ne s'en partirent mie messire Charles et ses gens; mais s'ordonnèrent et appareillèrent fortement et durement. Quand ceux qui dedans le châtel se tenoient virent que messire Charles ne s'en partiroit point ainsi, jusques adonc qu'il auroit le châtel, ainsi qu'il avoit dit, et sentoient qu'ils n'avoient mie pourvéances assez pour eux tenir plus haut de dix jours, ils s'accordèrent à ce qu'ils se rendroient. Si en commencèrent à traiter; et se porta le traité entre eux et messire Charles : qu'ils se rendroient quittement et purement, sauf leurs corps et leurs biens qui demeurés leur étoient; et firent féauté et hommage au dit messire Charles de Blois, et le reconnurent à seigneur, et devinrent tous ses hommes. Ainsi eut messire Charles et le fort châtel et la bonne ville de Jugon, et en fit une bonne garnison, et y laissa messire Girard de Rochefort à capitaine, et la rafraîchit d'autres gens d'armes et de pourvéances.

De ces nouvelles furent la comtesse de Montfort et ceux de sa partie tous courroucés; mais amender ne le purent : si leur convint porter leur ennui. Entrementes que ces choses avinrent, s'ensonnièrent aucuns prud'hommes de Bretagne de parlementer une trève entre le dit messire Charles et ladite comtesse, laquelle s'y accorda légèrement [1]; et aussi firent tous ses aidans, car le roi d'Angleterre leur avoit ainsi mandé par les messages que la dite comtesse et messire Gautier de Mauny y avoient envoyés. Et tantôt que les dites trèves furent affermées, la comtesse se mit en mer, en intention d'arriver en Angleterre, ainsi qu'elle fit, pour parler au roi anglois et lui montrer toutes ses besognes [2].

---

[1] Afin de couvrir sa trahison.

[1] Il n'est fait à cette époque, dans les autres historiens contemporains ni dans les monumens, aucune mention de trève entre Charles de Blois et la comtesse de Montfort. Je soupçonne que Froissart veut parler de celle qui fut conclue entre les deux parties au commencement de cette année 1342 pour durer jusqu'à la belle saison.

[2] Il est absolument possible que la comtesse ait été alors en Angleterre; mais le silence des monumens et des historiens, excepté l'auteur anonyme de la chronique de Flandre, rend ce voyage très douteux. On peut soupçonner avec assez de vraisemblance que Froissart a placé mal à propos sous cette année un voyage qui n'eut lieu qu'à la fin de juin ou au commencement de juillet de l'année 1344.

Or me tairai atant de la comtesse de Montfort, et parlerai du roi Édouard d'Angleterre.

CHAPITRE CXCI.

Comment le roi d'Angleterre fit crier une grand'joute à Londres pour l'amour de la comtesse de Salebrin.

Vous avez bien entendu en l'histoire çà devant comment le roi d'Angleterre avoit grands guerres en plusieurs marches et pays, et partout ses gens et ses garnisons à grands frais et à grands coûtages : c'est à savoir en Picardie, en Normandie, en Gascogne, en Xaintonge, en Poitou, en Bretagne et en Escosse. Si avez bien entendu aussi comment il avoit si ardemment enaimé par amour la belle et la noble dame Alips, comtesse de Salebrin [1], qu'il ne s'en pouvoit abstenir, car Amours l'en amonnestoient nuit et jour tellement, et lui représentoient la beauté et le frisque arroy d'elle, si qu'il ne s'en savoit conseiller, et n'y faisoit que penser, combien que le comte de Salebrin fût le plus privé de son conseil et l'un de ceux d'Angleterre qui plus loyalement l'avoit servi.

Si avint que, pour l'amour de la dite dame et pour le grand désir qu'il avoit de la voir, il avoit fait crier une grand'fête de joutes à la mi-août à être en la bonne cité de Londres; et l'avoit fait crier et à savoir par deçà la mer, en Flandre, en Hainaut, en Brabant et en France; et donnoit à tous chevaliers et écuyers, de quel pays qu'ils fussent, sauf aller et sauf venir; et avoit mandé partout son royaume, si acertes comme il pouvoit, que tous seigneurs, barons, chevaliers et écuyers, dames et damoiselles y vinssent, si cher qu'ils avoient l'amour de lui, sans nulle excusation ; et commanda espécialement au comte de Salebrin qu'il ne laissât nullement que madame sa femme n'y fût, et qu'elle amenât toutes les dames et damoiselles qu'elle pourroit avoir entour li. Le comte lui octroya moult volontiers, car il n'y pensoit nulle vilenie; et la bonne dame ne l'osa escondire : mais elle y vint moult envis [2], car elle pensoit bien pourquoi c'étoit, et ne s'osoit découvrir à son mari, car elle se sentoit bien si avisée et si attrempée

pour ôter le roi de cette opinion. Et devez savoir que là fut la comtesse de Montfort; car jà étoit venue et arrivée en Angleterre [1], et avoit fait sa complainte au roi moult étroitement; et le roi lui avoit enconvenancé de renforcer son confort ; et la faisoit séjourner de-lez madame la roine sa femme, pour attendre la fête et le parlement qui seroit à Londres.

CHAPITRE CXCII.

Comment, après la grand'fête qui fut à Londres, le roi d'Angleterre envoya, à grand'compagnie de gens d'armes, en Bretagne, messire Robert d'Artois avec la comtesse de Montfort.

Cette fête fut grande et noble, aussi noble que on n'avoit mie paravant vue en Angleterre plus noble; et y furent le comte Guillaume de Hainaut, messire Jean de Hainaut son oncle, et grand'foison de baronnie et chevalerie de Hainaut. Et eut à la dite fête douze comtes, huit cents chevaliers et cinq cents dames et damoiselles, toutes de grand et haut lignage; et fut bien dansée et bien joutée par l'espace de quinze jours, sauf tant que un moult gentil noble et jeune bachelier y fut tué au jouter, qui eut grand'plainte : ce fut messire Jean, ains-né fils de messire Henry vicomte de Beaumont en Angleterre [2], bel chevalier, jeune et hardi; et portoit un écu d'azur semé de fleurs de lis d'or à un lion d'or rampant et un bâton de gueules parmi l'écu. Toutes les dames et damoiselles furent de si riche atour que être pouvoient, chacun selon son état, exceptée madame Alips, la comtesse de Salebrin. Celle y vint et fut la plus simplement atournée qu'elle put, pourtant qu'elle ne vouloit mie que le roi s'abandonnât trop de la regarder; car elle n'avoit pensée ni volonté d'obéir au roi en nul vilain cas qui pût tourner à la deshonneur de li et de son mari.

---

[1] Presque tous les historiens nomment la comtesse de Salisbury, *Alix*, *Alis*, *Elise* ; mais les généalogistes anglais la nomment toujours *Catherine*, et disent qu'elle était fille de Guillaume lord Grandison.

[2] Malgré elle, *invita*.

[1] Il n'est pas aisé de concevoir comment la comtesse de Montfort, qui n'était partie de Bretagne pour aller en Angleterre que vers la Toussaint de l'année 1342, ainsi que l'historien le raconte à la fin du chapitre précédent, se trouve à Londres au mois d'août de cette même année à la fête qu'Édouard donne à la comtesse de Salisbury.

[2] Dugdale n'en parle pas. Il n'y avait d'ailleurs à cette époque en Angleterre que des comtes et des barons. Les ducs furent créés par Édouard III ; mais les marquis ne furent créés que sous Richard II et les vicomtes sous Henri VI. Les baronnets sont les plus récens de tous ; ils ne remontent qu'au règne de Jacques Ier en 1611.

Or vous nommerai les comtes d'Angleterre qui furent à cette fête. Premièrement messire Henry au Tort-Col[1], comte de Lancastre, messire Henry son fils comte Derby, messire Robert d'Artois comte de Richemont[2], le comte de Norhenton et de Glocestre, le comte de Warvich, le comte de Salebrin, le comte de Pennebroch, le comte de Herford, le comte d'Arondel, le comte de Cornouaille, le comte de Kenfort[3], le comte de Suffolch, le baron de Stanford, et moult d'autres barons et chevaliers que je ne puis mie tous nommer.

Ainçois que cette grand et noble fête fût départie, eut et reçut plusieurs lettres le roi Édouard, qui venoient de plusieurs seigneurs et de divers pays, de Gascogne, de Bayonne, de Bretagne, de Flandre de par Artevelle son grand ami; et des marches d'Escosse, du seigneur de Ros et du seigneur de Percy et de messire Édouard de Bailleul, capitaine de Bervich, q i lui signifioient que les Escots tenoient assez foiblement les trèves qui accordées avoient été l'année passée entre eux et les Anglois, et faisoient une grand'assemblée et semonce; mais ils ne savoient pour où c'étoit aller de certain. Aussi les soudoyers qu'il tenoit en Poitou, en Xaintonge, en la Rochelle et en Bourdelois lui escripsoient que les François s'appareilloient durement pour guerroyer; car les trèves devoient faillir entre France et Angleterre, qui avoient été données à Arras après le département du siége de Tournay. Ainsi eut le roi grand mestier d'avoir bon avis et conseil, car moult de guerres lui apparoient de tous lez. Si en répondit aux dits messages bien et à point; et vouloit brièvement, toutes autres choses mises jus, secourir et renforcer la comtesse de Montfort. Si pria son cher cousin messire Robert d'Artois qu'il prît à sa volonté de gens d'armes et d'archers, et se partît d'Angleterre, et se mît sur mer pour retourner en Bretagne avec la dite comtesse de Montfort. Ledit messire Robert lui accorda volontiers, et s'appareilla le plutôt qu'il put, et fit sa charge de gens d'armes et d'archers, et s'en vinrent assembler en la ville de Hantonne-sur-Mer; et furent là un grand temps, ainçois qu'ils eussent vent à leur volonté. Si se partirent environ Pâques[1], et entrèrent en leurs vaisseaux et montèrent en mer. Avec messire Robert d'Artois étoient des barons d'Angleterre le comte de Salebrin, le comte de Suffolch, le comte de Pennebruich, le comte de Kenfort, le baron de Stanford, le seigneur Despensier, le seigneur de Bourchier et plusieurs autres. Or lairons un petit à parler d'eux, et parlerons du roi anglois qui fit un grand mandement parmi son royaume pour être aux Pâques en la cité de Bervich au pays de Northonbrelande, en intention d'aller en Escosse et tout détruire le pays. Je vous dirai par quelle raison.

CHAPITRE CXCIII.

Comment le roi d'Angleterre envoya l'évêque de Lincolle pour avoir trèves aux Escots; mais le roi d'Escosse n'en voulut rien faire sans le congé du roi de France.

En ce temps que les parlemens étoient à Londres, des seigneurs et barons d'Angleterre dessusdits, sur l'état que vous avez ouï, conseillèrent les princes au roi en bonne foi, considérées les grosses besognes qu'il avoit à faire, qu'il envoyât l'évêque de Lincolle à son serourge le roi d'Escosse, pour accorder une trève ferme et estable, s'il pouvoit, à durer deux ou trois ans[2]. Le roi à ce conseil s'accorda moult envis[3],

---

[1] En anglais, Wry-Neck.
[2] On a déjà remarqué plus d'une fois que jamais Robert d'Artois ne fut comte de Richmond. On peut d'ailleurs douter qu'il ait assisté à la fête dont il s'agit, comme on le verra ci-après quand il sera question de son départ pour la Bretagne.
[3] Les imprimés anglais disent d'Oxford.

[1] On ne saurait douter que Froissart n'ait prétendu fixer le départ de Robert d'Artois pour la Bretagne vers Pâques 1343; ce qui fait une double erreur et pour l'année et pour la saison. 1° Pour l'année; car ce prince était mort avant la fin de 1342, ainsi qu'on le verra dans la suite. 2° Pour la saison, puisqu'il n'était pas encore parti le 3 juillet de cette année, date des lettres par lesquelles Édouard lui assigne des fonds pour l'entretien de 120 hommes d'armes et autant d'archers. Mais il est dit dans ces lettres que Robert était prêt à s'embarquer, et il paraît, par d'autres lettres du même Édouard aux archevêques d'Yorck et de Cantorbéry, datées du 15 d'août, qu'alors la flotte destinée pour la Bretagne était partie; d'où l'on peut conclure avec assez de certitude que Robert d'Artois n'assista point à la fête dont il a été parlé ci-dessus et qui dut commencer à la mi-août de cette même année.

[2] Tout ce que dit l'historien des trèves entre l'Angleterre et l'Écosse me paraît déplacé et devoir être reporté au commencement de l'année 1342, à la suite du chapitre 169 où il est question de cette trève et des négociations qui les précédèrent. — [3] Avec peine, *invitus*.

et lui sembla grand blâme de requérir son adversaire de trèves, selon ce que on lui avoit fait de nouvel à savoir ; mais le guerroyeroit si fortement que les dits Escots seroient tous désirans de prendre trèves. Les seigneurs d'Angleterre lui dirent, sauve sa grâce, que non étoit selon ce que autrefois il avoit gâté tout, et qu'il avoit à faire en tant de pays hors de son royaume ; et dirent qu'on tenoit à grand sens d'un seigneur, quand il a plusieurs grands guerres en un temps, et il en peut une atréver, l'autre appaiser, et de la tierce guerroyer. Tant lui montrèrent de raisons qu'il s'y accorda, et pria au prélat dessus dit qu'il y voulût aller. L'evêque ne le voult mie escondire, ains se mit au chemin et alla celle part : mais il perdit sa voie et revint arrière sans rien faire. Si apporta au roi d'Angleterre que le roi David d'Escosse n'avoit point de conseil de donner trèves ni souffrance, ni de faire aucune paix ou accord, sans le gré et consentement du roi Philippe de France. De ce rapport eut le roi anglois plus grand dépit que devant. Si dit tout haut que ce seroit amandé brièvement, et qu'il atourneroit tellement le royaume d'Escosse que jamais ne seroit recouvré. Si manda partout son royaume que chacun fût à Bervich à la fête de Pâques, appareillés d'aller où il les voudroit mener, excepté ceux qui devoient aller en Bretagne avec messire Robert d'Artois et la comtesse de Montfort.

CHAPITRE CXCIV.

Comment il eut trèves entre les Anglois et les Escots jusques à deux ans, par le consentement du roi de France.

Le jour de Pâques et le terme vint : le roi Édouard tint une grand'fête et cour à Bervich : tous les princes, les seigneurs et chevaliers d'Angleterre y furent, et aussi grand'foison de la communauté du pays ; et furent là par l'espace de trois semaines sans chevaucher plus avant ; car bonnes gens s'ensoignèrent entre le roi Édouard et le roi d'Escosse, par quoi il n'y eut point de guerre adonc ; et fut une trève prise, jurée et accordée à tenir deux ans ; et le firent les Escots confirmer du roi de France. Par ainsi se défit cette grosse chevauchée, et départit le roi anglois ses gens, et leur donna congé de raller en leurs hôtels ; et il même s'en vint à Windesore ; et envoya adonc messire Thomas Hollande et messire Jean de Hartecelle [1] à Bayonne, atout deux cents armures de fer et trois cents archers, pour garder les frontières contre les François.

Or vous parlerons de l'armée messire Robert d'Artois et de sa compagnie, et comment ils arrivèrent en Bretagne. En ce temps échurent Pâques si haut, que environ Pâques closes on eut l'entrée du mois de mai [2] ; de quoi, en my ce mois, la trève de messire Charles de Blois et de la comtesse de Montfort devoit faillir. Si étoit bien messire Charles de Blois informé du pourchas que la comtesse de Monfort avoit en Angleterre, et de l'aide et confort que le roi d'Angleterre lui devoit faire. Donc messire Louis d'Espaigne, messire Charles de Grimaut, messire Othon Dorie étoient établis sur la mer à l'encontre de Grenesé, à trois mille Gennevois et mille hommes d'armes et trente-deux gros vaisseaux espaignols tous armés et tous frétés ; et ancroient sur la mer attendant leur venue. D'autre part, messire Gautier de Mauny et les seigneurs de Bretagne et d'Angleterre qui dedans Hainebon se tenoient, étoient demeurés émerveillés de leur comtesse et de ce qu'elle demeuroit tant, et si n'en oyoient nulles nouvelles ; non pour quant moult bien supposoient qu'elle ne séjourneroit mie trop à son grand aise ; et ne se doutoient d'autre chose sinon qu'elle n'eût aucun dur rencontre sur mer de ses ennemis : si ne savoient que penser.

CHAPITRE CXCV.

Comment messire Louis d'Espaigne et messire Robert d'Artois et la comtesse de Montfort et les autres seigneurs d'Angleterre se combattirent durement sur mer.

Ainsi que messire Robert d'Artois, le comte de Pennebroch, le comte de Salebrin, le comte de Suffolch, le comte de Kenfort, le baron de Stanfort, le seigneur Despensier, le seigneur de Bourchier et les autres seigneurs d'Angleterre et leurs gens, avec la comtesse de Montfort, nageoient par mer au lez devers Bretagne, et avoient vent à souhait, au département de l'île de Grenesé, à heure de relevée, ils perçurent

---

[1] Johnes, dans sa traduction anglaise, dit : sir John Darvel.
[2] Ceci ne peut convenir qu'à l'année 1343 où Pâques tomba le 13 avril, et nullement à l'année 1342 où l'on eut Pâques le 31 mars.

la grosse navie des Gennevois, dont messire Louis d'Espaigne étoit chef. Donc dirent leurs mariniers : « Seigneurs, armez-vous et ordonnez-vous car vecy Gennevois et Espaignols qui viennent et qui vous approchent. » Lors sonnèrent les Anglois leurs trompettes et mirent leurs pennons et leurs estrainiers avant, armoyés de saint George, et s'ordonnèrent bien et sagement, et s'enclouirent de leurs archers ; et puis nagèrent à plein voile, ainsi que le temps l'apportoit ; et pouvoient être environ quarante vaisseaux, que grands que petis. Mais nuls si grands ni si forts de trop n'en y avoit, que messire Louis d'Espaigne qui en y avoit neuf, et entre ces neuf avoit trois galées qui se remontroient dessus tous les autres ; et en chacune de ces trois galées étoient les trois corps de ces seigneurs, messire Louis, messire Charles et messire Othe Dorie. Si s'approchèrent les vaisseaux et commencèrent Gennevois à traire de leurs arbalètres à grand randon, et les archers d'Angleterre aussi sur eux. Là eut grand trait des uns des autres, et qui longuement dura, et maint homme navré. Et quand les seigneurs, barons, chevaliers et écuyers s'approchèrent, et qu'ils purent des lances et des épées venir ensemble, adonc y eut dure bataille et crueuse ; et trop bien se portèrent et éprouvèrent les uns et les autres. Là étoit messire Robert d'Artois, qui y fut très bon chevalier, et la comtesse de Montfort armée, qui bien valoit un homme, car elle avoit cœur de lion, et tenoit un glaive moult roide et bien tranchant, et trop bien se combattoit et de grand courage. Là étoit messire Louis d'Espaigne en une galée, comme bon chevalier, qui moult vaillamment et de grand' volonté requéroit ses ennemis et se combattoit aux Anglois, car moult les désiroit à déconfire, pour soi contrevenger du dommage qu'il avoit eu et reçu cette propre année, assez près de là au champ de Caimperlé. Et y fit le messire Louis grand'foison de belles appertises d'armes. Et jetoient les Espaignols et les Gennevois, qui étoient en ces gros vaisseaux, d'amont grands barreaux de fer et archegaies, dont ils travailloient fort les Anglois. Là eurent les barons et chevaliers d'Angleterre moult à faire et un dur rencontre ; et trouvèrent l'armée des Espaignols et des Gennevois moult forte et gens de grand'volonté[1]. Si commença cette bataille moult tard, environ vespres ; et les départit la nuit, car il fit moult obscur sur la vesprée ; et se couvrit l'air trop épais, si que à peine pouvoient eux reconnoître l'un l'autre. Si se trairent chacun et mirent à l'ancre, et entendirent à appareiller les blessés et les navrés et remettre à point : mais point ne se désarmèrent, car ils cuidoient de rechef avoir la bataille.

CHAPITRE CXCVI.

Comment par grand'tempête et orage, convint les uns les autres prendre terre ; et comment messire Louis d'Espaigne y gagna quatre vaisseaux chargés de pourvéances.

Un petit devant mie-nuit s'éleva un vent, un orage et une tempête si grand'et si horrible que si le monde dût finer ; et n'y avoit si hardi ni si outrageux de l'une partie et de l'autre qui ne voulût bien être à terre ; car ces barges et ces naves heurtoient les unes aux autres tellement qu'il sembloit proprement que'elles dussent ouvrir et fendre. Si demandèrent conseil les seigneurs d'Angleterre à leurs mariniers quelle chose leur étoit bonne à faire. Ils répondirent que d'eux traire à terre le plutôt qu'ils pourroient ; car la fortune étoit si grand' sur mer, que si le vent les y boutoit, ils seroient en péril d'être tous noyés. Donc entendirent eux généralement de traire les ancres à mont ; et mirent les singles ainsi qu'à demi quartier ; et tantôt élongèrent la place où ils avoient geu à l'ancre. D'autre part, les Espaignols et les Gennevois n'étoient bien assur de leurs vies ; ainçois se désancrèrent comme les Anglois. Mais ils prirent le parfont ; car ils avoient plus grands vaisseaux et plus forts que les Anglois n'avoient : si pouvoient mieux souffrir et attendre le hutin et la fortune

---

[1] L'auteur anonyme de la *Chronique de Flandre* place ailleurs la scène de ce combat et le raconte avec des circonstances différentes. Il dit que la flotte angloise, ayant voulu aborder au port de Beauvoir en Poitou, fut repoussée vigoureusement par les vaisseaux et les troupes que Louis d'Espagne et Aithon Doria y avoient laissées pour le garder, et attaquée en même temps du côté de la mer par les deux amiraux françois avec le reste de leurs forces ; de sorte que les Anglais furent obligés de s'enfuir et de se réfugier sur les côtes de Bretagne, après avoir perdu plus de trois mille hommes, du nombre desquels était le baron de Stafford. Le récit de Froissart a prévalu avec raison, l'autorité du chroniqueur flamand ne pouvant être d'un grand poids quand il parle d'événemens qui se sont passés hors de sa province.

de la mer que les Anglois ne fissent. Et aussi, si leurs gros vaisseaux eussent frotté à terre, ils eussent été en péril d'être brisés et rompus. Pourtant, par grand sens et avis, ils se boutèrent avant au parfont; mais à leur département ils trouvèrent quatre nefs anglesches chargées de pourvéances et de chevaux, qui s'étoient tenues au dessus de la bataille : si eurent bien conscience, quel temps ni quel tempête qu'il fît, de prendre ces quatre vaisseaux et de les attacher aux leurs et emmener après eux. Et sachez que le vent et la fortune qui étoit si grand' les bouta, avant qu'il fût jour, plus de cent lieues loin du lieu où ils s'étoient combattus; et les nefs messire Robert d'Artois prirent terre à un petit port assez près de la cité de Vennes; dont ils furent tous réjouis quand ils se trouvèrent à terre.

CHAPITRE CXCVII.

Comment messire Robert d'Artois envoya son navire à Hainebon, et comment il assiégea la cité de Vennes.

Ainsi par cette grand'fortune se dérompit la bataille sur mer de messire Robert d'Artois et de sa route à l'encontre de messire Louis d'Espaigne et de ses gens. Si n'en sait-on à qui bonnement donner l'honneur, car ils se partirent tous maugré eux et par la diversité du temps. Toutes voies les Anglois prirent terre assez près de Vennes, et issirent hors des vaisseaux et mirent leurs chevaux sur le sablon, et toutes leurs armures et pourvéances; et puis eurent conseil et avis du surplus comment ils se maintiendroient. Si ordonnèrent à traire leur navie devers Hainebon, et eux aller devant Vennes; car assez étoient gens pour l'assiéger. Si s'émurent et chevauchèrent ordonnément celle part et n'eurent mie grand'foison allé quand ils s'y trouvèrent.

Adonc étoient dedans la cité de Vennes, pour messire Charles de Blois, messire Hervé de Léon et messire Olivier de Cliçon, deux vaillans chevaliers durement, comme capitaines; et aussi y étoient le sire de Tournemine et le sire de Loheac. Quand ces chevaliers de Bretagne virent venus les Anglois, et qu'ils s'ordonnoient pour eux assiéger, si n'en furent mie trop effrayés; mais entendirent premièrement au châtel, et puis aux guérites et aux portes; et mirent à chacune porte un chevalier, dix hommes d'armes et vingt archers parmi les arbalétriers; et s'apprêtèrent assez bien pour tenir et garder la cité contre tous venans. Or vous parlerons de messire Louis d'Espaigne et de sa route.

CHAPITRE CXCVIII.

Comment messire Louis d'Espaigne perdit deux de ses vaisseaux et en prit quatre de Bayonne; et comment il arriva en Guerrande.

Sachez que quand ce grand tourment et cette fortune eurent élevé et bouté en mer le dit messire Louis, ils furent toute cette nuit et le lendemain tant que à nonne, moult tourmentés et en grand'aventure de leurs vies; et perdirent par le tourment deux vaisseaux et les gens qui dedans étoient. Quand ce vint au tiers jour, environ heure de prime, le temps cessa et la mer s'aquassa. Si demandèrent les chevaliers aux mariniers de quel part ils étoient plus près de terre. Et ils répondirent : « Du royaume de Navarre. » Lors furent les patrons tous émerveillés, et dirent que le vent les avoit élongés de Bretagne plus de six vingt lieues. Si se mirent à l'ancre et attendirent la marée; si que quand le flot de la mer revint, ils eurent assez bon vent pour retourner vers la Rochelle. Et costièrent Bayonne; mais point ne l'approchèrent. Et trouvèrent quatre nefs de Bayonnois qui venoient de Flandre : si les assaillirent et prirent tantôt, et mirent à bord tous ceux qui dedans étoient; et puis nagèrent vers la Rochelle; et firent tant en brefs jours qu'ils arrivèrent à Guerrande et là se mirent-ils à terre. Si entendirent les nouvelles que messire Robert d'Artois et ses gens étoient à siége devant la cité de Vennes. Si envoyèrent messire Charles de Blois qui se tenoit à Rennes, pour savoir quelle chose il vouloit qu'ils fissent. Or lairons nous un petit à parler des François, et parlerons de ceux qui étoient à siége devant Vennes.

CHAPITRE CXCIX.

Comment messire Robert d'Artois et la comtesse de Montfort prirent la cité de Vennes; et comment le sire de Cliçon, le sire de Tournemine, le sire de Loheac et messire Hervé de Léon se sauvèrent.

Messire Robert d'Artois, si comme vous avez ouï, avoit assiégé la cité de Vennes, à mille

[1342]

hommes d'armes et trois mille archers[1] et couroit tout le pays d'environ, et l'ardoit et exilloit, et détruisoit tout jusques à Dynant[2] en Bretagne et jusques à Goy-la-Forêt; et n'étoit nul demeuré sur le plat pays, s'il ne vouloit le sien mettre en perdition, tout jusques au Susenoit[3] et la Roche-Bernart. Le siége durant devant Vennes eut aux barrières de la ville mainte escarmouche, maint assaut et maint grand fait d'armes fait. Les chevaliers qui dedans étoient, messire Olivier de Cliçon et messire Hervey de Léon et leurs compagnons se portoient vaillamment, et moult y acquéroient grand'grâce; car bien étoient soigneux de défendre et garder la cité de leurs ennemis. Et toudis se tenoit la comtesse de Montfort au siége devant Vennes, avec messire Robert d'Artois. Aussi messire Gautier de Mauny, qui s'étoit tenu en Hainebon un grand temps, enchargea la dite ville et le châtel à messire Guillaume de Quadudal et à messire Girard de Rochefort[4], et puis prit avec lui messire Yves de Treseguidy et cent hommes d'armes et deux cents archers, et vinrent en l'ost devant Vennes; et leur firent Messire Robert d'Artois et les chevaliers d'Angleterre grand'fête.

Assez tôt après que messire Gautier de Mauny fut là venu, se fit un assaut devant Vennes moult grand et moult fort, et assaillirent la cité, ceux qui assiégée l'avoient, en trois lieux et tout à une fois; et trop donnèrent de faire à ceux de dedans; car les archers d'Angleterre traioient si ouniement et si épaissement que à peine se osoient ceux qui défendoient montrer aux guérites. Et dura cet assaut un jour tout entier. Si en y eut plusieurs blessés d'un côté et d'autre. Quand ce vint sur le soir, les Anglois se retrairent à leurs logis; et ceux de Vennes à leurs hôtels, tous lassés et moult travaillés. Si se désarmèrent: mais ceux de l'ost ne firent pas ainsi; ainçois se tinrent en leurs armures, et

ôtèrent tant seulement leurs bassinets et burent un coup chacun et se rafraîchirent. Or avint que là présentement et tantôt, par l'avis de messire Robert d'Artois qui fut un grand et sage guerrier, ils s'ordonnèrent de rechef en trois batailles, et envoyèrent les deux aux portes là où il faisoit le plus fort assaillir, et la tierce firent tenir toute coie couvertement, et ordonnèrent que, sitôt que les autres auroient assailli une longue pièce, et que ceux de Vennes entendroient à eux défendre, ils se trairoient avant sur le plus foible lez, et seroient tous pourvus d'échelles cordées à graves de fer, pour jeter sur les murs et attacher aux guérites, et essaieroient si par cette voie ils la pourroient conquérir. Tout ainsi que messire Robert l'ordonna et avisa, ils le firent; et se mit le dit messire Robert en la première bataille à assaillir et escarmoucher à la barrière de la porte, et le comte de Salebrin ainsi à l'autre. Et pour ce qu'il faisoit tard, et afin aussi que ceux de dedans en fussent plus ébahis, ils allumèrent grands feux, si que la clarté en resplendissoit dedans la cité de Vennes. Dont il avint que les hommes de la ville et ceux du châtel cuidèrent soudainement que leurs maisons ardissent; si crièrent: « Trahis! trahis! Armez-vous! armez-vous! » Jà étoient les plusieurs retraits et couchés pour eux reposer; car moult avoient eu grand travail le jour devant. Si se levèrent soudainement et s'en vinrent chacun, qui mieux mieux, sans arroy et sans ordonnance, et sans parler à leurs capitaines, celle part où li feu étoit; et aussi les seigneurs qui en leurs hôtels étoient s'armèrent. Entrementes que ainsi ils étoient entouillés et empêchés, le comte de Kenfort et messire Gautier de Mauny et leurs routes, qui étoient ordonnés pour l'échellement, entendirent à faire leur emprise, et vinrent de ce côté où nul n'entendoit ni gardoit, et dressèrent leurs échelles et montèrent à mont, leurs targes sur leurs têtes, et entrèrent par les dits murs tout paisiblement en la cité. Ni oncques ne s'en donnèrent garde les François et les Bretons qui dedans étoient, tant qu'ils virent leurs ennemis sur la rue et eux assaillir devant et derrière; dont n'y eut si hardi ni si avisé qui ne fût tout ébahi; et tournèrent en fuite chacun pour soi sauver. Et cuidèrent encore de premier que le meschef fût plus grand qu'il n'étoit; car si ils se fussent re-

---

[1] Robert d'Artois avait quatre mille hommes d'armes et six mille archers.
[2] Peut-être Bignan. La ville de Dinant, dans le diocèse de Saint-Malo, paraît trop éloignée de Vannes pour que Robert d'Artois ait pu faire des courses jusque-là.
[3] Sans doute Sucinio, dans la presqu'île de Ruys.
[4] Gérard de Rochefort était donc retourné au parti de la comtesse de Montfort; ou bien Froissart s'est trompé en disant à la fin du chapitre 190 qu'il avait embrassé celui de Charles de Blois.

tournés et défendus de bonne volonté, ils eussent bien mis hors les Anglois qui entrés étoient dedans. Et pour ce que rien n'en fut fait, perdirent-ils méchamment leur ville; et n'eurent mie les chevaliers capitaines loisir d'eux retraire au châtel; mais montèrent tantôt à cheval et partirent par une poterne et se mirent sur les champs pour eux sauver; et furent tous ceux heureux qui purent issir. Toutefois le sire de Cliçon, messire Hervey de Léon, le sire de Loheac et le sire de Tournemine se sauvèrent, et une partie de leurs gens; et tous ceux qui furent trouvés et atteints des Anglois furent morts ou pris; et fut la cité de Vennes toute courue et robée; et entrèrent dedans toutes manières de gens; et mêmement la comtesse de Montfort, de-lez messire Robert d'Artois, en grand'joie et en grand'liesse.

CHAPITRE CC.

Comment le comte de Salebrin, le comte de Pennebruich, le comte de Suffolch et le comte de Cornouaille assiégèrent la cité de Rennes.

Ainsi que je vous conte fut la cité de Vennes à ce temps prise par l'emprise de messire Robert d'Artois, dont tout le pays d'environ fut durement émerveillé; et en murmura grandement sur la partie des chevaliers qui dedans étoient, au jour qu'elle fut prise, combien que je cuide bien que ce fut à grand tort; car ils perdirent plus que tous les autres, et l'ennui qu'ils en eurent ils le démontrèrent assez tôt après, si comme vous orrez tantôt en l'histoire. Au cinquième jour que la cité de Vennes eut été prise s'en retourna la comtesse de Montfort dedans Hainebon, messire Gautier de Mauny avec elle et messire Yves de Treseguidy et plusieurs autres chevaliers d'Angleterre et de Bretagne, pour doute des rencontres. Et se partirent encore de messire Robert d'Artois, le comte de Salebrin, le comte de Pennebruich, le comte de Suffolch, le comte de Cornouaille, à bien mille hommes d'armes et quatre mille archers[1], et s'en vinrent assiéger la cité de Rennes. Si s'en étoient partis, quatre jours devant, messire Charles de Blois et madame sa femme, et venus à Nantes : mais ils avoient laissé en la cité de Rennes grand'foison de chevaliers et d'écuyers. Et toudis se tenoit messire Louis d'Espaigne sur mer atout ses Espaignols et Gennevois; et gardoit si près et si soigneusement les frontières d'Angleterre que nul ne pouvoit aller ni venir d'Angleterre en Bretagne qu'il ne fût en grand péril, et fit cette saison aux Anglois moult de contraire et de dommages.

CHAPITRE CCI.

Comment le sire de Cliçon et messire Hervé de Léon assiégèrent la cité de Vennes.

Pour la perte et la prise de la cité de Vennes fut durement courroucé et ému le pays; car bien cuidoient que les dessusdits seigneurs et capitaines, qui dedans étoient quand elle fut prise, la dussent défendre et garder un grand temps contre tout le monde; car elle étoit forte assez et bien pourvue de toute artillerie et d'autres pourvéances, et bien garnie de gens d'armes. Si en étoient pour la mésaventure tous honteux le sire de Cliçon et messire Hervé de Léon; car aussi les ennemis en parloient vilainement sur leur partie. De quoi lesdits seigneurs ne voulurent mie plenté séjourner, ni eux endormir en la renommée des médisans : ains cueillirent grand'foison de bons compagnons, chevaliers et écuyers de Bretagne; et prièrent aux capitaines des forteresses qu'ils voulsissent être au jour que ordonné et nommé avoient entre eux, sur champs, à telle quantité de gens qu'ils pourroient. Tous y obéirent de grand'volonté; et s'émurent tellement toutes manières de gens de Bretagne qu'ils furent sur un jour devant la dite cité de Vennes, plus de douze mille hommes, que Francs[1] que vilains, et tous armés. Et là vint bien étoffé messire Robert de Beaumanoir maréchal de Bretagne; et assiégèrent la cité de Vennes de tous côtés, et puis la commencèrent fortement à assaillir.

CHAPITRE CCII.

Comment le sire de Cliçon et messire Hervé de Léon prirent Vennes; et y furent messire Robert d'Artois et le sire Despenser navrés à mort; et comment le roi d'Angleterre vint en Bretagne.

Quand messire Robert d'Artois se vit assiégé dedans Vennes, il ne fut mie trop ébahi de se

---

[1] Trois mille hommes d'armes et autant d'archers, suivant l'*Histoire de Bretagne*.

[1] On appelait encore Francs ceux des habitans du pays qui avaient su se conserver indépendans des conquérans. On les appelait Franklins en Angleterre.

tenir et défendre la cité. Les Bretons qui devant étoient, comme tous forcenés de ce qu'il leur sembloit que perdue l'avoient si simplement, s'aventuroient d'assaillir durement et courageusement, et se hâtoient d'eux aventurer, pourquoi ceux qui se tenoient devant Rennes et ceux qui étoient aussi devant Hainebon ne leur vinssent, pour eux briser leur emprise. Dont il avint que ces Bretons qui là étoient firent et livrèrent à ladite cité un assaut si dur et si bien ordonné, et si courageusement s'y éprouvèrent les assaillans, chevaliers et écuyers, et mêmement les bons hommes du pays, et tant donnèrent à faire à ceux de dedans, qu'ils conquirent les barrières du bourg, et puis les portes de la cité, et entrèrent dedans par force et par prouesse, voulsissent ou non les Anglois; et furent mis en chasse. Et moult y en eut adonc grand'foison de morts et de navrés, et par espécial messire Robert d'Artois y fut durement navré; et à grand meschef fut-il sauvé et gardé d'être pris; et se partit par une poterne derrière, le baron de Stanford avec lui, et ceux qui échapper purent, et chevauchèrent devers Hainebon. Et là fut pris prisonnier de messire Hervé de Léon, le sire Despensier d'Angleterre, fils jadis de messire Huon le Despensier, dont ce livre fait mention au commencement; mais il fut si durement blessé à cet assaut qu'il ne vesquit depuis que trois jours.

Ainsi eurent les François et reconquirent la ville et la cité de Vennes, et mirent hors tous leurs ennemis par sens et par prouesse; de quoi les seigneurs d'Angleterre qui séoient devant Rennes furent durement courroucés, et aussi fut la dite comtesse de Montfort, qui se tenoit à Hainebon; mais amender ne le purent quant à cette fois. Si demeura là messire Robert d'Artois un temps blessé et navré, si comme vous avez ouï. En la fin il fut conseillé et dit, pour soi mieux médeciner et guérir, qu'il s'en retournât en Angleterre; car là trouveroit-il sirurgiens et mires à volonté. Si crut ce conseil, dont il fit folie; car au retourner en Angleterre, il fut durement grevé et appressé de la marine; et s'en émurent ses plaies tellement que, quand il fut venu et apporté à Londres, il ne vesquit pas longuement depuis; ainçois mourut de cette maladie [1]; dont ce fut dommage, car il étoit courtois chevalier, preux et hardi; et du plus noble sang du monde. Si fut ensèveli à Saint-Paul à Londres, et lui fit le roi anglois faire son obsèque aussi solennellement comme si c'eût été son cousin germain le comte Derby. Et fut le dit messire Robert moult durement plaint du roi, de la roine, des seigneurs et dames d'Angleterre. Si très tôt que messire Robert d'Artois fut trépassé de ce siècle, et que le roi anglois en sçut la nouvelle, il en fut si courroucé qu'il en jura et dit tout haut, oyans tous ceux qui ouïr le purent, que jamais n'entendroit à autre chose si auroit vengé la mort de lui, et iroit lui-même en Bretagne, et atourneroit tel le pays que à quarante ans après il ne seroit pas recouvré. Si fit le roi anglois tantôt escripre lettres et mander par tout son royaume que chacun, noble et non noble, fût appareillé pour mouvoir et partir avec lui, au chef d'un mois; et fit faire grand amas de naves et de vaisseaux, et bien pourvoir et étoffer de ce qu'il appartenoit. Au chef d'un mois il se mit en mer à grand'navie, et vint prendre port assez près de Vennes, là où messire Robert d'Artois et sa compagnie arrivèrent quand ils vinrent en Bretagne. Si descendirent à terre et mirent par trois jours hors leurs chevaux et leurs pourvéances; et puis la quatrième jour ils chevauchèrent pardevers Vennes. Et toujours se tenoit le siège du comte de Salebrin et du comte de Pennebruich et des Anglois dessus dits, devant la cité de Rennes.

CHAPITRE CCIII.

Comment le roi d'Angleterre mit le siége devant Vennes; et comment la comtesse de Montfort le vint voir et fétoyer.

Tant exploita le roi anglois, depuis qu'il eut pris terre en Bretagne, qu'il vint atout son ost devant Vennes, et l'assiégea de tous points [1].

[1] La blessure que ce prince avait reçue à la cuisse ne fut pas la seule cause de sa mort: les autres historiens contemporains disent que la dyssenterie dont il fut attaqué ne contribua pas peu à le conduire au tombeau. Quoiqu'il en soit, on ignore la date précise de sa mort. On sait seulement qu'il vivait encore le 5 octobre 1342, mais qu'on craignait alors pour sa vie, ce qui suppose qu'il avait été blessé antérieurement à cette époque; et qu'il était certainement mort avant le 20 novembre. Il l'était même depuis quelque temps, s'il faut en croire Knighton, suivant lequel ce prince avait déjà terminé sa carrière, lorsque Édouard III arriva en Bretagne quelques jours avant la Toussaint de cette année 1342.

[1] Robert d'Avesbury nous a conservé une lettre dans laquelle Édouard rend compte succinctement à son fils de

Adonc étoient dedans messire Olivier de Cliçon, messire Hervey de Léon, le sire de Tournemine, messire Geffroy de Malestroit et messire Guy de Loheac. Si pensoient bien ces chevaliers et avoient supposé de long-temps que le roi anglois viendroit moult efforcément en Bretagne, si comme il fit; par quoi ils avoient la cité et le châtel de Vennes pourvus très grossement de toutes pourvéances nécessaires, et aussi de bonnes gardes de gens d'armes pour la défendre. Et bien leur étoit mestier, car sitôt que le roi anglois y fut venu et logé pardevant, il les fit assaillir moult âprement, et venir les archers devant et traire de grand randon à ceux de la cité très fortement; et dura cet assaut bien demi-jour: mais rien n'y firent, fors eux lasser et travailler, tant fut la cité bien défendue. Adonc se retrairent les Anglois à leur logis.

Sitôt que la comtesse de Montfort sçut la venue du roi anglois, elle fut mult réjouie, et se partit de Hainebon bien accompagnée de messire Gautier de Mauny et de plusieurs autres chevaliers et écuyers, et s'envint devant Vennes

ce qu'il a fait depuis son arrivée en Bretagne jusqu'au 5 décembre, veille de Saint-Nicolas ; la voici :

« Très chier et très amé filtz, nous savoms qe vous desirez mult de savoir bones novelx de nous et de notre estat ; vous faceoms assavoir qe au partier de cestes nous esteioms heités de corps, Dieux en soit loié ! desirant mesme ceo de vous oier et savoir. Très chier filtz, come nous est avenuz puis notre départir d'Engleterre, vous faceoms assavoir qe nous avoms chivaché un graunt pièce en la duché de Brutaigne le quele païs est rendue à notre obéissance od plusours bones villes et forcelettes; c'est assavoir la ville de Plouremell, et le chastiel et la ville de Rondon qe sont bones villes et bien fermés. Et sachez que le sire de Clissoun, qest un des plus grauntz de Peyto, et quatre autres barons, c'est assavoir le sire de Lyac, le sire de Machecoille, le sire de Reiez, le sire de Reynes et autres chivalers du dit païs, et lor villes et forcelettes qi sount droitement sour le fountz de Fraunce et de notre duchée de Gascoigne sount rendus à nostre pees, quele chose homme tient un graunt esploit à notre guerre. Et avaunt l'escrivere du cestes nous avoms envoiez en lez parties de Nauntes notre cosyn de Northf., le comte de Warwik, Mons. Hugh le Despenser et aultres banretz od graunt nombre ove cccc. hommes d'armes pour faire l'esploit qu'ils poiount. Et puis lour departir avoms novels qe le sire de Gasson et les barons suisditz se fusrent mys, od un bon nombre des gentz d'armes, en aide de notre dit cosin et sa compagnye ; mais encquore à departir du cestes n'en avoms nulles novels de lour esploit, mais nous espoiroms d'aver hastiment bones od l'aide Dieux. Très chier filtz, sachez qe, par l'avis et consail de les plus sages de notre ost, avoms mys notre siège à la cité de Vanes qest le meillour ville de Bretaigne après la ville de Nauntes, et pluis poet grever et restreindre la païs à notre obéissance ; qar il nous estoit avis que, si nous eussoms chivaché pluis avaunt saunz estre seur de la dite ville, le pais qest rendus à nous ne purroit tenir devers nous en nulle manere. Et auxint la dite ville est sour la mear et est bien fermez, issint qe si nous la puissoms aver il serra graunt esploit à notre guerre. Et sachez, très cher filtz, que Monsr. Lowis de Peiters counte de Valentinès est capitain de la ville, et homme dist q'ils y sount bones gentz ovesque lui ; mais nous espoiroms que par la puissance de Dieux nous averoms bone issue ; qar, puis notre venue en cestes parties, Dieu nous ad donné bone comencement et assetz d'esploiter pour le temps, loié en soit-il ! et le païs est assetz pleinteouse des blés et de char. Mais toutz foitz, cher filtz, il covient qe vous excitez notre chaunceller et tresorer de envoir devers nous deniers, qar ils conussent bien notre estat. Chier filtz, sachez qe, le tierce jour que nous fusmes herbergés au dite siège, viendrent à nous un abbé et un clerc de par les cardinalx ovesque lour lettres pour nous requerre de eaux envoier sauve conduit pour venir devers nous ; et nous disoient qe s'ils eussent conduit ils puissent estre devers nous entour les huit jours après. Et feissoms notre consail responde as ditz messagiers et deliverer à eux nos lettres de conduyt pour mesmes le cardinalx, pour venir à la ville de Maltraità trente le ages de nous, qestoit n'ad gairs renduz à nous et à notre pees ; qar notre entent n'est pas qu'ils deivount pluis près aprocher notre ost qe la dite ville de Malatrait, pour plusours causes Et sachez en quele plit qe nous sumes, od l'aide de Dieu, notre entent ne est toutz jours decliner à reson, à quele heure que nous serra offert. Mais qe covient que les cardinalx veignent issint devers nous ne pensoms mye delaier un jour de notre parpos, qar nous poioms bien penser de delaies qe nous avons eu einz ces heures par tretis de eaux et des aultres. Chier filtz, à pluis tost qe nous eioms nule issue de notre siége ou d'autre buisogne qe nous touche, nous vous manderoms les novelx toutdiz, si en avaunt les messagiers puissent entre aler. Chier filtz, faites monstrer cestes lettres à l'erchevesque de Cauntirbirs et à ceaux de notre consail devers vous. Chier filtz, Dieu soit gardein de vous. Doné soutz notre secré seal au siège de Vanes la veille de seint Nicholas. Très chier filtz, après l'escrivere du cestes let tres nous viendront novels qe notre cosyn de North., et le comte de Warros. monseigneur Hughe le Despenser et lez aultres banerettes en lour companye ount asségé la ville de Nauntes, qar ils espoiront od l'aide de Dieux de faire esploit hastivement. »

Cette lettre paraîtra peut être au premier coup d'œil difficile à concilier dans tous les points avec le récit de Froissart ; mais un peu de réflexion fera disparaître la difficulté. On verra bientôt que la différence entre les deux récits vient, 1° de ce qu'Édouard se borne à rendre compte à son fils des principaux événemens de la campagne, sans entrer dans aucun des détails rapportés par Froissart ; 2° de la réticence de cet historien qui a omis, soit à dessein, soit qu'il les ignorât, quelques faits énoncés dans la lettre ; 3° enfin de ce que plusieurs de ceux qu'il raconte sont postérieurs à la date de cette lettre.

voir et fêter le roi d'Angleterre et les barons de l'ost. Le roi recueillit la dame moult liement; et adonc eut entre eux là plusieurs paroles qui toutes ne purent mie être écrites. Et quand la comtesse eut là été devant Vennes avec le roi, ne sais trois ou quatre jours, elle s'en partit et retourna à Hainebon avec ses gens.

Or vous parlerons de messire Charles de Blois qui se tenoit dedans la cité de Nantes. Sitôt qu'il sçut que le roi anglois étoit arrivé en Bretagne, il le signifia au roi de France son oncle, et y envoya devers lui grands messages pour mieux exploiter, et pour prier qu'il fût aidé et conforté à l'encontre des Anglois; car ils étoient venus en son pays à grand'puissance. Le roi ouït et reçut les messages moult liement, et en répondit moult courtoisement, et dit qu'il enverroit à son neveu si grand confort comme pour résister contre ses ennemis, et eux bouter hors de Bretagne. Voirement y envoya-t-il depuis le duc de Normandie son fils à grand'puissance; mais ce ne fut mie sitôt : ainçois eurent les Anglois moult dommagé le pays de Bretagne, si comme vous orrez avant en l'histoire.

CHAPITRE CCIV.

Comment le roi anglois laissa une partie de ses gens devant Vennes et s'en alla devant Rennes; et puis vint mettre le siége devant Nantes où messire Charles de Blois étoit.

Quand le roi anglois qui séoit devant Vennes, vit la cité si forte et si bien fournie de gens d'armes, et entendit par ses gens que le pays de là environ étoit si povre et gâté qu'ils ne savoient où fourrer, ni avoir vivres pour eux, ni pour leurs chevaux, tant étoient-ils grand nombre, si s'avisa qu'il en laisseroit là une partie pour tenir le siége, et atout le remenant de son ost il se trairoit pardevant Rennes, et verroit ses gens qui là séoient, qu'il n'avoit vus de grand temps. Si ordonna le comte de Warvich, le comte d'Arondel, le baron de Stanfort, messire Gautier de Mauny, messire Yvon de Treseguidy, et messire Girard de Rochefort, à cinq cents hommes d'armes et mille archers, à tenir le siége devant Vennes. Puis s'en partit le dit roi atout le remenant de son ost, où bien avoit quinze cents hommes d'armes et six mille archers; et chevaucha tout ardant et exillant le pays d'un lez et d'autre; et fit tant qu'il vint devant Rennes, où il fut moult liement vu et reçu de ses gens qui là séoient, et avoient sis un grand temps. Et quand il eut là été environ cinq jours, il entendit que messire Charles de Blois étoit dedans la cité de Nantes, et là faisoit son amas de gens d'armes : si dit qu'il se trairoit celle part; et se partit du siége de Rennes, et y laissa ceux que trouvés y avoit; et chevaucha tant qu'il vint atout son ost devant Nantes, et l'assiégea si avant qu'il put, tant est grande et étendue. Si coururent ses maréchaux et ses gens environ, et gâtèrent et exillièrent durement le pays plat, et prenoient vivres et pourvéances partout où ils les pouvoient trouver. Et furent le dit roi d'Angleterre et ses gens ordonnés sur une montagne, au dehors de la cité de Nantes, un jour de matin jusques à nonne, par manière de bataille; et cuidoient bien les Anglois que messire Charles de Blois et ses gens dussent issir, mais non firent. Quand les Anglois virent ce, ils se retrairent à leurs logis : mais les coureurs du roi d'Angleterre coururent adonc jusques devant les barrières de la cité, et à leur retour ils ardirent les faubourgs.

CHAPITRE CCV.

Comment le roi anglois laissa le comte de Kenford et plusieurs autres seigneurs devant Nantes et alla assiéger Dynant.

Ainsi se tint le roi d'Angleterre devant Nantes. Et messire Charles de Blois étoit dedans, qui souvent escripsoit et envoyoit lettres et messages, et l'état des Anglois, devant le roi de France son oncle et le duc de Normandie son cousin qui le devoit conforter, car il en étoit chargé. Et étoit ja trait et venu le duc de Normandie en la cité d'Angiers, et là faisoit son amas de toutes manières de gens d'armes qui là venoient de tous côtés. Entrementes que ces assemblées se faisoient, se tenoit le roi d'Angleterre devant Nantes, et l'avoit assiégée de l'un des côtés, et y faisoit souvent assaillir et escarmoucher et éprouver ses gens : mais en tous ces assauts petit y conquit; ainçois y perdit par plusieurs fois de ses hommes, dont moult lui ennuya. Quand il vit et considéra que par assaut il n'y pouvoit rien faire et que messire Charles de Blois n'istroit point aux champs pour le combattre, il s'avisa qu'il laisseroit là la plus grand'partie de ses gens à siége, et se trairoit autre part, en gâtant et exillant le pays. Si ordonna le comte de Kenford, messire Henry vicomte de Beaumont, le seigneur de Persy, le seigneur de Ros, le seigneur de Moutbray, le seigneur de la Ware, messire Regnault de Cobehem, messire Jean de Lille à demeurer là et tenir le siége à six cents hommes d'armes et deux mille archers; et puis chevaucha o le demeurant de ses gens, qui pouvoient être environ quatre cents lances et deux mille archers, tout ardant et exilliant le bon pays de Bretagne pardevant lui, d'un côté et d'autre, tant qu'il vint devant la ville de Dynant, dont messire Pierre Portebeuf étoit capitaine.

Quant il fut venu à Dynant, il mit le siége tout environ, et fit fortement assaillir; et ceux qui dedans étoient entendirent aussi à eux défendre. Ainsi assiégea le roi d'Angleterre en une saison et en un jour, que lui et ses gens, trois cités en Bretagne et une bonne ville.

CHAPITRE CCVI.

Comment le sire de Cliçon et le sire de Léon furent pris des Anglois à une escarmouche devant Vennes, et le sire de Stanfort y fut pris de ceux de Vennes.

Entrementes que le roi d'Angleterre alloit, venoit et chevauchoit le pays de Bretagne, ses gens qui séoient devant la cité de Vennes y faisoient et livroient tous les jours maint assaut, car durement la convoitoient à gagner par fait d'armes, pourtant que les chevaliers qui dedans étoient l'avoient en cette même saison reconquise sur eux. Dont il avint un jour, le siége pendant, que à l'une des portes un grand assaut se fit, et se trairent celle part toutes les bonnes gens d'armes d'un côté et d'autre. Là eut mainte appertise d'armes faite; car ceux de Vennes avoient, comme bons chevaliers et hardis, ouvert leur porte, et se tenoient aux barrières, pour cause de ce qu'ils véoient la bannière du comte de Warvich, et celle du comte d'Arondel, et du baron de Stanfort, et de messire Gautier de Mauny, qui s'abandonnoient, ce leur sembloit, follement. De quoi messire Olivier de Cliçon et messire Hervey de Léon et les autres chevaliers plus courageusement s'en aventuroient. Là eut fait tant de belles appertises d'armes que merveille seroit à raconter; car les Anglois qui véoient la porte ouverte le tenoient à grand dépit, et les aucuns le réputoient à grand'vaillance. Là eut lancé et escarmouché et estiqué d'un côté et d'autre moult longuement. Finablement cet assaut se porta tellement que de premier les Anglois furent boutés et reculés moult arrière des barrières; et ainsi qu'ils reculèrent, les chevaliers de Bretagne s'avancèrent et ouvrirent leurs barrières, chacun son glaive en son poing, et laissèrent six chevaliers des leurs garder les dites barrières avec grand'foison d'autres gens; et puis tous à pied, en lançant et escarmouchant ils poursuirent les chevaliers anglois qui tout en reculant se combattoient. Là eut très bons piongnis et fort boutis de glaives et mainte belle appertise d'armes faite. Toute fois les Anglois multiplièrent et fortifièrent tellement qu'il convint les Bretons reculer, et non pas si réglément comme ils étoient avalés. Là eut grand'lutte et dur enchas; et remontoient les chevaliers de Bretagne, le sire de Cliçon et messire Hervey de Léon, à grand'malaise : si eut maint homme mort et blessé. Quand ceux qui gardoient les barrières virent leurs gens chasser et reculer, ils retrairent leurs barrières, et si mal à point qu'il convint le sire de Cliçon demeurer dehors; et fut pris devant la barrière, et aussi fut messire Hervey de Léon. D'autre part les Anglois qui étoient montés vitement, et tout premier le baron de Stanford, furent enclos, et sa bannière, entre les barrières et la porte. Là eut grand toullement et dur hutin; et fut pris et retenu le baron de Stanford : oncques nul ne l'en put défendre; et aussi furent plusieurs des siens qui étoient de-lez lui : oncques nul n'en échappa qu'il ne fût ou mort ou pris. Si se départit cette escarmouche atant ; et se retrairent les Anglois à leurs logis, et les Bretons en leurs hôtels dedans la cité de Vennes.

CHAPITRE CCVII.

Comment le roi d'Angleterre prit la ville de Dynant, et fut toute courue et robée; et si y gagna grand avoir.

Par telle manière que vous avez ouï conter furent pris les chevaliers; et eussent fait les Anglois grand'fête de leurs prisonniers, si le sire de Stanford n'eût été pris. Depuis cet assaut n'en y eut fait nul si grand ni si renommé d'armes que cestui fut, car chacun se tenoit sur sa garde. Or parlerons du roi d'Angleterre qui avoit assiégé la ville de Dynant. Quand il eut là sis jusques à trois jours, il s'avisa et imagina comment il la pourroit avoir. Si regarda qu'elle étoit bien prenable, car elle n'étoit fermée que de palis. Si fit quérir et pourvoir grand'foison de nacelles, et entrer dedans archers, et puis nager jusques à ces palis, et eux venus jusques là, assaillir fortement ceux qui défendoient, et traire si ouniement que à peine n'osoit nul apparoir aux défenses pour la défendre. Entre ces archers avoit autres assaillans qui portoient cognées grands et bien tranchans dont, entrementes que les archers ensonnioient ceux de dedans, ils coupoient les palis, et en bref temps grandement les endommagèrent, et tant qu'ils en jetèrent un grand pan par terre, et entrèrent dedans efforcément. Quand ceux de la ville virent leurs palis rompus, et Anglois entrer dedans à grand'foison, si furent tous effrayés et commencèrent à fuir vers le marché : mais petite raliance se fit entr'eux ; car cils qui étoient entrés par les nacelles vinrent à la porte et l'ouvrirent ; si entrèrent dedans toutes manières de gens qui entrer y voulurent. Ainsi fut prise la ville de Dynant en Bretagne, toute courue et robée, et messire Pierre Portebeuf pris qui en étoit capitaine. Si prirent les Anglois desquels qu'ils voulurent, et gagnèrent grand avoir ; car elle étoit adonc durement riche, pleine et bien marchande.

CHAPITRE CCVIII.

Comment messire Louis d'Espagne et ses compagnons gagnèrent quatre nefs d'Angleterre, chargées de pourvéances, et en effondrèrent trois.

Quand le roi d'Angleterre eut faite son emprise et sa volonté de la ville de Dynant en Bretagne, il s'en partit, et la laissa toute vague, et n'eut mie conseil de la tenir : si s'en achemina vers Vennes. En chevauchant cette part, nouvelles lui vinrent de la prise du seigneur de Cliçon et de messire Hervey de Léon : si en fut grandement joyeux ; et tant chevaucha qu'il vint devant Vennes ; et là se logea.

Or vous parlerons un petit de messire Louis d'Espagne, de messire Charles Crimaut, de messire Othe Dorie qui étoient pour le temps amiraux de la mer à huit gallées, treize barges et trente nefs chargées de Gennevois et d'Espaignols, et se tenoient sur mer entre Bretagne et Angleterre ; et portèrent par plusieurs fois grands dommages aux Anglois qui venoient rafraîchir leurs gens de pourvéances devant Vennes. Et une fois entre les autres coururent sur la navie du roi d'Angleterre qui gissoit à l'ancre sur un petit port de-lez Vennes, et n'étoit mie adonc trop bien gardée. Si occirent la plus grand'partie de ceux qui la gardoient ; et y eussent porté trop grand dommage, si les Anglois qui séoient devant Vennes n'y fussent accourus. Quand les nouvelles vinrent en l'ost, chacun y alla qui mieux mieux. Toutefois on ne se put oncques si hâter que le dit messire Louis et sa route n'emmenassent quatre nefs chargées de pourvéances, et effondrèrent trois, et périrent ceux qui dedans étoient. Adonc fut conseillé au roi qu'il fît traire une partie de sa navie au hâvre de Brest, et l'autre au hâvre de Hainebon ; si le fit si comme il fut conseillé ; et toujours se tenoit le siége devant Vennes et aussi devant Nantes et devant Rennes sans ce que aucunes gens se apparussent de par messire Charles de Blois pour lever le siége.

CHAPITRE CCIX.

Comment le duc de Normandie se partit d'Angiers et s'en vint à Nantes ; et comment ceux qui tenoient le siége devant Nantes s'en allèrent à Vennes au roi d'Angleterre.

Nous retournerons à la chevauchée que le duc de Normandie fit en cette saison en Bretagne pour conforter son cousin messire Charles de Blois. Le duc de Normandie, qui avoit fait son assemblée et son amas de gens d'armes en la cité d'Angiers, se hâta tant qu'il put, car il entendit que le roi d'Angleterre travailloit durement le pays de Bretagne, et avoit assiégé trois cités et pris la bonne ville de Dynant : si se partit d'Angiers moult efforcément à plus de quatre mille hommes d'armes et trente mille d'autres gens. Si s'arrouta tout le charroi le grand chemin de Nantes ; et le conduisoient les deux maréchaux de France, le sire de Montmorency et le sire de Saint-Venant. Après chevauchoit le duc de Normandie, le comte d'Alençon son oncle, et le comte de Blois son cousin. Là étoient le duc de Bourbon, messire Jacques de Bourbon comte de Ponthieu, le comte de Boulogne, le comte de Vendôme, le comte de Dampmartin, le sire de Craon, le sire de Coucy, le sire de Sully, le sire de Fiennes, le sire de Roye, et tant de barons et de chevaliers de Normandie, d'Auvergne, de Berry, de Limousin, d'Anjou, du Mayne et de Poitou et de Xaintonge, que jamais je ne les aurois tous nommés. Et encore croissoient-ils tous les jours, car le roi de France renforçoit son mandement, pour ce qu'il avoit entendu que le roi d'Angleterre étoit si efforcément venu en Bretagne. Ces nouvelles vinrent aux seigneurs d'Angleterre qui séoient devant Nantes, que le roi y avoit laissés, que le duc de Normandie venoit là pour lever le siége, ainsi que on l'espéroit; et avoit bien en sa compagnie quarante mille hommes. Ces seigneurs le signifièrent hâtivement au roi d'Angleterre, à savoir quelle chose il vouloit qu'ils fissent, ou si ils les attendroient, ou s'ils se retraireroient. Quand le roi d'Angleterre entendit ces nouvelles, il fut moult pensif, et eut une espace une imagination et propos de briser son siége[1], et aussi celui de Rennes, et de soi retraire devant Nantes. Depuis fut-il conseillé autrement; et lui fut dit ainsi: qu'il étoit en bonne place et forte et près de sa navie, et qu'il se tînt là, et attendît ses ennemis, et mandât ceux de Nantes, et laissât encore le siége devant Rennes; car ils n'étoient mie si loin de lui qu'il ne les confortât et r'eût bientôt, si mestier étoit.

A ce conseil se tint et accorda le roi d'Angleterre; et furent mandés ceux qui séoient devant Nantes, et s'en revinrent au siége devant Vennes. Et le duc de Normandie, et les barons de France exploitèrent tant qu'ils vinrent en la cité de Nantes, où messire Charles de Blois et grand'foison des chevaliers de Bretagne étoient, qui le reçurent à grand'joie. Si se logèrent les seigneurs en la cité, et leurs gens environ sur le pays; car tous n'eussent pu être logés dedans la cité ni ès faubourgs, si grand nombre étoient-ils là venus.

CHAPITRE CCX.

Comment le duc de Normandie se partit de Nantes et s'en alla à Vennes; et comment le roi anglois manda à ceux qui étoient au siége devant Rennes qu'ils vinssent à Vennes.

Entrementes que le duc de Normandie séjournoit à Nantes, firent les chevaliers d'Angleterre, qui séoient devant la cité de Rennes, un assaut très grand et bien ordonné; et avoient un grand temps paravant appareillé atournemens et instrumens pour assaillir; et dura cet assaut un jour tout entier. Mais ils n'y conquirent rien; ainçois y perdirent des leurs, et en y eut des morts et des blessés grand'foison; car il y avoit dedans de bons chevaliers et écuyers de Bretagne, le baron d'Ancenis, le baron du Pont, messire Jean de Malestroit, Yvain Charruel et Bertrand Du Guesclin[1] écuyer. Cils ensonnièrent si vaillamment, avec l'évêque de la dite cité, qu'ils n'y eurent point de dommage. Nonobstant ce, se tinrent là toudis les Anglois et gâtèrent tout le pays d'environ.

Adonc se partit de Nantes le duc de Normandie atout son grand ost, et eut conseil qu'il iroit devant Vennes pour plutôt trouver ses ennemis; car l'on avoit entendu que ceux de Vennes étoient plus étreints que ceux de Rennes, et en plus grand péril d'être perdus. Si s'arroutèrent ces gens d'armes, et chevauchèrent en bon arroy et en grand convenant, quand ils furent partis de Nantes. Si les conduisoient les deux maréchaux; et messire Geffroy de Chargny, et le comte de Ghines connétable de France, faisoient l'arrière garde.

Tant exploitèrent ces gens d'armes, dont le duc de Normandie et messire Charles de Blois étoient chefs, qu'ils vinrent assez près de Vennes, d'autre part où le roi d'Angleterre étoit logé. Si se logèrent erraument les François tout contre val uns beaux prés, grands et larges, et tendirent tentes, trefs et pavillons, et toutes manières de logis; et firent faire les François beaux fossés et grands entour leur ost, parquoi on ne leur pût porter dommage. Si chevauchoient aucune fois les maréchaux, et messire Robert de Beaumanoir, maréchal pour le temps de Bretagne, et alloient souvent escarmoucher à l'ost des Anglois; et les Anglois aussi sur eux : si en y avoit souvent rués jus d'une part et d'autre. Quand le roi d'Angleterre vit venir le duc de Normandie à si grand'puissance, si remanda le comte de Salebrin et le comte de Pennebruich et les autres chevaliers qui se tenoient à siége devant Rennes, par quoi il fût plus fort, si com-

[1] Quelques manuscrits écrivent *Glayaquin*, d'autres *Clakin*; ceux-ci *Clasquin*, ceux-là *Graisquin*, et d'autres *Guesclin*. Il y a plus de vingt manières d'écrire le nom du célèbre connétable Du Guesclin.

---
[1] Le siége de Vannes, où il était en personne.

battre le convenoit. Si pouvoient être les Anglois et les Bretons de la comtesse de Montfort environ deux mille cinq cents hommes d'armes et six mille archers et quatre mille hommes de pied : les François étoient quatre tels tant, et tous gens d'étoffe et bien appareillés.

CHAPITRE CCXI.

Comment le pape Clément VI envoya deux cardinaux en légation en Bretagne; et comment les dits cardinaux firent trèves à trois ans entre le roi d'Angleterre et le duc de Normandie.

Moult furent ces deux osts devant Vennes beaux et grands; et avoit le roi d'Angleterre bâti son siége par telle manière que les François ne pouvoient venir à lui par nul avantage. Depuis que le duc de Normandie fut là venu, ne fit point le roi d'Angleterre assaillir la cité de Vennes, car il vouloit épargner ses gens et son artillerie. Ainsi furent-ils l'un devant l'autre un grand temps et bien avant en l'hiver [1]. Si y envoya le pape Clément VI, qui régnoit pour le temps, deux cardinaux en légation, le cardinal de Prenestes [2], et le cardinal de Clermont [3], qui souvent chevauchèrent de l'un ost à l'autre, pour accorder ces parties : mais ils les trouvèrent si durs et si mal descendans à accord, qu'ils ne les pouvoient approcher de nulle paix. Ce traité durant il y avoit souvent des issues et des escarmouches et des poingnis l'un sur l'autre, ainsi que les fourriers se trouvoient. Si en y avoit des pris et des ruès jus; et n'osoient les Anglois par espécial aller en fourrage, fors en grand'-compagnie; car toutes fois qu'ils chevauchoient ils étoient en grand péril pour les embûches que on mettoit sur eux. Avec tout ce, messire Louis d'Espaigne et sa route gardoient si soigneusement le pas de la mer que à trop grand mésaise venoit rien en l'ost des Anglois; et y eurent moult de disettes. Et étoit l'intention du duc de Normandie et de ses gens qu'ils tenoient là pour tout assiégé le roi d'Angleterre et son ost; car bien savoient qu'ils avoient grand'nécessité de vivres. Et les eussent tenus voirement en grand danger : mais ils étoient aussi contraints du froid temps, car nuit et jour il pleuvoit sur eux, qui leur fit moult de peines, et perdirent la plus grand'-partie de leurs chevaux; et les convint déloger et traire sur les champs, pour la grand'foison d'eau qui étoit éparse en leurs logis. Si regardèrent les seigneurs qu'ils ne pouvoient longuement souffrir celle peine. Si commencèrent les cardinaux à traiter pour avoir trèves à durer trois ans. Ce traité passa; et furent là les trèves données et accordées entre ces parties à durer trois ans tous accomplis; et les jurèrent le roi d'Angleterre et le duc de Normandie à non enfreindre [1].

CHAPITRE CCXII.

Comment le sire de Cliçon, le sire de Malestroit et son fils et plusieurs autres chevaliers et escuyers furent accusés de trahison et mis à mort de par le roi de France.

Ainsi se défit cette grand'assemblée, et se leva le siége de Vennes, et se retrait le duc de

---

[1] Philippe de Valois alla lui-même en Bretagne peu après le duc de Normandie, suivant la plupart des historiens contemporains, et s'avança jusqu'à Ploërmel, d'où il envoya un héraut au roi d'Angleterre pour lui offrir le combat qu'Edouard n'accepta point.

[2] Pierre des Prez, d'abord archevêque d'Aix, puis évêque de Preneste, autrement Palestrine, chancelier de l'Église romaine, etc.

[3] Froissart veut vraisemblablement parler d'Étienne Aubert, évêque de Clermont, fait cardinal par Clément VI, la première année de son pontificat; mais les auteurs des vies de ce pape publiées par Baluze, qualifient ce légat évêque de Tusculum ou de Frascati, qualification qui désigne le cardinal Annibal Ceccano, dont il a déjà été question plusieurs fois. Les deux légats arrivèrent à Dol vers le milieu de décembre 1342, d'où ils se rendirent à Vannes le 21 du même mois. Après avoir négocié pendant quelque temps avec Philippe de Valois et Édouard, et les avoir exhortés à la paix, ils les firent consentir à une suspension d'armes et à envoyer des ambassadeurs à Malestroit pour régler les articles de la trève qu'ils leur proposoient. Eudes, duc de Bourgogne, et Pierre, duc de Bourbon, s'y trouvèrent pour le roi de France; Henri, comte de Lancastre, Guillaume de Bohun et Guillaume de Montagu pour le roi d'Angleterre.

[1] Ce traité fut conclu à Malestroit le 19 janvier 1343. Il porte en substance que les rois de France et d'Angleterre enverront à Avignon, vers la fête de saint Jean, des ambassadeurs pour traiter de la paix, en présence du pape; qu'il y aura trève jusqu'à la fête de saint Michel 1346 entre les deux rois, celui d'Écosse, le comte de Hainaut, les Flamands et leurs alliés; que cette trève sera observée en Bretagne entre Charles de Blois et le comte de Montfort, sans préjudice de leurs droits, et sans que la trève générale fût censée rompue, quand l'un des deux feroit quelque entreprise sur l'autre, pourvu que ni l'un ni l'autre des deux rois ne s'en mêlât, etc. Charles de Blois, usant de la liberté qui lui était réservée par ce dernier article, continua de faire la guerre à la comtesse de Montfort dans certains cantons, tandis que dans d'autres la trève fut religieusement observée.

Normandie devers Nantes, et amena les deux cardinaux avec lui ; et le roi d'Angleterre devers Hainebon où la comtesse de Montfort se tenoit. Encore fut là fait l'échange du baron de Stanfort et du sire de Cliçon ; et demeura messire Hervey de Léon en prison devers le roi d'Angleterre, dont ses amis ne furent mie plus lies ; et eut adonc en plus cher la délivrance de messire Hervey de Léon, messire Charles de Blois, que du seigneur de Cliçon ; mais le roi d'Angleterre ne le voult adonc faire autrement. Quand le roi d'Angleterre eut été une espace de temps en Hainebon avec la comtesse de Montfort, et entendu à ses besognes, il prit congé, et l'enchargea aux deux frères de Penefort, à messire Guillaume de Quadudal et aux autres ; et puis se trait en mer, et emmena toute sa chevalerie, dont il y avoit grand'foison ; et revint en Angleterre, environ Noël [1]. Et aussi le duc de Normandie se retrait en France, et donna congé à toutes manières de gens d'armes ; si s'en ralla chacun en son lieu.

Assez tôt après sa revenue en France, et la départie des osts dessus dits, fut pris le sire de Cliçon et soupçonné de trahison : à tout le moins grand'fame en courut [2]. Je ne sais s'il en étoit coupable ou non : mais je croirois moult envis que un si noble et si gentil homme comme il étoit, et si riche homme, dut penser ni pourchasser fausseté ni trahison. Toutefois fut-il pour ce vilain fame pris et mis en prison au Châtelet de Paris : de quoi tous ceux qui parler en oyoient étoient tous émerveillés. Et n'en savoient que supposer, et en parloient l'un à l'autre les barons et les chevaliers de France, en disant : « Que peut-on ores demander au seigneur de Cliçon ? » Mais nul n'en savoit rendre vraie ni certaine réponse, fors tant que on imaginoit que l'envie venoit de sa prise et de sa délivrance. Car vrai étoit que le roi d'Angleterre l'eut plus cher à délivrer, pour le baron de Stanfort, que messire Hervey de Léon ; et lui avoit fait le dit roi plus d'amour et de courtoisie en prison, qu'il ne fit au dit messire Hervey ; espoir pour ce que le dit messire Hervey avoit été plus contraire à lui et à ses gens et à la comtesse de Montfort que nul autre, et non pour autre chose. Si que, pour cet avantage que le roi d'Angleterre fit adonc au seigneur de Cliçon, et non mie à messire Hervey de Léon, pensoient les envieux autre chose qu'il n'y eut ; et en sourdit telle la soupçon, que le dit messire Olivier de Cliçon fut accusé de trahison et décolé à Paris, où il eut grand'plainte : ni oncques ne s'en put excuser.

Assez tôt après furent encoulpés de semblable cas plusieurs seigneurs et gentils chevaliers de Bretagne et de Normandie et décolés à Paris ; dont il fut grand'nouvelle en plusieurs pays, c'est à savoir le sire de Malestroit et son fils, le sire d'Avaugour, messire Thibaut de Montmorillon et plusieurs seigneurs de Bretagne, chevaliers et écuyers jusques à dix [1].

[1] Édouard ne quitta la Bretagne que vers la fin de février, et débarqua dans le port de Weymouth le dimanche matin 2 mars 1343.
[2] Suivant les *Chroniques de France*, chap. 32, le sire de Clisson ayant été arrêté à Paris dans un tournoi, avoua *qu'il avoit laissé son seigneur le roi de France et s'étoit allié au roi d'Angleterre, par foi baillée, qui étoit adversaire au roi de France*. Elles ajoutent que Godefroy de Harcourt et plusieurs seigneurs, tant de Bretagne que de Normandie, dont il sera parlé dans la suite, s'étaient rendus coupables de la même trahison. L'auteur anonyme de la *Chronique de Flandre* raconte le fait avec plus de détails. Pendant que les armées du duc de Normandie et du roi d'Angleterre étaient très près l'une de l'autre, dit ce chroniqueur, Olivier de Clisson, Godefroy de Harcourt et plusieurs autres chevaliers de l'armée française, qui s'étaient déjà engagés secrètement dans le parti du comte de Montfort, *s'allièrent aussi au roi Édouard par dons et par promesses ; et fut faite une lettre de cette alliance où plusieurs d'eux avoient mis leurs sceaux ; et cette lettre avoit en garde le comte de Salisbury de par le roi Édouard*. Mais le comte ayant appris à son retour en Angleterre, *de par sa femme même, qu'elle avoit été par force violée du roi Édouard,... se dessaisit de sa terre.... et vint en France au roi Philippe, et lui bailla les lettres de l'alliance qu'Olivier de Clisson et Godefroy de Harcourt avoient faite au roi Édouard ; et moult tôt après se partit le comte de la cour du roi Philippe,* et depuis ce temps ne fut vu n'en France, n'en Angleterre. On peut douter de la vérité des circonstances de ce récit ; celles qui concernent le comte de Salisbury sont même évidemment fausses, puisqu'il fut fait chevalier de l'ordre de la Jarretière, lors de l'institution de cet ordre par Édouard ; mais il serait difficile de ne pas croire que Philippe de Valois avait la preuve certaine de la trahison du sire de Clisson.

[1] Les *Chroniques de France* et de *Flandre* placent ces exécutions au 29 novembre 1343. Aux seigneurs nommés par Froissart, on peut ajouter, d'après d'autres historiens, le sire de Laval, Jean de Montauban, Alain de Quedillac, Guillaume des Brieux, Jean et Olivier ses frères, Denis du Plessis, Jean Malart, Jean de Senedavi et Denis de Callac.

[1344]

Encore assez tôt après furent mis à mort par fame, je ne sais si elle fut vraie ou non, quatre chevaliers moult gentils hommes de Normandie, c'est à savoir, messire Guillaume Bacon, messire Henri de Malestroit, le sire de la Rochetesson, et messire Richard de Persy[1]. Desquelles mors il déplut grandement aux lignages de ceux; et en sourdirent depuis maints maux et grands meschefs en Bretagne et en Normandie, si comme vous orrez recorder avant en l'histoire. Le sire de Cliçon avoit un fils, jeune damoisel, qui s'appeloit Olivier[2] ainsi que son père: cil se traist tantôt au châtel de Hainebon avec la comtesse de Montfort et Jean de Montfort son fils, qui étoit auques de son âge, et sans père[3]; car aussi étoit mort au Louvre à Paris en prison le comte de Montfort.

CHAPITRE CCXIII.

Comment le roi d'Angleterre fonda une chapelle de Saint-George et y ordonna la fête du Bleu Gertier à être célébrée d'an en an.

En ce temps vint en propos et volonté au roi Édouard d'Angleterre qu'il feroit refaire et rédifier le grand châtel de Windesore, que le roi Artus fit jadis faire et fonder, là où fut premièrement commencée et estorée la noble Table Ronde, dont tant de bons vaillans hommes et chevaliers issirent, et travaillèrent en armes, et en prouesses par le monde; et feroit le dit roi une ordonnance de chevaliers, de lui et de ses enfans et des plus preux de sa terre; et seroient en somme quarante[4], et les nommeroit-on les Chevaliers du Bleu Gertier[1], et la fête à tenir et à durer d'an en an et à solenniser à Windesore le jour Saint George. Et pour cette fête commencer, le roi d'Angleterre assembla de tout son pays, comtes, barons et chevaliers, et leur dit son intention et le grand désir qu'il avoit de la fête entreprendre. Si lui accordèrent liement, pour ce que leur sembloit une chose honorable, et où toute amour se nourriroit.

Adonc furent élus quarante chevaliers[2], par avis et par renommée les plus preux de tous les autres; et scellèrent et s'obligèrent par foi et serment avec le roi de tenir et poursuivre la fête et les ordonnances, telles qu'elles étoient accordées et devisées. Et fit le roi fonder et édifier une chapelle de Saint George, au dit châtel de Windesore, et y établit chanoines pour Dieu servir; et les arrenta et approuvenda bien et largement; et afin que la dite fête fut sçue et connue en toutes marches, le roi d'Angleterre l'envoya publier et dénoncer par ses hérauts en France, en Escosse, en Bourgogne, en Hainaut, en Flandre, en Brabant, et aussi en l'empire d'Allemagne. Et donnoit à tous chevaliers et écuyers, qui venir y voudroient, quinze jours de sauf conduit après la fête. Et devoit être à cette fête une joute de quarante chevaliers de par dedans, attendans tous autres, et de qua-

---

[1] Suivant l'auteur des *Chron. de France*, le sire de la Roche-Tesson, Richard de Percy et Guillaume Bacon furent exécutés la veille de Pâques 1343 (1344). Quant à Henri de Malestroit, frère de Geoffroy dont on a parlé précédemment, il était non pas chevalier, comme dit Froissart, mais diacre, et avait été maître des requêtes de l'hôtel de Philippe de Valois. En sa qualité de clerc, il fut réclamé par l'évêque de Paris; mais bientôt après le roi ayant obtenu du pape qu'il serait dégradé, le fit élever sur une échelle où il fut lapidé par la populace de Paris vers la fin du mois d'août ou le commencement de septembre 1344.

[2] C'est le même qui fut depuis connétable de France après la mort de Du Guesclin.

[3] Le comte de Montfort vivait encore.

[4] Il n'y en avait que vingt-six, d'après la première institution; mais je trouve depuis quelques années la liste portée à quarante.

---

[1] Froissart confond mal à propos l'institution de l'ordre de la Jarretière avec celle de la fête de la Table Ronde qui eut lieu cette année, suivant Walsingham, et la plupart des historiens anglais. Il est possible que cet établissement ait fourni à Édouard l'idée du second et en ait été l'origine; mais les mêmes historiens, dont l'autorité en ce point doit l'emporter sur celle de Froissart, s'accordent unanimement à reculer la date de l'institution de l'ordre de la Jarretière à l'année 1349; quelques-uns même à l'année suivante.

[2] On vient de voir qu'il n'y en avait que vingt-six qui étaient:

1. Le roi Édouard. 2. Édouard prince de Galles. 3. Henry comte de Lancastre. 4. Thomas comte de Warwick. 5. Piers de Grailly Captal de Buch. 6. Ralph, lord Stafford. 7. William, comte de Salisbury. 8. Roger comte de Marck. 9. John comte de Lisle. 10. Barthelemy lord Bughersh. 11. John, lord Beauchamp. 12. John lord Mohun de Dunster. 13. Hugues lord Courtenay. 14. Thomas lord Holland. 15. John lord Grey de Codnore. 16. Sir Richard Fitz Simon. 17. Sir Miles Stapleton. 18. Sir Thomas Wale. 19. Sir Hugues Wrottesby. 20. Sir Nele Loring. 21. Sir John Chandos. 22. Lord James Audley. 23. Sir Otho Holland. 24. Sir Henry Edme de Brabant. 25. Sir Sanchio d'Aubrecicourt. 26. Sir Walter Paveley.

rante écuyers aussi. Et devoit seoir cette fête le jour Saint George prochain venant que on compteroit l'an de grâce mil trois cent quarante quatre, au châtel de Windesore. Et devoit être la roine d'Angleterre accompagnée de trois cents dames et damoiselles, toutes nobles et gentils dames, et parées d'un parement semblable.

CHAPITRE CCXIV.

Comment le roi d'Angleterre fut moult courroucé de la mort du sire de Cliçon et des autres barons de Bretagne et de Normandie, pour laquelle cause il envoya défier le roi de France.

Entrementes que le roi d'Angleterre faisoit son appareil pour recevoir seigneurs, dames et damoiselles qui à sa fête viendroient, lui vinrent les certaines nouvelles de la mort du seigneur de Cliçon et des autres chevaliers dessus nommés, encoulpés de fausseté et de trahison. De ces nouvelles fut le roi d'Angleterre durement courroucé, et lui sembloit que le roi de France l'eût fait en dépit de lui; et tint que, parmi ce fait, les trèves accordées en Bretagne étoient enfreintes et brisées. Si eut en pensée de faire le pareil du corps messire Hervey de Léon qu'il tenoit prisonnier; et fait l'eût en son ireur et tantôt, si n'eût été son cousin le comte Derby qui l'en reprit durement, et lui démontra devant son conseil tant de belles raisons pour honneur garder et son courage affrener, et disoit : « Monseigneur, si le roi Philippe fait sa hâtiveté et sa félonie de mettre à mort si vaillans chevaliers que ceux étoient, n'en veuillez pour ce blesser votre courage; car, au voir considérer, votre prisonnier n'a que comparer cet outrage[1]; mais le veuillez mettre à rançon raisonnable. » Le roi d'Angleterre sentit et conçut que son cousin lui disoit toute vérité : si se rapaisa et refréna son mautalent, et fit le chevalier de Bretagne venir devant lui.

Quand le roi le vit devant lui, il dit : « Ha! messire Hervé, messire Hervé, mon adversaire Philippe de Valois a montré sa félonie trop crueusement, quand il a fait mourir vilainement tels chevaliers que le seigneur de Cliçon, le seigneur d'Avaugour, le sire de Malestroit et son fils, messire Henry de Malestroit, messire Thibault de Montmorillon, le seigneur de la Roche-Tesson

[1] Ne doit pas payer pour cet outrage.

et plusieurs autres, dont il me déplaît grandement; et semble à aucuns de notre partie qu'il l'ait fait en dépit de nous : et si je voulois regarder à sa félonie, je ferois de vous le semblable fait, car vous m'avez fait plus de contraires en Bretagne et à mes gens que nul autre; mais je me souffrirai et lui laisserai faire ses volontés, et garderai mon honneur à mon pouvoir, et vous laisserai venir à rançon légère et gracieuse, selon votre état, pour l'amour de mon cousin le comte Derby, qui ici est, qui m'en a prié; mais que vous veuilliez faire ce que je vous dirai. »

Le chevalier en eut grand'joie, quand il entendit qu'il n'auroit garde de mourir. Si répondit, en soi moult humiliant : « Cher sire, je ferai à mon pouvoir loyalement tout ce que vous me commanderez. »

Lors dit le roi à messire Hervé : « Je sais bien que vous êtes un des riches chevaliers de Bretagne, et que si je vous voulois presser, vous paieriez bien trente mille ou quarante mille écus. Je vous dirai que vous ferez : vous irez devers mon adversaire Philippe de Valois, et lui direz, de par moi, que, pourtant qu'il a mis à mort vilaine si vaillans chevaliers et si gentils comme ceux de Bretagne et de Normandie étoient, en dépit de moi, je dis et vueil porter outre qu'il a enfreint et brisé les trèves que nous avions ensemble : si y renonce de mon côté, et le défie de huy en avant. Et parmi ce que vous ferez ce message, je vous laisserai passer pour dix mille écus que vous paierez, ou enverrez à Bruges dedans cinq mois après ce que vous aurez repassé la mer. Et encore direz-vous à tous chevaliers et écuyers de par là que pour ce ne laissent mie venir à notre fête, car nous les y verrons moult volontiers; et auront sauf aller et sauf venir et quinze jours après la fête. »—« Monseigneur, ce dit lors messire Hervé, je fournirai votre message à mon pouvoir; et Dieu vous veuille rendre la courtoisie que vous m'avez faite, et à monseigneur le comte Derby aussi. »

Depuis cette ordonnance ne demeura guère le dit messire Hervé de Léon en Angleterre; mais eut congé, et se partit du roi et des barons, et vint à Hantonne. Là entra-t-il en un vaisseau en mer; et avoit intention d'arriver à Harfleu; mais un tourment le prit et cueillit en mer qui lui dura plus de quinze jours; et furent perdus tous ses chevaux et jetés en mer, et ledit messire Hervé si tourmenté qu'oncques depuis il n'eut santé. Toute voie, à grand meschef, au quinzième jour les mariniers prirent terre au Crotoy. Si vint tout à pied messire Hervé jusques à Abbeville. Là se montèrent ; mais ledit messire Hervé étoit si travaillé qu'il ne pouvoit souffrir le chevaucher ; et se mit en une litière, et vint à Paris, devers le roi Philippe et fit son message et bien à point. Depuis, si comme j'ai ouï recorder, ne vécut-il pas longuement mais mourut en allant en son pays en la cité d'Angiers : Dieu en ait l'âme par sa sainte pitié et miséricorde !

CHAPITRE CCXV.

Comment le roi d'Angleterre ordonna le comte Derby capitaine et souverain pour aller en Gascogne, et messire Thomas d'Angorne pour aller en Bretagne conforter la comtesse de Montfort.

Or approcha le jour Saint-George que cette grande fête devoit tenir au châtel de Windesore[1],

et y fit le roi grand appareil ; et y furent du royaume d'Angleterre comtes, barons et chevaliers, dames et damoiselles ; et fut la fête moult grand' et moult noble, bien fêtée et bien joutée, et dura par l'espace de quinze jours. Et y allèrent plusieurs chevaliers de deçà la mer, de Flandre, de Hainaut, de Brabant ; mais de France n'en y eut nul. La fête durant et séant, plusieurs nouvelles vinrent au roi de plusieurs pays, et par espécial lui vinrent chevaliers de Gascogne, le sire de l'Esparre, le sire de Chaumont et le sire de Mucident, envoyés de par les autres barons et chevaliers qui pour le temps de lors se tenoient anglois, comme le sire de Labret, le seigneur de Pommiers, le seigneur de Montferrant, le seigneur de Landuras, le seigneur de Curton, le seigneur de Langueran, le seigneur de Grailli, et plusieurs autres, tous en l'obéissance du roi d'Angleterre, et aussi de par la cité de Bordeaux et de celle de Bayonne. Si furent les dits messagers moult bien venus, bien

---

[1] Froissart confond la première fête de la Table-Ronde, qui se tint en l'année 1344, comme on l'a dit ci-dessus, avec la seconde qui se tint en 1345 ; ce qui fait qu'il se trouve en retard d'une année entière pour la chronologie. Tous les historiens contemporains, d'accord avec les monumens, placent les faits qu'on va lire sous l'année 1345. Ce ne fut en effet que le 24 avril de cette année qu'Édouard déclara la trève rompue et donna ordre à Guillaume de Bohun, comte de Northampton, qu'il établit son lieutenant dans le royaume de France, de défier Philippe de Valois et de le poursuivre, comme violateur de la dite trève, usurpateur des droits légitimes du monarque anglais et son ennemi capital. Il le défia ensuite lui-même publiquement par ses lettres en forme de manifeste, du 14 juin de cette même année 1345. Les voici telles qu'on les trouve dans Robert d'Avesbury, p. 114 et suivantes :

« Rex, omnibus ad quos præsentes litteræ pervenerint, salutem. In publicam non ambiguus noticiam devenisse qualiter celeris (celebris) memoriæ Carolo rege Franciæ, fratre serenissimæ dominæ Isabellæ reginæ Angliæ, matris nostræ, viam universæ carnis ingresso, dictoque regno ad nos, ut ad proximum heredem masculum dicti regis tunc in humanis agentem, incommutabiliter devoluto, dominus Philippus de Valesio, filius avunculi dicti regis, et sic ipsum in gradu remociori consanguinitatis attingens, dictum regnum, dum eramus in annis junioribus constituti, sibi per potenciam contra Deum et justiciam usurpavit et sic illud detinet occupatum, invadens ulterius, vastans et occupans terras nostras in ducatu nostro. Aquitaniæ, et contra nos Scotis rebellibus nostris se adjungens, et alias in nostri et nostrorum subversionem tam in terra quam in mari laborats (laborans) perjuribus et innitens. Et licet nos, pro vitandis dampnis inæstimabilibus quæ timentur ex commocione guerræ inter nos et ipsum posse verisimiliter provenire, optulerimus præfato Philippo plures amicabiles vias pacis, non sine magno nostrorum jurium detrimento, ut sic contra blasphemos nominis in sancto passagio transmarino possemus, sicut cupimus, intendere guerræ Christi qui negligenter (negligitur), proth dolor ! in ignominiam non modicam miliciam Christianæ ; ipse cum vulpina caliditate diu sub incerto nos protrahens, nichil nobis facere voluit in effectu, sed semper prudentibus simulatis tracta tibus cumilavit (cumulavit) per amplius mala malis. Propter quod domum Dei qui nobiscum in devolucione dicti regni suam mirificavit graciam nolentes negligere, sed volentes, ut convenit, circa recuperanda et defendenda jura nostra hereditaria, sub spe cœlestis auxilii et justitiæ nostræ fiducia, laborare, ex quo per oblatas vias pacificas perficere nequivimus, impellente necessitate, vim armatam induimus, venientes Britanniam pro reformandis illatis, propulsandis et inferendis nobis per cum injuriis et juribus nostris hereditariis optinendis ; volentes pocius ad succursum nobis adhærencium sibi patenter occurrere, quam comminata nobis pericula in laribus expectare. Et cum ibidem in expedicione guerræ nostræ ageremus, supervenerunt venerandi patres P. Penestrinus et A. Tusculanus episcopi, cardinales sanctissimi in Christo patris nostri domini papæ Clementis sexti et sedis apostolicæ nuncii, de treugis cum præfato Philippo ad tempus, infra quod coram dicto domino summo pontifice tractari posset de pace finali, ineundis, ex parte ejusdem pontificis nos rogantes, adicientes quod præfatus summus pontifex crederet invenire viam per quam pax posset comode reformari, sub spe pacis bonæ per sanctam mediacionem suam faciendæ, specialiter ob ipsius dicti summi pontificis dictæ que sedis reverentiam consentimus dictis treugis, et propter hoc nuncios cum potestate sufficienti ad suam præsenciam destinavimus, fueruntque

recueillis et fêtés du roi d'Angleterre et de son conseil. Si démontrèrent au roi les dessus dits comment petitement et foiblement son bon pays de Gascogne, ses bons amis et sa bonne cité de Bordeaux étoient confortés et secourus. Si lui prioient les dessus dits qu'il y voulût envoyer un tel capitaine, et tant de gens d'armes avec lui, qu'ils fussent forts et puissans de résister contre les François qui y tenoient les champs, avec ceux qu'ils trouveroient au pays. Le roi répondit liement et leur dit qu'ainsi feroit-il.

Assez tôt après ordonna le dit roi son cousin le comte Derby, et le fit capitaine et souverain de tous ceux qui iroient avec lui en ce voyage; et nomma les chevaliers qu'il vouloit qui fussent dessous lui et de sa charge. Premièrement il mit le comte de Pennebruich, le comte de Kenfort, le baron de Stanford, messire Gautier de Mauny, messire Franque de Halle, messire Jean de Lille, messire Jean de Grée, messire Thomas Cok, le seigneur de Ferriers, les deux frères de Lindehalle, le Lièvre de Brabant, messire Hue de Hastingues, messire Étienne de Tornby, le seigneur de Manne, messire Richard de Hebedon, messire Normand de Finefroide, messire Robert d'Eltem, messire Jean de Norvich, mes-

---

treugæ sic initæ inter nos et dictum Philippum, ita quod servarentur ubique infra potestatem parcium, et specialiter in ducatu Britanniæ, inter nos et ipsum Philippum et adhærentes nobis vel sibi, eciamsi jus in dicto ducatu prætenderant si habere; et quod omnes coadjutores et alligati parcium remanerent in tali possessione rerum et bonorum qua fuerant tempore treugarum initarum et sub aliis modis et condicionibus expressis plenius in eisdem. Et cum sic, spe pacis arridente, sub treugarum dictarum fiducia redeuntes in Angliam, dimissis paucis ministris in Britannia pro regimine dictarum parcium et coadjutorum nostrorum ibidem, ordinassemus nuncios nostros ad dicti domini summi pontificis præsenciam pro tractatu pacis, prout condictum fuerat, transmittendo, supervenerunt nobis nova certa non leviter pungencia mentem nostram de morte videlicet quorumdam nobilium nobis adhærencium captorum in Britannia et de speciali præcepto dicti Philippi Parisius ignominiose morti, contra formam dictarum treugarum, tyrannice traditorum, necnon de strage et de populacione magna fidelium et locorum nostrorum in Britannia, Vasconia et alibi ac tractatibus subdolis et occultis cum alligatis et subditis nostris habitis, quos sic a nobis auferre et sibi attrahere nitebatur, ac aliis de facili non numerandis injuriis et fallaciis contra dictas treugas per partem prædicti Philippi tam in terra quam in mari factis et attemptatis, per quas dictæ treugæ noscuntur per partem dicti Philippi notorie dissolutæ. Et licet treugis per dicti Philippi culpam sic dissolutis potuissemus, sicut adhuc de jure possumus, guerram contra eum statim licite resumpsisse, ad vitandum tamen guerrarum discrimina, volentes primitus experiri si possemus reformacionem attemptatorum hujus modi amicabiliter optinere, misimus diversis vicibus nuncios nostros ad ipsius domini summi pontificis præsenciam, tam ad tractandum de pace prædicta, quam ad petendum reformacionem attemptatorum prædictorum, statutos terminos ad sic tractandum pluries prorogando, reservata nobis semper libertate resumendi guerram per culpam dicti Philippi nobis, ut prædicitur, adquisita. Et quia jam lapsi sunt statuti termini ad tractandum et adhuc nulla via pacis racionabilis nobis seu dictis nunciis nostris est aperta, nec idem Philippus attemptata prædicta in aliquo reformare curavit, licet per litteras dicti domini summi pontificis super hoc sibi missis (missas) rogatus fuisset et monitus, sicut idem dominus summus pontifex per suas litteras nobis scripsit, sed semper multiplicantur contra nos tyrannide conspiraciones et allegaciones, in subversionem nostram per præfatum Philippum contra formam dictarum treugarum, subdole machinatæ, ut taceamus de excessibus per nuncium hujusmodi domini summi pontificis pridem de conservacione treugarum prædictarum missum in Britanniam perpetrata (perpetratis), qui quidem sedasse debuit dissidium propensius excitavit, non conservatorem treugarum sed partem contra nos et nostros pocius se ostendentis (ostendens), super quo idem dominus summus pontifex, salva pace sua, remedium non adhibuit, licet super hoc fuisset, ut decuit, requisitus. Penes Deum et hominem excusari debemus si illatas nobis vim et injuriam, cum aliud non reperiamus remedium, propulsemus, præsertim cum causam justissimam et mundo notissimam habeamus. Et ideo reputantes, sicut sunt, treugas prædictas ex causis prædictis quas scimus et pro loco et tempore probare volumus esse veras et præfatum Philippum et adhærentes sibi maxime in dicto ducatu Britanniæ prætendentes se jus habere fore dissolutos, nosque ab observacione liberos et exutos, præfatum Philippum ut violatorem dictarum treugarum ac inimicum et persecutorem nostrum capitalem et regni nostri Franciæ occupatorem injustum, et aliorum jurium nostrorum temerarium invasorem, sicut impellit necessitas, diffidamus, protestantes nos nolle quicquam in offensam, quod absit, in ipsius domini summi pontificis vel sedis apostolicæ quos reverei cupimus in omnibus ut debemus, nec in alicujus injuriam attemptare, sed solum cum ordinato moderamine jura nostra prosequi et defendere nos et nostra; est tamen semper intencionis nostræ pacem racionabilem amicabiliter admittere, cum eam habere poterimus bono modo. Hæc autem quæ propter remedii deffectum facimus et inviti dicto domino summo pontifici præfatisque cardinalibus, per quorum mediacionem dictis treugis consentimus, significare duximus per eos ut personas, medias parti alteri ulterius intimanda. Et ne fama volatilis fictis et detractoriis conducta relatibus vos in hac parte aliud de nobis sentire faciat, vel aliquorum corda perturbet, puram et nudam facti veritatem vobis duximus explicandum, universitati versæ nostram recommendantes innocenciam et justiciæ communitatem. Dat. apud Westmonasterium XIV°, die junii, anno regni nostri Angliæ XIX°, regni vero Franciæ VI°.

sire Richard de Roclieve, messire Robert de Quantonne et plusieurs autres; et furent bien trois cents chevaliers et écuyers, six cents hommes d'armes et deux mille archers. Et dit le roi d'Angleterre à son cousin le comte Derby qu'il prît assez or et argent, et le donnât et départît largement aux chevaliers et écuyers, parquoi il eût la grâce et l'honneur d'eux; car on lui en délivreroit assez. Encore ordonna le roi, cette fête durant, messire Thomas d'Angorne [1] pour aller en Bretagne devers la comtesse de Montfort, pour lui aider à garder son pays, combien que les trèves y fussent; car il se doutoit que le roi Philippe n'y fît guerre, sur les paroles qu'il lui avoit remandées par messire Hervé de Léon: pourtant y envoya-t-il le dit messire Thomas, à cent hommes d'armes et deux cents archers. Encore ordonna-t-il messire Guillaume de Montagu, comte de Salebrin à aller en la comté d'Ulnestre [2]; car les Yrois [3] s'étoient durement rebellés contre lui, et avoient ars en Cornouailles bien avant, et couru jusques à Bristol; et avoient la ville d'Ulnestre [4] assiégée: pourtant y envoya le roi le comte de Salebrin, à trois cents hommes d'armes et six cents archers bien appareillés.

CHAPITRE CCXVI.

Comment le comte Derby arriva en Gascogne; et comment le comte de Lille, quand il sçut sa venue, manda tous les seigneurs de Gascogne qui tenoient la partie du roi de France.

Ainsi que vous pouvez ouïr, départit le roi d'Angleterre ses gens, ceux qui iroient en Gascogne et ceux qui iroient en Irlande; et fit ses trésoriers aux capitaines bailler assez or et argent pour tenir leur état et payer les compagnons de leurs gages. Si se partirent ainsi que ordonné fut. Or parlerons premièrement du comte de Derby, car il eut la plus grand'charge, et aussi les plus belles aventures d'armes. Quand toutes ses besognes furent pourvues et ordonnées, et ses gens venus, et ses vaisseaux frétés et appareillés, il prit congé au roi et s'en vint à Hantonne où toute sa navie étoit; et là monta en mer avec toute la charge dessus dite, et singlèrent tant au vent et aux étoiles qu'ils arrivèrent au hâvre de Bayonne, une bonne cité et forte, séant sur la mer, qui toudis s'est tenue angloise. Là prirent-ils terre et déchargèrent toutes leurs pourvéances, le cinquième jour de juin, l'an mil trois cent quarante-quatre [1], et furent liement reçus et recueillis des bourgeois de Bayonne. Si y séjournèrent et refraîchirent eux et leurs chevaux sept jours. Le huitième jour, le comte Derby et toutes ses gens s'en partirent et chevauchèrent vers Bordeaux, et firent tant qu'ils y vinrent; et allèrent ceux de Bordeaux contre le dit comte à grand'procession, tant aimoient-ils sa venue; et fut adonc le comte herbergé en l'abbaye de Saint-Andrieu; et toutes ses gens se logèrent en la cité; car il y a bien ville pour recueillir autant de gens et plus.

Les nouvelles vinrent au comte de Lille, qui se tenoit à Bergerac à quatre lieues d'illec, que le comte Derby étoit venu à Bordeaux, et avoit moult grand'foison de gens d'armes et d'archers, et étoit fort assez pour tenir les champs et assiéger châteaux et bonnes villes. Sitôt que le comte de Lille ouït ces nouvelles, il manda le comte de Comminge, le comte de Pierregort, le vicomte de Carmaing, le vicomte de Villemur, le comte de Valentinois, le comte de Mirande, le seigneur de Duras, le seigneur de Taride, le seigneur de la Barde, le seigneur de Pincornet, le vicomte de Castelbon, le seigneur de Châteauneuf, le seigneur de l'Escun et l'abbé de Saint-Silvier [2], et tous les seigneurs qui se tenoient en l'obéissance du roi de France. Quand

---

[1] Selon Robert d'Avesbury, Thomas d'Agworth fut établi capitaine en Bretagne dès l'année 1343, environ deux ans avant le départ du comte de Derby pour la Guyenne.

[2] Altération d'Ulster, province septentrionale d'Irlande, qui portait impatiemment le joug des Anglais et faisait souvent des tentatives pour s'en délivrer.

[3] Les imprimés et plusieurs manuscrits substituent les Écossais aux Irlandais.

[4] Froissart veut probablement parler de Londonderry ou de quelque autre ville considérable du comté d'Ulster. Peut-être ce nom serait-il Antrem.

[1] Ce ne fut point en 1344, comme on l'a déjà remarqué, que le comte de Derby passa en Guyenne. La date du jour n'est pas plus exacte: il ne put arriver à Bayonne le 5 juin, puisqu'il était encore en Angleterre le 11 de ce mois, date de l'ordre adressé par Édouard à tous ceux qui devaient accompagner le comte, de se rendre à Southampton où l'armée devait s'embarquer. Il paraît même que son départ fut différé de quelques mois: Robert d'Avesbury le fixe vers la fête saint Michel 1345.

[2] Il y avait deux abbayes de ce nom dans la Guyenne: l'une au diocèse d'Aire, appelée communément Saint-Sever-Cap-de-Gascogne; l'autre dans le diocèse de Tarbes, appelée Saint-Sever-de-Rustan. Il s'agit vraisemblablement ici de la première.

ils furent tous venus, il leur remontra la venue du comte Derby et sa puissance, par ouï dire. Si en demanda à avoir conseil; et ces seigneurs répondirent franchement qu'ils étoient forts assez pour garder le passage de la rivière de Garonne [1] à Bergerac contre les Anglois. Cette réponse plut grandement au comte de Lille, qui pour le temps de lors étoit en Gascogne comme roi. Si se renforcèrent les dessus dits seigneurs de Gascogne, et mandèrent hâtivement gens de tous côtés, et se boutèrent ès faubourgs de Bergerac, qui sont grands et forts assez et enclos de la rivière de Garonne, et attrairent ès dits faubourgs la plus grand'partie de leurs pourvéances à sauveté.

CHAPITRE CCXVIII.

Comment le comte Derby se partit de Bordeaux pour aller vers Bergerac, où le comte de Lille et ses gens se tenoient.

Quand le comte Derby eut séjourné en la cité de Bordeaux environ quinze jours, il entendit que ces barons et chevaliers de Gascogne se tenoient à Bergerac, et dit qu'il iroit celle part, et ordonna ses besognes pour partir le matin; et fit maréchaux de son ost messire Gautier de Mauny et messire Franque de Halle. Si chevauchèrent celle matinée, tant seulement trois lieues, à un châtel qui se tenoit pour eux, que on appelle Moncuq [2], séant à une petite lieue de Bergerac. Là se tinrent les Anglois tout le jour et la nuit aussi: lendemain les coureurs allèrent courir jusques aux barrières de Bergerac; et rapportèrent ces coureurs à messire Gautier de Mauny qu'ils avoient vu et considéré une partie du convenant des François; mais il leur sembloit assez simple. Ce propre jour dînèrent les Anglois assez matin: dont il avint que messire Gautier de Mauny séant à table, il regarda dessus le comte Derby; et jà avoit ouïes les paroles que les coureurs de leur côté avoient rapportées; si dit : « Monseigneur, si nous étions droites gens d'armes et bien apperts, nous burions à ce souper des vins de ces seigneurs de France qui se tiennent en garnison en Bergerac. » Si répondit le comte Derby tant seulement : « Jà pour moi ne demeurera. » Les compagnons qui ouïrent le comte et messire Gautier ainsi parler, mirent leurs têtes ensemble [1] et dirent l'un à l'autre : « Allons nous armer, nous chevaucherons tantôt devant Bergerac. » Il n'y eut plus fait ni plus dit; tous furent armés, et les chevaux ensellés et tous montés. Et quand le comte Derby vit ses gens de si bonne volonté, si fut tout joyeux, et dit : « Or chevauchons, au nom de Dieu et de saint George, devers nos ennemis. » Donc s'arroutèrent toutes manières de gens, et chevauchèrent, bannières déployées, en la plus grand'chaleur du jour; et firent tant qu'ils vinrent devant les barrières de Bergerac, qui n'étoient mie légères à prendre, car une partie de la rivière de Garonne [2] les environne.

CHAPITRE CCXVIII.

Comment les Anglois se combattirent aux François, devant Bergerac, et comment les Anglois gagnèrent les faubourgs, où il eut plusieurs François morts et pris.

Ces gens d'armes et ces seigneurs de France, qui étoient dedans la ville de Bergerac, entendirent que les Anglois les venoient assaillir; si en eurent grand'joie, et dirent entr'eux qu'ils seroient recueillis, et se mirent au dehors de leur ville en assez bonne ordonnance. Là avoit grand'foison de bidaux et de gens du pays mal armés. Les Anglois, qui venoient tous serrés et rangés, approchèrent tant que ceux de la ville les virent, et que leurs archers [3] commencèrent à traire fortement et esparsément. Lorsque ces gens de pied sentirent ces sajettes, et virent ces bannières et ces pennons, qu'ils n'avoient pas accoutumé à voir, si furent tous effrayés, et commencèrent à reculer parmi les gens d'armes; et archers à traire sur eux de grand randon, et à mettre en grand meschef. Lors approchèrent les seigneurs d'Angleterre les François, les glaives au poing abaissés, et montés sur ces bons coursiers forts et apperts, et se férirent en ces bidaux de grand'manière. Si les abattoient de grand'force d'un côté et d'autre, et occioient à volonté. Les gens d'armes [4] de leur côté ne pouvoient aller avant pour

---

[1] Bergerac est situé, non sur la Garonne, mais sur la Dordogne. Froissart est sujet à se tromper en géographie, comme en chronologie.

[2] Un peu au-dessous de Bergerac de l'autre côté de la Dordogne.

---

[1] Délibérèrent ensemble.
[2] Lisez la rivière de Dordogne.
[3] Il faut entendre les archers anglais.
[4] Les gens d'armes français.

eux, car les gens de pied reculoient sans nul arroy et leur brisoient le chemin. Là eut grand toullis et dur hutin et maint homme à terre; car les archers d'Angleterre étoient accostés aux deux lez du chemin, et traioient si ouniement que nul n'osoit issir. Ainsi furent reboutés dedans leurs faubourgs ceux de Bergerac; mais ce fut à tel meschef pour eux, que le premier pont et les barrières furent gagnées par force, et entrèrent les Anglois dedans avec eux. Et là, sur le pavement, eut maints chevaliers et écuyers morts et blessés et fiancés prisonniers de ceux qui se mettoient devant pour défendre le passage, et qui s'en vouloient acquitter loyalement à leur pouvoir. Et là fut occis le sire de Mirepoix[1], dessous la bannière messire Gautier de Mauny, qui toute première entra ès faubourgs. Quand le comte de Lille, le comte de Comminges, le vicomte de Carmaing, le sire de Duras, le vicomte de Villemur, le comte de Pierregort, le sire de Taride, et les barons de Gascogne, qui là étoient, virent le meschef, et comment les Anglois par force étoient entrés ès faubourgs, et tuoient et abattoient gens sans répit ni mercy, ils se trairent devers la ville et passèrent le pont, à quelque meschef que ce fût. Là y eut faite devant le pont une très bonne escarmouche qui longuement dura; et y furent de la partie des Gascons les seigneurs dessus nommés très bons chevaliers, et du côté des Anglois le comte Derby, le comte de Pennebruich, messire Gautier de Mauny, messire Franque de Halle, messire Hue de Hastingues, le sire de Ferrières, messire Richard de Stanford. Et se combattoient ces chevaliers main à main par grand'vaillance; et là eut faite mainte belle appertise d'armes, mainte prise et mainte rescousse. Là ne se pouvoit chevalerie et bachelerie céler; et par espécialle sire de Mauny s'avançoit si avant entre ses ennemis que à grand peine l'en pouvoit-on ravoir. Là furent pris du lez des François, le vicomte de Bosquentin, le sire de Châteauneuf, le vicomte de Châteaubon, le sire de l'Escun; et se retrairent tous les autres dedans le fort et fermèrent leur porte, et avalèrent le ratel, et puis montèrent aux guérites d'amont, et commencèrent à jeter et à lancer et faire reculer leurs ennemis. Cet assaut et cette escarmouche dura jusques aux vespres, que les Anglois se retrairent tous lassés et tous travaillés, et se boutèrent ès faubourgs qu'ils avoient gagnés, où ils trouvèrent vins et viandes à grand'foison, pour eux et pour tout leur ost vivre largement à deux mois, s'il étoit mestier. Si passèrent cette nuit en grand'aise et en grand revel, et burent de ces bons vins assez, qui peu leur coûtoient, ce leur sembloit.

CHAPITRE CCXIX.

Comment les Anglois assaillirent Bergerac par terre, où ils gagnèrent peu; et puis eurent conseil qu'ils l'assaudroient par eau.

Quand vint lendemain, le comte Derby fit sonner ses trompettes et armer toutes ses gens, et mettre en ordonnance de bataille, et approcher la ville pour assaillir, et dit qu'il n'étoit mie là venu pour séjourner. Adonc s'arroutèrent bannières et pennons par devant les fossés, et vinrent jusques au pont. Si commencèrent à assaillir fortement, et dura cet assaut jusques à nonne. Mais petit y firent les Anglois, car il avoit adonc dedans Bergerac bonnes gens d'armes, qui se défendoient de grand'volonté. Adonc, sur l'heure de nonne, se retrairent eux arrière et laissèrent l'assaut; car ils virent bien qu'ils perdroient leur peine. Si allèrent à conseil ensemble les seigneurs, et conseillèrent qu'ils enverroient quérir sur la rivière de Gironde des nefs et des bateaux, et assaudroient Bergerac par eau, car elle n'étoit fermée que de palis. Si y envoyèrent tantôt le maire de Bordeaux, lequel obéit au commandement du comte de Derby, ce fut raison; et envoya tantôt par la rivière plus de quarante, que barges que nefs, qui là gissoient à l'ancre au hâvre devant Bordeaux. Et vint lendemain au soir cette navie, de quoi les Anglois furent tous réjouis. Si ordonnèrent cette nuitée leur besogne pour assaillir lendemain.

---

[1] Jean de Lévis, fils de Jean II du nom, qui lui survécut long-temps, qualifié sire de Mirepoix, parce que son père lui avait cédé cette seigneurie. D. Vaissette paraît avoir mal entendu ce passage dont il fait la critique; il pense que Froissart a voulu dire que le sire de Mirepoix fut tué en combattant pour les Anglais: mais il est clair, par ce qui précède et ce qui suit, que Froissart n'a eu intention de dire autre chose, sinon que ce seigneur fut tué au milieu des gens qui combattaient sous la bannière de Mauny.

CHAPITRE CCXX.

Comment le comté Derby assaillit Bergerac par eau et rompit un grand pan du palis; et comment le comte de Lille et ses gens s'enfuirent à mie nuit.

Droit à heure de soleil levant furent les Anglois, qui ordonnés étoient pour assaillir par eau, en leur navie tous appareillés, et en étoit capitaine le comte de Kenfort. Là avoit avec lui plusieurs chevaliers et écuyers qui s'y étoient traits de grand'volonté pour leur corps aventurer. En cette navie avoit grand'foison d'archers; si approchèrent vitement et vinrent jusques à un grand roullis[1] qui est devant le palis, lequel fut tantôt rompu et jeté par terre. Les hommes de Bergerac et la communauté de la ville regardèrent que nullement ils ne pouvoient durer contre tel assaut : si se commencèrent à ébahir, et vinrent au comte de Lille et aux chevaliers qui là étoient, et leur dirent : « Seigneurs, regardez que vous voulez faire; nous sommes tous en aventure d'être perdus : si vaudroit mieux que nous la rendissions au comte Derby avant que nous eussions plus grand dommage. » Adonc, répondit le comte de Lille et dit : « Allons, allons cette part où vous dites que le péril est; car nous ne la rendrons pas ainsi. » Lors s'en vinrent les chevaliers et écuyers de Gascogne qui là étoient, contre ces palis, et se mirent tous à défense de grand courage. Les archers anglois, qui étoient en leurs barges, traioient si ouniement et si roidement que à peine ne s'osoit nul apparoir, s'il ne se vouloit mettre en aventure d'être mort, ou trop malement blessé. Dedans la ville avec les Gascons avoit bien deux cents arbalétriers gennevois, qui trop grand profit leur firent; car ils étoient bien pavessés contre le trait des Anglois, et ensonnièrent tout ce jour grandement les archers d'Angleterre. Si en y eut plusieurs blessés d'une part et d'autre. Finablement les Anglois qui étoient en leur navie s'exploitèrent tellement qu'ils rompirent un grand pan du palis. Quand ceux de Bergerac virent le meschef, ils se trairent avant et requirent à avoir répit, tant qu'ils fussent conseillés pour eux rendre. Il leur fut accordé le surplus du jour et la nuit en suivant

[1] Espèce de fortification faite avec des troncs d'arbres et de grosses branches.

jusques à soleil levant, sauf tant que ils ne se devoient de rien fortifier. Ainsi se retrait chacun à son logis. Cette nuit furent en grand conseil les barons de Gascogne qui là étoient, à savoir comment ils se maintiendroient. Eux bien conseillés, ils firent enseller leurs chevaux et charger de leur avoir, et montèrent, et se partirent environ mie nuit, et chevauchèrent vers la Réole, qui n'est mie loin de là. On leur ouvrit les portes; si entrèrent dedans et se logèrent et herbergèrent parmi la ville. Or vous dirons de ceux de Bergerac comment ils finèrent.

CHAPITRE CCXXI.

Comment ceux de Bergerac se rendirent au comte Derby, et lui firent féauté et hommage au nom du roi d'Angleterre.

Quand vint au matin, les Anglois, qui étoient tous reconfortés d'entrer en la ville de Bergerac, fut bellement ou autrement, entrèrent de rechef en leur navie, et y vinrent, tout nageant, à cet endroit où ils avoient rompu les palis. Si trouvèrent illec grand'foison de ceux de la ville, qui étoient tous avisés d'eux rendre, et prièrent aux chevaliers qui là étoient qu'ils voulsissent prier au comte Derby qu'il les voulsist prendre à merci, sauve leurs vies et leurs biens, et dès-or-en-avant ils se mettroient en l'obéissance du roi d'Angleterre. Le comte de Penebroch et le comte de Kenfort répondirent qu'ils en parleroient volontiers, et puis demandèrent où le comte de Lille et les autres barons étoient. Ils répondirent : « Certainement nous ne savons; car ils chargèrent et troussèrent dès la mie nuit tout le leur, et se partirent; mais point ne nous dirent quel part ils se trairoient. » Sur ces paroles se départirent ces deux comtes dessus nommés, et vinrent au comte Derby, qui n'étoit mie loin de là, et lui dirent tout ce que les gens de Bergerac vouloient faire. Le dit comte Derby, qui fut moult noble et très gentil de cœur, répondit : « Qui merci prie, merci doit avoir; dites-leur qu'ils ouvrent leur ville et nous laissent entrer dedans : nous les assurons de nous et des nôtres. »

Adonc retournèrent les deux chevaliers dessus dits, et recordèrent à ceux de Bergerac tout ce que vous avez ouï, dont ils furent tous joyeux, quand ils virent qu'ils pouvoient venir à paix. Si vinrent en la place et sonnèrent les saints, et s'assemblèrent tous, hommes et femmes; et firent ouvrir leurs portes, et vinrent à procession moult humblement contre le comte Derby et ses gens, et le menèrent en la grand'église, et lui jurèrent féauté et hommage, et le reconnurent à seigneur, au nom du roi d'Angleterre, par vertu de la procuration qu'il en portoit[1]. Ainsi eut en ce temps le comte Derby la bonne ville de Bergerac, qui se tint toujours depuis angloise. Or reviendrons-nous aux seigneurs de Gascogne qui étoient retraits en la ville et au château de la Réole, et vous conterons comment ils se maintinrent.

CHAPITRE CCXXII.

Comment le comte de Lille départit ses gens et les envoya en garnison par les forteresses de Gascogne.

Cette propre journée que le comte de Lille et les barons et les chevaliers de Gascogne qui avec lui étoient furent venus en la Réole, ils regardèrent et avisèrent l'un par l'autre qu'ils se départiroient et trairoient ès garnisons, et guerroyeroient par forteresses, et mettroient sur les champs quatre ou cinq cents combattans, dont ils feroient frontières; et en seroit chef et meneur le sénéchal de Toulouse à Montauban, le vicomte de Villemur à Auberoche[2], et messire Bertrand des Prez à Pellagrue[3], messire Philippe de Dyon à Montagrée, le sire de Montbrandon à Maudurant[4], Ernoult de Dyon à Lamougies, Robert de Malemort à Beaumont en Laillois[5], messire Charles de Poitiers à Penne en Agenois, et ainsi les chevaliers de garnison en garnison. Si se départirent tous l'un de l'autre; et le comte de Lille demeura en la Réole, et fit réparer la ville et la forteresse tellement qu'elle n'avoit garde d'assaut que on y fit, sur

[1] Le comte de Derby prit possession de Bergerac le 26 août jour de saint Barthélemy 1345, suivant une chronique manuscrite qui est à la tête des coutumes de Bordeaux, de Bergerac et de Bazadois. *Biblioth. R.*, n.1481.
[2] Bourg du Périgord, entre Périgueux et Montignac.
[3] Pellegrue, sur la frontière du Bazadois et du bas Périgord.
[4] Madurand, sur la Dordogne, un peu au-dessous de Bergerac.
[5] Vraisemblablement Beaumont de Lomagne, sur la rivière de Gimone. Elle est nommée ici Beaumont en Laillois, parce qu'elle appartenait au comte de Lille en Jourdain, appelé dans tous les imprimés et dans plusieurs manuscrits *le comte de Lille*.

un mois ou deux. Or retournerons au comte Derby qui étoit en Bergerac.

CHAPITRE CCXXIII.

Comment le comte Derby se partit de Bergerac, et comment il prit le châtel de Langon, et s'enfuirent ceux qui dedans étoient.

Quand le comte Derby eut pris la possession et la saisine de Bergerac, et il fut rafraîchi par deux jours, il demanda au sénéchal de Bordeaux quelle part il se trairoit, car mie ne vouloit séjourner. Le sénéchal répondit qu'il seroit bon d'aller devers Pierregord, et en la haute Gascogne. Adonc fit le dit comte Derby ordonner toutes ses besognes et traire au chemin devers Pierregord, et laissa un chevalier capitaine en Bergerac, qui s'appeloit messire Jean de la Zouche.

Ainsi que les Anglois chevauchoient, ils trouvèrent un châtel qui s'appelle Langon dont le viguier[1] de Toulouse étoit capitaine, une moult appert armure de fer. Si s'arrêtèrent là et dirent qu'ils ne laisseroient pas ce châtel derrière. Si le commença la bataille des maréchaux à assaillir, et y furent un jour tout entier; et là eut merveilleusement dur assaut, car les Anglois assailloient de grand'volonté, et ceux du fort se défendoient moult vaillamment. Néanmoins ce premier jour ils n'y firent rien; lendemain presque tout l'ost fut devant, et recommencèrent à assaillir tellement et par si forte manière, avec ce que on avoit jeté ès fossés grand'foison de bois et de velourdes, que on pouvoit aller jusques aux murs sans danger, et que ceux de dedans se commencèrent à ébahir. Adonc leur fut demandé de messire Franque de Halle si ils se rendroient, et qu'ils y pourroient bien tant mettre qu'il n'y viendroient jamais à temps. Ils requirent avoir conseil de répondre : ce leur fut accordé. Ils se conseillèrent; et me semble qu'ils se partirent de la forteresse et rien n'emportèrent, et s'en allèrent devers Monsac[2] qui se tenoit françoise. Ainsi eurent les Anglois le châtel de Langon. Si y établit le comte Derby un écuyer à capitaine, qui s'appeloit Aymon Lyon; et laissa laiens avec lui jus-

[1] Le viguier était le lieutenant du comte ou seigneur.
[2] Sur la Couse, dans le bas Périgord.

ques à trente archers. Si se partirent de Langon et cheminèrent devers une ville appelée le Lac[1].

CHAPITRE CCXXIV.

Comment ceux du Lac se rendirent au comte Derby, et plusieurs autres forteresses qui cy s'ensuivent, les unes par force les autres par traités.

Quand ceux de la ville du Lac sentirent les Anglois venir si efforcément, et qu'ils avoient pris Bergerac et le châtel de Langon, ils n'eurent mie conseil d'eux tenir, tant en furent effrayés; et s'en vinrent au devant du comte Derby, et lui apportèrent les clefs de la ville, et le reconnurent à seigneur, au nom du roi anglois. Le comte Derby prit la féauté d'eux, et passa outre, et s'en vint à Maudurand, et le gagna d'assaut sur ceux du pays; et y fut pris un chevalier du pays, qui s'appeloit le sire de Montbrandon. Si laissa le dit comte Derby gens d'armes dans la forteresse, et puis passèrent outre et vinrent devant le châtel de Lamougies. Si l'assaillirent et le prirent d'assaut tantôt, et le chevalier qui étoit dedans, et l'envoyèrent tenir prison à Bordeaux. Puis chevauchèrent devers Pinach et le conquirent; et après la ville et le châtel de la Liève[1], et s'y rafraîchirent par trois jours. Au quatrième jour ils s'en partirent et vinrent à Forsath[2], et le gagnèrent assez légèrement, et en après la tour de Prudaire; et puis chevauchèrent devers une bonne ville et grosse que on appelle Beaumont en Laillois, qui se tenoit liégement du comte de Lille. Si furent les Anglois trois jours pardevant, et y firent maints grands assauts; car elle étoit bien pourvue de gens d'armes et d'artillerie qui la défendirent tant qu'ils purent durer. Finablement elle fut prise, et y eut grand'occision de ceux qui dedans furent trouvés; et la rafraîchit le comte Derby de nouvelles gens d'armes, et puis chevaucha outre, et vint devant Montagrée : si le prit aussi d'assaut, et le chevalier qui dedans étoit, et l'envoya tenir prison à Bordeaux. Et ne cessèrent es Anglois de chevaucher tant qu'ils vinrent devant Lille, la souveraine ville du comte, dont messire Philippe de Dyon et messire Arnoul de Dyon[1] étoient capitaines. Quand le comte Derby et ses gens furent venus devant Lille, ils l'environnèrent et regardèrent qu'elle étoit bien prenable : si firent traire leurs archers avant et approcher jusques aux barrières. Cils commencèrent à traire si fortement, que nuls de ceux de la ville n'osoient apparoir pour défendre; et conquirent ce premier jour les barrières et tout jusques à la porte; et sur le soir ils se retrairent. Quand vint le matin, de rechef ils commencèrent à assaillir fort et appertement en plusieurs lieux, et ensonnièrent si ceux de la ville, qu'ils ne savoient auquel entendre.

Les bourgeois de la ville, qui doutèrent le leur à perdre, leurs femmes et leurs enfans, regardèrent que, au long aller, ils ne se pourroient tenir : si prièrent à deux chevaliers qui là étoient qu'ils traitassent à ces seigneurs d'Angleterre, par quoi ils demeurassent en paix et que le leur fut sauve. Les chevaliers, qui aussi véoient bien le péril où ils étoient, s'y accordèrent assez légèrement, et envoyèrent un hérault de par eux au comte Derby, pour avoir répit d'un jour tant seulement, pour composer. Le hérault vint devers le dit comte qu'il trouva sur les champs assez près de la ville, et lui démontra ce pour quoi il étoit là envoyé. Le comte s'y accorda et fit retraire ses gens, et s'envint jusques aux barrières de la ville parlementer à ceux de dedans; de-lez lui le baron de Stanfort et messire Gautier de Mauny. Là furent eux en grand parlement ensemble, car le comte Derby vouloit qu'ils se rendissent simplement, et ils ne l'eussent jamais fait. Toutes voies, accordé fut que ceux de la ville de Lille se mettroient en l'obéissance du roi d'Angleterre; et de ce envoyèrent eux douze de leurs bourgeois en la cité de Bordeaux, en nom de créant[2]; et sur ces chevaliers et écuyers françois qui là étoient pouvoient partir et aller quelque part qu'ils vouloient. Ainsi eut le comte Derby en ce temps la ville de Lille en Gascogne, et se partirent sur sauf conduit les gens d'armes qui dedans étoient, et s'en allèrent devers la Réole.

---

[1] Château dans le diocèse de Narbonne.
[2] Peut-être Levèze, diocèse de Condom.
[3] Tossat, diocèse de Toulouse.

[1] Froissart a dit (chap. 222) qu'Arnoul de Dyon était capitaine de Lamouzie, et au commencement de ce chapitre qu'il avait été fait prisonnier et conduit à Bordeaux; puis il le fait ici capitaine de Lille. Il faut donc supposer qu'il avait été promptement remis en liberté.

[2] C'est-à-dire, comme otages.

CHAPITRE CCXXV.

Comment le comte Derby prit Bonneval ; et comment ceux de Pierregord vinrent escarmoucher l'ost des Anglois et prirent le comte de Kenfort et trois ou quatre de ses chevaliers.

Après la conquête de Lille en Gascogne, et que le comte Derby y eut laissé gens d'armes et archers de par lui, et envoyé douze bourgeois de la ville en otage, pour plus grand'sûreté, en la ville de Bordeaux, il chevaucha outre et vint devant Bonneval[1]. Là eut grand assaut et dur, et plusieurs hommes blessés dedans et dehors. Finablement les Anglois la prirent et la mirent à merci, et la rafraîchirent de gens d'armes et de capitaine. Et puis chevauchèrent outre, et entrèrent en la comté de Pierregord et passèrent devant Bourdeilles; mais point ne l'assaillirent, car ils virent bien qu'ils eussent perdu la peine. Si exploitèrent tant qu'ils vinrent jusques à Pierregord. Dedans étoient le comte de Pierregord et messire Roger de Pierregord son oncle, le sire de Duras et bien six vingt chevaliers et écuyers du pays, qui tous s'étoient là recueillis sur la fiance du fort lieu, et aussi l'un pour l'autre.

Quand le comte Derby et sa route furent arrivés devant, ils avisèrent et imaginèrent moult bien comment ni par quel voie ils la pourroient assaillir à leur avantage. Si la virent forte durement; si que, tout considéré, ils n'eurent mie conseil de y employer leurs gens; mais se retrairent arrière sans rien faire, et s'en vinrent loger à deux lieues de là, sur une petite rivière, pour venir devant le châtel de Pellagrue. Ces gens d'armes qui étoient dedans Pierregord parlèrent ensemble ce soir, et dirent ainsi : « Ces Anglois nous sont venus voir et aviser de près, et puis se sont partis sans rien faire; ce seroit bon que à nuit nous les allassions réveiller, car ils ne sont pas logés trop loin de ci ». Tous s'accordèrent à cette opinion, et issirent de Pierregord environ mie nuit, bien deux cents lances, montés sur fleur de chevaux, et chevauchèrent roidement, et furent devant le jour au logis des Anglois. Si se férirent dedans baudement : si en occirent et mes-haignèrent grand'foison, et entrèrent au logis du comte de Kenfort, et le trou-

[1] Il y a plusieurs lieux de ce nom dans l'Agénois: il est impossible de deviner du quel Froissart veut parler.

vèrent qu'il s'armoit ; si fut assailli vitement et pris par force, autrement il eût été mort, et ne sais trois ou quatre chevaliers de son hôtel. Puis se retrairent les Gascons sagement, ainçois que l'ost fût trop ému, et prirent le chemin de Pierregord. Si leur fut bien besoin qu'ils trouvassent les portes ouvertes et appareillées; car ils furent suivis chaudement et reboutés durement dedans leurs barrières. Mais sitôt que les Gascons furent en leurs gardes, ils descendirent de leurs chevaux, et prirent les glaives, et s'en vinrent franchement combattre main à main aux Anglois; et tinrent leurs pas suffisamment, tant qu'ils n'y eurent point de dommage. Adonc se retrairent les Anglois tous mérencolieux de ce que le comte de Kenfort étoit pris; et vinrent à leurs logis. Si se délogèrent bien matin, et cheminèrent devers Pelagrue.

CHAPITRE CCXXVI.

Comment le comte de Kenfort et ses compagnons furent rendus en échange du vicomte de Bosquentin, du vicomte de Chasteaubon, du sire de L'Escun et du sire de Chasteauneuf.

Tant chevauchèrent les Anglois qu'ils vinrent devant le châtel de Pelagrue. Si l'environnèrent de tous côtés et le commencèrent fortement à assaillir; et ceux de dedans à eux défendre, comme gens de grand'volonté; car ils y avoient un bon chevalier à capitaine que on appeloit messire Bertrand des Prez, et furent les Anglois devant Pelagrue six jours; et y eut maint assaut.

Là entre deux furent traitées les délivrances du comte de Kenfort et de ses compagnons, en échange du vicomte de Bosquentin, du vicomte de Châteaubon, du seigneur de L'Escun, et du seigneur de Châteauneuf, parmi tant encore que toute la terre de Pierregord demeurcroit trois ans en paix; mais bien se pouvoient armer les chevaliers et écuyers de cette terre, sans forfait; mais on ne pouvoit prendre ni ardoir, ni piller nulle chose en la dite comté. Ainsi revinrent le comte de Kenfort et tous les prisonniers anglois qui avoient été pris de ceux de Pierregord; et aussi tous les chevaliers gascons furent délivrés parmi la composition dessus dite; et se partirent les Anglois de devant Pelagrue, car cette terre est du comté de Pierregord; et chevauchèrent devers Auberoche, qui est un beau château et fort de l'archevêque de Toulouse [1]. Si très tôt que les Anglois furent venus devant Auberoche, ils se logèrent aussi faiticement comme s'ils y voulsissent demeurer une saison; et envoyèrent dire et signifier à ceux qui dedans étoient, qu'ils se rendissent et missent en l'obéissance du roi d'Angleterre, ou autrement, s'ils étoient pris par force, ils seroient morts sans mercy. Ceux de la ville et du châtel d'Auberoche doutèrent leurs corps et leurs biens à perdre, et virent qu'il ne leur apparoit aucun confort de nul côté : si se rendirent, saufs leurs corps et leurs biens, et se mirent en l'obéissance du comte Derby, et le reconnurent à seigneur, au nom du roi d'Angleterre, par vertu de la procuration qu'il avoit du dit roi. Adonc s'avisa le comte Derby qu'il se retrairoit tout bellement devers la cité de Bordeaux. Si laissa dedans Auberoche en garnison messire Franque de Halle, messire Alain de Finefroide, et messire Jean de Lindehalle; puis s'envint le comte Derby à Libourne, une bonne ville et grosse, en son chemin de Bordeaux, à douze lieues d'illec, et l'assiégea, et dit bien à tous ceux qui ouïr le voulurent, qu'il ne s'en partiroit, si l'auroit. Quand ceux de Libourne se virent assiégés, et le grand effort que le comte Derby menoit, et comment tout le pays se rendoit à lui, si allèrent les hommes de la ville à conseil ensemble à savoir comment ils se maintiendroient. Tout considéré et eux conseillés, et pesé le bien contre le mal, ils se rendirent et ouvrirent leurs portes, et ne se firent pas assaillir ni hérier; et jurèrent féauté et hommage au comte Derby, au nom du roi d'Angleterre, et à demeurer bons Anglois de là en avant. Ainsi entra le comte Derby dedans Libourne, et y fut trois jours; et là ordonna-t-il de ses gens quelle chose ils feroient. Si ordonna tout premièrement le comte de Pennebruiche et sa route à aller en Bergerac, et messire Richard de Stanford et messire Étienne de Tornby et messire Alexandre Ansiel et leurs gens à demeurer en la ville de Libourne. Cils s'y accordèrent volontiers. Adonc se partirent le comte Derby, le comte de Kenfort et messire Gautier de Mauny et les autres, et chevauchèrent devers Bordeaux, et tant firent qu'ils y vinrent.

CHAPITRE CCXXVII.

Comment le comte de Lille et les barons de Gascogne assiégèrent Auberoche et avoient en propos qu'ils occiroient ceux de dedans, ou qu'ils se rendroient simplement.

Au retour que le comte Derby fit en la cité de Bordeaux, fut-il liement recueilli et reçu de toutes gens; et vinrent le clergé et les bourgeois de la ville à grand'procession, et lui firent toute honneur et révérence à leur pouvoir, et lui abandonnèrent vivres et pourvéances et toutes autres choses à prendre à son aise et volonté. Le comte les remercia grandement de leurs courtoisies et de ce qu'ils lui offroient. Ainsi se tint le comte Derby en la cité de Bordeaux avec ses gens : si s'ébatoit et jouoit entre les bourgeois et les dames de la ville. Or laisserons-nous un petit à parler de lui, et parlerons du comte de Lille, qui se tenoit en la Réole, et savoit bien tout le conquêt que le comte Derby avoit fait; et point n'y avoit pu pourvoir de remède. Or entendit le comte que le comte Derby étoit retrait à séjour en Bordeaux, et avoit épars ses gens, et rompu sa chevauchée; et n'étoit mie apparent que de la saison il en fît plus. Si s'avisa le dit comte qu'il feroit une semonce et un mandement espécial de gens d'armes, et iroit mettre le siège devant Auberoche. Ainsi qu'il l'avisa il le fit. Si escripvit devers le comte de Pierregord, ceux de Carmaing, de Comminges, de Brunikel et devers tous les barons de Gascogne, qui François se tenoient, qu'ils fussent, sur un jour qu'il leur assigna, devant Auberoche, car il y vouloit le siège mettre. Les dessus dits comtes, vicomtes, barons et chevaliers de Gascogne obéirent lui; car il étoit comme roi ès marches de Gascogne [1]; et assem-

---

[1] Auberoche est situé dans le diocèse de Périgueux. Le savant historien de Languedoc assure qu'il n'existe aucun lieu de ce nom dans celui de Toulouse, ni même dans toute l'étendue de la province ecclésiastique de Toulouse. D'ailleurs la position d'Auberoche est fixée dans le Périgord par la suite du récit de Froissart qui suppose que ce lieu n'est pas éloigné de plus d'une journée de la ville de Libourne.

[1] On pourrait croire sur cet énoncé que Bertrand, comte de Lille, commandait en chef dans toute la Guyenne, et dans tout le Languedoc : mais il est certain que son autorité était limitée au Périgord, à la Saintonge et au Limousin, comme le prouve très bien l'historien de Languedoc par des lettres de ce comte, datées de Montflanquin en Agénois le 31 août 1345 où il se qualifie, *par la grâce de Dieu, comte de Lille, capitaine dans les parties du Périgord, Xaintonge et Limousin.*

blèrent leurs gens et leurs hommes, et furent tous appareillés au jour qui assigné y fut, et vinrent devant Auberoche, tellement que les chevaliers qui le gardoient ne s'en donnèrent de garde, tant qu'ils se virent assiégés de tous côtés. Ainsi que gens de bon convenant et de grand arroy, ils ne furent de rien ébahis, mais entendirent à leurs gardes et défenses. Le comte de Lille et les autres barons qui là étoient venus moult puissamment, se logèrent tout environ, tellement que nul ne pouvoit entrer en la garnison qu'il ne fût aperçu; et envoyèrent quérir quatre grands engins à Toulouse, et les firent acharier et dresser devant la forteresse. Et n'assailloient les François d'autre chose, fors de ces engins, qui nuit et jour jetoient pierres de faix au châtel, qui les ébahissoient plus que autre chose; car dedans six jours ils dérompirent la plus grand'partie des combles des tours. Et ne s'osoient les chevaliers ni ceux du châtel tenir, fors ès chambres voutées par terre. C'étoit l'intention de ceux de l'ost qu'ils les occiroient là dedans, ou ils se rendroient simplement. Bien étoient venues les nouvelles à Bordeaux au comte Derby et à messire Gautier de Mauny que leurs compagnons étoient assiégés dedans Auberoche, mais ils ne savoient point qu'ils fussent si oppressés, ni si contraints qu'ils étoient.

CHAPITRE CCXXVIII.

Comment ceux d'Auberoche envoyèrent un de leurs varlets au comte Derby, pour dire leur nécessité, lequel fut pris de ceux de l'ost et jeté par un engin en la ville.

Quand messire Franque de Halle, messire Alain de Finefroide et messire Jean de Lindehalle virent l'oppression que les François leur faisoient; et si ne leur apparoit confort ni aide de nul côté, si se commencèrent à ébahir; et se conseillèrent entre eux comment ils se pourroient maintenir. « Il ne peut être, dirent-ils, que si le comte Derby savoit le danger où ces François nous tiennent, qu'il ne nous secourût, à quel meschef que ce fût : si seroit bon que nous lui fissions à savoir, mais que nous puissions trouver message. » Adonc demandèrent eux à leurs varlets s'il y avoit celui qui voulut gagner, et porter les lettres qu'ils avoient escriptes, à Bordeaux, et bailler au comte Derby. Lors s'avança un varlet et dit qu'il la porteroit volontiers, et ne le feroit mie tant pour convoitise de gagner, que pour eux délivrer du péril. Les chevaliers furent liés du varlet qui s'offroit de faire le message. Quand vint au soir par nuit, le varlet prit la lettre que les chevaliers lui baillèrent, qui étoit scellée de leurs trois sceaux, et lui encousirent en ses draps et puis le firent avaler ès fossés. Quand il fut au fond, il monta contre mont, et se mit à voie parmi l'ost, car autrement ne pouvoit-il passer; et fut encontré du premier guet, et alla outre, car il savoit bien parler gascon, et nomma un seigneur de l'ost, et dit qu'il étoit à lui. On le laissa passer atant; et cuida bien être échappé : mais non fut; car il fut repris dehors les tentes, d'autres varlets qui l'amenèrent devant le chevalier du guet. Là ne put-il trouver aucune excusation qui rien lui valût. Si fut tâté et quis, et la lettre trouvée sur lui : si fut mené en prison et gardé jusques au matin, que les seigneurs de l'ost furent tous levés. Si furent tantôt informés de la prise du dit varlet. Adonc se retrairent-ils tous ensemble en la tente du comte de Lille : là fut la lettre lue que les chevaliers d'Auberoche envoyoient au comte Derby. Si eurent tous grand'joie, quand ils sçurent de vérité que les Anglois qui en la garnison se tenoient, étoient si étreints qu'ils ne se pouvoient plus tenir. Si que, pour eux plus grêver, ils prirent le varlet, et lui pendirent les lettres au cou, et le mirent tout en un mont en la fonde d'un engin[1], et puis le renvoyèrent dedans Auberoche.

Le varlet chéi tout mort devant les chevaliers qui là étoient, et qui furent moult ébahis et déconfortés quand ils le virent. « Ha! dirent-ils, notre messager n'a mie fait son message : or ne savons nous qu'aviser ni quel conseil avoir qui nous vaille. » A ce coup étoient montés à cheval le comte de Pierregord et messire Roger de Pierregord son oncle, messire Charles de Poitiers, le vicomte de Carmaing, et le sire de Duras, et passèrent pardevant les murs de la forteresse au plus près qu'ils purent. Si écrièrent à ceux de dedans, et leur dirent en gabois[2] : « Seigneurs, seigneurs anglois, demandez à votre messager où il trouva le comte Derby si appareillé, quand en nuit se partit de votre forteresse, et já est

---
[1] On trouve la description de cette espèce de fronde dans l'*Histoire de la Milice française*, du P. Daniel.
[2] Moquerie.

retourné de son voyage. » Adonc, répondit messire Franque de Halle, qui ne s'en put abstenir, et dit : « Par foi, seigneurs, si céans nous sommes enclos, nous en istrons bien quand Dieu voudra et le comte Derby ; et plût à Dieu qu'il sçût en quel état nous sommes. S'il le savoit, il n'y auroit si avisé des vôtres qui ne ressoignât à tenir les champs ; et si vous lui voulez signifier, l'un de nous se mettra en votre prison pour rançonner, ainsi que on rançonne un gentilhomme. » Dont répondirent les François : « Nennil, nennil, ce ne se portera mie ainsi ; le comte Derby le saura tout à temps, quand par nos engins nous aurons abattu rez à rez de terre ce châtel, et que vous, pour vos vies sauver, vous vous serez rendus simplement. » — « Certainement, répondit messire Franque, ce ne sera jà que nous nous rendons ainsi, pour être tous morts céans. » Dont passèrent les chevaliers françois outre, et revinrent à leurs logis ; et les trois chevaliers anglois demeurèrent à Auberoche tous ébahis, à voir dire ; car ces pierres d'engins leur donnoient si grands horions, que ce sembloit foudre qui descendît du ciel, quand elles frappoient contre les murs du château.

CHAPITRE CCXXIX.

Comment le comte Derby sçut la nécessité de ceux d'Auberoche, et comment il fit son mandement pour les aller secourir et lever le siége du comte de Lille et des barons gascons qui devant étoient.

Toutes les paroles et les devises et le convenant du messager, comment il avoit été pris devant Auberoche, et l'état de la lettre, et la nécessité de ceux de dedans furent sçues et rapportées à Bordeaux au comte Derby et à messire Gautier de Mauny, par une leur espie qu'ils avoient envoyée en l'ost, et qui leur dit bien : « Certes, mes seigneurs, à ce que j'ai pu entendre, si vos chevaliers ne sont confortés dedans trois jours, ils seront ou morts ou pris ; et volontiers se rendroient, si on les vouloit prendre à mercy ; mais il me semble que nenni. » De ces nouvelles ne furent mie le comte Derby et messire Gautier de Mauny bien joyeux, et dirent entr'eux : « Ce seroit lâcheté et vilenie si nous laissons perdre trois si bons chevaliers que cils sont, qui si franchement se sont tenus dedans Auberoche. Nous irons cette part et nous émouverons tout premièrement, et manderons au comte de Pennebruich, qui se tient en Bergerac, qu'il soit à nous à celle heure, et aussi à messire Richard de Staffort et à messire Étienne de Tornby, qui se tiennent à Libourne. Adonc le comte Derby se hâta et envoya tantôt ses messages et ses lettres devers le comte de Pennebruich ; et se partit de Bordeaux à ce qu'il avoit de gens, et chevaucha tout couvertement devers Auberoche : bien avoit qui le menoit et qui connoissoit le pays. Si vint le comte Derby à Libourne, et là séjourna un jour, attendant le comte de Pennebruich, et point ne venoit. Quand il vit qu'il ne venoit point, il fut tout courroucé, et se mit à voie, pour le grand désir qu'il avoit de conforter ces chevaliers qui en Auberoche se tenoient ; car bien savoit qu'ils en avoient grand mestier. Si issirent de Libourne le comte Derby, le comte de Kenfort, messire Gautier de Mauny, messire Richard de Stanfort, messire Hue de Hastingues, messire Étienne de Tornby, le sire de Ferriers, et les autres compagnons, et chevauchèrent une nuit toute nuit, et vinrent lendemain à deux petites lieues d'Auberoche. Si se boutèrent en un bois, et descendirent de leurs chevaux, et les lièrent aux arbres et aux feuilles, et les laissèrent pâturer l'herbe, toujours attendans le comte de Pennebruich, et furent là toute la matinée jusques à nonne. Si s'émerveillèrent durement de ce qu'ils n'oyoient nulles nouvelles du comte. Quand vint sur la remontée, et ils virent que point ne venoit le dit comte, si dirent entre eux : « Que ferons nous ? Irons-nous assaillir nos ennemis, ou retournerons-nous ? » Là furent en grand'imagination quelle chose ils feroient, car ils ne se véoient mie gens pour combattre un tel ost qu'il avoit devant Auberoche, car ils n'étoient mie plus de trois cents lances et six cents archers ; et les François pouvoient être entre dix mille et onze mille hommes. Envis aussi le laissoient, car bien savoient que, s'ils partoient sans lever le siége, ils perdroient le châtel d'Auberoche, et les chevaliers leurs compagnons qui dedans étoient. Finablement, tout considéré, et pesé le bien contre le mal, ils s'accordèrent à ce que, au nom de Dieu et de Saint-George, ils iroient combattre leurs ennemis. Or avisèrent eux comment ; et l'avis où le plus ils s'arrêtèrent leur vint de messire Gautier de Mauny, qui dit ainsi : « Seigneurs, nous monterons tous à cheval, et costierons tout à la couverte ce bois où nous sommes à présent, tant que nous serons sur l'autre coron au lez de là qui joint moult près de leur ost; et quand nous serons près, nous férirons chevaux des éperons et crierons nos cris hautement : nous y entrerons droit sur l'heure de souper, et vous les verrez si surpris et si ébahis de nous, que ils se déconfiront eux-mêmes. » Adonc répondirent les chevaliers qui furent appelés à ce conseil : « Nous le ferons ainsi que vous l'ordonnez. » Si reprit chacun son cheval, et ressanglèrent étroitement, et firent restraindre leurs armures, et ordonnèrent tous leurs pages, leurs varlets et leurs malettes à demeurer là ; et puis chevauchèrent tout souef au long du bois, tant qu'ils vinrent sur l'autre cornée, où l'ost françois étoit logé assez près, en un grand val, sur une petite rivière. Lorsqu'ils furent là venus, ils développèrent leurs bannières et leurs pennons, et férirent chevaux des éperons, et s'en vinrent tout de front planter sur le large et férir en l'ost de ces seigneurs de France, qui furent bien surpris, et leurs gens aussi ; car de celle embuche ne se donnoient-ils garde, et se devoient tantôt seoir à souper; et les plusieurs y étoient jà assis comme gens assurés; car ils ne cuidassent jamais que le comte Derby dût là venir ainsi à cette heure.

CHAPITRE CCXXX.

Comment le comte Derby et messire Gautier de Mauny déconfirent le comte de Lille et tout son ost.

Ainsi vinrent les Anglois, frappant en cet ost, pourvus et avisés de ce qu'ils devoient faire, en écriant : « Derby, Derby au comte! et Mauny, Mauny au seigneur! » Puis commencèrent à couper et à découper tentes, trefs et pavillons, et reverser l'un sur l'autre, et abattre, occire et mes-haigner gens, et mettre en grand meschef. Si ne savoient les François auquel entendre, tant étoient eux fort hâtés ; et quand ils se traioient sur les champs pour eux recueillir et assembler, ils trouvoient archers tous appareillés qui leur traioient, versoient et occioient sans mercy et pitié. Là avint soudainement sur ces chevaliers de Gascogne un grand meschef, car ils n'eurent mie loisir d'eux armer ni traire sur les champs. Mais fut le comte de Lille pris dedans son pavillon, et moult durement navré, et le comte de Pierregort aussi dedans le sien, et messire Roger son oncle, et occis le sire de Duras et messire Aymeri de Poitiers, et pris le comte de Valentinois son frère[1]. Brièvement, on ne vit oncques tant de bonnes gens, chevaliers et écuyers qui là étoient, être perdus à si peu de fait ; car chacun fuyoit qui mieux mieux. Bien est vérité que le comte de Comminges, les vicomtes de Carmaing, de Villemur, de Bruniquel, le sire de la Barde et le sire de Taride, qui étoient logés d'autre part du châtel, se recueillirent et mirent leurs bannières hors, et allèrent vassalement sur les champs; mais les Anglois, qui jà avoient déconfit la plus grand'partie de l'ost, s'en vinrent en criant leurs cris celle part, et se boutèrent ès plus drus, de plein bond, ainsi que gens tous réconfortés, et qui véoient bien que, si fortune ne leur étoit contraire, la journée étoit pour eux. Là eut fait mainte belle appertise d'armes, mainte prise et mainte rescousse. Quand messire Franque de Halle et messire Jean de Lindehalle, qui étoient au châtel d'Auberoche, entendirent la noise et la huée, et reconnurent les bannières et les pennons de leurs gens, ils s'armèrent et firent armer tous ceux qui avec eux étoient, et puis montèrent à cheval et issirent de la forteresse, et s'en vinrent sur les champs, et se boutèrent au plus fort de la bataille. Ce ravigora et rafraîchit grandement les Anglois. Que ferois-je long conte? Ceux de la partie du comte de Lille furent là tous déconfits, et presque tous morts ou pris ; ni jà n'en fût nul échappé, si la nuit ne fût sitôt venue. Là furent pris, que comtes que vicomtes, jusques à neuf ; et des barons, et chevaliers et écuyers, tel foison, qu'il n'y avoit hommes d'armes des Anglois qui n'en eût deux ou trois au moins[2]. Cette bataille fut dessous Auberoche, la nuit Saint-Laurent en août, l'an mil trois cent quarante quatre[3].

[1] Il arriva précisément le contraire de ce que dit l'historien. Louis de Poitiers, comte de Valentinois, fut tué, et Aimery ou Aimar son frère fut fait prisonnier. Robert d'Avesbury est tombé dans la même erreur que Froissart, en mettant comme lui le comte de Valentinois au nombre des prisonniers.

[2] Suivant Robert d'Avesbury, les Anglais firent prisonniers trois comtes, sept vicomtes, trois barons, quatorze bannerets et un grand nombre de chevaliers.

[3] J'ai remarqué précédemment que Froissart a ignoré l'année de cette guerre, et qu'on doit en rapporter les événemens à l'année 1345. Il n'est pas plus exact pour les dates du mois et du jour de la bataille d'Auberoche. Les

CHAPITRE CCXXXI.

Comment le comte de Pennebruich vint à Auberoche après la déconfiture, moult courroucé de ce qu'il n'y avoit été; et comment les Anglois s'en retournèrent à Bordeaux.

Après la déconfiture, qui là fut si grande et si grosse pour les Gascons, et si dommageable, car ils étoient là venus en grand arroy et en bonne ordonnance, mais petite ordonnance les fit perdre ainsi qu'il apparut, les Anglois qui étoient maîtres du champ entendirent à leurs prisonniers; et comme gens qui leur ont été toudis courtois, leur firent bonne compagnie, et en reçurent assez sur leur foi à revenir à un certain jour à Bordeaux ou à Bergerac; et se retrairent dedans Auberoche. Et là donna à souper le comte Derby à la plus grand'partie des comtes et vicomtes qui prisonniers étoient, et aussi aux chevaliers de sa compagnie. Si devez croire et savoir qu'ils furent celle nuit en grand revel; et rendirent grands grâces à Dieu de la belle journée qu'ils avoient eue, quand une poignée de gens qu'ils étoient, environ mille combattans, uns et autres, parmi les archers, en avoient déconfit plus de dix mille, et rescous la ville et le châtel d'Auberoche, et les chevaliers qui dedans étoient moult estraints, et qui dedans deux jours eussent été pris et en la volonté de leurs ennemis. Quand vint le matin un peu après soleil levant, le comte de Pennebruich vint, à bien trois cents lances et trois cents archers, qui jà étoit informé de l'avenue de la bataille; car on lui avoit raconté sur son chemin. Si étoit durement courroucé de ce qu'il n'y avoit été; et en parla par mautalent au comte Derby, et dit : « Certes, cousin, il me semble que vous ne m'avez fait maintenant point d'honneur ni de courtoisie, quand vous avez vos ennemis combattus sans moi, qui m'aviez mandé si acertes; et bien pou-

viez savoir que je ne me fusse jamais souffert que je ne fusse venu. » Dont répondit le comte Derby, et dit tout en riant : « Par ma foi, cousin, nous désirions bien votre venue, et nous sursîmes toujours en vous attendant du matin jusques aux vespres; et quand nous vîmes que vous ne veniez point, nous en fûmes tous merveillés. Si n'osâmes plus attendre que nos ennemis ne sçussent notre venue; car s'ils l'eussent sçue, ils eussent eu l'avantage sur nous; et, Dieu merci! nous l'avons eu sur eux : si les nous aiderez à garder et à conduire à Bordeaux. » Adonc se prirent par les mains, et entrèrent en une chambre et issirent de ce propos. Tantôt fut heure de dîner : si se mirent à table et mangèrent et burent tout aise, à grand loisir, des pourvéances des François qu'ils avoient amenées devant le châtel d'Auberoche; dont ils étoient bien remplis. Tout ce jour et la nuit en suivant se tinrent eux à Auberoche; et lendemain au matin ils furent tous armés et tous montés. Si se partirent d'Auberoche, et y laissèrent à capitaine et gardien un chevalier gascon, qui toujours avoit été de leur partie, qui s'appeloit messire Alexandre de Caumont; et chevauchèrent devers Bordeaux et emmenèrent la greigneur partie de leurs prisonniers.

Tant chevauchèrent les dessus dits Anglois et leur route, qu'ils vinrent en la cité de Bordeaux où ils furent reçus à grand'joie. Et ne savoient les Bordelois comment bien fêter le comte Derby et messire Gautier de Mauny; car la renommée couroit que par leur emprise avoient été devant Auberoche les Gascons déconfits, et pris le comte de Lille, et plus de deux cents chevaliers. Si leur faisoient grand'joie et haute honneur. Ainsi passèrent eux cel hyver qu'il n'y eut nulle besogne ès marches de là, qui à recorder fasse. Si oyoit souvent le roi d'Angleterre bonnes nouvelles du comte Derby son cousin, qui se tenoit à Bordeaux sur Gironde, et là environ. Si en étoit tout lie, et à bonne cause, car le comte Derby faisoit tant qu'il étoit aimé de tous ses amis, et ressoingné de tous ses ennemis.

---

autres historiens la placent unanimement au mois d'octobre. G. Villani dit qu'elle se donna le 21 de ce mois; mais l'auteur d'une chronique manuscrite déjà citée qu'on trouve à la tête des coutumes de Bordeaux, Bergerac, etc. (*Manuscrit de Colbert*, n° 1481, à la Bibl. du Roi.), la fixe au 23, fête de saint Séverin, évêque de Bordeaux. Le témoignage de cet auteur, comme plus voisin des lieux dont il s'agit, paraît mériter la préférence. Ptolémée de Lucques, auteur d'une des vies du pape Clément VI, la recule au mois d'octobre de l'année 1346; mais cet historien suivait vraisemblablement le calcul pisan, qui devance d'une année l'ère commune.

CHAPITRE CCXXXII.

Comment le comte Derby, en allant vers la Réole, fit rendre ceux de Sainte Basile en l'obéissance du roi d'Angleterre; et puis vint devant la Roche-Millon.

Quand vint après Pâques l'an mil trois cent quarante cinq[1], environ mi-mai, le comte Derby qui s'étoit tenu et hiverné à Bordeaux tout le temps, ou là près, fit une cueillette et un amas de gens d'armes et d'archers et dit qu'il vouloit faire une chevauchée devers la Réole que les François tenoient, et qu'il l'assiégeroit, car elle étoit prenable. Quand toutes ses besognes furent ordonnées et ses gens venus, ils se partirent de Bordeaux en bon arroi et en bon convenant, et vinrent ce premier jour en la ville de Bergerac. Là trouvèrent-ils le comte de Pennebroch, qui aussi avoit fait son assemblée d'autre part. Si furent ces seigneurs et leurs gens dedans Bergerac trois jours ou quatre : au quatrième ils s'en partirent. Quand ils furent sur les champs, ils émurent leurs gens, et considérèrent leur pouvoir, et se trouvèrent mille combattans et deux mille archers. Si chevauchèrent tout ainsi, et firent tant qu'ils vinrent devant un châtel qu'on appelle[2] Sainte-Basile : si l'assiégèrent de tous côtés, et firent grand appareil de l'assaillir. Ceux de Sainte-Basile virent les Anglois en leur fortune, et comment ils tenoient les champs, et que nul ne leur alloit au devant, mais encore étoient prisonniers de la bataille d'Auberoche tous les plus grands de Gascogne, dont ils dussent être aidés et confortés : si que, tout considéré, ils se mirent en l'obéissance du roi d'Angleterre, et lui jurèrent féauté et hommage, et le reconnurent à seigneur : par ainsi passa le comte Derby outre bellement, et prit le chemin d'Aiguillon. Mais ainçois qu'il y parvînt, il trouva un châtel que on appelle la Roche-Millon, qui étoit bien pourvu de bons soudoyers et d'artillerie : nonobstant ce, le comte commanda que le châtel fût assailli. Adonc s'avancèrent Anglois et archers, et le commencèrent à assaillir fort et dur ; et ceux de dedans à eux défendre vaillamment ; et jetoient pierres, bois et grands barreaux de fer, et pots pleins de chaux ; de quoi ils blessèrent plusieurs assaillans, qui montoient contre le mont, et s'abandonnoient follement pour leur corps avancer.

CHAPITRE CCXXXIII.

Comment le comte Derby prit la Roche-Millon, et puis mit le siége devant Mont-Segur.

Quand le comte Derby vit que ses gens se travailloient et tuoient sans rien faire, si les fit retraire et revenir au logis. Lendemain il fit, par les vilains du pays, acharier et apporter grand'foison de bûches et de velourdes et d'estrain, et tout jeter et tourner ens ès fossés et mettre aussi grand'plenté de terre. Quand une partie des fossés furent tous emplis, que on pouvoit bien aller surement jusques au pied du mur, il fit arrouter bien trois cents archers, et, devant eux, passer bien deux cents brigans, tous pavaisés, qui tenoient grands pics et hoyaux de fer ; et s'en vinrent heurter et piqueter aux murs. Entrementes qu'ils piquoient et hoyoient, les archers qui étoient derrière eux, traioient si ouniement à ceux qui étoient aux murs, que à peine osoit nul apparoir à la défense. En cet état furent eux la plus grand'partie du jour, et si fort assaillis que les piqueurs qui étoient aux murs, y firent un grand trou, et si plantureux que bien pouvoient entrer dedans dix hommes de front. Adonc se commencèrent ceux du châtel et de la ville fort à ébahir et à retraire devers l'église ; et les aucuns vuidèrent par derrière. Ainsi fut prise la forteresse de la Roche-Millon, et toute robée, et occis la plus grand'partie de ceux qui y furent trouvés, exceptés ceux et celles qui s'étoient retraits en l'église. Mais tous ceux fit sauver le comte Derby, car ils se rendirent simplement à sa volonté. Si rafraîchit le comte Derby la garnison de Roche-Millon, de nouvelles gens ; et y établit deux écuyers à capitaines, qui étoient d'Angleterre, Richard Wille et Robert l'Escot. Tant firent les Anglois qu'ils vinrent devant Mont-Segur. Quand ils furent là venus, le comte commanda à loger toutes

---

[1] Froissart continue de brouiller la chronologie : on a déjà vu qu'il s'est trompé sur la date de l'arrivée du comte de Derby en Guyenne, il se trompe encore ici en faisant commencer une nouvelle année et divisant, par l'intervalle d'un hiver, les événements qui précèdent de ceux qu'il va raconter dans ce chapitre et dans quelques-uns des suivans. Ils appartiennent certainement à la même année et doivent être arrivés, non vers la mi-mai 1345 comme le dit Froissart, mais dans l'automne de cette même année, peu après la bataille d'Auberoche, dont nous venons de fixer la date au 23 octobre.

[2] Saint-Baseille en Bazadois, sur la Garonne.

manières de gens : donc se logèrent eux, et établirent mansions et logis pour eux et pour leurs chevaux. Dedans la ville de Mont-Segur avoit un chevalier de Gascogne à capitaine, que le comte de Lille y avoit piéçà institué ; et l'appeloit-on messire Hugue de Battefol[1]. Cil entendit grandement et bellement à la ville défendre et garder ; et moult avoient les hommes de la ville en lui grand'fiance.

CHAPITRE CCXXXIV.

Comment ceux de Mont-Segur composèrent au comte Derby d'eux rendre dedans un mois s'ils n'avoient secours, et en baillèrent otages.

Pardevant la ville de Mont-Segur sit le comte Derby quinze jours. Et sachez que là dedans n'y eut oncques jour qu'il n'y eût assaut. Et fit-on dresser grands engins que on avoit amenés et achariés de Bordeaux et de Bergerac. Ce greva et foula durement la ville ; car ils jetoient pierres de faix qui rompoient tours et murs et toits de salles et de maisons. Avec tous ces meschefs, le comte Derby leur mandoit tous les jours que, si ils étoient pris ni conquis par force, ils ne viendroient à nul mercy qu'ils ne fussent tous morts et exilliés sans pitié et mercy ; mais si ils se vouloient rendre et mettre en l'obéissance du roi d'Angleterre et le reconnoître à seigneur, il leur pardonneroit son mautalent et les tiendroit pour ses amis. Ceux de Mont-Segur oyoient bien les promesses que le comte Derby leur faisoit : si en parlèrent plusieurs fois ensemble, et se doutoient grandement que par force ils ne fussent pris et perdissent corps et biens ; et ne véoient apparent de confort de nul côté. Si s'en découvrirent à leur capitaine, par manière de conseil, pour savoir qu'il leur en conseilleroit. Messire Hugues les blâma durement, et leur dit que ils s'effrayoient pour néant ; car ils étoient encore forts assez et bien pourvus pour eux tenir demi an, si mestier étoit. Quand ils ouïrent ce, ils ne le voulurent mie dédire et se partirent de lui, ainsi que par bon gré ; mais au vespre, ils le prirent et l'emprisonnèrent bien et étroitement, et puis lui dirent que jamais il ne partiroit de là s'il ne descendoit à leur volonté. « Quelle est-elle, ce leur dit messire Hugues de Batefol ? » —

« Elle est telle que vous nous aidiez à accorder au comte Derby et aux Anglois, afin que nous demeurions en paix. » Le chevalier perçut bien l'affection qu'ils avoient aux Anglois et comment ils le tenoient en danger ; si leur dit : « Mettez-moi hors et j'en ferai mon pouvoir. » Adonc lui firent jurer qu'il le feroit : ainsi le jura-t-il. Si fut désemprisonné parmi ce convent, et s'en vint aux barrières de la ville, et fit signe qu'il vouloit parler au comte Derby. Messire Gautier de Mauny étoit là présent qui se traist avant et vint parlementer au dit chevalier. Le chevalier commença à traiter et dit « Sire de Mauny, vous ne vous devez pas émerveiller si nous nous tenons contre vous ; car nous avons juré féauté et hommage au roi de France. Or véons-nous maintenant que personne de par lui ne vous défend point les champs, et créons assez que vous chevaucherez encore outre ; pourquoi, je pour moi, et les hommes de cette ville pour eux, vous voudrions prier que nous puissions demeurer en composition que vous ne nous fissiez point de guerre, ni nous à vous, le terme d'un mois ; et si là en dedans le roi de France ou le duc de Normandie son fils venoient en ce pays si forts que pour vous combattre, nous serions quittes et absous de nos convenances ; et s'ils n'y viennent, ou l'un deux, nous nous mettrons en l'obéissance du roi d'Angleterre. » Messire Gautier de Mauny répondit et dit : « J'en irai volontiers parler à monseigneur le comte Derby. » Lors se partit de là le sire de Mauny et vint devers le dit comte, qui n'étoit pas loin : si lui démontra toutes les paroles que vous avez ouïes. Le comte Derby musa sus un petit et puis répondit : « Messire Gautier, il me plaît bien que cette ordonnance voise ainsi ; mais prenez bons plèges qu'ils ne se puissent de rien enforcer ce terme durant ; et s'il nous faut vivres pour nous rafraîchir et nos gens, nous en ayons sans danger pour nos deniers. » — « Sire, dit-il, c'est bien mon intention. » Adonc se partit le sire de Mauny du comte Derby, et chevaucha jusques aux barrières de la ville où le chevalier étoit qui l'attendoit. Si lui montra toutes les raisons dessus dites. Il les recorda arrière à ceux de la ville, qui n'étoient mie présens. Ceux de Mont-Segur y descendirent volontiers, et se mirent tantôt douze bourgeois des plus suffisans en otages, pour accomplir les convenances et de-

---

[1] La seigneurie de Batefol, ou plutôt *Badefol*, appartenait à une branche de la maison de Gontaut.

meurer la ville en paix. Cils furent envoyés à Bordeaux. Ainsi demeura Mont-Segur en composition, et fut l'ost rafraîchie des pourvéances de la ville : mais point n'entrèrent les Anglois dedans, et passèrent outre en courant et exillant le pays. Si le trouvèrent plein et dru, et grosses villes bâties où ils recouvroient de tous vivres à grand'foison.

CHAPITRE CCXXXV.

Comment le châtelain d'Aiguillon rendit Aiguillon au comte Derby ; et comment il fut puis pendu à Toulouse.

Tant exploita l'ost au comte Derby qu'il vint assez près d'Aiguillon. Adonc y avoit un châtelain, qui n'étoit mie trop vaillant homme d'armes, si comme il le montra ; car sitôt qu'il sçut le comte Derby approchant, il fut si effrayé et eut si grand'doute de perdre corps et biens, qu'il ne se fit point assaillir, mais vint au devant du comte et se rendit, sauf ses biens et ceux de la ville et du châtel, qui étoit adonc un des forts du monde et le moins prenable. De quoi ceux du pays d'environ furent moult émerveillés quand ils en ouïrent les nouvelles, espécialement ceux de Toulouse, car c'est à dix-sept lieues près. Et depuis, quand l'écuyer qui Aiguillon avoit rendu vint à Toulouse, les hommes de la ville le prirent et l'accusèrent de trahison, et le pendirent sans mercy. Quand le comte Derby eut la saisine de la ville et du châtel d'Aiguillon, il en fut si réjoui, qu'il n'eût mie été si lie si le roi d'Angleterre eut d'autre part conquis cent mille florins ; pour cause qu'il le véoit bien séant et en bonne marche, en la pointe de deux grosses rivières portans navire [1] ; et le rafraîchit et répara de tout ce qu'il convenoit, si comme pour y avoir son retour, et en faire son garde corps. Et quand il s'en partit, il le laissa en la garde d'un bon chevalier sage et vaillant, qui s'appeloit messire Jean de Gombry. Puis chevaucha outre le dit comte atout son ost, et vint à un châtel que on appelle Ségrat [2] : si le conquit par assaut, et furent tous morts les soudoyers étranges qui dedans étoient. Et de là endroit ils s'en vinrent devant la ville de la Réole.

[1] Aiguillon est situé au confluent du Lot et de la Garonne.
[2] Peut-être Castel-Sacrat.

CHAPITRE CCXXXVI.

Comment le comte Derby assiégea la Réole, et comment ceux de Mont-Segur se rendirent Anglois.

Or vint le comte Henry Derby atout ses gens devant la Réole, et l'assiégea fortement et destroitement, et mit bastides sur les chemins en telle manière que nulles pourvéances ne pouvoient venir ni entrer dedans la ville. De la ville et du châtel de la Réole étoit capitaine pour le temps un chevalier de Provence, qui se nommoit messire Aghos des Baulx [1] ; et avoit dessous lui et de sa charge plusieurs bons compagnons, qui la ville tinrent suffisamment. Si vous dis qu'il y eut plusieurs grands assauts ; car presque tous les jours y assailloit-on, et traioient et escarmouchoient les archers à ceux de dedans. Si en y avoit souvent des blessés des uns et des autres. Tant y fut le siége que en la saison bien avant ; car ils cuidoient être confortés du roi de France ou du duc de Normandie : mais non furent. Dont il convint que ceux de Mont-Segur se missent en l'obéissance du roi d'Angleterre, par la composition dessus dite ; et y envoya le comte Derby, séant devant la Réole, le sire de Mauny, pourtant qu'il avoit fait le premier traité de la composition ; et leur remontra sur quoi et comment ils étoient composés, et que de ce ils avoient livré otage. Ceux de Mont-Segur virent bien qu'il ne pouvoient plus varier. Si se rendirent et devinrent hommes par foi et hommage au comte Derby, qui représentoit en ces choses la personne du roi d'Angleterre, et mêmement messire Hugues de Batefol devint homme aussi au dit comte avec ceux de Mont-Segur, à certains gages qu'il avoit du comte Derby pour lui et ses compagnons.

CHAPITRE CCXXXVII.

Comment ceux de la ville de la Réole traitèrent au comte Derby pour eux rendre.

Les Anglois qui séoient devant la Réole, et qui y furent neuf semaines et plus, avoient fait ouvrer et charpenter deux beffrois de gros merrains à trois étages, et séant chacun beffroi sur quatre roes ; et étoient ces beffrois, du lez de la ville, tous couverts de cuir boulu, pour défen-

[1] Il est nommé *Agout de Baux* dans *l'Histoire de Languedoc*.

dre du feu et du trait; et avoit en chacun étage cent archers. Si amenèrent les Anglois à force d'hommes ces deux beffrois jusques aux murs; car entrementes que on les avoit ouvrés, ils avoient fait emplir les fossés si avant que pour conduire tout aise leurs beffrois. Si commencèrent ceux qui étoient en ces étages à traire durement et fortement à ceux qui se tenoient aux défenses; et traioient si roide et si ouniement, que à peine s'osoit nul montrer, s'il n'étoit trop fort armé et bien pavaisé contre le trait. Entre ces deux beffrois qui étoient arrêtés devant les murs, avoit deux cents compagnons atout hoyaux et grands pics de fer et autres instrumens, pour effondrer le mur; et jà en avoient assez de pierres ôtées et rompues, car nul n'osoit approcher pour défendre; car les archers qui étoient haut ès étages r'apparoient dessus tous les murs, et traioient trop roidement et ouniement. Par cet état et assaut et par force eut été la ville de la Réole prise et conquise sans nul remède, quand tous les bourgeois de la ville, qui tous effrayés étoient, s'en vinrent à l'une des portes et demandèrent le seigneur de Mauny, ou aucun grand seigneur de l'ost à qui ils pussent parler. Ces nouvelles vinrent au comte Derby: si y envoya le sire de Mauny et le baron de Stanford, pour savoir qu'ils vouloient dire ni mettre avant. Si trouvèrent que les hommes de la ville se vouloient rendre, saufs leurs corps et leurs biens. Les chevaliers, qui là avoient été envoyés, répondirent que rien n'en accepteroient, sans le sçu du comte Derby: «Si irons parler à lui, et tantôt retournerons devers vous; si vous dirons son intention.»

CHAPITRE CCXXXVIII.

Comment le capitaine de la Réole et ses compagnons se mirent au châtel pour le tenir; et comment ceux de la ville se rendirent au comte Derby.

Quand messire Aghos des Baux sentit que ceux de la Réole se vouloient rendre, il ne voulut oncques être à leur traité: mais se partit d'eux et se bouta dedans le châtel de la Réole, atout ce qu'il avoit de compagnons; et y fit mettre et mener, tandis que ces traités se faisoient, grand'quantité de vins et de pourvéances de la ville; et puis s'enclorrent dedans, et dirent qu'ils ne se rendroient mie ainsi. Or vinrent les dessus dits chevaliers au comte Derby, et lui contèrent comment les bourgeois de la Réole se vouloient rendre, saufs leurs corps et leurs biens. Le comte demanda si le capitaine de laiens avoit été à ce traité. Ils répondirent que nenni, fors tant seulement que les hommes de la ville. «Or allez voir, dit le comte aux chevaliers, pourquoi il n'y est, et comment il se veut maintenir.» Ils dirent: «Sire, volontiers.» Lors retournèrent arrière jusques aux barrières, et demandèrent à ceux de la ville: «Votre capitaine où est-il? Ne veut-il point être de ce traité?» Ils répondirent: «Nous ne parlons que de nous-mêmes; il fasse à sa volonté: il s'est jà bouté au châtel, et montre qu'il le voudra tenir, quoique nous devenons Anglois.»

Adonc retournèrent les chevaliers devers le comte Derby, et lui relatèrent la besogne ainsi qu'elle alloit. Quand le comte ouït ce, si n'en fut mie moins pensif; et quand il eut pensé une pièce, si dit: «Allez, allez, prenez-les à merci; par la ville prendrons-nous le châtel.» Lors se départirent les dessus dits du dit comte, et vinrent de rechef à ceux de la Réole, et les reçurent à merci, parmi ce qu'ils vinrent sur les champs apporter les clefs de la ville au comte Derby, et lui présentèrent en disant: «Cher sire et honoré, de ce jour en avant nous reconnoissons à être vos féaux subgets, et nous mettons du tout en l'obéissance du roi d'Angleterre.» Ainsi devinrent hommes ceux de la Réole en ce temps par conquêt au roi d'Angleterre. Avec tout ce le comte Derby leur fit jurer sur la tête qu'ils ne conforteroient en rien ceux du châtel de la Réole, mais leur seroient ennemis, et les grèveroient de tout leur pouvoir. Ils le jurèrent solennellement: par ainsi vinrent-ils à paix, et fit défendre le comte sur la hart, que nul ne fît mal à ceux de la Réole.

CHAPITRE CCXXXIX.

Comment le comte Derby commanda à miner le châtel de la Réole; et comment messire Gautier de Mauny s'avisa que son père avait été jadis occis environ la Réole.

Ainsi eut le comte Derby la ville de la Réole: mais le châtel se tenoit encore, qui bien étoit pourvu et garni de bonnes gens, de bon capitaine et sûr, et de grand'artillerie. Si se traist ledit comte dedans la ville de la Réole, et y fit

surs quand ils se virent assiégés du comte Derby, et n'eurent mie conseil d'eux tenir trop longuement ; car ils ne véoient nul secours apparent de nul côté.

Si se composèrent, parmi tant qu'ils envoyèrent à Bordeaux vingt quatre des plus riches de leur cité en otage, sur certain traité qu'ils demeureroient en souffrance de paix un mois ; et si dedans ce mois le roi de France envoyoit au pays homme si fort qui pût tenir les champs contre le comte Derby, ils r'auroient leurs otages, et seroient quittes et absous de leur traité ; et si ce n'avoient, ils se mettroient en l'obéissance du roi d'Angleterre. Ainsi demeura la cité d'Angoulême en paix, et passa le comte Derby outre, et vint devant Blayes, et l'assiégea de tous points. Dedans étoient gardiens et capitaines deux chevaliers de Poitou, dont on appeloit l'un messire Guichard d'Angle, jeune chevalier pour le temps de lors et appert durement, et l'autre messire Guillaume de Rochechouart. Cils se tinrent franchement et richement, et dirent qu'ils ne se rendroient à homme. Entrementes que on séoit devant Blayes, chevauchèrent les Anglois devant Mortaingne en Poitou, dont messire Boucicaut étoit capitaine pour le temps de lors ; et y eut là un très grand assaut. Mais ils n'y firent rien : ainçois y laissèrent-ils foison des leurs morts et blessés. Si s'en retournèrent et furent devant Mirabel et devant Ausnay, et puis revinrent au siége de Blayes, où presque tous les jours il y avoit aucune appertise d'armes.

CHAPITRE CCXLV.

Comment ceux d'Angoulême se rendirent au comte Derby qui était devant Blayes où rien ne conquit, et s'en alla hiverner à Bordeaux.

Le siége pendant devant Blayes, le terme du mois vint, que ceux d'Angoulême se devoient rendre s'ils n'étoient secourus. Si y envoya le comte Derby ses deux maréchaux, le seigneur de Mauny et le baron de Stanford, pour remontrer les ordonnances où ils étoient obligés. Ceux d'Angoulême ne sçurent ni ne voulurent rien opposer à l'encontre : si vinrent et descendirent en l'obéissance du roi d'Angleterre, et jurèrent féauté et hommage aux dessus dits maréchaux du comte, qui représentoit le corps du roi, par vertu de la procuration qu'il avoit ; et ainsi eurent eux paix et revinrent leurs otages. Si envoya le dit comte, à leur requête, un capitaine sage homme et vaillant écuyer durement, qui s'appeloit Jean de Norvich. Et toujours se tenoit le siége devant Blayes ; et tant s'y tint que les Anglois en étoient tous hodés et lassés ; car l'hiver approchoit durement, et si ne conquéroient rien sur ceux de Blayes. Si eurent conseil, tout considéré, l'un par l'autre, qu'ils se retraieroient en la cité de Bordeaux et se tiendroient là jusques au printemps, qu'ils regarderoient où ils pourroient chevaucher et employer leur saison. Si se délogèrent toutes manières de gens et passèrent la rivière de Gironde, et firent passer tous leurs harnois, et vinrent à Bordeaux, où ils furent reçus à grand'joie et moult honorés des bourgeois et bourgeoises de la ville. Assez tôt après la revenue du comte Derby à Bordeaux, il départit toutes ses gens et envoya chacun en sa garnison, pour mieux entendre aux besognes dessus les frontières, et être aussi plus au large.

Or parlerons-nous un petit d'aucunes avenues qui avinrent ès mettes de Picardie et ailleurs en ce temps, et puis retournerons à une grosse chevauchée que le duc de Normandie Jean, aîné fils du roi de France, fit en cette saison en Languedoc, et recouvra sur les Anglois plusieurs villes, cités et châteaux qu'ils avoient pris en celle même année et la saison de devant.

CHAPITRE CCXLVI.

Comment messire Godefroy de Harcourt chéy en l'indignation du roi Philippe ; et comment il fut banni du royaume de France.

En ce temps et en celle même saison eschéy en l'indignation et haine grandement du roi de France un des grands barons de Normandie, messire Godefroy de Harécourt, frère au comte de Harecourt pour le temps de lors, et sire de Saint-Sauveur-le-Vicomte et de plusieurs villes de Normandie ; et tout par accuse et par envie, car un peu paravant il étoit si bien du roi et du duc qu'il vouloit. Si fut banni publiquement de tout le royaume de France[1] ; et vous dis que si

---

[1] Suivant les *Chroniques de France*, chap. 32, Godefroy de Harcourt fut banni du royaume au mois d'août 1344 ; ce qui s'accorde très bien avec la suite du récit de Jean Froissart, où il est dit qu'il demeura long-temps en

le roi de France l'eût tenu en son aïr il n'en eût pas moins fait qu'il fît de messire Olivier de Cliçon et des autres qui avoient été l'année passée décolés à Paris. Si eut le dit messire Godefroy amis en voie, qui lui dénoncèrent comment le roi étoit dur informé sur lui et mal mené. Si partit le dit chevalier et vida le royaume de France, le plus tôt qu'il put, et s'en vint en Brabant de-lez le duc Jean de Brabant son cousin, qui le reçut liement. Si demeura là un grand temps, et dépendoit là sa revenue qu'il avoit en Brabant ; car en France n'avoit-il rien : mais avoit le roi saisi toute la terre de Cotentin et en fesoit lever les profits. Ainsy eschéy le dit chevalier en danger, et ne pouvoit revenir en l'amour du roi de France, pour chose que le duc de Brabant sçut ni put prier. Cette haine coûta depuis si grossement au royaume de France, et par espécial au pays de Normandie, que les traces en parurent cent ans après, si comme vous orrez recorder avant en l'histoire.

CHAPITRE CCXLVII.

Comment le roi d'Angleterre vint à l'Escluse et amena avec lui son fils le prince de Galles, en intention de le faire seigneur de Flandre, par le consentement de Jacques d'Artevelle.

En ce temps régnoit encore au pays de Flandre, et en grand prospérité et puissance, ce bourgeois de Gand, Jacques d'Artevelle ; et étoit si bien du roi d'Angleterre qu'il vouloit ; car il lui promettoit qu'il le feroit seigneur et héritier de Flandre, et en revêtiroit son fils le prince de Galles, et feroit de la comté de Flandre une duché. De quoi, sur cette entente, le roi d'Angleterre étoit en cette saison, environ la Saint-Jean-Baptiste[1], l'an mil trois cent quarante-cinq, venu à l'Escluse à grand foison de baronnie et

---

Brabant. S'il n'eût été banni de France qu'en 1345, il n'aurait pas fait un long séjour en Brabant, puisqu'il est certain qu'il était en Angleterre et qu'il avait reconnu Édouard pour roi de France et lui avait fait hommage en cette qualité avant le 13 juin de cette même année. Nous apprenons ces faits des lettres par lesquelles Édouard s'engage à le protéger contre tous, à ne faire ni paix ni trève avec le roi de France qu'il n'y soit compris, et à le remettre en possession de ses terres de Normandie, dès qu'il se sera rendu maître de cette province.

[1] Édouard s'embarqua le dimanche 3 juillet de cette année dans le port de Sandwich.

de chevalerie d'Angleterre ; et avoit là amené le jeune prince de Galles son fils sur les promesses de ce d'Artevelle. Si se tenoit le dit roi et toute sa navie au hâvre de l'Escluse, et aussi son tinel ; et là le venoient voir et visiter ses amis de Flandre. Et là eut là plusieurs parlemens entre le roi d'Angleterre et d'Artevelle d'une part, et les consaulx des bonnes villes d'autre, sur l'état dessus dit ; dont ceux du pays n'étoient mie bien d'accord au roi, ni à Artevelle, qui prêchoit sa querelle de déshériter le comte Louis leur naturel seigneur, et son jeune fils Louis, et hériter le fils du roi d'Angleterre ; cette chose n'eussent-ils faite jamais. Donc, au dernier parlement qui avoit été à l'Escluse, dedans la navie du roi d'Angleterre que on appeloit Katherine, qui étoit si grande et si grosse que merveilles étoit à regarder, ils avoient répondu d'un commun accord, et dit ainsi : « Cher sire, vous nous requérez d'une chose moult pesant et qui, au temps avenir, pourroit trop toucher le pays de Flandre et nos hoirs. Voir est que nous ne savons aujourd'hui au monde seigneur de qui nous aimerions tant le profit et l'avancement, que nous ferions de vous : mais cette chose nous ne pouvons pas faire de nous tant seulement, si toute la communauté de Flandre entièrement ne s'y accorde. Si se retraira chacun devers sa ville, et remontrerons cette besogne généralement aux hommes de notre ville ; et où la plus saine partie se voudra accorder, nous l'accorderons aussi : et serons ci arrière dedans un mois, et vous répondrons si à point, que vous en serez bien contens. » Le roi d'Angleterre et d'Artevelle n'en purent adonc avoir d'autre réponse ; et l'eussent bien avoir voulu plus bref, s'ils eussent pu ; mais nennin. Si répondit le roi : « A la bonne heure. » Ainsi se départit ce parlement, et retournèrent les consaulx des bonnes villes en leurs lieux. Or demeura Jacques d'Artevelle encore un petit delez le roi d'Angleterre, pour cause de ce que le roi se découvroit à lui fiablement de ses besognes ; et lui promettoit toudis et assuroit qu'il le feroit venir à son entente. Mais non fit, si comme vous orrez avant recorder ; car il se déçut quand il demeura derrière, et qu'il ne vint à Gand aussitôt que les bourgeois qui avoient été envoyés à l'Escluse à parlement, de par tout le corps de la ville.

CHAPITRE CCXLVIII.

Comment ceux de Gand eurent en grand'indignation Jaquemart d'Artevelle, et comment ils le mirent à mort.

Quand le conseil de Gand fut retourné arrière, en l'absence d'Artevelle, ils firent assembler au marché, grands et petits; et là démontra le plus sage d'eux tous par avis, sur quel état le parlement avoit été à l'Escluse, et quelle chose le roi d'Angleterre requéroit, par l'aide et information d'Artevelle. Dont commencèrent toutes gens à murmurer sur lui; et ne leur vint mie bien à plaisir cette requête; et dirent que, s'il plaisoit à Dieu, ils ne seroient jà sçus ni trouvés en telle déloyauté que de vouloir déshériter leur naturel seigneur, pour hériter un étranger; et se partirent tous du marché, ainsi comme tous mal contens et en grand'haine sur d'Artevelle. Or regardez comment les choses aviennent : car, si il fût là aussi bien premièrement venu comme il alla à Bruges et à Ypres remontrer et prêcher la querelle du roi d'Angleterre, il leur eût tant dit d'une chose et d'autres, qu'ils se fussent tous accordés à son opinion, ainsi que ceux des dessus dites villes étoient : mais il s'affioit tant en sa puissance et prospérité et grandeur, que il y pensoit bien à retourner assez à temps. Quand il eut fait son tour, il revint à Gand et entra en la ville, ainsi comme à heure de midi. Ceux de la ville qui bien savoient sa revenue, étoient assemblés sur la rue par où il devoit chevaucher en son hôtel. Sitôt qu'ils le virent, ils commencèrent à murmurer et à bouter trois têtes en un chaperon, et dirent : « Voici celui qui est trop grand maître et qui veut ordonner de la comté de Flandre à sa volonté; ce ne fait mie à souffrir. » Encore, avec tout ce, on avoit semé paroles parmi la ville que le grand trésor de Flandre, que Jaquemart d'Artevelle avoit assemblé, par l'espace de neuf ans et plus qu'il avoit eu le gouvernement de Flandre, car des rentes du comté il n'allouoit nulles, mais les mettoit et avoit mises toudis arrière en dépôt, et tenoit son état et avoit tenu le terme dessus dit sus l'amende des forfaitures de Flandre tant seulement, que ce grand trésor, où il avoit deniers sans nombre, il avoit envoyé secrètement en Angleterre. Ce fut une chose qui moult engrigny et enflamma ceux de Gand.

Ainsi que Jacques d'Artevelle chevauchoit par la rue, il se aperçut tantôt qu'il y avoit aucune chose de nouvel contre lui; car ceux qui se souloient incliner et ôter leurs chaperons contre lui, lui tournoient l'épaule, et rentroient en leurs maisons. Si se commença à douter; et, sitôt qu'il fut descendu en son hôtel, il fit fermer et barrer portes et huis et fenêtres. A peine eurent ses varlets ce fait, quand la rue où il demeuroit fut toute couverte, devant et derrière, de gens, espécialement de menues gens de métier.

Là fut son hôtel environné et assailli devant et derrière, et rompu par force. Bien est voir que ceux de dedans se défendirent moult longuement et en atterrèrent et blessèrent plusieurs; mais finablement ils ne purent durer; car ils étoient assaillis si roide que presque les trois parts de la ville étoient à cet assaut. Quand Jacques d'Artevelle vit l'effort, et comment il étoit appressé, il vint à une fenêtre sur la rue, et se commença à humilier et dire, par trop beau langage et à nu chef : « Bonne gens, que vous faut? Qui vous meut? Pourquoi êtes-vous si troublés sur moi? En quelle manière vous puis-je avoir courroucé? Dites-le-moi, et je l'amenderai pleinement à votre volonté. » Donc répondirent-ils, à une voix, ceux qui ouï l'avoient : « Nous voulons avoir compte du grand trésor de Flandre que vous avez dévoyé sans titre de raison. » Donc répondit Artevelle moult doucement : « Certes, seigneurs, au trésor de Flandre ne pris-je oncques denier. Or vous retraiez bellement en vos maisons, je vous en prie, et revenez demain au matin; et je serai si pourvu de vous faire et rendre bon compte que par raison il vous devra suffire. » Donc répondirent-ils, d'une voix : « Nennin, nennin, nous le voulons tantôt avoir; vous ne nous échapperez mie ainsi : nous savons de vérité que vous l'avez vidé de pièça, et envoyé en Angleterre, sans notre sçu, pour la quelle cause il vous faut mourir. » Quand Artevelle ouït ce mot, il joignit ses mains et commença à pleurer moult tendrement, et dit : « Seigneurs, tel que je suis vous m'avez fait; et me jurâtes jadis que contre tous hommes vous me défendriez et garderiez; et maintenant vous me voulez occire et sans raison. Faire le pouvez, si vous voulez, car je ne suis qu'un seul homme contre vous tous, à point de défense. Avisez pour Dieu, et retournez au temps passé. Si considérez les grâces et les grands courtoisies que jadis vous ai faites. Vous me voulez rendre petit guerredon des grands biens que au temps passé je vous ai faits. Ne savez-vous comment toute marchandise étoit périe en ce pays? Je la vous recouvrai. En après, je vous ai gouvernés en si grand'paix, que vous avez eu, du temps de mon gouvernement, toutes choses à volonté, blés, laines, avoir, et toutes marchandises, dont vous êtes recouvrés et en bon point. » Adonc commencèrent eux à crier tous à une voix : « Descendez, et ne nous sermonnez plus de si haut ; car nous voulons avoir compte et raison tantôt du grand trésor de Flandre que vous avez gouverné trop longuement, sans rendre compte ; ce qu'il n'appartient mie à nul officier qu'il reçoive les biens d'un seigneur et d'un pays, sans rendre compte. » Quand Artevelle vit que point ne se refrederoient ni refrèneroient, il recloui la fenêtre, et s'avisa qu'il videroit par derrière, et s'en iroit en une église qui joignoit près de son hôtel. Mais son hôtel étoit jà rompu et effondré par derrière, et y avoit plus de quatre cents personnes qui tous tiroient à l'avoir. Finablement il fut pris entre eux et là occis sans merci, et lui donna le coup de la mort un tellier qui s'appelloit Thomas Denis[1]. Ainsi fina Artevelle, qui en son temps fut si grand maître en Flandre : povres gens l'amontèrent premièrement, et méchans gens le tuèrent en la parfin.

Ces nouvelles s'épandirent tantôt en plusieurs lieux. Si fut plaint d'aucuns, et plusieurs en furent bien liés. Adonc se tenoit le comte Louis à Tenremonde : si fut moult joyeux quand il ouït dire que Jacques d'Artevelle étoit occis ; car il lui avoit été trop contraire en toutes ses besognes. Nonobstant ce, ne s'osa-t-il encore

[1] L'auteur anonyme de la *Chron. de Flandre* le nomme *Gérard Denis*, et le qualifie *doyen des tisserands* : son récit diffère aussi en quelques points de celui de Froissart. Suivant lui, Jacques d'Artevelle, qui savait que Gérard Denis et quelques autres bourgeois puissans étaient contraires à ses projets, engagea Édouard à lui prêter cinq cents soldats pour en faciliter l'exécution. Il embusqua ces soldats auprès de Gand où il devait les introduire dans la nuit pour s'en rendre maître et faire main basse sur ses ennemis : il rassembla de plus dans sa maison environ cent quarante de ses amis disposés à le servir aveuglément. Mais Gérard Denis ayant été informé de ce qui se préparait, fit armer les bourgeois et courut assiéger Artevelle, qui fut tué, ainsi que tous ceux qui prirent sa défense.

affier sur ceux de Flandre, pour revenir en la ville de Gand.

CHAPITRE CCXLIX.

Comment le roi d'Angleterre se partit de l'Escluse moult dolent de la mort d'Artevelle ; et comment ceux de Flandre s'en excusèrent par devers lui.

Quand le roi d'Angleterre, qui se tenoit à l'Escluse et s'étoit tenu tout le temps, attendant la relation des Flamands, entendit que ceux de Gand avoient occis Jacques d'Artevelle, son grand ami et son cher compère, si en fut si courroucé et ému, que merveille seroit à dire. Et se partit tantôt de l'Escluse, et rentra en mer[1], en menaçant grandement les Flamands et le pays de Flandre ; et dit que cette mort seroit trop chèrement comparée. Les consaulx des bonnes villes de Flandre, qui sentirent et entendirent bien et imaginèrent tantôt que le roi d'Angleterre étoit trop durement courroucé sur eux, s'avisèrent que de la mort d'Artevelle ils se iroient excuser, espécialement ceux de Bruges, d'Ypre, de Courtray, d'Audenarde, et du Franc de Bruges. Si envoyèrent devant en Angleterre devers le roi et son conseil, pour impétrer un sauf conduit, afin que sûrement ils se pussent venir excuser. Le roi, qui étoit un peu refroidi de son aïr, leur accorda. Et vinrent gens d'état de toutes les bonnes villes de Flandre, excepté de Gand, en Angleterre devers le roi, environ la Saint-Michel ; et se tenoit à Wesmoustier dehors Londres. Là s'excusèrent-ils si bel de la mort d'Artevelle, et jurèrent solennellement que nulle chose n'en savoient, et si ils l'eussent sçu, c'étoient ceux qui défendu et gardé l'en eussent à leur pouvoir ; mais étoient de la mort de lui durement courroucés et désolés ; et le plaignoient et regrettoient grandement ; car ils reconnoissoient bien qu'il leur avoit été moult propice et nécessaire à tous leurs besoins, et avoit régné et gouverné le pays de Flandre bellement et sagement ; et si ceux de Gand, par leur outrage, l'avoient tué, on leur feroit amender si grossement qu'il devroit bien suffire. Et remontrèrent encore au roi et à son conseil que, si Artevelle étoit mort, pour ce n'étoit-il mie éloigné de la grâce et de l'amour des Flamands ; sauf et excepté qu'il n'avoit que faire

[1] Édouard débarqua dans le port de Sandwich le 26 juillet.

de tendre à l'héritage de Flandre, que ils le dussent tollir au comte Louis de Flandre leur naturel seigneur, combien qu'il fût François, ni à son fils son droit hoir, pour lui en hériter, ni son fils le prince de Galles; car ceux de Flandre ne s'y consentiroient jamais. « Mais, cher sire, vous avez de beaux enfans, fils et filles : le prince votre ains-né fils ne peut faillir qu'il ne soit encore grand sire durement sans l'héritage de Flandre, et vous avez une fille puisnée, et nous avons un jeune damoisel que nous nourrissons et gardons, qui est héritier de Flandre : si se pourroit bien encore faire un mariage d'eux deux. Ainsi demeureroit toujours la comté de Flandre à l'un de vos enfans. » Ces paroles et autres ramollirent et adoucirent grandement le courage et le mautalent du roi d'Angleterre; et se tint finablement assez bien content des Flamands et les Flamands de lui. Ainsi fut entr'oubliée petit à petit la mort Jacques d'Artevelle.

Si laisserons à parler du roi d'Angleterre et des Flamands, et parlerons du comte Guillaume de Hainaut et de messire Jean de Hainaut son oncle.

CHAPITRE CCL.

Comment le comte de Hainaut fut occis en Frise et sa gent déconfite; et comment messire Jean de Hainaut renonça au roi d'Angleterre et devint François.

En ce temps et en celle même saison ci-dessus dite, séoit le comte Guillaume de Hainaut, fils au comte Guillaume qui mourut à Valenciennes, devant la ville d'Utret; et sist un grand temps, pour aucuns droits qu'il y demandoit à avoir : et contraignit tellement par siége et par assault ceux d'Utret qu'il les eut à sa volonté et les mit à raison. Assez tôt après, et en celle même saison, environ la Saint-Remy, au département du siége d'Utret, il fit une grand'cueillette et assemblée de gens d'armes, chevaliers et écuyers, de Hainaut, de Flandre, de Brabant, de Hollande, de Guerles et de Julliers. Si se partirent le comte et ses gens d'armes de la ville de Dourdrech en Hollande. à grand'foison de naves et de vaisseaux, et singlèrent devers Frise, car le comte de Hainaut s'en disoit être seigneur. Toutes voies, de droit, si ce fussent gens que les Frisons que on pût mettre à raison, le comte de Hainaut y a grand'seigneurie; et encore le dessus dit comte, qui fut moult entreprenant et hardi chevalier durement, en fit adonc une partie de son pouvoir du calenger et requerre; mais il ne lui en chéy mie bien, ni à ceux qui furent en ce voyage avec lui; dont ce fut dommage, car il y demeura, et grand'foison de bons chevaliers et écuyers. Dieu en ait les âmes! Et y fut près demeuré messire Jean de Hainaut, oncle du dit comte; et se partit trop envis du lieu où il étoit arrivé; car il n'arriva mie au pays avec son neveu; mais d'autre part. Et ainsi comme tout forcené, il se vouloit aller combattre et vendre aux Frisons, quand ses gens le prirent, qui virent la déconfiture, et le jetèrent, voulût ou non, en une nef; et espécialement messire Robert de Glimes, qui adonc étoit écuyer pour son corps, fort et léger; et fut le dit Robert presque mort et noyé pour le sauver. Toute fois il retourna à petite menée tout desbareté, et s'en vint au Mont-Sainte-Gertrude en Hollande, où madame sa nièce l'attendoit, femme qui fut au dessus dit comte, et l'appeloit-on madame Jeanne ains-née fille au duc Jean de Brabant; laquelle dame fut moult désolée et déconfortée de la mort de son mari : ce fut bien raison. Si se traist la dite dame en la terre de Binch dont elle étoit douée. Ainsi vaqua la comté de Hainaut un temps, et la gouverna messire Jean de Hainaut, jusques à tant que madame Marguerite de Hainaut[1], mère à monseigneur le duc Aubert, se traist cette part et en prit la possession et l'héritage; et lui en firent les seigneurs, barons, prélats, chevaliers et bonnes villes, féauté et hommage.

Cette Marguerite comtesse de Hainaut avoit à mari messire Louis de Bavière, empereur de Rome et roi d'Allemagne, si comme il est devisé au commencement de ce livre. Assez tôt après traita le roi Philippe de France, et fit traiter par le comte de Blois envers messire Jean de Hainaut, qu'il voulût être François, et il lui transporteroit la revenue qu'il avoit en Angleterre, en France, et lui assigneroit si suffisamment comme il plairoit à son conseil. Le dit messire Jean de Hainaut à ce traité ne s'accorda mie légèrement, car il avoit la fleur de sa jeu-

---

[1] Marguerite de Hainaut était sœur unique de Guillaume II, comte de Hainaut, tué en Frise.

nesse usée au service du roi d'Angleterre, et si le avoit toudis le roi moult aimé. Quand le comte Louis de Blois, qui avoit sa fille à femme et en avoit trois fils, Louis, Jean et Guy, vit et considéra qu'il ne pourroit entrer par celle voie, si trouva moyen, le seigneur de Fagnoelles, qui étoit compagnon au dit messire Jean de Hainaut et le plus grand de son conseil. Si fut ainsi avisé pour retraire le dessus dit de l'opinion des Anglois; on lui fit entendant un grand temps que on ne lui vouloit payer sa revenue en Angleterre. De ce se merencolia tellement le dit messire Jean de Hainaut qu'il renonça aux fiefs, aux convenances et aux scellés qu'il avoit du roi d'Angleterre; et tantôt que le roi de France le sçut, il envoya devers lui suffisans hommes et le retint à lui et de son conseil à certains gages, et le récompensa en son royaume d'autant de revenue et plus qu'il tenoit en Angleterre. Ainsi demeura messire Jean de Hainaut seigneur de Beaumont, François tout son vivant; et le trouverons dorénavant en cette histoire ès armées et chevauchées que le roi de France fit, c'est à savoir, le roi Philippe et le roi Jean son fils. Or retournerons à la matière des guerres de Gascogne et de Languedoc.

CHAPITRE CCLI.

Comment le roi de France envoya son fils le duc de Normandie en Gascogne contre le comte Derby.

Si étoit informé le roi Philippe des chevauchées et des conquêts que le comte Derby avoit faits au dessus nommé pays de Gascogne, et comment il avoit pris villes, cités et châteaux, et le pays durement foulé et appovri. Si en étoit moult courroucé et avoit fait un très grand et espécial mandement que tous, nobles et non nobles, dont on se pouvoit aider en fait de bataille, fussent en la cité d'Orléans et de Bourges, ou là environ, dedans certains jours qui y furent mis; car il vouloit le duc de Normandie son aîns-né fils envoyer ès marches de Gascogne, pour résister contre la puissance des Anglois. Si s'émurent au mandement du roi grand'foison de gens, de ducs, de comtes, de barons et de chevaliers du royaume, et par espécial de Bourgogne et de Normandie; et vint à Paris le duc Eudes de Bourgogne, et son fils le comte d'Artois et de Boulogne : si se représen-

tèrent au roiet en son service à mille lances. Le roi les reçut et leur sçut grand gré de ce service. Si firent ces deux seigneurs passer leurs gens outre. Après vinrent le duc de Bourbon et messire Jacques de Bourbon son frère, comte de Ponthieu, aussi à grand'foison de gens d'armes.

Si revint le comte d'Eu et de Ghines, connétable de France, en très grand arroy; aussi le comte de Tancarville, le dauphin d'Auvergne, le comte de Forez, le comte de Dampmartin, le comte de Vendôme, le sire de Coucy, le sire de Craon, le sire de Sully, l'évêque de Beauvais[1], le sire de Fiennes, le sire de Beaujeu, messire Jean de Châlons, le sire de Roye, et tant de barons et de chevaliers que je ne les aurois jamais tous nommés. Si s'assemblèrent ces seigneurs et leurs gens en la cité d'Orléans et là environ, voire ceux de par deçà la Loire; et ceux de par de là, de Poitou, de Xaintonge, de La Rochelle, de Caourcin, de Limousin et d'Auvergne, ès marches de Toulouse. Si passèrent toutes ces gens d'armes outre à grand exploit, par devers Rouergues, et en trouvèrent grand'foison de venus et assemblés en la cité de Rodais, des marches d'Auvergne et de Provence. Tant firent ces seigneurs et ces gens d'armes qu'ils vinrent en la cité de Toulouse ou environ. Si se logea chacun le mieux qu'il put à Toulouse et ès villes d'environ, car tous n'eussent pu être logés en la cité, tant étoient grand nombre, cent mille têtes armées et plus. Ce fut environ Noël l'an mil trois cent quarante cinq [2].

[1] Jean de Marigni.
[2] Cette date n'est pas tout-à-fait exacte : l'armée française eut ordre de s'assembler à Toulouse le 3 février 1346. L'histoire de Languedoc, qui sert ici à rectifier la chronologie de Froissart, supplée en partie à son silence et à celui des chroniqueurs contemporains sur les précautions que prirent les Français, l'année précédente, pour arrêter les progrès du comte de Derby en Guyenne. On y voit que Jean, duc de Normandie, se rendit à cet effet à Carcassonne le 2 août 1345; qu'il parcourut ensuite la Touraine, le Poitou et le Limousin pour mettre ces provinces à l'abri des entreprises de l'ennemi; que Philippe de Valois s'avança lui-même jusqu'à Angoulême, où il était encore le 25 octobre de cette année; que d'un autre côté, Pierre, duc de Bourbon, qui avoit été nommé, le 8 août, lieutenant général dans *toutes les parties de la Languedoc et de la Gascogne*, passa le reste de l'année dans ces provinces avec une armée d'observation. Malheureusement les chartes et les autres pièces originales desquelles de Vaissette a tiré ces faits ne contiennent aucuns détails

CHAPITRE CCLI.

Comment le duc de Normandie prit Miremont et Ville-Franche et mit le siége devant Angoulême.

Tantôt après la fête de Noël, le duc de Normandie se partit de Toulouse atout son ost, et fit devant chevaucher ses maréchaux, le sire de Montmorency et le sire de Saint-Venant. Si se trairent tantôt et premièrement devant le châtel de Miremont que les Anglois avoient conquis en cette saison : si l'assaillirent fortement et durement. A ce jour il avoit dedans environ cent Anglois qui le gardoient, avec le capitaine, un très bon écuyer, qui s'appeloit Jean de Bristo. Cil avec ses compagnons le défendit tant qu'il put; mais il y eut si dur assaut et si fort, car messire Louis d'Espagne étoit là à grand'-foison d'arbalétriers gennevois qui point ne s'épargnoient, que ceux du châtel ne se surent ni purent onques si bien défendre que par force ils ne fussent pris et le châtel conquis, et mort la plus grand'partie de ceux qui étoient dedans, et mêmement le capitaine. Si le rafraîchirent les deux maréchaux de nouvelles gens, et puis passèrent outre et vinrent devant Ville-Franche en Agénois. Là s'arrêta tout l'ost, et l'environnèrent et puis l'assaillirent fortement. Adonc n'y étoit point le capitaine, messire Thomas Kok, mais étoit à Bordeaux devers le comte Derby qui l'avoit mandé. Tous ceux qui étoient dedans Ville-Franche ce jour se défendirent vaillamment; mais finablement ils furent pris par force, et toute la ville courue et arse, sans déport, et occis la plus grand'partie des soudoyers qui la gardoient. Et quand ils en eurent ainsi exploité, ils passèrent outre et laissèrent le châtel tout entier, et sans abattre, dont depuis ils se repentirent; puis se trairent devant la cité d'Angoulême, et l'assiégèrent tout entour; car ils étoient tant de gens que bien le pouvoient faire. Dedans avoit grand'garnison de par les Anglois et un écuyer à capitaine, qui s'appeloit Jean de Norvich.

relatifs aux opérations des troupes françaises ; mais elles prouvent du moins que Philippe ne demeura point spectateur tranquille des conquêtes du comte de Derby, comme le silence des historiens donne lieu de le croire, et qu'il s'y opposa autant qu'il lui fut possible.

I.

CHAPITRE CCLII.

Comment le comte Derby envoya grand'garnison de gens d'armes dedans Ville-Franche ; et envoya le comte de Pennebruich plusieurs autres chevaliers dedans Aiguillon.

Quand le comte Derby, qui se tenoit en la cité de Bordeaux, entendit que le duc de Normandie et cils seigneurs de France étoient venus à si grand ost pour reconquérir villes, cités et châteaux que conquis avoient, et jà avoit reconquis Miremont et Ville-Franche, et toute robée et arse, hors-mis le châtel, il s'avisa d'une chose qui bonne lui sembla. Il envoya tantôt quatre chevaliers des siens, ès quels mieux se fioit, et leur dit qu'ils prissent jusques à soixante ou quatre-vingts armures de fer et trois cents archers, et s'en allassent devers Ville-Franche, et prissent le châtel qui étoit demeuré vide et entier, et le missent à point et les portes de la ville aussi ; et si les François les venoient encore assaillir que ils se défendissent bien ; car il les secourroit à quelque meschef que ce fût. Les chevaliers lui accordèrent volontiers, et se partirent de la cité de Bordeaux, si comme chargé leur fut. Or vous nommerai les dits chevaliers : messire Etienne de Tornby, messire Richard de Hebedon, messire Raoul de Hastingues et messire Normand de Finefroide. Après ce, le comte Derby pria au comte de Pennebruich, à messire Gautier de Mauny, à messire Franke de Halle, à messire Thomas Kok, à messire Jean de Lille, à messire Robert de Neuf-Ville, à messire Thomas Biset, à messire Jean de la Zouche, à messire Philippe de Beauvais, à messire Richard de Rocleve, et plusieurs autres chevaliers et écuyers qu'ils voulussent aller à Aiguillon et garder la forteresse ; car trop seroit courroucés, il le reperdoit.

Ceux se partirent, qui étoient bien quarante chevaliers et écuyers et trois cents armures de fer, parmi les archers; et se vinrent bouter dedans le fort châtel d'Aiguillon. Si trouvèrent encore bien six vingt compagnons que le comte Derby y avoit laissés ; et pourvurent le dit châtel de vins, de farines, de chairs et de toutes autres pourvéances bien et largement. Aussi les quatre chevaliers dessus nommés, ordonnés pour aller à Ville-Franche, chevauchèrent parmi le pays, en allant celle part, et cueillirent grand'foison de bœufs, de vaches, de brebis et de moutons, de blés, d'avoines, de farines et de toutes autres

14

pourvéances pour vivre ; et firent tout amener devant eux et acharier dedans Ville-Franche ; et reprirent le châtel et le réparèrent bien et à point, et relevèrent les murs et les portes de la ville, et firent tant qu'ils furent plus de quinze cents hommes tous aidables et pourvus de vivres pour vivre six mois tout entiers.

CHAPITRE CCLIV.

Comment le sénéchal de Beaucaire se partit du siége d'Angoulême et prit toute la garnison de Anchenis et bien huit cents grosses bêtes.

Les nouvelles vinrent en l'ost devant la cité d'Angoulême comment les Anglois avoient repris Ville-Franche, pour cause du châtel qu'ils avoient laissé sans abattre. Si se repentoit trop le duc de ce que si simplement s'en étoient partis, quand ils n'avoient ars ou abattu le châtel ; mais amender ne le pouvoit. Si se tint à siége devant la cité d'Angoulême un grand temps, et y fit par plusieurs fois assaillir ; mais peu y conquit, car elle étoit bien défendue. Quand le duc de Normandie et son conseil virent que par assaut ils ne la pourroient gagner, et qu'ils perdoient chacun jour de leurs gens à l'assaillir, si firent commander et crier que nul n'allât plus assaillir ; ainçois se délogeassent et allassent loger plus près de la cité. Tous obéirent au commandement de leur souverain : ce fut raison. Ce siége durant devant la cité d'Angoulême, vint un jour au duc de Normandie le sénéchal de Beaucaire[1], un vaillant chevalier, et lui dit : « Sire, je sais bien toutes les marches de ce pays ; s'il vous plaisoit, et vous me voulussiez prêter six ou sept cents armures de fer, je irois aventurer à val ce pays pour querre bêtes et vitailles ; car assez tôt nous en aurons défaut. » Tout ce plut bien au duc et à son conseil. Si prit lendemain le sénéchal plusieurs chevaliers et écuyers qui se désiroient à avancer, et se boutèrent dessous lui le duc de Bourbon, le comte de Ponthieu son frère, le comte de Tancarville, le comte de Forez, le dauphin d'Auvergne, le sire de Coucy, le sire d'Aubigny, le sire d'Offemont, le sire de Beaujeu, le sire de Pons, le sire de Parthenay, messire Guichart d'Angle, messire Saintré et plusieurs autres chevaliers et écuyers, tant qu'ils furent bien entre mille et neuf cents lances. Si montèrent à cheval sur une vesprée, et chevauchèrent toute la nuit jusques au point du jour que l'aube crevoit ; et tant exploitèrent qu'ils vinrent assez près d'une grosse ville, qui étoit nouvellement rendue aux Anglois, et l'appeloit-on Anchenis. Là endroit vint une espie au dit sénéchal, et lui dit que dedans Anchenis avoit bien six vingt armures de fer, Gascons et Anglois, et trois cents archers, qui trop défendroient la ville si on les assailloit. « Mais j'ai vu, dit l'espie, issir la proie hors de la ville, et y a bien sept ou huit cents grosses bêtes ; et sont par dessous la ville ès prés. » Quand le sénéchal de Beaucaire ouït ce, il dit aux seigneurs qui là étoient : « Mes seigneurs, je conseille que vous demeurez en cette vallée couvertement, et je m'en irai atout soixante compagnons accueillir cette grand'proie, et là vous amènerai ci en droit. Et si ces Anglois issent pour rescourre leur proie, ainsi que je pense bien qu'ils feront, je les amènerai tout fuyant jusques à vous ; car je sais bien qu'ils me chasseront follement ; et vous leur irez au-devant hardiment : si serons tous vôtres par raison. » Chacun s'assentit à ce conseil. Adonc s'en partit le dessus dit sénéchal atout soixante compagnons bien montés ; et chevauchèrent par voies couvertes autour de la ville, ainsi que l'espie les menoit, et tant qu'ils vinrent en ces beaux prés et larges où les bêtes pâturoient. Si se vont tantôt épandre et remettre ces bêtes ensemble, et puis chassèrent tout devant eux au-dessous de la ville, par une autre voie qu'ils n'étoient venus. Les gardes de la porte et la guette du châtel, qui tout ce véoient, commencèrent à faire friente et à corner et à émouvoir ceux de la ville, et les compagnons, qui espoir dormoient encore, car il étoit moult matin. Sitôt qu'ils furent éveillés, ils saillirent sus vîtement, et ensellèrent leurs chevaux, et s'assemblèrent tous en la place. Sitôt qu'ils se furent recueillis, et leur capitaine venu, un moult appert chevalier anglois qui s'appeloit messire Étienne de Lucy, ils vidèrent chacun qui mieux mieux, et ne demeurèrent en la ville, fors que les vilains, dont ils firent folie. Les Anglois, qui s'étoient mis aux champs pour rescourre leur proie, se hâtèrent durement, en écriant aux François : « Vous n'en irez mie ainsi. » Le sénéchal et sa route commencèrent à hâter leur proie, pour venir en leur embûche ; et tant firent qu'ils en furent assez près.

---

[1] Il s'appelait Guillaume Rolland.

Quand ces seigneurs de France, où moult avoit de grands seigneurs et de vaillans hommes qui étoient là venus pour quérir les armes, virent la proie approcher et leur bon sénéchal chasser, chacun sire écria son cri et fit sa bannière hâter et passer avant; et s'en vinrent férir de plein bond en ces Anglois qui chassoient et qui furent tous émerveillés quand ils les virent; et fussent volontiers retournés s'ils eussent pu; mais ils n'eurent mie loisir, car ils furent tellement épars, que en bref heure ils furent tous rués jus, pris et morts. Là fut pris le capitaine et tous ceux d'honneur qui devers lui étoient, et le demeurant mort. Et puis chevauchèrent les François vîtement devers la ville, et entrèrent dedans d'assaut, car elle étoit sans garde; et la première bannière qui y entra ce fut celle du duc de Bourbon. Si se saisirent les seigneurs de la ville, et la rafraîchirent de nouvelles gens et de capitaine, et puis s'en partirent à toute leur proie et leurs prisonniers, et revinrent lendemain devant la cité d'Angoulême, où le siége se tenoit, où ils furent reçus à grand'joie. Et moult y acquit le sénéchal de Beaucaire en cette chevauchée grand'grâce, pourtant qu'il l'avoit mise sus, combien qu'il y eût eu plus grands seigneurs assez qu'il n'étoit.

CHAPITRE CCLV.

Comment le capitaine d'Angoulême et tous ses compagnons s'en allèrent subtilement avec tous leurs biens à Aiguillon.

Ainsi se tint des seigneurs de France un grand temps le siége devant Angoulême. Et couroient les François tout le pays que les Anglois avoient conquis, et y faisoient maint destourbier, et ramenoient souvent en leur ost des prisonniers, et grands proies quand ils les trouvoient à point; et moult y acquirent les deux frères de Bourbon grand'grâce, car ils étoient toujours des premiers chevauchans. Quand Jean de Norvich, capitaine et souverain d'Angoulême, vit et considéra que le duc de Normandie n'avoit talent de déloger, s'il n'avoit la cité à sa volonté, et sentoit que les pourvéances de laiens amenrissoient, et que le comte Derby ne faisoit nul apparent de lever le siége, et aussi que ceux de la ville s'inclinoient plus aux François que autre part, et volontiers se fussent piéça tournés, s'ils eussent osé, si se douta de trahison et que mal ne l'en prît, il et ses compagnons. Si se avisa que à toutes ces choses il pourverroit de remède, et se pourpensa d'une grand'subtilité. Droitement la nuit de la Purification Notre-Dame, à l'entrée de février [1], il vint aux créneaux de la cité, tout seul, sans soi découvrir de chose qu'il voulût faire ni dire, à nul homme, et fit signe de son chaperon qu'il vouloit parler à qui que ce fût. Ceux qui perçurent ce signe vinrent celle part et lui demandèrent qu'il vouloit. Il répondit : « Je parlerois volontiers à monseigneur le duc de Normandie, ou à l'un de ses maréchaux. » Ceux qui là étoient répondirent : « Demeurez là un petit, et nous irons devers lui et le vous ferons venir sans faute. » Adonc se partirent-ils de Jean de Norvich, et vinrent au logis du dit duc, et lui recordèrent que le capitaine d'Angoulême parleroit volontiers à lui ou à l'un de ses maréchaux. — « Savez-vous de quoi, dit le duc? » Cils répondirent : « Monseigneur, nennin. » Lors s'avisa le duc et dit que lui-même iroit. Si monta à cheval, et aucuns chevaliers de son hôtel, et chevaucha jusques aux murs de la cité, et trouva Jean de Norvich qui s'appuyoit aux créneaux. Sitôt qu'il vit le duc, il ôta son chaperon et le salua. Adonc lui demanda le duc : « Jean, comment va? Vous voulez vous rendre? » Il répondit : « Je ne suis mie de ce conseillé à faire; mais je vous voudrois prier que, pour révérence du jour Notre-Dame, qui sera demain, vous nous accordissiez un répit à durer le jour de demain tant seulement; par quoi les nôtres ni les vôtres ne pussent gréver l'un autre, mais demeurassent en paix. » Le duc, qui n'y pensoit que tout bien, lui accorda liement, et dit : « Je le veuil. » Ainsi demeura la cité d'Angoulême en paix. Quand vint le jour de la Chandeleur au matin, Jean de Norvich s'arma, et fit armer tous ses compagnons uns et autres, et enseller leurs chevaux, et trousser tout leur harnois; et puis fit ouvrir

---

[1] On a vu ci-dessus que l'armée s'assembla à Toulouse le 3 février; ainsi il n'est pas possible qu'elle fût le 1ᵉʳ de ce mois devant Angoulême. De deux choses l'une, ou ce ne fut point l'armée assemblée à Toulouse qui assiégea Angoulême, comme le dit Froissart dans le chapitre qu'on vient de citer, ou bien la date qu'il assigne au siége de cette place est fausse. Si, au lieu de la *Purification*, il disait l'*Annonciation*, l'intervalle seroit suffisant : peut-être son erreur vient-elle de ce qu'il a confondu ces deux fêtes.

la porte, et se mit hors de la cité. Quand ceux de l'ost virent ces gens d'armes issir, si furent tous émerveillés et effrayés; et se commença l'ost à émouvoir, car ils cuidoient que les Anglois leur vinssent courir sus. Adonc s'avança Jean de Norvich qui chevauchoit tout devant, et dit : « Seigneurs, seigneurs, souffrez-vous. Ne faites nul mal aux nôtres, car nous avons trèves ce jour d'hui tout entier, ainsi que vous savez, accordées par monseigneur le duc de Normandie, et de nous aussi : si vous ne le savez, si l'allez savoir ; et pouvons bien sur cette trève aller et chevaucher quelle part que nous voulons. » Ces nouvelles vinrent au duc, pour savoir qu'il en vouloit faire. Il répondit : « Laissez-les aller, de par Dieu, quel part qu'ils voudront ; nous ne les pouvons par raison contraindre à demeurer ; je leur tiendrai ce que je leur ai promis. » Ainsi s'en alla Jean de Norvich et sa route; et passèrent parmi l'ost du duc de Normandie, sans nul dommage ; et vinrent dedans Aiguillon où ils furent reçus à grand'joie. Si leur recorda Jean de Norvich comment il étoit parti de la cité d'Angoulême, et avoit sauvé tout le sien et aussi de ses compagnons. Si dirent les chevaliers qui là étoient qu'il avoit bien ouvré et qu'il s'étoit avisé d'une trop grand'subtilité.

CHAPITRE CCLVI.

Comment ceux d'Angoulême se rendirent au duc de Normandie; et puis conquit le châtel de Damassan ; et comment ceux de Tonneins se rendirent ; et puis prit le port Sainte-Marie.

Quand vint lendemain du jour de la Purification Notre-Dame, les bourgeois d'Angoulême se trairent ensemble en conseil, pour savoir comment ils se maintiendroient. Tout considéré, ils eurent conseil et avis qu'ils se rendroient et mettroient en l'obéissance du duc de Normandie, ainsi que devant. Si envoyèrent en l'ost devers le dit duc de Normandie certains traiteurs, qui exploitèrent si bien que le duc les prit à merci et leur pardonna son mautalent, et entra dedans la cité et au châtel, et reçut la foi et hommage de ceux d'Angoulême. Si y établit le duc un chevalier des siens à capitaine, qui se nommoit Antoine de Villiers, et cent soudoyers avec lui, pour mieux garder la cité et le châtel que du temps passé n'avoit été. Après ces ordonnances se délogea le duc, et se traist devers le châtel de Damassan ; et y sist le duc quinze jours devant ainçois qu'il le pût avoir ; et ne fut jour qu'il n'y eût assaut. Finablement il fut conquis, et tous ceux qui étoient dedans, Anglois et Gascons, morts. Si le donna le duc, et toute la châtellerie à un écuyer de Beauce. appert homme d'arme malement, qui s'appeloit le Borgne de Milli. Et après vint le duc de Normandie devant Tonneins qui siéd sur la rivière de Garonne ; et le trouvèrent bien garni et pourvu d'Anglois et de Gascons, qui le gardèrent et défendirent vassalement un grand temps ; et y avoit presque tous les jours assaut et escarmouche. Tant y fut le duc, et contraignit ceux de dedans, qu'ils se rendirent par composition, saufs leurs corps et leurs biens ; et les devoit le duc faire conduire jusques à Bordeaux sur son péril. Ainsi se partirent les compagnons étrangers ; mais ceux de la ville demeurèrent en l'obéissance du duc de Normandie. Et se tint là le dit duc et tout son ost sur la rivière de Garonne jusques après Pâques[1], qu'ils se délogèrent et se trairent devers le port Sainte-Marie, sur cette même rivière. Et là avoit environ deux cents Anglois et Gascons qui gardoient la ville et le passage, et l'avoient fortifié grandement ; mais ils furent tellement assaillis que ils furent pris par force, et tous ceux qui dedans étoient. Si réparèrent et rafraîchirent de nouveau de gens d'armes, et puis s'en partirent les François et chevauchèrent devers Aiguillon.

CHAPITRE CCLVII.

Comment le duc de Normandie mit le siège devant le fort châtel d'Aiguillon.

Tant exploitèrent ces seigneurs de France, dont le duc de Normandie étoit chef, qu'ils vinrent devant le châtel d'Aiguillon. Si se logèrent et espartirent contre val ces beaux prés et larges, selon la rivière qui porte grand navire, chacun sire entre ses gens, et chacune connétablie par lui, ainsi que ordonné étoit par les maréchaux de l'ost. Et devez savoir que devant le fort châtel d'Aiguillon eut le plus bel ost et le plus beau siège que on eût vu, grand temps avoit, au dit royaume de France ni ailleurs ; et

[1] Pâques était cette année le 16 avril : ce fut donc vers la fin de ce mois, ou au commencement de mai que le duc de Normandie mit le siége devant Aiguillon.

[1346] LIVRE I. — PARTIE I. 213

dura parmi cet état jusques à la Saint-Remy [1]; et y avoit à siége bien cent mille hommes armés, à cheval et à pied. Et ne pourroit-on raconter, par nulle histoire, siége où on eût fait tant de beaux faits d'armes et de grands appertises, qu'il avint d'une part et d'autre. Car oncques gens assiégés ne souffrirent tant ni ne se défendirent si vaillamment, comme ceux qui furent enclos dedans Aiguillon, si comme vous orrez ci-après. Car tous les jours les convenoit combattre deux fois ou trois à ceux de l'ost, et le plus souvent du matin jusques à la nuit, sans cesser; car toudis leur survenoient nouvelles gens, Gennevois et autres, qui ne les laissoient reposer. Les manières des assauts, comment et de quoi, je le vous veux déclarer et pleinement deviser.

[1] Froissart exagère la durée de ce siége: l'auteur de l'histoire de Languedoc a prouvé par les comptes du domaine des sénéchaussées de Toulouse, de Carcassonne et de Beaucaire, qu'il était levé au plus tard le 22 août. Une lettre du comte de Derby lui-même, conservée par Robert d'Avesbury, fixe invariablement la date de cet événement au dimanche prochain avant la fête de saint Barthélemy. Or cette fête, en 1346, tombait au jeudi 24 août; ainsi le dimanche précédent était le 20. Comme la lettre que nous venons de citer indique la marche et les principales opérations de l'armée anglaise depuis le 11 ou le 12 de ce mois jusque vers le milieu d'octobre, nous la rapporterons tout entière.

Endroit des Novels saundroit. Sachez que devaunt le feste de l'Assumpcion Notre-Dame bien trois jours nous remuasmes de la Roel devers les parties de Bruggerak et avoms assemblé illesqes toutz lez seigneurs de Gascoigne et autres illesqes conseil, a l'entent de chivacher et avoms illesqe consail ove leys seigneurs sus dits, si qe avaunt notre partir d'illesqes nous veinent ascuns gentz chivalers et aultres pour demander trewes de par les Fraunceys qe gesoient ungore à siége devant Aquillon. Mais puisqe nous savoms qe monsr. le roy est arivé en Normandye, nous ne vodroms mye assentir à nulle trewe; et sour ceo les enemys se lèverent du siége la dismenge proschein devaunt le feste de seint Barthu [1], et s'en départirent mult ledement, qar ils perdirent graunt partie de lour biens et de lour gentz et lessèrent jour tentes et tout le pluis de lour herneis: si que sitost qe nous le savoms nous tenismes avaunt notre chemyn en Angeneys et venismes devaunt la Villeréal q'est une bone ville du royalme, laquelle nous estoit rendu et aultres villes et chastiels d'entour tut plain. Et quaunt avoms establé cele ville et la païs nous chivachoms tut la pays et alasmes droit à Tonynges et Aquillon et les feismes establer auxy et la païs environ. Et puis reparasmes ariere à la Réole et y demurrasmes bien huit jours, et avoms illesqes consail, et avoms illesqes tout la païs, et départismes notre ost en treis et lessames le seigneur de la Brette, monsr Bérard de Bret seneschal de Gascoyne, monsr Alexandre de Camont et aultres devers les parties de Besades; le seigneur Duracz et aultres seigneurs de Augeneys lessames celes parties et tenismes avaunt notre chemyn vers les parties de Centoyne [2] od mil hommes d'armes. Et remuasmes le douzième jour de septembre et geusmes en une bone ville qe nous fust mesme le jour rendu, la ville de Salveterre. Et lendemayn quaunt nous avoms pris serment de céaux de la ville, nous tenismes avaunt notre chemyn bien sept jours saunz assaillir une ville ou chastiel tanqe nous venismes au chastiel de Nau [1] qu'est sour la rivière de Charente, et illeosqes feismes reparailler le pount q'estoit debrusé qar l'eawe estoit si perfounde qe homme ne poet passer par ailleurs, et passames illeosqes lendemain. Et avoms cele jour novels qe les gents monsr Wautier de Mauny, q'avoient conduyt des Fraunceis d'aler au roy par terre, furent pris et emprisoned deinz la ville de Seint-John Aungelyn; et ensi fustrent, et monseigneur Wautier estoit eschapé soy tierce à graunt payne: si qe nous tenismes avaunt notre chemyn devers la dite ville et l'assaillames et fust gayné par force, Dieu mercy, et les gentz gettés hors del prisone; et demurrasmes huit jours et establioms la ville. Et ceulx de la ville nous fisrent serment et deviendrent Engleis, et deivent de lour costage demene duraunt la guerre trover CC hommes d'armes et DC à pié en garnisoun de la dite ville; et en temps du pees acrestrent lour rentes au roy pluis par an q'ils ne soleient paier à roy de Fraunce chescun an de III mil escutz. Et lendemayn de seint Michel nous chivachasmes vers la cité de Peiters, et geusmes une nuyt devaunt la ville de Lysingham q'est une forte ville, si qe homme la aloit assaillier, et fust gayné par assaut, et le chastiel nous fust rendu q'est un de pluis nobles chastiels et de pluis fort qe sount garres en Fraunce ou en Gascoigne; et nous establoms le chastiel et la ville et y lessames bien C hommes d'armes et aultres gentz à pié ovesqe eux et chivachasmes devaunt la citée de Peiters et ils requeresmes. Mais ils ne voleient rien faire, qar il lour sembla lour ville assetz forte, et si estoient assetz des gentz, si qe homme l'assailla, qe fust le proschein mersqerdy après le Seint-Michel [2]; et fust par force gayné, et toutz ceaux de la ville fusrent pris ou mortz. Et les seigneurs q'estoient dedeinz, un évesqe et bien IIII barons, quaunt ils virent la prise de la ville s'en alèrent d'autre part. Et nous demurrasmes y bien huit jours; et estoioms à l'escriver des gentz de cestes al ville de Seint-Johan. Et avons de bones villes et chastiels qe nous sount rendus entour, et ensi avons fait un beal chivaché, le Dieux mercy, et sumes revenuz à Seint-Johan, et pensoms d'illesqes tenir notre chemyn devers Burdeaux, quelle chose sera forte à faire à ceo qe les enemys sount quillez en païs; mais espoiroms de faire bien od l'ayde de Dieux.

[1] Peut-être Château-Neuf sur la Charente.
[2] La fête de Saint-Michel fut cette année le vendredi 29 septembre: ainsi mercredi suivant fut le 4 octobre.

[1] Le dimanche 20 août.
[2] Probablement Saintonge; car il dut traverser cette province pour se rendre, comme il le dit plus bas, sur les bords de la Charente.

CHAPITRE CCLVIII.

Comment le duc de Normandie commanda faire un pont sur la rivière devant Aiguillon, qui plusieurs fois fut dépecé par ceux du châtel.

Quand les seigneurs et les barons de France furent venus devant Aiguillon, ils regardèrent premièrement et considérèrent qu'ils ne pouvoient venir jusques à la forteresse, s'ils ne passoient la rivière, qui est large, longue et profonde. Or leur convenoit faire un pont pour la passer. Si commanda le duc que le pont fût fait, quoi qu'il coûtât. Si y vinrent, pour ce pont ouvrer, plus de trois cents charpentiers, qui y ouvroient jour et nuit. Quand les chevaliers qui dedans Aiguillon étoient, virent que ce pont étoit fait à moitié de la rivière, ils firent appareiller trois nefs, et entrèrent dedans, puis chassèrent tous ces ouvriers et les gardes aussi, et défirent, tantôt et sans délai, tout ce qu'ils avoient fait et charpenté à grand'peine, un grand temps. Quand les seigneurs de France virent ce, ils furent durement courroucés, et firent appareiller autres naves à l'encontre d'eux, et mirent dedans grand'foison de gens d'armes, Gennevois, bidaus et arbalétriers, et commandèrent aux ouvriers à ouvrer, sur la fiance de leurs gardes. Quand les ouvriers eurent ouvré un jour jusques à heure de midi, messire Gautier de Mauny, et aucuns de ses compagnons entrèrent en leurs nefs, et coururent sur ces ouvriers et leurs gardes; et en y eut foison de morts et de blessés, et convint aux ouvriers laisser œuvre et retourner arrière. Et fut adonc défait quant qu'ils avoient fait ; et ils laissèrent des morts et des noyés grand'foison. Ces débats et cette riote recommençoient tous les jours. Au dernier, les seigneurs de France y furent si étoffément, et si bien gardèrent leurs ouvriers, que le pont fut fait, bon et fort. Si passèrent adonc les seigneurs et tout l'ost outre, armés et ordonnés par manière de bataille, et assaillirent le châtel d'Aiguillon fortement et durement, sans eux épargner. Et y eut ce jour très fort assaut et maint homme blessé, car ceux de dedans se défendoient si vassalement que merveilles seroit à recorder. Et dura cet assaut un jour tout entier ; mais rien n'y firent. Si retournèrent au soir en leurs logis, pour eux reposer et aiser ; et avoient bien de quoi ; car leur ost étoit bien pourvu de tous biens. Ceux du châtel se retrairent aussi, et remirent à point ce que brisé et rompu étoit ; car ils avoient grand'foison d'ouvriers.

CHAPITRE CCLIX.

Comment le duc de Normandie partit son ost en quatre parties pour assaillir Aiguillon et envoya querre les engins de Toulouse.

Quand vint lendemain, ces seigneurs de France s'assemblèrent, et regardèrent et avisèrent entre eux comment ils pourroient mieux et plus apertement grever ceux du château. Si ordonnèrent, pour plus travailler leurs ennemis, qu'ils partiroient leur ost en quatre parties, desquelles la première partie assaudroit du matin jusqu'à prime, la seconde de prime jusques à midi, la tierce de midi jusques à vespres, et la quarte de vespres jusques à la nuit, car ils pensoient que les défendans ne pourroient tant durer. Si le fit ainsi par grand avis, et assaillirent par telle ordonnance cinq ou six jours. Mais ce ne leur valut rien, ains y perdirent grossement de leurs gens; car ceux du châtel ne furent oncques si recrus, combien qu'ils fussent travaillés outre mesure, qu'ils ne s'abandonnassent au défendre si vaillamment, parquoi ceux de l'ost pussent rien gagner sur eux, non mie seulement le pont qui est devant le châtel. Et quand ils virent que assaut qu'ils y fissent ne leur profitoit rien, si en furent tous confus, et eurent autre conseil ; car ils envoyèrent quérir à Toulouse huit des plus grands engins qui y fussent, et encore en firent eux faire et charpenter quatre autres plus grands assez, et firent sans cesser ces douze engins jeter nuit et jour dedans le château. Mais ceux de la forteresse étoient si bien guérités, que oncques pierre d'engin ne les gréva, fors ès toits des maisons; et avoient ceux du châtel bons engins qui débrisoient tous les engins de dehors; et en peu d'heures en brisèrent six, dont ceux de l'ost furent moult courroucés. Et toujours avisoient et subtilloient comment ils les pourroient mieux grever.

CHAPITRE CCLX.

Comment messire Gautier de Mauny et messire Charles de Montmorency se combattirent; et comment le dit messire Charles fut déconfit.

Ainsi étoit le châtel d'Aiguillon et ceux qui le défendoient assaillis par plusieurs manières ; car presque toutes les semaines on y trouvoit et avisoit aucune chose nouvel. Et aussi ceux du châtel, pour eux défendre, ravisoient aucune chose à l'encontre. Le siége durant devant Aiguillon, avint par plusieurs fois que messire Gautier de Mauny s'en issit hors, atout cent ou cent vingt compagnons, et en alloient par outre la rivière de leur côté fourrager ; et, voyans ceux de l'ost, ramenoient souvent grand'proie ; dont les François avoient grand ennui.

Et avint un jour que messire Charles de Montmorency, maréchal de l'ost, chevauchoit et avoit bien cinq cents compagnons tous à cheval, et ramenoit grand' proie en leur ost, qu'il avoit fait recueillir sur le pays, pour avitailler l'ost ; si s'encontrèrent dessous Aiguillon ces deux chevauchées. Messire Gautier de Mauny ne vouloit mie refuser, combien qu'il eût le moins de gens; mais se férit tantôt en ces François ; et cils entre eux. Là eut dur hutin et fort, et maint homme renversé par terre, mort et blessé ; et y firent les deux capitaines grands appertises d'armes, et vaillamment se combattirent. Toutes voies les Anglois en eussent eu le pire, car les François étoient bien cinq contre un ; mais les nouvelles vinrent dedans Aiguillon que leurs compagnons se battoient et qu'ils n'étoient mie bien partis aux François. Adonc issirent eux, qui mieux mieux, et le comte de Pennebroch tout devant : si vinrent tout à point là à la mêlée, et trouvèrent messire Gautier de Mauny qui étoit à terre, enclos de ses ennemis, et y faisoit merveilles d'armes : si fut tantôt rescous et remonté que le comte de Pennebroch fut venu. Or vous dirai que les François avoient fait. Entrementes que leurs gens se combattoient et ensonnioient les Anglois, ils chassèrent leur proie outre, et la mirent à sauveté : autrement ils l'eussent perdue; car les Anglois qui issirent hors d'Aiguillon, pour secourir leurs compagnons, le comte de Pennebroch, messire Franke de Halle, messire Hue de Hastingues, messire Robert de Neuf-Ville et les autres se portèrent si vaillamment, que tantôt ils espartirent ces François, et rescouirent tous leurs compagnons, prirent plusieurs prisonniers, et à grand meschef se sauva messire Charles de Montmorency, qui s'en revint arrière ainsi que tout déconfit ; et les Anglois retournèrent dedans Aiguillon.

CHAPITRE CCLXI.

Comment le duc de Normandie fit assaillir Aiguillon ; et comment le pont d'Aiguillon fut conquis où il eut moult de morts et de blessés.

De tels rencontres et de tels hutins y avoit souvent, sans les assauts et les escarmouches qui étoient presque tous les jours à ceux du châtel. Et ce arguoit durement le duc de Normandie, pourtant que ceux d'Aiguillon se tenoient si vaillamment; et étoit telle l'intention du duc qu'il ne s'en partiroit par nulle condition, si le roi de France son père ne le demandoit, si l'auroit conquis, et les Anglois qui dedans étoient mis à sa volonté. Or avisèrent les François une manière d'assaut, et fit-on un jour armer tous ceux de l'ost ; et commandèrent les seigneurs que ceux de Toulouse, ceux de Carcassonne, et ceux de Beaucaire et leurs sénéchaussées assaillissent du matin jusques à midi, et ceux de Rouergue, de Caours et d'Agénois, à leur retraite, jusques à vêpres ; et cil qui pourroit premier gagner le pont de la porte du châtel on lui donneroit tantôt cent écus. Le duc de Normandie, pour mieux fournir cet assaut, fit venir et assembler sur la rivière grand plenté de nefs et de chalans [1]. Les plusieurs entrèrent dedans pour passer la dite rivière, et aucuns passèrent au pont. Ceux du châtel qui virent l'ordonnance de l'assaut furent tous appareillés pour défendre. Lors commença un trop plus fort assaut qu'il n'y avoit encore eu. Qui là vit gens abandonner vies et corps, et approcher le pont, pour gagner les cent écus, et presser l'un sur l'autre, si comme par envie, et qui regardât aussi ceux du châtel eux défendre vassalement, il se put bien émerveiller. Finablement, au fort de la besogne, aucuns se mirent en une nacelle

---

[1] Espèce de barque. Ce mot s'est conservé dans plusieurs provinces dans le dialecte populaire, ainsi que beaucoup d'autres mots employés par Froissart, placés aujourd'hui hors de l'usage commun.

en l'eau pardessous le pont, et jetèrent grands et gros crocs et havets au dit pont-levis, et puis tirèrent si fort qu'ils rompirent les chaînes qui le pont tenoient, et le avalèrent jus par force. Qui adonc vit gens lancer sur ce pont, et trébucher l'un sur l'autre, dix ou douze en un mont, et vit ceux de la porte jeter pierres, grands pots pleins de chaux et grands merreins, bien put voir grand'merveille, et gens mes-haigner et mourir et trébucher en l'eau. Toutefois fut le pont conquis par force; mais il leur coûta grandement de leurs gens, plus qu'il ne valut. Quand le pont fut gagné, ceux de l'ost eurent plus à faire que devant, car ils ne pouvoient aviser voie comment ils pussent gagner la porte. Si se retrairent à leurs logis; car jà étoit tard, et avoient mestier de reposer. Quand ils furent retraits, ceux du châtel issirent hors, et refirent le pont plus fort que devant.

CHAPITRE CCLXII.

Comment le duc de Normandie fit faire quatre grands kas sur quatre grands nefs pour assaillir Aiguillon; et comment ils furent débrisés de ceux du châtel et un effondré.

Lendemain vinrent deux maîtres engigneurs au duc de Normandie et aux seigneurs de son conseil, et dirent que, si on les vouloit croire et livrer bois et ouvriers à foison, ils feroient quatre grands kas[1] forts et hauts sur quatre grands forts nefs et que on mèneroit jusques aux murs du châtel, et seroient si hauts qu'ils surmonteroient les murs du château. A ces paroles entendit le duc volontiers, et commanda que ces quatre kas fussent faits, quoi qu'ils dussent coûter, et que on mît en œuvre tous les charpentiers du pays, et que on leur payât largement leur journée, parquoi ils ouvrissent plus volontiers et plus appertement. Ces quatre kas furent faits à la devise et ordonnance des deux maîtres, en quatre fortes nefs; mais on y mit longuement, et coûta grands deniers. Quand ils furent parfaits, et les gens dedans entrés qui à ceux du châtel devoient combattre, et ils eurent passé la moitié de la rivière, ceux du châtel firent descliquer quatre martinets[2] qu'ils avoient nouvellement fait faire, pour remédier contre les quatre kas dessus dits. Ces quatre martinets jetèrent si grosses pierres et si souvent sur ces kas, qu'ils furent bientôt débrisés, et si froissés que les gens d'armes et ceux qui les conduisoient ne se purent dedans garantir. Si les convint retraire arrière, ainçois qu'ils fussent outre la rivière; et en fut l'un effondré au fond de l'eau, et la plus grand'partie de ceux qui dedans étoient noyés; dont ce fut pitié et dommage: car il y avoit de bons chevaliers et écuyers, qui grand désir avoient de leurs corps avancer, pour honneur acquerre.

CHAPITRE CCLXIII.

Comment le comte de Ghines et le comte de Tancarville se partirent du siége d'Aiguillon et vinrent à Paris dire au roi la manière du siége d'Aiguillon.

Quand le duc de Normandie et les seigneurs de France virent le grand meschef, et que par ce ils ne pouvoient venir à leur entente, ils furent moult courroucés, et firent les autres trois nefs et les kas cesser et retraire, et issir hors tous ceux qui dedans étoient. Si ne pouvoient les seigneurs plus aviser voie, manière, ni engin comment ils pussent le fort châtel d'Aiguillon conquerre; et si n'y avoit prince, ni baron, tant fût grand, ni prochain de lignage du duc de Normandie, qui osât parler du déloger, ni traire autre part; car le dit duc en avoit parlé moult avant qu'il ne s'en partiroit, si auroit le châtel à sa volonté et ceux qui dedans étoient, si le roi son père ne le remandoit. Si avisèrent les seigneurs que le comte de Ghines, connétable de France, et le comte de Tancarville se départiroient du siége et s'en retourneroient en France, pour montrer et conter au roi l'ordonnance de l'état du siége d'Aiguillon. Si se partirent de l'ost ces deux comtes dessus dits, assez par le congé du duc, et chevauchèrent tant par leurs journées qu'ils vinrent à Paris, où ils trouvèrent le roi Philippe. Si lui recordèrent la manière et l'état du siége d'Aiguillon, et comment le duc son fils l'avoit fait assaillir par plusieurs assauts, et rien n'y conquéroit. Le roi en fut tout émerveillé, et ne remanda point adonc le duc son fils; mais vouloit bien qu'il se tînt encore devant Aiguillon, jusques à tant qu'il les eût contraints et conquis par famine, puisque par assaut ne les pouvoit avoir.

---

[1] Espèce de machine dans laquelle les assiégeans approchaient des murs à couvert.
[2] Machines à lancer de grosses pierres.

Or nous souffrirons à parler du duc de Normandie, et du siége d'Aiguillon, et parlerons du roi Édouard d'Angleterre et d'une grosse chevauchée qu'il fit en cette saison pardeçà la mer.

CHAPITRE CCLXIV.

Comment le roi d'Angleterre fit son mandement pour aller en Gascogne; mais par le conseil de messire Godefroy de Harecourt il s'en alla en Normandie.

Si avoit ouï recorder le dessus dit roi d'Angleterre que ses gens étoient durement astreins et fort assiégés dedans le châtel d'Aiguillon, et que le comte Derby son cousin, qui se tenoit à Bordeaux, n'étoit mie fort pour tenir les champs et lever le siége du duc de Normandie de devant Aiguillon. Si se pensa qu'il mettroit sus une grosse armée de gens d'armes et les amèneroit en Gascogne. Si commanda à faire ses pourvéances tout bellement, et à mander gens parmi son royaume et ailleurs aussi où il les pensoit avoir, parmi ses deniers payans.

En ce temps arriva en Angleterre messire Godefroy de Harecourt, qui étoit banni et enchassé de France, ainsi que vous avez ouï [1]. Si se traist tantôt devers le roi et la roine, qui se tenoient adonc à Cartesée [2], à quatorze lieues de la cité de Londres, sur la rivière de Tamise, qui reçurent le dit messire Godefroy moult liement; et le retint tantôt le roi de son hôtel et de son conseil, et lui assigna belle terre et grande en Angleterre, pour lui et son état tenir et maintenir bien et étoffément. Assez tôt après eut le dit roi ordonné et appareillé une partie de ses besognes; et avoit fait venir et assembler au hâvre de Hantonne grand'quantité de nefs et de vaisseaux; et faisoit celle part traire toutes manières de gens d'armes et d'archers.

Environ la Saint-Jean-Baptiste, l'an mil trois cent quarante six, se partit le roi de madame la roine sa femme, et prit congé de li, et la recommanda en la garde du comte de Kent son cousin; et établit le seigneur de Percy et le seigneur de Neufville à être gardiens de tout son royaume, avec quatre prélats, c'est à savoir, l'archevêque de Cantorbie, l'archevêque d'Yorch,
l'évêque de Lincole et l'évêque de Durem [1]. Et ne vida mie tellement son royaume qu'il n'y demeurât assez de bonnes gens pour le garder et défendre, si mestier étoit. Puis chevaucha le roi et vint sur les marches de Hantonne; et là se tint tant qu'il eut vent pour lui et pour toutes ses gens. Si entra en son vaisseau [2], et le prince de Galles son fils, et messire Godefroy de Harecourt, et chacun autre sire, comte et baron entre ses gens, ainsi que ordonné étoit. Si pouvoient être en nombre quatre mille hommes d'armes et dix mille archers, sans les Yrlois et aucuns Gallois, qui suivoient son ost tout à pied [3].

Or vous nommerai aucuns grands seigneurs qui furent avec le dit roi : et premièrement Édouard son ains-né fils, prince de Galles, qui lors étoit en l'âge de quatorze ans ou environ [4], le comte de Herfort, le comte de Norenton, le comte d'Arondel, le comte de Cornouaille, le comte de Warvich, le comte de Hostidonne, le comte de Suffolch, le comte d'Askesuffort; et des barons : messire Jean de Mortemer qui puis fut comte de la Marche, messire Jean, messire Louis et messire Roger de Beauchamp, messire Regnault de Cobehen, le sire de Moutbray, le sire de Ros, le sire de Lussy, le sire de Felleton, le sire de Brasseton, le sire de Multon, le sire de la Ware, le sire de Manne, le sire de Basset, le sire de Bercler, le sire de Willebi et plusieurs autres; et des bacheliers, messire Jean Chandos, messire Guillaume Fitz-Varrine, messire Pierre et messire Jacques d'Audelée, messire Roger de Wettevale, messire Berthelémy de Brues, messire Richard de Pennebruges, et

---

[1] Godefroy de Harcourt était en Angleterre depuis long-temps : il avait fait hommage à Édouard en qualité de roi de France avant le 13 juin de l'année 1345.

[2] Chertsey, près de la Tamise, et à vingt milles de Londres.

---

[1] Les prélats et les seigneurs qui viennent d'être nommés formaient vraisemblablement le conseil du prince Lionnel, que son père avait établi gardien de tout le royaume pendant son absence, par ses lettres datées du 25 juin.

[2] Édouard s'embarqua le 2 juillet.

[3] On porte le nombre des Irlandais à 6,000 et celui des Gallois ou Welshmen à 12,000 qui, réunis aux 4,000 hommes d'armes et aux 10,000 archers, ne feraient en tout qu'une force de 32,000 hommes; mais il est probable que Froissart porte ces forces au-dessous de ce qu'elles étaient, puisque Knyghton rapporte qu'il fallut 1,100 grands bâtiments pour transporter l'armée d'Édouard, sans compter les 600 petits bâtiments, destinés à porter sans doute les approvisionnemens.

[4] Il était né le 15 juin 1330 ; il avait donc alors seize ans révolus.

moult d'autres que je ne puis mie tous nommer [1].

Peu d'étrangers y avoit : si y étoit de la comté de Hainaut messire Oulphart de Ghistelle, et cinq ou six chevaliers d'Allemaigne, que je ne sais mie nommer.

Si singlèrent ce premier jour à l'ordonnance de Dieu, du vent et des mariniers, et eurent assez bon exploit pour aller devers Gascogne, où le roi tendoit à aller. Au tiers jour qu'ils se furent mis sur mer, le vent leur fut contraire et les rebouta sur les marches de Cornouaille; si geurent là à l'ancre six jours. En ce termine eut le roi autre conseil, par l'ennort et information de messire Godefroy de Harecourt, qui lui conseilla pour le mieux, et faire plus grand exploit, qu'il prît terre en Normandie. Et dit bien adonc au roi le dit messire Godefroy : « Sire, le pays de Normandie est l'un des plus gras du monde; et vous promets, sur l'abandon de ma tête, que si vous arrivez là, vous y prendrez terre à votre volonté : ni jà nul ne vous viendra au devant qui rien vous dure; car ce sont gens en Normandie qui oncques ne furent armés, et toute la fleur de la chevalerie qui y peut être gît maintenant devant Aiguillon avec le duc; et trouverez en Normandie grosses villes et bastides [1] qui point ne sont fermées, où vos gens auront si grand profit qu'ils en vaudront mieux vingt ans après; et vous pourra votre navie suivre jusques bien près de Caen en Normandie. Si vous prie que je sois cru et ouï de ce voyage. Et pour certain vous et nous tous en vaudrons mieux; car nous y trouverons or, argent, vivres et tous autres biens à grand'plenté. »

CHAPITRE CCLXV.

Comment le roi d'Angleterre arriva en Normandie ; et comment le roi de France y envoya le comte de Ghines son connétable et le comte de Tancarville pour garder le pays.

Le roi d'Angleterre, qui étoit alors en la fleur de sa jeunesse, et qui ne désiroit fors à trouver les armes et ses ennemis, s'inclina de grand'volonté aux paroles de messire Godefroy de Harecourt, qu'il appeloit son cousin. Si commanda à ses mariniers qu'ils tournassent vers Normandie; et il même prit l'enseigne de l'amiral le comte de Warvich, et voulut lui-même être amiral pour ce voyage; et se mit tout devant, comme patron et gouverneur de toute la navie; et singlèrent au vent qu'ils avoient à volonté. Si arriva la navie du roi d'Angleterre en l'île de Cotentin sur un certain port que on appelle la Hogue-Saint-Vast [2]. Ces nouvelles s'espartirent sur le pays, que les Anglois avoient là pris terre; et vinrent messagers accourans jusques à Paris, devers le roi de France, envoyés de par les villes de Cotentin. Bien avoit ouï recorder le roi de France en celle saison, que le roi d'Angleterre mettoit sus une grand'armée de gens d'armes, et l'avoit-on vu sur la mer, des bandes de Normandie et Bretagne : mais on ne savoit encore quel part ils vouloient traire. Donc, sitôt que le roi entendit que les Anglois avoient pris terre

---

[1] Barnès, dans sa vie d'Édouard III, donne une liste de ces noms, et assure qu'à partir de lord Ughtred les vingt-deux derniers sont tirés d'un ancien manuscrit de la bibliothèque de Cambridge intitulé *Acta Edwardi filii Edwardi tertii*. Voici ces noms qui serviront à rectifier l'orthographe de ceux donnés par Froissart.

Comtes : Humphry Bohun, comte d'Hereford et d'Essex; William Bohun son frère, comte de Northampton ; Thomas Beauchamp, comte de Warwick ; Richard Fitz Alan, comte d'Arundel ; John Vere, comte d'Oxford, William Clinton, comte de Huntingdon ; Robert Hufford comte de Suffolk.

Barons : le jeune lord Roger Mortimer, lord Gérard Lisle et son parent lord John Lisle, lord Reginald Cobham, les lords John et Roger Beauchamp, lord John Mowbray, lord William Roos de Hamlake, lord Thomas Lucy de Cockermouth, lord William Felton, lord Thomas Bradestan, lord Ralph Basset de Sapcoat, John lord Willoughby d'Eresby, lord Pierre Manly, cinquième du nom, lord Ughtred, John lord Fitz Walter, William lord Kerdeston, lord Roger Say, lord Amaury de Saint-Amand, lord Robert Bourchier, lord John le Strange, lord Édouard Montagu, lord Richard Talbot, lord John Mohun de Dunster, William lord Boteler de Evemme, Robert lord Ferrers, John lord Seymour, John lord Grey, William lord Botreaux, lord Hugh Spenser, lord John Striveling, Michel lord Poynings, Robert lord Moiley, Thomas lord Ashley, John Sutton, lord Nicolas Cantilupe.

Chevaliers : sir John Chandos, lord Pierre Audley, lord James Audley, lord Barthélemy Burgherst le jeune, lord Thomas Holland, lord Fulk Fitz Warren, sir Richard Pembridge.

[1] Ce mot, qui exprime communément une place fortifiée, paraît devoir signifier ici des fermes ou des métairies ; il a encore cette signification dans quelques-unes de nos provinces méridionales.

[2] Suivant Robert d'Avesbury et les *Chroniques de France*, le roi d'Angleterre arriva à La Hogue le mercredi 12 juillet. Quant à la dénomination d'*Île* que Froissart, ainsi que la plupart de nos anciens écrivains, donnent au Cotentin, personne n'ignore qu'elle est impropre, et que ce canton tient à la Normandie par un isthme qui a plusieurs lieues de largeur.

en Normandie, il fit hâter son connétable le comte de Ghines, et le comte de Tancarville, qui nouvellement étoient venus d'Aiguillon, et leur dit que ils se traissent devers Caen et se tinssent là, et gardassent la ville et les marches contre les Anglois. Cils répondirent volontiers, et qu'ils en feroient leur pouvoir. Si se partirent du roi et de Paris à grand'foison de gens d'armes ; et toujours leur en venoit ; et chevauchèrent tant qu'ils vinrent en la bonne ville de Caen, où ils furent reçus à grand'joie des bourgeois et des bonnes gens d'environ, qui s'y étoient retraits. Si entendirent les dessus dits seigneurs aux ordonnances de la ville, qui pour le temps n'étoit point fermée, et aussi à faire armer et appareiller et pourvoir d'armures chacun selon son état. Or reviendrons au roi d'Angleterre qui étoit arrivé en la Hogue-Saint-Vast, assez près de Saint-Sauveur-le-Vicomte, l'héritage de messire Godefroy de Harecourt.

CHAPITRE CCLXVI.

Comment le roi d'Angleterre chéy à terre en issant de son vaissel, lequel dit que c'étoit bon signe.

Quand la navie du roi d'Angleterre eut pris terre en la Hogue [1], et elle fut là toute arrêtée

[1] Michel de Northburgh, clerc, conseiller d'Édouard qu'il accompagnait dans cette expédition, rend compte dans une lettre des opérations de l'armée anglaise depuis son débarquement à La Hogue jusqu'à son arrivée devant Caen. Nous croyons devoir rapporter ici le fragment de cette lettre que nous a conservé Robert d'Avesbury, afin qu'on puisse comparer le récit de Northbury avec celui de Froissart.

« Fait à remembrer qe notre seignour le roi et son ost pristrent terre à Hogges de Seint-Vaal le XII jour de juyl, et pour deskiper ses chivaux et reposer lui et ses gentz et fourner payn, demurra illeosque tanqe al masdy [*] proschein suaunt, et trova à les Hogges XI niefs des queux VIII avoient chastiel devaunt et derere, les queux homme fist ardre. Et le vendredy [**], taunt comme le roi demurra, ascuns gentz alèrent à Barflet et quidoient aver trové plusours gentz et trovèrent nulles à regard et trovèrent illesqes IX niefs ove chastiels devaunt et derere, 11 bones craiers et aultres meindres vesseaux les queux fusrent auxint arz ; et fust la ville auxi bone et auxi graunde come la ville de Sandwyche. Et après qe les ditz gentz fusrent alez, les marineres ardirent la ville ; et sont arz plusours des bones villes et manoirs en la païs environ. Et le mardy [***] qe le roy re-

[*] En 1346, le 12 de juillet étoit un mercredi ; ainsi le mardi suivant était le 18.
[**] Le 14 juillet.
[***] Le 18 juillet.

et ancrée sur le sablon, le dit roi issit de son vaissel, et du premier pied qu'il mit à terre, il chéy si roidement que le sang lui vola hors du nez. Adonc le prirent ses chevaliers qui de-lez lui étoient, et lui dirent : « Cher sire, retraiez-vous en votre nef et ne venez mais-hui à terre, car veci un petit signe pour vous. » Dont répondit le roi tout pourvument et sans délai : « Pourquoi ? Mais est un très bon signe pour

mua il ala à Valoignes et geust illeosques tout la nuyt et trova des vitailles assetz. Et lendemayn remua un graunt journey tanqe à Pont d'Ove, quelle ceaux de la ville de Carentane debrusèrent. Et le roi le fist refaire mesme la nuyt, et passa lendemayn tanqe al dite ville de Carentane qe n'est fors qe entour une lieuge Engleis del dit pount, la quelle ville est auxi grosse come Leycestre, où ils trovèrent vynes et vitailles graunt foisoun, et fust mult de la ville arz, pour riens qe le roi pourroit faire. Et le vendredy le roi ala et geust en villes campestres sour une ryver [1] qe fust mal à passer. Et ceaux de la ville de Seint Lee debrusèrent le pount. Et le roy le fist refeare et passa lendemayn [2] luy et soun ost et se herberga joynant à la ville. Et avoient tutz de la ville comencé d'afforcer la dite ville et attret à eaux mult des gentz d'armes d'avoir tenu de mesme la ville [3] ; et s'en alèrent avaunt la venue de roy. Et trovèrent en la dite ville bien mil tonels de vyn et des aultres biens graunt foisoun ; et est la ville pluis grosse qe n'est Nichole. Et lendemayn le roy prist soun chemyn, et geust à une Abbey et soun ost as villes campestres entour luy ; et chivachèrent les gentz de l'ost robbantz et destruyantz V ou VI leges enviroun toutz les jours et arderent en plusours lieux. Et la lundy le roy remua et se herberga à villes campestres et le marsdy auxint. Et le mesqerdy [4] par temps vient devaunt la ville de Caame à houre de None, et avoit novelx qe graunt foisoun des gentz d'armez fusrent deintz la ville. Et le roy fist arraier ses batailles beals et grosses et maunda ascuns gentz à la ville de les veer et trovèrent le chastiel beal et fort ; et leinz fust l'Évesque de Baious, chivalers et gentz d'armes qui le teignent. En cele partie de la eawe est la ville mult biele et mult grosse et al un bout de la ville est une Abbey [5] si noble come il peot estre, où William le conqueror gist ; et est fermé des murs et tours batailles grauntz et fortz, en quelle Abbey nulle homme n'estoit. Et à l'autre bout de la ville un aultre noble Abbey des dames [6] ; et nul homme ne fust demurraunt as ditz Abeies ne en la ville de cele part de l'eawe forsqe en le chastiel. Et les gentz de la ville fusrent trahez en la ville de l'autre part de l'eawe, où le constable de Fraunce estoit et le chamberlayn de Tankerville q'est un mult graunt seignour et plusours gentz, à la mountance de cinq ou six cents, et la comune de la ville. Et noz gentz de

[1] La Vire.
[2] Le samedi 22 juillet.
[3] Cette phrase ne présente aucun sens ; il y manque vraisemblablement quelques mots.
[4] Le 26 juillet.
[5] L'abbaye de Saint-Étienne de l'ordre de saint Benoît.
[6] L'abbaye de la Trinité.

moi, car la terre me désire¹. » De cette réponse furent tous réjouis. Ainsi se logea le roi ce jour et la nuit, et encore lendemain tout le jour et toute la nuit², sur le sablon.

Entrementes on déchargea la navie des chevaux et de tout leur harnois, et eurent conseil là entre eux comment ils se pourroient maintenir. Si fit le roi deux maréchaux en son ost, l'un messire Godefroy de Harecourt, et l'autre, le comte de Warvich, et connétable, le comte d'Arondel ; et ordonna le comte de Hostidonne à demeurer sur leur navie, à cent hommes d'armes et quatre cents archers ; et puis eurent autre conseil comment ils chevaucheroient. Ils ordonnèrent leurs gens en trois batailles, dont l'une iroit d'un coté tout suivant la marine à destre, et l'autre à senestre, et le roi et le prince son fils iroient par terre au milieu ; et devoit toutes les

l'ost sauntz assent et saunz arraie assaillèrent le pount qe fust mult bien efforcé des bretages et barrers ; et avoient mult afeare ; et les Frauncevs défendèrent ledit pount fortement et à eaux portèrent mult bien devant qu'il peot estre pris sour eaux. Et adonqes fusrent pris les ditz constable et chamberlain et al mountance de cent chivalers et des esquiers, six vingt ou sept vingt, et mortz chivalers, esquiers et aultres gentz de la ville graunt foisoun en les rues, mesons et ès gardeins : homme ne poet mye savoir quelle nombre des gentz de bien, parceo qu'ils fusrent tantost despoillez qe homme ne les purroit connustre. Et nul gentil homme mort de noz, fors qe une esquier qe fust blescé et morust deux jours après. Et fusrent trové en la ville, vines, vitailles et aultres biens et chateux saunz nombre ; et est la ville plus grosse qe nulle ville d'Engleterre hors pris Londres. Et quaunt le roi se remua de les Hogges, entour CC niefs demurrèrent, les queux alèrent à Rothemasse et alèrent et ardèrent la païs II lieges ou III deinz la terre, et pristrent plusours biens et amenèrent à lours niefs, et issint alèrent puis à Cherburgh où il y a une bone ville et fort chastiel et une beal Abbeie et noble, et ount arz ladite ville et l'Abbeie, et tout ount arz par toutz les costez sour la mear de Rothemasse à tanqe Hostrem sour la Havene de Caame q'amonte à six vingt lieges Engleis. Et est le nombre des niefs qu'ils ount arz soixante un de guerre od chastiel devaunt et derere, et vingt trois craiers, saunz aultres meindres vesseaux plusours de vingt un come de trente tonels de vyn. Et le jeofdy* après ceoqe le roy fust venu devaunt Caance, ceaux de la cité de Bious demaundrent à notre seigneur le roy qu'ils se voudroient rendre à luy eaux et lour ville et luy faire homage ; meas il ne lez voleit reserve pour ascuns enchesouns et tanqe les purroit salver de domage. »

¹ C'est le mot de César : *Je t'embrasse, ô terre d'Afrique !*

² Édouard demeura plus long-temps à La Hogue.

* Le jeudi 27 juillet.

nuits la bataille des maréchaux retraire au logis du roi. Si commencèrent à chevaucher et à aller ces gens d'armes, ainsi que ordonné étoit. Ceux qui s'en alloient par mer, selon la marine¹, prenoient toutes les nefs, petites et grands, qu'ils trouvoient, et les emmenoient avec eux. Archers et gens de pied alloient de côté, selon la marine, et roboient et pilloient et prenoient tout ce qu'ils trouvoient. Et tant allèrent et ceux de mer et ceux de terre² qu'ils vinrent à un bon port de mer et une forte ville que on appelle Barfleus, et la conquirent tantôt, car les bourgeois se rendirent, pour doute de mort³. Mais pour ce, ne demeura mie que toute la ville ne fût robée, et pris or, argent et riches joyaux ; car ils en trouvèrent si grand'foison, que garçons n'avoient cure de draps fourrés de vair ; et firent tous les hommes issir hors de leur ville et entrer ès vaisseaux avec eux, parcequ'ils ne vouloient mie que ces gens se pussent rassembler, pour eux grever quand ils seroient passés outre.

CHAPITRE CCLXVII.

Comment les Anglais ardirent et robèrent une partie de Chierebourc et prirent Montebourc et Carentan, lesquels ils ardirent et robèrent et emmenèrent les gens avec eux.

Après ce que la ville de Barfleus fut prise et robée, sans ardoir, ils s'espartirent parmi le pays, selon la marine. Si y firent une grand'partie de leurs volontés, car ils ne trouvèrent homme qui leur devéast. Et allèrent tant qu'ils vinrent à une bonne ville grosse et riche et port de mer, qui s'appelle Chierebourc. Si en ardirent et robèrent une partie ; mais dedans le châtel ne purent-ils entrer, car ils le trouvèrent trop fort et trop bien garni de gens d'armes, et puis passèrent outre, et vinrent vers Montebourc et Valongne⁴ : si la prirent et robèrent toute, et puis

¹ On doit vraisemblablement entendre ceci du comte de Huntingdon, qui, avec la flotte et les troupes qu'on lui avoit laissées, allait rasant les côtes et s'emparait de tous les vaisseaux qu'il rencontrait.

² Froissart paraît vouloir désigner ici le corps d'armée qui suivit les bords de la mer en prenant sur la gauche de La Hogue.

³ Suivant la lettre de Northburgh, les habitants de Barfleur ne se rendirent point aux Anglais ; ils s'enfuirent à leur approche et abandonnèrent la ville : ainsi, ce que dit Froissart qu'ils furent embarqués sur la flotte anglaise pourrait bien être faux.

⁴ Valogne, ville à quatre lieues de Cherbourg et environ deux de Montbourg.

l'ardirent; et en telle manière grand'foison de villes en celle contrée; et conquirent si fier et si grand avoir que merveilles seroit à penser et à nombrer. En après ils vinrent à une moult grosse ville et bien fermée que on appelle Carenten, où il a moult bon château; et adonc y avoit grand'foison de soudoyers [1] qui la gardoient. Adonc descendirent les seigneurs et les gens d'armes de leurs navires et vinrent devant la ville de Carenten, et l'assaillirent vîtement et fortement. Quand les bourgeois virent ce, ils eurent grand'peur de perdre corps et avoir; si se rendirent, saufs leurs corps, leurs femmes et leurs enfans, malgré les gens d'armes et les soudoyers qui avec eux étoient; et mirent leur avoir à volonté, car ils savoient bien qu'il étoit perdu davantage. Quand les soudoyers virent ce, ils se trairent pardevers le châtel qui étoit moult fort; et ces seigneurs d'Angleterre ne voulurent mie laisser le châtel ainsi. Si se trairent en la ville, et firent assaillir le châtel par deux jours, si fort que, ceux qui dedans étoient et qui nul secours ne véoient, le rendirent, saufs leurs corps et leur avoir. Si s'en partirent et allèrent autre part; et les Anglois firent leur volonté de celle bonne ville et du fort châtel, et regardèrent qu'ils ne la pouvoient tenir : si l'ardirent toute et abattirent, et firent les bourgeois de Carenten entrer en leur navie, et allèrent ens avec eux, tout ainsi qu'ils avoient fait de ceux de Barfleus, de Chierebourc, de Montebourc, et des villes voisines qu'ils avoient prises et pillées sur la marine. Or parlerons-nous un petit de la chevauchée du roi d'Angleterre, comme nous avons parlé de cette.

[1] On vient de voir qu'il n'était resté sur la flotte que le comte de Huntingdon avec cent hommes d'armes et quatre cents archers; mais ces forces n'eussent pas été suffisantes pour assiéger Carentan ; et d'ailleurs il eût été imprudent au comte d'abandonner ses vaisseaux et de se dégarnir de troupes, ayant à bord un grand nombre de prisonniers. Il faut donc supposer qu'une partie de l'armée s'était rembarquée, ce que ne dit point l'historien. On peut remarquer en général que la marche des différens corps de l'armée anglaise, depuis sa descente à La Hogue jusqu'à son arrivée à Caen, est obscurément décrite et difficile à suivre. On n'y remarque cependant point de fautes grossières contre la topographie; mais il semble qu'il manque dans le texte quelques phrases dont l'omission jette du louche sur le reste du récit.

CHAPITRE CCLXVIII.

Comment le roi d'Angleterre fit messire Godefroy de Harecourt conduiseur de son ost, lequel ardit et exila tout le pays où il arriva.

Quand le roi d'Angleterre eut envoyé ses gens selon la marine [1], l'un de ses maréchaux, le comte de Warvich et messire Regnault de Cobehen ainsi que vous avez ouï [2], assez tôt après se partit de la Hogue-Saint-Vast, là où il étoit arrivé, et fit messire Godefroy de Harecourt conduiseur de tout son ost, pourtant qu'il savoit les entrées et les issues en Normandie; lequel messire Godefroy se partit, comme maréchal de la route du roi, à cinq cents armures de fer et deux mille archers, et chevaucha bien six ou sept lieues loin de l'ost du roi, ardant et exillant le pays. Si trouvèrent le pays gras et plentureux de toutes choses, les granges pleines de blés, les maisons pleines de toutes richesses, riches bourgeois, chars, charrettes et chevaux, pourceaux, brebis, moutons et les plus beaux bœufs du monde que on nourrit en ce pays. Si en prirent à leur volonté desquels qu'ils voulurent, et amenèrent en l'ost du roi. Mais les varlets ne donnoient point, ni rendoient aux gens du roi l'or et l'argent qu'ils trouvoient, ainçois le retenoient pour eux.

Ainsi chevauchoit messire Godefroy de Harecourt chacun jour d'encoste le grand ost du roi, au dextre côté, et revenoit le soir à toute sa compagnie là où il savoit que le roi devoit loger; et tel fois étoit qu'il demeuroit deux jours, quand ils trouvoient gras pays et à fourrer. Si prit le dit roi son chemin et son charroi devers Saint-Lo en Cotentin, mais ainçois qu'il y arrivât, il se logea sur une rivière [3], attendant ses gens qui avoient fait la chevauchée sur la marine, ainsi que vous avez ouï. Quand ils furent revenus, et ils eurent tout leur avoir mis à voiture, le comte de Warvich, le comte de Suffolch, messire Thomas de Holland et messire Regnault de Cobehen, et leur route reprirent le chemin à senestre, ardant et exillant le pays,

[1] Pour l'intelligence de la phrase il faut suppléer le mot, *savoir*.
[2] Il n'a point dit précédemment que Regnault de Cobham eût accompagné le comte de Warwick.
[3] Vraisemblablement la Vire qu'il lui fallait passer pour arriver à Saint-Lô.

ainsi que messire Godefroy de Harecourt faisoit ; et le roi chevauchoit entre ces batailles ; et tous les soirs se trouvoient ensemble.

CHAPITRE CCLXIX.

Comment le roi de France fit son mandement de gens d'armes pour aller combattre le roi d'Angleterre qui gâtoit son pays de Normandie.

Ainsi par les Anglois étoit ars et exillé, robé, gâté et pillé le bon pays et gras de Normandie ; dont les plaintes et les nouvelles vinrent au roi de France, qui se tenoit en la cité de Paris, comment le roi d'Angletere étoit arrivé en Cotentin et gâtoit tout devant lui à destre et à senestre. Dont dit le roi Philippe et jura que jamais ne retourneroient les Anglois sans être combattus, et les destourbiers et les ennuis qu'ils faisoient à ses gens leur seroient cher vendus. Si fit tantôt et sans délai le dit roi lettres écrire à grand'foison ; et envoya premièrement devers ses bons amis de l'Empire, pour ce qu'ils étoient plus lointains : premièrement au gentil roi de Behaigne que moult aimoit, et aussi à messire Charles de Behaigne son fils, qui dès lors s'appeloit roi d'Allemaigne, et en étoit roi notoirement, par l'aide et pourchas de messire Jean son père et du roi de France ; et avoit jà enchargé les armes de l'Empire.

Si leur pria le roi de France, si acertes comme il put, qu'ils vinssent à tout leur effort, car il vouloit chevaucher contre les Anglois qui lui ardoient son pays. Les dessus nommés seigneurs ne se voulurent mie excuser, mais firent leur amas de gens d'armes, d'Allemands, de Behaingnons et de Lucembourcins, et s'en vinrent en France devers le roi efforcément. Aussi escripsit le dit roi au duc de Lorraine, qui le vint servir à plus de quatre cents lances ; et y vint le comte de Saumes en Saumois, le comte de Salebruche, le comte de Flandre, le comte Guillaume de Namur, chacun à moult belle route. Encore escripsit-il et manda espécialement messire Jean de Hainaut, qui nouvellement étoit allié à lui, par le pourchas du comte Louis de Blois son fils[1] et le seigneur de Fagnoelles. Si vint le gentil sire de Beaumont, messire Jean de Hainaut, servir le roi de France moult étof-fément et à grand'foison de bonne bachelerie de la comté de Hainaut et d'ailleurs. Dont le roi eut si grand'joie de sa venue qu'il le retint pour son corps et de son plus privé et espécial conseil. Ainsi manda le roi de France partout gens d'armes, là où il les pensoit à avoir, et fit une des grosses assemblées de grands seigneurs, ducs, comtes, barons et chevaliers, que on eût vues en France cent ans paravant. Et pourtant qu'il mandoit ainsi gens partout en lointains pays, ils ne furent mie sitôt venus ni assemblés : ainçois ot le roi d'Angleterre mallement couru et ars tout le pays de Cotentin et de Normandie, ainsi que vous orrez recorder en suivant.

CHAPITRE CCLXX.

Comment le roi d'Angleterre prit la bonne ville de Saint-Lo en Cotentin, et fut toute robée et pillée.

Vous avez ci-dessus bien ouï conter l'ordonnance des Anglois, et comment ils chevauchoient en trois batailles, les maréchaux à destre et à senestre, et le roi et le prince son fils en la moyenne. Et vous dis que le roi chevauchoit à petites journées, car ils étoient toujours logés entre tierce et midi ; et trouvoient le pays si plentureux et si garni de tous vivres qu'il ne leur convenoit faire nulles pourvéances fors que de vins ; et si en trouvoient-ils assez par raison. Si n'étoit pas de merveille si ceux du pays étoient effrayés et ébahis ; car avant ce ils n'avoient oncques vu homme d'armes, et ne savoient que c'étoit de guerre ni de bataille. Si fuyoient devant les Anglois de si loin qu'ils en oyoient parler ; et laissoient leurs maisons et leurs granges toutes pleines, ni ils n'avoient mie art ni manière du sauver ni du garder. Le roi d'Angleterre et le prince de Galles son fils avoient en leur route environ trois mille hommes d'armes, six mille archers et dix mille sergens de pied, sans ceux qui chevauchoient avec les maréchaux. Si chevaucha le roi en telle manière que je vous dis, ardant et exillant le pays, et sans point briser son ordonnance ; et ne tourna point vers la cité de Coutances, ains s'en alla devers la grosse ville de Saint-Lo en Cotentin, qui pour le temps étoit bonne ville riche et marchande, et valoit trois fois tant que la cité de Coutances. En celle ville de Saint-Lo en Cotentin avoit très grand'draperie et grosse, et

---

[1] Louis de Blois avait épousé la fille de Jean de Hainaut.

grand'foison de riches bourgeois; et trouva-t-on bien en la dite ville de Saint-Lo manans huit mille ou neuf mille, que bourgeois, que gens de métier. Quand le roi d'Angleterre fut venu assez près, il se logea dehors, car il ne voult mie loger en la ville, par doute du feu. Si envoya ses gens devant, et fut la dite ville conquise à peu de fait, courue et robée partout : ni il n'est homme vivant qui pût croire ni penser le grand avoir qui là fut gagné et robé et la grand'foison de draps qu'ils y trouvèrent. Ils en eussent donné grand marché s'ils les eussent à qui vendre; et moult y eut d'avoir conquis qui point ne vint à connoissance.

CHAPITRE CCLXXI.

Comment le roi d'Angleterre se partit de Saint-Lo et s'en alla devers Caen ; comment ceux de Caen se mirent sur les champs pour le combattre.

Quand le roi d'Angleterre et ses gens eurent fait leur volonté de la ville de Saint-Lo de Cotentin, ils s'en partirent, et prirent leur chemin pour venir encore par devers plus grosse ville trois fois, qui s'appelle Caen; et étoit pleine de très grand'richesse, de draperie, et de toutes marchandises, de riches bourgeois, de nobles dames et de moult belles églises. Et par espécial y a deux grosses abbayes grandement riches, séant l'une à l'un des bouts de la ville et l'autre à l'autre; et est l'une de Saint-Étienne, et l'autre de la Trinité[1]. En celle des dames doit avoir six vingt dames à pleine prouvende. D'autre part, à l'un des lez de la ville siéd le châtel, qui est un des beaux et des forts de toute Normandie; et en étoit capitaine adonc un bon chevalier preux et hardi de Normandie, qui s'appeloit messire Robert de Warigny, et avoit dedans le châtel en garnison avec lui trois cents Gennevois. Au corps de la ville étoient le comte d'Eu et de Ghines, pour lors connétable de France, et le comte de Tancarville, et grand'foison de bonnes gens d'armes. Si chevaucha le roi d'Angleterre celle part tout sagement, et remit ses batailles ensemble, et se logea celle nuit sur les champs, à deux petites lieues près. Et toujours le suivoit et costioit sa navie, et vint jusques à deux lieues près de Caen, en une ville et sur un hâvre que on appelle Austrehan[1], jusques là et sur la rivière de Orne, qui queurt parmi Caen. Là fit venir le comte de Hostidonne, qui en étoit conduiseur et patron. Le connétable de France et les autres seigneurs, qui là étoient assemblés, quittèrent moult suffisamment la ville de Caen celle nuit, et ne firent mie trop grand compte des Anglois. Lendemain au matin, lesdits seigneurs, barons et chevaliers qui là étoient, s'armèrent et firent armer leurs gens et tous les bourgeois de la ville, et puis se tratrent à conseil ensemble, pour savoir comment ils se maintenroient. Si fut adonc l'intention et l'ordonnance du connétable de France et du comte de Tancarville que nul ne vidât la ville, mais gardassent les portes, le pont et la rivière, et laissassent les premiers faubourgs aux Anglois, pour ce qu'ils n'étoient point fermés ; car encore seroient-ils bien ensonniés de garder le corps de la ville qui n'étoit fermée fors que de la rivière. Ceux de la ville répondirent qu'ils ne feroient mie ainsi, et qu'ils se trairoient sur les champs et attendroient là la puissance du roi d'Angleterre, car ils étoient gens et forts assez pour les combattre. Quand le connétable ouït leur bonne volonté, si répondit : « Ce soit au nom Dieu, et vous ne combattrez point sans moi et sans mes gens. » Adonc se trairent au dehors de la ville sur les champs[2], et se mirent à ce commencement en assez bonne ordonnance, et firent grand semblant d'eux bien défendre et de mettre leurs vies en aventure.

CHAPITRE CCLXXII.

Comment ceux de Caen s'enfuirent sans coup férir ; et comment le connétable et le comte de Tancarville y furent pris, et bien vingt cinq chevaliers ; et fut la ville de Caen conquise.

Ce jour se levèrent les Anglois moult matin et se appareillèrent pour aller celle part. Si ouït le roi messe devant soleil levant, et puis monta à cheval, et le prince son fils, et messire Godefroy de Harecourt qui étoit maréchal et gouverneur de l'ost et par quel conseil le roi avoit ouvré et ouvroit en partie. Si se trairent tout bellement celle part, leurs batailles rangées,

---

[1] Ces abbayes étaient l'une d'hommes, l'autre de femmes, toutes les deux de l'ordre de saint Benoît.

[1] Estreham, à l'embouchure de la rivière d'Orne.
[2] Northburgh dit au contraire dans sa lettre que tous les bourgeois s'étaient retirés dans la partie de leur ville qui est de l'autre côté de la rivière.

et chevauchoient les bannières des maréchaux tout devant : si approchèrent la grosse ville de Caen et ces gens d'armes, qui tous s'étoient traits sur les champs, et par semblant en assez bon convenant. Si très tôt que ces bourgeois de la ville de Caen virent approcher ces Anglois, qui venoient en trois batailles, drus et serrés, et aperçurent ces bannières et ces pennons à grand'-foison ventiler et baloier, et ouïrent ces archers ruire, qu'ils n'avoient point accoutumé de voir ni de sentir, si furent si effrayés et déconfits d'eux-mêmes, que tous ceux du monde ne les eussent mie retenus qu'ils ne se fussent mis à la fuite : si se retrait chacun vers leur ville sans arroy, voulsist le connétable ou non. Adonc put-on voir gens frémir et ébahir, et celle bataille ainsi rangée déconfire à peu de fait, car chacun se péna de rentrer en la ville à sauveté. Là eut grand enchas et maint homme renversé et jeté par terre ; et chéoient à mont l'un sur l'autre, tant étoient-ils fort enhidés [1].

Le connétable de France et le comte de Tancarville et aucuns chevaliers se mirent à une porte sur l'entrée du pont à sauveté ; car bien véoient que, puisque leurs gens fuyoient, de recouvrer n'y avoit point ; car ces Anglois jà étoient entrés et avalés entre eux, et les occioient sans merci, à volonté. Aucuns chevaliers et écuyers et autres gens, qui savoient le chemin vers le châtel, se traioient celle part ; et tous les recueilloit messire Robert de Warigny, car le châtel est durement grand et plentureux. Ceux furent à sauveté qui la purent venir. Les Anglois, gens d'armes et archers, qui enchassoient les fuyans, faisoient grand'occision ; car

ils ne prenoient nulli à merci. Dont il avint que le connétable de France et le comte de Tancarville, qui étoient montés en celle porte au pied du pont à sauveté, regardoient au long et à mont la rue, et véoient si grand'pestillence et tribulation que grand'hideur étoit à considérer et imaginer : si se doutèrent d'eux-mêmes qu'ils ne chéissent en ce parti, et entre mains d'archers qui point ne les connussent. Ainsi qu'ils regardoient à val en grand'doute ces gens tuer, ils aperçurent un gentil chevalier anglois, qui n'avoit qu'un œil, que on appeloit messire Thomas de Holland, et cinq ou six bons chevaliers avec lui ; lequel messire Thomas ils avisèrent, car ils s'étoient autrefois vus et compagnés l'un l'autre en Grenade et en Prusse et en autres voyages, ainsi que les chevaliers se trouvent. Si furent tous reconfortés quand ils le virent : si l'appelèrent en passant et lui dirent : « Messire Thomas, parlez à nous. » Quand le chevalier se ouït nommer, il s'arrêta tout coi, et demanda : « Qui êtes vous, seigneurs, qui me connoissez ? » Les dessus dits seigneurs se nommèrent et dirent : « Nous sommes tels ; venez parler à nous en cette porte, et nous prenez à prisonniers. » Quand le dit messire Thomas ouït cette parole, il fut tout joyeux, tant pour ce qu'il les pouvoit sauver, comme pour ce qu'il avoit, en eux prenant, une belle journée et une belle aventure de bons prisonniers, pour avoir cent mille moutons [1] : si se traist au plus tôt qu'il put à toute sa route celle part, et descendirent lui et seize des siens, et montèrent à mont en la porte, et trouvèrent les dessus dits seigneurs et bien vingt cinq chevaliers avec eux, qui n'étoient mie bien assurs de l'occision qu'ils véoient que on faisoit sur les rues, et se rendirent tous tantôt et sans délai au dit messire Thomas qui les prit [2] et fiança ses prisonniers ; et puis mit et laissa de ses

---

[1] L'auteur des *Chroniques de France* raconte le fait un peu différemment. Suivant lui, les habitans de Caen n'allèrent point à la rencontre du roi d'Angleterre ; mais ils l'attendirent dans leur ville où ils se défendirent avec le plus grand courage. Quand les Anglais y furent entrés, le connétable de France et le comte de Tancarville sortirent du château et du fort de la ville, *et ne sais pourquoi ce étoit*, ajoute-t-il ; *et tantôt ils furent pris des Anglois*. Le récit du continuateur de Nangis est moins défavorable à ces deux chevaliers : suivant lui, du moins ils ne se rendirent point sans combat, et furent pris les armes à la main, après avoir tenu long-temps à l'entrée du pont, ensuite auprès de l'église de Saint-Pierre.
Northburgh, dans la lettre que nous avons rapportée, ne dit point si le connétable et le comte de Tancarville se défendirent bien ou mal ; mais il dit que les Français firent une vigoureuse résistance à l'entrée du pont et combattirent avec beaucoup de courage.

[1] Tous les rois de France depuis saint Louis avaient fait frapper des *moutons d'or*, ou des *deniers d'or à l'aignel :* on cessa d'en frapper en l'année 1325 ; et cette interruption dura jusqu'au règne du roi Jean. Les *moutons* anciens continuèrent néanmoins d'avoir cours concurremment avec les nouvelles espèces, sous le règne de Philippe de Valois. Leur titre était d'or fin, et leur taille de 59 1/6 au marc.

[2] Hollingshed rapporte que le comte de Tancarville fut pris par un nommé Legh, ancêtre de sir Peter Legh qui vivait de son temps, et que le roi Édouard lui avait donné en récompense la seigneurie d'Hanley, dans le comté de Chester, possédée ensuite par ses descendans.

gens assez pour les garder, et monta à cheval et s'en vint sur les rues ; et detourna ce jour à faire cruauté et plusieurs horribles faits qui eussent été faits, si il ne fût allé au devant, dont il fit aumône et gentillesse.

Avec le dit messire Thomas de Hollande avoit plusieurs gentils chevaliers d'Angleterre qui res courirent maint meschef à faire, mainte belle bourgeoise et mainte dame de cloître à violer. Et chéy si bien adonc au roi d'Angleterre et à ses gens que la rivière qui queurt parmi la ville de Caen, qui porte grosse navire, étoit si basse et si morte qu'ils la passoient et repassoient à leur aise, sans danger du pont.

Ainsi eut et conquit le dit roi la bonne ville de Caen et en fut sire : mais trop lui coûta aussi, au voir dire, de ses gens ; car ceux qui étoient montés ès loges et ès soliers sur ces étroites rues, jetoient pierres, bancs et mortiers, et en occirent et mes-haignèrent le premier jour plus de cinq cents ; dont le roi d'Angleterre fut trop courroucé au soir quand il le sçut, et ordonna et commanda que lendemain on mît tout à l'épée, et la dite ville en feu et en flamme. Mais messire Godefroy de Harecourt alla au devant de cette ordonnance et dit : « Cher sire, veuillez refrener un petit votre courage, et vous suffise ce que vous en avez fait ; vous avez encore à faire un moult grand voyage, ainçois que vous soyez devant Calais, où vous tirez à venir ; et si a encore en cette ville grand'foison de peuple qui se défendront en leurs hôtels et maisons, si on leur court sus ; et vous pourroit trop grandement coûter de vos gens, ainçois que la ville fût exilliée, par quoi votre voyage se pourroit dérompre ; et si vous retournez sur l'emprise que vous avez à faire, il vous tourneroit à grand blâme. Si épargnez vos gens, et sachez qu'ils vous viendront très bien à point dedans un mois ; car il ne peut être que votre adversaire le roi Philippe ne doive chevaucher contre vous à tout son effort, et combattre, à quelque fin que ce soit ; et trouverez encore des détroits, des passages, des assauts et des rencontres plusieurs, par quoi les gens que vous avez, et plus encore, vous feront bien mestier ; et sans occire, nous serons bien seigneurs et maîtres de cette ville ; et nous mettrons très volontiers, hommes et femmes, tout .e leur en abandon. »

Le roi d'Angleterre, qui ouït et entendit messire Godefroy parler, connut assez qu'il disoit vérité et que tout ce lui pouvoit avenir qu'il lui montroit : si s'en passa atant et dit : « Messire Godefroy, vous êtes notre maréchal ; ordonnez en avant ainsi que bon vous semble, car dessus vous, tant qu'à cette fois, ne vueil je point mettre de regard. » Adonc le dit messire Godefroy de Harecourt fit chevaucher sa bannière de rue en rue, et commanda, de par le roi, que nul ne fût si hardi, sur la hart, qu'il boutât feu, occît homme, ni violât femme.

Quand ceux de Caen ouïrent ce ban, ils en furent plus assurs, et recueillirent aucuns des Anglois en leurs hôtels, sans rien forfaire ; et les aucuns ouvroient leurs coffres et leurs écrins et abandonnoient tout ce qu'ils avoient, mais qu'ils fussent assurs de leur vie. Nonobstant ce et le ban du roi et du maréchal, si y eut dedans la ville de Caen moult de vilains meurtres et pillemens, de roberie, d'arsures et de larcins faits ; car il ne peut être que en un tel ost que le roi d'Angleterre menoit, qu'il n'y ait des vilains garçons et des malfaiteurs assez et gens de petite conscience.

Ainsi furent les Anglois de la ville de Caen seigneurs trois jours ; et y conquirent et gagnèrent si fier avoir que merveilles seroit à penser. En ce séjour ils entendirent à ordonner leurs besognes, et envoyèrent par barges et par bateaux tout leur avoir et leur gain, draps, joyaux, vaisselle d'or et d'argent, et toutes autres richesses dont ils avoient grand'foison, sur la rivière jusques à Austrehem, à deux lieues loin de là, où leur grosse navire étoit ; et eurent avis et conseil, par grand'délibération, que leur navire à tout leur conquêt et leurs prisonniers ils enverroient arrière en Angleterre. Si fut ordonné le comte de Hostidonne à être conduiseur et souverain de cette navire, atout deux cents hommes d'armes et quatre cents archers. Et acheta le roi d'Angleterre le comte de Ghines, connétable de France, et le comte de Tancarville, de messire Thomas de Hollande et de ses compagnons et en paya vingt mille nobles [1] tous appareillés.

---

[1] Le *noble*, assez ordinairement appelé *noble à la rose*, était une monnaie d'or qu'on frappa pour la première fois en Angleterre sous le règne d'Édouard III, vers l'année 1344. L'or en était très fin et leur taille était d'environ 25 au marc.

CHAPITRE CCLXXIII.

Comment le roi d'Angleterre se partit de Caen, et prit Louviers et Vernon, et ardit et exila tout le pays jusques à deux lieues près de Paris en costiant la rivière de Seine.

Ainsi ordonna le roi d'Angleterre ses besognes, étant en la ville de Caen, et renvoya sa navire chargée d'or et d'avoir conquis, et bons prisonniers dont il y avoit jà plus de soixante chevaliers et trois cents riches bourgeois, avec ce grand'foison de saluts et d'amitiés à sa femme, la gentille roine d'Angleterre, madame Philippe.

Or laisserons-nous à parler du comte de Hostidonne et de la navire qui s'en alla vers Angleterre, et parlerons du dit roi omment il persévéra en ce voyage. Quand il eut séjourné en la ville de Caen, ainsi que vous avez ouï, et que ses gens en eurent fait leur volonté, il s'en partit et fit chevaucher ses maréchaux, ainsi comme devant, l'un d'un côté et l'autre d'autre, ardant et exillant le pays[1]; et prirent le chemin d'Évreux, mais point n'y tournèrent, car elle étoit trop forte et trop bien fermée; mais ils chevauchèrent devers une autre grosse ville que on appelle Louviers.

Louviers adonc étoit une des villes de Normandie où l'on faisoit la plus grand'plenté de draperie, et étoit grosse, riche et marchande : si entrèrent les Anglois dedans et la conquirent à peu de fait, car elle n'étoit point fermée : si fut toute courue, robée et pillée, sans déport; et y conquirent les dits Anglois très grand avoir. Quand ils en eurent fait leurs volontés, ils passèrent outre, et entrèrent en la comté d'Évreux, et l'ardirent toute, excepté les forteresses : mais oncques n'y assaillirent ville fermée ni châtel; car le roi vouloit épargner ses gens et son artillerie, car il pensoit bien qu'il en auroit à faire, ainsi que messire Godefroy de Harecourt lui avoit dit et montré. Si se mit le roi d'Angleterre et tout son ost sur la rivière de Seine en approchant Rouen, où il avoit grand'foison de gens d'armes de Normandie; et en étoit capitaine le comte de Harecourt, frère à messire Godefroy, et le comte de Dreux[1]. Point ne tournèrent les Anglois vers Rouen, mais ils allèrent à Vernon, où il y a un bon châtel et fort : si ardirent la ville, mais au châtel ne portèrent-ils point de dommage. En après ils ardirent Verneuil et tout le pays d'environ Rouen, et le Pont-de-l'Arche; et vinrent jusques à Mante et à Meullent, et gâtèrent le pays de là environ; et passèrent de-lez le châtel de Rolleboise, mais

[1] Une lettre du confesseur du roi d'Angleterre nous apprend que les légats du pape s'étant avancés jusqu'à Lisieux, entamèrent une négociation pour procurer la paix entre les deux rois et proposèrent, au nom de Philippe de Valois, le duché d'Aquitaine à Édouard pour le posséder comme son père l'avait possédé; mais que cette proposition ayant été rejetée, les négociations cessèrent. Voici le fragment de cette lettre, tel qu'il est rapporté dans Robert d'Avesbury.

« Benedicere debemus Deum cœli et coram omnibus viventibus merito confiteri, quod fecit nobiscum misericordiam suam. Nam post conflictum habitum in Cadamo, in quo multi admodum interfecti sunt, villa capta est et usque ad nudos parietes spoliata, civitas Bajocensis se sponte reddidit, timens ne consimilia paterentur. Et Dominus noster rex versus Rothomagum direxit iter suum; cui domini cardinales occurrentes in civitate Lexoviensi ad pacem plurimùm hortabantur. Quibus curialiter receptis, propter reverentiam Sedis Apostolicæ et Ecclesiæ sacrosanctæ, responsum fuit quod dominus noster rex, semper pacem desiderans, quæsivit eam viis et modis omnibus racionabilibus quibus scivit et optulit vias multas propter desiderium pacis habendæ, licet in præjudicium non modicum causæ suæ, et quod adhuc paratus est pacem admittere, dum tamen sibi via racionabilis offeratur. Dicti vero cardinales posteà adversarium domini regis allocuti redierunt et optulerunt ducatum Aquitaniæ, ut eum pater suus tenuit, et quòd spem dedit plura habendi per viam maritagii, si tractatus pacificus haberetur. Sed quia ista via non placuit, nec cardinales adversarium domini regis minimè tractabilem invenerunt, desperati de fine bono simpliciter recesserunt. Dominus autem rex continuè progrediens et proficiens, villas grossas omnes per quas transivit optinuit, nemine resistente, sed omni homine fugiente. Deus enim ita omnes exercuit ut viderentur omninò corda sua perdidisse. Castra insuper et municiones, paucis invadentibus, licet fortissima essent, impulsu levi cepit. Adversarius autem suus in Rothomago exercitum magnum congregavit; et licet esset in multitudine copiosa pontem Secanæ fregit, et ex unâ parte Secanæ ex adverso dominum nostrum regem diebus singulis sequebatur, pontes omnes diruens et muniens ne ad eum transiremus. Et licet continuè spolia fierent per universam terram, et incendia in latitudine viginti miliarium in circuito, et ad unum miliare juxta eum, noluit tamen, nec audebat in defensionem populi sui et regni, cum possit, aquam Secanæ pertransire. Et sic dominus rex venit Pussiacum ubi invenit pontem fractum; et adversarius suus citra Pussiacum non quievit.

[1] Le comté de Dreux appartenait alors à Louis, vicomte de Thouars, par sa femme Jeanne, fille et héritière de Jean II, comte de Dreux. Quelques manuscrits disent *le comte d'Évreux.* Cette leçon ne sauroit être bonne : Charles-le-Mauvais, roi de Navarre et comte d'Évreux, était encore enfant.

point ne l'assaillirent ; et partout trouvoient-ils sur la rivière de Seine les ponts défaits ; et tant allèrent qu'ils vinrent jusques à Poissy, et trouvèrent le pont rompu et défait ; mais encore étoient les estaches et les gites en la rivière. Si s'arrêta là le roi et y séjourna par cinq jours. Entrementes fut le pont refait, bon et fort pour passer son ost aisément et sans péril : si coururent ses maréchaux jusques bien près de Paris, et ardirent Saint-Germain-en-Laye et la Montjoie[1], Saint-Cloud et Boulogne de-lez Paris, et le Bourg-la-Roine ; dont ceux de Paris n'étoient mie bien assurs, car elle n'étoit point adonc fermée : si se doutoient que les Anglois ne venissent par outre jusque là.

Adonc s'émut le roi Philippe, et fit abattre tous les appentis de Paris, pour chevaucher plus aisément parmi Paris ; et se partit de Paris et s'en alla à Saint-Denis, là où le roi de Behaigne, messire Jean de Hainaut, le duc de Lorraine, le comte de Flandre, le comte de Blois, et très grand'baronie et chevalerie étoient. Quand les gens de Paris virent le roi leur seigneur partir, si furent plus effrayés que devant ; et vinrent à lui en eux jetant à genoux, et dirent : « Ha ! cher sire et noble roi, que voulez-vous faire ? Voulez-vous ainsi laisser et guerpir la bonne cité de Paris ? Et si sont vos ennemis à deux lieues près ; tantôt seront en cette ville, quand ils sauront que vous en serez parti ; et nous n'avons ni n'aurons qui nous défende contre eux. Sire, veuillez demeurer et aider à garder votre bonne cité. » Donc répondit le roi et dit : « Ma bonne gent, ne vous doutez de rien ; jà les Anglois ne vous approcheront de plus près. Je m'en vais jusques à Saint-Denis devers mes gens d'armes ; car je vueil chevaucher contre les Anglois et les combattre, comment qu'il soit. »

Ainsi rapaisa le roi de France la communité de Paris, qui étoit en grand doute que les Anglois les venissent assaillir et détruire, ainsi qu'ils avoient fait ceux de Caen. Et le roi d'Angleterre se tenoit en l'abbaye de Poissy-les-Dames ; et fut là le jour de Notre-Dame my-août ; et y tint sa solennité ; et sist à tables en draps fourrés d'ermines, de vermeille écarlate, sans manches.

[1] Le château de La Montjoie était sur la montagne au bas de laquelle était située l'abbaye de Joyenval.

CHAPITRE CCLXXIV.

Comment messire Godefroy de Harecourt déconfit ceux d'Amiens ; et comment le roi d'Angleterre entra au pays de Beauvoisin.

Ainsi que le roi d'Angleterre chevauchoit[1] et qu'il alloit, son ost traînant, messire Godefroy de Harecourt chevauchoit d'autre part d'un côté, et faisoit l'avant-garde atout cinq cents hommes et douze cents archers. Si encontra le dit messire Godefroy d'aventure grand'foison de bourgeois d'Amiens, à cheval et à pied, et en grand arroy, qui s'en alloient au mandement du roi Philippe vers Paris. Si furent assaillis et combattus vitement de lui et de sa route ; et ceux se défendirent assez vaillamment, car ils étoient grand'plenté de bonnes gens bien armés et bien ordonnés, et avoient quatre chevaliers du pays d'Amiénois à capitaines. Si dura cette bataille assez longuement, et en y eut de première venue plusieurs rués jus d'un côté et d'autre : mais finablement les Anglois obtinrent la place ; et furent les dits bourgeois déconfits et presque tous morts et pris ; et conquirent les Anglois tout leur charroy et leur harnois où il avoit grand'foison de bonnes choses ; car ils alloient à ce mandement devers le roi moult étoffément, pourtant qu'ils n'avoient été de grand temps hors de leur cité. Si en y eut bien morts sur la place douze cents. Et retourna le dit messire Godefroy sur le vespre devers le gros ost du roi, et lui recorda son aventure, dont il fut moult lie, quand il entendit que la besogne avoit été pour ses gens[2]. Si chevaucha le roi avant et entra au pays de Beauvoisin ardant et exillant le plat pays, ainsi qu'il avoit fait en Normandie ; et chevaucha tant en telle manière qu'il s'en vint loger en une moult belle et riche abbaye que on appelle Saint-Lucien, et siéd assez près de la cité de Beauvais : si y geut le roi une nuit.

Lendemain, sitôt qu'il s'en fut parti, il regarda derrière lui, et vit que l'abbaye étoit toute enflammée : de ce fut-il moult courroucé, et s'arrêta sur les champs ; et dit que ceux qui

[1] Il partit de Poissy, pour s'acheminer vers la Picardie, le 16 août, lendemain de l'Assomption.

[2] Les autres historiens racontent avec beaucoup plus de détails les ravages que fit le roi d'Angleterre dans les environs de Paris, et les efforts de Philippe de Valois pour l'engager à combattre.

avoient fait cet outrage, outre sa défense, le comparroient chèrement; car le roi avoit défendu, sur la hart, que nul ne violât église, ni boutât feu en abbaye, ni en moûtier. Si en fît prendre vingt de ceux qui le feu y avoient bouté, et les fit tantôt et sans délai pendre, afin que les autres y prissent exemple.

CHAPITRE CCLXXV.

Comment les maréchaux du roi d'Angleterre ardirent les faubourgs de Beauvais; et comment le roi d'Angleterre prit Argies et le châtel de Poix.

Après que le roi d'Angleterre se fut parti de Saint-Lucien, il chevaucha avant au pays de Beauvoisin, et passa outre par de-lez la cité de Beauvais, et n'y voulut point assaillir, arrêter ni assiéger; car il ne vouloit mie travailler ses gens ni allouer son artillerie sans raison; et s'en vint ce jour loger de haute heure en une ville qu'on appelle Milly[1] en Beauvoisin. Les deux maréchaux de l'ost passèrent si près de la cité de Beauvais et des faubourgs qu'ils ne se purent tenir qu'ils n'allassent assaillir et escarmoucher à ceux des barrières[2]; et partirent leurs gens en trois batailles, et assaillirent à trois portes, et dura cet assaut jusques à remontée : mais petit y gagnèrent, car la cité de Beauvais est forte et bien fermée et étoit adonc gardée de bonnes gens d'armes et de bons arbalétriers; et si y étoit l'évêque, dont la besogne valoit mieux. Quand les Anglois aperçurent qu'ils n'y pouvoient rien conquêter, ils s'en partirent; mais ils ardirent tous les faubourgs rez à rez des portes; et puis vinrent au soir là où le roi étoit logé.

Lendemain le roi et tout son ost se délogèrent et chevauchèrent parmi le pays, ardant et exillant tout derrière eux; et s'en vinrent loger en un gros village que on appelle Grandvilliers. Lendemain le roi se délogea et passa par devant Argies. Si ne trouvèrent les coureurs personne qui gardât le châtel; si l'assaillirent et prirent à peu de fait, et l'ardirent et puis passèrent outre, ardant et exillant tout le pays d'environ; et vinrent ainsi jusques au châtel de Poix, là où ils trouvèrent bonne ville et deux châteaux. Mais nul des seigneurs n'y étoit, fors deux belles damoiselles, filles au seigneur de Poix, qui tantôt eussent été violées, si n'eussent été deux gentils chevaliers d'Angleterre qui les en défendirent et les menèrent au roi pour elles garder; ce furent messire Jean Chandos, et le sire de Basset, lequel roi, pour honneur et gentillesse, leur fit bonne chère et liée, et les recueillit doucement et leur demanda où elles voudroient être. Elles répondirent : « A Corbie. » Là les fit le roi mener et conduire sans péril. Si se logea le roi celle nuit en la dite ville de Poix[1] et ses gens là environs où ils purent.

Cette nuit parlementèrent les bons hommes de Poix et ceux des châteaux aux maréchaux de l'ost, à eux sauver et non ardoir; et se rançonnèrent, parmi une somme de florins qu'ils durent payer lendemain, mais que le roi fût parti. Quand ce vint le matin, le roi se délogea et se mit à chemin à tout son ost, et demeurèrent aucuns de par les maréchaux pour attendre cet argent que on leur devoit délivrer. Quand ceux de la ville de Poix furent assemblés, et ils virent que le roi et tout l'ost étoient partis, et que les demeurés derrière n'étoient qu'un petit de gens, ils refusèrent à payer, et dirent qu'ils ne paieroient rien, et leur coururent sus pour occire. Ces Anglois se mirent à défense et envoyèrent après l'ost querre secours. Ceux qui chevauchèrent devers l'ost exploitèrent et firent tant qu'ils trouvèrent l'arrière-garde, dont messire Regnault de Cobehen et messire Thomas de Hollande étoient conduiseurs : si les retournèrent, et estourmirent l'ost en écriant : « Trahi, trahi ! » Et retournèrent vers Poix ceux qui les nouvelles en entendirent; et trouvèrent leurs compagnons qui encore se combattoient à ceux de la ville. Si

---

[1] Bourg situé sur la rivière du Terain.

[2] Michel de Northburgh, clerc, conseiller du roi d'Angleterre, dans une lettre que nous rapporterons ci-après où il rend compte de ce qui se passa depuis le départ de l'armée anglaise de Poissy jusqu'à son arrivée devant Calais, ne parle ni de l'attaque des faubourgs de Beauvais, ni de l'incendie de l'abbaye de Saint-Lucien, ni d'un grand nombre d'autres faits racontés par Froissart, mais son silence ne peut porter atteinte à la véracité de l'historien français. L'étendue d'une lettre ne comportait pas tous les détails dans lesquels Froissart est obligé d'entrer. Chaque fois que nous trouverons quelque différence entre les deux récits, nous aurons soin de le remarquer et d'examiner lequel mérite la préférence.

[1] La lettre de Michel de Northburgh paraît supposer que le roi d'Angleterre ne coucha point à Poix, et que cette place fut emportée en passant par l'arrière-garde de son armée.

furent ceux de la ville de Poix durement envahis et presque tous morts, et la ville arse, et les deux châteaux abattus ; et puis retournèrent arrière devers l'ost du roi qui étoit venu à Airaines, et avoit commandé toutes manières de gens à loger, et de point passer avant, et défendu sur la hart que nul ne forfît rien à la ville, d'arsure ni d'autre chose, car il se vouloit là tenir un jour ou deux, et avoir avis et conseil par quel pas il pourroit la rivière de Somme passer mieux à son aise ; et lui besognoit bien qu'il y pensât, si comme vous orrez recorder.

CHAPITRE CCLXXVI.

Comment le roi de France se partit à grand'baronie de Saint-Denis, en poursuivant le roi d'Angleterre ; et comment le roi d'Angleterre envoya ses maréchaux pour trouver passage sur la rivière de Somme.

Or vueil je retourner au roi Philippe de France, qui étoit à Saint-Denis, et ses gens là environ ; et tous les jours lui croissoient et venoient gens de tous côtés ; et tant en avoit que sans nombre. Si étoit le dit roi parti de Saint-Denis à grand'baronie, en intention de trouver le roi d'Angleterre et de combattre à lui, car moult en avoit grand désir, pour contrevenger l'arsure de son royaume et la grand'destruction que les Anglois y avoient faite. Si chevaucha tant le dit roi de France par ses journées qu'il vint à Coppegny l'Esquissé, à trois lieues près de la cité d'Amiens ; et là s'arrêta pour attendre ses gens qui venoient de toutes parts, et pour apprendre le convenant des Anglois.

Or parlerons du roi d'Angleterre qui étoit arrêté à Airaines, si comme vous avez ouï, et avoit moult bien entendu que le roi de France le suivoit ; et si ne savoit encore là où il pourroit passer la rivière de Somme, qui est grande, large et parfonde ; et si étoient tous les ponts défaits, ou si bien gardés de bonnes gens d'armes que la rivière étoit impossible à passer. Si appela le roi ses deux maréchaux, le comte de Warvich et messire Geoffroy de Harecourt, et leur dit qu'il prissent mille hommes d'armes et deux mille archers et s'en allassent tâtant et regardant selon la rivière de Somme, si ils pourroient trouver passage où ils pussent passer sauvement.

Si se partirent les deux maréchaux dessus dits, bien accompagnés de gens d'armes et d'archers ; et passèrent parmi Long-Pré ; et vinrent au Pont-à-Remy ; et le trouvèrent bien garni de grand'foison de chevaliers et d'écuyers et de gens du pays, qui là étoient assemblés, pour le passage garder et défendre. Si vinrent là les Anglois, et se mirent en bon convenant à pied, pour les François assaillir ; et y eut grand assaut et très fort et qui dura du matin jusques à prime : mais le dit pont et la défense étoient si bien bastillés, et furent si bien défendus, que oncques les Anglois n'y purent rien conquerre ; ainçois s'en partirent, sans rien faire ; et chevauchèrent autre part et vinrent jusques à une grosse ville que on appelle Fontaine-sur-Somme. Si l'ardirent toute et robèrent, car elle n'étoit point fermée ; et puis vinrent à une autre ville que on clame Long-en-Ponthieu. Si ne purent gagner le pont, car il étoit bien garni, et fut bien défendu : si s'en partirent et chevauchèrent devers Pequigny, et trouvèrent la ville et le pont et le châtel bien garnis, parquoi jamais ne les eussent gagnés ni pris. Ainsi avoit fait le roi de France pourvoir et garnir les détroits et les passages sur la rivière de Somme, afin que le roi d'Angleterre ni son ost ne pussent passer ; car il les vouloit combattre à sa volonté, ou affamer par deçà la rivière de Somme.

CHAPITRE CCLXXVII.

Comment les maréchaux du roi d'Angleterre lui dirent qu'ils ne trouvoient point de passage ; et comment le roi de France envoya messire Godemar du Fay pour garder le passage de Blanche-Tache.

Quand les deux maréchaux du roi d'Angleterre eurent ainsi un jour entier tâté, chevauché et costié la rivière de Somme, et ils virent que de nul côté ils ne trouveroient point de passage, si retournèrent arrière à Airaines, devers le roi leur seigneur, et lui recordèrent leur chevauchée et tout ce qu'ils avoient trouvé. Ce même jour vint le roi de France gésir à Amiens à plus de cent mille hommes, et étoit le pays d'environ tout couvert de gens d'armes. Quand le roi d'Angleterre eut ouï la relation de ses deux maréchaux, si n'en fut mie plus lie ni moins pensif ; et commença fort à muser et soi merencolier ; et commanda que lendemain au plus matin ils fussent tous parmi son ost appareillés, et que on suivît les bannières des maréchaux. Le commandement du roi fut fait. Quand ce vint au matin, et le roi eut ouï sa messe devant soleil levant, si sonnèrent les trompettes de délogement, et se partirent toutes manières de gens, en suivant les deux bannières des maréchaux, qui chevauchoient tout devant, si comme ordonné étoit ; et chevauchèrent tant en cet état parmi le pays de Vimeu, en approchant la bonne ville d'Abbeville, qu'ils vinrent à Oise-mont, où grand'plenté de gens du pays s'étoient retraits sur la fiance d'un peu de défense qu'il y avoit ; et la cuidoient bien tenir et défendre contre les Anglois : mais ils faillirent à leur cuider ; car en venant ils furent envahis et assaillis si durement qu'ils perdirent la place ; et conquirent les Anglois la ville et tout ce que dedans avoit. Et y eut morts et pris grand'foison d'hommes de la ville et du pays d'environ. Si se logea le dit roi d'Angleterre au grand hôpital.

Adonc étoit le roi de France à Amiens, et avoit ses espies et ses coureurs qui couroient sur le pays et lui rapportoient le convenant des Anglois : si entendit le dit roi, par ses coureurs, que le roi d'Angleterre se délogeroit bien matin, si comme il fit, d'Araines, et chevaucheroit vers Abbeville ; car ses maréchaux avoient tâté tout contre mont la rivière de Somme et n'avoient nulle part point trouvé de passage. De ces nouvelles fut le roi de France moult lie, et pensa qu'il enclorroit le roi d'Angleterre entre Abbeville et la rivière de Somme, et le prendroit ou combattroit à sa volonté. Si ordonna tantôt le dit roi de France un grand baron de Normandie qui s'appeloit messire Godemar du Fay, à aller garder le passage de Blanche-Tache, qui est dessous Abbeville, par où il convenoit que les Anglois passassent, et non par ailleurs. Si se partit le dit messire Godemar du Fay du roi atout mille hommes d'armes et cinq mille de pied, parmi les Gennevois : si exploita tant qu'il vint à Saint-Riquier-en-Ponthieu, et de là au Crotoy où le dit passage siéd ; et encore emmena-t-il, ainsi qu'il chevauchoit celle part, grand'foison des gens du pays ; et manda les bourgeois d'Abbeville qu'ils vinssent là avec lui, pour aider à garder le passage. Si y vinrent moult étoffément en arroy ; et furent au dit passage au devant des Anglois douze mille hommes, que uns, que autres, dont il y avoit bien deux mille Tourniquiens.

CHAPITRE CCLXXVIII.

Comment le roi de France se partit d'Amiens et s en alla vers Airaines, cuidant trouver le roi d'Angleterre ; et comment on enseigna au roi d'Angleterre le passage de Blanche-Tache.

Après cette ordonnance, le roi Philippe, qui fortement désiroit à trouver les Anglois et eux combattre, se partit d'Amiens à tout son effort, et chevaucha vers Airaines ; et vint là à heure de midi ou environ ; et le roi d'Angleterre s'en étoit parti à petite prime. Et encore trouvèrent les François grand'foison de pourvéances, chairs en hastes, pains et pâtés en fours, vins en tonneaux et en barils, et moult de tables mises que les Anglois avoient laissées, car ils s'étoient de là partis en grand'hâte.

Sitôt que le roi de France fut venu à Airaines, il eut conseil de se loger ; et lui dit-on : « Sire, logez-vous et attendez votre baronie : il est vrai que les Anglois ne vous peuvent échapper. » Donc se logea le roi en la ville mêmement ; et tout ainsi que les seigneurs venoient, ils se logeoient.

Or parlerons du roi d'Angleterre, qui étoit en la ville d'Oise-mont, et savoit bien que le roi de France le suivoit à tout son effort, et en grand'volonté de lui combattre. Si eût volontiers vu le roi d'Angleterre que il et ses gens eussent passé la rivière de Somme. Quand vint au soir et ses deux maréchaux furent revenus, qui avoient couru tout le pays jusques aux portes d'Abbeville, et été devant Saint-Valery, et là fait une grand'escarmouche, il mit son conseil ensemble, et fit venir plusieurs prisonniers du pays de Ponthieu et de Vimeu que ses gens avoient pris, et leur demanda le roi moult courtoisement : « Y a-t-il cy homme qui sache un passage, qui doit être dessous Abbeville, où nous et notre ost puissions passer sans péril ? S'il y a aucun qui le nous veuille enseigner, nous le quitterons de sa prison et vingt de ses compagnons, pour l'amour de lui. Là eut un varlet que on appeloit Gobin Agace, qui s'avança de parler, qui connoissoit le passage de la Blanche-Tache mieux que nul autre, et étoit né et nourri de là près, et l'avoit passé et repasssé en celle année par plusieurs fois. Si dit au roi : « Sire, oïl, en nom Dieu, je vous promets, et sur l'abandon de ma tête, que je vous mènerai bien à tel pas où vous passerez la rivière de Somme, et votre ost, sans péril ; et y a certaines mettes de passage où douze hommes le passeroient de front deux fois entre jour et nuit, et n'auroient d'eau plus avant que aux genoux ; car quand le flun de la mer est en venant, il regorge la rivière si contre mont que nul n'y pourroit passer ; mais quand ce flun, qui vient deux fois entre nuit et jour, est tout r'allé, la rivière demeure là en droit si petite que on y passe bien aise à pied et à cheval : ce ne peut-on faire autre part que là, fors au pont d'Abbeville, qui est forte ville, grande et bien garnie de gens d'armes ; et au dit passage, monseigneur, que je vous nomme, a gravier de blanche marle, fort et dur, sur quoi on peut fermement charier ; et pour ce appelle-t-on ce pas la Blanche-Tache. »

Quand le roi d'Angleterre ouït les paroles du varlet, il n'eût mie été si lie qui lui eût donné vingt mille écus et lui dit : « Compains, si je trouve vrai ce que tu nous dis, je te quitterai ta prison et à tous tes compagnons pour l'amour de toi, et te ferai délivrer cent écus nobles. » Et Gobin Agace lui répondit : « Sire, oïl, en péril de ma tête ; mais ordonnez-vous sur ce pour être là sur la rive devant soleil levant. » Dit le roi : « Volontiers. » Puis fit savoir par tout son ost que chacun fût armé et appareillé au son de la trompette, pour mouvoir et partir de là pour aller ailleurs.

CHAPITRE CCLXXIX.

Comment le roi d'Angleterre vint au gué de Blanche-Tache, où il trouva messire Godemar du Fay atout douze mille François, où il eut moult forte et dure bataille.

Le roi d'Angleterre ne dormit mie grammment cette nuit, ains se leva à mie nuit et fit sonner la trompette en signe de déloger. Chacun fut tantôt appareillé, sommiers troussés, chars chargés ; si se partirent sur le point du jour de la ville d'Oise-mont, et chevauchèrent sur le conduit de ce varlet, qui les menoit ; et firent tant et si bien exploitèrent qu'ils vinrent, environ soleil levant, assez près de ce gué que on appelle la Blanche-Tache. Mais le flun de la mer étoit adonc tout plein ; si ne purent passer : aussi bien convenoit-il au roi attendre ses gens qui venoient après lui. Si demeura là en droit jusques après prime que le flun s'en fût rallé ; et ainçois que le flun s'en fût r'allé, vint d'autre part messire Godemar du Fay, à grand'foison de gens d'armes envoyés de par le roi de France, si comme vous avez ouï recorder.

Si avoit le dit messire Godemar, en venant à la Blanche-Tache, rassemblé grand'foison de gens du pays, et tant qu'ils étoient bien douze mille, uns et autres, qui tantôt se rangèrent sur le pas de la rivière pour garder et défendre le passage. Mais le roi d'Angleterre ne laissa mie à passer pour ce, ains commanda à ses maréchaux tantôt férir en l'eau, et ses archers traire fortement aux François qui étoient en l'eau et sur le rivage. Lors firent les deux maréchaux d'Angleterre chevaucher leurs bannières, au nom de Dieu et de Saint-George, et eux après : si se férirent en l'eau de plein eslai les plus bachelereux, et les mieux montés devant. Là eut en la rivière fait mainte joute, et maint homme renversé d'une part et d'autre : là commença un fort hutin, car messire Godemar et les siens défendoient vaillamment le passage. Là y eut aucuns chevaliers et écuyers françois, d'Artois et de Picardie et de la charge messire Godemar, qui pour leur honneur avancer se féroient au dit gué et ne vouloient mie être trouvés sur les champs ; mais avoient plus cher à jouter en l'eau que sur terre. Si y eut, je vous dis, là fait mainte joute et mainte belle appertise d'armes ; car ceux qui là envoyés étoient pour garder et défendre le passage, étoient gens d'élite, et se tenoient tous bien rangés sur le détroit du passage de la rivière, dont les Anglois étoient durement rencontrés, quand ils venoient à l'issue de l'eau, pour prendre terre[1] ; et y avoit Gennevois qui du trait leur faisoient moult de maux ; mais les archers d'Angleterre traioient si ouniement qu'à merveilles ; et entrementes qu'ils ensonnioient

---

[1] Le continuateur de Nangis, et l'auteur anonyme de la *Chronique de Flandre*, ont avancé que Godemar de Fay s'enfuit à l'approche des Anglais et ne leur opposa pas la moindre résistance. Mais si Godemar du Fay eût été coupable de cette trahison, dont les suites furent si funestes, il n'est pas vraisemblable que Philippe de Valois l'eût épargné, lui qui avait puni de mort le seigneur de Clisson, les frères de Malestroit èt plusieurs autres sur une légère preuve, peut-être même sur le seul soupçon qu'ils étaient d'intelligence avec Édouard. Il paraît donc que du Fay fut malheureux et non traître, et qu'il fut vaincu, parce que le roi d'Angleterre lui était supérieur en forces et en talent. D'ailleurs la manière dont Northburgh raconte ce fait, dans la lettre qu'on vient de citer, suppose que les Français se défendirent assez vaillamment, puisque selon lui les Anglais leur tuèrent *plus de deux mille gens d'armes*.

les François, gens d'armes passoient. Et sachez que les Anglois se pénoient bien d'eux combattre, car il leur étoit dit notoirement que le roi de France les suivoit à plus de cent mille hommes d'armes; et jà étoient aucuns compagnons coureurs venus jusques aux Anglois, lesquels en rapportèrent vraies enseignes au roi de France, si comme vous orrez dire.

CHAPITRE CCLXXX.

Comment le roi d'Angleterre passa le passage de Blanche-Tache et déconfit messire Godemar du Fay et ses gens.

Sur le pas de la Blanche-Tache fut la bataille dure et forte, et assez bien gardée et défendue des François; et mainte belle appertise d'armes y eut ce jour faite d'un côté et d'autre : mais finablement les Anglois passèrent outre, à quelque meschef que ce fût; et se traioient, ainsi qu'ils passoient, sur les champs. Si passa le roi et le prince de Galles son fils et tous les seigneurs [1]. Depuis ne tinrent les François guère de conroy; et se partit, qui partir s'en put, du dit passage, comme déconfit. Quand messire Godemar vit le meschef, il se sauva au plus vite qu'il put; et aussi firent maint de sa route; et prirent les aucuns le chemin d'Abbeville, et les autres de Saint-Riquier. Là eut grand'occision et maint homme mort; car ceux qui étoient à pied ne pouvoient fuir : si en y eut grand'foison de ceux d'Abbeville, de Montreuil, de Rue et de Saint-Riquier morts et pris; et dura la chasse plus d'une grosse lieue. Encore n'étoient mie les Anglois tout outre sur le rivage, quand aucuns écuyers des seigneurs de France, qui aventurer se vouloient, espécialement de ceux de l'Empire, du roi de Behaigne [2] et de messire Jean de Hainaut, vinrent sur eux, et conquirent sur les derniers aucuns chevaux et harnois; et en tuèrent et blessèrent plusieurs sur le rivage qui mettoient peine de passer, afin qu'ils fussent tous outre.

[1] L'armée anglaise força le passage de la rivière de Somme le jeudi 24 août, jour de Saint-Barthélemy.

[2] Les gens d'armes du roi de Bohême volurent apparemment prendre leur revanche du mauvais succès qu'ils avaient eu peu de jours auparavant dans une tentative qu'ils firent contre l'armée ennemie. Lorsqu'elle fut arrêtée à Grandvilliers, ils attaquèrent l'avant-garde et eurent d'abord quelque avantage; mais le comte de Northampton étant survenu les mit en déroute, leur tua ou fit prisonniers plusieurs hommes d'armes et poursuivit les autres jusqu'auprès d'Amiens.

Les nouvelles vinrent au roi Philippe de France, qui chevauchoit fortement celle matinée, et étoit parti d'Airaines; et lui fut dit que les Anglois avoient passé la Blanche-Tache et déconfit messire Godemar du Fay et sa route. De ces nouvelles fut le roi de France moult courroucé, car il cuidoit bien trouver les Anglois sur le rivage de Somme, et là les combattre : si s'arrêta sur les champs et demanda à ses maréchaux qu'il en étoit bon de faire. Ils répondirent : « Sire, vous ne pouvez passer, car le flun de la mer est jà tout revenu. » Adonc retourna le roi de France tout courroucé, et s'en vint ce jeudi gésir à Abbeville; et toutes ses gens suivirent son train; et vinrent les princes et les corps des grands seigneurs loger en la dite ville, et leurs gens ès villages d'environ, car tous n'y pussent mie avoir été logés, tant y en avoit grand'foison.

Or parlerons du roi d'Angleterre, comment il persévéra depuis qu'il eut conquis, sur messire Godemar du Fay, le passage de Blanche-Tache.

CHAPITRE CCLXXXI.

Comment le roi d'Angleterre guerdonna le varlet qui lui avoit enseigné le passage; et puis s'en vint gâtant et ardant le pays jusques vers Crécy.

Quand le roi d'Angleterre et ses gens furent outre, et qu'ils eurent mis en chasse leurs ennemis et délivré la place, ils se trairent bellement et ordonnément ensemble, et arroutèrent leur charroy, et chevauchèrent, ainsi qu'ils avoient fait au pays de Vexin et de Vimeu, et devant jusques là; et ne s'effrayèrent de rien, puisqu'ils se sentirent outre la rivière de Somme; et regracia et loua Dieu le roi d'Angleterre ce jour plusieurs fois, quand si grand'grâce lui avoit faite que trouver passage bon et sûr, et conquis sur ses ennemis, et les avoit déconfits par bataille. Adonc fit là venir le roi d'Angleterre le varlet avant, qui le passage lui avoit enseigné, et le quitta de sa prison, et tous ses compagnons pour l'amour de lui, et lui fit bailler cent nobles d'or et un bon roncin. De celui ne sais-je plus avant.

Depuis chevauchèrent le roi et ses gens tout souef et tous joyeux; et eurent ce jour en pensée de loger en une bonne grosse ville que on appelle Noielle, qui près de là étoit. Mais quand ils surent qu'elle étoit à la comtesse d'Aumale, sœur[1] à messire Robert d'Artois, qui trépassé étoit, ils assurèrent la ville et le pays qui à la dame étoit appartenant, pour l'amour de lui ; de quoi elle remercia moult le roi et ses maréchaux. Si allèrent loger plus avant au pays en approchant la Broye[2] ; mais ses maréchaux chevauchèrent jusques au Crotoy qui siéd sur mer ; et prirent la ville et l'ardirent toute[3] ; et trouvèrent sur le port grand'foison de nefs, de barges et de vaisseaux chargés de vins de Poitou, qui étoient à marchands de Xaintonge et de la Rochelle ; mais ils eurent tantôt tout vendu, et en firent les dits maréchaux amener et acharier des meilleurs en l'ost du roi d'Angleterre qui étoit logé à deux petites lieues de là. Lendemain, bien matin, se délogea le dit roi d'Angleterre, et chevaucha devers Crécy en Ponthieu ; et ses deux maréchaux chevauchèrent en deux routes, l'un à destre et l'autre à senestre ; et vint l'un courir jusques aux portes d'Abbeville et puis se retourna vers Saint-Riquier, ardant et exillant le pays ; et l'autre au dessous sur la marine, et vint courir jusques à la ville de Saint-Esprit de Rue[4]. Si chevauchèrent ainsi ce vendredi jusques à heure de midi, que leurs trois batailles se remirent toutes ensemble. Si se logea le dit roi Édouard à tout son ost assez près de Crécy en Ponthieu.

CHAPITRE CCLXXXII.

Comment le roi d'Angleterre fit aviser par ses maréchaux la place où il ordonneroit ses batailles.

Bien étoit informé le roi d'Angleterre que son adversaire le roi de France le suivoit à tout son grand effort, et avoit grand désir de combattre à lui, si comme il apparoit ; car il l'avoit vitement poursuivi jusques bien près du passage de Blanche-Tache, et étoit retourné jusques à Abbeville : si dit adonc le roi d'Angleterre à ses gens : « Prenons ci place de terre, car je n'irai plus avant, si aurai vu nos ennemis ; et bien y a cause que je les attende, car je suis sur le droit héritage de madame ma mère, qui lui fut donné en mariage ; si le veux défendre et calenger contre mon adversaire Philippe de Valois. »

Ses gens obéirent tous à son intention et n'allèrent adonc plus avant. Si se logea le roi en pleins champs, et toutes ses gens aussi ; et pour ce qu'il savoit bien qu'il n'avoit pas tant de gens, de la huitième partie, que le roi de France avoit, et si vouloit attendre l'aventure et la fortune et combattre, il avoit mestier que il entendît à ses besognes. Si fit aviser et regarder par ses deux maréchaux, le comte de Warvich et messire Godefroy de Harecourt, et messire Regnault de Cobehen avec eux, vaillant chevalier durement, le lieu et la place où ils ordonneroient leurs batailles. Les dessus dits chevauchèrent autour des champs et imaginèrent et considérèrent bien le pays et leur avantage : si firent le roi traire celle part et toutes manières de gens ; et avoient envoyé leurs coureurs courir par devers Abbeville, pour ce qu'ils savoient bien que le roi de France y étoit et passeroit là la Somme, à savoir si ce vendredi ils se trairoient sur les champs et istroient d'Abbeville. Ils rapportèrent qu'il n'en étoit nul apparant.

Adonc donna le roi congé à toutes ses gens d'eux traire à leurs logis pour ce jour, et lendemain bien matin, au son des trompettes, être tous appareillés, ainsi que pour tantôt combattre en la dite place. Si se trait chacun, à cette ordonnance, en son logis, et entendirent à mettre à point et refourbir leurs armures. Or parlerons-nous un petit du roi Philippe qui étoit le jeudi au soir venu en Abbeville.

CHAPITRE CCLXXXIII.

Comment le roi de France envoya ses maréchaux pour savoir le convenant des Anglois ; et comment il donna à souper à tous les seigneurs qui aveques lui étoient ; et leur pria qu'ils fussent amis ensemble.

Le vendredi[1] tout le jour se tint le roi de France dedans la bonne ville d'Abbeville, attendant ses gens qui toudis lui venoient de tous côtés ; et faisoit aussi les aucuns passer outre la dite ville et traire aux champs, pour être plus appareillés lendemain ; car c'étoit son intention

---

[1] Catherine d'Artois, femme de Jean de Ponthieu, comte d'Aumale, était la fille et non la sœur de Robert d'Artois.
[2] Château sur la rivière d'Authie, peu éloigné de Créci.
[3] Suivant la lettre de Northburgh, ce fut Hugues Spencer qui prit le Crotoi.
[4] Froissart donne ce nom à la ville de Rue, parce que l'église principale est dédiée au Saint-Esprit.

[1] Ce vendredi fut le 25 août, jour de la fête de saint Louis.

d'issir hors, et combattre ses ennemis, comment qu'il fut. Et envoya le dit roi ce venredi ses maréchaux, le sire de Saint-Venant et messire Charles de Montmorency, hors d'Abbeville, découvrir sur le pays, pour apprendre et savoir la vérité des Anglois. Si rapportèrent les dessus dits au roi, à heure de vespres, que les Anglois étoient logés sur les champs, assez près de Crécy en Pontliieu, et montroient, selon leur ordonnance et leur convenant, qu'ils attendoient là leurs ennemis. De ce rapport fut le roi de France moult lie, et dit que, s'il plaisoit à Dieu, lendemain ils seroient combattus. Si pria le dit roi au souper, ce venredi, de lez li tous les hauts princes qui adonc étoient dedans Abbeville ; le roi de Behaigne premièrement, le comte d'Alençon son frère, le comte de Blois son neveu, le comte de Flandre, le duc de Lorraine, le comte d'Aucerre, le comte de Sancerre, le comte de Harecourt, messire Jean de Hainaut et foison d'autres ; et fut ce soir en grand'récréation et en grand parlement d'armes, et pria après souper à tous les seigneurs qu'ils fussent l'un à l'autre amis et courtois, sans envie, sans haine et sans orgueil : et chacun lui enconvenança. Encore attendoit le dit roi le comte de Savoie et messire Louis de Savoie son frère, qui devoient venir à bien mille lances de Savoyens et du Dauphiné ; car ainsi étoient eux mandés et retenus et payés de leurs gages à Troyes en Champagne, pour trois mois. Or retournerons-nous au roi d'Angleterre, et vous conterons une partie de son convenant.

CHAPITRE CCLXXXIV.

Comment le roi d'Angleterre donna à souper à ses comtes et barons, et puis au matin, la messe ouïe, lui et son fils et plusieurs autres reçurent le corps de Notre Seigneur ; et comment il fit ordonner ses batailles.

Ce venredi, si comme je vous ai dit, se logea le roi d'Angleterre à pleins champs à tout son ost, et se aisèrent de ce qu'ils avoient : ils avoient bien de quoi, car ils trouvèrent le pays gras et planlureux de tous vivres, de vins et de viandes, et aussi, pour les défautes qui pouvoient avenir, grands pourvéances à charroy les suivoient. Si donna le dit roi à souper aux comtes et barons de son ost, leur fit moult grand'chère, et puis leur donna congé d'aller reposer, si comme ils firent. Cette même nuit, si comme je l'ai depuis ouï recorder, quand toutes ses gens furent partis de lui, et qu'il fut demeuré de-lez ses chevaliers de son corps et de sa chambre, il entra en son oratoire, et fut là à genoux et en oraison devant son autel, en priant dévotement Dieu qu'il le laissât lendemain, s'il se combattoit, issir de la besogne à son honneur. Après ses oraisons, environ mie nuit, il alla coucher ; et lendemain se leva assez matin par raison, et ouït messe, et le prince de Galles son fils ; et s'accommunièrent ; et en telle manière la plus grand'partie de ses gens se confessèrent et mirent en bon état.

Après les messes, le roi commanda à toutes gens eux armer, et issir hors de leurs logis et traire sur les champs en la propre place qu'ils avoient le jour devant avisée ; et fit faire le dit roi un grand parc près d'un bois derrière son ost, et là mettre et retraire tous chars et charrettes ; et fit entrer dedans ce parc tous les chevaux, et demeura chacun homme d'armes et archer à pied ; et n'y avoit en ce parc qu'une seule entrée.

En après il fit faire et ordonner par son connétable et ses maréchaux trois batailles : si fut mis et ordonné en la première son jeune fils le prince de Galles, et de-lez le dit prince furent élus pour demeurer, le comte de Warvich, le comte de Kenfort, messire Godefroy de Harecourt, messire Regnaut de Cobehen, messire Thomas de Hollande, messire Richard de Stanfort, le sire de Manne, le sire de la Ware, messire Jean Chandos, messire Barthelemy de Brubbes, messire Robert de Neufville, messire Thomas Cliford, le sire de Bourchier, le sire Latimer et plusieurs autres bons chevaliers et écuyers, lesquels je ne sais mie tous nommer : si pouvoient être en la bataille du prince environ huit cents hommes d'armes et deux mille archers et mille brigans [1] parmi les Gallois. Si se trait moult ordonnément cette bataille sur les champs, chacun sire dessous sa bannière ou son pennon, ou entre ses gens.

En la seconde bataille furent le comte de Norhantonne, le comte d'Arondel, le sire de Ros, le sire de Lucy, le sire de Villebi, le sire de Basset, le sire de Saint-Aubin, messire Louis Tueton, le sire de Multon, le sire de la Selle [2] et plusieurs autres ; et étoient en cette bataille environ cinq cents hommes d'armes et douze cents archers.

[1] Soldats à pied armés à la légère.
[2] Johnes, dans sa traduction, dit lord Lascels.

La tierce bataille eut le roi pour son corps, et grand'foison, selon l'aisement où il étoit, de bons chevaliers et écuyers : si pouvoient être en sa route et arroy environ sept cents hommes d'armes et deux mille archers. Quand ces trois batailles furent ordonnées et que chacun comte, baron et chevalier sçut quelle chose il devoit faire, le roi d'Angleterre monta sur un petit palefroy, un blanc bâton en sa main, adextré de ses maréchaux, et puis alla tout le pas de rang en rang, en amonestant et priant les comtes, les barons et les chevaliers qu'ils voulussent entendre et penser pour son honneur garder, et défendre son droit, et leur disoit ces langages en riant si doucement et de si liée chère, que qui fût tout déconforté si se pût-il reconforter en lui oyant et regardant. Et quand il eut ainsi visité toutes ses batailles, et ses gens amonestés et priés de bien faire la besogne, il fut heure de haute tierce [1] ; si se retrait en sa bataille, et ordonna que toutes gens mangeassent à leur aise et bussent un coup. Ainsi fut fait comme il l'ordonna ; et mangèrent et burent tout à loisir ; et puis retroussèrent pots, barrils et leurs pourvéances sur leurs charriots, et revinrent en leurs batailles, ainsi que ordonnés étoient par les maréchaux ; et s'assirent tous à terre, leurs bassinets et leurs arcs devant eux, en eux reposans pour être plus frais et plus nouveaux quand leurs ennemis viendroient ; car telle étoit l'intention du roi d'Angleterre que là il attendroit son adversaire le roi de France, et se combattroit à lui et à sa puissance.

CHAPITRE CCLXXXV.

Comment le roi de France, la messe ouïe, se partit d'Abbeville à tout son ost ; et comment il envoya quatre de ses chevaliers pour aviser le couroy des Anglois.

Le samedi [2] au matin se leva le roi de France assez matin et ouït messe en son hôtel dedans Abbeville, en l'abbaye Saint-Pierre où il étoit logé, et aussi firent tous les seigneurs, le roi de Behaigne, le comte d'Alençon, le comte de Blois, le comte de Flandre et tous les chefs des grands seigneurs qui dedans Abbeville étoient arrêtés. Et sachez que le venredi ils ne logèrent mie tous dedans Abbeville, car ils n'eussent pu, mais ès villages d'environ ; et grand'foison en y eut à Saint-Riquier, qui est une bonne ville fermée. Après soleil levant, ce samedi, se partit le roi de France d'Abbeville, et issit des portes ; et y avoit si grand'foison de gens d'armes que merveille seroit à penser. Si chevaucha le dit roi tout souef pour sur-attendre ses gens, le roi de Behaigne et messire Jean de Hainaut en sa compagnie.

Quand le roi et sa grosse route furent éloignés la ville d'Abbeville environ deux lieues, en approchant les ennemis, si lui fut dit : « Sire, ce seroit bon que vous fissiez entendre à ordonner vos batailles, et fissiez toutes manières de gens de pied passer devant, par quoi ils ne soient point foulés de ceux de cheval, et que vous envoyez trois ou quatre de vos chevaliers devant chevaucher, pour aviser vos ennemis, ni en quel état ils sont. » Ces paroles plurent bien au dit roi ; et y envoya quatre moult vaillans chevaliers, le Moine de Basele[1], le seigneur de Noyers, le seigneur de Beaujeu, et le seigneur d'Aubigny. Ces quatre chevaliers chevauchèrent si avant qu'ils approchèrent de moult près les Anglois et qu'ils purent bien avoir et imaginer une grand'partie de leur affaire. Et bien virent les Anglois qu'ils étoient là venus pour eux voir : mais ils n'en firent semblant, et les laissèrent en paix tout bellement revenir.

Or retournèrent arrière ces quatre chevaliers devers le roi de France et les seigneurs de son conseil, qui chevauchoient le petit pas, en eux sur-attendant : si s'arrêtèrent sur les champs sitôt qu'ils les virent venir. Les dessus dits rom-

---

[1] Près de midi.
[2] Le 26 d'août.

[1] On lit dans plusieurs manuscrits et dans les imprimés, *le Moyne de Bascle*. L'éditeur de l'*Histoire* du P. Daniel, trompé par la leçon du Froissart imprimé, a cru trouver en Champagne la maison de ce chevalier : *Elle subsiste encore*, dit-il, *en plusieurs branches dont l'aînée est connue en Champagne, sous le nom de le Bascle d'Argenteuille*. Un savant de Suisse, connu par plusieurs ouvrages estimables, M. Sinner, revendique ce chevalier pour son pays, et prétend qu'il sortait d'une maison illustre de Bâle, appelée *le Moyne*, très célèbre dans l'histoire de la Suisse. Il appuie son opinion sur l'autorité d'*Egid Tschudi*, auteur d'une *Chronique de Suisse* qui appelle ce chevalier *Monachus Basileensis*, et sur le manuscrit de Froissart de la bibliothèque de Berne, dans lequel il est nommé *le Moyne de Basèle*. Sans prendre parti ni pour l'un ni pour l'autre, nous dirons seulement que la leçon de presque tous nos manuscrits est conforme à celle du manuscrit de Berne.

pirent la presse et vinrent jusques au roi. Adonc leur demanda le roi tout haut : « Seigneurs, quelles nouvelles? » Ils regardèrent tous l'un à l'autre, sans mot sonner; car nul ne vouloit parler devant son compagnon, et disoient l'un à l'autre : « Sire, parlez au roi, je ne parlerai point devant vous. » Là furent-ils en estrif une espace que nul ne vouloit, par honneur, soi avancer de parler. Finablement issit de la bouche du roi l'ordonnance qu'il commanda au Moine de Basele, que on tenoit ce jour l'un des plus chevalereux et vaillant chevalier du monde, qui plus avoit travaillé de son corps, qu'il en dit son entente; et étoit ce chevalier au roi de Behaigne, qui s'en tenoit pour bien paré quand il l'avoit de-lez lui.

CHAPITRE CCXXXVI.

Comment le Moine de Basele conseilla au roi de France faire arrêter ses gens en my les champs et ordonner ses batailles.

« Sire, ce dit le Moine de Basele, je parlerai puisqu'il vous plaît, sous la correction de mes compagnons. Nous avons chevauché, si avons vu et considéré le convenant des Anglois. Sachez qu'ils sont mis et arrêtés en trois batailles, bien et faiticement, et ne font nul semblant qu'ils doivent fuir, mais vous attendent, à ce qu'ils montrent. Si conseille de ma partie, sauf toujours le meilleur conseil, que vous fassiez toutes vos gens ci arrêter sur les champs et loger pour cette journée; car ainçois que les derniers puissent venir jusques à eux, et que vos batailles soient ordonnées, il sera tard; si seront vos gens lassés et travaillés et sans arroy, et vous trouverez vos ennemis frais et nouveaux et tous pourvus de savoir quelle chose ils doivent faire ; si pourrez le matin vos batailles ordonner plus mûrement et mieux, et par plus grand loisir aviser vos ennemis par lequel lez on les pourra combattre; car soyez tout sûr qu'ils vous attendront. »

Ce conseil et avis plut grandement bien au roi de France; et commanda que ainsi fût fait que le dit Moine avoit parlé. Si chevauchèrent les deux maréchaux, l'un devant, l'autre derrière, en disant et commandant aux bannerets : « Arrêtez bannières, de par le roi, au nom de Dieu et de monseigneur Saint Denis. » Ceux qui étoient premiers, à cette première ordonnance s'arrêtèrent, et les derniers non, mais chevauchèrent toujours avant; et disoient qu'ils ne s'arrêteroient point jusques à ce qu'ils fussent aussi avant que les premiers étoient. Et quand les premiers véoient qu'ils les approchoient, ils chevauchoient avant : ainsi par grand orgueil et par grand boubant fut demenée cette chose ; car chacun vouloit surpasser son compagnon; et ne put être crue ni ouïe la parole du vaillant chevalier : dont il leur en meschéy si grandement comme vous orrez recorder assez brièvement. Ni aussi le roi ni ses maréchaux ne purent adonc être maîtres de leurs gens, car il y avoit si grands gens et si grand nombre de grands seigneurs, que chacun vouloit là montrer sa puissance.

Si chevauchèrent en cel état, sans arroy et sans ordonnance, si avant qu'ils approchèrent leurs ennemis et qu'ils les véoient en leur présence. Or fut moult grand blâme pour les premiers, et mieux leur valsist être ordonnés à l'ordonnance du vaillant chevalier que ce qu'ils firent; car sitôt qu'ils virent leurs ennemis, ils reculèrent tout à un faix, si désordonnément que ceux qui derrière étoient s'en ébahirent, et cuidèrent que les premiers se combatissent et qu'ils fussent jà déconfits; et eurent adonc bien espace d'aller devant, s'ils vouldrent; de quoi aucuns y allèrent, et aucuns se tinrent tous cois.

Là y avoit sur les champs si grand peuple de communauté que sans nombre ; et en étoient les chemins tous couverts entre Abbeville et Crécy; et quand ils durent approcher leurs ennemis, à trois lieues près ils sachèrent leurs épées et écrièrent : « A la mort, à la mort ! » Et si ne véoient nullui.

CHAPITRE CCLXXXVII.

Comment le roi de France commanda à ses maréchaux faire commencer la bataille par les Gennevois ; et comment les dits Gennevois furent tous déconfits.

Il n'est nul homme, tant fut présent à celle journée, ni eut bon loisir d'aviser et imaginer toute la besogne ainsi qu'elle alla, qui en sçut ni put imaginer, ni recorder la vérité, espécialement de la partie des François, tant y eut povre arroy et ordonnance en leurs conrois ; et ce que j'en sais, je l'ai sçu le plus par les Anglois, qui imaginèrent bien leur convenant, et aussi par les gens messire Jean de Hainaut, qui fut toujours de-lez le roi de France.

Les Anglois qui ordonnés étoient en trois batailles, et qui séoient jus à terre tout bellement, sitôt qu'ils virent les François approcher, ils se levèrent moult ordonnément, sans nul effroi, et se rangèrent en leurs batailles, celle du prince tout devant, leurs archers mis en manière d'une herse, et les gens d'armes au fond de la bataille. Le comte de Norhantonne et le comte d'Arondel et leur bataille, qui faisoient la seconde, se tenoient sur aile bien ordonnément, et avisés et pourvus pour conforter le prince, si besoin étoit. Vous devez savoir que ces seigneurs, rois, ducs, comtes, barons françois ne vinrent mie jusques là tous ensemble, mais l'un devant, l'autre derrière, sans arroy et sans ordonnance. Quand le roi Philippe vint jusques sur la place où les Anglois étoient près de là arrêtés et ordonnés, et il les vit, le sang lui mua, car il les héoit; et ne se fut adonc nullement refréné ni abstenu d'eux combattre; et dit à ses maréchaux : « Faites passer nos Gennevois devant et commencer la bataille, au nom de Dieu et de monseigneur Saint Denis. » Là avoit de ces dits Gennevois arbalétriers, environ quinze mille qui eussent eu aussi cher néant que commencer adonc la bataille ; car ils étoient durement las et travaillés d'aller à pied ce jour plus de six lieues, tous armés, et de leurs arbalêtres porter ; et dirent adonc à leurs connétables qu'ils n'étoient mie adonc ordonnés de faire grand exploit de bataille. Ces paroles volèrent jusques au comte d'Alençon, qui en fut durement courroucé et dit : « On se doit bien charger de telle ribaudaille qui faillent au besoin. »

Entrementes que ces paroles couroient et que ces Gennevois se reculoient et se détrioient, descendit une pluie du ciel, si grosse et si épaisse, que merveilles, et un tonnerre et un esclistre[1] moult grand et moult horrible. Paravant cette pluie, pardessus les batailles, autant d'un côté que d'autre, avoit volé si grand'foison de corbeaux que sans nombre, et demené le plus grand tempêtis du monde. Là disoient aucuns sages chevaliers que c'étoit un signe de grand'bataille et de grand'effusion de sang.

Après toutes ces choses se commença l'air à éclaircir et le soleil à luire bel et clair. Si l'avoient les François droit en l'œil et les Anglois par derrière. Quand les Gennevois furent tous recueillis et mis ensemble, et ils durent approcher leurs ennemis, ils commencèrent à crier si très haut que ce fut merveilles, et le firent pour ébahir les Anglois : mais les Anglois se tinrent tous cois, ni oncques n'en firent semblant. Secondement encore crièrent eux ainsi, et puis allèrent un petit pas avant : et les Anglois restoient tous cois, sans eux mouvoir de leur pas. Tiercement encore crièrent moult haut et moult clair, et passèrent avant, et tendirent leurs arbalêtres et commencèrent à traire. Et ces archers d'Angleterre, quand ils virent cette ordonnance, passèrent un pas en avant, et puis firent voler ces sagettes de grand'façon, qui entrèrent et descendirent si ouniement sur ces Gennevois que ce sembloit neige. Les Gennevois qui n'avoient pas appris à trouver tels archers que sont ceux d'Angleterre, quand ils sentirent ces sagettes qui leur perçoient bras, têtes et ban-lèvre[1], furent tantôt déconfits ; et coupèrent les plusieurs les cordes de leurs arcs et les aucuns les jetoient jus : si se mirent ainsi au retour.

Entre eux et les François avoit une grand'haie de gens d'armes, montés et parés moult richement, qui regardoient le convenant des Gennevois ; si que, quand ils cuidèrent retourner, ils ne purent ; car le roi de France, par grand mautalent, quand il vit leur povre arroy, et qu'ils déconfisoient ainsi, commanda et dit : « Or tôt, tuez toute cette ribaudaille, car ils nous empêchent la voie sans raison. » Là vissiez gens d'armes en tous lez entre eux férir et frapper sur eux, et les plusieurs trébucher et choir parmi eux, qui oncques ne se relevèrent. Et toujours traioient les Anglois en la plus grand'presse, qui rien ne perdoient de leur trait ; car ils empalloient et féroient parmi le corps ou parmi les membres gens et chevaux qui là chéoient et trébuchoient à grand meschef ; et ne pouvoient être relevés, si ce n'étoit par force et par grand'aide de gens. Ainsi se commença

---

[1] Plusieurs manuscrits portent *esclipse* : mais il est certain qu'il n'y eut point d'éclipse le 26 août, jour de la bataille de Crécy ; ainsi cette leçon ne sauroit être admise, à moins qu'on n'entende par le mot *éclipse*, l'obscurité qui précède ordinairement un grand orage.

[1] Le tour de la bouche, le visage.

la bataille entre la Broye et Crécy en Ponthieu, ce samedi à heure de vespres.

CHAPITRE CCLXXXVIII.

Comment le roi de Behaigne, qui goute n'y véoit, se fit mener en la bataille et y fut mort lui et les siens; et comment son fils le roi d'Allemagne s'enfuit.

Le vaillant et gentil roi de Behaigne, qui s'appeloit messire Jean de Lucembourc, car il fut fils de l'empereur Henry de Lucembourc, entendit par ses gens que la bataille étoit commencée; car quoi qu'il fût là armé et en grand arroy, si ne véoit-il goute et étoit aveugle. Si demanda aux chevaliers qui de-lez lui étoient comment l'ordonnance de leurs gens se portoit. Cils lui en recordèrent la vérité et lui dirent : «Monseigneur, ainsi et ainsi est ; tous les Gennevois sont déconfits, et a commandé le roi à eux tous tuer; et toutes fois entre nos gens et eux a si grand toullis que merveilles, car ils chéent et trébuchent l'un sur l'autre, et nous empêchent trop grandement.» —«Ha! répondit le roi de Behaigne, c'est un petit signe pour nous.» Lors demanda-t-il après le roi d'Allemaigne son fils et dit : «Où est messire Charles mon fils?» Cils répondirent : «Monseigneur, nous ne savons; nous créons bien qu'il soit d'autre part et qu'il se combatte.» Adonc, dit le roi à ses gens une grand'vaillance : «Seigneurs, vous êtes mes hommes, mes amis et mes compagnons; à la journée d'huy je vous prie et requiers très espécialement que vous me meniez si avant que je puisse férir un coup d'épée.» Et ceux qui de-lez lui étoient, et qui son honneur et leur avancement aimoient, lui accordèrent. Là étoit le Moine de Basele à son frein, qui envis l'eût laissé; et aussi eussent plusieurs bons chevaliers de la comté de Lucembourc qui étoient tous de-lez lui : si que, pour eux acquitter et qu'ils ne le perdissent en la presse, ils se lièrent par les freins de leurs chevaux tous ensemble, et mirent le roi leur seigneur tout devant, pour mieux accomplir son désir ; et ainsi s'en allèrent sur leurs ennemis.

Bien est vérité que de si grands gens d'armes et de si noble chevalerie et tel foison que le roi de France avoit là, il issit trop peu de grands faits d'armes ; car la bataille commença tard; et si étoient les François fort las et travaillés, ainsi qu'ils venoient. Toutes fois les vaillans hommes et les bons chevaliers pour leur honneur chevauchoient toujours avant, et avoient plus cher à mourir que fuite vilaine leur fût reprochée. Là étoient le comte d'Alençon, le comte de Blois, le comte de Flandre, le duc de Lorraine, le comte de Harecourt, le comte de Saint-Pol, le comte de Namur, le comte d'Aucerre, le comte d'Aumale, le comte de Sancerre, le comte de Salebruche, et tant de comtes, de barons et de chevaliers que sans nombre.

Là étoit messire Charles de Behaigne, qui s'appeloit et escrisoit jà roi d'Allemaigne et en portoit les armes, qui vint moult ordonnément jusques à la bataille ; mais quand il vit que la chose alloit mal pour eux, il s'en partit : je ne sais pas quel chemin il prit. Ce ne fit mie le bon roi son père, car il alla si avant sur ses ennemis que il férit un coup d'épée, voire trois, voire quatre, et se combattit moult vaillamment ; et aussi firent tous ceux qui avec lui étoient pour l'accompagner ; et si bien le servirent, et si avant se boutèrent sur les Anglois, que tous y demeurèrent, ni onques nul ne s'en partit ; et furent trouvés lendemain sur la place autour de leur seigneur et leurs chevaux tous alloiés ensemble.

CHAPITRE CCLXXXIX.

Comment messire Jean de Hainaut conseille au roi Philippe qu'il se retraie ; et comment le comte d'Alençon et le comte de Flandre se combattirent longuement et vaillamment.

Vous devez savoir que le roi de France avoit grand'angoisse au cœur, quand il véoit ses gens ainsi déconfire et fondre l'un sur l'autre, par une poignée de gens que les Anglois étoient : si en demanda conseil à messire Jean de Hainaut qui de-lez lui étoit. Le dit messire Jean de Hainaut lui répondit et dit : «Certes, sire, je ne vous saurois conseiller le meilleur pour vous, si ce n'étoit que vous vous retraissiez et missiez à sauveté, car je n'y vois point de recouvrer ; il sera tantôt tard ; si pourriez aussi bien chevaucher sur vos ennemis et être perdu, que entre vos amis.»

Le roi qui tout frémissoit d'ire et de mautalent, ne répondit point adonc, mais chevaucha encore un petit plus avant ; et lui sembla qu'il se vouloit adresser devers son frère le comte d'Alençon, dont il véoit les bannières sur une petite montagne ; lequel comte d'Alençon descendit moult ordonnément sur les Anglois et les vint combattre, et le comte de Flandre d'autre part. Si vous dis que ces deux seigneurs et leurs routes, en costiant les archers, s'en vinrent jusques à la bataille du prince, et là se combattirent moult longuement et moult vaillamment; et volontiers y fût le roi venu, s'il eût pu, mais il y avoit une si grand'haie d'archers et de gens d'armes au devant, que jamais ne put passer, car tant plus venoit et plus éclaircissoit son conroy.

Ce jour au matin avoit donné le roi Philippe au dit messire Jean de Hainaut un noir coursier, durement grand et bel, lequel messire Jean l'avoit baillé à un sien chevalier, messire Thierry de Senseilles, qui portoit sa bannière : dont il avint que le chevalier monté sur le coursier, la bannière messire Jean de Hainaut devant lui, transperça tous les conrois des Anglois ; et quand il fut hors et outre, au prendre son retour il trébucha parmi un fossé, car il étoit durement blessé ; et y eût été mort sans remède, mais son page, sur son coursier, autour des batailles l'avoit poursui ; et le trouva si à point qu'il gissoit là et ne se pouvoit ravoir. Il n'avoit autre empêchement que du cheval ; car les Anglois n'issoient point de leurs batailles pour nullui prendre ni gréver. Lors descendit le page, et fit tant que son maître fut relevé et remonté : ce beau service lui fit-il. Et sachez que le sire de Senseilles ne revint mie arrière par le chemin qu'il avoit fait; et aussi, au voir dire, il n'eût pu.

CHAPITRE CCXC.

Comment ceux de la bataille au prince de Galles envoyèrent au roi d'Angleterre pour avoir secours ; et comment le roi leur répondit.

Cette bataille faite ce samedi entre la Broye et Crécy fut moult félonneuse et très horrible ; et y avinrent plusieurs grands faits d'armes qui ne vinrent mie tous à connoissance ; car quand la bataille commença, il étoit jà moult tard. Ce gréva plus les François que autre chose, car plusieurs gens d'armes, chevaliers et écuyers, sur la nuit, perdoient leurs maîtres et leurs seigneurs : si waucroient parmi les champs et s'embattoient souvent, à petite ordonnance, entre les Anglois, où tantôt ils étoient envahis et occis ; ni nul étoit pris à rançon ni à merci, car entre eux ils l'avoient ainsi au matin ordonné,

pour le grand nombre de peuple dont ils étoient informés qui les suivoit. Le comte Louis de Blois, neveu du roi Philippe et du comte d'Alençon, s'en vint avec ses gens dessous sa bannière combattre aux Anglois, et là se porta-t-il moult vaillamment, et aussi fit le duc de Lorraine. Et dirent les plusieurs que, si la bataille eût aussi bien été commencée au matin qu'elle fut sur le vespre, il y eût eu entre les François plusieurs grands recouvrances et grands appertises d'armes, qui point n'y furent. Si y eut aucuns chevaliers et écuyers françois et de leur côté, tant Allemands comme Savoisiens, qui, par force d'armes rompirent la bataille des archers du prince, et vinrent jusques aux gens d'armes combattre aux épées, main à main, moult vaillamment ; et là eut fait plusieurs grands appertises d'armes ; et y furent, du côté des Anglois, très bons chevaliers, messire Regnault de Cobehen et messire Jean Chandos ; et aussi furent plusieurs autres, lesquels je ne puis mie tous nommer, car là de-lez le prince étoit toute la fleur de chevalerie d'Angleterre.

Et adonc le comte de Norhantonne et le comte d'Arondel, qui gouvernoient la seconde bataille et se tenoient sur aile, vinrent rafraîchir la bataille dudit prince ; et bien en étoit besoin, car autrement elle eût eu à faire ; et pour le péril où ceux qui gouvernoient et servoient le prince se véoient, ils envoyèrent un chevalier de leur conroy devers le roi d'Angleterre, qui se tenoit plus à mont sur la motte d'un moulin à vent, pour avoir aide.

Si dit le chevalier, quand il fut venu jusques au roi : « Monseigneur, le comte de Warvich, le comte de Kenfort et messire Regnault de Cobehen, qui sont de-lez le prince votre fils, ont grandement à faire, et les combattent les François moult aigrement ; pourquoi ils vous prient que vous et votre bataille les veniez conforter et aider à ôter de ce péril, car si cet effort monteplie et s'efforce ainsi, ils se doutent que votre fils n'ait beaucoup à faire. » Lors répondit le roi et demanda au chevalier, qui s'appeloit messire Thomas de Norvich : « Messire Thomas, mon fils est-il mort, ou aterré, ou si blessé qu'il ne se puisse aider ? » Cil répondit : « Nennin, monseigneur, si Dieu plaît ; mais il est en dur parti d'armes ; si auroit bien mestier de votre aide. » — « Messire Thomas, dit le roi, or retournez devers lui et devers ceux qui ci vous ont envoyé, et leur dites, de par moi, qu'ils ne m'envoient mes-huy requerre, pour aventure qui leur avienne, tant que mon fils soit en vie; et leur dites que je leur mande qu'ils laissent à l'enfant gagner ses éperons; car je veux, si Dieu l'a ordonné, que la journée soit sienne, et que l'honneur lui en demeure et à ceux en quelle charge je l'ai baillé. » Sur ces paroles retourna le chevalier à ses maîtres et leur recorda tout ce que vous avez ouï; laquelle réponse les encouragea grandement; et se reprirent en eux-mêmes de ce qu'ils l'avoient là envoyé : si furent meilleurs chevaliers que devant; et y firent plusieurs grands appertises d'armes, ainsi qu'il apparut, car la place leur demeura à leur honneur.

CHAPITRE CCXCI.

Comment le comte de Harcourt, le comte d'Alençon, le comte de Flandre, le comte de Blois, le duc de Lorraine et plusieurs autres grands seigneurs furent déconfits et morts.

On doit bien croire et supposer que là où il avoit tant des vaillans hommes, et si grand'-multitude de peuple, et où tant et telle foison de la partie des François en demeurèrent sur la place, qu'il y eut fait ce soir plusieurs grands appertises d'armes, qui ne vinrent mie toutes à connoissance. Il est bien vrai que messire Godefroy de Harecourt, qui étoit de-lez le prince et en sa bataille, eut volontiers mis peine et entendu à ce que le comte de Harecourt son frère eût été sauvé; car il avoit ouï recorder à aucuns Anglois que on avoit vu sa bannière, et qu'il étoit avec ses gens venu combattre aux Anglois. Mais le dit messire Godefroy n'y put venir à temps; et fut là mort sur la place le dit comte, et aussi fut le comte d'Aumale son neveu. D'autre part le comte d'Alençon et le comte de Flandre se combattoient moult vaillamment aux Anglois, chacun dessous sa bannière et entre ses gens; mais ils ne purent durer ni résister à la puissance des Anglois, et furent là occis sur la place, et grand'foison de bons chevaliers et écuyers de-lez eux, dont ils étoient servis et accompagnés. Le comte Louis de Blois et le duc de Lorraine son serourge, avec leurs gens et leurs bannières, se combattoient d'autre part moult vaillamment, et étoient enclos d'une route d'Anglois et de Gallois, qui nullui ne prenoient à

merci. Là firent eux de leurs corps plusieurs grands appertises d'armes, car ils étoient moult vaillans chevaliers et bien combattans; mais toutes fois leur prouesse ne leur valut rien, car ils demeurèrent sur la place, et tous ceux qui de-lez eux étoient. Aussi fut le comte d'Aucerre, qui étoit moult vaillant chevalier, et le comte de Saint-Pol, et tant d'autres que merveilles seroit à recorder.

CHAPITRE CCXCII.

Comment le roi de France se partit, lui cinquième de barons tant seulement, de la bataille de Crécy, en lamentant et complaignant de ses gens.

Sur le vespre tout tard, ainsi que à jour faillant, se partit le roi Philippe, tout déconforté, il y avoit bien raison, lui cinquième de barons tant seulement. C'étoient messire Jean de Hainaut, le premier et le plus prochain de lui, le sire de Montmorency, le sire de Beaujeu, le sire d'Aubigny et le sire de Montsault. Si chevaucha le dit roi tout lamentant et complaignant ses gens, jusques au châtel de la Broye. Quand il vint à la porte, il la trouva fermée et le pont levé, car il étoit toute nuit, et faisoit moult brun et moult épais. Adonc fit le roi appeler le châtelain, car il vouloit entrer dedans. Si fut appelé, et vint avant sur les guérites; et demanda tout haut : « Qui est là qui heurte à cette heure ? » Le roi Philippe qui entendit la voix, répondit et dit : « Ouvrez, ouvrez, châtelain, c'est l'infortuné roi de France[1]. » Le châtelain saillit tantôt avant, qui reconnut la parole du roi de France, et qui bien savoit que jà les leurs étoient déconfits, par aucuns fuyans qui étoient passés dessous le châtel. Si abaissa le pont et ouvrit la porte. Lors entra le roi dedans, et toute sa route. Si furent là jusques à mie nuit, il n'eut le roi conseil qu'il y demeurât ni s'enserrât là dedans. Si but un coup, et aussi firent ceux qui avec lui étoient, et puis s'en partirent, et issirent du châtel, et montèrent à cheval, et prirent guides pour eux mener, qui connoissoient le pays : si entrèrent à

---

[1] Les imprimés disent *C'est la fortune de France.* Je n'ai trouvé dans aucun des manuscrits que j'ai collationnés cette leçon, qui est en contradiction complète avec les circonstances de la journée et de l'époque. Ce qui explique cette erreur est l'ignorance d'un éditeur qui aura mal lu, sans tenir compte de la suppression des accens, des apostrophes et des points dans les manuscrits anciens.

chemin environ mie nuit, et chevauchèrent tant que, au point du jour, ils entrèrent en la bonne ville de Amiens. Là s'arrêta le roi et se logea en une abbaye, et dit qu'il n'iroit plus avant tant qu'il sçût la vérité de ses gens, lesquels y étoient demeurés et lesquels étoient échappés. Or retournerons à la déconfiture de Crécy et à l'ordonnance des Anglois, et comment, ce samedi que la bataille fut, et le dimanche au matin, ils persévérèrent.

CHAPITRE CCXCIII.

Cy dit comment messire Jean de Hainaut fit partir le roi de France de la bataille, ainsi comme par force.

Vous devez savoir que la déconfiture et la perte pour les François fut moult grand et moult horrible, et que trop y demeurèrent sur les champs de nobles et vaillans hommes, ducs, comtes, barons et chevaliers, par lesquels le royaume de France fut depuis moult affoibli d'honneur, de puissance et de conseil. Et sachez que si les Anglois eussent chassé, ainsi qu'ils firent à Poitiers, encore en fût trop plus demeuré, et le roi de France même : mais nennin; car le samedi oncques ne se partirent de leurs conrois pour chasser après hommes, et se tenoient sur leurs pas, gardans leur place, et se défendoient à ceux qui les assailloient. Et tout ce sauva le roi de France d'être pris, car le dit roi demeura tant sur la place, assez près de ses ennemis, si comme dessus est dit, qu'il fut moult tard; et n'avoit à son département pas plus de soixante hommes, uns et autres. Et adonc le prit messire Jean de Hainaut par le frein, qui l'avoit à garder et à conseiller, et qui jà l'avoit remonté une fois, car du trait on avoit occis le coursier du roi, et lui dit : « Sire, venez-vous-en, il est temps, ne vous perdez mie si simplement; si vous avez perdu cette fois, vous recouvrerez une autre. » Et l'emmena le dit messire Jean de Hainaut comme par force. Si vous dis que ce jour les archers d'Angleterre portèrent grand confort à leur partie, car par leur trait les plusieurs disent que la besogne se parfit, combien qu'il y eut bien aucuns vaillans chevaliers de leur côté qui vaillamment se combattirent de la main, et qui moult y firent de belles appertises d'armes et de grands recouvrances. Mais on doit bien sentir et connoître que les archers y firent un grand fait; car par leur trait, de commencement, furent les Gennevois déconfits, qui étoient bien quinze mille, ce qui leur fut un grand avantage; car trop grand'foison de gens d'armes richement armés et parés et bien montés, ainsi que on se montoit adonc, furent déconfits et perdus par les Gennevois, qui trébuchoient parmi eux et s'entoulloient tellement qu'ils ne se pouvoient lever ni ravoir. Et là entre les Anglois avoit pillards et ribauds, Gallois et Cornouaillois qui poursuivoient gens d'armes et archers, qui portoient grands coutilles [1], et venoient entre leurs gens d'armes et leurs archers qui leur faisoient voie, et trouvoient ces gens en ce danger, comtes, barons, chevaliers et écuyers; si les occioient sans merci, comme grand sire qu'il fût. Par cet état en y eut ce soir plusieurs perdus et murdris, dont ce fut pitié et dommage, et dont le roi d'Angleterre fut depuis courroucé que on ne les avoit pris à rançon; car il y eut grand quantité de seigneurs morts.

CHAPITRE CCXCIV.

Comment le dimanche au matin, après la déconfiture de Crécy, les Anglois déconfirent ceux de Rouen et de Beauvais.

Quand la nuit ce samedi fut toute venue et que on n'oyoit mais ni crier, ni jupper, ni renommer aucune enseigne ni aucun seigneur, si tinrent les Anglois à avoir la place pour eux, et leurs ennemis déconfits. Adonc allumèrent-ils en leur ost grand'foison de fallots et de tortis, pour ce qu'il faisoit moult brun; et lors s'avala le roi Édouard, qui encore tout ce jour n'avoit mis son bassinet, et s'en vint, à toute sa bataille, moult ordonnément devers le prince son fils; si l'accolla et baisa, et lui dit : « Beau fils, Dieu vous doint bonne persévérance! vous êtes mon fils, car loyalement vous vous êtes hui acquitté; si êtes digne de tenir terre. » Le prince à cette parole s'inclina tout bas et se humilia en honorant le roi son père; ce fut raison.

Vous devez savoir que grand liesce de cœur et grand'joie fut là entre les Anglois, quand ils virent et sentirent que la place leur étoit demeurée et que la journée avoit été pour eux : si tinrent cette aventure pour belle et à grand'gloire, et en louèrent et regracièrent les seigneurs et les sages hommes moult grandement,

[1] Sorte de sabre à deux tranchans.

et par plusieurs fois cette nuit Notre Seigneur qui telle grâce leur avoit envoyée.

Ainsi passèrent celle nuit sans nul bobant; car le roi d'Angleterre ne vouloit mie que aucun s'en fesist. Quand vint au dimanche au matin, il fit grand'bruine, et telle que à peine pouvoit-on voir loin un arpent de terre : dont se partirent de l'ost, par l'ordonnance du roi et de ses maréchaux, environ cinq cents hommes d'armes et deux mille archers, pour chevaucher, à savoir si ils trouveroient nullui ni aucun François qui se fussent recueillis. Ce dimanche au matin s'étoient partis d'Abbeville et de Saint-Riquier en Ponthieu les communautés de Rouen et de Beauvais, qui rien ne savoient de la déconfiture qui avoit été faite le samedi : si trouvèrent, à male étreine pour eux, en leur encontre, ces Anglois qui chevauchoient, et se boutèrent entre eux, et cuidèrent de premier que ce fût de leurs gens. Si-tôt que les Anglois les ravisèrent, ils leur coururent sus de grand'manière ; et là de rechef eut grand'bataille et dure ; et furent tantôt ces François déconfits et mis en chasse ; et ne tinrent nul conroy. Si en y eut morts sur les champs, que par haies, que par buissons, ainsi qu'ils fuyoient, plus de sept mille ; et si il eut fait clair, il n'en eut jà pied échappé. Assez tôt après, en une autre route, furent rencontrés de ces Anglois l'archevêque de Rouen et le grand prieur de France, qui rien ne savoient aussi de la déconfiture, et avoient entendu que le roi ne se combattroit jusques à ce dimanche ; et cuidèrent des Anglois que ce fussent leurs gens : si s'adressèrent devers eux, et tantôt les Anglois les envahirent et assaillirent de grand'volonté. Et là eut de rechef grand'bataille et dure, car ces deux seigneurs étoient pourvus de bonnes gens d'armes ; mais ils ne purent durer longuement aux Anglois, ainçois furent tantôt déconfits et presque tous morts. Peu se sauvèrent ; et y furent morts les deux chefs [1] qui les menoient, ni oncques il n'y eut pris homme à rançon.

Ainsi chevauchèrent cette matinée ces Anglois, quérans aventures : si trouvèrent et rencontrèrent plusieurs François qui s'étoient fourvoyés le samedi, et qui avoient cette nuit geu sur les champs, et qui ne savoient nulles nouvelles de leur roi ni de leurs conduiseurs : si entrèrent en pauvre étreine pour eux, quand ils se trouvèrent entre les Anglois ; car ils n'en avoient nulle mercy et mettoient tout à l'épée [1]. Et me

[1] Il faut sans doute entendre ceci des chefs subordonnés à l'archevêque et au grand prieur ; car il est certain que Nicolas Roger, qui occupait alors le siège de Rouen, mourut à Avignon en 1347. On n'a pas la même certitude sur ce qui concerne le grand-prieur de France : on ignore même le nom de celui qui l'était alors.

[1] Michel de Northburgh fait plus d'honneur à l'humanité du roi d'Angleterre. Suivant lui, les comtes de Northampton, de Norfolk et de Warwick, qui commandaient le corps envoyé à la recherche des Français, firent sur eux un grand nombre de prisonniers. Voici sa lettre que nous a conservée Robert d'Avesbury.

« Salutz. Voilletz savoir qe notre seigneur le roi vient à la ville de Poissy la veile de l'Assumpcion Notre-Dame, et illesqes estoit un pount oultre l'eawe de Seane qe fust débrusé : meas le demurra illeosqes tanqe le pount feust refait. Et en refesaunce du pount viendrent gentz d'armez à graunt nombre od les comunes du païs et de Amyas bien armez. Et le counte de Northampton et sez gentz issirent sour eaux issint qe fusrent mortz pluis que D de nos enemys, la mercye Dieux, et les aultres fusrent as chivalx. Et aultre foitz noz gentz passèrent l'eawe et tuèrent graunt plenté des comunes de Fraunce et de la ville de Parys et aultre du païs bien armez de l'ost du roi de Fraunce issint qe noz gentz ount faitz aultre pountz et bones, la mercy Dieux, sour noz enemys saunz pierte ou graunt damage de noz gentz. Et lendemayn de l'Assumpcion Notre-Dame notre seigneur le roi passa la eawe de Seane et soy remua devers Poys q'est forte ville et enclose de mures et chastiel très fort dedein et fust tenu des enemys. Et quaunt l'avaunt garde et la secunde garde fusrent passés la ville, l'ariere garde fist assaut à la ville et la prist, et fusrent mortz illeosqes pluisque CCC hommes d'armes de nos enemys. Et l'autre jour en suaunt le comte de Suthfolc et sire Hughe le Denspenser isserount sour les comunes du païs qi fusrent assemblez et bien armez et les desconfirount et occirount CC et pluis et pristerent pluisque LX prisoniers de gentilz hommes. Et puis se treia vers Grauntvillers ; et come illesqes fusrent herbergez l'avaunt garde fust escrié des gentz d'armes de la maison le roy du Beaume. Et noz gentz issirent hastiment et jousterent de guerre oveqe eaux, et fusrent noz gentz abatuz à terre ; mais, mercy soit Dieux, Mounseigneur de Northampton issit et rescua les chivalers et les autres gentz issint qe nul de eaux fust pris ne mort forsqe Thomas Talbot, et enchacea les enemys tanqe à 11 leages d'Amyas, et prist de eaux VIII hommes d'armes et tua XII : et le remenaunt fusrent bien à chivalx et s'enfuirent à Amyas. Et puis le roy d'Engleterre, qe Dieux sauve, se treia devers Pountif le jour de seint Bartheu et vient à la eawe de Summe qe vient de la meare du Abevyle en Pountif. Et le roy de Fraunce avoit ordeigné D hommes d'armes et III mil des comunes armés d'avoir gardé le passage ; et mercy soit Dieux, le roi d'Engleterre et son ost pristrent cele eawe de Somme où unqes homme ne passa avaunt, sauntz perir nul des gentz, et combaterount od lour enemys et tuerount pluisqe 11 mil gentz d'armes et le remenaunt enchacerent droit à la porte d'Abbevyle et pristrent des chivalers et esquiers à

fut dit que de communautés et de gens de pied des cités et des bonnes villes de France, il y en y eut mort, ce dimanche au matin, plus quatre fois que le samedi que la grosse bataille fut.

CHAPITRE CCXCV.

Comment le roi d'Angleterre fit chercher les morts pour en savoir le nombre, et fit enterrer les corps des grands seigneurs.

Le dimanche, ainsi que le roi d'Angleterre issoit de la messe, revinrent les chevaucheurs et les archers, qui envoyés avoient été pour découvrir le pays, et savoir si aucune assemblée et recueillette se faisoit des François : si recordèrent au roi tout ce qu'ils avoient vu et trouvé, et lui dirent bien qu'il n'en étoit nul apparent. Adonc eut conseil le roi qu'il enverroit chercher les morts pour savoir quels seigneurs étoient là demeurés. Si furent ordonnés deux moult vaillans chevaliers pour aller là, et en leur compagnie trois hérauts pour reconnoître leurs armes et deux clercs pour écrire et enregistrer les noms de ceux qu'ils trouveroient. Les deux chevaliers furent messire Regnault de Cobehen et messire Richard de Stanfort. Si se partirent du roi et de son logis, et se mirent en peine de voir et visiter tous les occis. Si en trouvèrent si grand foison qu'ils en furent tous émerveillés ; et cherchèrent au plus justement qu'ils purent ce jour tous les champs, et y mirent jusques à vespres bien basses. Au soir, ainsi que le roi d'Angleterre devoit aller souper, retournèrent les dessus nommés deux chevaliers devers le roi, et firent juste rapport de tout ce qu'ils avoient vu et trouvé. Si dirent que onze chefs de princes [1] étoient demeurés sur la place, quatre vingt bannerets, douze cents chevaliers d'un écu [2], et environ trente mille hommes d'autres gens. Si louèrent le dit roi d'Angleterre, le prince son fils et tous les seigneurs, grandement Dieu, et de bon courage, de la belle journée qu'il leur avoit envoyée, que une poignée de gens qu'ils étoient au regard des François, avoient ainsi déconfit leurs ennemis. Et par espécial, le roi d'Angleterre et son fils complaignirent longuement la mort du vaillant roi de Behaigne, et le recommandèrent grandement, et ceux qui de-lez lui étoient demeurés.

Si arrêtèrent encore là celle nuit, et le lundi au matin ils ordonnèrent de partir ; et fit le dit roi d'Angleterre, en cause de pitié et de grâce,

graunt nombre. Et mesme le jour, Monseigneur Hughe Le Despenser prist la ville de Crotoie, et luy et sa gent tuerent illesqes CCCC hommes d'armes et tiendrent la ville et treoverent graunt plenté de vitailles. Et cele nuyt herberga le roy d'Engleterre en la forest de Cressy sour mesme l'eawe, pur ceo qe l'ost de Fraunce vient de l'autre part de la ville après notre paesage : mais il ne voudra prendre l'eawe sour nous et retournerent vers Abbeville. Le vendredy proschein s'en herberga le roy d'Engleterre en mesme la forest de Cressy ; et la samady à matin se remua devers Cressy ; et les discovereres notre sire le roy discovererent le roy de Fraunce qe vient devers nous en IIII grosses batailles. Et entenderount illesqes lor enemys ; et à la volenté de Dieux un poy avaunt la heure de vespre sa poair assembla à notre en playne champ ; et le bataille estoit très fort et endura longement ; qar les enemys se porterount mult noblement. Mais loiez soit Dieux, illesqes fusrent noz enemis desconfitz ; le roy notre adversaire se mist à fuyte, et fusrent mortz le roy de Beanme, le ducz de Loreigne, le counte d'Alesoun, le counte de Flaundres, le counte de Bloys, le counte de Harecourt et ses II filtz, le counte Damarle, le counte de Nauvers et soun friere le seigneur de Trouard, l'erchevesque de Niemes, l'erchevesque de Saunz, le haut prior de l'ospital de Fraunce, le seigneur de Savoye, le seigneur de Morles, le seigneur de Guyes, le sire de Seint Vinaunt, le sire de Rosingburgh, VI countes d'Almaigne, et tout plein des aultres countes et barons et aultres gentz et seigneurs dount homme ne poet uncore savoir les noms. Et Pheleppe de Valois et le Markis q'est apelé le Elitz des Romayns * eschaperent navfrés, à cco qe homme dist. La summe des bones gentz d'armes qi fusrent mortz en le chaumpe à ceste jour, sans comunes et pédailles, amounte à mil DXLII acomptés. Et mesme la nuyt le roy d'Engleterre od tout soun ost demurra en la champ armez où la desconfiture fuist. Et lendemayn matin devaunt le solail levé vient devaunt nous un aultre bataille graunt et fort ; et mounseigneur le counte de Northampton et les countes de Northfolk et Warewik isserount et les descoufiterount et pristrount de chivalers et esquiers à graunt nombre et tuerount II mil et pluis, et lez enchacerount III leages de la terre. Et mesme la nuit le roy herberga à Cressy et à matin se treia devers Bolougne, et en chimenaunt prist la ville d'Estaples, et d'illesqes sei treia devers Caleys. A ceo qe j'ay entenduz soun purpos est d'assiéger la ville de Caleys ; et pur ceo monseigneur le roy ad maundé à vous pur vitailles ; et à ceo à plus tost qe vous poez maundez ; qar puis le temps qe nous departismes à Caame nous vivames sour la païs à graunt travaille et damage de nos gentz ; mais mercié soit Dieux, nous n'avouns nul défaute. Mez ore nous sumes à tiel plit qe nous covient estre refressez de vitailles en partie. Escript devant Caleis le IIIIe. jour de septembre. »

[1] On peut voir dans la lettre de Michel de Northburgh citée en note, le nombre des morts et les noms des principaux d'entre eux.

[2] On appelait *chevaliers d'un écu*, ceux qui servaient le prince de leur seule personne et qui n'avaient point d'autres chevaliers sous leurs ordres.

* Charles d' Luxembourg élu roi des Romains.

tous les corps des grands seigneurs, qui là étoient demeurés, prendre et ôter de dessus la terre et porter en un moûtier près de là, qui s'appelle Montenay[1], et ensevelir en sainte terre; et fit à savoir à ceux du pays qu'il donnoit trèves trois jours pour chercher le champ de Crécy et ensevelir les morts; et puis chevaucha outre vers Montreuil sur la mer; et ses maréchaux coururent devers Hesdin, et ardirent Waubain et Serain[2]; mais au dit châtel ne purent-ils rien forfaire, car il étoit trop fort; et si étoit bien gardé. Si se logèrent ce lundi sur la rivière de Hesdin[3], du côté devers Blangis[4], et lendemain ils passèrent outre et chevauchèrent devers Boulogne. Si ardirent en leur chemin la ville de Saint-Josse et le Neuf-Châtel; et puis Estaples et Rue et tout le pays de Boulonnois; et passèrent entre les bois de Boulogne et la forêt de Hardelo, et vinrent jusques à la grosse ville de Wissant. Là se logea ledit roi et le prince et tout l'ost, et s'y rafraîchirent un jour; et le jeudi[5] s'en partirent et s'en vinrent devant la forte ville de Calais. Or parlerons un petit du roi de France, et conterons comment il persévéra.

CHAPITRE CCXCVI.

Comment le roi de France fut courroucé des seigneurs de son sang qui morts étoient en la bataille; et comment il voulut faire pendre messire Godemar du Fay.

Quand le roi Philippe fut parti de la Broye, ainsi que ci-dessus est dit, à moult peu de gent, il chevaucha celle nuit tant que le dimanche au point du jour il vint en la bonne ville d'Amiens, et là se logea en l'abbaye du Gard[1]. Quand le roi fut là arrêté, les barons et les seigneurs de France et de son conseil qui demandoient pour lui[2], y arrêtèrent aussi, ainsi qu'ils venoient. Encore ne savoit le dit roi la grand'perte des nobles et des prochains de son sang qu'il avoit perdus. Ce dimanche au soir on lui en dit la vérité. Si regretta grandement messire Charles son frère le comte d'Alençon, son neveu le comte de Blois, son serourge le bon roi de Behaigne, le comte de Flandre, le duc de Lorraine et tous les barons et les seigneurs, l'un après l'autre. Et vous dis que messire Jean de Hainaut étoit adonc de-lez lui, et celui en qui il avoit la plus grand'fiance, et lequel fit un moult beau service à messire Godemar du Fay; car le roi étoit fort courroucé sur lui, si que il le vouloit faire pendre, et l'eût fait sans faute, si n'eût été le dit messire Jean de Hainaut, qui lui brisa son ire et excusa le dit messire Godemar. Et étoit la cause que le roi disoit que il s'étoit mauvaisement acquitté de garder le passage de Blanche-Tache, et que par sa mauvaise garde les Anglois étoient passés outre en Ponthieu, par quoi il avoit reçu celle perte et ce grand dommage. Au propos du roi s'inclinoient bien aucuns de son conseil, qui eussent bien voulu que le dit messire Godemar l'eût comparé, et l'appeloient traître : mais le gentil chevalier l'excusa, et de raison partout; car comment put-il avoir défendu ni résisté à la puissance des Anglois, quand toute la fleur de France n'y put rien faire? Si passa le roi son mautalent adonc, au plus beau qu'il put, et fit faire les obsèques, l'un après l'autre, de ses prochains, et puis se partit d'Amiens et donna congé à toutes manières de gens d'armes, et retourna devers Paris. Et jà avoit le roi d'Angleterre assiégé la forte ville de Calais.

CHAPITRE CCXCVII.

Comment le roi d'Angleterre mit le siége devant Calais.

De la ville de Calais étoit capitaine un gentil chevalier de Bourgogne et vaillant aux armes,

---

[1] Vraisemblablement, *Maintenay*, sur la rivière d'Authie.
[2] Peut-être *Sorrus*, près de Montreuil.
[3] Hesdin est situé sur la Canche.
[4] Blangis ou Blangy, bourg sur la Ternoise, entre Hesdin et Saint-Pol.
[5] Ce jeudi était le dernier jour d'août : l'intervalle paraît bien court pour renfermer tous les faits que raconte l'historien. Cependant, comme il peut absolument suffire, nous n'oserions l'accuser de s'être trompé, si Robert d'Avesbury n'assurait pas, p. 140, qu'Édouard n'arriva devant Calais que le 3 septembre. Cette date est confirmée par la lettre de Michel de Northburgh, qui est du 4 de ce mois, dans laquelle il dit qu'il a *entendu que le propos* (d'Édouard) *est d'assiéger la ville de Calais*. Cette expression paraît supposer que le 4 septembre ce prince ne faisait que d'arriver devant la place ; car s'il y eût été établi dès le 31 août, il n'est guère probable que, quatre jours après, ses desseins eussent encore été douteux, et même qu'il n'eût pas déjà fait quelques dispositions pour l'attaque. On pourra consulter sur ce point le deuxième mém. de M. de Bréquigny sur l'Hist. de Calais, imprimé dans le Recueil de l'Acad. des Belles-Lettres.

[1] Le roi se logea peut-être dans une maison appartenant à cette abbaye ; car l'abbaye même est située à trois lieues d'Amiens.
[2] Qui demandaient de ses nouvelles.

qui s'appeloit messire Jean de Vienne. Avec lui étoient plusieurs bons chevaliers d'Artois et de la comté de Ghines, tels que messire Arnoul d'Audrehen, messire Jean de Surie[1], messire Baudouin de Bellebronne, messire Geoffroy de la Mote[2], messire Pepin de Werre, et plusieurs autres chevaliers et écuyers, lesquels trop loyalement s'en acquittèrent, si comme vous orrez recorder en suivant.

Quand le roi d'Angleterre fut venu premièrement devant la ville de Calais, ainsi que celui qui moult la désiroit à conquérir, il l'assiégea par grand'manière et de bonne ordonnance, et fit bâtir et ordonner entre la ville et la rivière et le pont de Nieulai hôtels et maisons, et charpenter de gros merrein, et couvrir les dites maisons, qui étoient assises et ordonnées par rues bien et faiticement, d'estrain et de genets, ainsi comme s'il dût là demeurer dix ou douze ans; car telle étoit son intention qu'il ne s'en partiroit, par hiver ni par été, tant qu'il l'eût conquise, quel temps ni quelle peine il y dût mettre ni prendre. Et avoit en cette neuve ville[3] du roi toutes choses nécessaires appartenans à un ost, et plus encore, et place ordonnée pour tenir marché le mercredi et le samedi : et là étoient merceries, boucheries, halles de draps et de pain et de toutes autres nécessités; et en recouvroit-on tout aisément pour son argent; et tout ce leur venoit tous les jours, par mer, d'Angleterre et aussi de Flandre, dont ils étoient confortés de vivres et de marchandises. Avec tout ce, les gens du roi d'Angleterre couroient moult souvent sur le pays, en la comté de Ghines, en Therouenois, et jusques aux portes de Saint-Omer et de Boulogne; si conquéroient et ramenoient en leur ost grand foison de proie, dont ils étoient rafraîchis et ravitaillés. Et point ne faisoit le roi ses gens assaillir la dite ville de Calais, car bien savoit qu'il y perdroit sa peine et qu'il se travailleroit en vain. Si épargnoit ses gens et son artillerie, et disoit qu'il les affameroit, quelque long terme qu'il y dût mettre, si le roi Philippe de France de rechef ne le venoit combattre et lever le siége.

Quand messire Jean de Vienne, qui capitaine étoit de Calais, vit que le roi d'Angleterre se ordonnoit et aménageoit pour là tenir le siége, et que c'étoit tout acertes, il fit une ordonnance dedans la ville de Calais, telle que toutes manières de menues gens, qui pourvéances n'avoient, vuidassent sans point d'arrêt. Si en vuidèrent et partirent un mercredi au matin, que hommes, que femmes, que enfans, plus de dix sept cents[1]; et passèrent parmi l'ost du roi d'Angleterre. Et leur fut demandé pourquoi ils vuidoient. Ils répondirent que ils n'avoient de quoi vivre. Adonc leur fit le roi grâce de passer et aller parmi son ost sauvement, et leur fit à tous

---

[1] L'auteur de l'Hist. de Calais (*M. Le Febvre*) nomme ce chevalier *Jean de Surrey*, et pense qu'il était d'une famille issue d'un bâtard de la maison d'Anjou, établie depuis long-temps en Angleterre, où il mourut lui-même dit l'historien, en 1347, avant la fin du siége de Calais. Cette dernière circonstance prouve, ce semble, qu'il ne s'agit point ici de ce Jean de Surrey, qui ne fut peut-être même jamais attaché à la France. Il vaudrait peut-être mieux lire, *Jean de Surice;* ce nom est très connu en Flandre, et se trouve dans l'*Histoire de Cambray* par Carpentier, et dans plusieurs autres ouvrages généalogiques.

[2] M. Le Febvre trompé, sans doute, par la leçon des Froissarts imprimés qui portent *La Mente*, change ce nom en celui de *Lamet;* mais comme le nom de *La Mote* est très connu dans le Cambrésis et les pays voisins, on peut se dispenser d'admettre cette correction. Quant à Pepin de Were, il le fait Anglais sur la seule conformité de nom avec une maison illustre d'Angleterre. Il serait peut-être plus simple de le supposer un peu altéré, et de lire, ou *Pepin du Wer*, ou *Pepin de Wiere*, famille dont un autre membre, Buchon de le Wiere, est nommé par Froissart, page 120, comme compagnon du seigneur de Fauquemont. Il existe aussi en Artois une ancienne famille nommée Lever, d'où descend le marquis Lever.

[3] Le roi d'Angleterre lui donna le nom de *Ville-Neuve-la-Hardie*.

[1] Knighton diffère de Froissart pour le nombre des personnes et pour la date de leur sortie de Calais. Selon lui cinq cents personnes seulement furent mises hors de la ville, non dès le commencement du siége, mais vers la fête de saint Jean-Baptiste, et périrent de faim et de froid entre la ville et le camp, parce qu'Édouard ne voulut pas leur permettre de passer. La circonstance du froid capable de faire mourir, montre qu'il s'est trompé en plaçant cet événement dans l'été et qu'il a dû arriver vers le mois d'octobre ou plutôt de novembre, comme le suppose Froissart. Quant au nombre des personnes, peut-être n'est-il différent que parce que l'un des historiens ne compte que les hommes, au lieu que l'autre y joint les femmes et les enfans. Il y a encore une autre disparité entre les deux récits : suivant l'un, ces malheureux périrent de misère sans pouvoir traverser le camp anglais; suivant l'autre, Édouard les traita avec la plus grande générosité. Peut-être faut-il prendre un milieu et croire qu'Édouard fit donner de l'argent et des vivres à quelques-uns de ceux qui s'offrirent à ses regards et qu'il abandonna les autres à l'horreur de leur sort.

et à toutes donner à dîner bien et largement, et après dîner, à chacun deux esterlins; laquelle grâce et aumône on recommanda à moult belle : ce fut bien raison. Or nous souffrirons un petit à parler du siége de Calais, et retournerons au duc de Normandie qui séoit devant Aiguillon.

CHAPITRE CCXCVIII.

Comment messire Philippe de Bourgogne fut mort devant Aiguillon; et comment le duc de Normandie se partit du siége d'Aiguillon par le commandement du roi son père.

Le duc de Normandie se tenoit devant Aiguillon, et dedans avoit assiégé les bons chevaliers d'Angleterre, messire Gautier de Mauny et les autres, qui si vaillamment s'y étoient tenus et tinrent toudis, le siége pendant et durant, et qui tant de belles appertises d'armes y firent, si comme ci-dessus est recordé, pour lesquelles grands appertises le dit duc avoit parlé si avant que point ne s'en partiroit, si auroit pris la forteresse et ceux qui dedans étoient. Or avint, ce siége étant, environ la mi-août, que une escarmouche se fit devant le château d'Aiguillon, et se monteplia tellement que, par convoitise d'armes, la plus grand'partie de ceux de l'ost y allèrent. Adonc étoit là venu nouvellement en l'ost messire Philippe de Bourgogne, fils au duc Eudes de Bourgogne, pour le temps comte d'Artois et de Boulogne, et cousin germain du dit duc de Normandie, lequel étoit un moult jeune chevalier et plein de grand'volonté, ainsi que là le montra; car si très tôt que l'escarmouche fut commencée, il ne voulut pas être des derniers, mais s'arma et monta sur un coursier fort et roide malement; et de grand'hâte, pour plutôt être et venir à l'escarmouche, le dit Philippe prit une adresse parmi les champs, et brocha coursier des éperons, lequel coursier qui étoit grand et fort, s'écueillit à courir et emporta le chevalier malgré lui, si que, en traversant et saillant un fossé, le coursier trébucha et chéy, et jeta le dit messire Philippe dessous lui. Mais oncques il ne put être aidé ni secouru si à temps qu'il ne fût si confroissé que oncques puis il n'eut santé ; et mourut de celle blessure, dont le duc de Normandie fut moult courroucé ; ce fut bien raison. Assez tôt après cette aventure et le trépas messire Philippe, les nouvelles tinrent en l'ost de la déconfiture de Crécy ; et remandoit le roi Philippe son fils le duc de Normandie [1], et lui enjoignoit très espécialement que toutes paroles et essoines mises arrière, il se partit et défit son siége, et retournât en France pour aider à défendre et garder son héritage que les Anglois lui détruisoient ; et encore lui signifioit-il clairement le grand dommage des nobles et prochains de son sang, qui demeurés étoient à Crécy.

Quand le duc de Normandie eut lu ces lettres, il pensa sus moult longuement, et en demanda conseil aux comtes et aux barons qui de-lez lui étoient ; car moult envis se partoit, pour cause de ce qu'il avoit parlé si avant du siége tenir : mais aussi il n'osoit aller contre le mandement du roi son père. Et me semble que adonc il fut si conseillé des plus espéciaux de son conseil que, au cas que le roi son père le mandoit si espécialement, il se pouvoit bien partir sans forfait. Si fut adonc ordonné et arrêté que lendemain on se délogeroit et retourneroit-on en France. Quand vint au point du jour, on se commença à déloger et à trousser tentes et trefs et toutes autres ordonnances, et recueillir moult hâtivement, et mettre à voie et à chemin. Les compagnons, qui dedans Aiguillon se tenoient, furent durement émerveillés pourquoi si soudainement les François se délogeoient. Si se coururent armer, au plus tôt qu'ils purent, et montèrent sur leurs chevaux, le pennon messire Gautier de Mauny devant eux, et se partirent vigoureusement, et s'en vinrent bouter en l'ost du duc, qui tous n'étoient mie encore délogés ni mis à voie ; si en ruèrent par terre plusieurs, et occirent et découpèrent, et firent un grand esparsin, et en prirent d'uns et d'autres plus de soixante qu'ils ramenèrent arrière en leur forteresse. Et entre les autres prisonniers, il y eut un grand chevalier de Normandie cousin du duc [2], et moult prochain de son conseil, auquel messire Gautier de Mauny demanda pour quelle cause le duc de Normandie si soudainement se partoit et quelle chose étoit là avenue entre eux. Le

---

[1] Le roi dut rappeler le duc de Normandie long-temps avant la bataille de Crécy, et probablement dès qu'il fut informé qu'Édouard était débarqué en Normandie, car la bataille se donna le 26 août et le siége d'Aiguillon fut levé le 20 de ce même mois, ainsi que nous l'apprenons de la lettre du comte de Derby, rapportée ci-dessus.

[2] Toutes nos recherches pour découvrir quel était ce chevalier ont été inutiles.

chevalier moult à ennuis leur dit. Toutefois il fut tant apparlé et demené du dit messire Gautier, que il lui recorda la besogne ainsi comme elle alloit, et comment le roi d'Angleterre étoit arrivé en Normandie, et tout le voyage qu'il avoit fait, et les passages qu'il avoit passés, et en la fin à Crécy en Ponthieu déconfit le roi de France et toute sa puissance[1]; et lui conta par nom les princes et les seigneurs qui morts y étoient, et en fin de voyage le roi d'Angleterre avoit assiégé la forte ville de Calais. Quand messire Gautier de Mauny entendit ce, si en fut grandement réjoui; et aussi furent tous les compagnons; et en firent pour ces nouvelles meilleur compagnie à leurs prisonniers. Et le duc de Normandie s'en revint en France devers le roi Philippe son père et la roine sa mère, qui volontiers le virent.

CHAPITRE CCXCIX.

Comment messire Gautier de Mauny quitta à un chevalier normand sa rançon pour lui impétrer un sauf conduit du duc de Normandie pour chevaucher lui vingtième par France jusques à Calais.

Depuis ne demeura guères de temps que le dit messire Gautier de Mauny, qui grand desir avoit de venir devant Calais et de voir son seigneur le roi d'Angleterre, mit en parole le chevalier normand qu'il tenoit pour son prisonnier, et lui demanda quelle quantité d'argent pour sa rançon il pourroit payer. Cil répondit, ainsi comme cil qui sa délivrance vit volontiers, que jusques à trois mille écus paieroit-il bien. Donc dit messire Gautier moult courtoisement : « Sire, je sais bien que vous êtes du sang du duc de Normandie, et moult aimé de lui et très espécial en son conseil, si vous dirai que vous ferez : je vous recreray sur votre foi, et vous partirez de cy, et irez devers le duc votre seigneur, et m'impètrerez un sauf conduit, pour moi vingtième tant seulement, à chevaucher parmi France, payant courtoisement tout ce que je dependrai; et si ce me pouvez impétrer du duc ou du roi, ne me chault duquel, je vous quitterai votre rançon, et vous en saurai gré; car je désire tant à voir mon cher seigneur le roi d'Angleterre que ce me tournera à grand plaisance, si le sauf conduit vous me rapportez; et afin que vous l'entendiez, je ne vueil gésir en une ville que une nuit, tant que je serai venu devant Calais; et si ce vous ne pouvez faire, vous reviendrez dedans un mois tenir prison dedans cette forteresse. » Le chevalier répondit qu'il en feroit son plein pouvoir. Si se partit d'Aiguillon et le reçut le dit messire Gautier sur sa foi. Si chevaucha tant le dit chevalier qu'il vint à Paris, là où il trouva le duc de Normandie, son seigneur, qui lui fit grand'chère et lui demanda de son état, et comment il avoit finé. Le chevalier lui conta toute la besogne et comment messire Gautier de Mauny lui vouloit quitter sa rançon, mais qu'il eût un sauf conduit qu'il pût passer parmi le royaume de France paisiblement, lui vingtième, et venir jusques à Calais. Le duc lui accorda, et lui fit écrire tout tel qu'il le voult demander et avoir; et le prit sous le scel du dit duc, et s'en passa atant; et exploita depuis tant par ses journées qu'il retourna en Aiguillon, et montra au dit messire Gautier tout ce qu'il avoit fait et exploité. Du quel exploit et sauf conduit messire Gautier eut grand'joie, et quitta tantôt le dit chevalier Normand de sa rançon, et s'ordonna pour passer parmi le royaume de France sur le confort de sa lettre.

CHAPITRE CCC.

Comment messire Gautier de Mauny fut pris à Orliens et amené prisonnier à Paris, dont le duc de Normandie fut moult courroucé; et comment il fut délivré.

Assez tôt après, le dit messire Gautier de Mauny se partit de la ville et du châtel d'Aiguillon atout vingt chevaux seulement, ainsi que sa lettre parloit, et se mit au chemin parmi Auvergne. En chevauchant le royaume, le gentil chevalier ne se faisoit point céler, mais se nommoit partout; et quand il étoit arrêté, il montroit sa lettre, et tantôt étoit délivré. Ainsi chevaucha-t-il tant qu'il vint jusques à Orliens; et fut là arrêté[1], et ne put être désarrêté pour lettre qu'il montrât; mais fut amené à Paris, et là mis en prison en Châtelet, comme celui qui étoit des François grandement haï, pour les grands

---

[1] Ce chevalier ne put raconter à Gautier de Mauny ce qui s'était passé à Crécy, comme nous venons de le remarquer.

[1] Il avait déjà manqué d'être arrêté en passant à Saint-Jean-d'Angély, d'où il eut grand'peine à sortir lui troisième. Le reste de ses gens y demeurèrent prisonniers et n'étaient pas encore relâchés lorsque le comte de Derby s'empara de cette place.

prouesses dont il étoit renommé. Quand le duc de Normandie le sçut, il en fut durement courroucé : si s'en alla tantôt pardevers le roi son père, et lui requit si acertes qu'il put, qu'il voulût le chevalier délivrer pour l'amour de lui, ou il seroit déshonoré; et diroit-on qu'il l'auroit trahi, car il l'avoit assuré par bonnes lettres scellées de son scel, pour telle raison ; et conta le dit duc la cause au roi, tout ainsi que vous l'avez ouï. Le roi n'en voult rien faire, pour requête ni pour prière que le duc son fils en fit; et répondit qu'il le feroit mettre à mort, et qu'il le tenoit pour son trop grand ennemi. Dont répondit le duc que, si il en fesoit ainsi, il fut certain que jamais ne s'armeroit contre le roi d'Angleterre ni tous ceux qu'il en pourroit détourner; et eut adonc entre le roi et le duc de Normandie grosses paroles, et se partit le duc par mautalent, et dit le duc, au partir, que jamais en l'hôtel du roi n'entreroit, tant que messire Gautier fût en prison.

Ainsi demeura cette chose un grand temps, et pourchassoit [1] le dessus dit messire Gautier un chevalier de Hainaut, qui s'appeloit messire Mansart d'Esne : cil en eut moult de peine et de travail pour aller et pour venir devers le duc de Normandie. En la fin le roi de France fut si conseillé qu'il délivra le dit messire Gautier de prison, et lui fit payer tous ses frais que à cause de l'arrêt avoit eus; et le voulut voir le dit roi. Si dîna le dit messire Gautier de-lez lui en l'hôtel de Nelle à Paris; et lui fit adonc présent le dit roi de dons et de joyaux qui valoient mille florins. Le dit messire Gautier, pour l'honneur du roi qui lui faisoit présenter, les reçut par condition que, lui venu devant Calais, il en parleroit au roi d'Angleterre son seigneur, et s'il lui plaisoit, il les retiendroit, ou autrement il les renverroit.

Cette parole plut bien au roi de France et au duc de Normandie, et dirent qu'il avoit parlé comme loyal chevalier. Depuis ce fait il prit congé d'eux, et chevaucha tant par ses journées qu'il vint en Hainaut : si se rafraîchit à Valenciennes trois jours. Depuis se partit et exploita tant qu'il vint devant Calais, où il fut reçu à grand'joie, du roi et de tous ses barons; ce fut bien raison. Et là leur recorda toutes ses aventures depuis que parti étoit d'Aiguillon, et montra au roi son seigneur les beaux joyaux que le roi de France lui avoit présentés, et demanda féablement au roi quelle chose en étoit bonne à faire; car il les avoit reçus par celle manière que, si il lui plaisoit, il les retiendroit, ou autrement il les renverroit. Si me semble que le roi d'Angleterre lui dit adonc : « Messire Gautier, vous nous avez toujours loyalement servi jusques à maintenant, et ferez encore, si comme nous espérons; renvoyez au roi Philippe ses présens, vous n'avez nulle cause de les retenir. Nous avons assez, Dieu merci, pour nous et pour vous, et sommes en grand'volonté de vous bien faire, selon le bon service que fait nous avez. » — « Monseigneur, reprit messire Gautier, grand mercy. »

Tantôt après ces paroles, il prit tous ces joyaux et présens et les chargea à son cousin messire Mansart, et lui dit : « Chevauchez en France devers le roi, et me recommandez à lui moult de fois, et lui dites que je le remercie grandement des beaux présens qu'il m'a présentés : mais ce n'est mie l'aise ni la paix du roi d'Angleterre monseigneur que je les retienne. » Lors dit messire Mansart : « Sire, tout ce ferai-je volontiers. »

Si se partit atant de messire Gautier et du siége de Calais, les dits joyaux avec lui, et exploita tant par ses journées qu'il vint à Paris ; si fit son message au roi bien et à point. Le roi ne voulut ouïr nulles nouvelles de reprendre les joyaux, mais les donna, ainsi qu'ils étoient, au dit messire Mansart, qui en remercia le roi, et n'eut volonté contraire du prendre.

CHAPITRE CCCI.

Comment le comte Derby fit son mandement pour aller en Poitou, et prit plusieurs villes et châteaux en venant vers Saint-Jean-d'Angély.

Vous avez bien ci-dessus ouï recorder comment le comte Derby s'étoit tenu toute la saison en la cité de Bordeaux, le siége pendant des François devant Aiguillon. Sitôt qu'il sçut de vérité que le duc de Normandie avoit défait son siége et s'étoit retrait en France [1], il s'avisa qu'il

---

[1] Pourchassait la délivrance de messire Gautier.

[1] La lettre du comte de Derby que nous avons rapportée ci-dessus nous fait apercevoir plusieurs erreurs dans ce récit de Froissart. 1° Le comte, suivant cette lettre, était, non à Bordeaux, mais à La Réole avec une partie

feroit une chevauchée en Poitou. Si fit son mandement de tous les barons, les chevaliers et écuyers de Gascogne, qui pour Anglois se tenoient et leur assigna journée à être à Bordeaux.

A la semonce et mandement du dit comte vinrent le sire de Labret, le sire de l'Espare, le sire de Rosem, le sire de Mucident, le sire de Pommiers, le sire de Curton, le sire de Languerem, messire Aymon de Tarste, et plusieurs autres. Et fit tant le comte Derby qu'ils furent bien douze cents hommes d'armes, deux mille archers et trois mille piétons. Si passèrent toutes ces gens d'armes et leurs routes la rivière de Garonne, entre Bordeaux et Blayes. Quand ils furent tous outre, ils prirent le chemin de Xaintonge et chevauchèrent tant qu'ils vinrent à Mirabel[1]. Si assaillirent la ville, sitôt qu'ils furent venus, et la prirent par force, et aussi le château, et y mirent gens de par eux; et puis chevauchèrent devers Aunay. Si conquirent la ville et le châtel, et puis Surgères[2] et Benon : mais au châtel de Marant, à quatre lieues de la Rochelle, ne purent-ils rien forfaire; et vinrent à Mortaigne-sur-Mer en Poitou : et là eut grand assaut, et la prirent, et y mirent et laissèrent gens en garnison, de par eux; et puis chevauchèrent vers Lusignen. Si ardirent la ville; mais au châtel ne purent-ils rien forfaire[3]. En après ils vinrent à Taillebourc, sur la rivière de Charente. Si conquirent le pont, la ville et le château, et occirent tous ceux qui dedans étoient, pourtant que, en eux assaillant, ils leur avoient occis un chevalier des leurs, appert

de ses troupes, vers la fin du siége d'Aiguillon; 2° il n'attendit point pour réunir ses forces que ce siége fût levé : elles étaient rassemblées plusieurs jours auparavant; 3° ce fut aux environs de Bergerac et non à Bordeaux qu'il indiqua le rendez-vous de l'armée; 4° avant d'aller en Saintonge il se rendit en Agénois, rafraîchit de troupes Villeréal, Tonneins et Aiguillon, et retourna à la Réole. Il y divisa son armée en trois corps, dont il en laissa deux pour la sûreté du pays, et entra le 12 septembre en Saintonge avec le troisième composé de mille hommes d'armes.

[1] Mirebeau, capitale du petit pays de Mirebalais en Poitou.

[2] Bourg du pays d'Aunis, à six lieues de La Rochelle. Benon en est à peu près à la même distance.

[3] Le comte de Derby dit positivement que le château lui fut rendu après qu'il se fut emparé de la ville. Cet événement doit être arrivé peu de jours après la fête de saint Michel.

homme d'armes durement; et puis passèrent outre pour venir devant la ville de Saint-Jean-d'Angely[1]. Et sachez que tout le pays étoit si effrayé de la venue du comte Derby et des Anglois, que nul n'avoit contenance ni arroy en soi-même, mais fuyoient devant eux et s'enclouoient dedans les bonnes villes, et laissoient tous vagues hôtels et maisons; et n'y avoit autre apparence de défense; mêmement les chevaliers et écuyers de Poitou et de Xaintonge se tenoient en leurs forts et en leurs garnisons, et ne montroient aucun semblant de combattre les Anglois.

CHAPITRE CCCII.

Comment ceux de Saint-Jean-d'Angely se rendirent au comte Derby; et comment il prit le bourg de Saint-Maximin et la cité de Poitiers.

Tant exploitèrent le comte Derby et ses routes qu'ils vinrent devant la bonne ville de Saint-Jean-d'Angely. Si s'ordonnèrent tous à y mettre le siége. A ce jour que les Anglois y vinrent, il n'y avoit dedans nuls gens d'armes, chevaliers et écuyers, pour aider à garder la ville et conseiller les bourgeois, qui n'étoient mie bons coutumiers de guerroyer. Si furent durement effrayés quand ils virent tant d'Anglois devant leur ville, et qui leur livrèrent de première venue un très grand assaut; et doutèrent à perdre corps et biens, femmes et enfans; car il ne leur apparoît secours ni confort de nul côté; si eurent plus cher à traiter devers les Anglois que plus grand mal leur survînt. Après cet assaut que les Anglois firent devant Saint-Jean-d'Angely, et qu'ils se furent retraits en leur logis pour eux reposer celle nuit, et avoient bien intention d'assaillir lendemain, le maire de la ville, qui s'appeloit sire Guillaume de Riom, par le conseil de la plus saine partie de la ville, envoya devers le comte Derby pour avoir un sauf-conduit pour six de leurs bourgeois, allans et venans, qui devoient porter ce traité. Le gentil comte Derby leur accorda légèrement, à durer celle nuit et lendemain tout le jour. Quand vint au matin à heure de prime, les dits bourgeois de Saint-Jean vinrent au pavillon du comte et parlèrent à lui, quand il eut ouï messe. Et me

[5] Suivant la lettre que nous venons de citer, l'armée anglaise s'empara de Saint-Jean-d'Angély avant d'aller à Lusignan.

semble que le traité se porta en telle manière, qu'ils se mirent du tout en l'obéissance du comte, et rendirent leur ville, et jurèrent à être bons Anglois, de ce jour en avant, tant que le roi d'Angleterre, ou personne forte de par lui, les voudroit ou pourroit tenir en paix devers les François. Sur cel état et ordonnance les reçut le comte Derby, et entra en la ville, et en prit la foi et hommage, et devinrent ses hommes. Si se rafraîchirent le comte Derby et les Anglois quatre jours en la dite ville[1]; et au cinquième ils s'en partirent et chevauchèrent vers Niort, une très forte ville et bien fermée, de laquelle messire Guichard d'Angle, un gentil chevalier, étoit capitaine et souverain pour le temps. Si y firent les Anglois trois assauts; mais rien n'y conquirent; si s'en partirent et chevauchèrent devers la bonne ville de Poitiers; mais ainçois qu'ils y venissent, ils trouvèrent le bourg de Saint-Maximin[2]; si le prirent par force, et furent tous ceux morts qui dedans étoient. Et puis chevauchèrent à senestre main, et vinrent devant Montreuil-Bonnin[3], où il avoit pour ce temps plus de deux cents monnoyers, qui là forgeoient et faisoient la monnoie du roi, et qui dirent que trop se défendroient. Si ne se voulurent rendre à la requête des Anglois, et montrèrent grand semblant d'eux défendre. Le comte Derby et ses gens, qui étoient bons coutumiers d'assaillir, assaillirent de ce commencement, de grand'façon; et étoient les archers tout devant, qui traioient aux défendans si ouniement que à peine osoit nul apparoir aux défenses; et tant s'avancèrent les dits Anglois, et si bien s'y éprouvèrent, que par force ils conquirent Montreuil-Bonnin; et furent tous ceux morts qui dedans étoient. Oncques homme n'y fut pris à rançon; et retinrent le châtel pour eux, et le rafraîchirent de nouvelles gens; et puis chevauchèrent outre vers Poitiers, qui est moult grand et moult esparse. Si firent tant, qu'ils y parvinrent, et l'assiégèrent de l'un des côtés; car ils n'étoient mie tant de gens pour l'assiéger de tous côtés. Sitôt qu'ils furent venus devant, ils se mirent à assaillir de grand'volonté, et ceux de la ville à eux défendre, qui étoient grand'foison de menues gens, peu aidables en guerre : et encore pour le temps de lors ils ne savoient guerroyer. Toutefois à ce premier assaut ils se portèrent si bien et si vaillamment, que les Anglois ne purent rien forfaire, et se retrairent à leurs logis, tous las et tous travaillés, et se reposèrent celle nuit. Quand vint lendemain au matin, aucuns chevaliers du comte Derby s'armèrent et montèrent à cheval, et chevauchèrent autour de la ville, au plus près qu'ils purent, pour aviser et imaginer là où elle étoit plus foible; si trouvèrent un tel lieu par leur avis qui n'étoit mie trop fort à conquerre; car encore n'y avoit nul gentilhomme qui sçut que c'étoit d'armes; si firent leur rapport au comte de tout ce qu'ils avoient vu et trouvé : si eurent ce soir conseil, que lendemain on assaudroit en trois lieux, et qu'ils mettroient la greigneur partie de leurs gens d'armes et archers à l'endroit où il faisoit le plus foible, ainsi qu'ils firent. Lendemain, tantôt après soleil levant, livrèrent les dits Anglois trois assauts, en trois parties, à ceux de Poitiers.

La cité de Poitiers est grand' et esparse et n'étoit mie adonc foisonnée de gens : si ne pouvoient tôt aller ni courir de l'un côté à l'autre; par lequel meschef et dur assaut elle fut par le plus foible côté prise et conquise, et entrèrent les Anglois dedans[1]. Quand les hommes de Poitiers se virent pris et conquis, si vidèrent et se partirent au plus tôt qu'ils purent par autres portes, car il y a plusieurs issues : mais ils ne s'en allèrent mie si à point qu'il n'en demeura d'occis plus de six cents; et mettoient les Anglois tout à l'épée, femmes et enfans, dont c'étoit grand'pitié. Si fut la dite cité courue, toute pillée et robée, et y trouvèrent et conquirent les dits Anglois trop fier avoir; car elle étoit malement riche et trop pleine de grands biens, tant du leur même, comme de ceux du plat pays qui s'y étoient, pour doute des Anglois, retraits et recueillis, et qui le leur y avoient amené. Si ardirent, brisèrent et détruisirent les Anglois grand'foison d'églises, et y firent moult de desrois; de quoi le comte Derby fut durement courroucé pour les grands violences que on y fit, et

---

[1] Il est dit dans la lettre tant de fois citée, que les Anglais demeurèrent huit jours à Saint-Jean-d'Angély.

[2] Ce nom paraît être une altération de celui de Saint-Maixent, qu'on trouve en effet un peu sur la gauche de Niort à Poitiers.

[3] A trois lieues à l'ouest de Poitiers.

[1] Elle fut prise le mercredi 4 octobre.

eussent encore été faites, si il ne fût allé au devant; mais il défendit sur la hart, que nul ne boutât feu en église ni en maison qui y fût; car il se vouloit là tenir et reposer dix ou douze jours. Nul n'osa son commandement briser : si furent cessés en partie les maux à faire; mais encore en fit-on assez de larcins, qui point ne vinrent à connoissance.

CHAPITRE CCCIII.

Comment le comte Derby se partit de Poitiers atout grand avoir et s'en vint à Saint-Jean-d'Angely; et puis monta sur mer pour venir devant Calais.

Ainsi prit et conquit le comte Derby, le roi d'Angleterre séant devant Calais, la cité de Poitiers, et la tint douze jours[1]; et plus l'eût encore tenue, s'il eût voulu; car nul ne lui venoit calenger; mais trembloit tout le pays jusques à la rivière de Loire devant les Anglois. Quand ils eurent couru tout le pays d'environ et robé, et que rien n'étoit demeuré dehors les forts et les grands garnisons, le comte Derby eut conseil qu'il se retrairoit et laisseroit Poitiers tout vague, car elle n'étoit mie tenable, tant étoit de grand'-garde. Si s'ordonnèrent les Anglois de partir; mais à leur département ils prirent tout l'avoir de la cité que trouvé avoient, et si chargés en étoient qu'ils ne faisoient compte de draps, fors d'or et d'argent et de pennes. Si s'en retournèrent à Saint-Jean-d'Angely à petites journées. Là fut le comte Derby des bourgeois et des dames de la ville reçu à grand'joie et à haute honneur. Si se reposèrent le comte Derby et ses gens, et rafraîchirent en la dite ville de Saint-Jean-d'Angely une espace de temps. En ce séjour le dit comte acquit grand'grâce et grand amour des bourgeois, des dames et des damoiselles de la ville, car il leur donna et départit largement grands dons et beaux joyaux; et fit tant qu'ils disoient communément que c'étoit le plus noble prince qui pût chevaucher sur palefroy; et donnoit aux dames et aux damoiselles presque tous les jours le dit comte dîners et soupers grands et beaux, et les tenoit toudis en revel. Quand il eut là séjourné tant que bon lui sembla, il s'ordonna de partir, et toutes ses gens, et prit congé aux bourgeois et aux dames de la ville, et leur commanda la ville à garder; et fit au dit maire et aux plus riches bourgeois de la ville renouveler leurs sermens, qu'ils tiendroient et garderoient la ville bien et suffisamment, ainsi comme le bon héritage du roi d'Angleterre; et lui eurent ainsi en convenant.

Adonc s'en partit le comte atout son arroy, et chevaucha à petites journées devers la bonne cité de Bordeaux, par les forteresses que conquises avoit; et fit tant qu'il y vint, et là donna congé à toutes gens d'armes, garçons et autres, et les remercia grandement de leur bon service. Assez tôt après il s'ordonna pour monter en mer, et venir devant Calais voire le roi d'Angleterre son seigneur[1]. Or nous souffrirons-nous à parler de lui, et parlerons du roi d'Escosse.

CHAPITRE CCCIV.

Comment le roi d'Escosse fit secrètement son mandement pour faire guerre aux Anglois; et comment la roine d'Angleterre fit son mandement d'autre part pour résister aux Escots.

Je me suis longuement tenu de parler du roi David d'Escosse : mais jusques à maintenant je n'ai eu nulle cause d'en parler, car, si comme ci-dessus est contenu, les trèves qu'ils prirent et donnèrent par accord l'un à l'autre furent bien tenues, sans enfreindre ni briser de l'une des parties. Or avint que quand le roi d'Angleterre eut assiégé la forte ville de Calais, les Escots s'avisèrent qu'ils feroient guerre aux Anglois, et contrevengeroient les grands ennuis qu'ils leur avoient faits, car leur pays étoit tout vuit de gens d'armes, pour ce que le roi en tenoit foison devant Calais; et si en avoit aussi grand plenté en Bretagne, en Poitou et en Gascogne. A cette guerre et émouvement adonc rendit grand'peine le roi Philippe de France, qui avoit grands alliances au roi d'Escosse; car il vouloit, s'il pouvoit, si ensonnier les Anglois, que le roi d'Angleterre brisât son siége de devant Calais et s'en retournât en Angleterre. Si fit le roi d'Escosse son mandement tout secrètement à être en la ville de Saint-Jean sur Tay[2] en Escosse. Si vinrent là tenir leurs parlemens les comtes, les prélats et les barons d'Escosse; et furent tous d'un ac-

---

[1] Le comte de Derby dit dans sa lettre qu'il resta environ huit jours à Poitiers.

[1] Il est possible que le comte de Derby eût alors, comme le dit Froissart, le projet de se rendre à Calais; mais il paraît, par le récit de Robert d'Avesbury, qu'il alla directement de Guyenne en Angleterre, et qu'il arriva à Londres le jour de Saint-Hilaire, 14 janvier 1347. — [2] Perth.

cord que, au plus hâtivement qu'ils pourroient, et le plus efforcément aussi, ils entreroient en Angleterre, du côté devers Rosebourg, si forts et si bien pourvus que pour combattre la puissance de tout le remenant d'Angleterre, qui pour lors étoit au pays.

En tel accord furent avec le roi tous les barons, les prélats, les chevaliers et les écuyers du royaume d'Escosse, où plus eut de cinquante mille combattans, que uns que autres; et firent leur assemblée tout coiement, pour plus grever les ennemis; et fut adonc prié et mandé Jean des Adult-isles, qui gouvernoit les sauvages Escots, et qui obéissoient à lui et non à autre, que il voulsist être en leur armée et compagnie. Il s'y accorda légèrement et y vint à trois mille hommes, tous des plus outrageux de son pays.

Oncques le roi d'Escosse ni les barons de son royaume ne sçurent si secrètement faire leur mandement ni leur assemblée, que madame la roine Philippe d'Angleterre, qui se tenoit au nord sur les marches d'Evruich, n'en fut toute informée, et quelle n'y pourvut de remède et de conseil. Sitôt que la très bonne dame sçut ce, elle fut toute conseillée d'écrire et de prier ses amis et mander tous ceux qui tenoient du roi d'Angleterre son seigneur; et s'en vint la bonne dame, pour mieux montrer que la besogne étoit sienne, tenir en la cité d'Iorch, que l'on dit Evruich, en la contrée de Northonbrelande.

Quand le roi d'Angleterre passa outre, étoient demeurés le sire de Percy, le sire de Ros, le sire de Neufville et le sire de Moutbray, quatre grands barons, pour aider à garder le pays, si il convenoit : si furent tantôt ces seigneurs pourvus et avisés, quand ils sçurent le mouvement des Escots, et s'en vinrent à Evruich devers leur dame, qui les reçut à grand'joie. Au mandement de la vaillant dame, qui s'étendit jusques à Londres et outre, s'émut grand'foison de bonnes gens d'armes et d'archers, qui étoient encore au pays; et se prit chacun du plus près qu'il put pour être à celle journée contre les Escots; car telle étoit l'intention de la dite roine et la teneur de son mandement, que les Escots seroient combattus, et que chacun, pour son honneur, se hâtât le plus tôt qu'il pût et s'en venist devers Neuf-Châtel sur Tyne, là où le mandement se faisoit.

CHAPITRE CCCV.

Comment le roi d'Escosse entra en Angleterre ardant et détruisant le pays jusques à la cité de Bervich.

Entrementes que la roine d'Angleterre faisoit son assemblée, les Escots, qui étoient tous pourvus de leur fait, se partirent de Saint-Jean, en grand arroy et à grand'route, et s'en vinrent ce premier jour à Donfremelin; et lendemain passèrent un petit bras de mer qui là est [1]; et le roi s'en vint à Strumelin. Là passa-t-il à l'étroit l'eau, et le second jour il vint à Haindebourc. Là se recueillirent et rassemblèrent tous les Escots. Si étoient trois mille armures de fer, chevaliers et écuyers, et bien trente mille d'autres gens, et tous montés sur haquenées; car nul ne va à pied en Escosse, mais tous à cheval. Si exploitèrent tant qu'ils vinrent à Rosebourc, la première forteresse d'Angleterre à ce côté, de laquelle messire Guillaume de Montagu avoit la garde et le gouvernement, et jadis l'avoit bâtie contre les Escots. Le château de Rosebourc est durement beau et fort, ni ne fait mie à prendre si légèrement. Si passèrent les Escots outre et point n'y assaillirent, et s'en vinrent loger entre Persi et Vitol, sur une rivière qui là est; et commencèrent à détruire et ardoir la contrée de Northonbrelande [2] moult vilainement et coururent, leurs coureurs jusques à Bervich, et ardirent tout ce qui dehors les murs étoit et tout contreval la ma-

[1] C'est ce qu'on appelle le Queen's Ferry.
[2] Les récits de cette expédition des Écossais sont fort succincts dans Th. Otterbourne, dans Jean de Fordun, dans la *scala chronica* et dans Robert d'Avesbury. Leur témoignage ajoute toutefois à l'autorité de Froissart et prouve qu'il écrivait d'après d'excellens matériaux. J. de Fordun met cette expédition au mois d'octobre 1346. La *scala chronica* et les autres historiens se contentent de dire : *à la fin de l'été*. R. d'Avesbury et la *scala chronica* tracent aussi à peu près de la même manière que Froissart la marche de l'armée envahissante ; ils font prendre par le corps d'armée le fort de Lyddale, tandis qu'une autre partie se porte, en suivant la route de Roxburgh, sur Newcastle et sur Berwick. Persy et Vitol, désignés par Froissart, sont sans doute Percy's Cross et Witton ou Long Witton. La rivière, qui n'est pas nommée, est probablement le Coquet placé entre ces deux endroits. Johnes, dans sa traduction, dit Précy et Lincoln ; il croit que la rivière est l'Irrthing; qui se jette dans le Solway-Forth près de Carlisle et les deux villes de Lidel et Lauercrost. La *scala chronica* appuie ce témoignage en disant que les Écossais entrèrent par le Cairluel shire (comté de Carlisle).

rine; et puis revinrent à leur grand ost qui étoit logé à une journée de Neuf-Châtel sur Tyne.

CHAPITRE CCCVI.

Comment les Escots et les Anglois se combattirent moult durement et comment finablement les Escots furent déconfits et y fut le roi d'Escosse pris par un écuyer.

La roine d'Angleterre, qui désiroit à défendre son pays et garder de tous encombriers, pour mieux montrer que la besogne étoit sienne, s'en vint jusques en la bonne ville de Neuf-Châtel sur Tyne; et là se logea et attendit toutes ses gens. Avec la bonne dame vinrent en la dite ville l'archevêque d'Iorch, l'archevêque de Cantorbie, l'évêque de Durem et l'évêque de Lincole; et aussi le sire de Percy, le sire de Ros, le sire de Moutbray et le sire de Neufville; et se logèrent ces quatre prélats et ces barons dedans la ville, et la plus grand'partie de leurs gens. Et toudis leur venoient gens des marches du north et du pays de Northonbrelande et de Galles, qui marchissent assez près de là; car chacun, à qui signifié étoit, se penoit de venir contre les Escots, tant pour l'amour de la bonne roine leur dame qui les prioit si doucement, comme pour garder leur pays à pouvoir de tout vilain destourbier.

Le roi d'Escosse et ses gens, qui efforcément étoient en Angleterre entrés, entendirent de vérité que les Anglois s'assembloient en la ville de Neuf-Châtel pour venir contre eux: si en furent grandement réjouis; et se trairent tous de celle part, et envoyèrent leurs coureurs courir devant la ville; et ardirent ceux qui envoyés y étoient aucuns hamelets, à leur retour, qui là étoient, tant que les flamèches et les fumières en avolèrent jusques en la ville de Neuf-Châtel, et que les Anglois se retenoient à grand malaise et vouloient issir hors soudainement sur ceux qui tels outrages faisoient; mais leurs souverains ne les laissèrent.

Lendemain le roi d'Escosse et tout son ost, où bien avoit quarante mille hommes, uns et autres, s'en vinrent loger à trois petites lieues anglesches de Neuf-Châtel, sur la rivière de Tyne, en la terre du seigneur de Neufville; et mandèrent, ainsi comme par présomption grand', à ceux qui dedans le châtel étoient, que si ils vouloient issir hors, que ils les attendroient et les combattroient volontiers. Les prélats et les barons d'Angleterre furent avisés de répondre, et dirent que oil, et que ils aventureroient leurs vies avec l'héritage de leur seigneur le roi d'Angleterre. Si se trairent tous sur les champs, et se trouvèrent environ douze cents hommes d'armes, trois mille archers et cinq mille autres hommes parmi les Gallois. Les Escots qui bien savoient leur puissance, les prisoient moult petit, et disoient que si ils avoient quatre tels tant de gens, si seroient-ils combattus; et se rangèrent un jour sur les champs devant eux et se mirent en ordonnance de bataille, et les Anglois aussi d'autre part. Quand la bonne dame la roine d'Angleterre entendit que ses gens se devoient combattre et que l'affaire étoit si approchée que les Escots tous ordonnés étoient sur les champs devant, elle se partit de la ville de Neuf-Châtel et s'en vint là où ses gens se tenoient, qui se rangeoient et ordonnoient pour mettre en arroy de bataille. Si fut là tant la dite roine que ses gens furent tous ordonnés et mis en quatre batailles. La première gouvernoient l'évêque de Durem et le sire de Percy; la seconde l'archevêque d'Iorch et le sire de Neufville, la tierce l'évêque de Lincole et le sire de Moutbray; la quatrième messire Édouard de Bailleul, gouverneur de Bervich et l'archevêque de Cantorbie. Si y eut en chacune des dites batailles sa droite portion de gens d'armes et d'archers, selon leur aisement. Et là étoit la bonne roine d'Angleterre en my eux [1], qui leur prioit et ammonestoit de bien faire la besogne, et de garder l'honneur de son seigneur le roi d'Angleterre, et que pour Dieu chacun se prît d'être bien combattant; et par espécial elle recommandoit toute la besogne en la garde des quatre barons qui là étoient et des quatre prélats. Cils, qui nullement pour leur honneur ne se fussent feints, eurent en convent à la bonne dame qu'ils s'en acquitteroient loyalement selon leur pouvoir, autant ou mieux que si le roi leur sire y fût personnellement. Lors

[1] Lord Hayles (Annales d'Écosse) doute de la présence de la reine à cette bataille, parce qu'elle n'est attestée que par Froissart. Si l'on rejetoit tous les faits importans, pour lesquels on n'a que le témoignage de cet historien consciencieux, il resteroit peu de faits intéressans dans l'histoire curieuse de ces longs débats. D'ailleurs l'exemple donné par la reine n'était qu'une répétition de celui donné par la belle comtesse de Montfort en Bretagne.

se départit de ses gens la dite roine et s'en retourna arrière au Neuf-Châtel sur Thin, et les commanda, à son département, en la garde de Dieu et de saint George. Assez tôt après que la bonne dame fut départie, les batailles qui se désiroient à trouver, et par espécial les Escots, s'encontrèrent. Lors commencèrent les archers d'un côté et d'autre à traire : mais le trait des Escots ne dura point grand'foison. Là étoient ces archers d'Angleterre habiles et légers, et qui traioient par art et par avis, et de tel ravine que grand'hideur étoit à regarder. Si vous dis que quand les batailles se furent mises et approchées toutes ensemble, il y eut aussi dure besogne, aussi forte et aussi bien combattue que on avoit vu ni ouï parler de grand temps. Et commença la bataille environ heure de tierce, et dura jusques à haute nonne. Si pouvez bien croire que là endroit il y eut fait maintes grands appertises d'armes, mainte prise et mainte défense, car ces Escots tenoient haches dures et bien tranchantes et en donnoient trop beaux horions. D'autre part les Anglois se tenoient prêts d'eux défendre, pour garder leur pays et pour acquérir la grâce du roi leur seigneur qui pas n'étoit là; et faisoient tant, à justement considérer, que le plus petit valoit un bon chevalier. Et tant se pénèrent l'un pour l'autre, ainsi que par envie, que en la fin ils déconfirent leurs ennemis; mais grandement leur coûta de leurs gens. Toutefois ils obtinrent la place; et demeurèrent morts sur la place, le comte de Fii[1], le comte de Boskem[2], le comte Patris[3], le comte de Sutherlant, le comte d'Atsrederne[4], le comte de Marr, messire Jean de Douglas, messire Thomas de Douglas, messire Simon Fresiel et messire

---

[1] Ce nom paraît être une altération de celui de *Fife;* mais dans ce cas, Froissart se trompe en mettant le comte de Fife au nombre des morts. Walsingham et Hector Boethius *Scotorum Histor.* disent qu'il fut fait prisonnier, ainsi que les comtes de Menteith, de Sutherland et de Wigtown. Robert d'Avesbury dit pareillement qu'il fut fait prisonnier. — [2] Buchan.

[3] Si ce comte Patris est le comte Patrik de Dumbar, comme il est très vraisemblable, Froissart a eu tort de le compter parmi les morts : on le trouve dans la liste des prisonniers faits à cette journée. On y trouve pareillement Jean de Douglas et Alexandre de Ramsay.

[4] Ce comte paraît être celui que Robert d'Avesbury, Walsingham et Boethius, nomment le *comte de Stratherne,* ou *Comes Waltisterniæ.* Stratherne est une des provinces méridionales de l'Écosse.

Alexandre de Ramesay, qui portoit la bannière du roi, et plusieurs autres barons, chevaliers et écuyers. Et là fut pris le roi qui hardiment se combattit, et durement fut au prendre navré d'un écuyer de Northonbrelande, qui s'appeloit Jean de Copelant, appert homme d'armes et hardi durement. Ce Jean de Copelant, si très tôt qu'il tint le roi d'Escosse, sagement il en ouvra, car il se bouta, au plus tôt qu'il put, hors de la presse, lui vingtième de compagnons qui étoient de sa charge, et chevaucha tant que ce jour il esloigna la place où la besogne avoit été, environ quinze lieues, et vint chez soi en un châtel qui s'appelle Châtel Orgueilleux, et dit bien qu'il ne le rendroit à homme ni à femme, fors à son seigneur le roi d'Angleterre. Encore ce jour furent pris le comte de Moret, le comte de la Marche, messire Guillaume de Douglas, messire Robert de Versi, messire Arcebaut de Douglas, l'évêque d'Abredane et l'évêque de Saint-Andrieu, et plusieurs autres barons, chevaliers et écuyers; et y en eut de morts, que uns que autres, sur la place environ quinze mille, et les demeurans se sauvèrent au mieux qu'ils purent. Si fut cette bataille au plus près de Neuf-Châtel sur Thin, l'an mil trois cent quarante-six, le mardi prochain après le jour Saint Michel[1].

CHAPITRE CCCVII.

Comment la roine d'Angleterre manda à l'écuyer qui avoit pris le roi d'Escosse, qu'il le lui amenât, lequel répondit qu'il ne le rendroit fors qu'au roi son seigneur.

Quand la roine d'Angleterre, qui se tenoit au Neuf-Châtel, entendit que la journée étoit pour elle et pour ses gens, si en fut grandement réjouie; ce fut bien raison; et monta tantôt sur son palefroi, et s'en vint le plutôt qu'elle put sur la place où la bataille avoit été. Les quatre prélats et les quatre barons, qui chefs et ordonneurs de cette besogne avoient été, reçurent la noble dame moult doucement et moult joyeusement, et lui recordèrent assez ordonnément comment Dieu les avoit visités et regardés, que une poignée de gens que ils étoient, avoient déconfit le roi d'Escosse et toute sa puissance. Lors demanda la

---

[1] Cette bataille se donna beaucoup plus près de Durham que de Newcastle, dans un lieu appelé Nevill's Cross, le mardi 17 octobre, veille de Saint-Luc. Robert d'Avesbury et Knyghton lui assignent aussi la même date

roine que le roi d'Escosse étoit devenu. On lui répondit que un écuyer d'Angleterre, qui s'appeloit Jean de Copelant, l'avoit pris et mené avec lui, mais on ne lui savoit dire où, ni quel part. Donc eut la roine conseil qu'elle écriroit devers le dit écuyer et lui manderoit tout acertes qu'il lui amenât son prisonnier le roi d'Escosse, et que pas bien à point n'avoit fait, ni au gré de li, quand ainsi l'en avoit mené hors des autres et sans congé. Ces lettres furent écrites et envoyées par un chevalier de madame la roine. Entrementes que le dit chevalier fit son message, s'ordonnèrent les Anglois et se tinrent tout le jour sur la place que gagnée avoient vaillamment, et la roine avec eux, qui honoroit et fêtoit grandement les bons et vaillans chevaliers qui à cette besogne avoient été. Là lui furent présentés le comte de Moret, le comte de La Marche et tous les autres ; et retournèrent lendemain, à grand'joie, la roine et tous les seigneurs, en la ville de Neuf-Châtel. Or vous parlerons de Jean de Copelant comment il répondit aux lettres et au message que madame la roine d'Angleterre lui envoya. C'étoit son intention que le dit roi d'Escosse son prisonnier il ne rendroit à homme ni à femme, fors à son seigneur le roi d'Angleterre, et que on fut tout assur de lui, car il le pensoit si bien garder qu'il en rendroit bon compte. Madame d'Angleterre à cette fois n'en put avoir autre chose, et ne se tint pas pour bien contente de l'écuyer; et fit tantôt lettres écrire et sceller, et les envoya à son cher seigneur le roi d'Angleterre, qui séoit devant Calais. Par ces lettres fut le roi tout informé de tout l'état d'Angleterre et de la prise du roi David d'Escosse. Si eut grand'joie en soi-même de la belle fortune que Dieu avoit envoyée à ses gens. Si ordonna tantôt le roi d'aller quérir ce Jean de Copelant, et le manda bien acertes qu'il vînt parler à lui devant Calais. Quand Jean de Copelant se vit mandé de son seigneur le roi d'Angleterre, si en fut tout réjoui, et obéit ; et mit son prisonnier en bonnes gardes et sûres en un fort châtel sur la marche de Northonbrelande et de Galles ; et puis se mit à chemin parmi Angleterre, et fit tant qu'il vint à Douvres, et passa la mer ; et vint devant Calais et au logis du roi.

CHAPITRE CCCVIII.

Comment le dit écuyer vint au mandement du roi d'Angleterre devant Calais, lequel le reçut à grand'joie ; et comment il rendit le dit roi d'Escosse à la roine d'Angleterre.

Quand le gentil roi d'Angleterre vit l'écuyer et il sçut que c'étoit Jean de Copelant, si lui fit grand'chère et le prit par la main et lui dit : « A bien vienne mon écuyer, qui par sa vaillance a pris notre adversaire le roi d'Escosse. — « Monseigneur, dit Jean, qui se mit à un genou devant le roi, si Dieu m'a voulu consentir si grand'grâce, que il m'a envoyé entre mes mains le roi d'Escosse, et je l'ai conquis par bataille, on n'en doit pas avoir envie ni rancune sur moi, car aussi bien peut Dieu envoyer sa grâce et sa fortune, quand il échet, à un povre écuyer que il fait à un grand seigneur ; et, Sire, ne me veuillez nul mal gré si je ne le rendis tantôt à madame la roine, car je tiens de vous, et mon serment ai de vous et non de li, fors tout à point. » Donc répondit le roi : « Jean, nennin ; le bon service que nous avez fait et la vaillance de vous vaut bien que vous soyez excusé de toutes choses ; et honnis soient tous ceux qui sur vous ont envie. Jean, dit le roi encore, je vous dirai que vous ferez : vous parti de ci, retournerez en votre maison et prendrez votre prisonnier et le mènerez devers ma femme ; et en nom de rémunération, je vous donne et assigne, au plus près de votre hôtel que aviser et regarder on pourra, cinq cents livres à l'esterlin par an de revenue, et vous retiens écuyer de mon corps et de mon hôtel [1]. »

De ce don fut Jean moult réjoui, ce fut raison, et en remercia grandement le roi. Depuis demeura-t-il deux jours de-lez le roi et les barons qui moult l'honorèrent, ainsi que bien faire le savoient, et que on doit faire à un vaillant homme ; et le tiers jour s'en partit et retourna arrière en Angleterre ; et exploita tant par ses journées qu'il vint chez soi. Si assembla ses amis et ses voisins, et recorda tout ce qu'il avoit trouvé au roi son seigneur, et le don qu'il lui avoit fait, et comment le roi vouloit que le roi d'Escosse fût mené pardevers madame la roine qui se tenoit encore en la cité de Bervich. Ceux qui là étoient fu-

[1] Outre cette grâce, le roi l'éleva au grade de *Banneret*, et lui assigna cent autres livres de revenu pour l'entretien de vingt hommes d'armes.

rent tous appareillés d'aller avec Jean de Copelant et lui faire compagnie; et emmenèrent le roi d'Escosse jusques en la cité dessus dite. Si le présenta de par le roi d'Angleterre le dit Jean à madame la roine, qui paravant en avoit été moult courroucée sur Jean : mais la paix en fut lors faite, quand elle vit le roi d'Escosse son prisonnier, avec ce que Jean s'excusa si sagement que la roine se tint pour bien contente. Depuis cette avenue, et que la roine d'Angleterre eut entendu à pourvoir bien et grossement la cité de Bervich, le châtel de Rosebourc, la cité de Durem, la ville de Neuf-Châtel sur Thin, et toutes les garnisons sur les marches d'Escosse, et laissé au pays de Northonbrelande le seigneur de Percy et le seigneur de Neufville, comme gardiens et souverains, pour entendre à toutes besognes, elle se partit de Bervich, et s'en retourna arrière vers Londres, et emmena avec li le roi d'Escosse son prisonnier, le comte de Moret, et tous les hauts barons qui à la bataille avoient été pris. Si fit tant la dite dame par ses journées, qu'elle vint à Londres, où elle fut reçue à grand'joie, et tous ceux qui avec li étoient, qui à la bataille dessus dite avoient été. Madame d'Angleterre, par le bon conseil de ses hommes, fit mettre au fort châtel de Londres le roi d'Escosse, le comte de Moret et les autres, et ordonna bonnes gardes sur eux, et puis entendit à ordonner ses besognes, ainsi que celle qui vouloit passer la mer, et venir devant Calais, pour voir le roi son mari et le prince son fils que moult désiroit à voir ; et se hâta le plus qu'elle put ; et passa la mer à Douvres ; et eut si bon vent, Dieu mercy, qu'elle fut tantôt outre. Si fut reçue la roine, ce peut-on bien croire, à grand'joie, et logée tantôt moult honorablement, et toutes ses dames et ses damoiselles aussi largement comme si elles fussent à Londres : ce fut trois jours devant la Toussaint [1] ; de quoi le roi d'Angleterre, pour l'amour de la roine, tint cour le dit jour de Toussaint et donna à dîner à tous seigneurs qui là étoient et à toutes dames principalement ; car la roine d'Angleterre en avoit amené avec elle grand'foison, tant pour soi accompagner, comme pour venir voir pères, frères et amis, qui se tenoient au siége de Calais.

CHAPITRE CCCIX.

Comment le siége durant devant Calais, il y eut maintes belles escarmouches par mer et par terre d'un côté et d'autre.

Le siége se tint longuement devant Calais, et y avinrent moult de grandes aventures et de belles prouesses, d'un côté et d'autre, par terre et par mer, lesquelles je ne pourrois mie nommer, ni la quatrième partie écrire ni recorder ; car le roi de France avoit fait établir si bonnes gens d'armes et tant, par les forteresses qui sont et étoient pour ce temps ès marches des comtés de Ghines, d'Artois et de Boulogne, et autour de Calais, et tant de Gennevois et de Normands et d'autres mariniers sur mer, que les Anglois qui vouloient issir hors, à cheval ou à pied, pour aller fourrer ou aventurer, ne l'avoient mie d'avantage, mais trouvoient souvent des rencontres dures et fortes. Et aussi y avoit souvent plusieurs paletis et escarmouches entour les portes et sur les fossés, dont point ne se partoient sans morts et sans navrés. Un jour perdoient les uns, l'autre jour perdoient les autres, ainsi que on voit souvent avenir en telles besognes. Aussi le roi d'Angleterre et son conseil étudioient nuit et jour à faire engins et instrumens pour ceux de Calais mieux appresser et contraindre ; et ceux de la ville de Calais contrepensoient le contraire et faisoient tant à l'encontre, que ces engins et instrumens ne leur portoient nul dommage. Ni rien ne les grévoit ; ni pouvoit tant grever que l'affamer ; mais nulles pourvéances ne leur pouvoient venir fors en larcin, et par deux mariniers qui étoient mattres et conduiseurs de tous les autres, lesquels on nommoit, l'un Marant et l'autre Mestriel ; et étoient demeurans à Abbeville. Par ces deux mariniers étoient ceux de Calais confortés souvent en larcin, et par eux hardiment aventurer ; et s'en mirent par plusieurs fois en grand péril ; et en furent moult de fois chassés et presque pris et attrapés entre Boulogne et Calais, mais toujours échappoient eux : et firent maints Anglois mourir et noyer, ce siége durant devant Calais.

---

[1] La bataille de Durham s'étant donnée le 17 octobre, il n'est guère possible que la reine d'Angleterre soit arrivée sitôt devant Calais. Comment supposer en effet que, dans un si court intervalle, elle eût pu écrire à Copland, avoir sa réponse, attendre qu'il fût revenu de France, mettre ordre à tout et passer elle-même la mer. Peut-être, au lieu de la *fête de la Toussaint*, faudrait-il lire la *fête de Noël*.

[1346]

CHAPITRE CCCX.

Comment le commun de Flandre s'accorda au mariage du comte de Flandre et de la fille du roi d'Angleterre ; et le roi de France voulut qu'il eût la fille du duc de Brabant.

Tout cel hiver demeura le roi d'Angleterre à siége à tout son ost devant la forte ville de Calais, et y avinrent grand'foison de merveilleuses aventures, d'une part et d'autre, et presque chacun jour. Et toujours, ce siége pendant, avoit le dit roi grand'imagination de tenir les communautés de Flandre en amitié ; car avis lui étoit que parmi eux il pouvoit le plus aise venir à son entente. Si envoyoit souvent par devers eux grands promesses ; et leur disoit, et faisoit dire, que si il pouvoit venir à son entente de Calais, il leur recouvreroit sans doute Lille et Douay et les appendances ; si que par telles promesses les Flamands s'émurent en ce temps, sur la saison que le roi d'Angleterre étoit encore en Normandie, duquel voyage il vint à Crécy et à Calais, et vinrent mettre le siége devant Béthune. Et étoit pour le temps leur capitaine messire Oudart de Renti, car il étoit banni de France ; et tinrent un moult grand siége devant la dite ville, et moult la contraignirent par assauts. Mais il y avoit dedans en garnison, de par le roi de France, quatre bons chevaliers, qui très bien la gardèrent et en pensèrent : messire Geffroi de Chargny, messire Eustache de Ribaumont, messire Baudoin Dennekin, et messire Jean de Landas. Si fut la dite ville de Béthune si bien défendue et parsoignée que les Flamands n'y conquêtèrent rien, mais s'en retournèrent en Flandre, sans rien faire. Néanmoins, quand le roi d'Angleterre fut venu devant Calais, il ne cessa mie d'envoyer devers les communautés de Flandre grands messages, et de faire grands promesses pour détenir leur amitié et abattre l'opinion du roi Philippe, qui trop fort le pressoit d'eux retraire à son amour. Et volontiers eut le roi d'Angleterre vu que le jeune comte Louis de Flandre [1], qui point n'avoit quinze ans d'âge, eût voulut sa fille Isabelle épouser. Et tant procura le dit roi, que le dit commun de Flandre s'y accorda entièrement : dont le roi d'Angleterre fut moult réjoui, car il lui sembloit que, parmi ce mariage et ce moyen, il s'aideroit des Flamands plus pleinement ; et aussi il sembloit aux Flamands que, si ils avoient le roi d'Angleterre et les Anglois d'accord, ils pourroient bien résister aux François ; et plus étoit nécessaire l'amour du roi d'Angleterre et plus profitable que du roi de France. Mais leur sire, qui avoit été nourri entre les royaux de France, et encore y demeuroit, ne s'y vouloit point accorder, et disoit franchement que jà n'auroit à femme la fille de celui qui avoit occis son père. D'autre part, le duc Jean de Brabant pourchassoit adonc fortement que ce jeune comte de Flandre voulût prendre sa fille à femme ; et lui promettoit qu'il le feroit jouir pleinement de la comté de Flandre, par amour ou autrement ; et faisoit le dit duc entendant au roi de France que, si ce mariage de sa fille se faisoit, il feroit tant que tous les Flamands seroient de son accord et contraires au roi d'Angleterre. De quoi par telles promesses le roi Philippe s'accorda au mariage de Brabant.

Quand le duc de Brabant eut l'accord du roi de France, il envoya tantôt grands messages en Flandre devers les plus suffisans bourgeois des bonnes villes, et leur fit dire et démontrer tant de belles raisons colorées que les consaulx des bonnes villes mandèrent le jeune comte leur seigneur, et lui firent dire et savoir qu'il voulsist venir en Flandre et user par leur conseil, et ils seroient ses bons et loyaux subgiets, et lui rendroient et délivreroient toutes ses justices et juridictions et les droitures de Flandre, ainsi ou plus avant que oncques nul comte n'avoit.

Le jeune comte eut conseil que il l'essaieroit : si vint en Flandre [1] et y fut reçu à grand'joie, et lui furent présentés de par les bonnes villes grands dons et beaux présens. Si très tôt que le roi d'Angleterre sçut ces nouvelles, il envoya en Flandre le comte de Norhanton, le comte d'Arondel et le seigneur de Cobehen, lesquels parlementèrent tant et pourchassèrent aux communautés de Flandre, qu'il eurent plus cher que leur sire prît à femme la fille du roi d'Angleterre que la fille du duc de Brabant ; et prièrent affectueusement leur jeune seigneur, et lui démontrèrent plusieurs belles raisons pour lui attraire, que merveilles seroit à recorder ; et

---

[1] Louis, dit de Male du lieu de sa naissance, devenu comte de Flandre par la mort de Louis son père, tué à la bataille de Crécy.

[1] Le comte se rendit en Flandre vers le commencement de novembre de cette année 1340, suivant Meyer.

tant que les bourgeois qui portoient la partie du duc de Brabant n'osoient dire le contraire. Mais le jeune comte Louis ne s'y vouloit aucunement consentir, pour paroles ni pour raisons que on lui dit, ains disoit toudis que il n'auroit jà à femme la fille de celui qui lui avoit son père occis, et lui dût-on donner la moitié du royaume d'Angleterre. Quand les Flamands ouïrent ce, si dirent que leur sire étoit trop François et mal conseillé, et que il ne leur feroit jà bien, puisqu'il ne vouloit croire leur conseil. Si le prirent et mirent en prison courtoise; et bien lui dirent que jamais n'en istroit s'il ne créoit leur conseil. Et bien disoient: « Si monseigneur son père n'eût tant aimé les François, mais eût cru leur conseil, il eût été le plus grand sire des chrétiens, et eût recouvré Lille, Douay, Béthune et Orchies, et fût encore en vie. »

CHAPITRE CCCXI.

Comment le comte de Flandre, qui longuement avoit été en prison en Flandre, fiança la fille du roi d'Angleterre; et comment il s'embla d'eux et s'en affuit en Flandre.

Ce demeura une espace de temps, et le roi d'Angleterre tint toudis son siége devant Calais, et tint grand'cour et noble le jour de Noël. Le carême en suivant revinrent de Gascogne le comte Derby, le comte de Pennebruich et le comte de Kenford, et grand'foison de chevaliers et d'écuyers qui passé avoient la mer avec eux; et arrivèrent devant Calais. Si furent les très bien venus, et liement recueillis et fêtés du roi, de la roine, des seigneurs et des dames qui là étoient; et se logèrent tous ces seigneurs, tantôt, et leurs gens, devant Calais. De tant fut le siége renforcé.

Or revenons au propos dont je parlois maintenant, du jeune comte de Flandre et des Flamands. Longuement fut le jeune comte au danger de ceux de Flandre, et en prison courtoise; mais il lui ennuyoit, car il n'avoit pas ce appris. Finablement il mua son propos; je ne sais si il le fit par cautelle ou de volonté; mais il dit à ses gens que il créoit leur conseil, car plus de biens lui pouvoient venir d'eux que de nul autre pays. Ces paroles réjouirent moult les Flamands; si le mirent tantôt hors de prison, et lui accomplirent une partie de ses déduits, tant que d'aller en rivière [1], et à ce étoit-il moult enclin; mais il avoit toujours bonnes gardes, afin qu'il ne leur échappât ou fût emblé, qui l'avoient empris à garder, sur leur têtes, et qui étoient du tout de la faveur du roi d'Angleterre, et le guettoient si près que à peine pouvoit-il aller pisser. Cette chose procéda et dura tant que le jeune comte de Flandre eut en convent à ses gens que volontiers il prendroit à femme la fille du roi d'Angleterre. Et ainsi les Flamands le signifièrent au roi et à la roine, qui se tenoient devant Calais, que ils voulsissent venir en l'abbaye de Bergues [2] et là amener leur fille, car ils y amèneroient leur seigneur; et là se concluroit ce mariage.

Vous devez savoir que le roi et la roine furent de ces nouvelles grandement réjouis, et dirent que les Flamands étoient de bonnes gens. Si fut, par accord de toutes les parties, une journée assignée à être à Bergues sur la mer, entre le Neu-Port et Gravelines. Là vinrent les plus notables hommes et plus authentiques des bonnes villes de Flandre, en grand état et puissant; et y amenèrent leur jeune seigneur, qui courtoisement s'inclina devant le roi et la roine d'Angleterre, qui jà étoient venus en très grand arroy. Le roi d'Angleterre prit le dit comte par la main dextre moult doucement, et le fêta en parlant; et puis s'excusa de la mort de son père; et dit que, si Dieu lui pût aider, que oncques tout le jour de la bataille de Crécy ni le lendemain aussi, il ne vit ni ouït parler du comte de Flandre son père. Le jeune comte, par semblance, se tint de cette excusance assez pour content. Et puis fut parlé du mariage, et eut là certains articles de traités faits, jetés et accordés entre le roi d'Angleterre et le jeune comte Louis et le pays de Flandre, sur grands considérations et alliances, et toutes promises et jurées à tenir. Là jura et fiança le dit comte madame Isabelle, fille du roi d'Angleterre, et si la promit à épouser. Si fut cette journée relaxée jusques à une autre fois que on auroit plus grand loisir, et s'en retournèrent les Flamands en Flandre, qui en ramenèrent leur seigneur; et moult aimablement se partirent du roi d'Angleterre et de la roine

---

[1] D'aller chasser aux oiseaux d'eau sur le bord des rivières.

[2] Cette assemblée se tint à Bergues en l'abbaye de Saint-Winox, le 1ᵉʳ mars, suivant Meyer.

et de leur conseil, et le roi d'eux, lequel s'en retourna devant Calais. Ainsi demeurèrent les choses en cet état. Et se pourvéi et fit pourvoir le roi d'Angleterre, si grandement que merveilles seroit à recorder, pour tenir celle fête très étoffément, et aussi de beaux et riches joyaux pour donner et départir le jour des noces ; et la roine aussi, qui bien s'en vouloit acquitter et qui d'honneur et de largesses passa en son temps toutes dames.

Le jeune comte de Flandre, qui étoit revenu en son pays entre ses gens, alloit toujours en rivière, et montroit par semblant que ce mariage aux Anglois lui plaisoit très grandement ; et s'en tenoient les Flamands ainsi que pour tous assurés, et n'y avoit mais sur lui si grand regard comme paravant. Si ne connoissoient pas bien encore la condition de leur seigneur ; car quelque semblant qu'il montroit dehors, il avoit dedans le courage tout françois, ainsi qu'il le prouva par œuvres ; car un jour il étoit allé voler en rivière, et fut en la semaine qu'il devoit épouser la dessus dite damoiselle d'Angleterre, et jeta son fauconnier un faucon après le héron, et le comte aussi un. Si se mirent ces deux faucons en chasse et le comte après, ainsi que pour les loirrer en disant : « Hoie ! hoie ! » et quand il fut un petit eslongé, et que il eut l'avantage des champs, il férit cheval des éperons et s'en alla toujours avant, sans retourner, par telle manière que ses gardes le perdirent [1]. Si s'en vint le dit comte en Artois, et là fut assuré ; et puis vint en France devers le roi Philippe et les François, auxquels il conta ses aventures, et comment, par grand'subtilité, il étoit échappé de ses gens et des Anglois. Le roi de France en eut grand'joie et dit qu'il avoit trop bien ouvré, et autant en dirent les Francois ; et les Anglois d'autre part dirent qu'il les avoit trahis.

Mais pour ce ne laissa mie le roi d'Angleterre à tenir en amour les Flamands, car il savoit bien que le comte n'avoit pas ce fait par leur conseil, et en étoient moult courroucés, et l'excusance qu'ils en firent il crut assez légèrement.

[1] Le comte de Flandre s'évada le 5 des calendes d'avril, c'est-à-dire le 28 mars, selon Meyer, le mardi des fêtes de Pâques, 3 d'avril, suivant les *Chroniques de France*.

CHAPITRE CCCXII.

Comment messire Robert de Namur vint au siége devant Calais et comment il devint homme du roi d'Angleterre.

En ce temps que le siége se tenoit devant Calais, venoient voir le roi et la roine plusieurs barons et chevaliers de Flandre, de Brabant, de Hainaut et d'Allemaigne ; et ne s'en partoit nul sans grand profit, car le roi et la roine d'honneur et de largesses étoient si pleins et si affaités, que tout ils donnoient ; et par celle vertu acquirent eux la grâce et la renommée de toute honneur. En ce temps étoit nouvellement revenu en la comté de Namur, du voyage de Prusse et du Saint-Sépulchre, ce gentil et vaillant chevalier messire Robert de Namur ; et l'avoit fait le sire de Spontin chevalier en la sainte terre. Messire Robert pour ce temps étoit moult jeune et n'avoit encore été prié de l'un roi ni de l'autre : toutefois il étoit plus enclin assez à être Anglois que François, pour l'amour de messire Robert d'Artois son oncle que le roi d'Angleterre avoit moult aimé. Si s'avisa qu'il viendroit devant Calais voir le roi et la roine d'Angleterre et les seigneurs qui là étoient. Si s'ordonna selon ce, et mit en bon arroy et riche, ainsi comme à lui appartenoit et que toudis il alloit par le chemin. Si exploita tant par ses journées, qu'il vint au siége de Calais, honorablement accompagné de chevaliers et d'écuyers, et se présenta au roi, qui liement le reçut, et aussi fit madame la roine. Si entra grandement en leur amour et en leur grâce, pour cause de ce que il portoit le nom de messire Robert son oncle, que jadis avoient tant aimé, et auquel ils avoient trouvé grand conseil. Si devint le dit messire Robert de Namur homme féodal au roi d'Angleterre, et lui donna le dit roi trois cents livres à l'esterlin de pension par an, et lui assigna sur ses coffres et à être payés à Bruges. Depuis se tint le dit messire Robert de-lez le roi et la roine, au siége devant Calais, tant que la ville fut gagnée, ainsi comme vous orrez en avant recorder.

CHAPITRE CCCXIII.

Comment ceux de la Roche-Derien se tournèrent Anglois ; et comment messire Charles de Blois a tout grand'foison de gens d'armes y mit le siége.

Je me suis longuement tenu de parler de monseigneur Charles de Blois, duc de Bretagne pour ce temps, et de la comtesse de Montfort; mais ce a été pour les trèves qui furent prises devant la cité de Vennes, lesquelles furent moult bien gardées [1]; et jouit, les trèves durant, chacune des parties assez paisiblement de ce qu'elle tenoit par avant. Sitôt qu'elles furent passées, ils commencèrent à guerroyer fortement, et le roi de France à conforter messire Charles de Blois son neveu, et le roi d'Angleterre la comtesse de Montfort, ainsi que promis et en convent lui avoit. Et étoient venus en Bretagne, de par le roi d'Angleterre, deux moult grands et moult vaillans chevaliers et partis du siége de Calais atout deux cents hommes d'armes et quatre cents archers : c'étoient messire Thomas d'Angorne [2], et messire Jean de Hartecelle; et demeurèrent de-lez la dite comtesse en la ville de Hainnebon.

Avec eux avoit un chevalier breton bretonnant [3], fortement vaillant et bon homme d'armes, qui s'appeloit messire Tanguy du Chastel. Si faisoient souvent ces Anglois et ces Bretons des chevauchées et des issues contre les gens messire Charles de Blois, et sur le pays qui se tenoit de par lui; et les gens messire Charles aussi sur eux. Une heure perdoient les uns, autre heure perdoient les autres; et étoit le pays par ces gens d'armes couru, gâté et exillié et rançonné; et tout comparoient les pauvres gens. Or avint un jour que ces trois allèrent assiéger une bonne ville et forte qu'on appelle la Roche-Derien [4], et avoient assemblé grand foison de gens d'armes à cheval et de soudoyers à pied, et la firent assaillir fortement et roidement; et ceux de la ville et du châtel se défendoient vaillamment, si que ils ne perdirent rien.

[1] Les hostilités ne cessèrent point entièrement dans cette province pendant la durée de la trève entre les rois de France et d'Angleterre.
[2] Édouard nomma Thomas d'Agworth son lieutenant général en Bretagne par lettres données à Reding le 10 janvier 1347.
[3] C'est-à-dire de la Basse-Bretagne.
[4] L'auteur des *Chroniques de France* et les historiens de Bretagne placent le siége de La Roche-Derien au mois de décembre 1345, et font honneur de la prise de cette place au comte de Northampton qui était pour lors lieutenant général du roi d'Angleterre en Bretagne. Ils diffèrent aussi sur le nom du gouverneur qu'ils appellent *Hue Cassiel*. Ne pourrait-on pas conjecturer de ces différens récits que La Roche-Derien a été pris et repris plusieurs fois durant l'intervalle dont il s'agit, et que Froissart a raison, sans que les historiens de Bretagne aient tort ?

En la garnison avoit un capitaine de par messire Charles de Blois, écuyer, qui s'appeloit Tassart de Ghines, appert homme d'armes durement : or y eut tel meschef que les trois parts de la ville étoient en cœur plus Anglois que François assez : si prirent leur capitaine, et dirent que ils l'occiroient si il, avec eux, ne se tournoit Anglois. Tassart ressoigna la mort, et dit que il feroit ce qu'ils voudroient. Sur cel état ils le laissèrent aller et commencèrent à traiter devers les dessus dits chevaliers anglois. Finablement, traité se porta tel, que ils se tournèrent de la partie de la comtesse de Montfort, et demeura le dit Tassart, comme auparavant, capitaine de la dite ville; et quand les Anglois s'en partirent pour retourner vers Hainnebon, ils lui laissèrent grand foison de gens d'armes et d'archers, pour la dite forteresse aider à garder. Quand messire Charles de Blois sçut ces nouvelles, que la Rochederien étoit tournée anglesche, si fut durement courroucé, et dit et jura que ce ne demeureroit pas ainsi; et manda partout les seigneurs de sa partie en Bretagne et en Normandie, et fit un grand amas de gens d'armes en la cité de Nantes, et tant qu'ils furent bien seize cents armures de fer [1] et douze mille hommes

[1] Ce nombre de troupes s'éloigne peu de celui que Thomas d'Agworth donne à Charles de Blois, dans la lettre qu'il écrivit au chancelier du roi d'Angleterre. Comme cette lettre peut servir à éclaircir le récit de Froissart et quelquefois à le suppléer, nous la rapporterons tout entière d'après Robert d'Avesbury.

« Très cher et très honouré sire, voillez savoir des nuvels de parties de Bretagne que mounseigneur Charles de Bloys avoit assiégé la ville et le chastiel de Rochedirian et avoit en sa companye mil CC de nettes gentz d'armes, chivalers et esquiers, et DC d'aultres gentz d'armes et des archiers du païs DC, et II mil balastiers, et de communes jeo ne savoie le nombre. Le quelle mounseigneur Charles avoit fait faire grandes forcerestes de fossés entour luy, et hors de sa forcereste avoit fait plenir et enracer a dim leage du païs de long entour luy touts maneres de fossés et des haies par qei mes archiers ne puissent trover lour avantage sour luy et sour ses gentz. Mais covient a fyn force de combattre en pleins champs; et savoient luy et ses gentz par lour espies ma venue sour eaux, et fustrent en l'ost armez tut la nuyt. Et venismes mes compaignouns et moy sour eaux le vingtième jour de juyn envyron le quarter devaunt le jour, et par la grâce de Dieux la busoigne s'en ala en tiel manere qu'il perdy le champ et fust nettement desconfist, loiez en soit Dieux. Et savoie en ma companye entour CCC hommes d'armez et CCCC archiers, sans monseigneur Ric. de Toteshan et Haukin de Isprede et la garison de Rochedirian les queux issoient quaunt il fust clere jour et nous purroient code pied; et bien y avoit quatre cents chevaliers, et entre ces quatre cents, vingt trois bannerets.

Si se partit de Nantes le dit messire Charles et toutes ses gens, et exploitèrent tant qu'ils vinrent devant la Roche-Derien : si assiégèrent toute la ville et le châtel aussi, et firent devant dresser grands engins qui jetoient nuit et jour et qui moult travailloient ceux de la ville. Si envoyèrent tantôt messages devers la comtesse de Montfort, en remontrant comment ils étoient contraints et assiégés, et requéroient que on les confortât; car on leur avoit enconvenancé, si ils étoient assiégés. La comtesse et les trois chevaliers, pour leur honneur, ne l'eussent jamais laissé : si envoya la dite comtesse ses messages, où elle pensoit avoir gens; et fit tant qu'elle eut en peu de temps mille armures de fer et huit mille hommes de pied[1] : si les mit tous au conduit et en garde de ces trois chevaliers dessus nommés, qui baudement et volontiers les reçurent; et lui dirent au département qu'ils ne retourneroient jamais, si seroit la ville et le châtel désassiégés, ou ils demeureroient tous en la peine. Puis se mirent au chemin et s'en allèrent celle part à grand exploit, et firent tant qu'ils vinrent assez près de l'ost messire Charles de Blois. Quand messire Thomas d'Angourne, messire Jean de Hartecelle et messire Tanguy du Chastel, et les autres chevaliers qui là étoient assemblés, furent venus à deux lieues près de l'ost des François, ils se logèrent sur une rivière[2], à cette intention que pour battre lendemain; et quand ils furent logés et mis à repos, messire Thomas d'Angourne et messire Jean de Hartecelle prirent environ la moitié de leurs gens et les firent armer et monter à cheval tout coiement, et puis se partirent; et droit à heure de minuit ils se boutèrent en l'ost de messire Charles de Blois à l'un des côtés. Si y firent grand dommage, et occirent et abattirent grand'foison de gens; et demeurèrent tant en ce faisant, que tout l'ost fut estourmi, et armés toutes manières de gens, et ne se purent partir sans bataille. Là furent enclos et combattus et reboutés durement et âprement, et ne purent porter le faix des François. Si y fut pris et moult douloureusement navré messire Thomas d'Angourne[1]; et se sauva le mieux qu'il put le dit messire Jean de Hartecelle et une partie de ses gens; mais la graigneur partie y demeurèrent morts ou prisonniers. Ainsi tout déconfit retourna le dit messire Jean à ses autres compagnons, qui étoient logés sur la rivière; et trouva messire Tanguy du Chastel et les autres auxquels il recorda son aventure, dont ils furent moult émerveillés et ébahis, et eurent conseil qu'ils se délogeroient et se retrairoient à Hainnebon.

CHAPITRE CCCXIV.

Comment, par le conseil de messire Garnier de Quadudal, fut pris messire Charles de Blois et tout son ost déconfit devant la Roche-Derien.

A celle heure et en cet état, entrementes qu'ils étoient en grand conseil d'eux déloger, vint là un chevalier de par la comtesse, qui s'appeloit messire Garnier sire de Quadudal, a tout cent armures de fer, et n'avoit pu plus tôt venir. Sitôt qu'il sçut le convenant et le parti où ils étoient, et comment par leur emprise ils avoient perdu, si leur donna nouveau conseil; et ne fut de néant effrayé, et dit à messire Jean et à messire Tanguy : « Or tôt, armez-vous et faites armer vos gens, et monter à cheval qui cheval a; et qui point n'en a si vienne à pied; car nous irons voir nos ennemis; et ne me doute mie, selon ce que ils se tiennent pour tous assurés, que

---

nustre et viendrent devers nous sour les enemys mult chivalrosement, et enfins nous eumes à feare od les enemys avaunt qu'il fust solail levaunt à IIII batailles chescune après aultre. Et fusrent mortz à la journée le sire de La Vaale, le viscounte de Roane *, le sire de Chastiel Briane, le sire de Malatret, le sire de Quintyn, le sire de Rougé, le sire de Derevall et son filtz et heir, mounseigneur Rauf de Mountfort et plusieurs aultres chivalers et esquiers entre DC et DCC hommes d'armes, et du commune people jeo ne vous say dire le certain. Et fusrent pris al dit journé mounseigneur Charles de Bloys, mounseigneur Guy de La Vaale filtz et heir le sire de de La Vaale qe morust à la bataille, le sire de Rocheforde, le sire de Beaumaneres, le sire Loiak, le sire de Melak, le sire de Tyntenyak et aultres chivalers et esquiers à graunt nombre. »

[1] Thomas d'Agworth dit, dans sa lettre, qu'il n'avait que trois cents hommes d'armes et quatre cents archers.
[2] Vraisemblablement la rivière de Jaudi.

* Alain VII vicomte de Rohan, ne fut point tué dans cette action.

[1] D'Agworth ne parle point de cette première tentative, ni de sa blessure, ni de la perte de sa liberté; il ne fait mention que de sa victoire. Tous les historiens de Bretagne assurent néanmoins qu'il fut pris et délivré jusqu'à deux fois.

nous les déconfirons, et recouvrerons nos dommages et nos gens. »

Ce conseil fut cru; et s'armèrent, et dirent que de rechef ils s'aventureroient. Si se départirent ceux qui à cheval étoient tous premiers et ceux à pied les suivoient; et s'en vinrent, environ soleil levant, férir en l'ost messire Charles, qui se dormoient et reposoient[1], et ne cuidoient avoir plus de destourbier. Ces Bretons et ces Anglois du côté de la comtesse se commencèrent à hâter et à abattre tentes et trefs et pavillons, et occire et découper gens, et à mettre en grand'meschef; et furent si surpris, car ils ne faisoient point de guet, que oncques ils ne se purent aider. Là eut grand'déconfiture sur les gens messire Charles de Blois, et morts plus de deux cents chevaliers[2] et bien quatre mille d'autres gens, et pris le dit messire Charles de Blois[3] et tous les barons de Bretagne et de Normandie qui avec lui étoient, et rescous messire Thomas d'Angourne[4] et tous leurs compagnons. Oncques si belle aventure n'avint à gens d'armes, que il avint là aux Anglois et aux Bretons, que de déconfire sur une matinée tant de nobles gens. On leur doit bien tourner à grand'prouesse et à grand'appertise d'armes. Ainsi fut pris messire Charles de Blois des gens du roi d'Angleterre et de la comtesse de Montfort, et toute la fleur de son pays avec lui[5], et fut amené au châtel de Hainnebon, et le siége levé de la Roche-Derien. Là fut la guerre de la comtesse de Montfort grandement embellie : mais toujours se tinrent les villes, les cités et les forteresses de messire Charles de Blois : car madame sa femme, qui s'appeloit duchesse de Bretagne, prit la guerre de grand'volonté. Ainsi fut la guerre en Bretagne de ces deux dames. Vous devez savoir que quand ces nouvelles vinrent devant Calais au roi d'Angleterre et aux barons, ils en furent grandement réjouis, et contèrent l'aventure à moult belle pour leurs gens. Or parlerons-nous du roi Philippe et de son conseil et du siége de Calais.

CHAPITRE CCCXV.

Comment le roi de France fit son mandement pour combattre le roi d'Angleterre : et comment les Flamands mirent le siége devant la ville d'Aire et ardirent le pays d'environ.

Le roi Philippe de France qui sentoit ses gens de Calais durement contraints et appressés selon ce qu'il étoit informé, et véoit que le roi d'Angleterre ne s'en partiroit point, si les auroit conquis, étoit grandement courroucé. Si s'avisa et dit qu'il les vouloit conforter, et le roi d'Angleterre combattre, et lever le siége, si il pouvoit. Si commanda par tout son royaume que tous chevaliers et écuyers fussent à la fête de la Pentecôte, en la cité d'Amiens ou là près[1]. Ce mandement et commandement du roi de France s'étendit par tout son royaume. Si n'osa nul laisser qu'il n'y vînt et fut là où mandé étoit, au jour de la Pentecôte, ou tantôt après. Et mêmement le roi y fut, et tint là sa cour solennelle, au dit jour, et moult de princes et de hauts barons de-lez lui; car le royaume de France est si grand, et tant y a de bonne et noble chevalerie et écuyerie qu'il n'en peut être dégarni.

Là étoient le duc de Normandie son aîns-né fils, le duc d'Orléans son mains-né fils, le duc Eudes de Bourgogne, le duc de Bourbon, le comte de Foix, messire Louis de Savoie, messire Jean de Hainaut, le comte d'Armignac, le comte de Forest, le comte de Valentinois, et tant de comtes et de barons, que merveilles seroit à recorder. Quand tous furent venus et assemblés à Amiens, et là en la marche, si eut le roi de France plusieurs consaulx, par quel côté il pourroit sus courir et combattre ses ennemis; et eut volontiers vu que les pas de Flandre lui eussent été ouverts. Si eut envoyé du côté devers Gravelingnes une partie de ses gens, pour rafraîchir ceux de Calais, et pour combattre les Anglois de ce côté bien et aisé-

---

[1] D'Agworth dit au contraire qu'ils furent toute la nuit sous les armes.

[2] Suivant la lettre de d'Agworth, il y périt six ou sept cents hommes d'armes, tant chevaliers qu'écuyers.

[3] Il se rendit à Robert du Châtel, chevalier breton du parti de Montfort, qui le conduisit dans La Roche-Derien.

[4] D'Agworth fut nommé pair l'année suivante.

[5] Le combat de La Roche-Derien fut livré le 18 juin de cette année, 1347, suivant l'inscription sur le tombeau de Gui de Laval, dans l'église collégiale de Vitré; mais la lettre de Thomas d'Agworth le fixe au 20 de ce mois. Il serait difficile de découvrir de quel côté est l'erreur.

[1] Suivant les *Chroniques de France*, le roi partit de Paris dans la quinzaine de Pâques et s'en alla droit à Hesdin, où il avait indiqué le rendez-vous général de l'armée; mais les troupes s'y rendirent avec si peu d'empressement qu'il ne put marcher vers Calais qu'à la mi-juillet.

[1347] LIVRE I. — PARTIE I. 263

ment par la ville de Calais ; et envoya le dit roi en Flandre grands messages, pour traiter envers les Flamands sur cel état [1]. Mais le roi d'Angleterre pour ce temps avoit tant de bons amis en Flandre que jamais ils ne lui eussent octroyé cette courtoisie. Quand le roi vit qu'il n'en pourroit venir à bout, si ne voulut mie pour ce laisser son entreprise, ni les bonnes gens de la ville mettre en nonchaloir, et dit qu'il se trairoit avant du côté devers Boulogne. Le roi d'Angleterre qui se tenoit là à siége, et étoit tenu tout le temps, ainsi que vous savez, et à grands coûtages, étudioit nuit et jour comment il pût ceux de Calais le plus contraindre et gréver ; car bien avoit ouï dire que son adversaire le roi Philippe faisoit un grand amas de gens d'armes, et qu'il le vouloit venir combattre ; et si sentoit la ville de Calais si forte que, pour assauts ni pour escarmouches que il et ses gens y faisoient, il ne les pouvoit conquerre ; dont il y musoit et imaginoit souvent. Mais la chose du monde qui plus le reconfortoit, c'étoit ce qu'il sentoit la ville de Calais mal pourvue de vivres. Si que encore pour eux tollir et clorre le pas de la mer, il fit faire et charpenter un châtel haut et grand, de longs merriens, et le fit faire si fort et si bien breteschié que on ne le pouvoit gréver ; et fit le dit châtel asseoir droit sur la rive de la mer [2], et le fit pourvoir moult bien d'espringales, de bombardes et d'arcs à tour et d'autres instrumens ; et y établit dedans quarante hommes d'armes et deux cents archers qui gardoient le havre et le port de Calais, si près que rien n'y pouvoit entrer ni issir que tout ne fut confondu. Ce fut l'avis qui plus fit de contraires à ceux de Calais, et plutôt les fit affamer.

En ce temps enorta tant le roi d'Angleterre

[1] Robert d'Avesbury parle avec assez de détails de cette négociation, et rapporte les principales propositions que Philippe de Valois fit aux Flamands pour les détacher du parti des Anglais. Il leur offrait de faire lever l'interdit jeté sur la Flandre ; d'y entretenir le blé pendant six ans à un très bas prix ; de leur faire porter des laines de France, qu'ils manufactureraient, avec le privilége de vendre en France les draps fabriqués de ces laines, exclusivement à tous autres tant qu'ils en pourraient fournir ; de leur rendre les villes de Lille, Béthune et une troisième nommée dans le texte *Rowacum*, et dans le manuscrit harléien cité en note, *Rowacum*, qui pourrait bien être Bavay ; de les défendre envers et contre tous ; et pour sûreté de cette promesse, de leur envoyer de grandes sommes d'argent ; enfin de donner des places avantageuses aux jeunes gens bien constitués qui ne jouiraient pas d'une fortune commode. Les Flamands, ajoute Robert d'Avesbury, n'ajoutèrent point foi à ces promesses et les rejetèrent.

[2] Ce fort était situé sur une langue de terre à l'embouchure du havre, à peu près où est maintenant le Risban. Il n'était vraisemblablement pas encore construit au mois d'avril de cette année, dans lequel, suivant Knighton, les assiégés reçurent un convoi de trente voiles. Un autre convoi, envoyé quelque temps après pour les rafraîchir, n'eut pas le même succès. Les Anglais en ayant été informés, Gautier de Mauny, les comtes d'Oxford, de Northampton, de Pembroke et plusieurs autres s'embarquèrent avec un corps de troupes, le lendemain de la saint Jean-Baptiste, et rencontrèrent ce convoi en deçà du Crotoy. Il était de quarante-quatre vaisseaux de différentes grandeurs, dont dix galères qui prirent aussitôt le large. Plusieurs bâtiments se réfugièrent au Crotoy ; mais il y en eut douze qui échouèrent et dont les équipages périrent. Le lendemain, au point du jour, les Anglais ayant vu sortir de Calais deux vaisseaux leur donnèrent aussitôt la chasse ; l'un rentra dans le port avec beaucoup de peine, l'autre s'échoua, et on y fit prisonniers le patron des galères génoises, dix-sept Génois et environ quarante autres personnes. Le patron, avant d'être pris, avait jeté à la mer, après l'avoir attachée à une hache, une lettre que le gouverneur écrivait au roi de France. Elle fut trouvée le lendemain sur le rivage, à la marée basse. Nous tenons ces détails d'une lettre écrite d'après le récit d'un chevalier qui était sur la flotte anglaise. Elle a été conservée par Robert d'Avesbury, ainsi que celle du gouverneur de Calais, qui était conçue en ces termes :

« Très cher et très douté seignour, jeo moy recomank à vous taunt come jeo puisse, pluis qe celuy qe nuelt desire de sauver votre bon estoit qe notre Seignour mainteyne en bien toutz dis par sa grace. Et si le vous pleast savoir l'estat de votre ville de Caleys, soiez certain qe quaunt cestes lettres fusrent faits nous estoioms toutz sainz et heités et en graunt volenté de vous servir et de feare chose qe fust votre honeur et profit. Mais très cher et très douté seignour, sachez qe coment qe les gentz sount toutz saines et heitez, mais la ville est à graunt défaute de blées, vins et chars ; quar sachiez qely n'ad riens qe ne soit tut mangé, et les chiens et les chates et les chivaux, si qe de viveres nous ne poions pluis trover en la ville, si nous ne mangeoms chars des gentz. Qar autrefoitz vous avois escript qe jeo tendroye la ville taunt qe y avernit à mangier : sy sumes à ceo point qe nous n'avons dont pluis vivere. Si avoms pris accord entre nous qe si n'avoms en brief secour à qe nous issiroms hors de la ville toutz à champs pour combatre pour vivere ou pour morir ; qar nous amons meutz à morir as champs honourablement qe manger l'un l'autre. Pourqei, très cher et très douté seignour, mettez-y cele remedye qe vous veerez qe apartenist ; qar si briefment remedie et consail ne soit mys vous n'averez jammés plusours letres de moy et serra la ville perdu et nous qe sumes dedeinz. Notre Seignour vous doigne bone vie et longe et vous mette en volenté qe si nous morrons pour vous qe vous le rende à nos heires, etc. »

les Flamands, lesquels le roi de France vouloit mettre en traité, si comme ci-dessus est dit, que ils issirent hors de Flandre bien cent mil, et s'en vinrent mettre le siége devant la bonne ville d'Aire, et ardirent tout le pays de là environ : Saint-Venant, Mureville, la Gorgne, Estelles, Le Ventis, et une marche que l'on dit la Loeve, et jusques aux portes de Saint-Omer et de Thérouenne[1]. Et s'en vint adonc le roi de France loger en la cité d'Arras, et envoya grand'foison de gens d'armes devant les garnisons d'Artois et par espécial, son connétable messire Charles d'Espaigne[2] à Saint-Omer; car le comte d'Eu et de Ghines, qui connétable de France avoit été, étoit prisonnier en Angleterre, ainsi que vous savez. Ainsi se porta toute celle saison bien avant; et ensonnièrent les Flamands grandement les François, ainçois qu'ils se partissent.

CHAPITRE CCCXVI.

Comment le roi de France vint atout son grand ost devant Calais pour cuider lever le siége et combattre le roi d'Angleterre.

Quand les Flamands furent retraits et ils eurent couru les basses marches en la Loeve, adonc s'avisa le roi de France qu'il s'en iroit atout son ost devant Calais pour lever le siége, s'il pouvoit aucunement, car il sentoit messire Jean de Vienne et ses compagnons et les bonnes gens de Calais durement étreints; et avoit bien ouï dire et recorder comment on leur avoit clos le pas de la mer, pour laquelle cause la ville étoit en péril de perdre. Si s'émut ledit roi et se partit de la cité d'Arras et prit le chemin de Hesdin, et tant fit qu'il y vint; et tenoit bien son ost parmi le charroy, trois grands lieues de pays. Quand le roi se fut reposé un jour à Hesdin, il vint l'autre à Blangis, et là s'arrêta pour savoir quel chemin il feroit; si eut le conseil d'aller tout le chemin que on dit l'Alequine. Adonc se mit à voie, et toutes ses gens après, et bien avoit deux cent mille hommes, uns et autres; et passèrent le roi et ses gens parmi la comté de Faukenbergue, et s'en vinrent droit sur le mont de Sangattes, entre Calais et Wissant[1]; et chevauchoient ces François tous armés au clair, ainsi pour pouvoir tantôt combattre, bannières déployées; et étoit grand'beauté à voir et considérer leur puissant arroy, ni on ne se put saouler d'eux regarder. Quand ceux de Calais qui s'appuyoient et étoient sur les murs, les virent premièrement poindre et apparoir sur le mont de Sangattes, et leurs bannières et pennons ventiler, ils eurent grand'joie, et cuidèrent certainement être tantôt désassiégés et délivrés : mais quand ils virent que on se logeoit, ils furent plus courroucés que devant, et leur sembla un petit signe.

CHAPITRE CCCXVII.

Comment le roi d'Angleterre fit traire ses naves sur le pas des dunes et bien garnir et défendre contre les François.

Or vous dirai que le roi d'Angleterre fit et avoit jà fait. Quand il sçut que le roi de France venoit à si grand ost pour le combattre et pour désassiéger la ville de Calais, qui tant lui avoit coûté d'avoir, de gens et de peine de son corps, et si savoit bien qu'il avoit la dite ville astreinte et si menée qu'elle ne se pouvoit longuement tenir, si lui venoit à grand'contraire s'il l'en convenoit partir ainsi; si avisa et imagina ledit roi que les François ne pouvoient venir ni approcher son ost ni la ville de Calais, que par l'un des deux pas, ou par les dunes sur

---

[1] Robert d'Avesbury parle d'un petit échec que les Français reçurent devant Cassel, dont nous croyons devoir faire ici mention. Le 8 juin, dit-il, Jean, fils aîné de Philippe de Valois, ayant marché vers Cassel, à la tête d'un très gros corps de troupes, donna l'assaut à la ville depuis le matin jusqu'à midi. Les Anglais et les Flamands le reçurent si vigoureusement qu'il fut obligé de se retirer avec une perte considérable, sans avoir fait presque aucun mal à l'ennemi. L'auteur anonyme de la *Chronique de Flandre* n'entre dans aucun détail à ce sujet; il dit seulement que les Français tentèrent en vain de s'emparer de Cassel : mais il raconte auparavant deux actions, l'une au Quesnoy sur la Lys, l'autre au pays de la Loeve, dans lesquelles les Français eurent un avantage signalé sur les Flamands, et dont il n'est fait aucune mention dans Froissart ni dans Robert d'Avesbury.

[2] Charles d'Espagne exerçait alors cette charge par commission; il n'en fut pourvu qu'au mois de janvier 1351, après la mort du comte d'Eu.

[1] L'armée française arriva sur ces hauteurs *le derrein vendredy avant le goul d'aust*, suivant une lettre du roi d'Angleterre à l'archevêque de Cantorbéry, que nous rapporterons ci-après, telle qu'elle se trouve dans Robert d'Avesbury. Or le dernier vendredi *avant le goul d'août*, c'est-à-dire, avant le premier août était le 27 juillet, puisqu'en cette année 1347, le premier août était un mercredi. Ainsi l'historien de Calais s'est trompé lorsqu'il a avancé que les Français arrivèrent à Sangate le 13 juillet.

le rivage de la mer, ou par dessus où il avoit grand'foison de fossés et de crolis et de marais; et n'y avoit sur ce chemin que un seul pont par où on pût passer, et l'appeloit-on le pont de Nieulay. Si fit le dit roi traire toutes ses naves et ses vaisseaux par devers les dunes, et bien garnir et fournir de bombardes, d'arbalêtres, d'archers et d'espringales, et de telles choses par quoi l'ost des François ne pût ni osât par là passer; et fit le comte Derby son cousin aller loger sur le dit pont de Nieulay, à grand'foison de gens d'armes et d'archers, afin que les François n'y pussent passer, si ils ne passoient parmi les marais, qui sont impossibles à passer. Entre le mont de Sangattes et la mer de l'autre côté devers Calais, avoit une haute tour que trente-deux archers anglois gardoient; et tenoient là endroit le passage des dunes pour les François; et l'avoient à leur avis durement fortifiée de grands doubles fossés.

Quand les François furent logés sur le mont de Sangattes, ainsi comme vous avez ouï, les gens des communautés perçurent celle tour; si s'avancèrent ceux de Tournay, qui bien étoient quinze cents, et allèrent de grand'volonté celle part. Quand ceux qui dedans étoient les virent approcher, ils trairent à eux et en navrèrent aucuns. Quand les compagnons de Tournay virent ce, ils furent tous courroucés, et se mirent de grand'volonté à assaillir celle tour et ces Anglois, et passèrent par force outre les fossés, et vinrent jusques à la motte de terre et au pied de la tour, à pics et à hoyaux. Là eut dur assaut et grand, et moult de ceux de Tournay blessés; mais pour ce ne se refreignirent-ils mie de assaillir; et firent tant que, par force et par grand'appertise de corps, ils conquirent celle tour; et furent morts tous ceux qui dedans étoient, et la tour abattue et renversée. De quoi les François tinrent ce fait à grand'prouesse.

CHAPITRE CCCXVIII.

Comment le roi de France, voyant qu'il ne pouvoit trouver passage pour venir à Calais, manda au roi d'Angleterre qu'il lui donnât place pour le combattre, et quelle chose il lui répondit.

Quand l'ost des François se fut logé sur le mont de Sangattes, le roi de France envoya les maréchaux, le seigneur de Beaujeu et le seigneur de Saint-Venant, pour regarder et aviser comment et par où son ost plus aisément pourroit passer, pour approcher les Anglois et eux combattre. Ces deux seigneurs, maréchaux de France pour le temps, allèrent partout regarder et considérer les passages et les détroits, et puis s'en retournèrent au roi et lui dirent à brève parole, que ils ne pouvoient aviser que il pût aucunement approcher les Anglois, qu'il ne perdit ses gens davantage. Si demeura la chose celui jour et la nuit en suivant.

Lendemain après messe, le roi Philippe envoya grands messages, par le conseil de ses hommes, au roi d'Angleterre; et passèrent les messages, par le congé du comte Derby, au pont de Nieulay; et furent messire Geoffroy de Chargny, messire Eustache de Beaumont, messire Guy de Nelle, et le sire de Beaujeu. En passant et en chevauchant celle forte voie, ces quatre seigneurs avisèrent bien et considérèrent le fort passage, et comment le pont étoit bien gardé. On les laissa passer paisiblement tout outre, car le roi d'Angleterre l'avoit ainsi ordonné, et durement en passant prisèrent l'arroy et l'ordonnance du comte Derby et de ses gens, qui gardoient ce pont parmi lequel ils passèrent; et tant chevauchèrent qu'ils vinrent jusques au roi d'Angleterre, qui bien étoit pourvu de grand'baronie de-lez lui. Tantôt tous quatre mirent pied à terre, et passèrent en avant et vinrent jusques au roi et s'inclinèrent; le roi les recueillit, ainsi qu'il appartenoit à faire. Là s'avança messire Eustache de Ribeumont à parler pour tous et dit : « Sire, le roi de France nous envoie par devers vous et vous signifie qu'il est ci venu et arrêté sur le mont de Sangattes pour vous combattre; mais il ne peut ni voir ni trouver voie comment il puisse venir jusques à vous; si en a-t-il grand désir pour désassiéger sa bonne ville de Calais. Si a fait aviser et regarder par ses maréchaux comment il pourroit venir jusques à vous; mais c'est chose impossible. Si verroit volontiers que vous voulussiez mettre de votre conseil ensemble, et il mettroit du sien, et par l'avis de ceux, aviser place là où on se pût combattre; et de ce sommes-nous tous chargés de vous dire et requerre. »

Le roi d'Angleterre, qui bien entendit cette parole, fut tantôt conseillé et avisé de répondre, et répondit et dit : « Seigneurs, j'ai bien entendu ce que vous me requérez de par mon adversaire qui tient mon droit héritage à tort, dont il me poise : si lui dites de par moi, s'il vous plaît, que je suis ci endroit, et y ai demeuré près d'un an, ce a-t-il bien sçu, et y fût bien venu plus tôt s'il eût voulu ; mais il m'a ici laissé si longuement demeurer que je y ai grossement dépendu du mien ; et y pense avoir tant fait que assez briévement je serai sire de la ville et du châtel de Calais. Si, je ne suis mie conseillé de tout faire à sa devise et à son aise, ni éloigner ce que j'ai tant désiré et comparé. Si lui dites que, si il ni ses gens ne peuvent par là passer, que ils voisent autour pour quérir la voie [1]. »

Les barons et messages du roi de France virent bien qu'ils n'emporteroient autre réponse ; si prirent congé. Le roi leur donna, qui les fit convoyer jusques outre le dit pont de Nieulay ; et s'en revinrent en leur ost, et recordèrent au roi tout ainsi et les propres paroles que le roi d'Angleterre avoit dites. De la quelle réponse le roi fut tout courroucé, car il vit bien que perdre lui convenoit la forte ville de Calais ; et si n'y pouvoit remédier par nulle voie.

CHAPITRE CCCXIX.

Comment le pape Clément envoya deux cardinaux pour traiter de la paix entre les deux rois ; et comment le roi Philippe se partit du Mont de Sangattes et donna congé à toutes ses gens.

Entrementes que le roi de France étoit sur le mont de Sangattes, et qu'il étudioit comment et par quel tour il pourroit combattre les Anglois qui s'y étoient fortifiés, vinrent deux

---

[1] Le roi d'Angleterre, dans une lettre à l'archevêque d'Yorck, annonce au contraire qu'il accepta le défi et que le combat n'eut pas lieu, parce que Philippe en craignit l'événement, et décampa précipitamment le 2 d'août avant le jour, après avoir mis le feu à son camp.

« Edward par la grace de Dieux roi d'Engleterre et de France et seigneur d'Yrland, à honourable piere en Dieu Jehan, par mesme la grace erchevesqe de Caunterbirs, primat de tut Engleterre, et à noz chancellier et tresorer salutz. Pur ceo qe nous pensoms bien qe vous orrez bien voluntiers les novelx et l'estates des busoignes par devers nous, vous faceoms assavoir qe yceo darrein vendredy proschein devant le goul d'aust * notre adversaire de Fraunce od tut son poair se vient loggier près de nous en l'autre part du mareis sour un tertre ; et en sa venue ascuns de notre ost encountrerent ses geutz et eurent afaire ovesqe eaux des chivalers et esquiers beale companye. Et mesme le jour viendrent les cardinalx à bout de la chaucé et maunderent lor letres à notre cosyn de Lancastre et autres grauntz de notre ost, em priantz q'ils voulsissent parler ovesqe eaux. Par qoi, de notre coungé, nos cosyns de Lancastre et de Northamptoun y alèrent, as queux les cardinalx prièrent à graunt instaunce qe treté se purroit feare ; et disoient q'ils saverent bien qe notre adversaire nous ferroit tiels offres de peès qe seront acceptables par reson. Et à l'instaunce des ditz cardinaux, come celluy qe toutz jours avoms esté et sumes prestz de accepter peès resonable, quelle heure q'elle nous soit offert, assentimes bien à tiele treté. Et partaunt notre cosyn de Lancastre fist lever deux pavillons en une place dedeinz notre place d'entre les deux hostz ; et illesqes assemblèrent ovesqes les deux cardinalxs le markis du Julers, noz ditz cosyns de Lancastre et de Northamptoun, mouns^r. Bartelemy Burghorsh notre chamberlayn, mouns^r. Renaud de Cobham, mouns^r. Wautier de Mauny de notre part : lez ducz de Burbone et d'Athenes, le chaunceller de Fraunce, le sire d'Offemond et mouns^r Geffray de Charny pour la partie notre dit adversaire, les queux treterent ensemble. Et les treteours de l'aultre partie commencèrent à parler del ville de Caleis et tiendrent de prendre la ville, par ensi qe ceaux qe sount dedeinz pourroient aler quites ovesqe lour biens et chateux, et qe cele chose fait, ils vorront treter de peès. Et noz gentz lor responderent q'ils n'avoient mye en charge de parler de la ville, einz du treter de peès si homme vorroit monstrer resonable voie. Et les treteours de l'autre parti se tiendrent tout sour la ville, issint qe à graunt payne les poet homme mesner de riens offrir : mais à derrein ils offrirent la duché de Guyenne en manere qe son ael le avoit et la counté de Pountif. Et nos gentz responderent qe cele offre fust trop petit pour lesser si haute damage. Et ensi trétèrent-ils treis jours saunz nul effect ; qar les treteours de l'autre partie se tiendrent tulz jours sour parlaunce de la ville, pour avoir rescouse les gentz qe sount dedeinz par ascune subtilité. Et puis le marsdy * vers le vespre viendrent certaynz grauntz et chivalers de par notre adversarie à la place du treté, et offrirent à noz gentz la bataille de par notre adversaire suisdit, par ensi qe noz vousissoms venir hors le marreis, et il nous donroit place covenable pour combattre, quele heure qe nous pleroit entre cele heure et vendredy à soir proschein suiaunt ** ; et vorroient qe quatre chivalers de noz et autre quatre de lour esleirent place covenable pour l'une partie et pur l'autre. Et sour ceo noz gentz responderent qu'ils nous ferroient monstrer cele offre et lour donroient responsse. Le mesqerdy suaunt quelle chose monstré à nous avoms eut consail et avys ovesqe les grauntz et aultres sages de notre consail et de notre ost, en affiaunce de Dieux et de notre droit, nous lour feismes respoundre qe nous acceptasmes lour offre et prendrisoms le bataille volontiers ; et feismes faire noz lettres de conduyt à quatre chivalers de l'autre partie, de quelle estat ou condicioun qu'ils fussent, à venir à notre ost, afyn qe nous pur-

* Le 27 juillet.
* Le 31 juillet.
** Le vendredi 13 août.

cardinaux en son ost, envoyés en légation[1] de par le pape Clément qui régnoit pour ce temps. Ces deux cardinaux se mirent en grand'peine tantôt d'aller de l'un ost à l'autre, et volontiers eussent vu que le roi d'Angleterre eût brisé son siége, ce qu'il n'eût jamais fait. Toutefois sur certains articles et traités d'accord et de paix, ils procurèrent tant que un répit fut pris entre ces deux rois et leurs gens, là étant au siége et

roioms prendre aultre quatre de lour estat et qe mesmes les huit chivalers feisent le serment q'ils alassent veer et cercher les places, tanqe ils fussent en accorde. Et ceaux de l'aultre partie maintenant quant ils avoient oye ceste respounse commencèrent de varier en lour offres et de parler de la ville tut novel auxy, come entrelessaunt le bataille; issint ne se voleient tenir à nul certain. Et sour ceo le jeofdy* devaunt le jour, nient** countre esteauntz les parlauntz suisditz de notre dit adversaire, s'en departi od toutes ses gentz, auxi come disconfist; et hasterent taunt q'ils ardèrent lour tentes et graunt partie de lour herneys à lour départir. Et noz gentz les pursuerent bien près à la cowe; issint à rescrivere du cestes n'estoient ils mye unqore revenuz, et par cele cause nous n'avons mye unqore pris purpos en certain du ceo qe nous en ferrons plus avant. Mais toutes voies nous pensoms de chivacher sour l'esploit de notre guerre, si en haste come nous purrons, od l'aide de Dieux, etc.»

Il serait inutile après cette lettre de rapporter les récits des différens historiens contemporains, qui sont tous plus ou moins erronés : on les trouvera réunis et discutés dans le second mémoire de M. de Brequigny sur Calais, que nous avons déjà cité plusieurs fois. On y verra aussi les raisons dont il se sert pour prouver la vérité des faits contenus dans la lettre d'Édouard et pour expliquer la conduite singulière des deux rois dans cette circonstance. Celle d'Édouard se conçoit : après avoir eu la gloire d'accepter le défi, il lui restait mille moyens de l'éluder. Mais quel pouvait être l'espoir de Philippe en marchant vers Calais à la tête d'une armée innombrable? Croyait-il inspirer assez de terreur à son ennemi pour l'engager à lever le siège sans attendre son approche? Il devait trop savoir que le nombre ne l'effrayait pas, et que la journée de Crécy n'était pas encore effacée de sa mémoire.

[1] Ces légats étaient Annibal Ceccano, évêque de Tusculum, et Étienne Aubert, cardinal du titre de Saint-Jean et de Saint-Paul. On a dû voir par la lettre que nous venons de rapporter que Froissart a eu tort de placer le défi avant les négociations qui le précédèrent de plusieurs jours. Clément VI n'avait cessé, depuis le commencement de la guerre, de chercher à concilier les deux rois. On trouve dans Robert d'Avesbury des lettres datées d'Avignon le 15 septembre 1347, par lesquelles il témoigne au roi d'Angleterre sa surprise du peu d'égard que ce prince a eu pour les ouvertures que lui avaient faites ses légats au mois de septembre précédent, et la réponse dans laquelle

* Jeudi 2 août.
** C'est-à-dire, *sans aucun égard pour les propositions de ses ambassadeurs*.

sur les champs seulement ; et mirent par leurs promotions, de toutes parties, quatre seigneurs ensemble qui devoient parlementer de paix. De la partie du roi de France y furent le duc de Bourgogne, le duc de Bourbon, messire Louis de Savoye et messire Jean de Hainaut[1]; et du côté des Anglois, le comte Derby, le comte de Norhantonne, messire Regnault de Cobehen et messire Gautier de Mauny. Et les deux cardinaux étoient traiteurs et moyens allans de l'un à l'autre. Si furent tous ces seigneurs, trois jours, la greigneur partie du jour ensemble, et mirent plusieurs devises et prêchemens avant, desquelles nulles ne vinrent à effet.

Entrementes que on parlementoit et ces trèves durans, le roi d'Angleterre faisoit toujours efforcer son ost et faire grands fossés sur les dunes, par quoi les François ne les pussent surprendre. Et sachez que ce parlement et détriement ennuyoit durement à ceux de Calais, qui volontiers eussent vu plus tôt leur délivrance, car on les faisoit trop jeûner. Ces trois jours passèrent sans paix et sans accord, car le roi d'Angleterre tenoit toudis son opinion que il seroit sire de Calais, et le roi de France vouloit qu'elle lui demeurât. En cel estrif se partirent les parties, ni on ne les put depuis rassembler. Si s'en retournèrent les cardinaux à Saint-Omer,

Quand le roi Philippe vit que perdre lui convenoit Calais, si fut durement courroucé; et à envis se partoit sans aucune chose faire; et si ne pouvoit aller avant ni combattre les Anglois qu'ils ne fussent tous perdus davantage : si que, tout considéré, le séjourner là ne lui étoit point profitable; si ordonna à départir et déloger[2]. Si le monarque anglais tâche de se justifier de ce reproche, en protestant qu'il est prêt à faire la paix, sauf son droit à la couronne de France qu'il regarde comme son légitime héritage.

Le continuateur de Nangis ne fait mention ni de l'entremise des légats, ni du défi de Philippe à Édouard. Ce fut au contraire, suivant lui, le monarque anglais qui envoya proposer au roi de France une trêve de trois jours, de laquelle il profita pour fortifier les endroits faibles de son camp.

[1] Les plénipotentiaires français étaient, selon la lettre d'Édouard, les ducs de Bourbon et d'Athènes, le chancelier de France, le sire d'Offemont et Geoffroy de Charny. Froissart est plus exact à l'égard de ceux des Anglais; il n'oublie que Barthélemy de Burghersh, chambellan du roi.
[2] Philippe de Valois décampa le 2 août avant le jour.

fit, lendemain que parlement fut failli, bien matin recueillir en grand'hâte tentes et trefs et trousser, et se mit à chemin devers la cité d'Amiens ; et donna congé à toutes manières de gens d'armes et de communes. Quand ceux de Calais virent le délogement de leurs gens, si furent tous déconfits et desbaretés ; et n'a si dur cuer au monde que, qui les vit demeurer et doulouser, qui n'en eût eu pitié. A ce délogement ne perdirent rien aucuns Anglois qui s'aventurèrent et qui se férirent en la queue des François ; mais gagnèrent des chars, des sommiers et des chevaux, des vins et des prisonniers que ils ramenèrent en l'ost devant Calais.

CHAPITRE CCCXX.

Comment ceux de Calais se voulurent rendre au roi d'Angleterre, sauves leurs vies ; et comment ledit roi voulut avoir six des plus nobles bourgeois de la ville pour en faire sa volonté.

Après le département du roi de France et de son ost, du mont de Sangattes, ceux de Calais virent bien que le secours en quoi ils avoient fiance leur étoit failli ; et si étoient à si grand'détresse de famine que le plus grand et le plus fort se pouvoit à peine soutenir : si eurent conseil ; et leur sembla qu'il valoit mieux à eux mettre en la volonté du roi d'Angleterre, si plus grand'merci ne pouvoient trouver, que eux laisser mourir l'un après l'autre par détresse de famine ; car les plusieurs en pourroient perdre corps et âme par rage de faim. Si prièrent tant à monseigneur Jean de Vienne qu'il en voulût traiter, qu'il s'y accorda ; et monta aux créneaux des murs de la ville, et fit signe à ceux de dehors qu'il vouloit parler à eux. Quand le roi d'Angleterre entendit ces nouvelles, il envoya là tantôt messire Gautier de Mauny et le seigneur de Basset. Quand ils furent là venus, messire Jean de Vienne leur dit : « Chers seigneurs, vous êtes moult vaillans chevaliers et usés d'armes, et savez que le roi de France que nous tenons à seigneur, nous a céans envoyés, et commandé que nous gardissions cette ville et ce châtel, tellement que blâme n'en eussions, ni il point de dommage : nous en avons fait notre pouvoir. Or est notre secours failli, et vous nous avez si étreints que n'avons de quoi vivre : si nous conviendra tous mourir, ou enrager par famine, si le gentil roi qui est votre sire n'a pitié de nous. Chers seigneurs, si lui veuilliez prier en pitié qu'il veuille avoir merci de nous, et nous en veuille laisser aller tout ainsi que nous sommes, et veuille prendre la ville et le châtel et tout l'avoir qui est dedans ; si en trouvera assez. »

Adonc répondit messire Gautier de Mauny et dit : « Messire Jean, messire Jean, nous savons partie de l'intention du roi notre sire, car il la nous a dite : sachez que ce n'est mie son entente que vous en puissiez aller ainsi que vous avez cy dit ; ains est son intention, que vous vous mettez tous en sa pure volonté, pour rançonner ceux qu'il lui plaira, ou pour faire mourir ; car ceux de Calais lui ont tant fait de contraires et de dépits, le sien fait dépendre, et grand'foison de ses gens fait mourir, dont si il lui en poise ce n'est mie merveille. »

Adonc répondit messire Jean de Vienne et dit : « Ce seroit trop dure chose pour nous si nous consentions ce que vous dites. Nous sommes céans un petit de chevaliers et d'écuyers qui loyalement à notre pouvoir avons servi notre seigneur le roi de France, si comme vous feriez le vôtre en semblable cas, et en avons enduré mainte peine et mainte mésaise ; mais ainçois en souffrirons-nous telle mésaise que oncques gens n'endurèrent ni souffrirent la pareille, que nous consentissions que le plus petit garçon ou varlet de la ville eût autre mal que le plus grand de nous. Mais nous vous prions que, par votre humilité, vous veuilliez aller devers le roi d'Angleterre, et lui priez qu'il ait pitié de nous. Si nous ferez courtoisie ; car nous espérons en lui tant de gentillesse qu'il aura merci de nous. » — « Par ma foi, répondit messir Gautier de Mauny, je le ferai volontiers, messire Jean ; et voudrois, si Dieu me veuille aider, qu'il m'en voulût croire ; car vous en vaudriez tous mieux. »

Lors se départirent le sire de Mauny et le sire de Basset, et laissèrent messire Jean de Vienne s'appuyant aux créneaux[1], car tantôt devoit retourner ; et s'en vinrent devers le roi d'Angle-

---
[1] Suivant une chronique manuscrite intitulée : *Prosécution de l'Histoire de Sugiers Abbé*, conservée dans la bibliothèque de l'abbaye de Saint-Bertin, Jean de Vienne alla lui-même, accompagné de deux chevaliers et de deux bourgeois, solliciter auprès d'Édouard la grâce des habitans de Calais. On trouve un fragment de cette chronique, dont le témoignage ne sauroit balancer celui de Froissart et des autres historiens contemporains, dans l'*Histoire de Calais*.

terre qui les attendoit à l'entrée de son hôtel et avoit grand désir de ouïr nouvelles de ceux de Calais. De-lez lui étoient le comte Derby, le comte de Norhantonne, le comte d'Arondel et plusieurs autres barons d'Angleterre. Messire Gautier de Mauny et le sire de Basset s'inclinèrent devant le roi, puis se trairent devers lui. Le sire de Mauny, qui sagement étoit emparlé et enlangagé, commença à parler, car le roi souverainement le voult ouïr, et dit : « Monseigneur, nous venons de Calais et avons trouvé le capitaine, messire Jean de Vienne, qui longuement a parlé à nous; et me semble que il et ses compagnons et la communauté de Calais sont en grand'volonté de vous rendre la ville et le châtel de Calais et tout ce qui est dedans, mais que leurs corps singulièrement ils en puissent mettre hors. »

Adonc répondit le roi : « Messieurs Gautier, vous savez la greigneur partie de notre entente en ce cas : quelle chose en avez-vous répondu ? » —« En nom de Dieu, monseigneur, dit messire Gautier, que vous n'en feriez rien, si ils ne se rendoient simplement à votre volonté, pour vivre ou pour mourir, si il vous plaît. Et quand je leur eus ce montré, messire Jean de Vienne me répondit et confessa bien qu'ils étoient moult contraints et astreints de famine; mais ainçois que ils entrassent en ce parti ils se vendroient si cher que oncques gens firent. » Adonc répondit le roi : « Messire Gautier, je n'ai mie espoir ni volonté que j'en fasse autre chose. »

Lors se retrait avant le sire de Mauny et parla moult sagement au roi, et dit pour aider ceux de Calais : « Monseigneur, vous pourrez bien avoir tort, car vous nous donnez mauvais exemple. Si vous nous vouliez envoyer en aucune de vos forteresses, nous n'irions mie si volontiers, si vous faites ces gens mettre à mort, ainsi que vous dites ; car ainsi feroit-on de nous en semblable cas. » Cet exemple amollia grandement le courage du roi d'Angleterre ; car le plus des barons l'aidèrent à soutenir. Donc dit le roi : « Seigneurs, je ne vueil mie être tout seul contre vous tous. Gautier, vous en irez à ceux de Calais ; et direz au capitaine que la plus grand'grâce qu'ils pourront trouver ni avoir en moi, c'est que ils partent de la ville de Calais six des plus notables bourgeois, en purs leurs chefs et tous déchaux, les hars au col, les clefs de la ville et du châtel en leurs mains ; et de ceux je ferai ma volonté; et le demeurant je prendrai à merci. » —« Monseigneur, répondit messire Gautier, je le ferai volontiers. »

CHAPITRE CCXXXI.

Comment les six bourgeois se partirent de Calais, tous nuds en leurs chemises, la hart au col, et les clefs de la ville en leurs mains ; et comment la roine d'Angleterre leur sauva les vies.

A ces paroles se partit du roi messire Gautier de Mauny, et retourna jusques à Calais, là où messire Jean de Vienne l'attendoit. Si lui recorda toutes les paroles devant dites, ainsi que vous les avez ouïes, et dit bien que c'étoit tout ce qu'il avoit pu empêtrer. Messire Jean dit : « Messire Gautier, je vous en crois bien ; or vous prié-je que vous veuilliez ci tant demeurer que j'aie démontré à la communauté de la ville toute cette affaire ; car ils m'ont cy envoyé, et à eux tient d'en répondre, ce m'est avis. » Répondit le sire de Mauny : « Je le ferai volontiers. » Lors se partit des créneaux messire Jean de Vienne, et vint au marché, et fit sonner la cloche pour assembler toutes manières de gens en la halle. Au son de la cloche vinrent hommes et femmes, car moult désiroient à ouïr nouvelles, ainsi que gens si astreints de famine que plus n'en pouvoient porter. Quand ils furent tous venus et assemblés en la halle, hommes et femmes, Jean de Vienne leur démontra moult doucement les paroles toutes telles que ci devant sont récitées; et leur dit bien que autrement ne pouvoit être, et eussent sur ce avis et brève réponse. Quand ils ouïrent ce rapport, ils commencèrent tous à crier et à pleurer tellement et si amèrement, qu'il n'est si dur cœur au monde, s'il les eût vus ou ouïs eux démener, qui n'en eût eu pitié. Et n'eurent pour l'heure pouvoir de répondre ni de parler ; et mêmement messire Jean de Vienne en avoit telle pitié qu'il larmoyoit moult tendrement.

Une espace après se leva en pied le plus riche bourgeois de la ville, que on appeloit sire Eustache de Saint-Pierre, et dit devant tous ainsi : « Seigneurs, grand'pitié et grand meschef seroit de laisser mourir un tel peuple que ici a, par famine ou autrement, quand on y peut trouver aucun moyen ; et si seroit grand'aumône et grand'grâce envers Notre-Seigneur, qui de tel meschef le pourroit garder. Je, en droit moi, ai si grand'espérance d'avoir grace et pardon envers Notre-Seigneur, si je muir pour ce peuple sauver, que je veuil être le premier; et me mettrai volontiers en pur ma chemise, à nud chef, et la hart au col, en la merci du roi d'Angleterre. » Quand sire Eustache de Saint-Pierre eut dit cette parole, chacun l'alla aouser de pitié, et plusieurs hommes et femmes se jetoient à ses pieds pleurant tendrement; et étoit grand'pitié de là être, et eux ouïr, écouter et regarder.

Secondement un autre très honnête bourgeois et de grand'affaire, et qui avoit deux belles damoiselles à filles, se leva et dit tout ainsi qu'il feroit compagnie à son compère sire Eustache de Saint-Pierre; et appeloit-on celui sire Jean d'Aire.

Après se leva le tiers, qui s'appeloit sire Jaques de Vissant, qui étoit riche homme de meubles et d'héritage; et dit qu'il feroit à ses deux cousins compagnie. Aussi fit sire Pierre de Vissant son frère; et puis le cinquième; et puis le sixième [1]. Et se dévêtirent là ces six bourgeois tous nus en leur braies et leur chemises, en la ville de Calais, et mirent hars en leur col, ainsi que l'ordonnance le portoit, et prirent les clefs de la ville et du châtel; chacun en tenoit une poignée.

Quand ils furent ainsi appareillés, messire Jean de Vienne, monté sur une petite haquenée, car à grand'malaise pouvoit-il aller à pied, se mit au devant et prit le chemin de la porte. Qui lors vit hommes et femmes et les enfans d'iceux pleurer et tordre leurs mains et crier à haute voix très amèrement, il n'est si dur cœur au monde qui n'en eut pitié. Ainsi vinrent eux jusques à la porte, convoyés en plaintes, en cris et en pleurs. Messire Jean de Vienne fit ouvrir la porte tout arrière, et se fit enclorre dehors avec les six bourgeois, entre la porte et les barrières; et vint à messire Gautier qui l'attendoit là, et dit : « Messire Gautier, je vous délivre, comme capitaine de Calais, par le consentement du povre peuple de cette ville, ces six bourgeois; et vous jure que ce sont et étoient aujourd'hui les plus honorables et notables de corps, de chevance et d'ancesterie de la ville de Calais; et portent avec eux toutes les clefs de la dite ville et du châtel. Si vous prie, gentil sire, que vous veuilliez prier pour eux au roi d'Angleterre que ces bonnes gens ne soient mie morts. »—« Je ne sais, répondit le sire de Mauny, que messire le roi en voudra faire, mais je vous ai en convent que j'en ferai mon poüvoir. »

Adonc fut la barrière ouverte : si s'en allèrent les six bourgeois en cet état que je vous dis, avec messire Gautier de Mauny, qui les amena tout bellement devers le palais du roi, et messire Jean de Vienne rentra en la ville de Calais [1].

[1] Ces généreuses victimes méritaient bien d'être connues. Suivant la chronique manuscrite que nous venons de citer, Édouard avait demandé huit personnes, quatre de la garnison et quatre de la bourgeoisie. « Adonc furent « présentés quatre chevaliers et quatre bourgeois par les « consiliers du roi d'Angleterre; li quel se vinrent présen- « ter devant le roi, chacun chevalier une épée nue en sa « main, chacun bourgeois une corde en son brach, etc. » (*Histoire de Calais*, t. 1, p. 740.)

[1] Suivant Thomas de La Moore, qui était de la suite d'Édouard, Jean de Vienne, suivi de plusieurs bourgeois dont il ne fixe pas le nombre, comme Froissart, et d'une partie de la garnison, alla lui-même remettre les clefs de la place à Édouard. Nous transcrivons ici son récit d'après le second mémoire de M. de Brequigny sur l'histoire de Calais, imprimé dans le quarante-troisième volume du recueil de l'Académie des Belles-Lettres. «Sitôt, dit l'his- « torien, que les Calaisiens se furent aperçus de la retraite « du roi de France, ils virent qu'il fallait se rendre et « baissèrent leur pavillon placé sur la principale tour. « Ensuite Jean de Vienne, leur gouverneur, fit ouvrir les « portes et sortit de la ville, monté sur un petit cheval, « parce qu'il avait été blessé peu de temps auparavant. « Ceux de la garnison et des bourgeois qui le suivaient « marchaient la corde au col, la tête et les pieds nuds. « Dès qu'il fut en présence d'Édouard, il lui remit son « épée et les clefs de la ville, le suppliant d'épargner les « malheureux qui se soumettaient. Édouard reçut les clefs « et l'épée, retint prisonnier le gouverneur, quinze che- « valiers et plusieurs bourgeois qu'il envoya en Angle- « terre, après les avoir cependant comblés généreuse- « ment de présens. Il ordonna que le reste des bourgeois « et tout ce qui se trouvait dans la ville fût conduit à « Guignes, après leur avoir fait distribuer de quoi man- « ger, dont ils avaient grand besoin. » (Thomas de La Moore cité par Jean Stow, *General chronicle of England*, p. 244.)

Le récit de Knighton ressemble presque en tous les points à celui de La Moore; mais il y ajoute cette particularité que les Calaisiens, exténués par la faim, dévorèrent avec tant d'avidité les vivres qu'Édouard leur fit donner, que, dans la nuit même, plus de trois cents moururent d'indigestion.

Robert d'Avesbury n'entre dans aucuns détails sur la reddition de Calais; il dit seulement que les assiégés, manquant de vivres et voyant qu'ils n'avaient aucun secours à espérer de leur roi, se rendirent à discrétion; puis il ajoute qu'Édouard, toujours porté à la clémence et à l'humanité, se contenta de retenir prisonniers quelques-uns des plus considérables et permit aux autres de s'en aller avec tous leurs biens. C'est exagérer la généro-

[1347]

Le roi étoit à cette heure en sa chambre, à grand'compagnie de comtes, de barons et de chevaliers. Si entendit que ceux de Calais venoient en l'arroy qu'il avoit devisé et ordonné; et se mit hors, et s'en vint en la place devant son hôtel, et tous ces seigneurs après lui, et encore grand'foison qui y survinrent pour voir ceux de Calais, ni comment ils fineroient; et mêmement la reine d'Angleterre, qui moult étoit enceinte, suivit le roi son seigneur. Si vint messire Gautier de Mauny et les bourgeois de-lez lui qui le suivoient, et descendit en la place, et puis s'envint devers le roi et lui dit : « Sire, vecy la représentation de la ville de Calais à votre ordonnance. » Le roi se tint tout coi et les regarda moult fellement, car moult héoit les habitans de Calais, pour les grands dommages et contraires que au temps passé sur mer lui avoient faits. Ces six bourgeois se mirent tantôt à genoux pardevant le roi, et dirent ainsi en joignant leurs mains : « Gentil sire et gentil roi, véez-nous cy six, qui avons été d'ancienneté bourgeois de Calais et grands marchands : si vous apportons les clefs de la ville et du châtel de Calais et les vous rendons à votre plaisir, et nous mettons en tel point que vous nous véez, en votre pure volonté, pour sauver le demeurant du peuple de Calais, qui a souffert moult de griévetés. Si veuillez avoir de nous pitié et mercy par votre très haute noblesse. » Certes il n'y eût adonc en la place seigneur, chevalier, ni vaillant homme, qui se pût abstenir de pleurer de droite

sité d'Édouard : plusieurs ordonnances de nos rois, tendant à soulager la misère des habitans de Calais chassés de leur ville, prouvent qu'ils furent entièrement dépouillés de leurs biens.

Les *Chroniques de France* disent simplement, chapitre 42, que les Calaisiens eurent la vie sauve et sortirent emportant seulement les habits dont ils étaient revêtus.

Le continuateur de Nangis dit de même qu'ils eurent la permission de sortir avec tous les effets qu'ils pourraient emporter sur eux; *salvis vitis et salvo quantum super se de bonis suis portare possent*.

Le récit de Villani est le moins favorable de tous au roi d'Angleterre. Ce prince, dit-il, accorda la vie aux étrangers (c'est-à-dire, sans doute, à la garnison); mais il exigea que les bourgeois se rendissent à discrétion, bien résolu de les faire tous pendre comme pirates, parce qu'ils avaient causé beaucoup de dommages aux Anglais sur mer; mais à la prière des cardinaux et de la reine sa femme, il leur accorda la vie. Ils sortirent tous de la ville, nuds en chemise, n'emportant rien avec eux.

Après avoir rapporté les récits des historiens contemporains, observons qu'aucun n'est directement en contradiction avec Froissart, excepté Thomas de La Moore, sur l'article qui concerne le gouverneur de Calais : il ne diffère d'ailleurs de notre historien qu'en ce qu'il n'a pas tout dit, et qu'il a eu soin surtout de dissimuler ce qui pouvait porter atteinte à la gloire de son maître : on peut en dire autant de Knighton. L'auteur des *Chroniques de France* et le continuateur de Nangis se bornent à rapporter le fait principal dépouillé de toutes les circonstances. Robert d'Avesbury n'est pas plus étendu et avance une fausseté manifeste. Villani, trop éloigné pour être bien instruit des détails de cet événement, le raconte en gros et omet des particularités rapportées par Froissart d'après les mémoires de Jean-le-Bel. Concluons de cet exposé qu'il n'y a aucune raison de suspecter le récit de Froissart. Il faudrait peut-être le corriger en quelques points et adopter ce que dit La Moore, que Jean de Vienne n'abandonna point les députés de Calais et présenta lui-même les clefs de la ville au roi d'Angleterre.

M. de Brequigny, dans le mémoire cité ci-dessus, nous paraît avoir poussé un peu trop loin la sévérité à son égard, en rejetant presque toutes les autres circonstances de son récit. Il lui reproche par exemple d'avoir imaginé les discours qu'il met dans la bouche de Jean de Vienne et des capitaines anglais, etc.; mais ne peut-on pas faire le même reproche à plusieurs des historiens les plus estimés : et au lieu de blâmer Froissart de son abondance, d'avoir fait parler et agir ses personnages comme ils l'ont dû faire, ne devrait-on pas plutôt lui savoir gré d'être le premier de nos écrivains qui ait essayé de sortir de l'aridité de la chronique pour s'élever au ton de l'histoire? M. de Brequigny lui reproche encore d'avoir représenté le roi d'Angleterre comme un prince féroce. « Reconnaît-on, dit-il, à ce portrait le caractère d'É-« douard qui trois ans auparavant.... s'abstint des justes « représailles qu'il pouvait exercer sur Hervé de Léon « son prisonnier, pour venger par sa mort celle d'Olivier « de Clisson et de quatorze chevaliers bretons et nor-« mands, à qui le roi de France avait fait couper la tête, « parce qu'ils étaient attachés au parti anglais! » Puis il ajoute : *Froissart conserve donc bien mal le caractère d'Édouard dans la manière dont il le fait agir et parler à la reddition de Calais*.

On peut lui répondre que l'historien conserve mal le caractère d'Édouard, parce que ce prince le conserva mal lui-même, et que rien ne prouve mieux la véracité de son récit : s'il eût été plus jaloux de plaire par des narrations intéressantes que de dire la vérité, il avait trop d'esprit pour dégrader ainsi un de ses principaux personnages. On peut encore répondre à M. de Brequigny que Hervé de Léon et les Calaisiens étaient dans une conjoncture bien différente. Si Édouard eût fait mourir le chevalier breton pris en combattant pour son roi, en représaille de ce que ce prince avait fait couper la tête à des sujets rebelles qui l'avaient trahi, il eût commis une action barbare, contraire à toutes lois, à toutes conventions. Au contraire, en faisant mourir les six bourgeois de Calais, il eût suivi les lois de la guerre, lois barbares à la vérité, mais autorisées par l'usage, et qu'il pouvait exécuter dans toute leur rigueur, sans enfreindre celles de l'honneur et de la chevalerie.

pitié, ni qui pût de grand'pièce parler. Et vraiment ce n'étoit pas merveille ; car c'est grand'pitié de voir hommes déchoir et être en tel état et danger. Le roi les regarda très ireusement, car il avoit le cœur si dur et si épris de grand courroux qu'il ne put parler. Et quand il parla, il commanda que on leur coupât tantôt les têtes. Tous les barons et les chevaliers qui là étoient, en pleurant prioient si acertes que faire pouvoit au roi qu'il en voulût avoir pitié et mercy ; mais il n'y vouloit entendre. Adonc parla messire Gautier de Mauny et dit : « Ha ! gentil sire, veuillez refréner votre courage : vous avez le nom et la renommée de souveraine gentillesse et noblesse ; or ne veuillez donc faire chose par quoi elle soit amenrie, ni que on puisse parler sur vous en nulle vilenie. Si vous n'avez pitié de ces gens, toutes autres gens diront que ce sera grand'cruauté, si vous êtes si dur que vous fassiez mourir ces honnêtes bourgeois, qui de leur propre volonté se sont mis en votre mercy pour les autres sauver. » A ce point grigna le roi les dents et dit : « Messire Gautier, souffrez vous ; il n'en sera autrement, mais on fasse venir le coupe-tête. Ceux de Calais ont fait mourir tant de mes hommes, que il convient ceux-ci mourir aussi. »

Adonc fit la noble roine d'Angleterre grand'humilité, qui étoit durement enceinte, et pleuroit si tendrement de pitié que elle ne se pouvoit soutenir. Si se jeta à genoux pardevant le roi son seigneur et dit ainsi ! « Ha ! gentil sire, depuis que je repassai la mer en grand péril, si comme vous savez, je ne vous ai rien requis ni demandé : or vous prié-je humblement et requiers en propre don, que pour le fils sainte Marie, et pour l'amour de moi, vous veuilliez avoir de ces six hommes mercy [1]. »

Le roi attendit un petit à parler, et regarda la bonne dame sa femme, qui pleuroit à genoux moult tendrement ; si lui amollia le cœur, car envis l'eût courroucée au point où elle étoit ; si dit : « Ha ! dame, j'aimasse trop mieux que vous fussiez autre part que cy. Vous me priez si acertes que je ne le vous ose escondire ; et combien que je le fasse envis, tenez, je vous les donne ;

[1] Après s'être intéressée si vivement au sort de ces six bourgeois, la reine d'Angleterre accepta cependant presque aussitôt la confiscation des maisons que Jean d'Aire, l'un d'entre eux, avait possédées dans Calais.

si en faites votre plaisir. » La bonne dame dit : « Monseigneur, très grands mercis ! » Lors se leva la roine et fit lever les six bourgeois et leur ôter les chevestres d'entour leur cou, et les emmena avec li en sa chambre, et les fit revêtir et donner à dîner tout aise, et puis donna à chacun six nobles, et les fit conduire hors de l'ost à sauveté ; et s'en allèrent habiter et demeurer en plusieurs villes de Picardie.

CHAPITRE CCCXXII.

Comment le sire de Mauny et les deux maréchaux d'Angleterre, du commandement du roi, allèrent prendre la saisine de Calais et mirent les chevaliers, qui dedans étoient, en prison, et firent partir toutes autres gens.

Ainsi fut la forte ville de Calais assiégée par le roi Édouard d'Angleterre, l'an de grâce mil trois cent quarante-six, environ la Saint-Jean décolace, au mois d'août [1], et fut conquise en ce mois l'an mil trois cent quarante-sept. Quand le roi d'Angleterre eut fait sa volonté des six bourgeois de Calais, et il les eut donnés à la roine sa femme, il appela messire Gautier de Mauny et ses deux maréchaux, le comte de Warvich et le baron de Stanfort, et leur dit : « Seigneurs, prenez ces clefs de la ville et du châtel de Calais, si en allez prendre la saisine et la possession ; et prenez les chevaliers qui laiens sont et les mettez en prison, ou leur faites jurer et fiancer prison : ils sont gentils hommes, je les recrerai bien sur leur foi ; et tous autres soudoyers, qui sont là venus pour gagner leur argent, faites-les partir simplement, et tout le demeurant de la ville, hommes et femmes et enfans ; car je vueil la ville repeupler de purs Anglois. »

Tout ainsi fut fait que le roi le commanda. Les deux maréchaux d'Angleterre et le sire de Mauny, à cent hommes tant seulement, s'en vinrent prendre la saisine de Calais, et firent aller ès portes tenir prison messire Jean de Vienne, messire Jean de Surie, messire Baudouin de Bellebourne et les

[1] Cette date n'est pas tout-à-fait exacte : la fête de la décolation de saint Jean tombe au 29 août, et le roi d'Angleterre n'arriva devant Calais que le 3 septembre, ainsi que nous l'avons observé précédemment. Quant à la reddition de cette place, les historiens la fixent presque unanimement au 3 août 1347 ; et on ne peut guère la reculer plus loin, car on en était informé en Angleterre dès le 12 du même mois, date de la publication des lettres par lesquelles Édouard invitait les Anglois à venir repeupler sa conquête.

autres. Et firent les maréchaux d'Angleterre apporter aux soudoyers toutes leurs armures et jeter en un mont en la halle; et puis firent toutes manières de gens, petits et grands, partir; et ne retinrent que trois hommes : un prêtre et deux autres anciens hommes[1], bons coutumiers des lois et ordonnances de Calais; et fut pour enseigner les héritages. Quand ils eurent tout ce fait, et le châtel ordonné pour loger le roi et la roine, et tous les autres hôtels furent vidés et appareillés pour recevoir les gens du roi, on le signifia au roi. Adonc monta-t-il à cheval, et fit monter la roine et les barons et chevaliers, et chevauchèrent à grand'gloire devers Calais; et entrèrent en la ville à si grand'foison de menestrandies, de trompes, de tambours, de nacaires, de chalemies et de muses, que ce seroit merveilles à recorder; et chevauchèrent ainsi jusques au châtel, et le trouvèrent bien paré et bien ordonné pour lui recevoir et le dîner tout prêt. Si donna le roi, ce premier jour qu'il entra en Calais, à dîner dedans le châtel aux comtes, aux barons et aux chevaliers qui là étoient, et qui la mer avoient passé avec elle; et y furent en grand soulas, ce peut-on bien croire. Ainsi se porta l'ordonnance de Calais, et se tint le roi au châtel et en la ville tant que la roine fut relevée d'une fille, qui eut nom Marguerite[2]. Et donna à aucuns de ses chevaliers, ce terme pendant, beaux hôtels en la ville de Calais, au seigneur de Mauny, au baron de Staffort, au seigneur de Cobehen, à messire Barthélemi de Bruhes, et ainsi à tous les autres, pour mieux repeupler la ville. Et étoit son intention, lui retourné en Angleterre, qu'il envoiroit là trente-six riches bourgeois, riches hommes et notables de Londres, et feroit tant que la dite ville seroit toute repeuplée de purs Anglois, laquelle intention il accomplit. Si fut la neuve ville, et la bastide qui devant étoit faite pour tenir le siège, toute défaite, et le châtel qui étoit sur le hâvre, abattu, et le gros merrien amené à Calais. Si ordonna le roi gens pour entendre aux portes, aux murs, aux tours et aux barrières de la ville; et tout ce qui étoit rompu et brisé, on le fit appareiller. Si ne fut mie sitôt fait; et furent envoyés en Angleterre, avant le département du roi, messire Jean de Vienne et ses compagnons; et furent environ demi an à Londres, et puis mis à rançon.

CHAPITRE CCCXXIII.

Comment le roi et la roine d'Angleterre s'en retournèrent en Angleterre; et comment la ville de Calais fut repeuplée de purs Anglois que le roi y envoya.

Or m'est avis que c'est grand ennui de piteusement penser et aussi considérer que ces grands bourgeois et ces nobles bourgeoises et leurs beaux enfans, qui d'estoch et d'extraction avoient demeuré, et leurs devanciers, en la ville de Calais, devinrent; desquels il y avoit grand'foison au jour qu'elle fut conquise. Ce fut grand'pitié quand il leur convint guerpir leurs beaux hôtels, leurs héritages, leurs meubles et leurs avoirs; car rien n'emportèrent, et si n'en eurent oncques restitution ni recueuvre du roi de France, pour qui ils avoient tout perdu[1].

---

[1] M. de Bréquigny trouve Froissart exagéré. « Il ne « faut pas s'imaginer, dit-il, que tout ancien possesseur « fut chassé, que tout Français fut exclu; j'ai vu au contraire quantité de noms français parmi les noms des « personnes à qui Édouard accorda des maisons dans sa « nouvelle conquête. Mais je ne m'attendais à trouver, « au nombre de ceux qui avaient accepté les bienfaits du « nouveau souverain, le fameux Eustache de Saint-Pierre. « Par des lettres du 8 octobre 1347, deux mois après la « reddition de Calais, Édouard donna à Eustache une « pension considérable, en attendant qu'il ait pourvu plus « amplement à sa fortune. Les motifs de cette grâce sont « les services qu'il devait rendre, soit en maintenant le « bon ordre dans Calais, soit en veillant à la garde de « cette place. D'autres lettres du même jour, fondées sur « les mêmes motifs, lui accordent, et à ses hoirs, la plupart des maisons et emplacemens qu'il avait possédés « dans cette ville, et en ajoutent encore quelques autres. » M. de Bréquigny paraît avoir désiré que le bon, modeste et courageux Eustache de Saint-Pierre eût été un véritable héros de théâtre. Sa grandeur est plus vraie dans Froissart, et l'honneur que lui rend ensuite Édouard ne peut que relever sa gloire. Il faut voir les temps.

[2] Marguerite de Calais épousa lord John Hastings, comte de Pembroke; mais elle mourut avant son mari sans laisser d'enfans.

---

[1] Philippe fit ce qui était en son pouvoir pour récompenser le courage et la fidélité des habitans de Calais. Nous avons une ordonnance de lui, par laquelle il accorde tous les offices vacans à ceux d'entre eux qui voudraient s'en faire pourvoir. Elle est du 8 septembre, environ un mois après la reddition de la place; et il y est fait mention d'une autre ordonnance antérieure, par laquelle il avait concédé aux Calaisiens chassés de leur ville tous les biens et héritages qui lui échoiraient, pour quelque cause que ce fût. Le 10 septembre il leur accorda, par une nouvelle ordonnance, un grand nombre de priviléges, franchises, etc., qui leur furent confirmés sous les règnes suivans.

Je me passerai briévement d'eux : ils firent le mieux qu'ils purent, mais la greigneur partie se traist en la ville de Saint-Omer.

Encore se tenoit le roi d'Angleterre à Calais pour entendre plus parfaitement aux besognes de la ville, et le roi Philippe en la cité d'Amiens. Si étoit de-lez lui le cardinal de Boulogne, qui venu étoit en France en légation, par quelle promotion il procura une trève entre ces deux rois, leurs pays et leurs adhérens, à durer deux ans. Et furent ces trèves accordées de toutes parties, mais on excepta hors la terre de la duché de Bretagne, car là tenoient et tinrent toudis les deux dames guerre l'une à l'autre [1].

Si s'en retournèrent le roi et la roine d'Angleterre [2], et laissa le roi, à son département de Calais, pour capitaine, un Lombard que moult aimoit et lequel il avoit avancé, qui s'appeloit Aimery de Pavie [3]; et lui chargea en garde toute la ville et le châtel, dont il en dut presque être meschu, ainsi que vous orrez recorder briévement.

Quand le roi d'Angleterre fut retourné à Londres, il mit grand'entente à repeupler la ville de Calais, et y envoya trente-six riches bourgeois et sages hommes, leurs femmes et leurs enfans, et plus de trois cents autres hommes de moindre état; et toujours croissoit le nombre, car le roi y donna et scella libertés et franchises si grands que chacun s'y vint amasser volontiers [1].

En ce temps fut amené en Angleterre messire Charles de Blois, qui s'appeloit duc de Bretagne, qui avoit été pris devant la Roche-Derrien, ainsi que ci-dessus est contenu. Si fut mis en courtoise prison au châtel de Londres, avec le roi David d'Escosse et le comte de Moreth. Mais il n'y fut mie longuement que à la prière madame la roine d'Angleterre, qui étoit sa cousine germaine [2], il fut reçu sur sa foi; et chevauchoit à sa volonté autour de Londres, mais il ne pouvoit gésir que une nuit dehors, si il

---

[1] Il y a plusieurs erreurs dans le peu de mots que dit Froissart concernant la trève qui fut conclue entre les deux rois, le 28 septembre de cette année 1347. Je remarque : 1° que le cardinal Gui de Boulogne n'y eut aucune part; au moins il n'est point nommé dans le traité. Les médiateurs furent les cardinaux Annibal Ceccano, évêque de Tusculum, et Étienne Aubert, évêque de Clermont. 2° La trève ne devait durer que quinze jours après la fête de saint Jean-Baptiste de l'année 1348, c'est-à-dire environ dix mois, et non pas deux ans, comme l'avance l'historien, trompé sans doute par les prolongations accordées à différentes reprises. 3° La Bretagne n'en fut point exceptée : on lit dans l'article du traité qui comprend les alliés du roi d'Angleterre : *les hoirs de feu messire Jean de Bretagne, naguères comte de Montfort, qui se disoit duc de Bretagne, la dame de Cliçon, etc.*

[2] Ils arrivèrent à Sandwich le vendredi 12 octobre.

[3] Aimery de Pavie n' obtint pas sitôt le gouvernement de Calais; Jean de Montgommery en fut pourvu le 8 octobre, avant le départ du roi d'Angleterre. Il fut remplacé le premier décembre de cette même année par Jean de Chivereston. On trouve dans Rymer, sous ces dates, les lettres de commandement qui leur furent expédiées: mais il ne rapporte point celles d'Aimery de Pavie, de sorte qu'on ignore s'il succéda immédiatement à Chivereston, et à quelle époque il lui succéda.

---

[1] Un ancien manuscrit donne le tableau suivant de l'établissement d'Édouard III en Normandie et devant Calais avec le traitement de chacun.

		liv. st.	schell.	pen.
Mylord le prince	par jour 4	»	»	»
Évêque de Durham	id.	»	6	8
13 comtes, chacun	id.	»	6	8
44 barons et bannerets	id.	»	4	»
1046 chevaliers	id.	»	2	»
4022 écuyers, connétables (capitaines) et conducteurs	id.	»	1	»
5104 taverniers et archers à cheval	id.	»	»	6
335 revendeurs	id.	»	»	»
500 hobiers (on appelait ainsi des soldats légèrement armés, ou certaines gens de la côte, obligés à tenir toujours un cheval prêt en cas d'invasion)	id.	»	»	»
15480 archers à pied par jour . .	id.	»	»	3

314 maçons, charpentiers, serruriers, machinistes, faiseurs de tentes, mineurs, armuriers, canonniers et artilleurs, quelques-uns à 12 sous, d'autres à 10, 6 et 3 sous par jour.

4474 gallois à pied, dont 200 taverniers à 4 sous et les autres à 2.

700 maîtres, capitaines marins, pages.

300 vaisseaux, barques et bâtimens de transport.

La somme totale pour toutes ces forces, sans y comprendre les nobles, mais en y ajoutant quelques Allemands et quelques Français, qui recevaient chacun 15 florins par mois, était de 31,294 liv. st. »

Le total du traitement de l'armée de terre et de mer, du 4 juin au 12 octobre de l'année suivante, c'est-à-dire pour un an et cent trente-un jours pendant une partie de la vingtième et vingt-unième année du règne d'Édouard, était de 127,201 liv. st. 2 sch. 9 sous ¼, d'après le livre particulier des comptes de Walter Wentwaght, alors trésorier de sa maison, intitulé, *Solde de guerre en Normandie, en France et devant Calais.*

[2] Charles de Blois était fils de Marguerite; la reine d'Angleterre était fille de Jeanne, toutes deux sœurs de Philippe de Valois.

n'étoit en la compagnie du roi d'Angleterre ou de la roine [1].

En ce temps étoit prisonnier en Angleterre le comte d'Eu et de Ghines; mais il étoit si frique et si joli chevalier, et si bien lui avenoit quant qu'il faisoit, qu'il étoit partout le bien venu du roi et de la roine, des barons, des dames et des damoiselles d'Angleterre.

CHAPITRE CCCXXIV.

Comment plusieurs escarmouches et plusieurs prises de châteaux et de villes se faisoient entre les Anglois, les Escots et les François.

Toute celle année que celle trêve fut accordée que vous avez ouï, se tinrent les deux rois à paix l'un contre l'autre; mais pour ce ne demeura mie que messire Guillaume de Douglas, ce vaillant chevalier d'Escosse, et les Escots qui se tenoient en la forêt de Gedours, ne guerroyassent toudis les Anglois partout où ils les pouvoient trouver, quoique le roi d'Escosse leur sire fût pris; et ne tinrent oncques trèves que le roi de France et le roi d'Angleterre eussent ensemble. D'autre part aussi ceux qui étoient en Gascogne, en Poitou, en Xantonge, tant des François comme des Anglois, ne tinrent oncques fermement trèves, ni respit, qui fut entre les deux rois; ains gagnoient et conquéroient villes et forts châteaux souvent, les uns sur les autres, par force ou par pourchas, par embler ou par écheler, de nuit ou de jour; et avenoient souvent de belles aventures, une fois aux Anglois, l'autre fois aux François. Et toujours gagnoient povres brigands à dérober et piller villes et châteaux, et y conquéroient si grand avoir que c'étoit merveille; et devenoient les uns si riches, par espécial ceux qui se faisoient maîtres et capitaines des autres brigands, que il en y avoit de tels qui avoient bien la finance de soixante mille écus. Au voir dire et raconter, c'étoit grand'merveille de ce qu'ils faisoient : ils épioient, telle fois étoit, et bien souvent, une bonne ville ou un bon châtel, une journée ou deux loin; et puis s'assembloient vingt ou trente brigands, et s'en alloient tant de jour que de nuit, par voies couvertes, que ils entroient en celle ville ou en cel châtel que épié avoient, droit sur le point du jour, et boutoient le feu en une maison ou en deux. Et ceux de la ville cuidoient que ce fussent mille armures de fer, qui vouloient ardoir leur ville : si s'enfuyoient qui mieux mieux, et ces brigands brisoient maisons, coffres et écrins, et prenoient quant qu'ils trouvoient, puis s'en alloient leur chemin, chargés de pillage.

Ainsi firent-ils à Dousenac [1] et en plusieurs autres villes; et gagnèrent ainsi plusieurs châteaux, et puis les revendirent.

Entre les autres, eut un brigand en la Languedoc, qui en telle manière avisa et épia le fort châtel de Combourne qui sied en Limosin, en très fort pays durement. Si chevaucha de nuit atout trente de ses compagnons, et vinrent à ce fort châtel, et l'échellèrent et gagnèrent, et prirent le seigneur dedans que on appeloit le vicomte de Combourne, et occirent toute la maisnée de léans, et mirent le seigneur en prison en son châtel même, et le tinrent si longuement qu'il se rançonna atout vingt-quatre mille écus tous appareillés. Et encore détint le dit brigand le dit châtel et le garnit bien, et en guerroya le pays. Et depuis, pour ses prouesses, le roi de France le voulut avoir de-lez lui, et acheta son châtel vingt mille écus; et fut huissier d'armes du roi de France et en grand honneur de-lez le roi. Et étoit appelé ce brigand Bacon. Et étoit toujours bien monté de bons coursiers, de doubles roncins et de gros palefrois, et aussi bien armé comme un comte et vêtu très richement, et demeura en ce bon état tant qu'il vesqui.

CHAPITRE CCCXXV.

Comment un brigand appelé Croquard devint grand et puissant ès guerres de Bretagne, et comment il fina mauvaisement.

En autelle manière se maintenoit-on au duché de Bretagne, car si faits brigands conquéroient villes fortes et bons chasteaux, et les roboient et

---

[1] Georges de Lesnen, médecin de Charles de Blois et Olivier de Bignon, son valet de chambre, déclarent, dans l'enquête qui fut faite pour la canonisation de ce prince, qu'il fut détenu en prison pendant deux ans, qu'on le renfermait toutes les nuits dans une tour, d'où il ne sortait que pour se promener dans la cour du château, où les soldats anglais l'insultaient, et que jamais il ne monta une seule fois à cheval pendant ces deux années, etc.

[1] Petite ville, ou bourg, dans le Limousin, à trois lieues à l'ouest de Tulle.

tenoient, et puis les revendoient à ceux du pays bien et chèrement. Si en devenoient les aucuns, qui se fesoient maîtres par dessus les autres, si riches que c'étoit merveille. Et en y eut bien un entre les autres, que on appeloit Croquard, qui avoit été en son commencement un pauvre garçon et long-temps page du seigneur d'Ercle en Hollande. Quand ce Croquard commença à devenir grand, il eut congé et s'en alla ès guerres de Bretagne, et se mit à servir un homme d'armes. Si se porta si bien que, à un rencontre où ils furent, son maître fut tué : mais pour le vasselage de lui, les compagnons l'élurent à être capitaine au lieu de son maître; et y demeura. Depuis, en bien peu de temps, il gagna tant et acquit et profita par rançons, par prises de villes et de châteaux, qu'il devint si riche qu'on disoit qu'il avoit bien la finance de soixante mille écus, sans les chevaux, dont il avoit bien en son étable vingt ou trente, bons coursiers et doubles roncins. Et avec ce il avoit le nom d'être le plus appert homme d'armes qui fut au pays. Et fut élu pour être à la bataille des Trentes[1]; et fut tout le meilleur combattant de son côté, de la partie des Anglois, où il acquit grand'grâce. Et lui fut promis du roi de France que, si il vouloit revenir François, le roi le feroit chevalier et le marieroit bien et richement, et lui donneroit deux mille livres de revenu par an : mais il n'en voulut rien faire; et depuis lui meschéy-il, ainsi que je vous dirai. Ce Croquard chevauchoit une fois un jeune coursier fort embridé, que il avoit acheté trois cents écus, et l'éprouvoit au courir. Si l'échauffa tellement que le coursier, outre sa volonté, l'emporta; si que, à saillir un fossé, le coursier trébucha et rompit à son maître le col. Je ne sais que son avoir devint, ni qui eut l'âme; mais je sais que Croquard fina ainsi.

CHAPITRE CCCXXVI.

Comment messire Geoffroy de Chargny acheta du capitaine de Calais la ville de Calais; et comment le roi d'Angleterre le sçut, et quel remède il y mit.

En ce temps[2] se tenoit en la ville de Saint-Omer ce vaillant chevalier messire Geffroy de Chargny; et l'avoit là le roi de France envoyé pour garder les frontières; et y étoit et usoit de toutes choses touchant faits d'armes, comme roi. Cil messire Geffroy étoit encore trop durement courroucé de la prise et du conquêt de Calais; et lui en déplaisoit, par semblant, plus que à nul autre chevalier de Picardie : si mettoit toutes ses ententes et imaginations à regarder comment il le put ravoir. Et sentoit pour ce temps un capitaine en Calais, qui n'étoit mie trop haut homme, ni de l'extraction d'Angleterre. Si s'avisa le dit messire Geffroy que il feroit essayer au dit capitaine, qui s'appeloit Aimery de Pavie, si pour argent il pourroit marchander à lui, par quoi il r'eut en sa baillie la dite ville de Calais; et s'y inclina, pourtant que celui Aimery étoit Lombard, et Lombards de leur nature sont convoiteux. Oncques de cette imagination le dit messire Geffroy ne put issir; mais procéda sus et envoya secrètement et couvertement devers cil Aimery : car pour ce temps trèves étoient, et pouvoient ceux de Saint-Omer aller à Calais, et ceux de Calais à Saint-Omer; et y alloient les gens de l'une à l'autre faire leurs marchandises. Tant fut traité, parlé, et l'affaire demenée secrètement que cil Aimery s'inclina à ce marché; et dit que, parmi vingt mille écus qu'il devoit avoir au livrer le châtel, il le rendroit. Et se tint le dit messire Geffroy pour tout assuré de ce marché.

Or avint que le roi d'Angleterre le sçut; je ne sais mie comment ce fut, ni par quelle condition; mais le manda le dit Aimery qu'il vint parler à lui à Londres. Le Lombard, qui jamais n'eût pensé que le roi d'Angleterre sçût cette affaire, car trop secrètement l'avoit demenée, entra en une nef et arriva à Douvres, et vint à Londres à Westmoustier devers le roi.

Quand le roi vit son Lombard, il le traist d'une part et dit : « Aimery, viens avant : tu sais que je t'ai donné en garde la chose du monde que plus aime après ma femme et mes enfans, le châtel et la ville de Calais, et tu l'as vendue

---

[1] Cette bataille est postérieure à la date des autres événemens que raconte ici Froissart : elle se donna le 27 mars 1351.

[2] L'auteur des Chroniques de France, chap. 44, raconte la tentative de Geoffroy de Charny sur Calais à la suite d'événemens arrivés dans le mois de décembre 1349. Robert d'Avesbury la fixe au 2 janvier 1349 (1350) *in crastino circumcisionis Domini*. Walsingham la place aussi sous cette année. En combinant leur récit avec celui de Froissart, il résulte que cette tentative a dû se faire dans la nuit du 31 décembre 1349 au 1er janvier 1350, ou du 1er au 2 janvier, suivant Avesbury.

aux François et me veux trahir. Tu as bien desservi mort. » Aimery fut tout ébahi des paroles du roi, car il se sentoit forfait. Si se jeta à genoux devant le roi et dit, en priant mercy à jointes mains : « Ha! gentil sire, pour Dieu! mercy. Il est bien voir ce que vous dites; mais encore se peut bien le marché tout dérompre, car je n'en reçus oncques denier. »

Le gentil roi d'Angleterre eut pitié du Lombard que moult avoit aimé [1], car il l'avoit nourri d'enfance et dit : « Aimery, si tu veux faire ce que je te dirai, je te pardonnerai mon mautalent. » Aimery, qui grandement se reconforta de celle parole, dit : « Monseigneur, je le ferai, quoique coûter me doive, tout ce que vous me commanderez. » — « Je veux, dit le roi, que tu poursuives ton marché ; et je serai si fort en la ville de Calais, à la journée, que les François ne l'auront mie, ainsi qu'ils cuident. Et pour toi aider à excuser, si Dieu me veuille aider, j'en sais pire gré à messire Geffroy de Chargny qu'à toi, qui en bonnes trèves a ce pourchassé. »

Aimery de Pavie se leva atant devant le roi, qui en genoux et en grand'cremeur avoit été, et dit : « Certes, très cher sire, par son pourchas voirement a ce été, et non pas par le mien, car jamais je n'y eusse osé penser. » — « Or, va, dit le roi, et fais la besogne ainsi que je t'ai dit; et le jour que tu devras livrer le châtel, si le me signifie. »

En cel état et sur la parole du roi se partit Aimery de Pavie et s'en retourna arrière à Calais, et ne fit nul semblant à ses compagnons de chose qu'il eut emprise à faire. Messire Geffroy de Chargny, qui se tenoit pour tout assuré d'avoir le châtel de Calais, se pourvut de l'argent ; et crois qu'il n'en parla oncques au roi de France, car le roi ne lui eut jamais conseillé à ce faire, pour la cause des trèves qu'il eut enfreintes. Mais le dit messire Geffroy de Chargny s'en découvrit bien secrètemen' à aucuns chevaliers de Picardie, qui tous furent de son accord, car la prise de Calais leur touchoit trop malement ; et à tels que au seigneur de Fiennes, à messire Eustache de Ribeumont, à messire Jean de Landas, à messire Pepin de Were, au seigneur de Créqui, à messire Henry du Bois, et à plusieurs autres ; et avoit sa chose si bien appareillée qu'il devoit avoir cinq cents lances. Mais la greigneur partie de ces gens d'armes ne savoient où il les vouloit mener, fors tant seulement aucuns grands barons et bons chevaliers, auxquels il touchoit bien de le savoir. Si fut cette chose si approchée que, droitement la nuit de l'an, la chose fut arrêtée d'être faite, et devoit le dit Aimery délivrer le château de Calais en celle nuit [1]. Si le signifia le dit Aimery, par un sien frère, ainsi qu'il avoit promis, au roi d'Angleterre.

CHAPITRE CCCXXVII.

Comment le roi d'Angleterre et le prince son fils vinrent à Calais sous la bannière messire Gautier de Mauny et comment ils se combattirent durement contre messire Geffroy de Chargny.

Quand le roi sçut ces nouvelles et la certaineté du jour qui arrêté y étoit, si manda messire Gautier de Mauny, en qui il avoit grand'fiance, et plusieurs autres chevaliers et écuyers pour mieux fournir son fait. Quand messire Gautier fut venu, il lui conta pourquoi il l'avoit mandé et qu'il le vouloit mener à Calais.

Si se partit le roi d'Angleterre, à trois cents hommes d'armes et six cents archers, de la cité de Londres, et s'en vint à Douvres, et emmena son fils le jeune prince avec lui. Si montèrent le dit roi et ses gens au port de Douvres, et vinrent sur une avesprée à Calais, et s'y embuchèrent si coiement que nul n'en sçut rien pourquoi ils étoient venus là. Si se boutèrent les gens du roi dedans le châtel, en tours et en chambres, et le roi même ; et ordonna ainsi et dit à messire Gautier de Mauny : « Messire Gautier, je veux que vous soyez de cette besogne chef; car moi et mon fils nous combattrons dessous votre bannière. » Messire Gautier répondit : « Monseigneur, Dieu y ait part! si me ferez haute honneur. »

Or vous dirai de messire Geffroy de Chargny, qui ne mit mie en oubli l'heure qu'il devoit être à Calais, mais fit son amas de gens d'armes et d'arbalétriers en la ville de Saint-Omer, et puis se partit le soir et chevaucha avec sa route, et fit tant qu'après minuit [1] il vint assez près

---

[1] Aimery de Pavie fut nommé par Édouard, commandant de ses vaisseaux, le 24 avril 1348, à Westminster. Avesbury assure qu'Aimery avait consulté le roi avant de s'engager dans ce complot.

[1] Le 1ᵉʳ janvier 1350.

de Calais. Si attendirent là l'un l'autre, et envoya le dit messire Geffroy jusqu'au châtel de Calais deux de ses écuyers, pour aller au châtelain, et savoir s'il étoit heure et si ils se trairoient avant. Les écuyers tout secrètement chevauchèrent outre, et vinrent jusques au château, et trouvèrent Aimery qui les attendoit; et parla à eux, et leur demanda où messire Geffroy étoit. Ils répondirent qu'il n'étoit pas loin, mais il les avoit envoyés pour savoir s'il étoit heure. Messire le Lombard dit : « Oïl, allez devers lui, et si le faites traire avant; je lui tiendrai son convent, mais qu'il me tienne le mien. » Les écuyers retournèrent et dirent tout ce qu'ils avoient vu et ouï. Adonc se traist avant messire Geffroy, et par ordonnance fit passer toutes gens d'armes et arbalétriers aussi, dont il y avoit grand'foison; et passèrent tout outre la rivière et le pont de Nieulay, et approchèrent Calais. Et envoya devant le dit messire Geffroy douze de ses chevaliers et cent armures de fer pour prendre la saisine du châtel de Calais; car bien lui sembloit que, si il avoit le châtel il seroit sire de la ville, parmi ce qu'il étoit assez fort de gens, et encore sur un jour il en auroit assez, si il étoit besoin. Et fit délivrer à messire Oudard de Renty[1], qui étoit de cette chevauchée, vingt mille écus pour payer Aimery, et demeura tout quoi avec ses gens le dit messire Geffroy, sa bannière devant lui, sur les champs, au dehors de la ville et du châtel ; et étoit son entente que par la porte la ville il entreroit en Calais, autrement n'y vouloit-il entrer.

Aimery de Pavie, qui étoit tout sage de son fait, avoit avalé le pont du châtel de la porte des champs : si mit dedans tout paisiblement tous ceux qui entrer y vouldrent. Quand ils furent à mont au châtel, ils cuidèrent que ce dût être tout leur. Adonc demanda Aimery à messire Oudard de Renty où les florins étoient. On les lui délivra tous prêts en un sac, et lui fut dit : « Ils y sont tous bien comptés, tenez, comptez-les si vous voulez. » Aimery répondit : « Je n'ai mie tant de loisir, car il sera tantôt jour. » Si prit le sac aux florins et dit, en jetant en une chambre : « Je crois bien qu'ils y soient. » Et puis recloy l'huis de la dite chambre, et dit à messire Oudard : « Attendez-moi ci et tous vos compagnons, je vous vais ouvrir celle maître tour, par quoi vous serez plus assurs et seigneurs de céans. » Si se tira celle part et tira le verrouil outre; et tantôt fut la porte de la tour ouverte. En celle tour étoient le roi d'Angleterre et son fils, et messire Gautier de Mauny, et bien deux cents combattans qui tantôt saillirent hors les épées et les haches en leurs mains, en écriant : « Mauny, Mauny, à la rescousse ! » et en disant : « Cuident donc ces François avoir reconquis à si peu de fait le châtel et la ville de Calais? »

Quand les François virent sur eux ces Anglois si soudainement, si furent tous ébahis, et virent bien que défense n'y valoit rien ; si se rendirent prisonniers et à peu de fait : de ces premiers n'y eut gaires de blessés. Si les fit-on entrer en celle tour dont les Anglois étoient partis, et là furent enfermés : de ceux-là furent les Anglois tous assurés. Quand ils eurent ainsi fait, ils se mirent en ordonnance, et partirent du châtel, et se recueillirent en la place devant le châtel ; et quand ils furent tous ensemble, ils montèrent sur leurs chevaux, car bien savoient que les François avoient les leurs, et mirent leurs archers tous devant eux, et se trairent en cel arroy devers la porte de Boulogne. Là étoit messire Geffroy de Chargny, sa bannière devant lui, de gueules à trois écussons d'argent, et avoit grand désir d'entrer premier en la ville ; et de ce que on ouvroit la porte si longuement, il en avoit grand' merveille, car il voulsist bien avoir plutôt fait ; et disoit aux chevaliers qui étoient de-lez lui : « Que ce Lombard la fait longue[1] ! il nous fait ci mourir de froid. » — « En nom Dieu, messire Pepin de Were, Lombards sont malicieuses gens : il regarde vos florins s'il en y a nuls faux, et espoir aussi s'ils y sont tous. »

Ainsi bourdoient et jangloient là les chevaliers l'un à l'autre. Mais ils ouïrent tantôt autres nouvelles, car evvous le roi dessous la bannière messire Gautier de Mauny, et son fils de-lez lui, et aussi autres bannières, du comte de Stanfort, du comte d'Askesuffort, de messire Jean de Montagu frère au comte de Salebrin, du seigneur de Beauchamp, du seigneur de Bercler, du seigneur de la Ware. Tous cils étoient barons

---

[1] Oudart de Renty était, sans doute, rentré en grâce auprès du roi ; car on a vu précédemment qu'il avait été banni du royaume et qu'il avait embrassé le parti des Flamands alliés du roi d'Angleterre.

[1] Que ce Lombard tarde long-temps !

et à bannières, et plus n'en y eut à celle journée. Si fut tantôt la grand'porte ouverte, et issirent les dessus dits tous hors. Quand les François les virent issir, et ils ouïrent écrier : « Mauny, Mauny, à la rescousse ! » ils virent bien qu'ils étoient trahis. Là dit messire Geffroy de Chargny une haute parole à messire Eustache de Ribeumont et à messire Jean de Landas, qui n'étoient mie trop loin de lui : « Seigneurs, le fuir ne nous vaut rien, et si nous fuyons, nous sommes perdus davantage; mieux vaut que nous nous défendions de bonne volonté contre ceux qui viennent, que, en fuyant comme lâches et recrus, nous soyons pris et déconfits : espoir sera la journée pour nous. » — « Par Saint Denis, répondirent les chevaliers, sire, vous dites voire ; et mal ait qui fuira. »

Lors se recueillirent tous ses compagnons et se mirent à pied, et chassèrent leurs chevaux en voie, car ils les sentoient trop foulés. Quand le roi d'Angleterre les vit ainsi faire, si fit arrêter tantôt la bannière dessous qui il étoit, et dit : « Je me voudrai cy adresser et combattre : on fasse la plus grand'partie de nos gens traire avant vers la rivière et le pont de Nieulay ; car j'ai entendu qu'il y en a là grand'foison à pied et à cheval. »

Tout ainsi que le roi l'ordonna, il fut fait. Si se départirent de sa route jusques à six bannières et trois cents archers, et s'en vinrent vers le pont de Nieulay que messire Moreau de Fiennes et le sire de Creseques gardoient. Et étoient les arbalétriers de Saint-Omer et d'Aires entre Calais et ce pont, lesquels eurent en ce premier rencontre dur hutin. Et en y eut, que occis sur la place que noyés, plus de six vingt, car ils furent tantôt déconfits et chassés jusques à la rivière, car il étoit encore moult matin, mais tantôt fut jour. Si tinrent ce pont les chevaliers de Picardie, le sire de Fiennes et les autres un grand temps ; et là eut fait maintes grands appertises d'armes de l'un lez et de l'autre. Mais le dit messire Moreau de Fiennes, le sire de Creseques, et les autres chevaliers qui là étoient, virent bien que en la fin ils ne le pourroient tenir, car les Anglois croissoient toujours, qui issoient hors de Calais, et leurs gens amenrissoient. Si montèrent sur leurs coursiers, ceux qui les avoient, et montrèrent les talons ; et les Anglois après en chasse.

Là eut en celle journée grand enchas et dur, et maint homme renversé ; et toutes fois les bien montés le gagnèrent. Et se sauvèrent le sire de Fiennes, le sire de Creseques, le sire de Sempy, le sire de Longvillier, le sire de Mannier ; et en y eut aussi moult de pris par leur outrage, qui se fussent bien sauvés si ils eussent voulu. Mais quand il fut haut jour et ils purent connoître l'un l'autre, aucuns chevaliers et écuyers se recueillirent ensemble et se combattirent moult vaillamment aux Anglois, et tant qu'il y eut des François qui prirent de bons prisonniers, dont ils eurent honneur et profit.

CHAPITRE CCCXXVIII.

Comment les Anglois et les François se combattirent moult vaillamment, et comment finablement les François furent tous morts ou pris.

Nous parlerons du roi d'Angleterre qui là étoit, sans la connoissance de ses ennemis, dessous la bannière messire Gautier de Mauny, et conterons comment il persévéra ce jour. Tout à pied et de bonne ordonnance, il s'en vint avec ses gens requerre ses ennemis qui se tenoient moult serrés, leur lances retaillées de cinq pieds par devant eux. De première venue, il y eut dur encontre et fort boutis[1] ; et s'adressa le roi dessus messire Eustache de Ribeumont, lequel étoit moult fort chevalier et hardi et de grand'emprise, et qui recueillit le roi moult chevalereusement, non qu'il le connût, ni il ne savoit à qui il avoit à faire. Là se combattit le roi au dit messire Eustache moult longuement et messire Eustache à lui, et tant qu'il les faisoit moult plaisant voir.

Depuis, tout en combattant, fut leur bataille rompue, car deux grosses routes des uns et des autres vinrent celle part qui les départirent. Là eut grand estour et dur et bien combattu ; et y furent François et Anglois, chacun en son convenant, très bons chevaliers, et eut fait plusieurs grands appertises d'armes ; et ne s'y épargna le roi d'Angleterre néant, mais étoit toudis entre les plus drus ; et eut de la main ce jour le plus à faire à messire Eustache de Ribeumont. Là fut son fils, le jeune prince de Galles, très bon chevalier ; et fut le roi abattu à genoux, si comme je fus informé, par deux fois, du dessus dit messire Eustache de Ribeumont ; mais messire

---
[1] Combat en poussant.

Gautier de Mauny et messire Regnault de Cobehen, qui de-lez lui étoient, le aidèrent à relever.

Là furent bons chevaliers messire Geffroy de Chargny, messire Jean de Landas, messire Hector et messire Gauvain de Bailleul, le sire de Créqui et les autres : mais tous les passoit, de bien combattre et vaillamment, messire Eustache de Ribeumont.

Que vous ferois-je long record? La journée fut pour les Anglois, et y furent tous pris ou morts ceux qui avec messire Geffroy étoient au dehors de Calais. Et là furent morts, dont ce fut dommage, messire Henry du Bois et messire Pepin de Were, deux moult vaillans chevaliers, et pris messire Geffroy de Chargny et tous les autres. Et tout le dernier qui y fut pris, et qui ce jour y fit moult d'armes, ce fut messire Eustache de Ribeumont, et le conquit le roi d'Angleterre par armes; et lui rendit le dit messire Eustache son épée, non qu'il sçut que ce fût le roi, ains cuidoit que ce fût un des compagnons messire Gautier de Mauny; et se rendit à lui pour celle cause que ce jour il s'étoit continuellement combattu à lui; et bien véoit messire Eustache aussi que rendre le convenoit. Si baissa son épée au roi et lui dit : « Chevalier, je me rends votre prisonnier. » Et le roi le prit qui en eut grand'joie.

Ainsi fut cette besogne achevée, qui fut dessous Calais, en l'an de grâce mil trois cent quarante neuf, droitement le premier jour de janvier [1].

CHAPITRE CCCXXIX.

D'un chapelet de perles que le roi d'Angleterre donna à messire Eustache de Ribeumont.

Quand cette besogne fut toute passée, le roi d'Angleterre se retraist à Calais et droit au châtel, et là fit mener tous les chevaliers prisonniers. Adonc sçurent bien les François que le roi d'Angleterre avoit là été en propre personne et dessous la bannière à monseigneur Gautier de Mauny : si en furent plus joyeux tous les prisonniers, car ils espéroient qu'ils en vaudroient mieux. Si leur fit dire le roi de par lui que, celle nuit de l'an, il leur vouloit à tous donner à souper en son châtel de Calais; et leur vint à grand'plaisance. Or vint l'heure de souper que les tables furent mises et que le roi et les chevaliers furent tous appareillés, et friquement et richement vêtus de neuves robes, ainsi comme à eux appartenoit, et tous les François aussi qui faisoient grand'chère quoiqu'ils fussent prisonniers; mais le roi le vouloit.

Quand le souper fut appareillé, le roi lava et fit laver tous ses chevaliers : si s'assit à table, et les fit seoir de-lez lui moult honorablement; et les servirent du premier mets le gentil prince de Galles et les chevaliers d'Angleterre; et au second mets ils allèrent seoir à une autre table; si furent servis bien et à paix et à grand loisir.

Quand on eut soupé, on leva les tables; si demeura le dit roi en la salle entre ces chevaliers françois et anglois, et étoit à nu chef; et portoit un chapelet de fines perles sur son chef. Si commença le roi à aller de l'un à l'autre et à entrer en parole. Si s'en vint sa voie et s'adressa sur monseigneur Geffroy de Chargny; et là, en parlant à lui, il changea un peu de contenance, car il le regarda sur côté en disant : « Messire Geffroy, je vous dois par raison petit aimer, quand vous vouliez par nuit embler ce que j'ai si comparé, et qui m'a coûté tant de deniers. Si suis moult lie, quand je vous ai pris à l'épreuve : vous en vouliez avoir meilleur marché que je n'en ai eu, qui me cuidiez avoir pour vingt mille écus: mais Dieu m'a aidé, que vous avez failli à votre entente; encore m'aidera-t-il, s'il lui plait, à ma plus grand'entente. »

A ces mots passa outre le roi et laissa ester monseigneur Geffroy, qui nul mot n'avoit répondu; et s'en vint devers monseigneur Eustache de Ribeumont et lui dit tout joyeusement : « Messire Eustache, vous êtes le chevalier du monde que je visse oncques mieux ni plus vassamment assaillir ses ennemis ni son corps défendre; ni ne trouvai oncques, en bataille là où je fusse, qui tant me donnât à faire corps à corps

---

[1] Quelques manuscrits et les imprimés portent : En l'an de grâce notre Seigneur mil trois cent quarante huit, droitement le dernier jour de décembre. » Le témoignage du plus grand nombre des manuscrits les plus authentiques, joint à celui des grandes chroniques de France, de Robert d'Avesbury et de Walsingham, qui placent l'événement dont il s'agit à la fin de l'année 1349, suffit pour faire rejeter la date qui lui est assignée par ces manuscrits et par les imprimés. Il est inutile d'observer que, suivant l'ancienne méthode de commencer l'année à Pâques, on attribuait à l'année précédente tout le temps qui s'écoulait depuis le mois de janvier jusqu'à cette époque, et qu'ainsi le premier janvier 1349 doit être réputé, suivant notre manière actuelle de compter, le premier janvier de l'année 1350.

que vous avez huy fait; si vous en donne le prix, et aussi font tous les chevaliers de ma cour par droite sieute. »

Adonc prit le roi le chapelet qu'il portoit sur son chef, qui étoit bon et riche, et le mit ainsi et assit sur le chef à monseigneur Eustache, et lui dit ainsi : « Messire Eustache, je vous donne ce chapelet pour le mieux combattant de toute la journée de ceux de dedans et de dehors, et vous prie que vous le portez cette année pour l'amour de moi. Je sais bien que vous êtes gai et amoureux, et que volontiers vous vous trouvez entre dames et damoiselles : si dites partout là où vous irez que je le vous ai donné. Et parmi tant, vous êtes mon prisonnier; je vous quitte votre prison, et vous pouvez partir demain si il vous plait. »

Quand messire Eustache de Ribeumont ouït le roi d'Angleterre ainsi parler, vous pouvez bien croire qu'il fut moult réjoui; une raison fut, pourtant que le roi lui faisoit grand honneur, quand il lui donnoit le prix de la journée et lui avoit assis et mis sur son chef son propre chapelet d'argent et de perles moult bon et moult riche, voyans tant de bons chevaliers qui là étoient : l'autre raison fut, pourtant que le gentil roi lui quittoit sa prison. Si répondit le dit messire Eustache ainsi, en inclinant le roi moult bas : « Gentil sire, vous me faites plus d'honneur que je ne vaille, et Dieu vous puisse remerir les courtoisies que vous me faites. Je suis un povre homme qui désire mon avancement, et vous me donnez bien matière et exemple que je travaille volontiers. Je ferai, cher sire, liement et appareillement tout ce dont vous me chargez, et, après le service de mon très cher et très redouté seigneur le roi, je ne sais nul roi que je servirois si volontiers ni si de cœur comme je ferois vous. » — « Grands mercis, Eustache, répondit le roi d'Angleterre, tout ce crois-je vraiment. »

Assez tôt après apporta-t-on vins et épices, et puis se retraist le roi en sa cambre. Si donna congé à toutes manières de gens.

A lendemain au matin le roi fit délivrer au dit messire Eustache de Ribeumont deux roncins et vingt écus pour retourner à son hôtel. Si prit congé aux chevaliers de France qui là étoient et qui prisonniers demeuroient, et qui en Angleterre s'en allèrent avoecques le roi, et il retourna en France. Si disoit partout où il venoit ce dont il étoit enjoint et cargé de faire; et porta le chapelet toute l'année ainsi que le roi lui avoit donné.

LIVRE PREMIER.

PARTIE DEUXIÈME.

AVERTISSEMENT.

Des renseignemens fournis par Froissart lui-même, dans divers passages de ses *Chroniques*, il résulte :

Que les matériaux historiques des trente années écoulées entre 1326, où commence sa relation, et 1356, où se donna la bataille de Poitiers, ou plutôt jusqu'à l'année 1348 qui suivit la prise de Calais, lui avaient été fournis par des *Mémoires* de Jean-le-Bel, chanoine de Saint-Lambert de Liège qui avait accompagné Jean de Hainaut en Angleterre et n'avait rien négligé pour se tenir au courant de ce qui se passait;

Que Froissart compléta ces matériaux par ses propres recherches faites sur les lieux, pour les points les plus importans, tels que, par exemple, la bataille de Crécy en 1346, et la prise de Calais en 1347. « Donc, dit-il, en parlant de la bataille de Crécy, ce que j'en sais, je l'ai scu le plus par les Anglois qui imaginèrent bien leur convenant, et aussi par les gens messire Jean de Hainaut, qui fut toujours de-lez le roi de France. »

Qu'il ne commença à écrire, d'après des renseignemens qui lui fussent tout-à-fait personnels, qu'après l'année où se livra cette bataille. « Car devant ce, dit-il, j'étois moult jeune de sens et d'âge. » Il n'avait en effet que dix-neuf ans, en 1356. « Et ce nonobstant, ajoute-t-il, empris-je assez hardiment, moi issu de l'école, à dicter cette histoire, en me fondant et ordonnant sur les vraies chroniques, jadis faites et rassemblées par vénérable homme et discret seigneur monseigneur Jean-le-Bel, sans omettre ni ôter, oublier ni corrompre, ni abréger histoire en rien, mais le multipliant et accroissant ce que possible. »

Qu'enfin, dès l'année 1361, époque de son premier voyage en Angleterre, à l'âge de vingt-quatre ans, il avait déjà compilé une première partie et l'avait présentée à la reine Philippe de Hainaut.

Il est fort probable que la partie de ses *Chroniques* qu'il présenta à la reine Philippe de Hainaut ne contenait qu'une partie du travail fait à l'aide des *Mémoires* de Jean-le-Bel; c'est-à-dire jusqu'à l'année 1341, où commence la narration des affaires de Bretagne : car il n'est pas probable qu'il eût présenté à la reine, épouse d'Édouard III, le récit de la passion malheureuse de son mari pour une autre qu'elle, détails qui annoncent d'ailleurs dans l'écrivain une plume déjà exercée. Quelques manuscrits, ainsi qu'il a été dit dans une note de la page 127, en terminant avec le chapitre 146 une première partie du premier livre de Froissart qu'ils divisent en quatre parties, donnent quelque poids à cette assertion. Plus tard Froissart aura repris la continuation de son travail sur Jean-le-Bel, qu'il aura complété par des renseignemens dus à ses propres investigations sur les événemens les plus intéressans; tels que la délivrance du château de Salisbury par Édouard devenu amoureux de la comtesse, les exploits de la comtesse de Montfort, les détails sur la prise de Calais, et en particulier sur la trahison d'Aimery de Pavie et ses suites, qui ne se trouvent que dans un petit nombre de manuscrits. Avant cette époque il était trop jeune pour avoir ramassé beaucoup de faits intéressans, et, d'ailleurs ces deux parties de son travail réunies forment une histoire toute complète qu'ouvre d'une manière fort dramatique le récit de l'expédition chevaleresque de Jean de Hainaut contre les Despenser, et que termine la relation si touchante de la prise de Calais.

Les nombreux encouragemens que reçut Froissart pour ce premier travail, les conseils de ses protecteurs et surtout ses propres goûts le décidèrent promptement à y donner suite. La *grosse bataille de Poitiers*, qui dut si puissamment agir sur sa jeune imagination, lui offrait un début trop dramatique pour un nouveau livre pour qu'il n'en profitât pas. Aussi fut-ce à partir de ce grand événement qu'il marcha pour la première fois avec l'assurance que devaient lui donner son âge un peu plus mûr, ses premiers succès et la confiance en des faits recueillis par lui-même, près des nobles et grands seigneurs français et étrangers que « sa plaisance l'inclina toudis à fréquenter. »

Entre la prise si dramatique de Calais, qui clôt son premier travail, et la funeste bataille de Poitiers qui ouvre le second, se trouvait une lacune de quelques années. Il ne songea sans doute à la remplir que bien plus tard, lorsque de ces diverses parties il voulut former un tout complet. En attendant, les manuscrits de ces parties détachées circulaient dans les hôtels des grands seigneurs et les palais des princes. Quelques copistes, employés par les gens riches à la transcription de ces diverses parties, sentirent le besoin de combler cette lacune historique, et insérèrent, entre les deux narrations si piquantes et si animées de Froissart, le *Memorandum* lourd et sans vie que fournissaient les grandes chroniques de France, dites *Chroniques de Saint-Denis*. Il n'y avait pas possibilité de se méprendre sur l'origine de l'emprunt; mais alors les ouvrages non écrits en grec et en latin n'inspiraient pas assez de respect pour qu'on se fît le moindre scrupule de les abréger, allonger et dénaturer, à l'ordre de celui qui commandait la copie. Les premiers éditeurs des Froissart insérèrent à leur tour ce pastiche sans aucune remarque, et comme si tout cela eût été en effet d'une pièce et d'une main.

Un traducteur anglais de nos jours, M. Johnes, fut le premier qui donna sur Froissart un travail un peu consciencieux, et qui s'aperçut de cette bizarre intercalation. Deux manuscrits de Froissart, qu'il possédait dans sa belle bibliothèque de Hafod, le mirent sur la voie et lui fournirent une variante d'une tout autre plume, qu'on pouvait cette fois soupçonner être celle de Froissart.

Un manuscrit français qui avait appartenu au prince de Soubise, manuscrit aujourd'hui perdu et dont j'ai acheté une copie de M. Dacier, est venu confirmer ces conjectures. Il contient textuellement, non-seulement les quinze pages fournies par Johnes dans sa traduction, mais il les complète par près de seize fois autant d'autres, évidemment écrites de la même plume que le fragment de Johnes et le reste des *Chroniques*, car Froissart n'est pas un écrivain dont ses confrères du XIVe et du XVe siècle pussent aussi heureusement reproduire la naïveté, l'abondance et la gracieuse facilité de style. Après un mûr examen, j'ai adopté cette leçon, qui forme les vingt-deux premiers chapitres de ce livre, servant comme de transition entre les deux batailles de Crécy et de Poitiers, et je les ai substituées au sec et informe *Memorandum* qui formait douze chapitres fort courts et fort secs empruntés autrefois aux grandes chroniques. Ainsi se trouve rattachée la partie écrite par Froissart d'après ses renseignemens personnels et dans la maturité de son âge, à la partie qu'il avait écrite dans sa première jeunesse d'après les *Mémoires* de Jean-le-Bel. Ainsi se trouvent parfaitement liées, et sans lacune ni désaccord, les diverses parties de ce bel ensemble.

J. A. C. BUCHON.

CHAPITRE PREMIER.

Comment trépassèrent de ce monde la roine de France et la duchesse de Normandie, et comment le roi de France et son fils se remarièrent.

En celle année trépassa de ce siècle la roine de France, femme au roi Philippe, et sœur germaine au duc Ode de Bourgogne. Aussi fit madame Bonne ducoise de Normandie, fille au gentil roi de Behaigne qui demeura à Crécy. Si furent le père et le fils veves de leurs deux femmes [1].

Assez tôt après se remaria le roi Philippe à madame Blanche [2] fille du roi Louis de Navarre [3] qui mourut devant Argesille [4], et aussi se remaria le duc Jean de Normandie fils ains-né du roi de France à la comtesse de Boulogne [5], qui veuve étoit de monseigneur Philippe de Bourgogne, son cousin germain, qui mort avoit été devant Aiguillon en Gascogne [6]. Comment que ces dames fussent moult prochaines de sang et de lignage au père et au fils, si fut ce tout fait par la dispensation du pape Clément qui régnoit pour ce temps.

CHAPITRE II.

Comment le jeune comte Louis de Flandre épousa la fille au duc de Brabant, et comment il rentra en jouissance de ses droits.

Vous avez ci-dessus bien ouï conter comment le jone comte Louis de Flandre fiança en l'ab-

---

[1] La reine Jeanne de Bourgogne et Bonne de Luxembourg, duchesse de Normandie, moururent en 1349. L'épitaphe placée autrefois sur le tombeau de Bonne de Luxembourg, dans l'abbaye de Maubuisson, fixe la date de sa mort au 11 septembre 1349.

[2] Matteo Villani raconte que le duc Jean voulait épouser Blanche, mais que le roi profita d'un voyage de son fils pour l'épouser lui-même en son absence.

[3] Blanche n'était pas fille de Louis de Navarre, mais de Philippe III de Navarre.

[4] Il mourut à Xerez le 16 septembre 1343.

[5] Presque tous les historiens modernes ont fixé le second mariage du roi et celui de Jean son fils en 1349, suivant notre manière actuelle, sans avoir égard au témoignage des *Chroniques de France* qui placent le premier de ces mariages au mois de janvier, le second au mois de février 1349, c'est-à-dire 1350. Il était cependant facile d'éviter cette erreur. La date des jours où il est dit que ces mariages furent faits, savoir le mardi 19 janvier celui du roi, et le mardi 9 février celui de Jean son fils aîné, détermine exactement la fixation de l'année. Qu'on ouvre le calendrier de l'*Art de vérifier les dates*, on verra qu'en l'année 1350, lettre dominicale C, Pâques le 28 mars, le 19 janvier est en effet le mardi, et le 9 février pareillement le mardi. Si cette date eût été fixée, nos historiens modernes n'auraient pas été obligés, pour donner au roi et à son fils la liberté de se marier en secondes noces au commencement de l'année 1349, de faire mourir leurs premières femmes en 1348, contre le témoignage formel des *Chroniques de France* et du continuateur de Nangis, qui placent leur mort en 1349.

[6] Il mourut d'une chute de cheval.

baye de Berghes madame Isabelle d'Angleterre, fille au roi Édouard, et comment malicieusement et par grand avis, depuis qu'il fut retourné en France où il fut reçu liement, il lui fut dit du roi et de tous les barons qu'il avoit trop bien ouvré et très sagement : car cil mariage ne lui valoit rien, au cas que par contrainte on lui vouloit faire faire. Et lui dit le roi que il le marieroit bien ailleurs à son plus grand honneur et profit. Si demeura la chose en cel état un an ou environ.

De celle avenue n'étoit mie courroucé le duc Jean de Brabant qui tiroit pour son ains-née fille, excepté une qui avoit eu le comte de Hainaut. A ce jeune comte de Flandre si envoya tantôt grands messages en France devers le roi Philippe, en priant que il voulût laisser ce mariage au comte de Flandre pour sa moyenne, et il leur seroit bon ami et bon voisin à toujours mais, ni jamais ne s'armeroit, ni enfant qu'il eût, pour le roi d'Angleterre.

Le roi de France, qui sentoit le duc de Brabant un grand seigneur, et qui bien le pouvoit nuire et aider si il le vouloit, s'inclina à ce mariage plus que à nul autre; et manda au duc de Brabant, si il pouvoit tant faire que le pays de Flandre fût de son accord, il verroit volontiers le mariage et le conseilleroit entièrement au comte de Flandre son cousin. Le duc de Brabant répondit que oil, et de ce se faisoit-il fort. Si envoya tantôt le duc de Brabant en Flandre grands messages par devers les bonnes villes pour traiter et parlementer de ce mariage; et prioit le duc de Brabant l'épée en main; car il leur faisoit dire, si ils le marioient ailleurs que à sa fille, il leur feroit guerre; et si la besogne se faisoit, il leur seroit, en droite unité, aidant et confortant contre tous autres seigneurs. Les consaulx des bonnes villes de Flandre ouïrent les promesses et les paroles que le duc de Brabant leur voisin leur offroit, et virent que leur sire n'étoit mie en leur volonté mais en l'ordonnance du roi de France et de madame sa mère; et aussi leur sire avoit tout entièrement le cœur François; si regardèrent pour le meilleur, tout considéré, au cas que le duc de Brabant l'avoit si chargé qu'il étoit pour le temps un très puissant sire et de grand'emprise, que mieux valoit que ils le mariassent là que autre part, et que par ce mariage ils demeureroient en paix et r'auroient leur seigneur que moult désiroient à ravoir. Si que finablement ils s'y accordèrent; et furent les choses si approchées, que le jeune comte de Flandre fut amené à Arras, et là envoya le duc de Brabant monseigneur Godefroy son ains-né fils, le comte de Mons, le comte de Los et tout son conseil; et là furent des bonnes villes de Flandre tout le conseil. Si y eut grands parlemens sur ce mariage et grands alliances. Finablement le jeune comte jura, et tous ses pays pour lui, à prendre et épouser la fille au duc de Brabant, mais que l'église s'y accordât oil, car la dispensation du pape étoit jà faite. Si ne demeura mie depuis long terme que le dit comte vint en Flandre, et lui renditon fiefs, hommages, franchises, seigneuries et jurisdictions tout entières, autant et plus que le comte son père en avoit à son temps, en sa plus grand'prospérité, joui et possessé. Si épousa le dit comte la fille au dessus dit duc de Brabant.

En ce mariage faisant, durent revenir la bonne ville de Malines et celles d'Anvers, après la mort du duc, au comte de Flandre. Mais ces convenances furent prises si secrètement que trop peu de gens en seurent parler; et de tant acheta le duc de Brabant le comte de Flandre pour sa fille, dont depuis en vinrent grands guerres entre Flandre et Brabant, si comme vous orrez toucher çà en avant; mais pour ce que ce n'est point de ma principale matière, quand je serai venu jusques là, je m'en passerai assez briévement.

De ce mariage de Flandre pour le temps de lors fut le roi d'Angleterre moult courroucé sur toutes les parties au duc de Brabant qui son cousin germain étoit, quand il lui avoit tollu le profit de sa fille que le comte de Flandre en avant avoit fiancée, et sur le comte de Flandre aussi, pourtant que il lui avoit failli de couvent; mais le duc de Brabant s'en excusa bien et sagement depuis; et aussi fit le comte de Flandre.

CHAPITRE III.

Comment le roi d'Angleterre attaqua les nefs espaignoles en mer sur leur chemin de Flandre en Espaigne, et comment il les déconfit.

En ce temps avoit grand'rancune entre le roi d'Angleterre et les Espaignols pour aucunes malefaçons et pillages que les dits Espaignols avoient faits sur mer aux Anglois. Dont il avint que, en celle année, les Espaignols qui étoient venus en Flandre pour leurs marchandises, furent informés que ils ne pourroient retourner en leur pays qu'ils ne fussent rencontrés des Anglois. Sur ce eurent conseil les Espaignols et avis qu'ils n'en fissent mie trop grand compte; et se pourvurent bien et grossement, et leurs nefs et leurs vaisseaux, à l'Escluse, de toutes armures et de bonne artillerie, et retinrent toutes manières de gens, soudoyers, archers et arbalétriers qui vouloient prendre et recevoir leurs saudées; et attendirent tous l'un l'autre; et firent leurs emplettes et marchandises, ainsi qu'il appartenoit.

Le roi d'Angleterre, qui les avoit grandement enhay, entendit qu'ils se pourvoyoient grossement. Si dit tout haut : « Nous avons manerié les Espaignols de long-temps a; et nous ont fait plusieurs dépits; et encore n'en viennent-ils à nul amendement, mais se fortifient contre. Si faut qu'ils soient recueillis au repasser. » A cette devise s'accordèrent légèrement ses gens qui désiroient que les Espaignols fussent combattus. Si fit le dit roi un grand et espécial mandement de tous ses gentilshommes qui pour le temps étoient en Angleterre, et se partit de Londres, et s'en vint en la comté d'Exesses [1] qui séoit sur la mer entre Hantonne et Douvres, à l'encontre du pays de Ponthieu et de Dieppe; et vint là tenir son hôtel en une abbaye sur la mer. Et proprement madame la roine sa femme y vint.

En ce temps vint devers le roi, et là en ce propre lieu, cil gentil chevalier messire Robert de Namur qui nouvellement étoit revenu d'outre mer. Si lui chéi si bien qu'il fût à celle armée; et fut le roi d'Angleterre moult réjoui de sa venue. Quand le roi dessus nommé sçut que point fut que les Espaignols devoient repasser, il se mit sur mer à moult belle gent d'armes, chevaliers et écuyers, et à plus grand quantité de hauts seigneurs que oncques en uist en nul voyage que il fesist.

En celle année avoit-il fait et créé son cousin, le comte Henry Derby, duc de Lancastre, et le baron de Stanford comte de Stanford. Si étoient avec lui en celle armée, à ses deux fils le prince de Galles et Jean comte de Richemont : mais cil étoit encore si jeune que point il ne s'armoit, mais l'avoit le prince avec lui en sa nef, pour ce que moult l'aimoit. Là étoient le comte d'Arondel, le comte de Norhantonne, le comte de Herford, le comte de Suffolch, le comte de Warvich, messire Regnault de Cobehen, messire Gautier de Mauni, messire Thomas de Hollande, messire Louis de Beauchamp, messire James d'Audelée, messire Bietremieus de Brues, le sire de Percy, le sire de Moutbrai, le sire de Neufville, le sire de Clifford, le sire de Ros, le sire de Grastoch, le sire de Bercler et moult d'autres. Et étoit le roi là accompagné de quatre cents chevaliers. Ni oncques n'eut tant de grands seigneurs ensemble, en besogne où il fut, comme il eut là. Si se tinrent le roi et ses gens sur mer en leurs vaisseaux, tous frétés et appareillés pour attendre leurs ennemis; car ils étoient informés que ils devoient repasser, et point n'attendroient longuement; et se tinrent à l'ancre trois jours entre Douvres et Calais.

Quand les Espaignols eurent fait leur emplette et leur marchandise, et ils eurent cargé leurs vaisseaux de draps, de toiles et de tout ce que bon et profitable leur sembloit pour remener en leur pays, et bien savoient que ils seroient rencontrés des Anglois, mais de tout ce ne faisoient-ils compte, ils s'en vinrent en la ville de l'Escluse, et entrèrent en leurs vaisseaux; et là les avoient-ils pourvus tellement et si grossement de toute artillerie que merveille seroit à penser, et aussi de gros barreaux de fer forgés et faits tous faitis pour lancer et pour effondrer nefs, en lançant de pierres et de cailloux sans nombre. Quand ils perçurent qu'ils avoient le vent pour eux, ils se désancrèrent; et étoient quarante grosses nefs tout d'un train, si fortes et si belles que plaisant les faisoit voir et regarder; et avoient à mont les mâts, châteaux breteskés [1], pourvus de pierres et de cailloux pour jeter, et brigands qui les gardoient. Là étoient encore sur ces mâts les estrannières [2] armoyées et enseignées de leurs enseignes qui baulioient au vent et ventiloient et frétilloient; c'étoit grand beauté du voir et ima-

---

[1] Ce doit être le comté de Sussex et non le comté d'Essex : le premier est le seul qui réponde à la position désignée. Johnes dit aussi Sussex.

[1] Les Breteskés ou Bretèches étaient des tours de bois mobiles construites pour l'attaque et la défense : on en plaçait souvent à bord des vaisseaux. Ce mot se prend quelquefois pour créneaux. — [2] Étendards.

giner. Et me semble que si les Anglois avoient grand désir d'eux trouver, encore l'avoient-ils greigneur, ainsi que on vit l'apparant, et que je vous dirai ci-après. Ces Espaignols étoient bien dix contre un, parmi les soudoyers que ils avoient pris et retenus à gages en Flandre. Si se sentoient et tenoient forts assez pour combattre sur mer le roi d'Angleterre et sa puissance; et en celle entente s'en venoient-ils tout nageant et singlant à plein vent, car ils l'avoient pour eux, par devers Calais. Le roi d'Angleterre, qui étoit sur mer avec sa navie, avoit là ordonné toutes ses besognes et dit comment il vouloit que on se combattît et que on fît; et avoit monseigneur Robert de Namur fait maître d'une nef que on appeloit la Salle du Roi, où tous ses hôtels étoient.

Si se tenoit le roi d'Angleterre au chef de sa nef, vêtu d'un noir jake de velvet, et portoit sur son chef un noir chapelet de bièvre, qui moult bien lui séoit. Et étoit adonc, selon ce qui dit me fût par ceux qui avec lui étoient pour ce jour, aussi joyeux que on ne le vit oncques. Et faisoit ses ménestrels corner devant lui une danse d'Allemaigne, que messire Jean Chandos, qui là étoit, avoit nouvellement rapportée; et encore par ébatement il faisoit le dit chevalier chanter avec ses ménestrels, et y prenoit grand'plaisance: et à la fois regardoit en haut; car il avoit mis une guette au château de sa nef pour noncer quand les Espaignols viendroient. Ainsi que le roi étoit en ce déduit, et que tous les chevaliers étoient moult liés de ce que ils le voyoient si joyeux, la guette, qui pénétra la navie des Espaignols, dit: « Ho! j'en vois une venir! et me semble une nef d'Espaigne. » Lors s'apaisèrent les ménestrels. Et lui fut de rechef demandé si il en voyoit plus; assez tôt après il répondit et dit: « Oïl, j'en vois deux, et puis trois, et puis quatre. » Et puis dit, quand il vit la grosse flotte: « J'en vois tant, si Dieu m'aÿt, que je ne les puis compter. » Adonc connurent bien le roi et ses gens que c'étoient les Espaignols. Si fit le roi sonner ses trompettes; et se remirent et recueillirent ensemble toutes leurs nefs pour être en meilleur ordonnance et gésir plus sûrement: car bien savoient que ils auroient la bataille, puisque les Espaignols venoient en si grand'flotte. Jà étoit tard, ainsi que sur l'heure de vêpres ou environ. Si fit le roi apporter le vin, et but, et tous ses chevaliers; et puis mit le bassinet en la tête; et aussi firent tous les autres.

Tantôt approchèrent les Espaignols qui s'en fussent bien allés sans combattre, si ils volsissent: car selon ce qu'ils étoient bien frétés et en grands vaisseaux et avoient le vent pour eux, ils n'eussent jà parlé aux Anglois si ils volsissent: mais par orgueil et par présomption ils ne daignèrent passer devant eux qu'ils ne parlassent; et s'en vinrent tout de fait et par grand'ordonnance commencer la bataille.

Quand le roi d'Angleterre, qui étoit en sa nef, en vit la manière, si adressa sa nef contre une nef espaignole qui venoit tout devant, et dit à celui qui gouvernoit son vaisseau: « Adressez-vous contre cette nef qui vient; car je voeil jouter contre li. »

Le maronnier n'eût jamais osé faire le contraire puisque le roi le vouloit. Si s'adressa contre cette nef espaignole qui s'en venoit au vent de grand randon. La nef du roi étoit forte et bien loyée; autrement elle eût été rompue; car elle et la nef espaignole, qui étoit grande et grosse, s'encontrèrent de telle ravine que ce sembla une tempête qui là fût chue; et du rebombe qu'ils firent, le château de la nef du roi d'Angleterre consuivit le château de la nef espaignole par telle manière, que la force du mât le rompit amont sur le mât où il séoit, et le renversa en la mer. Si furent cils noyés et perdus qui ens étoient. De cel encontre fut la nef du dit roi si étonnée que elle fut craquée et faisoit aigue, tant que les chevaliers du roi s'en perçurent: mais point ne le dirent encore au roi. Mais s'ensonnièrent de vider et de puiser. Adonc dit le roi, qui regarda la nef contre qui il avoit jouté qui se tenoit devant lui: « Accrochez ma nef à cette; car je la voeil avoir. » Donc répondirent ses chevaliers: « Sire, laissez aller cette; vous aurez meilleur. » Cette nef passa outre, et une autre grosse nef vint. Si accrochèrent à crocs de fer et de chaînes les chevaliers du roi leur nef à cette. Là se commença bataille dure, forte et fière; et archers à traire, et Espaignols à eux combattre et défendre de grand'volonté; et non pas tant seulement en un lieu, mais en dix ou en douze. Et quand ils se voyoient à jeu parti au plus fort de leurs ennemis, ils s'accrochoient et là faisoient merveilles d'armes. Si ne l'avoient mie les Anglois d'avantage. Et étoient ces Espaignols en ces grosses nefs plus hautes et plus grandes assez que les nefs angloises ne fussent ; si avoient grand avantage de traire, de lancer et de jeter grands barreaux de fer dont ils donnoient moult à souffrir les Anglois.

Les chevaliers du roi d'Angleterre qui en sa nef étoient, pourtant que elle étoit en péril d'être effondrée, car elle traioit aigue, ainsi que ci-dessus est dit, se hâtoient durement de conquerre la nef où ils étoient accrochés ; et là eut fait plusieurs grands appertises d'armes. Finablement le roi et cils de son vaisseau se portèrent si bien que celle nef fut conquise, et tous cils mis à bord qui dedans étoient. Adonc fut dit au roi le péril où il étoit, et comment sa nef faisoit aigue, et que il se mît en celle que conquis avoit. Le roi crut ce conseil, et entra en la dite nef espaignole, et aussi firent ses chevaliers, et tous cils qui dedans étoient ; et laissèrent l'autre toute vidé, et puis entendirent à aller avant et à envahir leurs ennemis qui se combattoient moult vassamment, et avoient arbalétriers qui traioient carreaux de forts arbalètres qui moult travailloient les Anglois.

Cette bataille sur mer des Espaignols et des Anglois fut durement forte et bien combattue, mais elle commença tard ; si s'en prenoient les Anglois près de bien faire la besogne et déconfire leurs ennemis. Aussi les Espaignols, qui sont gens usés de mer et qui étoient en grands vaisseaux et forts, s'acquittoient loyalement à leur pouvoir. Le jeune prince de Galles et cils de sa charge se combattoient d'autre part : si fut leur nef accrochée et arrêtée d'une grosse nef espaignole, et là eurent le prince et ses gens moult à souffrir, car leur nef fut trouée et pertuisée en plusieurs lieux, dont l'eau entroit à grand'randon dedans ; ni, pour chose que on entendît à l'épuiser, point ne demeuroit que elle n'appesantît toudis. Pour laquelle doute les gens du prince étoient en grand'angoisse et se combattoient moult aigrement pour conquerre la nef espaignole ; mais ils n'y pouvoient avenir ; car elle étoit gardée et défendue de grand'manière. Sur ce péril et ce danger où le prince et ses gens étoient, vint le duc de Lancastre tout arriflant et côtoyant la nef du prince ; si connut que tantôt ils n'en avoient mie le meilleur et que leur nef avoit à faire, car on jetoit aigue hors à tous lez.

Si alla autour, et s'arrêta à la nef espaignole, et puis écria : « Derby à la rescousse ! » Là furent ces Espaignols envahis et combattus de grand'façon et ne durèrent point depuis longuement. Si fut leur nef conquise, et eux tous mis à bord sans nullui prendre à merci. Si entrèrent le prince de Galles et ses gens dedans. A peine eurent-ils sitôt fait que leur nef effondra. Si considérèrent adonc plus parfaitement le grand péril où ils avoient été.

D'autre part se combattoient les barons et les chevaliers d'Angleterre, chacun selon que ordonné et établi étoit ; et bien besognoit qu'ils fussent forts et remuans, car ils trouvoient bien à qui parler. Ainsi que sur le soir tout tard, la nef de La Salle du Roi d'Angleterre, dont messire Robert de Namur étoit chef, fut accrochée d'une grosse nef d'Espaigne, et là eut grand estour et dur ; et pource que les dits Espaignols vouloient celle nef mieux mestrier et à leur aise, et avoir ceux qui dedans étoient, et l'avoir aussi, ils mirent grand'entente que ils l'emmenassent avec eux. Si tirèrent leurs singles amont, et prirent le cours du vent et l'avantage ; et se partirent malgré les maronniers de monseigneur Robert et ceux qui avec lui étoient ; car la nef espaignole étoit plus grande et plus grosse que la leur ne fut : si avoient bon avantage du mestrier.

Ainsi en allant ils passèrent devant la nef du roi. Si dirent : « Rescouez La Salle du Roi. » Mais ils ne furent point entendus, car il étoit jà tard ; et s'ils furent ouïs si ne furent-ils point rescous. Et crois que ces Espaignols les en eussent menés à leur aise, quand un varlet de monseigneur Robert qui s'appeloit Hanekin fit là une grande appertise d'armes : car l'épée toute nue au poing, il s'écueilla et saillit en la nef espaignole, et vint jusques au mât, et coupa la câble qui porte la voile, parquoi la voile chéy et n'eut point de force ; car avec tout ce, par grand'appertise de corps, il coupa quatre cordes souveraines qui gouvernoient le mât et la voile, par quoi la dite voile chéy en la nef ; et s'arrêta la nef toute coie, et ne put aller plus avant.

Adonc s'avancèrent messire Robert de Namur et ses gens quand ils virent cet avantage, et saillirent en la nef espaignole de grand'volonté, les épées toutes nues ès mains ; et requirent et envahirent ceux que là dedans ils trouvèrent, tellement qu'ils furent tous morts et mis à bord, et la nef conquise.

Je ne puis mie de tous parler ni dire : « Cil le fit bien, et cil mieux. » Mais là eut, le terme qu'elle dura, moult forte bataille et moult âpre; et donnèrent les Espaignols au roi d'Angleterre et à ses gens moult à faire. Toutefois finablement la besogne demeura pour les Anglois, et y perdirent les Espaignols quatorze nefs. Le demeurant passèrent outre et se sauvèrent. Quand ils furent tous passés et que le dit roi et ses gens ne se savoient à qui combattre, ils sonnèrent leurs trompettes de retraite : si se mirent à voie devers Angleterre et prirent terre à Rye et à Wincenesée un peu après jour failli.

A cette propre heure issirent le roi et ses enfans, le prince et le comte de Richemont, le duc de Lancastre et aucuns barons qui là étoient, hors de leurs nefs, et prirent chevaux en la ville, et chevauchèrent devers le manoir de la roine qui n'étoit mie deux lieues angloises loin de là. Si fut la roine grandement réjouie quand elle vit son seigneur et ses enfans; et avoit en ce jour tamainte grande angoisse de cœur, pour la douctance des Espaignols : car à ce lez-là des côtes d'Angleterre on les avoit des montagnes bien vu combattre; car il avoit fait moult clair et moult bel. Si avoit-on dit à la roine, car elle l'avoit voulu savoir, que les Espaignols avoient plus de quarante grosses nefs. Pour ce fut la roine toute reconfortée quand elle vit son mari et ses enfans. Si passèrent celle nuit les seigneurs et les dames en grand revel en parlant d'armes et d'amour. A lendemain revinrent devers le roi la greigneure partie des barons et chevaliers qui à la bataille avoient été : si les remercia le roi grandement de leur bienfait et de leur service, et puis prirent congé, et s'en retourna chacun chez soi [1].

[1] Matteo Villani raconte cette bataille entre les Anglais et les Espagnols dans le dernier chapitre de son premier livre. Walsingham en parle aussi page 169 de son Histoire d'Angleterre. Suivant Matteo Villani, le roi de Castille, ayant appris l'intention qu'avait Édouard de se venger des pertes que lui avaient fait éprouver les pirates Espagnols, envoya au-devant de la flotte, commandée par Édouard en personne et par deux de ses fils, une autre flotte considérable qui fut battue après un combat des plus acharnés. Walsingham termine ainsi son récit : « Captæ sunt ibi igitur viginti sex naves magnæ, reliquis submersis vel in fugam versis. In hoc conflictu, dùm Hispani timidi et superbi atque fidentes in robore suo et strenuitate, dedignantur se reddere, jussu regis Edwardi omnes miserabiliter perierunt, alii ferro cæsi, alii aquis submersi.

CHAPITRE IV.

Comment messire Geoffroy de Chargny surprit Aimery de Pavie en son châtel et le fit mourir en la ville de Saint-Omer.

Vous avez ci-dessus bien ouï recorder comment Aimery de Pavie, un Lombard, dut rendre et livrer le châtel et la forte ville de Calais aux François pour une somme de florins, et comment il leur en chéi. Voir est que messire Geoffroy de Chargny et les autres chevaliers qui avec lui furent menés en prison en Angleterre se rançonnèrent au plus tôt qu'ils purent et payèrent leurs rançons et puis retournèrent en France. Si s'en revint comme en devant le dit messire Geoffroy demeurer en la ville de Saint-Omer, par l'institution du roi Philippe de France. Si entendit le dessus dit que cil Lombard étoit amassé en un petit châtel en la marche de Calais que on dit Frétin, que le roi d'Angleterre lui avoit donné. Et se tenoit là tout coi le dit Aimery et donnoit du bon temps; et avoit avec lui une trop belle femme à amie que il avoit amenée d'Angleterre. Et cuidoit que les François eussent oublié la courtoisie qu'il leur avoit faite; mais non avoient, ainsi que bien apparut : car si très tôt que messire Geoffroy sçut que le dit Aimery étoit là arrêté, il enquit et demanda secrètement à ceux du pays qui connoissoient celle maison de Frétin, si on le pourroit avoir. Il en fut informé que oil trop légèrement; car cil Aimery ne se tenoit en nulle doute; mais aussi segur en son châtel, sans garde et sans guet, que donc qu'il fût à Londres ou en Calais.

Adonc le dit messire Geoffroy ne mit mie en nonchaloir celle besogne; mais fit en Saint-Omer une assemblée de gens d'armes tout secrètement, et prit les arbalétriers de la ville avec lui; et se partit de Saint-Omer sur une vespre; et chemina tant toute nuit avec ses gens que, droitement au point du jour, ils vinrent à Frétin. Si environnèrent le châtelet qui n'étoit mie grand, et entrèrent cils de pied ens ès fossés, et firent tant qu'ils furent outre. Les menées de laiens s'éveillèrent pour la friente, et vinrent à leur maître qui se dormoit, et lui dirent : « Sire, or tôt, levez-vous sus, car il y a là dehors grands gens d'armes qui mettent grand'entente à entrer céans.» Aimery fut tout effrayé, et se leva du plus tôt qu'il put; mais ne sçut oncques sitôt avoir fait que sa cour fût pleine de gens d'armes. Si fut pris à mains, et son amie tant seulement. On ne viola oncques de plus rien le châtelet; car trèves étoient entre les François et les Anglois; et aussi messire Geoffroy ne vouloit autrui que cel Aimery. Si en eut grand'joie quand il le tint, et le fit amener en la ville de Saint-Omer; et ne le garda guère depuis longuement quand il le fit mourir à grand martyre ens ou marché, présents les chevaliers et écuyers du pays qui mandés y furent et le commun peuple. Ainsi fina Aimery de Pavie; mais son amie n'eut garde; car il la descoulpa à la mort, et depuis se mit la damoiselle avec un écuyer de France.

CHAPITRE V.

Comment les pénitents alloient par le pays par compagnies, se déchirant le dos d'aiguillons de fer; comment il y eut dans le monde une grande épidémie, et comment les Juifs furent brûlés.

En l'an de grâce notre Seigneur MCCCXLIX allèrent les pénéants, et issirent premièrement d'Allemaigne [1]; et furent gens qui faisoient pénitences publiques et se battoient d'escourgies à bourdons et aiguillons de fer, tant qu'ils déchiroient leur dos et leurs épaules, et chantoient chansons moult piteuses de la nativité et souffrance Notre Seigneur; et ne pouvoient par leur ordonnance gésir que une nuit en une bonne ville; et se partoient d'une ville par compagnie tant du plus que du moins; et alloient ainsi par le pays faisant leur pénitence trente-trois jours et demi, autant que Jésus-Christ alla par terre d'ans; et puis retournoient en leurs lieux. Si fut cette chose commencée par grand'humilité et pour prier à Notre Seigneur qu'il volsist refreindre son ire et cesser ses verges: car en ce temps, par tout le monde généralement, une maladie que on clame Épidémie couroit, dont bien la tierce partie du monde mourut [1]; et furent faites par ces pénitences plusieurs belles paix de morts d'hommes, où en devant on ne pouvoit être venu par moyens ni autrement. Si ne dura point cette chose long terme; car l'église alla au devant. Et n'en entra oncques nul au royaume de France; car le roi le défendit, par la inhibition et correction du pape qui point ne voulut approuver que cette chose fût de vaille à l'âme, pour plusieurs grands articles de raison que il y mit, desquels je me passerai assez brièvement. Et furent tous bénéficiers et tous clercs qui été y avoient excommuniés; et en convint les plusieurs aller en cour de Rome pour eux purger et faire absoldre.

En ce temps furent généralement par tout le monde pris les Juifs, et ars, et acquis leurs avoirs aux seigneurs, excepté en Avignon et en la terre de l'Église dessous les clefs du pape. Cits povres Juifs qui ainsi escacés étoient, quand ils pouvoient venir jusques à là, n'avoient garde de mort. Et avoient les Juifs sorti bien cent ans auparavant que, quand une manière de gens apparroient au monde qui venir devoient, qui porteroient flaiaus de fer, ainsi le bailloit leur sort, ils seroient tous détruits; et cette exposition leur fut éclaircie quand les dessus dits pénitenciers allèrent eux battant, ainsi que dessus est dit [2].

CHAPITRE VI.

Comment le roi Philippe de France mourut et comment le roi Jean son fils, les trèves étant expirées, reconquit la ville de Saint-Jean-d'Angely.

En l'an de grâce Notre Seigneur MCCC et L. trépassa de ce siècle le roi Philippe de France [3]. Il fut ensepveli en l'abbaye de Saint-Denis [4] et

---

[1] Robert d'Avesbury parle de ces pénitens qui venaient, dit-il, pour la plupart de Zélande et de Hollande, et traversaient la Flandre pour se rendre à Londres. Ils parcouraient, tout nus de la ceinture en haut, les églises et les lieux publics, en chantant des hymnes en leur langue et en se fouettant jusques au sang. Ils portaient toujours des chapeaux marqués d'une croix rouge par devant et par derrière; et après s'être fustigés, ils se jetaient à terre tout de leur long en étendant les bras en forme de croix : ils renouvelaient les mêmes processions pendant la nuit.

[1] Il s'agit de la peste qui ravagea presque toute l'Europe pendant quelques années. C'est celle que Bocace a décrite d'une manière si admirable dans son Décaméron, et dont mourut le célèbre historien Giovani Villani.

[2] Ici finit l'addition tirée par M. Johnes, de deux manuscrits de sa bibliothèque.

[3] Il mourut, suivant les grandes chroniques, le dimanche 22 août, à Nogent-le-Roi.

[4] Le corps fut enterré à Saint-Denis, au côté gauche du grand autel, suivant les grandes chroniques. Les entrailles furent déposées aux Jacobins de Paris et le cœur à Bourfontaine, chartreuse située dans la forêt de Villers-Cotterets.

puis fut Jean son ains-né fils, le duc de Normandie, roi, et sacré et couronné en l'église de Notre-Dame de Reims à très haute solennité. Après son couronnement il s'en retourna à Paris, et entendit à faire ses pourvéances et ses besognes; car les trèves étoient faillies entre lui et le roi d'Angleterre. Et envoya grands gens d'armes à Saint-Omer, à Ghines, à Teroane, à Aire et tout sur les frontières de Calais, par quoi le pays fut bien gardé des Anglois. Et vint en imagination au roi qu'il s'en iroit en Avignon voir le pape et les cardinaux, et puis passeroit outre vers Montpellier et visiteroit la Languedoc, ce bon gras pays; et puis s'en iroit en Poitou, et en Xaintonge, et mettroit le siége devant Saint-Jean-l'Angelier.

Si fit le dit roi ordonner ses pourvéances grandes et grosses partout, si comme il devoit aller et passer : mais avant toutes choses, et ainçois que il se partit de Paris, et tantôt après le trépas du roi Philippe son père, il fit mettre hors de prison ses deux cousins germains, Jean et Charles, jadis fils à monseigneur Robert d'Artois, qui avoient été en prison plus de quinze ans, et les tint de-lez lui. Et pour ce que le roi son père leur avoit tollu et ôté leurs héritages, il leur en rendit assez pour déduire et tenir bon état et grand. Cil roi Jean aima moult grandement ses prochains de père et de mère, et prit en grand' cherté ses deux autres cousins germains, monseigneur Pierre le gentil duc de Bourbon, et monseigneur Jacques de Bourbon son frère [1], et les tint toudis les premiers espéciaux de son conseil; et certainement bien le valoient, car ils furent sages, vaillans et gentils chevaliers, et de grand'providence.

Si se partit le roi Jean de Paris en grand arroy et puissance, et prit le chemin de Bourgogne, et fit tant par ses journées qu'il vint en Avignon. Si fut reçu du pape et du collége joyeusement et grandement, et séjourna là un espace de temps; et puis s'en partit et prit le chemin de Montpellier [2]. Si séjourna en la dite ville plus de vingt jours, et là lui vinrent faire hommage et relever leurs terres, les comtes, les vicomtes, les barons et les chevaliers de la Languedoc, desquels il y a grand'foison. Si y renouvela le roi sénéchaux, baillis et tous autres officiers, desquels il en laissa aucuns et aucuns en ôta; et puis chevaucha outre, et fit tant par ses journées qu'il entra au bon pays de Poitou. Si s'en vint reposer et rafraîchir à Poitiers, et là fit un grand mandement et amas de gens d'armes. Si gouvernoit l'office de la connétablie de France pour le temps d'adonc le chevalier du monde que le plus il aimoit, car ils avoient été ensemble nourris d'enfance, messire Charles d'Espagne. Et étoient maréchaux de France messire Édouard sire de Beaujeu et messire Arnoul d'Andrehen. Si vous dis que le roi en sa nouvéleté s'en vint puissamment mettre le siége devant la bonne ville de Saint-Jean-l'Angelier; et par espécial les barons et les chevaliers, de Poitou, de Xaintonge, d'Anjou, du Maine, de Touraine y étoient tous. Si environnèrent, ces gens d'armes, la ville de Saint-Jean tellement que nuls vivres ne leur pouvoient venir. Si s'avisèrent les bourgeois de la ville qu'ils manderoient secours à leur seigneur le roi d'Angleterre, par quoi il voulût là envoyer gens qui les pussent ravitailler; car ils n'avoient mie vivres assez pour eux tenir outre un terme qu'ils y ordonnèrent; car ils avoient partout allé et visité chacun hôtel selon son aisement. Et ainsi le signifièrent-ils authentiquement au roi d'Angleterre par certains messages, qui exploitèrent tellement qu'ils vinrent en Angleterre et trouvèrent le roi ens ou châtel de Windesore. Si lui baillèrent les lettres de ses bonnes gens de la ville de Saint-Jean-l'Angelier. Si les ouvrit le dit roi et les fit lire par deux fois pour mieux entendre la matière.

Quand le roi d'Angleterre entendit ces nouvelles, que le roi de France et les François avoient assiégé la ville de Saint-Jean, et prioient qu'ils fussent reconfortés et ravitaillés, si répondit le roi si haut que tous l'ouïrent : « C'est bien une requête raisonnable et à la quelle je dois bien entendre. » Et répondit aux messages : « J'en ordonnerai temprement. » Depuis ne demeura guère de temps que le roi ordonna d'aller celle

---

[1] Pierre duc de Bourbon, et Jacques de Bourbon comte de la Marche, étaient fils de Louis Ier, duc de Bourbon, comte de Clermont, roi titulaire de Thessalonique, petit-fils de saint Louis, par Robert de France comte de Clermont et sire de Bourbon, frère cadet de Philippe-le-Hardi.

[2] Philippe VI, père de Jean, avait acquis, en 1349, de Jacques roi de Majorque, pour la somme de 120,000 écus d'or, le comté de Roussillon et la baronnie de Montpellier.

part monseigneur Jean de Beauchamp, le vicomte de Beauchamp, monseigneur James d'Audelée, monseigneur Jean Chandos, monseigneur Bietremieu de Brues, monseigneur Jean de Lille, monseigneur Guillaume Fitz-Varen, le seigneur de Fitz-Vatier, monseigneur Raoul de Hastingues, monseigneur Raoul de Ferrieres, monseigneur Frank de Halle et bien quarante chevaliers; et leur dit que il les convenoit aller à Bordeaux; et leur donna certaines enseignes pour parler au seigneur de Labreth, au seigneur de Mucident, au seigneur de l'Esparre et aux trois seigneurs de Pommiers, ses bons amis, en eux priant de par lui que ils se voulussent près prendre de conforter la ville de Saint-Jean par quoi elle fut rafraîchie.

Cils barons et chevaliers dessus nommés furent tout réjouis quand le roi les vouloit employer. Si s'ordonnèrent du plus tôt qu'ils purent et vinrent à Hantonne, et là trouvèrent vaisseaux et pourvéances toutes appareillées : si entrèrent ens; et pouvoient être environ trois cents hommes d'armes et six cents archers. Si singlèrent tant par mer, que ils ancrèrent au hâvre de Bordeaux. Si issirent de leurs vaisseaux sur le kay, et furent grandement bien reçus et recueillis des bourgeois de la cité et des chevaliers gascons qui là étoient et qui attendoient ce secours venu d'Angleterre. Le sire de Labreth et le sire de Mucident n'y étoient point pour le jour, mais sitôt qu'il sçurent la flotte des Anglois venue, ils se trairent celle part. Si se conjouirent grandement quand ils se trouvèrent tous ensemble; et firent leurs ordonnances au plus tôt qu'ils purent, et passèrent la Garonne et s'en vinrent à Blayes. Si firent charger soixante sommiers de vitaille pour rafraîchir ceux de Saint-Jean, et puis se mirent au chemin celle part; et étoient cinq cents lances et quinze cents archers et trois mille brigans¹ à pied. Si exploitèrent tant par leurs journées que ils vinrent à une journée près de la rivière de Charente.

Or vous dirai des François et comment ils s'étoient ordonnés. Bien avoient-ils entendu que les Anglois étoient à Bordeaux et faisoient là leur amas pour venir lever le siége et rafraîchir la ville de Saint-Jean. Si avoient ordonné les maréchaux, que messire Jean de Saintré, messire Guichard d'Angle,

messire Boucicaut, messire Guy de Nelle, le sire de Pont, le sire de Parthenay, le sire de Poiane, le sire de Tonnai-Bouton, le sire de Surgères, le sire de Crusance, le sire de Linières, et grand foison de barons et de chevaliers, jusques à cinq cents lances, toutes bonnes gens à l'élite, s'en venissent garder le pont sur la rivière de la Charente par où les Anglois devoient passer. Si étoient là venus les dessus dits et logés tout contre val la rivière. Et avoient pris le pont les Anglois; et les Gascons qui chevauchoient celle part ne savoient rien de cela, car si ils le sçussent, ils eussent ouvré par autre ordonnance; mais étoient tous confortés de passer la rivière au pont dessous le châtel de Taillebourch. Si s'en vinrent une matinée par bonne ordonnance, leur vitaille toute arroutée par devant eux, et chevauchèrent tant que ils vinrent assez près du pont; et envoyèrent leurs coureurs courir devers le pont. Si rapportèrent cils qui envoyés y furent, à leurs seigneurs, que les François étoient tout rangés et ordonnés au pont, et le gardoient tellement qu'on ne le pouvoit passer. Si furent les Anglois et les Gascons tout émerveillés de ces nouvelles, et s'arrêtèrent tout coi sur les champs, et se conseillèrent un grand temps pour savoir comment ils se maintiendroient. Si regardèrent, tout considéré, que nullement ils ne pouvoient passer, et que cent hommes d'armes feroient plus maintenant pour garder le pont, que cinq cents ne feroient pour assaillir. Si que, tout considéré et pesé le bien contre le mal, ils regardèrent que mieux leur valoit retourner et ramener arrière leurs pourvéances que aller plus avant et mettre en nul danger. Si se tinrent tous à ce conseil; et firent retourner leurs pourvéances et leurs sommiers, et se mirent au retourner. Cils barons de France et de Poitou qui étoient au pont et qui le gardoient, entendirent que les Anglois se mettoient au retour, et leur fut dit qu'ils s'enfuyoient. De ces nouvelles furent-ils tous réjouis; et furent tantôt conseillés que ils les suivroient et combattroient, car ils étoient gens forts assez pour combattre. Si furent tantôt montés sur leurs coursiers et chevaux, car ils les avoient delez eux, et se mirent outre la rivière au froi des Anglois, en disant : « Vous n'en irez mie ainsi entre vous, seigneurs d'Angleterre; il vous faut payer votre écot. » Quand les Anglois se virent ainsi si fort poursuivis des François, si s'arrêtè-

¹ Soldats à pied armés à la légère.

rent tout coi, et leur tournèrent les fers des glaives, et dirent que à droit souhait ils ne voulussent mie mieux, quand ils les tenoient outre la rivière. Si firent par leurs varlets chasser toudis avant leurs sommiers et leurs vitailles, et puis s'en vinrent d'encontre et de grand'volonté férir sur ces François. Là eut de commencement des uns aux autres moult bonne joute et moult roide, et tamaint homme renversé à terre d'une part et d'autre. Et me semble, selon ce que je fus informé, que en joutant les François s'ouvrirent, et passèrent les Anglois tout outre. Au retour que ils firent, ils sachèrent les épées toutes nues et s'en vinrent requerre leurs ennemis. Là eut bonne bataille et dure et bien combattue, et fait tamaint grand'appertise d'armes, car ils étoient droite fleur de chevalerie d'un côté et d'autre. Si furent un grand temps tournoyant sur les champs et combattant moult ablement, ainçois que on pût sçavoir ni connoître lesquels en auroient le meilleur, et lesquels non. Et fut telle fois que les Anglois branlèrent et furent près déconfits, et puis se recouvrèrent et se mirent au-dessus, et dérompirent, par bien combattre et hardiment leurs ennemis, et les déconfirent. Là furent pris tous cils chevaliers de Poitou et de Xaintonge dessus nommés, et messire Guy de Nelle. Nul homme d'honneur ne s'en partit, et eurent les Anglois et les Gascons de bons prisonniers qui leur valurent cent mille moutons[1], sans le grand conquêt des chevaux et des armures que ils avoient eus sur la place.

Si leur sembla que pour ce voyage ils en avoient assez fait. Si entendirent au sauver leurs prisonniers, et que la ville de Saint-Jean ne pouvoit par eux, tant qu'à cette fois, être ravitaillée et rafraîchie. Si s'en retournèrent vers la cité de Bordeaux, et firent tant par leurs journées que ils y parvinrent. Si y furent recueillis à grand'joie.

Vous devez sçavoir que le roi Jean de France, qui étoit en la cité de Poitiers au jour que ses gens se combattirent au dehors du pont de Taillebourch sur la Charente, fut durement courroucé quand il sçut ces nouvelles; que une partie de ses gens avoient ainsi été rencontrés et rués jus au passage de la rivière de Charente, et pris la fleur de la chevalerie de son hôtel, messire Jean Saintré, messire Guichart d'Angle, messire

[1] Nom d'un espèce de monnaie usitée alors.

Boucicaut et les autres. Si en fut le roi durement courroucé; et se partit de Poitiers, et s'en vint devant Saint-Jean-l'Angelier, et jura l'âme de son père que jamais ne s'en partiroit si auroit acquis la ville.

Quand ces nouvelles furent sçues en la ville de Saint-Jean, que les Anglois avoient été jusques au pont de la Charente et étoient retournés, et en avoient ramené leurs pourvéances, et ne seroient point ravitaillés, si en furent tout ébahis, et se conseillèrent entre eux comment ils se maintiendroient. Si eurent conseil que ils prendroient, si avoir le pouvoient, une souffrance à durer quinze jours; et si dedans ce jour ils n'étoient confortés et le siége levé, ils se rendroient au roi de France, saufs leurs corps et leurs biens. Cil conseil fut tenu et cru; et commencèrent à entamer traités devers le roi de France et son conseil, qui passèrent outre; et me semble que le roi Jean de France leur donna quinze jours de répit; et là en dedans, si ils n'étoient secourus de gens si forts que pour lever le siége, ils devoient rendre la ville et eux mettre en l'obéissance du roi de France. Mais ils ne se devoient nullement renforcer non plus qu'ils étoient; et pouvoient leur état partout signifier où il leur plaisoit.

Ainsi demeurèrent-ils à paix, ni on ne leur fit point de guerre; et encore, par grâce espéciale, le roi, qui les vouloit attraire à amour, leur envoya, cette souffrance durant, des vivres bien et largement pour leurs deniers raisonnablement; de quoi toutes manières de gens lui sçurent grand gré, et tinrent ce à grand'courtoisie. Cils de Saint-Jean signifièrent tout leur état et leurs traités par certains messages aux chevaliers anglois et gascons qui se tenoient en la cité de Bordeaux, et sur lequel état ils étoient. Et me semble que on laissa les quinze jours expirer, et ne furent point secourus ni confortés. Au seizième jour le roi de France entra en la ville de Saint-Jean à grand'solennité; et le recueillirent les bourgeois de la dite ville moult liement, et lui firent toute féauté et hommage, et se mirent en son obéissance. Ce fut le septième jour d'août l'an MCCCLI.

Après le reconquêt de Saint-Jean-l'Angelier, si comme ci-dessus est dit, et que le roi de France s'y fut reposé et rafraîchi huit jours, et eut renouvelé et ordonné nouveaux officiers, il s'en partit et retourna en France, et laissa en la ville de Saint-Jean à capitaine le seigneur d'Argenton de Poitou, et donna à toutes manières de gens d'armes congé; et revint en France. Aussi se départirent les Anglois de Bordeaux, et retournèrent en Angleterre. Si menèrent là leurs prisonniers, dont le roi d'Angleterre eut grand'joie; et fut adonc envoyé messire Jean de Beauchamp à Calais pour être là capitaine et gouverneur de toutes les frontières. Si s'y vint le dessus dit tenir, et y amena en sa compagnie de bons chevaliers et écuyers et des archers.

Quand le roi de France sçut ces nouvelles, il envoya à Saint-Omer ce vaillant chevalier, messire Édouard, seigneur de Beaujeu, pour être là capitaine de toutes gens d'armes et des frontières contre les Anglois. Si chevauchoient à la fois ces deux capitaines et leurs gens l'un sur l'autre; mais point ne se trouvoient ni encontroient, dont assez leur déplaisoit, et si mettoient-ils grand'entente à eux trouver: mais ainsi se portoit l'aventure.

CHAPITRE VII.

Comment messire Robert de Beaumanoir alla défier le capitaine de Ploermel, qui avoit nom Brandebourch, et comment il y eut une rude bataille de trente contre trente.

En celle propre saison avint en Bretagne un moult haut fait d'armes que on ne doit mie oublier; mais le doit-on mettre en avant pour tous bacheliers encourager et exemplier. Et afin que vous le puissiez mieux entendre, vous devez savoir que toudis étoient guerres en Bretagne entre les parties des deux dames, comment que messire Charles de Blois fut emprisonné; et se guerroyoient les parties des deux dames par garnisons qui se tenoient ens ès châteaux et ens ès fortes villes de l'une partie et de l'autre. Si avint un jour que messire Robert de Beaumanoir, vaillant chevalier durement et du plus grand lignage de Bretagne, et étoit châtelain d'un châtel qui s'appelle Châtel Josselin, et avoit avec lui grand'foison de gens d'armes de son lignage et d'autres soudoyers, si s'en vint par devant la ville et le châtel de Plaremiel, dont capitaine étoit un homme qui s'appeloit Brandebourch[1]; et avoit avec lui grand'foison de soudoyers allemands, anglois et bretons, et étoient de la partie la comtesse de Montfort. Et coururent le dit messire Robert et ses gens par devant les barrières, et eut volontiers vu que cils de dedans fussent issus hors; mais nul n'en issit.

Quand messire Robert vit ce, il approcha encore de plus près, et fit appeler le capitaine. Cil vint avant à la porte parler audit messire Robert, et sur asségurance d'une part et d'autre. « Brandebourch, dit messire Robert, a-t-il dedans nul homme d'armes, vous ni autre, deux ou trois, qui voulussent jouter de fer de glaives contre autres trois, pour l'amour de leurs amies? » Brandebourch répondit et dit : « Que leurs amis ne voudroient mie que ils se fissent tuer si méchamment que d'une seule joute; car c'est une aventure de fortune trop tôt passée, si en acquiert-on plutôt le nom d'outrage et de folie que renommée d'honneur ni de prix; mais je vous dirai que nous ferons, si il vous plaît. Vous prendrez vingt ou trente de vos compagnons de votre garnison, et j'en prendrai autant de la nôtre. Si allons en un bel champ, là où nul ne nous puisse empêcher ni destourber, et commandons, sur la hart, à nos compagnons d'une part et d'autre, et à tous ceux qui nous regarderont, que nul ne fasse à homme combattant confort ni aye; et là endroit nous éprouvons, et faisons tant que on en parle au temps avenir, en salles, en palais, en places et en autres lieux de par le monde, et en aient la fortune et l'honneur cils à qui Dieu l'aura destiné. » — « Par ma foi, dit messire Robert de Beaumanoir, je m'y accorde; et moult parlez ore vassaument. Or, soyez-vous trente[1], et nous serons nous trente aussi, et le créante ainsi par ma foi. » — Aussi le créanté-je, dit Brandebourch; car là acquerra plus d'honneur, qui bien s'y maintiendra, que à une joute. »

Ainsi fut cette besogne affermée et créantée; et journée accordée au merkredi après, qui devoit être le quart de jour de l'emprise. Le terme pendant, chacun élisit les siens trente, ainsi que bon lui sembla, et tous cils soixante se pourvurent d'armures, ainsi que pour eux, bien et à point.

---

[1] Les historiens de Bretagne l'appellent tous Brambro.

[1] Cette bataille, connue sous le nom de Bataille des trente, est célèbre dans les fastes de la Bretagne. Les poètes anciens rivalisèrent d'ardeur pour célébrer cette haute emprise

Quand le jour fut venu, les trente compagnons Brandebourch ouïrent messe; puis se firent armer, et s'en allèrent en la place de terre là où la bataille devoit être, et descendirent tous à pied, et défendirent à tous ceux qui là étoient que nul ne s'entremît d'eux, pour chose ni pour meschef que il vit avoir à ses compagnons, et ainsi firent les compagnons à monseigneur Robert de Beaumanoir. Cils trente compagnons, que nous appellerons Anglois[1], à cette besogne attendirent longuement les autres que nous appellerons François[2]. Quand les trente François furent venus, ils descendirent à pied et firent à leurs compagnons le commandement dessus dit. Aucuns dirent que cinq des leurs demeurèrent à cheval à l'entrée de la place et les vingt-cinq descendirent à pied, si comme les Anglois étoient. Et quand ils furent l'un devant l'autre, ils parlementèrent un peu ensemble tous soixante, puis se retrairent arrière, les uns d'une part et les autres d'autre, et firent tous leurs gens traire en sus de la place bien loin. Puis fit l'un d'eux un signe, et tantôt se coururent sus et se combattirent fortement tout en un tas, et rescouoient bellement l'un et l'autre quand ils véoient leurs compagnons à meschef.

Assez tôt après ce qu'ils furent assemblés, fut occis l'un des François, mais pour ce ne laissèrent mie les autres, le combattre, ains se maintinrent moult vassamment d'une part et d'autre, aussi bien que si tous fussent Rolands et Oliviers. Je ne sais à dire à la vérité: « Cils se tinrent le mieux et cils le firent le mieux; » ni n'en ouïs oncques nul priser plus avant de l'autre; mais tant se combattirent longuement, que tous perdirent force et haleine et pouvoir entièrement. Si les convint arrêter et reposer; et se reposèrent par accord, les uns d'une part et les autres d'autre, et se donnèrent trèves jusques adonc qu'ils se seroient reposés, et que le premier qui se releveroit rappelleroit les autres. Adonc étoient morts quatre François et deux des Anglois. Ils se reposèrent longuement d'une part et d'autre, et tels y eut qui burent du vin que on leur apporta en bouteilles, et restreignirent leurs armures qui desroutes étoient, et fourbirent leurs plaies.

Quand ils furent ainsi rafraîchis, le premier qui se releva fit signe et rappela les autres. Si recommença la bataille si forte comme en devant, et dura moult longuement; et avoient courtes épées de Bordeaux roides et aigües, et épieux et dagues, et les aucuns haches; et s'en donnoient merveilleusement grands horions, et les aucuns se prenoient au bras à la lutte et se frappoient sans eux épargner. Vous pouvez bien croire qu'ils firent entre eux mainte belle appertise d'armes, gens pour gens, corps à corps, et mains à mains. On n'avoit point en devant, passé avoit cent ans, ouï recorder la chose pareille.

Ainsi se combattirent comme bons champions, et se tinrent cette seconde empainte moult vassalement, mais finablement les Anglois en eurent le pire. Car, ainsi que je ouïs recorder, l'un des François qui demeuré étoit à cheval les débrisoit et défouloit trop mésaisément, si que Brandebourch leur capitaine y fut tué, et huit de leurs compagnons, et les autres se rendirent prison quand ils virent que leur défendre ne leur pouvoit aider, car ils ne pouvoient ni devoient fuir. Et le dit messire Robert et ses compagnons qui étoient demeurés en vie, les prirent et les emmenèrent au Châtel Josselin comme leurs prisonniers; et les rançonnèrent depuis courtoisement, quand ils furent tous resanés, car il n'en y avoit nul qui ne fût fort blessé, et autant bien des François comme des Anglois. Et depuis je vis seoir à la table du roi Charles de France un chevalier breton qui été y avoit, messire Yvain Charuel; mais il avoit le viaire si détaillé et découpé qu'il montroit bien que la besogne fut bien combattue; et aussi y fut messire Enguerrant d'Eudin, un bon chevalier de Picardie, qui montroit bien qu'il y avoit été, et un autre bon écuyer qui s'appeloit Hues de Raincevaus. Si fut en plusieurs lieux cette avenue contée et recordée[1]. Les aucuns la tenoient à

---

[1] Bramborough, ou comme l'appellent les chroniqueurs Brambro, Blancbourg ou Brandebourch, n'ayant pu trouver que vingt Anglais, y ajouta quatre Bretons de son parti et six Allemands ou Flamands.

[2] Parmi ces trente champions français se trouvaient neuf chevaliers et vingt-un écuyers bretons.

[1] Il existe encore un vieux poëme français du temps sur ce combat des 30. Je l'ai publié dans ma collection des chroniques. Il a été aussi publié séparément en Bretagne, où on montre encore le tombeau dans lequel sont renfermés ceux qui succombèrent. Cette relation de Froissart, inédite avant mon édition, est le seul récit en prose qui donne à cet événement une autorité historique.

povreté et les aucuns à outrage et grand'outrecuidance.

CHAPITRE VIII.

Comment un engagement eut lieu près de Saint-Omer entre les deux capitaines françois et anglois; comment le capitaine anglois, messire Jean Beauchamp, fut pris avec sa troupe, et comment le capitaine des François, messire Édouard de Beaujeu, fut tué dans le combat.

Nous parlerons d'un autre fait d'armes qui avint en celle saison en la marche de Saint-Omer assez près de la bastide d'Arde. Vous avez bien ci-dessus ouï parler comment, après le reconquêt de Saint-Jean-l'Angelier, le roi de France envoya à Saint-Omer ce gentil chevalier, le seigneur de Beaujeu, pour être regard et souverain de toutes gens d'armes et gouverneur du pays. D'autre part étoit à Calais un moult vaillant chevalier de par le roi d'Angleterre qui s'appeloit messire Jean de Beauchamp. Ces deux capitaines avoient foison de bons chevaliers et écuyers dessous eux, et mettoient grand'peine que ils pussent trouver et rencontrer l'un l'autre. Or avint que, droitement le lundi de la Pentecôte l'an MCCCLII, messire Jean de Beauchamp se départit de Calais à trois cents armures de fer et deux cents archers; et avoient tant chevauché de nuit, que, droitement ce lundi au matin, ils furent devant Saint-Omer, environ soleil levant, et se mirent en ordonnance de bataille sur un tertre assez près de là, et puis envoyèrent leurs coureurs découvrir et prendre et lever la proie qui étoit issue de Saint-Omer et des villages là environ; et la recueillirent tout ensemble. Si y avoit-il grand'proie.

Quand ils eurent couru et fait leur emprise, ils se commencèrent à retraire moult sagement, et prirent leurs gens de pied qui les suivoient, et vingt hommes d'armes et soixante archers, et leur dirent : « Retrayez-vous bellement vers Calais, et chassez cette proie devant vous; nous la suivrons et la conduirons. » Tous cils qui ordonnés furent de cela faire, le firent, et les chevaliers et écuyers se remirent ensemble et puis chevauchèrent tout le pays.

Les nouvelles étoient là venues en Saint-Omer et au seigneur de Beaujeu qui gissoit en la porte de Boulogne, que les Anglois chevauchoient; et avoient leurs coureurs été jusques aux barrières, et emmenoient la proie, de quoi le sire de Beaujeu étoit durement courroucé; et avoit fait sonner sa trompette et aller à val la ville pour réveiller chevaliers et écuyers qui là dormoient à leurs hôtels. Si ne furent mie sitôt armés ni assemblés, mais le sire de Beaujeu ne les voulut mie tous attendre, ainçois se partit, espoir lui centième, monté bien et faiticement, et fit sa bannière porter et passer devant lui. Si issit de la ville, ainsi que je vous dis, et les autres compagnons, ainsi que ils avoient fait, le suivoient chaudement. A ce jour étoient à Saint-Omer le comte de Porcien, messire Guillaume de Bourbon, messire Baudoins Dennekins, messire Drues de Roie, messire Guillaume de Craon, messire Oudart de Renty, messire Guillaume de Bailleul, messire Hector Kiéret, messire Hugues de Longval, le sire de Sains, messire Baudouin de Bellebourne, le sire de Saint-Dizier, le sire de Saint-Sauf-Lieu, messire Robert de Basentin, messire Baudouin de Cuvilier et plusieurs bons chevaliers et écuyers d'Artois et de Vermandois. Si suivit premièrement le sire de Beaujeu les esclos des Anglois moult radement; et avoit grand'doutance qu'ils ne lui échappassent, car envis les eut laissés sans combattre. Toutes ces gens d'armes et les brigans, desquels il avoit bien cent à Saint-Omer, n'étoient mie encore avec le seigneur de Beaujeu, et cil qui le suivoit plus près derrière c'étoit messire Guichard son frère, qui ne s'étoit mie parti avec lui ni de sa route. Ainsi chevauchoient-ils les uns et les autres, les Anglois devant, les François après; et prenoient toudis les Anglois l'avantage d'aller devant en approchant Calais; mais leurs chevaux se commençoient moult à fouler, car ils étoient travaillés de la nuit devant que ils avoient fort chevauché. Si avint que les Anglois avoient jà élongé Saint-Omer quatre lieues du pays, et avoient passé la rivière d'Oske, et étoient entre Arde et Oske. Si regardèrent derrière eux, et virent le seigneur de Beaujeu et sa bannière, et n'étoient non plus de cent hommes d'armes : si dirent entre eux : « Nous nous faisons chasser de ces François qui ne sont qu'un petit; arrêtons-nous et nous combattons à eux, aussi sont nos chevaux durement foulés. » Tous s'accordèrent à ce conseil; et entrèrent en un pré, et prirent l'avantage d'un fossé qui là étoit environ ce pré, et se mirent tous à pied, les lances devant eux et en bonne ordonnance. Voici le seigneur de Beaujeu venu, monté sus un coursier, et sa bannière devant lui, et s'arrête sur ce fossé à l'encontre des Anglois qui faisoient là visage, et toutes ses gens s'arrêtèrent. Quand il vit que il ne passeroit point à son aise, il commença à tournoyer autour du fossé pour trouver le plus étroit, et tant alla qu'il le trouva; mais à cet endroit le fossé étoit nouvellement relevé : si étoit la hune trop roide pour saillir son coursier ; et si il fut outre, pour ce n'y étoient mie les autres.

Si eut avis de descendre à pied, et aussi firent toutes ses gens. Quand ils furent à pied, le sire de Beaujeu prit son glaive en son poing et s'écueilla [1] pour salir outre, et dit à celui qui portoit sa bannière : « Avant, bannière, au nom de Dieu et de Saint-George ! » En ce disant il salit outre de si grand'volonté que par dessus la hune du fossé; mais le pied lui glissa, tant que il s'abusca petit, et qu'il se découvrit par dessous : là fut un homme d'armes anglois appareillé qui lui jeta son glaive en lançant, et le consiévit dessous et lui embarra là dedans. Si lui donna le coup de la mort, dont ce fut pitié et dommage. Le sire de Beaujeu, de la grand'angoisse qu'il eut, se tourna deux tours, ou près, et puis s'arrêta sur son côté. Là vinrent deux de ses chevaliers de son hôtel qui s'arrêtèrent sur lui et le commencèrent à défendre moult vaillamment. Les autres compagnons, chevaliers et écuyers, qui véoient leur seigneur là gésir et en tel parti, furent si forcenés que il sembloit que ils dussent issir du sens. Si se commença le hutin et l'estoquis de toutes parts, et se tinrent les gens du seigneur de Beaujeu une espace en bon convenant ; mais finablement ces premiers ne purent souffrir ni porter le faix et furent déconfits, et pris la grigneur partie ; et là perdit messire Bandouin de Cuvilliers un œil et fut prisonnier, et aussi furent tous les autres ; et si les Anglois eussent eu leurs chevaux ils se fussent tous partis sans dommage, mais nenni, dont ils perdirent. Ev-vous venu chevauchant moult roidement monseigneur Guichart de Beaujeu et sa route qui étoit tout devant les autres le trait d'un arc au plus. Quand il fut venu sur la place où les déconfits étoient, et où son frère gissoit, si fut tout émerveillé, et ferit cheval des éperons et salit outre le fossé ; et aussi les autres en venant, chacun qui mieux mieux, en suivant le bon chevalier, firent tant qu'ils furent outre. La première voix que messire Guichart fit, ce fut qu'il s'adresssa sur son frère pour savoir comment il lui étoit. Encore parloit le sire de Beaujeu, et reconnut bien son frère ; si lui dit : « Beau-frère, je suis navré à mort, ainsi que je le sens bien ; si vous prie que vous relevez la bannière de Beaujeu, qui oncques prise ne fut, et pensez de moi contrevenger ; et si de ce champ partez en vie, je vous prie que vous soigniez d'Antoine mon fils, car je le vous recharge. Et mon corps, faites le porter en Beaujolois ; car je veux gésir en ma ville de Belleville. De long temps a y ai-je ordonné ma sépulture. »

Messire Guichart qui ouït son frère ainsi parler et deviser eut si grand ennui que à peine se pouvoit-il soutenir, et lui accorda tout de grand'affection ; puis s'en vint à la bannière son frère, qui étoit d'or à un lion de sable couronné et endenté de gueules, et la prit par le haste et la leva contremont, et la bailla à un sien écuyer des siens, bon homme d'armes. Jà étoient venus toutes leurs gens à cheval et passé outre au pré. Si étoient moult courroucés quand ils virent leur capitaine là gesir en tel parti, et ils ouïrent dire que il étoit navré à mort. Si s'en virent requerre les Anglois moult fièrement, en criant Beaujeu ! qui s'étoient retraits et mis ensemble par bonne ordonnance, pour la force des François que ils virent venir sur eux.

Tout à pied devant les autres s'en vint messire Guichard de Beaujeu, le glaive au poing, assembler à ses ennemis et commencer la bataille. Là eut fort boutis et estoquis des lances, ainçois que ils pussent entrer l'un dedans l'autre. Et quand ils y furent entrés, si y eut fait plusieurs grands apperties d'armes. Là se combattoient les Anglois si vaillamment, que merveilles seroit à recorder. Si s'en vint le dit messire Guichard de Beaujeu assembler droitement dessous la bannière messire Jean de Beauchamp, et là fit grand'foison d'armes, car il étoit bon chevalier, hardi et entreprenant, et aussi son

---

[1] Ce fragment de Froissart semble avoir été copié par quelqu'un qui a conformé partout son orthographe à la prononciation picarde, quoiqu'il fût peut-être lui-même natif de Bretagne. Il offre même, plus qu'aucun autre morceau de la même étendue, des mots, hors d'usage aujourd'hui dans la langue académique, mais conservés dans l'idiome de la province.

hardement lui étoit doublé pour la cause de son frère que il vouloit contrevenger. Si s'abandonna à ce commencement le dit chevalier si follement que il l'en dût près être mésavenu. Car il fut enclos des Anglois et si fort assailli que durement blessé et navré, mais à la rescousse vinrent le comte de Porcien, messire Guillaume de Bourbon, messire Beaudoin Dennekins et plusieurs autres bons chevaliers et écuyers. Si fut messire Guichard rescous et mis hors de la presse pour lui un petit rafraîchir, car il étoit tout essanné.

Si vous dis que les Anglois se combattirent si bien et si vassamment que encore eussent-ils déconfit ceux qui là étoient venus, si n'eussent été les brigands, qui vinrent là au secours plus de cinq cents, à lances et à pavois, tous bien armés, frais et nouveaux. Si ne purent avoir durée les Anglois quand ils furent rechargés de ces gens-là nommés brigands; car ils étoient tous lassés et hodés de longuement combattre. Ainsi firent les brigands la déconfiture. Si y furent pris messire Jean de Beauchamp, messire Louis de Clifford, messire Olivier de Baucestre, messire Philippe de Beauvert, messire Louis Tuiton, messire Alexandre Ansiel et bien vingt chevaliers tous de nom et aussi tous les écuyers; et furent rescous tous les autres prisonniers françois qui pris étoient en devant. Si fût trop bien la besogne allée pour les François, si le sire de Beaujeu n'eût été là mort. Mais le gentil chevalier, qui si vaillant homme fut et si prud'homme, dévia là sur la place; de quoi tous les compagnons furent durement courroucés, mais amender ne le purent. Si fut chargé et rapporté à Saint-Omer; et aussi fut messire Guichard son frère, qui si navré étoit qu'il ne pouvoit chevaucher. Si retournèrent tous les compagnons à Saint-Omer et là ramenèrent leurs prisonniers.

Or vous dirai que la proie de Saint-Omer devint que les Anglois avoient pris entre Bavelinghehen et Saint-Omer.

Les trois frères de Ham qui étoient moult bons chevaliers et cils de la garnison de Ghines et de Le Montoire[1] se mirent en embûche. Si étoient bien trois cents armures de fer. Si rencontrèrent ces Anglois qui la proie emmenoient; et leur vinrent au devant et leur coururent sus. Vraiment les Anglois se tinrent et défendirent tant qu'ils purent, mais en la fin ils furent déconfits et tous morts ou pris, et la proie rescousse, et fut là sur les champs départie à ceux des garnisons qui au conquerre avoient été. Oncques cils de Saint-Omer n'en eurent nulle restitution. Si en firent-ils bien depuis question; mais on trouva par droit d'armes qu'ils n'y avoient rien, ainçois étoit à ceux qui l'avoient gagnée. Si leur convint porter et passer ce dommage au plus bel qu'ils purent.

Or fut le sire de Beaujeu embaumé et aporté en son pays de Beaujolois et enseveli en l'abbaye de Belleville, ainsi que devisé l'avoit.

Si fut messire Arnoul d'Andrehen envoyé à Saint-Omer pour là faire frontière contre les Anglois, et le comte de Warvich à Calais, au lieu de son oncle messire Jean de Beauchamp, mais il fut délivré en celle année en échange pour messire Guy de Nelle. Si rançonnèrent les compagnons d'une part et d'autre, ainsi que Anglois et François ont eu entre eux toudis bon usage.

CHAPITRE IX.

Comment le pape Clément mourut et comment le nouveau pape Innocent obtint une trève entre les deux rois.

En ce temps trépassa, à la Ville-Neuve-de-lez Avignon, le pape Clément[1]. Si fut Innocent[2] pape. Assez tôt après la création du pape Innocent, s'en vint en France et à Paris messire Guy le cardinal de Boulogne. Si fut reçu et conjoui grandement du roi Jean, ce fut bien raison. Et étoit envoyé en France le dit cardinal pour traiter une trève entre le roi de France et le roi d'Angleterre; et l'avoit en celle instance le pape Innocent là envoyé en légation. Lequel pape par ses bulles prioit doucement à l'un roi et à l'autre que ils voulsissent faire comparoir leurs conseils devant lui et le collége de Rome en son palais en Avignon, et, si on pouvoit nullement, on les mettroit à paix. Si exploita si bien le dit cardinal, qui fut sage homme et vaillant, avec les lettres du pape, que unes trèves furent données entre les deux rois dessus nommés

---

[1] Village près d'Ardres.

[1] Clément VI du nom, mort le 6 décembre 1352.
[2] Étienne Aubert, ancien évêque de Clermont, cardinal d'Ostie, pape sous le nom d'Innocent VI, le 18 décembre 1352

et tous leurs aherdans excepté Bretagne, cil pays-là y fut réservé, à durer deux ans[1]; et furent les trèves données et scellées sur certains articles qui devoient être remontrés de toutes parties devant le pape et les cardinaux[2], et si à Dieu il plaisoit on y trouveroit aucun moyen par quoi paix se feroit. Si demeuroit la chose en cel état.

CHAPITRE X.

Comment le comte de Ghines fut rançonné; comment il vint voir le roi Jean à Paris et comment e roi l'envoia en prison et lui fit couper la tête.

Vous avez bien ouï et sçu comment le comte de Ghines connétable de France fut pris des Anglois jadis en la ville de Kem en Normandie, et le comte de Tancarville avec lui, et furent envoyés prisonniers en Angleterre où ils furent un grand temps, et par espécial le comte Raoul d'Eu et de Ghines, car on le vouloit trop haut rançonner. En ce comte Raoul d'Eu et de Ghines et connétable de France avoit un chevalier durement able, gai, frisque, plaisant, joli et léger; et étoit en tous états si très gracieux que dessus tous autres il passoit route. Et le temps qu'il demeura en Angleterre il eschéi grandement en la grâce et amour du roi et de la roine, et des seigneurs et des dames dont il avoit la connoissance; et procura tant le dit comte devers le roi d'Angleterre qu'il se mit à finance, et dut payer dessous un an soixante mille écus ou retourner en la prison du roi.

Sur tel état se départit le dit comte de Ghines et retourna en France. Quand il fut venu à Paris il se traist devers le roi Jean de qui il cuidoit être moult bien aimé, ainsi qu'il étoit ainçois qu'il fût roi; et l'inclina de si long que il le vit, et le salua humblement; et eu cuidoit être bien venu, par tant que il avoit été cinq ans hors du pays et prisonnier pour lui. Sitôt que le roi Jean le vit il regarda sur lui et puis lui dit : «Comte de Ghines, suivez-moi, j'ai à parler à vous de conseil.» Le comte, qui nul mal n'y pensoit, répondit : «Monseigneur, volontiers.» Lors l'emmena le roi en une chambre et lui montra une lettre, et puis lui demanda : «Comte de Ghines, vîtes vous onques mais ceste autre part que ci.» Le comte, si comme il me fut dit, fut durement assoupli et pris de ventrainement quand il vit la lettre. Adonc dit le roi Jean. «Ah! ah! mauvais traître, vous avez bien mort desservie. Si n'y faudrez mie, par l'âme de mon père.» Si le fit le dit roi tantôt prendre par ses sergens d'armes et mettre en prison à la tour du Louvre de-lez Paris, là où le comte de Montfort fut mis.

Les seigneurs et barons de France, du lignage le connétable et autres, furent durement émerveillés quand ils sçurent ces nouvelles, car ils tenoient le comte pour loyal et prud'homme sans nulle lâcheté. Si se trairent devers le roi, en priant moult humblement que il leur voulsist dire pourquoi ni à quelle cause il avoit emprisonné leur cousin, un si gentil chevalier et qui tant avoit perdu et travaillé pour lui et pour le royaume. Le roi les ouït bien parler, mais il ne leur voult onques dire; et jura, le second jour qu'il fut mis en prison, devant tous les amis du connétable qui prioient pour lui, que jamais ne dormiroit tant que le comte de Ghines fût en vie. De ce ne faillit-il point, car il lui fit secrètement au châtel du Louvre ôter la tête[1], de quoi ce fut grand dommage et pitié si le chevalier le desservit, mais je le tiens si vaillant et gentil que jamais il n'eût pensé trahison. Toutefois, fut à droit, fut à tort, il mourut; et donna sa terre le roi Jean à son cousin le comte d'Eu, monseigneur Jean d'Artois. De cette justice fut le roi durement blâmé en derrière

---

[1] Robert d'Avesbury rapporte que cette trève ne devait durer que jusqu'à la Saint-Jean-Baptiste de l'année suivante.

[2] Suivant le même Robert d'Avesbury, les principaux articles étaient : que le roi d'Angleterre possèderait à perpétuité la Guyenne pour lui et ses descendans, sans en rendre hommage au roi de France, et qu'il renoncerait de son côté à ses prétentions sur la couronne de France. Des députés devaient être envoyés au pape pour terminer cette affaire : les députés furent envoyés à Avignon, mais l'évêque de Norwich un d'eux, étant venu à mourir, et les députés du roi de France se refusant à quelques conditions, les autres députés anglais qui étaient Henry duc de Lancastre, Jean comte d'Arundel, et Michel évêque de Londres, quittèrent Avignon sans avoir rien fait.

[1] Suivant les Grandes Chroniques, ce fut dans l'hôtel de Nelle que le comte de Guines fut décapité le 19 novembre 1350, en présence du duc de Bourbon, du comte d'Armagnac et de plusieurs autres personnes. Robert d'Avesbury recule mal à propos la mort du connétable à l'année suivante 1351. Le chroniqueur de Saint-Denis était bien plus à portée que l'Anglais d'être instruit de la date précise d'un événement qui se passait sous ses yeux et qui dut faire beaucoup de bruit.

de plusieurs hauts barons du royaume de France et des ducs et des comtes marchissans au dit royaume.

CHAPITRE XI.

Comment le château de Ghines, les trèves durant, fut vendu aux Anglois.

Assez tôt après la mort du comte de Ghines, dont toutes manières de bonnes gens furent courroucées, fut pris et enlevé le fort et le beau château de Ghines, qui est un des beaux châteaux du monde; et fut acaté à bons deniers de monseigneur Jean de Beauchamp capitaine de Calais, et délivré de ceux qui le vendirent aux Anglois, qui en prirent la saisine et possession, et ne l'eussent rendu pour nul avoir. Quand les nouvelles en vinrent à Paris, le roi de France en fut durement courroucé; ce fut raison, car de force il n'étoit mie à reprendre. Si en parla à son cousin le cardinal de Boulogne, en priant que il voulût mander à ceux de Calais qu'ils avoient mal fait, quand dedans trèves ils avoient pris et emblé le château de Ghines, et que par ce fait ils avoient les trèves enfreintes.

Le cardinal à l'ordonnance du roi obéit, et envoya certains et espéciaux messages à Calais devers messire Jean de Beauchamp, en lui remontrant que il avoit trop mal fait, quand il avoit consenti à faire telle chose que prendre et embler en trèves le châtel de Ghines, et que par ce point il avoit les trèves enfreintes. Si lui mandoit que ce fût défait et le château remis arrière en la main des François. Messire Jean de Beauchamp fut tantôt conseillé du répondre, et répondit qu'il n'eskievoit nul homme en trèves et hors trèves acheter châteaux, terres, possessions et héritages; et pour ce ne sont mie trèves enfreintes ni brisées.

Ils n'en purent, cils qui envoyés y furent, autre chose avoir. Si demeura la chose en cel état; et obtinrent les Anglois le fort châtel de Ghines qu'ils n'eussent rendu pour nul avoir.

CHAPITRE XII.

Comment le roi Jean ordonna les chevaliers de l'Étoile à la Noble Maison de-lez Saint-Denis et comment meschef advint à cette noble compagnie.

En ce temps et en celle saison devisa et ordonna le roi Jean de France une belle compagnie grande et noble, sur la manière de la Table Ronde qui fut jadis au temps du roi Artus; de laquelle compagnie devoient être trois cents chevaliers les plus vaillans ès armes et les plus suffisans du royaume de France; et devoient être appelés ces chevaliers, les Chevaliers de l'Étoile[1], et devoit

---

[1] M. Dacier a publié un mémoire curieux sur cette institution, qui est le plus ancien ordre de chevalerie dont nos annales fassent mention et paraît avoir servi dans la suite de modèle aux établissemens du même genre. On trouve dans le tome 2 du *Recueil des Ordonnances des rois de France* la lettre circulaire adressée le 6 novembre 1351 à ceux que le roi Jean admettait dans son ordre. Il est probable que le roi Jean aura voulu rivaliser dans cette institution avec l'ordre de la Jarretière qu'Édouard III venait d'établir. Voici cette circulaire:

Institution de l'ordre de l'Étoile ou des chevaliers de la Noble Maison.

DE PAR DE ROI.

Biau cousin, nous, à l'onneur de Dieu, de Nostre Dame, et en essaucement de chevalerie et accroissement d'onneur, avons ordené de faire une Compaignie de chevaliers qui seront appellez les Chevaliers de Nostre Dame de la Noble Maison, qui porteront la robe ci-après devisée. C'est assavoir une cote blanche, un sercot et un chaperon vermeil, quant ils seront sans mantel; et quant ils vestiront mantel qui sera fait à guise de chevalier nouvel, à entrer et demourer en l'église de la noble maison il sera vermeil et fourrez de vair, non pas d'ermines de cendail ou samnit blanc, et faudra qu'il aient dessouz le dit mantel sercot blanc ou cote hardie blanche, chauces noires et souliers dorez; et porteront continuelment un annel entour la verge auquel sera escrit leur nom et surnom, ou quel annel aura un esmail plat vermeil, en l'esmail une estoille blanche, au milieu de l'estoille une rondete d'azur, ou milieu d'icelle rondete d'azur, un petit soleil d'or, et ou mantel sus l'espaule ou devant en leur chaperon un fremail, ou quel aura un estoille, toute telle comme en l'annel est devisé.

Et tous les samedis quelque part qu'il seront, il porteront vermeil et blanc en cote et en sercot, et chaperon comme dessus, se faire le puent bonnement. Et se il veulent porter mantel il sera vermeil et fenduz à l'un des costez et touz les jours blanc dessouz. Et se touz les jours de la sepmaine, il veulent porter le fremail, faire le pourront et sur quelque robe que il leur plaira; et en l'armeure pour guerre, il porteront le dit fremail en leur camail, ou en leur cote à armer, ou là où il leur plaira apparemment.

Et seront tenuz de jeuner touz les samedis, se ils peuvent bonnement, et se bonnement ne peuvent jeuner, ou ne veulent, il douront ce jour quinze deniers pour Dieu, en l'onneur des quinze joyes de Nostre Dame. Jureront que à leur povoir, il donneront loyal conseil au prince, de ce que il leur demandera, soit d'armes ou d'autres choses. Et se il y a aucuns qui avant ceste compaignie ayent emprise aucun ordre, il la devront lessier, se il pevent bonnement; et se bonnement ne la pevent lessier, si sera ceste compaignie devant, et de cy en avant n'en pourront aucune autre emprendre, sanz le congié du

chacun chevalier de la dite compagnie porter une étoile d'or ou argent doré, ou de perles sur son dernier vêtement, pour reconnaissance de la compagnie. Et eut adonc en convent le roi Jean aux compagnons de faire une belle maison et grande à son coût et à son frais de-lez Saint-

prince. Et seront tenuz de venir touz les ans à la Noble Maison, assise entre Paris et Saint-Denis en France, à la veille de la feste Nostre Dame demi-aoust dedens prime, et y demourer tout le jour, et lendemain jour de la feste jusques après vespres, et se bonnement n'y peuvent venir, il en seront creu par leur simple parole. Et en touz les liex où il se trouveront cinq ensemble ou plus à la veille et au jour de la dite mi-aoust, et que bonnement il n'auront peu venir à ce jour, au lieu de la Noble Maison, il porteront les dites robes et orront vespres et messe ensemble, se il pevent bonnement.

Et pourront les diz cinq chevaliers, se il leur plaist, lever une bannière vermeille, semée des estoilles ordenées, et une image de Nostre Dame blanche, especialement sur les ennemis de la foy, ou pour la guerre de leur droiturier seigneur.

Et au jour de leur trespassement, il envoiront à la noble maison, se il pevent bonnement, leur annel et leur fremail, les meilleurs que il auront faitz pour la dite compaignie, pour en ordener au proufit de leurs ames, et à l'onneur de l'église de la noble maison, en laquelle sera fait leur service solemnelment. Et sera tenuz chascun de faire dire une messe pour le trespassé, au plus tost que il pourront bonnement, depuis que il l'auront sceu.

Et est ordenné que les armes et timbres de touz les seigneurs et chevaliers de la noble maison, seront paints en la salle d'icelle, au dessus d'un chacun là où il sera.

Et se il y a aucun qui honteusement, que Diex, ne Nostre-Dame ne veille, se parte de bataille, ou de besoigne ordenée, il sera souspendus de la compagnie, et ne pourra porter tel habit, et li tournera l'en en la noble maison ses armes et son timbre ce dessus dessous sans deffacier, jusques à tant qu'il sait restituez par le prince et son conseil, et tenuz pour relevez par son bienfait.

Et est encore ordené que en la noble maison, aura une table appellée la table d'oneur, en laquelle seront assiz la veille et le jour de la première feste, les trois plus souffisanz princes, trois plus suffisanz bannerez et trois plus suffisanz bachelers qui seront à la dite feste, de ceuls qui seront receus en la dite compaignie : et en chascune ville et feste de la mi-aoust, chacun an après en suivant, seront assis à la dite table d'oneur les trois princes, trois bannerez et trois bachelers, qui l'année auront plus fait en armes de guerre, car nul fait d'armes de pais n'y sera mis en compte.

Et est encore ordené que nuls de ceuls de la dite compaignie ne devra emprendre à aller en aucun voyage lointain, sanz le dire ou faire savoir au prince, lesqueix chevaliers seront en nombre cinq cents, et desquiex, nous, comme inventeur et fondeur d'icelle compaignie, serons prince, et ainsi l'en devront estre noz successeurs roys. Et vous avons eslu à estre du nombre de la dite compaignie, et pensons à faire, se Diex plest, la première feste et entrée de la dite compaignie à Saint-Ouïn, la veille et

Denis [1], là où tous les compagnons et confrères devoient repairer à toutes les fêtes solennelles de l'an, cils qui seroient ens le pays, si ils n'avoient trop grand ensoigne qui les excusât, ou à tout le moins chacun une fois l'an. Et devoit être appelée la Noble Maison de l'Étoile ; et y devoit le roi, au moins une fois l'an, tenir cour plénière de tous les compagnons [2] ; et à cette cour devoit chacun des compagnons raconter toutes les aventures, sur son serment, qui avenues lui étoient en l'an, aussi bien les honteuses comme les honorables. Et le roi devoit établir deux clercs ou trois sur ses coûts, qui toutes ces aventures devoient mettre en escrit, et faire de ces aventures un livre, afin que ces aventures ne fussent mie oubliées, mais rapportées tous les ans en place par devant les

le jour de l'Apparition prouchene. Si soyez aus dits jours et lieu, se vous povez bonnement, à tout vostre habit, annel et fremail. Et adoncques sera à vous et aus autres plus à plain parlé sur ceste matière.

Et est encores ordené que chascun apporte ses armes et son timbre pains, en un feuillet de papier, ou de parchemin, afin que les paintres les puissent mettre plus tost et plus proprement là où il devront estre mis en la Noble Maison. Donné à Saint-Cristophle en Halate le sixième jour de novembre, l'an de grâce mil trois cent cinquante un. Signé au bas, *Seriz.*

[1] Le chef-lieu de cet ordre fut établi à Saint-Ouen, que le roi Jean appelait *la Noble Maison.*

[2] Ducange rapporte au mot *stella* dans son Glossaire un compte d'Étienne La Fontaine, argentier du roi, à l'occasion de la première cour plénière qui fut tenue le jour des Rois de l'année 1352, deux mois après la date de la circulaire : cette pièce nous a de plus conservé les noms des princes et de quelques autres de ceux qui furent compris dans la première promotion, ce sont : — Le roi Jean, chef de l'ordre. — Le dauphin, son fils. — Louis, duc d'Anjou, son frère. — Jean, duc de Berry, id. — Philippe le-Hardi, id. — Philippe, duc d'Orléans, frère du roi. — Louis de Bourbon. — Charles, comte d'Artois. — Philippe de Navarre. — Louis de Navarre. — Le vieux dauphin Humbert II, dauphin de Viennois, qui, après avoir cédé ses états à Philippe de Valois en 1349, étoit devenu patriarche d'Alexandrie et non de Jérusalem, comme il est dit dans cette pièce. — Le sire de Saint-Venant. — Jean de Châtillon grand maître-d'hôtel du roi. — Messire d'Andresel, chambellan du roi. — Le sire Jean de Clermont, chambellan du roi et maréchal de France. — Et les quatre chambellans du dauphin.

M. Dacier, dans son Mémoire, y ajoute les noms suivans : Charles d'Espagne connétable de France. — Jean II, vicomte de Melun, comte de Tancarville. — Jacques Bozzuto, de la première maison d'Anjou-Sicile. — Le sire de Bavelinghen, capitaine du château de Guines. — Geoffroy de Chargny, gouverneur de Saint-Omer.

Les suites de la captivité du roi Jean amenèrent la presque dissolution de cette institution qui s'éteignit peu à peu et finit par disparaître sous les règnes suivans.

compagnons, par quoi on pût savoir les plus preux, et honorer chacun selon ce qu'il seroit. Et ne pouvoit nul entrer en cette compagnie, si il n'avoit le consent du roi et de la greigneur partie des compagnons et si il n'étoit sans diffame ni reproche : et leur convenoit jurer que jamais ils ne fuiroient en bataille plus loin de quatre arpens à leur avis, ainçois mourroient ou se rendroient pris, et que chacun aideroit et secourroit l'autre à toutes ses besognes comme loyaux amis, et plusieurs autres estatuts et ordonnances que tous les compagnons avoient jurées. Si fut la maison près que faite, et encore est-elle assez près de Saint-Denis. Et si il avenoit que aucun des compagnons de l'Étoile, en vieillesse, eussent mestier de être aidés, et que ils fussent affoiblis de corps ou amenris de chevance, on lui devoit faire ses frais en la maison bien et honorablement, pour lui et pour deux varlets, si en la maison vouloit demeurer, afin que la compagnie fût mieux détenue : ainsi fut cette chose ordonnée et devisée [1].

Or avint que, assez tôt après cette ordonnance emprise, grand'foison de gens d'armes issirent hors d'Angleterre et vinrent en Bretagne pour conforter la comtesse de Montfort. Tantôt que le roi de France le sçut, il envoya celle part son maréchal et grand'foison de bons chevaliers pour contrester aux Anglois. En celle chevauchée alloient foison de ces chevaliers de l'Étoile. Quand ils furent venus en Bretagne, les Anglois firent leur besogne si subtilement que, par un embûchement qu'ils firent, les François qui s'embattirent trop avant follement, furent tous morts et déconfits; et y demeura mort sus la place messire Guy de Nelle, sire d'Aufremont en Vermandois, dont ce fut dommage, car il étoit vaillant chevalier et preux durement; et avec lui demeurèrent plus de quatorze chevaliers de l'Étoile, pourtant qu'ils avoient juré que jamais ne fuiroient : car si le serment n'eût été, ils se fussent retraits et sauvés. Ainsi se dérompit cette noble compagnie de l'Étoile avec les grands meschefs qui avinrent depuis en France, si comme vous orrez recorder avant en l'histoire.

[1] C'est là, comme on voit, l'origine éloignée de la fondation de l'hôtel des Invalides. Ce fut, à peu de changemens près, conformément à ces anciens statuts de l'Étoile, que Philippe-le-Bon, duc de Bourgogne, institua dans le siècle suivant l'ordre de la Toison-d'Or.

CHAPITRE XIII.

Comment messire Charles d'Espaigne fut occis par le fait du roi Charles de Navarre à Laigle en Normandie, et comment le roi Jean voulut contrevenger sa mort.

En ce temps et en celle saison avoit le roi de France de-lez lui un chevalier que durement aimoit, car il avoit été avec lui nourri d'enfance : c'étoit messire Charles d'Espaigne[1]; et l'avoit le roi fait son connétable de France[2]; et l'avançoit en quant qu'il pouvoit de donner frais, possessions et héritages, or et argent, et tout ce qu'il vouloit. Si lui donna le roi de France une terre qui longuement avoit été en débat entre le roi de Navarre le père et le roi Philippe son père[3]. Quand le roi Charles de Navarre et messire Philippe son frère[4] virent que le roi Jean leur éloignoit leur héritage et l'avoit donné à un homme qui ne leur étoit de sang ni de lignage, si en furent durement courroucés et en menacèrent couvertement le dit connétable; mais ils ne lui osoient faire nulle félonnie, pour la cause du roi qu'ils ne vouloient mie courroucer, car le roi de Navarre avoit sa fille à femme[5], et savoit bien que c'étoit l'homme du monde, après ses enfans, que le roi aimoit le mieux : si se couva cette haine un grand temps.

Bien sentoit messire Charles d'Espaigne que le roi de Navarre l'avoit grandement contre cœur; et s'en tenoit en bien dur parti, et l'avoit remontré au roi de France; mais le roi l'en avoit asséguré et disoit : « Charles, ne vous doutez de mon fils de Navarre; il ne vous oseroit courroucer, car si il le faisoit, il n'auroit plus grand ennemi de moi. »

Ainsi se passa le temps, et s'humilioit toudis

[1] Charles de Castille, dit d'Espagne, était petit-fils de Ferdinand dit de La Cerda, fils aîné d'Alphonse roi de Castille. Les descendans de Ferdinand ayant été privés de la couronne par Sanche-le-Brave, se retirèrent en France.
[2] Suivant les Grandes Chroniques, il fut fait connétable au mois de janvier 1351.
[3] Outre le comté d'Angoulême, le roi Jean avait donné à Charles d'Espagne les châteaux de Benon et de Fontenay-l'Abattu, qui avaient été assignés à Philippe, roi de Navarre, et à Jeanne sa femme, père et mère de Charles II, pour le paiement de 3,000 livres de rente que Philippe de Valois leur avait données par le traité fait entre eux le 14 mars 1335.
[4] Philippe de Navarre, comte de Longueville.
[5] Charles de Navarre avait épousé Jeanne de France, fille du roi Jean.

le connétable de France envers les enfans de Navarre, quand d'aventure il les trouvoit en l'hôtel du roi de France ou ailleurs. Pour ce ne demeura mie que les enfans de Navarre[1] n'en fissent leur entente; car messire Charles d'Espaigne étoit une fois à Laigle en Normandie[2]; si que, ainsi que de nuit il gissoit en un petit village assez près de Laigle en Normandie, il fut là trouvé des gens le roi de Navarre qui le demandoient, et qui avoient fait et bâti aguets sur lui; desquels tant qu'à cette fois et à ce fait, un cousin des enfans de Navarre qui s'appeloit le Bascle de Marueil[3] étoit souverain et capitaine; si fut le dit connétable là pris et assailli en sa chambre et occis[4]. A ce fait pour être, en fut prié de ses cousins les enfans de Navarre le comte Guy de Namur, qui pour ce temps se tenoit à Paris, mais il s'en conseilla à son cousin le cardinal de Boulogne qui lui dit : « Vous n'irez point; ils sont gens assez sans vous. » Et si très tôt que le fait fut avenu et que le dit cardinal le put savoir, il manda son cousin le comte de Namur et lui remontra le péril où il en pouvoit être du roi Jean, qui étoit soudain et hâtif en son aïr. Si lui conseilla à partir du plus tôt qu'il put. Le comte de Namur crut ce conseil. Si se partit de Paris sans prendre congé au roi, et fit tant par ses journées qu'il se trouva en son pays de-lez madame sa femme. Oncques depuis ne retourna à Paris.

Quand le roi de France sçut la vérité de son connétable messire Charles d'Espaigne que le roi de Navarre avoit fait mourir, si en fut trop durement courroucé; et dit bien que ce seroit trop chèrement comparé; et trop se repentit que oncques lui avoit donné sa fille par mariage. Si envoya tantôt le dit roi grands gens d'armes en Normandie pour saisir la comté d'Évreux qui étoit héritage au dit roi de Navarre, et furent repris en ce temps une partie des châteaux que le roi de Navarre tenoit. D'autre part, le roi Jean qui prit cette chose en grand dépit, exploita tant devers le comte d'Armignac et le comte de Comminges et aucuns barons de la haute Gascogne qu'ils firent guerre au roi de Navarre, et entrèrent par les montagnes en son pays et lui ardirent aucunes povres villes; mais plenté ne fut-ce mie, car le comte de Foix, qui se rourge étoit au roi de Navarre, alla au devant et se allia avec le dit roi; et entra à grands gens d'armes en la comté d'Armignac, par quoi il convint que cette chose cessât et que le comte d'Armignac et les autres qui avec lui étoient retournassent et vinssent garder leur pays.

CHAPITRE XIV.

Comment des traiteurs se rendirent à Avignon de par le roi de France et le roi d'Angleterre, mais ne purent rien accorder; et comment le duc de Brabant mourut.

En ce temps vinrent en Avignon les élus du roi de France et du roi d'Angleterre eux comparoir devant le pape Innocent et les cardinaux; et si espéciales personnes y vinrent que, de par le roi de France, son cousin germain messire Pierre duc de Bourbon, un très gentil et vaillant chevalier, et de par le roi d'Angleterre, son cousin germain aussi le duc Henry de Lancastre. Si furent ces deux seigneurs en Avignon un grand temps, et y tinrent grand état et noble; et là eut grands parlemens et traités de paix, et plusieurs choses proposées et parlementées devant le pape. Mais à ce temps on n'y put oncques trouver moyen de paix; et brisa l'article de Bretagne, ainsi qu'il avoit fait autrefois, grandement la paix. Si demeura la chose en cel état, et s'en retournèrent les Anglois en Angleterre et les François en France. Si fut la trève expirée et la guerre renouvelée plus fort assez que devant.

En ce temps trépassa le duc Jean de Brabant[1],

---

[1] Le roi Charles de Navarre et ses frères Philippe comte de Longueville, et Louis, comte de Beaumont-le-Roger.

[2] Charles de Navarre avait épousé en 1351 Marguerite de Blois, dame de Laigle, nièce du roi Jean à la mode de Bretagne, puisque Charles de Blois, duc de Bretagne, son père, était fils de Marguerite, sœur de Philippe de Valois, père du roi Jean.

[3] Il est nommé dans Secousse *Bascon de Marueil*. (Bascle et Bascon signifient bâtard).

[4] On remarque quelques légères différences dans le récit des autres historiens. Le second continuateur de Nangis, page 118, dit que le connétable fut tué par l'ordre et en présence du roi de Navarre; l'auteur anonyme de la *Chronique de Flandre*, page 190, qu'il fut tué par le roi de Navarre même et par ses gens. Un auteur anonyme d'une *Vie d'Innocent VI*, dit qu'il fut tué à Paris : cet anonyme était évidemment mal informé. Enfin, suivant Mathieu Villani, le connétable fut tué par le roi de Navarre en personne, accompagné de plusieurs autres barons, qui le massacrèrent dans son lit.

[1] Jean III, dit le Triomphant, duc héréditaire de Lothier ou Basse-Lorraine et de Brabant, mort le 5 dé-

qui puissamment et sagement avoit régné contre tous ses voisins. Si reschéi la terre et la duché de Brabant à madame Jeanne son ains-née fille; car messire Godefroi son fils étoit mort. Si fut cette dame ducoise de Brabant, et épousa monseigneur Wincelin de Bohême[1], né de la sœur monseigneur le duc de Bourbon[2]. Si étoit ce sire Wincelin pour ce temps moult jeune, mais il étoit conseillé de son bel oncle monseigneur Jakemes de Bourbon qui entendoit à ses besognes, et jà était-il duc de Luxembourch[3]. Si fit en sa nouvéleté à ce jeune duc de Brabant et de Luxembourch, le comte Louis de Flandre[4] grand'guerre, pour la cause de madame sa femme, qui fille avoit été au duc de Brabant, pour avoir sa parçon; et par espécial il demandoit à avoir Malines et Anvers et les appendances; et disoit et proposoit et remontroit le dit comte, par sceaux, que le duc Jean de Brabant, quand il prit sa fille en mariage, lui avoit donné et accordé à tenir après son décès.

Ces demandes venoient à grand contraire à madame Jeanne ducoise de Brabant et au jeune duc son mari, et à tous les barons du pays et les bonnes villes aussi, car ils n'en savoient parler; et l'avoit le duc Jean fait secrètement, car si comme ci-dessus en cette histoire est dit, quand le duc de Brabant maria sa fille au comte de Flandre, il acata le mariage. Pour lesquelles demandes grands guerres en ce temps s'émurent entre les pays de Brabant et de Flandre, et y eut plusieurs batailles et rencontres, et durèrent trois ans ou environ[5]. Finablement le comte Guillem de Hainaut, fils à Louis de Bavière[1] le roi d'Allemaigne, y trouva un moyen parmi le bon conseil qu'il eut; et fit lier toutes les parties tellement qu'il en fut du tout à son dit. Si on détermina sur les marches de Flandre, de Brabant et de Hainaut, et ordonna adonc bonne paix entre les pays de Flandre et de Brabant; mais Malines et Anvers, qui sont deux grosses villes et de grand profit, demeurèrent au comte de Flandre.

Je me suis de cette manière passé assez briévement, pourtant qu'elle ne touche de rien au fait de ma principale matière des guerres de France et d'Angleterre.

CHAPITRE XV.

Cy parle des alliances du roi Charles de Navarre et des enfans de Navarre avec le roi d'Angleterre.

Le roi de France avoit pris en si grand haine le fait de son connétable que les enfans de Navarre avoient fait mourir, que il n'en pouvoit issir; ni les enfans de Navarre, pour amendes qu'ils en sçussent offrir ni présenter, le roi de France n'y vouloit entendre, mais il les faisoit guerroyer de tous côtés. Quand ils virent ce, si s'avisèrent qu'ils se trairoient en Angleterre et se fortificroient des Anglois et les mettroient en leurs châteaux en Normandie; autrement ils ne pouvoient venir à paix, si ils ne faisoient guerre. Si se départirent de Chierebourch et montèrent en mer et arrivèrent en Angleterre. Si firent tant qu'ils vinrent à Windesore où ils trouvèrent le roi et grand foison de seigneurs, car c'étoit à une fête de Saint Georges que ils fêtoient. Si fut le roi de Navarre grandement bien venu et conjoui du roi d'Angleterre et de tous les barons, et aussi fut messire Philippe son frère[2].

---

cembre 1355 à l'âge de 59 ans : il laissa en mourant trois filles, Jeanne, dont il va être question ici, Marguerite, mariée à Louis de Male, comte de Flandre, et Marie qui épousa Rainier, duc de Gueldres.

[1] Jeanne, veuve de Guillaume III, comte de Hollande et de Hainaut, épousa en 1345 Wenceslas, duc de Luxembourg, frère de l'empereur Charles IV.

[2] Wenceslas était fils de Jean de Luxembourg, roi de Bohême, tué à la bataille de Crecy, et de sa seconde femme Béatrix, fille de Louis Ier duc de Bourbon. Ainsi Wenceslas se trouvait, comme le dit l'historien, neveu de Jacques de Bourbon comte de La Marche, frère cadet de sa mère.

[3] Son frère Charles IV, empereur d'Allemagne n'érigea le comté de Luxembourg en duché, en sa faveur, que le 13 mai 1354.

[4] Louis de Male, comte de Flandre, beau-frère de Jeanne dont il avait épousé la sœur cadette Marguerite.

[5] Cette guerre ne dura pas même deux ans au lieu de trois. Jean-le-Triomphant, père de Jeanne, mourut en octobre 1355; la guerre ne commença qu'en 1356 et le traité de paix est du mois de juin 1357. Cet événement n'est pas placé dans le texte sous sa véritable date.

[1] Guillaume de Hainaut était fils de Louis Ier de Bavière, empereur d'Allemagne, et de sa seconde femme Marguerite de Hainaut.

[2] Les autres historiens ne font aucune mention de ce voyage du roi de Navarre et de son frère en Angleterre. Secousse a réuni, dans ses Mémoires sur Charles II de Navarre, tout ce qui était relatif à cette époque, et on ne trouve rien qui y fasse la moindre allusion. On y voit seulement, d'après la déposition de Friquet, gouverneur de Caen pour le roi de Navarre que le duc de Lancastre, auparavant comte de Derby, qui était alors en Flandre, fit offrir au roi de Navarre le secours de son parent le roi d'Angleterre contre la vengeance du roi Jean ; que le

En cette visitation que le roi de Navarre et ses frères firent en Angleterre eut grands traités et grands alliances ensemble ; et devoit le roi d'Angleterre efforcément arriver en Normandie et prendre terre à Chierebourch et le roi de Navarre lui devoit, à lui et à ses gens, prêter les forteresses pour guerroyer le royaume de France.

Quand toutes ces choses furent bien faites et ordonnées à leur entente, et les enfans de Navarre eurent séjourné de-lez le roi et la roine environ quinze jours, ils se départirent et s'en retournèrent arrière en la comté d'Évreux à visiter le fort châtel de Breteuil, Kem et tous autres châteaux qui du roi de Navarre se tenoient.

Le roi d'Angleterre ne mit mie en nonchaloir son propos, et dit, puisque paix ne s'étoit pu faire en Avignon, que il ne fit oncques si forte guerre en France que il feroit. Et ordonna en celle saison de faire trois armées : l'une en Normandie, et l'autre en Bretagne et la tierce en Gascogne ; car de Gascogne étoient venus en Angleterre le sire de Pommiers, le sire de Rosem, le sire de l'Esparre, et le sire de Mucident qui prioient au roi qu'il leur voulût bailler et envoyer ens ès parties par delà son fils le prince de Galles et ils l'aideroient à faire bonne guerre.

Le roi d'Angleterre fut adonc si conseillé qu'il leur accorda ; et dut le duc de Lancastre aller en Bretagne atout cinq cents hommes d'armes et mille archers, car messire Charles de Blois étoit revenu au pays, qui faisoit grand'guerre à la comtesse de Montfort. Il s'étoit rançonné quatre cent mille écus qu'il devoit payer, et en nom de trau il en avoit envoyé deux de ses fils, Jean et Guy, en Angleterre, à condition que deux cents hommes d'armes et quatre cents archers arriveroient en Normandie sur la terre de Navarre[1].

Si fit le dit roi faire ses pourvéances grands et grosses pour toutes ces besognes parfournir ; et manda partout gens d'armes là où il les put avoir. Si se départirent d'Angleterre en trois parties, et arrivèrent en trois ports ou hâvres,

roi de Navarre se réfugia aussitôt, auprès du pape à Avignon, d'où il se rendit en Navarre, et que ce fut de là qu'il expédia un de ses agens, nommé Colin Doublet, en Angleterre pour annoncer au roi qu'il se rendrait avec des troupes à Cherbourg par mer, afin de recouvrer ses places occupées par le roi de France.

[1] Le roi de Navarre, comme comte d'Évreux, possédait plusieurs villes importantes de Normandie.

auques en une saison, ces trois osts. Le prince de Galles s'en alla devers Bordeaux à mille hommes d'armes et deux mille archers et toute fleur de chevalerie avec lui.

Premièrement de sa route étoient le comte de Suffolch, le comte d'Aske-Sufforch, le comte de Warvich, le comte de Sallebrin, messire Regnault de Cobehen, le baron de Stanford, messire Jean Chandos qui jà avoit la renommée d'être l'un des meilleurs chevaliers de toute Angleterre, de sens, de force, d'heur, de fortune, de haute emprise et de bon conseil, et par espécial le roi avoit son fils le prince recommandé à lui et en sa garde. Là étoit le sire de Bercler, messire James d'Audelée et messire Pierre son frère, messire Bietremeus de Brucs, le sire de la Ware, messire Thomas et messire Guillaume de Felleton, le sire de Basset, messire Estievennes de Cousenton, messire Édouard sire Despensier, le sire de Willebi, messire Eustache d'Aubrecicourt, et messire Jean Ghistelles, et plusieurs autres que je ne puis mie tous nommer.

Si me tairai du prince et de ses gens, et aussi du duc de Lancastre qui arriva en Bretagne, et parlerai du roi d'Angleterre et de son armée qui en ce temps voulut venir en Normandie sur la terre du roi de Navarre.

Quand le roi d'Angleterre eut fait toutes ses pourvéances, il monta en mer au hâvre de Hantonne atout deux cents hommes d'armes et quatre mille archers. Si étoient en sa compagnie le comte d'Arondel, le comte de Norhantonne, le comte de Hereford, le comte de Stafford, le comte de la Marche, le comte de Hostidon, le comte de Cornouaille, l'évêque de Lincolle et l'évêque de Wincestre, messire Jean de Beauchamp, messire Gautier de Mauny, le sire de Mannes, le sire de Moutbray, le sire de Ros, le sire de Percy, le sire de Neufville, messire Jean de Montaigu, le sire de Grastoch, le sire de Clifort, messire Richard de Pennebruge, messire Alain de Bouquesselle, et plusieurs autres barons et chevaliers desquels je ne puis mie de tous faire mention. Si s'adressèrent, le roi, ces gens d'armes et cette armée, devers Normandie pour prendre terre à Chierebourch, où le roi de Navarre les attendoit.

Quand ils furent entrés en mer et ils eurent singlé un jour, ils eurent vent contraire, et les convint retourner en l'île de Wiske, et là furent quinze jours; et quand ils s'en partirent, ils ne se purent adresser vers Chierebourch, tant leur étoit le vent contraire, mais prirent terre en l'île de Grenesée à l'encontre de Normandie; et là furent un grand temps, car ils oyoient souvent nouvelles du roi de Navarre qui se tenoit à Chierebourch.

Bien étoit le roi de France informé de ces armées que le roi d'Angleterre en celle saison avoit mis sus, et comment il tiroit à venir et arriver en Normandie, et que le roi de Navarre s'étoit allié à lui, et le vouloit, et ses gens, mettre en ses forteresses. Si fut dit et remontré au roi de France, par grand'délibération de conseil, que cette guerre de Normandie, le pouvoit trop grever, au cas que le roi de Navarre possessoit des villes et des châteaux de la comté d'Évreux [1], et que mieux valoit que il se dissimulât un petit et laissât à dire devers le roi de Navarre que donc que son royaume fût si malement mené ni grevé.

Le roi de France, qui étoit de grand'conception hors de son air, regarda que son conseil le conseilloit loyalement; si se refrena de son mautalent et laissa bonnes gens ensonnier et convenir de lui et du roi de Navarre. Si furent envoyés à Chierebourch l'évêque de Bayeux et le comte de Salebruce, qui parlèrent si doucement et si bellement au roi de Navarre, et lui remontrèrent tant de belles raisons colorées, que le dit roi se laissa à dire et entendit à raison, parmi tant aussi qu'il désiroit la paix à son grand seigneur le roi Jean de France, mais ce ne fut mie si tôt fait; ainçois y eut moult de paroles retournées ainçois que la paix venist et que le roi de Navarre voulsist renoncer aux traités et aux alliances qu'il avoit au roi d'Angleterre. Et quand la paix entre lui et le roi de France fut accordée et scellée, et qu'il renonça en lui excusant moult sagement des alliances qu'il avoit au roi d'Angleterre, si demeura messire Philippe de Navarre son frère anglois, et sçut trop mauvais gré au roi son frère de ce qu'il avoit travaillé le roi d'Angleterre de venir si avant et puis avoit brisé toutes ses convenances [2].

Quand le roi d'Angleterre, qui se tenoit sur les frontières de Normandie en l'île de Grenesée et étoit tenu bien sept semaines, car là en dedans il n'avoit ouï nulles nouvelles establès du roi de Navarre, pourquoi il eut cause de traire avant, entendit que le roi de Navarre étoit accordé au roi de France et que bonne paix étoit jurée entre eux, si fut durement courroucé; mais amender ne le put tant que celle fois, et lui convint souffrir et porter les dangers de son cousin le roi de Navarre. Si eut volonté de desancrer de là et de retourner en Angleterre ainsi qu'il fit; et s'en revint, et toute sa navie, à Hantonne. Si issirent là des vaisseaux et prirent terre le roi et leurs gens, pour eux rafraîchir tant seulement, car ils avoient été bien douze semaines sur la mer, dont ils étoient tout travaillés. Si donna le roi d'Angleterre grâce à ses gens d'armes et archers de retraire vers Londres ou en Angleterre, là où le mieux leur plaisoit, pour eux rafraîchir et renouveler de vêtures, d'armures et de tous autres outils nécessaires pour leurs corps : car autrement il ne donna nullui congé, ainçois avoit intention d'entrer en France au lez devers Calais ; et fit le dit roi venir et amener toute sa navie, où bien avoit trois cents vaisseaux, uns et autres, à Douvres, et là arrêter.

Quand le roi d'Angleterre et les seigneurs se furent rafraîchis environ quinze jours sur le pays, ils se trairent tous en la marche de Douvres. Si firent passer tout premièrement leurs chevaux, leurs harnois et leurs menues choses et venir à Calais, et puis passèrent le roi et ses deux fils [1], Lyons comte d'Ulnestre [2] et Jean comte de Richemont, et se commençoient jà les enfans à armer. Si vinrent à Calais, et se logea ens ou châtel, et tout le demeurant en la ville.

Quand le roi d'Angleterre eut séjourné en la

de France, le duc de Lancastre, à sa prière, s'était embarqué pour se rendre à sa rencontre à Cherbourg, et était depuis plusieurs mois en mer avec un corps de troupes considérable tout prêt à descendre en Normandie. Édouard lui-même était embarqué sur la flotte, afin d'être à portée de traiter directement avec le roi de Navarre ; mais sur la nouvelle que Charles avait fait sa paix avec la France, les Anglais rentrèrent dans leurs ports.

[2] L'aîné de ses enfans, le Prince Noir, était, comme on vient de le voir, en Gascogne.

[3] Lyonel, duc de Clarence, second fils d'Édouard III et frère cadet du prince de Galles, épousa Burgh, héritière d'Ulster en Irlande.

---

[1] Le roi de Navarre pouvait introduire Édouard dans le cœur du royaume et jusqu'aux portes de Paris, puisqu'il possédait Mante, Meulan, Beaumont-sur-Oise et Pontoise.

[2] Pendant que le roi de Navarre négociait avec le roi

ville de Calais un petit de terme, si eut volonté de partir et de chevaucher en France. Si fit connétable de toute son ost le comte de Salebrin, et maréchaux le seigneur de Percy et le seigneur de Neuf-Ville. Si se départirent de Calais moult ordonnément en grand arroy, bannières déployées, et chevauchèrent vers Saint-Omer; et passèrent devant Arde et puis devant Le Montoire, et se logèrent sur la rivière d'Oske; et à lendemain les maréchaux de l'ost le roi coururent devant Saint-Omer, dont messire Louis de Namur étoit capitaine. Si vinrent jusques aux barrières, mais ils n'y firent autre chose.

Le roi de France, qui bien avoit entendu que le roi d'Angleterre toute celle saison avoit fait ses pourvéances grandes et grosses, et qu'il s'étoit tenu sur mer, supposoit bien que le roi dessus nommé, quoique les alliances de lui et du roi de Navarre fussent brisées, ne se tiendroit point, a tant que il employât ses gens où que ce fût; et quand il sçut que il étoit à toute son ost arrivé à Calais, si envoya tantôt grands gens d'armes par toutes les forteresses de Picardie en la comté d'Artois, et fit un très grand et espécial mandement par tout son royaume : que tout chevalier et écuyer, entre l'âge de quinze ans et de soixante, fussent, à un certain jour que il y assist, en la cité d'Amiens ou là environ, car il vouloit aller contre les Anglois et eux combattre.

En ce temps étoit connétable de France le duc d'Athènes[1] et maréchaux messire Arnoul d'Andrehen et messire Jean de Clermont. Si envoya encore le dit roi de France devers ses bons amis en l'Empire, et par espécial monseigneur Jean de Hainaut en qui moult se confioit de sens, de prouesse et de bon conseil. Le gentil chevalier ne voult mie faillir à ce grand besoin le roi de France, mais vint vers lui moult étoffément, ainsi que bien le savoit faire, et le trouva en la cité d'Amiens. Là étoient de-lez le roi de France ses quatre enfans : premièrement Charles l'aîné duc de Normandie et dauphin de Vienne[2]; messire Louis le second, après comte d'Anjou et du Maine[1]; le tiers messire Jean comte de Poitiers[2]; et le quart messire Philippe[3]. Et quoique ces quatre seigneurs et enfans fussent avec le roi leur père, ils étoient pour ce temps encore moult jeunes, mais le roi les y menoit pour apprendre les armes. Là étoit le roi Charles de Navarre, le duc d'Orléans, frère du roi Jean, le duc de Bourbon, messire Jacques de Bourbon comte de Ponthieu, son frère, le comte de Forez, messire Jean de Boulogne comte d'Auvergne, le comte de Tancarville, le comte d'Eu, messire Charles d'Artois son frère, le comte de Dammartin, le comte de Saint-Pol, et tant de comtes et de barons que grande tanison seroit à recorder.

Si eut le roi en la cité d'Amiens bien douze mille hommes d'armes, sans les communautés dont il avoit bien trente mille. Et quoique le dit roi de France fît son amas de gens d'armes et ses pourvéances si grandes et si grosses pour chevaucher contre les Anglois, pour ce ne séjournoit mie le roi d'Angleterre d'aller toudis avant au royaume de France, car nul ne l'y alloit au devant; et chevauchoit vers Hesdin, dont ils avoient si grand peur en la cité d'Arras, que merveilles seroit à penser; car ils audoient que le roi d'Angleterre dût mettre le siége devant leur ville et leur cité.

Or vous lairons-nous un petit à parler du roi d'Angleterre et du roi de France, et vous parlerons d'une autre emprise et grande que messire Guillaume Douglas et les Escots firent en Angleterre, entrementes que le roi Édouard étoit en ce voyage de France.

CHAPITRE XVI.

Comment messire Guillaume de Douglas fit une chevauchée en Angleterre et reconquit la bonne ville de Bervich.

Messire Guillaume de Douglas, ce bon chevalier d'Escosse, guerroyoit toudis à son pouvoir les Anglois, quoique le roi David d'Escosse fût prisonnier, ainsi que vous savez. Et étoit-il de

---

[1] Gauthier VI du nom, comte de Brienne et d'Athènes, ne fut créé connétable de France que le 9 mai 1356 sur la démission de Jacques de Bourbon comte de La Marche et de Ponthieu et fils de Louis, duc de Bourbon, qui exerçait cette charge depuis la mort de Charles d'Espagne.

[2] C'est celui qui fut depuis roi de France sous le nom de Charles V.

[1] Il devint roi de Sicile en épousant Jeanne.
[2] Plus connu sous le titre de duc de Berry.
[3] Connu depuis sous le nom de Philippe-le-Hardi, duc de Bourgogne. Il fut le chef de la seconde maison de Bourgogne, dont les quatre souverains, Philippe-le-Hardi, Jean-sans-Peur, Philippe-le-Bon et Charles-le-Téméraire tiennent une si grande place dans nos annales.

[1355] LIVRE I. — PARTIE II. 307

tous les Escots le confort et la reliance : et se tenoit en la forêt de Gedours. Si avoit avec lui plusieurs chevaliers et écuyers d'Escosse et de France que le roi Jean y avoit envoyés[1], lesquels faisoient guerre avec lui aux Anglois, et comment qu'ils ne fussent qu'un petit de gens, si donnoient-ils à faire moult aux Anglois, et les ressoignoient durement ceux du pays de Northonbrelande. Ce messire Guillaume de Douglas, par prouesse et par vasselage, depuis la prise du roi d'Escosse, avoit reconquis sur les Anglois sept bonnes forteresses qu'ils tenoient des Escots, et avoit mis ceux de son pays au-dessus de leur guerre.

Or entendit-il ainsi que le royaume d'Angleterre étoit durement vide de gens d'armes et d'archers, et que ils étoient tous, ou la partie, avec le roi d'Angleterre ou son fils le prince de Galles, ou le duc Henry de Lancastre. Si s'avisa le dessus dit messire Guillaume avec ses compagnons que ils feroient secrètement une chevauchée en Angleterre et viendroient écheller le fort châtel de Rosebourch[2] qui sied sur la rivière de Tuide, et la ville et le châtel de Bervich séant sur celle même rivière. Si firent leur besogne et leur ordonnance tout coiement ; et s'en vinrent, pourvus d'échelles et avisés de leur fait, à un ajournement en deux batailles à Rosebourch et à Bervich. Les gardes de Rosebourch qui étoient toudis en doute et en crémeur pour les Escots, faisoient bon guet ; et faillirent les Escots à leur entente de prendre et écheller Rosebourch ; mais ceux qui vinrent à Bervich ne faillirent mie, ainçois assenèrent de prendre et écheller le châtel et tuer toutes les gardes qui dedans étoient.

Le château de Bervich sied au dehors de la cité ; et y a murs, portes et fossés entre deux et toudis, quoique on garde le châtel de Bervich, aussi est-on moult soigneux de garder la cité. Si ouïrent les gardes de la porte l'effroi qui étoit ens ou châtel. Si saillirent tantôt sus et allèrent rompre les planches parquoi les Escots soudainement ne pussent venir plus avant, et éveillèrent ceux de la ville qui tantôt s'armèrent et allèrent celle part et défendirent leur ville. Jamais les Escots ne l'eussent eue, puisqu'ils en étoient maucriés. Toutefois le château demeur aux Escots.

Si eurent avis les bourgeois de Bervich qu'il le signifieroient au roi d'Angleterre, car encore le sire de Grastoch, un grand baron de Northonbrelande, qui avoit tout ce pays en gouvernance, étoit avec le roi d'Angleterre en ce voyage en France. Si escripsirent ceux de Bervich lettres ; et signifièrent en tout leur état et comment les Escots avoient exploité, desquels messire Guillaume Douglas étoit meneur et souverain. Ainçois que ces lettres et ces nouvelles venissent au roi d'Angleterre, fit le dit messire Guillaume[1] une partie de son emprise, si comme vous orrez conter en suivant.

CHAPITRE XVII.

Cy parle de la demeure du roi d'Angleterre devant Blangis, et comment, sur la nouvelle de la venue des Escots à Bervich, il revint à Calais.

Tant alla le roi d'Angleterre que il vint devant Blangis, un beau châtel et fort de la comté d'Artois ; dont ceux de Hesdin furent tout ébahis, car c'est marchissant à deux petites lieues près. Et couroient les Anglois le pays à leur volonté jusques bien avant en la comté de Saint-Pol et d'Artois. Entrementes que le roi d'Angleterre se tenoit là, vint en son ost un moult bon chevalier de France des basses marches, qui s'appeloit Boucicaut[2] et étoit prisonnier au roi d'Angleterre de la prise de Poitou, et avoit bien été trois ans. Si lui avoit le roi d'Angleterre fait grâce d'être retourné en France et en son pays pour

---

[1] Je trouve le passage suivant dans la *Scala chronica* apud Leland :

At this tyme a Baronet of Fraunce, cau.lid Garenceris, cam with 50 men of armes yn to Scotland, and brought sith hym X. M. markes of the french knges treasor to be gyven emong the prelates and barons of Scotlande, apon the condition that they should brake their trews with the king of England, and make werre apon hym.

Et à cette époque arriva en Écosse un baron de France appelé Garancières, avec cinquante hommes d'armes et dix mille marcs du trésor du roi de France à départir entre les prélats et barons d'Écosse, sous la condition qu'ils violeraient la trève et feraient guerre au roi d'Angleterre.

[2] Il reste à peine aujourd'hui un seul vestige de cette ville autrefois assez considérable.

---

[1] Le Guillaume de Douglas dont il a été question dans les parties précédentes de cette chronique, avait été assassiné en 1353 dans la forêt d'Ettrick par son parent et filleul, de même nom que lui, et qui devint plus tard comte de Douglas.

[2] C'est le père du célèbre maréchal de Boucicaut ; il fut lui-même depuis maréchal de France.

mettre les besognes à point. Si devoit dedans le jour Saint-Michel r'être en la prison du roi dessus dit. Ce messire Boucicaut étoit un vaillant homme, grand chevalier et fort, et durement bon compain et bien en la grâce et amour du roi d'Angleterre et des Anglois, tout par sens et par beau langage qu'il avoit bien appareillé. Si trouva sur les champs, d'aventure, entre Saint-Pol et Hesdin, les maréchaux du roi d'Angleterre qui tantôt le reconnurent et qui lui firent grand chère ; car ils savoient bien qu'il étoit prisonnier. Si leur demanda le roi où il étoit. Ils lui répondirent que ils l'y mèneroient tout droit, car aussi alloient-ils celle part. Si se mit le dit messire Boucicaut en leur compagnie, et firent tant, qu'ils vinrent devant Blangis où le roi étoit logé. Messire Boucicaut se traist tantôt devers le roi que il trouva devant son pavillon et regardoit une lutte de deux Bretons. Quand messire Boucicaut fut trait devers le roi, il s'inclina tout bas, et le salua. Le roi, qui désiroit ouïr nouvelles de son adversaire le roi Jean, dit ainsi : « A bien vienne, Boucicaut ! » Et puis lui demanda : « Et dont venez-vous, messire Boucicaut ? » — « Monseigneur, répondit le chevalier, je viens de France, et tout droit de la cité d'Amiens où j'ai là laissé le roi mon seigneur et grand'foison de noble chevalerie, dont j'espoir que vous orrez temprement d'autres nouvelles. »

Le roi d'Angleterre pensa un petit et puis dit : « Messire Boucicaut, qu'est-ce à dire, quand mon adversaire sait que je suis logé en son pays, et ai jà été par trois jours à siége devant un de ses châteaux, et si a tant de chevaliers que vous dites, et si ne me vient point combattre ? » Messire Boucicaut répondit moult avisément et dit : « Monseigneur, de tout ce ne sais-je rien, car je ne suis mie de son secret conseil ; mais je me viens remettre en votre prison pour moi acquitter envers vous. » Adonc dit le roi une moult belle parole pour le chevalier : « Messire Boucicaut, je sais bien que si je vous voulois plenté presser, j'aurois bien de vous vingt ou trente mille florins, mais je vous dirai que vous ferez. Vous irez à Amiens devers mon adversaire, et lui direz où je suis, et que je l'y ai attendu trois jours ; encore l'y attendrai-je cinq ; et que là en dedans il traie avant, il me trouvera tout prêt pour combattre : et parmi tant que vous ferez ce message, je vous quitte votre prison. » Messire Boucicaut fut tout réjoui de ces nouvelles, et dit : « Monseigneur, votre message feraj-je sans faillir bien à point, et vous me faites grand'courtoisie. Dieu le vous puisse mérir ! »

Assez tôt après ces paroles, fut-il heure de souper. Si soupa le roi et six chevaliers et messire Boucicaut avec eux. Quand ce vint au matin, messire Boucicaut monta à cheval et sa mesnée, et se mit au retour au plus droit qu'il put devers Amiens, et fit tant qu'il y parvint. Si trouva le roi de France et grand'foison de ducs, de comtes, de barons et de chevaliers ; si fut-il bien venu entre eux, et eurent grand'merveille de ce que il étoit si tôt retourné. Si leur conta son aventure, et fit au roi tout premièrement son message, ainsi que le roi d'Angleterre lui mandoit, présens grand'foison de hauts seigneurs ; et puis dit messire Boucicaut tout en riant : « Le lever de ce message est-il que le roi d'Angleterre m'a quitté ma prison, qui me vient trop bien à point. » Le roi de France répondit : « Boucicaut, vous avez pris pour vous, et nous y entendrons pour nous, quand bon nous semblera, non à l'aise ni ordonnance de nos ennemis. »

Ainsi demeura la chose en cel état, et le roi de France encore à Amiens. Ni point ne se mut pour le mandement du roi d'Angleterre ; car toudis lui venoient gens, et encore en attendoit-il.

Quand le roi d'Angleterre, puis le département de monseigneur Boucicaut, vit que le roi Jean ne trairoit point avant, et que les jours étoient passés que ordonnés il y avoit, il eut conseil de déloger, et de lui retraire vers Calais, car pour celle saison il en avoit assez fait. Si délogea le dit roi, et se délogèrent toutes ses gens ; et puis se mirent au chemin toute l'Alequine, un beau plain chemin qui s'en va tout droit devers Calais : si passèrent parmi la comté de Fauquemberg.

Quand le roi de France, qui se tenoit à Amiens, sçut que le roi d'Angleterre s'en retournoit vers Calais, à prime se délogea-t-il ; et fut tout courroucé sur ceux qui l'avoient là tant tenu, car on l'avoit informé que le roi d'Angleterre viendroit mettre le siége devant Arras, et là le vouloit-il trouver et combattre. Si se hâta le dit roi durement et s'en vint gésir ce premier jour à Saint-Pol à Terouenois [1] et le lendemain à Terouane ;

---

[1] Sur la Ternoise.

et les Anglois étoient outre à Fauquemberg, et l'avoient toute robée et pillée. A l'endemain, s'en partit le roi d'Angleterre et toute son ost, et passèrent à Lieques et dessous Arde, et rentrèrent ce jour en la ville de Calais. Messire Arnoul d'Andrehen qui, allant et venant, avoit toudis côtoyé les Anglois, et tenu si court, que l'arrière-garde ne s'étoit oncques osé desfoucquer, poursuivit les Anglois de si près que, au rentrer en Calais, il se férit en la queue et partit à leur butin, et eut de leurs chevaux et de leur pillage et bien dix ou douze prisonniers, et puis s'en retourna en la bastide d'Arde, dont il étoit capitaine.

Ce propre jour vint le roi de France gésir à Fauquemberg et toute son ost là environ, où bien avoit plus de cinquante mille hommes. Si s'en vinrent là les François celle nuit, et lendemain au matin vint le maréchal de France messire Arnoul d'Andrehen, qui apporta nouvelles au roi que les Anglois étoient retraits en la ville de Calais. Quand le roi de France entendit ces nouvelles, si demanda conseil quelle chose il feroit; on lui dit que de chevaucher plus avant contre les Anglois il perdroit sa peine, mais se retraisist vers Saint-Omer et là auroit nouvel avis. A cette ordonnance s'accorda le roi, et se retraist vers Saint-Omer et toutes ses gens aussi; et se logea le dit roi en l'abbaye de Saint-Bertin qui est abbaye royale. Là, manda le roi tous les barons et les plus espéciaux de son conseil à savoir comment de cette chevauchée il pourroit issir à son honneur, car il étoit informé que le roi d'Angleterre étoit encore arrêté à Calais. Si fut donc le roi conseillé qu'il envoyât messire Arnoul d'Andrehen et messire Boucicaut devers le roi d'Angleterre, lesquels deux chevaliers il connoissoit assez bien; et lui demandassent bataille de cent à cent, ou de mille à mille, ou de pouvoir à pouvoir, « et que vous lui livrerez place et pièce de terre par l'avis de six de vos chevaliers et de six des siens. »

Le roi tint ce conseil à bon; et montèrent les deux chevaliers, et se départirent de Saint-Omer; et chevauchèrent vers Calais et envoyèrent devant un héraut pour impétrer un sauf-conduit. Il leur rapporta à Arde : donc chevauchèrent les dessus dits chevaliers outre, et vinrent jusques à Calais.

En ce propre jour au matin étoit arrivé au hâvre de Calais celui qui apportoit les nouvelles de Bervich, comment les Escots avoient pris le châtel de Bervich[1] et voulu écheller Rosebourch. Si en étoit encore le roi tout pensieux et mérancolieux, et en avoit parlé rieusement au seigneur de Grastoch, qui la terre de Bervich, la cité et le dit châtel avoit en garde, quand il s'en étoit parti tellement que il n'y avoit mis si bonnes gardes que nul dommage ne l'en fut pris; et de ce l'avoit-il grandement blâmé. Mais le sire de Grastoch s'étoit à son pouvoir excusé, en disant qu'il y avoit laissé gens assez, mais qu'ils en eussent bien soigné. Si avoit le roi ordonné de retourner en Angleterre et dit ainsi : « Que lui venu à Douvres, il ne giroit jamais en une ville que une nuit, si auroit été à Bervich et atourné tel le pays que on diroit : « Ci sist Escosse. »

Nonobstant ce et l'ordonnance que il avoit mis de retourner en Angleterre, quand il sçut que les chevaliers de son adversaire le roi Jean vouloient parlementer à lui, il cessa de son ordonnance tant que il les eut ouïs; et les fit venir avant devant lui, et ne leur fit nul semblant, en langage ni autrement, que il voulsist partir si soudainement ni retourner en Angleterre.

Quand messire Arnoul d'Andrehen et messire Boucicaut furent venus devant le roi, ils l'inclinèrent et saluèrent bien et à point, ainsi que ils le scurent bien faire et qu'à lui appartenoit, et puis lui remontrèrent pourquoi ils étoient là venus en requérant la bataille, ainsi que ci-dessus est contenu et qu'ils étoient chargés d'en dire. Le roi d'Angleterre répondit à ce brièvement en regardant sur messire Boucicaut, et leur dit : « Du temps que j'ai chevauché en France et logé devant Blangis bien six jours, je lui mandai, ainsi que vous savez, que je ne désirois autre chose que la bataille. Or me sont venues autres nouvelles, pourquoi je ne me combattrai mie à l'ordinaire de mes ennemis, mais à la volonté de mes amis. »

Ce fut la réponse finale que ils en purent du roi avoir et porter. Si prirent congé et se partirent de Calais et retournèrent arrière à Saint-Omer; et recordèrent au roi de France et à son conseil la réponse, tout ainsi que ils l'avoient

[1] Thomas Otterbourne, John Fordun et la *Scala chronica*, qui parlent de cette expédition de Douglas, prétendent qu'il n'y eut qu'une tour et la ville de prise, mais que le château tint bon.

entendu et retenu du roi d'Angleterre. Si eurent les François sur ce avis, et virent bien que pour celle saison ils ne se combattroient point aux Anglois. Si donna le roi de France à ces manières de gens d'armes congé, et les communautés aussi. Si s'en retournèrent chacun en leurs lieux. Il même s'en retourna en France; mais à son département il laissa ens es garnisons de Picardie grand foison de bonnes gens d'armes, et demeura messire Arnoul d'Audrehen en la bastide d'Ardre pour garder les frontières.

Si retourna messire Jean de Hainaut quand il eut pris congé au roi de France. Ce fut la darraine chevauchée où le gentil chevalier fut, car le carême ensuivant, droitement la nuit S. Grigore[1], il trépassa de ce siècle en l'hôtel de Beaumont en Hainaut, et fut enseveli en l'église des Cordeliers en la ville de Valenciennes. Là gît-il moult révéremment. Si furent héritiers de toute sa terre les enfans du comte de Blois, qui demeura à Crécy, car ils étoient enfans de sa fille, et furent Louis, Jean et Guy.

CHAPITRE XVIII.

Comment le roi Édouard fit une chevauchée en Escosse, reconquit la bonne ville de Bervich et toute Escosse et puis se mit au retour en Angleterre.

Nous parlerons du roi d'Angleterre qui n'avoit mie mis en oubli le voyage d'Escosse, et conterons comment il persévéra. Il se partit adonc de Calais à tous ses gens d'armes et archers, et entra en ses vaisseaux et prit le chemin de Douvres. A son département, il institua le comte de Sallebrin, à cent hommes d'armes et deux cents archers, à demeurer en la ville de Calais pour garder la ville contre les François qu'il sentoit encore à Saint-Omer. Quand le roi d'Angleterre et ses gens furent arrivés à Douvres, ils issirent des vaisseaux et se tinrent ce jour et la nuit ensuivant pour r'avoir leurs chevaux et leurs harnois hors des nefs, et au lendemain le dit roi se partit et vint à Cantorbie, et fit là son offrande au corps Saint Thomas, et dîna en la ville, et puis passa outre, et toutes ses gens aussi, et ne prit mie le chemin de Londres, mais les adresses pour venir jusqu'à Bervich.

Or vous dirai d'une haute emprise et grande

[1] Il mourut le 5 décembre 1355 et non le 5 octobre, à l'âge de 50 ans. Son corps fut porté à l'abbaye de Villiers

que messire Gautier de Mauny, ce vaillant et gentil chevalier, fit en ce voyage. Il prit congé du roi et dit qu'il vouloit chevaucher devant pour ouvrir le chemin. Le roi lui octria assez légèrement. Si chevaucha le dit messire Gautier, à ceux de sa charge, tant, par nuit et par jour, qu'il vint devant Bervich et entra en la ville, quand il eut passé la rivière de Tuide qui keurt devant; et fut grandement conjoui de ceux de Bervich et liement recueilli. Si demanda à ceux qui là étoient du convenant des Escots et de ceux du châtel. On lui dit que les Escots tenoient le châtel, mais ils n'étoient point foison de gens dedans. « Et qui est leur capitaine? dit messire Gautier de Mauny. » — « Ils l'est, répondirent cils, un chevalier escot, cousin au comte de Douglas, qui s'appelle messire Guille Asneton. » — « En nom Dieu, dit messire Gautier, je le connois bien, c'est un bon homme d'armes. Je vueil qu'il sente, et aussi tous ses compagnons, que je suis ci venu devant pour prendre les logis du roi d'Angleterre. »

Adonc messire Gautier de Mauny mit ouvriers en œuvre; et avoit usage que il menoit toudis quarante ou cinquante mineurs; si que ces mineurs il les fit entrer en mine à l'endroit du châtel. Cils mineurs n'eurent guère miné, quand par-dessous les murs ils trouvèrent uns beaux degrés de pierre qui avaloient aval et puis remontoient contre mont par dessous les murs de la ville et alloient droitement au châtel; et eussent les Escots sans faute été pris par celle mine. Quand ils se perçurent que on les minoit, et furent signifiés aussi que le roi d'Angleterre à tout son effort venoit, si eurent conseil entre eux qu'ils n'attendroient mie ces deux périls, l'aventure de la mine et la venue du roi d'Angleterre. Si troussèrent tout ce que ils avoient de bon une nuit, et montèrent sur leurs chevaux, et se partirent du châtel de Bervich et le laissèrent tout vague; et volontiers l'eussent ars au partir, et s'en mirent en peine, mais le feu ne s'y voult oncques prendre. Ainsi reconquit messire Gautier de Mauny le châtel de Bervich, ainçois que le roi son sire y pût venir[1] et l'en fit présent des

[1] Suivant Thomas Otterbourne la ville de Berwick fut reprise le 13 janvier 1355 en prolongeant l'année jusqu'à Pâques, ou 1356 en comptant de janvier. Ni Feudun ni la Scala chronica ne font à Mauny, héros favori de Froissart, l'honneur de cette conquête. Froissart a raconté

clefs et lui raconta, sur les champs en venant celle part, comment ils l'avoient reconquis et l'aventure de la bonne mine qu'il avoit trouvée. Si l'en sçut le roi d'Angleterre grand gré et le tint pour grand vasselage. Si entra en la ville de Bervich à grand'ordonnance de menestrandies. Si le recueillirent moult honorablement les bourgeois de la ville.

Après le reconquêt de Bervich, si comme vous avez ouï, et que le roi et ses gens se furent rafraîchis en la cité et la marche cinq jours, le dit roi ordonna d'aller plus avant au pays, et dit que, ains son retour, il arderoit tout le plain pays d'Escosse et abattroit toutes les forteresses, et, pour ce mieux exploiter, il avoit fait charger sur la rivière de Hombre, en grosses nefs, grand'foison d'engins et d'espringalles [1] pour arriver en la mer d'Escosse, dessous Haindebourch, et tout premièrement abattre le fort châtel d'Haindebourch; et disoit le roi que il atourneroit tel Escosse qu'il n'y lairoit châtel ni forte maison en estant. Avec tout ce, pour ce que le roi d'Angleterre savoit bien qu'ils ne trouveroient mie pourvéances à leur aise ens ou royaume d'Escosse, car c'est pour gens d'armes forains un moult povre pays, et que les Escots auroient tout retrait ens ès forêts inhabitables, le dit roi avoit fait charger bien quatre cents nefs de blés, de farines, de vins, de chairs, d'avoines et de cervoise pour soutenir l'ost, car il étoit jà moult avant en l'hiver. Si se départirent le roi d'Angleterre et ses gens, et chevauchèrent avant au pays en approchant Haindebourch; et ainsi que ils alloient, les maréchaux de l'ost et leurs bannières couroient, mais ils ne trouvoient rien que fourrer. Si chevauchèrent tant, le roi et ses gens, qu'ils vinrent en Haindebourch, et se logèrent à leur volonté en la ville, car elle n'est point fermée.

Si se logea le roi en l'hôtel de la monnoie qui étoit grand et beau; et demanda le roi si c'étoit l'hôtel du bourgeois d'Aindebourch qui avoit dit qu'il seroit maire de Londres, On lui dit : « Oïl. » Si en eut le roi bons ris, et dit là à ses chevaliers le conte ainsi qu'il alloit : « Quand le roi David d'Escosse entra en notre pays de Northonbrelande et il vint devant le Neuf-Châtel sur Thin, le temps que nous étions devant Calais, il avoit avec lui un homme qui étoit sire de cet hôtel; si disoit, et aussi disoient plusieurs Escots, que il conquerroit tout notre royaume d'Angleterre. Si que cet homme demanda par grand sens un don au roi d'Escosse, en remémorant les services qu'il lui avoit faits. Le roi d'Escosse lui accorda, et lui dit qu'il demandât hardiment, et qu'il le donneroit, car il étoit trop tenu à lui. Cet homme dit : « Sire, quand vous aurez Angleterre conquise, et vous départirez les terres et les pays à vos gens, je vous prie que je puisse être maire de Londres, car c'est un moult bel office, et en toute Angleterre je ne désire autre chose. Le roi d'Escosse lui accorda légèrement, car ce lui coûtoit peu à donner. Si fut pris le roi, ainsi que vous savez et qu'il gît encore en notre prison, mais je ne sais ce que l'homme est devenu. S'il est mort ou vif je le saurois volontiers. » Les chevaliers qui avoient ouï le conte du roi eurent bons ris et dirent : « Sire, nous en demanderons. » Et en demandèrent; et rapportèrent au roi qu'il étoit mort puis un an.

Si passa le roi outre ce pourpos, et entra en un autre, que de faire assaillir le fort châtel d'Aindebourch à lendemain. Mais, ses gens qui l'avoient avisé et imaginé tout environ à leur pouvoir, l'en répondirent que on s'en travailleroit en vain, et qu'il ne faisoit mie à reprendre, fors par force d'engins.

Ainsi se tint le roi d'Angleterre en Aindebourch bien douze jours; et attendoit là ses pourveances, vivres et artillerie, dont il avoit grand'nécessité, car de blés, de farines, de chairs, trouvoient-ils petit ens ou pays, car les Escots avoient chassé tout leur bétail outre la mer d'Escosse [1] et la rivière de Taye [2], où les Anglois ne pouvoient avenir. Et si ils sentesissent que les Anglois vinssent avant, ils eussent tout chassé ens ès bois et ens ès forêts, et avoient bouté le feu

---

ces divers événemens avec plus de détails qu'aucun autre historien. Son récit est entièrement conforme à celui de Robert d'Avesbury, qui attribue aussi cette conquête à Gautier de Manny. La seule circonstance qu'on trouve à ajouter à cette affaire dans les anciens historiens est l'envoi de Garencières dont j'ai déjà parlé d'après le témoignage de la *Scala chronica*, et qui est aussi mentionné par les anciens écrivains écossais.

[1] Sorte de machine qui servait à lancer des pierres, quand on assiégeait des villes.

[1] Froissart appelle probablement ainsi le Firth of Fourth qui est en effet d'une largeur telle que le Fourth en cet endroit ressemble plutôt à un bras de mer qu'à un fleuve.

[2] Le Tay est la rivière qui passe à Perth, ville que Froissart appelle toujours Saint-Johnston.

ens ès granges, et tout ars, blés et avoines, parquoi les Anglois n'en eussent aise.

Pour cette deffaute convint le roi d'Angleterre et ses gens de retourner, car ils n'avoient nuls vivres, si ils ne leur venoient d'Angleterre et de la grosse navie du roi qui étoit chargée sur le Hombre, où bien avoit quatre cents gros vaisseaux de pourvéances; mais oncques ils ne purent prendre terre en Escosse, là où ils tiroient à venir, car c'est un dangereux pays pour estrangers qui ne le connoissent. Et y eut, si comme je fus adonc informé, par tempête de mer, douze nefs péries et dévoyées, et les autres retournèrent à Bervich.

Entrementes que le roi d'Angleterre se tenoit en la ville de Haindebourch, le vint voir la comtesse Douglas, une moult noble, frisque et gentille dame, sœur au comte de la Marche d'Escosse. La venue de la dame réjouit moult le roi d'Angleterre, car il véoit volontiers toutes frisques dames, et la bonne dame avoit jà envoyé le roi de ses bons vins, car elle demeuroit à cinq lieues de Haindebourch en un fort châtel qu'on dit Dalquest; de quoi le roi l'en savoit bon gré. La plus espéciale cause pourquoi la bonne dame vint là, je le vous dirai. Elle avoit ouï dire que le roi d'Angleterre avoit fort menacé d'ardoir à son département la pleine ville de Haindebourch où elle retournoit, à la fois; car c'est Paris en Escosse, comment que elle ne soit point France. Si que la comtesse Douglas, quand elle eut parlé au roi, et le roi l'eut recueillie et conjouie, ainsi que bien le savoit faire, elle lui demanda tout en riant que il lui voulsist faire grâce. Le roi demanda de quoi, car jamais ne se fut adonné que la dame fût là venue pour telle cause. Et la dame lui dit que il voulsist respiter de non ardoir la ville de Haindebourch pour l'amour de li. « Certes, dame, répondit le roi, plus grand'chose ferois-je pour l'amour de vous, et je le vous accorde liement, que pour moi ni pour mes gens elle n'aura jà nul mal. » Et la comtesse l'en remercia plusieurs fois, et puis prit congé au roi et aux barons qui là étoient. Si s'en retourna en son châtel de Dalquest.

Sachez que messire Guillaume Douglas son mari n'étoit mie là, mais se tenoit sur le pays en ès bois, atout cinq cents armures de fer, tous bien montés, et n'attendoient autre chose que le retour du roi et des Anglois, car il disoit que il leur porteroit contraire. Avec lui étoient le comte de Boskem, le comte d'Astrederne, messire Arcebaus Douglas son cousin, messire Robert de Versi, messire Guillaume Asneton et plusieurs bons chevaliers et écuyers d'Escosse qui étoient tous pourvus de leur fait et savoient les détroits et les passages, qui leur étoit grand avantage pour porter contraire à leurs ennemis.

Quand le roi d'Angleterre vit que ses pourvéances ne viendroient point, et si n'en pouvoient ses gens recouvrer de nulles ens ou royaume d'Escosse, car ils n'osoient chevaucher trop avant au pays, si eut conseil qu'il s'en retourneroit arrière en Angleterre. Si ordonna à déloger de Haindebourch, et de chacun mettre au retour. Ce fut une chose qui grandement plaisit bien à la greigneur partie des Anglois, car ils gissoient là moult malaisement; et fit le roi commander sur la hart que nul ne fût si hardi, qui au département boutât ni mît feu en la ville de Haindebourch. Ce commandement fut tenu.

Adonc se mirent au retour le roi et ses gens pour r'aller en Angleterre; et vous dis que ils chevauchoient en trois batailles et par bonne ordonnance, et tous les soirs faisoient bons guets, car ils se doutoient moult à être réveillés des Escots; et bien supposoient que les Escots étoient ensemble, mais ils ne savoient où ni de quel côté; et avint un jour que, au détroit d'une montagne où les Anglois et toute l'ost devoient passer, les Escots, qui connoissoient ce passage, s'étoient mis en embûche; et chevauchoient les Anglois par le détroit de la montagne et le malaisé chemin en plusieurs routes, et ne cuidassent jamais que les Escots se fussent mis sur ce chemin; mais si étoient, et savoient bien que le roi et tout son ost devoient repasser là. Ce propre jour faisoit laid et froid et pluvieux, et si mauvais chevaucher, pour le vent et pour le froid, que il ne pouvoit faire pire. Les Anglois, qui chevauchoient par routes, ne savoient mie que les Escots fussent si près d'eux mis en embûche; et laissèrent les Escots passer la première, la seconde et la tierce route, et se boutèrent en la quarte en écriant : « Douglas! Douglas! » Et cuidoient certainement que le roi d'Angleterre fut en cette compagnie; car leur espie leur avoit dit qu'il faisoit la quarte bataille. Mais le soir devant, les Anglois, par subtilité, avoient renouvelé leurs ordonnances et avoient fait sept routes pour passer plus aise ces détroits de Tuide; et de ces montagnes naît la rivière de Tuyde, qui anciennement suelt départir Escosse et Angleterre; et tournoie celle rivière en plusieurs lieux en Escosse et en Angleterre, et sur sa fin, dessous Bervich, elle s'en vient férir en la mer, et là est-elle moult grosse. Le comte Douglas et sa route, où bien avoit cinq cents armures de fer, s'en vinrent, ainsi que je vous dis, férir d'un rencontre sur ces Anglois, où il avoit plusieurs hauts barons et chevaliers d'Angleterre et de Brabant. Là furent les Anglois reculés et reboutés, et en y eut plusieurs rués par terre, car ils chevauchoient sans arroi; et si ils eussent attendu l'autre route, ils fussent venus à leur entente, car le roi y étoit qui fut tantôt informé de ce rencontre. Adonc sonnèrent les trompettes du roi, et se recueillirent toutes gens qui ces montagnes avoient à passer; et vint là l'arrière garde, le comte de Sallebrin et le comte de La Marche, où bien avoit cinq cents lances et mille archers. Si férirent chevaux des éperons et s'en vinrent de-lez le roi. Si boutèrent hors leurs bannières. Tantôt les Escots perçurent qu'ils avoient failli à leur entente, et que le roi étoit derrière. Si n'eurent mie conseil de là plus attendre, ançois se partirent; mais ils emmenèrent plusieurs bons chevaliers d'Angleterre et de Brabant pour prisonniers qui là leur chéirent ens ès mains.

Ils furent tantôt évanouis; on ne sçut qu'ils devinrent; car ils se reboutèrent entre les montagnes ens ou fort pays. Si fut le sire de Baudresen près attrapé, car il étoit en celle compagnie; mais il chevauchoit tout derrière, et ce le sauva, mais il y eut pris six chevaliers de Brabant.

Depuis cette avenue chevauchèrent toudis les Anglois plus sagement et mieux ensemble, tant qu'il furent dans leurs pays, et passèrent Rosebourch[1] et puis parmi la terre le seigneur de Percy, et firent tant qu'ils vinrent au Neuf-Châtel sur Tyne; et là se reposèrent et rafraîchirent; et donna le roi d'Angleterre congé à toutes manières de gens pour retraire chacun en son lieu. Si se mirent au retour, et le roi proprement aussi, qui peu séjourna sur le pays, si fut venu à Windesore, où madame la roine sa femme tenoit l'hôtel grand et étoffé.

CHAPITRE XIX.

Comment le prince de Galles se départit de Bordeaux avec son armée et courut tout le pays de Toulousain, de Narbonnois et de Carcassonnois, ardant et exillant tout en deçà et au delà de l'Aude.

Or, nous reposerons-nous à parler une espace du roi d'Angleterre, et parlerons de son ains-né fils monseigneur Édouard, prince de Galles, qui fit en celle saison et mit sus une grande et belle chevauchée de gens d'armes Anglois et Gascons, et les mena en un pays où ils firent grandement bien leur profit, et où oncques Anglois n'avoient été. Et tout ce fut par l'emport et ordonnance des Gascons, que le dit prince avoit de-lez lui, de son conseil et en sa compagnie.

Vous avez bien ci-dessus ouï recorder comment aucuns barons de Gascogne vinrent en Angleterre, et firent prière au roi d'Angleterre qu'il leur voulsist bailler son fils le prince de Galles pour aller en Gascogne avec eux, et que tous ceux de par delà qui pour Anglois se tenoient, en seroient trop grandement réjouis et reconfortés; et comment le roi leur accorda, et delivra à son fils mille hommes d'armes et onze mille archers, où il avoit grand' foison de bonne cheva-

---

[1] Ce fut en allant à Édinburgh qu'Édouard passa à Roxburgh, où il reçut l'hommage d'Édouard Baliol, roi d'Écosse, le 26 janvier 1355, en faisant commencer l'année à Pâques, suivant l'acte de cession rapporté par Robert d'Avesbury. Le récit de J. Fordun indique toute l'indignation qu'un acte de bassesse semblable à celui de Baliol devait exciter dans les cœurs écossais.

Voici sa narration simple et énergique :

Nec prætermittendum, quod anno eodem statim incontinenti post deliberacionem villæ Berwici, prædicto regi apud Roxburghe personaliter existenti, priusquàm ulteriùs in terram Scociæ progrederetur. Edwardus de Balliolo, tanquam leo rugiens, occurrebat, et vix se ipsum præ irâ capiens, in hæc verba, omni morte acerbiora, prorupit dicens : « O rex et optime princeps, quem præ « cæteris mundi mortalibus his diebus novi potencicrem, « causam meam et omne jus quod habeo vel habere po« tero in regno Scociæ, merè, simpliciter, et absolutè tibi « tribuo, ut ulciscaris me de inimicis meis, gente videlicet « Scoticanâ, nacione falcissimâ, quæ me semper abjece« runt, ne regnarem super eos. » In cujus facti evidentiâ coronam regiam, terram et lapides de humo Scociæ propriâ manu sibi dicens, offerebat. « Hæc inquit, omnia, « in signum vestituræ, tibi dono. Tantùm viriliter age, « et esto robustus, ac regnum, mihi olim debitum, tuis « quæras imperpetuum. » Quâ in re hoc quoque notandum est quia nihil à se dedit, quia nullum jus ab inicio habuit, tunc in manus alterius resignavit.

lerie, desquels de nom et de surnom et les plus renommés j'ai fait mention. Si que, quand le prince fut venu à Bordeaux, ce fut environ la Saint-Michel, il manda tous les barons et chevaliers de Gascogne desquels il pensoit à être servi et aidé. Premièrement, le seigneur de Labreth et ses frères, les trois frères de Pommiers, messire Jean, messire Hélie et messire Aymon, messire Aimery de Tarste, le seigneur de Mucident, le seigneur de Courton, le seigneur de Langheren, le seigneur de Rosem, le seigneur de Landuras, messire Bernardet de Labreth, le seigneur de Gironde, messire Jean de Grailly captal de Buch, messire le Souldich de l'Estrade et tous les autres.

Quand ils furent tous venus à Bordeaux, il leur remontra son entente, et leur dit qu'il vouloit chevaucher en France, et qu'il n'étoit mie là venu longuement séjourner. Cils seigneurs répondirent qu'ils étoient tous appareillés d'aller avec lui, et que aussi en avoient-ils grand désir. Si jetèrent leur avis l'un par l'autre, que en cette chevauchée ils se trairoient vers Toulouse, et iroient passer la rivière de Garonne d'amont dessous Toulouse, au port Sainte-Marie; car elle étoit durement basse et la saison belle et sèche. Si faisoit bon hostoier.

A ce conseil s'accordèrent les Anglois; et fit chacun son appareil du plutôt qu'il put. Si se départit le prince de Bordeaux à belles gens d'armes; et étoient bien quinze cents lances, quinze mille archers et trois mille bidaus, sans les varlets que les Gascons menoient avec eux. Si n'entendirent ces gens d'armes à prendre ni à assaillir nulle forteresse, jusques à tant que ils eurent passé la Garonne au port Sainte-Marie, à trois lieues près de Toulouse; et la passèrent adonc à gué. Ni, passé avoit vingt ans, ceux du pays ne l'avoient vue si petite que elle fut en celle saison.

Quand les Anglois et les Gascons furent outre et logés au pays toulousain, ceux de Toulouse se commencèrent durement à ébahir quand ils sentirent les Anglois si près d'eux. En ce temps, étoit en la cité de Toulouse le comte d'Armignac auquel ceux de Toulouse avoient grand'fiance, et c'étoit raison; autrement ils fussent trop déconfortés à bonne cause, car ils ne savoient adonc que c'étoit de guerre. Pour ce temps, la cité de Toulouse n'étoit mie grandement menre que la cité de Paris; mais le comte d'Armignac fit abattre tous les faubourgs. Ni en un seul lieu il avoit plus de trois maisons. Et le fit pour ce qu'il ne vouloit mie que les Anglois se vinssent loger ni bouter le feu.

Ce premier jour que les Anglois eurent passé la rivière de Garonne, le prince et tout son ost se logèrent dessus le pays en un très beau vignoble, et les coureurs vinrent courir jusques aux barrières de Toulouse; et là y eut forte escarmouche des uns aux autres, des gens le comte d'Armignac et des Anglois; et quand ils eurent fait leur emprise, ils retournèrent à leur ost et emmenèrent aucuns prisonniers. Si passèrent celle nuit tout aise, car ils avoient bien trouvé de quoi. A lendemain au matin, le prince et tous les barons de l'ost et leurs suivans s'armèrent et montèrent aux chevaux; et se mirent en ordonnance de bataille et chevauchèrent tout serréement, bannières déployées, et approchèrent la cité de Toulouse. Lors cuidoient bien ceux de Toulouse avoir l'assaut, quand ils virent ainsi en bataille les Anglois approcher : si se mirent tout en ordonnance aux portes et aux barrières par connétablies et par métiers [1], et se trouvèrent bien, de communautés, quarante-neuf mille hommes qui étoient en grand volonté de combattre les Anglois, mais le comte d'Armignac leur défendoit et leur étoit au devant; et disoit que, si ils issoient hors, ils seroient tous perdus, car ils n'étoient mie usés d'armes ainsi que les Anglois et les Gascons, et ne pouvoient faire meilleur exploit que de garder leur ville.

Ainsi se tinrent tous cois ceux de Toulouse et ne voulurent désobéir au commandement du comte d'Armignac qu'il ne leur en mesvenist, et se tinrent devant leurs barrières. Le prince de Galles et ses batailles passèrent tout joignant Toulouse, et virent bien une partie du convenant de ceux de Toulouse, que si on les assailloit ils se défendroient. Si passèrent outre tout paisiblement sans rien dire, et ne furent ni traits ni bersés, et prirent le chemin de Mont-Giscar, à trois lieues avant, en allant vers Carcassonne. Si se logèrent ce second jour les Anglois et les Gascons assez près de là sur une petite rivière, et le lendemain bien matin se délogèrent et approchèrent la forteresse qui n'étoit fermée.

[1] Les corporations de métiers étaient formées en autant de compagnies commandées par leurs doyens.

fors de murs de terre et de portes de terre couvertes d'estrain, car on ne recouvre ens ou pays, à grand dire, de pierre nequedent [1].

Ceux de Mont-Giscar se cuidoient trop bien tenir, et se mirent tout à défense sur les murs et sur les portes. Là s'arrêtèrent les Anglois et les Gascons, et dirent que cette ville étoit bien prenable. Si l'assaillirent fièrement et vitement de tous lez; et là eut grand assaut et dur et plusieurs hommes blessés du trait et du jet des pierres. Finablement elle fut prise de force et le mur rompu et abattu, et entrèrent tous ceux ens qui entrer y voulrent. Mais le prince n'y entra point, ni tous les seigneurs, pour le feu, fors que pillards et robeurs. Si trouvèrent en la ville grand avoir. Si en prirent duquel qu'ils voulurent, et le remenant ils ardirent. Là eut grand'persécution d'hommes, de femmes et d'enfans, dont ce fut pitié.

Quand ils eurent fait leur entente de Mont-Giscar, ils chevauchèrent devers Avignonet, une grosse ville et marchande et où on fait foison de draps; et bien y avoit adonc quinze cents maisons, mais elle n'étoit point fermée; et au dehors, sur un tertre, avoit un châtel de terre assez fort, où les riches hommes de la ville étoient retraits et cuidoient être là bien asségur; mais non furent, car on les assaillit de grand randon. Si fut le château conquis et abattu, et ceux qui dedans étoient prisonniers aux Anglois et aux Gascons qui venir y purent à temps. Ainsi fut Avignonet prise et détruite, où ils eurent grand pillage; et puis chevauchèrent devers le Neuf-Châtel d'Aury [2].

Tant exploitèrent les Anglois, que ils vinrent à Neuf-Châtel d'Aury, une moult grosse ville et bon châtel, et remplie de gens et de biens; mais elle n'étoit fermée, ni le château aussi, fors de murs de terre selon l'usage du pays. Quand les Anglois furent venus devant, ils le commencèrent à environner et à assaillir fortement, et ceux qui dedans étoient à eux défendre. Ces archers, qui devant étoient arroutés, traioient si fort et si ouniement que à peine se osoit nul apparoir aux défenses. Finablement, cel assaut fut si bien continué, et si fort s'y éprouvèrent Anglois, que la ville de Neuf-Châtel d'Aury fut prise et conquise. Là eut grand'occision et persécution d'hommes et de bidaus; si fut la ville toute courue, pillée et robée, et tout le bon avoir pris et levé. Ni les Anglois ne faisoient compte de pennes, fors de vaisselle d'argent ou de bons florins; et quand ils tenoient un homme, un bourgeois ou un paysan, ils le retenoient à prisonnier et le rançonnoient, ou ils lui faisoient meschef du corps, si il ne se vouloit rançonner.

Si furent la dite ville et le château de Neuf-Châtel d'Aury tout ars et abattu, et renversés les murs à la terre; et puis passèrent outre les Anglois devers Carcassonne, et cheminèrent tant que ils vinrent à Ville-Franche en Carcassonnois, une bonne ville et grosse et bien séant, où demeuroient grand'foison de riches gens.

Sachez que ce pays de Carcassonnois et de Narbonnois et de Toulousain, où les Anglois furent en celle saison, étoit en devant un des gras pays du monde, bonnes gens et simples gens qui ne savoient que c'étoit de guerre, car oncques ne furent guerroyés, ni n'avoient été en devant ainçois que le prince de Galles y conversât. Si trouvoient les Anglois et les Gascons le pays plein et dru, les chambres parées de kieutes et de draps, les écrins et les coffres pleins de bons joyaux. Mais rien ne demeuroit de bon devant ces pillards. Ils emportoient tout, et par espécial Gascons, qui sont moult convoiteux.

Ce bourg de Ville-Franche fut tantôt pris, et grand avoir dedans conquis. Si se logèrent et reposèrent demi jour et une nuit le prince et toutes ses gens. A lendemain, ils s'en partirent et cheminèrent devers la cité de Carcassonne.

La ville de Carcassonne sied sur une rivière que on appelle Aude et tout au plain, un petit en sus à la droite main en venant de Toulouse. Sur un haut rocher sied la cité, qui est belle et forte et bien fermée de bons murs de pierre, de portes, de tours, et ne fait mie à prendre. En la cité que je dis, avoient ceux de Carcassonne mis la plus grand'partie de leur avoir, et retrait femmes et enfans; mais les bourgeois de la ville se tenoient en la ville, qui pour ce temps n'étoit fermée que de chaînes. Mais il n'y avoit rue où il n'en y eût dix ou douze; et les avoit-on levées,

---

[1] Car, à vrai dire, on ne recouvre jamais de pierre dans ce pays. — [2] Castel-nau-d'Ari.

par quoi on ne pouvoit aller, ni chevaucher parmi. Entre ces chaînes, et bien asseguré par batailles, se tenoient les hommes de la ville, que on appelle ens ou pays bidaus à lances et à pavais, et tous ordonnés et arrêtés pour attendre les Anglois.

Quand les deux maréchaux de l'ost virent celle grosse ville, où bien par semblant avoit sept mille maisons, et la contenance de ces bidaus qui se vouloient défendre, si s'arrêtèrent en une place devant la ville, et se conseillèrent comment à leur plus grand profit ils pourroient assaillir ces gens. Si que, tout considéré, conseillé et avisé, ils se mirent tous à pied, gens d'armes et autres, et prirent leurs glaives, et s'en vinrent, chacun sire dessous sa bannière ou son pennon, combattre parmi ces chaînes à ces bidaus, qui les recueillirent faiticement à lances et à pavais. Là eut fait plusieurs grands appertises d'armes, car les jeunes chevaliers Anglois et Gascons qui se désiroient à avancer s'abandonnoient et se mettoient en peine de saillir outre ces chaînes et de conquérir leurs ennemis. Et me semble que messire Eustache d'Aubrecicourt, qui pour ce temps étoit un chevalier moult able et moult vigoureux et en grand désir d'acquérir, fut un des premiers, selon ce que je fus adonc informé, qui le glaive au poing saillit outre une chaîne, et s'en vint combattre, ensonnier et reculer les ennemis. Quand il fut outre, les autres le suivirent et se mirent entre ces chaînes, et en conquirent une, puis deux, puis trois, puis quatre ; car avec ce que gens d'armes s'avançoient pour passer, archers traioient si fort et si ouniement, que ces bidaus ne savoient au quel entendre, et en y eut de tels qui avoient leurs pavais si cargés de sajettes que merveilles seroit à recorder. Finablement ces gens de Carcassonne ne purent durer, mais furent reculés et leurs chaînes gagnées sur eux et boutés tous hors de leur ville et déconfits. Si en y eut plusieurs qui se sauvèrent par derrière quand ils virent la déconfiture, et passèrent la rivière d'Aude, et s'en allèrent à garant en la cité.

Ainsi fut le bourg de Carcassonne pris, et grand avoir dedans, car les gens n'avoient mie tout vidé ; et par espécial de leurs pourvéances n'avoient-ils rien vidé. Si trouvoient Anglois et Gascons ces celliers pleins de vins ; si prirent desquels qu'ils voulurent, des plus forts et des meilleurs ; des petits ne faisoient-il compte ; et ce jour que la bataille y fut, ils prirent plusieurs riches bourgeois que ils rançonnèrent bien et cher.

Si ordonnèrent le prince et ses gens en la ville de Carcassonne, pour les grosses pourvéances qu'ils y trouvèrent, onze nuits et un jour, et aussi pour eux et leurs chevaux rafraîchir, et pour aviser comment ni par quelle voie ils pourroient faire assaut à la cité qui leur fût profitable. Mais elle siéd si haut et est si très bien fermée de grosses tours et de bons murs de pierre, que, tout considéré, ils n'y pouvoient trouver voie que à l'assaillir ils ne dussent plus perdre que gagner.

Cette cité de Carcassonne, dont je vous parole fut anciennement appellé Carsaude, car la rivière d'Aude y keurt au pied dessous ; et la firent fermer et édifier Sarrasins. Oncques depuis on ne vit les murs, ni le foncement démentir. Et est celle où le grand roi de France et d'Allemaigne, Charlemaigne, sist sept ans eingçois que il la pût avoir[1].

Quand ce vint au matin à heure de tierce, que le prince et ses seigneurs eurent ouï messe et bu un coup, ils montèrent à cheval et se mirent en ordonnance pour passer le pont et la rivière d'Aude ; car ils vouloient encore aller avant. Si passèrent tout à pied et à cheval et assez près au trait d'un arc de la cité de Carcassonne. Au

---

[1] Froissart, qui était un grand liseur des romans, confond souvent les traditions des légendes historiques avec l'histoire. L'histoire de Charlemagne avait été, autant que celle d'Arthur, défigurée par les romanciers, et peu à peu les jeux de leur imagination avaient usurpé le crédit qui n'est dû qu'à la vérité. Le fait mentionné ici par Froissart est purement du domaine de la fable, aussi bien que le voyage de Charlemagne à Jérusalem et tant d'autres histoires fabuleuses dont ce souverain a été l'objet. Les hauts faits de Charlemagne à Carcassonne et à Narbonne sont tirés d'un roman intitulé *de captione Carcassonæ et Narbonæ*, publié récemment par M. S. Ciampi à Florence, d'après un manuscrit de la bibliothèque Laurentienne, sous le titre de *Gesta Caroli magni ad Carcassonam et Narbonam et ædificatione monasterii Cressensis*. Ce roman, attribué à un certain *Philumena*, que l'auteur prétend contemporain de Charlemagne, est en effet l'œuvre de quelque moine du treizième siècle, qui aura voulu relever le mérite de son abbaye de La Grasse, en lui donnant Charlemagne pour fondateur ; l'abbé Le Bœuf a parfaitement démontré (*Voy. les Mém. de l'Académie des Belles-Lettres*) que l'ouvrage qui porte le nom de Philumena n'a été composé que vers le règne de saint Louis, c'est-à-dire au milieu du treizième siècle

passer on leur envoya des tours de la forteresse en canons et en espringalles, carreaux gros et longs qui en blessèrent aucuns en passant, car d'artillerie la cité étoit bien pourvue. Quand le prince et tout son ost furent outre, ils prirent le chemin de Cabestain, mais ils trouvèrent ainçois deux villes fermées Ourmes et Trèbes, séantes sur une même rivière qu'ils pouvoient passer et repasser à leur aise. Ces deux villes étoient bien fermées de bons murs et de bonnes portes et tout à plaine terre. Si furent les gens qui dedans étoient si effrayés des Anglois qui avoient pris Carcassonne et plusieurs villes en devant, que ils s'avisèrent qu'ils se racateroient à non ardoir et assaillir. Si que quand les coureurs furent venus à Ourmes, ils trouvèrent aucuns bourgeois de la ville qui demandèrent si le prince ou les maréchaux étoient en leur route. Cils répondirent que nennil : « Et pourquoi le demandez-vous ? » — « Pour ce que nous voulons entrer en traité d'accord, si ils y vouloient entendre. »

Ces paroles vinrent jusques au prince. Si envoya le dit prince le seigneur de Labreth, qui vint jusques à là et en fit la composition, parmi douze mille écus qu'ils durent payer au prince, dont ils livrèrent bons ôtages ; et puis chevauchèrent vers Trèbes, qui se rançonna aussi ; et tous le plat pays d'environ étoit ars et brisé sans nul déport. Et sachez que, ceux de Narbonne, de Béziers et de Montpellier n'étoient mie bien asségur quand ils sentoient les Anglois ainsi approcher. Et par espécial ceux de Montpellier, qui est ville puissante, riche et marchande, étoient à grand'angoisse de cœur, car ils n'étoient point fermés. Si envoyèrent les riches hommes la greigneur partie de leurs joyaux à sauveté en Avignon ou au fort châtel de Beaucaire.

Tant exploitèrent les Anglois que ils vinrent à Cabestain une bonne ville et forte, séant à deux lieues de Béziers et à deux de Narbonne. Et vous dis que cette ville de Cabestain est durement riche, séant sur la mer[1], et ont les salines dont ils font le sel par la vertu du soleil. Si doutèrent ces gens de Cabestain à tout perdre, corps et biens, car ils étoient foiblement fermés et murés. Si envoyèrent au devant du prince et de

[1] Capestan n'est pas sur la mer, mais près d'un lac.

son ost pour traiter, que il les laissât en paix et ils se racateroient selon leur puissance. Le sire de Labreth, qui connoissoit auques le pays, faisoit ces traités quand le prince y vouloit entendre. Si rançonnèrent ceux de Cabestain à payer quarante mille écus, mais que ils eussent cinq jours de pourvéances, et de ce livrèrent-ils ôtages. Depuis me fut dit qu'ils laissèrent prendre leurs ôtages et ne payèrent point d'argent, et se fortifièrent tellement de fossés et de palis que pour attendre le prince et toute son ost. Je ne sais de vérité comment il en alla, si ils payèrent ou non, mais toute fois ils ne furent point ars ni assaillis ; et s'en vinrent les Anglois à Narbonne et se logèrent au bourg.

A Narbonne a cité et bourg. Le bourg, pour ce

[1] Robert d'Avesbury a publié trois pièces en français, qui montrent avec quelle exactitude Froissart était informé des détails des événements de son temps, pour lesquels nous n'avons souvent que son témoignage. Voici ces pièces qui sont d'un grand intérêt historique, nos historiens et les historiens anglais n'ayant parlé que fort succinctement de cette campagne.

Lettre du prince de Gales à l'évêque de Winchester.

« Reverent piere en Dieux et tres-foiable amy, endroit des novelx ceaundroites, voillez savoir qe puis la feisance de nos darreins lettres queux nous vous envoiasmes, accordé est par avys et conseil de touz les seignours esteauntz entour nous et de seignours et de barouns de Gascoigne, par cause que le counte d'Ermynake estoit cheveteyn des guerres notre adversarie et son lieutenant en tut la païs de Lange-de-oke, et pluis avoit grevé et destruit les lieges gentz notre très honouré seigneur et piere le roy et sa païs que nul aultre en ycelles parties, que nous deverons trere vers son païs d'Ermynake. Si alasmes l'aundroit parmy le païs de Juylac la quele se rendi a nous od les forteresces que dedeinz estoient. Si chivachasmes après parmy la païs d'Erminake, grevauntz et destruiauntz la païs, de quoy, les lieges notre dit très-honouré seigneur aq ueux il avoit devaunt grevé estoient mult reconfortez ; et d'illesques passames parmy la terre de la viscounté de la ryvere. Si chivachasmes après la païs du counte d'Astrack, et d'illesques parmy la counte de Comenges, tanqe à une ville appelé Seint-Matan q'estoit le meilleur ville du dit countée, la quelle ceaux qui dedeinz estoient voideront a la venue de noz gentz. Et puis passasmes par la terre le counte de Isle, tanqe nous venismes a une leage de Tholouse, où le dit counte d'Ermynake et aultres grauntz noz enemys estoient assemblés, où nous demurrasmes par 11 jours. Et d'illesques prismes notre chemyn et passasmes en un jour les ryvers de Gerounde et de Ariage à une leage par amount Tholouse, qe sount assetz reddes et fortz à passer, saunz gaires parde de nos gentz, et loggasmes la nuyt à une leage de l'autre lée de Tholouse. Et prismes notre chemyn parmye Tholousane où estoient meyntes bones villes et fortemps étoit une grosse ville non fermée séant sur la rivière d'Aude qui descend d'amont vers Carcassonne; et dessous Narbonne, à trois lieues, elle chiet en la mer qui va en Chipre et par tout le monde.

La cité de Narbonne qui joint au bourg étoit teresces arz et destruitz, qar la terre estoit mult riche et plenteouse; et si n'estoit nulle journé qe villes, chasteaux et foreresces n'etoient prises par ascune de noz batailles ou par chescune. Et d'illesqes alasmes à la ville de Avinonetes q'estoit bien graunt et fort, et fust par force dedeinz quelle estoient loggez toutz nos batailles. Si alasmes d'illesqes à Chastielnaudary où nous venismes la veille de Toutz Seintes, et demurrasmes illesqes le jour de le feste tout l'ost dedeinz loggé. Et d'illesqes prismes notre chemyn à Carcasson q'estoit belle ville et graunt, et grauntz cheveynteyns dedeinz et des gentz d'armes et comunes à graunt nombre, qar tut le pluis de gentz du païs de Tholousane tant qe là estoient fuis; mais à notre venue ils guerpèrent la ville et s enfuirent à l'auncien ville q'estoit mult fort chastiel. Si demurrasmes illesqes II jours tut l'ost dedeinz loggé; et le tierce jour entier demurrasmes pour l'ardour de la dite ville, si q'ele estoit netement destruit et defet. Et puis chivachasmes tut la païs de Carcasées, tant qe neus venismes à la ville de Nerbone q'estoit noble ville et graunt assetz pluis qe n'estoit Carcassone laquelle les gentz d'icelle guerperount et mistrent en chastiel dedeintz qe le estoit le vicounte de Nerbone od D cent hommes d'armes, à ceo come dist est, où nous demurrasmes 11 jours, l'ost dedeinz loggé; à quelle heure le Seint Piere le pape maunda devers nous II evesques, les queux maunderent à nous pour conduyt avoir, lequele nous ne lor vodroms ottroier; qar nous ne vorroms entrer en treté nul tanqe nous sussoms la volunté notre très honouré seignour et piere le roy d'Engleterre, et nomément par cause que nous avoms novelx qe notre seignour estoit passé la mear oveqe sa poar. Einz lour remandasmes par noz letres qe s'ils vorront treter ils se treassent devers luy, et ceo q'il nous vorroit comaunder nous le ferrons, et en tiele manere ils se retourneront. Et illeosqes prismes notre consail vers où nous purrons meultz trere; et par cause qe nous avoms novelx de prisoners et aultres qe noz ennemys estoient assemblez et venoient après nous pour nous combatre, nous retournasmes devers eaux d'aver en la bataille deinz es treiz jours en suauntz, et sour notre retourn devers eaux ils se retournerent devers Tholouse. Si les pursuismes à graunte journés tanqe près Tholouse où nous prismes notre chemyn à passer Gerounde à une ville appellé Calboun à trois leages de Tholouse, où nous demurrasmes un jour. Et la nuyt suaunt devaunt la my nuyt nous viendrent novelx qe les ennemys od tut lour poair, c'est assavoir, le counte d'Erminake, le constable de France, le mareschal Clermound et le prince d'Orenge, ensemblement od plousors aultres grauntz d'ycelles parties, estoient venuz de Tholouse et se loggerent à II leages près de notre rere-gard où ils pardrent de lour gentz et cariages sous lour loggier. Sour quelles novels nous treismemes devers eaux; et sour ceo mandasmes hors hors mounseir Barth. de Burgwesh, mounseir Johan

assez bien fermée de murs, deportés et de tours, et là dedans est l'hôtel le comte Aimeri de Narbonne qui, pour ce temps que le prince de Galles et les Anglois se vinrent loger au bourg, y étoit, et grand'foison de chevaliers et d'écuyers du pays Narbonnois et d'Auvergne que le dit comte Chandos, mounseir James d'Audelé, mounseir Baudewin Botour, mounseir Thomas de Filtoun et aultres de nôtres, à la mountance de XXX gleyves, de noz certifier de certeinté desditz enemys; les queux chivacheront devers eux tanqe ils viendrent à une ville où ils troveront les hommes d'armes de lour, ove les quex ils avoient à faire, et pristeront de eaux XXX et V hommet d'armes. Sour quele busoigne les ennemis se hasteient, mult affreieusement, lour logges et tendrent lour chemyn tout droit à les villes de Lombeys et Sauveterre, lesquelles villes n'estoient l'une de l'autre que dimi liege engleis; devaunt quelles nous nous loggasmes la nuyt, si près de eaux que nous purrons véer lour fewes en lour logges; mais il y avoit entre eaux et nous une grande profunde ryvere et de nuyt devaunt notre venue ils ont debrusé les pountz; si que nous ne pourrons passer tanqe lendemayn qe nous mandasmes noz gentz devaunt pour refaire les ditz pountz. Et d'illesqes les enemys se tretrent à la ville de Gymound où nous venismes le jour qu'ils y viendront; et devaunt q'ils purroient entrer la dite ville, noz gens pristrent et tuerent tut plein de lour; et mesme celle nuyt nous loggasmes devaunt la dite ville et demurrasmes illeosqes lendemayn tout la jour, entendaumtz d'aver en la bataille. Et le dit jour estoioms armez od toutz nos batailles ès champs devaunt le solail levaunt, où nous vendrent novelx qe devaunt jour la pluis graunte partie de lour ost estoient departez; mais les cheveynteyens demurrerent en pées en la dite ville q'estoit graunt et forte pour tenir encountre multz des gentz. Et après celes novels nous retournasmes à nos logges et prismes consail que meult nous seroit à feare. Sour qoi, nous n'entendismes pas q'ilo vorront aver lo bataille, accordez estoit qe nous nous deverons trere devers noz marches, en manere et solonc ceo que mounseir Richard de Stafforde vous savera plus pleinement dire qe nous ne vous puissoms escrivere; à qi voillez de cestes choses et toutz aultres q'il dira et monstera de par nous doner plein foie et credence. Reverent pere en Dieux et très fiable amy, luy tut puissaunt vous eit toutz jours en sa garde. Doné soutz notre secré sceal à Burdeaux le jour de Noel. »

Lettre de J. Wingfeld, commandant dans l'armée du prince de Galles et un de ses principaux conseillers.

Mounseir, quaunt as novels devers noz partiez vous please entendre qe mounseir le prince et toutz les countes, barons, banerets, chivalers et esquiers estoient en fesaunce du ceste en bone santé, ne mounseir n'ad en toute cestes viage pardue nul chivaler ne esquier sinoun mounseir Johan de Lisle qe fust tuez moult merveillousment d'un quarel, le tierce jour qe nous entrasmes en les terres de nos enemys, et morrust le xv° jour octobre. Et, mounseir, vous please savoir qe mounseir ad chivachée parmye le countée d'Ermynake et ad pris illesqes plousurs villes

y avoit fait venir pour aider à garder sa cité. En la cité a canonneries moult grandes et moult nobles ; et sont en une église on dit de Saint-Vist, et valent par an bien cinq mille florins. Cette marche de Narbonne est un des bons et des gras pays du monde, et quand les Anglois et les Gascons y vinrent ils le trouvèrent durement riche et plein. Voir est que ceux du bourg de Narbonne avoient retrait en la cité leurs femmes et leurs enfans et partie de leur avoir, et encore en trouvèrent les Anglois et les Gascons assez. Quand les Anglois eurent conquis le bourg de

encloses et les ad arz et destruitz, hors pris certayns villes qu'il ad establdy. Et puis il ala en la viscounté de Ryver et prist une bonne ville qu'ad à noun Pleasaunbe, q'est chief ville du païs, et l'ad arz et destruit et tut la païs environ. Et puis il alla en la countée d'Astryk et prist plusours villes, et gasty et destruit tut la païs. Et puis en la countée de Comenge, et prist illeosques plusours villes et les fit ardre et destruire et tout la païs, et prist la chief ville q'ad à noun Seint Matan et est auxi graunde ville comme Norwiche. Et puis entra en la countée de Lille et prist graunt partie des villes encloses, et fist ardre et destruire plusours bonnes villes trespasses. Et puis entra en la seigneurie de Tholouse à là, et passames la ryver de Geroundé à une aure ryver, une leage amount Tholouse, q'est mult graunt ; qar nos enemys avoyent debrusé toutz les pountz d'une partie Tholouse et d'autres, fors pris les pounts en Tholouse que la ryver va parmy la ville. Et le constable de Fraunce, le marschal de Clermound, le counte d'Erminake étoient od graunt poar en la dite ville à mesme le heure. Et la ville de Tholouse est mult graunt et forte et beale et bien enclose ; et il n'avoit nully en notre host qe unques savoit gué illesqes ; mais par la grâce de Dieux qe homme le trovast. Et puis il a parmi la seigneurie de Tholousane et prist plusours bonnes villes encloses, et les ad ars et destruitz et tout la païs envyrun. Et puis entrasmes en la seigneurie de Karkasone, et plusours bonnes villes prismes avant que nous venismes à Carcasoun ; et prist la ville de Carcasoun q'est plus graunt, plus fort et plus beale qe Everwick ; et tut celle ville et toutz les altres villes et païs fusrent arz et destruitz. Et puis passasmes, et par plusours journées fusmes passez la païs de Carcasoun, et entrasmes en la seigneurie de Nerbone et prismes plusours villes et les gastames tanqe nous venismes à Nerbone. Et la ville de Nerbone se teneit et fust gagné par force ; et la dite ville est poi meyndre de Loundres, et est sour la mear de Grèce et y n'ad de la dite ville à la haute mear de Grèce, qe deux petitz leages, et il y a port de mear et arivalle où les navires abordent aisément, dount la eawe vient à Nerbone, et Nerbone n'est qe quinze leages de Mountpelleres et dix-huit de Eguemort et trente de Avynon. Et vous please savoir qe le Seint Pière maunda ses messagers à mounseir qe ne fusrent qe sept leages de luy ; et les messages maundèrent un serjaunt d'armes qe fust serjaunt d'armes des huys de la chambre le Seint Piere od lour lettres à mounseir, em pryauntz qu'ilz purroient aver conduyt de venir à mounseir, mounstrantz a luy lour messages del Sein Piere, qe fust pour treter entre mounseir et sez adversaries de Fraunce. Et le dit messager estoit deux jours en l'ost avaunt qe mounseir luy volei véer ou rescevre ses lettres. Et ceo fust l'encheison qe mounseir eust nievelx qe la poair de Fraunce estoit venuz hors de Tholouse d'encoste Carcasoun ; issint qe mounseir voudroit turner arière sour caux sodeignement ; et ensi fist. Et le tierce jour, quaunt nous deveroms aver venir sour eaux, ils avoient novelx de nous devaunt le jour, et lour retreerent et disparirent devers les mountaygnes et les forées et alerent à graundes journées devers Tholouse. Et les gentz du païs qe fusrent lour guydes de lour amener cele chemyn partie de eux fusrent pris à lour retourner de eaux. Et pour ceo qe le serjaunt d'armes le Seint Piere fust en ma garde, jeo luy fice examyner les guydes qe fusrent ensi prises, qar le guyde q'il examyna fust le guyde le constable de Fraunce celle native ; et il purreit bien véer et counstre le contenaunce de les Fraunceis par l'examinement. Et jeo disoi al dit serjaunt q'il purroit bien dire à Seint Piere et à toutz les aultres de Avynoun ceo q'il avoit veu et oye. Et quaunt al responsue qe mounseir fist as messages, vous tiendrés bien paiés si vous seussez tout le manère ; qar il ne voleit soffrir en nul manère lez dits messages venir plus près de lui, mais s'ils voudront treter q'ils maundassent au roy mounseir, et qe mounseir ne voleit rien fcare si ne soit par comandement du roy ; mounseir ne voleit oyer nul tretée saunz soun maundement ; et del retourner mounseir après ses enemys, et del passage de Geroundé et de lez prises de chastiels et villes en celle chemyn et d'autres choses q'il ad fait sour ses enemys en poursuaunt de eux, qe sount mult beales et honourables, come plusours gentz entendount, en manere come mounseir Richarde de Stafforde et mounseir William de Furtoun saevrount plus pleinement monstrer qe jeo ne vous puisse par lettres maunder ; qar ceo seroit trop pour escrivere la manere. Et mounseir chivacha sour les enemys huit semaygnes entiers et ne sojourna en toutz leus forsqe onze jours. Et entenk en certain qe, pus qe ceste guerre commencea devers le roy de Fraunce, y n'ont unqes tiel part en tiele destruccion come il ad eu à ceste chivaché ; qar la païs et les bones villes qe sount destruitz à ceste chivaché trova à roy de Fraunce plus chescun an à maintenir sa guerre qe ne fist la moitié de son roialme, hors pris l'eschounge q'il fist chescun an de sa moneie et l'avantage et custume q'il prent du celle de Peyto, come jeo vous saveray monstrer par bone remembrance qe fusrent trovez en diverses villes en les hostés de resceivours ; qar Carcasoun, et Lemoignes q'est ausci graunt come Carcasoun, et deux aultres villes de costé Carcasoun troverount chescun an au roy de Fraunce les gages de mil hommes d'armes et oultre ceo C mil escutz veux pour maintenir la guerre. Et entenk, par les remembraunces qe nous trovasmes, qe les villes en Tholousane qe sount destruitz et les villes en Carcasoun et la ville de Nerbone et de Nerbondeys troverent chescun an, ove la summe suisdite, en ayde de sa guerre, CCC mil escutz veux, come bourgees de les graundes villes et aultres gentz du païs, qe deveroient aver bone conissaunce, nous ount dist. Et par l'ayde de Dieux, si mounseir est de qey de maintener ceste guerre et de feare le proffit du roy et soun honour, il enlargisseroit bien les marches et

Narbonne sur les Narbonnois, desquels il y eut morts et pris assez, ils se logèrent à leur aise en ces beaux hôtels dont il y avoit à ce jour plus de trois cents, et trouvèrent ens tant de biens, de belles pourvéances et de bons vins, qu'ils n'en savoient que faire.

Et étoit l'intention du prince que de faire assaillir la cité ainsi qu'il fit, et du prendre; car dit lui fut que, s'ils la prendoient, ils trouveroient tant d'or et d'argent dedans, de bons joyaux et gaigneroit plusours lieux, qar' noz enemys sount mult estonez. Et à feisaunce du ceste mounseir aveit ordeigné de maunder toutz les countes et toutz les barons à demurrer à diverses lieus sour les marches pour faire chivachés et grever ses enemys. Mounseir, aultres novelx à présent ne vous say maunder; mès voz volentés qe vous plerra devers moy toutz jours le moy voilletz par voz letres comaunder come à le votre à tout ma poair. Moun très honourable seignour, bone vie, joye et santé vous doigne Dieu et long. Escrite à Burdeaux le meskerdy proschein devaunt Noel *.

Autre lettre de Wingfeld à Richard de Stafford, qui, après être venu faire la guerre en Gascogne, était retourné en Angleterre.

Très cher S. et très fyable amy, endroit des novelx; puis votre departir voillez savoir qe sount pris et rendutz cinq villes encloses, c'est assavoir, port Seinte-Marie, Cleyrak, Tonynges, Burgh Seint-Piere, Chastiel Sacra et Brassak; et dix-sept chastiels, c'est assavoir, Coiller, Buset, Levinak, deux chastiels appellez Boloynes qe sount bien près l'un de l'autre, Mounjoye, Viresch, Frechenet, Mouutaundre, Pusdechales, Mounpoun, Mountanak, Valeclare, Benavaunt, Lystrak, Plasak, Contdestablisoun et Mounrivel. Et voillez savoir qe Mounseir Johan Chaundos, mounseir James d'Audelé et voz gentz qe sount ovesqe eaux, et les aultres Gascoignes qe sount en lour companye, et mounseir Baldewyn Botort et celle companye, et mounseir Renaud Cobham, pristrent la dite ville q'ad à noun Chastiel Sacrat, par assaut; et le bastard de Lisle, qe fust capitain de la dite ville, fust tué auxi come ils assaillerent, qe fust feru od un saete parmy la teste. Et mounseir Renaud est retourné arere vers Lanedak, et mounseir Bawdewin vers Brassak od lour compagnye et mounseir Johan et mounseir James et ceaux de lour compagnye sount demurrez en Chastiel Sacrat et ount assez de toutz maners vivres entre cy et le Seint-Johan, si ne soit de pessoun frès et clowes, come nous ount maundé par lour letres.

Sour quoy y ne covient pas que vous pensez de vos bones geantz; et sount en celle ville plus qe CCC gleyves et de CCC servauntz et CL archiers; et ount chivaché devaunt Agente, et arz et destruitz toutz leur molyns, et auxi ont debrusé et arz lour pountz qe aloient oultre Gerounde, et ount pris un chastiel hors de la dite ville, et là ount estably. Et mounseir Johan d'Ermynake et le seneschal d'Agenois q'estoient en la ville de Agente ne voillent une foitz butere hors lour teste ne nulle de lour gentz, uncore ount-ils été devaunt la dite ville ll foitz. Mounseir Busicaud estoit venuz, et mounseir Ernald d'Espaigne et Grymoton de Chambline od CC gleyves et CC servauntz Lombardes, et sount en la ville de Muscidan, c'est en Cressy, q'en est forainz une leuge de Chastiel Sacra et une leuge de Brassak; et vous purretz bien penser q'il avera illesqes bon companye pour aveier chescun campaignon aultre. Et voillez savoir qe mounseir Bartheu est à Coniak od VI vingtz hommes de armes de l'hostel mounseir et VI*xx* archiers, et le capital de la Buche, le sire Mounferaunt et le sire de Croton q'ount bien ovesqe eaux CCC gleyves, VI vingtz archiers et CC servauntz; et sount en Tanberyh, Tauney et Rocheford des gentz d'armes, issint qu'ils polent bien estre quaunt ils sount ensemble DC gleyves. Et à feisaunce du cestes estoient hors sour une chivaché vers Ango et Peyto. Et les countes de Suthfolk, d'Oxenforde et de Salusbury, le sire de Mussenden, mounsire Elys de Pomers et aultres Gascoignes ovesqe eaux, qe sount bien pluis qe D cents gleyves et CC servauntz et CCC archiers; et estoient à feisaunce du cestes vers les parties de Notre Dame de Rochemade, et ount esté hors pluis que XII jours, et n'estoient revenuz au départir de cestes. Mounsire Johan Chaundos, mounsire James et mounsire Baudewin et ceaux qe sount en leur companye sount auxi hors sour une chivaché devers lour parties. Mounsire Renaud et ceux de Mesoun od les Gascoignes qe sount en lour companye sount auxi hors sour une chivaché devers lour parties. Le counte de Warewyk ad esté à Tonynges et à Clerak au prendre ycelles villes, et est au feisaunce de cestes devers Mermande pour destruire lour vines et tout aultre chose q'il purra destruire de eux. Mounsire est à Leybourne, et le sire de Pomers à Fresnak qe n'est qe un quarter de une leage de Leybourne. Et les gentz mounsire gisoient auxi bien à Seint Milioun come à Leybourne. Et mounsire Berarde de Bret est illesqes ovesqe luy. Et, mounsire gaite novels lesquelles il deit aver; et solone les novels qu'il avera il se tretera od il semble que meultz soit sour soun honour. Au feisaunce du cestes le counte d'Ermynake estoit à Avynoun, et le roi d'Arragon est illesqes. Et toutz aultres parlaunces qe fusrent en diverses lieus dount vous en avez conisaunce jeo ne vous say maunder. A feasunce du cestes, très cher sire, aultre chose ne vous say maunder à vous, mais qe vous pensez d'envoier novels à mounsire à le pluistot come en nul manere bonement purretz. Très cher sire, Notre Sire vous doigne bone vie et long. Escré à Leybourne le XXII*e* jour de janever (1356).

---
* Le jour de Noël, en 1355 était un vendredi; ainsi le mercredi précédent était le 23 décembre.

Si devez savoir que ces cinq jours que le prince fut au dit bourg de Narbonne, il n'y eut oncques jour que les Anglois et Gascons ne fissent et livrassent cinq ou six assauts à ceux de la cité, si grands, si forts et si merveilleux, que grand'merveille seroit à penser comment de chacun assaut ils n'étoient pris et conquis. Et l'eussent été, il n'est mie doute, s'ne fussent les gentilshommes qui en la cité étoient; mais ceux-ci en pensèrent si bien, et s'y portèrent si vassamment, que les Anglois ni les Gascons n'y purent rien conquerre. Si s'en partirent le prince avec toutes ses gens; mais à leur département, les Anglois, varlets et pillards, payèrent leurs hôtes, car ils boutèrent en plus de cinq lieux le feu au bourg, par quoi il fut tout ars.

Si chevauchèrent le prince et ses gens, en retournant vers Carcassonne, car ils avoient tant conquis d'avoir et si en étoient chargés, que pour celle saison ils n'en vouloient plus; de quoi ceux de Béziers, de Montpellier, de Lunel et de Nîmes, qui bien cuidoient avoir l'assaut, en furent moult joyeux, quand ils sçurent que les Anglois leur tournoient le dos. Et vinrent les Anglois en une bonne grosse ville par delà la rivière d'Aude, car ils l'avoient passée au pont de Narbonne en Carcassonnois, que on appelle Limoux, et y fait-on pennes plus et meilleurs que d'autre part.

Cette ville de Limoux pour le temps d'adonc étoit foiblement fermée. Si fut tantôt prise et conquise et grand avoir dedans; et y eut ars et abattu à leur département plus de quatre cents maisons et beaux hôtels, dont ce fut grand dommage.

Ainsi fut en ce temps ce bon pays et gras de Narbonnois, de Carcassonnois et de Toulousain pillé, dérobé, ars et perdu par les Anglois et par les Gascons. Voir est que le comte d'Armignac étoit à Toulouse et faisoit son amas de gens d'armes à cheval et à pied pour aller contre eux, mais ce fut trop tard; et se mit aux champs à bien trente mille hommes, uns et autres, quand les Anglois eurent tout exillié le pays. Mais le dit comte d'Armignac attendoit monseigneur Jacques de Bourbon qui faisoit son amas de gens d'armes à Limoges et avoit intention d'enclorre les Anglois et Gascons; mais il s'émut aussi trop tard, car le prince et son conseil, qui ouïrent parler de ces deux grandes chevauchées que le comte d'Armignac et messire Jacques de Bourbon faisoient, s'avisèrent selon ce et prirent à leur département de Limoux le chemin de Carcassonne pour repasser la rivière d'Aude, et tant firent qu'ils y parvinrent. Si la trouvèrent en l'état où ils la laissèrent, ni nul ne s'y étoit encore retrait. Si fut tellement pararse et détruite des Anglois, que oncques n'y demeura de ville pour herberger un cheval, ni à peine savoient les héritiers ni les manans de la ville rassener ni dire de voir : « Ci sist mon héritage. » Ainsi fut-elle menée.

Quand le prince et ses gens eurent repassé la rivière d'Aude, ils prirent leur chemin vers Mont-royal, qui étoit une bonne ville et fermée de murs et de portes et siéd en Carcassonnois. Si l'assaillirent fortement quand ils furent là venus, et la conquirent de force, et grand pillage dedans que ceux du pays y avoient attrait sur la fiance du fort lieu; et là eut morts grand'foison de bidaus, hommes de la ville, pourtant qu'ils s'étoient mis à défense et qu'ils ne s'étoient voulu rançonner; et fut au département des Anglois la ville toute arse; et puis prirent le chemin des montagnes, ainsi que pour aller vers Fougans et vers Rodais, toudis ardant et exillant pays, et rançonnant aucunes villes fermées et petits forts qui n'étoient mie taillés d'eux tenir. Et devez savoir que en ce voyage le prince et ses gens eurent très grand profit; et repassèrent les Anglois et les Gascons tout paisiblement dessous la bonne cité de Toulouse au port Sainte-Marie la rivière de Garonne, si chargés d'avoir que à peine pouvoient leurs chevaux aller avant. De quoi ceux de Toulouse furent durement émus et courroucés sur les gentilshommes, quand ils sçurent que les Anglois et les Gascons, sans eux combattre, avoient repassé la rivière de Garonne, et s'étoient mis à sauveté; et en parlèrent moult vilainement sur leur partie; mais tout ce se passa. Les pauvres gens le comparèrent qui en eurent adonc, ainsi qu'ils ont encore maintenant, toudis du pire.

Ces chevauchées se dérompirent, car le prince s'en retourna à Bordeaux et donna une partie de ses gens d'armes congé, et spécialement les Gascons, pour aller visiter les villes et leurs maisons; mais telle étoit l'intention du prince, et si leur disoit bien au partir, que à l'été qui revenoit, il les mèneroit un autre chemin en France, où ils feroient plus grandement leur profit qu'ils n'avoient fait, ou ils y remettroient tout ce qu'ils avoient conquis et encore du leur assez. Les Gascons étoient tout confortés de faire le commandement du prince et d'aller tout partout là où il les voudroit mener.

CHAPITRE XX.

Comment ceux de Rouen et d'Évreux se refusèrent à l'établissement d'une gabelle sur le sel par l'ennortement du seigneur de Harecourt et du roi de Navarre, et comment le roi Jean fit mettre les mains sur le roi de Navarre ens on châtel de Rouen.

Nous nous souffrirons un petit à parler du prince et parlerons d'aucunes incidences qui avinrent en celle saison, qui trop grévèrent le royaume.

Vous avez bien ouï conter ci-dessus comment messire Charles d'Espagne fut mort par le fait du roi de Navarre, dont le roi de France fut si courroucé sur le dit roi, quoiqu'il eût sa fille épousé, que onques depuis ne le put aimer, comment que par moyens et par bonnes gens qui s'en ensonnièrent, le roi de France, pour eskiver plus de dommage en celle année, lui pardonna.

Or avint que les consaus du roi Jean l'ennortèrent à ce que, pour avoir plus sur ses guerres, il mit aucune gabelle sur le sel [1] où il trouveroit grand'reprise pour payer ses soudoyers. Si la mit le roi [2]; et fut accordée en trop de lieux en France, et la levèrent les impositeurs. Donc pour cette imposition et gabelle il avint un grand meschef en la cité d'Arras en Picardie [1], car la communauté de la ville se rebellèrent sur les riches hommes et en tuèrent, sur un samedi à heure de tierce jusques à midi, quatorze des plus suffisans; dont ce fut pitié et dommage, et est, quand méchans gens sont au dessus des vaillans hommes. Toutefois ils le comparèrent depuis, car le roi y envoya son cousin monseigneur Jacques de Bourbon, qui fit prendre tous ceux par lesquels la motion avoit été faite, et leur fit sur la place couper les têtes.

J'ai de cette gabelle touché un petit, pourtant que quand les nouvelles en vinrent en Normandie, le pays en fut moult émerveillé, car ils n'avoient point appris de payer telle chose [2]. En ce temps y avoit un comte en Harecourt qui siéd en Normandie, qui étoit si bien de ceux de Rouen qu'il vouloit. Si que il dit, ou dut avoir dit, à ceux de Rouen, qu'ils seroient bien serfs et bien méchans, s'ils s'accordoient à cette gabelle, et que, si Dieu le pouvoit aider, elle ne courroit jà en son pays, ni il ne trouveroit si hardi homme de par le roi de France qui la dût faire courir, ni

---

[1] On attribue communément l'institution de la gabelle ou impôt sur le sel à Philippe-le-Long, qui l'établit par une ordonnance du 25 février 1348 : mais on en trouve des preuves bien plus anciennes dans notre histoire. Une ordonnance de saint Louis en 1246 en fait mention. C'étoit d'ailleurs un tribut des empereurs romains et il est probable qu'il aura survécu à leur domination, quoiqu'il ait été souvent modifié depuis.

[2] L'ordonnance dont parle ici Froissart est une des plus importantes pour notre histoire : on la trouve en entier dans le tome III du *Recueil des ordonnances, in-folio*, et dans le *Recueil des anciennes lois françaises* de M. Isambert à l'année 1355. Cette ordonnance annonce que déjà l'esprit de liberté recommençait à se faire jour et que les usurpations successives des souverains sur les droits de la nation ne trouvaient plus la même docilité. Les trois états n'accédèrent aux demandes pécuniaires de la couronne que sous la condition que les receveurs seraient des gens à eux : une réunion de trois états fut stipulée pour l'année suivante. Le roi s'obligea à ne plus faire fabriquer de mauvaise monnaie; et enfin, parmi plusieurs autres règlemens d'utilité publique, il fut arrêté que le *droit de prise* exercé d'une manière si arbitraire par le plus mince officier de la couronne, droit que tant d'ordonnances précédentes n'avaient pu rendre moins oppressif pour les peuples, serait tout-à-fait aboli; que ceux qui voudraient l'exercer seraient traités comme autant de voleurs publics, qu'on serait autorisé à repousser la force par la force pour se soustraire à leurs demandes, et que même « si ceux sur lesquels on vouloit exercer ces mesures arbitraires n'étoient pas assez forts pour résister, ils pouvoient appeler aide de leurs voisins et des villes prochaines, lesquelles se pouvoient assembler par cris ou autrement selon ce que bon leur sembloit. » De grands bienfaits devaient sans doute résulter de cette répression du despotisme des agens inférieurs, mais le désordre des guerres civiles empêcha l'exécution de ces mesures. En donnant au gouvernement les moyens de repousser l'étranger, on le rendit assez fort pour consolider le pouvoir absolu dans l'intérieur ; et après quelques siècles on en vint au point de remettre en discussion des droits si nettement reconnus non-seulement dans l'ordonnance du roi Jean, mais dans les ordonnances des rois ses prédécesseurs, qui en établissant des règlemens arbitraires n'alléguaient nullement leurs droits, mais la nécessité des temps et en promettaient chaque fois régulièrement l'abolition prochaine.

[1] Cet impôt excita toujours des troubles en France. Sous Philippe de Valois, qui l'augmenta et le diminua tour à tour en 1331, en 1342 et en 1345, il avait déjà donné lieu à des soulèvemens, et suivant le *Miroir historial : Ce roi en avoit acquis l'indignation et malegrâce tant des grands comme des petits et de tout le peuple.*

[2] Plusieurs grands vassaux s'étaient refusés à faire lever la gabelle du sel sur leurs terres.

sergent qui en levât, pour la inobédience, amende, qui ne le dût comparer du corps.

Le roi de Navarre, qui pour ce temps se tenoit en la comté d'Évreux, en dit autre-tant, et dit bien que jà cette imposition ne courroit en sa terre. Aucuns barons et chevaliers du pays tinrent leur opinion et s'allièrent, tout par foi jurée, au roi de Navarre et le roi avec eux, et furent rebelles aux commandemens et ordonnances du roi, tant que plusieurs autres pays y prirent pied.

Ces nouvelles vinrent jusques au roi Jean qui étoit chaud et soudain, comment le roi de Navarre, le comte de Harecourt, messire Jean de Graville[1] et plusieurs autres chevaliers de Normandie étoient contraires à ces impositions et les avoient défendues en leurs terres. Le roi retint cette chose en grand orgueil et grand présomption, et dit qu'il ne vouloit nul maître en France fors lui. Cette chose se couva un petit, avec autres haines que on y attisa, tant que le roi Jean fut trop malement dur informé sur le roi de Navarre et le comte de Harecourt et aussi messire Godefroy de Harecourt qui devoit être de leur alliance et un des principaux ; et fut dit au roi de France que le roi de Navarre et celui de Harecourt devoient mettre les Anglois en leur pays et avoient de nouveau fait alliance au roi d'Angleterre[2].

[1] Il est peu de noms qui aient été autant défigurés que celui-ci ; tour à tour il devient Granville, Graville, Girarville, Guerarville. Il est probable qu'il s'agit ici de Jean de Mallet, seigneur de Guerarville. Le second continuateur de Nangis en parle dans le même sens que Froissart.

[2] Matteo Villani assure que le roi de France montra à tout le monde un acte d'où pendaient plusieurs sceaux, par lequel il était prouvé (Villani, t. vi, ch. 26) que le roi de Navarre, le comte de Harcourt, les chevaliers normands et plusieurs autres personnes qui étaient nommées, avaient traité avec le roi d'Angleterre pour ôter la vie au roi de France et au dauphin son fils, et pour mettre la couronne sur la tête du roi de Navarre, qui devait céder à l'Anglais la Gascogne et la Normandie. Des lettres du roi d'Angleterre en date du 14 mai, adressées au pape, à l'empereur et à plusieurs autres princes, confirment l'assertion de Villani : « Personne n'ignore, dit Édouard dans ces lettres, que Jean de France, après avoir pardonné au roi de Navarre et à ses adhérens, a fait arrêter ce prince, le comte de Harcourt et plusieurs autres, et les a traités d'une manière que je voudrais pouvoir cacher, pour l'honneur de la profession des armes. Mais comme Jean, pour justifier cette action, prétend, à ce qu'on dit, avoir entre les mains des lettres du roi de Navarre et de ses amis, par lesquelles il paraît qu'ils ont conspiré contre lui, et nous ont promis de se joindre à nous et de nous livrer la Normandie ; considérant que ces discours blessent notre honneur, et voulant laver le roi de Navarre, quoiqu'il soit notre ennemi, du reproche de trahison dont on le charge à tort, nous déclarons sous parole de roi et nous protestons devant Dieu que, ni lui ni ses amis n'ont jamais fait d'alliance avec nous contre a France, etc., etc.

Je ne sais si c'étoit voir ou non, ou si on le disoit par envie, mais je ne crois mie que si vaillans gens et si nobles et de si haute extraction voulussent faire ni penser trahison contre leur naturel seigneur. Il fut bien vérité que la gabelle du sel ils ne voulurent oncques consentir que elle courût en leurs terres. Le roi Jean qui étoit léger à informer, et dur à ôter d'une opinion puis qu'il y étoit arrêté, prit les dessus dits en si grand haine que il dit et jura que jamais n'auroit parfaite joie tant que ils fussent en vie.

En ce temps étoit son aîns-né fils, messire Charles, en Normandie dont il étoit duc[1], et tenoit son hôtel ens ou châtel de Rouen et ne savoit rien des rancunes mortelles que le roi son père avoit sur le roi de Navarre et le comte de Harecourt et messire Godefroy son oncle, mais leur faisoit toute la bonne compagnie qu'il pouvoit par l'amour et le vicinage. Et avint que il les fit prier par ses chevaliers de venir dîner avec lui au châtel de Rouen. Le roi de Navarre et le comte de Harecourt ne lui volrent mie escondire, mais lui accordèrent liement. Toutefois si ils eussent cru messire Philippe de Navarre et messire Godefroy de Harecourt, ils n'y fussent jà entrés. Ils ne les crurent pas, dont ce fut folie ; mais vinrent à Rouen et entrèrent par les champs au châtel où ils furent reçus à grand joie.

Le roi Jean, qui tout informé étoit de ce fait et qui bien savoit l'heure que le roi de Navarre et le comte de Harecourt devoient être à Rouen et dîner avec son fils, et devoit être le samedi, se départit le vendredi à privée mesnée ; et chevauchèrent tout ce jour ; et fut en temps de la nuit de Pâques fleuries. Si entra ens ou châtel de Rouen, ainsi que cils seigneurs séoient à table, et monta les degrés de la salle, et messire Arnoul d'Andrehen devant lui qui traist une

[1] Le roi avait donné à son fils aîné Charles le duché de Normandie la veille de la Conception 1355 : celui-ci en fit hommage le lendemain à son père, et partit peu de temps après pour son duché

épée et dit : « Nul ne se meuve, pour chose qu'il voie, si il ne veut être mort de cette épée [1] ! »

Vous devez savoir que le duc de Normandie, le roi de Navarre, le comte de Harecourt et cils qui séoient à table [2], furent bien émerveillés et ébahis, quand ils virent le roi de France entrer en la salle et faire telle contenance, et voulsissent bien être autre part. Le roi Jean vint jusques à la table où ils séoient. Adonc se levèrent-ils tous contre lui et lui cuidèrent faire la révérence, mais il n'en avoit du recevoir nul talent. Ainçois s'avança parmi la table et lança son bras dessus le roi de Navarre et le prit par la keue et le tira moult roide contre lui en disant : « Or sus, traître, tu n'es pas digne de seoir à la table de mon fils. Par l'âme de mon père, je ne pense jamais à boire ni à manger tant comme tu vives ! »

Là avoit un écuyer qui s'appeloit Colinet de Bleville [3] et tranchoit devant le roi de Navarre. Si fut moult courroucé, quand il vit son maître ainsi demener ; et trait son badelaire, et le porta en la poitrine du roi de France et dit qu'il l'occiroit. Le roi laissa à ce coup le roi de Navarre aller et dit à ses sergens : « Prenez-moi ce garçon et son maître aussi. »

Maciers et sergens d'armes saillirent tantôt avant, et mirent les mains sur le roi de Navarre, et l'écuyer aussi, et dirent : « Il vous faut partir de ci, quand le roi le veut. » Là s'humilioit le roi de Navarre grandement, et disoit au roi de France : « Ha ! monseigneur, pour Dieu merci ! qui vous a si dur informé sur moi ? si Dieu m'ait, oncques je ne fis, sauve soit votre grâce, ni pensai trahison contre vous [4] ni monseigneur votre fils [1], et, pour Dieu merci ! veuillez entendre à raison. Si il est homme au monde qui m'en veuille amettre, je m'en purgerai par l'ordonnance de vos pairs, soit du corps ou autrement. Voir est que je fis occire Charles d'Espaigne qui étoit mon adversaire, mais paix en est, et j'en ai fait la pénitence. » — « Allez, traître, allez, répondit le roi de France, par monseigneur Saint Denis, vous saurez bien prêcher ou jouer de fausse menterie si vous m'échappez. »

Ainsi en fut le roi de Navarre mené en une chambre et tiré moult vilainement et messire Frichet de Frichans un sien chevalier [2] avec lui, et Colinet de Bleville ; ni pour chose que le duc de Normandie dit, qui étoit en genoux et à mains jointes devant le roi son père, il ne s'en vouloit passer ni souffrir. Et disoit le duc, qui lors étoit un jeune enfant [3] : « Ah ! monseigneur, pour Dieu merci ! vous me déshonorez : que pourra-t-on dire de moi, quand j'avois le roi et ses barons prié de dîner de-lez moi et vous les traitez ainsi ; on dira que je les aurai trahis [4]. Et si ne vis oncques en eux que tout bien et toute courtoisie. » — « Souffrez-vous, Charles, répondit le roi, ils sont mauvais traîtres, et leurs faits les découvriront temprement : vous ne savez pas tout ce que je sais. »

A ces mots passa le roi avant, et prit une masse de sergent et s'en vint sur le comte de Harecourt, et lui donna un grand horion entre les épaules et dit : « Avant, traître orgueilleux, passez en prison à mal estrene. Par l'âme de mon père, vous saurez bien chanter, quand

---

[1] Corneille Zantfliet dans sa chronique et Matteo Villani sont parfaitement d'accord avec cette narration.

[2] Outre les noms mentionnés ici, les Chroniques de Saint-Denis nomment, parmi ceux qui étaient présens, messire Louis et messire Guillaume d'Harcourt, frères de Jean, comte de Harcourt, les seigneurs de Préau et de Clère, messire Friquet de Friquans, chancelier du roi de Navarre, le sire de Tournebeu, messire Maubué de Mainemar et le sire de Graville, et deux écuyers nommés Olivier Doublet et Jean de Vaubatu.

[3] Je ne trouve ce nom dans aucune relation ; peut-être est-ce le même qu'Olivier Doublet, qui est appelé ailleurs Colin Duplet, Nicolas du Blet et Colas Doublet. Ce qui rend cette conjecture probable, c'est qu'en effet Nicolas Doublet fut compris parmi ceux que Jean fit décapiter, ainsi que le mentionne Froissart.

[4] Une pièce rapportée par Secousse dans son volume des preuves, montre que Charles de Navarre avait persuadé au duc de Normandie de s'enfuir de France auprès de l'empereur Charles IV, pour venir ensuite attaquer son père. Les noms de ceux qui devaient partir avec lui sont mentionnés dans la lettre de rémission en date du 6 janvier 1355, ou 1356 en ne commençant pas l'année à Pâques.

[1] Froissart rapporte dans un autre endroit que le bruit public accusait le roi de Navarre d'avoir donné, à cette époque, du poison au duc de Normandie.

[2] Secousse a reproduit les deux interrogatoires de Friquet, qui servent à jeter un grand jour sur ces événemens.

[3] Le duc de Normandie avait alors dix-huit ans, étant né le 21 janvier 1337.

[4] On rapporte en effet que le roi lui avait envoyé dire de ne pas s'étonner de tout ce qu'il allait voir. D'autres prétendent qu'il invita à dessein le roi de Navarre, que son père avait dès long-temps formé le projet d'arrêter, quoiqu'il eût été obligé de feindre une réconciliation par crainte d'une alliance de ce prince avec Édouard III

vous m'échapperez. Vous êtes du lignage le comte de Ghines. Vos forfaits et vos trahisons se découvriront temprement. »

Là ne pouvoit excusance avoir son lieu, ni être ouïe, car le dit roi étoit enflammé de si grand air qu'il ne vouloit à rien entendre fors à eux porter contraire et dommage. Si furent pris, à son commandement et ordonnance, les dessus nommés, et encore avec eux messire Jean de Graville et un autre chevalier qui s'appeloit messire Maubué, et boutés en prison moult vilainement. De quoi le duc de Normandie et tous les autres furent durement troublés, et aussi furent les bonnes gens de Rouen, car ils aimoient grandement le comte de Harecourt, pourtant qu'il leur étoit propice et grand conseiller à leurs besoins : mais nul n'osoit aller au devant ni dire au roi : « Sire, vous faites mal d'ainsi traiter ces vaillans hommes. » Et pour ce que le roi désiroit la fin des dessus nommés, et qu'il se doutoit que les communautés de Rouen ne lui féissent force, car bien savoit qu'ils avoient grandement à grâce le comte de Harecourt, il fit venir avant le roi des ribauds[1] et dit : « Délivrez-nous de tels et de tels. » Celui-ci fut tout appareillé au commandement du roi; et furent traits hors du châtel de Rouen et menés aux champs[2] le comte de Harecourt, messire Jean de Graville, messire Maubué et Colinet de Bleville, et furent décolés sans ce que le roi voulût souffrir que oncques fussent confessés, excepté l'écuyer, mais à celui fit-il grâce, et lui fut dit qu'il mourroit pour tant que il avoit trait son badelaire sur le roi : et disoit le dit roi de France que traîtres ne dévoient avoir point de confession.

Ainsi fut cette haute justice faite dehors le châtel de Rouen, au commandement du dit roi, dont depuis avinrent plusieurs grands meschefs au royaume de France, ainsi que vous orrez recorder avant en l'histoire.

[1] On donnait le nom de ribauds à des soldats d'élite, choisis pour la garde particulière des princes : le roi des ribauds était celui qui commandait cette garde.

[2] Ce champ appelé le *champ du pardon* était derrière le château. Les *Chroniques de France* ajoutent que le roi fit amener les prisonniers dans deux charrettes et monta à cheval après dîner pour aller présider à l'exécution de quatre d'entre eux. Jean, comte de Harcourt, le sire de Guérarville, messire Maubué de Mainemares et Olivier Doublet. Ce dernier est peut-être, comme je l'ai dit, l'écuyer que Froissart appelle ici Colinet de Fleville.

CHAPITRE XXI.

Cy parle du défi fait au roi de France par Philippe de Navarre, et de la chevauchée du duc de Lancastre et du conquêt du bourg, de la cité et du châtel d'Évreux par le roi de France.

Ces nouvelles vinrent jusques à monseigneur Philippe de Navarre et à monseigneur Godefroy de Harecourt[1] qui n'étoient mie loin de là. Si furent, ce pouvez-vous bien croire, grandement ébahis et courroucés. Tantôt messire Philippe de Navarre fit écrire unes lettres de défiance et les bailla à un héraut, et lui commanda de l'apporter au roi Jean, qui se tenoit encore ens ou châtel de Rouen[2]. Le héraut apporta les lettres de par monseigneur Philippe de Navarre au roi de France, lesquelles lettres singulièrement disoient ainsi :

A Jean de Valois qui s'escript roi de France.

Philippe de Navarre à vous Jean de Valois signifions, que pour le grand tort et injure que vous faites à notre très cher seigneur de frère, monseigneur Charles, roi de Navarre, que de son corps amettre de vilain fait et de trahison où oncques ne pensa aucunement, et de votre puissance sans loi, droit ni raison l'avez demené et mené vilainement ; de quoi moult courroucés sons ; et ce forfait venu et donné par vous sur notre très cher frère, sans aucun titre juste, amenderons quand nous pourrons : et sachez que vous n'avez que faire de penser à son héritage ni au nôtre pour lui faire mourir par votre cruelle opinion, ainsi que jà fîtes, pour la convoitise de sa terre, le comte Raoul d'Eu et de Ghines, car jà vous n'en tiendrez pied ; et de ce jour en avant vous deffions et toute votre puissance, et vous ferons guerre mortelle si très grande comme nous pourrons. En témoin de laquelle chose à venir nous avons à ces présentes fait mettre notre scel.

Données à Conces[3] sus Yton le dix-sept jour du mois d'avril, l'an de grâce Notre Seigneur M CCC LV.

Quand le roi Jean vit ces lettres et il les eut ouï lire, il fut plus pensif que devant, mais par semblant il n'en fit nul compte. Toutes fois le

[1] Oncle de Jean, comte de Harcourt.

[2] Je n'ai trouvé nulle autre part cette lettre de défi. Corneille Zantfliet rapporte seulement que Philippe de Navarre écrivit au roi Jean qu'il lui déclareroit une guerre éternelle, si on attentoit à la vie de son frère.

[3] Peut-être Conches, à quatre lieues d'Évreux.

roi de Navarre demeura en prison; et ne fit mie le dit roi tout ce que il avoit empris, car on lui alla au devant, aucuns de son conseil, qui un petit lui brisèrent son aïr; mais c'étoit bien son intention qu'il le tiendroit en prison tant comme il vivroit, et lui retoldroit toute la terre de Normandie.

Encore étoit le dit roi Jean ens ou châtel de Rouen, quand autres lettres de deffiance lui vinrent de monseigneur Louis de Navarre, de monseigneur Godefroy de Harecourt, du jeune fils ainsné le comte de Harecourt, qui s'appeloit Guillaume, du sire de Graville, de monseigneur Pierre de Sakenville et bien de vingt chevaliers. Or eut le roi plus à faire et à penser que devant, mais par semblant il passa tout légèrement et n'en fit compte : car il se sentoit grand et fort assez pour resister contre tous et eux détruire.

Si se départit le dit roi de Rouen et le duc de Normandie avec lui, et s'en retournèrent à Paris. Si fut le roi de Navarre en celle semaine amené à Paris atout grand foison de gens d'armes et de sergens et mis au châtel du Louvre[1], où on lui fit moult de malaises et de peurs : car tous les jours et toutes les nuits cinq ou six fois on lui donnoit à entendre que on le feroit mourir une heure, que on lui trancheroit la tête l'autre[2], que on le jeteroit en un sac en Sainne. Il lui convenoit tout ouïr et prendre en gré, car il ne pouvoit mie là faire le maître; et parloit si bellement et si doucement à ses gardes, toudis en lui excusant si raisonnablement, que cils qui ainsi le demenoient et traitoient, par le commandement du roi de France, en avoient grand'-pitié. Si fut en celle saison translaté et mené en Cambrésis et mis ens ou fort châtel de Crèvecœur, et sur lui bonnes et espéciales gardes; ni point ne vidoit d'une tour où il étoit mis, mais il avoit toutes choses appartenantes à lui, et étoit servi bien et notablement. Si le commença le roi de France à entr'oublier, mais ses frères ne l'oublièrent point, ainsi que je vous dirai en suivant.

Tantôt après les deffiances envoyées des enfans de Navarre et des Normands dessus nommés au roi de France, ils pourvurent leurs villes, leurs châteaux et leurs garnisons bien et grossement de tout ce qu'il appartient, sur entente de faire guerre au royaume de France. En ce temps se tenoit messire Louis de Harecourt, frère au comte de Harcourt, que le roi de France avoit fait mourir, da-lès le duc de Normandie, et n'étoit de rien encoulpé ni traité en France ni à l'hôtel du roi ni du duc de nulle male façon; donc il avint que messire Godefroi de Harecourt lui signifia son entente, et lui manda qu'il retournât devers lui et devers son lignage, pour aider à contrevenger la mort du comte son frère, que on avoit fait mourir à tort et sans cause, dont ce leur étoit un grand blâme. Messire Louis de Harecourt ne fut mie adonc conseillé de lui traire celle part, mais s'en excusa et dit qu'il étoit homme de fief au roi de France et au duc de Normandie, et que, si il plaisoit à Dieu, il ne guerroicroit son naturel seigneur, ni iroit contre ce qu'il avoit juré. Quand messire Godefroy son oncle vit ce, si fut durement courroucé sur son neveu, et lui manda que c'étoit un homme failli et que jamais il n'avoit que faire de tendre ni de penser à l'héritage qu'il tint, car il l'en feroit si exempt que il n'en tiendroit denrée; et tout ce que il lui promit, il le tint bien, si comme je vous recorderai.

Si très tôt que le dessus dit messire Philippe de Navarre et messire Godefroy de Harecourt eurent garni et pourvu leurs villes et leurs châteaux, ils s'avisèrent qu'ils s'en iroient en Angleterre parler au roi Édouard[1], et feroient grands alliances à lui; car autrement ne se pouvoient-ils contrevenger[2].

Si ordonnèrent monseigneur Louis de Navarre[3]

---

[1] Suivant les divers témoignages réunis par Secousse, il fut transféré du Louvre au Châtelet avec Friquet de Friquamps et Jean de Beautalu; puis au Château Gaillard près d'Andeli, où la reine Marguerite, femme de Louis X, avait été étranglée pour adultère; puis à Crèvecœur; puis à Arleux où il était, lorsque Pecquigny le tira de prison. Ce Jean de Beautalu est tantôt nommé Vaubalu et tantôt Pantalu; le véritable nom paraît être Bauterlu, seigneurie qui a appartenu à une branche cadette de la maison de Montmorency.

[2] Le second continuateur de Nangis raconte les mêmes faits.

[1] Les lettres de sauf-conduit pour Philippe de Navarre et Godefroy de Harcourt, qui se rendaient en Angleterre, sont du 24 juin; et le 24 août suivant, Philippe de Navarre reçut de nouvelles lettres de sauf-conduit pour son retour en Normandie.

[2] Le traité fut signé le 4 septembre de la même année : Philippe y fait hommage-lige à Édouard en qualité de roi de France et de duc de Normandie.

[3] Le second continuateur de Nangis dit qu'après l'em-

à demeurer en Normandie, et avec lui le Bascle de Marueil et aucuns chevaliers Navarrois pour garder les frontières jusques à leur retour, et vinrent à Chicrebourch, et là montèrent-ils en mer; et exploitèrent tant par leurs journées qu'ils vinrent à Hantonne ; là prirent-ils terre en Angleterre et puis issirent de leurs vaisseaux, et se rafraîchirent en la ville un jour. Au lendemain ils montèrent sur leurs chevaux et chevauchèrent tant que ils vinrent à Cenes[1], où le roi d'Angleterre se tenoit, assez près de Londres, car tous ses consauls étoient adonc à Londres.

Vous devez savoir que le roi reçut à grand'joie son cousin monseigneur Philippe de Navarre et monseigneur Godefroy de Harecourt, car il étoit jà tout informé de leur matière; si en pensoit bien mieux à valoir en fortifiant sa guerre. Les dessus dits firent leur plainte au roi, l'un de la mort de son neveu, l'autre de la prise et du grand blâme, et sans cause, ce disoit, que on faisoit à son frère. Si s'en traioient par devers le roi d'Angleterre, comme au plus droiturier seigneur de toute chrétienté, pour avoir vengeance et amendement de ce fait qu'ils regardoient à trop grand'chose. Et au cas que il les en voudroit adresser, conforter et conseiller, ils lui rapporteroient et mettroient en ses mains cités, villes et châteaux que ils tenoient en Normandie, et que le roi de Navarre et le comte de Harecourt y tenoient au jour de leur prise.

Le roi d'Angleterre n'eut jamais refusé ce présent, mais leur dit que volontiers les aideroit et feroit aider par ses gens : « Et pour ce que votre fait demande hâtive expédition, et que voici la saison qu'il fait bon guerroyer, mon beau cousin de Lancastre est sur les frontières de Bretagne[2]; je lui écrirai et manderai espécialement que à tout ce qu'il a de gens il se trait devers vous, et encore y envoierai-je temprement, tant que pour faire bonne guerre à vos ennemis. Si commencerez à guerroyer celle saison, et toudis vous croîtra et viendra devant la main force, aide et puissance. »—« Cher sire,

---

prisonnement de Charles de Navarre, Louis alla dans la Navarre, où il gouverna le royaume au nom de son frère, et ce fait, dit Secousse, est confirmé par une lettre que le pape écrivit conjointement à ce prince, aux seigneurs et au peuple de la Navarre, par laquelle il les exhortait à tâcher d'apaiser la colère du roi plutôt que de l'irriter par une guerre civile.

[2] Johnes croit que ce nom est mis pour Chertsey près de Windsor, pour l'embellissement duquel Édouard, qui y était né, dépensa des sommes considérables; mais il est évident qu'il s'agit de Sheen, aujourd'hui Richmond.

[3] Robert d'Avesbury rapporte une pièce intéressante contenant ce que fit jour par jour le duc de Lancastre depuis son arrivée en Normandie jusqu'à sa retraite; l'historien, contre sa coutume, ne nomme point l'auteur de cette pièce, mais elle n'en a pas moins tous les caractères de l'originalité et de l'authenticité; elle est précédée de ce titre : De Transitus nobilis ducis Lancastriæ per medium Normannorum ad removendum obsidiones castrorum de Pount-Odomer et Brioil regis Navarriæ : la voici toute entière :

« Ce sount les journées de la chivaché mounseir le ducz de Lancastre en Normandie, q'avoit en sa companye mounseir Johan de Montfort qe chalange d'estre ducz de Bretainge, et de l'enfaunce avoit esté nurry od le roy d'Engleterre. Et avoit V cents hommes d'armes et VIII cents archiers, et sire Phelipe friere au roy de Navarre et sire Godfray de Harecourt viendrent à ly od C hommes d'armes de la païs; et Robert Knolles amesna de garnesons de Bretaigne CCC hommes d'armes et D cents archiers; si qe mounseigneur le ducz avoit en toutz DCCCC hommes d'armes et mil CCCC archiers. Et le mescredy prochain devant la feste de Seint Johan Le Baptistre * se remua de l'abbeie de Mountburghe ** en la isle de Constantin à Carant hors de l'isle V leages de la terre, dount chescun leage est pluis long de II leages d'Engleterre, et demurreit illesqes la veille de la dite feste. Et le vendredy en le dit feste il se remua en passaunt devaunt la forte ville de Seint Lou tanqe à Trojoye *** q'est d'illesqes VIII leages de la terre, et là demeureit il le samady. Et la dismenge il se remua à Frosseye **** par VII leages de la terre. Et la lundy il se remua en passant par devaunt Cams à la ville d'Argentyne***** par VII leages de la terre. Et le mardy il se remua en passaunt le pount de Corbour, ****** q'est une très graunt forteresse et le pluis fort passage qe soit del roialme en un mareis par VII leages de la terre tanqe ai citée de Lyseus. Et le mescredy il se remua par VI leages de la terre tanqe à la ville et le chastiel de Pount-Odomer qe sount au roy de Navarre, quelle chastiel fust assiegé ove très graunt nombre dez gentz d'armes et arblastiers. Et quaunt ils oierent que monseigneur le ducz estoit passé le dit Pount Corboun, ils se fuirent de nuyt ove trop graunt haste, issint q'ils lasseront toutz lour

---

* La fête de saint Jean fut cette année le vendredi : ainsi le mercredi dont il s'agit était le 22 juin.

** Montebourg, abbaye de bénédictins avec un gros bourg du même nom, à une lieue et demie de Valognes.

*** Ce nom est altéré et il est difficile de le reconnaître peut-être est-ce Turry, sur l'Orne.

**** Ce lieu, supposé qu'il ait jamais existé sous ces noms, nous est absolument inconnu.

***** Quoique ce nom ressemble beaucoup à celui d'Argenton, la distance de cette ville à celle de Caen nous porte à croire qu'il s'agit plutôt ici d'Argences, bourg situé sur la Meance, à trois lieues de Caen.

****** Corbon, sur la rivière de Vie, un peu au-dessus du confluent de cette rivière avec la Dive. Le marais dont parle l'auteur de la relation, se trouvait probablement entre ces deux rivières.

répondirent les dessus nommés, vous nous offrez tant que par raison il nous doit et peut bien suffire : et Dieu le vous puisse mérir. »

Après ces alliances et ces confirmations d'amour, les dessus dits, qui tiroient de retourner en Normandie, ne séjournèrent point plenté, mais ainçois leur département ils allèrent voir madame la roine d'Angleterre, qui se tenoit à Windesore, laquelle leur fit grand'-fête, et aussi firent toutes les autres dames et damoiselles.

Après ces honneurs et ces conjouissemens faits, les dessus dits se mirent au retour grandement bien contentés du roi et de son conseil, et leur furent baillés cent hommes d'armes et deux cents archers, desquels le sire de Ros et le sire de Neufville étoient capitaines. Si firent tant qu'ils arrivèrent sans périls et sans dommage au hàvre de Chierebourch, qui est ainsi que Calais une des fortes places du monde.

Depuis ne demeura guères de temps que le duc de Lancastre, qui se tenoit vers Pont-Orson, fut signifié du roi d'Angleterre son seigneur et son cousin que tout le confort et aide que il

engynnes et artillers, arblastes, pavys et aultres herneys diverses, où il demurreit le jeofdy et le vendredy pour refaire les mynes q'ils avoient faitz très biens et très fortz à chastiel si près q'ils ne faillerent forsqe de IIII piés de les mures del chastiel. Et fist vitailler le chastiel pour un an et mist leyns un chasteleyn, mounseigneur Johan de Luke chivaler de Braban od L hommes d'armes el L archiers de ses gentz demene. Et le samady il se remua d'illesqes V leages de la terre à l'abbeie de Bek-harlewin. Et la dismenge il se remua d'illesques tanqe al ville de Counse par VIII leages de la terre, où il fist assaut al chastiel et gaigna la primere garde du chastiel par force et le fist mettre en feu. Et la lundy il s'en ala à Britoil q'est au roy de Navarre, là où estoit un très fort chastiel assiegé par lez ennemys le dit roy ; mais devaunt la venue mounseir le ducz ils se departerouut d'illesqes : le quelle chastiel mounseir fist bien vitailler et s'en ala mesme la jour II leages d'une costé à une graunt ville muré appellé Vernoyl q'est à la countesse d'Allansoun, quelle ville mounseir gaigna par assaut, où il estoient pris plusours prisonners et plusours biens. Et tauntost mesme la lundy il fist assailler une tour en la dite ville de Vernoyl q'estoit très fort, et endurra l'assaut tout cele jour el le mardy et le mescredy tanqe à l'heure de prime, quele heure la tour luy fust renduz od toutz lo biens dedeinz la tour, en cele condicion q'ils deveroient aver lour vie et nient estre prisoners ; en quelle assaut fusrent plusours Engleis navfrez de quarels et de piers ; qele tour mounseir fist destruire; et avoit illeosque multz des biens. Et la ville de Vernoyl n'est que XVIII leages de Paris, et est appellé le chief de Normandy. Et le jeofdy mounseir demurra illeosqes pour refrescher ses gentz. Et le vendredy en retournaunt devers la isle de Constantin mounseir le ducz se remua à une ville q'est appellé la Egle, où mounseir Charles d'Espayne estoit mys à la mort de*... le roy Johan de France et soun eigné filtz Dolphin de Vyenne et son frère ducz d'Orlyens et plusours grauntz de la terre ove VIII mil gentz d'armes, arblastiers et aultres comunes XL mil estoient de costé de la dite ville à une leage petite d'illesqes; et de par le dit roy viendrent à mounseir le ducz II heraudes qe luy disoient qe le dit roy savoit bien qe par cause qe mounseir avoit si longement chivaché en soun royalme et demurré si près de lui à Vernoyl q'il fust venu pour avoir la bataille la quelle il averoit volentiers s'il vodroit.

Sour qey mounseir lour respondy q'il est venuz en ycelles parties pour certains busoignes faire les quelles il avoit bien comply, Dieu mercy ! et fust en retournaunt là où il avoit affeare ; et si le dit roy Johan de Fraunce luy voleit destourber de soun chemyn il serroit prest de luy encountrer. Après celle heure il n'avoit plus novels del dit roy. Et le samady il se remua de l'Egle à la ville d'Argentyne *. Et la dismenge il se remua à la ville de Turreye **. Et la lundy il se remua à l'abbeye de Seint-Fromond *** où il passa une cawe mult perilouse, qar les Frauncys avoient roumpuz le pount. Et en cele pais LX hommes d'armes et aultres servaunt estoient en un embuschement pour feare mal q'ilz pourroient a noz gentz, ove queux XV de noz gentz d'armes d'Engleterre avoient affeare et lez tuereut trestoutz, quele chose fust tenue pour miracle. Et le marsdy mounseir se remua à Carantan. Et le mescredy il vient à Mounthburgh avaunt dit en la isle de Constantyn, lequelle jour, quaunt mounseir primerement entra la dite isle, Robert Knolles od VII vingt hommes d'armes chivacha devaunt mounseir pour luy et ses gentz herberger, et encountra sodeignement VI vingt hommes d'armes d'arblastiers, brigauntz et Frauncys q'issirent d'un chastiel q'est en celles parties, pour avoir robbé et arz une ville q'est à notre obeisaunce. Et le dit Robert et le VII vingt ditz hommes d'armes les tuerent trestoutz, hors pris III qe fusrent pris, à raunsoun. Et chescun de lez ditz villes où mounseir estoit herbergé fust beale ville, graunde et riche. Et chescune jour lez gentz pristerent diverses forteresses et mult graunt plenté des prisoners et du pilages, et à lour retourner amesnerent ovesqe II mil chivals des enemys ; si qe en ceste chivaché mounseir ad eu graunt grace et graunt honour ; qar unqes n'estoit vewe si poy des gentz feare tiele chivaché en tiele pais et saunz perdre de ses gentz, ent loiez soit Dieux. Escript à Mounthburgh le XVIe jour du juyl, l'an du grace mil cccLvi.

---

* Il y a certainement ici quelques mots omis ; car *de* ne peut tomber sur *le roi Johan de France,* puisque ce fut au contraire le roi de Navarre qui fit assassiner Charles d'Espagne.

* Il s'agit vraisemblablement ici d'Argentan qui se trouve sur cette route. Argences, dont il a été question ci-dessus serait trop éloigné. Il est possible qu'un étranger ait appelé de même deux lieux différents, dont les noms ont tant de ressemblance.

** Probablement Turry, sur la rivière d'Orne.

*** Saint-Fromand n'était qu'un prieuré dépendant de l'abbaye de Cerisy, situé sur le bord de la Vire.

pouvoit faire aux enfans de Navarre et à ceux de Harecourt et leurs alliés, il le fit, en contrevengeant les dépits que son adversaire de Valois leur avoit faits. Le duc de Lancastre se tint tantôt pour tout informé de cette besogne et voult obéir au commandement son seigneur le roi, ce fut raison; et recueilla toutes ses gens, où il avoit bien cinq cents lances et mille archers : si se mit au chemin par devers Normandie et devers Chierebourch.

En sa route étoit messire Robert Canolle, qui se commençoit jà grandement à faire et à avancer, et étoit moult renommé ès guerres de Bretagne pour le plus able et subtil homme d'armes qui fût en toutes les routes, et le mieux aimé de tous povres compagnons, et qui plus de biens leur faisoit. Le duc de Lancastre, messire Philippe de Navarre, messire Godefroy de Harecourt et leurs gens se mirent tout ensemble, et le sire de Ros et le sire de Neufville qui avoient passé la mer avec eux; et firent tant qu'ils se trouvèrent douze cents lances, seize mille archers et deux mille brigands à lances et à pavais, et firent leur assemblée en la cité d'Évreux.

Là étoient messire Louis de Navarre, le jeune comte de Harecourt, messire Robert Canolle, messire le Bascle de Maruéil, messire Pierre de Sakenville, messire Guillaume de Cauville, messire Jean Carbeniaus, messire Sanses Lopin, messire Jean Jeviel, messire Guillaume de Bonnemare, messire Foudrigais, Jean de Segur, Fallemont, François Hanekin, et plusieurs bons chevaliers et écuyers apperts hommes d'armes qui ne desiroient fors que la guerre. Si se départirent ces gens d'armes d'Évreux en grand'ordonnance et bon arroi, bannières et pennons déployés, et chevauchèrent devers Vernon. Si passèrent à Acquegni et puis à Passy[1]; et commencèrent à piller, à rober et à ardoir tout le pays devant eux et à faire le plus grand exil et la plus forte guerre du monde.

Le roi de France, qui n'en attendoit guère autre chose, et qui avoit jeté son avis et imagination à entrer efforcément en la comté d'Évreux pour saisir villes et châteaux, avoit fait son mandement pour tout son royaume, aussi grand et aussi fort que pour aller contre le roi d'Angleterre et sa puissance. Si entendit le dit roi que le duc de Lancastre, Anglois et Navarrois, chevauchoient vers Rouen et mettoient le pays en grand'tribulation, et que les Anglois du temps passé n'y avoient point fait tant de dépits que ceux qui à présent y étoient y faisoient, par l'ennort et confort des Navarrois. Adonc le roi de France, ému de contrevenger ces dépits, se partit de Paris et s'en vint à Saint-Denis, où là l'attendoit grand'foison de gens d'armes, et encore l'en venoient tous les jours.

Le duc de Lancastre et les Navarrois, qui chevauchoient en grand'route et qui ardoient tout le plat pays, s'en vinrent à Vernon, qui étoit bonne ville et grosse : si fut toute arse et toute robée; oncques rien n'y demeura que le château. Et puis chevauchèrent vers Vernueil et firent tant qu'ils y parvinrent. Si fut ladite ville toute arse et aussi furent les faubourgs de Rouen.

Adonc s'émut le roi de France et s'en vint à Pontoise où ses deux maréchaux étoient, messire Jean de Clermont et messire Arnoul d'Andrehen; et toutes ces gens d'armes s'en vinrent celle part et le suivoient à effort. Le roi s'en vint à Mantes pour apprendre du convenant des Anglois et des Navarrois. Si entendit qu'ils tenoient encore Rouen, et ardoient et détruisoient le plat pays. Adonc le roi ému et courroucé se départit de Mantes et chevaucha tant qu'il vint à Rouen, et si y séjourna trois jours. En ce terme furent toutes ses gens venues, où plus avoit de dix mille hommes d'armes, sans les autres de moindre état; et étoient bien trente combattans, uns et autres. Si entra le roi au droit esclos des Anglois et des Navarrois, et dit que jamais ne retourneroit à Paris si les auroit combattus, si ils l'osoient attendre.

Le duc de Lancastre, messire Philippe de Navarre, messire Godefroy de Harecourt et messire Robert Canolle qui gouvernoient leurs gens, entendirent et sçurent de vérité que le roi de France et les François venoient sur eux, si efforcément que bien à quarante mille chevaux. Si eurent conseil que petit à petit ils se retrairoient, et point en forteresse qui fut en Normandie ni en Costentin ne s'enclorroient. Si se retrairent tout bellement, et prirent le chemin de l'Aigle pour aller devers Pont-Orson et vers Chierebourch.

Le roi de France, qui grand désir avoit d'eux trouver et combattre, les suivoit moult aigrement; et avoit grand'compassion, ainsi qu'il chevau-

[1] Ce n'est point Passy près Paris, mais un autre Pacy situé dans le département de l'Eure et assez près d'Évreux.

choit, de son bon pays qu'il trouvoit ars, perdu et détruit trop malement. Si promettoit bien aux dits Navarrois que chèrement leur feroit comparer ce forfait, si il les pouvoit atteindre. Tant s'exploita le roi, et si fort les poursuivit, que ses coureurs trouvèrent les leurs assez près de l'Aigle en Normandie, où les dits Anglois et Navarrois étoient logés et arrêtés; et montroient par semblant, contenance et visage qu'ils se voudroient combattre. Et tout ainsi fut rapporté au roi de France, qui en eut grand'joie, quand il ouït ces nouvelles; et chevaucha avant, et commanda toutes gens à loger et à prendre place, car il vouloit combattre ses ennemis. Si se logèrent les François ens uns beaux plains; et étoient bien quarante mille hommes. Là étoit toute la fleur de la chevalerie de France, et tant de grands et hauts seigneurs que merveilles seroient à recorder. Que vous ferois-je long conte de cette besogne? Le roi de France et les François cuidèrent bien ce jour combattre leurs ennemis, car les Anglois et les Navarrois avoient ordonné leurs batailles; et pour ce aussi d'autre part les François ordonnèrent les leurs, et furent tout ce jour en état l'un devant l'autre que point n'assemblèrent; et faisoient trop bien montre, les Anglois et les Navarrois, et ordonnance de bataille; et puis se faindoient et point ne traioient avant, car ils ne se véoient mie à juste pareçon contre les François.

Si se retrairent les dits François pour ce soir en leurs logis; et firent grand guet, car ils cuidoient bien être escarmouchés, pourtant que les Navarrois ne s'étoient ce jour point traits avant. Moult fut cette ordonnance des Anglois et des Navarrois sagement et bellement demenée; car au soir ils ordonnèrent ceux des leurs tous des mieux montés à faire à lendemain montre et visage contre les François jusques à heure de nonne et puis les suivroient; si leur dirent où ils les trouveroient. Ainsi qu'il fut ordonné fut-il fait. Quand ce vint aux environs mie-nuit, le duc de Lancastre, messire Philippe de Navarre et tout le demeurant de l'ost montèrent et se partirent et prirent le chemin de Chierebourch, exceptés aucuns capitaines Navarrois, qui se retrairent vers leurs garnisons, dont en devant ils étoient partis. Si s'en retournèrent à Évreux messire Jean Carbenians, messire Guillaume Bonnemare et Jean de Ségur; à Conces messire Foudrigais, messire Martin de Spargne, Fallemont, Richard Frankelin et Robin l'Escot; à Breteuil messire Sense Lopin, Radigos et François Hennekins; et ainsi tous les compagnons, chacun se retraist en sa garnison; et le duc de Lancastre et les autres se retrairent en cette forte marche de Chierebourch.

Or vous conterons du roi de France, qui à lendemain cuidoit avoir la bataille. Si fit au matin sonner ses trompettes. Si s'armèrent toutes gens et montèrent à cheval, bannières et pennons devant eux; et se trairent tous sur les champs, et se mirent en ordonnance de bataille; et virent devant eux au dehors d'une haie ces deux cents Navarrois tous rangés. Si cuidoient les dits François que ce fut des leurs une bataille à cheval qui s'arrêtassent là contre eux. Si les tinrent ces Navarrois ainsi jusques à nonne, et puis férirent chevaux des éperons et se partirent.

Le roi de France envoya ses coureurs jusques à là, savoir que ce vouloit être. Si chevauchèrent ceux qui envoyés y furent jusques à la haie, et rapportèrent que ils n'avoient nullui trouvé. Assez tôt vinrent nouvelles en l'ost des gens du pays, que les Anglois et les Navarrois pouvoient bien être éloignés quinze lieues, car ils étoient partis très la mie-nuit[1]. Adonc fut dit au roi que de eux plus poursuivir il perdroit sa peine, mais prit un autre conseil. Lors se conseilla le roi à ceux qui de-lez lui étoient où il avoit le plus grand'fiance, à ses cousins de Bourbon et à ses cousins d'Artois et à ses deux maréchaux. Le roi de France fut adonc conseillé, au cas que il avoit là si grands gens d'armes et toutes ses ordonnances prêtes pour guerroyer, que ils se traist devant la cité d'Évreux, et y mît le siége; car mieux ne pouvoit-il employer ses gens que d'aller devant celle cité, et fit tant que il l'eut et puis tous les forts et châteaux du roi de Navarre. Ce conseil tint le roi de France à bon; et s'en retourna vers Rouen, et fit tant que il y parvint; et comment que il eût laissé la poursuite des Anglois et des Navarrois, si ne donna-t-il à nullui congé.

Quand le roi fut venu à Rouen, il n'y séjourna point long-temps, mais se traist à tout son ost

---

[1] Matteo Villani, liv. 6, ch. 33 et 34, raconte le départ de l'armée du duc de Lancastre à peu près de la même manière : seulement il met la scène de la surprise à Breteuil, à quelques lieues de l'Aigle.

[1356]

par devant la cité d'Évreux, et là mit le siége fortement et durement; et fit charger et amener avec lui de la cité de Rouen tous les engins pour dresser devant la ville et la cité d'Évreux, et encore en fit-il faire assez.

A Évreux, à bourg, cité et châtel, tout fermé à part lui. Si logea le roi de France devant le bourg et y fit faire plusieurs assauts. Finablement, ceux de la ville doutèrent à perdre corps et biens, car ils étoient moult appressés d'assaut que les François leur faisoient. Si entrèrent en grands traités que d'eux rendre, sauf leurs corps et leurs biens. Le roi Jean fut si conseillé qu'il le prit. Si ouvrirent les bourgeois d'Évreux les portes de leur ville et mirent les François dedans; mais pour ce ne furent-ils mie en la cité, car elle étoit et est aussi bien fermée de murs, de portes et de fossés comme le bourg est. Toutesfois le roi de France fit loger son connétable et ses maréchaux et la plus grand'partie de son ost en la dite ville, et il tint encore son logis aux champs, ainsi comme il avoit fait en devant. Les gens du roi de France, quand ils se furent logés au bourg d'Évreux, commencèrent à subtiller comment ils pourroient conquerre la cité. Si firent emplir les fossés au plus étroit et moins profond, tant que on pourroit bien aller jusqu'aux murs pour combattre main à main. Quand ceux qui en la cité demeuroient se virent ainsi appressés, si se commencèrent à ébahir, et eurent conseil que d'eux rendre, sauves leurs vies et leurs biens. On remontra ces traités au roi de France si il les vouloit faire; il fut donc si conseillé que il les prit à merci. Ainsi eurent les François le bourg et la cité, mais pour ce n'eurent-ils mie le châtel, qui étoit en la garde de messire Jean Carbeniaus et de messire Guillaume de Gauville. Ainçois y sist le roi de France plus de sept semaines devant qu'il le pût avoir: et quand il l'eut, ce fut par composition telle que: tous les chevaliers et écuyers qui dedans étoient s'en partirent, le leur et leurs corps, et se pouvoient sauvement traire là où il leur plairoit. Si se traitrent, si comme je fus informé, en ou châtel de Breteuil qui est un des beaux et des forts séans à pleine terre qui soit en toute Normandie. Si fit le roi Jean de France prendre la saisine et possession par ses maréchaux du châtel d'Évreux, et en eut grand'joie quand il en fut sire, et dit bien que jamais de son temps ne le rendroit aux Navarrois. Ainsi eut le roi de France le bourg, la cité et le châtel d'Évreux, mais moult lui coûta d'or et d'argent en soudoyers; et le fit depuis bien garder à son pouvoir, mais encore le r'eut le roi de Navarre, par le fait de monseigneur Guillaume de Gauville, ainsi que vous orrez recorder avant en l'histoire.

Après le conquêt d'Évreux, si comme ci-dessus est dit, le roi de France et tout son host s'en partit, et se traist par devant le châtel de Breteuil et là mit le siége. Si avoit bien en son host soixante mille chevaux; et eut devant Breteuil le plus beau siége et le plus plentureux, et la plus grand'foison de chevaliers et d'écuyers et de hauts seigneurs que on avoit vus en France ensemble devant forteresse séant à siége, depuis le siége d'Aiguillon.

Là vinrent voir le roi de France plusieurs seigneurs étrangers, tel que le comte de Douglas d'Escosse, à qui le roi de France fit grand'chère, et lui donna cinq livrées de revenu par an en héritage séant en France; et de ce devint le dit comte homme au roi de France et demeura toute la saison avec lui. Aussi vint en l'ost du dit roi de France Dam Henry de Castille, qui s'appeloit bâtard d'Espaigne[1] et comte de Tristemare, et amena avec lui une grand'route d'Espaignols qui furent tous reçus à saus et à gages par le commandement du roi de France.

Et sachez que les François qui étoient devant Breteuil ne séjournoient mie de imaginer et subtiller plusieurs assauts pour plus gréver ceux de la garnison. Aussi les chevaliers et écuyers qui dedans étoient, subtilloient nuit et jour pour eux porter contraire et dommage; et avoient ceux de l'ost fait lever et dresser grands engins qui jetoient nuit et jour sur les combles des tours, et ce moult les travailloit. Et fit le roi de France faire par grand'foison de charpentiers un grand beffroy à trois étages que on menoit à roues quelle part que on vouloit. En chacun étage pouvoient bien entrer deux cents hommes et tous eux aider; et étoit breteskié et cuiré pour le trait trop malement fort; et l'appeloient les plu-

---

[1] Henri était fils naturel d'Alphonse XI, roi de Castille, et d'Éléonore Guzman, sa maîtresse. On le verra plus tard reparaître sur la scène à côté de Duguesclin, en opposition à D. Pèdre, dit le Cruel, soutenu par le prince de Galles. Henri finit enfin par être reconnu roi de Castille, sous le titre de Henri II.

sieurs un cas[1], et les autres un atournement d'assaut. Si ne fut mie si tôt fait, charpenté ni ouvré. Entrementes que on le charpenta et appareilla, on fit, par les vilains du pays, amener, apporter et acharger grand'foison de bois et tout reverser en ses fossés, et estrain et trefs sus pour amener le dit engin sur les quatre roues jusques aux murs pour combattre à ceux de dedans. Si mit-on bien un mois à remplir les fossés à l'endroit où on vouloit assaillir et à faire le char. Quand tout fut prêt, en ce beffroy entrèrent grand'foison de bons chevaliers et écuyers qui se désiroient à avancer. Si fut ce beffroy sur ces quatre roues abouté et amené jusques aux murs. Ceux de la garnison avoient bien vu faire le dit beffroy, et savoient bien l'ordonnance en partie comment on les devoit assaillir. Si étoient pourvus selon ce de canons jetant feu[2] et grands gros carreaux pour tout dérompre. Si

[1] Voyez Ducange au mot *Catus*.
[2] Voici la première fois qu'il est fait mention de ce genre de canons dans Froissart. J. Villani, mort en 1348, a prétendu qu'on s'était servi de bombardes à la bataille de Crécy le 26 août 1346, et voici dans quels termes il décrit leur effet. « Les bombardes des Anglais, dit-il, lançaient de petites balles de fer, avec du feu, pour épouvanter et confondre les chevaux, et causaient tant de bruit et de tremblement qu'on aurait dit que Dieu tonnait. » (Giov. Villani, l. 12, chap. 66). Les fusils ne furent inventés que long-temps après. De nombreuses dissertations ont été écrites sur ce sujet. Il me suffit d'avoir consigné ici la date de l'époque où on rencontre pour la première fois cette invention qui, en mettant dans les mains des hommes le moyen de compenser l'inégalité entre les forces physiques, a contribué plus qu'aucune autre invention peut-être à la liberté publique et à la civilisation. « Sans ce puissant véhicule, a dit justement M. Carion Nisas dans son Essai sur l'art militaire, nous serions sortis bien péniblement de cet état de société où le chevalier bardé de fer, lui et son cheval, faisait trembler toute une contrée habitée par une population faible, disséminée dans de chétifs hameaux et livrée nue et sans armes à ses oppresseurs. » Il paraîtrait, au reste, que du temps de Froissart on lançait en même temps le feu et le fer avec les instrumens, et lui-même fait plusieurs fois mention du feu grégeois qu'on lançait avec les mangonneaux. Ce n'est pas sans étonnement qu'en lisant les livres sanscrits, on retrouve l'usage de ces instrumens bien long-temps avant l'ère chrétienne, dans l'antiquité la plus reculée. « Le magistrat, dit l'antique législateur Indien Menou dans la préface de ses Institutes, ne doit pas faire la guerre avec des machines perfides, des armes empoisonnées, des schetaghni (canons, armes qui tuent cent personnes à la fois), ou aucune autre espèce d'agni-aster (armes à feu). Il ne tuera ni celui qui est étranger au combat, ni celui qui demande grâce, ni celui qui est blessé, ni celui qui fuit, ni celui dont l'arme est brisée

se mirent tantôt en ordonnance pour assaillir ce beffroy et eux défendre de grand'volonté. Et de commencement, ainçois que ils feissent traire leurs canons, ils s'en vinrent combattre à ceux du beffroy franchement, main à main. Là eut fait plusieurs grands appertises d'armes. Quand ils se furent planté ébattus, ils commencèrent à traire de leurs canons et à jeter feu sur ce beffroy et dedans, et avec ce feu traire épaissement grands carreaux et gros qui en blessèrent et occirent grand'foison, et tellement les ensonièrent que ils ne savoient au quel entendre. Le feu, qui étoit grégeois, se prit au toit de ce beffroy, et convint ceux qui dedans étoient issir de force, autrement ils eussent été tout ars et perdus. Quand les compagnons de Breteuil virent ce, si eut entre eux grand'huerie, et s'écrièrent haut : « Saint George ! Loyauté et Navarre ! Loyauté ! » Et puis dirent : « Seigneurs François, par Dieu, vous ne nous aurez point ainsi que vous cuidez. »

Si demeura la greigneure partie de ce beffroy en ces fossés, ni oncques depuis nul n'y entra ; mais entendit-on à remplir les dits fossés à tous lez : et y avoit bien tous les jours quinze cents hommes qui ne faisoient autre chose.

CHAPITRE XXII.

Comment nouvelles vinrent au roi de France, qui séoit devant Breteuil, de la chevauchée du prince de Galles qui prenoit son adresse pour venir en Limousin et en Berry.

En ce temps que le roi de France tenoit le siége devant Breteuil, se départit le prince de Galles de Bordeaux sur Garonne, où tenu s'étoit tout le temps, et avoit fait faire ses pourvéances si belles et si grosses qu'apparoît, car il vouloit

ni celui qui se bat avec un autre. » Déjà quelques savans avoient conclu d'un passage de Quinte-Curce, qu'Alexandre-le-Grand avait trouvé les armes à feu usitées dans l'Inde ; ce qui rend cette opinion assez vraisemblable, c'est que la langue sanscrite possède un très grand nombre de mots consacrés à désigner les diverses machines propres à lancer le feu et tous les métiers qui s'occupent de la construction de ces machines. On sait aussi que la poudre à canon est connue de temps immémorial à la Chine. Seulement il paraîtrait qu'au lieu de boulets fondus exprès on employa fort long-temps les pierres, et que le feu suivait la pierre ; car d'un côté les livres sanscrits prétendent que la flamme une fois lancée hors du tube du bambou se séparait en plusieurs jets qui s'enflammaient séparément sans qu'on pût les éteindre, et de l'autre Froissart dans ce passage nous parle à la fois du projectile qu'il nomme carreau, et du feu grégeois

chevaucher en France bien avant, espoir venir jusqu'en Normandie et sur les frontières de Bretagne pour conforter les Navarrois : car bien étoit informé et signifié que le roi son père et les enfans de Navarre et ceux de Harecourt avoient grands alliances ensemble. Si étoit le dit prince de Galles parti en celle instance de Bordeaux atout deux mille hommes d'armes et six mille archers, parmi les brigands : et tous ces barons et chevaliers y étoient espécialement, qui furent avec lui en la chevauchée de Carcassonne et de la Languedoc; si n'ont que faire d'être maintenant nommés[1]. Si chevauchoient le dit prince et ces seigneurs et leurs gens, ordonnément; et passèrent la rivière de Garonne à Bergerac, et puis outre, en venant en Rouergue, la rivière de Dordogne. Si entrèrent en ce pays de Rouergue et commencèrent à guerroyer fortement, à rançonner villes et châteaux ou ardoir, à prendre gens, à trouver pourvéances grandes et grosses : car le pays étoit lors pourvu, et demeuroit tout brisé et exillié derrière eux. Si entrèrent en Auvergne et passèrent et repassèrent plusieurs fois la rivière d'Allier, ni nul ne leur alloit au devant. Et prirent leur adresse en Limousin pour venir en ce bon et gras pays de Berry et trouver cette rivière de Loire. Des vivres qu'ils trouvoient, faisoient-ils grands superfluités, car ce qui leur demeuroit ils ardoient et exilloient.

Les nouvelles en vinrent au roi de France, qui se tenoit à siége devant Breteuil, comment le prince efforcément chevauchoit en son royaume. Si en fut durement ému et courroucé ; et volontiers eût vu que ceux de Breteuil se fussent rendus par composition ou autrement, pour chevaucher contre les Anglois et défendre son pays que on lui ardoit; et toudis entendoit-on à emplir les fossés de tous lez ; et jetoient engins, nuit et jour, à la forteresse pierres et mangonneaux[2] : ce les ébahissoit plus que autre chose.

Or avint à un chevalier de Picardie, qui s'appeloit messire Robert de Montegni en Ostrevant, à ce siége une dure aventure : car il, et un sien écuyer qui se nommoit Jacquemart de Wingles, tous deux apperts hommes d'armes malement, s'en allèrent un jour au matin sur les fossés que on alloit remplir, pour regarder la forteresse : si furent perçus de ceux de dedans. Si issirent hors jusqu'à sept compagnons par une poterne, et s'en vinrent sur le chevalier et l'écuyer, et furent assaillis fièrement. Ils se défendirent, car ils avoient leurs épées; et si ils eussent été confortés de ceux de l'ost d'autant de gens que ceux-ci étoient, ils se fussent bien ôtés de ce péril, mais nennil, car oncques nul n'en sçut rien. Si fut le dit chevalier pris et mené au châtel, et navré parmi le genou dont il demeura affoulé, et l'écuyer mort sur la place, dont ce fut dommage. Et en fut le roi de France bien courroucé, quand il le sçut.

Au septième jour après entrèrent les compagnons de Breteuil en traités devers le roi de France pour eux rendre, car les engins, qui nuit et jour jetoient, les travailloient malement, et si ne leur apparoît confort de nul côté. Et bien savoient que si de force ils étoient pris, ils seroient tous morts sans merci. Le roi de France d'autre part avoit grand désir de chevaucher contre les Anglois qui ardoient son pays, et étoit aussi tout tané de seoir devant la forteresse où bien avoit, et à grands frais, été et tenu soixante mille hommes. Si les prit à merci et se partirent, sauves leurs vies et ce qu'ils en pouvoient porter devant eux tant seulement. Si se retrairent les chevaliers et les écuyers de Breteuil à Chierebourch ; jusques là eurent-ils conduit du roi. Si fit le dit roi prendre la saisine du beau châtel de Breteuil et réparer bien et à point. Et se délogea et retourna vers Paris, mais il ne donna nul de ses gens d'armes congé, car il les pensoit bien à employer autre part[1].

---

[1] Cette seule réflexion montrerait que ce morceau a été rajouté après coup pour combler la lacune indiquée. Froissart a l'habitude de nommer les chevaliers à mesure qu'ils se présentent. S'il ne le fait pas ici, c'est qu'il sait l'avoir fait dans son grand récit qui suit et contient la bataille de Poitiers. Il en a d'ailleurs déjà nommé une bonne partie dans les chapitres qui précèdent, ce qui prouve l'unité de composition de tout son ouvrage et en particulier de cette addition de vingt-deux chapitres.

[2] On appelait ainsi, non-seulement les machines, mais aussi tout ce qu'elles lançaient.

[1] Ici se termine ce curieux morceau destiné à combler le vide entre les mémoires fournis par Jean-le-Bel et le récit de la bataille de Poitiers. Après l'avoir lu avec un peu d'attention, on reconnaîtra aisément le style de Froissart et sa manière heureuse de présenter les faits. Il paraît seulement que le copiste qui aura écrit le manuscrit, étant né dans une province, a substitué quelques-uns des mots de son idiome aux mots communément employés par Froissart. L'orthographe diffère aussi beaucoup de l'orthographe des autres manuscrits.

CHAPITRE XXIII.

Comment le roi de France fit son espécial mandement à tous les nobles de son royaume pour aller contre le prince de Galles qui gâtoit et exilloit son pays de Gascogne.

Quand le roi Jean de France eut fait ses chevauchées et ainsi reconquis en la basse Normandie les villes et les châteaux du dit roi de Navarre qu'il faisoit tenir en prison, il entendit que le prince de Galles, ains-né fils du roi d'Angleterre, qui s'étoit parti de Bordeaux, étoit à à tout son effort moult avant entré en son pays, et approchoit moult fortement le bon pays de Berry. Ces nouvelles ne furent mie bien plaisans au dit roi; et dit et jura qu'il chevaucheroit contre lui et le combattroit quelque part qu'il le trouveroit. Adoncques le roi, mu et encouragé de défendre et garder son royaume, fit de rechef un très espécial mandement et commandement à tous nobles et fiefs tenans de lui, que nul, sans soi grandement forfaire, ses lettres vues, ne s'excusât ni demeurât qu'il ne vînt devers lui sur les marches de Blois et de Touraine, car il vouloit combattre les Anglois.

Donc s'émurent tous gentils hommes qui mandés et priés en furent; car les plusieurs avoient aussi grand désir, pour eux contrevenger des dépits et destourbiers que les Anglois leur pouvoient avoir faits au temps passé, d'eux combattre. Et mêmement le dit roi, pour hâter et avancer sa besogne, se départit de Paris, car encore tenoit-il grand'foison de gens d'armes sur les champs, et chevaucha devers la bonne cité de Chartres, et fit tant qu'il y vint [1]. Si s'arrêta là tout coi, pour mieux entendre et apprendre du convenant des Anglois.

Et toudis lui venoient gens d'armes à effort de tous côtés, d'Auvergne, de Berry, de Bourgogne, de Lorraine, de Hainaut, de Vermandois, de Picardie, de Bretagne et de Normandie. Et tout ainsi comme ils venoient, ils passoient outre, et faisoient leur monstre [2], et se logeoient sur le pays par l'ordonnance des maréchaux, messire Jean de Clermont et messire Arnoul d'Andrehen. Et faisoit le dit roi grossement pourvoir et rafraîchir de bonnes gens d'armes les forteresses et les garnisons d'Anjou, de Poitou, du Maine et de Touraine, sur les marches et frontières par où on espéroit que les Anglois devoient passer, pour eux clorre le pas et tollir vivres et pourvéances, qu'ils n'en pussent de nulles recouvrer pour eux et pour leurs chevaux.

Nonobstant ce, le prince et sa route, où bien avoit deux mille hommes d'armes et six mille archers, chevauchoient à leur aise, et recouvroient de tous vivres à grand'foison; et trouvoient le pays d'Auvergne, où jà ils étoient entrés et avalés, si gras et si rempli de tous biens, que merveilles seroit à considérer. Mais, combien que plentureux le trouvassent, ils ne vouloient mie entendre ni arrêter à ce; ainçois vouloient guerroyer et grever leurs ennemis. Si ardoient et exilloient tout le pays devant eux, et environ. Et quand ils étoient entrés en une ville, et ils la trouvoient remplie et pourvue largement de tous vivres, et ils se y étoient rafraîchis deux jours ou trois, et ils s'en partoient, ils exilloient le demeurant, et effondroient les tonneaux pleins de vins, et ardoient blés et avoines, afin que leurs ennemis n'en eussent aisément; et puis si chevauchoient avant. Et toudis trouvoient eux bon pays et plentureux; car en Berry, en Touraine, en Anjou, en Poitou et au Maine, a une des grasses marches du monde pour gens d'armes.

CHAPITRE XXIV.

Comment les nouvelles vinrent au prince que le roi de France venoit à grand'force de gens d'armes contre lui; et comment le sire de Craon, messire Boucicaut et l'ermite de Chaumont escarmouchèrent les gens du prince.

Ainsi chevauchèrent les Anglois, ardant et exillant tout le pays devant eux; et firent tant qu'ils vinrent assez près de la bonne cité de Bourges, où l'archevêque du dit lieu pour le temps étoit, et deux chevaliers envoyés de par le roi de France, pour entendre à la cité, si mestier étoit; et où voir car les Anglois l'approchèrent de si près qu'ils en ardirent les faubourgs. Et y eut grand'escarmouche à l'une des portes; et là furent bons chevaliers, de ceux de dedans, le sire de Gousant [1] et messire Hutin de

---

[1] On voit par la date de plusieurs ordonnances que le roi était à Chartres le 28 et le 30 d'août et qu'il était à Loches le 13 de septembre. — [2] Revue.

[1] Probablement Engoutsen, seigneurie qui appartenait à la maison de Cayeu.

Vermelles[1]. Et y eut ce jour, et l'escarmouche durant, faites maintes belles appertises d'armes.

Si s'en partirent les Anglois, sans autre chose faire, et passèrent outre, et vinrent à Yssoldun, en Berry, un fort châtel, et l'assaillirent fortement et roidement; mais ils ne le purent gagner, car les gentilshommes qui dedans étoient le gardèrent très bien.

Si s'en partirent les dits Anglois et prirent leur chemin devers Vierzon, une grosse ville et bon châtel; mais la ville étoit foiblement fermée, et peu de gens y étoient demeurés pour la défendre. Si fut prise par force; et y trouvèrent les Anglois vins et vivres sans nombre. Si y demeurèrent trois jours pour eux aiser. Là vinrent les nouvelles au prince de Galles que le roi de France étoit à Chartres, à grand'foison de gens d'armes, et que toutes les villes et les passages de dessus la rivière de Loire étoient si bien gardés que nullement ils ne pourroient passer la dite rivière. Si eut le dit prince conseil qu'il se mettroit au retour, et passeroit parmi Touraine et Poitou, et reviendroit tout en guerroyant, ardant et exillant le pays, à Bordeaux dont il s'étoit parti. Si s'ordonnèrent pour déloger de Vierzon, quand ils eurent fait leur bon et leur talent de la ville : et avoient en ce jour pris le châtel et occis la plus grand'partie de ceux qui dedans furent trouvés ; puis chevauchèrent vers Romorentin.

Adonc étoient envoyés au pays de Berry, de par le roi de France, trois grands barons et bons chevaliers durement, pour garder les frontières et aviser le convenant des Anglois.

Si étoient cils; premièrement le sire de Craon, messire Boucicaut, et l'ermite de Chaumont. Et avint ainsi que ces trois seigneurs et leur route, où bien avoit trois cents lances, chevauchoient sur les frontières en costiant les Anglois; et les avoient poursuivis jà par six jours, et n'avoient pu trouver leur avantage d'entrer en eux, ni les assaillir, car les Anglois chevauchoient si sagement que on ne les pouvoit envahir de nul côté où l'on pût rien gagner. Si se boutèrent un jour les dessus dits en embûche, assez près de Romorentin, sur un pas qui étoit assez merveilleux, et par où il convenoit les Anglois passer. Ce jour s'étoient partis des routes du prince et de la bataille des maréchaux, et par leur congé, messire Barthélemy de Bruhes, le sire de Mucident, Gascon, messire Pétiton de Curton, le sire de la Ware, le sire de Basset, messire Daniel Paselle, messire Richard de Pontchardon, messire Neel Lornich, le jeune sire Despensier, messire Édouard, sire de Basset et messire Eustache d'Aubrecicourt; et s'en venoient tous ces chevaliers bien montés; et pouvoient être parmi leurs gens environ deux cents, pour courir devant Romorentin. Si passèrent parmi l'embûche des François, que oncques ne s'en donnèrent de garde.

Si très tôt qu'ils furent outre, les François ouvrirent leur embûche et férirent chevaux des éperons, qui aussi étoient montés sur fleur de coursiers et de roides roncins et apperts. Les Anglois, qui étoient jà bien avant, sentirent le froy[1] des chevaux derrière eux. Si se retournèrent et aperçurent que c'étoient leurs ennemis qui les hâtoient. Si s'arrêtèrent tous à un faix, ainsi que pour eux attendre. Les François, qui venoient de grand'volonté et avisés de ce qu'ils devoient faire, et tous serrés, les lances abaissées, s'en vinrent bouter en eux de grand'volonté. Adonc se ouvrirent les Anglois et les laissèrent passer outre; et n'en y eut des leurs pas plus de cinq ou six de cette empainte rués par terre; et puis se recloirent et mirent ensemble, et s'en vinrent sur leurs ennemis. Là eut, et tout à cheval, bon poingnis et fort estockis de lances; et dura le boutis moult longuement, et y furent faites maintes belles appertises d'armes, maints chevaliers et maints écuyers d'un côté et d'autre abattus, et puis par force relevés et rescous. Et dura cette chose une bonne espace que on ne sçut à dire : « Cils ni cils en auront le meilleur, » tant étoient fort entouillés l'un en l'autre, et tant se combattoient vaillamment.

Entrementes qu'ils étoient en cel état, la bataille des maréchaux anglois alla approcher; et l'aperçurent les François comment elle leur venoit sur aile, en costiant un bois. Si se doutèrent de tout perdre, ainsi qu'ils eussent fait si ils fussent demeurés. Si se partirent chacun qui mieux mieux, et prirent l'adresse devers Romorentin; et les Anglois après, férant, battant,

---

[1] Hutin de Vermeilles était chambellan du roi : il épousa Marguerite de Bourbon, fille de Louis I duc de Bourbon, et veuve en premières noces de Jean II sire de Sully.

[1] Le bruit que faisaient les chevaux en marchant.

sans eux épargner, ni leurs chevaux. Là eut grand enchas et dur, et maint homme mis à meschef et renversé par terre. Toutes fois la moitié et plus se sauvèrent et se boutèrent au châtel de Romorentin, qui leur fut moult bien appareillé et qui trop bien à point leur vint ; car autrement ils eussent été tous pris. Si échappèrent, par espécial, les trois barons dessus nommés, et aucuns autres chevaliers et écuyers, qui étoient très biens montés. Et fut prise la ville de Romorentin de première venue ; car lors il n'y avoit guères de forteresse ; et chacun des François entendit à lui sauver et bouter au châtel.

CHAPITRE XXV.

Comment le prince fit dire aux trois chevaliers françois qui dedans Romorentin étoient qu'ils se rendissent ; et quelle chose ils répondirent.

Ces nouvelles vinrent au prince que ses gens avoient eu rencontre. Il demanda de qui. On lui dit, et tout ainsi que la besogne avoit allé, et comment ses gens avoient rebouté leurs ennemis au châtel de Romorentin. « Chevauchons celle part, dit le prince, je les vueil voir de plus près. » Lors s'arrouta tout l'ost celle part ; et vinrent jusques à la ville de Romorentin, qui jà étoit toute pleine de leurs gens, et qui étudioient comment à leur avantage ils pourroient assaillir le châtel. Là vint le prince armé de toutes pièces, monté sur un noir coursier, messire Jean Chandos de-lez lui ; et commencèrent à aviser et à imaginer la forteresse, et connurent assez qu'elle étoit bien prenable. Adonc appela le prince messire Jean Chandos et dit : « Jean, allez jusques aux barrières et parlez aux chevaliers qui sont laiens, à savoir si ils se voudroient rendre bellement, sans eux faire assaillir. »

Lors se partit le dit messire Jean Chandos du prince, et s'en vint devant les barrières, et fit signe qu'il vouloit parlementer d'aucune chose. Ceux qui étoient à la garde demandèrent son nom, et de par qui il étoit là tramis envoyé. Il se nomma et dit qu'il étoit là tramis de par son seigneur monseigneur le prince. Ceux à qui le dit chevalier avoit adressé sa parole vinrent à leurs maîtres et leur dirent tout ce que vous avez ouï. Adonc descendirent messire Boucicaut et l'ermite de Chaumont, et vinrent aux barrières. Si très tôt que messire Jean les vit il les salua et leur dit : « Seigneurs, je suis ici envoyé devers vous de par monseigneur le prince, qui veut être moult courtois à ses ennemis, si comme il me semble. Il dit ainsi que, si vous vous voulez mettre en sa prison et rendre cette forteresse cy qui n'est pas tenable, il vous prendra à mercy et vous fera très bonne compagnie. »—« Messire Jean, répondit messire Boucicaut, grands mercis à monseigneur le prince qui nous veut être si courtois ; mais nous ne sommes pas avisés ni en volonté de ce faire, ni jà ne plaise à Dieu qu'il nous ait si légèrement. » —Comment, monseigneur Boucicaut, dit messire Jean Chandos, vous sentez-vous si bons chevaliers comme pour tenir cette forteresse à assaut contre le prince et son effort, et si ne vous est apparant confort de nul côté ? »— « Chandos, Chandos, répondit messire Boucicaut, je ne me tiens pas pour bon chevalier ; mais folie nous feroit mettre en tel parti d'armes que vous nous offrez ; et plus grand'folie le nous feroit prendre quand il n'est encore nul besoin. Dites à monseigneur le prince, s'il vous plaît, qu'il fasse ce que bon lui semblera, que nous sommes tous confortés de l'attendre. »

Ainsi se départirent eux l'un de l'autre, et s'en revint le dit messire Jean Chandos devers le prince, et lui conta, ainsi qu'il le sçut bien faire, toutes les paroles dessus dites. Quand le prince eut ouï la réponse de monseigneur Boucicaut, si ne l'en prisa mie moins, et commanda toutes manières de gens à eux loger pour le jour et le soir ensuivant ; car lendemain il vouloit faire assaillir la forteresse et essayer si par assaut il la pourroit avoir. Au commandement du prince et à l'ordonnance des maréchaux obéirent toutes manières de gens ; ce fut raison. Et se logèrent dedans la ville de Romorentin et dehors aussi, bien et faiticement.

CHAPITRE XXVI.

Comment le prince fit assaillir le châtel de Romorentin ; et comment les trois chevaliers dessus nommés se rendirent au prince à sa volonté.

Quand vint lendemain bien matin, toutes manières de gens s'armèrent, et archers aussi ; et se traist chacun à sa livrée [1], et commencèrent à

---

[1] Sous la bannière ou le pennon de celui de qui ils recevaient leur solde.

assaillir au dit châtel de Romorentin âprement et durement. Là eut grand assaut et dur; et se tenoient les archers sur les fossés et traioient si ouniement que à peine osoit nul apparoir aux défenses. Et les autres nageoient sur huis et sur claies, pics et hoyaux, arcs et sajettes en leurs mains; et venoient au fond du mur houer et piqueter. Là étoient les chevaliers à mont, le sire de Craon, messire Boucicaut, et l'ermite de Chaumont, qui trop bien s'acquittoient d'eux défendre; et jetoient et faisoient jeter à val pierres et cailloux et pots pleins de chaux, dont ils mes-haignoient et blessoient durement ceux qui atteints en étoient. Et là fut occis, du côté des Anglois, un bon écuyer de Gascogne et bien gentil homme et qui eut grand'plainte, qui s'appeloit Raymon de Zedulach, et étoit de la route du Captal de Buch. Si dura cet assaut toute jour à journée, à bien petit de repos; et se retrairent toutes manières de gens à leurs logis; et entendirent les haitiés à remettre à point les navrés et les blessés, et passèrent la nuit ainsi.

Quand soleil fut levé lendemain, les maréchaux de l'ost firent sonner les trompettes pour armer toutes manières de gens et traire avant à l'assaut. Si s'ordonnèrent et mirent en conroy tous ceux qui pour assaillir étoient appelés et appareillés. Là, de rechef commença un assaut plus dur et plus fort sans comparaison que le jour devant; car le prince de Galles y étoit personnellement, qui les amonestoit et enjoignoit de bien faire, et disoit à la fois : « Et comment! Nous durera huy mais cette forteresse? »

Les paroles du prince et la présence de lui évertuoient grandement toutes manières de gens d'armes et d'archers, qui s'aventuroient les aucuns moult follement pour être plus prisés. Là fut occis assez près du prince, du trait d'une pierre, un moult appert écuyer de Gascogne, frère germain au seigneur de Labret, et l'appeloit-on Bernardet de Labret. Si en furent tous ses parens, dont il avoit là grand'foison, durement courroucés, et par espécial le prince; et jura adonc si haut que plusieurs l'ouïrent, que jamais ne se partiroit de là, si auroit gagné le dit châtel et ceux de dedans aussi, et mis à sa volonté.

Donc renforça l'assaut de toutes parts pour leur besogne avancer, et pourtant que le prince en avoit parlé si avant. Si regardèrent et imaginèrent les aucuns subtils hommes d'armes que ils se travailloient en vain et faisoient blesser leurs gens et occire sans raison, et que par tel assaut que de traire et de lancer on ne les auroit jamais. Si ordonnèrent à apporter canons avant et à traire carreaux et feu grégeois dedans la basse cour : si cil feu s'y vouloit prendre, il pourroit bien tant monteplier qu'il se bouteroit au toit des couvertures des tours du châtel, qui pour le temps étoient couvertes d'estrain : si par celle manière ils ne l'avoient, ils ne pouvoient mie voir voie comment ils pussent le dit château gagner et les chevaliers qui le châtel défendoient. Adonc fut le feu apporté avant, et trait par bombardes et par canons en la basse cour, et si prit et multiplia tellement que toutes ardirent; et entra en la couverture d'une grosse tour, qui étoit d'estrain, où les trois chevaliers étoient, qui ce jour et celui de devant moult d'armes fait avoient. Quand ils virent le feu par dessus eux et que rendre leur convenoit, ou là périr, si ne furent pas bien à leur aise; et vinrent tantôt à val, et se rendirent au prince à sa volonté : autrement il ne les eût point reçus, pourtant qu'il en avoit juré et parlé si avant. Ainsi eut et prit le prince de Galles les dessusdits chevaliers et les fit, comme ses prisonniers, aller et chevaucher avec lui, et plusieurs autres gentils hommes, chevaliers et écuyers, qui étoient au châtel de Romorentin, qui fut laissé tout vague, ars et essillé; et prirent, pillèrent et emportèrent tout quant qu'ils trouvèrent au châtel et en la ville [1].

CHAPITRE XXVII.

Comment le roi de France se partit de Chartres à grand'compagnie de gens d'armes pour aller à l'encontre du prince de Galles.

Après la prise du châtel de Romorentin et des chevaliers dessus nommés, le prince et ses gens chevauchèrent comme devant, ardant et exillant le pays et en approchant durement Anjou et

[1] Robert d'Avesbury ne dit que deux mots sur la prise de Romorantin et les petits combats qui la précédèrent. Item. Memorandum quod per XV^{cim} dies ante prædictum prælium (la bataille de Poitiers) in Salogne apud Romerantyn, captis villa et castro per obsidionem domini principis, capti fuerunt ibidem :
Le sire de Cran Butoun,
Mounsire Busyngaud et aultres chivalers et esquiers et gentz d'armes environ six vingt. Item. En venannt près Romerantyn estoient pris de Fraunceys entour VI vingt hommes d'armes.

Touraine. Les nouvelles vinrent au roi de France, qui se tenoit en la cité de Chartres, que le prince de Galles malmenoit trop horriblement son pays, et ardoit et exilloit tout devant lui; de quoi le dit roi fut moult courroucé, et dit qu'il y pourverroit de remède. Si se partit de Chartres et chevaucha vers Blois, et commanda à ses maréchaux que ils fissent hâter et avancer toutes manières de gens d'armes; et passa la rivière de Loire, car il vouloit aller combattre les Anglois. Le dit roi s'en vint à Blois, et là s'arrêta, et y fut deux jours. Son commandement fut fait. Donc commencèrent gens d'armes, ducs, comtes, barons et chevaliers, et leurs routes, à avaler et à poursuir le roi, qui toudis alloit avant. Il se partit de Blois et vint ce jour gésir à Amboise, et lendemain à Loches [1]; et là se tint pour apprendre et entendre du convenant des Anglois, dont tous les jours il oyoit nouvelles; car les Anglois étoient costiés et poursuis d'aucuns apperts chevaliers de France et de Bourgogne, qui lui en rapportoient, allant et venant, la certaineté. Si entendit le dit roi qu'ils étoient en Touraine et prenoient leur chemin et leur retour devers Poitou.

Lors se partit le roi de France de Loches et vint à la Haie [2] en Touraine; et ses gens avoient passé la Loire au pont d'Orléans, à Mehun, à Saumur, à Blois et à Tours, et là où ils pouvoient. Et y avoit si grand nombre de bonnes gens, que bien vingt mille hommes d'armes sans les autres; et y avoit bien six vingt que ducs, que comtes, et plus de sept vingt bannières. Et avoit là le roi ses quatre fils qui pour le temps étoient bien jeunes, monseigneur Charles duc de Normandie, monseigneur Louis qui puis fut duc d'Anjou, monseigneur Jean aussi depuis duc de Berry, et monseigneur Philippe le mains-né qui depuis fut duc de Bourgogne. Si pouvez bien croire et sentir que là étoit toute la fleur de France de chevaliers et d'écuyers, quand le roi de France et ses quatre enfans y étoient personnellement.

En ce temps avoient été envoyés en France de par notre saint père le pape Innocent VIe, monseigneur Taleran cardinal de Pierregort et messire Nicole cardinal d'Urgel [3], pour traiter paix et concorde entre le roi de France et ses malveillans, premièrement contre le roi de Navarre que il faisoit tenir en prison. Et en avoient cils été et parlementé par plusieurs fois au roi de France, le siége de Breteuil durant; mais rien n'y avoient pu impétrer. Or s'étoit retrait le dit cardinal de Pierregort, après le département et la prise de Breteuil, en la bonne cité de Tours en Touraine : et là lui vinrent les nouvelles que le roi de France se hâtoit moult pour trouver les Anglois. Si que le dit cardinal, mu et encouragé de mettre remède à ces besognes, et d'apaiser s'il eût pu par nulle voie ces deux seigneurs, ou de y mettre moyen ou attemprance que la bataille ne s'adressât point, se partit de Tours hâtivement, et chevaucha devers la cité de Poitiers; car il entendit que ces deux osts y tiroient à aller; et tant exploita qu'il y vint.

Nous lairons un petit à parler du cardinal de Pierregort, et parlerons du roi de France qui mettoit grand'entente à ce qu'il pût trouver son adversaire le prince de Galles pour combattre à lui, pour contrevenger ses mautalens et les grands dommages de son royaume.

CHAPITRE XXVIII.

Comment le comte de Joigny, le sire de Coucy et le vicomte de Bruese en chassant les coureurs du prince se boutèrent en l'ost du prince et y furent pris.

Nouvelles vinrent au roi de France que le prince de Galles se hâtoit durement de retourner au pays dont il étoit parti et venu. Si se douta le dit roi qu'il ne lui échappât, ce qu'il n'eût nullement volontiers vu, tant le désiroit-il à combattre. Si se partit le dit roi de France de la Haie en Touraine, et toutes gens d'armes après lui, et chevauchèrent à Chauvigny; et vint là le jeudi au soir quinzième jour de septembre, l'an dessus dit mil trois cent cinquante-six. Si se logèrent grand'foison de seigneurs dedans la ville de Chauvigny, et dehors aussi tout contre val un beau pré, au long de la rivière de Creuse [1]. Le vendredi [2] ensuivant, après boire, passa le roi de France la dite rivière au pont de Chauvigny, et cuidoit adonc que les An-

---

[1] Le roi était certainement à Loches le 13 de septembre.
[2] Petite ville sur la Creuse, à la frontière du Poitou.
[3] Nicolas Cappochi, Romain, évêque d'Urgel.

[1] Chauvigny n'est point sur la Creuse; cette ville, ainsi que Châtelleraut dont il sera parlé dans la phrase suivante, est située sur la Vienne.
[2] Le vendredi 16 de septembre.

glois fussent devant lui; et non étoient. Toutes fois, en les poursuivant passèrent ce vendredi plus de soixante mille chevaux; et encore en passèrent assez à Château-lerault; et tout ainsi qu'ils passoient, ils prenoient le chemin de Poitiers.

D'autre part, le prince de Galles et ses gens ne savoient nul convenant des François, ni ne pouvoient savoir. Bien avoient entendu qu'ils étoient sur les champs; mais ils ne savoient mie justement quel part, fors tant qu'ils supposoient assez qu'ils n'étoient mie loin : car leurs coureurs ne pouvoient plus trouver que fourrager; de quoi ils avoient grand deffaute en leur ost de vivres; et se repentoient les plusieurs grandement de ce qu'ils en avoient fait si grand essil, entrementes qu'ils étoient en Berry, en Anjou, en Touraine, et qu'ils ne s'en étoient autrement pourvus.

Or avint ainsi que, ce vendredi que le roi de France et son grand ost passèrent la rivière[1] au pont de Chauvigny, pour la foule et presse qui si grande étoit, et pour être logés mieux à leur aise, trois grands barons de France, c'est à savoir, le comte d'Aucerre, le comte de Joigny, le seigneur de Chastillon[2] sur Marne, souverain maître de l'hôtel du roi, et plusieurs autres chevaliers et écuyers de l'hôtel du roi demeurèrent ce vendredi tout le jour en la ville dessus dite de Chauvigny, et une partie de leurs gens; et les autres passèrent, et tous leurs harnois, excepté ce qu'ils en avoient retenu pour leurs corps. Le samedi au matin[3] ils se délogèrent et passèrent le dit pont, et poursuivirent la route du roi, qui pouvoit être environ trois lieues loin; et prirent les champs et les chemins des bruyères au dehors d'un bois pour venir à Poitiers.

Ce samedi au matin s'étoient délogés d'un village assez près de là le prince et ses gens, et avoient envoyé découvrir, aucuns compagnons des leurs, pour savoir s'ils trouveroient aucune aventure, ou orroient aucunes nouvelles des François. Si pouvoient être ces coureurs environ soixante armures de fer, tous bien montés selon leur affaire; car leurs chevaux étoient assez lassés. Entre ces compagnons y avoit deux chevaliers de Hainaut, messire Eustache d'Aubrecicourt et messire Jean de Guistelles.

Si se trouvèrent d'aventure au dehors de ce bois et entre ces bruyères dont je parlois maintenant, et connurent les barons de France assez tôt que c'étoient leurs ennemis. Si mirent leurs bassinets au plus tôt qu'ils purent, et développèrent leurs bannières et abaissèrent leurs lances et férirent chevaux des éperons. Messire Eustache d'Aubrecicourt et ses compagnons, qui étoient montés sur fleur de coursiers, virent venir cette grosse route de leurs ennemis vers eux, qui bien étoient deux cents armures de fer; et ils n'étoient que une poignée de gens au regard d'eux. Si n'eurent mie propos de les attendre, et s'avisèrent qu'ils se feroient chasser; car le prince et son ost n'étoient pas trop loin de là. Si retournèrent les freins de leurs chevaux et prirent la forère du bois; et les François après eux en criant leurs cris et demenant grand hutin; et les cuidoient jà avoir tous pris d'avantage.

Ainsi que cils chevauchoient en chassant, ils s'embattirent si avant qu'ils vinrent sur la bataille du prince, qui étoit toute arrêtée entre bruyères et grands ronces, et attendoient là à ouïr nouvelles de leurs compagnons. Si furent émerveillés quand ils les virent chasser.

Messire Raoul de Coucy et sa bannière les suivit si avant qu'il se bouta droitement dessous la bannière du prince. Là eut grand hutin et dur; et y fit le dit chevalier assez d'armes, et s'y combattit moult vaillamment, mais toutefois il fut pris et fiancé prisonnier des gens du prince, et aussi le comte de Joigni et le vicomte de Bruese[1] sire de Chauvigny; et tous les autres morts ou pris[2]: peu s'en sauvèrent, par lesquels le prince de Galles et ses gens surent que le roi de France les avoit avancés à si grand

---

[1] La rivière de Vienne.
[2] Jean de Chastillon, second fils du connétable Gaucher de Chastillon, pourvu de la charge de souverain maître de l'hôtel du roi, en 1350.
[3] Dix-sept de septembre.

[1] Le vicomte de Brioude.
[2] Robert d'Avesbury parle très succinctement de cette rencontre: voici comme il s'exprime: *Nomina captorum die sabbati proximâ ante dictum prœlium* (la bataille de Poitiers) *in viâ ducente de Chaveny versus Peyters.*

Le counte d'Aunser, le counte de Juny, le marschal de Bourgoygne.

Item mortz et pris entour CCXL hommes d'armes.

nombre de gens d'armes que merveilles seroit à penser.

CHAPITRE XXIX.

Comment les coureurs du prince se férirent en la queue de l'ost des François ; et comment le roi de France fit ses gens loger, et aussi le prince les siens.

Quand le prince de Galles et son conseil entendirent que le roi Jean de France et ses batailles étoient devant eux et avoient le vendredi passé au pont à Chauvigny, et que nullement ils ne se pouvoient partir du pays, sans y être combattus, si se recueillirent et rassemblèrent ce samedi sur les champs ; et fut adonc commandé de par le prince que nul, sur la tête, ne courût ni chevauchât sans commandement devant les bannières des maréchaux. Ce ban fut tenu ; et chevauchèrent les Anglois ce samedi, dès l'heure de prime jusques à vespres, et tant qu'ils vinrent à deux petites lieues de Poitiers. Adonc furent ordonnés pour courir et savoir où les François tenoient les champs, le captal [1] de Buch, messire Aymemon de Pommiers, messire Betremieu de Bruhes et messire Eustache d'Aubrecicourt. Et se partirent ces chevaliers atout deux cents armures de fer, tous bien montés sur fleur de coursiers ; et chevauchèrent si avant d'une part et d'autre que ils virent clairement la grosse bataille du roi, et étoient tous les champs couverts de gens d'armes. Et ne se purent abstenir qu'ils ne vinssent férir et courre en la queue des François ; et en ruèrent aucuns par terre et fiancèrent prisonniers, et tant que l'ost se commença grandement à estourmir. Et en vinrent les nouvelles au roi de France, ainsi qu'il devoit entrer en la cité de Poitiers.

Quand le roi entendit la vérité, que ses ennemis, que tant désiroit à trouver, étoient derrière et non devant, si en fut grandement réjoui ; et retourna tout à un faix et fit retourner toutes manières de gens bien avant sur les champs, et eux là loger. Si fut ce samedi moult tard ainçois qu'ils fussent tous logés. Les coureurs du prince revinrent devers lui, et lui recordèrent une partie du convenant des François, et lui dirent bien qu'ils étoient malement grand'gent. De ce ne fut le prince nullement effrayé, et dit : « Dieu y ait part ! or nous faut avoir avis et conseil comment nous les combattrons à notre avantage. » Cette nuit se logèrent les Anglois assez en fort lieu, entre haies, vignes et buissons ; et fut leur ost bien gardé et esguetté ; et aussi fut celui des François.

CHAPITRE XXX.

Comment le roi de France commanda que chacun se traist sur les champs ; et comment il envoya quatre chevaliers ci-après nommés pour savoir le convenant des Anglois.

Quand vint le dimanche [1] au matin, le roi de France, qui grand désir avoit de combattre les Anglois, fit en son pavillon chanter messe moult solennellement devant lui, et s'acommunia, et ses quatre fils.

Après la messe se trairent devers lui les plus grands et les plus prochains de son lignage, le duc d'Orliens son frère, le duc de Bourgogne, le comte de Ponthieu, messire Jacques de Bourbon, le duc d'Athènes connétable de France [2], le comte d'Eu, le comte de Tancarville, le comte de Sarrebruche, le comte de Dampmartin, le comte de Ventadour, et plusieurs autres grands barons de France et des terres voisines, tels que messire Jean de Clermont, messire Arnoul d'Andrehen maréchal de France, le sire de Saint-Venant, messire Jean de Landas, messire Eustache de Ribeumont, le sire de Fiennes, messire Godefroy de Chargny, le sire de Chastillon [3], le sire de Sully, le sire de Neelle, messire Robert de Duras [4], et moult d'autres qui y furent appelés. Là furent en conseil un grand temps, à savoir comment ils se maintiendroient. Si fut adonc ordonné que toutes gens se traississent sur les champs, et chacun seigneur développât sa bannière et mît avant, au nom de Dieu et de Saint-Denis, et que on se mît en ordonnance de bataille, ainsi que pour tantôt combattre. Ce conseil et avis plut

---

[1] Ce titre de *Captal* appartenait autrefois à plusieurs des nobles les plus puissans de l'Aquitaine. Il paraît avoir répondu originairement au titre de comte. Cette dignité, d'abord personnelle et devenue ensuite héréditaire, était d'abord assez commune en Aquitaine, mais au XIVe siècle on ne voit plus guère que deux captals, le captal de Buch et le captal de France.

[1] Dix-huit septembre.
[2] Gauthier de Brienne duc d'Athènes avait été revêtu de la dignité de connétable, le 6 mai de cette année, sur la démission de Jacques de Bourbon comte de la Marche et de Ponthieu.
[3] Apparemment qu'il n'avait pas été pris dans la rencontre dont il a été question ci-dessus.
[4] Il était de la maison de France, d'une des branches d'Anjou-Sicile.

grandement au roi de France : si sonnèrent les trompettes parmi l'ost. Adoncques s'armèrent toutes gens et montèrent à cheval et vinrent sur les champs là où les bannières du roi ventilloient et étoient arrêtées, et par espécial, l'oriflambe[1] que messire Godefroy de Chargny portoit. Là put-on voir grand'noblesse de belles armures, de riches armoieries, de bannières, de pennons, de belle chevalerie et écuyerie; car là étoit toute la fleur de France; ni nul chevalier et écuyer n'étoit demeuré à l'hôtel, s'il ne vouloit être déshonoré.

Là furent ordonnées, par l'avis du connétable de France et des maréchaux, trois grosses batailles : en chacune avoit seize mille hommes, dont tous étoient passés et montrés pour hommes d'armes. Si gouvernoit la première le duc d'Orléans, à trente-six bannières et deux tant[2] de pennons; la seconde le duc de Normandie, et ses deux frères, messire Louis et messire Jean; la tierce devoit gouverner le roi de France. Si pouvez et devez bien croire que en sa bataille avoit grand'foison de bonne chevalerie et noble.

Entrementes que ces batailles s'ordonnoient et mettoient en arroy, le roi de France appela messire Eustache de Ribeumont, messire Jean de Landas, messire Guichard de Beaujeu et messire Guichard d'Angle, et leur dit · « Chevauchez avant plus près du convenant des Anglois, et avisez et regardez justement leur arroy, et comment ils sont, et par quelle manière nous les pourrons combattre, soit à pied ou à cheval. » Et cils répondirent : « Sire, volontiers. »

Adoncques se partirent les quatre chevaliers dessus nommés du roi, et chevauchèrent avant, et si près des Anglois qu'ils conçurent et imaginèrent une partie de leur convenant. Et en rapportèrent la vérité au roi, qui les attendoit sur les champs, monté sur un grand blanc coursier; et regardoit de fois à autre ses gens et louoit Dieu de ce qu'il en véoit si grand'foison, et disoit tout en haut : « Entre vous, quand vous êtes à Paris, à Chartres, à Rouen, ou à Orléans, vous menacez les Anglois et vous souhaitez le bassinet en la tête devant eux : or y êtes vous, je vous les montre; si leur veuilliez montrer vos mautalens et contrevenger les ennuis et les dépits qu'ils vous ont faits; car sans faute nous les combattrons. » Et cils qui l'avoient entendu répondoient : « Dieu y ait part! tout ce verrons-nous volontiers. »

CHAPITRE XXXI.

Comment les quatre chevaliers dessus dits rapportèrent le convenant des Anglois au roi de France.

En ces paroles que le roi de France disoit et montroit à ses gens pour eux encourager, vinrent les quatre chevaliers dessus nommés, et fendirent la presse et s'arrêtèrent devant le roi. Là étoient le connétable de France et les deux maréchaux, et grand'foison de bonne chevalerie, tous venus et arrêtés pour savoir comment on se combattroit. Le roi demanda aux dessus dits tout haut : « Seigneurs, quelles nouvelles? » — « Sire, bonnes; si aurez, s'il plait à Dieu, une bonne journée sur vos ennemis. » — « Telle l'espérons-nous à avoir, par la grâce de Dieu, répondit le roi. Or nous dites la manière de leur convenant, et comment nous les pourrons combattre. » Adonc, répondit messire Eustache de Ribeumont pour tous, si comme je fus informé, car ils lui en avoient prié et chargé, et dit ainsi « Sire, nous avons vu et considéré les Anglois; si peuvent être par estimation deux mille hommes d'armes, quatre mille archers et quinze cents brigands. » — « Et comment gissent-ils, » dit le roi? « Sire, répondit messire Eustache, ils sont en très fort lieu, et ne

---

[1] On a fait tant de dissertations sur cet étendard célèbre et sur les différentes bannières de nos rois, qu'il suffit d'y renvoyer. On les trouvera toutes indiquées dans la *Bibliothèque des Historiens de France*, par M. de Fontette, t. III, n° 31,820 jusqu'au n° 31,833. Froissart, qui en parle encore dans sa description de la bataille de Rosebecq, admet l'opinion propagée par les moines que l'oriflamme descendoit du ciel. C'est à la bataille d'Azincourt que l'oriflamme a été portée pour la dernière fois. Depuis cette époque, la peur qu'eurent les moines de Saint-Denis que cet étendard ne tombât entre les mains des Anglais le leur fit cacher avec tant de soin qu'on n'en entend plus parler. Le père Doublet rapporte seulement qu'elle fut comprise dans l'inventaire du trésor de l'église de Saint-Denis fait en 1534 par les commissaires de la chambre des comptes, et qu'elle y est ainsi désignée : *Étendard d'un cendal fort espais, fendu par le milieu en façon d'un gonfanon, fort caduque, enveloppé autour d'un bâton, couvert d'un cuivre doré et un fer longuet aigu au bout*. Il ajoute même que de son temps, en 1594, l'oriflamme existoit encore. Mais il paraît certain qu'il faut mettre cette assertion au nombre des fraudes monacales qui étoient une des branches les plus productives de l'industrie des couvents. Il ne faut pas confondre l'oriflamme avec la bannière des fleurs de lis.

[2] Deux fois autant de pennons.

pouvons voir ni imaginer qu'ils aient que une bataille; mais trop bellement et trop sagement l'ont-ils ordonnée; et ont pris le long d'un chemin fortifié malement de haies et de buissons, et ont vêtu celle haie d'une part et d'autre de leurs archers, tellement que on ne peut entrer ni chevaucher en leur chemin fors que parmi eux. Si convient-il aller celle voie si on les veut combattre. En celle haie n'a que une seule entrée et issue, où espoir quatre hommes d'armes, ainsi que au chemin, pourroient chevaucher de front. Au coron d'icelle haie, entre vignes et espinettes où on ne peut aller ni chevaucher, sont leurs gens d'armes, tous à pied; et ont mis les gens d'armes tout devant eux leurs archers en manière d'une herse: dont c'est trop sagement ouvré, ce nous semble; car qui voudra ou pourra venir par fait d'armes jusques à eux, il n'y entrera nullement, fors que parmi ces archers qui ne seront mie légers à déconfire. »

Adonc parla le roi, et dit: « Messire Eustache, et comment y conseillez-vous à aller? » Donc répondit le chevalier et dit: « Sire, tout à pied, excepté trois cents armures de fer des vôtres, tous des plus apperts et hardis, durs et forts et entreprenans de votre ost, et bien montés sur fleur de coursiers, pour dérompre et ouvrir ces archers; et puis vos batailles et gens d'armes vitement suivre tous à pied et venir sur ces gens d'armes, main à main, et eux combattre de grand'volonté. C'est tout le conseil que de mon avis je puis donner ni imaginer; et qui mieux y voit, si le die. » Ce conseil et avis plut grandement au roi de France, et dit que ainsi seroit-il fait.

Adoncques par le commandement du roi, sur cet arrêt, se départirent les deux maréchaux, et chevauchèrent de bataille en bataille, et trièrent et élurent et dessévrèrent à leur avis, par droite élection, jusques à trois cents chevaliers et écuyers, les plus roides et plus apperts de tout l'ost, et chacun d'eux monté sur fleur de coursiers et armés de toutes pièces. Et tantôt après fut ordonnée la bataille des Allemands; et devoient demeurer à cheval pour conforter les maréchaux, dont le comte de Sarrebruche, le comte de Nido[1], le comte Jean de Nasco[2] étoient meneurs et conduiseurs. Là étoit et fut le roi Jean de France, armé lui vingtième de ses parcmens[1]; et avoit recommandé son ains-né fils en la garde du seigneur de Saint-Venant, de monseigneur de Landas et de messire Thibaut de Voudenay; et ses autres trois fils puis-nés, Louis, Jean et Philippe, en la garde d'autres bons chevaliers et écuyers; et portoit la souveraine bannière du roi messire Geffroy de Chargny, pour le plus prud'homme de tous les autres et le plus vaillant; et étoit messire Regnault de Cervolle, dit Archiprêtre[2], armé des armures du jeune comte d'Alençon[3].

CHAPITRE XXXII.

Comment le cardinal de Pierregort se mit en grand'peine d'accorder le roi de France et le prince de Galles.

Quand les batailles du roi furent ordonnées et appareillées, et chacun sire dessous sa bannière et entre ses gens, et savoit aussi chacun quelle chose il devoit faire, on fit commandement de par le roi que chacun allât à pied, excepté ceux qui ordonnés étoient avec les maréchaux pour ouvrir et fendre les archers, et que tous ceux qui lances avoient, les retaillassent au volume de cinq pieds, parquoi on s'en pût mieux aider, et que tous aussi ôtassent leurs éperons. Cette ordonnance fut tenue; car elle sembla à tout homme belle et bonne.

Ainsi que ils devoient approcher et étoient par semblant en grand'volonté de requerre leurs ennemis, vint le cardinal de Pierregort férant et battant devant le roi; et s'étoit parti moult matin de Poitiers; et s'inclina devant le roi moult bas, en cause d'humilité, et lui pria à jointes mains, pour si haut seigneur que Dieu est, qu'il se voulût abstenir et affréner un petit tant qu'il eût parlé à lui. Le roi de France qui étoit assez

---

[1] Nidau, ou Nidou.
[2] Sans doute, Nassau.

[1] C'était une coutume reçue, et qui se conserva même assez long-temps, d'armer plusieurs combattans de la même manière que le commandant de l'armée.
[2] Renaut de Cervole empruntait vraisemblablement le surnom d'Archiprêtre de la possession d'un archiprêtré: il n'était pas rare alors de voir les laïques posséder des bénéfices et des dignités ecclésiastiques. On peut consulter sur la personne de Renaut de Cervole et sur sa maison le savant mémoire de M. le baron de Zur-Laubeu, inséré dans le t. II de sa *Bibliothèque militaire, historique et politique*, in-12.
[3] Pierre II, comte d'Alençon, fils de Charles, qui avait été tué en 1346 à la journée de Crécy.

descendant à toutes voies de raison, lui accorda et dit : « Volontiers, que vous plaît-il à dire? » — « Très cher sire, dit le cardinal, vous avez ci toute la fleur de la chevalerie de votre royaume assemblée contre une poignée de gens que les Anglois sont au regard de vous; et si vous les pouvez avoir et qu'ils se mettent en votre mercy sans bataille, il vous seroit plus honorable et profitable à avoir par cette manière, que d'aventurer si noble chevalerie et si grand' que vous avez cy : si vous prie, au nom de Dieu et d'humilité, que je puisse chevaucher devers le prince et lui montrer en quel danger vous le tenez. » Encore lui accorda le roi, et lui dit : « Sire, il nous plaît bien, mais retournez tantôt. » A ces paroles se partit le cardinal du roi de France et s'en vint moult hâtivement devers le prince, qui étoit entre ses gens tout à pied au fort d'une vigne, tout conforté par semblant d'attendre la puissance du roi de France. Sitôt que le cardinal fut venu, il descendit à terre, et se traist devers le prince qui moult bénignement le recueillit; et lui dit le cardinal, quand il l'eut salué et incliné : « Certes, beau fils, si vous aviez justement considéré et imaginé la puissance du roi de France, vous me laisseriez convenir de vous accorder envers lui, si je pouvois. » Donc répondit le prince, qui étoit lors un jeune homme, et dit : « Sire, l'honneur de moi sauve et de mes gens, je voudrois bien encheoir en toutes voies de raison. » Adoncques répondit le cardinal : « Beau fils, vous dites bien, et je vous accorderai si je puis; car ce seroit grand'pitié si tant de bonnes gens qui cy sont, et que vous êtes d'un côté et d'autre, venoient ensemble par bataille; trop y pourroit grand meschef avenir. »

A ces mots se partit le cardinal du prince, sans plus rien dire; et s'en revint arrière devers le roi de France et commença à entamer traités d'accord et à mettre paroles avant, et à dire au roi, pour lui mieux atraire à son intention : « Sire, vous ne vous avez que faire de trop hâter pour eux combattre; car ils sont tous vôtres sans coup férir, ni ils ne vous peuvent fuir, ni échapper, ni éloigner : si vous prie que huy tant seulement et demain jusques à soleil levant vous leur accordez répit et souffrance. »

Adoncques commença le roi de France à muser un petit, et ne voulut mie ce répit accorder à la première prière du cardinal, ni à la seconde; car une partie de ceux de son conseil ne s'y consentoient point, et par espécial messire Eustache de Ribeumont et messire Jean de Landas, qui étoient moult secrets du roi. Mais le dit cardinal, qui s'en ensonnioit en espèce de bien, pria tant et prêcha le roi de France, que il se consentit, et donna et accorda le répit à durer le dimanche tout le jour et lendemain jusques à soleil levant; et le rapporta ainsi le dit cardinal moult vitement au prince et à ses gens, qui n'en furent mie courroucés, pourtant que toudis s'efforçoient eux d'avis et d'ordonnance.

Adonc fit le roi de France tendre sur les champs, au propre lieu où il avoit le répit accordé, un pavillon de vermeil samis[1] moult cointe[2] et moult riche, et donna congé à toutes gens de retraire chacun en son logis, excepté la bataille du connétable et des maréchaux. Si étoient de-lez le roi, ses enfans et les plus grands de son lignage à qui il prenoit conseil de ses besognes.

Ainsi ce dimanche toute jour chevaucha et travailla[3] le cardinal de l'un à l'autre; et les eût volontiers accordés si il eût pu; mais il trouvoit le roi de France et son conseil si froids qu'ils ne vouloient aucunement descendre à accord, si ils n'avoient des cinq les quatre, et que le prince et ses gens se rendissent simplement, ce que ils ne eussent jamais fait. Si y eut offres et paroles plusieurs, et de divers propos mis avant. Et me fut dit jadis des gens du dit cardinal de Pierregort, qui là furent présents et qui bien en cuidoient savoir aucune chose, que le prince offroit à rendre au roi de France tout ce que conquis avoit en ce voyage, villes et châteaux, et quitter tous prisonniers qu'il et ses gens avoient pris, et jurer à soi non armer contre le royaume de France sept ans tout entiers. Mais le roi de France et son conseil n'en voulurent rien faire : et furent longuement sur cet état : que le prince et cent chevaliers des siens se venissent mettre en la prison du roi de France, autrement on ne les vouloit mie laisser passer; lequel traité le prince de Galles et son conseil n'eussent jamais accordé.

---
[1] Étoffe de soie.
[2] Élégant.
[3] Voyagea.

CHAPITRE XXXIII.

Comment messire Jean de Clermont, maréchal de France, et messire Jean Chandos eurent grosses paroles ensemble.

Entrementes que le cardinal de Pierregort portoit les paroles et chevauchoit de l'un à l'autre, en nom de bien, et que le répit duroit, étoient aucuns jeunes chevaliers bachelereux et amoureux, tant de la partie des François comme des Anglois, qui chevauchèrent ce jour en costiant les batailles; les François pour aviser et imaginer le convenant des Anglois; et les chevaliers d'Angleterre celui des François, ainsi que en tels besognes telles choses aviennent. Donc il avint que messire Jean Chandos, qui étoit preux chevalier, gentil et noble de cœur, et de sens imaginatif, avoit ce jour chevauché et costié sur aile durement la bataille du roi de France, et avoit pris grand'plaisance au regarder, pourtant qu'il y véoit si grand'foison de noble chevalerie friquement armés et appareillés; et disoit et devisoit en soi même: « Ne plaise jà à Dieu que nous partions sans combattre; car si nous sommes pris ou déconfits de si belles gens d'armes et de si grand'foison comme j'en vois contre nous, nous n'y devrons avoir point de blâme; et si la journée étoit pour nous, et que fortune le veuille consentir, nous serons les plus honorés gens du monde. »

Tout en telle manière que messire Jean Chandos avoit chevauché et considéré une partie du convenant des François, en étoit avenu à l'un des maréchaux de France, messire Jean de Clermont; et tant chevauchèrent ces deux chevaliers qu'ils se trouvèrent et encontrèrent d'aventure; et là eut grosses paroles et reproches moult félonnesses entre eux. Je vous dirai pourquoi. Ces deux chevaliers, qui étoient jeunes et amoureux, on le peut et doit-on ainsi entendre, portoient chacun une même devise d'une bleue dame ouvrée de bordure au ray d'un soleil sur le senestre bras; et toujours étoit dessus leurs plus hauts vêtemens, en quelque état qu'ils fussent. Si ne plut mie adonc à messire Jean de Clermont ce qu'il vit porter sa devise à messire Jean Chandos; et s'arrêta tout coi devant lui et lui dit: « Chandos, aussi vous désirois-je à voir et à encontrer; depuis quand avez-vous empris à porter ma devise? » — « Et vous la mienne? ce répondit messire Jean Chandos. Car autant bien est-elle mienne comme vôtre. » — « Je vous le nie dit messire Jean de Clermont; et si la souffrance ne fut entre les nôtres et les vôtres, je le vous montrasse tantôt que vous n'avez nulle cause de la porter. » — « Ha! ce répondit messire Jean Chandos, demain au matin vous me trouverez tout appareillé du défendre et de prouver par fait d'armes que aussi bien est elle mienne comme vôtre. » A ces paroles ils passèrent outre; et dit encore messire Jean de Clermont, en ramponnant plus avant messire Jean Chandos : « Chandos! Chandos! ce sont bien des pompes de vous Anglois qui ne savent aviser rien de nouvel, mais quant qu'ils voient leur est bel. »

Il n'y eut adoncques plus dit ni plus fait: chacun s'en retourna devers ses gens, et demeura la chose en cel état.

CHAPITRE XXXIV.

Comment les Anglois firent fossoyer et haier leurs archers; et comment le cardinal de Pierregort prit congé du roi de France et du prince de Galles.

Vous avez bien ouï conter ci-dessus comment le cardinal de Pierregort se mit en peine, ce dimanche tout le jour, de chevaucher de l'un à l'autre pour accorder ces deux seigneurs, le roi de France et le prince de Galles : mais il n'en put à chef venir, et furent basses vespres quand il se partit et rentra en Poitiers.

Ce dimanche se tinrent les François tout le jour sur les champs, et au soir ils se traîrent en leur logis et se aisèrent de ce qu'ils eurent. Ils avoient bien de quoi vivre, et pourvéances assez largement; et les Anglois en avoient grand deffaute. C'étoit la chose qui plus les ébahissoit; car ils ne savoient où ni quel part aller fourrager, si fort leur étoit le pas clos; ni ils ne pouvoient partir de là sans le danger des François. Au voir dire, ils ne ressoignoient point tant la bataille comme ils faisoient ce que on ne les tenist en cel état, ainsi comme pour assiégés et affamés.

Le dimanche tout le jour entendirent eux parfaitement à leur besogne, et le passèrent au plus bel qu'ils purent, et firent fossoyer et haier leurs archers autour d'eux, pour être plus forts. Quand vint le lundi au matin, le prince et ses gens furent tous tantôt appareillés et mis en ordonnance, ainsi comme devant, sans eux desroier ni effrayer; et en telle manière firent les François. Environ soleil levant ce lundi matin revint le dit cardinal de Pierregort en l'ost de l'un et de l'autre, et les cuida par son préchement accorder: mais il ne put; et lui fut dit vreusement des François que il retournât à Poitiers, ou là où il lui plairoit, et que plus ne portât aucunes paroles de traité ni d'accord, car il lui en pourroit bien mal prendre. Le cardinal qui s'en ensonnioit en espèce de bien, ne se voult pas bouter en péril, mais prit congé du roi de France, car il vit bien qu'il se travailloit en vain; et s'en vint au départir devers le prince et lui dit: « Beau fils, faites ce que vous pourrez; il vous faut combattre; ni je ne puis trouver nulle grâce d'accord ni de paix devers le roi de France. » Cette dernière parole enfélonnit et encouragea grandement le cœur du prince, et répondit: « C'est bien l'intention de nous et des nôtres, et Dieu veuille aider le droit! »

Ainsi se partit le cardinal du prince et retourna à Poitiers. En sa compagnie avoit aucuns apperts écuyers et hommes d'armes qui étoient plus favorables au roi que au prince. Quand ils virent que on se combattroit, ils se emblèrent de leur maître et se boutèrent en la route des François, et firent leur souverain du châtelain d'Amposte[1], qui étoit pour le temps de l'hôtel dudit cardinal et vaillant homme d'armes durement. Et de ce ne se aperçut point le cardinal, ni n'en sçut rien jusques à ce qu'il fût revenu à Poitiers; car si il l'eût sçu, il ne l'eût aucunement souffert, pourtant qu'il avait été traiteur de apaiser, si il eût pu, l'une partie et l'autre.

Or parlerons un petit de l'ordonnance des Anglois, aussi bien qu'avons fait de celle des François.

CHAPITRE XXXV.

Comment le prince ordonna ses gens pour combattre; et cy s'ensuivent les noms des vaillans seigneurs et chevaliers qui de-lez lui étoient.

L'ordonnance du prince de Galles étoit auques telle comme les quatre chevaliers de France dessus nommés rapportèrent en certaineté au roi, fors tant que depuis ils avoient ordonné aucuns apperts chevaliers pour demeurer à cheval contre la bataille des maréchaux de France; et avoient encore, sur leur dextre côté, sur une montagne qui n'étoit pas trop roide à monter, ordonné trois cents hommes à cheval et autant d'archers tous à cheval, pour costier à la couverte toute cette montagne et venir autour sur aile férir en la bataille du duc de Normandie qui étoit en sa bataille à pied dessous celle montagne. Tout ce étoit qu'ils avoient fait de nouvel. Et se tenoit le prince et sa grosse bataille au fond de ces vignes, tous armés, leurs chevaux assez près d'eux pour tantôt monter, si il étoit besoin; et étoient fortifiés et enclos, au plus foible lez, de leur charroy et de tout leur harnois: si ne les pouvoit-on approcher de ce côté.

Or vous vueil-je nommer des plus renommés chevaliers d'Angleterre et de Gascogne qui étoient là adonc de-lez le prince de Galles. Premièrement le comte de Warvich, le comte de Suffolch maréchal de l'ost, le comte de Sallebrin et le comte d'Oskesufforch[1], messire Jean Chandos, messire Richard de Stanford, messire Regnault de Cobehen[2], messire Édouard seigneur Despenser, messire Jacques d'Audelée[3] et messire Pierre son frère, le seigneur de Bercler[4], le seigneur de Basset, messire Guillaume Fitz-Warine[5], le seigneur de la Ware, le seigneur de Manne, le seigneur de Villebi[6], messire Berthelemy de Bruwes[7], le seigneur de Felleton, messire Richard de Pennebruge, messire Étienne de Consenton, le seigneur de Braseton et plusieurs autres: Gascons, le seigneur de Labret, le seigneur de Pommiers, messire Helie et messire Aymon de Pommiers, le seigneur de Langueren, messire Jean de Grailly captal de Buch, messire Jean de Chaumont, le seigneur de l'Esparre, le seigneur de Mucidan, le seigneur de Curton, le seigneur de Rozem, le seigneur de Condom, le seigneur de Montferrant, le seigneur de Landuras, monseigneur le Souldich de l'Estrade[8] et aussi des autres que je ne puis mie tous nom-

---

[1] On trouve ce nom mentionné parmi les membres des Cortès.

[1] Oxford. — [2] Cobham. — [3] Audley.

[4] Fils de lord Maurice Berkley, mort à Calais neuf ans auparavant.

[5] John lord Warren, fils aîné de J. Plantagenet, fut comte de Warren, Strathern et Surry par sa première femme lady Maude de Hereford.

[6] Willoughby. — [7] Burghersh.

[8] Anstis parle de ce chevalier, comme membre de l'ordre de la Jarretière, dans son histoire de cet ordre. Il pense que *Souldich* répondait comme *captal* au titre de comte. Le Souldich de l'Estrade ou de la Trau, terre dans le Bazadois, était de l'ancienne maison de Preissac, plus connue aujourd'hui sous le nom d'Esclignac.

mer : Hainuyers, messire Eustache d'Aubrécicourt et messire Jean de Ghistelles; et deux autres bons chevaliers étrangers, messire Daniel Pasele et Denis de Morbeke.

Si vous dis pour vérité que le prince de Galles avoit là avec lui droite fleur de chevalerie, combien qu'ils ne fussent pas grand'foison; car ils n'étoient, à tout compter, pas plus haut de huit mille hommes; et les François étoient bien cinquante mille combattants, dont il y avoit plus de trois mille chevaliers.

CHAPITRE XXXVI.

Comment le prince de Galles reconforta sagement ses gens, et comment messire Jacques d'Audelée requit au prince qu'il commençât la bataille, lequel lui accorda.

Quand ce jeune homme le prince de Galles vit que combattre le convenoit, et que le cardinal de Pierregort sans rien exploiter s'en r'alloit, et que le roi de France son adversaire moult peu les prisoit et aimoit, si se reconforta en soi-même, et reconforta moult sagement ses gens, et leur dit : « Beaux seigneurs, si nous sommes un petit contre la puissance de nos ennemis, si ne nous en ébahissons mie pour ce, car la vertu ni la victoire ne gît mie en grand peuple, mais là où Dieu la veut envoyer. Si il avient ainsi que la journée soit pour nous, nous serons les plus honorés du monde; si nous sommes morts, j'ai encore monseigneur mon père et deux beaux-frères, et aussi vous avez de bons amis, qui nous contrevengeront : si vous prie que vous vouliez huy entendre à bien combattre; car s'il plaît à Dieu et à Saint-George, vous me verrez huy bon chevalier. » De ces paroles et de plusieurs autres belles raisons que le prince démontra ce jour à ses gens et fit démontrer par ses maréchaux, étoient-ils tous confortés.

De-lez le prince, pour le garder et conseiller, étoit messire Jean Chandos; ni oncques le jour ne s'en partit, pour chose qui lui avint. Aussi s'y étoit tenu un grand temps messire Jacques d'Audelée, par lequel conseil du dimanche tout le jour la plus grand'partie de l'ordonnance de leurs batailles étoit faite; car il étoit sage et vaillant chevalier durement, et bien le montra ce jour que on se combattit, si comme je vous dirai. Messire Jacques d'Audelée tenoit en vœu, grand temps avoit passé, que si il se trouvoit jamais en besogne, là où le roi d'Angleterre ou l'un de ses enfans fut et bataille adressât, que ce seroit le premier assaillant et le mieux combattant de son côté, ou il demeurroit en la peine. Adonc quand il vit que on se combattroit et que le prince de Galles fils ains-né du roi étoit là, si en fut tout réjoui, pourtant qu'il se vouloit acquitter à son loyal pouvoir de accomplir son vœu; et s'en vint devers le prince, et lui dit : « Monseigneur, j'ai toujours servi loyaument monseigneur votre père et vous aussi, et ferai tant comme je vivrai : cher sire, je le vous montre pourtant que jadis je vouai que la première besogne où le roi votre père ou l'un de ses fils seroit, je serois le premier assaillant et combattant; si vous prie chèrement, en guerdon des services que je fis oncques au roi votre père et à vous aussi, que vous me donnez congé de vous à mon honneur je me puisse partir et mettre en état d'accomplir mon vœu. »

Le prince, qui considéra la bonté du chevalier et la grand'volonté qu'il avoit de requerre ses ennemis, lui accorda liement et lui dit : « Messire Jacques, Dieu vous doint huy grâce et pouvoir d'être le meilleur des autres ! » Adonc lui bailla-t-il sa main, et se partit le dit chevalier du prince; et se mit au premier front de toutes les batailles, accompagné tant seulement de quatre moult vaillans écuyers qu'il avoit priés et retenus pour son corps garder et conduire; et s'en vint tout devant le dit chevalier combattre et envahir la bataille des maréchaux de France; et assembla à monseigneur Arnoul d'Andrehen et à sa route, et là fit-il merveilles d'armes, si comme vous orrez recorder en l'état de la bataille.

D'autre part aussi messire Eustache d'Aubrécicourt, qui à ce jour étoit jeune bachelier et en grand désir d'acquérir grâce et prix en armes, mit et rendit grand'peine qu'il fut des premiers assaillans : si le fut, ou auques près, à l'heure que messire Jacques d'Audelée s'avança premier de requerre ses ennemis; mais il en chéy à messire Eustache ainsi que je vous dirai.

Vous avez ci-dessus assez ouï recorder, en l'ordonnance des batailles aux François, que les Allemands qui costioient les maréchaux demeurèrent tous à cheval. Messire Eustache d'Aubrecicourt qui étoit à cheval baissa son glaive et embrassa sa targe et férit cheval des éperons et vint entre les batailles. Adonc un chevalier d'Allemaigne qui s'appeloit et nommoit messire

Louis de Recombes[1], et portoit un écu d'argent à cinq roses de gueules, et messire Eustache d'hermine à deux hamèdes de gueules, vit venir messire Eustache, si issit de son conroy de la route du comte Jean de Nasço dessous qui il étoit, et baissa son glaive et s'en vint adresser au dit messire Eustache. Si se consuirent de plein eslai et se portèrent par terre ; et fut le chevalier allemand navré en l'épaule : si ne se releva mie si tôt que messire Eustache fist. Quand messire Eustache fut levé, il prit son glaive et s'en vint sur le chevalier qui là gissoit, en grand'volonté de le requerre et assaillir : mais il n'en eut mie le loisir, car ils vinrent sur lui cinq hommes d'armes Allemands qui le portèrent par terre. Là fut-il tellement pressé et point aidé de ses gens, que il fut pris et emmené prisonnier entre les gens du dit comte Jean de Nasço, qui n'en firent adonc nul compte ; et ne sais si ils lui firent jurer prison ; mais ils le lièrent sur un char avecques leur harnois.

Assez tôt après la prise d'Eustache d'Aubrecicourt, se commença le estour de toutes parts ; et jà étoit approchée et commencée la bataille des maréchaux ; et chevauchèrent avant ceux qui devoient rompre la bataille des archers ; et entrèrent tous à cheval au chemin où la grosse haye et épaisse étoit de deux côtés. Sitôt que ces gens d'armes furent là embattus, archers commencèrent à traire à exploit, et à mettre main en œuvre à deux côtés de la haye, et à verser chevaux et à enfiler tout dedans de ces longues sajettes barbues. Ces chevaux qui traits étoient et qui les fers de ces longues sajettes sentoient et ressoignoient, ne vouloient avant aller, et se tournoient l'un de travers, l'autre de côté, ou ils chéoient et trébuchoient dessous leurs maîtres qui ne se pouvoient aider ni relever ; ni oncques la dite bataille des maréchaux ne put approcher la bataille du prince. Il y eut bien aucuns chevaliers et écuyers bien montés, qui par force de chevaux passèrent outre et rompirent la haye, et cuidèrent approcher la bataille du prince ; mais ils ne purent.

Messire Jacques d'Audelée, en la garde de ses quatre écuyers[2] et l'épée en la main, si comme dessus est dit, étoit au premier front de cette bataille, et trop en sus de tous les autres et là faisoit merveilles d'armes ; et s'en vint par grand'vaillance combattre sous la bannière de monseigneur Arnoul d'Andrehen, maréchal de France, un moult hardi et vaillant chevalier ; et se combattirent grand temps ensemble. Et là fut durement navré le dit messire Arnoul ; car la bataille des maréchaux fut tantôt toute déroutée et déconfite par le trait des archers, si comme ci-dessus est dit, avec l'aide des hommes d'armes qui se boutoient entre eux quand ils étoient abattus, et les prenoient et occioient à volonté. Là fut pris messire Arnoul d'Andrehen ; mais ce fut d'autres gens que de messire Jacques d'Audelée, ni des quatre écuyers, qui de-lez lui étoient ; car oncques le dit chevalier ne prit prisonnier la journée, ni entendit à prendre, mais toujours à combattre et à aller avant sur ses ennemis.

CHAPITRE XXXVII.

Comment messire Jean de Clermont, maréchal de France, fut occis ; et comment ceux de la bataille du duc de Normandie s'enfuirent.

D'autre part, messire Jean de Clermont, maréchal de France et moult vaillant et gentil chevalier, se combattoient dessous sa bannière et y fit assez d'armes tant qu'il put durer ; mais il fut abattu, ni oncques puis ne se put relever, ni venir à rançon. Là fut-il mort et occis en servant son seigneur. Et voulurent bien maintenir et dire les aucuns que ce fut pour les paroles qu'il avoit eues la journée devant à messire Jean Chandos. A peine vit oncques homme avenir en peu d'heures si grand meschef sur gens d'armes et bons combattans, que il avint sur la bataille des maréchaux de France ; car ils fondoient l'un sur l'autre et ne pouvoient aller avant. Ceux qui derrière étoient et qui le meschef véoient et qui avant passer ne pouvoient, reculoient et venoient sur la bataille du duc de Normandie qui étoit grand et espaisse pardevant : mais tôt fut éclaircie et despaissie par derrière, quand ils entendirent que les maréchaux étoient déconfits ; et montèrent à cheval le plus et s'en partirent ; car il descendit une route d'Anglois d'une montagne, en costiant les batailles, tous montés à cheval, et grand foison d'archers aussi devant eux, et s'en vinrent férir sur aile sur la bataille du duc de Normandie

---

[1] Johnes le nomme Coucibras.
[2] Ils s'appeloient : Dutton de Dutton, Delves de Doddington, Fowlehurst de Crew, Hawkestone de Wainehill.

Au voir dire, les archers d'Angleterre portèrent très grand avantage à leurs gens et trop ébahirent les François, car ils traioient si ouniement et si épaissement que les François ne savoient de quel côté entendre qu'ils ne fussent atteints du trait; et toujours se avançoient les Anglois et petit à petit conquéroient terre.

CHAPITRE XXXVIII.

Comment le prince de Galles, quand il vit la bataille du duc de Normandie branler, commanda à ses gens chevaucher avant.

Quand les gens d'armes virent que cette première bataille étoit déconfite et que la bataille du duc de Normandie branloit et se commençoit à ouvrir, si leur vint et recrut force, haleine et courage trop grossement; et montèrent erraument tous à cheval qu'ils avoient ordonnés et pourvus à demeurer de-lez eux. Quand ils furent tous montés et bien en hâte, ils se remirent tous ensemble et commencèrent à écrier à haute voix, pour plus ébahir leurs ennemis : « Saint George! Guyenne! » Là dit messire Jean Chandos au prince un grand mot et honorable : « Sire, sire, chevauchez avant, la journée est vôtre, Dieu sera huy en votre main; adressons-nous devers votre adversaire le roi de France; car celle part gît tout le fort de la besogne. Bien sçais que par vaillance il ne fuira point; si nous demeurera, s'il plaît à Dieu et à Saint-George, mais qu'il soit combattu; et vous dites or-ains que huy on vous verroit bon chevalier. » Ces paroles évertuèrent si le prince qu'il dit tout en haut : « Jean, allons, allons, vous ne me verrez mais huy retourner, mais toujours chevaucher avant. » Adoncques dit-il à sa bannière : « Chevauchez avant, bannière, au nom de Dieu et de Saint-George! » Et le chevalier qui la portoit fit le commandement du prince. Là fut la presse et l'enchas grand et périlleux; et maints hommes y furent renversés. Si sachez que qui étoit chu il ne se pouvoit relever, si il n'étoit trop bien aidé.

Ainsi que le prince et sa bannière chevauchoit en entrant en ses ennemis et que ses gens le suivoient, il regarda sur destre de-lez un petit buisson : si vit messire Robert de Duras qui là gissoit mort et sa bannière de-lez lui, qui étoit de France au sautoir de gueules, et bien dix ou douze des siens à l'environ. Si commanda à deux de ses écuyers et à trois archers : « Mettez le corps de ce chevalier sur une targe et le portez à Poitiers; si le présentez de par moi au cardinal de Pierregort, et dites-lui que je le salue à ces enseignes. » Les dessus dits varlets du prince firent tantôt et sans délai ce qu'il leur commanda.

Or vous dirai qui mut le prince à ce faire : les aucuns pourroient dire qu'il le fît par manière de dérision. On avoit jà informé le prince que les gens du cardinal de Pierregort étoient demeurés sur les champs et eux armés contre lui, ce qui n'étoit mie appartenant ni droit fait d'armes : car gens d'église qui, pour bien, et sur traité de paix, vont et travaillent de l'un à l'autre, ne se doivent point armer ni combattre pour l'un ni pour l'autre, par raison; et pourtant que cils l'avoient fait, en étoit le prince courroucé sur le cardinal et lui envoya voirement son neveu, messire Robert de Duras, si comme ci-dessus est contenu. Et vouloit au chatelain d'Amposte, qui là fut pris, faire trancher la tête; et l'eût fait sans faute en son yre, pourtant qu'il étoit de la famille du dit cardinal, si n'eût été messire Jean Chandos qui le refréna par douces paroles et lui dit : « Monseigneur, souffrez-vous et entendez à plus grand'chose que cette n'est; espoir excusera le cardinal de Pierregort si bellement ses gens que vous en serez tout content. » Ainsi passa le prince outre et commanda que le dit châtelain fût bien gardé.

CHAPITRE XXXIX.

Comment le duc de Normandie et ses deux frères se partirent de la bataille; et comment messire Jean de Landas et messire Thibaut de Vodenay retournèrent à la bataille.

Ainsi que la bataille des maréchaux fut toute perdue et déconfite sans recouvrer, et que celle du duc de Normandie se commença à dérompre et à ouvrir, et les plusieurs de ceux qui y étoient et qui par raison combattre se devoient, se prirent à monter à cheval, à fuir et eux sauver, s'avancèrent Anglois qui là étoient tous montés, et s'adressèrent premièrement vers la bataille du duc d'Athènes connétable de France. Là eut grand froissis et grand boutis et maints hommes renversés par terre; là écrioient les aucuns chevaliers et écuyers de France qui par troupeaux se combattoient : Montjoye! Saint-Denis! et les Anglois : Saint-George! Guyenne! Là étoit grandement prouesse remontrée; car il n'y avoit si petit qui ne vaulsist un homme d'armes. Et eurent adonc le prince et ses gens d'encontre la bataille des Allemands du comte de Sarbruche, du comte de Nasço et du comte de Nido et de leurs gens; mais ils ne durèrent mie grandement; aînçois furent eux reboutés et mis en chasse.

Là étoient archers d'Angleterre vites et légers de traire omnicment et si épaissement que nul ne se osoit ni pouvoit mettre en leur trait : si blessèrent et occirent de cette rencontre maints hommes qui ne purent venir à rançon, ni à mercy. Là furent pris, assez en bon convenant, les trois comtes dessus nommés, et morts et pris maints chevaliers et écuyers de leur route. En ce poignis et recullis fut rescous messire Eustache d'Aubrecicourt par ces gens qui le quéroient et qui prisonnier entre les Allemands le sentoient; et y rendit messire Jean de Ghistelle grand'peine; et fut le dit messire Eustache remis à cheval. Depuis fit ce jour maintes appertises d'armes, et prit et fiança de bons prisonniers, dont il eut au temps avenir grand'finance et qui moult lui aidèrent à avancer.

Quand la bataille du duc de Normandie, si comme je vous ai dit, vit approcher si fortement les batailles du prince qui jà avoient déconfit les maréchaux et les Allemands, et étoient entrés en chasse, si en fut la plus grand'partie tout éhahie, et entendirent les aucuns et presque tous à sauver, et les enfans du roi aussi, le duc de Normandie, le comte de Poitiers, le comte de Touraine, qui étoient pour ce temps moult jeunes et de petit avis : si crurent légèrement ceux qui les gouvernoient. Toutefois messire Guichard d'Angle et messire Jean de Saintré, qui étoient de-lez le comte de Poitiers, ne voulurent mie retourner ni fuir, mais se boutèrent au plus fort de la bataille. Ainsi se partirent, par conseil, les trois enfans du roi et avec eux plus de huit cents lances saines et entières qui oncques n'approchèrent leurs ennemis; et prirent le chemin de Chauvigny.

Quand messire Jean de Landas, messire Thibaut de Vodenay, qui étoient maîtres et gouverneurs du duc Charles de Normandie, avecques le seigneur de Saint-Venant, eurent chevauché environ une grosse lieue en la compagnie du dit duc, ils prirent congé de lui et prièrent au seigneur de Saint-Venant que point ne le voulsist laisser, mais mener à sauveté, et qu'il y acquerroit autant d'honneur à garder son corps, comme s'il demeuroit en la bataille; mais les dessus dits vouloient retourner et venir de-lez le roi et en sa bataille; et il leur répondit que ainsi feroit-il à son pouvoir. Ainsi retournèrent les deux chevaliers et encontrèrent le duc d'Orléans et sa grosse bataille toute saine et toute entière, qui étoient partis et venus par derrière la bataille du roi. Bien est voir que plusieurs bons chevaliers et écuyers, quoique leurs seigneurs se partissent, ne se vouloient mie partir; mais eussent eu plus cher à mourir que il leur fût reproché fuite.

CHAPITRE XL.

Comment le roi de France fit toutes ses gens aller à pied, lequel se combattoit très vaillamment comme bon chevalier; et aussi faisoient ses gens.

Vous avez ci-dessus en cette histoire bien ouï parler de la bataille de Crécy, et comment fortune fut moult merveilleuse pour les François : aussi à la bataille de Poitiers elle fut très merveilleuse, diverse et très félonnesse pour eux et pareille à celle de Crécy; car les François étoient bien de gens d'armes sept contre un. Or regardez si ce ne fut mie grand'infortuneté pour eux, quand ils ne purent obtenir la place contre leurs ennemis. Mais au voir dire, la bataille de Poitiers fut trop mieux combattue que celle de Crécy; et eurent toutes manières de gens d'armes mieux loisir d'aviser et considérer leurs ennemis, qu'ils n'eurent à Crécy; car la dite bataille de Crécy commença au vespre tout tard, sans arroy et sans ordonnance, et cette de Poitiers matin, à heure de prime, et assez par bon convenant si heur y eût été pour les François. Et y avinrent trop plus de beaux et de grands faits d'armes sans comparaison qu'ils ne firent à Crécy, combien que tant de grands chefs de pays n'y furent mie morts, comme ils furent à Crécy. Et se acquittèrent si loyalement envers leur seigneur tous ceux qui demeurèrent à Poitiers, morts ou pris, que encore en sont les hoirs à honorer et les vaillans hommes qui se combâtirent à recommander. Ni on ne peut pas dire ni présumer que le roi Jean de France s'effrayât oncques de choses qu'il vit ni ouït dire; mais demeura et fut toujours bon chevalier et bien combattant; et ne montra pas semblant de fuir ni de reculer quand il dit à ses hommes : « A pied, à pied! » et fit descendre tous ceux qui à cheval étoient, et il même se mit à pied devant tous les siens, une hache de guerre en ses mains, et fit passer avant ses bannières au nom de Dieu et de Saint-Denis, dont messire Geffroy de Charny portoit la souveraine; et aussi par bon convenant la grosse bataille du roi s'en vint assembler aux Anglois. Là eut grand hutin fier et crueux, et donnés et reçus maints horions de haches, d'épées et d'autres bâtons de guerre. Si assemblèrent le roi de France et messire Philippe son mains-né fils à la bataille des maréchaux d'Angleterre, le comte de Warvich et le comte de Suffolck; et aussi y avoit-il là des Gascons, monseigneur le captal de Buch, le seigneur de Pommiers, messire Aymeri de Tarse, le seigneur de Mucidan, le seigneur de Longueren le souldich de l'Estrade.

Bien avoit sentiment et connoissance le roi de France que ses gens étoient en péril; car il véoit ses batailles ouvrir et branler, et bannières et pennons trébucher et reculer, et par la force de leurs ennemis reboutés : mais par fait d'armes il les cuida bien toutes recouvrer. Là crioient les François : Montjoye! Saint-Denis! et les Anglois : Saint-George! Guyenne! Si revinrent ces deux chevaliers tout à temps, qui laissé avoient la route du duc de Normandie, messire Jean de Landas et messire Thibaut de Vodenay : si se mirent tantôt à pied en la bataille du roi et se combattirent depuis moult vaillamment. D'autre part se combattoient le duc d'Athènes, connétable de France et ses gens; et un petit plus dessus, le duc de Bourbon, avironné de bons chevaliers de son pays de Bourbonnois et de Picardie. D'autre lez, sur côtière, étoient les Poitevins, le sire de Pons, le sire de Partenay, le sire de Poiane, le sire de Tonnay-Boutonne, le sire de Surgères, messire Jean de Saintré, messire Guichard d'Angle, le sire d'Argenton, le sire de Linières, le sire de Montendre et plusieurs autres, le vicomte de Rochechouart et le vicomte d'Ausnay. Là étoit chevalerie démontrée et toute appertise d'armes faite; car créez fermement que toute fleur de chevalerie étoit d'une part et d'autre.

Là se combattirent vaillamment messire Guichard de Beaujeu, le sire de Château-Villain et plusieurs bons chevaliers et écuyers de Bourgogne. D'autre part étoient le comte de Ventadour et de Montpensier, messire Jacques de Bourbon, en grand arroy, et aussi messire Jean d'Artoi et messire Jacques son frère, et messire Regnault de Cervoles, dit Archiprêtre, armé pour le jeune comte d'Alençon.

Si y avoit aussi d'Auvergne plusieurs grands barons et bons chevaliers, tels comme le seigneur de Mercueil[1], le seigneur de La Tour, le seigneur de Chalençon, messire Guillaume de Montagu, le seigneur de Rochefort, le seigneur d'Apchier et le seigneur d'Apchon; et de Limosin, le seigneur de Malval, le seigneur de Moreil, et le seigneur de Pierrebufière; et de Picardie, messire Guillaume de Nelle, messire Raoul de Rayneval, messire Geffroy de Saint-Dizier[2], le seigneur de Helly, le seigneur de Monsault, le seigneur de Hangest et plusieurs autres.

Encore en la bataille dudit roi étoit le comte de Douglas[3] d'Écosse, et se combattit un espace assez vaillamment; mais quand il vit que la déconfiture se contournoit du tout sur les François, il se partit et se sauva au mieux qu'il put; car nullement il n'eût voulu être pris ni échu ès mains des Anglois; mais eût eu plus cher à être occis sur la place, car pour certain il ne fût jamais venu à rançon.

[1] Probablement Mercœur.
[2] Seigneurie appartenant à une branche cadette de la maison de Flandre.
[3] Ce Douglas était le même Guillaume de Duglas, qui avait promis de la présence d'Édouard au siège de Calais pour faire une invasion en Angleterre. On a vu dans le fragment restitué page 331, qu'il était venu trouver le roi Jean avant la bataille de Poitiers. La *Scala chronica* rapporte qu'il se disposait alors à faire un voyage à la Terre-Sainte, qu'il interrompit pour assister à cette bataille avec quelques-uns des siens. Fordun, dans son *Scoti-chronicon*, rapporte, de même que la *Scala chronica*, que le roi Jean le fit chevalier. Il rapporte ainsi la retraite de William Douglas : « Homines vero domini à Douglas supradicti, videntes in prælio quod factum erat, de medio pugnæ dominum suum capientes, secum inde invitum abduxerunt, pluribus de melioribus suis in bello interemptis, captisque aliis et redemptione expeditis. » Suivant la *Scala chronica* il retourna de suite en Écosse. Plus tard, après la délivrance du roi David Bruce, il fut créé comte de Douglas. Lord Hailes rapporte qu'Archibald Douglas, fils naturel du fameux Jacques Douglas, tué par les Sarrasins à Grenade, avait aussi été fait prisonnier à cette bataille, et qu'il fut délivré par la présence d'esprit d'un de ses compagnons sir William Ramsay de Colluthy.

CHAPITRE XLI.

Comment messire Jacques d'Audelée en fut mené de la bataille moult navré; et comment messire Jean Chandos ennorte le prince de chevaucher avant.

On ne vous peut mie de tous parler, dire ni recorder : « Cil fit bien et cil fit mieux ; » car trop y faudroit de paroles : non pourquant d'armes on ne se doit mie légèrement départir ni passer ; mais il y eut là moult de bons chevaliers et écuyers d'un côté et d'autre, et bien le montrèrent ; car ceux qui y furent morts et pris de la partie du roi de France ne daignèrent oncques fuir, mais demeurèrent vaillamment de-lez leur seigneur, et hardiment se combattirent.

D'autre part, on vit chevaliers d'Angleterre et de Gascogne eux aventurer si très hardiment, et si ordonnément chevaucher et requérir leurs ennemis que merveilles seroit à penser, et leurs corps au combattre abandonner ; et ne l'eurent mie davantage ; mais leur convint moult de peines endurer et souffrir ainçois qu'ils pussent en la bataille du roi entrer. Là étoient de-lez le prince à son frein messire Jean Chandos, messire Pierre d'Audelée, frère de messire Jacques d'Audelée, de qui nous avons parlé ci-dessus, qui fut des premiers assaillans, ainsi qu'il avoit voué, et lequel avoit jà tant fait d'armes, parmi l'aide de ses quatre écuyers, que on le doit bien tenir et recommander pour preux ; car il toudis, comme bon chevalier, étoit entré au plus fort des batailles et combattu si vaillamment que il y fut durement navré au corps, au chef et au visage ; et tant que haleine et force lui purent durer, il se combattit et alla toujours devant, et tant que il fut moult essaigié. Adonc sur la fin de la bataille le prirent les quatre écuyers qui le gardoient et l'amenèrent moult foiblement et fort navré au dehors des batailles, de-lez une haye, pour lui un petit refroidir et éventer ; et le désarmèrent le plus doucement qu'ils purent, et entendirent à ses plaies bander et lier et recoudre les plus périlleuses.

Or reviendrons au prince de Galles qui chevauchoit avant, en combattant et occiant ses ennemis ; de-lez lui messire Jean Chandos par lequel conseil il ouvra et perséféra la journée ; et le gentil chevalier s'en acquitta si loyaument que oncques il n'entendit ce jour à prendre prisonnier ; mais disoit en outre au prince : « Sire, chevauchez avant, Dieu est en votre main, la journée est vôtre. » Le prince qui tendoit à toute perfection d'honneur, chevauchoit avant, sa bannière devant lui, et réconfortoit ses gens là où il les véoit ouvrir et branler, et y fut très bon chevalier.

CHAPITRE XLII.

Comment le duc de Bourbon, le duc d'Athènes et plusieurs autres barons et chevaliers furent morts, et aussi plusieurs pris.

Ce lundi fut la bataille des Anglois et des François, assez près de Poitiers, moult dure et moult forte ; et y fut le roi Jean de France de son côté moult bon chevalier ; et si la quarte partie de ses gens l'eussent ressemblé, la journée eût été pour eux ; mais il n'en avint mie ainsi. Toutefois les ducs, les comtes, les barons et les chevaliers et écuyers qui demeurèrent se acquittèrent à leur pouvoir bien et loyaument, et se combattirent tant que ils furent tous morts ou pris ; peu s'en sauvèrent de ceux qui descendirent à pied jus de leurs chevaux sur le sablon, de-lez le roi leur seigneur. Là furent occis, dont ce fut pitié et dommage, le gentil duc de Bourbon qui s'appeloit messire Pierre, et assez près de lui messire Guichard de Beaujeu et messire Jean de Landas ; et pris et durement navré l'Archiprêtre, messire Thibaut de Vodenay et messire Baudouin d'Ennequin ; morts, le duc d'Athènes connétable de France et l'évêque de Châlons en Champagne[1] ; et d'autre part, pris le comte de Waudemont et de Jenville, et le comte de Ventadour, et cil de Vendôme ; et occis, un petit plus dessus, messire Guillaume de Neelle et messire Eustache de Ribeumont ; et d'Auvergne, le sire de La Tour, et messire Guillaume de Montagu ; et pris, messire Louis de Maleval, le sire de Pierre-Buffière, et le sire de Seregnach ; et en celle empainte furent plus de deux cents chevaliers morts et pris.

D'autre part se combattoient aucuns bons chevaliers de Normandie à une route d'Anglois ;

---

[1] Suivant M. Villani, le roi aurait accepté les conditions proposées par les deux légats médiateurs, les cardinaux de Périgord et d'Urgel, s'il n'en eût été détourné par les conseils violens de ce prélat guerrier, nommé Renaud Chauveau. Cet historien rapporte même le discours que l'évêque tint au roi pour l'animer au combat.

et là furent morts messire Grimouton de Chambli et monseigneur le Baudrain de la Heuse, et plusieurs autres qui étoient déroutés et se combattoient par troupeaux et par compagnies, ainsi que ils se trouvoient et recueilloient. Et toudis chevauchoit le prince et s'adressoit vers la bataille du roi ; et la plus grand'partie des siens entendoit à faire la besogne à son profit et au mieux qu'ils pouvoient, car tous ne pouvoient mie être ensemble. Si y eut ce jour faites maintes appertises d'armes qui toutes ne vinrent mie à connoissance ; car on ne peut pas tout voir ni savoir, ni les plus preux et les plus hardis aviser ni concevoir. Si en veuil parler au plus justement que je pourrai, selon ce que j'en fus depuis informé par les chevaliers et écuyers qui furent d'une part et d'autre.

CHAPITRE XLIII.

Comment le sire de Renti, en fuyant de la bataille, prit un chevalier anglois qui le poursuivoit ; et comment un écuyer de Picardie, par tel parti, prit le sire de Bercler.

Entre ces batailles et ces rencontres et les chasses et les poursuites qui furent ce jour sur les champs, enchéy à messire Oudart de Renty ainsi que je vous dirai. Messire Oudart étoit parti de la bataille, car il véoit bien qu'elle étoit perdue sans recouvrer : si ne se voult mie mettre au danger des Anglois, là où il le put amender, et s'étoit jà bien éloigné d'une lieue. Si l'avoit un chevalier d'Angleterre poursuivi une espace, la lance au poing, et écrioit à la fois à messire Oudart : « Chevalier, retournez, car c'est grand'honte de ainsi fuir. » Messire Oudart qui se sentoit chassé, se vergogna et se arrêta tout coy et mit l'épée en fautre[1] et dit à soi-même qu'il attendroit le chevalier d'Angleterre. Le chevalier Anglois cuida venir dessus messire Oudart et asseoir son glaive sur sa targe ; mais il faillit, car messire Oudart se détourna contre le coup et ne faillit pas à asséner le chevalier anglois, mais le férit tellement de son épée en passant sur son bassinet qu'il l'étonna tout et l'abbatit jus à terre de son cheval, et se tint là tout coy une espace sans relever. Adonc mit pied à terre messire Oudart et vint sur le chevalier qui là gissoit, et lui appuya son épée sur la poitrine, et lui dit vraiment qu'il l'occiroit s'il

[1] Et mit l'épée hors du fourreau, du verbe *fautrer, er*, mettre dehors.

ne se rendoit à lui et lui fiançoit prison, rescous ou non rescous. Le chevalier anglois ne se vit pas adoncques au dessus de la besogne et se rendit audit messire Oudart pour son prisonnier et s'en alla avecques lui ; et depuis le rançonna bien et grandement.

Encore entre les batailles et au fort de la chasse avint une aussi belle aventure et plus grande à un écuyer de Picardie qui s'appeloit Jean d'Ellenes, appert homme d'armes et sage et courtois durement. Il s'étoit ce jour combattu assez vaillamment en la bataille du roi : si avoit vu et conçu la déconfiture et la grand'pestillence qui y couroit : et lui étoit si bien avenu que son page lui avoit amené son coursier frais et nouveau qui lui fit grand bien. Adonc étoit sur les champs le sire de Bercler, un jeune et appert chevalier, et qui ce jour avoit levé bannière : si vit le convenant de Jean d'Ellenes, et issit très appertement des conrois après lui, monté aussi sur fleur de coursier ; et pour faire plus grand'vaillance d'armes, il se sépara de sa troupe et voulut le dit Jean suivir tout seul, si comme il fit. Et chevauchèrent hors de toutes batailles moult loin, sans eux approcher, Jean d'Ellenes devant et le sire de Bercler après, qui mettoit grand'peine à l'aconsuir. L'intention de l'écuyer François étoit bien telle qu'il retourneroit voirement, mais qu'il eût amené le chevalier encore un petit plus avant. Et chevauchèrent, ainsi que par haleine de coursier, plus d'une grosse lieue, et éloignèrent bien autant et plus toutes les batailles. Le sire de Bercler écrioit à la fois à Jean d'Ellenes : « Retournez, retournez, homme d'armes, ce n'est pas honneur ni prouesse de ainsi fuir. » Quand l'écuyer vit son tour et que temps fut, il tourna moult aigrement sur le chevalier, tout à un faix, l'épée au poing, et le mit dessous son bras en manière de glaive, et s'en vint en cel état sur le seigneur de Bercler qui oncques ne le voult refuser, mais prit son épée qui étoit de Bordeaux, bonne et légère et roide assez, et l'empoigna par les hans en levant la main pour jeter en passant à l'écuyer, et l'escouy, et laissa aller. Jean d'Ellenes qui vit l'épée en volant venir sur lui, se detourna ; et perdit par celle voye l'Anglois son coup au dit écuyer. Mais Jean ne perdit point le sien ; mais atteignit en passant le chevalier au bras, tellement qu'il lui fit voler l'épée aux champs. Quand le sire de Bercler vit qu'il n'avoit point d'épée et l'écuyer avoit la sienne, si saillit jus de son coursier et s'en vint tout le petit pas là où son épée étoit : mais il n'y put oncques si tôt venir, que Jean d'Ellenes ne le hâtât; et jeta par avis si roidement son épée au dit chevalier qui étoit à terre, et l'atteignit dedans les cuissiens tellement que l'épée, qui étoit roide et bien acérée et envoyée de fort bras et de grand'volonté, entra ès cuissiens et s'encousit tout parmi les cuisses jusques aux hanches. De ce coup chéy le chevalier, qui fut durement navré et qui aider ne se pouvoit. Quand l'écuyer le vit en cel état, si descendit moult appertement de son coursier, et vint à l'épée du chevalier qui gissoit à terre et la prit ; et puis tout le pas s'en vint sur le chevalier et lui demanda s'il se vouloit rendre, rescous ou non rescous. Le chevalier lui demanda son nom. Il dit : « On m'appelle Jean d'Ellenes ; et vous comment ? » — « Certes, compain, répondit le chevalier, on m'appelle Thomas et suis sire de Bercler, un moult beau châtel séant sur la rivière de Saverne en la marche de Galles. » — « Sire de Bercler, dit l'écuyer, vous serez mon prisonnier, si comme je vous ai dit, et je vous mettrai à sauveté et entendrai à vous guérir ; car il me semble que vous êtes durement navré. » Le sire de Bercler répondit : « Je le vous accorde ainsi, voirement suis-je votre prisonnier, car vous m'avez loyaument conquis. » Là lui créanta-t-il sa foi que, rescous ou non rescous, il seroit son prisonnier [1]. Adonc traist Jean l'épée hors des cuissiens du chevalier : si demeura la plaie toute ouverte ; mais Jean la banda et fit bien et bel au mieux qu'il put, et fit tant qu'il le remit sur son coursier, et l'emmena ce jour sur son coursier tout le pas jusques à Chasteauleraut ; et séjourna-t-il plus de quinze jours, pour l'amour de lui, et le fit médeciner ; et quand il eut un peu mieux, il le mit en une litière et le fit amener tout souef en son hôtel en Picardie. Là fut-il plus d'un an, et tant qu'il fut bien guéri : mais il demeura affolé ; et quand il partit, il paya six mille nobles; et devint le dit écuyer chevalier, pour le grand profit qu'il eut de son prisonnier, le seigneur de Bercler. Or reviendrons-nous à la bataille de Poitiers.

CHAPITRE XLIV.

Comment il y eut grand'occision des François devant la porte de Poitiers ; et comment le roi Jean fut pris.

Ainsi aviennent souvent les fortunes en armes et en amours, plus heureuses et plus merveilleuses que on ne les pourroit ni oseroit penser et souhaiter, tant en batailles et en rencontres, comme par follement chasser. Au voir dire, cette bataille qui fut assez près de Poitiers, ès champs de Beauvoir et de Maupertuis, fut moult grande et moult périlleuse ; et y purent bien avenir plusieurs grandes aventures et beaux faits d'armes qui ne vinrent mie tous à connoissance. Cette bataille fut très bien combattue, bien poursuie et bien chevauchée pour les Anglois ; et y souffrirent les combattans d'un côté et d'autre moult de peines. Là fit le roi Jean de sa main merveilles d'armes, et tenoit la hache dont trop bien se défendoit et combattoit.

A la presse rompre et ouvrir furent pris assez près de lui le comte de Tancarville et messire Jacques de Bourbon, pour le temps comte de Ponthieu, et messire Jean d'Artois comte d'Eu ; et d'autre part un petit plus en sus, dessous le pennon du captal, messire Charles d'Artois et moult d'autres chevaliers. La chasse de la déconfiture dura jusques aux portes de Poitiers, et là eut grand'occision et grand abatis de gens d'armes et de chevaux ; car ceux de Poitiers, refermèrent leurs portes et ne laissoient nullui entrer dedans : pourtant y eut-il sur la chaussée et devant la porte si grand'horribleté de gens occire, navrer et abattre, que merveilles seroit à penser ; et se rendoient les François de si loin qu'ils pouvoient voir un Anglois ; et y eut là plusieurs Anglois, archers et autres, qui avoient quatre, cinq ou six prisonniers ; ni on n'ouït oncques de telle meschéance parler, comme il avint là sur eux.

Le sire de Pons, un grand baron de Poitou, fut là occis, et moult d'autres chevaliers et écuyers ; et pris le vicomte de Rochechouart [1],

---

[1] Cet exemple et le précédent prouvent la fausseté de ce que dit Knyghton, que le roi de France avait défendu qu'on laissât la vie à aucun Anglais excepté au prince de Galles : *Rex Franciœ edidit præceptum ne quis Anglicus vitæ reservaretur, solo principe excepto.*

[1] Jean 1er du nom, vicomte de Rochechouart, fut tué dans cette bataille. Robert d'Avesbury, qui nous a conservé la liste des principaux seigneurs français tués ou faits prisonniers dans cette fatale journée, le compte aussi

le sire de Poiane, et le sire de Partenay; et de Xaintonge, le sire de Montendre; et pris messire Jean de Saintré et tant battu que oncques puis n'eut santé; si le tenoit-on pour le meilleur et plus vaillant chevalier de France; et laissé pour mort entre les morts, messire Guichard d'Angle, qui trop vaillamment se combattit celle journée.

Là se combattit vaillamment et assez près du roi messire Geffroy de Chargny; et étoit toute la presse et la huée sur lui, pourtant qu'il portoit la souveraine bannière du roi; et il même

parmi les morts. Voici cette liste, telle qu'on la trouve à la page 252 et suivantes.

Nomina interfectorum in prælio juxta Peyters commisso inter dominum Edwardum, primogenitum regis Angliæ, principem Walliæ, et regem Franciæ Johannem XIX" die mensis septembris, anno Domini millesimo CCC^{mo} LVI^{to}.

Le ducz de Bourbouu.
Mounsire Robert Duras.
{ Le ducz d'Athènes *.
{ Le constable de Fraunce.
L'évesque de Chalouns.
Le marschal Clermound.
Le viscounte de Bruse.
Mounsire Gichard de Beauge.
Mounsire Renaud de Pountz.
Mounsire Geffray Charny.
Le sire de Mathas.
Le viscounte de Richouware.
Le seignour de Baundos.

Mounsire Eustase de Riplemound.
Mounsire Andreu de Charny.
Mounsire Johan de Lisle.
Mounsire Gilliam de Nerboun.
Le seignour de Baundos.
Mounsire Robers de Angest.
Le sire de Chastiel-Vilain.
Le sire de Mountrehan.
Le sire d'Argentyn.
Mounsire Johan de Sawcer.
Mounsire Lowis de Briche.

Le filtz au sire de Montagu et aultres II mil hommes d'armes, et aultres a nombre de DCCC et pluisours.

Nomina captorum in dicto prælio et in fugâ die et anno domini supradictis sunt hæc :

Rex Franciæ Johannes.
Dominus Philippus, filius junior regis.
{ Mounsire Jakes de Bourboun, de sanguine regio.
{ Le counte de Pountif**.
Le counte de Eawe.
Le comte de Longeville, filtz à mounsire Robert d'Artois.
Le counte de Tankervyle.
Le counte de Vendome.
Le counte de Rouscy.
Le counte de Vaundemound.
Le counte Denmartin.
Le counte de Nessowe.
Le counte de Ventedoure.
Le counte de Saresburgh.
L'erchevesque de Saunz.
Le chastelyn de Empost.
Le marschal d'Odenham.
Le viscounte de Nerbone.

Le viscounte de Bedemound.
Le filtz à counte d'Aunser.
Le frière à counte de Vendome.
Le sire de Mountagu.
Le sire de Tyger.
Le sire de Rochefordred.
Le sire de Valoys.
Le séneschal de Seintonge.
Mounsire Gichard d'Aneres.
Mounsire Morys Matynet.
Le captain de Peiters.
Le sire de la Tour.
Le sire de Dureval.
Le sire de Villehernail.
Le sire de Crowe.
Mounsire Aleyn de Moundtendre.
Le sire de Manyleir.
Mounsire Johan de Blaunche.
Le sire d'Aubeneye

Le sire de Sully et aultres chivalers et esquiers pluisqe II mil hommes d'armes.

En parcourant l'*Archæologia Britannica* pour voir si je n'y rencontrerais rien de relatif à la bataille de Poitiers, j'ai trouvé (vol. 1, p. 213) la pièce suivante qui

* Le duc d'Athènes avait été pourvu de la charge de connétable le 6 mai de cette année : ainsi ces deux personnages n'en font qu'un.

** Les deux ne font qu'un : Jacques de Bourbon était comte de Ponthieu.

m'a paru fort curieuse. Je l'extrais d'un mémoire lu à la Société des Antiquaires de Londres le 24 janvier 1754, et communiqué par le docteur Lyttleton, doyen d'Exeter.

Lettre du prince Noir à l'évêque de Worcester datée 20 octobre 1356, relative à la bataille de Poitiers dans laquelle le roi Jean fut fait prisonnier.

Ex registro Reginaldi Brien, Wigorn. episcopi, folio 113.

L'ra d'ni principis Wall' de capcione R. Franciæ par le prince de Galles.

Rev'e'nt piere en Dieu, et tresch'ami. Nous vous mercions entièrement de ce que nous avons entendu q'vous estes si bien et si naturelment porté dev's nous, en p'ant Dieux p'r peres et p'r n're exploit; et sumes tout certieus q' p'r cause de vous devoutes p' eres et d'autres, Dieu nous en a toutes nos besoignes be'vueliz aide; de quoi nous sumes de touz jo's tenuz de lui grazier, en p' ant que v' re part ancy vieuilliez faire en continuant dev's nous come devant ces heures avetz fait, de quoi nous nous tenons g' n' ment tenuz à vous.

Et, rev'ent piere, endroit de n're estat, dont nous pensceons bien q' vous desirez, la v're merci, doier bones nouvelles, vuellietz entendre q'à la faisance de cestes, estions sains et heurés et tout en bon, loiez en soit Dieux q' nous doint yce mesmes de vous toutes foitz oir en saver, et de ce nous vueilletz certifier p'r vos l' res et p' les entrevenantz à plus souvent q' vous p' rés bonement en droit de nouvelles ceandroitz.

Vueillietz savoir q' la veille de la translation Saint Thomas de Canterbire, nouz commenceasmes à chivauch' ove n' re povar v'es les parties de France et souvraingnement p' cause q' nous entendismes la venue de n're tres houn'é seign'r et piere le roy là endroitz, et si neismes dev's les parties de Burges en Berye, Orlions et Tours; et avions nouvelles q'le roy de France ove g' nt povar bien près de celles marches venoit p' combattre ov' no's, et approchasmes tant q' la bataille se prist entre nous en tiele maniere q' les ennemis estoient desconfitez, grace en soit Dieux, et le dit roi et son fils et plusieurs autres g' ntz pris et mortz, les noms de queaux nous vous envions p' n' re tresch' bachiler mons' Roger de Cottesford portoir de ceste.

Rev' ent piere en Dieux et n' re tresch' ami, le Saint Esprit vous ait toute jours en sa guarde.

Donné souz n' re seal à Bordeaux le XXe jour d'octob'r. (Tradita fuit ista l'ra domino Reginaldo de Briene, Ep'o Wygorn, apud Alvech', pr' mo die decembr', an' Dom' M° CCC quinquagesimo sexto, cum cedulâ nomina continenti capt' et mortuorum in bello prædicto, cujus cedulæ tenor insequitur p' o' ia. . . . . parte folii istius suprascriptus.)

A rev' ent piere en Dieux Evesqe de Worcester, ces sont les noms de ceaux q'estoient pris à la bataile de Poy-

[1356]

avoit sa bannière sur les champs, qui étoit de gueules à trois écussons d'argent. Tant y survinrent Anglois et Gascons de toutes parts, que par force ils ouvrirent et rompirent la presse de la bataille du roi de France ; et furent les François si entouillés entre leurs ennemis qu'il y avoit bien, en tel lieu étoit et telle fois fut, cinq hommes d'armes sur un gentil homme.

Là fut pris messire Baudouin d'Ennequin de messire Berthelemien de Bruhes ; et fut occis messire Geffroy de Chargny, la bannière de France entre ses mains ; et pris le comte de ters p' le prince de Gales fitz à noble roi le roi de Engleterre Edward tierts.

John de Valoys, roy de France.
Mons. Philip. son fils.
Arcevesques de Leyns.

JOUNTES.

Mons. Jakes de Bourboun, counte de Pontois.
Mons. John d'Artoys, counte d'Eu.
Mons. Charles de Artoys, counte de Longevil.
Le counte de Tankervill.
Le counte de Ventadour.
Le counte de Sanssier.
Le counte de Salesbery.
Le counte de Vendome.
Le counte de Wademont
Le counte de Dammartyn.
Le counte John de Nasso.
Le counte de Sahrplok.
Le chatelain de Composta.

VISCONTES.

Le visconte de Narbonne.
Le visconte de Rychichoard.
Le visconte de Walemont.
Le visconte de Beaumont.
Le S. de Sully.

BANNERETS.

Messire Arnold d'Oudinham.
Messire Rauf de Coussy.
Le S. de Daubency.
Le S. de Denyn.
Le S. de Saint-Dyser.
Le S. de la Tour.
Le S. Damboisa.
Le S. de Derval.
Le S. de Manholes
Le S. de Planuches.
Le S. de Montagu.
Le S. de Beaufremont.
Le S. de Plamory.
Mons. Giscard d'Angle, seneschal de Sentonge.
Mons. Moris Mauvinet, seneschal de Tours en Toreyne.
Mons Renaud de Guilbon, seneschal de Peytou.

BACHELERS.

Mons. Pierres de Creon.
Mons. Giscard de Arx.
Mons. Gauter de Castellion.
Mons. Giscard de Beaugou.
Le S. de Basentin.

Ceaux furent ceaux dessoutz p's devant la bataille à Remoratin.

BANNERETS.

Le S. de Acon.
Mons. Busingaut.
Mons. Guy Turpin.

BACHELERS.

Mons. Guillaume de Lorrak.
Mons. Folles de Forsela.
Mons. Jakelyn de Ponsey.

Et sont pris outre les noms dessus esep'tz des gentz d'armes : M. IXe XXXIII.
Gaudete in Domino semper.
Les noms de ceaux q' furent morts a la dite battaille sont ceux :

DUCS.

Le duc de Bourbon.
Le duc d'Ateines.
Le evesque de Chalons.

BANNERETS.

Mons. Rob. de Duras.
Le marischal de Clermont.
Le visconte de Vrons.
Mons. Geffrei de Charny.
Mons. Reunad de Pointz.

Le S. de Landas.
Le S. de Chastel Vileyn.
Lo S. do Argenton.
Le S. de Mountgay.
Le S. de Malevrer.
Mons. John de Sansar.
Mons. Lewes de Broyse.
Mons. Guilliem de Viele.
Mons. John de Jole.
Mons. Andrew de Chaveny.
Mons. Eustas de Birpemont.

Et outre les noms surnometz sont mortz des gentz d'armes : M. M. CCCCXXVI.
Iteràm dico, gaudete.

Bouchet dans ses *Annales d'Acquitaine*, quarte partie, folio XIV, rapporte, sous l'année 1356, une pièce qui me paraît nécessaire ici pour compléter les renseignemens que je viens de donner sur les personnes tuées ou prises dans cette bataille. La voici :

Extraict prins ou couvent des frères mineurs du dict Poitiers des chevaliers occis à la dicte bataille et autres gens de France qui furent enterrez en leur couvent.

Cecy sont les noms de ceulx qui ont ésté enterrez cheux les frères mineurs de Poitiers au temps de la déconfiture qui fut faicte d'avant la dicte ville, l'an mil trois cent cinquante six, le dix-neufviesme jour du moys de septembre au jour de lundy. — Premièrement les chevaliers qui s'en suyvent.

Monsieur le duc d'Athènes, connestable de France.
L'evesque de Chaslons.
Monsieur André de Chauvigny vicomte.
Messire Loys de Brosse.
M. Jehan seigneur de Milly en Berry.
M. Geoffroy de Charny en Champaigne.
Monsieur de Monjouan.
Messire Jehan de l'Isle.
Messire Gris-mouton de Chambely.
Messire Pierre de Chambely son frère.
Monsieur de Chasteau Vilen de Champaigne.
Messire Jean de Montigny.
Messire Jehan de Maulmont.
Messire Jehan de Bourbon.
Messire Phelippes de Boutenvillier.
Messire Hue de Maille.
Messire Geoffroy de Sainct-Digier.
Messire Aymery de la Barre.
Messire Guillaume de Blese.
Messire Jehan de Grillon.
Monsieur de Chitre, seigneur de Rademon.
Monsieur Clerin de Cheives.
Messire Baudin de Gargalingaen.
Messire Anseau de Hois.
Messire Micheau de Pommois.
Messire Richart de Beaulieu.
Messire Guillaume de Fuylle.
Messire Hugues Bonnin.
Monsieur Dance de Melon.
Messire Guillaume de Creneut.
Messire Guillaume de Linières.
Messire Olivier de Sainct-Giles.
Messire Guillaume de Romeneuil.
Messire Jehan de Cranches.

M. Yvon du Pont, seigneur de Rochervière.
Messire Guillaume de Mongy.
Messire Jehan de Tigny.
Messire Jehan Brigdene.
Messire Jehan de Noire-Terre.
Messire Guillaume de Paty.
Messire Robert de Chalur.
Messire Bonnabet de Beaulivlier.
Messire Bonnabet de Roges.
Messire Vynies de Sainct-Denis.
Messire Mau de Grosboys.
Messire Loys de Nully
Messire Simon Oyenpuille et Henry son frère.
Monsieur de Champrecourt.
Messire Guillaume Sauvage.
Messire Guillaume du Retail.
Messire Seguin de Clouxi.
Monsieur le Budane de la Rochedragon.
Messire Roul de Reday.
Monsieur Jehan de Mirebeau.
Messire Guischer de Chantylon.
Monsieur Amelin de Caron, seigneur de Hes.
M. Guy des Barres, seigneur de Chaumoy.
Messire Jean de Cloys.
Messire le Bourgne de Prie.

ECUYERS.

Bernard de Douzenac.
Robert messire Gilles Miraumont.
Guicheux de Marounay.
Girard de Pierre.
Guillaume de la Fousse.
Robert de la Roche-Pierre-de-Bras.
Jehan Ribriche, seigneur de Corbon.
Colart Hérausant.
Hopart de Hanpedourt.

Dampmartin, de monseigneur Regnault de Cobehen. Là eut adoncques trop grand'presse et trop grand boutis sur le roi Jean, pour la convoitise de le prendre; et le crioient ceux qui le connoissoient, et qui le plus près de lui étoient : « Rendez-vous, rendez-vous, autrement vous êtes mort. » Là avoit un chevalier de la nation de Saint-Omer, que on appeloit monseigneur Denis de Mortbeque, et avoit depuis cinq ans servi les Anglois, pour tant que il avoit de sa jeunesse forfait le royaume de France par guerre d'amis et d'un homicide qu'il avoit fait à Saint-Omer, et étoit retenu du roi d'Angleterre aux sols et aux gages. Si chéy adoncques si bien à point au dit chevalier que il étoit de-lez le roi de France et le plus prochain qui y fut, quand on tiroit ainsi à le prendre : si se avance en la presse, à la force des bras et du corps, car il étoit grand et fort, et dit au roi, en bon François, où le roi se arrêta plus que à autres : « Sire, sire, rendez-vous. » Le roi qui se vit en dur parti et trop efforcé de ses ennemis, et aussi que la défense ne lui valoit rien, demanda en regardant le chevalier : « A qui me rendrai-je? à qui? Où est mon cousin le prince de Galles? Si je le véois, je parlerois. » — « Sire, répondit messire Denis, il n'est pas ci; mais rendez-vous à moi, je vous menerai devers lui. » — « Qui êtes-vous, » dit le roi? « Sire, je suis Denis de Mortbeque, un chevalier d'Artois; mais je sers le roi

Guymon Pery.
Guillaume de la Jarracere.
Guillaume Grian.
Olivier de Rosay.
Girard de Lee.
Berard de Lémont.
Heymonnet Embert.
Robert Dartoys.
Richart de Vendel.
Guillaume Sevrin.
Jehan du Glume.
Jehan Desleat.
Guy de Bournay.
Le Moyne de Montigny.
Guynet de Buysson.

Jehan de Brinac.
Ymbert de Chamborant.
Brunet d'Augun.
Jehan Sarrayn.
Pierre de Saint-Denis.
Perrin de Pache.
Ferry Pate.
Jehan Dynie.
Le petit Dinchequin.
Jehannot de Montabis.
Jolivet Buffart.
Ardouyn de la Touche.
Guillaume de Lusange.
Le petit Bidaut de la Roche-Degon.

Plusieurs autres corps occis à la dite bataille, par la licence de l'official de Poictiers et du maire de la dite ville, furent amenez en charetes par les dicts frères mineurs en icelle ville de Poictiers et enterrés en de grands fousses en leur cimétière qui est hors l'église, le jour de Sainct Valentin ou dict au mil trois cent cinquante et six, et furent faictes obseques honnorables par toutes les églises, couvens et monasteres aux despens des bons bourgeois d'icelle dicte ville.

Ce sont les noms de ceulx qui furent enterrés en l'église des frères prescheurs du dict Poictiers, que j'ay prins et extraits du livre qu'on appelle le kalendaire du dict convent et traduicts de latin en françois.

Le duc de Bourbon de la partie dextre du grand aultier.
Le mareschal de Clermont aussi de l'autre couste.
Au dessoudz près de luy messire Aubert de Angest.
Après lui le vicomte de Rochechouart.
Du milieu du cueur Aymer de la Roche-Foucault.
A l'entrée du cueur à main dextre messire Jean de Sanserres.
En la chapelle de Magdalaine messire Jehan de Saint-Digier.
En la dicte chapelle près du mur de Thiebault de Laval.
En la chapelle des Apoulstres près du mur messire Thomas de Motur.
En la chapelle de Nostre Dame messire Gaultier de Montagu.
Après luy messire Raoul Rabinard.
En la nef près de la porte messire Jehan Ferchaut.
Près de luy messire Pierre Marchadier et Héliot son frère.

Davant l'ymage Sainct Michel messire Olivier de Monville.
De l'austre couste messire Phelipes de Forges.
Davant la grant porte messire Guillaume de Bar et messire Jehan de Nully.

Ceulx qui sont ès cloistre du dit convent.

Le chevalier Miloton.
Messire Jehan de Chambes.
Messire Jehan Macillon.
M. Olivier de Sainct George.
Messire Ymbert de Sainct Saturnin.
Messire Jehan de Ridde.
Messire Huguet Odard.
Messire Gilles Cherchemont.
Messire Jehan de Senges.
M. Guillaume de Digogne et son filz.
Messire Jehan Drouyn de Betzen, Lorrain.
Messire Robert de Aulnay.
Maistre Jehan Dannemarye.
Messire Jehan de la Laing.
Messire Simon de Renouille.
Messire Phelipes de Pierrefite.
Messire Guillaume de Mausenac.
Messire Guillaume de Miners.
Messire Raoulle Bouteillier.
Messire Pierre de la Rochele.
Le seigneur de la Fayette.
Ung Alemans nommé Erroys Pincerne.
M. Boulenville, vicomte d'Aumalle.

Messire Jehan Fretart.
Messire Robert d'Aucre.
Messire Jehan la Garde
Ung appelé le fils de Roy.
Messire Loys d'Escrivel.
Messire Jehan de Vernicourt.
Messire Pierre Audouy.
Messire Jehan de Vernoil.
M. Jehan de Montmorillon et son fils.
Messire Huguelin de Vaux.
Messire Jehan de Almaigne.
Le seigneur Despraingy.
Messire Hugues de Tinctes.
Le seigneur de Sainct Gildart.
Messire Henry de Launoy.
Messire Girard de Helchemances.
Messire Gourrad Guenif.
Messire Vipert Beau.
Messire Henry Michiver.
Messire Jehan de Bred
Messire Raoul Seil.
Messire Symon de Blesy.
Messire Hugues Orry de Melle.
Messier Thomas de Baignel.
Messire Pierre Baillon.
Messire Seguin de Cluys.

En trois fousses, huyt dont on ne scet les noms et surnoms; et y avoit le corps d'un chevalier qui portoit ung chevron d'or. Et de tous les princes chevaliers et seigneurs dessus nommez les armes furent painctes afin de perpetuelle mémoire ès sieges des dictz convens. Froissart a escript que la dicte bataille fut le vingt-deuxième jour de septembre l'an mil trois cent cinquante et sept; mais par ces dictz extraictz qui sont véritables, appert que ce fut le lundi dix-neufviesme jour du dict moys de septembre l'an mil trois cent cinquante et six.

d'Angleterre, pour ce que je ne puis au royaume de France demeurer et que je y ai tout forfait le mien. » Adoncques répondit le roi de France, si comme je fus depuis informé, ou dut répondre : « Et je me rends à vous. » Et lui bailla son destre gant. Le chevalier le prit, qui en eut grand'joie. Là eut grand'presse et grand tiris entour le roi; car chacun s'efforçoit de dire : « Je l'ai pris, je l'ai pris. » Et ne pouvoit le roi aller avant, ni messire Philippe son mainsné fils.

Or lairons un petit à parler de ce touillement qui étoit sur le roi de France, et parlerons du prince de Galles et de la bataille.

CHAPITRE XLV.

Comment il y eut grand débat entre les Anglois et les Gascons sur la prise du roi Jean; et comment le prince envoya ses maréchaux pour savoir où il étoit.

Le prince de Galles qui durement étoit hardi et courageux, le bassinet en la tête étoit comme un lion fel et crueux, et qui ce jour avoit pris grand'plaisance à combattre et à enchasser ses ennemis, sur la fin de la bataille étoit durement échauffé; si que messire Jean Chandos, qui toujours fut de-lez lui, ni oncques ce jour ne le laissa, lui dit : « Sire, c'est bon que vous vous arrêtez ci et mettez votre bannière haut sur ce buisson; si se retrairont vos gens qui sont durement épars; car Dieu merci la journée est vôtre et je ne vois mais nulles bannières ni nuls pennons françois ni conroy entre eux qui se puisse rejoindre; et si vous rafraîchirez un petit, car je vous vois moult échauffé. » A l'ordonnance de monseigneur Jean Chandos s'accorda le prince, et fit sa bannière mettre sur un haut buisson, pour laquelle gens recueillir, et corner ses menestrels; et ôta son bassinet.

Tantôt furent ses chevaliers appareillés, ceux du corps et ceux de la chambre; et tendit-on illecques un petit vermeil pavillon où le prince entra; et lui apporta-t-on à boire et aux seigneurs qui étoient de-lez lui. Et toujours multiplioient-ils, car ils revenoient de la chasse : si se arrêtoient là ou environ, et s'embesognoient entour leurs prisonniers.

Si tôt que les maréchaux tous deux revinrent, le comte de Warvich et le comte de Suffolch, le prince leur demanda si ils savoient nulles nouvelles du roi de France. Ils répondirent : « Sire, nennil, bien certaines; nous créons bien ainsi que il est mort ou pris; car point n'est parti des batailles. » Adoncques le prince dit en grand'hâte au comte de Warvich et à monseigneur Regnault de Cobehen : « Je vous prie, partez de ci et chevauchez si avant que à votre retour vous m'en sachiez à dire la vérité. » Ces deux seigneurs tantôt de rechef montèrent à cheval et se partirent du prince, et montèrent sur un tertre pour voir entour eux : si aperçurent une grand'flotte de gens d'armes tous à pied et qui venoient moult lentement. Là étoit le roi de France en grand péril; car Anglois et Gascons en étoient maîtres et l'avoient jà tollu à monseigneur Denis de Mortbeque et moult éloigné de lui, et disoient les plus forts : « Je l'ai pris, je l'ai pris. » Toutefois le roi de France, qui sentoit l'envie que ils avoient entr'eux sur lui, pour eschiver le péril, leur dit : « Seigneurs, seigneurs, menez-moi courtoisement, et mon fils aussi, devers le prince mon cousin, et ne vous riotez plus ensemble de ma prise, car je suis sire et grand assez pour chacun de vous faire riche. » Ces paroles et autres que le roi lors leur dit, les saoula un petit; mais néanmoins toujours recommençoit leur riote, et n'alloient pied avant de terre que ils ne riotassent. Les deux barons dessus nommés, quand ils virent celle foule et ces gens d'armes ainsi ensemble, s'avisèrent que ils se trairoient celle part : si férirent coursiers des éperons et vinrent jusques là et demandèrent : « Qu'est-ce là, qu'est-ce là? » Il leur fut dit : « C'est le roi de France qui est pris, et le veulent avoir plus de dix chevaliers et écuyers. » Adoncques, sans plus parler, les deux barons rompirent, à force de chevaux, la presse, et firent toutes manières de gens aller arrière, et leur commandèrent, de par le prince et sur la tête, que tous se traissent arrière et que nul ne l'approchât, si il n'y étoit ordonné et requis. Lors se partirent toutes gens qui n'osèrent ce commandement briser, et se tirèrent bien arrière du roi et des deux barons, qui tantôt descendirent à terre et inclinèrent le roi tout bas; lequel roi fut moult lie de leur venue; car ils le délivrèrent de grand danger.

Or vous parlerons un petit encore de l'ordonnance du prince qui étoit dedans son pavillon, et quel chose il fit, en attendant les chevaliers dessus nommés.

CHAPITRE XLVI.

Comment le prince donna à messire Jacques d'Audelée cinq cents marcs d'argent de revenue; et comment le roi de France fut présenté au prince.

Si très tôt que le comte de Warwich, et messire Regnault de Cobehen se furent partis du prince, si comme ci-dessus est contenu, le prince demanda aux chevaliers qui entour lui étoient : « De messire James d'Audelée est-il nul qui en sache rien? » — « Oïl, sire, répondirent aucuns chevaliers qui là étoient et qui vu l'avoient; il est moult navré et est couché en une litière assez près de ci. » — « Par ma foi, dit le prince, de sa navrure suis-je moult durement courroucé : mais je le verrois moult volontiers. Or sache-t-on, je vous prie, si il pourroit souffrir le apporter ci; et si il ne peut, je l'irai voir. » Et y envoya deux chevaliers pour faire ce message. « Grands mercis, dit messire James, à monseigneur le prince quand il lui plaît de souvenir d'un si petit bachelier que je suis. » Adoncques appela-t-il de ses varlets jusques à huit, et se fit porter en sa litière là où le prince étoit. Quand le prince vit monseigneur James, si se abaissa sur lui, et lui fit grand'chère, et le reçut doucement, et lui dit ainsi : « Messire James, je vous dois bien honorer, car par votre vaillance et prouesse avez-vous huy acquis la grâce et la renommée de nous tous; et y êtes tenu par certaine science pour le plus preux. » — « Monseigneur, répondit messire James, vous pouvez dire ce qu'il vous plaît, je voudrois bien qu'il fût ainsi; et si je me suis avancé pour vous servir et accomplir un vœu que je avois fait, on ne le me doit pas tourner à prouesse, mais à outrage. »

Adoncques répondit le prince et dit : « Messire James, je et tous les autres vous tenons pour le meilleur de notre côté; et pour votre grâce accroître et que vous ayez mieux pour vous étoffer et suivir les armes, je vous retiens à toujours mais pour mon chevalier, à cinq cents marcs de revenue par an, dont je vous assignerai bien sur mon héritage en Angleterre. » — « Sire, répondit messire James, Dieu me doint desservir les grands biens que vous me faites. »

A ces paroles prit-il congé au prince, car il étoit moult foible; et le rapportèrent ses varlets arrière en son logis. Il ne pouvoit mie encore être guère éloigné, quand le comte de Warvich et messire Regnault de Cobehen entrèrent au pavillon du prince et lui firent présent du roi de France; lequel présent le dit prince dut bien recevoir à grand et à noble. Et aussi fit-il vraiement, et s'inclina tout bas contre le roi de France, et le reçut comme roi, bien et sagement, ainsi que bien le savoit faire; et fit là apporter le vin et les épices; et en donna il même au roi, en signe de très grand amour.

CHAPITRE XLVII.

Ci dit quans grans seigneurs il eut pris avec le roi Jean, et combien il y en eut de morts; et comment les Anglois fêtèrent leurs prisonniers.

Ainsi fut cette bataille déconfite que vous avez ouïe, qui fut ès champs de Maupertuis, à deux lieues de la cité de Poitiers[1], le dix-neuvième jour[2] du mois de septembre, l'an de grâce Notre Seigneur mil trois cent cinquante six. Si commença environ petite prime, et fut toute passée à nonne, mais encore n'étoient point tous les Anglois qui chassé avoient retournés de leur chasse et remis ensemble : pour ce avoit fait mettre le prince sa bannière sur un buisson, pour ses gens recueillir et rallier, ainsi qu'ils firent : mais ils furent toutes basses vèpres ainçois que tous fussent revenus de leur chasse. Et fut là mort, si comme on recordoit, toute la fleur de la chevalerie de France; de quoi le noble royaume de France fut durement affoibli; et en grand'misère et tribulation eschéy, ainsi que vous orrez ci-après recorder.

Avec le roi et son jeune fils, monseigneur Philippe, eut pris dix-sept comtes, sans les barons, les chevaliers et les écuyers; et y furent morts entre cinq cents et sept cents hommes d'armes, et six mille hommes, que uns, que autres[3].

---

[1] La découverte de ce champ de bataille fut faite en 1743. Ce n'est pas à Beauvoir, au sud de Poitiers, mais à Beaumont, au nord de cette ville, que se trouve le champ de Maupertuis.

[2] La date en est fixée au lundi 19 de ce mois par les autres historiens contemporains et par les lettres qu'Édouard III adressa aux évêques de ses états, pour leur ordonner de rendre grâces au ciel de la victoire de son fils.

Wilhelmus Wincester, dans ses Annales, *de rerum Anglicarum*, 1356, dit aussi : « Hoc anno, XIX die septembris, Captio regis Johannis Franciæ per Edwardum principem. »

[3] La *Scala chronica*, apud Leland, dit qu'il y eut treize

[1356]

Quand ils furent tous en partie retournés de la chasse, et revenus devers le prince qui les attendoit sur les champs, si comme vous avez ouï recorder, si trouvèrent deux tant de prisonniers qu'ils n'étoient de gens. Si eurent conseil l'un par l'autre, pour la grand'charge qu'ils en avoient, qu'ils en rançonneroient sur les champs le plus, ainsi qu'ils firent. Et trouvèrent, les chevaliers et les écuyers prisonniers, les Anglois et les Gascons moult courtois ; et en y eut ce propre jour mis à finance grand'foison, ou reçus simplement sur leur foi à retourner dedans le Noël ensuivant à Bordeaux sur Gironde, ou là rapporter les paiemens.

Quand ils furent ainsi que tous rassemblés, si se retrait chacun en son logis, tout joignant où la bataille avoit été. Si se désarmèrent les aucuns, et non pas tous ; et firent désarmer leurs prisonniers ; et les honorèrent tant qu'ils purent, chacun les siens ; car ceux qui prenoient prisonniers en la bataille étoient leurs, et les pouvoient quitter et rançonner à leur volonté.

Si pouvoit chacun penser et savoir que tous ceux qui là furent en cette fortunée bataille avec le prince de Galles, furent riches d'honneur et d'avoir, tant parmi les rançons des prisonniers, comme parmi le gain d'or et d'argent qui là fut trouvé, tant en vaisselle et en ceintures d'or et d'argent et riches joyaux, en malles farcies de ceintures riches et pesantes, et de bons manteaux. D'armures, de harnois et de bassinets ne faisoient-ils nul compte ; car les François étoient là venus très richement et si étoffément que mieux ne pouvoient, comme ceux qui cuidoient bien avoir la journée pour eux.

Or vous parlerons un petit comment messire James d'Audelée ouvra des cinq cents marcs d'argent que le prince de Galles lui donna, si comme il est contenu ci-dessus.

comtes, un archevêque, soixante-six barons et bannerets et deux mille hommes d'armes prisonniers, et que, sans compter les comtes, vicomtes, bannerets, etc., trois mille hommes furent tués dans la poursuite. Les Français laissèrent en outre huit mille hommes d'armes sur le champ de bataille. Les Anglais n'en perdirent que dix-neuf cents et quinze cents archers.

CHAPITRE XLVIII.

Comment messire Jacques d'Audelée donna ses cinq cents marcs d'argent de revenue que le prince lui avoit donnés à ses quatre écuyers.

Quand messire Jàmes d'Audelée fut arrière rapporté en sa litière en son logis, et il eut grandement remercié le prince du don que donné lui avoit, il n'eut guères reposé en sa loge, quand il manda messire Pierre d'Audelée son frère, messire Berthelemy de Brues, messire Étienne de Cousenton, le seigneur de Villeby et monseigneur Raoul de Ferrières : ceux étoient de son sang et de son lignage. Si très tôt que ils furent venus et en la présence de lui, il se avança de parler au mieux qu'il put ; car il étoit durement foible pour les navrures qu'il avoit ; et fit venir avant les quatre écuyers qu'il avoit eus pour son corps, la journée, et dit ainsi aux chevaliers qui là étoient : « Seigneurs, il a plu à monseigneur le prince qu'il m'a donné cinq cents marcs de revenue par an et en héritage, pour lequel don je lui ai encore fait petit service, et puis faire de mon corps tant seulement. Il est vérité que vecy quatre écuyers qui m'ont toujours loyaument servi, et par espécial à la journée d'huy. Ce que j'ai d'honneur, c'est par leur emprise et leur hardiment ; pour quoi, en la présence de vous qui êtes de mon lignage, je leur veux maintenant rémunérer les grands et agréables services qu'ils m'ont faits. C'est mon intention que je leur donne et résigne en leurs mains le don et les cinq cents marcs que monseigneur le prince m'a donnés et accordés, en telle forme et manière que donnés les m'a, et m'en deshérite et les en hérite purement et franchement, sans nul rappel. »

Adonc regardèrent les chevaliers qui là étoient l'un l'autre, et dirent entr'eux : « Il vient à monseigneur Jame de grand'vaillance de faire tel don. » Si lui répondirent tous à une voix : « Sire, Dieu y ait part ! ainsi le témoignerons là où ils voudront. » Et se partirent atant de lui ; et s'en allèrent les aucuns devers le prince qui devoit donner à souper au roi de France et à son fils, et à la plus grand'partie des comtes et des barons qui prisonniers étoient ; et tout de leurs pourvéances, car les François en avoient fait amener après eux grand'foison, et elles étoient aux Anglois et aux Gascons faillies, et plusieurs en y avoit entr'eux qui n'avoient goûté de pain, trois jours étoient passés.

CHAPITRE XLIX.

Comment le prince de Galles donna à souper au roi et aux grands barons de France, et les servit moult humblement.

Quand ce vint au soir, le prince de Galles donna à souper au roi de France et à monseigneur Philippe son fils, à monseigneur Jacques de Bourbon, et à la plus grand'partie des comtes et des barons de France qui prisonniers étoient. Et assit le prince le roi de France et son fils monseigneur Philippe, monseigneur Jacques de Bourbon, monseigneur Jean d'Artois, le comte de Tancarville, le comte d'Estampes, le comte de Dampmartin, le seigneur de Joinville, et le seigneur de Partenay, à une table moult haute et bien couverte; et tous les autres barons et chevaliers aux autres tables. Et servoit toujours le prince au devant de la table du roi, et par toutes les autres tables, si humblement comme il pouvoit. Ni oncques ne se voult seoir à la table du roi, pour prière que le roi sçut faire; ains disoit toujours qu'il n'étoit mie encore si suffisant qu'il appartenist de lui seoir à la table d'un si haut prince et de si vaillant homme que le corps de lui étoit, et que montré avoit à la journée. Et toujours s'agenouilloit pardevant le roi, et disoit bien : « Cher sire, ne veuillez mie faire simple chère, pour tant si Dieu n'a voulu consentir huy votre vouloir; car certainement monseigneur mon père vous fera toute l'honneur et amitié qu'il pourra, et s'accordera à vous si raisonnablement que vous demeurerez bons amis ensemble à toujours. Et m'est avis que vous avez grand'raison de vous esliescer, combien que la besogne ne soit tournée à votre gré; car vous avez aujourd'hui conquis le haut nom de prouesse, et avez passé tous les mieux faisans de votre côté. Je ne le dis mie, cher sire, sachez, pour vous lober; car tous ceux de notre partie et qui ont vu les uns et les autres, se sont par pleine science à ce accordés, et vous en donnent le prix et le chapelet, si vous le voulez porter. »

A ce point commença chacun à murmurer; et disoient entr'eux, François et Anglois, que noblement et à point le prince avoit parlé. Si le prisoient durement, et disoient communément que en lui avoit et auroit encore gentil seigneur, si il pouvoit longuement durer et vivre, et en telle fortune persévérer.

CHAPITRE L.

Comment le prince et son ost se mirent a chemin pour aller à Bordeaux; et comment le prince redonna six cents marcs d'argent de revenue à messire Jacques d'Audelée.

Quand ils eurent soupé et assez festoyé, selon le point là où ils étoient, chacun s'en alla en sa loge avec ses prisonniers pour reposer. Cette nuit il y eut grand'foison de prisonniers, chevaliers et écuyers, qui se rançonnèrent envers ceux qui pris les avoient; car ils les laissoient plus courtoisement rançonner et passer que oncques gens fissent : ni ils ne les contraignoient autrement, fors que ils leur demandoient sur leur foi combien ils pourroient payer, sans eux trop gréver; et les créoient légèrement de ce qu'ils disoient. Et disoient aussi communément qu'ils ne vouloient mie chevaliers et écuyers rançonner si étroitement qu'ils ne se pussent bien chevir et gouverner du leur, et servir leurs seigneurs, selon leur état, et chevaucher par le pays pour avancer leurs corps et leur honneur. La coutume des Allemands ni leur courtoisie n'est mie telle; car ils n'ont pitié ni mercy de nuls gentilshommes, si ils eschéent entre leurs mains prisonniers; mais les rançonnent de toute leur finance et outre, et mettent en fers, en ceps et en plus étroites prisons qu'ils peuvent, pour estordre plus grand'rançon. Quand ce vint au matin que ces seigneurs eurent messe ouïe, et ils eurent bu et mangé un petit, et les varlets eurent tout troussé et appareillé, et leur charroy mis en arroy, ils se délogèrent de là et chevauchèrent par devers la cité de Poitiers.

En la dite cité de Poitiers étoit venu, la propre nuit dont la bataille avoit été le lundi, messire Mathieu sire de Roye, à bien cent lances, et n'avoit point été à la bataille dessus dite. Mais il avoit encontré le duc de Normandie sur les champs, assez près de Chauvigny, qui s'en ralloit en France, si comme ci-dessus est contenu ; lequel duc lui avoit dit que il se traist vers Poitiers, et toute sa route, et fut gardien et capitaine de la cité, jusques à tant que il orroit autres nouvelles. Si que le sire de Roye, lui venu dedans Poitiers, pour tant qu'il sentoit les Anglois assez près, avoit toute cette nuit entendu aux portes, aux tours et aux guérites de la ville, et au matin fait armer toutes manières de gens, et chacun fait aller à sa défense. Les Anglois passèrent outre sans point approcher ; car ils étoient si chargés d'or et d'argent, de joyaux et de bons prisonniers, que ils n'avoient mie loisir ni conseil d'assaillir à leur retour nulle forteresse ; mais leur sembloit un grand exploit, si ils pouvoient le roi de France et leurs conquêts mettre à sauveté en la cité de Bordeaux. Si alloient-ils à petites journées, ni ils ne se pouvoient fort exploiter pour la cause des pesans sommiers et du grand charroy qu'ils menoient ; et ne cheminoient point tous les jours plus de quatre ou six lieues, et se logeoient de haute heure. Et chevauchoient tous ensemble sans eux dérouter, exceptée la bataille des maréchaux, le comte de Warvich et le comte de Suffolch, qui alloient devant, à cinq cents armures, pour ouvrir les pas et courir le pays. Mais ils ne trouvoient nul arrêt de nul côté, ni nulle rencontre ; car tout le pays étoit si effrayé, pour la grand'déconfiture qui avoit été à Poitiers et l'occision et la prise des nobles du royaume de France, et de la prise du roi leur seigneur, que nul ne mettoit ordonnance ni arroi en soi pour aller au devant ; mais se tenoient toutes gens d'armes cois, et gardoient leurs forteresses.

Sur ce chemin vint à connoissance au prince de Galles, comment messire James d'Audelée avoit arrière rendu et donné à quatre écuyers la revenue de cinq cents marcs qu'il lui avoit donnée : si en fut durement émerveillé, et le manda une fois, tantôt qu'il fut logé. Quand messire James se sentit mandé du prince, il connut assez pourquoi c'étoit ; et se fit porter en sa litière pardevant lui, car il ne pouvoit aller ni chevaucher ; et inclina le prince sitôt qu'il le vit. Le prince le reçut assez courtoisement et puis lui dit : « Messire James, l'on nous donne à entendre que la revenue que nous vous avons donnée et octroyée, vous parti de nous et revenu en votre logis vous la résignâtes et donnâtes tantôt à quatre écuyers : si saurions volontiers pourquoi vous fîtes ce, ni si le don vous fut point agréable. » — « Monseigneur, dit le chevalier, par ma foi, oïl, très grandement, et la raison qui me mut au faire je vous la dirai. Ces quatre écuyers qui ci sont m'ont long-temps servi bien et loyaument en plusieurs grandes besognes ; et encore à ce jour que je leur fis le don, ne les avois-je de rien remunérés de leurs services ; et si oncques en leur jeunesse ne m'eussent plus servi que ils firent à la bataille de Poitiers, si suis-je tenu de tant et plus envers eux : car, cher sire, je ne suis que un seul homme et ne puis que un homme ; et sur le confort et aide d'eux, j'ai empris à accomplir le vœu que de long temps avois voué ; et fus par la force et bonté d'eux le premier assaillant ; et eusse été mort et occis en la besogne s'ils ne fussent. Doncques, quand j'ai considéré la bonté et l'amour qu'ils me montrèrent, je n'eusse mie été bien courtois ni avisé si je ne leur eusse guerdonné ; car, monseigneur, Dieu mercy ! toujours ai-je assez et aurai tant comme je vivrai, ni oncques de chevance ne m'ébahis ni ne m'ébahirai. Et si j'ai fait celle fois contre votre volonté, je vous prie, cher sire, que vous le me pardonnez, et soyez tout conforté que aussi entièrement comme par avant vous serez servi de moi et des écuyers à qui j'ai le don donné. »

Le prince considéra les paroles du chevalier, et que honorablement et raisonnablement avoit parlé ; si lui dit : « Messire James, de chose que vous ayez faite jà ne vous blâmerai ; mais vous en sais bon gré ; et pour la bonté des écuyers et que tant vous vous louez d'eux, je leur accorde votre don, et vous rends six cents marcs, par la manière et condition que devant les teniez. » Messire James d'Audelée remercia le prince moult humblement ; ce fut bien raison ; et prit congé assez tôt après, et fut rapporté en son logis. Ainsi alla du prince, si comme je fus adonc informé, et de messire James d'Audelée et de ses quatre écuyers.

CHAPITRE LI.

Comment le prince fut reçu à grand honneur de ceux de Bordeaux ; et comment le cardinal de Pierregort s'excusa sagement par devers le prince.

Tant exploitèrent le prince de Galles et ses routes que ils passèrent sans dommage parmi Poitou et Xaintonge et vinrent à Blayes ; et là passèrent la Gironde et arrivèrent en la bonne cité de Bordeaux. On ne vous pourroit mie recorder la fête ni la solennité que ceux de Bordeaux, bourgeois et clergé, firent au prince, et comme honorablement ils le reçurent, et le roi de France aussi. Si amena le dit prince le roi de

France et son fils en l'abbaye de Saint-Andrieu; et là se logèrent tous deux, le roi de France d'un lez et le prince d'autre. Si acheta le dit prince aux barons, aux chevaliers et aux écuyers de Gascogne la plus grand' partie des comtes du royaume de France qui pris étoient, et en paya deniers tous appareillés; et là eut plusieurs assemblées et questions des chevaliers et écuyers de Gascogne et d'ailleurs pour la prise du roi de France. Toutes fois, messire Denis de Mortbeque, par droit d'armes et vraies enseignes qu'il en disoit et alléguoit, le demandoit. Un autre écuyer de Gascogne, qui s'appeloit Bernard de Truttes, y disoit avoir grand droit. Si en y eut plusieurs paroles devant le prince et les barons qui là étoient. Et pour tant que ces deux se contrarioient, le prince mit la chose en arrêt jusques à tant qu'ils fussent revenus en Angleterre, et que nulle déclaration n'en seroit faite, fors devant le roi son père. Mais pour ce que le roi de France aidoit à soutenir l'opinion de messire Denis de Mortbeque, et que le plus il s'inclinoit à lui que à nul des autres, le prince tout incontinent fit délivrer au dit messire Denis deux mille nobles pour aider à son état.

Assez tôt après la venue du prince à Bordeaux, vint le cardinal de Pierregort, qui là étoit envoyé en légation du pape, si comme ci-dessus est dit; et fut plus de quinze jours ançois que le prince voulsist parler à lui, pour la cause du châtelain d'Amposte et de ses gens qui été avoient en la bataille de Poitiers; et étoit le prince informé que le cardinal les y avoit envoyés. Mais le dessus dit Tallerant de Pierregort, par moyens que il acquit, le seigneur de Chaumont, le seigneur de Montferrant et le captal de Buch, ses cousins, fit tant montrer de bonnes raisons au prince, que il eut voie et accès de parler à lui. Et quand il fut devant lui, il s'excusa si sagement et si bien que le prince et son conseil le tinrent pour bien excusé; et revint en l'amour du prince comme devant. Et passèrent toutes ses gens parmi rançons convenables; et fut mis le châtelain d'Amposte à finance parmi dix mille francs qu'il paya. Depuis commença à traiter le dit cardinal sur la délivrance du roi Jean et à mettre parçons avant; mais je m'en passerai brièvement, pour ce que rien n'en fut fait.

Ainsi se tenoient et tinrent toute la saison ensuivant jusques à carême le prince de Galles, les Gascons et les Anglois en la cité de Bordeaux[1], en grand soulas et en grand revel; et dépendoient follement et largement l'or et l'argent qu'ils avoient gagné et que leurs rançons leur valoient.

Or ne vous ai-je pas dit les joies et les reveaux qui furent adoncques en Angleterre, quand les certaines nouvelles y vinrent de la besogne de Poitiers et de la prise du roi de France, et de l'aventure ainsi comme elle étoit avenue. Ce ne fait pas à demander si le roi d'Angleterre et la roine Philippe sa femme furent grandement réjouis; et en fit-on solennités par les églises, si grandes et si nobles que merveilles seroit à penser et à considérer. Si étoient très bien venus chevaliers et écuyers qui revenoient en Angleterre, qui à la besogne avoient été, et honorés plus que les autres.

En ce temps que la besogne de Poitiers avint, étoit le duc de Lancastre en la comté d'Évreux et sur les marches de Cotentin, messire Philippe de Navarre et messire Godefroy de Harecourt delez lui; et guerrioient la Normandie, et avoient guerrié toute la saison, pour la cause du roi de Navarre que le roi de France avoit emprisonné, ainsi que vous savez. Et avoient tiré les dessus dits seigneurs et visé trop grandement comment ils pussent avoir été en la chevauchée du prince : mais ils n'y purent parvenir, car les passages de la rivière de Loire avoient été si bien gardés de tous côtés que ils ne purent oncques passer. De quoi, quand ils ouïrent dire que le prince avoit pris le roi de France, et la vérité de la besogne de Poitiers, ainsi qu'elle se porta, si en furent moult grandement réjouis; et rompirent leur chevauchée, pour tant que le duc de Lancastre et messire Philippe de Navarre voulurent aller en Angleterre, ainsi qu'ils firent[2]; et envoyèrent monseigneur Godefroy de Harecourt tenir frontière à Saint-Sauveur-le-Vicomte.

CHAPITRE LII.

Comment les trois états furent assemblés en la cité de Paris pour ordonner du gouvernement du royaume de France.

Si le royaume d'Angleterre et les Anglois et leurs alliés furent réjouis de la prise du roi Jean

---

[1] Avant que le prince de Galles emmenât le roi Jean en Angleterre, on conclut à Bordeaux, le 23 mars 1357, par la médiation des légats, une trêve de deux ans entre les deux royaumes. La charte de cette trêve a été publiée par Rymer.

[2] Selon Robert d'Avesbury, le duc de Lancastre demeura en Bretagne, où Édouard l'avait établi capitaine général, et Philippe de Navarre alla seul en Angleterre

de France, le royaume de France fut grandement troublé et courroucé. Et il y avoit bien cause; car ce fut une très grande désolation et ennuyable pour toutes manières de gens. Et sortirent bien adoncques les sages hommes du royaume que grands meschefs en naîtroient; car le roi leur chef et toute la bonne chevalerie de France étoit morte ou prise; et les trois enfans du roi qui retournés étoient[1], Charles, Louis et Jean, étoient moult jeunes d'âge et de conseil; si y avoit en eux petit recouvrer; ni nul des dits enfants ne vouloit emprendre le gouvernement du dit royaume[2].

Avec tout ce, les chevaliers et les écuyers qui retournés étoient de la bataille, en étoient tant haïs et si blâmés des communes que envis ils s'embatoient ès bonnes villes. Si parlementoient et murmuroient ainsi les uns sur les autres. Et regardèrent et avisèrent les plusieurs des sages hommes que cette chose ne pouvoit longuement durer ni demeurer en tel état, que on n'y mît remède; car se tenoient en Cotentin Anglois et Navarrois, desquels messire Godefroy de Harecourt étoit chef, qui couroient et détruisoient tout le pays.

Si avint que tous les prélats de sainte église, évêques et abbés, tous les nobles, seigneurs et chevaliers, et le prevôt des marchands et les bourgeois de Paris, et le conseil des bonnes villes du royaume de France furent tous ensemble en la cité de Paris, et voulurent savoir et ordonner comment le royaume de France seroit gouverné jusques adonc que le roi leur sire seroit délivré; et voulurent encore savoir plus avant que le grand trésor que on avoit levé au royaume du temps passé, en dixièmes, en male-toultes[1], en subsides, et en forges de monnoyes, et en toutes autres extortions, dont leurs gens avoient été formenés et triboulés, et les soudoyers mal payés, et le royaume mal gardé et défendu, étoit devenu : mais de ce ne savoit nul à rendre compte.

Si se accordèrent que les prélats éliroient douze[2] personnes bonnes et sages entre eux, qui auroient pouvoir, de par eux et de par le clergé, de ordonner et aviser voies convenables pour faire ce que dessus est dit. Les barons et les chevaliers ainsi élurent douze autres chevaliers entre eux, les plus sages et les plus discrets, pour entendre à ces besognes; et les bourgeois, douze en telle manière. Ainsi fut confirmé et accordé de commun accord : lesquelles trente six personnes devoient être moult souvent à Paris ensemble, et là parler et ordonner des besognes du dit royaume. Et toutes manières de choses se devoient déporter par ces trois états; et devoient obéir tous autres prélats, tous autres seigneurs, toutes communautés des cités et des bonnes villes, à tout ce que ces trois états feroient et ordonneroient. Et toutesfois, en ce commencement, il en y eut plusieurs en cette élection qui ne plurent mie bien au duc de Normandie, ni à son conseil.

Au premier chef, les trois états défendirent à forger la monnoie que on forgeoit, et saisirent les coins. Après ce, ils requirent au duc qu'il fût si saisi du chancelier le roi de France son père[3], de monseigneur Robert de Lorris, de monseigneur Simon de Bucy[4], de Poillevilain[5], et des

---

[1] Charles, duc de Normandie, était arrivé à Paris, le 29 septembre, dix jours après la bataille de Poitiers, suivant les *Chroniques de France*.

[2] Cette assertion est démentie par des *lettres royaux* concernant l'élection des échevins et consuls de Lille, expédiées dès le 2 d'octobre, trois jours après l'arrivée du duc à Paris, à la tête desquelles il prend le titre de *lieutenant du roi de France*. Il convoqua d'ailleurs, dans la même qualité, les états généraux pour le 15 du même mois d'octobre. Il ne fit en cela qu'avancer de six semaines la convocation de cette assemblée, que le roi son père avait indiquée pour la Saint-André suivante, par l'article 7 de l'ordonnance du 28 décembre 1355. Au reste, Froissart paraît avoir confondu les états du mois d'octobre 1356 avec ceux qui s'assemblèrent de nouveau le 5 février 1357. On trouvera dans les *Chroniques de France* le récit de ce qui se passa dans ces différentes assemblées : on consultera avec encore plus de fruit la préface du troisième volume des ordonnances, où Secousse a réuni tout ce qu'il a pu découvrir sur cette matière, et les mémoires du même auteur, pour servir à l'histoire de Charles-le-Mauvais, roi de Navarre.

---

[1] La maltôte était un impôt extraordinaire, levée pour la première fois en 1296, par Philippe-le-Bel. C'était d'abord le centième, puis le cinquantième des biens des laïques et du clergé.

[2] Suivant les *Chroniques de France*, chap. 20, le clergé ne nomma que quatre députés.

[3] Pierre de La Forest, archevêque de Rouen, chancelier de France.

[4] Premier président du parlement de Paris.

[5] Jean Poillevilain, bourgeois de Paris, souverain maître des monnaies et maître des comptes. Les *Chroniques de France* ajoutent aux officiers nommés par Froissart, messire Nicolas Braque, maître-d'hôtel du roi, d'abord son trésorier et ensuite maître des comptes; Enguerrand du Petit-Cellier, bourgeois de Paris, trésorier

autres maîtres des comptes et conseillers du temps passé du dit roi, parquoi ils rendissent bon compte de tout ce que on avoit levé et reçu au royaume de France par leur conseil. Quand tous ces maîtres conseillers entendirent ce, ils ne se laissèrent mie trouver; si firent que sages; mais se partirent du royaume de France, au plus tôt qu'ils purent; et s'en allèrent en autres nations demeurer, tant que ces choses fussent revenues en autre état.

CHAPITRE LIII.

Comment les trois états firent faire monnoie de fin or ; et comment ils envoyèrent gens d'armes contre messire Godefroy de Harecourt.

Après ce, les trois états ordonnèrent et établirent, de par eux et en leurs noms, receveurs pour lever et recevoir toutes mal-toultes, impositions, dixièmes, subsides et toutes autres droitures appartenans au roi et au royaume; et firent forger nouvelle monnoie de fin or, que on appeloit moutons[1]. Et eussent volontiers vu que le roi de Navarre fût délivré de prison du châtel de Arleux en Cambrésis, là où on le tenoit; car il sembloit à plusieurs de ceux des trois états que le royaume en seroit plus fort et mieux défendu, au cas qu'il voudroit être bon et féal : pourtant que il y avoit petit de seigneurs au dit royaume à qui l'on se pût rallier, que tous ne fussent morts ou pris à la besogne de Poitiers. Si en requirent le duc de Normandie que il le voulsist délivrer; car il leur sembloit que on lui faisoit grand tort, ni ils ne savoient pourquoi on le tenoit. Le duc de Normandie répondit adonc moult sagement, que il ne l'oseroit délivrer, ni mettre conseil à sa délivrance; car le roi son père l'y faisoit tenir; si ne savoit mie la cause pourquoi. Et ne fut point adoncques le roi de Navarre délivré.

En ce temps nouvelles vinrent au duc de Normandie et aux trois états que messire Godefroy de Harecourt harioit et guerroyoit malement le bon pays de Normandie; et couroient ses gens, qui n'étoient mie grand'foison, deux ou trois fois la semaine jusques aux faubourgs de Caen, de Saint-Lô en Cotentin, d'Évreux, d'Avranches et de Coutances; et si ne leur alloit nul au devant. Adoncques ordonnèrent et mirent sus le duc et les dits trois états une chevauchée de gens d'armes de bien trois cents lances et cinq cents autres armures de fer; et y établirent quatre capitaines, le seigneur de Reneval, le seigneur de Cauny, le seigneur de Ruilli et le seigneur de Freauville[1]. Si partirent ces gens d'armes de Paris, et s'en vinrent à Rouen, et là assemblèrent-ils de tous côtés. Et y eut plusieurs chevaliers et écuyers d'Artois et de Vermandois, tels que le seigneur de Maunier, le seigneur de Créqui, messire Louis de Haveskierque, messire Oudart de Renty, messire Jean de Fiennes, messire Enguerrant d'Eudin, et plusieurs autres; et aussi de Normandie moult de appertes gens d'armes; et exploitèrent tant ces seigneurs et leurs gens qu'ils vinrent en la cité de Coutances et en firent leur garnison.

CHAPITRE LIV.

Comment messire Godefroy de Harecourt fut mort et toute sa gent déconfite et prise.

Quand messire Godefroy de Harecourt, qui hardi étoit et courageux durement, sçut que les François étoient venus en la cité de Coutances, si les désira grandement à trouver sur les champs, et assembla tout ce qu'il pouvoit avoir de gens d'armes, d'archers et de compagnons; et dit que il chevaucheroit devers eux. Si se partit de Saint-Sauveur-le-Vicomte; et pouvoient être environ cinq cents hommes, que uns que autres. Ce propre jour chevauchoient les François et avoient envoyé leurs coureurs découvrir. Si rapportèrent à leurs seigneurs que ils avoient vu les Navarrois. D'autre part aussi messire Godefroy de Harecourt avoit envoyé ses coureurs qui avoient chevauché un autre chemin et considéré le convine de François, bannières et pennons, et quel quantité ils étoient.

---

de France; Jean Chauveau de Chartres, trésorier des guerres.

[1] On a conclu à tort de cette phrase de Froissart, que le roi Jean était le premier qui eût fait fabriquer les pièces de monnaie appelée *moutons*, *multones* ou *mutones*. Le Blanc, dans son *Traité des monnaies*, a fort bien prouvé qu'elle était déjà en usage au temps de saint Louis. Cette monnaie dura en France jusqu'au règne de Charles VII.

[1] Les *Chroniques de France* placent cette expédition au mois de novembre de cette année, et en rapportent tout l'honneur à Robert de Clermont, lieutenant du duc de Normandie en cette province. Les seigneurs nommés par Froissart servaient probablement sous ses ordres; il est singulier qu'il ait omis de nommer le commandant en chef.

De tout ce ne fit messire Godefroy compte; et dit franchement, puisqu'il véoit ses ennemis, qu'il les combattroit. Ainsi mus et encouragés ces gens d'armes d'encontrer les uns les autres, si se ordonnèrent les François d'un lez, et les Anglois et Navarrois d'autre. Messire Godefroy de Harecourt mit les archers devant, ce qu'il en avoit, pour traire et blesser les François. Quand messire Raoul de Reneval en vit la manière, il fit toutes manières de gens descendre à pied et eux paveschier et targier de leurs targes contre le trait, et commanda que nul n'allât avant sans commandement. Les archers de monseigneur Godefroy commencèrent à approcher, ainsi que commandé leur fut, et à développer sajettes à forces de bras. Ces gens d'armes de France, chevaliers et écuyers, qui étoient fort armés, paveschiés et targiés, laissaient traire sur eux; mais cil assaut ne leur portoit point de dommage. Et tant furent en cel état, sans eux mouvoir ni reculer, que cils archers eurent employé toute leur artillerie, et ne sçavoient mais de quoi traire. Adoncques jetèrent-ils leurs arcs jus, et prirent à ressortir vers les gens d'armes qui étoient tous rangés au long d'une haie, messire Godefroy tout devant, sa bannière en présent. Lors commencèrent les archers François à traire moult vîtement et à recueillir sajettes de toutes parts, car grand'foison en y avoit sur les champs, et employer sur ces Anglois et Navarrois; et aussi gens d'armes approchèrent vîtement. Là eut grand hutin et dur quand ils furent tous venus main à main; mais les gens de pied de monseigneur Godefroy ne tinrent point de conroy et furent tantôt déconfits.

Quand messire Godefroy eut aperçu l'ordonnance, si se retraist tout sagement et tout bellement au fort d'un vignoble[1] enclos de drues haies, et entrèrent toutes ses gens là dedans ceux qui y purent venir. Quand les chevaliers François qui là étoient en virent la manière, ils se mirent tous à pied, ceux qui à cheval étoient demeurés, et avironnèrent le fort et avisèrent comment ils pourroient entrer. Si allèrent tout autour tant que ils trouvèrent voie; et se aherdirent[1] entre eux pour entrer là dedans.

Tout ainsi comme ils avoient tournoyé autour des haies, en quérant voie et entrée, messire Godefroy de Harecourt et les siens, qui enclos étoient, avoient aussi tournoyé; et se arrêtèrent à ce foible lez sitôt que les François se tinrent cois. Là eut féru, lancé, estoqué et fait maintes appertises d'armes; et coûta aux François de leurs gens grandement, ainçois qu'ils pussent avoir la voie et le passage à leur volonté. Toutefois ils y entrèrent; et fut la bannière au seigneur de Reneval toute la première qui dedans entra, et il tantôt après, et chevaliers et écuyers après. Lors qu'ils furent au clos, il y eut grand hutin et dur, et maints hommes renversés; et ne tinrent mie les gens monseigneur Godefroy conroy, ainsi qu'il cuidoit que ils dussent faire, et qu'ils lui avoient promis. Si s'enfuirent et partirent la plus grand'partie, et ne purent souffrir les François. Quand messire Godefroy de Harecourt vit ce, et que mourir ou être pris le convenoit, car fuir il ne pouvoit, mais plus cher avoit à mourir que à être pris, il prit une hache et dit à soi-même que il se vendroit; et s'arrêta sur son pas, pied avant autre, pour être plus fort, car il étoit boiteux d'une jambe, mais grand'force avoit en ses bras. Là se combattit vaillamment, longuement et hardiment; et n'osoit nul attendre ses coups.

Quand les François en virent la manière et qu'il donnoit ses coups si grands qu'ils le ressoingnoient, si montèrent deux hommes d'armes sur leurs coursiers et abaissèrent leurs lances, et s'en vinrent tout d'une empeinte sur le dit chevalier, et l'aconsuivirent tous ensemble d'un coup de leurs glaives, tellement qu'ils le portèrent par terre. Quand il fut chu, oncques puis ne se releva; car il fut hâté; et n'avoit mie gens de-lez lui qui y entendissent ni qui faire aussi le pussent. Lors s'avancèrent aucuns hommes d'armes atout épées de guerre, fortes, dures et étroites; et lui enfilèrent pardessous au corps, et là le tuèrent sur place. Ainsi fina messire Godefroy de Harecourt, qui jadis amena le roi d'Angleterre et son effort en Cotentin, et lui montra passage parmi Normandie. Si furent là tous morts et pris ceux qui aveccques lui étoient; et ceux qui échapper purent retournèrent à

---

[1] On sera peut-être surpris de trouver un vignoble auprès de Saint-Sauveur-le-Vicomte; il n'en existe aucun depuis long-temps dans la Basse-Normandie: mais il est certain que, depuis l'époque dont il s'agit, il y en avait encore quelques-uns dans les environs de Caen, comme l'a prouvé M. Huet dans son ouvrage sur les origines de cette ville.

[1] Se serrèrent les uns contre les autres

Saint-Sauveur-le-Vicomte. Cette avenue vint environ la Saint-Martin en hiver, l'an mil trois cent cinquante six.

CHAPITRE LV.

Comment le roi d'Angleterre envoya quatre cents hommes d'armes pour prendre la saisine de la terre messire Godefroy de Harecourt; et comment le roi Jean fut mené en Angleterre.

Après la déconfiture et la mort du dessusdit chevalier et le champ tout délivré, retournèrent les François à Coutances, et amenèrent là leurs gains et leurs prisonniers; puis s'en retournèrent assez tôt après en France, devers le duc de Normandie que on clamoit adonc régent [1], et devers les trois états, qui moult honorèrent les chevaliers et écuyers qui en Cotentin avoient été.

Si demeura ainsi cette chose; et se tint Saint-Sauveur-le-Vicomte en avant pour anglesche, et toute la terre de monseigneur Godefroy de Harecourt; car il l'avoit vendue après son decès au roi d'Angleterre, et en avoit éloigné et déshérité monseigneur Louis de Harecourt son neveu, pour tant que le dit messire Louis ne s'étoit voulu retourner de son côté et aider à contrevenger la mort du comte de Harecourt son frère que le roi Jean avoit fait mourir honteusement assez près de Rouen. De quoi sitôt que le roi d'Angleterre entendit ces nouvelles de la mort monseigneur Godefroy, il fut moult courroucé, et le plaignit assez, et envoya gens d'armes, chevaliers et écuyers et arbalétriers plus de quatre cents, par mer, pour prendre saisine de la dite terre de Saint-Sauveur, qui bien vaut seize mille francs de revenue par an, et fit capitaine et gardien pour ce temps de la terre et des châteaux monseigneur Jean de Lisle, appert chevalier durement. Si demeura ainsi cette chose.

Les trois états entendirent toute celle saison aux ordonnances du royaume; et étoit le dit royaume de France tout gouverné par eux.

Tout cel hiver en suivant se tint le prince, et la plus grand'partie des seigneurs d'Angleterre qui à la bataille de Poitiers avoient été, à Bordeaux sur Gironde, en grand revel et ébattement; et entendirent tous ces temps à pourvoir navire et à ordonner leurs besognes bien et sagement, pour emmener le roi de France et son fils et toute la plus grand' partie des seigneurs qui là étoient, en Angleterre.

Quand ce vint que la saison approcha que le prince dut partir et que les besognes étoient ainsi que toutes prêtes, il manda tous les plus hauts barons de Gascogne, le seigneur de Labret premièrement, le seigneur de Mucident, le seigneur de l'Esparre, le seigneur de Langueren, le seigneur de Pommiers, le seigneur de Courton, le seigneur de Rosem, le seigneur de Condon, le seigneur de Chaumont, le seigneur de Montferrant, le seigneur de Landuras, messire Aymeri de Tarse, le captal de Buch, le soudich de l'Estrade et tous les autres; et leur fit et montra pour lors très grand signe d'amour, et leur donna et promit grands profits, c'est ce que Gascons aiment et désirent, et puis leur dit finablement qu'il s'en vouloit aller en Angleterre et y mèneroit aucuns d'eux, et laisseroit les autres au pays de Bordelois et de Gascogne pour garder la terre et les frontières contre les François. Si leur mettoit en abandon cités, villes et châteaux, et leur recommandoit à garder ainsi comme leur héritage. Quand les Gascons entendirent ce que le prince de Galles, ains-né fils au roi leur seigneur, en vouloit mener hors de leur puissance le roi de France que ils avoient aidé à prendre, si n'en furent mie de premier bien d'accord, et dirent au prince : « Cher sire, nous vous devons en quant que nous pouvons toute honneur, toute obéissance et loyal service, et nous louons de vous en quant que nous pouvons ni savons; mais ce n'est pas notre intention que le roi de France, pour lequel nous avons eu grand travail à mettre au point où il est, vous nous éloigniez ainsi; car, Dieu mercy! il est bien, et en bonne cité et forte, et sommes forts et gens assez pour le garder contre les François, si de puissance ils le vous vouloient ôter. » Adonc répondit le prince : « Chers seigneurs, je le vous accorde moult bien : mais monseigneur mon père le veut avoir et voir; et du bon service que fait lui avez et à moi aussi, vous en savons gré, et sera grandement remèri. »

Néantmoins ces paroles ne pouvoient apaiser les Gascons que le prince leur éloignât le roi de France, jusques à ce que messire Regnault de Cobehen et messire Jean de Chandos y trouvè-

---

[1] Le duc de Normandie ne prenait alors que le titre de lieutenant du roi son père; il paraît qu'il ne prit celui de régent que vers le commencement de l'année 1358.

rent moyen ; car ils sentoient les Gascons convoiteux. Si lui dirent : « Sire, sire, offrez leur une somme de florins, et vous les verrez descendre à votre requête. » Adoncques leur offrit le prince soixante mille florins. Ils n'en voulurent rien faire. Finablement, on alla tant de l'un à l'autre que un accord se fit, parmi cent mille francs que le prince dut délivrer aux barons de Gascogne, pour départir entre eux ; et en fit sa dette, et leur fut la dite somme payée et délivrée ainçois que le prince partît.

Après tout ce, il institua quatre barons de Gascogne à garder tout le pays jusques à son retour, le seigneur de Labret, le seigneur de l'Esparre, le seigneur de Pommiers et le seigneur de Rosem. Tantôt ces choses faites, le dit prince entra en mer[1], à belle navie et grosse de gens d'armes et d'archers ; et emmena avecques lui grand'foison de Gascons, le captal de Buch, messire Aimery de Tarse, le seigneur de Landuras, le seigneur de Mucident, le soudich de l'Estrade, et plusieurs autres. Si mirent en un vaissel, tout par lui, le roi de France pour être mieux à son aise.

En cette navie avoit bien cinq cents hommes d'armes et deux mille archers, pour les périls et les rencontres de sur mer ; car ils étoient informés, avant leur département à Bordeaux, que les trois états par lesquels le royaume étoit gouverné, avoient mis sus en Normandie et au Crotoy deux grosses armées de soudoyers pour aller au devant des Anglois et eux tollir le roi de France. Mais oncques ils n'en virent apparant : si furent-ils onze jours et onze nuits sur mer, et arrivèrent au douzième au havre de Zanduich[2] : puis issirent les seigneurs hors des navires et des vaisseaux et se herbergèrent en la dite ville de Zanduich et ès villages environ. Si se tinrent illec deux jours pour eux rafraîchir et leurs chevaux. Au tiers jour ils se partirent et s'en vinrent à Saint-Thomas de Cantorbie. Ces nouvelles vinrent au roi d'Angleterre et à la roine que leur fils le prince étoit arrivé et avoit amené le roi de France : si en furent grandement réjouis, et mandèrent tantôt aux bourgeois de Londres que ils s'ordonnassent si honorablement comme il appartenoit à tel seigneur recevoir que le roi de France. Ceux de la cité de Londres obéirent au commandement du roi, et se vêtirent par connétables très richement, et se ordonnèrent de tous points pour le recueillir ; et se vêtirent tous les métiers de draps différens l'un de l'autre.

Or vint le roi de France, le prince et leurs routes à Saint-Thomas de Cantorbie où ils firent leurs offrandes, et y reposèrent un jour. A lendemain ils chevauchèrent jusques à Rocestre ; et puis reposèrent là un jour : au tiers jour ils vinrent à Dardefort, et au quart jour, à Londres, où ils furent très honorablement reçus ; et aussi avoient-ils été par toutes villes où ils avoient passé. Si étoit le roi de France, ainsi que il chevauchoit parmi Londres, monté sur un grand blanc coursier, très bien arrée et appareillé de tous points, et le prince de Galles sur une petite haquenée noire de-lez lui. Ainsi fut-il convoyé tout au long de la cité de Londres jusques à l'hôtel de Savoye, lequel hôtel est héritage au duc de Lancastre. Là tint le roi de France un temps sa mansion ; et là le vinrent voir le roi d'Angleterre et la roine, qui le reçurent et fêtoyèrent grandement, car bien le savoient faire ; et depuis moult souvent le visitoient et le consolaçoient de ce qu'ils pouvoient.

Assez tôt après vinrent en Angleterre, par le commandement du pape Innocent VIe, les deux cardinaux dessus nommés, messire Tallerant de Pierregort et messire Nicolle cardinal d'Urgel. Si commencèrent à proposer et à entamer traités de paix entre l'un et l'autre, et moult y travaillèrent[1],

---

[1] Suivant les *Chroniques de France*, chap. 34, l'embarquement se fit en 1357, *le mardi après Pâques, qui fut le XVIe jour* d'avril. On ne sait si les mots *qui fut le 16 d'avril*, se rapportent au jour de Pâques ou au mardi d'après ; mais dans l'un ou l'autre cas il y a une faute ; car Pâques arriva cette année le 9 avril, et le mardi suivant fut le 11.

[2] Ils arrivèrent en Angleterre le 4 de mai, et à Londres le 24 du même mois, suivant l'auteur des *Chroniques de France*. Selon Thomas Otterbourne, p. 141, et Walsingham, p. 164, ils arrivèrent le 5 mai, non à Sandwich, mais à Plymouth. Les écrivains anglais pourraient bien avoir raison sur le lieu du débarquement ; car dans l'ordre que le roi d'Angleterre expédia le 20 mars pour faire tout préparer sur la route de son fils et du roi son prisonnier, il est dit qu'ils devaient arriver à Plymouth.

[1] Knyghton rapporte un trait assez singulier, à l'occasion des mouvements que se donna le pape pour procurer la paix entre la France et l'Angleterre après la bataille de Poitiers, et de la partialité qu'il montroit pour la France sa patrie. Pour insulter aux Français, dit-il, qui s'étaient laissé battre par une poignée d'Anglais, on afficha en plusieurs lieux ces mots : *Ore est le pape devenu Franceys e Jesu devenu Engley : Ore sera veou qe fra plus ly pape ou Jesus.*

mais rien n'en purent exploiter. Toutes fois, ils procurèrent tant parmi bons moyens que unes trèves furent données entre les deux rois et leurs confortans, à durer jusques à la Saint-Jean-Baptiste, l'an mil trois cent cinquante neuf. Et furent mis hors de la trève messire Philippe de Navarre et tous ses alliés, les hoirs le comte de Montfort et la duché de Bretagne [1].

Un peu après fut le roi de France translaté de l'hôtel de Savoye et remis au châtel de Windesore [2], et tous ses hôtels et gens. Si alloit voler, chasser, déduire et prendre tous ses ébatemens environ Windesore, ainsi qu'il lui plaisoit, et messire Philippe son fils aussi; et tout le demeurant des autres seigneurs, comtes et barons, se tenoient à Londres: mais ils alloient voir le roi quand il leur plaisoit, et étoient recrus sur leur foi tant seulement.

CHAPITRE LVI.

Comment le roi d'Escosse, qui prisonnier étoit en Angleterre, fut mis à rançon et sur quelle condition.

Vous avez ouï recorder ci-dessus en cette histoire comment le roi d'Escosse fut pris par bataille assez près de la cité de Durem en Northonbrelande, du temps que le roi d'Angleterre séoit devant Calais; et fut prisonnier en Angleterre neuf ans et plus. Or avint en celle saison, assez tôt après que ces trèves furent données entre France et Angleterre, les deux cardinaux dessus nommés et l'évêque de Saint-Andrieu d'Escosse s'embesognèrent et mirent en peine de la délivrance du roi d'Escosse; et tant se porta cil traité que il se fit, par telle manière que le roi David ne se devoit jamais armer contre le roi d'Angleterre ni son royaume, ni conseiller, ni consentir à son loyal pouvoir ses hommes à eux armer pour gréver ni guerroyer Angleterre. Et devoit encore le roi d'Escosse, lui revenu en son royaume, mettre toute la peine et diligence qu'il pourroit envers ses hommes, afin que le royaume fût tenu en fief et hommage du roi d'Angleterre [1]. Et si ce ne vouloit accorder le pays, le roi d'Escosse juroit solennellement à tenir bonne paix et ferme envers le roi d'Angleterre; et obligeoit et aloioit son royaume, comme droit sire et héritier, à payer dedans dix ans cinq cent mille nobles. Et en devoit, à la requête du roi d'Angleterre, envoyer plèges et otages, tels que le comte Douglas, le comte de Moret, le comte de Mare, le comte de Surlant, le comte de Fi, le baron de Versi et messire Guillaume Camois [2]. Et tous iceux devoient demeurer en Angleterre comme prisonniers et ôtagiers pour le roi leur seigneur, jusques au jour que cil argent seroit tout payé. De ces ordonnances et obligations furent faits instrumens publics et lettres patentes scellées d'un roi et de l'autre.

Ainsi fut adoncques le roi d'Escosse délivré [3]; et se partit d'Angleterre et revint arrière en son pays, et la roine [4] Isabelle sa femme, sœur au roi d'Angleterre. Si fut le dit roi moult conjoui de tous ses hommes, et visita tout son pays; et puis vint demeurer, pendant que on lui appareilloit le fort château de Haindebourch qui étoit tout depecé, à Saint-Janston [5], une bonne ville et marchande, sur une rivière que on appelle Taye.

---

[1] Il y a plusieurs erreurs dans le peu de mots que dit Froissart concernant cette trève. 1° Elle fut conclue non en Angleterre, mais à Bordeaux, le 23 mars de cette année, plusieurs jours avant le départ du prince de Galles et du roi Jean pour l'Angleterre. 2° Elle devait durer seulement jusqu'au jour de Pâques 1359 inclusivement, et non jusqu'à la fête de saint Jean-Baptiste. 3° Philippe de Navarre et les héritiers du comte de Montfort y étaient expressément compris. (Voy. cette charte dans Rymer.)

[2] Il fut ensuite transporté au château de Hertford sous la garde de Roger Beauchamp. David roi d'Écosse y était également retenu prisonnier. Le roi Jean fut transféré plus tard dans différens autres châteaux, par crainte qu'on ne le délivrât par la force ou la trahison.

[1] Il n'est fait aucune mention de cette clause dans le traité, ni dans les conventions préliminaires. Froissart paraît assez mal informé de tout ce qui concerne la délivrance du roi d'Écosse. La clause la plus onéreuse du traité est l'obligation de payer au roi d'Angleterre, pour la rançon de David Bruce, cent mille marcs sterling en dix ans, savoir : dix mille marcs chaque année jusqu'à l'entier paiement, pour la sûreté duquel le roi d'Écosse devait livrer vingt otages qui sont tous nommés dans le traité : il fut conclu à Berwick, le 3 octobre de cette année 1357. On peut consulter à ce sujet Rymer.

[2] Au lieu des deux derniers, Johnes, dans sa traduction, nomme sir Thomas Bisset et l'évêque de Caithness. Lord Hailes cite les noms de Stewart, March, Mar, Ross Angus, etc. Camois est là sans doute pour Campbell.

[3] La *Scala chronica* fixe à la Saint-Michel l'époque de la délivrance de David.

[4] Elle s'appelait Jeanne et non Isabelle. C'est sa mère qui portait ce nom.

[5] Les rois d'Écosse habitaient le château de Scone, près de Saint-Johnstone ou Perth.

CHAPITRE LVII.

Comment le duc de Lancastre assiégea la cité de Rennes; et comment messire Bertran du Guesclin se combattit à messire Nicolas d'Angorne devant la dite cité; et comment messire Olivier de Mauny combattit et prit messire Jean Bolleton.

Environ la my may[1], l'an de grâce mil trois cent cinquante sept, mit le duc de Lancastre sus une grosse chevauchée de gens d'armes en Bretagne, tant d'Anglois que de Bretons de l'aide de la comtesse de Montfort et son jeune fils qui jà s'armoit et chevauchoit, et étoient bien mille hommes d'armes très bien appareillés et cinq mille d'autres gens parmi les archers. Et se partirent ces gens d'armes de Hainebon, et vinrent ardant et exillant le pays de Bretagne, devant la bonne cité de Rennes. Si l'assiégea le dit duc tout à l'environ, et s'y tint tout le temps ensuivant à grand ost et bel, et la fit par plusieurs fois assaillir; mais petit y gagna, car dedans avoit bonne chevalerie qui la gardoient et défendoient: premièrement, le vicomte de Rohan, le sire de Laval, messire Charles de Dynant et plusieurs autres bons chevaliers et écuyers. Et y étoit adoncques un jeune bachelier qui s'appeloit messire Bertran du Guesclin[2], qui depuis fut moult renommé au royaume de France et au royaume d'Espagne, pour ses grands prouesses, si comme vous orrez avant en l'histoire; et se combattit le siége tenant par devant Rennes à un chevalier d'Angleterre, aussi moult renommé, qui s'appeloit messire Nicolas d'Angourne[3]. Et fut la bataille prise, par ahatie, de trois fers de glaive, de trois coups de hache et de trois coups de dague. Et se portèrent là chacun des deux chevaliers moult vaillamment; et volontiers furent vus de ceux de dedans et de ceux de dehors aussi. Si se partirent de la bataille sans dommage.

Ainsi tint le duc Henry de Lancastre le siége devant Rennes un moult long temps, et la fit par plusieurs fois assaillir; mais peu y conquit.

Or avint un jour le siége durant, que un chevalier anglois, qui s'appeloit monseigneur Jean Bolleton, appert homme d'armes durement, avoit été déduire aux champs atout son épervier et pris six perdrix. Si monta tantôt à cheval, armé de toutes pièces, ses perdrix en sa main, et vint devant les barrières de la cité et commença à écrier à ceux de la ville que il vouloit parler à monseigneur Bertran du Guesclin. Or avint ainsi que d'aventure Olivier de Mauny étoit sur la porte de la ville venu voir comment l'ost des Anglois se portoit. Si avisa et choisit cel Anglois atout ses perdrix et lui demanda tantôt qu'il vouloit et s'il vouloit vendre ou donner ses perdrix aux dames qui là dedans étoient encloses. « Par ma foi, répondit l'Anglois à Olivier, si vous osiez marchander de plus près et venir jusqu'à moi pour combattre, vous avez trouvé marchand. »—« Et à Dieu le veut, répondit le dit Olivier, ouil, attendez-moi et je vous paierai tout sec. » Adoncques descendit des murs sur les fossés qui étoient tout pleins d'eau et se mit à nager et passa tout outre, armé de toutes pièces, fors du harnois de jambes et des gantelets, et vint à son marchand qui l'attendoit d'autre part. Et se combattirent moult vaillamment l'un contre l'autre, longuement et assez près de l'ost du duc de Lancastre qui les regarda et vit moult volontiers et défendit que nul n'y allât au-devant. Et aussi ceux de la ville, et les dames qui là dedans étoient, prirent grand plaisir à eux regarder. Toutefois tant se combattirent ces deux vaillans hommes et tant firent d'armes que le dit Olivier de Mauny conquit monseigneur Jean de

---

[1] Le siége de Rennes dut commencer beaucoup plus tôt que ne le dit Froissart; car on lit dans les lettres par lesquelles Édouard ordonne au duc de Lancastre de le lever, en vertu de la trève conclue à Bordeaux, et qui sont datées du 28 avril de cette année, qu'à cette époque il durait déjà depuis long-temps. Les *Chroniques de France* disent qu'il fut levé peu après la Saint-Jean et qu'il avait duré nuit ou neuf mois, ce qui suppose que le duc de Lancastre avait investi la place vers le mois d'octobre de l'année précédente. D. Morice donne des dates plus précises; suivant lui le siége commença le 3 octobre 1356 et fut levé le 3 juillet 1357. Il remarque, avec raison, comme une chose singulière, que l'ordre d'Édouard daté du 28 avril, dont nous venons de parler, ne parvint au duc de Lancastre que le 30 juin.

[2] Ce nom est écrit de bien des manières différentes. On l'appelle tour à tour *Claiquin*, *Gueclin*, *Clasquin*, *Glayaquin*, *Clesquin*, *Guesclin*, etc. Le nom de du Guesclin a seul été adopté.

[3] Les historiens de Bretagne et ceux de du Guesclin nomment le chevalier contre lequel il se battit durant le siége de Rennes, *Guillaume Blancbourg* ou *Brembroc*,

dont il avait tué le frère auprès de Fougerai. On ne saurait nier le duel de du Guesclin contre Blancbourg ou Brembroc; mais de l'humeur dont était le chevalier breton il est très possible qu'il se soit battu aussi contre d'Agworth, et que les deux récits soient également véritables.

Bolleton son marchand atout les perdrix; et voulsist ou non, il l'emmena, moult durement blessé, parmi les fossés dedans la cité, et le présenta aux dames atout les dites perdrix, qui le reçurent moult liement et l'honorèrent moult grandement. Ne demeura mie grandement après que le dit Olivier, qui se sentoit blessé durement et ne pouvoit finer d'aucunes herbes qu'il connoissoit bien pour lui guérir, si appela son prisonnier moult courtoisement et lui dit : « Monseigneur Jean, je me sens blessé durement; si connois là dehors aucunes herbes par lesquelles, à l'aide de Dieu, je pourrois légèrement recouvrer santé et guérir de mes plaies; si vous dirai que vous ferez : vous partirez de cy et irez par devers le duc de Lancastre votre seigneur et m'apporterez un sauf-conduit pour moi quatrième durant un mois, tant que je sois guéri; et si vous le me pouvez impétrer, je vous quitterai de votre prison; et au cas que ainsi ne le ferez, vous retournerez céans mon prisonnier comme devant. »

De ces nouvelles fut le dessus dit monseigneur Jean de Bolleton moult joyeux, et partit de léans, et vint en l'ost où il fut reçu à grand'joie de tous et mêmement du duc de Lancastre qui assez le rigola des perdrix. Et puis fit sa requête, au duc lequel le lui accorda moult bonnement, et tantôt commanda que le sauf-conduit fût écrit et scellé. Ainsi fut fait. Tantôt le dit monseigneur Jean partit du duc atout le sauf-conduit et revint en la cité et le bailla à son maître Olivier de Mauny qui lui dit qu'il avoit moult bien exploité et tantôt le quitta de sa prison. Et partirent ensemble de la bonne cité de Rennes et vinrent en l'ost du duc de Lancastre, lequel les vit moult volontiers, et fit grand'chère et montra grand signe d'amour au dit Olivier. Et dit bien le dit duc que en lui avoit noble cœur et montroit bien qu'il seroit encore moult vaillant homme et de grand'prouesse, quand pour avoir son sauf-conduit et un peu d'herbes il avoit quitté un tel prisonnier qui pouvoit payer dix mille moutons d'or.

Après ces choses ainsi faites, le duc de Lancastre ordonna une chambre pour Olivier de Mauny et commanda qu'elle fût tendue et parée moult richement et que on lui baillât et délivrât tout ce qui besoin lui seroit. Ainsi que le duc commanda, ainsi fut fait. Là fut le dit Olivier logé en l'ost du duc et lui bailla-t-on les cerurgiens et médicins du duc, qui le visitoient tous les jours; et aussi le duc l'alloit voir et conforter moult souvent. Et tant fut illecques qu'il fut guéri de ses plaies; et tantôt prit-il congé au duc de Lancastre et le remercia moult grandement de la très grand honneur qu'il lui avoit faite; et aussi prit-il congé aux autres seigneurs et à son prisonnier qui avoit été monseigneur Jean Bolleton. Mais au départir le duc de Lancastre lui donna moult belle vaisselle et lui dit : « Mauny, je vous prie que vous me recommandez aux dames et damoiselles, et leur dites que nous leur avons souhaité souvent perdrix. » A ces paroles se partit Olivier de Mauny et puis s'en revint en la cité de Rennes où il fut reçu joyeusement de tous grands et petits et des dames auxquelles il conta moult de ses nouvelles; et par espécial à son cousin Bertran du Guesclin conta-t-il comment il avoit exploité; et s'entrefirent grand'joie, car moult s'entraimoient et firent jusques à la mort, ainsi comme vous orrez conter ci-avant en l'histoire.

Pour lors que ce siége étoit ainsi devant la bonne cité de Rennes étoit monseigneur Charles de Blois au pays, mais il ne se pouvoit armer; et poursuivoit moult tendrement le régent de France, le duc de Normandie, que il voulsist gens d'armes là envoyer pour lever le siége. Mais le duc de Normandie et les besognes du royaume de France étoient si entroublés qu'il ne pouvoit de rien exploiter. Si demeura ainsi tout le temps, et se tint le siége devant Rennes.

CHAPITRE LVIII.

Comment messire Guillaume de Gauville parlementa avec un bourgeois d'Évreux comment ils reconquêteroient la cité d'Évreux au roi de Navarre.

Or vous vueil-je à recorder comment un chevalier de la comté d'Évreux, appelé messire Guillaume de Gauville, par sa subtilité et sa hardiesse reconquit la cité, le bourg et le châtel d'Évreux qui se tenoit pour le temps du roi de France; et l'avoit le dit roi conquis sur les Navarrois, ainsi que contenu est ci-dessus en l'histoire.

Cil messire Guillaume de Gauville étoit chevalier de foi et de serment au roi de Navarre; et trop lui déplaisoit la prise du roi; et aussi faisoit-il à plusieurs bourgeois de la cité d'Évreux, si amender le pussent : mais ils ne pouvoient nullement, tant que le châtel leur fut ennemi. Si demeuroit le dessus dit chevalier à deux petites lieues d'Évreux, et avoit son retour en la cité chez un bourgeois, qui au temps passé avoit aussi été grandement ami du roi de Navarre, ainsi que un homme doit être à son seigneur, et que par nature ceux d'Évreux ont toujours plus aimé le roi de Navarre que le roi de France. Quand le chevalier venoit en l'hôtel du bourgeois, il étoit bien venu ; et buvoient et mangeoient ensemble en grand'récréation, et parloient et devisoient d'unes choses et d'autres, et par espécial du roi de Navarre et de sa prise, dont moult leur ennuyoit. Avint une fois entre les autres que le dit chevalier se alla élargir de parler au dit bourgeois et dit : « Je ne sais, mais si vous vouliez bien acertes, je conquêterois cette cité, le bourg et le châtel au roi de Navarre. » — « Et comment se pourroit-il faire, dit le bourgeois, car le châtelain est trop fort François, et sans le châtel ne nous oserions tourner, car il est maître de la cité et du bourg ? » Dit le chevalier : « Je le vous dirai : premièrement, il faudroit que vous eussiez de votre accord trois ou quatre bourgeois de votre amitié, et pourvues vos maisons de bons compagnons tous armés, hardis et entreprenans. Tout ce fait couvertement, je parferois le surplus à mon péril : à laquelle heure que ce fût du jour, je serois en aguet, quand le châtelain viendroit à la porte ; car il a, par usage, coutume de venir une fois ou deux le jour. Je aurois avecques moi un varlet, je viendrois au châtelain et le tiendrois de paroles, et le menerois tant par lobes, que il me lairoit entrer en la première porte et espoir en la seconde. Par couverture je renvoierois mon varlet et vous ferois hâter et issir hors ces compagnons pourvus et avisés de ce qu'ils devroient faire, et approcher le châtel. Si très tôt que je orrois un petit cor sonner de mon varlet, je me avancerois et occirois le châtelain ; de ce me fais-je fort assez et à mon péril. Vos gens lors sauldroient et tantôt viendroient avant ; et par ainsi nous serions maîtres du châtel, et puis de la cité et du bourg : car communément le plus des cœurs s'inclinent mieux au roi de Navarre notre seigneur que au roi de France. »

Quand le bourgeois eut ainsi ouï parler messire Guillaume, si lui dit : « C'est trop bien dit, et je cuide bien que j'en aurai cinq ou six de mon amitié qui nous aideront à parfaire ce fait. » Depuis ne demeura guères de temps que le bourgeois dessus dit assembla tant d'amis couvertement, dedans la cité comme hors, que ils furent bien un cent tous d'un accord. Messire Guillaume de Gauville alloit et venoit en la cité sans nulle soupçon, et ne s'étoit point armé du temps passé avec messire Philippe de Navarre pour les Navarrois, pour la cause de ce que sa revenue gissoit toute ou en partie assez près d'Évreux, et le roi de France, du temps que il conquit Évreux, avoit toutes les terres d'environ fait obéir à lui, autrement il leur eut tollues. Il en avoit eu les corps tant seulement, mais les cœurs non ; toujours étoient-ils demeurés Navarrois ; et plus avoient-ils obéi au roi Jean par crémeur que par amour. Encore si le dit roi Jean eût été en France, cil messire Guillaume de Gauville n'eût osé emprendre ce qu'il emprit ; mais il sentoit les besognes de France moult entroublées, et que les trois états mettoient peine à la délivrance du roi de Navarre, et ne pouvoit nullement demeurer qu'il ne fût délivré : si que, pour avoir grâce envers lui, il lui vouloit faire ce premier service.

CHAPITRE LIX.

Comment la cité d'Évreux fut reconquise au roi de Navarre ; et comment messire Philippe de Navarre y fit sa garnison.

Quand messire Guillaume de Gauville se sentit au dessus de sa besogne, et que le bourgeois où il se confioit le plus lui eut dit : « Sire, nous sommes tous pourvus de ce que vous avez ordonné ; exploitez de votre affaire quand vous voudrez ; » il s'arma bien et faiticement, puis vêtit une houpelande par dessus, et prit son mantel encore par dessus, et dessous son bras une courte hache bien acérée, et puis de-lez lui un varlet qu'il avoit informé de son affaire ; et s'en vint ébatant en la place devant la porte du châtel, ainsi qu'il avoit fait jadis par plusieurs fois. Tant alla et vint par la dite place, que le châtelain ouvrit la porte du châtel, voir tant seulement le guichet, et se tint là tout droit pardevant. Quand messire Guillaume le vit, petit à petit il s'approcha de lui et le salua moult courtoisement. Le châtelain qui nul mal n'y pensoit se tint tout coi, et lui rendit son salut. Tant fit le chevalier qu'il vint jusques à lui, et puis commença à parler d'aucunes choses oiseuses, et demanda au châtelain si il avoit ouï parler des nouvelles qui couroient en France. Le châtelain qui desiroit à ouïr nouvelles, de quoi trop peu en oyoit, car il étoit là tout enfermé, ouvrit l'oreille et répondit : « Nenil, dites-les-nous, s'il vous plait. » — « Volontiers, dit messire Guillaume. On dit en France que le roi de Dannemarch et le roi d'Irlande se sont alliés ensemble, et ont juré que jamais ils ne rentreront en leurs terres ni pays, car ils sont sur mer à plus de cent mille hommes, si auront détruite toute Angleterre et ramené le roi de France à Paris. Et sont les Anglois en si grand doute d'eux, qu'ils ne savent au quel lez aller ni entendre pour garder leur pays; car de grand temps est-il sorti entre eux que les Danois les doivent détruire. »

Le châtelain, qui fut tout réjoui de ces nouvelles, et qui légèrement les crut pour ce qu'il étoit bon François, répondit : « Eh! messire Guillaume, comment savez-vous ces nouvelles? » — « En nom Dieu, châtelain, je le vous dirai. Je le sais par un chevalier de Flandre qui m'en a écrit la vérité et qui m'a envoyé le plus beau jeu d'eschets que je visse oncques. » Or trouva-t-il cette bourde pour tant qu'il savoit bien que le châtelain aimoit mieux le jeu des eschets que nulle chose. « Haro! dit le châtelain, messire Guillaume, que je le verrois volontiers! » Messire Guillaume se hâta de parler et dit : « Je le manderai, par convenant que vous jouerez à moi pour le vin. » — « Oil, dit le châtelain, mandez-le par votre varlet, nous irons çà dedans entre les deux portes du châtel. »

Adoncques s'avança le chevalier et dit à son varlet, qui étoit tout informé du fait : « Va, mon varlet, va quérir ce jeu des eschets et le nous apporte à la porte. » Le varlet se partit : le châtelain et le chevalier entrèrent en la première porte. Quand ils furent ens le châtel, le châtelain recloy la porte et bouta avant le verrouil, sans refermer à la clef. Adonc dit messire Guillaume : « Châtelain, ouvrez cette autre porte; vous les pouvez bien ouvrir sans péril. » Le châtelain ouvrit tant seulement le guichet et fit passer le chevalier outre, pour lui montrer les chaingles du châtel, et lui même passa aussi. Quand ils eurent là été une espace et que messire Guillaume avoit jà ouï sonner un petit cor, si comme ordonné avoit, si dit au châtelain : « Rallons, rallons outre cette porte, mon varlet viendra tantôt. » Adonc repassa tantôt le chevalier le second guichet, et se tint tout coi pardevant. Le châtelain cuida passer après, qui nul mal n'y pensoit. Ainsi qu'il avoit mis le pied outre et baissoit la tête, messire Guillaume de Gauville ramaine cette hache que il portoit dessous son mantel, et fiert le châtelain en la tête, tellement qu'il le pourfendit tout jusques aux dents et l'abattit là tout au travers du seuil. Ainsi fut-il meurtri que je vous dis. Et puis vint à la première porte et la deferma. La guète du châtel avoit ouï sonner le cornet du varlet, et étoit durement émerveillée que ce pouvoit être; car on avoit fait une ordonnance en la ville que, sur peine de perdre le poing, nul ne sonnât nul cornet. Et encore fut-il plus émerveillé quand il vit gens tous armés courir vers la porte du châtel. Si corna tantôt : « Trahis, trahis! » Adoncques furent tout ébahis ceux qui dedans étoient. Si avalèrent vers la porte et la trouvèrent ouverte et le châtelain mort, couché de travers, et messire Guillaume, la hache au poing qui gardoit l'entrée. Si furent plus ébahis que devant : car aussi furent tantôt venus ceux qui étoient établis pour aider au dit chevalier à faire son emprise; et entrèrent en la porte première et puis en la seconde, et reboutèrent fièrement les soudoyers.

Si en y eut plusieurs morts et occis, et pris desquels que on voulut. Ainsi fut reconquis le fort châtel d'Évreux par l'emprise de monseigneur Guillaume de Gauville. Si se rendit tantôt la cité et la ville; et boutèrent hors tous les François, et mandèrent messire Philippe de Navarre, qui étoit nouvellement retourné d'Angleterre et arrivé à Chierebourch, lequel fut tout joyeux de ces nouvelles et s'en vint bouter à grand foison de gens d'armes dedans Évreux, et en fit sa souveraine garnison pour guerroyer le bon pays de Normandie. Et se tenoit avecques lui messire Robert Canolles, messire Jacques de Pipes, messire Friquet de Friquant, le bascle de Mareuil, messire Jean Jouel, messire Foudrigais, et plusieurs apperts hommes d'armes, qui depuis firent moult de meschefs au royaume de France, si comme vous orrez avant recorder en l'histoire.

CHAPITRE LX.

Comment l'Archiprêtre s'en alla robant et exillant le pays jusques en Avignon; et comment le pape le reçut honnêtement.

En ce temps même prit un chevalier que on clamoit monseigneur Regnault de Cervole, et communément l'Archiprêtre, et une grand'compagnie de gens d'armes assemblés de tous pays, qui virent que leurs souldées étoient faillis, puisque le roi de France étoit pris. Si ne savoient où gagner en France. Si s'en allèrent premièrement vers Provence, et y prirent et échelèrent plusieurs fortes villes et forts châteaux; et dérobèrent tout le pays jusques en Avignon et environ Avignon [1]; et n'avoient autre chef ni capitaine que le chevalier dessus nommé. Dont le pape Innocent VIe qui pour lors demeuroit en Avignon, et tous ses cardinaux, avoient tel doute d'eux et de leurs corps que ils ne s'en savoient comment déduire; et faisoient armer jour et nuit leurs familiers. Et quand cil Archiprêtre et ses gens eurent pillé et robé tout le pays, le pape et le collége qui pas n'étoient assur, firent traiter devers l'Archiprêtre; et vint sur bonne composition en Avignon, et la plus grand'partie de ses gens; et fut aussi révéremment reçu comme s'il eût été fils au roi de France, et dîna par plusieurs fois au palais de-lez le pape et les cardinaux; et lui furent pardonnés tous ses péchés [2], et au partir lui fit délivrer quarante mille écus pour départir à ses compagnons. Si s'espartirent ces gens là : mais toujours tenoient-ils la route le dit Archiprêtre.

CHAPITRE LXI.

Comment une grand'compagnie de brigands s'assemblèrent entre Paris et Orléans et aussi en Normandie.

Encore en ce temps s'éleva une autre compagnie de gens d'armes et de brigands assemblés de tous pays; et conquéroient et roboient de jour en jour tout le pays entre la rivière de la Seine et la rivière de Loire : par quoi nul n'osoit aller entre Paris et Vendôme, ni entre Paris et Orléans, ni entre Paris et Montargis; ni nul n'y osoit demeurer; ains étoient tous les gens du plat pays affuis à Paris ou à Orléans. Et avoient fait ces dits compagnons un capitaine d'un Gallois que on appeloit Ruffin [1], et le fit faire chevalier; et devint si riche et si puissant d'avoir, que on n'en pouvoit trouver le nombre. Et chevauchoient souvent ces dites compagnies près de Paris, un autre jour vers Orléans, une autre fois vers Chartres; et ne demeura place, ville, ni forteresse, si elle ne fut trop bien gardée, qui ne fût adonc toute robée et courue [2]; c'est à savoir, Saint-Arnoul, Galardon, Bonneval, Clois, Estampes, Chastres [3], Montlehéry, Peviers en Gastinois, Larchant, Milly, Château-Landon, Montargis, Yevre [4], et tant d'autres grosses villes que merveilles seroit à recorder. Et chevauchoient à val le pays par troupeaux, ci vingt, ci trente, ci quarante; et ne trouvoient qui leur détournât ni encontrât pour eux porter dommage. D'autre part, au pays de Normandie sur la marine, avoit une plus grand'compagnie de pilleurs et de robeurs Anglois et Navarrois, desquels messire Robert Canolle étoit maître et chef, qui en telle manière conquéroit villes et châteaux; et ne leur alloit nul au devant. Et avoit le dit messire Robert Canolle jà de long-temps tenu celle ruse; et finât dès lors bien de cent mille écus; et tenoit grand'foison de soudoyers à ses gages, et les payoit si bien que chacun le suivoit volontiers.

CHAPITRE LXII.

Comment le prévôt des marchands et ses alliés tuèrent au palais trois chevaliers en la présence du duc de Normandie.

En ce temps que les trois états gouvernoient, se commencèrent à lever tels manières de gens qui s'appeloient Compagnies, et avoient guerre à toutes gens qui portoient malettes. Or vous dis que les nobles du royaume de France et les prélats de sainte église se commencèrent à tanner de l'emprise et ordonnance des trois états. Si en

---

[1] Ce fut au mois de juillet 1357, suivant l'un des auteurs de la vie d'Innocent IV, qu'Arnaud de Cervole, archiprêtre de Vergnes, entra dans le comtat Venaissin et mit le pape et les cardinaux à contribution.

[2] L'usage de traiter avec les voleurs a été conservé jusqu'aujourd'hui par le gouvernement ecclésiastique. Le pape Pie VII s'est empressé de le rétablir à Rome après son retour.

[1] Barnès l'appelle Griffith.

[2] Ces événemens paraissent être de la fin de l'année 1357 et du commencement de la suivante. Les *Chroniques de France* placent la prise d'Étampes au mardi 16 janvier 1357-1358.

[3] Aujourd'hui Arpajon.

[4] Bourg de la Beauce.

laissoient le prévôt des marchands convenir et aucuns des bourgeois de Paris, pource que ils s'en entremettoient plus avant qu'ils ne voulsissent. Si avint un jour que le duc de Normandie étoit au palais à Paris atout grand'foison de chevaliers et nobles et de prélats, le prévôt de Paris des marchands assembla aussi grand'foison des communes de Paris qui étoient de sa secte et accord, et portoient iceux chaperons semblables afin que mieux se reconnussent; et s'en vint le dit prévôt au Palais avironné de ses hommes, et entra en la chambre du duc, et lui requit moult aigrement que il voulsist entreprendre le faix des besognes du royaume et y mettre conseil, afin que le royaume qui lui devoit parvenir fût si bien gardé, que tels manières de compagnies qui régnoient n'allassent mie gâtant ni robant le pays. Le duc répondit que tout ce feroit-il volontiers, si il avoit la mise parquoi il le pût faire; mais celui qui faisoit lever les profits et les droitures appartenans au royaume, le devoit faire; si le fit. Je ne sais pourquoi ni comment, mais les paroles multiplièrent tant et si haut que là endroit furent, en la présence du duc de Normandie, occis trois des grands de son conseil, si près de lui que sa robe en fut ensanglantée [1], et en fut-il même en grand péril; mais on lui donna un des chaperons à porter; et convint qu'il pardonnât là celle mort de ses trois chevaliers, les deux d'armes et le tiers de loi. Si appeloit-on l'un monseigneur Robert de Clermont, gentil et noble homme grandement, et l'autre le seigneur de Conflans [2], et le chevalier de loi, maître Regnault d'Acy avocat [3]. De quoi ce fut grand'pitié, quand pour bien dire et bien conseiller leur seigneur, ils furent là ainsi occis.

CHAPITRE LXIII.

Comment le roi de Navarre fut délivré de prison par le confort du prévôt des marchands.

Après cette avenue, avint que aucuns chevaliers de France, messire Jean de Péquigny et autres, vinrent, sur le confort du prévôt des marchands et du conseil d'aucunes bonnes villes, au fort châtel d'Arleux en Pailluel séant en Picardie, où le roi de Navarre étoit pour le temps emprisonné et en la garde de monseigneur Tristan Dubois. Si apportèrent les dits exploiteurs tels enseignes et si certaines au châtelain, et si bien épièrent que messire Tristan Dubois n'y étoit point, si fut par l'emprise dessus dite le roi de Navarre délivré hors de prison [1] et amené à grand'joie en la cité d'Amiens, où il bien et liement fut reçu et conjoui; et descendit chez un chanoine qui grandement l'aimoit, que on appeloit messire Guy Quieret. Et fut le roi de Navarre en l'hôtel ce chanoine quinze jours, tant que on lui eut appareillé tout son arroy et qu'il fût tout assuré du duc de Normandie, car le prévôt des marchands, qui moult l'aimoit et par quel pourchas délivré étoit, lui impétra et confirma sa paix devers le duc et ceux de Paris [2]. Si fut le dit roi de Navarre amené par monseigneur Jean de Péquigny et aucuns de la cité d'Amiens à Paris [3]; et y fut pour lors reçu à grand joie, et le virent moult volontiers toutes

---

[1] Froissart intervertit l'ordre des faits en plaçant celui-ci, qui est du 22 février 1357 (1358), suivant les autres historiens contemporains, avant la délivrance du roi de Navarre, que les mêmes historiens fixent à la fin de l'année précédente.

[2] Le premier était maréchal du duché de Normandie et le second du comté de Champagne : nous faisons cette observation parce que quelques écrivains les ont qualifiés maréchaux de France.

[3] Renaud d'Acy, avocat général, fut tué non dans la chambre du dauphin, mais dans la boutique d'un pâtissier, près l'église de la Magdeleine, en retournant du palais vers Saint-Landry où sa maison était située. Froissart paraît avoir été assez mal informé des circonstances de cet événement : outre que son récit est très succinct, il diffère en plusieurs points de celui du chroniqueur de Saint-Denis, du second continuateur de Nangis, de Villani, etc. Nous ne relèverons point toutes les différences que nous avons remarquées entre ces récits; nous ne ferions que répéter ce qu'en a dit M. Secousse qui les a tous combinés et discutés.

[1] Le roi de Navarre fut tiré de sa prison dans la nuit du mercredi 8 novembre au jeudi 9 avant le point du jour, selon les *Chroniques de France*: leur récit et celui des autres historiens contemporains diffèrent en quelques circonstances de celui de Froissart. Il serait inutile de rapporter ces divers récits; on les trouvera rassemblés dans les *Mémoires de Charles-le-Mauvais*.

[2] J'ignore quel démêlé le roi de Navarre pouvait avoir avec les Parisiens : il paraît, au contraire, qu'il n'avait pas cessé d'être agréable au parti dominant dans la ville; et que dévoués comme ils l'étaient au prévôt des marchands, ils ne pouvaient être que très bien disposés pour ce prince.

[3] Il y arriva vers le soir, la veille de Saint-André, 29 novembre, escorté par Jean de Meulant, évêque de Paris, et par un grand nombre de gens d'armes et de bourgeois qui étaient allés au-devant de lui jusqu'à Saint-Denis; et il alla loger à l'abbaye Saint-Germain-des-Prés.

manières de gens ; et mêmement le duc de Normandie le fêta grandement. Mais faire le convenoit ; car le prévôt des marchands et ceux de son accord le ennortèrent à ce faire. Si se dissimuloit le duc au gré du dit prévôt et d'aucuns de ceux de Paris.

CHAPITRE LXIV.

Comment le roi de Navarre prêcha devant le peuple à Paris et montra les grands torts qu'on lui avoit faits.

Quand le roi de Navarre eut été une pièce à Paris, il fit un jour assembler toutes manières de gens, prélats, chevaliers, clercs de l'université de Paris, et tous ceux qui y voulurent être ; et là prêcha[1] ; et remontra premièrement en latin, moult courtoisement et moult sagement, présent le duc de Normandie[2], en lui complaignant des griefs et des villenies qu'on lui avoit faites à tort et sans raison. Et dit que nul ne se voulsist de lui douter ; car il vouloit vivre et mourir en défendant le royaume de France ; et le devoit bien faire, car il en étoit extrait de père et de mère et de droite ancestrie ; et donna adoncques par ses paroles assez à entendre que, s'il vouloit chalenger la couronne de France, il montreroit bien par droit que il en étoit plus prochain que le roi d'Angleterre ne fut. Et sachez que ses sermons et ses langages furent volontiers ouïs et moult recommandés. Ainsi petit à petit entra en l'amour de ceux de Paris, et tant qu'ils avoient plus de faveur et d'amour à lui qu'ils n'avoient au régent le duc de Normandie, et aussi de plusieurs autres bonnes villes et cités du royaume de France. Mais quel semblant ni quelle amour que le prévôt des marchands ni ceux de Paris montrassent au roi de Navarre, oncques messire Philippe de Navarre ne se put assentir ni ne voult venir à Paris ; et disoit que en communauté n'avoit nul arrêt certain, fors pour tout honnir.

[1] Selon les *Chroniques de Saint-Denis*, le roi de Navarre fit ce discours dès le lendemain de son arrivée *en un échafaud sur les murs de la dite abbaye* (de Saint-Germain) *par devers le Pré-aux-Clercs*.
[2] Le chroniqueur de Saint-Denis ne parle point de cette circonstance singulière et qui n'est guère vraisemblable.

CHAPITRE LXV.

Comment les communes de Beauvoisin et en plusieurs autres parties de France mettoient à mort tous gentils hommes et femmes qu'ils trouvoient.

Assez tôt après la délivrance du roi de Navarre[1], advint une grand'merveilleuse tribulation en plusieurs parties du royaume de France, si comme en Beauvoisin, en Brie, et sur la rivière de Marne, en Valois, en Laonois, en la terre de Coucy et entour Soissons. Car aucunes gens des villes champêtres, sans chef, s'assemblèrent en Beauvoisin ; et ne furent mie cent hommes les premiers ; et dirent que tous les nobles du royaume de France, chevaliers et écuyers, honnissoient et trahissoient le royaume, et que ce seroit grand bien qui tous les détruiroit. Et chacun d'eux dit : « Il dit voir ! il dit voir ! honni soit celui par qui il demeurera que tous les gentils hommes ne soient détruits ! » Lors s'assemblèrent et s'en allèrent, sans autre conseil et sans nulles armures, fors que de bâtons ferrés et de couteaux, en la maison d'un chevalier qui près de là demeuroit. Si brisèrent la maison et tuèrent le chevalier, la dame et les enfans, petits et grands, et ardirent la maison. Secondement ils s'en allèrent en un autre fort châtel et firent pis assez ; car ils prirent le chevalier et le lièrent à une estache bien et fort, et violèrent sa femme et sa fille les plusieurs, voyant le chevalier : puis tuèrent la femme qui étoit enceinte et grosse d'enfant, et sa fille, et tous les enfans, et puis le dit chevalier à grand martyre, et ardirent et abattirent le châtel. Ainsi firent-ils en plusieurs châteaux et bonnes maisons. Et multiplièrent tant que ils furent bien six mille ; et partout là où ils venoient leur nombre croissoit ; car chacun de leur semblance les suivoit. Si que

[1] Froissart paraît s'être trompé sur la date du soulèvement des paysans. Le roi de Navarre sortit de prison, comme nous l'avons vu, dans la nuit du 8 au 9 novembre 1357 ; et la Jacquerie ne commença, selon les *Chroniques de France*, que le 21 mai 1358. Le continuateur de Nangis nous apprend quelle en fut la cause. « Dans l'été de l'année 1358, dit-il, les paysans des environs de Saint-Leu et de Clermont au diocèse de Beauvais, ne pouvant plus supporter les maux qui les accabloient de tous côtés, et voyant leurs seigneurs, loin de les défendre, les opprimaient et leur causaient plus de dommages que les ennemis, crurent qu'il leur était permis de se soulever contre les nobles du royaume et de prendre leur revanche des mauvais traitemens qu'ils en avaient reçus »

chacun chevalier, dames et écuyers, leurs femmes et leurs enfans, les fuyoient; et emportoient les dames et les damoiselles leurs enfans dix ou vingt lieues de loin, où ils se pouvoient garantir ; et laissoient leurs maisons toutes vagues et leur avoir dedans : et ces méchans gens assemblés sans chef et sans armures roboient et ardoient tout, et tuoient et efforçoient et violoient toutes dames et pucelles sans pitié et sans mercy, ainsi comme chiens enragés. Certes onques n'avint entre Chrétiens et Sarrasins telle forcenerie que ces gens faisoient, ni qui plus fissent de maux et de plus vilains faits, et tels que créature ne devroit oser penser, aviser ni regarder; et cil qui plus en faisoit étoit le plus prisé et le plus grand maître entre eux. Je n'oserois écrire ni raconter les horribles faits et inconvenables que ils faisoient aux dames. Mais entre les autres désordonnances et vilains faits, ils tuèrent un chevalier et boutèrent en une broche, et le tournèrent au feu et le rôtirent devant la dame et ses enfans. Après ce que dix ou douze eurent la dame efforcée et violée, ils les en voulurent faire manger par force; et puis le tuèrent et firent mourir de male-mort. Et avoient fait un roi entre eux qui étoit, si comme on disoit adonc, de Clermont en Beauvoisin, et l'élurent le pire des mauvais ; et ce roi on appeloit Jacques Bonhomme [1]. Ces méchans gens ardirent au pays de Beauvoisin et environ Corbie et Amiens et Montdidier plus de soixante bonnes maisons et de forts châteaux ; et si Dieu n'y eût mis remède par sa grâce, le meschef fût si multiplié que toutes communautés eussent été détruites, sainte église après, et toutes riches gens, par tous pays ; car tout en telle manière si faites gens faisoient au pays de Brie et de Pertois [2].

Et convint toutes les dames et les damoiselles du pays, et les chevaliers et les écuyers, qui échapper leur pouvoient, affuir à Meaux en Brie l'un après l'autre, en pures leurs cotes, ainsi comme elles pouvoient ; aussi bien la duchesse de Normandie et la duchesse d'Orléans, et foison de hautes dames, comme autres, si elles se vouloient garder d'être violées et efforcées, et puis après tuées et meurtries.

Tout en semblable manière si faites gens se maintenoient entre Paris et Noyon, et entre Paris et Soissons et Ham en Vermandois, et par toute la terre de Coucy. Là étoient les grands violeurs et malfaiteurs ; et exillièrent, que entre la terre de Coucy, que entre la comté de Valois, que en l'évêché de Laon, de Soissons et de Noyon, plus de cent châteaux et bonnes maisons de chevaliers et écuyers ; et tuoient et roboient quant que ils trouvoient. Mais Dieu par sa grâce y mit tel remède, de quoi on le doit bien regracier, si comme vous orrez ci-après.

CHAPITRE LXVI.

Comment le roi de Navarre et les gentilshommes de Beauvoisin tuèrent grand'foison des Jacques ; et comment le duc de Normandie défia le prévôt des marchands et ses alliés : et comment Paris fut close.

Quand les gentilshommes de Beauvoisin, de Corbiois [1], de Vermandois, de Valois et des terres où ces méchans gens conversoient et faisoient leurs forcéneries, virent ainsi leurs maisons détruites et leurs amis tués, ils mandèrent secours à leurs amis, en Flandre, en Hainaut, en Brabant et en Hesbaing. Si en y vint tantôt assez de tous côtés. Si s'assemblèrent les gentils hommes étrangers et ceux du pays qui les menoient. Si commencèrent aussi à tuer et à découper ces méchans gens, sans pitié et sans merci ; et les pendoient par fois aux arbres où ils les trouvoient. Mêmement le roi de Navarre en mit un jour à fin plus de trois mille; assez près de Clermont en Beauvoisin [2]. Mais ils étoient jà tant multipliés que, si ils fussent tous ensemble,

---

[1] Il est nommé *Guillaume Callet* et quelquefois *Caillet* dans les *Chroniques de France.* Le nom de *Jacques Bonhomme* était donc une espèce de sobriquet : on lit dans le second continuateur de Nangis qu'on le donnait aux paysans dès l'année 1356. «En ce temps-là, dit-il, les nobles pour se moquer des paysans les nommaient *Jacques Bonhomme;* et on appelait communément de ce nom les paysans qui servaient dans les armées.» Peut-être ce sobriquet venait-il, de ce qu'ils étaient armés de *Jacques*, espèce de casaque contrepointée qui se mettait autrefois par-dessus la cuirasse, et de ce qu'on appelait alors assez communément en France les paysans *Bons hommes*, comme on peut le voir dans plusieurs passages de Froissart.

[2] Les imprimés disent *d'Artois*. Sauvage pense qu'il

faudrait lire *Gâtinois*. La leçon du texte paraît préférable. Il est plus naturel que l'historien ait associé La Brie au Pertois, qui n'en est guère éloigné, qu'à l'Artois ou au Gâtinois.

[1] Des environs de Corbie.

[2] Guillaume Caillet leur chef, appelé Jacques Bonhomme par Froissart, y perdit la vie ; le roi de Navarre lui fit couper la tête à Clermont.

ils eussent bien été cent mille hommes. Et quand on leur demandoit pourquoi ils faisoient ce, ils répondoient qu'ils ne savoient, mais ils le véoient aux autres faire, si le faisoient aussi, et pensoient qu'ils dussent en tel manière détruire tous les nobles et gentilshommes du monde, parquoi nul n'en pût être.

En ce temps se partit le duc de Normandie de Paris[1], et se douta du roi de Navarre, du prévôt des marchands et de ceux de son accord; car ils étoient tous d'une alliance; et s'en vint au pont de Charenton sur Marne[2], et fit un grand mandement de gentilshommes où il les put avoir, et défia le prévôt des marchands et ceux qui le vouloient aider. Quand le prévôt des marchands entendit que le duc de Normandie étoit au pont de Charenton et qu'il faisoit là son amas de chevaliers et d'écuyers, et qu'il vouloit guerroyer ceux de Paris, si se douta que grand mal ne lui en avînt; et que de nuit on ne vînt courir Paris qui à ce temps n'étoit point fermée. Si mit ouvriers en œuvre, quant qu'il en put avoir et recouvrer de toutes parts, et fit faire grands fossés autour de Paris, et puis chaingles, murs et portes; et y ouvroit-on nuit et jour. Et y eut, le terme d'un an[3], tous les jours trois mille ouvriers. Dont ce fut un grand fait que de fermer sur une année et d'enclorre et avironner de toute défense une telle cité comme Paris est et de tel circuit. Et vous dis que ce fut le plus grand bien que oncques le prévôt des marchands fit en toute sa vie; car autrement elle eût été depuis courue, gâtée et robée par trop de fois, et par plusieurs actions, si comme vous orrez ci-après. Or vueil je retourner à ceux et à celles qui étoient fuis à Meaux en Brie à sauveté.

CHAPITRE LXVII.

Comment le comte de Foix et le captal de Buch vinrent à Meaux pour reconforter la duchesse de Normandie et celle d'Orléans et les autres dames qui là étoient fuies pour les Jacques.

En ce temps que ces méchans gens couroient, revinrent de Prusse le comte de Foix et le captal de Buch son cousin; et entendirent sur le chemin, si comme ils devoient entrer en France, la pestillence et l'horribleté qui couroit sur les gentilshommes. Si en eurent ces deux seigneurs grand'pitié. Si chevauchèrent par leur journée tant qu'ils vinrent à Châlons en Champagne qui rien ne se mouvoit du fait des vilains, ni point n'y entroient. Si leur fut dit en la dite cité que la duchesse de Normandie et la duchesse d'Orléans et bien trois cents dames et damoiselles, et le duc d'Orléans aussi, étoient à Meaux en Brie, en grand meschef de cœur pour celle Jaquerie. Ces deux bons chevaliers s'accordèrent que ils iroient voir les dames et les reconforteroient à leur pouvoir, combien que le captal fût Anglois[1]. Mais ils étoient pour ce temps trêves en ce royaume de France et le royaume d'Angleterre; si pouvoit bien le dit captal chevaucher partout; et aussi là il vouloit remontrer sa gentillesse, en la compagnie du comte de Foix. Si pouvoient être de leur route environ quarante lances, et non plus; car ils venoient d'un pèlerinage, ainsi que je vous l'ai dit.

Tant chevauchèrent que ils vinrent à Meaux en Brie. Si allèrent tantôt devers la duchesse de Normandie et les autres dames, qui furent moult lies de leur venue; car tous les jours elles étoient menacées des Jaques et des vilains de Brie, et mêmement de ceux de la ville, ainsi qu'il fut apparent. Car encore pour ce que ces méchans gens entendirent que il avoit là foison de dames et de damoiselles et de jeunes gentils enfans, ils s'assemblèrent ensemble, et de ceux de la comté

---

[1] Le fait que Froissart vient de raconter arriva vers le milieu de juin, suivant l'auteur des *Chroniques de France*; or à cette époque il y avait déjà plusieurs mois que le régent n'était plus à Paris; car il ne paraît pas qu'il y fût revenu depuis qu'il en était sorti le dimanche 26 mars, jour de Pâques fleuries. Durant cet intervalle le régent assembla les états à Compiègne et parcourut plusieurs villes de Brie, de Champagne, de Beauvoisis, etc. Il n'alla donc point, en sortant de Paris, s'établir au pont de Charenton et y rassembler ses troupes, comme le dit Froissart.

[2] Le régent vint camper au Pont de Charenton et aux environs avec son armée, le 30 juin, suivant les *Chroniques de France*.

[3] Ces fortifications furent commencées dès l'année 1356 par les ordres du régent, au rapport du continuateur de Nangis qui dit (p. 115) qu'elles furent continuées en 1357 et l'année suivante. Froissart paraît avoir confondu ces premiers travaux et ceux que Marcel y fit ajouter en 1357 pour défendre Paris contre le régent; car comment aurait-il pu employer un an à fortifier Paris contre le régent, puisqu'il ne se décida à lui faire la guerre qu'au mois de mai de cette année, et qu'il fut tué le dernier juillet, comme on le verra bientôt?

[1] C'est-à-dire dans le parti anglais et des provinces du midi soumises à la domination anglaise.

de Valois aussi, et s'envinrent devers Meaux. D'autre part, ceux de Paris, qui bien savoient cette assemblée, se partirent un jour de Paris, par flottes et par troupeaux[1], et s'envinrent avecques les autres. Et furent bien neuf mille tous ensemble, en très grand'volonté de mal faire. Et toujours leur croissoient gens de divers lieux et de plusieurs chemins qui se raccordoient à Meaux. Et s'en vinrent jusques aux portes de la dite ville. Et ces méchans gens de la ville ne voulurent contredire l'entrée à ceux de Paris, mais ouvrirent leurs portes. Si entrèrent au bourg si grand'plenté que toutes les rues en étoient couvertes jusques au marché. Or regardez la grand'grâce que Dieu fit aux dames et aux damoiselles; car, pour voir, elles eussent été violées, efforcées et perdues, comme grandes qu'elles fussent, si ce n'eût été les gentilshommes qui là étoient, et par espécial le comte de Foix et le captal de Buch; car ces deux chevaliers donnèrent l'avis pour ces vilains déconfire et détruire.

CHAPITRE LXVIII.

Comment le comte de Foix, le captal de Buch et le duc d'Orléans déconfirent les Jacques, et puis mirent le feu en la ville de Meaux.

Quand ces nobles dames, qui étoient hergées au marché de Meaux, qui est assez fort, mais qu'il soit gardé et défendu, car la rivière de Marne l'avironne, virent si grand'quantité de gens accourir et venir sur elles, si furent moult ébahies et effrayées; mais le comte de Foix et le captal de Buch et leurs routes, qui jà étoient tous armés, se rangèrent sur le marché, et vinrent à la porte du marché et firent ouvrir tout arrière; et puis se mirent au devant de ces vilains, noirs et petits et très mal armés, et la bannière du comte de Foix et celle du duc d'Orléans et le pennon du captal, et les glaives et les épées en leurs mains, et bien appareillés d'eux défendre et de garder le marché. Quand ces méchans gens les virent ainsi ordonnés, combien qu'ils n'étoient mie grand'foison encontre eux, si ne furent mie si forcenés que devant; mais se commencèrent les premiers à reculer et les gentilshommes à eux poursuivir et à lancer sur eux de leurs lances et de leurs épées et eux abattre. Adonc ceux qui étoient devant et qui sentoient les horions, ou qui les redoutoient à avoir, reculoient de hideur tant à une fois qu'ils chéoient l'un sur l'autre. Adonc issirent toutes manières de gens d'armes hors des barrières et gagnèrent tantôt la place, et se boutèrent entre ces méchans gens. Si les abattoient à grands monceaux et tuoient ainsi que bêtes; et les reboutèrent tous hors de la ville, que oncques en nul d'eux n'y eut ordonnance ni conroy; et en tuèrent tant qu'ils en étoient tous lassés et tannés; et les faisoient saillir en la rivière de Marne. Finablement ils en tuèrent ce jour[1] et tant en fin plus de sept mille : ni jà n'en fût nul échappé, si ils les eussent voulu chasser plus avant. Et quand les gentilshommes retournèrent, ils boutèrent le feu en la désordonnée ville de Meaux et l'ardirent toute et tous les vilains du bourg qu'ils purent dedans enclorre. Depuis cette déconfiture qui fut faite à Meaux, ne se rassemblèrent-ils nulle part; car le jeune sire de Coucy, qui s'appeloit messire Enguerrand, avoit grand'foison de gentilshommes avec lui, qui les mettoient à fin partout où il les trouvoient, sans pitié et sans merci.

CHAPITRE LXIX.

Comment le duc de Normandie assiégea Paris par devers Saint-Antoine; et comment le roi de Navarre se partit de Paris et s'en alla à Saint-Denis.

Assez tôt après celle avenue[2], le duc de Normandie assembla tous les nobles et gentilshommes qu'il put avoir, tant du royaume que de l'Empire, parmi leurs soudées payant; et étoient bien sept mille lances[3]. Et s'en vint assiéger Paris par devers Saint-Antoine contre val la rivière de Seine. Et étoit logé à Saint-Mor, et ses gens là environ, qui couroient tous les jours jusques à Paris. Et se tenoit le dit une fois au pont de Charenton et l'autre à Saint-Mor; et ne venoit rien ni entroit à Paris de ce côté, ni par terre ni par eau, car le duc avoit pris les

---

[1] L'auteur des *Chroniques de France* dit qu'ils étaient environ trois cents, ayant pour capitaine un épicier nommé Pierre Gille, et qu'il s'en joignit à eux environ cinq cents commandés par Jean Vaillant, prevôt des monnaies du roi, qui s'étaient assemblés à Tilli.

[1] Les *Chroniques de France* fixent la date de cet événement au samedi 9 juin.
[2] Le 30 juin, suivant les *Chroniques de France*.
[3] L'auteur des *Chroniques de France* dit qu'on estimait l'armée du régent à trente mille hommes d'armes, et plus.

deux rivières Marne et Seine. Et ardirent ses gens autour de Paris tous les villages qui n'étoient fermés, pour mieux châtier ceux de Paris; et si Paris n'eût été adonc fortifiée, ainsi qu'elle étoit, elle eût été sans faute détruite. Et n'osoit nul issir hors de Paris, pour la doutance du duc de Normandie et de ses gens qui couroient d'une part et d'autre Saine; car ils véoient que nul ne leur alloit au devant. D'autre part le prévôt des marchands, qui se sentoit en la haine et indignation du duc de Normandie, tenoit à amour le roi de Navarre [1] ce qu'il pouvoit, et son conseil et la communauté de Paris, et faisoit, si comme ci-dessus est dit, de jour et de nuit ouvrer à la fermeté de Paris; et tenoit en la dite cité grand'foison de gens d'armes et de soudoyers Navarrois et Anglois, archers et autres compagnons, pour être plus assur contre ceux qui les guerrioient. Si avoit-il adonc dedans Paris aucuns suffisans hommes, tels que messire Pepin des Essars, messire Jean de Charny, chevaliers, et plusieurs autres bonnes gens, auxquels il déplaisoit grandement de la haine au duc de Normandie, si remède y pussent mettre. Mais nennil; car le prévôt des marchands avoit si attrait à lui toutes manières de gens et à sa cordelle, que nul ne l'osoit dédire de chose qu'il dît, s'il ne se vouloit faire tantôt tuer, sans point de merci.

Le roi de Navarre, comme sage et subtil, véoit les variemens entre ceux de Paris et le duc de Normandie, et supposoit assez que cette chose ne se pouvoit longuement tenir en tel état; et n'avoit mie trop grand'fiance en la communauté de Paris. Si se partit de Paris, au plus courtoisement qu'il put, et s'en vint à Saint Denis; et là tenoit-il aussi grand'foison de gens d'armes aux sols et aux gages de ceux de Paris. En ce point furent-ils bien six semaines, le duc de Normandie atout grand'foison de gens d'armes, au pont de Charenton, et le roi de Navarre au bourg de Saint-Denis. Si mangeoient et pilloient le pays de tous côtés; et si ne faisoient rien l'un sur l'autre.

[1] Il est bien étonnant que Froissart ne parle point du titre de capitaine de Paris donné au roi de Navarre le 15 juin, suivant les *Chroniques de France*.

CHAPITRE LXX.

Comment le roi de Navarre jura solemnellement à tenir paix envers le duc de Normandie, et sur quelle condition.

Entre ces deux seigneurs, le duc de Normandie et le roi de Navarre, s'embesognoient bonnes gens et bons moyens, l'archevêque de Sens, l'évêque d'Aucerre, l'évêque de Beauvais, le sire de Montmorency, le sire de Fiennes, le sire de Saint Venant [1]; et tant allèrent de l'un à l'autre et si sagement exploitèrent, que le roi de Navarre, de bonne volonté, sans nulle contrainte s'en vint près de Charenton devers le duc de Normandie son serourge. Et là eut grand approchement d'amour; car le dit roi s'excusa au duc de ce dont il étoit devenu en la haine de lui; et premièrement de la mort de ses deux maréchaux, monseigneur Robert de Clermont et le maréchal de Champagne, et messire Regnault d'Acy, et du dépit que le prévôt des marchands lui avoit fait dedans le palais à Paris; et jura solemnellement que ce fut sans son sçu, et promit au dit duc qu'il demeureroit de-lez lui à bien et à mal de celle emprise. Et fut là entre eux la paix faite et confirmée; et dit le roi de Navarre qu'il feroit amender à ceux de Paris la félonnie qu'ils avoient faite, parmi tant que la communauté de Paris demeureroit en paix. Mais le duc devoit avoir le prévôt des marchands et douze bourgeois lesquels qu'il voudroit élire dedans Paris, et iceux corriger à sa volonté [2]. Ces choses ordon-

[1] Il est possible que tous ces personnages aient eu part aux négociations; mais il est singulier que Froissart ne nomme point la reine Jeanne de Navarre qui y eut plus de part que personne. Ce n'est pas la seule inexactitude que nous ayons à lui reprocher à ce sujet : il paraît avoir confondu les deux conférences qui se tinrent pour la paix, l'une le dimanche 8 juillet près de Saint-Antoine, l'autre qui fut entamée par la reine Jeanne le samedi 14 du même mois et terminée par un accord le jeudi 19, sur un pont de bateaux que le régent avait fait construire entre les carrières près Charenton, où il était logé, et Vitry.

[2] Peut-être était-ce une clause secrète du traité : il n'en est point fait mention dans les *Chroniques de France*; il y est dit seulement que l'on convint, dans la conférence du 8 juillet, que le régent donnerait au roi de Navarre, pour lui tenir lieu de toutes les demandes qu'il pouvait former, *dix mille livres de terre* et quatre cent mille florins payables à différens termes, assignés sur les aides imposées pour la guerre, sans que le régent *en fût autrement tenu*, et qu'à cette condition le roi de Navarre le serviroit contre toute personne, excepté le roi de France. La clause la plus onéreuse pour les Parisiens, dans l'accord conclu le 19 juillet, est qu'ils se mettraient

nées et confirmées, et sur la fiance de celle paix, le roi de Navarre se partit du duc de Normandie amiablement et retourna à Saint-Denis; et le duc s'en vint en la cité de Meaux en Brie, où madame sa femme étoit, fille au duc de Bourbon, et donna congé à aucuns de ces gens d'armes. Et fut adoncques prié d'aucuns bourgeois de Paris qui ces traités avoient aidé à entamer, et de l'archevêque de Sens qui grand'peine y mettoit, et de l'évêque d'Aucerre, que il vînt à Paris sûrement et que on lui feroit toute la fête et honneur que on pourroit. Le duc répondit que il tenoit bien la paix à bonne, qu'il avoit jurée, ni jà par lui, si Dieu plaisoit, ne seroit enfreinte ni brisée, mais jamais à Paris n'entreroit, si auroit eu pleine satisfaction de ceux qui courroucé l'avoient. Ainsi demeura la chose en tel état un temps que point ne vint le duc de Normandie à Paris.

CHAPITRE LXXI.

Comment le roi de Navarre promit au prévôt des marchands qu'il lui aideroit de tout son pouvoir; et comment ceux de Paris tuèrent les soudoyers anglois qui à Paris étoient.

Le prévôt des marchands et ceux de sa secte, qui se sentoient en la haine et indignation du duc de Normandie leur seigneur, et qui les menaçoit de mourir, n'étoient point à leur aise; et visitoient souvent le roi de Navarre qui se tenoit à Saint-Denis, et lui remontroient bellement et doucement le péril où ils gisoient, dont il étoit cause; car ils l'avoient de prison délivré et à Paris amené; et l'eussent volontiers fait leur roi et leur gouverneur si ils pussent; et avoient voirement consenti la mort des trois dessus dits, qui furent occis au Palais à Paris, pourtant qu'ils lui étoient contraires; et que pour Dieu il ne les voulut mie faillir et ne voulut mie avoir trop grand'fiance au duc de Normandie ni en son conseil. Le roi de Navarre, qui sentoit bien que le prévôt des marchands et ceux de son alliance ne reposoient mie à leur aise, et que du temps passé ils lui avoient fait trop grand'courtoisie, ôté de danger et délivré de prison, les reconfortoit ce qu'il pouvoit, et leur disoit : « Chers seigneurs et amis, vous n'aurez jà nul mal sans moi; et quand vous avez maintenant le gouvernement de Paris et que nul ne vous y ose courroucer, je vous conseille que vous faites votre attrait, et vous pourvéez d'or et d'argent tellement que, s'il vous besogne, vous le puissiez retrouver; et l'envoyez hardiment ci à Saint-Denis sur la fiance de moi; et je le vous garderai et en retiendrai toujours gens d'armes secrètement et compagnons, dont au besoin vous guerroyerez vos ennemis. » Ainsi fit depuis le prévôt des marchands : toutes les semaines il envoyoit deux fois deux sommiers chargés de florins à Saint-Denis, devers le roi de Navarre qui les recevoit liement. Or advint que il étoit demeuré à Paris grand'foison de soudoyers Anglois et Navarrois, ainsi que vous savez, que le prévôt des marchands et la communauté de Paris avoient retenus à Paris à soudées et à gages, pour eux aider à défendre et garder contre le duc de Normandie. Et trop bien et trop loyaument s'y étoient portés, la guerre durant; si que, quand l'accord fut fait d'eux et du dit duc, les aucuns partirent et les autres non. Ceux qui partirent s'en vinrent devers le roi de Navarre qui tous les retint; et encore en demeura-t-il à Paris plus de trois cents qui là s'ébattoient et rafraîchissoient, ainsi que compagnons soudoyers font volontiers en tels villes et dépendent leur argent liement. Si s'émut un débat entre eux et ceux de Paris[1], et en y eut bien de morts, sur les rues que en leurs hôtels, plus de soixante[2]: de quoi le prévôt des marchands fut durement courroucé, et en blâma et vilena ceux de Paris moult yreusement. Et toutes fois pour apaiser la communauté, il en prit plus de cent et cinquante[3] et les fit mettre en prison au Louvre, et dit à ceux de Paris, qui

à la merci du régent, *par telle condition qu'il en ordonneroit par le conseil de la roine Jehanne, du roi de Navarre, du duc d'Orléans, concordablement et non autrement, mis et adjoint avecques eux le comte d'Estampes.*

[1] Les pillages que les autres Anglais cantonnés à Saint-Denis et à Saint-Cloud exerçaient sur le pays donnèrent lieu à ce tumulte qui arriva le samedi 21 juillet, veille de la Magdeleine, dans l'après-midi, selon l'auteur des *Chroniques de France*. Knyghton recule cet événement au mois de janvier 1358-1359; on trouve dans son récit presque autant d'erreurs que de mots : elles ont été relevées par M. Secousse.

[2] Les *Chroniques de France* disent qu'il n'y en eut qu'environ vingt-quatre de tués.

[3] Suivant les mêmes *Chroniques*, Marcel n'eut aucune part à l'emprisonnement des Anglais : ce furent les bourgeois seuls qui en arrêtèrent plus de quatre cents qu'ils mirent en prison au Louvre.

tous émus étoient d'eux occire, que il les corrigeroit et puniroit selon leur forfait. Parmi tant se rapaisèrent ceux de Paris. Quand ce vint à la nuit, le prévôt des marchands, qui voulut complaire à ces Anglois soudoyers, leur élargit leurs prisons et les fit délivrer et aller leur voie [1] ; si s'en vinrent à Saint-Denis devers le roi de Navarre, qui tous les retint.

Quand ce vint au matin que ceux de Paris sçurent l'affaire et la délivrance de ces Anglois, et comment le prévôt s'en étoit acquitté, si en furent durement courroucés sur lui, ni oncques depuis ils ne l'aimèrent tant comme ils faisoient auparavant. Le prévôt, qui étoit un sage homme, s'en sçut bien adonc ôter et dissimuler tant que cette chose s'oublia.

Or vous dirai de ces soudoyers Anglois et Navarrois comment ils persévérèrent. Quand ils furent venus à Saint-Denis et remis ensemble, ils se trouvèrent plus de trois cents : si se avisèrent qu'ils contrevengeroient leurs compagnons et les dépits qu'on leur avoit faits. Si envoyèrent tantôt défier ceux de Paris et commencèrent à courir aigrement et faire guerre à ceux de Paris et à occire et découper toutes gens de Paris qui hors issoient : ni nul n'osoit vider des portes, tant les tenoient les Anglois en grand doute : de quoi le prévôt des marchands en étoit demandé et en derrière encoulpé.

CHAPITRE LXXII.

Comment les compagnons des soudoyers anglois qui furent tués à Paris occirent grand'foison de ceux de Paris à la porte Saint-Honoré.

Quand ceux de Paris se virent ainsi hériés et guerroyés de ces Anglois, si furent tous forcennés ; et requirent au prévôt des marchands qu'il voulsist faire armer une partie de leur communauté et mettre hors aux champs, car ils les vouloient aller combattre. Le dit prévôt leur accorda et dit qu'il iroit avec eux ; et fit un jour armer une partie de ceux de Paris, et un jour partir jusques à vingt-deux cents [2]. Quand ils furent

aux champs, ils entendirent que ceux qui les guerrioient se tenoient devers Saint-Cloud. Si se avisèrent qu'ils se partiroient en deux parties et prendroient deux chemins, afin qu'ils ne leur pussent échapper. Si s'ordonnèrent ainsi ; et se devoient retrouver et rencontrer en un certain lieu assez près de Saint-Cloud. Si se dessevrèrent les uns des autres, et se mirent en deux parties ; et en prit le prévôt des marchands la moindre partie. Si tournoyèrent ces deux parties tout le jour environ Montmartre ; et rien ne trouvèrent de ce qu'ils demandoient.

Or avint que le prévôt des marchands qui étoit ennuié d'être sur les champs, et qui nulle rien n'avoit fait, entour remontée, rentra à Paris par la porte Saint-Martin. L'autre bataille se tint plus longuement sur les champs, et rien ne savoit du retour du prévôt des marchands ni de sa bataille que ils fussent rentrés à Paris ; car si

---

de celui de Froissart dans la plupart des circonstances de cet événement, qu'on ne peut se dispenser de le rapporter ici sommairement.

Le dimanche 22 juillet, jour de la Magdeleine, les Parisiens ayant obligé le roi de Navarre et le prévôt des marchands à marcher avec eux contre les Anglais qui étaient à Saint-Cloud et à Saint-Denis, sortirent au nombre de seize cents hommes à cheval et huit mille à pied, une partie par la porte Saint-Honoré, l'autre, ayant à sa tête le roi de Navarre et Marcel, par la porte Saint-Denis. Cette dernière troupe étant arrivée près de Montmartre où elle s'arrêta assez long-temps, trois hommes d'armes furent envoyés (sans doute par le roi de Navarre et Marcel) donner avis aux Anglais de l'approche des Parisiens. Les Anglais étaient embusqués dans le bois de Boulogne, nommé le bois de Saint-Cloud par le chroniqueur, et avaient posté quarante ou cinquante hommes seulement en dehors du bois du côté de Paris. Les Parisiens s'avancèrent avec confiance, croyant n'avoir affaire qu'à cette petite troupe ; mais voyant les Anglais sortir du bois, ils prirent la fuite et perdirent dans leur retraite plus de six cents hommes, presque tous gens de pied, et surtout de ceux qui étaient sortis par la porte Saint-Honoré. Le roi de Navarre, après être demeuré tranquille spectateur de leur défaite, retourna à Saint-Denis, et Marcel rentra dans Paris au milieu des huées du peuple.

Ce récit paraît préférable à celui de Froissart, parce que le chroniqueur était plus à portée que lui d'être instruit de ce qui se passait dans la capitale et aux environs, et que d'ailleurs on remarque beaucoup d'omissions et d'inexactitudes dans tout le morceau de Froissart qui s'étend depuis l'emprisonnement du roi Jean jusqu'à cette époque. Si quelquefois, pour ne pas trop multiplier les notes, j'ai négligé de relever les différences qui se trouvent entre son récit et celui des autres historiens contemporains, c'est ou parce qu'elles m'ont paru peu importantes ou parce que ce travail a été fait dans le t. 1er des *Mémoires de Charles-le-Mauvais*, par Secousse.

---

[1] Ils ne furent délivrés que le vendredi suivant 27 juillet, selon les *Chroniques de France* ; elles ajoutent que Marcel les conduisit hors de Paris par la porte Saint-Honoré, escortés d'archers qui portaient leurs arcs tendus, et d'environ deux cents hommes d'armes dont quelques-uns insultaient le peuple par des propos arrogans.

[2] Le récit des *Chroniques de France* diffère tellement

ils l'eussent sçu, ils y fussent rentrés aussi. Quand ce vint sur le vespre, ils se mirent au retour, sans ordonnance ni arroy, comme ceux qui ne cuidoient avoir point de rencontre ni d'empêchement; et s'en revenoient par troupeaux, ainsi que tous lassés et hodés et ennuiés. Et portoit l'un son bassinet en sa main, l'autre à son col, les autres, par lascheté et ennui, traînoient leurs épées, ou les portoient en écharpe; et tout ainsi se maintenoient-ils; et avoient pris le chemin pour entrer à Paris par la porte Saint-Honoré. Si trouvèrent de rencontre ces Anglois au fond d'un chemin, qui étoient bien quatre cents tous d'une sorte et d'un accord, qui tantôt écrièrent ces François et se férirent entr'eux de grand'volonté, et les reboutèrent trop durement et diversement; et en y eut de première venue abattus plus de deux cents.

Ces François qui furent soudainement pris et qui nulle garde ne s'en donnoient, furent tout ébahis et ne tinrent point de conroy, ains se mirent en fuite et se laissèrent occire, tuer et découper, ainsi que bêtes; et rafuioient qui mieux pouvoient devers Paris; et en y eut de morts en celle chasse plus de sept cents; et furent tous chassés jusques dedans les barrières de Paris. De cette avenue fut trop durement blâmé le prévôt des marchands de la communauté de Paris; et disoient que il les avoit trahis.

Encore à lendemain au matin, avint que les prochains et les amis de ceux qui morts étoient issirent de Paris pour eux aller querre à chars et à charrettes et les corps ensevelir. Mais les Anglois avoient mis une embûche sur les champs: si en tuèrent et mes-haignèrent de rechef plus de six vingt. En tel trouble et en tel meschef étoient échus ceux de Paris, et ne se savoient de qui garder. Si vous dis qu'ils murmuroient et étoient nuit et jour en grands soupçons; car le roi de Navarre se refroidoit d'eux aider, pour la cause de la paix jurée à son serourge le duc de Normandie, et pour l'outrage aussi qu'ils avoient fait des soudoyers anglois qu'il avoit envoyés à Paris. Si consentoit bien que ceux de Paris en fussent châtiés, afin que ils amendassent plus grandement ce forfait.

D'autre part aussi le duc de Normandie le souffroit assez, pour la cause de ce que le prévôt des marchands avoit encore le gouvernement d'eux; et leur mandoit et escripsoit bien généralement que nulle paix ne leur tiendroit jusques à tant que douze hommes de Paris, lesquels qu'il voudroit élire, il auroit à sa volonté. Si devez savoir que le dit prévôt des marchands et ceux qui se sentoient forfaits n'étoient mie à leur aise. Si véoient-ils bien et considéroient, tout imaginé, que cette chose ne pouvoit longuement durer en cel état; car ceux de Paris commençoient jà à refroidir de l'amour qu'ils avoient eu en lui et à ceux de sa sorte et alliance; et le déparloient vilainement, si comme il étoit informé.

CHAPITRE LXXIII.

Comment le prévôt des marchands et ses alliés avoient proposé de courir et détruire Paris; et comment le dit prévôt fut mis mort; et comment le duc de Normandie vint à Paris.

Le prévôt des marchands de Paris et ceux de son alliance et accord avoient souvent entr'eux plusieurs secrets conseils pour savoir comment ils se pourroient maintenir; car ils ne pouvoient trouver par nul moyen mercy ni remède au duc de Normandie; dont ce les ébahissoit plus que autre chose. Si regardèrent finablement que mieux valoit qu'ils demeurassent en vie et en bonne prospérité du leur et de leurs amis que ce qu'ils fussent détruits; car mieux leur valoit à occire que être occis. Si s'arrêtèrent du tout sur cel état, et traitèrent secrètement devers ces Anglois qui guerroyoient ceux de Paris; et se porta certain traité et accord entre les parties, que le prévôt des marchands et ceux de sa secte devoient être tous prêts et ordonnés entre la porte Saint-Honoré et la porte Saint-Antoine, tellement que, à heure de minuit, Anglois et Navarrois devoient tous d'une sorte y venir, si pourvus que pour courir et détruire Paris, et les devoient trouver toutes ouvertes; et ne devoient les dits coureurs deporter homme ni femme, de quelque état qu'ils fussent, mais tout mettre à l'épée, excepté aucuns que les ennemis devoient connoître par les signes qui seroient mis à leurs huis et fenêtres.

Celle[1] propre nuit que ce devoit avenir, ins-

[1] Le continuateur de Nangis, qui parle de ce traité, p. 620, comme ayant été conclu directement avec le roi de Navarre, ajoute que ce prince, une fois maître de la ville devait s'emparer de la couronne, du moins à ce que l'on croyait, *ut opinabatur*, et en faire exclure non-

pira Dieu et éveilla aucuns des bourgeois de Paris qui étoient de l'accord, et avoient toujours été, du duc de Normandie; desquels messire Pépin des Essarts et messire Jean de Charny se faisoient chefs: et furent iceux par inspiration divine, ainsi le doit-on supposer, informés que Paris devoit être courue et détruite. Tantôt ils s'armèrent et firent armer tous ceux de leur côté, et révélèrent secrètement ces nouvelles en plusieurs lieux, pour avoir plus de confortans.

Or s'en vint le dit messire Pépin et plusieurs autres, bien pourvus d'armures et de bons compagnons, et prit le dit messire Pépin la bannière de France, en criant : «Au roi et au duc!» et les suivoit le peuple; et vinrent à la porte Saint-Antoine, où ils trouvèrent le prévôt des marchands qui tenoit les clefs de la porte en ses mains[1]. Là étoit Jean Maillart, qui pour ce jour avoit eu débat au prévôt des marchands, et à Josseran de Mascon[1], et s'étoit mis avecques ceux de la partie du duc de Normandie. Et illecques fut le dit prévôt des marchands fortement argué, assailli et débouté; et y avoit si grand'noise et criée du peuple qui là étoit, que l'on ne pouvoit rien entendre; et disoient : «A mort! à mort! tuez, tuez le prévôt des marchands et ses alliés, car ils sont traîtres.»

Là eut entr'eux grand'hutin; et le prévôt des marchands, qui étoit sur les degrés de la bastide Saint-Antoine, s'en fût volontiers fui, s'il eût pu : mais il fut si hâté qu'il ne put; car messire Jean de Charny le férit d'une hache en la tête et l'abattit à terre; et puis fut féru de maître Pierre de Fouace et autres qui ne le laissèrent jusques à tant que il fut occis, et six de ceux qui étoient de sa secte, entre lesquels étoient Philippe Guiffart, Jean de Lille, Jean Poiret, Simon le Paonnier[2], et Gille Marcel[3]; et plusieurs autres traîtres furent pris et envoyés en prison. Et puis commencèrent à courir et à chercher parmi les rues de Paris, et mirent la ville en bonne ordonnance, et firent grand guet toute nuit[4].

---

seulement le régent, mais le roi qui était prisonnier en Angleterre. Villani dit pareillement que le roi de Navarre devait mettre sur sa tête la couronne de France et en faire hommage au roi d'Angleterre auquel il restituerait le comté d'Anghien (vraisemblablement de Guines) et d'autres domaines; à quoi il ajoute que le roi d'Angleterre devait aider le roi de Navarre à se mettre en possession du royaume, et aussitôt après l'exécution de ces projets faire couper la tête au roi Jean son prisonnier. Cette dernière circonstance n'est nullement vraisemblable; Édouard était trop généreux pour commettre une pareille atrocité, quel qu'en dût être le fruit. Il n'en est pas de même des autres conventions faites avec le roi de Navarre : elles n'ont rien d'opposé au caractère connu des deux princes. M Secousse croit même avoir trouvé le traité qu'ils conclurent alors, dans Rymer. Il est daté du 1er août 1351 M. Secousse prétend que la date a été mal lue et que ce traité ne peut se lier avec les événemens de cette année, pendant laquelle le roi de Navarre était dans les bonnes grâces du roi Jean, qui lui avait fait épouser sa fille et l'avait établi son lieutenant général en Languedoc. Il conclut de ce raisonnement et de plusieurs autres qui n'ont pas moins de probabilité, qu'on doit rapporter cet accord au 1er août 1358, lendemain de la mort de Marcel. Mais s'il fut fait dans cette circonstance, Villani s'est trompé sur la principale clause; car il y est dit qu'à l'exception du comté de Champagne et de Brie et des autres pays cédés au roi de Navarre, le roi d'Angleterre aurait la couronne et le royaume de France.

[1] Suivant l'auteur des *Chroniques de France*, il portait une boîte dans laquelle étaient renfermées les lettres du roi de Navarre qu'il refusa de montrer au peuple; et ce refus fut la cause de sa mort. Suivant les Chroniques manuscrites conservées à la Bibliothèque du Roi, cotées l'une 9,618, l'autre 9,656, ces lettres étoient non du roi de Navarre, mais du régent.

[1] Voici en peu de mots ce que les *Chroniques de France* disent de cette contestation : le mardi, dernier juillet, Marcel, ayant dîné à la bastille Saint-Denis, ordonna aux gardes d'en remettre les clefs à Josseran de Mascon, trésorier du roi de Navarre. Ils refusèrent d'obéir, ce qui donna lieu à une dispute assez vive. Jean Maillard, *garde de l'un des quartiers de la ville, de la partie de ladite bastille*, informé de ce qui se passait, accourut, prit le parti des gardes, puis montant à cheval, une bannière du roi de France à la main, se mit à crier : *Montjoie Saint-Denis au roi! et au duc!* et arriva aux halles où il demeura pendant le reste de l'action.

[2] Il est nommé Simon de Paumier dans les *Chroniques de France*.

[3] Suivant les mêmes chroniques, Gilles Marcel et Jean de Lille furent tués dans l'hôtel des Hérauts, près de la porte Baudoyer; et Jean Poiret fut tué à la bastille Saint-Martin.

[4] Un grand nombre de manuscrits et tous les imprimés rapportent ces faits d'une manière si différente que nous devons les citer ici : les imprimés abrègent toutefois le récit.

« Celle propre nuit que ce devoit advenir, inspira Dieu aucuns des bourgeois de Paris qui toujours avoient été de l'accord du duc, desquels Jean Maillart et Simon Maillart son frère se faisoient chefs; et furent ceux, par inspiration divine, ainsi le doit-on supposer, informés que Paris devoit être courue et détruite. Tantôt ils s'armèrent et firent armer tous ceux de leur côté, et révélèrent secrètement ces nouvelles en plusieurs lieux pour avoir plus de confortants. Et s'en vinrent Jean et Simon Maillart,

Vous devez savoir que sitôt que le prévôt des marchands et les autres dessus nommés furent morts et pris, ainsi que vous avez ouï, et fut le mardi dernier jour de juillet, l'an mil trois cent cinquante huit, après dîner, messages partirent de Paris très hâtivement pour porter ces nouvelles à monseigneur le duc de Normandie qui étoit à Meaux, lequel en fut très grandement réjoui, et non sans cause. Si se ordonna pour venir à Paris. Mais avant sa venue, Josseran de Mascon qui étoit trésorier du roi de Navarre, et Charles Coussac échevin de Paris, les envoyèrent Simon Maillart et deux maîtres de parlement, maître Étienne Alphonse et maître Jean Pastourel, devers le duc de Normandie qui se tenoit à Charenton. Ceux lui recordèrent pleinement et véritablement l'avenue de Paris et la mort du dit prévôt et de ses alliés, dont le dit duc fut moult réjoui; et prièrent les dessus dits au duc qu'il voulsist venir à Paris pour aider à conseiller la ville en avant ; car tous ces adversaires étoient morts. Le duc répondit que ce feroit-il volontiers ; et se partit du pont de Charenton, messire Arnoul d'Andrehen et le seigneur de Roye et aucuns chevaliers en sa compagnie, et s'en vint dedans la bonne ville de Paris, où il fut recueilli de toutes gens à grand'joie, et descendit adonc au Louvre. Là étoit Jean Maillart de-lez lui, qui grandement étoit en sa grâce et en son amour; et à voir dire, il avoit bien acquis, si comme vous avez ouï ci-dessus recorder. Assez-tôt après manda le duc de Normandie la duchesse sa femme, etc. » comme dans le texte.

pourvus d'armures et de bons compagnons bien avisés, pour savoir quelle chose ils devoient faire, un petit devant mi-nuit à la porte Saint-Antoine, et trouvèrent le dit prévôt des marchands, les clefs de la porte en ses mains. Le premier parler que Jean Maillart lui dit, ce fut que lui demanda par son nom : « Étienne, Étienne, que faites-vous ci à cette heure? » Le prévôt lui répondit : « Jean, à vous qu'en monte de savoir ? Je suis ci pour prendre garde de la ville dont j'ai le gouvernement. » — « Par Dieu, répondit Jean Maillart, il ne va mie ainsi ; mais n'êtes ci à cette heure pour nul bien ; et je le vous montre, dit-il à ceux qui étoient de-lez lui, comment il tient les clefs des portes en ses mains pour trahir la ville. » Le prévôt des marchands s'avança et dit : « Vous mentez. » — « Par Dieu, répondit Jean Maillart, traître, mais vous vous mentez ; » et tantôt férit à lui et dit à ses gens : «A la mort, à la mort tout homme de son côté, car ils sont traîtres. » Là eut grand hutin et dur : et s'en fût volontiers le prévôt des marchands fui s'il eût pu ; mais il fut si hâté qu'il ne put. Car Jean Maillart le férit d'une hache sur la tête et l'abattit à terre, quoique ce fût son compère, ni ne se partit de lui jusqu'à ce qu'il fût occis et six de ceux qui là étoient, et le demeurant pris et envoyé en prison; et puis commencèrent à estourmir et à éveiller les gens parmi les rues de Paris. Si s'en vinrent Jean Maillart et ceux de son accord parmi la porte Saint-Honoré et trouvèrent gens de la sorte du dit prévôt. Si les encoulpèrent de trahison ; ni excusation qu'ils fissent ne leur valut rien. Là en y eut plusieurs pris et envoyés en divers lieux en prison ; et ceux qui ne se laissoient prendre étoient occis sans merci. Celle propre nuit on en prit plus de soixante en leur maison, qui furent tous encoulpés de trahison et du fait de quoi le dit prévôt étoit mort : car ceux qui pris étoient confessèrent tout le meschef. Lendemain au matin ce Jean Maillart fit assembler la plus grand'partie de la communauté de Paris au marché es halles ; et quand ils furent tous venus, il monta sur un échafaud et puis remontra généralement pour quelle raison il avoit occis le prévôt des marchands et en quel forfait il l'avoit trouvé ; et recorda bellement et sagement, de point en point, toute l'avenue du prévôt et de ses alliés, et comment, en celle propre nuit, la cité de Paris devoit être courue et détruite, si Dieu par sa grâce n'y eût mis remède, qui les éveilla et les avoit inspirés de connoître celle trahison. Quand le peuple, qui présent étoit, ouït ces nouvelles, il fut moult ébahi du péril où il avoit été; et en louoient les plusieurs Dieu, à jointes mains, de la grâce que faite leur avoit. Là furent jugés à mort, par le conseil des prud'hommes de Paris et par certaine science, tous ceux qui avoient été de la secte du prévôt des marchands. Si furent tous exécutés en divers tourments de mort. Les choses faites et accomplies, Jean Maillart qui grandement étoit en la grâce et amour de la communauté de Paris, et aucuns prudes hommes avers avecques lui,

Telle est la leçon du plus grand nombre des manuscrits et de tous les imprimés ; tel est aussi le fondement sur lequel on a cru que Maillart avait tué de sa main le prévôt Marcel et avait seul opéré la révolution qui sauva Paris et peut-être le royaume ; car il n'est pas même nommé par les autres historiens contemporains, à l'exception de l'auteur des *Chroniques de France* qui, comme on vient de le voir, ne lui donne qu'une part très légère à l'action.

Il faut exposer maintenant les principales raisons qui m'ont engagé à préférer à cette leçon celle du texte qui ôte à Maillart le titre de libérateur de Paris pour le donner à Pépin des Essars et à Jean de Charny.

1º Le nouveau texte est tiré de deux manuscrits de la Bibliothèque du Roi, qui sont peut-être les plus anciens et les plus authentiques qu'on puisse trouver dans aucun dépôt. L'un sous le nº 8318, porte une date qui en atteste l'ancienneté ; l'autre, nº 8319, est si conforme au premier pour les caractères extérieurs, qu'on ne peut douter qu'il ne soit du même temps. On observe cependant assez de variété dans les leçons pour être sûr que ces deux manuscrits n'ont été copiés ni l'un sur l'autre, ni sur le même original. Ce texte se trouve encore dans un manuscrit de la Bibliothèque de Soubise, et dans un autre manuscrit de la Bibliothèque du Roi, sous le nº 6750. Celui-ci est moins ancien que le précédent : mais comme il n'est copié sur aucun des trois, il représente nécessairement un manuscrit plus ancien et forme un quatrième témoignage en faveur du nouveau texte.

2º Le nouveau texte s'accorde beaucoup mieux que l'ancien, tant avec les historiens contemporains qu'avec les autres monuments du temps, auxquels il peut même servir de commentaire ou de supplément. C'est ainsi, par exemple, qu'il supplée l'omission des *Chroniques de Saint-Denis*, en nous instruisant des détails de la mort de Marcel, en nommant les acteurs qui eurent la princi-

quels avoient été pris avecques les autres, furent exécutés et eurent les têtes coupées en la place de Grève[1], pourcequ'ils étoient traîtres et de la secte du prévôt des marchands. Et le corps du dit prévôt et de ceux qui avecques lui

> nale part à cet événement, circonstances omises par le chroniqueur et par les autres historiens; en nous apprenant quelles furent les suites de l'action de Pépin des Essars que le chroniqueur nous laisse ignorer.
> Il ne se concilie pas moins bien avec les autres monumens. Tout ce qu'on y lit concernant Maillart et Pépin des Essars est confirmé par deux pièces du trésor des Chartes[*], dont l'authenticité ne peut être suspecte. Par la première, datée de *l'ost* devant Paris, au mois de juillet 1358, le régent donne au comte de Porcien (Jean de Chastillon) pour lui et ses héritiers à perpétuité, en considération de ses services, 500 livres de revenu, en rente ou en terre, à prendre sur tous les biens qu'avait possédés Jean Maillart dans le comté de Dammartin et ailleurs, et qui avaient été confisqués sur ledit Maillart, *pour ce que*, dit le régent, *il a été et est rebellé, ennemi et adversaire de la couronne de France, de monseigneur et de nous, et se arme en la compagnie du prévôt des marchands, échevins et bourgeois de la ville de Paris, rebelles et adversaires de la dite couronne, de notre dit seigneur et de nous, en commettant crime de lèze-majesté royale*, etc.
> Il est inutile d'indiquer le rapport de ces lettres avec la nouvelle leçon et leur opposition avec l'ancienne, suivant laquelle Maillart est un sujet fidèle qui a toujours été constamment attaché au parti du régent.
> La seconde des pièces dont on vient de parler concerne Pépin des Essars. Ce sont des lettres de rémission datées du mois de février 1368, la cinquième année du règne de Charles V, dans lesquelles il est dit qu'avant que Marcel eût été tué, Pépin des Essars, chevalier, son frère Martin des Essars, Jacques de Pontoise, huissier d'armes, et plusieurs autres, allèrent à l'hôtel de Josseran de Mascon, situé près de Saint-Eustache, *pour icellui comme traître faire occire et mettre à mort; au quel hostel il ne peut être trouvé; et pour ce se départirent d'icellui...... se transportèrent en l'hôtel de notre dite ville* (c'est le roi qui parle) *prirent notre bannière qui là étoit, et atout s'en allèrent à la bastille de Saint-Antoine.... au quel lieu le prévôt des marchands, Philippe Giffart et autres traîtres furent occis et mis à mort.*
> Si ces raisons ne paraissaient pas suffisantes pour justifier la préférence que je donne au nouveau texte sur l'ancien, on peut consulter un mémoire imprimé dans le Recueil de l'Académie des Belles-Lettres, vol. XLIII, p. 563, où ce point d'histoire est discuté avec l'étendue nécessaire et de manière à ne laisser aucun doute sur cet objet.

[1] Cette exécution se fit le 2 août, veille du jour où le régent rentra dans Paris, suivant les *Chroniques de France.*

[*] Registre 86, pièce 142, et reg. 99, p. 695. Elles ont été publiées dans les *Mémoires de Charles-le-Mauvais*, t. II, p. 79 et p. 296.

I.

avoient été tués, furent atraînés en la cour de l'église de Sainte-Catherine du val des écoliers; et tout nus, ainsi qu'ils étoient, furent étendus devant la croix de la dite cour, où ils furent longuement, afin que chacun les pût voir qui voir les voudroit; et après furent jetés en la rivière de Saine.

Le duc de Normandie qui avoit envoyé à Paris de ses gens et grand'foison de gens d'armes, pour reconforter la ville et aider à la défendre contre les Anglois et Navarrois qui étoient environ et y faisoient guerre, se partit de Meaux où il étoit, et s'en vint hâtivement à Paris, à noble et grand'compagnie de gens d'armes; et fut reçu en la bonne ville de Paris de toutes gens à grand'-joie; et descendit pour lors au Louvre[1]. Là étoit Jean Maillart de-lez lui, qui grandement étoit en sa grâce et en son amour; et au voir dire, il l'avoit bien acquis, si comme vous avez ouï ci-dessus recorder; combien que par avant il fut de l'alliance au prévôt des marchands, si comme l'on disoit.

Assez tôt après, manda le duc de Normandie la duchesse sa femme, les dames et les damoiselles qui se tenoient et avoient été toute la saison à Meaux en Brie. Si vinrent à Paris; et descendit la duchesse en l'hôtel du duc, que on dit à Saint-Pol, où il étoit retrait; et là se tinrent un grand temps.

Or vous dirai du roi de Navarre comment il persévéra, qui pour le temps se tenoit à Saint-Denis, et messire Philippe de Navarre son frère de-lez lui.

[1] Le régent rentra dans Paris le vendredi 3 août vers le soir.
Christine de Pisan, dans la Vie qu'elle nous a laissée de ce prince, rapporte, à l'occasion de son retour à Paris, un trait de modération que nous transcrirons ici. Nous citerons ses propres expressions. *Ainsi comme il* (le régent) *passoit par une rue, un garnement traître, outrecuidé par trop grand'présomption, va dire si haut qu'il le put ouïr :* PAR DIEU, SIRE, SI J'EN FUS CRU, VOUS N'Y FUSSIEZ JA ENTRÉ; MAIS AU FORT ON Y FERA PEU POUR VOUS. *Et comme le comte de Tancarville qui droit devant le roi chevauchoit eut ouï la parole et voulut aller tuer le vilain, le bon prince le retint et répondit en souriant, comme si il n'en tenait compte :* ON NE VOUS EN CROIRA PAS, BEAU SIRE.
J'ai laissé cette phrase de l'ancien texte, en contradiction avec le nouveau, pour montrer combien les manuscrits de Froissart ont été altérés dans différents intérêts, et avec quel esprit de critique il faut les collationner. La note précédente, qui m'a été fournie par M. Dacier, a dû mettre le lecteur en état de prononcer.

CHAPITRE LXXIV.

Comment le roi de Navarre défia le duc de Normandie et ceux de Paris; et comment il pilla et prit plusieurs villes du royaume de France.

Quand le roi de Navarre sçut la vérité de la mort du prévôt des marchands son grand ami et de ceux de son alliance, si fut durement courroucé et troublé en deux manières. La première raison fut, pour tant que le dit prévôt lui avoit été très favorable et secret en tous ses affaires, et avoit mis grand'peine à sa délivrance : l'autre raison étoit telle qui moult lui touchoit quand il pensoit sur ce pour son honneur; car fame couroit communément parmi Paris et le royaume de France que il étoit chef et cause de la trahison que le prévôt des marchands et ses alliés, si comme ci-dessus est dit, vouloient faire, laquelle chose lui tournoit à grand préjudice. Si que le roi de Navarre imaginant et considérant ces besognes, et lui bien conseillé à monseigneur Philippe son frère, ne pouvoit voir nullement qu'il ne fît guerre au royaume de France et par espécial à ceux de Paris, qui lui avoient fait si grand dépit. Si envoya tantôt défiances au duc de Normandie et aux Parisiens et à tout le corps du royaume de France [1]. Et se partit de Saint-Denis. Et coururent ses gens, au département, la dite ville de Saint-Denis, et la pillèrent et robèrent toute [2]. Et envoya gens d'armes le dit roi de Navarre à Melun sur Seine, où la roine Blanche sa sœur étoit, qui jadis fut femme au roi Philippe [3]. Si les reçut la dite dame liement et leur mit en abandon tout ce qu'elle y avoit.

Si fit le roi de Navarre d'une partie de la ville et du châtel de Melun sa garnison; et retint partout gens d'armes et soudoyers, Allemands, Hainuyers, Brabançons et Hasbegnons et gens de tout pays qui à lui venoient et le servoient volontiers; car il les payoit largement. Et bien avoit de quoi; car il avoit assemblé si grand avoir que c'est sans nombre, par le pourchas et aide du prévôt des marchands, tant de ceux de Paris comme des villes voisines. Et messire Philippe de Navarre se trait à Mante et à Meulan sur la rivière de Seine; et en firent leurs garnisons il et ses gens; et tous les jours leur croissoient gens et venoient de tous côtés, qui désiroient à profiter et à gagner.

Ainsi commencèrent le roi de Navarre, et ses gens que on appeloit Navarrois, à guerroyer fortement et durement le royaume de France, et par espécial la noble cité de Paris; et étoient tous maîtres de la rivière de Saine dessous et dessus, et aussi de la rivière de Marne et de Oise. Si multiplièrent tellement ces Navarrois que ils prirent la forte ville et le châtel de Creel par quoi ils étoient maîtres de la rivière d'Oise, et le fort châtel de la Harelle [1] à trois lieues d'Amiens, et puis Mauconseil que ils réparèrent et fortifièrent tellement, que ils ne doutoient ni assaut ni siège. Ces trois forteresses firent sans nombre tant de destourbiers au royaume de France, que depuis en avant cent ans ne furent réparés ni restaurés. Et étoient en ces forteresses bien quinze cents combattans, et couroient par tout le pays; ni nul ne leur alloit audevant. Et s'épandirent tantôt partout, et prirent les dits Navarrois la bonne ville, et assez tôt après le fort châtel de Saint-Valery, dont ils firent une très belle garnison et très forte, de quoi messire Guillaume Bonnemare et Jean de Ségure [2] étoient capitaines. Si avoient bien ces deux hommes d'armes cinq cents combattans, et couroient tout le pays jusques à Dieppe et environ la ville de Abbeville, et tout selon la rivière de Somme jusques au Crotoi, à Rue et Montreuil sur mer. Et faisoient ces Navarrois les plus grands appertises d'armes, tellement que on se pouvoit émerveiller comment ils les osoient entreprendre; car quand ils avoient avisé un châtel ou une forteresse, si forte qu'elle fût, ils ne se doutoient point de l'avoir; et chevauchoient bien souvent sur une nuit trente lieues, et venoient sur un pays qui n'étoit en nulle doute; et ainsi exilloient-ils et embloient

---

[1] Ce fut le vendredi 3 août que le roi de Navarre défia le régent, suivant les *Chroniques de France*.

[2] On lit dans la *Chronique de Flandre* qu'ils pillèrent aussi la *sainte abbaye* de Saint-Denis.

[3] Les *Chroniques de France* fixent au samedi 4 août l'entrée des Navarrais dans Melun. Ils occupèrent le château que leur livra la reine Blanche, et la partie de la ville qui est du côté du Gâtinais; celle qui est du côté de la Brie demeura française. Cette date est confirmée par une pièce du trésor des Chartes. On trouve dans cette pièce et dans quelques autres que M. Secousse a publiées, des détails curieux sur la manière dont les Navarrais furent introduits dans Melun et dont ils s'y comportèrent quand ils en furent les maîtres.

[1] Le Herelle, entre Montdidier et Beauvais.

[2] Jean de Ségure ou Sègre, était un capitaine anglais.

les châteaux et les forteresses parmi le royaume de France, et prenoient à la fois sur l'ajournement les chevaliers et les dames en leurs lits; dont ils les rançonnoient, ou ils prenoient tout le leur, et puis les boutoient hors de leurs maisons.

De la ville de Creel sur Oise étoit souverain capitaine un chevalier Navarrois appert durement qui s'appeloit messire Foudrigais. Cil donnoit les sauf-conduits à toutes gens qui vouloient aller de Paris à Noyon, ou de Paris à Compiègne, ou de Compiègne à Soissons ou à Laon, et ainsi sur les marches voisines; et lui valurent bien les sauf-conduits, le terme qu'il se tint à Creel, cent mille francs.

Au châtel de Harelle se tenoit messire Jean de Péquigny, un chevalier de Picardie et bon Navarrois; et contraignoient ses gens durement ceux de Mont-Didier, d'Amiens, d'Arras, de Péronne et tout le pays de Picardie selon la rivière de Somme.

Dedans le châtel de Mauconseil avoit environ trois cents combattans, des quels Radigos de Dury, Richard Franquelin et François Hannequin, étoient capitaines[1]. Ceux couroient tous les jours sans faute et pilloient tout le pays environ Noyon; et s'étoient rachetées à ces capitaines toutes les grosses villes non fermées environ Noyon, à payer une quantité de florins toutes les semaines, et autant bien les abbayes; autrement ils eussent tout ars et détruit; car ils étoient trop crueux sur leurs ennemis. Par telles manières de gens demeuroient les terres vagues; car nul ne les osoit labourer ni ouvrer, dont depuis un très cher temps en naquit au royaume de France.

CHAPITRE LXXV.

Comment les Navarrois de Creel et de la Harelle déconfirent les Picards et ceux de Vermandois devant Mauconseil.

Quand le duc de Normandie qui se tenoit à Paris entendit que tels gens d'armes exilloient le pays, au titre du roi de Navarre, et qu'ils multiplioient trop grossement de jour en jour, si s'avisa qu'il y pourverroit de remède; car par tels gens se pourroit perdre le royaume de France dont il étoit hoir. Si envoya par toutes les cités et les bonnes villes de Picardie et de Vermandois, en priant que chacune, selon sa quantité, lui voulût envoyer un nombre de gens d'armes à pied et à cheval, pour résister à l'encontre de ces Navarrois, qui ainsi exilloient le pays et le royaume de France dont il avoit le gouvernement, et que ce ne faisoit mie à souffrir.

Les cités et les bonnes villes le firent moult volontiers, et se taillèrent chacun selon son aisement, de gens d'armes à pied et à cheval, d'archers et d'arbalétriers; et se traîrent premièrement par devers la bonne cité de Noyon, et droit devant la garnison que on dit de Mauconseil, pour ce que il leur sembloit que c'étoit le plus léger des forts à prendre que les Navarrois tenoient, et qui plus grevoit et contraignoit ceux de Noyon et le bon pays de Vermandois. Si furent capitaines de toutes ces gens d'armes et communes l'évêque de Noyon, messire Raoul de Coucy, le sire de Raineval, le sire de Cauny, le sire de Roye, messire Mathieu de Roye son cousin et messire Baudouin d'Ennequin maître des arbalétriers; et avoient ces seigneurs avecques eux plusieurs chevaliers et écuyers de Vermandois, de Picardie et de là environ. Si assiégèrent de grand'volonté Mauconseil, et y livrèrent plusieurs assauts, et contraignirent durement ceux qui le gardoient.

Quand les compagnons qui dedans étoient se virent ainsi pressés de ces seigneurs de France qui durement les menaçoient, et ils eurent bien considéré entr'eux que longuement ne se pouvoient tenir qu'ils fussent pris et déconfits, si escripsirent leur povreté et signifièrent à messire Jean de Péquigny, qui pour le temps se tenoit en la Harelle et à qui toutes ces forteresses obéissoient, en priant qu'ils fussent reconfortés et secourus hâtivement, ou il les convenoit rendre à meschef. Quand messire Jean de Péquigny entendit ces nouvelles, si ne les mit mie en oubli, mais se hâta durement de conforter ses bons amis de Mauconseil; et manda secrètement à ceux de la garnison de Creel et à toutes autres de là environ, qu'ils fussent appareillés et sur les champs en un certain lieu que leur assigna; car il vouloit chevaucher. Toutes manières de gens d'armes et de compagnons obéirent de grand'volonté à lui, et se traîrent là où ils devoient aller. Quand ils furent tous ensemble,

---

[1] Barnès dit qu'il y avait à Mauconseil trois cents hommes d'armes sous Radigois de Derry, Irlandais, Franklin et Hawkins, Anglais, et sir Robert Knowles.

ils se trouvèrent bien mille lances de bons combattans. Si chevauchèrent ces gens d'armes de nuit, ainsi que guides les menoient, et vinrent sur un ajournement devant Mauconseil.

Cette matinée faisoit si grand'bruine que on ne pouvoit voir un arpent de terre devant loin. Sitôt qu'ils furent venus ils se férirent soudainement en l'ost des François, qui de ce point ne se gardoient, et qui dormoient à petit guet, comme tous assurés. Si écrièrent les Navarrois leur cri, et commencèrent à découper et à tuer gens et abattre tentes et trefs à grand exploit; car les François furent pris sur un pied, tellement qu'ils n'eurent loisir d'eux armer ni recueillir; mais se mirent à la fuite qui mieux pouvoit devers la cité de Noyon qui leur étoit assez prochaine; et les Navarrois après. Là eut grand'bataille et dur hutin et moult de gens morts et renversés entre Noyon et Ourquans l'abbaye et entre Noyon et le Pont l'Évêque, et tout là entour; et gisoient les morts et les blessés à monceaux sur le chemin de Noyon et entre haies et buissons. Et dura la chasse jusques aux portes de Noyon; et fut la cité en grand péril de perdre; car les aucuns disent, qui furent là d'un lez et de l'autre, que si les Navarrois eussent voulu bien à certes ils fussent entrés dedans, car ceux de Noyon par cette déconfiture furent si ébahis, que quand ils rentrèrent en leur ville ils n'eurent mie avis de clorre la porte devers Compiègne; et fut pris l'évêque de Noyon devant les barrières et fiancé prisonnier[1]; autrement il eût été mort. Là furent pris messire Raoul de Raineval, le sire de Cauny et les deux fils au Borgne de Rouvroy, le sire de Turote[2], le sire de Vandeuil, messire Antoine de Codun, et bien cent chevaliers et écuyers; et en y eut de morts bien quinze cents; et par espécial ceux de la cité de Tournay y perdirent trop grossement, car ils étoient là venus en grand'étoffe et très bon arroy et riche. Et veulent dire les aucuns que de sept cents qu'ils étoient, il en retourna moult petit que tous ne fussent morts ou pris, car ceux de Mauconseil issirent aussi qui paraidèrent à faire la déconfiture, qui fut l'an de grâce mil trois cinquante huit, le mardi prochain après la Notre-Dame en mi-août qui fut adonc par un samedi[1].

CHAPITRE LXXVI.

Comment les Navarrois ardirent l'abbaye d'Ourquans; et comment ils s'espandirent en plusieurs lieux sur la rivière d'Oise et d'Esne; et comment ils prirent la forte ville de Vely.

Cette déconfiture enorgueillit et amonta si les Navarrois et leurs routes qu'ils chevauchèrent par tout le pays à leur volonté et emmenèrent la plus grand'partie de leurs prisonniers à Creil, pourtant qu'il y a bonne ville et forte et bien séant. Et conquirent là très grand avoir, tant en joyaux comme en prisonniers que ils rançonnèrent depuis bien et fort; et en devinrent les compagnons si riches et si jolis que merveilles; et rançonnèrent ces bourgeois de Tournay et d'autres villes à selles étoffées bien friquement, à fers de glaives, à haches et à épées, à jacques, ou à gippons[2], ou à houseaux[3] et à toutes manières d'outils qui leur afféroient. Les chevaliers et les écuyers rançonnoient-ils assez courtoisement, à mise d'argent, ou à coursiers, ou à roncins; ou d'un povre gentilhomme, qui n'avoit de quoi rien payer, ils prenoient bien le service un quartier d'an, ou deux, ou trois, ainsi qu'ils étoient d'accord. De vins, de vivres et de toutes autres pourvéances avoient ils bien et largement; car le plat pays leur en délivroit assez, pour cause de redemption; ni rien n'alloit dedans les bonnes villes, fors en larcin ou par bon sauf-conduit que ils vendoient bien chèrement; et cela tenoient ils entièrement, excepté trois choses, chapeaux de bièvres, plumes d'ostruce, et fers de glaive: oncques ils ne voulurent mettre ni accorder ces trois choses en leurs sauf-conduits. Si firent ceux de Mauconseil, depuis cette besogne avenue, assez plus de maux que devant, et ardirent la plus grand'partie de l'abbaye d'Ourquans, dont ce fut grand dom-

---

[1] Le continuateur de Nangis dit que l'évêque de Noyon avait été fait prisonnier lorsque les Anglais et Navarrais s'emparèrent de Mauconseil. Mais l'accord de Froissart avec les *Chroniques de France* ne permet pas d'adopter ce récit.

[2] Probablement, *Torote* ou *Tourote*, maison qui possédait la châtellenie de Noyon.

[1] Cette date est évidemment fausse: l'Assomption de la Vierge arriva en 1358 le mercredi et non le samedi. Il vaut mieux adopter celle des *Chroniques de France*, qui placent cet échec au mardi 14 août.

[2] Espèce de chaussures, bottines.

[3] Pourpoint, casaque.

mage, et moult en déplut grandement aux capitaines de Mauconseil quand ils le sçurent. Si se épandirent ces Navarrois en plusieurs lieux d'une part et d'autre la rivière d'Oise et d'Esne, et vinrent deux hommes d'armes apperts durement, Radigois de Dury et Robin l'Escot[1], prendre par eschellement la bonne ville de Vely[2], dont ils firent une bonne garnison, et la réparèrent et fortifièrent durement. Ces deux compagnons avoient dessous eux à leurs gages bien quatre cents compagnons, et retenoient toutes manières d'autres gens, Allemands, Hainuyers, Flamands, Brabançons et autres étrangers, et leur donnoient certaines souldées, et payoient de mois en mois.

Si couroient ceux de Vely, ceux de Mauconseil, ceux de Creel et ceux de la Harelle partout où ils vouloient, ni nul ne leur contredisoit ; car les chevaliers et les écuyers étoient tout embesognés de garder leurs forteresses et leurs maisons. Et alloient ces Navarrois et ces Anglois, et chevauchoient ainsi qu'ils vouloient, une fois armés et l'autre désarmés ; et s'ébattoient de fort en fort, tout ainsi comme si le pays fût en paix. Le jeune sire de Coucy faisoit bien garder les châteaux et soigneusement ; et étoit ainsi que souverain et gouverneur de toute la terre de Coucy un appert chevalier durement et vaillant homme qui s'appeloit le chanoine de Robersart. Cestui ressoignoient plus les Anglois et les Navarrois que nuls des autres ; car il en rua par plusieurs fois maints jus ; et aussi fit le sire de Roye.

CHAPITRE LXXVII.

Comment aucuns bourgeois d'Amiens avoient vendu la dite cité aux Navarrois ; et comment le connétable de France et le comte de Saint-Pol la gardèrent d'être prise.

Or avint ainsi, que messire Jean de Péquigny qui étoit de la partie le roi de Navarre et le plus grand de son conseil, et par quel pourchas il avoit été délivré, et qui pour le temps se tenoit en la Harelle à trois lieues près la cité d'Amiens, pourchassa tant par son subtil engin envers aucuns des bourgeois d'Amiens des plus grands de la cité, que il les eut de son accord ; et devoient mettre les Navarrois dedans la ville. Et emplirent couvertement iceux bourgeois, traîtres envers ceux de la cité, leurs chambres et leurs celliers de Navarrois qui devoient aider à détruire la ville. Et vinrent un soir messire Jean de Péquigny et messire Guillaume de Gauville, messire Friquet de Friquans, messire Lus de Bethisi, messire Foudrigais et bien cinq cents tous bons combattans, sur le confort de leurs amis que ils avoient laiens, aux portes d'Amiens[1] au lez devers la Harelle, et la trouvèrent ouverte, ainsi que ordonné étoit. Adoncques s'en issirent hors ceux qui mucés étoient dedans celliers et dedans chambres, et commencèrent à écrier : « Navarrois ! » Ceux de la cité d'Amiens qui furent en grand effroi se resveillèrent soudainement et écrièrent : « Trahis ! » et se recueillirent entre eux de grand courage ; et se trairent devers la porte, là où le plus grand tumulte étoit, entre le bourg[2] et la cité. Si gardèrent ceux qui premiers y vinrent assez bien la porte et de grand'volonté ; et y eut d'un lez et d'autre grand'foison d'occis. Et vous dis que si les Navarrois se fussent hâtés d'être entrés en la cité, sitôt que ils vinrent, ils l'eussent gagnée, mais ils entendirent au bourg et firent leur emprise assez couardement. Aussi celle propre nuit inspira Dieu monseigneur Morel de Fiennes[3], connétable de France pour le temps, avec le jeune comte de Saint-Pol son neveu, qui étoient à Corbie atout grand'foison de gens d'armes.

Si chevauchèrent vers Amiens vigoureusement, et y vinrent si à point que les Navarrois avoient jà conquis le bourg et mettoient grand'-peine à conquerre la cité ; et l'eussent eue sans faute, si les dessus dits ne fussent venus si à

---

[1] Nous avons dit que Radigois de Derry était Irlandais ; celui que Froissart nomme Robin l'Escot était probablement Écossais.

[2] Velly, bourg ou petite ville sur l'Aisne à peu de distance de Soissons.

[1] Les *Chroniques de France* placent l'attaque d'Amiens au dimanche 16 septembre. Tous nos historiens en ont parlé, mais avec moins d'étendue ou moins d'exactitude que Froissart. C'est ainsi, par exemple, que le continuateur de Nangis se trompe manifestement lorsqu'il dit, page 121, que ce fut le roi de Navarre en personne qui fit cette tentative sur Amiens.

[2] Froissart entend par ce mot le faubourg : il était séparé de la ville proprement dite par une ancienne muraille, et avait été enclos de murs sous le règne de Philippe de Valois : ce qui formait une enceinte extérieure qu'on nommait *la nouvelle forteresse*. C'est dans cette première enceinte que les Navarrois s'étaient introduits.

[3] Aucun des autres historiens ne nomme le connétable de Fiennes ; ils attribuent tous unanimement au comte de Saint-Pol seul l'honneur de la délivrance d'Amiens.

point. Si très tôt que ces deux seigneurs et leurs gens furent entrés en la cité d'Amiens par une autre porte, ils se trairent chaudement là où les périls et la mêlée étoient; et firent développer leurs bannières : et se rangèrent moult ordonnément sur la rue, sans passer la porte ; car ils tenoient le bourg pour tout conquis et perdu, ainsi qu'il fut. Cil secours refraîchit et renforça durement ceux d'Amiens ; et alluma-t-on sur la rue grand'foison de feux et de falots.

Quand messire Jean de Péquigny et ceux qui étoient par delà entendirent que le connétable et le comte de Saint-Pol étoient par delà atout grand'foison de gens d'armes, si sentirent tantôt qu'ils avoient failli à leur entente, et qu'ils pouvoient plus perdre que gagner ; si retray ses gens au plus courtoisement qu'il put, et donna conseil de retourner. Donc se recueillirent les Navarrois et ceux de leur côté tous ensemble et sonnèrent la retraite ; mais ils pillèrent et coururent ançois tout le bourg, dont ce fut grand dommage de ce que ils l'ardirent, car il y avoit plus de trois mille maisons et de bons hôtels grand'foison, et de belles églises parrocheaulx et autres, qui toutes furent arses, ni rien n'y eut déporté, mais le feu n'entra point dedans la cité. Ains retournèrent les Navarrois qui emmenèrent grand avoir qu'ils avoient trouvé au grand bourg d'Amiens, et grand'foison de prisonniers ; et s'en rallèrent arrière en leurs garnisons.

CHAPITRE LXXVIII.

Comment le connétable de France et le comte de Saint-Pol firent décoler ceux qui avoient vendu Amiens ; et comment une très grand'cherté vint en France.

Quand les Navarrois furent tous retraits, le connétable de France et le comte de Saint-Pol départirent leurs gens et les envoyèrent par toutes les portes, et leur commandèrent sur la hart que ils ne laissassent nul homme vider hors de la ville.

Ainsi fut fait qu'ils ordonnèrent. Lendemain au matin, le connétable de France et le comte de Saint-Pol, et aucuns bourgeois qui connoissoient le maintènement de la ville et qui soupçonnoient aucuns bourgeois et bourgeoises de cette trahison, allèrent dans les maisons de ceux et de celles où ils les pensoient à trouver : si en prirent jusques à dix-sept, lesquels furent décolés tantôt et sans délai publiquement emmy le marché, et mêmement l'abbé du Gard qui consenti avoit cette trahison et logé une partie des Navarrois en sa maison[1]. Aussi assez tôt après, par cas semblable, en furent traînés et justiciés en la bonne ville et cité de Laon six des plus grands bourgeois de la ville ; et si l'évêque du lieu[2] eût été tenu, il eût été mal pour lui ; car il en fut accusé, et depuis ne s'envint-il point excuser : mais il se partit adoncques secrètement, car il eut amis en voie qui lui annoncèrent cette avenue. Si se traist tantôt pardevers le roi de Navarre à Mante sur Seine, qui le reçut liement.

Telles avenues et telles amises[3] avenoient adoncques au royaume de France : pour ce se tenoient les seigneurs, les barons et les chevaliers, et aussi les bonnes villes et les cités chacun sur sa garde ; car on ne savoit de qui garder. Et au voir dire, le roi de Navarre avoit plusieurs amis semés et acquis parmi le royaume de France ; et si on ne s'en fût point aperçu, ils en eussent plus de contraires assez faits qu'ils ne firent, combien qu'ils en fissent assez.

En ce temps que le duc de Normandie et ses frères se tenoient à Paris, n'osoient nuls marchands ni autres issir hors de Paris ni chevaucher en leurs besognes qu'ils ne fussent tantôt rués jus, de quel côté que ce fût qu'ils voulussent aller ; car le royaume de France étoit si rempli de Navarrois, que ils étoient maîtres et seigneurs du plat pays et des rivières et aussi des cités et des bonnes villes : dont un si cher temps en vint en France que on vendoit un tonnelet de harengs trente écus, et toutes autres choses à l'avenant ; et mouroient les petites gens de faim, dont c'étoit grand'pitié ; et dura cette dureté et ce cher temps plus de quatre ans. Et par les bonnes villes de France ne pouvoit nul ni nulle recouvrer de sel, si ce n'étoit par les ministres du duc de Normandie ; et le faisoient iceux acheter aux gens et livrer à leur ordonnance, pour estordre plus grands argents, pour payer les soudoyers ; car les rentes et les revenues

---

[1] Elle était située près de la porte Saint-Fremin-au-Val contre laquelle les Navarrais avaient dirigé leur attaque.
[2] C'était le fameux Robert le Cocq, qui s'enfuit peu de temps après en Espagne, où il fut fait évêque de Calahorra.
[3] Mauvaise action.

dudit duc en autres conditions étoient toutes perdues.

CHAPITRE LXXIX.

Comment le connétable de France et le comte de Saint-Pol et tous les seigneurs de Picardie assiégèrent Saint-Valery; et comment le captal de Buch prit Clermont en Beauvoisin.

Moult acquirent le connétable de France et le jeune comte de Saint-Pol grand'grâce parmi le pays de Picardie, du secours que ils avoient fait à ceux d'Amiens; et se commencèrent tous les chevaliers et écuyers de Picardie à aherdre [1] à eux, et dirent ainsi : « Nous avons en ces deux seigneurs bons capitaines et gouverneurs pour emprendre un grand fait et réveiller nos ennemis qui ainsi nous hérient et nous tollent notre chevance. » Tant parlèrent les barons et les chevaliers, quand ils se trouvèrent ensemble, et si s'émurent, que de fait et de volonté ils dirent et accordèrent que ils iroient assiéger Saint-Valery, et ceux qui dedans étoient, qui là gissoient trop grandement à leur honneur; et y mirent les deux seigneurs de Picardie, par le conseil des dessus dits, jour et terme de ce faire. Si se pourvurent sur ce, et le signifia le connétable de France par toutes les bonnes villes et cités de Picardie. Si se recueillirent et assemblèrent ceux de Tournay, d'Arras, de Lille, de Douay, de Béthune, de Saint-Omer, de Saint-Quentin, de Péronne, d'Amiens, de Corbie et de Abbeville, et se taillèrent à une quantité de gens, et les envoyèrent devers le connétable et le comte de Saint-Pol, qui se firent chefs et souverains de cette chevauchée et entreprise.

Si s'émurent tous les chevaliers et écuyers : et mêmement de Hainaut en y alla-t-il assez, pour la cause des héritages qu'ils tenoient ou tiennent en France. Le sire d'Enghien y envoya le jeune sénéchal pour le temps de Hainaut, messire Jean de Verchin, lequel y alla en grand'étoffe, et messire Hugues d'Antoing son cousin et plusieurs autres; et vinrent mettre le siége pardevant Saint-Valery [2]. Si étoient bien deux mille chevaliers et écuyers et environ douze mille d'autres gens de communautés des bonnes villes, et tous à leurs propres frais. Mais par

[1] S'attacher.
[2] Ils assiégèrent Saint-Valéry dans le mois d'août de cette année, et n'en furent les maîtres que vers le carême de l'année suivante, comme le dira Froissart ci-après.

espécial ceux de Abbeville en furent trop curieux; car là prenoient-ils le plus de leurs pourvéances. Si se tint le siége devant Saint-Valery un grand temps; et y eut fait et livré maints assauts grands et forts, et maintes escarmouches. Et presque tous les jours y avoit aucune chose de nouvel, ou aucunes appertises d'armes; car les jeunes chevaliers et écuyers de l'ost se alloient aventurer et éprouver de grand'volonté ; et bien trouvoient à qui parler; car messire Guillaume Bonnemare et Jean de Ségure, apperts hommes d'armes malement, et aucuns compagnons de laiens, venoient jusques aux barrières de leur forteresse lancer et escarmoucher à ceux de l'ost bien et hardiment. Si en y avoit des blessés et des navrés à la fois des uns et des autres, ainsi que en tel besogne aviennent souvent telles aventures. Et pouvoient bien être ceux de Saint-Valery environ trois cents combattans, sans ceux qui étoient de la nation de la ville, que ils faisoient combattre et eux aider, autrement ils eussent mal finé. Et y firent les seigneurs qui là étoient amener et charier les engins d'Amiens et d'Abbeville, et dresser pardevant, qui y jetoient grands pierres de faix, qui moult grévoient ceux de la ville. Et aussi ceux de Saint-Valery avoient de bons canons et des espringalles [1] qui moult grévoient ceux de l'ost.

En ce temps que le siége se tenoit là [2] et que le roi de Navarre guerroyoit de tous côtés le royaume de France, arriva à Chierebourch le captal de Buch, un autre appert chevalier, cousin

[1] Machine à lancer des traits et des pierres.
[2] La surprise de Clermont par le captal de Buch, que Froissart va raconter, ne peut être arrivée pendant le siége de Saint-Valery, puisque Saint-Valery, ainsi qu'il le dira lui-même ci-après, chap. 84, assiégé au mois d'août 1358, se rendit dans le carême de l'année suivante; et que le captal de Buch ne s'empara de Clermont, suivant les *Chroniques de France*, que le lundi 18 novembre 1359.
Il est presque impossible de débrouiller la chronologie des faits qu'il va raconter dans quelques-uns des chapitres suivans; il paraît seulement qu'on doit les rapporter à la fin de l'année 1358 ou aux premiers mois de l'année 1359.
Je remarque de plus que la plupart des événemens qu'il rapporte dans les chapitres 80, 81 et suivans jusqu'au chapitre 99, ne se trouvent point dans les autres historiens. Mais en revanche ils en racontent d'autres qui ont été omis par Froissart : ainsi, pour avoir une juste idée de l'étendue des maux que le roi de Navarre fit alors à la France, on ne peut se dispenser de combiner son récit avec celui des chroniqueurs, auxquels il sert de supplément et qui lui en servent à leur tour.

du roi de Navarre; et vint adonc en Normandie en intention et pour aider au dit roi de Navarre à maintenir sa guerre contre le royaume; car aussi le dit roi l'en avoit affectueusement prié et retenu à soudées et à gages à deux cents lances.

Donc, si très tôt que le captal fut venu en Normandie, il se mit aux champs et chevaucha tout parmi le pays dudit roi de Navarre tant qu'il vint à Mante. Là trouva-t-il monseigneur Philippe de Navarre son cousin qui lui fit grand'chère et le recueillit liement; et fut avecques lui, je ne sais quans de jours : et puis s'en partit-il secrètement atout ses compagnons et chevaucha tant sur une nuit, parmi le bon pays de Veguecin et de Beauvoisin, que il vint à Clermont en Beauvoisin, une grosse ville néant fermée et bon châtel, voire d'une très grosse tour où il a braies[1] tout environ. Le captal, ains son département de Normandie, avoit avisé celle forteresse à prendre. Si en chéy si bien, que sur ajournement, ses gens la prirent, échelèrent et emblèrent sur les vilains du pays; et entrèrent les Navarrois dedans par échellement. De quoi qui la dite tour véoit, on se put émerveiller comment ce se put faire; car à la vue du monde c'est chose impossible du prendre. Toutevoies ils achevèrent leur emprise par échelles de cordes et grands crocs d'acier : et y entra premièrement en rampant comme chat, Bernard de La Salle qui en son vivant en échela plusieurs; et tant fit en cette empainte, que Clermont demeura au captal de Buch qui le tint un grand temps, et plusieurs bons compagnons dedans, qui durement travaillèrent et coururent le bon pays de Veguecin et de Beauvoisin, parmi l'aide des autres forteresses qui se tenoient Navarroises là environ, Creel, la Harelle et Mauconseil. Et étoit tout le plat pays à eux, ni n'alloit nul au devant. Et toujours se tenoit le siége des chevaliers de Picardie et du pays de Caux devant Saint-Valery.

CHAPITRE LXXX.

Comment ceux des forteresses navarroises gâtoient, pilloient et roboient tout le pays environ eux.

Ainsi étoit embesogné et guerroyé de tous lez le royaume de France en toutes ses parties en ce temps, au titre du roi de Navarre; et furent pris et conquis et échellés plusieurs forts châteaux en Brie, en Champagne, en Valois, en l'évêché de Noyon, de Soissons, de Senlis et de Laon, desquels plusieurs chevaliers et écuyers de divers pays étoient chefs et capitaines. Par devers Pons sur Saine, vers Prouvins, vers Troyes, vers Aucerre, et vers Tonnerre, étoit le pays si entrepris de forts guerroyeurs et de pilleurs, que nul n'osoit issir des cités et des bonnes villes. Entre Châlons en Champagne et Troyes, dedans le châtel de Beaufort qui est de l'héritage au duc de Lancastre, se tenoit messire Pierre d'Audelée, et en avoit fait très belle et très bonne garnison : ceux couroient tout le pays d'environ eux. D'autre part, à Pons sur Saine et aucune fois au fort de Nogent se tenoit un très appert chevalier Hainuyer, qui s'appeloit messire Eustache d'Aubrécicourt, et avoit bien dessous lui cinq cents combattans : si couroient tout le pays environ eux. D'autre côté en Champagne avoit un écuyer d'Allemaigne, qui s'appeloit Albrest, fort homme d'armes malement. Ces trois capitaines tenoient en la marche de Champagne et sur la rivière de Marne plus de soixante châteaux et fortes maisons, et mettoient, quand ils vouloient, sur les champs plus de deux mille combattans, et avoient mis tout le pays en leur subjection, et rançonnoient et roboient à leur volonté sans mercy; et par espécial cil Albrest et sa route y firent trop de vilains faits.

Si avoient ces gens que on nommoit gens d'armes, pris, pillé et tout ars et détruit les bonnes villes de Damery, d'Épernay et de Vertus, et toutes les villes selon la rivière de Marne, de ci à Châtel Thierry; et tout ainsi environ la cité de Reims; et avoient gagné la bonne ville de Ronay[1] et le fort châtel de Hans[2] en Champagne, et tout pris et robé tout quant que trouvé y fut; et tout en amont jusques à Sainte-Menehoult en Perthois. Et le plus grand capitaine entr'eux et le plus renommé, et qui plus souvent chevauchoit et faisoit de grands appertises d'armes, c'étoit messire Eustache d'Aubrécicourt : cil tenoit dessous lui au pays de Champagne, Pont sur Saine, c'étoit sa chambre, Nogent sur Saine, Damery,

---

[1] Enceinte de murs peu élevés.

[1] Rosnay, bourg sur la Veyre.
[2] On trouve un village de ce nom près de Sainte-Menehould.

Lusi[1], Saponay[2], Trochi[3], Arcy sur Aube, Plancy et plusieurs autres forteresses.

Et plus avant sur les marches de Bourgogne et de Perthois se tenoient autres guerroyeurs qui s'appeloient Thibaut de Chaufour et Jean de Chaufour; et avoient, au titre du roi de Navarre, pris en l'évêché de Langres un très fort châtel malement qui s'appeloit[4] Mont-Saugon. Là dedans avoit quatre cents combattans qui guerroyoient et couroient tout le pays et jusques en l'évêché de Verdun, et rançonnoient tout; ni rien ne duroit devant eux, ni aussi nul ne leur alloit audevant; mais étoient les barons, chevaliers et écuyers tous embesognés de garder leurs maisons et leurs forteresses.

CHAPITRE LXXXI.

Comment Robin l'Escot, un des capitaines de Velly, prit le fort châtel de Roussy et le comte et la comtesse et leur fille dedans.

D'autre part, par devers Soissons et entre Laon et Reims se tenoient autres pilleurs et robeurs qui déroboient et rançonnoient tout le pays de là entour. Et parmi la terre du seigneur de Coucy et du comte de Roussy ne couroient-ils nullement ou bien peu; car ces deux seigneurs les faisoient bien garder par gens d'armes, qu'ils avoient retenus à leurs gages et à leurs frais et mis en leurs châteaux et forteresses. Et étoit la souveraine garnison de ce pays de ces pilleurs, Velly: si l'avoient malement réparée et fortifiée; et étoient bien dedans six cents combattans; et en étoit capitaine Radigos de Dury, un écuyer Anglois, appert homme d'armes durement. Cil retenoit toutes manières de gens et de compagnons qui le vouloient servir, et leur donnoit certains gages, et les payoit tellement de terme en terme, que tous le servoient volontiers. Cil avoit avec lui un écuyer qui s'appeloit Robert l'Escot, qui étoit, ainsi que compagnons, à perte et à gain. Cil Robin l'Escot, pour lui faire avancer et renommer, alla par les fêtes de Noël gagner sauvagement par nuit le fort châtel de Roussy; et

[1] Lussy, village sur la Marne, un peu au-dessus de Chaumont.
[2] Il y a un village de ce nom dans le Soissonnais.
[3] Torcy: il y a plusieurs lieux de ce nom en Champagne.
[4] Montsaugeon, à une très petite distance de Langres, vers le midi.

prit dedans le propre comte de Roussy, madame sa femme, mademoiselle leur fille, et tous ceux qui y furent trouvés, et aussi toutes les pourvéances du château qui étoient moult grandes; et fut avec tout ce toute la ville robée. Si fit le dit Robin l'Escot de la ville et du châtel une grande garnison, qui depuis gréva durement le pays de là entour; et si rançonna le dit comte, madame sa femme et mademoiselle sa fille à la somme de douze mille florins d'or au mouton; et si détint la ville et le châtel tout l'hiver et l'été après, qui fut l'an cinquante neuf. Et quand le comte de Roussy eut payé sa rançon, il s'en alla tenir à Laon, ou là où il lui plut le mieux. Ainsi étoit le pays foulé et désolé de tous lez: on ne savoit auquel entendre; et en celui pays de l'évêché de Laon on ne faisoit nuls labours de terres, dont un moult cher temps en naquit depuis.

CHAPITRE LXXXII.

Comment le chanoine de Robertsart secourut le sire de Pinon contre les Navarrois de Roussy qui longuement s'étoient combattus.

En ce temps, si comme je fus informé, avint à monseigneur le chanoine de Robertsart une belle journée sur ces pilleurs, et dont il fut grandement renommé en l'évêché de Laon et de Soissons: je vous dirai comment. Il avint que le sire de Pinon, un chevalier banneret de Vermandois, chevauchoit, avec lui environ soixante armures de fer, pour la doute des rencontres de forteresse à autre. Ce propre jour chevauchoient ceux de la garnison de Velly et ceux de la garnison de Roussy; mais point n'y étoient les capitaines, fors que aucuns compagnons qui se vouloient aventurer pour gagner sur le pays; et pouvoient être trois cents, tous bien montés et appareillés, pour bien faire une besogne: dont il avint d'aventure que, assez près de Craule[1] en Laonnois, ces coureurs anglois et navarrois et gens tous d'une sorte vont aviser sur les champs le seigneur de Pinon qui chevauchoit dessous son pennon assez ordonnément et tenoit les champs par devers Craule. Sitôt que ces compagnons les virent, ils connurent bien qu'ils étoient François; si se recueillirent et dirent entre eux: « Ceux-ci sont nôtres. » Le sire de Pinon et ses gens les aperçurent de loin naître et venir vers eux et

[1] Peut-être Craonne?

que ils leur vouloient trancher le chemin celui que ils tenoient; et véoient bien aussi qu'ils étoient grand nombre de gens contre eux, et ne leur pouvoient échapper nullement. Toutes fois, bien considéré le péril et le parti où ils étoient, ils dirent qu'ils chevaucheroient fort à l'éperon et se bouteroient en la première garnison ou forte maison qu'ils trouveroient. Si retournèrent sur dextre en côtoyant Craule, et férirent chevaux des éperons pour eux sauver si ils pouvoient. Quand les Navarrois virent leur convine, ils férirent après moult roidement des éperons, en s'écriant : Saint George ! Navarre ! Et étoient trop mieux montés que les François n'étoient; et les eussent sans faute raconsuis aincois qu'ils eussent chevauché une lieue. Si eschey ainsi au seigneur de Pinon que ils trouvèrent un grand fossé sur les champs, large et parfond et plein d'eau, enclos de fortes haies à l'un des lez; et n'y avoit que une étroite voie où on pût chevaucher. Si très tôt que le sire de Pinon se vit outre, et sa route, il eut tantôt considéré l'avantage; si dit aux siens : « A pied ! à pied ! Il nous vaut mieux ci défendre et attendre l'aventure de Dieu que fuir et être morts et pris en fuyant. » Adonc mit pied à terre et tous les siens de-lez lui, et s'ordonnèrent par devant une roulée[1], bien et faiticement; et puis vint la route des compagnons qui bien étoient trois cents, qui aussi vont mettre pied à terre tantôt et se appareillèrent de grand'manière. Là eut, entre les gens du seigneur de Pinon, un écuyer bon homme d'armes qui s'avisa de grand sens; car il dit à son varlet : « Monte sur mon coursier tantôt et ne l'épargne point, et chevauche devers la garnison de Pierrepont[2]; tu trouveras là le chanoine de Robertsart, et lui conte en quel parti tu nous as laissés, et lui dis qu'il nous vienne secourir : il est bien si gentil chevalier que il viendra volontiers. » — « Ha ! sire, répondit le varlet, or prenez que je le trouve, comment y pourra-t-il venir à temps ? Il y a bien cinq grandes lieues de ci. » L'écuyer répondit : « Fais-en ton devoir. »

Adonc se partit le varlet qui n'osa plus rien dire et prit son adresse devers Pierrepont, ainsi que cil qui connoissoit bien le pays; et laissa ses maîtres au parti que vous pouvez bien ouïr,

[1] Étable, et particulièrement étable à cochons.
[2] Village sur la Serre.

assaillis fièrement et roidement de ces pillards de Velly et de Roussy.

Le sire de Pinon et sa route se défendoient et combattoient très vaillamment; et y firent ce jour maintes belles appertises d'armes. Là se tinrent en bon convenant sur l'avantage seulement de ce fossé, de l'heure de prime jusques à remontée, que oncques ne se déconfirent ni ébahirent.

Or vous dirai du varlet comment il exploita. Il chevaucha tant sans cesser, car il étoit fortement bien monté, que il vint à Pierrepont en Laonnois jusques au chanoine de Robertsart, et lui dit tout l'affaire ainsi qu'il alloit. Le chanoine ne mit pas ces nouvelles en oubli, mais dit qu'il s'en acquitteroit à son pouvoir, et iroit jusques sur la place où cil varlet les avoit laissés; car il savoit assez bien où c'étoit; et fit tantôt sonner sa trompette et monter toutes manières de compagnons à cheval, et issirent de Pierrepont. Si pouvoient être encore six vingt; et encore pour mieux fournir sa besogne il envoya un sien varlet jusques à Laon, qui n'étoit mie loin de là, devers le capitaine pour lui informer de ces besognes, et que les Navarrois chevauchoient. Si ne se voulut mie le dit chanoine arrêter, ni attendre le secours de ceux de Laon; mais chevaucha toujours les grands galops là où il pensoit à trouver ses ennemis; et tant fit que il et toute sa route y vinrent. Si trouvèrent leurs compagnons moult lassés et travaillés des Navarrois; et ne leur vint oncques secours si à point que cil du chanoine fit; car ils n'eussent pu durer longuement.

CHAPITRE LXXXIII.

Comment le chanoine de Robertsart et le sire de Pinon déconfirent les Navarrois de Roussy.

Sitôt que le chanoine de Robertsart fut venu en la place où le sire de Pinon et les Navarrois se combattoient, il abaissa son glaive et férit dedans de grand'volonté, et en abattit de première venue, ne sais deux ou trois. Il et ses gens, qui étoient frais, reculèrent tantôt les compagnons qui s'étoient tout le jour combattus, et reboutèrent bien avant sur les champs et en ruèrent maints par terre. Là fut le dit chanoine très bon chevalier et y fit maintes appertises d'armes, et tenoit une épée à deux mains dont il donnoit les horions si grands que nul ne les osoit attendre. Que vous ferois-je long record? Il déconfit là ces pillards; et en y eut de morts là sur la place plus de cent et cinquante; et ceux qui purent réchapper furent encore rencontrés de ceux de Laon qui les partuèrent; et crois bien qu'il n'en échappa mie quinze, de trois cents, que tous ne fussent morts et pris. Cette courtoisie fit monseigneur le chanoine de Robertsart au seigneur de Pinon, dont il lui sçut grand gré; et ce fut bien raison. Or revenrons au siége de Saint-Vallery.

CHAPITRE LXXXIV.

Comment ceux de Saint-Vallery se rendirent au connétable de France et au comte de Saint-Pol; et comment messire Philippe de Navarre vint pour les cuider secourre.

Ainsi que je vous ai ci-dessus dit et conté, les seigneurs de Picardie, d'Artois, de Ponthieu et de Boulonnois furent un grand temps devant Saint-Vallery, et y firent et livrèrent maints grands assauts, tant par engins comme par autres instrumens; et travaillèrent, le siège durant, grandement ceux de la forteresse. Aussi ceux de la garnison se défendirent moult vaillamment et portèrent à ceux de l'ost plusieurs contraires; car ils étoient pourvus de bonne artillerie, et étoient grand'foison de bons compagnons qui venoient presque tous les jours escarmoucher à ceux de l'ost aux barrières. Et avint, entre les autres choses, que un appert chevalier de Picardie, nommé le sire de Baucien, étoit une fois allé sur la marine en approchant le châtel pour le mieux aviser. Si fut trait d'aventure d'un quarrel d'espringalle qui lui passa parmi le corps; et fut là mort, dont ce fut grand dommage; car il étoit moult gentil homme et de bon affaire; et fut grandement plaint des barons et des chevaliers de l'ost. La grand'plenté d'artillerie que ceux de Saint-Vallery avoient en leur garnison, grévoit plus ceux de l'ost que chose qui fût; car on ne le pouvoit assaillir que ce ne fût grandement à trop de dommage. Si se tint ce siége dès l'entrée d'août jusques au carême; et s'avisèrent les seigneurs qui là étoient que point ne s'en partiroient pour un an si l'auroient; et puisque par assaut on ne le pouvoit avoir, ils le affameroient. Sur ce point se tinrent-ils un grand temps, et firent soigneusement guetter et garder tous les détroits et les passages, et tant que rien ne leur pouvoit venir par mer ni par terre. Si commencèrent leurs pourvéances moult à amendrir; car ils n'osoient issir hors pour aller fourrager; et d'autre part nul secours ne leur apparoit de nul côté. Si se commencèrent à ébahir; et eurent entre eux conseil et avis que ils traiteroient devers les seigneurs de l'ost le connétable de France, le comte de Saint-Pol et les barons qui là étoient, que ils pussent partir et rendre la forteresse, sauves leurs corps et leurs biens, et aller quelque part qu'ils voudroient.

Les seigneurs de l'ost regardèrent entr'eux que Saint-Vallery n'étoit pas une garnison légère à prendre, et que ils y avoient jà été à siége un grand temps pardevant, et petit y avoient fait [1]. Si entendirent aux traités des Navarrois; et se portèrent traités finablement que ceux de Saint-Vallery se pouvoient partir et aller quelque part qu'ils voudroient, leurs corps sauves tant seulement et ce que devant eux en pourroient porter, sans nulle armure. Bien envis purent-ils finir parmi cette ordonnance; car le comte de Saint-Pol vouloit qu'ils se rendissent simplement, ce qu'ils n'eussent jamais fait. Or ne sais-je à quel profit ce fut de ce que la garnison de Saint-Vallery se rendit sitôt : mais les aucuns supposent que ce fut à l'avantage des François; car si ils eussent encore là été deux jours, on les eût combattus, et espoir levés à grand dommage, ainsi que on fit ceux qui séoient devant Mauconseil. Je vous dirai pourquoi.

Messire Philippe de Navarre, qui se tenoit en Normandie et qui gouvernoit toute la terre du roi son frère le comte d'Évreux, et à qui toutes manières d'autres gens d'armes qui guerroyoient le royaume de France pour le temps obéissoient, avoit été informé de monseigneur Jean de Péquigny, que ceux de Saint-Vallery étoient durement étreins et sur le point de se rendre, si ils n'étoient confortés; de quoi le dit messire Philippe, mu et encouragé de lever ce siège, avoit fait une assemblée de gens d'armes et de compagnons par tout où il les pouvoit avoir, et secrètement envoyé à Mante et à Meulan. Si en y pouvoit avoir jusques à trois mille, que uns que autres. Là étoient le jeune sire de Harecourt, le jeune sire de Gauville, messire Robert Canolle,

---

[1] On peut compter sûrement ici l'année 1359

messire Jean de Péquigny et plusieurs autres chevaliers et écuyers. Et étoient ces gens d'armes desquels messire Philippe de Navarre étoit chef, si avancés que à trois lieues près de Saint-Vallery, quand elle fut rendue et que les François en prirent la seigneurie et eurent la possession; et en sçurent la vérité par monseigneur Guillaume Bonnemare et Jean de Ségure qui les trouvèrent sur le chemin. De ces nouvelles furent les Navarrois tout courroucés, mais amender ne le purent.

CHAPITRE LXXXV.

Comment le connétable de France et le comte de Saint-Pol cuidèrent combattre messire Philippe de Navarre, lequel s'enfuit par nuit.

Encore étoient les seigneurs de France tous rangés, ni nul ne s'étoit parti, mais ils devoient partir; si troussoient tentes et trefs et se délogeoient, quand les nouvelles leur vinrent que les Navarrois chevauchoient et étoient à moins de quatre lieues près d'eux. Quand le connétable de France, le comte de Saint-Pol, le sire de Chastillon, le sire de Poix, le sire de Beausaut, le sire de Helly, le sire de Cresecques, messire Oudart de Renty, messire Baudouin d'Ennequins et les barons et chevaliers qui là étoient, entendirent ces nouvelles, si en furent par semblant tous réjouis, et eurent un bref conseil sur les champs entr'eux quelle chose en étoit bonne à faire. Si regardèrent pour le mieux et pour leur honneur au cas qu'ils savoient leurs ennemis si près d'eux, qu'ils les iroient combattre. Adoncques fut commandé de par le connétable que chacun se mît en arroi et en ordonnance pour chevaucher vers les ennemis. Donc se arroutèrent toutes manières de gens, chacun sire dessous sa bannière ou son pennon, et chevauchèrent ordonnément, ainsi que pour tantôt combattre; et suivoient les bannières du connétable et du comte de Saint-Pol. Les Navarrois entendirent que les François chevauchoient et venoient à grand exploit sur eux, et étoient bien trente mille : si n'eurent mie conseil d'eux attendre, mais passèrent la rivière de Somme, au plus tôt qu'ils purent, et se boutèrent au châtel de Long en Ponthieu, chevaux et harnois et quant que ils avoient. Si y furent moult à étroit. A peine étoient-ils entrés dedans et descendus quand les François furent devant, qui les suivoient de grand'volonté, et pouvoit être heure de vespres. Et toujours venoient gens; car les communautés des villes et des cités de Picardie ne pouvoient mie sitôt venir que les gens d'armes. Si eurent conseil là les seigneurs qu'ils se logeroient devant la forteresse celle nuit, et attendroient toutes leurs gens, qui venoient les uns après les autres; et à lendemain ils assaudroient; car ils les tenoient pour tous enclos.

Ainsi qu'il fut dit, il fut fait; et se logèrent adoncques toutes manières de gens devant Long, à la mesure qu'ils venoient.

Les Navarrois qui là dedans étoient enclos à petit de pourvéances, n'étoient mie à leur aise; et prirent un bref conseil et tout secret que à mie-nuit ils se partiroient et chevaucheroient devers Péronne en Vermandois. Tout ainsi comme ils ordonnèrent, ils le firent. Quand vint environ mie-nuit, que les François en leurs logis furent tous aquoisés, les Navarrois qui étoient dedans Long en Ponthieu, ensellèrent leurs chevaux et troussèrent et se armèrent; et quand ils eurent ce fait, ils montèrent tout quoiement sans faire effroi ni noise, et issirent aux champs par derrière et prirent le chemin de Vermandois; et furent bien éloignés deux grands lieues ainçois que on sçût leur département ni nouvelles d'eux; et chevauchoient les Navarrois ainsi que messire Jean de Péquigny les menoit, qui connoissoit tout le pays. Les nouvelles vinrent en l'ost que les Navarrois s'en alloient et étoient partis secrètement. Adoncques s'armèrent toutes manières de gens et montèrent aux chevaux qui chevaux avoient, entrèrent ens ès esclos des Navarrois qui s'en alloient le grand trot. Encore en demeurèrent assez derrière pour charger les chars et les charrettes qu'ils avoient et qui les suivoient, et cheminèrent ainsi tant qu'il fut jour.

CHAPITRE LXXXVI.

Comment le connétable de France et sa route poursuirent messire Philippe de Navarre et ses gens et les ratteignirent à Thorigny.

Quand le jour fut venu et que on put reconnoître l'un l'autre, si se restreignirent les François et se attendirent pour être mieux ensemble : mais les Navarrois avoient grand avantage, et bien leur étoit mestier, car les François étoient grand'foison; et si leur croissoient toujours gens, qui se boutoient en leur route. Et chevauchèrent ainsi l'une partie et l'autre, les Navarrois devant qui fuyoient, tant qu'ils vinrent à Thorigny.

Thorigny est un petit village en my les champs, qui siéd sur un tertre dont on voit tout le pays environ ; et est sur côtière entre Saint-Quentin et Péronne en Vermandois. Quand messire Philippe de Navarre, messire Robert Canolle, et les autres furent là venus, si trouvèrent grand'foison de leurs chevaux moult lassés et recrus ; si s'avisèrent qu'ils se arrêteroient et refreschiroient un petit et leurs chevaux aussi ; et si combattre les convenoit, ils étoient au tertre, si avoient bon avantage d'attendre leurs ennemis. Adonc se arrêtèrent-ils tous cois, et se logèrent au dit mont de Thorigny bien et ordonnément toutes manières de gens de leur côté. Ils n'eurent mie arrêté grandement, que tout le pays dessous eux étoit couvert de gens d'armes françois et picards ; et étoient bien, que uns que autres, plus de trente mille.

Quand messire Philippe de Navarre, messire Louis son frère, messire Robert Canolle, messire Jean de Péquigny, le bascle de Mareuil et les chevaliers et les écuyers de leur côté, virent les François ainsi approcher et qu'ils faisoient semblant d'eux venir tantôt combattre, si issirent tantôt de leurs logis, bien rangés et bien ordonnés, et firent jusques à trois batailles bien et faiticement. Messire Robert Canolle avoit la première, messire Louis de Navarre et messire Jean de Péquigny la seconde, et messire Philippe de Navarre et le jeune comte de Harecourt la tierce ; et n'avoit en chacune pas plus de huit cents combattans. Si coupèrent tous leurs glaives à la mesure de cinq pieds ; et au pendant de la montagne où ils étoient, ils firent porter par leurs varlets la plus grand'partie de leurs éperons et enfouir en terre, les molettes par dessus, par quoi on ne les pût approcher, fors en péril et à mal aise. Et là fit messire Philippe de Navarre le jeune comte de Harecourt chevalier, et leva bannière, et le jeune seigneur de Graville ; et se tenoient tous reconfortés pour attendre leurs ennemis et pour combattre.

CHAPITRE LXXXVII.

Comment messire Philippe de Navarre et ses gens proposèrent d'eux fuir quand il seroit anuité.

Oncques les françois ne purent sitôt venir que les Navarrois ne fussent bien rangés et ordonnés et mis en trois batailles, ce qu'ils avoient d'archers devant eux, et chacun sire entre ses gens, sa bannière et son pennon devant lui. Quand les barons et les chevaliers de France virent leur convine, si se arrêtèrent tout coi devant eux en-my les champs, et se mirent tous à pied, et conseillèrent de premier comment ils se maintiendroient. Les plusieurs vouloient que tantôt et sans délai on allât combattre les ennemis ; les autres débattoient cette ordonnance et disoient : « Nos gens sont lassés et travaillés, et s'en y a encore grand'foison derrière : c'est bon que nous les attendions et nous logions ci mais-huy ; car tantôt sera tard ; et demain nous les combattrons plus ordonnément. » Ce conseil par droite élection fut tenu ; et se logèrent les François là devant les Navarrois en-my les champs, bien et faiticement : ce fut tantôt fait ; et rangèrent tout leur charroy, dont ils avoient grand'foison, autour d'eux. Et quand les Navarrois virent leur convine et que point ne seroient combattus, si se retrairent sur le soir en leur fort, au village de Thorigny, et se aisèrent de ce qu'ils avoient ; ce n'étoit point plenté ; et se conseillèrent ce soir que si très tôt que il seroit anuité, ils monteroient à cheval et passeroient la rivière de Somme à gué assez près de là, et côtoyeroient les bois de Bohain, car ils avoient avec eux qui les savoient mener et conduire ; tantôt à lendemain ils seroient à Velly, qui se tenoit pour eux ; et si ils y étoient, ils seroient échappés de tous périls.

CHAPITRE LXXXVIII.

Comment messire Philippe de Navarre et ses gens s'enfuirent par nuit ; et comment la chevauchée des François fut dépecée et défaite.

Tout ainsi que messire Philippe de Navarre et son conseil ordonnèrent ils firent ; et tinrent en secret leur ordonnance ; et firent par semblant grand appareil de feux et de fumières, pour donner à entendre qu'ils vouloient là loger la nuit. Sitôt qu'il fut anuité, il fit malement brun et épais ; ils eurent leurs chevaux tout appareillés ; si montèrent sus et se partirent, sans faire noise ni huée, et prirent les champs et s'avalèrent devers la rivière de Somme, et la passèrent au plat et sur le large à un petit village qui là est assez près de Betencourt ; et puis cheminèrent outre vers le bois de Bohain et le côtoyèrent ; et chevauchèrent celle nuit plus de sept lieues, dont il en demeura assez de mal montés, que ceux de Bohaing trouvèrent à lendemain, qu'ils prirent et amenèrent en leur garnison; et aussi les paysans du pays en tuèrent aucuns qu'ils enclorent et qui ne pouvoient suivir leur route ni leurs maîtres, ou qui avoient perdu leur chemin; car ils n'attendoient point l'un l'autre.

Or vous conterai des François comment ils se maintinrent. Nouvelles leur vinrent, un petit devant le jour, que les Navarrois s'en alloient et étoient partis dès devant la mie-nuit; et pouvoient jà être plus cinq grosses lieues loin. Quand les barons et les chevaliers de France entendirent ce, si furent par semblant trop émerveillés et trop courroucés : si firent sonner leurs trompettes en grand'hâte; et se armèrent et montèrent à cheval toutes manières de gens. Là fut demandé entr'eux quel chemin ils tiendroient. Si regardèrent les seigneurs que de suivre les Navarrois les esclos qu'ils faisoient, ils ne pourroient profiter; mais ils viendroient passer la rivière de Somme au pont à Saint-Quentin, et istroient hors d'autre part au lez devers Luchieu[1]; par ainsi seroient au devant des Navarrois. Si montèrent tantôt tous à cheval et chevauchèrent sans arroi, chacun qui mieux pouvoit, à l'adresse devers la ville de Saint-Quentin; et vinrent là droit à l'aube du jour crevant, car il n'y avoit que deux petites lieues. Si étoient tout devant le connétable de France, le comte de Saint-Pol son neveu, le sire de Saint-Venant et aucuns autres grands seigneurs qui vouloient faire les portes ouvrir.

Quand les gardes de la ville qui étoient à mont en la première porte entendirent cet effroi et ouïrent ces chevaux arateller[2], et si sentoient par avis leurs ennemis logés de-lez eux, si ne furent mie bien assur : mais encore étoit le pont levé, si ne leur pouvoit-on porter nul contraire. Les gardes demandèrent : « Qui est-ce là qui nous approche si près à cette heure? » Le connétable répondit : « Ce sommes nous vos amis, tels et tels, qui voulons passer par cette ville pour être au devant des Navarrois, qui sont partis et emblés de Thorigny et s'enfuient. Si nous ouvrez tantôt, nous le vous commandons de par le roi. » Les gardes répondirent au connétable : « Certes,

[1] Lucheux, bourg près de Péronne. — [2] Haleter.

monseigneur, nous n'avons pas les clefs, elles sont en la ville devers les jurés. » — « Or, dit le connétable, allez les querre et nous ouvrez les portes. »

Adoncques descendirent les hommes de leur garde, et vinrent en la ville devers ceux qui les clefs gardoient, et leur contèrent tout ce que vous avez ouï. Ceux qui ouïrent ces nouvelles furent moult émerveillés et dirent briévement qu'ils ne feroient pas tel outrage d'ouvrir les portes de Saint-Quentin à telle heure, sans le conseil de toute la ville. Si firent les hommes de la dite ville éveiller et estourmir et assembler en-my le marché. Ainçois que ce fût fait, il étoit près de soleil levant. Là fut conseillé et dit comment ils répondroient tous d'un accord; et puis s'en vinrent à la porte, et boutèrent les têtes hors par les fenêtres; et dirent au connétable et au comte de Saint-Pol qui là étoient tout devant : « Chers seigneurs, ayez nous pour excusés cette fois, c'est le conseil de la commune de cette ville que vous cinquième ou vous sixième qui là êtes tant seulement y entrez, s'il vous plaît, pour l'honneur de vous, et les autres aillent querre voie et adresse là où il leur plaira; car par ci ne passeront-ils point. »

Quand le connétable et le comte de Saint-Pol ouïrent cette réponse, si en furent tout ébahis, et ne leur fut pas bien plaisant; et y eut là grosses paroles et vilaines : mais nonobstant ce, oncques ceux de Saint-Quentin ne se voulurent briser ni accorder qu'ils ouvrissent leurs portes. Si demeura la chose en cel état; et n'eurent pas les seigneurs de France, qui là étoient, conseil de plus poursuivre les Navarrois; car ils véoient bien qu'ils y perdoient leur peine. Si se départirent les uns des autres, et leur donna le connétable congé. Si s'en alla chacun en son hôtel, au plus tôt et plus droit qu'il put et sçut; et le jeune comte de Saint-Pol s'en vint en son châtel de Bohaing, si courroucé que à peine vouloit parler à nullui.

CHAPITRE LXXXIX.

Comment messire Pierre d'Audelée cuida prendre en trahison Châlons en Champagne; et comment le sire de Grancy secourut ceux de Châlons.

Ainsi se dérompit cette grosse chevauchée, les François d'une part et les Navarrois d'autre. Ce même jour vinrent à Velly et passèrent la rivière d'Oise à gué, et illecques se rafraîchirent, messire Philippe de Navarre et son frère et le comte de Harecourt, et messire Robert Canolle ; et puis, quand ils sçurent que bon fut, ils s'en partirent et retournèrent en Normandie, et chevauchèrent sûrement de forteresse en forteresse ; car ils étoient tous maîtres et seigneurs des rivières et du plat pays, et entrèrent de rechef en la comté de Évreux et en l'île de Cotentin : si guerroyèrent Normandie comme ils faisoient auparavant.

D'autre part se tenoient à Melun sur Saine de par le roi de Navarre, grand'foison de gens d'armes qui guerroyoient le bon pays de Brie et de Gâtinois, et ne demeuroit rien dehors les forteresses. Et messire Pierre d'Audelée et messire Eustache d'Aubrecicourt se tenoient en Champagne, qui détruisoient aussi tout le dit pays, et pensoient eux et leurs gens nuit et jour à prendre, embler et écheller villes et forteresses. Dont il avint que ceux de Châlons en furent en grand péril de ceux de la garnison de Beaufort qui siéd entre Troyes et Châlons, dont messire Pierre d'Audelée étoit capitaine ; et vous dirai comment ce fut.

Le dit messire Pierre, ou ses gens, couroient presque tous les jours jusques aux portes de Châlons et autour de la cité : si ne pouvoit ce être qu'ils n'imaginassent et considérassent là où étoit le plus fort et le plus foible. Si jetèrent une fois leur avis l'un parmi l'autre que, si ils pouvoient passer la rivière de Marne audessus et venir de-lez l'abbaye de Saint-Pierre, ils entreroient trop légèrement en la cité. Si attendirent tant sur ce propos et tinrent toujours leur avis en secret, que la rivière de Marne fut bien basse ; car il faisoit malement grand'chaleur de temps. Adonc messire Pierre d'Audelée fit une assemblée secrètement de ses compagnons ; car il tenoit bien cinq ou six forteresses autour de lui ; et furent en sa route bien quatre cents combattans. Si se partirent de nuit de Beaufort et chevauchèrent tant que, environ mie nuit, ils vinrent au passage sur la rivière de Marne, là où ils tendoient à passer ; et trop bien avoient de ceux du pays mêmement qui les menoient. Quand ils vinrent sur le passage, ils descendirent tous à pied et baillèrent leurs chevaux à leurs varlets, et puis entrèrent en l'eau qui pour lors étoit moult plate et bien courtoise ; car au plus profond ils n'en eurent mie jusqu'au nombril ; et furent tantôt outre, et puis vinrent le petit par devers l'abbaye Saint-Pierre, où ils entendoient à entrer, ainsi qu'ils firent.

Bien avoit des gardes et des gais foison, épars parmi la ville, de rue en rue, de carrefour en carrefour : dont ceux qui étoient les plus prochains de cette abbaye de Saint-Pierre, qui gît tout à mont au dehors de la cité, oyoient clairement le bondissement des Navarrois ; car ainsi comme ils passoient, leurs armures sonnoient et retentissoient ; de quoi les plusieurs qui cela oyoient s'en émerveilloient que ce pouvoit être ; car aucune fois messire Pierre et ses gens cessoient d'aller avant ; et si très tôt qu'ils se remouvoient à aller, cil son et cil retentissement revenoit à ces gardes qui étoient en la rue Saint-Pierre ; car le vent venoit de ce côté ; et comme plus approchoient et plus clairement l'oyoient : c'étoit raison. Adonc dirent notoirement entr'eux : « Par le corps Dieu ! vecy ces Navarrois et ces Anglois qui viennent pour nous écheller et prendre : or tôt, or tôt, faisons noise ; éveillons ceux de la cité, et les aucuns aillent vers Saint-Pierre pour savoir que ce peut être. » Ils n'eurent oncques sitôt fait, ni ordonné leur besogne, ni fait effroi en la ville, que messire Pierre d'Audelée et sa route furent en la cour Saint-Pierre ; car les murs en cet endroit n'avoient point adonc quatre pieds de haut à monter ; et boutèrent tantôt outre la porte de l'abbaye, et entrèrent en la rue qui est grande et large. Ceux de la cité étoient jà moult effrayés ; car on crioit partout : « Trahis ! trahis ! à l'arme ! à l'arme ! » Si se armoient et appareilloient les bonnes gens au plus tôt qu'ils pouvoient, et se recueilloient et mettoient ensemble pour être plus forts, et venoient hardiment devers leurs ennemis. Ceux qui premiers y allèrent y furent tous morts et rués par terre ; et en y eut grand'foison de navrés et affolés. Et chéy adonc si mal à point pour ceux de Châlons, que Pierre de Bar qui avoit été capitaine et gardien, à plus de cent lances, un an tout entier, s'en étoit nouvellement parti, car il ne pouvoit à sa volonté être payé de ses gages. Ceux de la cité, où il y a grand'communauté, vinrent et issirent de tous lez et de tous côtés, et se mirent fortement à défense ; et bien leur besognoit, car autrement ils eussent été tous perdus ; et reçurent jusques adonc trop grand dommage des leurs, et conquirent les Anglois et les Navarrois toute la première ville jusques aux ponts de Marne. Outre les ponts se recueillirent ceux de la cité et eurent tel avis que ils défirent en grand'hâte le premier pont; et ce leur valut grandement. Là eut à ce pont rué et lancé et trait et escarmouché et fait maintes appertises d'armes; et trop bien assailloient les gens à messire Pierre d'Audelée; et s'avançoient aucuns archers d'Angleterre qui là étoient et passoient sur les gîtes du pont; et traioient tellement à ceux de Châlons que nul n'osoit entrer en leur trait.

En celle riote furent-ils jusques à haut midi; et vouloient dire les aucuns que Châlons eût été adonc brièvement gagnée, si n'eût été messire Eudes sire de Grancy, qui avoit été inspiré et certifié le jour devant de la chevauchée des dits Anglois, dont en grand'hâte, pour ceux de Châlons conforter, il avoit pris et cueilli des compagnons, chevaliers et écuyers, autour de lui et de son hôtel; car il savoit que dedans Châlons n'avoit nuls gentils hommes. Si monta à cheval, et en sa route environ soixante lances de bonnes gens, chevaliers et écuyers. Si y étoit messire Philippe de Jaucourt, messire Ancel de Beaupré, messire Jean de Germillon et plusieurs autres; et exploitèrent tant de jour et de nuit, que ils vinrent à Châlons en Champagne, à la propre heure que ces Anglois et Navarrois se combattoient, dessous messire Pierre d'Audelée, au dit pont; et mettoient grand'entente au pont conquerre. Sitôt que ils furent entrés en la ville, ils mirent pied à terre et s'ordonnèrent ainsi que pour combattre, et vinrent au pont. Là fit le sire de Grancy développer sa bannière et mettre devant lui, en approchant les Anglois de grand'volonté.

CHAPITRE XC.

Comment messire Pierre d'Audelée s'en retourna de Châlons à peu de conquêt; et comment les Navarrois prirent Sissone; et comment ceux de Sissone déconfirent le comte de Roussy.

De la venue le seigneur de Grancy furent ceux de Châlons moult réjouis, et ils eurent droit; car sans lui et son confort eussent-ils eu fort temps; et ce rafraîchit et rencouragea durement ceux de la ville. Quand messire Pierre d'Audelée et les siens virent la bannière le seigneur de Grancy et grand'route de Bourguignons, chevaliers et écuyers, là venus, si sentirent assez qu'ils avoient failli à leur entente, et que le séjourner ne leur étoit point profitable; et se retrairent tout bellement et tout sagement petit à petit, et prirent la voie qu'ils étoient venus quand ils entrèrent dedans, et issirent hors par la dite abbaye de Saint-Pierre. Si trouvèrent sur le rivage de Marne leurs varlets qui leur avoient amené leurs chevaux. Si montèrent sus et repassèrent la rivière sans empêchement, et retournèrent arrière à petit de conquêt devers Beaufort. De leur département furent ceux de Châlons moult joyeux; et louèrent Dieu, quand à si bonnes gens d'armes ils étoient échappés; et remercièrent grandement le seigneur de Grancy du secours et de la courtoisie qu'il leur avoit fait, et lui donnèrent tantôt cinq cents francs pour lui et pour ses gens; et prièrent à un chevalier qui là étoit, de Champagne et leur voisin, qui se appeloit messire Jean de Saux [1], que il voulsist demeurer de-lez eux pour mieux avoir conseil et aide. Le chevalier leur accorda, parmi les bons gages qu'ils lui délivrèrent; et entendit à refortifier et réparer la cité, là où il étoit plus grand besoin et nécessité.

En ce temps avint que ceux de la garnison de Velly et ceux de la garnison de Roussy se conseillèrent ensemble et vinrent prendre par force et par assaut la ville de Sissonne [2]; et firent dedans une grand'garnison de toutes manières de gens assemblés, qui avoient un capitaine que on appeloit François Hennequin, et étoit un garçon né de Couloingne sur le Rhin [3]; et étoit si cruel et si étourdi en ses chevauchées que c'étoit sans pitié et sans mercy ce dont il étoit dessus. Cette garnison de Sissonne et ceux qui dedans étoient firent moult de vilains faits et de grands dommages aval le pays, et ardoient tout sans déport, et occioient hommes et femmes et petits enfans qu'ils ne pouvoient rançonner à leur volonté. Or avint un jour que le comte de Roussy, qui avoit encore le mautalent en son cœur, c'étoit bien raison, de sa ville et de son châtel de Roussy que les pillards, nommés An-

---

[1] On écrit aujourd'hui : *Saulx*. Cette maison tire son nom du château de Saulx entre Langres et Dijon.

[2] Village à quelques lieux de Laon, vers l'est.

[3] Barnès le prétend Anglais et l'appelle Hawkins.

glois, Allemands et Navarrois tenoient, fit une prière aux chevaliers et écuyers d'entour lui, et eut bien cent lances, parmi quarante hommes à cheval qu'il amena de Laon; et eut adoncques par prière le comte de Porcien, monseigneur Girard de Cavenchi, le seigneur de Montigny en Ostrevant, et plusieurs autres chevaliers et écuyers. Si chevauchèrent un jour et vinrent devers Sissonne, et trouvèrent ces Allemands, nommés Navarrois, qui ardoient un village : si leur coururent sus hardiment et appertement. Cil François Hennequin et sa route mirent tantôt pied à terre et se recueillirent bien et faiticement, et rangèrent tous leurs archers devant eux. Là eut fort hutin et dur d'un lez et d'autre; et trop bien furent assaillis iceux Navarrois qui étoient gens de tous pays; et aussi ils se défendirent trop bien et trop vaillamment. Et bien étoit mestier, car ils étoient fort requis et combattus; et eussent été déconfits, il n'est mie doute, si les bourgeois de Laon fussent demeurés : mais ils se partirent à petit de fait et se mirent au retour devers Laon; dont ils reçurent grand blâme; et les autres demeurèrent qui se combattirent assez longuement et vaillamment; et toutefois la journée ne fut point pour eux. Là fut le comte de Porcien durement navré et à grand meschef sauvé; là furent le sire de Cavenchi et le sire de Montigny pris, et plusieurs hommes d'armes : et le comte de Roussy moult navré et pris la seconde fois, et livré à Radigos de Dury et à Robin l'Escot, qui l'emmenèrent de rechef en prison en son châtel de Roussy. Ces deux aventures eut-il en moins d'une année.

CHAPITRE XCI.

Comment messire Eustache d'Aubrecicourt pilloit et rançonnoit tous le pays de Brie et de Champagne.

Ainsi étoit le royaume de France de tous lez pillé et dérobé, ni on ne savoit de quel part chevaucher que on ne fût rué jus. Et se tenoit messire Eustache d'Aubrecicourt en Champagne, dont il étoit ainsi que tout maître; et avoit du jour à lendemain, quand il vouloit, sept cents ou mille combattans; et couroit, il ou ses gens, presque tous les jours, une fois devant Troyes, l'autre devant Provins, et jusques au Châtel-Thierry, et jusques à Châlons. Et étoit tout le plat pays en leur mercy, d'une part et d'autre Saine, et d'une part et d'autre Marne. Et fit là en ce temps le dit messire Eustache d'Aubrecicourt, au pays de Brie et de Champagne, plusieurs belles bacheleries et grands appertises d'armes, et rua par plusieurs fois jus moult de gentils hommes. Ni nul ne duroit devant lui; car il étoit jeune et amoureux durement, et entreprenant; et y conquit très grand avoir, en rançons, en vendages de villes et châteaux, et aussi en rachats de pays et de maisons, et en sauf-conduits qu'il donnoit; car nul ne pouvoit aller ni venir, marchands ni autres, ni issir des cités et des bonnes villes, que ce ne fût par son dangier [1] et tenoit à ses gages bien mille combattans et dix ou douze forteresses.

Le dit messire Eustache aimoit à ce temps très loyaument par amour une dame de moult grand lignage, et la dame aussi lui. On la peut bien nommer, car il l'eut depuis à femme et à épouse. On l'appeloit madame Ysabel de Juliers, fille jadis au comte de Juliers, de l'une des filles le comte de Hainaut; et étoit la roine d'Angleterre son ante; et eut en sa jeunesse épousé en Angleterre le comte de Kent, mais il mourut jeune. Si étoit cette dame jeune et avoit enamouré monseigneur Eustache pour les grands bacheleries et appertises d'armes qu'il faisoit, et dont elle en oyoit tous les jours recorder. Et en ce temps que messire Eustache se tenoit en Champagne, la dite dame lui envoya haquenées et coursiers plusieurs, et lettres amoureuses, et grands significes d'amours, parquoi le dit chevalier en étoit plus hardi et plus courageux, et faisoit de grands appertises que chacun parloit de lui.

CHAPITRE XCII.

Comment le duc de Normandie assiégea Melun; et comment paix fut faite entre le roi de Navarre et le dit duc; et comment messire Philippe de Navarre ne s'y voulut accorder.

Après le rendage de Saint-Valery, si comme ci-dessus vous avez ouï recorder, le duc de Nor-

---

[1] *Dangier* signifie quelquefois autorité, puissance, ainsi qu'on le voit par les vers suivans de Ghilebert de Berneville, qui vivait avant l'an 1300, et qui sont rapportés par Secousse sur l'autorité de la Curne de Sainte-Palaye.

> Cœur de femme est tôt tourné ;
> Quand elle va percevant
> Qu'elle elle est finement chérie,
> Lors montre sa seigneurie,
> Et plus souvent fait paroir
> Son *dangier* et son pouvoir.

mandie fit une assemblée de chevaliers et d'écuyers; et étoient bien trois mille lances. Si se partit de la cité de Paris et s'en vint mettre le siége devant Melun sur Seine, où les gens du roi de Navarre se tenoient; car le corps du roi n'y étoit pas, mais se tenoit en Normandie en la cité d'Évreux, au dedans le fort châtel de Pacy, assez près de la bonne cité de Vernon; et honnissoit tout le pays. Si étoient capitaines de par lui de la ville de Melun deux chevaliers Navarrois, dont l'un s'appeloit messire Martin de Navarre [1] et l'autre le bascon de Mareuil. Voir est que la ville de Melun est assise en trois parties : l'une est une île où le châtel est assis, l'autre partie est du côté de Gâtinois, et entre ces deux parties court le maître bras de la rivière; et ces deux parties avecques le châtel occupoient les Navarrois; et l'autre partie est du côté de Brie et étoit françoise, et illecques se vint mettre à siége le duc de Normandie et tout son ost [2]. Avec le duc de Normandie et à son mandement étoient venus au siége de Melun monseigneur Morel de Fiennes connétable de France, le comte de Saint-Pol, monseigneur Arnoul d'Andrehen maréchal de France, monseigneur Raoul de Coucy, le seigneur de Raineval, le seigneur de Grancy, l'évêque de Troyes [1], monseigneur Brocard de Fenestranges, Pierre de Bar, et Philippes des Armoies, et plusieurs bons chevaliers et écuyers de Picardie, d'Artois, de Vermandois, de Bourgogne, de Brie et de Champagne; et étoient bien quatre mille lances.

Quand ces gens d'armes, de par le duc de Normandie et avec lui, furent venus devant Melun sur Seine, si l'assiégèrent tout environ et y firent amener et charroyer de Paris grand'foison de beaux engins, d'espringalles, qui nuit et jour jetoient dedans la forteresse. Avec tout ce, les gens d'armes y livroient plusieurs assauts grands et forts. Si se commencèrent à ébahir les Navarrois, et plus encore les dames; et eussent trop volontiers vu les dites dames que cil siége se fût défait, à quel meschef que ce fût. Mais les capitaines et messire James de Pippes [2] et messire Jean Carbiniaux [3] les reconfortoient, ce qu'ils pouvoient, et leur disoient : « Dames, ne vous ébahissez néant; car un de ces jours le siége sera levé de par monseigneur; car il le nous signifie qu'ils ne demeureront point si longuement que ils ne soient combattus. Le roi de Navarre qui se tenoit à Évreux, assembloit voirement et prioit gens de tous côtés, en intention de venir lever le siége. Messire Philippe de Navarre son frère d'autre part prioit et assembloit gens de tous côtés; et bien en avoient grand'foison. Si faisoient leur amas à Mante et à Meulan; et y devoient être en celle chevauchée ceux de la garnison de Creel, de la Harelle, de Clermont, de Mauconseil et de plusieurs forteresses navarroises que les Navarrois et les Anglois tenoient d'une sorte là environ. D'autre part, messire Eustache d'Aubrecicourt et messire Pierre d'Audelée étoient tout informés de la journée, et y devoient être aussi avec ce qu'ils pourroient avoir de gens. Le

---

[1] Dans beaucoup de manuscrits, on lit au lieu des phrases du texte : « Jehan de Pippes et l'autre messire Jehan Carbiniaulx. Dedans la ville de Melun avoit, au jour que le duc de Normandie la vint assiéger, trois roines, l'une la roine Jeanne ante du roi de Navarre et femme jadis du roi Charles de France, l'autre la roine Blanche, femme jadis au roi Philippe de France et sœur germaine au roi de Navarre, la tierce la roine de Navarre, sœur au duc de Normandie. Le duc de Normandie envoya par son mandement, car en icelui temps n'y vint pas, messire Morel de Fiennes, connétable, etc. » Les imprimés offrent la même leçon à quelques légères différences près. Cette leçon n'est exacte que pour ce qui concerne le séjour des reines à Melun : elle est d'accord en ce point avec les *Chroniques de France*, le reste paraît absolument faux. 1° De Pippes et Carbiniaulx pouvaient bien avoir quelque commandement particulier dans Melun; mais on ne saurait guère douter que les capitaines en chef ne fussent Martin de Navarre, autrement nommé Martin Henriquez et le Bascon de Mareuil. Le premier prend cette qualité dans des lettres du mois de décembre 1358, publiées dans les *Mémoires de Charles-le-Mauvais*; et on lit dans la vie de du Guesclin publiée par Menard, p. 75, que le Bascon de Mareuil commandait la garnison navarroise de Melun. 2° Il n'est pas vrai que le régent ne fut pas au siége : tous les historiens contemporains, d'accord avec la leçon du texte, disent unanimement qu'il y était en personne.

[2] Ce fut au mois de juin que le régent se rendit à Melun, selon les *Chroniques de France*, chap. 112; mais elles ne disent point qu'il en fit le siége en forme : on y lit seulement qu'il fit fortifier l'abbaye du Lys et qu'il établit une bastille contre ses ennemis qui étaient maîtres de la ville, excepté de la partie située vers la Brie, dans laquelle ses troupes se maintenaient.

[1] Il se nommait Henri de Poitiers.

[2] On lit dans les *Chroniques de France*, chap. 108, que James de Pipe, qui était parti d'Évreux avec le roi de Navarre et son frère, fut fait prisonnier le 16 mars par la garnison d'une place appartenant au seigneur de Garencières. Il avait sans doute été échangé ou mis à rançon.

[3] Lord James Pipe et sir Hugh Calverley, deux Anglais, selon Barnès.

duc de Normandie mandoit tous les jours gens d'armes et soudoyers là où il les pouvoit avoir, car il savoit bien que le roi de Navarre et messire Philippe son frère se mettoient en peine de venir lever le siége et combattre ses gens. Ce siége pendant, et d'autre part le roi de Navarre lui pourvéant, s'embesognoient bonnes gens de mettre ces deux seigneurs à accord; car adonc étoient en France les deux cardinaux, le cardinal de Pierregord et le cardinal d'Urgel [1]; et aussi aucuns sages barons de France qui véoient la pestillence et la misère où le royaume étoit enchu. Si fut tant allé de l'un à l'autre et pourparlé que la journée de paix fut assignée à être à Vernon [2]; et là furent le duc de Normandie et son conseil, et d'autre part le roi de Navarre et messire Philippe de Navarre son frère; et se porta si bien la journée que paix fut faite; et devint le roi de Navarre bon François, et le jura à être, et mit en sa paix jusques à quatre cents chevaliers et écuyers auxquels le duc de Normandie pardonna tous ses mautalens : si en excepta-t-il aucuns autres à qui il ne voulut mie pardonner leurs méfaits.

A celle paix ne se voulut oncques tenir ni accorder messire Philippe de Navarre; et dit au roi son frère que il étoit tout enchanté et se desloyauçoit au roi d'Angleterre à qui il étoit allié, et lequel roi lui avoit toujours si loyaument aidé à faire la guerre. Si se partit le dit messire Philippe de Navarre, et par grand mautalent, de son frère, lui quatrième tant seulement, et chevaucha le plus tôt qu'il put devant Saint-Sauveur-

[1] Il est probable que Froissart se trompe, et que les deux cardinaux étaient retournés à Avignon depuis plusieurs mois. L'auteur des *Chroniques de France*, après avoir raconté leur arrivée à Paris le 3 décembre 1358, dit qu'ils allèrent voir le roi de Navarre à Meulan et la reine Blanche à Melun; et que voyant qu'ils ne pourraient réussir à concilier les esprits, ils partirent incontinent pour Avignon.

[2] Suivant l'auteur des *Chroniques de France*, plus digne de foi à cet égard que Froissart, les conférences pour la paix se tinrent à Pontoise et furent terminées par un traité conclu le mercredi 21 août; date qui est confirmée par des lettres du mois de septembre et du 12 octobre de cette année, conservées au trésor des Chartes et citées dans les *Mémoires de Charles-le-Mauvais*. Ce traité n'est point parvenu jusqu'à nous; mais cette perte est réparée jusqu'à un certain point par le chroniqueur qui en rapporte les principales clauses et entre dans d'assez grands détails sur les circonstances dans lesquelles il fut conclu.

le-Vicomte, et là se bouta, qui étoit garnison angloise. Et en étoit capitaine, de par le roi anglois, un chevalier d'Angleterre qui s'appeloit messire Thomas d'Angourne [1], qui reçut adonc à grand'joye messire Philippe de Navarre, et dit qu'il s'acquittoit bien et loyaument devers le roi d'Angleterre.

CHAPITRE XCIII.

Comment le jeune comte de Harecourt fut marié à la fille au duc de Bourbon ; et comment l'évêque de Troyes et messire Brokars et autres seigneurs de Champagne prirent le fort châtel de Hans.

Parmi l'ordonnance de celle paix demeurèrent au roi Charles de Navarre plusieurs villes et châteaux en Normandie, qui étoient par avant en débat; et par espécial Mante et Meulan que il n'eût rendu pour nulle garnison autre. Et fut adonc la paix faite du jeune comte Jean de Harecourt et du duc de Normandie. Si y rendit messire Louis de Harecourt grand'peine, oncle du dit comte Jean, qui étoit du conseil et de l'hôtel du dit duc. Et par bonne confédération et plus grand'conjonction d'amour, le duc de Normandie lui donna à femme une jeune damoiselle qui fut fille à monseigneur le duc de Bourbon, et qui étoit sereur de sa femme la duchesse de Normandie [2].

Ainsi demeura la chose en bon état et se défit le siége de devant Melun, et s'en partirent toutes manières de gens d'armes; et demeura la ville françoise. Nonobstant ce, et la paix faite du roi de Navarre et du duc de Normandie, si fut le royaume de France aussi fort guerroyé depuis comme il avoit été par avant; car les trèves étoient nouvellement faillies entre le royaume de France et le royaume d'Angleterre [3]; si que ces gens d'armes qui avoient fait guerre pour le roi de Navarre, tant en France, en Picardie, en Champagne, en Brie, en Bourgogne, en Beauce et en Normandie, la firent forte et vilaine, au titre du roi d'Angleterre. Et ne se

[1] On peut douter qu'à cette époque Thomas d'Agworth fût capitaine de Saint-Sauveur-le-Vicomte; car on ne voit pas qu'en 1359 Édouard ait donné de successeur dans cet emploi à Stephen de Cosington qu'il en avait pourvu par ses lettres du 5 février de cette année.

[2] Le mariage de Jean d'Harcourt avec Catherine de Bourbon fut célébré le 14 octobre.

[3] La trève était expirée le lendemain de la fête de saint Jean-Baptiste.

tourna oncques forteresse pour paix qui y fut; car les compagnons avoient appris à piller et à rançonner gens et pays et à chevaucher, tels deux mille y en avoit, à dix ou à vingt chevaux, que si ils fussent chez eux, espoir ils allassent à pied.

Après le département du siége de Melun, l'évêque de Troyes, qui fut un bon guerroyeur et entreprenant durement, retourna en la cité de Troyes, et avec lui messire Brokars de Fenestranges, un appert et hardi chevalier durement, renommé et usé d'armes; et étoit cil messire Brokars de la nation de Lorraine; et tenoit dessous lui et à ses gages bien cinq cents compagnons, dont il étoit aidé et servi. Si le prièrent le duc de Normandie, l'évêque de Troyes, le comte de Vaudemont et les seigneurs de Champagne qu'il voulsist demeurer de-lez eux, pour aider à mettre hors ces Anglois qui nuit et jour les guerroyoient. Tant fut prié le dit messire Brokars qu'il s'accorda à aider et délivrer le pays de Champagne de ces ennemis, parmi une grand'somme de florins qu'il devoit avoir pour lui et pour ses gens. Adoncques s'assemblèrent ces gens d'armes de Troyes, de Champagne et de Bourgogne, l'évêque de Troyes, le comte de Vaudemont, le comte de Joigny, messire Jean de Châlons et messire Brokars qui tenoit la plus grand'route, et bien mille lances et quinze cents brigands. Si se trairent ces gens d'armes par devant le fort châtel de Hans en Champagne que les Anglois tenoient et avoient tenu bien un an et demi. Sitôt que ils y furent venus ils le assaillirent fièrement; et ceux de dedans se défendirent de grand'volonté. Si ne l'eurent mie ces gens d'armes du premier assaut, ni du second, mais ils l'eurent au troisième, et le conquirent par grands faits d'armes et par bien continuellement assaillir. Si entrèrent dedans les gens messire Brokars; et y furent morts bien quatre-vingts Anglois, ni nul ne fut pris à merci.

Quand ils eurent ainsi fait, ils se retrairent devers Troyes et se rafraîchirent; et eurent conseil entre eux que ils se trairoient devers Pons sur Saine et devers Nogent, et ne cesseroient si auroient rué jus messire Eustache d'Aubrecicourt, qui leur faisoit, et au pays de Champagne, tous les destourbiers qu'il pouvoit.

CHAPITRE XCIV.

Comment messire Eustache d'Aubrecicourt issit hors de Pons pour rencontrer les Champenois, et comment il reconforte ses gens.

Adoncques se partirent ces gens d'armes de Troyes, et étoient bien douze cents lances et neuf cents brigands; et prirent leur chemin pour venir devers Nogent sur Saine. Les nouvelles étoient venues à messire Eustache d'Aubrecicourt, qui se tenoit adoncques à Pons sur Saine, que messire Brokars et l'évêque de Troyes devoient chevaucher : de laquelle avenue il avoit grand'joie, et les désiroit moult à trouver. Si étoit issu de Pons atout ce qu'il avoit de gens d'armes et d'archers; et avoit mandé tous ceux des garnisons de là entour qui à lui se tenoient, et leur signifia que ils fussent à telle heure qu'il leur assigna sur les champs. Tous y vinrent ceux qui mandés y furent : si se trouvèrent bien quatre cents lances et environ deux cents archers. Quand messire Eustache les vit tous ensemble, si dit : «Nous sommes gens assez pour combattre tout le pays de Champagne; or chevauchons au nom de Dieu et de Saint George». Et étoit adonc messire Eustache armé de toutes parures, excepté de son bassinet, et chevauchoit une blanche haquenée moult bien allant, que sa mie par amour lui avoit envoyée, et un coursier aussi que on lui menoit en dextre.

Et n'eurent guères chevauché les Anglois quand ils ouïrent nouvelles des François; et rapportèrent les coureurs de l'une partie et de l'autre que ils avoient vu les ennemis. Pas ne cuidoient les Anglois que les François fussent si grand'foison que ils étoient; car si messire Eustache l'eût sçu, il se fût mieux pourvu de gens qu'il ne fit, et eût eu trop volontiers messire Pierre d'Audelée et Albrest, qui l'eussent reconforté de trois ou quatre cents combattans.

Sitôt que messire Eustache sçut quelle part les François étoient, il rassembla toutes ses gens ensemble et se mit en un tertre au dehors de Nogent, au fort d'une vigne, ses archers par devant lui; et puis vinrent tantôt les François. Quand ils aperçurent les Anglois mis en ordonnance de bataille, ils s'arrêtèrent tout cois et sonnèrent leurs trompettes, et se recueillirent ensemble et ordonnèrent trois batailles, et en chacune avoit quatre cents lances. Si gouvernoit la première l'évêque de Troyes et messire Bro-

[1359]

kars, la seconde messire Jean de Châlons et le comte de Joigny, la tierce le comte de Vaudemont. Et point n'étoient encore les brigands venus, car ils venoient tous à pied : si ne se pouvoient mie si bien exploiter que ceux à cheval. Si déployèrent ces seigneurs de France leurs bannières et détrièrent un petit, pour amour de ce qu'ils vouloient avoir leurs brigands.

D'autre part, messire Eustache avoit pris le fort d'une vigne sur une petite montagne, et avoit mis ses archers très tous pardevant sa bataille. Si véoit trois batailles de François dessous lui, et en chacune autant de gens par semblant que il avoit en sa route. Mais de ce n'étoit-il point ébahi et disoit à tous ceux qui le pouvoient ouïr : « Seigneurs, seigneurs, combattons nous de bon courage; cette journée sera nôtre, et puis serons tous seigneurs de Champagne : j'ai plusieurs fois ouï conter qu'il y a eu un comté de jadis en Champagne[1] : encore pourrai-je bien faire tant de services au roi d'Angleterre que je tiens pour roi de France, car il calenge l'héritage et la couronne, que par conquêt il la me donnèroit. »

De ces paroles se réjouissoient les compagnons qui étoient de-lez lui, et disoient : « Par monseigneur Saint George, sire, nous y mettrons peine. » Adonc appela-t-il aucuns jeunes écuyers qui là étoient, tels que Courageux de Mauny un sien cousin[2], Jean de Paris, Martin d'Espagne, et autres que je ne sais nommer, et les fit là chevaliers; et puis ordonna toutes gens aller à pied et retailler chacun son glaive au volume de cinq pieds. Les François, qui véoient leur convine, les désiroient moult à combattre : mais ils attendoient leurs brigands, qui point ne venoient, pour eux faire assaillir et escarmoucher contre les archers, pour attraire messire Eustache et sa bataille hors de leur fort. Mais messire Eustache ne l'avoit mie en propos; ains se tenoit franchement sur la montagne, son pennon devant lui, qui étoit d'hermine à deux hamèdes de gueules.

[1] Le comté de Champagne qui avait appartenu à la maison de Navarre en avait été séparé par Louis-le-Hutin d'abord et ensuite par Philippe-le-Bel : il fut définitivement réuni plus tard à la couronne de France au détriment de Charles II de Navarre.

[2] C'était, suivant Barnes, un neveu du fameux Gautier de Mauny.

CHAPITRE XCV.

Comment messire Brokars et l'évêque de Troyes assaillirent roidement messire Eustache d'Aubrecicourt et sa route; et comment les archers anglois furent déconfits.

Quand messire Brokars de Fenestranges, qui étoit hardi et courageux chevalier durement, vit que messire Eustache ni sa bataille ne descendroient point de la montagne, si dit : « Allons, allons vers eux, il les nous faut combattre à quelque meschef que ce soit. » Adonc s'avança-t-il et sa bataille, et d'autre part l'évêque de Troyes, et approchèrent leurs ennemis. Messire Eustache et sa route attendirent celle bataille franchement et la recueillirent aux fers des glaives, tellement que oncques les François ne la purent briser. Mais ils rompirent et branlèrent celle des François, et en y eut plus de soixante à celle première empainte renversés jus par terre; et eût été déconfite sans recouvrer, quand la seconde bataille des François approcha, que messire Jean de Châlons et le comte de Joigny menoient. Cette seconde bataille réveilla grandement la première et remit ensemble, qui étoit jà tout épandue. Adonc archers commencèrent à traire roidement et fièrement et à employer sagettes tellement, que nul ne les osoit approcher ni entrer en leur trait.

Adonc se hâta la tierce bataille que le comte de Vaudemont menoit, où moult avoit de bonnes gens d'armes ; et vint sur aile férir sur la bataille messire Eustache. A ces nouvelles gens entendirent tantôt les Anglois de grand volonté, et les recueillirent fièrement et roidement. Là eut fait maintes grands appertises d'armes ; et trop vaillamment se combattoit messire Eustache, car toute la presse étoit à lui et dessous son pennon, pour la cause de ce qu'il sembloit aux François, et vérité étoit, que si on l'avoit mort ou pris, le demeurant étoit déconfit. Et aussi toute la fleur des gens messire Eustache étoient de-lez lui, tant pour son corps et son pennon garder que pour leur honneur avancer. Là eut messire Eustache grand faix sur les bras : car par bon compte les François étoient bien trois contre un. Là convint ces nouveaux chevaliers souffrir moult de peine, si loyaument se vouloient acquitter ; et oïl voir, car il n'en y eut nul qui trop bien ne fissent leur devoir. Là fit messire Eustache par espécial maintes grands appertises d'armes, et se combattit si vaillamment que on se pourroit émerveiller de ce qu'il y fit; car d'un glaive qu'il tenoit il en versa jusques à quatre des plus vigoureux et mit par terre et navra durement : ni nul ne l'osoit approcher, pour les grands appertises d'armes qu'il faisoit. Quand messire Brokars de Fenestranges, qui étoit fort chevalier et dur malement, en vit la manière, il prit son glaive entre ses poings et le lança pardessus les têtes de tous les autres qui étoient entre lui et messire Eustache, et l'avisa si bien en lançant que le glaive vint cheoir droitement en la visière du bassinet du dit messire Eustache, et si roidement y descendit que le fer qui étoit dur, trempé et acéré, rompit trois dents en la bouche du dit chevalier. Messire Eustache, qui vit en l'air le coup venir, jeta son bras au devant, et vola le glaive pardessus sa tête; et jà étoit si échauffé que de navrure qu'il eût il ne faisoit compte, ni on ne vit, grand temps a, chevalier faire les grands appertises d'armes qu'il fit là.

Or avoient les Anglois l'avantage d'une montagne qui moult leur valut; et étoient tous serrés et mis ensemble, tellement que on ne pouvoit entrer en eux; et se combattoient à pied et les François à cheval. D'autre part, un petit plus avant, les archers d'Angleterre s'étoient recueillis et faisoient leur bataille à part eux, et laissoient leurs gens d'armes convenir. Ces archers qui traioient ouniement embesognoient grandement les François, et en blessèrent et navrèrent plusieurs.

En grand temps on n'avoit point vu, si comme je l'ouïs recorder à ceux qui y furent, d'une part et d'autre, bataille faire par si bonne ordonnance et si bien combattue, ni gens qui se tinssent si vaillamment que les Anglois firent; ni aussi d'autre part que si âprement les recueillissent que les François firent; car tout à cheval ils tournoient autour des Anglois pour entrer en eux et rompre leur bataille, et les Anglois aussi à la mesure qu'ils tournoient tournoient aussi. En cel état se combattirent moult longuement, lançant l'un sur l'autre. Là eut fait maintes prises et maintes rescousses; car les Anglois n'étoient qu'un petit : si se mettoit chacun en peine de bien faire la besogne; et si vaillamment se combattirent que pour ce jour ils n'en devoient avoir nul blâme. Car si les brigands ne fussent venus, qui y survinrent plus de neuf cents tout frais et tout nouveaux à tout lances et pavois, ils s'en fussent partis à leur honneur; car ils donnoient aux François assez à faire. Mais quand ces brigands furent venus, qui étoient une grand'route, ils rompirent tantôt les archers et mirent en voie; car leur trait ne pouvoit entrer en eux, tant étoient forts et bien paveschés; et étoient aussi durement foulés, car ils s'étoient longuement combattus et tenus.

Quand messire Jean de Châlons et sa bataille virent ces archers fuir et dérompre, si retourna celle part, et fit tourner sa bannière et ses gens, et eux chasser à cheval. Là eurent ces archers fort temps; car ils ne sçavoient où fuir ni où mucier pour eux sauver; et les tuoient et abattoient ces gens d'armes, sans pitié et sans merci. Et en firent messire Jean de Châlons et le comte de Joigny la déconfiture, que oncques n'en échappa nul que tous ne demeurassent sur la place; et puis retournèrent sur les garçons, qui gardoient les chevaux de leurs maîtres qui se combattoient tous à pied. Si furent ces garçons tous morts et tous pris; petit s'en sauvèrent; et là perdit messire Eustache son coursier et sa haquenée qu'il aimoit tant. Pendant ce, se combattoient messire Brokars, l'évêque de Troyes, le comte de Vaudemont et de Joinville à monseigneur Eustache et à ses gens, et avoient pris une partie de la bataille et mis les brigands d'autre, qui trop durement embesognoient les Anglois.

CHAPITRE XCVI.

Comment messire Eustache d'Aubrecicourt fut pris et toutes ses gens déconfits; et comment messire Courageux de Mauny demeura comme mort en la bataille.

Moult y fit ce jour messire Eustache d'Aubrecicourt merveilles d'armes et y fut très bon chevalier, et aussi furent tous ceux qui avec lui étoient et se acquittèrent très vaillamment et loyaument à leur pouvoir; et ne l'eurent mie davantage les François, combien que ce fussent bonnes gens et tous d'élite. Mais ils étoient si grand nombre, et aussi si bien se combattirent, et si désiroient à ruer jus et à déconfire les Anglois, qu'ils s'abandonnoient de corps et de volonté. Et finablement, par le grand secours des brigands qui leur vint, ils rompirent les Anglois et espardirent tellement que oncques depuis ils ne se purent mettre ensemble; et fut le pennon messire Eustache, qui y étoit l'étendard et la ral-

[1359]

liance des Anglois, conquis et tout déchiré, et le dit chevalier de tous lez et de tous côtés envahi et assailli et durement navré. A celle empainte que ils se ouvrirent et épandirent en y eut foison de rués par terre, et en furent les François maîtres, et prirent desquels qu'ils voulurent. Si eschéy messire Eustache ès mains d'un chevalier de dessous le comte de Vaudemont, qui s'appeloit messire Henri Quevillart. Cil chevalier fiança le dit monseigneur Eustache et eut moult de peine et de soin pour le sauver ; car la communauté de Troyes le vouloient tuer, tant fort le héoient pour les grands appertises d'armes que il avoit faites au pays de Champagne. Là furent pris messire Jean de Paris, messire Martin d'Espaigne et plusieurs autres chevaliers et écuyers ; et ceux qui sauver se purent, se boutèrent au fort de Nogent : ce fut petit, car ils furent presque tous morts et tous pris sur place. Et fut laissé messire Courageux de Mauny entre les occis comme mort, tant étoit-il fort navré, et tellement qu'il n'avoit ni feu ni haleine en lui, et fut ainsi oublié. Cil rencontre fut l'an de grâce mil trois cent cinquante neuf, la vigile Saint Jean-Baptiste.

CHAPITRE XCVII.

Comment ceux de Troyes reçurent à grand'joie leur évêque et les seigneurs qui avec lui étoient ; et comment messire Jean de Péquigny et plusieurs autres Anglois moururent merveilleusement.

Après la déconfiture de Nogent sur Saine dont je vous ai parlé et que le champ fut tout délivré, s'en revinrent les barons et les chevaliers et toutes gens d'armes à Troyes et amenèrent là leur conquêt et leur butin. Mais nul des prisonniers ils n'y menèrent, ainçois les firent tourner d'autre part ès garnisons françoises qui étoient assez près de là. Le chevalier qui étoit de la comté de Vaudemont et qui avoit pris monseigneur Eustache, n'eut talent de l'y mener ; car on lui eût tué entre ses mains, tant étoit-il fort haï de la communauté de Troyes : si l'emmena d'autre part à sauveté.

Si furent grandement honorés à leur retour de ceux de Troyes les seigneurs qui avoient été à celle besogne, l'évêque de Troyes premièrement, le comte de Vaudemont, le comte de Joigny, messire Brokars de Fenestranges, messire Jean de Châlons, et plusieurs autres barons et chevaliers qui à la besogne de Nogent avoient été ; et de toutes gens en avoit la renommée messire Brokars de Fenestranges, pour ce qu'il avoit la plus grand'charge de gens. Ainsi eschéy à monseigneur Eustache d'Aubrecicourt ; et perdit la journée, si comme dessus est dit, et fut durement navré : mais son maître qui fiancé l'avoit, en pensoit aussi bien que s'il eût été son frère ; et lui fit très bonne compagnie toujours.

Or vous parlerons de monseigneur Courageux de Mauny et de l'aventure qui lui avint. Quand la déconfiture fut passée et tous les François retraits, le dit messire Courageux qui étoit tout assommé et là couché entre les morts, et étoit si comme demi-mort, leva un petit le chef ; si ne vit que gens morts et abattus et aterrés autour de lui. Adonc s'évertua-t-il un petit et se assit sur la crête d'un fossé où on l'avoit abattu : si regarda et vit qu'il n'étoit mie loin du fort de Nogent dont Jean de Segure, un moult appert écuyer, étoit capitaine. Si fit tant le dit chevalier, au mieux qu'il put, une heure en lui traînant, et l'autre en lui appuyant, qu'il vint dessous la grosse tour de la forteresse ; et puis fit signe aux compagnons de là dedans qu'il étoit des leurs. Adonc avalèrent les compagnons tantôt jus de la tour et le vinrent quérir à la barrière, et le prirent entre leurs bras et l'emportèrent dedans le fort. Si lui recousirent, bandelèrent et appareillèrent ses plaies, et en pensèrent depuis si bien qu'il en guérit.

Quand ceux qui étoient demeurés en la ville de Pons sur Seine et que messire Eustache y avoit laissés à son département, entendirent ces nouvelles, que messire Eustache étoit pris et tous les autres morts ou pris, si furent moult ébahis, et n'eurent mie conseil de plus là demeurer, ni de tenir la forteresse ; car ils n'étoient qu'un peu de gens. Si troussèrent tout ce qu'ils purent, et se partirent de Pons sur Saine ; et aussi firent ceux de Trochy, de Saponay, d'Arsy, de Méry, de Plancy et de tous les autres forts qui obéissoient à messire Eustache d'Aubrecicourt en devant ; ni nul n'y osa plus demeurer ; et les laissèrent tous vagues, pour la doute de l'évêque de Troyes, et de messire Brokars de Fenestranges, qui étoient grands guerroyeurs. Si se boutèrent en autres forts arrière d'eux. Messire Pierre d'Audelée ne se partit point pour ce de Beaufort, ni Jean de Ségure de Nogent, ni Albrest de Gyé sur Saine.

En ce temps trépassa de ce siècle assez merveilleusement, au châtel de la Harelle que il tenoit, à trois lieues près d'Amiens, messire Jean de Péquigny, si comme on dit, et l'étrangla son chambellan; et aussi mourut auques ainsi un sien chevalier et de son conseil, qui s'appeloit messire Lus de Bethisi. Dieu en ait les âmes, et leur pardoint leurs méfaits.

Un tel miracle avint aussi en ce temps d'un écuyer anglois qui étoit de la route messire Pierre d'Audelée et Albrest. Ils avoient chevauché un jour et étoient entrés en un village qui s'appeloit Ronay, et le déroboient les pillards, et y entrèrent si à point que le prêtre chantoit la grand'messe. Cil écuyer entra en l'église et vint à l'autel, et prit le calice où le prêtre devoit consacrer le corps de Notre Seigneur, et jeta le vin par terre; et pourtant que le prêtre en parla, cil le férit de son gand arrière main, si fort que le sang en vola sur l'autel. Ce fait, ils issirent de la ville, et eux venus aux champs, ce pillard qui fait avoit cet outrage et qui portoit en son sein le calice, la platine et les corporaux, pendant ce qu'ils chevauchoient soudainement, il lui avint ce que je vous dirai; et ce fut bien vengeance et verge de Dieu et exemple pour tous autres pilleurs. Le cheval de celui et il commencèrent à tournoyer sur les champs diversement et à demener tel tempête que nul ne les osoit approcher, et chéirent là en un mont et étranglèrent l'un l'autre, et se convertirent tous en poudre et en cendre. Tout ce virent les compagnons qui là étoient, dont ils furent grandement ébahis; et vouèrent et promirent à Dieu et à Notre Dame que jamais église ne violeroient, ni déroberoient. Je ne sçais si ils l'ont depuis tenu.

CHAPITRE XCVIII.

Comment ceux de Noyon achetèrent la garnison de Mauconseil; et Jean de Ségure vendit celle de Nogent à l'évêque de Troyes; et comment ceux de Troyes occirent le dit Jean de Ségure.

Auques en ce temps se commencèrent à ennuyer ceux de Mauconseil de leur garnison; car pourvéances leur failloient, et étoient requis du vendre de ceux de Noyon et du pays. Si la vendirent douze mille moutons [1]; et s'en pouvoient partir, ainsi qu'ils firent, sauvement eux et le leur. Si se partirent et se retrairent ès autres forteresses de Creel, de la Harelle, de Clermont, de Velly, de Pierrepont, de Roussy et de Sissonne. Sitôt que ceux de Noyon eurent Mauconseil, ils le abattirent et rasèrent tout par terre, tellement que oncques depuis n'y eut fort ni maison pour nulluy loger.

Ainsi étoit grevé et guerroyé le royaume de France de tous côtés; et vendoient les uns aux autres ces capitaines de garnisons, leurs forts et leurs pourvéances, et échangeoient et donnoient sommes d'argent ensemble, aussi bien comme de leur héritage. Et quand ils en étoient tannés, ou qu'il leur sembloit qu'ils ne les pouvoient plus tenir, ils les vendoient aux François pour avoir plus grand somme de florins. Dont il avint que Jean de Ségure vendit la garnison de Nogent sur Saine à l'évêque de Troyes, une quantité de florins, et la livra. Et sur bonnes assurances que l'évêque lui avoit données et accordées par son scel, et loyaument il lui cuidoit tenir, le dit Jean vint à Troyes et entra dedans la cité, et descendit en l'hôtel de l'évêque qui le reçut assez liement, et lui dit : « Jean, vous demeurerez de-lez moi deux ou trois jours, cependant je vous appareillerai votre paiement. » Jean de Ségure s'y accorda légèrement, qui cuidoit être venu sauvement; mais non fut : car la communauté de la ville, sitôt comme ils sçurent sa venue, s'assemblèrent de toutes parts, et commencèrent à murmurer et à parler moult vilainement sur le dit évêque, en disant : « Comment se truffe l'évêque de nous, qui soutient ainsi de lez lui nos ennemis et le plus fort pillard du royaume de France, et qui plus y a fait de maux et de vilains faits; et veut encore que nous lui donnions notre argent pour nous guerroyer; ce ne fait mie à consentir. » Ces paroles et autres multiplièrent si entre eux, que briévement ils dirent tout d'une voix que ils l'iroient tuer en l'hôtel de l'évêque, ni jamais ne leur échapperoit. Si s'en vinrent tous d'une sorte et envoyèrent grandes gardes aux portes, pourquoi il ne s'en pôt aller; et puis s'en vinrent eux plus de six mille, tous armés à leur usage à la cour de l'évêque et entrèrent dedans tout

---

[1] Monnaie du temps.

baudement. L'évêque fut tout émerveillé quand il les vit, et demanda : « Que voulez-vous ? » Ils répondirent tout d'une voix : « Ce traître Navarrois qui s'est céans bouté et qui est et a été si grand ennemi au royaume de France et qui plus y a fait de meurtres et de vilains faits et emblé traîtreusement plus de villes et de châteaux et de forteresses que nul des autres : si lui en donnerons son paiement, car il l'a bien desservi. » Adonc répondit l'évêque, comme loyal et vaillant prud'homme, et dit : « Beaux seigneurs, quel qu'il soit et ait été, il est ci venu sur mon sauf-conduit et bonnes assurances ; et si savez et avez toujours sçu les traités qui ont été entre moi et lui ; et par votre accord et bonne volonté ils sont passés : si seroit grand trahison et mauvaise déloyauté si en celle assurance on lui faisoit nul contraire. »

Néantmoins, quoique l'évêque parlât ni vérité leur remontrât, il n'en put oncques être ouï ; mais entrèrent de force en sa salle et puis en sa chambre, et quirent tant le dit écuyer de chambre en chambre, que finablement ils le trouvèrent. Si l'occirent et détranchèrent tout par pièces. Ainsi fina Jean de Ségure, dont l'évêque de Troyes et les chevaliers qui là étoient furent durement courroucés, mais amender ne le purent.

CHAPITRE XCIX.
Comment le duc de Normandie et le conseil de France ne voulurent mie tenir le traité fait entre le roi Jean de France et le roi d'Angleterre.

Je me suis longuement tenu à parler du roi d'Angleterre, mais je n'en ai point eu de cause de parler jusques à ci ; car tant comme les trèves durèrent entre lui et le royaume de France, à son titre, ses gens ne firent point de guerre. Mais elles étoient faillies le premier jour de mai [1] l'an cinquante neuf ; et avoient guerroyé toutes ces forteresses angloises et navarroises, au nom de lui, et guerroyoient encore tous les jours. Or avint que, tantôt après la paix faite du duc de Normandie et du roi de Navarre, si comme ci-dessus vous avez ouï recorder, messire Arnoul d'Andrehen maréchal de France retourna en Angleterre ; car il n'étoit pas quitte de sa foi de la prise de Poitiers.

[1] La trève n'expira, comme on l'a déjà remarqué, que le lendemain de la fête de saint Jean Baptiste.

En ce temps [1] étoient venus à Wesmoustier en la cité de Londres, le roi d'Angleterre et le prince de Galles son fils d'un lez, et le roi de France et messire Jacques de Bourbon de l'autre part ; et là furent ensemble ces quatre tant seulement, en secret conseil, et firent un certain accord de paix sans moyen sur certains articles et paroles que ils jetèrent et ordonnèrent. Et quand ils les eurent tous proposés, ils les firent écrire en une lettre ouverte, et les scellèrent les deux rois de leurs sceaux ; et tout ce fait, ils mandèrent le comte de Tancarville et monseigneur Arnoul d'Andrehen, qui étoient nouvellement venus, et leur chargèrent cette lettre pour apporter en France au duc de Normandie et à ses frères et au conseil de France.

Si passèrent le dit comte de Tancarville et le dit maréchal la mer, et arrivèrent à Boulogne, et exploitèrent tant qu'ils vinrent à Paris. Si trouvèrent le duc de Normandie et le roi de Navarre qui nouvellement s'étoient accordés [2]. Si leur montrèrent les lettres devant dites. Adoncques en demanda le duc de Normandie conseil au roi de Navarre comment il s'en pourroit maintenir. Le roi conseilla que les prélats et les barons de France et le conseil des cités et des bonnes villes fussent mandés ; car par eux et leur ordonnance convenoit cette chose passer. Ainsi fut fait. Le duc de Normandie manda sur un jour la plus grand partie des nobles et des prélats du royaume de France et le conseil des

[1] Froissart s'est trompé sur la date du traité conclu à Londres entre le roi Jean et Édouard et de l'arrivée des commissaires pour l'apporter à Paris pour le faire accepter par le régent et par les états. Ces faits sont antérieurs de plusieurs mois à l'époque qu'il leur assigne. On ignore la date précise du traité de Londres ; mais on ne sauroit douter qu'il avait été arrêté dans les premiers mois de cette année. Le sauf-conduit pour Guillaume de Melun archevêque de Sens, les comtes de Tancarville et de Dammartin, le maréchal d'Audeneham, le seigneur d'Aubigny, etc., chargés de l'apporter en France, qu'on trouve dans Rymer, est daté du 11 mai. Ils étaient arrivés à Paris avant le 19 de ce mois, jour auquel le régent, dit l'auteur des *Chroniques de France*, convoqua les états pour leur en donner communication ; et le 25 du même mois ce prince en fit faire la lecture au peuple dans la cour du palais, par Guillaume de Dormans alors avocat général. Le traité fut rejeté avec indignation, et on résolut de se disposer à la guerre.

[2] On a vu que le traité de paix du régent avec le roi de Navarre fut conclu le 21 août ; ainsi ils n'étaient pas réconciliés à l'époque dont il s'agit ici.

bonnes villes[1]. Quand ils furent tous venus à Paris, ils entrèrent en conseil. Là étoient le roi de Navarre, le duc de Normandie, ses deux frères, le comte de Tancarville et messire Arnoul d'Andrehen, qui remontrèrent la besogne et sur quel état ils étoient venus en France. Là furent les lettres lues et relues, et bien ouïes et entendues, et de point en point considérées et examinées. Si ne purent adonc être les conseils en général du royaume de France d'accord, et leur sembla cil traité trop dur[2]; et répondirent d'une voix aux dits messagers que ils auroient plus cher à endurer et porter encore le grand meschef et misère où ils étoient, que le noble royaume de France fût ainsi amoindri ni deffraudé; et que le roi Jean demeurât encore en Angleterre; et que quand il plairoit à Dieu, il y pourverroit de remède et mettroit attrempance. Ce fut toute la réponse que le comte de Tancarville et messire Arnoul d'Andrehen en purent avoir[3]. Si se partirent sur cel état et retournèrent en Angleterre; et se retrairent premièrement devers le roi de France leur seigneur, et lui contèrent comment ils n'avoient pu rien exploiter. De ces nouvelles fut le roi de France moult courroucé, ce fut bien raison; car il désiroit sa délivrance, et dit : « Ha! Charles, beau fils, vous êtes conseillé du roi de Navarre qui vous deçoit, et decevroit tels soixante que vous êtes. »

CHAPITRE C.

Comment le roi d'Angleterre fit faire grand appareil pour venir en France; et comment l'archevêque de Reims, le comte de Porcien et le comte de Braine conquirent le châtel de Roussy.

Ces deux seigneurs dessus nommés retournés en Angleterre, le roi Édouard, ainsi comme il appartenoit, sçut la réponse, car ils lui relatèrent tout ainsi, ni plus, ni moins, qu'ils en étoient chargés des François. Quand le roi d'Angleterre eut entendu ces nouvelles, il fut durement courroucé; et dit devant tous ceux qui le pouvoient ouïr que ainçois que hiver fût entré, il entreroit au royaume de France si puissamment et y demeureroit tant qu'il auroit fin de guerre, ou bonne paix à son honneur et plaisir[1]. Si fit commencer à faire le plus grand appareil que on eût oncques mais vu faire en Angleterre pour guerroyer.

Ces nouvelles issirent par tous pays, si que partout chevaliers et écuyers et gens d'armes se commencèrent à pourvoir grossement et chèrement de chevaux et de harnois, chacun du mieux qu'il put, selon son état; et se traist chacun, du plus tôt qu'il put, par devers Calais, pour attendre la venue du roi d'Angleterre; car chacun pensoit à avoir si grands bienfaits de lui, et tant d'avoir gagner en France que jamais ne seroient jamais povres; et par espécial ces Allemands qui sont plus convoiteux que autres gens.

En cette même saison et environ le milieu d'août, advint que messire Jean de Craon archevêque de Reims et ceux de la dite cité et du pays environ, parmi l'aide des chevaliers et écuyers de la comté de Retel et autres chevaliers et écuyers de l'évêché de Laon, se assemblèrent et vinrent mettre le siège par devant la ville et le châtel de Roussy, et le contraignirent si, sur le terme de trois semaines qu'ils y furent, que ceux qui dedans étoient se rendirent, sauves

---

[1] Cette assemblée était indiquée pour le dimanche 19 mai; mais les chemins étaient si infestés par les Anglais et les Navarrais qui occupaient plusieurs forteresses de tous les côtés par où on pouvait venir à Paris, et par les garnisons françaises qui pillaient autant que les Anglais, qu'un grand nombre de personnes ne purent s'y rendre, quoiqu'on eût prolongé jusqu'au samedi 25 mai le jour de l'ouverture des états.

[2] Par ce traité Jean cédait à Édouard la Normandie, la Saintonge, l'Agénois, le Quercy, le Périgord, le Limousin, la Touraine, etc.; en un mot, les deux tiers de la France, pour le posséder en toute souveraineté.

[3] Il fut aussi réglé dans ces états que les nobles serviraient un mois à leurs dépens, non compris dans ce mois le temps qu'ils seraient en route pour se rendre à l'armée et pour en revenir; et qu'ils paieraient les impositions octroyées par les bonnes villes. Les gens d'église offrirent aussi de les payer. La ville de Paris s'engagea pour elle et pour la vicomté d'entretenir six cents glaives, quatre cents archers et mille brigands. Les députés des autres villes ne voulurent rien octroyer sans *parler à leurs villes*, parce qu'apparemment on ne leur avait pas donné pouvoir d'accorder un subside. On ordonna qu'ils s'en retourneraient dans leurs villes et qu'ils enverraient leur réponse avant le lundi qui suit la Trinité. Plusieurs villes envoyèrent cette réponse qui fut, que le plat pays étant détruit par les Anglais et les Navarrais et par les garnisons françaises, elles ne pouvaient accomplir le nombre des 1200 glaives qui avaient été accordés. (Préface du t. III des ordonnances.)

[1] Les lettres par lesquelles Édouard annonce au clergé d'Angleterre qu'il est résolu à recommencer la guerre, et lui demande l'assistance de ses prières, sont datées du 12 d'août.

leurs vies et leurs membres. Et de ce eurent-ils bonnes lettres, et pouvoient aller quelque part qu'ils voudroient, sauvement, sous le conduit du dit archevêque, du comte de Porcien et du comte de Brayne qui là étoient. Dont il avint que quand ils se partirent, la communauté de Reims et ceux du pays qui là étoient assemblés, leur vinrent sus et en occirent et meurtrirent la plus grand'partie; de quoi les seigneurs furent durement courroucés, mais amender ne le purent. A grand'meschef purent-ils sauver le capitaine François Hennequin; et le vouloient les vilains tuer entre leurs mains. Ainsi r'eut le comte de Roussy sa ville et son châtel; et le rendit cil dit Hennequin par la composition du traité, autrement il ne eût point été sauvé.

CHAPITRE CI.

Comment messire Eustache d'Aubrecicourt fut délivré de prison ; et comment il prit Athegny et plusieurs autres forteresses et gâta le pays environ Reims.

Après la rescousse du châtel de Roussy, mourut Pierre d'Audelée de maladie, sur son lit au châtel de Beaufort en Champagne; de quoi tous les compagnons et soudoyers qui à lui se tenoient furent moult desbaretés. Si regardèrent les Anglois et les Allemands et ceux qui étoient d'une sorte et qui faisoient guerre pour le roi d'Angleterre, qu'ils ne pouvoient avoir meilleur capitaine que messire Eustache d'Aubrecicourt, qui étoit sain et guéri de ses plaies, et en bon point. Si envoyèrent les compagnons Faucon le Herault, qui étoit adonc en Champagne, en la comté de Vaudemont, parler au dit comte et à monseigneur Henry, dit Kevillart, maître à monseigneur Eustache. Si se porta le traité et parlement ensemble, tellement que messire Courageux de Mauny, sur bon sauf-conduit que Faucon lui impétra, vint devers les parties qui le dit chevalier tenoient. Si fut mis à finance parmi vingt deux mille francs que il paya tous appareillés; car les compagnons des garnisons et des forteresses de Brie et de Champagne se taillèrent trop volontiers; si en paya chacun sa part. Ainsi fut délivré monseigneur Eustache et eut parmi sa délivrance son coursier et sa haquenée que madame Isabel de Juliers, comtesse de Kent pour le temps, qui loyaument l'aimoit, lui avoit envoyés d'Angleterre. Et rendirent encore les Anglois aux François, parmi la délivrance de monseigneur Eustache, le bon châtel de Conflans en Champagne qu'ils tenoient.

Quand les Anglois et les Allemands, qui vivoient de guerroyer le royaume de France et avoient vécu un grand temps, eurent messire Eustache de-lez eux, si se tinrent à trop bien payés, et le tinrent leur maître et leur souverain pardessus tous; et se rallièrent et se rassemblèrent toutes manières de gens et de sortes à lui. Si chevauchèrent et entrèrent en la comté de Retel où ils n'avoient encore été, et prirent et emblèrent la bonne ville de Athegny sur Aisne; et trouvèrent dedans les Anglois plus de quinze cents pièces de vin, dont ils eurent grand'joie. Si en firent leur souveraine garnison, et coururent tout le pays autour de Reims, et prirent et pillèrent Espernay, Damery, Craonne, et la bonne ville de Vertus, où ils eurent grand profit; et en firent les Anglois une garnison qui couroit tout le pays d'environ selon la rivière de Marne jusques au Châtel-Thierry et jusques à la Ferté-Milon; et alloient ceux de Athegny courir tous les jours jusques à Maisières sur Meuse et jusques à Donchery et jusques au Chêne Pouilleux.

CHAPITRE CII.

Comment messire Broquars de Fenestranges défia le duc de Normandie; et comment messire Robert Canolle ardit et exilla le bon pays de Berry et d'Auvergne.

En celle même saison avint que cil chevalier messire Broquars et de Fenestranges, qui avoit été de l'aide du duc de Normandie et des François encontre les Anglois et les Navarrois, et les avoit aidés à ruer jus et déconfire et bouter hors de leurs forteresses de Champagne, avoit été mauvaisement payé de ses gages, et lui devoit-on bien, que pour lui que pour ses gens, trente mille francs. Si s'en mérencolia en soi-même, et envoya certains hommes de par lui à Paris devers le duc de Normandie, pour avoir cet argent et pour payer ses soudoyers qui se complaignoient à lui tous les jours de son paiement. Le duc de Normandie et son conseil ne répondirent mie bien adonc à la plaisance des gens monseigneur Broquars; et retournèrent arrière sans rien exploiter, au pays de Champagne, devers messire Broquars, et lui recordèrent ce qui leur plut de paroles, desquelles messire Broquars ne se tint mie pour content ; et envoya tantôt défier le duc de Normandie et tout le royaume de France ; et entra dans une bonne ville et grosse que on dit Bar sur Saine, où à ce jour il y avoit plus de neuf cents hôtels. Si là pillèrent et robèrent ses gens, et mirent grand'peine et grand'entente à conquerre le châtel, mais ils ne le purent avoir, car il étoit trop malement fort, et si étoit bien gardé. Quand ils virent qu'ils ne le pourroient avoir, si le laissèrent, et chargèrent tout leur pillage qu'ils avoient eu à Bar sur Saine, et emmenèrent plus de cinq cents, que prisonniers que prisonnières, et se retrairent à Conflans, dont ils avoient fait leur garnison. Mais à leur département ils l'ardirent et pillèrent tellement que onques ne demeura chevron sur autre, que tout ne fut ars et broui.

Depuis, firent messire Broquars et ses gens plus de dommages et de vilains faits au pays de Champagne, que onques les Anglois ni les Navarrois n'y firent. Et quand ils eurent tout couru et robé le pays, on s'accorda devers eux, et eurent tout ce qu'ils demandèrent et plus assez. Si se retrait messire Broquars en Lorraine dont il étoit parti, et là ramena-t-il toutes ses gens, et laissa le royaume de France et le pays de Champagne en paix, quand il eut fait des maux assez.

En celle même saison et en cel août mil trois cent cinquante-neuf, mit sus messire Robert Canolle une grand'chevauchée de gens d'armes ; et étoient bien trois mille combattants, que uns que autres ; et se partit avec ses routes des marches de Bretagne ; et s'en vinrent chevauchant tout contre mont la rivière de Loire, et entrèrent en Berry, et cheminèrent tout parmi, ardant et exillant le bon pays de Berry, et puis entrèrent en Auvergne. Adonc se recueillirent et assemblèrent, qui mieux pouvoient, les gentilshommes d'Auvergne et de Limousin, et aussi le comte de Forests, qui mit sus bien quatre cents lances ; et firent leurs amas ces seigneurs, comtes, barons et chevaliers des pays dessus nommés, à Clermont, à Montferrant, et à Riom en Auvergne. Et quand ils furent tous ensemble, ils se trouvèrent bien jusques à six mille combattans. Si élurent ces barons et ces chevaliers quatre souverains de tout leur ost : premièrement le comte de Forez, le jeune comte Berault Daulphin d'Auvergne, monseigneur Jean de Boulogne et le seigneur de Montagu d'Auvergne. Et chevauchèrent ces gens d'armes contre ces pilleurs de tous pays rassemblés, desquels messire Robert Canolle et Alain de Buch, étoient capitaines et chefs, pour défendre et garder leurs pays. Car les dessus dits pilleurs avoient empris à passer parmi Auvergne et venir voir le pape et les cardinaux en Avignon, et avoir de leurs florins, aussi bien que l'archiprêtre en avoit eu.

CHAPITRE CIII.

Comment les seigneurs d'Auvergne et de Limousin allèrent audevant de monseigneur Robert Canolle ; et comment ils ordonnèrent leurs batailles d'un côté et d'autre.

Tant chevauchèrent ces seigneurs d'Auvergne avec leurs routes et leur arrois que ils vinrent à une petite journée près de ces guerroyeurs, qui se nommoient Anglois ; et virent d'une montagne, où tout leur ost étoit arrêté, les fumières que leurs ennemis faisoient. A lendemain ils s'adressèrent droitement celle part, et étoit bien leur intention d'eux combattre si ils les pouvoient atteindre. Ce soir ils vinrent à deux petites lieues près du pays où ils étoient. Donc prirent-ils terre et se logèrent tous sur une montagne, et les Anglois étoient sur une autre : et véoient chacun des osts les feux que ils faisoient en l'un des osts et en l'autre. Si passèrent celle nuit. Lendemain se délogèrent les François et se traîrent plus avant tout à l'encontre, car ils connoissoient le pays ; et s'en vinrent à heures de nonne loger sur une montagne, droit devant les Anglois ; et n'y avoit d'entre deux que une prairie, espoir large de six bonniers [1] de terre ; et pouvoient voir clairement et connaître l'un l'autre. Et quand les Anglois virent venus les François devant eux, ils firent par semblant grand'chère, et s'ordonnèrent ainsi que pour combattre, et mirent tous leurs archers au pendant de la montagne, devant eux.

Les seigneurs de France qui aperçurent ce convine s'ordonnèrent aussi et firent deux bonnes batailles bien et faiticement : en chacune avoit bien six mille hommes. Si avoit la première le Daulphin d'Auvergne, comte de Clermont, et l'appeloit-on Bérault, et devint là chevalier et leva bannière écartelée d'Auvergne et de Merquer. Si étoient de-lez lui messire Robert-Daufin son oncle et le sire de Montagu ; et là devinrent

[1] Mesure agraire encore usitée en Flandres

chevaliers messire Henry de Montagu et le sire de Chalençon, le sire de Rochefort, le sire de Serignach, messire Godefroy de Boulogne, et plusieurs autres jeunes écuyers de Limosin, de Quersin, d'Auvergne et de Rouergue.

En la seconde bataille des François étoient le comte de Forez, messire Jean de Boulogne comte d'Auvergne, le sire d'Achier et son fils, le sire d'Achon, et le vicomte d'Uzès, et aussi messire Regnaut de Forez frère au dit comte, et grand'-foison de bons chevaliers et écuyers qui tous étoient en grand'volonté de combattre, si comme ils le montroient.

D'autre part, messire Robert Canolle et ses routes faisoient semblant qu'ils en avoient aussi grand'volonté. Ainsi se tinrent jusques au soir l'un devant l'autre chacun en son fort sans lui mouvoir, fors tant qu'il y eut aucuns jeunes chevaliers et écuyers qui, pour acquérir prix d'armes, descendirent, par le congé de leurs maréchaux, de la montagne au pré, et vinrent joûter l'un à l'autre; et qui pouvoit conquerre son compagnon, il l'emmenoit : mais pour ce ne descendirent point leurs batailles, pour joûte ni pour escarmouche qui faite y fut.

CHAPITRE CIV.

Comment messire Robert Canolle et ses gens s'enfuirent par nuit ; et comment les seigneurs d'Auvergne donnèrent congé à toutes manières de gens d'armes.

Quand ce vint au soir et que la journée se fut partie sans bataille, chacun se retraist en son logis; et firent bon guet et grand. Et se trairent au conseil les seigneurs de France, et se conseillèrent entr'eux que, à heure de minuit, ils se partiroient de là et descendroient de la montagne, non pas devers les ennemis, mais au plain par où ils étoient montés; et pour seulement tourner les dites montagnes deux lieues, ils viendroient tout à plein là où les compagnons étoient, et encore si matin que espoir ne seroient-ils mie tous armés. Cette ordonnance fut affermée entr'eux, et le devoit chacun sire dire à ses gens; et se devoient armer et partir coiement sans faire point de noise; et le firent ainsi comme ordonné fut. Mais onques si secrètement ne surent ce demener que les compagnons ne le surent tantôt et par un prisonnier de leurs gens, si comme on supposa depuis, qui se embla et vint en l'ost monseigneur Robert Canolle, et lui conta tout le convine des barons d'Auvergne, et quel chose ils avoient empris à faire.

Quand le dit messire Robert entendit ces nouvelles, il se traist à conseil avecques aucuns de son ost où il avoit plus de fiance; et regardèrent l'un parmi l'autre, tout considéré la puissance des François, que ce n'étoit pas bon de les attendre. Si fit hâtivement armer toutes ses gens, trousser, monter et partir; et chevauchèrent leur chemin par le conduit de guides qu'ils avoient des gens du pays, qui étoient leurs prisonniers et savoient les chemins et les adresses. Quand ce vint à l'heure de minuit, les François s'ordonnèrent et armèrent, ainsi comme avisé l'avoient, et mirent en arroy de bataille, et vinrent à l'ajournement à la montagne où ils cuidèrent trouver les Anglois. Mais ils y faillirent, dont ils furent moult émerveillés ; et firent monter aucuns de leurs gens des plus apperts, et chevaucher les montagnes pour savoir si ils en auroient aucunes nouvelles : lesquels rapportèrent en leur ost, environ heure de tierce, que on les avoit vus passer, et prenoient le chemin pour aller vers la cité de Limoges. Quand les seigneurs et les barons d'Auvergne ouïrent ces nouvelles, ils n'eurent mie conseil de les plus poursuivir; car il leur sembloit, et voir étoit, qu'ils perdroient leur peine, et que assez honorablement ils avoient chevauché, quand ils avoient bouté et mis hors de leur pays leurs ennemis. Et lors les seigneurs donnèrent congé à toutes manières de gens d'armes pour eux en retourner chacun en son lieu. Ainsi se défit et rompit cette grosse chevauchée d'Auvergne, et revinrent les seigneurs en leur maisons. Assez tôt après fut traité le mariage de ce gentil chevalier le comte Dauphin d'Auvergne et la fille du gentil comte de Forez qu'il avoit de la sœur monseigneur Jacques de Bourbon.

Or retournerons au roi d'Angleterre et à la grosse armée qu'il mit sus en celle année et comment il persévéra.

CHAPITRE CV.

Comment tant de gens d'armes étrangers vinrent à Calais qu'on ne se savoit où loger et y furent les vivres moult chers.

Le roi d'Angleterre toute celle saison faisoit un si très grand appareil pour venir en France, que par avant on n'avoit point vu le semblable. De quoi plusieurs barons et chevaliers de l'empire d'Allemagne, qui autrefois l'avoient servi, s'avancèrent grandement en celle année, et se pourvurent bien et étofféement de chevaux et de harnois, chacun du mieux qu'il put selon son état, et s'envinrent du plus tôt qu'ils purent, par les côtières de Flandre, devers Calais, et là se tinrent en attendant le roi. Or avint que le roi d'Angleterre ni ses gens ne vinrent mie sitôt à Calais que on pensoit; dont tant de manières de gens étrangers vinrent à Calais que on ne se savoit où herberger, ni chevaux establer. Et avecques ce, pains, vins, fuerres, avoines et toutes pourvéances y étoient si grandement chères que on n'en pouvoit point recouvrer pour or ni pour argent; et toujours leur disoit-on : «Le roi viendra à l'autre semaine.» Ainsi attendoient tous ces seigneurs allemands miessenaires, Hesbegnons, Brabançons, Flamands et Hainuyers, povres et riches, la venue du roi d'Angleterre dès l'entrée d'août jusques à la Saint-Luc, à grand'meschef et à grands coûts, et à si grand danger qu'il convint les plusieurs vendre la plus grand'partie de leurs chevaux. Et si le roi d'Angleterre fut adonc venu ni arrivé à Calais, il ne se sçut où herberger, ni ses gens, fors au châtel; car le corps de la ville étoit tout pris; et si y avoit encore une doute par aventure que ces seigneurs qui avoient tout dépendu ne se voulussent point partir, pour roi ni pour autre, de Calais, si on ne leur eût rendu leurs dépens en deniers apareillés.

CHAPITRE CVI.

Comment le duc de Lancastre vint à Calais pour excuser le roi d'Angleterre vers ces étrangers, et les mena gâtant et exillant le pays vers Saint-Omer.

Le roi d'Angleterre qui ne put avoir sitôt ses gens ni ses grands pourvéances appareillées, ainsi qu'il voulsist, et qui bien avoit entendu le grand nombre de gens qui l'attendoient à Calais pour avoir grâce et grands bienfaits de lui, combien qu'il n'en eût mie mandé la quarte partie, non la cinquième de ceux qui là étoient venus, mais étoient venus de leur volonté, les aucuns pour leur honneur avancer, et les autres par convoitise de gagner et piller sur le bon et plentureux pays du royaume de France, si eut le dit roi d'Angleterre doute de ce que dessus est dit. Si s'avisa par grand sens, ainsi que on se peut bien penser, que il enverroit le duc de Lancastre son cousin à Calais atout grand'foison de gens d'armes, pour lui excuser envers ces seigneurs qui là étoient venus pour lui faire compagnie. Ainsi fut fait.

A l'ordonnance du roi se appareilla le duc au mieux qu'il put, et fit tant qu'il vint à Calais, environ la fête Saint Remy[1], atout quatre cents armures de fer et deux mille archers et Gallois.

Si fut durement bien venu et conjoui de ces seigneurs étrangers qui lui demandèrent nouvelles du roi. Et il l'excusa bien et sagement envers eux, ainsi que bien le sçut faire, et fit décharger tout bellement son harnois, ses chevaux et ses pourvéances; et puis dit à ces seigneurs étrangers que le séjourner là endroit ne leur pouvoit rien valoir; mais vouloit chevaucher en France pour voir qu'il trouveroit. Si leur pria que ils voulsissent chevaucher avecques lui, et il prêteroit aucune somme d'argent à chacun pour payer leurs hôtes de leurs menus frais, et leur livreroit pourvéances si avant qu'ils en voudroient charger sur leurs sommiers. Il sembla à ces seigneurs que ce seroit honte de séjourner et de refuser la requête de si vaillant homme comme le duc de Lancastre étoit : si lui octroyèrent liement. Et fit chacun referrer ses chevaux et trousser; et puis partirent de Calais à grand'noblesse avec le duc et s'en allèrent devers Saint-Omer; et pouvoient bien être deux mille armures de fer sans les archers et les gens de pied. Si passèrent ces gens d'armes et leurs routes au dehors de Saint-Omer, mais point n'y assaillirent; et chevauchèrent devers Béthune et passèrent outre; et firent tant qu'ils vinrent au mont Saint-Éloy, une bonne abbaye et riche séant à deux petites lieues d'Arras la cité; et là séjournèrent par l'espace de quatre jours pour eux rafraîchir et leurs chevaux, car ils trouvèrent en l'abbaye bien de quoi.

CHAPITRE CVII.

Comment le roi d'Angleterre arriva à Calais à grand'armée et manda au duc de Lancastre qu'il s'en retournât à Calais atout ses gens.

Quand ces gens d'armes eurent séjourné quatre jours au mont Saint-Éloy et gâté et robé

---

[1] Knyghton dit de même, que le duc de Lancastre arriva à Calais peu après la fête de saint Michel.

tout le pays de là environ, ils se partirent et se retrairent pardevers la rivière de Somme et pardevers Bapaumes, pour venir vers Péronne; et ne chevauchoient que deux ou trois lieues le jour. Si gâtèrent tout le pays suivant la rivière de Somme, tant qu'ils vinrent à une ville fermée que on appelle Bray sur Somme. Quand ils furent là venus, ils s'arrêtèrent et se mirent en ordonnance pour l'assaillir, car il leur sembla qu'elle étoit bien prenable. Si l'assaillirent fortement et durement, et en dura l'assaut le jour tout entier, et y perdirent les Anglois grand'foison de leurs gens : car ceux de la ville se défendirent vaillamment, parmi le reconfort du comte de Saint-Pol et du seigneur de Raineval et d'aucuns chevaliers et écuyers du pays qui se vinrent bouter par derrière, à bien deux cents lances : autrement elle eût été prise. Et là fut occis à l'assaut un banneret d'Angleterre, bon chevalier et hardi durement, dont les Anglois furent moult courroucés, mais amender ne le purent.

Quand ils virent qu'ils ne pouvoient gagner la ville de Bray et que trop leur coûtoit de leurs gens, ils se partirent et suivirent la dite rivière, à grand malaise de pain et de vin; et vinrent à une ville qu'on appelle Cerisi [1], là où ils trouvèrent suffisamment pain et vin. Si passèrent là endroit la rivière, au pont qui n'étoit mie défait, et séjournèrent là la nuit et le jour de la Toussaints. En ce séjour vinrent nouvelles au duc de Lancastre que son sire étoit venu et arrivé à Calais [2], et lui mandoit que tantôt il se traist vers lui à toute sa compagnie. Aussi à voir dire, n'osoit-il passer plus avant, tant pour ce qu'il avoit perdu de ses gens grand'foison devant Bar sur Somme, comme pour la doute du gentil comte de Saint Pol et sa route. De ces nouvelles furent lies et joyeux tous les compagnons d'étranges pays, pour l'espérance d'avoir monnoie, qui avoient eu grand'faute d'argent et enduré maintes mésaises : si se partirent liement de là, et repassèrent la rivière là même et se retrairent à Calais là où ils cuidoient trouver le roi d'Angleterre. En cette chevauchée étoit messire Henry de Flandre atout deux cents armures de fer; et

de Brabant y étoient, messire Henry de Bautresen sire de Bergues, messire Girard de la Horde, messire Franque de Halle [1] : de Hainaut, messire Gautier de Mauny, et messire Jean de Gommignies : Hesbaignons, messire Godefroy sire de Harduemont et messire Jean son fils, messire Gautier de Hautepenne leur cousin, messire Regnaut de Boullant, messire Jean de Duras, messire Thierry de Seraing, son frère, messire Rasses de Junieppe, messire Gilles Sorles, messire Jean de Bernamont, messire Renard de Berghes, et plusieurs autres. Les Allemands et les messenaires d'étrangers pays ne pourrois-je savoir tous nommer, si m'en tairai atant.

CHAPITRE CVIII.

Comment ces seigneurs étrangers montrèrent humblement au roi d'Angleterre leur povreté; et quel chose il leur répondit.

Ainsi que le duc de Lancastre et ces barons et ces chevaliers s'en retournoient devers Calais, pour trouver le roi d'Angleterre que tant avoient désiré, ils l'encontrèrent sur le chemin, à quatre lieues près de Calais, à si grand'multitude de gens d'armes que tout le pays en étoit couvert, et si richement armé et paré que c'étoit merveilles et grand déduit au regarder les armes luisans, leurs bannières ventilans, leur conroy par ordre le petit pas chevauchant; ni on n'y sçut que amender. Quand le duc de Lancastre et ces seigneurs dessus nommés furent parvenus jusques au roi, il leur fit grand'fête et liement les salua, et les regracia moult humblement de leur service et de ce qu'ils étoient là venus de leur bonne volonté. Tantôt ces seigneurs étrangers, Allemands, Brabançons et Hesbaignons tous ensemble, remontrèrent au roi moult humblement leur povreté et nécessité; comment ils avoient tout leur avoir dépendu, leurs chevaux et leurs harnois vendus, si que peu ou néant leur étoit demeuré, pour lui servir, auquel nom ils étoient là venus endroit, ni pour eux r'aller en leur pays, si besoin étoit. Si lui prièrent que par sa noblesse il y voulsist entendre et regarder.

Le roi se conseilla assez brièvement tout à cheval, en my les champs là où il étoit. Si leur

---

[1] Village sur la Somme, entre Corbie et Péronne.
[2] Édouard partit de Sandwich le 28 octobre et arriva le soir du même jour à Calais, suivant le *Memorandum* de son passage publié par Rymer.

[1] Franque de Halle fut nommé plus tard commandant de Calais. Il fut aussi nommé chevalier de la Jarretière à la place de sir Otho Holland.

répondit courtoisement, que il n'étoit mie bien pourvu de là endroit répondre pleinement : « Et vous êtes durement travaillés, si comme je pense; si vous allez reposer et rafraîchir deux jours ou trois dedans Calais, et je m'en conseillerai encore aujourd'hui, et demain plus pleinement, et vous envoierai réponse telle qu'il vous devra suffire par raison, et selon mon pouvoir. » Ces étranges gens n'en purent adonc avoir autre réponse ni autre chose : si se partirent du roi et de la route le duc de Lancastre, et s'en allèrent par devers Calais. Quand ils eurent chevauché environ demie lieue, ils encontrèrent le plus bel charroy et le plus grand et le mieux étoffé de toutes pourvéances, et le mieux appareillé que oncques fut vu en nul pays. Après ils encontrèrent le prince de Galles si noblement et si richement paré d'armes, et toutes ses gens, que c'étoit grand'beauté à regarder; et si avoit si grands gens en son conroy que tout le pays en étoit couvert. Et chevauchoient tous le commun pas, rangés et serrés ainsi que pour tantôt combattre, si mestier fut, toujours une lieue ou deux arrière de l'ost du roi son père : si que toujours leurs charrois et leurs pourvéances charrioient entre les deux osts. Laquelle ordonnance ces seigneurs étrangers virent volontiers et moult la prisèrent.

CHAPITRE CIX.

Comment ces seigneurs étrangers furent mal contents de la réponse du roi, qui tout le leur avoient dépendu.

Après ce que ces seigneurs étrangers eurent tout ce diligemment regardé et considéré, et ils eurent salué révéremment le prince, les seigneurs et les barons qui étoient avecques lui, et le prince aussi les eut bien et courtoisement reçus et conjouis, ainsi que cil qui bien le savoit faire, ils prirent congé de lui et lui remontrèrent leur besogne et leur povreté humblement, en lui priant qu'il voulût descendre à leur nécessité. Le prince leur accorda liement et volontiers. Si passèrent outre, et chevauchèrent tant qu'ils vinrent à Calais, et là se logèrent. Le second jour après ce que ils furent venus à Calais, le roi d'Angleterre envoya à eux la réponse, par trois suffisans chevaliers qui leur dirent pleinement : « qu'il n'avoit mie apporté si grand trésor pour eux payer tous leurs frais et tout ce qu'ils voudroient demander, et lui besognoit bien ce qu'il en avoit fait venir pour fournir ce qu'il en avoit empris; mais si ils étoient si conseillés que ils voulsissent venir avec lui et prendre l'aventure de bien et de mal, et si bonne aventure lui échéoit en ce voyage, il vouloit qu'ils y partissent bien et largement, sauf tant qu'ils ne lui pussent rien demander pour leurs gages, ni pour leurs chevaux perdus, ni pour dépens ni dommages qu'ils pussent faire ni avoir; car il avoit assez amené gens de son pays pour achever cette besogne. »

Ces réponses ne plurent mie bien à ces seigneurs étrangers, ni à leurs compagnons qui avoient durement travaillé et dépendu le leur, engagé leurs chevaux et leurs harnois, et le plus vendu par nécessité. Et toutes voies ils n'en purent autre chose avoir, fors tant que on prêta à chacun aucune chose, par grâce, pour r'aller en son pays. Si en y eut aucuns des seigneurs qui s'en allèrent devers le roi pour tout aventurer; car blâme leur eût été de retourner sans autre chose faire.

Or vous deviserai l'ordonnance et la manière du grand appareil que le roi d'Angleterre fit faire ainçois qu'il se partît de son pays, et qu'il eut en ce voyage, dont je ne vous ai encore parlé. Si ne s'en doit-on mie briévement passer, car oncques si grand ni si bien ordonné n'issit hors d'Angleterre.

CHAPITRE CX.

Comment le roi, ainçois qu'il partît d'Angleterre, fit mettre en prison le roi Jean et monseigneur Philippe son fils et les autres barons de France.

Ainçois que le roi d'Angleterre partît de son pays, il fit tous les comtes et barons de France, qu'il tenoit pour prisonniers, départir et mettre en plusieurs lieux et en forts châteaux parmi son royaume, pour mieux être au-dessus d'eux; et fit mettre le roi de France au châtel de Londres[1] qui est grand et fort, séant sur la rivière de Tamise, et son jeune fils avecques lui, monseigneur Philippe, et les restreignit et leur

---

[1] Froissart se trompe sur le lieu où le roi Jean fut mis en prison avant le départ d'Édouard pour la France. Il paraît, par plusieurs pièces que Rymer a recueillies, que ce prince fut enfermé vers le mois d'août au château de Sommerton, qu'il y resta jusqu'au mois de mars de l'année suivante, et qu'alors seulement il fut transféré à la tour de Londres.

tollit moult de leurs déduits, et les fit garder plus étroitement que devant. Après, quand il fut appareillé, il fit à savoir partout que tous ceux qui étoient appareillés et pourvus pour venir en France avecques lui, se traissent par devers la ville de Douvre, car il leur livreroit nefs et vaisseaux pour passer. Chacun s'appareilla au mieux qu'il put, et ne demeura nul chevalier, ni écuyer, ni homme d'honneur qui fût haitié, de l'âge d'entre vingt ans et soixante, que tous ne partissent : si que presque tous les comtes, barons, chevaliers et écuyers du royaume vinrent à Douvre, excepté ceux que le roi et son conseil avoient ordonnés et établis pour garder ses châteaux, ses baillages et ses mairies, ses offices et ses ports sur mer, ses havelles et ses passages. Quand tous furent assemblés à Douvre, et ses navées appareillées, le roi fit toutes ses gens partir et assembler, petits et grands, en une place au dehors de Douvre, et leur dit pleinement que son intention étoit telle, que il vouloit passer outre mer au royaume de France, sans jamais repasser, jusques à ce qu'il auroit fin de guerre, ou paix à sa suffisance et à son grand honneur, ou il mourroit en la peine; et s'il y en avoit aucuns entr'eux qui ne fussent de ce attendre confortés et conseillés, il leur prioit qu'ils s'en voulsissent r'aller en leur pays à bon gré. Mais sachez que tous y étoient venus de si grand'volonté que nul ne fût tel qu'il s'en voulsist r'aller. Si entrèrent tous en nefs et en vaisseaux qu'ils trouvèrent appareillés, au nom de Dieu et de Saint-Georges, et arrivèrent à Calais deux jours devant la fête de Toussaints[1], l'an mil trois cent cinquante-neuf.

CHAPITRE CXI.

Comment le roi d'Angleterre se partit de Calais, ses batailles bien ordonnées ; et ci sont contenus les noms des plus grands seigneurs qui avec lui étoient.

Quand le roi d'Angleterre fut arrivé à Calais, et le prince de Galles son fils ainsné et encore trois de ses enfans, messire Leonnel comte d'Ulnestre, messire Jean comte de Richemont, et messire Aymon le plus jeune des quatre, et tous les seigneurs en suivant et toutes leurs routes, ils firent décharger leurs chevaux, leurs harnois et toutes leurs pourvéances, et séjournèrent à Calais pour quatre jours ; puis fit le roi commander que chacun fût appareillé de mouvoir, car il vouloit chevaucher après son cousin le duc de Lancastre. Si se partit le dit roi lendemain au matin de la ville de Calais atout son grand arroy, et se mit sur les champs atout le plus grand charroy et le mieux attelé que nul vit oncques issir d'Angleterre. On disoit qu'il avoit plus de six mille chars bien attelés, qui tous étoient apassés d'Angleterre. Puis ordonna ses batailles si noblement et si richement parés, uns et autres, que c'étoit soulas et déduit au regarder; et fit son connétable qu'il moult aimoit, le comte de la Marche, premièrement chevaucher atout cinq cents armures et mille archers, au devant de sa bataille. Après, la bataille des maréchaux chevauchoit où il avoit bien trois mille armures de fer et cinq mille archers; et chevauchoient eux et leurs gens toujours rangés et serrés, après le connétable, et en suivant la bataille du roi. Et puis le grand charroy qui comprenoit bien deux lieues de long; et y avoit plus de six mille chars tous attelés, qui menoient toutes pourvéances pour l'ost et hôtels, dont on n'avoit point vu user par avant de mener avec gens d'armes, si comme moulins à la main, fours pour cuire et plusieurs autres choses nécessaires. Et après, chevauchoit la forte bataille du prince de Galles et de ses frères, où il avoit bien vingt-cinq cents armures de fer noblement montés et richement parés ; et toutes ces gens d'armes et ces archers rangés et serrés ainsi que pour tantôt combattre, si mestier eût été. En chevauchant ainsi ils ne laissassent mie un garçon derrière eux qu'ils ne l'attendissent; et ne pouvoient aller bonnement pas plus de trois lieues le jour.

En cet état et en cet arroy furent-ils encontrés du duc de Lancastre et des seigneurs étrangers, si comme ci-dessus est dit, entre Calais et l'abbaye de Likes sur un beau plain. Et encore y avoit en l'ost du roi d'Angleterre jusques à cinq cents varlets, atout pelles et coingnées qui alloient devant le charroy et ouvroient les chemins et les voies, et coupoient les épines et les buissons pour charrier plus aise.

---

[1] Cette date n'est pas tout-à-fait exacte : Édouard arriva à Calais le 28 octobre.

[2] Licques, ancienne abbaye de Prémontrés dans le diocèse de Boulogne.

Or vous veuil-je nommer les plus grands seigneurs de l'ost du roi d'Angleterre et qui passèrent la mer adonc avec lui, ou en la compagnie le duc de Lancastre, son cousin germain. Premièrement ses quatre fils monseigneur Édouard, monseigneur Leonnel, monseigneur Jean, monseigneur Aymon; et puis monseigneur Henry duc de Lancastre, monseigneur Jean comte de la Marche, connétable de l'ost d'Angleterre, le comte de Warvich et le comte de Suffolch, maréchaux d'Angleterre, le comte de Herfort et de Norhantonne, le comte de Sallebery, le comte de Stanfort, le comte d'Askesuforch, l'évêque de Lincolle, l'évêque de Durem, le seigneur de Persi, le seigneur de Nuefville, le seigneur Despensier, le seigneur de Ros, le seigneur de Mauny, monseigneur Regnault de Cobehen, le seigneur de Moutbray, le seigneur de la Ware, monseigneur Jean Chandos, monseigneur Richart de Pennebruge, le seigneur de Manne, le seigneur de Villebi, le seigneur de Felleton, le seigneur de Basset, le seigneur de Carlenton, le seigneur de Fit-Vatier, monseigneur James d'Audelée, monseigneur Berthelemieu de Bruves, le seigneur de Salich, monseigneur Étienne de Cousenton, messire Hugues de Hastinges, messire Jean de Lille, messire Noel Louvich et grand'foison d'autres que je ne puis et ne sais mie tous nommer.

Si chevauchèrent ces seigneurs ordonnément, ainsi que dessus est dit, dès qu'ils partirent de Calais, et passèrent tout parmi Artois et au dehors de la cité d'Arras; et tenoient auques le chemin que le duc de Lancastre avoit tenu quand il passa premièrement. Si ne trouvoient ces gens d'armes que vivre sur le plat pays, car tout étoit bouté dedans les forteresses; et si étoit de grand temps le pays si appovri et si exillé, que mêmement il faisoit si cher temps au royaume de France et si grand'famine y couroit, pour la cause de ce que on n'avoit de trois ans par avant rien labouré sur le plat pays, que si blés et avoines ne leur vinssent de Hainaut et de Cambrésis, les gens mourussent de faim en Artois, en Vermandois et en l'évêché de Laon et de Reims. Et pour ce que le roi d'Angleterre, ainçois qu'il partît de son pays, avoit ouï parler de la famine et de la povreté de France, étoit-il ainsi venu pourvu, et chacun sire aussi selon son état, excepté de fuerres et d'avoines; mais de ce se passoient leurs chevaux au mieux qu'ils pouvoient.

Avecques tout ce, le temps étoit si cru et si pluvieux que ce leur faisoit trop de meschef et à leurs chevaux; car presque tous les jours et toutes les nuits pleuvoit-il à randon sans cesser; et tant plut en celle empainte que le vin de celle vendange ne valut rien pour celle saison.

CHAPITRE CXII.

Cy dit d'une aventure qui avint à messire Galehaut de Ribeumont encontre messire Berthelemieu de Bruves.

Tant chevaucha le roi d'Angleterre à petites journées et tout son ost, que il approcha durement Bapaumes. Et vous dirai d'une aventure qu'il avint sur ce voyage à monseigneur Galehault de Ribeumont, un très hardi et appert chevalier de Picardie. Vous devez savoir que toutes les villes, les cités et les châteaux sur le passage du roi d'Angleterre étoient trop bien gardés; car chacune bonne ville de Picardie prenoit et recevoit chevaliers et écuyers à ses frais. Le comte de Saint-Pol se tenoit à deux cents lances dedans la cité d'Arras, le connétable de France à Amiens, le sire de Montsaut à Corbie, messire Oudart de Renty et messire Enguerran d'Eudin à Bapaumes, et messire Bauduins d'Ennekins, maître des arbalétriers, à Saint-Quentin; et ainsi de ville en ville et de cité en cité, car ils savoient tout notoirement que le roi d'Angleterre venoit assiéger la cité de Reims. Or avint que ceux de Péronne en Vermandois, qui étoient auques sur le passage du roi d'Angleterre, car il et ses gens poursuivoient toujours les rivières, et cette ville dessus nommée siéd sur la rivière de Somme, n'avoient encore point de capitaine ni de gardien; et si les approchoient les Anglois durement, dont ils n'étoient mie bien aises. Si se avisèrent de messire Galehaut de Ribeumont, qui n'étoit encore nulle part retenu, lequel se tenoit, si comme ils furent informés adonc, à Tournay. Ceux de Péronne envoyèrent devers lui lettres moult courtoises, en lui priant qu'il voulsist venir aider à garder la bonne ville de Péronne atout ce qu'il pourroit avoir de compagnons, et on lui paieroit tous les jours pour sa personne vingt francs, et chacun chevalier dessous lui dix francs, et chacune lance pour trois chevaux un franc le jour Messire Galehault qui désiroit et demandoit les armes partout, et qui se vit prié moult courtoisement de ceux de Péronne, ses bons voisins, se accorda légèrement, et répondit et leur manda qu'il iroit, et qu'il seroit là du jour à lendemain. Si se pourvut au plus tôt qu'il put, et pria et assembla de bons compagnons en Tournésis, et se partit de Tournay, espoir lui trentième ; et toujours lui croissoient gens ; et manda à monseigneur Roger de Coulongne qu'il fût contre lui sur un certain lieu qu'il lui assigna. Messire Roger y vint, lui vingtième de bons compagnons. Tant fit messire Galehault que il eut bien cinquante lances de bonnes gens ; et s'en vinrent loger un soir en approchant Péronne, à deux petites lieues des ennemis et en un village sur les champs où ils ne trouvèrent nullui ; car tous s'étoient boutés les gens du plat pays dedans les forteresses.

Lendemain au matin ils devoient venir à Péronne, car ils n'en étoient mie loin. Quand ce vint après souper, sur l'heure de mie nuit, et que on eut ordonné leur guet, ainsi que on bourdoit et jangloit d'armes, et ils en avoient entre eux assez matière d'en parler, messire Galehault dit : « Nous serons demain moult matin à Péronne, si nous voulons ; mais ainçois que nous y entrons, je conseillerois que nous chevauchons sur les frontières de nos ennemis : car je crois qu'il en y a aucun qui, pour eux avancer, ou pour la convoitise de trouver aucune chose à fourrager sur le pays, se déroutent et prennent l'avantage de chevaucher matin : si pourrons bien tel trouver ou encontrer d'aventure qui paieroit notre écot. »

A ces paroles s'accordèrent tous les compagnons, et le tinrent en secret les maîtres entre eux, et furent tous prêts au point du jour et les chevaux ensellés. Si se mirent aux champs assez ordonnément, et issirent hors de leur chemin qui tiroit pour aller à Péronne ; et commencèrent à cercher le pays et à costier bois et bruyères pour savoir si ils verroient nullui ; et vinrent en un village où les gens avoient fortifié le moustier. Là descendirent messire Galehault et sa route ; car au fort avoit pain et vin assez ; et ceux qui étoient dedans leur offrirent à en prendre à leur volonté. Pendant ce que ils étoient là en la place devant le fort, messire Galehault appela deux de ses écuyers, desquels Bridoulx de Callonne fut l'un, et leur dit : « Chevauchez devant sur ces champs et découvrez le pays devant et derrière, à savoir si vous trouverez nullui, et revenez ci à nous, car nous vous attendrons ci. » Les deux écuyers se partirent montés sur fleur de coursiers, et prirent les champs ; et s'adressèrent vers un bois qui étoit à demi-lieue françoise près de là.

Celle matinée chevauchoit messire Regnault de Boullant, un chevalier d'Allemaigne de la route le duc de Lancastre, et avoit chevauché depuis l'aube crevant et tournoyé tout le pays et n'avoit rien trouvé ; si s'étoit là arrêté. Les deux écuyers dessus nommés vinrent celle part et cuidèrent que ce fussent aucunes gens d'armes du pays qui se fussent là mis en embûche ; et chevauchèrent si près que ils avisèrent l'un l'autre. Or avoient les deux écuyers françois parlé ensemble et dit : « Si ce sont ci Allemands ou Anglois, il nous faut feindre de dire que nous soyons François ; et si ils sont de ce pays, tantôt nous nous nommerons. » Quand ils furent parvenus si près d'eux que pour parler et entendre l'un l'autre, les deux écuyers aperçurent tantôt à leur contenance qu'ils étoient étrangers et leurs ennemis. Messire Regnault de Boullant parla et demanda : « A qui sont les compagnons ? » en langage allemand. Bridoulx de Callonne répondit, qui bien savoit parler celui langage, et dit : « Nous sommes à monseigneur Berthelemieu de Bruves. » — « Et où est messire Berthelemieu, » dit le chevalier ? « Sire, répondit l'écuyer, il n'est pas loin de ci ; il est ci-dessous en ce village. » — « Et pourquoi est-il là arrêté, » dit le chevalier ? « Sire, pour ce qu'il nous a envoyés devant pour savoir si il trouveroit rien à fourrer ni à courir sur ce pays. » — « Par ma foi, dit messire Regnault, nennil ; j'ai couru tout aval ce pays, mais je n'ai rien trouvé : retournez vers lui et lui dites qu'il se traie avant et que nous chevaucherons ensemble devers Saint-Quentin, à savoir si nous trouverons point meilleur marché, ni aucune bonne aventure. » — « Et qui êtes-vous, sire ? » dit l'écuyer qui parloit à lui. « On m'appelle, répondit le chevalier, Regnault de Boullant ; dites-le ainsi à monseigneur Berthelemieu. »

A ces paroles répondirent les deux écuyers : « A votre congé, monseigneur ; » et retournèrent au village, où ils avoient laissé leur maître. Sitôt que messire Galehault les vit, il demanda,

« Quelles nouvelles? Avez-vous rien vu ni trouvé? » Ils répondirent : « Sire, oil, assez par raison : ci-dessus en ce bois est messire Regnault de Boullant, espoir lui trentième, et a hui toute cette matinée chevauché. Si vous désire moult avoir en sa compagnie pour chevaucher encore plus avant en sa compagnie devers Saint-Quentin. » —« Comment, dit messire Galehault, que dites-vous? Messire Regnault de Boullant est un chevalier d'Allemagne et de la chevauchée le roi d'Angleterre. »—« Tout ce savons-nous bien, sire, » dirent les écuyers. « Et comment êtes-vous partis de lui? »—« Sire, répondit Bridoulx de Callonne, je le vous dirai. »

Adoncques recorda-t-il toutes les paroles qui ci-dessus sont dites. Et quand messire Galehault les eut ouïes, il pensa sus un petit et en demanda conseil à messire Roger de Coulongne et à aucuns chevaliers qui là étoient, que il étoit bon à faire. Les chevaliers répondirent et dirent : « Sire, vous demandez aventure, et quand elle vous vient en la main si la prenez; car en toutes manières doit-on et peut par droit d'armes gréver son ennemi. »

CHAPITRE CXIII.

Comment messire Regnault de Boullant navra durement messire Galehault de Ribemont; et comment les gens du dit messire Regnault furent tous morts ou pris.

A ce conseil s'accorda messire Galehault légèrement, qui étoit désirant de trouver ses ennemis, et fit restreindre ses plates et ressangler son coursier, et mit son bassinet à visière, par quoi il ne put être connu; et ainsi firent tous les autres; et fit encore renvelopper son pennon, et puis issirent du village et prirent les champs. Si chevauchèrent à l'adresse devers le bois où messire Regnault de Boullant les attendoit, et pouvoient être environ soixante-dix armures de fer, et messire Regnault n'en avoit que trente. Sitôt que messire Regnault les aperçut sur les champs, il s'appareilla moult bien et assembla ses gens et se partit moult ordonnément de son embûche, son pennon tout développé devant lui, et s'en vint tout le petit pas devers les François qu'il cuidoit être Anglois. En approchant il leva sa visière et salua monseigneur Galehault au nom de monseigneur Berthelemieu de Bruves. Messire Galehault se tint tout couvert et lui répondit assez feintement, et puis dit : « Allons, allons, chevauchons avant. » Donc se trairent ses gens tous d'un lez et firent leur route et les Allemands la leur. Quand messire Regnault de Boullant en vit la manière et comment messire Galehault regardoit de côté sur lui à la fois et point ne parloit, si entra en souspeçon; et n'eut mie chevauché en cet état le quart d'une lieue quand il s'arrêta tout coi de-lez son pennon et entre ses gens, et dit en haut à mon sire Galehault : « Je fais doute, sire chevalier, que vous ne soyez point messire Berthelemieu de Bruves; car je le connois assez, mais point encore je ne vous ai ravisé, si vueil que vous vous nommez ainçois que je chevauche plus avant en votre compagnie. » A ces mots leva messire Galehault la main, et en lui approchant devers le chevalier pour le prendre par les rênes de son coursier, écria : « Notre dame, Ribemont ! » Et tantôt messire Roger de Coulongne dit : « Coulongne, à la rescousse ! » Quand messire Regnault de Boullant se vit en ce parti, il ne fut mie trop effréé, mais mit la main moult appertement à une épée de guerre qu'il portoit à son côté, forte et roide, et la traist hors du fourreau; et ainsi que messire Galehault s'approcha, qui le cuida prendre et arrêter par le frein, messire Regnault lui encousit cette roide épée ens ou côté, par telle manière qu'il lui perça tout outre ses plates et le fit saigner outre à l'autre lez, et puis retraist son épée et férit cheval des éperons et laissa monseigneur Galehault en ce parti durement navré. Quand les gens de mon sire Galehault virent leur maître et capitaine en cel état, si furent ainsi que tous forsennés, et commencèrent à eux défendre et à entrer ès gens monseigneur Regnault de Boullant, et les assaillirent fièrement. Si en y eut aucuns rués par terre.

Sitôt que le dit messire Regnault eut donné le coup à monseigneur Galehault, il férit coursier des éperons et prit les champs. Là eut aucuns apperts écuyers des gens monseigneur Galehault qui se mirent en chasse après lui, pendant que ses gens se combattoient et que les François entendoient à eux gréver ce qu'ils pouvoient. Messire Regnault qui étoit fort chevalier, dur et hardi malement et bien arrêté et avisé en ses besognes, n'étoit mie trop effréé; mais quand il véoit que ces seigneurs le suivoient de si près que retourner le convenoit, ou recevoir blâme, il s'arrêtoit en son pas sur l'un d'eux et donnoit un si grand coup de sa dite épée que cil qui féru en étoit n'avoit nulle volonté de lui plus poursuivir; et ainsi, en chevauchant, il en renversa par terre jusques à trois durement blessés; et si il eût eu une hache bien acérée en sa main, il n'eût féru coup qu'il n'eût occis un homme. Tant fit le dit chevalier que il éloigna les François et qu'il se sauva, et n'y eut point de dommage de son corps; de quoi ses ennemis le tinrent à grand'prouesse, et tous ceux qui depuis en ouïrent parler. Mais ses gens furent ou tous morts ou tous pris; petit s'en sauva. Et là sur la place on entendit à messire Galehault de Ribemont qui étoit durement navré; et fut amené au plus doucement qu'on put en la ville de Péronne, et là médiciné. De cette navrure ne fut-il oncques depuis sainement guéri; car il étoit chevalier de si grand'volonté et si courageux que pour ce ne se vouloit-il mie épargner; et ne vesqui point trop longuement après.

Or retournerons-nous au roi d'Angleterre, et conterons comment il vint assiéger la bonne cité de Reims, où il ne gagna rien, mais lui coûta.

CHAPITRE CXIV.

Comment le roy d'Angleterre, en gâtant le pays de Cambrésis, vint assiéger la cité de Reims.

Tant exploitèrent le dessus dit et son ost que ils passèrent Artois, où ils avoient trouvé le pays povre et dégarni de vivres, et entrèrent en Cambrésis où ils trouvèrent la marche plus grasse et plus plantureuse; car les hommes du plat pays n'avoient rien bouté ès forteresses, pourtant que ils cuidoient être tous assurés du roi d'Angleterre et de ses gens. Mais le dit roi ne l'entendit mie ainsi, combien que ceux de Cambrésis fussent de l'Empire; et s'en vint le dit roi loger en la ville de Beaumes[1] en Cambrésis et ses gens tous environ. Là se tinrent quatre jours pour eux rafraîchir et leurs chevaux, et coururent la plus grand'partie du pays de Cambrésis. L'évêque Pierre de Cambray et le conseil des seigneurs du pays et des bonnes villes envoyèrent, sur sauf-conduit, devers le roi et son conseil, certains messages pour savoir à quel titre il les guerrioit. On leur répondit que c'etoit pour ce que du temps passé ils avoient fait alliance et grands conforts aux François, et soutenus en leurs villes et forteresses, et fait aussi avant partie de guerre comme leurs ennemis : si devoient bien pour cette cause être guerroyés; et autre réponse n'emportèrent ceux qui y furent envoyés. Si convint souffrir et porter les Cambrésiens leur dommage au mieux qu'ils purent.

Ainsi passa le roi d'Angleterre parmi Cambrésis et s'envint en Thierasche; mais ses gens couroient partout à dextre et à senestre, et prenoient vivres partout où ils les pouvoient trouver et avoir. Donc il avint que messire Berthelemieu de Bruves couroit devant Saint-Quentin : si trouva et encontra d'aventure le capitaine et gardien pour le temps de Saint-Quentin, messire Beauduin d'Ennekins; si férirent eux et leurs gens ensemble, et y eut grand hutin et plusieurs renversés d'un lez et de l'autre. Finablement les Anglois obtinrent la place, et fut pris le dit messire Beauduin et prisonnier à monseigneur Berthelemieu de Bruves à qui il l'avoit été autrefois de la bataille de Poitiers. Si retournèrent les dits Anglois devers l'ost du roi d'Angleterre, qui étoit logé pour ce jour en l'abbaye de Femy, où ils trouvèrent grand'foison de vivres pour eux et pour leurs chevaux; et puis passèrent outre et exploitèrent tant par leurs journées, sans avoir nul empêchement, que ils s'en vinrent en la marche de Reims. Je vous dirai par quel manière. Le roi fit son logis à Saint-Bâle outre Reims, et le prince de Galles et ses frères à Saint-Thierry. Le duc de Lancastre tenoit en après le plus grand logis. Les comtes, les barons et les chevaliers étoient logés ès villages entour Reims. Si n'avoient pas leurs aises ni le temps à leur volonté; car ils étoient là venus au cœur d'hiver, environ la Saint-Andrieu que il faisoit laid et pluvieux; et étoient leurs chevaux mal logés et mal livrés, car le pays deux ans ou trois par avant avoit été toujours si guerroyé que nul n'avoit labouré les terres : pourquoi on n'avoit nuls fourrages, blés, avoines, en gerbes ni en estrains, car ceux de Reims, de Troyes, de Châlons, de Sainte-Maneholt et de Hans, n'avoient rien laissé ès villages, mais fait amener toutes garnisons ens ès bonnes villes et châteaux; et convenoit les plusieurs aller fourrager dix ou douze lieues loin. Si étoient souvent rencontrés des garnisons françoises; pour quoi il y avoit hutins, combats et noises et mêlées. Une heure perdoient les Anglois, et l'autre gagnoient.

---

[1] Village situé entre Bapaumes et Cambray.

De la bonne cité de Reims étoient capitaines, à ce jour que le roi d'Angleterre y mit le siége, messire Jean de Craon, archevêque dudit lieu, monseigneur le comte de Porcien et messire Hugues de Porcien son frère, le sire de la Bove, le sire de Chavency, le sire Dennore, le sire de Lor et plusieurs autres bons chevaliers et écuyers de la marche de Reims. Si s'embesognèrent si bien, ce siége durant, que nul dommage ne s'en prit à la ville; car la cité est forte et bien fermée et de bonne garde. Et aussi le roi d'Angleterre n'y fit point assaillir, pour ce qu'il ne vouloit mie ses gens travailler ni blesser; et demeurèrent le roi et ses gens à siége devant Reims sur cel état que vous avez ouï, dès la fête Saint-Andrieu jusques à l'entrée de carême [1]. Si chevauchèrent les gens du roi souvent en grands routes, et couroient pour trouver aventures les aucuns par toute la comté de Retel jusques à Montfaucon [2], jusques à Maisières, jusques à Donchéry et à Mouson; et logeoient au pays deux jours ou trois, et déroboient tout sans défense ni contredit. Auques en ce temps que le dit roi étoit venu devant Reims, avoit pris messire Eustache d'Aubrecicourt la bonne ville de Athigny sur Aisne, et dedans trouva grand'foison de vivres, et par espécial plus de trois mille tonneaux de vin. Si en départit au roi grandement et à ses enfans, dont il l'en sçut grand gré.

CHAPITRE CXV.

Comment messire Jean Chandos et messire Jacques d'Audelée prirent le châtel de Charny en Dormois, et comment le sire de Mucident y fut occis à l'assaut.

Ainsi que le siége étoit devant Reims, quéroient les aucuns chevaliers de l'ost les aventures;

[1] Les historiens ne sont pas parfaitement d'accord sur ces dates. Suivant les *Chroniques de France*, Édouard mit le siége devant Reims dans le mois de novembre et le leva le 11 janvier. Knyghton dit qu'Édouard arriva devant Reims le 18 décembre et y resta sept semaines. Selon Walsingham, le siége commença le jour de Sainte-Lucie, 13 décembre, et fut levé le 14 janvier, jour de Saint-Hilaire: puis quelques lignes plus bas il dit que le roi d'Angleterre demeura près de Reims jusqu'au cinquième jour après la fête de saint Grégoire pape; *mansit que ibidem Remis usque ad quintum diem post festum sancti Gregorii papæ*; ce qui recule son départ jusqu'au 17 mars, puisque la fête de saint Grégoire était le 12. Or il est certain qu'il était déjà en Bourgogne le 10 de ce mois, date de la trève qu'il conclut à Guillon avec le duc de Bourgogne.

[2] Bourg peu éloigné de Verdun.

dont il avint que messire Jean Chandos, messire James d'Audelée, le sire de Mucident, messire Richard de Pontchardon et leurs routes, chevauchèrent si avant devers Châlons en Champagne que ils vinrent à Charny en Dormois [1], un moult beau fort. Si le regardèrent et considérèrent moult de près quand ils furent là venus: si le convoitèrent durement à assaillir, pour savoir si ils le pourroient prendre. Si descendirent de leurs chevaux et se mirent tous à pied, eux et leurs gens, et approchèrent le châtel et le commencèrent à assaillir roidement et fortement. Par dedans avoit en garnison deux bons chevaliers qui le gardoient, dont l'un avoit nom messire Guy de Caples et portoit un écu d'or à une croix ancrée de sable. Là eut fort assaut et dur, car les chevaliers et leurs gens se défendoient très bien; et aussi ils étoient assaillis fortement et de grand'volonté. En cel assaut s'avança tellement le sire de Mucident, un moult riche homme et grand sire en Gascogne, que il fut atteint du jet d'une pierre sur son bassinet, par lequel coup le dit bassinet fut effondré et la tête effondrée; et là fut abattu le dit chevalier et mis à grand meschef, car il mourut entre ses gens, sans porter plus avant. De la mort du seigneur de Mucident furent les autres chevaliers si courroucés, qu'ils jurèrent que jamais ne partiroient de là si auroient conquis le châtel et ceux qui dedans étoient. Adoncques se mirent-ils à assaillir plus fort assez que devant; et là eut faites maintes grands appertises d'armes; car les gens d'armes Gascons étoient tous forcennés pour la cause de leur maître qu'on leur avoit tué. Si entroient ès fossés sans eux épargner, et venoient jusques aux murs et rampoient contre mont, les targes sur la tête.

Entrementes archers traioient si omniement et roidement que nul n'osoit approcher, fors en grand péril. Tant fut assailli et guerroyé, que le châtel fut pris; mais moult leur coûta, car dedans y avoit bons compagnons qui se vendirent au double. Quand les Anglois en furent au dessus ils prirent les deux chevaliers qui moult vaillamment s'étoient défendus, et aussi aucuns gentils hommes écuyers, et le demeurant ils mirent tout à l'épée et malmenèrent durement

[1] Probablement *Cernay en Dormois*, petite ville à huit lieues de Reims. C'est ainsi qu'elle est nommée dans Knyghton.

le dit châtel de Charny[1], pour tant qu'ils ne le vouloient mie tenir. Si retournèrent en l'ost devant la cité de Reims tout courroucés, car ils avoient perdu la fleur de leurs gens; et là amenèrent leurs prisonniers. Si recordèrent au roi leur seigneur et aux barons comment ils avoient perdu les plus grands et les plus nobles de leur compagnie. Dont le roi fut amèrement courroucé, mais mettre n'y pouvoit remède; et tous les jours lui venoient nouvelles de ses gens que les François détroussoient, un jour en un village et l'autre en rencontre.

En ce temps, pendant que on séoit devant Reims, se r'émurent haines et grands mautalens entre le roi de Navarre et le duc de Normandie. La raison et la cause ne sçais-je mie bien : mais il avint adonc que le roi de Navarre se partit soudainement de Paris et s'en vint à Mante sur Saine[2] et défia le duc de Normandie et ses frères : de quoi tout le royaume fut moult émerveillé à quel titre cette guerre étoit renouvelée. Et adonc prit, en l'ombre de sa guerre, un écuyer de Brusselles qui s'appeloit Vautre Ob Strate, le fort châtel de Rolleboise, séant sur la rivière de Saine à une lieue de Mante; lequel fit depuis moult de maux à ceux de Paris et du pays environ.

CHAPITRE CXVI.

Comment le sire de Roye et le chanoine de Robertsart prirent le sire de Gommignies qui venoit au secours du roi d'Angleterre.

En ce temps que le roi d'Angleterre séoit devant la cité de Rheims, par l'ordonnance que vous avez ouïe, avint que le sire de Gommignies, qui étoit retourné en Angleterre devers madame la roine, quand le roi d'Angleterre eut renvoyé les étrangers à Calais, si comme ci-dessus est contenu, repassa la mer et vint en Hainaut, et en sa compagnie aucuns écuyers de Gascogne et d'Angleterre; et tiroit à venir tout droit devant Reims. Le jeune sire de Gommignies, qui se désiroit à avancer, lui revenu en Hainaut, fit une assemblée de aucuns compagnons, et se boutèrent plusieurs hommes d'armes en sa route et dessous son pennon. Quand ils furent tous ensemble, ils pouvoient être environ trois cents, que uns que autres. Si se partirent de Maubegue où l'assemblée étoit faite et vinrent à Avesnes en Hainaut et passèrent outre, et puis à Trelou. Or étoit adonc en garnison par le roi, en Thierasche, le sire de Roye et grand'foison de bons compagnons avec lui, chevaliers et écuyers; et avoit entendu, par ses espies que il avoit toujours sur les frontières de Hainaut, que le sire de Gommignies avoit mis sus une charge de gens d'armes pour amener devant Reims au confort du roi d'Angleterre, et devoit il et ses gens passer parmi la Thierasche. Sitôt que le sire de Roye fut informé de la vérité de cette besogne, il signifia son affaire tout secrètement aux compagnons d'environ lui, et par espécial à monseigneur le chanoine de Robertsart, qui pour le temps gouvernoit la terre du jeune sire de Coucy et se tenoit au châtel de Marle. Quand le chanoine le sçut, il ne fut mie froid de venir celle part, et s'en vint dé-lez le seigneur de Roye à bien quarante lances; et se fit chef le sire de Roye de cette chevauchée. Ce fut bien raison, car c'est un grand baron de Picardie, et étoit pour le temps très bon homme d'armes et bien renommé et connu en plusieurs lieux. Si se mirent ces gens d'armes françois, qui pouvoient bien être trois cents, en embûche sur le chemin par où le sire de Gommignies et sa route devoient passer ; et avoient leurs espies toutes pourvues pour mieux venir à leur fait. Or avint que le sire de Gommignies et sa route, qui nulle chose n'en savoient et qui cuidoient passer

---

[1] Knyghton dit qu'ils mirent le feu à la ville de Cernay et fixe la prise de cette ville au dernier décembre, en disant que le lendemain fut le jour de la Circoncision. Il raconte ensuite des expéditions particulières de quelques capitaines anglais dans les environs de Reims, pendant le siège de cette ville, dont il n'est point parlé dans nos historiens.

[2] L'auteur des *Chroniques de France* ne parle point de la retraite précipitée du roi de Navarre; mais il rapporte un fait qui paraît en être la véritable cause. Le lundi 30 décembre, dit-il, on exécuta à Paris un bourgeois nommé Martin Pisdoe, convaincu d'avoir conspiré, avec quelques officiers et serviteurs du roi de Navarre, contre le roi et le régent. Ils devaient introduire dans Paris des troupes dont une partie s'emparerait des différens quartiers, et l'autre irait au Louvre où devait être le régent, et mettrait à mort tous ceux dont on jugerait à propos de se défaire. La conspiration fut découverte par un autre bourgeois nommé Denisot-le-Paumier. Le récit du chroniqueur est confirmé par plusieurs pièces du trésor des Chartes imprimées dans les Mémoires de Charles le-Mauvais.

sans rencontre, entrèrent en la Thierasche et en chemin de Reims, et vinrent un jour, à heure de tierce ou plus matin, en un village qu'on appelle Herbegny[1]. Si eurent conseil que ils se arrêteroient là pour eux un petit rafraîchir et leurs chevaux, et puis monteroient sans point d'arrêt, et de bonne heure ils viendroient devant Reims en l'ost du roi d'Angleterre. Adonc descendirent-ils en la dite ville et se commencèrent à ordonner pour establer leurs chevaux.

Pendant que les compagnons s'appareilloient, le sire de Gommignies, qui étoit adonc jeune et volontereux, dit qu'il vouloit chevaucher hors de ce village et savoir s'il trouveroit mieux à fourrer. Si appela cinq ou six compagnons des siens et leurs pages, et Cristofle de Mur, un sien écuyer qui portoit son pennon, et se partirent de Herbegny tout roidement sans point de guet.

Or étoient ces chevaliers François et leurs gens en embûche dehors ce village, qui les avoient poursuivis le jour devant et la nuit après, et tiroient que ils les pussent trouver à leur avantage; et si ils ne les eussent trouvés sur les champs, ils avoient en propos que ils entreroient au village eux réveiller : mais le sire de Gommignies et aucuns de ses gens leur churent ainsi en la main. Quand les François aperçurent chevaucher le seigneur Gommignies si seulement, si furent de premier tous émerveillés quels gens ce pouvoient être; et envoyèrent deux de leurs coureurs devant, qui rapportèrent que c'étoient leurs ennemis. Quand ils ouïrent ces nouvelles, si se partirent de leur embûche au plus tôt qu'ils purent, en écriant : « Roye au seigneur! Roye! » et se partirent les chevaliers devant monseigneur, de Roye, sa bannière devant lui toute développée, messire Flamens de Roye son cousin, messire Louis de Robertsart, le chanoine de Robertsart son frère, qui étoit écuyer, messire Chrestien de Bommeroye et les autres, chacun son glaive en son poing, et abaissés les fers devers leurs ennemis. Quand le sire de Gommignies se vit en ce parti et ainsi hâté, si fut tout émerveillé. Non pourquant il eut bon avis et hardiment de arrêter et de attendre les ennemis, et ne daignèrent, il et les siens, fuir : si abaissèrent leurs glaives et se mirent en ordonnance de combattre. Là vinrent les François, bien montés, et se boutèrent roidement en ces Anglois et Gascons où il n'avoit mie trop grand'route. Si fut le sire de Gommignies de première venue rué jus de coup de glaive, et n'eut oncques puis espace en la place de remonter. Là se mirent-ils à defense, lui et ses gens, moult vaillamment, et y firent maintes belles appertises d'armes; mais finablement le sire de Gommignies ne put durer : si fut pris et fiancé prisonnier, et deux écuyers de Gascogne avec lui, qui trop vaillamment et bien se combattirent et qui moult envis se rendirent : mais rendre les convint, autrement ils eussent été morts, ainsi que fut Cristofle de Mur, un bon appert écuyer qui portoit le pennon du seigneur de Gommignies. Bref, tous ceux qui là étoient furent morts ou pris, excepté les varlets qui se sauvèrent par bien fuir, car ils étoient bien montés; et aussi on ne fit point de chasse après eux, car ils entendirent à plus grand'chose.

CHAPITRE CXVI.

Comment le sire de Roye et sa route déconfirent les gens du sire de Gommignies, et furent tous morts ou pris.

Quand les chevaliers et écuyers qui pris avoient le sire de Gommignies l'eurent rué jus et ceux qui étoient avec lui issus du village, ils ne voulurent pas là arrêter, mais brochèrent chevaux des éperons et se boutèrent au village dessus dit en écriant; « Roye au seigneur! Roye! » Dont furent tous ceux qui là étoient moult ébahis, quand ils sçurent leurs ennemis si près d'eux; et étoient la plus grand'partie d'eux tous désarmés et tous épars : si ne se purent rallier ni mettre ensemble. Là les prirent les François à volonté, en granges, en logis et en fours; et y eut le dit chanoine de Robertsart plusieurs prisonniers, pour tant que les Hainuyers le connoissoient mieux que nul des autres. Bien est vérité qu'il en y eut aucuns qui se recueillirent en une petite forte maison avironnée d'eau, qui siéd en ce village de Herbegny; et conseillèrent les aucuns qui dedans étoient que on se défendît, et y mettoient bonne raison. « Cette maison est assez forte pour nous tenir tant que le roi d'Angleterre, qui est devant Reims, orra nouvelles de nous; et sitôt qu'il pourra savoir que nous sommes si appressés des François, il n'est nulle doute qu'il nous envoiera conforter. » Là répondirent les autres qui n'étoient mie assurés : « Nous

---

[1] Village non loin de Reims.

ne nous pouvons tenir ni jour ni heure, car cette maison est toute plate et avironnée de nos ennemis. Et si n'avons homme qui sçut aller quérir aide devers le roi d'Angleterre notre seigneur, qui ne fut en péril de mort. »

Ainsi étoient les compagnons là en débat et en estrief entr'eux. Là vinrent le seigneur de Roye et les chevaliers, qui leur dirent : « Écoutez, seigneurs, si vous vous faites assaillir tant ou petit, vous serez tous morts sans mercy ; car tantôt vous prendrons de force. » Si que ces paroles et semblables ébahirent les plus hardis ; et se rendirent tous ceux qui dedans étoient, sauves leurs vies. Si furent tous pris prisonniers et envoyés en la terre de Coucy et ens ès garnisons prochaines dont les François étoient partis. Cette avenue avint à monseigneur Jean de Gommignies et à sa route environ Noël, l'an mil trois cent cinquante neuf. De quoi le roi d'Angleterre, quand il le sçut, fut moult courroucé ; mais amender ne le put tant comme à cette fois.

Or retournerons au siége de Reims et parlerons d'une avenue qui avint à monseigneur Berthelemieu de Bruves qui avoit assiégé la tour et le châtel de Courmicy, et un chevalier Champenois dedans qui s'appeloit messire Henry de Vaus ; et se armoit le dit messire Henry, de noir à cinq anneaux d'argent, et crioit : Vienne !

CHAPITRE CXVIII.

Comment messire Berthelemieu de Bruves abattit la tour de Courmicy ; et comment ceux de dedans se rendirent à lui.

Le siége tenant devant Reims, étoient les seigneurs, les comtes, les barons épars en la marche de Reims, si comme vous avez ouï conter ci-dessus, pour mieux être à leur aise, et pour garder les chemins que nulles pourvéances n'entrassent en la dite cité. De quoi cil bon chevalier, messire Berthelemieu de Bruves, et grand baron d'Angleterre, étoit à toute sa route et sa charge de gens d'armes et d'archers logé à Courmicy [1], un moult beau château de l'archevêque de Reims ; lequel archevêque y avoit mis dedans en garnison le chevalier dessus nommé, et plusieurs bons compagnons aussi, pour le garder et défendre contre les Anglois. Ce châtel ne doutoit nul assaut, car il y avoit une tour quarrée malement grosse et épaisse de mur et bien bataillée. Quand messire Berthelemieu, qui le châtel avoit assiégé, l'eut bien avisé, et considéré la forte manière, et que par assaut il ne le pourroit avoir, il fit appareiller une quantité de mineurs qu'il avoit avec lui et à ses gages, et leur commanda qu'ils voulsissent faire leur devoir de la forteresse miner, et trop bien il les paieroit. Ceux répondirent : « Volontiers. » Adonc entrèrent ces ouvriers en leur mine, et minèrent continuellement nuit et jour, et firent tant qu'ils vinrent moult avant pardessous la grosse tour ; et à la mesure qu'ils minoient, ils mettoient étaies ; et ceux du fort rien n'en savoient. Quand ils furent audessus de leur mine, tant que pour faire renverser la tour quand ils voudroient, ils vinrent à messire Berthelemieu et lui dirent : « Sire, nous avons tellement appareillé notre ouvrage que cette grosse tour trébuchera quand il vous plaira. » — « Bien est, répondit le chevalier, n'en faites plus sans mon commandement. » Ceux dirent : « Volontiers. » Adonc monta à cheval messire Berthelemieu et emmena Jean de Ghistelles avec lui, qui étoit de ses compagnons, et s'en vinrent jusques au châtel. Messire Berthelemieu fit signe qu'il vouloit parlementer à ceux de dedans. Tantôt messire Henry se traist avant et vint aux créneaux et demanda qu'il vouloit [1]. « Je vueil ce dit messire Berthelemieu, que vous vous rendez, ou autrement vous êtes tous morts sans remède. » — « Et comment, répondit le chevalier françois, qui se prit à rire ? Nous sommes céans tous haitiés et bien pourvus de toutes choses, et vous voulez que nous nous rendions si simplement : ce ne sera jà. »—« Messire Henry, messire Henry si vous saviez en quel parti vous êtes, ce répondit le chevalier d'Angleterre, vous vous rendriez tantôt et à peu de paroles. » — « En quel parti pouvons-nous être, sire, » répondit le chevalier françois ? « Vous istrez hors, dit messire Berthelemieu, et je le vous montrerai, par condition que si vous voulez retourner en votre tour, je le vous accorderai, et assurances jusques adonc. » Messire Henry entra en ce traité et crut le chevalier anglois, et issit hors de son fort, lui quatrième

[1] Suivant Knyghton, le siége commença le 20 décembre et dura jusqu'au jour de l'Épiphanie que la place fut emportée.

[1] On peut commencer à compter ici une nouvelle année, suivant la date que Knyghton assigne, comme on vient de le voir, à la prise de Cormicy.

tant seulement, et vint là où messire Berthelemieu et messire Jean de Ghistelles étoient. Sitôt comme il fut là venu, ils le menèrent à leur mine et lui montrèrent comment la grosse tour ne tenoit fors sur estançons de bois. Quand le chevalier françois vit le péril, si dit à messire Berthelemieu : « Certainement, sire, vous avez bonne cause, et ce que fait en avez vient de grand'gentillesse : si nous mettons en votre volonté et le nôtre aussi. » Là les prit messire Berthelemieu comme ses prisonniers et les fit partir hors de la tour, uns et autres, et le leur aussi ; et puis fit bouter le feu en la mine. Si ardirent les estançons, et quand ils furent tous ars, la tour qui étoit malement grosse et quarrée, ouvrit et se partit en deux et renversa d'autre part. « Or regardez, ce dit messire Berthelemieu à monseigneur Henry de Vaulx et à ceux de la forteresse, si je vous disois vérité. » Ils répondirent : « Sire, oïl : nous demeurons vos prisonniers à votre volonté, et remercions de votre courtoisie ; car les Jacques bons hommes qui jadis régnèrent en ce pays, si ils eussent ainsi été au dessus de nous que vous étiez or-ains, ils ne nous eussent mie fait la courtoisie pareille que vous avez. » Ainsi furent pris les compagnons de la garnison de Cormicy et le château effondré.

CHAPITRE CXIX.

Comment le roi d'Angleterre se partit de devant Reims sans rien faire ; et comment il prit la ville de Tonnerre.

Le roi d'Angleterre se tint à siége devant Reims bien le terme de sept semaines et plus, mais oncques n'y fit assaillir, ni point ni petit, car il eût perdu sa peine. Quand il eut là tant été que il lui commençoit à ennuyer, et que ses gens ne trouvoient mais rien que fourrer, et perdoient leurs chevaux, et étoient en grand'mésaise de tous vivres, ils se délogèrent et se arroutèrent comme par avant, et se mirent au chemin pardevers Châlons en Champagne. Et passa le dit roi et tout son ost assez près de Châlons ; et se mit par devers Bar-le-Duc [1], et après pardevers la cité de Troyes et vint loger à Méry sur Saine ; et étoit tout son ost entre Méry et Troyes où on compte huit lieues de pays. Pendant ce qu'il étoit à Méry sur Saine, son connétable chevaucha outre, qui toujours avoit la première bataille, et vint devant Saint-Florentin dont messire Oudart de Renty étoit capitaine, et y fit un moult grand assaut, et fit devant la porte de la forteresse développer sa bannière qui étoit faissée d'or et d'azur à un chef pallé, les deux bouts géronnés à un écusson d'argent en-my la moyenne ; et là eut grand assaut et fort, mais rien n'y conquirent les Anglois. Si vint le dit roi d'Angleterre et tout son ost, et se logèrent entour Saint-Florentin sur la rivière d'Armençon ; et quand ils s'en partirent, ils vinrent pardevant Tonnerre, et là eut grand assaut et dur ; et fut la ville prise par force, et non le châtel : mais les Anglois gagnèrent au corps de la ville plus de trois mille pièces de vin. Adonc étoit dedans la cité d'Auxerre le sire de Fiennes connétable de France, à grand'foison de gens d'armes.

CHAPITRE CXX.

Comment le roi d'Angleterre se partit de Tonnerre et s'en vint loger à Montréal, et puis de là à Guillon sur la rivière de Sellettes.

Le roi d'Angleterre et son ost reposèrent dedans Tonnerre cinq jours, pour la cause des bons vins qu'ils avoient trouvés, et assailloient souvent au châtel ; mais il étoit bien garni de bonnes gens d'armes, desquels messire Baudouin d'Ennekins maître des arbalétriers étoit leur capitaine. Quand ils furent bien refraîchis et reposés en la ville de Tonnerre, ils s'en partirent et passèrent la rivière d'Armençon ; et laissa le roi d'Angleterre le chemin d'Aucerre à la droite main et prit le chemin de Noyers [1] ; et avoit telle intention que d'entrer en Bourgogne et d'être là tout le carême. Et passa lui et tout son ost dessous Noyers, et ne voulut oncques que on y assaillit, car il tenoit le seigneur prisonnier de la bataille de Poitiers. Et vint le roi et tout son ost à gîte à une ville qu'on appelle Mont-Réal, sur une rivière que on dit Sellettes [2]. Et quand le roi s'en partit, il monta celle rivière

---

[1] Ce n'était pas là le chemin qu'il fallait prendre pour aller directement de Reims à Troyes ; mais il est vraisemblable qu'Édouard voulait parcourir le pays pour le ravager.

[1] Petite ville sur la rivière de Serin.

[2] Mont-Réal est situé près de la rivière de Serin ou Serain. On ne connaît dans ce canton aucune rivière nommée *Sellettes*.

et s'en vint loger à Guillon sur Sellettes[1] ; car un sien écuyer qu'on appeloit Jean de Arleston, et s'armoit d'azur à un écusson d'argent, avoit pris la ville de Flavigny qui siéd assez près de là, et avoit dedans trouvé de toutes pourvéances pour vivre, le roi et tout son ost, un mois entier. Si leur vint trop bien à point, car le roi fut en la ville de Guillon dès la nuit des cendres[2] jusques en-my carême. Et toujours couroient ses maréchaux et ses coureurs le pays, ardant, gâtant et exillant tout entour eux; et refraîchissoient souvent l'ost de nouvelles pourvéances.

CHAPITRE CXXI.

Cy dit comment les seigneurs d'Angleterre menoient avec eux toutes choses nécessaires ; et de leur manière de chevaucher.

Vous devez savoir que les seigneurs d'Angleterre et les riches hommes menoient sur leurs chars, tentes, pavillons, moulins, fours pour cuire et forges pour forger fers de chevaux et toutes autres choses nécessaires ; et pour tout ce étoffer, il menoit bien huit mille chars tous attelés, chacun de quatre roncins bons et forts, que ils avoient mis hors d'Angleterre. Et avoient encore sur ces chars plusieurs nacelles et batelets faits et ordonnés si subtivement de cuir boullu que c'étoit merveilles à regarder ; et si pouvoient bien trois hommes dedans, pour aider à nager parmi un étang ou un vivier tant grand qu'il fût, et pêcher à leur volonté. De quoi ils eurent grand'aise tout le temps et tout le carême, voire les seigneurs et les gens d'état ; mais les communes se passoient de ce qu'ils trouvoient. Et avec ce, le roi avoit bien pour lui trente fauconniers à cheval chargés d'oiseaux, et bien soixante couples de forts chiens et autant de lévriers, dont il alloit chacun jour ou en chasse ou en rivière, ainsi qu'il lui plaisoit ; et si y avoit plusieurs des seigneurs et des riches hommes qui avoient leurs chiens et leurs oiseaux aussi bien comme le roi. Et étoit toujours leur ost parti en trois parties, et chevauchoit chacun ost par soi, et avoit chacun ost avant-garde et arrière-garde, et se logeoit chacun ost par lui une lieue arrière de l'autre : dont le prince en menoit l'une partie, le duc de Lancastre l'autre,

et le roi d'Angleterre la tierce et la plus grande. Et ainsi se maintinrent-ils dès Calais jusques adonc que ils vinrent devant la cité de Chartres.

CHAPITRE CXXII.

Pour quelle cause le roi d'Angleterre ne courut point le pays de Bourgogne ; et comment il s'en vint loger au Bourg-la-Reine lez-Paris.

Nous parlerons du roi d'Angleterre qui se tenoit à Guillon sur Sellettes et vivoit, il et son ost, des pourvéances que Jean de Arleston avoit trouvées à Flavigny. Pendant que le roi séjournoit là, pensant et imaginant comment il se maintiendroit, le jeune duc de Bourgogne qui régnoit pour le temps et son conseil, par la requête et ordonnance de tout le pays de Bourgogne entièrement, envoyèrent devers le dit roi d'Angleterre suffisans hommes, chevaliers et barons, pour traiter à respiter et non ardoir ni courir le pays de Bourgogne. Si s'embesognèrent adonc de porter ces traités les seigneurs qui ci s'ensuivent. Premièrement, messire Anceaulx de Salins grand chancelier de Bourgogne, messire Jacques de Vienne, messire Jean de Rye, messire Hugues de Vienne, messire Guillaume de Toraise et messire Jean de Montmartin. Ces seigneurs exploitèrent si bien et trouvèrent le roi d'Angleterre si traitable, que une composition fut faite entre le dit roi et le pays de Bourgogne que, parmi deux cent mille francs[1] qu'il dut avoir tous appareillés, il déporta le dit pays de Bourgogne à non courir, et l'assura le dit roi de lui et des siens le terme de trois ans. Quand cette chose fut scellée et accordée, le roi se délogea et tout son ost, et prit son retour et le droit chemin de Paris, et s'en vint loger sur la rivière d'Yonne à Kou[2] dessous Vezelay. Si s'étendirent ses gens sur cette belle rivière que on dit Yonne, et comprenoient tout le pays jusques à Clamecy, à l'entrée de la comté de Nevers; et entrèrent les Anglois en Gastinois ; et exploita tant le roi d'Angleterre par ses journées qu'il vint devant

---

[1] Guillon est, ainsi que Mont-Réal, sur la rivière de Serin.
[2] Le jour des Cendres fut cette année le 19 février

[1] La charte de cette trève porte deux cent mille deniers d'or ou moutons. Elle fut conclue à Guillon, le 10 mars de cette année.
[2] Ce mot est écrit ainsi dans les manuscrits sans aucun signe d'abréviation ; mais c'est vraisemblablement une omission des premiers copistes, répétée par les autres ; car tout porte à croire que *Cou* ou *Kou* est la première syllabe du mot *Coulanges*, où le roi d'Angleterre passa l'Yonne, suivant l'auteur des *Chroniques de France*.

Paris et se logea à deux petites lieues près, au bourg la Royne [1].

CHAPITRE CXXIII.

Comment le noble royaume de France étoit couru de tous côtés, tant d'Anglois que de Navarrois; et comment Pierrepont fut pris des gens messire Eustache d'Aubrecicourt.

Ainsi tournoyant tout le pays, cheminoit le roi d'Angleterre et ses gens qui détruisoient tout devant eux; et d'autre part, les garnisons qui se tenoient et faisoient guerre pour lui en Beauvoisin, en France, en Brie et en Champagne, guerroyoient et gâtoient tout le pays. D'autre côté le roi de Navarre, qui se tenoit en la marche de Normandie, faisoit aussi moult forte guerre. Ainsi étoit guerroyé le noble royaume de France de toutes parts que on ne savoit auquel entendre. Et par espécial messire Eustache d'Aubrecicourt, qui se tenoit à Athigny sur Esne, avoit là une grosse garnison de soudoyers et de compagnons qui gâtoient, rançonnoient et honnissoient tout le pays, et couroient toute la bonne comté de Rétel jusques à Donchery, jusques à Maisières, jusques au Chesne Pouilleux, jusques à Stenay en la comté de Bar; et gissoient et logeoient au pays, quelque part qu'ils vouloient, deux nuits ou trois, sans être destourbés de nullui, et puis s'en venoient loger, reposer et refraîchir en leur forteresse à Athigny.

Bien est vérité que tous les seigneurs, chevaliers et écuyers le menaçoient moult fort; et assignèrent entr'eux plusieurs journées pour issir aux champs et venir assiéger le dit messire Eustache d'Aubrecicourt en Athigny : mais oncques n'en fut rien fait. Et avint que les compagnons de Athigny, qui ne faisoient nuit et jour fors que soutiller et aviser comment ils pourroient prendre et embler villes et forteresses, et quel part ils se trairoient pour plus gagner, vinrent de nuit à une forte ville et bon châtel qui siéd en Laonnois assez près de Montagu, en très forts marais; et appelle-t-on la dite forteresse Pierrepont; et y étoient pour lors grand'foison de bonnes gens du pays qui avoient mis et retraît le leur sur la fiance du fort lieu.

A l'heure que ces compagnons d'Athigny vinrent là, les guètes étoient endormis. Si se mirent les dits compagnons, pour convoitise de gagner, parmi ces grands marais à grand meschef, et vinrent jusques aux murs, et puis entrèrent en la ville et la gagnèrent sans défense et la dérobèrent toute à leur volonté. Si trouvèrent plus d'avoir que en nul lieu où ils eussent été; et quand il fut grand jour, ils ardirent la ville et s'en partirent, et s'en revinrent arrière à Athigny, bien fournis de bon pillage.

CHAPITRE CXXIX.

Cy s'ensuivent les prophéties du cordelier, tant sur les gens d'église que sur les seigneurs temporels.

En ce temps avoit un frère mineur, plein de grand clergie et de grand entendement, en la cité d'Avignon, qui s'appeloit frère Jean de la Rochetaillade, lequel frère mineur le pape Innocent VIe faisoit tenir en prison au châtel de Bagnolles, pour les grandes merveilles qu'il disoit, qui devoient avenir mêmement et principalement sur les prélats et présidents de sainte église, pour les superfluités et le grand orgueil qu'ils demènent; et aussi sur le royaume de France et sur les grands seigneurs de chrétienté, pour les oppressions qu'ils font sur le commun peuple. Et vouloit le dit frère Jean toutes ces paroles prouver par l'apocalypse et par les anciens livres des saints prophètes, qui lui étoient ouverts, par la grâce du Saint-Esprit, si qu'il disoit; des quelles moult en disoit qui fortes étoient à croire; si en voit-on bien avenir aucunes dedans le temps qu'il avoit annoncé. Et ne les disoit mie comme prophète, mais il les savoit par les anciennes Écritures et par la grâce du Saint-Esprit, ainsi que dit est, qui lui avoit donné entendement de déclarer toutes ces anciennes troubles prophéties et écritures, pour annoncer à tous chrétiens l'année et le temps que elles doivent avenir. Et

---

[1] L'auteur des *Chroniques de France* dit que le roi d'Angleterre se logea d'abord à Chanteloup entre Chastres, maintenant Arpajon, et Montlhéry, et suppose qu'il y demeura depuis le mardi, dernier jour de mars, jusqu'au 7 avril que les troupes serrèrent Paris de plus près et se cantonnèrent à Châtillon, à Issy, à Vanvres, à Vaugirard et dans les autres villages des environs. Durant cet intervalle on entama une négociation pour la paix; les plénipotentiaires respectifs s'assemblèrent le vendredi saint 3 avril et se séparèrent bientôt après sans pouvoir rien conclure. Ils s'assemblèrent de nouveau le 10 du même mois, et la conférence n'eut pas un succès plus heureux. Les *Chroniques de France*, dont nous empruntons ces détails, en fournissent encore quelques autres qui ont été omis par Froissart.

[1360]

en fit plusieurs livres bien dictés et bien fondés de grand'science de clergie; desquels l'un fut fait l'an mil trois cent cinquante-six. Et avoit écrit dedans tant de merveilles à avenir entre l'an cinquante-six et l'an soixante-dix, qui trop seroient fortes à croire, combien que on ait plusieurs choses vu avenir. Et quand on lui demandoit de la guerre aux François, il disoit que ce n'étoit rien de tout ce que on avoit vu envers ce que on verroit; car il n'en seroit paix ni fin jusques à tant que le royaume de France seroit gâté et exillé par toutes ses parties et ses régions. Et tout ce a-t-on bien vu avenir depuis, car le royaume de France a été foulé, gâté et exillé, et par espécial, au termine que le dit frère mineur y mettoit, l'an cinquante six, l'an cinquante sept, l'an cinquante huit, l'an cinquante neuf, en toutes ses régions, tellement que nul des princes ni des gentils hommes ne s'osoit montrer contre ces gens de bas état, assemblés de tous pays, venus l'un après l'autre, sans nul chef de haut homme. Et avoient le dit royaume sans nulle défense à leur volonté, ainsi comme vous avez ouï; et élisoient souverains capitaines entr'eux par diverses marches, aux quels ils obéissoient, ceux qui se mettoient en leur compagnie, et faisoient certains convenans les uns aux autres de leur roberie et pillerie et des rançons et des prisonniers, et en trouvoient tant que les capitaines en étoient tous riches, et si riches que sans nombre et sans mesure du grand avoir qu'ils assembloient [1].

Or retournerons-nous au roi d'Angleterre.

CHAPITRE CXXX.

Comment le duc de Normandie, par grand sens et avis ne voulut mie consentir bataille au roi d'Angleterre; et comment messire Gautier de Mauny et autres chevaliers anglois vinrent escarmoucher jusqu'aux barrières de Paris.

Le roi dessus nommé étoit logé au Bourg la Roine, à deux petites lieues près de Paris, et tout son ost contre mont en allant devers Montlhéry. Si envoya le dit roi, pendant qu'il étoit là, ses hérauts dedans Paris au duc de Normandie qui s'y tenoit atout grands gens d'armes, pour demander bataille; mais le duc ne lui accorda rien; ainçois retournèrent les messagers sans rien faire. Quand le roi vit que nul n'istroit de Paris pour le combattre, si en fut tout courroucé. Adonc s'avança cil bon chevalier messire Gautier de Mauny, et pria au roi son seigneur que il lui voulsist laisser faire une chevauchée et envaye jusques aux barrières de Paris. Et le roi le lui accorda, et nomma personnellement ceux qu'il vouloit qui allassent avec lui; et fit là le roi plusieurs chevaliers nouveaux, desquels le sire de La Ware en fut l'un, et le sire de Fit Vautier, et messire Thomas Balastre [1], et messire Guillaume de Toursiaux, messire Thomas le Despensier, messire Jean de Nuefville et messire Richard Stury, et plusieurs autres. Et l'eût été Colart d'Aubrecicourt, fils à monseigneur Nicole, s'il eût voulu, car le roi le vouloit, pourtant qu'il étoit à lui et son écuyer de corps; mais le dit Colart s'excusa et dit qu'il ne pouvoit trouver son bassinet. Le sire de Mauny fit son emprise et amena ces nouveaux chevaliers escarmoucher et courir jusques aux barrières de Paris. Là eut bonne escarmouche et dure, car il avoit dedans la cité de bons chevaliers et écuyers qui volontiers fussent issus, si le duc de Normandie l'eût consenti. Toutefois ces gentils hommes qui étoient dedans Paris, gardèrent la porte et la barrière tellement que ils n'y eurent point de dommage; et dura l'escarmouche du matin jusques à midi, et en y eut des navrés des uns et des autres. Adonc se retraist le sire de Mauny et en ramena ses gens à leur logis; et se tinrent là encore ce jour et la nuit en suivant. A lendemain [2] se délogea le roi d'Angleterre et prit le chemin de Montlhéry.

Or vous dirai quel propos aucuns seigneurs d'Angleterre et de Gascogne eurent à leur délogement. Ils sentoient dedans Paris tant de gentilshommes : si supposèrent, ce qu'il avint, que ils en videroient aucuns, jeunes et aventureux, pour leurs corps avancer et pour gagner.

---

[1] Une des conséquences nécessaires du système féodal avait été de préférer les auxiliaires et mercenaires étrangers qui détruisaient toutes les ressources de l'État, aux communes armées qui eussent compris leur force et détruit plus tôt les souverainetés féodales. De là le désordre immense de ces temps. Les serfs accablés se soulevèrent enfin et vengèrent par des atrocités les atrocités commises contre eux.

[1] Sire Thomas Banaster fut nommé plus tard par Édouard chevalier de la Jarretière.

[2] Suivant l'auteur des *Chroniques de France*, le roi d'Angleterre vint à la tête de son armée jusques sous les murs de Paris le dimanche de Quasimodo 12 d'avril, et en partit le jour même avant midi pour suivre ses bagages qu'il avait envoyés vers Chartres.

Si se mirent en embûche bien deux cents armures de fer, toutes gens d'élite, Anglois et Gascons, en une vide maison à trois lieues de Paris. Là étoient le captal de Buch, messire Aymemon de Pommiers et messire de Courton, Gascons; et Anglois, le sire de Neufville, le sire de Moutbray et messire Richart de Pontchardon : ces six chevaliers étoient souverains de cette embûche. Quand les François qui se tenoient dedans Paris virent le délogement du roi d'Angleterre, si se recueillirent aucuns jeunes seigneurs et bons chevaliers et dirent entr'eux : « C'est bon que nous issions hors secrètement et poursuivons un petit l'ost du roi d'Angleterre, à savoir si nous y pourrions rien gagner. Ils furent tantôt tous d'un accord tels que messire Raoul de Coucy, messire Raoul de Rayneval, le sire de Montsaut, le sire de Helly, le châtelain de Beauvais, le Bègue de Vilaines, le sire de Wasières, le sire de Waurin, messire Gauvain de Bailloel, le sire de Vaudeuil, messire Flamans de Roye, messire le Haze de Chambli, messire Pierre de Sermaise, messire Philippe de Savoisy, et bien cent lances en leur compagnie.

Si issirent hors, tous bien montés et en grand'volonté de faire aucune chose, mais qu'ils trouvassent à qui; et chevauchèrent tout le chemin du Bourg la Roine, et passèrent outre, et se mirent aux champs sur le froye des gens le roi d'Angleterre, et passèrent encore outre la dessus dite embûche du captal et de sa route.

Assez tôt après ce que ils furent passés, l'embûche des Anglois et des Gascons issit hors et saillit avant, leurs glaives abaissés, en écriant leur cri. Les François se retournèrent et eurent grand'merveille que c'étoit, et connurent tantôt que c'étoient leurs ennemis. Si s'arrêtèrent tous cois et se mirent en ordonnance de bataille, et abaissèrent les lances contre les Anglois et les Gascons qui tantôt furent venus. Là y eut de première encontre forte joûte, et rués plusieurs par terre d'un lez et de l'autre; car ils étoient tous fort montés. Après celle joûte ils sachèrent leurs épées et entrèrent l'un dedans l'autre, et se commencèrent à battre et à férir et à donner grands horions; et là eut faites maintes belles appertises d'armes; et dura cil débat une grand'espace; et fut tellement demené que on ne sçut à dire un grand temps : « Les François ni les Anglois en auront le meilleur; » et par espécial là fut le captal de Buch très bon chevalier, et y fit de sa main maintes grandes appertises d'armes. Finablement les Anglois et Gascons se portèrent si bien de leur côté, que la place leur demeura : car ils étoient tant et demi que les François. Et là fut du côté des François bon chevalier le sire de Campremy, et se combattit vaillamment dessous sa bannière; et fut cil qui la portoit occis, et la bannière abattue, qui étoit d'argent à une bande de gueules à six merlettes noires, trois dessus et trois dessous; et fut le sire de Campremy pris en bon convenant.

Les autres chevaliers et écuyers françois qui virent la mésaventure et qu'ils ne pouvoient recouvrer, se mirent au retour devers Paris tout en combattant, et Anglois et Gascons poursuivirent après de grand'volonté. En celle chasse, qui dura jusques outre le Bourg la Roine, y furent pris neuf chevaliers, que bannerets que autres; et si les Gascons et les Anglois qui les poursuivoient ne se fussent doutés de l'issue de ceux de Paris, jà nul n'en fût échappé qu'ils ne fussent tous morts ou tous pris. Quand ils eurent fait leur emprise, ils retournèrent devers Montlhéry où le roi d'Angleterre chevauchoit, et emmenèrent leurs prisonniers auxquels ils firent bonne compagnie, et les rançonnèrent courtoisement ce propre soir, et les renvoyèrent arrière à Paris, ou là où il leur plut à aller, et les reçurent courtoisement sur leur foi.

CHAPITRE CXXXI.

Comment le duc de Normandie et son conseil envoyèrent légats pour traiter de la paix entre le roi de France et le roi d'Angleterre; et comment la paix fut faite.

L'intention de Édouard roi d'Angleterre étoit telle que il entreroit en ce bon pays de Beauce et se trairoit tout bellement sur celle bonne rivière de Loire, et se viendroit, tout cel été jusques après août, refraîchir en Bretagne, et tantôt sur les vendanges qui étoient moult belles apparents, il retourneroit et viendroit de rechef en France mettre le siége devant Paris; car point ne vouloit retourner en Angleterre, pour ce qu'il en avoit au partir parlé si avant, si auroit eu son intention dudit royaume; et lairoit ses gens par ces forteresses qui guerre faisoient pour lui en France, en Brie, en Champagne, en Picardie, en Ponthieu, en Vismeu, en Veu-

[1360]

guecin et en Normandie, guerroyer et hérier le royaume de France, et si tanner et fouler les cités et les bonnes villes, que de leur volonté elles s'accorderoient à lui.

Adonc étoit à Paris le duc de Normandie et ses deux frères, et le duc d'Orléans leur oncle, et tout le plus grand conseil de France, qui imaginoient bien le voyage du roi d'Angleterre, et comment il et ses gens fouloient et apovrissoient le royaume de France; et que ce ne se pouvoit longuement tenir ni souffrir, car les rentes des seigneurs et des églises se perdoient généralement partout. Adoncques étoit chancelier de France un moult sage et vaillant homme messire Guillaume de Montagu[1], évêque de Thérouenne, par qui conseil on ouvroit en partie en France; et bien le valoit en tous états, car son conseil étoit bon et loyal. Avecques lui y étoient encore deux clercs de grand'prudence, dont l'un étoit abbé de Clugny[2] et l'autre maître des frères prêcheurs, et l'appeloit-on frère Simon de Langres maître en divinité. Ces deux clercs dernièrement nommés, à la prière, requête et ordonnance du duc de Normandie et de ses frères et du duc d'Orléans leur oncle, et de tout le grand conseil entièrement, se partirent de Paris sur certains articles de paix, et messire Hugues de Genève seigneur d'Antun[3] en leur compagnie, et s'en vinrent devers le roi d'Angleterre qui cheminoit en Beauce pardevers Galardon. Si parlèrent ces deux prélats et le chevalier[4] au dit roi d'Angleterre et commencèrent à traiter paix entre lui et ses alliés, et le royaume de France et ses alliés, auxquels traités le duc de Lancastre, le prince de Galles, le comte de la Marche[5] et plusieurs autres barons d'Angleterre furent appelés.

Si ne fut mie cil traité sitôt accompli, quoiqu'il fût entamé; mais fut moult longuement demené; et toujours alloit le roi d'Angleterre avant quérant le gras pays. Ces traiteurs, comme bien conseillés, ne vouloient mie le roi laisser ni leur propos anientir, car ils véoient le royaume de France en si povre état et si grévé que en trop grand péril il étoit, si ils attendoient encore un été. D'autre part, le roi d'Angleterre demandoit et requéroit des offres si grandes et si préjudiciables pour tout le royaume que envis s'y accordoient les seigneurs pour leur honneur; et convenoit par pure nécessité qu'il fût ainsi, ou auques près, s'ils vouloient venir à paix. Si que tous leurs traités et leurs parlemens durèrent sept jours[1], toudis en poursuivant le roi d'Angleterre les dessus nommés prélats et le sire d'Antun, messire Hugues de Genève, qui moult étoit bien ouï et volontiers en la cour du roi d'Angleterre. Si renvoyoient tous les jours, ou de jour à autre, leurs traités et leurs parlemens et procès devers le duc de Normandie et ses frères en la cité de Paris, et sur quel forme ni état ils étoient, pour avoir réponse quelle chose en étoit bonne à faire, et du surplus comment ils se maintiendroient. Ces procès et ces paroles étoient conseillées secrètement, et examinées suffisamment en la chambre du duc de Normandie, et puis étoit rescrit justement et parfaitement l'intention du duc et l'avis de son conseil aux dits traiteurs; parquoi rien ne se passoit de l'un côté ni de l'autre qu'il ne fût bien spécifié et justement cautelé.

Là étoient en la chambre du roi d'Angleterre sur son logis, ainsi comme il chéoit à point et qu'il se logeoit en la cité de Chartres comme ailleurs, des dessus dits traiteurs françois grands offres mises avant, pour venir à conclusion de guerre et à ordonnance de paix; auxquelles choses le roi d'Angleterre étoit trop dur à entamer. Car l'intention de lui étoit telle que il vouloit demeurer roi de France, combien qu'il ne le fût mie, et mourir en cel état; et vouloit

---

[1] Il se nommait Gilles Acelin de Montagu.
[2] Il s'appelait Audouin de La Roche.
[3] Hugues de Genève possédait la seigneurie d'Anthon du chef de sa femme Isabelle dame d'Anthon.
[4] Ces trois personnages étaient les médiateurs nommés par le pape : les plénipotentiaires du régent étaient Jean de Dormans élu évêque de Beauvais, chancelier de Normandie, Charles de Montmorency, Jean de Melun comte de Tancarville, le maréchal de Boucicaut, Aymart de la Tour sire de Vinay, Simon de Bucy, premier président du parlement, et plusieurs autres tant de l'ordre de la noblesse que du clergé et de la bourgeoisie. Ces plénipotentiaires partirent de Paris le lundi 27 avril, passèrent à Chartres et allèrent jusqu'au près de Bonneval où était le roi d'Angleterre, qui leur fit dire de retourner à Chartres et qu'il se rendroit bientôt dans le voisinage de cette ville.
[5] Le comte de March ne pouvait être un des commissaires, puisqu'il avait été tué un mois avant ce traité, le 26 février, à Rouvray en Bourgogne.
[1] Les négociations recommencèrent le vendredi 1er mai, et le traité de paix fut signé le 8.

hostoier en Bretagne, en Blois et en Touraine cel été, si comme dessus est dit. Et si le duc de Lancastre son cousin, que moult aimoit et créoit, lui eût autant déconseillé paix à faire que il lui conseilloit, il ne se fût point accordé. Mais il lui montroit moult sagement et disoit : «Monseigneur, cette guerre que vous tenez au royaume de France est moult merveilleuse et trop fretable pour vous; vos gens y gagnent, et vous y perdez et allouez le temps. Tout considéré, si vous guerroyez selon votre opinion, vous y userez votre vie, et c'est fort que vous en viengniez jà à votre intention. Si vous conseille, entrementes que vous en pouvez issir à votre honneur, que vous prenez les offres qu'on vous présente, car, monseigneur, nous pouvons plus perdre en un jour que n'avons conquis en vingt ans.»

Ces paroles et plusieurs autres belles et soutilles que le duc de Lancastre remontroit fiablement, en instance de bien, au roi d'Angleterre convertirent le dit roi, par la grâce du Saint Esprit qui y ouvroit aussi; car il avint à lui et à toutes ses gens un grand miracle, lui étant devant Chartres, qui moult humilia et brisa son courage; car pendant que ces traiteurs françois alloient et prêchoient le dit roi et son conseil, et encore nulle réponse agréable n'en avoient, un temps et un effoudre et un orage si grand et si horrible descendit du ciel en l'ost du roi d'Angleterre, que il sembla bien proprement que le siècle dût finir; car il chéoit de l'air pierres si grosses que elles tuoient hommes et chevaux, et en furent les plus hardis tout ébahis. Et adonc regarda le roi d'Angleterre devers l'église Notre-Dame de Chartres, et se rendit et voua à Notre Dame dévotement, et promit, si comme il dit et confessa depuis, que il s'accorderoit à la paix.

Adoncques étoit-il logé en un village assez près de Chartres qui s'appelle Bretigny; et là fut certaine ordonnance et composition faite et jetée de paix [1], sur certains articles qui ci en suivant sont ordonnés. Et pour ces choses plus entièrement faire et poursuir, les traiteurs d'une part, et autres grands clercs en droit du conseil du roi d'Angleterre, ordonnèrent sur la forme de la paix, par grand'délibération et par bon avis, une lettre qui s'appelle la chartre de la paix [1], dont la teneur est telle.

---

[1] Quelques critiques ont essayé d'établir, contre l'opinion commune, que le fameux traité qui rendit la liberté au roi Jean avait été conclu à Bretigny près de Chastres, aujourd'hui Arpajon, et non à Bretigny près de Chartres; mais ils ne paraissent pas répondre d'une manière satisfaisante à l'autorité réunie de Froissart et des *Chroniques de France*. Le témoignage des Chroniques doit surtout être du plus grand poids; car personne n'ignore que depuis 1340 jusqu'en 1380, elles sont l'ouvrage d'un ou de plusieurs écrivains contemporains très bien instruits de tout ce qui se passait dans l'intérieur de la France. Or voici ce qu'on lit, chap. 122 : Le roi d'Angleterre qui avait quitté les environs de Paris le 12 avril pour aller avec son armée vers *Bonneval* et *Châteaudun*, ayant laissé entrevoir qu'il était disposé à renouer les négociations, les plénipotentiaires français partirent de Paris le 27, et « Ycellui jour furent à *Chartres*, et depuis passèrent « outre en allant vers le dit roy d'Angleterre, et envoyè-« rent par devers lui pour savoir où ils s'assembleroient « pour traiter : auxquels de la partie de France fut fait à « savoir qu'ils retournassent vers *Chartres* et que le dit « roi se tireroit vers là. Et ainsi le firent. . . . . . . Et « le roi d'Angleterre se alla loger à une lieue près ou en-« viron en un lieu appelé *Dours* (corrigez, *Sours*, « comme on le verra ci-après); et prirent place pour as-« sembler et pour traiter en un lieu appelé *Bretigny*, à « une lieue de Chartres ou environ. »

Il est clair par ce récit que l'auteur des *Chroniques* a voulu désigner la ville de Chartres et non Chastres près de Montlhéry. Si on le soupçonnait de s'être trompé, ainsi que Froissart, sur le lieu où fut conclu le traité, on serait bientôt convaincu du contraire par la date d'une des pièces qui y sont relatives. Elles furent pour la plupart données à *Chartres* ou à *Bretigny lez Chartres;* mais on en trouve une du prince de Galles qui est datée du 7 mai à *Sours de-lez Chartres*. Or *Sours*, qui est visiblement le même lieu nommé, par erreur de copiste, *Dours*, dans le passage des chroniques qu'on vient de rapporter, est un bourg situé à une lieue de la ville de Chartres. Ainsi, à moins qu'on ne trouve un lieu de ce nom auprès d'Arpajon, comme on y trouve un *Bretigny*, et qu'on n'oppose aux témoignages de Froissart et des *Chroniques de France* d'autres autorités plus fortes, on ne peut s'empêcher de regarder *Bretigny* près de la ville de *Chartres* comme le lieu où fut conclu le fameux traité qui en porte le nom.

[1] La pièce qu'on va lire renferme les principales clauses du traité conclu à Bretigny, mais n'est point le traité même tel qu'on le trouve dans Rymer, pages 202 et suivantes, et dans les *Chroniques de France*, chap. 124. Elle n'est point non plus la même qu'on lit dans les Froissarts imprimés : la première moitié est assez semblable, mais le reste est différent; et ni l'une ni l'autre n'ont été publiées par Rymer. On ne la transcrit point ici, parce qu'on peut y recourir si on le juge à propos, et surtout parce qu'elle ne contient aucune clause qui ne se trouve dans les autres chartes fournies par les manuscrits.

CHAPITRE CXXXII.

Ci s'ensuit la chartre de l'ordonnance de la paix faite entre le roi d'Angleterre et ses alliés, et le roi de France et les siens [1].

Édouard, par la grâce de Dieu roi d'Angleterre, seigneur d'Irlande et d'Aquitaine, à tous ceux qui ces présentes lettres verront, salut. Savoir faisons que comme pour les dissencions, débats, discords et estrifs mus et espérés à mouvoir entre nous et notre très cher frère le roi de France, certains traiteurs et procureurs de nous et de notre très cher fils ains-né Édouard, prince de Galles, ayans à ce suffisant pouvoir et autorité pour nous et pour lui et notre royaume d'une part, et certains autres traiteurs et procureurs de notre dit frère et de notre très cher neveu Charles, duc de Normandie, Dauphin de Vienne, fils ains-né de notre dit frère de France, ayant pouvoir et autorité de son père en cette partie, pour son dit père et pour lui, soient assemblés à Bretigny près de Chartres, auquel lieu est traité, parlé et accordé finable paix et concorde des traiteurs et procureurs de l'une partie et de l'autre sur les dissencions, débats, guerres et discords, devant dits ; lesquels traités et paix les procureurs de nous et de notre dit fils, pour nous et pour lui, et les procureurs de notre dit frère et de notre dit neveu, pour son père et pour lui, jureront sur saintes Évangiles tenir, garder et accomplir ce dit traité, et aussi le jurerons, et notre dit fils aussi, ainsi comme ci-dessus est dit et que il s'en suivra au dit traité.

Parmi lequel accord, entre les autres choses, notre dit frère de France et son fils devant dits sont tenus et ont promis de bailler et délaisser et délivrer à nous, nos hoirs et successeurs à toujours, les comtés, cités, villes et châteaux, forteresses, terres, îles, rentes, revenues, et autres choses qui s'ensuivent, avec ce que nous tenons en Guyenne et en Gascogne, à tenir et posséder perpétuellement à nous, à nos hoirs et à nos successeurs, ce qui est en demaine en demaine, et ce qui est en fief en fief, et par le temps et manière ci-après éclaircis. C'est à savoir : la cité, le châtel et la comté de Poitiers et toute la terre et le pays de Poitou, ensemble le fief de Touars et la terre de Belleville ; la cité et le château de Saintes, et toute la terre et le pays de Xaintonge pardeçà et pardelà la Charente, avec la ville, châtel et forteresse de la Rochelle et leurs appartenances et appendances ; la cité et le châtel d'Agen, et la terre et le pays d'Agénois ; la cité, la ville et le château et toute la terre de Pierregort, et la terre et le pays de Pierreguis ; la cité et le château de Limoges, et la terre et le pays de Limozin ; la cité et le châtel de Caors, et la terre et le pays de Caoursin ; la cité, le châtel et le pays de Tarbe, et la terre et le pays et la comté de Bigorre ; la comté, la terre et le pays de Gaure ; la cité et le château d'Angoulême, la comté, la terre et le pays d'Angoulémois ; la cité, la ville et le châtel de Rodais ; la comté, la terre et le pays de Rouergue. Et si il y a, en la duché d'Aquitaine, aucuns seigneurs, comme le comte de Foix, le comte d'Ermignac, le comte de Lille, le vicomte de Carmaing, le comte de Pierregort, le vicomte de Limoges, ou autres qui tiennent aucunes terres ou lieux dedans les mettes des dits lieux, ils en feront hommage à nous, et tous autres services et devoirs dus à cause de leurs terres et lieux, en la manière qu'ils les ont faits du temps passé, jà soit-ce que nous ou aucuns des rois d'Angleterre anciennement n'y ayons rien eu. En après, la vicomté de Monstereuil sur la mer, en la manière que du temps passé aucuns des rois d'Angleterre l'ont tenue. Et si, en la dite terre de Monstereuil, ont été aucuns débats du partage de la dite terre, notre frère de France nous a promis qu'il le nous fera éclaircir le plus hâtivement qu'il pourra, lui revenu en France ; la comté de Ponthieu tout entièrement, excepté et sauf que si aucunes choses ont été aliénées par les rois d'Angleterre qui ont régné pour le temps et ont tenu anciennement la dite comté et appartenances, à autres personnes que aux rois de France, notre dit frère et ses successeurs ne seront pas tenus de la rendre à nous. Et si les dites aliénations ont été faites aux rois de France qui ont été pour le temps, sans aucun moyen, et notre dit frère les tienne à présent en sa main, il les laissera à nous entièrement ; excepté que si les rois de France les ont eues par échange à autres terres, nous délivrerons ce qu'il en a eu par échange, ou nous laisserons à

---

[1] Ce chapitre et les suivans, jusqu'au cent quarantième, avec les pièces qu'ils contiennent, manquent dans les anciennes éditions.

notre dit frère les choses ainsi aliénées. Mais si les rois d'Angleterre qui ont été pour le temps de lors en avoient aliéné ou transporté aucunes choses en autres personnes que ès rois de France, et depuis ils soient venus ès mains de notre dit frère, espoir par partage, notre dit frère ne sera pas tenu de les nous rendre. Et aussi, si les choses dessus dites doivent hommage, notre dit frère les baillera à autres qui en feront hommage à nous, et à nos successeurs; et si les dites choses ne doivent hommage, il nous baillera un teneur qui nous en fera les devoirs, dedans un an prochain après ce que notre dit frère sera parti de Calais. *Item* le châtel et la ville de Calais; le château, la ville et la seigneurie de Merk; les villes, châteaux et seigneuries de Sangates, Coulongnes, Hames, Valle et Oye, avec terres, bois, marais, rivières, rentes, seigneuries, advoesons d'églises, et toutes autres appartenances et lieux entre-gissans dedans les mettes et bondes qui s'en suivent. C'est à savoir, de Calais jusques au fil de la rivière pardevant Gravelines, et aussi par le fil de même de la rivière tout entour Langle; et aussi par la rivière qui va pardelà Poil, et par même la rivière qui chet au grand lac de Guines jusques à Fretin, et d'illec par la vallée entour de la montagne de Kalculi, enclouant même la montagne; et aussi jusques à la mer, avec Sangates et toutes ses appartenances : le châtel et la ville, et tout entièrement la comté de Guines avecques toutes les terres, villes, châteaux, forteresses, lieux, hommages, hommes, seigneuries, bois, forêts, droitures d'icelles, aussi entièrement comme le comte de Guines dernièrement mort les tenoit au temps de sa mort. Et obéiront les églises et les bonnes gens étant dedans les limitations de la dite comté de Guines, de Calais et de Merk, et des autres lieux dessus dits, à nous, ainsi comme ils obéissoient à notre dit frère et au comte de Guines qui fut pour le temps. Toutes les quelles choses comprises en ce présent article et l'article prochain précédant de Merk et de Calais, nous tiendrons en demaine, excepté les héritages des églises, qui demeureront aux dites églises entièrement, quelque part qu'ils soient assis; et aussi excepté les héritages des autres gens des pays de Merk et de Calais assis hors de la ville et fermeté de Calais jusques à la value de cent livres de terre par an, de la monnoye courant au pays, et au-dessous : lesquels héritages leur demeureront jusqu'à la value dessus dite et au-dessous; mais habitations et héritages assis en la dite ville de Calais avec leurs appartenances demeureront en demaine à nous, pour en ordonner à notre volonté; et aussi demeureront aux habitans en la terre, ville et comté de Guines tous leurs demaines entièrement, et y reviendront pleinement, sauf ce qui est dit paravant des confrontations, mettes et bondes dessus dites en l'article de Calais, et toutes les îles adjacens aux terres, pays et lieux avant nommés, ensemble avec toutes les autres îles, lesquelles nous tiendrons au temps du dit traité.

Et eut été pourparlé que notre dit frère et son ains-né fils renonçassent aux dits ressorts et souveraineté, et à tout le droit qu'ils pourroient avoir ès choses dessus dites, et que nous les tenissions comme voisins sans nul ressort et souveraineté de notre dit frère au royaume de France, et que tout le droit que notre dit frère avoir ès choses dessus dites, il nous cédât et transportât perpétuellement et à toujours. Et aussi eut été pourparlé que semblablement nous et notre dit fils renoncissions expressément à toutes les choses qui ne doivent être baillées ou délivrées à nous par le dit traité; et par espécial au nom et au droit de la couronne et du royaume de France, et hommage, souveraineté et demaine de la duché de Normandie et de la comté de Touraine, et des comtés d'Anjou et du Maine, de la souveraineté et hommage de la comté et du pays de Flandre, de la souveraineté et hommage de Bretagne; excepté que le droit du comte de Montfort, tel qu'il le peut et doit avoir en la duché et pays de Bretagne, nous réservons et mettons par mots exprès hors de notre traité; sauf tant que nous et notre dit frère venus à Calais en ordonnerons si à point, par le bon avis et conseil de nos gens à ce députés, que nous mettrons à paix et à accord le dit comte de Montfort et notre cousin messire Charles de Blois, qui demande et chalenge droit à l'héritage de Bretagne. Et renonçons à toutes autres demandes que nous fissions ou faire pourrions, pour quelque cause que ce soit, excepté les choses dessus dites qui doivent être baillées à nous et à nos hoirs, et que nous lui transportissions, cessissions tout le droit que nous pourrions avoir à toutes les choses qui à nous ne doivent être baillées. Sur lesquelles choses, après plusieurs altercations eues sur ce, et par espécial pour ce que les dites renonciations ne se font pas de présent, avons finablement accordé avec notre dit frère par la manière qui s'ensuit : c'est à savoir, que nous et notre dit ains-né fils renoncerons, et ferons et avons promis à faire les renonciations, transports, cessions et délaissemens dessus dits quand et si très tôt que notre dit frère aura baillé à nous ou à nos gens, espécialement de par nous députés, la cité et le châtel de Poitiers, et toute la terre et le pays de Poitou; ensemble le fief de Touars et la terre de Belleville; la cité et le châtel d'Agen, et toute la terre et le pays d'Agénois; la cité et le châtel de Pierregord, et toute la terre et le pays de Pierreguis ; la cité et le châtel de Caours, et toute la terre et le pays de Quersin ; la cité et le châtel de Rodais, et toute la terre et le pays de Rouergue; la cité et le châtel de Saintes, et toute la terre et le pays de Xaintonge; le châtel et la ville de la Rochelle, et toute la terre et le pays de Rochelois; la cité et le châtel de Limoges, et toute la terre et le pays de Limousin ; la cité et le château d'Angoulême, et toute la terre et le pays d'Angoulémois la terre et le pays de Bigorre, la terre de Gaure, le comté de Ponthieu et le comté de Guines. Lesquelles choses notre dit frère nous a promises à bailler, en la forme que ci-dessus est contenu, ou à nos espéciaux députés, dedans un an en suivant, lui parti de Calais pour retourner en France. Et tantôt ce fait, devant certaines personnes que notre dit frère députera, nous et notre dit ains-né fils ferons en notre royaume d'Angleterre icelles renonciations, transports, cessions et délaissemens, par foi et par serment solennellement; et d'icelles ferons bonnes lettres ouvertes, scellées de notre grand scel, par la manière et forme comprise en nos autres lettres sur ce faites, et que compris est au dit traité; lesquelles nous envoierons à la fête de l'Assomption Notre-Dame prochainement en suivant, en l'église des Augustins en la ville de Bruges, et les ferons bailler à ceux que notre dit frère y envoiera lors pour les recevoir. Et si dedans le terme qui mis y est, notre dit frère ne pouvoit bailler, ni délivrer aisément à nous ou à nos députés les cités, villes et châteaux, lieux forteresses et pays ci-dessus nommés, combien qu'il en doive faire son plein pouvoir sans nulle dissimulation, il les nous doit délivrer et bailler dedans le terme de quatre mois en suivant l'an accompli. Avecques toutes ces choses et autres qui s'ensuivront ci-après, est dit et accordé par la teneur du traité que nous, renvoyé ou ramené notre dit frère de France en la ville de Calais [1], six semaines après ce que il y sera venu, nous devons recevoir, ou nos gens à ce espécialement de par nous députés, six cent mille francs, et par quatre ans en suivant, chacun an six mille; et de ce délivrer et mettre en ôtage, envoyer demeurer en notre cité de Londres, en Angleterre, des plus nobles du royaume de France, qui point ne furent prisonniers en la bataille de Poitiers [2]; et de dix neuf cités et villes des plus notables du royaume de France, de chacune deux ou trois hommes, ainsi comme il plaira à notre conseil. Et tout ce accompli, les ôtages venus à Calais et le premier payement payé, ainsi que dit est, nous devons notre dit frère de France et Philippe son jeune fils délivrer quittement en la ville de Boulogne sur mer, et tous ceux qui avecques eux furent prisonniers à la bataille de Poitiers, qui ne seroient rançonnés à nous ou à nos gens, sans payer nulle rançon. Et pour ce que nous savons de vérité que notre cousin messire Jacques de Bourbon, qui fut pris à la bataille de Poitiers, a toujours mis et rendu grand'peine à ce que paix et accord fût entre nous et notre dit frère de France, en quelconque état qu'il soit, rançonné ou à rançonner, nous le délivrerons sans coût et sans frais avecques notre dit frère, en la ville de Boulogne, mais que cil

---

[1] Cette clause est différemment énoncée dans le traité publié par Rymer et par l'auteur des *Chroniques de France*. On y lit : *Item est accordé que le roi de France paiera au roy d'Angleterre trois millions d'écus d'or, dont les deux valent un noble de la monnoie d'Angleterre; et en seront payés au dit roy d'Angleterre ou à ses députés six cent mille écus à Calais dedans quatre mois à compter depuis que le roy de France sera venu à Calais, et dedans l'an dès lors prochain en suivant en seront payés quatre cent mille écus tels comme dessus, en la cité de Londres en Angleterre* (les *Chroniques de France* disent : *en la dite ville de Calais*) ; *et dès lors, chacun an prochain en suivant quatre cent mille écus tels comme devant en la dite cité, jusques à tant que les dits trois millions seront payés.*

[2] On lit au contraire dans les deux pièces que nous venons de citer : *Et seront ôtages tant prisonniers pris à la bataille de Poitiers comme autres.*

traité soit tenu ainsi que nous espérons qu'il sera.

Et aussi nous a promis notre dit frère que il et son ains-né fils renonceront et feront semblablement lors et par la manière dessus dite les renonciations, transports, cessions et délaissemens accordés par le dit traité à faire de leur partie, si comme dessus est dit ; et envoiera notre dit frère ses lettres patentes, scellées de son grand scel, aux dits lieux et termes, pour les bailler aux gens qui de par nous y seront députés, semblablement comme dit est. Et aussi nous a promis et accordé notre dit frère que lui et ses hoirs sursoiront, jusques aux termes des dites renonciations dessus déclarées, de user de souverainetés et ressorts en toutes les cités, comtés, villes, châteaux, forteresses, pays, terres, îles et lieux que nous tenions au temps du dit traité, lesquels nous doivent demeurer par le dit traité, et aux autres qui à cause des dites renonciations et du dit traité nous seront baillées, et doivent demeurer à nous et à nos hoirs ; sans ce que notre dit frère, ou ses hoirs, ou autres à cause de la couronne de France, jusques aux termes dessus déclarés et iceux durans, puissent d'aucuns services user et de souveraineté, ni demander subjection sur nous, nos hoirs, subgiets d'icelles, présens et à venir, ni querelles ou appiaulx en leur cour recevoir, ni rescrire à icelles, ni de juridiction aucune user à cause des cités, comtés, châteaux, villes, terres, îles et lieux prochainement nommés. Et nous a aussi accordé notre dit frère que nous, nos hoirs, ni aucuns de nos subgiets, à cause des dites cités, comtés, châteaux, villes, pays, terres et lieux prochains avant dits, comme dit est, soyons tenus ni obligés de reconnaître notre souverain, ni de faire aucune subjection, service ni devoir à lui, ni à ses hoirs, ni à la couronne de France. Et accordons que nous et nos hoirs surserrons de nous appeler et porter titre et nom de roi de France, par lettres ou autrement, jusques aux termes dessus nommés et iceux durans. Et combien que ces articles dudit accord et traité de la paix, ou présentes lettres ou autres dépendans des dits articles, ou de ces présentes, ou autres quelconques que elles soient, soient ou fussent aucunes pareilles, ou fait aucun que nous ou notre dit frère dissions ou fissions qui sentissent translations ou renonciations taisibles ou expresses des ressorts et souverainetés, est l'intention de nous et de notre dit frère que les avant dits souverainetés et ressorts que notre dit frère se dit avoir ès dites terres qui nous seront baillées, comme dit est, demeureront en l'état auquel elles sont à présent : mais toutes fois il sursoira de en user et demander subjection, par la manière dessus dite, jusques aux termes dessus déclarés. Et aussi voulons et accordons à notre dit frère que après ce que il aura baillées les dites cités, comtés, châteaux, villes, forteresses, terres, pays, îles et lieux dessus nommés, ainsi que bailler les nous doit, ou à nos députés, parmi sa délivrance et renonciations dessus dites, et les dites renonciations, transports et cessions qui sont à faire de sa partie par lui et par son ains-né fils et envoyées et aux dits lieux et jours à Bruges les dites lettres, et baillées aux députés de par nous, que la renonciation, cession, transports et délaissemens à faire de notre partie soient tenues pour faites. Et par abondance nous renonçons dès lors par exprès au nom, au droit et au chalenge de la couronne de France et du royaume, et à toutes choses que nous devons renoncer par force dudit traité, si avant comme profiter pourra à notre dit frère et à ses hoirs. Et voulons et accordons que par ces présentes le dit traité de paix et accord, fait entre nous et notre dit frère ses subgiets, alliés et adhérens d'une part et d'autre, ne soit, quant à autres choses contenues en icellui, empiré ou affoibli en aucune manière ; mais voulons et nous plaît que ils soient et demeurent en leur pleine force et vertu. Toutes lesquelles choses en ces présentes lettres écrites, nous roi d'Angleterre dessus dit, voulons, octroyons et promettons loyaument et en bonne foi, et par notre serment fait sur le corps de Dieu sacré et sur saintes Évangiles, tenir, garder et entériner, et accomplir sans fraude et sans mal engin de notre partie. Et à ce et pour ce faire obligeons à notre dit frère de France nous et nos hoirs, présens et à venir, en quelque lieu qu'ils soient, renonçons par nos dits foi et serment, à toutes exceptions de fraude, de décevance, de croix pris et à prendre, et à impétrer dispensation de pape ou de autre au contraire ; laquelle si impétrée étoit, nous voulons être nulle et de nulle valeur, et que nous ne en puissions aider nous et aux droits, disant que royaume ne pourra être divisé et générale renonciation valoir, fors en certaine

[1360]

manière et à tout ce que nous pourrions dire ou proposer au contraire en jugement au dehors. En témoin desquelles choses nous avons fait mettre notre grand scel à ces présentes, données à Bretigny de-lez Chartres, le vingt-cinquième jour du mois de mai, l'an de grâce Notre Seigneur mil trois cent soixante [1].

CHAPITRE CXXXIII.

Comment le duc de Normandie scella la dite charte ; et comment quatre barons d'Angleterre vinrent à Paris au nom du roi anglois pour jurer à tenir le dit traité ; et comment ils furent honorablement reçus.

Quand celle lettre, qui s'appeloit l'une des chartes de la paix, car encore en y eut des autres faites et scellées en plusieurs manières, en la ville de Calais, si comme je vous en parlerai quand temps et lieu seront, fut jetée, on la montra au roi d'Angleterre et à son conseil : lequel roi et son conseil, quand ils la virent et ils l'eurent ouï lire, répondirent aux traiteurs qui s'étoient embesognés et en intention de bien chargés : « Elle nous plait moult bien ainsi. » Donc fut ordonné que l'abbé de Clugny et frère Jean de Langres, et messire Hugue de Genève, sire d'Anton, qui pour le duc de Normandie y étoient commis et ordonnés, partissent de là, la charte grossiée et scellée avec eux, et venissent à Paris devers le duc et son conseil, et leur remontrassent l'ordonnance dessus dite et en fissent, au plus briévement qu'ils pussent, relation.

Les dessus nommés s'y accordèrent volontiers, et retournèrent à Paris, où ils furent reçus à grand'joie. Si se trairent devers le duc de Normandie et ses frères, le duc d'Orléans présent et la plus grand'partie du conseil de France. Là remontrèrent les dessus dits moult convenablement sur quel état ils avoient parlé, et quel chose faite et exploitée avoient : ils furent volontiers ouïs, car la paix étoit durement désirée. Là fut la dite lettre lue et bien examinée, ni oncques ne fut de point ni d'article débattu ; mais la scella le duc de Normandie, comme ainsné fils du roi de France et hoir du roi son père. Et furent assez tôt après les dessus dits traiteurs renvoyés devers le roi d'Angleterre, qui les attendoit en son ost près de Chartres. Quand ils furent revenus, il n'y eut mie grand parlement, car ils dirent à toutes les choses dessus dites le duc de Normandie, ses frères, leur oncle et tout le conseil de France étoient bénignement et doucement accordés. Ces nouvelles plurent

---

[1] Le nombre des chartes connues et même publiées, auxquelles le traité de Bretigny donna lieu, est très considérable : celle-ci l'accroît encore et doit être regardée comme une nouvelle pièce inconnue jusqu'ici ; car, quoiqu'elle ne contredise en aucun point essentiel les articles énoncés dans les autres chartes, dont la plupart ont été recueillies par Rymer, elle n'a point assez de conformité avec aucune d'entre elles pour pouvoir dire qu'elle soit la même. Elle porte d'ailleurs tous les caractères qui peuvent en constater l'authenticité, et se trouve dans tous les manuscrits, de sorte qu'on ne sauroit la suspecter avec fondement. On ne peut pas dire la même chose de la date ; elle est évidemment altérée, puisque, suivant le *Memorandum* conservé par Rymer, Édouard était de retour en Angleterre dès le 18 de mai, dix jours après la date du traité de paix conclu le 8 de ce mois, ainsi que je l'ai déjà dit et qu'on peut le voir dans Rymer, p. 202, et dans les *Chroniques de France*. En supposant donc avec Froissart que cette pièce fut expédiée à Bretigny, il faudrait, au lieu du 25 mai, lire le 7 ou le 8, date de toutes les chartes données dans ce lieu ; peut-être même faudrait-il lire *le cinquième jour de mai*, si on ajoute foi à ce que dit Froissart dans le chapitre suivant, que cette charte est antérieure à la publication de la trève, puisqu'il paraît que cette publication dut se faire dès le 7 mai. Mais on doutera peut-être que la lettre dont il s'agit ait été donnée à Bretigny, d'autant plus qu'Édouard y parle en son nom, tandis que toutes les autres chartes datées du même lieu furent expédiées au nom et sous le sceau des fils aînés des deux rois, et que celle des pièces connues avec laquelle elle a le plus de conformité est la charte des renonciations faites par le roi d'Angleterre, datée de Calais le 24 octobre.

On peut opposer à ces doutes : 1° Qu'il est difficile de croire que Froissart, qui n'avait aucun intérêt à altérer la vérité en ce point, ait substitué Bretigny à Calais, et que, quoiqu'il se soit trompé sur la date du jour, erreur qu'on doit peut-être imputer aux copistes, on ne peut l'accuser de s'être trompé de même sur celle du lieu, parce qu'il est aisé de tomber dans la première erreur, en mettant par inadvertance un chiffre pour un autre, au lieu que le dessein d'en imposer peut seul conduire à la seconde. 2° Que Froissart paraît si bien instruit des principales circonstances du traité et de ses suites, que son témoignage à cet égard doit être d'un très grand poids. 3° Qu'on trouve dans la pièce dont il est question, et surtout dans le commencement, plusieurs expressions qui portent à croire qu'elle est antérieure au départ d'Édouard pour l'Angleterre. 4° Que rien n'empêche de penser que les principales clauses du traité étant une fois arrêtées entre les plénipotentiaires des deux rois, Édouard, à qui il était extrêmement avantageux et qui ne risquait rien à promettre de l'observer, consentit, peut-être sur les instances des légats du pape, à s'y obliger personnellement et à corroborer par cette charte émanée de lui toutes celles qu'il avait fait expédier au nom et sous le sceau de son fils.

grandement bien au roi d'Angleterre. Adonc pour mieux faire que laisser et pour plus grand'sûreté, fut parmi l'ost du roi d'Angleterre une trève criée à durer jusques à la Saint-Michel, et de la Saint-Michel en un an à tenir fermement et establement entre le royaume de France et le royaume d'Angleterre, et tous leurs adhérens et alliés d'une part et d'autre, et dedans ce terme bonne paix entre les rois et leurs parties [1]. Et tantôt furent ordonnés sergents d'armes de par le roi de France, commis et envoyés de par le duc de Normandie, qui se exploitèrent de chevaucher parmi le royaume de France et dénoncer publiquement ès cités, villes, châteaux, bourgs et forteresses ce traité et espérance de paix. Lesquelles nouvelles furent volontiers ouïes partout. Encore revenus les dessus dits traiteurs en l'ost du roi d'Angleterre, ils requirent au dit roi et à son conseil que quatre barons d'Angleterre, comme procureurs de lui, venissent à Paris pour jurer la paix en son nom, pour mieux apaiser le peuple; laquelle chose le roi d'Angleterre accorda moult volontiers. Et y furent ordonnés et envoyés le sire de Stanford, messire Regnault de Cobehen, messire Guy de Briane, et messire Roger de Beauchamp, bannerets. Ces quatre seigneurs, à l'ordonnance du roi leur seigneur, se partirent et se mirent au chemin avec l'abbé de Clugny et monseigneur Hugue de Genève, et chevauchèrent tant, qu'ils vinrent à Montlhéry [2]. Quand ceux de Paris sçurent leur venue, par le commandement du duc de Normandie, toutes les religions [3] et le clergé, en grand'révérence et à processions, vinrent de la cité bien avant sur les champs contre les barons d'Angleterre dessus nommés, et les amenèrent ainsi moult honorablement dedans Paris. Et encore vinrent encontre eux plusieurs hauts seigneurs et grands barons de France, qui lórs se tenoient dedans Paris; et sonnèrent toutes les cloches de Paris à leur venue, et furent, adoncques qu'ils entrèrent en la cité, toutes les rues jonchées et pavées d'herbes, et autour parées de drap d'or, aussi honorablement comme on peut aviser et deviser, et aussi furent-ils amenés au palais qui richement étoit appareillé pour eux recevoir. Là étoient le duc de Normandie [1], ses frères, le duc d'Orléans, leur oncle, et grand'foison de prélats et de seigneurs du royaume de France, qui les recueillirent bien et révéremment.

Là firent au palais, présent tout le peuple, ces quatre barons d'Angleterre serment, et jurèrent au nom du roi leur seigneur et de ses enfans, sur le corps de Jésus-Christ sacré et sur saintes Évangiles, à tenir et accomplir le dit traité de paix, si comme ci-dessus est éclairci. Ces choses faites, ils furent menés au palais, et là fêtés et honorés très grandement du duc de Normandie et de ses frères et des hauts barons de France qui là étoient. Après ce, ils furent amenés en la sainte chapelle du palais [2] : si leur furent montrées les plus belles reliques et les plus riches joyaux du monde, qui là étoient et sont encore, et mêmement la sainte couronne dont Dieu fut couronné à son saintisme travail. Et en donna le duc de Normandie à chacun des chevaliers une des plus grands épines de la dite couronne, laquelle chose chacun des chevaliers prisa moult, et tint au plus noble jouel que on lui pût donner. Et furent là ce jour et le soir, et lendemain jusques après dîner. Et quand ils prirent congé, le duc de Normandie fit à chacun donner un moult bel et bon coursier, richement paré et ensellé, et plusieurs autres beaux joyaux, desquels je me passerai asez brièvement, et dont ils mercièrent grandement le duc de Normandie. Après ce, ils partirent du dit duc et des seigneurs qui là étoient, et s'en retournèrent devers le roi leur seigneur; et y vinrent lendemain assez matin en grand'compagnie [3] de gens

---

[1] La trève dont l'historien parle très exactement fut conclue le 7 mai.

[2] Les commissaires anglais étaient, selon les *Chroniques de France*, au nombre de six qui partirent de Chartres avec quelques Français, le samedi 9 mai, et arrivèrent à Paris le même jour. Mais ils ne venaient point *pour jurer la paix*, comme le dit Froissart; ils venaient pour être témoins du serment que le régent devait faire.

[3] Tous les ordres religieux.

[1] L'auteur des *Chroniques de France*, plus digne de foi en ce point que Froissart, dit que le régent était alors en l'hôtel de l'archevêque de Sens, rue des Barres, et que ce fut là où le régent fit le serment requis, en présence des chevaliers anglais, le dimanche 10 mai, à l'*Agnus Dei* de la messe que célébra Guillaume de Melun, archevêque de Sens.

[2] Le lundi 11 mai.

[3] Le régent les fit aussi accompagner par six chevaliers français, qu'il envoyait pour être témoins du serment que le prince de Galles devait faire d'observer le traité, le 16 du même mois de mai, et qu'il fit en effet ce jour-là à Louviers en Normandie.

d'armes qui les convoyèrent jusques là, et qui devoient aussi le roi d'Angleterre et ses gens conduire jusques à Calais, et faire ouvrir cités, villes et châteaux pour eux laisser passer paisiblement, et administrer tous vivres.

CHAPITRE CXXXIV.

Comment le roi d'Angleterre se partit de Chartres et s'en retourna en son pays ; et comment le roi de France arriva à Calais ; et comment le fils du duc de Milan fut marié à la fille du roi de France.

Quand ils furent parvenus jusques en l'ost du roi d'Angleterre, leur seigneur, ils lui recordèrent comment honorablement ils avoient été reçus, et lui montrèrent les dignités et les joyaux que le duc de Normandie leur avoit donnés. De quoi le roi eut grand'joie, et fêta grandement le connétable de France et les seigneurs qui là étoient venus, et leur donna beaux dons et grands joyaux assez. Adoncques fut ordonné que toutes manières de gens se délogeassent et se retraissent bellement et en paix devers le Pont-de-l'Arche pour là passer Seine, et puis vers Abbeville pour passer la rivière de Somme, et puis tout droit à Calais. Donc se délogèrent toutes manières de gens et se mirent au chemin ; et avoient guides et chevaliers de France envoyés de par le duc de Normandie, qui les conduisoient et les menoient ainsi comme ils devoient aller. Le roi d'Angleterre, quand il se partit, passa par la cité de Chartres et y herbergea une nuit. A lendemain vint-il moult dévotement, et ses enfans, en l'église Notre-Dame, et y ouïrent messe et y firent grandes offrandes, et puis s'en partirent et montèrent à cheval. Si entendis que le roi et ses enfans vinrent à Harefleu en Normandie, et là passèrent-ils la mer et retournèrent en Angleterre[1]. Le demeurant de l'ost vinrent au mieux qu'ils purent, sans dommage et sans péril ; et partout leur étoient vivres appareillés pour leur argent, jusques en la ville de Calais ; et là prirent les François congé d'eux, qui les avoient convoyés. Si passèrent depuis les Anglois, au plus bellement qu'ils purent, et retournèrent en Angleterre.

Sitôt que le roi d'Angleterre fut retourné arrière en son pays, qui y vint auques des premiers, il se traist à Londres et fit mettre hors de prison le roi de France, et le fit venir secrètement au palais de Westmoustier, et se trouvèrent en la dite chapelle du palais. Là remontra le roi d'Angleterre au roi de France tous les traités de la paix, et comment son fils, le duc de Normandie, au nom de lui, l'avoit jurée et scellée, à savoir quelle chose il en diroit. Le roi de France, qui ne désiroit autre chose fors sa délivrance, à quel meschef que ce fût, et issir hors de prison, n'y eût jamais mis empêchement, mais répondit que Dieu en fût loué quand paix étoit entre eux. Quand messire Jacques de Bourbon sçut ces nouvelles, si en fut grandement réjoui, et vint à Londres au plus tôt qu'il put devers l'un roi et l'autre qui lui firent grand'chère. Depuis chevauchèrent-ils tous ensemble, et le prince de Galles en leur compagnie, et vinrent à Windesore, là où madame la roine étoit, qui moult fut réjouie de leur venue et de la paix le roi son seigneur, et du roi de France son cousin. Si eut là grands approchements et semblans d'amour entre ces parties, et donnés et rendus grands dons et beaux joyaux. Depuis fut-il accordé que le roi de France et son fils, et tous les barons de France qui là étoient, se partissent et se traissent devers Calais. Adonc prirent-ils congé à la roine d'Angleterre et à ses filles, qui moult étoient lies de la paix et du département du roi de France. Si aconvoya le roi d'Angleterre le roi de France jusques à Douvres ; et là se tint aise au châtel de Douvres deux jours, et tous les François, aussi. Au tiers jour ils entrèrent en mer, le prince de Galles, le duc de Lancastre, le comte de Warvich, messire Jean Chandos et plusieurs autres seigneurs en leur compagnie, et arrivèrent à Calais environ la Saint-Jean-Baptiste[1]. Si se tinrent en la dite ville de Calais tout aisément, et attendirent là un terme les messages du duc de Normandie, qui devoient apporter la finance de six cent mille francs de France. Mais le paiement ne vint mie sitôt que on espéroit qu'il dût venir ; car il ne fut pas sitôt re-

---

[1] Édouard arriva en Angleterre le lundi 18 mai, suivant le *Memorandum* conservé par Rymer. Il n'y est point dit dans quel lieu il s'embarqua. Les *Chroniques de France* ne sont pas d'accord en ce point avec Froissart : on y lit qu'Édouard et ses enfans montèrent en mer à Honfleur le mardi 20 mai. On vient de voir que cette date ne peut être exacte.

[1] Le roi Jean arriva à Calais le mercredi 8 juillet, suivant les *Chroniques de France*, le 9 de ce mois, selon Walsingham.

cueilli des officiers du roi de France. Si vinrent le duc de Normandie et ses deux frères en la cité d'Amiens[1], pour mieux ouïr tous les jours nouvelles de leur seigneur et entendre à ses besognes et à sa délivrance; et pendant ce, se cueilloit le paiement parmi le royaume de France.

Si entendis et ouïs recorder adonc que messire Galéas, sire de Milan[2] et de plusieurs cités en Lombardie fit. ce premier paiement, parmi un traité qui se fit adonc : car il avoit un sien fils à marier : si fit requérir au roi de France qu'il lui voulsist donner et accorder une sienne fille, parmi ce que il paieroit ces six cent mille francs[3]. Le roi de France, qui se véoit en danger, pour avoir l'argent plus appareillé, s'y accorda légèrement. Or ne fut mie cil mariage sitôt fait ni confirmé, pour ce que la finance ne vint mie sitôt avant. Si convint ce danger souffrir et endurer au roi de France, et attendre l'ordonnance de ses gens.

CHAPITRE CXXXV.

Comment ceux des forteresses anglesches de France, du commandement du roi d'Angleterre, se partirent; et comment la rançon du roi de France fut apportée à Saint-Omer.

Quand le prince de Galles et le duc de Lancastre, qui se tenoient à Calais de-lez le roi de France, virent que le terme passoit, et que le paiement point ne s'approchoit, si eurent volonté de retourner en Angleterre, et mirent ordonnance en ce; et laissèrent le roi en la garde de quatre moult suffisans chevaliers, messire Regnault de Cobehen, messire Gautier de Mauny, messire Guy de Briane, et messire Roger de Beauchamp. Et payoit le roi de France ses frais et les frais de ces seigneurs et de leurs gens : si montèrent grand'foison bien le terme de quatre mois qu'ils furent à Calais.

Or vous parlerons d'aucuns chevaliers Anglois, capitaines des garnisons qui se tenoient en France et étoient tenus deux ou trois ans paravant, ainçois que paix se fît. Cils qui avoient appris à guerroyer et à hérier le pays, furent moult courroucés de ces nouvelles, quand ils eurent commandement du roi d'Angleterre qu'ils se partissent; mais amender ne le purent. Si vendirent les plusieurs leurs forteresses à ceux du pays d'environ et en reçurent grand argent, et puis s'en partirent. Et les aucuns ne s'en voulurent mie partir, car ils avoient appris à piller et à faire guerre; si firent comme paravant, sous ombre du roi de Navarre; et ce furent ceux qui se tenoient sur les marches de Normandie et de Bretagne. Mais messire Eustache d'Aubrecicourt qui se tenoit dedans la ville de Athigny, quand il s'en partit, la vendit bien et cher à ceux du pays. Or prit-il simplement ses convens, dont il fut depuis mal payé; et si n'en eut autre chose.

Si s'en partirent tous ceux qui tenoient forteresses en Laonnois, en Soissonnois, en Picardie, en Brie, en Gâtinois et en Champagne. Si retournoient les aucuns qui avoient assez gagné, en leurs pays, ou qui étoient tannés de guerroyer; et les plusieurs se retraioient en Normandie devers les forteresses Navarroises. Or vint cil paiement de ces six cent mille francs en la ville de Saint-Omer; et fut là tout coi et arrêté en l'abbaye que on dit de Saint-Bertin, sans porter plus avant; car les aucuns hauts barons de France, qui élus et nommés étoient pour être hostagiers et entrer en Angleterre, refusoient et ne vouloient venir avant, et en faisoient grand danger. De quoi si l'argent fût payé et délivré en la ville de Calais aux Anglois, et les seigneurs de France ne voulsissent entrer en ostagerie, ainsi que convens et ordonnances de traités se portoient, la dite somme de florins fût perdue, la paix fût brisée, et le roi de France remené arrière en Angleterre. Sur ces choses avoit bien avis et manière de regarder.

---

[1] On lit dans les *Chroniques de France* que le régent partit de Paris le dimanche 12 juillet, et alla à Saint-Omer pour accélérer autant qu'il pourrait l'accomplissement du traité.

[2] Jean Galéas Visconti descendait de ces petits souverains de l'Italie qui s'étaient partagé les lambeaux du grand despotisme des empereurs allemands. Il épousa en 1360 Isabelle, fille de Jean, et sa sœur Yolande épousa en 1368 Lyonnel, duc de Clarence, fils d'Édouard III. Jean Galéas fut le premier qui prit en 1395 le titre de duc de Milan, qu'il obtint de Venceslas roi des Romains.

[3] Villani assure de la manière la plus précise ce fait, dont Froissart semble douter, et le raconte avec les expressions les plus fortes. Quoi qu'il en soit des motifs qui déterminèrent le roi Jean à donner sa fille Isabelle à Jean Galéas Visconti, fils du duc de Milan, il est certain que le mariage se fit à peu près vers ce temps.

CHAPITRE CXXXVI.

Comment le roi d'Angleterre vint à Calais et s'entrefêtoient chacun jour les deux rois; et comment autres lettres de la paix furent faites et scellées des deux rois.

Ainsi demeura le roi de France à Calais, du mois de juillet jusques en la fin du mois d'octobre. Quand ces choses furent si approchées que le paiement fut tout pourvu, si comme ci-dessus est dit, et venus à Saint-Omer ceux qui devoient entrer en hostagerie pour le roi de France, le roi d'Angleterre, informé de toutes ces choses repassa la mer à grand'quantité de seigneurs et de barons et vint de rechef à Calais [1]. Là eut grands parlemens de l'une partie et de l'autre, du conseil des deux rois, qui par l'ordonnance de la paix s'appeloient frères. Là furent de rechef lues, avisées et bien examinées les lettres de la paix, à savoir si rien y avoit à mettre ni à ôter, ni nul article à corriger. Et tous les jours donnoient les deux rois à dîner l'un à l'autre et leurs enfans, si grandement et si étoffément que merveilles seroit à penser; et étoient en reviaulx et récréations ensemble si ordonnément, que grand'plaisance prenoient toutes gens au regarder; et laissoient les deux rois leurs gens et leur conseil convenir du surplus. Si que entr'eux il fut là avisé et regardé, pour le meilleur et pour la plus grand'sûreté, que autres lettres comprenant tous les articles de la paix fussent écrites et scellées des deux rois présens et leurs enfans. Et pour ce que le certain arrêt de la paix venoit et descendoit du roi d'Angleterre, ces lettres qui furent là faites disoient ainsi [2].

CHAPITRE CXXXVII.

Ci s'ensuit la lettre de confédération que fit le roi d'Angleterre à Calais, en confirmant mieux la paix entre lui et le roi de France.

Édouard, par la grâce de Dieu roi d'Angleterre, seigneur d'Irlande et d'Aquitaine, à tous ceux qui ces présentes lettres verront, salut. Savoir faisons, que nous pensant et considérant que les rois et princes chrétiens qui veulent gouverner le peuple qui leur est sujet doivent fuir et eschever guerre, dissensions et discords dont Dieu est offensé, et querre et aimer, pour eux et pour leurs sujets, paix, unité et concorde, par laquelle l'amour du souverain roi des rois peut être acquise, les sujets sont gouvernés en tranquillité, et aux périls des guerres est obvié; et recordant les grands maux, dommages et afflictions que notre royaume et nos sujets ont soutenus par long temps, pour cause et occasion des guerres et discords qui ont duré longuement entre nous et notre très cher frère le roi de France et les royaumes sujets, aidans et alliés d'une part et d'autre; sur lesquelles, entre nous et notre dit frère, finalement est fait bon accord, et bonne paix reformée; et désirant icelle garder, tenir et persévérer en vraie amour perpétuellement par bonnes et fermes alliances entre nous et notre dit frère, nos hoirs et les royaumes et les sujets de l'un et de l'autre, par quoi justice en soit mieux gardée et exercée, les droits et les seigneuries de l'un et de l'autre mieux défendues, les rebelles, malfaiteurs, désobéissans à l'un et à l'autre être plus aisément contrains à obéir et cesser des rébellions et excès, et toute chrétienté être maintenue en plus paisible état, et la Terre-Sainte en pourroit être mieux secourue et aidée; et toutes ces choses et autres attendant et considérant que notre saint père le pape ait dispensées par grand'délibération avec nous et notre dit frère de France, c'est à sçavoir, avecques nous et nos sujets, tant gens d'église comme séculiers, sur toutes les confédérations, alliances, conventions et obligations, lettres et sermens qui étoient entre nous, notre royaume et nos sujets d'une part, et les pays et les bonnes villes, gens et sujets de Flandre d'autre part : comme le bien et l'effet de la dite paix entre nous et notre dit frère de France, les royaumes, sujets de France et d'Angleterre peuvent être empêchés par icelles; et pour ce, les ait notre dit saint père cassées, ôtées, annulées et irritées du tout, si comme en ses lettres et procès sur ce fait est plus pleinement contenu : pour considération des cessions et causes dessus dites, et aussi voulant accomplir, en tant comme toucher nous doit, le dit accord fait sur les dites

---

[1] Le roi d'Angleterre arriva à Calais le 9 octobre.

[2] La pièce qu'on va lire n'est point, comme Froissart semble l'annoncer, la véritable charte de la paix avec les corrections qui y furent faites à Calais ; ce sont, ainsi que le porte le titre, les lettres de confédération et d'alliances auxquelles les deux rois s'étaient engagés par le traité. Rymer a publié les mêmes lettres données par le roi Jean à Boulogne le 26 octobre. Elles ne différent de celles-ci que par les noms du prince et de ceux qui jurent avec lui l'observation des alliances. On y trouve aussi le traité de paix corrigé et ratifié par les deux rois le 24 octobre.

alliances, si comme octroyé l'avons, comme dit est; et eue sur ce très grande et mûre délibération, avons fait, et par ces présentes faisons pour nous, nos enfans, nos hoirs et successeurs, notre royaume et nos terres quelconques et nos sujets d'une part, avec notre dit frère, ses hoirs, ses enfans et successeurs, et le royaume de France, ses terres et ses sujets d'autre part, perpétuelles alliances, confédérations, amitiés, pactions et convenances qui après s'ensuivent. C'est à sçavoir que nous, nos enfans, nos hoirs et successeurs, notre royaume, nos terres et nos sujets quelconques présens et à venir, nés et à naître, seront à tous jours mais à notre dit frère de France, ses hoirs, ses enfans et successeurs, le royaume de France, ses terres et ses sujets quelconques, bons, vrais et loyaux amis et alliés; et leur garderons à notre loyal pouvoir leurs honneurs et leurs droits, et où nous saurions leur déshonneur, leur vitupère ou dommage, nous leur annoncerions ou ferions annoncer; et empêcherons et grèverons de tout notre pouvoir leurs ennemis présens, nés et à naître, quels qu'ils soient : ni nul conseil, confort, ni aide encontre eux ne souffrirons, ni donnerons, par quelque cause ou occasion que ce soit ou pût être, en appert ou en repost, ni ne dirons ni ferons; ni iceux ennemis, au dommage et préjudice de notre dit frère, ses hoirs ou le royaume de France, secrètement ne recepterons ni recevrons, ni recepter ni recevoir ferons ou souffrirons en aucune manière, en notre royaume ou autres nos terres et nos seigneuries; ni par iceux royaume et terres où aucun d'eux, au préjudice et dommage de notre dit frère, ses hoirs et successeurs, le royaume de France, ses terres et ses sujets, leurs dits ennemis passer ni demeurer sciemment souffrirons; ni autrement iceux ennemis, pour nous ou pour autres, en appert ou en repost, sur quel titre ou couleur que ce soit, contre notre dit frère, ses hoirs et ses sujets, et le royaume de France et autres terres, ne porterons ni soutiendrons.

Nos amis et nos alliés à leur amour et alliance, si ils nous en requièrent, de notre pouvoir induirons. Et ne souffrirons aucuns de nos sujets ni autres quelconques aller ni entrer au royaume de France ou autre terres de notre dit frère, ses enfans, hoirs et successeurs, pour y faire guerre, dommage ou offense aucune; à gages ou à service d'autrui, ou autrement, par quelconques cause et manière que ce soit; ainçois les empêcherons et destourberons de tout notre pouvoir. Et si aucuns de nos sujets faisoient le contraire, ou aucune guerre vilaine, ou dommage à notre dit frère au royaume de France, par terre ou par mer, à ses enfans, hoirs et successeurs ou sujets, nous les punirons ou ferons punir si grandement que ce sera exemple à tous autres; et de tout notre pouvoir ferons réparer et radresser tous les dommages, attemptes ou emprises faites contre ces présentes alliances, si nous en sommes requis. Et toutes fois que notre dit frère, ses hoirs et successeurs auront mestier de notre aide, et ils nous en requièrent, requerront ou feront requerre, nous, encontre toute personne qui puisse vivre et mourir, leur aiderons et donnerons tout le bon conseil, confort et aide, à leurs frais propres et dépens, que nous ferions ou pourrions faire pour notre propre fait et besogne, et sans fraude et sans mal engin; et non contrestant quelconques autres alliances, amitiés et confédérations, que nous et notre prédécesseur avons eues au temps passé à quelconques autres personnes : auxquelles toutes et chacunes d'icelles nous renonçons du tout pour nous, nos successeurs, royaumes, terres et sujets à toujours mais par ces présentes, réservé toutes fois et excepté le pape et le saint siége de Rome, et l'empereur de Rome qui ores est, lesquels nous ne voulons être compris en ces présentes alliances, en aucune manière. Et pour ce que les alliances, confédérations, convenances, pactions et autres choses dessus dites, et chacune d'icelles, soient plus fermement tenues et gardées et accomplies, nous avons juré sur le corps Jésus-Christ sacré, et encore jurons et promettons, par la foi de notre corps et en parole de roi, les choses dessus dites et chacune d'icelles tenir fermement et accomplir à toujours, sans les enfreindre en tout ou partie en aucune manière, par quelconque cause et occasion que ce soit. Et si nous faisions, procurions, ou souffrions sciemment le contraire être fait, ce que Dieu ne veuille, nous voulons être tenus et réputés, en tous lieux et en toutes places et en tous cas, pour faux, mauvais et déloyal parjure, et encourre tel blâme et diffame comme roi sacré doit encourir en tel cas. Par ces présentes alliances nous n'entendons ni voulons que aucun préjudice se fasse à nous ni à nos hoirs et sujets, par quoi nous et eux pourrions et pourrons recepter, porter et tenir tous les bannis du royaume de France et affuis présens et à venir, nés et à naître, par quelconques causes et occasions que ce soit, par manière qui a été fait et accoutumé de faire au temps passé. Et soumettons, quant à toutes ces choses, nous, nos hoirs et successeurs, à la juridiction et cohercion de l'église de Rome, et voulons et consentons, tant comme à nous, que notre saint père le pape confirme toutes ces choses, en donnant monitions et mandemens généraux sur les accomplissemens d'icelles contre nous, nos hoirs et successeurs, et contre tous nos sujets, soient communes, colléges, universités, ou personnes singulières quelconques; et en donnant sentences généraux d'excommuniement, de suspension et de interdit pour être encourues par nous et par eux, sitôt que nous ou eux ferons et attempterons, en occupant ville ou châtel et forteresse, ou autre chose quelconque faisant, ratifiant ou agréant, en donnant conseil, confort, faveur ou aide clément ou en appert, contre la dite paix et ces présentes alliances. Et avons fait semblablement jurer toutes les devant dites choses par notre très cher ainsné fils le prince de Galles, et nos fils puis-nés, Léonnel comte d'Ulnestre, Jean comte de Richemont, Aimon de Langley, et nos cousins, monseigneur Philippe de Navarre, et les ducs de Lancastre et de Bretagne, le comte de Stanfort, le comte de Saillebery, le seigneur de Mauny, Guy de Briane, Regnault de Cobehen, le captal de Buch, le seigneur de Montferrant, James d'Audelée, Roger de Beauchamp, Jean Chandos, Raoul de Ferrières capitaine de Calais, Édouard le Despensier, Thomas et Guillaume de Felleton, Eustache d'Aubrecicourt, Franke de Halle, Jean de Mouthray, Berthelemieu de Bruves, Henry de Percy, Nicole de Timbourne, Richard de Stanfort, Guillaume de Granson, Jean de Gommignies, Raoul Spigrenel, Gasconnet de Grailli et Guillaume de Bourtonne, chevaliers. Et ferons aussi jurer semblablement, au plutôt que faire pourrons bonnement, nos autres enfans et la plus grand'partie des prélats des églises, comtes, barons et autres nobles de notre royaume. En témoin de la quelle chose nous avons fait mettre notre scéal à ces présentes lettres.

Données en notre ville de Calais, le vingt-quatrième jour du mois d'octobre, l'an de grâce Notre Seigneur 1360.

CHAPITRE CXXXVIII.

Comment, après la lettre de confédération faite, le conseil du roi de France requit au roi d'Angleterre qu'il fît lettre de renonciation.

Quand cette lettre, qui s'appelle confédération et alliance entre le roi de France et le roi d'Angleterre, fut grossée et scellée sur la forme et manière que vous avez ouïes, on la lut et publia devant les deux rois et tous leurs enfans et conseil, qui là étoient présens.

Si sembla à chacun être belle et bonne et grand'conjonction d'amour et de paix. Adonc se trairent d'un lez le conseil du roi de France, et conseillèrent une longue espace ensemble sur les renonciations que le roi d'Angleterre devoit faire et avoit promis à faire, par le traité de la paix donné et accordé à Bretigny près de Chartres, lui venu à Calais. Quand ils en eurent parlé ensemble, ils se trairent devers le roi d'Angleterre et son conseil, le roi de France présent, qui avoit toujours parlé à lui tant que ses gens avoient conseillé; et là requit l'évêque de Therouenne, chancelier de France et promu à être cardinal, au dit roi d'Angleterre, que il voulsist accomplir de point en point le dit traité de paix et tous les articles, à la cautelle du temps avenir. Le roi d'Angleterre répondit qu'il en étoit tout appareillé et tout désirant, mais que on lui dît de quoi et comment. Là fut apporté la dite charte de la paix et lue généralement; et après ce, le conseil du roi de France requit que une charte semblable à cette, faisant mention pleinement des renonciations, fût grossée et scellée, pour mieux confirmer les ordonnances et apaiser toutes gens aux quelles la paix pouvoit toucher. Le roi d'Angleterre et son conseil l'accordèrent légèrement et volontiers. Donc furent les traiteurs et la plus grand'partie du conseil d'un roi et de l'autre mis ensemble; et là fut une lettre jetée et puis écrite noblement, et grossée sur la date de la précédente alliance et confédération. Laquelle charte des renonciations dit ainsi:

CHAPITRE CXXXIX.

Ci après s'ensuit la forme et la manière de la lettre de renonciation que fit le roi d'Angleterre entre lui et le roi de France [1].

Édouard, par la grâce de Dieu, roi d'Angleterre, seigneur d'Irlande et d'Aquitaine, à tous ceux qui ces présentes lettres verront, salut. Sçavoir faisons, que nous avons promis et promettons bailler ou faire bailler et délivrer royalement et de fait au roi de France notre très cher frère, ou à ses gens députés espéciaux en cette partie, aux frères Augustins dedans la ville de Bruges, au jour de la fête Saint Andrieu prochainement venant en un an, lettres scellées de notre grand scel en lacs de soye et cire verte, au cas que notre dit frère aura faites les renonciations qu'il doit faire de sa partie, et notre très cher neveu son fils ains-né, et icelles baillées à nos gens ou députés au dit lieu et terme, par la manière que obligés y sont : desquelles lettres de mot à mot la teneur s'ensuit.

Édouard, par la grâce de Dieu roi d'Angleterre, seigneur d'Irlande et d'Aquitaine. Savoir faisons à tous présens et à venir, que comme guerres mortelles aient longuement duré entre nous qui avons réclamé avoir droit au royaume de France et à la couronne d'icelui royaume d'une part, et le roi Philippe de France, lui vivant; et après son décès, entre notre très cher frère son fils, le roi Jean de France d'autre part; et aient porté moult grands dommages, non pas seulement à nous et à notre royaume, mais aux royaumes voisins et à toute chrétienté; car par les dites guerres sont maintes fois avenues batailles mortelles, occisions de gens, et pillemens et arsures, et destruction de peuple, périls d'âmes, défloration de pucelles et de vierges, deshonnêtemens de femmes mariées et veuves, et arsures de villes, d'abbayes, de manoirs et de édifices, roberies et oppressions, guettemens de voies et de chemins, justice en est faillie, et la foi chrétienne refroidie, et marchandise périe; et tant d'autres maléfices et horribles faits s'en sont ensuivis qu'ils ne pourroient être dits, nombrés ni escrips, par lesquels notre dit royaume et les autres royaumes par chrétienté ont soutenu moult d'afflictions et de dommages irréparables. Pourquoi nous, considérans et pensans les maux dessus dits, et que vraisemblable étoit que plus grands s'en pourroient ensuir au temps à venir, et ayans grand'pitié et compassion de notre peuple, qui en la persécution de nos guerres ont exposé leurs corps et leurs biens à tous périls, sans eschever dépens et mises, dont nous devons bien avoir perpétuelle mémoire; avons pour ce soutenu par plusieurs fois traité de paix. Premièrement par le moyen de honorables pères en Dieu plusieurs cardinaux et messages de notre saint père le pape, qui à grand diligence et instance y travaillèrent pour le temps de lors; et depuis ce, y ait eu plusieurs traités et plusieurs voies touchées entre nous et notre dit frère de France. Finablement au mois de mai dernièrement passé, vinrent en France messages de par notre saint père le pape, notre très cher et féal l'abbé de Clugny, frère Simon de Langres, maître en divinité, maître de l'ordre des frères Prêcheurs, et Hugue de Genève, chevalier, seigneur d'Anthon, où nous étions lors en notre ost; et tant allèrent et tant vinrent les dits messages devers nous et devers notre très cher neveu Charles duc de Normandie, dauphin de Vienne, et régent pour le temps du royaume de France, que en plusieurs lieux se assemblèrent traiteurs d'une part et d'autre, pour traiter et parler de paix entre nous et notre dit frère de France, et les royaumes de l'un et de l'autre. Et au dernier se assemblèrent les dits traiteurs et procureurs de par nous et de par notre ains-né fils le prince de Galles, aux choses dessus écrites par espécial députés, et les traiteurs et procureurs de notre dit frère et son ains-né fils, ayant à ce pouvoir et autorité de l'un et de l'autre, à Bretigny près de Chartres, auquel lieu fut parlé, traité et accordé des traiteurs et procureurs de l'une partie et de l'autre, sur tous les discords, dissensions et guerres que nous et notre dit frère avions l'un contre l'autre : lequel traité et paix les procureurs d'une partie et de l'autre, pour l'une partie et pour l'autre, jurèrent sur saintes Évangiles tenir et garder; et après le jurèrent solennellement pour nous et pour lui notre dit fils et le dit notre neveu le duc de Normandie, ayant à ce pouvoir pour son dit père notre frère et pour lui.

Après ces choses ainsi faites et à nous rapportées et exposées, considéré que notre dit frère de France s'accordoit et consentoit audit

---

[1] Cette lettre est imprimée, sans aucune différence, dans Rymer.

traité et vouloit icelui et la paix tenir, garder et accomplir de sa partie, iceux traité et paix, du conseil et consentement de plusieurs de notre sang et lignage, ducs, comtes, chevaliers et gens d'église, des barons et chevaliers et autres nobles, bourgeois et autres sages de notre royaume, pour apaiser les grands maux et les douleurs dessus dits dont le peuple étoit si malement mené, si comme dessus est dit et escript, à l'honneur et à la gloire du roi des rois et pour révérence de sainte église, de notre saint père le pape et de ses messages, avons consenti et consentons, ratifions et approuvons. Et comme par la teneur du dit traité de paix notre dit frère de France doit délivrer et délaisser, et a baillé et délivré et délaissé, si comme il est contenu en ses lettres sur ce faites plus pleinement, à perpétuité à nous, pour nous et pour nos hoirs et successeurs, à tenir perpétuellement et à toujours toutes les choses qui s'ensuivent, par la manière que notre dit frère ou ses fils, et leurs ancesseurs rois de France les ont tenues du temps passé : c'est à sçavoir, ce qui est en souveraineté, en souveraineté, et ce qui est en demaine, à tenir en demaine, et ce qui est à tenir en fief, en fief, et sans rappel à toujours mais pour lui ni pour ses hoirs quelconques, qu'ils soient présens et à venir. C'est à sçavoir, la cité et le châtel et toute la comté de Poitiers et toute la terre et le pays de Poitou, ensemble le fief de Touars et la terre de Belleville; la cité et le châtel de Saintes, et tout le pays de Xaintonge pardeçà et pardelà la Charente; la cité et le châtel d'Agen, et la terre et le pays d'Agénois; la cité, le châtel et toute la comté de Pierregord, et la terre et la comté de Pierreguis; la cité et le châtel de Limoges, et toute la terre et le pays de Limosin; la cité et le châtel de Caours, et toute la terre et le pays de Caoursin; la ville, le château, et tout le pays de Tarbe, et la terre pays et comté de Bigorre; la comté, la terre et le pays de Gaure; la cité et le châtel d'Angoulême; la comté, la terre et le pays d'Angoulémois; la cité et le châtel de Rodès, et toute la terre et le pays de Rouergue; et ce que nous ou autres rois d'Angleterre tinrent anciennement en la ville de Monstereul sur mer et ès appartenances. *Item* la comté de Ponthieu tout entièrement, sauf et excepté et selon la teneur de l'article contenu audit traité qui de la dite comté fait mention. *Item* le châtel et la ville de Calais, le châtel, la ville et la seigneurie de Merk; les villes, châteaux, forteresses et seigneuries de Sangattes, Couloigne, Hames, Walle, et Oye, avecques les bois, terres, marais, rivières, rentes, seigneuries et autres choses contenues en l'article du traité faisant mention de ce. *Item* le châtel, la ville et tout entièrement la comté de Guines, avecques toutes les terres, villes, châteaux, forteresses, lieux, hommes, hommages, seigneuries, bois, forêts et droitures, selon la teneur de l'article faisant de ce mention plus pleinement au dit traité; et avec les îles adjacentes aux terres, bois, pays et lieux avant nommés, ensemble et avec toutes les autres îles, lesquelles nous tenons à présent et tenions au temps du dit traité. Et comme par la forme et teneur du dit traité et de la paix, nous et notre dit frère le roi de France devons et avons promis, par foi et par serment l'un à l'autre, iceux traités et paix tenir, garder et non venir encontre, et soyons tenus nous et notre dit frère et nos fils ains-nés faire sur ce, par obligation et promesse, par foi et par serment, faits d'une partie et d'autre, certaines renonciations l'un pour l'autre, selon la forme et teneur dudit article entre les autres audit traité contenues, dont la forme est telle : *Item* est accordé que le roi de France et son aisné-né fils le régent, pour eux et pour leurs hoirs à toujours, et au plus tôt qu'il se pourra, sans mal engin, et au plus tard dedans la Saint-Michel prochainement venant en un an, rendront et bailleront au dit roi d'Angleterre et à tous ses hoirs et successeurs, et transporteront en eux tous les honneurs et régalités et obédiences, hommages-liges et autres, vassaux, fiefs, services, reconnoissances, sermens, droiture, mère et mixte impère, toutes manières de jurisdictions, hautes et basses, ressorts, sauvegardes, seigneuries et souverainetés qui appartenoient ou appartiennent et pourront en aucune manière appartenir aux rois et à la couronne de France, ou à aucune autre personne à cause du roi et de la couronne de France, hoirs ni successeurs tant de seigneurs comme des sujets nobles ou non nobles, en quelconques temps que ce soit, ès cités, comtés, châteaux, terres, pays, îles et lieux avant nommés, où en aucun d'eux, et à leurs appartenances et appendances quelconques, ou ès personnes, vassaux et sujets quelconques d'iceux, soient princes, ducs, comtes, vicomtes, archevêques, évêques et autres prélats d'église, barons, nobles et autres quelconques, sans rien à eux, leurs hoirs et successeurs ou à la couronne de France ou autre que ce soit, retenir ni réserver en iceux, pourquoi eux ni leurs hoirs ou successeurs, ou aucuns rois de France, ou autres que ce soit, à cause du royaume et de la couronne de France, aucune chose y pourroit chalengier ou demander au temps à venir sur le roi d'Angleterre, ses hoirs et ses successeurs, ou sur aucuns des vassaux et sujets avant dits pour cause des pays et lieux avant nommés; ainsi que toutes les avant nommées personnes et leurs hoirs et successeurs perpétuellement seront hommes-liges et sujets du roi d'Angleterre et à tous ses hoirs et successeurs; et que le dit roi d'Angleterre, ses hoirs et ses successeurs, toutes les personnes, cités, comtés, terres, pays, îles, châteaux et lieux avant nommés, et toutes leurs appartenances et appendances, auront et tiendront et à eux demeureront pleinement, perpétuellement et franchement en leur seigneurie, souveraineté et obéissance, ligeauté et subjection, comme nos prédécesseurs les rois de France les avoient et tenoient au tems passé; et que le dit roi d'Angleterre et ses hoirs et successeurs auront et tiendront perpétuellement et paisiblement tous les pays avant nommés, avec leurs appartenances et appendances, et les autres choses avant nommées, en toutes franchises et libertés perpétuelles, comme seigneur souverain et lige et voisin au roi de France et au royaume de France, sans y reconnaître souverain ou faire aucune obéissance, hommage, ressort et subjection, et sans faire au temps à venir aucun service et reconnoissance au roi ni à la couronne de France des cités, comtés, châteaux, terres, pays, îles, lieux et personnes avant nommées, ou pour aucunes d'icelles.

Item est accordé que le roi de France et ses ains-nés fils renonceront expressément aux dits ressorts et souverainetés, et à tout le droit qu'ils ont ou pourront avoir à toutes les choses qui par ce traité doivent appartenir au roi d'Angleterre. Et semblablement le roi d'Angleterre et ses fils ains-nés renonceront expressément à toutes les choses qui par ce présent traité ne doivent être baillées au roi d'Angleterre, et à toutes les demandes qu'il faisoit au roi de France, et par espécial au nom, aux droit, au armes et au chalenge de la couronne de France et du royaume de France, à l'hommage et souveraineté et domaine de la duché de Normandie et de la duché de Touraine, des comtés d'Anjou et du Maine, et à la souveraineté et hommage de la comté et du pays de Flandre, et à toutes autres demandes que le roi d'Angleterre faisoit en devant au temps du dit chalenge, ou faire pourroit au temps à venir au dit royaume de France, par quelconque cause que ce soit, outre et excepté ce qui par ce présent traité doit demeurer et être baillé au roi d'Angleterre et à ses hoirs. Et transporteront, cesseront et délaisseront l'un roi à l'autre, perpétuellement, tout le droit, que chacun d'eux a ou peut avoir en toutes les choses qui par ce présent traité doivent demeurer ou être baillées à chacun d'eux; et du temps et lieu, où et quand, les dites renonciations parleront et ordonneront les deux rois à Calais ensemble. Et pour ce que notre dit frère de France et son ains-né fils, pour tenir et accomplir les articles de la paix et accords dessus dits, ont renoncé expressément aux ressorts et souverainetés compris ès dits articles, et à tout le droit que ils avoient ou pouvoient avoir en toutes les choses dessus dites que notre dit frère nous a à bailler, délivrer et délaisser, et ès autres qui dès-or-en-avant nous doivent demeurer ou appartenir par les dits traités et paix, nous, parmi les dites choses, renonçons expressément à toutes les choses qui par les dits traités et paix ne doivent être baillées ni demeurer à nous, pour nous ni pour nos hoirs, et à toutes les demandes que nous faisions ou pourrions faire envers notre dit frère de France, et, par espécial, au nom et au droit de la couronne et du royaume de France, à l'hommage, souveraineté et domaine de la duché de Normandie, des comtés d'Anjou et du Maine, du duché de Touraine, et à la souveraineté et hommage du duché de Bretagne, et à la souveraineté et hommage du pays et de la comté de Flandre, et à toutes autres demandes que nous faisons ou faire pourrions à notre dit frère, pour quelque cause que ce fût; outre et excepté ce qui par ce présent traité doit demeurer à nous et à nos hoirs. Et en lui transportons, cessons et délaisons, et il en nous, et l'un en l'autre, au mieux que nous pouvons, tout tel droit que chacun de nous peut ou pourroit avoir en toutes les choses qui par le dit traité et paix doivent demeurer ou être baillées à chacun de nous, reservé aux églises et gens d'église, ce qui à eux appartient ou peut appartenir; et que tout ce qui a été occupé et detenu du leur pour occasion des guerres leur soit recompensé, restitué et rendu et délivré, et que les villes et forteresses et tous les habitans en icelles seront et demeureront en tels libertés et franchises comme elles étoient par avant en notre main et seigneurie; et leur seront confirmées par notre dit frère de France, si il en est requis, si contraires ne sont aux choses dessus dites. Et soumettons quant à toutes ces choses nous, nos hoirs et successeurs, à la jurisdiction et cohercion de l'église de Rome; et voulons et consentons que notre saint père le pape confirme toutes ces choses, en donnant monitions et mandemens généraux sur l'accomplissement d'icelles contre nous, nos hoirs et successeurs, et contre tous nos sujets, soient communes, colléges, universités, ou personnes singulières quelconques, et en donnant sentences généraux d'excommuniement, de suspension et d'interdit pour être encourus par nous ou par eux par ce fait; et sitôt que nous ou eux ferons ou attempterons en occupant ville, cité, châtel ou forteresse, ou autre quelconque chose faisant, ratifiant ou agréant, ou donnant conseil, confort, faveur ni aide, célément ou en appert contre la dite paix; desquelles sentences ils ne puissent être absous jusques à ce qu'ils aient fait plénière satisfaction à tous ceux qui par celui fait auront soutenu ou soutiendront dommage. Et aveques ce, voulons et consentons que notre dit saint père le pape, pour ce que plus fermement soit tenue et gardée la dite paix à perpétuité, toutes paccions, confédérations, alliances et convenances, comment que elles puissent être nommées, qui pourront être préjudiciables ou obvier par voie quelconque à la dite paix au temps présent ou à venir, supposé qu'elles fussent fermes ou vallées par peines et par sermens, ou confirmées de notre saint père le pape ou d'autres, soient cassées, irritées et mises au néant, comme contraires au bien commun et au bien de paix commune et profitable à toute chrétienté, et déplaisans à Dieu; et à tous sermens faits en tel cas soient relâchés; et soit décerné par le dit notre saint père le pape que nul ne soit tenu à tels sermens, alliances et convenances tenir ou garder; et défendre qu'au temps à venir ne soient faites telles ou semblables. Et si de fait aucun attemptoit ou faisoit le contraire que dès maintenant les casse et irrite et rende nulles et de nulle valeur; et néanmoins nous les en punirons, comme violateurs de paix, par peines de corps et de biens, si comme le cas le requerra et que raison le voudra. Et si nous faisions, procurions, ou souffrions être fait le contraire, que Dieu ne veuille! nous voulons être tenus et réputés pour mençongier et déloyal, et voulons encourre en tel blâme et diffame comme roi sacré doit encourir en tel cas. Et jurons sur le corps Jésus-Christ les choses dites tenir, garder et accomplir, et encontre non venir par nous ou par autre, par quelque cause ou manière que ce soit.

En témoin, etc. Donné, etc.

Et pour ce que les dites choses et chacune d'icelles soient de point en point, et par la forme et manière dessus dite, tenues et accomplies, nous obligeons nous, nos hoirs et tous les biens de nous et de nos hoirs; à notre dit frère le roi de France et à ses hoirs; et jurons sur saintes Évangiles par nous corporellement touchées, que nous parferons, accorderons et accomplirons, au cas dessus dit, toutes les devant dites choses par nous promises et accordées, comme devant est dit. Et voulons que, au cas que notre dit frère et notre dit neveu auroient faites les dites renonciations, etenvoyées et baillées notre dit est, et les dites lettres ne fussent baillées à notre dit frère ou à ses députés, au lieu et au terme, et par la forme et manière que dessus est dit, dès 'ors au cas dessus dit nos présentes lettres et quantque dedans est compris aient tant de vigueur, effet et fermeté comme auroient nos autres lettres par nous promises à bailler, comme dit est : sauf toutes voies et reservé pour nous, nos hoirs et successeurs que les dites lettres dessus incorporées n'aient aucun effet, ni ne nous puissent porter aucun préjudice ou dommage jusques à ce que nos dits frère et nepveu auront faites, envoyées et baillées les dites renonciations par la manière dessus dite; et aussi qu'ils ne s'en puissent aider contre nous, nos hoirs et successeurs en aucune manière, si non au cas dessus dit.

En témoin de laquelle chose nous avons fait mettre notre scel à ces présentes lettres. Données à Calais le 24e jour du mois d'octobre, l'an de grâce Notre Seigneur 1360.

CHAPITRE CXL.

Comment le roi d'Angleterre fit faire une commission générale, à la requête du roi de France, que tous les Anglois des forteresses de France se vidassent.

Quand cette arrière charte, qui s'appelle lettre des renonciations tant d'un roi comme de l'autre, fut écrite, grossée et scellée, on la lut et publia généralement en la chambre du conseil, présens les deux rois dessus nommés et leur conseil. Si sembla à chacun être bonne et belle, bien dictée et ordonnée; et là de rechef jurèrent les deux rois et leurs deux ains-nés fils sur les saintes Évangiles corporellement, et sur le corps de Jesus-Christ sacré, à tenir, garder et accomplir et non enfreindre toutes les choses dessus dites. Depuis encore, par l'avis et regard du roi de France et de son conseil, et sur la fin de leur parlement, fut requis le roi d'Angleterre qu'il voulsist donner et accorder une commission générale qui s'étendit sur tous ceux qui pour le temps tenoient, en l'ombre de sa guerre, villes, châteaux ou forteresses au royaume de France, parquoi ils eussent cause, commandement et connoissance d'en vider et partir. Le roi d'Angleterre qui ne vouloit que tout bien et bonne paix nourrir entre lui et son frère le roi de France, ainsi que juré et promis l'avoit, descendit à cette requête légèrement et lui sembla de raison; et commanda à ses gens que elle fût faite sur la meilleure forme que on pourroit, à l'entente et discrétion du roi de France son frère et de son conseil. Adonc de rechef se remirent les plus especiaux du conseil des deux rois dessus nommés ensemble; et là fut jetée, écrite, et puis grossée, par l'avis de l'un et de l'autre, une commission dont la teneur est telle.

CHAPITRE CXLI.

Ci s'ensuit la forme et la manière de la commission générale que fit le roi d'Angleterre, à la requête du roi de France[1].

Édouard, par la grâce de Dieu roi d'Angleterre, seigneur d'Irlande et d'Aquitaine. A tous nos capitaines, gardes de bonnes villes et de châteaux, adhérens et alliés étans ès parties de France, tant en Picardie, en Bourgogne, en Anjou, en Berry, en Normandie, en Bretagne, en Auvergne, en Champagne, en Maine, en Touraine et en toutes les mettes et limitations du domaine et tenure de France, salut. Comme paix et accord soient faits entre nous, nos alliés, aidans et adhérens d'une part, et notre très cher frère le roi de France, ses alliés, et adhérens d'autres part, sur tous les débats et discords que nous avons eus du temps passé, ou pourrions avoir ensemble, et ayons juré sur le corps Jesus-Christ sacré la dite paix, et aussi notre très cher fils ains-né et autres enfans, et ceux de notre sang avec plusieurs prélats, barons, chevaliers et des plus notables de notre royaume; et aussi ont juré notre dit frère et notre dit neveu le duc de Normandie et nos autres neveux ses enfans, et plusieurs de leur sang et autres, prélats, barons et chevaliers du dit royaume de France. Comme ainsi soit ou avienne que aucuns guerroyeurs de notre royaume et de nos sujets se pourront efforcer de faire ou d'entreprendre aucune chose contre la dite paix, en prenant ou détenant forteresses, villes, cités ou châteaux, ou faisant pillage, ou prenant gens ou arrêtant leurs corps, leurs biens ou marchandises, ou autre chose faisant contre la dite paix; dequoi il nous déplairoit très grandement, et ne le pourrions ni voudrions passer sous ombre de dissimulation en aucune manière; nous, voulant obvier de tout notre pouvoir ès choses dessus dites, voulons, décernons et ordonnons par délibération de notre conseil, de certaine science, que si nul de nos sujets, de quelque état ou condition qu'il soit, fasse ou s'efforce de faire contre la paix, en faisant pillages, prenant ou détenant forteresses, personnes ou biens quelconques du royaume de France ou autres de notre dit frère, de ses alliés et sujets et adhérens, ou autres quelconques fassent contre la dite paix, et il ne se délaisse, cesse et déporte de ce faire, et rende les dommages que faits aura, dedans un mois après ce qu'il aura sur ce été requis par aucuns de nos officiers, sergens, personnes publiques, que par tel fait seulement et sans autre procès, condamnation ou déclaration, ils soient dès lors tous réputés pour bannis de notre royaume et de tout notre pouvoir, et aussi du royaume et terres de notre dit frère, et tous leurs biens confisqués et obligés à nous et à notre domaine. Et si ils pouvoient être trouvés en notre royaume, nous commandons et voulons

---

[1] Cette pièce est dans Rymer avec quelques légères différences.

expressément que punitions en soient faites comme de traîtres et rebelles à nous, par la manière qu'il est accoutumé à faire en crime de lèze-majesté, sans faire sur ce grâce, rémission, souffrance ni pardon. Et semblablement le voulons faire de nos sujets, de quelconque état qu'ils soient, qui en notre royaume deçà et delà la mer prendront, occuperont et détiendront forteresses quelconques contre la volonté à ceux de qui elles seront, ou qui boutteront feux, ou qui rançonneront villes ou personnes, ou fassent pillages ou roberies, ou émouveront guerre en notre pouvoir et sur nos sujets : si mandons, commandons et enjoignons étroitement et expressément à tous nos sujets, sénéchaux, baillis, prévôts, châtelains et autres nos officiers sur quant que se peuvent forfaire envers nous, et sur peine de perdre leurs offices, qu'ils publient et fassent publier ces présentes par tous les lieux notables de leurs sénéchaussées, baillages, prévôtés et châtellenies et que nul, ce mandement ouï et vu, ne demeure en forteresse qu'il tienne au dit royaume, hors de l'ordonnance et du traité de la paix, sur peine d'être ennemi de nous et de notre dit frère le roi de France, et toutes les choses dessus dites gardent et fassent garder, entériner et accomplir de point en point. Et sachent tous que si ils en sont négligens ou défaillans, avec la peine dessus dite, nous leur ferons rendre les dommages à tous ceux qui par leur deffaute ou négligence auront été grevés ou dommagés, et avec ce les en punirons par telle manière que ce sera exemple à tous autres [1]. En témoin des quelles choses nous avons fait faire ces nôtres lettres patentes.

Données à Calais le 24me jour du mois d'octobre, l'an de grâce Notre Seigneur 1360.

CHAPITRE CXLII.

Comment les deux rois allongèrent les trèves de Bretagne du premier jour de mai jusques à la Saint-Jean-Baptiste.

Après toutes ces choses faites et devisées, et ces lettres et ces commissions baillées et délivrées et si bien tout ordonné par l'avis adonc-ques de l'un roi et de l'autre, que les parties se tenoient pour contentes, vérité est qu'il fut parlé de monseigneur Charles de Blois et de monseigneur Jean de Montfort sur l'état de Bretagne; car chacun réclamoit droit à avoir très grand à l'héritage de Bretagne; et quoique là en fut parlementé et regardé comment on pourroit toucher les choses et eux apaiser, rien n'en fut définitivement fait, car, si comme je fus depuis informé, le roi d'Angleterre et les siens n'y avoient point trop grand'affection, car ils présumoient le temps à venir pour ce qu'il convenoit toutes manières de gens d'armes de leur côté partir et vider des garnisons et forteresses qu'ils tenoient à point et avoient tenu au royaume de France et retraire quelque part que fût, et mieux valoit et plus profitable étoit que ces guerroyeurs et pilleurs se retraissent en la duché de Bretagne, qui est un des gras pays du monde et bon pour tenir gens d'armes, jusques à ce qu'ils revinssent en Angleterre; car leur pays en pourroit être perdu et robé. Cette imagination fit assez brièvement passer les Anglois le parlement en l'article de Bretagne, dont ce fut péché et mal fait que on n'en exploitât autrement; car si les deux rois eussent bien voulu acertes par l'avis de leurs conseillers, paix eût là été entre les parties dessus dites, et se fût chacun tenu à ce que on lui eût donné, et si eût r'eu messire Charles de Blois ses enfans qui gissoient prisonniers en Angleterre, et si eût plus pleinement vécu qu'il ne fit. Et pour ce qu'il n'en fut rien fait onques, les guerres ne furent si grands en la duché de Bretagne paravant l'ordonnance de la paix des deux rois dont nous parlons maintenant, comme elles ont été depuis, si comme vous orrez avant en l'histoire, et même entre les seigneurs, barons et chévaliers du pays de Bretagne qui ont soutenu l'une opinion ou l'autre. Si que le duc de Henri de Lancastre, qui fut vaillant sire, sage et imaginatif, et qui trop durement aimoit le comte de Montfort et son avancement, dit au roi Jean de France, présent le roi d'Angleterre et la plus grand'partie de leur conseil : « Sire, encore ont les trèves de Bretagne qui furent prises et données devant Rennes, à durer jusques au premier jour de mai qui vient; là en dedans envoiera le roi notre sire, par le regard de son conseil, gens de par lui et de par son fils le jeune duc de monseigneur Jean de

---

[1] Rymer ajoute : *Et semblable nous a promis notre dit frère faire en son royaume et nous en a baillé ses lettres; et nous lui avons aussi baillé les nôtres; excepté et réservé par nous et nos amis ce qu'est dit et écrit en la dite paix en l'article de Bretagne. Donné à Calais le 24 jour d'octobre.*

Montfort, en France devers vous; et ceux auront pouvoir et autorité d'entendre et de prendre tel droit que le dit messire Jean peut avoir de la succession son seigneur son père à la duché de Bretagne, et que vous et votre conseil et le nôtre mis ensemble en ordonneront; et pour plus grand'sûreté c'est bon que les trèves soient ralongées jusques à la Saint-Jean-Baptiste en suivant. » Ainsi fut-il fait, comme le dessus dit duc de Lancastre le parlementa; et puis parlèrent les seigneurs d'autre matière.

CHAPITRE CXLIII.

Comment les deux rois donnèrent à quatre chevaliers huit mille francs de revenue par an; et comment le roi d'Angleterre donna à messire Jean Chandos la terre de Saint-Sauveur le Vicomte.

Le roi Jean de France, qui avoit grand desir de retourner en son royaume, et c'étoit raison, montroit au roi d'Angleterre, de bon courage, tous les signes d'amour qu'il pouvoit, et aussi à son neveu le prince de Galles, et le roi d'Angleterre autant bien à lui. Et par plus grand'confirmation et conjonction d'amour, les deux rois, qui par l'ordonnance de la paix s'appeloient frères, donnèrent à quatre chevaliers, chacun de son côté, la somme de huit mille francs françois de revenue par an, c'est à entendre à chacun deux mille. Et pour ce que la terre de Saint-Sauveur le Vicomte en Cotentin, qui venoit au roi d'Angleterre du côté monseigneur Godefroy de Harecourt, par don et par vendage que le dit messire Godefroy en avoit fait au dit roi d'Angleterre, si comme il est contenu ci-dessus en ce livre, et que la dite terre étoit hors de l'ordonnance du traité de la paix, et convenoit que quiconque tint la terre dessus dite, qu'il en fût homme de fief et de hommage au roi de France, pour cette cause le roi d'Angleterre l'avoit donnée et réservée à monseigneur Jean Chandos, qui plusieurs beaux services lui avoit faits, et à ses enfans. De quoi le dit roi de France, par grand'délibération de courage et d'amour, le confirma et scella [1], à la prière du roi d'Angleterre, au dit messire Jean Chandos à posséder et à tenir ainsi comme son héritage. Si est-ce une moult belle terre et rendable, car elle vaut bien une fois l'an seize mille francs.

Encore avecques toutes ces choses furent plusieurs autres lettres faites et alliances, desquelles je ne puis mie du tout faire mention [1]; car quinze jours ou environ que les deux rois et leurs enfans et leurs conseillers furent en la ville de Calais, tous les jours y avoit parlement et nouvelles ordonnances, en reconfirmant et alliant la paix; et d'abondant renouveloient lettres, sans briser ni corrompre les premières, et les faisoient toutes sur une date, pour être mieux sûres et plus approuvées, desquelles j'ai eu depuis les copies par les registres de la cancellerie d'un roi et de l'autre.

CHAPITRE CXLIV.

Comment le roi de France se partit de Calais et s'en vint tout à pied jusques à Boulogne; et comment le roi Édouard avec les hostagiers de France s'en retourna en Angleterre.

Quand toutes ces choses furent si bien devisées et ordonnées, que nul n'y savoit ni pouvoit par raison rien corriger, et que on ne cuidoit mie, par les grandes alliances et obligations où les deux rois étoient liés et leurs enfans avecques eux, et avoient juré, que cette paix seroit tenue sans briser, mais si fut, si comme vous orrez avant au livre, et que tous ceux qui devoient être hostagiers pour la rédemption du roi de France furent venus à Calais, et que le roi d'Angleterre leur eût juré à les tenir et garder paisiblement en son royaume, et que les six cent mille francs furent payés aux députés le roi d'Angleterre, le dit roi d'Angleterre donna au roi de France au châtel de Calais un moult grand souper et bien ordonné; et servirent ses enfans et le duc de Lancastre et les plus grands barons d'Angleterre à nus chefs.

Après ce souper, prirent finablement les deux rois congé l'un à l'autre moult amiablement, et retourna le roi de France en son hôtel.

A lendemain, qui fut la veille de Saint-Simon et Saint-Jude [2], se partit le roi de France de Ca-

---

[1] Les lettres de confirmation du roi Jean et du dauphin, les premières datées de Calais le 24 octobre, les secondes, qui les renferment, datées de Boulogne le 26 du même mois, sont dans Rymer.

[1] La plupart de ces pièces se trouvent dans Rymer: il en a cependant omis une importante, c'est le traité de paix fait à Calais le 24 octobre par la médiation du roi d'Angleterre, entre le roi Jean, d'une part, et le roi de Navarre et son frère Philippe qui stipula pour lui, d'autre part. Ce traité a été publié par M. Secousse.

[2] Froissart se trompe de quelques jours: on lit dans les *Chroniques de France* que le roi Jean partit de Calais

lais, et tous ceux de son côté qui partir se devoient; et se mit le roi de France tout à pied, en intention de venir en pélerinage à Notre-Dame de Boulogne, et le prince de Galles et ses deux frères en sa compagnie, monseigneur Léonnel et monseigneur Aimon; et ainsi vinrent-ils tout de pied et jusques à Boulogne devant dîner, où ils furent reçus à moult grand'joie; et là étoit le duc de Normandie qui les attendoit. Si vinrent les dessus dits seigneurs tous à pied en l'église Notre-Dame de Boulogne, et firent leurs offrandes moult dévotement; et puis retournèrent en l'abbaye de laiens, qui étoit appareillée pour le roi recevoir et les enfans du roi d'Angleterre. Si furent là ce jour et la nuit en suivant de-lez le roi en grand revel; et lendemain bien matin ils retournèrent à Calais devers le roi leur père qui les attendoit. Si repassèrent tous ces seigneurs ensemble la mer, et les hostagiers de France : ce fut la vigille de Toussaints [1] l'an 1360.

Or est raison que je vous nomme tous les nobles de France qui entrèrent en Angleterre pour le roi de France. Premièrement, monseigneur Philippe d'Orléans, jadis fils de roi de France, c'est à savoir du roi Philippe [2], en après ses deux neveux le duc d'Anjou et le duc de Berry, et puis le duc de Bourbon, le comte d'Alençon, monseigneur Jean d'Étampes, Guy de Blois pour le comte de Blois son frère, le comte de Saint-Pol, le comte de Harecourt, le comte Dauphin d'Auvergne, monseigneur Enguerran seigneur de Coucy, monseigneur Jean de Ligny, le comte de Porcien, le comte de Bresne, le seigneur de Montmorency, le seigneur de Roye, le seigneur de Préaux, le seigneur d'Estouteville, le seigneur de Clère, le seigneur de Saint-Venant, le seigneur de la Tour d'Auvergne, le seigneur d'Englure, le seigneur de Trainnel, le seigneur de Maulevrier, le seigneur de Bouberk et le seigneur d'Andresel; et encore des autres que je ne puis ou ne sçais tous nommer. Aussi de la bonne cité de Paris, de Toulouse, de Rouen, de Reims, de Bourges en Berry, de Tours en Touraine, de Lyon sur le Rosne, de Sens en Bourgogne, d'Orléans, de Troyes, de Châlons en Champagne, d'Amiens, de Beauvais, d'Arras, de Tournay, de Caen en Normandie, de Saint-Omer, de Lisle, de Douay : de chacune deux ou quatre bourgeois [1]. Si passèrent finablement tous la mer et s'en vinrent aménager en la bonne cité de Londres. Là les rechargea le roi d'Angleterre au mayeur de Londres et à ses officiers, et leur commanda et enjoignit, sur quantque ils se pouvoient méfaire envers lui, que ils fussent à ces seigneurs et à ces gens courtois, et les fissent eux et leurs gens tenir en paix, car ils étoient en sa garde. Le commandement du roi fut tenu et bien gardé en toutes manières; et allèrent ces hostagiers jouer sans péril et sans riote aval la cité de Londres et environ, et les seigneurs alloient chasser et voler à leur volonté, et eux ébattre et déduire sur le pays et voir les dames et les seigneurs, ainsi comme il leur plaisoit, ni oncques n'y furent contraints : mais trouvèrent le roi moult aimable et moult courtois.

Or parlerons du roi de France, qui étoit venu à Boulogne.

CHAPITRE CXLV.

Comment le roi de France fut honorablement reçu à Paris et lui furent présentés plusieurs beaux dons.

Le roi de France ne séjourna guères à Boulogne sur la mer, mais s'en partit tantôt après la fête de la Toussaints, et vint à Monstereul et puis à Hesdin, et fit tant que il entra en la bonne cité d'Amiens. Et partout étoit-il reçu grandement et noblement. Quand il eut été à Amiens, où il se tint presque jusques au Noël, il s'en partit et vint à Paris [2]. Là fut-il solemnellement et révéremment reçu, et à grands processions de tout le clergé de Paris, amené et aconvoyé jusques au palais, là où il descendit, et messire Philippe aussi son fils, et tous les seigneurs qui avecques

---

et arriva à Boulogne le dimanche 25 octobre. Il est du moins certain qu'il était dans cette dernière ville le 26, deux jours avant la fête Saint-Simon et Saint-Jude; car on trouve dans Rymer plusieurs lettres de lui sous cette date.

[1] Les *Chroniques de France* assignent la même date au départ du roi d'Angleterre; mais elle ne saurait être tout-à-fait exacte : car il est certain que ce prince était encore à Calais le 1er novembre.

[2] Il était fils de Philippe de Valois.

[1] Il est dit dans le traité qu'on donnera au roi d'Angleterre quatre otages de Paris et deux seulement de chacune des dix-huit autres villes. On doit aussi remarquer qu'on y trouve nommées, parmi les villes qui doivent fournir des otages, *Chartres* et *Compiègne*, au lieu de *Bourges* et de *Sens*.

[2] Il arriva à Paris le dimanche 13 décembre, suivant les *Chroniques de France*.

le roi étoient. Et là fut le dîner grand et noble et bien étoffé.

Je ne vous aurois jamais raconté comment puissamment le roi de France fut recueilli à son retour en son royaume de toutes manières de gens; car il y étoit moult désiré. Si lui donna-t-on de beaux dons et fit-on de riches présens; et le vinrent voir et visiter les prélats et les barons de son royaume, et le festioient et conjouissoient, ainsi comme il appartenoit; et le roi les recevoit doucement et bellement, car bien le savoit faire.

CHAPITRE CXLVI.

Comment les députés de par le roi d'Angleterre vinrent pour prendre saisine des terres et pays qui leur devoient être baillés ; et comment les seigneurs de Languedoc et de Poitou n'y vouloient obéir.

Assez tôt après ce que le roi Jean fut retourné en France, passèrent la mer les commis et établis de par le roi d'Angleterre pour prendre la possession des terres, des comtés, des sénéchaussées, des cités, des villes, des châteaux et des forteresses qui lui devoient être baillées et délivrées par le traité de la paix. Si ne fut mie sitôt fait, car plusieurs seigneurs en la Languedoc ne voulurent mie de premier obéir, ni eux rendre au roi d'Angleterre, combien que le roi de France les quittât de foi et d'hommage; si leur venoit à trop grand dommage et contraire et diversité, ce que être Anglois les convenoit; et espécialement ès lointaines marches : le comte de Pierregord, le comte de Comminges, le vicomte de Chastelbon, le vicomte de Carmain, le seigneur de Pincornet et plusieurs autres. Et s'émerveilloient trop du ressort dont le roi de France les quittoit; et disoient les aucuns que il n'appartenoit mie à lui à quitter, et que par droit il ne le pouvoit faire; car ils étoient en la Gascogne trop anciennement chartrés et privilégiés du grand Charlemaine, qui fut roi de France et d'Allemagne et empérière de Rome, que nul roi de France ne pouvoit mettre le ressort en autre cour que la sienne. Et pour ce, ne voulurent pas ces seigneurs de premier légèrement obéir. Mais le roi de France, qui vouloit tenir et à son pouvoir accomplir ce qu'il avoit juré et scellé, y envoya mon seigneur Jacques de Bourbon son cher cousin, lequel apaisa la plus grand'partie de ces seigneurs : et devinrent hommes, ceux qui devenir le devoient, au roi d'Angleterre; le comte d'Armignac, le sire de Labreth et moult d'autres, à la prière du roi de France et de mon seigneur Jacques de Bourbon, comme envis que ce fût. A l'autre côté aussi, sur la marine en Poitou et en Rochelois et en tout le pays de Xaintonge, vint-il à trop grand déplaisir aux barons, aux chevaliers et aux bonnes villes du pays, quand il les convint être Anglois. Et par espécial ceux de la ville de la Rochelle ne s'y vouloient accorder; et s'excusèrent par trop de fois, et détrièrent plus d'un an, que oncques ils ne voulurent laisser entrer Anglois en leur ville. Et se pourroit-on émerveiller des douces et aimables paroles qu'ils escripsoient et rescripsoient au roi de France, en suppliant pour Dieu qu'il ne les voulsist mie quitter de leur foi, ni éloigner de son domaine, ni mettre en mains étranges, et qu'ils avoient plus cher à être taillés tous les ans de la moitié de leur chevance que ce qu'ils fussent ès mains des Anglois.

Sachez que le roi de France, qui véoit leur bonne volonté et loyauté et oyoit moult souvent leurs excusations, en avoit grand'pitié d'eux; mais il leur mandoit et rescripsoit affectueusement et soigneusement que il les convenoit obéir, ou autrement la paix seroit enfreinte et brisée, par laquelle chose ce seroit trop grand préjudice au royaume de France. Si que, quand ceux de la Rochelle virent le détroit, et que paroles, excusations ni prières que ils fissent, ne leur valoient rien, ils obéirent[1], mais ce fut à trop grand'dureté; et disoient bien les plus notables de la ville de la Rochelle : « Nous aourerons les Anglois des lèvres, mais les cuers ne s'en mouveront jà. »

Ainsi eut le roi d'Angleterre la saisine et possession de la duché d'Aquitaine, de la comté de Ponthieu et de Guines, et de toutes les terres qu'il devoit avoir par deçà la mer, c'est à entendre au royaume de France, qui lui étoient données et accordées par l'ordonnance du traité de la paix. Et proprement en cette année passa messire Jean Chandos, comme régent et lieutenant de par le roi d'Angleterre[2]; et vint prendre la possession de toutes les terres dessus dites, et

---

[1] La Rochelle fut remise aux Anglais le 6 décembre de cette année; et le roi d'Angleterre en donna sa reconnaissance le 28 janvier 1361.

[2] Les lettres par lesquelles le roi d'Angleterre nomma Jean Chandos son lieutenant général en France, pour tous les pays qui devaient lui être cédés, sont datées du 20 janvier de cette année 1361.

les fois, et les hommages des comtes, des vicomtes, des barons et des chevaliers, des villes et des forteresses; et mit et institua partout sénéchaux, baillis et officiers à son ordonnance ; et vint demeurer à Niort. Si tenoit le dit messire Jean Chandos grand état et noble. Et bien avoit de quoi, quand le roi d'Angleterre, qui moult l'aimoit, le vouloit. Et certes il en étoit bien mérité, car il fut doux chevalier, courtois et aimable, large, preux, sage et loyal en tous états, et qui si vaillamment se savoit être et avoir entre tous seigneurs et toutes dames, que oncques chevalier de son temps ne y sçut mieux être de lui.

CHAPITRE CXLVII.

Comment le roi d'Angleterre envoya députés de par lui pour livrer au roi de France les forteresses anglesches du royaume de France ; et comment les Compagnies commencèrent.

Pendant que les commis et députés de par le roi d'Angleterre prenoient la saisine et possession des terres dessus dites, si comme ordonnance et traité de paix se portoit, étoient autres commis et établis de par le roi d'Angleterre ès mettes et limitations de France, avec les gens du roi de France, qui faisoient vider et partir toutes manières de gens d'armes des forts et des garnisons qu'ils tenoient, et leur commandoient et enjoignoient, sur peine de perdre corps et être ennemis au roi d'Angleterre, que ils baillassent et délivrassent les forteresses qu'ils tenoient aux gens du roi de France. Là avoit aucuns chevaliers et écuyers de la nation et du ressort d'Angleterre, qui obéissoient et qui rendoient ou faisoient rendre par leurs compagnons les dits forts qu'ils tenoient. Et si en y avoit aussi de tels qui ne vouloient obéir et disoient qu'ils faisoient guerre en l'ombre et nom du roi de Navarre. Et encore en y avoit assez d'étranges nations qui étoient grands capitaines et grands pilleurs, qui ne s'en vouloient mie partir si légèrement, tels que Allemands, Brabançons, Flamands, Hainuyers, Bretons, Gascons, mauvais François qui étoient apovris par les guerres, si se vouloient recouvrer à guerroyer le dit royaume de France : de quoi telles gens persévérèrent en leur mauvesté et firent depuis moult de maux au dit royaume contre tous ceux qui grèver les vouloient. Et quand les capitaines des dits forts étoient partis courtoisement et avoient rendu ce qu'ils tenoient, et ils se trouvoient sur les champs, ils donnoient à leurs gens congé. Ceux qui avoient appris à piller, et qui bien savoient que le retour en leur pays ne leur étoit pas bien profitable, ou espoir n'y osoient-ils retourner pour les vilains faits dont ils étoient accusés, se recueilloient ensemble et faisoient nouveaux capitaines, et prenoient par droite élection tout le pire d'eux, et puis chevauchoient outre en suivant l'un l'autre. Si se recueillirent premièrement en Champagne et en Bourgogne, et firent là grandes routes et grandes compagnies qui s'appeloient les Tard-venus, pourtant qu'ils avoient encore peu pillé au royaume de France. Si vinrent et prirent soudainement en Champagne le fort châtel de Joinville, et très grand avoir dedans que on y avoit assemblé de tout le pays d'environ, sur la fiance du fort lieu. Et quand ces compagnons eurent trouvé ce grand avoir qui bien étoit prisé à cent mille francs, ils le départirent entr'eux tant comme il put durer, et tinrent le châtel un temps, et coururent et gâtèrent tout le pays de Champagne, l'évêché de Verdun, de Toul et de Langres. Et quand ils eurent assez pillé, ils passèrent outre ; mais ils vendirent ainçois le châtel de Joinville à ceux du pays, et en eurent vingt mille francs. Et puis entrèrent en Bourgogne, et là se vinrent reposer et rafraîchir, en attendant l'un l'autre, et y firent moult de maux et de vilains faits ; car ils avoient de leur accord aucuns chevaliers et écuyers du pays, qui les menoient et conduisoient. Si tinrent un grand temps entour Besançon, Dijon et Beaune, et robèrent tout icelui pays, car nul n'alloit au devant, et prirent la bonne ville de Givery en Beaunois [1], et la robèrent et pillèrent toute; et se tinrent là une pièce, et entour Vergy, pour cause du gras pays. Et toujours croissoit leur nombre ; car ceux qui partoient des forteresses et lesquels leurs maîtres donnoient congé, se traioient tous celle part : si furent bien, dedans le carême, quinze mille combattans.

Quand ils se trouvèrent si grand nombre, ils ordonnèrent et établirent plusieurs capitaines à qui ils obéirent du tout. Si vous en nommerai aucuns. Le plus grand maître entr'eux étoit un chevalier de Gascogne qui s'appeloit messire Sé-

---

[1] Givri est un bourg très connu par ses bons vins.

guin de Batefol : cil avoit de sa route bien deux mille combattans. Encore y étoient Talebart Talebardon, Guiot du Pin, Espiote, le petit Meschin, Batillier, François Hennequin, le Bourc[1] Camus, le Bourc de L'Espare, Naudon de Bagerent, le Bourc de Bretuel, Lamit, Hagre l'Escot, Albrest Ourri l'Allemand, Borduelle, Bernart de la Salle, Robert Briquet, Carsuelle, Aymemon d'Ortinge, Garsiot du Chastel, Guionnet de Paux, Hortingo de la Salle et plusieurs autres. Si se avisèrent ces Compagnies, environ la mi-carême, qu'ils se trairoient vers Avignon et iroient voir le pape et les cardinaux : si passèrent outre et entrèrent et coururent en la comté de Mâcon ; et s'adressèrent pour venir en la comté de Forez ce bon gras pays et vers Lyon sur le Rhône.

CHAPITRE CXLIX.

Comment le roi de France rescripsit à monseigneur Jacques de Bourbon, qui étoit à Montpellier, qu'il prenist grand'foison de gens d'armes pour aller contre les Compagnies.

Quand le roi de France entendit ces nouvelles que ces compagnons multiplioient ainsi, qui gâtoient et exilloient son royaume, si en fut durement courroucé, car il fut dit et remontré, par grand'espécialité de conseil, que ces Compagnies pourroient si multiplier, que ils feroient plus de maux et de vilains faits au royaume de France, ainsi que jà faisoient, que la guerre des Anglois n'eût fait. Si eut avis et conseil le dit roi de envoyer contre, et eux combattre. Si en escripsit le roi de France espécialement et souverainement devers son cousin monseigneur Jacques de Bourbon, qui se tenoit adonc en la ville de Montpellier, et avoit nouvellement mis monseigneur Jean Chandos en la saisine et possession de plusieurs terres, villes, cités et châteaux de la duché de Guyenne, si comme ci-dessus est contenu. Et lui mandoit le roi qu'il se fît chef contre ces Compagnies, et prît tant de gens d'armes de tous côtés, qu'il fût fort assez pour eux combattre. Quand messire Jacques de Bourbon entendit ces nouvelles, il s'avala incontinent devers la cité d'Avignon, sans faire nulle part point d'arrêt; et envoyoit partout lettres et messages, en priant et commandant les nobles, chevaliers et écuyers,

[1] Les mots *Bourc* ou *Bourg* et dans les pièces latines *Burgus*, signifient *Bâtard*, *enfant illégitime*.

au nom du roi de France; que ils se traissent avant devers Lyon sur le Rhône, car il vouloit ces males gens combattre. Le dit messire Jacques de Bourbon étoit si aimé parmi le royaume de France, que chacun obéissoit à lui très volontiers. Si le suivoient chevaliers et écuyers de tous côtés, d'Auvergne, de Limousin, de Provence, de Savoye et du Dauphiné de Vienne; et d'autre part aussi revenoient grand'foison de chevaliers et d'écuyers de la duché et de la comté de Bourgogne que le jeune duc de Bourgogne y envoyoit. Si se traioient ces gens d'armes et passoient outre, ainsi qu'ils venoient, devers Lyon sur le Rhône et en la comté de Mâcon. Si s'en vint messire Jacques de Bourbon en la comté de Forez, dont la comtesse de Forez sa sœur étoit dame de par ses enfans; car son mari le comte de Forez étoit nouvellement trépassé, et gouvernoit pour le temps de lors messire Renault de Forez, frère du dit comte, la comté de Forez, qui recueillit le dit monseigneur Jacques de Bourbon et ses gens moult liement. Et là étoient ses deux neveux, et neveux aussi à monseigneur Jacques de Bourbon, à qui il les présenta moult doucement. Le dit messire Jacques les reçut moult liement et les mit de-lez lui pour chevaucher et eux armer, et pour aider à défendre leur pays, car les Compagnies tiroient à venir celle part.

CHAPITRE CL.

Comment les Compagnies s'en vinrent en la comté de Forez pour trouver messire Jacques de Bourbon ; et comment ils prirent le châtel de Brinay et là se logèrent.

Quand ces routes et ces Compagnies, qui se tenoient vers Châlons sur la Saône et environ Tournus et tout là en ce bon pays, entendirent que les François se recueilloient et s'assembloient pour eux combattre, si se trairent les capitaines pour avoir avis et conseil ensemble comment ils se maintiendroient. Si nombrèrent entr'eux leurs gens et leurs routes, et trouvèrent qu'ils étoient environ seize mille combattans, que uns que autres. Si dirent ainsi entr'eux : « Nous irons contre ces François qui nous désirent à trouver, et nous combattrons à notre avantage si nous pouvons, non mie autrement ; et s'aventure donne que la fortune soit pour nous, nous serons tous riches et recouvrés pour un grand temps, tant en bons prisonniers que nous prendrons, que en ce que nous serons si redoutés où nous irons, que nul ne se mettra contre nous; et si nous perdons, nous serons payés de nos gages. » Cil propos fut entr'eux tenu et arrêté. Si se délogèrent et montèrent contre mont par devers les montagnes pour entrer en la comté de Forez et venir sur la rivière de Loire; et trouvèrent en leur chemin une bonne ville qui s'appelle Charlieu au baillage de Mâcon. Si l'environnèrent et assaillirent fortement, et se mirent en grand'peine du prendre, et y furent à l'assaut un jour tout entier. Mais rien n'y firent, car elle fut bien gardée et bien défendue des gentils hommes du pays, qui s'y étoient retraits; autrement elle eût été prise. Ils passèrent outre, et s'espardirent parmi la terre le seigneur de Beaujeu, qui marchist illecques, et y firent moult de maux ; et puis tantôt entrèrent en l'archevêché de Lyon; et ainsi qu'ils alloient et chevauchoient, ils prenoient petits forts où ils se logeoient, et firent moult de destourbiers partout où ils conversèrent[1]; et prirent un châtel et le seigneur et la dame dedans, lequel château s'appelle Brinay, et est à trois lieues près de Lyon sur le Rhône. Là se logèrent-ils et arrêtèrent; car ils entendirent que les François étoient tous traits sur les champs et appareillés pour eux combattre.

CHAPITRE CLI.

Comment les Compagnies déconfirent messire Jacques de Bourbon et sa route, et y furent le dit messire Jacques et son fils navrés à mort, et le jeune comte de Forez mort.

Ces gens d'armes assemblés avecques messire Jacques de Bourbon, qui se tenoient à Lyon sur le Rhône et là environ, entendirent que ces Compagnies approchoient durement et avoient pris et conquis de force la ville et le châtel de Brinay et encore des autres forts, et gâtoient et exillioient tout le pays. Si déplurent moult ces nouvelles à monseigneur Jacques de Bourbon, pourtant qu'il avoit en gouvernement la comté de Forez, la terre à ses neveux; et aussi fit-il à tous les autres. Si se mirent aux champs et se trouvèrent grand'foison de bonnes gens d'armes, chevaliers et écuyers; et envoyèrent devant leurs coureurs pour savoir et aviser vraiment quelles gens ils trouveroient.

Or vous dirai la grand'malice des compagnies. Ils étoient logés sur une montagne[1], et avoient

[1] Il serait difficile de peindre l'état de misère dans lequel les ravages de ces compagnies étrangères avoient plongé la France à cette époque de désordre et de confusion. Le mal était si général qu'on composa alors des prières publiques qu'on ajoutait au service divin pour prier Dieu de détourner ce fléau, comme dans le temps de peste on chante des cantiques analogues. On retrouve quelques-uns de ces cantiques latins dans un manuscrit des œuvres de Machau.

[1] Denis Sauvage avait examiné lui-même ce lieu, et nous en a laissé dans son annotation 88, une description exacte qu'on ne sera pas fâché de rencontrer ici.

« M'étant retiré comme autrefois, dit-il, en la petite
« ville-bourgade de Saingenis-Laval, deux lieues fran-
« caises par delà Lyon selon la descente du Rosne du costé
« du royaume, et à une semblable lieue par deçà Brignais,
« pour vaquer plus solitairement à mes estudes et revoir
« tiercement les présentes histoires de Froissart devant
« que les faire imprimer sur ma correction, maistre
« Mathieu Michel mon hoste et bon ami, précepteur de
« quelques jeunes enfans de certains bourgeois de Lyon,
« ayant souvent ouy parler du fait d'armes en suivant à
« ceux du pays, le matin du vingt-septième jour de
« juillet 1558 me conduisit, en allant le droit chemin de
« Saingenis à Brignais, jusques à environ trois quarts de
« lieues françoises, au bout desquels sur le costé gauche
« de nostre chemin trouvasmes un petit mont ou tertre
« couvert d'un petit bosquet de jeunes chesnes et de re-
« drageons de chesneaux en forme de taillis, là où les plus
« anciens hommes du pays, selon le rapport des ayeuls
« aux pères et des pères aux fils, disent qu'étoient cam-
« pées les compaignies qu'ils nomment les Anglois, s'a-
« busant en ce qu'ils pensent que les Anglois aient été de-
« faits en ce lieu. Illec, en conférant la description de
« nostre auteur au lieu propre, et estant allés jusqu'à la
« Villette de Brignais, qui n'est qu'à un quart de lieue par
« delà ce petit mont, et ayant d'avantage circui tout l'en-
« viron, trouvasmes que ceste mesme montaignette que
« les gens du pays appellent le bois du Goyet, estoit vrai-
« ment le fort que nostre auteur descrit, et qu'il n'y a
« rien de faute sinon qu'il la dit ici *haute montagne* »
(cette faute n'existe point dans notre texte, et je ne l'ai remarquée dans aucun manuscrit), « encore qu'elle
« ne se puisse vraiment nommer que tertre ou colline,
« comme aussi les abregez ne disent simplement que
« montaigne. Ceste montaignette, colline ou tertre estant
« située en une combe aucunement bossue qui tend d'un
« gros hameau nommé le Perou jusques à Brignais, et
« flanquée d'une montaigne appelée le Mont-lez-Barolles
« du costé droit, et d'une autre montaigne prenant son
« nom du village d'Erigny du costé gauche. Au jour des-
« sus dit pouvoit avoir pour son orient le vrai endroit de
« la ville de Lyon, pour son midi celui du village de
« Vourles, pour son occident celui de Brignais, et pour
« son septentrion le mont des Bariolles beaucoup plus
« élevé, la descente duquel l'approche si fort qu'il n'y a
« que le chemin qui mène de Saingenis à Brignais qui
« fasse la séparation de l'une à l'autre. Du costé de son
« orient il a une assez belle petite plaine à bas, puis de
« costé mesme se drece incontinent roidement mais non
« guères hautement et presque ainsi du costé de septen-
« trion jusques à tant qu'il fait un coupeau comme en

dessous, en un lieu où on ne les pouvoit aviser ni approcher, la droite moitié de leurs gens et les mieux armés et enharnachés. Et laissèrent, tout de fait appensé, ces coureurs françois approcher si près d'eux, que ils les eussent bien eus s'ils eussent voulu ; mais ils les laissèrent retourner sans dommage devers monseigneur Jacques de Bourbon et le comte d'Uzès et messire Regnault de Forez et les seigneurs qui là les avoient envoyés. Si en recordèrent au plus près qu'ils purent de ce qu'ils avoient vu, et dirent ainsi : « Nous avons vu les Compagnies rangées et ordonnées sur un tertre, et bien avisées à notre loyal pouvoir ; mais tout considéré, ils ne sont pas plus de cinq ou six mille hommes là environ, et encore sont-ils mal armés. » Quand messire Jacques de Bourbon ouït ce rapport, si dit à l'archiprêtre qui étoit assez près de lui : « Archiprêtre, vous m'aviez dit qu'ils étoient bien quinze mille combattans, et vous oez tout le contraire. » — « Sire, repondit l'archiprêtre, encore n'en y cuidé-je mie moins ; et s'ils n'y sont, Dieu y ait part, c'est pour nous : si regardez que vous en voulez faire. » — « En nom de Dieu, répondit messire Jacques de Bourbon, nous les irons combattre au nom de Dieu et de Saint George. » Là fit le dit messire Jacques arrêter sur les champs toutes ses bannières et ses pennons, et ordonna ses batailles

« forme de rondelle, dont il a eu quelquefois le nom de
« Montrond et maintenant de Montraud envers aucuns,
« par langage corrompu. Ce coupeau monstrant encore
« pour reste de l'enceinct des tranchées du fort des compagnies jusques à trois pieds de profondeur et jusques
« à cinq ou six de largeur presque tout à l'entour, avec
« autant de rampar que le temps en a peu souffrir parmi
« monceaux de caillous au dedans du fort, peut avoir environ cinquante grands pas en diamètre et environ
« sept vingt en contour ; et devers son occident s'avale
« si platement qu'il s'évanouit incontinent en une assez
« grande plaine qui environne tout Brignais. Et de ce
« costé où devoit estre l'entrée du fort n'y a nulle marque
« de tranchée par l'espace d'environ douze grands pas ;
« mais tost après elle recommence vers le midi, duquel
« costé se trouve une bien petite combe comme le fond
« d'une vague, se rejetant sur un autre plus bas coupeau
« nommé le petit Montrond ou Montraud qui s'aplanit
« incontinent de tout vers Vourles et vers Erigni. Et en
« telles plaines continues s'estoit cachée la pluspart des
« compaignies derrière ces deux coupeaux. Si nous fut dit,
« et a esté souventes fois depuis par gens dignes de foy,
« qu'il n'y a pas long-temps que l'on a trouvé plusieurs
« bastons et autres harnois de guerre dedans les terres
« d'environ. »

et mit en très bon arroy, ainsi que pour tantôt combattre, car ils véoient leurs ennemis devant eux ; et fit là plusieurs nouveaux chevaliers. Premièrement son fils ainsné messire Pierre, et leva bannière ; et son neveu le jeune comte de Forez, et leva bannière aussi ; et le seigneur de Villars et de Roussillon, et leva bannière ; et le sire de Tournon et le sire de Mont-Limar et le sire de Groslée du Dauphiné.

Là étoient messire Robert et messire Louis de Beaujeu, messire Louis de Châlons, messire Hugues de Vienne, le comte d'Uzès et plusieurs bons chevaliers et écuyers de là environ, qui tous se désiroient à avancer pour leur honneur, et ruer jus ces Compagnies qui vivoient sans nul titre de raison. Si fut ordonné l'archiprêtre, qui s'appeloit messire Regnault de Servolle, à gouverner la première bataille, et l'entreprit volontiers, car il fut hardi et appert chevalier durement ; et avoit en sa route plus de quinze cents combattans. Ces gens de compagnies, qui étoient en une montagne, véoient trop bien l'ordonnance et le convine des François ; mais on ne pouvoit voir le leur, ni eux approcher fors à meschef et à danger ; et étoient sur une montagne où il avoit plus de mille charretées de tous cailloux ; ce leur fit trop d'avantage et de profit : je vous dirai par quel avantage. Ces gens d'armes de France qui les désiroient et vouloient combattre, comment qu'il fût, ne pouvoient venir à eux ni approcher, si ils ne costioient celle montagne où ils étoient tous arrêtés : si que quand ils vinrent par dessous eux, ceux d'amont qui étoient tous avisés de leur fait et pourvus chacun de grand'foison de cailloux, car il ne les convenoit que baisser et prendre, commencèrent à jeter si fort sur ceux qui les approchoient, qu'ils effondroient bassinets tant forts qu'ils fussent, et navroient et meshaignoient tellement gens d'armes que nul ne pouvoit ni osoit aller ni passer avant, tant bien targé qu'il fut. Et fut cette première bataille si foulée que oncques depuis ne se put bonnement aider. Adonc au secours approchèrent les autres batailles messire Jacques de Bourbon, son fils, son neveu et leurs bannières et grand'foison de bonnes gens qui tous s'alloient perdre ; dont ce fut dommage et pitié qu'ils n'ouvrèrent par plus grand avis et meilleur conseil. Bien avoient dit l'archiprêtre et aucuns chevaliers anciens qui là étoient que on alloit combattre les compagnies en trop grand péril au parti où ils étoient et se tenoient, et que on se souffrît tant qu'on les eût éloignés de ce fort où ils s'étoient mis, si les auroit-on plus à aise : mais ils n'en purent oncques être ouïs.

Ainsi que messire Jacques de Bourbon et les autres seigneurs, bannières et pennons devant eux, approchoient et costioient celle montagne, les plus nices et les pis armés des compagnies les affouloient; car ils jetoient si ouniement et si roidement ces pierres et ces cailloux sur ces gens d'armes, qu'il n'y avoit si hardi ni si bien armé qui ne les ressoignât. Et quand ils les eurent tenus en cel état et bien battus une grand'espace, leur grosse bataille fraîche et nouvelle vint autour de celle montagne, et trouvèrent une autre voie, et étoient aussi drus et aussi serrés comme une brouisse, et avoient leurs lances toutes recoupées à la mesure de six pieds ou environ; et puis s'en vinrent en cel état de grand'volonté, en écriant tous d'une voix, Saint George ! férir en ces François. Si en renversèrent à celle première empeinte plusieurs par terre. Là eut grand rifflis et grand touillis des uns et des autres, et se abandonnoient et combattoient ces compagnies si très hardiment que merveilles seroit à penser, et reculèrent les François. Et là fut l'archiprêtre un bon chevalier et vaillamment se combattit, mais il fut si entrepris et si mené par force d'armes qu'il fut durement navré et blessé et retenu à prison, et plusieurs chevaliers et écuyers de sa route. Que vous ferois-je long parlement ? De celle besogne dont vous oyez parler, les François en eurent pour lors le pieur; et y furent durement navrés messire Jacques de Bourbon, et aussi fut messire Pierre son fils ; et y fut mort le jeune comte de Forez, et pris messire Regnault de Forez son oncle, le comte d'Uzès, messire Robert de Beaujeu, messire Louis de Châlons et plus de cent chevaliers : encore à grand'dureté furent rapportés en la cité de Lyon sur le Rhône messire Jacques de Bourbon et messire Pierre son fils. Cette bataille de Brinais fut l'an de grâce Notre Seigneur 1361 le vendredi après les grands Pâques [1].

[1] Pâques arriva cette année le 28 mars ; le vendredi suivant fut donc le 2 avril. Cette date ne s'accorde point

CHAPITRE CLII.

Comment les Compagnies gâtèrent et exillèrent la comté de Forez et le pays environ ; et comment ils prirent le Pont-Saint-Esprit et y firent moult de maux.

Trop furent ceux des marches, où ces compagnies se tenoient, ébahis, quand ils ouïrent recorder que leurs gens étoient déconfits ; et n'y eut si hardi ni tant eut bon châtel et fort qui ne frémît, car les sages supposèrent et imaginèrent tantôt que grands meschefs en naîtroient et multiplieroient, si Dieu proprement n'y mettoit remède. Ceux de Lyon furent moult ébahis et effrayés quand ils entendirent que la journée étoit pour les Compagnies : toutes fois ils recueillirent moult doucement toutes manières de gens qui de la bataille retournoient. Et furent par espécial moult courroucés de la destourbe de mon seigneur Jacques de Bourbon et de mon seigneur Pierre son fils ; et les vinrent moult doucement visiter, et les dames et les damoiselles de la ville dont ils étoient bien aimés.

Mon seigneur Jacques de Bourbon trépassa de ce siècle le tiers jour après ce que la bataille eut été, et messire Pierre son fils ne vesqui guères longuement depuis. Si furent de tous plaints et regrettés. De la mort de mon seigneur Jacques de Bourbon fut le roi de France son cousin moult

avec celle de l'épitaphe de Jacques de Bourbon et de son fils qui sont enterrés à la droite du grand autel de l'église des dominicains de Confort. On lit sur leur tombeau : *Cy gist messire Jacques de Bourbon, comte de La Marche, qui mourut à Lyon de la bataille de Brignais qui fut l'an 1362 le mercredy devant les ramos. Item, cy gist messire Pierre de Bourbon, comte de La Marche son fils qui mourut à Lyon de ceste mesme bataille l'an dessus dit.* Si l'autorité de cette épitaphe était la seule qu'on pût opposer à la chronologie de Froissart, peut-être devrait-on adopter celle-ci de préférence, d'autant plus que Sauvage, qui avait examiné ce monument, dit (dans son annotation 89) que de son temps l'écriture de l'inscription était *toute fraîche et presque moderne.* Mais les *Chroniques de France* viennent à l'appui de l'épitaphe : on y lit, que la bataille de Brignais se donna le 6 avril 1361 (1362) avant Pâques. Or en 1362 Pâques fut le 17 avril ; ainsi le 6 de ce mois fut le mercredi avant les Rameaux ; ce qui cadre parfaitement avec la date de l'épitaphe. L'auteur d'une des vies du pape Innocent VI place de même cet événement sous l'année 1362, après avoir parlé de choses arrivées au mois de mars de cette année. On ne sauroit donc nier que Froissart ne se soit trompé sur la date de cette bataille. Je continuerai cependant de coter au haut des pages l'année 1361, parce que plusieurs des faits que l'historien raconte après celui-ci appartiennent à cette année, sauf à remarquer en note ceux qui lui seraient postérieurs.

courroucé ; mais amender ne le put, si lui convint passer.

Or vous parlerons de ces Compagnies, comment ils persévérèrent, ainsi que gens tous réjouis et reconfortés de leurs besognes pour la belle journée qu'ils avoient eue, dont ils eurent grand gain tant sur la place, comme en rançons de bons prisonniers. Ces dites Compagnies menèrent bien le temps à leur volonté en celui pays, car nul n'alloit à l'encontre. Tantôt après la déconfiture de Brinay, ils entrèrent et s'espardirent parmi la comté de Forez, et la gâtèrent et pillèrent toute, excepté les forteresses. Et pour ce que ils étoient si grands routes que un petit pays ne leur tenoit néant, ils se partirent en deux parts, et retint messire Seguin de Batefol la moindre part. Toutes voies il y avoit en sa route bien trois mille combattans. Si s'en vint séjourner et demeurer à Ause [1] à une lieue de Lyon, et le fit fortement réparer et fortifier ; et se tenoient ces gens là environ sur celle marche où il y a un des gras pays du monde. Si couroient et rançonnoient à leur aise et volonté tout le pays par deçà la Saône, la comté de Mâcon, l'archevêché de Lyon, la terre au seigneur de Beaujeu et tout le pays jusques à Marcilli-les-Nonnains et la comté de Nevers. L'autre partie des Compagnies, Naudon de Bagerent, Espiote, Carsuelle, Robert Briquet, Ortingo et Bernart de la Salle, Lamit, le bourc Camus, le bourc de Breteuil, le bourc de l'Esparre et plusieurs autres, tous d'une sorte et alliance, s'avalèrent devers Avignon et dirent qu'ils iroient voir le pape et les cardinaux et auroient de leur argent, ou ils seroient hériés de grand'manière ; et se tiendroient là entour tout l'été, tant pour attendre les rançons de leurs prisonniers que pour voir comment la paix des deux rois tiendroit. En allant ce chemin d'Avignon ils prenoient villes et forts, ni rien ne se tenoit devant eux, car le pays étoit durement effrée ; et là en celle marche ils n'avoient oncques point eu de guerre : si ne savoient les hommes des petits forts tenir ni garder contre tels gens d'armes.

Si entendirent ces Compagnies que au Pont-de-Saint-Esprit, à sept lieues près d'Avignon, il y avoit grand trésor et grand avoir du pays d'environ, qui là étoit recueilli et rassemblé

[1] Cette petite ville est éloignée de Lyon d'environ quatre lieues.

et mis sur la fiance de la forteresse. Si avisèrent entre eux les Compagnies, si ils pouvoient prendre le Pont-Saint-Esprit, il leur vaudroit trop, car ils seroient maîtres et seigneurs du Rhône et de ceux d'Avignon. Si étudièrent tant et jetèrent leur avis que, à ce que j'ai ouï recorder, Batillier, Guiot du Pin, Lamit et le Petit Meschin chevauchèrent, eux et leurs routes, sur une nuit toute nuit bien quinze lieues, et vinrent sur le point du jour à la dite ville du Saint-Esprit, et la prirent [1], et tous ceux et toutes celles qui dedans étoient : dont ce fut pitié, car ils y occirent maint prud'hommes, et violèrent maintes damoiselles, et y conquirent si grand avoir que sans nombre, et grandes pourvéances pour vivre un an tout entier. Et pouvoient par icelui pont courir à leur aise et sans danger, une heure au royaume de France et l'autre en l'empire. Si se ravalèrent et rassemblèrent là tous les compagnons, et couroient tous les jours jusques aux portes d'Avignon, de quoi le pape et tous les cardinaux étoient en grand'angoise et en grand'paour. Et avoient ces Compagnies du Pont-Saint-Esprit fait un capitaine souverain entr'eux, qui se faisoit adonc communément appeler Ami à Dieu et Ennemi à tout le monde. Tels noms et autres semblables qu'ils trouvoient sur leurs mauvaisetés donnoient-ils à leurs capitaines.

CHAPITRE CLIII.

Comment les pilleurs du royaume de France s'avisèrent qu'ils iroient après leurs compagnons qui avoient déconfit messire Jacques de Bourbon.

Encore avoit adonc en France grand'foison de pilleurs anglois et gascons et allemands qui vouloient, ce disoient-ils, vivre ; et y tenoient des forteresses et des garnisons : combien que les commis de par le roi d'Angleterre leur eussent commandé de vider et partir, ils n'avoient pas tous obéi, dont moult déplaisoit au roi de

[1] Suivant les *Chroniques de France* et le registre consulaire de la ville de Montpellier, cité par les historiens de Languedoc, le Pont-Saint-Esprit fut pris le jour des Innocens 1360. Ainsi Froissart se trompe en plaçant cet événement après la bataille de Brignais ; à moins qu'on ne suppose que les compagnies s'emparèrent de cette place plusieurs fois, comme Froissart le donne à entendre dans le chapitre suivant, lorsqu'il dit que le Pont-Saint-Esprit fut conquis *de rechef*. Dans ce cas, le registre consulaire de Montpellier, l'auteur des *Chroniques de France* et Froissart n'auraient pas parlé du même fait, et ne seraient point en contradiction.

France et à son conseil. Mais quand les plusieurs de ces pilleurs, qui se tenoient en divers lieux au royaume de France, entendirent que leurs compagnons avoient rué jus mon seigneur Jacques de Bourbon et bien deux mille chevaliers et écuyers, et pris maints bons et riches prisonniers, et de rechef pris et conquis la ville du Pont-Saint-Esprit et si grand avoir dedans que sans nombre, et espéroient encore qu'ils conquerroient Avignon, où ils mettroient à merci le pape et les cardinaux, et tout le pays de Provence, chacun eut en propos d'aller celle part, en convoitise de plus mal faire et plus gagner. Ce fut là la cause pourquoi plusieurs pilleurs et guerroyeurs laissèrent leurs forts et s'en allèrent devers leurs compagnons, en espérance de plus piller.

CHAPITRE CLIV.
Comment le pape ordonna une croiserie et absolvoit de peine et de coulpe tous ceux qui iroient contre les Compagnies.

Quand le pape Innocent VIe et le collége de Rome se virent ainsi vexés et guerroyés par ces mal-dites gens, si en furent durement ébahis, et ordonnèrent une croiserie sur ces mauvais chrétiens, qui se mettoient en peine de détruire chrétienté, ainsi comme les Waudes firent jadis, à titre de nulle raison; et gâtoient tout le pays où ils conversoient, sans cause, et roboient sans déport quant qu'ils pouvoient trouver, et violoient femmes, vieilles et jeunes, sans pitié, et tuoient hommes, femmes et enfans sans merci, qui rien ne leur avoient méfait; et qui plus de vilains faits faisoit, c'étoit le plus preux et le mieux prisé; si firent le pape et les cardinaux sermonner de la croix partout publiquement. Et absolvoient de peine et de coulpe tous ceux qui prenoient la croix et qui s'abandonnoient de corps et de volonté pour détruire celle mauvaise gent et leur compagnie; et élurent les dits cardinaux monseigneur Pierre de Monestier cardinal d'Arras, dit d'Ostie[1], à être capitaine de cette croiserie. Lequel se tray tantôt hors d'Avignon et s'en vint demeurer et séjourner à Carpentras à quatre lieues d'Avignon; et retenoit toutes manières de gens et de soudoyers qui venoient devers lui et qui vouloient sauver leurs âmes et acquérir les pardons de la croiserie. Plusieurs s'en allèrent celle part, chevaliers et écuyers, et autres qui cuidoient avoir grands bienfaits du pape, avecques les pardons dessus dits; mais on ne leur vouloit rien donner. Si s'en partoient et alloient les aucuns en Lombardie, les autres retournoient en leurs hôtels; et les autres se mettoient en la mauvaise compagnie, qui toudis croissoit de jour en jour. Si se départirent en plusieurs lieux et en plusieurs compagnies, et firent autant de capitaines comme de compagnies.

CHAPITRE CLV.
Comment le marquis de Montferrat, parmi une somme de florins, et ce que le pape les absolvoit de peine et de coulpe, emmena les Compagnies en Lombardie.

Ainsi guerroyoient-ils le pape et les cardinaux et les marches d'environ Avignon, et y firent moult de maux jusques bien avant en l'été l'an 1361. Or avint que le pape et les cardinaux s'avisèrent d'un moult gentil chevalier et bon guerroyeur, le marquis de Montferrat[1], qui avoit grand temps tenu guerre contre les seigneurs de Milan, et encore faisoit : si le mandèrent; et il vint en Avignon. Si y fut moult honoré du pape et de tous les cardinaux. Là fut traité devers lui que, parmi une grande somme de florins qu'il devoit avoir, il mettroit hors de la terre du pape et de là environ les compagnies, et les emmèneroit en Lombardie. Si traita le dit marquis de Montferrat devers les capitaines et les amena à ce que, parmi soixante mille florins qu'ils eurent pour départir entr'eux, et aussi grands gages que le dit marquis leur donna, ils s'accordèrent à ce qu'ils iroient en Lombardie; et avecques tout ce ils seroient absous de peine et de coulpe. Tout ce fait, accompli et accordé, et les florins payés, ils rendirent la ville du Pont-Saint-Esprit, et laissèrent la marche d'Avignon, et passèrent outre avec le dit marquis[2]. Dont le

---

[1] On ne trouve, sous l'époque dont il s'agit, aucun cardinal de ce nom. Au lieu de Pierre de Monnestier ou du Moustier, il faut sans doute corriger, Pierre du Colombier dit Bertrand ou Bertrandi, évêque d'Arras, ensuite cardinal et évêque d'Ostie.

[1] Jean Paléologue XVI, margrave de Montferrat.

[2] Le marquis de Montferrat n'emmena avec lui que les compagnies anglaises. Le chef de cette troupe était, suivant Muratori, un certain Alborn. Ce ne fut qu'à la conclusion de la guerre entre le marquis de Montferrat et Galéas que les aventuriers anglais passèrent sous le commandement de John Hawkewood, dont le nom, dit M. Sismondi, a été tellement défiguré par les historiens italiens, qu'on aurait beaucoup de peine à le reconnaître, si un écrivain du temps n'avait imaginé de le traduire en talien en l'appelant *Falcone in bosco*.

roi Jean et tout son royaume furent grandement réjouis, quand ils se virent quittes de tels gens : mais encore en retournèrent assez en Bourgogne ; et ne se partit mie adonc messire Seguin de Batefol qui tenoit sa garnison de Ause, pour traité ni chose que on lui sçut promettre. Mais le dit royaume en plusieurs lieux fut plus en paix que devant, quand les plus grands routes des Compagnies en furent parties et passées outre avec le dit marquis en la terre de Piémont. Lequel marquis en fit trop bien sa besogne sur les seigneurs de Milan, et conquit villes, châteaux, forteresses et pays sur eux, et eut plusieurs rencontres et escarmouches sur eux à l'honneur et profit de lui ; et le mirent les Compagnies, dedans un an ou environ, tout au dessus de sa guerre, et lui firent en partie avoir son entente des deux seigneurs de Milan, monseigneur Galéas et monseigneur Barnabo, qui depuis régnèrent en grand'prospérité. Et quand la paix fut faite entr'eux et le marquis, les aucuns de ces Compagnies, qui avoient assez gagné et qui étoient tannés de guerroyer, retournèrent en leurs nations : mais la plus grand'partie se mirent encore à mal faire et retournèrent en France. Dont il avint que messire Seguin de Batefol, qui s'étoit tenu tout le temps en sa garnison de Ause sur la rivière de Saône prit, embla et échella une bonne cité en Auvergne que on dit Briode et siéd sur la rivière d'Allier. Si se tint là dedans plus d'un an, et la fortifia tellement qu'il ne doutoit nul homme ; et couroit tout le pays d'environ jusques au Puy, jusques à la Case Dieu, jusques à Clermont, jusques à Tillach [1], jusques à Montferrant, à Riom, à la Nonnète, à Issoire, à Vaudable, à Saint-Bonnet, Lastic et toute la terre le comte Dauphin ; qui étoit pour le temps hostagier en Angleterre ; et y fit trop durement de grands dommages. Et quand il eut honni et appovri le pays de là environ, il s'en partit par accord et par traité, et emmena tout son pillage et son grand trésor, et se retrait en Gascogne dont il s'étoit parti et yssu. Du dit monseigneur Seguin ne sçais-je plus avant, fors tant que j'ai ouï dire depuis qu'il mourut assez merveilleusement. Dieu lui pardoint tous ses méfaits !

[1] Peut-être Thiezac, bourg près de Saint-Flour.

CHAPITRE CLVI.

Comment le duc Henri de Lancastre trépassa de ce siècle ; et comment aussi le jeune duc de Bourgogne trépassa en ce temps.

En ce temps trépassa de ce siècle, en Angleterre, le gentil duc de Lancastre [1], de quoi le roi et tous les hauts barons du pays furent durement courroucés, si amender le pussent. De lui demeurèrent deux filles, madame Mahault et madame Blanche ; l'ains-née eut le comte Guillaume de Hainaut fils à monseigneur Louis de Bavière et à madame Marguerite de Hainault, et l'autre eut mon seigneur Jean comte de Richemont, fils au roi d'Angleterre, qui fut depuis duc de Lancastre de par madame sa femme, par la mort du dit Henry de Lancastre. Et demeura le traité à poursuivre de monseigneur Jean de Montfort duc de Bretagne et de monseigneur Charles de Blois qui avoient été pourparlés en la ville de Calais, si comme ci-dessus est dit ; dont grands maux et grands guerres avinrent depuis au pays de Bretagne, si comme vous orrez avant en l'histoire.

Auques en celle saison trépassa de ce siècle le jeune duc de Bourgogne qui s'appeloit messire Philippe [2], par laquelle mort eschéirent plusieurs pays, car il étoit grand sire durement : premièrement duc de Bourgogne, comte de Bourgogne, comte d'Artois, d'Auvergne et de Boulogne, Palatin, et sire de Salins, lequel avoit à femme une jeune dame fille au comte Louis de Flandre, de l'une des filles le duc de Jean de Brabant : dont il avint que, par proismeté, madame Marguerite mère au dit comte de Flandre se traist à la comté d'Artois et à la comté de Bourgogne [3], et en fit foi et hommage au roi de France. Aussi messire Jean de Boulogne fut comte d'Auvergne, et lui vint par droite succession la comté de Boulogne, et en devint homme au roi de France. Avecques tout ce, le roi Jean de France par prochaineté retint et prit la duché de Bourgogne et tous les droits de Champagne, dont il déplut grandement au roi de Navarre, si

[1] Henri duc de Lancastre mourut de la peste en 1360.
[2] Philippe de Rouvre, dernier duc de Bourgogne, de la première maison royale de Bourgogne, mourut le 21 novembre de cette année.
[3] Cette princesse était fille du roi Philippe-le-Long et de Jeanne comtesse de Bourgogne. Elle recueillit les comtés de Bourgogne et d'Artois du chef de sa mère.

amender le put ; car il s'en disoit hoir et successeur de la comté de Champagne. Mais ses demandes ne lui valurent oncques rien, car le roi Jean le haioit durement : si dit bien que jà il ne tiendroit pied de terre en Brie ni en Champagne [1].

CHAPITRE CLVI.

Comment le roi de France, en visitant la duché de Bourgogne, s'en alla en Avignon ; et comment l'abbé de Saint-Victor de Marseille fut élu en pape.

En ce temps vint en propos et en dévotion au roi de France qu'il iroit en Avignon voir le pape et les cardinaux, tout jouant et ébatant et visitant la duché de Bourgogne qui nouvellement lui étoit échue [2]. Si fit le roi faire ses pourvéances et se partit de la cité de Paris, entour la Saint-Jean-Baptiste [3], l'an 1362, et laissa monseigneur Charles son ainsné fils le duc de Normandie, et le fit son lieutenant par tout le royaume de France. Si emmena le dit roi avec lui monseigneur Jean d'Artois comte d'Eu, son cousin bien prochain que moult aimoit, le comte de Tancarville et le comte de Dampmartin, monseigneur Boucicaut maréchal de France, monseigneur Arnoul d'Andrehen, monseigneur Tristan de Maigneters, le grand Prieur de France et plusieurs autres ; et chemina tant le dit roi à petites journées et à grands dépens, et en séjournant de ville en ville, de cité en cité, en la duché de Bourgogne, que il vint environ la fête de Noël à Villeneuve dehors Avignon [4]. Là étoit son hôtel appareillé pour lui et pour ses gens, et toutes ses grosses pourvéances faites. Si fut très grandement conjoui et fêté du pape Urbain [5]

et du collége d'Avignon ; et visitoient souvent l'un l'autre, le roi de France, le pape et les cardinaux. Le dit roi si se tint à Villeneuve tout le temps et toute la saison en suivant.

Environ ce Noël trépassa de ce siècle le pape Innocent [1]. Si furent les cardinaux en grand discord de faire un pape, car chacun le vouloit être, et par espécial le cardinal de Boulogne et le cardinal de Pierregord qui étoient les plus grands de tout le collége : de quoi par leur dissention ils furent grand temps en conclave. Le collége se mit et arrêta du tout en l'ordonnance et disposition des deux cardinaux dessus nommés : de quoi, quand ils virent qu'ils avoient failli à la papalité et qu'ils ne le pouvoient être, ils dirent ensemble que nul des autres aussi ne le seroit. Si élurent l'abbé de Saint-Victor de Marseille [2], qui étoit moult saint homme et de belle vie, grand clerc, et qui moult avoit travaillé pour l'église en Lombardie et ailleurs. Si le mandèrent les deux cardinaux qu'il vînt en Avignon. Il vint en Avignon au plus tôt qu'il put [3] : si reçut ce don en bon gré, et fut créé pape et appelé Urbain V [4]. Si régna depuis en grand'prospérité et augmenta moult l'église, et y fit plusieurs biens, à Rome et ailleurs. Assez tôt après sa création entendit le roi de France que messire Pierre de Lusignan, roi de Chypre et de Jérusalem, devoit venir en Avignon et avoit passé mer. Si dit le roi de France qu'il attendroit sa venue ; car moult grand désir avoit de lui voir, pour les biens qu'il en avoit ouï recorder et la guerre qu'il avoit faite aux Sarrazins car voirement avoit le roi de Chypre pris nou-

---

[1] On peut consulter sur le fondement des prétentions de ce prince les mémoires de M. Secousse.

[2] Le roi avait déjà fait un voyage en Bourgogne à la fin de l'année précédente ; il était parti de Paris le 5 décembre pour aller prendre possession de ce duché.

[3] Il ne partit de Paris qu'au mois d'août, suivant l'auteur des *Chroniques de France*.

[4] Le roi Jean dut arriver à Avignon plus d'un mois avant la fête de Noël, puisqu'il fit son entrée dans cette ville le 20 novembre, suivant les *Chroniques de France* et l'auteur de la deuxième vie d'Urbain V.

[5] Comme le nom de ce pape est omis dans les éditions de Froissart et que l'arrivée du roi Jean à Villeneuve y est placée à la fête de saint Michel en mai, un mois avant l'élection d'Urbain V, on a cru que Froissart s'était trompé et avait voulu faire arriver le prince avant la mort d'Innocent VI. Le nouveau texte, fourni par les meilleurs manuscrits, le venge assez de ce reproche. Le seul qu'on

puisse lui faire à ce sujet, c'est d'avoir manqué d'ordre dans sa composition et d'avoir raconté la réception qu'Urbain V fit au roi de France, avant de parler de l'élection de ce pape et de la mort de son prédécesseur dont il ignorait la date précise.

[1] Cette date est trop vague ; tous les monumens du temps placent la mort d'Innocent VI au 12 de septembre.

[2] Guillaume Grimauld ou Grimoald, né à Grisac en Gévaudan, abbé de Saint-Victor de Marseille, fut élu pape le 28 octobre.

[3] Il y arriva le 30 octobre ; son élection fut publiée le 31 et son intronisation se fit le 5 novembre suivant.

[4] Urbain V est le dernier des papes qui siégèrent à Avignon. Clément V avait le premier transporté le saint siége en France en l'année 1305. Après lui Jean XXII, Benoît XII, Clément VI et Innocent VI y avaient successivement résidé. Urbain annonça de bonne heure, après son élection, le dessein de retourner à Rome. Il quitta Avignon le dernier jour d'avril 1367.

vellement la forte cité de Satalie [1] sur les ennemis de Dieu, et occis tous ceux et celles qui dedans furent trouvés.

CHAPITRE CLVII.

Comment le prince et la princesse se partirent d'Angleterre pour venir en Aquitaine; et comment le roi d'Angleterre ordonna de l'état de ses autres enfans; et comment la mère du dit roi mourut.

En ce même temps et en cel hiver eut grands parlemens en Angleterre sur les ordonnances du pays, et espécialement sur les enfans du roi d'Angleterre; car on regarda et considéra que le prince de Galles tenoit grand état et noble, et bien le pouvoit faire, car il étoit vaillant homme durement; mais il avoit ce bel et grand héritage d'Aquitaine où tous biens et toutes abondances étoient : si lui fut remontré et dit du roi son père que il se voulsist traire celle part [2]; car il y avoit bien terre en la duché pour tenir si grand état comme il voudroit. Aussi les barons et les chevaliers du pays d'Aquitaine le vouloient avoir de-lez eux, et en avoient prié le roi son père, combien que messire Jean Chandos leur fût doux et aimable et bien courtois et compain en tous états : mais encore avoient-ils plus cher leur naturel seigneur que nul autre. Le prince descendit légèrement à cette ordonnance et se appareilla grandement et étofféement, ainsi comme il appartenoit à lui et à son état et à madame sa femme. Et quand tout fut pourvu, ils prirent congé au roi et à la roine et à leurs frères, et se partirent d'Angleterre, et nagèrent tant par mer eux et leurs gens qu'ils arrivèrent à la Rochelle.

Nous nous souffrirons un petit à parler du prince, et parlerons encore d'aucunes ordonnances qui furent en celle saison faites et instituées en Angleterre. Il fut fait et ordonné, par l'avis du roi premièrement et de son conseil, que messire Léonnel second fils du roi d'Angleterre, qui s'appeloit comte d'Ulnestre, fût dès-or-enavant nommé et escript duc de Clarence; secondement que messire Jean fils du dit roi puis-né, qui s'appeloit comte de Richemont, fut en avant nommé et pourvu de la duché de Lancastre, laquelle terre lui venoit de par madame Blanche sa femme, pour la succession du bon duc Henry de Lancastre. Encore fut adonc avisé et considéré entre le roi d'Angleterre et son conseil, que si messire Aymon, qui s'appeloit comte de Cambruge, pouvoit venir par voie de mariage à la fille du comte de Flandre, qui étoit veuve [1], on ne le pourroit mieux mettre ni assiner. Et quoi qu'il en fut adonc proposé, il n'en fut pas sitôt traité, car il convenoit cette chose faire par moyens; et si étoit encore la dame asez jeune.

En ce temps trépassa la mère du roi d'Angleterre madame Isabel de France, fille au beau roi Philippe de France [2]. Si lui fit le dit roi faire son obsèques aux frères mineurs à Londres noblement et grandement et très révéremment; et y furent tous les prélats et les barons d'Angleterre, et les seigneurs de France qui hostagiers étoient. Et fut ce fait avant le département du prince et de la princesse; et tantôt après, si comme ci-dessus est dit, ils se partirent d'Angleterre et nagèrent tant par mer qu'ils arrivèrent à la Rochelle où ils furent reçus à grand'joie; et reposèrent là par quatre jours.

---

[1] Cette place fut prise le 1ᵉʳ juillet 1361, suivant l'auteur des *Chroniques de France*.

[2] Le roi d'Angleterre avait fait don du duché d'Aquitaine au prince de Galles, sous la simple réserve de l'hommage lige, par ses lettres datées du 19 juillet 1362. Ce prince partit pour en aller prendre possession et y fixer sa demeure, vers la fête de la Purification de la Vierge de l'année suivante 1363.

[1] Marguerite de Flandre était veuve, depuis le mois de novembre 1361, de Philippe de Rouvre, dernier duc de Bourgogne. Froissart se trompe certainement, quand il dit, sous l'année 1363, qu'on ne traita pas *sitôt* du mariage de cette princesse avec le comte de Cambridge. Le roi d'Angleterre avait eu ce projet peu après la mort de son premier mari, et la négociation fut entamée dès le commencement de l'année 1362 : on trouve, du moins dans Rymer, des pouvoirs accordés à cet effet par Édouard, en date du 8 février 1362, à l'évêque de Winchester, au comte de Suffolk, etc. Il paraît même que le mariage était arrêté, lorsque le roi de France se rendit à Avignon, et qu'il trouva moyen d'en empêcher l'exécution en engageant le pape à refuser les dispenses nécessaires à cause de la parenté.

[2] Quoique la reine douairière d'Angleterre menât depuis long-temps une vie très obscure, il est bien étonnant que Froissart ait retardé sa mort d'environ cinq ans. Cette princesse mourut au mois de novembre 1358 : si l'on n'est pas certain du jour précis de sa mort, on sait qu'elle n'étoit plus en vie le 20 de ce mois, date d'un ordre expédié par le roi son fils de tout préparer pour recevoir son corps d'une manière convenable.

CHAPITRE CLVIII.

Comment messire Jean Chandos alla à l'encontre du prince et de la princesse en la ville de la Rochelle; et comment il fut fait connétable d'Aquitaine.

Sitôt que messire Jean Chandos, qui grand temps avoit gouverné la duché d'Aquitaine, entendit ces nouvelles de la venue du prince et de la princesse, il se partit de Niort où il se tenoit, et s'en vint à belle compagnie de chevaliers et d'écuyers en la ville de la Rochelle. Si se conjouirent et festièrent grandement le prince et eux et madame la princesse et tous les compagnons qui se connoissoient. Si fut le prince amené à grand'joie à Poitiers; et là le vinrent voir tous les barons et les chevaliers et écuyers de Poitou et de Xaintonge, qui pour le temps se y tenoient, et lui firent féauté et hommage. Puis chevaucha le prince de cité en cité et de ville en ville, et prit partout les fois et hommages, ainsi comme il appartenoit de faire, et vint à Bordeaux; et là se tint un grand temps, et toujours la princesse de-lez lui. Si le vinrent là voir les comtes et les vicomtes et les barons et les chevaliers de Gascogne, et le prince les reçut tous liement, et s'acquitta si bellement d'eux que tous s'en contentèrent. Et mêmement le comte de Foix le vint voir, auquel le prince fit grand'fête; et fut adonc la paix faite de lui et du comte d'Armignach qui un grand temps s'étoient hériés et guerroyés. Assez tôt fut fait connétable de tout le pays d'Aquitaine messire Jean Chandos, et maréchal messire Guichard d'Angle. Si pourvey le prince les chevaliers de son hôtel et ceux qu'il aimoit, de ces beaux et grands offices parmi la duché d'Aquitaine, et remplit ses sénéchaussées et ses bailliages des chevaliers d'Angleterre qui tantôt tinrent grand état et puissant, espoir plus grand que ceux du pays ne voulsissent, mais point n'en alla par leur ordonnance.

Nous lairons à parler du prince d'Aquitaine et de Galles et de la princesse, et parlerons du roi Jean de France qui se tenoit à Villeneuve dehors Avignon.

CHAPITRE CLIX.

Comment le roi de Chypre vint en Avignon pour voir le pape et le roi de France et leur remontra le voyage d'outre mer ; et comment le roi de France prit la croix.

Environ la Chandeleur, l'an de grâce Notre Seigneur 1362[1], descendit le roi Pierre de Chypre en Avignon; de laquelle venue la cour fut durement réjouie; et allèrent plusieurs cardinaux contre lui et l'amenèrent au palais devant le pape Urbain qui liement et doucement le reçut; et aussi fit le roi de France qui là étoit présent[2]. Et quand ils eurent été là un espace et pris vin et épices, les deux rois se partirent du pape, et se retraist chacun en son hôtel.

Ce terme pendant se fit un gage de bataille devant le roi de France, à Villeneuve dehors Avignon, de deux moult apperts chevaliers de Gascogne, mon seigneur Aymemon de Pommiers et mon seigneur Foulque d'Archiac[3]. Quand ils se furent combattus bien et chevalereusement ensemble assez, le roi fit traiter de la paix et les accorda de leur riote.

Ainsi se tinrent ces deux rois tout ce temps et le carême en Avignon, ou près de là. Si visitoient souvent le pape qui les recevoit doucement. Or avint plusieurs fois en ces visitations, que le roi de Chypre remontra au pape, présent le roi de France et les cardinaux, comment pour sainte chrétienté ce seroit noble chose et digne qui ouvreroit le saint voyage d'outre mer et qui iroit sur les ennemis de Dieu. A ces paroles entendoit le roi de France volontiers; et proposoit bien en soi-même que il iroit, si il pouvoit vivre trois ans tant seulement ; pour deux raisons : l'une étoit que le roi Philippe son père

[1] Et 1363, suivant notre manière actuelle de commencer l'année. D'ailleurs la date assignée par Froissart n'est pas assez exacte : on lit dans la deuxième Vie d'Urbain V, que le roi de Chypre arriva à Avignon le mercredi 29 mars de cette année.

[2] Il trouva aussi probablement à la cour du pape, Waldemar III, roi de Danemark, qui était arrivé le 26 février précédent, suivant l'auteur de la seconde Vie d'Urbain V. Waldemar était père de Marguerite, qui réunit plus tard les couronnes de Suède, de Danemark et de Norwège et mérita d'être appelée la Sémiramis du nord.

[3] Ces deux seigneurs se battirent le mardi 6 décembre 1362, suivant l'auteur des *Chroniques de France :* ainsi l'expression, *ce terme pendant,* dont se sert Froissart, ne se rapporte qu'au séjour du roi de France à Avignon et non à celui qu'y fit Pierre de Luzignan, puisque ce prince n'y arriva qu'au commencement de l'année 1363.

l'avoit jadis voué et promis; la seconde pour traire hors du royaume toutes manières de gens d'armes nommées Compagnies, qui pilloient et détruisoient sans nul titre de raison son royaume, et pour sauver leurs âmes. Ce propos garda et réserva le roi de France en soi-même sans en parler à nullui, jusques au jour du saint vendredi, que pape Urbain entra en sa chapelle en Avignon, présents les deux rois de France et de Chypre et le Saint Collége. Après la prédication faite, qui fut moult humble et moult douce et dévote, le roi de France, par grand'dévotion, emprit la croix, et là, voua et pria doucement au pape qu'il lui voulsist accorder et confirmer. Le pape lui accorda volontiers et bénignement. Là présentement l'emprirent et enchargèrent messire Tailleran cardinal de Pierregord, messire Jean d'Artois comte d'Eu, le comte de Dampmartin, le comte de Tancarville, messire Arnoul d'Andrehen, le grand Prieur de France, messire Boucicaut, et plusieurs autres chevaliers qui là étoient présens et dedans la cité d'Avignon pour ce jour. De cette emprise fut durement lie le roi de Chypre, et en remercia grandement Notre Seigneur, et le tint à grand'vertu et mystère.

CHAPITRE CLX.

Comment le roi de Chypre se partit d'Avignon pour aller voir l'empereur de Rome et tous les seigneurs de chrétienté pour leur ennorter le saint voyage d'outre mer.

Tout ainsi que vous pouvez ouïr, emprirent et enchargèrent dessus leur derrain vêtement la vermeille croix, le roi Jean de France et les dessus nommés. Avecques tout ce, notre saint père le pape le confirma et l'envoya prêcher en plusieurs lieux et non pas par l'universel monde: je vous dirai la cause pourquoi. Le roi de Chypre, qui là étoit venu en intention de ce émouvoir et qui avoit empris et en plaisance de venir voir l'empereur de Rome et tous les hauts barons de l'Empire, le roi d'Angleterre aussi, et en suivant tous les hauts chefs des grands seigneurs chrétiens, ainsi comme il fit et si comme vous orrez avant en l'histoire, offrit au saint père et au roi de France, corps, chevance et parole pour remontrer, là partout où il viendroit et s'embattroit, la grâce et la dévotion de leur voyage, pour y faire incliner et descendre tous seigneurs qui de ce auroient dévotion. Si étoit cil dit roi tant cru et honoré, et de raison que on disoit, que parmi son travail et la certaineté qu'il remontreroit à tous seigneurs de ce voyage, il avanceroit plus tous cœurs que autres prédications. Si s'en souffrit-on à prêcher au royaume de France, et sur ce propos s'arrêtèrent. Tantôt après Pâques, qui furent l'an mil trois cent soixante trois [1], le roi de Chypre partit d'Avignon, et dit qu'il vouloit aller voir l'empereur et les seigneurs de l'Empire; et puis reviendroit par Brabant, par Flandre et par Hainaut au royaume de France. Si prit congé au pape et au roi de France, qui en tous cas s'acquittèrent trop bien envers lui en dons et en joyaux et en grâces que le pape lui fit et à ses gens. Assez tôt après le département du roi de Chypre, le roi de France prit congé [2] et s'en alla devers Montpellier pour visiter la Languedoc, où il de grand temps n'avoit point été.

Or parlerons du roi de Chypre et du voyage qu'il fit. Il chemina tant par ses journées, qu'il vint en Allemaigne en une cité que l'on appelle Prague; et là trouva-t-il l'empereur monseigneur Charles de Behaigne [3], qui le reçut liement et grandement, et tous les seigneurs de l'Empire qui de-lez lui étoient. Si fut le dit roi de Chypre à Prague et là environ bien trois semaines, et ennorta grandement en l'Empire ce saint voyage; et tout partout ainsi comme il alla et passa parmi Allemaigne, le fit l'empereur défrayer. Puis vint le dit roi de Chypre en la duché de Juliers, où le duc de Juliers le conjouit et lui fit grand'fête; et de là s'avala-t-il en Brabant, où le duc et la duchesse le reçurent grandement et liement en la bonne ville de Brusselles, en dîners, en soupers, en joûtes, en reviaulx et en ébatemens; car bien le savoient faire; et lui donnèrent au département grands dons et beaux joyaux. Puis s'en partit le dit roi de Chypre et s'en alla en Flandre voir le comte Louis qui aussi le reçut et fêta grandement. Et trouva lors le dit roi de Chypre le roi de Dampnemarche en la bonne

---

[1] Pâques fut cette année le 2 avril, et le roi de Chypre ne partit d'Avignon que le dernier mai, suivant l'auteur de la Vie d'Urbain V qu'on vient de citer.

[2] Le roi de France avait quitté Avignon dès le 19 mai, environ trois semaines avant le départ du roi de Chypre.

[3] Charles IV fils de Jean de Luxembourg. C'est le même qui publia le 29 décembre à Nuremberg la fameuse *Bulle d'or*.

ville de Bruges; et disoit-on là communément que le roi dessus dit avoit passé mer pour venir voir le roi de Chypre[1]. Si se conjouirent et fêtèrent; et par espécial le comte Louis de Flandre conjouit et fêta très honorablement en la ville de Bruges le dit roi de Chypre, et fit tant que le dit roi se contenta grandement de lui, des barons et des chevaliers de sa terre. Si se tint tout cil été le dit roi de Chypre, en faisant son voyage depuis le département d'Avignon, en l'Empire et sur les frontières, pour ennorter ce saint voyage empris : de quoi plusieurs seigneurs avoient grand'joie, et désiroient bien que il se fît et accomplît.

CHAPITRE CLXI.

Comment le roi d'Angleterre envoya les quatre ducs de France à Calais, et pouvoient aller trois jours hors et au quart retourner.

En ce temps avoit fait grâce[2] le roi d'Angleterre à quatre ducs, c'est à savoir, le duc d'Orléans, le duc d'Anjou, le duc de Berry et le duc de Bourbon; et se tenoient ces quatre seigneurs à Calais, et pouvoient chevaucher quelque part qu'ils vouloient trois jours hors de Calais, et au quatrième, dedans soleil esconsant, revenir. Et l'avoit fait le roi d'Angleterre en bonne intention, et pour ce qu'ils fussent plus prochains de leur pourchas de France, et que ils soignassent et entendissent à leur délivrance, ainsi qu'ils faisoient. Les quatre seigneurs dessus dits étant à Calais, envoyèrent plusieurs fois grands messages de par eux au roi de France et au duc de Normandie son ains-né fils qui là les avoient mis, en eux remontrant et priant qu'ils entendissent à leur délivrance, ainsi que juré et promis leur avoient quand ils entrèrent en Angleterre, ou autrement ils y entendroient eux-mêmes et ne se tiendroient point pour prisonniers. Et combien

que ces seigneurs, ainsi que vous savez, fussent très prochains du roi, leurs messages et procureurs ne pouvoient mie être ouïs ni délivrés à leur aise; dont grandement en déplaisoit aux seigneurs dessus dits, et par espécial au duc d'Anjou; et disoit bien qu'il y pourverroit de remède, comment qu'il en pût avenir.

Or étoit adonc le royaume et le conseil du roi et du duc de Normandie durement chargé et embesogné, tant pour la croix que le roi de France avoit adonc prise et enchargée, que pour la guerre au roi de Navarre, qui guerroyoit et hérioit fortement le royaume de France; et avoit adonc remandé aucuns des capitaines des compagnies en Lombardie pour mieux faire la guerre[1]. C'étoit la principale cause pourquoi on ne pouvoit légèrement entendre aux quatre ducs dessus nommés, ni leurs messages délivrer quand ils étoient venus en France.

CHAPITRE CLXII.

Comment le roi de Chypre vint à Paris et cuida mettre là paix entre le roi de France et le roi de Navarre, et comment il s'en alla en Angleterre.

Quand le roi de Chypre eut visité et vu les seigneurs et les pays dessus nommés, il retourna en France; et trouva à Paris le roi Jean et le duc de Normandie, et grand'foison de seigneurs, barons et chevaliers de France que le roi avoit demandés pour le dit roi de Chypre mieux fêter. Si y eut une espace de temps grands reveaulx et grands ébatements, et aussi grands parlements et grands consaulx comment cette croiserie se pourroit persévérer et parfournir à honneur, tant du roi de France comme de son royaume. Et pour ce en parloient et proposoient les aucuns avis, qui véoient le dit royaume durement grévé et occupé des guerres de compagnies, de pilleurs et de robeurs qui y descendoient et venoient de tous pays : si ne sembloit pas bon aux plusieurs que cil voyage se fît, jusques à tant que le royaume fût en meilleur état, ou à tout le moins

---

[1] Il paraît qu'ils s'étaient déjà vus à Avignon, ainsi qu'il a déjà été remarqué au chapitre 169, à l'occasion de l'arrivée du roi de Chypre en cette ville.

[2] Le roi d'Angleterre avait mis cette grâce à un très haut prix et avait imposé aux quatre princes des conditions très dures, ainsi qu'on peut le voir dans le traité pour leur délivrance, conclu au mois de novembre 1362. Mais tout onéreux qu'était ce traité, le roi de France le ratifia par ses lettres datées d'Avignon le 26 janvier 1363; et il paraît que les princes eurent la liberté de passer à Calais vers le mois de mai suivant pour en accélérer l'accomplissement. On trouve plusieurs pièces relatives à cette négociation dans Rymer.

[1] Il est inconcevable, d'après ce que dit ici Froissart, comment M. Secousse, qui travaillait avec tant d'exactitude et qui a si souvent cité Froissart, dans son histoire de Charles-le-Mauvais, a pu avancer que ce prince ne troubla point le royaume *depuis 1360 jusqu'à la fin du règne du roi Jean, et qu'il n'a même rien trouvé sur lui, ni dans nos historiens, ni dans les autres monumens.*

on eût paix au roi de Navarre. Nonobstant ce et toutes guerres, on ne pouvoit briser ni ôter la dévotion du roi qu'il ne fît pèlerinage; et l'accorda et jura au roi de Chypre à être à Marseille, du mois de mars qui venoit en un an que on compteroit l'an mil trois cent soixante-quatre [1], et que sans faute adonc il passeroit et livreroit pourvéances à tous ceux qui passer voudroient. Sur cel état se partit le roi de Chypre du roi de France, et vit qu'il avoit bon terme encore de retraire en son pays et de faire ses pourvéances. Si dit et considéra en soi-même que il vouloit aller voir le roi Charles de Navarre son cousin, et traiter bonne paix et accord entre lui et le roi de France. Si se mit à voie en grand arroy, et issit de Paris, et prit le chemin de Rouen, et fit tant qu'il y vint. Là le reçut l'archevêque de Rouen, messire Jean d'Alençon [2] son cousin, moult grandement, et le tint de-lez lui moult aisement trois jours. Au quatrième il s'en partit, et prit le chemin de Caen, et exploita tant qu'il passa les guets Saint-Clément et vint en la forte ville de Chierebourc. Là trouva-t-il le roi de Navarre et monseigneur Louis son frère à bien petit de gens. Ces deux seigneurs de Navarre recueillirent le roi de Chypre liement et grandement, et le festoyèrent selon leur aisement moult honorablement; car bien le pouvoient et savoient faire. En ce terme que le roi de Chypre se tenoit de-lez eux, il s'avança de traiter pour paix, si trouver la pût, entre ces seigneurs d'une part et le roi de France d'autre part; et en parla plusieurs fois moult ordonnément; car il fut sire de grand avis et bien enlangagé et moult aimé. A toutes ses paroles répondirent ces deux seigneurs de Navarre moult gracieusement, et se excusèrent en ce que point n'étoit leur coulpe que ils n'étoient bons amis au roi de France et au royaume; car grand désir l'avoient de l'être, mais que on leur rendît leur héritage que on leur tenoit et empêchoit à tort. Le roi de Chypre eût volontiers amoyenné ces besognes, s'il eût pu et vu que les enfans de Navarre s'en fussent mis sur lui: mais leur traité ne s'étendit mie si avant.

Quand le roi de Chypre eut été à Chierebourc environ quinze jours, et que les dits seigneurs l'eurent festoyé selon leur pouvoir moult grandement, il prit congé d'eux et dit qu'il ne cesseroit jamais, si auroit-il été en Angleterre, et là prêché et ennorté au roi d'Angleterre la croix à prendre et à ses enfans aussi. Si se partit de Chierebourc et fit tant par ses journées qu'il vint à Caen; et passa outre et vint au Pont-de-l'Arche : et là passa Seine; et puis chevaucha tant par ses journées qu'il entra en Ponthieu, et là passa la rivière de Somme à Abbeville, et puis vint à Rue, à Monstereul, et puis à Calais, où il trouva trois ducs, le duc d'Orléans, le duc de Berry et le duc de Bourbon; car le duc d'Anjou étoit retourné en France : je ne sais mie sur quel état [1].

CHAPITRE CLXIII.

Comment le roi de Chypre arriva à Londres, où il fut grandement fêté du roi d'Angleterre ; et comment le roi d'Escosse et le roi de Chypre s'entrefirent grand'fête à Londres.

Ces trois ducs dessus nommés reçurent, ainsi comme prisonniers, en la ville de Calais, le roi de Chypre moult liement, et le dit roi s'acquitta aussi d'eux moult doucement. Si furent là ensemble plus de douze jours. Finablement, quand le roi de Chypre eut vent à volonté, il passa la mer et arriva à Douvres. Si se tint là et rafraîchit par deux jours, pendant que on déchargea ses vaisseaux et mit hors les chevaux ; puis chevaucha le roi de Chypre à petites journées, et s'en vint à son aise devers la bonne cité de Londres. Quand il y parvint, il fut grandement bien fêté des barons de France qui là se tenoient, et aussi de ceux d'Angleterre qui chevauchèrent contre lui; car le roi Édouard y envoya ses chevaliers, le comte de Harford, monseigneur Gautier de Mauny, le seigneur Despensier, monseigneur Raoul de Ferrieres, monseigneur Richard de Pennebruge, monseigneur Alain de Bousqueselle et monseigneur Richard Sturi, qui l'accompagnèrent et menèrent jusques à son hôtel parmi la cité de Londres.

Je ne vous pourrois pas dire ni conter en un jour les nobles dîners, les soupers et les festoiemens, les conjouissemens, les dons, les présens et les joyaux que on fit, donna et présenta, espécialement le roi d'Angleterre et la roine Philippe

---

[1] Nouveau style, 1365.
[2] Il se nommait *Philippe* et non *Jean*.

[1] Il n'y avait point eu de traité particulier pour la délivrance du duc d'Anjou : ce prince, ennuyé du peu d'empressement qu'on mettait à lui procurer sa liberté, et comptant sur la faiblesse du roi son père, s'enfuit de Calais et revint en France au mépris de sa parole.

sa femme, au gentil roi de Chypre. Et au voir dire, bien y étoient tenus du faire; car il les étoit venu voir de loin et à grands frais; et tout pour ennorter et induire le roi qu'il voulsist prendre la vermeille croix, et aider à ouvrir le passage sur les ennemis de Dieu. Mais le roi d'Angleterre s'excusa sagement, et dit ainsi : « Certes, beau cousin, je ai bien bonne volonté de aller en ce voyage; mais je suis dorénavant trop vieux; si en lairay convenir à mes enfans. Et je crois que quand le voyage sera ouvert que vous ne le ferez pas seul, ains aurez des chevaliers et écuyers de ce pays qui vous y serviront volontiers. » — « Sire, dit le roi de Chypre, vous parlez assez, et crois bien que voirement y viendront-ils pour Dieu servir et eux avancer, mais que vous leur accordez; car les chevaliers et écuyers de cette terre travaillent volontiers. » — « Oïl, dit le roi d'Angleterre, je ne leur débattrois jamais, si autres besognes ne me sourdent, et à mon royaume, dont je ne me donne de garde. »

Oncques le roi ne put autre chose impétrer du roi d'Angleterre, ni plus grand'clarté de son voyage, fors tant que toujours il fut liement et honorablement fêté en dîners en en grands soupers.

Et avint ainsi en ce terminé que le roi David d'Escosse avoit à besogner en Angleterre devers le roi [1]; si que, quand il entendit sur son chemin que le roi de Chypre étoit à Londres, il se hâta durement et se péna moult de le trouver; et vint le dit roi d'Escosse si à point à Londres que encore n'étoit-il point parti. Si se recueillirent et conjouirent grandement ces deux rois ensemble; et leur donna de rechef le roi d'Angleterre à souper deux fois au palais de Westmoustier. Et prit là le roi de Chypre congé au roi d'Angleterre et à la roine, qui lui donnèrent à son département grands dons et bons joyaux; et donna le roi d'Angleterre au roi de Chypre une nef qui s'appeloit Catherine, trop belle et trop grande malement; et l'avoit le roi d'Angleterre mêmement fait faire et édifier, au nom de lui,

[1] Il paraît, d'après un passe-port rapporté dans Rymer, que le but du voyage de David était de faire un pèlerinage aux reliques de Notre-Dame de Walsingham. Sa nouvelle épouse, Marguerite Loggie, avait en même temps un passe-port pour faire ses dévotions à Canterbury aux reliques de Thomas Becket, intrigant canonisé.

pour passer outre en Jérusalem; et prisoit-on cette nef, nommée Catherine, douze mille francs; et gissoit adonc au havre de Zanduich. De ce don remercia le roi de Chypre grandement le roi d'Angleterre et l'en sçut grand gré. Depuis ne séjourna-t-il guères au pays; mais eut volonté de retourner en France. Encore avec toutes ces choses le roi d'Angleterre défraya le roi de Chypre de tout ce que il et ses gens dépendirent, en allant et en venant en son royaume. Mais je ne sais que ce fut; car il laissa le vaissel dessus nommé à Zanduich, ni point ne l'emmena avecques lui; car depuis, deux ans après, je le vis là arrêté à l'ancre.

CHAPITRE CLXIV.

Comment le roi de Chypre repassa d'Angleterre pour venir voir le prince de Galles; et comment le roi de France eut en propos d'aller en Angleterre.

Or se partit le roi de Chypre d'Angleterre et repassa la mer à Boulogne. Si ouït dire sur son chemin que le roi de France, le duc de Normandie, le duc de Berry et messire Philippe ses enfans, avecques autres et le grand conseil de France, devoient être en la bonne cité d'Amiens [1]. Si tira le roi de Chypre celle part, et y trouva le roi de France [2] voirement nouvellement

[1] Le roi de France assembla les états à Amiens, pour en obtenir les subsides nécessaires au paiement du reste de sa rançon, vers la fête de saint André de cette année.
[2] Froissart est ici en contradiction avec Knyghton et Walsingham, qui disent l'un et l'autre que le roi de Chypre était encore à Londres quand le roi de France y retourna, vers le commencement de l'année 1364, et qu'on vit alors en même temps à la cour d'Édouard les rois de France, de Chypre et d'Écosse. On ne sauroit nier que le témoignage de Knyghton, écrivain contemporain demeurant en Angleterre, ne soit d'un grand poids; il me paraît néanmoins pas pouvoir balancer pour ce fait celui de Froissart, qui, vivant habituellement auprès de la reine d'Angleterre, à laquelle il était attaché, étoit bien plus à portée d'être instruit de ce qui se passait à la cour, qu'un moine retiré dans le monastère de Leicester, à vingt lieues de Londres. Je ne parle point de l'autorité de Walsingham : on sait qu'il n'était point contemporain, et qu'il ne fait souvent que copier Knyghton. Il est cependant possible qu'il y ait eu à la fois trois rois à la cour d'Angleterre, quoique le roi de Chypre n'y fût pas. On trouve dans Rymer un sauf-conduit daté du 1er février 1364 pour Waldemar III, roi de Danemarck, qui se disposait à passer en Angleterre, où il arriva vraisemblablement bientôt après. Voilà peut-être la cause de l'erreur de Knyghton : il avait entendu dire dans son cloître que le roi de Chypre était à Londres; il entendit dire quelque temps après, lorsque

venu et une partie de son conseil. Si fut d'eux grandement festoyé et conjoui; et leur recorda la greigneur partie de ses voyages : lesquels l'ouïrent et entendirent volontiers. Quand il eut là été une espace, il dit qu'il n'avoit rien fait jusques à tant qu'il aurait vu le prince de Galles; et dit, si il plaisoit à Dieu, que il l'iroit voir ains son retour, et les barons de Poitou et d'Aquitaine. Tout ce lui accorda le roi de France assez bien : mais il lui pria chèrement, à son département, qu'il ne prensist autre voyage à son retour, fors que parmi France. Le roi de Chypre lui eut en convenant. Si se partit le dit roi de Chypre d'Amiens; et chevaucha devers Beauvais, et passa la rivière à Pontoise; et fit tant par ses journées qu'il vint à Angoulême; et là devoit avoir prochainement une très grand'fête de quarante chevaliers et de quarante écuyers attendans dedans, que madame la princesse devoit bouter hors à sa relevée; car elle étoit accouchée d'un beau fils, qui s'appeloit Édouard ainsi comme son père[1].

Sitôt que le prince sçut la venue du roi de Chypre, il envoya devers lui, par espécial monseigneur Jean Chandos, et grand'foison de chevaliers de son hôtel, qui l'amenèrent en grand revel et moult honorablement devers le prince, qui le reçut aussi humblement et grandement en tous états que il avoit été nulle part en tout son voyage.

Nous lairons un petit à parler du roi de Chypre, et parlerons du roi de France, et vous conterons pour quelle cause il et son conseil étoient venus à Amiens. Je fus adonc informé, et voir étoit, que le roi Jean avoit en propos et affection d'aller en Angleterre voir le roi d'Angleterre Édouard son frère et la roine sa sœur; et pour ce avoit-il là assemblé une partie de son conseil; et ne lui pouvoit nul ôter ni briser son propos. Si étoit-il fort conseillé du contraire, et lui disoient plusieurs prélats et barons de France que il entreprenoit grand'folie, quand il se vouloit mettre au danger du roi d'Angleterre. Il répondoit à ce et disoit qu'il avoit trouvé au roi d'Angleterre son frère, en la roine et en ses neveux leurs enfans, tant de loyauté, d'honneur et de courtoisie, qu'il ne s'en pouvoit trop louer, et que rien ne se doutoit d'eux, qu'ils ne lui fussent courtois, loyaux et amiables en tous cas; et aussi il vouloit excuser son fils le duc d'Anjou qui étoit retourné en France[1]. A celle parole n'osa nul parler du contraire, puis qu'il l'avoit ainsi arrêté et affirmé en lui. Si ordonna là de rechef son fils le duc de Normandie à être régent et gouverneur du royaume de France jusques à son retour; et promit bien à son mains-né fils monseigneur Philippe que, lui revenu de ce voyage où il alloit, il le feroit duc de Bourgogne et le hériteroit de la dite duché[2].

Quand toutes ces choses furent bien faites et ordonnées à son entente, et ses pourvéances en la ville de Boulogne, ils se partit de la cité d'Amiens et se mit à voie, et chevaucha tant qu'il vint à Hesdin. Là s'arrêta-t-il et tint son Noël; et là le vint voir le comte Louis de Flandre qui moult l'aimoit, et le roi lui; et furent ensemble, ne sçais, trois ou quatre jours. Le jour des Innocents il se partit de Hesdin et prit le chemin de Monstereul-sur-la-mer, et le comte de Flandre retourna arrière en son pays.

CHAPITRE CLXV.

Comment le roi de France se partit de Boulogne pour passer en Angleterre; et comment le roi et la roine et les seigneurs d'Angleterre le reçurent honorablement.

Tant exploita le roi Jean qu'il vint à Boulogne et se logea en l'abbaye en la dite ville; et tant y séjourna qu'il eut vent à volonté. Si étoient avec lui et de son royaume, pour passer la mer, messire Jean d'Artois comte d'Eu, le

---

le roi de France y fut arrivé, qu'il y avait trois rois à la cour d'Édouard; et il en conclut que le roi de Chypre était le troisième.

[1] Édouard, fils du prince Noir, né à Angoulême dans le mois de février 1363 ou 1364 suivant le nouveau style, mourut à l'âge de sept ans. Le prince Noir eut un autre fils, nommé Richard, qui fut depuis roi d'Angleterre.

[1] C'est, dit-on, à cette occasion que Jean, honteux de la conduite déshonorante du duc d'Anjou, prononça cette maxime si belle, mais si peu mise en pratique, que si la justice et la bonne foi étaient bannies du reste du monde, il faudrait encore qu'on retrouvât ces vertus dans la bouche et dans le cœur des souverains. Le continuateur de Nangis dit que plusieurs personnes prétendaient que Jean était retourné en Angleterre, causâ joci.

[2] Froissart, qui était à cette époque en Angleterre, était mal instruit sur ce point. Le roi Jean avait donné, plusieurs mois avant son départ, en appanage à son fils Philippe le duché de Bourgogne et tous les droits qu'il avait sur le comté, et l'avait créé premier pair de France. La charte de concession est datée de Germigny-sur-Marne, le 6 septembre 1363.

comte de Dampmartin, le grand prieur de France, messire Boucicaut maréchal de France, messire Tristan de Maigneliers, messire Pierre de Villiers, messire Jean Danville, messire Nicolas Braque et plusieurs autres. Quand leurs nefs furent toutes chargées et les mariniers eurent bon vent, ils le signifièrent au roi; et entra le roi en son vaissel environ mie nuit [1], et toutes ses gens dedans les autres; et furent ancrés celle première marée jusques au jour devant Boulogne. Quand ils se désancrèrent, ils eurent vent à volonté : si tournèrent devers Angleterre. Si arrivèrent à Douvres environ heure de vêpres : ce fut l'avant vigile de l'Apparition des Trois Rois. Ces nouvelles vinrent au roi d'Angleterre et à la roine, qui se tenoient adonc à Eltem, un moult bel manoir du roi à sept lieues [2] de Londres, que le roi de France étoit arrivé et descendu à Douvres. Si envoya tantôt des chevaliers de son hôtel celle part, monseigneur Berthelemieu de Bruves, messire Alain de Boukeselle [3] et monseigneur Richard de Pennebruge. Ceux se partirent du roi et chevauchèrent devers Douvres et trouvèrent là encore le roi de France. Si le conjouirent et honorèrent grandement, et lui dirent que le roi leur sire étoit moult lie de sa venue. Le roi de France les en crut légèrement. Lendemain au matin monta le dit roi à cheval; et montèrent tous ceux qui avecques lui étoient, et chevauchèrent devers Cantorbie, et vinrent là au dîner. A entrer en l'église de Saint-Thomas fit le roi de France grand'révérence et donna au corps saint un moult riche jouel et de grand'valeur. Si se tint le dit roi deux jours là : au tiers jour il se partit et chevaucha le chemin de Londres, et fit tant par ses journées, qui étoient petites, qu'il vint à Eltem où le roi d'Angleterre et la roine, et grand' foison de seigneurs, de dames et damoiselles étoient, toutes appareillées pour lui recevoir. Ce fut un dimanche [4] à heure de relevée qu'il vint là. Si y eut entre celle heure et le souper grands danses et grands ébatemens; et là étoit le jeune sire de Coucy [1] qui s'efforçoit de bien danser et de chanter quand son tour venoit. Et volontiers étoit vu des François et des Anglois; car trop bien lui afféroit à faire tout ce qu'il faisoit.

Je ne vous puis mie de tout parler, ni recorder comment honorablement le roi d'Angleterre et la roine reçurent le roi de France. Quand il se partit de Eltem il vint à Londres. Si vinrent toutes manières de gens par connétablies contre lui, et le recueillirent en grand' révérence; et ainsi fut amené et grand'foison de menestrandies, jusques en l'hôtel de Savoye qui étoit appareillé pour lui. Dedans le dit hôtel, avec le roi, étoient logés ceux de son sang et les hostagiers de France. Premièrement le duc d'Orléans son frère, son fils le duc de Berry, son cousin le duc de Bourbon, le comte d'Alençon, Guy de Blois, le comte de Saint-Pol et moult d'autres. Si se tint là le roi de France une partie de l'hiver liement et amoureusement; et le visitoient souvent le roi d'Angleterre et ses enfans, le duc de Clarence, le duc de Lancastre et messire Aymon. Et furent par plusieurs fois en grands reveaulx et récréations ensemble, en dîners, en soupers et en autres manières, en cel hôtel de Savoye, et au palais de Westmoustier qui sied là près de là, où le roi de France alloit secrètement quand il vouloit par la rivière de la Tamise. Si regretèrent plusieurs fois ces deux rois monseigneur Jacques de Bourbon; et disoient bien, que ce fût grand dommage de lui; car trop bien afféroit à être entre seigneurs.

CHAPITRE CLXVI.

Comment le roi de Chypre vint voir le prince de Galles ; et comment le roi de France trépassa en Angleterre, dont le roi et la roine furent moult courroucés.

Nous lairons un petit à parler du roi de France, et parlerons du roi de Chypre, qui vint en Angoulême devers le prince de Galles son cousin qui le reçut liement. Aussi firent tous les barons et chevaliers de Poitou et de Xaintonge qui de-lez lui étoient, le vicomte de Thouars, le jeune sire de Pons, le sire de Partenay, messire

---

[1] Le roi s'embarqua à Boulogne le mercredi 3 janvier 1364.

[2] C'est-à-dire sept milles anglois.

[3] Sir Allan de Boxhall fut le cinquante-deuxième chevalier de la Jarretière.

[4] Selon les *Chroniques de France*, le roi Jean arriva à Eltham et de là à Londres le dimanche 24 février. Il y a faute pour le quantième du mois; car en l'année 1364, le 24 février fut un samedi; ainsi il faut sans doute lire le dimanche 25 février.

[1] Enguerrand de Coucy, fils d'Enguerrand de Coucy et de Catherine fille de Léopold 1er, duc de Souabe, ancêtre de la famille impériale actuelle. Il épousa depuis Isabelle fille aînée d'Édouard III.

Louis de Harecourt, messire Guichart d'Angle; et des Anglois, messire Jean Chandos, messire Thomas de Felleton, messire Neel Lornich[1], messire Richart de Pontchardon, messire Simon de Burlé, messire Baudouin de Franville, messire d'Angouses et les autres.

Si fut le roi de Chypre moult fêté et moult honoré du prince et de la princesse, des barons et des chevaliers dessus dits; et se tint illecques plus d'un mois; et puis le mena messire Jean Chandos jouer et ébattre parmi Xaintonge et parmi Poitou, et voir la bonne ville de la Rochelle, où l'on lui fit grand'chère et grand'fête. Et quand il eut partout été, il retourna en Angoulême, et fut à celle grosse fête que le prince y tint, où il eut grand'foison de chevaliers et d'écuyers. Assez tôt après la fête, le roi de Chypre prit congé du prince et des chevaliers du pays; mais ainçois leur eut-il remontré pourquoi il étoit là principalement venu, et sur quel état il avoit empris la croix vermeille qu'il portoit, et comment le pape l'avoit confirmé, et la dignité du voyage, et comment le roi de France, par dévotion, et plusieurs grands seigneurs l'avoient empris et juré. Le prince lui répondit, et les chevaliers aussi, moult courtoisement : que c'étoit voirement un voyage où toutes gens d'honneur et de bien doivent entendre, et que si il plaisoit à Dieu que le passage fût ouvert, il ne le feroit mie seul, mais en auroit de ceux qui se désirent à avancer.

De ces réponses se tint le roi de Chypre tout content, et se partit du dit prince et de la princesse et des seigneurs. Mais messire Jean Chandos le voult toujours accompagner, ainsi qu'il fit, tant qu'il fût hors de la prinçauté.

Si me semble qu'il retourna arrière pardevers France, pour revenir à Paris, en intention de trouver le roi revenu : mais non fera, car le roi de France étoit en l'hôtel de Savoye en Angleterre, acouché malade, et aggrévoit tous les jours, dont trop grandement déplaisoit au roi d'Angleterre et à la roine : car les plus sages du pays le jugeoient en grand péril. Et de ce étoit bien informé le duc de Normandie, qui se tenoit à Paris, et qui avoit le gouvernement de France, comme le roi de France étoit fort grévé de maladie; car messire Boucicaut étoit repassé la mer et en avoit informé le dit duc. Si cette nouvelle étoit sçue en France, le roi de Navarre qui se tenoit en Chierebourc[1] en savoit aussi toute la certaineté, dont il n'étoit mie courroucé; car il espéroit que si le roi de France mouroit, sa guerre en seroit plus belle. Si escripsit secrètement au captal de Buch son cousin, qui se tenoit adonc de-lez le comte de Foix son serourge, en lui[2] priant chèrement qu'il voulsist venir parler à lui en Normandie, et il le feroit seigneur et souverain pardessus tous ses chevaliers. Le captal qui désiroit les armes, et qui étoit par lignage tenu de servir son cousin monseigneur de Navarre, obéit et se partit du comté de Foix; et s'en vint par la prinçauté, et pria aucuns chevaliers et écuyers sur son chemin. Mais petit en eut, car point adonc ne se vouloient armer les Anglois, les Gascons, ni les Poitevins, pour le fait du roi de Navarre contre la couronne de France; car ils sentoient les alliances jurées à Calais, entre le roi d'Angleterre leur seigneur et le roi de France, si grandes et si fortes qu'ils ne les vouloient mie blesser ni briser. Si que, ce terme pendant, et le captal de Buch venant en Normandie devers le roi de Navarre, le roi Jean de France trépassa de ce siècle[3] en Angleterre, en l'hôtel de Savoye; dont le roi d'Angleterre, la roine et tous leurs enfans, et plusieurs barons d'Angleterre, furent moult courroucés, pour l'honneur de la grand'amour que le roi de France, depuis la paix faite, leur avoit montrée.

Le duc d'Orléans son frère, et le duc de Berry son fils, qui de la mort du roi de France étoient courroucés, envoyèrent ces nouvelles en grand'hâte devers le duc de Normandie qui étoit au Goulet lez Vernon. Quand le duc sçut la vérité de la mort le roi son père, il fut moult courroucé; ce fut raison : mais il, comme cil qui se

---

[1] Sir Nèle Loring fut le vingtième chevalier de la Jarretière. Il était chambellan du prince Noir.

[1] Suivant le continuateur de Nangis, ce prince était resté en Navarre. Il paraît qu'on doit préférer ici son témoignage à celui de Froissart, parce que dans le récit des exploits militaires dont la Normandie fut le théâtre au commencement de cette guerre, le captal de Buch paraît toujours à la tête des troupes du roi de Navarre, et il n'est fait aucune mention de ce prince.

[2] Jean de Grailly captal de Buch avait épousé Blanche, sœur de Gaston II comte de Foix. Il fut le cinquième chevalier de la Jarretière. Buch est un petit promontoire sur la côte de Bayonne à Médoc.

[3] Le roi Jean mourut le lundi 8 avril, au soir.

tenoit et sentoit héritier de l'héritage de France et de la couronne, et qui étoit informé du roi de Navarre comment il avoit pourvu et pourvéoit encore tous les jours ses garnisons en la comté d'Évreux, et qu'il mettoit sus ses gens d'armes pour lui guerroyer, s'avisa qu'il y pourverroit de conseil et de remède si il pouvoit.

En ce temps s'armoit et étoit toujours armé François un chevalier de Bretagne qui s'appeloit messire Bertran du Guesclin. Le bien de lui ni sa prouesse n'étoient mie grandement renommées ni connues, fors entre les chevaliers qui le hantoient au pays de Bretagne, où il avoit demeuré et toujours tenu la guerre pour monseigneur Charles de Blois contre le comte de Montfort. Cil messire Bertran étoit et fut toujours grandement et durement estimé entre eux vaillant chevalier et bien aimé de toutes gens d'armes; et jà étoit-il grandement en la grâce du duc de Normandie, pour les vertus qu'il en oyoit recorder [1]. Donc il avint que sitôt que le duc de Normandie sçut le trépas du roi son père [2], ainsi que cil qui se doutoit grandement du roi de Navarre, dit à monseigneur Boucicaut, maréchal de France : « Boucicaut, partez de ci, avec ce que vous avez de gens, et chevauchez vers Normandie, vous y trouverez messire Bertran du Guesclin : si vous tenez prêt, je vous prie, vous et lui, de reprendre sur le roi de Navarre la ville de Mante, par quoi nous soyons seigneurs de la rivière de Saine. » Messire Boucicaut répondit : « Sire, volontiers. » Adoncques se partit-il, et emmena avecques lui grand'foison de bons chevaliers et écuyers, et prit le chemin de Normandie pardevers Saint-Germain-en-Laye; et donna à entendre à tous ceux qui avec lui étoient qu'il alloit devant le châtel de Rolleboise que manières de gens, nommés compagnies, tenoient.

CHAPITRE CLXVII.

Comment messire Bertran du Guesclin et le maréchal Boucicaut prirent la ville de Mante et celle de Meulan.

Rolleboise est un château bon et fort durement, séant sur la rivière de Saine, à une lieue près de Mante; et étoit pour ce temps garni et rempli de compagnons gens d'armes, qui faisoient guerre d'eux-mêmes, et couroient autant sur la terre le roi de Navarre que sur le royaume de France; et avoient un capitaine à qui ils obéissoient du tout, et qui les retenoit et payoit parmi certains gages qu'il leur donnoit : et étoit cil né de la ville de Brusselles, et s'appeloit Wautre Obstrate, appert homme d'armes et outrageux durement. Cil et ses gens avoient le pays de là environ tout pillé et robé; et n'osoit nul aller de Paris à Mante, ni de Mante à Rouen ni à Pontoise, pour ceux de la garnison de Rolleboise. Et n'avoient cure à qui; aussi bien les gens du roi de Navarre ruoient-ils jus quand ils les trouvoient, que les François; et par espécial ils contraignoient si ceux de Mante, qu'ils n'osoient issir hors de leurs portes, et se doutoient plus d'eux que des François. Quand messire Boucicaut se partit de Paris, quoiqu'il donnât à entendre qu'il allât celle part, il se feignit de prendre le droit chemin de Rolleboise, et attendit monseigneur Bertran du Guesclin et sa route, qui avoit paravant chevauché devant la ville d'Évreux et parlementé à ceux de dedans, mais on ne lui avoit voulu ouvrir les portes; ainçois avoient ceux d'Évreux fait semblant que de lui servir de pierres et de mangonneaux, et de traire à lui et à ses gens, si il ne se fût légèrement parti des barrières où il étoit arrêté. Si se retira messire Bertran du Guesclin, arrière devers le maréchal Boucicaut qui l'attendoit sur un chemin assez près de Rolleboise. Quand ils se furent trouvés, ils étoient bien cinq cents hommes d'armes. Si eurent les deux capitaines, messire Bertran et messire Boucicaut, sur les champs là moult grand parlement ensemble, à savoir comment ils se maintiendroient, ni par

---

[1] Le duc de Normandie avait été lui-même témoin de sa valeur en 1359, au siége de Melun, où du Guesclin porta pour la première fois les armes au service de la France. Il s'y était retiré peu de temps auparavant, après s'être échappé des mains de l'Anglais Felton que le comte de Montfort, qui le retenait prisonnier injustement, avait chargé de sa garde. Felton l'accusa au parlement de Paris d'avoir violé par son évasion la foi qu'il avait donnée. Du Guesclin soutint que sa détention étant injuste, il n'avait point manqué à sa parole, et offrit de prouver par les armes l'équité de son procédé. L'Anglais refusa d'accepter le défi; l'affaire s'accommoda. (*Vie de Du Guesclin*, publiée par Menard.)

[2] Froissart va raconter la prise de Mante comme étant arrivée au commencement du règne de Charles V, après qu'on eût été informé en France de la mort du roi Jean; mais l'auteur des *Chroniques de France*, qui est pour l'ordinaire beaucoup plus exact que Froissart sur les dates des événemens arrivés en France, place celui-ci au 7 avril, veille de la mort du roi Jean.

quelle manière ils pourroient avoir la ville de Mante, où ils tiroient. Si conseillèrent entr'eux que messire Boucicaut, lui centième de chevaux tant seulement, chevaucheroit devant et viendroit à Mante, et feroit l'effréé, et diroit à ceux de la ville que « ceux de Rolleboise le chassent, et que ils le laissent dedans entrer. Si il y entre, tantôt il se saisira de la ville, et messire Bertran et sa grosse route tantôt venront férant et battant, et entreront en la ville et en feront leur volonté. Si ils ne l'ont par celle voie, ils ne peuvent mie voir comment ils l'aient. » Toutefois pour le meilleur ce conseil fut tenu; et le tinrent les seigneurs entr'eux en secret; et se partit messire Boucicaut et la route qu'il devoit mener, et chevauchèrent à la couverte pardevers Mante, et messire Bertran d'autre part; et se mirent, il et les siens, en embûche assez près de Mante. Quand messire Boucicaut et sa route durent approcher la ville de Mante, ils se déroutèrent ainsi comme gens déconfits et mis en chasse, et s'en vint le dit maréchal, espoir lui dixième, et les autres le suivoient petit à petit. Si s'arrêta devant la barrière, car toujours y avoit gens qui la gardoient, et dit : « Haro! bonnes gens de Mante, ouvrez vos portes et nous laissez entrer dedans et nous recueillez; car véez ci ces meurtriers de Rolleboise et pillards qui nous enchassent et nous ont déconfits par grand'mésaventure. » — Qui êtes-vous, sire, dirent ceux qui là étoient, et qui la barrière et la porte gardoient? » — « Seigneurs, je suis Boucicaut, maréchal de France, que le duc de Normandie envoyoit devant Rolleboise : mais il m'en est mal pris; car les barons de dedans m'ont jà déconfit et me convient fuir, veuille ou non; et me prendront aux mains, et ce que j'ai de demeurant de gens, si vous ne nous ouvrez votre porte bientôt. « Ceux de Mante répondirent, qui cuidèrent qu'il dît vérité : « Sire, nous savons bien voirement que ce sont ceux de Rolleboise, et que ils sont nos ennemis et les vôtres aussi, et n'ont cure à qui ils aient la guerre, et d'autre part que le duc de Normandie votre sire nous hait, pour la cause du roi de Navarre notre sire : si sommes en grand'doute que nous ne soyons déçus par vous qui êtes maréchal de France. » — « Par ma foi, seigneurs! dit-il, nennil; je ne suis ci venu en autre intention que pour gréver, combien qu'il m'en ait mal pris, la garnison de Rolleboise. » A ces paroles ouvrirent ceux de Mante leurs barrières et leurs portes, et laissèrent dedans passer monseigneur Boucicaut et sa route; et toujours venoient gens petit à petit. Entre les derniers des gens monseigneur Boucicaut et les gens monseigneur Bertran, n'eurent ceux de Mante nul loisir de refermer leurs portes; car combien que messire Boucicaut et la plus grand'partie de ses gens se traissent tantôt à l'hôtel et se désarmassent, pour mieux assurer ceux de la ville, les derniers, qui étoient Bretons, se saisirent des barrières et de la porte. Et n'en furent mie maîtres ceux de la ville; car tantôt messire Bertran et sa route vinrent le grand galop et écrièrent, « Saint Yve! Guesclin! à la mort! à la mort tous Navarrois! » Donc entrèrent ces Bretons par ces hôtels; si pillèrent et robèrent tout ce qu'ils trouvèrent, et prirent des bourgeois desquels qu'ils voulurent pour leurs prisonniers, et en tuèrent aussi assez. Et tantôt incontinent qu'ils furent entrés à Mante, ainsi comme vous oyez recorder, une route de Bretons se partirent et férirent chevaux des éperons et ne cessèrent, si vinrent à Meulan, une lieue pardelà [1], et y entrèrent assez soutilement; car ils dirent que c'étoient gens d'armes que messire Guillaume de Gauville, capitaine d'Évreux, envoyoit, et que autant ou plus en étoient demeurés à Mante.

Ceux de Meulan proprement cuidèrent qu'ils dissent vérité, pourtant qu'ils étoient venus le chemin de Mante, et ne pouvoient venir autre voie que par-là, ni avoir passé la rivière de Saine, fors au pont à Mante. Si les crurent légèrement, et ouvrirent leurs barrières et leurs portes tôt et appertement, et mirent en leur ville ces Bretons qui tantôt se saisirent des portes et commencèrent à crier « Saint-Yve! Guesclin! » et commencèrent à tuer et à découper ces gens, qui furent tous éperdus et prinrent à fuir et à eux sauver, chacun au mieux qu'il put [2]. Quand ils se virent ainsi déçus et trahis, ils n'eurent nul pouvoir d'eux recouvrer ni sauver. Ainsi fut Mante et Meulan pris, dont le duc de Normandie fut

---
[1] Meulan est à trois lieues de Mante, du côté de Paris.
[2] Le continuateur de Nangis et l'historien de du Guesclin ne parlent point du maréchal de Boucicaut à l'occasion de la prise de Mante et de Meulan, qu'ils racontent avec des circonstances très différentes de celles qu'on lit dans Froissart.

moult joyeux quand il sçut les nouvelles, et le roi de Navarre moult courroucé quand il en sçut la vérité. Si mit tantôt gardes et capitaines espéciaux par toutes ses villes et châteaux, et tint à trop grand dommage la perte de Mante et de Meulan ; car ce lui étoit par-là une trop belle entrée en France.

CHAPITRE CLXVIII.

Comment le captal de Buch arriva à Chierebourc ; et comment le duc de Normandie envoya messire Bertran faire frontière contre les Navarrois.

En celle propre semaine arriva le captal de Buch au havelle de Chierebourc, à bien quatre cents hommes d'armes. Si lui fit le roi de Navarre grand'fête [1], et le recueillit moult doucement, et lui remontra, en lui complaignant du duc de Normandie, comment il avoit pris et emblé ses villes Mante et Meulan, et se mettoient encore tous les jours en peine les François de tollir le demeurant. Le captal lui dit : « Monseigneur, s'il plaît à Dieu, nous irons au devant, et exploiterons tellement que vous les r'aurez, et encore des autres. On dit que le roi de France ira brièvement à Reims, si irons à l'encontre et lui porterons et ferons ennuy [2]. » De la venue du captal de Buch fut le roi de Navarre tout reconforté, et dit qu'il le feroit briévement chevaucher en France. Si manda le roi gens de toutes parts, là où il les pouvoit trouver et avoir.

Adonc étoit en Normandie sur la marine un chevalier d'Angleterre qui autrefois s'étoit armé pour le roi de Navarre. Il étoit appert homme d'armes durement, et l'appeloit-on monseigneur Jean Jeviel. Cil avoit toujours de sa route deux cents apperts combattans ou trois cents. Le roi de Navarre escripsit devers lui et lui pria qu'il le voulsist servir à ce qu'il avoit de gens, et il lui reguerdonneroit grandement. Messire Jean Jeviel descendit à la prière du roi de Navarre et vint devers lui tôt et hâtivement, et se mit du tout en son service. Bien savoit et étoit informé le duc de Normandie que le roi de Navarre faisoit son amas de gens d'armes et que le captal de Buch en seroit chef et gouverneur. Il se pourvut sur ce et escripsit devers monseigneur Bertran du Guesclin qui se tenoit à Mante, et lui manda que il et ses Bretons fissent frontière contre les Navarrois, et se missent aux champs, et il lui envoieroit gens assez pour combattre la puissance du roi de Navarre. Et ordonna encore le dit duc de Normandie à demeurer monseigneur Boucicaut à Mante, et de garder là la frontière, et Mante et Meulan pour les Navarrois.

Tout ainsi fut fait comme le duc ordonna. Si se partit monseigneur Bertran à tous ses Bretons, et se mit aux champs devers Vernon. En brefs jours envoya le duc de Normandie devers lui grands gens d'armes en plusieurs routes, le comte d'Aucerre, le vicomte de Beaumont, le seigneur de Beaujeu, monseigneur Louis de Châlons, monseigneur l'archiprêtre, le maître des arbalétriers, et plusieurs bons chevaliers et écuyers. Encore étoient en ce temps issus de Gascogne et venus en France, pour servir le duc de Normandie, le sire de Labreth, messire Aymemon de Pommiers, messire Petiton de Curton, messire le souldich de l'Estrade, et plusieurs autres apperts chevaliers et écuyers : de quoi le duc de Normandie leur sçavoit grand gré ; et leur donna tantôt grands gages et grands profits, et leur pria qu'ils voulsissent chevaucher en Normandie contre ses ennemis. Les dessus nommés, qui ne demandoient autre chose que les armes, obéirent volontiers et se mirent en arroy et en ordonnance, et vidèrent de Paris, et chevauchèrent devers Normandie, excepté le corps du seigneur de Labreth. Cil demeura à Paris de-lez le duc ; mais ses gens allèrent en celle chevauchée.

En ce temps issit des frontières de Bretagne, des marches devers Alençon, un chevalier Breton François, qui s'appeloit Braimon de Laval, et vint sur une ajournée devant la cité d'Évreux. Si avoit en sa compagnie quarante lances tous Bretons. A ce temps étoit dedans Évreux un jeune chevalier qui s'appeloit messire Guy de Gauville. Sitôt qu'il entendit l'effroi de ceux d'Évreux, il se courut armer ; et fit armer tous les compagnons soudoyers qui dedans le châtel étoient, et puis montèrent sur leurs chevaux et vidèrent par une porte dessous le châtel et se mirent aux champs. Messire Braymon avoit jà faite son emprise et sa montre et s'en retournoit tout le pas ; evvous venir monsire Guy de Gauville,

---

[1] On a observé plus haut que le roi de Navarre n'était vraisemblablement point alors en Normandie.

[2] Christine de Pisan s'exprime plus clairement que Froissart sur les projets du captal : elle dit en plusieurs endroits de son histoire de Charles V qu'il ne se proposait pas moins que d'empêcher le couronnement du roi.

monté sur fleur de coursier, la targe au col et le glaive au poing! et écrie tout en haut : « Braimon! Braimon! vous n'en irez pas ainsi, il vous faut parler à ceux d'Évreux, vous les êtes venus voir de si près qu'ils vous veulent apprendre à eux connoître. »

Quand messire Braimon se ouït écrier, si retourna son coursier et abaissa son glaives et s'adressa droitement dessus monseigneur Guy. Ces deux chevaliers se aconsuivirent de grand'manière tellement sur leurs targes que les glaives volèrent en tronçons; mais ils se tinrent franchement que oncques n'en partirent des arçons, et passèrent outre : au retour qu'ils firent, ils sachèrent leurs épées : et tantôt s'entremêlèrent leurs gens. De première venue il en y eut maints renversés d'une partie et d'autre. Là eut bon poignis, et se acquittèrent les Bretons moult loyaument, et se combattirent vaillamment; mais finablement ils ne purent obtenir la place : ainçois les convint demeurer, car gens d'armes croissoient toujours sur eux. Et furent tous ou morts ou pris, oncques nul n'en échappa; et prit messire Guy de Gauville monseigneur Braimon, et l'emmena comme son prisonnier dedans le châtel d'Évreux; et aussi y furent menés tous les autres qui pris étoient. Ainsi eschey de cette aventure, dont messire Guy fut durement prisé et aimé du roi de Navarre et de tous ceux de la ville d'Évreux : et au voir dire, les Bretons se portèrent vaillamment; car ils n'étoient que une poignée de gens au regard des Navarrois qui toujours croissoient.

CHAPITRE CLXIX.

Comment le roi de Chypre s'en retourna d'Aquitaine à Paris; et comment le roi Jean fut apporté d'Angleterre à Saint-Denis, et là enseveli très révéremment.

Auques en ce temps retourna en France le roi de Chypre qui revenoit d'Aquitaine, et s'en vint droitement à Paris, et se retraist devers le régent le duc de Normandie. Pour lors étoient de-lez lui ses deux frères, le duc d'Anjou et messire Philippe qui puis fut duc de Bourgogne; et attendoient le corps du roi leur père que on rapportoit d'Angleterre. Si leur aida à complaindre le dit roi de Chypre leur deuil, et il même prit en grand'déplaisance cette mort du roi de France, pour la cause de ce que son voyage en étoit arrêté; et s'en vêtit de noir. Or vint le jour que le corps du roi de France, qui étoit embaumé et mis en un sarcueil, approcha Paris; lequel corps messire Jean d'Artois, le comte de Dampmartin et le grand prieur de France aconduisoient. Si vidèrent de Paris le duc de Normandie et ses frères et le roi de Chypre et la greigneur partie du clergé de Paris, et allèrent tous à pied outre Saint-Denis en France; et là fut-il apporté et enseveli en grand'solennité[1]; et chanta sa messe l'archevêque de Sens le jour de son obsèque. Après le service fait et le dîner qui fut moult grand et moult noble, les seigneurs et les prélats retournèrent à Paris. Si eurent parlement et conseil ensemble, à savoir comment ils se maintiendroient; car le royaume ne pouvoit être longuement sans roi. Si fut conseillé, par l'avis des prélats et des nobles, que on se trairoit devers la cité de Reims, pour couronner à roi monseigneur Charles duc de Normandie. Lors fit-on appareiller moult grandes pourvéances partout, ainsi que pour le nouveau roi aller et demeurer, et par espécial en la cité de Reims. Si en escripsit cil qui s'appeloit encore duc de Normandie, à son oncle monseigneur Wincelant duc de Brabant et de Lucembourc, et aussi au comte de Flandre, en priant qu'il voulsist être à son couronnement; et étoit le jour assigné au jour de la Trinité prochain venant[2].

Pendant que ces besognes, ces pourvéances et ces seigneurs s'ordonnoient, s'approchoient aussi les François et les Navarrois en Normandie; et jà étoit venu en la cité d'Évreux le captal de Buch, qui là faisoit son amas et son assemblée aussi de gens d'armes et de compagnons partout où il les pouvoit avoir. Si parlerons de lui et de monseigneur Bertran du Guesclin, et d'une belle journée de bataille qui fut le jeudi devant Trinité, que le duc de Normandie devoit être couronné et consacré à roi de France, ainsi qu'il fut en l'église cathédrale de Reims.

[1] Le corps du roi Jean ne fut point enterré à Saint-Denis aussi promptement que Froissart le suppose. Il fut d'abord apporté le 1er mai à Paris et déposé à l'abbaye Saint-Antoine où il resta plusieurs jours; on le transporta ensuite à Saint-Denis le 6 du même mois, et les obsèques ne se firent que le 7.

[2] Charles V fut en effet couronné le 19 mai jour de la Trinité.

CHAPITRE CLXX.

Comment le captal se partit d'Évreux à belle compagnie de gens d'armes pour combattre messire Bertran et les François, et en intention de destourber le couronnement du roi Charles.

Quand messire Jean de Grailly, dit et nommé captal de Buch, eut fait son amas et son assemblée en la cité d'Évreux, d'archers et de brigands, il ordonna ses besognes; et laissa en la dite ville et cité capitaine un chevalier qui s'appeloit Liger d'Orgesi, et envoya à Conches messire Guy de Gauville pour faire frontière sur le pays; et puis se partit d'Évreux à tous ses gens d'armes et ses archers; car il entendit que les François chevauchoient, mais il ne savoit quel part. Si se mit aux champs, en grand désir d'eux trouver. Si nombra ses gens et se trouva sept cents lances, trois cents archers et bien cinq cents autres hommes aidables.

Là étoient de-lez lui plusieurs bons chevaliers et écuyers, et par espécial un banneret du royaume de Navarre qui s'appeloit le sire de Saux. Et le plus grand après et le plus appert et qui tenoit la plus grand'route de gens d'armes et d'archers, c'étoit un chevalier d'Angleterre qui s'appeloit Jean Juiel. Si y étoient messire Pierre de Saquenville, messire Bertran du Franc, le bascle de Mareuil, messire Guillaume de Gauville, et plusieurs autres, tous en grand'volonté de rencontrer monseigneur Bertran et ses gens et d'eux combattre. Si tiroient à venir devers Pacy et le Pont-de-l'Arche; car bien pensoient que les François passeroient la rivière de Saine; voire si ils ne l'avoient jà passée. Or avint que, droitement le mercredi de la Pentecôte[1], si comme le captal et sa route chevauchoient au dehors d'un bois, ils encontrèrent d'aventure un héraut qui s'appeloit le roi Faucon, et étoit cil au matin parti de l'ost des François. Si très tôt que le captal le vit, bien le reconnut, car il étoit héraut au roi d'Angleterre; et lui demanda dont il venoit, et si il avoit nulles nouvelles des François. « En nom Dieu, monseigneur, dit-il, oil : je me partis hui matin d'eux et de leur route; et vous quèrent aussi et ont grand désir de vous trouver. » — « Et quel part sont-ils, dit le captal, sont-ils deçà le Pont-de-l'Arche ou delà? » — « En nom Dieu, dit Faucon, sire, ils ont passé le Pont-de-l'Arche et Vernon, et sont maintenant, je crois, assez près de Pacy. » — « Et quels gens sont-ils, dit le captal, et quels capitaines ont-ils? Dis-le moi, je t'en prie, doux Faucon. » — « En nom Dieu, sire, ils sont bien mille et cinq cents combattans, et toutes bonnes gens d'armes. Si y sont messire Bertran du Guesclin qui a la plus grand'route de Bretons, le comte de Aucerre, le vicomte de Beaumont, messire Louis de Châlons, le sire de Beaujeu, monseigneur le maître des arbalétriers, messire l'archiprêtre, messire Oudart de Renty; et si y sont de Gascogne, votre pays, les gens le seigneur de Labreth, messire Petiton de Curton et messire Perducas de Labreth; et si y est messire Aymon de Pommiers et messire le soudich de l'Estrade. » Quand le captal ouït nommer les Gascons si fut durement émerveillé, et rougit tout de félonnie, et répliqua sa parole en disant : « Faucon, Faucon, est-ce à bonne vérité que tu dis que ces chevaliers de Gascogne que tu nommes sont là, et les gens le seigneur de Labreth? » — « Sire, dit le héraut, par ma foi, oil. » — « Et où est le sire de Labreth, dit le captal? » — « En nom Dieu, sire, répondit Faucon, il est à Paris de-lez le régent le duc de Normandie qui s'appareille fort pour aller à Reims; car on dit partout communément que dimanche qui vient il se fera sacrer et couronner. » Adonc mit le captal sa main à sa tête, et dit ainsi que par mautalent : « Par le cap Saint-Antoine! Gascons contre Gascons s'éprouveront. »

Adonc parla le roi Faucon pour Pierre, un héraut que l'archiprêtre envoyoit là; et dit au captal : « Monseigneur, assez près de ci m'attend un héraut que l'archiprêtre envoie devers vous, lequel archiprêtre, à ce que j'entends par le héraut, parleroit volontiers à vous. » Dont répondit le captal et dit à Faucon : « Faucon, dites à ce héraut françois qu'il n'a que faire plus avant, et qu'il dise à l'archiprêtre que je ne vueil nul parlement à lui. » Adonc s'avança messire Jean Jeviel, et dit : « Sire, pourquoi? » — « Espoir est-ce pour notre profit. « Dont, dit le captal : « Jean, Jean, non est; mais est l'archiprêtre si baretierre que, s'il venoit jusques à nous, en nous contant jangles et bourdes, il aviseroit et imagineroit notre force et nos gens : si nous pourroit tourner à grand dommage et à grand contraire : si n'ai cure de ses grands parlemens. » Adonc retourna le roi Faucon devers Pierre

---

[1] Le 15 de mai.

son compagnon qui l'attendoit au coron d'une haye, et excusa monseigneur le captal bien et sagement, tant que le héraut françois en fut tout content; et rapporta arrière à l'archiprêtre tout ce que Faucon lui avoit dit.

CHAPITRE CLXXI.

Comment les Navarrois et les François sçurent nouvelles les uns des autres ; et comment le captal ordonna ses batailles.

Ainsi eurent les Navarrois et les François connoissance les uns des autres, par le rapport des deux hérauts. Si se conseillèrent et avisèrent sur ce, et s'adressèrent ainsi que pour trouver l'un l'autre. Quand le captal eut ouï dire à Faucon quel nombre de gens d'armes les François étoient et qu'ils étoient bien quinze cents, il envoya tantôt certains messages en la cité d'Évreux devers le capitaine, en lui signifiant que il fist vider et partir toutes manières de jeunes compagnons armés dont on se pouvoit aider, et traire devers Coucherel ; car il pensoit bien que là en cel endroit trouveroit-il les François ; et sans faute, quelque part qu'il les trouvât, il les combattroit. Quand ces nouvelles vinrent en la cité d'Évreux à monseigneur Leger d'Orgesy, il les fit crier et publier, et commanda étroitement que tous ceux qui à cheval étoient incontinent se traissent devers le captal. Si en partirent de rechef plus de six vingt compagnons jeunes, de la nation de la ville.

Ce mercredi se logea à heure de nonne le captal sur une montagne et ses gens tout environ ; et les François qui les désiroient à trouver chevauchèrent avant, et tant qu'ils vinrent sur la rivière que on appelle au pays Yton, et court autour devers Évreux, et naît de bien près de Conches[1] ; et se logèrent tout aisément ce mercredi, à heure de relevée, en deux beaux prés tout au long de celle rivière. Le jeudi matin se délogèrent les Navarrois et envoyèrent leurs coureurs devant pour savoir si ils orroient nulles nouvelles des François ; et les François envoyèrent aussi les leurs pour savoir si ils orroient nulles telles nouvelles des Navarrois. Si en rapportèrent chacun à sa partie, en moins d'espace que de deux lieues, certaines nouvelles ; et chevau-

[1] La rivière d'Iton prend sa source dans le Perche, passe à Évreux et se jette dans l'Eure un peu au-dessus du Pont-de-l'Arche.

choient les Navarrois, ainsi que Faucon les menoit, droit à l'adresse le chemin qu'il étoit venu. Si vinrent environ une heure de prime sur les plains de Coucherel, et virent les François devant eux qui jà ordonnoient leurs batailles ; et y avoit grand foison de bannières et de pennons, et étoient par semblant plus tant et demi qu'ils n'étoient. Si s'arrêtèrent les dits Navarrois tous cois au dehors d'un petit bois qui là sied ; et puis se trairent avant les capitaines et se mirent en ordonnance.

Premièrement ils firent trois batailles bien et faiticement tous à pied, et envoyèrent leurs chevaux, leurs malles et leurs garçons en ce petit bois qui étoit de-lez eux ; et établirent monseigneur Jean Jeviel en la première bataille, et lui ordonnèrent tous les Anglois, hommes d'armes et archers. La seconde eut le captal de Buch, et pouvoient bien être en sa bataille quatre cents combattans, que uns que autres. Si étoient de-lez le captal de Buch le sire de Saux en Navarre, un jeune chevalier, et sa bannière, et messire Guillaume de Gauville, et messire Pierre de Saquenville. La tierce eurent trois autres chevaliers, messire la bascle de Mareuil, messire Bertran du Franc et messire Sanse Lopin ; et étoient aussi environ quatre cents armures de fer. Quand ils eurent ordonné leurs batailles, ils ne s'éloignèrent point trop l'une de l'autre, et prirent l'avantage d'une montagne qui étoit à la droite main entr'eux et le bois, et se rangèrent tous de front sur celle montagne pardevant leurs ennemis ; et mirent encore, par grand avis, le pennon du captal en un fort buisson épineux, et ordonnèrent là entour soixante armures de fer pour le garder et défendre. Et le firent par manière d'étendart pour eux rallier, si par force d'armes ils étoient épars ; et ordonnèrent encore que point ne se devoient partir, ni descendre de la montagne pour chose qui avenist ; mais si on les vouloit combattre on les allât là quérir.

CHAPITRE CLXXII.

Comment messire Bertran du Guesclin et les seigneurs de France ordonnèrent leurs batailles.

Tout ainsi ordonné et rangé se tenoient Navarrois et Anglois d'un côté sur la montagne que je vous dis. Pendant ce ordonnoient les

François leurs batailles, et en firent trois et une arrière-garde.

La première bataille eut messire Bertran du Guesclin atout les Bretons, dont je vous en nommerai aucuns chevaliers et écuyers, premièrement monseigneur Olivier de Mauny et monseigneur Hervé de Mauny, monseigneur Eon de Mauny frères et neveux du dit monseigneur Bertran, monseigneur Geoffroy Feiron, monseigneur Allain de Saint-Pol, monseigneur Robin de Guite, monseigneur Eustache et monseigneur Allain de La Houssoye, monseigneur Robert de Saint Père, monseigneur Jean le Boier, monseigneur Guillaume Bodin, Olivier de Quoiquen, Lucas de Maillechat, Geffroy de Quedillac, Geffroy Pa'en, Guillaume du Hallay, Jean de Pairigny, Sevestre Budes, Berthelot d'Angoullevent, Olivier Feiron, Jean Feiron son frère et plusieurs autres bons chevaliers et écuyers que je ne puis mie tous nommer; et fut ordonné pour assembler à la bataille du captal.

La seconde, le comte d'Aucerre; et si étoient avecques lui gouverneurs de celle bataille le vicomte de Beaumont et messire Baudoin d'Ennequins maître des arbalêtriers; et eurent avec eux les François, les Normands et les Picards, monseigneur Oudart de Renty, monseigneur Enguerran d'Eudin, monseigneur Louis de Haveskerques et plusieurs autres barons chevaliers et écuyers.

La tierce eut l'archiprêtre et les Bourguignons; avec lui monseigneur Louis de Châlons, le seigneur de Beaujeu, monseigneur Jean de Vienne, monseigneur Guy de Trelay, messire Hugues Vienne et plusieurs autres; et devoit assembler cette bataille au bascle de Marcuil et à sa route.

Et l'autre bataille qui étoit pour arrière-garde, étoit toute pure de Gascons, desquels messire Aymemon de Pommiers, monseigneur le soudich de l'Estrade, messire Perducas de Labreth et mon seigneur Petiton de Curton furent souverains et meneurs. Or eurent là ces chevaliers gascons un grand advis : ils imaginèrent tantôt l'ordonnance du captal et comment ceux de son côté avoient mis et assis son pennon sur un buisson, et le gardoient aucuns des leurs, car ils en vouloient faire étendart. Si dirent ainsi : « Il est de nécessité que quand nos batailles seront assemblées, nous nous traions de fait, et adressons de grand'volonté, droit au pennon du captal, et nous mettrons en peine du conquerre : si nous le pouvons avoir, nos ennemis en perdront moult de leur force et seront en péril d'être déconfits. » Encore avisèrent ces dits Gascons une autre ordonnance qui leur fût moult profitable, et qui leur parfit leur journée.

CHAPITRE CLXXIII.

Comment les Gascons s'avisèrent d'un bon avis par quelle manière le captal seroit pris et emporté de la bataille.

Assez tôt après que les François eurent ordonné leurs batailles, les chefs des seigneurs se mirent ensemble et se conseillèrent un grand temps comment ils se maintiendroient; car ils véoient leurs ennemis grandement sur leur avantage. Là dirent les Gascons dessus nommés une parole qui fut volontiers ouïe : « Seigneurs, bien savons que au captal a un aussi preux chevalier et conforté de ses besognes que on trouveroit aujourd'hui en toutes terres; et tant comme il sera sur la place et pourra entendre à combattre il nous portera trop grand dommage : si ordonnons que nous mettions à cheval trente des nôtres, tous des plus apperts et plus hardis par avis, et ces trente n'entendront à autre chose fors à eux adresser vers le captal; et pendant que nous entendrons à conquerre son pennon, ils se mettront en peine, par la force de leurs coursiers et de leurs bras, à dérompre la presse et de venir jusques au captal; et de fait ils prendront le dit captal, et trousseront, et l'emporteront entr'eux, et mèneront à sauveté quelque part, et jà n'y attendront fin de bataille. Nous disons aussi que, si il peut être pris ni retenu par telle voie, la journée sera nôtre, tant fort seront ébahis les gens de sa prise. » Les chevaliers de France et de Bretagne qui là étoient, accordèrent ce conseil légèrement, et dirent que c'étoit un bon avis, et que ainsi seroit fait. Si trièrent et élurent tantôt entr'eux et leurs batailles trente hommes d'armes des plus hardis et plus entreprenans par avis qui fussent en leurs routes, et furent montés ces trente, chacun sur bons coursiers, les plus légers et plus roides qui fussent en la place, et se trairent d'un lez sur les champs, avisés et informés quel chose ils devoient faire; et les autres demeurèrent tous à pied sur les champs en leur ordonnance, ainsi qu'ils devoient être.

CHAPITRE CXXIV.

Comment les seigneurs de France eurent conseil à savoir quel cri ils crieroient et qui seroit leur chef; et comment messire Bertran fut élu à être chef de la bataille.

Quand ceux de France eurent tout ordonné à leur avis leurs batailles, et que chacun savoit quel chose il devoit faire, ils regardèrent entre eux et pourparlèrent longuement quel cri pour la journée ils crieroient, et à laquelle bannière ou pennon ils se retrairoient. Si y furent grand temps sur un état que de crier Notre-Dame, Auxerre! et de faire pour ce jour leur souverain le comte d'Auxerre. Mais le dit comte ne s'y voult oncques accorder, ainçois se excusa moult doucement, en disant : « Seigneurs, grands mercis de l'honneur que vous me portez et voulez faire ; mais tant comme à présent je ne vueil pas cette, car je suis encore trop jeune pour encharger si grand faix et telle honneur ; et c'est la première journée arrêtée où je fusse oncques ; pourquoi vous prendrez un autre que moi. Ci sont plusieurs bons chevaliers, monseigneur Bertran, monseigneur l'archiprêtre, monseigneur le maître des arbalètriers, monseigneur Louis de Châlons, monseigneur Aymemon de Pommiers, monseigneur Oudart de Renty, qui ont été en plusieurs grosses besognes et journées arrêtées, et savent mieux comment tels choses se doivent gouverner que je ne fais ; si m'en déportez, et je vous en prie. » Adonc regardèrent les chevaliers qui là étoient l'un l'autre, et lui dirent : « Comte d'Auxerre, vous êtes le plus grand de mise, de terre et de lignage qui soit ci, si pouvez bien par droit être chef. » — « Certes, seigneurs, vous dites votre courtoisie, je serai aujourd'hui votre compain, et vivrai et mourrai et attendrai l'aventure de-lez vous ; mais de souveraineté n'y veuil-je point avoir. » Adonc regardèrent-ils l'un l'autre lequel donc ils ordonneroient. Si y fut avisé et regardé pour le meilleur chevalier de la place, et qui plus s'étoit combattu de la main, et qui mieux savoit aussi comment tels choses se doivent maintenir, messire Bertran du Guesclin. Si fut ordonné de commun accord que on crieroit, Notre-Dame, Guesclin! et que on s'ordonneroit celle journée du tout par le dit messire Bertran.

Toutes choses faites et établies, et chacun sire dessous sa bannière ou son pennon, ils regardoient leurs ennemis qui étoient sur le tertre et point ne partoient de leur fort, car ils ne l'avoient mie en conseil ni en volonté ; dont moult ennuyoit aux François, pourtant qu'ils les véoient grandement en leur avantage, et aussi que le soleil commençoit haut à monter, qui leur étoit un grand contraire, car il faisoit malement chaud. Si le ressoignoient tous les plus surs ; car encore n'avoient-ils troussé ni porté vin ni vitaille avecques eux, qui rien leur vaulsist, fors aucuns seigneurs qui avoient petits flacons pleins de vin, qui tantôt furent vidés. Et point ne s'en étoient pourvus ni avisés du matin, pour ce qu'ils se cuidoient tantôt combattre que ils seroient là venus. Et non firent, ainsi qu'il apparut ; mais les détrièrent les Anglois et les Navarrois par soutiveté ce qu'ils purent ; et fut plus de remontée ainçois qu'ils se missent ensemble pour combattre. Quand les seigneurs de France en virent le convine, ils se remirent ensemble par manière de conseil, à savoir comment ils se maintiendroient, et si on les iroit combattre ou non. A ce conseil n'étoient-ils mie bien d'accord, car les aucuns vouloient que on les allât requérir et combattre, comment qu'il fût, et que c'étoit grand blâme pour eux quand tant y mettoient : là débattoient les aucuns mieux avisés ce conseil, et disoient que si on les alloit combattre au parti où ils étoient, et ainsi arrêtés sur leur avantage, on se mettroit en très grand péril ; car des cinq ils auroient les trois. Finablement ils ne pouvoient être d'accord de eux aller combattre. Bien véoient et considéroient les Navarrois la manière d'eux ; et disoient : « Véez-les ci, ils viendront tantôt à nous pour nous combattre, et en sont en grand volonté. »

Là avoit aucuns chevaliers et écuyers normands, prisonniers, entre les Anglois et Navarrois, qui étoient recrus selon leur foi ; et les laissoient paisiblement leurs maîtres aller et chevaucher, pourtant qu'ils ne se pouvoient armer devers les François. Si disoient ces prisonniers aux seigneurs de France : « Seigneurs, avisez vous, car si la journée d'huy se départ sans bataille, vos ennemis seront demain trop grandement reconfortés ; car on dit entre eux que messire Louis de Navarre y doit venir avec bien trois cents lances. » Si que ces paroles inclinèrent grandement les chevaliers et les écuyers de France à combattre, comment qu'il fût, les Navarrois, et en furent tous appareillés et abatis par trois ou quatre fois. Mais toujours vainquoient les plus sages, et disoient : « Seigneurs, attendons encore un petit et véons comment ils se maintiendront; car ils sont bien si grands et si présompcieux que ils nous désirent autant à combattre, que nous faisons eux. » Là en y avoit plusieurs durement foulés et mal menés pour la grand'chaleur que il faisoit; car il étoit sur l'heure de nonne : si avoient jeûné toute la matinée, et étoient armés, et férus du soleil parmi leurs armures qui étoient échauffées. Si disoient bien les dits François : « Si nous allons combattre ni lasser contre cette montagne, au parti où nous sommes, nous serons perdus d'avantage; mais retrainons nous mais-huy en nos logis, et demain aurons autre conseil. » Ainsi étoient-ils en diverses opinions.

CHAPITRE CLXXV.

Comment, par le conseil de messire Bertran, les François firent semblant de fuir ; et comment l'archiprêtre se partit de la bataille.

Quand les chevaliers de France, qui ces gens, sur leur honneur, avoient à conduire et à gouverner, virent que les Navarrois et Anglois d'une sorte ne partiroient point de leur fort, et que il étoit jà haute nonne, et si oyoient les paroles que les prisonniers françois qui venoient de l'ost des Navarrois leur disoient, et si véoient la greigneur partie de leurs gens durement foulés et travaillés pour le chaud, si leur tournoit à grand'déplaisance; si se remirent ensemble et eurent autre conseil, par l'avis de messire Bertran du Guesclin qui étoit leur chef et à qui ils obéissoient. « Seigneurs, dit-il, nous véons que nos ennemis nous détrient à combattre; et si en ont grand'volonté, si comme je pense; mais point ne descendront de leur fort, si ce n'est par un parti que je vous dirai. Nous ferons semblant de nous retraire et de non combattre mes-hui; aussi sont nos gens durement foulés et travaillés par le chaud; et ferons tous nos varlets, nos harnois et nos chevaux passer tout bellement et ordonnément outre ce pont et retraire à nos logis, et toujours nous tiendrons sur aile et entre nos batailles en aguet, pour voir comment ils se maintiendront : si ils nous désirent à combattre, ils descendront de leur montagne et nous viendront requerre tout au plein. Tantôt que nous verrons leur convine, si ils le font ainsi, nous serons tous appareillés de retourner sur eux; et ainsi les aurons nous mieux à notre aise. « Ce conseil fut arrêté de tous, et le retinrent pour le meilleur entr'eux. Adonc se retraist chacun sire entre ses gens et dessous sa bannière ou pennon, ainsi comme il devoit être; et puis sonnèrent leurs trompettes et firent grand semblant d'eux retraire, et commandèrent tous chevaliers et écuyers et gens d'armes leurs varlets et garçons à passer le pont et mettre outre la rivière leurs harnois. Si en passèrent plusieurs en cel état, et presque ainsi que tous, et puis aucunes gens d'armes faintement. Quand messire Jean Jeviel, qui étoit appert chevalier et vigoureux durement, et qui avoit grand désir des François combattre, aperçut la manière comment ils se retraioient, si dit au captal : « Sire, sire, descendons appertement; ne véez-vous pas comment les François s'enfuient ? » Donc répondit le captal et dit : « Messire Jean, messire Jean, ne croyez jà que si vaillans hommes qu'ils sont s'enfuient ainsi; ils ne le font fors que par malice et pour nous attraire. » Adonc s'avança messire Jean Juviel qui moult en grand désir étoit de combattre, et dit à ceux de sa route, et en écriant Saint-George ! « Passez avant ! qui m'aime si me suive, je m'en vais combattre. » Donc se hâta, son glaive en son poing, pardevant toutes les batailles; et jà étoit avalé jus de la montagne, et une partie de ses gens, ainçois que le captal se partit. Quand le captal vit que c'étoit acertes et que Jean Juviel s'en alloit combattre sans lui, si le tint à grand'présomption et dit à ceux qui de-lez lui étoient : « Allons, descendons la montagne appertement, messire Jean Juviel ne se combattra point sans moi. » Donc s'avancèrent toutes les gens du captal, et il premièrement, son glaive en son poing. Quand les François qui étoient en aguet le virent venu et descendu au plain, si furent tous réjouis et dirent entr'eux : « Véez ci ce que nous demandions huy tout le jour. » Adonc retournèrent-ils tous à un faix, en grand'volonté de recueillir leurs ennemis, et écrièrent d'une voix : Notre-Dame, Guesclin ! Si s'adressèrent leurs bannières devers les Navarrois, et commencèrent les batailles à assaillir de toutes parts et tous à pied. Et véez ci venir monseigneur Jean Juviel tout devant, le glaive au poing, qui courageusement vint assembler à la bataille des Bretons, desquels messire Bertran étoit chef; et là fit maintes grands appertises d'armes, car il fut hardi chevalier durement.

Donc s'espardirent ces batailles, ces chevaliers et ces écuyers, sur ces plains, et commencèrent à lancer, à férir et à frapper de toutes armures, ainsi que ils les avoient à main, et à entrer l'un en l'autre par vasselage, et eux combattre de grand'volonté. Là crioient les Anglois et les Navarrois d'un lez : Saint-George, Navarre! et les François : Notre-Dame, Guesclin! Là furent moult bons chevaliers du côté des François, premièrement messire Bertran du Guesclin, le jeune comte d'Aucerre, le vicomte de Beaumont, messire Baudouins d'Eanequins, messire Louis de Châlons, le jeune sire de Beaujeu messire Anthoine qui là leva bannière, messire Louis de Havesquierque, messire Oudard de Renty, messire Enguerran d'Eudin; et d'autre part les Gascons qui avoient leur bataille et qui se combattoient tout à part eux; premièrement messire Aymon de Pommiers, messire Perducas de Labreth, monseigneur le soudich de l'Estrade, messire de Courton et plusieurs autres tous d'une sorte. Et s'adressèrent ces Gascons à la bataille du captal et des Gascons : aussi ils avoient grand'volonté d'eux trouver. Là eut grand hutin et dur poignis, et fait maintes grands appertises d'armes. Et pour ce que en armes on ne doit point mentir à son pouvoir, on me pourroit demander que l'archiprêtre qui là étoit, un grand capitaine, étoit devenu, pour ce que je n'en fais nulle mention. Je vous en dirai la vérité. Si très tôt que l'archiprêtre vit l'assemblement de la bataille, et que on se combattroit, il se bouta hors des routes : mais il dit à ses gens et à celui qui portoit sa bannière : « Je vous ordonne et commande, sur quant que vous vous pouvez mes-faire envers moi, que vous demeurez et attendez fin de journée ; je me pars sans retourner ; car je ne me puis huy combattre ni être armé contre aucun des chevaliers qui sont pardelà ; et si on vous demande de moi si en répondez ainsi à ceux qui en parleront. » Adonc se partit-il, et un sien écuyer tant seulement, et repassa la rivière et laissa les autres convenir. Oncques François ni Bretons ne s'en donnèrent garde, pourtant que ils véoient ses gens et sa bannière, jusques en la fin de la besogne, et le cuidoient de-lez eux avoir. Or vous parlerai de la bataille, comment elle fut persévérée, et des grands appertises d'armes qui y furent faites celle journée.

CHAPITRE CLXXVI.

Comment le captal fut ravi et emporté de la bataille, voyans toutes ses gens, dont forcément furent courroucés.

Dû commencement de la bataille, quand messire Jean Juviel fut descendu et toutes gens le suivoient du plus près qu'ils pouvoient, et mêmement le captal et sa route, ils cuidèrent avoir la journée pour eux ; mais il en fut tout autrement. Quand ils virent que les François étoient retournés par bonne ordonnance, ils connurent tantôt que ils s'étoient forfaits : néanmoins, comme gens de grand'emprise, ils ne s'ébahirent de rien, mais eurent bonne intention de tout recouvrer par bien combattre. Si reculèrent un petit et se remirent ensemble ; et puis s'ouvrirent, et firent voie à leurs archers qui étoient derrière eux, pour traire. Quand les archers furent devant, si se élargirent et commencèrent à traire de grand'manière ; mais les François étoient si fort armés et pavoisés contre le trait, que oncques ils n'en furent grévés, si petit non, ni pour ce ne se laissèrent-ils point à combattre ; mais entrèrent dedans les Navarrois et Anglois tous à pied, et iceux entre eux de grand'volonté. Là eut grand boutis des uns et des autres ; et tolloient l'un autre, par force de bras et de lutter, leurs lances et leurs haches et les armures dont ils se combattoient ; et se prenoient et fiançoient prisonniers l'un l'autre ; et se approchoient de si près que ils se combattoient main à main si vaillamment que nul ne pourroit mieux. Si pouvez bien croire que en telle presse et en tel péril il y avoit des morts et des renversés grand'foison ; car nul ne s'épargnoit d'un côté ni d'autre. Et vous dis que les François n'avoient que faire de dormir ni de reposer sur leur bride, car ils avoient gens de grand fait et de hardie entreprise à la main : si convenoit chacun acquitter loyalement à son pouvoir, et défendre son corps, et garder son pas, et prendre son avantage quand il venoit à point ; autrement ils eussent été tous déconfits. Si vous dis pour vérité que les Picards et les Gascons y furent là très bonnes gens et y firent plusieurs belles appertises d'armes.

Or vous veuil-je compter des trente qui étoient élus pour eux adresser au captal, et trop bien montés sur fleurs de coursiers. Ceux qui n'entendoient à autre chose que à leur emprise, si comme chargés étoient, s'en vinrent tout serrés là où le captal étoit, qui se combattoit moult vaillamment d'une hache, et donnoit les coups si grands que nul n'osoit l'approcher, et rompirent la presse, parmi l'aide des Gascons qui leur firent voye. Ces trente, qui étoient trop bien montés, ainsi que vous savez, et qui savoient quel chose ils devoient faire, ne vouldrent mie ressoigner la peine et le péril; mais vinrent jusques au captal et l'environnèrent, et s'arrêtèrent du tout sur lui, et le prirent et embrassèrent de fait entre eux par force, et puis vidèrent la place, et l'emportèrent en cel état. Et en ce lieu eut adonc grand débat et grand abattis et dur hutin; et se commencèrent toutes les batailles à converser celle part : car les gens du captal, qui sembloient bien forcennés, crioient : « Rescousse au captal! rescousse! » Néanmoins, ce ne leur put rien valoir ni aider : le captal en fut porté et ravi en la manière que je vous dis, et mis à sauveté. De quoi, à l'heure que ce avint, on ne savoit encore lesquels en auroient le meilleur.

CHAPITRE CLXXVII.

Comment le pennon du captal fut conquis; et comment les Navarrois et les Anglois furent tous morts ou pris.

En ce touillis et en ce grand hutin et froissis, et que Navarrois et Anglois entendoient à suir la trace du captal qu'ils en véoient mener et porter devant eux, dont il sembloit qu'ils fussent tous forcennés, messire Aymon de Pommiers, messire Petiton de Courton, monseigneur le soudich de l'Estrade et les gens le seigneur de la Breth d'une sorte, entendirent de grand'volonté à eux adresser au pennon du captal qui étoit en un buisson, et dont les Navarrois faisoient leur étendard. Là eut grand hutin et forte bataille, car il étoit bien gardé et de bonnes gens; et par espécial, messire le bascle de Marueil et messire Geffroy de Roussillon y étoient. Là eut faites maintes appertises d'armes, maintes prises et maintes rescousses, et maints hommes blessés et navrés et renversés par terre. Toutes fois, les Navarrois qui là étoient de-lez le buisson et le pennon du captal furent ouverts et reculés par force d'armes, et mort le bascle de Marueil et plusieurs autres, et pris messire Geffroy de Roussillon et fiancé prisonnier de Monseigneur Aymon de Pommiers, et tous les autres qui là étoient ou morts ou pris, ou reculés si avant qu'il n'en étoit nulles nouvelles entour le buisson quand le pennon du captal fut pris, conquis et déciré et rué par terre. Pendant que les Gascons entendoient à ce faire, les Picards, les François, les Bretons, les Normands et les Bourguignons se combattoient d'autre part moult vaillamment; et bien leur étoit besoin, car les Navarrois les avoient reculés; et étoit demeuré mort entre eux le vicomte de Beaumont, dont ce fut dommage; car il étoit à ce jour jeune chevalier et bien taillé de valoir encore grand'chose. Si l'avoient ses gens à grand meschef porté hors de la presse arrière de la bataille, et là le gardoient. Je vous dis, si comme j'ai ouï recorder à ceux qui y furent d'un côté et d'autre, que on n'avoit point vu la pareille bataille d'autelle quantité de gens être aussi bien combattue comme celle fut; car ils étoient tous à pied et main à main. Si s'entrelaçoient l'un dedans l'autre et s'éprouvoient au bien combattre de tels armures qu'ils pouvoient, et par espécial de ces haches donnoient-ils si grands horions que tous s'étonnoient.

Là furent navrés et durement blessés messire Petiton de Courton et monseigneur le soudich de l'Estrade, et tellement que depuis pour la journée ne se purent aider. Messire Jean Juviel, par qui la bataille commença, et qui premier moult vaillamment avoit assailli et envahi les François, y fit ce jour maintes grands appertises d'armes, et ne daigna oncques reculer, et se combattit si vaillamment et si avant qu'il fut durement blessé en plusieurs lieux au corps et au chef, et fut pris et fiancé prisonnier d'un écuyer de Bretagne dessous monseigneur Bertran du Guesclin : adonc fut-il porté hors de la presse. Le sire de Beaujeu, messire Louis de Châlons, les gens de l'archiprêtre avec grand'foison de bons chevaliers et écuyers de Bourgogne se combattoient vaillamment d'autre part, car une route de Navarrois et les gens monseigneur Jean Juviel leur étoient au devant. Et vous dis que les François ne l'avoient point d'avantage, car ils trouvoient bien dures gens d'armes merveilleusement contre eux. Messire Bertran et ses Bretons se acquittèrent loyalement et bien se tinrent toujours ensemble, en aidant l'un l'autre. Et ce qui déconfit les Navarrois et Anglois ce fut la prise du captal, qui fut pris dès le commencement, et le conquêt de son pennon où ses gens ne se purent rallier. Les François obtinrent la place, mais il leur coûta grandement de leurs gens; et y furent morts le vicomte de Beaumont, si comme vous avez ouï, messire Baudoin d'Ennequins, maître des arbalétriers, messire Louis de Havesquierques et plusieurs autres. Et des Navarrois morts un banneret de Navarre, qui s'appeloit le sire de Saux; et grand'foison de ses gens de-lez lui, et mort le bascle de Marueil, un appert chevalier durement, si comme dessus est dit; et aussi mourut ce jour prisonnier messire Jean Juviel. Si furent pris messire Guillaume de Gauville, messire de Saquenville, messire Geffroy de Roussillon, messire Bertran du Franc et plusieurs autres : petit s'en sauvèrent, que tous ne fussent ou morts ou pris sur la place. Cette bataille fut en Normandie assez près de Coucherel, par un jeudi, le seizième jour de mai, l'an de grâce MCCCLXIV.

CHAPITRE CLXXVIII.

Comment messire Bertran et les François se partirent de Coucherel atout leurs prisonniers et s'en vinrent à Rouen.

Après cette déconfiture, et que tous le morts étoient jà devêtus, et que chacun entendoit à ses prisonniers si il les avoit, ou à lui mettre à point si blessé étoit, et que jà la greigneur partie des François avoit repassé le pont et la rivière et se retraioient à leurs logis, tout lassés et foulés, furent-ils en aventure d'avoir aucun meschef dont ils ne se donnoient de garde. Je vous dirai comment. Messire Guy de Gauville, fils à monseigneur Guillaume qui pris étoit sur la place, étoit parti de Conches, une garnison Navarroise; car il avoit entendu que leurs gens se devoient combattre, ainsi qu'ils firent, et durement se étoit hâté pour être à celle journée, où à tout le moins il espéroit que à lendemain on se combatroit. Si vouloit être de-lez le captal, comment qu'il fût, et avoit en sa route environ cinquante lances de bons compagnons et tous bien montés.

Le dit messire Guy et sa route s'en vinrent tout brochant les grands galops jusques en la place où la bataille avoit été. Les François qui étoient derrière, qui nulle garde ne s'en donnoient de cette survenue sentirent l'effroy des chevaux ; si se boutèrent tantôt ensemble en écriant : « Retournez, retournez! veci les ennemis!» De cet effroy furent les plusieurs moult effrayés, et là fit messire Aymon de Pommiers à leurs gens un grand confort : encore étoit-il, et toute sa route, en la place. Sitôt comme il vit ces Navarrois approcher, il se retraist sur dextre et fit développer son pennon et lever et mettre tout haut sur un buisson par manière d'étendard, pour rassembler leurs gens. Quand messire Guy de Gauville, qui en hâte étoit adressé sur la place, en vit la manière, et reconnut le pennon monseigneur Aymon de Pommiers, et ouït écrier : Notre Dame Guesclin ! et n'aperçut nul de ceux qu'il demandoit, mais en véoit grand'foison de morts gésir par terre, si connut tantôt que leurs gens avoient été déconfits et que les François avoient obtenu la place. Si fit tant seulement un poignis, sans faire nul semblant de combattre, et passa outre assez près de monseigneur Aymon de Pommiers, qui étoit tout appareillé de lui recueillir, s'il se fût trait avant ; et s'en r'alla son chemin ainsi comme il étoit venu : je crois bien que ce fut devers la garnison de Conches[1].

Or parlerons-nous des François comment ils persévérèrent. La journée, ainsi que vous avez entendu, fut pour eux, et repassèrent le soir la rivière outre et se retrairent à leurs logis et se aisèrent de ce qu'ils avoient. Si fut l'archiprêtre durement demandé et déparlé quand on s'aperçut qu'il n'avoit pas été à la bataille, et qu'il s'en étoit parti sans parler. Si l'excusèrent ses gens au mieux qu'ils purent. Et sachez que les trente qui le captal ravirent, ainsi que vous avez ouï, ne cessèrent onques de chevaucher, si l'eurent amené au châtel de Vernon, et là dedans mis

---

[1] La description de la bataille de Cocherel est peut-être un des meilleurs morceaux de l'histoire de Froissart : elle est décrite avec beaucoup de chaleur, et l'historien paraît avoir été très bien informé de toutes les circonstances de cet événement. On doit cependant observer que son récit diffère en plusieurs points de celui du continuateur de Nangis, et des auteurs qui ont écrit la vie de du Guesclin. On trouve aussi dans ces ouvrages des détails que Froissart n'a point rapportés.

à sauveté. Quand ce vint à lendemain, les François se délogèrent et troussèrent tout, et chevauchèrent pardevers Vernon pour venir en la cité de Rouen; et tant firent qu'ils y parvinrent. En la cité et au châtel de Rouen laissèrent-ils une partie de leurs prisonniers et s'en retournèrent les plusieurs à Paris tous liés et tous joyeux; car ils avoient eu une moult belle journée pour eux, et moult profitable pour le royaume de France. Car si le contraire fût avenu aux François, monseigneur le captal eût fait un grand essart en France; car il avoit empris et en propos de chevaucher jusques à Reims au devant du duc de Normandie, qui jà y étoit venu pour lui faire couronner et consacrer, et la duchesse sa femme avec lui : mais Dieu ne le voult mie consentir. Ce doit-l'en moult bien espérer.

CHAPITRE CLXXIX.

Comment le duc de Normandie fut moult réjoui de la déconfiture du captal; et comment il fut couronné à roi à grand'solennité.

Les nouvelles s'espardirent en plusieurs lieux que le captal étoit pris, et toutes ses gens rués jus. Si en acquit messire Bertran du Guesclin grand'grâce et grand'renommée de toutes manières de gens au royaume de France; et en fut son nom moult élevé. Si vinrent les nouvelles jusques au duc de Normandie qui étoit à Reims; si s'en réjouit grandement, et en loua Dieu plusieurs fois. Si en fut sa cour et toutes les cours des seigneurs qui là étoient venus à son couronnement plus liés et plus joyeuses. Ce fut le jour de la Trinité l'an de grâce 1364, que le roi Charles, ains-né fils du roi Jean de France, fut couronné et consacré à roi en la grand'église Notre-Dame de Reims, et aussi madame la roine sa femme, fille au duc Pierre de Bourbon, de révérend père en Dieu monseigneur Jean de Craon archevêque de Reims. Là furent le roi Pierre de Chypre, le duc d'Anjou, le duc de Bourgogne, le duc de Lucembourc et de Brabant oncle au dit roi, le comte d'Eu, le comte de Dampmartin, le comte de Tancarville, le comte de Vaudemont, messire Robert d'Alençon, l'archevêque de Rouen et tant de prélats et de seigneurs que je ne les aurois jamais tous nommés : si m'en passerai brièvement.

Si furent adonc les fêtes et les solemnités grandes, et demeurèrent le roi de France et la roine en la cité de Reims cinq jours. Si y eut grands dons et beaux joyaux donnés et présentés aux seigneurs étrangers, dont la plus grand'partie prirent là congé au dit roi et retournèrent en leurs lieux. Si retourna le dit roi de France devers Paris à petites journées et à grands ébattemens, et grand'foison de prélats et de seigneurs avec lui, et toujours le roi de Chypre en sa compagnie. On ne vous pourroit mie dire ni recorder en un jour d'été les solemnités ni les reviaulx que on lui fit en la cité de Paris quand il y entra[1]. Si étoient jà revenus à Paris la greigneur partie des seigneurs et des chevaliers qui avoient été à la besogne de Coucherel. Si leur fit le roi grand'fête et les vit moult volontiers, et par espécial monseigneur Bertran du Guesclin[2], et les chevaliers de Gascogne, mon seigneur Aymon de Pommiers et les autres; car le sire de Labreth avoit été à son couronnement.

CHAPITRE CLXXX.

Comment le roi Charles donna à messire Philippe son frère la duché de Bourgogne; et comment le dit roi l'envoya en France contre les Navarrois et les ennemis du royaume.

A la revenue du roi de France à Paris fut pourvu[3] et revêtu de la duché de Bourgogne messire Philippe son mains-né frère; et se partit

---

[1] On lit dans les *Chroniques de France* que le roi revint à Paris le mercredi 23 juin. Il y a faute ou pour le jour de la semaine ou pour le quantième du mois; car le mercredi dont il s'agit était le 22 juin.

[2] Le roi ne borna pas là sa reconnaissance envers du Guesclin; il lui donna le comté de Longueville confisqué sur le roi de Navarre. Les lettres de cette donation sont datées du 27 mai, dix jours après la bataille de Cocherel. Elles sont imprimées dans l'histoire de du Guesclin par du Châtelet. Disons en passant que l'historien s'est mépris lorsqu'il dit que le comté de Longueville fut donné à du Guesclin en échange du captal de Buch; il n'en est rien dit dans les lettres, et on lit dans une autre pièce conservée au trésor des chartes que le captal avoit été cédé au roi non par du Guesclin, mais par Rolant Bodin, écuyer qui l'avait fait prisonnier. Cette pièce a été publiée dans les *Mémoires de Charles-le-Mauvais*.

[3] On ne doit point entendre par la manière dont s'exprime Froissart que Charles V donna à son frère Philippe le duché de Bourgogne : le roi Jean lui en avait fait don par ses lettres du 6 septembre 1363, ainsi qu'on l'a remarqué sous cette année. Il ne s'agit donc ici que de la confirmation de cette donation par Charles V en faveur de son frère, qu'il admit à l'hommage le même jour, 31 mai 1364, suivant les *Chroniques de France*.

de Paris à grands gens, et en alla prendre la saisine, la possession et l'hommage des barons, chevaliers, des cités, châteaux et bonnes villes de la dite duché. Quand le duc de Bourgogne eut visité tout son pays, il retourna en France en grand soulas, et ramena avecques lui son compère monseigneur l'archiprêtre, et le rapaisa au roi, parmi bonnes excusations que le dit archiprêtre montra au dit roi, de ce que à la journée de Coucherel il ne se put armer contre le captal qui étoit adonc amené à Paris de-lez le roi, et qui avoit juré à là tenir prison; et à la prière du seigneur de Labreth et des Gascons lui avoit le dit roi élargi cette grâce, lequel captal aida moult à excuser l'archiprêtre devers le roi et les chevaliers de France qui parloient vilainement sur sa partie. Et aussi il avoit de nouvel fait aucuns beaux services au roi de France et au duc de Bourgogne; car il avoit en la dite duché de Bourgogne rué jus au dehors de Dijon, bien quatre cents pillards desquels Guiot du Pin, Talebart Talebardon, et Jean du Chaufour étoient meneurs et conduiseurs et capitaines; pourquoi le roi descendit plus légèrement à lui faire grâce et pardonner son mautalent.

Si fit le dit roi en ce temps couper le chef à monseigneur Pierre de Saquenville en la cité de Rouen, pourtant qu'il avoit été Navarrois; et messire Guillaume de Gauville n'en eût mie eu moins si n'eût été messire Guy, son fils, qui signifia au roi de France que, si on faisoit mourir son père, ni autres griefs, il le feroit semblablement à monseigneur Braimont de Laval, un grand seigneur de Bretagne, qu'il tenoit son prisonnier au châtel d'Évreux. De quoi le lignage du chevalier, qui sentoit leur cousin en ce péril, en parlèrent et en firent tant, que par échange ils r'eurent monseigneur Braimont; et messire Guillaume de Gauville fut délivré. Ainsi se portèrent les parçons. Si fut envoyé le captal de Paris à Meaux en Brie; et là tenoit prison, pendant que le duc de Bourgogne fit une chevauchée en Beauce, dont je vous parlerai. Mais ainçois raquitta messire Bertran du Guesclin le châtel de Rolleboise, dont Wautre Obstrate étoit capitaine; mais ainçois qu'il le voulsist rendre, il en eut une grand'somme de florins, ne... cinq ou six mille francs, et puis s'en retourna arrière en Brabant dont il étoit.

... se tenoient plusieurs forteresses en Normandie, en Caux, en Perche, en Beauce et ailleurs, qui trop fort héroient le royaume de France, les aucuns du roi de Navarre, et les autres d'eux mêmes, pour piller et pour rober sur le royaume de France, à nul titre de raison. Si en déplaisoit grandement au roi de France; car les complaintes en venoient tous les jours à lui : si y voulut pourvoir de remède et y envoya son frère le duc de Bourgogne et grand'foison de bons chevaliers et écuyers en sa compagnie; et fit le dit duc son mandement et son amas de gens d'armes en la cité de Chartres. Si se partirent de là quand tous furent ensemble, et se retrairent pardevers Marceranville, un moult fort châtel que les Navarrois tenoient; et pour contraindre le dit châtel mieux à leur aise, ils en firent mener et charrier avec eux plusieurs engins de la cité de Chartres. Si étoient en la compagnie du duc de Bourgogne messire Bertran du Guesclin, messire Boucicaut maréchal de France, le comte d'Aucerre, messire Louis de Châlons, le sire de Beaujeu, messire Aymemon de Pommiers, le sire de Raineval, le Bègue de Vilainnes, messire Nicolès de Ligne, maître des arbalétriers pour le temps, messire Oudart de Renty, messire Enguerran d'Eudin et plusieurs autres bons chevaliers et écuyers. Si s'aroutèrent ces gens d'armes pardevers Marceranville; et étoient cinq mille combattans. Quand ils se virent si grand'foison sur les champs, si eurent conseil qu'ils se partiroient en trois parties, pour plus contraindre leurs ennemis; desquelles parties messire Bertran du Guesclin en prendroit jusques à mille combattans, et s'en iroit pardevers Cotentin et sur les marches de Chierebourc pour garder là les frontières, que les Navarrois ne fissent nul dommage au pays de Normandie. Si se partit le dit messire Bertran de la route du duc, et emmena avecques lui monseigneur Louis de Sancerre, le comte de Joigny, monseigneur Arnoul d'Andrehen et grand'foison de chevaliers et d'écuyers de Bretagne et de Normandie. L'autre charge eut dessous lui messire Jean de la Rivière; et se départit aussi de la route du duc, et en sa compagnie grand'foison de chevaliers et d'écuyers de France et de Picardie; et entrèrent en la comté d'Évreux, et s'en vinrent seoir devant un châtel que on dit Aquegny [1]; et le

---

[1] Acquigny au confluent des rivières d'Eure et d'Iton, à trois lieues d'Evreux.

duc de Bourgogne et la plus grosse route s'en vinrent seoir devant Marceranville. Si l'assiégèrent et environnèrent de tous points, et firent tantôt dresser et asseoir leurs engins pardevant, qui jetoient jour et nuit à la forteresse, et durement la contraignoient.

CHAPITRE CLXXXI.

Comment messire Louis de Navarre guerroyoit le pays sur la rivière de Loire ; et comment trois cents compagnons de sa route prirent la Charité-sur-Loire.

Pendant que ces gens d'armes étoient en Beauce et Normandie, et que ils guerroyoient âprement et fortement les Navarrois et les ennemis du royaume de France, étoit messire Louis de Navarre, frère mains-né du roi de Navarre et aussi à messire Philippe qui fut, car jà étoit-il trépassé de ce siècle ; lequel messire Louis avoit enchargé le faix de la guerre pour le roi son frère et avoit défié le roi de France, pour ce que cette guerre touchoit au chalenge de leur héritage, si comme informé étoit ; et avoit rassemblé depuis la bataille de Coucherel, et rassembloit encore tous les jours, gens d'armes là où il les pouvoit avoir. Si avoit tant fait par moyens et par capitaines de compagnies, dont encore avoit grand foison au royaume de France, que il avoit bien douze cents combattans en sa route ; et étoient de-lez lui messire Robert Canolle, messire Robert Ceni, messire Robert Briquet et Carsuelle ; et étoient ces gens d'armes, qui tous les jours croissoient, logés sur la rivière de Loire et la rivière d'Allier ; et avoient couru une grande partie du Bourbonnois et d'Auvergne environ Moulins, Saint-Pierre-le-Moutier et Saint-Pourçain.

De ces gens d'armes que messire Louis de Navarre conduisoit se départit une route de compagnons, environ trois cents, desquels Bernart de la Salle et Hortingo étoient conduiseurs ; et passèrent Loire au dessus de Marcigny-les-Nonnains, et puis chevauchèrent tant par nuit, car de jour ils se tenoient ès bois sans eux montrer, que sur un ajournement ils vinrent à la Charité-sur-Loire, une grosse ville et bien fermée : si l'échellèrent sans nul écri et se boutèrent dedans. Or aida adonc Dieu à ceux de la ville ; car si ces compagnons se fussent hâtés, ils eussent pris et eu hommes et femmes et moult grand pillage en la Charité : mais rien n'en firent ; je vous dirai pourquoi. A ce lez où ils entrèrent en la ville de la Charité, a une grande place entre la porte et la ville, où nul ne demeure. Si cuidèrent adonc les compagnons que les gens eussent fait embûche en la ville, et que ils les attendissent : si n'osèrent aller avant jusques à tant qu'il fût grand jour. En ce terme se sauvèrent ceux de la ville ; car si très tôt qu'ils sentirent leurs ennemis ainsi venus, ils emportèrent à effort leurs meilleures choses dedans les bateaux qui étoient sur la rivière de Loire, et y mirent femmes et enfans tout à loisir ; et puis nagèrent à sauveté devers la cité de Nevers, qui siéd à cinq lieues de là. Quand il fut grand jour, les Navarrois, Anglois et Gascons qui avoient échellé la ville se trairent avant et trouvèrent les maisons toutes vides. Si eurent conseil que celle ville ils tiendroient et fortifieroient ; car elle seroit trop bien séant pour courir deçà et delà la Loire. Si envoyèrent tantôt annoncer leur fait à monseigneur Louis de Navarre qui se tenoit en la marche d'Auvergne, comment ils avoient exploité, et qu'ils tenoient la Charité-sur-Loire. De ces nouvelles fut le dit messire Louis tout joyeux ; et y envoya incontinent monseigneur Robert Briquet et Carsuelle, à bien trois cents armures de fer. Ceux passèrent parmi le pays, sans contredit, et entrèrent par le pont sur Loire en la Charité. Quand ils se trouvèrent ensemble, si furent plus forts, et commencèrent à guerroyer fortement et détroitement le dit royaume ; et couroient à leur aise et volonté par deçà et delà Loire, ni nul ne leur alloit au-devant ; et toujours leur croissoient gens.

Or vous parlerons du duc de Bourgogne et du siége de Marceranville.

CHAPITRE CLXXXII.

Comment ceux de Marceranville se rendirent au duc de Bourgogne ; et comment ceux d'Aquegny se rendirent à messire Jean de la Rivière.

Tant fit le dit duc devant Marcerenville et si le contraignit et appressa par assauts et par les engins qui y jetoient nuit et jour, que ceux qui dedans étoient se rendirent, sauves leurs vies et leurs biens. Si s'en partirent ; et tantôt le duc envoya prendre la saisine et possession par ses maréchaux, monseigneur Boucicaut et monseigneur Jean de Vienne maréchal de Bourgogne; et délivra le duc le châtel à un écuyer de Beauce qui s'appeloit Guillaume de Chartres. Cil le prit en garde à soixante compagnons avecques lui. Puis se partit le duc et tout l'ost, et s'en vinrent devant un autre châtel que on dit Camerolles. Si l'assiégèrent ces gens d'armes tout à l'environ; car il siéd en plain pays; et y fit-on asseoir et dresser les engins qui étoient amenés de Chartres. Ces engins étoient grands durement, et en y avoit quatre qui contraignirent moult ceux de la ville.

Or vous parlerons aussi un petit de monseigneur Jean de la Rivière qui tenoit siége devant Aquegny, assez près de Pacy en la comté d'Évreux, et avoit en sa route bien deux mille combattans; car il étoit si bien du roi qu'il vouloit; si lui faisoit ses délivrances et ses finances à sa volonté. Dedans le châtel d'Aquegny avoit Anglois et Normands et Navarrois qui là étoient retraits, puis la bataille de Coucherel; et se tinrent et défendirent le châtel moult bien; et ne les pouvoit-on pas avoir à son aise, car ils étoient bien pourvus d'artillerie et de vivres, pourquoi ils se tinrent plus longuement. Toutes fois, finalement ils furent si menés et si appressés qu'ils se rendirent, sauves leurs vies et leurs biens, et se partirent et se retrairent dedans Chierebourc. Si prit messire Jean de la Rivière la saisine du dit château d'Aquegny, et le rafraîchit de nouvelles gens; et puis se délogea et tout son ost, et se trairent pardevant la ville et la cité d'Évreux. Si étoient avecques lui et de sa charge messire Hugues de Chastillon, le sire de Cauny, messire Mathieu de Roye, le sire de Monsaut, le sire de Helly, le sire de Kreseques, le sire de Sempy, messire Oudart de Renty, messire Enguerran d'Eudin et plusieurs autres bons chevaliers et écuyers de France. Dedans la cité d'Évreux étoient pour la garder messire Guillaume de Gauville et messire Leger d'Orgesy qui trop bien en pensèrent. Si avoient-ils souvent l'assaut; mais ils étoient si bien sur leur garde qu'ils n'en faisoient compte.

CHAPITRE CLXXXIII.

Comment ceux de Camerolles et ceux de Connay se rendirent au duc de Bourgogne; et comment le dit duc s'en alla en son pays contre le comte de Montbéliart.

Pendant que messire Jean de la Rivière et les dessus dits barons de France sirent devant la cité d'Évreux, le duc de Bourgogne appressa si ceux de Camerolles qu'ils ne purent plus durer et se rendirent simplement en la volonté du duc. Si furent pris à mercy tous les soudoyers étrangers; mais aucuns pillards de la nation de France, qui là s'étoient boutés, furent tous morts. Là vinrent en l'ost les bourgeois de Chartres et prièrent au duc de Bourgogne qu'il leur voulût donner, pour le salaire de leurs engins, le châtel de Camerolles qui moult les avoit guerroyés et hériés du temps passé. Le duc leur accorda et donna en don à faire leur volonté. Tantôt ceux de Chartres mirent ouvriers en œuvre, et l'abattirent et arasèrent tout par terre; oncques n'y laissèrent pierre l'une sur l'autre. Adonc se délogea le dit duc et passa outre et s'en vint devant un autre châtel qui s'appelle Druez, qui siéd au plain de la Beauce; et le tenoient pillards: si conquirent les pillards par force, et furent tous morts ceux qui dedans étoient. Puis passèrent outre, et s'en allèrent devant un autre fort qu'on dit Preux. Si l'assiégèrent et environnèrent de tous côtés, et y livrèrent mains assauts ainçois qu'ils le pussent avoir. Finalement ceux de Preux se rendirent, sauves leurs vies; mais autre chose ils n'emportèrent : encore convint-il demeurer en la prison du dit duc à sa volonté tous ceux qui François étoient. Si fit le duc de Bourgogne par ses maréchaux prendre la saisine de Preux, et puis le donna à un chevalier de Beauce que on appeloit messire du Bois-Ruffin. Cil le fit réparer et ordonner bien à point, et le garda toujours bien et suffisamment.

Après ces choses faites, le duc de Bourgogne et une partie de ses gens s'en vinrent refraîchir en la cité de Chartres. Quand ils eurent là été cinq jours, ils s'en partirent et se retrairent par devant le châtel de Connay, et l'assiégèrent de tous points. Cette garnison de Connay [1] avoit fait moult de destourbiers au pays d'environ : pour ce se penoit le duc de Bourgogne comment il les pût avoir, et bien disoit qu'il ne s'en partiroit point, si les auroit à sa volonté; et avoit fait dresser pardevant la forteresse jusques à six grands engins qui jetoient ouniement à la forteresse et moult la travailloient. Quand ceux de Connay virent qu'ils étoient si appressés, si commencèrent à traiter; et se fussent volontiers

---

[1] Probablement Conneray, bourg du Maine, sur l'Huisne.

rendus, sauves leurs vies et leurs biens. Mais le duc n'y vouloit entendre, si ils ne se rendoient simplement, ce que ils n'eussent jamais fait; car ils savoient bien qu'ils étoient tous morts davantage.

Pendant que cils siéges, ces prises, ces assauts et ces chevauchées se faisoient en Beauce et en Normandie, couroient d'autre part messire Louis de Navarre et ses gens en la Basse-Auvergne et en Berry, et y tenoient les champs et y honnissoient et appovrissoient durement le pays, ni nul n'alloit au devant. Et aussi ceux de la Charité faisoient autour d'eux ce qu'ils vouloient, dont les complaintes en venoient tous les jours au roi de France. D'autre part le comte de Montbéliard, avecques aucuns alliés d'Allemagne, entrés étoient en la Bourgogne pardevers Besançon, et y honnissoient aussi tout le pays : pourquoi le roi de France eut conseil qu'il briseroit tous les siéges de Beauce et de Normandie, et envoieroit le duc de Bourgogne son frère en son pays; car bien lui étoit mestier. Si lui manda incontinent qu'il défît son siége et se retraist devers Paris; car il le convenoit aller autre part; et lui signifia clairement l'affaire ainsi que il alloit. Quand le duc ouït ces nouvelles, si fut tout pensis, tant pour son pays que on lui ardoit, que pour ce que il avoit parlé si avant du siége de Connay qu'il ne s'en partiroit, si les auroit à sa volonté. Si remonta ce à son conseil, et trouva que, au cas que le roi le remandoit, qui là l'avoit envoyé, il s'en pouvoit bien partir sans forfait, mais on n'en fit nul semblant à ceux de Connay. Si leur fut demandé des maréchaux si ils se vouloient rendre simplement. Ils répondirent que nennil, mais volontiers se rendroient, sauf leurs corps et leurs biens.

Finablement le duc vit que partir l'en convenoit : si les laissa passer parmi ce traité; et rendirent le châtel de Connay au dit duc, et s'en partirent, si comme ci-dessus est dit. Si en prit le duc de Bourgogne la saisine et la possession, et puis le délivra à un écuyer de Beauce qui s'appeloit Philippe d'Arties. Cil le répara bien et bel, et le pourvey et refraîchit de tous bons compagnons. Ce fait, le duc de Bourgogne et ses gens d'armes s'en vinrent à Chartres. Si rechargea le duc la plus grand'partie de ses gens au comte d'Aucerre et au maréchal Boucicaut, et à monseigneur Louis de Sancerre[1]. Si se partit et emmena avecques lui monseigneur Louis de Châlons, le seigneur de Beaujeu, monseigneur Jean de Vienne et tous les Bourguignons; et chevauchèrent tant qu'ils vinrent à Paris. Si passèrent outre les gens d'armes sans point d'arrêt, en allant devers Bourgoingne. Mais le duc s'en vint devers le roi son frère, qui se tenoit à Vaux-la-Comtesse, en Brie; et là fut un jour tant seulement de-lez lui, et puis s'en partit et exploita tant qu'il vint à Troyes en Champagne; et passa outre et prit le chemin de Langres; et partout mandoit gens d'armes efforcément; et jà s'étoient recueillis les Bourguignons grandement et mis en frontière contre les ennemis. Et là étoit l'archiprêtre, le sire de Châtel-Villain, le sire de Vergy, le sire de Grancé, le sire de Sonbrenon, le sire de Rougemont, et un moult haut, gentil, riche homme qui s'appeloit Jean de Boulogne, le sire de Poises, messire Hugues de Vienne, le sire de Trischastel, et proprement l'évêque de Langres. Si furent encore les barons et les chevaliers de Bourgogne moult réjouis quand leur sire fut venu. Si chevauchèrent contre leurs ennemis, de quoi on disoit qu'ils étoient bien quinze cents lances : mais ils n'osèrent attendre, sitôt comme ils sentirent la venue du dit duc et de ses gens : si se retrairent arrière outre le Rin. Mais les Bourguignons ne se feindirent mie d'entrer en la comté de Montbéliard et en ardirent une grand'partie.

CHAPITRE CLXXXIV.

Comment le roi de France envoya son connétable et ses maréchaux pour mettre le siége devant la Charité; et comment le dit roi y envoya après le duc de Bourgogne.

Pendant que cette chevauchée se fit en Bourgogne envoya le roi de France monseigneur Moreau de Fiennes, son connétable, et ses maréchaux monseigneur Boucicaut et monseigneur Mouton de Blainville, à grand'foison de chevaliers et d'écuyers, pardevant la Charité; lesquels y mirent le siége sitôt comme ils y furent venus, et l'assiégèrent d'un côté bien et fortement. Si alloient les compagnons, pour leurs corps avancer, presque tous les jours escarmoucher à ceux de dedans : là y avoit des appertises d'ar-

---

[1] On a vu à la fin du chapitre 180 que Louis de Sancerre avait accompagné du Guesclin en Normandie : il l'avait apparemment quitté pour aller joindre le duc de Bourgogne.

mes faites plusieurs. Et y tinrent le siège le dit connétable et les dits maréchaux, sans point partir, jusques adonc que le duc de Bourgogne et la plus grand'partie de ses gens, qui avoient chevauché avec lui en la comté de Montbeliard, furent tous revenus en France devers le roi, et le trouvèrent à Paris. Sitôt que le duc de Bourgogne fut là revenu, le dit roi l'envoya, à plus de mille lances, devant la Charité.

Ainsi fut le siège renforcé; et s'y fit chef de toutes ces gens d'armes le duc de Bourgogne, et étoient bien les François au siège pardevant la Charité plus de trois mille lances, chevaliers et écuyers; de quoi les plusieurs se alloient souvent aventurer et escarmoucher à ceux de la garnison. Si en y avoit des navrés des uns et des autres. Et là furent faits chevaliers et levèrent bannières, à une saillie que ceux de la Charité firent hors, messire Robert d'Alençon, fils du comte d'Alençon qui demeura à Crécy, et messire Louis d'Aucerre, fils au comte d'Aucerre qui là étoit présent. Si furent les compagnons de la Charité appressés, et se fussent volontiers partis par composition, si ils pussent : mais le duc de Bourgogne n'y vouloit entendre, si ils ne se rendoient simplement.

En ce temps étoit sur la marche d'Auvergne messire Louis de Navarre qui détruisoit et ardoit là à ce lez tout le pays, assembloit et prioit gens de tous côtés pour venir secourir les gens de la Charité; car volontiers eût levé le siége; et avoit bien deux mille combattans. Et avoit le dit messire Louis de Navarre envoyé en Bretagne devers monseigneur Robert Canolle et monseigneur Gautier Huet, et monseigneur Mathieu de Gournay et autres chevaliers et écuyers qui là étoient de-lez le comte de Montfort, en priant que ils se voulsissent péner de lui venir servir ; et sans faute il combattroit les François qui gissoient assez esparsement devant la Charité. Ces chevaliers d'Angleterre y désiroient moult à aller; mais en ce temps séoit le dit comte de Montfort devant le fort châtel d'Auray en Bretagne, que le roi Artus fit jadis fonder, et avoit juré qu'il ne s'en partiroit, si l'auroit pris et conquis à sa volonté. Avecques tout ce, il entendoit que messire Charles de Blois étoit en France, et pourchassoit devers le roi de France à avoir gens d'armes ; pour venir lever le siége et eux combattre. Si ne laissoit mie volontiers ces chevaliers et écuyers d'Angleterre partir de lui, car il ne savoit quel besoin il en auroit : mais en mandoit et en prioit tous les jours là où il en pensoit à avoir et à recouvrer, tant en Angleterre comme en la duché d'Aquitaine.

CHAPITRE CLXXXV.

Comment ceux de la Charité se rendirent au duc de Bourgogne; et comment le dit duc s'en retourna en France.

On vouloit bien dire et maintenir que ceux qui étoient en garnison en la Charité-sur-Loire eussent eu fort temps ; car le duc de Bourgogne, qui tenoit par devant toute la fleur de la chevalerie de France, les avoit jà durement appressés, et tollue la rivière, que nulles pourvéances ne leur pouvoient venir. Si en étoient les compagnons durement ébahis ; car messire Louis de Navarre, où leur espérance de reconfort gissoit, étoit retrait et s'en r'alloit en Normandie devers Chierebourc, par l'ordonnance et avis du roi son frère. Mais de ce que messire Charles de Blois étoit pour le temps de-lez le roi de France son cousin, et lui remontroit plusieurs voies de raison où le roi se sentoit grandement tenu de lui aider contre le comte de Montfort, et faire le vouloit, si en chéy trop bien à ceux de la Charité-sur-Loire : car ainsi que je vous ai dit comment ils étoient appressés, le roi de France, pour défaire ce siége, afin que messire Charles de Blois eût plus de gens d'armes, manda au duc de Bourgogne son frère que il prît ceux de la Charité en traité et les laissât aller, parmi tant qu'ils rendissent la forteresse et jurassent solennellement que, dedans trois ans, pour le fait du roi de Navarre ne s'armeroient. Quand le duc vit le mandement du roi son frère, si fit remontrer par ses maréchaux aux capitaines de la Charité le traité par où ils pouvoient venir et descendre à accord. Ceux de la Charité, qui se véoient en bien périlleux parti, y entendirent volontiers, et jurèrent à eux non armer contre le royaume de France le terme de trois ans, pour le fait du roi de Navarre, parmi tant que on les laissât paisiblement partir. Mais ils n'emportèrent rien du leur ; et s'en allèrent la plus grand'partie tous à pied, et passèrent parmi le royaume de France sur le conduit du duc de Bourgogne. Ainsi reconquirent les François la ville de la Charité-sur-Loire : et y revinrent ceux et celles de la nation qui vidés en étoient et ailleurs allés demeurer; et retourna le duc de Bourgogne arrière en France, et on remena tous ses Bourguignons, dont il avoit grand'pleuté.

Or vous parlerons de messire Charles de Blois comment il persévéra, et d'une grand'assemblée de gens d'armes qu'il mit sus et amena en Bretagne, et de monseigneur Jean de Montfort comment il se pourvey à l'encontre.

CHAPITRE CLXXXVI.

Comment le roi de France envoya messire Bertran du Guesclin au secours de monseigneur Charles de Blois; et comment messire Jean Chandos vint au secours du comte de Montfort.

Le roi de France accorda à son cousin monseigneur Charles de Blois que il eût de son royaume jusques à mille lances; et escripsit à monseigneur Bertran du Guesclin, qui étoit en Normandie, que il s'en allât en Bretagne pour aider à conforter monseigneur Charles de Blois contre monseigneur Jean de Montfort. De ces nouvelles fut le dit messire Bertran grandement réjoui, car il a toujours tenu le dit monseigneur Charles pour son naturel seigneur. Si se partit de Normandie atout ce qu'il avoit de gens, et chevaucha devers Tours en Touraine pour aller en Bretagne; et messire Boucicaut, maréchal de France, s'en vint en Normandie en son lieu tenir la frontière. Tant exploita le dit messire Bertran et sa route qu'il vint à Nantes en Bretagne; et là trouva le dit monseigneur Charles et madame sa femme qui le reçurent liement et doucement, et lui surent très grand'gré de ce qu'il étoit ainsi venu. Et eurent là parlement ensemble comment ils se maintiendroient; car aussi y étoit la meilleur partie des barons de Bretagne et avoient en propos et affection de aider monseigneur Charles et le tenoient tous à duc et à seigneur. Et pour venir lever le siége de devant Auray et combattre monseigneur Jean de Montfort, ne demeura guère que grand'baronnie et chevalerie de France et de Normandie vinrent, le comte d'Aucerre, le comte de Joigny, le sire de Franville, le sire de Prie, le Bègue de Villaines et plusieurs bons chevaliers et écuyers, tous d'une sorte et droites gens d'armes.

Ces nouvelles vinrent à monseigneur Jean de Montfort qui tenoit son siége devant Auray, que messire Charles de Blois faisoit grand amas de gens d'armes, et que grand'foison de seigneurs de France lui étoient venus et venoient tous les jours encore, avec l'aide et le confort qu'il avoit encore des barons, chevaliers et écuyers de la duché de Bretagne. Sitôt que messire Jean de Montfort entendit ces nouvelles, il le signifia féalement en la duché d'Aquitaine, aux chevaliers et écuyers d'Angleterre qui là se tenoient, et espécialement à monseigneur Jean Chandos, en lui priant chèrement que en ce grand besoin il le voulsist venir conforter et conseiller, et que il espéroit en Bretagne un beau fait d'armes auquel tous seigneurs, chevaliers et écuyers, pour avancer leur honneur, devoient volontiers entendre. Quand messire Jean Chandos se vit prié si affectueusement du comte de Montfort, si en parla à son seigneur le prince de Galles à savoir que en étoit à faire. Le prince répondit que il pouvoit bien aller sans nul forfait; car jà faisoient les François partie contre le dit comte en l'occasion de monseigneur Charles de Blois, et qu'il l'en donnoit bon congé. De ces nouvelles fut le dit messire Jean Chandos moult lie, et se pourvey bien et grandement, et pria plusieurs chevaliers et écuyers de la duché d'Aquitaine; mais trop petit en y allèrent avec lui, si ils n'étoient Anglois. Toutes fois il emmena bien deux cents lances et autant d'archers; et chevaucha tant parmi Poitou et Xaintonge qu'il entra en Bretagne et vint au siége devant Auray. Et là trouva-t-il le comte de Montfort, qui le reçut liement et grandement et fut moult réjoui de sa venue; aussi furent messire Olivier de Clisson, messire Robert Canolle et les autres compagnons; et leur sembloit proprement et généralement que mal ne leur pouvoit venir, puisqu'ils avoient en leur compagnie messire Jean Chandos. Si passèrent la mer hâtivement, d'Angleterre en Bretagne, plusieurs chevaliers et écuyers qui désiroient leurs corps à avancer et eux combattre aux François; et vinrent devant Auray, en l'aide du comte de Montfort, qui tous les reçut à grand'joie. Si étoient bien Anglois et Bretons, quand ils furent tous ensemble, seize cents combattans, chevaliers et écuyers, et environ huit ou neuf cents archers.

CHAPITRE CLXXXVII.

Comment messire Charles de Blois se partit de Nantes pour aller contre le comte de Montfort; et des paroles que madame sa femme lui dit.

Nous retournerons à monseigneur Charles de Blois, qui se tenoit en la bonne cité de Nantes, et là faisoit son amas et son mandement de chevaliers et d'écuyers de toutes parts là où il les pensoit à avoir par prière; car bien étoit informé que le comte de Montfort étoit durement fort et bien reconforté d'Anglois. Si prioit les barons, les chevaliers et les écuyers de Bretagne, dont il avoit eu et reçu les hommages, que ils lui voulussent aider à garder et défendre son héritage contre ses ennemis. Si vinrent des barons de Bretagne, pour lui servir et à son mandement, la vicomte de Rohan, le sire de Léon, messire Charles de Dynant, le sire de Roye, le sire de Rieux, le sire de Tournemine, le sire d'Ancenis, le sire de Malestroit, le sire de Quintin, le sire d'Avangour, le sire de Rochefort, le sire de Gargoulé, le sire de Loheac, le sire du Pont et moult d'autres que je ne puis mie tous nommer. Si se logèrent ces seigneurs et leurs gens en la ville de Nantes et ès villages d'environ. Quand ils furent tous ensemble, on les estima à vingt cinq cents lances, parmi ceux qui étoient venus de France. Si ne voulurent point là ces gens d'armes faire trop long séjour; mais conseillèrent à monseigneur Charles de chevaucher devers les ennemis. Au département et au congé prendre, madame la femme à monseigneur Charles de Blois dit à son mari, présent monseigneur Bertran du Guesclin et aucuns barons de Bretagne: « Monseigneur, vous en allez défendre et garder mon héritage et le vôtre, car ce qui est mien est vôtre, lequel monseigneur Jean de Montfort nous empêche et a empêché un grand temps à tort et sans cause; ce sçait Dieu, et aussi les barons de Bretagne qui ci sont, comment j'en suis droite héritière : si vous prie chèrement que nulle ordonnance, ni composition de traité ni d'accord, ne veuilliez faire, ni descendre que le corps de la duché de Bretagne ne nous demeure. » Et son mari lui eut en convenant. Adoncques se partit, et se partirent tous les barons et les seigneurs qui là étoient, et prirent congé à leur dame que ils tenoient pour duchesse. Si se arroutèrent et cheminèrent ces gens d'armes et cet ost pardevers Rennes; et tant exploitèrent qu'ils y parvinrent. Si se logèrent dedans la cité de Rennes et environ, et se reposèrent et rafraîchirent pour apprendre et mieux entendre du convine de leurs ennemis, et aviser aucun lieu suffisant pour combattre leurs ennemis, au cas qu'ils trouveroient tant ni quant de leur avantage sur eux; et là furent dites ni pourparlées plusieurs paroles et langages à cause de ce, des chevaliers et écuyers de France et de Bretagne, qui y étoient venus pour aider et conforter messire Charles de Blois, qui étoit moult doux et moult courtois, et qui par aventure se fût volontiers condescendu à paix, et eût été content d'une partie de Bretagne à peu de plait. Mais en nom Dieu, il étoit si bouté de sa femme et des chevaliers de son côté, qu'il ne s'en pouvoit retraire ni dissimuler.

CHAPITRE CLXXXVIII.

Comment le comte de Montfort se partit de devant Auray et s'en vint prendre place sur les champs pour combattre monseigneur Charles de Blois.

Entre Rennes et Auray, là où monseigneur Jean de Montfort séoit, a huit lieues[1] de pays. Si vinrent ces nouvelles au dit siége que messire Charles de Blois approchoit durement, et avoit les plus belles gens d'armes, les mieux armés et ordonnés que on eût oncques mais vus issir de France. De ces nouvelles furent le plus des Anglois qui là étoient, qui se désiroient à combattre, tous joyeux. Si commencèrent ces compagnons à mettre leurs armures à point et à fourbir leurs lances, leurs dagues, leurs haches, leurs plates, haubergeons, heaumes, bassinets, visières, épées et toutes manières de harnois; car bien pensoient qu'ils en auroient mestier, et qu'ils se combattroient. Adonc se traîrent au conseil les capitaines de l'ost du comte de Montfort, premièrement messire Jean Chandos, par lequel conseil en partie il vouloit user, messire Robert Canolle, messire Eustache d'Aubrecicourt, messire Hue de Cavrelée, messire Gautier Huet, messire Mathieu de Gournay et les autres. Si regardèrent et considérèrent ces barons et ces chevaliers par le conseil de l'un et de l'autre et par grand avis, qu'ils se retraîroient au matin

---
[1] Froissart se trompe souvent sur la distance des lieux et sur leur position. Auray est à plus de vingt lieues de Rennes. La géographie aujourd'hui encore dans l'enfance, était bien plus inconnue alors.

hors de leurs logis et prendroient terre et place sur les champs, et là aviseroient de tous assents pour mieux en avoir la connoissance. Si fut ainsi annoncé et signifié parmi l'ost, que chacun fût à lendemain appareillé et mis en arroi et en ordonnance de bataille, ainsi que pour tantôt combattre. Celle nuit passa ; lendemain vint, qui fut par un samedi [1], que Anglois et Bretons d'une sorte issirent hors de leurs logis et s'en vinrent moult faiticement et en ordonnance arrière du dit châtel d'Auray, et prirent place et terre, et dirent et affermèrent entre eux, que là attendroient-ils leurs ennemis.

Droitement ainsi que entour heure de prime, messire Charles de Blois et tout son ost vinrent, qui s'étoient partis le vendredi, après boire, de la cité de Rennes, et avoient cette nuit jeu à trois petites lieues d'Auray [2]. Et étoient les gens à monseigneur Charles de Blois les mieux ordonnés et les plus faiticement et mis en meilleur convine de bataille que on pût voir ni deviser ; et chevauchoient si serrés que on ne pût jeter un esteuf entre eux, qu'il ne chéît sur pointes de glaives, tant les portoient-ils proprement roides au contre mont. De eux regarder proprement les Anglois prenoient grand'plaisance. Si s'arrêtèrent les François, sans eux desréer, devant leurs ennemis, et prirent terre entre grands bruyères, et fut commandé de par leur maréchal que nul n'allât avant sans commandement, ni fît course, joûte, ni empainte. Si s'arrêtèrent toutes gens d'armes et se mirent en arroi et en bon convine, ainsi que pour tantôt combattre ; car ils n'espéroient autre chose et en avoient grand désir.

CHAPITRE CLXXXIX.

Comment messire Charles de Blois, par le conseil de messire Bertrand du Guesclin, ordonna ses batailles bien et faiticement.

Messire Charles de Blois, par le conseil de monseigneur Bertran du Guesclin, qui étoit là

[1] Vingt huit septembre, veille de Saint-Michel, comme on le verra ci-après.

[2] Charles de Blois passa cette nuit à Lanvaux ; mais il n'y vint pas de Rennes en un jour, comme le dit Froissart ; la marche eût été trop forte : il s'arrêta à Josselin où il fit la revue de ses troupes, et se rendit de là à Lanvaux le vendredi 27 de septembre

un des grands chefs et moult loué et cru des barons de Bretagne, ordonna ses batailles, et en fit trois et une arrière-garde ; et me semble que messire Bertran eut la première, avec grand'foison de bons chevaliers et écuyers de Bretagne : la seconde eurent le comte d'Aucerre et le comte de Joigny, avec grand'foison de bons chevaliers et écuyers de France : la tierce eut et la meilleur partie, messire Charles de Blois, et eut en sa compagnie plusieurs hauts barons de Bretagne. Et étoient de-lez lui le vicomte de Rohan, le sire de Léon, le sire d'Avaugour, messire Charles de Dynant, le sire d'Ancenis, le sire de Malestroit et plusieurs autres. En l'arrière-garde étoit le sire de Roye, le sire de Rieux, le sire de Tournemine, le sire du Pont, le sire de Quintin, le sire de Combour, le seigneur de Rochefort et moult d'autres bons chevaliers et écuyers ; et étoient en chacune de ces batailles bien mille combattans. Là alloit messire Charles de Blois par ses batailles, admonester et prier chacun moult doucement et bellement qu'ils voulsissent être loyaux et prudhommes et bons combattans ; et retenoit, sur s'âme et sa part de paradis, que ce seroit sur son bon et juste droit que on se combattroit. Là lui avoient promis l'un par l'autre, que si bien s'en acquitteroient qu'il leur en sauroit gré.

Or vous parlerons du convine des Anglois et des Bretons de l'autre côté, comment ils ordonnèrent leurs batailles.

CHAPITRE CXC.

Comment messire Jean Chandos ordonna les batailles du comte de Montfort bien et sagement.

Messire Jean Chandos, qui étoit capitaine et souverain regard sur eux tous, quoique le comte de Montfort en fût chef, car le roi d'Angleterre lui avoit ainsi escript et aussi mandé que souverainement et espécialement il entendît aux besognes de son fils, car il avoit eu sa fille pour cause de mariage, étoit tout devant aucuns barons et chevaliers de Bretagne qui se tenoient de-lez monseigneur Jean de Montfort ; et avoit bien imaginé et considéré le convine des François, lequel en soi-même il prisoit durement et ne s'en put taire. Si dit : « Si Dieu m'aist, il appert huy que toute fleur d'honneur et de chevalerie est par de de-là avec grand sens et bonne ordonnance. » Et puis dit tout en haut aux chevaliers qui ouïr le purent : « Seigneurs, il est heure que nous ordonnons nos batailles ; car nos ennemis nous en donnent exemple. » Ceux qui l'ouïrent répondirent : « Sire, vous dites vérité, et vous êtes ci notre maître et notre conseiller ; si en ordonnez à votre intention ; car dessus vous n'y aura-t-il point de regard ; et si savez mieux de tous sens comment tel chose se doit maintenir que nous ne faisons entre nous. » Là fit messire Jean Chandos trois batailles et une arrière-garde ; et mit en la première messire Robert Canolle, monseigneur Gautier Huet et monseigneur Richard Burlé [1] : en la seconde monseigneur Olivier de Cliçon, monseigneur Eustache d'Aubrecicourt et monseigneur Mathieu de Gournay : la tierce il ordonna au comte de Montfort et demeura de-lez lui ; et avoit en chacune bataille cinq cents hommes d'armes et trois cents archers.

Quand ce vint sur l'arrière-garde, il appela monseigneur Hue de Cavrelée et lui dit ainsi : « Messire Hue, vous ferez l'arrière-garde, et aurez cinq cents combattans dessous vous en votre route, et vous tiendrez sus aile, et ne vous mouverez de votre pas pour chose qu'il avienne, si vous ne véez le besoin que nos batailles branlent ou ouvrent par aucune aventure ; et là où vous les verrez branler ou ouvrir, vous vous tairez et les reconforterez et les refraîchirez : vous ne pouvez aujourd'hui faire meilleur exploit. » Quand messire Hue de Cavrelée entendit mongneur Jean Chandos, si fut honteux et moult courroucé ; si dit : « Sire, sire, baillez cette arrière-garde à un autre qu'à moi, car je ne m'en quiers jà embesogner. » Et puis dit encore ainsi : « Cher sire, en quel manière ni état m'avez-vous desvu [2], que je ne sois aussi bien taillé de moi combattre tout devant et des premiers que un autre ? » Donc répondit messire Jean Chandos moult avisément, et dit ainsi : « Messire Hue, messire Hue, je ne vous établis mie en l'arrière-garde pour chose que vous ne soyez un des bons chevaliers de notre compagnie ; et sçais bien, et de vérité que très volontiers vous vous combattriez des premiers : mais je vous y ordonne pour ce que vous êtes un sage chevalier et avisé ; et si convient que l'un y soit et le fasse. Si vous prie chèrement que vous le veuillez faire ; et je vous promets que si vous le faites, nous en vaudrons mieux, et vous-même y conquerrez haute honneur, et plus avant je vous promets que toute la première requête que vous me prierez je la ferai et y descendrai. » Néanmoins pour toutes ces paroles messire Hue de Cavrelée ne s'y vouloit accorder nullement ; et tenoit et affirmoit ce pour son grand blâme ; et prioit pour Dieu et à jointes mains que on y mît un autre ; car brièvement il se vouloit combattre tout des premiers. De ces nouvelles paroles et réponses étoit messire Jean Chandos auques sur le point de larmoyer. Si dit encore moult doucement : « Messire Hue, ou il faut que vous le fassiez ou que je le fasse : or regardez lequel il vaut mieux. » Adoncques s'avisa le dit messire Hue et fut à celle dernière parole tout confus ; si dit : « Certes, sire, je sais bien que vous ne me requerriez de nulle chose qui tournât à mon déshonneur ; et je le ferai volontiers puisque ainsi est. » Adoncques prit messire Hue de Cavrelée cette bataille qui s'appeloit arrière-garde, et se traist sur les champs arrière des autres sur aile, et se mit en ordonnance.

CHAPITRE CXCI.

Comment le sire de Beaumanoir impétra un répit entre les deux parties jusques à lendemain soleil levant.

Ainsi ce samedi, qui fut le huitième jour d'octobre [1], l'an 1364, furent ces batailles ordonnées les unes devant les autres en uns beaux plains assez près d'Auray en Bretagne. Si vous dis que c'étoit belle chose à voir et à considérer ; car on y véoit bannières, pennons parés et armoyés de tous côtés moult richement ; et par espécial les François étoient si suffisamment et si faiticement ordonnés que c'étoit un grand déduit à regarder. Or vous dis que, pendant ce qu'ils ordonnoient et avisoient leurs batailles et leurs besognes, le sire de Beaumanoir, un grand baron et riche de Bretagne, alloit de l'un à l'autre, traitant et pourparlant de la paix ; car volontiers il l'eût vue, pour les périls eschever ; et s'en eni-

---

[1] Il était neveu de sir Simon Burley, chevalier de la Jarretière.
[2] Vu désavantageusement.

[1] Froissart recule mal à propos de plusieurs jours la date de la bataille d'Auray : il est constant par tous les monuments qu'elle se donna le dimanche 29 septembre jour de Saint-Michel : ainsi le samedi dont il est ici question fut le 28 du même mois.

besognoit en bonne manière; et le laissoient les Anglois et les Bretons de Montfort aller et venir et parlementer à monseigneur Jean Chandos et au comte de Montfort, pour tant qu'il étoit par foi fiancé prisonnier par devers eux, et ne se pouvoit armer [1]. Si mit ce dit samedi maints propos et maintes parçons avant, pour venir à paix; mais nul ne s'en fit; et détria la besogne, toujours allant de l'un à l'autre, jusques à nonne; et par son sens il impétra des deux parties un certain répit pour le jour et la nuit ensuivant jusques à lendemain à soleil levant. Si se retraist chacun en son logis, ce samedi, et se aisèrent de ce qu'ils avoient, et bien avoient de quoi.

Ce samedi au soir, issit le châtelain d'Auray de sa garnison, pour tant que le répit couroit de toutes parties, et s'en vint paisiblement en l'ost de monseigneur Charles de Blois, son maître, qui le reçut liement. Si appeloit-on le dit écuyer Henry de Hauternelle, appert homme d'armes durement; et emmena en sa compagnie quarante lances de bons compagnons, tous armés et bien montés, qui lui avoient aidé à garder la forteresse.

Quand messire Charles de Blois vit son châtelain, si lui demanda tout en riant de l'état du châtel. « En nom Dieu, monseigneur, dit l'écuyer, Dieu mercy, nous sommes encore bien pourvus pour le tenir deux mois ou trois, si il en étoit besoin [2]. » — « Henry, Henry, répondit messire Charles, demain au jour serez-vous délivré de tous points, ou par accord de paix, ou par bataille. » Sur ce, dit l'écuyer : « Dieu y ait part. » — « Par ma foi, Henry, dit messire Charles qui reprit encore la parole, par la grâce de Dieu, j'ai en ma compagnie jusques à vingt cinq cents hommes d'armes, d'aussi bonne étoffe et bien appareillés d'eux acquitter, qu'il en ait au royaume de France. » — « Monseigneur, répondit l'écuyer, c'est un grand avantage; si en devez louer Dieu et regracier grandement, et aussi monseigneur Bertran du Guesclin et les barons de France et de Bretagne qui vous sont venus servir si courtoisement. » Ainsi se ébattoit de paroles le dit messire Charles à cel Henry, et donc à l'un et puis à l'autre; et passèrent ses gens cette nuit moult aisément. Ce soir fut prié moult affectueusement messire Jean Chandos d'aucuns Anglois, chevaliers et écuyers, qu'il ne se voulsist mie assentir à la paix de leur seigneur et de monseigneur Charles de Blois; car ils avoient tout le leur dépendu : si étoient povres, si vouloient par bataille, ou tout perdre, ou aucune chose recouvrer. Et messire Jean Chandos leur eut en convenant et leur promit ainsi.

CHAPITRE CXCII.

Comment le sire de Beaumanoir vint en l'ost du comte de Montfort pour traiter de la paix; et des paroles qui furent entre lui et messire Jean Chandos.

Quand ce vint le dimanche au matin, chacun en son ost se appareilla, vêtit et arma. Si dit-on plusieurs messes en l'ost de messire Charles de Blois, et se communièrent ceux qui voulurent. Aussi firent-ils en telle manière en l'ost du comte de Montfort. Un petit après soleil levant, se retraist chacune en sa bataille et en son arroy, ainsi qu'ils avoient été le jour devant. Assez tôt après, revint le sire de Beaumanoir qui portoit les traités, et qui volontiers les eût accordés s'il eût pu; et s'en vint premier, en chevauchant, devant monseigneur Jean Chandos, qui issit de sa bataille si très tôt comme il le vit venir, et laissa le comte de Montfort, qui de-lez lui étoit, et s'en vint sur les champs parler à lui. Quand le sire de Beaumanoir le vit, il le salua moult hautement, et lui dit : « Messire Jean Chandos, je vous prie, pour Dieu, que nous mettions à accord ces deux seigneurs; car ce seroit trop grand'pitié si tant de bonnes gens comme il y a ci, se combattoient pour leurs opinions soutenir. » Adonc répondit messire Jean Chandos tout au contraire des paroles qu'il avoit mises avant la nuit devant, et dit : « Sire de Beaumanoir, je vous avise que vous ne chevauchiez mais huy plus avant; car nos gens disent que si ils vous peuvent enclorre entre eux, ils vous occiront : avecques tout ce, dites à monseigneur Charles de Blois que, comment qu'il en avienne, monseigneur Jean de Montfort se veut combattre et issir de tous traités de paix et d'accord, et dit ainsi que aujourd'hui il demeurera duc de Bretagne, ou il mourra

---

[1] Le sire de Beaumanoir est cependant nommé parmi es prisonniers que le vainqueur fit à cette journée.

[2] La réponse du châtelain pourrait bien être controuée : les Bretons du parti de Montfort étaient maîtres de la ville, et la garnison retirée dans le château avait été orcée de capituler, à condition qu'elle l'abandonnerait le 0 septembre si elle n'était secourue, et que durant cet itervalle elle pourrait se procurer des vivres en payant.

en la place. » Quand le sire de Beaumanoir entendit messire Jean Chandos ainsi parler, si s'enfelonnit et fut moult courroucé, et dit : « Chandos, Chandos, ce n'est mie l'intention de monseigneur, qu'il n'ait plus grand'volonté de combattre que monseigneur Jean de Montfort; et aussi ont toutes nos gens. » A ces paroles, il s'en partit sans plus rien dire, et retourna devers monseigneur Charles de Blois et les barons de Bretagne qui l'attendoient

D'autre part, messire Jean Chandos se retraist devers le comte de Montfort, qui lui demanda : « Comment va la besogne? Que dit notre adversaire? »—« Que il dit? répondit messire Jean Chandos : Il vous mande par le seigneur de Beaumanoir, qui tantôt se part de ci, qu'il se veut combattre, comment qu'il soit, et demeurera duc de Bretagne aujourd'hui, ou il demeurera en la place. » Et cette réponse dit adonc messire Jean Chandos, pour encourager plus encore son dit maître et seigneur le comte de Montfort : et fut la fin de la parole messire Jean Chandos qu'il dit : « Or, regardez que vous en voulez faire, si vous voulez combattre ou non. » —« Par monseigneur saint George! dit le comte de Montfort, oil; et Dieu veuille aider au droit : faites avant passer nos bannières et nos archers. » Et ils se passèrent.

Or vous dirai du seigneur de Beaumanoir qu'il dit à monseigneur Charles de Blois : « Sire, sire, par monseigneur saint Yves, j'ai ouï la plus orgueilleuse parole de messire Jean Chandos que je ouïsse grand temps a; car il dit que le comte de Montfort demeurera duc de Bretagne et vous montrera que vous n'y avez nul droit. » De cette parole mua couleur à messire Charles de Blois, et répondit : « Du droit soit-il en Dieu aujourd'hui qui le sçait. » Et aussi dirent tous les barons de Bretagne. Adonc fit-il passer avant bannières et gens d'armes, au nom de Dieu et de monseigneur saint Yves.

CHAPITRE CXCIII.

Ci devise comment les batailles de messire Charles de Blois et celles du comte de Montfort s'assemblèrent et comment ils se combattirent vaillamment d'un côté et d'autre.

Un petit devant prime, s'approchèrent les batailles; de quoi ce fut très belle chose à regarder, comme je l'ouïs dire à ceux qui y furent et qui vues les avoient : car les François étoient aussi serrés et aussi joints que on ne pût mie jeter une pomme qu'elle ne chéist sur un bassinet, ou sur une lance. Et portoit chacun homme d'armes son glaive droit devant lui, retaillé à la mesure de cinq pieds, et une hache forte, dure et bien acérée, à petit manche, à son côté ou sur son col; et s'en venoient ainsi tout bellement le pas, chacun sire en son arroy et entre ses gens, et sa bannière devant lui ou son pennon, avisés de ce qu'ils devoient faire. Et aussi d'autre part les Anglois étoient très faiticement ordonnés.

Si s'assemblèrent premièrement messire Bertran du Guesclin et les Bretons de son lez à la bataille de monseigneur Robert Canolle et messire Gautier Huet; et mirent les seigneurs de Bretagne, qui étoient d'un lez et de l'autre, les bannières des deux seigneurs qui se appeloient ducs l'une contre l'autre; et les autres batailles s'assemblèrent aussi par grand'ordonnance l'une contre l'autre. Là eut de première rencontre fort boutis des lances et fort estrif fort et dur. Bien est vérité que les archers trairent du commencement, mais leur trait ne gréva néant aux François; car ils étoient trop bien armés et forts et bien pavoisés contre le trait. Si jetèrent ces archers leurs arcs jus, qui étoient forts compagnons et légers, et se boutèrent entre les gens de leur côté, et puis s'en vinrent à ces François qui portoient ces haches. Si s'adressèrent à eux de grand'volonté, et tollirent de commencement à plusieurs leurs haches, de quoi ils se combattirent depuis bien et hardiment. Là eut faite mainte appertise d'armes, mainte lutte, mainte prise et mainte rescousse; et sachez que qui étoit chu à terre, c'étoit fort du relever, si il n'étoit trop bien secouru. La bataille messire Charles de Blois s'adressa droitement à la bataille du comte de Montfort, qui étoit forte et espesse. En sa compagnie et en sa bataille étoient le vicomte de Rohan, le sire de Léon, messire Charles de Dynant, le sire de Quintin, le sire d'Ancenys, le sire de Rochefort; et avoit chacun sire sa bannière devant lui. Là eut, je vous dis, dure bataille et grosse et bien combattue; et furent ceux de Montfort, du commencement, durement reboutés. Mais messire Hue de Cavrelée, qui étoit sur èle et qui avoit une belle bataille et de bonne gent, venoit à cet endroit où il véoit ses gens branler, ou desclorre ou ouvrir, et les reboutoit et mettoit sus par force d'armes. Et cette ordonnance leur valut trop grandement; car sitôt qu'il avoit les foulés remis sus, et il véist une autre bataille ouvrir ou branler, il se traioit celle part, et les reconfortoit, par telle manière comme dit est devant.

CHAPITRE CXCIV.

Comment messire Olivier de Clisson et sa bataille se combattirent moult vaillamment à la bataille du comte d'Aucerre et du comte de Joigny, et comment messire Jean Chandos déconfit la dite bataille.

D'autre part se combattoient messire Olivier de Cliçon, messire Eustache d'Aubrecicourt, messire Richard Burlé, messire Jean Boursier, messire Mathieu de Gournay et plusieurs autres bons chevaliers et écuyers, à la bataille du comte d'Aucerre et du comte de Joigny, qui étoit moult grande et moult grosse, et moult bien étoffée de bonnes gens d'armes. Là eut mainte belle appertise d'armes faite, mainte prise et mainte rescousse. Là se combattoient François et Bretons d'un lez moult vaillamment et très hardiment, des haches qu'ils portoient et qu'ils tenoient. Là fut messire Charles de Blois durement bon chevalier, et qui vaillamment et hardiment se combattit, et assembla à ses ennemis de grand'volonté. Et aussi fut bon chevalier son adversaire le comte de Montfort; chacun y entendoit ainsi que pour lui. Là étoit le dessus dit messire Jean Chandos, qui y faisoit trop grand'foison d'armes; car il fut en son temps fort chevalier durement et redouté de ses ennemis, et en batailles sage et avisé, et plein de grand'ordonnance. Si conseilloit le comte de Montfort ce qu'il pouvoit, et entendoit à le conforter, et ses gens, et lui disoit : « Faites ainsi et ainsi, et vous tirez de ce côté et de celle part. » Le jeune comte de Montfort le créoit et ouvroit volontiers par son conseil. D'autre part, messire Bertran du Guesclin, le sire de Tournemine, le sire d'Avaugour, le sire de Rais, le sire de Loheac, le sire de Gargouley, le sire de Malestroit, le sire du Pont, le sire de Prie et maints bons chevaliers et écuyers de Bretagne et de Normandie, qui là étoient du côté de monseigneur Charles de Blois se combattoient moult vaillamment, et y firent mainte belle appertise d'armes; et tant se combattirent que toutes ces batailles se recueillirent ensemble, excepté l'arrière-garde des Anglois, dont messire Hue de Cavrelée étoit chef et souverain. Cette bataille se tenoit toujours sur èle, et ne s'embesognoit d'autre chose fors que de radrecier et de mettre en arroy les leurs qui branloient, ou qui se déconfisoient. Entre les autres chevaliers, messire Olivier de Cliçon y fut bien vu et avisé, et qui fit merveilles de son corps; et tenoit une hache dont il ouvroit et rompoit ces presses; et ne l'osoit nul approcher; et se combattit si avant, telle fois fut, qu'il fut en grand péril; et y eut moult à faire de son corps en la bataille du comte d'Aucerre et du comte de Joigny, et trouva durement forte encontre sur lui, tant que du coup d'une hache il fut féru en travers, qui lui abattit la visière de son bassinet, et lui entra la pointe de la hache en l'œil, et l'eut depuis crevé : mais pour ce ne demeura mie qu'il ne fût encore très-bon chevalier.

Là se recouvroient batailles et bannières qui une heure étoient tout au bas, et tantôt, par bien combattre, se remettoient sus, tant d'un lez comme de l'autre. Entre les autres chevaliers fut messire Jean Chandos très bon chevalier, et vaillamment se combattit; et tenoit une hache dont il donnoit les horions si grands, que nul ne l'osoit approcher; car il étoit grand et fort chevalier, et bien formé de tous ses membres. Si s'en vint combattre à la bataille du comte d'Aucerre et des François : là eut fait mainte belle appertise d'armes; et par force de bien combattre, ils rompirent et reboutèrent cette bataille bien avant, et la mirent en tel meschef que briévement elle fut déconfite, et toutes les bannières et les pennons de cette bataille jetés par terre, rompus et descirés et les seigneurs mis et contournés en grand meschef; car ils n'étoient aidés ni confortés de nul côté, mais étoient leurs gens tous embesognés d'eux défendre et combattre. Au voir dire, quand une déconfiture vient, les déconfits se déconfisent et s'ébahissent de trop peu, et sur un chu, il en chiet trois, et sur trois dix, et sur dix trente; et pour dix, s'ils s'enfuient, il s'enfuit un cent. Ainsi fut de cette bataille d'Auray. Là crioient et écrioient ces seigneurs, et leurs gens qui étoient de-lez eux, leurs enseignes et leurs cris; de quoi les aucuns en étoient ouïs et reconfortés, et les aucuns non, qui étoient en trop grand'presse, ou trop arrière de leur gens. Toutefois le comte d'Aucerre, par force d'armes, fut durement navré et pris dessous le pennon messire Jean

Chandos, et fiancé prisonnier; et le comte de Joigny aussi; et occis le sire de Prie, un grand banneret de Normandie.

CHAPITRE CXCV.

Comment messire Bertran du Guesclin fut pris ; et comment messire Charles de Blois fut occis en la bataille ; et toute la fleur de la chevalerie de Bretagne et de Normandie prise ou occise.

Encore se combattoient les autres batailles moult vaillamment, et se tenoient les Bretons en bon convine ; et toutefois, à parler loyalement d'armes, ils ne tinrent mie si bien leur pas ni leur arroy, ainsi qu'il apparut, que firent les Anglois et les Bretons du côté le comte de Montfort; et trop grandement leur valsist ce jour cette bataille sur èle de monseigneur Hue de Cavrelée. Quand les Anglois et les Bretons de Montfort virent ouvrir et branler les François, si se confortèrent entre eux moult grandement, et eurent tantôt les plusieurs leurs chevaux appareillés : si montèrent et commencèrent à chasser fort vitement. Adonc se partit messire Jean Chandos, et une grand'route de ses gens, et s'en vinrent adresser sur la bataille de messire Bertran du Guesclin où on faisoit merveilles d'armes : mais elle étoit jà ouverte, et plusieurs bons chevaliers et écuyers mis en grand meschef; et encore le furent-ils plus, quand une grosse route d'Anglois, et messire Jean Chandos, y survinrent. Là eut donné maint pesant horion de ces haches, et fendu et effondré maint bassinet, et maint homme navré à mort ; et ne purent, au voir dire, messire Bertran ni les siens porter ce faix. Si fut là pris messire Bertran du Guesclin d'un écuyer Anglois, dessous le pennon à messire Jean Chandos.

En celle presse, prit et fiança pour prisonnier le dit messire Jean Chandos un baron de Bretagne qui s'appeloit le seigneur de Rais, hardi chevalier durement. Après cette grosse bataille des Bretons rompue, la dite bataille fut ainsi que déconfite ; et perdirent les autres tout leur arroy; et soi mirent en fuite, chacun au mieux qu'il put, pour se sauver ; excepté aucuns bons chevaliers et écuyers de Bretagne, qui ne vouloient mie laisser leur seigneur monseigneur Charles de Blois, mais avoient plus cher à mourir que reproché leur fût fuite. Si se recueillirent et rallièrent autour de lui, et se combattirent depuis moult vaillamment et très âprement ; et là eut fait maint grand'appertise d'armes ; et se tint le dit messire Charles de Blois et ceux qui de-lez lui étoient une espace de temps, en eux défendant et combattant : mais finablement ils ne se purent tant tenir qu'ils ne fussent déroutés par force d'armes ; car la plus grand' partie des Anglois conversoient celle part. Là fut la bannière de messire Charles de Blois conquise et jetée par terre, et celui occis qui la portoit. Là fut occis en bon convine messire Charles de Blois, le viaire sur ses ennemis, et un sien fils bâtard, qui s'appeloit messire Jean de Blois, appert hommes d'armes durement, et qui tua celui qui tué avoit monseigneur Charles de Blois, et plusieurs autres chevaliers et écuyers de Bretagne. Et me semble qu'il avoit été ainsi ordonné en l'ost des Anglois au matin, que, si on venoit au-dessus de la bataille, et que messire Charles de Blois fût trouvé en la place, on ne le devoit point prendre à nulle rançon, mais occire. Et ainsi, en cas semblable, les François et les Bretons avoient ordonné de messire Jean de Montfort ; car en ce jour ils vouloient avoir fin de bataille et de guerre. Là eut, quand ce vint à la chasse et à la fuite, grand'mortalité, grand'occision et grand'déconfiture, et maint bon chevalier et écuyer pris et mis en grand meschef. Là fut toute la fleur de chevalerie de Bretagne, pour le temps et pour la journée, morts ou pris; car moult petit de gens d'honneur échappèrent, qui ne fussent morts ou pris. Et par espécial, des bannerets de Bretagne, y demeurèrent morts messire Charles de Dynant, le sire de Léon, le sire d'Ancenys, le sire d'Avaugour, le sire de Loheac, le sire de Guergorley, le sire de Malestroit, le sire du Pont, et plusieurs autres bons chevaliers et écuyers que je ne puis tous nommer ; et pris, le vicomte de Rohan, messire Guy de Léon, le sire de Rochefort, le sire de Rais, le sire de Rieux, le comte de Tonnerre, messire Henry de Malestroit, messire Olivier de Mauny, le sire de Riville, le sire de Franville, le sire de Raineval ; et plusieurs autres de Normandie ; et plusieurs bons chevaliers et écuyers de France, avecques le comte d'Aucerre et le comte de Joigny. Brièvement à parler, cette déconfiture fut moult grande et moult grosse, et grand'foison de bonnes gens y eut morts, tant sur les champs, comme sur la place; car elle dura huit grosses lieues de pays jusques moult près de Rennes [1]. Si avinrent là en dedans maintes aventures, qui toutes ne vinrent mie à connaissance, et y eut aussi maint homme mort et pris et recru [2] sur les champs, ainsi que les aucuns eschéirent en bonnes mains, et qu'ils trouvoient bons maîtres et courtois. Cette bataille fut assez près d'Auray en Bretagne, l'an de grâce Notre Seigneur 1364, le neuvième jour du mois d'octobre [3].

CHAPITRE CXCVI.

Ci parle des paroles amoureuses que le comte de Montfort disoit à messire Jean Chandos, et des piteux regrets que le dit comte fit sur monseigneur Charles de Blois, et comment il le fit enterrer à Guingant très révéremment.

Après la grande déconfiture, si comme vous avez ouï, et la place toute délivrée, les chefs des seigneurs anglois et bretons d'un lez retournèrent et n'entendirent plus à chasser, mais en laissèrent convenir leurs gens. Si se trairent d'un lez le comte de Montfort, messire Jean Chandos, messire Robert Canolle, messire Eustache d'Aubrecicourt, messire Mathieu de Gournay, messire Jean Boursier, messire Gautier Huet, messire Hue de Cavrelée, messire Richart Burlé, messire Richart Tanton et plusieurs autres, et s'en vinrent ombroier du long d'une haie, et se commencèrent à désarmer; car ils virent bien que la journée étoit pour eux. Si mirent les aucuns leurs bannières et leurs pennons à cette haie, et les armes de Bretagne tout en haut sur un buisson, pour rallier leurs gens. Adonc se trairent messire Jean Chandos, messire Robert Canolle, messire Hue de Cavrelée et aucuns chevaliers devers messire Jean de Montfort, et lui dirent en riant : « Sire, louez Dieu et si faites bonne chère, car vous avez hui conquis l'héritage de Bretagne. » Il les inclina moult doucement, et puis parla que tous l'ouïrent : « Messire Jean Chandos, cette bonne aventure m'est avenue par le grand sens et prouesse de vous; et ce sçais-je de vérité, et aussi le scevent tous ceux qui ci sont; si vous prie, buvez à mon hanap. » Adonc lui tendit un flacon plein de vin où il avoit bu, pour lui rafraîchir, et lui dit encore en lui donnant : « Après Dieu, je vous en dois savoir plus grand gré que à tout le monde. » En ces paroles revint le sire de Clisson tout échauffé et enflammé, et avoit moult longuement poursuivi ses ennemis : à peine s'en étoit-il pu partir, et ramenoit ses gens à grand' foison de prisonniers. Si se trairent tantôt pardevers le comte de Montfort et les chevaliers qui là étoient, et descendit jus de son coursier, et s'en vint rafraîchir de-lez eux. Pendant qu'ils étoient en cet état, revinrent deux chevaliers et deux hérauts qui avoient cerchié les morts, pour savoir que messire Charles de Blois étoit devenu; car ils n'étoient point certains si il étoit mort ou non. Si dirent ainsi tout en haut : « Monseigneur, faites bonne chère, car nous avons vu votre adversaire, messire Charles de Blois, mort. » A ces paroles se leva le comte de Montfort, et dit qu'il le vouloit aller voir, et que il avoit grand désir de le voir autant mort comme vif. Si s'en allèrent avecques lui les chevaliers qui là étoient. Quand ils furent venus jusques au lieu où il gissoit, tourné à part et couvert d'une targe, il le fit découvrir, et puis le regarda moult piteusement, et pensa une espace, et puis dit : « Ha! monseigneur Charles, monseigneur Charles, beau cousin, comme pour votre opinion maintenir sont avenus en Bretagne maints grands meschefs! Si Dieu m'aist, il me déplaît quand je vous trouve ainsi, si être pût autrement. » Et lors commença à larmoyer. Adonc le tira arrière messire Jean Chandos, et lui dit : « Sire, sire, partons de ci, et regraciez Dieu de la belle aventure que vous avez; car sans la mort de cestui-ci ne pouviez-vous venir à l'héritage de Bretagne. » Adonc ordonna le comte que messire Charles de Blois fût porté à Guingant; et il fut ainsi fait incontinent, et là enseveli moult révéremment : lequel corps de lui sanctifia par la grâce de Dieu, et l'appelle-t-on saint Charles; et l'approuva et canonisa le pape Urbain V[e][1] qui régnoit pour le temps; car

---

[1] L'Histoire de Bretagne, dit *Vannes*; mais soit qu'il faille lire *Rennes* ou *Vannes*, Froissart se trompe également sur la distance entre Auray et l'une ou l'autre de ces deux villes : Vannes n'en est éloignée que de trois lieues, et Rennes l'est de plus de vingt.
[2] Mis en liberté sur parole.
[3] On a remarqué précédemment que cette date est fausse et que la bataille d'Auray se donna le 29 septembre jour de Saint-Michel.

[1] Il est vrai qu'Urbain V ordonna une enquête pour la canonisation de Charles de Blois; mais il mourut avant qu'elle fût faite : elle n'eut lieu que sous le pontificat de son successeur Grégoire II, qui n'en fit aucun usage pour ne pas offenser le duc de Bretagne, qui s'opposoit de toutes ses forces à ce qu'on mit son rival au rang des

il faisoit et fait encore au pays de Bretagne plusieurs miracles tous les jours.

CHAPITRE CXCVII.

Comment le comte de Montfort donna trêve pour enterrer les morts ; et comment le roi de France envoya le duc d'Anjou en Bretagne pour reconforter la femme de monseigneur Charles de Blois.

Après cette ordonnance, et que tous les morts furent dévêtus, et que leurs gens furent retournés de la chasse, ils se traîrent devers leurs logis dont au matin ils s'étoient partis. Si se désarmèrent, et puis se aisèrent de ce qu'ils avoient, et bien avoient de quoi ; et entendirent à leurs prisonniers, et firent remuer et appareiller les navrés, et leurs gens mêmes, qui étoient navrés et blessés, firent-ils remettre à point. Quand ce vint le lundi au matin, le comte de Montfort fit à sçavoir sur le pays à ceux de la cité de Rennes et des villes environ que il donnoit et accordoit trèves trois jours, pour recueillir les morts dessus les champs et ensevelir en terre sainte : laquelle ordonnance on tint à moult bonne. Si se tint le comte de Montfort pardevant le châtel d'Auray à siége, et dit que point ne se partiroit, si l'auroit à sa volonté. Ces nouvelles s'espardirent en plusieurs lieux et en plusieurs pays, comment messire Jean de Montfort, par le conseil et confort des Anglois, avoit obtenu la place contre monseigneur Charles de Blois, et lui mort et déconfit, et mort et pris toute la fleur de la chevalerie de Bretagne qui faisoient partie contre lui. Si en avoit messire Jean Chandos grandement la grâce et la renommée ; et disoient toutes manières de gens, chevaliers et écuyers qui à la besogne avoient été, que par lui et son sens et sa prouesse avoient les Anglois et les Bretons obtenu la place.

De ces nouvelles furent tous les amis et les confortans à messire Charles de Blois courroucés ; ce fut bien raison ; et par espécial, le roi de France ; car cette déconfiture lui touchoit grandement, pourtant que plusieurs bons chevaliers et écuyers de son royaume y avoient été morts, et pris messire Bertran du Guesclin, que moult aimoit,

saints. M. Duchesne, dans son Histoire généalogique de la maison de Châtillon, a pensé que Charles de Blois avait été réellement canonisé ; mais les preuves qu'il en donne ne paraissent pas suffisantes pour établir solidement son opinion.

le comte d'Aucerre, le comte de Joigny et tous les barons de Bretagne, sans nullui excepter. Si envoya le dit roi de France son frère, monseigneur Louis duc d'Anjou, sur les marches de Bretagne, pour reconforter le pays qui étoit moult désolé, pour l'amour de leur seigneur monseigneur Charles de Blois que perdu avoient, et pour reconforter aussi madame de Bretagne femme au dit monseigneur Charles de Blois, qui étoit si désolée et déconfortée de la mort de son mari que rien n'y failloit. A ce étoit le dit duc d'Anjou bien tenu de faire, quoique volontiers le fît ; car il avoit épousé la fille du dit monseigneur Charles et de la dite dame. Si promettoit de grand'volonté aux bonnes villes, cités et châteaux de Bretagne et au demeurant du pays conseil, confort et aide en tous cas : en quoi la dame que il clamoit mère et le pays eurent une espace de temps grand'fiance, jusques adonc que le roi de France, pour tous périls ôter et eschever, y mit attrempance, si comme vous orrez recorder assez tôt.

Si vinrent aussi ces nouvelles au roi d'Angleterre ; car le comte de Montfort avoit écrit, au cinquième jour que la bataille avoit été devant Auray, en la ville de Douvres ; et en apporta lettres de créance un varlet poursuivant armes qui avoit été à la bataille, et lequel le roi d'Angleterre fît tantôt héraut, et lui donna le nom de Windesore et moult grand profit ; par lequel héraut et aucuns chevaliers d'un lez et de l'autre qui furent à la bataille je fus informé. Et la cause pour quoi le roi d'Angleterre étoit adonc à Douvres, je la vous dirai.

CHAPITRE CXCVII.

Comment le roi d'Angleterre et le comte de Flandres, qui étoient à Douvres pour traiter du mariage de leurs enfans, furent grandement réjouis de la déconfiture d'Auray.

Il est bien vérité que un mariage entre monseigneur Aymon comte de Cantebruge, fils au dit roi d'Angleterre, et la fille du comte Louis de Flandre, avoit été traité et pourparlé trois ans en devant ; auquel mariage le comte de Flandre étoit nouvellement assenti et accordé, mais que le pape Urbain V° les voulsist dispenser ; car ils étoient moult prochains de lignage. Et en avoient été le duc de Lancastre et messire Aymon son frère et grand'foison de barons et de chevaliers en Flandre, devers le dit comte Louis qui les avoit reçus moult honorablement; et pour plus grand'conjonction de paix et d'amour, le dit comte de Flandre étoit venu avecques eux à Calais; et passa la mer et vint à Douvres où le roi, et une partie de ceux de son conseil qui là se tenoient, le reçurent. Et encore étoient là quand le dessus dit varlet et message en ce cas apporta les nouvelles de la besogne d'Auray, ainsi comme elle avoit été. De laquelle avenue le roi d'Angleterre et les barons qui là étoient furent moult bien réjouis, et aussi fut le comte de Flandre, pour l'amour, honneur et avancement de son cousin germain le comte de Montfort. Si furent le roi d'Angleterre, le comte de Flandre et les seigneurs dessus nommés environ trois jours à Douvres, en fêtes et en ébattemens; et quand ils eurent assez revelé et joué et fait ce pourquoi ils étoient là assemblés, le comte de Flandre prit congé au roi d'Angleterre et se partit. Si me semble que le duc de Lancastre et messire Aymon repassèrent la mer avecques le comte de Flandre, et lui tinrent toujours compagnie jusques à tant qu'il fût venu à Bruges. Nous nous souffrirons à parler de cette matière et parlerons du comte de Montfort, comment il persévéra en Bretagne.

CHAPITRE CXCIX.

Comment ceux d'Auray, ceux de Jugon et ceux de Dinant se rendirent au comte de Montfort; et comment le dit comte assiégea la bonne cité de Campercorentin.

Le comte de Montfort, si comme il est ci-dessus dit, tint et mit le siége devant Auray, et dit qu'il ne s'en partiroit, si l'auroit à sa volonté. Ceux du châtel n'étoient mie bien aises, car ils avoient perdu leur capitaine, Henry de Hauternelle, qui étoit demeuré à la besogne, et toute la fleur de leurs compagnons; et ne se trouvoient laiens que un petit de gens, et si ne leur apparoît secours de nul côté; si eurent conseil d'eux rendre à la forteresse, saufs leurs corps et leurs biens. Si traitèrent devers le dit comte de Montfort et son conseil sur l'état dessus dit. Le dit comte, qui avoit en plusieurs lieux à entendre et point ne savoit encore comment le pays se voudroit maintenir, les prit à mercy et les laissa paisiblement partir, ceux qui partir voulurent, et prit la saisine de la forteresse et y mit gens de par lui; et puis chevaucha outre, et tout son ost qui tous les jours croissoit, car gens d'armes et archers lui venoient d'Angleterre à effort; et aussi se traioient plusieurs chevaliers et écuyers de Bretagne devers lui, et par espécial ces Bretons Bretonnans. Si s'en vint devant la bonne ville de Jugon qui se clouit contre lui et se tint trois jours; et la fit le dit comte de Montfort assaillir par deux assauts, et en y eut moult de blessés dedans et dehors. Ceux de Jugon, qui se véoient assaillis et point de recouvrer au pays n'avoient, n'eurent mie conseil d'eux tenir longuement ni d'eux faire hérier; et reconnurent le comte de Montfort à seigneur, et lui ouvrirent leurs portes, et lui jurèrent foi et loyauté à tenir et à garder à toujoursmais. Si remua le dit comte tous les officiers en la ville et y mit des nouveaux; et puis chevaucha devers la bonne ville de Dinant. Là mit-il grand siége et qui dura bien avant en l'hiver; car la ville étoit bien garnie et de grands pourvéances et de bonnes gens d'armes. Et aussi le duc d'Anjou leur avoit mandé qu'ils se tenissent ainsi que bonnes gens se devoient faire, car il les conforteroit. Cette opinion les fit tenir et endurer maint assaut. Quand ils virent que leurs pourvéances amenrissoient et que nul secours ne leur apparoît, ils traitèrent de paix devers le comte de Montfort, lequel y entendit volontiers, et ne désiroit autre chose, mais que ils le voulussent reconnoître à seigneur ainsi qu'ils firent. Et entra en la dite ville de Dinant à grand'solemnité[1]; et lui firent tous féauté et hommage. Puis chevaucha outre et s'en vint atout son ost devant la bonne cité de Campercorentin, et l'assiéga de tous points; et y fit amener et acharier les grands engins de Vannes et de Dinant. Si dit et promit qu'il ne s'en partiroit, si l'auroit. Et vous dis ainsi, que les Bretons et les Anglois de Montfort, messire Jean Chandos et les autres, qui avoient en la bataille d'Auray pris grand'foison de prisonniers, n'en rançonnoient nul, ni mettoient à finance, pourtant qu'ils ne vouloient mie qu'ils se recueillissent ensemble et en fussent de rechef combattus : mais les envoyèrent en Poitou, en Xaintonge, à Bordeaux et à La Rochelle tenir prison; et pendant ce conquerroient les dits Bretons et Anglois d'un côté le pays de Bretagne.

[1] Dinant se rendit vers la fin d'octobre; la reddition de Jugon est aussi de ce mois.

CHAPITRE CC.

Comment le roi de France envoya messagers pour traiter de la paix entre le comte de Montfort et le pays de Bretagne; et comment il en demeura duc.

Pendant que le comte de Montfort séoit devant la cité de Camper-Corentin, et moult l'estraindit par force d'engins et d'assauts qui nuit et jour y jetoient, couroient ses gens tout le pays d'environ, et ne laissèrent rien à prendre s'il n'étoit trop chaud ou trop pesant. De ces avenues étoit le roi de France bien informé. Si eut sur ce plusieurs consaux, propos et imaginations comment ils pourroient user des besognes de Bretagne; car elles étoient en moult dur parti; et si n'y pouvoit bonnement remédier, si il n'émouvoit son royaume et fît de rechef guerre aux Anglois, pour le fait de Bretagne; ce que on ne lui conseilloit mie à faire. Et lui fut dit en grand'espécialité et en délibération de conseil : « Très cher sire, vous avez soutenu l'opinion messire Charles de Blois votre cousin ; et aussi fit votre seigneur de père et le roi Philippe votre ayeul, qui lui donna en mariage l'héritage et la duché de Bretagne [1], par lequel fait moult de grands maux sont avenus en Bretagne et au pays d'environ. Or est tant allé que messire Charles de Blois votre cousin, en l'héritage gardant et défendant, est mort; et n'est nul de son côté qui cette guerre, ni le droit de son calenge relève; car jà sont en Angleterre prisonniers, à qui moult il en touche et appartient, ses deux aîns-nés fils Jean et Guy. Et si véons et oyons recorder tous les jours que messire Jean de Montfort prend et conquiert cités, villes et châteaux, et les attribue du tout à lui, ainsi comme son lige héritage. Par ainsi pourriez-vous perdre vos droits et l'hommage de Bretagne, qui est une moult grosse et notable chose en votre royaume, et que vous devez bien douter à perdre; car si le comte de Montfort le relevoit de votre frère le roi d'Angleterre, ainsi que fit jadis son père, vous ne le pourriez r'avoir sans grand'guerre et haine entre vous et le roi d'Angleterre, où bonne paix est maintenant, que nous ne vous conseillons mie à briser. Si nous semble, tout considéré et imaginé, cher sire, que ce seroit bon d'envoyer certains messages et sages traiteurs devers messire Jean de Montfort, pour savoir comment il se veut maintenir, et de entamer matière de paix entre lui et le pays et la dite dame qui s'en est appelée duchesse. Et sur ce que ces traiteurs trouveront en lui et en son conseil, vous aurez avis. Au fort, mieux vaudroit que il demeurât duc de Bretagne, afin qu'il le voulût reconnoître de vous, et vous en fît toutes droitures, ainsi que un sire féal doit faire à son seigneur, que la chose fût en plus grand péril ni variement. » A ces paroles entendit le roi de France volontiers; et furent avisés et ordonnés en France messire Jean de Craon archevêque de Reims, et le sire de Craon son cousin [1], et messire Boucicaut maréchal de France, d'aller en ce voyage devant Camper-Corentin parler et traiter au comte de Montfort et à son conseil, sur l'état que vous avez ouï. Si se partirent ces trois seigneurs dessus nommés du roi de France, quand ils furent informés de ce qu'ils devoient faire et dire, et exploitèrent tant par leurs journées qu'ils vinrent au siége des Bretons et des Anglois devant Camper-Corentin; et se nommèrent messagers du roi de France. Le comte de Montfort, messire Jean Chandos et ceux de son conseil les reçurent liement. Si remontrèrent ces seigneurs bien et sagement ce pourquoi ils étoient là envoyés. A ce premier traité répondit le comte de Montfort qu'il s'en conseilleroit ; et y assigna journée. Ce terme pendant vinrent ces trois seigneurs de France séjourner en la cité de Rennes. Si envoya le comte de Montfort en Angleterre le seigneur de Latimer, pour remontrer au roi ces traités et quel chose il en conseilleroit. Le roi d'Angleterre, quand il fut informé, dit que il conseilloit bien le comte de Montfort à faire paix; et aussi que il recompensât la dite dame, qui duchesse s'étoit appelée, d'aucune chose bien et honnêtement, et lui assignât sa rente en certain lieu où elle la pût avoir bien et honnêtement sans danger. Le sire de Latimer rapporta arrière, par écrit, tout le conseil et la réponse du roi d'Angleterre au comte de Montfort qui se tenoit devant Camper-Corentin.

---

[1] En lui faisant épouser la nièce et l'héritière du duc Jean III mort en 1341.

[1] Le pouvoir pour traiter de la paix en Bretagne est daté du 25 octobre de cette année: il est expédié à l'archevêque de Reims et au maréchal de Boucicaut seuls, sans aucune mention du sire de Craon.

Depuis ces lettres et ces réponses vues et ouïes, messire Jean de Monfort et son conseil envoyèrent devers les messagers du roi de France, qui se tenoient à Rennes. Ceux vinrent à l'ost. Là leur fut réponse donnée et faite bien et courtoisement; et leur fut dit que jà messire Jean de Montfort ne se départiroit du calenge de Bretagne, pour chose qui avînt, s'il ne demeuroit duc de Bretagne, ainsi qu'il se tenoit et appeloit : mais là où le roi lui feroit ouvrir paisiblement et villes et cités et châteaux, et rendre fiefs et hommages et toutes droitures, ainsi que les ducs de Bretagne anciennement les avoient tenues, il le reconnoîtroit volontiers à seigneur naturel, et lui feroit hommage et tous services, présens et oyans les pairs de France; et encore par cause d'aide et de proismeté, il aideroit et conforteroit d'aucune recompensation sa cousine la femme à messire Charles de Blois, et aideroit aussi à délivrer ses cousins qui étoient prisonniers en Angleterre, Jean et Guy.

Ces réponses plurent bien à ces seigneurs de France qui là avoient été envoyés. Si prirent jour et terme de l'accepter ou non. On leur accorda légèrement. Tantôt ils envoyèrent devers le duc d'Anjou qui étoit retrait à Angers, auquel le roi avoit remis toutes les ordonnances du faire ou du laisser. Quand le duc d'Anjou vit les traités, il se conseilla sus une grand'espace de temps: lui bien conseillé, il les accepta; et revinrent arrière deux chevaliers qui envoyés avoient été devers lui, et rapportèrent, par écrit, la réponse du dit duc d'Anjou scellée. Si se départirent de la cité de Rennes les dessus dits messagers au roi de France, et vinrent devant Camper-Corentin. Et là finalement fut la paix faite et accordée et scellée [1] de messire Jean de Montfort; et demeura adonc duc de Bretagne, parmi ce, que, si il n'avoit enfant de sa chair, par loyauté de mariage, la terre, après son décès, devoit retourner aux enfans monseigneur Charles de Blois; et demeureroit la dame, qui fut femme à monseigneur Charles de Blois, comtesse de Penthièvre, laquelle terre pouvoit valoir par an environ vingt mille francs; et tant lui devoit-on faire valoir. Et devoit le dit messire Jean de Montfort venir en France, quand mandé y seroit, et faire hommage au roi de France, et reconnoître la duché de lui. De tout ce, prit-on chartes et instrumens publics et lettres grossées et scellées de l'une partie et de l'autre ; et par ainsi entra le comte de Montfort en Bretagne, et demeura duc un temps, jusques à ce que autres renouvellemens de guerres revinrent, si comme vous orrez recorder en avant en l'histoire.

CHAPITRE CCI.

Comment le roi de France rendit à Clisson sa terre; et comment le duc de Bretagne fut marié à la fille de la princesse de Galles ; comment le captal de Buch devint homme du roi de France et puis y renonça.

Avec toutes ces choses, parmi l'ordonnance de la paix, r'eut le sire de Clisson toute sa terre que le roi Philippe jadis lui avoit tollue et ôtée ; et lui rendit le roi Charles de France, et encore de l'autre assez. Celui sire de Clisson depuis s'acointa du roi de France, et faisoit tout ce qu'il vouloit; et sans lui n'étoit rien fait. Si fut tout le pays de Bretagne tout joyeux, quand ils se trouvèrent en paix; et prit le dit duc les fois et les hommages des cités, des villes, des châteaux et de tous les prélats et gentilshommes. Assez tôt après, se maria le dit duc à la fille madame la princesse de Galles, que elle avoit eue de messire Thomas de Hollande; et en furent les noces faites en la bonne cité de Nantes, moult grandes et moult nobles. Encore avint en cel hiver, que la roine Jeanne, ante du roi de Navarre, et la roine Blanche, sa sœur germaine, pourchassèrent et exploitèrent tant, que paix fut faite et accordée entre le roi de France et le roi de Navarre [1], parmi l'aide et le grand sens de monseigneur le captal de Buch, qui y rendit grand'heure et grand'diligence. Et parmi tant il fut quitte de sa prison; et lui montra et fit de fait le roi de France grand signe d'amour, et lui

---

[1] Il est très vraisemblable que les préliminaires de la paix furent arrêtés devant Quimper-Corentin, qui se rendit à Montfort le 17 novembre de cette année ; mais la paix ne fut conclue que le 11 mars de l'année suivante, à Guérande où les plénipotentiaires étaient convenus de s'assembler.

[1] Ce traité fut conclu à Paris le 6 mars 1364 (1365). On lit dans les *Chroniques de France*, qu'il fut fait au mois de juin de cette année: le chroniqueur ignorait vraisemblablement la date véritable du traité, ou bien il ne l'a regardé comme terminé qu'après que Charles V l'eut confirmé par ses lettres données à Paris au mois de juin de cette année. On trouvera rassemblées dans *l'Histoire de Charles-le-Mauvais*, toutes les pièces relatives à ce traité très peu connu jusqu'alors.

donna le beau châtel de Nemours et toutes les appendances de la châtellerie, où bien appartiennent trois mille francs par an de revenue. Et en devint homme au roi de France le dit captal : duquel hommage le dit roi fut moult réjoui, car il aimoit grandement le service d'un tel chevalier comme le dit captal étoit pour le temps. Mais il ne le fut mie trop longuement ; car quand il revint en la principauté, devers le prince qui étoit informé de cette ordonnance, on le blâma durement, et dit qu'il ne se pouvoit acquitter loyaument à servir deux seigneurs, et qu'il étoit trop convoiteux, quand il avoit pris terre en France où il n'étoit ni aimé ni honoré. Quand il se vit en ce parti et si durement reçu et appelé du prince de Galles son naturel seigneur, il se vergogna et dit en lui excusant, qu'il n'étoit mie trop avant lié au roi de France, et que bien pouvoit défaire tout ce que fait en étoit. Si renvoya par un sien écuyer son hommage au roi de France, et renonça à tout ce que donné lui avoit ; et demeura depuis le dit captal de-lez le prince.

Parmi la composition et ordonnance de la paix qui se fit entre le roi de France et le roi de Navarre, demeurèrent au dit roi de France la ville de Mante et de Meulan, et le roi lui rendit autres châteaux en Normandie [1]. En ce temps se partit de France messire Louis de Navarre, et passa outre en Lombardie pour épouser la roine de Naples [2] : mais à son département il emprunta au roi de France, sur aucuns châteaux qu'il tenoit en Normandie, soixante mille francs [3]. Lequel messire Louis, depuis qu'il eut épousé la dite roine, ne vesquit point longuement : Dieu lui pardoint ses deffautes ; car il fut moult courtois chevalier.

[1] Charles V lui céda de plus la ville et la baronie de Montpellier pour la tenir en pairie, en échange des villes de Mante et Meulan.
[2] Froissart a confondu la reine Jeanne de Naples avec une autre princesse de la même maison, nommée pareillement Jeanne, fille de Charles d'Anjou-Sicile, duc de Duras, que Louis de Navarre épousa en effet en 1366.
[3] Louis de Navarre n'emprunta au roi que 50,000 livres, pour la sûreté desquelles il lui remit entre les mains le comté de Beaumont-le-Roger, Breval, Anet, etc.

CHAPITRE CCII.

Comment les Compagnies gâtoient et exiloient le royaume de France, et comment moult de gens en murmuroient contre le roi d'Angleterre et le prince de Galles son fils.

En ce temps étoient les Compagnies si grandes en France, que on ne savoit que faire ; car les guerres du roi de Navarre et de Bretagne étoient faillies. Si avoient ces compagnons qui poursuivoient les armes, appris à piller et à vivre d'avantage : si ne s'en pouvoient, et aussi ne vouloient tenir ni abstenir ; et tout leur recours étoit en France, et appeloient ces Compagnies le royaume de France leur Chambre. Toutevoies ils n'osoient converser en Aquitaine, la terre du prince, ni on ne les y eût mie soufferts ; et aussi au voir dire, la plus grand'partie des capitaines étoient Gascons et Anglois et hommes au roi d'Angleterre ou du prince : aucuns Bretons y avoit, mais c'étoit petit. De quoi moult de bonnes gens au royaume de France murmuroient et parloient sur la partie du roi d'Angleterre et du prince ; et disoient couvertement qu'ils ne se acquittoient mie bien envers le roi de France, quand ils n'aidoient à bouter hors ces males gens du dit royaume. Néanmoins ils les avoient plus chers arrière d'eux que de-lez eux. Si considérèrent les sages hommes du royaume de France que, si on n'y mettoit remède et conseil, ou que on les combattît, ou que on les envoyât hors par grand'mise d'argent, ils détruiroient le noble royaume de France et sainte chrétienté. Adonc avoit un roi en Honguerie [1] qui les voulsist bien avoir de-lez lui, et les eût trop bien embesognés contre les Turcs, à qui il guerroyoit, et qui lui portoient moult de dommages. Si en escripsit devers le pape Urbain V^e, qui étoit pour le temps en Avignon, qui volontiers en eût vu la délivrance du royaume, et aussi devers le roi de France et devers le prince de Galles. Si traita-t-on devers les capitaines et leur offrit-on grand argent et passages ; mais oncques ne s'y voulurent consentir ; et répondirent que jà ils n'iroient si loin guerroyer ; car il fut là dit entre eux d'aucuns compagnons, qui bien connoissoient le pays de Honguerie, que il y avoit tels détroits que, s'ils y étoient embattus, jamais n'en ystroient, et les y feroit-on mourir de male mort.

[1] Louis 1er surnommé le Grand.

Cette chose les effréa si qu'ils n'eurent talent de y aller.

CHAPITRE CCIII.

Comment la guerre commença entre le roi Dam Piètre de Castille et son frère Henry le Bastard; et comment le roi de France envoya messire Bertran du Guesclin atout les Compagnies avec le dit Henry contre Dam Piètre.

Quand le pape Urbain et le roi de France virent qu'ils ne viendroient point à leur entente de ces mal-dites gens qui ne se vouloient vider ni départir du royaume de France, mais y monteplioient tous les jours, si regardèrent et avisèrent une voie.

En ce temps avoit un roi en Castille qui s'appeloit Dam Piètre, de merveilleuses opinions plein; il étoit durement rebelle à tous commandemens et ordonnances de l'église, et vouloit soumettre tous ses voisins chrétiens, et espécialement le roi d'Arragon qui s'appeloit Pierre, lequel étoit bon et catholique, et lui avoit tollu une grand'partie de sa terre, et encore se mettoit-il en peine de lui tollir le demeurant. Avec tout ce, le roi Dam Piètre de Castille avoit trois frères, enfans du bon roi Alfons son père et d'une dame qui s'appela la Riche-Done[1]. L'ainsné avoit nom Henry, le second Dam Tilles, et le tiers Sances. Ce roi Dam Piètre les haïoit durement et ne les pouvoit voir de-lez lui; et volontiers par plusieurs fois les eût mis à fin et décolés, si il les eût tenus. Néantmoins ils avoient été moult aimés du roi leur père; et avoit, dès son vivant, donné le roi Alfons à Henry son ainsné fils la comté d'Astures[2]; mais le roi Dam Piètre son frère la lui avoit tollue; et tous les jours guerroyoient ensemble.

Ce bastard Henry étoit, et fut moult hardi et preux chevalier, et avoit grand temps conversé en France et poursui les guerres, et servi le roi de France[3], et l'aimoit durement. Ce roi Dam Piètre, si comme fame et commune renommée couroit, avoit fait mourir la mère de ces enfans moult diversement; de quoi il leur en déplaisoit; c'étoit raison. Avec ce aussi avoit fait mourir plusieurs barons du royaume de Castille; et étoit si crueux et si plein d'horreur et d'austérité, que tous les hommes le doutoient et ressoingnoient et le haïoient, si montrer lui osassent. Et avoit fait mourir une très bonne dame et sainte dame qu'il avoit eue à femme, madame Blanche de Bourbon[1], fille au duc Pierre de Bourbon et sœur germaine à la roine de France et à la comtesse de Savoye; de laquelle mort il déplaisoit très grandement à son lignage qui est un des nobles du monde.

Encore couroit fame, des gens de ce roi Piètre mêmement, qu'il s'étoit amiablement composé au roi de Grenade et au roi de Bellemarine[2] et au roi de Tresmessaines[3], qui étoient ennemis de Dieu et incrédules; et se doutoient ses gens qu'il ne fît aucuns griefs et molestes à son pays et ne violât les églises; car jà leur tolloit-il leurs rentes et revenues, et tenoit les prélats de sainte église de son royaume en prison, et les contraignoit par manière de tyrannie; dont les plaintes grandes et grosses venoient tous les jours à notre saint père le pape, en suppliant qu'il voulsist pourvoir de remède. Auxquels plaintes et prières le pape Urbain descendit et entendit, et envoya tantôt ses messagers en Castille devers le roi Dam Piètre, en lui mandant et commandant qu'il venist tantôt et sans délai en cour de Rome, en propre personne, pour lui laver et purger des vilains méfaits dont il étoit inculpé. Cil roi Dam Piètre, comme orgueilleux et présumptueux, ne daigna obéir, mais villena encore grandement les messagers du saint père; dont il enchéy grandement en l'indignation de l'église et du chef de l'église, notre saint père le pape. Si persévéra toujours cil roi Dam Piètre en son péché. Adonc

---

[1] Éléonore de Guzman.

[2] Le roi de Castille ne lui avait point donné les Asturies, mais il l'avait fait adopter par Don Roderic Alvarez des Asturies, seigneur de Norona, qui n'avait point de postérité. Peut-être, dans sa jeunesse, porta-t-il le nom de son père adoptif, et de là Froissart aura cru qu'Alphonse lui avait donné les Asturies.

[3] Henri de Transtamare avait obtenu en 1356 un sauf-conduit pour se rendre en France, après la prise de Toro et la défaite de son parti. (*Chr. de D. Pedro* par Lopez de Ayala). Il était venu trouver le roi Jean après la bataille de Poitiers.

[1] La reine Blanche de Bourbon fut tuée par ordre de Pierre-le-Cruel dans l'année 1361 à Medina-Sidonia.

[2] C'est ainsi que nos anciens historiens appellent le royaume de Fez, du nom de la famille de *Benamarin* ou *Benmarin* qui possédait ce royaume. Les Africains de Beni Merin, soutenus par Otman-el-rada s'étaient emparés d'Algésiras, et en y joignant quelques autres villes, avaient formé un royaume indépendant. (Conde, *Histoire des Arabes*.)

[3] Tremecen, province d'Afrique en Barbarie, a titre de royaume.

fut regardé et avisé comment ni par quel voie on le pourroit battre ni corriger; et fut dit qu'il n'étoit mie digne de porter nom de roi, ni de tenir royaume; et fut, en plein consistoire en Avignon et en la chambre du pape, excommunié publiquement et réputé pour bougre et incrédule; et fut adonc avisé et regardé que on le contraindroit par ces Compagnies qui se tenoient au royaume de France[1]. Si furent mandés en Avignon le roi d'Arragon, qui durement haïoit ce roi Dam Piètre, et Henry le Bâtard d'Espagne. Là fut de notre saint père le pape légitimé Henry à obtenir le royaume, et maudit et condamné de sentence de pape le roi Dam Piètre. Là dit le roi d'Arragon qu'il ouvriroit son royaume et livreroit passage, et administreroit vivres et pourvéances pour toutes gens d'armes et leurs poursuivans, qui en Castille voudroient aller et entrer, pour confondre ce roi Dam Piètre et bouter hors de son royaume.

De cette ordonnance fut moult réjoui le roi de France, et mit peine et conseil à ce que messire Bertran du Guesclin, que messire Jean Chandos tenoit, fût mis à finance. Il le fut parmi cent mille francs qu'il paya : si en payèrent une partie le pape, le roi de France et Henry le Bâtard. Tantôt après sa délivrance, on traita pardevers les capitaines des Compagnies; et leur promit-on grands profits à faire, mais qu'ils voulsissent aller en Castille. Ils s'y accordèrent légèrement, parmi grand argent qu'ils eurent pour départir entre eux. Et fut adonc cil voyage signifié en la principauté aux chevaliers du prince et aux écuyers; et par espécial messire Jean Chandos en fut prié qu'il voulsist être un des chefs avecques monseigneur Bertran du Guesclin : mais il se excusa et dit que point n'iroit. Pour ce ne se demeura mie cil voyage à faire : si y allèrent, de la principauté et des chevaliers du prince de Galles, messire Eustache d'Aubrecicourt, messire Hue de Cavrelée[2], messire Gautier Huet, messire Matthieu de Gournay, messire Perducas de Labreth et plusieurs autres.

Si se fit tout souverain chef de cette emprise messire Jean de Bourbon comte de La Marche, pour contrevenger la mort de sa cousine germaine la roine d'Espagne, et devoir user et ouvrer, ainsi qu'il fit, par le conseil de monseigneur Bertran du Guesclin : car le dit comte de La Marche étoit adonc un moult jeune chevalier. En ce voyage-ci se mit aussi en grand'route le sire de Beaujeu qui s'appeloit Antoine, et plusieurs autres bons chevaliers, et tels que messire Arnoul d'Andrehen, maréchal de France, messire Le Bègue de Vilaine, messire Le Bègue de Villiers, le sire d'Antoing en Hainaut, messire Allard de Briffeuil, messire Jean de Neufville, messire Gauvain de Bailleul, messire Jean de Berguetes, l'Allemand de Saint-Venant, et moult d'autres que je ne puis mie tous nommer. Et se approchèrent toutes ces gens d'armes et avancèrent leur voyage et se mirent au chemin, et firent leur assemblée en la Languedoc et à Montpellier et là environ[1]; et passèrent tous à Narbonne pour aller à Perpaignan, et pour entrer de ce côté au royaume d'Arragon.

Si pouvoient ces gens d'armes être environ trente mille. Là étoient tous les chefs des compagnies : c'est à savoir, messsire Robert Briquet, Jean Carsuelle, Naudon de Bagerant, Lamit, le petit Meschin, le bourg Camus, le bourg de l'Espare, le bourg de Breteuil, Batillier, Espiote, Aimemon d'Ortige, Perrot de Savoye et moult d'autres, tous d'un accord et d'une alliance, et en grand'volonté de bouter hors de roi Dam Piètre du royaume de Castille, et de y mettre le comte d'Esturge son frère, le bâtard Henry. Et envoyèrent ces gens d'armes, quand ils durent entrer en Arragon, pour colorer et embellir leur fait, certains messages de par eux devers le roi Dam Piètre, qui jà étoit in-

---

[1] Les compagnies ayant été excommuniées aussi, le pape se hâta de les absoudre. Mais les compagnies ayant déclaré qu'elles auraient bien pu se passer de l'absolution, tandis qu'elles ne pouvaient se passer d'argent, il fallut que sa sainteté leur accordât à la fois les trésors de sa bénédiction et ses trésors temporels.

[2] Sir *Hugh Calverly*. La Chronique de D. Pèdre l'appelle *Hugo Canerley* et les généalogistes espagnols, de Carbolay. Ce chevalier anglais fut nommé comte de Car-

rion en 1366 après le couronnement du roi Henri II à Burgos (*Chron.* de D. Pèdre).

[1] Le rendez-vous général des troupes avait été assigné à Châlons-sur-Saône, d'où du Guesclin marcha à leur tête vers Avignon, et exigea que le pape lui payât 200,000 francs d'or, dont le pontife se dédommagea en imposant une décime sur le clergé de France. Du Guesclin continua sa route par le bas Languedoc et arriva à Montpellier le 20 novembre : il y séjourna jusqu'au 3 décembre; puis il traversa le Roussillon et arriva le 1er janvier 1366 à Barcelone, où il fut joint bientôt après par Henri de Transtamare.

formé de ces gens d'armes qui vouloient venir sur lui au royaume de Castille. Mais il n'en faisoit nul compte; ainçois assembloit ses gens pour résister contre eux et combattre bien et hardiment à l'entrée de son pays. Et lui mandèrent qu'il voulsist ouvrir les pas et les détroits de son royaume, et administrer vivres et pourvéances aux pèlerins de Dieu, qui avoient entrepris, et par grand'dévotion, d'entrer et aller au royaume de Grenade, pour venger la souffrance Notre-Seigneur, et détruire les incrédibles et exaucer notre foi. Le roi Dam Piètre de ces nouvelles ne fit que rire, et répondit qu'il n'en feroit rien, et que jà il n'obéiroit à telle truandaille.

Quand ces gens d'armes et ces compagnies sçurent sa réponse, ils tinrent ce roi Dam Piètre à moult orgueilleux et présomptueux, et se hâtèrent et avancèrent tantôt de lui faire du pis qu'ils purent. Si passèrent parmi le royaume d'Arragon et le trouvèrent ouvert et appareillé, et partout vivres et pourvéances à bon marché; car le roi d'Arragon avoit grand'joie de leur venue, pourtant que ces gens d'armes lui reconquirent tantôt sur le roi de Castille toute la terre entièrement que le roi Dam Piètre avoit jadis conquise, et la tenoit sur lui de force; et passèrent ces gens d'armes la grand'rivière qui depart Castille[1] et Arragon, et entrèrent au dit royaume d'Espagne. Quand ils eurent tout reconquis, villes, cités, châteaux, détroits, ports et passages que le roi Dam Piètre avoit attribués à lui du royaume d'Arragon, si les rendirent messire Bertran du Guesclin et ses routes au roi d'Arragon, parmi tant que de ce jour il aideroit et conforteroit Henry le Bâtard contre le roi Dam Piètre.

Ces nouvelles vinrent au roi de Castille que François, Bretons, Normands, Anglois, Picards et Bourguignons, étoient entrés en son royaume, avoient passé la grosse rivière qui depart Castille et Arragon, et avoient tout reconquis ce qui étoit par de là l'yeau, où tant avoit eu de peine au conquerre. Si fut durement courroucé et dit que la chose ne demeureroit pas ainsi. Si fit un très espécial mandement et commandement par tout son royaume, en disant et signifiant à tous ceux auxquels ses lettres et ses messages se adressoient que il vouloit tantôt et sans délai aller combattre ces gens d'armes qui étoient entrés en son royaume de Castille. Trop peu de gens obéirent à ses commandemens, et quand il cuida avoir une grand'assemblée de ses hommes, il n'eut nullui, mais le relenquirent et refusèrent tous les barons et chevaliers d'Espagne, et se tournèrent devers son frère le bâtard Henry. Et l'en convint fuir, ou autrement il eût été pris aux mains, tant étoit-il fort haï de ses hommes. Ni nul ne demeura en ce temps de-lez lui, fors un loyal chevalier qui s'appeloit Ferrant de Castres[1]. Cil ne le voulut oncques relenquir, pour aventure qu'il avenist. Et s'en vint le roi Dam Piètre en Séville, la meilleure cité d'Espagne. Quand il y fut venu, il ne se sentit mie trop assur; mais fit trousser et mettre en nefs et en coffres son trésor, sa femme et ses enfans, et se partit de Séville, Dam Ferrant de Castres avec lui. Si arriva le roi Dam Piètre, à privée maisnie, et comme un chevalier desbaraté et déconfit, en Galice en un port qu'on dit la Cologne, où il y a un fort châtel durement. Si se boutèrent là-dedans le roi Dam Piètre, sa femme et deux filles, jeunes damoiselles qu'il avoit, Constance[2] et Isabel[3]; et n'avoit de tous et de tout son conseil, fors seulement le dessus dit chevalier Dam Ferrant de Castres.

Or vous dirons de Henry le Bâtard son frère, comment il persévéra.

CHAPITRE CCIV.

Comment tous les prélats, comtes, barons et chevaliers d'Espagnie arrivèrent au bâtard Henry et le couronnèrent à roi en la cité d'Esturges.

Ainsi que j'ai dit ci-devant, cil roi Dam Piètre étoit si haï de ses hommes par tout le royaume de Castille, de chef en chef, pour les grands et merveilleuses justices qu'il avoit faites, et l'occision et destruction des nobles de son royaume qu'il avoit mis à fin et occis de sa main, que si

---

[1] L'Èbre. Les Compagnies passèrent cette rivière à Alfaro et marchèrent immédiatement sur Calahorra où Henry se fit proclamer roi. Don Pèdre était alors à Burgos.

[1] Ferrand de Castro était frère d'Inès de Castro, reconnue après sa mort comme reine de Portugal et épouse légitime de don Pèdre-le-Justicier, et dont la mort tragique a inspiré de si doux accens à Camoëns.
[2] Constance épousa plus tard Jean de Gand, duc de Lancastre, fils d'Édouard.
[3] Isabelle épousa Edmond, duc d'Yorck, frère du duc de Lancastre.

très tôt qu'ils virent Henry, son frère le bâtard, entrer en Castille à si grand'puissance, ils se traîrent tous pardevers lui et le reçurent à seigneur, et chevauchèrent partout avecques lui, et firent ouvrir cités, bourgs, villes et châteaux, et toutes manières de gens faire hommage; et crioient d'une voix les Espaignols : « Vive Henry, et muire Dam Pietre qui nous a été si cruel et si austère! » Ainsi menèrent, tout parmi le royaume de Castille, c'est à sçavoir, messire Gomez Garilz[1], le grand-maître de Calestrave[2] et le maître de Saint-Jacques[3], le dit bâtard; et firent toutes manières de gens obéir à lui, et le couronnèrent à roi en la cité d'Esturges[4]; et lui firent tous prélats, comtes, barons et chevaliers révérence comme à roi; et lui jurèrent qu'ils le tiendroient à toujours mais, et serviroient pour leur seigneur et leur roi; et en tel état, si besoin étoit, ils mourroient.

Si chevaucha le dit roi Henry de cité en cité, de ville en ville; et partout lui fit-on révérence, et fut reçu partout comme roi. Si donna le dit roi Henry aux chevaliers étrangers, qui remis au royaume de Castille l'avoient, grands dons et riches joyaux[5], tant et si largement que tous le recommandoient pour large et honorable seigneur; et disoient communément François, Normands et Bretons, que en lui avoit toute largesse, et qu'il étoit digne de vivre et de tenir terre, et règneroit encore puissamment et en grand'prospérité. Ainsi se vit le bâtard d'Espagne en la seigneurie du royaume de Castille; et fit ses deux frères, D. Tille[1] et Sanse chacun comte; et leur donna grand' revenue et grand profit. Si demeura roi de Castille, de Gallice, de Séville, de Toulète et de Léon, jusques adonc que la puissance du prince de Galles et d'Aquitaine le mit hors, et remit le roi Dam Piètre son frère de rechef en la possession et seigneurie des royaumes dessus dits, si comme vous orrez recorder avant en l'histoire.

CHAPITRE CCV.

Comment le roi Henry eut en propos de faire guerre au roi de Grenade, et comment il fit messire Bertran du Guesclin connétable d'Espagne.

Quand le roi Henry se vit en cel état et ainsi au dessus de toutes ses besognes, et que toutes gens, francs et villains, en Castille, obéissoient à lui, et le tenoient et appeloient leur seigneur et leur roi, et encore n'étoient apparant de nul contraire que on lui voulût débattre, si imagina et jeta son avis, pour son nom exaulcer et pour employer ces gens de Compagnies qui étoient issus hors du royaume de France, que il feroit un voyage sur le roi de Grenade. Si en parla à plusieurs chevaliers qui là étoient; et en furent bien d'accord. Encore retenoit toujours de-lez lui le roi Henry les chevaliers du prince, messire Eustache d'Aubrecicourt et messire Hue de Cavrelée et les autres; et leur faisoit et montroit grand semblant d'amour, en intention de ce qu'il en vouloit être aidé et servi au voyage de Grenade, où il espéroit à aller.

Assez tôt après son couronnement, se partirent de lui et prirent congé la plus grand'partie des chevaliers de France; et leur fit grand profit au partir. Et retournèrent le comte de la Marche

---

[1] Gomez Carrillo était camarero-mayor de D. Henry. Sauvage dans son édition et Johnes dans sa traduction prétendent ne pouvoir retrouver ce nom. Il est cependant mentionné fort souvent dans la *Chronique* de D. Pedro Lopez de Ayala, et Froissart, comme on voit, l'a très peu défiguré

[2] D. Diego Garcia de Padilla, frère de la célèbre Marie de Padilla, avait été grand-maître de Calatrava sous D. Pèdre.

[3] D. Garcia Alvarez de Tolède, grand-maître de Santiago sous D. Pèdre, résigna son office sous D. Henry, moyennant une indemnité, en faveur de Gonzalo Mexia.

[4] Si Froissart, par le mot *Esturges* entend *Astorga*, il se trompe, car cette ville tenait encore pour D. Pèdre. D. Henry fut proclamé roi d'abord à Calahorra et couronné ensuite au monastère de *Las Huelgas*, près de Burgos, le jour de Pâques de cette année. (Voyez la *Chronique* de D. Pedro Lopez de Ayala, que j'ai suivie en adoptant quelques-unes des corrections de Geronimo Zurita). D. Pedro Lopez de Ayala était fils de Ferrand Lopez de Ayala, qui resta très long-temps attaché à D. Pèdre. Lui-même fut attaché au service du roi Henry, et était ainsi en position d'avoir les renseignemens les plus authentiques sur ce qui se passait. J'avertis une fois pour toutes que je prends sa *Chronique* pour guide, et je ne la citerai plus dans la suite.

[5] Bertrand du Guesclin reçut la terre de Molina et le comté de Transtamare, avec le titre de comte de Transtamare porté précédemment par Henry. L'Anglais Calverly devint comte de Carrion. Ses deux frères D. Tello et D. Sanche furent également comblés de ses dons. Avant le roi Henry les titres étaient personnels et non héréditaires, et les possesseurs ne jouissaient pas de la juridiction civile et criminelle. Il viola cette loi en faveur de ses adhérens et rendit tous les titres héréditaires.

[1] D. Tello fut nommé comte de Biscaye et de Castañeda, D. Sanche, comte d'Albuquerque.

[1366]

et messire Arnoul d'Andrehen, le sire de Beaujeu et plusieurs autres [1]. Encore demeurèrent en Castille de-lez le dit roi Henry messire Bertran du Guesclin, messire Olivier de Mauny et les Bretons, et aussi les compagnies, jusques adonc que autres nouvelles leur vinrent [2]. Et fut messire Bertran du Guesclin connétable de tout le royaume de Castille par l'accord du roi Henry premièrement et de tous les barons du pays.

Or vous parlerons du roi Dam Piètre comment il s'étoit maintenu.

CHAPITRE CCVI.

Comment le roi Dam Piètre envoya ses messagers par devers le prince en lui suppliant qu'il le voulût secourir contre le bâtard Henry; et comment le dit roi arriva à Bayonne.

Vous avez bien ouï recorder comment il s'étoit bouté dedans le châtel de la Colongne-sur-Mer, sa femme avecques lui et ses deux filles et Dam Ferrant de Castres [3] tant seulement. Si que pendant que le bâtard son frère, par la puissance des gens d'armes qu'il avoit attraits hors du royaume de France, conquéroit Castille, et que tout le pays se rendoit à lui, si comme ci-dessus est dit, il avoit été durement effréé; et ne s'étoit mie du tout assuré au dit châtel de la Colongne : car il doutoit trop malement son frère le bâtard; et bien sentoit que là où on le sçauroit, on le viendroit querre de force et assiéger. Si n'avoit mie attendu ce péril; mais étoit parti de nuit et mis dans une nef, sa femme avecques lui et ses deux filles et Dam Ferrant de Castres et tout ce qu'il avoit d'or et d'argent et de joyaux : mais ils eurent le vent si contraire que oncques ils ne purent éloigner de la Colongne ; et les y convint retourner, et rentrer de rechef en la forteresse. Adonc demanda Dam Piètre à Dam Ferrant de Castres, son chevalier, comment il se maintiendroit, et en lui complaignant de fortune qui lui étoit si contraire. « Monseigneur, dit le chevalier, ainçois que vous partez de ci, ce seroit bon que

[1] Le licenciement d'une partie des compagnies eut lieu au commencement de juin, pendant que D. Pèdre était encore à Monterrey d'où il écrivit au prince de Galles pour lui demander des secours.
[2] Du Guesclin retourna bientôt lui même en France avec son cousin Olivier Mauny.
[3] D. Ferrand de Castro resta dans la Galice pour la contenir.

LIVRE I. — PARTIE II. 507

vous envoyassiez devers votre cousin le prince de Galles, à savoir si il vous voudroit recueillir, et que, pour Dieu et par pitié, il voulsist entendre à vous ; car en aucunes manières il y est tenu, pour grands alliances que le roi son père et le vôtre eurent ensemble. Le prince de Galles est bien si noble et si gentil de sang et de courage, que quand il sera informé de votre ennui et tribulation, il y prendra grand compassion ; et si il vous vouloit aider à remettre en votre royaume, il n'est aujourd'hui sire qui le pût faire devant lui, tant est craint et redouté par tout le monde, et aimé de toutes gens d'armes ; et vous êtes ici encore bien et en bonne forteresse pour vous tenir un temps, tant que les nouvelles vous seront retournées d'Aquitaine. »

A ce conseil s'accorda légèrement le roi Dam Piètre ; et furent lettres escriptes moult piteuses et amiables, et un chevalier [1] et deux écuyers priés de faire ce message. Ceux l'emprirent volontiers, et se boutèrent en un lin, en mer, et arrivèrent à Bayonne, une cité qui se tient du roi d'Angleterre. Si demandèrent du prince. On leur dit qu'il étoit à Bordeaux. Doncques montèrent-ils à cheval et firent tant par leur exploit qu'ils vinrent en la bonne cité de Bordeaux ; et descendirent à hôtel, et puis assez tôt après ils se tirèrent pardevers l'abbaye de Saint-Andrieu, où le prince se tenoit. Si dirent aux chevaliers du dit prince qu'ils trouvèrent en la place, qu'ils étoient Espaignols et messagers de Dam Piètre de Castille.

Ces nouvelles vinrent tantôt au prince : si les voulut voir, et savoir quelle chose ils demandoient. Ceux s'en vinrent pardevant lui et se jetèrent à genoux ; et le saluèrent à leur usage, et recommandèrent le roi leur seigneur à lui, et lui baillèrent leurs lettres. Le prince fit lever les dits messagers, et prit les lettres et les ouvrit ; et puis les lut par deux fois à grand loisir, et regarda comment piteusement le roi Dam Piètre avoit écrit à lui et lui signifioit ses duretés et ses povretés, et comment son frère le bâtard, par la puissance des grandes alliances qu'il avoit faites au pape premièrement, au roi de France, au roi d'Arragon, et aux Compagnies, l'avoit bouté hors de son héritage, le

[1] Suivant un des commentateurs de la *Chronique* de D. Pedro, ce chevalier était D. Martin Lopez de Cordova, grand-maître d'Alcantara

royaume de Castille. Si lui prioit, pour Dieu et pour pitié, qu'il y voulsist entendre et pourvoir de conseil et de remède; si feroit bien et aumône, et en acquerroit grâce à Dieu et à tout le monde ; car ce n'est mie droit d'un roi chrétien déshériter, et ahériter, par puissance et tyrannie, un bâtard. Le prince, qui étoit vaillant chevalier et sage durement, cloy les lettres en ses mains, et puis dit aux messagers qui là étoient en présence : « Vous nous êtes les bienvenus de par notre cousin le roi de Castille ; vous demeurerez ci de-lez nous et ne vous partirez point sans reponse. » Adonc furent tantôt appareillés les chevaliers du prince, qui trop bien savoient quel chose ils devoient faire, et emmenèrent le chevalier Espaignol et les deux écuyers, et les tinrent tout aise.

Le prince, qui étoit demeuré dans sa chambre et pensoit grandement à ces nouvelles et sur les lettres que le roi Dam Piètre lui avoit envoyées, manda tantôt monseigneur Jean Chandos, monseigneur Thomas de Felleton, les deux plus espéciaux de son conseil ; car l'un étoit grand sénéchal d'Aquitaine, et l'autre connétable. Quand ils furent venus pardevant lui, si leur dit, tout en riant : « Seigneurs, véez ci grands nouvelles qui nous viennent d'Espaigne : le roi Dam Piètre, notre cousin, se complaint grandement du bâtard Henry son frère, qui lui tolt de fait son héritage, et l'en a bouté hors, si comme vous avez ouï recorder par ceux qui en sont revenus. Si nous prie moult doucement sur ce de confort et d'aide, ainsi comme il appert par ses lettres. » Adonc de rechef les lut le dit prince par deux fois, de mot en mot ; et les chevaliers volontiers y entendirent. Quand il eut lues les dites lettres, si dit ainsi : « Vous, messire Jean, et vous, messire Thomas, vous êtes les plus espéciaux de mon conseil et ceux où plus je m'affie et arrête : si vous prie que vous me veuilliez conseiller quelle chose en est bonne à faire. » Adonc regardèrent les deux chevaliers l'un l'autre, sans rien parler ; et le prince de rechef les appela et dit : « Dites, dites hardiment ce qu'il vous en semble. » Et fut le dit prince de Galles conseillé de ces deux chevaliers, si comme je fus depuis informé, qu'il voulsist envoyer devers ce roi Dam Piètre de Castille gens d'armes jusques à la Colongne où il se tenoit, si comme ses lettres et ses messagers disoient ; et fut amené avant jusques à Bordeaux, pour savoir plus pleinement quelle chose il voulsist dire ; et adonc sur ses paroles ils auroient avis, et seroit si bien conseillé que par raison il lui devroit suffire. Cette réponse plut bien au prince. Si en furent priés et ordonnés de par le prince d'aller en ce voyage et querre à la Colongne en Galice ce roi Dam Piètre et son remanent, premièrement messire Thomas de Felleton, souverain et chef de cette emprise et armée, messire Richard de Pontchardon, messire Neel Lornich, messire Simon de Burlé, messire Guillaume de Troussiaux. Et devoit avoir en celle armée douze nefs chargées d'archers et de gens d'armes. Si firent ces chevaliers dessus nommés leurs pourvéances et leurs ordonnances tout ainsi que pour aller en Galice ; et se partirent de Bordeaux et du prince, les messagers du roi Dam Piètre en leur compagnie ; et chevauchèrent devers Bayonne, et tant firent qu'ils y parvinrent. Si séjournèrent là trois jours ou quatre, en attendant vent, et chargeant leurs vaisseaux, et ordonnant leurs besognes. Au cinquième jour, ainsi comme ils devoient partir, le roi Dam Piètre de Castille arriva à Bayonne [1] ; et étoit parti de la Colongne en grand doute, et n'y avoit osé plus demeurer, son remanent avecques lui, qui n'étoit mie grand, et une partie de son trésor, ce qu'il en avoit pu amener [2]. Si furent les nouvelles de sa venue moult grandes entre les Anglois ; et se traîrent tantôt messire Thomas de Felleton et les chevaliers devers lui, et le recueillirent moult doucement, et lui contèrent et remontrèrent comment ils étoient appareillés et émus, par le commandement du prince leur seigneur, de lui aller querre jusques

---

[1] La relation du chroniqueur espagnol diffère de celle de Froissart. Il prétend que D. Pèdre se rendit d'abord de Santiago à la Corogne, où il reçut le sire de Poyane et un autre chevalier de Bordeaux, députés par le prince de Galles pour l'inviter à se rendre dans ses états d'Aquitaine ; que de la Corogne il se rendit à Saint-Sébastien, et de là à Bayonne. Arrivé à Bayonne, il fit savoir son arrivée au prince, qui se rendit, pour avoir une conférence avec lui, à Cabreton, lieu voisin du canal de Bayonne. Quelques jours après, le prince se rendit en personne à Bayonne avec le roi Charles de Navarre, et ce ne fut qu'après cette conférence que D. Pèdre alla lui-même à Bordeaux. Froissart devait être mieux informé de ces détails que Lopez de Ayala, qui était avec le roi Henry.

[2] Il n'avait avec lui que trente-six mille doubles ; le reste de son trésor, ainsi que les joyaux, était resté à la garde de Martin Yanez son trésorier.

à la Colongne ou ailleurs, si mestier étoit. De ces nouvelles fut le roi Dam Piètre moult joyeux, et en remercia grandement monseigneur le prince et les chevaliers qui là étoient.

CHAPITRE CCVII.

Comment le roi Dam Piètre se complaint au prince du Bâtard son frère et de ses hommes ; et comment le prince le reconforta moult doucement et eut sur ce conseil.

La venue du roi Dam Piètre, qui étoit arrivé à Bayonne, signifièrent messire Thomas de Felleton et les autres au prince, qui en fut tout réjoui. Depuis ne séjournèrent guères de temps les dessus dits chevaliers du prince en la cité de Bayonne; et amenèrent le roi Dam Piètre de Castille pardevers la cité de Bordeaux; et exploitèrent tant qu'ils y vinrent. Mais le prince, qui moult désiroit à voir ce roi Dam Piètre son cousin, et pour le plus honorer et mieux fêter, issit hors de Bordeaux, bien accompagné de chevaliers et d'écuyers, et vint contre le dit roi, et lui fit grand'révérence. Quand il l'encontra, il l'honora de fait et de paroles moult grandement; car bien le savoit faire, et nul prince à son temps mieux de lui. Et quand ils se furent recueillis et conjoints, ainsi comme il appartenoit, ils chevauchèrent vers Bordeaux; et mit le dit prince le roi Dam Piètre au-dessus lui, ni oncques il ne le voult faire ni consentir autrement. Là, en chevauchant, remontroit le roi Dam Piètre au prince, envers qui moult s'humilioit, ses povretés et comment son frère le bâtard l'avoit bouté et chassé hors de son royaume de Castille; et se plaignoit aussi grandement de la déloyauté de ses hommes; car tous l'avoient relenqui, excepté un chevalier qui là étoit, qu'il lui enseignoit, qui s'appeloit Dam Ferrant de Castres. Le prince moult sagement et courtoisement le reconfortoit et le prioit qu'il ne se voulût mie trop ébahir ni déconforter; car si il avoit perdu, il étoit bien en la puissance de Dieu de lui rendre toute sa perte et plus avant, et avoir vengeance de ses ennemis. Ainsi, en parlant plusieurs paroles unes et autres, chevauchèrent-ils jusques à Bordeaux, et descendirent en l'abbaye de Saint-Andrieu, l'hôtel du prince et de la princesse; et fut le roi Dam Piètre mené en une chambre qui étoit ordonnée pour lui. Et quand il fut appareillé, ainsi que à lui appartenoit, il vint devers la princesse et les dames, qui le reçurent liement et courtoisement, ainsi que bien le savoient faire.

Je vous pourrois cette matière trop demener de leurs fêtes et de leurs conjouissemens; si m'en passerai brièvement, et vous conterai comment ce roi Dam Piètre exploita devers le prince son cousin, lequel il trouva grandement courtois et amiable et descendant à ses prières et volontiers, combien que aucuns de son conseil lui eussent remontré et dit, ainsi que je vous dirai, ainçois que ce roi Dam Piètre fût venu à Bordeaux, aucuns sages seigneurs et imaginatifs, tant de Gascogne comme d'Angleterre, qui étoient du conseil du prince, et qui loyaument à leur avis le devoient et vouloient conseiller : si avoient dit féablement, quand il en avoit bourdé et parlé à eux, ainçois que oncques l'eût vu : « Monseigneur, vous avez ouï dire par plusieurs fois, qui trop embrasse, mal étreint. Il est vérité que vous êtes un des princes du monde le plus prisé, le plus douté et le plus honoré ; et tenez pardeçà la mer grand'terre et grand'seigneurie, Dieu merçy, bien et en paix : ni il n'est nul roi, tant soit prochain ni lointain, qui au temps présent vous osât courroucer, tant êtes-vous renommé de bonne chevalerie, de grâce et de fortune : si vous devroit par raison suffire ce que vous en avez et non acquerre nul ennemi. Nous le disons pourtant que ce roi Dam Piètre de Castille, qui maintenant est bouté hors de son royaume, est un homme, et toujours a été, moult hautain et moult cruel et plein de merveilleuses semilles ; et par lui ont été faits et élevés maints maux au royaume de Castille, et maints vaillans hommes décollés et mis à fin sans raison ; et par lesquels vilains faits, qu'il a faits et consentis, il s'en trouve maintenant déçu et bouté hors de son royaume. Avec tout ce, il est ennemi de l'église et excommunié du Saint-Père ; et est réputé, et a un grand temps été, comme un tyran ; et sans nul titre de raison a toujours grevé et guerroyé ses voisins, le roi d'Arragon et le roi de Navarre, et eux par puissance voulu déshériter ; et fit, si comme fame et commune renommée court parmi son royaume, et de ses gens même, mourir sa moillier, une jeune dame votre cousine, fille au duc de Bourbon. Pourquoi vous y devriez bien penser et regarder ; car tout ce qu'il a à souffrir maintenant, ce sont verges de Dieu, envoyées sur lui pour lui châtier et pour donner aux autres rois chrétiens et princes de terre exemple que ils ne fassent mie ainsi. » De tels paroles avoit été avisé et conseillé le prince devant ce que le roi Dam Piètre fût arrivé à Bayonne : mais à ces paroles et conseil avoit répondu trop vaillamment, et dit ainsi : « Seigneurs, je tiens et crois certainement que à votre loyal pouvoir vous me conseillez : je vous dis que je suis tout informé de la vie et de l'état de ce roi Dam Piètre; et sçais bien que sans nombre il a fait de maux assez, dont maintenant il se trouve deçu; et ce qui en présent nous meut et encourage de lui vouloir aider, la cause est telle que je vous dirai. Ce n'est pas chose afférant, due, ni raisonnable, d'un bâtard tenir royaume à héritage et bouter hors de son royaume et héritage un sien frère, et hoir de la terre par loyal mariage; et tous rois et enfans de rois ne le doivent nullement vouloir ni consentir; car c'est un grand préjudice contre l'état royal. Avec tout ce, monseigneur mon père et ce roi Dam Piètre de Castille ont eu grand temps, cela sais-je bien de vérité, grands alliances et confédérations ensemble, par lesquelles nous sommes tenus de lui aider, au cas qu'il nous en prie et requiert. » Ainsi fut le dit prince mu et encouragé de vouloir aider et conforter ce roi Dam Piètre en son grand besoin ; ainsi répondit à ceux de son conseil quand avisé en fut; ni oncques on ne lui put ôter ni briser son dit propos, que toudis il ne fût en un, et encore plus ferme et entier quand le roi Dam Piètre fut venu de-lez lui, en la dite cité de Bordeaux; car le dit roi s'humilioit moult envers lui, et lui offroit et promettoit grands dons et grand profit à faire ; et disoit qu'il feroit Édouard, son ains-né fils, roi de Gallice; et departiroit à lui et à ses hommes très grand avoir qu'il avoit laissé arrière au royaume de Castille, lequel il n'avoit point pu amener avecques lui, et étoit si bien caché et enfermé que nul ne le sçavoit, fors lui tant seulement.

A ces paroles entendoient volontiers les chevaliers du prince; car Anglois et Gascons, de leur nature, sont volontiers convoiteux. Si fut conseillé au prince qu'il assemblât tous les barons de la duché d'Aquitaine et son espécial conseil, et eût à Bordeaux un général parlement, et là remontrât le roi Dam Piètre à tous comment il se vouloit maintenir, et de quoi il les satisferoit, s'il étoit ainsi que le prince entreprît de lui remener en son pays et fît son pouvoir du remettre. Donc furent lettres écrites, et messagers employés, et seigneurs mandés de toutes parts: premièrement le comte d'Armignac, le comte de Comminges, le sire de Labreth, le vicomte de Carmaing, le captal de Buch, le sire de Taride, le vicomte de Chastillon, le sire de l'Escun, le sire de Rosem, le sire de l'Espare, le sire de Chaumont, le sire de Mucident, le sire de Courton, le sire de Pincornet, et tous les autres barons de Gascogne et de Berne. Et en fut prié le comte de Foix; mais il ne vint mie, ainçois s'excusa, pourtant qu'il avoit adonc mal en une jambe et ne pouvoit chevaucher; mais y envoya son conseil qui l'excusa bien et sagement envers le prince.

CHAPITRE CCVIII.

Comment le roi d'Angleterre accorda au prince de Galles son fils qu'il mit le roi Dam Piètre arrière en son royaume.

En ce parlement qui fut assigné en la bonne ville de Bordeaux, vinrent tous les comtes, les vicomtes, les barons et tous les sages hommes d'Aquitaine, tant de Poitou, de Xaintonge, de Rouergue, de Quersin, de Limosin, comme de Gascogne. Quand ils furent tous venus, ils entrèrent en parlement, et parlementèrent par trois jours sur l'état et ordonnance de ce roi Dam Piètre d'Espagne, qui étoit et se tenoit toujours présent en my le parlement de-lez le dit prince son cousin, qui parloit et langageoit pour lui, en colorant ses besognes. Finablement, il fut dit et conseillé au prince qu'il en envoyât suffisans messagers devers le roi son père, en Angleterre, pour savoir quelle chose il en diroit et conseilleroit à faire, ainçois que de lui il entreprît ce voyage à faire ; et quand on auroit eu la réponse du dit roi d'Angleterre, les barons se remettroient ensemble et conseilleroient si bien le dit prince, que par raison il lui devroit suffire. Adonc furent nommés et ordonnés quatre chevaliers du prince, qui devoient aller en Angleterre; le sire de la Ware, messire Neel Lornich, messire Jean et messire Helie de Pommiers. Si se départit adonc ce parlement ainsi, et s'en r'alla chacun en son lieu; et demeura le roi Dam Piètre à Bordeaux de-lez le prince et la princesse qui moult l'honoroient. Adonc se partirent de Bordeaux les dessus dits quatre chevaliers qui étoient ordonnés pour aller en Angleterre, et entrèrent en deux nefs ordonnées et appareillées pour eux; et exploitèrent tant par mer, à l'aide de Dieu et du vent, qu'ils arrivèrent à Hantonne. Et reposèrent là un jour pour eux rafraîchir et traire hors de vaisseaux leurs chevaux et leurs harnois; et puis montèrent le second jour, et chevauchèrent tant par leurs journées, qu'ils vinrent en la cité de Londres. Si demandèrent du roi où il étoit. On leur dit qu'il se tenoit à Windesore. Si allèrent celle part; et furent grandement bien venus et recueillis du roi et de la roine, tant pour l'amour du prince leur fils, comme pour ce qu'ils étoient seigneurs et chevaliers de grand'recommandation. Si montrèrent ces dits seigneurs et chevaliers leurs lettres au roi, qui les ouvrit et fit lire; et en répondit quand il eut un petit pensé et visé, et dit : « Seigneurs, vous vous retrairez à Londres, et je manderai aucuns barons et sages hommes de mon conseil; si vous en répondrons et expédierons assez brièvement. » Cette réponse plut assez bien adonc à ces chevaliers; et se traitèrent lendemain à Londres.

Il ne demeura guères de temps depuis que le roi d'Angleterre vint à Westmoustier; et là furent à ce jour, une partie des plus grands de son conseil, son fils le duc de Lancastre, le comte d'Arondel, le comte de Sallebery, le sire de Mauny, messire Regnault de Gobehen, le sire de Persy, le sire de Nuefville et moult d'autres; et aussi de prélats, l'évêque de Wincestre, l'évêque d'Ély[1] et l'évêque de Londres. Si conseillèrent grandement et longuement sur les lettres du prince, et la prière qu'il faisoit au roi son père. Finablement il sembla au dit roi et à son conseil chose due et raisonnable du prince, d'entreprendre ce voyage et remettre et mener le roi d'Espaigne arrière en son royaume et héritage; et l'accordèrent tous notoirement, et sur ce, ils escriptrent lettres notables, de par le roi et le conseil d'Angleterre, au dit prince et aux barons d'Aquitaine. Et les apportèrent arrière ceux qui apportées les avoient, et revinrent en la cité de Bordeaux, où ils trouvèrent le prince et le roi Dam Piètre, auxquels ils baillèrent aucunes lettres que le roi d'Angleterre leur envoyoit. Si fut de rechef un parlement nommé et assigné en la cité de Bordeaux; et y vinrent tous ceux qui mandés y furent. Si furent là lues généralement les lettres du roi d'Angleterre, qui parloient et devisoient pleinement comment il vouloit que le prince son fils, au nom de Dieu et de saint George, entreprît le roi Dam Piètre son cousin à remettre à son héritage, dont on l'avoit à tort et frauduleusement, si comme apparant étoit, bouté hors. Et faisoient encore les lettres du roi d'Angleterre mention que moult y étoit tenu par certaines alliances, faites jadis, obligées et convenancées entre lui et le roi de Castille son cousin, de lui aider au cas que besoin seroit; et commandoit à tous ses féaux, et prioit à tous ses amis, que le prince de Galles son fils fût aidé, conforté et conseillé en toutes ses besognes, si comme il seroit d'eux, s'il y étoit présent.

Quand tous les barons d'Aquitaine ouïrent lire ces lettres et virent le mandement du roi et la grand'volonté du prince leur seigneur, si en répondirent liement et dirent : « Monseigneur, nous obéirons au commandement du roi notre sire et votre père, c'est bien raison, et vous servirons en ce voyage et le roi Dam Piètre aussi; mais nous voulons savoir qui nous payera et délivrera nos gages; car on ne met mie gens d'armes hors de leurs hôtels ainsi pour aller guerroyer en étrange pays, sans être payés et délivrés. Et si ce fût pour les besognes de notre cher seigneur votre père ou pour les vôtres, ou pour votre honneur ou de notre pays, nous n'en parlissions pas si avant que nous faisons. » Adonc regarda le prince sur le roi Dam Piètre, et dit : « Sire roi, vous oyez que nos gens disent; si en répondez; à vous en tient à répondre, qui les devez et voulez embesogner. » Adonc répondit le roi Dam Piètre au prince, et dit : « Mon cher cousin, si avant que mon or, mon argent et tout mon trésor, que j'ai amené pardeçà, qui n'est mie si grand de trente fois comme cil de pardelà est, se pourra étendre, je le veuil donner et départir à vos gens. » Donc dit le prince : « Vous dites bien, et du surplus je ferai ma dette devers eux et délivrance, et vous prêterai tout ce que il vous faudra jusques à ce que nous soyons en Castille[1]. » —

---

[1] Johnes dit l'évêque de Lincoln au lieu de l'évêque d'Ély.

[1] D. Pèdre promit en outre au prince de Galles la terre

« Par mon chef, repondit le roi Dam Piètre, si me ferez grand grâce et grand courtoisie. »

Encore en ce parlement regardèrent aucuns sages, le comte d'Armignac, le sire de Pommiers, messire Jean Chandos, le captal de Buch et les autres, que le prince de Galles ne pouvoit nullement faire ce voyage sans l'accord et consentement du roi Charles de Navarre, ni il ne pouvoit aller ni entrer au royaume d'Espaigne fors par son pays et les détroits de Roncevaux[1] : duquel passage il n'étoit pas bien assuré de l'avoir ; car le dit roi de Navarre et le roi Henry avoient de nouveau faites grands alliances ensemble. Et là fut longuement parlementé comment on se pourroit chevir. Si fut dit et considéré des sages, que un parlement se feroit et assigneroit à Bayonne de toutes ces parties, et là en edans enverroit le prince suffisans hommes et traiteurs, pardevers le roi de Navarre, qui le prieroient au nom du prince qu'il voulsist être en ce parlement en la cité de Bayonne. Ce conseil fut tenu et arrêté ; et sur ce partit le dit parlement, et eurent en convenant chacun d'y être à Bayonne, au jour qui mis et ordonné y fut. En ce terme envoya le prince messire Jean Chandos et messire Thomas de Felleton devers le roi de Navarre qui se tenoit en la cité de Pampelune. Ces deux chevaliers, comme sages et bien enlangagés, exploitèrent si bien pardevers le roi de Navarre qu'il leur eut en convenant et scella pour être en ce parlement ; et sur ce ils retournèrent devers le prince, à qui ils recordèrent ces nouvelles.

CHAPITRE CCIX.

Comment le roi de Navarre accorda au prince et au roi Dam Piètre passage par son royaume ; et comment le dit prince envoya querre ses gens qui étoient en Espagne avec le ro Henry.

Au jour que ce parlement fut assigné en la cité de Bayonne vinrent le prince, le roi d'Espaigne, le comte d'Armignac, le sire de Labreth et tous les barons de Gascogne, de Poitou, de Quersin, de Rouergue, de Xaintonge, de Limousin, et là fut le roi de Navarre personnellement, auquel le prince et le roi Dam Piètre firent moult d'honneur, pour ce qu'ils en pensoient à mieux valoir ; et eut en la cité de Bayonne de rechef grand parlement et long, et dura cinq jours. Et eurent le dit prince et son conseil moult de peine et de travail ainçois qu'ils pussent avoir le roi de Navarre de leur accord ; car il n'étoit mie léger à entamer là où il véoit qu'on avoit besoin de lui[1]. Toutes fois le grand sens du prince le mena à ce que il promit, jura et scella au roi Dam Piètre paix, amour, alliances et confédérations, et le roi Dam Piètre ainsi à lui, sur certaines compositions qui furent là ordonnées, desquelles le prince de Galles fut moyen traictierre et devissierre[2] ; c'est à savoir que le roi Dam Piètre, comme roi de toute Castille, donna, scella et accorda au roi de Navarre et à ses hoirs, pour tenir héritablement, toute la terre du Groing[3], ainsi comme elle s'étend pardeçà et delà la rivière, et toute la terre et la contrée de Sauveterre, la ville et le châtel et toutes les appartenances, et la ville de Saint-Jean-du-Pié-des-Ports et la marche de là environ : lesquelles terres, villes et châteaux et seigneuries il lui avoit tollues de jadis et tenues de force. Avec tout ce, le dit roi de Navarre devoit avoir six-vingt mille francs[4] pour ouvrir son

[1] Village de Navarre, célèbre, comme on sait, par la défaite de l'arrière-garde de Charlemagne et la mort de Roland.

de Biscaye et la ville de Castro de Urdialès. Il remit les trois infantes qu'il avait eues de Marie de Padilla entre ses mains et s'engagea à payer à ses capitaines, dans le mois à compter du jour de l'Épiphanie, la somme de 550,000 florins cours de Florence, et 56,000 autres florins d'or au prince à la Saint-Jean suivante. J. Chandos reçut la promesse de la ville de Soria.

[1] Le roi de Navarre venait de s'engager à Santa-Cruz de Campezco avec le roi Henry, moyennant certains avantages, à fermer le passage aux troupes de D. Pèdre et du prince de Galles. Mais comme il vit que le prince avait plus de chances de succès, il passa de son côté. Il n'osa cependant se trouver en personne à la bataille contre son ancien ami D. Henry. Ayala raconte qu'il engagea Olivier de Mauny, parent de du Guesclin, à s'emparer de lui à la chasse et à le retenir comme de force dans un château pendant la bataille.

[2] Ce traité se trouve dans Rymer avec les pleins pouvoirs donnés par les trois princes à leurs commissaires respectifs pour régler quelques points douteux, et y mettre la dernière main. Ces différentes pièces sont datées du mois de septembre de cette année, 1366.

[3] Dom Pèdre lui céda, outre Logrogno, la province de Guipuscoa, Calahorra, Alfaro, etc., et de plus toutes les terres et seigneuries appartenant au comte de Transtamare ; mais il n'est fait nulle mention dans le traité des villes de Salvatierra et de Saint-Jean-Pied-de-Port

[4] Le traité porte 200,000 florins d'or, *dozientas vezez mil florines de oro*.

pays, et laisser passer parmi paisiblement toutes gens d'armes, et eux faire administrer vivres et pourvéances, leurs derniers payans : de laquelle somme de florins il fit sa dette envers le roi de Navarre.

Quand les barons de la prinçauté et d'Aquitaine sçurent que parlemens et traités se portoient ainsi que on étoit d'accord au roi de Navarre, ils voulurent savoir qui les paieroit et délivreroit de leurs gages. Et là le prince, qui grand'affection avoit en ce voyage, en fit sa dette envers eux; et le roi Dam Piétre au prince. Quand toutes ces choses furent ordonnées et confirmées, et que chacun sçut quelle chose il devoit faire et avoir, et ils eurent séjourné en la cité de Bayonne plus de douze jours, et joué et revélé ensemble moult amiablement, le roi de Navarre prit congé et se retraist au royaume de Navarre dont il étoit parti; et si se départirent tous ces seigneurs les uns des autres, et se retraist chacun en son lieu : mêmement le prince s'en revint à Bordeaux, et le roi Dam Piètre demeura à Bayonne. Si envoya tantôt le dit prince ses hérauts en Espagne devers ses chevaliers et aucuns capitaines des Compagnies, qui étoient Anglois et Gascons favorables et obéissans à lui, eux dire et signifier que ils se retraissent tout bellement et prissent congé du dit bâtard Henry; car il avoit mestier d'eux et les emploieroit ailleurs.

Quand les hérauts, qui ces lettres et ces nouvelles apportèrent en Castille devers les chevaliers du prince, vinrent devers eux, et ils virent et connurent qu'il les redemandoit, si prirent congé du roi Henry, au plus tôt qu'ils purent et au plus courtoisement, sans eux découvrir, ni l'intention du prince. Le roi Henry qui étoit large, courtois et honorable, leur donna moult doucement de beaux dons, et les remercia grandement de leur service, et leur départit au partir de ses biens tant que tous s'en contentèrent. Si vidèrent d'Espagne messire Eustache d'Aubrecicourt et messire Hue de Cavrelée, messire Gautier Huet, messire Mathieu dit de Gournay, messire Jean Devereux et leurs routes, et plusieurs autres chevaliers et écuyers que je ne puis mie tous nommer, de l'hôtel du prince, et revinrent au plus tôt et au plus hâtivement qu'ils purent.

Encore étoient les Compagnies éparses parmi le pays; si ne sçurent mie sitôt ces nouvelles que les dessus nommés chevaliers firent. Toutes fois quand ils les sçurent, ils se recueillirent ensemble et se mirent au retour, messire Robert Briquet, Jean Carsuelle, messire Robert Ceni, messire Perducas de Labreth, messire Garsis du Chastel, Naudon de Bagerant, le bourg de l'Espare, le bourg de Camus, le bourg de Breteuil. Et ne sçut mie sitôt le roi Henry les nouvelles, ni la volonté du prince, que il vouloit ramener le roi Dam Piètre son frère en Espagne, ainsi que firent les dessus dits ; et bien leur besogna; car s'il les eût sçues, ils ne se fussent mie partis si légèrement qu'ils firent; car bien étoit en sa puissance d'eux porter contraire et destourber. Toutes fois quand il en sçut la certaineté, il n'en fit mie trop grand compte, par semblant, et en parla à messire Bertran du Guesclin qui étoit encore de-lez lui, et dit : « Dam Bertran, regardez du prince de Gallès; on nous a dit qu'il nous veut guerroyer et remettre ce juif qui s'appeloit roi d'Espagne, par force, en notre royaume; et vous qu'en dites ? » — « Monseigneur, répondit messire Bertran, il est bien si vaillant chevalier, puisqu'il a entrepris, qu'il en fera son pouvoir. Si vous dis que vous fassiez bien garder vos détroits et vos passages de tous lez, par quoi nul ne puist entrer ni issir en votre royaume, fors par votre congé; et tenez à amour toutes vos gens. Je sçais de vérité que vous aurez en France grand'aide de chevaliers et d'écuyers, qui volontiers vous serviront. Je m'en retournerai par delà, par votre congé, et vous y acquerrai tous les amis que je pourrai. » — « Par ma foi, dit le roi Henry, vous dites bien, et du surplus je me ordonnerai par votre conseil et par votre avis. »

Depuis ne demeura guères de temps que messire Bertran se partit du roi Henry, et s'en vint en Arragon où le roi le recueillit liement ; et fut bien quinze jours de-lez lui, et puis s'en partit et fit tant par ses journées que il vint à Montpellier; et là trouva le duc d'Anjou qui le reçut aussi liement, car moult l'aimoit. Quand il eut été un terme de-lez lui, il s'en partit et s'en revint en France devers le roi qui le reçut à grand'joie.

CHAPITRE CCX.

Comment le roi d'Arragon s'allia au roi Henry et comment le prince de Galles envoya messire Jean Chandos pour traiter au comte de Foix et aux Compagnies.

Quand les nouvelles certaines s'épandirent en Espagne et en Arragon et aussi au royaume de France que le prince de Galles vouloit remettre le roi Dam Piètre au royaume de Castille, si en furent plusieurs gens émerveillés et en parlèrent en mainte manière. Les aucuns disoient que le prince entreprenoit ce voyage par orgueil et présomption, et étoit courroucé de l'honneur que messire Bertran avoit eu de conquérir tout le royaume de Castille au nom du roi Henry, et de le faire roi. Les autres disoient que pitié et raison le mouvoient à ce, que de vouloir aider le roi Dam Piètre à remettre en son héritage; car ce n'étoit mie chose due ni raisonnable d'un bâtard tenir royaume, ni porter nom de roi.

Ainsi étoient par le monde plusieurs chevaliers et écuyers en diverses opinions. Toutes fois le roi Henry escripsit tantôt pardevers le roi d'Arragon et envoya grands messages, en priant qu'il ne se voulsist nullement accorder ni composer pardevers le prince de Galles ni ses alliés; car il étoit et vouloit être son bon voisin et ami. Le roi d'Arragon qui moult l'aimoit à avoir à voisin, car il avoit trouvé du temps passé le roi Dam Piètre moult hautain et cruel, l'assura dit que nullement, pour perdre grand'partie de son royaume, il ne se allieroit au prince ni accorderoit au roi Dam Piètre; mais ouvriroit son pays pour laisser passer toutes manières de gens d'armes qui en Espagne voudroient aller, tant de France comme d'ailleurs, en son confort; et empêcheroit tous ceux qui gréver le voudroient. Ce roi d'Arragon tint bien ce qu'il promit à ce roi Henry; car si très tôt comme il sçut de vérité que le roi Dam Piètre étoit aidé du prince, et que les compagnies tendoient à traire celle part et en la prinçauté, il fit clorre tous les pays d'Arragon et garder bien et détroitement, et mit gens d'armes et geniteurs [1] sur les montagnes et ès détroits de Castelongne, si que nul ne pouvoit passer fors en grand danger. Mais les Compagnies trouvèrent un autre chemin, et eurent trop de maux et de povretés aînçois qu'ils pussent issir hors des dangers

[1] *Geniteurs, genetaires*, etc., cavaliers légèrement armés, du mot *genet*, sorte de petit cheval de montagne.

d'Arragon. Toutes fois ils vinrent sur les marches de la comté de Foix, et trouvèrent le pays de Foix clos contre eux; car le comte ne vouloit nullement que tels gens entrassent en sa terre. Ces nouvelles vinrent au prince, qui pour le temps se tenoit à Bordeaux, et pensoit et imaginoit nuit et jour comment à son honneur il pourroit fournir ce voyage, que ces Compagnies ne pouvoient passer ni retourner en Aquitaine, et que les pas d'Arragon et de Castelongne étoient devéés et clos, et étoient à l'entrée de la comté de Foix, et non pas trop à leur aise. Si ce douta le dit prince que le roi Henry et le roi d'Arragon, par contrainte ne menassent tellement ces gens d'armes, qui étoient bien douze mille, desquels il espéroit à avoir le confort, et aussi par grands dons et promesses, qu'ils ne fussent encontre lui. Si s'avisa le dit prince qu'il enverroit devers eux messire Jean Chandos pour traiter à eux et retenir, et aussi par devers le comte de Foix que, par amour, il ne leur voulsist faire nul contraire, et que tout le dommage que ils feroient sur lui ni en sa terre, il lui rendroit au double.

Ce message à faire, pour l'amour de son seigneur, emprint messire Jean Chandos, et se partit de Bordeaux, et chevaucha devers la cité d'Ax en Gascogne; et exploita tant par ses journées que il vint à la comté de Foix où il trouva le dit comte. Si parla à lui si avisément et si convenablement qu'il eut le comte de Foix d'accord, et le laissa passer outre parmi son pays paisiblement. Si trouva les compagnies en un pays que on dit Baseke. Là traita-t-il à eux, et exploita si bien qu'ils eurent tous en convenant de servir et d'aider le prince en ce voyage, parmi grand argent qu'ils devoient avoir de prêt. Et tout ce leur jura messire Jean Chandos; et vint de rechef devers le comte de Foix, et lui pria doucement que ces gens, qui étoient au prince, il voulût souffrir et laisser passer parmi un des bouts de sa terre. Cil qui vouloit être agréable au prince et qui étoit son homme en aucune manière, pour lui complaire, lui accorda, parmi tant que ces compagnies ne devoient porter nul dommage à lui ni à sa terre. Messire Jean Chandos lui eut en convenant, et envoya arrière un sien chevalier et son hérault devers ses Compagnies, et tout le traité qui étoit entre lui et le comte de Foix; et puis s'en retourna devers le prince à Bordeaux, à qui il recorda tout son voyage et comment il avoit exploité. Le prince qui le créoit et aimoit, se tint bien à content de son exploit et de son voyage.

CHAPITRE CCXI.

Comment messire Jean Chandos et messire Thomas de Felleton conseillèrent le prince sur le fait de la guerre d'Espagne.

En ce temps étoit le prince en la droite fleur de sa jeunesse, et ne fut oncques saoul ni lassé depuis qu'il se commença premièrement à armer, de guerroyer et de tendre à tous hauts et nobles faits d'armes. Et encore à cette emprise du dit voyage d'Espaigne et de remettre ce roi enchâssé, par force d'armes, en son royaume, honneur et pitié l'émouvoient. Si en parloit souvent à messire Jean Chandos et à messire Thomas de Felleton, qui étoient les plus espéciaux de son conseil, en demandant qu'il leur en sembloit. Ces deux chevaliers lui répondoient bien : « Monseigneur, c'est une haute et grande emprise ; sans comparaison plus forte et plus hautaine que ce ne fut de bouter hors le roi Dam Pèitre de son royaume, car il étoit haï de tous ses hommes, et tous le relinquirent quand il cuida être aidé. Or jouit et possède à présent ce roi bâtard de tout le royaume de Castille entièrement et de l'amour des nobles, des prélats et de tout le demeurant, et l'ont fait roi. Si le voudront tenir en cel état comment qu'il soit. Si vous avez bien mestier que vous ayez en votre compagnie grand'foison de bonnes gens d'armes et d'archers, car vous trouverez bien à qui combattre quand vous viendrez en Espaigne. Si vous louons et conseillons que vous rompiez la greigneur partie de votre vaisselle d'argent de votre trésor, dont vous êtes bien aisé maintenant, et en faites faire monnoie, et départir largement aux compagnons des quels vous serez servi en ce voyage, et qui pour l'amour de vous iront ; car pour le roi Dam Piètre n'en feroient-ils rien ; et si, envoyez de-lez le roi votre père, en priant que vous soyez maintenant aidé de cinq cent mille francs que le roi de France doit envoyer en Angleterre dedans bref terme. Prenez finance partout où vous la pourrez trouver et avoir, car bien vous sera besoin, sans tailler vos hommes ni votre pays ; si en serez mieux aimé et servi de tous. »

A ce conseil et plusieurs autres bons que les chevaliers lui donnèrent, se tint le prince de Galles, et fit rompre et briser les deux parts de toute sa vaisselle d'or et d'argent, et en fit faire et forger monnoie pour donner et départir aux compagnons. Avecques ce, il envoya en Angleterre devers le roi son père, pour impétrer cinq cent mille francs dont je parlois maintenant. Le roi d'Angleterre, qui sentoit assez les besognes du prince son fils, lui accorda légèrement, et en écrit devers le roi de France, et l'en envoya lettres de quittance. Si furent les cinq cent mille francs en cette saison délivrés aux gens du prince et départis à toutes manières de gens d'armes.

CHAPITRE CCXII.

Comment le sire de Labreth promit au prince mille lances, et comment le sénéchal de Toulouse et le comte de Narbonne s'en allèrent vers Montalban contre les Compagnies.

Une fois étoit en récréation le prince de Galles en sa chambre en la cité d'Angoulême avecques plusieurs chevaliers de Gascogne, de Poitou et d'Angleterre, et bourdoit à eux, et eux à lui de ce voyage d'Espaigne ; et fut du temps que messire Jean Chandos étoit outre après les Compagnies. Si tourna son chef devers le sire de Labreth, et lui dit : « Sire de Labreth, à quelle quantité de gens d'armes me pourrez-vous bien suir en ce voyage ? » Le sire de Labreth fut tout appareillé de répondre, et lui dit ainsi : « Monseigneur, si je voulois prier tous mes amis, c'est à entendre mes féaux, j'en aurois bien mille lances et toute ma terre gardée par mon chef. » — « Sire de Labreth, c'est belle chose, » répondit le prince, et lors regarda sur le seigneur de Felleton et sur aucuns chevaliers d'Angleterre et leur dit en anglois : « Par ma foi, on doit bien aimer la terre où on trouve un tel baron qui peut suir son seigneur à mille lances. » Après il se retourna devers le sire de Labreth et dit : « De grand'volonté, sire de Labreth ! je les retiens tous. » — « Ce soit au nom de Dieu, monseigneur, » ce répondit le sire de Labreth. De cette retenue dut depuis être avenu grand meschef, si comme vous orrez en avant en l'histoire.

Or retournerons-nous aux compagnies qui s'étoient accordées et alliées avec le prince. Si vous dis que ils eurent moult de maux ainçois qu'ils fussent revenus et rentrés en la principauté, tant des geniteurs [1] comme de ceux de Castelongne

---
[1] Troupes légères à cheval.

et d'Arragon, et se départirent en trois routes. L'une partie des Compagnies et plus grande s'en allèrent costiant Foix et Berne, et l'autre Catalogne et Armignac et la tierce s'avala entre Arragon et Foix par l'accord du comte d'Armignac, du seigneur de Labreth et du comte de Foix. En celle route avoit la plus grand'partie de Gascons; et s'en venoient cils compagnons, qui pouvoient être environ trois mille par routes et par compagnies, en l'une trois cents, en l'autre quatre cents, devers l'archevêché de Toulouse; et devoient passer entre Toulouse et Montalban.

Adonc avoit un bon chevalier de France à sénéchal de Toulouse qui s'appeloit messire Guy d'Azay. Quand il entendit que ces Compagnies approchoient et qu'ils chevauchoient en routes et ne pouvoient être en somme plus de trois mille combattans, qui encore étoient foulés, lassés et mal armés, mal montés et pis chaussés, si dit qu'il ne voulott pas que tels gens approchassent Toulouse ni le royaume de France, pour eux recouvrer; et qu'il leur iroit au devant et les combattroit, s'il plaisoit à Dieu. Si signifia tantôt son intention à messire Aymery comte de Narbonne et au sénéchal de Carcassonne et à celui de Beaucaire et à tous les officiers, chevaliers et écuyers de là environ, en eux mandant et requérant aide, pour aider à garder la frontière contre ces males gens nommés Compagnies. Tous ceux qui mandés et priés furent, obéirent et se hâtèrent; et vinrent au plus tôt qu'ils purent en la cité de Toulouse; et se trouvèrent grands gens, bien cinq cents lances, chevaliers et écuyers, et quatre mille bidaus, et se mirent sur les champs par devers Montalban à sept lieues de Toulouse, où ces gens se tenoient, les premiers qui venus étoient; et tout compté ils ne se trouvèrent pas plus de deux cents lances, mais ils attendoient les routes de leurs compagnons qui devoient passer par là.

CHAPITRE CCXIII.

Comment le sénéchal de Toulouse et le comte de Narbonne envoyèrent leurs coureurs par devant Montalban et comment le capitaine de Montalban vint parler aux dits seigneurs.

Quand le comte de Narbonne et messire Guy d'Azay, qui se faisoient souverains et meneurs de toutes ces gens d'armes, furent partis de la cité de Toulouse, ils s'en vinrent loger assez près de Montalban, qui pour lors se tenoit en l'obéissance du prince; et en étoit capitaine à ce jour un chevalier anglois qui s'appeloit messire Jean Trivet. Si envoyèrent ces seigneurs de France leurs coureurs devant Montalban pour attraire hors ces Compagnies qui s'y tenoient.

Quand le capitaine de Montalban entendit que les François étoient venus à main armée et à ost devant sa forteresse, si fut durement émerveillé, pour tant que la terre étoit du prince. Si vint aux barrières de la dite ville, et fit tant que, sur assurance, il parla aux dits coureurs, et leur demanda qui là les envoyoit et pourquoi ils s'avançoient de courir la terre du prince qui étoit voisine et devoit être amie, avecques le corps du seigneur, au royaume et au roi de France. Ceux répondirent et dirent : « Nous ne sommes mie, de nos seigneurs qui ci nous ont envoyés, de rendre raison chargés; mais pour vous apaiser, si vous voulez venir ou envoyer par devers nos seigneurs, vous en aurez bien réponse. »—« Oïl, dit le capitaine de Montalban, je vous prie que vous retraiez par devers eux, et leur dites qu'ils m'envoient un sauf-conduit par quoi je puisse aller eux à et retourner arrière, ou ils m'envoient dire pleinement pour quoi ni à quel titre ils me font guerre; car si je cuidois que ce fût tout acertes, je le signifierois à monseigneur le prince qui y pourverroit de remède. » Ceux répondirent : « Nous le ferons volontiers. » Ils retournèrent et recordèrent à leurs seigneurs toutes ces paroles. Ce sauf conduit fut impétré, au nom du dit messire Jean Trivet, et l'apportèrent à Montalban.

Adonc se partit, lui cinquième tant seulement, et vint au logis des dessus dits François, et trouva les seigneurs tous appareillés de le recevoir et de lui répondre. Il les salua et ils lui rendirent son salut, et puis leur demanda à quelle cause ils avoient envoyé courir à main armée par devant sa forteresse qui se tenoit de monseigneur le prince. Ils répondirent : « Nous ne voulons nulle ahatie ni nulle guerre; mais nous voulons nos ennemis chasser où que nous les savons. »—« Et qui sont vos ennemis ni où sont-ils? » ce répondit le chevalier.—« En nom de Dieu, répondit le comte de Narbonne, ils sont à Montalban, et sont robeurs et pilleurs, qui ont robé et pillé, pris et couru mal dûment sur le royaume de France; et aussi, messire Jean, si vous êtes bien courtois ni ami à vos voisins, vous ne les devriez mie soutenir qui pillent et robent les bonnes gens sans nul titre de guerre, car par tels œuvres s'émeuvent les haines entre les seigneurs; et les mettez hors de votre forteresse, ou autrement vous n'êtes mie ami au roi ni au royaume de France.»—« Seigneurs, dit le capitaine de Montalban, il est bien vérité qu'il y a gens d'armes dedans ma garnison que monseigneur le prince a mandés, et les tient à lui pour ses gens. Si ne suis mie conseillé que de eux faire partir si soudainement, ni d'eux faire vuider; et si ceux vous ont fait aucuns déplaisirs, je ne puis mie voir qui droit vous en fasse, car ce sont gens d'armes; si les convient vivre ainsi qu'ils ont accoutumé et sur le royaume de France et sur le prince.» Donc répondirent le comte de Narbonne et messire Guy d'Azay, et dirent : « Ce sont gens d'armes tels quels qui ne savent vivre, fors de pillage et de roberie, et qui mal courtoisement ont chevauché sur nos mettes. Si le compareront; si nous les pouvons tenir aux champs, car ils ont ars, pris et pillé et fait moult de maux en la sénéchaussée de Toulouse, dont les plaintes en sont venues à nous; et si nous les souffrions à faire, nous serions traîtres et parjures envers notre seigneur qui ci nous a établis pour garder sa terre. Si leur dites hardiment de par nous ainsi; car puisque nous savons où ils logent, nous ne retournerons si l'auront amendé, ou il nous coûtera encore plus.»

Autre réponse ne put adonc avoir le capitaine de Montalban, et s'en partit mal content d'eux, et dit que jà pour leurs menaces il ne briseroit jà son intention, et retourna à Montalban et leur recorda toutes les paroles que vous avez ouïes.

CHAPITRE CCXIV.

Comment messire Perducas de Labreth et les Compagnies déconfirent le sénéchal de Toulouse et le comte de Narbonne et y furent pris plus de cent chevaliers.

Quand les Compagnies entendirent ces nouvelles, si ne furent mie bien assurés, car ils n'étoient pas à jeu parti contre les François. Si se tinrent sur leurs gardes du mieux qu'ils purent. Or avint que, droit au cinquième jour après que ces paroles eurent été dites, messire Perducas de Labreth, atout une grande route de compagnons dut passer; par Montalban, car le passage étoit par là pour entrer en la principauté : si le fit à savoir à ceux de la ville.

Quand messire Robert Ceni[1] et les autres compagnons qui là se tenoient pour enclos entendirent ces nouvelles, si en furent moult réjouis : si signifièrent tout secrètement le convent des François au dit messire Perducas, et comment ils les avoient là assiégés et les menaçoient durement; et aussi quels gens ils étoient, et aussi quels capitaines ils avoient.

Quand messire Perducas de Labreth entendit ce, si n'en fut de néant effréé, mais recueillit ses compagnons de tous lez, et s'en vint bouter dedans Montalban, où il fut reçu à grand'joie. Quand il fut là venu, ils eurent parlement en semble comment ils se pourroient maintenir; et furent d'accord que lendemain ils s'armeroient et se mettroient tous à cheval, et iroient hors de la ville, et s'adresseroient vers les François, et les prieroient que paisiblement ils les laissassent passer; et si ils ne vouloient à ce descendre et que combattre les convint, ils s'aventureroient et vendroient à leur loyal pouvoir. Tout ainsi comme ils ordonnèrent ils firent. A lendemain ils s'armèrent, et sonnèrent leurs trompettes et montèrent tous à cheval et vidèrent hors de Montalban.

Jà étoient les François armés pour l'effroi qu'ils avoient ouï et vu, et tous rangés et mis devant la ville, et ne pouvoient passer ces compagnons fors que parmi eux. Adonc se mirent tout devant messire Perducas de Labreth et messire Robert Ceni, et voulurent parlementer aux François et prier que on les laissât paisiblement passer : mais les François leur envoyèrent dire qu'ils n'avoient cure de leur parlement, et qu'ils ne passeroient, fors parmi les pointes de leurs glaives et de leurs épées; et écrièrent tantôt leurs cris et dirent : « Avant! avant! à ces pilleurs qui pillent et robent le monde et vivent sans raison! »

Quand ces compagnons virent ce, et que c'étoit acertes, et que combattre les convenoit ou mourir à honte, si descendirent de leurs chevaux, et se rangèrent et ordonnèrent tout à pied moult faiticement, et attendirent les François qui vinrent sur eux moult hardiment, et se mirent aussi par devant eux tous à pied. Là commen-

---

[1] Johnes l'appelle Robert Cheney.

cèrent à traire, à lancer et à chasser les uns aux autres grands coups et apperts, et en y eut plusieurs abattus des uns des autres, de première venue. Là eut grand'bataille forte et dure et bien combattue, et mainte appertise d'armes faite, et maint chevalier et maint écuyer renversé par terre. Toutefois les François étoient trop plus que les Compagnies, bien trois contre un, si n'en avoient mie la pieur parçon; et reboutèrent à ce commencement les compagnies par bien combattre bien avant jusques dedans les barrières. Là eut au rentrer maint homme mis à meschef; et eussent-eu, ce qu'il y avoit de Compagnies, trop fort temps, si n'eût été le capitaine de la dite ville, qui fit armer toutes gens et commanda étroitement que chacun à son loyal pouvoir aidât les Compagnies qui étoient hommes au prince. Lors s'armèrent tous ceux de la ville et se mirent en arroy avecques les Compagnies, et se boutèrent en l'escarmouche, et mêmement les femmes de la ville montèrent en leurs logis et en leurs soliers pourvues de pierres et de cailloux, et commencèrent à jeter sur ces François si fort et si roidement qu'ils étoient tout embesognés de eux targer pour le jet des pierres, et en blessèrent plusieurs et reculèrent par force. Donc se rassurèrent les compagnons, qui furent un grand temps en grand péril, et envahirent fièrement les François. Et vous dis qu'il y eut là fait autant de grandes appertises d'armes, de prises et de rescoussés que on avoit vu en grand temps faire; car les Compagnies n'étoient que un petit au regard des François. Si se pénoit chacun de bien faire la besogne; et reboutèrent leurs ennemis par force d'armes tout hors de la ville. Et advint ainsi, pendant que on se battoit, que une route de Compagnies que le bourg de Breteuil et Naudon de Bagerent menoient, en la quelle route étoient bien quatre cents combattants, se boutèrent parderrière en la ville, et avoient chevauché toute la nuit en grand'hâte pour là être, car on leur avoit donné à entendre que les François avoient assiégé leurs compagnons de Montalban. Si vinrent tout à point à la bataille. Là eut de rechef grand hutin et dur; et furent ces François par ces nouvelles gens fièrement assaillis et combattus, et dura cette bataille dès l'heure de tierce jusques à la basse nonne. Finablement les François furent déconfits et mis en chasse, et ceux tous heureux qui purent partir, monter à cheval et aller leur voie. Là furent pris le comte de Narbonne, messire Guy d'Azay, le comte d'Uzès, le sire de Montmorillon, le sénéchal de Carcassonne, le sénéchal de Beaucaire et plus de cent chevaliers, que de France, que de Provence, que des marches de là environ, et mains écuyers et mains riches hommes de Toulouse et de Montpellier; et encore eussent-ils plus pris, s'ils eussent chassé, mais ils n'étoient que un peu de gens mal montés; si ne s'osèrent aventurer plus avant et se tinrent à ce que ils eurent. Cette escarmouche fut à Montalban la vigile Notre-Dame en août, l'an de grâce MCCC LXVI.

CHAPITRE CCXV.

Comment les compagnies envoyèrent les prisonniers sur leurs foyers et comment le pape défendit aux dits prisonniers qu'ils n'en payassent rien.

Après la déconfiture et la prise des dessus dits, messire Perducas de Labreth, messire Robert Ceni, messire Jean Trivet, messire Robert d'Aubeterre, le bourg de Breteuil, Naudon de Bagerent et leurs routes départirent leur butin et tout leur gain, dont ils eurent grand'foison; et tous ceux qui prisonniers avoient, ils leur demeuroient et en pouvoient faire leur profit, rançonner ou quitter si ils le vouloient; dont ils leur firent très bonne compagnie, et les rançonnèrent courtoisement, chacun selon son état et son affaire; et encore plus doucement pour ce que cette avenue leur étoit foraineusement venue et par beau fait d'armes; et les recrurent tous, petit s'en faillirent, sur leur foi; et leur donnèrent terme de rapporter leurs rançons à Bordeaux, ou ailleurs où bon leur sembla. Si se partit chacun et revint en son pays, et les Compagnies s'en rallèrent devers monseigneur le prince, qui les reçut liement et les vit très volontiers et les envoya loger en une marche que on appelle Bascle entre les montagnes.

Or vous dirai qu'il avint de cette besogne, et comment le comte de Narbonne, le sénéchal de Toulouse et les autres prisonniers qui avoient été rançonnés et recrus sur leur foi, finèrent et payèrent.

En ce temps régnoit le pape Urbain V^e, qui tant hayoit ces manières de gens que plus ne pouvoit, et les avoit dès grand temps excommuniés pour les vilains faits qu'ils faisoient. Si que, quand il fut informé de cette journée, et comment, en bien faisant à son entente, le comte de Narbonne et les autres avoient été rués jus, si en fut durement courroucé, et se souffrit tant qu'ils furent tous mis à finance et revenus en leurs maisons. Si leur manda par mots exprès et défendit étroitement que de leurs rançons ils ne payassent nulles, et les dispensa et absout de leur foi [1].

Ainsi furent quittes ces seigneurs, chevaliers et écuyers qui avoient été pris à Montalban, et n'osèrent briser le commandement du pape. Si vint à aucuns bien à point, et aux Compagnies moult mal, qui s'étoient attendus à avoir argent et le cuidoient avoir, pour faire leurs besognes, eux monter et appareiller, ainsi que compagnons de guerre s'habillent quand ils ont largement de quoi, et ils n'eurent rien. Si leur vint à grand contraire cette ordonnance du pape, et se complaignirent par plusieurs fois à messire Jean Chandos, qui étoit connétable d'Aquitaine et regard par droit d'armes sur tels besognes. Mais il s'en dissimuloit envers eux au mieux qu'il pouvoit, pourtant qu'il savoit bonnement que le pape les excommunieroit, et que leurs faits et états tournoient à pillerie. Si que il me semble qu'ils n'en eurent oncques puis autre chose.

CHAPITRE CCXVI.

Ci dit comment le roi de Majogres vint à Bordeaux devers le prince, et des paroles et mautalens qui furent entre le prince et le sire de Labreth.

Nous parlerons du prince de Galles et approcherons son voyage, et vous conterons comment il persévéra. Premièrement, si comme ci-dessus est dit, il fit tant qu'il eut toutes les Compagnies de son accord, où il avoit bien sept mille combattans; et moult lui coûtèrent au retenir; et encore quand il les eut, il les soutint à ses frais et à ses gages ainçois qu'il partit de la principauté, dès l'issue d'août jusques à l'entrée de février.

Avecques tout ce, le prince retenoit toutes manières de gens d'armes là où il les pouvoit avoir. Du royaume de France n'en y avoit nul, car tous se traioient vers le roi Henry, pour l'amour et les alliances qui étoient entre le roi leur seigneur et le roi Henry. Et encore eut le roi Henry aucuns des Compagnies qui étoient Bretons, favorables à messire Bertran du Guesclin; desquels messire Sevestre Bude, Alain de Saint-Pol, Guillaume de Bruel et Alain de Laconnet, étoient capitaines. Si eût bien eu le dit prince de Galles encore plus de gens d'armes étrangers, allemands, flamands et brabançons, si il eût voulu, mais en renvoya assez, et eut plus cher à prendre ses féaux de la principauté que les étrangers. Aussi lui vint-il un grand confort d'Angleterre; car quand le roi son père vit que ce voyage se feroit, il donna congé à son fils, monseigneur Jean duc de Lancastre de venir voir son frère le prince de Galles à une grande quantité de gens d'armes, quatre cents hommes d'armes et quatre cents archers. Donc, quand les nouvelles en vinrent au dit prince que son frère devoit venir, il en eut grand'joie et se ordonna sur ce.

En ce temps vint devers le prince en la cité de Bordeaux messire James roi de Majogres. Ainsi se faisoit-il appeler combien qu'il n'y eût rien [1]. Car le roi d'Arragon le tenoit sur lui de force, et avoit le père du dit roi de Majogres fait mourir en prison, en une cité en Arragon qu'on dit Barcelonne [2]. Pourquoi ce dit roi James, pour contrevenger la mort de son père et recouvrer son héritage, étoit trait hors de son pays; car il avoit pour ce temps à femme la roine de Naples [3]. Auquel roi de Majogres le prince fit grand'fête, et le conjouit et le reconforta doucement et grandement; et quand il lui eut oui recorder toutes les raisons pourquoi il y étoit là

---

[1] Ce scandale de l'exemption de la foi des sermens, si souvent renouvelé par les papes, est une souillure justement reprochée au système romain, et dont les funestes effets se feront long-temps sentir encore.

[1] D. Jayme II, roi de Majorque, père de Jayme dont il s'agit ici, avait été détrôné par le roi d'Arragon D. Pèdre IV, dit le Cérémonieux, qui avait réuni ses états à l'Arragon par un acte solennel du 29 mars 1344.

[2] D. Jayme II mourut des suites des blessures qu'il avait reçues en voulant reconquérir ses états le 25 octobre 1349. Pour subvenir aux frais de cette dernière attaque, il avait vendu au roi de France, le 18 avril 1349, pour 120,000 écus d'or, la seigneurie de Montpellier et celle de Lattes, les seuls domaines qui lui restassent.

[3] Jayme, fils de D. Jayme II, fut le troisième mari de Jeanne Ire de Naples, petite-fille de Robert, roi de Naples. Ce mariage se fit l'année 1362. Jeanne avait alors trente-sept ans.

venu, et à quelle cause le roi d'Arragon lui faisoit tort et lui tenoit son héritage et avoit fait mourir son père, si lui dit le prince : « Sire roi, je vous promets en loyauté que, nous revenus d'Espaigne, nous entendrons à vous remettre en votre héritage de Majogres, ou par traité d'amour ou de force. »

Ces promesses plurent grandement bien au dit roi, si se tint en la cité de Bordeaux de-lez le prince, en attendant le département ainsi que les autres. Et lui faisoit le dit prince, pour honneur, la plus grand'partie de ses délivrances, pour tant que il étoit lointain et étranger, et n'avoit mie ses finances à son aise.

Tous les jours venoient les plaintes au dit prince de ces Compagnies, qui faisoient tous les maux du monde aux hommes et aux femmes, au pays où ils conversoient. Et vissent volontiers ceux des marches où ses gens se tenoient que le prince avançât son voyage, et il en étoit en grand'volonté, mais on lui conseilloit qu'il laissât passer le Noël, par quoi ils eussent l'hiver au dos.

A ce conseil s'inclinoit assez le prince, pour tant que madame la princesse sa femme étoit durement enceinte et aussi moult tendre et éplorée du département son mari. Si eût volontiers vu le dit prince qu'elle fût accouchée ainçois son département.

En ce détriment se faisoient et ordonnoient toujours grandes pourvéances et grosses, et trop fort besognoient, car ils devoient entrer en un pays où ils en trouveroient bien petit. Pendant que ce séjour se faisoit à Bordeaux, et que tout le pays d'environ étoit plein de gens d'armes, eurent le prince et ses gens de conseil plusieurs consaux et consultations ensemble ; et m'est avis que le sire de Labreth fut contremandé de ses milles lances, et lui écrivit le dit prince par le conseil de ses hommes ainsi :

« Sire de Labreth, comme ainsi fut que de notre volonté libérale, et ce voyage où nous tendons par la grâce de Dieu entreprendre et briévement à procéder, considéré nos besognes et dépens que nous avons, tant par les étrangers qui se sont boutés en notre suite, comme par les gens des Compagnies des quels le nombre est si grand, et ne les voulons pas laisser derrière pour les périls qui s'en pourroient ensuir, et comment que notre terre soit gardée, car tous ne s'en pourroient pas venir ni tous demeurer, pourquoi il est ordonné par notre espécial conseil que en ce voyage vous nous servirez, et êtes écrit à deux cents lances. Si les veuillez tirer et mettre hors des autres, et le demeurant laisser faire leur exploit et leur profit. Dieu soit garde de vous : écrit à Bordeaux le septième jour de décembre. »

Ces lettres scellées du grand scel du prince de Galles furent envoyées au sire de Labreth, qui se tenoit en son pays et entendoit fort à faire ses pourvéances et à appareiller ses gens, car on disoit de jour en jour que le prince devoit partir. Quand il vit ces lettres que le prince lui envoyoit, il les ouvrit et les lut par deux fois pour mieux entendre ; car il fut de ce qu'il trouva dedans moult émerveillé, et ne se pouvoit avoir, tant fort étoit-il courroucé et disoit ainsi : « Comment ! Messire le prince de Galles se truffe de moi, quand il veut que je donne congé maintenant à huit cents lances, chevaliers et écuyers, lesquels à son commandement j'ai tous retenus, et leur ai brisé leurs profits à faire en plusieurs manières. » Adonc en son courroux le sire de Labreth demanda tantôt un clerc. Il vint. Quand il fut venu, il lui dit, et le clerc écrivit ainsi que le sire de Labreth lui devisoit.

« Cher sire, je suis trop grandement émerveillé d'une lettre que vous m'avez envoyée, et ne sçais mie bonnement ni n'en trouve en mon conseil comment sur ce je vous en sache et doive répondre, car il me tourne à grand préjudice et à blâme et à tous mes hommes, lesquels, par votre ordonnance et commandement, je avois retenus, et sont tous appareillés de vous servir ; et leur ai détourné leur profit à faire en plusieurs états ; car les aucuns étoient mus et ordonnés d'aller outre mer en Prusse, en Constantinople, ou en Jérusalem, ainsi que tous chevaliers et écuyers qui se désirent à avancer font. Si leur vient à grand'merveille et déplaisance de ce qu'ils sont boutés derrière, et sont tous émerveillés, et aussi suis-je, en quelle manière je le puis avoir desservi. Cher sire, plaise vous savoir que je ne saurois sévrer les uns des autres : je suis le pire et le moindre de tous, et si aucuns y vont, tous iront, ce sçais je. Dieu vous ait en sa sainte garde. Écrit, etc. »

Quand le prince de Galles eut ouï cette réponse, si la tint à moult présomptueuse, et aussi firent aucuns de son conseil, chevaliers d'Angleterre qui là étoient. Si crola le prince la tête et dit en anglois, si comme je fus adonc informé, car j'étois lors pour le temps à Bordeaux : « Le sire de Labreth est un grand maître en mon pays, quand il veut briser l'ordonnance de mon conseil. Par Dieu ! il n'ira mie ainsi qu'il pense. Or, demeure s'il veut, car sans ses mille lances ferons-nous bien le voyage. »

Adonc parlèrent aucuns chevaliers d'Angleterre qui là étoient et dirent : « Monseigneur, vous connoissez encore petitement la posnée des Gascons et comment ils s'outrecuident ; ils nous aiment peu et ont aimé du temps passé. Ne vous souvient-il pas comment grandement ils se voulurent jadis porter encontre vous en cette cité de Bordeaux, quand le roi Jean de France y fut premièrement amené ? Ils disoient et maintenoient tout notoirement que, par eux et par leur emprise vous aviez fait le voyage et pris le dit roi de France ; et bien fût apparent qu'ils vouloient se porter outre, car vous fûtes en grands traités contre eux, plus de trois mois, ainçois qu'ils voulsissent consentir que le dit roi Jean allât en Angleterre ; et leur convint pleinement satisfaire leur volonté pour eux tenir à amour. » Sur ces paroles se tut le prince, mais pour ce n'en pensa-t-il mie moins. Vecy auques la première fondation de la haine qui fut entre le prince de Galles et le sire de Labreth ; et fut adonc le sire de Labreth en grand péril, car le prince étoit grand et haut de courage et cruel en son aïr, et vouloit, fût à tort ou à droit, que tous seigneurs auxquels pouvoit commander tinssent de lui : mais le comte d'Armignac, qui oncle étoit au dit seigneur de Labreth, fut informé de ces avenues et des grignes qui étoient entre le prince son seigneur et son neveu le sire de Labreth. Si vint à Bordeaux devers le prince, et messire Jean Chandos et messire Thomas de Felleton, par lequel conseil le prince faisoit et ouvroit tout, et amoyenna si bien ses parties que le prince se tut et apaisa ; mais toutefois le sire de Labreth ne fut écrit que à deux cents lances dont il n'étoit mie plaisié ; aussi n'étoient ses gens, ni oncques plus n'aimèrent tant le prince, comme ils faisoient devant. Si leur convint porter et passer leur ennui au mieux qu'ils purent ; car ils n'eurent adonc autre chose.

CHAPITRE CCXVII.

Comment la princesse accoucha de son fils Richard, et comment le prince se partit de Bordeaux pour aller en Espaigne, et comment messire Hue de Cavrelée prit la cité de Mirande et la ville de Pont-là-Roine en Navarre.

Quand fut demené le temps, en faisant les pourvéances du dit prince et en attendant la venue du duc de Lancastre, que madame la princesse travailla d'enfant et en délivra par la grâce de Dieu, ce fut un beau fils qui fut né le jour de l'apparition des trois rois, que on eut adonc cette année un mercredi. Et vint cil enfant sur terre environ heure de tierce, de quoi le prince et tous les hôtels furent grandement réjouis ; et fut baptisé le vendredi ensuivant à heure de haute nonne dedans les saints fonts de l'église Saint-Andrieu en la cité de Bordeaux ; et le baptisa l'archevêque du dit lieu ; et le tinrent sur les fonts l'évêque d'Agen en Agénois et le roi de Mayogres ; et eut à nom cel enfant Richard, et fut depuis roi d'Angleterre[1] si comme vous orrez conter avant en l'histoire.

Le dimanche après, à heure de prime, se partit de Bordeaux en très grand arroy le prince et toutes manières de gens d'armes qui là séjournoient aussi, mais la greigneur partie de son ost étoit jà passée et logée environ la cité d'Asc en Gascogne ; si vint le prince ce dimanche au soir en cette dite cité, et là se logea et y séjourna trois jours, car on lui dit que le duc de Lancastre son frère venoit : voirement approchoit-il durement et étoit passé, avoit quinze jours, et arrivé en Bretagne à Saint-Mahieu de Fine-Poterne, et venu à Nantes où le duc de Bretagne l'avoit grandement festoyé et conjoui. Depuis exploita tant le dit duc de Lancastre, et chevaucha tant parmi Poitou et Xaintonge qu'il vint à Blayes, et là passa-t-il la rivère de Gironde et arriva sur le cay à Bordeaux. Si vint en l'abbaye de Saint-Andrieu, où la princesse gissoit qui le conjouit doucement, et toutes les dames et les damoiselles qui là étoient.

A ce jour le duc de Lancastre ne voulut guères séjourner à Bordeaux ni demeurer, mais prit congé de sa sœur la princesse, et se partit à toute sa compagnie, et chevaucha tant qu'il vint en la cité d'Asc. Si se conjouirent grandement ces deux frères quand ils se trouvèrent, car moult s'ai-

---

[1] Il fut roi sous le titre de Richard II.

moient, et là eut grands approchemens d'amour entre eux et leurs gens.

Assez tôt après que le duc de Lancastre fut venu, là vint le comte de Foix, qui fit grand'chère et grand' révérence de bras et de semblant au dit prince et à son frère, et se offrit du tout en leur commandement. Le prince, qui bien savoit honorer tous seigneurs, chacun selon ce qu'il étoit, l'honora grandement et le remercia moult de ce qu'il l'étoit venu voir. En après il lui rechargea son pays, et le pria qu'il voulsist être soigneux de le garder jusques à son retour. Le comte lui accorda liement et volontiers. Sur ce s'en retourna le dit comte, quand il eut pris congé, en son pays. Et le prince et le duc de Lancastre demeurèrent encore à Dasc, et toutes leurs gens épars environ le pays et à l'entrée des ports et du passage de Navarre, car point ne savoient encore de vérité si ils passeroient ou non, ni si le roi de Navarre ouvriroit le passage, combien qu'il leur eût enconvenancé; car fame couroit communément parmi l'ost qu'il s'étoit de nouvel composé et accordé au roi Henry, dont le prince et son conseil étoient durement émerveillés et le roi Dam Piètre moult merencolieux.

Or advint, pendant que ils se séjournoient là et que ces paroles couroient là, messire Hue de Cavrelée et les routes s'avancèrent à l'entrée de Navarre et prirent la cité de Mirande et la ville du Pont-la-Roine; dont tout le pays fut durement effrayé, et en vinrent les nouvelles au dit roi de Navarre.

Quand il entendit que les Compagnies vouloient par force entrer en son pays, si fut durement courroucé, et escripsit tantôt tout le fait au prince. Le prince s'en passa assez briévement, pourtant que le roi de Navarre à lui et au roi Dam Piètre ne tenoit pas bien tous ses convenans; et lui escripsit le dit prince qu'il se vînt excuser, ou envoyât, des paroles que on lui amettoit; car ses gens disoient notoirement qu'il s'étoit tourné devers le roi Henry.

Quand le roi de Navarre entendit ce que on lui amettoit de trahison, il fut plus courroucé que devant; et envoya un appert chevalier devers le prince, lequel chevalier on nommoit messire Martin de la Kare. Cil vint en la cité d'Asc excuser le dit roi de Navarre; et parlementa tant et si bellement au dit prince que le prince s'appaisa, parmi tant que il devoit retourner en Navarre devers son seigneur le roi et le devoit faire venir à Saint-Jean du pied près des Ports; et, lui là venu, le prince auroit conseil si il iroit là parler à lui ou il y enverroit. Sur cet état se partit le dit messire Martin de la Kare du dit prince et retourna en Navarre devers le roi, et lui recorda tout son traité et en quel état avoit trouvé le prince et son conseil, et aussi comment il s'étoit parti d'eux. Cil messire Martin fit tant qu'il amena le roi son seigneur à Saint-Jean du pied des Ports et puis se retraist en la cité d'Asc et vers le prince.

Quand le prince sçut que le roi de Navarre étoit approché, il eut conseil d'envoyer devers lui son frère le duc de Lancastre et monseigneur Jean Chandos. Ces deux, à privée maisgnie, se mirent au chemin avec le chevalier, le dit messire Martin, qui les amena en la dite ville de Saint-Jean du pied des Ports devers le roi de Navarre, lequel les reçut liement; et eurent là longuement parlement ensemble.

Finablement il fut accordé que le roi de Navarre approcheroit encore le dit prince, et viendroit en un certain lieu que on dit au pays Pierre-Férade; et là viendroient le prince et le roi Dam Piètre parler à lui, et là de rechef ils renouvelleroient tous leurs convenans, et sauroit chacun quelle chose il devroit avoir et tenir. Le roi de Navarre se dissimuloit ainsi, pourtant qu'il vouloit encore être plus assuré de ses convenances qu'il n'étoit, car il doutoit que si ces Compagnies fussent entrées en son pays, et on ne lui eût pas avant pleinement scellé ce qu'il vouloit et devoit avoir, qu'il n'y viendroit jamais bien à temps.

CHAPITRE CCXVIII.

Comment le roi de Navarre envoya au prince de Galles et au roi Dam Piètre passage par son royaume; et comment messire Bertran se partit de France pour aller en Espaigne.

Sur ce traité retournèrent le duc de Lancastre et messire Jean Chandos, et contèrent au dit prince comment ils avoient exploité, et aussi au roi Dam Piètre. Ce traité leur plut assez bien; et tinrent leur journée et vinrent au dit lieu où elle étoit assignée, et d'autre part le roi de Navarre et son plus espécial conseil.

Là furent à Pierre-Férade ces trois seigneurs, le roi Dam Piètre, le prince de Galles et le duc de Lancastre d'un côté, et le roi de Navarre de l'autre, longuement ensemble en parlement; et là fut devisé, ordonné et accordé quelle chose chacun *devoit avoir et faire*; et là furent renouvelés et convenancés quels traités avoient été entre ces parties en la cité de Bayonne. Et là sçut de vérité le dit roi de Navarre quelle chose il devoit avoir et tenir sur le royaume de Castille; et jurèrent bonne paix amour et confédération ensemble le roi Dam Piètre et lui; et se départirent de leur parlement amiablement ensemble sur l'ordonnance que le prince et son ost pouvoient passer quand il leur plairoit, et trouveroient le passage et les détroits tous ouverts, et tous vivres appareillés parmi [le royaume de Navarre, parmi les payant.

Adonc se retrait le dit roi de Navarre en la cité de Pampelune, et le prince et son frère et le roi Dam Piètre en leurs logis en la cité de Dasc. Encore étoient à venir plusieurs grands seigneurs de Poitou, de Bretagne et de Gascogne en l'ost du prince qui se tenoient derrière; car, si comme il est dit ci-dessus, on ne sçut clairement jusques à la fin de ce parlement si le prince auroit le passage ou non; et mêmement on supposoit en France que ils ne passeroient point et que le roi de Navarre lui briseroit son voyage, et on en vit le contraire. Donc quand les chevaliers et les écuyers, tant d'un côté comme de l'autre, en sçurent la vérité et que le passage étoit ouvert, si avancèrent leurs besognes, et se hâtèrent du plus qu'ils purent, car ils le sçurent tantôt et que le prince passeroit et que on ne se retourneroit point sans bataille. Si vinrent le sire de Clisson à belle route de gens d'armes, et aussi au dernier, et moult envis, le sire de Labreth atout deux cents lances, et s'accompagna en voyage avec le captal de Buch.

Tous ces traités, ces parlemens et ces détriemens étoient sçus en France; car toujours y avoit messagers allans et venans sur les chemins, qui portoient et rapportoient les nouvelles. De quoi quand messire Bertran du Guesclin, qui se tenoit de-lez le duc d'Anjou, sçut que le prince passeroit et que le passage de Navarre lui étoit ouvert, si avança ses besognes et renforça ses semonces et son mandement, et connut tantôt que cette chose ne se départiroit jamais sans bataille. Si se mit au chemin par devers Arragon pour venir devers le roi Henry; et s'avança du plus qu'il put; et aussi le suivirent toutes manières de gens d'armes qui en étoient mandés et priés, et plusieurs aussi du royaume de France et d'ailleurs qui en avoient affection et qui se vouloient avancer.

Or parlerons-nous du passage du prince et comment ordonnément il passa, et toute sa route.

CHAPITRE CCXIX.

Comment le duc de Lancastre, qui faisoit l'avant-garde, passa les détroits de Navarre, et quels seigneurs il y avoit avecques lui

Entre Saint-Jean du pied des Ports et la cité de Pampelune sont les détroits des montagnes et les forts passages de Navarre qui sont moult périlleux et très félons à passer, car il y a cent lieux sur ces passages que trente hommes les garderoient à non passer contre tout le monde. Et adonc faisoit moult froid sur ce passage, car ce fut au milieu de février ou environ qu'ils passèrent. Ainçois qu'ils se missent à voie ni se hâtassent de passer, les seigneurs regardèrent et conseillèrent comment ils passeroient ni par quelle ordonnance. Si virent bien, et leur fut dit de ceux qui connoissoient le passage, qu'ils ne pouvoient passer tous ensemble. Et pour ce s'ordonnèrent-ils à passer en trois batailles et par trois jours, le lundi, le mardi et le mercredi. Le lundi passèrent ceux de l'avant-garde desquels le duc de Lancastre étoit capitaine. Si passa en sa compagnie le connétable d'Aquitaine, messire Jean Chandos, qui bien avoit mille deux cents pennons dessous lui, tous parés de ses armes d'argent à sept pels aiguisés de gueules, c'étoit moult belle chose à regarder. Là étoient les deux maréchaux d'Aquitaine aussi, messire Guichard d'Angle et messire Étienne de Cousentonne, et avoient ceux le pennon Saint-George en leur compagnie. Là étoient en l'avant-garde avec le dit duc : messire Guillaume de Beauchamp fils au comte de Warvick, messire Hugues de Hastingues, le sire de Neufville, le sire de Rais, Breton, qui servoit messire Jean Chandos à trente lances en ce voyage et à ses frais pour la prise de la bataille d'Auray. Là étoient : le sire d'Aubeterre, messire Garsis du Châtel, messire Richard Canton, messire Robert Ceni, messire Robert Briquet, Jean Cresuelle, Aymery de Rochechouart, Gaillard de la Motte, Guillaume de Clayton, Willebolz le Bouteiller et Pennenel; et tous ceux étoient à pennons et dessous messire Jean Chandos; et pouvoient être environ dix mille chevaux; et passèrent tous le lundi.

CHAPITRE CCXX.

Comment le prince de Galles et le roi Dam Pietre passèrent les détroits, et quels seigneurs il y avoit avec eux.

Le mardi passèrent le prince de Galles et le roi Dam Piètre, et aussi le roi de Navarre qui étoit revenu devers le dit prince pour lui accompagner et enseigner le passage.

En la droite route du prince étoient messire Louis de Harecourt vicomte de Chasteaulerault, le vicomte de Rochechouart, le sire de Pons, le sire de Partenay, le sire de Poyane, le sire de Tonnay-Bouton, le sire d'Argenton et tous les Poitevins; messire Thomas Felleton grand sénéchal d'Aquitaine, messire Guillaume son frère, messire Eustache d'Aubrecicourt, le sénéchal de Saintonge, le sénéchal de Rochelle, le sénéchal de Quersin, le sénéchal de Limousin, le sénéchal d'Agenois, le sénéchal de Bigorre, messire Richard de Pontchardon, messire Néel Lornich, messire d'Angrises[1], messire Thomas Balastre[2], messire Louis de Merval, messire Raymond de Moreuil, le sire de Pierre-Buffière et bien quatre mille, tous hommes d'armes; et étoient environ sept mille chevaux. Si eurent en ce mardi moult détroit passage et moult dur de vent et de neige. Toutefois ils passèrent outre; et se logèrent toutes ces gens d'armes en la comble de Pampelune. Mais le roi de Navarre emmena le prince de Galles et le roi Dam Piètre en la cité de Pampelune au souper; et là les tint tout aise, et il avoit bien de quoi.

CHAPITRE CXXI.

Comment le roi de Mayogres, qui faisoit l'arrière-garde, passa les détroits, et quels seigneurs il y avoit en sa compagnie.

Le mercredi passèrent : le roi James de Mayogres, le comte d'Armignac, le sire de Labreth, son neveu messire Bernard de Labreth sire de Gironde, le comte de Pierregord, le vicomte de Carmaing, le comte de Comminges, le captal de Buch, le sire de Clisson, les trois frères de Pommiers, messire Jean, messire Helye et messire Aymemon, le sire de Chaumont, le sire de Mucident, messire Robert Canolle, le sire de l'Esparre, le sire de Rosem, le sire de Condon, le soudich de l'Estrade, messire Petiton de Courton, messire Aymery de Tarse, le sire de Labarde, messire Bertrand de Tande, le sire de Pincornet, messire Thomas de Wettefale, messire Perducas de Labreth, le bourc de Breteuil, le bourc Camus, Naudon de Bagerant, Bernard de la Sale, Hortingo, Lamit, et tout le remenant des Compagnies. Si étoient bien dix mille chevaux; et eurent un peu plus courtois passage ce mercredi que n'eurent ceux qui passèrent le mardi; et se logèrent toutes ces gens d'armes, premiers, moyens et seconds, en la comble de Pampelune, en attendant l'un l'autre et en rafraîchissant eux et leurs chevaux; et se tinrent là environ Pampelune, pourtant qu'ils y trouvèrent largement à vivre, pain, chair, vin, et toutes autres pourvéances pour eux et pour leurs chevaux, jusques au dimanche en suivant. Si vous dis que ces compagnons ne payoient mie tout ce qu'on leur demandoit et ne se pouvoient abstenir de piller et de prendre là où ils se tenoient ce que ils trouvoient, et firent environ Pampelune, et aussi sur le chemin, moult de détourbiers, de quoi le roi de Navarre étoit moult courroucé, mais amender ne le pouvoit; et se repentit par trop de fois de ce qu'il avoit au prince et à ses gens ouvert ni administré le passage, car plus y avoit de dommages que de profit.

CHAPITRE CCXXII.

Comment le roi Henry fit son mandement par tout son royaume à toutes manières de gens pour aller contre le prince de Galles.

Bien étoit informé le roi Henry du passage du prince, car il avoit ses messagers et ses espies toujours allans et venans. Si s'étoit pourvu et pourvéoit encore tous les jours moult doucement de gens d'armes et de communauté de Castille dont il s'appeloit roi, pour résister encontre; et attendoit de jour en jour messire Bertrand du Guesclin et grand secours de France. Et avoit fait un espécial mandement et commandement par tout son royaume à tous ses féaux et ses sujets que, sur à perdre la tête, chacun, selon son état, à pied et à cheval, vînt à lui pour aider à garder et défendre son royaume. Ce roi Henry,

---

[1] Johnes, dit le comte d'Angus. Le comté d'Angus est en Écosse.

[2] Sir Thomas Banaster fut le cinquante-sixième chevalier de la Jarretière.

étoit durement aimé, et aussi tous ceux de Castille avoient rendu peine à lui aider, et pour tant obéirent-ils plus légèrement à son commandement. Si étoient venus et venoient encore tous les jours efforcément de-lez lui où son mandement étoit. Et avoit le dit roi Henry à Saint-Dominique où il étoit logé plus de soixante mille hommes, que à pied que à cheval, tous appareillés de faire sa volonté, du vivre et du mourir si il le convenoit.

CHAPITRE CCXXIII.

Comment le roi Henry manda par lettres au prince de Galles qu'il lui fît savoir par quel lieu il entreroit en son royaume et que là il lui livreroit bataille.

Quand le roi Henry ouït les certaines nouvelles que le prince de Galles à tout son grand effort étoit au royaume de Navarre et avoit passé les détroits de Roncevaux[1] et approchoit durement, si eut bien tant de connoissance que combattre le convenoit au prince ; et de ce par semblant étoit-il tout joyeux ; si dit tant haut que tous ceux d'environ lui l'ouïrent : « Le prince de Galles est vaillant et preux chevalier ; et pour ce qu'il sente que c'est sur mon droit que je l'attends, je lui vueil écrire une partie de mon entente. » Adonc demanda un clerc et il vint avant : « Écris, dit le roi Henry, une lettre, » qui parloit ainsi :

« A très puissant et honoré le prince de Galles et d'Aquitaine.

« Cher sire, comme nous ayons entendu que vous et vos gens soyez passés par deçà les ports et que vous ayez fait accord et alliances à notre ennemi, et que vous nous voulez grever et guerroyer, dont nous avons grand'merveille, car oncques nous ne vous forfîmes choses ni ne voudrions faire pour quoi ainsi à main armée vous doiez venir sur nous pour nous tollir tant petit héritage que Dieu nous a donné ; mais vous avez la grâce et la fortune d'armes plus que nul prince aujourd'hui, pourquoi nous espérons que vous vous glorifiez en votre puissance pour ce que nous savons de vérité que vous nous quérez pour avoir bataille, veuillez nous laisser savoir par lequel lez vous entrerez en Castille et nous vous serons au-devant pour défendre et garder notre seigneurie. Écrit, etc. »

[1] Le passage eut lieu le 20 février.

Quand cette lettre fut écrite, le roi Henry la fit sceller et puis appela un sien héraut et lui dit : « Va-t'en au plus droit que tu pourras pardevers le prince de Galles et lui baille ces lettres de par moi. » Le héraut répondit : « Monseigneur, volontiers. » Adonc se partit-il du roi Henry et s'adressa parmi Navarre, et fit tant qu'il trouva le prince. Si s'agenouilla devant lui et lui bailla la lettre de par le roi Henry.

Le prince fit lever le héraut et prit les lettres et les ouvrit, et les lut par deux fois pour mieux entendre.

Quand il les eut lues et bien imaginées, il manda une partie de son conseil et fit le héraut partir. Quand son conseil fut venu il lut de rechef la lettre, et leur exposa de mot en mot et en demanda à avoir conseil ; et dit là le prince pendant que on conseilloit la réponse. « Vraiment ce bâtard Henry est un vaillant chevalier et plein de grand'prouesse ; et le meut grandement et hardiment à ce qu'il nous a écrit maintenant. »

Là furent longuement ensemble le prince et son conseil. Finablement ils ne purent être d'accord de recrire ; et fut dit au héraut : « Mon ami, vous ne vous pouvez encore partir de ci. Quand il plaira à monseigneur le prince il écrira par vous et non par autre. Si vous tenez de-lez nous tant que vous orrez réponse ; car monseigneur le veut ainsi. » Le héraut répondit : « Dieu y ait part. » Ainsi demeura-t-il de-lez le prince et les compagnons qui le tinrent tout aise.

CHAPITRE CCXXIV.

Comment messire Thomas de Felleton s'en vint escarmoucher en l'ost du roi Henry et comment messire Olivier de Mauny prit le roi de Navarre.

Ce propre jour au soir que le héraut eut apporté ces lettres, s'avança messire Thomas de Felleton et demanda un don au prince. Le prince, qui mie ne savoit quelle chose il vouloit, lui demanda : « Quel don voulez-vous avoir ? » — « Monseigneur, dit messire Thomas, je vous prie que vous m'accordez que je me puisse partir de votre ost et chevaucher devant. J'ai plusieurs chevaliers et écuyers de ma sorte qui se désirent à avancer, et je vous promets que nous chevaucherons si avant que nous saurons le convent des ennemis ni quel part ils se tiennent ou se logent. » Le prince lui accorda liement et volontiers cette requête et lui sçut encore grand gré,

Adonc se partit de l'ost et du prince le dit messire Thomas de Felleton qui se fit chef de cette chevauchée. En sa compagnie se mirent ceux que je vous nommerai. Premièrement messire Guille de Felleton son frère, messire Thomas du Fort, messire Robert Canolle, messire Gaillars Vigier, messire Raoul de Hastingues, messire d'Angorises, et plusieurs autres chevaliers et écuyers; et étoient bien huit mille et trois cents archers, tous bien montés et bonnes gens d'armes; et encore y étoient messire Hue de Stamford, messire Simon de Burlé, et messire Richart Tanton qui ne sont mie à oublier. Et chevauchèrent ces gens d'armes et ces archers parmi le royaume de Navarre; et avoient guides qui les menoient, et passèrent la rivière d'Emer[1], qui est moult roide et moult forte, au Groing, et allèrent loger outre en un village que on dit Navarrete, et là se tinrent pour mieux ouïr et entendre où le roi Henry se tenoit et apprendre de son convenant.

Pendant que ces choses se faisoient et que tous ces chevaliers d'Angleterre se logeoient en Navarrete et encore se tenoit le prince en la marche de Pampelune, fut le roi de Navarre pris en chevauchant de ville à autre du côté des François, de messire Olivier de Mauny; dont le prince et tous les Anglois et ceux de leur côté furent trop durement émerveillés; et supposoient les aucuns en l'ost du prince que tout par cautelle il s'étoit fait prendre, pourtant qu'il ne vouloit point le prince convoyer plus avant ni aller avec lui en sa compagnie[2], pourtant que il ne savoit encore comment la besogne se porteroit du roi Henry et du roi Dam Piètre. Il n'étoit nul qui en sçut deviser le certain : mais toutefois madame sa femme la roine de Navarre fut moult ébahie et déconfortée, et s'en vint agenouiller devant le prince en disant : « Cher sire, pour Dieu merci! veuillez entendre au roi monseigneur qui est pris frauduleusement, et ne savons comment; et tant faites, cher sire, nous vous en prions par pitié et pour l'amour de Dieu, que nous le r'ayons. » Adonc répondit le prince moult doucement : « Certes, dame et belle cousine, sa prise nous déplaît grandement, et y pourverrons de remède briévement. Si nous vous prions que vous vous veuillez reconforter; car si nous profitons en ce voyage, sachez véritablement qu'il y partira, et n'entendrons à autre chose, nous revenus, si le r'aurez. » La dame de Navarre s'en retourna, et messire Martin de la Kare un moult sage chevalier entreprit le prince à mener et conduire parmi le royaume de Navarre, et lui fit avoir guides pour ses gens; car autrement ils ne sçussent ni pussent avoir tenu les détroits ni les divers chemins. Si se partit le prince de là où il étoit logé, et passèrent lui et ses gens parmi un pas que on appelle le Sarris, qui moult leur fut divers à passer; car il étoit étroit et petit et garni de très mauvais chemin. Et puis passèrent parmi Espuke. Si eurent moult de disettes, car ils trouvèrent peu de vivres et tout sur ce passage jusqu'à ce qu'ils vinrent à Sauveterre[1].

CHAPITRE CCXXV.

Comment ceux de Sauveterre se rendirent au roi Dam Piètre, et comment messire Thomas de Felleton prit le chevalier du guet du roi Henry, et manda au prince tout le convine des Espaignols.

Sauveterre est une moult bonne ville et gît auques en bon pays et gras selon les marches voisines; et est cette ville de Sauveterre à l'issue de Navarre et à l'entrée d'Espaigne. Si se tenoit pour le roi Henry. Si s'espardit très tout l'ost en celui pays, et les Compagnies s'avancèrent qui cuidoient assaillir Sauveterre et prendre et tout piller; et de ce étoient-ils en grand'volonté, pour le grand avoir qu'ils sçavoient dedans, que ceux du pays d'environ y avoient mis et apporté, sur la fiance de la forteresse. Mais ceux de Sauveterre ne voulrent mie attendre ce péril; car ils connurent et sentirent tantôt que ils ne pourroient nullement durer ni résister contre si grand ost que le prince menoit, si on les assailloit : si s'en vinrent rendre tantôt au roi Dam Piètre, et lui crièrent merci, et lui présentèrent les clefs de la dite ville. Le roi Dam Piètre, par le conseil du prince, les reçut à merci; autrement ce n'eût mie été; car il les vouloit tous détruire. Toute fois ils furent pris à merci; et entrèrent le prince, le roi Dam Piètre, le roi de Majorgues et le duc de Lancastre, par dedans; et le comte d'Armignac et tout le demeurant se logèrent par les villages.

---

[1] Ebre.
[2] Le don qu'il fit l'année suivante au même Olivier de Mauny d'un château et de 1000 livres de rente paraît favoriser ce soupçon.

[1] Salvatierra en Biscaye.

Nous nous souffrirons à parler un petit du prince, et parlerons de ses gens qui étoient à Navarrete.

Ces chevaliers dessus nommés, qui là se tenoient, désiroient moult à avancer leurs corps, car ils étoient cinq journées en sus de leurs gens depuis qu'ils se partirent premièrement d'eux; et issoient souvent hors de Navarrete, et chevauchoient sur la marche des ennemis pour apprendre leur convine, ni quel part ils se tenoient.

Et jà étoient aussi logés le roi Henry et tout son ost sur les champs, qui moult désiroit à ouïr nouvelles du prince; et se émerveilloit moult le dit roi Henry de ce que son héraut ne revenoit. Si couroient aussi ses gens tous les jours pour apprendre nouvelles des Anglois, jusques à bien près de Navarrete. Et le comte Dam Tille frère au roi Henry sçut qu'il y avoit gens d'armes en garnison, de leurs ennemis, en la ville de Navarrete : dont il se pensa qu'il les iroit plus attemprement visiter et voir de plus près : mais ainçois qu'il le fît, il avint que ces chevaliers d'Angleterre chevauchèrent un soir si avant qu'ils s'embattirent au logis du roi Henry, et firent une grand'escarmouche, et réveillèrent merveilleusement l'ost, et en occirent aucuns et prirent; et par espécial, le chevalier du guet fut pris, et s'en retournèrent à Navarrete sans dommage. A lendemain, ils envoyèrent un héraut au prince, qui se tenoit à Sauveterre, et lui signifièrent par lui tout ce qu'ils avoient vu et trouvé, et en quel état ses ennemis gissoient et quelle puissance ils avoient; car ils en furent tous informés par les prisonniers qu'ils tenoient.

De ces nouvelles fut le prince tout joyeux, et de ce que aussi ses gens se portoient si bien sur la frontière. Le roi Henry, qui étoit moult courroucé de ce que les Anglois qui se tenoient à Sauveterre l'avoient ainsi réveillé, dit qu'il les vouloit approcher. Si délogea, et toutes ses gens, de là où il étoit logé, et avoit en propos de venir loger ès plains devant Vittore. Si passèrent la dite rivière qui court à Najares [1] et se trairent pour venir loger devant Vittore. Quand messire Thomas de Felleton et les chevaliers dessus nommés, et qui à Navarrete se tenoient, entendirent ces nouvelles, que le roi Henry avoit passé la rivière et traioit toudis avant pour trouver le prince et ses gens, si eurent conseil et volonté d'eux déloger de Navarrete et de prendre les champs, pour mieux savoir encore la parfaite vérité des Espaignols. Si se délogèrent de Navarrete et se mirent aux champs; et envoyèrent les certaines nouvelles au prince, comment le roi Henry approchoit durement et le désiroit par semblant trouver.

Quand le prince qui se trouvoit encore à Sauveterre entendit que le roi Henry avoit passé l'eau et prenoit son chemin et ses adresses pour venir devers lui, si en fut moult réjoui; et dit, si haut que tous l'ouïrent, ceux qui étoient environ lui : « Par ma foi, ce bâtard Henry est un vaillant chevalier et hardi, et lui vient de grand'prouesse et de grand hardiment de nous querre ainsi; et puis qu'il nous quiert et nous le quérons par droit, nous nous devrions temprement trouver et combattre. Si est bon que nous nous partons de ci et allons devant Vittore premièrement prendre le lieu et la place, ainçois que nos ennemis y viennent. » Donc se départirent à lendemain bien matin de Sauveterre. Premièrement le prince et toutes ses gens cheminèrent tant qu'ils vinrent devant Vittore. Si trouva le prince ses chevaliers messire Thomas de Felleton et les autres dessus nommés, auxquels il fit grand'fête, et leur demanda d'une chose et d'autres. Pendant qu'ils devisoient, leurs coureurs rapportèrent qu'ils avoient vu les coureurs des ennemis, et tenoient de certain que le roi Henry et ses gens n'étoient point loin de là, par les assents qu'ils avoient vus et le convenant des Espaignols.

CHAPITRE CCXXVI.

Comment le prince ordonna ses batailles sur les champs devant Vittore, et y eut ce jour fait bien trois cents chevaliers nouveaux.

Quand le prince entendit ces nouvelles, si fit sonner ses trompettes et crier alarme par tout son ost. Quand ils ouïrent ce, ils se remirent et recueillirent ensemble tous. Si s'ordonnèrent et se rangèrent moult convenablement sur les champs, par batailles, ainsi qu'ils devoient être; car chacun savoit, dès au partir de Sauveterre, quelle chose il devoit faire, ni où il se devoit

---

[1] Najara, près de Navarette, sur un ruisseau nommé Najarilla. Suivant D. P. Lopez de Ayala, D. Henri passa l'Èbre et plaça son armée de manière que la Najarilla la séparait de celle de D. Pèdre.

traire : si se ordonnèrent tantôt, et se trait chacun là où il devoit aller. Là vit-on grand'noblesse de bannières et de pennons et de toute armoirie. Si vous dis que c'étoit grand'noblesse à voir et une grand'beauté à regarder. Là étoit l'avant-garde si bien rangée et si bien ordonnée que merveille, de laquelle le duc de Lancastre étoit chef et gouverneur, et avec lui messire Jean Chandos, connétable d'Aquitaine, lequel étoit là moult étoffément et en grand arroy. Là y eut fait par les batailles plusieurs chevaliers. Si fit le duc de Lancastre en l'avant-garde, chevaliers, messire Raoul Camois, messire Gautier Orsuich, messire Thomas de Daimer, messire Jean Grandçon, et en fit le dit duc jusques à douze. Et messire Jean Chandos en fit aussi aucuns de bons écuyers d'Angleterre et de son hôtel; c'est à savoir, Cliton, Courson, Prieur, Guillaume de Ferniton, Aymeri de Rochechouart, Gaillart de Lamotte et messire Robert Briquet. Et le prince fit chevaliers, tout premièrement le roi Dam Piètre d'Espaigne, messire Thomas de Hollande fils à sa femme la princesse, messire Hue de Courtenay, messire Philippe et messire Pierre de Courtenay, messire Jean Trivet, messire Nicolas Bond, et des autres, plusieurs; et ainsi faisoient les autres seigneurs par leurs batailles. Si en y eut fait ce jour bien trois cents et plus, et furent là rangés tout ce jour pour attendre la bataille et leurs ennemis, s'ils se fussent traits avant. Mais ils ne vinrent point ni approchèrent de plus près que les coureurs avoient été; car le roi Henry attendoit encore grand secours d'Arragon, et par espécial de messire Bertran du Guesclin, qui devoit venir à plus de quatre mille combattans; et sans ces gens il ne se fût mie volontiers combattu. De tout ce fut le dit prince tout joyeux, car aussi toute son arrière-garde, où plus avoit de six mille combattans, étoit en derrière plus de sept lieues de pays; de quoi le prince eut, ce jour qu'ils furent rangés devant Vittore, mainte angoisse au cœur, pour ce que son arrière-garde détrioit tant à venir. Néanmoins si les Espagnols fussent traits avant pour combattre, le prince, sans nulle faute, les eût recueillis et combattus.

CHAPITRE CCXXVII.

Comment le comte Dam Tille demanda congé au roi Henry, son frère, d'aller escarmoucher en l'ost du prince; et comment messire Bertran arriva en l'ost du roi Henry.

Quand ce vint au soir, et qu'il étoit heure de retraire, les deux maréchaux, messire Guichard d'Angle et messire Étienne de Cousenton, ordonnèrent et commandèrent de retraire et de tout homme loger, et que, à lendemain, au son des trompettes, chacun se retraist sur les champs, en ce propre convine qu'ils avoient été. Tous obéirent à cette ordonnance, excepté messire Thomas de Felleton et sa route, dont j'ai parlé ci-dessus; car ils se départirent ce propre soir du prince et chevauchèrent plus avant, pour mieux apprendre de l'état des ennemis, et s'en allèrent loger en sus de l'ost du prince bien deux lieues du pays. Advint ce soir que le comte Dam Tille, frère germain du roi Henry, étoit au logis du dit roi son frère, et parloient de armes et d'une chose et d'autres. Si dit au roi Henry : « Sire, vous savez que nos ennemis sont logés moult près de-ci, et n'est nul qui les réveille; je vous prie que vous me donnez congé que le matin je puisse chevaucher devers eux atout une route de vos gens, qui en sont en grand'volonté, et je vous ai en convenant que nous irons si avant que nous vous rapporterons vraies enseignes et certaines nouvelles des ennemis. » Le roi Henry, qui vit son frère en grand'volonté, ne lui voulut mie briser son bon désir, mais lui accorda légèrement.

En celle propre heure descendit en l'ost messire Bertran du Guesclin à plus de trois mille combattans de France et d'Arragon, dont le roi Henry et ceux de son ost furent grandement réjouis, et fut fêté, honoré et recueilli, si grandement comme à lui appartenoit. Le comte Dam Tille ne voulut mie séjourner sur son propos, mais requit et pria tous les compagnons qu'il pensoit de grand'volonté et à avoir; et en eût volontiers prié messire Bertran du Guesclin et messire Arnoul d'Andrehen, et monseigneur le Bègue de Vilaines, et le vicomte de Roquebertin d'Arragon, si ile ût enduré; mais pourtant qu'ils étoient tantôt venus, il les laissa, et aussi le roi lui défendit que point ne leur en parlât. Le comte Dam Tille s'en passa assez brièvement et en eut aucuns de France et d'Arragon qui avoient là séjourné toute la saison, et fit tant qu'il eut bien six mille chevaux et les hommes montés sus et bien habillés, et étoit son frère Sanses en sa compagnie.

CHAPITRE CCXXVIII.

Comment le comte Dan Tille déconfit les gens messire Hue de Cavrelée et escarmoucha durement l'ost du duc de Lancastre; et comment il déconfit messire Thomas de Felleton.

Quand ce vint au matin, à l'aube du jour, ils furent tous armés et montés à cheval ; si se partirent de l'ost et chevauchèrent en bon convenant devers les logis des Anglois. Environ soleil levant, ils encontrèrent en une vallée une partie des gens messire Hue de Cavrelée avec son harnois qui avoient geu la nuit une grand'lieue en sus de l'ost des Anglois, et le dit messire Hue même. Sitôt que ces Espaignols et François d'un lez les aperçurent, ils brochèrent sur eux et tantôt ils les déconfirent ; car il n'y avoit que maisnie[1] et garçons. Si furent tous tués ou en partie, et le dit harnois conquis. Messire Hue de Cavrelée qui venoit par derrière fut informé de cette affaire : si se tourna un autre chemin, mais toutefois il fut aperçu et chassé, et le convint fuir, et le demeurant de ses gens, jusques en l'ost du duc de Lancastre.

Les Espaignols, qui étoient plus de six mille en une route, chevauchèrent adonc chaudement avant et se boutèrent de celle empainte sur l'un des corons de l'avant garde, au logis du duc de Lancastre. Si commencèrent à écrier : « Castille ! » et à faire un grand esparsin et à ruer par terre logis et feuillées, et abattre, occire et mes-haigner gens, tout ce qu'ils en pouvoient trouver devant eux.

L'avant garde se commença à estourmir et gens et seigneurs à réveiller et eux armer et traire devant la loge du duc de Lancastre, qui jà étoit armé et mis avant, sa bannière devant soi. Si se trairent Anglois et Gascons hâtivement sur les champs, chacun sire dessous sa bannière ou son pennon, ainsi que ordonné étoit très au partir de Sauveterre ; et cuidèrent moult bien être combattus. Si se trait tantôt le duc de Lancastre et sa bannière sur une montagne qui étoit assez près de là, pour avoir l'avantage. Là vinrent messire Jean Chandos, les deux maréchaux et plusieurs autres bons chevaliers, qui se mirent tous en ordonnance de-lez le dit duc. Et après vinrent le prince et le roi Dam Piètre ; et tout ainsi comme ils venoient, ils s'ordonnoient. Et sachez que le comte Dan Tille et son frère avoient avisé à venir sur cette montagne et prendre premièrement pour avoir l'avantage ; mais ils faillirent à leur avis, ainsi que vous oyez recorder ; et quand ils virent qu'ils ne pouvoient y venir, et que l'ost anglois étoit presque tout effrayé, si se partirent et recueillirent ensemble et chevauchèrent outre, en bon convenant, en espérance de trouver aucune bonne aventure. Mais ains leur département, il y ot fait aucunes appertises d'armes ; car aucuns chevaliers anglois et gascons se partirent de leur arroy et vinrent férir en ces Espaignols et en portèrent aucuns par terre. Mais toudis se tenoient les batailles sur la dite montagne, car ils cuidoient bien être combattus. Au retour que ces Espaignols firent, en éloignant le prince et en approchant leur ost, ils encontrèrent ceux de l'avant garde, les chevaliers du prince, messire Thomas de Felleton et son frère, messire Richard Tanton, messire d'Angous, messire Hue de Hastingues, messire Gaillard Vigier et les autres, qui bien étoient deux cents chevaliers et écuyers, anglois et gascons. Si brochèrent vers eux tantôt parmi une vallée, en écriant : « Castille au roi Henry ! »

Les chevaliers dessus nommés, qui virent devant eux en leur rencontre celle grosse route d'Espaignols, lesquels ils ne pouvoient eschever, se confortèrent au mieux qu'ils purent, et se trairent ensemble sur les champs, et prirent l'avantage d'une petite montagne, et là se mirent tous ensemble. Et puis vinrent les Espaignols, qui s'arrêtèrent devant eux en considérant comment ils les pourroient avoir et combattre. Là fit messire Guillaume de Felleton une grand'appertise d'armes et un grand outrage ; car il descendit de la montagne, la lance abaissée, en espronnant le coursier, et s'en vint férir contre les Espaignols, et consuit un Castellain de son glaive, si roidement qu'il lui perça toutes ses armures et lui passa la lance parmi le corps, et l'abattit tout mort entre eux. Là fut le dit messire Guillaume environné et enclos de toutes parts, et là se combattit si vaillamment que nul chevalier ne pou

---

[1] Hommes de la suite.

roit mieux, et leur porta grand dommage ainçois qu'ils le pussent aterrer.

Son frère et les autres chevaliers, qui sur la montagne étoient, le véoient bien combattre, et les grands appertises d'armes qu'il faisoit et le péril où il étoit ; mais conforter ne le pouvoient si ils ne se vouloient perdre : si se tinrent tous cois sur ladite montagne, en leur ordonnance ; et le chevalier se combattit tant qu'il put durer. Là fut occis ledit messire Guillaume de Felleton.

Depuis entendirent les Espaignols et les François d'un côté à requerre et à envahir les Anglois qui sur la montagne se tenoient, lesquels, ce sachez, firent ce jour plusieurs grands appertises d'armes ; car à la fois d'une empainte ils descendoient et venoient combattre leurs ennemis, et puis, en eux reboutant trop sagement, ils se venoient remettre en la montagne ; et se tinrent en cel état jusques à haute nonne. Bien les eût le prince de Galles envoyé secourir et conforter, si il l'eût sçu, et les eût délivrés de ce péril ; mais rien n'en savoit : si leur convint attendre l'aventure. Quand ils se furent tenus et combattus jusques à l'heure que je dis, le comte Dan Tille, qui ennuyé étoit de ce que tant se tenoient, dit ainsi tout haut et par grand mautalent : « Seigneurs, par la poitrine de nous ! nous tiendront mes-huy-ci ces gens ! Nous les devrions ore avoir dévorés. Avant ! avant ! combattons-les de meilleure ordonnance. On n'a rien si on ne le compare. »

A ces mots s'avancèrent François et Espaignols de grand'volonté et s'en vinrent, en eux tenant par les bras, drus et espès, bouter de lances et de glaives sur les Anglois, et montèrent de force la montagne, et entrèrent ains ès Anglois et Gascons, voulsissent ou non, et étoient si grand'foison que les Anglois ne les purent rompre ni ouvrir.

Là eut fait sur la montagne moult de appertises d'armes ; et se combattirent et défendirent à leur pouvoir les Anglois et les Gascons moult vaillamment. Mais depuis que les Espaignols furent entre eux, ils ne se purent longuement tenir ; si furent tous pris et conquis par force d'armes, et en y eut aucuns occis. Oncques nul des chevaliers et écuyers qui là étoient n'en échappa, fors aucuns varlets et garçons qui se sauvèrent par leurs chevaux et revinrent au soir en l'ost du prince, qui tout le jour s'étoit tenu rangé et ordonné sur la montagne, car ils cuidoient être combattus.

CHAPITRE CCXXIX.

Comment le comte Dan Tille présente au roi Henry ses prisonniers et lui conte ses aventures, dont le roi Henry fut moult joyeux.

Après la prise et le conquêt des dessus dits chevaliers, le comte Dan Tille et Sanses son frère et leurs gens retournèrent devers leur ost, tous liés et joyeux, et vinrent au soir au logis du roi Henry. Si firent les deux frères, qui cette chevauchée avoient mis sus, présent au roi Henry de leur prisonniers, et recordèrent là au dit roi, présent monseigneur Bertran du Guesclin, messire Arnoul d'Audrehen et autres, comment ils s'étoient la journée combattus, et quel chemin ils avoient fait, et des gens monseigneur Hue de Cavrelée qu'ils avoient rués jus, et lui chassé jusques à l'ost du duc de Lancastre, et réveillé moult durement le dit ost et porté grand dommage, et comment ils s'en étoient partis, et à leur retour ils avoient encontré ces chevaliers qui pris étoient.

Le roy Henry, qui ces paroles oyoit et entendoit en grand'gloire, répondit joyeusement au comte Dan Tille son frère et dit : « Beau frère, vous avez grandement bien exploité, et vous en sais bon gré, et vous guerdonnerai temprement, et bien sachez que tous les autres viendront par ce pas. » Adonc s'avança messire Arnoul d'Audrehen et dit : « Sire, sire, sauve soit votre grâce, je ne vous vueil reprendre de votre parole, mais je la vueil un petit amender ; et vous dis que, quand par bataille vous assemblerez au prince, vous trouverez là gens d'armes, car là est toute la fleur de toute la chevalerie du monde ; et les trouverez durs, sages et bien combattans ; ni jà pour mourir plein pied ne fuiront : si avez bien mestier que vous ayez avis et conseil sur ce point. Mais si vous me voulez croire, vous les déconfirez tous sans coup férir ; car si vous faisiez tant seulement garder les détroits et les passages, parquoi pourvéances ne leur pussent venir, vous les affameriez et déconfiriez par ce point ; et retourneroient en leur pays sans arroy et sans ordonnance ; et lors les auriez-vous à votre volonté. » Donc répondit le roi Henry, et dit : « Maréchal, par l'âme de mon père, je désire tant à voir le prince et d'éprouver ma puissance à la sienne que jà ne nous partirons sans bataille; et Dieu merci! j'ai et aurai bien de quoi; car tout premièrement jà sont en notre ost sept mille hommes d'armes, montés chacun sur un bon coursier et tous couverts de fer, qui ne ressoingneront trait ni archer. En après j'ai bien vingt mille d'autres gens d'armes, montés sur genets, et armés de pied en cap. Du surplus j'ai bien soixante mille hommes de communautés à lances et à archegaies, à dards et à pavais, qui feront un grand fait; et tous ont juré que point ne faudront jusques à mourir, si que, dan maréchal, je ne me dois mie ébahir, mais conforter grandement en la puissance de Dieu et de mes gens. »

En cel état finèrent-ils leur parlement, et apportèrent chevaliers et écuyers vins et épices. Si en prit le roi et les seigneurs d'environ, et puis retournèrent chacun en son logis. Si furent sermentés comme prisonniers et départis l'un de l'autre les chevaliers et les écuyers anglois et gascons qui pris avoient été la journée.

Or retournerons-nous un petit au prince et parlerons de son ordonnance.

CHAPITRE CCXXX.

Comment le prince fut moult courroucé de la déconfiture monseigneur Thomas de Felleton, et comment le dit prince avoit grand défaute de vivres.

Le prince de Galles et le duc de Lancastre se tinrent tout ce jour sur la montagne; au soir, ils furent informés de leurs gens qu'ils étoient tous morts et tous pris; si en furent courroucés, mais amender ne le purent. Si se retrairent à leurs logis et se tinrent là tout le soir. Quand ce vint au matin, ils eurent conseil de partir de là et de traire plus avant, et se délogèrent et s'en vinrent loger devant Vitorce. Et furent là tous armés ainsi que pour tantôt combattre; car ils étoient informés que le roi Henry et le bâtard son frère, et leurs gens, n'étoient mie trop loin : mais ils ne se traioient point avant. Et sachez que le prince de Galles et ses gens étoient en grand'-deffaute de vivres et de pourvéances pour eux et pour leurs chevaux; car ils logeoient en moult mauvais pays et maigre, et le roi Henry et ses gens en bon pays et gras. Si vendoit-on en l'ost du prince un pain, qui n'étoit mie bien grand, un florin; encore tout volontiers qui le pouvoit avoir, et faisoit moult d'étroit temps de vent, de pluie et de neige. En ce mésaise et danger furent-ils six jours.

Quand le prince et les seigneurs virent que les Espaignols ne se trairoient point avant pour eux combattre, et que là étoient en grand'détresse, si eurent conseil que ils iroient querre passage ailleurs. Si se délogèrent et se mirent au chemin en retournant vers Navarrete, et passèrent un pays que on appelle le Pas de la Garde, et quand ils eurent passé, ils s'en vinrent à une ville que on appelle Vianne[1]. Là se rafraîchirent le prince, le duc de Lancastre, le comte d'Armaignac et les seigneurs, deux jours, et puis s'en vinrent passer la rivière qui départ Castille et Navarre[2], au pont du Groing[3], et se vinrent loger ce jour devant le Groing ès vergers dessous les oliviers, et trouvèrent meilleur pays qu'ils n'avoient fait par avant; mais trop avoient trop grand deffaute de vivres. Quand le roi Henry sçut que le prince et ses gens avoient passé la rivière au pont de Groing, si se délogea de Saint-Vincent où il s'étoit tenu moult longuement, et s'en vint loger devant la ville de Nazares sur cette même rivière[4].

Les nouvelles vinrent au prince comment le roi Henry s'étoit approché; si en fut durement lié, et dit tout en haut : « Par Saint George! en ce bâtard a un vaillant chevalier. A ce qu'il montre, il nous désire à trouver et combattre; si nous trouvera briévement et nous combattra; et ne peut demeurer nullement. » Adonc appela le prince le duc de Lancastre son frère et aucuns des barons de son conseil, qui là étoient, et rescripsit par leur avis aux lettres que le roi Henry lui avoit envoyées. Laquelle forme des lettres devisoit ainsi :

CHAPITRE CCXXXI.

Cy s'ensuit la forme des lettres que le prince de Galles envoya au roi Henry.

Édouard[5] par la grâce de Dieu, prince de Galles et duc d'Aquitaine, à honoré et renommé

---

[1] Viana, sur la rive gauche de l'Èbre.
[2] L'Èbre. — [3] De Logroño.
[4] La Najarilla.
[5] Rymer a publié deux lettres, l'une du prince de Galles au comte de Transtamare, l'autre de ce comte au prince, qui n'ont presque rien de commun ni avec celle-ci ni avec celle qu'on a vue au chapitre 222. La lettre du

Henry comte de Tristemare, qui pour le présent s'appelle roi de Castille. Comme ainsi soit que vous nous avez envoyé unes lettres par votre héraut, ès quelles sont contenus plusieurs articles, faisant mention que vous sauriez volontiers pourquoi nous tenons à ami votre ennemi le roi Dan Piètre notre cousin, et à quel titre nous vous faisons guerre, et sommes entrés à main armée en Castille, répondant à cette : sachez que c'est pour soutenir droiture et garder raison, ainsi qu'il appartient à tous rois et enfans de rois, et pour entretenir grands alliances que notre seigneur de père le roi d'Angleterre et le roi Dan Piètre ont eues de jadis ensemble. Et parceque vous êtes aujourd'hui renommé de bonne chevalerie, nous vous accorderions volontiers à lui si nous pouvions, et ferions tant par prière envers notre cher cousin le roi Dan Piètre que vous auriez au royaume de Castille grand'part; mais de la couronne vous faut déporter et de l'héritage. Si ayez conseil et avis sur ce, et sachez encore que nous entrerons au dit royaume de Castille par lequel lez qu'il nous plaira le mieux. Écrit de-lez le Groing, le trentième jour de mars.

CHAPITRE CCXXXII.

Comment messire Bertran du Guesclin conseille le roi Henry sur la forme de la dite lettre que le prince lui avoit envoyée.

Quand cette lettre fut écrite on la cloy et scella, et fut baillée au héraut qui avoit l'autre apportée et qui la réponse avoit attendue plus de trois semaines. Si se partit du prince et des seigneurs atout grand profit, et chevaucha tant que il vint devant Najare, ès bruyères où le roi étoit logé. Si vint jusques au logis du roi Henry, et là se trairent les plus grands barons de l'ost, pour ouïr les nouvelles, quand ils sentirent leur héraut venu.

Le dit héraut s'agenouilla devant le roi Henry et lui bailla la lettre que le prince lui envoyoit.

prince de Galles est une espèce de manifeste dans lequel il expose les motifs qui lui ont fait embrasser la défense de D. Pèdre, et propose sa médiation pour rétablir la paix entre les deux frères. Elle est datée de Navarrette le 1ᵉʳ-avril. D. Henri, dans sa réponse, datée de Najara (*in palatio nostro juxta Najara*), le 2 du même mois, justifie sa conduite envers D. Pèdre, établit la légitimité de ses droits à la couronne, droits qu'il est tout prêt à défendre par les armes, si le prince, contre toute raison, veut leur porter atteinte.

Le roi la prit et ouvrit, et appela au lire messire Bertran du Guesclin et aucuns chevaliers de son conseil. Là fut la dite lettre lue et bien considérée. Adonc parla messire Bertran du Guesclin et dit au roi Henry : « Sire, sachez que briévement vous vous combattrez ; de tant connois-je bien le prince : si ayez avis sur ce ; car vous avez bien mestier que vous regardez à vos besognes et entendez à vos gens, et ordonnez vos batailles. » — « Dan Bertran, répondit le roi Henry, ce soit au nom de Dieu ! La puissance du prince ne prisé-je néant ; car j'ai bien trois mille chevaux armés qui seront sur les deux èles de mes batailles, et aurai bien six mille génétaires [1] et bien vingt mille hommes d'armes des meilleurs que on puist trouver en toute Castille, Gallice, Portingal, Cordouan, et Séville, et dix mille de bons arbalêtriers, et bien soixante mille hommes de pied atout lances et archegaies ; et ont tous juré qu'ils ne me faudront pour mourir ; si que, Dan Bertran, j'en aurai le meilleur, par la grâce de Dieu en qui je me confie, et le bon droit aussi que j'ai à la querelle et à la besogne. »

CHAPITRE CCXXXIII.

Comment le prince ordonna que ses gens s'appareillassent et suivissent les bannières des maréchaux et le pennon Saint-George.

Ainsi se devisoient le roi Henry et messire Bertran de Guesclin ensemble d'une chose et d'autres, et laissèrent à parler des lettres que le prince avoit envoyées ; car c'étoit bien l'intention du roi Henry qu'ils se combattroient, et entendirent à ordonner leurs gens et leurs besognes. A ce donc étoient moult honorés et renommés en l'ost le comte Dan Tille et le comte Sanses, pour la chevauchée qu'il avoient mise sus, et dont ils étoient venus à bon coron.

Or vous parlerons du prince, comment il persévéra. Quand ce vint au vendredi, le second jour du mois d'avril, il se délogea de devant le Groing où il étoit logé, et tout son ost aussi, et chevauchèrent ses gens tous armés et rangés par manière de bataille, ainsi que pour tantôt combattre ; car bien sçavoient que le roi Henry n'étoit mie loin ; et cheminèrent ce jour deux lieues ; et s'en vinrent droit à l'heure de tierce devant

---

[1] Cavaliers légèrement armés.

Navarette et se logèrent là [1]. Sitôt qu'ils eurent pris terre, le prince envoya ses coureurs devant pour sçavoir le convine des ennemis, et là où ils étoient logés. Ces coureurs, tantôt montés sur fleur de coursiers, se départirent de l'ost du prince et chevauchèrent si avant que ils virent tout l'ost entièrement des Espaignols qui étoient logés ès bruyères devant Najares; et ce rapportèrent-ils au prince qui volontiers en ouït parler, et sur ce eut-il avis. Quand ce vint au soir, il fit secrètement signifier par tout son ost que, au premier son de sa trompette on s'appareillât, au second on s'armât, et au tiers son on montât à cheval et partît, en suivant les bannières des maréchaux et le pennon Saint-George, et que nul, sur la tête, ne s'avançât d'aller devant, s'il n'y étoit commis.

CHAPITRE CCXXXIV.

Comment le roi Henry ordonna ses batailles bien et faiticement, et comment le dit roi reconforte ses gens doucement.

Tout en telle manière que le prince de Galles avoit ce vendredi, sur le soir, envoyé ses coureurs devant pour aviser le convine des Espaignols, le roi Henry avoit aussi envoyé les siens pour apprendre de l'état du prince, et où il étoit logé et comment. Si en rapportèrent ceux qui envoyés y furent la vérité; et sur ce eurent le dit roi Henry et messire Bertran avis et conseil. Si firent ce vendredi, de haute heure, toutes leurs gens souper et puis aller reposer, pour être plus frais et plus nouveaux à heure de mie-nuit que ordonné étoit d'eux armer et appareiller, et traire sur les champs et ordonner leurs batailles; car bien supposoient que à lendemain ils se combattroient. Si se tinrent les Espaignols ce soir tout aises; et bien avoient de quoi, de tous vivres largement; et les Anglois en avoient grand deffaute; pour ce désiroient-ils moult à combattre, ou tout perdre ou tout gagner.

Après mie-nuit sonnèrent les trompettes en l'ost du roi Henry. A ce son se réveillèrent toutes gens, et s'armèrent et appareillèrent. Au second son après, environ l'aube du jour, se trairent-ils tous hors de leurs logis et se mirent sur les champs, et ordonnèrent trois batailles. La première eurent messire Bertran du Guesclin, messire Arnoul d'Audrehen, le vicomte de Rokebertin et le comte de Lune [1] d'Arragon, et là furent tous les étrangers, tant de France comme d'autres pays, et y furent deux barons de Haynaut, le sire d'Antoing et messire Allard sire de Brifeuil. Là furent messire le Bègue de Villaines, le Bègue de Villiers, messire Jean de Berguete, messire Gauvain de Bailleul, l'Allemand de Saint-Venant qui fut là fait chevalier, et plusieurs autres bons chevaliers de France, d'Arragon, de Provence et des marches voisines. Et étoient bien en cette bataille quatre mille chevaliers et écuyers, moult frisquement armés et ordonnés à l'usage de France. La seconde bataille eurent le comte Dan Tille et son frère le comte Sanses, et étoient bien en cette ordonnance seize mille parmi les génétaires [2] et ceux à cheval; et se trairent un petit arrière de la bataille messire Bertran, à la sénestre main. La tierce bataille et la plus grosse sans comparaison gouvernoit le roi Henry; et étoient en son arroy bien sept mille à cheval et quarante mille de pied, parmi les arbalêtriers. Et quand ils furent ordonnés, le roi Henry, monté sur une mule forte et roide, à l'usage du pays, se départit de son arroy et s'en alla visiter les seigneurs, de rang en rang, en eux priant moult doucement que ils voulsissent ce jour entendre à garder son honneur; et leur remontroit la besogne de si bonne chère que tous en avoient joie. Et quand il eut ainsi allé de l'un à l'autre, il s'en revint en sa bataille dont il étoit parti, et tantôt fut jour. Environ soleil levant, si se mirent à voie par devers Navaret pour trouver leurs ennemis, tous rangés, serrés et ordonnés ainsi que pour tantôt combattre sans surpasser l'un l'autre.

CHAPITRE CCXXXV.

Comment le prince et ses gens se logèrent sur une petite montagne; et comment messire Jean Chandos leva ce jour bannière.

Le prince de Galles en telle manière, sur l'aube du jour, fut trait, et toutes ses gens, sur les

---

[1] Le prince de Galles dut arriver à Navarrette au plus tard le 1ᵉʳ avril, puisque la lettre qu'il écrivit de cette ville au comte de Transtamare est datée de ce jour.

[1] Luna, bourg de l'Arragon à sept ou huit lieues de Sarragosse.

[2] Cavaliers armés à la légère et montés sur genets, petits chevaux du pays.

champs, et se mirent en leurs batailles ainsi que ils devoient aller et être; et se partirent ainsi ordonnés; car bien savoient que ils encontreroient et trouveroient leurs ennemis. Et ne chevauchoit nul devant les batailles des maréchaux, si ils n'étoient ordonnés pour courir. Et bien savoient les seigneurs des deux osts, par les rapports des coureurs, qu'ils se devoient trouver. Si chevauchèrent ainsi et cheminèrent tout le pas les uns contre les autres. Quand le soleil fut levé, c'étoit grand'beauté de voir ces bannières ventiler et ces armures resplendir contre le soleil. En cel état chevauchèrent et cheminèrent tout souef tant qu'ils approchèrent durement l'un l'autre; et prit le dit prince et ses gens une petite montagne, et au descendre ils aperçurent leurs ennemis tout clairement qui venoient le chemin droitement vers eux. Quand ils eurent tous avalé celle dite montagne, ils se trairent en leurs batailles sur les champs et se tinrent tous cois. Aussi, si très tôt que les Espaignols les virent, ils firent ainsi et s'arrêtèrent en leurs batailles.

Si restraindit chacun ses armures et mit à point, ainsi que pour tantôt combattre. Là apporta messire Jean Chandos sa bannière entre ses mains, que encore n'avoit nulle part boutée hors, au prince, et lui dit ainsi: « Monseigneur, vecy ma bannière, je vous la baille, par telle manière qu'il vous plaise, à développer, et que aujourd'hui je la puisse lever; car Dieu mercy, j'ai bien de quoi, terre et héritage, pour tenir état ainsi qu'il appartient à ce. » Adonc prit le prince, et le roi Dan Pietre qui là étoit, la bannière entre leurs mains, et la développèrent, qui étoit d'argent à un pel aiguisé de gueules, et lui rendirent par la haste en disant ainsi: « Tenez, messire Jean, vecy votre bannière, Dieu vous en laisse votre preu faire. » Lors se partit ledit messire Jean Chandos et rapporta sa bannière entre ses gens et la mit au milieu d'eux et dit : « Seigneurs, vecy ma bannière et la vôtre, or la gardez ainsi que la vôtre. » Adonc la prirent les compagnons qui en furent tout réjouis, et disoient que si il plaisoit à Dieu et à monseigneur Saint George, ils la garderoient bien et s'en acquitteroient à leur pouvoir. Si demeura la bannière ès mains d'un bon écuyer anglois que on appeloit Guillaume Alery[1] qui la porta ce jour et qui bien et loyaument s'en acquitta en tous états.

CHAPITRE CCXXXVI.

<small>Comment les batailles du roi Henry et du prince de Galles s'assemblèrent; et comment le comte Dan Tille s'enfuit sans coup férir.</small>

Assez tôt après descendirent de leurs chevaux sur le sablon les Anglois et les Gascons; et se recueillirent et mirent moult ordonnément ensemble, chacun seigneur dessous sa bannière et son pennon, en arroy de bataille, ainsi que ordonnés étoient dès lors que ils passèrent les montagnes. Si étoit-ce grand soulas à voir et à considérer les bannières, les pennons, et la noble armoierie qui là étoit. Adonc se commencèrent les batailles un petit à émouvoir. Un petit devant l'approchement et que on vint ensemble, le prince ouvrit les yeux en regardant vers le ciel, et joignit ses mains et dit : « Vrai père Dieu Jésus-Christ, qui m'avez formé, consentez par votre bénigne grâce que la journée d'huy soit pour moi et pour mes gens, si comme vous savez que, pour raison et pour droiture aider à garder et à soutenir, et ce roi enchassé et déshérité remettre en son royaume et héritage, je me suis ensonnié et me avance de combattre. » Après ces paroles, il tendit la main dextre au roi Dan Piètre qui étoit de-lez lui, et le prit par la main en disant ainsi : « Sire roi, vous saurez huy si jamais vous aurez rien au royaume de Castille. » Et puis dit ; « Avant ! avant ! bannières ! au nom de Dieu et de Saint George ! » A ces mots le duc de Lancastre et messire Jean Chandos, qui menoient l'avant-garde, approchèrent : dont il avint que le duc de Lancastre dit à messire Guillaume de Beauchamp : « Guillaume, voilà nos ennemis, mais vous me verrez aujourd'hui bon chevalier, ou je mourrai en la peine. » A ces paroles ils approchèrent, et les Espaignols aussi, et assemblèrent de premier la bataille du duc de Lancastre et messire Jean Chandos à la bataille de messire Bertran du Guesclin et du maréchal d'Audrehen, où bien avoit quatre mille hommes d'armes. Là eut de premier encontre grand boutis de lances et grand estekis, et furent en cel état grand temps avant que ils pussent entrer les uns dedans les autres. Là eut fait maintes appertises d'armes et

---

[1] Johnes l'appelle Allestry.

maints hommes renversés et jetés par terre, qui oncques puis ne se relevèrent. Quand ces deux premières batailles furent assemblées, les autres ne voulurent mie séjourner, mais s'approchèrent et boutèrent ensemble vitement ; et s'en vint le dit prince de Galles à la bataille du comte Dan Tille et du comte Sanses : et là étoit le roi Dam Piètre de Castille et messire Martin de la Kare qui représentoit le roi de Navarre. Donc il avint ainsi que, quand le prince et ses gens approchèrent sur le comte Dan Tille, le dit comte Dan Tille ressoingna, et se partit sans arroy et sans ordonnance ni rien combattre, on ne sçet qu'il lui faillit, et bien deux mille à cheval de sa route.

Si fut cette seconde bataille ouverte et tantôt déconfite ; car le captal de Buch et le sire de Cliçon, et leurs gens, vinrent sur ceux de pied de la bataille du comte Dan Tille et les occirent et mes-haignèrent, abattirent et firent grand esparsin. Adonc s'adressa la bataille du prince et du roi Dan Piètre sur la bataille du roi Henry, où plus avoit de quarante mille hommes, que à pied que à cheval. Là se commença l'estour grand et fort et de tous côtés ; car ces Espaignols et Castellains avoient fondes dont ils jetoient pierres et effondroient heaumes et bassinets ; de quoi ils mes-haignèrent maint homme. Là fut grand le boutis de lances et de glaives entre les batailles ; et y eut maint homme occis et mes-haigné et mis par terre. Là traioient archers d'Angleterre, qui de ce sont coutumiers, moult aigrement, et blessoient ces Espaignols et mettoient en grand meschef. Là crioit-on d'un lez : « Castille, au roi Henry ! » Et d'autre part : « Saint George, Guyenne ! » Et se combattoient les premières batailles, celles du duc de Lancastre et de messire Jean Chandos et des deux maréchaux, messire Guichard d'Angle et messire Étienne de Cousenton, à messire Bertran du Guesclin et aux chevaliers de France et d'Arragon. Là eut faite mainte belle appertise d'armes ; et furent les uns et les autres moult forts à ouvrir et à entamer ; et tenoient les plusieurs leurs lances à deux mains, et les boutoient l'un contre l'autre en pressant, et les aucuns se combattoient de courtes épées et de dagues. A ce commencement se tinrent trop bien et se combattirent moult vaillamment François et Arragonnois ; et y convint les bons chevaliers d'Angleterre souffrir moult de peine. Là fut messire Jean Chandos très bon chevalier, et y fit dessous sa bannière plusieurs grandes appertises d'armes ; et tout en combattant et reculant ses ennemis, si s'encloui si avant entre eux que il fut appressé, bouté et abattu à terre, et chéy sur lui un grand homme castellain, qui s'appeloit Martin Ferrant, qui moult étoit entre les Espaignols renommé d'outrage et de hardiment. Cil mit grant entente à occire messire Jean Chandos, et le tint dessous lui en grant meschef. Adonc s'avisa le dit chevalier d'un coutel de plates qu'il portoit en son sein ; si le traist, et férit tant ce dit Martin au dos et ès côtés qu'il lui embarra au corps, et le navra à mort étant sur lui et puis le renversa d'autre part. Si se leva le dit messire Jean de Chandos au plus tôt qu'il put, et ses gens furent tous appareillés autour de lui, qui a grand'peine avoient rompu la presse où il étoit chu.

CHAPITRE CCXXXVII.

Comment la bataille fut dure et forte et comment le roi Henry remit trois fois ses gens ensemble.

Le samedi au matin, entre Najares et Navarrete, fut la bataille dure, grande, felonnesse et horrible, et moult y eut de gens mis en grand meschef. Là fut le prince de Galles bon chevalier, et le duc de Lancastre son frère, et messire Jean Chandos, messire Guichard d'Angle, le captal de Buch, le sire de Cliçon, le sire de Rais, messire Hue de Cavrelée, messire Eustache d'Aubrecicourt, messire Gautier Huet, messire Mathieu de Gournay, messire Louis de Harcourt, le sire de Pons, le sire de Parthenay. D'autre part se combattoient les Gascons, le comte d'Armignac, le sire de Labreth, le sire de Pommiers et ses frères, le sire de Mucident, le sire de Rosem, le comte de Pierregort, le comte de Comminges, le vicomte de Carmain, le sire de Condom, le sire de l'Esparre, le sire de Caumont, messire Berthelemy de Taride, le sire de Pincornet, messire Bernard de Labreth sire de Géronde, messire Aymery de Tarste, le soudich de l'Estrade, messire Petiton de Courton et plusieurs autres chevaliers et écuyers qui s'acquittèrent en armes à leur loyal pouvoir. Dessous le pennon Saint-George et la bannière messire Jean Chandos étoient les compagnies, où bien étoient douze cents penonceaux. Là avoit de bons chevaliers et écuyers durs, hardis et entreprenans, tels que messire Perducas de Labreth, messire Robert Ceny, messire Robert Briquet, messire Garsis du Châtel, messire Gaillart Vigier, Jean Cresuelle, Naudont de Bagerant, Aymemon d'Ortige, Perrot de Savoie, le bourg Camus, le bourg de l'Esparre, le bourg de Breteuil, Espiote et Lamit, et plusieurs autres. Si vous dis que messire Bertran du Guesclin, messire Arnoul d'Audrehen, le comte Sanche, messire Gomes Garils et les chevaliers de France et d'Arragon qui se combattoient durement à ces routes, ne l'avoient mie davantage, car ces compagnies et ces gens sont durement forts et usés d'armes. Et encore y étoient grand'foison de bons chevaliers et écuyers d'Angleterre, sous la bannière du duc de Lancastre et celle de messire Jean Chandos : car là étoient messire Guillaume de Beauchamp, fils au comte de Warvich, messire Raoul Camois, messire Gautier Oursuich, messire Thomas de Daimer, messire Jean de Grandçon, messire Jean du Pré, messire Aimery de Rochechouart, messire Gaillart de la Motte, et plus de deux cents chevaliers que je ne puis nommer ni tous deviser. Et aussi, à parler justement d'armes, ledit messire Bertran du Guesclin et le maréchal d'Audrehen, et messire le Bègue de Vilaines et le sire d'Antoing, le sire de Brifueil, messire Gauvain de Bailleuil, messire Jean de Berguetes, le Bègue de Villiers, l'Allemand de Saint-Venant, et les bons chevaliers et écuyers de France qui là étoient, s'acquittèrent loyaument. Et sachez de vérité que si les Espaignols en eussent aussi bien fait leur devoir comme ils firent, les Anglois et les Gascons eussent eu plus à souffrir qu'ils n'eurent. Si ne demeura-t-il mie au roi Henry qu'il ne fît bien son devoir de combattre vaillamment et hardiment, et de reconforter et admonester ses gens, et d'aller au devant de ceux qui branloient; et disoit ainsi : «Seigneurs, je suis votre roi; vous m'avez fait roi de toute Castille, et juré et voué que pour mourir vous ne me faudrez : gardez, pour Dieu! votre serment, et ce que vous m'avez juré et promis, et vous acquittez envers moi, et je me acquitterai envers vous; car jà plein pied ne fuirai tant que je vous voie combattre.» Par ces paroles et plusieurs autres pleines de confort remit le roi Henry trois fois ce jour ses gens ensemble, et il même de sa main se combattit si vaillamment que on le doit bien honorer et recommander entre les preux.

CHAPITRE CCXXXVIII.

Ci dit des vaillans chevaliers qui furent en la bataille du prince, et des paroles que le roi Henry disoit à ses gens.

Moult fut cette bataille grande et périlleuse, et moult y eut de gens morts, navrés, éteints et meshaigniés. Si portoient ces communautés d'Espaigne, à leur usage, fondes dont ils jetoient pierres; et ce gréva au commencement moult les Anglois; mais quand ce jet fut passé et ils sentirent ces sajettes, ils ne tinrent puis nul conroy. Si y avoit-il en la bataille du roi Henry grand'foison de bonnes gens d'armes, tant d'Espaigne, d'Arragon, que de Portingal, qui s'acquittèrent loyaument et moult volontiers, et ne se déconfirent mie sitôt, mais se combattirent très vaillamment de lances, de guisarmes [1], d'archegaies, d'épieux et d'épées. Et y avoit encore sur èle, en la bataille du roi Henry, plusieurs géniteurs [2] montés sur chevaux tous armés, qui tenoient leurs batailles en vertu; car quand elles branloient ou se vouloient ouvrir par un côté, ces géniteurs qui étoient sur èle les reboutoient avant et les resvigouroient. Si n'eurent mie les Anglois et les Gascons la journée d'avantage, mais le comparèrent et achetèrent moult grandement par bonne chevalerie et par grand'prouesse et vaillance d'armes. Là, à voir dire, avec le prince étoit toute la fleur de la chevalerie du monde et les meilleurs combattans.

Un petit en sus de la bataille du prince étoit le roi James de Maiogres et sa route, qui se combattoient vaillamment et s'acquittoient à leur loyal pouvoir. D'autre part étoit messire Martin de la Kare qui représentoit le roi de Navarre, et qui aussi en faisoit bien son devoir. Je ne puis mie de tous les bons parler; mais de-lez le prince et en sa bataille avoit plusieurs bons chevaliers tant d'Angleterre que de Gascogne, tels que monseigneur Richard de Pont-Chardon, messire Thomas le Despenser, messire Thomas de Holland, messire Neel Lornich, messire Hue et Philippe de Courtenay et messire Jean Trivet, messire Nicolas Bond, messire Thomas Trivet et plusieurs autres, tels que le sénéchal de Saintonge, messire Baudoin de Franville, le séné-

---

[1] Pique armée d'une hache.
[2] Chevaliers armés à la légère.

chal de Bordeaux, le sénéchal de la Rochelle, le sénéchal d'Agénois, le sénéchal de Poitou, le sénéchal d'Angoulêmois, le sénéchal de Rouergue, le sénéchal de Limousin, le sénéchal de Bigorre, messire Louis de Meleval, messire Raymon de Mareuil et plusieurs autres. Et sachez que nul ne se faignoit de bien combattre; et aussi ils trouvoient bien à qui, car Espaignols et Castellains étoient près de cent mille têtes armées; si que la grand'quantité du peuple les tenoit en vertu, et ne put être qu'il n'en y eût de bien combattans et bien faisans à leur pouvoir.

Là étoit le roi Dan Piètre moult échauffé, qui durement désiroit à trouver et encontrer son frère le bâtard Henry, et disoit: «Où est ce fils de putain, qui s'appelle roi de Castille?»

Le roi Henry se combattoit autre part moult vaillamment, et tenoit ce qu'il pouvoit ses gens en vertu, et leur disoit: «Bonnes gens, vous m'avez fait roi et couronné roi; aidez-moi à défendre et garder l'héritage dont vous m'avez hérité.» Telles paroles et autres que ce jour il leur dit en firent plusieurs hardis et vaillans, et demeurer sur les champs, qui pour leur honneur ne daignoient fuir.

CHAPITRE CCXXXIX.

Comment messire Bertran du Guesclin fut déconfit, et lui et plusieurs autres pris.

La bataille de la route qui mieux fut combattue et plus entièrement, ce fut celle de messire Bertran du Guesclin, car là étoient droites gens d'armes qui se combattoient et vendoient à leur loyal pouvoir. Et là furent faites plusieurs grands appertises d'armes. Et par espécial messire Jean Chandos y fut très bon chevalier, et conseilla et gouverna ce jour le duc de Lancastre en telle manière, comme il fit jadis son frère le prince de Galles en la bataille de Poitiers. De quoi il fut moult honoré et recommandé; ce fut bien raison; car un vaillant homme et bon chevalier qui ainsi s'acquitte envers ses seigneurs, on le doit bien recommander. Et n'entendit ce jour oncques à prendre prisonnier de sa main, fors à combattre et toudis aller avant. Si furent pris de ses gens et dessous sa bannière plusieurs bons chevaliers et écuyers de France et d'Arragon, et par espécial messire Bertran du Guesclin et messire Arnoul d'Audrehen, messire le Bègue de Vilaines et plus de soixante bons prisonniers. Finablement, la bataille messire Bertran du Guesclin fut déconfite, et furent tous morts et pris ceux qui y étoient, tant de France comme d'Arragon, et là fut mort messire le Bègue de Villiers, et pris: le sire d'Antoing en Hainaut, le sire de Brifeuil, messire Gauvain de Bailleul, messire Jean de Berguettes, messire l'Allemand de Saint-Venant et moult d'autres. Adonc s'en revinrent ces bannières et ces pennons, la bannière du duc de Lancastre, la bannière messire Jean Chandos, et la bannière des deux maréchaux et le pennon Saint-George, sur la bataille du roi Henry, en écriant à haute voix: «Saint George, Guyenne!» Là furent les Espaignols et ceux de leur côté moult fort reboutés. Là vit-on messire le captal de Buch et le seigneur de Cliçon bien combattre. Et d'autre part, messire Eustache d'Aubrecicourt, messire Hue de Cavrelée, messire le soudich, messire Jean d'Évreux et les autres furent bons chevaliers. Là étoit le prince en bon convenant, qui se montroit bien être un sire bon chevalier, et requéroit et combattoit ses ennemis de grand'volonté. D'autre part le roi Henry en tous états se acquitta très vaillamment; et recouvra et retourna ses gens par trois fois; car très donc que le comte Dam Tille et bien trois mille à cheval se partirent, se commencèrent moult les autres à déconfire; et s'en vouloient le plus partir et fuir; mais le dit roi Henry leur étoit allé au devant, en disant: «Beaux seigneurs, que faites-vous? Pourquoi me voulez-vous ainsi guerpir et trahir, qui m'avez fait roi et mis la couronne au chef et l'héritage de Castille en la main? Retournez-vous, et là m'aidez à calenger et défendre, et demeurez de-lez moi; la journée, par la grâce de Dieu, sera à nous.» Si que, par telles paroles et tels reconforts, il encouragea les plusieurs, et fit combattre longuement et là demeurer qu'ils n'osoient de honte fuir, quand ils véoient leur roi et leur seigneur devant eux; et moururent plus de mille et cinq cents qui se fussent bien sauvés autrement, et eussent pris le temps bien à point et à leur avantage.

CHAPITRE CCXL.

Comment les Espaignols s'enfuirent, et comment le roi Henry s'enfuit à sauveté; et comment la cité de Najares fut prise et toute courue et pillée.

Quand la bataille des maréchaux fut oultrée et déconfite, et toutes les grosses batailles des Anglois remises ensemble, les Espaignols ne purent ce faix souffrir ni porter, mais se commencèrent à fuir et eux déconfire et retraire moult effrayément et sans arroy devers la cité de Najares et la grosse rivière qui là court; ni pour chose que le roi Henry leur dit ni criât, ils ne voulurent mie retourner. Quand le roi Henry vit la pestillence et la déconfiture sur ses gens et que point de recouvrer n'y avoit, si demanda son cheval et se monta appertement et se bouta entre les fuyans, et ne prit mie le chemin de la rivière ni de la cité de Najares, car pas ne s'y vouloit enclore, mais une autre voie, en éloignant tous périls. De tant fut-il bien avisé; car assez sentoit et connoissoit que, si il étoit pris il seroit mort sans mercy. Adonc montèrent Anglois et Gascons à cheval et commencèrent à enchasser gens, espaignols et castellains qui s'enfuyoient tous déconfits jusques à la grosse rivière[1] et à l'entrée du pont de la cité de Najares. Là eut grand'hideur et grand'effusion de sang, et moult de gens occis et noyés; car les plusieurs sailloient en l'eau qui étoit roide, noire et hideuse; et aimoient les aucuns plus cher à être noyés que ce qu'ils fussent occis d'épée. En cette fuite et chasse avoit entre autres deux vaillans hommes d'Espagne, chevaliers d'armes et portans habits religieux, dont l'un s'appeloit le grand-prieur de Saint-Jame et l'autre le grand-maître de Caltrave. Ceux et une partie de leurs gens se trairent, pour être à sauveté, dedans la cité de Najares, et furent de si près poursuis que Anglois et Gascons à leur dos conquirent le pont dessus dit. Et là eut grand'occision; et entrèrent en la cité avec les dessus dits qui s'étoient boutés en une forte maison ouvrée et maçonnée de pierres; mais tantôt fut conquise et les dessus dits chevaliers pris, et moult de leurs gens morts, et toute la dite cité courue et pillée, où pillards firent grandement leur profit; et aussi firent-ils au logis dudit roi Henry et des Espaignols, et moult y trouvèrent ceux qui premièrement se trairent de celle part, de vaisselle d'argent et de joyaux; car le dit roi Henry et ses gens étoient venus en très grand arroy; et quand ce vint à la déconfiture, ils n'eurent mie loisir de retourner celle part et de mettre à sauveté ce que au matin laissé y avoient. Si fut cette déconfiture moult grande et moult grosse; par espécial sur le rivage il y eut moult de gens morts; et disoient adonc les aucuns, si comme je l'ouïs depuis recorder à ceux qui y furent, que on véoit l'eau dessous Najares, rouge du sang des hommes et chevaux qui là furent morts et occis. Cette bataille fut entre Najares et Navarrete en Espagne, en l'an de l'Incarnation Notre Seigneur 1366[1], le tiers jour du mois d'avril, et ce jour fut samedi.

CHAPITRE CCXLI.

Comment le prince envoya quatre chevaliers et quatre hérauts pour savoir le nombre des morts.

Après la déconfiture de la bataille de Najares, qui fut toute passée entre nonne et remontée, le prince de Galles fit tenir sa bannière sur un buisson tout haut, sur une petite montagne, pour rallier ses gens; et là se recueilloient et rassembloient tous ceux qui de la chasse venoient. Là vinrent le duc de Lancastre, messire Jean Chandos, le sire de Cliçon, le captal de Buch, le comte d'Armignac, le sire de Labreth, et tous les barons; et levoient en haut leurs bannières pour recueillir leurs gens; et se rangeoient sur les champs à la mesure que ils venoient. Là étoient aussi messire Jame, roi de Maillogres, sa bannière devant lui, où ses gens se recueilloient; et un petit plus en sus étoit messire Martin de la Kare, la bannière son seigneur le roi de Navarre qu'il représentoit devant lui, et aussi tous les comtes et barons, laquelle chose étoit belle à regarder et considérer.

Adonc vint le roi Dan Piètre tout échauffé, qui revenoit de la chasse, monté sur un coursier noir, sa bannière armoyée de Castille devant lui; et descendit à terre sitôt qu'il apperçut la bannière du prince, et se traist celle part. Le dit prince, quand il le vit venir, s'avança encontre lui pour l'honorer. Là se voult le roi Dan Piètre agenouiller en remerciant le prince; mais le dit prince se hâta moult de le prendre par la main et ne le voult mie consentir. Là dit le roi Dan Piètre : « Cher et beau cousin, je vous dois moult de grâce et de louanges donner pour la belle journée que j'ai huy eue, et par vous. » Donc répondit le prince moult avisément : « Rendez-en grâces à Dieu et toutes louanges, car la

---

[1] L'Èbre, qui coule à peu de distance de Najara.

[1] Pâques arriva le 18 avril; ainsi la date que Froissart assigne à la bataille de Navarrette ou Najara est exacte, suivant sa manière de commencer l'année à cette fête.

victoire vient de lui et non de moi. » Lors se tirent ensemble les seigneurs du conseil du prince, et parlèrent d'autres besognes. Et fut là tant le prince que toutes ses gens furent revenus de la chasse, et qu'il eut ordonné quatre chevaliers et quatre hérauts à aller par les champs pour aviser quelles gens de pris, et quelle quantité y étoient morts et demeurés; et aussi pour savoir la vérité du roi Henry qu'ils appeloient entre eux le bâtard, si il étoit mort ou non; car encore n'en sçavoient-ils néant.

Après cette ordonnance, le prince et ses gens s'avalèrent ès logis du dit roi Henry et des Espaignols. Si se espardirent par ordonnance tout partout, et se logèrent bien et aisément; car le dit logis étoit grand et étendu; et moult y trouvèrent et largement de pourvéances, dont ils avoient eu grand'souffreté. Si soupèrent et se tinrent ce soir en grand revel. Après souper revinrent les chevaliers et les hérauts qui avoient cerché les champs et visité les morts. Si rapportèrent par compte que cinq cents et soixante hommes d'armes y étoient demeurés, Espaignols et François, mais point n'y étoit trouvé le roi Henry; de quoi le roi Dam Piètre n'étoit mie lie; et entre ces hommes ils n'avoient trouvé que quatre de leurs chevaliers morts, dont les deux étoient Gascons, le tiers Allemand, et le quart Anglois, messire Raoul de Ferrières; et encore morts de communautés environ sept mille et cinq cents, sans ceux qui furent noyés, dont on ne peut sçavoir compte, et de leurs archers environ vingt, et quarante autres hommes. Si se tinrent là ce samedi au soir tout aises; bien avoient de quoi; et trouvèrent vins et viandes bien et plantureusement, et s'y rafraîchirent, et le dimanche toute jour, qui fut Pâques fleuries [1].

CHAPITRE CCXLII.

Comment le roi Dan Piètre, à la requête du prince, pardonna à ceux de Castille ses mautalens; et comment ceux de la cité de Burgues se rendirent au roi Dan Piètre.

Le dimanche au matin, à heure de prime, quand le prince fut levé et appareillé, si issit hors de son pavillon. Adonc vinrent devers lui le duc de Lancastre son frère, le comte d'Armignac, le sire de Labreth, messire Jean Chandos, le captal de Buch, le sire de Pommiers, messire Guichard d'Angle, le roi de Mayogres son compère, et grand'foison de barons et de chevaliers. Assez tôt après vint devers le prince le roi Dam Piètre de Castelle, auquel le prince faisoit tout honneur et révérence: si se avança de parler le roi Dam Piètre, et dit ainsi: « Cher et beau cousin, je vous requiers et prie en amitié que vous me veuillez délivrer les mauvais traîtres de mon pays, mon frère Sanses le bâtard et les autres; si les ferai décoler, car moult bien l'ont desservi. »

Adonc s'avisa le prince et dit ainsi au roi Dam Piètre qui cette requête avoit fait: « Sire roi, je vous prie, au nom d'amour et par lignage, que vous me donnez et accordez un don. » Le roi Dan Piètre, qui nullement ne lui eût refusé, lui accorda et dit: « Mon cousin, tout ce que j'ai est vôtre. » Lors dit le prince: « Sire roi, je vous prie que vous pardonnez à toutes vos gens, qui vous ont été rebelles, vos mautalens: si ferez bien et courtoisie, et si en demeurerez plus en paix en votre dit royaume; excepté Gommes Garils; de cestui vueil-je bien que vous fassiez votre volonté [1]. » Le roi Dam Piètre lui accorda cette requête, mais ce fut moult envis, combien qu'il ne lui osât escondire, tant se sentoit-il tenu à lui, et dit: « Beau cousin, je vous le accorde bonnement. » Là furent mandés tous les prisonniers d'Espaigne qui étoient en l'ost, pardevant le prince; et là les accorda le dit prince au roi Dan Piètre leur seigneur, et baisa le comte Sanse son frère, et lui pardonna son mautalent, et ainsi tous les autres, parmi ce que ils enconvenancèrent et lui jurèrent féauté, hommage et service à tenir bien et loyaument à tous jours mais; et devinrent ses hommes, et le reconnurent à roi et à seigneur.

Cette courtoisie, avecques plusieurs autres, leur fit le prince, les quelles depuis ils reconnurent et desservirent assez petitement, si comme vous orrez avant en l'histoire. Et aussi le dit prince fit grand'courtoisie aux barons d'Espaigne qui prisonniers étoient; car le roi Dan Piètre les eût voulu tenir, et en son air il les eût tous fait mou-

---

[1] Froissart se trompe: Pâques étant cette année le 18 avril, le dimanche 4 de ce mois fut le jour de la Passion.

[1] Suivant D. Pedro Lopez de Ayala, fils de cet Ayala qui fut fait prisonnier à la bataille de Najara, le prince de Galles, avant de porter la guerre en Espagne, avait stipulé avec D. Pèdre que le roi ne ferait tuer aucun chevalier ni homme considérable de Castille sans qu'il eût été jugé conformément aux lois établies. La seule exception concernait ceux qui avaient été condamnés précédemment.

rir sans merci. Là lui fut délivré messire Gommes Garils, du quel il n'eût pris nulle rançon, tant fort le haïoit : si le fit décoler devant ses yeux, au dehors des logis.

Tantôt après messe et boire, le roi Dan Pietre monta à cheval, et le comte Sanses son frère et le maître de Calatrave[1] et tous ceux qui ses hommes étoient devenus, et les deux maréchaux, messire Guichart d'Angle et messire Étienne de Cousenton, et bien cinq cents hommes d'armes; et se partirent de l'ost du prince et chevauchèrent devers Burgues : si y vinrent le lundi au matin. Ceux de la ville de Burgues, qui informés étoient de toute la besogne comment elle étoit allée, et de la déconfiture du roi Henry, n'eurent mie conseil ni volonté d'eux enclorre ni tenir contre le roi Dan Pietre; mais vinrent plusieurs riches hommes et les plus notables au dehors de leur ville, et lui présentèrent les clefs, et le reçurent à seigneur et le menèrent, et toutes ses gens, en la dite ville de Burgues, à grand'joie et solemnité.

Ce dimanche tout le jour se tint le prince ès logis qu'il avoit trouvés et conquis, et le lundi après boire il se délogea et toutes ses gens, et vinrent ce jour loger à Barbesque[2]; et y furent jusques au mercredi qu'ils s'en vinrent tous devant Burgues. Et entra le dit prince en la ville en grand'révérence, et aussi le duc de Lancastre, le comte d'Armignac et aucuns grands seigneurs; et leurs gens tinrent leurs logis sur les champs au dehors de Burgues; car tous ne pussent mie être logés en la ville aisément et proprement. Le dit prince venoit tous les jours aux champs en son logis, et là faisoit et rendoit jugemens d'armes et de toutes choses à ce appartenantes, et y tint gage et champ de bataille, parquoi on peut dire que toute Espagne fut un jour à lui et en son obéissance.

CHAPITRE CCXLIII.

Comment le prince dit au roi Dan Pietre qu'il payât ceux qui remis l'avoient en son royaume; et quel chose il respondit.

Le prince de Galles et le roi Dan Piètre tinrent leurs Pâques en la ville de Burgues, là où ils séjournèrent environ trois semaines et plus. Et le jour de Pâques vinrent ceux d'Esturges, de Léon, de Tollète, de Cordouan, de Gallice, de Séville, et de toutes les marches et limitations du royaume de Castille, faire hommage au dit roi Dam Piètre; et le vint voir, et le dit prince, ce loyal chevalier de Castille, Dan Ferrant de Castres, lequel fut par eux fêté, honoré, et moult volontiers vu.

Quand le roi Dan Piètre eut là séjourné le terme que je vous dis, et plus, et qu'il eut vu et entendu que nuls n'étoient mie rebelles à lui, mais en son obéissance, le prince de Galles, par l'information de ses gens et pour faire ce qu'il appartenoit, lui dit : « Sire roi, vous êtes, Dieu merci! sire et roi de votre pays, et n'y sentons mais nul empêchement ni nul rebelle que tous n'obéissent à vous; et nous séjournons ici à grands frais : si vous disons que vous quérez argent pour payer ceux qui vous ont remis en votre royaume, et nous tenez vos convenances, ainsi que juré et scellé l'avez : si vous en saurons gré; et tant plus briévement le ferez, tant y aurez plus de profit; car vous savez que gens d'armes veulent vivre et être payés de leurs gages, où qu'il soit pris. »

A ces paroles répondit le roi Dan Piètre et dit : « Sire cousin, nous tiendrons et accomplirons à notre loyal pouvoir ce que juré et scellé avons; mais quant à présent nous n'avons point d'argent : si nous trairons en la marche de Séville ; là en procurerons-nous, tant que pour bien satisfaire partout. Si vous tiendrez ci en Val-d'Olif où il y a plus grasse marche, et nous retournerons devers vous au plus tôt que nous pourrons, et au plus tard dedans la Pentecôte. »

Cette réponse fut plaisante au prince et à son conseil; et se partit assez briévement le roi Dan Piètre du dit prince, et chevaucha vers la cité de Séville, en intention de procurer et avoir grand argent, ainsi que enconvenancé l'avoit. Et le prince se vint loger en la ville de Val-d'Olif, et tous les seigneurs et ses gens s'épardirent sur le pays pour trouver et avoir vivres et pourvéances pour eux et leurs chevaux plus largement; et y séjournèrent à peu de profit, car les compagnies ne se pouvoient tenir de piller.

---

[1] Il s'appelait D. Martin Lopez de Cordoue.
[2] Briviesca.

CHAPITRE CCXLIV.

Comment le prince fut moult honoré par tous pays de la victoire d'Espaigne ; et comment les bourgeois de Londres en firent grant solemnité.

Or furent éparses ces nouvelles en France, en Angleterre, en Allemaigne, et en tous pays, que le prince de Galles et sa puissance avoient déconfit par bataille le roi Henry, et pris, morts, chassés et noyés, le jour que la bataille fut lez Najares, plus de cent mille hommes. Si en fut le dit prince renommé et honoré de bonne chevalerie et de haute emprise, en tous les lieux et marches que l'on en oyoit parler, et par espécial en l'empire d'Allemagne et au royaume d'Angleterre. Et disoient les Allemands, les Thiois, les Flamands et les Anglois, que le prince de Galles étoit la fleur de toute la chevalerie du monde, et que un tel prince étoit bien digne et bien taillé de gouverner tout le monde, quand par sa prouesse il avoit eu trois si hautes journées et si notables, la première à Crécy en Ponthieu, la seconde, dix ans après, à Poitiers, la tierce, aussi dix ans après, en Espaigne, devant Najares. Si en firent en la cité de Londres en Angleterre les bourgeois de la dite ville la solemnité pour la victoire et le triomphe, ainsi que anciennement on faisoit pour les rois qui avoient obtenu la place et déconfit leurs ennemis. Si furent en France regrettés et lamentés les bons chevaliers du royaume qui avoient été morts et pris à la journée, et par espécial messire Bertran du Guesclin et messire Arnoul d'Audrehen. Si finèrent-ils depuis moult courtoisement, et furent les aucuns mis à finance : messire Bertran du Guesclin ne le fut mie sitôt ; car messire Jean Chandos, qui étoit son maître, ne le vouloit pas délivrer, et aussi messire Bertran ne le pressoit pas plenté.

Or vous parlerons un petit du roi Henry, comment il persévéra quand il se partit de la bataille, et puis retournerons au prince et au roi Dan Pietre de Castille.

CHAPITRE CCXLV.

Comment le roi Henry laissa sa femme et ses enfans en la garde du roi d'Arragon, et s'en vint en France guerroyer la terre du prince.

Le roi Henry, si comme ci-dessus est dit, se sauva au mieux qu'il put, et éloigna ses ennemis, et emmena sa femme et ses enfans au plus hâtivement qu'il put, en la cité de Valence en Arragon, là où le dit roi d'Arragon se tenoit, qui étoit son compère et son ami ; auquel il recorda toute son aventure, et pour laquelle le dit roi d'Arragon fut moult courroucé [1].

Assez tôt après, le roi Henry eut conseil qu'il passeroit outre et iroit voir le duc d'Anjou, qui pour le temps se tenoit à Montpellier, et lui recorderoit aussi ses meschances. Cil avis fut plaisant au dit roi d'Arragon ; et consentoit bien qu'il se partît, pourtant qu'il étoit ennemi au

[1] Zurita, historien d'Arragon, raconte différemment la fuite du comte de Transtamare. « Ce prince, dit-il, étant « arrivé à cheval, lui troisième, au château d'Huesca en Ar- « ragon, Pierre de Lune qui en était seigneur le conduisit « incognito, et sans le faire passer à la cour d'Arragon, « jusqu'à ce qu'il fût en sûreté en France au château de « Pierre-Pertuse. Les archevêques de Saragosse et de « Tolède, qui étaient à Burgos auprès de la princesse « femme de Henri, la menèrent avec ses enfans à Sara- « gosse où était le roi d'Arragon, qui lui permit d'aller « joindre son mari en France. » (Zurita, liv. ix, chap. 68 et suiv.)

Ce récit est plus vraisemblable que celui de Froissart et se concilie mieux avec la date des événemens. La bataille de Najara se donna le samedi 3 avril. On ne sauroit douter que Henri, comme Froissart va le dire, n'ait eu une entrevue à Avignon avec Urbain V, qui en partit pour Rome le 30 du même mois. Or, il n'est guère possible que dans l'espace de vingt-six jours le prince fugitif ait traversé le royaume d'Arragon avec sa femme et ses enfans pour se rendre à Valence, l'ait traversé une seconde fois pour venir en France, se soit rendu auprès du duc d'Anjou à Montpellier, et ait eu une audience du pape à Avignon. Cette observation montre assez le peu de créance que méritent les historiens de du Guesclin, qui ajoutent au récit de Froissart plusieurs circonstances romanesques, telles que la conférence que le prince Henri, déguisé en pèlerin, eut à Bordeaux avec du Guesclin, qui n'y arriva, au plus tôt, que vers le mois de juillet, et le voyage qu'il fit ensuite à Avignon, où il eut audience d'Urbain V, quoique le pontife en fût parti dès le 30 avril précédent. On peut consulter sur ce qui concerne Henri de Transtamare, pendant son séjour en France après la bataille de Najara, l'*Hist. de Languedoc*, t. iv, p. 334 et suiv., et la note 27, p. 578 et suiv.

D. Pedro Lopez de Ayala raconte que Henri, après être sorti de Najara, prit le chemin de Soria et arriva près de Calatayud à Huesca, qui appartenait à Juan Martinez de Luna ; que là il eut une conférence avec D. Pedro de Luna, depuis pape, sous le nom de Benoît XIII ; qu'ils en partirent ensemble pour Jaca, d'où il se rendit à Ortez près du comte de Foix, qui le fit accompagner jusqu'à Toulouse. De Toulouse, Henri se rendit à la Ville-Neuve près Avignon, où il eut une conférence avec le duc d'Anjou. Urbain V était alors à Avignon, et, quoiqu'il aimât beaucoup Henri, et qu'il eût conseillé au duc d'Anjou de l'assister, ils n'eurent cependant aucune entrevue ensemble, tant il redoutait d'offenser le prince de Galles.

prince, qui lui étoit encore trop près voisin. Si se partit le dit roi Henry du roi d'Arragon et laissa en la cité de Valence sa femme et ses enfans, et exploita tant par ses journées qu'il passa Narbonne, qui est la première cité du royaume de France à ce lez là, et puis Béziers et Loupian [1] et tout le pays, et vint à Montpellier. Là trouva-t-il le duc d'Anjou qui fort l'aimoit et qui trop fort hayoit les Anglois, quoiqu'il ne leur fît point de guerre; lequel duc, qui informé étoit de l'affaire du roi Henry, le reçut et recueillit moult liement et le reconforta de ce qu'il put. Et fut avecques lui une espace de temps, et vint en Avignon voir le pape Urbain V qui se devoit partir et aller à Rome, ainsi qu'il fit.

Depuis retourna le dit roi Henry à Montpellier devers le duc d'Anjou, et eurent traités ensemble [2]; et me fut adonc dit et recordé par ceux qui en cuidoient bien aucune chose sçavoir, et depuis on en a vu l'apparent, que le roi acheta ou emprunta au duc d'Anjou un châtel séant de-lez Toulouse, sur les frontières de la prinçauté, lequel châtel on appelle Roquemore [3]. Là recueillit-il et assembla gens, Bretons et autres des compagnies, qui n'étoient point passées outre en Espagne avec le prince; et furent à ce commencement environ trois cents.

Ces nouvelles furent envoyées à madame la princesse qui se tenoit à Bordeaux, que le roi Henry pourchassoit confort et aide de tous côtés pour faire guerre à la prinçauté et duché d'Aquitaine; si en fut tout ébahie; et pourtant qu'il se tenoit sur le royaume de France, elle en escripsit et envoya grands messages par devers le roi de France, en lui suppliant moult chèrement qu'il ne voulsist mie consentir que le bâtard d'Espagne lui fît guerre et eût son recours et son ressort en France; car trop grands maux en pourroient naître et venir. Le roi de France descendit légèrement à la prière de la princesse, et envoya messages hâtivement devers le bâtard Henry, qui se tenoit au châtel de Roquemore, sur les frontières de Montalban, et qui commençoit jà à guerroyer le pays d'Aquitaine et la terre du prince, en lui mandant et commandant que lui étant ni séjournant sur son royaume, il ne fît point de guerre en la terre de son cher neveu le prince de Galles et d'Aquitaine. Et encore pour donner plus grand exemple à ses gens que point ne s'aherdissent avec le bâtard Henry, il fit le jeune comte d'Aucerre aller tenir prison au châtel du Louvre, pourtant qu'il étoit en grands traités devers le roi Henry et y devoit aller à grand nombre de gens d'armes, ce disoit-on; pour ce lui fit le roi briser son propos.

Au mandement du roi de France obéit le roi Henry; ce fut bien raison : mais pour ce ne laissa-t-il mie à faire son emprise; et se partit de Roquemore atout bien quatre cents Bretons. Si étoient alliés et ahers avec lui ces chevaliers et écuyers bretons qui ci s'ensuivent : messire Arnoul de Limosin [1], messire Geffroy Ricon, messire Yon de Lakonet, Sevestre Budes, Aliot de Calay, Alain de Saint-Pol. Et vinrent ces gens d'armes, Bretons et autres, chevauchant roidement parmi les montagnes; et entrèrent en Bigorre en la prinçauté; et prirent de nuit et échellèrent une ville que on appelle Bagnères; si la fortifièrent et réparèrent bien et fort; et puis chevauchèrent en la terre du prince et là commencèrent à courir, et y portèrent grand dommage. Mais la princesse y envoya au devant messire James d'Audelée, qui étoit demeuré en Aquitaine tout souverain et gouverneur pour garder le pays. Nonobstant ce, si y firent le roi Henry et les Bretons moult de dommages; car toujours leur croissoient gens. Or retournerons au prince de Galles et à ses gens, qui se tenoient au Val-d'Olif et là environ, en attendant la venue du roi Dam Piètre, car point ne revenoit ainsi que au prince avoit promis.

CHAPITRE CCXLV.

Comment le prince envoya deux de ses chevaliers par devers le roi Dan Piètre pour savoir pourquoi il ne lui tenoit son convenant, et quelle chose il leur répondit.

Quand le prince de Galles eut séjourné au Val-d'Olif jusques à la Saint-Jean-Baptiste en été

---

[1] Petite ville près Agde.

[2] Ces deux princes firent alors une ligue tant contre D. Pèdre que contre les Anglais.

[3] D. Vaissette pense, avec beaucoup de fondement, que ce château est celui de Pierre-Pertuse, situé à l'extrémité du diocèse de Narbonne vers le Roussillon, où Henri s'était arrêté en venant d'Espagne, et où il établit sa demeure, après avoir vendu au roi, au mois de juin de cette année, pour la somme de 27,000 francs d'or, son comté de Cessenon, situé dans les diocèses de Saint-Pons et de Béziers.

[1] Son nom était Arnauld Solier. Il obtint plus tard d'assez vastes possessions en Espagne et s'allia avec la puissante famille de Velasco en donnant sa fille à J. de Velasco.

et encore outre, en attendant le roi Dan Piètre qui point ne revenoit, ni de lui nulles certaines nouvelles il n'oyoit, si fut moult melencolieux ; et mit son conseil ensemble pour sçavoir quelle chose étoit bonne à faire. Si fut le prince conseillé que il envoyât deux ou trois de ses chevaliers devers le dit roi pour lui remontrer ses besognes et lui demander pourquoi il ne tenoit son convenant et son jour, ainsi que ordonné étoit. Si furent prêts d'aller devers le roi Dan Piètre dessus dit, messire Neel Lornich, messire Richard de Pontchardon et messire Thomas Balastre. Si exploitèrent tant les chevaliers du prince et chevauchèrent par leurs journées, qu'ils vinrent en la cité de Séville, là où le roi Dan Piètre se tenoit, qui les reçut par semblant assez liement. Ces chevaliers firent leur message bien et à point, ainsi que enchargé leur étoit de par leur seigneur le prince. Le roi Dan Piètre répondit à ces paroles en lui excusant, et dit : « Certes, seigneurs, il nous déplaît grandement de ce que nous ne pouvons tenir ce que convenancé avons à notre cousin le prince. Si l'avons-nous par plusieurs fois remontré et fait remontrer à nos gens ès marches pardeçà ; mais nos gens s'excusent et disent ainsi que ils ne peuvent faire point d'argent ni ne feront tant que ces compagnies soient sur le pays ; et jà ils ont rué jus trois ou quatre de nos trésoriers qui portoient finances devers notre cousin le prince. Si lui direz de par nous que nous lui prions qu'il se veuille retraire et mettre hors de notre royaume ces maldites gens des compagnies, et nous laisse par deçà aucun de ses chevaliers auxquels, au nom de lui, nous délivrerons et payerons l'argent tel qu'il le demande, et où nous sommes tenus et obligés. » Ce fut toute la finale réponse que les chevaliers du prince en purent avoir ; si se partirent du roi Dan Piètre et retournèrent arrière devers le prince au Val-d'Olif. Si lui contèrent, et à son conseil, tout ce que ouï et trouvé avoient : de laquelle réponse le prince fut plus melencolieux que devant, et vit bien que le roi Dan Piètre lui failloit de convenance, et varioit de raison à faire. En ce séjour que le prince fit au Val-d'Olif, où il fut plus de quatre mois, tout l'été en suivant, accoucha tout coi au lit malade le roi de Mayogres, dont le prince fut moult courroucé : aussi furent mis à finances messire Arnoul d'Audrehen, messire le Bègue

de Vilaines et plusieurs autres chevaliers de France et de Bretagne qui avoient été pris à la besogne de Najares, et échangés pour messire Thomas de Felleton, et pour messire Richard Tanton, et pour messire Hugues de Hastings et les autres : mais encore demeura au danger du prince messire Bertran du Guesclin, ni point ne fut rançonné sitôt que les autres ; car les Anglois et le conseil du prince disoient que si il étoit délivré, il feroit de rechef plus forte guerre que devant avec le bâtard Henry ; duquel le prince étoit informé que il étoit en Bigorre, et avoit pris la ville de Bagnères, et guerroyoit et harioit durement son pays ; et pour laquelle chose la délivrance de messire Bertran du Guesclin ne fut mie si belle ni si hâtive ; et tout ce lui convenoit porter.

CHAPITRE CCXLVI.

Comment le prince de Galles se partit d'Espaigne, et comment le roi d'Arragon et le roi de Navarre lui octroyèrent passage par leur pays.

Quand le prince de Galles ouït les excusations du roi Dan Piètre, si fut plus pensif que devant et en demanda à avoir conseil. Ses gens, qui moult désiroient à retourner, car ils portoient à grand meschef la chaleur et l'air d'Espaigne, et mêmement le prince en étoit tout pesant et maladieux[1] lui conseillèrent qu'il retournât, et que si le roi Dan Piètre l'avait défailli, il faisoit son blâme et sa deshonneur. Adonc fut ordonné et annoncé partout à eux remettre au retour. Quand ce vint sur le mouvoir et le départir, le prince envoya devers le roi de Mayogres, à son hôtel, messire Hue de Courtenay et messire Jean Chandos, en lui remontrant comment il vouloit partir d'Espaigne, si eût sur ce avis ; car trop envis le lairroit derrière, au cas qu'il s'en voudroit retourner. Le roi de Mayogres répondit aux dessus dits chevaliers, et dit : « Grands mercis à monseigneur le prince notre cher compère, mais tant que à présent je ne pourrois souffrir

---

[1] S'il faut en croire Knyghton, la mortalité fut si grande parmi les Anglais qu'il en échappa à peine la cinquième partie. Walsingham se contente de dire qu'il en mourut un grand nombre de la dyssenterie et d'autres maladies ; à quoi il ajoute qu'on disait alors que le prince de Galles avait été empoisonné. *Eduardus per idem tempus, ut dicebatur, intoxicatus fuit ; à quo quidem tempore usque ad finem vitæ suæ nunquàm gavisus est corporis sanitate.*

le chevaucher ni porter en litière ; si me convient ci demeurer et séjourner jusques au plaisir de Dieu. »

Adonc parlèrent les chevaliers encore, et lui demandèrent : « Monseigneur, voulez-vous que monseigneur le prince vous laisse une quantité de gens d'armes pour vous garder et reconduire quand vous serez au point de chevaucher? » Il répondit nennil, et qu'il ne savoit mie quel long séjour il feroit. Lors prirent congé les deux barons du roi de Mayogres et retournèrent devers leur seigneur le prince, auquel ils recordèrent tout ce que ils avoient exploité, et les réponses du roi de Mayogres. Le prince répondit et dit : « A la bonne heure. »

Donc se partit le prince et toutes ses gens et se mit à retourner devers une bonne cité qu'on dit Madrigar [1] et là s'arrêta et puis s'en vint loger au val de Sorie [2] sur le département d'Espagne, de Navarre et d'Arragon. Là séjourna le dit prince plus d'un mois, et toutes ses gens ; car aucuns passages lui étoient clos sur les marches d'Arragon ; et disoit-on communément en l'ost que le roi de Navarre, qui nouvellement étoit retourné de sa prison, s'étoit composé au bâtard d'Espagne et au roi d'Arragon, et devoit empêcher de tout son pouvoir le passage et le retour du dit prince et de ses gens ; mais il n'en fut rien, si comme il apparut depuis. Non pourquant les Ang'ois, les Gascons et les compagnies en faisoient doute, pourtant qu'il étoit en son pays et ne venoit point devers le prince. En ce séjour faisant, le prince envoya les plus especiaux de son conseil sur un certain pas entre Espaigne et Arragon, là où le conseil du dit roi d'Arragon fut aussi, et là eurent grands parlemens ensemble et par plusieurs journées.

Finablement, traités et consaux se portèrent tellement que le roi d'Arragon dut ouvrir son pays pour laisser retourner paisiblement les gens du prince, et aussi ils devoient passer sans molester ni violence faire à nul du pays, et payer courtoisement tout ce qu'ils prendroient [3]. Adonc vinrent le roi de Navarre et messire Martin de la Kare contre le prince, quand ils sçurent que le traité se portoit ainsi entre le prince et le roi d'Arragon, et lui firent toute l'honneur et révérence qu'ils purent, et lui offrirent doucement passage pour lui et pour son frère le duc de Lancastre, et plusieurs barons et chevaliers d'Angleterre et de Gascogne ; mais il vouloit bien que les compagnies prissent un autre chemin que la Navarre. Le prince et les seigneurs, qui voyoient leur chemin et leur adresse plus propice parmi Navarre que sur les marches d'Arragon, ne voulurent mie renoncer à cette courtoisie [1], mais en remercièrent grandement le roi et son conseil. Ainsi se départirent ces gens d'armes et l'ost du prince, et se mirent au retour et passèrent au plus courtoisement qu'ils purent.

Si passa le dit prince parmi le royaume de Navarre et le reconvoyèrent le dit roi de Navarre et messire Martin de la Kare jusques au pas de Roncevaux. Et tant exploita adonc le dit prince qu'il vint en la cité de Bayonne, où il fut reçu à grand'joie ; et là se rafraîchit et reposa quatre jours, et puis s'en partit et vint à Bordeaux où on le reçut à grand'solemnité. Et vint madame la princesse contre lui qui faisoit porter Édouard son ainsné fils, qui pouvoit avoir d'âge à ce jour environ trois ans. Ainsi se départirent ces gens d'armes les uns des autres, et se retrairent les barons et les seigneurs de Gascogne en leurs maisons, c'est à sçavoir barons et chevaliers, et tous les sénéchaux en leurs sénéchaussées, et

de Transtamare et à le faire entrer dans celle de D. Pèdre. Ce traité fut suivi immédiatement d'une trêve entre la Castille et l'Arragon.

[1] Il est clair, par cette phrase, que le prince de Galles accepta l'offre du roi de Navarre pour lui, pour son frère et les principaux chevaliers de sa suite, et consentit à ce que le gros de l'armée passât par l'Arragon et ne traversât point la Navarre. Cependant Sauvage, sans égard pour cette phrase, qu'il laisse subsister, et contre l'autorité de tous les manuscrits, ainsi que des éditions antérieures à la sienne, fait dire à Froissart le contraire de ce qu'il dit en effet. Voici comment il arrange ce texte. « Même-« ment le prince pratiqua si bien avec lui (le roi de Na-« varre) que il obtint semblablement passage pour ses « compagnies et pour tous ceux de son ost ; assurant et « jurant pour eux au dit roi qu'ils passeront tout paisible-« ment et si bien payant qu'il s'en contenteroit. Ainsi par-« tirent le prince et ses gens d'armes hors du royaume de « Castille et se mirent au retour, et passèrent au plus « courtoisement qu'ils purent parmi le royaume de Na-« varre, etc., etc. »

---

[1] Probablement *Madrigal*, petite ville de la Vieille-Castille, près de Medina-del-Campo.

[2] Vraisemblablement *Soria*, ville de la même province, presque à la source du Duero.

[3] Par ce traité, qui fut conclu à Tarazone sur les frontières de la Vieille-Castille, le prince obtint non-seulement la liberté du passage pour ses troupes ; il réussit de plus à détacher le roi d'Arragon de l'alliance du comte

les compagnies ainsi qu'ils revenoient et passoient, en la prinçauté, en attendant argent et paiement ; car le prince étoit grandement tenu à eux. « Si les vouloit, ce disoit, tous satisfaire à son pouvoir et payer, où que argent fût pris ni à quel meschef. Jasoit ce que le roi Dan Piètre ne lui eût point tenu ses convenances, si ne le devoient mie, ce disoit le prince, comparer ceux qui servi l'avoient. »

Sitôt que le roi Henry, qui se tenoit en la garnison de Bagnères en Bigorre, et étoit tenu tout le temps, entendit que le prince étoit revenu d'Espagne en la prinçauté, il se partit de là à ce qu'il avoit de gens d'armes, Bretons et compagnies, et entra en Arragon, et vint devers le roi d'Arragon, qui moult l'aimoit et qui liement le reçut. Là se tint tout l'hiver avec lui ; et eurent de rechef nouvelles alliances entre lui et le roi d'Arragon pour guerroyer le roi Dan Piètre [1]. Et couroient jà les routes des Bretons qui étoient ahers avec lui, desquels étoient capitaines messire Arnoul de Limosin, messire Geffroy Ricon, messire Yons de Lakonet, sur le pays d'Espagne, et y faisoient guerre pour ledit roi Henry. Or parlerons-nous de la délivrance messire Bertran du Guesclin.

CHAPITRE CCXLVII.

Comment messire Bertran du Guesclin fut mis à rançon ; et comment messire Lyon d'Angleterre fut marié à la fille au sire de Milan.

Après que le prince de Galles fut retourné en Aquitaine, et son frère le duc de Lancastre en Angleterre, et aussi tous les barons sur leurs lieux, demeura encore prisonnier messire Bertran du Guesclin au prince et à messire Jean Chandos ; et ne pouvoit venir à rançon ni à finance, dont moult déplaisoit au roi Henry, si amender le pût. Or en avint ainsi, si comme je fus adonc et depuis informé, que un jour le prince de Galles étoit en gogues ; si vit devant lui ester messire Bertran du Guesclin ; si l'appela et lui demanda comment il lui étoit : « Monseigneur, répondit messire Bertran, il ne me fut, Dieu merci ! oncques mais mieux ; et c'est droit qu'il me soit bien ; car je suis le plus honoré chevalier du monde, quoique je demeure en vos prisons, et vous saurez comment et pourquoi. On dit parmi le royaume de France et ailleurs que vous me doutez tant et ressoignez, que vous ne m'osez mettre hors de votre prison. » Le prince entendit cette parole et cuida bien que messire Bertran le dît à bon sens ; car voirement ses consaux ne vouloient nullement qu'il eût encore sa délivrance, jusques adonc que le roi Dan Piètre auroit payé le prince en tout ce qu'il étoit tenu envers lui et ses gens. Si répondit : « Voire, messire Bertran, pensez-vous doncques que pour votre chevalerie nous vous retenons. Par Saint George, nennil. Et, beau sire, payez cent mille francs et vous serez délivré [1]. » Messire Bertran qui désiroit sa délivrance et à ouïr sur quelle fin il pouvoit partir, hapa ce mot et dit : « Monsei-

---

[1] Il est bien singulier que Froissart, qui raconte avec beaucoup d'exactitude tous les événemens de la guerre d'Espagne, ait ignoré le traité d'alliance conclu à Tarazone entre D. Pèdre et le roi d'Arragon, particularité dont il était très à portée d'être instruit par ses relations à la cour du prince de Galles. Le roi d'Arragon, loin de favoriser l'entrée du comte de Transtamare en Castille, lui fit dire par le gouverneur du Roussillon de ne point passer sur ses terres. Henri, malgré cette opposition, traversa les Pyrénées au mois de septembre et s'avança jusqu'à Huesca. Le roi d'Arragon en étant informé fit partir de Sarragosse un corps considérable de troupes pour lui disputer le passage ; mais ces troupes, qui servaient à regret contre lui, le laissèrent sortir d'Huesca sans l'inquiéter : il dirigea sa marche par la Navarre, et s'étant rendu sur les bords de l'Èbre, il passa cette rivière à Asagna et entra dans la ville.

I.

[1] La Chronique d'Ayala raconte autrement la rançon de du Guesclin, et son récit paraît plus conforme encore au caractère des deux champions. En voici un abrégé succinct :

« D. Bertrand ayant fait demander au prince de Galles de le recevoir à rançon, celui-ci, après avoir consulté son conseil, lui fit répondre qu'on avait jugé convenable de ne pas le laisser libre tant que dureraient les guerres entre la France et l'Angleterre. Bertrand fit dire au prince qu'il regardait une telle exception comme un grand bonneur, puisque le prince déclarait par-là qu'il redoutait plus que toute autre chose les coups de sa lance. Le prince, un peu piqué lui envoya dire qu'il le redoutait si peu que, contre l'avis de son conseil, il accepterait sa rançon ; qu'il n'eût qu'à la fixer lui même, et que, quelque léger prix que du Guesclin mît à sa personne, il l'accepterait. Du Guesclin répondit à cet acte de fierté par un autre, et quoiqu'il ne possédât rien dans son pays, il déclara qu'il fixait sa rançon à 100,000 francs, somme exorbitante pour cette époque, et qui étonna le prince lui-même. Ses amis de Bretagne se réunirent pour payer cette somme ; mais Charles V, appréciant l'importance de du Guesclin, remboursa les 100,000 francs et fit donner de plus 30,000 fr à du Guesclin pour s'équiper. La générosité de Charles V ne paraît presque pas moins digne d'admiration à Ayala que la fierté de du Guesclin et du prince de Galles. A cette époque, la vertu par excellence des princes était, suivant les courtisans, la largesse, dont ils profitaient.

gneur, à Dieu le veut, je n'en paierai jà moins. » Et tantôt que le prince l'ouït ainsi parler, il se repentit, et dit-on que ceux de son conseil lui allèrent au-devant et lui dirent : « Monseigneur, vous avez trop mal fait quand si légèrement l'avez rançonné. » Et voulsissent bien lors les gens du prince qu'il se fût repenti et eût brisé cette convenance; mais le prince, qui fut sage et loyal chevalier, en répondit bien et à point, et dit : « Puisque accordé lui avons, nous lui tiendrons, ni jà n'en irons arrière : blâme et vergogne nous seroit, si reproché nous étoit que nous ne le voulsissions mettre à finance, quand il se veut mettre si grossement que payer cent mille francs. » Depuis cette ordonnance fut soigneux et diligent de querre finance et de prier ses amis; et exploita si bien que, par l'aide qu'il eut du roi de France et du duc d'Anjou, qui moult l'aimoit, il paya en moins d'un mois les cent mille francs [1], et s'en vint servir le duc d'Anjou [2] à bien deux mille combattans, en Provence, où le dit duc étoit à siège devant la ville de Tarascon, qui se tenoit pour la roine de Naples.

En ce temps fut traité le mariage de monseigneur Lion, fils au roi d'Angleterre, duc de Clarence et comte d'Ulnestre, à la fille monseigneur Galéas seigneur de Milan, laquelle jeune dame étoit nièce à monseigneur le comte de Savoie et fille de madame Blanche sa sœur; et se porta si bien le traité et conseil entre les parties que le mariage fut accordé. Et vint le dit duc de Clarence, accompagné grandement de chevaliers et d'écuyers d'Angleterre, en France, où le roi et le duc de Bourgogne, le duc de Bourbon et le sire de Coucy, le recueillirent grandement et liement, en France et à Paris [3]; et passa le susdit duc parmi le royaume de France; et vint en Savoie, où le gentil comte de Savoie le reçut très honorablement à Chambéry, et fut là deux jours en très grand revel de danses, de carolles et de tous ébattemens. Au tiers jour il partit, et le conduisit le comte de Savoie jusques à Milan ; et là épousa-t-il sa nièce, la fille à monseigneur Galéas, le lundi après la Trinité, l'an 1368.

Or retournerons-nous aux besognes de France.

CHAPITRE CCXLVIII.

Comment les compagnies se partirent de la prinçauté et entrèrent au royaume de France ; et comment le sire de Labreth fut marié à madame Isabelle de Bourbon.

Vous avez bien ci-dessus ouï recorder du voyage que le prince de Galles fit en Espagne, et comment il se partit mal content du roi Dam Piètre, et retourna arrière en Aquitaine. Quand il fut revenu, toutes manières de gens le suivirent, tant pour ce qu'ils ne vouloient mie demeurer en Espagne, que pour être payés de leurs gages, ainsi que au partir enconvenancé l'avoit. Si que quand ils furent tous retournés, le prince n'eut mie tous ses paiemens si appareillés qu'il voulsist; car le voyage d'Espagne l'avoit si miné et effondré d'argent que merveille seroit à penser. Or séjournèrent ces gens de compagnies sur son pays d'Aquitaine, qui ne se pouvoient toudis tenir de mal faire, et étoient bien six mille combattans. Si leur fit dire le prince et prier qu'ils voulsissent issir de son pays, et aller ailleurs pour chasser et vivre, car il ne les y vouloit plus soutenir. Les capitaines des compagnies, qui étoient tous ou Anglois ou Gascons, tels que messire Robert Briquet, Jean Cresuelle, messire Robert Ceni, messire Gaillart Vigier, le bourg de Breteuil, le bourg Camus, le bourg de l'Esparre, Naudon de Bagerant, Bernard de la Salle, Hortingo et Lamit, et plusieurs autres, ne vouloient mie courroucer le prince, mais vuidèrent de la prinçauté du plus tôt qu'ils purent, et entrèrent en France qu'ils appeloient leur Chambre; et passèrent la grosse rivière de Loire [1] et s'en vinrent en Cham-

---

[1] Il trouva une partie de cette somme en Bretagne, où il alla aussitôt après qu'il fut mis en liberté. Il se rendit ensuite auprès du roi qui lui prêta 30,000 doubles d'Espagne que du Guesclin s'obligea de lui rembourser par acte du 27 décembre de cette année 1367. Du Guesclin prend dans cette obligation la qualité de duc de Transtamare et prince de Longueville.

[2] Du Guesclin, après avoir payé sa rançon, se rendit à Montpellier, le 27 février 1368, avec le maréchal d'Audeneham, et ils accompagnèrent le duc d'Anjou au siége de Tarascon que ce prince investit le 4 mars. Les événemens de ce siége sont peu connus; car on ne sauroit compter sur le récit romanesque des auteurs de la vie de du Guesclin.

[3] Le duc de Clarence arriva à Paris le dimanche de Quasimodo, 16 avril de cette année 1368. Remarquons en passant qu'on lit dans les chroniques *le sixième jour d'avril :* c'est vraisemblablement une faute du copiste ; car Pâques ayant été cette année le 9 avril, le dimanche de Quasimodo fut le 16.

[1] Les compagnies passèrent la Loire à l'entrée de février, suivant la *Chronique de France :* les ravages qu'elles firent en France durant le cours de cette année y sont racontés beaucoup plus au long que dans Froissart.

pagne et puis en l'archevêché de Reims, en l'évêché de Noyon et de Soisson. Et toudis leur croissoient gens; et étoient si confortés de leurs besognes qu'ils eussent volontiers, à ce qu'ils montroient, combattu les François si ils eussent voulu. Et pour eux aventurer, ils cerchèrent en ce temps tout le royaume de France, et y firent moult de maux et de tribulations et de vilains faits. Et en venoient les plaintes tous les jours au roi de France et à son conseil; et si n'y pouvoient mettre remède, car on ne s'osoit aventurer pour eux combattre. Et disoient bien ceux qui pris étoient, car toudis on les poursuivoit et les côtoyoit à gens d'armes, si ne se pouvoient mie si bien garder qu'il n'en y eût des attrapés, que le prince de Galles les envoyoit là. Donc le royaume étoit tout émerveillé, pourquoi couvertement le prince les faisoit guerroyer; et moult diversement en parloient sur sa partie.

Si manda adonc le roi de France le sire de Cliçon, et en fit un grand capitaine contre ces compagnons, pourtant qu'il étoit bon compagnon et hardi; et s'enamoura le roi de France grandement de lui.

En ce temps fut le mariage fait du seigneur de Labreth et de madame Ysabel de Bourbon[1], sœur au duc Louis de Bourbon et à la roine de France, et à madame Bonne comtesse de Savoye : duquel mariage le prince de Galles ne fut néant réjoui, mais eût eu plus cher que le seigneur de Labreth se fût marié ailleurs[2].

[1] Cette princesse se nommait *Marguerite* : elle épousa Armand Amalric d'Albret, grand chambellan de France, par contrat passé le 4 mai de cette année.

[2] Quelques manuscrits et les imprimés ajoutent : « Et « en parla moult grossement sur lui et sur sa partie et « moult rudement : mais les plus grands de son conseil, « chevaliers et écuyers, l'excusèrent au mieux qu'ils purent, « disant que chacun s'avance au mieux qu'il peut et agran-« dit, et que on ne doit jamais blâmer un bon chevalier « s'il pourchasse son honneur et profit au mieux qu'il « peut, et qu'il n'en laisse point à servir son seigneur ni à « faire ce à quoi il est tenu. De telles et semblables paro-« les étoit peu le prince de Galles pour l'apaiser; mais « non étoit quelque semblant qu'il en fît; car bien sçavoit « que ce mariage étoit une départie et un éloignement « d'amour de lui et de ceux de son côté, comme vérité « fut, selon ce que dit cette histoire. » Ce bavardage qu'on ne trouve point dans les bons manuscrits est probablement de quelque copiste.

CHAPITRE CCXLIX.

Comment les seigneurs de Gascogne se vinrent plaindre au roi de France du fouage que le prince vouloit lever en Aquitaine.

Pendant que ces compagnies couroient en France, fut le prince de Galles conseillé d'aucuns de son conseil pour élever un fouage[1] en Aquitaine, et par espécial l'évêque de Bathe[2] son chancelier y rendit grand'peine à lui conseiller; car l'état du prince et de madame la princesse étoit adonc si grand et si étoffé que nul autre de prince ni de seigneur en chrétienté ne s'accomparoit au leur, ni de tenir grand foison de chevaliers, d'écuyers, de dames et de damoiselles, et de faire grands frais.

Au conseil de ce fouage furent appelés tous les barons de Gascogne, de Poitou et de Xaintonge, auxquels il appartenoit à parler, et plusieurs riches hommes des cités et des bonnes villes d'Aquitaine. Là leur fut remontré à Niort, où ce parlement étoit assemblé, espécialement et généralement par le dessus dit évêque de Bathe, chancelier d'Aquitaine, et présent le prince, sur quel état l'on vouloit élever ce fouage, lequel fouage le prince n'avoit mie intention de longuement tenir ni faire courir en son pays, fors tant seulement cinq ans, tant qu'il fût apaisé du grand argent qu'il devoit et avoit accru par le voyage d'Espaigne. A cette ordonnance tenir et obéir étoient assez d'accord ceux de Poitou, de Xaintonge, de Limousin, de Rouergue et de la Rochelle, parmi ce que le prince devoit tenir ses monnoies estables sept ans. Mais à ce propos se refusoient ceux des hautes marches de Gascogne, le comte d'Armignac, le sire de Labreth son neveu, le comte de Pierregord, le comte de Comminges, le vicomte de Carmain, le sire de la Barde, le sire de Terride, le sire de Pincornet, et plusieurs hauts barons et grands chevaliers tous de ces marches, et cités et bonnes villes de leur ressort; et disoient que du temps passé et qu'ils avoient obéi au roi de France, ils n'avoient

[1] Le fouage était une taxe annuelle levée sur chaque feu : du temps de Charles V, elle était de quatre livres tournois.

[2] J'ignore pourquoi Sauvage substitue l'évêque de Rhodez à l'évêque de Bath, contre le témoignage de tous les manuscrits et des éditions gothiques, et contre la vérité, puisqu'il est certain que l'évêque de Bath était chancelier du prince de Galles pour l'Aquitaine. On le trouve désigné sous ce titre dans plusieurs endroits de Rymer.

été grevés ni pressés de nul subside, impositions, fouages ni gabelles, ni jà ne seroient tant que défendre le pourroient, et que leurs terres et seigneuries étoient franches et exemptes de toutes débites, et à tenir en tel état le dit prince leur avoit juré. Nonobstant ce, pour eux partir amiablement de ce parlement et du dit prince, ils répondirent qu'ils en auroient avis, et mettroient ensemble, eux retournés, plusieurs prélats, évêques, abbés, barons et chevaliers, auxquels il en appartenoit bien à parler, et en auroient plus grand'délibération de conseil qu'ils n'en avoient là présentement. Le prince de Galles ni son conseil ne purent lors avoir autre chose. Ainsi se départit ce parlement de la ville de Niort, et retournèrent chacun en son lieu; mais il leur fut commandé et ordonné de par le prince qu'ils fussent là tous revenus dedans un jour qui assigné leur fut. Or retournèrent ces barons et ces seigneurs de Gascogne en leurs pays, qui bien affirmèrent que, sur l'état dont partis étoient, devers le prince plus ne retourneroient, ni que jà, pour faire guerre au prince, ce fouage ne courroit en leurs terres. Ainsi commença le pays à rebeller contre le prince; et vinrent en France le comte d'Armignac, le sire de Labreth, le comte de Pierregord, le comte de Comminges et plusieurs autres hauts barons, prélats et chevaliers de Gascogne; et mirent plaintes avant en la chambre du roi de France, le roi de France présent et ses pairs, sur les griefs que le prince leur vouloit faire; et disoient qu'ils avoient ressort au dit roi, et que à lui se devoient retraire et retourner comme à leur souverain [1]. Le roi de France, qui ne vouloit mie obvier à la paix qui se tenoit entre lui et le roi d'Angleterre, se dissimuloit de ces paroles et en répondit moult à point, et disoit à ces barons de Gascogne : « Certes, seigneurs, la juridiction de notre héritage et de la couronne de France voudrions toujours garder et augmenter; mais nous avons juré, après notre seigneur de père, plusieurs points et articles en la paix, desquels il ne nous souvient mie de tous; si y regarderons et visiterons, et tout ce qu'il y sera pour vous, nous le vous aiderons à garder très grandement; et vous mettrons à accord devers notre très cher neveu

[1] Les appellations et réclamations de ressort des seigneurs d'Aquitaine sont du dernier juin et du 25 octobre de cette année.

le prince, qui espoir n'est mie bien conseillé, qui ne veut que vous et vos sujets demeurez en vos franchises et libertés. »

De ces réponses que le roi faisoit se contentoient grandement les barons de Gascogne; et se tenoient à Paris de-lez le roi, que point n'en partoient ni retournoient en leur pays. De quoi le prince ne se contentoit mie bien; et toujours persévéroit et faisoit persévérer son conseil sur l'état de ce fouage. Messire Jean Chandos, qui étoit un des grands de son conseil, et vaillant et sage chevalier durement, étoit contraire à cette opinion, et bien voulsist que le prince s'en déportât; et quand il vit que point n'en viendroit à chef, afin qu'il n'en fût demandé ni inculpé, il prit congé du prince en excusation d'aller en Normandie, en la terre de Saint-Sauveur le Vicomte, dont il étoit sire, pour aller la visiter; car point n'y avoit été depuis trois ans. Le prince lui accorda. Donc se partit de Poitou le dit messire Jean Chandos et s'en vint en Cotentin, et séjourna que en la ville de Saint-Sauveur que là environ plus d'un an. Et toudis procédoit le prince sur ce fouage; car son conseil, qui à ce tiroit, lui remontroit que si il pouvoit l'exploiter, il vaudroit par an douze cent mille francs, pour payer tant seulement sur chacun feu un franc, et le fort portant le foible.

Nous retournerons au roi Henry qui étoit en ce temps au royaume d'Arragon, et recorderons comment il persévéra.

CHAPITRE CCL.

Comment le roi Henry retourna en Espagne; et comment la cité de Burgues se rendit à lui, et aussi la cité du Vakdolif, où il prit le roi de Mayogres.

La plus grand'partie de l'état du prince et de son affaire savoient les rois voisins, tels que le roi Pierre d'Arragon et le roi Henry; car ils mettoient grand'cure au sçavoir, et bien avoient entendu comment les barons de Gascogne étoient allés à Paris de-lez le roi et se commençoient tous à troubler et à rebeller contre le prince. De ce n'étoient mie les dessus dits courroucés, et par espécial le roi Henry, qui tiroit à revenir au conquêt de Castille qu'il avoit perdue par la puissance du prince. Si se partit du roi d'Arragon et prit congé de lui à Valence le Grand [1], et se partirent en sa compagnie, du

[1] On a vu dans une des remarques sur le chapitre 246

royaume d'Arragon, le vicomte de Roquebertin et le vicomte de Rodez, et furent bien trois mille de cheval et six mille de pied, parmi aucuns Gennevois qui là étoient soudoyers. Si chevauchèrent ces gens d'armes vers Espaigne, et jusques en la cité de Burgues, qui tantôt se rendit et ouvrit contre le roi Henry, et le reçurent à seigneur; et de là vinrent devant le Val-d'Olif, car le roi Henry entendit que le roi de Mayogres y étoit, de laquelle avenue il fut moult joyeux. Quand ceux de la ville du Val-d'Olif entendirent que ceux de Burgues étoient tournés et rendus au roi Henry, ils n'eurent mie conseil d'eux tenir ni faire assaillir. Si se rendirent; et recueillirent le dit roi Henry comme leur seigneur, ainsi que jadis avoient fait. Sitôt que le roi Henry fut entré en la ville, il demanda où le roi de Mayogres étoit; et on lui enseigna volontiers. Tantôt le roi Henry vint celle part, et entra en l'hôtel et en la chambre où il étoit encore tout pesant de sa maladie. Le roi Henry vint à lui et lui dit ainsi : « Roi de Mayogres, vous avez été notre ennemi, et à main armée êtes entré en notre royaume de Castille, pourquoi nous mettons main en vous, et vous rendez notre prisonnier ou vous êtes mort. » Le roi de Mayogres qui se voyoit en dur parti, et que défense n'y valoit, répondit et dit : « Sire, je suis mort voirement si vous voulez; volontiers je me rends à vous votre prisonnier, et non à autre; et si vous me voulez mettre, par quelque manière que ce soit, en autres mains que ès vôtres, si le dites, car je aurois plus cher être mort que remis ès mains de mon adversaire le roi d'Arragon. » Le roi Henry répondit et dit : « Nennil; car je ne vous ferois pas loyauté, et si seroit grandement à mon blâme. Vous demeurerez mon prisonnier, pour quitter ou pour rançonner si je veux. »

Ainsi fut pris et sermenté le roi James de Mayogres du roi Henry, qui mit sur lui au Val-d'Olif [1] grands gardes pour plus espécialement garder; et puis chevaucha outre vers la cité de Léon en Espagne, qui tantôt s'ouvrit contre lui, quand ils ouïrent dire qu'il venoit celle part.

que Henri ne vit point alors le roi d'Arragon, qui lui avait défendu l'entrée de ses états.
[1] Suivant les historiens d'Espagne, ce fut dans la citadelle de Burgos que Henri fit prisonnier don Jayme de Majorque, qu'il envoya sous bonne garde au château de Cariol.

CHAPITRE CCLI.

Comment le roi Dan Piètre s'allia au roi de Grenade, au roi de Bellemarine et au roi de Tramesannes, et comment messire Bertran arriva en l'ost du roi Henry.

Quand la ville et la cité de Léon en Espaigne se fut rendue au roi Henry, tout le pays de la marche de Gallice se commença à tourner; et s'en vinrent au dit roi Henry plusieurs hauts barons et seigneurs qui avoient paravant fait hommage au roi Dan Piètre. Car quelque semblant d'amour qu'ils lui eussent montré, présent le prince, ils ne le pouvoient aimer, tant leur avoit fait de grands'cruautés jadis; et étoient en doute que encore de rechef il ne leur en fît. Et le roi Henry les avoit tenus amiablement et portés doucement; et leur promettoit bien à faire; pour ce se traioient-ils tous devers lui. Encore n'étoit mie messire Bertran du Guesclin en sa compagnie; mais il approchoit durement, atout deux mille combattans, et étoit parti du duc d'Anjou qui avoit achevé sa guerre en Provence et défait son siége de devant Tarascon, par composition; je ne sçais mie à dire quelle [1]. Si s'étoient partis avec le dessus dit messire Bertran aucuns chevaliers et écuyers de France qui désiroient les armes; et étoient jà entrés en Arragon, et chevauchoient fortement pour venir devers le roi Henry, qui avoit mis le siége devant Toulette.

Les nouvelles du reconquêt, et comment le pays se tournoit devers son frère le bâtard, vinrent au roi Dam Piètre, qui se tenoit en la marche de Séville et de Portingal où il étoit petitement aimé et douté. Quand le roi Dan Piètre entendit ce, si fut durement courroucé sur son frère le bâtard et les barons de Castille qui le relinquissoient; et dit et jura qu'il en prendroit si cruelle vengeance que ce seroit exemple à tous autres. Si

[1] Le duc d'Anjou se rendit maître de la ville de Tarascon, ou plutôt les habitans, avec qui il entretenait des intelligences, la lui livrèrent vers la fin de mars. Le 11 avril suivant, il assiégea Arles et laissa la conduite du siége à du Guesclin qui le leva le 1er mai. Quant au départ de celui-ci pour l'Espagne, il ne peut être antérieur à la fin de septembre, et peut-être même faut-il le reculer davantage. Ce ne fut que postérieurement au 20 de ce mois qu'il traita, par ordre du duc d'Anjou, avec les chefs des compagnies, Bretons, Gascons, Lombards, etc., pour les engager à sortir du Languedoc, moyennant une certaine somme, dont il leur remit entre les mains pour garans Alain de Beaumont et le sire de Montauban.

fit tantôt un mandement et commandement partout à tous ceux dont il espéroit à avoir aide et service. Si manda et pria tels qui point ne vinrent et s'excusèrent au mieux qu'ils purent, et les aucuns de rechef, sans feintise, se tournèrent devers le roi Henry et lui renvoyèrent leur hommage. Et quand le roi Dan Piètre vit que ses gens lui failloient, si se commença à douter, et se conseilla[1] à Dam Ferrant de Castres qui oncques ne lui faillit : lequel lui conseilla qu'il prît gens d'armes partout là où il les pourroit avoir, tant en Grenade comme ailleurs, et qu'il se hâtât de chevaucher contre son frère le bâtard, avant qu'il se efforçât plus au pays, ni multipliât de gens d'armes.

Le roi Dan Piètre ne voult mie séjourner sur ce propos, mais pria au royaume de Portingal dont le roi étoit son cousin germain, et y eut grands gens; et envoya devers le roi de Grenade et le roi de Bellemarine et le roi de Tramesainnes et fit alliances à eux, parmi que trente ans il les devoit tenir en leur état et point faire de guerre, parmi ce que ces trois rois lui envoyeroient plus de vingt mille Sarrazins pour aider à faire sa guerre. Si fit le roi Dan Piètre tant qu'il eut bien, que de chrétiens que de Sarazins, quarante mille hommes, tous assemblés en la marche de Séville. En ces traités et pourchas qu'il faisoit, et pendant que le siége étoit devant Toulette, descendit en l'ost du roi Henry messire Bertran du Guesclin atout deux mille combattans, qui y fut reçu à grand'joie; ce fut bien raison; et furent tous ceux de l'ost réjouis de sa venue[2].

[1] Ayala rapporte que D. Pèdre s'adressa aussi, pour demander des conseils, au Maure Benahatin, grand astrologue ou philosophe et conseiller du roi de Grenade, et il n'eût certainement pas trouvé parmi les chrétiens d'Espagne ou de France un seul homme en état de lui donner des conseils aussi éclairés que ceux contenus dans les deux lettres de Benahatin rapportées par Ayala. La première me semble un morceau inspiré par la sagesse elle-même. On y retrouve un esprit de liberté, de tolérance et de philosophie qui était inconnu chez les chrétiens d'alors.

[2] Les historiens d'Espagne placent l'arrivée de du Guesclin à l'armée de Henri au commencement de l'année 1369, et il ne peut guère y être arrivé plus tôt, comme on le verra ci-après dans une remarque sur le chapitre 254. Il faut donc rapporter à cette année la suite de la guerre entre Henri et D. Pèdre. Nous continuerons cependant de mettre en marge l'année 1368, parce que plusieurs des événements que Froissart raconte après

CHAPITRE CCLII.

Comment, par le conseil de messire Bertran, le roi Henry se partit de devant Toulette pour aller à l'encontre du roi Dan Piètre ; et comment ils s'entretrouvèrent.

Le roi Dan Piètre, qui avoit fait son amas de gens d'armes à Séville et à l'environ, si comme ci-dessus est dit, et qui désiroit à combattre le bâtard son frère, se partit de Séville, et son grand ost pour venir lever le siége de devant Toulette. Entre Séville et Toulette peut avoir neuf journées de pays[1]. Si vinrent les nouvelles en l'ost du roi Henry, que le roi Dan Piètre approchoit, en sa compagnie plus de quarante mille hommes que uns que autres, et sur ce il eut avis. A ce conseil furent appelés les chevaliers de France et d'Arragon qui là étoient, et par espécial messire Bertran du Guesclin par lequel on vouloit du tout ouvrer. Le dit messire Bertran donna un conseil qui fut tenu, que tantôt, avec la plus grand'partie de ses gens, le roi Henry partît et chevauchât à effort devers le roi Dan Piètre, et en quel état que on le trouvât on le combattît; « Car, dit-il, nous sommes informés qu'il vient à grand'puissance sur nous. Et trop nous pourroit gréver, s'il venoit par avis jusques à nous; et si nous allons à lui sans ce qu'il le sache, nous le prendrons bien lui et ses gens en tel parti et si dépourvu que nous en aurons l'avantage, et seront déconfits; je n'en doute mie. » Le conseil de messire Bertran fut tenu et ouï. Et se partit le dit roi, sur un soir, de l'ost, en sa compagnie tous les meilleurs combattans par élection qu'il eût, et laissa le demeurant de son ost en la garde du comte Dan Tille son frère[2] et puis chevaucha outre. Et avoit ses espies allans et venans, qui savoient et rapportoient soigneusement le convine du roi Dan Piètre et de son ost; et le roi Dan Piètre ne savoit rien du roi Henry, ni que ainsi il chevauchât contre lui : de quoi il et ses gens en chevauchoient plus épars et en plus petite ordonnance. Et avint que, sur un ajourner, le roi Henry et ses gens durent encontrer le roi Dan Piètre et ses gens, qui celle nuit avoient geu en un châ-

la bataille de Montiel et la mort de D. Pèdre, dont il ignorait la véritable date, appartiennent certainement à cette année.

[1] Il y a près de 80 lieues de Séville à Tolède.

[2] Ayala dit que D. Tello était resté dans ses terres de Biscaye, ne voulant pas secourir son frère D. Henri qu'il aimait peu.

tel assez près de là, appelé Montiel, et l'avoit le sire de Montiel recueilli et honoré ce qu'il pouvoit. Si en étoit au matin parti et mis au chemin, et chevauchoit assez éparsement, car il ne cuidoit mie être combattu en ce jour. Et vinrent soudainement à bannières déployées, et tous pourvus de leurs faits, le roi Henry, le comte Sanses son frère, qui avoit relenqui le roi Dan Pietre, messire Bertran du Guesclin, par lequel conseil tout ils ouvrèrent, messire le Bègue de Vilaines, le vicomte de Roquebertin, le vicomte de Rodez et leurs routes; et étoient bien six mille combattans, et chevauchoient tous serrés de grand randon; et s'en viennent férir de plain élai, de grand'volonté et sans faire nul parlement ès premiers qu'ils encontrèrent, en écriant: « Castille au roi Henry! et Notre Dame Guesclin! »

Si reculèrent et abattirent ces premiers roidement et merveilleusement, qui furent tantôt déconfits et reboutés bien avant. Là en y eut plusieurs d'occis et de rués par terre, car nul n'étoit pris à rançon : et ainsi étoit ordonné du conseil messire Bertran du Guesclin, dès le jour devant, pour la grand'plenté des mécréants juifs et autres, qui là étoient[1]. Quand le roi Dan Piètre entendit ces nouvelles, qui chevauchoit en la plus grand'route, que ses gens étoient assaillis, envahis, et reboutés vilainement de son frère le bâtard Henry et des François, si fut durement émerveillé dont il venoit; et vit bien qu'il étoit trahi et déçu, et en aventure de tout perdre; car ses gens étoient moult épars. Nonpourquant, comme bon chevalier et hardi qu'il étoit, et de grand'confort et emprise, il s'arrêta tout coi sur les champs et fit sa bannière développer et mettre avant pour recueillir ses gens, et envoya dire à ceux de derrière qu'ils se hâtassent de traire avant, car il se combattoit aux ennemis.

Donc s'avancèrent toutes manières de bonnes gens, et se trairent pour leur honneur devers la bannière du roi Dan Piètre qui ventiloit sur les champs. Là eut grand'bataille, dure et merveilleuse, et maint homme renversé par terre et occis, du côté du roi Dan Piètre; car le roi Henry, messire Bertran et leurs routes les requéroient de si grand'volonté que nul ne duroit contre eux. Mais ce ne fut mie sitôt achevé; car ceux du roi Dan Piètre étoient si grand'foison que bien six contre un : mais tant y avoit de mal pourvus qu'ils furent pris si sur un pied que ce les déconfisoit et ébahissoit plus que autre chose.

CHAPITRE CCLIII.

Comment le roi Dan Piètre et toutes ses gens furent déconfits; et comment le dit roi s'enfuit au châtel de Montiel.

Cette bataille des Espaignols l'un contre l'autre, et des deux rois et leurs alliés, assez près du châtel de Montiel, fut en ce jour moult grande et moult horrible. Et moult y furent bons chevaliers du côté du roi Henry, messire Bertran du Guesclin, messire Geffroy Ricon, messire Arnoul Limosin, messire Yons de Lakonnet, messire Jean de Berguettes, messire Gauvain de Bailleul, messire le Bègue de Vilaines, Alain de Saint-Pol et Alyot de Calais, et les Bretons qui là étoient; et aussi du royaume d'Arragon le vicomte de Roquebertin et le vicomte de Rodez, et plusieurs autres bons chevaliers et écuyers que je ne puis mie tous nommer. Et y firent maintes grands appertises d'armes; et bien leur étoit besoin; car ils trouvèrent contre eux gens aussi assez étranges, tels que Sarrazins et Portingalois. Car les Juifs qui là étoient tournèrent tantôt le dos, ni point ne se combattirent; mais ce firent ceux de Grenade et de Bellemarine; et portoient arcs et archegaies[1] dont ils savoient bien jouer, et dont ils firent plusieurs grands appertises d'armes de traire et de lancer. Et là étoit le roi Dan Piètre, hardi homme durement, qui se combattoit moult vaillamment et tenoit une hache dont il donnoit les coups si grands que nul ne l'osoit approcher. Là s'adressa la bannière du roi Henry son frère devers la sienne, bien épaisse et bien pourvue de bons combattans, en écriant leurs cris et en boutant fièrement de leurs lances. Lors se commencèrent à ouvrir ceux qui de-lez le roi Dan Piètre étoient et à ébahir malement. Dam Ferrand de Castres, qui avoit à garder et à conseiller le roi Dan Piètre son seigneur, vit bien, tant eut-il de sentiment, que leurs gens se espardoient et déconfisoient; car tous se ébahissoient, pourtant que trop sur un pied pris on les avoit. Si dit au roi Dan Piètre : « Sire, sauvez-

---

[1] Le plus grand reproche fait à D. Pèdre n'est pas tant d'avoir fait commettre plusieurs assassinats, selon l'esprit des cours d'alors, tels que les peignait l'infant D. Pèdre, oncle du roi d'Arragon qui le connaissait, mais bien de s'être allié avec des infidèles.

[1] Espèce de lance ou de pique.

vous et vous recueillez en ce châtel de Montiel dont vous êtes à ce matin parti : si vous êtes là retrait, vous serez en sauve-garde; et si vous êtes pris de vos ennemis, vous êtes mort sans merci. » Le roi Dan Piètre crut ce conseil et se partit au plus tôt qu'il put et se retrait devers Montiel. Si y vint si à point que il trouva les portes ouvertes et le seigneur qui le reçut lui douzième tant seulement.

Pendant ce, se combattoient les autres qui étoient épars sur les champs, et faisoient les aucuns ce qu'ils pouvoient; car les Sarrazins qui là étoient, et qui le pays point ne connoissoient, avoient aussi cher qu'ils fussent morts que longuement chassés; si se vendoient aussi les aucuns moult durement. Les nouvelles vinrent au roi Henry et à messire Bertran du Guesclin, que le roi Dam Piètre étoit retrait et enclos au châtel de Montiel, et que le Bègue de Vilaines et sa route l'avoient poursuivi jusques là; et si n'y avoit au dit châtel que un seul pas par où on y entroit et issoit, et devant celle entrée se tenoit le Bègue de Vilaines dessus dit, et avoit là mis son pennon.

De ces nouvelles furent durement réjouis le dit roi Henry et messire Bertran du Guesclin; et se trairent de celle part tout en combattant et occiant à monceaux gens ainsi que bêtes, et tant qu'ils étoient tout lassés d'occire et de découper et de abattre. Si dura celle chasse plus de trois grands lieues; et y eut ce jour morts plus de vingt quatre mille hommes, que uns que autres; et trop petit s'en sauvèrent, si ce n'étoient ceux du pays qui savoient les refuges et les adresses; car les Sarrazins, qui ne savoient ni connoissoient nient le pays, ne savoient où fuir; si leur convenoit attendre l'aventure; si furent tous morts. Cette bataille fut dessous Montiel et là environ, en Espagne, le treizième jour du mois d'août l'an de grâce 1368 [1].

[1] Les historiens d'Espagne placent unanimement cette bataille au mois de mars 1369; Ferreras en fixe même le jour au 14 de ce mois. L'auteur des *Chroniques de France* dit qu'elle se donna le 12 du même mois 1368 (1369), date qui s'accorde, à trois jours près, avec celle de Ferreras. Il n'y a eu long-temps que deux opinions sur ce point de chronologie : parmi les historiens modernes, les uns se sont déclarés pour Froissart, les autres pour les *Chroniques de France*. Les savans auteurs de l'*Art de vérifier les dates* ont donné naissance à une troisième opinion : ils prétendent que la bataille dont il s'agit

CHAPITRE CCLIV.

Comment le roi Dan Piètre fut pris du Bègue de Vilaines; et comment il fut mis à mort.

Après celle grand'déconfiture sur le roi Dan Piètre et ses assemblées, assez près de Montiel,

et la mort de D. Pèdre sont antérieures au 4 mai de l'année 1368. Pour ne pas affaiblir la preuve qu'ils en donnent, je vais rapporter leurs propres expressions. « Henri, « disent-ils, datait ordinairement ses diplômes de la seule « ère d'Espagne, avec le jour du mois. Celui par lequel « il donna le duché de Molina à Bertrand du Guesclin, « pour la récompense des secours qu'il lui avait donnés, « est ainsi daté : *Dado este privilegio en muy noble ci-* « *bidad de Sevila, quatro dias de mayo, era de* « *mill et quatro cientos et siete annos;* ce qui revient « au 4 mai 1368 de J.-C. Les historiens modernes se trom- « pent donc en rapportant le commencement du règne « de Henri II et la fin de celui de son prédécesseur à « l'an 1369. » Je remarquerai d'abord que le même diplôme, rapporté dans le tome 1er des preuves de l'histoire de Bretagne, y est daté de l'an 1407 de l'ère d'Espagne, ce qui répond à l'année 1369 de la nôtre, et qu'ainsi il se peut faire que la date ait été altérée dans la copie qu'ils ont eue entre les mains : en second lieu, quand même ils auraient vu le diplôme original, on devrait regarder cette date comme une faute du copiste. On convient généralement que du Guesclin eut la plus grande part à la journée de Montiel et au rétablissement de Henri sur le trône de Castille : or du Guesclin ne pouvait être en même temps en Espagne et en France, et il est certain qu'il ne sortit point de France pendant les quatre premiers mois de l'année 1368; on le voit à Montpellier le 7 février de cette année, au service du duc d'Anjou, qui voulait revendiquer à main armée quelques places sur la reine de Naples, comtesse de Provence; il joint ce prince à Nîmes le 26 du même mois, et se trouve avec lui le 4 mars au siège de Tarascon. Le 11 avril, ils forment celui d'Arles que du Guesclin est chargé de continuer seul, et qu'il lève le 1er mai. L'historien du Languedoc, de qui j'emprunte ces faits, les appuie des autorités les plus fortes, telles que le *Thalamus de Montpellier*, les registres de la sénéchaussée de Nîmes. Le dernier de ces faits est encore attesté par une pièce du temps publiée dans le t. II des Vies des papes d'Avignon, p. 768 et suiv. On y lit : « *Anno Domini* 1368, *die undecimâ aprilis,* « *quæ fuit tertiâ die Paschæ, dominus Ludovicus,* « *dux d'Ango, frater regis Francie, assetiavit civi-* « *tatem Arelatensem, et ibi tenuit pro eo setium do-* « *minus Bertrandus de Cliquino comes Longævillæ,* « *usque die primâ mensis madii. Et illâ die recesse-* « *runt, exceptis illis qui remanserunt mortui.* »

Il résulte, ce semble, de ces observations, que malgré la confiance qu'on doit avoir dans les lumières et l'exactitude des auteurs de l'*Art de vérifier les dates*, on ne saurait adopter la date qu'ils proposent. On ne saurait non plus admettre la date de Froissart. 1° Parce que son témoignage ne peut prévaloir seul sur celui de tous les autres historiens. 2° Parce que du Guesclin n'avait point quitté la France au mois d'août 1368; qu'il était encore

et que le roi Henry et messire Bertran du Guesclin eurent obtenu la place devant le dit châtel de Montiel, ils se logèrent et aménagèrent tout environ ; et bien disoient qu'ils n'avoient rien fait ni exploité s'ils ne prenoient le dit châtel de Montiel et le roi Dan Piètre dessus dit, qui étoit dedans. Si mandèrent tout leur état et gouvernement à leurs gens qui se tenoient devant Toulette, afin qu'ils en fussent plus reconfortés. De ces nouvelles furent tout réjouis le comte Dan Tille [1] et tous ceux qui là le siége tenoient.

Le châtel de Montiel étoit assez fort pour bien tenir un grand temps, si pourvu eût été de vivres ; mais de tous vivres, quand le roi Dan Piètre y entra, il n'en y avoit point assez pour vivre plus haut de quatre jours ; et se ébahissoit durement le roi Dam Piètre et les compagnons ; car ils étoient de si près guettés de nuit et de jour que un oiseau ne se pût partir du châtel qu'il ne fût vu et aperçu. Le roi Dan Piètre qui étoit là dedans en grand'angoisse de cœur et qui voyoit ses ennemis logés autour de lui, et qui bien savoit que à nul traité de paix ni d'accord ils ne voudroient entendre, eut grand'imagination ; si que, tout considéré, les périls où il se trouvoit et la faute de vivres qui laiens étoit, il fut conseillé que à heure de mie-nuit du châtel lui douzième ils partiroient et se mettroient en la garde de Dieu, et auroient guètes qui les mèneroient à l'un des corons de l'ost à sauveté. Si se arrêtèrent au dit châtel en tel état ; et se partit secrètement environ heure de mie nuit, le roi Dan Piètre, Dan Ferrant de Castres, et tant qu'ils furent eux douze ; et faisoit cette nuit durement épais et brun. A ce donc, faisoit le guet, à plus de trois cents combattans, messire le Bègue de Vilaines. Ainsi que le roi Dam Piètre étoit issu du châtel et sa route, et s'en venoient par une haute voie qui descendoit en bas, et se tenoient si cois, qu'il sembloit qu'il n'y eût nullui, le Bègue de Vilaines, qui étoit toudis en doute et en soin de son fait et en crémeur de tout perdre, ouït, ce lui sembla, le son de passer sur le pavement, et dit à ceux qui de-lez lui étoient : « Seigneurs, tenez-vous tout cois ; ne faites nul effroi ; j'ai ouï gens ; tantôt sachons qui ils sont qui viennent à cette heure. Je ne sçais si ce seroient gens vitailliers qui vinssent rafraîchir ce châtel de vivres, car il n'en est mie bien pourvu. » Adonc s'avança le dit Bègue, sa dague en son poing, ses compagnons de-lez lui, et vint à un homme près du roi Dam Piètre et demanda : « Qui es-tu là ? Parlez, ou vous êtes morts ! » Cil à qui messire le Bègue s'adressa étoit Anglois ; si se refusa à parler, et s'élança outre le eschivant. Et le dit Bègue le laissa passer et se radressa sur le roi Dan Piètre, et lui sembla, quoiqu'il fit moult brun, que ce fût il, et le revisa pour le roi Henry son frère le bâtard ; car trop bien se ressembloient. Si lui demanda, en portant la dague sur sa poitrine, « Et vous, qui êtes-vous ? Nommez-vous et vous rendez tôt, ou vous êtes mort ! » Et en ce parlant il le prit par le frein de son cheval, et ne voulut mie qu'il lui échappât, ainsi que le premier avoit fait, quoiqu'il fût pris de ses gens.

Le roi Dan Piètre, qui voyoit une grosse route de gens d'armes devant lui, et qui bien sentoit que échapper ne pouvoit, dit au Bègue de Vilaines qu'il reconnut : « Bègue, Bègue, je suis le roi Dan Piètre de Castille, à qui on fait moult de torts par mauvais conseil ; je me rends ton prisonnier et me mets, et tous mes gens qui ci sont, et tous comptés n'en y a que douze, en ta garde et volonté. Si te prie, en nom de gentillesse, que tu nous mettes à sauveté, et me rançonnerai à toi si grandement comme tu voudras, car, Dieu mercy ! j'ai bien encore de quoi ; mais que tu m'eschives des mains du bâtard Henry mon frère. » Là dut répondre, si comme je fus depuis acertené et informé, le dit Bègue, qu'il venît tout sûrement lui et sa route, et que jà son frère par lui ne sauroit rien de cette avenue. Sur cel état s'en allèrent-ils ; et fut mené le roi Dan Piètre au logis du Bègue de Vilaines, et proprement en la chambre de messire Yons de Lakonnet. Il n'eut point là été une heure,

---

en Languedoc au mois de septembre, et que ce ne fut que postérieurement au 20 de ce mois qu'il traita, par l'ordre du duc d'Anjou, avec les chefs des compagnies qui ravageaient cette province, pour les engager à en sortir et vraisemblablement à le suivre en Espagne. Telles sont les raisons qui m'ont déterminé à fixer la date de la bataille de Montiel au mois de mars 1369, conformément au témoignage des *Chroniques de France* et des historiens d'Espagne.

Ayala, contemporain, la place aussi au mercredi 14 mars 1369.

[1] D. Tello s'était joint au roi de Navarre pour ravager la Castille.

quand le roi Henry et le vicomte de Roquebertin et leurs gens, non pas grand'foison, vinrent au logis dessus dit. Sitôt que le roi Henry entra en la chambre où son frère le roi Dan Piètre étoit, il dit ainsi par tel langage : « Où est ce fils de putain, juif, qui se appelle roi de Castille? » Adonc s'avança le roi Dan Piètre qui fut moult hardi et cruel homme, et dit : « Mais tu es fils de putain, car je suis fils du bon roi Alphonse. » Et à ces mots il prit à bras le roi Henry son frère, et le tira à lui en luttant, et fut plus fort de lui, et l'abattit dessous lui, sous une ambarde, que on dit en françois, une coute de matelas de soie, et mit main à sa coustille, et l'eût là occis sans remède, si n'eût été le vicomte de Roquebertin, qui prit le pied du roi Dan Piètre et le renversa par dessous lui et mit le roi Henry dessus; lequel traist tantôt une coustille longue de Castille, que il portoit en écharpe, et lui embarra au corps tout en affilant dessous en amont, et tantôt saillirent ses gens, qui lui aidèrent à partuer[1]. Et là furent morts aussi de-lez lui un chevalier d'Angleterre qui s'appeloit messire Raoul Elme, qui jadis avoit été nommé le Vert-écuyer, et un écuyer qui s'appeloit Jacques Rollans, pourtant qu'ils s'étoient mis à défense. Mais à Dan Ferrant de Castres ni aux autres on ne fit point de mal; ains demeurèrent prisonniers à monseigneur le Bègue de Vilaines et à messire Yons de Lakonnet.

CHAPITRE CCLV.

Comment le roi Henry demeura paisiblement roi de Castille, et comment messire Lion d'Angleterre mourut en ce temps.

Ainsi fina le roi Dan Piètre de Castille, qui jadis avoit régné en si grand'prospérité; et encore le laissèrent ceux qui occis l'avoient trois jours sur terre; dont il me semble que ce fut pitié pour humanité; et se gaboient les Espaignols de lui. A lendemain le sire de Montiel se vint rendre au roi Henry, qui le reçut et prit à merci, et aussi tous ceux qui se vouloient retourner devers lui. Ces nouvelles s'épandirent par toute Castille, que le roi Dan Piètre étoit mort; si en furent courroucés ses amis et tout réjouis ses ennemis. Quand les nouvelles vinrent au roi de Portugal, que son cousin le roi Dan Piètre étoit mort par telle manière, si en fut durement courroucé, et dit et jura que ce seroit amendé[1]. Si envoya tantôt défiances au roi Henry et lui fit guerre, et tint la marche de Séville une saison contre lui. Mais pour ce ne laissa mie le roi Henry à poursuivir son emprise, et s'en retourna devant Toulette, qui tantôt se rendit et tourna à lui, quand ils sçurent la mort du roi Dan Piètre. Et aussi fit tout le pays; et mêmement le roi de Portugal n'eut mie conseil de longuement tenir la guerre contre le roi Henry. Si en fut fait accord et paix par les moyens des prélats et barons d'Espaigne[2]. Si demeura le roi Henry tout en paix dedans Castelle, et messire Bertran du Guesclin de-lez lui, et messire Olivier de Mauny et les autres chevaliers de France et de Bretagne, auxquels le roi Henry fit grand profit; et moult y étoit tenu; car sans l'aide d'eux il ne fût jà venu à chef de ses besognes. Si fit le dit messire Bertran du Guesclin connétable de toute Castille[3]; et lui donna la terre de Soria, qui bien valoit par an vingt mille francs, et à messire Olivier de Mauny, son neveu, la terre d'Ecrette[4], qui bien valoit aussi dix mille francs, et aussi à tous les autres chevaliers. Si vint te-

[1] Ayala raconte autrement que Froissart la mort de D. Pèdre, et son récit, très défavorable à du Guesclin, a été adopté par plusieurs des historiens espagnols. Un auteur catalan, qui a écrit sur les affaires d'Arragon, fait arriver de la même manière le roi D. Pèdre dans la tente de du Guesclin. On apprend par le même auteur que la cause véritable pour laquelle les grands se déclarèrent contre lui et couronnèrent son frère Henry, qui ne valait certainement pas mieux, c'est que D. Pèdre était inflexible dans l'exécution de la justice, et que, pour réprimer les vols et les brigandages qui furent en effet fort rares sous son règne, il ne craignit pas de faire des exemples terribles contre les nobles.

[1] Fernand, roi de Portugal, avait épousé D. Béatrix, fille de D. Pèdre, qui, par son testament, l'avait déclarée son héritier, au cas où il n'aurait pas d'enfant mâle.

[2] La guerre dura encore près de deux ans entre les rois d'Espagne et de Portugal; ils ne firent la paix que dans le cours de l'année 1371.

[3] Il ne fit vraisemblablement que lui confirmer cette dignité, dont il paraît que du Guesclin avait été revêtu lors de sa première expédition en Espagne, ainsi que Froissart lui-même le rapporte dans le chapitre 204. Quoi qu'il en soit, le roi Henry lui donna, outre Soria, les bourgs et châteaux de Molina, d'Almanza, de Moron, de Montagudo et de Seron, qu'il érigea en duché sous le nom de Molina, par lettres datées de Séville, le 4 mai 1369.

[4] Ce nom serait difficile à reconnaître sans le secours des historiens d'Espagne, qui nous apprennent qu'Olivier de Mauny fut récompensé de ses services par la seigneurie d'Agreda dans la Vieille-Castille.

nir son état à Burgues, et sa femme et ses enfans, en régnant comme roi. De la prospérité et bonne aventure de lui furent moult réjouis le roi de France et le duc d'Anjou, qui moult l'aimoient, et aussi le roi d'Arragon.

En ce temps trépassa de ce siècle, en Ast en Piémont, messire Lion d'Angleterre, qui en celle saison étoit passé outre. Si comme ci-dessus est dit, il avoit pris à femme la fille à monseigneur Galéas, seigneur de Milan. Et pourtant qu'il mourut assez merveilleusement, messire Édouard Despensier, son compagnon, qui là étoit, en fit guerre au dit monseigneur Galéas et le haria et rua jus plusieurs fois de ses gens. En la fin monseigneur le comte de Savoie s'en informa et les mit à accord.

Or reviendrons-nous aux besognes et aux avenues de la duché d'Aquitaine.

CHAPITRE CCLVI.

Comment le roi de France fit lire et examiner les chartres des traités faits entre lui et le roi d'Angleterre.

Vous avez ci-dessus ouï recorder comment le prince étoit informé et conseillé que de élever un fouage en sa terre, dont toutes ses gens se tenoient à trop chargés, et par espécial ceux de Gascogne; car ceux des basses marches de Poitou, de Xaintonge et de la Rochelle, s'y accordèrent assez bien, pourtant qu'ils étoient plus prochains au séjour du prince, et aussi ont été toudis plus obéissans et descendans aux ordonnances de leurs seigneurs, et plus fermes et estables que ceux des lointaines marches. Pour cette chose mettre à l'intention du prince et de son conseil, en furent plusieurs parlemens assemblés à Niort, à Angoulême, à Poitiers, à Bordeaux, à Bergerac; et toudis maintenoient ceux de Gascogne que point n'en payeroient, ni jà en leurs terres courir ne le souffriroient; et mettoient avant que ils avoient ressort en la chambre du roi de France. De ce ressort étoit durement le prince courroucé; et répondoit bien à l'encontre, et disoit que non avoient, et que le roi de France avoit quitté tous ressorts et toutes juridictions quand il rendit les terres à son seigneur de père, ainsi que bien étoit apparent par

[1] Ce prince mourut au mois de septembre 1368, vers la fête de la Nativité de la Vierge, plusieurs mois avant l'époque que Froissart assigne à cet événement.

les traités et chartres de la paix, qui de ce faisoient pleinement et clairement mention, et que nul article de ressort n'y avoient les traiteurs de la paix pour le roi de France réservé. A ce propos répondoient les Gascons, et disoient qu'il n'étoit mie en l'ordonnance et puissance du roi de France, ni oncques ne fut, que il pût quitter du ressort; car les prélats, les barons, les cités et les bonnes villes de Gascogne ne l'eussent jamais souffert ni souffriroient, si il étoit à faire, pour toujours demeurer le royaume de France et le royaume d'Angleterre en guerre. Ainsi étoient en grignes le prince et les seigneurs de Gascogne, et soutenoient chacun son opinion et disoient qu'ils avoient bon droit. Et se tenoient tous cois à Paris, de-lez le roi de France, le comte d'Armignac, le sire de Labreth, le comte de Pierregord, le comte de Comminges et plusieurs autres barons de Gascogne, qui tâtoient et informoient le roi tous les jours, par grand loisir, que le prince, par orgueil et présomption les vouloit suppéditer et élever choses indues en leurs terres, lesquelles ils ne souffriroient jamais êtres faites; et disoient et remontroient au roi qu'ils avoient ressort à lui. Si vouloient que le prince fût appelé en parlement, en la chambre des pairs, sur les griefs et les molestes que il vouloit leur faire. Le roi de France, qui se véoit poursuivi de ces seigneurs de Gascogne, et qui le requéroient de confort et d'aide, comme leur souverain, ou ils se trairoient en autre cour, et disoient qu'il perdroit cette seigneurie, descendoit envis à leur requête, pourtant qu'il sentoit bien que la chose ne pouvoit venir à autre chose que à guerre, laquelle, sans grand titre de raison, il ne vouloit émouvoir. Et encore voyoit-il son royaume trop grévé et trop pressé de compagnies et de ennemis: si étoit son frère le duc de Berry hostagier en Angleterre; si vouloit ces choses faire tout mûrement.

En ce temps étoit revenu en France messire Guy de Ligny, comte de Saint-Pol, sans prendre congé aux Anglois, et par grand'soubtiveté. La matière en seroit trop longue à deviser, je m'en passerai brièvement. Lequel comte héoit tant les Anglois que il n'en pouvoit nul bien dire, et rendoit grand'peine à ce que le roi de France descendît à la prière des Gascons; car bien savoit que si le prince étoit appelé en parlement, ce seroit un mouvement de grand'-

guerre. A l'opinion du comte de Saint-Pol étoient descendans plusieurs prélats, comtes, barons et chevaliers du royaume de France ; et disoient bien au roi que le roi d'Angleterre ni le prince de Galles n'avoient en rien tenu la paix, ni ce qu'ils avoient juré et scellé, selon la teneur des traités, qui furent faits à Bretigny de-lez Chartres et depuis confirmés à Calais ; car les Anglois avoient toujours couvertement et soutivement guerroyé le royaume de France, plus depuis la paix faite que en devant. « Et tout ce que nous vous disons et montrons, vous le trouverez en vérité, si vous faites lire les chartres de la paix, et en quoi le roi d'Angleterre et son ains-né fils le prince de Galles se soumirent par foi et par serment. »

Adonc le roi de France, pour lui mieux informer de vérité et contenter ses gens, et garder les droitures de son royaume, fit mettre avant et apporter en la chambre du conseil, toutes les chartres de la paix, et là les fit lire par plusieurs jours et à grand loisir pour mieux examiner les points et les articles qui dedans étoient [1]. Si en furent vues et lues, ce terme pendant, plusieurs, pour mieux avenir au fond de leur matière ; et entre les autres y en y eut une des soumissions où le roi et son conseil s'arrêtèrent le plus, pourtant qu'elle parloit pleinement et clairement de ce dont il vouloit ouïr parler.

CHAPITRE CCLVII.

Ci s'ensuit la forme de la lettre sur laquelle le roi de France plus se fonda de faire guerre au roi d'Angleterre et au prince de Galles.

Édouard, par la grâce de Dieu roi d'Angleterre, seigneur d'Irlande et d'Aquitaine, à tous ceux qui ces présentes lettres verront, salut. Sachent tous : que en l'accord et paix finale faite entre notre très cher frère le roi de France sont contenus deux articles contenant la forme qui s'ensuit.

Item ; que les dessus dits seront tenus de faire confirmer toutes les choses dessus dites par notre saint père le pape, et seront vallées par serment, sentences, et censures de cour de Rome, et tous autres liens, en la plus forte manière que faire se pourra, et seront impétrées dispensations et absolutions et lettres de la dite cour de Rome

[1] Charles V, qui était effrayé des conséquences d'une guerre avec l'Angleterre, semble n'avoir rien omis pour persuader que la raison était de son côté.

touchant la perfection et accomplissement de ce présent traité ; et seront baillées aux parties au plus tard dedans trois semaines après ce que le roi de France sera arrivé à Calais.

Item ; afin que les choses dessus dites traitées et parlées soient plus fermes et stables et valables, seront faites et données les fermetés qui s'ensuivent ; c'est à savoir, lettres scellées des sceaux des rois et des ains-nés fils d'eux, les meilleures qui pourront être faites et ordonnées par le conseil des dits rois : et jureront les dits rois et leurs ains-nés fils et autres enfans, et aussi les autres des lignages des dits seigneurs et autres grands des royaumes, jusques au nombre de vingt, de chacune partie, qu'ils tiendront et aideront à tenir, pour tant comme à chacun d'eux touche, les dites choses traitées et accordées, et accompliront sans jamais venir au contraire, sans fraude et sans mal engin, et sans faire nul empêchement : et si il avoit aucun du royaume de France ou du royaume d'Angleterre qui fussent rebelles, ou ne voulussent accorder les choses dessus dites, les deux rois ensemble feront tout leur pouvoir de corps, de biens et d'amis, de mettre les dits rebelles en obéissance, selon la forme et teneur du dit traité. Et avec ce se soumettront les deux rois et leurs hoirs et royaumes à la coherción de notre saint père le pape, afin qu'il puisse contraindre par sentences, censures d'église et autres voies dues, celui qui sera rebelle, selon ce qu'il sera de raison. Et parmi les fermetés et sûretés dessus dites, renonceront les deux rois, pour eux et leurs hoirs, par foi et serment, à toutes guerres et procès de fait. Et si par désobéissance, rébellion ou puissance d'aucuns sujets du royaume de France, le roi de France ou ses hoirs ne pouvoient accomplir toutes les choses dessus dites, le roi d'Angleterre, ses hoirs, ni son royaume, ou aucuns pour eux, ne feront ou devront faire guerre contre le roi de France, ses hoirs, ni son royaume ; mais tous ensemble s'efforceront de mettre les dits rebelles en obéissance, et d'accomplir les choses dessus dites. Et aussi si aucuns du royaume et obéissans du roi d'Angleterre ne vouloient rendre les châteaux, villes ou forteresses qu'ils tiennent au royaume de France, et obéir au traité dessus dit, ou par juste cause ne pourrait accomplir ce qu'il doit faire par ce présent traité, le roi de France ni ses hoirs ou aucuns pour eux ne feront point de guerre au roi d'Angleterre ni à son royaume, mais les deux rois feront leur pouvoir de recouvrer les châteaux, villes et forteresses dessus dites, et que toute obéissance et accomplissement soient faits aux traités dessus dits. Et seront aussi faites et données d'une partie et d'autre, selon la nature du fait, toutes manières de fermetés et sûretés que on pourra et saura l'en deviser, tant par le pape et le collége de la cour de Rome, comme autrement, pour tenir et garder perpétuellement la paix et toutes les choses pardessus accordées. Et nous, désirant avoir et nourrir perpétuelle paix entre nous et notre dit frère et le royaume de France, avons renoncé et par ces présentes renonçons à toutes guerres et autres procès de fait contre notre dit frère, ses hoirs et successeurs, et le royaume de France et ses sujets, et promettons et jurons, et juré avons, sur le corps Jésus-Christ pour nous, nos hoirs et successeurs, que nous ne ferons, ni viendrons, ni faire venir souffrirons par fait ou par parole contre cette présente renonciation et contre aucune des choses contenues ès dessus dits articles. Et si nous faisons ou souffrons être fait le contraire par quelconque manière, ce que Dieu ne veuille, nous voulons être tenu et réputé pour faux, mauvais et parjure, et encourre tel blâme et diffame comme roi sacré doit encourre en tel cas. Et renonçons à impétrer toutes dispensations et absolutions du pape ou d'autres contre le dit serment, et si impétrée étoit, nous voulons qu'elle soit nulle et de nulle valeur, et que nous ne nous en puissions aider en aucune manière; et pour tenir plus fermement les choses dessus dites, soumettons nous, nos hors et successeurs à la juridiction et cohercion de l'église de Rome, et voulons et conservons que notre saint père le pape confirme toutes ces choses en donnant monitions et mandemens généraux d'icelles contre nous, nos hoirs et successeurs, et contre nos sujets, soient communes, universités, colléges, ou personnes singulières quelconques, et en donnant sentences généraux d'excommuniement, de suspension ou d'interdit, pour être encourus pour nous ou pour eux, sitôt comme nous ou eux ferons ou attempterons le contraire, en occupant villes, forteresses, ou châteaux, ou autres choses quelconques faisant, ratifiant ou agréant, ou en donnant conseil,

confort, faveur, ni aide celéement ou en appert contre les choses dessus dites. Et avons fait semblablement par notre très cher et ains-né fils Édouard, prince de Galles, jurer les dites choses, et par nos fils puis-nés, Lyonnel, comte d'Ulnestre, et Jean, comte de Richemont [1], et Aymon de Langley, et nos très chers cousins messire Philippe de Navarre, et les ducs de Lancastre et de Bretagne, les comtes de Stafford et de Sallebery, le sire de Mauny, Gui de Brianne, Regnault de Gobehen, le captal de Buch, le seigneur de Montferrant, James d'Audley, Roger de Beauchamp, Jean Chandos, Raoul de Ferriers, Édouard le Despensier, Thomas et Guillaume de Felleton, Eustache d'Aubrecicourt, Franque de Halle, Jean de Moutbray, Barthelemy de Bruhes, Henry de Persy, Nichole de Tambourne, Richard de Stafford, Guillaume de Grandeson, Raoul Speingreniel, Gastonnet de Grailli et Guillaume de Bourtonne, chevaliers, et ferons aussi jurer semblablement, au plus tôt que nous pourrons bonnement, nos autres enfans et la plus grand'partie des prélats des églises, comtes, barons et autres nobles de notre royaume. En témoin de laquelle chose nous avons fait mettre notre scel à ces présentes. Données en notre ville de Calais l'an de grâce 1360, le vingt quatrième jour du mois de octobre.

CHAPITRE CCLVIII.

Comment les prélats et les barons de France dirent au roi Charles qu'il avoit juste cause de faire guerre au roi d'Angleterre et au prince son fils.

Entre les autres lettres qui avoient été données tant à Bretigny de-lez Chartres, comme en la ville de Calais, quand le roi Jean se y tenoit au temps dessus dit, fut cette lettre adonc du roi Charles son ains-né fils, très bien levée et grandement et à loisir examinée et visitée, présens les plus espéciaux de son conseil. Et là disoient bien les prélats et les barons de France, qui à ce conseil étoient appelés, que le roi d'Angleterre ni le prince de Galles ne l'avoient en rien tenue ni accomplie : mais pris avoient forts, châteaux et villes, et séjourné et demeuré au dit royaume à grand dommage, rançonné et pillé le peuple, pourquoi le paiement de la rédemp-

[1] Edmond Langley, comte de Cambridge, fils d'Édouard III.

tion du roi étoit encore ou en partie à payer; et que sur ce et par ce point le roi de France et ses sujets avoient bon droit et juste cause de briser la paix et de guerroyer les Anglois, et eux tollir l'héritage que ils tenoient deçà la mer. Encore fut adonc dit au roi secrètement et par grand'délibération : « Cher sire, entreprenez hardiment la guerre, vous y avez cause, et sachez que sitôt que vous l'aurez entreprise, vous verrez et trouverez que les trois parts du pays de la duché d'Aquitaine se tourneront devers vous, prélats, comtes, barons, chevaliers et écuyers, et bourgeois de bonnes villes. Veci pourquoi et comment : le prince procède à élever ce fouage, dont pas ne viendra à chef, mais en demeurera en la haine et malveillance de toutes personnes. Et sont ceux de Poitou, de Xaintonge, de Quersin, de Limosin, de Rouergue, de la Rochelle, de telle nature qu'ils ne peuvent aimer les Anglois, quelque semblant qu'ils leur montrent. Et les Anglois aussi, qui sont orgueilleux et présomptueux, ne les peuvent aussi aimer, ni ne firent-ils oncques, et encore maintenant moins que oncques : mais les tiennent en grand dépit et vileté. Et ont les officiers du prince si surmonté toutes gens en Poitou, en Xaintonge et en la Rochelle, qu'il prennent tout en abandon : et y font si grands levées, au titre du prince, que nul n'a rien ou sien. Avec ce, tous les gentilshommes du pays ne peuvent venir à nul office ; car tout emportent les Anglois et les chevaliers du prince. »

Ainsi étoit, tard et tempre, le roi de France induit et conseillé à mouvoir guerre. Et mêmement le duc d'Anjou, qui pour le temps se tenoit en la cité de Toulouse, y mettoit grand'peine et désiroit moult que la guerre fût renouvelée, comme celui qui ne pouvoit aimer les Anglois, pour aucunes déplaisances que au temps passé lui avoient faites. D'autre part, les Gascons soigneusement disoient au roi de France : « Cher sire, nous tenons à avoir notre ressort en votre cour ; si vous supplions que vous nous faites droit et loi, si comme votre cour est la plus droiturière du monde, du prince de Galles, sur les grands griefs qu'il nous veut faire et à nos gens; et si vous nous faillez de faire droit, nous nous pourchasserons ailleurs, et rendrons et mettrons en cour de tel seigneur qui nous fera avoir raison, et vous perdrez votre seigneurie. » Le roi de France, qui enuis eût ce perdu, car à grand blâme et préjudice lui fût tourné, leur répondit moult courtoisement que jà par faute de loi et de conseil ils ne se trairoient en autre cour que en la sienne ; mais il convenoit user de telles besognes par grand avis[1]. Ainsi les déme-

[1] Les manuscrits de la Bibliothèque du Roi 8323 et 8343, qui contiennent l'abrégé d'une partie du premier livre de Froissart, renferment aussi quelques pièces intéressantes insérées à la fin du volume et séparées par un espace qu'on a laissé en blanc. De ce nombre est l'acte suivant, passé au sujet de cet appel entre le roi de France et quelques-uns des nobles de la Guyenne.

« Cy ensuivent les convenances que firent ensemble le roi de France Charles le Quint et le comte d'Armagnac et autres nobles du pays de Guienne meus à cause des appellacions faictes contre le prince de Galles, duc de Guienne.

« Premièrement que ou cas que par la dicte appellation recevoir les dits rois d'Angleterre ou le prinche de Galles son filz nous feroient guerre ou au dit appelant, ce que faire ne debvroient consideré la dicte paix, nous ne ferons point les rénunciations ou ressors ou souveraineté de la duché de Guienne, ne des aultres qui ont été baillés et délivrés au dit roy d'Angleterre à cause de la dicte paix, ne jamais ou temps advenir nous ne nos successeurs ou cas dessus dits ne ferons les dictes renunciations sans le consentement des dits appellans ou de leurs successeurs et ce leur avons nous promis et promettons au dit conte en bonne et loiale foi et en parolle de roy.

Item aussi que le dit appellant ou cas dessus-dit ne le pourra delessier de son appel ne entrer en l'obéissance du roy d'Angleterre ou de son filz le prince se ce n'estoit de notre accort et consentement et ne pourra consentir comme dit est sans notre consentement et volenté que les dits roy d'Angleterre ou le prinche aient le derrain ressort de la souveraineté roiaulx de lui ne de son païs, et aussi le dit conte et Jehan d'Armignac son filz le nous ont juré en notre présence sur sainctes évangiles et sur la vraie croix.

Item le dit conte d'Armignac appellant ne pourra faire aucun pact traittié ou accord ne treves quelconques pour luy ses adhérents ne pour les païs sans notre consentement ou de celui qui pour le temps sera pour nous sur le païs, ne nous feron paix, trèves, pacts ne aultres acors avec le dit prinche ou aultre aidans sans ce que les appellans y soient compris.

Item nous avons promis au dit conte d'Armignac en bonne foy et en parolle de roy que ou cas dessus dit, c'est assavoir la dicte appellation faicte et la guerre pour ce commenchée ou continuée après l'appel celle que seroit commenchée et par nous l'appel receu donnés rescrips ou inhibitions nous ne ferons le renunciations dessus dictes sans le consentement du dit conte.

Item le dit conte et Jehan d'Armignac son filz ont juré en notre présence que l'appellation dessus dicte faite receue et guerre pour ce commenchée ou continuée comme dit est après l'appel par nous receue et donnés rescrips, etc., etc., et la renonciation non faitte ilz ne leurs hoirs ne successeurs n'entreront jamais en l'obéissance du roy d'Angleterre ne du prinche ne ne renoncheront sans

na-t-il près d'un an, et les fesoit tenir tous cois à Paris; mais il payoit leurs frais et leur donnoit encore grands dons et grands joyaux, et toudis enquéroit secrètement si la paix étoit brisée entre lui et les Anglois, et si ils la maintiendroient. Et ils répondoient que jà de la guerre au lez de delà ne lui faudroit ensoinnier; car ils étoient assez forts pour guerroyer le prince et sa puissance. Le roi, de l'autre côté, tâtoit aussi tout bellement et secrètement ceux d'Abbeville et de Ponthieu, quels ils les trouveroit, et s'ils demeureroient Anglois ou François. Ceux d'Abbeville ne désiroient autre chose que d'être François, tant haioient-ils les Anglois. Ainsi acquéroit le roi de France amis de tous lez; car autrement il n'eût osé faire ce qu'il fit.

En ce temps fut né, par un advent, Charles de France, ains-né fils au roi de France, l'an 1368[1] dont le royaume fut tout réjoui. En devant ce avoit été né Charles de Labreth, fils au seigneur de Labreth. De la nativité de ces deux enfans, qui étoient cousins germains, fut le royaume reslescié et par espécial le roi de France.

notre licence et consentement à l'appellation par eulx faicte ne ne consentiront que le roy d'Angleterre ou le prinche aient la derraine souveraineté ou ressort d'eulx ne de leurs terres et païs se ce n'estoit de notre consentement ou de nos successeurs roys de France qui pour le temps seront.

Item et plusieurs de nos conseillers des queulx noms sont escrips cy après avons fait jurer en notre présence qu'ils ne nous conseilleront aultrement ne ne consentiront que ou cas dessus dicts c'est assavoir la dite appellation faicte et recheue nous fachons les renunciations et ressors et souveraineté dessus dits sans le consentement du dit conte appellant ou de leurs hoirs et successeurs c'est assavoir l'archevesque de Sens, le chancelier de France, l'évesque de Coutances, l'évesque de Chartres, l'évesque de Nevers, l'évesque de Paris, Pierre de Villiers, chevalier; Pierre d'Olmont, chevalier; l'abbé de Clugny, le duc de Berry et de Bourgoingne, le comte d'Estampes, le conte de Tanquerville, Simon de Bucy, le seigneur de Godenay, le seigneur de Bignay, maistre Pierre d'Orgemont, maistre Jacques Dandice, Anceau Choquart, maistre Jehan des Mares, Jehan de Rye, chevalier, et Guillaume de Dormans, chancellier du Dauphiné; Loys de Sanssere, maréchal; le conte de Monthyon, Pierre Davoir, chevalier; Françoys de Perilleux, chevalier; Bureau de la Rivière, Nicholas Braque, Pierre de Thenneuse, Philippe de Smosy, le prévost de Paris, le doyen de Paris, Alphons Charrier, le grand prieur de France, le maistre des albalestriers et Charles de Poitiers, chevalier.

[1] Cet enfant, qui fut depuis roi sous le nom de Charles VI, naquit à Paris, le 3 décembre, premier dimanche de l'Avent.

CHAPITRE CCLIX.

Comment le roi de France envoya ajourner le prince par un appel en la chambre des pairs à Paris contre les barons de Gascogne.

Tant fut le roi de France conseillé et ennorté de ceux de son conseil et soigneusement supplié des Gascons que un appeau fut fait et formé, pour aller en Aquitaine appeler le prince de Galles en parlement à Paris. Et s'en firent le comte d'Armagnac, le sire de Labreth, le comte de Pierregord, le comte de Commynges, le vicomte de Carmaing, le sire de la Barde, messire Bertrau de Terride, le sire de Pincornet et plusieurs autres, cause et chef. Et contenoit le dit appel comment sur grands griefs, dont iceux seigneurs se plaignoient que le prince de Galles et d'Aquitaine vouloit faire à eux et à leurs terres, ils appeloient et en traioient à ressort au roi de France, lequel, si comme le son droit, ils avoient pris et ordonné pour leur juge.

Quand le dit appel fut bien fait, écrit et formé, et bien corrigé et examiné au mieux que les sages de France sçurent et purent faire, et plus doucement toutes raisons gardées, on chargea à un clerc de droit bien enlangagé pour mieux exploiter de la besogne[1], et à un chevalier de Beauce que on appeloit messire Capponnel de Chaponval. Ces deux, en leur arroy et avec leurs gens, se départirent de Paris et se mirent au chemin par devers Poitou, et exploitèrent tant par leurs journées qu'ils passèrent Berry, Touraine, Poitou et Xaintonge, et vinrent à Blayes, et là passèrent la rivière de Garonne et arrivèrent à Bordeaux, où le prince et madame la princesse pour le temps de lors se tenoient plus que autre part. Et partout disoient les dessus dits que ils étoient messagers au roi de France. Si étoient et avoient été partout les bien-venus, pour la cause du dit roi de qui ils se renommoient. Quand ils furent entrés en la cité de Bordeaux, ils se trairent à hôtel; car jà étoit

[1] Le sénéchal de Toulouse, que le roi avait nommé commissaire sur le fait des appellations, fut chargé de faire signifier au prince de Galles les sauvegardes que le roi avait accordées aux appelans aux mois d'octobre et de novembre 1368, et de faire citer le prince au tribunal des pairs ou au parlement. Le sénéchal choisit pour cette commission Bernard Palot, juge criminel de Toulouse, et Jean de Chaponval, qui s'en acquittèrent comme on le verra ci-après.

tard, environ heure de vêpre. Si se tinrent là tout ce jour jusques à lendemain, que à heure compétenté ils s'en vinrent vers l'abbaye de Saint-André, où le dit prince se logeoit et tenoit son hôtel. Les chevaliers et les écuyers du prince les recueillirent moult doucement, pour la révérence du roi de France de qui ils se renommoient. Et fut le dit prince informé de leur venue, et les fit assez tôt traire avant. Quand ils furent parvenus jusques au prince, ils s'inclinèrent moult bas, et le saluèrent, et lui firent toute révérence, ainsi comme à lui appartenoit, et que bien le savoient faire, et puis lui baillèrent lettres de créance. Le prince les prit et les lut, et puis leur dit : « Vous nous soyez les bien-venus ! or nous dites avant ce que vous voulez dire. » — « Très cher sire, dit le clerc de droit, veci unes lettres qui nous furent baillées à Paris de notre sire le roi de France, lesquelles nous promîmes par nos fois que nous publierions en la présence de vous ; car elles vous touchent. » Le prince lors mua couleur, qui adonc fut tout émerveillé que ce pouvoit être ; et aussi furent aucuns chevaliers qui de-lez lui étoient ; néanmoins il se refréna, et dit : « Dites ; dites ; toutes bonnes nouvelles oyons-nous volontiers. » Adonc prit le dit clerc la lettre, et la lut de mot à mot, laquelle lettre contenoit :

CHAPITRE CCLX.

Ci s'ensuit la forme de l'appel que les barons de Gascogne firent faire contre le prince de Galles.

Charles, par la grâce de Dieu roi de France, à notre neveu le prince de Galles et d'Aquitaine, salut. Comme ainsi soit que plusieurs prélats, barons, chevaliers, universités, communes et collèges des marches et limitations de Gascogne, demeurans et habitans ès bondes de notre royaume, avec plusieurs autres de la duché d'Aquitaine, se soient traits en notre cour, pour avoir droit sur aucuns griefs et molestes indues, que vous par foible conseil et simple information leur avez proposé à faire, de laquelle chose nous sommes tout émerveillés. Donc pour obvier et remédier à ces choses, nous nous sommes ahers avec eux et aherdons, tant que, de notre majesté royale et seigneurie, nous vous commandons que vous venez en notre cité de Paris en propre personne, et vous montrez et présentez devant nous en notre chambre des pairs, pour ouïr droit sur les dites complaintes et griefs émus de par vous à faire sur votre peuple qui clame à avoir ressort en notre cour, et à ce n'y ait point de défaut, et soit au plus hâtivement que vous pourrez, après ces lettres vues. En témoin de laquelle chose nous avons à présentes mis notre scel. Données à Paris le vingt cinquième jour du mois de janvier.

CHAPITRE CCLXI.

Comment le prince de Galles fit mettre en prison ceux qui avoient porté l'appel contre lui.

Quand le prince de Galles eut ouï lire cette lettre, si fut plus émerveillé que devant, et crola la tête et regarda de côté sur les dessus dits François ; et quand il eut un petit pensé, il répondit par telle manière : « Nous irons volontiers à notre ajour à Paris, puisque mandé nous est du roi de France, mais ce sera le bassinet en la tête et soixante mille hommes en notre compagnie. » Donc s'agenouillèrent les deux François qui là étoient, et dirent : « Cher sire, pour Dieu merci, ne prenez mie cet appel en trop grand dépit, ni en trop grand courroux ; nous sommes messagers envoyés de par notre seigneur le roi de France à qui nous devons toute obéissance, si comme les vôtres vous doivent, et nous convint par commandement apporter cet appel, et tout ce que vous nous chargerez, nous le dirons volontiers au roi notre seigneur. » — « Nennil, dit le prince, je ne vous en sais nul maugré, fors à ceux qui ci vous envoient. Et votre roi n'est pas bien conseillé, qui se ahert avec nos sujets et se veut faire juge de ce dont à lui n'appartient rien, ni où il n'a point droit ; car bien lui sera montré que au rendre et mettre en la saisine de monseigneur mon père ou ses commis de toute la duché d'Aquitaine, il en quitta tous les ressorts. Et tous ceux qui ont formé leur appel contre moi n'ont autre ressort que en la cour d'Angleterre de monseigneur mon père ; et ainçois qu'il soit autrement, il coûtera cent mille vies. »

A ces paroles se départit le prince d'eux et entra en une chambre ; si les laissa là tous cois ester. Adonc vinrent chevaliers Anglois avant et leur dirent : « Seigneurs, partez de cy et retournez à votre hôtel ; vous avez bien fait ce pourquoi vous êtes venus, vous n'aurez autre réponse que celle que vous avez eue. » Lors se départirent le chevalier et le clerc, et retournèrent en leur hôtel et là dînèrent, et tantôt après dîner ils troussèrent et montèrent à cheval, et se départirent de Bordeaux et se mirent au chemin pour revenir vers Toulouse et rapporter au duc d'Anjou ce qu'ils avoient exploité.

Le prince de Galles, ci comme ci-dessus est dit, étoit tout mérencolieux de cet appel que on lui avoit fait; aussi étoient ses chevaliers, et voulsissent bien, et le conseilloient au prince, que les deux messagers qui l'appel avoient apporté fussent occis pour leur salaire; mais le prince les en défendoit. Si avoit-il sur eux mainte dure imagination; et quand on lui dit qu'ils étoient partis et qu'ils tenoient le chemin de Toulouse, il appela messire Thomas de Felleton, le sénéchal de Rouergue[1], messire Richard de Pontchardon, messire Thomas de Percy, et son chancelier l'évêque de Bathe, et leur demanda : « Ces François qui s'en revont emportent-ils sauf-conduit de moi? » Les dessus dits répondirent qu'ils n'en avoient ouï nulles nouvelles : « Non, dit le prince qui crola la tête : ce n'est pas bon qu'ils se partent si légèrement de notre pays, et voisent recorder leurs jangles et leurs bourdes au duc d'Anjou qui nous aime tout petit, et qu'ils disent comment ils m'ont ajourné en mon hôtel même. Aussi, tout considéré, ils sont plus messagers à mes sujets, le comte d'Armignac, le sire de Labreth, le comte de Pierregord, et celui de Comminges et de Carmaing, qu'ils ne sont au roi de France : si que, à leur contraire, et pour le dépit qu'ils nous ont fait et empris à faire, nous accordons bien qu'ils soient retenus et mis en prison. »

De ces paroles furent ceux du conseil du prince tout joyeux, et dirent ainsi, que on y avoit trop mis au faire. Tantôt en fut chargé le sénéchal d'Agénois, qui s'appeloit messire Guillaume le Moine, un moult appert chevalier d'Angleterre, lequel monta tantôt à cheval avec ses gens, et se départit de Bordeaux, et poursuivit tant, en lui hâtant, les François, que il les raconsui sur la terre d'Agénois. Si les arrêta et mit main à eux d'office, et trouva autre cautelle que du fait du prince; car en eux arrêtant il ne nomma point le prince, mais dit que leur hôte du soir s'étoit plaint d'un cheval que on lui avoit changé en son hôtel. Le chevalier et le clerc furent tout émerveillés de ces nouvelles et s'en excusèrent moult; mais pour excusation qu'ils fissent ils ne purent être desarrêtés : ains en furent menés en la cité d'Agen, et là mis en prison au châtel. Et laissèrent bien les Anglois partir aucuns de leurs garçons, qui retournèrent en France au plus tôt qu'ils purent, et passèrent parmi la cité de Toulouse, et recordèrent au duc d'Anjou l'affaire ainsi qu'il alloit, qui n'en fut mie trop courroucé, pourtant qu'il se pensoit que c'étoit commencement de guerre et de haine; et se pourvut et avisa couvertement selon ce.

Les nouvelles vinrent au roi de France, car les varlets y retournèrent, qui recordèrent tout ce qu'ils avoient vu et ouï dire à leurs maîtres de l'état et convenant du prince. De la quelle avenue le roi fut moult courroucé, et le tint en grand dépit; et s'avisa selon ce, et sur les paroles que le prince avoit dites, qu'il viendroit à son ajour, contre l'appel qui fait étoit, personnellement, le bassinet en la tête et soixante mille hommes en sa compagnie[1].

CHAPITRE CCLXII.

Comment le duc de Berry et plusieurs seigneurs de France qui étoient en otage en Angleterre s'en retournèrent en France.

De cette réponse grande et fière n'en pensèrent mie le roi de France ni son conseil moins,

---

[1] Quelques manuscrits et les imprimés ajoutent : « De cette réponse grande et fière ne pensa mie moins le roi de France. Si s'ordonna moult subtilement et sagement comme à commencer si grand et pesant fait de guerre. Car à la vérité, ce lui étoit un moult grief faix que d'émouvoir le roi d'Angleterre et sa puissance contre qui ses prédécesseurs avoient tant labouré au temps passé, comme cette histoire en fait mention. Mais, au nom de Dieu, il étoit si fort requis des hauts barons de Guyenne et d'autre part, qui lui montroient les extorsions des Anglois et les grands dommages qui à cause de ce advenoient et pouvoient advenir au temps futur, que nullement ne pouvoit dissimuler, jà-soit-ce-que moult lui grévât de recommencer guerre, quand il se mettoit à penser et à considérer la destruction du povre peuple, qui jà par si long-temps avoit duré, et le danger et les opprobres aussi qui avoient été sur les nobles de son royaume à cause des guerres passées. »
Ainsi finit le chapitre. Le suivant commence par la répétition de cette phrase : *De cette réponse grande et fière*, etc., ce qui prouve assez, ce me semble, que ce morceau, qu'on ne trouve d'ailleurs dans aucun des bons manuscrits, est une addition de quelque copiste.

---

[1] Le sénéchal de Rouergue s'appelait sir Thomas Wake.

et se ordonnèrent et pourvurent selon ce grandement, coiement, et couvertement. Adoncques étoit retourné en France d'Angleterre, par la grâce que le roi d'Angleterre lui avoit faite, messire Jean de France duc de Berry[1], et avoit congé un an. Si se dissimula et porta si bellement que oncques puis n'y retourna, et prit tant d'excusations et d'autres moyens que la guerre fut ouverte, si comme vous orrez assez briévement.

Aussi messire Jean de Harecourt étoit retourné en son pays, et lui avoit le dit roi d'Angleterre fait grâce à la prière de monseigneur Louis de Harecourt son oncle, qui étoit de Poitou et pour le temps des chevaliers du prince; lequel comte de Harecourt eut une maladie qui trop bien lui chut à point; car elle lui dura tant que la guerre fut toute renouvelée, pourquoi oncques puis ne rentra en Angleterre. Guy de Blois, qui pour le temps étoit un jeune écuyer et frère au comte de Blois, s'étoit délivré franchement d'Angleterre; car quand il aperçut que le roi de France, pour qui il étoit en otage, ne le délivreroit point, il fit traiter devers le seigneur de Coucy, qui avoit à femme la fille du roi d'Angleterre, et qui tenoit à ce jour grand revenue en Angleterre, de par sa femme, assignée sur les coffres du roi. Si se porta si bien traité et accord entre le dit roi et le seigneur de Coucy son fils et Guy de Blois, que le dit Guy, par la volonté et consentement de ses deux frères Louis et Jean, et l'accord du roi de France, résigna purement et absolument, ès mains du roi d'Angleterre, la comté de Soissons, laquelle comté le dit roi d'Angleterre rendit et donna à son fils le seigneur de Coucy; et parmi ce, le seigneur de Coucy le quitta de quatre mille livres de revenue par an. Ainsi se firent ces pactions et convenances. Le comte Pierre d'Alençon, aussi par grâce que le roi lui avoit faite, étoit retourné en France, où il demeura tant et trouva plusieurs excusations, que oncques depuis il ne retourna en otage dont il étoit parti. Mais je crois bien que en la fin il paya trente mille francs pour sa foi acquitter. Par avant ce en étoit trop bien chu au duc Louis de Bourbon, qui pour cette cause étoit en otage en Angleterre; car, par grâce que le roi lui avoit faite, il étoit retourné en France.

Donc il avint, pendant le temps qu'il étoit en France et à Paris de-lez le roi son serourge, que l'évêque de Wincestre, chancelier d'Angleterre, trépassa de ce siècle. Et en ce temps régnoit en Angleterre un prêtre qui s'appeloit messire Guillaume Wikans. Icelui messire Guillaume étoit si très bien en la grâce et amour du roi d'Angleterre que par lui étoit tout fait, ni sans lui l'en ne faisoit rien. Quand icelui office de chancellerie et le dit évêché furent vacans, tantôt le roi d'Angleterre, par l'information et prière du dit Wikans, escripst au duc de Bourbon qu'il vousist tant pour l'amour de lui travailler, qu'il allât devers le saint père le pape Urbain, pour impétrer pour son chapelain l'évêché de Wincestre, et il lui seroit courtois à sa prison. Quand le duc de Bourbon vit les messagers du roi d'Angleterre et ses lettres, il en fut moult réjoui : si montra toute l'affaire au roi de France, et ce de quoi le roi d'Angleterre et messire Guillaume Wikans le prioient. Le roi lui conseilla d'aller devers le pape; si se partit le dit duc à son arroy; et exploita tant par ses journées qu'il vint à Avignon où le pape Urbain pour le temps se tenoit; car encore n'étoit-il point parti pour aller à Rome[1]. Auquel saint père le duc de Bourbon fit sa prière, à laquelle le pape descendit, et donna au dit duc l'évêché de Wincestre pour en faire à sa volonté : et s'il trouvoit tel le roi d'Angleterre qu'il lui fût courtois et aimable à sa composition pour sa délivrance, il vouloit bien que le dit Wikans eût le dit évêché. Sur ce retourna le duc de Bourbon en France et puis en Angleterre, et traita de sa délivrance devers le roi et son conseil, ainçois qu'il voulût montrer ses bulles. Le roi, qui moult aimoit ce Wikans, fit tout ce qu'il voult, et fut le dit duc de Bourbon quitte de sa prison. Mais encore il paya vingt mille francs, et messire Guillaume Wikans demeura évêque de Wincestre et chancelier d'Angleterre. Ainsi se délivrèrent les seigneurs de France qui étoient otagers en Angleterre.

Or revenons au fait de Gascogne, où les guerres commencèrent premièrement pour cause de l'appel et du ressort.

---

[1] Le duc de Berry, le comte d'Alençon, le duc de Bourbon et la plupart des seigneurs dont Froissart parle dans ce chapitre, étoient revenus en France avec la permission du roi d'Angleterre, dès l'année 1367.

[1] Urbain V partit pour Rome le dernier avril 1367

CHAPITRE CCLXIII.

Comment le comte de Pierregord, le vicomte de Carmaing, et autres barons de Gascogne, déconfirent le sénéchal de Rouergue.

Vous devez savoir que le prince de Galles prit en grand dépit l'ajournement que on lui avoit fait à être à Paris; et bien étoit son intention, selon la réponse qu'il avoit dite et faite aux messagers du roi, que, sur l'été qui venoit, il viendroit tenir son siége et remontrer sa personne à la fête du Lendit[1]. Et envoya tantôt devers les capitaines des compagnies Anglois et Gascons qui étoient de son accord, et lesquels se tenoient sur la rivière de Loire, que ils n'éloignassent mie trop : car bref il en auroit à faire et les embesogneroit. Desquelles nouvelles le plus des compagnies furent tout joyeux. A ce n'eût point le prince failli; mais il aggrévoit de jour en jour d'enflure et de maladie, laquelle il avoit prise en Espagne; dont ses gens étoient tout ébahis; car déjà ne pouvoit-il point chevaucher. Et de ce étoit le roi de France tout informé, et de l'état et l'affaire de lui, et avoit par recette toute sa maladie. Si le jugeoient les médecins et cyrurgiens de France plein d'hydropisie et de maladie incurable.

Assez tôt après la prise de Caponnel de Chaponval et du clerc de droit, qui furent pris et arrêtés de messire Guillaume le Moine et menés prisonniers en la cité d'Agen, si comme dessus est dit, le comte de Comminges, le comte de Pierregord, le vicomte de Carmaing avec monseigneur Bertran de Terride, le seigneur de la Barde et le seigneur de Pincornet, qui se tenoient en leurs terres, prirent en grand dépit des dessus dits messagers la prise; car au nom d'eux et pour eux ils avoient eu ce dommage. Si se avisèrent que ils se contrevengeroient et ouvriroient la guerre par aucun lez et reprendroient des gens du prince; car si grand dépit ne faisoit mie à souffrir. Si entendirent que messire Thomas de Wakefaire devoit chevaucher à Rodès pour entendre à la forteresse, et se tenoit à Villeneuve d'Agénois, et devoit partir de là à soixante lances tant seulement. Quand les dessus dits entendirent ces nouvelles, si en furent tout joyeux, et se mirent en embûche sur le dit messire Thomas, trois cents lances en leur compagnie : si que au dehors de Montalban, environ deux lieues, ainsi que le dit sénéchal de Rouergue chevauchoit à soixante lances et deux cents archers, cette grosse embûche de Gascons leur saillit au-devant. Les Anglois furent tous ébahis, qui ne se donnoient garde de cette embûche. Toutes voies ils se mirent à défense bien et faiticement. Mais les François, qui étoient pourvus de leur fait, les envahirent et assaillirent fièrement; et là en eut de première encontre grand'foison de rués par terre. Et ne purent les dits Anglois lors porter le faix, ni souffrir les Gascons de Pierregord, de Comminges et de Carmaing. Si se ouvrirent et déconfirent et tournèrent le dos. Et là en y cut grand'foison de morts et de pris; et convint le dit messire Thomas fuir; autrement il eût été pris. Si se sauva à grand'peine et à grand meschef par la bonté de son coursier, et s'en vint bouter en la garnison de Montalban. Là fut-il à sauveté. Les dessus dits François retournèrent en leur pays : si emmenèrent leurs prisonniers et leurs conquêts.

Ces nouvelles vinrent tantôt au prince, qui se tenoit pour le temps en Angoulême, comment son sénéchal de Rouergue avoit été rué jus du comte de Pierregord et de ceux qui l'avoient fait appeler en la chambre des pairs à Paris. De cette avenue fut durement courroucé, et dit bien que ce seroit amendé chèrement et hâtivement sur ceux et leurs terres qui cet outrage avoient fait. Si escripsit tantôt le prince devers messire Jean Chandos, qui se tenoit en Cotentin à Saint-Sauveur le Vicomte, en lui mandant que, ces lettres vues, il se tirât, sans point de délai, avant. Le dit messire Jean Chandos voult obéir et se hâta du plus tôt qu'il put, et s'en vint en Angoulême devers son seigneur le prince qui le reçut à grand'joie. Et tantôt le dit prince l'envoya, à grand'foison de gens d'armes et d'archers, en la ville de Montalban, pour l'affaire aux Gascons François qui multiplioient tous les jours et couroient sur la terre du prince. Le dit messire Thomas de Wakefaire, sénéchal de Rouergue, se recueillit au mieux qu'il put, et s'en vint à Rodès, et pourvut et rafraîchit grandement la cité et aussi la ville et le châtel de la Milau[1]

---

[1] La foire de Landi s'ouvrait au mois de juin, le mercredi d'avant la Saint-Barnabé et Saint-Benoît dans la plaine Saint-Denis. Elle ne fut transportée dans Saint-Denis même qu'en 1444.

[1] Millau ou Milhaud, ville de Rouerge sur le Tarn.

sur les marches de Montpellier, et partout mit gens d'armes et archers.

Messire Jean Chandos, qui se tenoit à Montalban, tint là franchement la marche et la frontière contre les François, avec les autres barons et chevaliers que le prince y envoya, tels que monseigneur le captal de Buch, les deux frères de Pommiers, messire Jean et messire Hélie, le soudich de l'Estrau[1], le sire de Partenay, le sire de Pons, messire Louis de Harecourt, le seigneur de Poiane, le seigneur de Tonnai-Boutone, monseigneur Richard de Pont-Chardon. Si faisoient souvent des issues, iceux chevaliers et leurs routes, sur les gens du comte d'Armignac et le sire de Labreth, qui illec faisoient aussi la frontière, et le comte de Pierregord, le comte de Comminges, le vicomte de Carmaing, le sire de Téride, le sire de la Barde, et plusieurs autres tous d'une alliance. Si gagnoient les uns, puis les autres, ainsi que telles aventures aviennent en faits d'armes.

Encore se tenoit le duc d'Anjou tout coi, qu'il ne se mouvoit pour chose qu'il ouït dire, car le roi de France son frère lui avoit défendu qu'il ne fît point de guerre au prince de Galles, jusques à tant qu'il orroit et auroit certaines nouvelles de lui. Car il vouloit savoir avant comment les Gascons se maintiendroient contre le prince.

CHAPITRE CCLXIV.

Comment le roi de France retraist devers lui plusieurs capitaines de compagnies ; et comment il envoya défier le roi d'Angleterre.

Le roi de France, toute celle saison, secrètement et soubtivement avoit retrait plusieurs capitaines de compagnies, Gascons et autres, qui s'étoient partis des Anglois et étoient montés contre mont la rivière de Loire sur les marches de Berry et d'Auvergne, et les consentoit là le roi de France à vivre et à demeurer. Mais point ne se nommoient encore ces compagnies François, car le roi de France ne vouloit mie être nommé, par quoi il perdesist son fait et le comté de Ponthieu qu'il tendoit fort à r'avoir. Car si le roi d'Angleterre sentit que le roi de France lui voulût avoir fait guerre, il eût bien obvié au dommage qu'il reçut de Ponthieu : car il eût si grossement pourvu la bonne ville d'Abbeville

[1] La Trau ou l'Estrade

d'Anglois et de gens de par lui, que ils en eussent été maîtres et souverains, et aussi de toutes les garnisons appendans à la dite comté.

Lors étoit sénéchal de la dite comté de Ponthieu, de par le roi d'Angleterre, un bon chevalier Anglois qui s'appeloit messire Nicolas de Louvaing, et auquel le roi d'Angleterre avoit grand'fiance et à bon droit ; car pour les membres esrachier, il n'eût aucunement consenti ni pensé nulle lâcheté à faire. En ce temps étoient envoyés en Angleterre le comte de Sallebruche et messire Guillaume de Dormans, de par le roi de France, pour parler au roi d'Angleterre et à son conseil, et à eux remontrer comment de leur partie le pays, ainsi qu'ils disoient, avoit été et encore étoit malmené tous les jours, tant par le fait des compagnies qui guerroyoient et avoient guerroyé depuis six ans en çà le royaume de France, et par autres accidens dont le roi de France et son conseil étoient informés ; et se contenoient mal le roi d'Angleterre et son fils le prince. Si avoient les deux dessus dits demeuré en Angleterre le terme de deux mois, et en ce terme pendant proposé plusieurs articles et raisons au corps du roi, dont plusieurs fois l'avoient mélencolié et courroucé ; mais ils n'y comptoient que un petit ; car de ce dire et faire étoient-ils chargés du roi de France et de son conseil[1].

Or avint ainsi que quand le roi de France eut la sûreté secrètement de ceux d'Abbeville qu'ils se retourneroient François, et que les guerres étoient ouvertes en Gascogne, et toutes gens d'armes du royaume de France appareillés et en grand volonté de faire guerre au prince et d'entrer en la princauté, il, qui ne vouloit mie au temps présent ni avenir être reproché qu'il eût envoyé ses gens sur la terre du roi et du prince, et prendre villes, cités, châteaux et forteresses sus eux, sans défiances, eut conseil qu'il envoieroit défier le roi d'Angleterre, ainsi qu'il fit par ses lettres closes. Et les porta un de ses varlets de cuisine ; et passa le dit varlet, qui étoit Bre-

[1] Le silence de Froissart sur cette négociation est suppléé par l'auteur des *Chroniques de France*, qui rapporte tout au long les propositions et les réponses respectives des deux rois, d'après le compte qu'en rendit Guillaume de Dormans, dans un parlement convoqué par Charles V sur le fait des appellations des seigneurs de Guyenne, le 9 mai, veille de l'Ascension, et non le 21 de ce mois, comme le dit mal à propos le chroniqueur.

ton, si à point, qu'il trouva à Douvres les dessus dits, le comte de Sallebruche et messire Guillaume de Dormans, qui retournoient d'Angleterre en France et avoient accompli leur message : auxquels le dit Breton conta une partie de son intention ; car ainsi en étoit-il chargé. Et quand les dessus dits entendirent celui, ils partirent d'Angleterre au plutôt qu'ils purent et passèrent la mer. Si furent tout joyeux quand ils se trouvèrent en la ville et la forteresse de Boulogne.

En ce temps avoit été envoyé à Rome devers le pape Urbain V^e, de par le prince de Galles, pour les besoins de la duché d'Aquitaine, messire Guichard d'Angle maréchal d'Aquitaine. Si avoit trouvé le pape assez aimable et descendant à ses prières. Si que au retour, le dit messire Guichard ouït nouvelles que on faisoit guerre au prince et que les François couroient sur la princauté ; si en fut tout ébahi comment il pourroit être retourné. Nonobstant ce, il s'en vint devers monseigneur le gentil comte de Savoie, lequel en ce temps il trouva en Piémont et en la ville de Pinerol ; car il faisoit guerre contre le marquis de Saluces. Le dit comte de Savoie reçut liement et grandement le dit messire Guichard d'Angle et toute sa route, et les tint deux jours tout aises, et leur donna grands dons, beaux joyaux, ceintures et autres présens ; et par espécial messire Guichard en eut la meilleure partie ; car le gentil comte de Savoie l'honoroit et recommandoit grandement pour sa bonne chevalerie. Et quand le dit messire Guichard et ses gens se furent départis du comte de Savoie, ils passèrent sans nul danger parmi la comté de Savoie ; et plus approchoient les mettes de France et de Bourgogne, et tant oyoient de dures nouvelles et déplaisantes à leur propos ; si que, tout considéré, messire Guichard vit bien que nullement en l'état où il chevauchoit, il ne pourroit retourner en Guyenne. Si se dissimula et différa, et mit et donna tout son état et son arroy en la gouvernance et ordonnance d'un chevalier qui en sa compagnie étoit, qui s'appeloit messire Jean Ysore[1]. Cil avoit sa fille épousée, et étoit bon François des marches de Bretagne. Le dit messire Jean prit en charge et en conduit toutes les gens à monseigneur Guichard d'Angle son père, et s'en vint en la terre du seigneur de Beaujeu ; et là passa la rivière de Sône, et s'accointa si bellement du dit seigneur de Beaujeu, que le dit seigneur de Beaujeu amena le dit chevalier et toute sa route à Riom en Auvergne devers le duc de Berry. Si se offrit là à être bon François, ainsi qu'il étoit. Parmi tant il passa paisiblement et vint chez soi en Bretagne. Et le dit messire Guichard en guise et état d'un povre chapelain, mal monté et tout desciré, repassa parmi France les marches de Bourgogne et d'Auvergne, et fit tant que, en grand péril et en grand'peine, il entra en la princauté et vint en Angoulême devers le prince, où il fut moult liement recueilli et bien-venu, et un autre chevalier de sa route, de Poitou, qui étoit parti en légation avec lui, qui s'appeloit messire Guillaume de Sens, qui s'en vint bouter en l'abbaye de Clugny en Bourgogne, et là se tint plus de cinq ans, que oncques ne s'osa partir ni bouger, et en la fin se rendit-il François.

Or revenons au Breton qui porta les défiances du roi Charles de France au roi Édouard d'Angleterre.

CHAPITRE CCLXV.

Comment les défiances furent baillées au roi d'Angleterre ; et comment le comte de Saint-Pol et le sire de Châtillon conquirent la comté de Ponthieu.

Tant exploita le dit varlet qu'il vint à Londres ; et entendit que le roi d'Angleterre et son conseil étoient au palais de Westmoutier et avoient là un grand temps parlementé et conseillé sur les besognes et l'affaire du prince, qui étoit des barons et des chevaliers de Gascogne guerroyé, à savoir comment ils se maintiendroient et quels gens d'Angleterre on y enverroit pour conforter le prince. Et vous venir autres nouvelles, qui leur donnèrent plus à penser que devant ! Car le varlet qui les lettres de défiances apportoit, fit tant qu'il entra en la dite chambre où le roi et son conseil étoient, et dit que il étoit un varlet de l'hôtel du roi de France, là envoyé de par le roi, et apportoit lettres qui s'adressoient au roi d'Angleterre, mais mie ne savoit de quoi elles parloient, ni point à lui n'en appartenoit de parler ni de savoir. Si les offrit-il à genoux au roi. Le roi, qui désiroit à savoir que elles contenoient, les fit prendre et ouvrir

---

[1] Johnes l'appelle sire John Shore. Peut-être est-ce plutôt Isser, car on trouve aussi un chevalier de ce nom dans l'*Histoire de Bretagne*.

et lire. Or fut tout émerveillé, le roi et tous ceux qui là étoient qui les ouïrent lire, quand ils entendirent les défiances; et regardèrent bien et avisèrent dessous et dessus le scel, et connurent assez clairement que les défiances étoient bonnes. Si fit-on le garçon partir; et lui fut dit qu'il avoit bien fait son message, et qu'il se mît hardiment au chemin et au retour, et qu'il ne trouveroit point d'empêchement; ainsi qu'il fit; et retourna au plus tôt qu'il put parmi raison.

Encore étoient à ce jour hostagiers en Angleterre, pour le fait du roi de France, le comte Dauphin d'Auvergne, le comte de Porcien, le sire de Maulevrier et plusieurs autres, qui furent en grand souci de cœur quand ils ouïrent ces nouvelles, car mie ne savoient que le roi d'Angleterre ni son conseil voudroient faire d'eux. Vous devez savoir que adonc le roi d'Angleterre et son conseil prirent en grand dépit et déplaisance les défiances apportées par un garçon; et disoient que ce n'étoit pas chose appartenant, que guerre de si grands seigneurs, comme du roi de France et du roi d'Angleterre, fût noncée ni défiée par un varlet, mais bien valoit que ce fût par un prélat ou par un vaillant homme, baron ou chevalier. Néanmoins ils n'en eurent autre chose.

Si fut dit et conseillé là au roi qu'il envoyât tantôt et sans délai grands gens d'armes en Ponthieu pour là garder la frontière, et par espécial en la ville d'Abbeville qui gissoit en grand péril d'être prise. Le roi entendit volontiers à ce conseil, et y furent ordonnés de là aller le sire de Percy, le sire de Neuville, le sire de Carbestonne, messire Guillaume de Windesore, à trois cents hommes d'armes et mille archers.

Pendant ce que ces jeunes seigneurs et leurs gens s'ordonnèrent et appareillèrent du plus tôt qu'ils purent, et jà étoient traits et venus à Douvres pour passer la mer, autres nouvelles leur revinrent de Ponthieu, qui ne leur firent mie trop de joie, ni ne leur furent mie plaisantes. Car si très tôt que le comte Guy de Saint-Pol et messire Hue de Châtillon, maître pour le temps des arbalêtriers de France, purent penser, aviser ni considérer que le roi d'Angleterre étoit défié, ils se traîrent avant pardevers Ponthieu; et avoient fait secrètement leur mandement de chevaliers et d'écuyers d'Artois et de Hainaut, de Cambrésis, de Vermandois, de Vimeu et de Picardie; et étoient bien six vingt lances, et vinrent à Abbeville. Si leur furent tantôt les portes ouvertes; car c'étoit chose pourparlée et avisée; et entrèrent ces gens d'armes ens, sans mal faire à nul de ceux de la nation de la ville[1]. Messire Hue de Châtillon, qui étoit meneur et conduiseur de ces gens, se traist tantôt de celle part, où il pensoit à trouver le sénéchal de Ponthieu messire Nichole de Louvaing, et fit tant qu'il le trouva, et le prit, et le retint son prisonnier; et prit encore un moult riche clerc et vaillant homme durement, qui étoit trésorier de Ponthieu. Ce jour eurent les François maint bon et riche prisonnier, et se saisirent du leur; et perdirent les Anglois à ce jour tout ce qu'ils avoient en la dite ville d'Abbeville. Encore coururent ce jour même les François chaudement à Saint-Valery, et y entrèrent de fait et s'en saisirent; et aussi au Crotoy et le prirent, et aussi la ville de Rue sur la mer. Assez tôt après vint le comte de Saint-Pol au pont de Remy-sur-Somme où aucuns Anglois de là environ étoient recueillis. Si les fit assaillir le dit comte, et là eut grand'escarmouche et forte, et y fut fait chevalier Galeran, son aîns-né fils, lequel se porta bien et vaillamment en sa nouvelle chevalerie. Si furent ces Anglois qui là étoient si durement assaillis, qu'ils furent déconfits et morts et pris, et le dit pont et forteresse conquis, et demeura aux François. Et briévement tout le pays et la comté de Ponthieu furent délivrés des Anglois, ni onques nul n'y en demeura qui pût grever le pays.

Ces nouvelles vinrent au roi d'Angleterre, qui se tenoit à Londres, comment ceux de Ponthieu l'avoient relenqui et s'étoient tournés François. Si en fut le dit roi moult courroucé; et eut mainte dure imagination sur aucuns hostagiers de France, qui étoient encore à Londres; mais il s'avisa que ce seroit cruauté si il leur faisoit comparer son mautalent. Néanmoins il envoya tous les bourgeois des cités et des bonnes villes de France, qui là étoient hostagiers, en autres villes et forteresses parmi son royaume, et ne les tint mie si au large comme ils avoient été au temps passé. Et le comte Dauphin d'Auvergne il ran-

[1] Les Français se rendirent maîtres d'Abbeville le dimanche 29 avril, et soumirent ensuite tout le Ponthieu dans l'espace d'environ dix jours.

çonna à trente mille francs, et le comte de Porcien à dix mille francs. Et encore demeura le sire de Roye en prison, en grand danger, car il n'étoit mie bien de cour. Si lui convint souffrir et endurer le mieux qu'il put, tant que jour de délivrance vint pour lui par grand'fortune et aventure, si comme vous orrez avant en l'histoire.

CHAPITRE CCLXVI.

Comment le roi d'Angleterre envoya grands gens d'armes sur les frontières d'Escosse, et comment le duc de Berry et le duc d'Anjou firent leurs mandements pour aller contre le prince.

Quand le roi d'Angleterre se vit défier du roi de France, et la comté de Ponthieu perdue, qui tant lui avoit coûté au réparer châteaux, villes et maisons, car il y avoit mis cent mille francs pardessus toutes revenues, et il se vit guerroyé de tous côtés, car dit lui fut que les Escots étoient alliés au roi de France, qui lui feroient guerre [1], si fut durement courroucé et mélencolieux. Et toutes fois il douta plus la guerre des Escots que des François, car bien savoit que les Escots ne l'aimoient pas bien, pour les grands dommages que du temps passé il leur avoit faits. Si envoya tantôt grands gens sur les frontières d'Escosse, à Bervich, à Rochebourck, au Nuef-Chasteau sur Tine et là partout sur les frontières ; et aussi il mit grands gens d'armes sur mer au lez devers Hantonne, Grenesée, l'île de Wisk et Gersé ; car on lui dit que le roi de France faisoit un trop grand appareil de navées et de vaisseaux pour venir en Angleterre. Si ne se savoit de quel part guetter ; et vous dis que les Anglois furent adonc bien ébahis.

Sitôt que le duc d'Anjou et le duc de Berry sçurent que les défiances étoient faites et la guerre ouverte, si ne voulurent mie séjourner, mais firent leurs mandemens grands et espéciaux, l'un en Auvergne et l'autre à Toulouse, pour envoyer en la prinçauté. Le duc de Berry avoit de son mandement tous les barons d'Auvergne et de l'archevêché de Lyon, et de l'évêché de Mâcon : le seigneur de Beaujeu, le seigneur de Villars, le seigneur de Tournon, messire Godefroy de Boulogne, monsire Jean d'Armignac son serourge, monseigneur Jean de Villemur, le seigneur de Montagu, le seigneur de Chalençon, messire Hue Dauphin, le seigneur d'Achier, le seigneur d'Apchon, le seigneur de Rochefort et moult d'autres. Si se tirèrent tantôt ces gens d'armes en Touraine et sur les marches de Berry, et commencèrent fort à guerroyer et à hérier le bon pays de Poitou ; mais ils le trouvèrent garni de gens d'armes, de bons chevaliers et écuyers. Si ne l'eurent mie d'avantage.

Adonc étoient sur les marches de Touraine et en garnison ès forteresses françoises messire Louis de Saint-Julien, messire Guillaume de Bordes, et Kerauloet Breton. Ces trois étoient compagnons et grands capitaines de gens d'armes. Si firent en ce temps plusieurs grands appertises d'armes sur les Anglois, ainsi comme vous orrez avant en l'histoire.

CHAPITRE CCLXVII.

Comment le roi d'Angleterre envoya le comte de Cantebruge et le comte de Pennebroch au prince son fils ; et comment ils passèrent parmi Bretagne.

Le duc de Lancastre de son héritage tenoit un château en Champagne, entre Troyes et Châlons, qui s'appeloit Beaufort, duquel un écuyer anglois, qui s'appeloit le Poursuivant d'Amour, étoit capitaine. Quand cet écuyer vit que la guerre étoit ainsi renouvelée entre le roi de France et le roi d'Angleterre, il avoit si enamouré le royaume de France qu'il se tourna à François, et jura foi et loyauté à tenir de ce jour en avant, comme bon François, au roi de France, et le roi de France pour ce lui fit grand profit et lui laissa en sa garde, avec un autre écuyer de Champagne, le dit châtel de Beaufort. Cil Poursuivant d'Amour et Yvain de Galles étoient grands compagnons ensemble, et firent depuis sur les Anglois et ceux de leur côté maintes grands appertises d'armes. Et aussi messire le chanoine de Robertsart avoit paravant été bon et loyal François ; mais à celle guerre renouvelée, il se tourna Anglois, et devint homme de foi et de hommage au roi d'Angleterre, qui fut de son service moult joyeux.

Ainsi se tournoient les chevaliers et les écuyers d'un lez et de l'autre. Et tant avoit procuré le duc d'Anjou devers les compagnies Gascons messire Perducas de Labreth, le petit Meschin,

---

[1] Si Édouard eut quelques inquiétudes du côté de l'Écosse, elles furent bientôt dissipées par la trève de quatorze ans conclue cette année entre les deux couronnes d'Angleterre et d'Écosse, qui fut signée le 20 juillet par David Bruce, et le 24 août par Édouard.

le bourg de Breteuil, Aymemon d'Ortinge, Pierre de Savoie, Raoul de Bray, et Ernaudon de Pans, qu'ils se tournèrent François, dont les Anglois furent moult courroucés, car leur force en affoiblit grandement[1]. Et demeurèrent Anglois : Naudon de Bagerant, le Bourg de Lesparre, le Bourg Camus et les plus grands capitaines des leurs, messire Robert Briquet, Robert Ceny, Jean Cresuelle, Gaillart de la Mote et Aymeri de Rochechouart. Si se tenoient ces compagnies, Anglois et Gascons, de leur accord, en l'évêché du Mans et sur la basse Normandie ; et avoient pris une ville que on appelle la Vire, et détruisoient et honnissoient tout le pays de là environ. Ainsi tournèrent toutes les Compagnies ou d'un lez ou d'autre, et se tenoient tous ou Anglois ou François.

Le roi d'Angleterre eut conseil d'envoyer son frère le comte de Cantebruge et le comte de Pennebroch en la duché d'Aquitaine, devers son frère le prince de Galles atout une charge de gens d'armes et d'arbalêtriers. Si furent nommés et ordonnés ceux qui avec lui iroient. Si me semble que le sire de Carbestonne en fut l'un, et messire Brian de Strappletonne, messire Thomas Banaster, messire Jean Trivet et plusieurs autres. Si montèrent sur mer au plus tôt qu'ils purent ; et étoient en somme quatre cents hommes d'armes et quatre cents archers. Si singlèrent devers Bretagne, et eurent bon vent à souhait. Si arrivèrent au hâvre de Saint-Malo de l'Isle. Quand le duc de Bretagne, messire Jean de Montfort, put savoir qu'ils étoient arrivés sur son pays, si en fut moult durement joyeux ; et envoya tantôt aucuns de ses chevaliers devers eux, pour eux mieux conjouir et festoier, tels que monseigneur Jean de Lackingay[2] et monseigneur Jean Augustin.

De la venue des chevaliers du duc de Bretagne furent moult contents le comte de Cantebruge et le comte de Pennebroch. Encore ne savoient-ils de vérité, si les barons, les chevaliers et les bonnes villes de Bretagne les laisseroient passer en leur pays pour entrer en Poitou : si en firent les dessus dits seigneurs d'Angleterre requête et prière au duc et au pays. Le duc, qui moult étoit favorable aux Anglois, et qui bien envis les eût courroucés, s'y accorda légèrement ; et exploita tant devers les barons et chevaliers et les bonnes villes de son pays, qu'il leur fut accordé qu'ils passeroient sans danger et sans riote, parmi payant ce qu'ils prendroient sur le pays. Et les Anglois liement l'accordèrent ainsi. Si traitèrent le comte de Cantebruge, le comte de Pennebroch et leur conseil devers ces Compagnies qui se tenoient au pays du Maine, à Châtel-Gontier et à Vire, et qui tout honni et appovri avoient le pays de là environ, qu'ils passeroient outre avec eux. Si se porta traité et accord, qu'ils se partiroient de là et viendroient passer la rivière de Loire au pont de Nantes, sans porter dommage au pays. Ainsi l'accordèrent les Bretons.

En ce temps étoit messire Hue de Cavrelée, à une grosse route de compagnons, sur la marche d'Arragon, qui nouvellement étoient issus d'Espaigne. Sitôt qu'il put savoir et entendre que les François faisoient guerre au prince, il se partit atout ce qu'il avoit de gens d'armes, compagnies et autres, et passa entre Foix et Arragon et entra en Bigorre, et fit tant qu'il, de bien guerroyer pourvu, vint devers le prince, qui se tenoit en la cité d'Angoulême. Quand le prince le vit venir, si lui fit grand chère et lie, et lui sçut grand gré de ce secours, et le fit un petit demeurer de-lez lui, tant que les Compagnies qui étoient issues hors de Normandie, et qui avoient vendu les forteresses qu'ils tenoient, furent venues ; car les Bretons les laissèrent passer parmi leur pays, parmi ce qu'ils ne portoient nul dommage. Sitôt qu'ils furent venus en Angoulême et là environ, le prince ordonna monseigneur Hue de Cavrelée à être capitaine d'eux ; et étoient bien, parmi ceux qu'il avoit amenés avec lui d'Arragon, deux mille combattans. Si les envoya tantôt ledit prince ès terres du comte d'Armignac et du seigneur de Labreth, pour les ardoir et exiller ; et y firent grand' guerre et y portèrent grand dommage.

---

[1] Plusieurs de ces chefs de compagnies virent à peine les premières hostilités. Le duc d'Anjou ayant découvert à Toulouse, au mois de mai de cette année, une conspiration formée par Perrin de Savoie, dit *le petit Meschin* ou *Mesquin*, dont Froissart fait mal à propos deux personnages différens, *Arnaud de Penne*, qui est le même que l'*Ernaudon de Pans* de Froissart, *Amanien d'Artigues*, dans lequel on reconnaît sans peine son *Aymemon d'Ortinge*, *Nolin Pavalhon* ou *Pabeilhon*, et quelques autres capitaines des compagnies, qui ne se proposaient rien moins que de le tuer ou de le livrer aux Anglais, leur fit faire leur procès. Les deux premiers furent noyés et les deux autres décapités.

[2] Il est nommé Langueoez dans l'*Histoire de Bretagne*.

CHAPITRE CCLXVIII.

Comment le comte de Cantebruge et le comte de Pennebroch arrivèrent en Angoulême; et comment le prince les envoya à courir la comté de Pierregord.

Le comte de Cantebruge et le comte de Pennebroch s'étoient tenus à Saint-Malo de l'Isle atout leur charge, si comme ci-dessus est dit, tant que toutes les compagnies de leur côté furent passées outre, par l'accord du pays de Bretagne et par la bonne diligence que le dit duc de Bretagne y mit. Quand ils se furent là rafraîchis, et ils eurent le congé et l'accord de passer, ils se départirent de Saint-Malo et s'en vinrent par leurs journées en la cité de Nantes, et là les reçut le dit duc grandement et honorablement; et se tinrent de-lez lui trois jours, et y rafraîchirent eux et leurs gens. Au quatrième jour ils passèrent outre la grosse rivière de Loire, au pont de Nantes en Bretagne, et puis cheminèrent tant par leurs journées qu'ils vinrent en Angoulême, où ils trouvèrent le prince et madame la princesse. De la venue du comte de Cantebruge son frère et du comte de Pennebroch fut le prince grandement réjoui, et leur demanda du roi leur père et de madame la reine leur mère et de ses autres frères comment ils le faisoient. Et les dessus dits en parlèrent bien à point, ainsi que il appartenoit. Quand ils eurent séjourné de-lez le prince trois jours et ils s'y furent rafraîchis, le prince leur ordonna de partir d'Angoulême et de faire une chevauchée en la comté de Pierregord. Les deux dessus dits seigneurs d'Angleterre, et les chevaliers qui avec eux étoient venus, se consentirent et accordèrent légèrement, et se ordonnèrent et pourvurent selon ce qu'il appartenoit; et se départirent et prirent congé du prince, et s'en allèrent en grand arroy : et étoient bien trois mille combattans, parmi plusieurs chevaliers et écuyers de Poitou, de Xaintonge, de Quersin, de Limosin, de Rouergue, que le prince ordonna et commanda d'aller en leur compagnie. Si chevauchèrent iceux seigneurs et ces gens d'armes, et entrèrent efforcément en la comté de Pierregord. Si la chevauchèrent et commencèrent à courir et assaillir, et y firent plusieurs grands dommages. Et quand ils eurent ars et couru la plus grand' partie du plat pays, ils s'en vinrent mettre le siége devant une forteresse que on appelle Bourdille[1] de laquelle étoient capitaines deux écuyers de Gascogne et frères, Ernaudon et Bernardet de Batefol, lesquels s'ordonnèrent à eux défendre bien et hardiment.

CHAPITRE CCLXIX.

Comment messire Simon de Burlé et messire d'Angouse furent déconfits des François, dont le roi de France fut grandement joyeux.

En la garnison de Bourdille, en la comté de Pierregord, avec les deux dessus nommés capitaines, avoit grand'foison de bons compagnons, que le comte de Pierregord y avoit ordonnés et établis pour aider à garder la forteresse, laquelle étoit bien pourvue de toute artillerie, de vins et de vivres et de toutes autres pourvéances, pour la tenir bien et longuement, et aussi ceux qui la gardoient en étoient en bonne volonté. Si eurent devant Bourdille, le siége pendant, plusieurs grands appertises d'armes faites, maint assaut et mainte envaye, mainte recueillette et mainte escarmouche, et presque tous les jours; car les écuyers dessus dits étoient hardis, entreprenans et orgueilleux, et qui petit aimoient les Anglois. Si venoient souvent à leurs barrières escarmoucher : une fois perdoient, et l'autre gagnoient, ainsi que les aventures aviennent en tels faits d'armes et en semblables. Et d'autre part en Poitou, sur la marche du pays d'Anjou et de Touraine, étoient bien mille combattans François, Bretons, Bourguignons, Picards, Normands et Angevins; et couroient moult souvent et tous les jours en la terre du prince, et y faisoient grand dommage : desquels étoient capitaines messire Jean de Bueil, messire Guillaume des Bordes, messire Louis de Saint-Julien et Keraulo et le Breton.

A l'encontre de ces gens d'armes se tenoient aussi, sur les frontières de Poitou et de Xaintonge, aucuns chevaliers du prince, et par espécial messire Simon de Burlé et messire d'Angouses; mais ils n'avoient mie la quarte partie de gens que les François, quand ils chevauchoient, se trouvoient; car ils étoient toujours mille combattans ou plus ensemble, et les Anglois deux ou trois cents du plus; car le prince en avoit envoyé en trois chevauchées grand'foison, à Montalban plus de cinq cents avec

---

[1] Bourdeille, bourg du Périgord, sur la Drôme.

messire Jean Chandos, et ès terres du comte d'Armignac et du seigneur de Labreth; aussi grand'foison avec messire Hue de Cavrelée, et la plus grand'partie avec le comte de Cantebruge son frère devant Bourdille. Pour ce ne demeuroit mie que ceux qui étoient en Poitou contre ces François ne s'acquittassent bien et loyaument de faire leur devoir de chevaucher et de garder les frontières à leur pouvoir; et toujours l'ont ainsi fait les Anglois et toutes manières de gens de leur côté, ni n'ont point ressoingnié ni refusé, pour ce s'ils n'étoient moult grand'foison. Donc il avint un jour que les François furent informés de vérité que les Anglois chevauchoient et étoient sur les champs; et de ce furent-ils tout joyeux, et se ordonnèrent et recueillirent selon ce, et se mirent en embûche toutes leurs routes. Ainsi que les Anglois retournoient, qui lors une chevauchée avoient faite entre Lusignan et Mirebel, sur une déroute chaussée qui est là, les François leur saillirent au-devant, qui bien étoient sept cents combattans, dont les dessus dits capitaines étoient meneurs, conduiseurs et gouverneurs : messire Jean de Bueil, messire Guillaume des Bordes, messire Louis de Saint-Julien et Kerauloet. Là eut grand hutin et dur, et fort rencontre et maint homme renversé par terre. Car les Anglois se mirent à défense bien et hardiment, et se combattirent bien et vaillamment tant qu'ils purent durer, et y firent les aucuns grands appertises d'armes, et y furent très bons chevaliers messire Simon de Burlé et messire d'Angouses. Mais finablement ils n'eurent point le meilleur; car ils n'avoient que une poignée de gens au regard des François. Si furent déconfits et leur convint fuir. Si se sauva messire d'Angouses au mieux qu'il put, et s'en vint bouter au châtel de Lusignan; et messire Simon de Burlé fut si près poursuivi que, sur une déroute chaussée, il fut r'atteint et ne put plus fuir ni échapper des François. Si fut là pris le dit chevalier, et toutes ses gens morts ou pris; petit s'en sauvèrent. Et retournèrent les François en leurs garnisons, qui furent grandement réjouis de cette aventure; et aussi fut le roi de France, quand il le sçut; et le prince de Galles durement courroucé de cette avenue, qui moult plaignit la prise de son chevalier messire Simon de Burlé, que moult il prisoit et aimoit. Et c'étoit bien raison ; car au

voir dire ce avoit été par tout son temps un appert homme d'armes, hardi et courageux, et qui vaillamment s'étoit porté pour son seigneur le roi d'Angleterre et sa partie. Si avoient fait les autres compagnons qui furent là pris ou morts sur cette chaussée, dont non pas seulement le prince, mais ceux de son conseil furent très dolens; et ce n'étoit pas merveille, car on dit communément que un homme vaut cent et que cent ne valent pas un. Et au voir dire, aucunes fois il advient que par un homme un pays en est tout radressé et réjoui, par son sens et par sa prouesse, et d'un autre un pays tout perdu et désespéré. Or va ainsi à la fois des choses.

CHAPITRE CCLXX.

Comment messire Jean Chandos prit Terrières; et comment le comte de Pierregord et plusieurs autres seigneurs assiégèrent Royauville en Quersin.

Après cette avenue qui avint entre Mirabel et Lusignan, si comme ci-dessus est dit, chevauchèrent les Anglois et les Poitevins mieux ensemble et plus sagement. Or parlerons de messire Jean Chandos, de messire Guichard d'Angle[1] et des autres qui se tenoient à Montalban, à sept lieues de Toulouse, et faisoient souvent des issues honorables et profitables pour eux sur les François; car ils étoient bien mille combattans et plus; si désiroient moult à trouver les François pour eux combattre. Pendant qu'ils étoient là, ils regardèrent qu'ils n'employoient mie trop bien leur saison, fors que de garder la frontière : si s'avisèrent qu'ils viendroient mettre le siége devant la ville de Terrières en Toulousain. Si se ordonnèrent selon ce qu'il appartenoit, et se départirent un jour en grand arroy de Montalban et s'en vinrent devant Terrières. Quand ils furent là tous venus, ils l'assiégèrent tout environ, et là imaginèrent et considérèrent bien que de assaut ils ne l'auroient point à leur aise, si ils ne l'avoient par mine. Si mirent leurs mineurs en œuvre, lesquels exploitèrent si bien, que au chef de quinze jours ils la prirent par mine. Et

[1] Guichard d'Angle fut créé pair d'Angleterre sous le titre de comte de Huntingdon, dans la première année du règne de Richard II. Il avait aussi été élu chevalier de la Jarretière pour avoir contribué au mariage du duc de Lancastre avec une fille de Pierre-le-Cruel.

furent morts tous ceux qui dedans étoient, et la ville robée et courue.

Encore en celle chevauchée ils avoient avisé de prendre une autre ville à trois lieues de Toulouse qu'on appelle Laval, et avoient mis leur embûche assez près d'illec en un bois; et s'en venoient devant, environ quarante de leurs lances armés couvertement, en vêtemens de vilains; mais ils furent déçus par un garçon qui venoit pied à pied avec eux, lequel découvrit la besogne; et par ce ils faillirent à avoir la ville et à leur entente, et s'en retournèrent arrière à Montalban.

En ce temps tenoient les champs le comte de Pierregord, le comte de Comminges, le comte de l'Isle, le vicomte de Carmaing, le vicomte de Brunikel, le vicomte de Talar, le vicomte de Murendon, le vicomte de Lautrec, messire Bertran de Terride, le sire de la Barde, le sire de Pincornet, messire Perducas de Labreth, le Bourg de l'Esparre, le Bourg de Breteuil, Aymemon d'Ortinge, Jaquet de Bray, Perrot de Savoie et Ernaudon de Pans, et étoient bien ces gens d'armes, parmi les compagnies, dix mille hommes combattans. Si entrèrent par le commandement du duc d'Anjou, qui pour le temps se tenoit en la cité de Toulouse, en Quersin moult efforcément, et contournèrent le pays en grand'tribulation, et ardirent et exillèrent le pays, et s'en vinrent devant Royauville en Quersin, et l'assiégèrent. Le sénéchal de Quersin l'avoit paravant pourvue bien suffisamment de tout ce qu'il appartenoit à une ville gardée, et de bons compagnons Anglois qui jamais ne se fussent rendus pour mourir, combien que ceux de la ville en fussent en bonne volonté, si ils eussent pu. Quand ces barons et chevaliers de France l'eurent assiégée, ils envoyèrent querre quatre moult grands engins en la cité de Toulouse, et tantôt on leur envoya et fit-on charrier. Si furent dressés et mis en ordonnance par devant la garnison de Royauville. Si jetoient nuit et jour pierres et mangonneaux [1], par dedans la ville, qui moult les contraignit et affoiblit. Et avec tout ce ils avoient mineurs avec eux, qu'ils mirent en leurs mines, et qui se vantèrent qu'ils prendroient la ville. Et toujours se tenoient les Anglois comme bonnes gens et vaillans, et se confortoient bien de ces mineurs, ni n'en faisoient pas, par semblant, trop grand compte.

CHAPITRE CCLXXI.

Comment l'archevêque de Toulouse convertit à la partie du roi de France la cité de Caours et plusieurs autres cités et villes; et comment le duc de Guerle et cel de Juliers défèrent le roi de France.

Entrementes que ces gens d'armes François se tenoient si efforcément en Quersin sur les marches de Limousin et d'Auvergne, le duc de Berry étoit autre part en Auvergne, là où il avoit et tenoit grand nombre de gens d'armes, tels que monseigneur Jean d'Armignac son serourge, monseigneur Jean de Villemur, Roger de Beaufort, le seigneur de Beaujeu, le seigneur de Villars, le seigneur de Serignac, le seigneur de Chalençon, monseigneur Griffon de Montagu, monseigneur Hugue Dauphin, avec grand'foison de bonnes gens d'armes; et couroient sur les marches de Rouergue, de Limousin et de Quersin, et appovrissoient, dommageoient et honnissoient durement le pays où ils conversoient; ni nul ne duroit devant eux. Donc il avint pour lors que, par le promouvement de monseigneur le duc d'Anjou, qui voyoit ses besognes en bon parti, et que le duc de Berry et ses gens tenoient les champs en Quersin et en Rouergue, il fit partir de Toulouse celui qui en étoit archevêque, lequel étoit un grand clerc et vaillant homme durement, et icelui il fit chevaucher et aller vers la cité de Caours dont son frère étoit évêque [1]. Le dit archevêque de Toulouse prêcha là tellement et par si bonne manière la querelle du roi de France, que ladite cité de Caours se tourna Françoise, et jurèrent foi et loyauté de ce jour en avant à tenir au roi de France.

En après le dit archevêque chevaucha outre, et partout prêchoit et montroit le bon droit du roi de France, et tellement se portoit que tout le pays se tournoit. Et fit lors tourner plus de soixante que cités, que villes, que châteaux, que forteresses, parmi le confort des gens du duc de Berry, c'est à savoir, messire Jean d'Armignac, et les autres qui chevauchoient au pays. Si fit tourner Figeac, Gramat, Capede-

---

[1] Mangonneau se prend à la fois pour la machine qui lance et pour l'objet lancé.

[1] L'archevêque de Toulouse d'alors était Geoffroy de Vayrolles et l'évêque de Cahors, Begon de Castelnau. Ainsi, il n'est pas possible que ces deux prélats fussent frères.

nac[1] et plusieurs autres bonnes villes et forts châteaux; car il prêchoit que le roi de France avoit si grand droit et si bon en cette querelle que les gens qui l'oyoient parler le croyoient du tout. Et aussi de nature et de volonté, ils étoient trop plus François qu'ils n'étoient Anglois, qui bien aidoit à la besogne. En telle manière, comme le dit archevêque alloit prêchant et montrant la querelle et le droit du roi de France ès mettes et limitations du pays de Languedoc, étoient en Picardie plusieurs prélats et clercs de droit qui bien et suffisamment en faisoient leur devoir de prêcher et montrer aux gens et communautés des cités et bonnes villes. Et par espécial messire Guillaume de Dormans prêchoit la dite querelle du roi de France, de cité en cité, de bonne ville en bonne ville, si sagement et si notablement, que toutes gens y entendoient volontiers; et ôient les besognes du royaume par lui et par ses paroles tellement colorées que merveilles seroit à ouïr et recorder.

Et avecques ce le roi de France, mu de dévotion et de humilité, faisoit continuellement faire en la ville de Paris processions de tout le clergé, et lui-même, tout déchaux et nuds pieds, et madame la roine aussi, en tel état y alloient, en suppliant et requérant dévotement à Dieu qu'il voulsist entendre à eux et aux faits et besognes du royaume, qui long-temps avoit été en grand'tribulation. Et faisoit le dit roi de France partout son royaume être son peuple, par contrainte des prélats et des gens d'église, en cette affliction.

Tout par semblable manière faisoit le roi d'Angleterre en son royaume; et avoit un évêque pour le temps à Londres[2], qui en faisoit plusieurs grands et belles prédications; et disoit et montroit au peuple en ses sermons et prédications, que le roi de France et les François, à leur trop grand tort et préjudice, avoient renouvelé la guerre, et que c'étoit contre droit et raison par plusieurs points et articles qu'il leur montroit. Au voir dire, il étoit de nécessité à l'un roi et à l'autre, puisque guerroyer vouloient, qu'ils fissent mettre en termes et remontrer à leur peuple l'ordonnance de leur querelle, parquoi chacun entendît de plus grand'volonté à conforter son seigneur; et de ce étoient-ils tous réveillés en l'un royaume et en l'autre. Le roi d'Angleterre avoit envoyé en Brabant et en Hainaut pour savoir s'il en seroit point aidé; et avoit par lignage souvent prié le duc Aubert, qui tenoit en bail pour ce temps la comté de Hainaut, qu'il voulsist ouvrir son pays pour passer, aller, demeurer et séjourner, si mestier étoit, pour entrer par cestui pays au royaume de France et y faire guerre. Le duc Aubert, à la prière du roi d'Angleterre son oncle et de madame la roine sa tante, fut assez légèrement descendu en bonne volonté, par le pourchas et monition de monseigneur Édouard de Guerles qui faisoit partie pour le dit roi, et qui avoit sa fille épousée, et du duc de Juliers son cousin germain. Ces deux, pour ce temps, étoient de foi et hommage loiés et enconvenancés au roi d'Angleterre, et avoient jà été priés et avisés du roi d'Angleterre, qui avoit envoyé devers eux grands messages, qu'ils retinssent gens chacun jusques à mille lances et ils seroient délivrés pour un an. Ces deux seigneurs y avisèrent. Et eût volontiers le roi d'Angleterre vu que le duc Aubert eût été de leur alliance. Et en étoit ledit duc grandement tenté, parmi grands dons et grands profits que le roi d'Angleterre lui promettoit à donner et à faire, par ses chevaliers qu'il avoit envoyés devers lui, et par le seigneur de Gommignies qui se tenoit de-lez le roi, et qui étoit des chevaliers du roi, et qui, pour cette cause en partie, étoit retourné en Hainaut. A ce donc et en ce temps avoit en Hainaut grand conseil et bon de monseigneur Jean de Werchin, sénéchal de Hainaut, par qui tout le pays étoit gouverné, et lequel étoit sage homme et vaillant chevalier durement, et bon François. Le sénéchal étoit tant cru et tant aimé du dit duc et de madame la duchesse, qu'il brisa tous les propos des Anglois, parmi l'aide du comte de Blois et de messire Jean de Blois son frère, et du seigneur de Barbançon et du seigneur de Ligne, que le duc Aubert et tout le pays demeurèrent neutres et ne se durent tourner ni d'une partie ni d'autre, Et ainsi répondit madame Jeanne duchesse de Brabant. Le roi Charles de France, qui étoit sage et subtil, avoit charpenté et ouvré tous ces traités trois ans en devant; et bien savoit-il qu'il avoit de bons amis en Hainaut et en Brabant, et par espécial la plus grand'partie des consaulx des sei-

---

[1] Ces trois places sont situées dans le Quercy, à une petite distance de Cahors.
[2] Le docteur Simon Théobald Sudbury.

gneurs. Et pour sa guerre embellir et colorer, il fit copier par ses clercs plusieurs lettres touchans à la paix confirmée à Calais, et là en dedans enclorre toute la substance du fait, et quelle chose le roi d'Angleterre et ses enfans avoient juré à tenir, et en quoi par leurs lettres scellées ils s'étoient soumis, et des renonciations aussi qu'ils avoient faites, et des commissions qu'ils devoient avoir sur ce baillées à leurs gens, et tous les points et articles qui étoient pour lui, en condamnant le fait des Anglois, et ces lettres publier ens ès chambres et compagnies des seigneurs et de leur conseil, afin que ils en fussent mieux informés.

Tout en telle manière et à l'opposite faisoit le roi d'Angleterre ses remontrances et ses excusations en Allemagne, là où il pensoit que elles lui pussent aider et valoir. Le duc de Guerles, neveu au roi d'Angleterre, fils de sa sœur, et le duc de Juliers cousin germain à ses enfans, lesquels étoient pour le temps bons Anglois et loyaux, avoient pris en grand dépit l'ordonnance des défiances que le roi de France avoit faites faire par un garçon, et en reprenoient le roi de France et blâmoient grandement, et son conseil, quand par telle manière l'avoient fait; car guerre de si grands seigneurs et renommés comme du roi de France et du roi d'Angleterre, devoit être ouverte et défiée par gens notables, tels que grands prélats, évêques, ou abbés; et disoient que les François l'avoient conseillé au roi à faire, par grand'orgueil et présomption. Si envoyèrent les dessus dits défier le roi de France moult notablement; et scellèrent plusieurs chevaliers d'Allemagne avec eux; et étoit leur intention que d'entrer temprement en France, et d'y faire un si grand cram, que il y parût vingt ans après. Mais de ce ne firent-ils rien: car leur propos fut brisé par autre voie qu'ils ne cuidoient adonc, si comme vous orrez recorder avant en l'histoire.

CHAPITRE CCLXXII.

Comment le duc de Bourgogne fut marié à la fille du comte de Flandre; et comment le roi de Navarre s'allia au roi d'Angleterre.

Vous devez savoir, et avez ci-dessus ouï parler du grand pourchas que le roi d'Angleterre fit et mit par l'espace de cinq ans et plus, pour avoir la fille du comte de Flandre en mariage pour son fils monseigneur Aymon comte de Cantebruge. Les devises et les ordonnances en seroient trop longues à demener; si m'en passerai brièvement. Et sachez que oncques le roi d'Angleterre ne put tant exploiter par quelque voie ni moyen que ce fût, que le pape Urbain les voulsist dispenser. Si demeura ce mariage à faire. Le comte de Flandre qui étoit prié d'autre part du roi de France pour son frère le duc de Bourgogne, quand il vit que ce mariage ne passeroit point en Angleterre, et que sa fille demeureroit à marier, et si n'avoit plus d'enfans, entendit, par le promouvement de madame sa mère la comtesse d'Artois, au jeune duc de Bourgogne; car c'étoit un grand mariage et haut, et bien pareil à lui. Si envoya grands messages en Angleterre pour traiter au dit roi quittances. Ceux qui envoyés y furent exploitèrent si bien que le roi d'Angleterre, qui ne vouloit que toute loyauté, quitta le comte de Flandre de toutes convenances; et retournèrent les messages à Bruges et recordèrent au comte leur seigneur comment ils avoient exploité. De cet exploit fut le comte tout lie. Depuis ne demeura guères de temps que ce mariage se fit, de Flandre et de Bourgogne, parmi grands traités et conseils, convenances et alliances ces uns aux autres. Et me fut adonc dit que le comte de Flandre, pour ce mariage laisser passer, reçut grand profit, plus de cent mille francs, et demeurèrent encore la ville de Lille et celle de Douay [1] à lui, en charge de grand argent que le dit roi donnoit à son frère en mariage et au comte de Flandre, qui prit la saisine et la possession des dessus dites villes et y mit ses gens; et furent ces villes attribuées à Flandre pour cause de gage. Je n'en sçais plus avant.

Tantôt après cette ordonnance on procéda au mariage, qui se fit et confirma en la ville de Gand [2], et là eut grand'fête et grand'solemnité, au jour des noces, devant et après. Et y eut grand'foison de seigneurs, barons et chevaliers,

---

[1] Le comte de Flandre, outre ces deux places, eut encore Orchies. Il serait trop long de rapporter ici les clauses de ce traité, dont Froissart avoue de bonne foi qu'il ignorait les détails. On le trouve tout entier dans les *Chroniques de France*.

[2] Ce mariage fut célébré dans l'église Saint-Bavon de Gand, le 19 juin de cette année.

et par espécial le gentil sire de Coucy y fut, qui bien afféroit à une fête et mieux le savoit faire que nul autre; car le roi de France l'envoya. Si furent ces noces bien et grandement fêtoyées et joutées, et en après chacun retourna en son pays. Le roi d'Angleterre, qui véoit que le comte de Flandre, pour la cause du mariage, étoit allié en France, ne savoit que supposer si le comte de Flandre feroit partie contre lui avec le duc de Bourgogne son fils, qui par succession devoit être son hoir de la comté de Flandre, ni quels convenances il avoit entre le dit comte et le roi de France. Si se tint le dit roi plus dur et plus fel contre les Flamands, et leur montra griefs et fit montrer par ses gens, sur mer et ailleurs en son pays, ainsi que on les y trouvoit et que ils venoient en marchandise. De ce n'étoit mie le roi de France courroucé, car il eût vu volontiers que la guerre eût été ouverte entre les Flamands et les Anglois. Mais les sages hommes de Flandre et les bourgeois des bonnes villes n'en avoient nulle volonté; et soutenoient toujours plus les communautés de Flandre la querelle et opinion du roi d'Angleterre à être bonne et juste que celle du roi de France.

Le roi Édouard d'Angleterre, qui acquéroit amis de tous côtés, et bien lui besoignoit selon les grands guerres et rébellions qui lui apparoient en ses pays de deçà la mer, sentit et entendit bien que le roi Charles de Navarre son cousin, qui se tenoit en la basse Normandie, seroit assez tôt de son accord; car il étoit en haines et en grignes contre le roi de France, pour aucunes terres qui étoient en débat, que le dit roi de Navarre réclamoit de son héritage, et le roi de France lui devéoit: si en avoient été leurs gens et leurs conseillers par plusieurs fois ensemble; mais ils n'y avoient pu trouver moyen ni accord. Si étoit la chose demeurée en ce parti que chacun se tenoit sur sa garde; et avoit le dit roi de Navarre fait grossement et bien pourvoir ses villes et ses châteaux en Cotentin et en la comté d'Évreux sur les bondes de la Normandie; et se tenoient à Chierebourch et par toutes ses garnisons gens d'armes.

En ce temps étoit de-lez lui messire Eustache d'Aubrecicourt, maître et gouverneur d'une ville outre les Guets de Saint-Clément, au clos de Cotentin, qui se tenoit du roi de Navarre, car c'étoit de son héritage, et cette ville appelle-t-on Quaranten; et étoit le dit messire Eustache le plus espécial de tout son conseil : si que le roi d'Angleterre envoya vers lui, car il étoit aussi son homme et son chevalier, pour savoir l'intention du roi de Navarre. Or le trouva-t-il tel : et si bien exploita le dit messire Eustache que le dit roi de Navarre, à privée maisnie, entra en un vaissel que on appelle un Lin, et vint en Angleterre parler au dit roi, qui lui fit grand'chère et bonne [1]. Et eurent là ensemble grand parlement et long; et furent si bien d'accord que le roi de Navarre, lui retourné à Chierebourch, devoit défier le roi de France et recueillir et mettre par tous ses châteaux les Anglois.

Après ces ordonnances et confédérations entre ces deux rois faites et confirmées, le roi de Navarre retourna arrière en Normandie en la ville de Chierebourch, et là fut reconduit par chevaliers et écuyers de l'hôtel du roi d'Angleterre et de madame la roine, auxquels à leur retour il meschéy moult mal; car endementres que le roi de Navarre, qui nouvellement étoit venu d'Angleterre de parlementer avec le roi, si comme j'ai dit ci-devant, estioit ces chevaliers d'Angleterre qui raconduit et ramené l'avoient, sçurent aucuns Normands et Bretons, et autres écumeurs de mer, cette avenue du roi de Navarre et des Anglois, et comment ils s'en devoient tantôt retourner en Angleterre. Si s'ordonnèrent et mirent en aguet, sur mer, et assez tôt rencontrèrent ces chevaliers d'Angleterre, qui partis étoient de Chierebourch et du roi de Navarre et s'en retournoient en leur pays, ni point ne se donnoient de garde. Si rencontrèrent ces nefs Normandes et ces écumeurs de mer, qui tantôt les envahirent et assaillirent fièrement, et qu'ils furent plus forts d'eux. Si conquirent les dits Normands les Anglois, et les mirent tous hors bord; oncques homme ne prirent-ils à merci. Ainsi alla de cette aventure : de quoi le roi d'Angleterre fut moult courroucé quand il le sçut ; mais amender ne le put tant que à cette fois.

Assez tôt après la reveaue du roi de Navarre

[1] Secousse a très bien remarqué que Froissart s'est trompé sur la date du voyage du roi de Navarre en Angleterre, qui ne se fit que vers le mois d'août de l'année suivante 1370, et qu'il était mal informé du succès de ses négociations avec Édouard. En effet, après avoir balancé long-temps entre les deux rivaux qui le recherchoient également, son intérêt le décida pour le parti du roi de France.

qui étoit retourné à Chierebourch, messire Eustache d'Aubrecicourt, qui avoit été mandé et prié du prince de Galles et envoyé quérir par messages et par hérauts, prit congé du dit roi de Navarre pour aller en la prinçauté servir le prince. Lequel roi lui donna congé moult envis : mais le dit messire Eustache lui montra tant de raisons que finablement il se partit et entra en mer avec ce qu'il avoit de gens; et vint arriver à Saint-Malo de l'Isle en Bretagne, et là prit terre et puis chevaucha vers Nantes, pour là passer la rivière de Loire, par l'accord du duc et de ceux du pays, qui encore ne se mouvoient ni de l'un lez ni de l'autre. Et exploita tant par ses journées le dit messire Eustache qu'il entra en Poitou et vint en la ville d'Angoulême devers le prince qui le reçut à grand'joie, et qui assez tôt après l'envoya devers messire Jean Chandos et le captal de Buch, qui se tenoient à Montalban et faisoient là frontière contre les François. Si fut le dit messire Eustache le bien-venu entre les compagnons si très tôt qu'il y vint.

CHAPITRE CCLXXIII.

Comment le connétable de France et le connétable de Hainaut mirent sus une chevauchée de gens d'armes pour assaillir Ardre.

En ce temps mirent sus les chevaliers de Picardie une chevauchée de gens d'armes, sur l'intention de chevaucher et aller voir ceux d'Ardre; de laquelle furent adonc chefs, monseigneur Moreau de Fiennes, connétable de France, et messire Jean de Werchin, sénéchal de Hainaut, par le commandement du roi de France. Si s'assemblèrent en la bonne ville de Saint-Omer; et étoient bien mille lances, chevaliers et écuyers. Si vinrent ces gens d'armes faire leur monstre par devant la bastide d'Ardre, qui bien étoit garnie et pourvue d'Anglois, et se logèrent pardevant, et donnèrent à entendre que ils leur tiendroient là le siége. Les Anglois qui pour ce temps étoient adonc dedans Ardre n'en furent néant ébahis, mais se ordonnèrent et appareillèrent pour défendre si on les assailloit. Si se ordonnèrent et arroièrent un jour les seigneurs de France et de Hainaut qui là étoient, et se trairent tous sur les champs, en moult frisque et noble arroy, et là étoit grand'beauté de voir les bannières des seigneurs mettre en avant et faire leur monstre. Si assaillit-on ce jour à petit de profit; car il y en eut des navrés et des blessés, et si n'y conquirent rien. Et me semble, selon ce que je fus adonc informé, que au cinquième jour ils se départirent d'Ardre sans autre exploit, et se retournèrent chacun en son lieu. Ainsi se dérompit cette chevauchée.

CHAPITRE CCLXXIV.

Comment la forteresse de Royauville fut prise et conquise par mine, et tous les Anglois qui dedans étoient morts sans nulle mercy.

Nous reviendrons aux besognes des lointaines marches. Si conterons du siége qui se tenoit devant Royauville en Quersin, que les François y avoient mis et établi, qui étoient plus de douze mille combattans parmi les Compagnies, et toutes bonnes gens d'armes. Et encore à deux journées près d'eux se tenoient les gens du duc de Berry, messire Jean d'Armignac, messire Jean de Villemure, le sire de Beaujeu et les autres d'Auvergne et de Bourgogne, qui bien étoient trois mille combattans, qui tantôt se fussent traits avant si besoin eût été. Messire Jean Chandos et le captal, et messire Guichard d'Angle et les autres qui faisoient frontière à Montalban savoient bien le siége des François devant Royauville, et quel nombre de leur côté ils étoient sur le pays : si ne trouvèrent mie gens assez pour eux combattre ni lever le siége. Car le comte de Cantebruge et le comte de Pennebroch qui étoient à siége devant Bourdille ne vouloient nullement briser leur siége.

Or avint ainsi que les François, qui avoient devant Royauville mis leurs mineurs en mine, et qui avoient leurs engins qui jetoient jour et nuit, si contraignirent ceux de Royauville que les dits mineurs vinrent à leur entente, et firent renverser un grand pan de mur, parquoi la ville fut prise et tous les Anglois qui dedans étoient morts sans prendre à merci, dont ce fut dommage, car il y avoit de bons écuyers. Ceux de la nation de la ville furent pris à merci, parmi ce que, dès ce jour avant, ils vinrent à être bons François et loyaux. Si ordonnèrent les seigneurs qui là étoient capitaines et gens d'armes, pour garder la ville si mestier étoit, et pour donner conseil et avis du réparer. Si se départirent ces gens d'armes après le conquêt de Royauville, sur le pays de Quersin et de Rouergue, pour eux rafraîchir et être mieux à leur aise, et s'en vinrent les compagnies en la cité de Caours et là environ. Si en furent capitaines Aymemon d'Ortinge, Perrot de Savoie, le petit Meschin, Jaquet de Bray et Ernaudon de Pans, et détruisoient tout le pays. Si retournèrent le comte de Pierregord, le comte de Lisle, le comte de Comminges, le vicomte de Carmaing, et les autres Gascons en leurs terres; car messire Hue de Cavrelée, messire Robert Briquet, Jean Cresuelle, Lamit, Naudon de Bagerant, le Bourg Camus, le Bourg de Breteuil, le Bourg de l'Esparre et toutes ces gens de Compagnies, y faisoient grand'guerre, et avoient mort, ars et détruit la terre du comte d'Armignac et celle du sire de Labreth.

En ce temps étoit un sénéchal en Rouergue très vaillant homme et bon chevalier durement, Anglois, qui s'appeloit messire Thomas de Witevale[1] qui tenoit la ville et le châtel de la Milau, à une journée de Montpellier. Combien que le pays autour de lui fût tourné et conquis François, si tint-il la dite garnison plus d'an et demi, et une forteresse en Rouergue, que on appelle Wauclère; et fit en ce temps plusieurs belles chevauchées et issues honorables sur les François, et de bons conquêts, et jut là très honorablement jusques à ce que monseigneur Bertran du Guesclin le bouta hors, ainsi que vous l'orrez recorder avant en l'histoire. Et toujours se tenoit le siége devant Bourdille.

CHAPITRE CCLXXV.

Comment le sénéchal de Poitou ardit et exilla la terre du seigneur de Chauvigny, et prit par force d'assaut sa maîtresse ville de Briouse.

Sur les marches de Poitou se tenoient messire Jean de Breuil, messire Guillaume des Bordes, monseigneur Louis de Saint-Julien, Kerauloet le Breton, à plus de douze cents combattans, qui étudioient et imaginoient nuit et jour comment ils pourroient prendre, écheler et embler villes, châteaux et forteresses en Poitou. Donc il avint qu'ils emblèrent et prirent par échellement, de nuit, le châtel que on dit la Roche de Posoy, à l'entrée du Poitou, séant sur la rivière de Creuse, à deux lieues de la Haie en Touraine, et assez près de Châteauleraut sur cette même rivière[1]. Si en fut durement tout le pays de Poitou effrayé; car les François en firent une grand'garnison, et la réparèrent, pourvurent et rafraîchirent d'artillerie bien et grossement. Quand ces nouvelles vinrent au prince, si en fut durement courroucé, mais amender ne le put. Si manda tantôt monseigneur Guichart d'Angle, monseigneur Louis de Harecourt, le seigneur de Parthenay, le seigneur de Poiane, et plusieurs autres qui se tenoient à Montalban de-lez monseigneur Jean Chandos, qu'ils revinssent appertement et qu'il les vouloit envoyer ailleurs. Ces dessus dits seigneurs de Poitou, à l'ordonnance du prince, se partirent de Montalban, et exploitèrent tant par leurs journées qu'ils vinrent en la ville d'Angoulême devers le prince, qui tantôt les envoya à Poitiers pour garder la cité et faire frontière aux François.

Assez nouvellement s'étoit tourné François un grand baron de Poitou, le sire de Chauvigny, vicomte de Briouse, et sa ville aussi, et l'avoit garnie de Bretons et de gens d'armes; mais point n'étoit en sa terre, ains étoit venu en France de-lez le roi. De cette aventure furent le prince et tous les barons de Poitou moult courroucés. Si fut soupçonné le vicomte de Rochechouart, et en fut informé le prince, qu'il vouloit se tourner François; dont il avint que le prince le manda en Angoulême, où il étoit, et lui dit son intention. Le vicomte s'en défendit et excusa au mieux qu'il put; mais pour ce ne demeura-t-il mie qu'il ne lui convînt tenir prison fermée, et demeura un grand temps en ce danger.

En ce temps étoit grand sénéchal de Poitou messire James d'Audelée, un moult sage et vaillant chevalier, qui mit sus une chevauchée de tous les barons et chevaliers de Poitou. Et là étoient messire Guichard d'Angle, messire Louis de Harecourt, le sire de Pons, le sire de Parthenay, le sire de Poiane, messire Geffroy d'Argenton, messire Maubrun de Linières, le sire de Tonnai-Bouton, et monseigneur Guillaume de Montendre, et plusieurs autres chevaliers et écuyers de Poitou, et étoient bien douze cents lances. Et encore y étoit messire Baudoin de Franville, sénéchal de Saintonge. Si firent ces seigneurs leur assemblée à Poitiers, et puis s'en partirent en grand arroy, et chevauchèrent tant

---

[1] Johnes l'appelle Whitewell. Barnès, sir Thomas Wake.

[1] Froissart se trompe : Châtelleraut est sur la Vienne, et non sur la Creuse.

qu'ils entrèrent en Berry. Si commencèrent à ardoir et à exiller le pays et à honnir povres gens; et y firent moult de dommages et puis s'en retournèrent par Touraine. Et partout où ils conversoient, le pays étoit tourmenté en grand'tribulation; ni nul ne leur alloit au devant, car ils étoient si forts qu'ils tenoient les champs. Et entrèrent ces gens d'armes en la terre du seigneur de Chauvigny, qui étoit tourné François; si l'ardirent et exillèrent toute sans déport, hormis les forteresses; et vinrent devant sa maître ville de Briouse. Si l'assiégèrent et assaillirent, et firent assaillir un jour tout entier par leurs gens : mais rien n'y conquêtèrent. Donc s'allèrent-ils loger, et dirent qu'ils ne partiroient mie ainsi, et qu'elle étoit bien prenable. Si se levèrent au point du jour et s'armèrent et ordonnèrent, et sonnèrent leurs trompettes d'assaut. Si approchèrent ces Poitevins et ces Anglois, et se mirent en ordonnance par connétablies, chacun sire entre ses gens et dessous sa bannière. Là eut, par un samedi, grand assaut et dur, et bien continué; car il y avoit dedans la ville gens d'armes et compagnons qui se défendoient du mieux qu'ils pouvoient; car ils savoient bien que c'étoit sur leurs vies. Si y firent maintes belles appertises d'armes. Le sénéchal de Poitou et le sénéchal de Xaintonge, qui étoient en grand'volonté et désir de conquerre la forteresse, faisoient leurs archers traire si ouniement que à peine n'osoit nul montrer aux guérites pour défendre. Si furent à ce jour et ce samedi au matin ceux de Briouse si fort assaillis et si continuellement, par traire et lancer et escarmoucher à eux, que finablement la ville fut conquise et la porte jetée par terre, et entrèrent ens tous ceux qui entrer y vouldrent. Si furent pris les hommes d'armes du vicomte; et tantôt en firent pendre les seigneurs de l'ost jusques à seize, en leurs propres armures, en dépit du dessus dit vicomte qui n'y étoit pas, mais se tenoit à Paris de-lez le roi de France. Si fut toute la ville courue et arse, et y perdirent les habitans et les demeurans tout le leur, et encore en y eut foison de morts et de noyés. Et puis s'en retournèrent les Anglois et leurs routes en la cité de Poitiers pour eux mieux à leur aise rafraîchir. Et aussi y trouvèrent-ils mieux quant qu'il leur convenoit et à qui vendre et délivrer leur pillage et ce qu'ils avoient ravi et pillé.

CHAPITRE CCLXXVI.

Comment le prince fit messire Robert Canolle maître et gouverneur de tous les chevaliers et écuyers de son hôtel; et comment messire Perducas de Labreth se retourna Anglois.

Messire Robert Canolle qui se tenoit en Bretagne où il avoit grand et bel héritage, et qui toujours avoit été bon et loyal Anglois, et servi et aimé le roi d'Angleterre et le prince de Galles, son ainé fils, et été en leurs armées et chevauchées, quand il entendit que les François faisoient ainsi si forte guerre au dit prince, et qu'ils lui tolloient et vouloient tollir son héritage d'Aquitaine, lequel il avoit jadis aidé à conquerre, si lui vint à grand'admiration et déplaisance. Et s'avisa en soi même qu'il prendroit ce qu'il pourroit avoir de gens d'armes et s'en iroit servir le prince à ses propres frais et dépens. Tout ainsi, comme il y imagina et considéra, il fit; et cueillit et manda tous ses féaux, et pria ses amis, et eut environ soixante hommes d'armes et autant d'archers de sa délivrance; et fit sa pourvéance sur la mer, en quatre grosses nefs, en une ville de Bretagne et port de mer que on appelle Kaouke[1]. Quand toutes ses pourvéances furent faites et accomplies, il se partit de Derval et se traist celle part. Si entra en son vaissel, et ses gens ès leurs; et singlèrent tant au vent et aux étoiles qu'ils arrivèrent au kay de la Rochelle. Si lui firent les bourgeois de la Rochelle grand'fête arrière cœur; mais ils n'en osèrent autre chose faire. Et là trouva-t-il messire Jean d'Évreux qui étoit capitaine de la Rochelle de par le prince; car le sénéchal étoit avec messire Jean Chandos et messire Thomas de Persy. Messire Jean d'Évreux reçut le dit messire Robert moult liement et lui fit toute la meilleure compagnie qu'il put faire. Si se refreschit messire Robert, et ses gens par deux jours, et au troisième ils partirent et se mirent au chemin

[1] Il est difficile de deviner quel est ce lieu : ceux dont le nom paraît s'en rapprocher, tels que *le Conquêt, Concarneau, etc.*, sont bien éloignés de Derval pour qu'on puisse penser que Robert Knowles ait été s'y embarquer, tandis que l'embouchure de la Loire lui offrait des ports plus voisins, et qui le rapprochaient de La Rochelle, où il vouloit aller. Il est cependant très vraisemblable que Froissart a voulu désigner Concarneau; car au chapitre 363, il appelle comme ici Kaouke le port d'où le duc de Bretagne partit en 1373 pour aller en Angleterre; et il est certain, par le témoignage des historiens de Bretagne, que ce prince s'embarqua à *Concarneau*.

devers Angoulême, et tant exploitèrent par leurs journées qu'ils y arrivèrent.

De la venue messire Robert Canolle fut le prince grandement réjoui, et ne le put par semblant trop conjouir ni fêtoyer, et aussi madame la princesse. Tantôt le prince le fit maître et souverain de tous les chevaliers de son hôtel, pour cause d'amour, et de vaillance et d'honneur, et leur commanda à obéir à lui comme à leur souverain; et ils dirent que si feroient-ils volontiers.

Quand le dit messire Robert eut été de-lez le prince environ cinq jours, et ceux furent appareillés qui devoient aller en sa chevauchée, et aussi qu'il sçut quelle part il se trairoit, il prit congé au prince, et se partit d'Angoulême bien accompagné, les chevaliers du prince avec lui; tels que monseigneur Richard de Pontchardon, monseigneur Étienne de Counsenton, messire d'Angouses, monseigneur Néel Lorinch, messire Guillaume Toursiel, monseigneur Hugues de Hastingues, monseigneur Jean de Trivet, messire Thomas le Despenser, monseigneur Richard Tanton, messire Thomas Banastre, messire Nicolas Bond, messire Guillaume le Moine, sénéchal d'Agénois, monseigneur Baudouin de Frainville et plus de soixante chevaliers. Si étoient environ cinq cents hommes d'armes et cinq cents archers et autant de brigands, et tous en volonté de trouver les François et de combattre. Si chevauchèrent les gens du prince, dont messire Robert étoit chef et gouverneur, par devant Agen, pour venir en Quersin, où les compagnies se tenoient; et tant exploitèrent qu'ils vinrent en la cité d'Agen; et se tinrent là un petit pour eux rafraîchir et attendre leurs ennemis. Pendant ce que ledit messire Robert Canolle séjournoit à Agen, et ses gens là environ, il entendit que messire Perducas de Labreth, un grand capitaine des Compagnies, et qui en avoit plus de trois cents de sa route dessous lui, étoit sur le pays en cette saison, par le pourchas du duc d'Anjou, tourné François. Si envoya tantôt le dit messire Robert Canolle devers lui hérauts et certains messages, et fit tant que, sur sauf-conduit, il vint parler à lui sur les champs, en un certain lieu qu'ils ordonnèrent. Quand le dit messire Robert vit le dit messire Perducas, il lui fit grand'chère et liée, et puis, petit à petit, entra en paroles. Si lui commença à remontrer comment il avoit grandement fait son blâme quand il étoit tourné François et issu hors du service du prince qui tant l'avoit aimé, honoré et avancé. Que vous ferois-je long conte? Messire Robert Canolle, comme sage et subtil, prêcha tant au dit messire Perducas de Labreth qu'il le retourna Anglois, et toutes ses gens ; et se retournèrent adonc des compagnons gascons plus de cinq cents, dont le duc d'Anjou fut moult courroucé; et tint moins de compte et de sûreté au dit messire Perducas; et aussi firent tous les autres qui étoient de la partie des François, et en ressoingnièrent trop plus les Anglois.

CHAPITRE CCLXXVII.

Comment messire Robert Canolle assiégea les compagnies en la garnison de Durviel; et comment messire Jean Chandos prit la forteresse de Montsac.

Les nouvelles vinrent en la cité de Caours aux autres compagnons, à Aimemon d'Ortinge, à Petit-Meschin, à Jacquet de Bray, à Perrot de Savoie et à Ernaudon de Pans, qui tenoient là une très grand'garnison et avoient tenu tout le temps, que messire Perducas de Labreth étoit retourné Anglois et toute sa route aussi. Si en eurent les dessus dits capitaines grand ennui au cœur et effroi ; et regardèrent et considérèrent entre eux que la cité de Caours étoit de trop grand'garde et trop foible pour eux tenir contre les Anglois. Si s'en partirent de là et la recommandèrent à l'évêque du dit lieu et aux bourgeois de la ville; et s'en vinrent en une prioré assez près de là, que ils avoient tout le temps malement fortifiée, laquelle on appelle Durviel [1]. Cette forteresse n'étoit point de grand'garde; et se boutèrent tous dedans, et mirent en bonne ordonnance pour attendre leurs ennemis, lesquels vinrent celle part tantôt et sans délai qu'ils sçurent qu'ils s'étoient là retraits ; et assiégèrent et environnèrent la dite forteresse, et puis y établirent et firent maint assaut. Mais ils étoient si avisés et si drus d'armes et aussi bien pourvus d'artillerie qu'ils n'en faisoient compte.

Quand messire Jean Chandos, messire Thomas de Felleton, le captal de Buch, messire Jean de Pommiers, messire Thomas de Percy, messire Eustache d'Aubrecicourt et les chevaliers

[1] Probablement Duravel, petite ville sur le Lot, aux confins de l'Agénois.

du prince qui se tenoient à Montalban, entendirent que messire Robert Canolle avoit assiégé les capitaines des compagnies en la garnison de Durviel, si eurent conseil qu'ils se trairoient celle part; car la chose s'ordonnoit assez bien qu'ils trouveroient là aucuns grands faits d'armes.

Si se départirent de Montalban une grand'-route, plus de trois cents lances; et y laissèrent bien deux cents en garnison, desquels étoient capitaines messire Aymeri de Tartres, messire le soudich de l'Estrade, messire Bernardet de Labreth sire de Géronde. Si chevauchèrent les dessus dits bien et moult efforcément pour venir au siége de Durviel. Ainsi qu'ils chevauchoient, ils trouvèrent en leur chemin une ville assez forte, Françoise, qui s'appelle Montsac[1]; et étoit tant seulement en la garde des hommes de la ville, car il n'y avoit nul gentilhomme. Si envoyèrent de premier leurs coureurs devant, pour aviser et considérer la ville. Si rapportèrent leurs coureurs qu'elle étoit assez forte, et que sans siége et assaut on ne le pouvoit avoir. Donc se conseillèrent les seigneurs sur les champs pour savoir quelle chose en étoit bonne à faire. Adonc ils trouvèrent en conseil que ce ne seroit pas bon d'eux là arrêter et de briser leur emprise pour aller devant Durviel. Si passèrent outre, et étoit encore assez matin. Ainsi qu'ils pouvoient être une lieue outre, ils encontrèrent quatre sommeliers tout chargés de vitailles; si furent tantôt pris et arrêtés les sommeliers, et leur fut demandé d'où ils venoient et où ils alloient. Cils connurent vérité : qu'ils étoient partis de Toulouse et avoient intention d'entrer en la ville de Montsac et de là mener leur vitaille. Donc furent examinés plus avant de l'état de la ville, et quelles gens ils étoient là dedans. Les sommeliers répondirent qu'ils n'oseroient mentir; que la ville étoit moult étreinte de famine, et n'y pensoient là dedans avoir de tous vivres, si assiégés étoient, pour vivre quatre jours, et qu'il n'y avoit nul gentilhomme, ni autre défense que des bons hommes de la ville. Donc se mirent les gentils hommes ensemble et eurent conseil qu'ils n'iroient plus avant, si auroient rendu peine à conquerre la dite ville. Si retournèrent et retinrent la vitaille pour eux, et rendirent aux quatre sommeliers leurs chevaux, et leur dirent qu'ils r'allassent aux nouvelles pourvéances; et puis s'en vinrent mettre le siége devant Montsac et se commencèrent à loger bien et faiticement, ainsi que s'ils dussent là demeurer un mois; et firent ce premier jour semblant qu'ils assaudroient à lendemain, et levèrent devant les murs aucuns canons qu'ils portoient. Quand ceux de Montsac en virent la manière, si se commencèrent à effrayer, et sentirent bien qu'ils ne se pouvoient longuement tenir; car ils n'avoient nulles pourvéances. Si commencèrent à traiter devers les dessus dits seigneurs d'Angleterre; et se portèrent les traités si bien qu'ils reconnurent le prince à seigneur et à tenir la dite ville de lui à toujours mais, sans fraude et sans engin; et parmi ce ils demeurèrent en paix, et ne leur ôta-t-on rien du leur. Si ordonnèrent les chevaliers, messire Jean Chandos et les autres, à la requête de ceux de la ville, un chevalier à capitaine, lequel on appeloit messire Robert Miton, et vingt hommes d'armes et quarante archers avec lui, aux frais et gages des hommes de la ville; puis chevauchèrent outre tant qu'ils vinrent devant Durviel où messire Robert Canolle et les autres étoient. Si eut là grands approchements et grands reconnoissances d'amour, quand ils se trouvèrent tous ensemble; et se mirent au siége avec les autres, tous par bonne ordonnance.

CHAPITRE CCLXXVIII.

Comment messire Robert Canolle et messire Jean Chandos se partirent de Durviel sans rien faire et vinrent assiéger la garnison de Domme.

Le siége pendant devant Durviel, il y eut plusieurs assauts, escarmouches, paletis et grands faits d'armes, car c'étoient toutes bonnes gens d'armes qui tenoient le siége devant, et ceux de dedans étoient tous bien combattans et bien usés d'armes : autrement ils ne se fussent point longuement tenus. Si vous dis que les Anglois, et ceux de leur côté qui là gisoient au siége, ne l'avoient mie d'avantage, mais étoient en trop dur parti, par deux manières car il pleuvoit nuit et jour si onniement que trop grévoit aux hommes et aux chevaux; et avec tout ce ils avoient si

---

[1] Il existe dans le Périgord un lieu nommé Monsac : mais il était impossible que Chandos et sa troupe le rencontrassent sur leur route en allant de Montauban à Duravel, ce qui me porte à croire qu'au lieu de *Montsac* il faut lire *Moissac*. La position de cette ville sur le Tarn, aux confins du Languedoc et du Quercy, se concilie très bien avec le récit de Froissart.

grand'deffaute de vivres, qu'ils ne savoient que manger; et y vendoit-on un pain trois vieux gros; encore n'en pouvoit-on recouvrer pour son argent bien souvent; de vins avoient-ils assez et largement, et ce leur faisoit grand confort.

En tel état furent-ils plus de cinq semaines. Quand ils virent que rien ne faisoient, et que la garnison de Duvirel point ils ne prendroient, et séjournoient là en grand malaise, si avisèrent qu'ils se délogeroient, et se trairoient pardevant la ville et le châtel de Domme[1] en plus gras pays, ainsi qu'ils firent. Et étoit sire et gouverneur de la dite ville et du dit châtel messire Robert de Domme, qui en étoit seigneur, et avoit avec lui un sien cousin chevalier, qui s'appeloit messire Pierre Sanglier. Si avoient, en au devant, ces deux chevaliers les vivres du plat pays-là tous retraits là dedans. Quand les Anglois et les Gascons, qui étoient là quinze cents hommes d'armes et deux mille que archers, que brigands, furent là venus, si se ordonnèrent et mirent en arroy de siége bien et faitement, et commencèrent à assaillir la forteresse de grand'volonté: si y levèrent plusieurs grands engins, assauts et escarmouches où il y eut fait, le siége durant, de grands appertises d'armes. Quand ils eurent là été quinze jours, et ils eurent vu que rien n'y faisoient ni rien n'y conquêtoient, et si y gissoient en grand'peine et grands frais, si se avisèrent et conseillèrent les uns par les autres qu'ils signifieroient leur état et leur affaire au prince de Galles leur seigneur, qui se tenoit en Angoulême. Si fut ordonné d'aller de celle part et de faire ce message Chandos le héraut, lequel se partit de ses maîtres et exploita tant par ses journées qu'il vint en Angoulême, où il trouva le prince à moult privée maisnie; car tous ses chevaliers et écuyers étoient d'une part et d'autre. Quand le héraut Chandos fut là venu, il se mit à genoux devant le prince et lui recommanda tous ses maîtres dessus nommés, lesquels il avoit laissés au siége devant Domme, et puis lui recorda et remontra bien et sagement l'état et l'affaire de leur ordonnance, ainsi que informé et chargé l'avoient, avec lettres de créance qu'il apportoit à monseigneur le prince. Le prince entendit à ce bien et volontiers, et dit qu'il en auroit avis, et fit demeurer le héraut de-lez lui, et y fut cinq jours. Au sixième il lui fit délivrer sous son scel lettres écrites et scellées, et lui dit au départir:« Chandos, saluez-nous les compagnons. » Cil répondit : « Monseigneur, volontiers. » Lors se départit du prince le dit héraut et se mit au retour par devers Quersin.

Or vous recorderai de ceux de l'ost comment ils exploitèrent, et quelle chose ils firent, pendant que le dit héraut alla et vint et fit son message.

CHAPITRE CCLXXIX.

Comment messire Robert Canolle et Chandos se partirent de Domme sans rien faire, et prirent Gramath et Rochemadour et plusieurs autres villes qui étoient tournées Françoises.

Assez tôt après que Chandos se fut parti de ses maîtres, du siége de Domme, messire Jean Chandos, messire Robert de Canolle, messire Thomas de Felleton, le captal de Buch, messire James d'Audelée et les autres seigneurs et chevaliers qui là étoient, eurent conseil et avis ensemble qu'ils defferoient leur siége, car là à seoir rien ne conquètoient, et chevaucheroient plus avant sur le pays, et conquerroient villes et garnisons qui étoient tournées Françoises nouvellement par l'effort des compagnies et des gens du duc de Berry. Si se délogèrent et se départirent de Domme, et se mirent au chemin; et s'en vinrent par devant Gramath[1], qui tantôt se rendirent et tournèrent Anglois qu'ils furent là venus. Si se rafraîchirent les seigneurs et leurs gens dedans la ville de Gramath par trois jours, et pendant ce avisèrent-ils où ils se trairoient quand ils partiroient. Ils chevauchèrent devers une forteresse que les Compagnies avoient nouvellement prise, que on appelle Foars. Sitôt que ceux de celle garnison sentirent les Anglois venir à si grand effort, et que ceux de Gramath s'étoient tournés, ils se tournèrent aussi et devinrent Anglois; et jurèrent qu'ils le demeureroient à toujours; mais ils en mentirent. Si passèrent outre les Anglois et vinrent devant Rochemadour. Ceux de la ville étoient malement fortifiés, si n'eurent mie volonté d'eux rendre. Quand les Anglois furent venus jusques à la dite ville, et ils eurent avisé et considéré la manière de ceux de la

---

[1] Petite ville du Haut-Périgord, sur une colline, près de la Dordogne.

[1] Gramat est une petite ville du Quercy, peu éloignée de Roquemadour dont l'historien va parler.

dite ville de Rochemadour, si firent traire avant leurs gens et leur artillerie, et là commencèrent à assaillir de grand'façon et bonne ordonnance. Là eut, je vous dis, moult grand assaut et dur, et plusieurs hommes navrés et blessés du trait dedans et dehors.

Si dura cel assaut un jour tout entier. Quand ce vint au vèpre, les Anglois se retrairent à leurs logis et en avoient bien intention de l'assaillir à lendemain. Mais celle nuit ceux de Rochemadour se conseillèrent, qui avoient ce jour senti la force et la vertu de ceux de l'ost, et comment ils les avoient fort assaillis et pressés. Si ouïrent bien les plus sages et mieux avisés que à la longue ils ne se pouvoient tenir, et s'ils étoient pris par force, ils seroient tous morts et perdus, et leur ville arse sans merci. Si que, tout considéré, le bien contre le mal, quand ce vint au matin, ils traitèrent aux Anglois pour eux rendre; et se porta traité si bien qu'ils churent en accord devers les dessus dits chevaliers d'Angleterre, parmi ce que, de ce jour en avant ils seroient bons Anglois, et le jurèrent solemnellement. Avec tout ce, ils durent à leurs frais mener et conduire, le terme de quinze jours, cinquante sommiers de vivres après l'ost, pour eux avitailler des pourvéances de la ville; mais on les paieroit courtoisement, parmi un certain fuer qui y fut ordonné. Et ainsi demeura Rochemadour en paix. Et puis chevauchèrent les Anglois outre pardevers Villefranche en Toulousain, gâtant et exillant tout le plat pays et mettant les povres gens en grand'misère, et conquérant villes et châteaux qui s'étoient tournés François. Si se retournoient Anglois, les uns par traités, et les autres par force; si vinrent les dessus dits seigneurs et leurs gens devant Villefranche, qui étoit assez bien fermée et pourvue de vivres et d'artillerie, car tout le plat pays de là environ se y étoit retrait.

Quand ils furent là venus, ils l'assiégèrent et assaillirent de grand'volonté, et y eut, en quatre jours qu'ils furent pardevant, maint grand assaut et fort, et plusieurs navrés de ceux de dedans et de dehors. Tout considéré, ils regardèrent que longuement ils ne pouvoient tenir, et qu'ils ne seroient aidés ni confortés de nul côté; au moins ne leur étoit-il point apparent. Si se tournèrent et rendirent Anglois, par composition telle, que on ne leur devoit point porter de dommage. Ainsi devint Villefranche sur les marches de Toulousain, Anglesche. De quoi le duc d'Anjou qui se tenoit à Toulouse fut moult courroucé et dolent, quand il en sçut les nouvelles; mais amender ne le put quant à celle fois. Si mit et laissa messire Jean Chandos dedans à gouverneur, et à capitaine un chevalier anglois qui s'appeloit messire Robert Rouse, et puis passèrent outre en exillant tout le pays.

Or retournerons au siége de Bourdille, en Pierregord, et conterons comment le comte de Cantebruge et le comte de Pennebroch en persévérèrent.

CHAPITRE CCLXXX.

Comment le comte de Cantebruge et le comte de Pennebroch prirent la garnison de Bourdille par grand avis.

Pendant que les dessus nommés barons et chevaliers d'Angleterre et leurs routes, faisoient leurs chevauchées et leurs conquêts, tant en Rouergue, en Quersin, que en Agénois, où ils furent une moult longue saison, se tenoit le siége devant la garnison de Bourdille, qui y fut plus de neuf semaines. Et vous dis que, ce siége-là tenant, il y eut plusieurs assauts, escarmouches et paletis, et plusieurs grands appertises d'armes presque tous les jours; car ceux de dedans venoient par usage tous les jours, à main armée, jusques à leurs barrières hors de la porte, et là escarmouchoient moult vaillamment et hardiment, et si bien se portoient que proprement de l'ost ils avoient grand'louange. Ainsi se tinrent en cel état un grand temps et fussent tenus encore trop plus, si orgueil et présomption ne les eussent tentés; car ils étoient gens assez, et tous hardis compagnons pour tenir et défendre leur forteresse, et bien pourvus de vivres et d'artillerie, et ceux de l'ost se commençoient à tanner, combien qu'ils gesissent là moult honorablement; mais ils regardoient qu'ils y étoient à grands frais et que trop peu y conquéroient. Or avint un jour qu'ils eurent conseil et avis comment ils se maintiendroient pour leur affaire approcher. Si ordonnèrent que à lendemain, à heure de prime, ils feroient toutes leurs gens armer et eux tenir secrètement en leurs logis, et envoyeroient aucuns d'eux escarmoucher à ceux de la forteresse; car ils les sentoient de si grand'volonté que tantôt ils istroient hors et se mettroient sur les champs bien appertement pour eux combattre. En ce faisant, leurs gens, qui là seroient envoyés escarmoucher, se feindroient et se retourneroient tout combattant petit à petit devers leurs logis, ainsi que déconfits, pour ceux du dit fort attraire plus avant, et ils auroient ordonné une bataille de leurs gens tout à cheval, qui se mettroient entre leurs ennemis et la forteresse, par quoi, quand ils voudroient retourner, ils ne pourroient. Cet avis fut arrêté entre eux; et dirent que si on ne les avoit par celle voie, on ne les auroit point à son aise. Si que à lendemain, ils firent très le matin armer secrètement toutes leurs gens, et en envoyèrent jusques à deux cents escarmoucher à ceux de Bourdille. Quand les compagnons qui dedans étoient, et les capitaines Ernaudon et Bernardet, les virent venir, si en furent joyeux, et s'armèrent appertement, et firent armer leurs gens. Si pouvoient bien être environ sept vingt, tous jeunes et légers compagnons. Et firent ouvrir leur porte toute arrière, et vinrent à leurs barrières, et recueillirent aux lances et aux pavais les Anglois bien et faiticement; et y firent tant que les Anglois reculèrent et perdirent terre; et aussi il étoit ordonné ainsi. Les compagnons de Bourdille firent passer leur pennon devant, et dirent: « Avant! avant! par le chef Saint Antoine! ceux-ci sont nôtres. » Lors les envahirent-ils de grand'volonté, et en eux chassant ils en jetèrent aucuns par terre et blessèrent et prirent pour prisonniers. Et pour ce qu'ils vouloient tout avoir, et ainsi que on dit, grand'convoitise fait petit mont, ils éloignèrent si leur forteresse que, quand ils voulurent retourner, ils ne purent; car messire Jean de Montagu [1], qui étoit sur l'embûche à plus de cinq cents combattans, et qui droit sur la place fut fait chevalier de monseigneur le comte de Cantebruge, se mit à toute sa route entre la forteresse et eux, et descendirent pied à pied droit devant eux, et puis les envahirent de grand'volonté.

Quand les compagnons de Bourdille se virent ainsi attrapés, si connurent bien qu'ils avoient trop follement chassé. Néanmoins ils se mirent et recueillirent tous ensemble comme vaillans gens, et se commencèrent à combattre et faire tant de grands appertises d'armes que merveilles seroit à recorder; et se tinrent sans eux déconfire bien l'espace de deux heures, toujours lançant et eux combattant, entrans et retraians moult vaillamment de leurs ennemis; et tant y firent d'appertises d'armes que proprement les seigneurs d'Angleterre qui là étoient y prirent grand'plaisance. Et là fut le dit messire Jean de Montagu très bon chevalier et vaillant, et bien se combattit et assaillit ses ennemis. Finalement ceux de Bourdille furent là déconfits, tous morts et pris, que oncques pied ne s'en échappa, et les prisonniers rescous que pris avoient, et les deux écuyers capitaines, Ernaudon et Bernardet de Batefol, pris et prisonniers au dit monseigneur Jean de Montagu. Pendant que cil estour avoit là été, le comte de Cantebruge et le comte de Pennebroch s'étoient avancés et avoient conquis les barrières et la porte, et étoient entrés dedans, la bannière du comte de Cantebruge devant. Ainsi eurent les Anglois la garnison de Bourdille, et firent les hommes de la ville jurer foi et sûreté à eux, et à tenir la ville de par le prince. Si ordonnèrent les seigneurs à demeurer pour la garder le seigneur de Mucident et ses gens, et lui baillèrent soixante archers; et puis depecèrent leur siége et eurent conseil qu'ils se retrairoient en Angoulême devers le prince, pour savoir quelle chose il voudroit qu'ils fissent. Ainsi se défit le siége de Bourdille, et se mirent tous les seigneurs et leurs routes au retour.

Or retournerons aux dessus dits chevaliers d'Angleterre et de Gascogne qui chevauchèrent en Quersin, et parlerons de Chandos le héraut, et des nouvelles qu'il apporta de par le prince de Galles.

CHAPITRE CCLXXXI.

Comment messire Robert Canolle, messire Jean Chandos, messire Thomas de Felleton et le captal de Buch ordonnèrent de leurs gens et s'en retournèrent devers le prince.

Ainsi que les dessus dits et leurs routes, et les compagnies avec eux, chevauchoient ès marches de Rouergue et de Quersin, et qu'ils faisoient tourner villes et châteaux, et mettoient le pays où ils conversoient en grand'tribulation, Chandos le héraut revint, qui les trouva devant une forteresse en Quersin que ils avoient moult

---

[1] Neveu et héritier du comte de Salisbury.

astreinte. Sitôt qu'ils virent le héraut revenu, si lui firent grand'chère et lui demandèrent des nouvelles. Il leur dit que monseigneur le prince les saluoit tous et les désiroit moult à voir; et à ces mots il leur bailla les lettres que le prince leur envoyoit. Si les prirent les barons et les lurent. Si trouvèrent, avec saluts et amitiés, qu'il ordonnoit et vouloit que messire Jean Chandos, messire Thomas de Felleton, monseigneur le captal de Buch, retournassent en Angoulême devers lui, et messire Robert Canolle et ses gens, et toutes les Compagnies, demeurassent en l'état où ils étoient et fissent guerre. Quand ces quatre seigneurs, qui là étoient chefs de toutes ces gens d'armes, entendirent ces nouvelles, si regardèrent tous l'un l'autre, et puis demandèrent quelle chose en étoit bonne à faire. Si se adressèrent d'une voix devers messire Robert Canolle et lui dirent : «Messire Robert Canolle, vous véez et entendez comment monseigneur le prince nous remande, et veut et ordonne que vous demeuriez sur ce pays et soyez chef et gouverneur de toutes ces gens d'armes.» — «Seigneurs, répondit messire Robert, monseigneur le prince me fait plus d'honneur que je ne vaudrai jamais; mais sachez qu'jà sans vous je n'y demeurerai, et si vous partez je partirai.» Depuis, il ne se voult autrement laisser informer ni conseiller, mais dit toujours qu'il partiroit. Si eurent conseil de retourner tous quatre devers le prince savoir plus pleinement son entente.

Ainsi se dérompit cette grande chevauchée; et quand ce vint au département, ils envoyèrent messire Perducas de Labreth en la ville de Rochemadour, et toutes ses gens, pour là faire frontière contre les François; et dirent ainsi les seigneurs aux autres compagnies et à leurs capitaines: «Seigneurs, vous oyez comment monseigneur le prince nous remande; si nous faut obéir; et ne savons de vérité qu'il nous veut. Si vous dirons que vous ferez: vous recueillerez vos gens et vous remettrez ensemble, et monterez amont sur les marches de Limousin et d'Auvergne, et ferez la guerre; car sans guerre ne pouvez vous vivre ni ne savez; et nous vous jurons et promettons loyaument, que si vous prenez ou conquérez ville, châtel ou forteresse en France, en quelque lieu que ce soit ni en quelque marche, et vous y êtes assiégés, nous vous irons conforter tellement que nous lèverons le siége.» Ceux qui ces paroles et promesses ouïrent dirent: «C'est bien dit, et nous le recevons ainsi; car espoir en aurons-nous mestier.» Ainsi se départirent les uns des autres, et se dérompit cette grosse chevauchée, les compagnies d'un lez et les seigneurs d'autre, qui s'en revinrent tout par accord devers le prince en la ville d'Angoulême, qui leur fit grand'chère. Or étoient revenus aussi de la comté de Pierregord, un petit en devant, le comté de Cantebruge et le comte de Pennebroch, messire Jean de Montagu et tous les autres.

Or vous parlerons des compagnies et gens d'armes qui partis étoient de monseigneur Jean Chandos, comment ils persévérèrent.

CHAPITRE CCLXXXII.

Comment les Compagnies angloisches prirent le châtel de Belleperche en Bourbonnois et la mère du duc de Bourbon qui étoit dedans, et aussi le châtel de Sainte-Sévère.

Entre les compagnons avoit là trois écuyers de la terre du prince, grands capitaines des compagnies et hardis et apperts hommes d'armes durement, grands aviseurs et écheleurs de forteresses. Si appeloit-on l'un Ortinge, l'autre Bernard de Wiske et le tiers Bernard de la Sale. Ces trois compagnons ne voulurent mie séjourner qu'ils ne fissent parler d'eux et aucun exploit d'armes. Si s'en vinrent avec leurs routes eux refreschir en Limousin.

En ce temps en étoit sénéchal et gouverneur, de par le prince, messire Jean d'Évreux. Ces trois dessus dits jetèrent leurs avis à prendre en France aucunes forteresses; et regardèrent que Belleperche en Bourbonnois étoit un beau châtel et fort; et y demeuroit la mère du duc de Bourbon et de la roine de France. Si entendirent par leurs espies que la bonne dame étoit là seule entre ses gens, et n'avoit au dit château point trop grand'garde; encore le châtelain du lieu alloit et venoit souvent hors, et n'en étoit point trop soigneux de le garder. Ces compagnons et une partie des leurs, ceux qu'ils vouldrent élire, ne sommeillèrent point trop sur leur entente, mais chevauchèrent un jour et une nuit et vinrent sur l'ajourner à Belleperche, et l'échellèrent et prirent, et madame la mère de la roine de France qui étoit dedans, et fut leur ce qu'ils trouvèrent dedans. Si regardèrent que la forteresse étoit belle et bonne et en gras pays, et dirent qu'ils la tiendroient contre tout homme. Encore en cette propre nuit ils prirent une autre forteresse qui s'appeloit Sainte-Sévère [1], sur les marches de Limousin, et cette donnèrent-ils à monseigneur Jean d'Évreux.

Ces nouvelles furent tantôt sçues en France, que Belleperche étoit prise et emblée des Anglois, et la mère de la roine de France dedans. Si en fut le roi fortement courroucé, et aussi furent la roine et le duc de Bourbon; mais amender ne le purent quant à cette fois.

En ce temps fut élu en France pour être l'un des maréchaux des guerres messire Louis de Sancerre [2], vaillant homme et hardi chevalier durement. Encore vivoit messire Arnoul d'Audrehen; mais il étoit si vieux et si froissé d'armes et de travail du temps passé, que bonnement aider ne se pouvoit ni plus embesogner de l'office; mais encore s'armoit-il volontiers quand il venoit à point.

Or vous parlerons un petit des besognes de Picardie, aussi bien que nous vous avons parlé de celles des lointaines marches, et d'une grand'assemblée qui fut faite à Tournehen.

CHAPITRE CCLXXXIII.

Comment le roi de France fit faire grand appareil de nefs pour envoyer en Angleterre; et comment le duc de Lancastre, à grand'foison de gens d'armes, arriva à Calais.

Le roi de France, toute cette saison d'été, avoit fait très grand appareil de nefs, de barges et de vaisseaux, sur le port de Harefleu et sur la rivière de Saine, entre Rouen et Harefleu, et avoit intention d'envoyer en Angleterre une armée si grand et si étoffée de toutes bonnes gens d'armes, de chevaliers et d'écuyers, desquels messire Philippe son frère, duc de Bourgogne, seroit chef et gouverneur, ainsi que pour tout détruire en Angleterre. Et se tenoit et séjournoit proprement le roi de France en la cité de Rouen, pour mieux entendre à ses besognes; et alloit toutes les semaines deux ou trois fois voir la navie, et avoit à ce très grand'affection. Avec tout ce, son mandement étoit si grand et si étendu par tout son royaume, que là environ Rouen, en Veguesin et en Beauvoisin venoient et apleuvoient gens d'armes tous les jours que merveilles seroit à penser. Et toujours se faisoient et approchoient les pourvéances en celle navire si grandes et si grosses comme ce fut pour aller en Castille ou Portingal. Mais le sire de Cliçon, qui étoit un des espéciaux du conseil du roi, ne s'y accordoit pas bien et déconseilloit au roi à tant de nobles de son royaume aller en Angleterre et y faire guerre, comme les Anglois étoient de passer la mer et de venir en France; et alléguoit à ce assez de raisons, ainsi que cil qui mieux connoissoit la condition et la nature des Anglois et l'état du pays d'Angleterre que moult d'autres. Nonobstant ce, on ne pouvoit briser le propos du roi ni d'aucuns de son conseil, que cette armée ne partesist.

Le roi d'Angleterre et son fils le duc de Lancastre, et plusieurs de leur conseil, étoient assez avisés et informés de cette armée, et comment les François les devoient venir voir et guerroyer en leur pays, de la quelle chose ils étoient tout joyeux; et avoient pourvus les passages, les ports et les hâvres sur mer à l'encontre de Ponthieu et de Normandie pour eux recueillir, si ils venoient, bien et suffisamment de bonnes gens d'armes et d'archers; et étoit tout le royaume d'Angleterre avisé et conforté pour combattre les François si ils venoient. Et eut adoncques le roi d'Angleterre conseil et volonté d'envoyer son fils le duc de Lancastre, atout une charge de gens d'armes et d'archers, en la ville de Calais. Si ordonna et nomma proprement le roi ceux qui iroient avecques lui; le comte de Sallebery, le comte de Warvich, messire Gautier de Mauny, le seigneur de Ros, monseigneur Henry de Persy, le sire de Basset, le sire de Willebi, le seigneur de la Ware, le seigneur de la Poule, monseigneur Thomas de Grantson, messire Alain de Boukeselle, monseigneur Richard Sturry et plusieurs autres; si étoient six cents hommes d'armes et quinze cents archers. Si vinrent les dessus dits en la ville de Douvres et là environ, et puis passèrent quand leur navire fut toute prête et ils eurent vent à volonté, et arrivèrent en la forte ville de Calais [1] : si issirent hors de leurs vais-

---

[1] Sainte-Sévère, bourg du Berry, situé sur l'Indre, un peu au-dessus de La Châtre.
[2] Il paraît que Louis de Sancerre avait été pourvu de la charge de maréchal de France dès le 20 juin de l'année précédente, sur la démission d'Arnoul d'Audeneham.

[1] Le duc de Lancastre passa en France vers la fête de la Nativité de la Vierge suivant la *Chronique* de Thomas

seaux et en mirent petit à petit toutes leurs garnisons hors et se herbergèrent tous en la dite ville.

En celle saison avoit le roi d'Angleterre escript et prié espécialement messire Robert de Namur qu'il le voulsist servir, sa guerre faisant, à toute sa charge de gens d'armes. Le dit messire Robert, qui toujours avoit été bon Anglois et loyal, avoit répondu qu'il seroit appareillé sitôt que on le manderoit et qu'il sauroit que le roi ou un de ses enfans seroit à Calais, ou trait sur les champs pour chevaucher sur France. Si que, si très tôt qu'il entendit que le duc de Lancastre étoit arrivé à Calais, il semonni tous ses compagnons et ceux dont il vouloit être aidé et servi, et fit tout son harnois appareiller moult efforcément, ainsi comme à lui appartenoit.

Or retournerons-nous aux besognes de Poitou.

CHAPITRE CCLXXXIV.

Comment le châtel de la Roche sur Yon fut rendu aux Anglois, et comment le capitaine du dit lieu fut mis à mort par ordre du duc d'Anjou.

Vous devez savoir que quand le département fut fait des barons et des chevaliers de Guyenne qui avoient chevauché en Quersin et en Rouergue, et Chandos le héraut eut apporté les nouvelles du prince, ils retournèrent tous par un accord en la ville d'Angoulême, où ils trouvèrent le prince qui les reçut moult liement. En petit devant ce étoit retourné le comte de Cantebruge, le comte de Pennebroch et leurs gens, après le conquêt de Bourdille, si comme ci-dessus est dit et contenu. Si se conjouirent et firent grand'fête ces seigneurs et ces barons, quand ils se retrouvèrent tous ensemble, et se avisèrent et conseillèrent où ils se trairoient, pour mieux exploiter leur saison. Si regardèrent que, sur les marches d'Anjou, avoit un beau château et fort, qui se tenoit du ressort d'Anjou, lequel on appeloit la Roche sur Yon [1], et dirent tous et avisèrent qu'ils se trairoient celle part et y mettroient le siège, et le conquerroient si ils pouvoient. Si ordonnèrent leurs besognes en telle instance, et mirent au chemin, et se trairent tous de celle part. Encore leur revinrent depuis tous les barons et chevaliers de Poitou, monseigneur James d'Audelée, le sire de Pons, le sire de Partenay, messire Louis de Harecourt, messire Guichard d'Angle, le sire de Poyane, le sire de Tonnai-Bouton, messire Geffroy d'Argenton, monseigneur Maubrun de Linières et le sénéchal de la Rochelle, messire Thomas de Percy [1]. Si se trouvèrent ces seigneurs et ces gens d'armes grand'foison, quand ils furent revenus tous ensemble, plus de trois mille lances. Si exploitèrent tant qu'ils vinrent devant ledit châtel de la Roche sur Yon qui étoit beau et fort et de bonne garde, et bien pourvu de bonnes pourvéances et d'artillerie. Si en étoit capitaine, de par le duc d'Anjou, un chevalier qui s'appeloit messire Jean Blondeau, et qui tenoit dessous lui au dit château moult de bons compagnons aux frais et dépens du dit duc. Si ordonnèrent les dessus nommés seigneurs et barons qui là étoient leur siège par bonne manière et grand'ordonnance; et l'environnèrent tout autour, car bien étoient gens à ce faire; et firent amener et charrier de la ville de Thouars et de la cité de Poitiers grands engins, et les firent dresser devant la forteresse, et encore plusieurs canons et espringalles qu'ils avoient de pourvéance en leur ost et pourvus de long-temps et usagés de mener. Si étoit leur ost durement plantureux de tous vivres; car il leur en venoit grand'foison du Poitou et des marches prochaines.

Quand messire Jean Blondeau se vit ainsi assiégé et appressé de tant de bonnes gens d'armes, car là étoient presque tous les barons et chevaliers d'Aquitaine, et ne lui apparoît nul confort de nul côté, si se commença à effrayer; car bien véoit que les seigneurs qui là étoient ne le lairoient jusques à tamps qu'ils l'auroient pris par force ou autrement. En l'ost du comte de Cantebruge et de monseigneur Jean Chandos et des barons qui là étoient, avoit aucuns chevaliers des marches de Poitou qui bien connoissoient le dit capitaine, et qui l'avoient accompagné du temps passé; et vinrent à eux jusques aux bar-

---

Otterbourne, et Walsingham; mais les *Chroniques de France* supposent qu'il était arrivé à Calais au plus tard vers le milieu du mois d'août.

[1] La Roche-sur-Yon est en Poitou, à une trop grande distance de l'Anjou pour que Froissart ait pu dire avec exactitude qu'il est situé sur la frontière de cette province.

[1] La qualité de sénéchal de La Rochelle, que Froissart paraît donner ici à Thomas de Percy, donne lieu à conjecturer qu'il s'est trompé plus haut, en faisant deux personnages différens de ce chevalier et du sénéchal de La Rochelle.

rières, et firent tant que, sur assurances et sauf-conduit, ils parlèrent à lui; et le menèrent tant par traités, car il n'étoit mie bien subtil combien qu'il fût assez bon chevalier, qu'il entra en traité de rendre la forteresse si elle n'étoit secourue et le siége levé dans le terme d'un mois, parmi ce qu'il devoit avoir six mille francs pour les pourvéances du châtel. Ce traité fut entamé et mis outre; et demeurèrent ceux du châtel et le châtel aussi en sûr état, le dit terme, parmi la composition dessus dite; et si dedans le mois ils n'étoient secourus, le château devoit être rendu. Cette chose accordée, le chevalier le signifia au roi de France, au duc d'Anjou et au duc de Berry et à tous les seigneurs dont il pensoit être secouru, afin qu'il se pût mieux excuser de blâme si il en étoit reproché. Nonobstant ce et toutes les significations, combien que le châtel fût bel et bon, et moult nécessaire à être François pour le pays d'Anjou et de Touraine, oncques il ne fut secouru ni conforté, de nullui. Si que, tantôt que le mois fut passé et expiré, les seigneurs anglois requirent au dit chevalier qu'il leur tenist convenant, et de ceil avoit livré bons pléges. Le dit messire Jean ne voulut mie aller à l'encontre, et dit ainsi à ses compagnons, puisque le roi de France et le duc d'Anjou vouloient perdre la forteresse, il ne la pouvoit mie tout seul garder et amender. Si la rendit aux Anglois qui là étoient, lesquels tantôt en prirent la saisine et possession, et en eurent grand joie. Et eut aussi ce que convenancé lui étoit le dit messire Jean, six mille francs tous appareillés, pour les pourvéances du dit châtel, qui bien le valoient; et fût convoyé lui et tous les siens en la ville d'Angers. Si très tôt que là il fut venu, il fut là pris et arrêté du gouverneur d'Angers et mis au châtel en prison. Si entendis ainsi, que de nuit il fût bouté en un sac et jeté en la rivière qui là court, et noyé par l'ordonnance et commandement du duc d'Anjou, pour ce qu'il avoit pris or et argent pour la forteresse, qui étoit bien taillée de se tenir un an si mestier eût été.

Ainsi eurent les Anglois le châtel de la Roche sur Yon en Anjou, et y mirent grands garnisons de par eux, et le réparèrent bien et faiticement, et puis s'en retournèrent en Angoulême devers le prince.

CHAPITRE CCLXXXV.

Comment messire James d'Audelée, sénéchal de Poitou, trépassa de ce siècle; et comment messire Jean Chandos en fut fait sénéchal.

Après le conquêt de la Roche sur Yon, si comme ci-dessus est dit, dont les François furent moult courroucés, les seigneurs s'en retournèrent en Angoulême, et là leur donna congé le prince à aucuns de retourner en leurs maisons. Si s'en alla messire James d'Audelée, cil vaillant chevalier et sénéchal pour le temps de Poitou, séjourner et demeurer à Fontenay le Comte. Là accoucha le dit chevalier, de maladie, qui moult le gréva, et tant qu'il en mourut : de quoi le prince et madame la princesse furent moult courroucés; et aussi furent tous les barons et chevaliers de Poitou; car il fut sage chevalier et vaillant homme d'armes durement; et fut celui qui fut le premier assaillant à la bataille de Poitiers, là où le roi Jean fut pris et déconfit; et fut tenu pour le plus preux et vaillant homme d'armes pour la journée, de la partie des Anglois. Si lui fit-on son obsèque moult révéremment en la cité de Poitiers, et y fut le prince personnellement.

Assez tôt après, par la prière et requête de tous les barons et chevaliers de Poitou, messire Jean Chandos, qui étoit sénéchal d'Aquitaine, fut sénéchal de Poitou, et s'en vint séjourner et demeurer en la cité de Poitiers. Si faisoit souvent des issues et des chevauchées sur les François, et les tenoit si court qu'ils n'osoient chevaucher, fors en grand'route.

En ce temps fut délivré de prison le vicomte de Rochechouart, que le prince avoit fait tenir pour ce qu'il le soupçonnoit François : si que, à la prière et requête de ses amis de Poitou qui étoient pour lors de-lez le prince, le dit prince le délivra et lui rendit toute sa terre. Quand le dit vicomte fut délivré de prison, il s'en vint couvertement au plus tôt qu'il put à Paris par-devers le roi; et se tourna François et revint arrière en sa terre, sans ce que on sçût encore rien de son affaire, et mit Thibaut du Pont, Breton, un moult bon homme d'armes, en sa forteresse; et envoya tantôt défier le prince, et lui fit grand'guerre.

Or parlerons un petit du duc de Lancastre.

CHAPITRE CCLXXXVI.

Comment le duc de Bourgogne se partit de Rouen pour venir combattre le duc de Lancastre; et comment les deux ducs se logèrent l'un devant l'autre à Tournehen.

Quand le duc de Lancastre fut venu à Calais, ainsi que ci-dessus est dit, et ses gens furent un petit refreschis, si ne vouldrent point là plenté séjourner que ils ne fissent aucun exploit d'armes en France. Si se départirent un jour ses deux maréchaux, à bien trois cents lances et autant d'archers, et passèrent outre Guines, et chevauchèrent si avant que ils vinrent jusques outre la rivière d'Oske; et coururent tout le pays de là environ, et prirent leur tour vers l'abbaye de Liques; et accueillirent toute la proie, et ramenèrent à sauveté en la ville de Calais; et lendemain ils firent un autre chemin et vinrent devant Boulogne, et portèrent moult grand dommage au plat pays. A ce donc se tenoit le comte Guy de Saint-Pol et messire Galeran son fils en la cité de Térouenne, atout grands gens d'armes; mais point n'en issirent contre les dits Anglois quand ils chevauchèrent, car ils ne se sentoient mie assez forts pour eux combattre ni tollir les champs. Ces nouvelles vinrent au roi de France, qui se tenoit en la cité de Rouen, et qui là avoit le plus grand appareil et le plus bel du monde, comment le duc Lancastre efforcément étoit venu et arrivé à Calais, et couroient ses gens tous les jours en France. Quand le roi et son conseil entendirent ce, si eurent nouvelles imaginations. En celle propre semaine devoit le duc de Bourgogne, atout sa charge, où plus avoit de trois mille chevaliers, entrer en mer pour aller en Angleterre. Là regardèrent le roi, les prélats et son conseil, qu'il étoit mieux séant et appartenant, au cas que on sentoit et savoit les Anglois pardeçà la mer, les venir combattre et requérir que d'aller en Angleterre. Si fut tout le premier propos brisé, et cil arrêté et signifié parmi l'ost des François, que chacun se délogeât de Rouen et de là environ, au plustôt qu'il pourroit, et se appareillât et avançât de venir devers la ville de Calais avec le duc de Bourgogne, et du commandement du roi, car on vouloit aller combattre les Anglois pardeçà la mer. Adonc vissiez gens d'armes réjouir et appareiller. Ce fut tantôt tout tourné et délogé; et se mirent à voie chacun qui mieux pouvoit. Le duc de Bourgogne atout son arroy se mit à chemin, et prit son adresse pour venir passer la rivière de Somme au pont d'Abbeville, et fit tant par ses journées qu'il vint à Montreuil sur mer et là environ, à Hesdin et à Saint-Pol; et sur celle marche attendirent les François l'un l'autre. Là étoient venues les nouvelles au duc de Lancastre que les François approchoient fort pour eux venir combattre : de quoi le duc de Lancastre, à toutes ses gens, étoit issu de Calais et venu loger et prendre terre en la vallée de Tournehen. Guères ne demeura après ce qu'il fut là venu, que cil gentil chevalier, messire Robert de Namur, en grand arroi le vint servir à cent lances de bien bonnes gens d'armes et foison de chevaliers et d'écuyers en sa compagnie. De sa venue fut le duc de Lancastre moult réjoui et lui dit : « Mon bel oncle, vous nous êtes le bien-venu; on nous donne à entendre que le duc de Bourgogne approche fort et nous veut combattre. » — « Sire, répondit messire Robert, Dieu y ait part : si le verrons volontiers. »

Là se logèrent moult faiticement et arréement les Anglois droit au val de Tournehen, et se fortifièrent de bonnes haies au plus faible lez de leur ost. Et tous les jours leur venoient vivres et pourvéances de Calais, et si couroient leurs coureurs en la comté de Guines, qui en conquéroient; mais c'étoit petit, car tout le plat pays de là environ étoit perdu et avoit-on tout mis dedans les forteresses.

Or vint le duc de Bourgogne et sa grande chevalerie. Si se logea sur le mont de Tournehen; et commandèrent ses maréchaux à loger toutes gens d'armes à l'encontre des Anglois. Si se logèrent les dits François bien et ordonnément tantôt et sans délai; et comprenoit leur logis moult grand'foison, et bien y avoit raison; car je ouïs donc recorder pour certain que le duc de Bourgogne eut là avecques lui quarante cents chevaliers; considérez donc si le remenant n'étoit point grand. Et se tinrent là un grand temps l'un devant l'autre sans rien faire; car le duc de Bourgogne, combien qu'il fût le plus fort, et qu'il vit de bonnes gens d'armes sept contre un, si ne vouloit-il point combattre sans l'ordonnance et congé du roi son frère, qui n'avoit mie adonc conseil de ce faire. Et sachez de vérité que si les François se fussent traits avant pour combattre, les Anglois ne les eussent point refusés; mais étoient tous les jours appareillés et avisés pour eux recevoir, et avoient tous leurs conrois ordonnés, et savoit chacun quelle chose il devoit faire si ils traioient avant : mais pour ce qu'ils étoient petit et en lieu fort, ils ne vouloient point partir nicement de leur avantage. Si venoient bien souvent aucuns compagnons escarmoucher aux François : une heure y perdoient, autre heure ils y gagnoient, ainsi que les aventures aviennent souvent en tels faits d'armes.

En ce temps étoit le comte Louis de Flandre moult enclin à l'honneur et prospérité du duc de Bourgogne son fils, et se tenoit en une belle maison de-lez Gand que nouvellement avoit fait édifier. Si oyoit souvent nouvelles du dit duc, et le duc de lui, par messagers allans et venans ; et bien conseilloit le dit comte à son fils, pour son honneur, qu'il ne passât point outre l'ordonnance du roi son frère ni de son conseil.

Or retournerons-nous aux besognes des lointaines marches ; car les chevaliers et les écuyers y avoient plus souvent à faire, et y trouvoient des aventures plus souvent qu'ils ne fissent autre part, pour les guerres qui étoient plus chaudes.

CHAPITRE CCLXXXVII.

Comment Jean Chandos fit moult de maux au pays d'Anjou ; et comment il gâta et exilla la terre du vicomte de Rochechouart, excepté les forteresses.

Le terme pendant que cette chevauchée fut faite à Tournehen et là environ, avinrent en Poitou aucuns faits d'armes qui ne sont mie à oublier ; car messire Jean Chandos, qui étoit sénéchal de Poitou et un très hardi et vaillant chevalier, et qui très grand désir avoit de trouver les François et combattre, ne vouloit point plenté séjourner. Si mit, pendant ce qu'il se tenoit à Poitiers, une chevauchée sus de gens d'armes, Anglois et Poitevins, et dit qu'il vouloit chevaucher en Anjou et revenir en Touraine, et voir les François qui se tenoient sur les frontières. Tout son propos et sa chevauchée il signifia au comte de Pennebroch, qui se tenoit en garnison atout deux cents lances à Mortagne sur mer. Le comte de Pennebroch de ces nouvelles fut moult réjoui, et volontiers y fût allé ; mais ses gens et aucuns chevaliers de son conseil lui brisèrent son propos et lui dirent : « Monseigneur, vous êtes un jeune seigneur et un sire à parfaire : si vous vous mettez maintenant en la compagnie et en la route de messire Jean Chandos, il en aura la voix et la renommée, et vous n'y serez jà nommé, fors que son compain : si vaut mieux que vous, qui êtes un grand sire et de haute extraction, que vous fassiez votre fait à part et laissiez faire Chandos, qui n'est que un bachelier au regard de vous, le sien à part. » Ces paroles et autres refroidirent si le comte de Pennebroch qu'il n'y eut nulle volonté d'aller, et s'excusa devers messire Jean Chandos. Pour ce ne voult-il mie briser son emprise, mais fit son assemblée à Poitiers bien et ordonnément, et s'en partit atout trois cents lances, chevaliers et écuyers, et deux cents archers. Et là furent messire Thomas de Persy, messire Étienne de Cousenton, messire Richard de Pontchardon, messire Eustache d'Aubrecicourt, messire Richard Tanton, messire d'Angouses, messire Thomas Banastre, messire Jean Trivet, messire Guillaume de Montendre, messire Maubrun de Linières, messire Geffroy d'Argenton et plusieurs autres. Si chevauchèrent ces gens d'armes et ces archers, arréement et hardiment et par bonne ordonnance, ainsi que pour faire un grand fait, et trépassèrent en Poitou, et entrèrent en Anjou. Si très tôt qu'ils s'y trouvèrent, ils commencèrent à loger sur le pays et à envoyer leurs coureurs devant ardoir et exiller le plat pays. Si firent en ce dit bon pays et gras d'Anjou ces gens d'armes moult d'ennuis et de maux ; et nul ne leur en vint audevant ; et y séjournèrent plus de quinze jours, et espécialement en un pays qui est durement bon et plantureux, que on appelle Loudunois. Et puis se mirent au retour entre Anjou et Touraine et tout contre val la rivière de Creuse ; et entrèrent messire Jean Chandos et ses gens en la terre du vicomte de Rochechouart, et l'ardirent et gâtèrent malement et n'y laissèrent rien, fors les forteresses, que tout ne fût exillé ; et furent devant la ville de Rochechouart et l'assaillirent de grand façon ; mais rien n'y conquirent, car il y avoit dedans bonnes gens d'armes, desquels Thibaut du Pont et Alliot de Calais étoient capitaines ; si la gardèrent de blâme et de prendre.

Si passèrent outre les dits Anglois et vinrent à Chauvigny. Là entendit messire Jean Chandos que le maréchal de France messire Louis de Sancerre et gens d'armes, étoient en la Haie en Touraine. Si eut très grand'volonté d'aller celle part, et signifia son intention moult hâtivement au comte de Pennebroch, en lui priant qu'il voulsist être et aller avec lui devant la Haie de Touraine, et qu'il le trouveroit à Châteauleraut. Si fut Chandos le héraut noncierre et porteur de ce message, et trouva ledit comte de Pennebroch à Mortagne sur mer, qui là faisoit son amas et son assemblée de gens d'armes, et vouloit faire, ainsi qu'il apparoit, une chevauchée. Si s'excusa encore le dit comte par l'information de ses gens et de son conseil, et dit qu'il n'y pouvoit être.

Au retour que le héraut fit, il trouva son maître et ses gens à Châteauleraut. Si lui dit réponse de son message. Quand messire Jean Chandos entendit ce, si fut tout mélencolieux, et connut tantôt que par orgueil et présomption le comte laissoit ce voyage à faire : si répondit à ces paroles et dit : « Dieu y ait part. » Et donna là à la plus grande partie de ses gens congé et les départit, et il même retourna en la cité de Poitiers.

CHAPITRE CCLXXXVIII.

Comment messire Louis de Sancerre surprit le comte de Pennebroch et ses gens et en occit grand'quantité ; et comment le dit comte fut assiégé en une forte maison.

Or vous conterons du comte Jean de Pennebroch quelle chose il fit. Si très tôt comme il put savoir que messire Jean Chandos fut retrait à Poitiers, et qu'il eut donné à ses gens congé, il mit sa chevauchée sus, où bien avoit trois cents lances Anglois et Poitevins, et se partit de Mortagne ; et encore y eut aucuns chevaliers et écuyers de Poitou et de Xaintonge, qui avoient été avecques Chandos, qui se remirent en sa route. Si chevauchèrent ces gens d'armes, desquels le comte de Pennebroch étoit chef et souverain, et passèrent parmi Poitou, et prirent à l'adresse ce propre chemin que messire Jean Chandos et ses gens avoient fait ; et entrèrent en Anjou, et parardirent et exillèrent du plat pays grand'foison, que les premiers en avoient laissé, qui s'étoit rançonné, et se reposèrent et refreschirent en ce pays de Loudunois ; et puis reprirent leur adresse et s'en vinrent en la terre du vicomte de Rochechouart, où ils firent grand dommage.

Les François qui se tenoient ès garnisons françoises sur les marches de Poitou, de Touraine et d'Anjou, où moult avoit grand'foison de bonnes gens d'armes, entendirent et surent la vérité de ces deux chevauchées, comment par orgueil le comte de Pennebroch, qui étoit un jeune homme, n'avoit voulu venir en la compagnie de messire Jean Chandos : si se avisèrent qu'ils le mettroient jus s'ils pouvoient, et seroit ce trop plus aisément que le dessus dit messire Jean Chandos. Si firent un mandement secrètement de toutes les garnisons de là environ ; et se fit chef messire Louis de Sancerre, maréchal de France. Si s'avalèrent ces gens d'armes de nuit tout secrètement en la Roche de Posoy en Poitou[1] qui étoit françoise. Là étoit messire Robert de Sancerre, cousin au dit maréchal, messire Jean de Vienne, messire Jean de Bueil, messire Guillaume des Bordes, messire Louis de Saint-Julien, et Keraulo't le Breton ; et étoient bien sept cents combattans.

Le comte de Pennebroch avoit pris son retour et étoit rentré en Poitou et parars toute la terre du vicomte de Rochechouart. En sa compagnie étoient messire Baudouin de Franville, sénéchal de Saintonge, messire Thomas de Percy, messire Thomas le Despensier, messire d'Angouses, messire Jean Orsuich, messire Jean Harpedaine, messire Jacques de Surgères, messire Jean Courson, messire Thomas de Saint-Aubin, messire Robert Tinfort, messire Simon Housagre, messire Jean de Mortaing, messire Jean Couchet et plusieurs autres. Si chevauchèrent ces Anglois et Poitevins sans nul esmay ; et n'avoient encore ouï nouvelles de nuls gens d'armes, et s'en étoient rentrés atout grand pillage et grand avoir en Poitou. Si vinrent un jour, de haute nonne, loger en un village que on appelle Puirenon, ainsi comme ceux qui cuidoient être tous assurés. Et si comme leurs varlets entendoient à establer leurs chevaux, et appareiller à souper, lors vinrent ces François, qui savoient bien leur convine, tous avisés de ce qu'ils devoient faire ; et entrèrent en ce village de Puirenon, les lances abaissées, en écriant leurs cris :

---

[1] La Roche-Posay est en Touraine, sur la frontière du Poitou.

« Notre-Dame ! Sancerre ! au maréchal ! » et puis commencèrent à abattre et à découper gens par les rues et dedans leurs hôtels. Le cri et la noise commença tantôt à élever, et gens à entrer en très grand effroi ; car ils étoient soudainement surpris.

Ces nouvelles vinrent au comte de Pennebroch, à monseigneur Thomas de Percy, à monseigneur Baudouin de Franville et aux autres chevaliers, que c'étoient les François qui les avoient envahis et assaillis. Si furent tantôt ces seigneurs et leur gens appareillés, et se trairent hors de leurs hôtels, et se commencèrent à recueillir ensemble ; mais ils n'y purent tous venir ; car la force des François fut là si grande que les Anglois et Poitevins d'un côté ne les purent souffrir ; et en y eut à celle première empainte, que morts que pris, plus de six vingt ; et n'eut le comte de Pennebroch et aucuns chevaliers, qui là étoient, plus de remède ni d'avis fors que d'eux retraire au plus tôt qu'ils purent, en une plate maison de templiers, séant tout au sec, et tant seulement fermée en pierres. Là se recueillirent, boutèrent et enfermèrent ceux qui y purent venir à temps. Tout le demeurant y furent morts et pris, et la plus grand'partie de leur harnois et de leurs chevaux perdus, et perdit le dit comte de Pennebroch toute sa vaisselle.

Les François, qui les poursuivoient de près, entendirent que ils étoient là recueillis et enclos ; si en furent tous joyeux, et dirent entre eux : « Ils ne nous peuvent échapper ; tous seront nôtres. Nous leur ferons chèrement comparer les dommages qu'ils ont faits en Anjou et en Touraine. » Donc se trairent devers celle maison moult ordonnément et trop bien appareillés, et en grand' volonté pour assaillir. Quand ils furent là venus, il étoit heure de remontée : si regardèrent le dit châtel devant et derrière, et considérèrent assez que il étoit bien prenable. Si le commencèrent à assaillir durement et aigrement, et eut là faite mainte belle appertise d'armes ; car les François étoient grand'foison et bonnes gens ; si assailloient en plusieurs lieux, et donnoient le comte de Pennebroch et ses gens moult à faire aux François ; et les Anglois, qui n'étoient pas grand' foison, se penoient moult de bien faire la besogne et d'eux défendre ; car il leur touchoit. Si y eut ce jour aucunes échelles dressées et compagnons aventureux montans amont, les pavais sur leurs têtes, pour eux contregarder des pierres et du trait ; et quand ils venoient tout amont, ils n'avoient rien fait ; car ils trouvoient bien à qui parler, gens d'armes, chevaliers et écuyers tenans lances et épées en leurs mains, qui les combattoient vaillamment main à main, et qui les faisoient descendre plus tôt qu'ils n'étoient montés. Avec tout ce, il y avoit archers d'Angleterre entrelardés entre ces gens d'armes, à deux pieds tous droits sur le mur, et traioient assez ouniment ; lequel trait les François qui étoient dessous et assaillans ressoingnoient moult. En cet effroi, assaut et riote ils furent jusqu'à la nuit, que les François, qui étoient tous lassés et travaillés d'assaillir et de combattre, se retrairent et sonnèrent leurs trompettes de retrait, et dirent qu'ils en avoient assez fait pour ce jour, jusques au matin que de rechef on les viendroit assaillir. Tout considéré, entre eux disoient les François : « Ils ne nous peuvent échapper ni éloigner qu'ils ne soient nôtres ; car nous les tenons pour enclos et affamés. » Si s'en vinrent en leurs logis lies et joyeux, et se aisèrent de ce qu'ils avoient, et firent grand guet par devant la dite maison de Puirenon, pour être mieux assurés de leur affaire, et que ces Anglois ne vuidassent et s'en allassent par nuit.

CHAPITRE CCLXXXIX.

Comment le comte de Pennebroch envoya un sien écuyer, environ minuit, à Poitiers, pour avoir secours de messire Jean Chandos.

Vous devez bien croire et savoir de vérité que les seigneurs, premièrement le comte de Pennebroch et les chevaliers qui là étoient assis et enclos de leurs ennemis dedans l'hôtel de Puirenon, n'étoient mie à leur aise, car ils sentoient leur forteresse, qui n'étoit pas trop forte pour durer à la longue encontre de tant de bonnes gens d'arme ; est si étoient mal pourvus d'artillerie, qui leur étoit un grand grief, et aussi de vivres ; mais de ce ne faisoient nul compte ; car au fort ils jeûneroient bien un jour et une nuit pour eux garder si mestier étoit. Quand ce vint en la nuit qu'il faisoit brun et épais, ils prièrent à un écuyer, appert homme d'armes, en qui ils avoient grand'fiance, et lui dirent qu'il se voulsist partir, et on lui feroit voie par derrière, et chevauchât appertement, et il seroit au jour à Poitiers; là trouveroit-il messire Jean Chandos et ses compagnons; si leur dit comment il leur étoit, et que encore viendroit-il bien à temps pour eux conforter : car ils se tiendroient bien encore en la dite maison jusqu'à nonne. L'écuyer, qui vit le grand danger où il et tous les seigneurs étoient, dit que il feroit volontiers ce message, et encore se vanta-t-il de trop bien savoir le chemin. Si se départit de l'hôtel dessus dit, environ heure de minuit, quand ceux de l'ost furent apaisés, par une fausse poterne, et se mit au chemin, au plus droit qu'il put et qu'il sçut, pour venir à Poitiers : mais tant y eut que oncques celle nuit il ne put ni ne sçut tenir voie ni chemin, et se fourvoya, et fut grand jour ainçois qu'il pût entrer en la voie de Poitiers. Quand ce vint à l'aube du jour, les François qui avoient ainsi assis les Anglois au Puirenon comme vous oyez, sonnèrent leurs trompettes et s'armèrent; et dirent et regardèrent entre eux qu'ils assaudroient en la froidure du jour, car ce leur étoit plus profitable que la chaleur du jour.

Le comte de Pennebroch et les chevaliers qui dedans leur enclos étoient, et qui toute la nuit point dormi n'avoient, mais de ce qu'ils avoient pu fortifiés s'étoient, de pierres et de bancs que sur les murs apportés avoient, sentirent bien que les François s'ordonnoient pour eux venir assaillir. Si se confortèrent et avisèrent sur ce. Devant heure de soleil levant, une bonne espace, furent les dits François tous appareillés et ordonnés pour venir assaillir, et leur fut commandé par leurs seigneurs et capitaines de se traire avant. Lors s'en vinrent devant le dit hôtel par connétablies, et entrèrent de rechef en grand'volonté en l'ouvrage de leur assaut; et trop bien en ce commencement s'en acquittèrent et firent leur devoir. Et avoient apporté échelles; si les appuyoient contre le mur et montoient sus à l'estrivée, armés et garnis de pavais suffisamment; car autrement ils n'eussent point duré; et tenoient à honneur et à grand vasselage celui qui pouvoit être monté premier ; aussi étoit-ce vraiment. Là n'étoient mie les Anglois oiseux ni recrus d'eux défendre ; car autrement ils eussent été pris : mais se défendoient si vaillamment que merveille seroit à penser, et jetoient pierres sur ces targes et bassinets, parquoi ils les rompoient et effondroient, et en navroient plusieurs et blessoient bien grièvement par celle défense.

Ni on ne vit oncques gens eux si vaillamment tenir en si petit fort contre tant de bonnes gens d'armes. Ainsi fut cil assaut continué du matin jusques à prime.

CHAPITRE CCXC.

Comment le comte de Pennebroch envoya encore un sien écuyer par devers messire Jean Chandos ; et comment le dit messire Jean Chandos le vint secourir.

Entre prime et tierce et au plus fort de l'assaut, et que les François regrignoient moult de ce que tant duroient les dits Anglois, tant qu'ils s'avançoient durement sans eux nullement épargner, et avoient mandé ès villages de là environ qu'ils apportassent pics et hoyaux pour effondrer le mur, et c'étoit ce que les dits Anglois doutoient et ressoignoient, le comte de Pennebroch appela de rechef un sien écuyer, et lui dit : « Mon ami, montez sur mon coursier et issez hors par derrière ; on vous fera voie ; si chevauchez à grand exploit devers Poitiers et recordez à monseigneur Jean Chandos l'état et le danger, et le péril où nous sommes, et me recommandez à lui atout ces enseignes » Lors trait un annel d'or de son doigt, et lui dit : « Donnez-lui de par moi, il reconnoîtra bien ces enseignes qu'elles sont vraies. » Le dit écuyer, qui tint cette affaire à haute honneur, prit l'annel, et monta vitement sur un coursier le plus appert de laiens, et se départit par derrière pendant ce que on assailloit, car on lui fit voie ; et se mit au chemin devers la cité de Poitiers. Et toujours duroit l'assaut grand et fort ; et assailloient François merveilleusement bien ; et se défendoient Anglois de grand courage ; et bien le convenoit ; car autrement, sans défense plus grande que nulle autre ils n'eussent point duré deux heures. Or vous parlerons du premier écuyer. Le dit écuyer, qui étoit parti de Puirenon à heure de mie-nuit, et qui toute la nuit s'étoit fourvoyé sans tenir voie ni sentier, quand ce vint au matin, et il fut grand jour, il reconnut son chemin et se mit à l'adresse par devers Poitiers ; et étoit jà son cheval tout lassé. Toutefois il vint là environ heure de tierce, et descendit en la place devant l'hôtel monseigneur Jean Chandos : si entra tantôt dedans et le trouva qu'il étoit en sa messe. Si vint devant lui et s'agenouilla, et fit son message bien et à point. Messire Jean Chandos, qui avoit encore la mélancolie de l'autre jour en la tête, du comte de Pennebroch qui n'avoit voulu chevaucher avecques lui, ne fut mie à ce premier si enclin que merveilles, et répondit tant seulement : « Ce seroit fort que nous y puissions venir à temps! » et ouït toute sa messe. Tantôt après messe, les tables furent mises et dressées et la cuisine appareillée. Si demanda-t-on au dit monseigneur Jean Chandos s'il vouloit dîner ; et il dit : « Oïl, puis qu'il est prêt. » Tantôt il se trait en la salle, et chevaliers et écuyers saillirent avant, qui apportèrent l'eau. Tout ainsi comme il lavoit pour asseoir à table, veci le second message du comte Jean de Pennebroch qui entre en la salle et incline monseigneur Jean Chandos, et traist tantôt l'annel hors du doigt et lui dit : « Cher sire, monseigneur le comte de Pennebroch se recommande à vous atout ces enseignes, et vous prie chèrement que vous le venez conforter et ôter d'un grand péril et danger où il est au Puirenon. » Messire Jean Chandos prit l'annel et le regarda, et le reconnut; et vit bien que c'étoient vraies enseignes. Si répondit : « Ce seroit fort de là venir à temps, quand ils étoient en tel parti que vous ci en droit me contez, à votre département. » Et puis dit : « Allons, allons dîner. » Si assirent à table le dit messire Jean Chandos et tous les autres, et mangèrent leurs premiers mets. Ainsi qu'ils étoient jà servis du second mets et l'avoient encommencé, messire Jean Chandos, qui avoit imaginé moult sur ces besognes, leva la tête en regardant sur les compagnons et dit une parole qui fut volontiers ouïe : « Le comte de Pennebroch, qui est un sire de noble et haute affaire, et de grand lignage, et qui est fils de mon naturel seigneur le roi d'Angleterre, car il eut sa fille épousée, et qui est compain en armes et en toutes autres choses à monseigneur de Cantebruge, me prie si bénignement que je dois bien descendre à sa prière et lui secourir et conforter si je puis venir à temps. » Adonc bouta-t-il la table outre et dit : « Aux chevaux! aux chevaux ! Je vueil chevaucher devers le Puirenon. » Lors vissiez gens avoir grand'joie de ces paroles et eux tantôt appareiller, et trompettes sonner, et gens d'armes parmi Poitiers monter à cheval, chacun qui mieux pouvoit : car ils furent tantôt informés du fait que messire Jean Chandos chevaucheroit devers Puirenon, pour reconforter le comte de Pennebroch et sa route que les François avoient assis. Lors se mirent aux champs chevaliers et écuyers, et gens d'armes, et se trouvèrent tantôt plus de deux cents lances, et toujours leur croissoient gens, et se mirent à chevaucher roidement.

CHAPITRE CCXCI.

Comment messire Louis de Sancerre se partit de Puirenon atout son gain et ses prisonniers, quand il sçut la venue de messire Jean Chandos et se retraist à la Roche de Pousoy.

Ainsi que messire Jean Chandos et sa route chevauchoient efforcément, certaines nouvelles en vinrent au Puirenon entre les François qui continuellement avoit assailli dès le point du jour jusques à midi, et leur dirent leurs espies qu'ils avoient toujours sur les champs. « Chers seigneurs, avisez-vous ; car messire Jean Chandos est parti de Poitiers à deux cents lances, et s'en vient de celle part à grand exploit et à grand désir qu'il vous puisse trouver. » Quand messire Louis de Sancerre, messire Jean de Vienne, messire Jean de Beuil et les autres qui là étoient entendirent ces nouvelles, ils dirent ainsi là entr'eux, les plus avisés : « Nos gens sont lassés et travaillés d'assaillir et de rioter à ces Anglois huy et hier ; si vaut mieux que tout bellement nous nous mettons au retour, et à sauveté notre gain et nos prisonniers, que ce que nous attendons ci la venue de messire Jean Chandos et sa route, qui sont frais et tous nouveaux ; car plus y pourrions perdre que gagner. » Ce conseil fut tenu et tantôt cru ; car il n'y convenoit point un long séjour : si firent les seigneurs sonner leurs trompettes de retraite. Adonc se retrairent toutes leurs gens, et se recueillirent et mirent au chemin pour revenir devers la Roche de Pousoy. Le comte de Pennebroch et les autres compagnons, qui virent cette retraite, connurent tantôt que les François avoient ouï nouvelles. Si dirent entr'eux : « Pour vérité, Chandos chevauche ; pour ce se sont retraits ces François qui ne l'osent attendre ; or tôt, tôt ! partons de ci, retraions-nous vers Poitiers et nous l'encontrerons. » Donc se montèrent à cheval ceux qui chevaux avoient, et qui point n'en avoit, il alloit tout à pied, et les plusieurs montèrent les deux sur un cheval. Si se départirent du Puirenon et prirent le chemin de Poitiers ; et n'étoient mie arrière de la maison, si vaillamment s'étoient tenus, une lieue, quand ils encontrèrent messire Jean Chandos et toute sa route, en tel état que je vous ai dit, les aucuns à pied, et les autres deux sur un cheval. Si se firent là grandes reconnoissances et grands approchemens d'amour, et dit messire Jean Chandos qu'il étoit moult courroucé quand il n'étoit là venu à temps, pourquoi il eût trouvé les François. Si chevauchèrent ainsi en parlant et janglant, environ trois lieues, et puis prirent congé les uns des autres. Si retourna messire Jean Chandos à Poitiers, et monseigneur le comte de Pennebroch à Mortaigne sur mer dont il s'étoit premièrement parti ; et les maréchaux de France et leurs gens retournèrent à la Roche de Posoy et là se refreschirent et départirent leur butin ; et puis se retrairent chacun en sa garnison et emmenèrent leurs prisonniers. Si les rançonnèrent courtoisement quand ils vouldrent, ainsi que Anglois et François ont toujours fait l'un à l'autre.

Or retournerons à l'assemblée de Tournehen, et parlerons de la mort de la plus gentil roine, plus large ni plus courtoise que oncques régna en son temps : ce fut madame Philippe de Hainaut, roine d'Angleterre et d'Irlande. Dieu lui pardoint et à tous autres !

CHAPITRE CCXCII.

Comment la roine Philippe d'Angleterre trépassa de ce siècle, dont le royaume d'Angleterre fut moult adoulé ; et des trois dons qu'elle requit au roi son mari.

En ce temps que cette assemblée de tant de nobles du royaume de France fut faite à Tournehen, desquels le duc de Bourgogne étoit chef et souverain, et le duc de Lancastre qui se tenoit en la vallée avec ses gens de l'autre part, advint en Angleterre une chose toute commune ; mais elle fut trop piteuse pour le roi et ses enfans et tout le pays : car la bonne dame roine d'Angleterre, qui tant de biens avoit faits en son vivant et reconforté tant de chevaliers, de dames et de damoiselles, et si largement donné et départi le sien à toutes gens, et qui si naturellement avoit toujours aimé ceux et celles de la nation de Hainaut, le pays dont elle fut née, s'accoucha malade de maladie dedans le châtel de Windesore ; et tant porta celle maladie que elle aggrava durement, et que fin de jours vint. Quand la bonne dame et roine connut que mourir lui convenoit, elle fit appeler le roi son mari, et quand le roi fut devant elle, elle traist hors de sa couverture sa main droite, et la mit en la main droite du dit roi, qui grand tristesse avoit au cœur ; et là dit la bonne dame ainsi : « Monseigneur, Dieu merci ! nous avons en paix et en joie et en prospérité usé notre temps : si vous prie que à ce département vous me veuilliez donner trois dons. » Le roi, tout en larmoyant et pleurant répondit et dit : « Dame, demandez, ils vous sont accordés. » — « Monseigneur, je vous prie que à toutes manières de bonnes gens où le temps passé j'ai eu affaire de leurs marchandises, tant delà la mer comme deçà, de ce que je suis tenue envers eux vous les veuilliez légèrement croire et payer pour moi acquitter. En après, toutes les ordonnances que j'ai faites, et lais ordonnés et laissés, tant aux églises de ce pays que à celles de delà la mer, où j'ai eu ma dévotion, et à ceux et à celles qui m'ont servie, que vous les veuilliez tenir et accomplir. Tiercement, monseigneur, je vous prie que vous ne veuilliez élire autre sépulture que de gésir de-lez moi au cloître de Wesmoustier, quand Dieu fera sa volonté de vous. » Le roi tout en pleurant répondit : « Dame, je le vous accorde. » En après, la bonne dame fit le signe de la vraie croix sur lui ; et commanda le roi à Dieu et son fils monseigneur Thomas le mains-né, qui étoit de-lez lui, et puis assez tôt elle rendit son esprit, lequel je crois fermement que les saints angels de Paradis ravirent et emportèrent à grand'joie en la gloire des cieux ; car oncques en sa vie ne fit ni ne pensa chose par quoi elle le dût perdre. Si trépassa là dessus dite roine d'Angleterre, l'an de grâce 1369, la vigile de Notre-Dame la mi-août [1].

CHAPITRE CCXCIII.

Comment aucuns chevaliers et écuyers de l'ost du duc de Bourgogne vinrent escarmoucher en l'ost du duc de Lancastre ; et comment messire Roger de Coulongne y fut occis.

Les nouvelles en vinrent à Tournehen en l'ost des Anglois : si en furent toutes manières de gens durement courroucés, et par espécial son fils, le duc de Lancastre ; mais il n'est mort qu'il ne conviègne oublier et passer. Pour ce ne lais-

---

[1] Elle mourut le jour même de la fête, suivant la *Chronique* de Thomas Otterbourne et Walsingham. Froissart a écrit un lai sur sa mort.

sèrent mie les Anglois à tenir leur état et leur ordonnance, et furent là un grand temps devant les François. Or avint que aucuns chevaliers et écuyers de France qui là étoient, et qui tous les jours leurs ennemis véoient, se conseillèrent un jour, et eurent parlement ensemble d'aller à lendemain au point du jour escarmoucher les Anglois et de réveiller leur guet. De cel accord en furent plus de trois cents chevaliers et écuyers; et les plusieurs étoient de Vermandois, d'Artois et de Corbiois; si le signifièrent les uns aux autres sans parler à leurs maréchaux. Quand ce vint au matin, qu'ils durent faire leur emprise, ils furent au point du jour tous armés et montés à cheval, et mis ensemble. Si chevauchèrent en cel état sans effroi, et commencèrent à tournoyer le mont de Tournehen pour venir à leur avantage et férir en une des ailes de l'ost des Anglois. A ce côté étoit le logis de monseigneur Robert de Namur et de ses gens; et celle propre nuit avoit fait le guet le dit messire Robert; si que, sur l'ajourner, il s'étoit retrait, et séoit à table tout armé, hors mis son bassinet, et le sire de Spontin de-lez lui. Et vecy les François venir, qui se fièrent en ces logis de messire Robert et d'aucuns autres seigneurs allemands et anglois qui étoient aussi logés de ce côté. Encore n'étoient point désarmés ceux qui avoient fait le guet avec monseigneur Robert; dont trop bien leur chéy, et vint à point; car ils se mirent tantôt au devant de ces gens d'armes et de ces François qui venoient éperonnant de grand'volonté, et leur défendirent et brisèrent le chemin. Les nouvelles vinrent tantôt au dit monseigneur Robert que ses gens se combattoient et étoient assaillis des François. En l'heure il bouta la table outre où il se séoit, et dit au sire de Spontin : « Allons, allons aider à nos gens. » Tantôt il mit son bassinet en sa tête et fit prendre sa bannière qui étoit devant son pavillon, et développer. Là lui fut dit : « Sire, envoyez devers le duc de Lancastre. Si ne vous combattez point sans lui. » Il répondit franchement et dit : « Je ne sçai ; je vueil aller le plus droit chemin que je pourrai devers mes gens. Qui voudra envoyer devers monseigneur de Lancastre, si envoie, et qui m'aime si me suive. » Lors se partit le glaive au poing, en approchant les ennemis, le seigneur de Spontin, et monseigneur Henry de Sanselles de-lez lui, et aussi ses autres chevaliers qui tantôt furent en la bataille : et trouvèrent leurs gens qui se combattoient aux François qui étoient moult grand'foison, et qui bien dussent, au voir dire, avoir là fait un grand fait. Mais tantôt qu'ils virent monseigneur Robert de Namur venu, et sa bannière, ils ressortirent et brisèrent leur conroy; car ils se doutèrent que tout l'ost ne fût là prêt et ordonné. Si étoit-il, en vérité, en plusieurs lieux; et jà étoit haut soleil levé. Là fut mort, dessous la bannière de messire Robert, un chevalier de Vermandois qui s'appeloit messire Roger de Coulongne, dont ce fut dommage ; car il étoit riche, doux et courtois, et bon chevalier en tous états. Ainsi se porta cette besogne. Les François retournèrent sans plus de fait qui doutèrent à plus perdre, et messire Robert ne les voult mie chasser trop follement. Si reculèrent ses gens, quand les François furent tous retraits et reboutés, et s'en revinrent en leurs logis.

CHAPITRE CCXCIV.

Comment le duc de Bourgogne se partit de Tournehen, environ mie-nuit, sans point combattre le duc de Lancastre.

Depuis cette avenue n'y eut nul fait d'armes qui à recorder fasse. Si déplaisoit-il bien à aucuns chevaliers de l'un côté et de l'autre de ce que l'on ne se combattoit point ; et disoit-on tous les jours : « On se combattra demain ! » et ce jour ne vint oncques ; car, si comme ci-dessus est dit, le duc de Bourgogne ne vouloit mie briser l'ordonnance du roi son frère ni aller encontre, car il lui étoit étroitement commandé ; et avoit toujours messages allans et venans du roi au duc et du duc au roi. Le duc de Bourgogne, si comme je fus adonc informé, imagina et considéra qu'il gissoit là à grands frais, et qu'il n'y pouvoit être longuement honorablement ; car il avoit bien quatre mille chevaliers et plus, et il véoit tous les jours ses ennemis qui n'étoient qu'une poignée de gens contre les siens, ni point ne les avoit combattus ni ne combattroit. Si envoya de ses chevaliers devers le roi son frère, qui lui remontrèrent vivement son intention. Le roi connut assez que le duc avoit raison : si lui remanda que, ses lettres vues, il délogeât et donnât à toutes ses gens congé, et se retraist vers Paris ; car lui même y alloit, et là l'ordonneroit-il d'aller autre part. Quand le duc de Bourgogne ouït ces nouvelles, si les signifia secrètement aux plus grands de son ost, et dit : « Il nous faut déloger, le roi nous remande. » Quand ce vint à heure de mienuit, ceux qui étoient informés de ce fait eurent tout troussé et furent tous montés, ils boutèrent le feu en leur logis [1].

A cette heure revenoit messire Henry de Sanselles à son logis, et faisoit le guet des gens messire Robert de Namur à qui il étoit. Si aperçut un feu, et puis deux, et puis trois ; si dit en soi-même : « Les François nous pourroient bien venir réveiller ; ils en font droitement contenance : allons, allons, dit-il à ceux qui étoient de-lez lui, devers messire Robert ; si l'éveillerons parquoi il soit pourvu bien et à heure. »

Si s'en vint tantôt le dit messire Henry en la loge de monseigneur Robert, et appela ses chambellans et dit : « Il faut que monseigneur s'éveille. » Les varlets allèrent jusques au lit, et le dit messire Henry de-lez eux, qui éveilla le dit monseigneur Robert et lui dit tout l'affaire ainsi qu'il alloit. Donc, répondit monseigneur Robert : « Nous aurons assez tôt autres nouvelles ; faites armer et appareiller nos gens. » Et il même s'arma et appareilla tantôt. Et quand ses gens furent venus, il fit prendre sa bannière et s'en alla devers la tente du duc de Lancastre qui jà s'armoit, car on lui avoit jà signifié ces nouvelles ; et fut tantôt appareillé, et se traist devant sa tente, sa bannière en présent. Et là vinrent les seigneurs petit à petit devers le duc de Lancastre ; et ainsi qu'ils venoient ils se rangeoient et se tenoient tous cois et sans lumière. Et envoya adonc par ses maréchaux le duc ranger tous ses archers au devant du lieu par où il espéroit que les François le viendroient combattre, si ils venoient, car, pour certain, ils cuidoient bien être combattus. Quand ils eurent été en cel état bien deux heures, et ils virent que nul ne venoit, si furent plus émerveillés que devant. Adonc appela le duc de Lancastre aucuns seigneurs qui là étoient de-lez lui, et leur demanda quelle chose en étoit bonne à faire. L'un disoit d'un, et l'autre d'autre, chacun son opinion ; et quand le duc vint à ce vaillant chevalier, messire Gautier de Mauny, il demanda : « Et vous, messire Gautier, qu'en dites-vous ? » — « Je ne sais, ce dit messire Gautier ; si j'en étois cru, je ordonnerois mes archers et mes gens d'armes par manière de bataille, et irois toujours avant petit à petit, car il sera tantôt jour ; si verra-t-on devant soi. » Le duc se assentoit bien à ce conseil, et les autres conseilloient le contraire et disoient au duc qu'il ne se bougeât. Si furent en ce détri et en ce débat jusques adonc qu'on ordonna des gens de messire Robert de Namur, et des gens monseigneur Waleran de Borne pour monter à cheval, pourtant qu'ils étoient habillés, et légers, et bien montés, et bien savoient chevaucher. Si s'en partirent adonc trente des plus appareillés, et chevauchèrent devers l'ost et s'avalèrent tout bas. Pendant que ceux firent leur chemin, encore dit messire Gautier de Mauny au duc : « Sire, sire, ne me croyez jamais si ces François ne s'enfuient ; montez, et faites monter vos gens, et les poursuivez asprement et vous aurez une belle journée. » Adonc répondit le duc, et dit : « Messire Gautier, j'ai usé par conseil jusques à ores, et encore ferai ; mais je ne pourrois croire que tant de vaillans gens d'armes et de noble chevalerie qui là sont se dussent ainsi partir : espoir les feux qu'ils ont faits, c'est pour nous attraire ; et tantôt nos coureurs reviendront qui nous en diront la vérité. »

CHAPITRE CCXCV.

Comment le duc de Lancastre se partit de Tournehen, et s'en alla à Calais ; et comment le comte de Pennebroch ardit et exilla tout le pays d'Anjou.

Ainsi comme ils parloient et se devisoient, veçy les coureurs revenus ; et dirent au propos de messire Gautier de Mauny tout ce qu'ils avoient vu et trouvé, et que le duc de Bourgogne et ses gens s'en alloient ; et n'avoient nullui trouvé, fors aucuns povres vitailliers qui suivoient l'ost. Là eut de son conseil messire Gautier de Mauny haute honneur, et grandement en fut recommandé. Si se retraist le dit duc de Lancastre en son logis, et chacun seigneur au sien, et s'en allèrent désarmer. Et fût le dit duc venu dîner au logis des François et en leur place, si ce n'eût été pour le feu qui y étoit trop grand et aussi la fumée ; mais du soir il y vint souper et loger sur la montagne, et ses gens ; et se tinrent là tout aises de ce qu'ils avoient. A lendemain ils se délogèrent et retournèrent en la ville de Calais. Et le duc de Bourgogne, quand il se délogea, s'en vint ce jour à Saint-Omer, et là se tint, et tout son ost, et s'en départit et s'en r'alla chez soi :

---

[1] L'armée française décampa de Tournehen le mercredi 12 septembre, suivant la *Chronique de France*.

on les eût depuis à grand'peine remis ensemble.

En celle propre semaine que la départie de Tournehen se fit, le comte de Pennebroch, qui étoit en Poitou, et qui avoit pris en grand'déplaisance ce que messire Louis de Sancerre, messire Jean de Vienne, messire Jean de Beuil et les autres l'avoient ainsi rué jus au Puirenon, si s'avisa qu'il se contrevengeroit si il pouvoit. Si se départit de Mortaigne sur mer atout son arroy, environ deux cents lances, et s'en vint en Angoulême de-lez le prince qui lui fit grand'chère. Le dit comte le pria qu'il lui voulsist prêter de ses gens et accorder à mettre sus une chevauchée; car il avoit grand désir de lui contrevenger du dépit que les François lui avoient fait Le prince, qui moult l'aimoit, lui accorda légèrement. A ce donc étoit nouvellement revenu et issu hors de la comté d'Armignac messire Hue de Cavrelée, et avoit ramené plus de cinq cents combattans, gens de Compagnies. Si l'ordonna le prince à aller en cette chevauchée avec le dit comte de Pennebroch. Et encore en furent priés du dit comte, messire Louis de Harecourt, messire Guichard d'Angle, messire Percevaux de Coulogne, le sire de Pons, le sire de Parthenay, le sire de Poiane, messire Thomas de Percy, messire Richard de Pontchardon, et plusieurs chevaliers du prince et de son hôtel qui s'y accordèrent légèrement; car ils désiroient à chevaucher. Si furent bien, quand ils furent tous ensemble, six cents lances, trois cents archers et quinze cents autres gens à manière de brigands, atout lances et pavais, qui suivoient l'ost à pied.

Si se départirent toutes ces gens, dont le comte de Pennebroch étoit chef et gouverneur, de la ville d'Angoulême et du prince, et cheminèrent tant à leur arroy qu'ils entrèrent en Anjou. Si commencèrent le pays à ardoir et exillier, et à faire moult de des-rois, et passèrent outre à l'un des lez, ardant et exillant villes et petits forts qui ne se pouvoient tenir, et en rançonnant le plat pays jusques à Saumur sur Loire. Si se logèrent tantôt ès faubourgs et commencèrent la ville à assaillir; mais ils ne la purent prendre; car messire Robert de Sancerre, atout grand gens d'armes, s'y étoit herbergé. Ceux la gardèrent, et défendirent bien de recevoir et de prendre nul dommage; mais tout le pays de là environ fut pris, ars, gâté et exillié, et y firent en cette chevauchée les Anglois moult de desrois. Et s'en vinrent messire Hue de Cavrelée et sa route à un pont sur Loire, que on dit au pays le pont de Sé. Si furent ceux déconfits qui le gardoient et le pont pris, et se boutèrent ces Compagnies dedans, et le fortifièrent tellement qu'ils le tinrent depuis un grand temps.

Encore en cette chevauchée prirent les Anglois une abbaye sur Loire qu'on dit Saint-Mor[1]; si la réparèrent et fortifièrent tellement qu'ils en firent une grand'garnison, et qui moult greva et dommagea le pays, l'hiver et l'été en suivant.

En ce temps et en celle saison avoit en Poitou une abbaye, et encore est, que on appelle Saint-Salvin[2], à sept lieues de Poitiers. Dedans celle abbaye avoit un moine qui trop durement haioit son abbé, et bien lui montra; car pour la grand'haine qu'il avoit à lui il trahit dam abbé[3] et tout le couvent, et rendit et délivra l'abbaye et la ville à messire Louis de Saint-Julien et Kerauloet le Breton, qui la prirent et réparèrent et fortifièrent malement, et en firent une bonne garnison.

De la prise de Saint-Salvin fut messire Jean Chandos si courroucé qu'il ne s'en pouvoit r'avoir, pour ce qu'il étoit sénéchal de Poitou, et on avoit pris et emblé une telle maison en sa sénéchaussée. Si dit bien en soi-même que s'il vivoit longuement il la r'auroit, comment que ce fût, et le compareroient chèrement ceux qui tel outrage avoient fait. Nous lairons ester un petit des besognes de Poitou, et parlerons du duc de Lancastre.

CHAPITRE CCXCVI.

Comment le duc de Lancastre se partit de Calais et courut et exilla la terre au comte de Saint-Pol, et aussi le pays de Vimeu et de Normandie; et comment messire Hue de Châtillon fut pris.

Quand le duc de Lancastre fut retrait à Calais après le département de Tournehen, si comme ci-dessus est contenu, et il et ses gens s'y furent reposés et rafraîchis par trois jours, il eut conseil et avis qu'il istroit hors, et trairoit ses gens sur les champs et chevaucheroit en France. Si fut commandé et ordonné ainsi de par les maré-

---

[1] Saint-Maur, abbaye de l'ordre de saint Benoît, située entre Saumur et Angers.
[2] Saint-Savin, abbaye du même ordre sur la Garteny, à dix lieues environ de Poitiers.
[3] Cet abbé se nommait *Josselin Badereau*.

chaux, le comte de Warvich et messire Roger de Beauchamp, que chacun se traisît sur les champs. Laquelle chose on fit volontiers; car ils désiroient trop chevaucher en France. Lors se départirent de Calais toutes manières de gens d'armes et d'archers moult ordonnément; car chacun savoit quelle chose il devoit faire, et où il étoit ordonné d'aller. Si éloignèrent Calais ce premier jour tant seulement de cinq lieues. A lendemain, ils vinrent devant Saint-Omer, et là eut grand'-escarmouche à la porte, mais les Anglois n'y arrêtèrent point plenté. Si passèrent outre et vinrent loger sur les monts de Herfaut[1], et le tiers jour coururent-ils devers la cité de Thérouenne. Là étoit le comte Guy de Saint-Pol atout grand'-foison de gens d'armes. Si n'y arrêtèrent point les Anglois et passèrent outre, et prirent le chemin de Hesdin, et se logèrent ce soir sur une petite rivière.

Quand le comte de Saint-Pol sentit que les Anglois s'en alloient vers son pays, il connut bien qu'il n'y alloient mie pour son profit, car trop le haioient : si se partit de nuit et recommanda la cité au seigneur de Sempy et à monseigneur Jean de Roye, et chevaucha tant qu'il vint à la ville de Saint-Pol. A lendemain, à heure de prime, les Anglois furent devant, et là eut grand'escarmouche; et vint grandement bien à point la venue du comte à ceux de la ville de Saint-Pol, car par lui et par ceux qu'il amena fut la ville gardée. Si vous dis que le duc de Lancastre et toutes ses gens se reposèrent du tout à leur aise, et rafraîchirent en la comté de Saint-Pol, et ardirent et exillièrent tout le plat pays, et y firent moult de dommages, et furent devant le châtel de Pernes[2] où madame du Douaire[3] se tenoit; et proprement en avisant le fort, le duc de Lancastre tâta les fonds des fossés à un glaive; mais point n'y assaillirent, combien qu'ils en fissent grand semblant. Si passèrent outre et vinrent devant Luchen[4], un très bel châtel du dit comte : si ardirent a ville, mais le château n'eut garde; puis passèrent outre en approchant Saint-Riquier en Ponthieu. Et ne cheminoient les dits Anglois le jour que trois ou quatre lieues : si ardoient et exilloient tout le plat pays où ils conversoient. Si passèrent la rivière de Somme à la Blanche-Tache, au-dessous d'Abbeville, et puis entrèrent au pays de Vimeu, et avoient intention de venir à Harefleu, sur la rivière de Saine, pour ardoir la navie du roi de France. Le comte de Saint-Pol et messire Moreau de Fienne, connétable de France, atout grands gens d'armes, costioient et poursuivoient l'ost des Anglois, par quoi les Anglois ne s'osoient dérouter, fors aller leur droit chemin ou chevaucher en si grand'-route que pour combattre les François si ils se fussent, par aucune aventure, traits avant. Et aussi cheminèrent et chevauchèrent tout le pays de Vimeu, et la comté d'Eu, et entrèrent en l'archevêché de Rouen, et passèrent au-dessus de Dieppe, et chevauchèrent, et firent tant par leurs journées qu'ils vinrent devant Harefleu, et là se logèrent. Le comte de Saint-Pol s'étoit avancé et étoit entré dans la ville atout deux cents lances.

Là furent les Anglois devant Harefleu trois jours; mais rien n'y assaillirent. Au quart jour ils se délogèrent et départirent, et prirent leur retour parmi la terre du seigneur d'Estouteville[1] lequel ils n'aimoient mie plenté, et l'ardirent et exillièrent toute ou en partie; et puis s'en revinrent parmi le Véguecin et ravalèrent devers Oisemont[2], pour revenir passer la rivière de Somme à la Blanche-Tache. En ce temps étoit en la bonne ville d'Abbeville messire Huc de Châtillon, maître des arbalètriers de France, capitaine et souverain. Quand il sentit que le duc de Lancastre devoit repasser, il s'arma et fit armer dix ou douze tant seulement de ses compagnons et monter à cheval, et dit qu'il vouloit aller voir la porte de Rouvroy, par quoi il n'y eût point de deffaute, et que les Anglois, qui ne devoient mie passer trop loin de ce lez-là devers eux, ne la trouvassent mie nicement gardée. Encore étoit-il moult matin et faisoit moult grand'bruine : messire Nichole de Louvaing, qui du temps passé avoit été sénéchal de Ponthieu, lequel messire Huc de Châtillon avoit, en celle propre année, pris et,

---

[1] Probablement *Helfaut* ou *Hellefaut*, village situé dans la position indiquée par l'historien.

[2] Petite ville d'Artois sur la Clarème.

[3] Froissart veut sans doute désigner par cette expression Jeanne Bacon, dame du Molay, douairière de Jean de Luxembourg, père du comte de Saint-Paul, qu'il avait eu d'Alix de Flandre, dame de Richebourg, sa première femme.

[4] Vraisemblablement Lucheul en Picardie, près de Doulens.

[1] Il y a deux lieux de ce nom dans le diocèse de Rouen, l'un près de Caudebec, l'autre près de Lyon.

[2] Bourg de Picardie dans le Vimeu.

rançonné à dix mille francs, dont trop bien l'en souvenoit, et qui avoit grand'entente de regagner et reconquerre s'il pouvoit, s'étoit, lui vingtième seulement, dès le point du jour, parti de la route du dit duc, et ainsi que cil qui savoit toutes les voies, les adresses et les détours de là environ, car il les avoit bien trois ans et plus usés et hantés, s'étoit venu bouter, sur aventure de gagner et non de perdre, et mis à embûche entre Abbeville, qui siéd sur les marches, et un autre châtel qu'on dit Rouvroy[1]; et avoit passé un petit ru qui court parmi un marais, et étoit quatis et arrêté en vieilles maisons non habitées, qui là étoient toutes décloses. On ne cuidât jamais que la route des Anglois se dût mettre en embûche si près de la ville; et là se tenoient les dits messire Nichole et ses gens tout cois. Et vecy chevauchant parmi ce ru de Rouvroy, lui dixième tant seulement, messire Hue de Châtillon, tout armé de toutes pièces, excepté de son bassinet, mais son page le portoit sur un coursier après lui; et passa outre ce ruissel et un petit pont qui là étoit, et l'embûche du dessus dit messire Nichole; et tiroit à venir à la dernière porte pour parler aux arbalêtriers qui là étoient, à savoir des nouvelles des Anglois.

Quand messire Nichole de Louvaing le vit, qui bien le reconnut, si n'eût été si lié qui lui eût donné vingt mille francs; et saillit hors de son embûche, et dit : « Allons, allons, vecy ce que je demande, le maître des arbalêtriers ; je ne désirois autre que lui. » Lors poignit son coursier des éperons, et baissa la lance, et s'en vint sur le dit messire Hue et lui écrie : « Rends-toi, Châtillon, rends-toi, ou tu es mort. » Messire Hue, qui fut tout émerveillé dont ces gens d'armes issoient, n'eut mie le loisir de mettre son bassinet ni de monter sur son coursier, et qui se vit en si dur parti, demanda : « A qui me rendrai-je? » Messire Nichole répondit : « A Louvaing, à Louvaing. » Et cil, pour eschever le péril et qui ne se pouvoit fuir, dit : « Je me rends. » Donc il fut pris et saisi; et lui fut dit : « Chevauchez tantôt avec nous; vecy la route du duc qui passe ci-devant. » A celle empainte fut là occis un moult vaillant bourgeois d'Abbeville, qui s'appeloit Laurent Dautils, dont ce fut grand dommage. Ainsi fut pris et attrapé par grand'fortune messire Hue de Châtillon, maître, pour le temps, des arbalêtriers de France, et capitaine d'Abbeville, de messire Nichole de Louvaing; de laquelle prise le duc de Lancastre eut grand'joye; aussi eurent tous les Anglois.

CHAPITRE CCXCVII.

Comment le duc de Lancastre donna congé à tous les étrangers de sa compagnie et s'en retourna en Angleterre.

Moult furent les gens d'Abbeville et les amis de messire Hue de Châtillon courroucés de sa prise; mais amender ne le purent quant à cette fois. Or chevauchèrent les Anglois et passèrent la rivière de Somme à la Blanche-Tache, et puis montèrent devers la ville de Rue sur mer et en après vers Montreuil ; et firent tant par leurs journées qu'ils rentrèrent en la ville de Calais. Là donna le duc de Lancastre congé à tous les étrangers; et se partirent de lui messire Robert de Namur et ses gens, messire Waleran de Borne, et tous les Allemands. Si retourna le duc de Lancastre arrière en Angleterre, et les Allemands en leur pays; et n'avoient mais intention de guerroyer jusques à l'été; car jà étoit la Saint-Martin en hiver, et plus avant. Mais au temps qui revenoit le duc de Lancastre avoit dit aux étrangers qu'il repasseroit la mer plus efforcément qu'il n'avoit fait, et prieroit ses cousins le duc de Guerles et le duc de Juliers, et feroit un grand cran en France.

Or nous tairons et souffrirons à parler des besognes de Picardie; car il n'en y eut nulles en grand temps depuis ce, et parlerons du pays de Poitou, où les faits d'armes avenoient moult plus souvent.

CHAPITRE CCXCVIII.

Comment messire Jean Chandos cuida prendre Saint-Salvin, et comment lui et ceux de Saint-Salvin s'entretrouvèrent, et des paroles que messire Jean Chandos leur dit.

Trop touchoit et avoit au cœur la prise de Saint-Salvin à monseigneur Jean Chandos, qui étoit pour ce temps sénéchal de Poitou; et mettoit toutes ses intentions et imaginations à ce qu'il la pût ravoir, fût par embler ou écheler, il n'avoit cure comment; et plusieurs fois en fit des embûches de nuit et de jour; et à toutes failloit ; car messire Louis de Saint-Julien qui la gardoit en étoit durement soigneux, et bien

---
[1] Il y a plusieurs lieux de ce nom en Picardie.

savoit que ladite prise de Saint-Salvin déplaisoit moult à messire Jean Chandos. Or avint ainsi que, la nuit devant la nuit de l'an [1], au chef du mois de janvier, messire Jean Chandos, qui se tenoit en la cité de Poitiers, avoit fait une semonce et un mandement des barons et des chevaliers du Poitou, et leur avoit dit qu'ils vinssent là tout secrètement, car il vouloit chevaucher. Les Poitevins ne lui eussent jamais refusé ; car moult l'aimoient. Si s'assemblèrent en la cité de Poitiers ; et y vinrent : messire Guichard d'Angle, messire Louis de Harecourt, le sire de Pons, le sire de Parthenay, le sire de Puisances, le sire de Tonnai-Bouton, le sire de Poiane, messire Geffroy d'Argenton, messire Maubrun de Linières messire Thomas de Persy, messire Baudouin de Franville, messire Richard de Pontchardon, chevaliers, et plusieurs autres. Quand ils furent tous assemblés, ils étoient bien trois cents lances : si se partirent de nuit de Poitiers, et ne savoient, excepté les seigneurs, où on les menoit ; et avoient les dits Anglois leurs échelles et tout leur arroy pourvu. Si vinrent jusques au dit lieu. Là furent-ils informés de leur fait, et descendirent de leurs chevaux et les baillèrent à leurs garçons : si entrèrent dedans les fossés, et étoit environ heure de mie-nuit. En cel état ils étoient et que brièvement ils eussent fait et fussent venus à leur intention, ils ouïrent le guet du fort qui corna. Je vous dirai pourquoi. Celle propre nuit étoit parti de la Roche Posoy Kerauloet à quarante lances, et venoit à Saint-Salvin querre monseigneur Louis de Saint-Julien pour chevaucher en Poitou : si réveilla le guet et ceux du fort. Or cuidèrent les Anglois, qui étoient à l'opposite et qui rien ne savoient de cela, ni que les François dussent entrer au fort, qu'ils fussent aperçus ou que par gardes ou espies on sçût leur venue et leur emprise ; si furent trop malement courroucés, et espécialement messire Jean Chandos : si se traîrent tantôt hors des fossés, et dirent : « Allons, allons-nous-en : nous avons pour cette fois failli à notre fait. » Si montèrent sur leurs chevaux, et retournèrent tous ensemble à Chauvigny sur la rivière de Creuse, à deux lieues près de là. Quand ils furent là tous venus, les Poitevins demandèrent à monseigneur Jean Chandos si il vouloit plus

[1] La nuit du 30 au 31 décembre.

rien. Il leur répondit : « Nennil or retournez, au nom de Dieu, et je demeurerai mais-hui en cette ville. »

Lors se départirent les Poitevins et aucuns chevaliers d'Angleterre avec eux, et étoient bien deux cents lances. Si entra le dit messire Jean Chandos en un hôtel et fit allumer le feu. Là étoit encore demeuré de-lez lui messire Thomas de Percy et sa route, sénéchal de la Rochelle. Si dit à monseigneur Jean Chandos : « Sire, est-ce votre intention de ci demeurer mais-hui ? » — « Oïl voir, messire Thomas, pourquoi le demandez-vous ? » — « Sire, pour ce que je vous prie, puisque chevaucher ne voulez, que vous me donniez congé, et je chevaucherai quelque part avec mes gens, pour savoir si je trouverois nulle aventure. » — « Allez, au nom de Dieu, ce dit messire Jean Chandos. »

A ces mots se partit messire Thomas de Percy et trente lances en sa compagnie. Ainsi demeura le dessus dit Chandos entre ses gens, et messire Thomas passa le pont à Chauvigny, et prit le long chemin pour retourner à Poitiers, et messire Jean Chandos demeura, qui étoit tout mélancolieux de ce qu'il avoit failli à son intention. Et étoit encore en une grande cuisine et trait au foyer ; et là se chauffoit de feu d'estrains que son héraut lui faisoit ; et gangloit à ses gens et ses gens à lui, qui volontiers l'eussent ôté de sa mélancolie.

Une grande espace après ce qu'il fut là venu, et qu'il s'ordonnoit pour un peu dormir, et avoit demandé si il étoit près de jour, il entre un homme tantôt après en l'hôtel et vint devant lui, qui lui dit : « Monseigneur, je vous apporte nouvelles. » — « Quelles ? » répondit-il ? « Monseigneur, les François chevauchent. » — « Et comment le sais-tu ? » — « Monseigneur, je me suis parti de Saint-Savin avec eux. » — « Et quel chemin tiennent-ils ? » — « Monseigneur, je ne sçais, de vérité ; fors tant qu'ils tiennent ce me semble le chemin de Poitiers. » — « Et lesquels sont-ce des François ? » — « C'est messire Louis de Saint-Julien et Kerlouet le Breton et leurs routes. » — « Ne me chault, dit messire Jean Chandos, je n'ai mais-hui nulle volonté de chevaucher : ils pourront bien trouver encontre sans moi. »

Si demeura une espace en ce propos tout pensif, et puis s'avisa et dit : « Quoique j'aie dit, c'est bon que je chevauche toujours : il me faut retourner à Poitiers, et tantôt sera jour. » — « C'est voir, sire, ce répondirent ses chevaliers qui là étoient. » Lors fit le dit messire Jean Chandos restraindre ses plates et se mit en arroy pour chevaucher; et aussi firent tous les autres. Si montèrent à cheval, et se partirent, et prirent le droit chemin de Poitiers, côtoyant la rivière. Et si pouvoient être les François en ce propre chemin une grande lieue devant eux, qui tiroient à passer la rivière au pont de Luzac[1]. Et en eurent la connoissance les Anglois par leurs chevaux qui suivoient la route des chevaux des François; et entrèrent au froie des chevaux des François, et dirent : « Ou les François, ou messire Thomas de Percy chevauchent devant nous. » Tantôt fut ajourné et jour; car à l'entrée de janvier[2] les matinées sont tantôt épandues. Et pouvoient être les François et les Bretons environ une lieue du dit pont, quand ils aperçurent d'autre part la rivière messire Thomas de Percy et sa route. Et messire Thomas et les siens les avoient jà aperçus : si chevauchèrent le grand galop pour avoir l'avantage du pont dessus dit; et avoient dit : « Voilà les François; ils sont une grosse route contre nous; exploitons-nous; si aurons et prenons l'avantage du pont. » Quand messire Louis et Kerlouet aperçurent les Anglois d'autre part la rivière, qui se hâtoient pour venir au pont, si se avancèrent aussi. Toutefois les Anglois y vinrent devant, et en furent maîtres, et descendirent tout à pied et s'ordonnèrent pour le pont garder et défendre. Quand les François furent là venus jusques au pont, ils se mirent à pied; et baillèrent leurs chevaux à leurs varlets, et les firent traire arrière; et prirent leurs lances et se mirent en bonne ordonnance pour aller gagner et assaillir les Anglois, qui se tenoient franchement sur leurs pas et n'étoient de rien effrées, combien qu'ils fussent un petit au regard des François.

Ainsi que ces François et Bretons étudioient et imaginoient comment et par quel tour à leur plus grand avantage les Anglois envahir et assaillir ils pourroient, voici monseigneur Jean Chandos et sa route, bannière déployée, tout ventilant, qui étoit d'argent à un pel aguisé de gueules, laquelle Jacques Alery, un bon homme d'armes, portoit, et pouvoient être environ quarante lances, qui approchèrent durement les François. Et ainsi que les Anglois étoient sur un tertre, espoir trois bonniers[1] de terre en sus du pont, les garçons des François qui les aperçurent, et qui se tenoient entre le pont et le dit tertre, furent tout effrayés, et dirent : « Allons, allons-nous-en, voici Chandos; sauvons-nous et nos chevaux. » Si s'en partirent et fuirent et laissèrent là leurs maîtres.

Quand messire Jean Chandos fut là venu jusques à eux, sa bannière devant lui, si n'en fit pas trop grand compte; car petit les prisoit et aimoit; et tout à cheval les commença à ramposner en disant : « Entre vous, François, vous êtes trop malement bonnes gens d'armes; vous chevauchez à votre aise et à votre volonté de nuit et de jour; vous prenez villes et forteresses en Poitou, dont je suis sénéchal; vous rançonnez povres gens sans mon congé; vous chevauchez partout à tête armée; il semble que le pays soit tout vôtre; et par Dieu, non est. Messire Louis, messire Louis, et vous Kerlouet, vous êtes maintenant trop grands maîtres; il y a plus d'un an et demi que j'ai mis toutes mes ententes que je vous puisse trouver ou encontrer; or, vous vois-je, Dieu merci! et parlerons à vous, et saurons lequel est plus fort en ce pays, ou je, ou vous. On m'a dit et conté par plusieurs fois que vous me désiriez à voir : si m'avez trouvé; je suis Jean Chandos, si bien me ravisez. Vos grands appertises d'armes qui sont maintenant si renommées, si Dieu plaît, nous les éprouverons. »

Ainsi et de tels langages les recueilloit messire Jean Chandos, qui ne voulsist nulle part être fors que là, tant les désiroit-il à combattre. Messire Louis et Kerlouet se tenoient tous cois, ainsi que tout confortés qu'ils seroient combattus. Et rien n'en savoient messire Thomas de Percy et les Anglois qui de là le pont étoient; car le pont de Luzac est haut, à bosse au milieu, et cela leur en tolloit la vue.

---

[1] Lussac, bourg sur la Vienne.
[2] Suivant ce qu'a dit Froissart au commencement du chapitre, ceci dut se passer non à l'entrée de janvier, mais le 31 décembre.

[1] Le bonnier est une mesure de terre encore usitée en Flandre et égale à trois arpens.

CHAPITRE CCXCIX.

Comment messire Jean Chandos fut navré à mort, et ses gens déconfits et pris, dont le prince de Galles et tous ceux du côté d'Angleterre furent grandement courroucés.

Entre ces ramposnes et paroles de messire Jean Chandos qu'il faisoit et disoit aux François, un Breton prit son glaive et ne se put abstenir de commencer la mêlée, et vint asséner à un écuyer anglois qui s'appelait Simekins Dodale; et lui arrêta son glaive en la poitrine; et tant le bouta et tira que le dit écuyer il mit jus dessus son cheval à terre. Messire Jean Chandos, qui ouït effroi derrière lui, se retourna sur son côté et vit gésir son écuyer à terre, et que on féroit sur lui : si s'échauffa en parlant plus que devant, et dit à ses compagnons et à ses gens : « Comment! lairez-vous ainsi cet homme tuer? A pied, à pied! » Tantôt il saillit à pied; aussi firent tous les siens, et fut Simekins rescous. Veci la bataille commencée.

Messire Jean Chandos, qui étoit grand chevalier, fort et hardi, et conforté en toutes ses besognes, sa bannière devant lui, environné des siens, et vêtu dessus ses armures d'un grand vêtement qui lui battoit jusques à terre, armoyé de son armoirie, d'un blanc samit à deux pels aguisés de gueules, l'un devant et l'autre derrière, et bien sembloit suffisant homme et entreprenant, en cel état, pied avant autre, le glaive au poing, s'en vint sur ses ennemis. Or faisoit à ce matin un petit reslet : si étoit la voie mouillée; si que, en passant, il s'entortilla en son parement qui étoit sur le plus long, tant que un petit il trébucha. Et veci un coup qui vint sur lui, lancé d'un écuyer qui s'appeloit Jacques de Saint-Martin, qui étoit fort homme et appert durement; et fut le coup d'un glaive qui le prit en chair, et s'arrêta dessous l'œil, entre le nez et le front; et ne vit point messire Jean Chandos le coup venir sur lui de ce lez-là, car il avoit l'œil éteint; et avoit bien cinq ans qu'il l'avoit perdu ès landes de Bordeaux en chassant un cerf. Avec tout ce meschef, messire Jean Chandos ne porta oncques point de visière. Si que en trébuchant, il s'appuya sur le coup, qui étoit lancé de bras roide : si lui entra le fer là dedans, qui s'encousit jusques au cervel; et puis retira cil son glaive à lui. Messire Jean Chandos, pour la douleur qu'il sentit, ne se put tenir en estant; mais chéy à terre et tourna deux tours moult douloureusement, ainsi que cil qui étoit féru à mort; car oncques, depuis le coup, ne parla.

Quand ces gens virent celle aventure, ils furent tous forcennés. Adonc saillit avant son oncle Édouard Cliffort qui le prit entre ses cuisses; car les François tiroient qu'ils l'eussent devers eux; et le défendit de son glaive très vaillamment, et lançoit les coups si grands et si arrêtés que nul ne l'osoit approcher. Là étoient deux autres chevaliers, messire Jean Crambo et messire Bertran de Casselies qui sembloient bien être hors du sens pour leur maître qu'ils voyoient là gésir. Les Bretons, qui étoient plus que les Anglois, furent grandement reconfortés quand ils virent le capitaine de leurs ennemis à terre; et bien pensoient qu'il étoit navré à mort. Si s'avancèrent en disant : « Par Dieu, seigneurs Anglois, vous nous demeurerez tous, vous ne nous pouvez échapper. » Là firent les dits Anglois merveilles d'armes, tant pour eux garder et ôter du danger où ils étoient, que pour contrevenger messire Jean Chandos, lequel ils véoient en dur parti. Cil Jacques de Saint-Martin, qui donné avoit ce coup, fut avisé d'un écuyer de monseigneur Jean Chandos : si vint sur lui moult arréement, et le férit en encousant de son glaive, et le traperça tout outre parmi les deux cuisses, et puis retraist son glaive. Pour ce ne laissa mie encore cil Jacques de Saint-Martin à combattre. Si messire Thomas de Percy, qui premièrement étoit venu au pont, eût rien sçu de cette aventure, les gens de messire Jean Chandos eussent été par lui grandement reconfortés : mais nennil; ançois, pour ce qu'ils n'oyoient nulles nouvelles des Bretons, dont ils savoient la route grande et grosse, ils cuidoient qu'ils fussent retraits. Si se retraist aussi le dit messire Thomas et ses gens, et tinrent le chemin de Poitiers; ni pour lors, ils ne scurent rien de la besogne. Là se combattirent les François et les Anglois un grand temps devant le pont de Luzac, et y eut fait mainte grand'appertise d'armes. Brièvement les Anglois ne purent là souffrir ni porter le faix des Bretons et des François; et furent là ainsi presque tous déconfits et pris la plus grand'partie; mais toujours se tenoit Édouard Cliffort qui point ne se vouloit partir de son neveu. Et si les François eussent eu leurs chevaux, ils s'en fussent partis à leur honneur et en eussent mené de bons prisonniers : mais ils n'en avoient nuls; car les garçons, si comme ci-dessus est dit, s'en étoient fuis atout : et aussi ceux des Anglois s'étoient retraits et détournés bien avant de la besogne. Si demeurèrent en ce danger, dont ils étoient tout courroucés; et disoient entre eux : « Veci mauvaise ordonnance, et par nos garçons. La place est nôtre, et si n'en pouvons partir; car dur nous est, qui sommes armés et travaillés, d'aller à pied parmi ce pays qui nous est tout contraire; et si sommes plus de cinq lieues arrière de la plus prochaine forteresse que nous ayons : et si avons ci de nos gens que nous ne pouvons laisser derrière, qui sont navrés et blessés. » Entre ce qu'ils étoient en cel estrif, et que ils ne savoient lequel faire, et avoient envoyé deux de leurs Bretons tout désarmés courir par les champs pour savoir si ils verroient nuls de leurs varlets, veci monseigneur Guichart d'Angle, messire Louis de Harecourt, le seigneur de Parthenay, le sire de Tonnai-Bouton, le sire d'Argenton, le sire de Puisances, le sire de Poiane, messire Jacques de Surgières et plusieurs autres, qui bien étoient deux cents lances, qui quéroient les François; car on leur avoit dit qu'ils chevauchoient; et avoient proprement eu leurs chevaux le vent, et la fleur et le frais des leurs : si venoient tout arrandonnant, bannières et pennons ventilans. Si tôt que les Bretons et les François les virent approcher, ils connurent bien que c'étoient leurs ennemis, les barons et les chevaliers de Poitou : si dirent ainsi aux Anglois qui là étoient : « Veci vos gens qui vous viennent au secours, et nous savons bien que nous ne pouvons durer à eux : vous, et vous, si les commencèrent tous à nommer, étiez nos prisonniers, nous vous quittons bonnement de vos fois et de vos prisons, parmi tant que vous nous ferez bonne compagnie; encore avons-nous plus cher que nous soyons à vous que à ceux qui viennent. » Et ceux répondirent : « Dieu y ait part. » Ainsi furent les Anglois quittes de leurs prisons et eurent prisonniers. Tantôt furent les dessus dits Poitevins venus, lances abaissées, et en écriant leurs cris; et adonc les Bretons et les François se trairent d'un lez et dirent : « Ho ! seigneurs ! cessez, cessez, nous sommes prisonniers. » Là témoignèrent les Anglois : « Il est vérité, ils sont nôtres. » Kerlouet fut à messire Bertran de Casselies et messire Louis de Saint-Julien à messire Jean Chambo : il n'en y eut nul qui n'eût son maître.

Or furent trop durement dolents et déconfortés ces barons et ces chevaliers de Poitou, quand ils virent là leur sénéchal, monseigneur Jean Chandos gésir en tel état, et qu'il ne pouvoit parler : si commencèrent à regretter et à doulorer moult amèrement en disant : « Gentil chevalier, fleur de toute honneur, messire Jean Chandos ! à mal fut le glaive forgé, dont vous êtes navré et mis en péril de mort. » Là pleuroient moult tendrement ceux qui là étoient. Bien les entendoit et se complaignoit; mais nul mot ne pouvoit parler. Là tordoient les mains et tiroient leurs cheveux et jetoient grands cris et grands plaints, par espécial les chevaliers et les écuyers de son hôtel. Là fut le dit messire Jean Chandos de ses gens désarmé moult doucement et couché sur targe et sur pavais, et amené et apporté tout le pas à Mortemer, la plus prochaine forteresse de là. Et les autres barons et chevaliers retournèrent à Poitiers, et là amenèrent-ils leurs prisonniers[1]. Si entendis que cil Jacques de Saint-Martin, qui avoit navré le dit monseigneur Jean Chandos fut si mal visité de ses plaies qu'il mourut à Poitiers. Le gentil chevalier dessus nommé ne vesqui de cette navrure que un jour et une nuit, et mourut : Dieu en ait l'âme par sa débonnaireté; car oncques depuis cent ans ne fut plus courtois ni plus plein de toutes bonnes et nobles vertus et conditions, entre les Anglois, de lui.

Quand le prince et la princesse, le comte de Cantebruge, le comte de Pennebroch et les barons et chevaliers d'Angleterre, qui étoient en Guyenne, sçurent la mort du dessus dit, si furent durement courroucés et déconfortés, et dirent bien qu'ils avoient trop perdu partout, deçà et delà la mer. De ses amis et amies fut plaint et regretté monseigneur Jean Chandos; et le roi de France et les seigneurs de France l'eurent tantôt pleuré. Ainsi aviennent les besognes. Les Anglois l'aimoient pour ce qu'en lui étoient toutes hautaines emprises : les François le hayoient pour ce qu'ils le ressoingnoient. Si l'ouïs-je bien en ce temps plaindre et regretter des bons chevaliers et vaillans de France; et disoient ainsi, que de lui c'étoit grand dom-

---

[1] On peut commencer à compter ici l'année 1370.

mage, et mieux vaulsist qu'il eût été pris que mort ; car s'il eût été pris, il étoit si sage et si imaginatif qu'il eût trouvé aucun moyen par quoi paix eût été entre France et Angleterre ; et si étoit tant aimé du roi d'Angleterre et de ses enfans qu'ils l'eussent cru plus que tout le monde. Si perdirent François et Anglois moult en sa mort, ni oncques je n'en ouïs dire autre chose, et plus les Anglois que les François ; car par lui, en Guyenne, eussent été faites toutes recouvrances.

CHAPITRE CCC.

Comment le sire de Coucy et le sire de Pommiers ne vouldrent être ni d'un côté ni d'autre ; et comment le sire de Maleval et le sire de Mareuil se rendirent François.

Après la mort de messire Jean Chandos fut sénéchal de Poitou messire Thomas de Percy. Or reschéy la terre de Saint-Sauveur le Vicomte à donner au roi d'Angleterre : si la donna à un sien chevalier, qui s'appeloit messire Alain de Bouqueselle, appert homme durement. De tout l'avoir et trésor de monseigneur Jean Chandos, où bien avoit quatre cent mille francs, fut hoir et successeur le prince de Galles ; car le dessus dit ne fut oncques marié, et si n'avoit nul enfant.

Assez tôt après furent rançonnés et mis à finance tous les compagnons François qui avoient été pris au pont de Luzac, et payèrent deniers appareillés, parmi ce que le roi de France les aida, et retournèrent en leurs garnisons messire Louis de Saint-Julien, messire Guillaume des Bordes, et Kerlouet le Breton.

En ce temps étoient aucuns chevaliers de France en grand ennui de ce qu'ils véoient la guerre des deux rois ainsi multiplier, et par espécial le sire de Coucy, à qui il touchoit, et moult devoit bien toucher ; car il tenoit héritage et grand en Angleterre, tant de par lui que de par madame sa femme, qui étoit la fille du dit roi, à laquelle terre convenoit qu'il renonçât, s'il vouloit servir le roi de France, dont il étoit de la nation et d'armes. Si s'avisa le sire de Coucy qu'il se dissimuleroit de l'un roi et de l'autre moyennement, et s'en iroit oublier le temps où que ce fût. Si ordonna ses besognes bellement et sagement et prit congé du roi de France, à petite maisnie, et fit tant par ses journées qu'il vint en Savoie. Là fut-il recueilli liement et honorablement du comte et des barons et chevaliers de Savoie. Et quand il eut là été tant que bon lui fut, il s'en partit, et passa outre, et entra en Lombardie, et vint devers les seigneurs de Milan, monseigneur Galéas et monseigneur Barnabo, où il fut, à ce commencement, entre eux le bien venu.

Tout en telle manière se départit de la duché d'Aquitaine messire Aymemon de Pommiers, qui étoit chevalier du prince, et dit que la guerre durant il ne s'armeroit ni pour l'un roi ni pour l'autre [1]. Si s'en alla le dessus dit outre mer en Chypre et au Saint-Sépulcre et en plusieurs autres beaux voyages.

En ce temps étoient venus à Paris, le comte de la Marche, messire Jean de Bourbon d'un lez, qui tenoit sa terre du prince : et volontiers eût vu le roi de France qu'il eût renvoyé son hommage au prince et fût demeuré François ; mais le dit comte n'en voult adonc rien faire ; et aussi ne fit le sire de Pierre-Buffière, un banneret de Limosin qui étoit à Paris sur tel état. Mais les deux autres bannerets de Limosin et grands seigneurs malement, messire Louis Maleval et messire Raymont de Mareuil son neveu, qui pour le temps se tenoient à Paris, se tournèrent François, et firent depuis par leurs forteresses grand guerre au prince. De quoi le roi d'Angleterre et son conseil étoient moult courroucés, de ce que les barons de Guyenne et les chevaliers se tournoient ainsi François sans nulle contrainte, fors de leur vo-

[1] Cette indépendance chevaleresque rappelle un peu le trait qui nous est si agréablement raconté par Hérodote au sujet de l'élection d'un roi des Perses ; j'emploie la naïve et fidèle traduction de mon ami M. Courrier.

« Ces trois avis (la démocratie, l'oligarchie et la monarchie) donc proposés, quatre des sept délibérans se déclarèrent pour le dernier. Alors Otanès qui avait conseillé l'isonomie, voyant son avis rejeté, se prit à dire au milieu d'eux : «Hommes conjurés ! il est sans doute qu'un de nous va devenir roi, soit par le sort, soit par le choix du peuple à qui on s'en remettra, soit de toute autre manière. Je n'entends point, pour moi, le disputer avec vous. Je ne veux gouverner ni être gouverné ; mais je vous cède ici l'empire, à une condition pourtant, c'est que nul de vous ne commandera jamais ni à moi, ni aux miens issus de moi, à perpétuité.» Comme il eut dit ces mots, les sires lui octroyèrent sa demande sur l'heure, moyennant quoi se retira du milieu d'eux, s'assit à part et ne concourut point avec eux. Aujourd'hui encore cette maison est la seule en Perse qui soit libre, et n'obéit qu'autant qu'elle veut, sauf les lois et coutumes qu'elle ne peut transgresser.»

lonté. Si eut conseil le dit roi d'Angleterre qu'il feroit écrire unes lettres ouvertes, scellées de son scel, et apportées par deux ou par trois de ses chevaliers en Poitou et en Aquitaine, et là les publier par toutes les cités, châteaux et bonnes villes.

En ce temps fut délivré de sa prison d'Agen messire Caponnel de Caponval et échangé pour un autre chevalier du prince, qui avoit été pris en une escarmouche devant Pierregord, messire Thomas Banastre ; mais le clerc de droit qui avec lui envoyé avoit été demeura à Agen, car il mourut prisonnier, et le dessus dit messire Caponnel revint en France.

Or parlerons des lettres ouvertes que le roi d'Angleterre envoya en Aquitaine.

CHAPITRE CCCI.

Ci s'ensuit la forme des lettres que le roi d'Angleterre envoya en Aquitaine.

Édouart par la grâce de Dieu, roi d'Angleterre, seigneur d'Irlande et d'Aquitaine, à tous ceux qui ces présentes lettres verront ou orront : sachent tous, que nous, considérans et regardans aux besognes des mettes, marches et limitations de nostre seigneurie d'Aquitaine, ainsi comme elle s'étend de chef en chef, nous avons été présentement informés et endités d'aucunes molestes et griefs faits ou empensés à faire de par nostre très cher fils le prince de Galles ès pays dessus dits; pourquoi nous sommes tenus, et le voulons être, de obvier et remédier à toutes choses indues et touchant haine et rancune entre nous et nos féaux amis et sujets; si annonçons, prononçons, certifions et ratifions que nous, de mûre et bonne volonté et par grand'délibération de notre conseil à ce appelé, voulons que nostre très cher fils le prince de Galles se déporte de toutes actions faites ou à faire, et restitue à tous ceux et celles qui grévés ni pressés auroient été par lui, par ses gens ou officiers en Aquitaine, tous coûts, frais, dommages, levés ou à lever au nom des dites aides et fouages. Et si aucuns de nos féaux, sujets et amis, tant prélats comme gens d'église, universités, colléges, évèques, comtes, vicomtes, barons, chevaliers et communautés, et gens des cités et bonnes villes, se soient retournés et veulent tenir, par mauvaise information et povre avis, à l'opinion de nostre adversaire le roi de France, nous leur pardonnons ce mes-fait, si ces lettres vues ils retournent vers nous, ou un mois après. Et prions à tous nos loyaux et certains amis et féaux qu'ils se tiennent en sûr état, tant que de leurs fois et hommages ils ne soient reprochés, laquelle chose nous déplairoit grandement, et le verrions trop envis. Et si de nostre cher fils le prince ou d'aucuns de ses gens ils se plaignent qu'ils soient à présent grévés ou pressés, ou qu'ils aient été du temps passé, nous leur ferons amender tellement que par raison devra suffire, pour nourrir paix, amour, concorde et unité entre nous, nostre fils et ceux des marches et limitations dessus dites. Et pour ce qu'ils tiennent ces choses en vérité, nous voulons que chacun prenne et ait la copie de ces présentes, lesquelles nous avons solennellement jurées à tenir et non enfreindre sur le corps Jésus-Christ, présent nostre très cher fils Jean, duc de Lancastre, Guillaume, comte de Sallebery, le comte de Warvich, le comte de Hereford, Gautier de Mauny, le baron de Percy, et celui de Neville, de Lussy et de Stamford, Richard de Pennebroch, Roger de Beauchamp, Gui de Brianne, le seigneur de Manc et celui de la Ware, Alain de Bouqueselle et Richard de Sturi, chevaliers. Donné en notre palais de Westmoutier, l'an de notre règne 44, le cinquième jour de novembre [1].

CHAPITRE CCCII.

Comment messire Louis de Saint-Julien, messire Guillaume des Bordes et Kerlouet prirent la ville et la forteresse de Chasteauleraut.

Ces lettres furent apportées par deux chevaliers de l'hôtel du roi d'Angleterre en la principauté et duché d'Aquitaine, et notifiées et publiées partout, et proprement les copies en-

---

[1] La plupart des historiens qui citent cette pièce la placent, d'après Sauvage, sous l'année 1369, sans faire attention qu'Édouard III n'étant monté sur le trône qu'en 1327, la quarante-quatrième année de son règne ne peut commencer que dans l'année 1370. Aussi trouve-t-on dans Rymer des pièces de la fin de décembre 1369 et du commencement de janvier 1370, avec la date de la quarante-troisième année du règne de ce prince. On ne peut donc se dispenser de rapporter cette pièce à l'année 1370; à moins qu'on ne suppose, ce qu'il faudrait prouver, que Froissart s'est trompé sur l'année du règne. Quoi qu'il en soit, il est étonnant que Rymer, qui a soin de recueillir les moindres pièces relatives à l'histoire, ait omis celle-ci

voyées secrètement à Paris devers le vicomte de Rochechouart, le seigneur de Maleval, le seigneur de Mareuil et les autres qui là se tenoient, ou ailleurs à ceux qui François retournés s'étoient. Mais pour chose que ces lettres eussent été envoyées et publiées parmi le dit pays d'Aquitaine, je n'ouïs point dire que nul en laissât pour ce à faire à son intention; mais encore tous les jours se tournoient et conquéroient toujours les François avant. Et avint, sitôt que messire Louis de Saint-Julien fut retourné en la Roche de Posoy, et messire Guillaume des Bordes en la garnison de la Haie en Touraine, et Kerlouet à Saint-Salvin, ils mirent secrètement sus une chevauchée de gens d'armes et de compagnons, et vinrent écheler, sur un ajournement, la ville de Chasteaulerault; et eurent près attrapé monseigneur Louis de Harecourt, qui dormoit en son hôtel en la dite ville, et qui de ce ne se donnoit garde : si n'eut plus de recours que il s'enfuit en purs ses linges, draps, et tout deschaux, de maison en maison, de jardin en jardin, et fit tant qu'il s'en vint bouter sur le pont de Chasteaulerault que ses gens avoient fortifié, et là se sauva-t-il et recueillit; et là se tint un grand temps. Mais les Bretons et les François furent seigneurs et maitres de la ville et en firent une grande et belle garnison, et en fut Kerlouet capitaine; et venoient tous les jours les Bretons combattre à ceux du pont, et là eut fait mainte grand'escarmouche et appertise d'armes. Ainsi ces François et ces Bretons, monseigneur Louis de Saint-Julien, monseigneur Guillaume des Bordes et Kerlouet le Breton, recouvrèrent en peu de temps la perte qu'ils avoient faite au pont de Luzac, et de l'autre assez.

CHAPITRE CCCIII.

Comment le duc de Bourbon assiégea Belle-Perche, et comment le comte de Cantebruge et le comte de Pennebroch y vinrent pour secourir ceux de la ville.

Le duc Louis de Bourbon, qui sentoit les Anglois et les compagnies en son pays de Bourbonnois, et comment Ortinge et Bèrnard de Wist et Bernard de la Salle tenoient son châtel de Belle-Perche et madame sa mère dedans, si lui tournoit à grand'déplaisance, s'avisa qu'il mettroit sus une chevauchée de gens d'armes, et viendroit mettre le siége pardevant le dit châtel, et ne s'en partiroit jusques à ce qu'il le r'auroit. Si en parla au roi de France. Le roi lui accorda légèrement et dit qu'il lui aideroit à faire son fait de son siége, de gens et de mise. Si se partit le duc de Paris. Et avoit fait son mandement à Moulins et en Auvergne à Saint-Poursain, et eut tantôt grand foison de gens d'armes et de bons combattans; et le vint servir le sire de Beaujeu à deux cents lances, le sire de Villars et de Roussillon à cent lances, et grand'foison de barons et de chevaliers d'Auvergne et de Forès dont il étoit sire de par madame sa femme, fille à ce gentil seigneur monseigneur Beraut, comte Dauphin [1]. Si s'en vint le dessusdit duc loger et aménager devant le châtel de Belle-Perche, et y fit devant une bastide grande et grosse, où ses gens se tenoient et retraioient à couvert tous les soirs; et tous les jours venoient escarmoucher à ceux du fort; et avoit le dit duc de Bourbon fait venir, amener et charrier jusques à quatre grands engins devant la forteresse, lesquels jetoient à l'estrivée nuit et jour, pierres et mangonneaux, tellement qu'ils dérompoient et brisoient tous les combles des tours et de la maison, et abattirent la plus grand'partie des toits. De quoi la mère du duc de Bourbon, qui laiens étoit prisonnière en son châtel, étoit durement effrayée et grévée pour les engins, et fit plusieurs prières à son fils qu'il se voulsist cesser de faire tel assaut des engins qui si la grévoient. Mais le duc de Bourbon, qui bien savoit et supposoit que cette requête venoit de ses ennemis, répondit que jà ne cesseroit pour chose qui avenir pût. Quand les compagnons du fort virent comment ils étoient oppressés et grévés, et que tous les jours multiplioit l'effort des François, car encore y étoit venu messire Louis de Sancerre, maréchal de France, atout grand'foison de gens d'armes, si s'avisèrent qu'ils manderoient et signifieroient leur pauvreté à monseigneur Jean d'Évreux, sénéchal de Limousin, qui se tenoit à la Souterraine [2], à

---

[1] Le mariage de Louis XI, duc de Bourbon, avec Anne, dauphine d'Auvergne, n'était pas encore accompli; il ne fut célébré que le 29 août 1371. Mais on le regardait dès lors comme possesseur du Dauphiné d'Auvergne et des biens de son épouse future, en vertu du traité de mariage conclu entre les partis le 4 juillet 1368, et des fiançailles qui en avaient été la suite.

[2] Il y a deux lieux de ce nom, l'un dans le Limousin, l'autre dans la Marche. Il s'agit probablement ici du dernier.

deux petites journées près d'eux, et qui savoit comment les seigneurs de Poitou et de Gascogne, en celle année, quand ils partirent de la chevauchée de Quersin leur eurent enconvenancé sur leurs fois que si ils prenoient forteresse en France et ils y étoient assiégés, ils seroient confortés. Si escripsirent tantôt lettres, et envoyèrent de nuit un de leurs varlets à la Souterraine, à monseigneur Jean d'Évreux; lequel messire Jean reconnut bien les enseignes, et répondit, quand il eut lu les lettres, qu'il s'en acquitteroit bien volontiers; et il même, pour mieux exploiter, iroit en Angoulême devers le prince et les seigneurs qui là étoient, et les induiroit tellement que ceux de Belle-Perche seroient confortés et délivrés de ce péril. Si se partit le dit messire Jean quand il eut recommandé sa garnison à ses compagnons, et chevaucha tant par ses journées qu'il vint en Angoulême. Là trouva-t-il le prince, le comte de Cantebruge, le comte de Pennebroch, messire Jean de Montagu, messire Robert Canolle, messire Thomas de Percy, messire Thomas de Felleton, messire Guichard d'Angle, le captal de Buch et plusieurs autres. Si leur remontra bellement et sagement comment les compagnons étoient étreints et assiégés au châtel de Belle-Perche, du duc de Bourbon, du comte de Saint-Pol et des François. A ces paroles entendirent les chevaliers de Poitou et d'Angleterre volontiers, et répondirent qu'ils seroient confortés, si comme on leur avoit promis. De cette besogne et pour aller celle part furent chargés le comte de Cantebruge et le comte de Pennebroch; et fit tantôt un mandement le prince à tous ses féaux et sujets que, ses lettres vues, on se traist devers la ville de Limoges. Donc s'avancèrent chevaliers et écuyers, compagnons et gens d'armes, et vinrent là où ils étoient mandés et ordonnés. Si en y eut grand foison quand ils furent tous ensemble, plus de quinze cents lances et trois mille d'autres gens; et exploitèrent tant qu'ils vinrent devant Belle-Perche; et se logèrent et ordonnèrent à l'opposite des François qui se tenoient en leur bastide, aussi belle et aussi forte et environnée d'eau comme une bonne ville seroit. Si se logèrent les Anglois et les Poitevins à ce commencement assez diversement, pour être à l'aise d'eux et de leurs chevaux; car il faisoit froid et laid ainsi comme en hiver. Si n'avoient mie toutes leurs aises, et si avoit été tout le pays tout robé et pillé des gens d'armes et des compagnons allans et venans : pourquoi ils ne recouvroient de nuls vivres, fors à danger, et ne savoient mie leurs fourriers où fourrer, fors sur eux-mêmes : mais on leur amenoit quand on pouvoit vivres de Poitou et des marches voisines.

Or signifia adonc le dit maréchal de France, messire Louis de Sancerre, l'ordonnance et l'état des Anglois à Paris, au roi et aux chevaliers qui là se tenoient; et en fit mettre et attacher cédules au palais et ailleurs, en disant

« Entre vous, chevaliers et écuyers qui désirez à trouver les armes et qui les demandez, je vous avise et dis pour vérité, que le comte de Cantebruge et le comte de Pennebroch, et leurs gens, sont venus devant Belle-Perche, en intention et pour lever le siége de nos gens; que là nous sommes longuement tenus, et que tant avons étreint la dite forteresse qu'il faut qu'elle se rende temprement, ou que nous soyons combattus par force d'armes. Si venez celle part hâtivement; car là trouverez-vous aucun grand fait d'armes; et sachez que les Anglois gissent assez diversement, et en sont bien en lieu et en parti pour eux porter grand dommage. »

Je crois bien que à l'ennortation et requête du dit maréchal, aucuns bons chevaliers et écuyers du royaume de France s'avancèrent pour traire celle part; toutes fois sçais-je bien que le gouverneur de Blois, Allart de Doustenène, atout cinquante lances, y vint; et aussi firent le comte de Porcien, et messire Hue de Porcien, son frère.

CHAPITRE CCCIV.

Comment le comte de Cantebruge et le comte de Pennebroch mandèrent au duc de Bourbon qu'il leur voulsist livrer bataille, et quelle chose le dit duc répondit.

Quand le comte de Cantebruge et le comte de Pennebroch et les barons de Poitou et d'Aquitaine, qui là étoit moult étofféement, eurent été devant les François et aussi devant Belle-Perche le terme de quinze jours, et ils virent que point n'issoient de leur bastide pour eux venir combattre, si eurent conseil et avis d'envoyer un héraut devers eux pour savoir quelle chose ils vouloient faire. Si en fut Chandos le héraut chargé, induit et informé quelle chose il leur diroit. Tant exploita le dessus dit, qu'il vint devers le duc de

Bourbon, qui là étoit entre ses gens; si vint et dit ainsi : «Monseigneur, mes maîtres et seigneurs m'envoient devers vous, et vous font à savoir par moi qu'ils sont trop émerveillés de ce que vous les avez sçus jà le terme de quinze jours devant vous, et si n'êtes point issus de votre fort pour eux combattre. Si vous mandent que, si vous voulez traire hors et venir devers eux, ils vous lairont prendre et aviser pièce de terre pour vous combattre à eux; si en ait la victoire cil à qui Dieu l'ordonnera.»

A cette parole répondit le duc de Bourbon, et dit : «Chandos, vous direz à vos maîtres que je ne combattrai point à leur volonté et ordonnance; et bien sais voirement qu'ils sont là; mais point ne partirai de ci ni n'en déferai mon siége, si aurai-je conquis le châtel de Belle-Perche.»—«Monseigneur, dit le héraut, je leur dirai bien ainsi.» Lors se départit sur ce point Chandos, et retourna devers ses maîtres, et leur dit cette réponse. Si ne leur fut mie bien plaisant, et se mirent au conseil ensemble. De ce conseil issirent, et dirent à Chandos autres paroles, lesquelles il vouloient qu'il rapportât aux François, si comme il fit; et leur dit de rechef quand il fut revenu : «Seigneurs, mes maîtres et mes seigneurs vous mandent par moi, puis que combattre ni traire hors ne vous voulez, ni la parçon prendre qu'ils vous ont faite, que dedans trois jours, sire duc de Bourbon, à heure de tierce ou de midi, vous verrez votre dame de mère mettre à cheval et mener en voie : si avisez sur ce, et la rescouez si vous voulez ou pouvez.» Lors répondit le duc de Bourbon et dit : «Chandos, Chandos, dites à vos maîtres que ils guerroient mal honorablement, quand une ancienne femme seule entre ses gens ils ont prise, et la veulent mener et ravir comme prisonnière; et point n'a-t-on vu en guerre des seigneurs du temps passé que les dames et damoiselles y fussent prisonnières ni ravies. De madame ma mère me déplaira, si je la vois emmener; et la r'aurons quand nous pourrons : mais la forteresse ne mèneront-ils point, elle nous demeurera. Et pour ce que vous nous avez ci mis des parçons, vous direz encore à vos maîtres, que si ils se veulent mettre sur les champs jusques à cinquante, nous nous y mettrons aussi : si en ait qui en pourra avoir.» — «Monseigneur, dit le héraut, je leur dirai volontiers tout ainsi.» A ces mots partit Chandos d'eux, et prit congé et s'en vint arrière devers le comte de Cantebruge et le comte de Pennebroch et les autres à qui il fit sa relation. A la parçon que le duc de Bourbon leur envoya n'eurent-ils point conseil d'entendre : si s'ordonnèrent comme pour eux partir de là, et emmener la dame et ceux du fort, qui étoient grandement courroucés et travaillés des engins de l'ost.

CHAPITRE CCCV.

Comment le comte de Cantebruge et le comte de Pennebroch emmenèrent de Belle-Perche madame de Bourbon et les Compagnies qui dedans étoient.

Quand ce vint au jour que mis et ordonné y avoient, ils sonnèrent au matin leurs trompettes; si s'armèrent et appareillèrent toutes gens et se traîrent sur les champs, tout en arroy de bataille à pied et à cheval, ainsi que pour combattre, bannières et penons devant eux; et là leva ce jour bannière messire Jean de Montagu, neveu au comte de Sallebery. En cel état où ils étoient, tous ordonnés et appareillés, ainsi que je vous recorde, et pipoient et cornoient leurs ménestrels en grand revel, à heure de tierce, ils firent vider et partir ceux de la forteresse de Belle-Perche et madame de Bourbon, et la firent monter sur un palefroy bien ordonné et arréé pour elle, et ses dames et ses damoiselles avec elles. Tout ce pouvoient voir les François qui étoient en leur logis, si ils vouloient; et bien le virent, mais oncques ne s'en murent ni bougèrent. Si se départirent les Anglois et leurs routes à heure de midi; et adressoient[1] la dite dame, messire Eustache d'Aubrecicourt et messire Jean d'Évreux. Si se retrairent en cel état en la prinçauté; et demeura la dite dame une espace de temps prisonnière aux dites Compagnies en la Roche-Vauclère en Limousin. Mais oncques ne plut bien sa prise au prince; et disoit, quand on en parloit, que si autres l'eussent fait que Compagnies, il leur eût fait remettre arrière tantôt et sans délai; et quand les dits compagnons, qui prisonnière la tenoient, lui en parloient, il leur disoit, quelque traité ni marché qu'ils fissent, il r'eût son chevalier, messire Simon de Burlé, que les François tenoient.

[1] Accompagnaient sur sa droite.

CHAPITRE CCCVI.

Comment le duc de Bourbon prit Belle-Perche et la répara et fortifia; et comment messire Robert Canolle s'en alla en Angleterre.

Vous devez savoir que le duc de Bourbon fut ce jour moult courroucé que les Anglois emmenèrent madame sa mère. Assez tôt après leur département, il se traist avant, et envoya ses gens prendre et saisir comme sien le châtel de Belle-Perche que les Anglois avoient laissé tout vague. Si le fit le dit duc réparer et fortifier plus que devant.

Ainsi se défit et départit cette grande chevauchée : chacun se retrait sur son lieu ; et s'en r'allèrent les François en leurs garnisons ; et le duc de Bourbon retourna en France sans rien profiter en leur voyage ; et si avoient eu leurs ennemis plus de quinze jours devant eux, et si ne les combattirent point combien que ils étoient trois François contre un Anglois ; et le comte de Cantebruge se tint en Angoulême de-lez son frère le prince : et le comte de Pennebroch et ceux de sa charge s'en vint tenir en Mortaigne sur mer, en Poitou. Si s'épardirent ces Compagnies et ces gens d'armes qui étoient retournés de Belle-Perche, en Poitou et en Xaintonge, et vidèrent tout le pays de vivres ; et encore y faisoient-ils moult de vilains faits, ni ils ne s'en savoient ni pouvoient abstenir.

Assez tôt après se départit du prince messire Robert Canolle et retourna en Bretagne, en son châtel de Derviel. Si n'eut pas là été un mois, quand le roi d'Angleterre lui manda qu'il passât la mer et le vint voir en Angleterre. A ce mandement obéit le dit messire Robert, et se ordonna et appareilla sur ce, et entra en mer, et singla tant qu'il vint en Cornouaille. Là prit-il terre à la Roche Saint-Michel, et puis chevaucha tant parmi le pays qu'il vint à Windesore, où il trouva le roi qui le reçut liement, et aussi firent tous les barons d'Angleterre, pourtant qu'ils en pensoient bien avoir besoin, et qu'il étoit un grand capitaine et meneur de gens d'armes.

CHAPITRE CCCVII.

Comment le duc d'Anjou s'en vint de Toulouse à Paris; et comment le roi Charles envoya le dit duc d'Anjou et le duc de Berry en Aquitaine contre les Anglois.

En ce temps se partit le duc d'Anjou de la ville de Toulouse et chevaucha en grand'arroy parmi le royaume de France ; et exploita tant par ses journées qu'il vint en la bonne ville de Paris [1]. Là trouva-t-il le roi son frère, le duc de Berry et le duc de Bourgogne, ses autres frères, qui le reçurent liement et doucement ; et eurent adonc, les quatre frères, le terme pendant qu'ils se tinrent ensemble, à Paris, plusieurs consaulx et consultations ensemble sur l'état des besognes du royaume, à savoir comment ils guerroieroient et se maintiendroient sur l'été à venir. Et fut adonc ordonné et proposé que on feroit deux grands et grosses armées et chevauchées en Aquitaine, desquelles le duc d'Anjou et sa route gouverneroient l'une, et entreroient en Guyenne par devers la Réole et Bergerac, et le duc de Berry au lez devers Limoges et Quersin ; et se devoient, ces deux armées, trouver devers la ville d'Angoulême, et là dedans assiéger le prince.

Encore fut adonc proposé et avisé par grand'-délibération de conseil, que on remanderoit en Castille messire du Guesclin, ce vaillant chevalier, qui si vaillamment et loyaument s'étoit combattu pour la couronne de France ; et qu'il seroit prié qu'il voulsist être connétable de France. Quand le roi de France et ses frères, et leur conseil, eurent tout ordonné et jeté leur propos ainsi qu'ils vouloient qu'il se fît, et ils furent ébattus un grand temps ensemble, et ce vint à l'entrée du mois de mai, le duc d'Anjou prit congé à eux pour retourner tout premièrement en son pays [2], pourtant qu'il avoit à faire le plus lointain chemin. Si fut convoyé des barons et des chevaliers de France, pour ce qu'il en étoit durement bien aimé et recommandé. Si chevaucha le dit duc par ses journées tant, et si bien exploita qu'il vint à Montpellier [3], et là séjourna plus d'un mois, et puis revint à Toulouse. Si se pourvéy tantôt de gens d'armes partout où il les pouvoit avoir ; et ja en avoit-il grand'foison qui se tenoient sur les champs et faisoient frontière aux Anglois, en Rouergue et en Quersin ; car le petit Meschin, Ernaudon de Pans, Perrot de Savoie, le Bourg Camus, Antoine le Nègre, Lamit, Ja-

---

[1] Le duc d'Anjou dut arriver à Paris vers la fin de mars ou le commencement d'avril de cette année.

[2] Il était encore à Paris le 7 mai : ce jour même il y retint, pour conseiller de son *grand conseil*, Gauthier, évêque du Mans.

[3] Il était à Montpellier le 2 juillet, et le 11 il arriva à Toulouse.

quet de Bray, et grand'foison de leurs routes s'étoient tenus toute la saison environ Caours, et avoient honni et apovri tout le pays.

D'autre part le duc de Berry s'en vint à Bourges en Berry, et fit un très grand mandement de chevaliers et écuyers de France, de Bourgogne et d'Auvergne. Aussi le duc de Bourbon se retraist en son pays et fit sa semonce, pour être en cette chevauchée, et assembla grand'foison de chevaliers et d'écuyers de la comté de Forez et de Bourbonnois. Le comte Pierre d'Alençon et messire Robert d'Alençon, son frère, se pourvurent d'autre part bien et efforcément.

En celle saison, étoit revenu de Prusse messire Guy de Blois, qui là avoit été chevalier fait nouvellement, et avoit levé bannière à une scarmouche et grande rèse qui fut faite sur les ennemis de Dieu. Si que, sitôt que le gentil chevalier fut revenu en Hainaut, et il oüit nouvelles de cette chevauchée qui se faisoit et devoit faire de ses cousins de France en la duché d'Aquitaine, il se pourvéy bien et grossement pour y aller, et se partit de Hainaut à tout son arroy, et s'en vint à Paris se présenter au roi qui le vit moult volontiers, et qui l'ordonna d'aller avec le duc de Berry en cette chevauchée, à une charge de gens d'armes, chevaliers et écuyers. Si se partit messire Guy de Blois de la cité de Paris et chevaucha vers Orléans pour venir à Blois et puis en Berry.

CHAPITRE CCCVIII.

Comment le roi d'Angleterre envoya le duc de Lancastre en Aquitaine, et messire Robert Canolle en Picardie atout grand'foison de gens d'armes.

Tout en telle manière que le roi de France avoit ordonné ses armées et ses chevauchées, ordonna le roi d'Angleterre en celle saison deux armées et chevauchées; et fut ainsi fait, que le duc de Lancastre s'en iroit, à quatre cents hommes d'armes et autant d'archers, en la duché d'Aquitaine, pour conforter ses frères; car on supposoit bien que en ce pays-là se trairoient les plus fortes guerres pour la saison. Avec tout ce le roi d'Angleterre et son conseil jetèrent leur avis qu'ils feroient une armée de gens d'armes et d'archers pour envoyer en Picardie, de laquelle seroit chef messire Robert Canolle, qui bien se savoit embesogner de mener et gouverner gens d'armes et routes; car il avoit appris de grand temps. Messire Robert, à la prière et ordonnance du roi d'Angleterre et de son conseil, descendit liement et emprit ce voyage à faire et arriver à Calais, et de passer parmi le royaume de France et de combattre les François, si ils se mettoient sur les champs contre lui. De ce se tenoit-il tout conforté. Si se pourvéy selon ce bien et grandement; et aussi firent tous ceux qui avec lui devoient aller en ce voyage.

En ce temps fut délivrée de prison la mère du duc de Bourbon, en échange de monseigneur Simon de Burlé, chevalier du prince, et aida grandement à faire les traités et les pourchas de la délivrance messire Eustache d'Aubrecicourt; de quoi le duc de Bourbon et la roine de France lui surent bon gré. Toute celle saison avoient été grands traités et grands parlements entre le conseil du roi de France et le conseil du roi de Navarre, qui se tenoit à Chierebourch[1], et tant s'embesognèrent les parties de l'un roi et de l'autre, tant que on remontra au roi de France qu'il n'avoit que faire de tenir haine à son serourge le roi de Navarre, et qu'il avoit pour le présent assez guerre aux Anglois, et trop mieux valoit qu'il laissât aucune chose aller du sien, que plus grands maux en sourdissent; car si il vouloit consentir à arriver les Anglois en ses forteresses du clos de Cotentin, il gréveroit trop le pays de Normandie; laquelle chose faisoit bien à considérer et à ressoigner. Tant fut le roi de France induit et pressé, qu'il s'accorda à la paix, et vint en la ville de Rouen; et là furent tous les traités remis avant et confirmés; et allèrent devers le roi de Navarre l'archevêque de Rouen[2], le comte d'Alençon, le comte de Sallebruch, messire Guillaume de Dormans et messire Robert de Lorris, et le trouvèrent à Vernon. Là y eut grands dinés et beaux et grands fêtes, et puis amenèrent les dessus nommés le dit roi de Navarre devers le dit roi de France. Là furent de rechef toutes les alliances et confédérations faites et jurées, écrites et scellées. Et me semble que le roi de Navarre, par paix faisant, devoit renoncer à tous convents et procès d'amour faits, qui étoient entre lui et le roi d'Angleterre; et, lui revenu

---
[1] Toutes ces négociations eurent lieu dans les mois de janvier, février et mars de cette année.
[2] Il se nommait Philippe d'Alençon.

en Navarre, il devoit faire défier le roi d'Angleterre; et pour plus grand'sûreté d'amour tenir et nourrir entre lui et le roi de France, il devoit laisser ses deux fils, Charles et Pierre, de-lez leur oncle, le roi de France. Sur cet état se partirent de Rouen, et vinrent à Paris; et là eut de rechef grands fêtes et grands solemnités; et quand ils eurent assez joué et festoyé ensemble, congé fut pris; et se partit le roi de Navarre moult amiablement du roi de France, et laissa ses deux enfans avec leur oncle; et puis prit le chemin de Montpellier, et retourna par là en la comté de Foix et puis en son pays de Navarre.

Or retournerons nous aux besognes d'Aquitaine.

CHAPITRE CCCIX.

Comment messire Bertran du Guesclin arriva d'Espaigne à Toulouse où le duc d'Anjou le reçut à grand'joie.

Vous devez savoir, si comme ci-dessus est dit, comment le duc d'Anjou avoit été en France sur l'état que, lui revenu en Languedoc, il devoit entrer efforcément en Guyenne; car nullement il ne pouvoit aimer le prince ni les Anglois, ni ne fit onques. Aussi, ains son département, par la promotion de lui, le roi de France envoya lettres et grands messages en Castille devers le roi Henry, qu'il voulsist envoyer en France messire Bertran du Guesclin, si lui en sauroit bon gré. Et aussi très amiablement le roi et le duc d'Anjou en escripsirent au dit monseigneur Bertran. Si exploitèrent si bien les dits messages qui envoyés y furent, qu'ils trouvèrent en la cité de Léon, en Espaigne, le dit roi Henry et monseigneur Bertran; si firent leur message bien et à point. Sur le mandement et ordonnance du roi de France, le roi Henry n'eût jamais retenu messire Bertran, et aussi messire Bertran ne se fût jamais excusé. Si s'ordonna au plus tôt qu'il put, et prit congé du roi Henry, et se partit à tous ses gens et exploita tant par ses journées qu'il vint à Toulouse¹ où le duc d'Anjou étoit, qui jà avoit assemblé grand'foison de gens d'armes, chevaliers et écuyers, et n'attendoit autre chose que messire Bertran fût venu: si que, à la venue du dessus dit, le duc d'Anjou et tous les autres

¹ Il paraît que du Guesclin arriva à Toulouse peu de temps après le duc d'Anjou, c'est-à-dire vers le milieu de juillet, et que l'armée entra aussitôt en campagne.

François furent grandement réjouis, et ordonnèrent pour partir de Toulouse et entrer en la terre du prince.

En ce temps étoit venu à Hantonne le duc de Lancastre, à quatre cents hommes d'armes et autant d'archers; et faisoient charger leurs nefs et leurs vaisseaux de toutes leurs pourvéances; et avoient intention pour singler vers Bordeaux, mais que ils eussent vent. Avec le dit duc étoient en sa charge le sire de Ros, messire Michel de la Poule, messire Robert Rous, messire Jean de Saint-Lô, messire Guillaume de Beauchamp, fils au comte de Waryich, et plusieurs autres chevaliers que je ne puis ni ne sais mie tous nommer. Si lairons un peu à parler du duc de Lancastre et de son armée et parlerons du duc d'Anjou et de la sienne.

CHAPITRE CCCX.

Comment ceux de Moysach, d'Agen, de Montpellier, d'Aiguillon se rendirent au duc d'Anjou, et comment le duc de Berry assiégea la cité de Limoges.

Or se partit le duc d'Anjou de la cité de Toulouse en très grand arroy et bien ordonné. Là étoient le comte d'Armignac, le sire de Labreth, le comte de Pierregord, le comte de Comminges, le vicomte de Carmaing, le comte de Lisle, le vicomte de Brunikiel, le vicomte de Narbonne, le vicomte de Talar, le sire de la Barde, le sire de Pincornet, messire Bertran de Terride, le sénéchal de Toulouse, le sénéchal de Carcassonne, le sénéchal de Beaucaire, et plusieurs autres; et étoient deux mille lances, chevaliers et écuyers, et six mille brigands à pied, à lances et à pavais. Et de toutes ces gens d'armes étoit connétable et gouverneur messire Bertrand du Guesclin. Et prirent le chemin d'Agénois; et trouvèrent encore sur les champs plus de mille combattans, gens de compagnies et routes, qui les avoient attendus toute la saison en Quersin, et chevauchèrent devers Agen.

La première forteresse où ils vinrent, ce fut devant Moysach. Le pays étoit si effréé de la venue du duc d'Anjou, pour le grand nombre des gens qu'il menoit, qu'ils frémissoient tous devant lui, et n'avoient les villes et les châteaux nulle volonté d'eux tenir. Quand ils furent venus devant Moysach, ils se rendirent tantôt et se retournèrent François. Et puis chevauchèrent outre[1] devers la cité d'Agen, qui se tourna aussi et rendit Françoise ; et puis vinrent devant Thonneins sur Garonne, et chevauchèrent les François à leur aise, poursuivant la rivière pour trouver plus gras pays, et vinrent au port Sainte-Marie, qui se tourna tantôt Françoise : et partout mettoient les François gens d'armes et faisoient garnisons. Et prirent la ville de Thonneins, et tantôt se rendit et retourna le châtel : si y établirent un chevalier et vingt lances pour le garder. En après ils prirent le chemin de Montpellier[2] et d'Aiguillon, ardant et exillant tout le pays. Quand ils furent venus à Montpellier, qui étoit bonne ville et fort châtel, ils furent si effrayés du duc d'Anjou, qu'ils se rendirent au roi de France. Et puis vinrent devant le fort châtel d'Aiguillon : là furent-ils quatre jours. Pour le temps de lors il n'y avoit mie dedans la ville et châtel d'Aiguillon si vaillans gens que quand messire Gautier de Mauny et ses compagnons l'eurent en garde ; car ils se rendirent tantôt au duc d'Anjou : dont ceux de Bergerac furent moult émerveillés comment ils s'étoient sitôt rendus. A ce jour étoient capitaines de Bergerac le captal de Buch et messire Thomas de Felleton, à cent lances, Anglois et Gascons. Tout en telle manière comme le duc d'Anjou et ses gens étoient entrés en la terre du prince, au lez par-devers Agen et Toulousin, chevauchoient le duc de Berry et ses routes en Limousin, à bien douze cents lances et trois mille brigands, conquérant villes et châteaux, et ardant et exillant le pays. Avec le duc de Berry étoient le duc de Bourbon, le comte d'Alençon, messire Guy de Blois, messire Robert d'Alençon, comte du Perche, messire Jean d'Armignac, messire Hugues Dauphin, messire Jean de Villemur, messire Hugues de la Roche, le sire de Beaujeu, le sire de Villars, le sire de Sérignac, messire Geffroy de Montagu, messire Loys de Maleval, messire Raymon de Mareuil, messire Jean de Boulogne, messire Godefroy son oncle, le vicomte d'Uzès, le sire de Sully, le sire de Chalençon, le sire de Cousant[1], le sire d'Apchier, le sire d'Apchon, messire Jean de Vienne, messire Hugues de Vianne, Ymbaut du Peschin, et plusieurs autres bons chevaliers et écuyers.

Si entrèrent ces gens d'armes en Limousin, et y firent moult de desrois ; et s'en vinrent mettre le siège devant la cité de Limoges. Par dedans avoit aucuns Anglois en garnison, que messire Hue de Cavrelée, qui étoit sénéchal du pays, y avoit ordonnés et établis ; mais ils n'en étoient mie maîtres, ainçois la tenoit et gouvernoit l'évêque du dit lieu[2], auquel le prince de Galles avoit grand'fiance, pour tant qu'il étoit son compère.

CHAPITRE CCCXI.

Comment le prince fit un grand mandement à tous ses féaux pour aller contre les François ; et comment le captal de Buch et messire Thomas de Felleton gardèrent la ville de la Linde d'être prise.

Le prince de Galles, qui se tenoit en la ville d'Angoulême fut informé et certifié de ces deux grosses chevauchées du duc d'Anjou et du duc de Berry, et comment ils étoient entrés efforcément en sa terre et par deux lieux ; et fut encore ainsi dit au prince, à ce que on pouvoit voir et imaginer, ils tiroient à venir devant Angoulême et de lui laiens assiéger et de madame la princesse, et que sur ce il eût avis. Le prince, qui fut un moult vaillant homme et moult imaginatif, et conforté en toutes ses besognes, répondit que jà ses ennemis ne le trouveroient enfermé en ville ni en châtel, et qu'il vouloit issir aux champs contre eux. Si mit tantôt clercs et messages en œuvre d'écrire lettres et d'envoyer partout à ses féaux et ses sujets en Poitou, en Xaintonge, en la Rochelle, en Rouergue, en Quersin, en Gaurre[3], en Bigorre, en Agénois, et leur mandoit expressément que chacun s'ap-

---

[1] Le duc d'Anjou resta quelques jours à Moissac : il y confirma les priviléges des habitans en considération de leur soumission volontaire, et y donna plusieurs lettres datées les unes du 28, les autres du 31 juillet.

[2] Montpellier étoit alors soumise au roi, et on a vu précédemment, chap. 300, que le duc d'Anjou y était le 2 juillet. D'ailleurs, Montpellier n'est point dans le pays que parcouroit alors l'armée française : ainsi il ne peut être ici question de cette ville. Sauvage a fait la même remarque, et a cru devoir insérer dans le texte *Montpensier* au lieu de *Montpellier;* mais sa correction ne me paraît pas heureuse : Montpensier est beaucoup trop éloigné de Tonneins et d'Aiguillon pour qu'on puisse l'admettre. Il est plus probable que Froissart veut parler de Montpesat ou de quelque autre place, soit de l'Agénois, soit du Bazadois, dont le nom commence par *Mont*.

---

[1] La seigneurie de Cousan appartenait à la maison de Damas.

[2] Cet évêque se nommait Jean de Cros.

[3] Canton dans la Gascogne, entre Auch et Lectoure, avec titre de comté.

prêtât pour venir au plus tôt qu'ils pourroient, et atout le plus de gens qu'ils pourroient avoir, devers lui en la ville de Congnach. Là étoit son mandement assis; et se traist tantôt de celle part madame la princesse; avecques elle Richard, leur jeune fils.

Pendant que ce mandement se faisoit et que toutes gens s'appareilloient, les François chevauchoient toudis avant, gâtant et exillant le pays; et s'en vinrent devers la Linde, une bonne ville et forte, séant sur la rivière de Dourdonne, à une lieue de Bergerac. Si en étoit capitaine de par le captal, qui là l'avoit établi, un moult vaillant chevalier de Gascogne, qui s'appeloit messire Thomas de Batefol. Cil avoit la dite ville de la Linde en garde. Or vinrent là pardevant le duc d'Anjou, le comte d'Armignac, le sire de Labreth, le comte de Pierregord, le comte de Comminges, le vicomte de Carmaing et tous les autres barons et chevaliers de leurs routes. Si mirent tantôt le siége devant par grand ordonnance, et dirent qu'ils ne s'en partiroient si l'auroient. La ville étoit bonne et forte, et bien pourvue de tous biens et d'artillerie : car monseigneur le captal de Buch et messire Thomas de Felleton y avoient été depuis quinze jours et l'avoient refreschie à leur entente; et trop bien étoientc eux de la Linde taillés d'eux tenir si ils vouloient, parmi le confort que ils pouvoient avoir hâtivement, si il leur besognoit, de Bergerac. Mais les hommes de la ville étoient si enclins à eux tourner François que merveilles étoit; et entendirent aux traités et aux promesses que le duc d'Anjou leur faisoit et faisoit faire par ses gens. Et tant fut pressé le dit capitaine qu'il s'y accorda aussi, parmi une somme de florins qu'il devoit avoir, et grand profit tous les ans du duc d'Anjou, et sur ce être bon François ; et fut tout ordonné que sur une matinée il devoit mettre les François en la ville. Ce marché et ce traité furent sçus en la ville de Bergerac le soir dont se devoit faire et livrer lendemain. Adonc étoit là venu le comte de Cantebruge atout deux cents lances, qui fut présent au rapport que on en fit. De ces nouvelles furent monseigneur le captal et messire Thomas de Felleton moult émerveillés, et dirent qu'ils seroient au livrer la ville. Si se partirent de Bergerac après mie-nuit atout deux cents lances, et chevauchèrent devers la Linde et vinrent là au point du jour : si firent ouvrir la porte à leur lez, et puis chevauchèrent outre, sans point attendre, à l'autre porte par où les François devoient entrer, qui étoient jà tous appareillés et entroient, et les mettoit le dit messire Thomas dedans. Donc se traist avant le captal de Buch, l'épée au poing, et descendit à pied assez près de la porte ; et aussi firent tous les autres, et dit en approchant messire Thomas : « Ha ! mauvais traître, tu y mourras tout premièrement ; jamais ne feras trahison après cette-ci. » A ces mots il lui lança son épée sur lui, et la bouta si roidement qu'il lui embarra au corps et la fit saillir plus d'un pied à l'autre lez, et l'abattit en la place tout mort. Les François, qui aperçurent monseigneur le captal et sa bannière, et monseigneur Thomas et sa bannière, et leurs gens, et comment ils avoient failli à leur entente, reculèrent tantôt et tournèrent le dos.

Ainsi demeura la ville angloise, et fut adonc en grand péril d'être courue et arse des Anglois proprement et les gens tous morts, pour ce qu'ils avoient consenti ce traité ; mais ils s'excusèrent si bellement que ce qu'ils en avoient fait ni consenti à faire, c'étoit par crémeur, et avoit été principalement par la foiblesse de leur capitaine qui l'avoit comparé. Si s'en passèrent atant et demeurèrent en paix : mais ces deux seigneurs des susdits demeurèrent là tant que le duc d'Anjou et ses gens s'y tinrent, et qu'ils reprirent un autre chemin.

Or parlerons un petit de l'état et ordonnance d'Angleterre, car il en chiét à parler, et de la chevauchée que messire Robert Canolle fit parmi le royaume de France.

CHAPITRE CCCXII.

Comment trèves furent faites entre les Escots et les Anglois ; et comment messire Robert Canolle ardit, pilla et rançonna le pays de Picardie et de Vermaudois.

Ainçois que messire Robert Canolle et ses gens partissent d'Angleterre, il y eut conseil grand entre les Anglois et les Escots ; et furent si sagement démenées les paroles par si bonnes et si vaillans gens qui ressoignoient le dommage de l'un royaume et de l'autre, que unes trèves furent prises entre l'un roi et l'autre, leurs pays, leurs gens et tous leurs adhérens, à durer neuf ans [1], et se pouvoient les Escots armer et aller

[1] Froissart s'est trompé sur la date et sur la durée de

comme soudoyers, leurs gages prenans, duquel lez qu'ils vouloient, Anglois ou François : dont il avint que messire Robert et sa route en eut bien cent lances. Quand le dit messire Robert et toutes ses gens qui avec lui devoient aller et être furent appareillés et venus à Douvres, et ils furent passés à Calais, il même passa tout dernièrement et arriva au hâvre de Calais [1], et puis issit à terre, où il fut reçu à grand'joie du capitaine, monseigneur Nichole de Stambourne, et de tous les compagnons. Quand ils se furent là rafraîchis cinq jours, et ils eurent jeté leur avis quelle part ils iroient et quel chemin ils tiendroient, si ordonnèrent leur charroy et leurs pourvéances; et issirent par un matin et se mirent sur les champs moult ordonnément. Si étoient environ quinze cents lances et quatre mille archers parmi les Gallois.

Avecques le dit messire Robert étoient issus d'Angleterre, par l'ordonnance du roi, messire Thomas de Grantson, messire Alain de Bouqueselle, messire Gilbert Guiffart, le sire de Fitvatier, messire Jean de Boursier, messire Guillaume de Nuefville, messire Geffroi Oursellé, et plusieurs autres, tous apperts chevaliers et vaillans hommes d'armes. Si vinrent ce premier jour assez près de Fiennes [2]. Messire Moreau de Fiennes, qui pour le temps étoit connétable de France, se tenoit en son châtel; et grand'foison de bons compagnons avec lui, chevaliers et écuyers, qui furent tous pourvus et avisés des Anglois recueillir.

A lendemain, quand ils les vinrent voir, et ils se mirent en ordonnance pour assaillir, ils virent bien qu'il n'y avoit point d'avantage; et passèrent outre la comté de Guines et entrèrent en la comté de Fauquembergue et l'ardirent toute, et vinrent devant la cité de Therouenne : mais point n'y assaillirent; car elle étoit si bien pourvue de bonnes gens d'armes, qu'ils eussent perdu leur peine. Si prirent leur chemin tout parmi le pays de Therouénois pour entrer en Artois. Et ainsi qu'ils chevauchoient trois ou quatre lieues le jour, ni plus n'étoit-ce point, pour la cause de leur charroy et des gens de pied, ils se logeoient ès gros villages et de haute heure, à midi ou à nonne. Si vinrent ainsi, leur ost atraînant, tant qu'ils furent devant la cité d'Arras; et se logèrent les seigneurs et les capitaines en l'abbaye du mont Saint-Éloy, assez près d'Arras, et leur gens là environ, qui couroient et pilloient tout le pays si loin qu'ils s'osoient étendre. Le roi de France avoit, celle saison, par toutes ses cités, châteaux forteresses et bonnes villes, à ponts et à passages, mis grand'foison de bonnes gens d'armes pour les garder et défendre s'ils étoient assaillis; et ne vouloit que nul issît contre eux. Quand messire Robert Canolle et ses gens se départirent du mont Saint-Éloy et de là environ, et ils se furent refreschis et leurs chevaux deux jours, ils s'ordonnèrent et passèrent outre au dehors de la cité d'Arras. Lors messire Guillaume de Nuefville et messire Geffroy Oursellé, qui étoient maréchaux de l'ost, ne se purent abstenir que ils n'allassent voir ceux d'Arras de plus près : si se départirent de leur grosse bataille, environ deux cents lances et quatre cents archers, et s'avalèrent ès faubourgs d'Arras, et vinrent jusques aux barrières, qu'ils trouvèrent bien pourvues de bons arbalètriers et de gens d'armes. Adonc étoit dedans la ville d'Arras messire Charles de Poitiers de-lez madame d'Artois; mais il n'en fit nul semblant d'issir hors, ni de combatre les Anglois. Quand les Anglois eurent fait leur course, et ils se furent un petit arrêtés devant les barrières, et ils virent que nul n'issoit contre eux, ils se mirent au retour devers leurs compagnons, qui les attendoient en une grosse bataille rangée et ordonnée sur les champs. Mais au partir, ils voulurent donner souvenance qu'ils avoient là été; car ils boutèrent le feu ès faubourgs d'Arras, pour attraire hors ceux de la ville, qui nulle volonté n'en avoient : lequel feu fit grand dommage, car il ardit un grand monastère des Frères-Prêcheurs, cloître et tout, qui étoit au dehors de la ville.

Après celle empeinte, les Anglois passèrent outre et prirent le chemin de Bapaumes, ardant et exillant tout le pays. Si firent tant par leurs

---

cette trève. Elle avait été conclue l'année précédente, et devait durer non pas neuf ans, mais quatorze, comme je l'ai remarqué dans une note sur le chapitre 265, d'après les chartes mêmes de cette trève, que Rymer a publiées.

[1] Des lettres d'Édouard, pour faire préparer les vaisseaux nécessaires au passage de Robert Knowles et de son armée, prouvent que ce général était encore en Angleterre le 6 juillet. Il paraît qu'il arriva à Calais peu de temps après; car on lit dans les *Chroniques de France*, qu'il partit de cette ville à la fin du même mois pour venir faire le dégât sur les terres du roi de France.

[2] Bourg du Boulonnais.

journées, qu'ils entrèrent en Vermandois, et vinrent à Roye : si fut la ville arse ; et puis passèrent outre et cheminèrent vers Ham en Vermandois. Là avoient retrait tous ceux du plat pays et aussi à Saint-Quentin, à Péronne et à Noyon, tout le leur, pourquoi les Anglois ne trouvoient rien, fors les granges pleines de blé, car c'étoit après août. Si chevauchoient courtoisement, sans eux trop lasser ni travailler, deux ou trois lieues le jour. Et quand ils trouvoient une grasse marche, ils y séjournoient deux jours ou trois; et envoyoit messire Robert Canolle courir devant une ville ou un châtel qui étoit chef du pays d'environ; et parloient les maréchaux aux capitaines, sur assurances, en disant : «Combien donnerez-vous en purs deniers pour ce pays de ci environ, et nous le respiterons d'ardoir ou de courir vilainement ?» Là se composoit sur certains traités et ordonnances le plat pays à monseigneur Robert Canolle, et payoit une quantité de florins : si étoient, parmi celle composition, respités d'ardoir. Et y profita le dit messire Robert en ce voyage, par cette ordonnance, de la somme et de la valeur de cent mille francs : dont depuis il fut mal de cour, et accusé au roi d'Angleterre qu'il n'avoit point bien faite la besogne, si comme il vous sera recordé avant en l'histoire. Toutes fois la terre du seigneur de Coucy demeura toute en paix, ni oncques les Anglois n'y forfirent à homme ni à femme qui y fût ; mais qu'il dît seulement : « Je suis à monseigneur de Coucy ; » qui vauloit un denier, et s'il étoit pris ou levé, il étoit rendu au double.

CHAPITRE CCCXIII.

Comment messire Robert Canolle vint devant la cité de Noyon, et comment un chevalier Escot y fit une grand'appertise d'armes.

Tant exploitèrent les Anglois qu'ils vinrent devant la bonne cité de Noyon, qui bien étoit pourvue et garnie de gens d'armes. Si s'arrêtèrent là environ, et l'approchèrent de moult près, et là avisèrent moult bien si nul assaut leur pourroit valoir. Si trouvèrent, à leur avis, bien breteschiée [1], et guéritée et appareillée de défendre, si mestier étoit. Et étoit messire Robert logé en l'abbaye d'Orkans, et ses gens là environ ; et vinrent un jour devant la cité, rangés et ordonnés par manière de bataille, pour savoir si ceux de la garnison et de la communauté de la ville istroient point ; mais ils n'en avoient nulle volonté. Là eut un chevalier d'Écosse qui fit une grande appertise d'armes ; car il se partit de son conroy, son glaive en son poing, monté sur son coursier, son page derrière lui, et brocha des éperons tout contreval la montagne. Si fut tantôt devant la barrière ; et appeloit-on le dit chevalier messire Jean Asneton, hardi homme et courageux malement, et aussi avisé et arrêté en toutes ses appertises, là et ailleurs. Quand il fut devant les barrières de Noyon, il mit pied à terre jus de son coursier, et dit à son page : « Ne te pars point de ci ; » et prit son glaive en ses poings, et s'en vint jusques aux barrières, et se écueillit, et saillit outre par dedans les barrières. Là avoit de bons chevaliers du pays, messire Jean de Roye, messire Lancelot de Lorris, et bien dix ou douze autres, qui furent tous émerveillés qu'il vouloit faire ; néanmoins ils le recueillirent moult faiticement. Là dit le chevalier Escot : « Seigneurs, je vous viens voir ; vous ne daignez issir hors de vos barrières, et je y daigne bien entrer ; je vueil éprouver ma chevalerie à la vôtre, et me conquérez si vous pouvez. » Après ces mots, il jeta et lança grands coups à eux de son glaive, et eux à lui des leurs ; et fut en cel état, lui tout seul sur eux, escarmouchant et faisant grands appertises d'armes plus d'une heure, et navra un ou deux des leurs ; et prenoit si grand plaisance à lui là combattre, que il s'entr'oublioit, et le regardoient les gens de la ville et de la porte, et des guérites, à grand'merveille, et lui eussent porté grand dommage du trait si ils eussent voulu : mais nennil ; car les chevaliers françois leur avoient défendu. Tant fut en cel état, que son page vint sur son coursier, moult près des barrières, et lui dit tout en haut en son langage : « Monseigneur, partez-vous, il est heure ; car nos gens se partent. » Le chevalier, qui bien l'entendit, s'appareilla sur ce, et lança depuis deux ou trois coups, et quand il eut fait, il prit son glaive et se relança à l'autre lez sans nul dommage ; et tout armé qu'il étoit, il se jeta sur son coursier derrière son page. Quand il fut sus, il dit aux François : « Adieu, adieu, seigneurs, grands mercis. » Si brocha des éperons et fut tantôt à ses compagnons. Laquelle appertise d'armes de monseigneur Jean Asneton fut durement prisée de toutes gens.

---
[1] Fortifiée, environnée de tours et de créneaux.

[1370]

CHAPITRE CCCXIV.

Comment ceux de Noyon prirent les Anglois qui avoient ars la ville du Pont l'Évêque; et comment le roi Charles manda à messire Bertran qu'il vînt à Paris.

Messire Robert Canolle, à son département qu'il fit de la marche de Noyon, ses gens ardirent la ville du Pont l'Évêque sur la rivière d'Oise [1], où il avoit grand'foison de bons hôtels. Les chevaliers et écuyers qui étoient en la cité de Noyon eurent grand'déplaisance de ce feu, et entendirent que messire Robert et sa route étoient partis et retraits. Si vinrent de la cité de Noyon environ soixante lances; et vinrent encore si à point en la ville du Pont l'Évêque, qu'ils trouvèrent ceux qui le feu y avoient bouté, et des autres aussi pour entendre au pillage. Si furent réveillés de grand'manière; car la plus grand'partie furent morts et occis, et demeurèrent sur la place; et y gagnèrent les François plus de quarante chevaux, et rescouirent plusieurs prisonniers qu'ils en vouloient mener, et encore de beaux hôtels qui eussent été tous ars si ils ne fussent venus à point; et ramenèrent à Noyon plus de quinze prisonniers anglois auxquels on coupa les têtes.

Or chevauchèrent les Anglois en leur ordonnance, et montèrent amont pour venir en Laonnois, et pour passer à leur aise la rivière d'Oise, et aussi celle d'Aisne. Si ne forfirent rien en la terre et comté de Soissons, pourtant qu'elle étoit au seigneur de Coucy. Bien est vérité qu'ils étoient poursuivis et côtoyés d'aucuns seigneurs et chevaliers de France, tels que du comte Guy de Saint-Pol, du vicomte de Meaux, du seigneur de Chauny, de monseigneur Raoul de Coucy, de monseigneur Guillaume de Melun, fils au comte de Tancarville, et de leurs gens, par quoi les Anglois ne s'osoient point dérouter, mais se tenoient ensemble. Et aussi les François ne se féroient point entr'eux, mais se logeoient tous les soirs ès forts et dedans les bonnes villes; et les Anglois sur le plat pays, où ils trouvoient assez à vivre de ces nouveaux vins, dont ils faisoient grand'largesse.

Et chevauchèrent ainsi tout ardant et exillant et rançonnant le pays, tant qu'ils passèrent la rivière de Marne et entrèrent en Champagne; et puis la rivière d'Aube, puis retournèrent en la marche de Provins. Et passèrent et repassèrent par plusieurs fois la rivière de Saine; et tiroient à venir devant la cité de Paris; car on leur avoit dit que le roi de France avoit là fait un grand mandement de gens d'armes, desquels le comte de Saint-Pol et le sire de Cliçon devoient être chefs et gouverneurs. Si les désiroient les Anglois durement fort à combattre, et par semblant ils montroient qu'ils ne vouloient autre chose que la bataille; et pour ce le roi de France escripsit à monseigneur Bertran du Guesclin, qui étoit avec le duc d'Anjou en Aquitaine, que, ses lettres vues, il se retraist en France; car il le vouloit embesogner autre part.

En ce temps revint en la cité d'Avignon le pape Urbain V[e], qui avoit demeuré à Rome et là environ quatre ans [1], et revint en espérance comment paix se pourroit faire entre les deux rois; car la guerre étoit renouvelée, qui trop lui déplaisoit. De la revenue du pape et de tous les cardinaux furent la cité d'Avignon et la marche d'environ moult réjouis; car ils en pensoient à mieux valoir.

CHAPITRE CCCXV.

Comment le duc de Lancastre arriva à Bordeaux ; et comment le duc d'Anjou dérompit sa chevauchée.

Or parlerons du prince de Galles comment il persévéra. Vous avez ci-dessus ouï recorder comment le prince de Galles avoit fait son commandement à Congnach, sur l'intention d'aller et de chevaucher contre le duc d'Anjou qui lui ardoit et gâtoit son pays. Si s'avancèrent de venir à son mandement, au plus tôt qu'ils purent, les barons, chevaliers et écuyers de Poitou, de Xaintonge, de la terre qui se tenoit du prince; et se partit le comte de Pennebroch de sa garnison atout cent lances, et s'en vint devers le prince.

En ce temps arriva au hâvre de Bordeaux le duc Jean de Lancastre et son armée, dont ceux du pays furent moult réjouis, pour tant qu'ils le sentoient bon chevalier et grand capitaine de gens d'armes. Le duc de Lancastre et ses gens

---

[1] Ce bourg ou village est situé à une petite distance de Noyon.

[1] Urbain V était parti d'Avignon pour Rome le dernier avril 1367 ; il était de retour à Marseille le 16 septembre 1370 et à Avignon le 24 du même mois.

ne firent point de long séjour en la cité de Bordeaux; mais s'en partirent tantôt; car ils entendirent que le prince vouloit aller contre ses ennemis. Si se mirent tantôt au chemin, et trouvèrent à une journée de Congnach le comte de Pennebroch qui tiroit celle part. Si se firent grands reconnoissances quand ils se retrouvèrent ; et chevauchèrent ensemble, et vinrent à Congnach où ils trouvèrent le prince et madame la princesse et le comte de Cantebruge, qui furent moult réjouis de la venue des dessus dits. Et tous jours venoient gens d'armes de Poitou, de Xaintonge, de la Rochelle, de Bigorre, de Gaurre et de Gascogne, et aussi des marches voisines obéissans au prince.

Le duc d'Anjou, le comte d'Armignac, le sire de Labreth, les comtes et vicomtes, les barons et les chevaliers de leur accord, si comme ci-dessus est dit, qui avoient conquis cités, villes, châteaux et forteresses en leur vente plus de quarante, et avoient approché de la cité de Bordeaux, à cinq lieues près, et gâté tout le pays environ Bergerac et la Linde, entendirent que le prince de Galles avoit fait un mandement et étoit venu à Congnach, et aussi le duc de Lancastre étoit arrivé à grand'foison de gens d'armes et d'archers au pays. Si eurent conseil ensemble comment ils se pourroient chevir.

Pour le temps de lors étoit nouvellement mandé messire Bertran du Guesclin du roi de France et du duc de Berry, qui se tenoit à siége devant la cité Limoges, et les avoit tellement de astreints qu'ils étoient sur tel point que pour eux rendre, mais qu'il y eût bons moyens. A ce conseil du duc d'Anjou et des barons et chevaliers qui étoient de lez lui et mis ensemble pour conseiller, fut appelé messire Bertran du Guesclin; c'étoit raison. Là eut plusieurs paroles dites et mises avant. Finablement il fut conseillé au duc d'Anjou de dérompre pour celle saison sa chevauchée et d'envoyer toutes ses gens ès garnisons et de guerroyer par garnisons; car ils en avoient assez fait pour ce temps. Aussi il besognoit et venoit grandement à point les seigneurs de Gascogne qui là étoient, le comte d'Armignac, le comte de Pierregord, le sire de Labreth et les autres, de retraire en leurs pays pour les garder et faire frontière; car ils ne savoient que le prince, qui avoit fait si grand'assemblée, avoit empensé. Si se départirent tous par commun accord les uns des autres, et s'en

vint le duc d'Anjou en la cité de Caours[1]. Si se espardirent ses gens et les Compagnies parmi le pays que conquis avoient, et se boutèrent ès garnisons. Le comte d'Armignac, le sire de Labreth et les autres retournèrent en leur pays, et pourvûrent leurs villes et leurs châteaux grandement, ainsi que ceux qui espéroient à voir la guerre; et firent aussi appareiller leurs gens pour garder et défendre leur pays si besoin étoit.

Or parlerons de monseigneur Bertran du Guesclin, qui se partit du duc d'Anjou, et fit tant, lui et sa route, qu'il vint au siége de Limoges, où le duc de Berry et le duc de Bourbon, et grand'chevalerie de France se tenoient.

CHAPITRE CCCXVI.

Comment ceux de Limoges se rendirent au duc de Berry; et comment le dit duc dépeça son armée, et s'en alla chacun en son pays.

Quand messire Bertran fut venu au siége, si s'en réjouirent grandement les François, et fut grands nouvelles de lui et dedans la cité et dehors. Tantôt il commença à aherdre aux traités qui étoient entamés entre l'évêque de Limoges et ceux de la cité et le duc de Berry, et les poursuivit si soigneusement et si sagement qu'ils se firent et se tournèrent François, l'évêque et ceux de la cité de Limoges; et entrèrent le duc de Berry, le duc de Bourbon, messire Guy de Blois et les seigneurs de France dedans à grand'joie, et en prirent les fois et les hommages, et s'y refreschirent et reposèrent par trois jours. Là dessus eurent les dits seigneurs conseil et avis qu'ils déromproient leur chevauchée pour celle saison, ainsi que le duc d'Anjou avoit fait, et s'en retourneroient à leur pays pour prendre garde à leurs villes et forteresses, pour monseigneur Robert Canolle, qui tenoit les champs en France; et qu'ils avoient bien exploité quand ils avoient pris une telle cité comme Limoges est. Ce conseil et avis ne furent point brisés. Si se départirent les seigneurs les uns des autres, et demeura messire Bertran au pays de Limousin à tout deux cents lances. Si se bouta ès châteaux du seigneur de Maleval qui étoit tourné François. Quand le duc de Berry se partit de Limoges, il ordonna

---

[1] Le duc d'Anjou était à Cahors avant la fin du mois d'août.

et institua à demeurer en la dite cité, à la requête de l'évêque du dit lieu, monseigneur Jean de Villemur, messire Hugue de la Roche et Roger de Beaufort, à cent hommes d'armes; et puis se retraist en Berry, et le duc de Bourbon en Bourbonnois; et les autres seigneurs de lointaines marches s'en revinrent en leur pays.

Or parlerons du prince comment il exploita.

CHAPITRE CCCXVII.

Comment le prince se partit de Congnac et alla mettre le siége devant la cité de Limoges et la commanda à miner.

Quand les nouvelles vinrent au prince de Galles que la cité de Limoges étoit tournée Françoise, et que l'évêque du dit lieu, qui étoit son compère, en qui il avoit eu du temps passé grand'fiance, avoit été à tous les traités et l'avoit aidée à rendre, si en fut durement courroucé, et en tint moins de bien et de compte des gens d'église, où il ajoutoit en devant grand'foi. Si jura l'âme de son père, que oncques il ne parjura, qu'il n'entendroit jamais à autre chose si la r'auroit et auroit aux traîtres fait comparer leur forfait chèrement. Quand la plus grand'partie de ses gens furent venus, on les nombra à douze cents lances, chevaliers et écuyers, mille archers et trois mille hommes de pied. Si se départirent de la ville de Congnac. Avec le prince étoient ses deux frères, le duc de Lancastre, le comte de Cantebruge et le comte de Pennebroch qui s'appeloit aussi leur frère; messire Thomas de Felleton et le captal de Buch étoient demeurés à Bergerac pour garder la frontière contre les François et les Compagnies qui se tenoient sur le pays. Avecques le prince étoit messire Guichard d'Angle, messire Louis de Harecourt, le sire de Pons, le sire de Parthenay, le sire de Poiane, le sire de Tonnai-Bouton, messire Percevaux de Cologne, messire Geoffroy d'Argenton, Poitevins : et Gascons, le sire de Montferrant, le sire de Chaumont, le sire de Langueren, messire Aymery de Tarste, le sire de Pommiers, messire Hélie de Pommiers, le sire de Mucident, le sire de l'Esparre, le soudich de l'Estrau, le sire de Condon, messire Bernardet de Labreth seigneur de Géronde, et plusieurs autres : Anglois, monseigneur Thomas de Percy, le sire de Ros, monseigneur Guillaume de Beauchamp, messire Michel de la Poule, monseigneur Étienne de Cousenton, messire Richart de Pontchardon, messire Baudouin de Franville, messire Simon Burlé, monseigneur d'Angouse, messire Jean d'Évreux, messire Guillaume de Neville; et des autres que je ne puis mie tous nommer : et Hannuyer, messire Eustache d'Aubrecicourt; et des Compagnies, monseigneur Perducas de Labreth, Naudon de Bagerant, Lamit, le Bourg de l'Esparre, le Bourg de Breteuil, Espiote, Bernardet de Wist et moult d'autres. Si se mirent toutes ces gens d'armés au chemin, en grand'ordonnance, et tinrent les champs, et commença tout le pays à frémir contre eux. Dès lors ne pouvoit le prince chevaucher; mais se faisoit mener et charrier en litière par grand'ordonnance. Si prirent le chemin de Limosin pour venir devant Limoges; et tant exploitèrent les Anglois qu'ils y parvinrent. Si se logèrent tantôt et sans délai tout autour; et jura le prince que jamais il ne s'en partiroit, si l'auroit-il à sa volonté. L'évêque du lieu et les bourgeois de la ville sentoient bien qu'ils s'étoient trop forfaits et qu'ils avoient grandement courroucé le prince, de quoi ils se repentoient moult; et si n'y pouvoient remédier; car ils n'étoient mie seigneurs ni maîtres de leur cité. Messire Jean de Villemur, messire Hugues de la Roche et Roger de Beaufort qui la gardoient, et qui capitaines en étoient, reconfortoient grandement les gens de la ville, quand ébahir les véoient, et disoient : « Seigneurs, ne vous effrayez de rien; nous sommes forts et gens assez pour nous tenir contre la puissance du prince; par assaut ne nous peut-il prendre ni grêver; car nous sommes bien pourvus d'artillerie. » Au voir dire, quand le prince et ses maréchaux eurent bien imaginé et considéré la circuite et la force de Limoges, et ils surent le nombre des gentilshommes qui dedans étoient, si dirent bien que par assaut ils ne l'auroient jamais : lors jouèrent-ils d'un autre métier. Et menoit par usage le prince toujours avec lui en ses chevauchées grand'foison de hurons qu'on dit mineurs. Iceux furent tantôt mis en œuvre et commencèrent à miner efforcément et à faire leur ouvrage. Les chevaliers qui étoient dedans connurent bien que on les minoit; si commencèrent à fossoyer à l'encontre pour briser leur mine.

Or parlerons-nous un petit de messire Robert Canolle.

CHAPITRE CCCXVIII.

Comment messire Robert Canolle se logea un jour et deux nuits devant Paris, et comment un chevalier de sa route, qui hurta aux barrières de Paris, fut occis.

Messire Robert Canolle, si comme ci-dessus est dit, étoit à grand nombre de gens d'armes entré au royaume de France. Si chevauchoit à petites journées et à grands frais parmi le royaume, et tout comparoient les povres gens et le plat pays; car les Anglois, ainsi qu'ils alloient et venoient, faisoient moult de desrois; et à ce qu'ils montroient, ils ne vouloient que la bataille. Et quand ils eurent passé tout le pays d'Artois, Vermandois, l'évêché de Laon, l'archevêché de Reims, Champagne, et furent retournés en Brie, ils prirent leur tour par-devant la cité de Paris et s'y logèrent un jour et deux nuits[1]. Pour ce temps de lors le roi Charles de France y étoit, qui bien pouvoit voir de son hôtel de Saint-Pol le feu et les fumées qu'ils faisoient au-lez devers Gâtinois.

A ce jour étoient en la ville de Paris le connétable de France messire Moreau de Fiennes, comte de Saint-Pol, le comte de Tancarville, le comte de Salebruche, le vicomte de Meaux, messire Raoul de Coucy, le sénéchal de Hainaut, messire Oudart de Renty, messire Enguerran d'Eudin, les seigneurs de Hangest, de Château-Villain, messire Jean de Vienne, le sire de la Rivière et plusieurs grands chevaliers et vaillans hommes de France; mais point n'en issoient; car le roi ne le vouloit souffrir ni le défendoit. Car le sire de Clicon, qui étoit aussi le plus espécial de son conseil et le mieux cru de tous, y mettoit grand débat, et disoit: « Sire, vous n'avez que faire d'employer vos gens en ces forcenés; laissez-les aller et eux fouler; ils ne vous peuvent tollir votre héritage, ni bouter hors par fumières. »

A la porte Saint-Jacques et aux barrières étoient le comte de Saint-Pol, le vicomte de Rohan, messire Raoul de Coucy, le sire de Cauny, le sire de Cresques, messire Oudart de Renty,

---

[1] Les *Chroniques de France* placent l'arrivée de l'armée anglaise près de Paris, au 25 septembre, et nomment plusieurs des lieux où elle logea ou qu'elle dévasta.

messire Enguerran d'Eudin. Or avint ce mardi au matin qu'ils se délogèrent, et que les Anglois boutèrent le feu ès villages où ils avoient été logés, tant que on les véoit tout clairement de Paris. Un chevalier de leur route avoit voué le jour devant qu'il viendroit si avant jusques à Paris qu'il hurteroit aux barrières de sa lance. Il n'en mentit point, mais se partit de son conroi, le glaive au poing, la targe au col, armé de toutes pièces; et s'en vint éperonnant son coursier, son écuyer derrière lui sur un autre coursier, qui portoit son bassinet. Quand il dut approcher Paris, il prit son bassinet et le mit en sa tête: son écuyer lui laça par derrière. Lors se partit cil brochant des éperons, et s'en vint de plein élai férir jusques aux barrières. Elles étoient ouvertes; et cuidoient les seigneurs qui là étoient qu'il dût entrer dedans; mais il n'en avoit nulle volonté. Ançois, quand il eut fait et hurté aux barrières, ainsi que voué avoit, il tira sur frein et se mit au retour. Lors dirent les chevaliers de France qui le virent retraire: « Allez-vous-en, allez, vous vous êtes bien acquitté. » A son retour, cil chevalier, je ne sais comment il avoit nom, ni de quel pays il étoit, mais il s'armoit de gueules à deux fasses noires et à une bordure noire endentée, eut un dur encontre; car il trouva un boucher sur le pavement, un fort loudier, qui bien l'avoit vu passer, qui tenoit une hache tranchant à longue poignée et pesant durement. Ainsi que le chevalier s'en r'alloit tout le pas, et que de ce ne se donnoit de garde, cil vaillant loudier lui vient sur le côté et lui desclique un coup entre le col et les épaules si très durement qu'il le renversa tout en deux sur le col de son cheval; et puis recueuvre et le fiert au chef fort, et lui embat sa hache tout là dedans. Le chevalier, de la grand'-douleur qu'il sentit, chéy à terre, et le coursier s'enfuit jusques à l'écuyer qui l'attendoit au tournant d'une rue sur les champs. Cil écuyer prend le coursier et fut tout émerveillé qu'il étoit avenu à son maître: car bien l'avoit vu chevaucher et aller jusques aux barrières, et là hurter de son glaive et puis retourner arrière. Si s'en vint celle part; et n'eut guères allé avant, quand il le vit entre quatre compagnons qui féroient sur lui ainsi que sur une enclume; et fut si éffréé qu'il n'osa aller plus avant; car bien véoit qu'il ne lui pouvoit aider; il se mit au retour au plus tôt qu'il put. Ainsi fut là mort le dit chevalier; et le firent les seigneurs, qui étoient en la porte, enterrer en sainte terre; et le dit écuyer retourna en l'ost, qui recorda l'aventure qui étoit à son maître avenue. Si en furent tous les compagnons courroucés; et vinrent ce soir gésir entre Mont-le-Héry et Paris sur une petite rivière, et se logèrent de haute heure.

CHAPITRE CCCXIX.

Comment messire Bertran du Guesclin commença à guerroyer en la vicomté de Limoges et y prit le châtel de Saint-Yrier.

Pendant que messire Robert Canolle faisoit son voyage, et le prince de Galles et ses deux frères, séoient devant la cité de Limoges, messire Bertran du Guesclin et sa route, où il pouvoit avoir deux cents lances, chevauchoit à l'un des côtés du pays de Limousin. Mais point ne gissoit de nuit aux champs, pour la doute des rencontres des Anglois; mais dedans forteresses qui étoient tournées françoises; lesquelles étoient à messire Louis de Maleval, à messire Raymon de Mareuil, et à des autres. Et tous les jours chevauchoient et se mettoient en grand'peine de conquérir villes et forts. Bien le savoit le prince, et en venoient à lui les plaintes tous les jours; mais il ne vouloit mie défaire son siége, car il avoit pris trop au cœur l'avenue de Limoges. Et entra le dit messire Bertran en la vicomté de Limoges, un pays qui se tenoit et rendoit au duc de Bretagne, monseigneur Jean de Montfort; et là commença à courir au nom de madame la femme à monseigneur Charles de Blois, à laquelle l'héritage avoit été jadis [1]. Si fit là grand'guerre, et nul ne lui alla au devant; car le duc de Bretagne ne cuidoit point que messire Bertran le dût guerroyer. Et vint devant Saint-Yrier [2], où il n'avoit nul gentilhomme qui le sçût défendre. Si furent si effrayés quand ils sçurent la venue de monseigneur Bertran, et aussi que on les assailloit si efforcément, que, combien que leur ville fût assez forte, si se rendirent-ils en l'obéissance de madame de Bretagne pour qui il faisoit guerre.

[1] La vicomté de Limoges avait été cédée, par le traité de Guerrande, à Jeanne, comtesse de Penthièvre, veuve de Charles de Blois; mais elle n'en avait point été mise en possession; et désespérant sans doute d'y réussir, elle avait transporté au roi Charles V tous ses droits sur cette vicomté, par un acte daté du 9 juillet de cette année.

[2] Petite ville du Limousin, sur l'Isle.

De Saint-Yrier firent les Bretons une grande garnison, et la réparèrent et fortifièrent malement, qui gréva depuis malement au pays, et par laquelle ils prirent plusieurs villes et châteaux en la vicomté de Limoges.

Si retournerons-nous au prince de Galles.

CHAPITRE CCCXX.

Comment le prince de Galles et ses gens prirent la cité de Limoges, et comment les trois capitaines de la dite cité firent grands appertises d'armes.

Environ un mois, non plus, fut le prince de Galles devant la cité de Limoges; et oncques n'y fit assaillir ni escarmoucher, mais toujours embesogner de mine. Les chevaliers qui dedans étoient et ceux de la ville, qui bien savoient que on le minoit, firent miner aussi à l'encontre, pour occire les mineurs anglois : mais ils faillirent à leur mine. Quand les mineurs du prince, qui, tout ainsi comme ils minoient, étayoient et étanchoient l'eau de leur mine, furent au-dessus de leur mine et ouvrage, ils dirent au prince : « Monseigneur, nous ferons renverser quand il vous plaira un grand pan de mur dedans les fossés, parquoi vous entrerez dedans la cité tout à votre aise sans danger. » Ces paroles plurent grandement au prince : « Oïl, dit-il, je vueil que demain à l'heure de prime votre ouvrage se montre. » Lors boutèrent ces mineurs le feu en leur mine quand ils sçurent que point fut. Au lendemain, ainsi que le prince l'avoit ordonné, renversa un grand pan de mur qui remplit les fossés à cet endroit où il étoit chu. Tout ce virent les Anglois volontiers; et étoient tous armés et ordonnés sur les champs pour entrer en la ville.

Ceux de pied y pouvoient bien entrer par là tout à leur aise, et entrèrent; et coururent à la porte, et coupèrent les fleaux et l'abattirent par terre, et toutes les barrières aussi; car il n'y avoit point de défense. Et fut tout ce fait si soudainement que les gens de la ville ne s'en donnèrent de garde. Et puis veci le prince, le duc de Lancastre, le comte de Cantebruge, le comte de Pennebroch, messire Guichard d'Angle et tous les autres, et leurs gens, qui entrèrent dedans, et pillards à pied qui étoient tous appareillés de mal faire et de courir la ville, et de occire hommes et femmes, et enfans; et ainsi leur étoit-il commandé. Là eut grand'pitié : car hommes et femmes, et enfans, se jetoient à genoux devant le prince et crioient : «Mercy, gentil sire!» Mais il étoit si enflammé d'ardeur que point n'y entendoit, ni nul, ni nulle n'étoit ouïe, mais tous mis à l'épée quant que on trouvoit et encontroit, ceux et celles qui point coupables n'en étoient. Ni je ne sçais comment ils n'avoient pitié des povres gens qui n'étoient mie taillés de faire nulle trahison; mais ceux le comparoient et comparèrent plus que les grands maîtres qui l'avoient fait. Il n'est si dur cœur, que, s'il fût adonc en la cité de Limoges, et il lui souvint de Dieu, qui n'en plorât tendrement du grand meschef qui y étoit; car plus de trois mille personnes, hommes et femmes, et enfans, y furent délivrés et décolés celle journée : Dieu en ait les âmes; car ils furent bien martyrs.

En entrant en la ville une route d'Anglois s'en allèrent devers le palais de l'évêque : si fut là trouvé et pris aux mains, et amené sans conroy et sans ordonnance devant le prince, qui le regarda moult fellement; et la plus belle parole qu'il lui sçut dire, ce fut qu'il lui feroit trancher la tête, par la foi qu'il devoit à Dieu et à Saint George; et le fit ôter de sa présence.

Or parlerai des chevaliers qui laiens étoient, messire Jean de Villemur, messire Hugues de la Roche, Roger de Beaufort fils au comte de Beaufort, capitaines de la cité. Quand ils virent la tribulation et la pestilence qui ainsi couroit sur eux et sur leurs gens, ils dirent : «Nous sommes tous morts : Or, nous vendons chèrement, ainsi que chevaliers doivent faire.» Là dit messire Jean de Villemur à Roger de Beaufort : «Roger, il vous faut être chevalier.» Roger répondit et dit : «Sire, je ne suis pas encore si vaillant que pour être chevalier, et grand merci quand vous de me l'amentevez[1].» Il n'y eut plus dit. Si sachez qu'ils n'avoient mie bien loisir de parler longuement ensemble. Toutefois ils se recueillirent en une place et accostèrent un viel mur; et développèrent là leurs bannières, messire Jean de Villemur et messire Hugues de la Roche, et se mirent ensemble en bon état. Si pouvoient être tous rassemblés environ quatre vingt. Là vinrent le duc de Lancastre et le comte de Cantebruge, et leurs gens, et mirent tantôt pied à terre, comme ils les virent, et les vinrent requerre de grand'volonté. Vous devez savoir

[1] Ce mot signifie ordinairement *Rappeler à la mémoire* : mais il paraît signifier ici *offrir, proposer*.

que leurs gens ne durèrent point planté à l'encontre des Anglois; mais furent tantôt ouverts, morts et pris.

Là se combattirent longuement main à main le duc de Lancastre et messire Jean de Villemur, qui étoit grand chevalier, et fort, et bien taillé de tous membres; et le comte de Cantebruge, et messire Hugues de la Roche, et le comte de Pennebroch et messire Robert de Beaufort, qui étoit lors écuyer; et firent ces trois contre trois plusieurs grands appertises d'armes; et les laissoient tous les autres convenir : mal pour ceux qui se fussent traits avant. Proprement le prince en son charriot vint cette part, et les regarda moult volontiers, et se rapaisa, et adoucit, en eux regardant, grandement, son mautalent; et tant se combattirent que les trois François d'un accord, en regardant leurs épées, dirent : «Seigneurs, nous sommes vôtres, et nous avons conquis : si ouvrez de nous au droit d'armes.»— «Par Dieu, messire Jean, ce dit le duc de Lancastre, nous ne le voudrions pas autrement faire, et nous vous recevons comme nos prisonniers.» Ainsi furent pris les trois dessus dits, si comme je fus informé depuis.

CHAPITRE CCCXXI.

Comment la cité de Limoges fut toute arse et détruite, et comment l'évêque du dit lieu fut délivré de mort à la prière du pape.

On ne cessa mie atant; mais fut la cité de Limoges courue, pillée et robée sans déport et toute arse et mise à destruction; et puis s'en partirent les Anglois, qui emmenèrent leurs conquêts et leur prisonniers et se retrairent vers Cognac, où madame la princesse étoit, et donna congé le prince à toutes ses gens d'armes; et ne fit pour cette saison plus avant : car il ne se sentoit mie bien haitié, et tous les jours aggrévoit; dont ses frères et ses gens étoient tout ébahis. Or vous dirai de l'évêque de Limoges comment il fina, qui fut en grand péril de perdre la tête. Le duc de Lancastre le demanda au prince, qui lui donna et accorda, et fit délivrer à faire sa volonté. Le dit évêque eut amis sur le chemin, et en fut le pape Urbain informé, qui nouvellement étoit venu de Rome en Avignon : dont trop bien en chéy au dit évêque : autrement il eût été mort. Si requit le dit pape au duc de Lancastre par si douces paroles et si traitables, qu'il lui voulsist donner, que le dit duc ne le voult point escondire: si lui octroya et envoya: dont le pape lui sçut grand gré.

Or parlerons des avenues de France.

CHAPITRE CCCXXII.

Comment messire Bertran du Guesclin, par le conseil et avis de tous ceux du royaume, fut fait connétable de France.

Or fut le roi de France informé de la destruction et du reconquêt de Limoges, et comment le prince et ses gens l'avoient laissée toute vague, ainsi comme une ville déserte. Si en fut durement courroucé, et prit en grand'compassion le dommage et ennui des habitants d'icelle. Or fut avisé et regardé en France, par l'avis et conseil des nobles et des prélats, et la commune voix de tout le royaume qui bien y aida, que il étoit de nécessité que les François eussent un chef et gouverneur, nommé connétable; car messire Moreau de Fiennes se vouloit ôter et déporter de l'office, qui fut vaillant homme de la main et entreprenant aux armes, et aimé de tous chevaliers et écuyers. Si que, tout considéré et imaginé, d'un commun accord on y élit monseigneur Bertran du Guesclin, mais qu'il voulsist entreprendre l'office, pour le plus vaillant, mieux taillé et idoine de ce faire, et plus vertueux et fortuné en ses besognes qui en ce temps s'armât pour la couronne de France.

Adonc escripsit le roi devers lui et envoya certains messages qu'il vînt parler à lui à Paris. Ceux qui y furent envoyés le trouvèrent en la vicomté de Limoges, où il prenoit châteaux et forts, et les faisoit rendre à madame de Bretagne, femme à monseigneur Charles de Blois: et avoit nouvellement pris une ville qui s'appeloit Brandomme[1] et étoient les gens rendus à lui. Si chevauchoit devant une autre. Quand les messages du roi de France furent venus jusques à lui, il les recueillit joyeusement et sagement, ainsi que bien le savoit faire. Si lui baillèrent les lettres du roi de France et firent leur message bien à point. Quand messire Bertran se vit espécialement mandé, si ne se voult mie excuser de venir vers le roi de France, pour savoir quelle chose il vouloit: si se partit au plus tôt qu'il put, et envoya la plus grand'partie de ses gens ès garnisons qu'il avoit conquises, et en fit souverain et gardien messire Olivier de Mauny son neveu; puis chevaucha tant par ses journées qu'il vint en la cité de Paris, où il trouva le roi et grand'foison des seigneurs de son hôtel et de son conseil, qui le recueillirent liement et lui firent tous grand'révérence. Là lui dit et remontra le roi, comment on l'avoit élu et avisé à être connétable de France. Adonc s'excusa messire Bertran grandement et sagement; et dit qu'il n'en étoit mie digne, et qu'il étoit un povre chevalier et un petit bachelier, au regard des grands seigneurs et vaillants hommes de France, combien que fortune l'eût un peu avancé. Là lui dit le roi qu'il s'excusoit pour néant et qu'il convenoit qu'il le fût; car il étoit ainsi ordonné et déterminé de tout le conseil de France, lequel il ne vouloit pas briser. Lors s'excusa encore le dit messire Bertran, par une autre voie, et dit: « Cher sire et noble roi, je ne vous veuil, ni puis, ni ose dédire de votre bon plaisir; mais il est bien vérité que je suis un povre hom et de basse venue. Et l'office de la connétablie est si grand et si noble qu'il convient, qui bien le veut acquitter, exercer et exploiter et commander moult avant, et plus sur les grands que sur les petits. Et veci mes seigneurs vos frères, vos neveux et vos cousins qui auront charge de gens d'armes en osts et en chevauchées; comment oserois-je commander sur eux? Certes, sire, les envies sont si grandes que je les dois bien ressoingner. Si vous prie chèrement que vous me déportez de cet office, et que vous le baillez à un autre, qui plus volontiers le prendra que moi, et qui mieux le sache faire. » Lors répondit le roi et dit: « Messire Bertran, messire Bertran, ne vous excusez point par celle voie; car je n'ai frère, cousin, ni neveu, ni comte, ni baron en mon royaume qui ne obéisse à vous; et si nul en étoit au contraire, il me courrouceroit tellement qu'il s'en apercevroit: si prenez l'office liement; et je vous en prie. » Messire Bertran connut bien que excusances qu'il sçût faire ni pût montrer ne valoient rien: si s'accorda finablement à l'opinion du roi; mais ce fut à dur et moult envis. Là fut pourvu à grand'joie, messire Bertran du Gues-

---

[1] Ce nom paraît être une altération de celui de Brantôme, petite ville du Périgord, sur la Drôme, que Froissart a mal à propos placée dans le Limousin. Il fait quelquefois des fautes encore plus considérables en géographie: on n'avait pas de cartes de son temps.

clin de l'office de connétable de France[1]; et pour le plus avancer, le roi l'assit de-lez lui à sa table; et lui montra tous les signes d'amour qu'il put; et lui donna avec l'office plusieurs beaux hôtels et grands terres et revenus, en héritage, pour lui et pour ses hoirs. Et en cette promotion mit grand'peine et grand conseil le duc d'Anjou.

CHAPITRE CCCXXIII.

Comment messire Bertran du Guesclin et le sire de Cliçon déconfirent à Pont-Volain les gens de monseigneur Robert Canolle.

Assez tôt après que messire Bertran du Guesclin fut revêtu de cel office, il dit au roi qu'il vouloit chevaucher vers les ennemis, monseigneur Robert Canolle et ses gens qui se tenoient sur les marches d'Anjou et du Maine. Ces paroles plurent bien au roi, et dit : « Prenez ce qu'il vous plaît, et que bon vous semblera de gens d'armes; tous obéiront à vous. » Lors se pourvey ledit connétable et mit sus une chevauchée de gens d'armes, Bretons et autres, et se partit du roi et chemina vers le Mayne, et emmena avec lui en sa compagnie le sire de Cliçon. Si s'en vint ledit connétable en la cité du Mans, et là fit sa garnison; et le sire de Cliçon en une autre ville qui étoit assez près de là; et pouvoient être environ cinq cents lances.

Encore étoit messire Robert Canolle et ses gens sur le pays; mais ils n'étoient mie bien d'accord; car il y avoit un chevalier en leur route, Anglois, qui s'appeloit messire Jean Mentreurde[2], qui point n'étoit de leur volonté, ni de l'accord des autres : mais déconseilloit toujours la chevauchée, et disoit qu'ils perdroient leur temps et qu'ils ne se faisoient que lasser et travailler à point de fort et de conquêt. Et étoit le dit chevalier hardi et entreprenant, et moult redouté de tous ses ennemis, et mêmement en tous les lieux où il hantoit et conversoit; car il menoit toujours avec lui moult grand'route et tenoit des gens plus grand' partie des autres. Messire Robert Canolle et messire Alain de Bouqueselle tenoient toujours leur route et étoient logés assez près du Mans. Messire Thomas de Grantson, messire Gilbert Giffart, messire Geffroy Oursellé, messire Guillaume de Neville, se tenoient à une bonne journée arrière d'eux.

Quand messire Robert Canolle et messire Alain de Bouqueselle sçurent que connétable de France et le sire de Cliçon venus en pays, si en furent grandement réjouis et dirent : « Ce seroit bon que nous nous recueillissions ensemble et nous tinssions à notre avantage sur ce pays : il ne peut être que messire Bertran en sa nouvelleté ne nous vienne voir et qu'il ne chevauche, il le lairoit trop envis. Nous avons ja chevauché tout le royaume de France, et si n'avons trouvé nulle aventure plus avant : mandons notre entente à messire Hue de Cavrelée qui se tient à Saint-Mor sur la Loire, et à messire Robert Briquet, et à messire Robert Cent, et à Jean Carsuelle, et aux autres capitaines des Compagnies qui sont près de ci, et qui viendront tantôt et volontiers. Si nous pouvons ruer jus ce nouvel connétable et le seigneur de Cliçon qui nous est si grand ennemi, nous aurions trop bien exploité. »

Entre messire Robert et messire Alain, et messire Jean Asneton n'y avoit point de désaccord; mais faisoient toutes leurs besognes par un même conseil. Si envoyèrent tantôt lettres et messages secrètement par devers monseigneur Hue de Cavrelée et monseigneur Robert Briquet et les autres, pour eux aviser et informer de leur fait, et qu'ils se voulsissent traire avant, et ils combattroient les François. Et aussi ils signifièrent cette besogne à monseigneur Thomas de Grantson, à monseigneur Gilbert Giffart et à messire Geffroy Oursellé, et aux autres, pour être sur un certain pas que on leur avoit ordonné : car ils espéroient que les François qui chevauchoient seroient combattus.

A ces nouvelles entendirent les dessus dits volontiers; et s'ordonnèrent et appareillèrent sur ce bien et à point, et se mirent à point et à voie pour venir vers leurs compagnons; et pouvoient être environ deux cents lances. Oncques si secrètement ni si coiement ne sçurent mander ni envoyer devers leurs compagnons, que messire

---

[1] Il fut fait connétable le 2 octobre : ses provisions datées de ce jour, et son serment du 20 du même mois, se trouvaient dans le Mémorial D de la chambre des comptes, folio 104, qui fut brûlé au dernier incendie de cette chambre. Mais il en existe une copie abrégée dans un manuscrit de la Bibliothèque Royale, provenant de l'abbaye de Saint-Germain-des-Prés.

[2] Il est nommé Mensterworth par Thomas Otterbourne et Walsingham. On peut voir dans Walsingham la cause de la division entre Knowlles et Mensterworth.

Bertran et le sire de Cliçon ne sçussent tout ce que ils vouloient faire. Quand ils en furent informés, ils s'armèrent de nuit et se partirent avec leurs gens de leurs garnisons, et tournèrent sur les champs. Celle propre nuit étoient partis de leurs logis monseigneur Thomas de Grantson, messire Geffroy Oursellé, messire Gilbert Giffard, messire Guillaume de Neuville et les autres; et venoient devers monseigneur Robert Canolle et monseigneur Alain de Bouqueselle sur un pas là où ils les espéroient à trouver : mais on leur escourcit leur chemin; car droitement dans un lieu que on appelle le pas Pont-Volain¹ furent-ils rencontrés et rataindus des François; et coururent sus et les envahirent soudainement; et étoient bien quatre cents lances, et les Anglois deux cents. Là eut grand'bataille et dure, et bien combattue, et qui longuement dura, et fait de grands appertises d'armes, de l'un côté et de l'autre. Car sitôt qu'ils s'entre-trouvèrent, ils mirent tous pied à terre et vinrent l'un sur l'autre moult arréement, et se combattirent de leurs lances et épées moult vaillamment. Toutes fois la place demeura aux François, et obtinrent contre les Anglois; et furent tous morts et pris; oneques ne s'en sauva, si il ne fût des varlets ou des garçons; mais de ceux, aucuns, qui étoient montés sur les coursiers de leurs maîtres, quand ils virent la déconfiture, se sauvèrent et se partirent.

Là furent pris messire Thomas de Grantson, messire Gilbert Giffard, messire Geffroy Oursellé, messire Guillaume de Neuville, messire Philippe de Courtenay, messire Hue le Despensier, et plusieurs autres chevaliers et écuyers, et tous emmenés prisonniers en la cité du Mans. Ces nouvelles furent tantôt sçues parmi le pays, de monseigneur Robert Canolle et des autres, et aussi de monseigneur Hue de Cavrelée, et de monseigneur Robert Briquet et de leurs compagnons. Si en furent durement courroucés; et brisa leur emprise pour celle aventure, et ne vinrent ceux de Saint-Mor sur Loire point avant; mais se tinrent tous cois en leurs logis; et messire Robert Canolle et monseigneur Alain de Bouqueselle se retrairent tout bellement. Et se dérompit leur chevauchée, et rentrèrent en Bretagne; ils n'en étoient point loin; et vint le dit messire Robert à son châtel de Derval, et donna à toutes manières de gens d'armes et d'archers congé pour leur profit, là où ils le pourroient faire ni trouver. Si se retrairent les plusieurs en Angleterre dont ils étoient partis, et messire Alain de Bouqueselle s'en vint hiverner et demeurer en sa ville de Saint-Sauveur le Vicomte que le roi d'Angleterre lui avoit donnée.

CHAPITRE CCCXXIV.

Comment le pape Urbain mourut, et comment Grégoire XI fut élu en pape, dont le roi de France fut moult joyeux.

Après celle déconfiture de Pont-Volain, où une partie des Anglois furent rués jus, pourquoi leur chevauchée se dérompit et défit toute, messire Bertran du Guesclin, qui en sa nouvelleté de l'office de connétable de France se usoit, qui en eut grand'grâce et grand'recommandation, s'en vint en France et le sire de Cliçon avec lui, et emmenèrent la plus grand'partie de leurs prisonniers en leur compagnie en la cité de Paris. Là les y tinrent-ils tout aises sans danger, et les reçurent sur leur foi courtoisement, sans autre contrainte. Ils ne les mirent point en prison, en fers, ni en ceps, ainsi que les Allemands font leurs prisonniers, quand ils les tiennent, pour attraire plus grand'finance : maudits soient-ils ! ce sont gens sans pitié et sans honneur, et aussi on n'en devroit nul prendre à merci. Les François firent bonne compagnie à leurs prisonniers, et les rançonnèrent courtoisement sans eux trop gréver ni presser.

De l'avenue de Pont-Volain et du dommage des Anglois furent moult courroucés le prince de Galles, le duc de Lancastre et ceux de leur côté qui se tenoient à Congnac, après l'avenue et le reconquêt de Limoges.

En ce temps et environ Noël, trépassa de ce siècle en Avignon le pape Urbain V¹, qui tant fut vaillant clerc, preud'om et bon François. Et adonc se mirent les cardinaux en conclave, et élurent entre eux un pape, et le firent par commun accord du cardinal de Beaufort; et fut ce pape appelé Grégoire XI² de la création de divine providence. De lui fut durement lie le roi de France, pourtant qu'il le sentoit bon Fran-

---

¹ Pont-Valin, bourg de l'Anjou.

¹ Urbain V mourut le 19 décembre
² L'élection de Grégoire XI se fit le 30 décembre.

çois et preud'om. Et étoit au temps de sa création de-lez lui en Avignon le duc d'Anjou, qui y rendit grand' peine qu'il le fût.

En ce temps avint à monseigneur Eustache d'Aubrecicourt une moult dure aventure : car il chevauchoit en Limousin; si vint un soir dedans le châtel du seigneur de Pierre-Buffière, qu'il tenoit pour ami, et pour compagnon et pour bon Anglois : mais il mit Thibaut du Pont, un homme d'armes Breton et sa route dedans son châtel; lequel prit pour prisonnier monseigneur Eustache, qui de ce ne se dônnoit point de garde, et le mit avecques lui comme son prisonnier, et le rançonna depuis douze mille francs, dont il en paya les quatre mille, et son fils François d'Aubrecicourt demeura en ôtage pour le demeurant devers le duc de Bourbon, qui l'avoit raplegié et rendu grand'peine à sa délivrance, pour la cause de ce que monseigneur Eustache avoit aussi rendu grand'peine à la délivrance de madame sa mère que les Compagnies prirent à Belleperche. Depuis sa délivrance, messire Eustache s'en vint demeurer en Quarenten, outre les gués Saint-Clément en la basse Normandie, en une bonne ville que le roi de Navarre lui avoit donnée ; et là mourut. Dieu en ait l'âme ! car il fut, tant comme il vesqui et dura, moult vaillant chevalier.

CHAPITRE CCCXXV.

Comment messire Raymon de Mareuil fut pris des Anglois, et comment il échappa de prison par grand'aventure.

En ce temps s'en r'alloit de Paris en son pays messire Raymon de Mareuil, qui s'étoit tourné François. Si eut un assez dur rencontre pour lui ; car il trouva une route d'Anglois et de gens monseigneur Hue de Cavrelée, que un chevalier de Poitou menoit. Si chéy si à point entre leurs mains qu'il ne put fuir; et fut pris et amené prisonnier en Poitou au châtel du dit chevalier. La prise de messire Raymon fut sçue en Angleterre, et tant que le roi en fut informé. Si escripsit tantôt le dit roi devers le chevalier, en lui mandant qu'il lui envoyât tantôt son ennemi et traître monseigneur Raymon; car il en prendroit si grand'vengeance que ce seroit exemple à tous autres, et pour sa prise il lui donneroit six mille francs. Messire Geffroy d'Argenton, qui le tenoit, et en quelle prison il étoit, ne voult mie désobéir au roi son seigneur, et dit que tout ce feroit-il volontiers. Messire Raymon de Marueil fut informé comment le roi d'Angleterre le vouloit avoir et l'avoit mandé, et comment son maitre étoit tout avisé de lui envoyer. Quand messire Raymon sçut ces nouvelles, si fut plus ébahi que devant; ce fut bien raison ; et commença en sa prison à faire les plus grands et les plus piteux regrets du monde, et tant que cil qui le gardoit, et qui étoit Anglois de la nation d'Angleterre, en eut grand'pitié et le commença à reconforter moult doucement. Messire Raymon, qui ne véoit nul reconfort en ses besognes, puisque mener en Angleterre on le devoit devers le roi, se découvrit envers sa garde et lui dit : « Mon ami, si vous me voulez ôter et délivrer de ce danger où je suis, je vous enconvenance et promets par ma loyauté que je vous partirai moitié à moitié de toute ma terre et vous en hériterai, ni jamais ne vous faudrai. » L'Anglois, qui étoit un povre homme, considéra que messire Raymon étoit en péril de sa vie, et qu'il lui promettoit grand'-courtoisie, si en eut pitié et compassion, et dit qu'il se mettroit en peine de le sauver.

Adonc messire Raymon, qui fut moult réjoui de cette réponse, lui jura sa foi qu'il lui tiendroit ce que promis lui avoit, et encore outre s'il vouloit; et sur cel état, s'assurèrent et avisèrent comment il se pourroient chevir. Quand ce vint à la nuit, cil Anglois qui portoit les clefs du châtel et de la tour où monseigneur Raymon étoit, ouvrit la prison et une poterne du châtel, et fit tant qu'ils furent hors, et se mirent aux champs, et dedans un bois pour eux détourner, parquoi ils ne fussent rataints. Et eurent celle nuit tant de povreté que nul ne la pourroit penser; car ils cheminèrent plus de sept lieues tout à pied; et si avoit gelé, parquoi ils descirèrent tous leurs pieds; et firent tant qu'ils vinrent à lendemain en Anjou, en une forteresse françoise, où ils furent recueillis des compagnons qui la gardoient, auxquels messire Raymon conta son aventure. Si en louèrent tous Dieu quand ils le sçurent.

Bien est voir que à lendemain, quand on se fut aperçu qu'ils étoient partis, on les quist à gens à cheval partout; mais on n'en put nul trouver. Ainsi échappa de grand péril monseigneur Raymon de Marueil; et retourna en Limousin, et recorda à ses amis comment cil écuyer anglois lui avoit fait grand'courtoisie. Si fut depuis le dit Anglois moult honoré entre eux; et bailler lui vouloit messire Raymon la moitié de son héritage; mais cil ne voult oncques tant prendre, fors seulement deux cents livres de revenue, et étoit assez, ce disoit, pour lui et son état maintenir.

CHAPITRE CCCXXVI.

Comment le prince de Galles laissa le duché d'Aquitaine en la garde du duc de Lancastre et s'en retourna en Angleterre, sa femme et ses enfans avec lui.

En ce temps, trépassa de ce siècle, en la cité de Bordeaux, l'ains-né fils du prince et de la princesse [1] : si en furent durement courroucés; ce fut bien raison. Pour le temps de lors fut conseillé au dit prince de Galles et d'Aquitaine qu'il retournât en Angleterre, sur sa nation, et espoir, il recouvreroit plus grand'santé qu'il n'avoit encore eue. Ce conseil lui donnèrent les syrurgiens et médecins qui se connoissoient en sa maladie. Le prince s'y accorda assez bien, et dit que volontiers il y retourneroit. Si fit ordonner sur ce toutes ses besognes; et me semble que le comte de Cantebruge, son frère [2], et le comte Jean de Pennebroch furent ordonnés de retourner avecques lui atout leurs gens pour lui faire compagnie.

Quand le dit prince dut partir d'Aquitaine, et que sa navire fut toute prête sur la rivière de Garonne au hâvre de Bordeaux, et proprement il étoit là, et madame sa femme, et le jeune Richard leur fils, il fit un mandement très espécial en la cité de Bordeaux, de tous les barons et chevaliers de Gascogne, de Poitou, et de tout ce dont il étoit sire et avoit l'obéissance.

[1] Édouard, fils aîné du prince de Galles, mourut au commencement de janvier 1371, âgé d'un peu plus de six ans.
[2] Comme Froissart n'assure pas que le comte de Cambridge ait suivi le prince de Galles en Angleterre, on peut adopter le récit de Walsingham qui dit positivement que le prince le laissa en Aquitaine avec le duc de Lancastre. Thomas Otterbourne se sert d'une expression qui pourrait faire croire qu'ils suivirent tous les deux en Angleterre le prince, qui les renvoya ensuite en Gascogne. « *Circa principium januarii*, dit-il, *princeps cum suis « rediit in Angliam, et fratres suos, ducem Lancas- « triæ, et comitem Cantabriæ in Vasconiam di- « misit.* »

Quand ils furent tous venus et mis ensemble en une chambre en sa présence, il leur remontra comment il avoit été leur sire, et les avoit tenus en paix tant qu'il avoit pu, et en grand'prospérité et puissance contre tous leurs voisins, et que pour recouvrer santé, dont il avoit grand besoin, il avoit espoir et intention de retourner en Angleterre : si leur prioit chèrement que le duc de Lancastre son frère il voulsissent croire et servir et obéir à lui, comme ils avoient fait du temps passé à lui; car ils le trouveroient bon seigneur et courtois, et accordable; et aussi en toutes ses besognes ils le voulsissent aider et conseiller. Les barons d'Aquitaine, de Gascogne, de Poitou et de Xaintonge, lui eurent tous enconvenancé; et lui jurèrent par leurs fois que jà en eux ne trouveroit deffaute; et firent la féauté et hommage au dit duc, et lui reconnurent toute amour, service et obéissance; et lui jurèrent, présent le prince, et le baisèrent tous en la bouche.

Après ces ordonnances faites, le prince ne séjourna point planté en la cité de Bordeaux, mais entra en son vaissel, et madame la princesse, et son fils, et le comte de Cantebruge, et le comte de Pennebroch; et étoient bien en cette flotte cinq cents combattans sans les archers. Si cinglèrent tant que, sans péril et sans dommage, ils arrivèrent au hâvre de Hantonne [1]. Là issirent-ils des vaisseaux et s'y refraîchirent par trois jours, et puis montèrent à cheval, et le prince en sa litière; et exploitèrent tant qu'ils vinrent à Windesore, où le roi se tenoit, qui reçut ses enfans moult doucement, et s'informa par eux de l'état de Guyenne. Et quand le prince eût été de-lez le roi tant que bien lui suffisoit, il prit congé et se retrait en son hôtel de Berkamestade [2], à vingt lieues de la cité de Londres.

Nous nous souffrirons à parler tant que à présent du prince, et parlerons des besognes d'Aquitaine.

[1] Ils débarquèrent à Plimouth et non à Southampton, suivant Walsingham.
[2] Berkhamstead dans le Hertfordshire, à dix lieues de Londres.

CHAPITRE CCCXXVII.

Comment quatre chevaliers bretons et leurs gens prirent le châtel de Montpaon, et comment le duc de Lancastre et les barons de Guyenne les vinrent assiéger.

Assez tôt après que le prince fut parti de Bordeaux, le duc de Lancastre entendit à faire l'obsèque de son neveu Édouard, le fils du prince son frère : si le fit faire moult grandement et moult révéremment en la dite cité de Bordeaux; et là furent tous les barons de Gascogne et de Poitou qui avoient juré obéissance à lui. Pendant que ces ordonnances se faisoient, et que on entendoit à faire cel obsèque, et que ces seigneurs se tenoient à Bordeaux, issirent hors de la garnison de Pierregord bien deux cents lances de Bretons qui là se tenoient, que le duc d'Anjou y avoit envoyés, desquels étoient capitaines quatre bons chevaliers et hardis hommes malement : si les nommerai : messire Guillaume de Longval, messire Alain de la Houssaie, messire Louis de Mailly et le sire d'Arcy. Si chevauchèrent ces seigneurs et leurs routes jusques à un châtel bel et fort que on dit Montpaon[1], dont un chevalier étoit sire. Quand ces barons furent venus jusques là, et ils eurent couru devant les barrières, ils montrèrent grand semblant d'assaut, et l'environnèrent moult faiticement. Messire Guillaume de Montpaon, à ce qu'il montra, avoit le courage plus françois qu'il n'avoit anglois, et se tourna et rendit François à peu de fait; et mit les dessus dits chevaliers et leurs gens en sa forteresse; lesquels dirent qu'ils la tiendroient contre tout homme. Si le réparèrent et rappareillèrent tantôt et rafraîchirent de ce qu'il appartenoit.

Ces nouvelles furent sçues à Bordeaux tantôt, comment le duc de Lancastre et les barons de Guyenne n'exploitoient mie bien; car les Bretons chevauchoient et avoient pris Montpaon qui marchist assez près de lui : de quoi le dit duc et tous les seigneurs qui là étoient eurent grand'vergogne quand ils le sçurent; et s'ordonnèrent et appareillèrent tous pour traire celle part, et partirent de la cité de Bordeaux sur un mercredi après boire:

Avec le duc de Lancastre étoit le sire de Pons, le sire de Parthenay, messire Louis de Harecourt, messire Guichard d'Angle, messire Percevaux de Couloingne, messire Geffroy d'Argenton, messire Jacques de Surgières, messire Maubrun de Linières, mesire Guillaume de Montendre, messire Hugues de Vivones, le sire de Crupegnac et plusieurs autres barons et chevaliers de Poitou et de Xaintonge. Si y étoient de Gascogne : le captal de Buch, le sire de Pommiers, messire Hélie de Pommiers, le sire de Chaumont, le sire de Montferrant, le sire de Langueren, le soudich de l'Estrau, messire Bernardet de Labreth sire de Géronde, messire Aymeri de Tarstes et plusieurs autres; et d'Angleterre, messire Thomas de Felleton, messire Thomas de Percy, le sire de Ros, messire Michel de la Poule, le sire de Villebi, messire Guillaume de Beauchamp, messire Richard de Pontchardon, messire Baudouin de Franville, messire d'Agouses, et plusieurs autres. Si étoient bien sept cents lances et cinq cents archers. Si chevauchèrent moult arréement et ordonnément par devers Montpaon, et firent tant qu'ils y parvinrent.

Quand messire Guillaume de Montpaon sçut que le duc de Lancastre et tous ses gens le venoient assiéger, si ne fut mie trop assuré; car bien savoit que s'il étoit pris, il le feroit mourir de male mort, et que point ne seroit reçu à merci; car trop il s'étoit forfait. Si s'en découvrit aux quatre chevaliers dessus dits et leur dit qu'il se partiroit et iroit soi tenir à Pierregord, et que du châtel ils fissent leur volonté. Adonc se partit le dessus dit ainsi que proposé l'avoit, et s'en vint en la cité de Pierregord qui est moult forte, et laissa son châtel en la garde des quatre chevaliers dessus dits.

CHAPITRE CCCXXVIII.

Comment les quatre chevaliers de Montpaon se défendirent vaillamment contre le duc de Lancastre; et comment Sevestre Budes les vint aider.

Quand le duc de Lancastre, les barons, et les chevaliers de leurs routes furent venus devant le châtel de Montpaon, si l'assiégèrent et environnèrent de tous côtés, et aussi bien que s'ils y dussent demeurer sept ans. Et ne séjournèrent mie quand ils y furent venus; mais s'ordonnèrent et se mirent tantôt à assaillir de grand'volonté, et envoyèrent querre et couper par les vilains du pays grand'foison de bois et d'arbres et de

---

[1] Il y a un bourg ou village de ce nom dans le Rouergue, mais il paraît que celui dont il s'agit ici était moins éloigné de Bordeaux.

merriens et autres choses; si les firent là amener et charrier, et renverser dedans les fossés; et furent bien sur cel état vingt jours que on n'entendoit à autre chose que de remplir les fossés; et sur ce bois et merrien on mettoit estrain et terre; et tant firent les dits seigneurs par l'aide de leurs gens, qu'ils remplirent une grand'quantité des fossés, et tant qu'ils pouvoient bien venir jusques aux murs pour escarmoucher à ceux de dedans, ainsi que ils faisoient tous les jours par cinq ou par six assauts. Et y avoit les plus beaux estours du monde ; car les quatre chevaliers bretons qui dedans se tenoient, et qui entrepris à garder l'avoient, étoient droites gens d'armes, et qui si bien se défendoient et qui si vaillamment se combattoient qu'ils en sont moult à recommander: ni quoique les Anglois ni les Gascons les approchassent de si près que je vous dis, point ne s'en effrayoient, ni sur eux rien on ne conquéroit.

Assez près de là, en la garnison de Saint-Macaire[1] se tenoient autres Bretons, desquels Jean de Malestroit et Sevestre Budes étoient capitaines. Ces deux écuyers, qui tous les jours oyoient parler des grands appertises d'armes que on faisoit devant Montpaon, avoient grand désir et grand'envie que ils y fussent. Si en parlèrent ainsi ensemble plusieurs fois, en disant : « Nous savons nos compagnons près de ci et si vaillans gens que tels et tels, si les nommoient, qui ont tous les jours par cinq ou six fois estours et la bataille à la main; et point n'y allons, qui ci séjournons, à rien de fait: certainement nous ne nous en acquittons pas bien. »

Là étoient en grand estrif d'aller vers eux; et quand ils avoient tous parlé, et ils considéroient le péril de laisser leur forteresse sans l'un de eux, ils ne par-osoient. Si dit une fois Sevestre Budes: « Par Dieu ! Jean, ou je irai, ou vous irez: or regardez lequel ce sera. » Jean répondit : « Sevestre, vous demeurerez et je irai. » Là furent de rechef en estrif tant que, par accord et par serment fait et juré, présens tous les compagnons, ils durent traire à la plus longue[2], et cil qui auroit la plus longue iroit, et l'autre demeureroit. Si trairent tantôt, et eschéit à Sevestre Budes la plus longue. Lors y eut de leurs compagnons grand'risée. Le dit Sevestre ne le tint mie à fable, mais s'appareilla tantôt et monta à cheval, et partit lui douzième d'hommes d'armes ; et chevaucha tant que sur le soir il vint bouter en la ville et forteresse de Montpaon; dont les chevaliers et les compagnons qui là dedans étoient eurent grand'joie et tinrent grand bien du dit Sevestre.

CHAPITRE CCCXXIX.

Comment le duc de Lancastre prit les quatre chevaliers de Montpaon et leurs gens à rançon, et prit la saisine de la ville.

Si comme je vous ai ci-dessus dit, il y avoit tous les jours assaut à Montpaon; et trop bien les chevaliers qui dedans étoient se défendoient, et y acquirent haute honneur; car jusques adonc que on leur fit renverser un pan de leur mur, ils ne se effrayèrent. Mais je vous dis que les Anglois ordonnèrent manteaux[1] et atournements d'assauts quand ils purent approcher, parmi les fossés remplis jusques aux murs; et là avoit brigands et gens pavoisés bien et fort, qui portoient grands pics de fer, par quoi ils piquèrent tant le mur qu'ils en firent cheoir sur une remontée plus de quarante pieds de large; et puis tantôt les seigneurs de l'ost ordonnèrent et établirent une grande bataille de leurs archers, à l'encontre, qui traioient si omniement à ceux de dedans, que nul ne s'osoit mettre au devant, ni apparoir.

Quand messire Guillaume de Longval, messire Alain de la Houssaie, messire Louis de Mailly et le sire d'Arcy se virent en ce parti, si sentirent bien que ils ne se pouvoient tenir: si envoyèrent tantôt un de leurs hérauts monté à cheval, tout premièrement pour parler au duc de Lancastre; car ils vouloient entrer en traité s'ils pouvoient. Le héraut vint jusques au duc, car on lui fit voie, et remontra ce pour quoi il étoit là envoyé. Le duc, par le conseil des barons qui là étoient, donna répit à ceux de dedans, tant qu'ils eussent parlementé à lui. Le héraut retourna et fit celle relation à ses maîtres; et tantôt tous quatre ils se trairent avant. Si envoya le dit duc parler à eux monseigneur Guichart d'Angle. Là sur les fossés furent-ils en

---

[1] Petite ville de la Guyenne, dans le Bordelais.
[2] C'est ce que nous appelons maintenant *tirer à la courte paille*.

[1] Machines qui mettaient les soldats à couvert.

traité; et demandèrent en quelle manière le duc les vouloit prendre ni avoir. Messire Guichard, qui étoit chargé de ce qu'il devoit dire et faire, leur dit : « Seigneurs, vous avez durement courroucé monseigneur : car vous l'avez ci tenu plus de onze semaines, où il a grandement frayé et perdu de ses gens; pourquoi il ne vous recevra jà ni prendra, si vous ne vous rendez simplement; et encore veut-il avoir tout premièrement messire Guillaume de Montpaon, et faire mourir, ainsi qu'il a desservi, comme traître envers lui. » Lors répondit messire Louis de Mailly et dit : « Messire Guichart, tant que de monseigneur Guillaume de Montpaon que vous demandez à avoir, nous vous jurons bien en loyauté que nous ne savons où il est, et que point il ne s'est tenu en cette ville, depuis que vous mîtes le siége devant : mais il nous seroit moult dur de nous rendre en la manière que vous nous voulez avoir, qui ci sommes envoyés comme soudoyers gagnans notre argent, ainsi que vous envoieriez les vôtres, ou vous-mêmes iriez personnellement; et avant que nous fissions tel marché, nous nous vendrions si chèrement que on en parleroit cent ans à venir : mais retournez devers monseigneur le duc, et lui dites qu'il nous prenne courtoisement sur certaine composition de rançon, ainsi qu'il voudroit qu'on fît les siens, si ils étoient enclus en ce danger. » Lors répondit messire Guichard et dit : « Volontiers, j'en ferai mon plein pouvoir. »

A ces paroles retourna le dit maréchal devers le duc et prit en sa compagnie le captal de Buch, le seigneur de Rosem et le seigneur de Mucident, pour mieux abréger le duc [1]. Quand ces seigneurs furent devant lui, si lui remontrèrent tant de belles paroles, unes et autres, qu'il descendit à leur entente et prit les quatre chevaliers bretons dessus dits, et Sevestre Budes et leurs gens à mercy, comme prisonniers. Ainsi eut-il de rechef la saisine et possession de la forteresse de Montpaon, et prit la féauté des hommes de la ille et y ordonna deux chevaliers Gascons pour la garder, à quarante hommes d'armes et autant d'archers; et la firent ceux tantôt réparer bien et à droit par les maçons de là environ, et la rafraîchirent de vivres et d'artillerie.

[1] Pour vaincre plus promptement la résistance du duc.

CHAPITRE CCCXXX.

Comment le duc donna congé à toutes ses gens et s'en retourna en la cité de Bordeaux.

Après le conquêt de Montpaon, et que le duc de Lancastre l'eut repourvue de bonnes gens d'armes et de capitaines, ils se délogèrent, et donna le dit duc congé à toutes ses gens, pour retraire chacun en son lieu. Si se départirent les uns des autres, et retournèrent en leurs nations; et s'en revint le duc en la cité de Bordeaux, et les Poitevins en leur pays; et les seigneurs de Gascogne s'en r'allèrent en leurs villes et châteaux.

Si se commencèrent les Compagnies à étendre sur le pays, lesquels faisoient moult de maux, aussi bien en terre d'amis comme d'ennemis. Si les soutenoit le dit duc et souffroit à faire leurs aises, pour ce qu'il en pensoit avoir à besogner; et par espécial les guerres étoient pour le temps de lors plus dures et plus fortes sans comparaison en Poitou que autre part; et se tenoit une grand'garnison au châtel de Montcontour, à quatre lieues de Thouars, et à six de Poitiers, desquels messire Pierre de la Gresille et Jourdain de Couloingne étoient capitaines et souverains. Si couroient presque tous les jours devant Thouars, ou devant Poitiers, et y faisoient grands contraires; et moult les ressoingnoient ceux du pays. D'autre part à Châteauleraut se tenoient Kerlouet le Breton et bien cinq cents Bretons qui trop dommageoient le pays; et ceux de la Roche Posoy et ceux de Saint Savin couroient aussi presque tous les jours; et n'osoient les barons et les chevaliers de Poitou, qui Anglois se tenoient, chevaucher, fors en grand'route, pour la doute des François qui étoient enclos en leur pays.

CHAPITRE CCCXXXI.

Comment le sire de Pons se tourna François, et comment le sénéchal de Poitou fit son mandement pour aller assiéger Montcontour [2].

Assez tôt après la revenue de Montpaon, et que ces seigneurs de Poitou furent retraits en leur pays, qui tenoient frontière aux François, il eut secrets traités entre monseigneur Louis de Saint-Julien, le vicomte de Rochechouart et autres François, d'un côté, et le seigneur de Pons; et tant parlementèrent et tant exploitèrent les

François, parmi grands pourchas qui vinrent du roi de France, qui nuit et jour travailloit à attraire ceux de Poitou à son accord, que le sire de Pons se tourna François, outre la volonté de madame sa femme, et ceux de sa ville de Pons en Poitou[1]; et demeura à ce donc la dame Angloise et le sire François. De ces nouvelles furent moult courroucés les barons et les chevaliers de Poitou qui Anglois étoient; car le sire de Pons étoit malement grand seigneur.

Quand le duc de Lancastre l'entendit, si en eut grand mautalent; et tint grand mal du seigneur de Pons et grand bien de madame sa femme et de ceux qui se vouloient tenir Anglois, qui demeuroient dans la dite ville de Pons; et pour aider et conseiller la dame, fut ordonné un chevalier, qui s'appeloit messire Aymemon de Bourg, hardi homme et vaillant durement. Si couroit presque tous les jours le sire de Pons devant la ville, et ne les déportoit en rien; et telle fois y venoit qu'il en étoit rebuté et rechassé, et qu'il s'en retournoit à dommage.

Ainsi étoient là les choses entouillées, et les seigneurs et les chevaliers l'un contre l'autre; et y fouloit le fort le foible, ni on n'y faisoit droit, ni loi, ni raison à nullui; et étoient les villes et les châteaux entrelacés les uns dedans les autres, les uns Anglois et les autres François, qui couroient et rançonnoient et pilloient l'un sur l'autre sans point de déport.

Or s'avisèrent aucuns barons et chevaliers du Poitou, qui Anglois se tenoient, que ceux de la garnison de Montcontour les travailloient plus que nuls autres, et qu'ils se trairoient celle part, et qu'ils les iroient assiéger. Si firent un mandement en la ville de Poitiers, au nom du sénéchal de Poitou, messire Thomas de Percy, auquel commandement obéirent tous chevaliers et écuyers; et furent bien cinq cents lances et deux mille brigands pavoisés, parmi les archers qui là étoient. Là étoient messire Guichard d'Angle, messire Louis de Harecourt, le sire de Parthenay, le sire de Poiane, le sire de Tonnai-Bouton, le sire de Crupegnac, messire Percevaux de Couloingne, messire Geffroy d'Argenton, messire Hugues de Vivone, le sire de Tarste, le sire de Puisances, messire James de Surgières, messire Maubrun de Linières et plusieurs autres; et aussi des chevaliers anglois qui pour le temps se tenoient en Poitou, pour cause d'office ou pour aider à garder le pays, tels que monseigneur Baudouin de Franville, messire d'Angouse, messire Gautier Huet, monseigneur Richard de Pontchardon et des autres. Quand ils se furent tous assemblés à Poitiers, et ils eurent ordonné leurs besognes, leur arroy et leur charroy, ils s'en partirent à grand exploit, et prirent le chemin de Montcontour, tous ordonnés et appareillés, ainsi que pour l'assiéger.

CHAPITRE CCCXXXII.

Comment le sénéchal de Poitou prit Montcontour, et le donna à messire Gautier Huet, à Cresuelle, et à David Holegrave.

Le château de Montcontour siéd sur les marches d'Anjou et de Poitou, et est malement fort et beau, à quatre lieues de Thouars. Tant exploitèrent les dessus dits Poitevins, qui étoient bien en compte trois mille combattans, qu'ils y parvinrent. Si l'assiégèrent et environnèrent tout autour. Et avoient fait amener et charrier avec eux grands engins de Thouars et de la cité de Poitiers: si les firent, tantôt qu'ils furent venus, dresser par devant le dit châtel de Montcontour, lesquels jetoient nuit et jour à la dite forteresse. Avecques ce les seigneurs envoyoient tous les jours assaillir et escarmoucher à ceux du dit fort. Et là eut fait plusieurs grands appertises d'armes; car avec les Poitevins étoient gens des Compagnies qui point ne vouloient séjourner, tels que Jean Cresuelle et David Holegrave. Ces deux, avecques messire Gautier Huet en étoient capitaines. Messire Pierre de la Gresille et Jourdain de Couloingne, qui dedans étoient, se portoient vaillamment et s'en venoient tous les jours combattre aux Anglois à leurs barrières.

Entre les assauts qui là furent faits, dont il y en eut plusieurs, au dixième jour que les Anglois et Poitevins furent là venus, ils s'avancèrent tellement et de si grand'volonté, et par si bonne ordonnance, que de force ils percèrent les murs du château; et entrèrent dedans et conquirent les François; et y furent tous morts et occis ceux qui dedans étoient, excepté messire

---

[1] La ville de Pons est en Saintonge, sur la Saigne, à quatre lieues de Saintes. Ces erreurs géographiques ne sont pas rares dans les écrivains de cette époque.

Pierre et Jourdain et cinq ou six hommes d'armes que les compagnons prirent à merci.

Après cette avenue et cette prise de Montcontour, messire Thomas de Percy, messire Louis de Harecourt, messire Guichart d'Angle, par l'accord et conseil des autres barons et chevaliers, donnèrent le châtel à monseigneur Gautier Huet, à Jean Cresuelle et à David Holegrave et aux compagnons, qui bien étoient cinq cents combattans, pour faire la frontière contre ceux d'Anjou et du Maine, et puis se départirent les seigneurs et retournèrent chacun en son lieu. Ainsi demeura le châtel de Montcontour en la garde et ordonnance des dessus dits, qui y firent tantôt une grande garnison et le réparèrent grandement, et le tinrent depuis moult longuement, et moult grévèrent le pays d'environ ; car tous les jours ils couroient en Anjou et au Maine[1].

CHAPITRE CCCXXXIII.

Comment messire Bertran prit plusieurs villes et châteaux en Rouergue, et comment il assiégea la cité d'Usson.

Nous retournerons à parler de monseigneur Bertran du Guesclin, connétable de France, qui s'étoit tenu à Paris de-lez le roi, depuis la revenue de Pont-Volain, où lui et le sire de Cliçon avoient rué les Anglois jus, si comme ci-dessus est dit. Et bien avoit entendu que les Anglois en Poitou et en Guyenne tenoient les champs ; si que, tantôt après la Chandeleur, que le printemps commença à retourner, le dit messire Bertran s'avisa qu'il mettroit sus une grand'-armée et assemblée des seigneurs et de gens d'armes, et chevaucheroit d'autre part, ainsi que les Anglois chevauchoient au pays de Poitou, de Quersin et de Rouergue ; car là avoit aucuns Anglois qui se tenoient trop honorablement, et étoient tenus depuis la guerre renouvelée : et encore les gens de monseigneur Jean d'Évreux se tenoient de nouvel au pays de Limosin, et avoient en Auvergne pris un châtel, cité et ville tout ensemble, qui s'appelle Uzès[2] qui mie ne faisoit à souffrir. Si disoit le connétable qu'il vouloit traire de celle part. Si fit, par le congé du roi, un grand mandement de seigneurs, de gens d'armes et d'archers, et se partit de Paris à grand'route, et toujours lui croissoient gens ; et tant exploita le dit connétable qu'il vint en Auvergne.

Adonc étoient de-lez lui et en sa compagnie, le duc de Berry, le duc de Bourbon, le comte d'Alençon, le comte du Perche son frère, le comte de Saint-Paul, le comte Dauphin d'Auvergne, le comte de Vendôme, le comte de Porcien, le sire de Sully, le sire de Montagu, messire Hugues Dauphin, le sire de Beaujeu, le sire de Rochefort, le sire de Chalençon et grand'-foison de bons barons et chevaliers des marches de France : si exploitèrent tant ces gens d'armes avec le dessus dit connétable qu'ils vinrent devant la cité d'Uzès. Si se logèrent et y furent quinze jours. Là en dedans y eut plusieurs assauts grands et forts ; mais oncques en celle empainte ils ne purent prendre la forteresse, car il y avoit dedans Anglois qui trop vaillamment la gardèrent. Si se partirent ces gens d'armes et chevauchèrent outre avec le connétable ès parties de Rouergue, et les aucuns chefs des seigneurs vinrent en Avignon, voir le pape Grégoire, et le duc d'Anjou qui se tenoit de-lez lui[1].

Tantôt après celle visitation, que ces seigneurs eurent parlé au pape et au duc d'Anjou, ils se départirent de la cité d'Avignon et se retrairent devers le connétable, qui chevauchoit en Rouergue et conquéroit villes et châteaux sur les Anglois. Si s'en vinrent devant la ville de la Milau et l'assiégèrent ; laquelle messire Thomas de Veulkefaire tenoit[2] et avoit tenue tout le temps, et aussi la Roche Vaucière : mais les dessus dits chevaliers anglois par composition, à ce donc quand messire Bertran fut venu au pays, s'en partirent, et les Anglois qui de sa route se tenoient ; et lui rendirent, et encore aucuns autres châteaux sur les frontières de Limosin. Et quand messire Bertran les eut rafraîchis, il prit son chemin et son retour, et tous les seigneurs

---

[1] Pour observer l'ordre chronologique, Froissart aurait dû placer le siège d'Usson, qui est du commencement de cette année, avant la prise de Montcontour, qui est du mois de septembre.

[2] Usson, ancienne ville d'Auvergne, peu éloignée de Brioude.

[1] Ceci dut se passer à la fin de mars ou au commencement d'avril ; car le duc d'Anjou n'arriva à la cour d'Avignon que postérieurement au 18 mars, et en partit le 11 avril, pour revenir en France.

[2] Froissart se trompe certainement. Thomas de Veulkefaire ou plutôt de Walkefare avait été pendu à Toulouse par l'ordre du duc d'Anjou, au mois de septembre de l'année précédente.

de France en sa compagnie, pour venir de rechef devant la cité d'Usson, en Auvergne, et l'assiégèrent; et firent là le duc de Berry, le duc de Bourbon et le connétable, amener et charrier grands engins de Rion et de Clermont, et dresser devant la dite forteresse, et avec tout ce appareiller grands atournemens d'assauts.

CHAPITRE CCCXXXIV.

Comment ceux de la cité d'Usson se rendirent à messire Bertran, et comment messire Robert Canolle fut mal du roi d'Angleterre, et comment sa paix fut faite.

Quand les Anglois, qui s'étoient tenus en la cité d'Usson si vaillamment, virent la manière et ordonnance du connétable et des François, et ils entendirent que messire Thomas de Veulkefaire étoit parti de ses forteresses de Rouergue, et que confort ne leur apparoit de nul côté, si se commencèrent à conseiller et aviser qu'ils se rendroient par traité et non autrement. Si traitèrent devers le connétable si bellement et si sagement, qu'ils se partirent sans danger et sans blâme, et emportèrent tout le leur, ce que porter pouvoient devant eux, et aveques ce on les devoit envoyer jusques à Sainte-Sévère[1], en Limosin. Cette ordonnance fut tenue: les Anglois s'en partirent et rendirent tout ce qu'ils tenoient d'Usson, cité et châtel, et furent menés sans péril jusques à la garnison dessus dite. Ainsi acquit le dit messire Bertran en ce voyage grand'foison de pays que les Anglois avoient tenus; et se tourna François, dont il acquit grand'grâce, et puis retourna en France[2].

Vous avez ci-dessus ouï parler de la chevauchée monseigneur Robert Canolle, qu'il fit en France, et comment il retourna en son pays de Derval, en Bretagne. Et est bien vérité que aucuns Anglois à leur retour parlèrent grandement contre son honneur en Angleterre, et tant que le roi et son conseil furent informés contre lui et mal contents[3]. Mais quand ledit messire Robert le sçut, il se envoya excuser par deux de ses écuyers d'honneur, tellement que le roi et son conseil se tinrent pour mal informés en devant du dit monseigneur Robert, et de lui bien se contentèrent, parmi ce que messire Alain de Bouqueselle et aucuns autres chevaliers bien aimés et prochains du roi l'en aidèrent à excuser. Et en fut trouvé en son tort, tant qu'il le compara chèrement, monseigneur Jean Mestreourde; car il en fut pris et justicié publiquement en la cité de Londres[1]. Par celle justice fut loué et excusé de toutes paroles maldites le dit monseigneur Robert, et demeura en la grâce du roi et du prince

CHAPITRE CCCXXXV.

Comment le comte de Herefort déconfit en Bretagne sur mer plusieurs Flamands qui envahi l'avoient.

Le roi d'Angleterre, qui se véoit harié et guerroyé des François malement, acquéroit amis ce qu'il pouvoit par deçà la mer; et avoit pour lui le duc de Guerle, son neveu, et le duc de Juliers; et devoient mettre en celle saison sus une grand'quantité de gens d'armes, et bien étoit en leur puissance, pour entrer en France. Et de ce et d'eux se doutoit bien le roi de France.

En ce temps envoyoit le roi d'Angleterre le comte de Herefort et les chevaliers de son hôtel moult ordonnément en Bretagne, pour parler au duc sur certaines ordonnances qui devoient être entre lui et le duc[2], et pour lors n'étoient point amis les Anglois et les Flamands, et s'étoient celle saison hardoiés et envahis sur mer, et tant que les Flamands avoient perdu, dont il leur déplaisoit. Si se trouvèrent d'aventure devant un havèle en Bretagne que on dit à la Bay[3] ces Anglois et ces Flamands. Si étoit patron de la navire des Flamands Jean Pietresone, et des Anglois messire Guy de Brianne. Si très tôt comme ils se furent trouvés, ils férirent ensemble et assemblèrent de leurs vaisseaux: et là eut grand'bataille et dure malement. Et étoient là des chevaliers du dit roi avec le comte de Hereford, messire Richard Stury, messire Thomas de Wisk et des autres. Si se combattirent ces chevaliers et leurs gens moult âprement à ces Flamands et

---

[1] Bourg du Berry, sur les confins de la Marche, à trois ou quatre lieues de La Châtre.
[2] Le connétable était de retour à Pontorson dès le 1er mai.
[3] Jean de Mensterworth fut son principal accusateur.

[1] Walsingham dit que Mensterworth, voyant ses calomnies découvertes s'enfuit en France, et trahit sa patrie et son souverain.
[2] On trouve dans Rymer des pouvoirs de traiter avec le duc de Bretagne adressés à Robert de Nevill, chevalier, et à Raullin Barry, écuyer de sa chambre, et datés, l'un du 1er, l'autre du 4 novembre de cette année.
[3] On ne sait de quelle baie il s'agit ici.

se portèrent très vaillamment, combien que les François fussent plus grand'foison et pourvus de leur fait; car ils n'avoient désiré toute la saison autre chose que qu'ils pussent avoir trouvé les Anglois : mais pour ce ne l'eurent-ils mie d'avantage. Si dura celle bataille [sur mer bien trois heures; et là eut fait plusieurs grands appertises d'armes, et maint homme navré et blessé du trait. Et avoient leurs nefs attachées à crochets et à chaînes de fer, par quoi ils ne pussent fuir. Et finablement la place demeura aux Anglois, et furent les dits Flamands déconfits, et sire Jean Pietresone, leur patron, pris, et tout le demeurant mort ou pris[1] : oncques nul n'en échappa. Et retournèrent les dits Anglois arrière en Angleterre, et amenèrent leurs conquêts et leurs prisonniers, et ne firent point leur voyage pour lors. Si contèrent ces nouvelles au roi d'Angleterre leur seigneur, qui fût moult joyeux de leur avenue, quand il entendit que les Flamands qui envahis les avoient étoient déconfits. Si furent tantôt envoyés en prison fermée Jean Pietresone et les autres, et épars par Angleterre.

CHAPITRE CCCXXXVI.

Comment le roi d'Angleterre mit grands gens d'armes sur mer pour aller contre les Flamands, et comment paix fut faite entre eux.

Après cette déconfiture qui fut faite sur les Flamands devant le Bay en Bretagne, le roi d'Angleterre mit grands gens sur mer à l'encontre des Flamands, et les commanda guerroyer et clorre les pas, par quoi rien ne leur vînt, fors à grand danger. Quand ceux de Bruges, d'Ypre et de Gand entendirent ces nouvelles, si mirent leur conseil ensemble, et dirent, tout imaginé et considéré, que profitable ne leur étoit mie d'avoir la guerre ni la haine aux Anglois, qui leur étoient voisins et marchissans à eux, pour l'opinion de leur seigneur le comte aider à soutenir, combien qu'il en touchoit aucunement à eux aussi bien que au comte. Si se dissimulèrent les bonnes villes, et envoyèrent de par eux suffisans hommes et bons traiteurs en Angleterre devers le roi et son conseil, lesquels exploitèrent si bien avant leur retour qu'ils apportèrent paix au pays de Flandre et aux Flamands sur certains articles et ordonnances scellées entre l'une partie et l'autre[1]. Si demeura la chose en bon et en sûr état.

Or parlerons un petit du royaume de Mayogres.

CHAPITRE CCCXXXVII.

Comment le roi de Mayogres fut rançonné du roi Henry d'Espaigne, et comment il fit guerre au roi d'Arragon, et comment il mourut.

Vous avez bien ouï ci-dessus recorder comment le roi James de Mayogres fut pris au Val-d'Olif en Castille, au recouquêt que le roi Henry fit en Espaigne, et demeura prisonnier au dit roi Henry. Quand la roine de Naples, sa femme, et la marquise de Monferrat, sa sœur, entendirent ces nouvelles, si furent moult courroucées de l'avenue, et y pourvéirent de remède et de conseil ; je vous dirai par quelle manière. Celles traitèrent et firent traiter par sages et vaillans hommes devers le roi Henry, et tant que le roi de Mayogres fut mis à finance et rançonné à cent mille francs, les quels les deux dames dessus dites payèrent si courtoisement que le roi Henry leur en sçut gré. Tantôt que le roi de Mayogres se put partir, il retourna à Naples, et ne voult mie séjourner; mais quist or et argent à grands pouvoirs et amis de tous lez, et se remit au chemin de rechef, en intention de guerroyer le roi d'Arragon, son adversaire, qu'il ne pouvoit aimer; car il lui avoit son père tué et lui tenoit son héritage. Si exploita tant le dit roi qu'il vint en Avignon devers le pape Grégoire XI, et là se tint plus d'un mois; et fit ses complaintes si bien et si à point au dit saint père, qu'il descendit assez à ses prières, et consentit au dit roi de Mayogres qu'il fît guerre au roi d'Arragon; car il avoit cause qui le mouvoit à ce : c'étoit pour son héritage. Donc se pourvéy le dit roi de Mayo-

---

[1] Les Anglais prirent aux Flamands, dans cette rencontre, vingt-cinq vaisseaux chargés de sel, ainsi que le rapportent Thomas Otterbourne et Walshingham, qui placent l'un et l'autre cet échec des Flamands au commencement de l'année 1372. Comme ils ne sont contredits par aucun monument, on peut commencer à compter ici cette année.

[1] Depuis la rupture entre la France et l'Angleterre, les Flamands n'avaient cessé de traiter avec les Anglais pour la sûreté de leur commerce, comme on peut le voir dans Rymer: mais les parties ne furent véritablement en paix qu'au commencement de l'année 1372. Ce ne fut que le 28 mars de cette année qu'Édouard signa les lettres par lesquelles il annonçait à ses sujets qu'il prétendait vivre désormais en paix avec les Flamands et avec leur comte.

gres de gens d'armes, là où il les pouvoit avoir, et les acheta bien et cher, Anglois, Gascons, Allemands, Bretons et gens de Compagnies, desquels messire Garsion du Châtel, messire Jean de Malestroit, Sevestre Budes et Jacquet de Bray étoient capitaines : si pouvoient être environ douze cents combattans. Et passèrent outre, et entrèrent en Navarre, et séjournèrent là par le consentement du dit roi de Navarre, et entrèrent en Arragon [1], et commencèrent, ces chevaliers et geus d'armes, et leurs routes, à faire guerre au roi d'Arragon [1] et à courir son pays, à prendre et à assaillir petits forts et à travailler le plat pays, où ils pouvoient habiter et entrer, et rançonner hommes et femmes ; et tant que le roi d'Arragon, qui bien se doutoit de celle guerre, envoya grands gens d'armes sur les frontières, desquels le vicomte de Roquebertin et le vicomte de Rodez furent capitaines.

Celle guerre pendant, qui étoit jà tout ouverte et moult felle, le roi James de Mayogres s'accoucha malade de rechef, au val de Sorie, de laquelle maladie il mourut [2]. Par ainsi eurent les Arragonnois paix de ce côté un grand temps ; et se départirent ces Compagnies qui là avoient guerroyé, et s'en retournèrent en France devers leur seigneur, dont ils pensoient avoir plus grand profit.

Or parlerons du duc de Lancastre.

CHAPITRE CCCXXXVIII.

Comment le duc de Lancastre épousa la fille aînée du roi Dan Piètre d'Espaigne ; et comment elle fut reçue à grand honneur en la cité de Bordeaux.

Le duc Jean de Lancastre, qui se tenoit en la bonne cité de Bordeaux sur Garonne, et de-lez lui plusieurs barons et chevaliers d'Aquitaine, car encore y étoient les choses en bon état pour la partie des Anglois, combien que aucuns barons de Poitou et de Limousin fussent retournés François, faisoit souvent des issues et chevauchées sur les ennemis, où rien ne perdoit ; et bien le ressoingnoient au pays ceux qui tenoient les frontières pour le duc d'Anjou.

Cil duc étoit veuf et sans femme, car madame Blanche de Lancastre et de Derby étoit trépassée de ce siècle. Si avisèrent les barons de Gascogne et monseigneur Guichart d'Angle que le roi Dan Piètre avoit deux filles de son premier mariage de la sœur au roi de Portingal [1], lesquelles étoient en la cité de Bayonne, et là à garant affuies ; et les avoient amenées par mer aucuns chevaliers de la marche de Séville, pour la doute du roi Henry, sitôt qu'ils scurent la mort de leur père le roi Dan Piètre. Si se tenoient là les filles toutes égarées, dont on pouvoit avoir grand'pitié ; car elles étoient héritières de Castille qui bien leur fit droit [2], par la succession du roi leur père. Si fut ce remontré au duc de Lancastre, en disant ainsi : « Monseigneur, vous êtes à marier, et nous savons là un grand mariage, dont vous ou votre hoir serez encore roi de Castille ; et c'est très grand'aumône de reconforter et conseiller pucellettes, et filles de roi espécialement, qui sont en tel état comme elles sont : si prenez l'aîns-née en mariage, nous le vous conseillons ; car de présent nous ne savons où vous pourriez plus hautement marier, ni de quoi si grand profit vous peut naître. » Ces paroles et autres entamèrent tellement le cœur du dit duc et si bien lui plurent, qu'il y entendit volontiers, et envoya tantôt et sans délai querre les damoiselles, qui s'appeloient Constance et Isabel, par quatre de ses chevaliers. Et partit de Bordeaux le dit duc, quand il sçut et entendit qu'elles venoient, et alla contre elles en grand arroy, et épousa l'aîns-née, madame Constance, sur ce chemin, en un village de-lez la cité de Bordeaux, qui s'appelle Rochefort, et eut illec, au

---

[1] Froissart anticipe beaucoup sur le temps où ces événements arrivèrent. Don Jayme n'entra en Arragon que dans les derniers mois de l'année 1374.

[2] D. Jayme, appelé infant de Majorque, et roi de Naples après son mariage avec Jeanne, mourut au commencement de l'année 1375, ainsi qu'on peut le voir par le registre des Cortès d'Arragon. Il fut enterré au monastère de Saint-François-de-Soria.

[1] Ce n'est pas D. Pèdre, c'est son père, D. Alphonse II, qui épousa une sœur du roi de Portugal, Marie, fille d'Alphonse IV et sœur de Pierre-le-Justicier. D. Pèdre de Castille eut trois femmes, Marie de Padilla, Blanche de Bourbon et Jeanne de Castro. Il eut de son premier mariage avec Marie de Padilla, Alphonse, mort enfant ; Dona Beatrix, qui devait être mariée à D. Fernando, fils du roi Pierre-le-Justicier de Portugal, et qui mourut religieuse ; Constance, qui épousa Jean de Gand, duc de Lancastre, qui prit depuis le titre de roi de Castille ; Isabelle, qui épousa Edmond, duc d'Yorck, comte de Cambridge.

[2] Marie de Padilla avait été proclamée par D. Pèdre reine de Castille et de Léon, et déposée parmi les rois et infans, en 1569, dans la chapelle royale de Séville.

jour des épousailles, grand'fête et grand revel et grand'foison de seigneurs et de dames, pour la fête plus enforcer. Tantôt après les épousailles, le duc amena madame sa femme à Bordeaux, et là eut de rechef grand'fête; et furent la dite dame et sa sœur moult conjouies et fêtées des dames et damoiselles de Bordeaux; et leur furent donnés grands dons et beaux présens pour l'amour du dit duc.

CHAPITRE CCCXXXIX.

Comment grands alliances et confédérations furent faites et scellées entre le roi de France et le roi Henry d'Espaigne.

Ces nouvelles vinrent en Castille au roi Henry et aux barons du dit royaume, qui alors et alliés à lui étoient de foi et de hommage, comment sa nièce avoit épousé le duc de Lancastre, et encore supposoit-on que sa mains-née sœur Isabel épouseroit le comte de Cantebrugge, le dit duc retourné en Angleterre. Si fut plus pensif le dit roi Henry que devant, et mit son conseil ensemble. Si fut adonc conseillé qu'il envoyât grands messages devers le roi de France, et qui bien sçussent parler et remontrer son affaire, et qui de ce mariage étoit tout informé. A ce conseil et avis se tint le roi Henry; et ordonna sages hommes et les plus authentiques de son royaume, pour aller en France. Si se mirent au chemin en grand arroy; et firent tant par leurs journées qu'ils vinrent en la cité de Paris, où ils trouvèrent le roi, qui les reçut à grand'joie, ainsi que bien le sçut faire.

Entre le roi dessus dit et le conseil du roi Henry qui avoient procurations scellées, bonnes et justes, de faire, traiter et procéder en toutes choses au nom du roi leur seigneur, eut plusieurs parlemens, conseils et traités, secrets et autres, lesquels tournèrent à effet. Finablement en ce temps furent accordées, ordonnées et confirmées alliances et confédérations moult grandes, et jurées solennellement de toutes parties à tenir fermement et non briser, ni aller à l'encontre par aucune voie, que ces deux rois demeureroient en unité de paix, d'amour et d'alliance; et jura adonc le roi de France; en parole de roi, qu'il aideroit et conforteroit le roi de Castille en toutes ses besognes, et ne feroit paix ni accord aucunement au roi d'Angleterre que il ne fût mis dedans [1]. A ces traités, accords et alliances faire rendit grand'peine messire Bertran du Guesclin, qui moult aimoit le roi Henry.

Après toutes ces choses faites, confirmées et scellées, se départirent les ambassadeurs du roi et retournèrent en Espaigne, et trouvèrent leur seigneur à Léon en Espaigne, qui fut moult joyeux de leur revenue et de ce qu'ils avoient si bien exploité; et se tint depuis, parmi ces alliances, le roi Henry plus assuré et conforté que devant.

CHAPITRE CCCXL.

Comment le duc de Lancastre ordonna gouverneurs en Guyenne et en Poitou, et en Xaintonge ; et s'en retourna en Angleterre et emmena sa femme avec lui.

Nous retournerons au duc de Lancastre, qui se tenoit en la bonne cité de Bordeaux; et eut avis, environ la Saint-Michel, qu'il retourneroit en Angleterre [2] pour mieux informer le roi son père des besognes d'Aquitaine : si se ordonna et appareilla sur ce. Un petit devant ce qu'il dût mouvoir ni partir, il assembla en la cité de Bordeaux tous les barons et chevaliers de Guyenne, qui pour Anglois se tenoient; et quand ils furent tous venus, il leur remontra qu'il avoit désir et intention de retourner en Angleterre, pour certaines choses et le profit d'eux tous et de la duché d'Aquitaine, et que, à l'été prochain venant, il retourneroit, si le roi son père l'accordoit. Ces paroles plurent bien à tous ceux qui les entendirent. Là institua et ordonna le dit duc monseigneur le captal de Buch, le seigneur de Mu-

---

[1] Ce nouveau traité ne fut sans doute qu'une confirmation de l'alliance offensive et défensive entre les deux couronnes, qui fut signé par Henry de Transtamare sous les murs de Tolède dont il faisait le siége, le 26 novembre 1369 et qui a été publié par Rymer.

[2] Comme Froissart paraît avoir ignoré l'époque précise du passage du duc de Lancastre en Angleterre, et qu'il le rapporte après avoir raconté des événemens qui paraissent appartenir certainement à l'année 1372, je continuerai de suivre la chronologie des historiens anglais qui placent sous cette année le départ du duc pour l'Angleterre, ainsi que son mariage et la défaite de la flotte flamande. (Voyez Th. Otterbourne, p. 147 et Walsingham, p. 181.) Au reste, leur chronologie peut se concilier jusqu'à un certain point avec celle de Froissart; car il est possible que le duc de Lancastre ait songé, vers la Saint-Michel 1371, à faire les préparatifs pour son départ, comme le dit cet historien, et qu'il ne soit parti en effet qu'au commencement de l'année suivante, ainsi que le rapportent les historiens anglais.

[1372] cident et le seigneur de l'Esparre pour être gouverneurs de tout le pays de Gascogne qui pour eux se tenoit; et en Poitou, monseigneur Louis de Harecourt et le sire de Parthenay, en Xaintonge monseigneur Geffroy d'Argenton et monseigneur Guillaume de Montendre; et laissa tous les sénéchaux et officiers ainsi comme ils étoient pardevant. Là furent ordonnés d'aller en Angleterre avec le dit duc, de par le conseil des Gascons, Xaintongiers et Poitevins, pour parler et remontrer les besognes et l'état d'Aquitaine plus pleinement, messire Guichart d'Angle, le sire de Poiane et messire Aymery de Tarste; et encore, pour eux attendre, détria et délaia le duc un petit. Quand ils furent tous appareillés et les nefs chargées et ordonnées, ils entrèrent dedans sur le hâvre de Bordeaux, qui est beau et large. Si se partit le dit duc à grand'compagnie de gens d'armes et d'archers; et avoit bien soixante vaisseaux en sa route, parmi les pourvéances; et emmena avec lui sa femme et sa sœur; envis les eût laissées. Si exploitèrent tant les mariniers, par le bon vent qu'ils eurent, qu'ils arrivèrent au hâvre de Hantonne en Angleterre, et là issirent-ils des vaisseaux et entrèrent en la ville. Si se reposèrent et rafraîchirent par deux jours, et puis s'en partirent et chevauchèrent tant qu'ils vinrent à Windesore où le roi se tenoit, qui reçut son fils le duc, les dames et damoiselles, et les chevaliers étrangers en grand'fête; et par espécial il vit volontiers monseigneur Guichart d'Angle.

En ce temps trépassa ce gentil chevalier messire Gautier de Mauny en la cité de Londres, dont tous les barons d'Angleterre furent moult courroucés, pour la loyauté et bon conseil que en lui avoient toujours vu et trouvé. Si fut enseveli à grand'solemnité en un monastère de Chartreux, qu'il avoit fait édifier au dehors de Londres; et furent au jour de son obsèque là le roi d'Angleterre et tous ses enfants et les prélats et barons d'Angleterre. Si chéy toute sa terre de delà la mer et deçà au comte Jean de Pennebroch qui avoit à femme madame Anne sa fille[1]. Si envoya le dit comte de Pennebroch relever sa terre en Hainaut, qui échue lui étoit, par deux de ses chevaliers qui en firent leur devoir au duc Aubert, ainsi qu'il appartenoit, et qui tenoit la comté de Hainaut pour le temps en bail.

CHAPITRE CCCXLI.

Comment le roi d'Angleterre ordonna le comte de Pennebroch, gouverneur et souverain de tout le pays de Poitou.

Tout cel hiver se portèrent ainsi les besognes en Angleterre; et y eut plusieurs conseils et imaginations entre les seigneurs sur l'état du pays, à savoir comment ils se maintiendroient sur l'été qui venoit. Et avoient les Anglois intention de faire deux voyages, l'un en Guyenne et l'autre en France par Calais; et acquerroient amis de tous lez, ce qu'ils pourroient, tant en Allemagne comme ès marches de l'Empire, où plusieurs chevaliers et écuyers étoient de leur accord. Avec tout ce, ils faisoient le plus grand appareil et de toutes choses nécessaires pour un ost, aussi grand comme on eût vu de grand temps faire. Bien savoit le roi de France aucuns des secrets des Anglois, et sur quel état ils étoient, et quelles choses ils se proposoient à faire. Si se conseilloit et avisoit sur ce; et faisoit pourvoir ses cités, villes et châteaux moult grossement en Picardie, et tenoit partout en garnisons grand'foison de gens d'armes, par quoi le pays ne fût surpris de nulle male aventure.

Quand l'été fut venu, et le roi d'Angleterre eut tenu sa fête et solemnité de Saint-George au châtel de Windesore, ainsi qu'il avait d'usage chacun an de faire, et que messire Guichart d'Angle y fut entré comme confrère, avec le roi et ses enfans et les barons d'Angleterre, qui se nommoient en confraternité les chevaliers du Bleu-Jaretier[1], le dit roi s'avala à Londres en son palais de Westmoustier; et là eut grand conseil et parlement de rechef sur les besognes du pays. Et pourtant que le duc de Lancastre devoit celle saison passer en France par les plains de Picardie, et le comte de Cantebruge son frère avec lui, le roi ordonna et institua, à la prière de monseigneur Guichart d'Angle et des Poitevins, le comte de Pennebroch à aller en Poitou, pour visiter le pays et faire guerre aux François de ce côté. Car les Gascons et Poitevins

---

[1] Jean Hastings, comte de Pembroke, avait épousé en premières noces Marguerite, fille d'Édouard III. Après ce premier mariage, le second avec la fille d'un simple gentilhomme paraîtrait encore aujourd'hui fort singulier.

[1] De la Jarretière-Bleue.

avoient prié et requis au roi d'Angleterre, par lettres et par la bouche de monseigneur Guichart d'Angle, que si il étoit si conseillé que nul de ses enfans ne fît en cette saison ce voyage, il leur envoyât le comte de Pennebroch, que moult aimoient et désiroient à avoir : car ils le sentoient bon chevalier et hardi durement. Si dit le roi d'Angleterre au comte de Pennebroch, présens plusieurs barons et chevaliers qui là étoient assemblés au conseil : « Jean, beau fils, je vous ordonne et institue que vous alliez en Poitou, en la compagnie de monseigneur Guichart ; et là serez gouverneur et souverain de toutes les gens d'armes que vous y trouverez, dont il y a grand'foison, si comme de ce je suis informé et de ceux aussi que vous y mènerez. »

Le comte de Pennebroch s'agenouilla devant le roi et dit : « Monseigneur, grands mercis de la haute honneur que me faites ; je serais volontiers ès parties delà un de vos petits maréchaux. » Ainsi sur cel état se départit cil parlement, et retourna le dit roi à Windesore, et emmena messire Guichart avec lui, auquel il parloit souvent des besognes de Poitou et de Guyenne. Messire Guichart lui disoit : « Monseigneur, mais que notre capitaine et meneur le comte de Pennebroch soit arrivé pardelà, nous ferons bonne guerre ; car nous y trouverons entour quatre ou cinq mille lances qui tous obéiront à vous, mais qu'ils soient payés de leurs gages. » Lors répondit le roi : « Messire Guichart, messire Guichart, ne vous souciez point d'avoir or et argent pour faire pardelà bonne guerre ; car j'en ai assez ; et si l'emploierai volontiers en telle marchandise, puisqu'il me touche, et les besognes de mon royaume. »

CHAPITRE CCCXLII.

Comment le comte de Pennebroch se partit d'Angleterre pour venir en Poitou ; et comment les Espaignols au hâvre de la Rochelle durement le combattirent.

Ainsi et de plusieurs autres paroles s'ébattoit souvent en parlant le roi d'Angleterre au dit monseigneur Guichart, que moult aimoit et créoit ; c'étoit bien raison. Or fut le comte de Pennebroch tout appareillé, et la saison vint et ordonnance qu'il dût partir : si prit congé au roi qui lui donna liement et à tous ceux qui en sa compagnie devoient aller ; et me semble que messire Othe de Grantson d'outre la Saône y fut ordonné et institué d'y aller [1]. Le comte de Pennebroch n'eut mie adonc trop grands gens en sa compagnie, fors ses chevaliers tant seulement, sur l'information que monseigneur Guichart avoit faite au roi ; mais il emportoit en nobles et en florins telle somme de monnoie que pour payer trois mille combattans un an.

Si exploitèrent tant les dessus dits, après le congé pris du roi, qu'ils vinrent à Hantonne. Là séjournèrent-ils quinze jours, en attendant vent, qui leur étoit contraire. Au seizième, ils eurent vent à volonté. Si entrèrent en leurs vaisseaux et se partirent du Hâvre, et se commandèrent en la garde de Dieu et de Saint George, et puis cinglèrent devers Poitou.

Le roi Charles de France, qui savoit la greigneur partie des consaulx d'Angleterre, mie ne sçais comment ni par qui ils étoient révélés, et comment monseigneur Guichart d'Angle et ses compagnons étoient allés en Angleterre et sur quel état, pour impétrer au roi qu'ils eussent un bon meneur et capitaine, et jà savoit que le comté de Pennebroch y étoit ordonné de venir et toute sa charge ; si étoit le dit roi de France avisé sur ce et avoit secrètement mis sus une armée de gens d'armes par mer, voire à sa prière et requête ; car ces gens étoient au roi Henry de Castille, lesquels il lui avoit envoyés, parmi les alliances et confédérations que ils avoient ensemble. Et étoient ces Espagnols d'une flotte quarante grosses nefs et treize barges bien pourvues et breteschées, ainsi que nefs d'Espagne sont. Si en étoient patrons et souverains quatre vaillans hommes, Ambroise de Bouquenegre [2], Cabessé de Vake [3], Dan Ferrant de Pion [4] et Radigo-le-Roux [5].

[1] Il s'agit sans doute d'un individu de la maison de Granson, très illustre dans la Franche-Comté.
[2] Ambrosio Bocanegra était amiral de Castille.
[3] C'est un nom espagnol à moitié francisé. Le véritable nom est Cabeza de Vaca. Je ne trouve aucun amiral de ce nom, ni dans Fernam Lopez, ni dans Ayala ; mais cette famille était fort connue en Espagne, et Ayala mentionne à cette époque D. Juan Fernandez Cabeza de Vaca, doyen de l'église de Tolède et un des prétendans à l'archevêché de cette ville.
[4] Je ne vois pas non plus quel est ce Ferrant de Pion. Je trouve seulement en 1374 un D. Ferrand Sanchez de Tovar, amiral de Castille, envoyé par D. Henry, avec l'amiral François Jean de Vienne, contre l'île de Wight. Peut-être est-ce Hernando de Léon.
[5] Celui que Froissart nomme Radigo le-Roux, et qui

Si avoient ces Espaignols un grand temps ancré sur mer, en attendant le retour des Poitevins et la venue du comte de Pennebroch; car bien savoient qu'ils devoient venir en Poitou, et s'étoient mis et ancrés devant la ville de la Rochelle. Or avint ainsi que, le jour devant la vigile Saint-Jean-Baptiste que on compta l'an mil trois cents soixante douze [1], le comte de Pennebroch et sa route durent arriver au hâvre de la Rochelle; mais ils trouvèrent les dessus dits Espaignols au devant, qui leur destourbèrent le rivage et furent moult liés de leur venue. Quand les Anglois et les Poitevins virent les Espaignols, et que combattre les convenoit, si se confortèrent en eux-mêmes combien qu'ils ne fussent mie bien partis [2] tant de gens comme de grands vaisseaux; et s'armèrent et ordonnèrent ainsi que pour tantôt combattre, et mirent leurs archers au-devant d'eux; et puis les nefs Espaignols vinrent qui bien étoient pourvues et guéritées; et dedans grand'foison de gens d'armes et de brigands qui avoient arbalètes et canons; et les plusieurs tenoient grands barreaux de fer et plommées de plomb pour tout effondrer. Tantôt furent approchées en démenant grand'noise et grand'huée. Ces grosses nefs prirent le vent d'amont pour prendre leur tour sur ces nefs angloises, que peu doutoient et prisoient, et puis s'en vinrent fendant à plein voile sur eux. Là eut à ce commencement grand'traierie [3] des uns aux autres, et s'y portoient les Anglois moult bien. Là fit le comte de Pennebroch aucuns de ses écuyers chevaliers pour honneur. Là eut grand'bataille et dure, et eurent les Anglois bien à quoi entendre; car ces Espaignols qui étoient en leurs grands vaisseaux, qui se montroient tout dessus ces vaisseaux d'Angleterre, tenoient grands barreaux de fer et pierres et les jetoient et lançoient contre val pour effondrer les nefs angloises, et blessoient gens et hommes d'armes moult malement.

Là étoit entre les chevaliers d'Angleterre et de Poitou chevalerie remontrée et prouesse très grandement. Le comte de Pennebroch se combattoit et requéroit ses ennemis moult fièrement, et y fit ce jour plusieurs grands appertises d'armes; et aussi firent messire Othe de Grantson et messire Guichart d'Angle, le sire de Poiane et tous les autres chevaliers.

CHAPITRE CCCXLIII.

Comment ceux de la Rochelle ne vouldrent secourir le comte de Pennebroch, et comment le sénéchal de la Rochelle et trois autres chevaliers le vinrent secourir.

A ce que j'ai ouï recorder à ceux qui furent à celle besogne devant la Rochelle, bien montrèrent les Anglois et les Poitevins qui là étoient, qu'ils désiroient moult à conquerre et à avoir grand prix d'armes : car oncques gens ne se tinrent si vaillamment, ni si bien ne se combattirent. Car ils n'étoient que un petit au regard des Espaignols, et en menus vaisseaux; et se pouvoit-on émerveiller comme tant duroient : mais la grand'prouesse et chevalerie d'eux les reconfortoit et tenoit en force et en vigueur. Et si ils eussent été pareils de nefs et de vaisseaux, les Espaignols ne l'eussent mie eu d'avantage : car ils tenoient leurs lances acérées, dont ils lançoient les horions si grands que nul ne les osoit approcher, si ils n'étoient trop bien armés et pavoisés; mais le trait et le jet qui venoient d'amont, de pierres, et de plommées de plomb et des barreaux de fer, les grévoit et tempêtoit durement; et navra et blessa de leurs chevaliers et écuyers ce premier jour plusieurs.

Bien véoient les gens de la Rochelle la bataille, mais point ne s'avançoient d'aller ni de traire celle part pour conforter leurs gens qui se combattoient si vaillamment, ainçois les laissoient convenir. En tel estrif et en celle riote furent-ils jusques à la nuit, qu'ils se départirent les uns des autres et se mirent à l'ancre : mais les Anglois perdirent ce premier jour deux barges de pourvéances, et furent tous ceux mis à mort qui dedans étoient. Toute celle nuit fut messire Jean de Harpedane, qui pour le temps étoit sénéchal de la Rochelle, en grands prières envers

---

est appelé dans quelques manuscrits Radigo de La Rochelle, n'est autre que Rui Diaz de Rojas, qui commandait les vaisseaux par le roi Henry envoyés de La Rochelle pour y appuyer le roi de France qui y avait de nombreux amis.

[1] Les premiers éditeurs de Ayala avaient aussi placé cette bataille dans l'année 1372, mais D. Eugenio de Laguno Amirola, son commentateur, prétend que c'est en effet la veille de la Saint-Jean-Baptiste, 23 juin 1371, qu'il faut la placer.

[2] Égaux, tant en hommes qu'en vaisseaux.

[3] Action de tirer, de lancer.

ceux de la ville, le maieur, sire Jean Chauderon [1], et les autres, que ils se voulsissent armer et faire armer la communauté de la ville, et entrer en barges et en nefs qui sur le kay étoient, pour aller aider et conforter leurs gens qui tout ce jour si vaillamment s'étoient combattus.. Ceux de la Rochelle, qui nulle volonté n'en avoient, s'excusoient et disoient qu'ils avoient leur ville à garder, et que ce n'étoient mie gens de mer, et que combattre ne se savoient sur mer, ni aux Espaignols; mais si la bataille étoit sur terre, ils iroient volontiers.

Si demeura la chose en tel état, ni oncques il ne les put amener à ce, pour prières qu'il seût faire, qu'ils y voulsissent aller. A ce jour, étoient dedans la Rochelle le sire de Tonnai-Bouton, messire Jacques de Surgières, messire Maubrun de Linières, qui bien s'acquittèrent aussi de prier avec le dessus dit ceux de la Rochelle. Quand ces quatre chevaliers virent qu'ils ne pourroient rien exploiter, ils s'armèrent et firent armer leurs gens, ce qu'ils en avoient; ce n'étoit point foison; et entrèrent en quatre barges qu'ils prirent sur le kay; et au point du jour, quand le flot fut revenu, ils se firent nager jusques à leurs compagnons, qui leur surent grand gré de leur venue; et disoient bien au comte de Pennebroch et à monseigneur Guichart d'Angle que de ceux de la Rochelle ils ne seroient point secourus ni confortés, et que sur ce ils s'avisassent. Et ceux qui amender ne le pouvoient, répondirent qu'il leur convenoit la merci Dieu et l'aventure attendre, et que un temps viendroit que ceux de la Rochelle s'en repentiroient.

CHAPITRE CCCXLIV.

Comment le comte de Pennebroch fut pris des Espaignols et tous ceux qui avec lui étoient, morts ou pris.

Quand ce vint au jour que la marée fut revenue, et que plein flot étoit, ces Espaignols se désancrèrent en démenant grand'noise de trompettes et de trompes, et se mirent en bonne ordonnance, ainsi que le jour devant; et arroutèrent toutes leurs grosses nefs, pourvues et armées grandement, et prirent l'avantage du vent pour enclorre les nefs des Anglois, qui n'é-

[1] Il est nommé *Jean Chauldrier* dans l'Histoire de La Rochelle.

toient point grand'foison au regard d'eux; et étoient leurs quatre patrons, qui ci-dessus sont nommés, tout devant en bonne ordonnance. Les Anglois et Poitevins, qui bien véoient leur convine, s'ordonnèrent selon ce et recueillirent tous ensemble; et ce qu'ils avoient d'archers ils les mirent tous devant. Et puis vinrent les Espaignols à plein voile, Ambroise Bouquenegre, Cabesse de Vake, Dan Ferrant de Pion et Radigo le Roux, qui les gouvernoient, et commencèrent bataille félonnesse et périlleuse.

Quand ils furent tous ensemble, les Espaignols jetèrent grands crochets et chaînes de fer et se attachèrent aux Anglois, par quoi ils ne se pouvoient départir; car ils les comptoient ainsi que pour eux. Avec le comte de Pennebroch et messire Guichart d'Angle avoit vingt-deux chevaliers de grand'volonté et de bon hardement, qui vaillamment se combattoient de lances, et d'épées et d'armures qu'ils portoient. Là furent en cel état un grand temps, lançans et combattans l'un à l'autre; mais les Espaignols avoient trop grand avantage d'assaillir et de défendre envers les Anglois: car ils étoient en grands vaisseaux plus grands et plus forts assez que les Anglois, parquoi ils lançoient d'amont barreaux de fer, pierres et plommées, qui moult travailloient les Anglois. En cel estrif et en celle riote, combattant et défendant, lançant et traiant l'un sur l'autre, furent-ils jusques à heure de tierce, que oncques gens sur mer ne prirent si grand travail que les Anglois et Poitevins firent là: car il en avoit le plus de leurs gens, du trait et du jet des pierres et fondes d'amont, blessés, et tant que messire Aimery de Tarste, ce vaillant chevalier de Gascogne, y fut occis, et messire Jean de Lantonne, qui étoit chevalier du corps du comte de Pennebroch.

Au vaisseau du dit comte étoient arrêtées quatre nefs espaignoles, desquelles Cabesse de Vake et Dan Ferrant de Pion étoient gouverneurs. En ces vaisseaux, ce vous dis, avoit grand'foison de dures gens; et tant au combattre, au traire et au lancer travaillèrent le comte et ses gens, qu'ils entrèrent en leur vaissel, où l'on fit mainte grand'appertise d'armes; et là fut pris le dit comte, et tous ceux morts ou pris qui étoient en son vaissel. Tout premièrement de ses chevaliers pris, messire Robert Tinfort, messire Jean Tourson et messire Jean de Gruières, et morts, messire Symon Housagre, messire Jean de Mortaing et messire Jean Touchet.

D'autre part se combattoient les Poitevins, messire Guichart d'Angle, le sire de Poiane, le sire de Tonnai-Bouton et aucuns chevaliers de leur route, et en une autre nef messire Othe de Grantson à Ambroise de Bouquenegre et à Radigo le Roux. Si avoient plus que leur faix, et tant que iceux chevaliers furent tous pris des Espaignols, ni oncques nul n'en échappa qu'il ne fût mort ou pris, Anglois ni Poitevins, et toutes leurs gens au danger des Espaignols, de prendre ou de occire. Mais quand ils eurent les seigneurs, et ils en furent saisis, depuis ils ne tuèrent nuls des varlets; car les seigneurs en prièrent que on leur laissât leurs gens, et qu'ils fineroient bien pour tous.

CHAPITRE CCCXLV.

Comment les Espaignols se partirent du hâvre de la Rochelle atout leurs prisonniers; et comment ce propre jour le captal arriva à la Rochelle.

Qui se trouve en tel parti d'armes que le comte de Pennebroch et messire Guichart d'Angle et leurs gens se trouvèrent devant la Rochelle en ce jour devant nommé, il faut prendre l'aventure en gré telle que Dieu ou fortune lui envoie. Et sachez que pour ce jour, combien que les barons et chevaliers et écuyers, qui là furent morts ou pris, le comparassent, le roi d'Angleterre y perdit plus que nul; car par celle déconfiture se perdit depuis tout le pays, si comme vous orrez avant en l'histoire.

On me dit que la nef angloise où la finance étoit, dont messire Guichart devoit payer les soudoyers en Guyenne, fut périe, et tout l'avoir qui dedans étoit, et ne vint à nul profit. Tout ce jour, qui fut la vigile Saint-Jean-Baptiste, et la nuit, et le lendemain jusques après nonne, se tinrent les Espaignols ancrés devant la Rochelle, en démenant grand'joie et grand revel, dont il en chéy bien à un chevalier de Poitou qui s'appeloit messire Jacques de Surgières; car il parla si bellement à son maître qu'il fut quitte, parmi trois cents francs que il paya là tous appareillés, et vint le jour de la Saint-Jean dîner en la ville de la Rochelle. Par lui sçut-on comment la besogne avoit lors allé, et les quels étoient morts ou pris. Plusieurs des bourgeois de la ville remontrèrent, par semblant, qu'ils en étoient courroucés, qui tous joyeux en étoient; car oncques n'aimèrent naturellement les Anglois. Quand ce vint après nonne, ce jour de la Saint-Jean-Baptiste, que le flot fut venu, les Espaignols et desancrèrent et sachèrent les voiles amont, et se départirent, en démenant grand'noise de trompes et de trompettes, de muses et de tambours. Si avoient dessus leurs mâts grands estrannières à manière de pennons, armoyés des armes de Castille, si grands et si longs que les bouts bien souvent en frappoient en la mer, et étoit grand'-beauté à regarder. En cel état se départirent les dessus dits; et prirent leur tour de la haute mer pour cheminer devers Galice.

En ce propre jour, que on dit le jour Saint-Jean, au soir, vinrent en la ville de la Rochelle grand'foison de gens d'armes, Gascons et Anglois, lesquels encore de celle avenue n'avoient point ouï parler; mais bien savoient que les Espaignols gissoient et avoient geu un temps devant la Rochelle. Si venoient celle part pour ceux de la ville reconforter; desquels gens d'armes étoient capitaines messire Bérard de la Lande, messire Pierre de Landuras, monseigneur le Soudich, messire Bertran du Franc; et des Anglois monseigneur Thomas de Percy, messire Richard de Pont-Chardon, monseigneur Guillaume de Ferritonne, monseigneur d'Angouse, monseigneur Baudoin de Frainville, monseigneur Gautier Huet et monseigneur Jean d'Évreux. Quand ces seigneurs et leurs routes, où bien avoit six cents hommes d'armes, furent venus en la Rochelle, on leur fit grand'chère de bras; car on n'en osoit autre chose faire.

Adonc furent-ils informés par monseigneur Jacques de Surgières, de la bataille des Espaignols comment elle avoit allé, car il y avoit été, et les quels y étoient morts ni pris. De ces nouvelles furent les barons et les chevaliers trop durement courroucés, et se tinrent bien pour infortunés quand ils n'y avoient été; et regrettèrent durement et longuement le comte de Pennebroch et monseigneur Guichart d'Angle, quand ils avoient ainsi perdu leur saison. Si se tinrent en la Rochelle, ne sçais quants jours, pour avoir avis et conseil comment ils se maintiendroient ni quelle part ils se trairoient.

Nous lairons à parler un petit d'eux et parlerons de Yvain de Galles, et comment il exploita en celle saison.

CHAPITRE CCCXLVI.

Comment Yvain de Galles déconfit les Anglois de l'île de Grenesie; et comment le roi de France l'envoya en Espaigne quérir gens d'armes pour assiéger la Rochelle.

Cil Yvain de Galles avoit été fils à un prince de Galles, lequel le roi Édouard d'Angleterre avoit fait mourir[1], je ne sçais mie pour quelle raison, et saisi la seigneurie et principauté et donnée à son fils le prince de Galles. Si étoit cil Yvain venu en France et complaint au roi Charles des injures que le roi d'Angleterre lui avoit faites et faisoit encore, que, mort son père, il lui tolloit son héritage. Dont le roi de France l'avoit retenu et jà moult avancé, et donné en charge et gouvernement grand'foison de gens d'armes. Encore en cel été dont je parole présentement lui avoit-il délivré trois mille combattans et envoyé sur mer, de quoi le dit Yvain s'en étoit bien acquitté et loyaument, si comme je vous dirai. Quand il eut sa charge de gens d'armes, ainsi que ci-dessus est dit, il entra en mer en ses vaisseaux, que le roi de France lui avoit fait appareiller et pourvoir au hâvre de Harefleu, et se départit; et cingla à plein voile devers Angleterre en l'île de Grenesie, à l'encontre de Normandie, de la quelle île Aymon Rose, un écuyer d'honneur du roi d'Angleterre, étoit capitaine. Quand il sçut que les François étoient là arrivés, les quels Yvain de Galles menoit, si en eut grand mal-talent, et vint tantôt au-devant; et fit son mandement parmi la dite île, qui n'est mie grande; et assembla, que de ses gens que de ceux de la dite île, environ huit cents, et s'en vint sur un certain pas combattre bien et hardiment le dit Yvain et ses gens; et là eut grand'bataille et dure, et qui longuement se tint. Finablement les Anglois furent déconfits, et en y eut de morts plus de quatre cents sur la place; et convint le dit Aymon fuir, autrement il eût été mort ou pris; et se sauva à grand meschef, et s'en vint bouter en un châtel, qui siéd à deux lieues près de là où la bataille fut, que on appelle Cornet, qui est beau et fort; et l'avoit le dit Aymon en celle saison fait bien pourvoir de tout ce qu'il appartenoit à forteresse.

Après celle déconfiture, le dit Yvain chevaucha avant et recueillit ses gens, et entendit que Aymon s'étoit bouté au châtel de Cornet; si se retrait tantôt celle part, et y mit le siége et l'environna de tous côtés, et y fit plusieurs assauts: mais le château étoit fort et bien pourvu de bonne artillerie, si ne l'avoient mie les François à leur aise.

Ce siége pendant devant Cornet avint l'aventure de la prise du comte de Pennebroch et de monseigneur Guichart d'Angle et des autres devant la Rochelle, si comme ci-dessus est contenu; de quoi le roi de France, quand il en ouït les nouvelles, fut durement réjoui; et entendit plus fort aux besognes de Poitou que onques mais; car il sentit que assez légèrement si les Anglois venoient encore un petit à leur déclin, les cités et les bonnes villes se retourneroient. Si eut avis et conseil le dit roi que en Poitou, en Xaintonge et en Rochelois il envoieroit pour celle saison son connétable et toutes gens d'armes; et feroit chaudement guerroyer les dits pays par mer et par terre, pendant que les Anglois n'avoient nul souverain capitaine, car le pays gissoit en grand branle. Pourquoi il envoya ses messages et ses lettres au dit Yvain de Galles, qui se tenoit au siége devant Cornet, du quel siége il savoit tout l'état, et que le château étoit imprenable, et que tantôt, ses lettres vues, il partît et défît son siége, et entrât en mer en un vaisseau qui ordonné pour lui étoit, et s'en allât en Espaigne devers le roi Henry pour impétrer à avoir barges et gallées, et son amiral et gens d'armes, et de rechef vînt mettre le siége devant la Rochelle, par mer.

Le dit Yvain, quand il vit les messages et le mandement du roi, si obéit, ce fut raison; et défit son siége et donna congé à ses gens, et leur prêta navire pour retourner à Harefleu; et là endroit il entra en une grosse nef qui ordonnée lui étoit et prit le chemin d'Espaigne. Ainsi se défit le siége de devant Cornet.

---

[1] A la manière dont parle Froissart de la mort du prince de Galles et de la réunion de sa principauté à la couronne d'Angleterre, on pourrait croire que ces événemens appartiennent au règne d'Édouard III. Ils lui sont cependant très antérieurs. Léolin, dernier souverain particulier du pays de Galles, fut tué dans une bataille que lui livra Édouard 1er en 1283; et David, frère de ce prince, ayant été arrêté dans les États de son frère, périt l'année suivante par la main du bourreau. Si Yvain de Galles descendait de l'un ou de l'autre de ces princes, ce ne pouvait être qu'à la deuxième ou troisième génération.

CHAPITRE CCCXLVII.

Ci dit des grosses paroles qui furent en Espaigne entre Yvain de Galles et le comte de Pennebroch.

Vous devez savoir que le roi d'Angleterre fut moult courroucé quand il sçut les nouvelles de l'armée qu'il envoyoit en Poitou, qui étoit ruée jus des Espaignols, et aussi furent tous ceux qui l'aimoient; mais amender ne le purent pour celle fois. Si imagina lui et les sages gens d'Angleterre que le pays de Poitou et de Xaintonge se perdoit par tel affaire, et le remontrèrent bien au roi et au duc de Lancastre. Si furent un grand temps sur cel état que le comte de Sallebery, atout cinq cents hommes d'armes et autant d'archers, iroit celle part. Mais combien qu'il fût conseillé et avisé, il n'en fût rien fait; car ils vinrent autres traités et conseils de Bretagne qui tous ceux empêchèrent : de quoi le dit roi se repentit depuis, quand il n'y put mettre remède.

Or avint que les Espaignols qui pris avoient le comte de Pennebroch et les autres dont le livre fait mention, eurent un petit de séjour sur mer, par vent contraire et détriance, plus d'un mois : toutefois ils arrivèrent au port de Saint-André en Galice[1] ; et entrèrent en la ville ainsi que à heure de midi, et là amenèrent en un châtel tous leurs prisonniers loiés en chaines de fer selon leur usage. Autre courtoisie ne savent les Espaignols faire; ils sont semblables aux Allemands.

Celle propre journée au matin étoit là arrivé en sa nef le dessus dit Yvain de Galles et entré en ce châtel où Dan Ferrant de Pion et Cabesse de Vake avoient amené le comte de Pennebroch et ses chevaliers : si fut dit ainsi à Yvain là où il étoit en sa chambre : « Sire, venez voir ces chevaliers d'Angleterre que nos gens ont pris; ils entreront tantôt céans. » Yvain, qui fut désirant de les voir, pour savoir lesquels étoient, passa outre et encontra en la salle de son hôtel, à l'issue de sa chambre, le comte de Pennebroch: bien le connut, combien qu'il l'eût petit vu. Si lui dit en reprochant : « Comte de Pennebroch, venez-vous en ce pays pour me faire hommage de la terre que vous tenez en la prinçauté de Galles, dont je suis hoir, et que votre roi me tolt et ôte par mauvais conseil ? » Le comte de Pennebroch, qui fut tout honteux, car il se véoit et sentoit prisonnier en étrange pays, et point ne connoissoit cel homme qui parloit son langage, répondit : « Qui êtes-vous, qui m'accueillez de telles paroles ? » — « Je suis Yvain, fils au prince Aymon de Galles, que votre roi d'Angleterre fit mourir à tort et à péché, et m'a déshérité; et quand je pourrai, par l'aide de mon très cher seigneur le roi de France, je y pourverrai de remède ; et vueil bien que vous sachiez que, si je vous trouvois en place ni en lieu que je me pusse combattre à vous, je vous montrerois la loyauté que vous m'avez faite, et aussi le comte de Hereford et Édouard le Despensier ; car par vos pères, avec autres conseillers, fut trais à mort monseigneur mon père, dont il me doit bien déplaire, et l'amenderai quand je pourrai. »

Adonc saillit avant messire Thomas de Saint-Aubin, qui étoit chevalier du comte, et se hâta de parler, et dit : « Yvain, si vous voulez dire ni maintenir que en monseigneur ait, ni eût été oncques nulle lâcheté quelconque, ni en monseigneur son père, ni qu'il vous doie foi ni hommage, mettez votre gage avant, vous trouverez qui le lèvera. » Donc répondit Yvain et dit : « Vous êtes prisonniers; je ne puis avoir nulle honneur de vous appeler ; vous n'êtes point à vous, ains êtes à ceux qui vous ont pris ; et quand vous serez quittes, je vous parlerai plus avant ; car la chose ne demeurera pas ainsi. » Entre ces paroles se boutèrent aucuns chevaliers et vaillans hommes d'Espagne qui là étoient, et les départirent. Depuis ne demeura mie grandement que les quatre amiraux dessus nommés amenèrent les prisonniers devers la cité de Burgues en Espaigne, pour rendre au roi, à qui ils étoient, qui pour le temps se tenoit droit là.

Quand le roi Henry sçut que les dessus dits venoient et approchoient Burgues, si envoya son aîns-né fils qui s'appeloit Jean, et lequel on nommoit pour le temps l'infant de Castille, à l'encontre des dessus dits, et grand' foison de chevaliers et écuyers pour eux honorer ; car bien savoit le dit roi quelle chose il appartenoit à faire ; et lui même les honora de paroles, quand ils furent venus jusques à lui. Assez tôt en ouvra le roi par ordonnance ; et furent épars en divers lieux parmi le royaume de Castille.

---

[1] Saint-Ander est dans la Biscaye et non dans la Galice.

CHAPITRE CCCXLVIII.

Comment le duc de Berry, le duc de Bourbon, messire Bertran et plusieurs autres grands seigneurs de France prirent le châtel de Montmorillon.

Nous retournerons aux besognes de Poitou, qui pour ce temps ne furent mie petites; et parlerons comment les chevaliers gascons et anglois qui, le jour de Saint-Jean-Baptiste au soir, vinrent en la ville de la Rochelle, si comme vous avez ouï ci-dessus, persévérèrent, ainsi que ceux qui moult courroucés furent de ce que le jour devant ils n'étoient venus à la bataille, et que ils n'avoient trouvé à point les Espaignols. Or eurent ils entre eux conseil et avis quelle chose ils feroient, ni où ils se trairoient; car jà se commençoient-ils à douter de ceux de la Rochelle. Si trouvèrent là messire Jean d'Évreux, qui avoit été à la bataille du jour devant et s'étoit sauvé; lequel le captal et les autres, ordonnèrent et instituèrent à être sénéchal de la Rochelle, et à lui tenir au châtel à trois cents armures de fer et le garder; car tant comme ils en seroient seigneurs, ceux de la ville ne s'oseroient rebeller.

Cette ordonnance faite, monseigneur le captal qui étoit tout chef et gouverneur de cette chevauchée, et messire Thomas de Percy, messire d'Angouses, messire Richard de Pontchardon, monseigneur le Soudich, messire Berars de la Lande et les autres, et leurs routes, se départirent de la Rochelle; et pouvoient être environ quatre cents lances; et prirent le chemin de Soubise; car là avoit Bretons qui tenoient églises et petits forts, et les avoient fortifiés. Sitôt que ces seigneurs et leurs routes furent là venus, ils les boutèrent hors et en délivrèrent la dite marche.

En ce temps tenoient les champs sur les marches d'Anjou, d'Auvergne et de Berry, le connétable de France, le duc de Berry, le duc de Bourbon, le comte d'Alençon, le Dauphin d'Auvergne, messire Louis de Sancerre, le sire de Sully, le vicomte de Meaux, le vicomte d'Aunoy, messire Raoul de Raineval, le sire de Cliçon, le sire de Laval, le vicomte de Rohan, le sire de Beaumanoir, et grand'foison de baronnie de France, et étoient plus de trois mille lances. Si chevauchèrent tant ces seigneurs, qui se tenoient au connétable, qu'ils entrèrent en Poitou où ils tiroient à venir, et vinrent mettre le siége devant un châtel qui s'appelle Montmorillon. Sitôt qu'ils furent là venus, ils l'assaillirent vitement et roidement, et le conquirent de force, et furent morts tous ceux qui dedans étoient; si le rafraîchirent d'autres gens. Après ils vinrent devant Chauvigny, qui siéd devant la rivière de Creuse, et l'assiégèrent et y furent deux jours. Au tiers jour ceux de Chauvigny se rendirent, et furent pris à merci. Et après ils chevauchèrent outre et vinrent devant Luzach où il y a ville et châtel. Si se rendirent tantôt sans eux faire assaillir. Et puis s'en vinrent devant la cité de Poitiers et geurent une nuit dedans les vignes : de quoi ceux de la cité étoient moult ébahis, et se doutoient d'avoir le siége. Mais non eurent, tant que à celle fois; car ils se partirent à lendemain et se trairent devant le châtel de Montcontour, dont Jean Cresuelle et David Hollegrave étoient capitaines, et avoient dessous eux bien soixante compagnons preux et hardis, et qui moult avoient contraint le pays et la marche d'Anjou et de Touraine, et aussi toutes les garnisons françoises. Pourquoi le connétable dit qu'il n'entendroit à autre chose, si l'auroit.

CHAPITRE CCCXLIX.

Comment messire Bertran du Guesclin attaqua Montcontour; et comment ceux du dit fort se rendirent, sauves leurs vies.

Tant exploitèrent le connétable de France, le duc de Bourbon, le comte d'Alençon, le sire de Cliçon, le vicomte de Rohan, le sire de Laval, le sire de Beaumanoir, le sire de Sully, et tous les barons et les chevaliers et leurs routes, qu'ils vinrent devant Montcontour, un très bel châtel à six lieues de Poitiers. Quand ils furent là venus, si l'assiégèrent de grand'façon, et se mirent tantôt à assaillir par bonne ordonnance; et pour ce qu'il avoit à l'environ des murs grands fossés et parfons, et qu'ils ne pouvoient approcher les murs de près à leur aise et volonté, ils envoyèrent querre et couper par les vilains du pays grand'foison de bois et d'arbres, et les firent là amener et apporter à force d'harnois et de corps, et renverser tout ès fossés, et jeter grand'foison d'estrain et de terre sus; et eurent tout ce fait en quatre jours, tant qu'ils pouvoient bien aller jusques aux dits murs à leur aise. Et puis, quand ils eurent tout ce fait, si commencèrent à assaillir de grand'volonté et par bon exploit; et ceux du fort à eux défendre; car il leur étoit bien mestier ; et eurent un jour tout entier l'assaut, où ils reçurent moult de peine, et furent en grand'aventure et péril d'être pris; mais ils étoient là dedans tant de bonnes gens que, en ce cinquième jour, ils n'eurent garde.

Au sixième, le connétable et ses Bretons s'ordonnèrent et se trairent avant pour assaillir plus fort que devant; et s'en venoient tous pavoisés, portant pics et hoyaux en leurs mains, et vinrent jusques aux murs. Si commencèrent à férir et à frapper, et à traire hors pierres, et à pertuiser le dit murage en plusieurs lieux; et tant firent que les compagnons qui dedans étoient se commencèrent à ébahir : néanmoins, ils se défendirent si vaillamment que oncques gens firent. Jean Cresuelles et David Hollegrave, qui capitaines étoient, imaginèrent le péril, comment messire Bertran et ses gens les assailloient, et à ce qu'ils montroient, point de là ne partiroient, si les auroient; et si de force étoient pris, ils seroient tous morts; et véoient bien que nul confort ne leur apparoit de nul côté. Si entrèrent en traités pour eux rendre, sauves leurs vies et leurs corps.

Le connétable, qui ne vouloit mie fouler ni grèver ses gens, ni ceux du fort trop presser, pourtant que ils étoient droites gens d'armes, entendit à ces traités, et les laissa passer, parmi tant que sauf leurs corps ils se partirent, mais nuls de leurs biens n'emportèrent, fors or et argent; et les fit conduire jusques à Poitiers. Ainsi eut le connétable le châtel de Montcontour; si en prit la saisine et le fit réparer; et se tint illec pour lui et ses gens rafraîchir; car il ne savoit encore quelle part il se trairoit, ou devant Poitiers, ou ailleurs.

CHAPITRE CCCL.
Comment messire Bertran se partit de Montcontour, pour venir devers le duc de Berry qui se tenoit en Limousin, et comment ils assiégèrent Sainte-Sévère.

Quand ceux de la cité de Poitiers sçurent ces nouvelles, que le connétable et les Bretons avoient repris le châtel de Montcontour, si furent plus ébahis que devant, et envoyèrent tantôt leurs messages devers monseigneur Thomas de Percy, qui étoit leur sénéchal, et qui chevauchoit en la route et compagnie du captal de Buch. Ainçois que messire Thomas en ouït nouvelles, messire Jean d'Évreux, qui se tenoit au châtel de la Rochelle, en fut informé, et lui fut dit comment le connétable de France avoit jà geu devant Poitiers, et avisé le lieu; et bien pensoient ceux de Poitiers qu'ils auroient le siége, et si n'y étoit point le sénéchal. Le dit messire Jean d'Évreux ne mit ce en non-caloir; mais pour conforter et conseiller ceux de Poitiers se partit de la Rochelle à cinquante lances, et ordonna et institua à son partement un écuyer, qui s'appeloit Philippot Mansel, à être gardien et capitaine, jusques à son retour, du dit châtel de la Rochelle; et puis chevaucha vers Poitiers et s'y bouta, dont ceux de la cité lui sçurent grand gré.

Or vinrent ces nouvelles à monseigneur Thomas de Percy qui se tenoit en la route du captal, de par ses bonnes gens de Poitiers qui le prioient qu'il se voulsist traire celle part, car ils supposoient à avoir le siége; et aussi qu'il voulsist venir fort assez; car les François étoient durement forts sur les champs. Messire Thomas, ces nouvelles ouïes, les remontra au captal pour savoir ce qu'il en voudroit dire. Le captal eut sur ce avis; et lui avisé, n'eut mie conseil de dérompre sa chevauchée, mais donna congé au dit monseigneur Thomas de partir à cinquante lances et à traire celle part. Donc se départit et chevaucha tant qu'il vint en la cité de Poitiers, où il fut reçu à grand'joie des hommes de la ville qui moult le désiroient, et trouva là messire Jean d'Évreux ; si se firent grand'fête et grand'reconnoissance.

Tout cet état et celle ordonnance sçut le connétable qui se tenoit encore à Montcontour, et comment ceux de Poitiers étoient rafraîchis de bonnes gens d'armes. A ce donc lui étoient venues nouvelles de monseigneur de Berry qui se tenoit, atout grand'foison de gens d'armes de Berry, d'Auvergne et de Bourgogne, sur les marches de Limousin, et vouloit mettre le siége devant Sainte-Sévère en Limousin; laquelle ville et garnison étoit à monseigneur Jean d'Évreux. Et la gardoient de par lui monseigneur Guillaume de Percy, Richard Gille et Richard Holme, atout grand'foison de bons compagnons; et avoient couru tout le temps sur le pays d'Auvergne et de Limousin, et fait moult de dommages et destourbes, pourquoi le duc de Berry se vouloit traire celle part, et prioit au dit connétable que si il pouvoit nullement, qu'il voulsist venir devers lui pour aller devant le dit fort.

Le connétable, qui étoit moult imaginatif, regarda que à présent, à lui traire ni ses gens, devant Poitiers il ne feroit rien, car la cité étoit grandement rafraîchie de gens d'armes, et qu'il se trairoit devers le duc de Berry. Si se partit de Montcontour atout son ost, quand il eut ordonné qui garderoit la forteresse dessus dite; et exploita tant qu'il vint devers le duc de Berry, qui lui sçut grand gré de sa venue, et à tous les barons et chevaliers aussi; là eut grands gens d'armes, quand ces deux osts se furent remis ensemble. Si exploita tant le dit duc de Berry et le connétable en sa compagnie qu'ils vinrent devant Sainte-Sévère, et étoient bien quatre mille hommes d'armes. Si assiégèrent la garnison et ceux qui dedans étoient; et avoient bien propos qu'ils ne s'en partiroient, si l'auroient. Quand ces seigneurs furent venus devant, ils ne séjournèrent mie; mais commencèrent à assaillir, par eux et par leurs gens, par grand'ordonnance, et messire Guillaume de Percy et ses gens à eux défendre.

Ces nouvelles vinrent en la cité de Poitiers à monseigneur Jean d'Évreux, comment le duc de Berry, le duc de Bourbon, le Dauphin d'Auvergne, le connétable de France, le sire de Clisson, le vicomte de Rohan et bien quatre mille hommes d'armes avoient assiégé la forteresse de Sainte-Sévère en Limousin, et ses gens dedans. Si ne fut mie moins pensif que devant; et en parla à monseigneur Thomas de Percy qui étoit présent au rapport de ces nouvelles et dit : « Messire Thomas, vous êtes sénéchal de ce pays, et qui avez grand'voix et grand'puissance; je vous prie que vous m'entendez, et conseillez à mes gens secourir, qui seront pris de force si on ne les conforte. » — « Par ma foi ! répondit messire Thomas; j'en ai grand'volonté, et pour l'amour de vous je partirai en votre compagnie, et nous en irons parler à monseigneur le captal qui n'est pas loin de ci; et mettrai peine à l'émouvoir, afin que nous allons lever le siége et combattre les François. » Lors se départirent de Poitiers les dessus dits et recommandèrent la cité en la garde du maieur d'icelle, qui s'appeloit Jean Regnault, un bon et loyal homme. Si chevauchèrent tant les dessus dits qu'ils trouvèrent le captal sur les champs, qui s'en alloit devers Saint-Jean d'Angely. Adonc les deux chevaliers qui là étoient lui remontrèrent comment les François avoient pris Montmorillon de-lez Poitiers, et aussi le fort châtel de Montcontour, et se tenoient à siége devant Sainte-Sévère, qui étoit à monseigneur Jean d'Évreux à qui on devoit bien aucun grand service; et encore dedans le dit fort étoient assis et enclos messire Guillaume de Percy, Richard Gille et Richard Holme, qui ne faisoient mie à perdre. Le captal pensa sur ces paroles un petit, et puis répondit et dit : « Seigneurs, quelle chose est bon que j'en fasse ? » A ce conseil furent appelés aucuns chevaliers qui là étoient. Si répondirent les dessus dits : « Il y a un grand temps que nous vous avons ouï dire que vous désiriez moult les François à combattre, et vous ne les pouvez mieux trouver à point; si vous tirez celle part, et faites votre mandement, parmi Poitou et Xaintonge. Encore y a gens assez pour combattre les François, avec la grand'volonté que nous en avons. » — « Par ma foi ! répondit le captal, je le vueil; voirement ai-je ainsi dit que je les désire à combattre. Si les combattrons temprement, s'il plaît à Dieu et à Saint George. » Tantôt là, sur les dits champs, le dit captal envoya lettres et messages pardevers les barons, chevaliers et écuyers de Poitou et de Xaintonge qui en leur compagnie n'étoient, et prioit et enjoignoit étroitement qu'ils s'apprêtassent de venir au plus efforcément qu'ils pourroient, et leur donnoit place où il les trouveroient. Tous chevaliers, barons et écuyers à qui ces lettres furent envoyées, et qui certifiés et mandés en furent, s'en partirent sans point d'arrêt; et se mirent au chemin pour trouver le dit captal, chacun au plus efforcément qu'il pouvoit. Là furent le sire de Parthenay, messire Louis de Harecourt, messire Hugues de Vivonne, messire Percevaux de Coulongne, messire Aymery de Rochechouart, messire Jacques de Surgières, messire Geffroy d'Argenton, le sire de Puissances, le sire de Roussillon, le sire de Crupegnac, messire Jean d'Angle, messire Guillaume de Montendre et plusieurs autres; et firent tant qu'ils se trouvèrent tout ensemble, et s'en vinrent loger, Anglois, Poitevins, Gascons et Xaintongiers en l'abbaye de Carros, sur les marches de Limousin; si se trouvèrent bien neuf cents lances et cinq cents archers.

CHAPITRE CCCLI.

Comment ceux de Sainte-Sévère, durant un moult fort assaut, se rendirent à messire Bertran du Guesclin.

Les nouvelles vinrent en l'ost devant Sainte-Sévère, à monseigneur Bertran du Guesclin et aux autres seigneurs, que les Anglois et les Poitevins, et tous ceux de leur alliance, approchoient durement, et venoient pour lever le siége. Quand le connétable entendit ce, il ne fut de rien effrayé et fit armer toutes manières de gens, et commanda que chacun tirât avant à l'assaut. A son commandement ne voulut nul désobéir, quelque sire qu'il fût. Si vinrent François et Bretons devant la dite forteresse, armés et pavoisés de bonne manière, et commencèrent à assaillir de grand'volonté, chacun sire dessous sa bannière et entre ses gens. Si vous dis que c'étoit grand'beauté à voir et imaginer ces seigneurs de France, et la frique armoirie et riche d'eux; car adonc à cet assaut il y eut par droit compte quarante neuf bannières et grand'foison de pennons. Et là étoient le dit connétable et messire Louis de Sancerre, maréchal, chacun ainsi qu'il devoit être, qui travailloient moult à esvigourer leurs gens pour assaillir de plus grand courage.

Là s'avançoient chevaliers et écuyers de toutes nations, pour leur honneur accroître et leurs corps avancer, qui y faisoient merveilles d'armes; car les plusieurs passoient tout parmi les fossés qui étoient pleins d'yaue, et s'en venoient, les targes sur leurs têtes, jusques aux murs, et en celle appertise, pour chose que ceux d'amont jetoient, point ne reculoient, mais alloient toudis avant. Et là étoient sur les fossés le duc de Berry, le duc de Bourbon, le comte d'Alençon, le Dauphin d'Auvergne et les grands seigneurs, qui ammonestoient leurs gens de bien faire. Et pour la cause des seigneurs qui les regardoient, s'avançoient les compagnons plus volontiers, et ne ressoignoient mort ni péril.

Messire Guillaume de Percy et les deux écuyers d'honneur qui capitaines étoient de la forteresse, regardèrent comment on les assailloit de grand'volonté et que cil assaut ne refroidoit point, ni ne cessoit, et que à ainsi continuer ils ne se pourroient tenir, et si ne leur apparoit confort de nul côté, si comme ils supposoient; car s'ils eussent sçu comment leurs gens étoient à moins de dix lieues d'eux, ils se fussent encore reconfortés et à bonne cause; car bien se fussent tenus tant qu'ils en eussent ouï nouvelles: mais point ne le savoient; et pourtant entrèrent-ils en traité devers le dit connétable pour eschiver plus grand dommage. Messire Bertran, qui étoit tout informé que dedans le soir il orroit nouvelles des Anglois et des Poitevins, entendit à leur traité volontiers; et les prit, sauves leurs vies, et se saisit de la forteresse, dont il fit grand'-fête. Après tout ce, il fit traire toutes ses gens sur les champs et mettre en ordonnance de bataille, ainsi que pour tantôt combattre, et leur dit et fit dire: « Seigneurs, avisez-vous; car les ennemis approchent, et espérons encore à la nuit à avoir la bataille; si s'apprête chacun au mieux qu'il pourra, comme pour son corps garder et défendre. » Ainsi se tinrent-ils, depuis une heure de tierce que la forteresse fut rendue, jusques à basses vespres, tous rangés et ordonnés sur les champs au dehors de Sainte-Sévère, attendant les Anglois et les Poitevins, dont ils cuidoient être combattus; et voirement l'eussent-ils été sans nulle faute; mais nouvelles vinrent au captal, à monseigneur Thomas de Percy et à monseigneur Jean d'Évreux, que Sainte-Sévère étoit rendue: de celle avenue furent ces seigneurs et tous les compagnons tous courroucés. Si dirent et jurèrent là les seigneurs entr'eux que jamais en forteresse qui fût en Poitou ils n'entreroient, si auroient combattu les François.

Or parlerons-nous de ceux de Poitiers et comment ils se maintinrent lors.

CHAPITRE CCCLII.

Comment ceux de Poitiers se tournèrent François; et comment les Anglois entrèrent à force en la ville de Niort.

Ce terme pendant et celle chevauchée faisant, cils de Poitiers étoient en grand'dissention et rebellion l'un contre l'autre; car les communautés des Anglois et aucuns riches hommes de la ville se vouloient tourner François; et Jean Renault, qui maire en étoit, et tous les officiers du prince, et aucuns autres grands riches hommes ne s'y vouloient nullement acorder: pourquoi ils en furent en tel estrif que près fut le combattre. Et mandèrent, cil qui le plus grand accord avoient, secrètement devers le connétable que, si il se vouloit avancer, et venir si fort que pour prendre la saisine de Poitiers, on lui rendroit la ville. Quand le connétable, qui se tenoit en Limosin, oyt ces nouvelles, si s'en découvrit au dit duc de Berry et au duc de Bourbon et leur dit : « Messeigneurs, ainsi me mandent cil de Poitiers; si Dieu le veut, je me trairai celle part atout trois cents lances et verrai quel chose ils voudront faire ; et vous demeurerez ci sus ce pays et ferez frontière aux Anglois. Si je puis exploiter, ils n'y viendront jamais à temps. »

A celle ordonnance se accordèrent bien les dessus dits seigneurs. Lors se partit secrètement ledit connétable, et prit trois cents lances de compagnons d'élite, tous bien montés ; et aussi le convenoit-il ; car sus un jour et sus une nuit ils avoient à chevaucher trente lieues ; car ils ne pouvoient mie aller le droit chemin qu'ils ne fussent vus ou aperçus. Si chevaucha le dit connétable et sa route à grand exploit par bois, par bruyères et par divers chemins, et par pays inhabitables ; et si un cheval des leurs recrandesit ils ne l'attendoient point. Le maire de la cité de Poitiers, qui soupçonnoit bien tout cel affaire, envoia secrètement un message devers messire Thomas de Persi son maître, qui étoit en la compagnie du captal ; et lui dit le varlet, quand il vint à lui : « Sire, mon maître vous signifie que vous ayez avis, car il besoingne, et vous retournez et hâtez de venir à Poitiers, car ils sont en dissention l'un contre l'autre et se veulent les cinq parts de la ville tourner François, et jà en a été le maire votre varlet en grand peril d'être occis. Encore ne sçai-je si vous y pourrez venir à temps, car mon maître fait doute que ils n'aient mandé le connétable. »

Quand le sénéchal de Poitou entendit ce, qui bien connoissoit le varlet, si fut trop durement émerveillé, et non-pour-quant il le crut bien de toutes ses paroles, car il sentoit assez le courage de ceux de Poitiers. Si recorda tout ce au captal. Dont dit le captal : « Messire Thomas, vous ne vous partirez pas de moi ; vous êtes l'un des plus grands de notre route, et cil où j'ai plus grand'fiance d'avoir bon conseil ; mais nous y envoyerons. » Répondit messire Thomas : « Sire, à votre ordonnance en soit. » Là fut ordonné messire Jean d'Angle et sevré des autres, et lui fut dit : « Messire Jean, vous prendrez cent lances des nôtres et chevaucherez hâtement vers Poitiers, et vous boutez dedans la ville, et ne vous en partez jusques à tant que nous vous remanderons sus certaines enseignes. » Messire Jean d'Angle obéit : tantôt on lui délivra sur les champs les cent lances qui se dessevrèrent des autres. Si chevauchèrent coitéusement devers Poitiers ; mais onques ne se purent tant hâter que le connétable n'y venist devant ; et trouva les portes ouvertes, et le recueillirent à grand'joie, et toutes ses gens.

Jà étoit le dit messire Jean d'Angle à une petite lieue de Poitiers, quand ces nouvelles vinrent, que il n'avoit que faire plus avant si il ne se vouloit perdre ; car le connétable, et bien trois cents lances étoient dedans Poitiers. De ces paroles fut moult courouçé le dit messire Jean ; ce fut bien raison, comment que il ne le pût amender : si tourna sur frein, et tous cils qui avec lui étoient ; si retournèrent arrière dont ils étoient partis, et chevauchèrent tant qu'ils trouvèrent le captal, monseigneur Thomas et les autres. Si leur conta le dit messire Jean l'aventure comment elle alloit, et du connétable qui s'étoit bouté en Poitiers.

Quand les Gascons et les Poitevins qui là étoient tout ensemble d'un accord et d'une alliance entendirent ces nouvelles, si furent plus émerveillés et plus ébahis que devant, et n'y eut baron ni chevalier qui ne fut durement pensieux et courouçé ; et bien y avoit cause, car ils véoient les choses aller diversement. Si dirent les Poitevins, pour les Gascons et Anglois reconforter : « Seigneurs, sachez de vérité que il nous déplaît grandement des choses qui ainsi vont en ce pays, si conseil et remède y pouvions mettre ; et regardez entre vous quel chose vous voulez que nous fassions, nous le ferons, ni jà en nous vous ne trouverez nulle lâcheté. » — « Certainement, seigneurs, ce répondirent les Anglois, nous vous en créons bien, et nous ne sommes pas pensieux sur vous ni sûr votre affaire, fors sur l'infortunité de nous, car toutes les choses nous viennent à rebours. Si nous faut avoir sur ce avis et conseil, comment à notre honneur nous en pourrons persévérer. » Là regardèrent, par grand'délibération de conseil et pour le meilleur, que ce seroit bon que les Poitevins fesissent leur route à part eux, et les Anglois la leur, et les Gascons la leur, et se retraisent en leurs garnisons ; et quand ils voudroient chevaucher et ils voudroient bien employer leur chevauchée, ils le signifieroient l'un à l'autre et ils se trouveroient appareillés. Cette ordonnance fut tenue ; et ce départirent moult amiablement l'un de l'autre ; et prirent les dits Poitevins le chemin de Thouars, et les Gascons le chemin de Saint-Jean l'Angelier, et les Anglois le chemin de Niort. Ainsi se dérompit cette chevauchée. Les Anglois, qui chevauchoient tout ensemble, quand ils cuidèrent entrer en la ville de Niort, on leur clot les portes ; et leur dirent les villains de la ville que point là ils n'entreroient, et qu'ils allassent d'autre part. Or furent les Anglois plus courroucés que devant, et dirent que cette rebellion de ces villains ne faisoit mie à souffrir. Si se appareillèrent et mirent en ordonnance pour assaillir, et assaillirent de grand courage ; et cils de la ville se deffendirent à leur pouvoir. Là eut grand assaut et dur, et qui se tint une longue espace ; mais finablement cils de Niort ne le purent souffrir, car ils n'avoient nul gentil homme dont ils fussent confortés et conseillés ; et si pussent s'y être tenus jusques aux vespres ils eussent été secourus et confortés du connétable, en quel instance ils s'étoient clos contre les Anglois. Mais cils dits Anglois les assaillirent si vertueusement et de si grand'voulenté, que de force ils rompirent les murs, et entrèrent ens, et occirent la plus grand'partie des hommes de la ville, et puis la coururent et pillèrent toute sans nul deport ; et se tinrent là tant qu'ils oyrent autres nouvelles.

CHAPITRE CCCLIII.

Comment le captal de Buch fut pris devant Soubise.

Vous avez bien ouï recorder ci dessus comment Yvain de Galles, à l'ordonnance et commandement du roi de France, alla en Espaigne parler au roi Henry pour impétrer une partie de sa navie. Le roi Henry ne l'eût jamais refusé ni escondit au roi de France ; mais fut tout joieux quand il y put envoyer. Si ordonna son maître amiral Dan Radigho de Rous à être patron avec le dessus dit Yvain, de celle armée. Si se partirent du port Saint-Andrieu en Galice quand la navie fut toute prête, à quarante grosses nefs, huit galées et treize barges, toutes fretées et appareillées et chargées de gens d'armes. Si singlèrent tant par mer, sans avoir empêchement ni vent contraire, qu'ils arrivèrent devant la ville de la Rochelle où ils entendoient à venir ; et ancrèrent tout devant, et s'y ordonnèrent et établirent par manière de siége. Cils de la Rochelle, quand ils virent celle grosse flotte des Espaignols venue, furent durement ébahis, car ils n'avoient point appris à être assiégés si puissamment par mer ni de tels gens. Toutes fois, quelque semblant que toute la saison ils eussent montré aux Anglois, ils avoient le courage tout bon François, mais ils s'en dissimuloient ce qu'ils pouvoient ; et se fussent jà très volontiers tournés François, si ils osassent ; mais tant que le château fut en la main des Anglois ils ne pouvoient, si ils ne se mettoient en aventure d'être tous détruits. Quand cils de la Rochelle virent que c'étoit tout acertes que on les avoit assiégés, si y pourvéirent couvertement de conseil et de remède ; car ils traitèrent secrètement devers Yvain de Gales et Dan Radigo de Rous traités amiables, par composition telle que ils vouloient bien être assiégés, mais ils ne devoient rien forfaire l'un sur l'autre. Si se tinrent en cel état un terme.

Le connétable de France, qui se tenoit en la cité de Poitiers atout grant foison de gens d'armes, envoya monseigneur Regnaut, seigneur de Pons, en Poitou devant le châtel de Soubise qui siéd sus la Charente, à l'embouchure de la mer[1] et ordonna le dessus dit ; atout bien trois cents lances dont la plus grand'partie étoient Bretons et Picards ; et y furent Thibaut du Pont et Aliot de Calais envoyés, deux écuyers bretons vaillans homme durement. Si vinrent ces gens d'armes mettre le siège devant le dit châtel de Soubise, et l'assiégèrent à l'un des lez et non mie partout. Dedans la forteresse n'avoit que une seule femme veuve sans mari, qui s'appeloit la dame de Soubise ; et pour sa loiauté tenir elle demeuroit Angloise.

Si étoit là asseulée entre ses gens, et ne cuidoit mie le siège avoir si soudainement que elle l'eut. Quand elle vit que ce fut acertes, et que le sire de Pons et les Bretons la environnoient tellement, si envoya devers monseigneur le captal de Buch, qui se tenoit en garnison en la ville de

---
[1] Soubise est éloignée de plus de deux lieues de la mer

Saint-Jean l'Angelier, en lui priant humblement et doucement que il voulsist entendre à conforter; car le sire de Pons et Thibaut du Pont, et environ trois cents armures de fer l'avoient assiégée et la contraignoient durement. Le captal de Buch, comme courtois et vaillant chevalier, et qui toujours fut en grand désir et enclin de conforter dames et damoiselles, en quel parti que elles fussent, ainsi que tout noble et gentil homme de sang doivent être, si comme il aida et reconforta jadis, et se mit en grand danger et péril au marché de Meaux contre les Jacques bonhommes pour la roine de France, qui lors étoit duchoise de Normandie, répondit aux messages qui ces nouvelles lui apportèrent: « Retournez devers la dame de Soubise, et lui dites de par moi que elle se conforte, car je n'entendrai à autre chose, si l'aurai secourue et levé le siége, et me recommandez à li plus de cent fois. » Les messages furent tout liés de cette réponse; et retournèrent à Soubise devers leur dame, et lui dirent tout ce qu'ils avoient eu et trouvé au captal. Si s'en réjouit grandement la dite dame, ce fut bien raison.

Le captal ne mit mie en non chaloir cette emprise; et envoia tantôt devers le capitaine de Xaintes, messire Guillaume de Fernitonne, et manda messire Henry Haye senescal d'Angoulême, monseigneur Renaut seigneur de Marueil, neveu à monseigneur Raymon; et à Niort monseigneur Thomas de Persi, Jean Cresuelle et David Hollegrave; et à Luzignan monseigneur Petiton de Courton, monseigneur Gautier Huet et monseigneur Maurice Wist et plusieurs autres; et s'assemblèrent tous ces gens d'armes en la ville de Saint-Jean.

Tout ce convenant et cette ordonnance sçut bien par ses espies qu'il avoit allans et venans, Yvain de Galles, qui se tenoit devant la Rochelle, et aussi le siége du seigneur de Pons qu'il avoit mis et tenoit devant Soubise. Si imagina le dit Yvain, qui fut moult appert et vaillant homme d'armes, que cette assemblée du captal se faisoit pour lever ce siége et ruer jus le seigneur de Pons et sa route. Si s'apensa qu'il y pourverroit de remède s'il pouvoit. Si tria tous les meilleurs hommes d'armes de sa navie par élection, et les trouva appareillés et obéissans à sa volonté, et fit tout son fait secrètement, et eut environ quatre cents armures de fer. Si les fit tous entrer par ordonnance ens ès treize barges qu'il avoit amenées d'Espaigne; et se mit en l'une; et nagèrent et ramèrent tant les maronniers que ils vinrent en l'embouchure de la Charente à l'opposite du chastel de Soubise, sans ce que le sire de Pons ni la dame de Soubise en sçussent rien; et là se tinrent tout coy à l'ancre sur la dite rivière.

Le captal de Buch qui se tenoit à Saint-Jean l'Angelier et qui avoit fait son mandement de quatre cents hommes d'armes et plus, fut informé, ains son partement, que le sire de Pons en toute somme n'avoit devant Soubise non plus de cent lances. Si crut cette information trop légèrement, dont il fut déçu; et renvoya la droite moitié de ses gens pour garder leurs forteresses; et se partit de Saint-Jean atout deux cents lances tous des meilleurs à son avis, et chevaucha tant ce jour que il, sur la nuit, vint assez près de l'ost aux François qui rien n'en savoient de sa venue; et descendit en un bosquet et fit tous ses gens descendre. Si restreindirent leurs armures et ressanglèrent leurs chevaux, et puis montèrent sans faire nul effroi; et chevauchèrent tout coiment, tant qu'ils vinrent au logis du seigneur de Pons et des Bretons qui se tenoient tout asségurés; et jà étoit moult tard. Evvous monseigneur le captal et sa route qui entrent sans dire mot ne faire trop grant noise en ces logis et commencent à ruer par terre tentes, trefs et feuillées, et à abbatre gens, occire et découper, et à prendre! Là furent pris le sire de Pons, Thibaut du Pont, Alyot de Calais, et tous cils qui là étoient furent morts ou pris; et en furent les Anglois si maîtres et seigneurs que tout fut leur pour cette heure.

Yvain de Galles, qui étoit à l'autre lez, à l'encontre de cet host outre la rivière, derrière le dit castel, tout pourvu et avisé quel chose il devoit faire, et qui savoit la venue dudit captal, avoit bien pris terre, et toutes ses gens aussi, qui bien étoient quatre cents combattans; et là étoient monseigneur Jaques de Montmore et Morelet son frère; et portoient ces gens d'armes grand'foison de falots et de tortis tout allumés, et s'en vinrent par derrière les logis où cils Anglois se tenoient, qui cuidoient avoir tout fait et tenoient leurs prisonniers dalès eux, ainsi que tous asségurés. Evvous le dit Yvain et sa route, qui étoit forte et épaisse et en grand'volonté de faire la la besogne, et entrent en ces logis, les épées toutes nues, et commencent à écrier leurs cris et à occire et à découper gens d'armes et ruer par terre, et fiancer et prendre prisonniers, et délivrer ceux qui pris étoient. Que vous ferois-je long conte? Là fut pris le captal de Buch d'un écuyer de Picardie qui s'appeloit Pierre d'Anviller, appert homme d'armes durement, dessous le pennon à Yvain. Là furent tellement épars et rués par terre les Anglois que ils ne se pouvoient ravoir ni deffendre. Et furent tous les prisonniers françois rescous, le sire de Pons premièrement, qui en fut très heureux et auquel l'aventure fut plus belle que à nul des autres, car si les Anglois l'eussent tenu, jamais n'eût vu sa délivrance. Là furent pris messire Henri Wist et plusieurs autres chevaliers et écuyers, et aussi le sénéchal de Poitou messire Thomas de Persy; et le prit un prêtre dudit Yvain, messire David Honnel. Là furent presque tous morts et tous pris; et se sauvèrent à grand meschef messire Gautier Huet, messire Guille de Fernitonne et messire Petiton de Courton et Jean Cresuelle qui affuirent vers la forteresse par une étrange voye, ainsi que un varlet les mena qui savoit le convine de laiens, les entrées et les issues. Si furent recueillis de la dame de Soubise par une fausse poterne, et leur jeta-t-on une planche par où ils entrèrent en la forteresse. Si recordèrent à la dite dame de Soubise leur avenue et comment il leur étoit mesaivenu par povre soin. De ces nouvelles fut la dame toute déconfortée, et vit bien que rendre le conviendroit et venir en l'obéissance du roi de France.

Cette nuit fut tantôt passée, car c'étoit en temps d'été, au mois d'août; mais pour ce qu'il faisoit noir et brun, car la lune étoit en decours, si se tinrent les François et cils de leur côté tout lies et grandement reconfortés; et bien y avoit cause; car il leur étoit advenu une très belle aventure, que pris avoient le captal de Buch, le plus renommé chevalier de toute Gascogne et que les François doutoient le plus pour ses hautaines emprises. De cette avenue et achèvement eut Yvain de Galles grands grâces. Quand ce vint à lendemain dont la besogne avoit été par nuit, le dit Yvain, et cils que pris avoient prisonniers, les firent mener, pour tous périls eschiver, en leur navie devant la Rochelle, car envis les eussent perdus, et puis s'en vinrent rangés et ordonnés devant le châtel de Soubise, et mandèrent en leur navie grand'foison de Gennevois et d'arbalêtriers : si firent grand semblant d'assaillir la forteresse en bon arroy. La dame de Soubise qui véoit tout son confort mort et pris, dont moult lui anoyoit, demanda conseil aux chevaliers qui là dedans étoient retraits à sauveté, monseigneur Gautier Huet, monseigneur Gautier de Fernitonne et monseigneur Petiton de Courton. Les chevaliers répondirent : « Dame, nous savons bien que à la longue ne vous pouvez tenir; et nous sommes céans enclos; si n'en pouvons partir fors par le danger des François. Nous traiterons devers eux que nous partirons sauvement sur le conduit du seigneur de Pons, et vous demeurerez en l'obéissance du roi de France. « La dame répondit : « Dieu y ait part! puisque il ne peut être autrement. » Adonc les trois chevaliers dessus nommés envoyèrent un héraut des leurs hors du châtel parler à Yvain de Galles et au seigneur de Pons, qui étoient tout appareillés, et leurs gens, pour assaillir. Les dessus dits entendirent à ces traités volontiers; et eurent grâce de partir tous les Anglois qui dedans étoient, et de retraire par sauf-conduit là où mieux leur plaisoit, fût en Poitou ou en Xaintonge. Si se partirent sans plus attendre; et la dame de Soubise, ses châteaux et toute sa terre, demeura en l'obéissance du roi de France; et le dit Yvain de Galles se retraist en sa navie devant la Rochelle qu'il tenoit pour assiégée, quoique composition fût entre lui et ceux de la ville, que point ne devoient grever l'un autre. Et tint toudis monseigneur le captal de-lez lui, ni point n'avoit volonté d'envoyer en France devers le roi jusques à tant qu'il orroit autres nouvelles.

CHAPITRE CCCLIV.

De plusieurs villes et forteresses qui se tournèrent Françoises.

Vous devez savoir que si le roi d'Angleterre et les Anglois furent courroucés de la prise le captal de Buch, le roi de France et les François en furent moult réjouis, et en tinrent leur guerre à plus belle, et à plus foible la puissance des Anglois. Tantôt après cette avenue le sire de Pons, le sire de Cliçon, le vicomte de Rohan, le sire de Laval, le sire de Beaumanoir, Thibaut du Pont, Aliot de Calais et une grand'route de Bretons et de Poitevins d'une alliance, qui bien étoient cinq cents hommes d'armes, chevauchèrent baudement pardevers Saint-Jean l'Angelier, dont le captal avoit été capitaine, et exploitèrent tant qu'ils vinrent devant, et firent grand semblant d'assaillir. Cils de Saint-Jean furent tout ébahis de leur venue, car ils n'avoient nul gentil homme qui les conseillât, et si véoient leur capitaine pris, et la plus grand'partie des Anglois; et ne leur apparoit confort de nul côté; si se rendirent, et ouvrirent leurs portes aux dessus dits, parmi tant que on ne leur devoit mal faire. De ce leur tint-on bon convent, et ils jurèrent foi et sûreté et obéissance de ce jour en avant à tenir au roi de France. Quand ils eurent ce fait, ils s'en partirent et chevauchèrent aussi baudement par devers la cité d'Angoulême, qui est belle et forte et y append un beau château; mais ils avoient perdu leur sénéchal, monseigneur Henry de la Haye, et n'étoit là dedans nul de la partie des Anglois les conseillât et confortât; si furent si ébahis, quand le sire de Cliçon et le sire de Pons et les dessus dits approchèrent leur cité, que ils n'eurent nulle volonté d'eux tenir, et entrèrent entre eux en traités devers les dits François; et les aida à faire le sire de Pons, pourtant que ils y avoient plus grand'fiance que ens ès Bretons. Si jurèrent féaulté et obéissance au roi de France; et entrèrent les Bretons dedans ladite cité, et si se rafreschirent par un jour, et lendemain s'en partirent. Si chevauchèrent vers Taillebourc sus la rivière de Charente, qui se tourna Françoise aussi, et chevauchèrent devers Saintes en Poitou où messire Guille de Fernitonne, sénéchal de Xaintonge, étoit retrait, lequel dist que ils ne se rendroient mie si légèrement, et fit clorre la cité, et toutes manières de gens aller à leurs deffenses, fût envis ou volontiers. Quand les Bretons virent ce, si se ordonnèrent et appareillèrent de grand'manière, et commencèrent à assaillir la dite cité de Saintes, et cils de dedans à eux deffendre, par le conseil dudit monseigneur Guillaume et de ses gens qui pouvoient être environ soixante armures de fer; et y eut un jour tout entier grand assaut, mais rien n'y perdirent. Si se retrairent au soir les Bretons tout las et travaillés, en menaçant durement ceux de la ville, et leur dirent au partir : « Folle gent, vous vous tenez et cloez contre nous, et si ne pouvez durer que nous ne vous ayons; et quand vous serez pris de force, votre ville sera toute courue, robée et arse, et serez tous morts sans mercy. »

Ces paroles entendirent bien aucuns hommes de la ville; si les notèrent grandement et les signifièrent à l'évêque du lieu[1] qui en fit grand compte. Si leur dit : « S'il avient ainsi que les Bretons vous promettent, vous n'en aurez mie moins; par l'opinion de monseigneur Guillaume, pourrions nous être tous perdus sans nul recouvrer. » Lors demandèrent cils de la cité à l'évêque conseil comment ils pourroient ouvrer pour le mieux sur cel état. L'évêque leur dit, qui désiroit à être François : « Prenez messire Guillaume de Fernitonne et les plus notables de son conseil et les mettez en prison, ou dites que vous les occirez si ils ne s'accordent à rendre. » Ainsi que le dit évêque le conseilla fut fait. De nuit cils de Saintes prirent de force leur sénéchal en son hôtel, et huit de ses écuyers, et leur dirent : « Seigneurs, nous ne nous sentons mie fort assez que pour nous tenir contre la puissance des Bretons, car encore doivent ils être demain rafreschis de nouvelles gens de par le connétable qui se tient à Poitiers; si voulons que vous rendez cette cité, ainçois que nous y recevons plus grand dommage, ou briévement nous vous occirons. » Messire Guillaume et ses compagnons virent bien que défense n'y valoit rien; leur dit : « Seigneurs, je vous laisserai convenir, puisque ainsi est que vous avez volonté de vous rendre; mais mettez-nous hors de vos traités; si ferez courtoisie, et vous en saurons gré. » Et cils répondirent : « Volontiers. »

Quand ce vint lendemain au matin, le sire de Cliçon, le sire de Pons, le vicomte de Rohan et les barons qui là étoient, firent sonner leurs trompettes pour assaillir et armer, et appareiller toutes gens et traire avant, et mettre en ordonnance d'assaut. Evvous autres nouvelles envoyées de par ceux de Saintes! A ces traités entendirent volontiers les seigneurs de l'ost, pour tant que ce leur sembloit honneur de conquerre une telle cité qu'est Saintes, et mettre en l'obéissance du roi de France, sans travailler ni blesser leurs gens, qui leur étoit grand profit; et aussi ils tiroient toudis à chevaucher avant. Si furent cils traités ouïs et retenus, et accordés;

---

[1] Il se nommait Bernard de Sault.

et se départirent messire Guillaume de Fernitonne et ses gens sauvement, sur le conduit du seigneur de Pons qui fit les dits Anglois conduire jusques en la cité de Bordeaux. Ainsi eurent les François la bonne cité de Saintes et en prirent la féaulté et hommage; et jurèrent les hommes de la ville à être bons et loyaux François de ce jour en avant. Et puis se partirent, quand ils s'y furent rafreschis trois jours, et chevauchèrent devant Pons qui se tenoit encore Angloise, quoique le sire fût François; et en étoit capitaine messire Aymemon de Bourcq. Mais quand cils de la ville se virent ainsi enclos de tous lez des François, et que cils de Poitiers, de Saintes et de Saint-Jean l'Angelier étoient tournés et rendus François, et que les dits Anglois perdoient tous les jours, et que le captal étoit pris, par lequel toutes recouvrances pussent y être faites, ils ne eurent nulle volonté d'eux tenir, mais se rendirent, par composition que tous cils qui l'opinion des Anglois vouloient tenir se pouvoient partir sans dommage et sans péril, et auroient conduit jusques à Bordeaux. Si se partit sur cel état messire Aymemon qui l'avoit gardée plus d'un an et demi, et avec lui toute sa route, et se trait à Bordeaux; et le sire de Pons entra en sa ville où il fut reçu à grand'joie, et lui fit-on grands dons et beaux présens afin que il leur pardonnât son mautalent; car il avoit dit en devant que il en feroit plus de soixante de ses gens mêmes trancher les têtes; et pour celle doute s'étoient-ils longuement tenus. Mais ainçois qu'il y peuvist entrer, ni que ils voulsissent ouvrir leurs portes, il leur quitta et pardonna tout, à la prière du seigneur de Cliçon et des barons qui étoient en sa compagnie. Or parlerons-nous de ceux de la Rochelle.

CHAPITRE CCCLV.

Comment ceux de la Rochelle se retournèrent François.

Cils de la Rochelle étoient en traités couverts et secrets devers Yvain de Galles qui les avoit assiégés par mer, si comme ci dessus vous avez ouï, et aussi devers le connétable de France qui se tenoit à Poitiers; mais ils n'en osoient nul découvrir, car encore étoient leur châtel en la possession des Anglois; et sans le châtel ils ne se osassent nullement tourner François. Quand Jehan d'Évreux, si comme ci dessus est recordé, s'en partit pour reconforter de tous points ceux de Poitiers, il y établit un écuyer à garde, qui s'appelloit Philippot Mansel, qui n'étoit pas trop soucieux; et demeurèrent avec lui environ soixante compagnons.

A ce temps avoit en la ville de la Rochelle un maieur durement aigu et soubtil en toutes ses choses, et bon François de courage, si comme il le montra; car quand il vit que point fut, il ouvra de sa subtilité, et jà s'en étoit découvert à plusieurs bourgeois de la ville qui étoient de son accord. Bien savoit le dit maieur, qui s'appelloit sire Jean Caudourier [1], que cil Philippot qui étoit gardien du châtel, comment qu'il fût bon homme d'armes, n'étoit mie soucieux ni percevant, sans nulle mauvaise malice. Si le pria un jour au dîner de-lez lui, et aucuns bourgeois de la ville. Cil Philippot, qui n'y pensoit que tout bien, lui accorda et y vint. Ainçois que on s'assît au dîner, sire Jean Caudourier, qui étoit tout pourvu de son fait, et qui informé en avoit les compagnons, dit à Philippot : « J'ai reçu depuis hier, de par notre cher seigneur le roi d'Angleterre, des nouvelles qui bien vous touchent. » — « Et quelles sont-elles? » répondit Philippot. Dit le maire : « Je les vous montrerai, et ferai lire en votre présence, car c'est bien raison. » Adonc alla-t-il en un coffre et prit une lettre toute ouverte, anciennement faite et scellée du grand scel du roi Édouard d'Angleterre, qui de rien ne touchoit à son fait, mais il l'y fit toucher par grand sens, et dit à Philippot : « Ve-les-ci. » Lors lui montra le scel, auquel il s'apaisa assez, car moult bien le reconnut; mais il ne savoit lire, pourtant fut-il déçu. Sire Jean Caudourier appela un clerc, que il avoit tout pourvu et avisé de son fait, et lui dit : « Lisez nous cette lettre. » Le clerc la prit, et lisit ce que point n'étoit en la lettre; et parloit, en lisant, que le roi d'Angleterre commandoit au maieur la Rochelle que il fesist faire leur montre de tous hommes d'armes demeurans en la Rochelle, et l'en rescripsit le nombre par le porteur de ces lettres, car il le vouloit savoir; et aussi de ceux du châtel, car il espéroit temprement à là venir et arriver.

Quand ces paroles furent toutes dites, ainsi que on lit une lettre, le maire appela le dit Phi-

---

[1] Il est nommé en effet Jean de Chaudrier dans l'*Histoire de La Rochelle*.

lippot et lui dit : « Chastelain, vous oyez que le roi notre sire me mande et commande ; si que, de par lui, je vous commande que demain vous fassiez votre monstre de vos compagnons en la place devant le châtel, et tantôt après la vôtre je ferai la mienne, parquoi vous la verrez aussi, si vaudra trop mieux, en cette même place : si en recrirons l'un par l'autre la vérité à notre très cher seigneur le roi d'Angleterre ; et aussi, si il besogne argent à vos compagnons, je crois bien oil, tantôt la montre faite, je vous en prêterai, parquoi vous les payerez leurs gages ; car le roi d'Angleterre notre sire le commande ainsi en une lettre close par laquelle me mande que je les paye sur mon office. » Philippot, qui ajoutoit en toutes ces paroles grand'loiauté, lui dit : « Maieur, de par Dieu ! puisque c'est à demain que je dois faire ma montre, je le ferai volontiers, et les compagnons en auront grand'joie, pourtant qu'ils seront payés ; car ils désirent à avoir argent. » Adonc laissèrent-ils les paroles sur tel état, et allèrent diner ; et furent tout aises. Après diner cil Philippot se retrait ens ou châtel de la Rochelle, et conta à ses compagnons tout ce que vous avez ouy, et leur dit : « Seigneurs, faites bonne chère, car demain, tantôt après votre montre, vous serez payés de vos gages, car le roi l'a ainsi mandé et ordonné au maieur de cette ville, et j'en ai vu les lettres. » Les soudoyers, qui désiroient à avoir l'argent, car on leur devoit de trois mois ou plus, répondirent : « Veci riches nouvelles ! » Si commencèrent à fourbir leurs bassinets, à rouler leurs cottes de fer et à esclaircir leurs épées ou armures telles qu'ils les avoient.

Ce soir se pourvéit tout secrètement sire Jean Caudourier, et informa la plus grand'partie de ceux de la Rochelle qu'il sentoit de son accord, et leur donna ordonnance pour lendemain à savoir comment ils se maintiendroient. Assez près du châtel de la Rochelle et sur la place où cette montre se devoit faire, avoit vieilles maisons où nul ne demeuroit. Si dit le maieur que là dedans on feroit une embûche de quatre cents hommes d'armes, tous les plus aidables de la ville, et quand cils du châtel seroient hors issus, ils se mettroient entre le châtel et eux et les enclorroient ; ainsi seroient-ils attrappés ; ni il véoit mie que par autre voie il les pût avoir. Cil conseil fut tenu, et ci......... et élus en la ville qui devoient être en l'embûche ; et y allèrent tout secrètement très la nuit, tout armés de pied en cap et eux informés quelle chose ils feroient. Quand ce vint au matin après soleil levant, le maieur de la Rochelle et les jurés, et cils de l'office tant seulement, se trairent tout désarmés, par couverture, pour plus légèrement attraire ceux du châtel avant ; et s'en vinrent sur la place où la montre se devoit faire ; et étoient montés chacun sur bons gros coursiers, pour tantôt partir quand la mêlée se commenceroit. Le châtelain, sitôt que il les vit apparoir, il hâta ses compagnons et dit : « Allons, allons là jus en la place, on nous attend. » Lors se départirent du châtel tous les compagnons, sans nulle soupçon, qui montrer se vouloient et qui argent attendoient, et ne demeurèrent au dit châtel fors que varlets et mesnées, et vuidèrent la porte et la laissèrent toute ample ouverte, pour ce que ils y cuidoient tantôt retraire ; et s'en vinrent sur la place eux remontrer au maieur et aux jurés qui là campoient. Quand ils furent tous en un mont, le maieur, pour eux ensonnier, les mit à parole, et disoit à l'un et puis à l'autre : « Encore n'avez-vous pas tout votre harnois pour prendre pleins gaiges, il le vous faut amender. » Et cils disoient : « Volontiers. » Ainsi en janglant et en bourdant il les tint tant que l'embûche saillit hors, armés si bien que rien n'y failloit ; et se boutèrent tantôt entre le châtel et eux, et se saisirent de la porte. Quand les soudoyers virent ce, si connurent bien que ils étoient trahis et déçus. Si furent bien ébahis, et à bonne cause. A ces coups se partit le maieur et tous les jurés à cheval, et laissèrent leurs gens convenir, qui tantôt furent maîtres de ces soudoyers, qui se laissèrent prendre bellement, car ils virent bien que deffense n'y valoit rien. Les Rochelois les firent là un et un désarmer sur la place, et les menèrent en prison en la ville en divers lieux, en tours et en portes de la ville, où plus n'étoient que eux deux ensemble. Assez tôt après ce, vint le maieur tout armé sur la place et plus de mille hommes en sa compagnie. Si se trait incontinent devers le châtel, qui en l'heure lui fut rendu, car il n'y avoit dedans fors menues gens, meschines et varlets, en qui il n'y avoit aucune deffense ; mais furent tout joyeux quand ils se purent rendre et que on les laissa en paix. Ainsi fut reconquis le châtel de la Rochelle.

Quand le duc de Berry et le duc de Bourbon, et aussi le duc de Bourgogne, qui s'étoient tenus moult longuement sur les marches d'Auvergne et de Limousin à plus de deux mille lances, entendirent ces nouvelles que cils de la Rochelle avoient bouté hors les Anglois de leur châtel, et le tenoient pour leur, si se avisèrent que ils se trairoient celle part pour voir et savoir quelle chose ils voudroient faire. Si se départirent de la marche où ils s'étoient tenus, et chevauchèrent devers Poitou le droit chemin pour venir à Poitiers devers le connétable. Si trouvèrent une ville en leur chemin en Poitou qu'on dit Saint-Maixent qui se tenoit Angloise ; car le château qui sied au dehors de la ville étoit en la gouvernance des Anglois. Sitôt que cils seigneurs et leurs routes furent venus devant la ville, cils de Saint Maixent se rendirent, saufs leurs corps et leurs biens ; mais le château ne se voult rendre. Donc le firent assaillir les dessus dits seigneurs moult efforcément, et là eut un jour tout entier grand assaut, et ne put ce jour être pris. A lendemain, de rechef ils vinrent assaillir si efforcément et de si grand'volonté que ils le prirent, et furent tous cils morts qui dedans étoient. Puis chevauchèrent les seigneurs outre, quand ils eurent ordonné gens de par eux pour garder la ville, et vinrent devant Mellé, et la prirent et la mirent en l'obéissance du roi de France ; et puis vinrent devant le châtel de Sivray. Cils de Sivray se tinrent deux jours, et puis se rendirent, saufs leurs corps et leurs biens. Ainsi les seigneurs en venant vers la ville de Poitiers, conquéroient villes et châteaux, et ne laissoient rien derrière eux qui ne demeurât en l'obéissance du roi de France ; et tant cheminèrent qu'ils vinrent à Poitiers, où ils furent reçus à grand'joie du connétable et de ses gens et de ceux de la cité.

Quand les trois ducs dessus nommés furent venus à Poitiers, et toutes leurs routes, qui se logèrent là environ sur le plat pays pour être mieux à leur aise, le duc de Berry eut conseil qu'il enverroit devers ceux de la Rochelle pour savoir quelle chose ils voudroient dire et faire ; car encore se tenoient si clos que nul n'entroit ni issoit en leur ville. Si envoya le dit duc certains hommes et messages pour traiter et savoir mieux leur entente. Les messages, de par le duc de Berry et le connétable, furent bellement reçus, et répondu que ils envoyeroient devers le roi de France ; et si le roi leur vouloit accorder ce qu'ils demandoient, ils demeureroient bons François ; mais ils prioient au duc de Berry et au connétable que ils ne se voulsissent mie avancer, ni leurs gens, pour eux porter nul dommage ni contraire jusques à tant qu'ils auroient mieux cause. Ce fut ce que les messages rapportèrent. Cette réponse plaisit assez bien au dessus dit duc de Berry et au connétable, mais ils se tinrent tout cois à Poitiers et sur la marche sans rien forfaire aux Rochelois. Et Yvain de Galles par mer aussi les tenoit pour assiégés, comment que il ne leur fît nul contraire.

Or vous dirai de l'état des Rochelois et sur quel point et article ils se fondèrent et persévérèrent. Tout premièrement, ils envoyèrent douze de leurs bourgeois des plus suffisans et notables à Paris, devers le roi de France, sur bon sauf-conduit que ils eurent du roi, allant et venant, ainçois que ils se partissent de la Rochelle. Le roi, qui les désiroit à avoir à amis et pour ses obéissans, les reçut liement, et ouït volontiers toutes leurs requêtes qui furent telles que je vous dirai. Cils de la Rochelle vouloient tout premièrement, ainçois que ils se mesissent en l'obéissance du roi, que le château de la Rochelle fût abattu ; et après ils vouloient que le roi de France, pour toujours mais, il et ses hoirs, les tînt comme de son droit domaine de la couronne de France, et jamais n'en fussent éloignés pour paix, pour accord, pour mariage, ni pour alliance quelconque que il eût au roi d'Angleterre ni autre seigneur. Tiercement ils vouloient que le roi de France fît là forger florins et monnoie, de tel prix et alloi sans nulle exception que on forgeoit à Paris. Quartement ils vouloient que nul roi de France, ses hoirs ni ses successeurs, ne pussent mettre ni asseoir sur eux ni sur leurs masuyers, taille, subside, gabelle, imposition ni fouage, ni chose qui ressemblât, si ils ne l'accordoient ou donnoient de grâce. Quintement ils vouloient et requéroient que le roi les fît absoudre et dispenser de leur foi et sermens qu'ils avoient juré et promis au roi d'Angleterre, laquelle chose leur étoit un grand préjudice à l'âme, et s'en sentoient grandement chargés en conscience : pourtant ils vouloient que le roi, à ses dépens, leur impétrât du saint père le pape absolution et dispensation de tous ces forfaits.

Quand le roi de France ouït leurs articles et leurs requêtes, si leur en répondit moult doucement qu'il en auroit avis. Sur ce le dit roi s'en conseilla par plusieurs fois à plusieurs sages de son royaume, et tint là dalez lui moult longuement ceux de la Rochelle : mais finablement, de toutes leurs demandes il n'en put rien rabattre ; et convint que il leur accordât toutes, scellât et cancellât et confirmât pour tenir à perpétuité. Et se partirent du roi de France bien contens, chartres bullées et scellées, tout ainsi que ils le vouldrent avoir et deviser ; car le roi de France les désiroit moult à avoir en son obéissance, et recommandoit la ville de la Rochelle pour la plus notable ville que il eût par delà Paris ; et encore, à leur département, leur donna-t-il grands dons et beaux joyaux et riches présens pour reporter à leurs femmes. Donc ils se partirent du roi et de Paris et se mirent au retour.

Or retournèrent les bourgeois de la Rochelle en leur ville, qui avoient séjourné, tant à Paris que sur le chemin, bien deux mois. Si montrèrent à ceux qui là envoyés les avoient et à la communauté de la ville quelle chose ils avoient exploitées, et impétrée, sans nulle exception, toutes leurs demandes. De ce eurent-ils grand'joie, et se contentèrent grandement bien du roi et de son conseil. Ne demeura mie depuis trois jours que ils mirent ouvriers en œuvre, et firent abattre leur châtel, et mettre tout rès-à-rès de la terre, ni oncques n'y demeura pierre sur autre ; et l'assemblèrent là sur la place en un mont Depuis en firent-ils ouvrer aux nécessités de la ville, et paver aucunes rues qui en devant en avoient grand métier.

Quand ils eurent ainsi fait, ils demandèrent au duc de Berry qu'il vînt là s'il lui plaisoit, et que on le recevroit volontiers au nom du roi de France, et feroient tout ce qu'ils devoient faire. Le duc de Berry y envoya monseigneur Bertran le connétable, qui avoit commission et procuration de prendre la possession pour le roi de France. Lors se départit de Poitiers à cent lances le dit connétable, à l'ordonnance du duc de Berry, et chevaucha tant qu'il vint en la ville de la Rochelle, où il fut reçu à grande joie, et montra de ce procuration du dit roi son seigneur, qui l'avoit établi ès parties de par de là comme son corps représentant. Si prit la foi et l'hommage des hommes de la ville, et y séjourna trois jours ; et lui furent faites toutes droitures ainsi comme proprement au roi, et y reçut grands dons et beaux présens, et aussi il en donna foison aux dames et aux damoiselles ; et quand il eut assez revellé et joué, il se partit de la Rochelle et retourna arrière à Poitiers [1].

Ne demeura guère de temps puis ce di que le roi de France envoya ses messages devers Yvain de Galles, en lui mandant et signifiant que il le verroit volontiers, et son prisonnier le captal de Buch. Encore ordonna le roi en ce voyage que l'amiral du roi Henry de Castille, Dam Radhigo de Rous, se partît à toute sa navie et retournât en Espagne ; car pour celle saison il ne les vouloit plus ensonnier. Ainsi se défit l'armée de la mer ; et retournèrent les Espaignols, et furent, ains leur département, tout sec payés de leurs gages, tant et si bien qu'ils s'en contentèrent grandement du roi de France et de son paiement. Et Yvain de Galles, au commandement et ordonnance du roi, prit le chemin de Paris, et lui amena le captal de Buch, dont le roi eut grand'joie et lequel bien connoissoit, car il l'avoit vu autrefois. Si lui fit grand'chère et lie, et le tint en prison courtoise sans nulle contrainte ; car volontiers l'eût retrait à son amour par quoi il fût retourné François. Et lui fit promettre et offrir grands dons, grands héritages et grands profits ; mais le captal n'y voult oncques entendre ; mais bien disoit aux barons et aux chevaliers de France qui le visitoient et qui de cela parloient, que il se rançonneroit volontiers et grandement, cinq ou six fois plus que sa revenue par an ne lui valoit. Mais le roi n'avait point conseil de ce faire : si demeura la chose en cel état, et fut de premier mis au châtel du Louvre, et là gardé bien et soigneusement ; et le visitoient souvent les barons et les chevaliers de France. Or reviendrons-nous aux besognes de Poitou qui n'étoient mie encore toutes finies.

[1] La Rochelle se rendit aux Français le 15 août 1372. Cascalès rapporte une lettre du roi Henri de Castille à la ville de Murcie, datée de Bénévent, 27 septembre, année 1410 (c'est-à-dire 1372, d'après notre calcul), et dans laquelle il annonce que La Rochelle venait de se rendre au roi de France, avec cinq autres villes et châteaux pour la fête de Notre-Dame d'août : *El dia de Nuestra-Señora de Agosto que agora pasò*.

[1372]

CHAPITRE CCCLVI.

Des forteresses que messire Bertran du Guesclin prit en Rochelois.

Quand le connétable de France eut pris la saisine et la possession de la bonne ville de la Rochelle et il se fut retrait à Poitiers, si eurent conseil les seigneurs que ils se partiroient de là et viendroient devant aucuns châteaux qui étoient en la marche de la Rochelle; par quoi la ville, s'ils se partoient du pays, demeureroit en plus grand'sûreté; car encore étoient Anglois Marant, Surgières et Fontenay le Comte; et couroient tous les jours cils de ces garnisons jusques aux portes de la Rochelle, et leur faisoient moult de destourbiers. Si se départirent de Poitiers en grand arroy, le duc de Berry, le duc de Bourgogne, le duc de Bourbon, le Dauphin d'Auvergne, le sire de Sully, le connétable de France, les maréchaux de France et bien deux mille lances; et s'en vinrent premièrement devant le châtel de Benon. Si en étoit capitaine, de par le captal, un écuyer d'honneur de la comté de Foix qui s'appeloit Guillaume de Pan, et un chevalier de Naples qui se nommoit messire Jacques, deux apperts hommes malement; et avoient là dedans avec eux de bons compagnons qui ne furent mie trop effrayés quand cils seigneurs et le connétable les eurent assiégés; mais se confortèrent en ce que bien leur sembloit qu'il étoit assez pourvu de vivres et d'artillerie. Si furent assaillis plusieurs fois; mais trop bien se défendirent, ou de deux ou de trois assauts à ce commencement qu'ils eurent. Assez près de là sied la garnison de Surgières, où il avoit bien soixante lances d'Anglois, tous bons compagnons et droites gens d'armes : si s'avisèrent un jour que, de nuit, ils viendroient réveiller l'ost des François, et s'aventureroient s'ils pouvoient rien conquérir. Si se départirent de leur fort quand il fut tout à vêpres, et chevauchèrent devers Benon, et se boutèrent environ mie-nuit en l'ost, et chevauchèrent si avant qu'ils vinrent sur le logis du connétable et là s'arrêtèrent. Si commencèrent à abattre et à découper, et blesser gens qui de ce ne se donnoient garde. Si en y eut moult de navrés et de mal appareillés; et par espécial, du logis du connétable, fut occis un sien écuyer d'honneur que il aimoit outre mesure. L'ost s'estourmit et s'arma tantôt. Cils se retrairent quand ils virent que point fut et qu'ils eurent fait leur emprise, et retournèrent sans dommage en leur garnison. Quand le connétable sçut la vérité de son écuyer que tant aimoit, qui étoit mort, si fut tellement courroucé que plus ne put, et jura que jamais de là ne partiroit si auroit pris le châtel de Benon, et seroient sans merci tous cils morts qui dedans étoient. A lendemain, quand il eut fait enterrer son écuyer, il commanda toutes ses gens armer et venir avant à l'assaut; et pour mieux exploiter, il s'arma et y alla. Là eut grand assaut et dur, et bien continué; et tellement s'y éprouvèrent messire Bertran et ses gens, que le châtel de Benon fut pris et conquis de force, et tous cils qui dedans étoient morts ou occis, sans nullui prendre à merci.

Après ce que le connétable de France eut fait son emprise du châtel de Benon et de tous ceux qui dedans étoient, il donna conseil de traire avant au châtel de Marant, à quatre lieues de la Rochelle. Du châtel de Marant étoit capitaine un Allemand qui s'appeloit Wissebare, hardi homme malement, et avec lui avoit foison d'Allemands; mais quand ils virent que cils seigneurs de France venoient si efforcément, et que rien ne duroit devant eux, et que cils de la Rochelle s'étoient tournés François, et que le connétable avoit tous mis à mort ceux du châtel de Benon, si furent si effréés que ils n'eurent volonté d'eux tenir, mais se rendirent, et la forteresse, et se tournèrent tous François, et le jurèrent à être de ce jour en avant, en la main du seigneur de Pons que le connétable y envoya pour prendre la saisine et la possession; mais ils y mirent une condition, tant que on les vouldroit payer de leurs gages, ainsi que les Anglois les avoient payés bien et courtoisement; et si on en étoit en deffaute, ils se pouvoient partir sans nul reprochement. Si demeurèrent en cel état comme en devant pour tenir et garder la forteresse. Et puis passèrent les seigneurs outre et vinrent devant le châtel de Surgières. Quand ils furent là venus, ils le trouvèrent tout vuide et tout ouvert; car les Anglois qui l'avoient gardé toute la saison, pour la doutance du connétable, s'en étoient partis et boutés en autres forteresses en Poitou. Si entrèrent les François dedans le châtel de Surgières. Quand ils furent là venus, ils le rafreschirent de nouvelles gens et puis chevauchèrent devant Fontenay le Comte, où la femme messire Jean Harpedane se tenoit, et avec li plusieurs bons compagnons qui ne furent à ce commencement effréés de tenir la forteresse contre les François.

Quand le duc de Berry et les autres ducs, et le connétable de France, furent venus devant Fontenay le Comte en Poitou, si assiégèrent la ville et le châtel par bonne ordonnance, et ceux qui dedans étoient; et puis ordonnèrent engins et manière comment ils les pourroient conquerre. Si y firent plusieurs assauts le terme qu'ils y furent; mais ils ne l'avoient mie d'avantage, car ils trouvèrent ceux de la garnison apperts et légers, et bien ordonnés pour eux deffendre. Si y eut là, devant la ville de Fontenay, plusieurs assauts, escarmouches et grands appertises d'armes, et moult de gens blessés, car presque tous les jours y avoient aucuns faits d'armes par deux ou trois estours; si ne pouvoit remanoir que il n'en y eût des blessés. Et vous dis que si cils de Fontenay sentissent ni eussent espérance que ils pussent être confortés dedans trois ou quatre mois, de qui que ce fût, par mer ou par terre, ils se fussent assez tenus, car ils avoient pourvéances à grand'foison. Si étoient en forte place. Mais quand ils imaginèrent le péril, que ils étoient là enclos, et que de jour en jour on leur promettoit que si de force pris étoient ils seroient tous morts et sans merci, et si ne leur apparoit confort de nul côté, ils s'avisèrent et entendirent aux traités du connétable, qui furent tels : que ils se pouvoient partir, si ils vouloient, et emporter tout le leur, et seroient conduits jusques à Thouars où tous les chevaliers de Poitou se tenoient et étoient là recueillis. Cil traité passa et fut tenu; et se partirent cils de Fontenay qui Anglois étoient; et emmenèrent leur dame avec eux; et se retrairent, sur le conduit du connétable, sur la ville de Thouars où ils furent recueillis. Ainsi eurent les François Fontenay le Comte, la ville et le châtel, et y ordonnèrent à capitaine un chevalier, à vingt lances dessous lui, qui s'appeloit messire Renault de Larzi; et puis retournèrent devers la cité de Poitiers et exploitèrent tant qu'ils y vinrent.

CHAPITRE CCCLVII.

Comment les François mirent le siége devant Thouars ; et comment le roi d'Angleterre se mit en mer pour venir en Poitou lever leur siége.

Quand cils seigneurs de France furent retraits à Poitiers, et rafraîchis par quatre jours, et leurs chevaux, ils eurent conseil qu'ils ne s'en partiroient, et s'en iroient devant Thouars, où tous les chevaliers de Poitou se tenoient, cils qui soutenoient l'opinion du roi d'Angleterre; et bien y en avoit cent, uns et autres; et mettroient le siége; et ne s'en partiroient si en auroient une fin, ou ils seroient tous François ou tous Anglois. Si se partirent en grand arroy et bien ordonnés, de la cité de Poitiers; et étoient bien trois mille lances, chevaliers et écuyers, et quatre mille à pavois, parmi les Gennevois. Si chevauchèrent tant ces gens d'armes que ils vinrent devant Thouars où ils tendoient à venir. Si ordonnèrent et établirent tantôt leur siége grand et bel, et tout à l'environ de la ville et du châtel; car bien étoient gens pour ce faire; et ne y laissoient nullui entrer, ni issir; ni point n'assailloient, car bien savoient que par assaut jamais ne les auroient; car là dedans avoit trop de bonnes gens d'armes; mais ils disoient que là tant seroient que ils les affameroient, si le roi d'Angleterre de sa puissance, ou ses enfans ne venoient lever le siége. Quand les barons et les bacheliers qui là dedans enclos étoient, tels que messire Louis de Harecourt, le sire de Parthenay, le sire de Tarste, messire Hugues de Vivone, messire Aymery de Rochechouart, messire Percevaux de Couloingne, messire Regnaut de Thouars, le sire de Roussillon, messire Guillaume de Crupegnac, messire Joffroy d'Argenton, messire Jacques de Surgières, messire Jean d'Angle, messire Guillaume de Montendre, messire Maubrun de Linières, et plusieurs autres que je ne puis mie tous nommer, perçurent la manière et imaginèrent l'arroy et l'ordonnance des François, comment ils étoient là traits et se fortifioient, et multiplioient tous les jours, si eurent sur ce avis et conseil, car bien véoient que cils seigneurs qui assiégés les avoient, ne se partiroient si en auroient leur volonté et entente, ou en partie. Si dit messire Percevaux de Couloingne, qui fut un sage et imaginatif chevalier, et bien enlangagé, un jour qu'ils étoient tous ensemble en une chambre pour avoir avis et conseil sur leurs besognes : « Seigneurs, seigneurs, vous savez que nous avons tenu notre loiauté devers le roi d'Angleterre tant que nous avons pu, et que par droit il doit nous en savoir gré ; car, en son service et pour son héritage aider à garder et deffendre, nous avons employé et aventuré notre corps sans nulle feintise, et mis notre chevance. Au parderrain nous sommes ci enclos et n'en pouvons partir ni issir hors fors par danger ; et sur ce j'ai moult imaginé et étudié comment nous ferons et comment de ci à notre honneur nous istrons ; car partir nous en faut ; et si vous le voulez ouir je le vous dirai, sauf tous jours le meilleur conseil. » Les chevaliers qui là étoient répondirent : « Oil, sire, nous le voulons ouir. » Lors dit messire Percevaux : « Il ne peut être que le roi d'Angleterre, pour qui nous sommes en ce parti, ne soit informé en quel danger cils François nous tiennent, et comment tous les jours son héritage se perd ; si il le veut laisser perdre, nous ne le pouvons sauver ni garder, car nous ne sommes mie si forts de nous-mêmes que pour résister ni estriver contre la puissance du roi de France ; car encore nous véons en ce pays que cités, villes, châteaux et forteresses avec prélats, barons, chevaliers, dames et communautés se tournent tous les jours François et nous font guerre, laquelle chose nous ne pouvons longuement souffrir ni soutenir ; pourquoi je conseille que nous entrons en traités devers ces seigneurs de France qui ci nous ont assiégés, et prenons unes trèves à durer deux mois ou trois. En celle trève durant et au plutôt que nous pouvons, signifions tout pleinement notre état à notre seigneur le roi d'Angleterre, et le danger où nous sommes, et comment son pays se perd, et impétrons celle trève devers ces seigneurs de France : que si le roi d'Angleterre, ou l'un de ses enfans pouvoient venir, ou tous ensemble, si forts devant cette ville, dedans un terme exprès que nous y assignerons par l'accord et ordonnance de nous et d'eux, que pour combattre eux et leur puissance et lever le siége, nous demeurons Anglois à tous jours mais ; et si le contraire est, nous serons François de ce jour en avant. Or respondez s'il vous semble que je aie bien parlé. » Ils répondirent tous d'une voix : « Oil, c'est la plus prochaine voie par laquelle nous en pouvons voirement à notre honneur et pour garder notre loiauté issir. »

A ce conseil et propos n'y eut plus rien répliqué ; mais fut tenu et affermé ; et en usèrent en avant par l'avis et conseil du dessus dit messire Percevaux, et entrèrent en traité devers le duc de Berry et le connétable de France. Cils traités entre eux durèrent plus de seize jours ; car les dessus dits seigneurs, qui devant Thouars se tenoient, n'en vouloient rien faire sans le sçu du roi de France. Tant fut allé de l'un à l'autre et parlementé, que cils de Thouars et cils de Poitou qui dedans étoient, et aussi cils qui devant séoient, demeurèrent en segur état parmi unes trèves qui furent là prises, durant jusques à la Saint-Michel prochain venant ; et si dedans ce jour, le roi d'Angleterre ou l'un de ses enfans, ou tous ensemble pouvoient venir si forts en Poitou, que pour tenir la place devant Thouars contre les François, ils demeuroient eux et leurs terres Anglois à toujours ; et si c'étoit que le roi d'Angleterre ou l'un de ses fils ne tenoient la journée, tous cils barons et chevaliers poitevins qui dedans Thouars étoient demeureroient François, et mettroient eux et leurs terres en l'obéissance du roi de France.

Cette cose sembla grandement raisonnable à tous ceulx qui en ouïrent parler. Nequedent, quoique les trèves durassent et qu'ils fussent en segur état dedans Thouars, et aussi au siége des dits seigneurs de France, pour ce ne se défit mie le siége, mais tous les jours que Dieu amenoit se renforçoit ; car, par bonne délibération et conseil, tous les jours y envoyoit le roi de France gens, tous à élection des meilleurs de son royaume, pour aider à garder sa journée contre le roi d'Angleterre, ainsi que ordonné étoit et que devise portoit.

Au plus tôt que les barons et les chevaliers qui dedans Thouars assiégés étoient purent, ils envoyèrent en Angleterre certains messages et lettres moult douces et moult sentans sur l'état du pays et du danger où ils étoient, et que pour Dieu et par pitié il y voulsist pourvoir de remède, car à lui en touchoit plus que à tout le monde. Quand le roi ouït ces nouvelles, et comment ses chevaliers de Poitou lui signifioient, si dit que, s'il plaisoit à Dieu, il iroit personnellement et seroit à la journée devant Thouars, et y meneroit tous ses enfans. Proprement le prince de Galles son fils, comment qu'il ne fût mie bien haitié, dit qu'il iroit, dût-il demeurer au voyage. Adonc fit le roi d'Angleterre un très grand et très espécial mandement de tous chevaliers et écuyers parmi son royaume et dehors son royaume, et le fit à savoir au royaume d'Escosse, et en eut bien depuis trois cents lances; et se hâta le dit roi du plus tôt qu'il put; et lui chéit adonc si bien que, toute la saison, on avoit fait pourvéances sur mer pour son fils le duc de Lancastre, qui devoit passer la mer et arriver à Calais : si que ces pourvéances furent contournées en l'armée du roi, et le voyage du duc de Lancastre brisé et retardé. Oncques le roi d'Angleterre, pour arriver en Normandie, ni en Bretagne, ni nulle part, n'eut tant de bonnes gens d'armes ni tel foison d'archers qu'il eut là. Ançois que le roi partît d'Angleterre, il ordonna, présens tous les pairs de son royaume, prélats, comtes, barons et chevaliers et conseils des cités et bonnes villes, que si il mouroit en ce voyage il vouloit que Richard, fils au prince de Galles, son fils, fût roi et successeur de lui et de tout le royaume d'Angleterre, et que le duc de Lancastre son fils, ni ses autres trois fils, messire Jean, messire Aymon et messire Thomas n'y pussent clamer droit; et tout ce leur fit leur père jurer solennellement, et avoir en convent à tenir fermement, devant tous les prélats, comtes et barons à ce espécialement appelés. Quand toutes ces choses furent ordonnées et faites, il se partit de Londres et ses trois fils; et jà la plus grand' partie de ses gens l'attendoient à Hantonne ou là environ, où ils devoient monter en mer, et où toute leur navie et leurs pourvéances étoient [1]. Quand ils virent que point fut, ils se désancrèrent du dit havène, et commencèrent à singler et à tourner devers la Rochelle. En celle flotte avoit bien quatre cents vaisseaux, que uns queautres, quatre mille hommes d'armes et dix mille archers.

Or vous dirai qu'il avint de celle navie et du voyage du roi qui tiroit pour venir en Poitou. Il n'eut cure où il eût pris terre, ou en Poitou ou en Bordelois, tout lui étoit un, mais qu'il fût

outre mer. Le roi, ses enfans et sa grosse navie vaucrèrent et furent sus la mer le terme de neuf semaines, par faute de vent, ou contraire ou autrement, que oncques ne purent prendre terre en Poitou, en Xaintonge, en Rochelois, ni ès marches voisines, dont trop courroucés et émerveillés étoient. Si singloient-ils de vent de quartier et de tous vents pour leur voyage avancer; mais ils reculoient autant sur un jour que ils alloient en trois. En ce danger furent-ils tant que le jour Saint-Michel expira, et que le roi vit bien et connut que il ne pourroit tenir sa journée devant Thouars pour conforter ses gens. Si eut conseil, quand il eut ainsi travaillé sur mer que je vous dis, de retourner arrière en Angleterre, et que il comptât Poitou à perdu pour celle saison. Adonc dit le roi d'Angleterre de cœur courroucé, quand il se mit au retour : « Dieu nous aide et Saint George, il n'y eut oncques mais en France, si méchant roi comme cil à présent est, et si n'y eut oncques roi qui tant me donnât à faire comme il fait. » Ainsi, et sur cel état, sans rien faire, retourna le roi en Angleterre, ses enfans et toutes leurs gens. Et si très tôt comme ils furent retournés, le vent fut si bon et si courtois sur mer, et si propice pour faire un tel voyage que ils avoient empris, que deux cents nefs d'une voile, marchans d'Angleterre, et de Galles et d'Escosse, arrivèrent au havène de Bordeaux sur la Garonne, qui là alloient aux vins. Donc on dit et recorda en plusieurs lieux en ce temps que Dieu y fut pour le roi de France.

Bien savoit messire Thomas de Felleton, qui étoit sénéchal de Bordeaux, la journée expresse pour eux rendre aux François que les barons et chevaliers qui dedans Thouars se tenoient avoient pris; et avoit bien sçu que le roi d'Angleterre son sire en étoit signifié; si le manda et signifia, et avoit mandé et signifié certainement et surement à tous les barons de Gascogne qui pour Anglois se tenoient, tant que par son pourchas et pour eux acquitter, le sire de Duras, le sire de Rosem, le sire de Mucident, le sire de Langueran, le sire de Condon, messire Bernardet de la Breth sire de Gironde, le sire de Pommiers, le sire de Caumont, le sire de Montferrant, messire Pierre de Landuras, messire Petiton de Courton et plusieurs autres, eux et leurs gens, chacun au plus qu'ils en pouvoient avoir, étoient venus

---

[1] Il paraît que l'armée s'embarqua à Sandwich et non à Southampton, d'où elle partit vers les premiers jours de septembre. Il est du moins certain, d'après des actes publiés par Rymer, que le roi d'Angleterre était dans le premier port le 31 août.

à Bordeaux, et partis de là, le dit sénéchal en leur compagnie, et aussi le sénéchal des Landes; et avoient tant chevauché que ils étoient entrés en Poitou et venus à Niort, et là trouvèrent-ils les chevaliers anglois, monseigneur d'Angouse, messire Jean d'Everues, monseigneur Richart de Ponchardon, monseigneur Hue de Cavrelée, monseigneur Robert Mitton, monseigneur Martin l'Escot, monseigneur Baudoin de Frainville, monseigneur Thomas Banastre, monseigneur Jean Trivet, Jean Cresuelle, David Holegrave et les autres qui tous s'étoient là recueillis, et aussi messire Aymery de Rochechouart, mouseigneur Joffroi d'Argenton, monseigneur Maubrun de Linières et monseigneur Guillaume de Montendre, qui s'étoient partis de Thouars et du traité des autres seigneurs de Poitou et retraits à Niort avec les Anglois.

Quand ils se trouvèrent tous ensemble, si furent plus de douze cents lances. Sitôt que ils virent que la journée étoit expirée et que du roi d'Angleterre on n'avoit nulles nouvelles.

Vous devez savoir que, pour tenir sa journée à l'ordonnance du connétable dessus dite, le roi de France avoit envoyé là toute la fleur de son royaume, car il avoit entendu que le roi d'Angleterre et ses enfans y seroient au plus fort que ils pourroient. Si vouloit aussi que ses gens y fussent si forts que pour tenir honorablement leur journée: pourquoi avec le dit connétable étoient ses frères le duc de Berry et le duc de Bourgogne, moult étofférment de chevaliers et d'écuiers, et aussi le duc de Bourbon, le comte d'Alençon, messire Robert d'Alençon son frère, le Dauphin d'Auvergne, le comte de Boulogne, le sire de Sully, le sire de Craon et tant de hauts seigneurs que un detri seroit au nommer : car là étoit la fleur de gens d'armes de toute Bretagne, de Normandie, de Bourgogne, d'Auvergne, de Berry, de Touraine, de Blois, d'Anjou, de Limousin et du Maine, et encore grand foison d'étraigniers, d'Allemans, de Thiois, de Flamans et de Hainuyers ; et étoient bien quinze mille hommes d'armes et trente mille d'autres gens. Nonobstant leur force et leur puissance, ils furent moult réjouis quand ils scurent et virent que le jour Saint-Michel étoit passé et expiré, et le roi d'Angleterre, ni aucuns de ses enfans ne étoient point comparus pour lever le siége. Si signifièrent aussi tantôt ces nouvelles au roi de France qui en fut moult réjoui, quand, sans péril de bataille, mais par sages traités, il convenoit que cils de Poitou et leurs terres fussent en son obéissance.

Les Gascons et les Anglois qui étoient à Niort, et là venus et amassés, et se trouvoient bien douze cents lances de bonnes gens, et savoient tous les traités des barons et chevaliers de Poitou qui en Thouars se tenoient, car notifié espécialement leur étoit, virent que le jour étoit passé qu'ils se devoient rendre, si ils n'étoient confortés, et que le roi d'Angleterre ni aucuns de ses enfans n'étoient encore point traits avant, dont on eût eu nouvelles, dont ils étoient moult courroucés. Si eurent conseil entr'eux comment ils pourroient persévérer et trouver voie d'honneur que cils Poitevins, qui obligés s'étoient envers les François, demeurassent toudis de leur parti; car moult les aimoient dalès eux. Si eurent sur ces besognes, en la ville de Niort, grands consaux ensemble : finablement, eux conseillés et avisés, ils signifièrent par lettres scellées, envoyées par un héraut, leur entente aux Poitevins qui en Thouars se tenoient. Si devisoient et disoient ces lettres, avec saluts et amitiés, que : comme ainsi fût que, à leur avis, pour le meilleur ils s'é toient composés envers les François, par foi et par serment, d'eux mettre en l'obéissance du roi de France et de devenir bons François, si dedans le jour de la Saint-Michel ils n'étoient confortés du roi d'Angleterre leur cher seigneur, ou d'aucuns de ses enfans personnellement, or véoient que la deffaute y étoit, si supposoient que c'étoit par fortune de mer et non autrement : toutes fois il étoient là traits et venus à Niort à quatre lieues près d'eux, et se trouvoient bien douze cents lances ou plus de bonnes gens d'étoffe ; si offroient que, s'ils vouloient issir de Thouars et prendre journée de bataille pour combattre les François, ils aventureroient leurs corps, avec l'héritage de leur seigneur le roi d'Angleterre.

Ces lettres furent entre les Poitevins volontiers ouïes et vues ; et en scurent les plusieurs grand gré aux Gascons et aux Anglois qui ainsi leur signifioient ; et se conseillèrent sur cettes grandement et longuement ; mais eux conseillés, tout considéré, et bien imaginé leur affaire et les traités lesquels ils avoient promis à tenir aux François, ils ne pouvoient voir, ni trouver par nulle voie de droit, que ils fissent autre chose que d'eux rendre, puisque le roi d'Angleterre ou l'un de ses fils ne seroit à la bataille que les Gascons vouloient avoir personnellement. En ce conseil avoit grand'voix le sire de Partenay; et voult celle fois que on acceptât la journée des Gascons; et y montroit voie de droit et de raison assez, par deux conditions: la première étoit, que ils savoient de vérité, et étoit ce tout notoire, que le roi d'Angleterre et ses enfans, et la greigneur partie de leur puissance, étoient sur mer, et que fortune leur avoit été si contraire que ils n'avoient pu ni pouvoient arriver ni prendre terre en Poitou, dont ils devoient bien y être excusés, car outre pouvoir n'est rien. La seconde raison étoit que: quoique ils eussent juré et scellé aux François, ils ne pouvoient l'héritage du roi d'Angleterre donner, aliéner ni élever aucunement aux François sans son gré. Ces paroles et raisons proposées du dit baron de Partenay étoient bien spécifiées et examinées en ce conseil; mais tantôt on y remettoit autres raisons qui toutes les affoiblissoient. Dont il avint que le sire de Partenay sit un jour du parlement, et dit que il demeureroit Anglois, et s'en revint à son hôtel. Mais le sire de Poiane et le sire de Tonnai-Bouton le vinrent, depuis qu'il fut refroidi, requerre, et l'emmenèrent de rechef, où tous les consaux étoient. Là lui fut dit et remontré tant de l'un puis de l'autre, que finablement il s'accorda à tous leurs traités, et s'excusèrent moult bellement et sagement par lettres envers les barons et les chevaliers Gascons et Anglois qui à Niort se tenoient et qui leur réponse attendoient. Si leur reporta un héraut; et envoyèrent, avec leurs lettres scellées, la copie du traité, ainsi que ils le devoient tenir aux François, pour mieux colorer leur excusance. Quand les Gascons et les Anglois virent qu'ils n'en auroient autre chose, si furent moult courroucés; mais pour ce ne se départirent-ils mie si très tôt de Niort: ainçois se tinrent-ils là bien un mois, pour savoir encore plus à plein comment les François se maintiendroient. Tantôt après ce parlement parti et finé, qui fut en la ville de Thouars, les barons et les chevaliers qui là étoient, mandèrent au duc de Berry, au duc de Bourgogne, au duc de Bourbon et au connétable de France qu'ils étoient tous appareillés de tenir ce que promis et scellé avoient. De ces nouvelles furent les seigneurs de France tout joyeux, et chevauchèrent devers Thouars à grand'joie; et se mirent eux et leurs gens et leurs terres en l'obéissance du roi de France.

CHAPITRE CCCLVIII.

Comment le seigneur de Cliçon mit le siége devant la forteresse de Mortaigne.

Ainsi se tournèrent tous cils de Poitou ou en partie François, et demeurèrent en paix. Et encore se tenoient Anglois avec Niort, et se tinrent toute la saison, Chisech, Mortaigne sur mer, Mortemer, Chastel-Achart, la Roche sur Yon, Gensay, la Tour de la Breth, Merspin et Dieunée. Quand ces seigneurs de France eurent fait leur emprise et pris la possession de la ville de Thouars, le duc de Berry, le duc de Bourgogne et la greigneur partie des hauts barons de France se départirent et retournèrent en France, et le connétable s'en vint à Poitiers. A ce département le sire de Cliçon s'en vint mettre le siége devant Mortagne à toute sa charge de gens d'armes, et se logea par devant, et leur promit que jamais de là ne partiroit si les auroit, si trop grand'infortunité ne lui couroit sus. De la garnison de Mortaigne étoit capitaine un écuyer d'Angleterre qui s'appeloit Jacques Clercq qui frisquement et vassalement se défendoit quand ces Bretons l'assailloient. Quand le dit écuyer vit que c'étoit acertes, et que le sire de Cliçon ne les lairroit point si les auroit conquis, et sentoit que sa forteresse n'étoit pas bien pourvue pour un long siége, et savoit encore tous ces chevaliers de Gascogne et les Anglois à Niort, il s'avisa que il leur signifieroit. Si leur signifia secrètement par un varlet, que il mît de nuit hors de sa forteresse tout l'état en partie du seigneur de Cliçon et le sien aussi. Ces barons et ces chevaliers gascons et anglois furent moult réjouis de ces nouvelles et dirent qu'ils n'en voudroient pas tenir quarante mille francs; tant désiroient-ils le seigneur de Cliçon à trouver sur ce parti. Si s'armèrent et montèrent aux chevaux, et issirent de Niort bien cinq cents lances, et chevauchèrent couvertement devers Mortaigne. Le sire de Cliçon, comme sage et bon guerrier, n'étoit pas à apprendre d'avoir espies sur le pays pour savoir le convenant de ses ennemis, et encore quand il les sentoit en la ville de Niort; et ce lui vint trop grandement à point, car il eût été pris aux mains. Jà n'en eussent failli, si ce n'eût été une de ses espies qui étoit parti de Niort avec les Anglois et les Gascons, et qui là savoit quel chemin ils tenoient. Mais cil espie, qui connoissoit le pays, les devança et trota tant à pied que il vint à Mortaigne. Si trouva le seigneur de Clisson séant au souper dalez ses chevaliers. Si lui dit en grand'coite: « Or tôt, sire de Cliçon, montez à cheval; partez vous de ci et vous sauvez, car veci plus de cinq cents lances Anglois et Gascons qui tantôt seront sur vous et qui fort vous menacent; et disent que ils ne vous voudroient mie jà avoir pris, pour le déduit qu'ils auront dû prendre. » Quand le sire de Cliçon ouït ces nouvelles, si crut bien son espie; car jamais en vain ne lui eût dit ces nouvelles. Si dit: « Aux chevaux! » et bouta la table outre où il séoit. Ses chevaux lui furent tantôt appareillés, et aussi furent tous les autres; car il avoit de pourvéance, les selles mises. Si monta le sire de Cliçon, et montèrent ses gens, sans arroi et sans ordonnance ni attendre l'un l'autre; et n'eurent mie les varlets loisir de rousser ni de recueillir tentes, ni trefs ni chose nulle qui fût à eux, fors entente de fuir et d'eux sauver; et prirent le chemin de Poitiers; et tant fit le sire de Cliçon qu'il y vint, et la plus grand'partie de ses gens. Si recorda au connétable de France comment il leur étoit advenu.

Quand cils chevaliers Anglois et Gascons furent parvenus pardevant Mortaigne et eux boutés ens ès logis du seigneur de Cliçon et point ne l'y trouvèrent, si furent durement courroucés; et demeurèrent là celle nuit; et se tinrent tous aises des biens des François; et lendemain, ils firent tout le demeurant, tentes et trefs, trousser et amener à Niort, et les autres pourvéances, vins, chairs, sel et farine mener ens ou es le châtel de Mortaigne, dont ils furent rafreschis. Si retournèrent les dessus dits Anglois et Gascons en la ville de Niort.

Depuis, ne demeura gaires de temps que les barons de Gascogne et les chevaliers qui là étoient, eurent conseil de retourner vers Bordeaux, car bien pensoient que cel hiver on ne guerroieroit plus en Poitou, fors que par garnisons. Si ordonnèrent leurs besognes, et troussèrent et montèrent aux chevaux, et se partirent, et se adressèrent parmi la terre le seigneur de Parthenay, et l'ardirent toute, excepté les forteresses; et firent tant par leurs journées que ils vinrent à Bordeaux. Les Anglois chevaliers demeurèrent en Niort. Si en étoit capitaine un chevalier anglois nommé messire Jean d'Evrues avec messire d'Angouses et Jean Cresuelle. De la Roche sur Yon étoit capitaine un chevalier anglois qui se nommoit messire Robert de Grenake; de Luzignan messire Thomas de Saint-Quentin; et de Mortemer la dame de Mortemer et ses gens; de Gensay un écuyer Anglois qui s'appeloit Jacques Caillour; et de Chisech messire Robert Miton et messire Martin l'Escot. Si vous dis que cils des garnisons susdites chevauchoient d'un lez puis de l'autre; et ne séjournoient oncques; et tenoient toutes autres forteresses françoises en grand'guerre; et hérioient amèrement le plat pays; et le rançonnoient tellement que après eux n'y convenoit nullui envoyer. De tout ce étoit bien informé le connétable de France qui se tenoit à Poitiers, et s'y tint tout cel hiver sans départir; mais il disoit que à l'été il feroit remettre avant les Anglois tout ce qu'ils pilloient et prenoient sur le pays. Or parlerons-nous un petit des besognes de Bretagne.

CHAPITRE CCCLIX.

Comment le duc de Bretagne étoit Anglois et les Bretons étoient François.

Le duc de Bretagne, messire Jean de Montfort, étoit durement courroucé en cœur des contraintes que les François faisoient aux Anglois; et volontiers eût conforté les dits Anglois si il pût et osât[1]; mais le roi de France, qui sage étoit, et subtil fut là où sa plaisance s'inclinoit, et qui bellement savoit gens attraire et tenir à amour où son profit étoit, avoit mis en ce un trop grand remède; car il avoit tant fait que les prélats de Bretagne, les barons et les chevaliers et les bonnes villes étoient de son accord, excepté monseigneur Robert Canolles. Mais cil étoit du conseil et de l'accord du duc; et disoit bien que,

[1] Le duc de Bretagne avait fait avec le roi d'Angleterre un traité d'alliance offensive et défensive qui avait été signé par Édouard, le 19 juillet de cette même année. On trouve dans Rymer la suite des négociations à ce sujet entre le beau-père et le gendre.

pour perdre tout ce qu'il tenoit en Bretagne, il ne relinquiroit jà le roi d'Angleterre ni ses enfans, qu'il ne fût appareillé en leur service. Cil duc, qui appeloit le roi d'Angleterre son père, car il avoit eu sa fille en mariage, recordoit moult souvent en soi-même les beaux services que le roi d'Angleterre lui avoit faits; car jà n'eût été duc de Bretagne si le confort et aide du roi d'Angleterre et de ses gens ne lui eussent mis. Si en parla plusieurs fois aux barons et aux chevaliers de Bretagne, en remontrant l'injure que le roi de France faisoit au roi d'Angleterre, laquelle ne faisoit mie à consentir. Et cuidoit, par ses paroles colorées, attraire ses gens pour faire partie avec lui contre le roi de France. Mais jamais ne les eut amenés, car ils étoient trop forts enracinés en l'amour du roi de France, et du connétable qui étoit leur voisin. Et tant en parla le duc aux uns et aux autres que ses gens s'en commencèrent à douter : si gardèrent les cités, le châtel et les bonnes villes plus près que devant, et firent grands guets. Quand le duc vit ce, il se douta aussi de ses gens, que de fait, par l'information et requête du roi de France, ils ne lui fissent aucun contraire : si signifia tout son état au roi d'Angleterre, et lui pria que il voulsist envoyer gens par quoi il fût soudainement aidé s'il besognoit.

Le roi d'Angleterre qui véoit bien que le duc l'aimoit et que ses gens lui montroient rancune pour l'amour de lui, ne lui eût jamais refusé ; mais ordonna le seigneur de Neufville à quatre cents hommes d'armes et autant d'archers pour aller en Bretagne et prendre terre à Saint-Mahieu de Fine Poterne, et lui là tant tenir que il orroit autres nouvelles. Le sire de Neufville obéit ; sa charge de gens d'armes et d'archers lui fut appareillée et délivrée : si monta en mer au havène de Hantonne, et tournèrent les maronniers vers Bretagne ; lesquels singlèrent tant, par l'aide du vent, que ils arrivèrent au havène de Saint-Mahieu, et entrèrent en la ville ; car le duc avoit là de ses chevaliers tous pourvus, monseigneur Jean de Laquinghay et autres, qui lui firent voie. Quand le sire de Neufville et sa route eurent pris terre et ils furent entrés courtoisement en la ville de Saint-Mahieu, ils dirent aux bonnes gens de la ville que ils ne s'effréassent de rien, car ils n'étoient mie là venus pour eux porter contraire ni dommage ; mais les en garderoient et défendroient si il besognoit, et vouloient bien payer tout ce qu'ils dépenderoient ; ces paroles rappaisèrent assez ceux de la ville.

Or s'espardirent et semèrent les paroles parmi la duché de Bretagne, que le duc avoit mandé en Angleterre confort, et étoit arrivé en la ville de Saint-Mahieu plus de mille hommes d'armes ; de quoi tout le païs fut grandement ému et en greigneur soupçon que devant ; et s'assemblèrent les prélats, les chevaliers et les barons et les consaulx des cités et des bonnes villes de Bretagne, et s'en vinrent au duc ; et lui remontrèrent vivement et pleinement que il n'avoit que faire, si paisiblement vouloit demorer au pays, d'être Anglois couvertement ; car si il le vouloit être il leur dit, et tantôt ils en ordonneroient. Le duc, qui vit adonc ses gens durement émus et courroucés sur lui, répondit si sagement et si bellement que cette assemblée se départit par paix. Mais pour ce ne départirent mie les Anglois de la ville de Saint-Mahieu : ainçois s'y tinrent toute la saison. Si demeurèrent les choses en cel état, le duc en guet et en soupçon de ses gens, et ses gens de lui.

CHAPITRE CCCLX.

Du siége que messire Bertran du Guesclin mit en Poitou devant Chisech.

Quand la douce saison d'été fut revenue et qu'il fait bon hostoyer et loger aux champs, messire Bertran du Guesclin connétable de France, qui tout cel hiver s'étoit tenu à Poitiers et avoit durement menacé les Anglois, pour tant que leurs garnisons que ils tenoient encore en Poitou avoient trop fort cel hiver guerroyé et travaillé les gens et le pays, si ordonna toutes ses besognes de point et de heure, ainsi que bien le savoit faire, tout son charroi et son grand arroy, et rassembla tous les compagnons environ lui, desquels il espéroit à être aidé et servi ; et se départit de la bonne cité de Poitiers à bien quinze cents combattans, la greigneur partie tous Bretons ; et s'en vint mettre le siége devant la ville et le châtel de Chisech, dont messire Robert Miton et messire Martin l'Escot étoient capitaines. Avec messire Bertran étoient de chevaliers Bretons : messire Robert de Beaumanoir, messire Alain et messire Jean de Beaumanoir, messire Ernoul Limosin, messire Joffroi Ricon, messire Yvain Laconnet, messire Joffroy de Quaremiel, Thibaut du Pont, Allain de Saint-Pol, Aliot de Calais et plusieurs autres bons hommes d'armes. Quand ils furent tous venus devant Chisech, ils environnèrent la ville selon leur quantité et firent bons palis derrière eux, par quoi soudainement, de nuit ou de jour, on ne leur pût porter contraire ni dommage; et se tinrent là dedans pour tout assegurés et confortés et que jamais n'en partiroient sans avoir la forteresse; et y firent et livrèrent plusieurs assauts.

Les compagnons qui dedans étoient se défendirent vassalement et tant que à ce commencement riens n'y perdirent. Toutes fois, pour y être confortés et lever ce siége, car ils sentoient bien que à la longue ils ne se pourroient tenir, si eurent conseil du signifier à monseigneur Jean d'Everues et aux compagnons qui se tenoient à Niort. Si firent de nuit partir un de leurs varlets qui apporta unes lettres à Niort, et fut tantôt accouru, car il n'y a que quatre lieues. Messire Jean d'Everues et les compagnons lisirent cette lettre, et virent comment messire Robert Miton et messire Martin l'Escot leur prioient que ils leur voulsissent aider à dessiéger de ces François, et leur signifioient l'état et l'ordonnance si avant que ils les savoient; dont ils se décurent, et leurs gens aussi, car ils acertifioient par leurs lettres et par la parole du message, que messire Bertran n'avoit devant Chisech non plus de cinq cents combattans.

Quand messire Jean d'Everues, messire d'Angousse et Cresuelle sçurent ces nouvelles, si affirmèrent qu'ils iroient celle part lever le siége et conforter leurs compagnons, car moult y étoient tenus. Si mandèrent tantôt ceux de la garnison de Luzignan et de Gensay qui leur étoient moult prochains. Cils vinrent, chacun à ce qu'il avoit de gens, leur garnison gardée; et s'assemblèrent à Niort. Là étoient avec les dessus dits, messire Aymery de Rochechouart et messire Joffroi d'Argenton, David Hollegrave et Richard Holmes. Si se départirent de Niort tout appareillés et bien montés, et furent comptés, à l'issir hors de la porte, sept cents et trois têtes armées, et bien trois cents pillards Bretons et Poitevins. Si s'en allèrent tout le pas sans eux forhâter par devers Chisech, et tant exploitèrent que ils vinrent assez près et se mirent au dehors d'un petit bois.

CHAPITRE CCCLXI.

Ci parle de la bataille de Chisech en Poitou, de messire Bertran du Guesclin, connétable de France, et les François d'une part, et les Anglois de l'autre.

Ces nouvelles vinrent au logis du connétable que les Anglois étoient là venus et arrêtés da lez le bois pour eux combattre. Tantôt le connétable tout coiement fit toutes ses gens armer et tenir en leur logis sans eux montrer, et tous ensemble; et cuida de premier que les Anglois dussent, de saut, venir jusques à leurs logis pour eux combattre; mais ils n'en firent rien, dont ils furent mal conseillés; car si baudement ils fussent venus, ainsi qu'ils chevauchoient, et eux frappés en ces logis, les plusieurs supposent que ils eussent déconfi le connétable et ses gens, et avec tout ce, que cils de la garnison de Chisech fussent saillis hors, ainsi qu'ils firent.

Quand messire Robert Miton et messire Martin l'Escot virent apparoir les bannières et les pennons de leurs compagnons, si furent tous réjouis, et dirent : « Or tôt, armons-nous et nous partons de ci, car nos gens viennent combattre nos ennemis; si est raison que nous soyons à la bataille. » Tantôt furent armés tout les compagnons de Chisech, et se trouvèrent bien soixante armures de fer. Si firent avaler le pont et ouvrir la porte, et se mirent tout hors, et clorre la porte et lever le pont après eux. Quand les François en virent l'ordonnance, qui se tenoient armés et tout cois en leur logis, si dirent : « Veci ceux du châtel qui sont issus et nous viennent combattre. » Là dit le connétable : « Laissez les traire avant, ils ne nous peuvent grever; ils cuident que leurs gens doivent venir pour nous combattre tantôt; mais je n'en vois nul apparant; nous déconfirons ceux qui viennent, si aurons moins à faire. » Ainsi que ils se devisoient, evvous les deux chevaliers anglois et leur routes tout à pied, et en bonne ordonnance, les lances devant eux, écriant : « Saint George! Guienne! » et se fièrent en ces François! Aussi ils furent moult bien recueillis. Là eut moult bonne escarmouche et dure, et fait moult grands appertises d'armes, car cils Anglois, qui n'étoient que un petit, se combattoient sagement, et détrioient toudis, en eux combattant, ce qu'ils pouvoient, car ils cuidoient que leurs gens dussent venir, mais non firent; de quoi ils ne purent porter le grand faix des François; et furent tout de premier cils là déconfits, morts et pris; oncques nul des leurs ne rentra au châtel. Et puis se recueillirent les François tous ensemble.

Ainsi furent pris messire Robert Miton et messire Martin l'Escot et leurs gens de premier, sans ce que les Anglois qui sur les champs se tenoient en sçussent rien. Or vous dirai comment il avint de cette besogne. Messire Jean d'Everues et messire d'Angousse et les autres regardèrent que il y avoit là bien entre eux trois cents pillards bretons et poitevins que ils tenoient de leurs gens; si les vouloient employer, et leur dirent : « Entre vous, compagnons, vous en irez devant escarmoucher ces François pour eux attraire hors de leur logis; et si très tôt que vous serez assemblés à eux, nous viendrons sur èle en frappant, et les mettrons jus. » Il convint ces compagnons obéir, puisque les capitaines le vouloient; mais il ne venoit mie à chacun à bel.

Quand ils se furent dessevrés des gens d'armes, ils approchèrent des logis des François et vinrent bien et baudement jusques près de là. Le connétable et ses gens qui se tenoient dedans leurs palis se tinrent tout cois et sentirent que les Anglois les avoient là envoyés pour eux attraire. Si vinrent aucuns de ces Bretons des gens le connétable, jusques aux barrières de leurs palis, pour voir quels gens c'étoient. Si parlementèrent à eux; et trouvèrent que c'étoient Bretons et Poitevins et gens rassemblés. Si leur dirent les Bretons, de par le connétable : « Vous êtes bien méchants gens, qui vous voulez faire occire et découper pour ces Anglois qui vous ont tant de maux faits; sachez que, si nous venons au-dessus de vous, nul n'en sera pris à merci. » Cils pillarts entendirent ce que les gens du connétable leur disoient ; si commencèrent à murmurer ensemble, et étoient de cœur la greigneur partie tout François. Ils dirent entre eux : « Ils disent voir. Encore appert bien que ils font bien peu de compte de nous, quand ainsi ils nous envoyent ci devant pour combattre et escarmoucher et commencer la bataille, qui ne sommes que une poignée de povres gens qui rien ne durerons à ces François. Il vaut trop mieux que nous nous tournons devers notre nation que nous demeurons Anglois. » Ils furent tantôt tous de cel accord, et tinrent cette opinion, et parlementèrent aux Bretons, en disant : « Hors hardiment, nous vous promettons loyaument que nous serons des vôtres et nous combattrons avec vous à ces Anglois. »

Les gens du connétable répondirent : « Et quel quantité d'hommes d'armes sont-ils cils Anglois ? » Les pillarts leur dirent : « Ils ne sont en tout compte que environ sept cents. » Ces paroles et ces devises furent remontrées au connétable qui en eut grand'joie, et dit en riant : « Cils là sont nôtres. Or, tout à l'endroit de nous, scions tous nos palis, et puis issons baudement sur eux, si les combattons; cils pillarts sont bonnes gens quand ils nous ont dit vérité de leur ordenance. Nous ferons deux batailles sur èle, dont vous messire Alain de Beaumanoir, gouvernerez l'une, et messire Joffroi de Quaremiel l'autre. En chacune aura trois cents combattans, et je m'en irai de front assembler à eux. » Cils deux chevaliers répondirent qu'ils étoient tout prêts d'obéir ; et prit chacun sa charge toute telle qu'il la devoit avoir. Mais premièrement il scièrent leurs palis rès-à-rès de la terre; et quand ce fut fait, et leurs batailles ordonnées, ainsi qu'ils devoient faire, ils boutèrent soudainement outre leurs palis et se mirent aux champs, bannières et pennons ventilans au vent, en eux tenant tout serrés; et encontrèrent premièrement ces pillarts bretons et poitevins qui jà avoient fait leur marché et se tournèrent avec eux; et puis s'en vinrent pour combattre ces Anglois, qui tous s'étoient mis ensemble.

Quand ils perçurent la bannière du connétable issir hors, et les Bretons aussi, ils connurent tantôt qu'il y avoit trahison de leurs pillarts, et qu'ils s'étoient tournés François : nequedent, ils ne se tinrent mie pour ce déconfits, mais montrèrent grand'chère et bon semblant de combattre leurs ennemis. Ainsi se commença la bataille dessous Chisech des Bretons et des Anglois et tout à pied, qui fut grande et dure et bien maintenue. Et vint de premier le connétable de France assembler à eux de grand'volonté. Là eut plusieurs grands appertises d'armes faites ; car, au voir dire, les Anglois, au regard des François, n'étoient qu'un petit. Si se combattoient si extraordinairement que merveilles seroient à recorder, et se prenoient près de bien faire pour déconfire leurs ennemis. Là crioient les Bretons : Notre Dame! Claiquin! et les Anglois : Saint George! Guienne! Là furent très bons chevaliers du côté des Anglois, messire Jean d'Éverues, messire d'Angousse, messire Joffrois d'Argenton et messire Aymery de Rochechouart ; et se combattirent vaillamment et y firent plusieurs grands appertises d'armes. Aussi firent Jean Cresuelle, Richard Holmes et David Hollegrave. Et de la partie des François, premièrement messire Bertran de Claiquin, messire Alain et messire Jean de Beaumanoir qui tenoient sur une èle, et messire Joffroi Quaremiel sur l'autre ; et reconfortoient grandement leurs gens à l'endroit où ils véoient branler ; et ce rafraîchit grandement leurs gens ; car on vit plusieurs fois qu'ils furent boutés et reculés en grand péril d'être déconfits.

De leur côté se combattirent encore vaillamment monseigneur Joffrois Ricon, monseigneur Yvain Laconnet, Thibaut du Pont, Sylvestre Bude, Alain de Saint-Pol et Aliot de Calais. Cils Bretons se portèrent si bien pour la journée, et si vassaument combattirent leurs ennemis, que la place leur demeura, et obtinrent la besogne ; et furent tous ceux morts ou pris qui là étoient venus de Niort ; ni oncques nul n'en retourna ni échapa. Si furent pris de leur côté tous les chevaliers et écuyers de nom ; et eurent ce jour les Bretons plus de trois cents prisonniers, que depuis ils rançonnèrent bien et cher ; et si conquirent tout leur harnois où ils eurent grand butin. Cette bataille fut l'an de grâce mille trois cent soixante-douze, le vingt unième jour de mars [1].

CHAPITRE CCCLXII.

Ci parle de la prise de Niort, Luzignan et Mortemer par messire Bertran du Guesclin, et de la dame du châtel Achard, comment elle obtint respit.

Après cette déconfiture, qui fut au dehors de Chisech faite de monseigneur Bertran de Claiquin et des Bretons sur les Anglois, se parperdit tout le pays de Poitou pour le roi d'Angleterre, si comme vous orrez en suivant. Tout premièrement ils entrèrent en la ville de Chisech où il n'eut nulle deffense, car les hommes de la ville ne se fussent jamais tenus, au cas que ils avoient perdu leur capitaine ; et puis se saisirent les François du châtel, car il n'y avoit que varlets, qui le rendirent tantôt, sauves leurs vies. Ce fait, incontinent et chaudement ils s'en chevauchèrent par devers Niort, et emmenèrent la greigneur partie de leurs prisonniers avec eux. Si ne trouvèrent en la ville fors les hommes, qui étoient bons François si ils ossassent, et rendirent tantôt la ville et se mirent en l'obéissance du roi de France [1]. Si se reposèrent là les Bretons et les François et rafraîchirent quatre jours. Entrues vint le duc de Berry à grands gens d'armes d'Auvergne et de Berry en la cité de Poitiers. Si fut grandement réjoui quand il sçut que leurs gens avoient obtenu la place et la journée de Chisech et déconfit les Anglois, qui tous y avoient été morts ou pris.

Quand les Bretons furent rafraîchis en la ville de Niort par l'espace de quatre jours, ils s'en partirent et chevauchèrent devers Luzignan. Si trouvèrent le châtel tout vuide, car cils qui demeurés y étoient de par monseigneur Robert Grenake qui étoit pris devant Chisech, s'en étoient partis si tôt qu'ils sçurent comment la besogne avoit allé. Si se saisirent les François du beau châtel de Lusignan ; et y ordonna le connétable châtelain et gens d'armes pour le garder. Et puis chevaucha outre a tout son host, par devers le Châtel-Acart où la dame de Plainmartin, femme à monseigneur Guichart d'Angle, se tenoit ; car la forteresse étoit sienne.

Quand la dessus nommée dame entendit que le connétable de France venoit là efforcément pour lui faire guerre, si envoya un héraut devers lui, en priant que, sur asségurance, elle pût

---

[1] L'an 1373, suivant notre manière de commencer l'année au 1er janvier. L'auteur de la vie de Louis III, duc de Bourbon, place ce combat de Chisey et le retour de du Guesclin à Paris avant avril 1372 ; mais ce biographe n'a écrit, comme il le dit lui-même dans son prologue, que cinquante ans après l'événement, et le témoignage de Froissart, qui fournit jusqu'à la date du jour, parait plus digne de foi.

[1] S'il faut en croire les historiens de du Guesclin, il s'empara de Niort par surprise. Les Anglais de la garnison de cette ville, disent-ils, avant d'en partir pour aller faire lever le siège de Chisey, avoient vêtu pardessous leurs armes, *pour François ébahir*, une tunique de toile rayée d'une croix rouge pardevant et parderrière. Du Guesclin, après les avoir tous tués, ou fait prisonniers, comme on vient de le voir, fit prendre à ses troupes les mêmes tuniques et s'avança vers Niort. Les Anglais, qui étaient restés dans la place, ne doutant pas, à cet aspect et aux cris de *Saint-Georges* que poussait l'armée de du Guesclin, que ce ne fussent leurs camarades qui revenaient vainqueurs, ouvrirent les portes, et furent bientôt pris ou tués.

venir parler à lui. Le connétable lui accorda, et reporta le sauf conduit le héraut. La dame vint jusques à lui et le trouva logé sur les champs. Si lui pria que elle put avoir tant de grâce que d'aller jusques à Poitiers parler au duc de Berry. Encore lui accorda le connétable, pour l'amour de son mari monseigneur Guichart, et donna toute asségurance à li et à sa terre jusques à son retour, et fit tourner ses gens d'autre part par devers Mortemer.

Tant s'exploita la dame de Plainmartin que elle vint en la cité de Poitiers où elle trouva le duc de Berry. Si eut accès de parler à lui, car le duc la reçut moult doucement, ainsi que bien le sçut faire. La dame se voult mettre en genoux devant lui, mais il ne le voult mie consentir. La dame commença la parole, et dit ainsi : « Monseigneur, vous savez que je suis une seule femme, à point de fait ni de deffense, et veuve de vif mari, s'il plaît à Dieu, car monseigneur Guichart gît prisonnier en Espaigne ens ès dangers du roi d'Espaigne. Si vous voudrois prier en humilité que vous me fissiez telle grâce que, tant que monseigneur sera prisonnier, mon châtel, ma terre, mon corps, mes biens et mes gens puissent demeurer en paix, parmi tant que nous ne ferons point de guerre et on ne nous en fera point aussi. »

A la prière de la dame voult entendre et descendre à celle fois le duc de Berry et lui accorda légèrement. Car quoi que messire Guichart d'Angle son mari fût bon Anglois, si n'étoit-il point trop haï des François. Et fit délivrer tantôt à la dame lettres, selon sa requête, d'asségurance; de quoi elle fut grandement reconfortée; et les envoya, depuis qu'elle fut retournée à Châtel-Acart, quoiteusement par devers le connétable, qui bien et volontiers y obéit. Si vinrent les Bretons de celle empainte par devant Mortemer où la dame de Mortemer étoit, qui se rendit tantôt pour plus grands péril eskiver, et se mit en l'obéissance du roi de France, et toute sa terre aussi avec le chastel de Dienne.

CHAPITRE CCCLXIII.

Du siége de Becherel, et de la mort du roi David d'Escosse, et de la paix entre les rois de France et de Navarre.

En celle saison ne demeurèrent en Poitou plus de garnisons Angloises que Mortaigne sur la mer, Mespin et la Tour de la Breth, que toutes ne fussent Françoises. Voir est que la Roche sur Yon se tenoit encore, mais c'est sur les marches d'Anjou et du ressort d'Anjou.

En ce temps s'en vinrent mettre le siége les barons de Normandie et aucuns de Bretagne devant Becherel; et là eut bien mille hommes qui s'y tinrent toute la saison, et plus d'un an, car il y avoit dedans Anglois, chevaliers et écuyers, qui trop bien en pensoient. Par devant Becherel furent faites plusieurs grands appertises d'armes, et presque tous les jours y avenoient aucunes choses. Là étoient des Normands : le maréchal de Blainville, le sire de Rivière, le sire d'Estouteville, le sire de Graville, le sire de Clère, le sire de la Hambue, le sire de Franville, le sire de Ayneval; et de Bretagne, le sire de Léon, le sire de Dignant, le sire de Rais, le sire de Rieux, le sire de Quintin, le sire d'Avaugour et le sire d'Ancenis, et plusieurs autres bons chevaliers et écuyers des basses marches, qui tous s'y tenoient, pour leurs corps avancer et pour l'amour l'un de l'autre, et pour délivrer le pays des Anglois.

Or parlerons-nous du connétable comment il persévéra. Quand il eut presque tout Poitou raquitté, et partout mis gens d'armes et garnisons, il s'en retourna à Poitiers devers les ducs qui là étoient, le duc de Berry, le duc de Bourgogne et le duc de Bourbon. Si fut le bien venu entr'eux et à bonne cause, car il avoit en celle année grandement bien exploité pour eux. Si eurent conseil cils seigneurs et le connétable de retourner en France et de venir voir le roi Charles, et donnèrent congé à la plus grand'partie de leurs gens d'armes de raller chacun sur son lieu ou en sa garnison, jusques à tant qu'ils orroient autres nouvelles. Si se départirent ces gens d'armes; et s'en vinrent une partie des Normands et des Bretons devant Becherel au siége que on y tenoit. Du châtel et de la garnison de Becherel étoient capitaines deux chevaliers d'Angleterre, apperts hommes d'armes malement : si les nommoit on, messire Jean Appert et messire Jean de Cornouailles. Un petit plus en sus en Cotentin se tenoit Angloise Saint-Sauveur le Vicomte; si en étoit capitaine, de par messire Alain de Bouqueselle à qui la garnison étoit et auquel le roi d'Angleterre l'avoit donnée après la mort monseigneur Jean Chandos, Alain Quatreton, qui étoit appert homme d'armes et hardi durement. Si s'étoient mis et boutés, et venus pour querre les armes hors de Poitou où ils avoient tout perdu, messire Thomas Trivet, messire Jean de Bourcq, messire Philippe Piccourde et les trois frères de Maulevrier; et si étoient tous par compagnie là arrêtés, pour garnir et garder la ville de Saint-Sauveur le Vicomte, pour l'amour de monseigneur Alain; car les Normands le menaçoient durement, et disoient que ils reviendroient par là, mais qu'ils eussent accompli leur entente de Becherel.

Or retournèrent les trois ducs dessus nommés, le connétable de France, le sire de Cliçon et les barons de Bretagne en France devers le roi. Si le trouvèrent à Paris et le duc d'Anjou de lez lui. Si se firent grandes reconnoissances; et se élargit le roi de quant qu'il put faire pour l'amour de ses frères et du connétable, et tint cour ouverte deux ou trois jours, et donna grands dons et beaux joyaux là où il les sentoit bien employés.

En ce temps étoit-on en traité de paix ou de guerre au roi de Navarre; et le pourchassoient, par l'avis et conseil des aucuns sages et vaillans hommes du royaume de France, le comte de Salebruce et messire Guillaume de Dormans; et me semble que le roi de Navarre, qui se tenoit à Chierbourch, fut adoncs i conseillé que légèrement il s'accorda à la paix envers son serourge le roi de France; et vint le connétable de France en Normandie droit à Kem, pour confirmer celle paix et amener le roi de Navarre en France. Si fut en son châtel de Kem de tous points la paix confirmée et jurée à tenir à toujours mais. Et vint le roi de Navarre en France à Paris : mais le duc d'Anjou, qui oncques ne le put aimer, s'en étoit parti et venu ébattre en Vermandois, et voir et visiter sa terre de Guise en Tierache; car point ne vouloit parler au roi Charles de Navarre. Nonobstant ce le roi de France lui fit grand'chère et bon semblant, et le tint tout aise de-lez lui plus de quinze jours; et lui donna de beaux dons et de riches joyaux, et à ses gens aussi; et pour plus grand'conviction d'amour, il lui pria que il lui voulsist laisser ses deux beaux fils que il avoit, qui là étoient, ses neveux Charles et Pierre : si seroient de-lez son fils le Dauphin et Charles de la Breth; car aussi étoient-ils auques d'un âge. Le roi de Navarre, qui prenoit grand'plaisance en l'amour que son serourge le roi de France lui montroit et faisoit, lui accorda ses deux fils à demeurer de-lez lui; dont depuis s'en repentit, si comme vous orrez recorder avant en l'histoire.

Quand le roi de Navarre eut séjourné assez de-lez le roi de France, tant que bon lui eut semblé, et que le roi de France lui eut fait si bonne chère que merveilles, et l'eut mené au bois de Vincennes, où il faisoit faire le plus bel ouvrage du monde, d'un châtel, de tours et de hauts murs, il prit congé et se partit de Paris, et chevaucha vers Montpellier; et fit tant qu'il y parvint, où il fut reçu à grand'joie, car la ville de Montpellier et toute la baronnie en ce temps étoit sienne. Nous nous souffrirons à parler du roi de Navarre tant qu'à celle fois, et parlerons d'autres incidences qui eschéirent en France.

En ce temps et en celle même saison trépassa de ce siècle le roi David d'Escoce [1], en une abaye de-lez Haindebour en Escoce que on appelle Donfremelin; et fut enseveli de-lez le roi Robert son père. Après ce roi fut roi d'Escoce le roi Robert, un sien neveu [2], qui en devant en étoit sénéchal. Cil Robert étoit un bel chevalier; mais il avoit jusques à onze beaux fils, tous bons hommes d'armes; et aussi il vouloit user par conseil des besognes d'Escoce; et tint en grand'cherté tous ceux que le roi son oncle avoit enhaïs, monseigneur Guillaume de Douglas, monseigneur Archebaut son cousin, et tout leur lignage; car ce sont loyaux chevaliers; et n'étoit mie son intention que il se composât aux Anglois. Mais en ce temps étoient trèves entre les Escots et les Anglois, qui avoient à durer encore quatre ans : si les tenoient bien chevaliers et écuyers de l'un pays et de l'autre; mais ce ne faisoient mie les vilains qui se trouvoient ès frontières; ainçois se battoient et navroient souvent, et occioient et pilloient vaches, bœufs, porcs, brebis et moutons. Si tolloit le plus fort au foible; et quand les plaintes en venoient aux rois et à leurs consaulx, et que ils assembloient et mettoient sus marché de paix, et les Anglois se plaignoient des Escots, et par espécial que par eux venoient

---

[1] Il était mort au commencement de 1371.
[2] Robert Stuart, fils de Walter Stuart, qui avait épousé Marie, sœur de David Bruce et fille de Robert Bruce. Robert Stuart est la tige d'où sont sortis les Stuarts qui régnèrent depuis en Angleterre, et s'en firent chasser par leurs ridicules idées sur la prérogative royale.

les incidences, et que ils disoient que ils avoient rompu leur scellé et brisé les trèves, qui leur étoit un grand blâme et préjudice, ils se excusoient, et répondoient que ils ne pouvoient briser trèves par celle condition, si bannières et pennons de seigneurs n'y étoient, pour débat de méchans gens, ouvriers en foires et en marchés, et pour pillage de bétail. Atant trèves ne se rompirent mie : si demeuroient les choses en cel état ; qui plus y avoit mis plus y avoit perdu.

CHAPITRE CCCLXIV.

Comment le duc de Bretagne n'osa demeurer en son duché, et comment messire Bertran du Guesclin saisit sa terre.

Bien étoit le roi d'Angleterre informé que il avoit perdu tout son pays de Poitou, de Xaintonge et de la Rochelle, et que les François étoient grandement forts sur la mer, de galées, de barges et de gros vaisseaux, desquels étoient capitaines, avec Yvain de Galles et Dan Radigo de Rous le maître amiral et patron du roi d'Espaigne, le comte de Narbonne, messire Jean de Raix et messire Jean de Vienne ; et tenoient bien ces gens sur mer six vingt gros vaisseaux, sans leur pourvéance, chargés de gens d'armes, de bidaux et de Gennevois. Et étoit le roi d'Angleterre informé que ces gens vaucroient sur les bandes d'Angleterre pour entrer en son pays, et faire, là où ils prendroient terre, un grand fait. Si ordonna le roi le comte de Salsiberich, monseigneur Guillaume de Neufville et monseigneur Philippe de Courtenay à être capitaines de deux mille hommes d'armes et autant d'archers. Et firent leurs pourvéances en Cornouaille, et là montèrent-ils en mer. Si singlèrent devers Bretagne, car ailleurs ne pouvoient-ils arriver pour faire guerre qui leur vaulsist, ni pour employer leur saison ; et aussi ils vouloient savoir l'intention du duc et des Bretons de Bretagne, si ils se tenoient François ou Anglois. Si eurent si bon vent que d'une flotte ils arrivèrent à Saint-Malo de Lille en Bretagne ; et trouvèrent au havène huit gros vaisseaux espaignols de marchands d'Espaigne, chargés d'avoir, qui et gisoient à l'ancre. Si les ardirent les Anglois, là tout l'avoir qui dedans étoit, et mirent à mort tous les Espaignols qu'ils y trouvèrent, et entrèrent en la ville de Saint-Malo et s'y logèrent de fait. Les gens de la ville n'en furent mie bien seigneurs : et commencèrent les Anglois à courir là environ et à faire guerre, et à prendre vivres.

Ces nouvelles s'espardirent tantôt sur le pays qui en fut durement ému, et en plus grand soupçon que devant sur leur duc et sur monseigneur Robert Canolle ; et disoient généralement, que ils avoient mandé les Anglois, et là fait venir et arriver, et que ce ne faisoit mie à consentir ; et puisque le duc montroit clairement que il vouloit être Anglois, et point ne tenoit l'ordonnance de son pays, il étoit tenu de perdre sa terre. Si se cloyrent cités, villes et châteaux, et fit chacun son guet et bonne garde ainsi que pour lui. Pour le temps de lors se tenoit le duc de Bretagne au châtel de Vannes ; de quoi cils de la cité et du bourg n'étoient mie bien asségurés ; et messire Robert Canolles se tenoit en son châtel de Derval et le faisoit grandement et grossement pourvoir de toutes choses, de vivres et d'artillerie, et remparer de tous points ; car bien imaginoit que le pays seroit en guerre et que son château auroit à faire. Et quand il eut ce fait, il le rechargea à un sien cousin, chevalier, qui s'appelloit messire Hue Broec, et le laissa bien pourvu de toutes choses, et puis se trait au châtel et en la ville de Brest où le sire de Neuf ville d'Anglois, à toute sa charge de gens d'armes, qui arrivés étoient l'année devant à Saint-Mathieu de Fine Poterne, ainsi que vous savez, étoit. Si vint messire Robert Canolles dalez lui pour avoir plus grand confort d'aide et de conseil : et aussi Brest est un des plus forts châteaux du monde.

Les nouvelles et les plaintes des barons et des chevaliers de Bretagne vinrent à Paris devers le roi de France ; et lui fut remontré comment le duc avoit mandé grand confort en Angleterre pour mettre les Anglois en leur pays, ce que jamais ne consentiroient, car ils sont et veulent demeurer bons et loyaux François ; et si étoit sçu et tout clair que il vouloit ses châteaux et ses forteresses garnir et pourvéir d'Anglois. Le roi leur demanda quel chose en étoit bonne à faire. Ils répondirent que il mît sus une grosse et grand'chevauchée de gens d'armes, et les envoyât en Bretagne, et se hâtât du plus tôt qu'il pût, ainçois que les Anglois y fussent de néant forts : et prissent, cils qu'il envoieroit, la saisine et la possession de toutes cités, villes et châteaux; car le duc avoit forfait sa terre. Ces paroles et ces offres des barons et des chevaliers de Bretagne plaisirent grandement au roi; et dit que c'étoient loyales gens et bonnes gens, et qu'il demeureroit da-lez eux. Si ordonna son connétable, monseigneur Bertran, à traire de celle part, à tel charge de gens d'armes que il voudroit prendre et avoir sans nulle exception; car il mettoit tout en sa main [1]. Le connétable obéit à l'ordonnance du roi, ce fut raison : et se hâta de faire cette armée et chevauchée, car il touchoit, et s'en vint en la cité d'Angers. Si fit là son amas de gens d'armes. Si étoient avec lui : le duc de Bourbon, le comte d'Alençon, le comte du Perche, le Dauphin d'Auvergne, le comte de Boulogne, le comte de Ventadour, le comte de Vendôme, le sire de Cliçon, le vicomte de Rohan, le sire de Beaumanoir, le sire de Rochefort et tous les barons de Bretagne. Si se trouvèrent bien quatre mille lances, chevaliers et écuyers, et bien dix mille d'autres gens. Si chevauchèrent devant Bretagne.

Ces nouvelles vinrent au duc de Bretagne, qui se tenoit encore à Vannes, comment François et Bretons venoient sur lui pour prendre et saisir de force sa terre, et son corps aussi, et étoient bien quinze mille armures de fer; et de toutes ces gens d'armes étoient conduiseurs et souverains le connétable et le duc de Bourbon. Avec tout ce, il avoit tout le pays d'accord, cités, villes et châteaux. Si se douta le duc grandement de soi-même que il ne fût pris et attrapé : si se départit de Vannes et s'en vint au châtel d'Auroy, à quatre lieues d'illec, et y séjourna six jours tant seulement; et ne trouva mie en son conseil que il y demeurât plus, que on ne mît le siège devant lui; et toutes fois il ne savoit en Bretagne plus nulle ville où il s'osât enclorre. Si laissa là une partie de ses gens, et la duchesse sa femme, en la garde d'un sien chevalier qui s'appelloit monseigneur Jean Augustin, et puis chevaucha oultre vers Saint-Mahieu de Fine Poterne. Quand il fut venu jusques à là, il cuida entrer en la ville; mais ils se clorent contre lui, et dirent que point n'y entreroit. Quand il vit ce, si se douta plus que devant, et prit le chemin de Conckest sur la mer [1], et là entra-t-il en un vaissel, et ses gens, et singlèrent devers Angleterre; si arriva en Cornouaille. Depuis il chevaucha tant que il vint à Windesore, où le roi se tenoit, qui lui fit grand chère quand il le vit, car il l'appeloit son fils. Le duc adonc lui recorda tout l'état de Bretagne, et comment la besogne alloit, et que, pour l'amour de lui, il avoit perdu son pays; et l'avoient tous ses hommes relenqui, excepté messire Robert Canolle. Lors lui répondit le roi, et lui dit : « Beau-fils, ne vous doutez que vous n'ayez toujours assez, car jà je ne ferai paix, ni accord à mon adversaire de France ni aux François, que vous ne doiviez être aussi avant que je serai; et demeurerez duc de Bretagne malgré tous vos nuisans. » Cil reconfort plaisit grandement au duc de Bretagne : si demeura da-lez le roi et le duc de Lancastre et les barons d'Angleterre qui lui firent grand solas et grand confort.

Or parlerons-nous de messire Bertran de Claiquin et des barons de France comment ils entrèrent en Bretagne efforcément, et se mirent en possession des villes et des châteaux, et obéirent tous à lui, non à monseigneur Robert Canolles qui étoit demeuré bail de Bretagne quand le duc s'en partit.

Le connétable, qui avoit la commission du roi de France de prendre et de saisir tout le pays de Bretagne, y entra efforcément à plus de quatre mille armures de fer, et tous à cheval; et ne prit mie le chemin de Nantes premièrement, mais celui de la bonne cité de Rennes et de la Bretagne Bretonnante, pour tant qu'ils étoient et ont toudis été plus favorables au duc de Bretagne, que les François appeloient le comte de Monfort, que la Douce Bretagne. Quand les bourgeois sentirent venant sur eux le connétable et les François si efforcément, si n'eurent mie conseil d'eux clorre, mais se ouvrirent et les recueillirent doucement, et se

---

[1] Il paraît constant que, dès la fin de l'année précédente, après la prise de Fontenay-le-Comte et de quelques autres places de Poitou, du Guesclin était rentré en Bretagne, à la tête d'une armée formidable, et s'était avancé jusqu'au-delà de Rennes. Cette première irruption ne produisit aucun événement considérable. Elle ne servit qu'à effrayer le duc et à détacher quelques seigneurs de son parti. Du Guesclin retourna bientôt en Poitou, soit en vertu de quelques négociations avec le duc, soit qu'il y fût rappelé par ordre du roi.

[1] Ce n'est pas à Conquêt, mais à Concarneau que le duc de Bretagne s'embarqua en effet pour l'Angleterre le 28 avril de cette même année.

mirent tantôt en l'obéissance du roi de France. Ledit connétable en prit les fois et les sermens qu'ils se tiendroient estables, et puis passa outre et s'en vint jusques à la bonne ville de Dinant. Cils de Dinant firent autel. Et puis chevauchèrent jusques à la cité de Vannes, qui se ouvrit aussi tantôt et se mit en l'ordonnance du connétable, et puis se rafraîchirent les Bretons et les François quatre jours. A leur département ils prirent le chemin de Suseniot, un moult bel châtel et maison de déduit pour le duc. Là y avoit aucuns Anglois qui le gardoient de par le duc, lesquels ne se vouldrent mie sitôt rendre; mais se cloyrent et montrèrent grand'défense.

Quand le connétable fut revenu jusques à là et il vit la condition et manière des Anglois qui dedans étoient, si dit qu'il ne s'en partiroit mie ainsi. Si se logea, et fit toutes ses gens loger, et entrues que les varlets logeoient, traire avant à l'assaut les gens d'armes, qui rien n'y conquirent ni gagnèrent à ce premier assaut, fors horions. Si se retrairent au soir à leur logis et s'aidèrent de ce qu'ils eurent. A lendemain ils assaillirent: encore n'y firent-ils rien. Et les convint là être quatre jours, ainçois que ils pussent conquerre le châtel. Finablement il fut conquis et pris de force, et tous cils morts qui dedans étoient; oncques pied n'en échappa. Et donna le châtel de Susenîot à un sien écuyer bon homme d'armes le dit connétable, qui s'appeloit Yvain de Mailli. Puis se délogèrent les François, et chevauchèrent devers Jugon, une bonne ville et un bon châtel; ceux se rendirent tantôt et se mirent en l'obéissance du roi de France. Et puis Goy la Forêt; et puis la Roche Derrien, Plarmiel, Château-Josselin, Faouet, Guingant, Saint-Mahieu de Fine Poterne et plusieurs villes de là environ, Garlande, Camperlé et Campercorentin.

Quand le comte de Salebrin et messire Guillaume de Neufville et messire Philippe de Courtenay et les Anglois qui se tenoient à Saint-Malo de l'Isle entendirent que le connétable et le sire de Cliçon et les barons de France et de Bretagne étoient entrés en Bretagne si efforcément que ils prenoient villes, cités et châteaux, et que tout le pays se tournoit vers eux, et si sentoient encore sur mer la grosse navie d'Espagne et les François, si eurent conseil que ils se trairoient vers Brest; là seroient-ils eux et leur navie plus à ségur, car le havène de Brest gît en bonne garde, et aussi ils y trouveraient de leurs compagnons, le seigneur de Neufville et messire Robert Canolles qui là se tenoient sur le confort de la forte place; si auroient meilleur conseil tous l'un par l'autre. Si chargèrent leurs vaisseaux, et entrèrent ens, et se départirent de Saint-Malo de l'Isle: ce ne vint oncques mieux à point; car ils eussent été à lendemain assiégés. A leur département ils fustèrent et robèrent toute la ville de Saint-Malo et puis singlèrent tant que ils vinrent à Hainebont. Là furent ils un jour; et puis rentrèrent en mer, et s'en allèrent tout singlant devers Brest, et tant firent qu'ils y parvinrent. Si y furent reçus à grand'joie, et mirent toute leur navie au havène de Brest. Si se logèrent les seigneurs au châtel et toutes leurs gens en la ville ou en leur navie; le connétable de France s'en vint à toutes ses routes, jusques à Saint-Malo de l'Isle. Si fut moult courroucé quand il sçut que les Anglois s'en étoient partis, car il venoit là sur cel entente et espoir que d'eux combattre ou assiéger. Si prit la saisine de la ville, et les fois et serments, et y ordonna gens de par lui; et puis chevaucha à tout son grand host devers le châtel et la ville de Hainebont où il y avoit environ six vingt Anglois qui la tenoient; et les y avoit laissés le comte de Salebrin quand il y fut, n'avoit point six jours. Si en étoit capitaine un écuyer anglois qui s'appeloit Tommelin Wick.

CHAPITRE CCCLXV.

Comment le châtel de Hainebont fut pris par messire Bertran du Gueselin.

Tant chevaucha le connétable et toute sa route, où bien avoit vingt mille combattans, que ils vinrent devant la ville de Hainebont. Si trouvèrent les portes closes et toutes gens appareillés ainsi que pour eux deffendre. Le connétable ce premier jour se logea et fit loger toutes ses gens, et à lendemain au matin, à heure de soleil levant, sonner les trompettes d'assaut, et quand ils furent tous armés, traire celle part et eux mettre en ordonnance pour assaillir. Ainsi firent cils de Hainebont. Anglois et Bretons qui dedans étoient s'appareillèrent tantôt pour eux deffendre. Bien savoit le connétable que de force, au cas que tous cils qui dedans Hainebont se logeoient se voudroient mettre à deffense, jamais ne les auroit; mais il y trouva un grand avantage; je vous dirai comment. Au commencement de l'assaut il s'en vint jusques aux barrières, la coiffe d'acier en la tête tant seulement, et dit ainsi à ceux de Hainebont, en faisant signe de la main : « Dieu le veut ! hommes de la ville qui là dedans êtes, nous vous aurons, encore envis, et entrerons en la ville de Hainebont si le soleil y peut entrer ; mais sachez, s'il y en a nul de vous qui se montre pour mettre à deffense, nous lui ferons sans déport trancher la tête, et tout le demeurant de la ville, hommes, femmes et enfans pour l'amour de celui. » Cette parole effréa si les hommes Bretons de la ville de Hainebont que il n'y eut onques puis-ce-di homme qui se osât montrer ni apparoir pour mettre à deffense ; ainçois se trairent tous ensemble et dirent aux Anglois : « Seigneurs, nous n'avons mie intention de nous tenir contre le connétable ni les seigneurs de Bretagne : nous sommes céans un petit de povres gens qui ne pouvons vivre dans le danger du pays : toutes fois nous vous ferons tant d'honneur, car vous êtes vous tous compagnons, que de nous n'aurez vous garde ni ne serez grevés ni aidés ; et sur ce ayez avis. » Quand le capitaine et les Anglois oyrent ces nouvelles, si ne leur furent mie trop plaisans; et se trairent ensemble; et conseillèrent, tout considéré et imaginé, au cas que ils ne seroient confortés et aidés de ceux de Hainebont, qu'ils n'étoient mie gens pour eux tenir contre un tel host que le connétable avoit là devant eux. Si eurent conseil entr'eux que ils traiteroient un accord aux François, que ils rendroient la ville et on les lairoit partir, sauves leurs vies et le leur. Si envoyèrent un héraut devers le connétable, qui remontra toutes ces besognes et raporta un sauf-conduit : que le capitaine de Hainebont et quatre des siens pouvoient séguremement aller en l'ost pour ouïr et savoir plus pleinement quelle chose ils vouloient dire. Sur cette sauve-garde Thommelin Wick et quatre de ses compagnons vinrent devant les barrières parler aux seigneurs de l'ost. Là se porta traité et composition : que tous les Anglois qui dedans Hainebont étoient, et aussi tous les Bretons qui l'opinion du comte de Montfort tenoient, se pouvoient ségurement partir, eux et le leur, et traire dedans Brest et non autre part. Ainsi eut le connétable de France, par son sens non par grand fait, la ville et le châtel de Hainebont, dont il ne voulsist pas tenir cent mille francs; et s'en partirent les Anglois sur bon conduit, et emportèrent tout le leur, et vinrent à Brest.

CHAPITRE CCCLXVI.

Comment le connétable de France prit plusieurs villes et forteresses en Bretagne ; et comment il composa avec ceux de Derval et entra dedans Nantes.

Après le conquêt de la ville et du châtel de Hainebont, les seigneurs ni le connétable ne eurent mie conseil de traire devant Brest, car bien savoient qu'ils y perdroient leur peine; mais se avisèrent que ils se retrairoient tout bellement devers la cité de Nantes, en côtiant la rivière de Loire et en conquérant et en mettant en leur subjection et ordonnance encore aucunes villes et châteaux qui là étoient. Si laissèrent deux chevaliers bretons à capitaines en la ville de Hainebon, et grands gens d'armes, et puis s'en partirent. Si prirent le chemin de Nantes selon la rivière de Loire, et mirent tout le pays en leur obéissance que ils trouvèrent. Ni onques nul n'y fut rebelle; car si ils l'eussent trouvé, la commission du roi de France étoit telle : que il vouloit sans mercy, que tous rebelles fussent punis à mort.

En ce temps faisoit le duc d'Anjou un grand mandement pour venir mettre le siége devant la Roche sur Yon que les Anglois tenoient, laquelle garnison siéd sur les marches d'Anjou. Aussi les Anglois, qui dedans Brest étoient, eurent conseil et avis que ils se retrairoient en mer, puisque le connétable de France et les François les éloignoient, et s'en iroient reposer et rafraîchir vers Gredo et vers Garlande ; et si la navie de France passoit, ou des Espagnols, où ils se pussent employer, ils se combattroient ; car aussi les pourvéances de Brest commençoient à amoindrir, car ils étoient trop de gens. Si rechargèrent la dite forteresse à monseigneur Robert Canolles, et rentrèrent en mer sur leur navie; et ne menoient avec eux nuls chevaux. Avec le gentil comte de Sallebrin étoient d'Angleterre : le sire de Lusi, le sire de Neufville, messire Guillaume de Neufville, le sire de Miltonne, le sire de Fit-Watier, messire Brian de Stapletonne, messire Richard de Pontchardon, messire Jean d'Éverues, messire Thomas le Despensier et plusieurs autres bons chevaliers et écuyers. Trop s'étoient cils dits seigneurs repentis qui s'étoient tenus à Saint-Malo et à

Brest de ce qu'ils n'avoient amené leurs chevaux avec eux, car, si ils les eussent, ils disoient bien que ils eussent chevauché sur le pays et contre les François.

Tant s'exploitèrent le connétable de France et ces seigneurs de Bretagne et de France qui avec lui étoient, en prenant leur tour et revenant devers Nantes, que ils vinrent devers Derval, qui se tenoit l'héritage de monseigneur Robert Canolles. Si l'avoient en garde messire Hue Broec et messire Reniers son frère. Sitôt que le connétable et ces barons de France et de Bretagne furent là venus, ils mirent le siége environnément, et firent grands bastides de tous lez pour mieux contraindre ceux de la forteresse. En ce temps s'avala le duc d'Anjou atout grands gens d'armes de Poitou, d'Anjou et du Maine, et s'en vint mettre le siége devant la Roche sur Yon; et là y avoit bien mille lances, chevaliers et écuyers, et quatre mille d'autres gens; et se partirent du connétable de France, par le mandement du duc d'Anjou, et vinrent devant la Roche sur Yon tenir le siége messire Jean de Bueil, messire Guillaume des Bordes, messire Louis de Saint-Julien et Charuel, Bretons, et leurs routes. Et devez savoir que en celle saison toutes les guerres et les gens d'armes, de quelque marche qu'ils fussent, se traioient en Bretagne, car ils n'avoient que faire d'autre part, et aussi le roi de France les envoyoit là tous les jours.

Quand les nouvelles furent venues en l'ost du connétable de France, que le comte de Sallebrin et les Anglois qui en Brest se tenoient, ceux qui furent devant Hainebont, étoient partis et retraits en mer, si furent moult joyeux, et en tinrent leur guerre à plus belle; et s'avisèrent que ils envoyeroient une partie de leurs gens devant Brest et mettroient là le siége; car ils étoient forts assez pour ce faire, et enclorroient monseigneur Robert Canolles tellement dedans Brest que il n'en pourroit issir pour venir conforter ni conseiller ses gens qui en sa forteresse de Derval étoient. Si très tôt que ils eurent ce imaginé, ils tinrent ce conseil à bon, et se départirent du siége de Derval le sire de Clicon, le vicomte de Rohan, le sire de Léon, le sire de Beaumanoir, le sire de Rais, le sire de Rieux, le sire d'Avaugour, le sire de Malestroit, le sire de Pont, le sire de Rochefort, et bien mille lances de bonnes gens d'armes, et s'en vinrent mettre le siége devant Brest et enclorre monseigneur Robert Canolles dedans, par si bonne guise et ordonnance que un oiselet par terre n'en fût point issu qu'il n'eût été vu. Ainsi tinrent les gens du roi de France en celle saison quatre siéges en France, en Bretagne et en Normandie, devant Becherel les Bretons, devant Brest et Derval les Poitevins, et les Angevins devant la Roche sur Yon.

Le siége pendant devant Derval, y furent faites plusieurs escarmouches, assauts et paletis; et presque tous les jours y avenoient aucuns faits d'armes. Quand messire Hue Broec et son frère qui capitaines en étoient, virent la manière et ordonnance du connétable et de ces seigneurs de France qui là étoient grandement et étofféement et qui moult les oppressoient, et si ne leur apparoit nul confort de nul côté, ni point de leur état ne pouvoient signifier à leur cousin messire Robert Canolles, et avoient entendu que le duc d'Anjou étoit avalé moult près de là qui trop fort les menaçoit, si eurent conseil que ils traiteroient un répit, et se mettroient en composition devers le connétable, que : si, dedans quarante jours, ils n'étoient secourus et confortés de gens forts assez pour lever le siége, ils rendroient la forteresse au connétable. Si envoyèrent sur asségurances parlementer ces traités en l'ost au dit connétable. Le connétable répondit que rien n'en feroit sans le sçu du duc d'Anjou. Encore voudrent bien cils de Derval attendre la réponse dudit duc. Si furent signifiés au duc tous les traités, ainsi qu'ils se devoient porter, mais que il s'y accordât. Le duc n'en voult de rien aller au contraire, mais en rescripsit au connétable que, au nom de Dieu il acceptât, au cas que cils de Derval, pour tenir ce marché, livrassent bons plèges. Sur cel état furent-ils quatre jours que ils n'en vouloient nuls livrer, fors leurs scellés; mais le connétable disoit que sans bons ôtages, chevaliers et écuyers, il ne donneroit nulle souffrance. Finalement messire Hue Broec et son frère Renier virent et connurent bien que ils ne fineroient autrement, si ils ne livroient plèges : si livrèrent deux chevaliers et deux écuyers qui furent tantôt envoyés à la Roche sur Yon devers le duc d'Anjou. Et fut cette composition faite par ordonnance telle : que cils de Derval ne pouvoient ni ne devoient nullui recueillir en leur forteresse qui ne fût fort assez pour lever le siége. Pour cè ne se déffit mie le principal siége de Derval ; mais y laissa le connétable plus de quatre mille combattans de Bretagne, de Limosin, d'Auvergne et de Bourgogne, et puis atout cinq cents lances, il chevaucha vers la cité de Nantes, car encore n'y avoit-il point été.

Quand le connétable de France fut venu jusques à Nantes, si trouva les portes de la cité closes et une partie des bourgeois venus au devant de lui, et eux mis entre les portes et les barrières, et n'y avoit ouvert tant seulement que les postils. Là parlementèrent les hommes de la ville moult longuement au connétable ; et avoient ceux de la cité fermé contre lui les portes pour ce qu'il venoit à mains armées, et vinrent là à savoir son intention. Le connétable leur dit qu'il étoit envoyé et institué de par le roi de France, leur seigneur, pour prendre la possession de la duché, et que messire Jean de Montfort, qui s'en étoit appelé duc, l'avoit forfait. Les bourgeois de Nantes demandèrent à avoir conseil pour répondre. Quand ils se furent longuement conseillés, ils se traitrent avant et dirent : « Cher sire, il nous vient à grand'merveille de ce que on prend ainsi à monseigneur le duc son héritage ; car le roi de France le nous commanda jadis à recevoir à duc et à seigneur. Si lui avons juré féaulté et hommage, et il nous a juré et promis à gouverner comme sujets. Et ce nous a-t-il tenu, et n'avons encore en lui sçu nulle cause de fraude ni de soupçon. Si vous venez en cette ville par vertu de la procuration que vous avez, nous accordons que vous y entriez, par condition que, s'il advient que le duc de Bretagne retourne en ce pays et veuille être bon François, de l'accord des prélats, barons, gentils hommes et bonnes villes de Bretagne, nous le reconnoîtrons à seigneur et nous serons quittes, sans dommages avoir, ni ores ni autre fois ; et ne consentirez à nous faire moleste ni violence nulle ; et ne recevrez les rentes, ni les revenus, ni émolumens de Bretagne ; ains seront mises en dépôt devers nous jusques à ce que nous ayons autres nouvelles qui mieux nous plairont espoir que cettes. » Lors voulurent voir la commission du dit connétable et la firent lire.

Quand ils l'eurent ouy, le connétable leur demanda qu'il leur en sembloit, et si elle étoit point bonne ; et ils répondirent que ils la tenoient bien à bonne, et le vouloient bien recevoir comme commissaire du roi de France, et jurer que ils seroient toudis et demeureroient bons François, et ne lairoient Anglois nul entrer en la cité qui ne fût plus fort d'eux ; mais jà ils ne relinquiroient leur naturel seigneur qui tenoit leur foi et leurs hommages, pour chose qu'il ait encore fait, sauf tant que à main armée ; ni homme qui fût avec lui, s'il venoit jusques à là, ils ne le souffriroient entrer en leurs portes ; et si il venoit à accord devers le roi de France, ils vouloient être quittes de toutes obligations que faites avoient présentement au connétable. Messire Bertran qui en tout ce ne véoit fors que loyauté, leur répondit : que il ne le vouloit autrement, et que si le duc de Bretagne voulsist être bon François et ami au roi de France et à son pays, il y fût demeuré en paix ; « et quand il se voudra reconnoître, il aura grâce de notre très cher seigneur et redouté le roi ; mais tant que il tienne cette opinion il ne lèvera de Bretagne nul des profits. » Ainsi entra le connétable de France en la cité de Nantes et y séjourna huit jours, et en prit la saisine et possession ; mais il n'y fit rien de nouvel. Au neuvième jour, il s'en partit et s'en vint demeurer en un village de-lez Nantes, en un beau manoir qui est du duc, séant sur la rivière de Loire : si oyoit tous les jours nouvelles des siéges qui se tenoient en Bretagne, et aussi du duc d'Anjou qui séoit devant la Roche sur Yon, et du roi de France qui moult l'aimoit, pour tant qu'il entendoit si parfaitement à ses besognes.

CHAPITRE CCCLXVI.

De l'appareil du roi d'Angleterre et du duc de Lancastre, et du reconquêt de la Roche sur Yon.

Vous avez bien ci dessus ouy parler et recorder du duc de Bretagne, comment il se départit de son pays et s'en alla en Angleterre, en cause que pour querre aide et confort du roi en quel nom il avoit perdu tout son pays. Bien savoit ce duc que les besognes pour lui en son pays se portoient assez petitement : si exploita tant devers le roi que le roi ordonna son fils le duc de Lancastre à passer mer a tout deux mille armures de fer, chevaliers et écuyers, et quatre mille archers ; et de ces gens d'armes seroient conduiseurs et gouverneurs son fils et le duc de Bretagne. Et devoient arriver au havène de Calais pour passer parmi Picardie; et avoient intention, si le temps ne leur étoit contraire, que ils se mettroient entre la Loire et Saine, et s'en iroient rafraîchir en Normandie et en Bretagne, et conforteroient les forteresses qui se tenoient angloises, Becherel, Saint-Sauveur, Brest et Derval, et combattroient les François où que ce fût, si contre eux se vouloient mettre ni hâter de combattre. Dont, pour fournir et faire ce voyage, le roi d'Angleterre ordonna à faire toute la saison un aussi grand et aussi étoffé appareil que en grand temps on eût point vu en Angleterre pour passer la mer, tant que de belles et grosses pourvéances, de grand'foison de charroy qu'ils porteroient parmi le royaume de France tout ce qui leur seroit de nécessité, et par espécial moulins à la main pour moudre bleds et autres grains, si ils trouvoient les moulins perdus et brisés, et fours pour cuire, et toute ordonnance de guerre pour avoir appareil sans danger. Et me fut dit que, bien trois ans en devant, les Anglois avoient été sur ce voyage, comment que point ne fussent passés. Et cuida le duc de Lancastre passer, l'année que la bataille fut à Juliers du duc de Brabant contre le duc de Juliers et monseigneur Édouard de Guerles [1]; car ses deux cousins de Juliers et de Guerles lui avoient offert tel confort que douze cents lances, chevaliers et écuyers, pour courir parmi le royaume de France jusques ès portes de Paris; mais la mort de monseigneur de Guerles et l'ensonniement que le duc de Juliers eut pour cette besogne, et la mort et la prise des bons cheveliers qui furent d'une part et d'autre, retardèrent ce voyage qui point ne se fit à la première fois, ni à la première entente du roi d'Angleterre et du duc de Lancastre. Nequedent, toudis depuis, le duc de Lancastre et le roi d'Angleterre avoient entendu à faire les pourvéances si grandes et si belles que merveilles seroient à penser. Et mandoit le roi d'Angleterre partout gens là où il les pensoit à avoir par leurs deniers payer, en Flandres, en Hainaut, en Brabant et en Allemagne; et eut le duc de Lancastre, de purs Escots, bien trois cents lances. Si venoient à Calais les étrangers qui mandés et priés étoient du roi,

et là se tenoient attendans le passage des deux ducs de Lancastre et de Bretagne; et là leur étoient payés et délivrés tous leurs gages pour six mois. Si passèrent tout bellement l'un après l'autre de Douvres à Calais les pourvéances des ducs et des barons d'Angleterre; si ne furent mie ces choses sitôt achevées.

Entrues se hâtèrent les guerres de Bretagne, car le roi de France étoit tout certifié que les Anglois en celle saison efforcément passeroient en France. Si faisoit aussi pourvoir en Picardie cités, villes et châteaux très grossement; car bien savoit que les Anglois prendroient leur chemin par là. Et fit commander sur le plat pays que chacun, dedans un terme qui mis y fut, eût retrait le sien ès forteresses, sur peine à être abandonné tout ce que on y trouveroit.

Encore se tenoit le siége du duc d'Anjou devant la Roche sur Yon, mais ils étoient si lointains de tous conforts que ils véoient bien que longuement ne se pouvoient tenir. Donc il advint que messire Robert Grenake, un chevalier anglois qui capitaine en étoit, se mit en composition devers les gens du duc; car le dit duc se tenoit à Angers; et fut la composition telle: que, si dedans un mois ils n'étoient confortés de gens forts assez pour lever le siége, ils rendroient la ville et le châtel et s'en partiroient, sauf le leur et leur corps; et leur donneroit-on conduit jusques à Bordeaux. Cil terme expira; nul ne vint pour conforter le châtel de la Roche sur Yon: si le rendirent les compagnons qui le tenoient aux gens du duc d'Anjou; et s'en partirent messire Robert Grenake et les siens, et passèrent outré, et furent conduits jusques bien près de Bordeaux, ainsi que convent portoit. Si furent cils de Poitou et d'Anjou et du Maine, durement liés et réjouis du reconquêt de la Roche sur Yon.

CHAPITRE CCCLXVII.

Comment la forteresse de Brest en Bretagne demeura en composition.

En ce temps avint en Bretagne que le sire de Cliçon, le vicomte de Rohan, le sire de Rochefort et le sire de Beaumanoir, se départirent du siége de Brest, une matinée, atout cinq cents lances, et chevauchèrent tant qu'ils vinrent à Conquêt, une petite forteresse sur mer de laquelle messire Jean de la Quinghay, un chevalier anglois et de l'hôtel du duc de Bretagne,

---

[1] Cette bataille se donna au mois d'août 1371.

étoit capitaine. Et avoit avec lui plusieurs compagnons qui se mirent tantôt en ordonnance de défense quand ils virent les Bretons. Là eut ce jour grand assaut et dur, et plusieurs hommes navrés, blessés et morts, d'un lez et de l'autre. Finablement les Bretons assaillirent si vassaument, et si bien s'y éprouvèrent que de force ils conquirent la forteresse et la ville de Conquèt; et y furent tous morts les Anglois qui là étoient, excepté le capitaine et six hommes d'armes qu'ils retinrent pour prisonniers. Si remparèrent les Bretons la ville de Conquèt, et la rafraîchirent de nouvelles gens à leur entente, et puis s'en partirent; si emmenèrent leurs prisonniers et retournèrent au siége de Brest.

Entrues que cette chevauchée se fit du seigneur de Cliçon et des dessus dits à Conquèt, et que leur ost fut un peu éclairci de gens, à l'un des lez du siége de Brest, se bouta une espie en la ville de Brest, qui venoit droit de Derval et qui là étoit envoyé parler à monseigneur Robert Canolles de par ses cousins monseigneur Hue Broec et son frère, lequel dit et conta au dit monseigneur Robert toute la besogne de son beau châtel de Derval, comment il en alloit. Quand messire Robert ouït ces nouvelles, si n'en fut mie moins pensieux; et eut plusieurs imaginations en lui sur trois ou quatre jours, comment il s'en pourroit chevir; car de perdre si nicement son beau châtel de Derval que tant aimoit et qui tant lui avoit coûté, ce lui seroit trop dur; et toutefois il n'y pouvoit voir tour ni adresse que il ne le perdît, si il n'y mettoit autre remède. Si s'avisa que il traiteroit devers ces seigneurs de France et de Bretagne, que il mettroit Brest en composition telle que, si, dedans un mois, ils n'étoient confortés et secourus de gens forts assez pour combattre le connétable et sa puissance, il rendroit Brest aux François. Quand cils traités furent entamés de premier et parlementés, onques le sire de Cliçon ni les barons qui au siége étoient n'en vouldrent rien faire sans le sçu du connétable; mais ils donnèrent bien, à un chevalier et deux écuyers des gens messire Robert, conduit que, sur asségurances, ils allassent parler au dit connétable qui se tenoit dalez Nantes.

Cette réponse et ordonnance plaisit bien au dit monseigneur Robert Canolles; et y envoya un chevalier des siens et deux écuyers, qui vinrent sans péril, sur bon conduit, parlementer au dit connétable et proposer ces traités. Le connétable de France fut adonc si bien conseillé que du recevoir ces traités et ceux de Brest en composition, mais que de tenir leur journée et leur marché ils délivrassent bons ôtages, autrement non. Sur cel état retournèrent cils de Brest, et contèrent au dit monseigneur Robert tout ce que vous avez ouï. Messire Robert, qui tiroit à mander le comte de Salebrin et les barons d'Angleterre qui étoient sur mer, en sa compagnie, lesquels, il n'en faisoit mie doute, quand il leur auroit signifié tout l'état, viendroient à celle journée, et qui grand désir aussi avoit de venir en son châtel de Derval, se accorda à celle composition, et livra bons ôtages et suffisans, tant que le connétable et les Bretons s'en tinrent pour contens[1]. Et se défit le siége de Brest; et se retrairent toutes ces gens d'armes sur le pays devers Nantes, en attendant les journées qui devoient être de Derval et de Brest; car autrement le connétable ne donnoit à nullui congé, s'il n'étoit espécialement escript et mandé du roi de France.

Si très-tôt que messire Robert Canolles put, il se partit de Brest et s'en vint bouter en son châtel de Derval; de quoi ses cousins furent moult réjouis de sa venue.

Quand le connétable et le sire de Cliçon sçurent ces nouvelles, que il s'y étoit bouté, si n'en furent mie moins pensieux; car ils sentoient monseigneur Robert subtil et cauteleux. Si ne sçurent de rechef comment il se voudroit maintenir de la composition que ses gens avoient faite, et encore de rechef ils se contentoient mal sur monseigneur Hue Broec et son frère de ce que ils l'avoient reçu; car, par la teneur de leur traité et du scellé de leur composition, ils ne devoient ni pouvoient nullui recueillir en leur forteresse, si ils n'étoient forts assez pour combattre les François.

CHAPITRE CCCLXVIII.

Comment messire Bertran du Guesclin, connétable de France, et le comte de Salebrin furent logés à ost l'un devant l'autre devant Brest.

Avant que messire Robert Canolles se départit de Brest, il escripsist unes lettres et scella. En ces

---

[1] Ce traité fut conclu le 6 juillet.

lettres étoit contenu tout l'état de Brest, et comment la journée étoit prise et acceptée des François pour eux combattre, ou de rendre le chastel de Brest; laquelle chose il feroit moult envis, si amender le pouvoit. Quand il eut tout ce fait, il chargea les lettres à un sien chevalier et lui dit : « Entrez en une barge et nagez vers Garande; je crois que là environ vous trouverez le comte de Salebrin et nos gens; si lui donnez ces lettres et lui contez de bouche comment la chose va. » Le chevalier répondit qu'il étoit tout prêt; et tant nagea que il trouva le comte de Salebrin, et toute sa navie où bien avoit six vingt vaisseaux d'une flote, sans les barges et les hokecos. Si lui montra ces lettres de monseigneur Robert, et lui conta avec tout ce, le fait où il alloit et qu'il y avoit empris. Quand le comte de Salsibérich fut informé de ce, si dit que il seroit à la journée, s'il plaisoit à Dieu, et devant encore. Si ne fit nul lointain séjour, mais se désancra, et toute sa navie, et s'adressa pour venir à Brest. Et tant exploita, par le confort de Dieu et du vent, que il vint assez près de Brest; et ancrèrent au havène de Brest, et puis avisèrent place et terre qui n'étoit mie trop loin de leur navie, où ils se mirent et ordonnèrent par batailles bien et faicitement; et se trouvèrent bien deux mille combattans et autant d'archers. Si dirent entre eux que ils étoient forts assez pour attendre le connétable et sa puissance pour eux combattre. Ainsi se tenoient là les Anglois, qui montroient que ils vouloient tenir leur journée; et tous les soirs retournoient en leur navie. Quand ils eurent là été environ six jours, et ils virent que nul ne venoit, ils prirent un héraut, et l'informèrent de ce que ils vouloient qu'il dît, et qu'il chevauchât vers le connétable et les François qui se tenoient en la marche de Nantes. Le héraut se départit de l'ost des Anglois, et tant s'exploita que il vint devers le connétable et le seigneur de Cliçon. Si fit son message bien et à point, et dit ainsi au seigneur : « Le comte de Salebrin et ses compagnons m'envoient devers vous et vous signifient que : il est venu à leur connoissance que une journée est prise devant Brest de monseigneur Robert Canolles et de vous, et ordonnance de bataille; sachez que ils sont venus jusques à là, et vous attendent tout prêts pour combattre et de délivrer leurs ôtages et le châtel de Brest. Si vous mandent et prient que vous voulsiez traire avant, car vous serez combattu sans faute, ou si ne le voulez faire, et point ne le trouvez en votre conseil, si leurs renvoyez leurs ôtages. »

A cette parole répondit le connétable et n'y mit point trop longuement, et dit : « Héraut, vous nous apportez bonnes nouvelles, et vous soyez le bien-venu. Vous direz à vos maîtres, de par nous, que nous avons aussi grand désir, et plus, d'eux combattre qu'ils n'ont nous, mais ils ne sont mie en lieu ni en place où le traité fut premièrement pourparlé et accordé. Si leur dites qu'ils se traient celle part, et sans faute ils seront combattus. »

Le héraut répondit que volontiers leur diroit.

Ainsi se partit et monta à cheval, et exploita tant que il vint en l'ost de ses maîtres, et leur fit cette réponse. Le comte de Salebrin pensa sur cette parole, et puis se conseilla à ses compagnons; car là étoient six ou sept barons de grand prudence, le sire de Lusi, le sire de Neufville, monseigneur Philippe de Courtenay, messire Bryan de Stapletonne et les autres. Si se porta conseil entre eux, que le héraut retournât vers les François, et leur diroit de par eux : que c'étoit gens de mer qui n'avoient point leurs chevaux; si n'étoit mie chose due ni raisonnable que ils allassent plus avant à pied; mais si ils vouloient envoyer leurs chevaux ils trairoient vers eux volontiers; et si ils ne vouloient faire ni l'une parçon ni l'autre, ils renvoyassent leurs ôtages; car il y étoient tenus.

Le héraut partit de rechef de ses maîtres, et chevaucha tant que il vint devers le connétable qui tantôt le reconnut et qui lui demanda : « Héraut, quels nouvelles? » — « Sire, si vous mandent ainsi par moi mes seigneurs et maîtres et disent : Ce sont gens de mer qui n'ont nuls de leur chevaux et qui mie ne sont usés de aller à pied trop loin; si venez vers eux, ou leur envoyez vos chevaux, et ils viendront droit ci, ou en quelque place qu'il vous plaira, pour vous combattre et garder leur journée; et si ce ne voulez faire, si leur renvoyez leurs ôtages, car ils disent que en avant vous n'avez chose du tenir. » Quand le connétable ouït cette parole, si en répondit tantôt et dit : « Héraut, nos chevaux nous besognent; et n'est pas tant que à eux requête raisonnable; si leur direz, bel ami, que nous ne ferons jà tel avantage à nos ennemis, si Dieu plait, que nous leur devions envoyer nos chevaux ; on le nous tiendroit à trop grand outrage ; et si nous étions conseillés de ce faire, si voudrions-nous avoir bons ôtages et suffisans pour répondre de nos chevaux. » — « Certes, dit le héraut, de ce ne m'ont rien enchargé. » — « Donc, répondit messire Bertran, puisqu'ils ne veulent traire avant et qu'ils s'excusent que ce sont gens de mer, nous ne sommes pas, et aussi ne sont-ils, au lieu ni en la place où la journée fut traitée et pourparlée : si leur direz, quand vous retournerez vers eux, que nous leur ferons tant d'avantage que nous irons là sur la place et au propre lieu ; et là viennent ainsi que ils veulent, et ils seront combattus. »

Sur cette réponse se départit le hérault ; et s'en revint à Brest devers ses maîtres, et leur fit relation de toutes les paroles que vous avez ouï ; et sur ce ils eurent avis. Depuis ne demeura guères de temps que le connétable, le duc de Bourbon, le comte d'Alençon, le sire de Cliçon, le sire de Laval et tous ces barons de France et de Bretagne, où bien avoit quatre mille lances et quinze mille d'autres gens, si vinrent à une journée près de Brest où les Anglois étoient, et là se arrêtèrent et logèrent en moult fort lieu ; et puis le signifièrent aux Anglois, comment ils étoient là venus et sur le lieu droitement, ce disoient, où le traité de ceux de Brest avoit été accordé ; et leur mandoient que, s'ils venoient là, ils seroient combattus, et si ce ne faisoient ils avoient perdu leurs ôtages.

Quand le comte de Salebrin et ses compagnons entendirent ces nouvelles, si virent bien que les François y alloient subtilement, et qu'ils n'avoient nulle volonté d'eux combattre. Si leur signifièrent par leur hérault, avec le hérault de France qui ces paroles avoit apportées, que si ils vouloient encore traire avant les deux parts du chemin, ils se travailleroient bien tant que, tout à pied, ils iroient la tierce part ; et si ils ne vouloient faire cette parçon, ils vinssent à pied la moitié du chemin et ils iroient l'autre ; et si l'une ni l'autre ils ne vouloient faire, ils renvoiasssent leurs ôtages, car ils n'avoient nulle cause du retenir, mais avoient, par droit d'armes, bien fait leur devoir et étoient en volonté du faire.

Ainsi allant et venant se demenèrent ces choses et se dégâtèrent ; ni pour parçon que les Anglois pussent ni sçussent faire, les François ne voulurent traire plus avant que vous avez ouy. Quand les Anglois virent ce, si rafraîchirent le châtel de Brest de bonnes gens d'armes, de pourvéance et d'artillerie, et puis entrèrent en leur navie, et se desancrèrent, et prirent la mer par devers Saint-Mathieu de Fine Poterne ; car devant Derval ne pouvoient-ils nullement venir à toute leur navie ; et à pied aussi ils n'y fussent jamais allés. Avec tout ce monseigneur Robert Canolles, qui dedans Derval se tenoit, leur avoit rescript que en rien ils ne se travaillassent pour lui, et qu'il cheviroit bien tout seul contre les François.

En ce premier jour, et près sur une heure que les Anglois partirent et rentrèrent en leurs vaisseaux, se départirent aussi les Bretons et les François du lieu où ils s'étoient arrêtés, et emmenèrent les ôtages de Brest. Ainsi se dérompit cette assemblée ; et s'en vinrent le connétable et ses gens devant Derval pour tenir leur journée ; mais messire Robert Canolles leur manda que, ils n'avoient là que faire de séjourner, pour chose que ils dussent avoir son chastel, ni ils ne s'y avoient que faire d'attendre pour traité ni composition nulle qui faite en fût, car nulle n'en tiendroit ; et la raison qu'il y mettoit, il disoit, que ses gens ne pouvoient faire nul traité sans son sçu, et ce que fait en avoient étoit de nulle vaille. Ces paroles émerveilloient bien le connétable, le seigneur de Cliçon et les barons de France et de Bretagne ; et disoient les plus sages et les plus usés d'armes que la chose ne pouvoit y être ni demeurer ainsi, et que le traité que messire Hue Broec et son frère avoient fait, étoit bon. Si signifièrent tout cel état au duc d'Anjou qui se tenoit à Angers, et la cautelle de messire Robert Canolles. Adonc le dessus nommé duc se départit d'Angers atout grands gens d'armes, et ne cessa de chevaucher si fut venu devant Derval.

CHAPITRE CCCLXIX.

Ci commence la chevauchée que le duc de Lancastre et le duc de Bretagne firent au royaume de France.

Nous nous souffrirons un petit à parler, car la matière le requiert, du duc d'Anjou et du siége de Derval, et parlerons de monseigneur de Lancastre et du duc de Bretagne qui étoient arrivés à Calais[1] à trois mille hommes d'armes et six mille archers, et bien deux mille d'autres gens. En celle route avoit largement de purs Escots bien trois cents lances qui servoient le roi d'Angleterre pour ses deniers. De toutes ces gens d'armes et de l'ost étoit connétable messire Édouard, le sire Despensier, un des grands barons de toute Angleterre, frisque, gentil et vaillant chevalier et grand capitaine de gens d'armes; et l'avoit le roi d'Angleterre pourvu de cel office; et étoient maréchaux de l'ost le comte de Warvich et le comte de Suffort. Là étoient, des barons d'Angleterre, le comte de Staford, le sire de Persi, le sire de Ros, le sire de Basset, le sire de Latimer, le sire de Boursier, le sire de la Poulle, le sire de Manne, le sire de Gobehen, fils au gentil seigneur dont cette histoire ci en devant fait bien mention, messire Louis de Clifort, le sire de la Ware, messire Hue de Cavrelée, messire Gautier Huet, messire Guillaume de Beauchamp, fils au comte de Warvich, messire Guillaume Helman, monseigneur Mathieu de Gournay, messire Thomas Fouque, le sire de Wiles, le sire de Willebi, messire le chanoine de Robersart et plusieurs autres bons chevaliers que je ne puis mie tous nommer. Encore y étoient des capitaines : messire Jean de Montagu, messire Richard de Pontchardon, messire Simon Burlé et messire Gaultier d'Evernes.

En ce temps étoit capitaine de la ville de Calais messire Tamwore[2], et de Guines messire Jean de Harleston, et d'Ardre le sire de Gommignies. Quand le duc de Lancastre et le duc de Bretagne, et cils seigneurs et leurs gens, se furent rafraîchis en la ville de Calais, et toute leur ordonnance fut prête, et leurs charrois chargés, et leurs chevaux ferrés, ils se partirent un mercquedi au matin, bannières déployées, et passèrent devant Guines et Ardres, et aussi devant le chastel de le Montoire que Hondecourt, un chevalier de Picardie, gardoit. Mais les Anglois ne s'y arrêtèrent oncques pour assaillir; ainçois passèrent outre, et s'en vinrent loger sus celle belle rivière qui queurt à Hosque. Là se tinrent ils une nuit; et comprenoit leur ost jusques à Balinghehen et jusques à l'abbaye de Liques. Quand ce vint au matin, ils se départirent, et puis se mirent au chemin, et chevauchèrent au dehors de Saint-Omer.

En la ville de Saint-Omer étoit le vicomte de Meaux atout grands gens d'armes. Bien vinrent courir aucuns Anglois, et une compagnie d'Escots, jusques aux barrières; mais rien n'y forfirent, ni jamais n'eussent fait; ainçois en reportèrent leurs chevaux des sajettes et des viretons des arbalétriers. Si s'en vinrent les Anglois loger celle seconde journée sur les mons de Herfaut et, allant de jour, passèrent devant Therouane où le sire de Sempy et le sire de Brimeu, messire Lyonnel d'Araine et le sire de Poix, et bien deux cents lances de François, y étoient. Si passèrent les Anglois outre sans rien faire, et chevauchèrent en trois batailles moult ordonnément; et ne alloient le jour non plus de deux ou de trois lieues, et se logeoient de haute nonne; et tous les soirs se retrouvoient ensemble, et point ne se déffoucquoient mais attendoient moult courtoisement l'un l'autre. La première bataille étoit des maréchaux; la seconde des deux ducs, du duc de Lancastre et du duc de Bretagne; et puis cheminoit tout le charroi qui portoit et menoit toutes leurs pourvéances; et puis l'arrière garde faisoit le connétable; et se joignoient toutes ces batailles ensemble, ni nulle ne s'en deffoucquoit ni issoit de son pas; ni aussi nul chevalier ni écuyer, tant fût appert ni bon homme d'armes, n'osât courir ni faire issue de ses compagnons, si il ne lui fût commandé et accordé des capitaines de sa route, et par espécial des maréchaux.

Si très tôt que le roi de France sçut que cils deux ducs et leurs gens étoient entrés en son pays et chevauchoient, si envoya chaudement en Bretagne après le connétable et le seigneur de Cliçon et les bons chevaliers et écuyers qui là se tenoient, que ils s'en retournassent en France; car il les vouloit grandement ensonnier; et par espécial le roi remandoit le seigneur de Cliçon, le vicomte de Rohan, monseigneur Jean de Bueil, monseigneur Guillaume des Bordes et monseigneur Louis de Saint-Julien et aucuns chevaliers et écuyers bretons ables et bien travaillans; car il vouloit faire poursuivir les Anglois. Et vouloit bien le dit roi que messire Bertran son connétable, et le duc de Bourbon et le comte d'Alençon, demeurassent dalez son frère le duc d'Anjou, tant que aucune fin se fût approchée de ceux de Derval. Or avint, entrues que cils

---

[1] Le duc de Lancastre arriva à Calais dans le cours du mois de juillet.
[2] Stamworth.

qui mandés étoient du roi mirent le temps et les jours de retourner de Bretagne, en France et d'avoir leur établissement et savoir leur ordonnance où chacun devoit aller, employèrent aussi leur temps grandement le duc de Lancastre et le duc de Bretagne, et leurs gens, d'entrer en France et de courir le pays six lieues de large à deux ailes de leur ost, pour plus largement trouver vivres et pourvéances; car ils n'en prenoient nulles des leurs, mais qu'ils en sçussent recouvrer des nouvelles où que fût.

CHAPITRE CCCLXX.
Des Anglois et François qui s'entre-combattirent devant Ribeumont.

Ainsi passoient les Anglois le pays, et furent devant Aire, et escarmouchèrent aux barrières, et puis retournèrent amont devers la comté de Saint-Pol, en chevauchant en Artois. Si ardirent une partie de la comté de Saint-Pol; et furent devant la ville de Dourlens, et y livrèrent grand assaut, et se mirent les dits Anglois en grand'peine pour la conquerre et pour l'avoir; car ils la sentoient riche de l'avoir du pays qui là étoit retrait et apporté; et si n'étoit pas, ce leur sembloit, tenable à tant de gens d'armes qu'ils étoient. On veut bien dire et maintenir que ils l'eussent eue et conquise de force, si n'eussent été les gentils hommes du pays qui là dedans étoient retraits et qui avoient ouï dire qu'ils auroient l'assaut. Si passèrent les Anglois outre quand ils eurent là fait leur emprise, et chevauchèrent vers la cité d'Arras. Et y vinrent les deux ducs auxquels tout le demeurant obéissoit, loger; et se arrêtèrent en l'abbaye du mont Saint-Éloy, à deux lieues petites de la cité d'Arras. Là se reposèrent et rafraîchirent un jour et deux nuits, et puis chevauchèrent outre, en prenant le chemin de la rivière de Somme, et firent tant qu'ils vinrent à Bray sur Somme. Là s'arrêtèrent-ils et mirent en ordonnance pour l'assaillir; et l'approchèrent toutes gens, et y eut moult grand assaut; et là fut le chanoine de Robersart bon chevalier, et fit, en joutant à une porte aux gens d'armes qui là étoient, plusieurs apertises d'armes; et eût été pris et retenu si n'eût été un sien écuyer qui s'appeloit Esperon; car il fut abattu entre pieds, à l'entrée de la porte, et le tiroient ens les François qui là étoient; mais le dit écuyer, en joutant de son glaive et monté sur son coursier, recula tous ceux qui là étoient en la ville et en abattit, ne sais, cinq ou six.

En la dite ville de Bray sur Somme avoit adonc grand'foison de chevaliers et d'écuyers de là environ; et tous s'y étoient retraits, car bien savoient que c'étoit le passage des Anglois, ni oncques ne passèrent en France que ils ne tinssent ce chemin.

Toutefois ils ne conquirent rien adonc à Bray. Si prirent leur retour vers Saint-Quentin, et entrèrent en ce beau et plein pays de Vermandois. Si frémissoient toutes gens devant eux; et rançonnoient villes et pays à non ardoir et à vivres; et cheminoient si petites journées que trois ou quatre lieues le jour. De Saint-Quentin étoit capitaine messire Guillaume des Bordes; et là le trouva le sire de Bousies qui s'en alloit à Ribeumont pour aider à garder la forteresse, car il y avoit part de par sa femme, la fille au seigneur de Chin. Si lui pria que il lui voulsist délivrer dix arbalêtriers. Messire Guillaume le fit volontiers. Si issirent hors de la ville à la porte que on ouvrit et qui ouvre vers Laon; et n'eurent point cheminé deux lieues, quand ils trouvèrent messire Jean de Bueil qui s'en alloit à Laon pour en être capitaine. Là le envoyoit le roi de France. Si se firent grandes reconnoissances ces chevaliers quand ils se trouvèrent; et parlementèrent sur les champs ensemble. Et entendit monseigneur Jean de Bueil que les Anglois devoient passer ce jour dalez Ribeumont; si dit qu'il iroit là avec le seigneur de Bousies: si chevauchèrent encore avant. Ainsi comme ils étoient à demi-lieue petite de Ribeumont, et jà avoient envoyé un de leurs coureurs pour informer ceux de la ville que ils fussent recueillis et qu'ils venoient là pour aider à garder la ville, ils virent naître et approcher une route d'Anglois qui étoit la maisnie et les armes et le charroi de messire Hue de Cavrelée, où y avoit bien, par semblant, quatre vingts hommes, tous bien montés. Lors dirent les François: « Véez-ci nos ennemis qui viennent de piller; or leur allons au devant! » Adonc brochèrent-ils chevaux des éperons, chacun le mieux qu'il pouvoit, en écriant: « Notre-Dame! Ribeumont! » et s'en vinrent férir sur ces Anglois qu'ils déconfirent; et occirent la plus grand'partie; et ceux tous heureux qui purent échapper. Et quand les François eurent rué jus ces Anglois, ils vinrent à Ribeumont où ils trouvèrent le seigneur de Chin, qui un petit devant étoit entré en la ville par une autre partie, à bien quarante lances et vingt arbalètriers. Si comme ces trois chevaliers étoient sur la place de la ville devant le châtel, et que plusieurs de leurs gens étoient retraits à l'hôtel et se désarmoient, ils ouïrent la guette du châtel qui cornoit à gens d'armes qui approchoient la ville. Lors se trairent ensemble et demandèrent à la guette par semblant combien ils pouvoient bien être : il répondit : « Environ quatre vingt hommes d'armes. » Lors dit le sire de Bousies : « Si les irons combattre. Ce seroit blâme pour nous de les laisser aller courre si près de notre forteresse. » Le sire de Chin dit : « Vous dites voir, beau fils, faites traire hors nos chevaux et développer ma bannière. » Lors dit messire Jean de Bueil : « Seigneurs, vous n'irez point sans moi ; mais je conseillerois que nous y allissions un petit plus mûrement ; espoir sont-ce gens d'armes coureurs, que les maréchaux d'Angleterre ou le connétable envoient courir ci-devant pour nous attraire de notre garnison. Si nous pourroit bien notre issue si chaudement faite tourner à folie. » Le sire de Bousies dit : « Si j'en suis cru, nous les irons combattre et brièvement ; quoi qu'il en avienne je irai. » Lors remit son bassinet et restreignit ses plates ; puis issirent. Et pouvoient être environ six vingt combattans, et les Anglois environ quatre vingt, et étoient de la route messire Huc de Calverlée ; mais le dit messire Huc étoit demeuré de-lez le duc de Lancastre. Mais il y avoit jusques à six chevaliers et grand'foison d'écuyers ; et étoient venus pour contrevenger leurs compagnons qui avoient été rués jus.

Sitôt que les François furent hors de la porte, ils trouvèrent les Anglois qui baissèrent leurs lances et se férirent roidement entre les François qui se ouvrirent ; et passèrent parmi. Adonc fit si grande poudrière que à grand'peine reconnoissoient-ils l'un l'autre. Les François qui avoient été ouverts se remirent ensemble et commencèrent à crier : Notre-Dame ! Ribeumont ! Là eut maint homme renversé d'un lez et d'autre. Le sire de Chin tenoit une plombée dont il effondroit durement les bassinets qu'il atteignoit ; car il étoit grand et fort chevalier, et bien formé de tous membres ; mais il fut tellement féru sur son bassinet qu'il chancela ; et fut chu s'il n'eût été soutenu d'un écuyer ; lequel étonnement le gréva puis grandement tant qu'il vesqui. Là eut plusieurs Anglois qui étoient émerveillés de ce qu'ils véoient son pennon semblable aux armes, sans différence, du seigneur de Coucy ; et disoient : « A envoyé le sire de Coucy çà ses gens, et il nous dût être ami. » Mais puis se déportèrent d'ardoir et de faire nul dommage en terre du seigneur de Coucy quand ils sçurent qu'il étoit pour ce temps en Lombardie. Là eut dur poignis et bien combattu ; mais finablement furent morts ou pris les Anglois, et peu s'en sauvèrent. Et eut le sire de Bousies pour lui les deux frères de Pennefort, un chevalier et un écuyer, et messire Jean de Bueil en eut deux autres. Puis rentrèrent les chevaliers et les écuyers en Ribeumont et là amenèrent leurs prisonniers ; ce fut environ heure de remontière. Et tantôt à heure de vêpres les deux ducs et leurs grandes routes furent toutes rangées devant Ribeumont.

Si étoient moult courroucés les Anglois de ce que on avoit combattu leurs compagnons, morts et pris, et point n'y avoient été. A lendemain au matin ils passèrent outre, sans plus rien faire, et prirent le chemin de Laon. Quand cils de Ribeumont virent que ils passèrent outre et que point ne auroient d'assaut, si vidèrent par une poterne et chevauchèrent à la couverte, hors du chemin, messire Jean de Bueil et sa route, et messire Gérard, et le sire de Poix, et messire Jean de Fosseux, et plusieurs compagnons de la Marche qui au rencontre de sous Ribeumont avoient été, et firent tant que ils vinrent sur le mont de Laon où ils furent reçus à grand'joie.

CHAPITRE CCCLXXI.

Des François et des Anglois qui s'encontrèrent et qui s'entre-combattirent de-lez Soissons et Ouchy.

Le duc de Lancastre et le duc de Bretagne, et leurs routes, s'en vinrent loger à Vaulx dessous Laon, et s'y tinrent trois jours ; et s'y rafraîchirent eux et leurs compagnons ; car ils trouvèrent la marche grasse et pleine de tous vivres, car il étoit en temps de vendanges. Et si rançonnoient le pays et gros villages à non ardoir, parmi vin et sacs de pain, et bœufs et moutons que on leur apportoit et amenoit en leur ost. A ce que les Anglois montroient, ils ne désiroient autre chose que ils pussent avoir la bataille; mais le roi de France, qui doutoit les fortunes, ne s'y vouloit nullement assentir ni accorder que ses gens se combatissent. Si les faisoit-il côtier et hérier de cinq cents ou six cents lances qui tenoient les Anglois si courts et en tel doute que ils ne s'osoient deffoucquer. En la cité et sur le mont de Laon avoit bien trois cents lances de Bretons et de François qui véoient les Anglois dessous eux à Vaulx ; mais onques, de soir, de nuit, ni de matin ne les vinrent réveiller. Si se délogèrent le duc et leurs routes et prirent le chemin de Soissons ; car ils suivoient toudis les rivières et plus gras pays. Le sire de Cliçon, le sire de Laval, le vicomte de Rohan, le vicomte de Meaux, Raoul de la Bove, messire Raoul de Rayneval, messire Jean de Vienne, messire Jean de Bueil, messire Guillaume des Bordes, le sire d'Antoing, le sire de Hangest et bien quatre cents lances de bonnes gens les poursuivoient toudis aux côtière, ainsi qu'ils alloient; et chevauchoient telle fois si près l'un de l'autre que ils se fussent bien trouvés et rencontrés s'ils voulsissent, et parloient à la fois l'un à l'autre. Donc il advint que messire Henry de Persy, un des gentils barons d'Angleterre, chevauchoit les champs avec sa route, et messire Guillaume des Bordes et messire Jean de Bueil faisoient une autre, et tenoit chacun son chemin sans point issir du frais. Là dit messire Henry de Persy, qui chevauchoit un blanc coursier, en regardant sur senestre, à monseigneur Aymeri de Namur, fils au comte : « Il fait beau voler maintenant; que ne volez vous quand vous avez ailes? » — « Sire de Persy, sire de Persy, dit messire Aymeri, qui un petit issit de son conroy en fretillant son coursier, vous dites voir, le vol est beau à nous, et si j'en étois cru nous volerions jusques à vous. » — « Par Dieu, Aymeri, je t'en crois bien. Or émeus tes compagnons à voler; si y aura bon gibier. » Ainsi, en bourdant, chevaucha le sire de Persy une espace de temps, côtiant les François ; et le plus prochain de lui à qui il parloit c'étoit Aymeri, le Bâtard de Namur, un moult frique et gentil chevalier et bon homme d'armes.

Trop souvent le jour se fussent trouvés François et Anglois et rencontrés sur les champs si ils voulsissent; mais les uns et les autres chevauchoient sagement. Si fut en ce voyage la terre du seigneur de Coucy toute déportée, ni on n'y forfit onques rien ; car le gentil sire de Coucy étoit hors du pays, et se dissimuloit de cette guerre pour la cause de sa femme, madame Ysabel, fille au roi d'Angleterre : si étoit excusé de l'une partie et de l'autre.

En ce voyage et en la marche de Soissons, assez près d'un village que on dit Ouchy, meschéit il trop grandement à l'un des bons chevaliers de toute la route du duc de Lancastre, et qui le plus s'étoit trouvé en devant en grosses besognes d'armes et durs rencontres, monseigneur Gautier Huet; car, une nuit, il avoit fait le guet en leur ost, si que sur le jour, ainsi qu'il est d'usage, il s'étoit retrait en son logis et se désarmoit pour un petit reposer. Ce propre matin, messire Jean de Vienne, messire Jean de Bueil, le vicomte de Meaux et bien six vingt lances de François vinrent escarmoucher l'ost à l'un des lez où le guet étoit, ainsi comme en rifflant outre sans arrêter. Messire Gautier Huet ouit ces nouvelles, ainsi que on lui déclaussoit ses chausses d'acier, et étoit jà désarmé à moitié : il eut si grand coite, et si frétilleusement monta à cheval qu'il n'étoit vêtu que d'une seule cotte de fer, et n'eut mie loisir de prendre ses plates ; mais, la targe au col et la lance au poing, s'en vint en cel état à l'escarmouche. Evvous un chevalier de France, qui s'appeloit messire Jean d'Elmant, hardi et vaillant chevalier durement, armé de toutes pièces et bien fort monté, la targe au col et la lance au poing, qui avise monseigneur Gautier Huet, et broche cheval des éperons et s'en vient sur lui, et lui fiert de son glaive si roidement que les armures qu'il avoit, ce n'étoit mie grandement, ne lui valurent onques riens; mais il fit passer son glaive tout outre le corps et l'abatit là à terre navré à mort. Quand ses gens virent ce, si furent trop déconfits; et, à ce que j'ouïs dire, son pennon le suivoit tout enveloppé, ni onques ne fut développé. Trop furent les ducs, les barons et les chevaliers courroucés de la mort de monseigneur Gautier ; mais amender ne le pouvoient tant qu'à celle fois.

Si se combattirent moult vaillamment; mais finablement, pour le contrevenger, tous furent morts et pris et peu s'en sauva. Là furent pris, des chevaliers anglois, messire Jean Rademen, messire Thomas Fauque, messire Hue Brunel, messire Thomas le Despensier, messire Thomas Ebreton, messire Nicole Gascoyne, messire Jean Candeler, messire Hue Harpedanne, messire Leonnel d'Antrin et messire Philippe de Cambery; et des écuyers, Jean Gaillart, Thomas Brudelay, Henry Mainefort, Guyon de Huet, Guillaume d'Autri, Jean Menet, Antequin, Thomas Robinet, Jean Vandenkin, Thomas Clément, Guillaume Gausvic, Jean de Foubret, Thomelin Solerant, Guillaume Quintemin, Robin Bouteille, Robert d'Audelay, Raoul d'Estanly et Thomas Artus.

Les nouvelles vinrent en l'ost des Anglois que leurs gens se combattoient; lors se hâtèrent les maréchaux et tout l'ost de venir celle part : mais ils ne se sçurent sitôt avancer que la chose ne fût passée; et étoient les Bourguignons et François retraits ès bois; si ne les sçurent les Anglois quelle part quérir. Ainsi alla de celle rencontre, si comme je fus informé, qui fut assez près d'Ouchy lez Soissons[1], le vingt-unième jour de septembre mil trois cent soixante-treize.

Après ces deux advenues de Ribeumont et de Ouchy n'avint au duc de Lancastre ni à ses gens aucune aventure au royaume de France, qui à recorder fasse. Si passèrent-ils par maints passages et détroits, mais ils chevauchoient sagement et se tenoient ensemble; car le conseil du roi disoit ainsi : « Laissez-les aller. Par fumières ne peuvent-ils venir à votre héritage; Il leur ennuira, et iront tous à néant : quoi que un orage et une tempête se appert à la fois en un pays, si se départ depuis et dégâte de soi-même. Ainsi adviendra-t-il de ces gens Anglois. »

CHAPITRE CCCLXXIII.

Comment les ôtages que ceux de Derval avoient baillés furent décolés; et comment messire Robert Canolles fit décoller les prisonniers qu'il tenoit.

Nous retournons à parler du duc d'Anjou et du connétable de France qui se tenoient en ce temps devant Derval, et de monseigneur Robert Canolles; et vous conterons comment ni par quelle incidence cil siége se défit. Le duc d'Anjou, le duc de Bourbon, le connétable de France et tous les barons qui là étoient tenoient le châtel de Derval à avoir pour eux, par deux raisons : la première étoit que messire Hue Broec et son frère avoient juré et scellé et promis, et de ce livré bons ôtages, chevaliers et écuyers, que ils ne pouvoient ni devoient nullui recueillir en leur forteresse qui ne fut aussi fort comme ils étoient. La seconde raison étoit : que, dedans quarante jours, ils devoient rendre le châtel de Derval aux seigneurs de France si les Anglois ne venoient là en la place, si forts que pour eux combattre et lever le siége; desquelles choses ils étoient tout en deffaute. Monseigneur Robert Canolles s'excusoit et mettoit toudis avant, que ses gens ne pouvoient faire nuls traités sans son accord, et que tous les traités que fait avoient étoient de nulle vaille, ni de lui on ne pouvoit extraire autre réponse. Et mandoit bien au duc d'Anjou et au connétable que ils n'avoient que faire de là séjourner pour son chastel; car jà, tant qu'il vivroit, ils n'en seroient en saisine. Le duc d'Anjou de ces réponses étoit tout merancolieux : si avisa une fois qu'il essaieroit monseigneur Robert par une autre voie; et lui manda bien accertes que, si il ne lui rendoit le châtel, ainsi que droit et raison le vouloient, il fut tout ségur que il feroit mourir ses ôtagiers. Messire Robert lui remanda que bien étoit en sa puissance de faire ainsi tout ce qu'il disoit; mais il fut ségur, si il les fesoit mourir, il avoit laiens en son châtel des bons chevaliers françois prisonniers desquels il pouvoit avoir grand rançon, mais il les feroit mourir aussi. Cette réponse prit le duc d'Anjou en si grand dépit que, sans point d'attente, il manda les ôtages qui issus de Derval étoient, deux chevaliers et deux écuyers, bien gentils hommes, et les fit mener du plus près du chastel qu'il put, et là furent décolés; ni pour prière ni parole que aucuns barons de l'ost pussent ni sçussent faire, il n'en furent point deportés. Quand messire Robert Canolles, qui étoit amont aux fenêtres de son châtel, vit ce, si fut moult courroucé, et ainsi que tout forcené, il fit incontinent une longue table lancer hors des fenêtres et là amener trois chevaliers et un écuyer que il tenoit prisonniers, dont il avoit refusé dix mille francs. Si les fit monter sur celle table l'un après l'autre, et par un ribaut couper les têtes, et renverser ens ès fossés, les corps d'un

---

[1] Il y deux endroits de ce nom près Soissons, Ouchy-la-Ville et Ouchy-le-Château, qui sont presque contigus.

lez et les têtes de l'autre; de quoi vraiment tout considéré ce fut grandpitié, quand pour l'opinion d'eux deux, huit gentils hommes furent ainsi morts; et depuis en furent moult courroucés et l'une partie et l'autre.

CHAPITRE CCCLXXIV.
Des consaulx que le roi de France tint en Paris sur la guerre aux Anglois.

Assez tôt après ce cruel fait accompli, de quoi toutes manières de gens qui en ouyrent parler eurent pitié et compassion, le siége se deffit de devant Derval; et se trairent devers France toutes manières de gens d'armes avec le duc d'Anjou et le connétable; car ils avoient entendu que le duc de Lancastre et le duc Jean de Bretagne y chevauchoient efforcément et étoient jà sur la rivière de Marne. Si exploitèrent tant les capitaines que ils vinrent à Paris devers le roi qui les reçut à grand'joye; et fut durement réjouy de la venue du connétable, car il avoit en lui très grand'fiance. En ce temps étoit retourné à Paris le sire de Cliçon, car le roi l'avoit mandé pour avoir collation, devant lui présent et tous ses frères qui tous trois étoient à Paris et le connétable, sur l'état des Anglois, si on les combattroit ou non; car plusieurs barons et chevaliers du royaume de France et consaulx des bonnes villes murmuroient l'un à l'autre et disoient en public: que c'étoit chose inconvéniente et grand vitupère pour les nobles du royaume de France, où tant a de barons, chevaliers et écuyers, et de quoi la puissance est si renommée, quand ils laissoient ainsi passer les Anglois à leur aise et point ne s'étoient combattus, et que de ce blâme ils étoient vitupérés par tout le monde.

Quand tous ces seigneurs les plus espéciaux du conseil du roi furent assemblés, ils se mirent en une chambre; et là ouvrit le roi sa parole sur l'état dessus dit, et pria moult doucement que il en fût loyaument conseillé, et voult de chacun ouïr l'entente autour, et quelle raison il y mettoit du combattre ou non combattre. Premièrement le connétable en fut prié du dire, et demandé qu'il en voulsist dire à son avis le meilleur qui en étoit à faire, pour tant que il avoit été et de plus grosses besognes arrêtées contre les Anglois. Moult longuement s'excusa et n'en vouloit répondre, si avoient les seigneurs répondu et parlé qui là étoient, le duc d'Anjou, le duc de Berri, le duc de Bourgogne et le comte d'Alençon. Nonobstant ces excusances il fut tant pressé qu'il le convint parler. Si parla par l'assentement d'eux tous, ainsi que bien sçut dire au commencement de son langage, et dit au roi: « Sire, tous cils qui parolent de combattre les Anglois ne regardent mie le péril où ils en peuvent venir. Non que je die que ils ne soient combattus, mais je veuil que ce soit à notre avantage, ainsi que bien le savent faire quand il leur touche, et l'ont plusieurs fois eu à Poitiers, à Crécy, en Gascogne, en Bretagne, en Bourgogne, en France, en Picardie et en Normandie. Lesquelles victoires ont trop grandement adommagé votre royaume et les nobles qui y sont, et les ont tant enorgueillis que ils ne prisent autant nulle nation que la leur, par les grands rançons que ils ont prises et eues, de quoi ils sont enrichis et enhardis. Et veci mon compagnon, le seigneur de Cliçon qui plus naturellement en pourroit parler que je ne fasse, car il a été avec eux nourri d'enfance; si connoît mieux leurs conditions et leurs manières que nul de nous : si le prie, si ce soit votre plaisir, cher sire, que il me veuille aider à parfournir ma parole. » Adonc regarda le roi sur le seigneur de Cliçon, et lui pria doucement en grand amour, pour mieux complaire à monseigneur Bertran, que il en voulsist dire son entente. Le sire de Cliçon ne fut mie ébahi de parler, et dit que il le feroit volontiers, et porta grand'couleur au connétable, en disant que il conseilloit le roi moult loyaument, et tantôt mit la raison pourquoi : « A Dieu le veut, mes seigneurs! Anglois sont si grands d'eux-mêmes, et ont eu tant de belles journées que il leur est avis que ils ne puissent perdre; et en bataille ce sont les plus confortés gens du monde; car plus voient grand effusion de sang, soit des leurs ou leurs ennemis, tant sont ils plus chauds et plus arrêtés de combattre; et disent que jà cette fortune ne mourra, tant que leur roi vive : si que, tout considéré, de mon petit avis, je ne conseille pas que on les combatte, si ils ne sont pris à meschef, ainsi que on doit prendre son ennemi. Je regarde que les besognes de France sont maintenant en grand état, et que ce que les Anglois y ont tenu par subtilement guerroyer, ils l'ont perdu. Donc, cher sire, si vous avez eu bon conseil et cru, si le créez encore. » — « Par ma foi, dit le roi, sire de Cliçon, je n'en pense jà à issir ni à mettre ma chevalerie ni mon royaume en péril d'être perdus pour un peu de plat pays ; et de ci en avant je vous recharge, avec mon connétable, tout le fait de mon royaume, car votre opinion me semble bonne. Et vous, qu'en diriez-vous, mon frère d'Anjou ? » — « Par ma foi, répondit le duc d'Anjou, qui vous conseilleroit autrement ne le feroit pas loyaument ; nous guerroyerons toujours les Anglois, ainsi que nous avons commencé : quand ils nous cuideront trouver en une partie du royaume, nous serons à l'autre, et leur toldrons toujours à notre avantage ce petit que ils y tiennent. Je pense si bien à exploiter, parmi l'aide de ces deux compagnons que je vois là, que ès marches d'Aquitaine et de la haute Gascogne, dedans brief terme, on pourra bien compter que ils y tiennent peu de chose. »

De ces paroles fut le roi tout réjoui, et demeurèrent sur cel état à non combattre les Anglois, fors par la manière que ils eurent devisé. Après ce conseil se départirent du roi, de Paris, le connétable, messire Olivier de Cliçon et bien cinq cents lances, et chevauchèrent vers Troyes ; car les Anglois alloient ce chemin et avoient passé et repassé à leur aise la rivière de Marne ; et quand ils trouvoient un pont deffait, sur quelque rivière que fût, ils avoient avec eux ouvriers et charpentiers qui tantôt en avoient un ouvré et charpenté, mais que ils eussent le bois ; et on leur amenoit devant eux ; car ils avoient gens de tous offices amenés avec eux d'Angleterre. Si furent les deux ducs et leurs routes devant la ville de Vertus, et devant Espernay ; et rançonnèrent à vivres tout ce pays de là environ ; et trouvèrent grand pillage et grand profit sur celle belle rivière de Marne, dont ils étoient tout seigneurs et maîtres, car nul ne leur alloit au-devant. Si montèrent tout contremont vers Châlons en Champagne ; mais point ne l'approchèrent de trop près, et prirent le chemin de Troyes. En la cité de Troyes étoient jà venus le duc de Bourgogne, le duc de Bourbon, le connétable, le sire de Cliçon et leurs routes où bien avoient douze cents lances. Si se tenoient là en garnison, en attendant les Anglois qui ardoient et détruisoient tout le pays d'environ.

CHAPITRE CCCLXXV.

Comment le comte Jean de Pennebroch et messire Guichard d'Angle furent délivrés de leur prison du roi d'Espaigne.

En ce temps se fit la délivrance du comte Jean de Pennebroch qui étoit ès dangers et en la prison du roi Henry de Castille, lequel fut pris sur mer devant La Rochelle, ainsi que vous avez ouy recorder, et laquelle délivrance se fit par moyen tel que je vous dirai. Messire Bertran de Claiquin, connétable de France, tenoit une terre en Castille du don le roi Henry en récompensant les beaux services qu'il lui avoit faits, laquelle terre est appelée Sorie, et valoit par an au dit connétable bien dix mille francs ; sique il fut traité que messire Bertran rendit au roi Henry la dite terre de Sorie pour le corps du comte de Pennebroch ; et le comte de Pennebroch se rançonna envers le connétable à six vingt mille francs, et payer tout à une fois ; et en furent les Lombards de Bruges plèges. Or furent cils traités et ces marchés trop sagement faits et demenés des gens le dit comte, ainsi qu'il apparut ; vous orrez comment. Ils ne devoient rien payer, si auroient les gens du connétable remis le corps du comte sain et en bon point, sans nul péril, en la ville de Calais. Si se départit le dit comte sur cel état d'Espaigne, et passa parmi Navarre, et entra au royaume de France, et chevaucha avec ses gens tout parmi, sur le conduit du connétable. Si avint que, en chevauchant, une très grand'maladie le prit ; et toudis alloit avant, mais il le couvenoit porter en li tière. Tant alla, et si la maladie le demena, que il le convint arrêter et aliter en la cité d'Arras et là mourut. Et demeura du comte de Pennebroch et de madame Anne sa femme, qui fille avoit été de messire Gautier de Mauny, un beau fils qui adonc avoit bien deux ans. Ainsi perdit monseigneur Bertran son prisonnier sa rançon, et les hoirs du comte et ses plèges en furent quittes.

En ce temps se refit un autre traité et parçon de terre et d'un prisonnier, ce gentil chevalier monseigneur Guichart d'Angle, entre le roi Henry dessus nommé et monseigneur Olivier de Mauny, neveu du connétable de France. Le roi avoit donné au dit monseigneur Olivier une terre en Castille que on appelle Grète, qui bien valoit quatre mille francs par an. Cil messire Olivier étoit à marier. Si avisa en France un moult bel et haut mariage pour lui en Picardie, de la fille au seigneur de Roye, de quoi le père étoit prisonnier et en grand danger en Angleterre devers le roi. Messire Olivier fit traiter devers le lignage du seigneur de Roye comment il pourroit avoir sa fille. On lui répondit que, s'il pouvoit tant faire par moyens que il délivrât le seigneur de Roye, il auroit sa fille qui étoit taillée d'avoir et tenir trois mille francs par an de revenue, car le père étoit mais un vieux chevalier. Adonc monseigneur Olivier de Mauny exploita sur cel estat et mit gens en œuvre; et fut demandé au roi d'Angleterre lequel des prisonniers qui étoient en Espaigne il avoit plus cher à donner et à voir la délivrance pour le baron de Roye, ou monseigneur Guichart d'Angle, ou monseigneur Othe de Grandson. Le roi d'Angleterre répondit que il s'inclinoit plus à monseigneur Guichart que à monseigneur Othe. Quand on sçut son intention, messire Olivier de Mauny fit traiter devers le roi Henry et rendit celle terre de Grète que il tenoit, pour monseigneur Guichart d'Angle et Guillaume d'Angle son neveu; et tantôt se fit l'échange du baron de Roye pour ces deux. Si revint le sire de Roye en France; et messire Olivier de Mauny épousa sa fille, et puis tint toute la terre du seigneur, car il ne vesqui mie puis longuement. Et messire Guichart et son neveu furent délivrés, et allèrent en Angleterre où ils furent liement reçus; et retint le roi de son conseil et de-lez lui monseigneur Guichart, lequel renonça à tout ce que il tenoit en Poitou et remanda sa femme et ses enfans, et les fit passer par mer et venir en Angleterre. Avec la renonciation il remercia grandement le duc de Berry de ce que il avoit tenu sa femme et sa terre en paix le temps que il avoit été tenu prisonnier en Castille.

CHAPITRE CCCLXXVI.

Des négociations entre les deux princes françois et anglois, par les légats du pape Grégoire.

En ce temps s'avisa le pape Grégoire onzième qui se tenoit en Avignon, par la promotion d'aucuns cardinaux, que il envoieroit deux cardinaux, suffisans hommes et bons clercs, en légation en France pour traiter paix, accord ou respit entre les parties de France et d'Angleterre. Si y furent élus et ordonnés l'archevêque de Ravenne et l'évêque de Carpentras, qui tantôt se départirent d'Avignon en grand arroy et chevauchèrent parmi France; et exploitèrent tant que ils vinrent à Paris où bénignement ils furent reçus du roi de France et du duc d'Anjou. Si leur remontrèrent sur quel état ils étoient partis d'Avignon et là envoyés du pape et du saint collége. Le roi et le duc d'Anjou entendirent volontiers à leurs paroles, et consentirent assez que ils chevauchassent vers les Anglois, le duc de Lancastre et le duc de Bretagne, par quoi ils sçussent de leur entente aucune chose; et leur fut dit que encore ils trouveroient le connétable et le seigneur de Cliçon qui étoient rechargés du fait des guerres et auxquels il en appartenoit à parler.

Adonc ces deux légats de rechef montèrent à cheval, et toutes leurs routes, et chevauchèrent devers Troyes.

Si exploitèrent tant que ils y parvinrent; et là trouvèrent le duc de Bourgogne, le duc de Bourbon, le connétable et foison de grands seigneurs desquels ils furent les bien venus; et remontrèrent aux deux ducs, au connétable et au seigneur de Cliçon pour quoi ils étoient là venus et qui les y avoit envoyés. Cils deux seigneurs répondirent que du tout à eux n'en appartenoit mie, et que autant en touchoit il aux Anglois de leur partie comme il faisoit à eux; mais volontiers, puisque il plaisoit au roi de France, et que notre saint père le mandoit, ils y entendroient. Ainsi se tinrent les deux légats en la cité de Troyes trois jours, tant que le duc de Lancastre et le duc de Bretagne et les Anglois furent venus devant Troyes. Et là se logèrent sur celle rivière de Saine bien et faiticement; et vinrent les deux maréchaux escarmoucher aux barrières aux gens d'armes qui là étoient, et courir devant les portes. Et à la porte de Bourgogne revint le connétable, le sire Despensier, faire aussi son envaye; et descendit à pied devant les barrières, et vint main à main combattre aux chevaliers qui là étoient; et y fut le sire Despensier très bon chevalier, et y fit plusieurs apertises d'armes. Entrues que les deux ducs étoient là arrêtés et que ils laissoient leurs gens convenir d'escarmoucher et de courir le pays d'environ Troyes, issirent les deux légats; et vinrent en leurs tentes remontrer aux ducs, le duc de Lancastre et le duc de Bretagne, ce pourquoi ils étoient là venus et qui les y avoit envoyés; et commencèrent si doucement et si courtoisement à entamer leurs traités que le laugage en fut grandement agréable aux dessus dits, comment qu'ils n'en pussent rien faire, et que à eux rien n'en appartenoit; et je vous dirai pourquoi.

Le roi d'Angleterre et ses consaux ont toudis eu un tel usage, et encore le tiennent, que quand ils ont envoyé et mis hors gens d'armes de leur pays, pour entrer en France principaument, on les rechargeoit aux capitaines, fussent enfant de roi, cousins, ou barons d'Angleterre ou d'autres pays, puisque essoigner les vouloient d'un si grand fait que livrer gens d'armes et archers pour faire leur voyage; et ces capitaines, quels qu'ils fussent, ils traioient à conseil à part, et leur faisoient solemnellement jurer trois choses, et font encore; lesquels sermens, sur n'être déshonorés, ils n'oseroient enfreindre; c'est, premièrement, que le voyage qui leur est chargé ils le trairont à chef à leur loyal pouvoir; secondement, que chose qu'ils aient à faire ni secret que on leur ait dit ils ne révèleront à homme du monde fors à eux-mêmes; tiercement, que ils se maintiendront si bellement et si coyement que ils ne feront rumeurs nulles entr'eux quelconques. Si que, à ce propos, les deux ducs dessus nommés qui capitaines et gouverneurs étoient de toutes ces gens d'armes, qui au partir d'Angleterre avoient juré, ainsi que les autres ont fait et font du temps passé, et qui savoient bien où ils étoient chargés d'aller, ne pouvoient répondre à ces traités que cils deux légats proposoient, l'archevêque de Ravenne et l'évêque de Carpentras, fors couvertement; ni point en leur puissance n'étoit, tant qu'ils eussent trait à chef leur emprise, de donner ni accepter trèves ni respit, ni d'entendre à nulle paix quelconque. Aussi ils n'en étoient mie en volonté, mais se dissimuloient envers les légats moult sagement; et toudis alloient avant sur le royaume, et ardoient villes, maisons et petits forts, et pilloient et rançonnoient gens, abbayes et pays; ni oncques, pour traités qui proposés y fussent, leur voyage faisant, ils ne s'en dérieulèrent de rien; mais chevauchèrent toudis en bonne ordonnance et en bon arroy parmi le royaume de France. Aussi ils étoient sagement poursuivis du connétable de France, du seigneur de Cliçon, du vicomte de Rohan, du vicomte de Meaux, et plus de mille lances, chevaliers et écuyers, tous à élection des meilleurs du royaume de France et les plus soucieux de guerre, qui les tenoient si courts qu'ils ne s'osoient defoucquer; car si les barons de Bretagne et de France y eussent vu de leur avantage au combattre, ou par trop esparsement loger ou par chevaucher, ils ne les eussent en rien épargnés, pour chose que les légats fussent là, qui toudis alloient de l'un à l'autre pour voir si ils y trouveroient nul moyen, mais nennil; car oncques gens n'allèrent mieux ensemble qu'ils firent ni par plus sage ordonnance.

CHAPITRE CCCLXXVII.

Comment finit la grande chevauchée du duc de Lancastre sans profit.

Ainsi chevauchèrent le duc de Lancastre et le duc de Bretagne parmi le royaume de France, et menèrent leurs gens; ni oncques ne trouvèrent à qui parler par manière de bataille: si ne demandoient ils autre chose; et envoyoient souvent leurs hérauts devers les seigneurs qui les poursuivoient, en requérant bataille, en donnant et faisant plusieurs parçons; mais oncques les François ne voulurent rien accepter. Ni élection ni parçon que les Anglois leur fissent ne put venir à effet; mais ils les côtioient une heure à dextre et une heure à senestre, ainsi que les rivières se adonnoient, et se logeoient presque tous les soirs ès forts et ès bonnes villes où ils se tenoient tout aises; et les Anglois aux champs, qui eurent plusieurs disettes de vivres et en l'hiver de grands froidures; car en Limosin, en Rouergue et en Agénois ils trouvèrent moult povre pays; et n'y avoit si grand ni si joli de leur route qui dedans cinq jours ou six mangeassent point de pain. Bien souvent ce leur advint, depuis qu'ils furent entrés en Auvergne; car ils étoient poursuivis sur la fin de leur chevauchée de plus de trois mille lances; si n'osoient aller fourrer, fors tous ensemble. Toutefois en ce mes-chef ils passèrent toutes les rivières qui sont courantes outre la Saine jusques à Bordeaux, la Loire, l'Allier, la Dourdogne et Garonne et plusieurs autres grosses rivières qui descendent des montagnes en Auvergne; mais de leur charroi, qui en voult ouïr nouvelles je le vous dirai. Ils n'en purent pas la tierce partie remettre en la cité de Bordeaux, tant par les chevaux qui leur faillirent que pour les détroits des montagnes où ils ne pouvoient passer ; et si leur moururent plusieurs chevaliers et écuyers de froidure et de povreté qu'ils prinrent en l'hiver sur le chemin ; car il fut le Noël passé ainçois que ils rentrassent en la cité de Bordeaux ; et en y eut encore des bons chevaliers qui y conçurent des maladies de quoi ils moururent depuis, et par espécial le connétable de leur ost, le sire Despensier, qui fut moult plaint et moult regretté de tous ses amis, car ce fut un gentil cœur et vaillant chevalier, large, courtois. Dieu lui fasse bonne mercy !

Ainsi fut traite cette grande chevauchée à fin. Et rentra aussi en la cité de Toulouse, auques en ce temps, le duc d'Anjou, et le connétable de France avec lui ; dont se départirent toutes gens d'armes ; mais le duc d'Anjou disoit à leur département aux chefs des seigneurs, que tantôt à la Pâque ils retournassent devers lui, car il voudroit faire sa chevauchée moult grande et moult étoffée, aussi bien que le duc de Lancastre avoit fait la sienne, en la haute Gascogne ; et tous lui avoient en convent que ils feroient ce qu'il lui plairoit. Si se tinrent les deux légats de-lez lui et de-lez le connétable, qui souvent alloient de l'un à l'autre, en instance de ce que volontiers ils eussent amené ces parties à ce que accord ou répit se fût pris entre les François et les Anglois ; et n'avoient point trouvé, en devant ce que ils fussent venus à Bordeaux, le duc de Lancastre en si bon parti pour y entendre que ils le trouvèrent. Mais de premier, quand les légats vinrent devers lui à Bordeaux, il se excusa moult bellement, que bonnement il n'y pouvoit encore entendre ni donner réponse où on se pût en rien confier, jusques à tant que il auroit tout l'état signifié à son seigneur de père. Si ne furent mie ces choses sitôt faites ; mais tout l'hiver et le carême jusques au mai, le duc d'Anjou fit faire ses pourvéances grandes et grosses, et dit que il vouloit aller en la haute Gascogne voir aucuns rebelles à lui qui étoient des arrières fiefs de Gascogne et qui ne vouloient obéir au roi de France. Aussi n'avoient-ils fait au prince ; et fut le prince, du temps qu'il se tenoit en Aquitaine, trop de fois tenté pour faire à ces seigneurs de la haute Gascogne guerre ; et l'eût fait, la saison que il en alla en Espagne, si le voyage ne lui eut brisé ; et depuis de plus en plus il eut tant à faire que il n'y put entendre. Et vouloit le comte de Foix ses gens porter et tenir francs ; et disoit que le droit en appartenoit à lui, non au roi de France ni au roi d'Angleterre.

CHAPITRE CCCLXXVIII.
Comment le duc d'Anjou hostoya en la haute Gascogne.

Tantôt après Pâques[1] revinrent devers le duc d'Anjou toutes manières de gens d'armes, de France, de Bourgogne, de Bretagne, d'Anjou, de Poitou et du Maine ; et étoit le mandement du duc assigné en la ville et cité de Pierregort. Si vinrent là tous cils qui mandés et escripts en furent ; et par espécial y eut bien mille lances de purs Bretons. Quand ils furent tous assemblés, ils se trouvèrent dix mille hommes d'armes et trente mille hommes de pied sans les Gennevois arbalétriers où il en y avoit bien mille cinq cents. Là étoient, avec le connétable de France, le sire de Cliçon, le vicomte de Rohan, le sire de Laval, le sire de Beaumanoir, messire Jean d'Ermignac, le comte de Pierregort, le comte de Comminges, le sire de La Breth, le vicomte d'Escarmaing, le comte de Laille, le Dauphin d'Auvergne, le sire de La Barde, messire Bertran de Taride et tant de seigneurs que je ne les aurois jamais tous nommés. Et quand ils se départirent de Pierregort ils chevauchèrent en grand arroy et puissant ; et trembloient toutes gens devant eux ; et disoit-on communément par toute Gascogne que le duc d'Anjou alloit mettre le siège devant Bayonne. Si vinrent tout premièrement devant une ville que on clame Saint-Silvier[2] : si en est un abbé sire. Si se arrêtèrent pardevant le duc d'Anjou et toutes ses gens ; et firent grand semblant de assaillir et dresser grands engins, car ils en menoient foison avec eux. L'abbé de Saint-Silvier, qui étoit sage homme, se humilia grandement devers le

---
[1] Pâques tomba cette année le 2 avril.
[2] Saint-Sever. Il y avait dans ce pays deux abbayes de ce nom, l'une au diocèse d'Aire, sur l'Adour, l'autre au diocèse de Tarbes, appelée St.-Sever de Rustan, plus rapprochée que la première de Mont-de-Marsan, où l'armée alla ensuite. Il paraît que le duc d'Anjou n'était pas présent à la plupart de ces expéditions, et que le connétable commandait seul l'armée.

duc d'Anjou et le connétable, et remontra moult sagement que c'étoit un homme d'église, qui n'étoit mie taillé ni en volonté de guerroyer, et que ils n'étoient pas singulièrement venus pour lui, mais pour autres seigneurs qui étoient plus grands de lui ; si leur prioit que ils voulsissent chevaucher outre et laisser sa terre en composition, et que il feroit très volontiers tout ainsi que les autres. Le duc d'Anjou et les seigneurs regardèrent qu'il disoit assez. Si le firent obliger, selon sa parole, et livrer bons plèges que on envoya à Pierregort, et jurer que si les autres se mettoient en l'obéissance du roi de France, il s'y mettroit aussi ; et par ainsi demeura-t-il en souffrance et toute sa terre.

Puis chevauchèrent ces gens d'armes, noblement et richement montés et en grand arroy, et exploitèrent tant que ils vinrent devant une cité qui s'appelle Lourdes, de laquelle un chevalier étoit capitaine de par le comte de Foix qui s'appeloit messire Ernault de Berne. Là s'arrêtèrent toutes ces gens d'armes, et le assiégèrent fortement et étroitement, et y furent plus de quinze jours, et y firent dresser leurs engins pardevant, qui jetoient ouniement et qui ceux de dedans moult travailloient. Trop volontiers se fussent rendus les gens de Lourdes, mais le chevalier ne le vouloit consentir, et disoit qu'ils étoient forts assez pour eux tenir. Mais finablement non furent, car la ville fut assaillie si très fort et par si grand ordonnance que elle fut prise et conquise, et entrèrent toutes gens d'armes et autres : si fut le dit chevalier mort, car oncques ne se voult rendre, et trop vaillamment se défendit. Si fut la cité de Lourdes toute courue et pillée, et y eut morts grand'foison de bons hommes et pris à rançon.

Après la conquête et destruction de la cité de Lourdes, chevauchèrent ces gens d'armes et leurs routes outre, et entrèrent en la terre du vicomte de Chastelbon [1] : si fut toute courue, arse et détruite ; car les François étoient si grand' foison que nul ne leur alloit au devant. Et puis entrèrent en la terre le seigneur de Chastelneuf [1] : si fut toute courue aussi sans point épargner. Puis chevauchèrent amont vers Berne ; et vinrent devant une ville et un fort castel que on dit Sault, dont messire Guillonet de Pans, de la comté de Foix, étoit capitaine, appert homme d'armes durement : si se arrêtèrent là les François et y mirent le siége, et y furent moult longuement, et plusieurs grands assauts y firent et livrèrent.

Le comte de Foix, qui étoit en son pays, regarda que cil pays de ses arrières fiefs se perdoit ; et bien savoit que il en devoit hommage ou au roi de France ou au roi d'Angleterre, mais il n'étoit mie encore discerné auquel des deux ce devoit être ; si eut avis et conseil de traiter devers le duc d'Anjou et son conseil, et prier que il voulsist mettre ces choses en souffrance, et ces terres en composition, parmi tant que cil qui seroit le plus fort dedans la moyenne août devant Monsach en Gascogne [2],

[1] Sans doute Castelnau. Il y a plusieurs lieux de ce nom en Gascogne et en Bigorre.

[2] L'*Histoire de Languedoc* pense qu'au lieu de *Monsach* ou plutôt *Moissac*, il faudrait lire *Marziac*, place du diocèse d'Auch, vers la frontière de Bigorre, dont le connétable avoit vraisemblablement formé alors le siége. Cette conjecture paraît d'autant plus probable, qu'on a vu précédemment, au chap. LII, que Moissac s'était soumise au duc d'Anjou, au mois de juillet 1370. Mais outre que les Anglais pouvaient s'en être emparés de nouveau, ou les habitans s'être soustraits à la domination française, une autre raison m'empêche de l'admettre. On trouve dans Rymer les pleins pouvoirs donnés par le duc d'Anjou, le 17 mars, à trois personnes de son conseil pour traiter avec le comte de Foix, et avec ceux à qui le fait touche (c'est-à-dire, sans doute, le duc de Lancastre et les plénipotentiaires), *afin de suspendre et alonger la journée par nous emprise* (c'est le duc d'Anjou qui parle) *à lendemain de Pâques prochain venant, entre les villes de Montalban et de Moissac et les rivières de Garonne et de Tarn, à autre journée et à autre temps.* On ne peut, ce me semble, ne pas reconnaître dans ces expressions la journée dont parle Froissart, qui fut d'abord assignée au lendemain de Pâques et remise ensuite au 18 d'août. Cependant l'historien de Languedoc n'y a vu qu'un rendez-vous avec le comte de Foix, pour traiter des affaires de Gascogne, et non une journée de bataille entre les Français et les Anglais. Il aurait sans doute pensé différemment s'il avait combiné cette pièce avec le récit de Froissart et celui de Walsingham qui dit *decimo die aprilis... erat dies belli præfixus inter ipsum* (le duc de Lancastre) *et ducem Andegaviæ juxtà civitatem Tolosam.* Or, Pâques était cette année le 2 avril ; ainsi le 10 était le lendemain de Quasimodo, jour où finissait la Pâque, et par conséquent le lendemain de Pâques. La journée dont il est question dans la pièce que je viens de citer, est donc la

ou le roi de France, ou le roi d'Angleterre, ou personne de par eux, à celui il reconnoîtroit hommage et obéissance, et feroit reconnoître tous ceux de ses terres en débat; et pour entériner et accomplir, en cause de plus grand segurté, il livreroit bons pléges, six chevaliers et six écuyers. Le duc d'Anjou fut adonc si conseillé que il entendit à ces traités et les accepta, et retourna arrière à Pierregort; mais il ne donna à nul de ses gens d'armes congé; ainçois les tenoit sur le pays, pourtant qu'il vouloit y être fort à la journée qui étoit assignée devant Monsach. A ces traités faire, du côté du comte de Foix rendirent grand'peine l'abbé de Saint-Silvier et le sire de Marsan.

Tout ce sçurent bien le duc de Lancastre et le duc de Bretagne qui se tenoient à Bordeaux ; et étoient retournés une partie de leurs gens en Angleterre. L'archevêque de Ravenne et l'évêque de Carpentras, qui légats étoient, travailloient fort que un répit fût pris et accordé entre le duc d'Anjou et le duc de Lancastre ; et exploitèrent tant que le duc de Lancastre envoya trois de ses chevaliers à Pierregort pour parler au duc d'Anjou, au connétable et à leur conseil. Cils chevaliers furent le sire d'Aubeterre, le chanoine de Robersart, messire Guillaume Helman et monseigneur Thomas Douville. Si furent cils quatre chevaliers reçus, avec les traiteurs du duc d'Anjou, moult doucement, et rendoit le connétable grand'peine que unes trèves fussent prises entre ces parties. Tant fut parlementé pour traité et allé de l'un à l'autre, que unes trèves furent prises à durer jusques au darrain jour d'août. Et cuidèrent adonc les Anglois, dont ils furent déçus, que la journée de Monsach dût être enclose en la trève.

CHAPITRE CCCLXXIX.

Comment se partit le duc de Lancastre pour Angleterre, et comment demeura le chastel de Becherel en composition aux François.

Quand cette trève fut accordée par l'aide et pourchas des légats dessus nommés, le duc de Lancastre et le duc de Bretagne s'ordonnèrent à partir et retourner en Angleterre, car ils avoient été jà près d'un an hors ; et aussi toutes

leurs gens le désiroient ; et si tiroit le duc de Bretagne que il pût avoir une armée à part lui pour arriver en Bretagne et conforter aucunes forteresses qui se tenoient en son nom et lever le siège de Becherel ; car moult désiroit à avoir nouvelles de sa femme qu'il avoit laissée au châtel d'Auroy en la garde de monseigneur Jean Augustin. Si que ces choses aidèrent moult à ce que le duc de Lancastre se partit. Si institua et ordonna à son département, à être grand sénéchal de Bordeaux et de Bordelois, monseigneur Thomas de Felleton, et pria aux barons de Gascogne qui pour lui se tenoient, que ils voulsissent obéir à lui comme à son lieutenant, et tellement conseiller que ils n'y eussent point de blâme ni il point de dommage. Ils lui eurent tout en convent de bonne volonté. Et sur cel état se départit, et toute sa route, et s'en retournèrent en Angleterre[1]. De ce département ne furent mie courroucés le duc d'Anjou, le connétable, ni les seigneurs de France qui à Pierregort se tenoient ; car leur intention de la journée de Monsach en fut grant grandement embellie.

Or parlerons un petit du siége de Becherel, qui s'étoit tenu un an et plus sans ceux de la garnison être nient rafraîchis ; car ils étoient si près guettés de tous côtés que rien ne leur pouvoit venir ; et si ne leur apparoit confort de nul côté. Quand ils virent que leurs pourvéances commencèrent à affoiblir, et que longuement ils ne pouvoient demeurer en cel état, ils se avisèrent que ils traiteroient un répit devers ces seigneurs de France et de Normandie qui là tenoient le siège, que : si ils n'étoient confortés de gens forts assez pour combattre les François dedans le jour de la Toussaint, ils rendroient la forteresse : si envoyèrent un hérault pour mouvoir celui traité. Le maréchal de Blainville et les seigneurs qui là étoient, répondirent à ce commencement, que nul traité n'appartenoit à eux à donner ni ouïr se sçu du roi de France, mais volontiers envoyeroient devers lui et lui signifieroient tout cel état. Le hérault rapporta cette réponse aux capitaines de Becherel, monseigneur Jean Appert et monseigneur Jean de Cornouaille. Si leur plut bien cette réponse, et aussi que ils envoyassent hâtement devers le roi de

---

même que la journée de bataille dont parle Walsingham ; d'où il résulte que le rendez-vous était auprès de Moissac et non auprès de Marziac.

[1] Suivant les *Chroniques de France*, le duc de Lancastre s'embarqua pour l'Angleterre au mois d'avril.

France. Finablement ils y envoyèrent; et rescripsit le roi à ses maréchaux, monseigneur Louis de Sancerre, et monseigneur de Blainville et les barons qui là étoient, que de toutes compositions ils en fissent à leur ordonnance, et que il les tenoit et tiendroit à bonnes. Donc fut persévéré le traité devant pourparlé, et accordé et donné répit à ceux de dedans, et cils de dehors, à durer jusques à la Toussaint; et si là en dedans l'un des fils du roi d'Angleterre, ou le duc de Bretagne ne venoient si forts que pour lever le siége, ils devoient rendre le châtel de Becherel aux François; et de ce livroient-ils bons ôtages, chevaliers et écuyers, tant que les seigneurs de France et de Normandie qui là se tenoient s'en contentèrent bien. Ainsi demeura le châtel de Becherel en composition, et signifièrent tout leur état les deux chevaliers qui dedans étoient, au plus tôt qu'ils purent, au roi d'Angleterre et au duc de Bretagne et aussi aux comtes et aux barons d'Angleterre: si sembla aux Anglois qu'ils avoient encore journée assez; si le mirent en non-chaloir, excepté le duc de Bretagne auquel il touchoit plus que à nul des autres; car le châtel se rendoit de lui et de son héritage.

CHAPITRE CCCLXXX.

Comment les seigneurs de Haute Gascogne et le comte de Foix se mirent en l'obéissance du roi de France.

Or revenons à la journée de Monsach. Voir est que, quand la moyenne d'août dut approcher, le duc d'Anjou s'en vint devant la ville de Monsach et là se logea et fit loger ses gens par bonne et grande ordonnance; et avoit en devant prié et mandé gens de tous côtés, chevaliers et écuyers, efforcément. Avec tout ce, le roi de France y envoya grands gens d'armes; et me fut recordé que, trois jours devant la moyenne d'août et trois jours après, il y eut bien quinze mille hommes d'armes, chevaliers et écuyers, et bien trente mille d'autres gens. Nul ne se comparut; car il n'y avoit nul grand chef au pays, excepté monseigneur Thomas de Felleton, qui fut trop grandement émerveillé de celle journée, et le débatit longuement et par plusieurs raisons; et vint en l'ost, quand la moyenne d'août fut passée et la journée expirée, parler au duc d'Anjou et au connétable, sur asségurances; et leur remontra bien et sagement que le duc de Lancastre et le duc de Bretagne avoient donné le répit parmi ce que la journée de Monsach devoit être ens enclose. Mais on lui prouva tout le contraire; car à vérité dire il y eut trop peu parlé pour les Anglois; car le traité de la composition ne faisoit point de mention de Monsach. Si convint monseigneur Thomas de Felleton, voulsist ou non, retourner à Bordeaux et souffrir cette chose à laisser passer. Ainsi avint en ce temps de ses arrière-fiefs. Le comte de Foix entra au service et en l'obéissance du roi de France, et tous les barons et les prélats qui dedans étoient; et en prit le duc d'Anjou les fois et les hommages; et quand il s'en sentit bien au dessus, il renvoya les ôtages qu'il tenoit en Pierregort, au comte de Foix, et puis s'en retourna à Thoulouse, quand il eut pris la saisine et la possession de la ville et châtel de Monsach que moult recommanda en son cœur, et le fit depuis remparer et rapparailler, et dit que de Monsach il feroit sa chambre et son garde corps.

Tantôt après la revenue de Monsach à Thoulouse, et que le duc d'Anjou et les barons qui avec lui étoient s'y furent un petit réposés, le dit duc remit sus une autre chevauchée de ces propres gens qu'il avoit tenus toute la saison, et dit qu'il voudroit chevaucher vers la Réole et vers Auberoche, car il étoit encore un grand pays à conquérir qui ne désiroit autre chose. Si se partit de Toulouse le septième jour de septembre l'an de grâce mil trois cent et soixante-quatorze, aussi étofféement et plus que quand il fut en la Haute Gascogne; et étoient avec lui, par manière de service, l'abbé de Saint-Silvier, le vicomte de Castelbon, le sire de Châtel-Neuf, le sire de l'Escun et le sire de Marsan; et firent tant par leurs journées qu'ils vinrent devant la Réole. Tout le pays trembloit devant. Cils de la Réole, qui ne désiroient autre chose qu'ils fussent François, s'ouvrirent tantôt et se mirent en l'obéissance du roi de France. Aussi firent cils de Langon, de Saint-Maquaire, de Condon, de Sainte-Bazille, de Pertudaire, de Mauléon, de Dion, de Sebillac, et bien quarante que villes fermées que forts châteaux qui à point de fait se tournèrent. Et la darraine ville ce fut Auberoche. Ni rien ne se tenoit ni duroit en celle saison devant les François; et légère chose étoit à faire, car ils désiroient à eux rendre, et si ne leur alloit nul au devant.

En ce temps que ces chevauchées se faisoient, étoient revenus en la marche de Picardie les deux traiteurs légats, et se tenoient à Saint-Omer. Et avoient leurs messages allans et venans en Angleterre devers le roi et son conseil, et aussi à Paris, devers le roi de France, pour impétrer un bon répit; et en ce répit durant, c'étoit leur entention qu'ils mettroient toutes parties à accord. Et à ce que j'entendis adonc, ils étoient volontiers ouys du roi d'Angleterre et de son conseil, car ils véoient que par toutes les mettes et limitations où il tenoient terres, villes, châteaux et pays, ils se perdoient à peu de fait pour eux; et si ne savoient comment donner conseil ni remédier. Et par espécial trop fort déplaisoit au roi d'Angleterre en cœur de ce que le duc de Bretagne avoit ainsi et à petite occasion perdu son héritage pour l'amour de lui. Si travaillèrent tant ces deux légats que le roi d'Angleterre accorda que son fils, le duc de Lancastre, passeroit mer et viendroit à Calais pour ouyr et savoir pleinement quelle chose les François vouloient dire. Aussi le roi de France accorda et scella que son frère, le duc d'Anjou, viendroit contre lui à Saint-Omer, et par le moyen de discrètes et vénérables personnes, l'archevêque de Ravenne et l'évêque de Carpentras, ils se lairoient conseiller et gouverner. Si que, si très tôt que le duc d'Anjou, les barons de France et de Bretagne eurent fait cette darraine chevauchée ils furent coiteusement remandés du roi de France, et escript, que, tantôt et sans délai, ils retournassent en France, et que il avoit accordé son frère à être contre celle Toussaints à Saint-Omer; car le duc de Lancastre devoit être à Calais, et il touchoit grandement aux barons de Bretagne pour le fait de Becherel. Le duc d'Anjou, le connétable de France, le sire de Cliçon et les autres se partirent de Rouergue au plus tôt qu'ils purent, les lettres du roi vues et ouyes, sans tourner à Toulouse, et donnèrent congé à toutes manières de gens d'armes de lointaines marches, et ne retint avec lui le duc fors les Bretons: si s'en retourna en France[1] où il fut grandement fêté et conjouy, et toute sa compagnie, du roi et de tout son conseil.

CHAPITRE CCCLXXXI.

Comment le comte de Saint-Pol fut pris par le seigneur de Gommignies.

En ce temps étoient les marches de Picardie trop bien garnies de bonnes gens d'armes, car messire Hue de Châtillon, maître des arbalétriers, qui nouvellement étoit retourné d'Angleterre, se tenoit en garnison à Abbeville atout grand'foison de gens d'armes et tous bons compagnons, et désiroit grandement à soi contrevenger pour les contraires et déplais que on lui avoit fait en Angleterre nouvellement; car, ainsi que dit est en cette histoire, il fut pris au dehors d'Abbeville par l'embuche monseigneur Nicole de Louvaing qui ne le voult mettre à finance, mais il trouva voye et pourchas fait par madame sa femme, comment il fut délivré par un maronnier de l'Écluse en Flandres qui se mit en l'aventure de lui aller querre en la marche de Northombrelant; et fit tant toutes fois qu'il le ramena en Flandres. Je m'en passerai assez briévement, car la matière en seroit trop longue à demener. Quand il fut revenu on lui rendit son office, ainsi que devant, d'être nommé monseigneur le maître. Si se tenoit en la ville d'Abbeville et chevauchoit à la fois ens et hors, ainsi que mieux lui plaisoit.

De Dieppe sur mer étoit capitaine messire Henri des Isles, un moult appert chevalier; de Boulogne, messire Jean de Longvillers; de Monteruel, monseigneur Guillaume de Nielle; de Rue, le châtelain de Beauvais; et toutes ces garnisons françoises de là environ étoient trop bien pourvues de bonnes gens d'armes; et bien besognoit, car les Anglois étoient aussi moult forts sur leur marche. Pour ce temps étoit capitaine de Calais messire Jean de Burlé, et son lieutenant messire Gautier d'Everues; de Guines,

---

[1] Le duc d'Anjou ne revint en France que vers le commencement du mois de mars de l'année suivante, 1375. Il ne put donc arriver à temps pour se trouver à l'ouverture des conférences qui avaient commencé dans les deux derniers mois de l'année précédente. Il est même prouvé, par les chartes des trèves conclues dans le cours de l'année 1375, qu'il n'eut part à aucune des négociations dont elles furent le fruit, ainsi qu'on peut s'en convaincre en parcourant les différentes chartes que Rymer a publiées dans son recueil. Froissart aura probablement confondu ces négociations avec celles qui eurent lieu au commencement de l'année 1376, et procurèrent une prolongation de trève, et dans lesquels le duc d'Anjou joua effectivement le principal rôle. La charte de cette prolongation a été pareillement publiée par Rymer.

messire Jehan de Harleston ; et d'Ardre, le sire de Gommignies. Or avint que messire Gautier d'Everues, messire Jean de Harleston et le sire de Gommignies furent en parlement et en conseil ensemble de chevauchet; et s'accordèrent l'un à l'autre, et firent leur assemblée et leur amas dedans la bastide d'Ardre, et s'en partirent au point du jour bien largement huit-vingt lances, et chevauchèrent devers Boulogne. Ce propre jour au matin étoit parti de Boulogne messire Jean de Longvillers à soixante lances, et avoit chevauché vers Calais pour trouver aucune aventure. Ainsi que tout le pas il s'en retournoit, et pouvoit être environ deux lieues près de Boulogne, il encontra sur son chemin le seigneur de Gommignies et sa route. Sitôt que les Anglois les perçurent ils furent moult réjouis, et écrièrent leur cri, et férirent chevaux des éperons, et se boutèrent entr'eux et les espardirent, et en ruèrent jus jusques à quatorze qu'ils tinrent pour prisonniers. Les autres se sauvèrent par leurs bons coursiers et par l'avantage qu'ils prirent, et rentrèrent tout à point en la ville de Boulogne : si furent ils chassés jusques aux barrières. Après celle chasse les Anglois se recueillirent et se mirent au chemin pour revenir vers Ardre par une adresse que on dit au pays l'Iveline, et tout droit devers Alequine, un beau verd chemin.

Ce propre jour avoit fait sa montre messire Hue de Châtillon, qu'on dit monseigneur le maître, et avoit avec lui tous ces capitaines de là environ; et étoient bien quatre cents lances. Le jeune comte de Saint-Pol, messire Walleran, étoit tout nouvellement revenu de sa terre de Lorraine, et n'avoit mie séjourné à Saint-Pol trois jours, quand, par dévotion, il s'étoit parti pour aller en pélerinage à Notre-Dame de Boulogne : si ouït dire sur son chemin que monseigneur le maître et cils François chevauchoient : si lui vint en avis que ce lui seroit blâme et vergogne, puisque il savoit leurs gens sur le pays qui chevauchoient, s'il ne se mettoit en leur compagnie; et n'y voult trouver nulle excusance, ainsi que un jeune chevalier qui se désire à avancer et qui quert les armes; et s'en vint ce propre jour au matin, avec monseigneur Hue de Châtillon et les autres compagnons, qui furent tout réjouis de sa venue. Si chevauchèrent liement ensemble celle matinée vers Ardre; et rien ne savoient des Anglois, ni les Anglois d'eux ; et cuidoient les François que les Anglois fussent en Ardre; et vinrent jusques à là et firent leur montre et leur course devant les barrières; et quand ils eurent là été une espace ils s'en retournèrent et prirent leur chemin devers Liques et devers Tournehen.

Si très tôt que les François se furent partis de devant Ardre et mis au retour, en chevauchant moult bellement, un Anglois issit de la ville d'Ardre et se mit à voie couvertement à l'aventure, pour savoir si jamais il trouveroit leurs gens pour recorder ces riches nouvelles. Et tant alla et tant vint de long et de travers que sur son chemin d'aventure il trouva le seigneur de Gommignies, monseigneur Gaultier d'Everues et monseigneur Jean de Harleston. Si s'arrêta à eux et eux à lui ; et leur conta comment les François chevauchoient et avoient fait leur montre devant Ardre. « Et quel chemin tiennent-ils ? » dirent les chevaliers. « Par ma foi, mes seigneurs, ils prirent le chemin pour aller vers Liques; car, encore, depuis que je me suis parti, je les ai vus sur le mont de Tournehen; et crois qu'ils ne soient pas loin de ci. Tirez sur dextre en côtoyant Liques et Tournehen, j'ai espoir que vous les trouverez, car ils chevauchent tout le pas. » Adonc recueillirent cils trois chevaliers tous leurs compagnons et remirent ensemble, et chevauchèrent tout le pas, la bannière du seigneur de Gommignies tout devant, et les deux pennons des deux autres chevaliers de lez.

Ainsi que les François eurent passé Tournehen et qu'ils tiroient à aller vers Liques, ils ouïrent nouvelles de ceux du pays, et furent signifiés que les Anglois chevauchoient et étoient hors d'Ardre : si en furent trop malement joyeux, et dirent qu'ils ne demandoient ni quéroient autre chose ; et faisoient trop grand'enquête où ils en pourroient ouïr nouvelles, car ils faisoient doute qu'ils ne les perdissent. Et furent sus un état une espace qu'ils se départiroient en deux chevauchées pour eux trouver plus prestement ; et puis brisèrent ces propos, et dirent, tout considéré, qu'il valoit mieux qu'ils chevauchassent tout ensemble. Si chevauchèrent baudement, bannières et pennons ventilans, car il faisoit bel et joli. Et trop étoit courroucé le comte de Saint-Pol qu'il n'avoit tout son arroy, et espéciaument sa bannière; car il l'eût boutée hors ;

et frétilloit tellement de joie qu'il sembloit qu'il n'y dût jamais venir à temps. Et passèrent outre l'abbaye de Liques, et prirent droitement le chemin que les Anglois tenoient. Si vinrent à un bosquet dessus Liques, et là s'arrêtèrent et ressanglèrent leurs chevaux, et firent en ce dit bosquet une embûche de trois cents lances, desquelles messire Hue de Châtillon étoit chef; et fut ordonné le comte de Saint-Pol à courir à cent lances, chevaliers et écuyers avec lui. Assez près de là, au long d'une haie, étoient descendus les Anglois, et avoient ressanglé leurs chevaux; et fut ordonné messire Jean de Harleston à courir atout vingt-cinq lances pour ouvrir l'embuche des François, et se partit, et sa route avec lui. Et l'avoient bien le sire de Gommignies et messire Gaultier d'Everues, au département, avisé que, si il venoit sur les coureurs des François que il se fît chasser; et de ce se tenoit-il pour tout informé. Ainsi chevaucha messire Jean de Harleston, et vint sur le comte de Saint-Pol et sa route qui étoient tous bien montés. Sitôt que les Anglois furent venus jusques à eux, ils firent leur montre; et tantôt se mirent au retour pour venir revenir à leurs compagnons qui les attendoient au long de la haie en très bonne ordonnance et tout à pied, leurs archers devant eux. Quand le comte de Saint-Pol les vit fuir, il fut un petit trop aigre d'eux poursuivir, et férit cheval des éperons, la lance au poing, et dit : « Avant! avant! ils ne nous peuvent échapper. » Lors vissiez dérouter ces François et mettre en chasse après ces Anglois, et les chassèrent jusques au pas de la haie. Quand les Anglois furent là venus ils s'arrêtèrent; et aussi firent le comte de Saint-Pol et sa route; car ils furent recueillis de ces gens et de ces archers qui commencèrent à traire à effort et à navrer chevaux et à abattre chevaliers et écuyers. Là eut un petit de bon estour; mais tantôt il fut passé, car le comte de Saint-Pol et cils qui avec lui étoient n'eurent point de durée à ces Anglois. Si fut le dit comte pris d'un écuyer de la duché de Guerles; et en celle route le sire de Poix, le sire de Clary, messire Guillaume de Nielle, messire Charles de Châtillon, messire Honneaux d'Avaines, le sire de Chepoy, le châtellain de Viannais, messire Henri des Isles et Jean son frère, messire Gauvain de Bailleul et plus de soixante bons prisonniers, chevaliers et écuyers.

Droitement sur le point de cette déconfiture ev̀vous venu, en frappant des éperons monseigneur Hue de Chastillon et sa bannière; et étoient bien trois cents lances; et chevauchèrent jusques au pas de la haye où les autres avoient combattu; et encore en y avoit qui se combattoient. Quand le sire de Chastillon vit la manière que le comte de Saint-Pol et sa route étoient rués jus, si n'eut mie désir ni volonté d'arrêter, mais férit cheval des éperons et se partit et sa bannière. Les autres par droit d'armes n'eurent point de blâme si ils le suivirent, quand c'étoit leur sire et leur capitaine. Ainsi se départirent de là trois cents hommes, tous bien montés et taillés de faire une bonne besogne et de rescouvre la journée et le jeune comte de Saint-Pol, auquel cette aventure fut moult dure, et à tous les bons chevaliers qui avec lui furent pris.

Sachez que au commencement, quand les Anglois virent venir sur eux celle grosse route, tous bien montés et appareillés de faire un grand fait, ils ne furent mie bien asségurés de leurs prisonniers ni d'eux-mêmes; mais quand ils les virent partir et montrer leurs talons ils furent grandement reconfortés, et n'eurent nulle volonté adonc de chasser ceux qui fuyoient; mais montèrent à cheval et firent monter leurs prisonniers, et tantôt fut nuit. Si retournèrent ce soir en la garnison d'Ardre, et se tinrent tout aises et tout joyeux de ce qu'ils eurent. Ce propre soir, après souper, acheta le sire de Gommignies le comte de Saint-Pol à son maître qui pris l'avoit, et l'en fit fin de dix mille francs. Ainsi fut le comte de Saint-Pol prisonnier au seigneur de Gommignies. A lendemain chacun des capitaines retourna où il devoit aller, messire Jean de Harleston à Guines et messire Gautier d'Everues à Calais, et leurs gens; et emmenèrent leurs prisonniers et tout leur butin.

Ces nouvelles s'espardirent jusques en Angleterre et vinrent jusques au roi; et lui fut dit que son chevalier, le sire de Gommignies, avoit eu sur un jour rencontre et bataille aux François, et si bien s'y étoit porté que il et ses compagnons avoient déconfit les François, et tenoit le comte de Saint-Pol à prisonnier. De ces nouvelles fut grandement réjoui le roi d'Angleterre, et tint ce fait à grand'prouesse; et manda par ses lettres et par un sien écuyer au seigneur de

Gommignies que il le vînt voir en Angleterre et lui amenât son prisonnier. Le sire de Gommignies obéit, ce fut raison ; et rechargea Ardre à ses compagnons, et puis s'en partit, le comte de Saint-Pol en sa compagnie. Si vinrent à Calais, et là se tinrent tant que ils eurent vent pour passer outre ; et quand ils eurent ils entrèrent en un passager. Si arrivèrent, ce propre jour qu'ils montèrent, à Douvres. Depuis exploitèrent ils tant que ils vinrent à Windesore où le roi se tenoit, qui reçut le seigneur de Gommignies en grand'cherté. Tantôt le sire de Gommignies, quand il eut fait la révérence, ainsi que on doit faire à un roi, lui présenta et donna le comte de Saint-Pol, pourtant que il sentoit bien que le roi le désiroit à avoir pour deux raisons ; l'une étoit que le roi n'avoit point aimé son seigneur de père, le comte Guy, pourtant que sans congé il s'étoit parti d'Angleterre et que très-grand'peine avoit mis à la guerre renouveller ; l'autre que il en pensoit bien à ravoir ce grand capitaine et bon chevalier monseigneur le captal de Buch qui gissoit en prison en la tour du temple à Paris ens ès dangers du roi de France. Si remercia liement le roi le seigneur de Gommignies de ce don et de ce présent, et lui fit tantôt délivrer vingt mille francs. Ainsi demeura le jeune comte de Saint-Pol en prison courtoise devers le roi d'Angleterre, reçu sur sa foi de aller et de venir parmi le châtel de Windesore et non issir de la porte sans le congé de ses gardes ; et le sire de Gommignies retourna à Arde entre ses compagnons. Si paya bien aise, de l'argent le roi d'Angleterre l'écuyer de Guerles qui pris avoit le seigneur de Ligny comte de Saint-Pol.

CHAPITRE CCCLXXXII.

Comment le châtel de Becherel se rendit François.

Tantôt après cette aventure, furent les trèves prises et accordées entre le roi de France et le roi d'Angleterre ; et ne s'étendoient, à ce premier, fors tant seulement entre Calais et la rivière de Somme. Et furent ainsi pensées et accordées par avis, pour les seigneurs de France chevaucher séguréement en la marche où les parlemens devoient être ; car toute celle saison ils n'en tinrent nulles ès lointaines marches et par espécial en Bretagne et en Normandie. Si vint le dit duc d'Anjou à Saint-Omer en grand arroy[1], et les deux légats traiteurs avec lui ; et n'y vint mie si simplement qu'il n'eut en sa compagnie plus de mille lances Bretons, desquels le connétable de France, le sire de Cliçon, le vicomte de Rohan, le sire de Laval, le sire de Beaumanoir et le sire de Rochefort étoient chefs. Si se tenoient ces gens d'armes pour les embûches, au plat pays environ Bailleul, Crotoi et l'Écluse en Flandres ; et prenoient leurs soldes et leurs gages, et si payoient tout ce qu'ils dépendoient sans rien grever le pays. Mais ils se tenoient là en celle instance qu'ils ne se asséguroient mie trop parfaitement ès Anglois.

En ce temps se mit le siége devant Saint-Sauveur-le-Vicomte en Normandie ; et le mit premièrement par mer[2] messire Jean de Vienne, amiral de la mer. En sa compagnie étoient le sire de Rais et Yvain de Galles, et la navie du roi Dam Henry de Castille. Si en étoit amiral Dam Radigho de Rous. Le duc d'Anjou, quand il dut venir à Saint-Omer, manda en Hainaut son beau cousin monseigneur Gui de Blois pour lui accompagner, lequel y vint moult étofféement, quatre chevaliers en sa compagnie : dont le duc d'Anjou l'en sçut bon gré, quand il le trouva si honorable et si appareillé ; car il ne l'avoit prié que à treize chevaux, et il y vint à trente. Aussi le duc de Lancastre vint à Calais et là se tint un temps, et eut grand'merveille pourquoi tant de gens d'armes bretons se tenoient en la marche de Saint-Omer. On lui dit que le duc d'Anjou, son cousin, ne se asséguroit point bien en lui et qu'il n'y avoit autre vice : de quoi le duc de Lancastre en crola la tête et dit que, si il le faisoit pour ce, il n'étoit mie bien conseillé ; car en paix doit être paix et en guerre guerre. Si commencèrent à aller de l'un à l'autre les deux traiteurs, et à mettre raisons et parçons avant, et entamer matière de paix ou de répit ; et toudis alloit la saison avant.

Or vint le terme qu'il convenoit ceux de Becherel rendre ou être confortés ; si que si très tôt que le jour dut approcher, le roi de France escripsit devers le connétable et le seigneur de

---

[1] On a vu plus haut que le duc d'Anjou n'était pas encore arrivé à Paris.
[2] Saint-Sauveur-le-Vicomte est à peu près à deux lieues dans les terres ; ainsi il est impossible que l'ennemi l'ait assiégé par mer.

Cliçon et leur manda que ils se prissent pour être à la journée, si en vaudroit la besogne mieux; et aussi il vouloit que ses gens y fussent si forts que si les Anglois y venoient, qui de puissance voulsissent lever le siége, on les pût combattre.

Si trèstôt que cils deux seigneurs furent signifiés du roi de France, ils le remontrèrent au duc d'Anjou, et le duc leur accorda de partir, et une quantité de leurs gens, et les autres demeurer. Si se départirent et exploitèrent tant par leurs journées qu'ils vinrent au siége de Becherel, où toutes gens d'armes s'armoient par l'ordonnance du roi de France, de Bourgogne, d'Auvergne, de Poitou, de Xaintonge, de Berry, de Champagne, de Picardie, de Bretagne et de Normandie; et y eut là, au jour que la composition devoit clorre devant Becherel, plus de dix mille lances, chevaliers et écuyers; et y vinrent les François si étoffément, pour tant que on disoit que le duc de Bretagne et le comte de Salsiberich étoient bien sur mer à dix mille hommes parmi les archers. Mais on n'en vit nul apparant; de quoi cils de Becherel furent moult courroucés, quand si longuement que plus de quinze mois s'étoient tenus si vaillamment, et si n'étaient autrement confortés. Toutefois il leur convint faire et tenir ce marché, puisque juré et convenancé l'avoient, et que à ce ils s'étoient convenancés et obligés, et livré bons ôtages. Si rendirent et délivrèrent au connétable de France la dite forteresse de Becherel, qui est belle et grande et de bonne garde; et s'en partirent messire Jean Appert et messire Jean de Cornouaille et leurs gens, et emportèrent ce qui leur étoit; tout ce pouvoient-ils faire par le traité de la composition; et s'en vinrent, sur le conduit du connétable, à Saint-Sauveur-le-Vicomte et là se boutèrent. Si recordèrent aux compagnons de laiens comment ils avoient fait aux François.

Si trèstôt que le connétable de France et le sire de Cliçon, et les deux maréchaux de France qui là étoient eurent pris la saisine et possession de Becherel, chaudement ils s'en vinrent mettre le siége devant Saint-Sauveur-le-Vicomte. Ainsi furent la ville et le château de Saint-Sauveur-le-Vicomte assiégés par mer et par terre. Si firent tantôt, cils barons de Bretagne qui là étoient, lever et dresser grands engins devant la forteresse, qui nuit et jour jetoient pierres et mangonneaux aux tours et aux créneaux de la ville et du châtel, qui durement les ennuyoit et travailloit. Et bien souvent, sur le jour, les chevaliers et écuyers de l'ost s'en alloient escarmoucher aux barrières à ceux de dedans; et les compagnons de la garnison aussi se éprouvoient à eux. Si en y avoit souvent, par telles apertises d'armes, de morts, de navrés et des blessés. Quatreton, un hardi et appert homme d'armes, qui capitaine étoit de par monseigneur Alain de Bouqueselle, étoit durement curieux d'entendre à la forteresse; car trop eût été courroucé, si par sa négligence ils eussent reçu dommage ni encombrier.

Avec lui étoient, et avoient été toute la saison, messire Thomas Trivet, messire Jean Bourcq et messire Philippe Pigourde, et les trois frères de Maulevrier qui aussi en tous états en faisoient bien leur devoir. Et si y étoient de rechef revenus messire Jean Appert et messire Jean Cornouaille et les compagnons, qui partis étoient de Becherel. Si se confortoient l'un par l'autre; et leur sembloit qu'ils étoient forts assez pour eux tenir un grand temps; et pensoient que le duc de Bretagne par mer viendroit les rafraîchir, et combattre les François, ou à tout le moins le duc de Lancastre, qui étoit à Calais, les mettroit en son traité de trèves ou de répit; parquoi les François ne seroient mie seigneurs d'une si belle forteresse que Saint-Sauveur est. Ainsi, en considérant ces choses à leur profit, se tenoient vaillamment les compagnons qui dedans étoient, et se donnoient du bon temps, car ils avoient vins et pourvéances. La chose du monde qui plus les grévoit c'étoient les grands engins qui continuellement, nuit et jour, jetoient; car les grosses pierres de faix leur dérompoient et effondroient les combles et les tuiles des toits. Ainsi se tinrent-ils tout cel hiver, le duc d'Anjou à Saint-Omer et le duc de Lancastre à Calais.

CHAPITRE CCCLXXXIII.

Comment le duc de Bretagne arriva en Bretagne où il prit plusieurs villes et châteaux par force, et des trèves qui furent données entre les rois de France et d'Angleterre et leurs alliés aussi.

Tant allèrent de l'un à l'autre, amoyennant les besognes, les deux prélats et légats dessus nommés que ils approchèrent ces traités, et que les deux ducs d'Anjou et de Lancastre se accordèrent à ce que de comparoir à Bruges l'un devant l'autre; car, au voir dire, les traiteurs alloient à trop grand'peine de Saint-Omer à Calais et de Calais à Saint-Omer. Et quand ils avoient tant allés et tant venus, si ne faisoient-ils rien; car sur trois ou quatre jours que ils mettoient, tant que en allant et retournant, et parlant aux parties, se muoit bien nouvel conseil.

Quand le duc de Lancastre se dut partir de Calais, le duc de Bretagne, qui s'étoit là tout le temps tenu avec lui, prit congé et retourna en Angleterre, et rapporta nouvelles des traités au roi, et sur quel état ils étoient. A son retour qu'il fit, il exploita si bien au roi, parmi les bons moyens qu'il eut, et monseigneur Alain de Bouqueselle, chambrelan du roi, que le dit roi lui accorda et délivra deux mille hommes et quatre cents archers, et par espécial en sa compagnie, pour mieux exploiter de ses besoignes, monseigneur Aymon, son fils, comte de Cantebruge, monseigneur le comte de la Marche, monseigneur Thomas de Hollande, qui depuis fut comte de Quent en Angleterre, aîné fils de la princesse, le seigneur Despensier, qui pas n'étoit encore mort, mais il mourut au retour de ce voyage, le seigneur de Manne, messire Hugue de Hastingues, monseigneur Bryant de Stapletonne, messire Simon Burlé, monseigneur Richard de Ponchardon, monseigneur Thomas Tinfort, le seigneur de Basset, monseigneur Nicole Stamvort, monseigneur Thomas de Grantson et plusieurs autres. Si firent leurs pourvéances à Hamptonne et le montèrent en mer, et quand ils se partirent, ils avoient intention que de venir combattre sur mer la navie du roi de France qui gissoit devant Saint-Sauveur-le-Vicomte; mais ils eurent vent contraire qui les bouta en Bretagne. Si prirent terre devant Saint-Mahieu de Fine Poterne. Sitôt que ils furent hors de leurs vaisseaux, ils se trairent devers le châtel qui sied au dehors de la ville. Si l'assaillirent fortement et durement, et le conquirent de force; et furent tous cils morts[1] qui dedans étoient. Adonc se rendit la ville de Saint-Mahieu au duc de Bretagne. Si entrèrent les Anglois dedans la ville : si y atrairent leurs pourvéances là dedans et s'y rafraîchirent.

[1] Il débarqua à Saint-Mahé vers le commencement du carême suivant l'*Histoire de Bretagne.*

Or vinrent ces nouvelles au connétable, au seigneur de Cliçon et aux seigneurs et barons de France, de Normandie et de Bretagne qui devant Saint-Sauveur se tenoient, que le duc de Bretagne efforcément étoit arrivé à Saint-Mahieu, et avoit jà pris la ville et le châtel. Si eurent conseil entre eux comment il s'en pourroient chevir; donc fut regardé, pour le meilleur et ségur état, que on envoieroit contre eux faire frontière trois cents ou quatre cents lances qui les ensonnieroient, et hériroient leurs coureurs, si ils s'abandonnoient de trop avant chevaucher au pays; et toudis tiendroient-ils le siége devant Saint-Sauveur, et ne s'en partiroient, ainsi que en propos l'avoient, si l'auroient conquis. Adonc furent ordonnés principalement quatre barons de Bretagne, le sire de Cliçon, le vicomte de Rohan, le sire de Laval et le sire de Beaumanoir à faire frontière contre les Anglois. Si s'en vinrent à Lamballe, et là se tinrent.

Le duc de Bretagne, le comte de Cantebruge, le comte de la Marche, le sire Despensier et les barons et chevaliers d'Angleterre qui étoient arrivés à Saint-Mahieu de Fine Poterne, ne séjournèrent guère en la ville depuis qu'elle se fut rendue, mais s'en vinrent devant Saint-Pol de Léon et là s'arrêtèrent. Si l'assaillirent fortement et la prirent de force : si fut toute courue et exilée; et de là ils s'en vinrent devant Saint-Brieu des Vaulx, une ville malement forte, et l'assiégèrent; et avoient grand intention du prendre; car ils mirent mineurs en œuvre qui se abâtirent que, devant quinze jours, ils exploiteroient si bien que ils feroient renverser un tel pan de mur que sans danger ils entreroient bien en la ville.

Quand les Anglois qui dedans Saint-Sauveur étoient entendirent que le duc de Bretagne et le comte de Cantebruge, et grand'foison de seigneurs d'Angleterre étoient efforcément arrivés en Bretagne, si en furent moult joyeux; car ils en cuidèrent grandement mieux valoir et que par eux fut cil siége levé. Si s'avisèrent, car il leur besognoit, que ils traiteroient devers ces seigneurs de France afin que ils eussent un répit, un mois ou cinq semaines; et si là en dedans ils n'étoient confortés ils rendroient la ville et le châtel de Saint-Sauveur. Au voir dire, ils ne pouvoient tenir en avant, car ils étoient si travaillés des engins qui nuit et jour jetoient, qu'ils n'osoient aller aval la ville, mais se tenoient ès tours. Et avint, une fois que Quatreton, le capitaine, gissoit en une tour, sur un lit, car il étoit moult deshaitié ; si entra une pierre d'engin en celle tour par un treillis de fer qu'elle rompit ; et fut adonc proprement avis à Quatreton que le tonnerre fût descendu laiens ; et ne fut mie asseguré de sa vie ; car celle pierre d'engin, qui étoit ronde, pour le fort trait que on lui donna, carola tout autour de la tour par dedans, enfondra le plancher et entra en un autre étage, ainsi que Quatreton recorda depuis à ses compagnons ; si que, pour eux ôter de ce danger, fût par paix ou par bataille, entre-eux se conseillèrent pour le meilleur que ils traiteroient unes trèves. Si le firent, et envoyèrent par un héraut querre un sauf-conduit au connétable, que ils pussent segurement venir parlementer en l'ost. On leur accorda ; et le reporta le héraut tout scellé. Donc vinrent en l'ost traiter messire Thomas Trivet et messire Jean de Bourcq au connétable et au duc de Bourbon qui là étoient. Si exploitèrent si bien que : si dedans la close Pâque, ils n'étoient confortés du duc de Bretagne personnellement ils rendroient la forteresse ; et c'étoit environ la mi-quarême ; et ce terme pendant on ne leur devoit faire point de guerre, et aussi ils n'en feroient point ; et si deffaute étoit que du duc de Bretagne ils ne fussent secourus dedans le jour qui expressément y étoit mis, ils livreroient promptement bons ôtages pour rendre la forteresse. Ainsi demeura Saint-Sauveur en composition.

Les deux ducs d'Anjou et de Lancastre et leurs consaulx étoient à Bruges, qui savoient et oyoient tous les jours nouvelles de Bretagne et de Normandie ; et par espécial le duc d'Anjou les avoit plus fraîches que n'eût son cousin le duc de Lancastre ; si s'avisoit selon ce. Là étoient les deux légats moyens pour toutes parties, qui portoient tous les jours de l'un à l'autre ces traités ; et quand on étoit sur voie d'accord, Bretagne et Espaigne dérompoient tout. Je vous dirai pourquoi et comment. Le duc de Lancastre ne se vouloit nullement assentir à traiter de paix ni à composition nulle, si le duc de Bretagne ne r'avoit tout entièrement ce que le roi de France avoit appliqué à l'héritage de France et au domaine, par l'accord de tous les barons, les prélats, les cités et les bonnes villes de Bretagne. Or regardez si ce n'étoit point fort à ôter. Castille, que on entend Espaigne, le roi de France vouloit que tout entièrement elle demeurât au roi Henry, dont le duc de Lancastre, se tenoit hoir de par madame sa femme qui avoit été fille au roi Dam Piètre, et dont le dessus dit duc se escripsoit sire et roi, et des armes il se équarteloit. Or avoit le roi de France juré solennellement que jamais paix ne feroit au roi d'Angleterre, que le roi de Castille n'y fût aussi avant en la paix comme il seroit. D'autre part le roi d'Angleterre avoit aussi juré au duc de Bretagne que, traité ni accord qu'il fît au roi de France, il resteroit en son héritage de Bretagne ; si que ces choses étoient fortes à dérompre ni à briser. Mais les deux légats, qui sages et avisés étoient, et bien enlangagés, et volontiers ouys de toutes les parties par leur attemprée promotion, et qui consideroient bien toutes ces choses, disoient que, s'il plaisoit Notre Seigneur, ils trouveroient bien ententes, ordonnances et aucun moyen parquoi ils se departiroient par accord. Or revenrons-nous au fait de Bretagne et aux guerres qui y étoient fortes et dures.

Vous devez savoir, comment que Saint-Sauveur-le-Vicomte, et les Anglois qui dedans étoient, se fussent mis sus certains articles de composition, le connétable de France et les barons de Bretagne et de Normandie, qui à siège avoient été là tout l'hiver, ne se délogèrent mie pour ce ; mais se ordonnèrent et établirent assez plus forts que devant ; et signifièrent tout leur état au roi de France, en remontrant sus quel parti ils gissoient, et comment le duc de Bretagne, qu'ils appeloient Jean de Montfort, étoit arrivé efforcément au pays. Et pouvoient être les Anglois dix mille combattans, et espéroient que ils les viendroient combattre, et rescourre la ville et le châtel de Saint-Sauveur-le-Vicomte. Le roi de France, qui ne vouloit mie que ses gens fussent entrepris, ni que ils reçussent par faute de puissance blâme ni villenie avec blâme et dommage, manda et escripsit partout là où il pensoit à recouvrer de droites fleurs de gens d'armes, en Flandre, en Brabant, en Haynaut, en Hasbain, en la duché de Guerles, en Bar, en Lorraine, en Bourgogne, en Champagne, que tous fussent, au plus étoffément qu'il pourroient, à celle journée devant

Saint-Sauveur-le-Vicomte en Cotentin. Tous bons chevaliers et écuyers, et gens d'armes, qui mandés ou priés en étoient, obéirent et s'appareillèrent du plus tôt qu'ils purent, et se mirent à voie et à chemin par devers Normandie pour être à celle journée.

Ce terme pendant et ces choses faisant, toudis parlementoient les deux ducs d'Anjou et de Lancastre à Bruges, et aussi leurs consaulx; et aussi d'autre part le siége se tenoit grand et fort du duc de Bretagne et du comte de Cantebruges, et des barons et des chevaliers d'Angleterre, devant Saint-Brieuc des Vaulx. Entrues que ils étoient là assiégés, et que ils espéroient fort à conquerre la ville, par le fait de leurs mineurs qui ouvroient en leur mine, lesquels s'étoient abatis, qu'ils leur rendroient la ville dedans quinze jours, nouvelles leur vinrent de ceux de Saint-Sauveur, en remontrant comment de long temps ils avoient été assiégés, et le danger que ils avoient souffert; de quoi, sur la fiance de leur confort, ils s'étoient mis en composition; et convenoit la ville et le châtel rendre aux François, si, dedans la close Pâques qu'ils attendoient, le siége n'étoit levé; et pour ce tenir et accomplir ils avoient livré bons ôtages. Le duc de Bretagne, le comte de Cantebruge, le comte de la Marche, le sire Despensier et les barons qui là étoient, eurent bon mestier d'avoir avis et conseil de cette chose, et comment à leur honneur ils en useroient; si eurent sur ce plusieurs imaginations. Les aucuns disoient que ce seroit bon que on allât les François combattre; et les autres disoient le contraire; car plus honorable et profitable leur étoit de tenir le siége devant Saint-Brieuc des Vaulx, puisque si avant l'avoient mené qu'ils le devoient dedans six jours avoir, que soudainement eux partir de là et faire nouvelle emprise; et que encore, après le conquêt de Saint-Brieuc des Vaulx, tout à temps pouvoient-ils retourner à Saint-Sauveur. Tant fut cil propos démené et débatu que finablement, tout considéré et d'une science, ils s'accordèrent à tenir le siége devant Saint-Brieuc des Vaulx, et leur sembla le plus profitable.

CHAPITRE CCCLXXXIV

Comment messire Jehan d'Everues donna soins à un nouvel fort et comment il fut assiégé par les François, puis rescous par le duc de Bretagne.

Messire Jean d'Everues, comme hardi et entreprenant chevalier et bon homme d'armes de la partie des Anglois, étoit pour ce temps en l'île de Camperlé, et avoit toute celle saison faite sa route à part lui, et fortifié une motte à deux lieues près dudit Camperlé, que on appeloit au pays le Nouvel Fort; et avoit le dit messire Jean d'Everues, parmi l'aide de ses gens, et le retour et mansion de ce nouvel fort où il tenoit bonne garnison, tellement travaillé, hérié et guerroyé le pays que nul n'osoit aller de ville à autre. Ni on ne parloit d'autre chose en toute marche ni en l'île de Camperlé que de ce nouvel fort; et proprement les enfans en Bretagne et les jeunes fillettes en avoient fait une cançon que on y cantoit tout communément; et disoit la cançon ainsi:

CANÇON [1].

Gardés vous dou Nouviau Fort,
Vous qui allez ces allues;
Car laiens prent son déport
Messire Jehan d'Evrues.

Il a gens trop bien d'accord,
Car bom tout leur est viés et nues:
Il n'espargnent foible ne fort;
Tantost ils aront plains leurs crues.
De la Mote-Marciot
D'autre avoir que divisé oes,
Et puis meneront à bom port
Leurs pillages et leur conques.

Gardés vous dou Nouviau Fort,
Vous qui allez ces allues;
Car laiens prent son déport
Messire Jehan d'Evrues.

Clichon, Rohem, Rochefort,
Biaumanoir, Laval, entrues
Que li dus à Saint Brieu
Dort, chevauciez les frans allues.
Fleur de Bretaigne, oultre bort
Estre à renommés sues,
Et maintenant outes mort;
Dont c'est pités et grans dues.

Gardés vous dou Nouviau Fort,
Vous qui allez ces allues;
Car laiens prent son déport
Messire Jehan d'Evrues.

---

[1] Je n'ai trouvé cette chanson dans aucun autre manuscrit.

> Remonstre là ton effort,
> Se conquerre tu le pues;
> Tu renderas maint sourcot
> A nos mères se tu voes.
> En ce païs ont à tort
> Pris et moutons et cras bues:
> Or paieront il leur escot
> A ce cop, se tu t'esmues.
>
> Gardés vous dou Nouviau Fort,
> Vous qui allez ces allues;
> Car laiens prent son déport
> Messire Jehan d'Evrues.

Ainsi étoit messire d'Everues, par sa chevalerie, crié et renommé au pays. Et tant se multiplièrent ces cançons qu'elles vinrent en la connoissance de ces seigneurs de Bretagne qui se tenoient à Lamballe. Si commencèrent à penser sus et à dire : « Dieu le veut! les enfans nous apprendront à guerroyer. Voirement n'est-ce pas chose bien séante que nous savons nos ennemis si près de nous, qui ont toute celle saison robé et pillé le pays, et si ne les allons point voir : il nous convient chevaucher vers ce nouveau fort et tant faire que nous l'ayons, et messire Jean d'Everues dedans. Il ne nous peut nullement échapper qu'il ne soit nôtre; et nous rendra compte de tout son pillage. »

Adonc s'émurent ces seigneurs, et leurs gens une partie, et une partie en laissèrent en Lamballe pour la garder; et chevauchèrent environ deux cents lances vers le Nouveau Fort, et firent tant qu'ils y vinrent. Si s'arrêtèrent par devant et l'environnèrent de tous lez, afin que nul n'en pôt issir; et se mirent tantôt en ordonnance pour aller assaillir, et messire Jean d'Everues et ses gens en bon arroi pour eux deffendre. Là eut par trois nuits grands assauts, et des blessés d'une part et d'autre. Et tellement l'avoient empris le sire de Cliçon et cils barons de Bretagne, que de là ne partiroient si auroient conquis ce nouveau fort et ceux qui dedans étoient, que ils n'en eussent point failli que voirement ne l'eussent ils eu; car le Nouveau Fort n'étoit point tel que pour tenir à la longue contre tels gens d'armes; et l'eussent eu très le premier jour, si n'eût été leur bonne apperte deffense, et la bonne artillerie qui dedans étoit, et dont ils l'avoient pourvue.

Entrues que cils barons de Bretagne étoient devant ce Nouveau Fort assez près de Camperlé, et qu'ils hérioient et oppressoient durement monseigneur Jean d'Everues, trois nouvelles en un moment vinrent au duc de Bretagne, au comte de Cantebruge, au comte de la Marche et aux barons d'Angleterre qui devant Saint-Brieuc des Vaulx étoient : les premières, furent telles, que les mineurs avoient perdu leur mine, et que il leur en convenoit refaire une autre nouvelle, si on vouloit avoir par mine la ville de Saint-Brieuc des Vaulx, laquelle chose leur étoit grandement déplaisant; et en étoient tout péneux et mcrancolieux, quand Chandos le héraut leur apporta les secondes nouvelles, qui venoient tout droit de Bruges et du duc de Lancastre. Si envoyoit par ses lettres closes au duc de Bretagne, à son frère le comte de Cantebruge et au comte de la Marche la manière et l'ordonnance du traité, et sur quel état ils étoient entre lui et le duc d'Anjou, quand le dit Chandos partit de Bruges. La tierce nouvelle fut, qui tous les réveilla, comment le sire de Cliçon, le vicomte de Rohan, le sire de Beaumanoir, le sire de Laval et le sire de Rochefort, avoient enclos et assiégé monseigneur Jean d'Everues en son nouvel fort, et le faisoient assaillir tellement et si fortement qu'il étoit en péril d'être pris et en grand'aventure.

Quand le duc de Bretagne ouït ce, si dit : « Tôt à cheval! si chevauchons coiteusement celle part : j'aurois jà plus cher la prise de ces cinq chevaliers que de ville ni de cité qui soit en Bretagne; ce sont cils, avec monseigneur Bertran de Claiquin, qui m'ont plus fait à souffrir et lesquels je désire le plus. Nous ne les pouvons plus aisément avoir que en ce parti où ils sont. Et nous attendront là, je n'en fais nulle doute, mais que nous nous hâtons; car ils désirent à avoir le chevalier, messire Jean d'Everues, qui vaut bien que on le secoure et r'ôte de ce danger. » A ces paroles evvous ces seigneurs tantôt armés et montés, et une partie de leurs gens! et se partirent chacun qui mieux mieux, sans attendre l'un l'autre; et écuyers et varlets commencèrent à courir et à suivre leurs maîtres. Ainsi soudainement se défit le siége de Saint-Brieuc des Vaulx.

Certes le duc de Bretagne, le comte de Cantebruge, le comte de la Marche, le sire Despensier, et cils barons et cils chevaliers d'Angleterre, avoient si grand'hâte et tel désir de venir devant ce Nouveau Fort pour trouver leurs ennemis, qu'ils ne firent sur le chemin le plus que r'alainer, et que leurs coursiers étoient tout mouillés de sueur; mais oncques ne se purent ni sçurent si hâter que le sire de Cliçon et les barons de Bretagne, qui devant le Nouveau-Fort étoient, ne fussent signifiés de ces nouvelles. Et leur fut dit ainsi : « Or tôt, seigneurs, montez sur vos chevaux et vous sauvez; autrement vous serez pris aux mains; car veci le duc de Bretagne, le comte de Cantebruge et toutes leurs gens qui viennent. » Quand cils seigneurs ouïrent ces nouvelles, si furent moult ébahis et à bonne cause. Or eurent-ils tant d'avantage que leurs chevaux étoient ensellés; car si ils ne le fussent, ils ne l'eussent point été à temps, tant étoient-ils et furent hâtés. Et si très tôt qu'ils furent montés et qu'ils se partoient, ils regardèrent derrière eux et virent la grosse route et épaisse du duc de Bretagne qui venoit les grands galops. Adonc sçurent bien chevaux que éperons valoient en la route du seigneur de Cliçon; car quant que ils pouvoient brocher ils brochoient le chemin de Camperlé; et le duc de Bretagne et sa route après. Ce aida moult au seigneur de Cliçon et à sa compagnie, et leur fit grand avantage, que leurs chevaux étoient frais, et cils du duc de Bretagne travaillés : autrement ils eussent été r'ataints sur le chemin.

Le sire de Cliçon et ses gens trouvèrent les portes de Camperlé toutes ouvertes; si leur vint grandement à point, et entrèrent ens; et à fait qu'ils entroient, ils descendoient et prenoient leurs lances et s'ordonnoient aux barrières pour deffendre et attendre leurs compagnons; mais les plus lointains n'étoient mie le trait d'un arc loin. Si furent tous recueillis et se sauvèrent par grand'aventure; et levèrent les ponts et clorrent les barrières et les portes de Camperlé. Evvous le duc de Bretagne, le comte de Cantebruge, et les barons et les chevaliers d'Angleterre tous venus, qui font leur course et leur montre devant les barrières! et ainsi qu'ils venoient ils s'arrêtoient et descendoient de leurs chevaux qui étoient tout blancs de sueur. Là vouloit le duc de Bretagne que tantôt on les assaulsît; mais il lui fut dit : « Sire, il vaut trop mieux que nous nous logeons, et regardons par quelle ordonnance nous les assaudrons, que nous nous hâtions avec le travail que nous avons. Ils sont enclos; ils ne vous peuvent nullement échapper, si ils ne s'envolent en l'air. Camperlé n'est pas si forte contre votre host que vous ne les doiviez avoir. » Adonc se logèrent toutes manières de gens, et se mirent en bonne ordonnance tout autour de la ville; car quand ils furent tous venus ils se trouvèrent gens assez pour ce faire. Ainsi fut messire Jean d'Everues délivré de grand péril et de grand danger, et son nouveau fort.

CHAPITRE CCCLXXXV.

Des barons de Bretagne qui furent enclos dans Camperlé, et des trèves qui bien à point leur arrivèrent.

Le premier jour entendirent les Anglois à eux loger bien et faiticement; et disoient les seigneurs, que ils ne voulsissent être autre part que là, tant avoient grand'plaisance en ce qu'ils sentoient les barons de Bretagne, que le plus désiroient à tenir, enclos dedans Camperlé. Si se tinrent ce premier jour tout aises et la nuit aussi, et firent bon guet. A lendemain, environ soleil levant, ils se mirent en ordonnance pour assaillir, et se trairent tout devant Camperlé.

Bien savoient le sire de Cliçon et les autres qu'ils seroient assaillis et que on leur porteroit du pis que on pourroit. Si étoient eux, et leurs gens aussi, ordonnés selon ce, et mis en bon convenant; car ils étoient bien gens, puisqu'ils avoient un peu d'avantage, qui n'étoient mie légers à déconfire. Là eut ce jour, jusques à haute nonne, fort assaut et dur; et n'y avoit homme ni femme en la ville de Camperlé qui ne fût ensoigné d'aucune chose faire, ou de porter pierres et dépaver les chaussées, ou d'emplir pots pleins de chaux, ou d'apporter à boire aux compagnons qui se deffendoient et qui de sueur tout mouillés étoient. En cel état furent-ils jusques à la nuit, par trois ou par quatre assauts; et en y eut de ceux de l'ost, en assaillant, aucuns blessés et navrés. A lendemain, on refit tout autel; et assaillirent les Anglois, ce second jour, jusques à la nuit. Le sire de Cliçon et les barons qui là étoient et qui en ce danger se véoient, et qui en sus de tous conforts se véoient, n'étoient mie bien à leur aise. Si regardèrent que trop mieux leur valoit à eux rendre et payer rançon que attendre l'aventure d'être pris; car bien connoissoient que longuement ils ne se pouvoient tenir en cel état. Si faisoient doute que, s'ils étoient pris de force, trop grand meschef ne leur avînt; car, par espécial, ils se sentoient fort haïs du duc, pourtant que ils lui avoient été trop contraires. Si envoyèrent devers le duc de Bretagne un héraut qui remontra leur entente, avec lettres de créance qu'il portoit. Le duc à leurs offres ne voult onques entendre, mais en répondit tantôt et dit : « Héraut, retournez et leur dites de par moi, que je n'en prendrai jà nul, s'ils ne se rendent simplement. » Donc dit le héraut (je ne sais s'il en étoit chargé de parler si avant; je crois bien oil) : « Cher sire, ce seroit grand'dureté, si pour loyaument servir leur seigneur ils se mettoient en tel danger. » — « Leur seigneur! répondit le duc de Bretagne; ils n'ont autre seigneur que moi; et si je les tiens, ainsi que j'ai espérance que je ferai, je leur remontrerai que je suis leur sire : si que, héraut, retournez; vous n'emporterez autre chose de moi. » Le héraut retourna, et fit sa réponse à ses seigneurs, tout ainsi, ni plus ni moins, que vous avez ouï.

De ces nouvelles ne furent mie le sire de Cliçon ni les autres bien réjouis; car tantôt ils eurent l'assaut à la main, et les convint r'aller à leur labeur, ainsi qu'il faut gens d'armes qui sont en dur parti; car très le premier jour eussent-ils été pris et conquis si très vassaument ils ne se fussent deffendus. Finablement ils regardèrent que il ne se pourroient tenir que, dedans cinq ou six jours, de force ils ne fussent pris et conquis; et encore ne savoient-ils si on les minoit ou non : c'étoit une chose qui bien faisoit à ressoigner pour eux. Si eurent un autre conseil de traité, lequel ils mirent avant; et envoyèrent devant le duc de Bretagne, que si, dedans quinze jours, ils n'étoient secourus ou confortés par quelque manière que ce fût, ils se rendroient simplement en la volonté du duc. Quand le duc de Bretagne ouït ces traités, si lui furent plus plaisans assez que les autres; et s'en conseilla au comte de Cantebruge et aux barons d'Angleterre qui là étoient. En ce conseil y eut plusieurs paroles retournées; et regardoient trop fort, en imaginant les aventures, de quel part confort leur pourroit venir; mais nullement ils ne lui savoient voir ni trouver, si ce n'étoit du comté de Saint-Sauveur-le-Vicomte où le connétable de France et les François étoient efforcément. De ce faisoient-ils la greigneur doute, et pourtant ils se assentirent à ce traité : mais ils ne vouldrent donner que huit jours de souffrance; encore ne le faisoient-ils mie volontiers. Et furent tout joyeux le sire de Cliçon et ses compagnons quand ils les purent avoir.

Ainsi demeurèrent cils cinq barons de Bretagne en souffrance, et la ville de Camperlé aussi; et toudis se tenoit le siége. Si devez bien croire et savoir qu'ils n'étoient mie à leur aise, quand ils se sentoient en tel danger que en la volonté de leurs ennemis, et par espécial du duc qui les haïoit à mort, et qui bien disoit que jà n'en prendroit nulle rançon. De leur fortune et de leur aventure se doutoit bien le roi de France, et avoit cinq ou six coureurs à cheval nuit et jour allans et venans de Paris en Bretagne et de Bretagne à Paris, et qui du jour à lendemain rapportoient nouvelles de cent ou de quatre-vingt lieues long, par les chevaux de quoi ils se rafreschissoient de ville en ville. Et en tel manière il avoit autres messages qui ainsi s'exploitoient de Bruges à Paris et de Paris à Bruges; par quoi tous les jours il savoit les traités qui là se faisoient.

Si très tôt qu'il sçut l'avenue de Camperlé, il se hâta d'envoyer devers son frère le duc d'Anjou; et lui manda étroitement, à quel meschef que ce fût, il fît clorre ces traités et prît trèves aux Anglois pour toutes les mettes et limitations de France, et lui spécifia la cause pourquoi. Tantôt le duc d'Anjou, qui avoit les légats à la main, mit main à l'œuvre, et accorda unes trèves, sur quel état il étoit, à durer jusques au premier jour de mai l'an mil trois cents soixante seize [1]. Et eurent en convent les deux ducs de revenir et de retourner à la Toussaints à Bruges; et devoit le duc de Lancastre amener avec lui le duc de Bretagne; et le duc d'Anjou promettoit que il seroit pour lui en tous états, et le mettroit à accord de la duché de Bretagne envers son frère le roi de France.

Tantôt la chartre de la trève fut escripte,

---

[1] Ces trèves furent conclues à Bruges, par le duc de Bourgogne et le duc de Lancastre, le 27 juin de cette année, pour durer jusqu'au dernier jour du même mois de l'année 1376. Les chartes en ont été publiées par Rymer. Pendant la négociation qui procura cette trève, les plénipotentiaires, d'accord avec les légats du pape, arrêtèrent les articles d'une autre trève de quarante ans; mais ce traité ne fut pas ratifié et demeura sans effet; on le trouve tout entier dans les preuves de l'*Histoire de Bretagne*.

grossée et scellée, et du duc de Lancastre à deux de ses chevaliers délivrée, lesquels on appeloit l'un monseigneur Nicolle de Carsuelle et l'autre monseigneur Gautier de Urswich. Le duc d'Anjou, pour hâter la besogne et pour ces deux chevaliers montrer le chemin, prit deux des sergents d'armes de son frère le roi, et leur dit : « Hâtéz-vous et faites hâter ces chevaliers, et renouvelez de chevaux partout où vous viendrez ; et ne cessez ni nuit ni jour tant que vous ayez trouvé le duc de Bretagne. » Avec tout ce, il en pria et fit prier par les légats les deux chevaliers espéciaument ; et aussi leur sire le duc de Lancastre leur rechargea. Si exploitèrent tant et si vigoureusement que, sur cinq jours, ils furent de Bruges devant Camperlé ; et trouvèrent le duc qui jouoit aux échecs au comte de Cantebruge dedans son pavillon. Si se agenouillèrent devant lui et devant le comte, et les saluèrent en anglois. Les deux chevaliers furent les très bien venus de ces seigneurs, pourtant qu'ils venoient de leur frère le duc de Lancastre ; et demandèrent des nouvelles. Tantôt messire Nicoles Urswich mit avant la chartre de la trève où la commission étoit annexée ; et commandoit le duc de Lancastre, qui plein pouvoir et autorité avoit au lieu du roi d'Angleterre son père, que, en quelque état qu'ils fussent, ils se partissent tantôt et sans délai. Or regardez si cette chose vint bien à point pour les barons de Bretagne qui étoient enclos en tel danger en Camperlé, qui n'avoient mais que un jour de répit. Onoques oncques ne chéit si bien à gens qu'il leur en chéit. Vous devez savoir que le duc de Bretagne fut étrangement courroucé quand il ouït ces nouvelles ; et crola la tête, et ne parla en grand temps ; et le premier parler qu'il dit ce fut : « Maudite soit l'heure quand oncques je m'accordai à donner trèves à mes ennemis ! » Ainsi se défit le siège de Camperlé, voulsît ou non le duc de Bretagne, par la vertu de la chartre et de la commission le duc de Lancastre ; et se délogèrent tantôt tout courroucés, et se retrairent vers Saint-Mathieu de Fine Poterne où toute leur navie étoit. Quand le sire de Cliçon, le vicomte de Rohan, le sire de Laval et les autres qui en Camperlé étoient, virent ce département, et sçurent par quelle condition ; car le duc d'Anjou leur en envoya lettres, si furent trop grandement réjouis ; car au matin ils voulsissent avoir payé de deux cents mille francs, et qu'ils fussent à Paris.

Ainsi se dérompit cette armée du duc de Bretagne faite en Bretagne, et retournèrent le comte de Cantebruge, le comte de la Marche, le sire Despensier et tous les Anglois, en Angleterre ; et le duc s'en vint à son châtel d'Auroy où la duchesse sa femme étoit qu'il désiroit moult à voir, car il ne l'avoit vue plus d'un an avoit. Si se tint là un terme et regarda à ses besognes, et fit tout à ordonnance à son loisir, et puis s'en retourna en Angleterre et emmena sa femme avec lui. Aussi le duc de Lancastre retourna à Calais, et de là en Angleterre, sur l'entente que de revenir à Bruges à la Toussains qui venoit. D'autre part aussi le duc d'Anjou s'en vint à Saint-Omer et se tint là toute la saison, si ce ne fut un petit qu'il s'en vint ébattre à Guise en Tierache, où madame sa femme étoit ainsi que sur son héritage ; et puis retourna tantôt à Saint-Omer, et les deux légats traiteurs se tinrent à Bruges.

Or revenons à ceux de Saint-Sauveur-le-Vicomte qui étoient mis en composition devers le connétable de France. Les Anglois, quand ils partirent de Bretagne, cuidèrent que ce siège là se dût aussi bien lever que il s'étoit levé de devant Camperlé ; mais non fit ; ainçois y eut, au jour qui estimé y étoit, plus de dix mille lances, chevaliers et écuyers. Quatreton, messire Thomas Trivet, messire Jean de Bourcq et les compagnons qui dedans étoient, à leur pouvoir débattirent assez la journée ; car ils avoient ouï parler de cette trève : si se vouloient ens enclorre aussi. Mais les François ne l'entendoient mie ainsi ; ainçois disoient que la première convenance passoit la darrenière ordonnance, et qu'ils avoient mis au traité de leur composition que, si le duc de Bretagne proprement ne venoit lever le siége, ils se devoient rendre, et mettre leur garnison en la volonté du connétable. « Encore est le duc au pays, ce disoient les François ; pourquoi ne trait-il avant ? Nous sommes tout pourvus et appareillés de l'attendre et du combattre, et vous demandons, par votre serment, si vous lui avez point signifié. » Ils disoient bien oui. « Et pourquoi ne trait-il avant ? » Ils répondoient : « Il maintient, et nos gens aussi, que nous sommes au traité de la trève ». Les François disoient qu'il n'en étoit rien ; et les avisa le connétable en tant que, si ils ne rendoient la forteresse, ainsi que obligés y étoient, tout premièrement il feroit mourir leurs ôtages, et puis les contraindroit des assauts plus que ils n'eussent oncques été. Bien étoit en sa puissance du conquerre, et quand par force ils seroient conquis ils fussent tout certains que on n'en prendroit jà nul à merci que tous ne fussent morts. Ces paroles ébahirent Quatreton et les compagnons, et eurent conseil sur ce; et regardèrent, tout considéré, que confort ne leur apparoit de nul côté, et ne voulrent mie perdre leurs ôtages : si que finablement ils se rendirent, et s'en partirent sauvement, et emportèrent tout le leur et r'eurent leurs ôtages; ce fut raison. Si entrèrent en une nef; si mirent leurs harnois oultre en une autre, et puis singlèrent vers Angleterre; et le connétable de France prit la saisine de Saint-Sauveur-le-Vicomte au nom du roi de France. Adonc se départirent toutes gens d'armes, et se retrait chacun en son lieu, les ducs, les comtes et les barons; et les Compagnies firent leur route à part eux, qui se retrairent en Bretagne et sur la rivière de Loire. Là les envoya le roi de France reposer jusques à tant qu'il orroit autres nouvelles.

CHAPITRE CCCLXXXVI.

De la chevauchée que le sire de Coucy mena en Osteriche des Compagnies.

Ces gens de Compagnies qui avoient appris à piller et à rober, et qui ne s'en savoient abstenir, firent en celle saison trop de maux en le royaume de France, tant que les plaintes en vinrent au roi. Le roi, qui volontiers eût adressé son peuple, et qui trop grand'compassion en avoit, car trop lui touchoit la destruction de son royaume, n'en savoit que faire. Or fut adonc regardé en France que le sire de Coucy[1], qui jà avoit demeuré six ans ou cinq environ hors du pays[2], et qui étoit un frisque et gentil chevalier, de grand'prudence et de grand sens, seroit remandé; car on lui avoit ouï dire plusieurs fois que il clamoit à avoir grand droit à la duché d'Osteriche[1] par la succession de sa dame de mère qui sœur germaine avoit été du duc darzainement mort; et cil qui pour le temps possessoit la duché d'Osteriche n'étoit que cousin germain, plus lointain assez de droit lignage que le sire de Coucy ne fut. Si fut proposé au conseil du roi de France, que le sire de Coucy se aideroit trop bien de ces Compagnies, et en feroit son fait en Osteriche, et en délivreroit le royaume de France[2]. Adonc fut remandé le gentil sire de Coucy, messire Enguerrand, qui s'étoit tenu en Lombardie un grand temps, et depuis sur la terre du patrimoine de saint Pierre, et avoit fait guerre pour la cause de l'Église aux seigneurs de Milan et aux autres, aussi aux Florentins et aux Pisans; et si vaillamment s'y étoit porté que il en avoit grandement la grâce et la renommée du saint père, le pape Grégoire onzième.

Quand il fut revenu en France premièrement devers le roi, on lui fit grand'fête; et le vit le roi moult volontiers, et lui demanda des nouvelles. Il l'en dit assez. Depuis revint le sire de Coucy en sa terre, et trouva madame sa femme, la fille du roi d'Angleterre, à Saint-Gobain. Si se firent grands reconnoissances ensemble; ce fut raison; car ils ne s'étoient depuis grand temps vus. Ainsi petit à petit se racointa le sire de Coucy en France, et se tint dalez le roi, qui le véoit moult volontiers. Adonc lui fut demandé couvertement, du seigneur de la Rivière et Nicolas le Mercier qui étoient instruits quant que le roi pouvoit faire, si il voudroit point se charger ni ensonnier de ces Bretons et des Compagnies pour mener en Osteriche. Il répondit qu'il en auroit avis. Si s'en conseilla à ses amis, et le plus en soi-

---

[1] Enguerrand VII, sire de Coucy, était fils d'Enguerrand VI et de Catherine d'Autriche, fille du duc Léopold. Enguerrand VII fut un des otages donnés en 1360 aux Anglais, par suite du traité pour la délivrance du roi Jean. Édouard, qui voulut se l'attacher, lui donna en mariage sa fille Isabelle, à laquelle il accorda pour dot la baronnie de Bedford avec d'autres terres.

[2] Au moment où la guerre se ralluma, en 1368, entre la France et l'Angleterre, Enguerrand de Coucy, qui se trouvait à la fois allié et vassal du roi de France, et vassal et gendre du roi d'Angleterre, ne crut pouvoir prendre les armes pour aucun des deux, et passa en Italie où il servit les papes Urbain V et Grégoire XI contre les Visconti.

[1] Enguerrand VII réclamait seulement la dot de Catherine, sa mère, fille aînée de Léopold, vaincu à Morgarten. Cette dot consistait en biens alodiaux situés dans l'Alsace, le Brisgau et l'Argovie.

[2] Depuis la trève conclue entre l'Angleterre et la France, les bandes ou routiers du fameux partisan Arnaud de Cervole, dit l'Archiprêtre, dévastaient les provinces de France.

même. Si en répondit son entente, que volontiers s'en ensonnieroit, mais que le roi y vousît mettre aucune chose du sien, et lui prêter aussi aucune finance pour payer leurs menus frais, et pour acquerre amis et les passages, tant en Bourgogne et en Aussay[1] que sur la rivière du Rhin, où il leur convenoit passer et aller, si ils vouloient entrer en Osteriche. Le roi de France n'avoit cure quel marché il fît, mais que il vît son royaume délivré de ces Compagnies. Si lui accorda toutes ses demandes ; et fina pour lui par devers les Compagnies, et leur délivra grand argent, mal employé, ainsi que vous orrez recorder temprement ; car oncques gens ne s'acquittèrent pis envers seigneurs qu'ils se acquittèrent envers le seigneur de Coucy. Ils prirent son or et son argent ; et si ne lui firent nul service.

Environ la Saint-Michel trois cent soixante et quinze se départirent ces Compagnies et ces gens d'armes, Bretons et autres nations, du royaume de France, et passèrent parmi Lorraine où ils firent moult de destourbiers et de dangers ; et pillèrent plusieurs villes et châteaux, et foison du plat pays ; et eurent de l'or et de l'argent à leur entente de ceux de Metz en Lorraine. Quand cils d'Aussay, qui se tenoient pour le duc de Lucembourg et de Brabant, en virent la manière, si se doutèrent de ces males gens que ils ne leur fissent à souffrir, et se cloyrent. Et mandèrent les barons d'Aussay au seigneur de Coucy et aux barons de Bourgogne qui avec lui étoient, le seigneur de Vergy et autres, que point ne passeroient parmi leur pays au cas que ils se voudroient ainsi maintenir. Le sire de Coucy mit son conseil ensemble, car il avoit là grand'foison de bonne chevalerie de France, monseigneur Raoul de Coucy son oncle, le vicomte de Meaux, le seigneur de Roye, monseigneur Raoul de Raineval, le seigneur de Hangest, messire Hue de Roussi et plusieurs autres. Si que, eux conseillés, ils regardèrent que les seigneurs et le pays d'Aussay avoient droit. Si prièrent moult doucement aux capitaines des Compagnies et aux Bretons et Bourguignons, que ils voulsissent courtoisement passer et faire passer leurs gens parmi Aussay, parquoi le pays leur fût ouvert, et qu'ils pussent faire leur fait

[1] C'était ainsi qu'on appelait l'Alsace.

et leur emprise. Ils l'eurent tout en convent volontiers, mais depuis ils n'en tinrent rien. Toutes fois au passer et à l'entrer en Aussay ils furent assez courtois.

CHAPITRE CCCLXXXVII.

Ci parle des parlements qui de rechef furent assignés à Bruges, et des fêtes qui furent données à Gand.

Or parlerons des parlements qui furent assignés à Bruges. Et est vérité que à la Toussaints le duc de Lancastre et le duc de Bretagne, pour la partie du roi d'Angleterre, y vinrent moult étoffément et en grand arroy : aussi firent le duc d'Anjou et le duc de Bourgogne. Et remontroit chacun de ces seigneurs sa grandeur et sa puissance.

Si fit le duc de Bourgogne en ce temps une très grand'fête de joûte en la ville de Gand en Flandres, de cinquante chevaliers et de cinquante écuyers de dedans. Et furent à celle fête grand'foison de hauts seigneurs et de nobles dames, tant pour honorer le duc de Bourgogne que pour voir l'état des ducs qui là étoient, le duc d'Anjou, le duc de Lancastre et le duc de Bretagne. Si y furent le duc de Brabant et madame sa femme, et le duc Aubert et sa femme, et la ducoise de Bourgogne. Si furent ces joûtes bien fêtées et dansées, et par quatre jours joûtées. Et tint là adonc le comte de Flandre grand état et puissant, en honorant et exhaussant la fête de son fils et de sa fille, et en remontrant sa richesse et sa puissance à ces seigneurs étrangers de France, d'Angleterre et d'Allemagne. Quand ces joûtes furent passées et les seigneurs retraits, si retournèrent à Bruges le duc d'Anjou, le duc de Bourgogne et leurs consaux : ainsi firent le duc de Lancastre, le duc de Bretagne et les consaux d'Angleterre et les deux légats traiteurs. Si se commencèrent à entamer et à proposer parlement et traité, et les légats à aller de l'un à l'autre, qui portoient ces paroles qui peu venoient à effet ; car chacun se tenoit si fier et si grand que raison n'y pouvoit descendre. Le roi d'Angleterre demandoit choses impossibles pour lui, ce que les François n'eussent jamais fait : toutes les terres que le roi de France ou ses gens avoient conquis sur lui, et tout l'argent qui étoit à payer quand la devant dite paix fut rompue, délivré le capital de Buch hors de prison. D'autre part le roi de France vouloit avoir la ville et le châtel de Calais abattue, quelque traité que il fît, et de cel argent tout l'opposite, mais toute la somme entièrement que le roi son père et il avoient payée, il vouloit ravoir ; ce que le roi d'Angleterre n'eût jamais fait, l'argent rendu et Calais abattu. Si furent grand temps sur cel état, et les légats alloient, proposoient et à leur pouvoir imaginoient et amoyennoient ces besognes et demandes ; mais se approchoient trop mal. Si furent les parties, tant de France comme d'Angleterre, un grand temps en Flandre ; et fus adonc informé que finablement Bretagne et Espagne rompirent tous les traités. Si furent les trèves ralongées jusques au premier jour d'avril l'an mil trois cent soixante et seize, et se départirent de Bruges tous ces ducs. Les uns s'en allèrent en Angleterre et les autres en France, et les légats demeurèrent à Bruges ; mais chacune de ces parties devoient à la Toussaints renvoyer gens pour eux qui auroient plein pouvoir et autorité, autel comme les deux rois auroient si ils étoient personnellement, de faire paix ou accord ou de donner trêves.

CHAPITRE CCCLXXXVIII.

Comment fut mise à fin l'emprise du seigneur de Coucy en Osteriche ; et de la mort du prince de Galles.

Or revenons au seigneur de Coucy qui étoit en Aussay et avoit fait défier le duc d'Osteriche et tous ses aidans et lui cuidoit faire une grand'guerre ; et moult s'en doutoient les Ostrisiens. Nequedent, comme très vaillans gens d'armes et bons guerroyeurs qu'ils sont, ils allèrent au devant et obvièrent grandement à l'encontre de ces besognes ; car quand ils sentirent le seigneur de Coucy et ses gens, et ces compagnies approcher, eux-mêmes ardirent et détruisirent au-devant d'eux bien trois journées de pays.

Quand cils Bretons et ces compagnies furent outre Aussay et sur la rivière du Rhin, et ils durent approcher les montagnes qui départent Aussay et Osteriche, et ils virent un povre pays, et trouvèrent tout ars et dérobé, non pas pays de telle ordonnance comme il est sur la rivière de Marne et Loire, et ne trouvoient que genestres et broussis, et plus alloient avant et plus trouvoient povre pays et dérobé d'eux-mêmes, que ils avoient après ces beaux vignobles et ce gras pays de France, de Berry et de Bretagne, et ils ne savoient que donner à leurs chevaux, si furent tout ébahis. Si s'arrêtèrent sur la rivière du Rhin ensemble les Compagnies ; et eurent parlement les Bretons et les Bourguignons ensemble pour savoir comment ils se maintiendroient. « Et comment ! disent-il, est telle chose la duché de Osteriche ? Le sire de Coucy nous avoit donné à entendre que c'étoit l'un des gras pays du monde et nous le trouvons le plus povre : il nous a déçu laidement. Si nous étions de là cette rivière du Rhin, jamais ne le pourrions repasser que ne fussions tous morts et pris, et en la volonté des Allemands, qui sont gens sans pitié. Retournons, retournons en France ; ce sont mieux nos marches ; mal-de-hait ait qui ira plus avant ! » Ainsi furent-ils d'accord d'eux loger, et se logèrent tout contreval le Rhin, et firent le seigneur de Coucy loger tout emmy eux ; lequel, tantôt quand il vit cette ordonnance, se commença à douter qu'il n'y eût trahison. Si leur dit : « Seigneurs, vous avez pris mon or et mon argent, dont je suis grandement endetté, et l'argent du roi de France, et vous êtes obligés, par foi et par serment, que de vous acquitter loyaument en ce voyage. Si vous vous en acquittez autrement, je suis le plus déshonoré homme du monde. » — « Sire de Coucy, répondirent à ce premier les capitaines des Compaignies et les Bourguignons, la rivière du Rhin est encore moult grosse, on ne la peut passer à gué sans navire. Nous séjournerons ci ; entienne viendra le bau temps. Nous ne savons les chemins en ce pays ; passez devant, nous vous suivrons. On ne met mie gens d'armes hors du bon pays comme mis nous avez : vous nous disiez et affiez que Osteriche est un des bons et gras pays du monde, et nous trouvons tout le contraire. » — « Par ma foi ! répondit le sire de Coucy, c'est mon, mais ce n'est mie ci à l'entrée : par delà cette rivière et outre ces montagnes que nous véons, trouverons nous le bon pays. » — « Or, passez donc devant et nous vous suivrons. »

Ce fut la plus courtoise réponse que il put à cette heure avoir d'eux, mais se logèrent, et le seigneur de Coucy emmy eux, par tel manière que, si il s'en voulsît adonc être parti, il ne put, tant étoit-il adonc près guetté ; de laquelle chose il avoit grand doute; et aussi avoient tous les Picards, les Anglois et les François desquels il y avoit bien trois cents lances.

Or vinrent nouvelles en l'ost que le duc d'Osteriche se vouloit accorder et composer au seigneur de Coucy, et lui vouloit donner une moult belle terre qui vaut bien vingt mille francs par an, que on clame la comté de Buir; et voirement en furent-ils aucuns traités, mais ils ne continuèrent point; car ce sembloient au seigneur de Coucy et à son conseil trop petites offres [1].

Quand le sire de Coucy vit que ces gens que il avoit là amenés ne voudroient aller plus avant, et qu'ils ne faisoient que se répandre à la traverse du pays, si fut durement merencolieux; et s'avisa de soi-même, comme sage et imaginatif chevalier, que ces Compagnies le pourroient déshonorer, car si de force ils le prenoient ils le pourroient délivrer au duc d'Osteriche et vendre pour la cause de leurs sauldées; car voirement demandoient-ils argent sur le temps avenir, si il vouloit que ils allassent plus avant; et si ainsi étoit que ils le délivrassent, par celle manière aux Allemands, jamais ne s'en verroit délivré. Si eut conseil secret à aucuns de ses amis, à trop de gens ne fut ce pas, que il s'embleroit d'eux et se mettroit au retour. Tout ainsi que il le pensa et imagina il le fit; et se partit de nuit en habit deconnu, et chevaucha lui troisième tant seulement. Toutes manières de gens d'armes et de Bretons et ses gens aussi, excepté cinq ou six, cuidoient qu'il fût encore en son logis; et il étoit jà éloigné et hors du péril bien deux journées, et ne tenoit nul droit chemin; mais il fit tant qu'il s'en revint en France. Si fut durement le roi de France émerveillé, aussi furent le duc d'Anjou, le duc de Berry et le duc de Bourgogne, quand ils se virent en ce parti que le seigneur de Coucy revenu, et ils le cuidoient en Osteriche : ce leur sembla un droit fantôme; et lui demandèrent de ses besognes comment il en alloit, et du duc d'Osteriche, son cousin, quel chère il lui avoit faite. Le sire de Coucy, qui ne fut mie ébahi de remontrer son affaire, car il étoit richement enlangagé et avoit excusance véritable, si fit connoître au roi et à ces ducs toute vérité; et leur conta de point en point l'état des Compagnies, et comment ils s'étoient maintenus et quel chose ils avoient répondu; et tant fit, et de voir, qu'il demeura sur son droit, et les Compagnies en leur tort et blâme; et se tint en France dalez le roi et ses frères. Et tantôt après Pâques il eut congé du roi de France d'aller l'hiver en Angleterre et d'y mener sa femme, la fille du roi d'Angleterre; et eut adonc aucuns traités secrets entre lui et le roi de France, qui ne furent mie sitôt ouverts; et fut adonc regardé en France des plus sages que c'étoit un sire de grand'prudence et bien taillé de traiter paix et accord entre les deux rois, et que on n'avoit vu en lui fors que tout bien et toute loyauté. Si lui fut dit : « Sire de Coucy, c'est l'intention du roi et de son conseil que vous demeuriez dalez nous en France; si nous y aiderez à conseiller et à traiter devers ces Anglois, et encore vous prions-nous que en ce voyage que vous ferez couvertement et sagement, ainsi que bien faire saurez, vous substanciez du roi d'Angleterre et de son conseil sur quel état on pourroit trouver paix ni accord entre eux et nous. » Le sire de Coucy leur eut ainsi en convent. Si se appareilla du plus tôt qu'il put et partit de France, et madame sa femme, et tout leur arroy. Si exploitèrent tant que ils vinrent en Angleterre.

Or parlons de ces Compagnies qui se tinrent pour trop déçus quand ils surent que le sire de Coucy leur étoit échappé et retourné en France. Si disoient les aucuns qu'il avoit bien fait, et les autres disoient qu'il s'étoit fait et porté grand blâme. Si se mirent au retour et retournèrent en France, en ce bon pays, que ils ne appeloient mie Osteriche, mais leur chambre [1]. Quand le sire de Coucy eut été une espace en Angleterre dalez le roi son grand seigneur, qui lui fit bonne chère et à sa fille aussi, et il eut visité le prince de Galles, qui gisoit malade à Londres en mains de surgiens et de médecins, et aussi visité ses autres frères le duc

---

[1] Enguerrand finit par conclure, le 13 janvier 1376, la paix avec le duc d'Autriche, qui lui céda les villes et seigneuries de Niddau et de Buren, à condition qu'il renoncerait à ses prétentions.

[1] Ces bandes ayant pénétré dans l'Argovie, Zurich et Berne, dont les frontières étaient menacées, coururent aux armes. Trois mille chevaliers qui s'étaient portés dans le bois de Buttisholz, furent complètement défaits par six cents paysans de l'Entlibouch. Repoussés par les braves Suisses, les bandes de routiers repassèrent le Jura pour retourner en Alsace et en France. (Zschokke, *Histoire de la nation suisse*, p. 85.)

Jean de Lancastre et madame sa femme, le comte de Cambruge et messire Thomas le mainsné, et le jeune Richard, fils du prince, qui étoit en la garde et doctrine de ce gentil et vaillant chevalier monseigneur Guichard d'Angle, il prit congé à tous et à toutes et laissa là sa femme et sa mains-née fille, la damoiselle de Coucy, et puis s'en retourna en France.

En ce temps paya le roi Édouard d'Angleterre aux barons et aux chevaliers d'Angleterre son Jubilé ; car il avoit été cinquante ans roi. Mais ainçois fut trépassé messire Édouard son aîné fils, prince de Galles et d'Aquitaine, fleur de toute chevalerie du monde en ce temps, et qui le plus avoit été fortuné en grands faits d'armes et accompli de belles besognes. Si trépassa le vaillant homme et gentil prince de Galles en le palais de Westmoustier dehors la cité de Londres. Si fut moult plaint, et sa bonne chevalerie moult regretée ; et eut le gentil prince à son trépas la plus belle reconnoissance à Dieu et la plus ferme créance et repentance que on vit oncques grand seigneur avoir : ce fut le jour de la Trinité en l'an de grâce de Notre Seigneur mil trois cents soixante et seize [1]. Et pour plus authentiquement et révéramment faire la besogne, et que bien avoit du temps passé conquis, par sa bonne chevalerie, que on lui fit toute l'honneur et révérence que on pourroit, il fut enbaumé et mis en un sarcueil de plomb, et là tout enseveli, excepté le viaire, et ainsi gardé jusques à la Saint-Michel que tous prélats, tous barons et chevaliers d'Angleterre, furent à son obsèque à Westmoustier.

CHAPITRE CCCLXXXIX.

Comment on ne put trouver aucun traité de paix entre les deux rois, et aussi de la mort du roi d'Angleterre.

Sitôt que le roi de France fut signifié de la mort de son cousin le prince de Galles, il lui fit faire son obsèque moult révéramment en la sainte chapelle du roi à Paris ; et y furent ses frères et grand'foison des plus hauts barons et chevaliers de France ; et dit bien le roi de France et affirma que le prince de Galles avoit régné puissamment et vaillamment.

[1] Walsingham fixe sa mort au 8 juillet, *octavo die julii*. Peut-être faudrait-il lire *junii* au lieu de *julii*, et alors cette date s'accorderait avec celle de Froissart, le dimanche de la Trinité ayant été en 1376, le 8 de juin.

Or vint la Toussaint, que le roi d'Angleterre envoya aux parlemens à Bruges, ainsi que ordonnance se portoit, monseigneur Jean de Montagu, le seigneur de Gobehem, l'évêque de Herefort et le doyen de Saint-Pol de Londres ; et le roi de France le comte de Salebruce, le seigneur de Chastillon, monseigneur Philibert de l'Espinace ; et toudis y étoient les deux légats traiteurs. Si se tinrent cils seigneurs et cils traiteurs tout le temps à Bruges ; et peu exploitèrent, car toutes leurs choses tournoient à nient ; car les Anglois demandoient, et les François aussi.

En ce temps étoit le duc de Bretagne en Flandre dalez son cousin le comte Louis de Flandre, lequel il trouvoit assez traitable et amiable ; mais point ne s'ensonnioit de ces traités.

Environ le quarême, se fit un secret traité entre les Anglois et les François ; et durent les Anglois porter leur traité en Angleterre et les François en France, et chacun devers son seigneur le roi ; et devoient retourner, ou autres commis que le roi renvoyeroit, à Montreuil sur Mer ; et sur cel état furent les trèves ralongées jusques au premier jour de mai. Si en allèrent les Anglois en Angleterre, et les François revinrent en France et rapportèrent leur traité, et recordèrent sur quel état ils s'étoient partis l'un de l'autre. Si furent envoyés à Montreuil sur Mer, du côté des François, le sire de Coucy, le sire de la Rivière, messire Nicolas Bracque et Nicolas le Mercier ; et du côté des Anglois, messire Guichart d'Angle, messire Richard Sturi et Joffroi Chaucier, et parlementèrent cils seigneurs et ces parties grand temps sur le mariage du jovène Richard, fils du prince, et de mademoiselle Marie, fille du roi de France ; et revinrent arrière en Angleterre et rapportèrent leur traité ; et aussi les François en France, et furent les trèves ralongées d'un mois [1].

Nous avons oublié à recorder comment le roi d'Angleterre, le jour de la Nativité Notre Seigneur, l'an dessus dit, tint son palais à Westmoustier et fit une grande fête et solennelle ; et y furent, par mandement et commandement du roi, tous les prélats, les comtes, les barons et les chevaliers d'Angleterre ; et là fut élevé Richard

[1] Les *Chroniques de France* confirment ce témoignage. Suivant elles *les trèves furent éloignées de termes*, jusqu'à *la Nativité de saint Jean-Baptiste*.

le fils du prince, et le fit le roi porter devant lui, et le revètit, présents les susdits, de l'héritage et royaume d'Angleterre à tenir après son décès; et l'assit dalez lui; et fit jurer tous prélats, barons, chevaliers et officiers des cités et des bonnes villes, des ports et des passages d'Angleterre que ils le tiendroient à roi. Après ce, le vaillant roi eschéi en une foiblesse de laquelle il mourut en l'année, ainsi que vous orrez recorder temprement; mais nous persévérons de ces parlements et de ces traités qui ne vinrent à nul profit.

A ces parlements et secrets traités qui furent assignés en la ville de Montreuil, furent envoyés, de par le roi de France, le sire de Coucy et messire Guillaume de Dormans, chancelier de France. Si s'en vinrent tenir à Montreuil. De la partie des Anglois furent envoyés à Calais le comte de Salsiberi, messire Guichart d'Angle, l'évêque d'Herford et l'évêque de Saint-David, chancelier d'Angleterre. Et étoient là les traiteurs qui alloient de l'un à l'autre, et qui portoient les traités, l'archevêque de Ravenne et l'évêque de Carpentras [1]. Et furent toudis leur parlement et leur traité sur le mariage devant dit, et offroient les François, avec leur dame fille du roi de France, douze cités au royaume de France; c'est à entendre en la duché d'Aquitaine; mais ils vouloient voir Calais abattu. Si se dérompirent cils parlements et cil traité sans rien faire; car onques, pour chose que les traiteurs sçussent dire, prier ni requérir, ni remontrer, ces parties ne se voulrent ou osèrent onques asseguer sur certaine place entre la ville de Montreuil et Calais pour iceux comparoir l'un devant l'autre. Si demeurèrent les choses ainsi, et ne furent les trèves plus ralongées, mais la guerre renouvelée, et retournèrent les François en France.

Quand le duc de Bretagne vit ce, qui se tenoit à Bruges dalez son cousin le comte de Flandre, et les légats furent là retournés, qui dirent qu'ils ne pouvoient rien faire; si escripsit devers le comte de Salebrin et monseigneur Guichart d'Angle qui étoient à Calais, que, à tel jour, atout gens d'armes et archers, ils fussent contre lui; car il s'en vouloit r'aller en Angleterre, et il se doutoit des embûches sur les frontières de Flandre et d'Artois: si que les dessusdits, le comte de Salsibericli et messire Guichart d'Angle se partirent de Calais atout cent hommes d'armes et deux cents archers, et vinrent requérir bien avant en Flandre le duc de Bretagne, et le ramenèrent sauvement jusques à Calais.

Quand notre saint père le pape Grégoire onzième sentit et entendit que la paix entre le roi de France et le roi d'Angleterre ne se pouvoit trouver, pour moyen ni pour traité que on sçût ni pût mettre avant, ce lui fut une chose moult déplaisante; et dit à ses frères cardinaux que il se vouloit partir d'Avignon et que ils se ordonnassent, car il vouloit aller tenir son siège à Rome [1]. Les cardinaux ne furent mie trop réjouis de ces nouvelles; et lui débatirent par plusieurs raisons et voies raisonnables, et lui remontrèrent bien que si il alloit là il mettroit l'Église en grand trouble. Nonobstant toutes paroles, il dit que il avoit ce de vu, et qu'il iroit, comment que fût. Si se ordonna, et le constrainди de aller avec lui. Toutes fois quand ils virent que ils n'en auroient autre chose, ils se mirent avec lui, et montèrent en mer à Marseille, et singlèrent tant qu'ils vinrent à Jennes. Là se rafreschirent, et puis rentrèrent de rechef en leurs galées, et exploitèrent tant par leurs journées qu'ils vinrent à Rome. Si furent les Romains grandement réjouis de leur venue, et tout le pays de Romagne. Par celle motion que le pape fit avinrent depuis grands troubles en l'Église, si comme vous orrez recorder ci-après, et que cette histoire dure jusques à là.

Toute celle saison que cils traités et parlement de paix qui point n'avinrent furent à Bruges, le roi de France avoit ses pourvéances et son armée fait faire sur mer et appareillé très grossement, et avoit intention d'envoyer adonc en Angleterre; et étoient ses gens pourvus de galées et de gros vaisseaux que le roi Henry d'Espaigne leur avoit envoyés, et l'un de ses maîtres amiraux qui s'appeloit Dam Ferran Sanses de

---

[1] Dans les chartes publiées par Rymer, les deux prélats signataires sont l'archevêque de Ravenne et l'archevêque de Rouen. Les *Chroniques de France* désignent aussi ce dernier, et ajoutent qu'il avait été auparavant évêque de Carpentras.

[1] Froissart paraît avoir ignoré le temps et la cause du départ de Grégoire XI pour Rome. Il s'y détermina dans l'espoir que sa présence apaiserait les troubles dont l'Italie était agitée, et partit d'Avignon pour Rome non en 1377, comme le dit Froissart, mais le 13 septembre 1376.

Thomar[1]; et l'amiral de France étoit messire Jean de Vienne. Avec lui étoient messire Jean de Roye et plusieurs apperts chevaliers et écuyers de Bourgogne, de Champagne et de Picardie. Si vaucroient ces gens marins sur mer, et n'attendoient autre chose que nouvelles leur vinssent que la guerre fût renouvelée. Et bien s'en doutoient en Angleterre; et l'avoient les capitaines des îles d'Angleterre, de Gersée, de Grenesée et du Wisk signifié au conseil du roi d'Angleterre; car le roi étoit jà moult malade, et ne parloit-on point à lui des besognes de son royaume, fors à son fils le duc de Lancastre; et étoit si très foible que les médecins n'y espéroient point de retour. Si fut envoyé à Hamptonne monseigneur Jean d'Arondel atout deux cents hommes d'armes et trois cents archers pour garder le havène, la ville et la frontière contre les François.

Quand le duc de Bretagne, ainsi que contenu est et devisé ci-devant, fut ramené à Calais du comte de Salebrin et de monseigneur Guichart d'Angle, il entendit que le roi son seigneur étoit durement malade et affoibli; si se partit du plus tôt qu'il put et monta en mer; et demeurèrent encore à Calais le comte de Salebrin et monseigneur le duc de Bretagne; si prit terre à Douvres et puis chevaucha vers Londres et demanda du roi. On lui dit qu'il gisoit moult malade en un petit manoir royal qui est là sur la rivière de Tamise, à cinq lieues angloises de Londres que on dit Chenes[2]. Là vint le duc de Bretagne : si y trouva le duc de Lancastre, le comte de Cambruge, monseigneur Thomas le mains-né et aussi le comte de la Marche; et n'attendoient du roi fors l'heure de Notre Seigneur. Et aussi étoit là sa fille madame de Couey, qui moult étoit abstreinte de grand'douleur et angoisse de ce qu'elle véoit son seigneur de père en ce parti.

Le jour devant la veille monseigneur saint Jean-Baptiste, en l'an mil trois cent soixante dix sept, trépassa de ce siècle le vaillant et le preux roi Édouard d'Angleterre[3], de la quelle mort tout le pays et le royaume d'Angleterre fut durement désolé; et ce fut raison, car il leur avoit été bon roi. Oncques n'eurent tel ni le pareil puis le temps le roi Artus qui fut aussi jadis roi d'Angleterre, qui s'appeloit à son temps la grand'Bretagne. Si fut le dit roi embaumé et mis et couché sur un lit moult révéramment et moult puissamment, et porté tout ainsi aval la cité de Londres de vingt quatre chevaliers vêtus de noir, ses trois fils et le duc de Bretagne et le comte de la Marche derrière lui, et ainsi allant pas pour pas, à viaire découvert. Qui vit et ouït ce jour les grands lamentations que le peuple faisoit, les pleurs et les cris et les regrets qu'ils disoient et qu'ils faisoient, on en eut grand'pitié et grand'compassion au cœur.

Ainsi fut le noble roi apporté au long de Londres jusques à Westmoustier, et là mis et enseveli dalez madame sa femme Philippe de Haynaut, roine d'Angleterre, ainsi que à leur vivant avoient ordonné. Et fut fait l'obsèque du roi si noblement et si révéramment que on put oncques; car bien le vaut; et y furent tous les prélats, les comtes, les barons et les chevaliers d'Angleterre, qui pour ce temps y étoient.

Après celle obsèque, on regarda que le royaume d'Angleterre ne pouvoit être longuement sans roi, et que profitable étoit pour tout le royaume de couronner tantôt le roi qui être le devoit, et lequel le vaillant roi qui mort étoit avoit ordonné et revêtu du royaume très son vivant. Si ordonnèrent là les prélats, les comtes, les barons, les chevaliers et les communautés d'Angleterre, et assignèrent un certain jour, et bien bref, que on couronneroit l'enfant, le jeune Richard, qui fils avoit été du prince; et furent à ce donc tous d'accord.

En celle semaine que le roi fut trépassé, retournèrent de Calais en Angleterre le comte de Sallebrin et messire Guichart d'Angle, qui furent moult tristes et fort courroucés de la mort le vaillant roi; mais souffrir leur convint puisque Dieu le vouloit. Si furent tous les pas clos en Angleterre[1], ni nul n'en partoit, de quel côté

---

[1] C'est peut-être le même personnage que Pero Fernandez de Velasco, qui, en 1375, prit en mer le sire de l'Esparre, suivant Ayala.

[2] Sheen, aujourd'hui le plus délicieux village d'Angleterre, situé à neuf milles de Londres, à quelques pas de la Tamise. Édouard III y mourut. On lui donna plus tard le nom de Richemond, qui lui est resté.

[3] Il mourut le 21 juin.

---

[1] Cette défense ne subsista pas long-temps; car dès le 26 juin, Richard permit à la comtesse de Bedford de passer en France. Mais les termes dans lesquels cette permission est conçue supposent que Froissart a dit la vérité et qu'on avait d'abord fermé les ports d'Angleterre.

que ce fût, pour tant que on vouloit mettre tantôt les besognes du pays en bonne et estable ordonnance, ainçois que la mort du vaillant roi fût sçue. Or parlerons de l'armée françoise qui étoit sur mer.

CHAPITRE CCCXC.

Du couronnement du jeune roi Richard, et comment plusieurs villes furent arses en Angleterre par la grand'navie des François.

Droitement la vigile saint Paul et saint Pierre vinrent les François prendre terre à un port en la comté d'Excestre, vers les marches de la comté de Kent à une assez bonne ville pleine de pêcheurs et de maronniers que on dit Rye [1]. Si la pillèrent et robèrent, et ardirent tout entièrement, et puis rentrèrent en leur navie en mer et prirent le parfont et les côtières de Hamptonne; mais point n'y approchèrent à celle fois.

Quand ces nouvelles furent venues à Londres où tout le pays s'assembloit pour couronner leur seigneur le jeune roi Richard, si en furent toutes gens durement; émus et dirent ainsi les seigneurs et toutes gens d'un accord : « il nous faut hâter de couronner notre roi et puis aller contre ces François, ainçois que ils nous portent plus grand dommage. » Si fut couronné au palais et en la chapelle de Westmoustier à roi d'Angleterre le jeune Richard [2], le huitième jour du mois de juillet l'an dessus dit, en l'onzième an de son âge. Si fit ce jour le dit roi Richard neuf chevaliers et cinq comtes ; les chevaliers je sais-je mie nommer, si m'en tairai ; mais les comtes vous nommerai. Premier monseigneur Thomas son oncle, comte de Boucquinghem ; monseigneur Henri sire de Persi, comte de Northombrelande; monseigneur Thomas de Hollande son frère, comte de Kent ; monseigneur Guichart d'Angle

son maître, comte de Hotindon ; et le seigneur de Moutbray, comte de Notinghen. Tantôt après celle fête et le couronnement du roi, on ordonna lesquels iroient à Douvres pour là garder le passage, et lesquels iroient d'autre part. Si furent élus le comte de Cambruge, et le comte de Bouquinghem, les deux frères, d'aller à Douvres atout quatre cents hommes d'armes et six cents archers, et le comte de Salebrin et messire Jean de Montagu son frère à une autre ville et bon port que on dit Pesk [1] atout deux cents hommes d'armes et trois cents archers.

Or vous parlerons nous des François, comment ils exploitèrent, entrues que ces ordonnances se firent et le couronnement du jeune roi, où on détria dix ou douze jours ainçois que cils seigneurs fussent, et leurs gens, où ils devoient aller, excepté messire Jean d'Arondel. Cil fut toudis tout cois avec ses gens, et sa charge à Hamptonne ; et bien y besogna ; car si il n'y eût été en l'état que je vous dis, la ville eût été détruite des François, car ils y vinrent prendre terre en l'île de Wick [2], et là se arrêtèrent et mirent leurs chevaux hors de leurs nefs pour courir sur le pays. Et y coururent et ardirent ces villes que je vous nommerai : Yamoude [3], Dartemoude [4], Pleuvemoude [5] et Wesinsé [6], qui étoient bons gros villages ; si les pillèrent et robèrent ; et prirent sur le pays et ès dites villes plusieurs riches hommes à prisonniers ; et puis s'en retournèrent à leur navie et mirent ens tout leur conquêt et leurs chevaux, et rentrèrent eus et se desancrèrent et allèrent vers Hamptonne. Si cuidèrent là arriver de haute marée ; et vinrent devant le havène, et firent grand semblant de prendre terre. Messire Jean d'Arondel et ses gens qui étoient tout avisés de leur venue, car ils les avoient vus nager sur mer et prendre leur tour pour arriver et prendre terre à Hamptonne, étoient tout ordonnés, armés et mis ensemble en bataille devant le havène. Là eut un peu d'escarmouche ; et virent

---

[1] L'un des Cinq Ports d'Angleterre.
[2] Walsingham a décrit avec beaucoup de détails toutes les splendides cérémonies du couronnement de Richard II. Une de ces cérémonies rappelait la coutume ancienne de l'élection populaire du souverain. Après que le roi eut fait son serment, l'archevêque et le maréchal d'Angleterre le firent aller de tous les côtés de l'église, en montrant au peuple la formule du serment signé par le roi et en demandant si l'on voulait se soumettre à un tel prince et gouverneur et obéir à ses ordres. Le peuple répondit par de vives acclamations qu'il consentait volontiers à lui obéir.

---

[1] Peut-être Pool, ville du Dorsetshire, avec un bon port.
[2] Les Français descendirent dans l'île de Wight, le 21 d'août, suivant Otterbourne et Walsingham.
[3] Yarmouth.
[4] Dartmouth.
[5] Plymouth.
[6] Winchelsea.

bien les François que ils n'y pouvoient rien conquérir : si se retrairent et boutèrent en mer en côtoyant l'Angleterre et en revenant vers Douvres. Si singlèrent tant que ils y vinrent, et à un autre port que on dit Pesk, où il y a une bonne ville, et voulurent là prendre terre; mais messire Guillaume de Montagu comte de Salebrin et messire Jean son frère et leurs gens leur furent audevant, et se mirent ordonnément en bataille pour eux attendre. Là eut un petit escarmouché, mais ce ne fut mie grandement; car ils rentrèrent en mer et singlèrent en côtoyant Angleterre et approchant Douvres. Là sont plusieurs villages sur celle côte séants sur mer, qui en leur venant eussent été tous ars et gâtés; mais le comte de Salebrin et son frère et leurs gens les poursuivoient et côtoyoient à cheval; et quand ils vouloient prendre terre, ils leur étoient audevant, et leur défendoient vaillamment; et remontroient bien que c'étoient droites gens d'armes et de bonne ordonnance et qui avoient à garder l'honneur de leur pays.

Tout ainsi en côtoyant Angleterre, messire Jean de Vienne et messire Jean de Raix, et l'amiral d'Espaigne hérioient le pays, et mettoient grand'entente et grand'peine à ce qu'ils pussent prendre sur Angleterre à leur plus grand avantage. Et tant allèrent en cel état qu'ils vinrent à un bon gros village sur mer où il y a un bon prieuré que on dit Lyaus [1]. Là étoient les gens du pays venus et recueillis avec le prieur et deux chevaliers leurs chevetain, par lequel conseil ils se vouloient ordonner et combattre si les François venoient. Les chevaliers étoient nommés messire Thomas Cheni et messire Jean Affasselée [2]. Là ne purent le comte de Salebrin ni ses frères venir à temps, pour les divers chemins et le mauvais pays qui est entre Lyaus et la marche où ils se trouvoient. Là vinrent à ce port les dessus dits François et leurs galées moult ordonnément, et ancrèrent du plus près de terre qu'ils purent; et prirent terre, voulsissent ou non les Anglois qui leur défendirent ce qu'ils purent. Là eut à l'entrer en la ville grand hutin et forte escarmouche, et plusieurs hommes navrés des François et se commencèrent du trait; mais ils étoient si grand'foison qu'ils reculèrent leurs ennemis, lesquels se recueillirent moult faiticement en une place devant le moutier et attendirent leurs ennemis, lesquels s'en vinrent sur eux hardiement combattre main à main très ordonnément. Là furent faites plusieurs grands appertises d'armes des uns et des autres, et se deffendirent les Anglois moult bien selon leur quantité, car ils n'étoient que un petit au regard des François. Si se prenoient près de bien faire la besogne. Aussi les François, avec le bon désir, avoient grand'entente d'eux porter dommage. Là obtinrent-ils la place, et furent les Anglois déconfits; et y eut bien deux cents morts et grand foison de pris des plus notables riches hommes de la marche qui là étoient venus pour leurs corps avancer; et furent pris les deux chevaliers et le prieur de Lyaus. Si fut la ville toute courue, arse et détruite, et aucuns petits villages marchissans illec; et puis quand la marée fut revenue, ils rentrèrent en leurs vaisseaux et se désancrèrent. Si se départirent et emmenèrent leur pillage et leurs prisonniers, parquoi ils sçurent la mort du roi Édouard et le couronnement du roi Richard. Adonc messire Jean de Vienne se avança de signifier ces nouvelles au roi de France : si fit partir un sien chevalier et trois écuyers qui portoient lettres de créance en une barge grosse espaignole qui traversa la mer et vint arriver à Crotoy dessous Abbeville. Là prirent ils terre, et montèrent à cheval, et exploitèrent tant par leurs journées qu'ils vinrent à Paris. Là trouvèrent ils le roi de France, le duc de Berry, le duc de Bourgogne et le duc de Bourbon, et grand foison de nobles seigneurs : si firent leur message bien et à point, et furent bien crus, parmi les lettres de créance qu'ils portoient.

Quand le roi de France sçut la mort de son adversaire le roi d'Angleterre [1] et le couronnement du roi Richard, si ne fut mie moins pensieux que devant; nient moins il n'en montra nul semblant, mais se voult acquitter de la mort de son cousin le roi d'Angleterre, lequel, la paix durant, il appeloit frère. Et lui fit faire son obsèque aussi notablement et aussi puissam-

---

[1] Lewes. — [2] Fallesley.

[1] On ne peut croire qu'on ignorât encore en France la mort d'Édouard, à moins qu'on ne suppose que les entreprises des Français dont Froissart vient de parler, sont antérieures à leur descente dans l'île de Wight, qui est du 21 août. Car il est certain que long-temps avant le 21 août, probablement même avant la fin du mois de juin, Charles V fut informé de la mort d'Édouard.

ment en la sainte chapelle à Paris, que dont que si le roi d'Angleterre eût été son cousin germain. Et là remontra le roi de France qu'il étoit plein de toute honneur; car il s'en fût bien passé à moins si il voulsist. Or parlerons-nous de monseigneur Jean de Vienne et conterons comment il persévéra.

CHAPITRE CCCXCI.
De la grosse navie de France qui singla devant Calais et vint se dérompre à Harfleur.

Après la déconfiture de Lyaus, ainsi que vous avez ouy, ils rentrèrent en leur navie et singlèrent devers Douvres où tout le pays étoit assemblé; et là étoient les deux oncles du roi, le comte de Cambruge et le comte de Bouquinghem, et bien quatre cents lances et huit cents archers; et eussent volontiers vu que les François se fussent avancés pour là prendre terre, et avoient ordonné ainsi, que on ne leur devéeroit point à prendre terre pour combattre mieux à leur aise; car ils se sentoient forts assez pour iceux combattre. Si se tenoient tout cois en la ville par manière de bataille; et véoient bien avant en la mer la navie monseigneur Jean de Vienne qui approchoit et venoit avec la mer tout droit vers Douvres. Si se tenoient les seigneurs et les Anglois qui là étoient pour tous confortés que il viendroit jusques à là, et que ils auroient bataille. Et furent voirement devant le havène et droit à l'entrée, et n'eurent point conseil de là prendre terre; mais tournèrent leurs singles et s'en vinrent de celle marée tout droit devant Calais, et là ancrèrent. De quoi cils de la ville de Calais furent moult émerveillés quand ils les virent si soudainement là venir, et se coururent tantôt armer et appareiller; car ils cuidèrent tantôt avoir l'assaut; et clorrent leurs portes et leurs barrières; et furent en grand effroi, car messire Hue de Cavrelée, qui pour ce temps étoit capitaine de Calais, n'y étoit point : mais il revint au soir, car en ce propre jour il avoit chevauché hors devant Saint-Omer, en sa compagnie monseigneur Jean de Harleston, gouverneur de Guines, et le sire de Gommignies, capitaine d'Arde. Si fut fait nouveau chevalier en celle chevauchée, l'aîné fils du seigneur de Gommignies, messire Guillaume. Si retournèrent au soir, sans rien faire fors eux montrer, ces capitaines en leurs garnisons. Si trouva, ainsi que je vous dis, messire Hue de Cavrelée celle grosse navie de France et d'Espaigne devant Calais. Si firent bon guet et grand celle première nuit; et à lendemain toute jour furent ils armés; car ils cuidèrent avoir l'assaut et la bataille. On supposoit adonc en France, et aussi le cuidèrent bien adonc les Anglois de Calais, que celle armée de terre dût assiéger Calais; mais quand ils eurent été à l'ancre sept jours, au huitième jour un vent contraire s'éleva qui les prit soudainement, et les convint par force partir, tant étoit le vent fort et dur et mauvais, et la fortune périlleuse sur mer. Si se désancrèrent et levèrent les singles et se mirent aval vent : si furent moult tôt éloignés, et vinrent de celle course prendre terre et férir au havène de Harfleur en Normandie. Ainsi se dérompit pour celle saison l'armée de mer du roi de France, ni je n'ai point ouy parler qu'ils en fissent plus en grand temps.

CHAPITRE CCCXCII.
Comment le captal de Buch mourut prisonnier à Paris en tour du Temple.

Vous avez bien ci-dessus ouy parler et recorder comment messire Jean de Grailli, dit captal de Buch, fut pris devant Soubise de l'armée Yvain de Galles et Radigo de Roux, et comment il fut amené à Paris comme prisonnier, et mis en la tour du Temple et là bien gardé. Trop de fois le roi d'Angleterre et ses consaux offrirent pour lui le comte de Saint-Pol et encore trois ou quatre bons prisonniers, que ils n'eussent mie rendu pour cent mille francs; mais le roi de France n'en vouloit rien faire, car il sentoit le captal de Buch trop durement un bon capitaine de gens d'armes et un grand guerrier, et que par lui, si il étoit délivré, se feroient trop de belles recouvrances et recueillettes de gens d'armes; car sur cinq jours ou huit, un tel chevalier comme le captal étoit bien taillé par sa hardie emprise d'entrer en un pays, et de courir, et de porter cent mille ou deux cents mille francs de dommage Si le vouloit tenir en prison; et lui promettoit bien que jamais ne partiroit de là, si il ne se tournoit François; mais s'il vouloit être François, il lui donneroit en France si grand'terre et si belle revenue que bien lui devroit suffire, et le marieroit bien et hautement. Le captal répondit que jà, s'il plaisoit à Dieu, il ne feroit ce marché; et puis remontroit courtoisement aux chevaliers qui le venoient voir que on ne lui faisoit mie le droit d'armes, quand par bataille pris étoit en servant loyaument son seigneur, ainsi que tous chevaliers doivent faire, et on ne le vouloit mettre à finance; et que ce on voulsist remontrer au roi de France, que on ne lui faisoit mie la chose pareille que le roi d'Angleterre et ses enfans avoient du temps passé fait à ses gens, tant à monseigneur Bertran du Guesclin que aux autres les plus notables de tout le royaume de France, qui n'étoient mie morts en prison, ainsi que on lui faisoit mourir et perdre son temps vilainement. Les chevaliers de France qui le venoient voir, au voir dire en avoient grand'pitié; et disoient bien que il remontroit raison. Et par espécial l'écuyer qui pris l'avoit, qui s'appeloit Pierre de Longvillers, qui étoit moult appert homme d'armes, et qui n'en avoit eu pour sa prise que douze cents francs, disoit bien que on faisoit tort au captal quand on ne le mettoit à finance courtoise selon son état; et en avoit tel pitié où il en oyoit parler, et comment il faisoit ses regrets, que il eût voulu que oncques ne l'eût pris. Si fut en espécialité remontré au roi de France, et prié par plusieurs chevaliers et bonnes gens de son royaume que il voulsist être plus doux au captal que il n'avoit été; car par droit d'armes toutes gens disoient que on lui faisoit tort. Adonc se rafrena un petit le roi, et demanda quelle grâce on voudroit que on lui fît. Le sire de Coucy, si comme je fus adonc informé, y trouva adonc un moyen, et dit : « Sire, si vous le faisiez jurer que jamais ne s'armât contre le royaume de France, vous le pourriez bien délivrer, et si feriez votre honneur. » — « Et nous le voulons, dit le roi, mais qu'il le veuille. » Adonc fut demandé à monseigneur le captal si il se voudroit obliger en cette composition. Le captal répondit qu'il en auroit avis. En ce temps qu'il s'en devoit aviser, tant de merancolies et d'abusions le prirent et aherdirent de tous lez que il entra en une frenesie et ne vouloit ni boire ni manger; si affoiblit du corps durement, et entra en une langueur qui le mena jusques à la mort. Ainsi mourut prisonnier, après cinq ans d'étroite garde, le captal de Buch. Si lui fit faire le roi de France son obsèque moult honorablement, et ensevelir, pour le bien et pour la vaillance dudit captal; et aussi il étoit du sang et du lignage du roi, du côté du comte de Foix et d'Arragon, par quoi il y étoit plus tenu.

Assez tôt après la mort dudit captal, qui tant avoit été preux chevalier, si accoucha la roine de France d'une fille qui fut nommée Catherine. En celle gésine prit la roine une maladie dont elle mourut [1]. Cette roine, qui avoit été pleine de moult bonnes mœurs, fut fille au gentil duc de Bourbon, qui mourut en la bataille de Poitiers. Si fit-on son obsèque en l'abbaye de Saint-Denis, où elle fut sépulturée moult solennellement; et y furent priés tous les nobles et prélats de France, voire ceux des marches prochaines de Paris.

CHAPITRE CCCXCII.

Comment les François prirent et recouvrèrent le château d'Ardre et plusieurs forteresses et châteaux à l'encontre de Calais.

En celle saison que cette guerre de France et d'Angleterre fut renouvelée, et messire Jean de Vienne, si comme ci-dessus est dit, courut et ardit en Angleterre, et qu'il eut été devant Calais et qu'il se fut retrait en Normandie, messire Hue de Cavrelée, capitaine de Calais, et le sire de Gommignies, capitaine de Ardre, avec leurs gens couroient souvent sur le pays devant Saint-Omer, devant Therouane, en la comté de Saint-Pol, en la comté d'Artois et de Boulogne; ni rien ne demeuroit dehors les forteresses que tout ne fût pris et pillé et amené en leurs garnisons; de quoi les plaintes en étoient venues et venoient encore tous les jours au roi de France. Le roi, à qui ces choses déplaisoient, et qui vouloit obvier à ce, s'en conseilla à aucuns de son royaume comment on pourroit à ces garnisons angloises étant en la marche d'Artois et de Calais, porter contraire. On lui dit que la bastide d'Ardre étoit bien prenable, mais que on y allât chaudement, sans ce que ceux de Calais en sçussent rien; car on avoit entendu, par aucuns capitaines et compagnons de la garnison qui s'en étoient découverts, que elle n'étoit point bien pourvue d'artillerie; car le sire de Gommignies, qui capitaine en avoit été et étoit, en avoit été moult négligent. Ces paroles plaisirent moult bien au roi,

[1] Elle mourut le 6 février 1377-1378.

et dit qu'il y envoieroit hâtement. Lors lui fut dit que ce fût secrètement, par quoi nulles nouvelles n'en fussent au pays devant que on fût venu là. Et si on pouvoit tant faire que on l'eût françoise, on ne se doutoit point que on ne dût tout reconquerre, jusques aux portes de Calais; et si on étoit seigneur des frontières, on auroit meilleur avantage pour contraindre Calais.

Adonc le roi, tout avisé et pourvu de son fait, mit sus une grande assemblée de gens d'armes, et escripsit à son frère le duc de Bourgogne que il se traisît à Troyes en Champagne, et là fît ses pourvéances; car il vouloit que il fût chef de toutes ces gens d'armes. Le duc obéit au commandement du roi, ce fut raison; et s'en vint à Troyes; et là vinrent tous les Bourguignons qui en furent priés et mandés, et aussi délivrés et payés tout secs de leurs gages pour trois mois. D'autre part le roi fit son mandement à Paris des Bretons et des François; et là furent aussi tout prestement payés de leurs gages, et des Vermendisiens et Artisiens en la cité d'Arras. Adonc s'avalèrent le duc de Bourgogne et ses gens de Troyes, et s'en vinrent à Paris. Si se mirent là ensemble, Bourguignons, Bretons et les François; et sçurent adonc aucuns capitaines, et non mie tous, quelle part ils devoient aller. Si se départirent sur la darraine semaine d'août; et s'en vinrent à Arras en Picardie et de là à Saint-Omer. Si se trouvèrent bien vingt-cinq cents lances de bonne étoffe, pourvus de quant qu'il appartenoit à gens d'armes, et toute fleur de gens d'armes, chevaliers et écuyers. Si se départirent de Saint-Omer sur un samedi moult ordonnément et arrément, et s'en vinrent devant Ardre.

Cils de la garnison d'Ardre ne s'en donnoient garde, quand ils les virent tous rangés et ordonnés devant leur ville et si bien que merveilles. Là étoient avec le duc de Bourgogne, que je ne l'oublie, tous premiers bannerets bourguignons: le comte de Guines, le comte de Grant-Pré, monseigneur Louis de Châlons, le seigneur de la Rivière, le seigneur de Vergi, monseigneur Thibaut du Neufchâtel, messire Hugue de Vienne, Pierre de Bar, le seigneur de Soubrenon, le seigneur de Poix, le seigneur d'Enghien, le seigneur de Rougemont; et puis bannerets bretons: le seigneur de Cliçon, le seigneur de Beaumanoir, le seigneur de Rochefort, le seigneur de Rieux, monseigneur Charles de Dignant; bannerets normands: le seigneur de Blainville maréchal de France, le seigneur de Hambue, le seigneur de Riville, le seigneur d'Estouteville, le seigneur de Graville, le seigneur de Clère, le seigneur d'Aineval, le seigneur de Franville; bannerets françois: monseigneur Jacques de Bourbon, monseigneur Hue d'Antoing, le comte de Dammartin, messire Charles de Poitiers, le sénéchal de Haynaut, le seigneur de Wauvrin, le seigneur de Helly, le seigneur de la Fère, l'évêque de Beauvais, monseigneur Hue d'Amboise, le seigneur de Saint-Dizier; Vermendisiens: le seigneur d'Auffemont, le seigneur de Moreuil, le vicomte des Quesnes, le seigneur de Fransières, le seigneur de Raineval; Artisiens: le vicomte de Meaux, le seigneur de Villers et le seigneur de Cresèques. Et là étoient tous cils barons en tel arroy et si bien accompagnés que merveilles seroit à recorder. Si se logèrent les plusieurs de feuillées, et les autres de rien fors à nud ciel; car ils vouloient montrer qu'ils ne seroient mie là longuement et qu'ils assaudroient continuellement; car ils firent dresser et appareiller leurs canons qui portoient carreaux de deux cents pesant.

Quand le sire de Commignies se vit ainsi environné de tels gens d'armes et de si grand'foison dont il ne se donnoit de garde, et si sentoit sa forteresse mal pourvue d'artillerie, si se commença à ébahir; et demanda conseil à ses compagnons comment il s'enchevîroit; car il ne véoit mie que longuement contre tels gens d'armes il se pût tenir. Avec lui étoient trois chevaliers de Haynaut assez apperts d'hommes d'armes, messire Eustache, sire de Vertaing, et messire Pierre, son frère, et monseigneur Jaquemin du Sart et plusieurs bons écuyers et apperts, qui étoient en bonne volonté d'eux deffendre.

Ce premier jour que les François furent venus devant Ardre, s'en vint le sire de Hangest, un moult appert chevalier vermendisien, armé de toutes pièces, la lance au poing, monté sur un coursier, courir jusques aux barrières d'Ardre; et dit, quand il fut là venu en frétillant et remuant son coursier, par quoi il ne fût avisé du trait: « Entre vous, Hainuiers-Anglois, que ne rendez-vous celle forteresse à monseigneur de Bourgogne? » Adonc répondirent deux écuyers frères qui là étoient, Yreux et Hutin du Lay : « Nous ne la rendrons pas ainsi, non. Pensez-vous que nous soyons déconfits, pour ce que vous êtes ci venus grand foison de gens d'armes? Dites au duc de Bourgogne que il ne l'aura pas si légèrement qu'il cuide. » Adonc répondit le sire de Hangest : « Sachez que si vous êtes pris par force, ainsi que vous serez, il n'est mie de doute, si nous vous assaillons, il n'y aura homme nul pris à merci ; car je l'ai ainsi ouï dire à monseigneur le duc de Bourgogne. » A ces paroles retourna le sire de Hangest.

Je vous vueil recorder comment cils d'Ardre finèrent. Là étoit en l'ost le sire de Raineval, cousin germain au seigneur de Gommignies, qui savoit en partie l'intention du duc. Si s'avança de venir vers son cousin, et fit tant qu'il y eut asségurances d'eux deux, et parlementèrent dedans la ville d'Ardre moult longuement ensemble ; et là remontra le sire de Raineval au seigneur de Gommignies, en grand'espécialité et fiance de lignage, comment le duc et tous cils de l'ost le menaçoient et ses gens aussi, non pas pour prendre à rançon, si par force étoient conquis, mais de tous faire mourir sans merci. Si lui prioit qu'il se voulsist aviser et laisser conseiller, et rendre la forteresse ; si s'en partiroient, il et ses gens, sauvement, et si istroit de grand péril ; car confort ni secours ne leur apparoit de nul côté.

Tant le prêcha et sermonna que, sur asségurances, il l'amena parler au duc de Bourgogne et au seigneur de Cliçon. Là entrèrent en traités ; et n'en voult adonc le sire de Gommignies rien avoir en convent, sans le sçu de ses compagnons. Si retourna dedans Ardre ; et remontra aux compagnons, chevaliers et écuyers, qui là étoient, toutes les paroles et raisons de quoi on l'avoit asséguré, et comment on les menaçoit ; si vouloit savoir quelle chose ils en diroient. Les aucuns lui conseilloient du rendre, et les autres non ; et furent plus de deux jours en fait contraire ; et disoient bien les aucuns que ils se porteroient trop grand blâme, s'ils se rendoient si légèrement sans être assaillis, et que jamais ne seroient en nulle place crus ni honorés. Le sire de Gommignies leur répondoit, que il avoit ouï jurer moult espécialement le duc de Bourgogne que, si on alloit jusques à l'assaillir, jamais à eux rendre ni la forteresse ils ne viendroient à tant que ils ne fussent tous morts, si de force ils étoient pris : « Et vous sçavez, seigneurs, que céans n'a point d'artillerie qui ne fût tantôt enlevée. » Là disoient les compagnons : « Sire, vous en avez mal soigné, c'est par votre négligence. »

Adonc s'excusoit le sire de Gommignies, et disoit que ce n'étoit mie sa coulpe mais celle du roi d'Angleterre, le roi Édouard, et de son conseil ; car il leur avoit bien dit et démontré en celle année plusieurs fois : « Et si de ce ils ont négligé, ce n'est mie ma coulpe, mais la leur ; et m'en voudrois bien excuser par eux. » Que vous ferois-je long parlement de cette aventure? Tant fut traité et pourparlé, parmi l'aide et pourchas du seigneur de Raineval, qu'il fit tant que Ardre se rendit ; et s'en partirent ceux qui partir vouldrent, et espéciaument les quatre chevaliers et tous les compagnons soudoiers ; et furent conduits jusques à Calais, de monseigneur Gauvinet de Bailleul. Si demeurèrent cils de la nation de la ville sans rien perdre du leur ; et en prirent les François la saisine et possession, le sire de Cliçon et le maréchal de France. Si furent moult réjouis les François et tout le pays de la prise d'Ardre.

CHAPITRE CCCXCV.

Des autres forteresses d'entour Calais qui furent prises par le duc de Bourgogne, et du sire de Gommignies qui alla s'excuser en Angleterre de la prise d'Ardre ; et comment le roi de France fit remparer toutes les forteresses de ce lez.

Le propre jour que Ardre se rendit[1], tout chaudement s'en vinrent quatre cents lances devant un autre petit fort, que on dit la Planche, où il y avoit Anglois qui le gardoient. Si furent environnés de ces gens d'armes ; et leur fut dit qu'ils ne savoient que faire de tenir, car Ardre s'étoit rendue ; et fussent tout ségurs, que s'ils se faisoient assaillir, ils seroient tous morts sans merci. Quand cils de la Planche ouïrent ces nouvelles, si furent tout ébahis, et se conseillèrent entre eux, et regardèrent que ils n'étoient que un petit de compagnons, et n'avoient mie trop forte place ; si valoit mieux que ils se rendissent, sauves leurs vies, puisque Ardre étoit rendue, que ils fissent pire marché. Si rendirent la forteresse, sauve leur vie et le leur, et furent conduits outre parmi ce traité, pour le

[1] Ardres se rendit aux Français le 7 de septembre 1377, suivant les *Chroniques de France*.

péril des rencontres, jusques à Calais. Puis prirent les François la saisine de la Planche; et dirent entre eux que bien ils le tiendroient, parmi l'aide d'Ardre et des autres forteresses que ils prendroient encore. A lendemain s'en vinrent les François devant Balinghehem, un chastel bel et fort en la comté de Guines, que les Anglois tenoient; et n'y furent mie tous à celle empainte; car le duc de Bourgogne étoit encore demeuré derrière et entendoit aux ordonnances d'Ardre, et au regarder quels gens y demeureroient et comment on le pourroit tenir contre les Anglois. Cils qui venoient devant Balinghehem étoient bien douze cents combattans. Si environnèrent le chastel et firent grand semblant de l'assaillir. À Balinghehem avoit fossés et grand roulis ainçois que on pût venir jusques aux murs; mais cils François, targés et pavoisés, passèrent outre et rompirent les roulis, et pertuisèrent les murs. Quand les Anglois qui dedans étoient se virent assaillis de telle façon et entendirent que cils d'Ardre et de la Planche s'étoient rendus, si furent tout ébahis, et entrèrent en traités devers ces François. Finablement ils rendirent le chastel, sauves leurs vies et le leur; et durent être conduits jusques à Calais, ainsi qu'il furent; et les François prirent la possession de Balinghehem, qui s'en tinrent tout joyeux.

En après on vint devant un autre petit fort, qu'on appelle la Haye; mais on trouva que les Anglois s'en étoient partis, et avoient bouté le feu dedans. Adonc s'en vint le duc de Bourgogne, et en sa compagnie tous cils barons dessus nommés, et leurs routes, devant Odruick un beau châtel et fort, duquel trois écuyers Anglois, qu'on dit les trois frères de Maulevrier, étoient capitaines; et avoient avec eux des bons compagnons. Quand le duc de Bourgogne et ses gens furent venus jusques à là, ils l'environnèrent; et leur fut demandé si ils se rendroient, et que ceux d'Ardre et de Balinghehem étoient rendus. Ils répondirent que ils n'en faisoient compte et qu'ils ne savoient rien de cela, et que point ne se rendroient ainsi. Quand on ouït cette réponse, adonc se logèrent toutes manières de gens; ce fut par un merquedi; et le jeudi toute jour on regarda comment on les pourroit assaillir. Ce château de Odruick est sur une motte environné d'eau et de fossés bien parfonds qui n'étoient

mie légers à passer; mais les Bretons s'affioient bien qu'il les passeroient. Adonc fit le duc de Bourgogne dresser ses engins et traire, ne sais, cinq ou six carreaux pour plus effréer ceux de dedans. Si en eut de ces carreaux qui, par force de trait, passèrent outre les murs et les pertuisèrent. Quand cils du châtel virent la forte artillerie que le duc avoit, si se doutèrent plus que devant; mais toudis, jusques au dimanche, firent-ils grand semblant d'eux tenir et deffendre.

Entrues ordonnèrent les François et avoient jà ordonné toute leur besogne pour avoir l'avantage d'eux assaillir, et grand foison de bois, de merriens, de velourdes et d'estrain pour remplir les fossés; et étoient jà les livrées parties pour aller assaillir, et délivrées ainsi qu'usage est en tels besognes, et savoit chacun quelle chose il devoit faire; et jà jetoient les canons, dont il y avoit jusques à sept vingt carreaux de deux cents pesant, qui pertuisoient les murs; ni rien ne duroit devant eux, quand les trois frères de Maulevrier se mirent en traité envers le duc; et m'est avis que ils rendirent la forteresse, sauve leur vie et le leur; et furent conduits des gens du duc de Bourgogne jusques à Calais.

Vous devez savoir que messire Hue de Cavrelée, capitaine de Calais, et les gens d'icelle ville, furent moult émerveillés, quand si soudainement ils se virent en leur marche dégarnis de cinq châteaux; et leur vint trop grandement à déplaisance, et par espécial de la bastide d'Ardre qui leur avoit été du temps passé un grand écu et confort contre les Artésiens; et n'en savoient que supposer; car le sire de Gommignies, combien que en devant ils l'aimassent, crussent et honorassent tant que à merveilles, il étoit maintenant tout hors de leur grâce; et en murmuroient les aucuns vilainement sur son parti, et tant que, lui étant à Calais, il s'en donna bien de garde, et perçut bien que les Anglois le regardoient fellement sur côté; tant qu'il en parla et s'en conseilla à messire Hue de Cavrelée. Messire Hue de Cavrelée le conseilla loyaument et lui dit: «Sire de Gommignies, je ne vous oserois conseiller du contraire, pour votre honneur, que vous n'allez en Angleterre, et remontrez tout le fait ainsi qu'il va au duc de Lancastre et au conseil du roi, pourquoi vous en soyez excusé d'eux et du pays, et que vous en demeuriez sur votre droit et à votre honneur.

On perd bien par fait de guerre plus grand chose que ne soit Ardre, Balinghehem ni Odruick; et remontrez votre excusance de bonne façon; car vous aurez assez à faire à vous excuser contre le pays, car toutes gens ne savent mie comment en tel parti d'armes on se peut ni doit maintenir : si en parlent les aucuns telle fois plus largement qu'à eux n'appartienne. »

Le sire de Gommignies retint en grand bien tout ce que messire de Cavrelée lui dit, et ordonna ses besognes pour passer outre en Angleterre; et renvoya monseigneur Guillaume son fils, le seigneur de Vertaing, et son frère monseigneur Jacques du Sart et tous les compagnons de Hainaut, qui retournèrent simples et courroucés, ainsi que gens qui ont perdu leur saison pour un grand temps; et le sire de Gommignies passa outre en Angleterre. Si se remontra au duc et au conseil du roi. Si lui fut bien dit à ce commencement que il avoit mal exploité, et fut grandement mal accueilli de ceux de Londres, de la communauté, qui ne considéroient mie toutes choses ainsi que elles peuvent avenir; mais le duc de Lancastre lui aida ses excusances à porter outre; et demeura le sire de Gommignies sur son droit; car on trouva bien que du rendage d'Ardre il n'avoit reçu ni or ni argent, et que tout ce que il en fit, ce fut par composition et traité pour eschiver plus grand dommage pour lui et pour ses compagnons. Or vous parlerons-nous du duc de Bourgogne comment il persévéra.

Quand le duc de Bourgogne eut fait cette chevauchée en la marche de Picardie, en celle saison, qui fut moult honorable pour lui et profitable pour les François de la frontière d'Artois et de Saint-Omer, il ordonna en chacun de ces châteaux, dont il tenoit la possession, capitaines et gens d'armes pour le tenir ; et par espécial en la ville d'Ardre, il y établit à demeurer le vicomte de Meaux et le seigneur de Sempy. Cils se firent remparer et fortifier malement, comment que elle fût forte assez devant.

Le roi de France, qui de ces nouvelles fut trop grandement réjoui, et qui tint à belle et bonne cette chevauchée, envoya tantôt ses lettres à ceux de Saint-Omer, et commanda que la ville d'Ardre fût bien garnie et pourvue de toutes pourvéances largement et grandement. Tout fut fait ainsi que il le commanda. Si se défit cette chevauchée, mais le sire de Cliçon et les Bretons ne dérompirent point leur route, mais retournèrent du plus tôt qu'ils purent vers Bretagne; car nouvelles étoient venues au seigneur de Cliçon et aux Bretons, eux étant devant Ardre, que Janekins le Clercq, un écuyer d'Angleterre, et bon homme d'armes étoit d'Angleterre issu et venu en Bretagne, et mis les bastides devant Brest. Pourquoi les Bretons retournèrent du plus tôt qu'ils purent, et emmenèrent messire Jacques de Werchin, le sénéchal de Hainaut, avec eux. Et le duc de Bourgogne s'en retourna en France de-lez le roi son frère.

En ce temps se faisoit une grande assemblée de gens d'armes en la marche de Bordeaux, au mandement du duc d'Anjou et du connétable, car ils avoient une journée arrêtée contre les Gascons et Anglois, de laquelle je parlerai plus à plein quand j'en serai informé plus véritablement.

CHAPITRE CCCXCV.

Comment la guerre recommença entre le roi de France et le roi de Navarre ; et comment cil perdit la comté d'Évreux fors Cherbourg, qui fut assiégé des François ; et de la chevauchée que le duc de Lancastre fit en Bretagne.

Vous avez ouï recorder ci-dessus la paix faite du roi de Navarre à Vernon, et comment il laissa ses deux fils de-lez leur oncle le roi de France. Depuis fut une soupçon avisée sur un écuyer, qui étoit en l'hôtel du roi de France de par le roi de Navarre avec les dits enfans, et fut cet écuyer nommé Jacques de Rue, et sur un clerc grand maître, qui étoit du conseil du roi de Navarre et grand gouverneur en la comté d'Évreux, et avoit nom maître Pierre du Tertre, lesquels furent cruellement justiciés à Paris ; et avant reconnurent devant le peuple qu'ils avoient voulu empoisonner le roi de France[1]. Adonc le roi de France mit sus grands gens d'armes dont il fit chef le connétable, avec lui le seigneur de la Rivière et plusieurs barons et chevaliers, lesquels descendirent en Normandie devant les forteresses du roi de Navarre, qui étoient belles, nobles et bien garnies, et mirent le siége devant une belle forteresse appelée le Pont-Audemer. Et avoient les François grands engins et plusieurs canons et grands habillements d'assaut,

---

[1] Sur le procès de Jacques de Rue et de du Tertre, et leur condamnation, voyez les *Mémoires de Charles-le-Mauvais*.

dont ils contraignirent moult la forteresse; mais ceux de dedans se tinrent moult vaillamment; si y eut plusieurs assauts et escarmouches. Longtemps dura le siége; le châtel fut moult débrisé et ceux de dedans durement oppressés : plusieurs fois furent requis du connétable qu'ils se rendissent, ou tous seroient morts si ils étoient pris par force : c'étoient les promesses que le connétable promettoit par coutume. Les Navarrois véoient leurs vivres défaillir, et sentoient le roi de Navarre trop loin d'eux; si rendirent la forteresse, puis furent conduits à Cherbourg et emportèrent leurs biens. La forteresse fut abattue et arrasée par terre, qui maints deniers avoit coûté à faire, et aussi les murs et toutes les tours du Pont-Audemer furent abattues. Puis vinrent les François assiéger la forteresse de Mortain, et y furent grand temps; mais ceux de dedans, qui ne véoient nul secours apparant du roi de Navarre, et aussi que les autres forteresses navarroises n'étoient mie fortes pour résister aux François, se rendirent, en telle manière comme ceux de Pont-Audemer avoient fait. Et sachez qu'en celle propre saison le connétable mit en l'obéissance du roi de France toutes les villes, châteaux et forteresses de la dite comté; et furent tous les châteaux de la comté d'Évreux rués par terre, et toutes les bonnes villes décloses, afin que jamais guerre ne pût sourdre au royaume de France de châtel ni de forteresse que le roi de Navarre tînt en la comté d'Évreux. Aussi y fit courir le roi de France les gabelles et subsides, ainsi qu'ils couroient parmi le royaume de France.

D'autre parti le roi d'Espagne fit entrer au royaume de Navarre son frère le Bâtard d'Espaigne[1] à tout grands gens d'armes, lesquels commencèrent à exiller le pays et à conquérir villes et châteaux; et ne pouvoit le roi de Navarre entendre à rien que à résister à l'encontre. Lors signifia le roi de Navarre son état au roi Richard d'Angleterre, afin qu'il lui voulsist aider pour résister à l'encontre du roi de France en sa comté d'Évreux, et il, de sa personne, demeureroit en Navarre pour garder ses villes et forteresses à l'encontre du roi d'Espaigne. Pourquoi le roi Richard, par le conseil qu'il eut, lui envoya messire Robert de Ros atout une route de gens d'armes et d'archers, lesquels descendirent à Cherbourg; et aussi s'y étoient recueillis tous ceux des forteresses de la comté d'Évreux, qui avoient été gagnés du connétable de France.

Quand ils furent tous ensemble en la dite forteresse, il y eut belle et grosse garnison, et toutes gens d'armes d'élite; et pourvurent icelle forteresse de vivres; car ils pensoient là être assiégés. Quand le connétable et le sire de la Rivière, atout leur grosse route, eurent tout l'été hostoyé parmi la comté d'Évreux, et qu'il n'y eut rien demeuré appartenant au roi de Navarre, que tout ne fût déclos et en l'obéissance du roi de France, ils vinrent devant Cherbourg, un bel châtel, fort et noble, lequel fonda premièrement Julius César quand il conquit l'Angleterre, et est un port de mer. Les François l'assiégèrent de tous côtés, fors que par la mer, et se aménagèrent et pourvéirent pour demeurer sans partir devant qu'ils l'eussent pris. Messire Robert de Ros et sa route faisoient maintes saillies de jour et de nuit, et n'étoit nul jour que l'on ne fît escarmouche; et n'y requirent oncques les François à faire fait d'armes qu'ils ne trouvassent à qui; et y eut moult combattu et jouté par fer de lance et de glaive, et plusieurs morts et pris, tant d'un côté comme d'autre.

Le siége pendant, qui dura tout le demeurant de l'été, messire Olivier du Guesclin, frère au connétable, se mit en embûche, en murailles anciennes et ruineuses de-lez la dite forteresse, puis fit encommencer une escarmouche aux bailles; et furent les François reboutés et reculés jusques à l'embûche du dit messire Olivier, lequel à toute sa route saillit hors, le glaive au poing, et courut, avisé de ce qu'il et les siens devoient faire, sur les Anglois et Navarrois fièrement. Là eut dur encontre, tant d'un côté comme d'autre, et y eut maint homme renversé par terre, mort, navré, pris et rescous. Finablement messire Olivier du Guesclin fut pris et fiancé prisonnier d'un écuyer Navarrois, appelé Jean le Coq, appert homme d'armes, et fut tiré dedans Cherbourg, et fina l'escarmouche plus au dommage des François

---

[1] Ce n'est pas un de ses frères, mais son fils D. Juan, que le roi Henri envoya contre le roi de Navarre, qui de son côté avait engagé quelques capitaines des compagnies. Ayala cite parmi ces derniers l'Anglais Thomas Trivet et le Gascon Perducas de Labret. L'infant D. Juan rentra au mois de novembre en Castille, après avoir ravagé les environs de Pampelune et avoir saisi quelques places frontières de la Navarre

que des Anglois. Et fut le dit messire Olivier envoyé en Angleterre, et demeura grand temps prisonnier à Londres; puis fut rançonné à grand'-mise.

Ainsi demeurèrent les François devant Cherbourg jusques bien avant en l'hiver, à petit de conquêt. Si considérèrent qu'ils gâtoient leur temps et que Cherbourg étoit imprenable, et que tout rafreschissement, tant de vivres comme de gens d'armes, leur pouvoit venir par mer; pourquoi les François se délogèrent et mirent bonnes garnisons à l'encontre de Cherbourg; c'est à savoir, au Pont-d'Ouve, à Carentan, à Saint-Lô, à Saint-Sauveur-le-Vicomte: puis donna le connétable congé à tous ceux de sa route: si se trait chacun en son lieu; et fut en l'an mil trois cent soixante dix-huit.

Vous avez bien ouï ci-dessus comment le duc de Bretagne s'étoit parti de Bretagne et avoit amené avec lui sa femme en Angleterre. Si demeurèrent en leurs terres qu'ils avoient au dit royaume, que on appeloit la comté de Richmond, et mettoit le duc grand'peine à avoir aide du jeune roi Richard d'Angleterre, pour reconquerre son pays qui étoit tourné François; mais il n'en pouvoit être ouï.

Cependant advint que le duc de Lancastre fut informé que, s'il venoit en Bretagne atout une bonne armée, il auroit aucuns forts qui se rendroient à lui, par espécial Saint-Malo de l'Isle, une belle forteresse et hâvre de mer. Lors le duc de Lancastre mit sus une grosse armée et vint à Hantonne. Là fit appareiller vaisseaux et pourvéances: si entra en mer atout foison de seigneurs, de gens d'armes et d'archers d'Angleterre; et fut en cette route le sénéchal de Hainaut et le chanoine de Robertsart. Si nagèrent tant qu'ils vinrent à Saint-Malo. Sitôt qu'ils furent à terre, ils issirent de leurs vaisseaux et déchargèrent toutes leurs pourvéances: si se traîrent devant la ville de Saint-Malo et y bâtirent siége de tous côtés. Ceux de la ville ne furent mie trop effréés; car ils étoient bien pourvus de vitaille, de gens d'armes et d'arbalètriers qui vaillamment se deffendirent, et y fut le duc un grand temps.

Quand le connétable de France et le sire de Cliçon le sçurent, ils firent un grand mandement de tous côtés; et vinrent devers Saint-Malo pour lever le siége; et cuidoit-on plusieurs fois que la bataille se dût faire entre les deux parties. Et firent les Anglois plusieurs fois leurs gens ordonner tous prêts pour combattre: mais oncques le connétable de France ni le sire de Cliçon n'approchèrent si près que bataille se pût faire entre eux. Adonc, quand les Anglois eurent là été un grand temps, et qu'ils virent bien que ceux de la ville n'avoient nulle volonté de eux rendre, le duc de Lancastre eut conseil de déloger, car il véoit bien que là perdoit son temps. Si entra en mer et retourna en Angleterre, et donna congé à toutes manières de gens d'armes, et s'en alla chacun en son lieu.

CHAPITRE CCCXCVI.

Comment le château d'Auroy en Bretagne fut rendu François, et de la garnison françoise qui fut mise à Montbourg contre ceux qui étoient de piéça en la garnison du fort château de Cherbourg.

Encore étoit le châtel d'Auroy en la saisine du duc de Bretagne, qui tout coi étoit en Angleterre. Si y envoya le roi plusieurs seigneurs de France et de Bretagne, et y fut le siége mis grand et pleinier, et dura long-temps. Ceux d'Auroy, qui ne virent apparence d'être secourus de nul côté, entrèrent en traité, par condition que s'ils n'étoient secourus du duc de Bretagne ou du roi d'Angleterre, forts assez pour tenir la place, dedans certain jour dénommé, ils se devoient rendre; ce traité fut accordé. Le jour vint, les François tinrent leur journée: nul ne s'apparut du duc de Bretagne ni des Anglois; si fut le châtel rendu et mis en l'obéissance du roi de France, ainsi comme les autres châteaux et bonnes villes du pays de Bretagne étoient; et se départirent ceux d'Auroy qui y étoient de par le duc de Bretagne.

L'an de l'incarnation de Notre Seigneur mil trois cent soixante-dix-neuf en la nouvelle saison, tantôt après Pâques, le roi Charles de France, qui vit comment ceux de Cherbourg guerroyoient durement le pays et gâtoient le clos de Cotentin, ordonna messire Guillaume des Bordes, vaillant chevalier et bon capitaine, à être gardien et souverain capitaine de Cotentin et de toutes les forteresses à l'encontre de Cherbourg. Si s'en vint le dit messire Guillaume atout belle route de gens d'armes et d'arbalètriers Gennevois; et vint gésir à Montbourg, dont il fit bastille contre Cherbourg; et fit plusieurs chevauchées ; et très volontiers eût trouvé à jeu parti la garnison de Cherbourg ; car il ne désiroit rien tant qu'il les pût combattre ; car il se sentoit bon chevalier, vaillant, renommé, hardi et entreprenant, et considéroit qu'il avoit fleur de gens d'armes avecques lui de ses garnisons.

En ce temps même fut envoyé capitaine de Cherbourg un chevalier anglois, appelé messire Jean Harleston, de qui j'ai plusieurs fois parlé çà arrière; si avoit été grand temps capitaine de Guines; lequel monta en mer à Hantonne, à trois cents hommes d'armes et autant d'archers. Tant nagèrent qu'ils arrivèrent à Cherbourg; et étoit de sa route un vaillant chevalier de Savoie, appelé messire Othe de Grantçon ; et des Anglois y étoient messire Jean Aubourg, messire Jean Oursellé et plusieurs chevaliers et écuyers. Sitôt qu'ils furent arrivés, ils mirent hors leurs chevaux et harnois et se rafreschirent aucuns jours, et mirent leurs besognes à point, et commencèrent à chevaucher sur le pays et faire grand'guerre. Aussi messire Guillaume des Bordes subtilloit nuit et jour comment et en quelle manière il leur pût porter dommage. Si sachez que en celle saison les deux capitaines mirent maintes embûches l'un sur l'autre à peu de fait; car l'aventure ne donnoit mie qu'ils trouvassent l'un l'autre, fors aucuns compagnons qui s'aventuroient follement, tant pour honneur acquérir comme pour gagner et trouver aventures. Ceux s'entr'encontrèrent souvent et ruèrent l'un l'autre jus ; l'un jour gagnoient les François et l'autre perdoient, ainsi que faits d'armes se démènent.

CHAPITRE CCCXCVII.

Comment la garnison de Cherbourg déconfit la garnison de Montbourg; et comment messire Guillaume des Bordes fut pris et rançonné ; et de la bonne pourvéance que le roi Charles de France y fit.

Tant chevauchèrent l'un sur l'autre que messire Guillaume des Bordes se partit une matinée de Montbourg, et toute sa garnison, en volonté de chevaucher devant Cherbourg et combattre messire Jean de Harleston, s'il le pouvoit attraire aux champs. Si s'en vint bien ordonné et appareillé à toute sa puissance, tant de gens d'armes comme d'arbalêtriers et de gens à pied. D'autre part messire Jean de Harleston, qui rien ne savoit du fait des François, eut volonté aussi de chevaucher ce jour : si fit sonner ses trompettes et armer toutes ses gens d'armes tant de cheval comme de pied, et tout traire aux champs, et ordonna qui demeureroit en la forteresse ; puis chevaucha en grand arroy et bonne ordonnance, comme cil qui bien le savoit faire ; et ordonna messire Jean Oursellé avec les gens de pied pour eux mener et conduire ; après ce ordonna ses coureurs. Aussi avoit fait messire Guillaume des Bordes. Et tant chevauchèrent en cette manière de l'un côté et de l'autre que les coureurs se trouvèrent, et s'entrechevauchèrent de si près que les coureurs anglois virent et avisèrent à plein les François, et aussi les coureurs françois trouvèrent et avisèrent les Anglois ; et se retrait chacun à son côté, rapportant la vérité des ennemis.

Lors furent les deux capitaines liés, car ils avoient trouvé ce qu'ils quéroient ; car ils désiroient moult à trouver l'un l'autre. Quand les deux capitaines eurent ouï le rapport de leurs coureurs, chacun recueillit ses gens bien et sagement, et firent développer leurs pennons en approchant l'un de l'autre ; et étoient les gens de pied anglois avec les gens d'armes. Sitôt qu'ils furent entr'approchés si près que à un trait d'arc, les François mirent pied à terre ; et aussi firent les Anglois. Adonc commencèrent archers et arbalêtriers à traire fort et roidement, et gens d'armes à approcher, les glaives au poing, abaissés, rangés et serrés si près que plus ne pouvoient. Lors s'assemblèrent-ils de tous côtés ; et commencèrent à pousser, à bouter et férir de glaives et de haches et d'épées : là eut dure bataille, forte et bien combattue : là vit-on gens d'armes éprouver leurs prouesses. Là étoit messire Guillaume des Bordes armé de toutes pièces, une hache en sa main, et frappoit à dextre et à senestre : tout ce qu'il consuivoit à plein coup, il ruoit par terre : là fit-il tant d'armes et de prouesses de son corps que à toujours il en doit être loué et prisé ; et ne demeura mie en lui qu'il ne mît tous les Anglois à déconfiture. D'autre part messire Jean Harleston, capitaine de Cherbourg, se combattoit bien et vaillamment, une hache en sa main, pied avant l'autre. Et bien y besognoit, car il avoit à dure partie à faire et durs combattans. Là eut maintes vaillantises faites ce jour, maintes appertises d'armes, maintes prises et maintes rescousses: qui étoit abattu, c'étoit sans relever. Là eut maint homme mort et navré et mis à grand meschef : là fut messire Jean Harleston porté par terre et en très grand'aventure de sa vie; mais par force d'armes il fut rescous et relevé.

La bataille dura longuement, et moult fort fut combattue et bien continuée, tant d'un côté comme d'autre, et ne l'eurent mie les Anglois d'avantage; car il y en eut plusieurs morts et navrés et meshaignés angoiseusement; et aussi pareillement des François. Finablement les Anglois se combattirent si longuement et de si grand cœur qu'ils obtinrent la place; et furent les François déconfits et morts ou pris. Petit s'en sauva de gens d'honneur ; car ils s'étoient si fort combattus et mis si hors d'alaine et de puissance qu'ils n'avoient nul pouvoir d'eux partir ; ainsi vouloient tous mourir ou vaincre leurs ennemis. Là fut pris messire Guillaume Des Bordes en bon convenant, d'un écuyer de Hainaut appelé Guillaume de Baulieu, appert homme d'armes et qui grand temps avoit été Anglois ès forteresses de Calais, et étoit arrivé de Trasegnies. A cestui se rendit, dolent et courroucé de ce que la journée n'avoit été pour lui. Là vit-on Anglois mettre François à grand meschef, et plusieurs François prisonniers en la fin de la bataille, et maint gentilhomme mort, de quoi ce fut pitié.

Quand les Anglois eurent les morts dépouillés, messire Jean Harleston et les siens se partirent de la place et emmenèrent leurs prisonniers et leur gain arrière dedans Cherbourg. Si pouvez bien croire que les Anglois menèrent grand'joie cette nuit, de la bataille, aventure et journée que Dieu leur avoit donnée : si fut le dit messire Guillaume Des Bordes grandement fêté, conjoui et aise, de ce que on put faire, car sa personne le valoit bien. Cette déconfiture fut entre Montbourg et Cherbourg le jour Saint-Martin le Bouillant l'an mil trois cent soixante dix neuf [1].

Quand le roi de France sçut ces nouvelles, que la garnison de Montbourg et son capitaine étoient morts et pris, et que le pays étoit moult effréé de cette déconfiture, le roi, comme sage et bien avisé et pourvu en tous ses affaires, y pourvéit tantôt de remède; et envoya sans délai à Montbourg grands gens d'armes de rechef pour garder les frontières et les forteresses et le pays à l'encontre de la garnison de Cherbourg. Et furent chefs de ces gens d'armes de par le roi de France messire Jean de Vienne et messire Hutin de Vremelles; et tinrent les marches à l'encontre des Anglois. Mais depuis, par l'ordonnance du roi de France, ils abandonnèrent Montbourg et tout le pays et tout le clos de Cotentin qui étoit le plus gros pays du monde; et fit-on toutes les gens, hommes et femmes, traire hors du pays du dit clos de Cotentin; et abandonnèrent villes, maisons et possessions, et se retrairent toutes ces gens pardeçà le clos que on dit de Cotentin ; et tinrent les François frontière au Pont D'Ouve, à Carentan, à Saint-Lô et par toutes les marches sur le clos de Cotentin.

[1] Cette fête arrive le 4 juillet.

FIN DU PREMIER LIVRE DES CHRONIQUES DE SIRE JEAN FROISSART.

TABLE DES CHAPITRES

CONTENUS DANS CE VOLUME.

Prologue. — Ci commencent les Chroniques que fit Maître Jean Froissart, qui parlent des nouvelles guerres de France et d'Angleterre, de Bretagne, d'Escosse et d'Espaigne, lesquelles sont divisées en quatre parties. 1

LIVRE PREMIER.
PARTIE PREMIÈRE.

Chapitre premier. — Ci s'ensuivent les noms des preux de cette histoire. 2
Chap. ii. — Ci commence à parler du roi Édouard d'Angleterre et de l'opinion des Anglois. 4
Chap. iii. — Comment le père au roi Édouard fut marié à la fille du beau roi Philippe de France. 5
Chap. iv. — Pour quelle achoison la guerre mut entre le roi de France et le roi d'Angleterre. Ib.
Chap. v. — Comment grand'dissention mut entre les barons d'Angleterre et messire Huon le Despensier. 6
Chap. vi. — Comment plusieurs barons d'Angleterre furent décolés et comment la roine et son fils s'en affuirent en France. Ib.
Chap. vii. — Comment le roi de France reçut honorablement sa sœur la roine d'Angleterre; et comment elle lui conta la cause de sa venue. 7
Chap. viii. — Comment le noble roi Charles conforta sa sœur, et comment elle acquist l'amitié de plusieurs grands seigneurs qui lui promirent à la ramener en Angleterre. 8
Chap. ix. — Comment les barons d'Angleterre mandèrent secrètement à la roine qu'elle s'en retournât, elle et son fils, en Angleterre atout mille hommes d'armes. 9
Chap. x. — Comment messire Huon le Despensier corrompit le roi de France et tout son conseil par dons, afin qu'il ne renvoyât la roine en Angleterre. Ib.
Chap. xi. — Comment le roi de France fit dire à sa sœur qu'elle vuidât hors de son royaume. Ib.
Chap. xii. — Comment la roine d'Angleterre se partit de nuit secrètement de Paris, elle et sa route, pour peur qu'elle ne fût prise de son frère et renvoyée en Angleterre; et s'en alla à l'Empire. 10
Chap. xiii. — Comment messire Jean de Hainaut vint à Buignicourt à l'encontre de la roine d'Angleterre. 11
Chap. xiv. — Comment messire Jean de Hainaut promit à la roine d'Angleterre qu'il ne lui fauldra jusques à mourir. Ib.
Chap. xv. — Comment la roine d'Angleterre se partit de Buignicourt et s'en alla à Valenciennes où elle fut honorablement reçue du comte et de la comtesse de Hainaut. 12
Chap. xvi. — Comment messire Jean de Hainaut fit sa semonce de gens d'armes pour la roine d'Angleterre remener en son royaume. Ib.
Chap. xvii. — Comment messire Jean de Hainaut prit congé de son frère et se mit sur mer pour amener la roine et son fils en Angleterre. 13
Chap. xviii. — Comment la roine d'Angleterre et messire Jean de Hainaut et leurs gens après grand'tempête arrivèrent en Angleterre. Ib.
Chap. xix. — Comment les barons d'Angleterre allèrent à l'encontre de la roine et eurent conseil qu'ils iroient assiéger le roi et les Despensiers qui étoient dedans Bristo. 14
Chap. xx. — Comment ceux de Bristo se rendirent à la roine, et comment messire Huon le Despensier le vieux et le comte d'Arondel furent amenés devant la roine. 15
Chap. xxi. — Comment messire Huon le Despensier le vieux et le comte d'Arondel furent mis à mort. Ib.
Chap. xxii. — Comment le roi d'Angleterre et messire Huon le jeune furent pris et amenés devant la roine. 16
Chap. xxiii. — Comment le roi fut mené en prison à Bercler et baillé en garde au seigneur Bercler. Ib.
Chap. xxiv. — Comment messire Hue le Despensier le jeune eut la tête tranchée et fut mis en quatre quartiers. 17
Chap. xxv. — Comment la roine d'Angleterre fut honorablement reçue à Londres, et comment les compagnons messire Jean de Hainaut s'en retournèrent en leur pays. Ib.
Chap. xxvi. — Comment il fut ordonné en plein conseil que le roi qui étoit prisonnier n'étoit point digne de porter la couronne. 18
Chap. xxvii. — Comment le roi Édouard fut couronné, et comment il donna à messire Jean de Hainaut quatre cents marcs d'esterlins de revenu. Ib.
Chap. xxviii. — Comment le roi d'Escosse défia le jeune roi Édouard d'Angleterre. 19
Chap. xxix. — Comment le roi Édouard fit sa semonce à tous les nobles et non nobles d'Angleterre, et spécialement à messire Jean de Hainaut pour aller contre les Escots. 20
Chap. xxx. — Comment messire Jean de Hainaut vint à belle compagnie pour secourir le roi Édouard, et quels seigneurs vinrent avec lui. 21
Chap. xxxi. — Comment grand'dissention mut entre les Hainuyers et les archers d'Angleterre, dont grand meschef en vint. Ib.
Chap. xxxii. — Comment les Hainuyers furent en grand meschef et peine par l'espace de quatre semaines, pour la crainte des Anglois. 23
Chap. xxxiii. — Comment le roi d'Angleterre se partit de la cité de Ébruich atout son ost pour aller vers Escosse, et comment les Escots entrèrent en Angleterre. Ib.
Chap. xxxiv. — Comment les Escots se gouvernent et maintiennent quand ils sont en guerre. 25
Chap. xxxv. — Comment les Anglois se mirent en trois batailles pour cuider combattre les Escots qui tout ardoient; mais ils ne les purent aconsuir. Id.
Chap. xxxvi. — Comment les Anglois se logèrent, tous armés, en un bois jusques à mie-nuit, moult travaillés de poursuir les Escots. 26
Chap. xxxvii. — Comment les Anglois chevauchèrent tous les jours par montagnes et par déserts, cuidant trouver les Escots jusques à la rivière de Tyne. Ib.
Chap. xxxviii. — Comment les Anglois se logèrent sur la rivière de Tyne où ils souffrirent grand'mésaise. 27
Chap. xxxix. — Comment les Anglois souffrirent grand'famine, eux et leurs chevaux, tant qu'ils furent outre la rivière de Tyne. 28

TABLE DES CHAPITRES.

CHAP. XL. — Comment les Anglois repassèrent la rivière de Tyne, et comment un écuyer apporta nouvelles au roi où les Escots étoient. 28

CHAP. XLI. — Comment le roi d'Angleterre fit ordonner ses batailles pour aller contre les Escots; et comment il fit l'écuyer chevalier et lui donna cent livrées de terre. 29

CHAP. XLII. — Comment les Anglois et les Escots furent vingt-deux jours les uns devant les autres sans point combattre fors qu'en escarmouchant. 30

CHAP. XLIII. — Comment messire Guillaume de Douglas se férit entour mie-nuit atout deux cents hommes en l'ost des Anglois et en tua bien trois cents. 31

CHAP. XLIV. — Comment les Escots s'enfuirent par nuit, sans le sçu des Anglois, et comment les Anglois s'en retournèrent en leur pays; et comment messire Jean de Hainaut prit congé du roi et s'en retourna en son pays. 32

CHAP. XLV. — Comment les barons et les seigneurs d'Angleterre envoyèrent légats en Hainaut pour parler du mariage de la fille du comte et du roi Édouard. 34

CHAP. XLVI. — Comment madame Philippe de Hainaut fut mariée au roi d'Angleterre, et comment elle fut honorablement reçue à Londres. 35

CHAP. XLVII. — Comment le bon roi Robert d'Escosse, lui étant au lit de la mort, manda tous ses barons et leur recommanda son fils et son royaume, et enchargea à monseigneur Guillaume de Douglas qu'il portât son cœur au sein sépulchre. *Ib.*

CHAP. XLVIII. — Comment messire Guillaume de Douglas, en allant outre mer fut tué en Espaigne mal fortunément, et comment le jeune roi d'Escosse fut marié à la sœur du roi d'Angleterre. 37

CHAP. XLIX. — Comment le roi Charles de France mourut sans hoir mâle, et comment les douze pairs et les barons élurent à roi monseigneur Philippe de Valois; et comment il déconfit les Flamands qui s'étoient rebellés contre leur seigneur. 38

CHAP. L. — Comment le roi d'Angleterre, par le faux ennortement de messire Roger de Mortimer, fit décoler le comte de Kent son oncle; et comment ledit messire Roger mourut vilainement après. 40

CHAP. LI. — Comment le roi de France envoya légats en Angleterre pour sommer le roi d'Angleterre qu'il lui venist faire hommage et quelle chose le dit roi répondit aux dessusdits légats. 42

CHAP. LII. — Comment le roi d'Angleterre vint à Amiens, où il fut honorablement reçu du roi de France et lui fit hommage, mais non mie tout entièrement comment il devoit. 43

CHAP. LIII. — Comment le roi de France envoya en Angleterre de son plus espécial conseil, pour savoir par les registres d'Angleterre comment le dit hommage se devoit faire ; et comment le roi d'Angleterre lui envoya unes lettres, contenant le dit hommage. 45

CHAP. LIV. — Comment le roi de France prit en haine messire Robert d'Artois, dont il lui convint s'enfuir hors du royaume, et comment il fit mettre sa femme et ses enfans en prison qui oncques puis n'en issirent. 46

CHAP. LV. — Comment la guerre recommença entre le roi d'Angleterre et le roi d'Escosse et sur quel titre ; et comment messire Robert d'Artois vint en Angleterre. 48

CHAP. LVI. — Comment tout le conseil et le commun d'Angleterre conseillèrent le roi Édouard qu'il allât soumettre le roi d'Escosse, et qu'ils étoient tous désirans d'aller avec lui. 50

CHAP. LVII. — Comment le roi anglois entra en Escosse où il ardit et gâta grand partie d'Escosse et prit plusieurs châteaux et villes qu'il retint pour lui. *Ib.*

CHAP. LVIII. — Comment le roi d'Angleterre mit le siége devant Bervich et comment ceux de la cité se rendirent à lui. 51

CHAP. LIX. — Comment messire Guillaume de Montagu et messire Gautier de Mauny se portèrent vaillamment contre les Escots, dont ils furent grandement en la grâce du roi Édouard. 52

CHAP. LX. — Comment le roi de France alla voir le pape en Avignon, et comment, à la prédication du pape, il prit la croix pour aller outre mer ; et aussi fit le roi de Behaigne, le roi de Navarre et le roi d'Arragon. 54

CHAP. LXI. — Comment le roi de France fit faire son appareil et ses pourvéances pour aller outre mer contre les ennemis de Dieu. 55

CHAP. LXII. — Comment le roi d'Angleterre envoya ses messages au comte de Hainaut pour avoir son conseil qu'il feroit du droit qu'il se disoit avoir en France. 56

CHAP. LXIII. — Quelle chose le comte de Hainaut conseilla aux messages du roi d'Angleterre ; et comment il s'en retournèrent en Angleterre et dirent au roi ce que le comte leur avoit conseillé. *Ib.*

CHAP. LXIV. — Comment les seigneurs d'Angleterre firent alliance avec le duc de Gueltres, le marquis de Juliers, l'archevêque de Cologne et le sire de Fauquemont. 58

CHAP. LXV. — Comment Jacquemart d'Artevelle échut si en la grâce des Flamands que tout quant que il faisoit, nul ne lui contredisoit. 59

CHAP. LXVI. — Comment les seigneurs d'Angleterre firent alliance avec les Flamands par donner et par promettre, et espécialement avec Jaquemart d'Artevelle. 60

CHAP. LXVII. — Comment aucuns chevaliers et écuyers flamands étoient en l'île de Gagant qui gardoient ouvertement le passage contre les Anglois. 61

CHAP. LXVIII. — Comment le duc de Brabant envoya ses messagers par devers le roi de France pour lui excuser de l'alliance qu'il avoit faite avec les Anglois ; et comment les seigneurs d'Angleterre s'en retournèrent. *Ib.*

CHAP. LXIX. — Comment les Anglois prirent terre sur les Flamands qui gardoient le passage de Gagant et vinrent combattre main à main. 62

CHAP. LXX. — Comment les Anglois déconfirent ceux de Gagant ; et y fut pris le frère bâtard du comte de Flandre, qui puis se rendit Anglois. 63

CHAP. LXXI. — Comment le roi d'Angleterre vint par deçà la mer, et comment il montra à ses alliés ses grands frais et qu'ils voulussent tenir ce que promis lui avoient ; et quelle chose ils lui répondirent. *Ib.*

CHAP. LXXII. — Comment les seigneurs de l'Empire mandèrent au roi d'Angleterre qu'ils étoient prêts, ainsi que convent étoit, mais que le duc de Brabant le fut. 65

CHAP. LXXIII. — Comment les seigneurs de l'Empire dirent au roi qu'ils n'avoient point de cause de défier le roi de France sans le congé de l'empereur ; et qu'il veuille tant faire qu'il ait son accord. *Ib.*

CHAP. LXXIV. — Comment le roi d'Angleterre envoya le marquis de Juliers pardevers l'empereur pour avoir son accord ; et comment cil fit le roi d'Angleterre son vicaire par tout l'Empire. 66

CHAP. LXXV. — Comment le roi David d'Escosse avec la roine sa femme vinrent à Paris au roi de France ; et comment il et tous les barons d'Escosse lui promirent et jurèrent qu'ils ne feroient point paix aux Anglois sans son conseil. 67

CHAP. LXXVI. — Comment le roi Édouard manda à la roine sa femme

TABLE DES CHAPITRES.

qu'elle appassât la mer ; et comment le marquis de Juliers et sa compagnie, qui étoient allés devers l'empereur, s'en retournèrent. 68

CHAP. LXXVII. — Comment le duc de Brabant envoya monseigneur Louis de Craneben par devers le roi de France pour lui excuser qu'il ne voulût croire nulle mauvaise information contre lui. 69

CHAP. LXXVIII. — Comment le roi d'Angleterre fit ses pourvéances en Angleterre pour passer la mer, et manda à ses alliés qu'ils vinssent à lui sans délai, sur la foi que promis lui avoient. *Ib.*

CHAP. LXXIX. — Comment le roi d'Angleterre et ses alliés envoyèrent défier le roi de France ; et comment messire Gautier de Mauny cuida prendre Mortaigne, et comment il prit le châtel de Thun en Cambrésis. 70

CHAP. LXXX. — Comment le roi de France se pourvut bien et grandement de gens d'armes et envoya grand garnison au pays de Cambrésis ; et comment les Normands prirent Mantonne. 72

CHAP. LXXXI. — Comment le roi d'Angleterre se partit de Malignes et s'en vint à Bruxelles parler au duc de Brabant et pour savoir quelle étoit son intention. 73

CHAP. LXXXII. — Comment le roi d'Angleterre se partit de Haspre et s'en vint mettre le siége devant Cambray ; et comment le duc de Brabant y vint. 75

CHAP. LXXXIII. — Comment le comte Guillaume de Hainaut vint à Cambray durant le siége et y livra un dur assaut contre ceux de la ville. 76

CHAP. LXXXIV. — Comment le roi d'Angleterre défit son siége de Cambray et s'en vint vers le mont Saint-Martin pour entrer au royaume de France. *Ib.*

CHAP. LXXXV. — Comment le comte de Hainaut prit congé du roi d'Angleterre aussitôt qu'il entra au royaume de France ; et comment le roi de France envoya son connétable à Saint-Quentin pour garder la ville et la frontière. 77

CHAP. LXXXVI. — Comment messire Jean de Hainaut et plusieurs autres grands seigneurs cuidèrent prendre Honnecourt ; et comment l'abbé et ceux de la ville s'y portèrent très vaillamment. *Ib.*

CHAP. LXXXVII. — Comment messire Jehan de Hainaut et ses compagnons se retrairent en leurs logis ; et comment le roi d'Angleterre ardit et exilla le pays de Thiérasche. 78

CHAP. LXXXVIII. — Comment la ville de Guise fut toute arse ; et comment ceux de Nouvion furent déconfits et tout leur avoir perdu. 79

CHAP. LXXXIX. — Comment le roi de France fit ses gens loger à Buironfosse pour là attendre le roi d'Angleterre ; et comment le comte de Hainaut s'en vint le servir. 80

CHAP. XC. — Comment la journée fut prise et assignée entre les deux rois pour eux combattre. *Ib.*

CHAP. XCI. — Comment le sire de Fagnoelles et le sire de Tupegny, Hainuyers, costioient l'ost des Anglois ; et comment le sire de Fagnoelles fut pris. 81

CHAP. XCII. — Comment le roi d'Angleterre se traist sur les champs et ordonna ses batailles bien et faiticement ; et quels seigneurs il avoit en sa compagnie. *Ib.*

CHAP. XCIII. — Comment le roi d'Angleterre confortoit doucement ses gens ; et comment le roi de France ordonna ses batailles, et comment la journée se passa sans bataille. 82

CHAP. XCIV. — Comment le roi de France donna congé à ses gens d'armes, et comment il envoya gens d'armes à Tournay en garnison et ès villes marchissant à l'Empire. 84

CHAP. XCV. — Comment le roi d'Angleterre tint un grand parlement à Bruxelles ; et de la requête qu'il y fit aux Flamands. *Ib.*

CHAP. XCVI. — Comment le roi d'Angleterre enchargea les armes et le nom de roi de France par l'ennortement des Flamands. 85

CHAP. XCVII. — Comment le roi Édouard s'en retourna en Angleterre et laissa pour garder Flandre le comte de Suffolch. 86

CHAP. XCVIII. — Comment messire Hue Kieret et ses compagnons conquirent grand avoir en Angleterre et la grand'nef qui s'appeloit Christophe ; et comment le roi commanda courir et ardoir la terre de messire Jean de Hainaut. *Ib.*

CHAP. XCIX. — Comment ceux de Cambray et ceux de Thun-l'Évêque se combattirent durement, et furent ceux de Thun-l'Évêque déconfits, et leur capitaine navré à mort 87

CHAP. C. — Comment le roi de France donna congé à ceux de Cambray de faire guerre au comte de Hainaut et comment ils prirent la ville de Haspre et l'ardirent toute et pillèrent. 88

CHAP. CI. — Comment le comte de Hainaut assembla son parlement en la ville de Mons, et comment il envoya défier le roi de France. 90

CHAP. CII. — Comment le comte de Hainaut s'en vint à tout son ost devant Aubenton où il eut moult dur assaut, et comment les Hainuyers gagnèrent les barrières. 90

CHAP. CIII. — Comment la ville d'Aubenton fut prise et conquise par force et toute pillée et robée et arse, et tous ceux qui dedans étoient morts et pris. 91

CHAP. CIV. — Comment le comte de Hainaut donna congé à ses gens, et comment il monta sur mer pour aller en Angleterre. 92

CHAP. CV. — Comment messire Jean de Hainaut mit bonne garnison de gens d'armes par toutes les forteresses de Hainaut marchissans au royaume de France. 93

CHAP. CVI. — Comment le roi Philippe commanda au duc de Normandie son fils qu'il allât détruire le pays de Hainaut, et envoya le comte de Lisle en Gascogne son lieutenant. *Ib.*

CHAP. CVII. — Comment ceux de Tournay, de Lille et de Douay coururent jusques devant Courtray où ils prirent grand'proie de bêtes et tuèrent plusieurs hommes. 94

CHAP. CVIII. — Comment les comtes de Sallebrin et de Suffolch, qui alloient au secours des Flamands, furent pris de ceux de Lille et envoyés au roi de France. *Ib.*

CHAP. CIX. — Comment le duc de Normandie fit très grand'assemblée de gens d'armes pour aller détruire tout le pays de Hainaut. 96

CHAP. CX. — Comment le sénéchal de Hainaut fit une apperte escarmouche en l'est du duc de Normandie, et comment les coureurs du duc ardirent plusieurs villes en Hainaut. *Ib.*

CHAP. CXI. — Comment le sire de Fauquemont atout cent lances se bouta en l'ost des François et en tua et prit plusieurs à prisonniers ; et comment quatre cents lances des François ardirent plusieurs villes et prirent la ville de Trith. 97

CHAP. CXII. — Comment le duc de Normandie se partit de Castres et ardit plusieurs villes entre Cambray et Valenciennes et prit le château d'Escandeuvre. 99

CHAP. CXIII. — Comment ceux de Douay et ceux de Lille issirent de leurs forteresses et ardirent tout le plat pays d'Ostrevant. 100

CHAP. CXIV. — Comment François et Hainuyers s'entrecouroient sus les uns sur les autres, et comment le pays de Hainaut étoit en grand'tribulation. 101

CHAP. CXV. — Comment le duc de Normandie assiégea le châtel de Thun l'Évêque, et comment ceux de de-

TABLE DES CHAPITRES.

dans eurent trèves de quinze jours à lui rendre le châtel ou à lui combattre. 101

Chap. cxvi. — Comment le comte de Hainaut fit son mandement à tous ses alliés pour aller secourir ceux de Thun-l'Évêque. 102

Chap. cxvii. — Comment le roi Philippe envoya douze cents lances en l'ost de son fils et assez tôt après y vint lui-même comme soudoyer. 103

Chap. cxviii. — Comment Jaquemart d'Artevelle vint au secours du comte de Hainaut à plus de soixante mille Flamands; et comment le dit comte envoya ses hérauts demander bataille au duc de Normandie. *Ib.*

Chap. cxix. — Comment le comte de Hainaut envoya de rechef messire Jean de Hainaut au dit duc pour lui requérir bataille, et quelle réponse il eut. 104

Chap. cxx. — Comment le roi d'Angleterre monta sur mer pour venir en Flandre; et comment il trouva les Normands qui lui gardoient le passage, et comment il ordonna ses batailles. 105

Chap. cxxi. — Comment le roi d'Angleterre et les Normands et autres se combattirent durement; et comment Cristofle le grand vaisseau fut reconquis des Anglois. 106

Chap. cxxii. — Comment les Anglois déconfirent les Normands qu'onc-ques n'en échappa pied que tous ne fussent mis à mort. *Ib.*

Chap. cxxiii. — Comment le comte de Hainaut, quant il sçut la venue du roi d'Angleterre, se partit de devant Thun-l'Évêque et s'en alla à Valenciennes; et comment Jacquemart d'Artevelle prêcha et montra devant tous les seigneurs le droit que le roi anglois avoit en France. 107

Chap. cxxiv. — Comment le roi Philippe, quand il sçut l'arrivée du roi anglois, se partit de Thun-l'Évêque et envoya bonnes gens d'armes en garnison sur les frontières de Flandre. 108

Chap. cxxv. — Comment le roi d'Angleterre tint son parlement à Vilvort où ceux de Flandre, de Hainaut, et de Brabant jurèrent en la main dudit roi à eux entr'aider à jamais contre qui que ce fût. 109

Chap. cxxvi. — Comment le roi Philippe envoya très notable chevalerie en la cité de Tournay pour la garder et garnir de pourvéances, pour ce que le roi anglois la devoit assiéger. *Ib.*

Chap. cxxvii. — Comment le roi d'Angleterre se partit de Gand et alla mettre le siége devant la cité de Tournay. 110

Chap. cxxviii. — Comment le comte de Hainaut se partit du siége de Tournay atout cinq cents lances et ardit plusieurs villages; et comment les Flamands assaillirent ceux de Tournay. 111

Chap. cxxix. — Comment les soudoyers de Saint-Amand ardirent la ville de Hanon et violèrent l'abbaye; et comment ils cuidèrent prendre l'abbaye de Vicogne; et comment l'abbé y pourvéy de bon remède. 112

Chap. cxxx. — Comment les seigneurs qui étoient demeurés en Escosse capitaines, par le commandement du roi de France, recouvrèrent plusieurs forteresses en Escosse et coururent en Angleterre trois journées loin. *Ib.*

Chap. cxxxi. — Comment messire Guillaume de Douglas prit le fort château de Haindebourch par grand engin et par grand'soubtiveté. 113

Chap. cxxxii. — Comment ceux de Tournay mirent hors de la cité toutes povres gens; et comment le roi de France fit son mandement pour les secourir. 114

Chap. cxxxiii. — Comment le roi de France se logea au Pont à Bovines à trois lieues de Tournay; et comment ceux de Bouchaing rescouirent la proie que ceux de Mortaigne emmenoient. 115

Chap. cxxxiv. — Comment aucuns Hainuyers, par l'ennortement de messire Waflart de la Crioix, s'en allèrent escarmoucher en l'ost du roi de France, qui furent déconfits, et comment le dit messire Waflart fut mort. 116

Chap. cxxxv. — Comment le comte de Hainaut se partit du siége de Tournay et alla assiéger Mortaigne et commanda à ceux de Valenciennes qu'ils y vinssent. 117

Chap. cxxxvi. — Comment ceux de Mortaigne rompirent l'engin de ceux de Valenciennes, qui moult les grévoit, par un autre engin qu'ils firent. 118

Chap. cxxxvii. — Comment le comte de Hainaut se partit du siége de Mortaigne et s'en retourna au siége de Tournay; et comment il prit la forteresse de Saint-Amand. *Ib.*

Chap. cxxxviii. — Comment le comte de Hainaut détruisit et ardit la ville et l'abbaye de Saint-Amand; et puis après ardit et détruisit l'abbaye de Marchiennes. 120

Chap. cxxxix. — Comment les Allemands se partirent du siége de Tournay et vinrent escarmoucher en l'ost du roi de France; et comment le sire de Montmorency les suivit jusques au pont de Tressin. 120

Chap. cxl. — Comment le sire de Montmorency fut pris des Allemands, et bien quatre vingt gentils hommes qui étoient sous sa bannière. 122

Chap. cxli. — Comment ceux de la garnison de Saint-Omer déconfirent trois mille Flamands qui étoient venus courre devant Saint-Omer. 123

Chap. cxlii. — Comment une soudaine peur prit les Flamands environ minuit, tant que tous s'enfuirent chacun vers sa maison en grand'hâte. 124

Chap. cxliii. — Comment à la requête et prière de madame Jeanne de Valois, sœur du roi de France et mère du comte de Hainaut, les deux rois firent traité de paix. *Ib.*

Chap. cxliv. — Comment les deux rois firent trèves jusques à un an; et comment le siége se départit de devant Tournay. 125

Chap. cxlv. — Comment le roi anglois se partit ennuis de devant Tournay, et comment chacune des parties se dit avoir l'honneur de cette départie. *Ib.*

Chap. cxlvi. — Comment le roi Édouard s'en alla en Angleterre, et comment au parlement d'Arras les trèves furent alongées deux ans entre les deux rois. 126

Chap. cxlvii. — Comment le duc de Bretagne mourut sans hoir male, et comment le comte de Montfort fut reçu à Nantes à duc et à seigneur. 127

Chap. cxlviii. — Comment ceux de Limoges reçurent le comte de Montfort comme droit seigneur; et comment les barons de Bretagne ne voulurent venir à son mandement. 128

Chap. cxlix. — Comment le comte de Montfort alla à grand'foison de gens d'armes pour prendre Brest, et comment ceux de la ville se rendirent à lui. 129

Chap. cl. — Comment le comte de Montfort se partit de Brest et s'en vint devant la cité de Rennes, et comment ceux de la cité se rendirent à lui et lui firent féauté et hommage. 130

Chap. cli. — Comment ceux de Hainnebon, de Vennes, d'Auroy, de Goyla-Forêt et ceux de Craais se rendirent au comte de Montfort. 131

Chap. clii. — Comment le comte de Montfort s'en alla en Angleterre et fit hommage au roi d'Angleterre de la duché de Bretagne. 133

Chap. cliii. — Comment, par le conseil des douze pairs de France, le comte de Montfort fut ajourné à

Paris, et comment il y vint et puis s'en partit sans le congé du roi. 134

Chap. cliv. — Comment les douze pairs et les barons de France jugèrent que messire Charles de Blois devoit être duc de Bretagne ; et comment ledit messire Charles les pria qu'ils lui veuillent aider. 135

Chap. clv. — Comment les seigneurs de France se partirent de Paris pour aller en Bretagne, et comment ceux de Chastonceaux se rendirent à eux. 136

Chap. clvi. — Comment les seigneurs de France assiégèrent Nantes où le comte Montfort étoit ; et là eut maintes escarmouches le siége durant. *Ib.*

Chap. clvii. — Comment les bourgeois de Nantes livrèrent la cité aux seigneurs de France ; et comment le comte de Montfort y fut pris et amené à Paris et comment il y mourut. 137

Chap. clviii. — Comment la comtesse de Montfort conforte ses soudoyers, et comment elle mit bonnes garnisons par toutes ses forteresses. 138

Chap. clix. — Comment le roi Édouard fit son mandement pour aller lever le siége des Escots de devant Sturmelin ; et comment ceux dudit châtel se rendirent aux Escots ; et comment il eut trèves entre les Anglois et les Escots. 139

Chap. clx. — Comment le roi d'Escosse fit son mandement pour aller détruire le royaume d'Angleterre ; et comment le comte de Moret fut pris de ceux de Neuf-Châtel. 141

Chap. clxi. — Comment le roi d'Escosse prit la cité de Duremmes et fut toute ar se, et hommes et femmes et petits enfans tous mis à mort. 142

Chap. clxii. — Comment à par quelle achoison le roi d'Escosse assiégea le fort châtel de Salebrin auquel la gentille comtesse de Salebrin étoit. *Ib.*

Chap. clxiii. — Comment messire Guillaume de Montagu issit par nuit du châtel de Salebrin pour aller querre secours au roi d'Angleterre contre le roi d'Escosse. 143

Chap. clxiv. — Comment le roi d'Escosse, quand il sçut la venue du roi d'Angleterre, se partit de devant Salebrin et s'en retourna en Escosse. 144

Chap. clxv. — Comment le roi d'Angleterre vint à tout son ost devant Salebrin, cuidant trouver le roi d'Escosse ; et comment le dit roi fut surpris de l'amour à la comtesse de Salebrin. 145

Chap. clxvi. — Comment le roi Édouard dit à la comtesse qu'il convenoit qu'il fût d'elle aimé, dont elle fut fortement ébahie. 145

Chap. clxvii. — Comment le roi d'Angleterre s'assit au dîner tout pensif dont ses gens étoient fortement émerveillés. 146

Chap. clxviii. — Comment le roi d'Angleterre prit congé de la comtesse de Salebrin et s'en alla après les Escots ; et des paroles qui furent entre elle et le dit roi. *Ib.*

Chap. clxix. — Comment il eut trève entre les Anglois et les Escots jusques à deux ans, par lesquelles trèves le comte de Salebrin et le comte de Moret furent délivrés l'un pour l'autre. 147

Chap. clxx. — Comment les seigneurs de France retournèrent en Bretagne par devers monseigneur Charles de Blois et comment ils assiégèrent la cité de Rennes que la comtesse de Montfort avoit bien garnie. *Ib.*

Chap. clxxi. — Comment les seigneurs de France firent plusieurs assauts devant Rennes ; et comment la comtesse de Montfort envoya au roi d'Angleterre querre secours ; et sur quelle condition ce fut. 148

Chap. clxxii. — Comment les bourgeois de Rennes rendirent la cité à monseigneur de Blois. 149

Chap. clxxiii. — Comment les seigneurs de France se partirent de Rennes et allèrent assiéger Hainebon où la comtesse de Montfort étoit. *Ib.*

Chap. clxxiv. — Comment la comtesse de Montfort ardit les tentes des seigneurs de France tandis qu'ils se combattoient aux barrières. 150

Chap. clxxv. — Comment les François assaillirent Hainebon moult asprement, et comment messire Charles de Blois alla assiéger Aurey. *Ib.*

Chap. clxxvi. — Comment messire Charles de Blois se logea devant Auroy ; et comment messire Amaury de Cliçon amena à la comtesse grand secours d'Angleterre. 151

Chap. clxxvii. — Comment l'évêque de Léon se tourna de la partie messire Charles de Blois ; et comment messire Gautier de Mauny et ceux de Hainebon abattirent les engins des François qui moult les grévoient. 152

Chap. clxxviii. — Comment messire Louis d'Espaigne se délogea de devant Hainebon ; et comment messire Charles de Blois l'envoya à Dignant ; et comment il prit le châtel de Conquest. 153

Chap. clxxix. — Comment ceux de Diguant se rendirent à messire Louis d'Espaigne, et comment il prit la ville de Guerrande ; et comment il entra en mer avec partie de ses gens pour aller à l'aventure. 154

Chap. clxxx. — Comment, après la prise d'Auroy, messire Charles de Blois alla assiéger Vennes, laquelle se rendit à lui. 155

Chap. clxxxi. — Comment messire Gautier de Mauny et messire Almaury de Cliçon déconfirent messire Louis d'Espaigne et sa route, et gagnèrent tout l'avoir qu'il avoit conquis ; et comment il échappa. 156

Chap. clxxxii. — Comment messire Gautier de Mauny poursuivit messire Louis d'Espaigne jusques bien près de Rennes, et comment il assaillit la Roche Périou. *Ib.*

Chap. clxxxiii. — Comment ceux de Hainebon se partirent de la Roche-Périou et allèrent devant Faouet, un autre fort châtel pour l'assaillir. 157

Chap. clxxxiv. — Comment ceux de Hainebon se partirent de Faouet sans rien faire ; et comment ils prirent Goy-la-Forêt et tuèrent tous ceux qui dedans étoient. 158

Chap. clxxxv. — Comment la comtesse de Montfort reçut liement messire Gautier de Mauny et ses compagnons ; et comment la ville de Craais se rendit à messire Charles de Blois. 159

Chap. clxxxvi. — Comment messire Charles de Blois se partit de Craais et vint mettre le siége devant Hainebon ; et comment messire Louis d'Espaigne y vint. *Ib.*

Chap. clxxxvii. — Comment messire Louis d'Espaigne requit à messire Charles de Blois qu'il lui donnât messire Jean le Bouteiller et messire Hubert de Fresnay pour en faire sa volonté ; lequel les lui donna moult ennuis. 160

Chap. clxxxviii. — Comment messire Gautier de Mauny et messire Almaury de Cliçon rescourirent les deux dessus dits chevaliers et les emmenèrent à Hainebon. 161

Chap. clxxxix. — Comment le sire de Landernaux et le châtelain de Guingamp furent pris à l'assaut de Hainebon, qui puis se tournèrent de la partie messire Charles de Blois. 162

Chap. cxc. — Comment messire Charles se partit de Hainebon et s'en vint à Craais ; et comment il prit la ville de Jugon ; et comment il eut trèves entre lui et la comtesse ; et comment elle s'en alla en Angleterre. *Ib.*

Chap. cxci. — Comment le roi d'Angleterre fit crier une grand'joute à Londres pour l'amour de la comtesse de Salebrin. 164

Chap. cxcii. — Comment, après la grand'fête qui fut à Londres, le roi d'Angleterre envoya, à grand'compagnie de gens d'armes, en Bre-

TABLE DES CHAPITRES.

tagne, messire Robert d'Artois avec la comtesse de Montfort. 164

CHAP. CXCIII. — Comment le roi d'Angleterre envoya l'évêque de Lincolle pour avoir trèves aux Escots; mais le roi d'Escosse n'en voulut rien faire sans le congé du roi de France. 165

CHAP. CXCIV. — Comment il eut trèves entre les Anglois et les Escots jusques à deux ans, par le consentement du roi de France. 166

CHAP. CXCV. — Comment messire Louis d'Espaigne et messire Robert d'Artois et la comtesse de Montfort et les autres seigneurs d'Angleterre se combattirent sur mer. *Id.*

CHAP. CXCVI. — Comment par grand tempête et orage, convint les uns les autres prendre terre; et comment messire Louis d'Espaigne y gagna quatre vaisseaux chargés de pourvéances. 167

CHAP. CXCVII. — Comment messire Robert d'Artois envoya son navire à Hainebon, et comment il assiégea la cité de Vennes. 168

CHAP. CXCVIII. — Comment messire Louis d'Espagne perdit deux de ses vaisseaux et en prit quatre de Bayonne; et comment il arriva en Guerrande. *Id.*

CHAP. CXCIX. — Comment messire Robert d'Artois et la comtesse de Montfort prirent la cité de Vennes; et comment le sire de Cliçon, le sire de Tournemine, le sire de Loheac et messire Hervé de Léon se sauvèrent. *Ib.*

CHAP. CC. — Comment le comte de Salebrin, le comte de Pennebruich, le comte de Suffolch et le comte de Cornouaille assiégèrent la cité de Rennes. 170

CHAP. CCI. — Comment le sire de Cliçon et messire Hervé de Léon assiégèrent la cité de Vennes. *Ib.*

CHAP. CCII. — Comment le sire de Cliçon et messire Hervé de Léon prirent Vennes; et y furent messire Robert d'Artois et le sire Despensier navrés à mort; et comment le roi d'Angleterre vint en Bretagne. *Ib.*

CHAP. CCIII. — Comment le roi d'Angleterre mit le siége devant Vennes; et comment la comtesse de Montfort le vint voir et fétoyer. 171

CHAP. CCIV. — Comment le roi anglois laissa une partie de ses gens devant Vennes et s'en alla devant Rennes; et puis vint mettre le siége devant Nantes où messire Charles de Blois étoit. 173

CHAP. CCV. — Comment le roi anglois laissa le comte de Kenford et plusieurs autres seigneurs devant Nantes et alla assiéger Dynant. 173

CHAP. CCVI. — Comment le sire de Cliçon et le sire de Léon furent pris des Anglois à une escarmouche devant Vennes, et le sire de Stanfort y fut pris de ceux de Vennes. 174

CHAP. CCVII. — Comment le roi d'Angleterre prit la ville de Dynant, et fut toute courue et robée; et si y gagna grand avoir. *Ib.*

CHAP. CCVIII. — Comment messire Louis d'Espaigne et ses compagnons gagnèrent quatre nefs d'Angleterre, chargées de pourvéances, et en effondrèrent trois. 175

CHAP. CCIX. — Comment le duc de Normandie se partit d'Angiers et s'en vint à Nantes; et comment ceux qui tenoient le siége devant Nantes s'en allèrent à Vennes au roi d'Angleterre. *Ib.*

CHAP. CCX. — Comment le duc de Normandie se partit de Nantes et s'en alla à Vennes; et comment le roi anglois manda à ceux qui étoient au siége devant Rennes qu'ils vinssent à Vennes. 176

CHAP. CCXI. — Comment le pape Clément VI envoya deux cardinaux en légation en Bretagne; et comment les dits cardinaux firent trèves à trois ans entre le roi d'Angleterre et le duc de Normandie. 177

CHAP. CCXII. — Comment le sire de Cliçon, le sire de Malestroit et son fils et plusieurs autres chevaliers et escuyers furent accusés de trahison et mis à mort de par le roi de France. *Ib.*

CHAP. CCXIII. — Comment le roi d'Angleterre fonda une chapelle de Saint-George et y ordonna la fête du Bleu Gertier à être célébrée d'an en an. 179

CHAP. CCXIV. — Comment le roi d'Angleterre fut moult courroucé de la mort du sire de Cliçon et des autres barons de Bretagne et de Normandie, pour laquelle cause il envoya défier le roi de France. 180

CHAP. CCXV. — Comment le roi d'Angleterre ordonna le comte Derby capitaine et souverain pour aller en Gascogne, et messire Thomas d'Angorne pour aller en Bretagne conforter la comtesse de Montfort. 181

CHAP. CCXVI. — Comment le comte Derby arriva en Gascogne; et comment le comte de Lille, quand il sçut sa venue, manda tous les seigneurs de Gascogne qui tenoient la partie du roi de France. 183

CHAP. CCXVII. — Comment le comte Derby se partit de Bordeaux pour aller vers Bergerac, où le comte de Lille et ses gens se tenoient. 184

CHAP. CCXVIII. — Comment les Anglois se combattirent aux François, devant Bergerac, et comment les Anglois gagnèrent les faubourgs, où il eut plusieurs François morts et pris. 184

CHAP. CCXIX. — Comment les Anglois assaillirent Bergerac par terre, où ils gagnèrent peu; et puis eurent conseil qu'ils l'assaudroient par eau. 185

CHAP. CCXX. — Comment le comte Derby assaillit Bergerac par eau et rompit un grand pan du palis; et comment le comte de Lille et ses gens s'enfuirent à mie nuit. 186

CHAP. CCXXI. — Comment ceux de Bergerac se rendirent au comte Derby, et lui firent féauté et hommage au nom du roi d'Angleterre. *Ib.*

CHAP. CCXXII. — Comment le comte de Lille départit ses gens et les envoya en garnison par les forteresses de Gascogne. 187

CHAP. CCXXIII. — Comment le comté Derby se partit de Bergerac, et comment il prit le châtel de Langon, et s'enfuirent ceux qui dedans étoient. *Ib.*

CHAP. CCXXIV. — Comment ceux du Lac se rendirent au comte Derby, et plusieurs autres forteresses qui cy s'ensuivent, les unes par force, les autres par traités. 188

CHAP. CCXXV. — Comment le comte Derby prit Bonneval; et comment ceux de Pierregord vinrent escarmoucher l'ost des Anglois et prirent le comte de Kenfort et trois ou quatre de ses chevaliers. 189

CHAP. CCXXVI. — Comment le comte de Kenfort et ses compagnons furent rendus en échange du vicomte de Bosquentin, du vicomte de Châteaubon, du sire de l'Escun et du sire de Châteauneuf. *Ib.*

CHAP. CCXXVII. — Comment le comte de Lille et les barons de Gascogne assiégèrent Auberoche et avoient en propos qu'ils occiroient ceux de dedans, ou qu'ils se rendroient simplement. 190

CHAP. CCXXVIII. — Comment ceux d'Auberoche envoyèrent un de leurs varlets au comte Derby, pour dire leur nécessité, lequel fut pris de ceux de l'ost et jeté par un engin en la ville. 191

CHAP. CCXXIX. — Comment le comte Derby sut la nécessité de ceux d'Auberoche, et comment il fit son mandement pour les aller secourir et lever le siége du comte de Lille et des barons gascons qui devant étoient. 192

TABLE DES CHAPITRES.

CHAP. CCXXX. — Comment le comte Derby et messire Gautier de Mauny déconfirent le comte de Lille et tout son ost. 193

CHAP. CCXXXI. — Comment le comte de Pennebruich vint à Auberoche après la déconfiture, moult courroucé de ce qu'il n'y avait été ; et comment les Anglois s'en retournèrent à Bordeaux. 194

CHAP. CCXXXII. — Comment le comte Derby en allant vers la Réole fit rendre ceux de Sainte-Basile en l'obéissance du roi d'Angleterre ; et puis vint devant la Rochemillon. 195

CHAP. CCXXXIII. — Comment le comte Derby prit la Rochemillon, et puis mit le siége devant Montsegur. *Ib.*

CHAP. CCXXXIV. — Comment ceux de Montsegur composèrent au comte Derby d'eux rendre dedans un mois s'ils n'avoient secours, et en baillèrent otages. 196

CHAP. CCXXXV. — Comment le châtelain d'Aiguillon rendit Aiguillon au comte Derby ; et comment il fut puis pendu à Toulouse. 197

CHAP. CCXXXVI. — Comment le comte Derby assiégea la Réole, et comment ceux de Montsegur se rendirent Anglois. *Ib.*

CHAP. CCXXXVII. — Comment ceux de la ville de la Réole traitèrent au comte Derby pour eux rendre. *Ib.*

CHAP. CCXXXVIII. — Comment le capitaine de la Réole et ses compagnons se mirent au châtel pour le tenir ; et comment ceux de la ville se rendirent au comte Derby. 198

CHAP. CCXXXIX. — Comment le comte Derby commanda à miner le châtel de la Réole ; et comment messire Gautier de Mauny s'avisa que son père avait été jadis occis environ la Réole. *Ib.*

CHAP. CCXL. — Comment le père messire Gautier de Mauny fut jadis occis mauvaisement devant la ville de la Réole en revenant de Saint-Jacques. 199

CHAP. CCXLI. — Comment messire Gautier de Mauny trouva le tombel de son père et en fit porter les os, et ensevelir chez les frères mineurs de Valenciennes. 200

CHAP. CCXLII. — Comment messire Aglot de Baux rendit au comte Derby le châtel de la Réole et s'en partit lui et ses compagnons, atout leurs armures seulement. *Ib.*

CHAP. CCXLIII. — Comment le comte Derby prit Mont-Pesat et le châtel de Mauron par grand sens et avis ; et puis prit Ville-Franche ; et en chacun châtel mit bonne garnison. 201

CHAP. CCXLIV. — Comment le comte Derby prit plusieurs châteaux ; et puis assiégea la cité d'Angoulême ; et se composèrent ceux de la cité à eux rendre dedans un mois s'ils n'avoient secours. 202

CHAP. CCXLV. — Comment ceux d'Angoulême se rendirent au comte Derby qui étoit devant Blayes où rien ne conquit, et s'en alla hiverner à Bordeaux. 203

CHAP. CCXLVI. — Comment messire Godefroy de Harcourt chéy en l'indignation du roi Philippe ; et comment il fut banni du royaume de France. *Ib.*

CHAP. CCXLVII. — Comment le roi d'Angleterre vint à l'Escluse et amena avec lui son fils le prince de Galles, en intention de le faire seigneur de Flandre, par le consentement de Jacques d'Artevelle. 204

CHAP. CCXLVIII. — Comment ceux de Gand eurent en grand'indignation Jaquemart d'Artevelle, et comment ils le mirent à mort. 205

CHAP. CCXLIX. — Comment le roi d'Angleterre se partit de l'Escluse moult dolent de la mort d'Artevelle ; et comment ceux de Flandre s'en excusèrent par devers lui. 206

CHAP. CCL. — Comment le comte de Hainaut fut occis en Frise et sa gent déconfite ; et comment messire Jean de Hainaut renonça au roi d'Angleterre et devint françois. 207

CHAP. CCLI. — Comment le roi de France envoya son fils le duc de Normandie en Gascogne contre le comte Derby. 208

CHAP. CCLII. — Comment le duc de Normandie prit Miremont et Ville-Franche et mit le siége devant Angoulême. 209

CHAP. CCLIII. — Comment le comte Derby envoya grand'garnison de gens d'armes dedans Ville-Franche ; et envoya le comte de Pennebruich plusieurs autres chevaliers dedans Aiguillon. *Ib.*

CHAP. CCLIV. — Comment le sénéchal de Beaucaire se partit du siége d'Angoulême et prit toute la garnison de Anchenis et bien huit cents grosses bêtes. 210

CHAP. CCLV. — Comment le capitaine d'Angoulême et tous ses compagnons s'en allèrent subtilement avec tous leurs biens à Aiguillon. 211

CHAP. CCLVI. — Comment ceux d'Angoulême se rendirent au duc de Normandie ; et puis conquit le châtel de Damassan ; et comment ceux de Tonneins se rendirent ; et puis prit le port Sainte-Marie 212

CHAP. CCLVII. — Comment le duc de Normandie mit le siége devant le fort châtel d'Aiguillon. 212

CHAP. CCLVIII. — Comment le duc de Normandie commanda faire un pont sur la rivière devant Aiguillon, qui plusieurs fois fut dépecé par ceux du châtel 214

CHAP. CCLIX. — Comment le duc de Normandie partit son ost en quatre parties pour assaillir Aiguillon et envoya querre les engins de Toulouse. *Ib.*

CHAP. CCLX. — Comment messire Gautier de Mauny et messire Charles de Montmorency se combattirent ; et comment le dit messire Charles fut déconfit. 215

CHAP. CCLXI. — Comment le duc de Normandie fit assaillir Aiguillon ; et comment le pont d'Aiguillon fut conquis où il eut moult de morts et de blessés. *Ib.*

CHAP. CCLXII. — Comment le duc de Normandie fit faire quatre grands kas sur quatre grands nefs pour assaillir Aiguillon ; et comment ils furent débrisés de ceux du châtel et un effondré. 216

CHAP. CCLXIII. — Comment le comte de Ghines et le comte de Tancarville se partirent du siége d'Aiguillon et vinrent à Paris dire au roi la manière du siége d'Aiguillon. *Ib.*

CHAP. CCLXIV. — Comment le roi d'Angleterre fit son mandement pour aller en Gascogne ; mais par le conseil de messire Godefroy de Harecourt il s'en alla en Normandie. 217

CHAP. CCLXV. — Comment le roi d'Angleterre arriva en Normandie ; et comment le roi de France y envoya le comte de Ghines comme connétable et le comte de Tancarville pour garder le pays. 218

CHAP. CCLXVI. — Comment le roi d'Angleterre chéy à terre en issant de son vaissel, lequel dit que c'étoit bon signe. 219

CHAP. CCLXVII. — Comment les Anglais ardirent et robèrent une partie de Chierebourc et prirent Montebourc et Carentan, lesquels ils ardirent et robèrent et emmenèrent les gens avec eux. 220

CHAP. CCLXVIII. — Comment le roi d'Angleterre fit messire Godefroy de Harecourt conduiseur de son ost, lequel ardit et exila tout le pays où il arriva. 221

CHAP. CCLXIX. — Comment le roi de France fit son mandement de gens d'armes pour aller combattre le roi d'Angleterre qui gâtoit son pays de Normandie. 222

CHAP. CCLXX. — Comment le roi d'An-

TABLE DES CHAPITRES.

gleterre prit la bonne ville de Saint-Lo en Cotentin, et fut toute robée et pillée. 222

Chap. cclxxi. — Comment le roi d'Angleterre se partit de Saint-Lo et s'en alla devers Caen ; comment ceux de Caen se mirent sur les champs pour le combattre. 223

Chap. cclxxii. — Comment ceux de Caen s'enfuirent sans coup férir : et comment le connétable et le comte de Tancarville y fut pris, et bien vingt-cinq chevaliers ; et fut la ville de Caen conquise. *Ib.*

Chap. cclxxiii. — Comment le roi d'Angleterre se partit de Caen, et prit Louviers et Vernon, et ardit et exila tout le pays jusques à deux lieues près de Paris en costiant la rivière de Seine. 226

Chap. cclxxiv. — Comment messire Godefroy de Harecourt déconfit ceux d'Amiens ; et comment le roi d'Angleterre entra au pays de Beauvoisin. 227

Chap. cclxxv. — Comment les maréchaux du roi d'Angleterre ardirent les faubourgs de Beauvais ; et comment le roi d'Angleterre prit Argies et le châtel de Poix. 228

Chap. cclxxvi. — Comment le roi de France se partit à grand'baronie de Saint-Denis, en poursuivant le roi d'Angleterre ; et comment le roi d'Angleterre envoya ses maréchaux pour trouver passage sur la rivière de Somme. 229

Chap. cclxxvii. — Comment les maréchaux du roi d'Angleterre lui dirent qu'ils ne trouvoient point de passage ; et comment le roi de France envoya messire Godemar du Fay pour garder le passage de Blanche-Tache. *Ib.*

Chap. cclxxviii. — Comment le roi de France se partit d'Amiens et s'en alla vers Airaines, cuidant trouver le roi d'Angleterre ; et comment on enseigna au roi d'Angleterre le passage de Blanche-Tache. 230

Chap. cclxxix. — Comment le roi d'Angleterre vint au gué de Blanche-Tache, où il trouva messire Godemar du Fay atout douze mille François, où il eut moult forte et dure bataille. 231

Chap. cclxxx. — Comment le roi d'Angleterre passa le passage de Blanche-Tache et déconfit messire Godemar du Fay et ses gens. 232

Chap. cclxxxi. — Comment le roi d'Angleterre guerdonna le varlet qui lui avoit enseigné le passage ; et puis s'en vint gâtant et ardant le pays jusques vers Crécy. *Ib.*

Chap. cclxxxii. — Comment le roi d'Angleterre fit aviser par ses maréchaux la place où il ordonneroit ses batailles. 233

Chap. cclxxxiii. — Comment le roi de France envoya ses maréchaux pour savoir le convenant des Anglois ; et comment il donna à souper à tous les seigneurs qui avecques lui étoient ; et leur pria qu'ils fussent amis ensemble. *Ib.*

Chap. cclxxxiv. — Comment le roi d'Angleterre donna à souper à ses comtes et barons, et puis au matin, la messe ouïe, lui et son fils et plusieurs autres reçurent le corps de Notre Seigneur ; et comment il fit ordonner ses batailles. 234

Chap. cclxxxv. — Comment le roi de France, la messe ouïe, se partit d'Abbeville à tout son ost ; et comment il envoya quatre de ses chevaliers pour aviser le conroy des Anglois. 235

Chap. cclxxxvi. — Comment le Moine de Basele conseilla au roi de France faire arrêter ses agens en my les champs et ordonner ses batailles. 236

Chap. cclxxxvii. — Comment le roi de France commanda à ses maréchaux faire commencer la bataille par les Gennevois ; et comment les dits Gennevois furent tous déconfits. *Ib.*

Chap. cclxxxviii. — Comment le roi de Behaigne, qui goute n'y véoit, se fit mener en la bataille et y fut mort lui et les siens ; et comment son fils le roi d'Allemagne s'enfuit. 238

Chap. cclxxxix. — Comment messire Jean de Hainaut conseille au roi Philippe qu'il se retraie ; et comment le comte d'Alençon et le comte de Flandre se combattirent longuement et vaillamment. *Ib.*

Chap. ccxc. — Comment ceux de la bataille au prince de Galles envoyèrent au roi d'Angleterre pour avoir secours ; et comment le roi leur répondit. 239

Chap. ccxci. — Comment le comte de Harcourt, le comte d'Alençon, le comte de Flandre, le comte de Blois, le duc de Lorraine et plusieurs autres grands seigneurs furent déconfits et morts. 240

Chap. ccxcii. — Comment le roi de France se partit, lui cinquième de barons tant seulement, de la bataille de Crécy, en lamentant et complaignant de ses gens. *Ib.*

Chap. ccxciii. — Cy dit comment messire Jean de Hainaut fit partir le roi de France de la bataille, ainsi comme par force. 241

Chap. ccxciv. — Comment le dimanche au matin, après la déconfiture de Crécy, les Anglois déconfirent ceux de Rouen et de Beauvais. 241

Chap. ccxcv. — Comment le roi d'Angleterre fit chercher les morts pour en savoir le nombre, et fit enterrer les corps des grands seigneurs. 243

Chap. ccxcvi. — Comment le roi de France fut courroucé des seigneurs de son sang qui morts étoient en la bataille ; et comment il voulut faire pendre messire Godemar du Fay. 244

Chap. ccxcvii. — Comment le roi d'Angleterre mit le siége devant Calais. *Ib.*

Chap. ccxcviii. — Comment messire Philippe de Bourgogne fut mort devant Aiguillon ; et comment le duc de Normandie se partit du siége d'Aiguillon par le commandement du roi son père. 246

Chap. ccxcix. — Comment messire Gautier de Mauny quitta à un chevalier normand sa rançon pour lui impétrer un sauf conduit du duc de Normandie pour chevaucher lui vingtième par France jusques à Calais. 247

Chap. ccc. — Comment messire Gautier de Mauny fut pris à Orliens et amené prisonnier à Paris, dont le duc de Normandie fut moult courroucé ; et comment il fut délivré. *Ib.*

Chap. ccci. — Comment le comte Derby fit son mandement pour aller en Poitou, et prit plusieurs villes et châteaux en venant vers Saint-Jean-d'Angely. 248

Chap. cccii. — Comment ceux de Saint-Jean-d'Angely se rendirent au comte Derby ; et comment il prit le bourg de Saint-Maximin et la cité de Poitiers. 249

Chap. ccciii. — Comment le comte Derby se partit de Poitiers atout grand avoir et s'en vint à Saint-Jean-d'Angely ; et puis monta sur mer pour venir devant Calais. 251

Chap. ccciv. — Comment le roi d'Escosse fit secrètement son mandement pour faire guerre aux Anglois ; et comment la roine d'Angleterre fit son mandement d'autre part pour résister aux Escots. *Ib.*

Chap. cccv. — Comment le roi d'Escosse entra en Angleterre ardant et détruisant le pays jusques à la cité de Bervich. 252

Chap. cccvi. — Comment les Escots et les Anglois se combattirent moult durement et comment finablement les Escots furent déconfits et y fut le

TABLE DES CHAPITRES.

roi d'Escosse pris par un écuyer. 253

CHAP. CCCVII. — Comment la roine d'Angleterre manda à l'écuyer qui avoit pris le roi d'Escosse, qu'il le lui amenât, lequel répondit qu'il ne le rendroit fors qu'au roi son seigneur. 254

CHAP. CCCVIII. — Comment le dit écuyer vint au mandement du roi d'Angleterre devant Calais, lequel le reçut à grand'joie; et comment il rendit le dit roi d'Escosse à la roine d'Angleterre. 255

CHAP. CCCIX. — Comment le siége durant devant Calais, il y eut maintes belles escarmouches par mer et par terre d'un côté et d'autre. 256

CHAP. CCCX. — Comment le commun de Flandre s'accorda au mariage du comte de Flandre et de la fille du roi d'Angleterre; et le roi de France voulut qu'il eût la fille du duc de Brabant. 257

CHAP. CCCXI. — Comment le comte de Flandre, qui longuement avoit été en prison en Flandre, fiança la fille du roi d'Angleterre; et comment il s'embla d'eux et s'en affuit en Flandre. 258

CHAP. CCCXII. — Comment messire Robert de Namur vint au siége devant Calais et comment il devint homme du roi d'Angleterre. 259

CHAP. CCCXIII. — Comment ceux de la Roche-Derien se tournèrent Anglois; et comment messire Charles de Blois atout grand'foison de gens d'armes y mit le siége. *Ib.*

CHAP. CCCXIV. — Comment, par le conseil de messire Garnier de Quadal, fut pris messire Charles de Blois et tout son ost déconfit devant la Roche-Derien. 261

CHAP. CCCXV. — Comment le roi de France fit son mandement pour combattre le roi d'Angleterre : et comment les Flamands mirent le siége devant la ville d'Aire et ardirent le pays d'environ. 262

CHAP. CCCXVI. — Comment le roi de France vint atout son grand ost devant Calais pour cuider lever le siége et combattre le roi d Angleterre. 264

CHAP. CCCXVII. — Comment le roi d'Angleterre fit traire ses naves sur le pas des dunes et bien garnir et défendre contre les François. *Ib.*

CHAP. CCCXVIII. — Comment le roi de France, voyant qu'il ne pouvoit trouver passage pour venir à Calais, manda au roi d'Angleterre qu'il lui donnât place pour le combattre, et quelle chose il lui répondit. 265

CHAP. CCCXIX. — Comment le pape Clément envoya deux cardinaux pour traiter de la paix entre les deux rois; et comment le roi Philippe se partit du mont de Sangattes et donna congé à toutes ses gens. 266

CHAP. CCCXX.— Comment ceux de Calais se voulurent rendre au roi d'Angleterre, sauves leurs vies; et comment le dit roi voulut avoir six des plus nobles bourgeois de la ville pour en faire sa volonté 268

CHAP. CCCXXI. — Comment les six bourgeois se partirent de Calais, tous nuds en leurs chemises, la hart au col, et les clefs de la ville en leurs mains; et comment la roine d'Angleterre leur sauva les vies. 269

CHAP. CCCXXII. — Comment le sire de Mauny et les deux maréchaux d'Angleterre, du commandement du roi, allèrent prendre la saisine de Calais et mirent les chevaliers, qui dedans étoient, en prison, et firent partir toutes autres gens. 272

CHAP. CCCXXIII. — Comment le roi et la roine d'Angleterre s'en retournèrent en Angleterre; et comment la ville de Calais fut repeuplée de purs Anglois que le roi y envoya. 273

CHAP. CCCXXIV.— Comment plusieurs escarmouches et plusieurs prises de châteaux et de villes se faisoient entre les Anglois, les Escots et les François. 275

CHAP. CCCXXV.— Comment un brigand appelé Croquard devint grand et puissant ès guerres de Bretagne, et comment il fina mauvaisement. *Ib.*

CHAP. CCCXXVI. — Comment messire Geoffroy de Chargny acheta du capitaine de Calais la ville de Calais; et comment le roi d'Angleterre le sçut, et quel remède il y mit. 276

CHAP. CCCXXVII. — Comment le roi d'Angleterre et le prince son fils vinrent à Calais sous la bannière messire Gautier de Mauny et comment ils se combattirent durement contre messire Geoffroy de Chargny. 277

CHAP. CCCXXVIII. — Comment les Anglois et les François se combattirent moult vaillamment, et comment finablement les François furent tous morts ou pris. 279

CHAP. CCCXXIX. — D'un chapelet de perles que le roi d'Angleterre donna à messire Eustache de Ribeumont. 280

LIVRE PREMIER
PARTIE DEUXIÈME.

AVERTISSEMENT. 282

CHAPITRE PREMIER. — Comment trépassèrent de ce monde la roine de France et la duchesse de Norman-die, et comment le roi de France et son fils se remarièrent. 283

CHAP. II. — Comment le jeune comte Louis de Flandre épousa la fille au duc de Brabant, et comment il rentra en jouissance de ses droits. *Ib.*

CHAP. III. — Comment le roi d'Angleterre attaqua les nefs espaignoles en mer sur leur chemin de Flandre en Espaigne, et comment il les déconfit. 284

CHAP. IV.—Comment messire Geoffroy de Chargny surprit Aimery de Pavie en son châtel et le fit mourir en la ville de Saint-Omer. 288

CHAP. V.—Comment les pénitents alloient par le pays par compagnies, se déchirant le dos d'aiguillons de fer; comment il y eut dans le monde une grande épidémie, et comment les Juifs furent brûlés. 289

CHAP. VI. — Comment le roi Philippe de France mourut et comment le roi Jean son fils, les trèves étant expirées, reconquit la ville de Saint-Jean-d'Angely. *Ib.*

CHAP. VII. — Comment messire Robert de Beaumanoir alla défier le capitaine de Ploermel, qui avait nom Brandebourch, et comment il y eut une rude bataille de trente contre trente. 293

CHAP. VIII. — Comment un engagement eut lieu près de Saint-Omer entre les deux capitaines françois et anglois; comment le capitaine anglois, messire Jean Beauchamp, fut pris avec sa troupe, et comment le capitaine des François, messire Édouard de Beaujeu, fut tué dans le combat. 295

CHAP. IX. — Comment le pape Clément mourut et comment le nouveau pape Innocent obtint une trève entre les deux rois. 297

CHAP. X.—Comment le comte de Ghines fut rançonné; comment il vint voir le roi Jean à Paris et comment le roi l'envoya en prison et lui fit couper la tête. 298

CHAP. XI. — Comment le château de Ghines, les trèves durant, fut vendu aux Anglois. 299

CHAP. XII. — Comment le roi Jean ordonna les chevaliers de l'Étoile à la Noble Maison de-lez Saint-Denis et comment meschef advint à cette noble compagnie. *Ib.*

CHAP. XIII. — Comment messire Charles d'Espaigne fut occis par le fait du roi Charles de Navarre à Laigle en Normandie, et comment le roi Jean voulut contrevenger sa mort. 301

CHAP. XIV. — Comment les traiteurs se rendirent à Avignon de par le roi de France et le roi d'Angleterre,

TABLE DES CHAPITRES.

mais ne purent rien accorder ; et comment le duc de Brabant mourut. 302

CHAP. XV. Cy parle des alliances du roi Charles de Navarre et des enfans de Navarre avec le roi d'Angleterre. 3 3

CHAP. XVI. — Comment messire Guillaume de Douglas fit une chevauchée en Angleterre et reconquit la bonne ville de Bervich. 306

CHAP. XVII. — Cy parle de la demeure du roi d'Angleterre devant Blangis, et comment, sur la nouvelle de la venue des Escots à Bervich, il revint à Calais. 307

CHAP. XVIII. Comment le roi Édouard fit une chevauchée en Éscosse, reconquit la bonne ville de Bervich et toute Escosse et puis se mit au retour en Angleterre. 310

CHAP. XIX. — Comment le prince de Galles se départit de Bordeaux avec son armée et courut tout le pays de Toulousain, de Narbonnois et de Carcassonnois, ardant et exilant tout en deçà et au delà de l'Aude. 313

CHAP. XX. — Comment ceux de Rouen et d'Évreux se refusèrent à l'établissement d'une gabelle sur le sel par l'ennortement du seigneur de Harecourt et du roi de Navarre, et comment le roi Jean fit mettre les mains du roi de Navarre ens ou châtel de Rouen. 322

CHAP. XXI. — Cy parle du défi fait au roi de France par Philippe de Navarre, et de la chevauchée du duc de Lancastre et du conquêt du bourg, de la cité et du châtel d'Évreux par le roi de France. 325

CHAP. XXII. — Comment nouvelles vinrent au roi de France, qui séoit devant Breteuil, de la chevauchée du prince de Galles qui prenoit son adresse pour venir en Limousin et en Berry. 332

CHAP. XXIII. — Comment le roi de France fit son spécial mandement à tous les nobles de son royaume pour aller contre le prince de Galles qui gâtoit et exilloit son pays de Gasgogne. 334

CHAP. XXIV. — Comment les nouvelles vinrent au prince que le roi de France venoit à grand'force de gens d'armes contre lui ; et comment le sire de Craon, messire Boucicaut et l'ermite de Chaumont escarmouchèrent les gens du prince. *Ib.*

CHAP. XXV. — Comment le prince fit dire aux trois chevaliers françois qui dedans Romorentin étoient qu'ils se rendissent ; et quelle chose ils répondirent. 336

CHAP. XXVI. — Comment le prince fit assaillir le châtel de Romorentin ; et comment les trois chevaliers dessus nommés se rendirent au prince à sa volonté. 336

CHAP. XXVII. — Comment le roi de France se partit de Chartres à grand' compagnie de gens d'armes pour aller à l'encontre du prince de Galles. 337

CHAP. XXVIII. — Comment le comte de Joigny, le sire de Coucy et le vicomte de Bruese en chassant les coureurs du prince se boutèrent en l'ost du prince et y furent pris. 338

CHAP. XXIX. — Comment les coureurs du prince se férirent en la queue de l'ost des François ; et comment le roi de France fit ses gens loger, et aussi le prince les siens. 340

CHAP. XXX. — Comment le roi de France commanda que chacun se traist sur les champs ; et comment il envoya quatre chevaliers ci-après nommés pour savoir le convenant des Anglois. *Ib.*

CHAP. XXXI. — Comment les quatre chevaliers dessus dits rapportèrent le convenant des Anglois au roi de France. 341

CHAP. XXXII. — Comment le cardinal de Pierregort se mit en grand'peine d'accorder le roi de France et le prince de Galles. 342

CHAP. XXXIII. — Comment messire Jean de Clermont, maréchal de France, et messire Jean Chandos eurent grosses paroles ensemble. |344

CHAP. XXXIV. — Comment les Anglois firent fossoyer et haier leurs archers ; et comment le cardinal de Pierregort prit congé du roi de France et du prince de Galles. *Ib.*

CHAP. XXXV. — Comment le prince ordonna ses gens pour combattre ; et cy s'ensuivent les noms des vaillans seigneurs et chevaliers qui delez lui étoient. 345

CHAP. XXXVI. — Comment le prince de Galles reconforta sagement ses gens, et comment messire Jacques d'Audelée requit au prince qu'il commençât la bataille, lequel lui accorda. 346

CHAP. XXXVII. — Comment messire Jean de Clermont, maréchal de France, fut occis ; et comment ceux de la bataille du duc de Normandie s'enfuirent. 347

CHAP. XXXVIII. — Comment le prince de Galles, quand il vit la bataille du duc de Normandie branler, commanda à ses gens chevaucher avant. 348

CHAP. XXXIX. — Comment le duc de Normandie et ses deux frères se partirent de la bataille ; et comment messire Jean de Landas et messire Thibaut de Vodenay retournèrent à la bataille. 348

CHAP. XL. — Comment le roi de France fit toutes ses gens aller à pied, lequel se combattoit très vaillamment comme bon chevalier ; et aussi faisoient ses gens. 349

CHAP. XLI. — Comment messire Jacques d'Audelée en fut mené de la bataille moult navré ; et comment messire Jean Chandos ennorte le prince de chevaucher avant. 351

CHAP. XLII. — Comment le duc de Bourbon, le duc d'Athènes et plusieurs autres barons et chevaliers furent morts, et aussi plusieurs pris. *Ib.*

CHAP. XLIII. — Comment le sire de Renti, en fuyant de la bataille, prit un chevalier anglois qui le poursuivoit ; et comment un écuyer de Picardie, par tel parti, prit le sire de Bercler. 352

CHAP. XLIV. — Comment il y eut grand'occision des François devant la porte de Poitiers ; et comment le roi Jean fut pris. 353

CHAP. XLV. — Comment il y eut grand débat entre les Anglois et les Gascons sur la prise du roi Jean ; et comment le prince envoya ses maréchaux pour savoir où il étoit. 357

CHAP. XLVI. — Comment le prince donna à messire Jacques d'Audelée cinq cents marcs d'argent de revenue, et comment le roi de France fut présenté au prince. 358

CHAP. XLVII. — Ci dit quans grans seigneurs il eut pris avec le roi Jean, et combien il y en eut de morts ; et comment les Anglois fêtèrent leurs prisonniers. *Ib.*

CHAP. XLVIII. — Comment messire Jacques d'Audelée donna ses cinq cents marcs d'argent de revenue que le prince lui avoit donnés à ses quatre écuyers. 359

CHAP. XLIX. — Comment le prince de Galles donna à souper au roi et aux grands barons de France, et les servit moult humblement. 360

CHAP. L. — Comment le prince et son ost se mirent à chemin pour aller à Bordeaux ; et comment le prince redonna six cents marcs d'argent de revenue à messire Jacques d'Audelée. *Ib.*

CHAP. LI. — Comment le prince fut reçu à grand honneur de ceux de Bordeaux ; et comment le cardinal de Pierregort s'excusa sagement par devers le prince. 361

CHAP. LII. — Comment les trois états furent assemblés en la cité de Paris pour ordonner du gouvernement du royaume de France. 362

TABLE DES CHAPITRES.

Chap. LIII. — Comment les trois états firent faire mounoie de fin or ; et comment ils envoyèrent gens d'armes contre messire Godefroy de Harecourt. 364

Chap. LIV. — Comment messire Godefroy de Harecourt fut mort et toute sa gent déconfite et prise. *Ib.*

Chap. LV. — Comment le roi d'Angleterre envoya quatre cents hommes d'armes pour prendre la saisine de la terre messire Godefroy de Harecourt ; et comment le roi Jean fut mené en Angleterre. 366

Chap. LVI. — Comment le roi d'Escosse, qui prisonnier étoit en Angleterre, fut mis à rançon et sur quelle condition. 368

Chap. LVII. — Comment le duc de Lancastre assiégea la cité de Rennes ; et comment messire Bertran du Guesclin se combattit à messire Nicolas d'Angorne devant la dite cité ; et comment messire Olivier de Mauny combattit et prit messire Jean Bolleton. 369

Chap. LVIII. — Comment messire Guillaume de Gauville parlementa avec un bourgeois d'Évreux comment ils reconquêteroient la cité d'Évreux au roi de Navarre. 370

Chap. LIX. — Comment la cité d'Évreux fut reconquise au roi de Navarre ; et comment messire Philippe de Navarre y fit sa garnison. 371

Chap. LX. — Comment l'Archiprêtre s'en alla robant et exillant le pays jusques en Avignon ; et comment le pape le reçut honnêtement. 373

Chap. LXI. — Comment une grand' compagnie de brigands s'assemblèrent entre Paris et Orléans et aussi en Normandie. *Ib.*

Chap. LXII. — Comment le prévôt des marchands et ses alliés tuèrent au palais trois chevaliers en la présence du duc de Normandie. *Ib.*

Chap. LXIII. — Comment le roi de Navarre fut délivré de prison par le confort du prévôt des marchands. 374

Chap. LXIV. — Comment le roi de Navarre prêcha devant le peuple à Paris et montra les grands torts qu'on lui avoit faits. 375

Chap. LXV. — Comment les communes de Beauvoisin et en plusieurs autres parties de France mettoient à mort tous gentils hommes et femmes qu'ils trouvoient. *Ib.*

Chap. LXVI. — Comment le roi de Navarre et les gentilshommes de Beauvoisin tuèrent grand'foison des Jacques ; et comment le duc de Normandie défia le prévôt des marchands et ses alliés ; et comment Paris fut close. 376

Chap. LXVII. — Comment le comte de Foix et le captal de Buch vinrent à Meaux pour reconforter la duchesse de Normandie et celle d'Orléans et les autres dames qui là étoient fuies pour les Jacques. 377

Chap. LXVIII. — Comment le comte de Foix, le captal de Buch et le duc d'Orléans déconfirent les Jacques, et puis mirent le feu en la ville de Meaux. 378

Chap. LXIX. — Comment le duc de Normandie assiégea Paris par devers Saint-Antoine ; et comment le roi de Navarre se partit de Paris et s'en alla à Saint-Denis. *Ib.*

Chap. LXX. — Comment le roi de Navarre jura solennellement à tenir paix envers le duc de Normandie, et sur quelle condition. 379

Chap. LXXI. — Comment le roi de Navarre promit au prévôt des marchands qu'il lui aideroit de tout son pouvoir ; et comment ceux de Paris tuèrent les soudoyers anglois qui à Paris étoient. 380

Chap. LXXII. — Comment les compagnons des soudoyers anglois qui furent tués à Paris occirent grand'foison de ceux de Paris à la porte Saint-Honoré. 381

Chap. LXXIII. — Comment le prévôt des marchands et ses alliés avoient proposé de courir et détruire Paris ; et comment le dit prévôt fut mis à mort ; et comment le duc de Normandie vint à Paris. 382

Chap. LXXIV. — Comment le roi de Navarre défia le duc de Normandie et ceux de Paris ; et comment il pilla et prit plusieurs villes du royaume de France. 386

Chap. LXXV. — Comment les Navarrois de Creel et de la Harelle déconfirent les Picards et ceux de Vermandois devant Mauconseil. 387

Chap. LXXVI. — Comment les Navarrois ardirent l'abbaye d'Ourquans ; et comment ils s'espandirent en plusieurs lieux sur la rivière d'Oise et d'Esne ; et comment ils prirent la forte ville de Vely. 388

Chap. LXXVII. — Comment aucuns bourgeois d'Amiens avoient vendu la dite cité aux Navarrois ; et comment le connétable de France et le comte de Saint-Pol la gardèrent d'être prise. 389

Chap. LXXVIII. — Comment le connétable de France et le comte de Saint-Pol firent décoler ceux qui avoient vendu Amiens ; et comment une très grand'cherté vint en France 390

Chap. LXXIX. — Comment le connétable de France et le comte de Saint-Pol et tous les seigneurs de Picardie assiégèrent Saint-Valery ; et comment le captal de Buch prit Clermont en Beauvoisin. 391

Chap. LXXX. — Comment ceux des forteresses navarroises gâtoient, pilloient et roboient tout le pays environ eux. 392

Chap. LXXXI. — Comment Robin l'Escot, un des capitaines de Velly, prit le fort châtel de Roussy et le comte et la comtesse et leur fille dedans. 393

Chap. LXXXII. — Comment le chanoine de Robertsart secourut le sire de Pinon contre les Navarrois de Roussy qui longuement s'étoient combattus. *Ib.*

Chap. LXXXIII. — Comment le chanoine de Robertsart et le sire de Pinon déconfirent les Navarrois de Roussy. 394

Chap. LXXXIV. — Comment ceux de Saint-Vallery se rendirent au connétable de France et au comte de Saint-Pol ; et comment messire Philippe de Navarre vint pour les cuider secourre. 395

Chap. LXXXV. — Comment le connétable de France et le comte de Saint-Pol cuidèrent combattre messire Philippe de Navarre, lequel s'enfuit par nuit. 396

Chap. LXXXVI. — Comment le connétable de France et sa route poursuirent messire Philippe de Navarre et ses gens et les ratteignirent à Thorigny. *Ib.*

Chap. LXXXVII. — Comment messire Philippe de Navarre et ses gens proposèrent d'eux fuir quand il seroit anuité. 397

Chap. LXXXVIII. — Comment messire Philippe de Navarre et ses gens s'enfuirent par nuit ; et comment la chevauchée des François fut dépecée et défaite. *Ib.*

Chap. LXXXIX. — Comment messire Pierre d'Audelée cuida prendre en trahison Châlons en Champagne ; et comment le sire de Grancy secourut ceux de Châlons. 398

Chap. XC. — Comment messire Pierre d'Audelée s'en retourna de Châlons à peu de conquêt ; et comment les Navarrois prirent Sissone ; et comment ceux de Sissone déconfirent le comte de Roussy. 400

Chap. XCI. — Comment messire Eustache d'Aubrecicourt pilloit et rançonnoit tout le pays de Brie et de Champagne. 401

Chap. XCII. — Comment le duc de Normandie assiégea Melun, et comment messire Philippe de Navarre ne s'y voulut accorder. *Ib.*

Chap. XCIII. — Comment le jeune comte de Harecourt fut marié à la fille au duc de Bourbon ; et comment l'évêque de Troyes et messire Brokars

TABLE DES CHAPITRES.

et autres seigneurs de Champagne prirent le fort châtel de Hans. 403

Chap. cxiv. — Comment messire Eustache d'Aubrecicourt issit hors de Pons pour rencontrer les Champenois, et comment il reconforta ses gens. 404

Chap. cxv. — Comment messire Brokars et l'évêque de Troyes assaillirent roidement messire Eustache d'Aubrecicourt et sa route; et comment les archers anglois furent déconfits. 405

Chap. xcvi. — Comment messire Eustache d'Aubrecicourt fut pris et toutes ses gens déconfits; et comment messire Courageux de Mauny demeura comme mort en la bataille. 406

Chap. xcvii. — Comment ceux de Troyes reçurent à grand'joie leur évêque et les seigneurs qui avec lui étoient; et comment messire Jean de Péquigny et plusieurs autres Anglois moururent merveilleusement. 407

Chap. xcviii. — Comment ceux de Noyon achetèrent la garnison de Mauconseil; et Jean de Ségure vendit celle de Nogent à l'évêque de Troyes; et comment ceux de Troyes occirent le dit Jean de Ségure. 408

Chap. xcix. — Comment le duc de Normandie et le conseil de France ne voulurent mie tenir le traité fait entre le roi Jean de France et le roi d'Angleterre. 409

Chap. c. — Comment le roi d'Angleterre fit faire grand appareil pour venir en France; et comment l'archevêque de Reims, le comte de Porcien et le comte de Braine conquirent le châtel de Roussy. 410

Chap. ci. — Comment messire Eustache d'Aubrecicourt fut délivré de prison; et comment il prit Athegny et plusieurs autres forteresses et gâta le pays environ Reims. 411

Chap. cii. — Comment messire Broquars de Fenestranges défia le duc de Normandie; et comment messire Robert Canolle ardit et exilla le bon pays de Berry et d'Auvergne. Ib.

Chap. ciii. — Comment les seigneurs d'Auvergne et de Limousin allèrent audevant de monseigneur Robert Canolle; et comment ils ordonnèrent leurs batailles d'un côté et d'autre. 412

Chap. civ. — Comment messire Robert Canolle et ses gens s'enfuirent par nuit; et comment les seigneurs d'Auvergne donnèrent congé à toutes manières de gens d'armes. 413

Chap. cv. — Comment tant de gens d'armes étrangers vinrent à Calais qu'on ne se savoit où loger et y furent les vivres moult chers 413

Chap. cvi. — Comment le duc de Lancastre vint à Calais pour excuser le roi d'Angleterre vers ces étrangers, et les mena gâtant et exillant le pays vers Saint-Omer. 414

Chap. cvii. — Comment le roi d'Angleterre arriva à Calais à grand'armée et manda au duc de Lancastre qu'il s'en retournât à Calais atout ses gens. Ib.

Chap. cviii. — Comment ces seigneurs étrangers montrèrent humblement au roi d'Angleterre leur povreté; et quel chose il leur répondit. 415

Chap. cix. — Comment ces seigneurs étrangers furent mal contents de la réponse du roi, qui tout le leur avoient dépendu. 416

Chap. cx. — Comment le roi, ainçois qu'il partît d'Angleterre, fit mettre en prison le roi Jean et monseigneur Philippe son fils et les autres barons de France. Ib.

Chap. cxi. — Comment le roi d'Angleterre se partit de Calais, ses batailles bien ordonnées; et cy sont contenus les noms des plus grands seigneurs qui avec lui étaient. 417

Chap. cxii. — Cy dit d'une aventure qui avint à messire Galehaut de Ribeumont encontre messire Berthelemieu de Bruves. 418

Chap. cxiii. — Comment messire Regnault de Boussant navra durement messire Galehault de Ribeumont; et comment les gens du dit messire Regnault furent tous morts ou pris. 420

Chap. cxiv. — Comment le roy d'Angleterre, en gâtant le pays de Cambrésis, vint assiéger la cité de Reims. 421

Chap. cxv. — Comment messire Jean Chandos et messire Jacques d'Audelée prirent le châtel de Charny en Dormois; et comment le sire de Mucident y fut occis à l'assaut. 422

Chap. cxvi. — Comment le sire de Roye et le chanoine de Robertsart prirent le sire de Gommignies qui venoit au secours du roi d'Angleterre. 423

Chap. cxvii. — Comment le sire de Roye et sa route déconfirent les gens du sire de Gommignies, et furent tous morts ou pris. 424

Chap. cxviii. — Comment messire Berthelemieu de Bruves abattit la tour de Courmicy; et comment ceux de dedans se rendirent à lui. 425

Chap. cxix. — Comment le roi d'Angleterre se partit de devant Reims sans rien faire; et comment il prit la ville de Tonnerre. 426

Chap. cxx. — Comment le roi d'Angleterre se partit de Tonnerre et s'en vint loger à Montréal, et puis de là à Guillon sur la rivière de Sellettes. 426

Chap. cxxi. — Cy dit comment les seigneurs d'Angleterre menoient avec eux toutes choses nécessaires; et de leur manière de chevaucher. 427

Chap. cxxii. — Pour quelle cause le roi d'Angleterre ne courut point le pays de Bourgogne; et comment il s'en vint loger au Bourg-la-Reine lez-Paris. Ib.

Chap. cxxiii. — Comment le noble royaume de France étoit couru de tous côtés, tant d'Anglois que de Navarrois; et comment Pierrepont fut pris des gens messire Eustache d'Aubrecicourt. 428

Chap. cxxix. — Cy s'ensuivent les prophéties du cordelier, tant sur les gens d'église que sur les seigneurs temporels. Ib.

Chap. cxxx. — Comment le duc de Normandie, par grand sens et avis ne voulut mie consentir bataille au roi d'Angleterre; et comment messire Gautier de Mauny et autres chevaliers anglois vinrent escarmoucher jusqu'aux barrières de Paris. 429

Chap. cxxxi. — Comment le duc de Normandie et son conseil envoyèrent légats pour traiter de la paix entre le roi de France et le roi d'Angleterre; et comment la paix fut faite. 430

Chap. cxxxii. — Ci s'ensuit la chartre de l'ordonnance de la paix faite entre le roi d'Angleterre et ses alliés, et le roi de France et les siens 433

Chap. xxxiii. — Comment le duc de Normandie scella la dite charte; et comment quatre barons d'Angleterre vinrent à Paris au nom du roi anglois pour jurer à tenir le dit traité; et comment ils furent honorablement reçus. 437

Chap. cxxxiv. — Comment le roi d'Angleterre se partit de Chartres et s'en retourna en son pays; et comment le roi de France arriva à Calais; et comment le fils du duc de Milan fut marié à la fille du roi de France. 439

Chap. cxxxv. — Comment ceux des forteresses anglesches de France, du commandement du roi d'Angleterre, se partirent; et comment la rançon du roi de France fut apportée à Saint-Omer. 440

Chap. cxxxvi. — Comment le roi d'Angleterre vint à Calais et s'entrefêtoient chacun jour les deux rois; et comment autres lettres de la paix furent faites et scellées des deux rois. 441

Chap. cxxxvii. — Ci s'ensuit la lettre de confédération que fit le roi d'Angleterre à Calais, en confirmant

TABLE DES CHAPITRES.

mieux la paix entre lui et le roi de France. 442

CHAP. CXXXVIII. — Comment, après la lettre de confédération faite, le conseil du roi de France requit au roi d'Angleterre qu'il fît lettre de renonciation. 443

CHAP. CXXXIX. — Ci après s'ensuit la forme et la manière de la lettre de renonciation que fit le roi d'Angleterre entre lui et le roi de France. 444

CHAP. CXL. — Comment le roi d'Angleterre fit faire une commission générale, à la requête du roi de France, que tous les Anglois des forteresses de France se vidassent. 448

CHAP. CXLI. — Ci s'ensuit la forme et la manière de la commission générale que fit le roi d'Angleterre, à la requête du roi de France. *Ib.*

CHAP. CXLII. — Comment les deux rois allongèrent les trèves de Bretagne du premier jour de mai jusques à la Saint-Jean-Baptiste. 449

CHAP. CXLIII. — Comment les deux rois donnèrent à quatre chevaliers huit mille francs de revenue par an; et comment le roi d'Angleterre donna à messire Jean Chandos la terre de Saint-Sauveur le Vicomte. 450

CHAP. CXLIV. — Comment le roi de France se partit de Calais et s'en vint tout à pied jusques à Boulogne; et comment le roi Edouard avec les hostagiers de France s'en retourna en Angleterre. *Ib.*

CHAP. CXLV. — Comment le roi de France fut honorablement reçu à Paris et lui furent présentés plusieurs beaux dons. 451

CHAP. CXLVI. — Comment les députés de par le roi d'Angleterre vinrent pour prendre saisine des terres et pays qui leur devoient être baillés; et comment les seigneurs de Languedoc et de Poitou n'y vouloient obéir. 452

CHAP. CXLVII. — Comment le roi d'Angleterre envoya députés de par lui pour livrer au roi de France les forteresses anglesches du royaume de France; et comment les Compagnies commencèrent. 453

CHAP. CXLIX. — Comment le roi de France rescripsit à monseigneur Jacques de Bourbon, qui étoit à Montpellier, qu'il prenist grand' foison de gens d'armes pour aller contre les Compagnies 454

CHAP. CL. — Comment les Compagnies s'en vinrent en la comté de Forez pour trouver messire Jacques de Bourbon; et comment ils prirent le châtel de Brinay et là se logèrent. *Ib.*

CHAP. CLI. — Comment les Compagnies déconfirent messire Jacques de Bourbon et sa route, et y furent le dit messire Jacques et son fils navrés à mort, et le jeune comte de Forez mort. 455

CHAP. CLII. — Comment les Compagnies gâtèrent et exillèrent la comté de Forez et le pays environ; et comment ils prirent le Pont-Saint-Esprit et y firent moult de maux. 457

CHAP. CLIII. — Comment les pilleurs du royaume de France s'avisèrent qu'ils iroient après leurs compagnons qui avoient déconfit messire Jacques de Bourbon. 458

CHAP. CLIV. — Comment le pape ordonna une croiserie et absolvoit de peine et de coulpe tous ceux qui iroient contre les Compagnies. 459

CHAP. CLV. — Comment le marquis de Montferrat, parmi une somme de florins, et ce que le pape les absolvoit de peine et de coulpe, emmena les Compagnies en Lombardie. *Ib.*

CHAP. CLVI. — Comment le duc Henri de Lancastre trépassa de ce siècle; et comment aussi le jeune duc de Bourgogne trépassa en ce temps. 460

CHAP. CLVI. — Comment le roi de France, en visitant le duché de Bourgogne, s'en alla en Avignon; et comment l'abbé de Saint-Victor de Marseille fut élu en pape. 461

CHAP. CLVII. — Comment le prince et la princesse se partirent d'Angleterre pour venir en Aquitaine; et comment le roi d'Angleterre ordonna de l'état de ses autres enfans; et comment la mère du dit roi mourut. 462

CHAP. CLVIII. — Comment messire Jean Chandos alla à l'encontre du prince et de la princesse en la ville de la Rochelle; et comment il fut fait connétable d'Aquitaine. 463

CHAP. CLIX. — Comment le roi de Chypre vint en Avignon pour voir le pape et le roi de France et leur remontra le voyage d'outre mer; et comment le roi de France prit la croix. *Ib.*

CHAP. CLX. — Comment le roi de Chypre se partit d'Avignon pour aller voir l'empereur de Rome et tous les seigneurs de chrétienté pour leur ennorter le saint voyage d'outre mer. 464

CHAP. CLXI. — Comment le roi d'Angleterre envoya les quatre ducs de France à Calais, et pouvoient aller trois jours hors et au quart retourner. 465

CHAP. CLXII. — Comment le roi de Chypre vint à Paris et cuida mettre la paix entre le roi de France et le roi de Navarre, et comment il s'en alla en Angleterre. 465

CHAP. CLXIII. — Comment le roi de Chypre arriva à Londres, où il fut grandement fêté du roi d'Angleterre; et comment le roi d'Escosse et le roi de Chypre s'entrefirent grand' fête à Londres. 466

CHAP. CLXIV. Comment le roi de Chypre repassa d'Angleterre pour venir voir le prince de Galles; et comment le roi de France eut en propos d'aller en Angleterre. 467

CHAP. CLXV. — Comment le roi de France se partit de Boulogne pour passer en Angleterre; et comment le roi et la roine et les seigneurs d'Angleterre le reçurent honorablement. 468

CHAP. CLXVI. — Comment le roi de Chypre vint voir le prince de Galles; et comment le roi de France trépassa en Angleterre, dont le roi et la roine furent moult courroucés. 469

CHAP. CLXVII. — Comment messire Bertran du Guesclin et le maréchal Boucicaut prirent la ville de Mante et celle de Meulan. 471

CHAP. CLXVIII. — Comment le captal de Buch ariva à Chierrebourc; et comment le duc de Normandie envoya messire Bertran faire frontière contre les Navarrois. 473

CHAP. CLXIX. — Comment le roi de Chypre s'en retourna d'Aquitaine à Paris; et comment le roi Jean fut apporté d'Angleterre à Saint-Denis, et là enseveli très révéremment. 474

CHAP. CLXX. —Comment le captal se partit d'Évreux à belle compagnie de gens d'armes pour combattre messire Bertran et les François, et en intention de destourber le couronnement du roi Charles. 475

CHAP. CLXXI. — Comment les Navarrois et les François scurent nouvelles les uns des autres; et comment le captal ordonna ses batailles. 476

CHAP. CLXXII. — Comment messire Bertran du Guesclin et les seigneurs de France ordonnèrent leurs batailles. *Ib.*

CHAP. CLXXIII. — Comment les Gascons s'avisèrent d'un bon avis par quelle manière le captal seroit pris et emporté de la bataille. 477

CHAP. CLXXIV.—Comment les seigneurs de France eurent conseil à savoir quel cri ils crieroient et qui seroit leur chef; et comment messire Bertran fut élu à être chef de la bataille. 478

CHAP. CLXXV.—Comment, par le conseil de messire Bertran, les François firent semblant de fuir comment; et

TABLE DES CHAPITRES.

l'archiprêtre se partit de la bataille. 479
Chap. clxxvi. — Comment le captal fut ravi et emporté de la bataille, voyans toutes ses gens, dont fortement furent courroucés.
Chap. clxxvii. — Comment le pennon du captal fut conquis ; et comment les Navarrois et les Anglois furent tous morts ou pris. 481
Chap. clxxviii. — Comment messire Bertran et les François se partirent de Coucheret atout leurs prisonniers et s'en vinrent à Rouen.
Chap. clxxix. — Comment le duc de Normandie fut moult réjoui de la déconfiture du captal ; et comment il fut couronné à roi à grand'solennité.
Chap. clxxx. — Comment le roi Charles donna à messire Philippe son frère la duché de Bourgogne ; et comment le dit roi l'envoya en France contre les Navarrois et les ennemis du royaume. *Ib.*
Chap. clxxxi. — Comment messire Louis de Navarre guerroyoit le pays sur la rivière de Loire ; et comment trois cents compagnons de sa route prirent la Charité-sur-Loire. 485
Chap. clxxxii. — Comment ceux de Marceranville se rendirent au duc de Bourgogne ; et comment ceux d'Aqueguy se rendirent à messire Jean de la Rivière. *Ib.*
Chap. clxxxiii. — Comment ceux de Camerolles et ceux de Connay se rendirent au duc de Bourgogne ; et comment le dit duc s'en alla en son pays contre le comte de Montbéliart. 486
Chap. clxxxiv. — Comment le roi de France envoya son connétable et ses maréchaux pour mettre le siège devant la Charité ; et comment le dit roi y envoya après le duc de Bourgogne. 487
Chap. clxxxv. — Comment ceux de la Charité se rendirent au duc de Bourgogne ; et comment le dit duc s'en retourna en France. 488
Chap. clxxxvi. — Comment le roi de France envoya messire Bertran du Guesclin au secours de monseigneur Charles de Blois ; et comment messire Jean Chandos vint au secours du comte de Montfort. 489
Chap. clxxxvii. — Comment messire Charles de Blois se partit de Nantes pour aller contre le comte de Montfort ; et des paroles que madame sa femme lui dit. 490
Chap. clxxxiii. — Comment le comte de Montfort se partit de devant Auray et s'en vint prendre place sur les champs pour combattre monseigneur Charles de Blois. *Ib.*

Chap. clxxxix. — Comment messire Charles de Blois, par le conseil de messire Bertrand du Guesclin, ordonna ses batailles bien et faiticement. 491
Chap. cxc. — Comment messire Jean Chandos ordonna les batailles du comte de Montfort bien et sagement. *Ib.*
Chap. cxci. — Comment le sire de Beaumanoir impétra un répit entre les deux parties jusques à lendemain soleil levant. 492
Chap. cxcii. — Comment le sire de Beaumanoir vint en l'ost du comte de Montfort pour traiter de la paix ; et des paroles qui furent entre lui et messire Jean Chandos. 493
Chap. cxciii. — Ci devise comment les batailles de messire Charles de Blois et celles du comte de Montfort s'assemblèrent et comment ils se combattirent vaillamment d'un côté et d'autre. 494
Chap. cxciv. — Comment messire Olivier de Clisson et sa bataille se combattirent moult vaillamment à la bataille du comte d'Aucerre et du comte de Joigny, et comment messire Jean Chandos déconfit la dite bataille. 495
Chap. cxcv. — Comment messire Bertran du Guesclin fut pris ; et comment messire Charles de Blois fut occis en la bataille ; et toute la fleur de la chevalerie de Bretagne et de Normandie prise ou occise. 496
Chap. cxcvi. — Ci parle des paroles amoureuses que le comte de Montfort disoit à messire Jean Chandos, et des piteux regrets que le dit comte fit sur monseigneur Charles de Blois, et comment il le fit enterrer à Guingant très révéremment. 497
Chap. cxcvii. — Comment le comte de Montfort donna trève pour enterrer les morts ; et comment le roi de France envoya le duc d'Anjou en Bretagne pour reconforter la femme de monseigneur Charles de Blois. 498
Chap. cxcviii. — Comment le roi d'Angleterre et le comte de Flandres, qui étoient à Douvres pour traiter du mariage de leurs enfans, furent grandement réjouis de la déconfiture d'Auray. *Ib.*
Chap. cxcix. — Comment ceux d'Auray, ceux de Jugon et ceux de Dinant se rendirent au comte de Montfort ; et comment le dit comte assiégea la bonne cité de Campercorentin. 499
Chap. cc. — Comment le roi de France envoya messages pour traiter de la paix entre le comte de Montfort et le pays de Bretagne ; et comment il en demeura duc. 500

Chap. cci. — Comment le roi de France rendit à Clisson sa terre ; et comment le duc de Bretagne fut marié à la fille de la princesse de Galles ; comment le captal de Buch devint homme du roi de France et puis y renonça. 501
Chap. ccii. — Comment les Compagnies gâtoient et exiloient le royaume de France, et comment moult de gens en murmuroient contre le roi d'Angleterre et le prince de Galles son fils. 502
Chap. cciii. — Comment la guerre commença entre le roi Dam Piètre et son frère Henry le Bastard ; et comment le roi de France envoya messire Bertran du Guesclin atout les Compagnies avec le dit Henry contre Dam Piètre. 503
Chap. cciv. — Comment tous les prélats, comtes, barons et chevaliers d'Espagne arrivèrent au bâtard Henry et le couronnèrent à roi en la cité d'Esturges. 505
Chap. ccv. — Comment le roi Henry eut en propos de faire guerre au roi de Grenade, et comment il fit messire Bertran du Guesclin connétable d'Espagne. 506
Chap. ccvi. — Comment le roi Dam Piètre envoya ses messagers par devers le prince en lui suppliant qu'il le voulût secourir contre le bâtard Henry ; et comment le dit roi arriva à Bayonne. 507
Chap. ccvii. — Comment le roi Dam Piètre se complaint au prince du Bâtard son frère et de ses hommes ; et comment le prince le reconforta moult doucement et eut sur ce conseil. 509
Chap. ccviii. — Comment le roi d'Angleterre accorda au prince de Galles son fils qu'il mît le roi Dam Piètre arrière en son royaume. 510
Chap. ccix. — Comment le roi de Navarre accorda au prince et au roi Dam Piètre passage par son royaume ; et comment le dit prince envoya querre ses gens qui étoient en Espagne avec le roi Henry. 512
Chap. ccx. — Comment le roi d'Arragon s'allia au roi Henry, et comment le prince de Galles envoya messire Jean Chandos pour traiter au comte de Foix et aux Compagnies. 514
Chap. ccxi. — Comment messire Jean Chandos et messire Thomas de Felleton conseillèrent le prince sur le fait de la guerre d'Espagne. 515
Chap. ccxii. — Comment le sire de Labreth promit au prince mille lances, et comment le sénéchal de Toulouse et le comte de Narbonne s'en allèrent vers Montalban contre les Compagnies. *Ib.*

TABLE DES CHAPITRES.

Chap. ccxiii. — Comment le sénéchal de Toulouse et le comte de Narbonne envoyèrent leurs coureurs par devant Montalban et comment le comte de Montalban vint parler aux dits seigneurs. 516

Chap. ccxiv. — Comment messire Perducas de Labreth et les Compagnies déconfirent le sénéchal de Toulouse et le comte de Narbonne et y furent pris plus de cent chevaliers. 517

Chap. ccxv. — Comment les Compagnies envoyèrent les prisonniers sur leurs foyers et comment le pape défendit aux dits prisonniers qu'ils n'en payassent rien. 518

Chap. ccxvi. — Ci dit comment le roi de Majogres vint à Bordeaux devers le prince, et des paroles et mautalens qui furent entre le prince et le sire de Labreth. 519

Chap. ccxvii. — Comment la princesse accoucha de son fils Richard, et comment le prince se partit de Bordeaux pour aller en Espaigne, et comment messire Hue de Cavrelée prit la cité de Mirande et la ville de Pont-la-Roine en Navarre. 521

Chap. ccxviii. — Comment le roi de Navarre envoya au prince de Galles et au roi Dam Piétre passage par son royaume ; et comment messire Bertran se partit de France pour aller en Espaigne. 522

Chap. ccxix. — Comment le duc de Lancastre, qui faisoit l'avant-garde, passa les détroits de Navarre, et quels seigneurs il y avoit avecques lui. 523

Chap. ccxx. — Comment le prince de Galles et le roi Dam Piétre passèrent les détroits, et quels seigneurs il y avoit avec eux. 524

Chap. ccxxi. — Comment le roi de Mayogres, qui faisoit l'arrière-garde, passa les détroits ; et quels seigneurs il y avoit en sa compagnie. Ib.

Chap. ccxxii. — Comment le roi Henry fit son mandement par tout son royaume à toutes manières de gens pour aller contre le prince de Galles. Ib.

Chap. ccxxiii. — Comment le roi Henry manda par lettres au prince de Galles qu'il lui fît savoir par quel lieu il entreroit en son royaume et que là il lui livreroit bataille. 525

Chap. ccxxiv. — Comment messire Thomas de Felleton s'en vint escarmoucher en l'ost du roi Henry et comment messire Olivier de Mauny prit le roi de Navarre. Ib.

Chap. ccxxv. — Comment ceux de Sauveterre se rendirent au roi Dam Piétre ; et comment messire Thomas de Felleton prit le chevalier du guet du roi Henry, et manda au prince tout le convine des Espaignols. 526

Chap. ccxxvi. — Comment le prince ordonna ses batailles sur les champs devant Vittore, et y eut ce jour fait bien trois cents chevaliers nouveaux. 527

Chap. ccxxvii. — Comment le comte Dam Tille demanda congé au roi Henry, son frère, d'aller escarmoucher en l'ost du prince ; et comment messire Bertran arriva en l'ost du roi Henry. 528

Chap. ccxxviii. — Comment le comte Dan Tille déconfit les gens messire Hue de Cavrelée et escarmoucha durement l'ost du duc de Lascastre ; et comment il déconfit messire Thomas de Felleton. 529

Chap. ccxxix. — Comment le comte Dan Tille présente au roi Henry ses prisonniers et lui conte ses aventures, dont le roi Henry fut moult joyeux. 530

Chap. ccxxx. — Comment le prince fut moult courroucé de la déconfiture monseigneur Thomas de Felleton, et comment le dit prince avoit grand défaute de vivres. 531

Chap. ccxxxi. — Cy s'ensuit la forme des lettres que le prince de Galles envoya au roi Henry. Ib.

Chap. ccxxxii. — Comment messire Bertran du Guesclin conseille le roi Henry sur la forme de la dite lettre que le prince lui avoit envoyée. 532

Chap. ccxxxiii. — Comment le prince ordonna que ses gens s'appareillassent et suivissent les bannières des maréchaux et le pennon Saint-George. Ib.

Chap. ccxxxiv. — Comment le roi Henry ordonna ses batailles bien et faiticement, et comment le dit roi reconforte ses gens doucement. 533

Chap. ccxxxv. — Comment le prince et ses gens se logèrent sur une petite montagne ; et comment messire Jean Chandos leva ce jour bannière. Ib.

Chap. ccxxxvi. — Comment les batailles du roi Henry et du prince de Galles s'assemblèrent ; et comment le comte Dan Tille s'enfuit sans coup férir. 534

Chap. ccxxxvii. — Comment la bataille fut dure et forte et comment le roi Henry remit trois fois ses gens ensemble. 535

Chap. ccxxxviii. — Ci dit des vaillans chevaliers qui furent en la bataille du prince, et des paroles que le roi Henry disoit à ses gens. 536

Chap. ccxxxix. — Comment messire Bertran du Guesclin fut déconfit, et lui plusieurs autres pris. 537

Chap. ccxl. — Comment les Espaignols s'enfuirent, et comment le roi Henry s'enfuit à sauveté ; et comment la cité de Najares fut prise et toute courue et pillée. 537

Chap. ccxli. — Comment le prince envoya quatre chevaliers et quatre hérauts pour savoir le nombre des morts. 538

Chap. ccxlii. — Comment le roi Dam Piétre, à la requête du prince, pardonna à ceux de Castille ses mautalens : et comment ceux de la cité de Burgues se rendirent au roi Dam Piétre. 539

Chap. ccxliii. — Comment le prince dit au roi Dam Piétre qu'il payât ceux qui remis l'avoient en son royaume ; et quel chose il respondit. 540

Chap. ccxliv. — Comment le prince fut moult honoré par tous pays de la victoire d'Espaigne ; et comment les bourgeois de Londres en firent grant solennité. 541

Chap. ccxlv. — Comment le roi Henry laissa sa femme et ses enfans en la garde du roi d'Arragon, et s'en vint en France guerroyer la terre du prince. Ib.

Chap. ccxlv. — Comment le prince envoya deux de ses chevaliers par devers le roi Dam Piétre pour savoir pourquoi il ne lui tenoit son convenant, et quelle chose il leur répondit. 542

Chap. ccxlvi. — Comment le prince de Galles se partit d'Espaigne, et comment le roi d'Arragon et le roi de Navarre lui octroyèrent passage par leur pays. 543

Chap. ccxlvii. — Comment messire Bertran du Guesclin fut mis à rançon ; et comment messire Lyon d'Angleterre fut marié à la fille au sire de Milan. 545

Chap. ccxlviii. — Comment les compagnies se partirent de la princauté et entrèrent au royaume de France ; et comment le sire de Labreth fut marié à madame Isabelle de Bourbon. 546

Chap. ccxlix. — Comment les seigneurs de Gascogne se vinrent plaindre au roi de France du fouage que le prince vouloit lever en Aquitaine. 547

Chap. ccl. — Comment le roi Henry retourna en Espagne ; et comment la cité de Burgues se rendit à lui, et aussi la cité du Valdolif, où il prit le roi de Mayogres. 548

Chap. ccli. — Comment le roi Dan Piétre s'allia au roi de Grenade, au roi de Bellemarine et au roi de Trancesannes, et comment messire Bertran arriva en l'ost du roi Henry. 549

TABLE DES CHAPITRES.

CHAP. CCLII. — Comment, par le conseil de messire Bertran, le roi Henry se partit de devant Toulette pour aller à l'encontre du roi Dan Piètre; et comment ils s'entretrouvèrent. 550

CHAP. CCLIII. — Comment le roi Dan Piètre et toutes ses gens furent déconfits; et comment le dit roi s'enfuit au châtel de Montiel. 551

CHAP. CCLIV. — Comment le roi Dan Piètre fut pris du Bègue de Vilaines; et comment il fut mis à mort. 552

CHAP. CCLV. — Comment le roi Henry demeura paisiblement roi de Castille; et comment messire Lion d'Angleterre mourut en ce temps. 554

CHAP. CCLVI. — Comment le roi de France fit lire et examiner les chartres des traités faits entre lui et le roi d'Angleterre. 555

CHAP. CCLVII. — Ci s'ensuit la forme de la lettre sur laquelle le roi de France plus se fonda de faire guerre au roi d'Angleterre et au prince de Galles. 556

CHAP. CCLVIII. — Comment les prélats et les barons de France dirent au roi Charles qu'il avoit juste cause de faire guerre au roi d'Angleterre et au prince son fils. 557

CHAP. CCLIX. — Comment le roi de France envoya ajourner le prince par un appel en la chambre des pairs à Paris contre les barons de Gascogne. 559

CHAP. CCLX. — Ci s'ensuit la forme de l'appel que les barons de Gascogne firent faire contre le prince de Galles. 560

CHAP. CCLXI.—Comment le prince de Galles fit mettre en prison ceux qui avoient porté l'appel contre lui. *Ib.*

CHAP. CCLXII. — Comment le duc de Berry et plusieurs seigneurs de France qui étoient en otage en Angleterre s'en retournèrent en France. 562

CHAP. CCLXIII. — Comment le comte de Pierregord, le vicomte de Carmaing, et autres barons de Gascogne, déconfirent le sénéchal de Rouergue. 563

CHAP. CCLXIV. — Comment le roi de France retraist devers lui plusieurs capitaines de compagnies; et comment il envoya défier le roi d'Angleterre. 564

CHAP. CCLXV. — Comment les défiances furent baillées au roi d'Angleterre; et comment le comte de Saint-Pol et le sire de Châtillon conquirent la comté de Ponthieu. 565

CHAP. CCLXVI. — Comment le roi d'Angleterre envoya grands gens d'armes sur les frontières d'Escosse, et comment le duc de Berry et le duc d'Anjou firent leurs mandemens pour aller contre le prince. 567

CHAP. CCLXVII. — Comment le roi d'Angleterre envoya le comte de Canteburge et le comte de Pennebroch au prince son fils; et comment ils passèrent parmi Bretagne. *Ib.*

CHAP. CCLXVIII. — Comment le comte de Cantebruge et le comte de Pennebroch arrivèrent en Angoulême; et comment le prince les envoya à courir la comté de Pierregord. 569

CHAP. CCLXIX.—Comment messire Simon de Burlé et messire d'Angouse furent déconfits des François, dont le roi de France fut grandement joyeux. *Ib.*

CHAP. CCLXX.—Comment messire Jean Chandos prit Terrières; et comment le comte de Pierregord et plusieurs autres seigneurs assiégèrent Royauville en Quersin. 570

CHAP. CCLXXI.—Comment l'archevêque de Toulouse convertit à la partie du roi de France la cité de Caours et plusieurs autres cités et villes; et comment le duc de Guerle et cil de Juliers défièrent le roi de France. 571

CHAP. CCLXXII. — Comment le duc de Bourgogne fut marié à la fille du comte de Flandre; et comment le roi de Navarre s'allia au roi d'Angleterre. 573

CHAP. CCLXXIII.—Comment le connétable de France et le connétable de Hainaut mirent sus une chevauchée de gens d'armes pour assaillir Ardre. 575

CHAP. CCLXXIV. — Comment la forteresse de Royauville fut prise et conquise par mine, et tous les Anglois qui dedans étoient morts sans nulle mercy. *Ib.*

CHAP. CCLXXV.—Comment le sénéchal de Poitou ardit et exilla la terre du seigneur de Chauvigny, et prit par force d'assaut sa maitre ville par Briouse. 576

CHAP. CCLXXVI. — Comment le prince fit messire Robert Canolle maitre et gouverneur de tous les chevaliers et écuyers de son hôtel; et comment messire Perducas de Labreth se retourna Anglois. 577

CHAP. CCLXXVII. — Comment messire Robert Canolle assiégea les compagnies en la garnison de Burviel; et comment messire Jean Chandos prit la forteresse de Montsac. 578

CHAP. CCLXXVIII. — Comment messire Robert Canolle et messire Jean Chandos se partirent de Durviel sans rien faire et vinrent assiéger la garnison de Domme. 579

CHAP. CCLXXIX. — Comment messire Robert Canolle et Chandos se partirent de Domme sans rien faire, et prirent Gramath et Rochemadour et plusieurs autres villes qui étoient tournées Françoises. 580

CHAP. CCLXXX. — Comment le comte de Cantebruge et le comte de Pennebroch prirent la garnison de Bourdille par grand avis. 581

CHAP. CCLXXXI. — Comment messire Robert Canolle, messire Jean Chandos, messire Thomas de Felleton et le captal de Buch ordonnèrent de leurs gens et s'en retournèrent devers le prince. 582

CHAP. CCLXXXII. — Comment les Compagnies anglesches prirent le châtel de Belleperche en Bourbonnois et la mère du duc de Bourbon qui étoit dedans, et aussi le châtel de Saint-Sévère. 583

CHAP. CCLXXXIII. — Comment le roi de France fit faire grand appareil de nefs pour envoyer en Angleterre; et comment le duc de Lancastre, à grand foison de gens d'armes, arriva à Calais. 584

CHAP. CCLXXXIV. — Comment le châtel de la Roche sur Yon fut rendu aux Anglois, et comment le capitaine du dit lieu fut mis à mort par ordre du duc d'Anjou. 585

CHAP. CCLXXXV. — Comment messire James d'Audelée, sénéchal de Poitou, trépassa de ce siècle; et comment messire Jean Chandos en fut fait sénéchal. 586

CHAP. CCLXXXVI. — Comment le duc de Bourgogne se partit de Rouen pour venir combattre le duc de Lancastre, et comment les deux ducs se logèrent l'un devant l'autre à Tournehem. 587

CHAP. CCLXXXVII. — Comment Jean Chandos fit moult de maux au pays d'Anjou; et comment il gâta et exilla la terre du vicomte de Rochechouart, excepté les forteresses. 588

CHAP. CCLXXXVIII.—Comment messire Louis de Sancerre surprit le comte de Pennebroch et ses gens et en occit grand quantité; et comment le dit comte fut assiégé en une forte maison. 589

CHAP. CCLXXXIX. — Comment le comte de Pennebroch envoya un sien écuyer, environ minuit, à Poitiers, pour avoir secours de messire Jean Chandos. 590

CHAP. CCXC. — Comment le comte de Pennebroch envoya encore un sien écuyer par devers messire Jean Chandos; et comment le dit messire Jean Chandos le vint secourir. 591

CHAP. CCXCI.—Comment messire Louis de Sancerre se partit de Puirenou atout son gain et ses prisonniers, quand il sçut la venue de messire

Jean Chandos et se retraist à la Roche de Pousoy. 592

Chap. ccxcii. — Comment la roine Philippe d'Angleterre trépassa de ce siècle, dont le royaume d'Angleterre fut moult adoulé; et des trois dons qu'elle requit au roi son mari. 593

Chap. ccxciii. — Comment aucuns chevaliers et écuyers de l'ost du duc de Bourgogne vinrent escarmoucher en l'ost du duc de Lancastre; et comment messire Roger de Coulongne y fut occis. *Ib.*

Chap. ccxciv. — Comment le duc de Bourgogne se partit de Tournehen, environ mie-nuit, sans point combattre le duc de Lancastre. 594

Chap. ccxcv. — Comment le duc de Lancastre se partit de Tournehen, et s'en alla à Calais; et comment le comte de Pennebroch ardit et exilla tout le pays d'Anjou. 595

Chap. ccxcvi. — Comment le duc de Lancastre se partit de Calais et courut et exilla la terre au comte de Saint-Pol, et aussi le pays de Vimeu et de Normandie; et comment messire Hue de Châtillon fut pris. 596

Chap. ccxcvii. — Comment le duc de Lancastre donna congé à tous les étrangers de sa compagnie et s'en retourna en Angleterre. 598

Chap. ccxcviii. — Comment messire Jean Chandos cuida prendre Saint-Salvin, et comment lui et ceux de Saint-Salvin s'entretrouvèrent, et des paroles que messire Jean Chandos leur dit. *Ib.*

Chap. ccxcix. — Comment messire Jean Chandos fut navré à mort, et ses gens déconfits et pris, dont le prince de Galles et tous ceux du côté d'Angleterre furent grandement courroucés. 601

Chap. ccc. — Comment le sire de Coucy et le sire de Pommiers ne vouldrent être ni d'un côté ni d'autre; et comment le sire de Maleval et le sire de Mareuil se rendirent François. 603

Chap. ccci. — Ci s'ensuit la forme des lettres que le roi d'Angleterre envoya en Aquitaine. 604

Chap. cccii. — Comment messire Louis de Saint-Julien, messire Guillaume des Bordes et Kerlouet prirent la ville et la forteresse de Chasteauleraut. *Ib.*

Chap. ccciii. — Comment le duc de Bourbon assiégea Belle-Perche, et comment le comte de Cantebruge et le comte de Pennebroch y vinrent pour secourir ceux de la ville. 605

Chap. ccciv. — Comment le comte de Cantebruge et le comte de Pennebroch mandèrent au duc de Bourbon qu'il leur voulsist livrer bataille, et quelle chose le dit duc répondit. 606

Chap. cccv. — Comment le comte de Cantebruge et le comte de Pennebroch emmenèrent de Belle-Perche madame de Bourbon et les Compagnies qui dedans étoient. 607

Chap. cccvi. — Comment le duc de Bourbon prit Belle-Perche et la répara et fortifia; et comment messire Robert Canolle s'en alla en Angleterre. 608

Chap. cccvii. — Comment le duc d'Anjou s'en vint de Toulouse à Paris; et comment le roi Charles envoya le dit duc d'Anjou et le duc de Berry en Aquitaine contre les Anglois. *Ib.*

Chap. cccviii. — Comment le roi d'Angleterre envoya le duc de Lancastre en Aquitaine, et messire Robert Canolle en Picardie atout grand'foison de gens d'armes. 609

Chap. cccix. — Comment messire Bertran du Guesclin arriva d'Espaigne à Toulouse où le duc d'Anjou le reçut à grand'joie. 610

Chap. cccx. — Comment ceux de Moyssach, d'Agen, de Montpellier, d'Aiguillon se rendirent au duc d'Anjou, et comment le duc de Berry assiégea la cité de Limoges. *Ib.*

Chap. cccxi. — Comment le prince fit un grand mandement à tous ses féaux pour aller contre les François; et comment le captal de Buch et messire Thomas de Felleton gardèrent la ville de la Linde d'être prise. 611

Chap. cccxii. — Comment trèves furent faites entre les Escots et les Anglois; et comment messire Robert Canolle ardit, pilla et rançonna le pays de Picardie et de Vermandois. 612

Chap. cccxiii. — Comment messire Robert Canolle vint devant la cité de Noyon, et comment un chevalier Escot y fit une grand'appertise d'armes. 614

Chap. cccxiv. — Comment ceux de Noyon prirent les Anglois qui avoient ars la ville du Pont l'Évêque; et comment le roi Charles manda à messire Bertran qu'il vint à Paris. 615

Chap. cccxv. — Comment le duc de Lancastre arriva à Bordeaux; et comment le duc d'Anjou dérompit sa chevauchée. *Ib.*

Chap. cccxvi. — Comment ceux de Limoges se rendirent au duc de Berry; et comment le dit duc dépeça son armée, et s'en alla chacun en son pays. 616

Chap. cccxvii. — Comment le prince se partit de Congnac et alla mettre le siége devant la cité de Limoges et la commanda à miner. 617

Chap. cccxviii. — Comment messire Robert Canolle se logea un jour et deux nuits devant Paris; et comment un chevalier de sa route, qui hurta aux barrières de Paris, fut occis. 618

Chap. cccxix. — Comment messire Bertran du Guesclin commença à guerroyer en la vicomté de Limoges et y prit le châtel de Saint-Yrier. 619

Chap. cccxx. — Comment le prince de Galles et ses gens prirent la cité de Limoges, et comment les trois capitaines de la dite cité firent grands appertises d'armes. *Ib.*

Chap. cccxxi. — Comment la cité de Limoges fut toute arse et détruite, et comment l'évêque du dit lieu fut délivré de mort à la prière du pape. 620

Chap. cccxxii. — Comment messire Bertran du Guesclin, par le conseil et avis de tous ceux du royaume, fut fait connétable de France. 621

Chap. cccxxiii. — Comment messire Bertran du Guesclin et le sire de Clicon déconfirent à Pont-Volain les gens de monseigneur Robert Canolle. 622

Chap. cccxxiv. — Comment le pape Urbain mourut, et comment Grégoire XI fut élu en pape, dont le roi de France fut moult joyeux. 623

Chap. cccxxv. — Comment messire Raymon de Mareuil fut pris des Anglois, et comment il échappa de prison par grand'aventure. 624

Chap. cccxxvi. — Comment le prince de Galles laissa le duché d'Aquitaine en la garde du duc de Lancastre et s'en retourna en Angleterre, sa femme et ses enfans avec lui. 625

Chap. cccxxvii. — Comment quatre chevaliers bretons et leurs gens prirent le châtel de Montpaon, et comment le duc de Lancastre et les barons de Guyenne les vinrent assiéger. 626

Chap. cccxxviii. — Comment les quatre chevaliers de Montpaon se défendirent vaillamment contre le duc de Lancastre; et comment Sevestre Budes les vint aider. *Ib.*

Chap. cccxxix. — Comment le duc de Lancastre prit les quatre chevaliers de Montpaon et leurs gens à rançon, et prit la saisine de la ville. 627

Chap. cccxxx. — Comment le duc donna congé à toutes ses gens et s'en retourna en la cité de Bordeaux. 628

Chap. cccxxxi. — Comment le sire de Pons se tourna François, et comment le sénéchal de Poitou fit

TABLE DES CHAPITRES. 739

son mandement pour aller assiéger Montcontour. 628

CHAP. CCCXXXIII. — Comment le sénéchal de Poitou prit Montcontour, et le donna à messire Gaultier Huet, à Cresuelle, et à David Holegrave. 629

CHAP. CCCXXXIII. — Comment messire Bertran prit plusieurs villes et châteaux en Rouergue, et comment il assiégea la cité d'Usson. 630

CHAP. CCCXXXIV. — Comment ceux de la cité d'Usson se rendirent à messire Bertran, et comment messire Robert Canolle tint mal du roi d'Angleterre, et comment sa paix fut faite. 631

CHAP. CCCXXXV. — Comment le comte de Hereford déconfit en Bretagne sur mer plusieurs Flamands qui eurent ravi l'avoient. Ib.

CHAP. CCCXXXV. — Comment le roi d'Angleterre mit grands gens d'armes sur mer pour aller contre les Flamands, et comment paix fut faite entre eux. 632

CHAP. CCCXXXVI. — Comment le roi de Mayorgues fut ranconné du roi Henry d'Espaigne, et comment il fit guerre au roi d'Arragon, et comment il mourut. Ib.

CHAP. CCCXXXVII. — Comment le duc de Lancastre épousa la fille ainée du roi Dan Piètre d'Espaigne; et comment elle fut reçue à grand honneur en la cité de Bordeaux. 633

CHAP. CCCXXXIX. — Comment grandes alliances et confédérations furent faites et scellées entre le roi de France et le roi Henry d'Espaigne. 634

CHAP. CCCXL. — Comment le duc de Lancastre ordonna gouverneurs en Guyenne et en Poitou, et en Angletonge; et s'en retourna en Angleterre et emmena sa femme avec lui. Ib.

CHAP. CCCXLI. — Comment le roi d'Angleterre ordonna le comte de Pennebroch, gouverneur et souverain de tout le pays de Poitou. 635

CHAP. CCCXLII. — Comment le comte de Pennebroch se partit d'Angleterre pour venir en Poitou; et comment les Espagnols au hâvre de la Rochelle durement le combattirent. 636

CHAP. CCCXLIII. — Comment ceux de la Rochelle ne voulurent secourir le comte de Pennebroch, et comment le sénéchal de la Rochelle et trois autres chevaliers le vinrent secourir. 637

CHAP. CCCXLIV. — Comment le comte de Pennebroch fut pris des Espaignols et tous ceux qui avec lui étoient, morts ou pris. 638

CHAP. CCCXLV. — Comment les Espaignois se partirent du hâvre de la Rochelle atout leurs prisonniers; et comment ce propre jour le capital arriva à la Rochelle. 639

CHAP. CCCXLV. — Comment Yvain de Galles déconfit les Anglois de l'île de Grenesie; et comment le roi de France l'envoya en Espaigne quérir gens d'armes pour assiéger la Rochelle. 640

CHAP. CCCXLVI. — Ci dit des grosses paroles qui furent en Espaigne entre Yvain de Galles et le comte de Pennebroch. 641

CHAP. CCCXLVIII. — Comment le duc de Berry, le duc de Bourbon, messire Bertran et plusieurs autres grands seigneurs de France prirent le châtel de Montmorillon. 642

CHAP. CCCXLIX. — Comment messire Bertran du Guesclin attaqua Montcontour; et comment ceux du dit fort se rendirent, sauves leurs vies. Ib.

CHAP. CCCL. — Comment messire Bertran se partit de Montcontour, pour venir devers le duc de Berry qui se tenoit en Limousin, et comment ils assiégèrent Sainte-Sévère. 643

CHAP. CCCLI. — Comment ceux de Sainte-Sévère, durant un moult fort assaut, se rendirent à messire Bertran du Guesclin. 645

CHAP. CCCLII. — Comment ceux de Poitiers se tournèrent Francois; et comment les Anglois entrèrent à force en la ville de Niort. Ib.

CHAP. CCCLIII. — Comment le captal de Buch fut pris devant Soubise. 647

CHAP. CCCLIV. — De plusieurs villes et fortresses qui se tournèrent Francoises. 649

CHAP. CCCLV. — Comment ceux de la Rochelle se tournèrent Francois. 651

CHAP. CCCLVI. — Des fortresses que messire Bertran du Guesclin férit en Rochebelois. 655

CHAP. CCCLVII. — Comment les François mirent le siège devant Thouars; et comment le roi d'Angleterre se mit en mer, pour venir en Poitou et lever leur siège. 656

CHAP. CCCLVIII. — Comment le seigneur de Çliçon mit le siège devant la fortresse de Mortagne. 660

CHAP. CCCLIX. — Comment le duc de Bretagne étoit Anglois et les Bretons étoient François. 661

CHAP. CCCLX. — Du siège que messire Bertran du Guesclin mit en Poitou devant Chiseeck. 662

CHAP. CCCLXI. — Ci parle de la bataille de Chiseeck entre messire Bertran du Guesclin, de messire de France, et les François

CHAP. CCCLXVII. — Comment la grande chevauchée du duc de Lancastre sans profit. 686

CHAP. CCCLXVII. — Comment finit la guerre entre les deux princes françois et anglois, par les légats du pape Grégoire. 685

CHAP. CCCLXVI. — Des négociations entre les deux princes françois et anglois, pour leur prison du roi d'Espaigne. 684

CHAP. CCCLXV. — Comment le comte Jean de Pennebroch et messire Guichart d'Angle furent délivrés de leur prison du roi d'Espaigne. 684

CHAP. CCCLXIV. — Des consaulx que le roi de France tint en Paris sur la guerre aux Anglois. 683

CHAP. CCCLXIV. — Des consaulx que Robert Canolle fit décoller les prisonniers qu'il tenoit. 682

CHAP. CCCLXIII. — Comment les otages que ceux de Derval avoient baillés furent décollés; et comment messire Robert Canolle fit décoller les prisonniers qu'il tenoit. 682

CHAP. CCCLXXI. — Des François et des Anglois qui s'encontrèrent et qui s'entre-combattirent de-lez Soissons et Ouchy. 680

CHAP. CCCLXXI. — Des François et des Anglois qui s'encontrèrent devant Ribemont. 679

CHAP. CCCLXX. — Des Anglois et François qui s'entre-combattirent devant le royaume de France. 677

CHAP. CCCLXIX. — Ci commence la chevauchée que le duc de Lancastre et le duc de Bretagne firent au devant Brest. 675

CHAP. CCCLXVIII. — Comment Bertran du Guesclin, connétable de France, et le comte de Salebrin furent logés en ost l'un devant l'autre devant Brest. 675

CHAP. CCCLXVIII. — Comment la fortresse de Brest en Bretagne demeura en composition. 674

CHAP. CCCLXVII. — Comment la fortresse de Hainbont fut prise par messire Bertran du Guesclin. 673

CHAP. CCCLXVI. — L'appareil du roi d'Angleterre et du duc de Lancastre, et de la reconquêts de la Rochelle sur Yon. 671

CHAP. CCCLXVI. — Comment le connétable de France prit plusieurs villes et fortresses en Bretagne; et comment il composa avec ceux de Derval et entra dedans Nantes. 671

CHAP. CCCLXV. — Comment le connétable Bertran du Guesclin saisit sa terre. 668

CHAP. CCCLXIV. — Comment le duc de Bretagne n'osa demeurer en son duché, et comment messire Bertran du Guesclin saisit sa terre. 668

CHAP. CCCLXIV. — Comment le duc de Bretagne n'osa demeurer en son duché, et comment messire Bertran du Guesclin saisit sa terre. — Comment le duc de France et de Navarre. 666

CHAP. CCCLXIII. — Du siège de Becheveret, et de la mort du roi David d'Escosse, et de la paix entre les rois de France et de Navarre. 666

comment elle obtint respit. 665

et de la dame du châtel Abhard, par messire Bertran du Guesclin, de Niort, Luzignan et Mortemer

CHAP. CCCLII. — Ci parle de la prise 663

tre.

d'une part, et les Anglois de l'autre

TABLE DES CHAPITRES

d'Anjou ostoya en* la Haute-Ga-
ronne.*
CHAP. CCCLXXIX. — Comment se partit le duc de Lancastre pour Angleterre, et comment il eut le chastel de Bechevel en composition aux
François.
CHAP. CCCLXXX. — Comment les seigneurs de Haute-Gascogne et le
comte de Foix se mirent en l'obéissance du roi de France. 689
CHAP. CCCLXXXI. — Comment le comte
de Saint-Pol fut pris par le seigneur
de Commignies. 690
CHAP. CCCLXXXII. — Comment le chatel
de Becherel se rendit François. 691
CHAP. CCCLXXXIII. — Comment le duc
de Bretagne arrive en Bretagne où
il prit plusieurs villes et chateaux 694
données entre les rois de France et
d'Angleterre et leurs alliés aussi. 695
CHAP. CCCLXXXIV. — Comment messire Jean d'Évrues donna soins à
un nouvel fort, et comment il fut
assiégé par les François, puis rescous par le duc de Bretagne. 698
CHAP. CCCLXXXV. — Les barons de
Bretagne qui furent enclos dans
Camperlé, et des trèves qui bien à
point leur arrivèrent. 700
CHAP. CCCXXXVI. — De la chevauchée
que le sire de Coucy mena en Oste-
ric des Compagnies. 703
CHAP. CCCLXXXVII. — Ci parle parlement qui de rechef furent assignés
à Bruges, et des fêtes qui furent
données à Gand. 704
CHAP. CCCLXXXVIII. — Comment fut
mise à fin l'emprise du seigneur de
Coucy en Osteriche; et de la mort
du prince de Galles. 705
CHAP. CCCLXXXIX. — Comment on ne
put trouver aucun traité de paix
entre les deux rois, et aussi de la
mort du roi d'Angleterre. 707
CHAP. CCCXC. — Du couronnement
du jeune roi Richard, et comment
plusieurs villes furent arses en Angleterre par la grand'navie des
François. 710
CHAP. CCCXCI. — De la Grosse navie
de France qui singla devant Calais
et vint se dérompre à Harfleur. 712
CHAP. CCCXCII. — Comment le capital
de Buch mourut prisonnier à Paris
en la tour du Temple. ib.
CHAP. CCCXCIII. — Comment les François prirent et recouvrèrent le cha-
teau d'Ardre et plusieurs forteresses
et châteaux à l'encontre de Calais. 713
CHAP. CCCXCIV.—Des autres forteresses
d'entour Calais qui furent prises par
le duc de Bourgogne, et du sire de
Commignies qui alla s'excuser en
Angleterre de la prise d'Ardre; et
comment le roi de France fit remparer toutes les forteresses de ce
lez. 715
CHAP. CCCXCV. — Comment la guerre
recommence entre le roi de France
et le roi de Navarre; et comment
il perdit la comté d'Évreux fors
Cherbourg, qui fut assiégé des
François; et de la chevauchée que
le duc de Lancastre fit en Bretagne. 717
CHAP. CCCXCVI. — Comment le cha-
teau d'Auroy en Bretagne fut rendu
François, et de la garnison françoise qui fut mise à Montbourg contre ceux qui étoient en la
garnison du fort château de Cherbourg. 719
CHAP. CCCXCVII. — Comment la garnison de Cherbourg découfit la garnison de Montbourg; et comment
messire Guillaume des Bordes fut
pris et rançonné; et de la bonne
pourvéance que le roi Charles de
France y fit. 720

FIN DE LA TABLE DES CHAPITRES DU PREMIER VOLUME.

www.ingramcontent.com/pod-product-compliance
Lightning Source LLC
Chambersburg PA
CBHW070716020526

4411SCB00031B/1127